DICIONÁRIO ILUSTRADO DE LIBRAS

LÍNGUA BRASILEIRA DE SINAIS

50 global editora

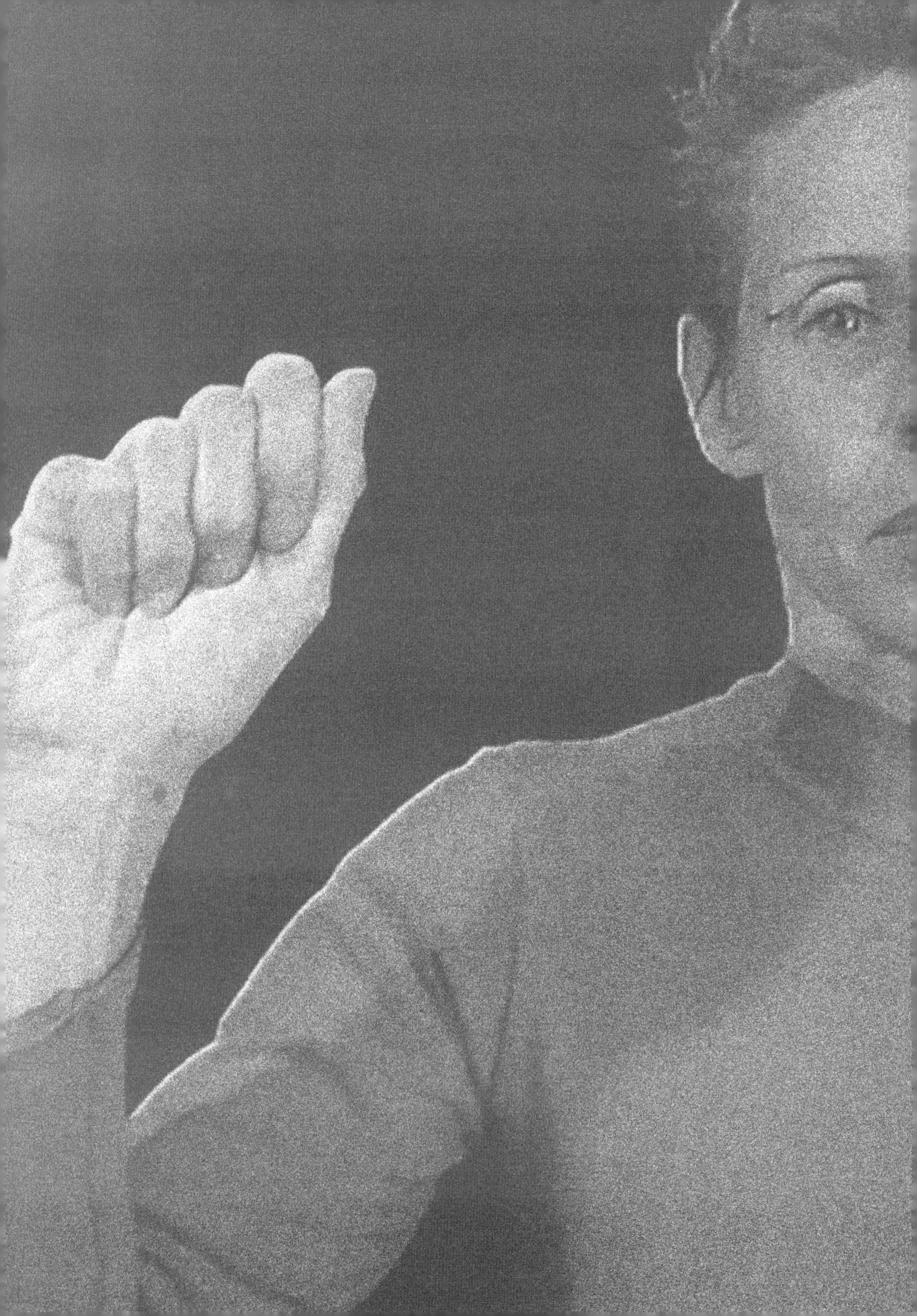

DICIONÁRIO ILUSTRADO DE LIBRAS

LÍNGUA BRASILEIRA DE SINAIS

FLÁVIA BRANDÃO

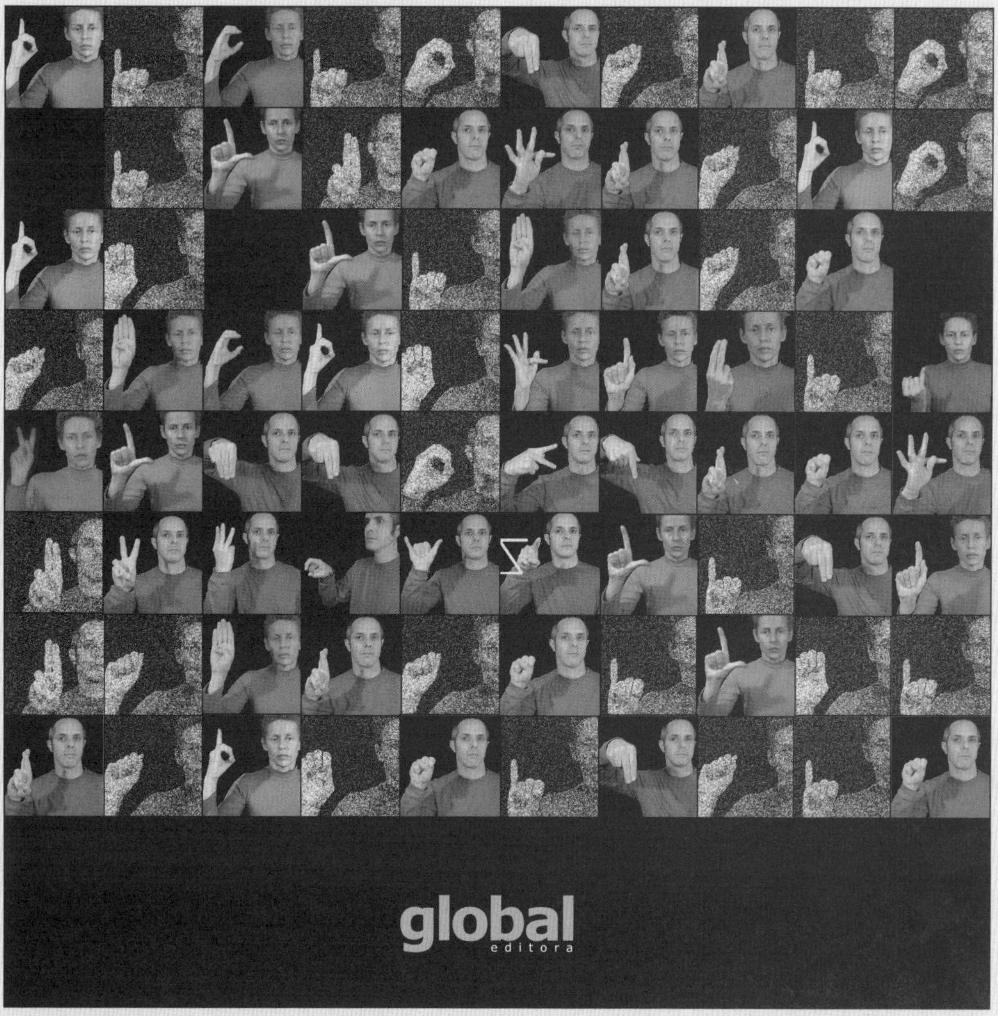

global editora

1ª Edição, Global Editora, São Paulo 2011
6ª Reimpressão, 2024

Jefferson L. Alves – diretor editorial
Dulce S. Seabra – gerente editorial
Flávio Samuel – gerente de produção
Ana Cristina Teixeira, Denise Alves dos Santos, Fátima Cezare, Sandra Regina Fernandes, Sirlene Prignolato e Tatiana Tanaka – revisão de texto
Flávia Brandão – concepção, imagens, textos e ilustrações
Jefferson Campos e Márcia Caram – apoio de edição de imagens
Caco Mattos e Leila Marucci – intérpretes
Eduardo Okuno – projeto gráfico e capa
Iacy Barros – editoração eletrônica

Dados Internacionais de Catalogação na Publicação (CIP)
(Câmara Brasileira do Livro, SP, Brasil)

Brandão, Flávia
Dicionário ilustrado de libras / Flávia Brandão – São Paulo : Global, 2011.

ISBN 978-85-260-1588-3

1. Dicionários ilustrados 2. Linguagem de sinais – Dicionários 3. Surdos – Educação 4. Surdos – Meios de comunicação – Dicionários I. Título.

11-07359 CDD-419.03

Índices para catálogo sistemático:

1. Língua de sinais : Surdos : Dicionários 419.03
2. Surdos : Língua de sinais : Dicionários 419.03

Obra atualizada conforme o
NOVO ACORDO ORTOGRÁFICO DA LÍNGUA PORTUGUESA

global editora

Global Editora e Distribuidora Ltda.
Rua Pirapitingui, 111 – Liberdade
CEP 01508-020 – São Paulo – SP
Tel.: (11) 3277-7999
e-mail: global@globaleditora.com.br

grupoeditorialglobal.com.br
@globaleditora
/globaleditora
@globaleditora
/globaleditora
/globaleditora
blog.grupoeditorialglobal.com.br

Nº de Catálogo: **3002**

Dedico esta obra aos meus pais,
Floriano e Ovídia Brandão;
às minhas irmãs, Florinda, Florita
e Florisa, e aos meus sobrinhos
Joana e Pedro.

Agradecimentos

Minha eterna gratidão a Lila Covas, Florita Brandão, Tião Farias e Fernando Guarnieri, que, ao longo dos últimos 15 anos, proporcionaram todas as condições para o meu aprendizado e para a realização de meus projetos na área da educação especial.

Aos amigos Caco e Leila, pela dedicação e paciência...

À Global Editora, pela confiança, sensibilidade, profissionalismo e por seu trabalho impecável.

LIBRAS – LÍNGUA BRASILEIRA DE SINAIS

O sistema gestual utilizado pelas pessoas surdas se desenvolveu com o passar dos anos, até ser reconhecido como língua de sinais.

No Brasil, esse sistema gestual é chamado de Língua Brasileira de Sinais (LIBRAS) e é reconhecido oficialmente como meio legal de comunicação e expressão pela Lei nº 10.436, de 24 de abril de 2002.

A LIBRAS constitui um sistema de linguagem eficiente na transmissão de ideias, conceitos e fatos. Assim como as demais línguas, possui estrutura gramatical própria, de caráter visual-motor, em que sinais são usados como palavras. Os sinais são compostos de um ou mais gestos, construídos a partir da combinação entre a forma e o movimento das mãos com o ponto no corpo ou no espaço onde os gestos são executados.

O aprendizado da **língua de sinais** é um recurso muito importante não somente para as pessoas surdas, mas também para todos os ouvintes que pretendem ter uma comunicação fluente com a comunidade de pessoas surdas, em seu idioma natural.

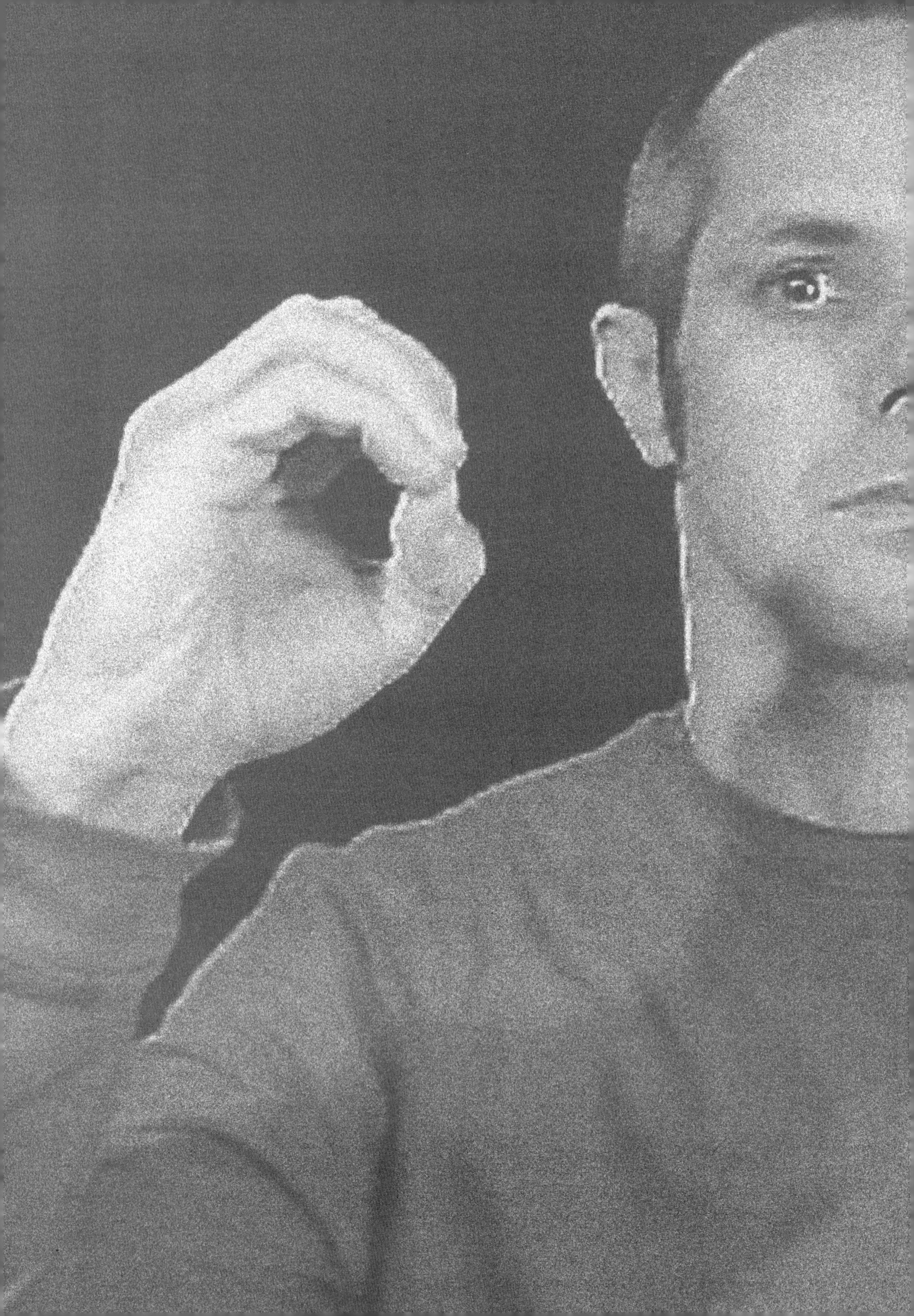

DICIONÁRIO ILUSTRADO DE LIBRAS

Este dicionário foi desenvolvido com o objetivo de contribuir para o conhecimento dos significados dos sinais que compõem a LIBRAS, bem como de orientar a execução dos movimentos que são a base dessa língua gestual. Seu conteúdo foi elaborado para promover um fácil aprendizado, de forma prática e direta. Por isso fotografias, ilustrações e textos explicativos são recursos amplamente utilizados neste material.

A obra apresenta 3.212 sinais, que são acompanhados do seu significado em português e da explicação do movimento. A maior parte deles também apresenta uma ilustração. As ilustrações procuram demonstrar o significado mais relevante para o verbete consultado, ao mesmo tempo que orientam o seu sentido, uma vez que a língua portuguesa possui muitos homônimos (a palavra “manga” é um exemplo de homônimo: ela tanto pode significar o nome de uma fruta quanto a parte de uma peça de vestuário).

A construção gramatical da língua de sinais é baseada em regras próprias. Assim, devemos tomar cuidado com as traduções literais, porque nem todas as palavras na língua portuguesa possuem um sinal específico. Nestes casos, podemos optar pela construção de uma frase para explicar o significado cuja palavra não possui sinal correspondente.

Observação

Este dicionário pode ser consultado por todos os públicos. Vale notar que algumas de suas expressões são de conteúdo adulto. Nesses casos, os verbetes e suas respectivas ilustrações são apresentados de forma apenas didática, sem comprometer, porém, seu entendimento.

Em casos de homônimos perfeitos — palavras que possuem a mesma pronúncia e escrita, mas que apresentam significados diferentes — o leitor deve observar tanto o texto que descreve o significado do verbete quanto sua ilustração, para a correta compreensão do sinal apresentado.

COMO USAR

SINAL – O sinal é o gesto ou o movimento que representa uma ou mais palavras em português. As fotos mostram a sequência desses movimentos. A primeira foto mostra a posição de início do movimento, e a última foto a posição no término do movimento. A quantidade de fotos depende da complexidade do sinal ou das etapas que o compõem.

SETAS – Presentes em alguns sinais, indicam a direção, o sentido e a extensão do movimento da(s) mão(s). Mostram também se o percurso é em linha reta, arco, curva, zigue-zague etc. e podem aparecer antes ou depois de o movimento acontecer.

ACORDAR* – Mãos fechadas em "S" se cruzando pelos punhos (foto 1). Movê-las simultaneamente para cima e para as laterais, imitando o gesto de quem está se espreguiçando.

• ***Acordar:*** *Sair do sono ou da sonolência.* **Sinal igual:** DESPERTAR

▪ **ACONDICIONADO:** GUARDAR ▪ **ACONDICIONAR:** GUARDAR ▪ **ACORDAR:** DESPERTAR

SEQUÊNCIA FOTOGRÁFICA – Mostra o percurso das mãos ao executar o sinal. Se o gesto é estático, não é apresentada.

ASTERISCO – Indica que a palavra da entrada também aparece no rodapé, remetendo para outro sinal. Por exemplo, no verbete COLAR o sinal é o de "adorno que se usa no pescoço" e no rodapé COLAR remete para o verbete GRUDAR.

ENTRADA E DESCRIÇÃO DO MOVIMENTO – Palavra a consultar e explicação de como o sinal deve ser executado, incluindo a configuração e o posicionamento da(s) mão(s), direção, sentido, velocidade do movimento, quantidade de repetições, expressão facial etc.

ILUSTRAÇÃO – Presente na maior parte dos verbetes, representa o significado do sinal.

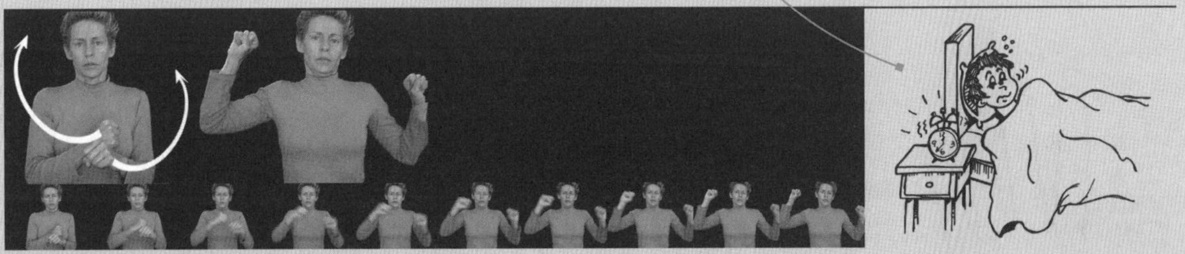

ACORDAR* – Mãos fechadas em "S" se cruzando pelos punhos (foto 1). Movê-las simultaneamente para cima e para as laterais, imitando o gesto de quem está se espreguiçando.

• *Acordar: Sair do sono ou da sonolência.* **Sinal igual:** DESPERTAR

■ ACONDICIONADO: GUARDAR ■ ACONDICIONAR: GUARDAR ■ ACORDAR: DESPERTAR

SIGNIFICADO – Explica o significado da palavra, suas possíveis variações e sinônimos.

SINAL IGUAL – Indica outras palavras que podem ser representadas com este mesmo sinal.

PALAVRAS NO RODAPÉ – Cada palavra indica o verbete que deve ser consultado (cuja entrada é sinônimo ou tem significado análogo), remetendo para o sinal a ser executado.

EXEMPLOS DE CONFIGURAÇÃO DA MÃO

Mão em "A"

Mão em "V"

Mão dobrada, dedos unidos e esticados

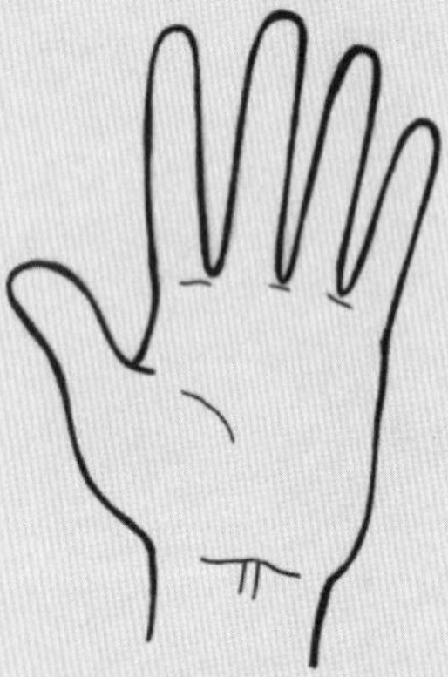
Mão aberta, dedos esticados e separados

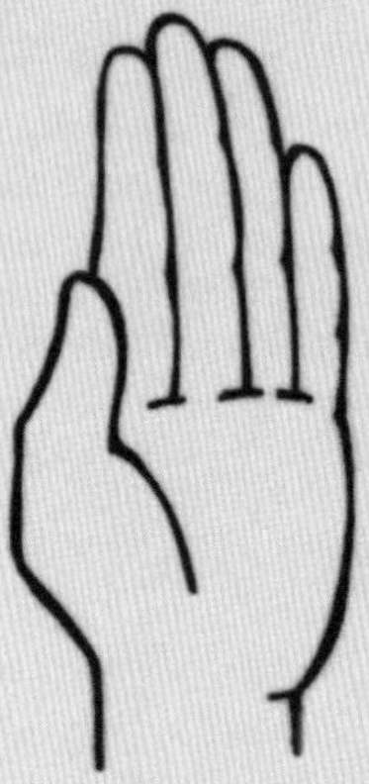
Mão aberta, dedos unidos e esticados

Mão aberta, dedos unidos e esticados, polegar separado

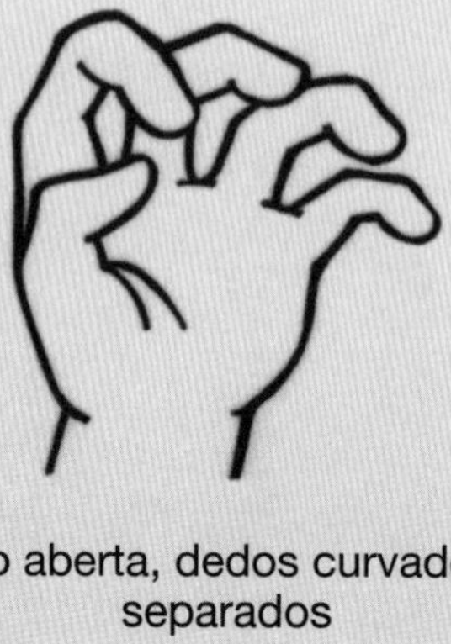
Mão aberta, dedos curvados e separados

EXEMPLOS DE POSICIONAMENTO

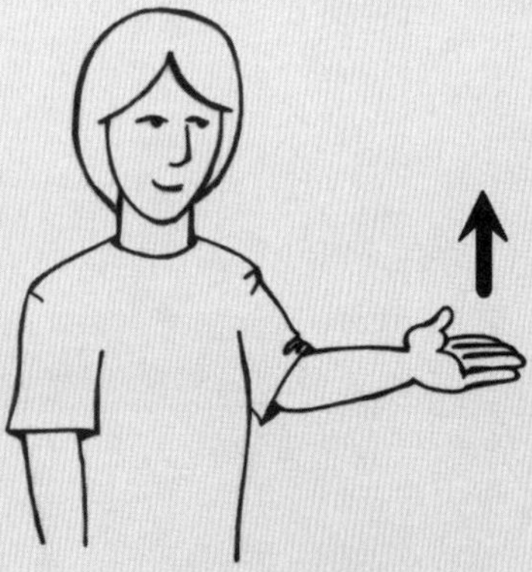

Palma para cima

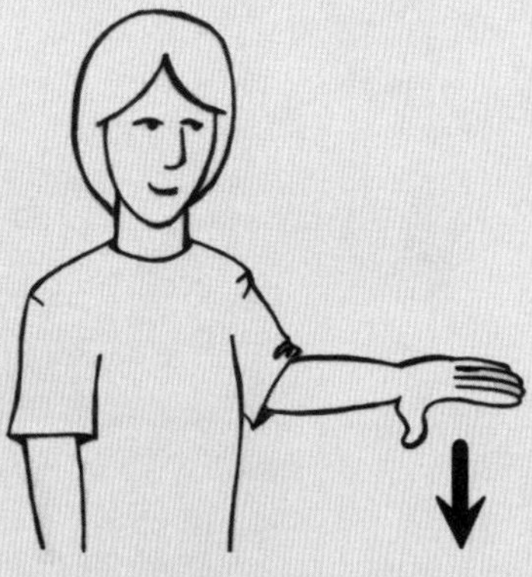

Palma para baixo

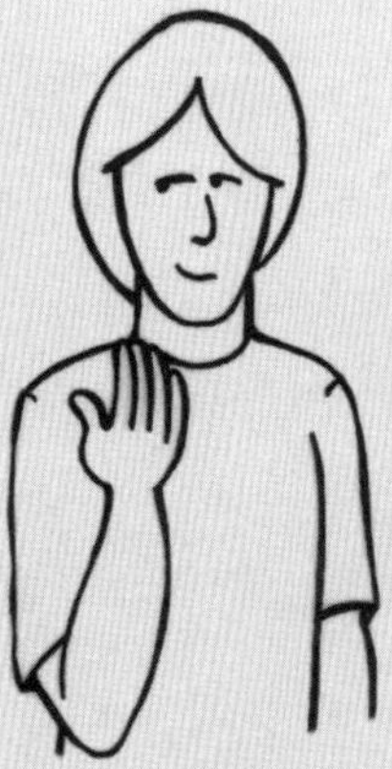

Palma para trás

Palma para a frente

Palmas para dentro

Braço dobrado horizontalmente

Braço dobrado verticalmente

OUTRAS ORIENTAÇÕES

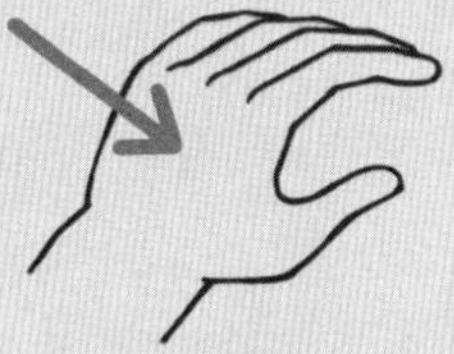

Dorso da mão

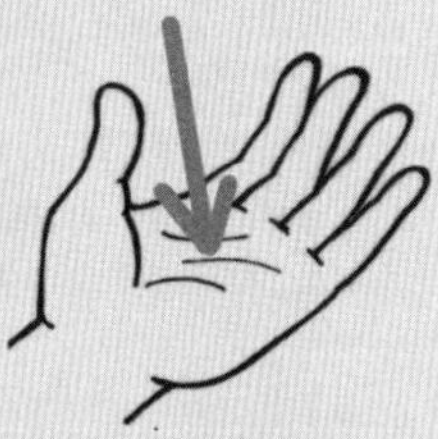

Palma da mão

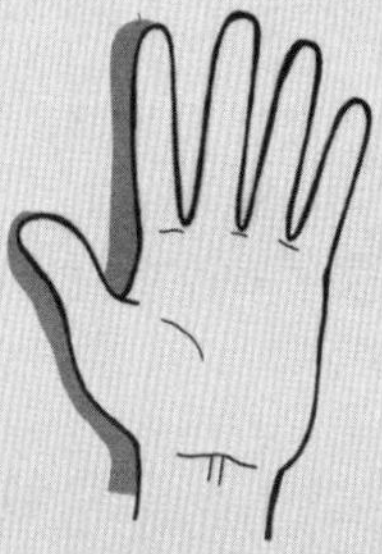

Lateral interna da mão

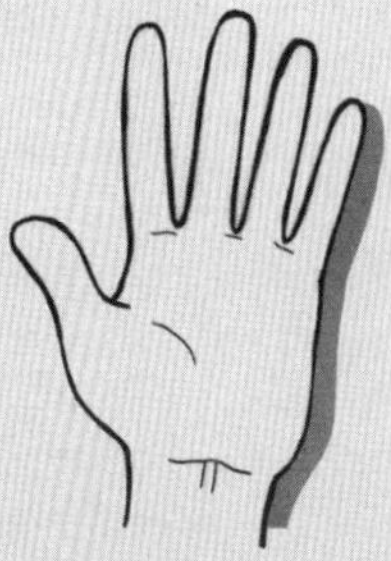

Lateral externa da mão

Arquivo pessoal

A AUTORA

Flávia Brandão nasceu em fevereiro de 1965 na cidade de São Paulo. Aos nove anos, perdeu a audição do ouvido esquerdo após contrair caxumba e, ainda naquela época, decidiu que, um dia, realizaria algo em benefício das pessoas surdas.

Após sua formação em Artes Plásticas pela Fundação Armando Álvares Penteado (FAAP) em 1986, trabalhou como ilustradora autônoma, em diversas publicações, e como professora de artes. Em 1995, foi convidada pela presidente do Fundo Social de Solidariedade e primeira dama do Estado de São Paulo, a Sra. Lila Covas, para elaborar e coordenar um projeto voltado ao atendimento de pessoas com deficiência na Estação Especial da Lapa, unidade do Fundo Social. Lá, eram oferecidas atividades para pessoas com deficiência física, sensorial e intelectual. Foram os seis anos nesse trabalho e a convivência com essas pessoas que lhe trouxeram muitos conhecimentos na área da educação especial.

Em 2002, lançou seu primeiro dicionário de LIBRAS pela Imprensa Oficial do Estado de São Paulo, o *Dicionário de LIBRAS Ilustrado*, em CD-ROM, com 60 mil exemplares distribuídos em todo o país. Esse trabalho foi certificado como Tecnologia Social Efetiva pela Fundação Banco do Brasil, pela Unesco e pela Comunicação Institucional da Petrobras, por meio do Prêmio Fundação Banco do Brasil de Tecnologia Social (edição 2005). No mesmo ano, a autora obteve o reconhecimento internacional pelo Consejo Iberoamericano em Honor a Calidad Educativa, composto de 13 universidades da América Latina e Europa, recebendo os títulos de *Doctor Honoris Causa* e *Honorable Educador Iberoamericano*.

BIBLIOGRAFIA

BRANDÃO, Flávia. *Dicionário de LIBRAS Ilustrado*. São Paulo: Imprensa Oficial do Estado de São Paulo, 2002. CD-ROM.

CAPOVILLA, Fernando César; RAPHAEL, Walkiria Duarte. *Dicionário Enciclopédico Ilustrado Trilíngue da Língua de Sinais Brasileira*. São Paulo: Editora da Universidade de São Paulo, 2001. v. 2.

DICIONÁRIO de Libras. Disponível em: <www.acessobrasil.org.br/libras/>. Acesso em: 27 de maio de 2011.

DICIONÁRIO Eletrônico Aurélio Século XXI. Rio de Janeiro: Nova Fronteira, 2001. CD-ROM.

ENCYCLOPAEDIA Britânica do Brasil. Nova Barsa CD. São Paulo: Encyclopaedia Britannica do Brasil Publicações Ltda., 1998. CD-ROM.

HOUAISS, Antônio; VILLAR, Mauro de Sales. *Dicionário Houaiss da Língua Portuguesa*. Rio de Janeiro: Objetiva, 2001.

MICHAELIS Dicionário Moderno da Língua Portuguesa. Disponível em: <www.uol.com.br/michaelis>. Acesso em: 27 de maio de 2011.

Mão fechada, palma para a frente. O polegar deve estar sobre a lateral do indicador e as unhas dos dedos mínimo, anular, médio e indicador devem estar à mostra. Primeira letra do alfabeto. Mão fechada, palma para a frente. O polegar deve estar sobre a lateral do indicador e as unhas dos dedos mínimo, anular, médio e indicador devem estar à mostra. Primeira letra do alfabeto

a frente. O po

teral do indica

mínimo, anular, médio e indicador devem estar à mostra. Primeira letra do alfabeto. Mão fechada, palma para a frente. O polegar deve estar sobre a lateral do indicador e as unhas dos dedos mínimo, anular, médio e indicador devem estar à mostra. Primeira letra do alfabeto. Mão fechada, palma para a frente. O polegar deve estar sobre a lateral do indicador e as unhas dos dedos mínimo, anular, médio e

A – Mão fechada, palma para a frente. O polegar deve estar sobre a lateral do indicador e as unhas dos dedos mínimo, anular, médio e indicador devem estar à mostra.

• ***A:*** *Primeira letra do alfabeto.*

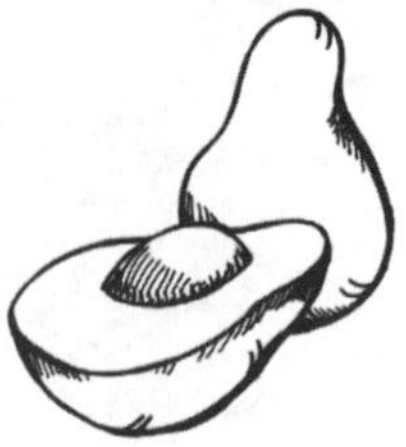

ABACATE – Mão esquerda aberta e levemente curvada, dedos apontando para o lado direito, palma para cima. Mão direita curvada, dedos unidos, palma para trás. Posicionar as mãos conforme a foto 1. Em seguida, abaixar a mão direita até a palma da esquerda, girar a mão direita até que a palma fique virada para cima e levá-la à boca.

• ***Abacate:*** *Fruto do abacateiro.*

ABACAXI – Mão direita aberta, dedos curvados e separados, palma para cima. Mão esquerda aberta, dedos curvados e separados, palma para baixo. Apoiar o cotovelo direito no dorso da mão esquerda, mantendo o braço direito dobrado em 90 graus.

• ***Abacaxi:*** *Fruto de planta da espécie das bromeliáceas.* **Sinal igual:** ANANÁS

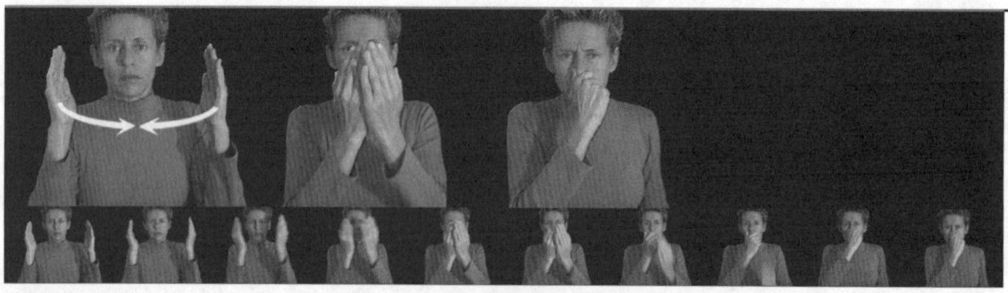

ABAFADO – Mãos abertas e levemente curvadas, palmas para dentro. Posicionar as mãos perto do rosto, conforme a foto 1. Em seguida, juntar as mãos diante do rosto, encostando-as entre si pelas laterais externas. Depois, tampar as narinas com uma das mãos e encher as bochechas de ar.

• ***Abafado:*** *Em que mal se pode respirar; onde não há mais espaço.* **Sinal igual:** APERTADO, ESPREMIDO, SUFOCANTE

ABAIXAR – Mãos abertas e encostadas uma na outra pelos polegares, dedos juntos, palmas para baixo na altura do peito (foto 1). Baixar lentamente as mãos até a altura da cintura.

• ***Abaixar:*** *Tornar baixo ou mais baixo.* **Sinal igual:** ARRIAR, BAIXAR, DESCER

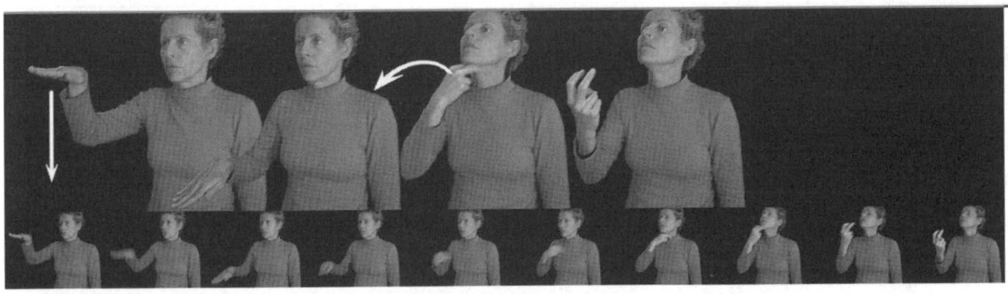

ABAIXAR A VOZ – Fazer o sinal de "abaixar" com uma das mãos. Em seguida, fazer o sinal de "voz".

• ***Abaixar a voz:*** *Diminuir o volume da voz.*

ABAIXO – Mãos abertas, dedos unidos e palmas para baixo. Dorso da mão direita encostado na palma da esquerda (foto 1). Manter a mão esquerda imóvel, enquanto a direita se desloca para baixo (foto 2).

• ***Abaixo:*** *Em local menos elevado.* **Sinal igual:** DEBAIXO, EMBAIXO

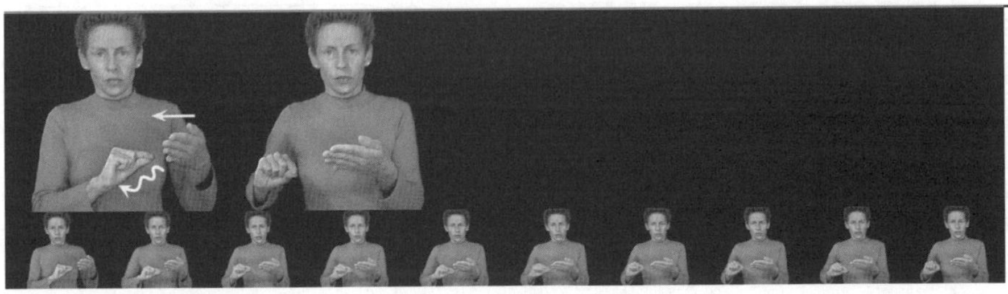

ABAIXO-ASSINADO – Mão esquerda aberta, dedos unidos e palma virada para o peito. Mão direita simula que está segurando uma caneta. (foto 1). Movimentar ambas as mãos para a direita, ao mesmo tempo que a direita imita o gesto de quem assina um papel (foto 2).

• ***Abaixo-assinado:*** *Documento coletivo que expressa a opinião de um grupo ou comunidade.*

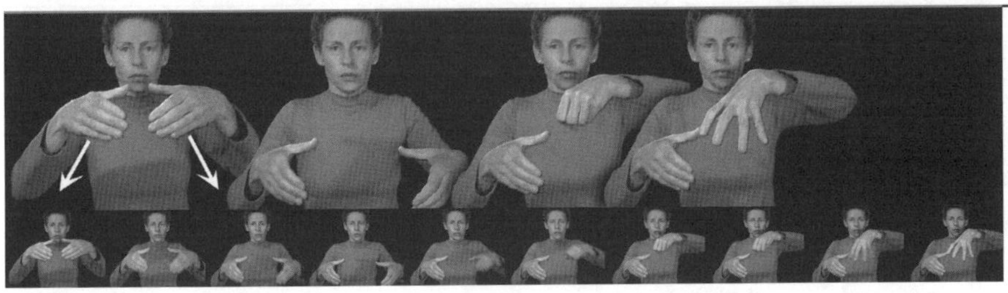

ABAJUR – Mãos semiabertas viradas uma para a outra, dedos unidos e polegares afastados, imitando a forma da cúpula de um abajur (foto 1). Baixar e afastar um pouco uma mão da outra (foto 2). Manter uma das mãos imóvel enquanto a outra se fecha em "S", palma para baixo e depois se abre rapidamente, representando uma lâmpada sendo acesa (fotos 3 e 4).

• ***Abajur:*** *Peça adaptada a uma lâmpada que permite a claridade de uma área.*

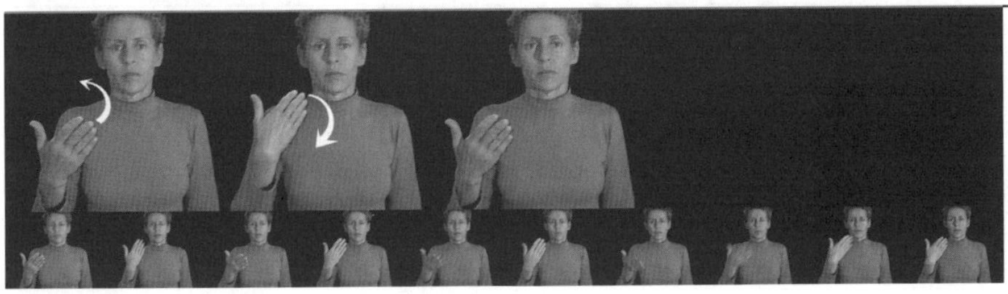

ABANAR – Com uma das mãos, imitar o gesto de quem abana o rosto.

• ***Abanar:*** *Refrescar-se com abano.*

▪ **ABALAR:** AGITAR ▪ **ABALO:** TRAUMA ▪ **ABALO SÍSMICO:** TERREMOTO ▪ **ABANADOR:** LEQUE

ABANDONADO – Mãos viradas para o rosto com o polegar e o dedo médio de cada mão unidos (foto 1). Abrir as mãos rapidamente soltando os dedos, sempre em direção ao próprio rosto (foto 2).

• ***Abandonado:*** *Deixado de lado ou ignorado.* **Sinal igual:** LARGADO

ABANDONAR – Mãos viradas para o lado com o polegar e o dedo médio de cada mão unidos (foto 1). Abrir as mãos rapidamente, enquanto as inclina aos poucos para baixo e para a lateral (foto 2).

• ***Abandonar:*** *Deixar de todo; largar de vez.* **Sinal igual:** ABDICAR, DESAMPARAR, DESISTÊNCIA, DESISTIR, LARGAR, REJEITAR, RENDER-SE, RENÚNCIA, RENUNCIAR

ABARROTADO – Tampar as narinas com uma das mãos e encher as bochechas.

• ***Abarrotado:*** *Que se encontra repleto, cheio.* **Sinal igual:** LOTADO

ABATIDO* – Encostar uma das mãos no rosto e deslizá-la suavemente para baixo, enquqanto inclina aos poucos a cabeça para o lado.

• ***Abatido:*** *Aquele que emagreceu ou enfraqueceu; pessoa com aspecto doentio.* **Sinal igual:** PROSTRADO

ABELHA – Ponta do dedo indicador unida ao polegar (foto 1). Fazer um círculo com a mão e tocar a ponta dos dedos no pescoço, como se fosse uma abelha picando (foto 2).

• ***Abelha:*** *Inseto que produz o mel.*

▪ **ABANO:** LEQUE ▪ **ABARRACAR:** ACAMPAR ▪ **ABASTADO:** RICO ▪ **ABASTECER:** ENCHER ▪ **ABATER:** DERRUBAR ▪ **ABATIDO:** DEPRIMIDO ▪ **ABATIMENTO:** DESCONTO ▪ **ABDICAR:** ABANDONAR ▪ **ABDOME, ABDÔMEN:** BARRIGA

ABENÇOAR – Mãos em "A" tocando levemente a testa. Baixar aos poucos as duas mãos e, ao mesmo tempo, abri-las com as palmas para baixo.

• ***Abençoar:*** *Lançar bênção a alguém; desejar o bem para alguma pessoa.* **Sinal igual:** BENZER

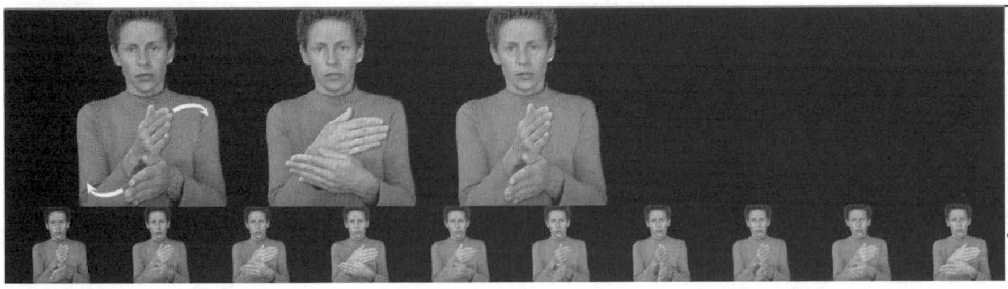

ABERTO – Mãos abertas, uma sobre a outra, dedos unidos apontando para frente e palmas para dentro. Sem desencostar as mãos, movimentá-las para lados contrários duas ou três vezes.

• ***Aberto:*** *Que permite entrar, sair ou ver, por não apresentar obstáculos.*

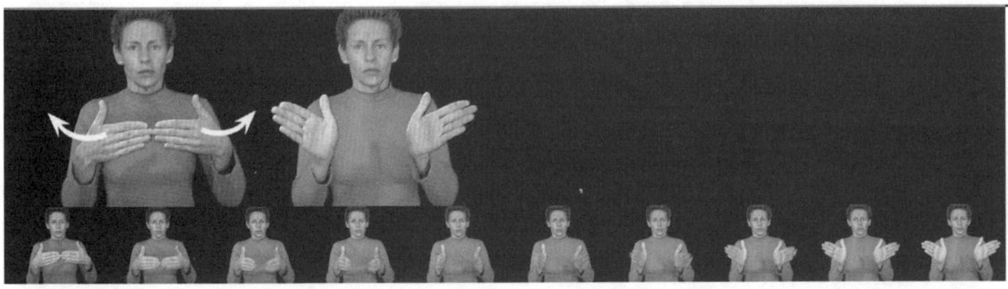
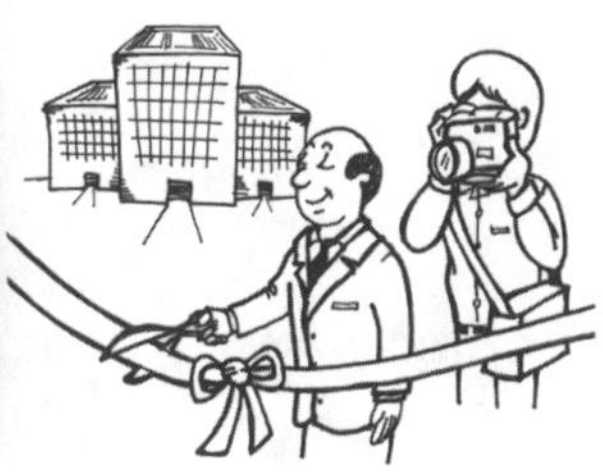

ABERTURA – Mãos abertas, dedos unidos e polegares afastados. Encostar as pontas dos dedos médios uma na outra, palmas para trás. Separar as mãos apontando os dedos para a frente.

• ***Abertura:*** *Primeiro momento; solenidade inaugural.*

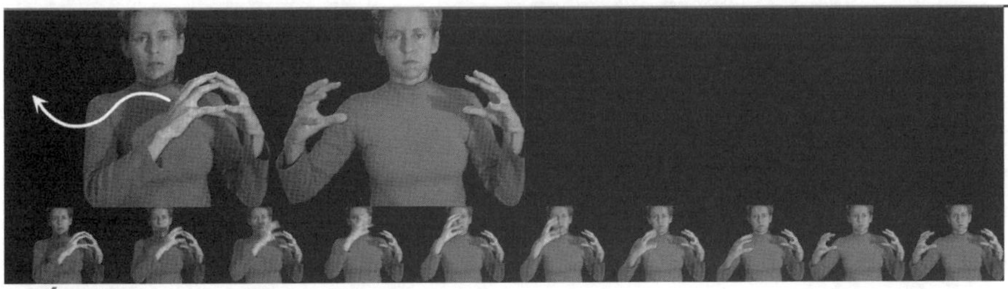
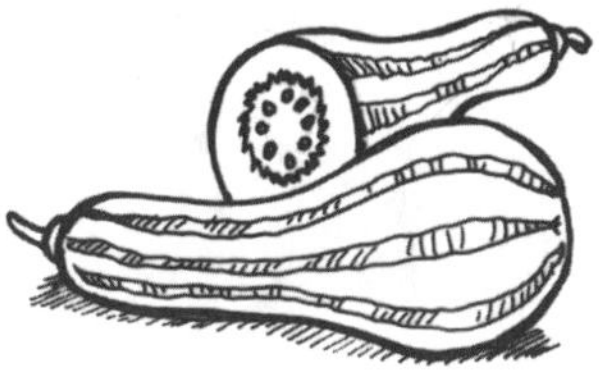

ABÓBORA – Manter as mãos unidas pelas pontas dos dedos, conforme a foto 1. Em seguida, manter a mão esquerda parada e mover a mão direita para o lado em um movimento ondular, representando o formato de uma abóbora brasileira (abóbora-menina).

• ***Abóbora:*** *Fruto da aboboreira.* **Sinal igual:** JERIMUM

ABOBRINHA – Mão esquerda fechada, palma para baixo. Mão direita aberta com os dedos curvados e separados. Encostar as pontas dos dedos direitos nos esquerdos.

• ***Abobrinha:*** *Fruto de uma variedade da abóbora-moranga.*

▪ **ABISMADO:** ESPANTADO ▪ **ABISMAR:** ESPANTADO ▪ **ABLUÇÃO:** BANHO ▪ **ABNEGAÇÃO:** SACRIFÍCIO ▪ **ABOCANHAR:** MORDER

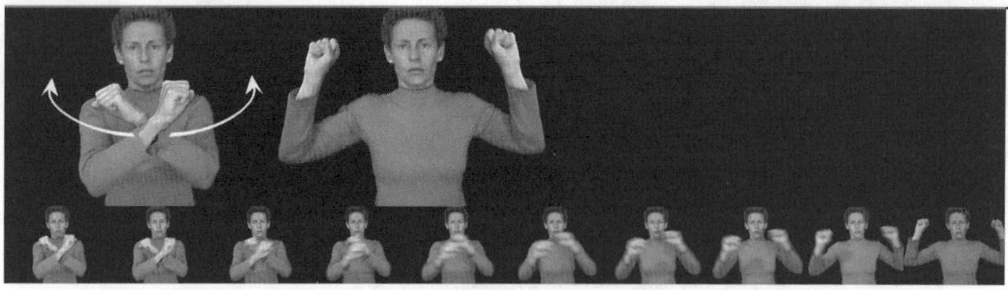

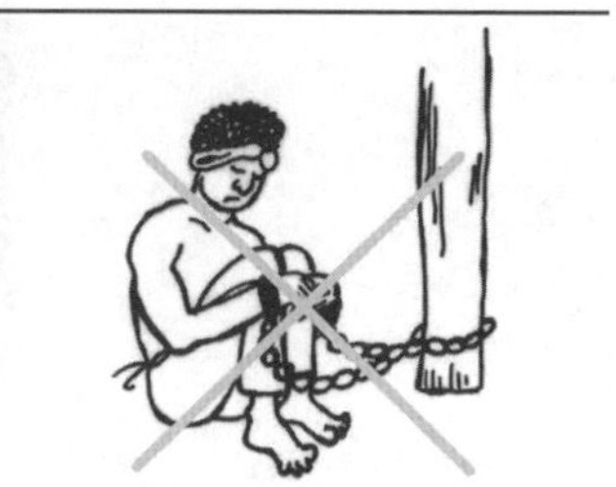

ABOLIÇÃO DA ESCRAVATURA – Mãos fechadas em "S". Manter os braços cruzados se tocando pelos punhos. Abrir rapidamente os braços, imitando o gesto de quem solta as mãos amarradas, sempre mantendo-as fechadas.

• ***Abolição da escravatura:*** *Medida adotada para extinguir a escravidão.*

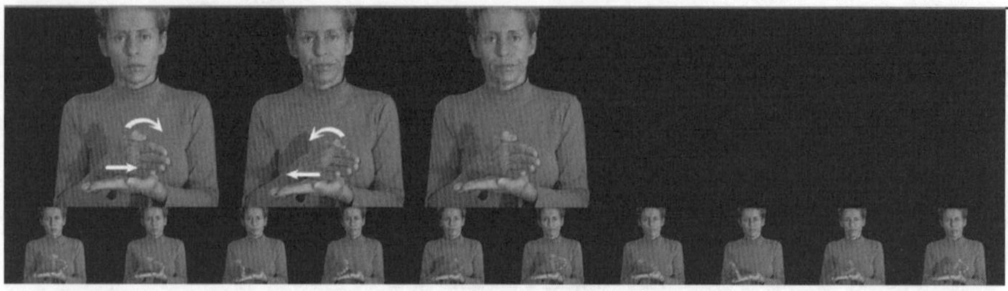

ABORRECER – Mãos abertas com os dedos unidos e esticados. Encostar apenas a lateral externa da mão direita na palma da esquerda, conforme a foto 1. Deslizar a mão direita sobre a esquerda, para a frente e para trás, inclinando-a a cada movimento. Fazer esse movimento duas ou três vezes.

• ***Aborrecer:*** *Causar ou sofrer desgosto ou contrariedade.* **Sinal igual:** AMOLAR, CHATEAR, ENFADAR, ENFASTEAR, IMPORTUNAR

ABORRECIDO – Mãos semiabertas, dedos levemente curvados e separados, palmas para cima. As mãos devem encostar delicadamente no peito. Baixar as mãos lentamente e ao mesmo tempo fechá-las. O rosto deve ter expressão de tristeza.

• ***Aborrecido:*** *Que demonstra ou exibe aborrecimento.*

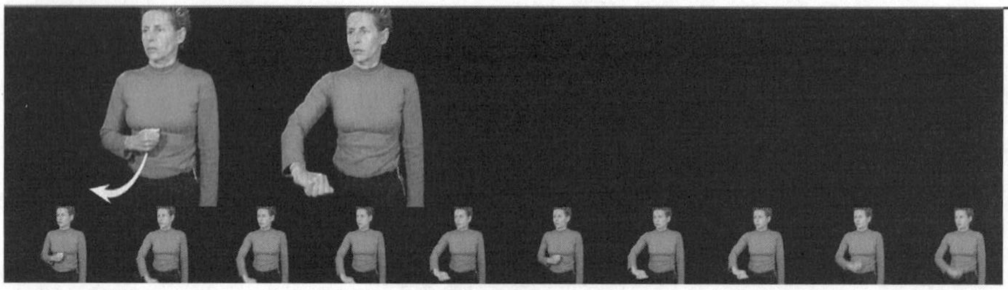

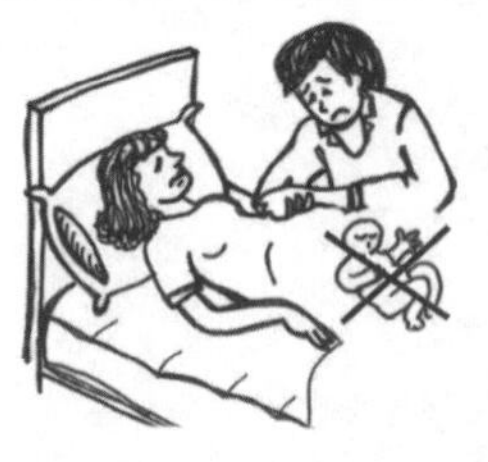

ABORTAR – Mão fechada em "S" tocando o corpo abaixo do umbigo, palmas para dentro. Fazer um movimento rápido para baixo e para a frente, representando a expulsão do feto do interior do útero materno.

• ***Abortar:*** *Perder o bebê durante a gestação.* **Sinal igual:** ABORTO

ABOTOAR – Imitar o gesto de quem fecha dois ou três botões de uma camisa.

• ***Abotoar:*** *Introduzir o botão em sua respectiva casa.* **Sinal igual:** AFIVELAR

▪ **ABOLIR:** CANCELAR ▪ **ABOMINAR:** DETESTAR, ODIAR ▪ **ABOMINÁVEL:** DETESTAR ▪ **ABONADO:** RICO ▪ **ABORÍGINE:** ÍNDIO ▪ **ABORTO:** ABORTAR

ABRAÇAR – Imitar o gesto de um abraço no próprio corpo.

• ***Abraçar:*** *Envolver com os braços, mantendo-os junto ao peito.* **Sinal igual:** CINGIR

ABREVIAR – Mãos fechadas, dedos indicadores erguidos. A mãos devem estar separadas e uma virada para a outra. Aproximá-las lentamente até que os polegares se toquem.

• ***Abreviar:*** *Tornar menor, diminuir, reduzir.* **Sinal igual:** DIMINUIR, ENCURTAR, REDUZIR

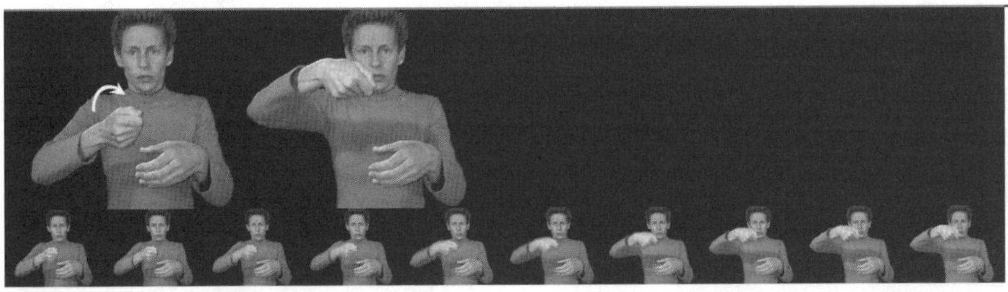

ABRIDOR DE GARRAFA – Mão esquerda em "C", palma para dentro. Mão direita em "A". Posicionar as mãos conforme a foto 1. Em seguida, mover a mão direita para cima, imitando o gesto de quem utiliza um abridor de garrafas.

• ***Abridor de garrafa:*** *Instrumento que serve para abrir garrafas.*

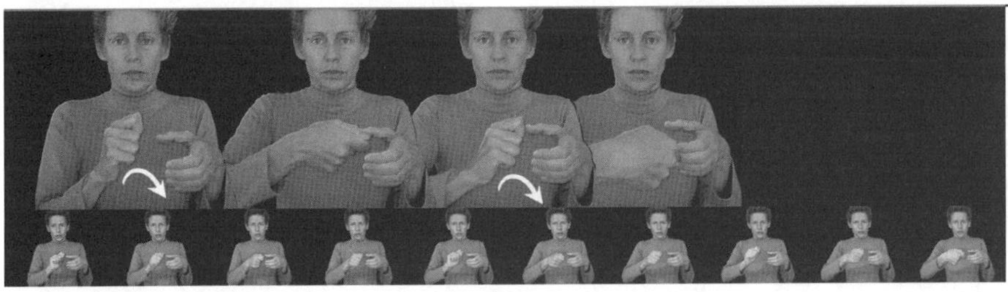

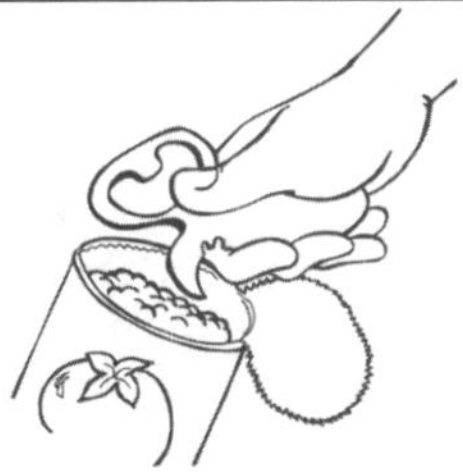

ABRIDOR DE LATA – Mão esquerda em "C", palma para dentro. Posicionar as mãos conforme a foto 1. Mover a mão direita ao redor da mão esquerda, imitando o movimento de quem usa um abridor de latas.

• ***Abridor de lata:*** *Instrumento que serve para abrir latas.*

ABRIGO – Mãos levemente flexionadas, dedos unidos e retos, palmas para baixo. Colocar as mãos sobre a cabeça e movimentá-las juntas para a frente, enquanto abaixa delicadamente a cabeça.

• ***Abrigo:*** *Local que oferece proteção contra os rigores do tempo.*

▪ **ABRANDAR:** ALIVIAR ▪ **ABRASAR:** FOGO ▪ **ABRASIVO:** LIXAR ▪ **ABRIGAR:** CUIDAR

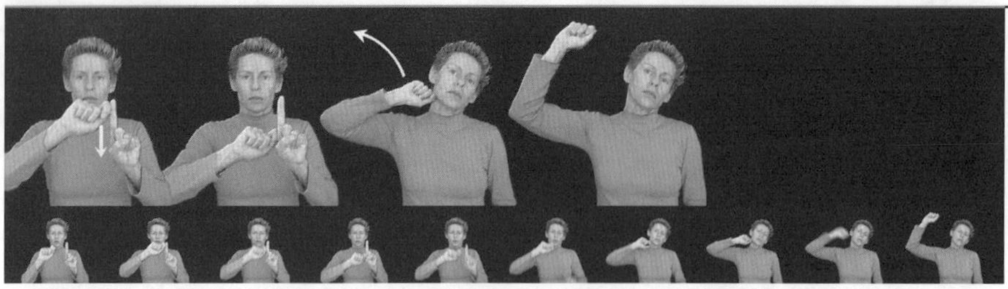

ABRIL – Fazer o sinal de "mês" e, em seguida, com um das mãos, imitar o gesto de quem pega uma corda amarrada no pescoço e puxa para o lado e para cima (sinal inspirado no dia 21 de abril, Tiradentes).

• ***Abril:*** *Quarto mês do ano.*

ABRIR – Mãos em "B", palmas para a frente. Encostar uma mão na outra (foto 1). Em seguida, manter a mão esquerda parada e mover a direita para a lateral, virando a palma para trás.

• ***Abrir:*** *Descerrar ou revelar, tornar visível o que estava fechado.* **Sinal igual:** DESCERRAR

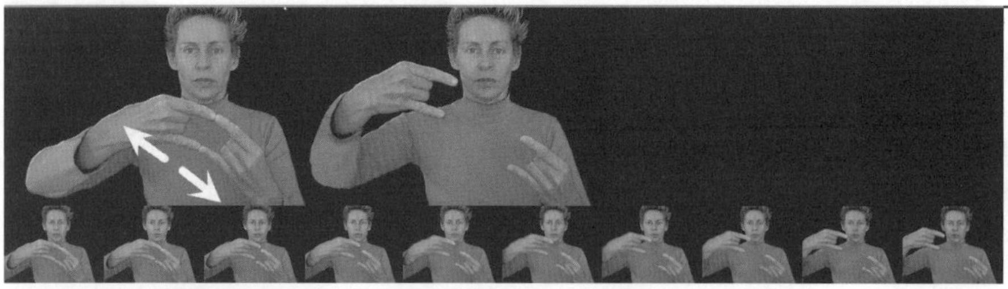

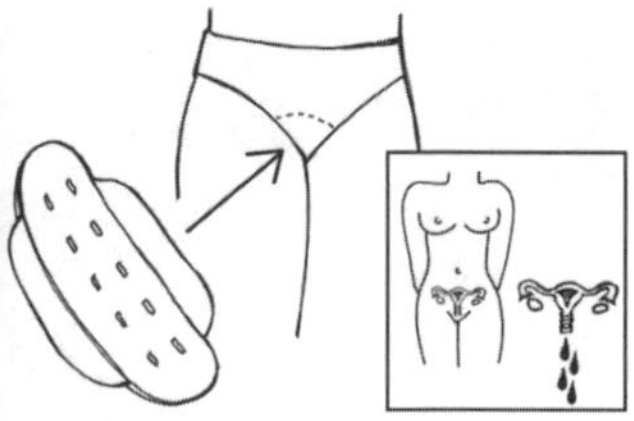

ABSORVENTE HIGIÊNICO – Tocar as pontas do indicador e do mínimo nas dos mesmos dedos da outra mão. Os demais dedos devem permanecer fechados. Afastar um pouco uma mão da outra sem mudar a posição dos dedos.

• ***Absorvente higiênico:*** *Peça de algodão, própria para proteção feminina no período menstrual.*

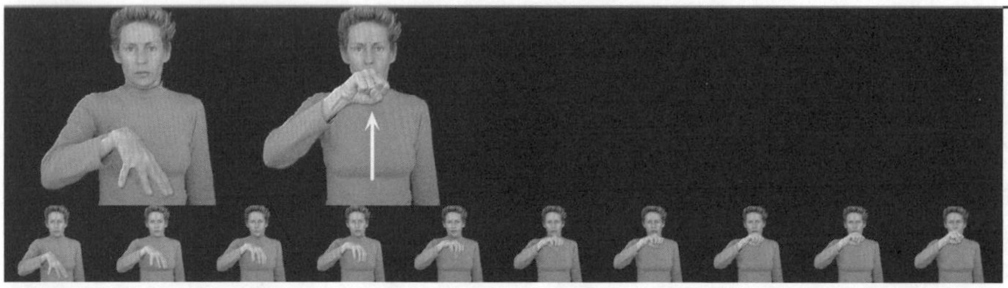

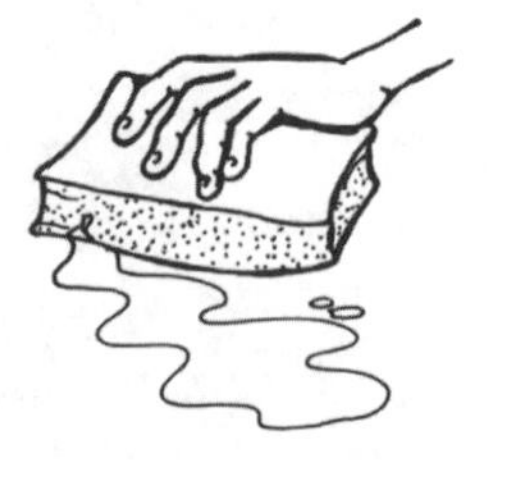

ABSORVER – Mão semiaberta, palma para baixo, dedos esticados e separados. Subir a mão e ao mesmo tempo fechá-la em "S", mantendo a palma para baixo.

• ***Absorver:*** *Puxar para dentro, inalando; aspirar, sorver.* **Sinal igual:** CHUPAR, EMBEBER, SORVER, SUGAR

ABSTER – Mãos abertas, dedos unidos apontando para cima. Movimentar as duas mãos para o lado, imitando o gesto de quem afasta alguma coisa do próprio corpo.

• ***Abster:*** *Não aceitar, recusar, rejeitar.* **Sinal igual:** IMPEDIR, PRIVAR

▪ **ABSOLUTISMO:** DITADURA ▪ **ABSOLVER:** DESCULPAR

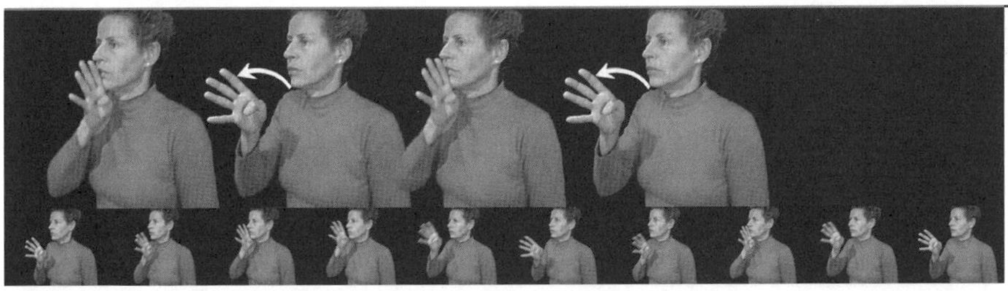

ABSURDO – Mão em "4", palma para o lado. Tocar a lateral do dedo indicador no queixo e em seguida levá-la à frente. Fazer esse movimento duas vezes.

• ***Absurdo:*** *Que é contrário à razão e ao bom-senso.*

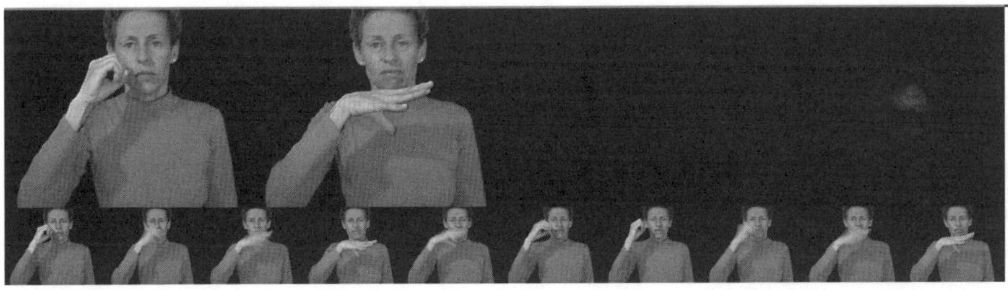

ABUSADO – Mão em "O" na frente do rosto, palma para o lado. Abrir a mão, imitando o gesto de quem "espirra" água com os dedos, mantendo a palma virada para o lado. Fazer esse movimento duas vezes.

• ***Abusado:*** *Pessoa intrometida, que se envolve em assunto que não lhe diz respeito; aquele que vai além do permitido.* **Sinal igual:** FOLGADO

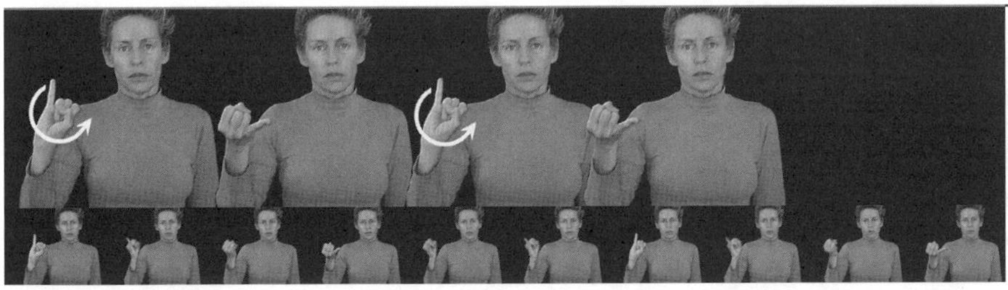

ABUSAR – Mão em "I". Girar o punho duas vezes, inclinando o dedo mínimo para baixo.

• ***Abusar:*** *Usar em excesso, usar de maneira imprópria.* **Sinal igual:** APROVEITAR, FOLGAR

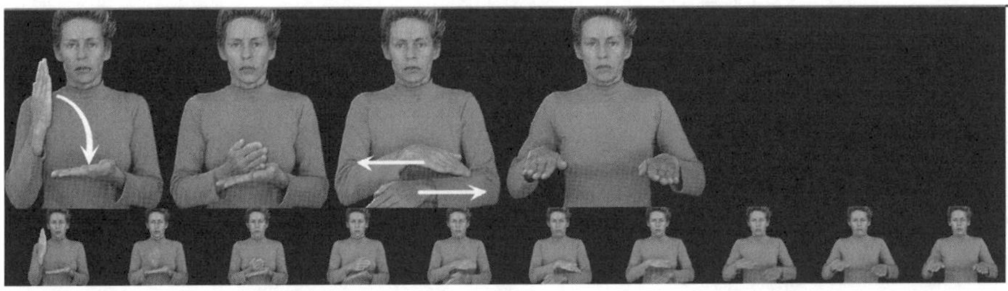

ACABAR – Mão esquerda aberta, dedos unidos, palma para cima. Mão direita aberta, dedos unidos apontando para cima, palma virada para a esquerda. Tocar na palma esquerda com a lateral da mão direita e, em seguida, virar a palma de ambas as mãos para baixo, uma sobre a outra sem se tocarem e afastá-las rapidamente para lados opostos.

• ***Acabar:*** *Chegar ao fim, terminar.* **Sinal igual:** ACABOU, ARREMATAR, CONCLUIR, CONCLUSÃO, ESGOTAR, FINDAR, TERMINAR

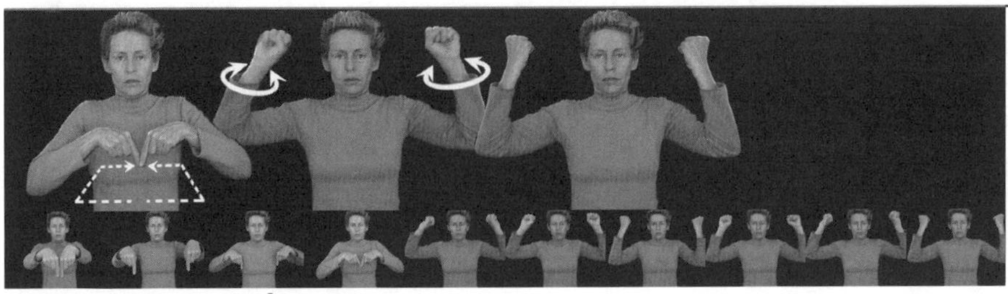

ACADEMIA DE GINÁSTICA – Fazer o sinal de "sala" e, em seguida, o de "musculação".

• ***Academia de ginástica:*** *Local onde se ensinam e treinam práticas esportivas ou recreativas.*

▪ **ABUNDÂNCIA:** MUITO ▪ **ABUNDANTEMENTE:** MUITO ▪ **ABUTRE:** URUBU ▪ **ACABADO:** PRONTO ▪ **ACABOU:** ACABAR

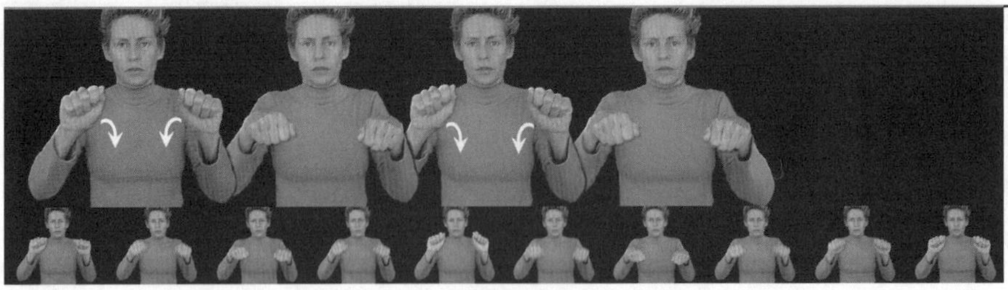

AÇAÍ – Mãos em "A", palmas para baixo. Movimentar as mãos duas vezes para baixo e de volta a posição inicial, articulando os punhos. Os braços devem permanecer imóveis.

• ***Açaí:*** *Fruto roxo escuro de polpa comestível.*

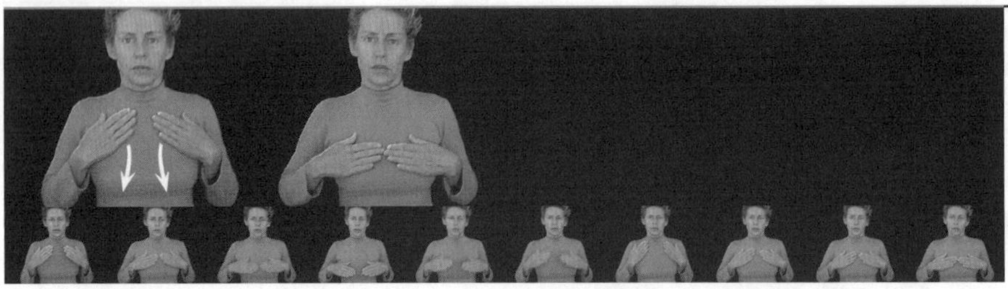

ACALMAR – Mãos abertas, dedos unidos, palmas viradas para trás. Tocar o peito com as duas mãos e deslizá-las um pouco para baixo. Fazer esse movimento duas vezes.

• ***Acalmar:*** *Tornar calmo, fazer perder a intensidade.* **Sinal igual:** CALMA, QUIETUDE, SERENIDADE, SOSSEGADO, TRANQUILIDADE

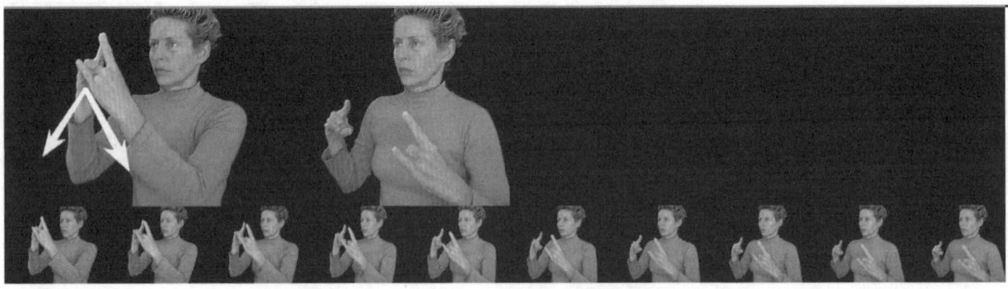

ACAMPAR – Tocar as pontas do indicador e do mínimo de uma mão nas dos mesmos dedos da outra, apontando para cima. Os demais dedos devem permanecer fechados. Baixar as mãos, enquanto as espara, imitando o formato de um telhado.

• ***Acampar:*** *Instalar-se em campo ou praia, geralmente usando uma barraca própria.* **Sinal igual:** ABARRACAR

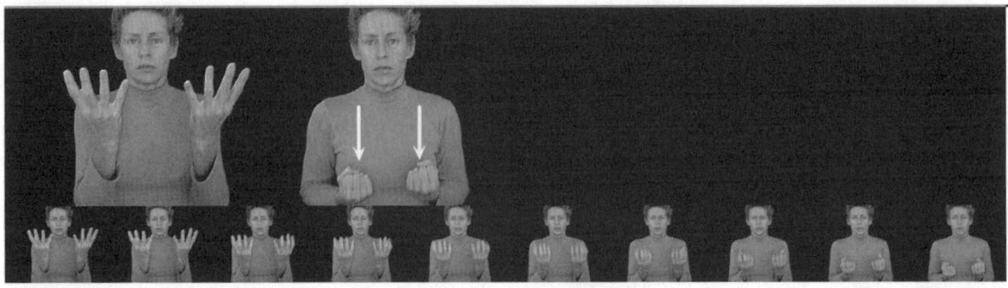

ACEITAR – Mãos semiabertas, dedos levemente curvados e separados, palmas para cima. As mãos devem estar um pouco longe do peito. Baixar ligeiramente as mãos e ao mesmo tempo aproximá-las do corpo, fechando-as em "S".

• ***Aceitar:*** *Consentir em receber.* **Sinal igual:** ADMITIR, CONSENTIMENTO

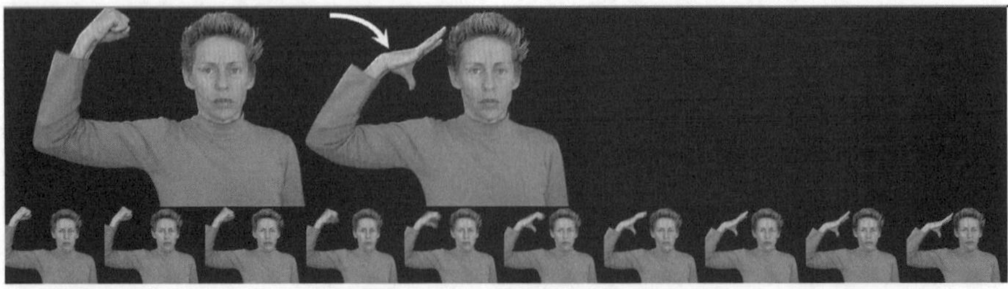

ACENDER – Mão fechada em "S". Colocar a mão acima e ao lado da cabeça, palma para dentro. Abrir a mão enquanto a aproxima um pouco da cabeça.

• ***Acender:*** *Pôr uma lâmpada em funcionamento.*

▪ ACAMAR: ADOECER ▪ ACANHADO: SEM GRAÇA, VERGONHA ▪ AÇÃO: FAZER ▪ ACASO: COINCIDÊNCIA, SORTE ▪ ACATAR: OBEDECER ▪ ACEDER: OBEDECER ▪ ACELERADO: RÁPIDO ▪ ACELERAR: APRESSAR ▪ ACENAR: TCHAU

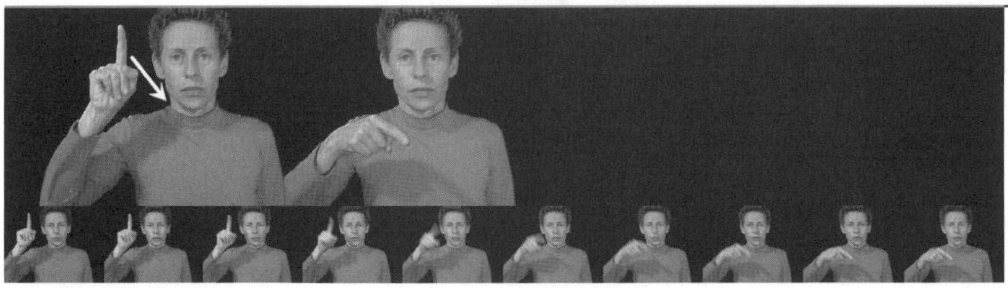

á, é, í, ó, ú

ACENTO AGUDO – Com o dedo indicador apontando para cima, apontar para baixo em um ângulo de aproximadamente 45 graus com relação ao chão, simulando um acento agudo.

• ***Acento agudo:*** *Sinal que serve para marcar a sílaba tônica.*

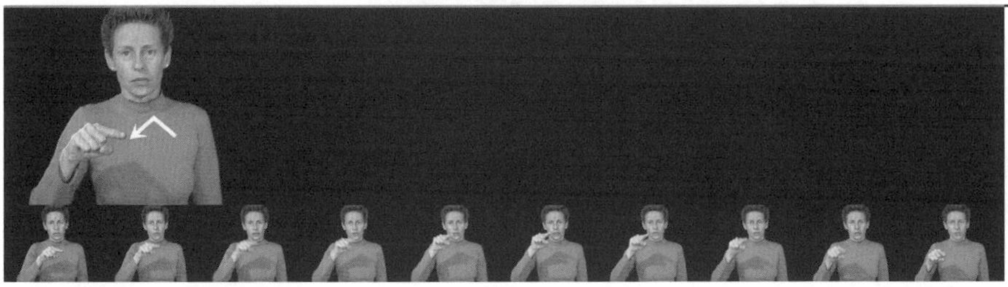

relâmpago

pêssego

ônibus

ACENTO CIRCUNFLEXO – Com o dedo indicador apontando para a frente, subir e descer a mão "desenhando no ar" um acento circunflexo.

• ***Acento circunflexo:*** *Sinal que serve para marcar uma inflexão mais elevada da voz.*

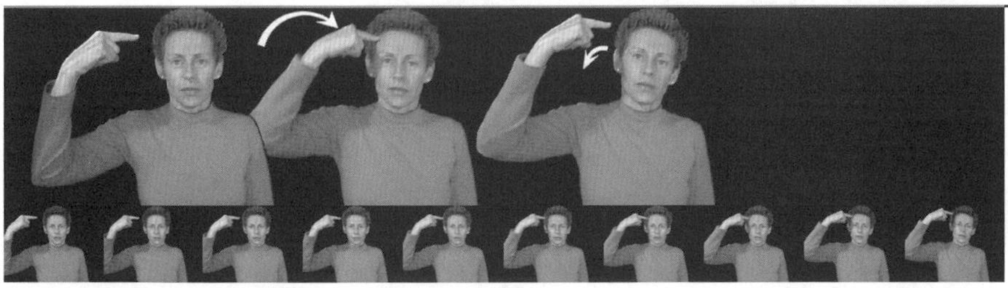

ACERTAR (UM OBJETO) – Indicador apontando para a própria testa. Tocá-la com a ponta desse dedo e, em seguida, afastar um pouco a cabeça para o lado oposto ao do dedo.

• ***Acertar (um objeto):*** *Atingir um alvo; bater em alguém com alguma coisa.*

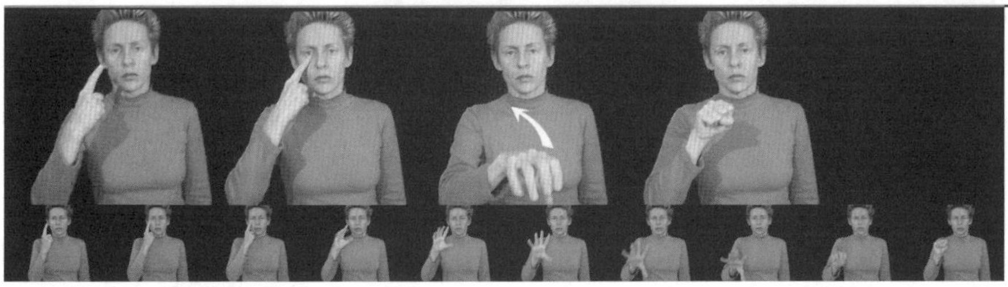

ACHAR (ENCONTRAR) – Tocar o rosto logo abaixo do olho com a ponta do dedo indicador. Em seguida, com a mesma mão, imitar o gesto de quem pega alguma coisa logo à frente, fechando a mão em "S" e trazendo-a para perto do peito.

• ***Achar (encontrar):*** *Encontrar por ter procurado ou por acaso.* **Sinal igual:** ENCONTRAR

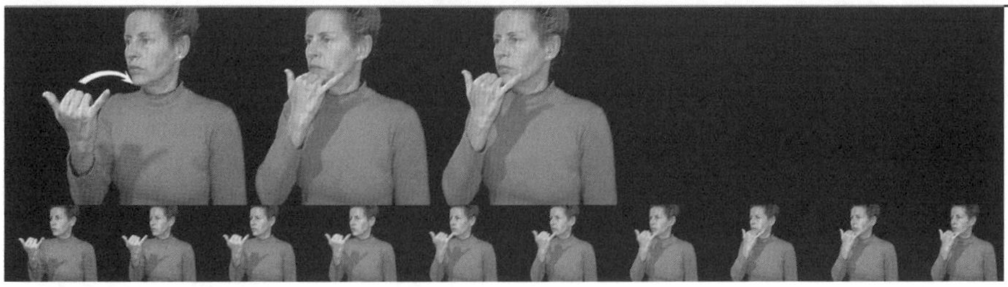

ACIDENTE – Mão em "Y", palma virada para o rosto. Tocar uma vez a ponta do queixo com os dedos que estão fechados.

• ***Acidente:*** *Acontecimento não previsto.*

▪ **ACERCA DE:** SOBRE ▪ **ACESSO:** ADMISSÃO ▪ **ACHATAR:** AMASSAR ▪ **ACHOCOLATADO:** CHOCOLATE

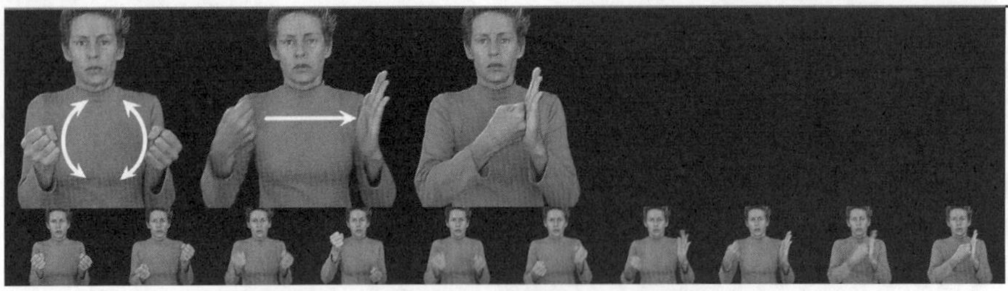

ACIDENTE DE CARRO – Fazer o sinal de "automóvel" e, em seguida, o de "bater".

• ***Acidente de carro:*** *Acidente entre dois ou mais veículos.* **Sinal igual:** BATIDA DE CARRO, TROMBADA

ACIMA – Mãos abertas, dedos unidos. Posicionar as mãos conforme a foto 1. Em seguida, elevar a mão de baixo acima da outra mão, deixando a palma virada para baixo.

• ***Acima:*** *Em lugar mais alto, mais elevado.* **Sinal igual:** SOBRE

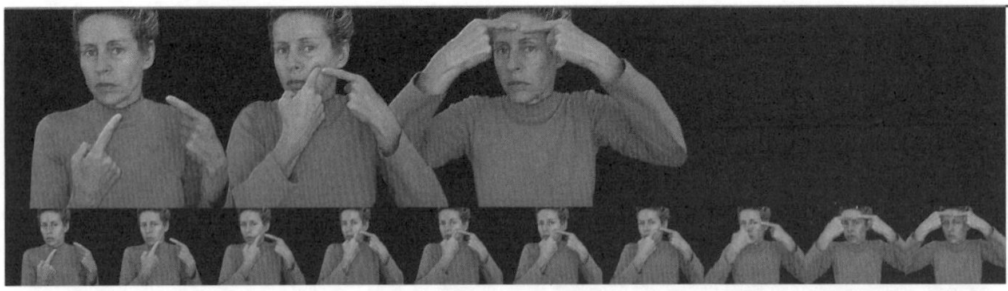

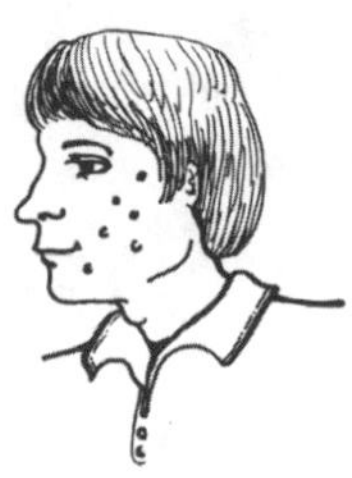

ACNE – Com o dedo indicador de ambas as mãos, imitar o gesto de quem espreme uma espinha, duas ou três vezes.

• ***Acne:*** *Erupção na face; espinha; cravo.* **Sinal igual:** CRAVO, ESPINHA

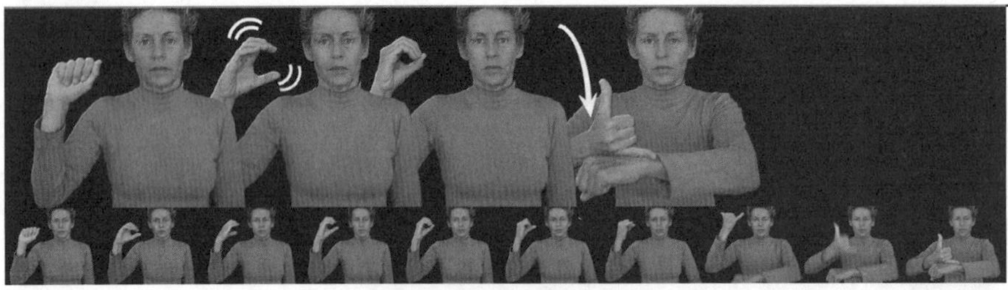

AÇO – Digitar com uma das mãos a palavra "aço" e, em seguida, fazer o sinal de "ferro".

• ***Aço:*** *Metal composto principalmente por ferro e carbono.*

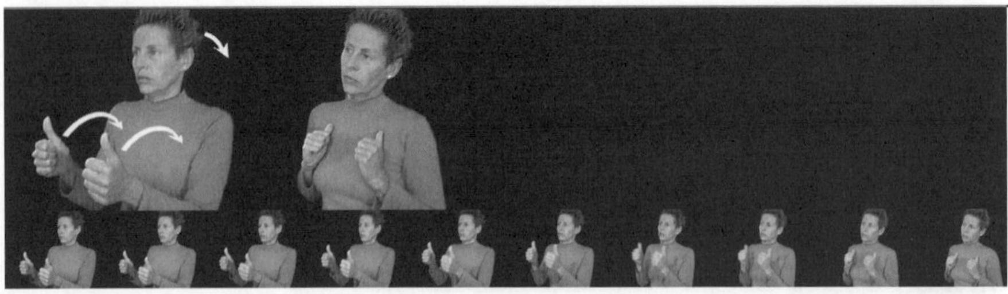

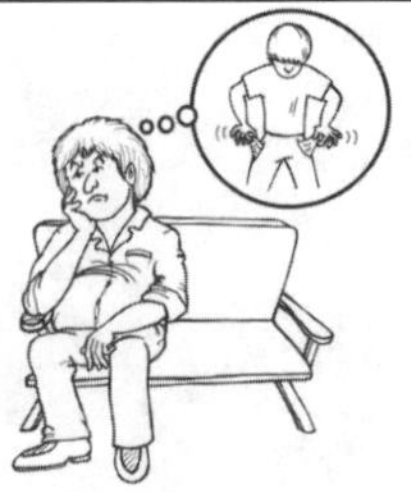

ACOMODADO – Mãos fechadas, polegares abertos apontando para cima, mãos afastadas do corpo (para a frente). Trazer as duas mãos de encontro ao peito, fazendo um leve arco para cima durante o percurso e inclinando levemente a cabeça.

• ***Acomodado:*** *Aquele que está conformado com uma situação com a qual não concorda totalmente.*

▪ **ACIONAR:** LIGAR ▪ **ACLAMAÇÃO:** GLÓRIA ▪ **ACLAMAR:** APLAUDIR, GLÓRIA ▪ **ACLARAR:** EXPLICAR ▪ **ACLIVE:** RAMPA ▪ **AÇOITE:** CHICOTE ▪ **ACOLÁ:** ALÉM ▪ **ACOMODAR:** ARRUMAR ▪ **ACOMPANHAMENTO:** ACOMPANHAR ▪ **ACOMPANHANTE:** ACOMPANHAR

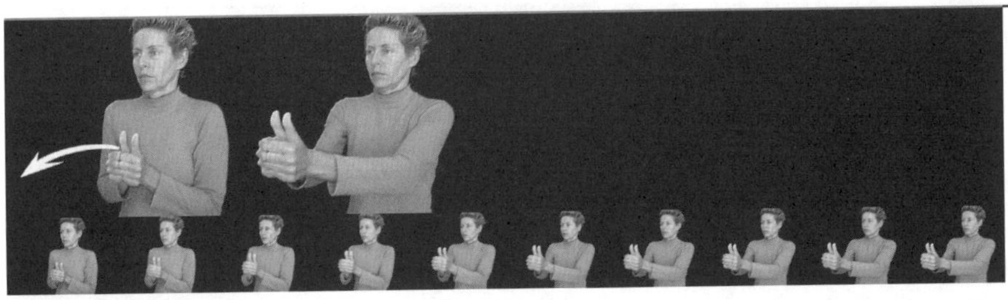

ACOMPANHAR – Mãos fechadas e unidas, polegares abertos apontando para cima. Mãos perto do peito. Levá-las, sempre unidas, para a frente.

• ***Acompanhar:*** *Estar ou ficar com ou junto a alguém, constantemente ou durante certo tempo.* **Sinal igual:** ACOMPANHAMENTO, ACOMPANHANTE

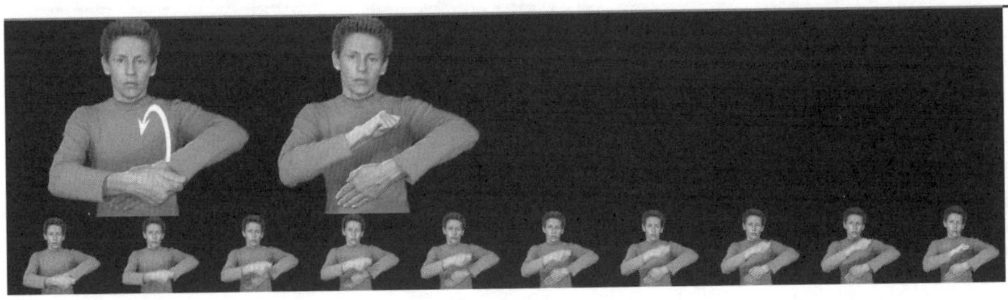

ACONCHEGAR – Imitar o gesto de quem carrega um bebê com um dos braços. Com a outra mão, fazer o movimento de quem está cobrindo o bebê com uma manta.

• ***Aconchegar:*** *Colocar-se próximo a alguém; tornar mais confortável.*

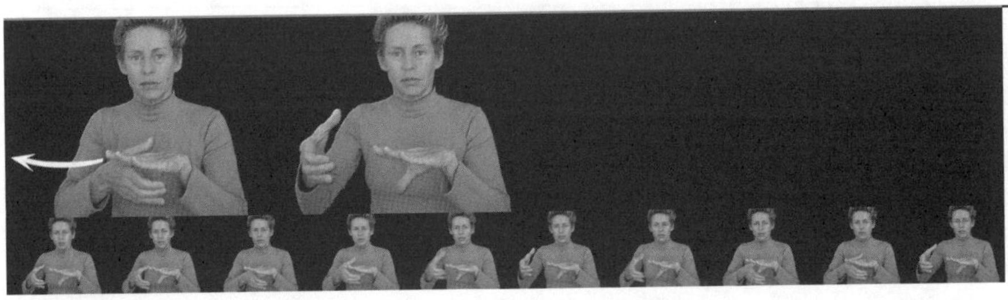

ACONSELHAR – Mão direita em "C" invertido, palma para dentro. Mão esquerda aberta com os dedos unidos e esticados apontando para a frente, polegar afastado. Deslizar duas vezes para a frente a face interna da mão direita na lateral do indicador esquerdo.

• ***Aconselhar:*** *Dar ou pedir conselho a alguém.* **Sinal igual:** CONSELHEIRO, CONSELHO, ORIENTAÇÃO, ORIENTAR

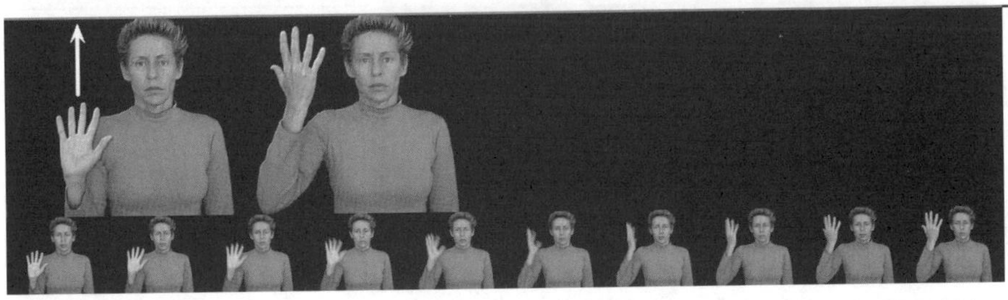

ACONTECER – Mão aberta, dedos separados e palma para a frente. Erguer um pouco a mão e, ao mesmo tempo, girá-la, deixando a palma virada para trás.

• ***Acontecer:*** *Ser ou tornar-se realidade no tempo e no espaço.* **Sinal igual:** FATO, OCORRER, REALIZAR-SE, SOBREVIR, SUCEDER

ACORDAR* – Mãos fechadas em "S" se cruzando pelos punhos (foto 1). Movê-las simultaneamente para cima e para as laterais, imitando o gesto de quem está se espreguiçando.

• ***Acordar:*** *Sair do sono ou da sonolência.* **Sinal igual:** DESPERTAR

▪ **ACONDICIONADO:** GUARDAR ▪ **ACONDICIONAR:** GUARDAR ▪ **ACORDAR:** DESPERTAR

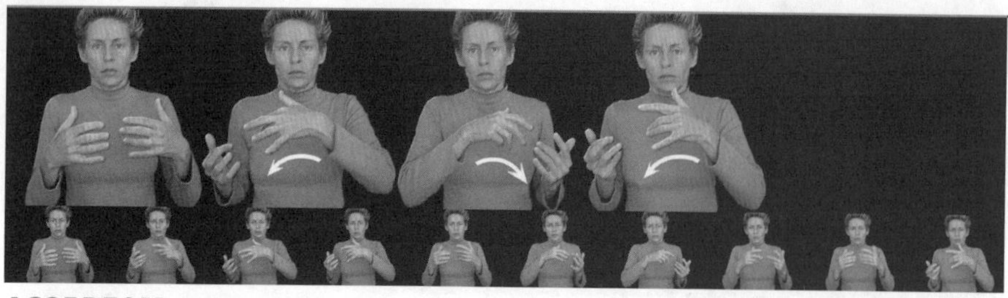

ACORDEOM – Mãos abertas, dedos separados e palmas viradas para o corpo. Balançar as duas mãos de um lado para o outro enquanto movimenta os dedos, imitando o gesto de quem aperta o teclado do instrumento.

• ***Acordeom:*** *Instrumento musical.* **Sinal igual:** SANFONA

ACOSTUMAR – Braço esquerdo erguido, levemente curvado, com a mão fechada e a palma para baixo (foto 1). Mão direita aberta, dedos unidos, palma para trás. Tocar o braço esquerdo logo abaixo do ombro com a lateral da mão direita e deslizá-la até próximo ao punho.

• ***Acostumar:*** *Fazer agir ou agir de determinada maneira, com regularidade ou frequência.* **Sinal igual:** COSTUME, FAMILIARIZADO, HÁBITO, HABITUAR, TRADIÇÃO

AÇOUGUE – Fazer os sinais de "casa", de "vender" e de "carne".

• ***Açougue:*** *Local onde se vende carne.*

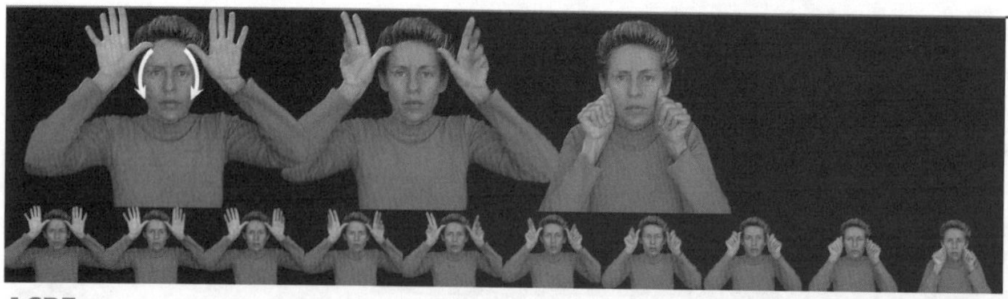

ACRE – Mãos abertas, dedos separados, palmas para a frente, tocar as têmporas com a ponta do polegar de cada mão (foto 1). Deslizar as mãos para baixo até as bochechas, sempre tocando o rosto com as pontas dos polegares e, ao mesmo tempo, fechar um dedo de cada vez, começando pelos mínimos até ficar com toda a mão fechada em "A".

• ***Acre:*** *Estado localizado na região Norte do Brasil.*

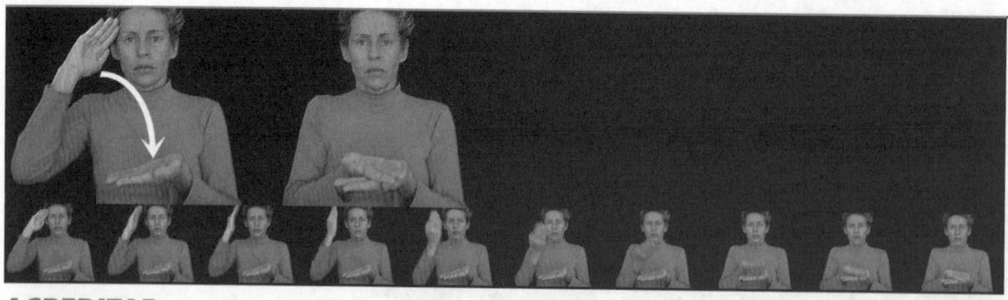

ACREDITAR – Mãos abertas e dedos unidos, posicionadas conforme a foto 1. Baixar a mão direita e deitá-la sobre a esquerda, deixando a palma virada para cima.

• ***Acreditar:*** *Admitir, aceitar, estar ou ficar convencido da veracidade.* **Sinal igual:** CONFIAR, CRÉDITO, CRENÇA, CRER

▪ **ACORDO:** COMBINAR, CONCORDAR, CONTRATO ▪ **ACRESCENTAR:** ADICIONAR ▪ **ACROBATA:** EQUILIBRISTA ▪ **ACROBATA:** TRAPEZISTA

ACUADO – Mão fechada e afastada do corpo, com o dedo indicador erguido apontando para cima. Trazer a mão até o peito, desenhando um pequeno arco e inclinando o corpo um pouco para trás.

• ***Acuado:*** *Conduzido a um local ou uma situação em que a fuga é impossível.*

ACUAR – Mão em "V", palma para trás, afastada do corpo. Tocar a garganta com a ponta dos dedos e ao mesmo tempo inclinar o corpo um pouco para trás.

• ***Acuar:*** *Impedir que uma pessoa ou animal fuja; cercar.*

AÇÚCAR – Mão aberta, dedos unidos, palma para trás. Rodar a mão duas vezes com os dedos em frente à boca, sem tocá-la.

• ***Açúcar:*** *Substância doce extraída da cana-de-açúcar.* **Sinal igual:** AÇUCARADO, AÇUCARAR, AÇUCAREIRO, SOBREMESA

ACUSADO – Mão em "4" com a ponta do dedo indicador tocando a lateral do nariz. Levar a mão um pouco para a frente e voltar tocando o peito com a ponta do dedo mínimo.

• ***Acusado:*** *Pessoa a quem se atribuiu culpa ou falta.* **Sinal igual:** RÉU

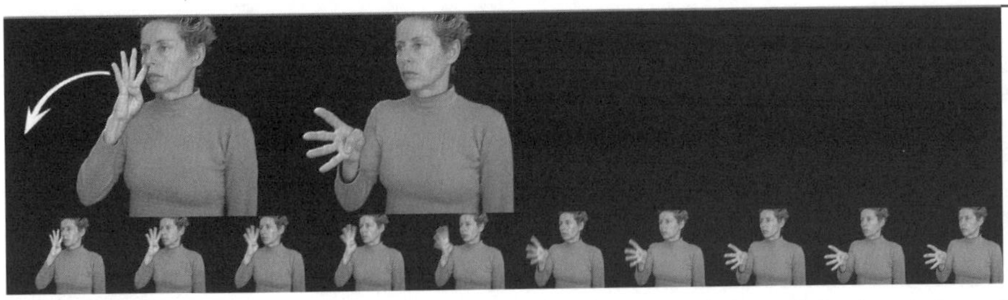

ACUSAR – Mão em "4" com a ponta do dedo indicador tocando a lateral do nariz. Afastar rapidamente a mão do rosto, apontando para a frente.

• ***Acusar:*** *Atribuir falta, infração ou crime a alguém.* **Sinal igual:** CULPAR, INCRIMINAR, INCULPAR

■ **AÇUCARADO:** AÇÚCAR ■ **AÇUCARAR:** AÇÚCAR ■ **AÇUCAREIRO:** AÇÚCAR ■ **ACUMULAR:** ECONOMIZAR ■ **ACUOMETRIA:** AUDIOMETRIA ■ **ADENTRAR:** ENTRAR ■ **ADERENTE:** ADESIVO ■ **ADERIR:** GRUDAR

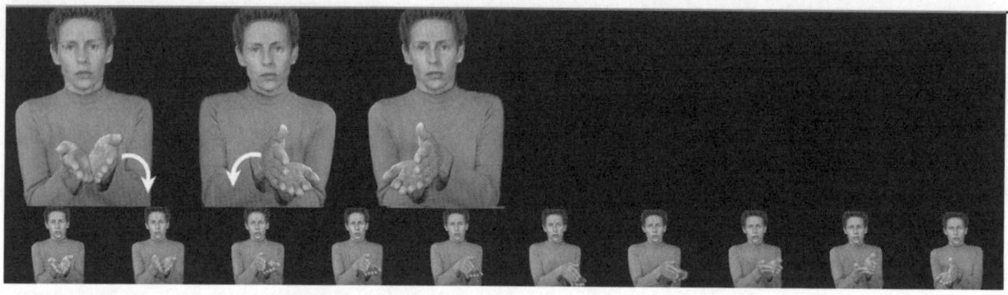

ADERNAR – Mãos abertas, dedos unidos apontando para a frente. Palmas para cima com as mãos se tocando pela lateral externa, formando um "V" (foto 1). Balançar as mãos duas ou três vezes, imitando o movimento de um barco se inclinando de um lado para o outro.

• ***Adernar:*** *Inclinar para um dos lados (embarcação).*

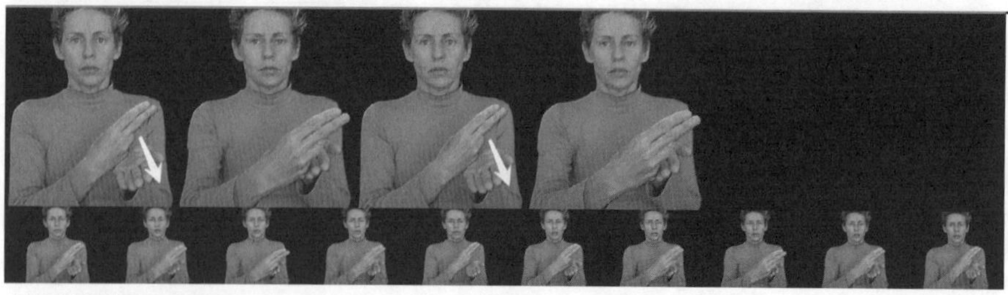

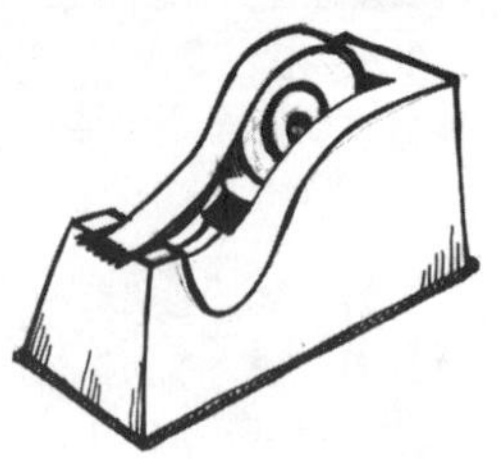

ADESIVO – Mão esquerda aberta, dedos unidos apontando para a frente. Mão direita em "U". Deslizá-la duas vezes com a lateral externa sobre a esquerda, em um movimento de vaivém.

• ***Adesivo:*** *Material flexível que se apresenta recoberto de substância aderente a uma superfície.* **Sinal igual:** ADERENTE

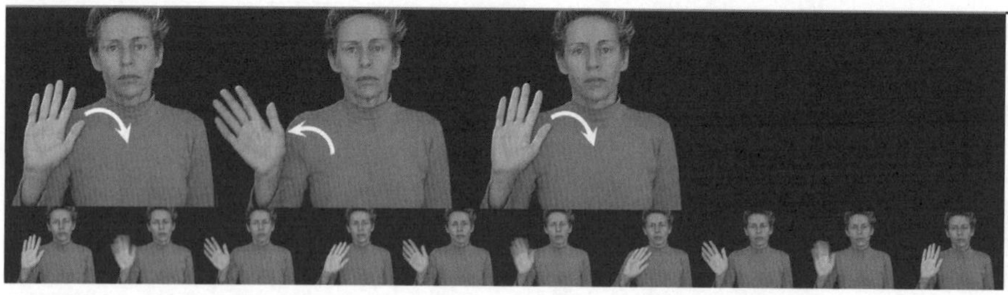

ADEUS* – Mão aberta, dedos separados, palma para a frente. Balançar a mão para a esquerda e para a direita duas ou três vezes, similar a um aceno ou gesto de "tchau".

• ***Adeus:*** *Palavra, gesto ou sinal de despedida.*

ADIAR – Dedos unidos tocando os polegares e apontando para a frente. Tocar o "ar" em dois pontos: um do lado esquerdo (foto 1) e outro do lado direito do corpo (foto 2), sempre mantendo uma mão perto da outra..

• ***Adiar:*** *Marcar um compromisso para outra ocasião.* **Sinal igual:** ADIADO, ADIAMENTO, POSPOR, POSPOSIÇÃO, POSPOSTO, POSTERGADO, POSTERGAR, PROTELADO, PROTELAR, TRANSFERIDO, TRANSFERIMENTO, TRANSFERIR

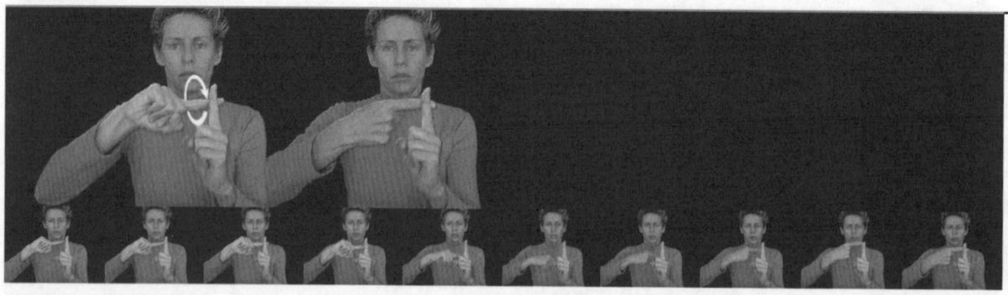

ADICIONAR* – Mão esquerda fechada com o dedo indicador esticado apontando para cima, palma para dentro. Mão direita na mesma posição, mas com o indicador apontando para o lado esquerdo. Manter a mão esquerda imóvel e tocar o dedo indicador direito no esquerdo. Depois, virar a mão esquerda com a palma para trás e encostar novamente um indicador no outro.

• ***Adicionar:*** *Acrescentar alguma coisa a outra; somar.* **Sinal igual:** ACRESCENTAR, MAIS

▪ **ADESTRADO:** ENSINADO ▪ **ADESTRAR:** ENSINAR, TREINAR ▪ **ADEUS:** TCHAU ▪ **ADIADO:** ADIAR ▪ **ADIAMENTO:** ADIAR ▪ **ADIANTAR:** ANTES ▪ **ADIANTE:** ALÉM ▪ **ADICIONAR:** SOMAR ▪ **ADIPOSIDADE:** OBESO ▪ **ADIPOSO:** OBESO

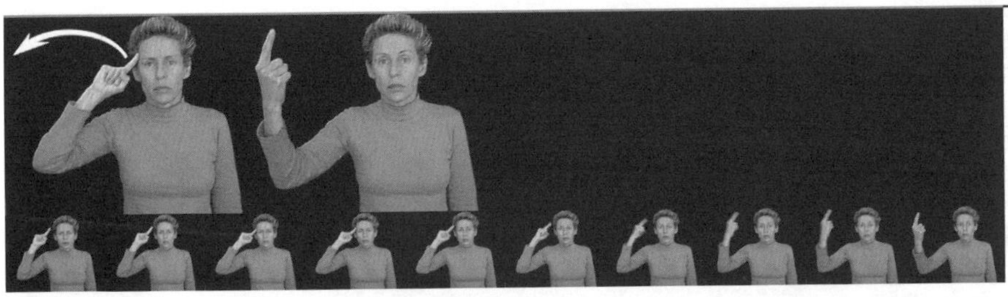

ADIVINHAR – Com uma das mãos, tocar na lateral da testa com o indicador, mantendo a palma da mão para a frente e os demais dedos fechados. Em seguida, afastar a mão do rosto, virando a palma para trás.

• ***Adivinhar:*** *Sentir ou perceber algo por antecipação.* **Sinal igual:** INTUIR, PREDIZER, PREMONIÇÃO, PREVER

ADMINISTRAR – Mãos em "A", uma acima da outra com as palmas viradas para o peito. Rodar as mãos para trás, girando-as pelos punhos.

• ***Administrar:*** *Ação de gerir, dirigir ou gerenciar.* **Sinal igual:** ADMINISTRADOR, DIRIGIR, GERENCIAR, GERIR

ADMIRAR – Mão em "4" com a ponta do dedo indicador tocando a lateral da ponta do nariz.

• ***Admirar:*** *Contemplar, considerar alguém ou algo com prazer, deleite, interesse etc.* **Sinal igual:** ADMIRAÇÃO, APREÇO, CONTEMPLAR, PASMAR

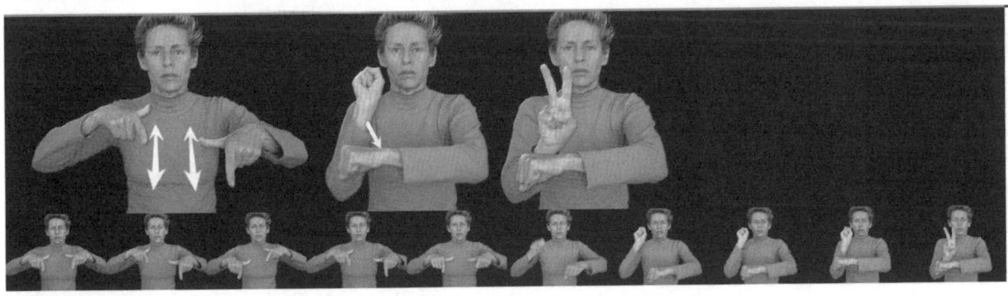

ADMISSÃO – Fazer os sinais de "trabalhar" e de "vaga".

• ***Admissão:*** *Ato de aceitar ou aprovar alguém ou algo.* **Sinal igual:** ACESSO, CONTRATAR, INGRESSO

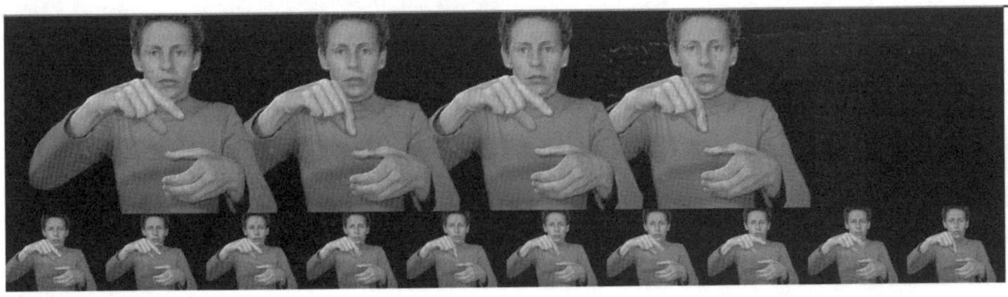

ADOÇANTE – Com uma das mãos, imitar o gesto de quem segura um copo. Com a outra, tocar duas vezes o dedo indicador no polegar sobre a mão que "segura o copo", como se estivesse pingando duas gotinhas de adoçante.

• ***Adoçante:*** *Substância usada para adoçar um alimento ou bebida.*

▪ **ADJUNTO:** COM ▪ **ADMINISTRADOR:** ADMINISTRAR ▪ **ADMIRAÇÃO:** ADMIRAR ▪ **ADMIRADO:** ESPANTADO ▪ **ADMITIR:** ACEITAR ▪ **ADMOESTAÇÃO:** ADVERTIR ▪ **ADOÇAR:** DOCE ▪ **ADOCICADO:** DOCE

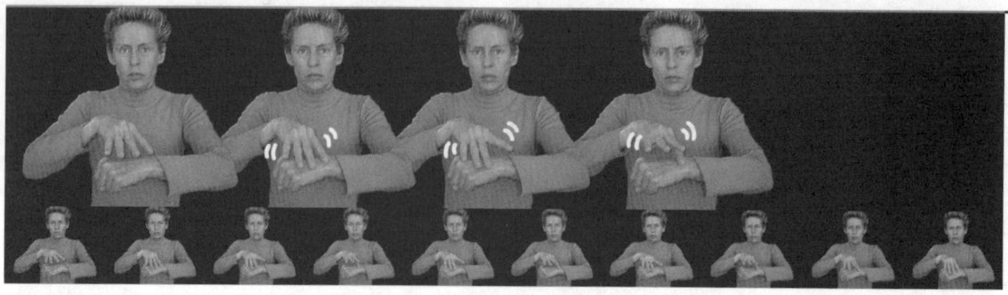

ADOECER – Mão direita em "4", palma para baixo. Mão esquerda fechada logo abaixo da direita, palma para baixo. Tocar alternadamente as pontas dos dedos nas costas da mão esquerda.
• ***Adoecer:*** *Tornar-se doente ou adoentado.* **Sinal igual:** ACAMAR, ENCAMAR, ENFERMAR

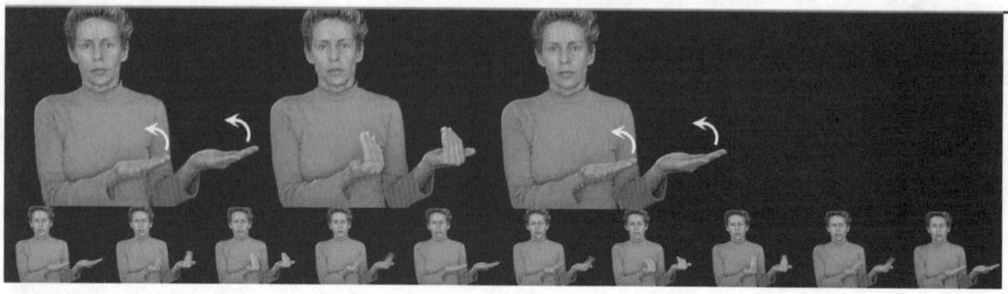

ADOLESCENTE – Mãos abertas, palmas para cima com os dedos unidos apontando para o lado esquerdo. Sem sair dessa posição, dobrar e esticar as mãos duas ou três vezes.
• ***Adolescente:*** *Pessoa em processo de desenvolvimento caracterizado pela passagem à juventude e que começa após a puberdade.*

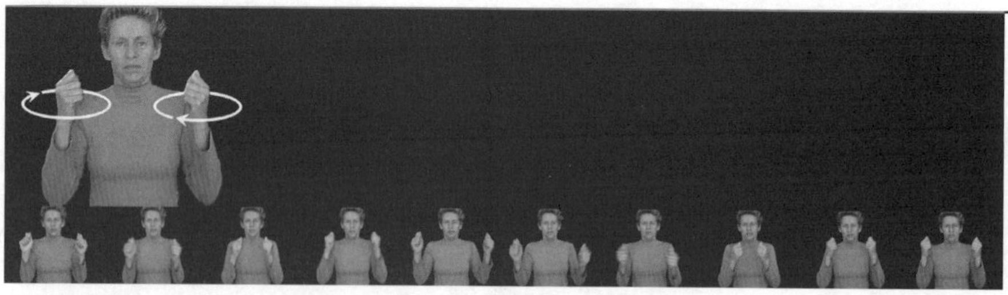

ADORAR – Mãos em "A", palmas viradas para dentro, cotovelos flexionados. Girar os antebraços duas ou três vezes, fazendo uma expressão de alegria.
• ***Adorar:*** *Amar de maneira extrema, gostar muito.* **Sinal igual:** CULTUAR, IDOLATRAR, REVERENCIAR, VENERAR

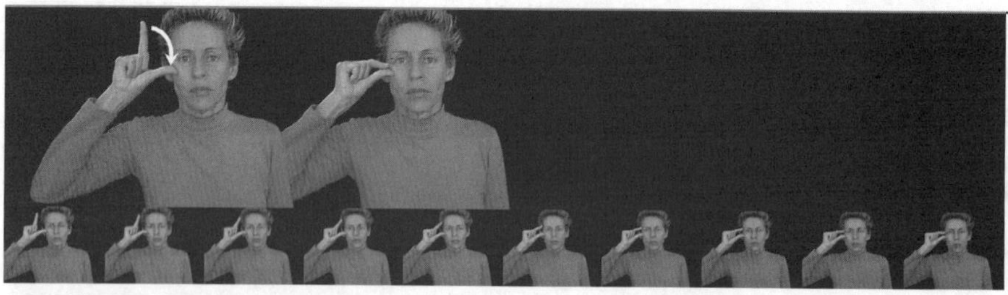

ADORMECER – Tocar a ponta do polegar logo abaixo do canto externo do olho. Indicador apontando para cima e demais dedos fechados. Deslocar lentamente a ponta do indicador até tocar no polegar.
• ***Adormecer:*** *Dormir, entrar em estado de sono.* **Sinal igual:** ADORMENTAR, COCHILAR, COCHILO

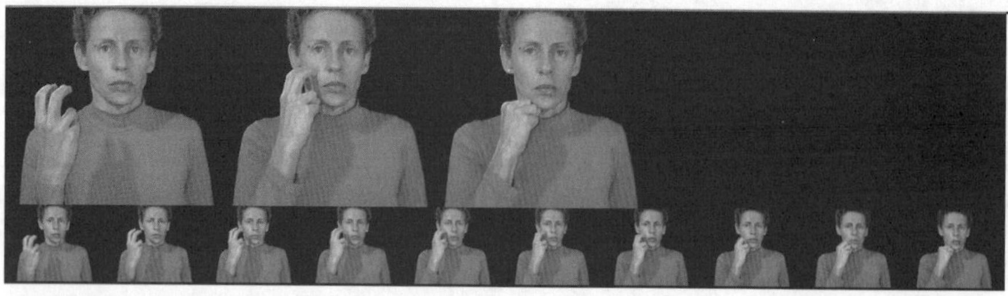

ADOTAR – Mão em "V" com os dedos curvados e virados em direção ao rosto. Tocar suas pontas na face e deslizá-las para baixo até a lateral do queixo, ao mesmo tempo que a mão é fechada.
• ***Adotar:*** *Aceitar legalmente alguém como filho.*

■ **ADORMENTAR:** ADORMECER ■ **ADOTADO:** ADOTIVO

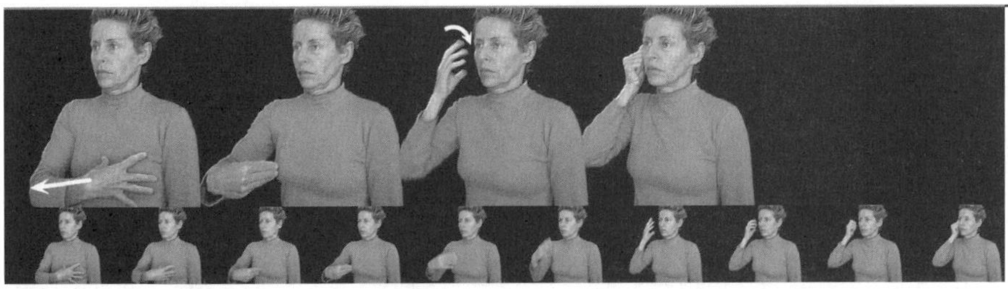

ADOTIVO – Fazer os sinais de "filho" e de "adotar".

• ***Adotivo:*** *Indivíduo criado por outro que não possui em relação ao primeiro qualquer parentesco.* **Sinal igual:** ADOTADO

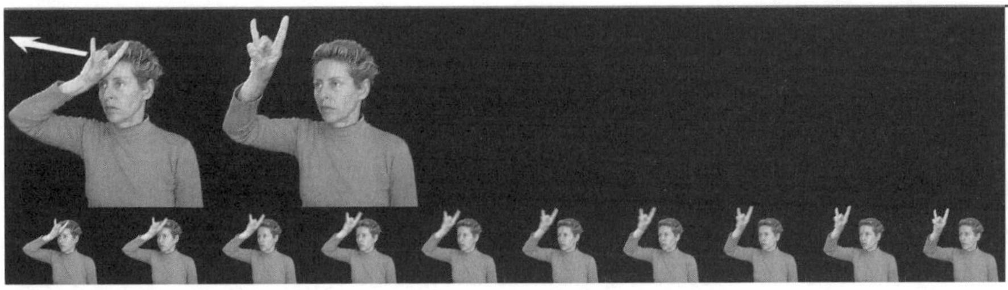

ADULTÉRIO – Tocar as costas de uma das mãos na testa, mantendo o indicador e o mínimo apontando para cima. Demais dedos fechados. Levar a mão para a frente, afastando-a do rosto.

• ***Adultério:*** *Infidelidade estabelecida por relação carnal com outro parceiro que não o companheiro habitual.* **Sinal igual:** PREVARICAÇÃO

ADULTO – Mão aberta, palma para baixo e dedos unidos apontando para a frente. Manter a mão ao lado e acima da cabeça.

• ***Adulto:*** *Quem se encontra na fase da vida posterior à juventude e anterior à velhice.* **Sinal igual:** CRESCIDO, MADURO

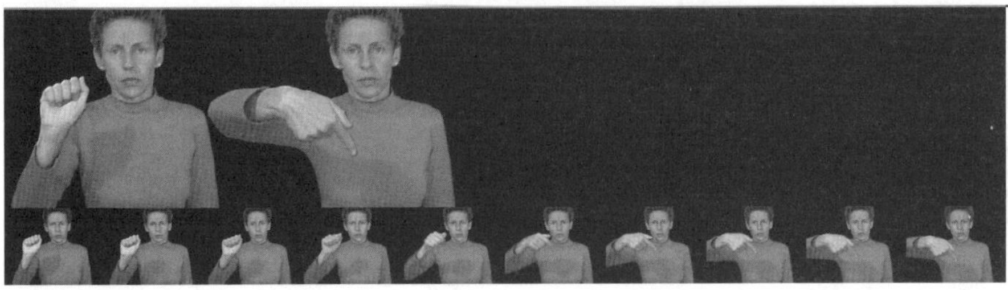

ADVENTISTA – Fazer os sinais de "A" e do número "7".

• ***Adventista:*** *Crente na doutrina do Adventismo.*

ADVERTIR – Fazer o sinal de "aconselhar", porém, deslizar para a frente a face interna da mão direita na lateral do indicador esquerdo, somente uma vez e com vigor, fazendo ao mesmo tempo uma expressão séria.

• ***Advertir:*** *Informar alguém sobre alguma coisa, repreender.* **Sinal igual:** ADMOESTAÇÃO, RALHO, REPREENDER, REPREENSÃO, REPRIMENDA

▪ **ADQUIRIR:** COMPRAR, TER ▪ **ADULAR:** BAJULAR ▪ **ADULTERADO:** FALSO, TROCAR ▪ **ADULTERAR:** FALSO, TROCAR ▪ **ADVERSÁRIO:** INIMIGO ▪ **ADVERSO:** INIMIGO ▪ **ADVOCACIA:** ADVOGADO

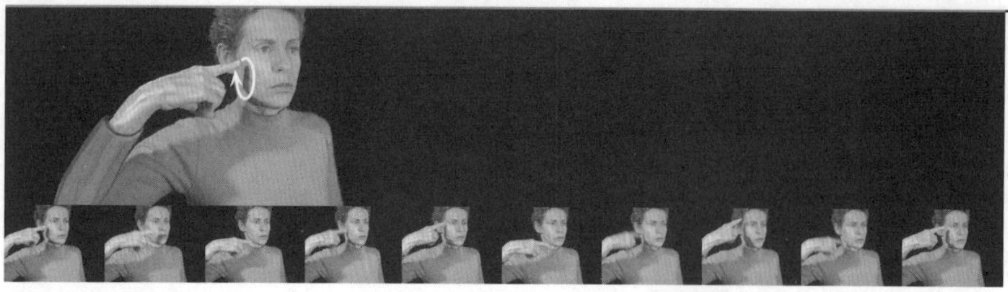

ADVOGADO – Mão em "D", com o dedo indicador apontando para o rosto. Girar o dedo duas ou três vezes em volta da bochecha, sem tocá-la.

• ***Advogado:*** *Pessoa habilitada a prestar, em assunto jurídico, assistência a outra, defendendo seus interesses, judicial ou extrajudicialmente.* **Sinal igual:** ADVOCACIA, DIREITO

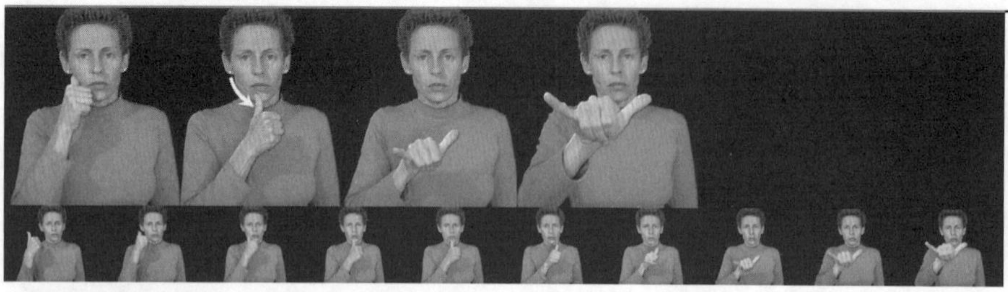

AEROMOÇA – Fazer os sinais de "mulher" e de "avião".

• ***Aeromoça:*** *Funcionária de empresa de aviação que cuida do bem-estar e da segurança dos passageiros.*

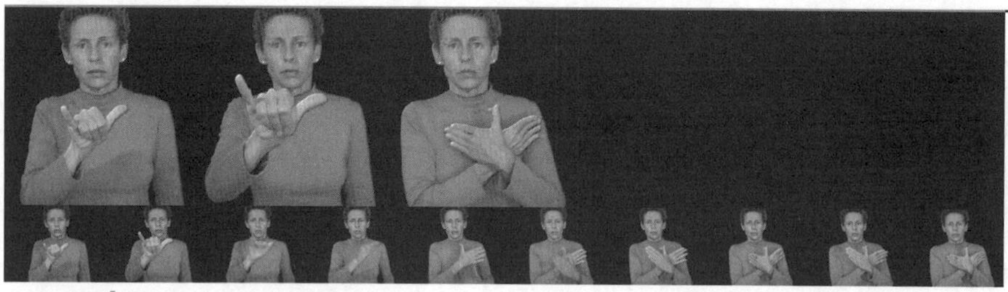

AERONÁUTICA – Fazer o sinal de "avião". Em seguida, unir as mãos pelos polegares, palmas para trás. Movimentar os dedos para a frente e para trás duas ou três vezes.

• ***Aeronáutica:*** *Força armada responsável pela aviação militar e pela defesa aérea da nação.*

AEROPORTO – Mãos abertas, dedos unidos e palmas para baixo. Colocar as mãos na altura dos ombros, dedos apontando para a frente. Fazer um movimento simulando o pouso de um avião.

• ***Aeroporto:*** *Local onde decolam e pousam aviões.* **Sinal igual:** AERÓDROMO

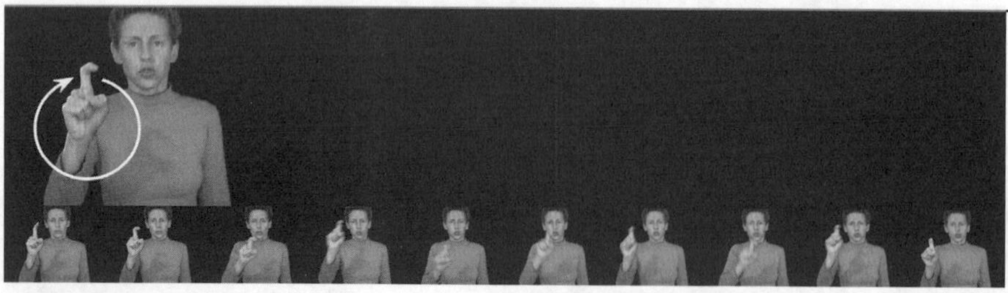

AEROSSOL – Mão fechada, dedo indicador esticado apontando para cima, palma para a frente. Dobrar o indicador e fazer, duas ou três vezes, um movimento circular com a mão. Com a boca, imitar o som de ar comprimido saindo pela válvula.

• ***Aerossol:*** *Recipiente que possui uma bomba de pressão e que projeta seu conteúdo (líquido) em jatos.*

▪ **AÉREO:** AR, AVIÃO, DISTRAÍDO ▪ **AERÓDROMO:** AEROPORTO ▪ **AERONAVE:** AVIÃO ▪ **AEROPLANO:** AVIÃO ▪ **AFAGO:** CARINHO ▪ **AFANAR:** LADRÃO

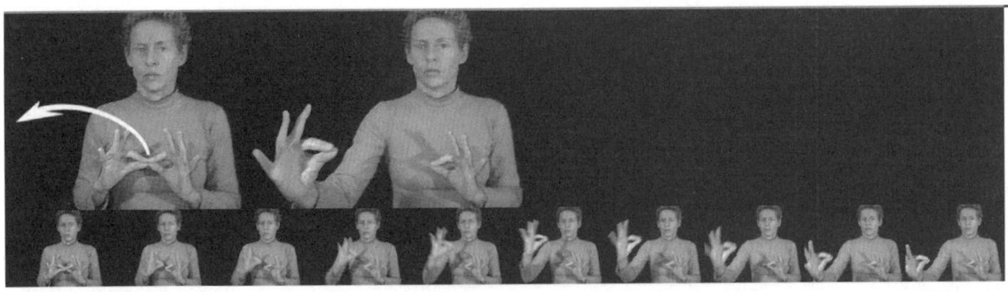

AFASTADO – Mãos abertas e posicionadas perto do corpo, dedos separados. Juntar as pontas do indicador e do polegar de cada mão e deixá-las unidas pelas pontas dos indicadores. Levar uma das mãos à frente, fazendo um pequeno arco para cima.

• ***Afastado:*** *Que está a uma grande distância de algo ou alguém.* **Sinal igual:** APARTADO

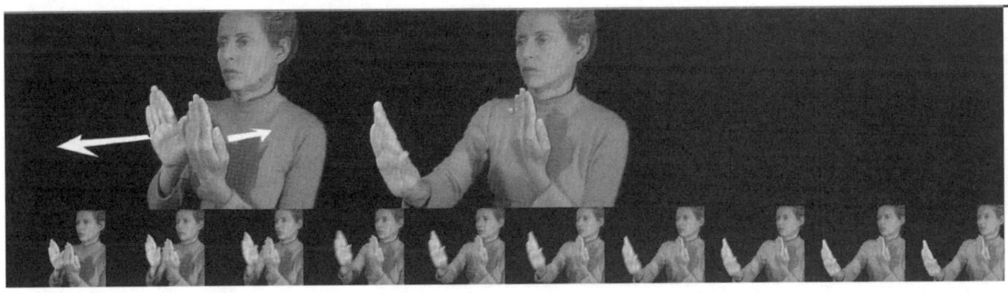

AFASTAR – Mãos abertas, dedos unidos. Palma esquerda virada para trás e palma direita virada para a frente. Deixar uma mão encostada na outra e, ao mesmo tempo, levar a mão direita à frente e a mão esquerda para trás.

• ***Afastar:*** *Colocar alguém ou algo a certa distância.* **Sinal igual:** APARTAR, DISTANCIAR

AFIADO – Mão esquerda fechada, dedo indicador esticado apontando para a direita. Mão direita fechada, com o indicador e o polegar abertos e posicionados perto da ponta do indicador esquerdo. Unir as pontas dos dedos e, ao mesmo tempo, afastar a mão para a direita, como quem percorre a lâmina de uma faca.

• ***Afiado:*** *Que está ou é muito cortante.*

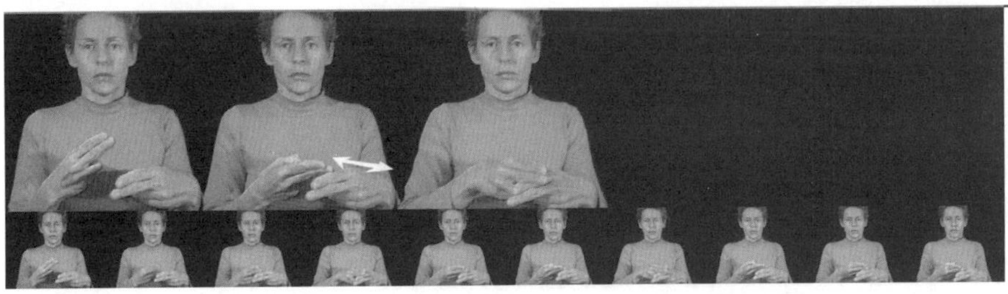

AFIAR – Mãos fechadas, dedos indicadores e médios esticados e unidos. Tocar a lateral do médio da mão direita sobre o indicador esquerdo, fazendo um movimento para a frente e para trás e também para a direita e a esquerda, sempre mantendo os dedos encostados, simulando o movimento de quem afia uma faca.

• ***Afiar:*** *Tornar cortante o gume de instrumentos como faca, tesoura etc.* **Sinal igual:** AGUÇAR, AMOLAR

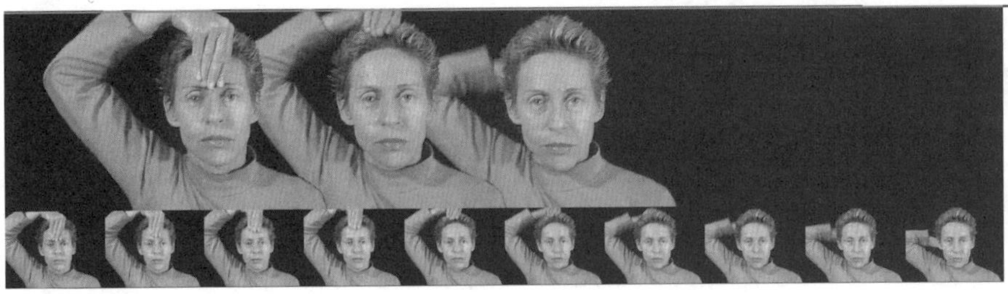

AFILHADO – Manter os dedos de uma das mãos esticados e unidos, com a ponta do polegar tocando a do dedo médio. Encostar as pontas dos dedos na testa e deslizar a mão para trás, sem tirar as pontas dos dedos da cabeça.

• ***Afilhado:*** *Aquele que tem padrinho ou madrinha.*

▪ **AFÁVEL:** CARINHO ▪ **AFEIÇÃO:** AMAR ▪ **AFEIÇOADO:** DISCÍPULO ▪ **AFERIÇÃO:** CORRIGIR, VERIFICAR ▪ **AFERIR:** CORRIGIR, MEDIR, VERIFICAR ▪ **AFERRAR:** AGARRAR ▪ **AFETAR:** ATRAPALHAR ▪ **AFETO:** AMAR ▪ **AFETUOSO:** CARINHO ▪ **AFIANÇAR:** JURAR ▪ **AFIRMAR:** JURAR ▪ **AFIRMATIVO:** POSITIVO ▪ **AFIVELAR:** ABOTOAR ▪ **AFLIÇÃO:** ANGÚSTIA ▪ **AFLITO:** ANGÚSTIA

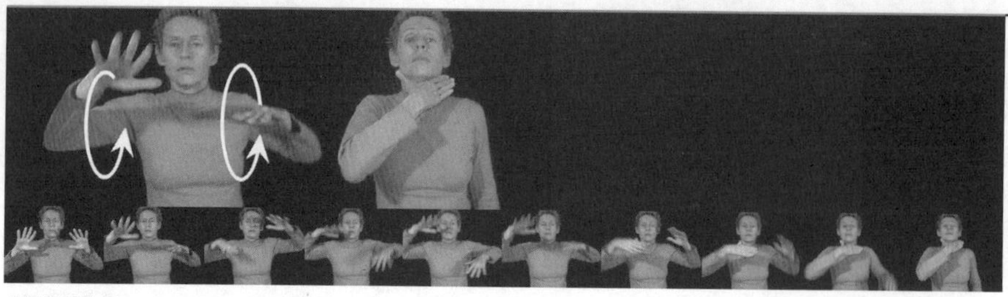

AFOGAR – Fazer o sinal de "nadar" e, em seguida, o de "sufocar".

• ***Afogar:*** *Morrer ou matar por submersão.*

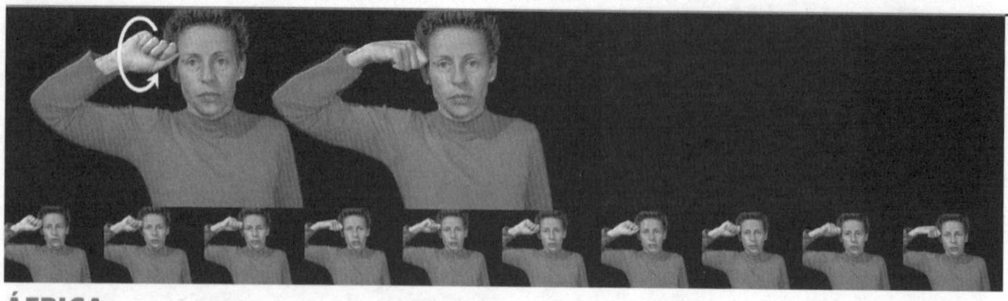

ÁFRICA – Mão em "A", palma para a frente e ponta do dedo polegar tocando na têmpora. Girar duas vezes a mão para a frente e para trás.

• ***África:*** *Um dos cinco continentes do planeta Terra.* **Sinal igual:** AFRICANO

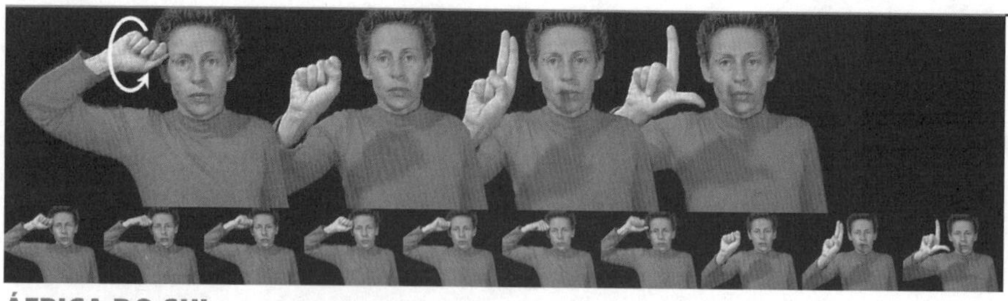

ÁFRICA DO SUL – Fazer o sinal de "África" e, em seguida, digitar "S", "U" e "L".

• ***África do Sul:*** *País localizado ao sul do continente africano.*

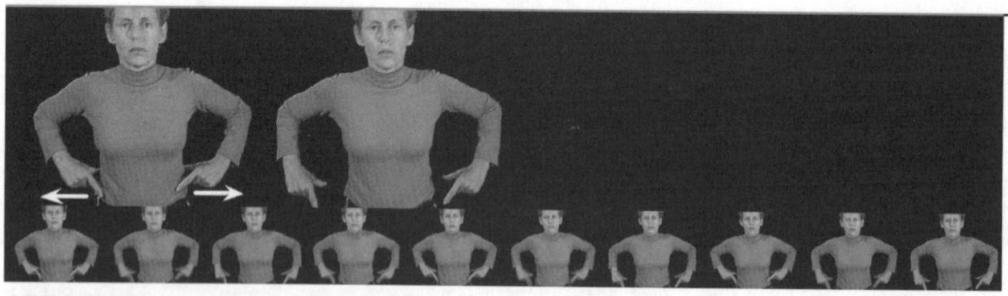

AFROUXAR – Mãos fechadas, dedos indicadores e polegares esticados. Colocar as mãos na altura da cintura, sem tocá-la. Afastar e aproximar lateralmente as mãos do corpo duas ou três vezes.

• ***Afrouxar:*** *Tornar mais largo, mais solto.*

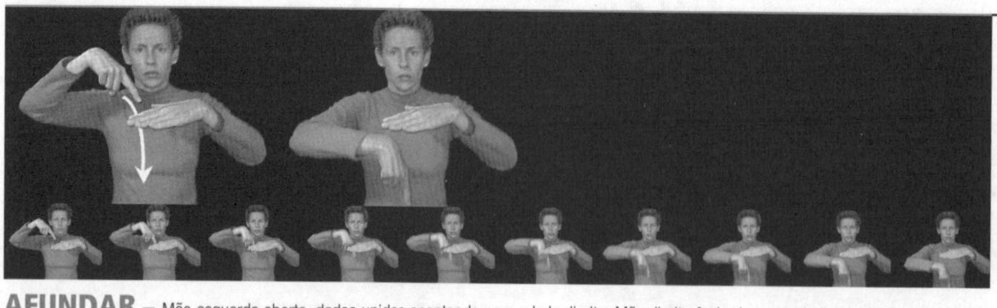

AFUNDAR – Mão esquerda aberta, dedos unidos apontando para o lado direito. Mão direita fechada com o indicador esticado apontando para baixo. Colocar a mão direita atrás e acima da esquerda. Movimentar a mão direita para baixo, deixando a esquerda parada.

• ***Afundar:*** *Ir ou fazer ir ao fundo.*

▪ **AFORTUNADO:** FELIZ ▪ **AFRICANO:** ÁFRICA ▪ **AFRONTADO:** OFENDIDO ▪ **AFRONTAR:** OFENDER

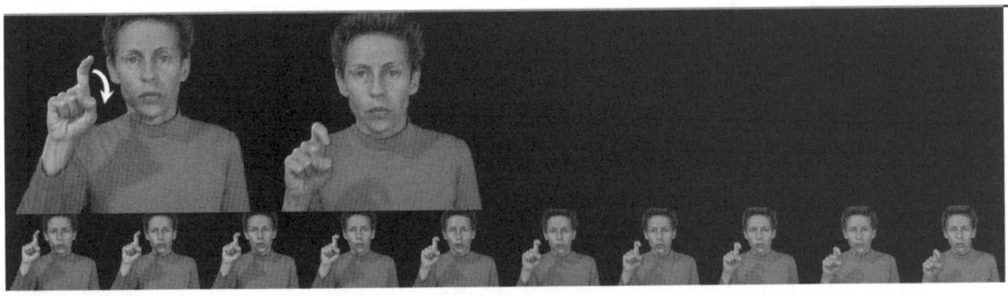

AGACHAR – Mão fechada, palma para a frente e dedo indicador levemente curvado. Baixar a mão, curvando ainda mais o indicador e, ao mesmo tempo, abaixar um pouco o corpo, sem incliná-lo para frente.

• ***Agachar:*** *Fazer ficar ou ficar mais baixo, de cócoras, geralmente dobrando os joelhos.*

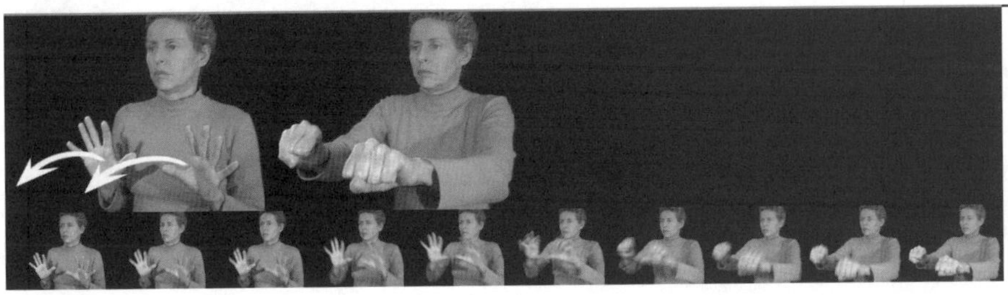

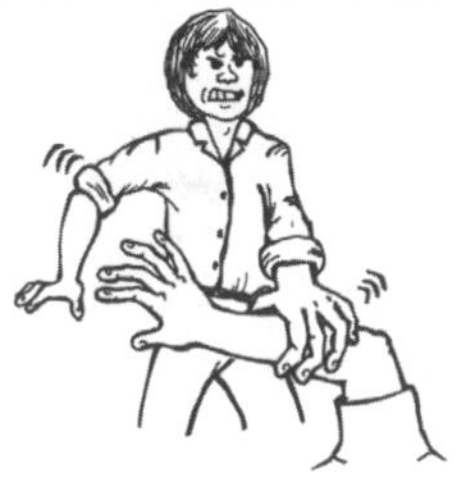

AGARRAR* – Mãos abertas e posicionadas perto do peito, dedos separados e levemente curvados, palmas para a frente. Levar as mãos rapidamente para frente e fechá-las em "S", imitando o gesto de quem segura alguma coisa com firmeza.

• ***Agarrar:*** *Segurar com força.* **Sinal igual:** AFERRAR, CAPTURAR

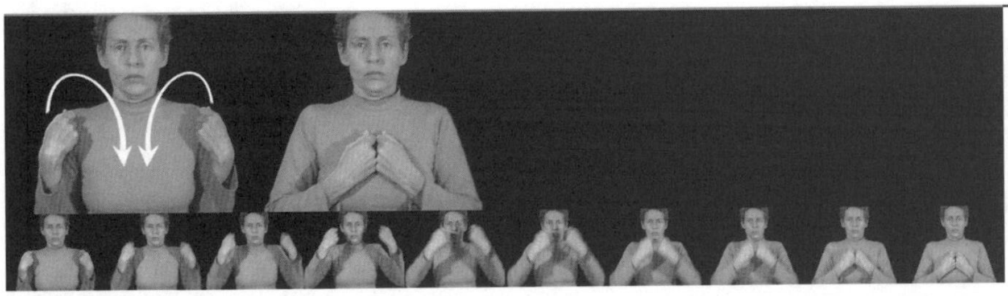

AGASALHAR – Mãos fechadas em "A", palmas viradas para trás, tocando levemente os ombros. Fazer um movimento para a frente e juntar as mãos no centro do peito, imitando o gesto de quem coloca um agasalho.

• ***Agasalhar:*** *Cobrir com agasalho.* **Sinal igual:** BLUSA, CAPA

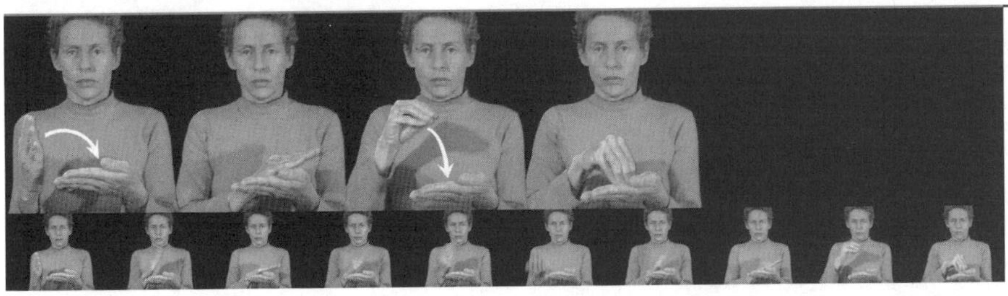

AGENDA – Mãos abertas e dedos unidos. Posicionar as mãos conforme a foto 1. Fazer o movimento de quem vira a página duas vezes. Em seguida, unir a ponta dos dedos da mão que "virou a página" e tocar na palma da outra mão.

• ***Agenda:*** *Caderneta com dia, mês e ano usada para anotar, dia a dia, compromissos, lembretes etc.* **Sinal igual:** AGENDAR, PROGRAMAR

AGITAR – Mãos fechadas em "A", palmas para a frente. Rodar as mãos alternadamente e, ao mesmo tempo, balançar um pouco o corpo para a direita e para a esquerda.

• ***Agitar:*** *Mover-se com frequência; mexer-se.* **Sinal igual:** ABALAR, ALVOROÇAR, EXCITAÇÃO, EXCITADO, EXCITAR, INQUIETAR, MEXER, MOVER, MOVIMENTAR

▪ **AGARRAR:** PEGAR ▪ **AGASTADO:** IRRITADO ▪ **AGENCIAR:** SOLICITAR ▪ **AGENDAR:** AGENDA ▪ **AGLOMERAÇÃO:** MULTIDÃO ▪ **AGLUTINAR:** COLA ▪ **AGNOSTICISMO:** ATEU ▪ **AGNÓSTICO:** ATEU

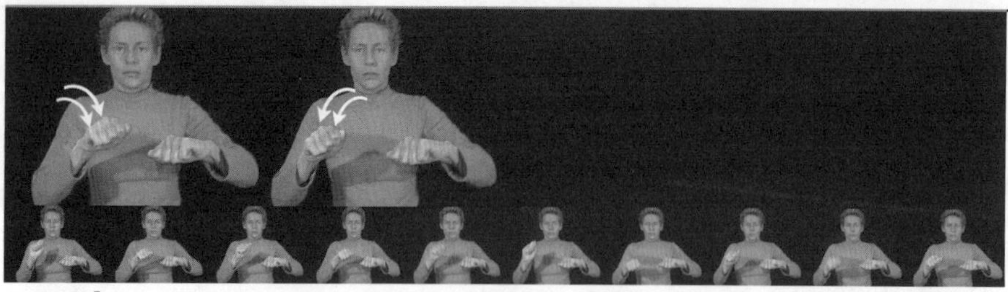

AGOGÔ – Mãos fechadas em "A" conforme a foto 1. Manter a mão esquerda parada, enquanto a direita imita o gesto de quem toca um agogô, dando dois toques perto da ponta do polegar da mão esquerda e mais dois toques um pouco mais longe.

• ***Agogô:*** *Instrumento de percussão.*

AGORA – Mãos abertas, dedos unidos e palmas para cima. Aproximar e afastar uma mão da outra horizontalmente duas ou três vezes, não sendo necessário encostá-las.

• ***Agora:*** *No momento presente, neste instante, nesta ocasião.* **Sinal igual:** IMEDIATAMENTE, MOMENTO, NO PRESENTE, PRESENTEMENTE

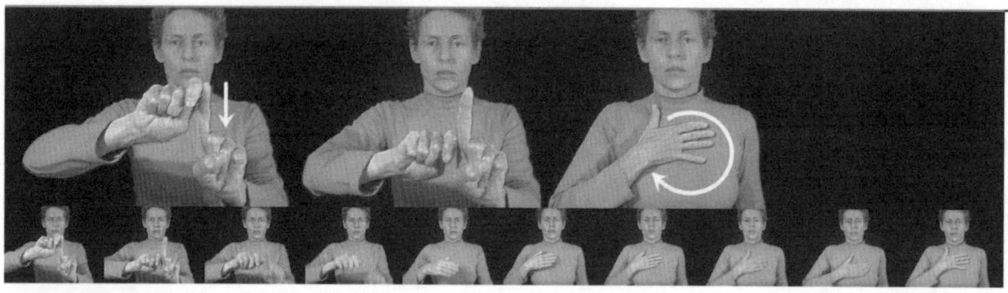

AGOSTO – Fazer o sinal de "mês" e, em seguida, colocar uma das mãos no peito e deslizá-la uma ou duas vezes em um movimento circular.

• ***Agosto:*** *Oitavo mês do ano.*

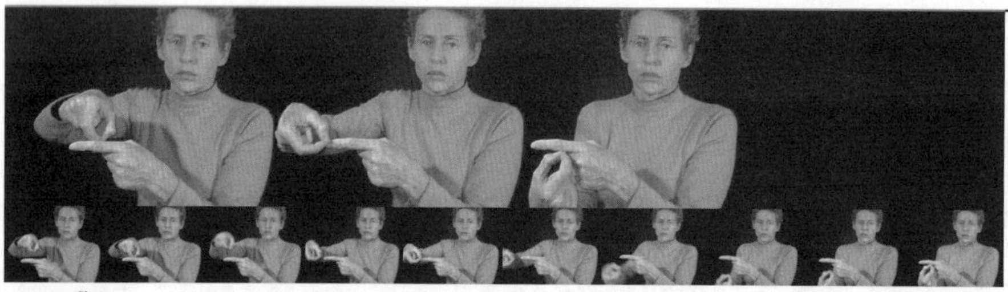

AGRIÃO – Mão esquerda fechada, dedo indicador esticado apontando para a direita. Mão direita fechada com o indicador e o polegar unidos pelas pontas e levemente curvados. Tocar as pontas dos dedos da mão direita em três pontos do indicador esquerdo: em cima, na ponta e embaixo.

• ***Agrião:*** *Vegetal muito consumido em saladas.*

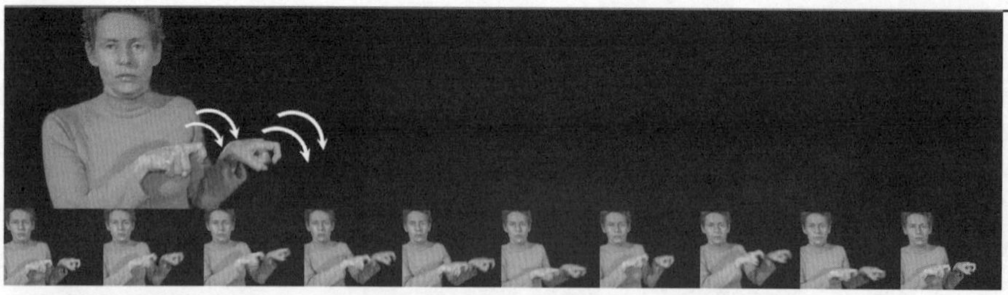

AGRICULTURA – Mãos fechadas com os dedos indicadores abertos e curvados, apontando para o lado esquerdo. Movimentar simultaneamente as mãos duas ou três vezes para a esquerda, formando um pequeno arco, e trazê-las novamente para a posição inicial.

• ***Agricultura:*** *Atividade que tem por objetivo a cultura do solo com vistas à produção de vegetais úteis ao homem.* **Sinal igual:** AGRICULTOR, CAIPIRA, FAZENDA, HORTICULTOR, LAVRADOR, ROÇAR, SÍTIO

▪ **AGONIA:** ANGÚSTIA ▪ **AGRADÁVEL:** BOM ▪ **AGRADECER:** OBRIGADO ▪ **AGRADECIDO:** OBRIGADO ▪ **AGRADECIMENTO:** OBRIGADO ▪ **AGRADO:** CARINHO ▪ **AGRAVAR:** NEGATIVO ▪ **AGREDIR:** ATACAR ▪ **AGREGAÇÃO:** REUNIÃO ▪ **AGREGAR:** REUNIR ▪ **AGREMIAÇÃO:** ASSOCIAÇÃO ▪ **AGRESSIVIDADE:** VIOLÊNCIA ▪ **AGRICULTOR:** AGRICULTURA ▪ **AGRUPADO:** COM, GRUPO ▪ **AGRUPAMENTO:** REUNIÃO ▪ **AGRUPAR:** GRUPO, JUNTAR, REUNIR

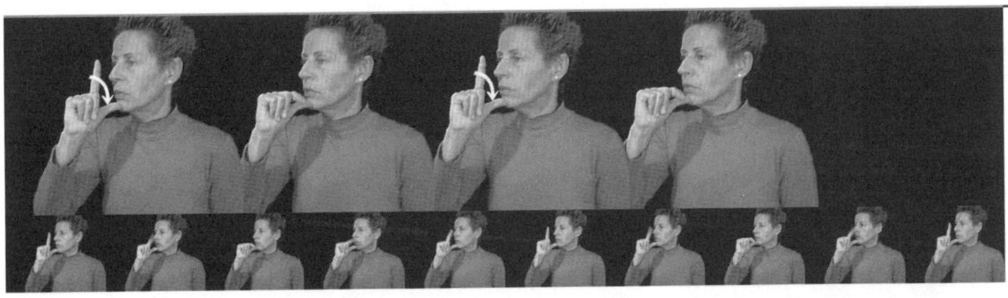

ÁGUA – Mão em "L" com a ponta do polegar tocando na parte inferior do queixo. Abaixar e levantar o indicador duas ou três vezes, mantendo-o esticado.

• ***Água:*** *Substância líquida e incolor, sem gosto e sem cheiro, essencial para a vida.* **Sinal igual:** FLUIDO, LÍQUIDO

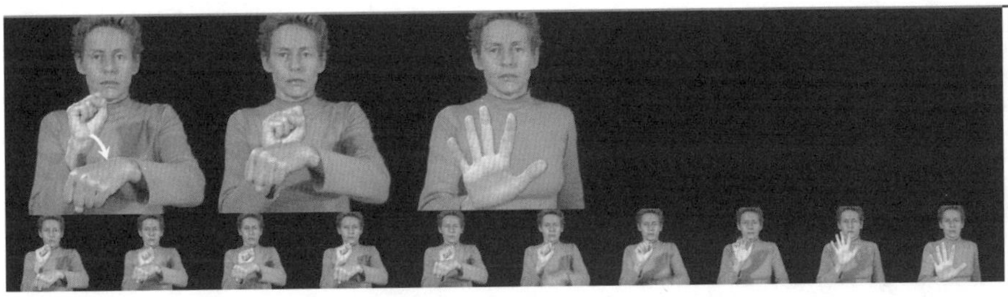

AGUARDAR* – Mãos fechadas em "S" conforme a foto 1. Tocar duas vezes o punho da mão direita na lateral interna do punho da mão esquerda. Em seguida, fazer sinal de "pare".

• ***Aguardar:*** *Estar à espera de alguém ou alguma coisa.* **Sinal igual:** ESPERAR

AGUENTAR – Mão esquerda fechada, palma para baixo. Mão direita em "F". Tocar duas vezes a lateral externa da mão direita na lateral interna da esquerda, girando essa última um pouco para trás.

• ***Aguentar:*** *Suportar um peso ou uma força contrária.*

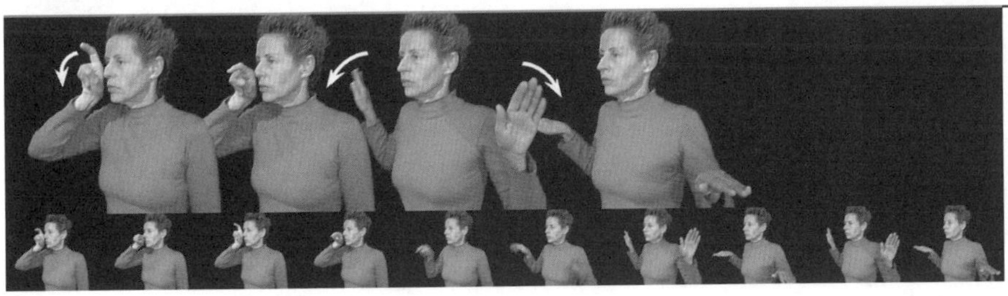

ÁGUIA – Mão fechada com o dedo indicador aberto e curvado. Tocar o dorso da mão no queixo e movimentá-la duas vezes para baixo, sem desencostá-la do queixo. Em seguida, fazer o sinal de "asa".

• ***Águia:*** *Ave de rapina.*

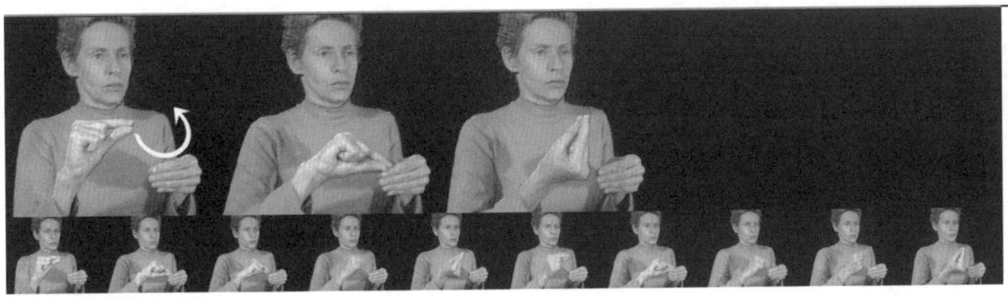

AGULHA – Fazer o sinal de "costurar".

• ***Agulha:*** *Pequena e fina haste de aço ou outro material, aguçada em uma extremidade e tendo na outra um orifício por onde passa linha para coser, bordar ou tecer.*

▪ **AGUARDAR:** ESPERAR ▪ **AGUARDENTE:** PINGA ▪ **AGUÇAR:** AFIAR ▪ **AIDS:** HIV

AINDA – Mãos abertas, dedos unidos. Mão direita levantada na altura do rosto com a palma voltada para trás. Mão esquerda com a palma para cima. "Deitar" a mão direita sobre a esquerda.

• ***Ainda:*** *Até agora, até este momento.* **Sinal igual:** ATÉ AGORA, ATÉ ENTÃO, ATÉ ESTE MOMENTO

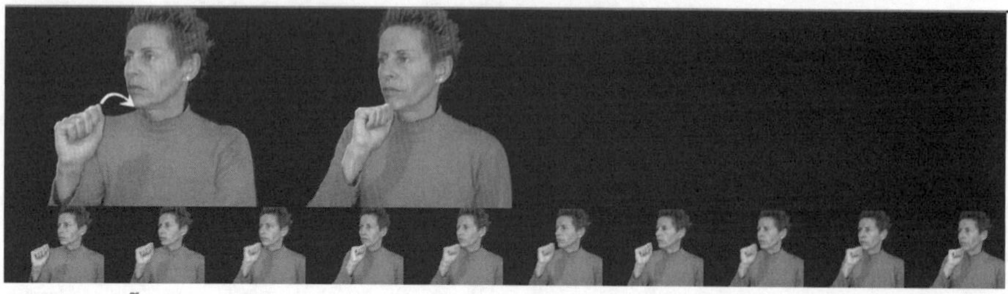

AINDA NÃO – Mão fechada em "A", tocar duas vezes a unha do polegar na ponta do queixo e, ao mesmo tempo, balançar a cabeça negativamente.

• ***Ainda não:*** *Aquilo que não aconteceu até o momento presente.*

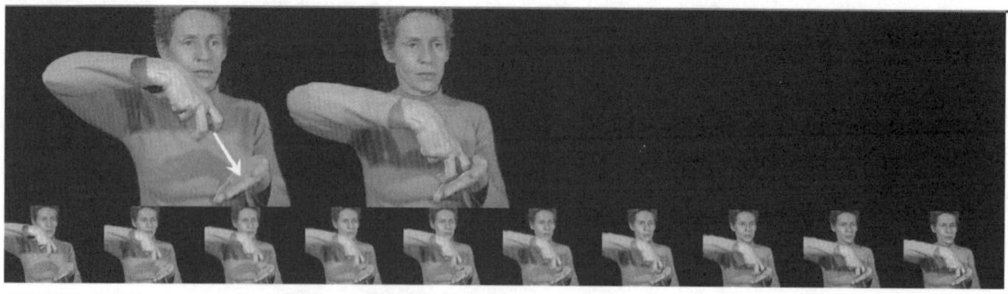

AJOELHAR – Mão esquerda aberta, dedos unidos, palma para cima. Mão direita fechada com o indicador e o médio abertos e dobrados. Encostar os dedos dobrados na palma da mão esquerda, como se fossem as pernas ajoelhadas no chão.

• ***Ajoelhar:*** *Apoiar-se com os joelhos no chão.* **Sinal igual:** GENUFLECTIR, GENUFLEXO

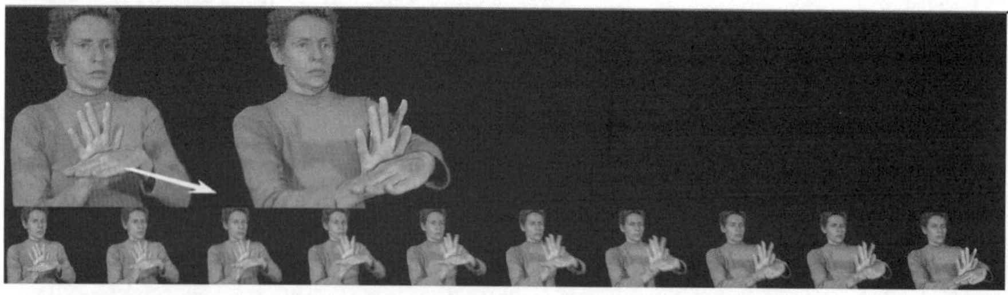

AJUDAR – Mão esquerda aberta, dedos unidos apontando para a direita e palma para baixo. Mão direita aberta, dedos separados com a palma da mão encostada no polegar da mão esquerda. "Empurrar" a mão esquerda para a frente. Nesse movimento, fazer um leve arco para cima.

• ***Ajudar:*** *Prestar socorro a alguém ou a alguma coisa.* **Sinal igual:** AMPARAR, APOIAR, ASSESSORAR, ASSISTENTE, AUXILIAR, BENEFICIAR, SOCORRER

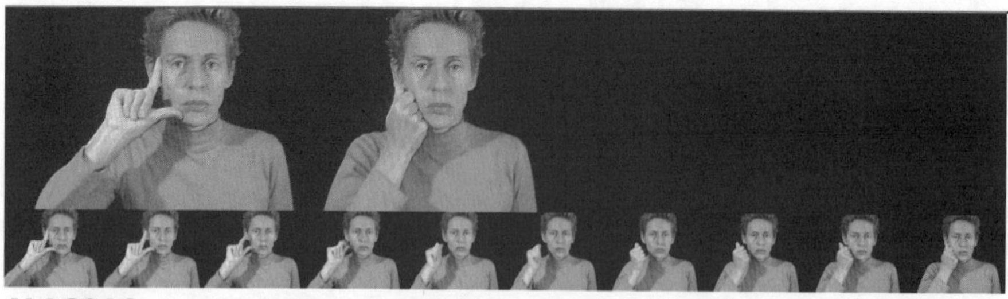

ALAGOAS – Mão em "L", palma para a frente com as pontas dos dedos indicador e polegar tocando no rosto lateralmente. Afastar um pouco a mão do rosto e encostá-la no maxilar, já na posição de "A", virando a palma da mão para dentro.

• ***Alagoas:*** *Estado localizado na região Nordeste do Brasil.*

▪ **AIPIM:** MANDIOCA ▪ **AIROSO:** ESPIRITUOSO ▪ **AJEITAR:** ARRUMAR ▪ **AJUDADO:** AMPARADO ▪ **AJUNTAR:** JUNTAR ▪ **AJURAMENTADO:** JURAR ▪ **AJURAMENTO:** JURAR ▪ **AJUSTADO:** JUSTO ▪ **ALA:** FILA ▪ **ALADO:** ASA ▪ **ALAMEDA:** RUA ▪ **ALARMA:** ALARME

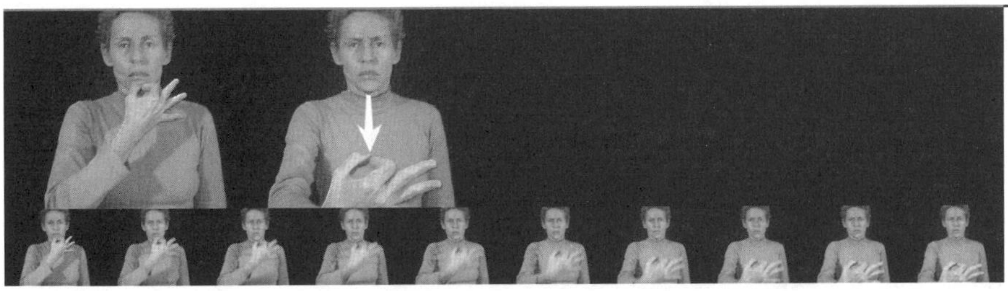

ALARME – Mão aberta, dedos separados com a ponta do indicador encostando na do polegar. Encostar as pontas do indicador e do polegar logo abaixo do lábio inferior. Afastar a mão do rosto em linha reta e um pouco para baixo. Fazer a expressão de quem está ouvindo um som muito alto e desagradável.

• ***Alarme:*** *Dispositivo sonoro de segurança para denunciar tentativas de roubo, invasão etc.* **Sinal igual:** ALARMA, SIRENE

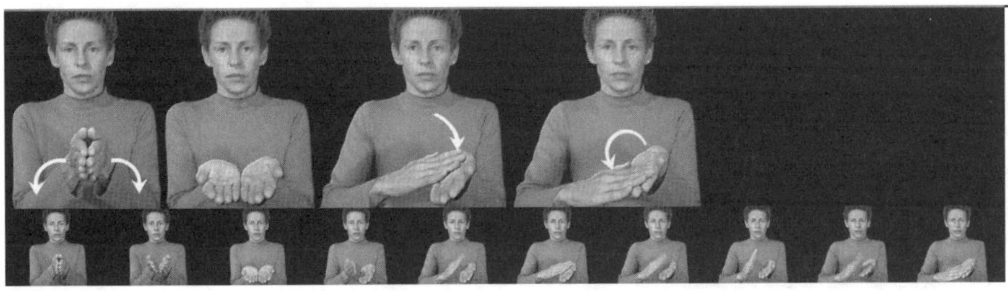

ÁLBUM – Fazer o sinal de "livro" e, em seguida, tocar os dedos esticados e unidos de uma mão na palma e nos dedos da outra.

• ***Álbum:*** *Livro de folhas de cartolina ou papel grosso, próprio para colagem de fotografias, postais, selos, recortes etc.* **Sinal igual:** PORTIFÓLIO

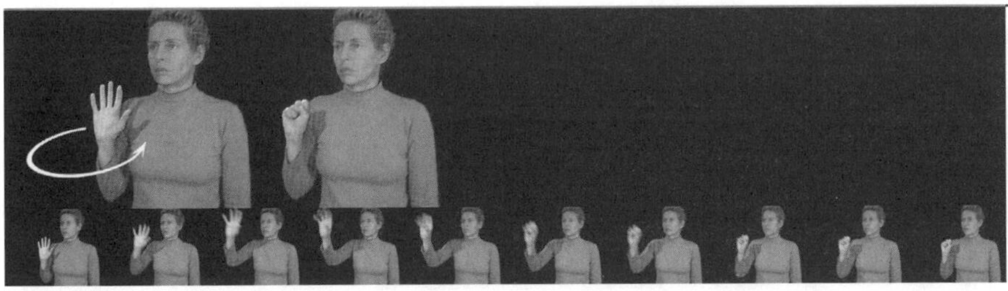

ALCANÇAR – Mão aberta e posicionada perto do corpo, dedos separados e levemente curvados, palma para a frente. Esticar o braço para a frente, fechar a mão em "S" e trazê-la de volta para perto do corpo, mantendo a mão fechada.

• ***Alcançar:*** *Apanhar ou tocar algo com as mãos ou com auxílio de algum objeto.* **Sinal igual:** APANHAR, ATINGIR

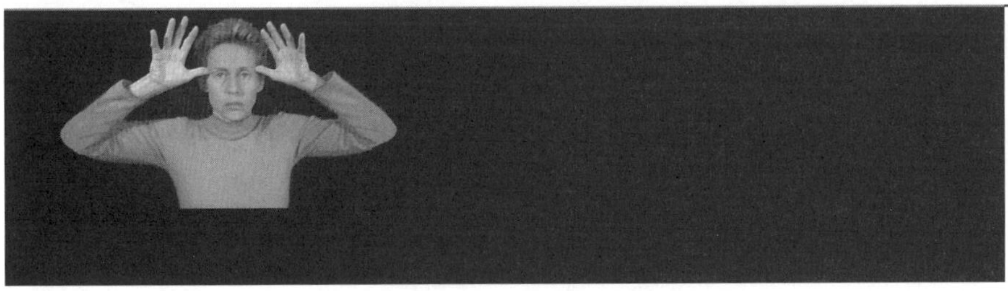

ALCE – Mão abertas, dedos separados e palma para a frente. Tocar a ponta dos polegares nas têmporas.

• ***Alce:*** *Mamífero da família dos cervídeos.*

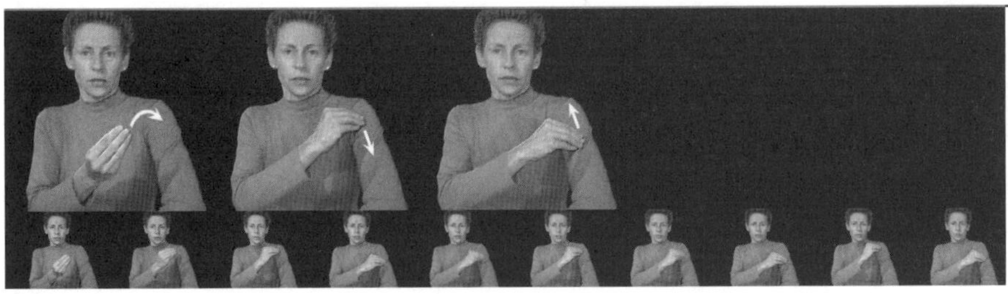

ÁLCOOL – Usando uma das mãos, manter os dedos esticados com as pontas unidas à do polegar. Passar a ponta dos dedos duas ou três vezes no lado externo do braço, como quem está segurando um pequeno pedaço de algodão e passando álcool na pele.

• ***Álcool:*** *Substância química obtida da fermentação de açúcares.*

■ **ALÇAPÃO:** ARMADILHA ■ **ALÇAR:** ELEVA, ERGUER ■ **ALCUNHA:** APELIDO

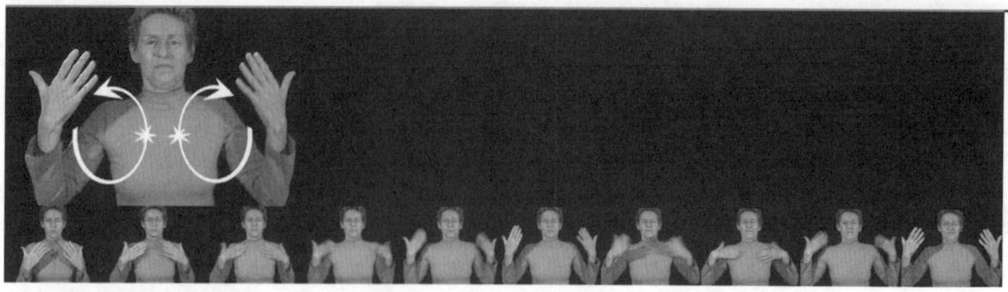

ALEGRE – Mãos abertas com os dedos esticados e levemente afastados. Mover simultaneamente as mãos para cima, duas ou três vezes, resvalando os dedos nos ombros durante o percurso.

• ***Alegre:*** *Aquele que tem, sente ou manifesta alegria.* **Sinal igual:** ALEGRIA, ANIMADO, BEM-HUMORADO, ENTUSIASMADO, PRAZENTEIRO

ALELUIA – Mãos abertas, dedos separados e palmas para dentro, abaixo da altura do peito. Erguer as duas mãos ao mesmo tempo, virando-as várias vezes no próprio eixo, para a frente e para trás.

• ***Aleluia:*** *Cântico de alegria ou de ação de graças.* **Sinal igual:** LOUVOR

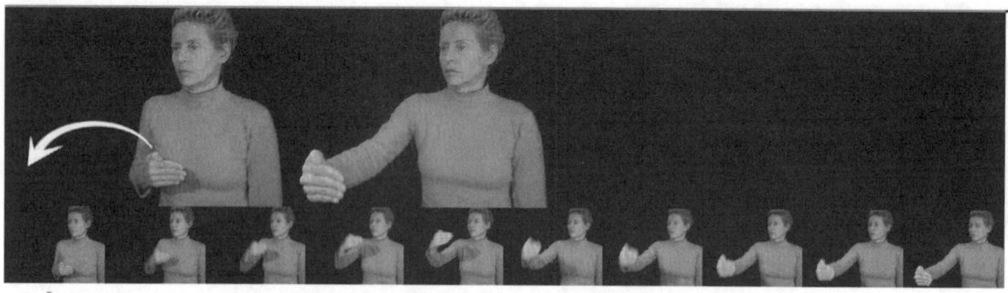

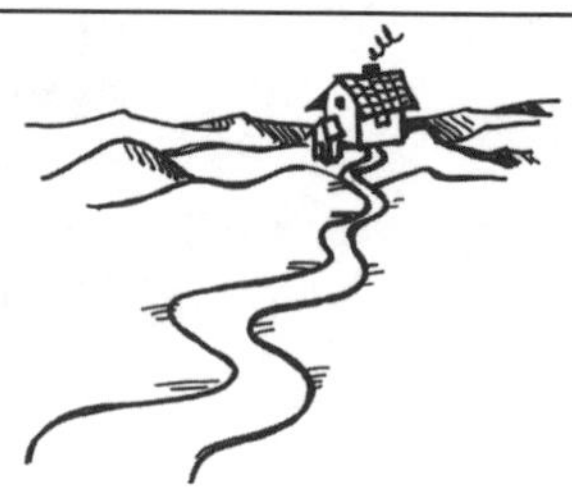

ALÉM – Mão levemente dobrada, dedos esticados e unidos, palma para trás perto do corpo. Levar a mão à frente, fazendo um leve arco durante o percurso.

• ***Além:*** *Mais à frente, mais adiante.* **Sinal igual:** ACOLÁ, ADIANTE

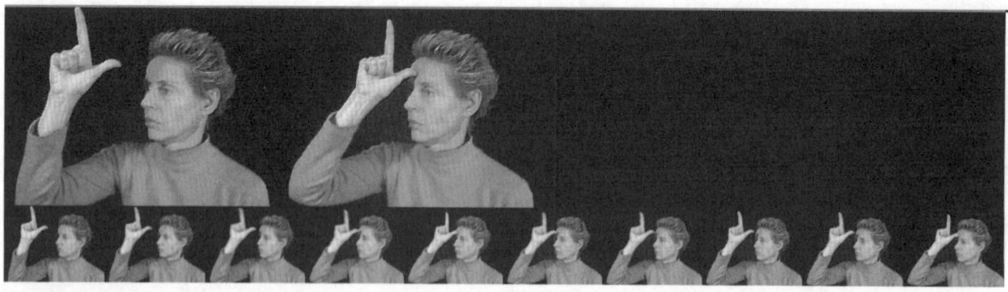

ALEMANHA – Mão em "L", tocar duas vezes a ponta do dedo polegar na testa.

• ***Alemanha:*** *País localizado no continente europeu.* **Sinal igual:** ALEMÃO, GERMÂNICO

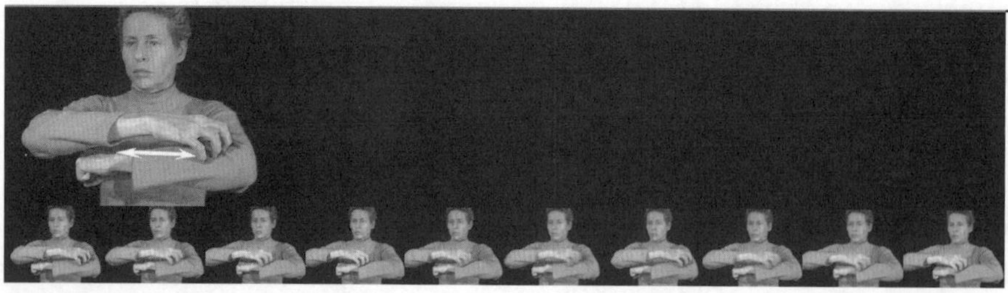

ALERGIA – Mão direita aberta, dedos curvados, palma para baixo. Tocar as pontas dos dedos da mão direita no antebraço esquerdo. Fazer um movimento de vaivém como se estivesse coçando o braço.

• ***Alergia:*** *Reação anormal do organismo após sensibilização por uma substância estranha.* **Sinal igual:** ALÉRGICO, COÇAR, COCEIRA

■ **ALEGRIA:** ALEGRE ■ **ALEIJADO:** AMPUTAR ■ **ALEIJAR:** AMPUTAR ■ **ALEITAR:** AMAMENTAR ■ **ALELUIA:** GLÓRIA ■ **ALEMÃO:** ALEMANHA ■ **ALÉRGICO:** ALERGIA

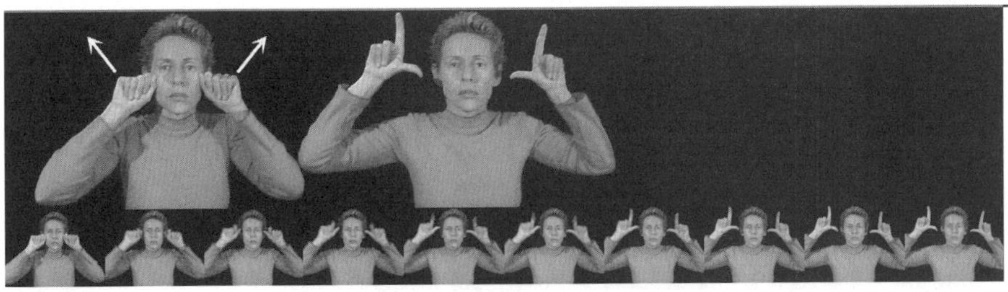

ALERTA* – Mãos em "A", palmas para a frente. Tocar a ponta do dedo polegar de cada mão na lateral do rosto, logo abaixo dos olhos. Afastar um pouco as mãos para as laterais e ao mesmo tempo abrir as mãos em "L".

• ***Alerta:*** *Que está vigilante; atento.* **Sinal igual:** ATENTO, CAUTELOSO, VIGILANTE

ALERTAR – Fazer os sinais de "atenção" e de "cuidado".

• ***Alertar:*** *Pôr alguém alerta, avisado.*

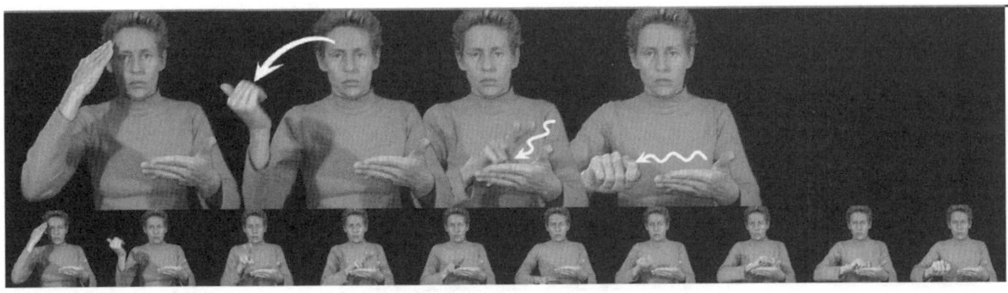

ALFABETIZADO – Fazer em sequência os sinais: "saber", "ler" e "escrever".

• ***Alfabetizado:*** *Aquele que aprendeu a ler e a escrever.* **Sinal igual:** LETRADO

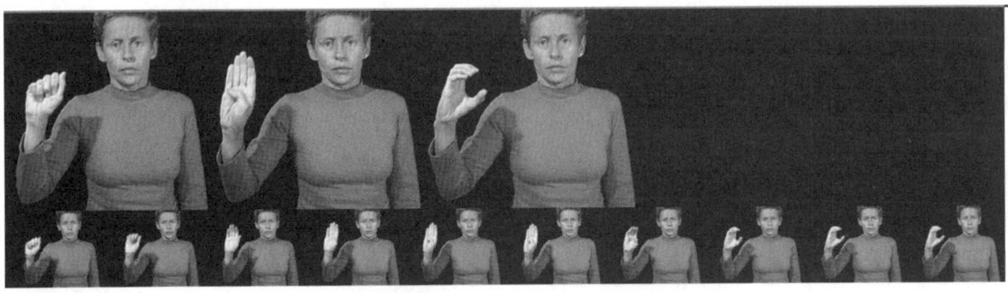

A B C D E F G H
I J K L M N O P Q
R S T U V W X Y Z

ALFABETO – Digitar: "A", "B" e "C".

• ***Alfabeto:*** *Conjunto de letras de um sistema de escrita, dispostas em ordem estabelecida.*

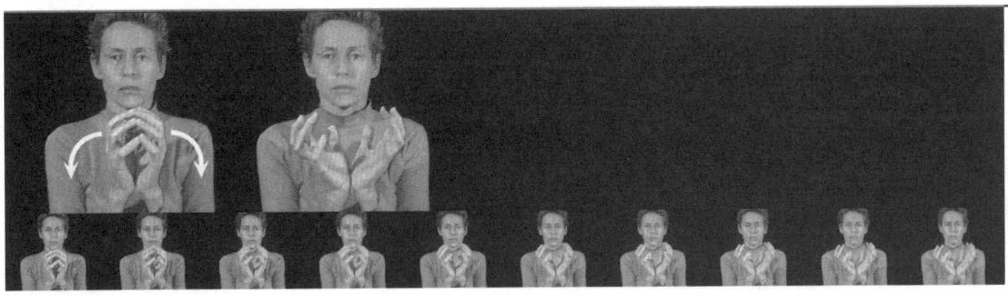

ALFACE – Mãos abertas, dedos separados e curvados, palmas para dentro. Unir as mãos tocando somente as pontas dos dedos e as bases das palmas. Afastar uma mão da outra mantendo-as unidas pelas bases das palmas, em um movimento um pouco lento.

• ***Alface:*** *Vegetal muito consumido em saladas.*

■ **ALERTA:** ATENÇÃO

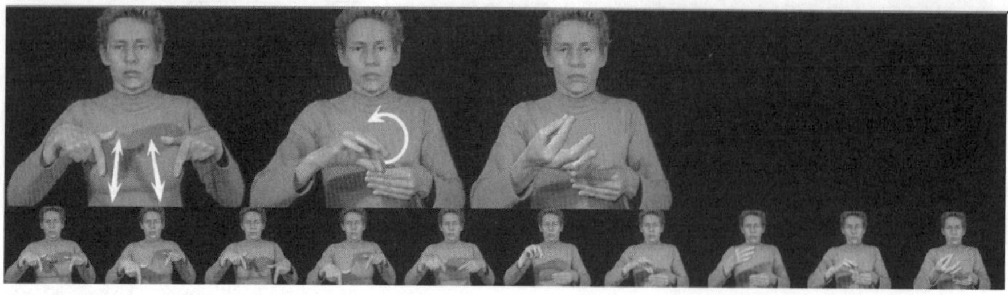

ALFAIATE – Fazer os sinais de "trabalhar" e de "costurar".

• ***Alfaiate:*** *Profissional que faz roupas masculinas.* **Sinal igual:** COSTUREIRO

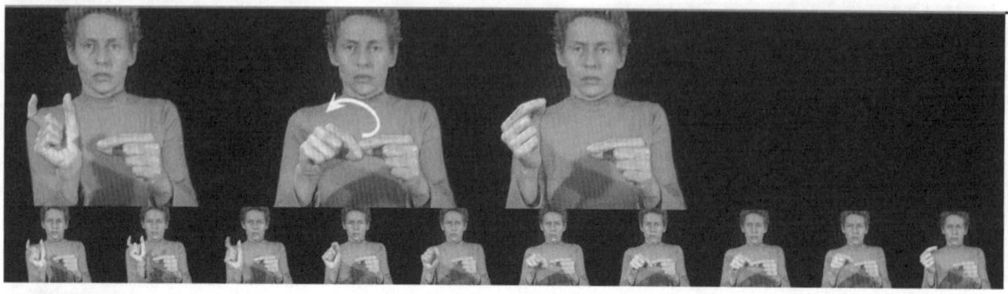

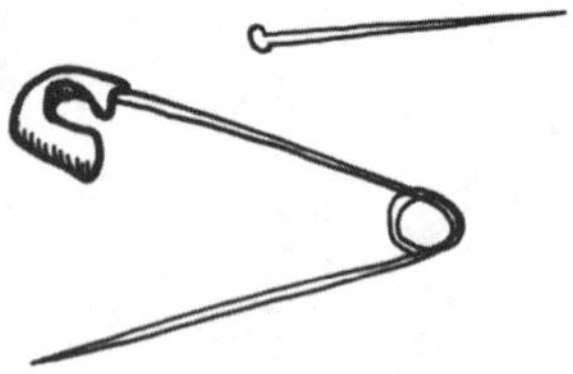

ALFINETE – Posicionar as mãos conforme a foto 1. Em seguida, fazer o sinal de "costurar".

• ***Alfinete:*** *Pequena haste de metal usada para prender ou segurar peças de vestuário, papéis etc.*

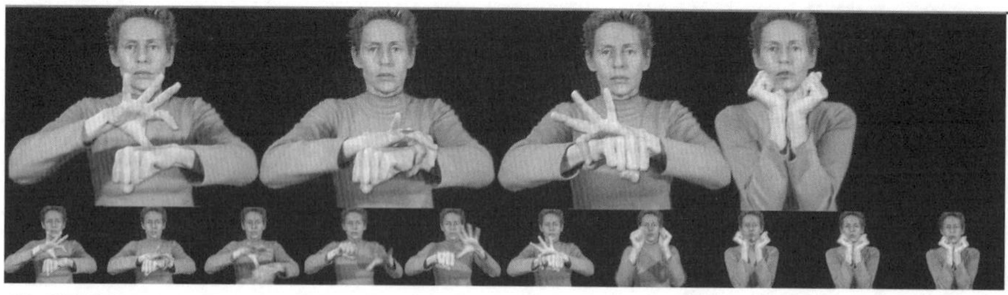

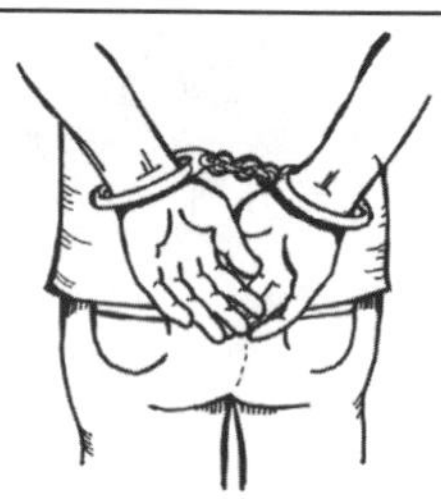

ALGEMA – Segurar o punho esquerdo com os dedos indicador e polegar da mão direita. Fazer o mesmo, segurando o punho direito. Em seguida, unir os punhos, como alguém que está com as mãos presas por uma algema.

• ***Algema:*** *Instrumento constituído por duas argolas interligadas, para prender alguém pelos pulsos ou pelos tornozelos.* **Sinal igual:** GRILHÃO

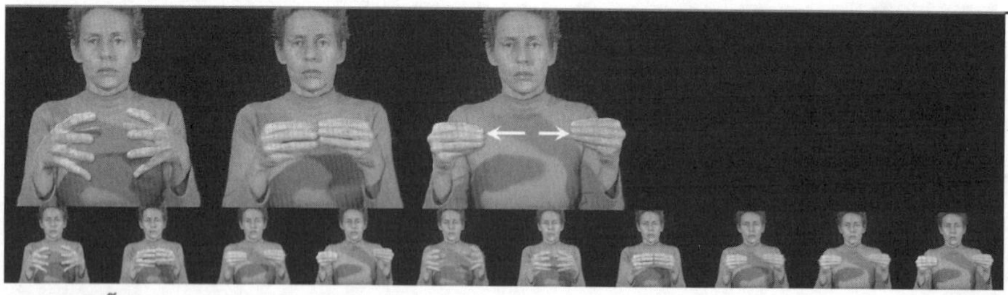

ALGODÃO – Mãos abertas, dedos separados e levemente curvados, palmas para dentro. Aproximar uma mão da outra, unindo as pontas dos dedos e afastá-las para as laterais mantendo os dedos juntos. Fazer esse movimento duas ou três vezes.

• ***Algodão:*** *Fibra vegetal obtida do algodoeiro, usada principalmente na indústria têxtil.*

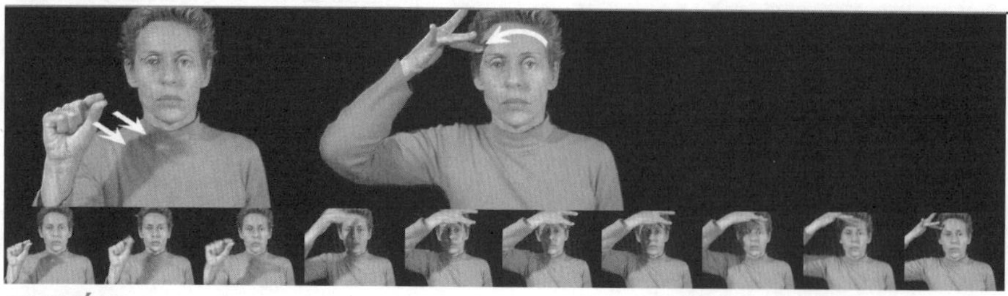

ALGUÉM – Fazer os sinais de "que" e de "pessoa".

• ***Alguém:*** *Ser humano, pessoa.*

▪ **ALFORJE:** SACOLA ▪ **ALGARISMO:** NÚMERO ▪ **ÁLGEBRA:** MATEMÁTICA ▪ **ALGIBEIRA:** BOLSA ▪ **ALGUM:** QUANTO

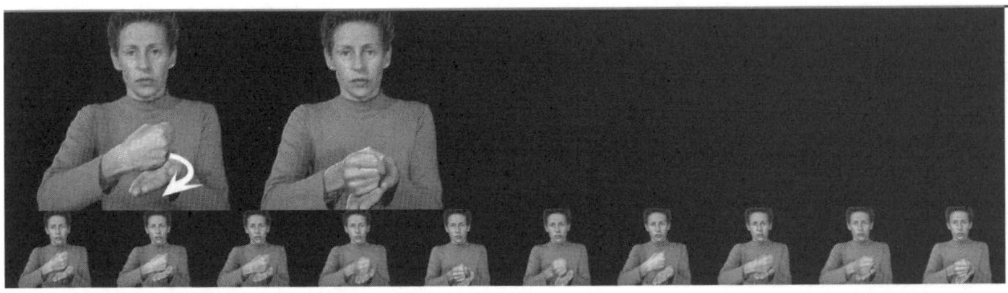

ALHO – Mão direita fechada em "S" e mão esquerda aberta, dedos unidos, palma para cima. Tocar a lateral externa da mão direita na palma esquerda e girar a mão direita, como se estivesse espremendo o alho. Fazer esse movimento duas vezes.

• ***Alho:*** *Bulbo de uma planta usado como condimento.*

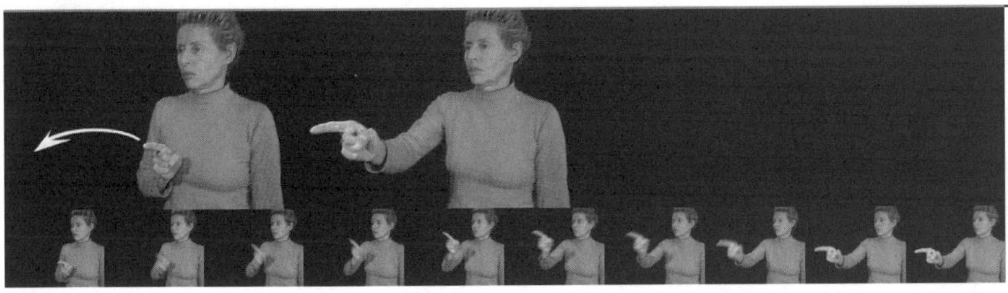

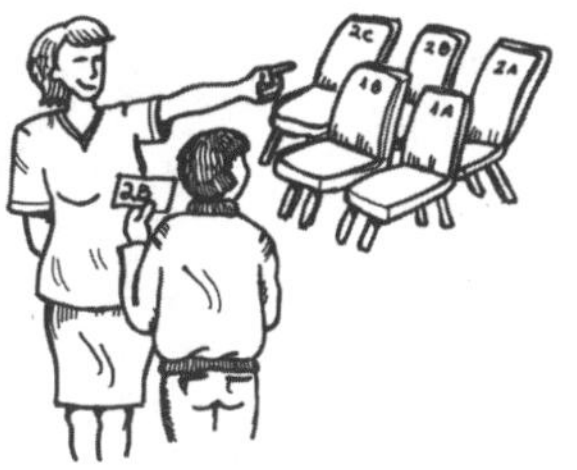

ALI – Mão fechada com o dedo indicador esticado apontando para a frente. Mão perto do corpo. Olhar para o lugar para o qual se quer chamar a atenção e levar a mão nessa direção.

• ***Ali:*** *Naquele lugar; lá.* **Sinal igual:** LÁ, NAQUELE LUGAR

ALIANÇA DE CASAMENTO – Mão esquerda aberta, dedos separados e esticados, palma para trás. Mão direita fechada com o indicador e o polegar esticados e afastados um do outro como se estivessem segurando um anel. Fazer o movimento de quem coloca o anel no dedo anular da mão esquerda. Nesse sinal, não podemos inverter as posições das mãos.

• ***Aliança de casamento:*** *Anel usado pelas pessoas casadas.*

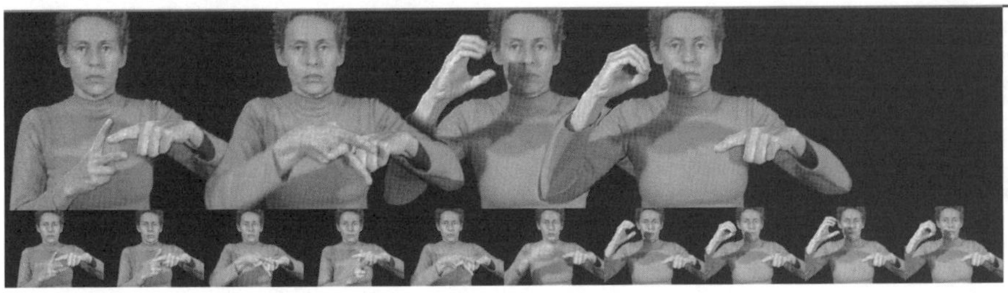

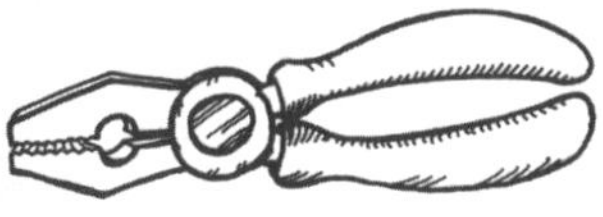

ALICATE – Mão esquerda fechada com o dedo indicador esticado, palma para baixo. Mão direita em "V". Encaixar os dedos da mão direita no indicador esquerdo e girar a mão direita apontando para baixo. Depois, mão direita em "C", tocar duas vezes as pontas dos dedos na do polegar da mesma mão.

• ***Alicate:*** *Ferramenta própria para segurar ou cortar certos objetos.*

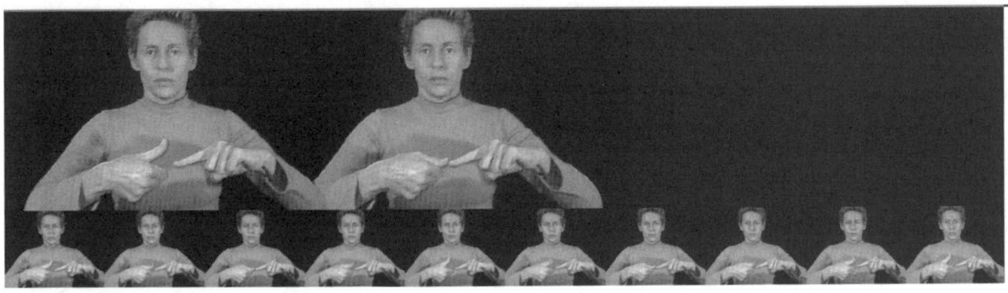

ALICATE DE UNHA – Mão esquerda fechada com o dedo indicador esticado. Mão direita em "A", com o polegar aberto. Posicionar as mãos conforme a foto 1. Fechar e abrir o polegar duas vezes, perto da unha do indicador esquerdo.

• ***Alicate de unha:*** *Instrumento usado para cortar unha.* **Sinal igual:** ALICATE DE CUTÍCULA

▪ **ALICATE DE CUTÍCULA:** ALICATE DE UNHA ▪ **ALIENAÇÃO:** DOIDO ▪ **ALIENADO:** DOIDO, LOUCO ▪ **ALIGÁTOR:** JACARÉ ▪ **ALIMENTAÇÃO:** COMER ▪ **ALIMENTAR:** COMER

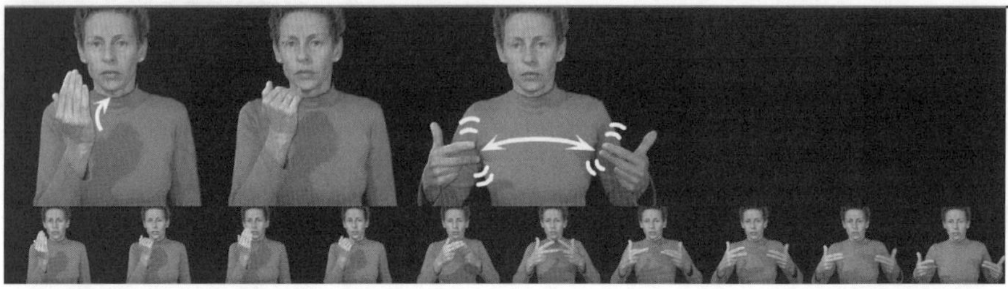

ALIMENTO – Fazer os sinais de "comer" e de "vários".

• ***Alimento:*** *Qualquer substância usada na alimentação.*

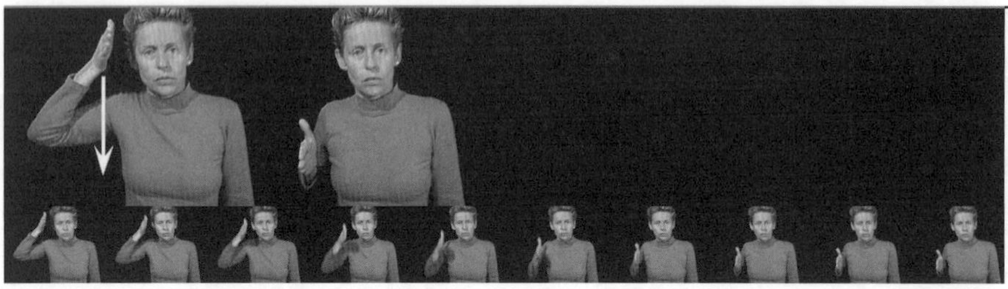

ALISAR – Mão aberta, dedos esticados e unidos, palma para dentro. Manter a mão ao lado da cabeça e baixá-la até a altura do peito.

• ***Alisar:*** *Tornar liso, desencrespar (o cabelo).*

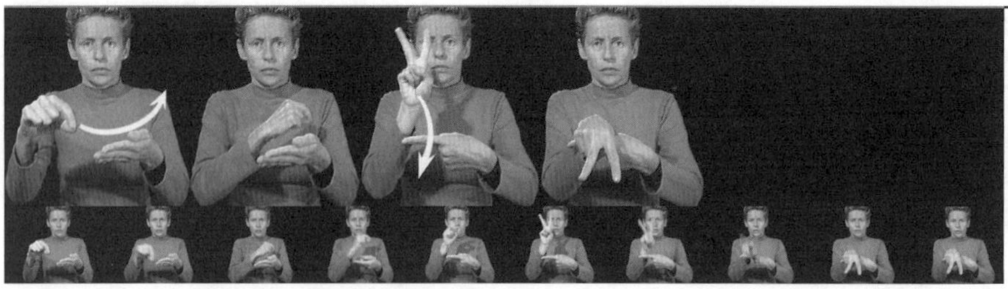

ALISTAR – Unir as pontas dos dedos indicador e polegar da mão direita (demais dedos fechados) e deslizá-los sobre a palma esquerda. Depois, mão direita em "V", mão esquerda fechada com o indicador esticado. Encostar o punho direito no indicador esquerdo e dobrar o punho para a frente.

• ***Alistar:*** *Afiliar(-se), inscrever(-se); entrar para o serviço militar.*

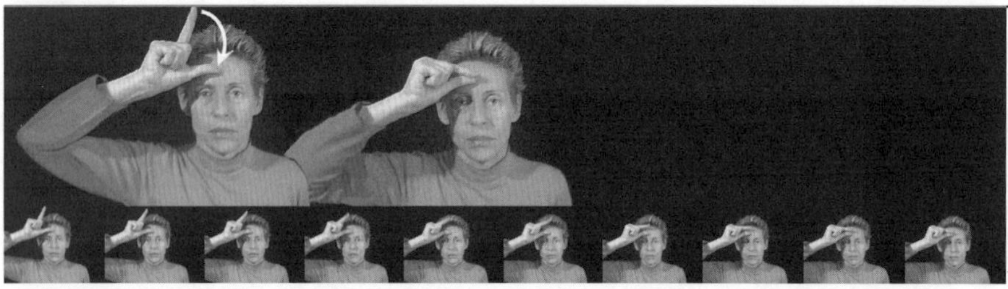

ALIVIAR* – Mão em "L", com a ponta do dedo polegar tocando na testa. Baixar lentamente o indicador, sem dobrá-lo, até tocar no polegar.

• ***Aliviar:*** *Diminuir fadiga, enfermidade, ou sofrimento.* **Sinal igual:** ABRANDAR, ALÍVIO, ATENUAR, MINORAR, SERENAR, SUAVIZAR

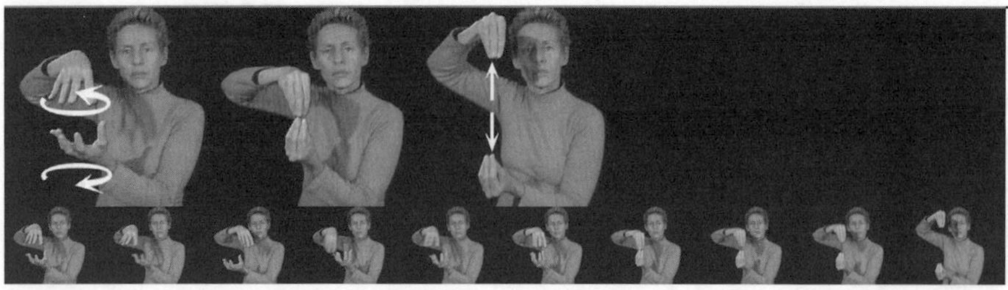
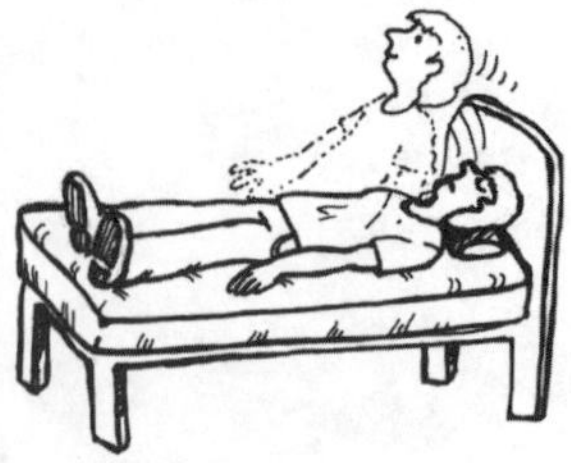

ALMA – Mão direita semiaberta, dedos afastados, palma para baixo. Mão esquerda na mesma postura com a palma para cima, logo abaixo da mão direita. Girar as mãos duas vezes e, em seguida, unir as pontas dos dedos de ambas e afastá-las verticalmente.

• ***Alma:*** *Parte imortal do homem, dotada de existência individual permanente.* **Sinal igual:** ESPÍRITO

▪ **ALIVIADO:** DESABAFAR ▪ **ALIVIAR:** CONSOLAR ▪ **ALÍVIO:** DESABAFAR, ALIVIAR ▪ **ALMEJAR:** DESEJAR, QUERO

ALMOÇAR – Fazer os sinais de "comer" e de "meio-dia".

• ***Almoçar:*** *Fazer a primeira refeição substancial do dia (sem contar o desjejum), geralmente por volta do meio-dia.* **Sinal igual:** ALMOÇO

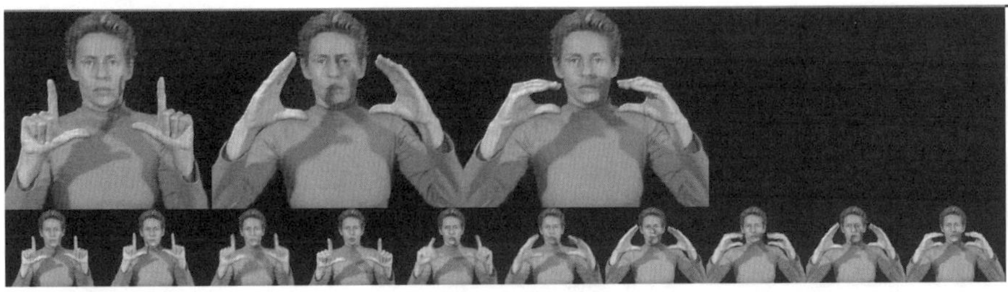

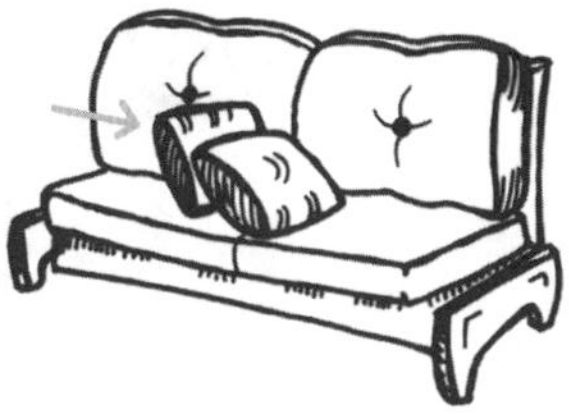

ALMOFADA – Mãos em "L", palmas para a frente. Em seguida, com as mãos em "C", palmas para dentro, juntar e afastar os dedos duas vezes, sem tocar nos polegares, como se estivesse apertando uma almofada.

• ***Almofada:*** *Espécie de saco usado como travesseiro ou apoio.* **Sinal igual:** COXIM

ALMÔNDEGA – Mão na posição da foto 1. Manter a mão um pouco à esquerda e depois à direita, como se indicasse duas almôndegas. Em seguida, com as mãos abertas e os dedos unidos, colocar uma mão sobre a outra, sendo uma com a palma virada para baixo e outra para cima, sem se tocarem. Rodar as mãos como se estivesse fazendo um bolinho.

• ***Almôndega:*** *Alimento feito de carne moída temperada em forma de bolinha.*

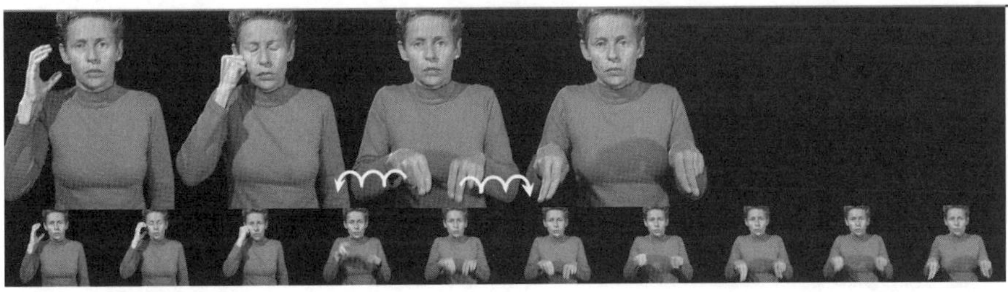

ALOJAMENTO – Fazer o sinal de "sono" (pode ser com todos os dedos da mão ou somente com o indicador e o polegar). Depois, mãos em "N", palmas para baixo. Afastar uma mão da outra, marcando três pontos imaginários durante o percurso.

• ***Alojamento:*** *Local onde se mora temporariamente; acampamento.* **Sinal igual:** HOSPEDARIA, HOTEL, HOTELARIA, HOTELEIRO, POUSADA

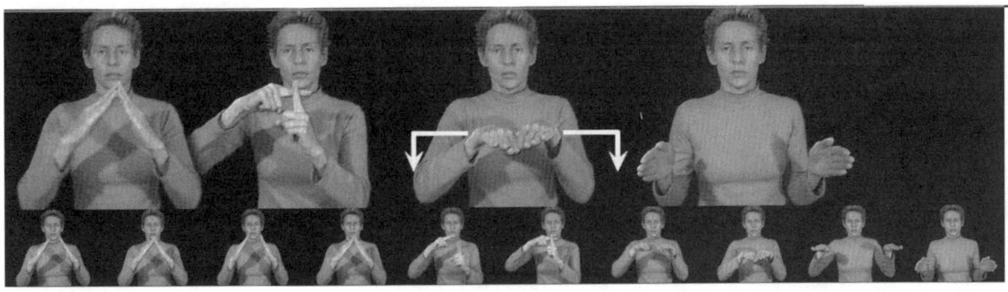

ALTAR – Fazer o sinal de "casa" e depois uma cruz com os indicadores. Em seguida, com as mãos abertas e unidas pelos polegares, dedos juntos, palmas para baixo, afastar uma mão da outra horizontalmente e depois baixá-las um pouco verticalmente, com as palmas para dentro.

• ***Altar:*** *Mesa sagrada destinada à celebração da missa.*

■ **ALMOÇO:** ALMOÇAR ■ **ALTERAÇÃO:** TROCAR ■ **ALTERAR:** TROCAR ■ **ALTERNATIVA:** ESCOLHER

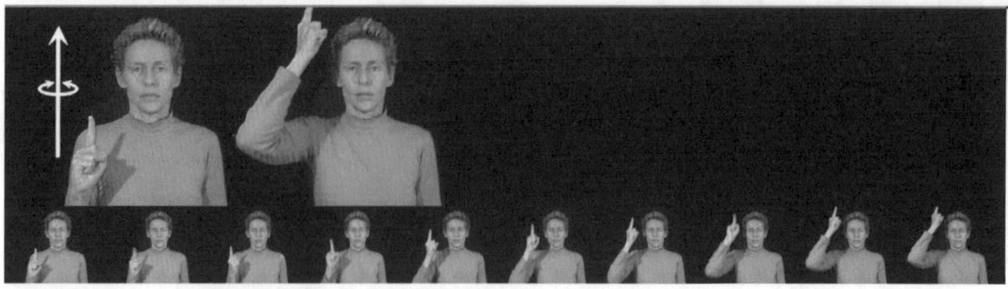

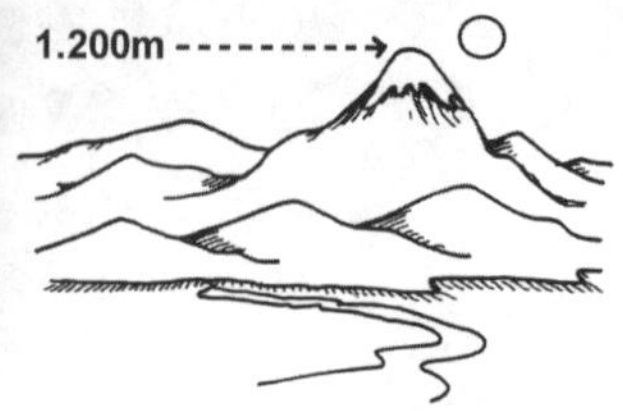

ALTITUDE – Mão fechada com o dedo indicador esticado, palma para dentro, na altura do peito. Subir a mão e, ao mesmo tempo, girá-la para trás e para a frente várias vezes até que fique um pouco acima da altura da cabeça.

• ***Altitude:*** *O ponto mais alto de uma elevação qualquer.*

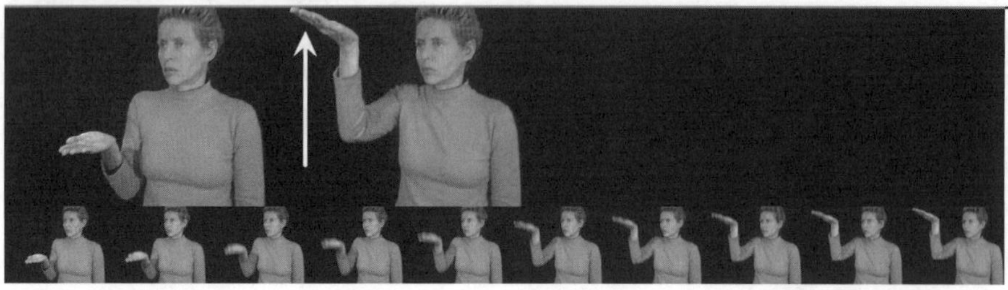

ALTO – Mão aberta na altura da cintura, dedos unidos apontando para a frente, palma para cima. Erguer a mão até a altura da cabeça.

• ***Alto:*** *O ponto mais elevado; que apresenta certa altura.*

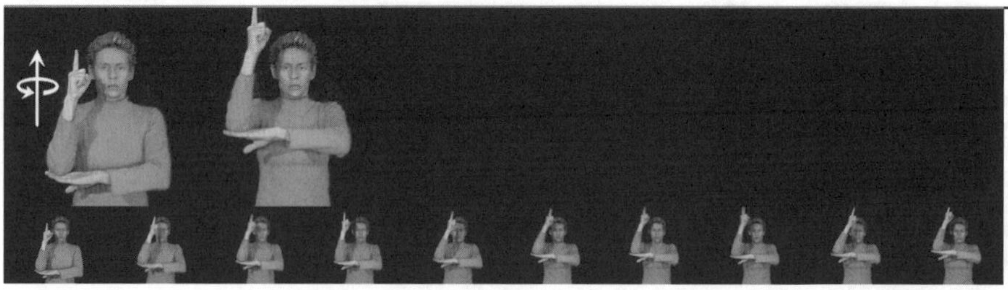

ALTURA – Mão esquerda aberta, palma para baixo. Mão direita fechada com o indicador esticado, apontando para cima. Manter o cotovelo direito apoiado no dorso da mão esquerda. Subir as mãos, rodando a mão direita algumas vezes.

• ***Altura:*** *O ponto mais alto de uma elevação qualquer; a medida do tamanho de alguma coisa.*

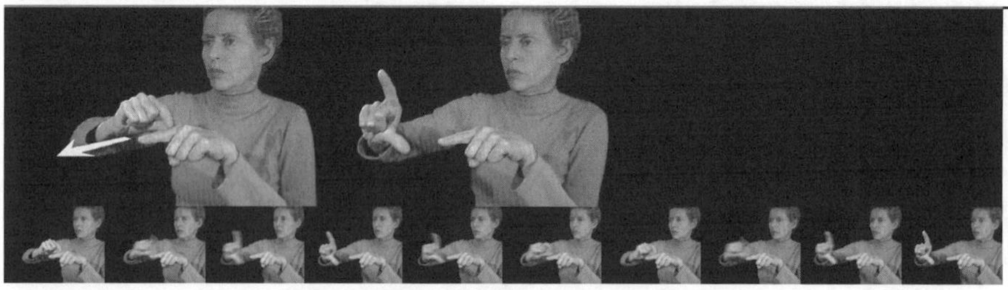

ALUGAR – Mão esquerda fechada, dedo indicador esticado apontando para a frente. Mão direita fechada com o indicador e o polegar unidos pelas pontas, que devem estar levemente encostadas na lateral interna da mão esquerda. Levar a mão direita à frente, abrindo-a em "L" duas ou mais vezes.

• ***Alugar:*** *Emprestar para alguém uma casa, um carro etc, através de contrato e em troca de pagamento em dinheiro.* **Sinal igual:** ALUGUEL, ARRENDAMENTO, ARRENDAR, LOCAÇÃO, LOCAR

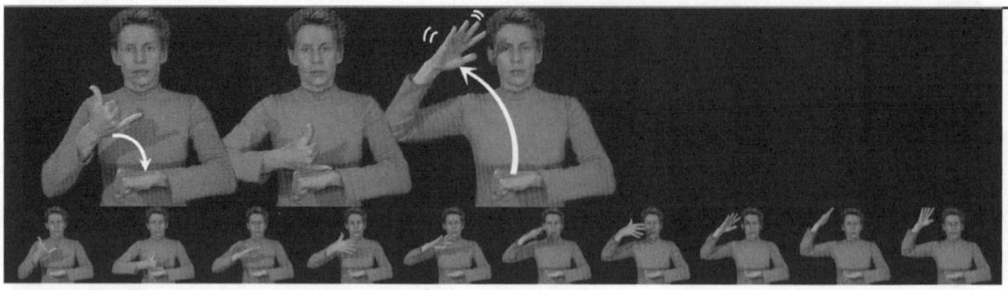

ALUMÍNIO – Fazer o sinal de "ferro". Em seguida, fazer o sinal de "brilhar" com a mão direita, mantendo a esquerda parada.

• ***Alumínio:*** *Metal leve.*

▪ **ALTIVEZ:** ORGULHO ▪ **ALTIVO:** ORGULHO ▪ **ALUCINÓGENO:** DROGAS ▪ **ALUGUEL:** ALUGAR ▪ **ALUNO:** ESTUDAR

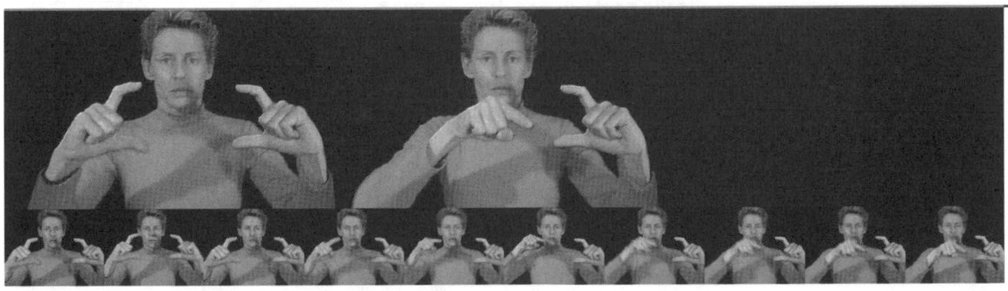

ALVO* – Com os dedos indicador e polegar das duas mãos, fazer o formato de um círculo (foto 1). Em seguida, manter a mão esquerda parada, enquanto a direita aponta com o indicador o centro do círculo.

• ***Alvo:*** *Ponto para o qual se dirige o tiro; mira.* **Sinal igual:** MIRA

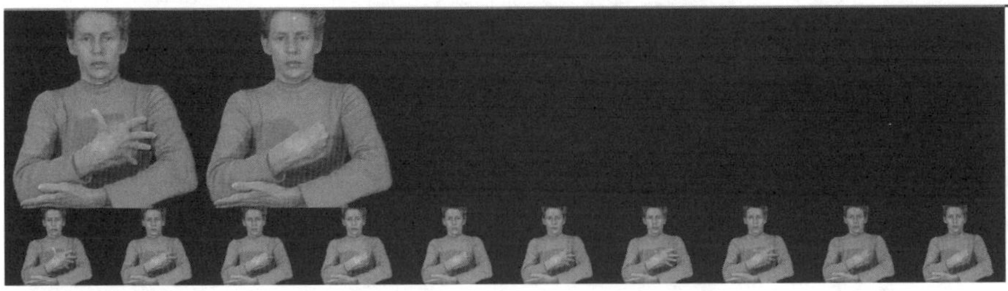

AMAMENTAR – Com os braços na posição da foto 1, manter o braço esquerdo como se estivesse carregando um bebê e a mão direita com os dedos esticados e unidos pelas pontas, que devem estar voltadas para o mamilo esquerdo. Abrir a mão e novamente os dedos pelas pontas duas ou três vezes.

• ***Amamentar:*** *Alimentar ao seio, dar de mamar.* **Sinal igual:** ALEITAR, AMAMENTAÇÃO, LACTAÇÃO, LACTAR

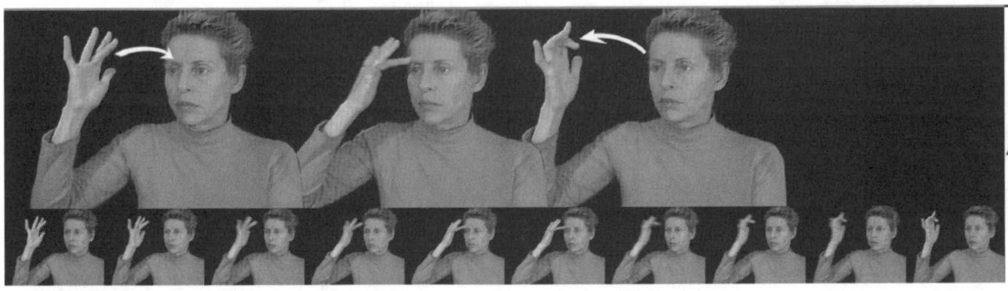

AMANHÃ – Com a mão aberta, os dedos separados e a palma da mão virada para o rosto, tocar a ponta do médio na lateral da testa e afastar a mão da cabeça, dobrando um pouco esse dedo.

• ***Amanhã:*** *No dia seguinte ao presente.* **Sinal igual:** PORVIR

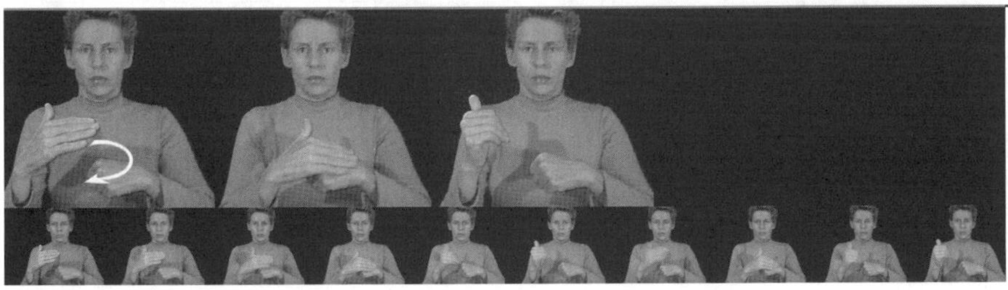

AMANSAR – Mão esquerda fechada em "S", palma para baixo. Mão direita aberta com a palma para baixo. Passar os dedos da mão direita no dorso esquerdo duas ou três vezes, como se estivesse acariciando a cabeça de um cão.

• ***Amansar:*** *Fazer ficar ou ficar manso ou dócil.* **Sinal igual:** APAZIGUAR, SERENAR, SOSSEGAR

AMANTE – Mãos em "Y", palmas para trás. Trançar o dedo mínimo de uma mão no mínimo da outra.

• ***Amante:*** *Pessoa que tem com outra relações sexuais, não formalizadas pelo casamento.* **Sinal igual:** AMASIADO, CONCUBINA

▪ **ALVO:** BRANCO ▪ **ALVOR:** MADRUGADA ▪ **ALVORADA:** MADRUGADA ▪ **ALVORECER:** MADRUGADA ▪ **ALVOROÇAR:** AGITAR ▪ **AMA:** BABÁ ▪ **AMA DE LEITE:** BABÁ ▪ **AMAMENTAÇÃO:** AMAMENTAR ▪ **AMANHECER:** MANHÃ

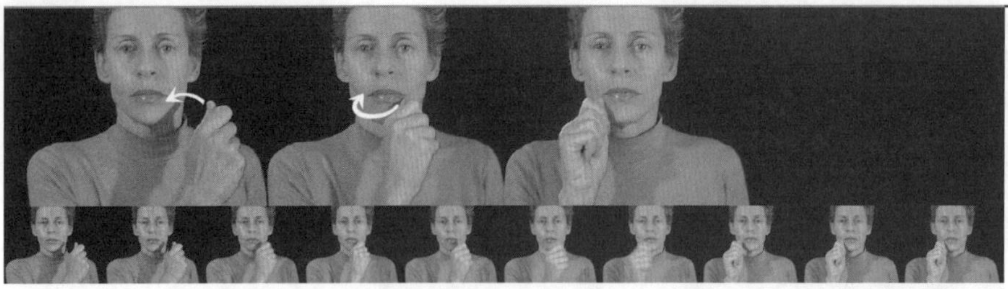

AMAPÁ – Mão em "A", tocar uma vez a unha do dedo polegar logo abaixo do canto esquerdo da boca e depois logo abaixo do canto direito.
• *Amapá: Estado localizado na região Norte do Brasil.*

AMAR – Mão direita aberta encostada no peito, na altura do coração. Palma virada para a esquerda. Fechar lentamente a mão em "S", sem desencostá-la do peito.
• *Amar: Sentir grande afeição, ternura ou paixão por alguém ou algo.* **Sinal igual:** AFEIÇÃO, AFETO, AMOR, TERNURA

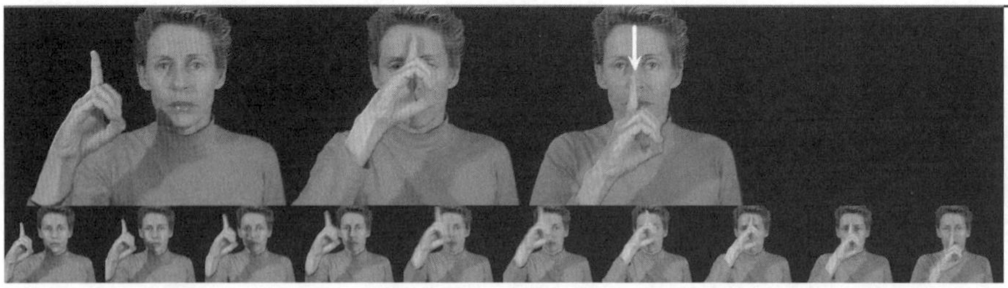

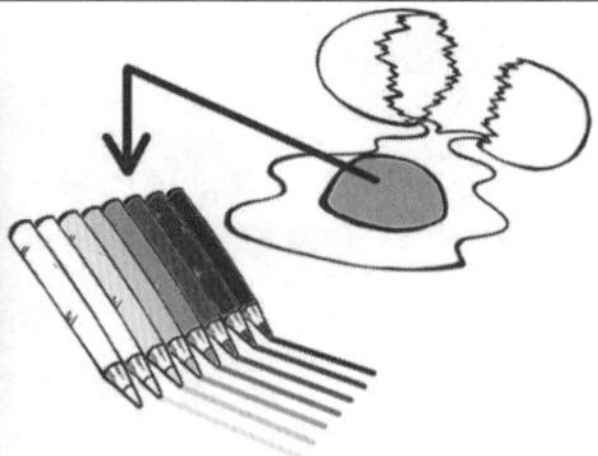

AMARELO – Mão em "D", encostar a lateral externa do dedo indicador no meio da testa e deslizar a mão suavemente para baixo até que a ponta do indicador encoste na extremidade do nariz.
• *Amarelo: A cor da gema de ovo, do açafrão, do ouro.* **Sinal igual:** FLAVO, FULVO, LOIRO, LOURO

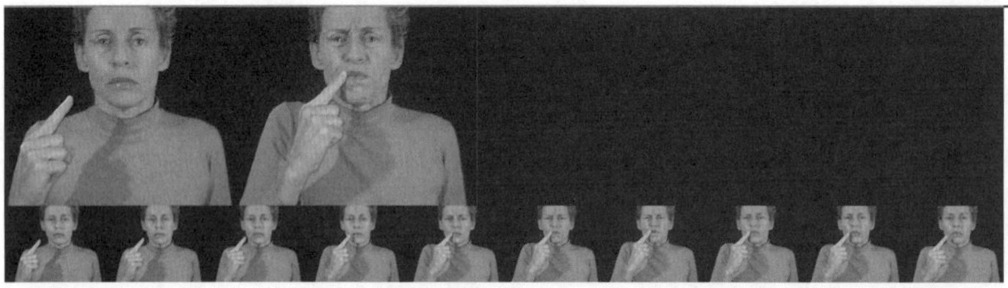

AMARGO – Mão fechada, dedo indicador esticado. Tocar a ponta do indicador no canto da boca e, ao mesmo tempo, fazer a expressão de quem está sentindo um gosto ruim.
• *Amargo: De sabor desagradável.* **Sinal igual:** AMARGOSO

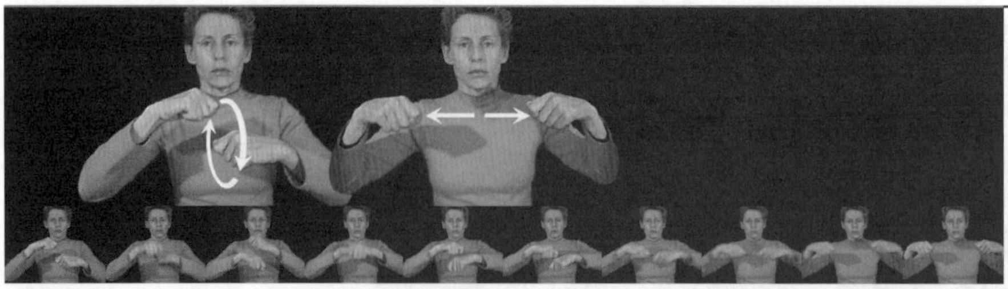

AMARRAR – Mãos em "A", palmas para baixo. Rodar uma mão sobre a outra (uma vez) e, em seguida, afastá-las para os lados, como quem está fazendo um laço.
• *Amarrar: Ligar fortemente com cordas; atar.* **Sinal igual:** ATAR

▪ **AMARGOSO:** AMARGO ▪ **AMARGURA:** MÁGOA, SOFRER ▪ **AMARGURADO:** MÁGOA ▪ **AMARROTAR:** AMASSAR ▪ **AMASIADO:** AMANTE

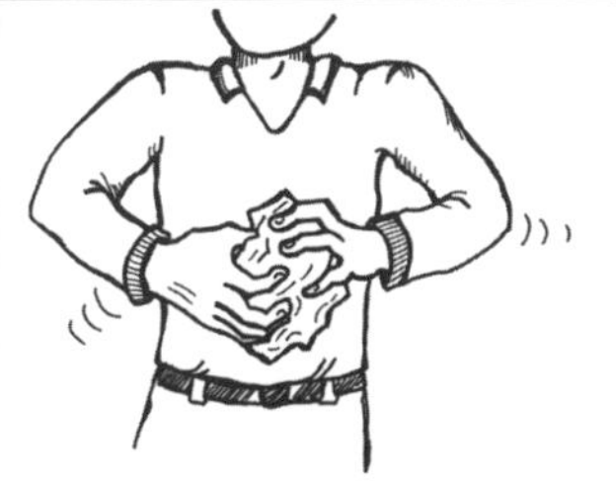

AMASSAR – Mão direita aberta, dedos separados e levemente curvados, palma para baixo. Mão esquerda na mesma posição, mas com a palma virada para cima e colocada abaixo da mão direita, mantendo-as um pouco afastadas entre si. Juntar as mãos, fechando-as em "A".

• ***Amassar:*** *Achatar por pressão ou esmagamento.* **Sinal igual:** ACHATAR, AMARROTAR

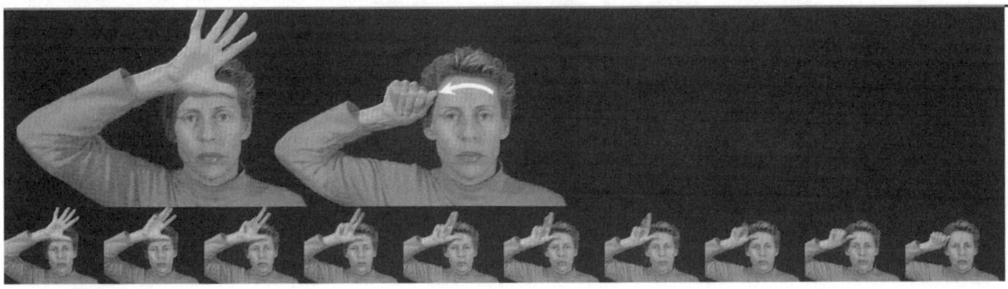

AMAZONAS – Mão direita aberta, dedos separados. Encostar o dorso da mão na testa. Em seguida, arrastar a mão para a direita, mantendo o polegar sempre encostado na testa. Enquanto arrasta a mão, fechar um dedo de cada vez, começando pelo mínimo até fechar totalmente a mão em "A", com a ponta do polegar encostada na lateral da testa.

• ***Amazonas:*** *Estado localizado na região Norte do Brasil.* **Sinal igual:** AMAZONENSE, AMAZÔNICO

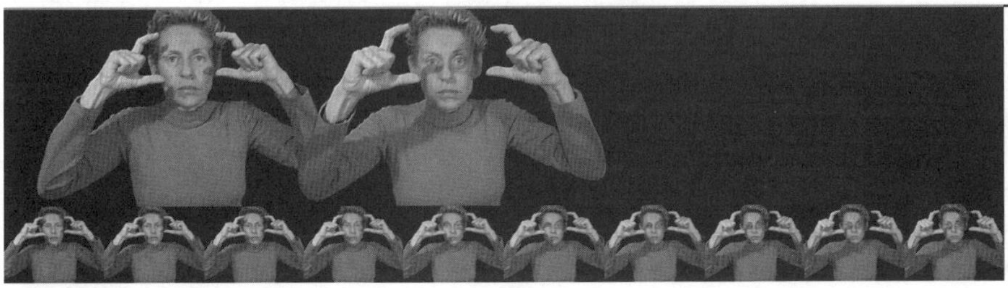

AMBIÇÃO* – Mãos fechadas com os indicadores e polegares abertos e levemente curvados. Palmas viradas para dentro. Colocar os dedos em volta dos olhos e levar as mãos um pouco à frente, arregalando os olhos.

• ***Ambição:*** *Desejo de poder, de glória ou de riquezas.*

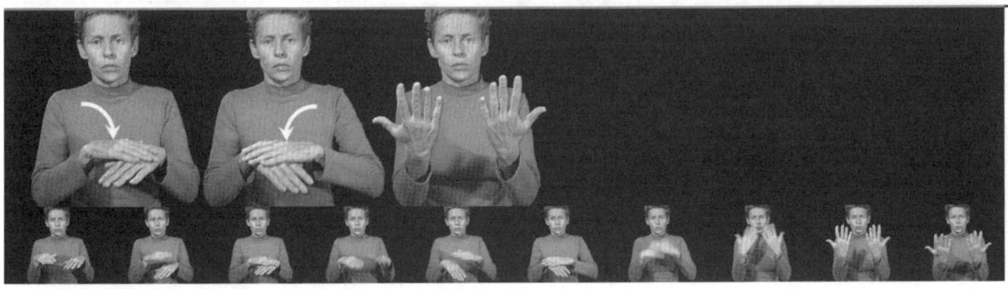

AMBIDESTRO – Mãos abertas, dedos levemente separados, palmas para baixo. Tocar os dedos da mão direita no dorso esquerdo e os dedos esquerdos no dorso direito. Em seguida, mostrar as duas mãos com as palmas viradas para trás.

• ***Ambidestro:*** *Aquele que usa ambas as mãos com a mesma eficiência.*

AMBOS – Fazer o número "2" com a palma virada para trás. Levar a mão para a esquerda e depois para a direita.

• ***Ambos:*** *Os dois, um e outro.*

▪ **AMAZONENSE:** AMAZONAS ▪ **AMAZÔNICO:** AMAZONAS ▪ **AMBIÇÃO:** QUERO ▪ **AMBICIONAR:** QUERO ▪ **AMBICIOSO:** COBIÇAR ▪ **AMBIENTE:** CLIMA

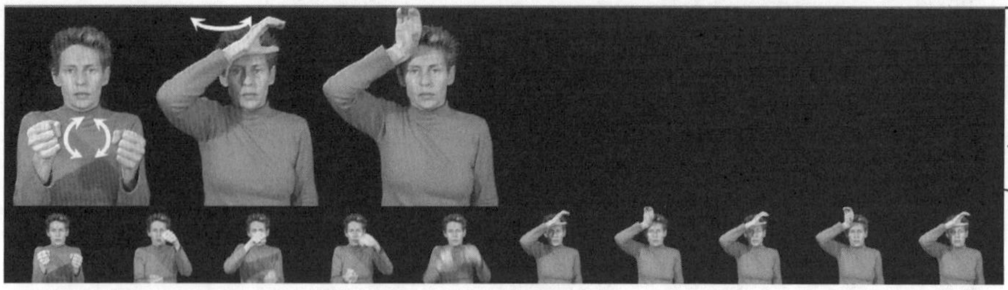

AMBULÂNCIA – Fazer o sinal de "automóvel" e, em seguida, com a mão em "C", encostar o dorso dessa mão na testa e virá-la um pouco para a esquerda e para a direita duas vezes.

• ***Ambulância:*** *Viatura equipada para atender e transportar enfermos e feridos.*

AMEAÇAR – Mão esquerda aberta, dedos unidos, palma para cima. Mão direita em "A", palma para trás. Encostar duas vezes a mão direita na palma da esquerda.

• ***Ameaçar:*** *Prometer castigo ou malefício.* **Sinal igual:** INTIMIDAR

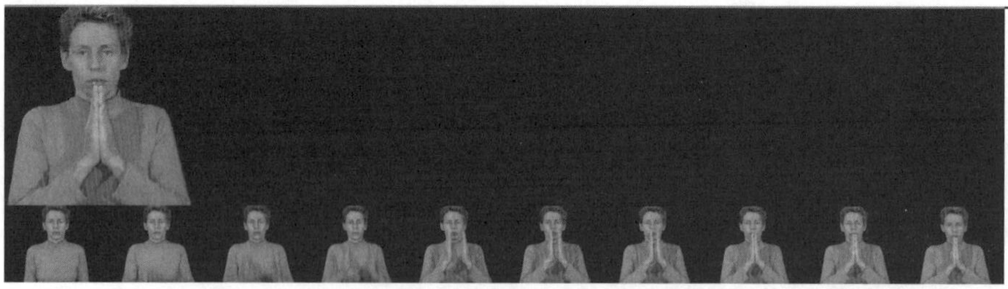

AMÉM – Mãos abertas, dedos unidos apontando para cima, palmas para dentro. Unir as duas mãos em posição de oração.

• ***Amém:*** *Assim seja, assim é; certamente.*

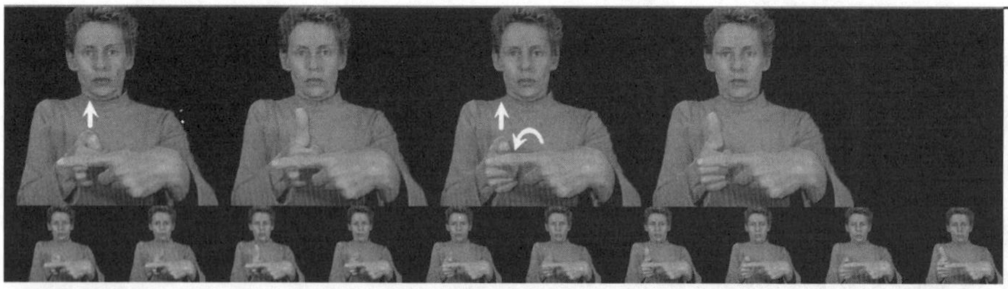

AMENDOIM – Mão esquerda fechada, dedo indicador esticado apontando para a direita. Mão direita em "A", com a ponta do polegar levemente escondido dentro da mão. Encostar o polegar direito na base do indicador esquerdo, esticando o polegar (para cima). Fazer o mesmo movimento no meio e na ponta do indicador esquerdo.

• ***Amendoim:*** *Planta da família das leguminosas.*

AMÉRICA – Mãos abertas, dedos separados. Manter uma mão virada para a frente e outra para trás, unidas pelas pontas dos polegares.

• ***América:*** *Nome dado ao continente ocidental.* **Sinal igual:** LATINO

▪ **AMEDRONTADO:** MEDO ▪ **AMENO:** SUAVE

AMÉRICA CENTRAL – Mãos fechadas, polegares abertos. Manter uma mão virada para a frente e outra para trás, unidas pelas pontas dos polegares.
• ***América Central:*** *Uma das três divisões da América.*

AMÉRICA DO NORTE – Mão direita aberta, dedos separados, palma para a frente. Mão esquerda fechada, polegar aberto, palma para trás. Unir as mãos pelas pontas dos polegares.
• ***América do Norte:*** *Uma das três divisões da América.*

AMÉRICA DO SUL – Mão direita fechada, polegar aberto, palma para a frente. Mão esquerda aberta, dedos separados, palma para trás. Unir as mãos pelas pontas dos polegares.
• ***América do Sul:*** *Uma das três divisões da América.*

AMERICANO – Mão fechada, dedo indicador esticado. Tocar a lateral externa do indicador no rosto, perto da orelha. Deslizar o dedo para a frente, passando pela bochecha até chegar próximo ao canto da boca.
• ***Americano:*** *Relativo à América ou a qualquer país desse continente.*

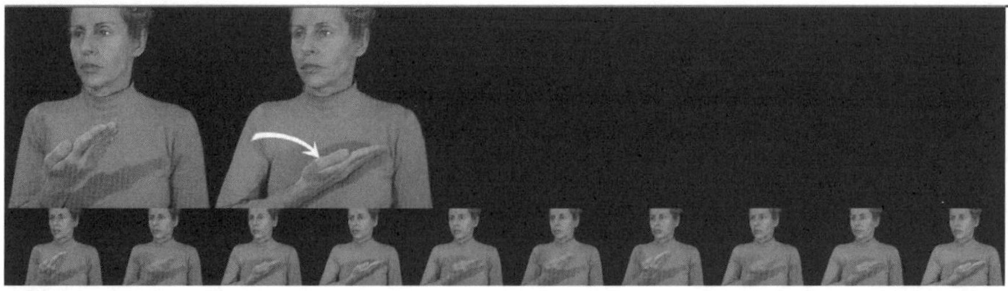

AMIGO – Mão direita aberta, dedos unidos, palma para cima. Tocar a lateral externa da mão duas ou três vezes no peito, próximo ao coração.
• ***Amigo:*** *Pessoa que é ligada a outra por sentimento de grande afeição.* **Sinal igual:** AMIZADE, CAMARADA, COLEGA, COLEGUISMO, COMPANHEIRO

▪ **AMESTRADO:** ENSINADO ▪ **AMESTRAR:** ENSINAR ▪ **AMIZADE:** AMIGO ▪ **AMOLAR:** ABORRECER, AFIAR ▪ **AMOLECER:** MOLE ▪ **AMOLECIDO:** MOLE ▪ **AMONTOAR:** EMPILHAR ▪ **AMOR:** AMAR

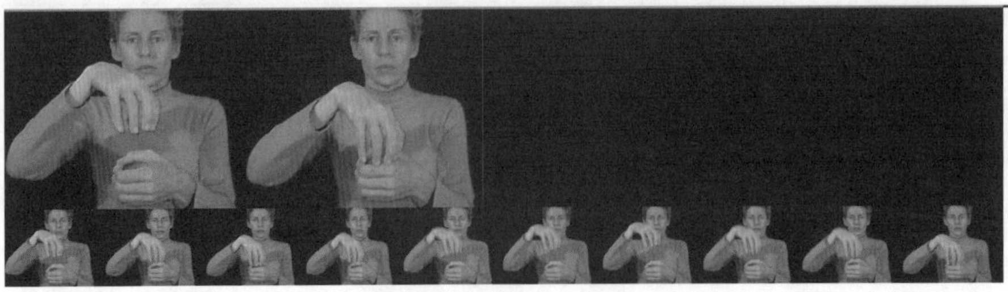

AMORA – Mão esquerda em "O", conforme a foto 1. Mão direita aberta, dedos levemente curvados e separados, palma para baixo. Tocar duas vezes as pontas dos dedos da mão direita sobre a esquerda.

• ***Amora:*** *Fruto da amoreira.*

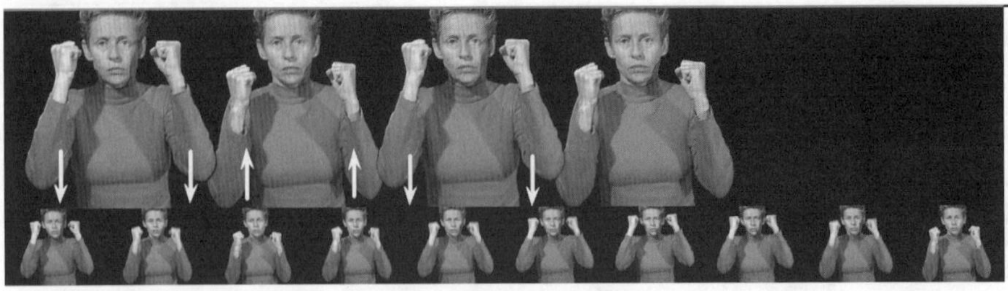

AMORTECEDOR – Mãos fechadas em "S", palmas para dentro. Flexionar os cotovelos, mantendo os antebraços na posição vertical (foto 1). Subir e descer os braços duas vezes, mantendo a posição.

• ***Amortecedor:*** *Equipamento para suavizar vibrações de veículos, máquinas ou equipamentos.*

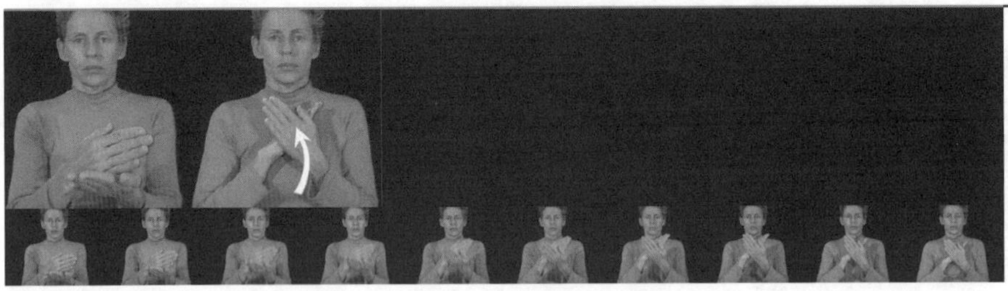

AMPARADO – Mãos abertas, dedos unidos. Encostar a lateral externa da mão direita sobre a palma da esquerda. Trazer as mãos de encontro ao corpo até encostar a lateral interna da mão direita no peito.

• ***Amparado:*** *Que se encontra protegido, defendido, resguardado, apoiado.* **Sinal igual:** AJUDADO, AUXILIADO, SOCORRIDO

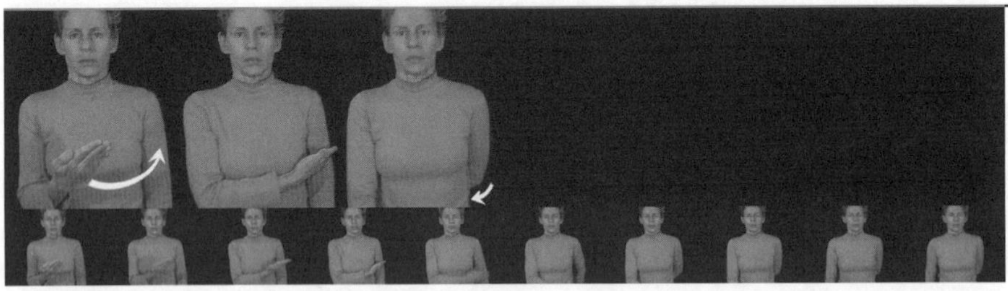

AMPUTAR – Mão direita aberta, dedos unidos, palma para cima. Tocar a lateral externa da mão na articulação do cotovelo esquerdo e, em seguida, esconder a mão esquerda atrás do corpo.

• ***Amputar:*** *Fazer a remoção cirúrgica de um membro ou parte dele.* **Sinal igual:** ALEIJADO, ALEIJAR, MUTILADO

ANALFABETO – Fazer os sinais de "não saber", de "ler" e de "escrever".

• ***Analfabeto:*** *Aquele que não sabe ler nem escrever.* **Sinal igual:** ILETRADO

▪ **AMPARAR:** AJUDAR ▪ **AMPLIAR:** AUMENTAR ▪ **AMPLO:** LARGO ▪ **ANALISAR:** ESTUDAR, VERIFICAR ▪ **ANÁLISE:** ESTUDAR ▪ **ANÁLOGO:** IDÊNTICO ▪ **ANANÁS:** ABACAXI ▪ **ANARQUIA:** BAGUNÇAR ▪ **ANARQUIZADO:** BAGUNÇAR ▪ **ANCIÃO:** VELHO

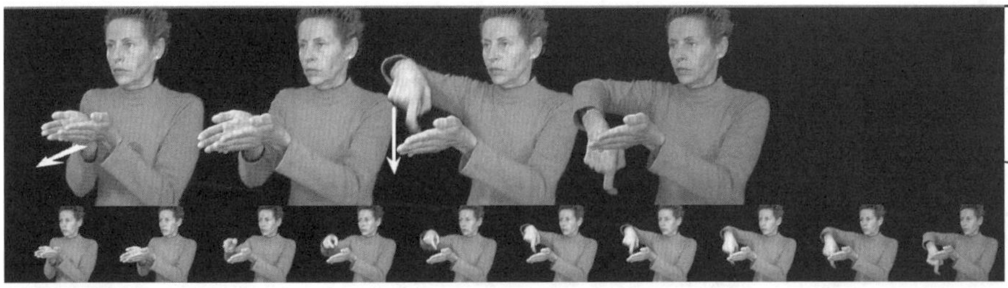

ÂNCORA – Fazer o sinal de "barco" e, em seguida, manter a mão esquerda na mesma posição, enquanto a direita, fechada com o indicador curvado e virado para baixo, toca na lateral externa da esquerda e desce como se fosse uma âncora sendo baixada ao mar.

• ***Âncora:*** *Peça de ferro usada para reter o navio no ponto onde ele se encontra.*

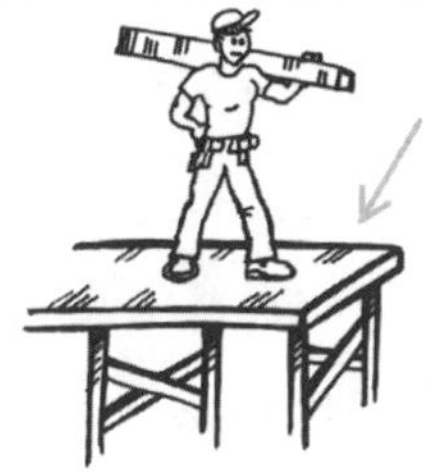

ANDAIME – Mãos fechadas com os dedos indicadores e mínimos esticados. Palmas para dentro. Movimentar as mãos ao mesmo tempo, "tocando" em três pontos imaginários: um logo à frente, outro mais acima e outro ainda mais acima.

• ***Andaime:*** *Construção provisória de madeira ou de ferro, que se arma, para construir, reparar ou pintar qualquer edificação.*

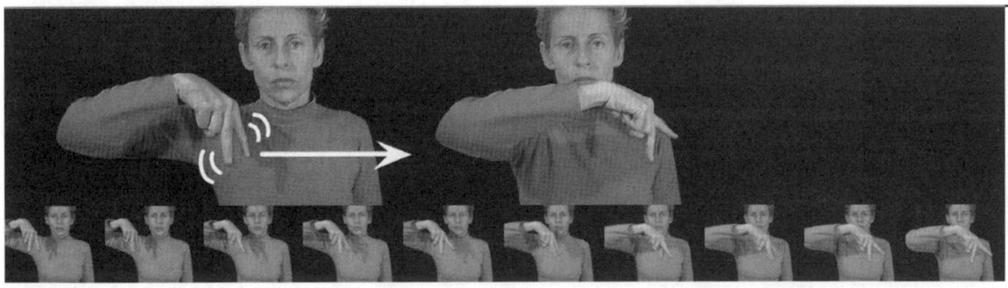

ANDAR – Mão direita em "V", dedos apontando para o chão. Mover a mão para o lado esquerdo e, ao mesmo tempo, balançar os dedos, simulando o movimento das pernas de uma pessoa andando.

• ***Andar:*** *Dar passos, caminhar.*

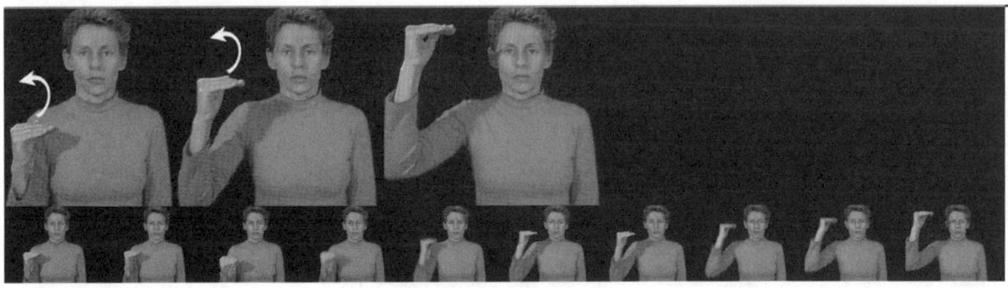
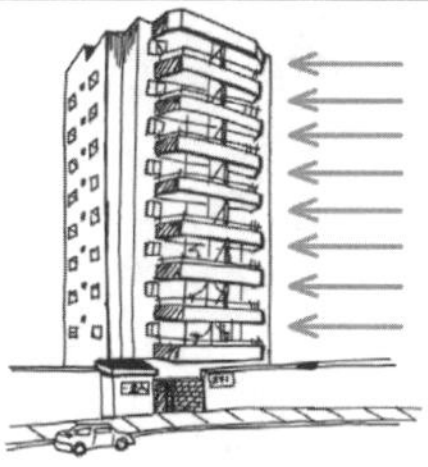

ANDARES – Mão dobrada, dedos esticados, palma para dentro. Movimentar a mão um pouco para a frente, "tocando" em três pontos imaginários: um na altura do peito, outro na altura do queixo e outro na altura da cabeça.

• ***Andares:*** *Quaisquer pavimentos de uma edificação.*

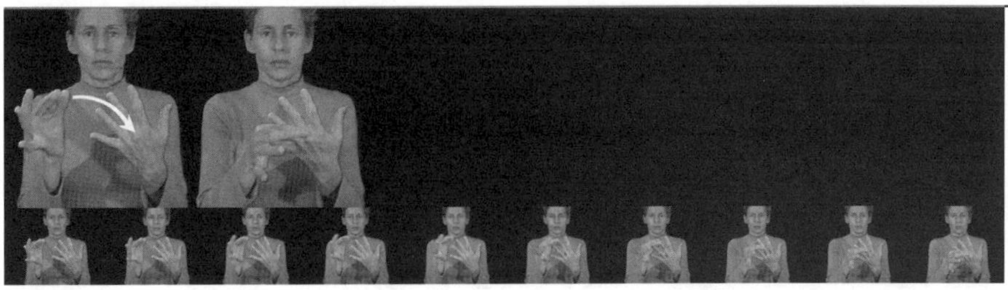
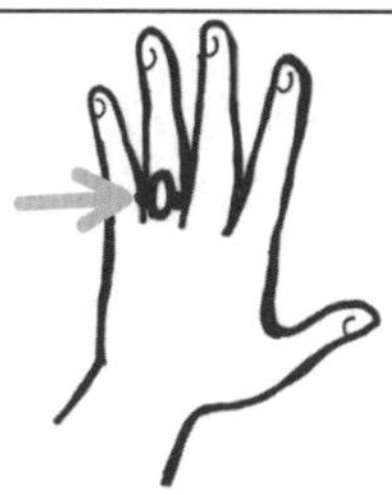

ANEL – Mão direita fechada com os dedos indicador e polegar esticados como se estivessem segurando um anel. Mão esquerda aberta, dedos separados, palma para trás. Deslizar as pontas do indicador e do polegar direitos através de um dos dedos esquerdos, como se estivesse colocando um anel.

• ***Anel:*** *Pequena tira de metal usada no dedo como adorno.*

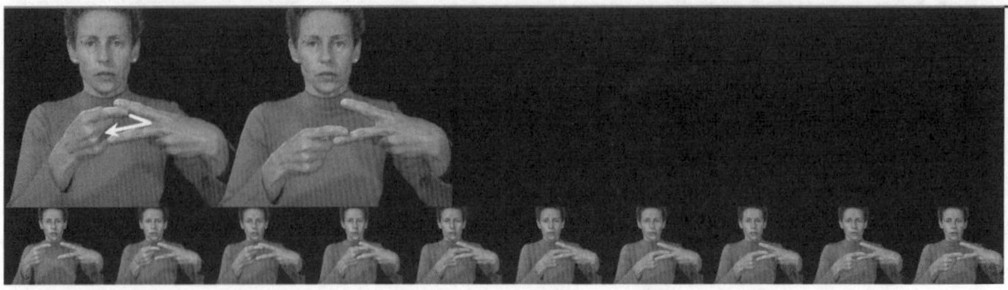

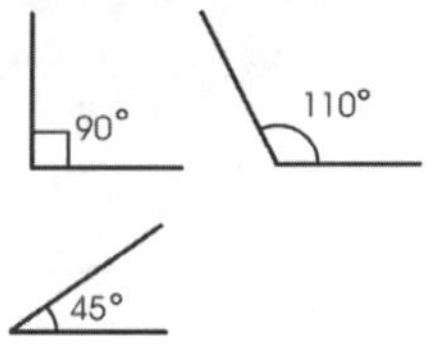

ÂNGULO – Mão esquerda em "V", palma para trás, dedos apontando para o lado direito. Mão direita fechada, dedo indicador esticado apontando para a frente. Deslizar a ponta do indicador da mão direita através do ângulo interno formado pelo indicador e médio esquerdos.

• ***Ângulo:*** *Medida do afastamento entre duas retas que possuem um ponto em comum.*

ANGÚSTIA – Mãos semiabertas, dedos levemente separados apontando para cima. As mãos devem permanecer encostadas no peito pela lateral externa de cada uma. Deslizar as mãos para baixo e, ao mesmo tempo, fechá-las lentamente. A expressão facial deve ser de tristeza.

• ***Angústia:*** *Estado de ansiedade, inquietude; sofrimento, tormento.* **Sinal igual:** AFLIÇÃO, AFLITO, AGONIA

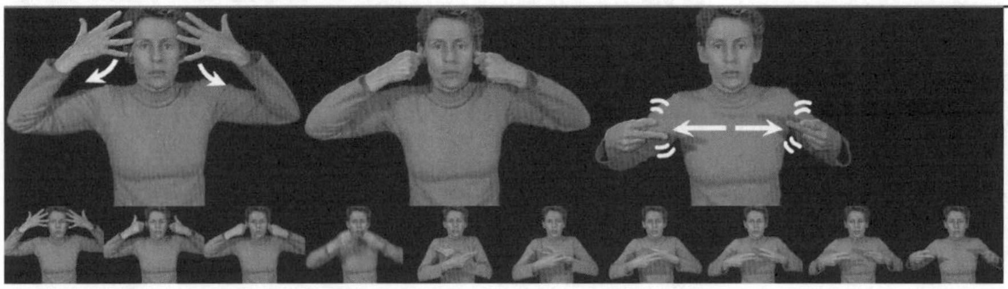

ANIMAL – Fazer os sinais de "leão" e de "vários".

• ***Animal:*** *Ser que possui vida e capacidade de locomoção.* **Sinal igual:** BICHO, FAUNA

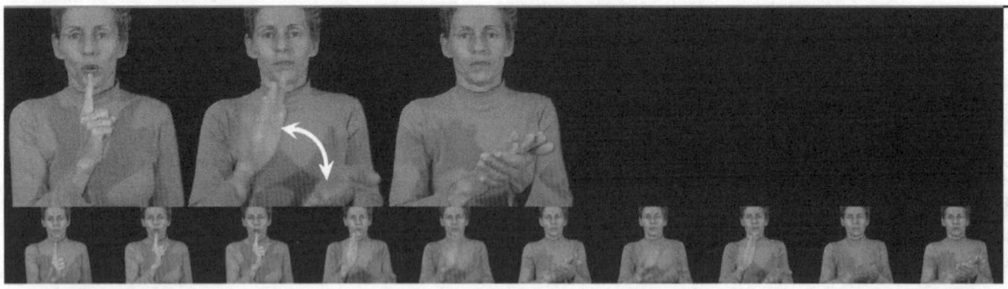

ANIVERSÁRIO – Mão fechada, indicador esticado apontando para cima. Soprar a ponta do dedo como se fosse uma vela e bater palmas duas ou três vezes.

• ***Aniversário:*** *Dia do ano equivalente ao dia do nascimento de uma pessoa.* **Sinal igual:** ANIVERSARIANTE

ANJO – Fazer os sinais de "rezar" e de "asa".

• ***Anjo:*** *Espírito que atua como companheiro do ser humano ou como mensageiro do mundo espiritual.* **Sinal igual:** ARCANJO

▪ **ANGRA:** PORTO ▪ **ANIL:** AZUL ▪ **ANIMADO:** ALEGRE ▪ **ANIMAR:** ENCORAJAR ▪ **ANIMOSIDADE:** NOJO ▪ **ANIQUILAR:** DESTRUIR ▪ **ANIVERSARIANTE:** ANIVERSÁRIO

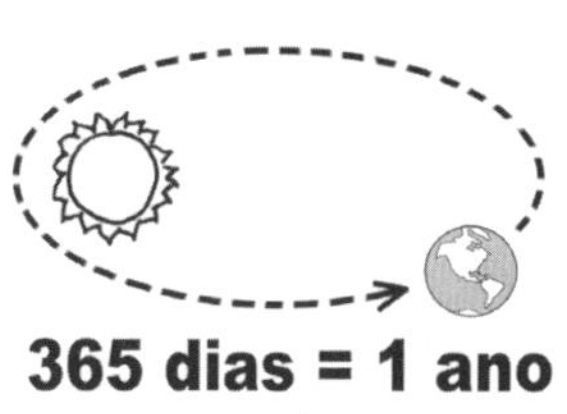

ANO – Mãos fechadas em "S", palmas para trás. Colocar uma mão apoiada sobre a outra. Em seguida, fazer a mão que está embaixo dar uma volta sobre a que está em cima e voltar à posição inicial.

• ***Ano:*** *Período de doze meses, contados de 1 de janeiro a 31 de dezembro, com o total de 365 dias.* **Sinal igual:** ANUAL

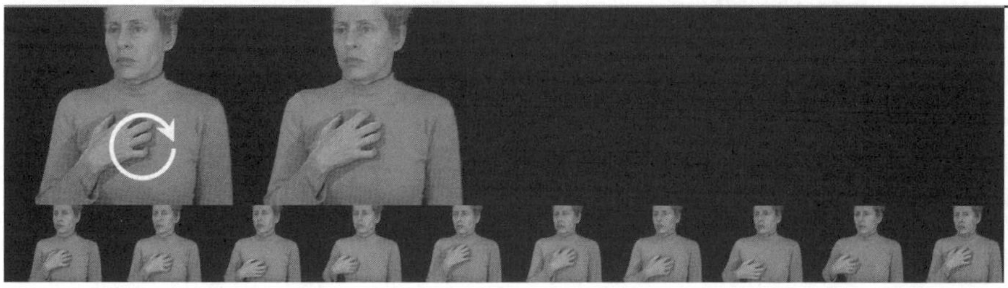

ANSIEDADE* – Mão aberta, dedos separados e curvados com as pontas tocando o peito. Movimentá-la fazendo um ou dois círculos, de modo que somente as pontas dos dedos toquem no peito.

• ***Ansiedade:*** *Grande mal-estar físico e psíquico.* **Sinal igual:** APREENSÃO

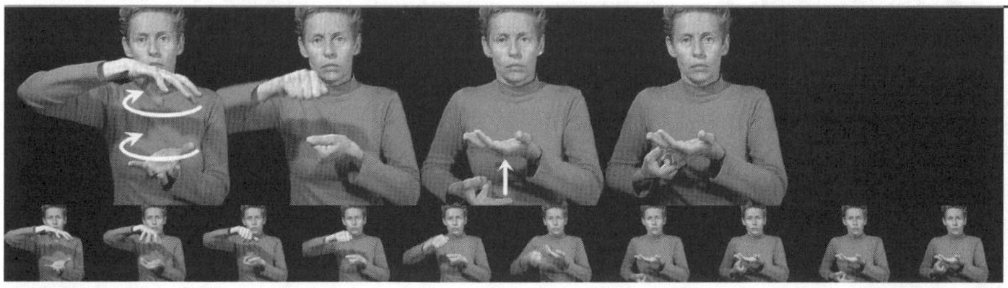

ANTÁRTICA – Fazer sinal de "planeta". Em seguida, manter parada a mão que está por baixo e tocá-la no dorso com a ponta do indicador da outra mão, como se estivesse indicando o Polo Sul.

• ***Antártica:*** *Continente situado no Polo Sul.*

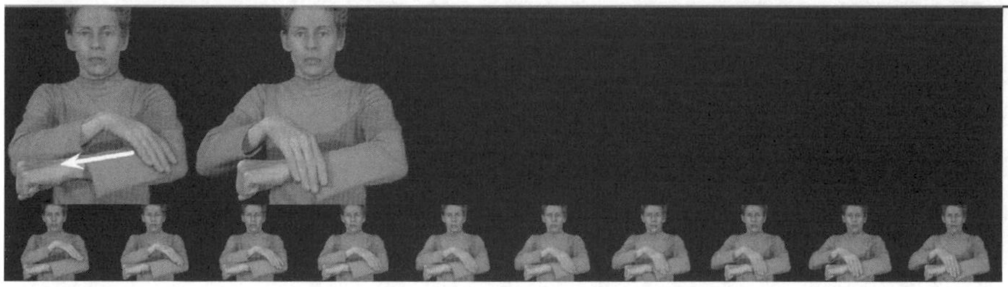

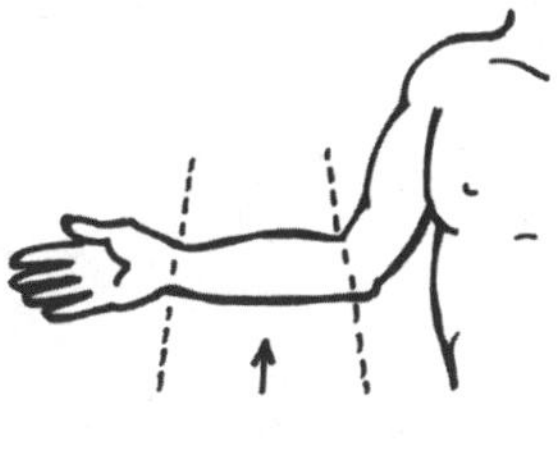

ANTEBRAÇO – Mão esquerda fechada, palma para baixo e cotovelo levemente flexionado. Segurar com a mão direita o antebraço esquerdo, próximo ao cotovelo, e deslizar a mão até alcançar o punho.

• ***Antebraço:*** *Parte do braço que vai do cotovelo ao punho.*

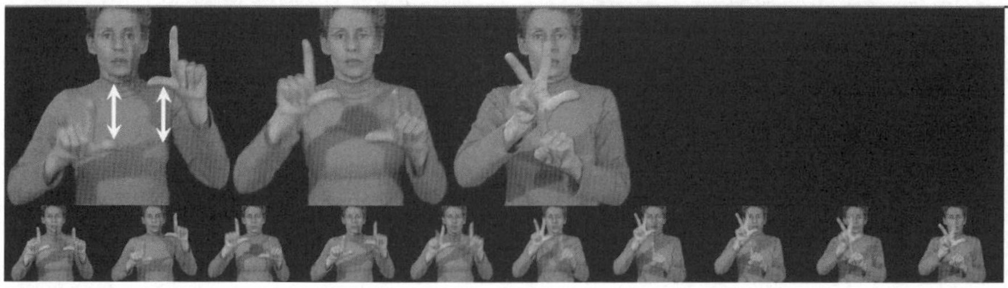

ANTENA – Fazer o sinal de "televisão". Em seguida, manter a mão esquerda fechada, a palma para a frente e o dedo indicador esticado apontando para cima. Mão direita somente com o polegar, o indicador e o médio esticados e separados, palma para a frente. Encostar a palma direita no indicador esquerdo.

• ***Antena:*** *Equipamento para a captação e/ou transmissão de ondas eletromagnéticas de rádio ou TV.* **Sinal igual:** ANTENA PARABÓLICA

▪ **ANSIAR:** DESEJAR, QUERO ▪ **ANSIEDADE:** IMPACIENTE ▪ **ANSIOSO:** IMPACIENTE ▪ **ANTAGÔNICO:** CONTRÁRIO ▪ **ANTECIPAÇÃO:** ANTES ▪ **ANTECIPAR:** ANTES ▪ **ANTENA PARABÓLICA:** ANTENA

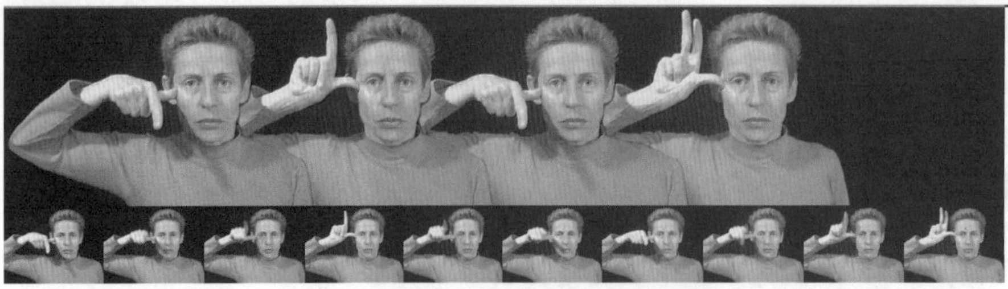

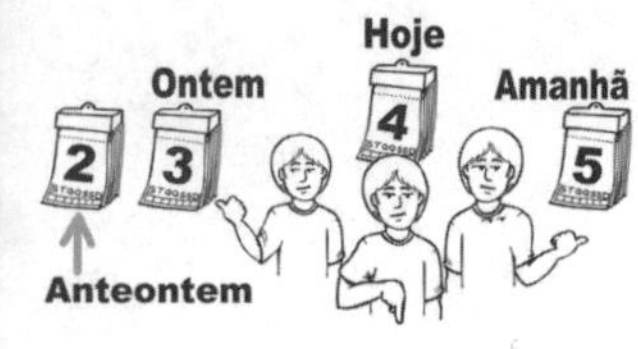

ANTEONTEM – Mão em "L", com o dedo polegar tocando na têmpora e indicador apontando para a frente. Girar a mão para trás, voltar para a posição inicial, esticar o dedo médio e girar novamente para trás, sem tirar o polegar da posição inicial.

• ***Anteontem:*** *O dia que precedeu ontem; antes de ontem.*

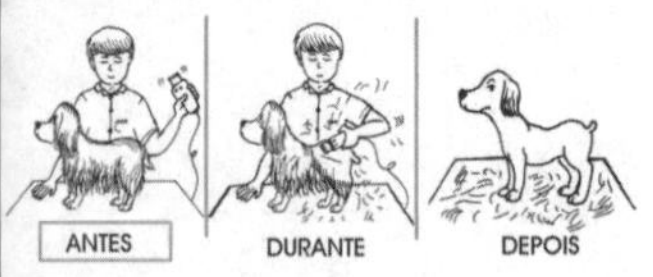

ANTES – Mão esquerda aberta, dedos unidos apontando para a frente e palma para dentro. Mão direita em "L", com a ponta do polegar encostada na palma da mão esquerda e indicador apontando para frente e um pouco para baixo. Girar uma vez a mão direita para trás.

• ***Antes:*** *Em tempo anterior; num tempo passado.* **Sinal igual:** ADIANTAR, ANTECIPAÇÃO, ANTECIPAR, CEDO, PRECIPITAR, PREGRESSO

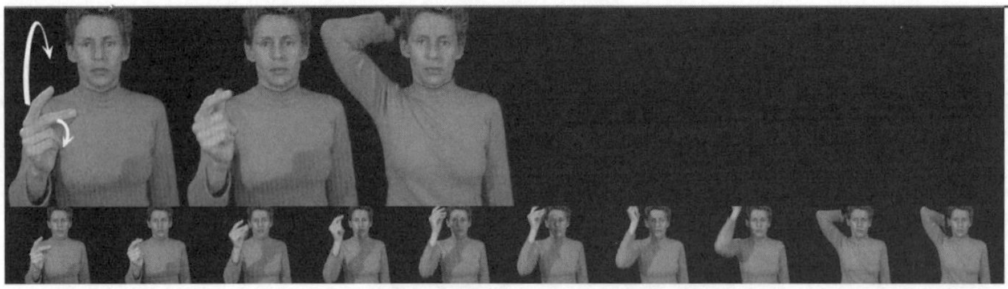

ANTIGO – Mão à frente do corpo com os dedos médio e polegar se tocando pelas pontas. Fazer o movimento de "estalar" os dedos repetidas vezes e, ao mesmo tempo, deslocar a mão para trás até ultrapassar o ombro.

• ***Antigo:*** *Que existe há muito tempo; que vem de longa data.* **Sinal igual:** ANTIGAMENTE, ANTIGUIDADE, ANTIQUADO, REACIONÁRIO, RETRÓGRADO

ANUNCIAR* – Mãos em "Y" logo abaixo do queixo, palmas para dentro. Levar as mãos para a frente, afastando ligeiramente uma da outra para os lados.

• ***Anunciar:*** *Promover a divulgação de algo para alguém.* **Sinal igual:** COMERCIAL, DIFUNDIR, DIVULGAR, INFORMAÇÃO, INFORMAR, NOTICIAR, PROPAGANDA, PROPAGANDISTA, PUBLICIDADE, PUBLICITÁRIO

ÂNUS – Com uma das mãos, manter o indicador e o polegar fechados. Demais dedos devem permanecer esticados.

• ***Ânus:*** *Abertura exterior do tubo digestivo na extremidade do reto, pela qual se expelem os excrementos.*

▪ **ANTICONCEPCIONAL:** PÍLULA ▪ **ANTIGAMENTE:** ANTIGO ▪ **ANTIGUIDADE:** ANTIGO ▪ **ANTILHAS:** CARIBE ▪ **ANTIPATIA:** NOJO ▪ **ANTIPATIZAR:** DETESTAR ▪ **ANTIPERSPIRANTE:** DESODORANTE ▪ **ANTIQUADO:** ANTIGO ▪ **ANTITRANSPIRANTE:** DESODORANTE ▪ **ANUAL:** ANO ▪ **ANULADO:** CANCELADO ▪ **ANULAR:** CANCELAR ▪ **ANUNCIAR:** AVISAR

ANZOL – Mão fechada, palma para baixo, dedo indicador aberto e curvado. Movimentar a mão para baixo e, em seguida, puxá-la para cima como se estivesse fisgando um peixe.

• ***Anzol:*** *Pequeno gancho para pescar que apresenta uma farpa na ponta onde se põe a isca.*

AO REDOR – Manter a mão esquerda imóvel com os dedos unidos pelas pontas, palma para cima. Mão direita fechada, dedo indicador esticado, apontando para baixo. Dar uma volta com o indicador direito em torno das pontas dos dedos da mão esquerda.

• ***Ao redor:*** *Em volta, próximo.* **Sinal igual:** ARREDORES, EM TORNO, EM VOLTA

APAGADOR – Mão fechada em "A", palma para a frente. Fazer um ou dois círculos com a mão, como se estivesse apagando uma lousa.

• ***Apagador:*** *Objeto usado para apagar o que se escreveu na lousa.*

APAGAR – Mão esquerda fechada, dedos unidos, palma para cima. Mão direita em "A". Tocar o indicador e o polegar da mão direita na palma da esquerda. Deslizar a mão direita pela palma da esquerda em um movimento de vaivém, duas ou três vezes.

• ***Apagar:*** *Fazer sumir, fazer desaparecer.*

APAGAR A LUZ – Mão aberta acima da lateral da cabeça, dedos esticados e separados, palma da mão voltada para a cabeça. Fechar rapidamente os dedos, unindo-os pelas pontas.

• ***Apagar a luz:*** *Desligar uma lâmpada.*

■ **APAIXONADO:** PAIXÃO ■ **APALPAR:** TOCAR

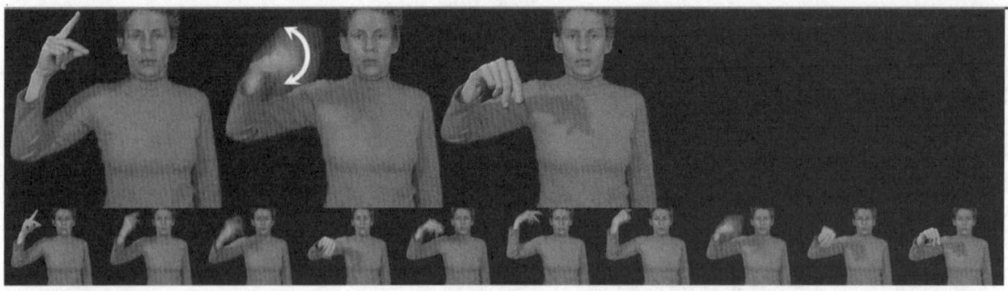

APANHAR* – Dedos médio e polegar unidos pelas pontas, indicador esticado, demais dedos fechados. Baixar rapidamente a mão, batendo o indicador no médio. Fazer esse movimento duas ou três vezes.

• ***Apanhar:*** *Levar pancadas de alguém.* **Sinal igual:** ESPANCADO, SURRA

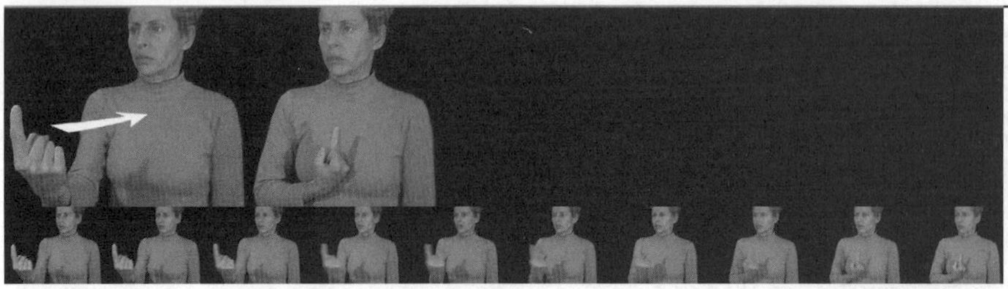

APARECER – Mão fechada, dedo indicador esticado, palma para trás. Manter a mão distante do corpo e trazê-la de encontro ao peito.

• ***Aparecer:*** *Tornar-se visível.* **Sinal igual:** SURGIR

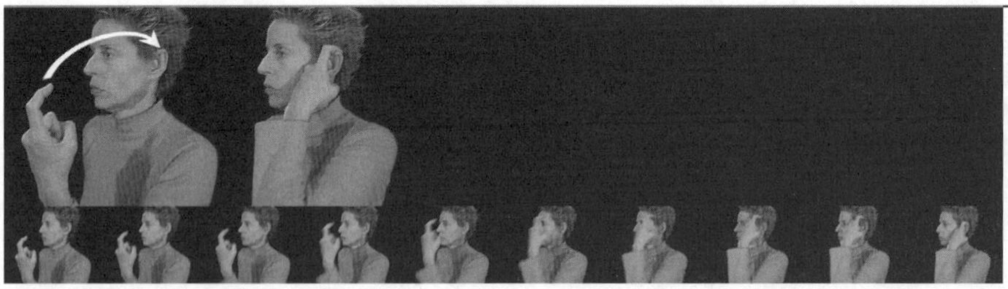

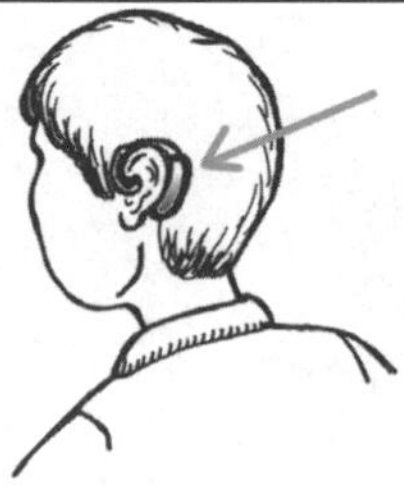

APARELHO AUDITIVO – Mão fechada, dedo indicador aberto e curvado, palma para trás. Levar a mão até a orelha, sobre a qual deve-se apoiar o dedo, encostando-o na cabeça.

• ***Aparelho auditivo:*** *Equipamento para auxiliar a audição.*

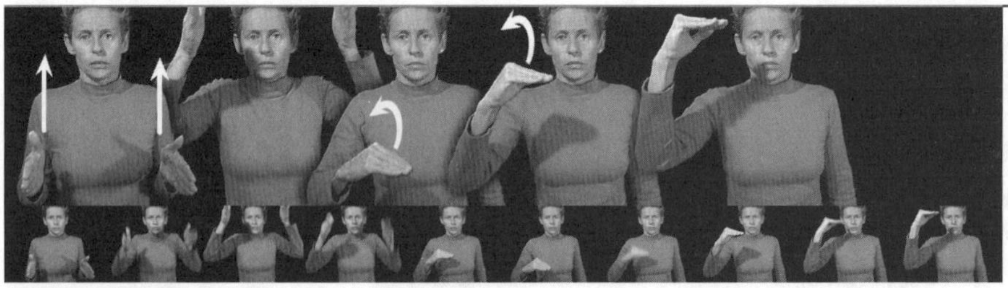

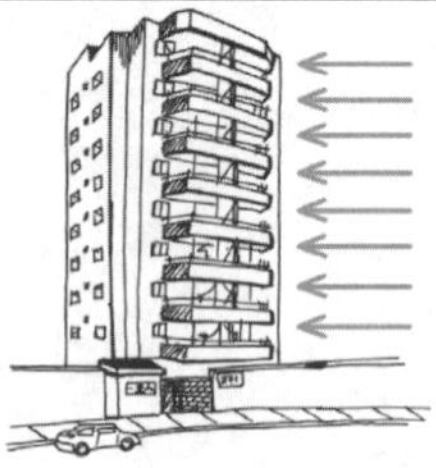

APARTAMENTO – Fazer os sinais de "prédio" e de "andares".

• ***Apartamento:*** *Cada uma das unidades de um prédio residencial.*

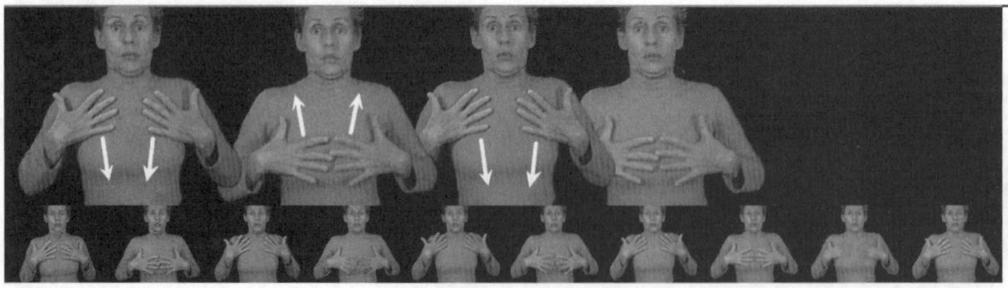

APAVORADO – Mãos abertas, dedos esticados e separados. Encostar as mãos no peito e deslizá-las juntas para cima e para baixo duas ou três vezes e, ao mesmo tempo, erguer um pouco os ombros, fazendo uma expressão de medo.

• ***Apavorado:*** *Aquele que sente muito pavor, grande susto ou terror.* **Sinal igual:** ATERRORIZADO, DESESPERO

▪ **APANHAR:** ALCANÇAR, CATAR, PEGAR ▪ **APARAFUSAR:** CHAVE DE FENDA ▪ **APARAR:** CORTAR ▪ **APARÊNCIA:** FACE ▪ **APARENTAR:** PARECER ▪ **APARENTEMENTE:** PARECER ▪ **APARTADO:** AFASTADO ▪ **APARTAR:** AFASTAR

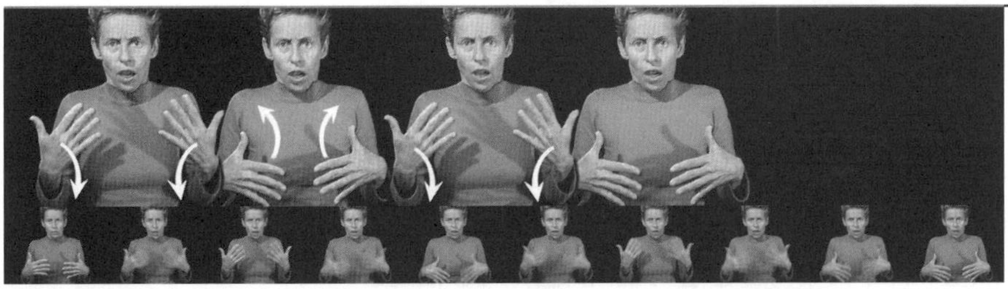

APAVORAR – Mãos abertas com os dedos esticados e separados, palmas para trás. Posicionar as mãos conforme a foto 1. Em seguida, sacudi-las simultaneamente para cima e para baixo, fazendo uma expressão de medo.

• ***Apavorar:*** *Causar ou sentir muito medo.*

APELAR – Mão esquerda aberta, dedos unidos, palma para cima. Mão direita em "P", palma nessa direção. Encostar o dorso da mão direita na palma da esquerda e deslizá-la até as pontas dos dedos esquerdos.

• ***Apelar:*** *Pedir auxílio e proteção para alguém ou algo.* **Sinal igual:** IMPLORAR, SUBTERFÚGIO

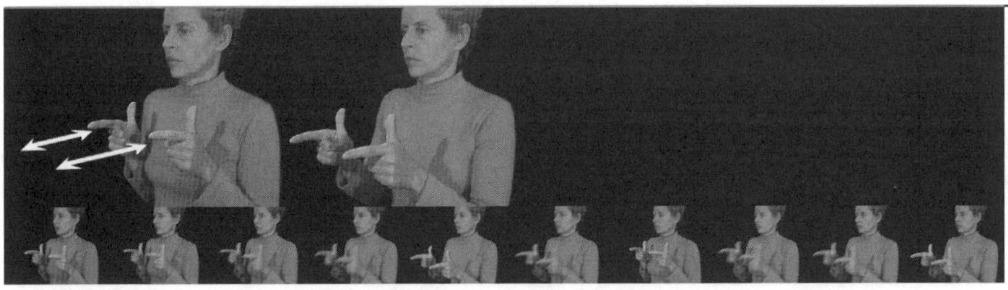

APELIDO – Mãos em "L", dedos indicadores apontando para a frente, palmas para dentro. Movimentar rapidamente as duas mãos para a frente e voltar à posição inicial. Fazer esse movimento duas ou três vezes.

• ***Apelido:*** *Nome especial de alguém ou de alguma coisa.* **Sinal igual:** ALCUNHA, COGNOME, EPÍTETO

APERTAR – Segurar o braço com uma das mãos e apertar.

• ***Apertar:*** *Unir muito, estreitar, comprimir.* **Sinal igual:** CERRAR, ESTREITAR

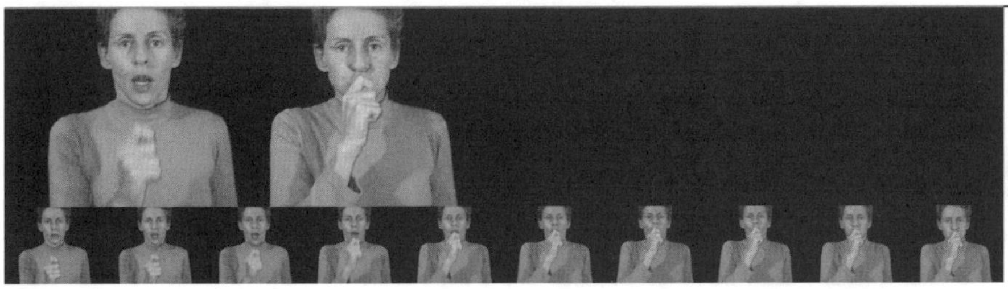

APITAR – Mão fechada, palma para dentro. Colocar o dedo indicador dobrado por cima da ponta do polegar. Abrir um pouco a boca, enchendo o pulmão de ar, e encostar a unha do polegar no lábio. Fechar a boca e encher as bochechas, como se estivesse soprando um apito.

• ***Apitar:*** *Assobiar com apito.* **Sinal igual:** ÁRBITRO, MEDIADOR, SILVAR

▪ **APAZIGUAR:** AMANSAR ▪ **APENAS:** SÓ ▪ **APERFEIÇOAR:** DESENVOLVER ▪ **APERTADO:** ABAFADO ▪ **APETECER:** QUERO ▪ **APETITE:** DESEJAR, FOME ▪ **APETITE SEXUAL:** DESEJO SEXUAL ▪ **APETITOSO:** GOSTOSO ▪ **APETRECHO:** MATERIAL ▪ **ÁPICE:** MÁXIMO ▪ **APIMENTADO:** PIMENTA

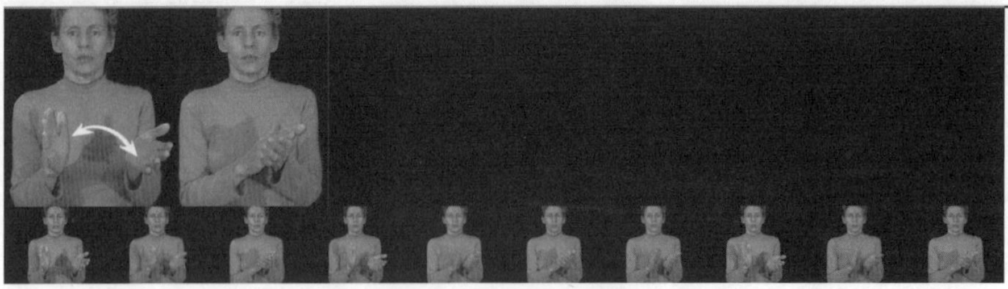

APLAUDIR – Bater os dedos de uma mão na palma da outra, duas ou mais vezes.

• ***Aplaudir:*** *Louvar por meio de gesto em que se batem ambas as mãos.* **Sinal igual:** ACLAMAR, APLAUSO, ELOGIAR, FELICITAÇÕES, HOMENAGEAR, HOMENAGEM, PARABÉNS

APLAUSO – Mãos abertas, dedos separados, palmas para dentro. Balançar as mãos algumas vezes na altura da cabeça.

• ***Aplauso:*** *Louvação por meio de gesto em que se batem ambas as mãos.*

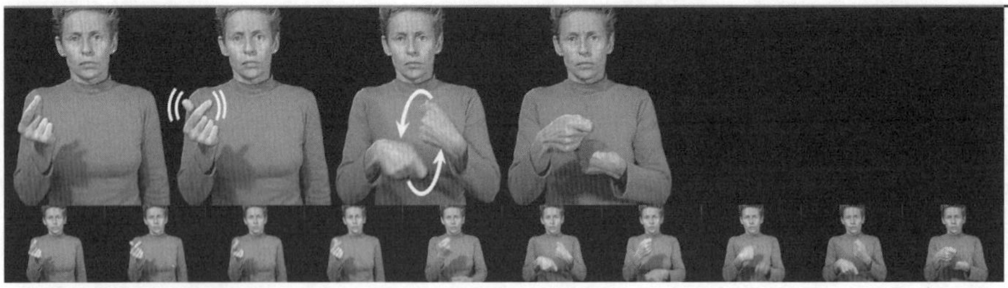

APLICAR (DINHEIRO) – Fazer os sinais de "dinheiro" e de "comércio".

• ***Aplicar (dinheiro):*** *Investir (capital) a fim de obter lucros financeiros.*

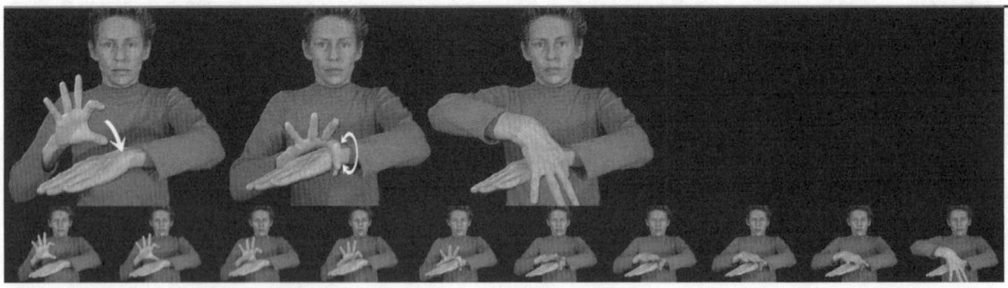

APÓLICE DE SEGURO – Mão esquerda aberta, palma para baixo. Segurar o punho esquerdo com o indicador e o polegar direitos. Girar a mão direita para a frente, sem soltar o punho esquerdo.

• ***Apólice de seguro:*** *Comprovante escrito (documento) de obrigação mercantil.*

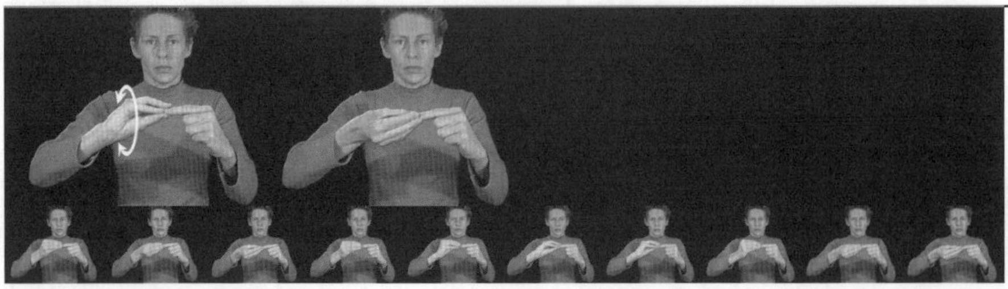

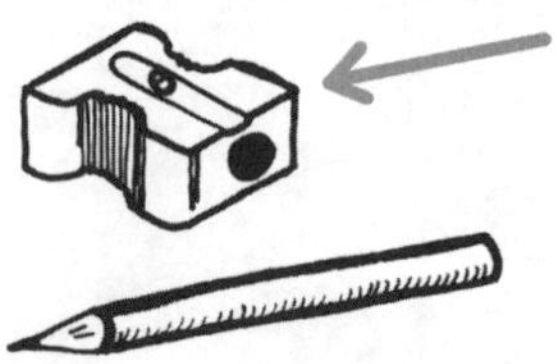

APONTADOR – Segurar a ponta do indicador da mão esquerda com as pontas dos dedos direitos. Em seguida, girar a mão direita para a frente e para trás, como se estivesse apontando um lápis.

• ***Apontador:*** *Instrumento usado para fazer a ponta do lápis.*

▪ **APLAUSO:** APLAUDIR ▪ **APOGEU:** MÁXIMO ▪ **APOIAR:** AJUDAR ▪ **APÓLICE:** CORRETOR DE SEGUROS

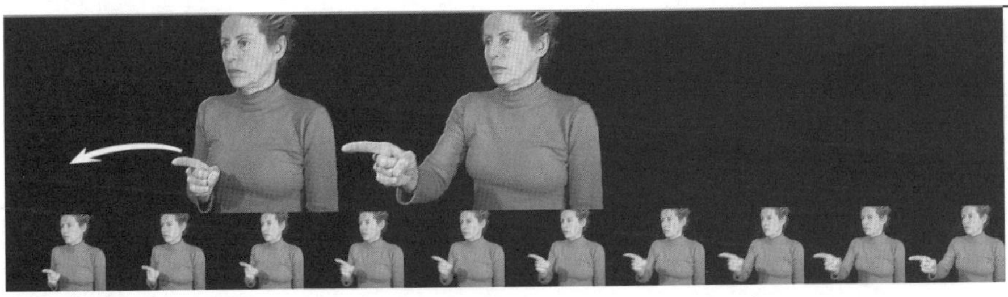

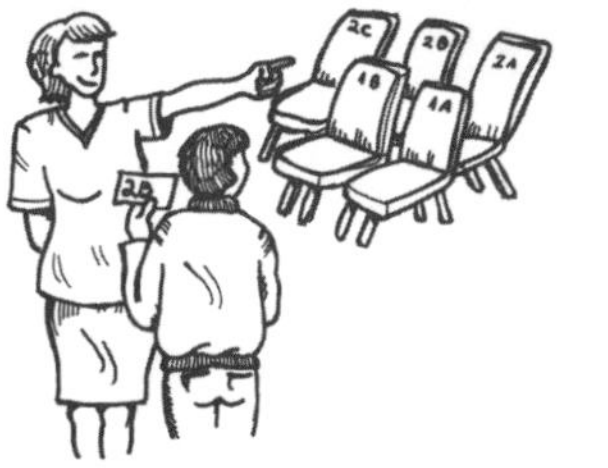

APONTAR – Mão fechada, dedo indicador esticado. Mover a mão em direção à pessoa ou ao objeto do qual se está falando.

• ***Apontar:*** *Mostrar, indicar com dedo, gesto, olhar etc.* **Sinal igual:** INDICAR

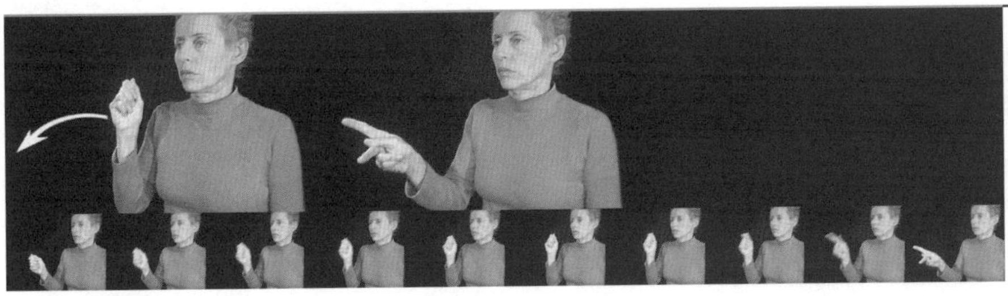

APOSENTAR – Digitar as letras "A" e "P", apontando os dedos para a frente.

• ***Aposentar:*** *Afastar-se do serviço ativo após completar os anos estipulados em lei ou antes do prazo, por invalidez.* **Sinal igual:** APOSENTADO

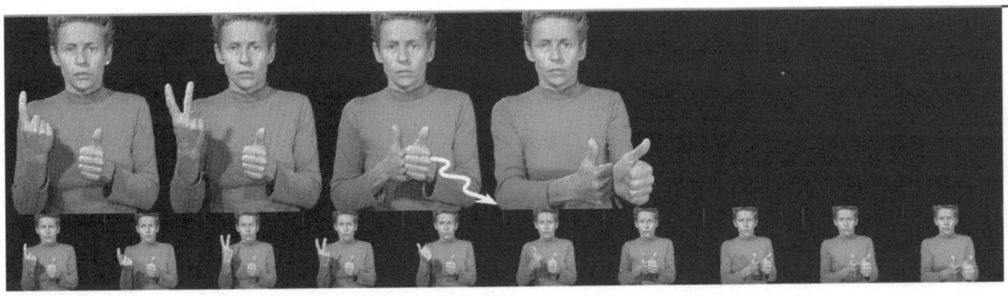

APÓSTOLO – Digitar os números "1" e "2" (12). Em seguida, fazer o sinal de "seguir".

• ***Apóstolo:*** *Cada um dos doze discípulos de Jesus Cristo.*

APREENDER – Mãos abertas, dedos separados, palmas para dentro. Levar as mãos um pouco à frente e fechá-las em "S" com rapidez, como quem agarra alguma coisa.

• ***Apreender:*** *Tomar com base legal; confiscar.*

APRENDER – Mão aberta, dedos separados, polegar para baixo. Encostar a lateral interna da palma na testa. Fechar e abrir a mão uma ou duas vezes, sem desencostá-la da testa.

• ***Aprender:*** *Adquirir conhecimento por meio do estudo.* **Sinal igual:** ASSIMILAR, LIÇÃO

▪ **APÓS:** DEPOIS ▪ **APOSENTADO:** APOSENTAR ▪ **APOSENTO:** QUARTO ▪ **APOSTAR:** DESAFIAR ▪ **APOSTILA:** CADERNO ▪ **APRAZÍVEL:** SUAVE ▪ **APRECIAR:** GOSTAR ▪ **APREÇO:** ADMIRAR ▪ **APREENSÃO:** ANSIEDADE, MEDO, PREOCUPAÇÃO ▪ **APREENSIVO:** MEDO, PREOCUPAÇÃO ▪ **APRENDIZ:** DISCÍPULO

APRESENTAR – Mãos abertas, dedos unidos, palma para cima. Posicionar as mãos apontando para o lado direito. Em seguida, movimentá-las simultaneamente para a esquerda.

• ***Apresentar:*** *Dar a conhecer uma pessoa a outra.* **Sinal igual:** RECOMENDAR

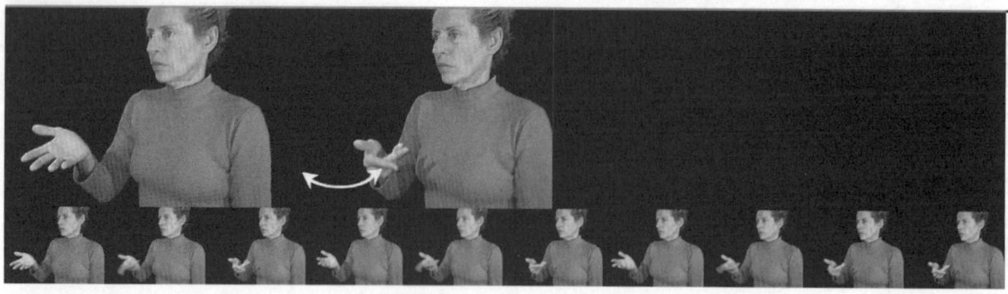

APRESSAR – Mão aberta, dedos levemente separados apontando para a frente, palma para cima. Movimentar duas ou três vezes os dedos em direção ao peito.

• ***Apressar:*** *Acelerar o ritmo com que algo ou alguém executa uma ação.* **Sinal igual:** ACELERAR

APROVAR* – Mão esquerda aberta, dedos unidos, palma para cima. Mão direita aberta, dedos unidos apontando para a frente, palma para dentro. Posicionar as mãos perpendicularmente, conforme foto 1. Em seguida, movimentar a mão direita para a frente, de modo que a lateral externa deslize na palma esquerda no meio do caminho. Terminar com os dedos direitos apontando um pouco para cima.

• ***Aprovar:*** *Achar bom, justo, acertado; julgar habilitado em prova.* **Sinal igual:** CLASSIFICADO, PASSAR, RATIFICAR, SANCIONAR

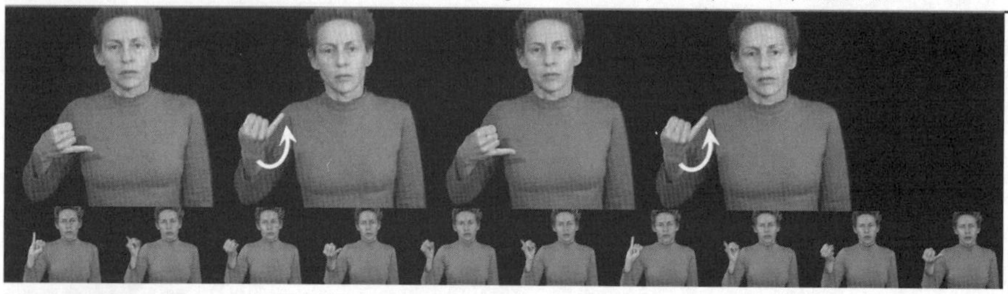

APROVEITAR* – Mão em "I", palma para dentro, dedo mínimo apontando para a frente. Girar o punho duas ou três vezes, voltando a palma da mão para cima e retornando à posição inicial.

• ***Aproveitar:*** *Tirar proveito ou vantagem de alguém ou algo.* **Sinal igual:** PROVEITO, USUFRUIR

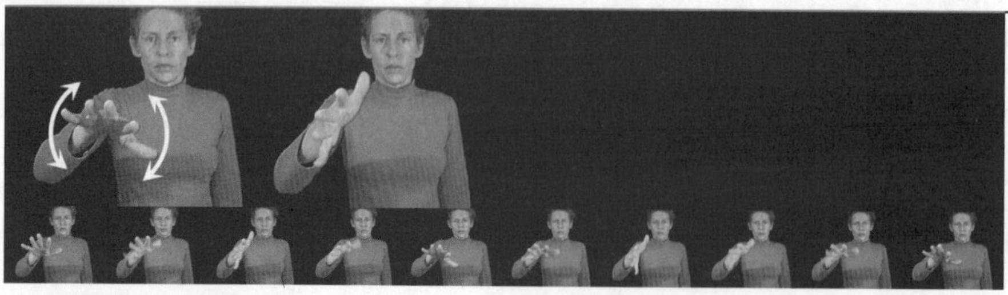

APROXIMADAMENTE – Mão aberta, dedos separados, palma para baixo. Girar a mão ao redor do próprio eixo para dentro e para fora, duas ou três vezes.

• ***Aproximadamente:*** *Estimativa; avaliação próxima ao resultado.* **Sinal igual:** CERCA DE, EVENTUALMENTE, MAIS OU MENOS, PORVENTURA, PROXIMAMENTE, QUIÇÁ, TALVEZ

▪ **APRESSADO:** IMPACIENTE ▪ **APRIMORAMENTO:** MELHORAR ▪ **APRIMORAR:** MELHORAR ▪ **APRISIONADO:** PRESIDIÁRIO ▪ **APRISIONAR:** CADEIA ▪ **APROVAR:** CONCORDAR ▪ **APROVEITAR:** ABUSAR ▪ **APROXIMADO:** PERTO ▪ **APTIDÃO:** VOCAÇÃO ▪ **APURAR:** DESENVOLVER

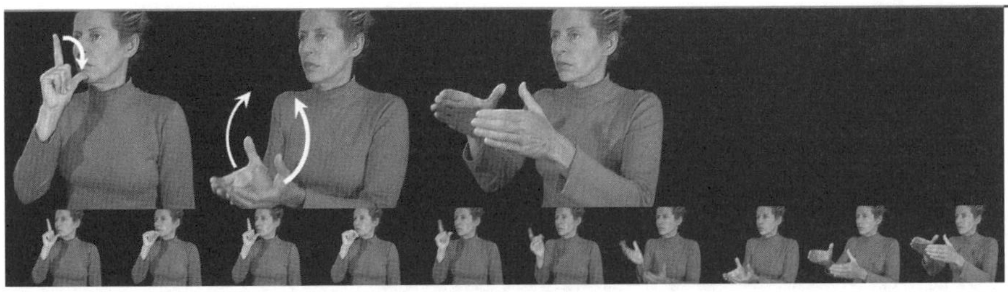

AQUÁRIO – Fazer o sinal de "água" e, em seguida, posicionar as mãos abertas e encostar uma na outra pela lateral externa, dedos levemente curvados e unidos, polegares afastados, palmas para cima. Movimentar as mãos simultaneamente em uma curva para cima, simulando o formato de um aquário redondo.

• ***Aquário:*** *Reservatório artificial de água destinado a criar plantas, peixes e outros animais aquáticos.*

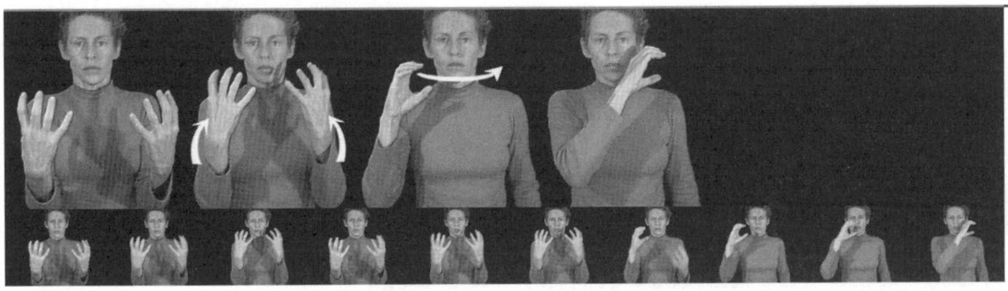

AQUECEDOR – Mãos abertas, dedos separados e levemente curvados, palmas voltadas para o rosto. Aproximar e afastar as mãos do rosto duas vezes e, em seguida, fazer o sinal de "quente".

• ***Aquecedor:*** *Aparelho usado para aquecer ambientes.*

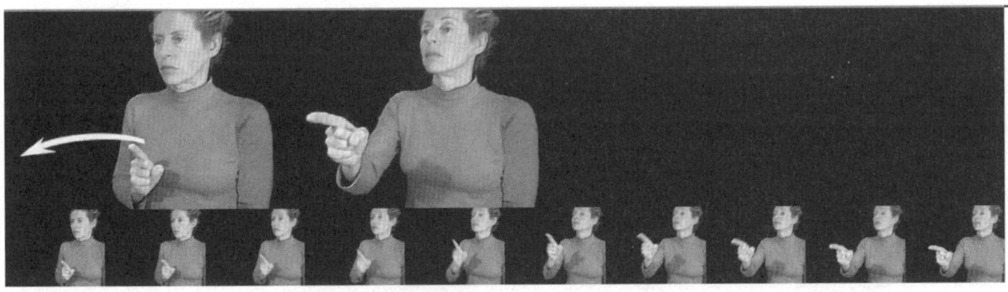

AQUELE – Mão fechada, dedo indicador esticado. Apontar diretamente para quem ou aquilo sobre o qual se fala.

• ***Aquele:*** *Indica algo ou alguém afastado de dois (ou mais) interlocutores.*

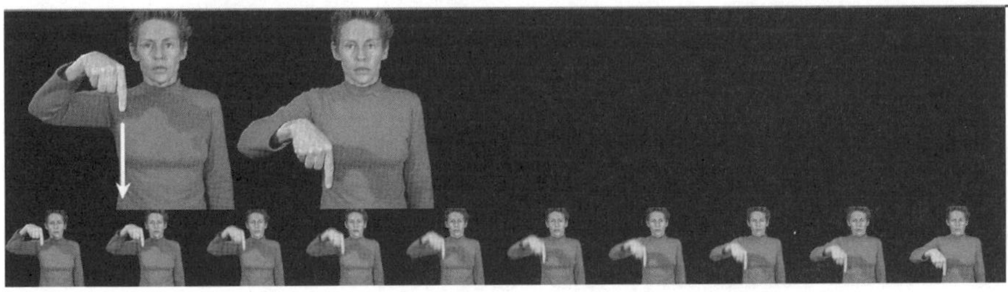

AQUI – Mão fechada, dedo indicador esticado, apontando para baixo. Movimentar uma vez a mão em direção ao chão.

• ***Aqui:*** *Neste lugar.*

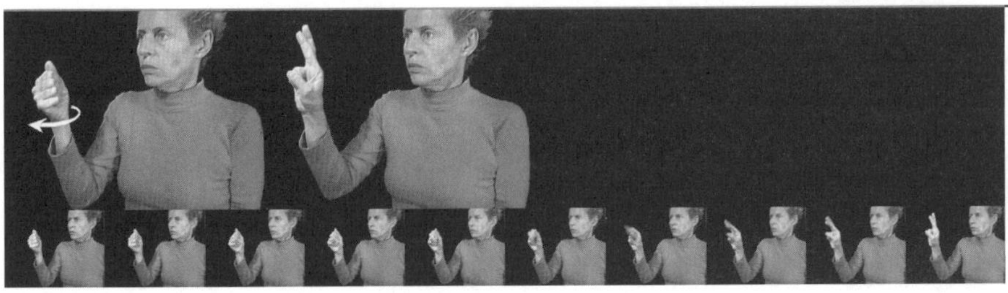

AR – Digitar as letras "A" e "R".

• ***Ar:*** *Mistura gasosa que forma a atmosfera.* **Sinal igual:** AÉREO, OXIGÊNIO

▪ **AQUIETAR:** DESCANSAR

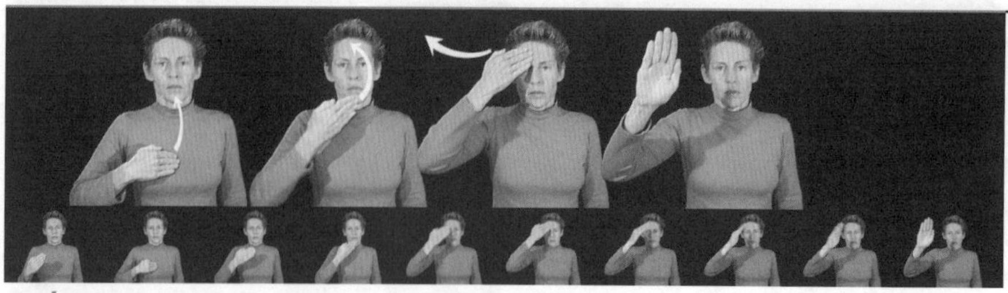

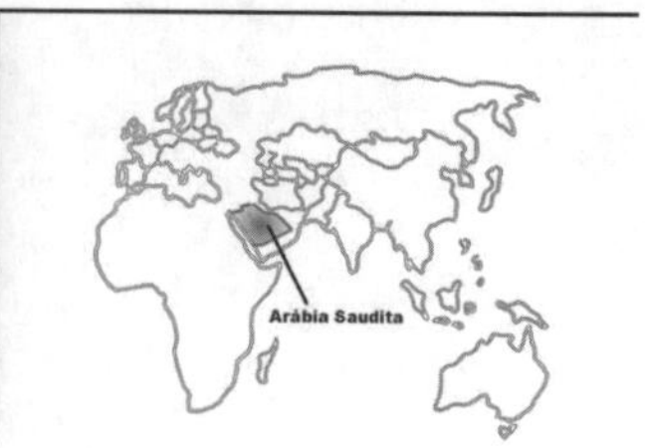

ARÁBIA SAUDITA – Mão fechada, dedos unidos, palma para trás. Tocar as pontas dos dedos em três pontos do corpo: no peito, abaixo do lábio inferior e na testa. Após completar a sequência, virar a palma da mão para a frente, afastando-a um pouco do rosto.

• ***Arábia Saudita:*** *País localizado no continente asiático.*

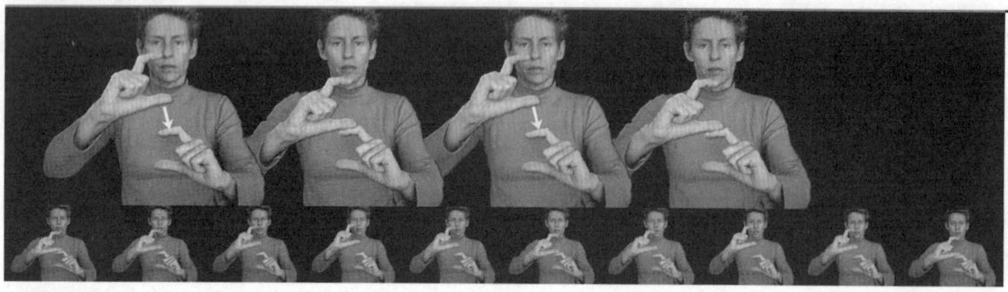

ARACAJU – Mãos fechadas, dedos indicadores e polegares abertos e curvados, palmas para dentro. Apoiar o polegar direito sobre o indicador esquerdo. Subir um pouco a mão direita e descer novamente para a posição inicial duas vezes.

• ***Aracaju:*** *Capital do estado de Sergipe, localizada na região Nordeste do Brasil.*

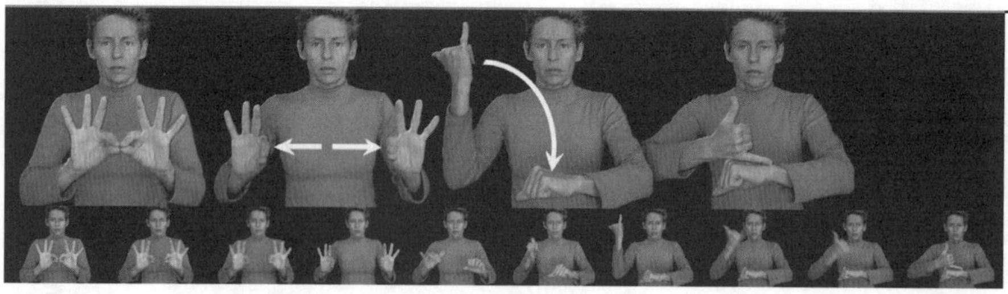

ARAME – Mãos abertas, palmas para a frente, dedos indicadores e polegares juntos. Unir as mãos pelas pontas dos indicadores e polegares e afastá-las horizontalmente. Em seguida, fazer o sinal de "ferro".

• ***Arame:*** *Fio de latão, ferro, cobre ou outro metal.*

ARANHA – Mão semiaberta, dedos separados apontando para o chão. Colocar a mão próximo ao corpo e movimentá-la para a frente. Ao mesmo tempo, balançar os dedos imitando as pernas de uma aranha andando.

• ***Aranha:*** *Designação adotada para várias espécies de aracnídeos.*

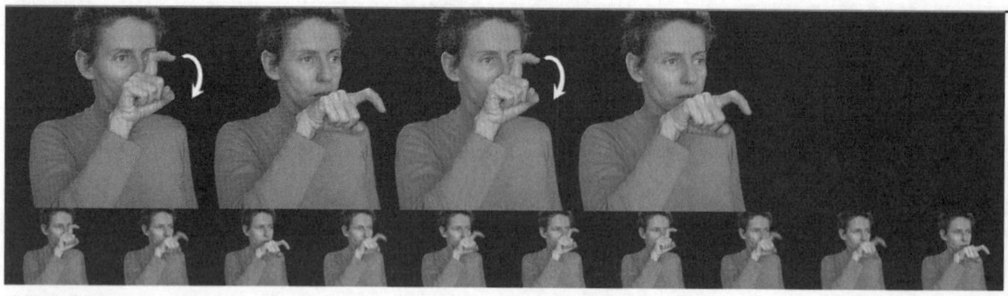

ARARA – Mão fechada, dedo indicador aberto e curvado para baixo. Tocar o dorso da mão no queixo sem desencostá-lo durante o movimento e deslocar a mão para baixo duas ou três vezes.

• ***Arara:*** *Ave da América do Sul.*

■ **ARAGEM:** BRISA ■ **ARAPUCA:** ARMADILHA ■ **ÁRBITRO:** APITAR

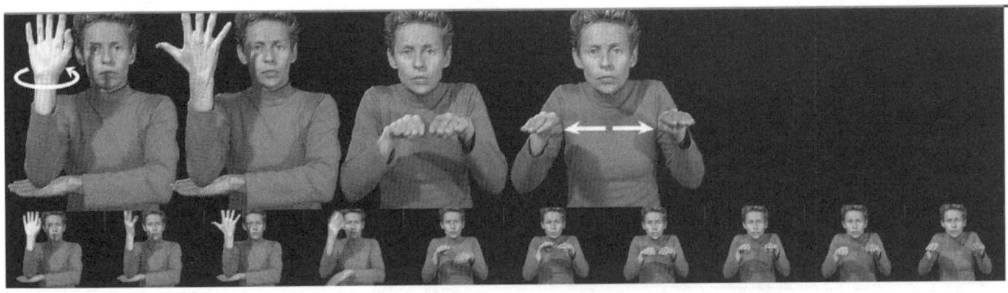

ARBUSTO – Fazer o sinal de "árvore". Em seguida, mãos abertas, dedos unidos e esticados apontando para a frente e palmas para baixo; afastá-las para as laterais, marcando três pontos imaginários durante o percurso. Abaixar levemente o corpo.

• ***Arbusto:*** *Vegetal lenhoso de pequeno porte.*

ARCO E FLECHA – Simular o movimento de quem está segurando um arco com a mão esquerda e puxando uma flecha para trás com a mão direita. Em seguida, abrir a mão direita como se soltasse a flecha.

• ***Arco e flecha:*** *Arma perfurante constituída de arco, com uma corda unindo as duas pontas, e de haste, com flecha na ponta.*

ARCO-ÍRIS – Mão direita em "4", palma para dentro. Movimentar a mão do lado direito para o esquerdo, formando um arco que deve passar acima da altura da cabeça.

• ***Arco-íris:*** *Fenômeno provocado pela reflexão da luz solar em pequenas gotas suspensas na atmosfera, que forma arcos coloridos no céu.*

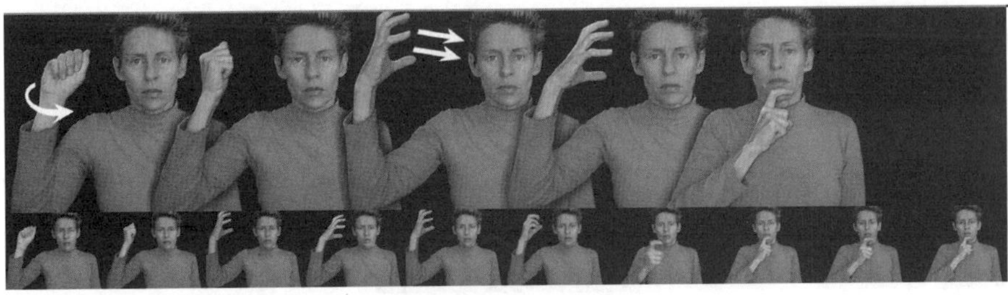

AR-CONDICIONADO – Mão em "A", palma para a frente. Virar a mão (voltando a palma para dentro). Depois, mão aberta com os dedos curvados apontando para a cabeça, movê-la duas vezes na direção daquela parte do corpo. Por fim, fazer o sinal de "gelado".

• ***Ar-condicionado:*** *Aparelho usado para regular a temperatura e a umidade de um ambiente fechado.*

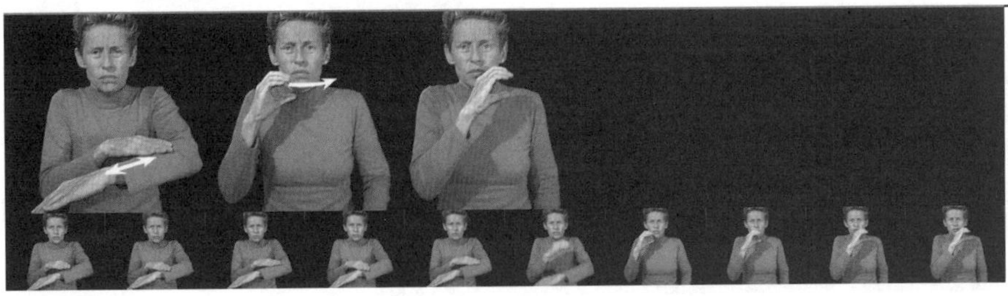

ARDER – Mão direita aberta, dedos unidos, palma para baixo. Deslizar duas vezes os dedos da mão direita sobre o antebraço esquerdo, em um movimento de vaivém. Em seguida, fazer o sinal de "quente".

• ***Arder:*** *Ter sensação de queimação, calor intenso.* **Sinal igual:** ARDENTE

▪ **ARCANJO:** ANJO ▪ **ARCO DE CABELO:** TIARA ▪ **ARCUNFERÊNCIA:** CÍRCULO ▪ **ARDENTE:** ARDER, FOGO, PIMENTA ▪ **ARDIDO:** PIMENTA ▪ **ARDILOSO:** ESPERTO ▪ **ÁRDUO:** DIFÍCIL

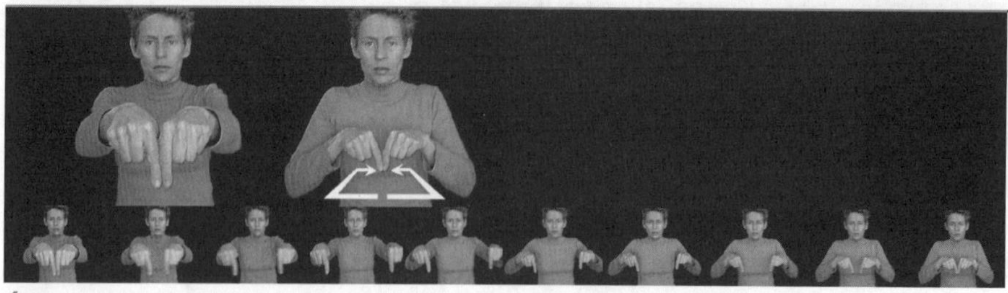
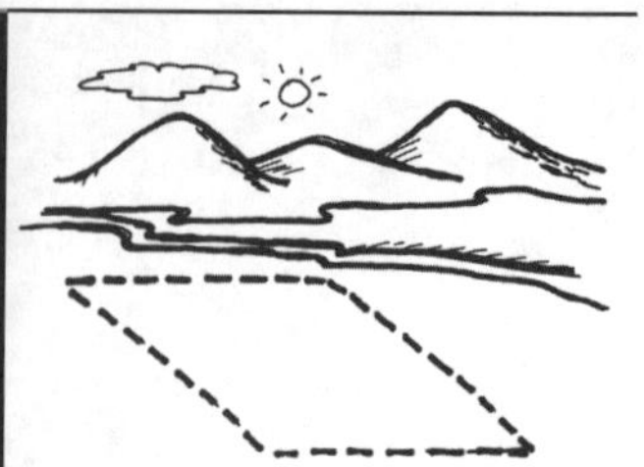

ÁREA – Mãos fechadas, dedos indicadores esticados apontando para baixo. Unir as mãos pelas laterais externas dos indicadores e com os braços praticamente esticados por completo. Afastar uma mão da outra para lados opostos, trazê-las para perto do corpo e voltar a juntá-las, formando o desenho de um quadrilátero.

• ***Área:*** *Extensão mais ou menos limitada de espaço, território ou superfície.* **Sinal igual:** ESPAÇO, QUADRA, SUPERFÍCIE

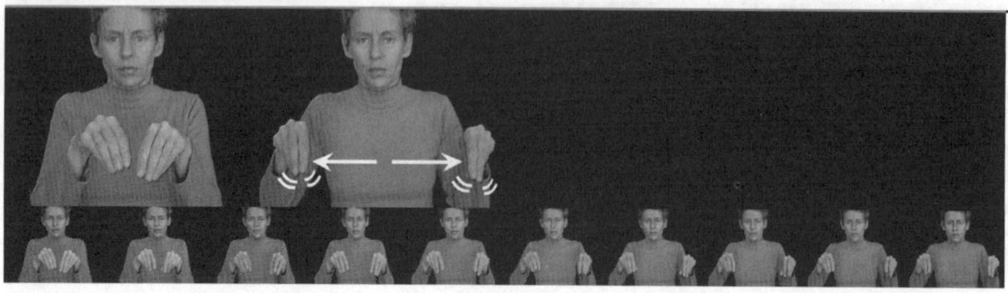
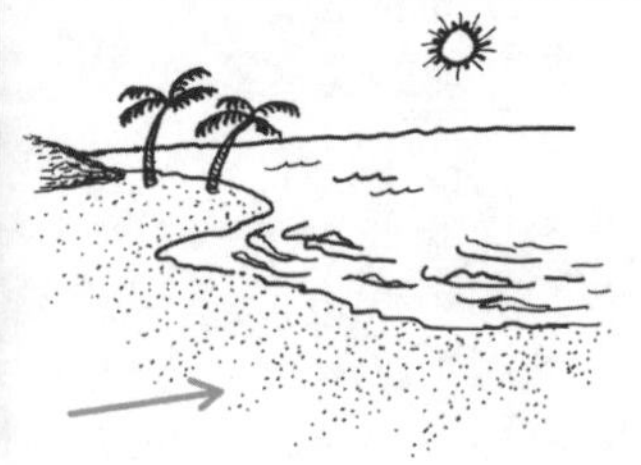

AREIA – Mãos juntas, palmas para baixo, todos os dedos esticados com as pontas unidas. Afastar lateralmente uma mão da outra e, ao mesmo tempo, movimentar os dedos como quem deixa cair lentamente alguma areia que está nas mãos.

• ***Areia:*** *Pequenos grãos resultantes da desagregação de rochas, encontrados no leito dos rios, dos mares, nas praias e nos desertos.* **Sinal igual:** ARENOSO

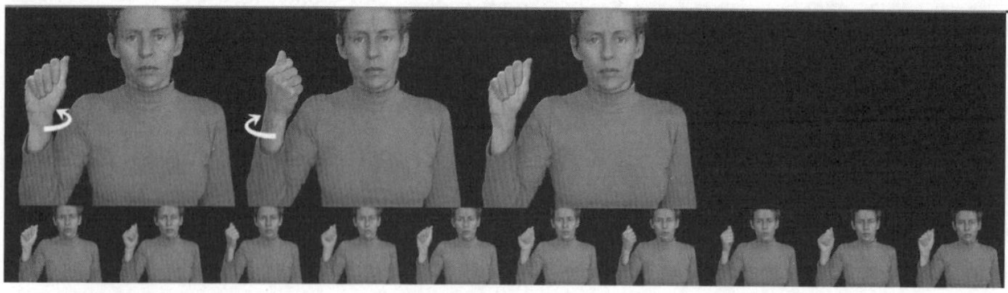

ARGENTINA – Mão em "A", palma para a frente. Girar a mão sobre o próprio eixo duas vezes, virando a palma da mão para trás e voltando à posição inicial.

• ***Argentina:*** *País localizado na América do Sul.*

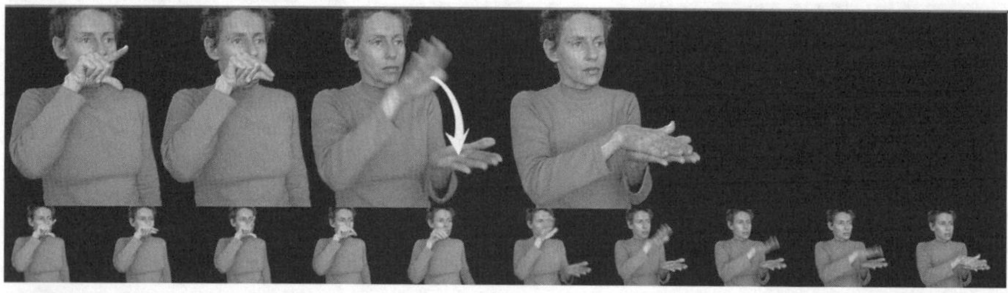

ARMADILHA – Fazer o sinal de "bico". Em seguida, com as mãos abertas e os dedos unidos, deitar uma mão sobre a outra, juntando-as pelas palmas.

• ***Armadilha:*** *Qualquer artifício ou engenho para capturar animais; estratagema usado para enganar alguém.* **Sinal igual:** ALÇAPÃO, ARAPUCA, RATOEIRA

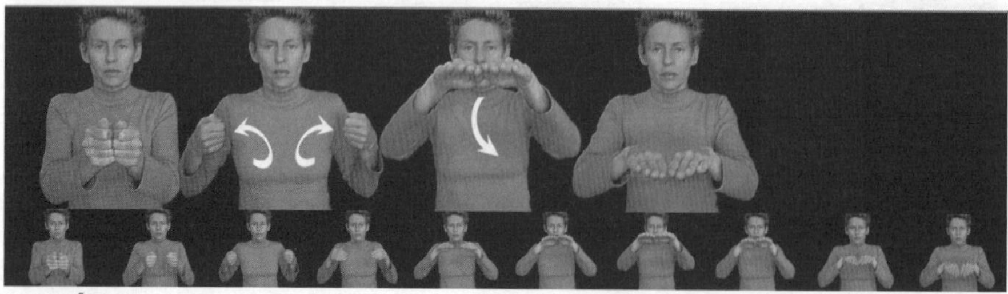
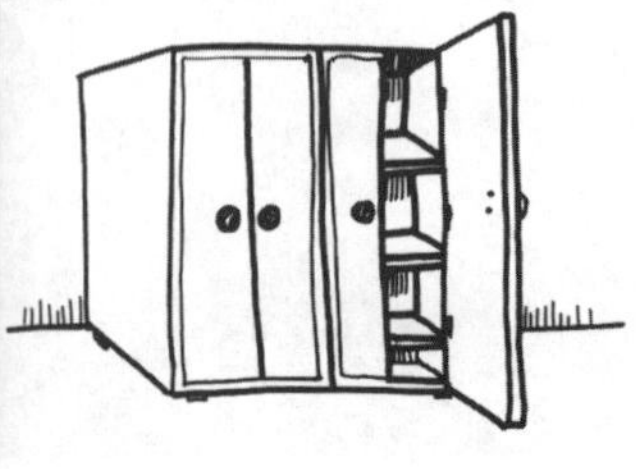

ARMÁRIO – Mãos fechadas e unidas entre si, palmas para dentro. Separar as mãos, virando as palmas para trás, como quem está abrindo um armário. Em seguida, mãos abertas e unidas uma na outra pelas laterais internas, palmas para baixo. Movimentar as mãos juntas para a frente em dois pontos: um na altura do peito e outro um pouco mais abaixo.

• ***Armário:*** *Móvel usado para guardar roupas, louças etc.* **Sinal igual:** GUARDA-ROUPA

▪ **AREJADO:** FRESCO ▪ **ARENOSO:** AREIA ▪ **A RESPEITO DE:** SOBRE ▪ **ARGAMASSA:** CIMENTO ▪ **ARGILA:** LAMA ▪ **ARGILOSO:** LAMA ▪ **ARITMÉTICA:** MATEMÁTICA ▪ **ARLEQUIM:** PALHAÇO ▪ **ARMA:** REVÓLVER ▪ **ARMA DE FOGO:** REVÓLVER ▪ **AROMA:** ODOR

ARQUEIRO – Fazer os sinais de "homem" e de "arco e flecha".

• *Arqueiro: Combatente armado de arco.*

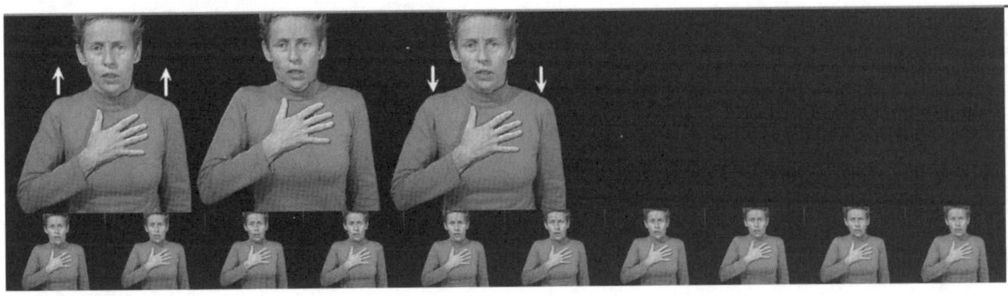

ARQUEJAR – Colocar a mão no peito conforme a foto 1. Respirar intensamente com a boca semiaberta duas vezes.

• *Arquejar: Respirar com dificuldade.*

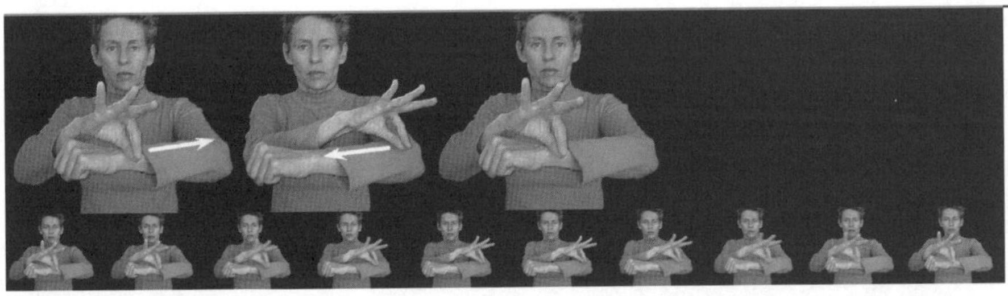

ARQUITETURA – Braço esquerdo dobrado (90 graus), mão fechada, palma para baixo. Mão direita aberta com os dedos indicador e polegar esticados e unidos pelas pontas. Tocar a unha do dedo polegar na lateral externa do punho esquerdo. Em seguida, deslizar a mão direita até o cotovelo esquerdo e voltar para o punho.

• *Arquitetura: Maneira pela qual são dispostas as partes ou os elementos de uma edificação ou de uma cidade.* **Sinal igual:** ARQUITETO

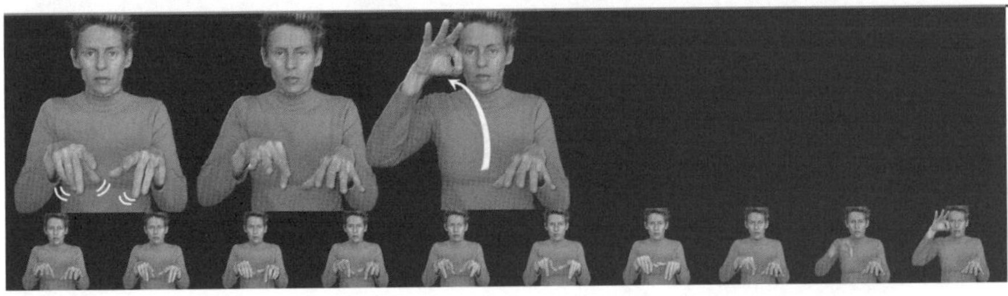

ARQUIVO – Mãos abertas, dedos levemente curvados, palmas para baixo. Movimentar os dedos como quem está mexendo nas folhas de um arquivo. Em seguida, manter a mão esquerda parada enquanto a direita, com o indicador e o polegar unidos pelas pontas, "puxa" para cima uma folha de papel imaginária.

• *Arquivo: Conjunto de documentos armazenados como prova e evidência, para fins de direito de uma entidade pública ou privada; móvel de escritório que facilita a guarda sistemática de documentos ou papéis.* **Sinal igual:** ARQUIVAMENTO, ARQUIVAR

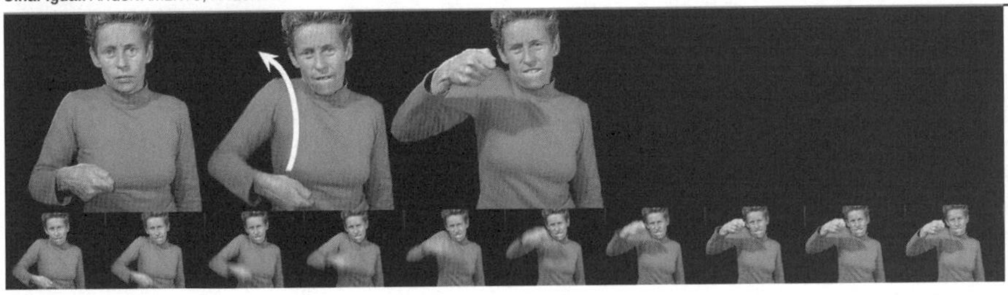

ARRANCAR – Mão em "A" na altura do estômago, palma para trás, dedo polegar apontando para o chão. Subir a mão rapidamente até a altura da cabeça, como quem está arrancando alguma coisa que está presa. Fazer a expressão de quem está fazendo força.

• *Arrancar: Extrair fazendo uso da força.*

▪ **ARQUITETO:** ARQUITETURA ▪ **ARQUIVAMENTO:** ARQUIVO ▪ **ARQUIVAR:** ARQUIVO

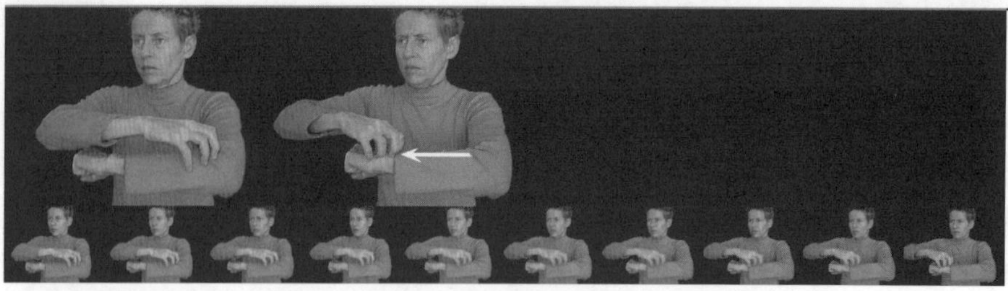

ARRANHADO – Mão esquerda fechada, palma para baixo, braço esquerdo dobrado (90 graus). Mão direita aberta, palma para baixo, dedos separados e dobrados. Encostar as pontas dos dedos da mão direita sobre o antebraço esquerdo, próximo ao cotovelo. Em seguida, deslizar a mão direita até o punho esquerdo, mantendo os dedos dobrados.

• ***Arranhado:*** *Que sofreu arranhão, riscado.* **Sinal igual:** ESCORIADO, ESFOLADO

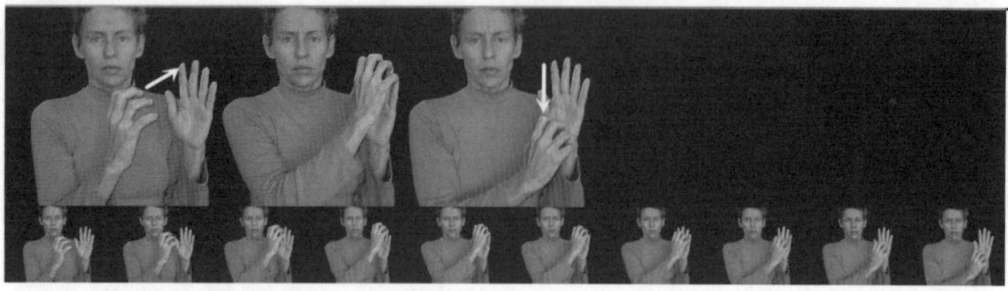

ARRANHAR – Mão esquerda aberta, dedos levemente separados, palma para dentro. Mão direita aberta, dedos separados e dobrados. Tocar as pontas dos dedos da mão direita nos dedos esquerdos e deslizá-la para baixo até a base da palma esquerda.

• ***Arranhar:*** *Produzir ferimento na pele usando as unhas.* **Sinal igual:** ESCORIAR, ESFOLAR, UNHAR

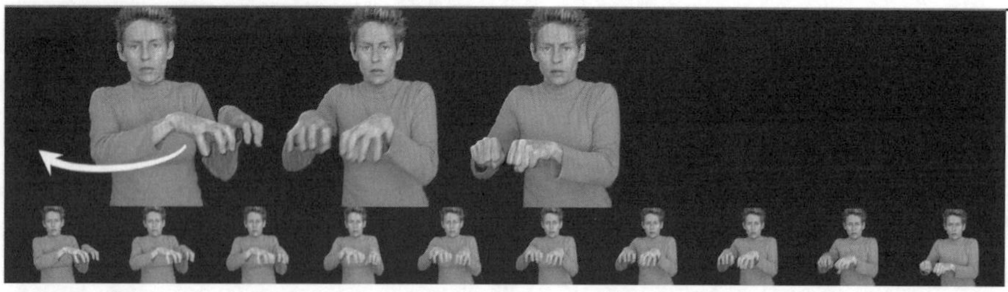

ARRASTAR – Mãos abertas, dedos separados e curvados, palmas para baixo. Colocar as duas mãos para o lado esquerdo e deslizá-las horizontalmente para o lado direito. Em seguida, fechar rapidamente as duas mãos ao mesmo tempo.

• ***Arrastar:*** *Puxar algo com força.*

ARREMESSAR – Mão aberta, dedos separados e levemente curvados, palma para a frente. Colocar a mão ao lado da cabeça. Em seguida, posicionar a mão um pouco para trás e, num gesto bem rápido, levar a mão à frente, como quem atira um objeto.

• ***Arremessar:*** *Lançar algo longe, com força.* **Sinal igual:** JOGAR, LANÇAR

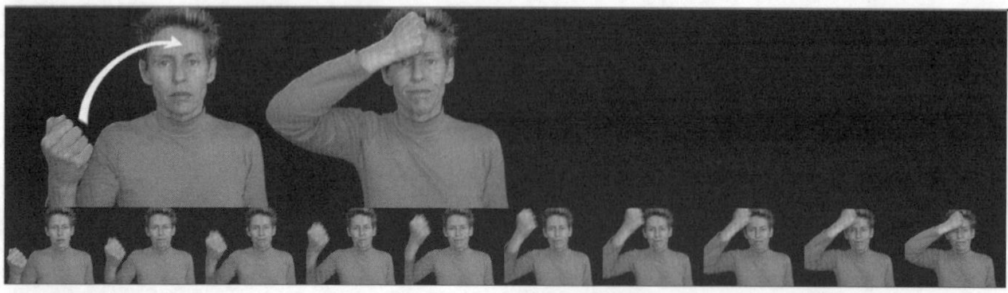

ARREPENDER – Mão em "A", palma para trás. Encostar o lado interno da mão na testa, fazendo a expressão de quem está arrependido de alguma coisa.

• ***Arrepender:*** *Lamentar o mal cometido; sofrer pelo erro praticado.* **Sinal igual:** ARREPENDIDO, ARREPENDIMENTO, REMORSO

▪ **ARRANHA-CÉU:** PRÉDIO ▪ **ARRANJAR:** CONSEGUIR ▪ **ARRECADAR:** GUARDAR ▪ **ARREDA:** FORA! ▪ **ARREDONDADO:** REDONDO ▪ **ARREDORES:** AO REDOR ▪ **ARREMATAR:** ACABAR ▪ **ARRENDAMENTO:** ALUGAR ▪ **ARRENDAR:** ALUGAR ▪ **ARREPENDIDO:** ARREPENDER ▪ **ARREPENDIMENTO:** ARREPENDER

ARREPIAR – Mão esquerda fechada, palma para baixo, braço esquerdo ligeiramente dobrado. Mão direita aberta, dedos separados e dobrados, palma para cima. Encostar o dorso da mão direita sobre o punho esquerdo. Em seguida, deslizar a mão até perto do cotovelo esquerdo e, ao mesmo tempo, levantar um pouco os ombros.

• ***Arrepiar:*** *Levantar (os pelos, cabelos, penas etc.) em decorrência de uma aflição, excitação ou medo.*

ARROGANTE – Mão fechada, dedo indicador esticado. Movimentar a mão para cima, resvalando, no meio do caminho, o dorso do dedo indicador na ponta do nariz e, ao tocar o nariz, a cabeça deve fazer um leve movimento para cima. A expressão facial deve ser de "arrogância".

• ***Arrogante:*** *Aquele que é insolente; aquele que se sente superior às outras pessoas.* **Sinal igual:** ESNOBE, PRESUNÇÃO, PRETENSIOSO

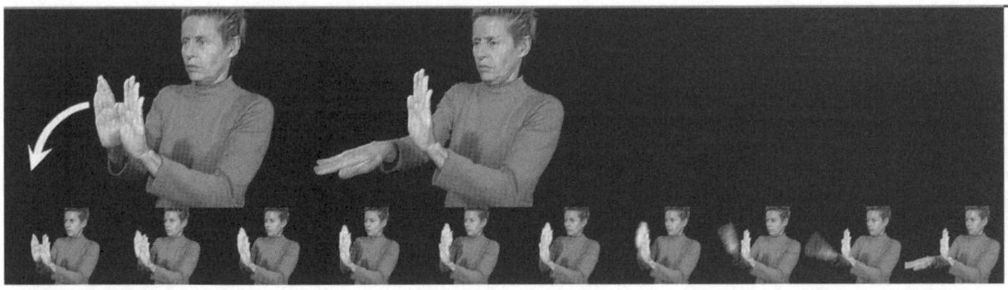

ARROMBAR – Mãos abertas, dedos unidos, palmas para a frente. Posicionar as mãos conforme a foto 1. Em seguida, movimentar uma das mãos rapidamente para a frente, virando a palma para baixo.

• ***Arrombar:*** *Abrir à força, usando violência.*

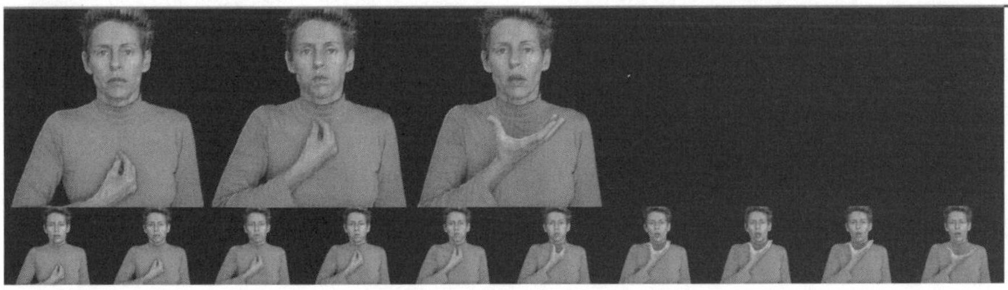

ARROTAR – Manter os dedos de uma das mãos esticados e unidos pelas pontas, palma para cima com a lateral externa da mão tocando levemente o peito. Movimentar a mão para cima e, ao chegar na altura da garganta, abrir os dedos e, ao mesmo tempo, um pouco a boca.

• ***Arrotar:*** *Soltar gases estomacais pela boca.* **Sinal igual:** ARROTO, ERUCTAR

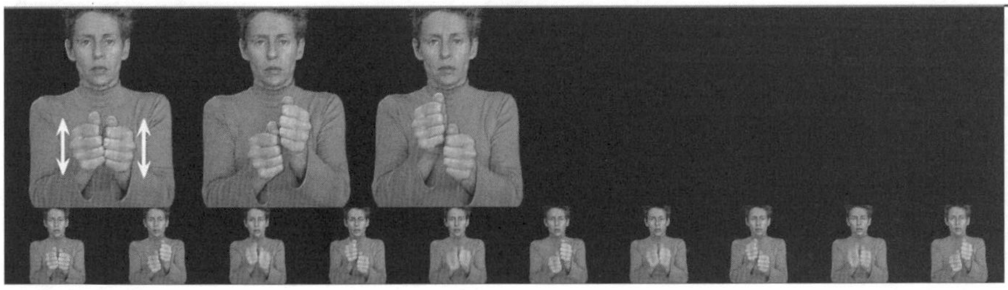

ARROZ – Mãos em "A", palma para dentro. Encostar uma mão na outra conforme a foto 1. Movimentar as mãos alternadamente para cima e para baixo, sem desencostá-las.

• ***Arroz:*** *Grão muito utilizado na alimentação.*

▪ **ARRIAR:** ABAIXAR ▪ **ARRISCADO:** PERIGO ▪ **ARRISCAR:** DESAFIAR ▪ **ARROJADO:** CORAGEM ▪ **ARROJO:** CORAGEM ▪ **ARROLAR:** LISTAR ▪ **ARROTO:** ARROTAR

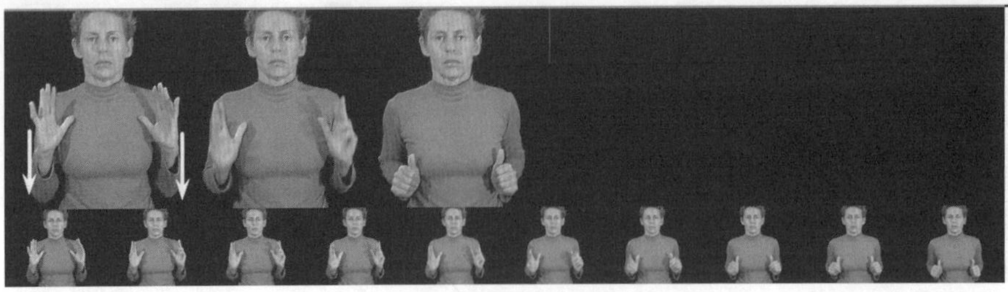

ARRUMAR – Mãos abertas, dedos separados, palmas para dentro. Encostar levemente os dedos polegares no corpo, na altura das axilas. Baixar as mãos simultaneamente até abaixo da altura do peito. Durante o percurso, fechar, dedo por dedo, as mãos em "A", começando pelos mínimos.

• ***Arrumar:*** *Pôr algo em ordem.* **Sinal igual:** ACOMODAR, AJEITAR, ORDENAR

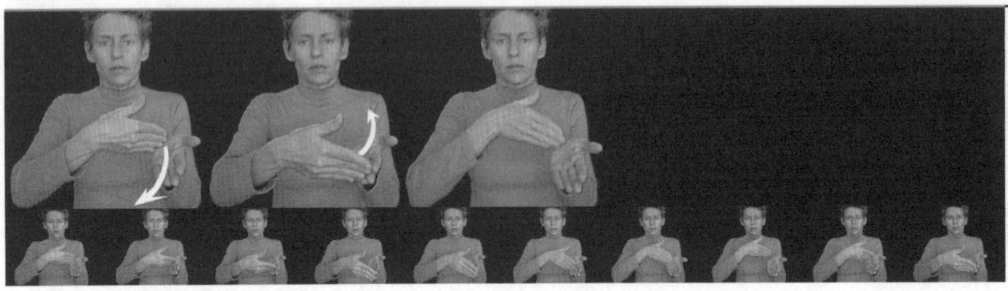

ARTES PLÁSTICAS – Mão esquerda aberta, dedos unidos apontando para a frente, palma para cima. Mão direita aberta, dedos unidos, palma para baixo. Deslizar duas vezes para a frente e para trás os dedos da mão direita sobre a esquerda, como se fosse um pincel.

• ***Artes plásticas:*** *Pinturas artísticas, esculturas ou outras obras de arte.* **Sinal igual:** ARTISTA PLÁSTICO

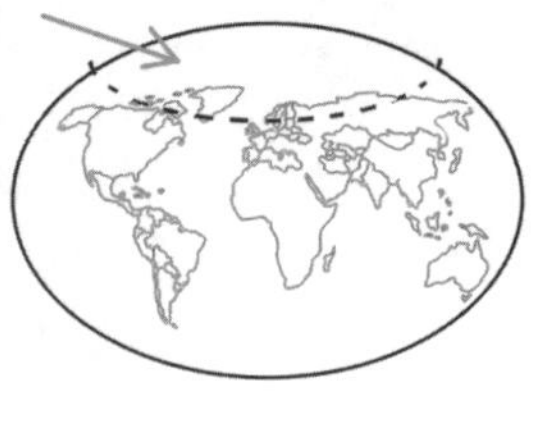

ÁRTICO – Fazer o sinal de "planeta". Em seguida, manter imóvel a mão que está por cima enquanto a outra mão, fechada e com o indicador esticado, toca duas vezes com a ponta do dedo no dorso da mão que ficou por cima.

• ***Ártico:*** *Região situada no Polo Norte.*

ÁRVORE – Mão esquerda aberta, dedos unidos, palma para baixo. Mão direita aberta, dedos separados, palma para a frente. Posicionar os braços conforme a foto 1. Em seguida, virar a palma da mão direita para trás.

• ***Árvore:*** *Vegetal lenhoso de porte grande.*

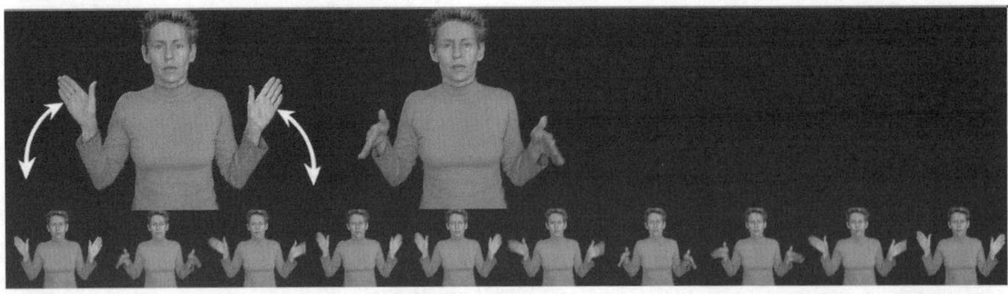

ASA – Mãos abertas, dedos unidos com os polegares separados. Posicionar as mãos conforme a foto 1. Em seguida, movimentar as mãos duas ou três vezes para baixo, imitando um pássaro batendo as asas.

• ***Asa:*** *Membro das aves e dos morcegos próprio para o voo.* **Sinal igual:** ALADO

▪ **ARRUINAR:** DESTRUIR ▪ **ARTES CÊNICAS:** TEATRO ▪ **ARTISTA CÊNICO:** ATOR ▪ **ARTISTA PLÁSTICO:** ARTES PLÁSTICAS ▪ **ASCENSORISTA:** ELEVADOR ▪ **ASCO:** NOJO

ASFALTO – Mão esquerda aberta, dedos unidos, palma para baixo. Indicador e mínimo da mão direita esticados, demais dedos unidos pelas pontas. Deslizar as pontas do médio, do anular e do polegar da mão direita sobre o dorso da mão esquerda, para a frente e para trás, duas vezes. Em seguida, virar a palma esquerda para cima com os dedos apontando para a frente, enquanto a mão direita, com os dedos esticados e unidos, desliza sobre a esquerda até sair completamente de cima desta.

• ***Asfalto:*** *Cobertura com a qual se pavimenta as ruas.*

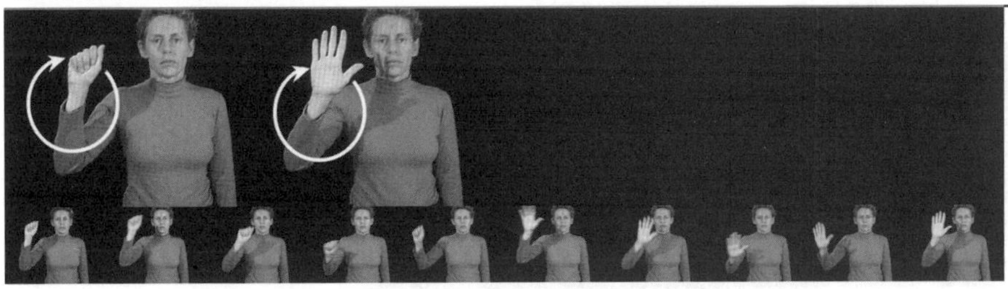

ÁSIA – Mão em "A", palma para a frente. Movimentar a mão fazendo dois círculos. O primeiro círculo com a mão em "A" e o segundo círculo com a mão aberta e os dedos separados, sempre mantendo a palma da mão para a frente.

• ***Ásia:*** *Um dos cinco continentes do planeta Terra.*

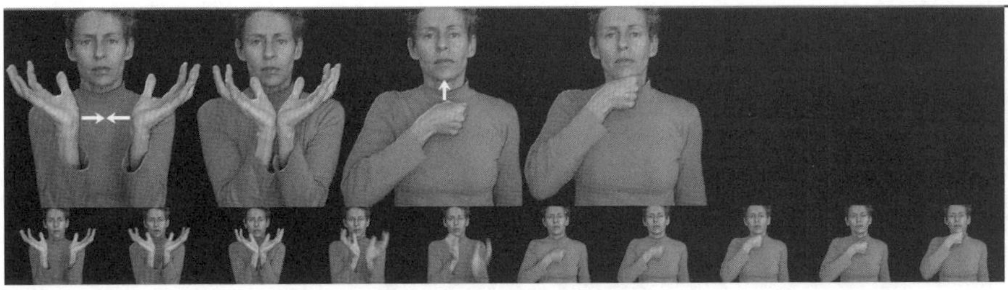

ASILO – Fazer os sinais de "grupo" e de "idoso".

• ***Asilo:*** *Local onde são abrigadas pessoas carentes e idosas.* **Sinal igual:** CASA DE REPOUSO

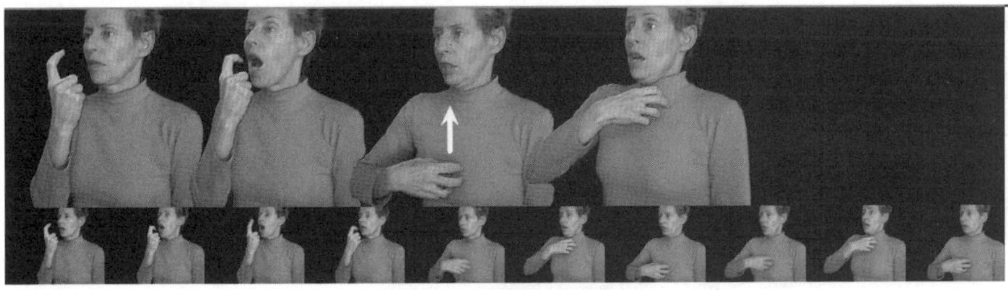

ASMA – Mão fechada com o dedo indicador aberto e curvado, apontando para a boca. Movimentar o indicador para cima e para baixo duas vezes. Em seguida, fazer o sinal de "bronquite".

• ***Asma:*** *Respiração difícil, pouco fôlego.*

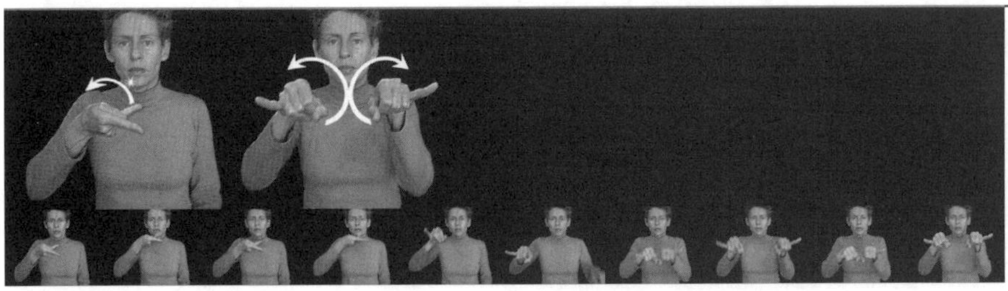

ASNEIRA – Fazer os sinais de "falar" e de "bobagem".

• ***Asneira:*** *Ação tola, geralmente impensada.* **Sinal igual:** BURRICE, DESATINO, DESPROPÓSITO, DESVARIO, DISPARATE

▪ **ASFIXIA:** SUFOCAR ▪ **ASFIXIAR:** SUFOCAR ▪ **ASNO:** BURRO

ASPAS – Mãos em "V" na altura do rosto, palmas para a frente. Baixar um pouco as duas mãos simultaneamente, dobrando os dedos indicadores e médios.

• ***Aspas:*** *Sinal gráfico usado para realçar certas palavras ou expressões.*

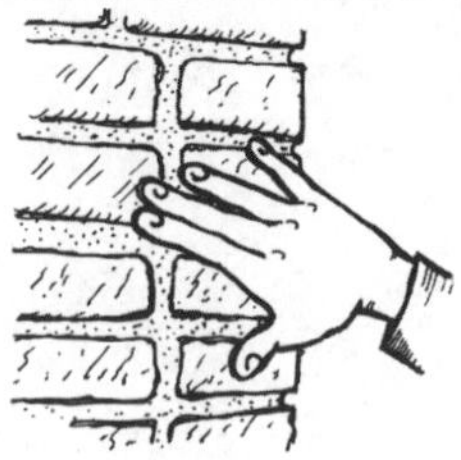

ÁSPERO – Mão esquerda aberta, palma para baixo, dedos unidos apontando para a direita. Mão direita aberta, palma para baixo, dedos curvados e separados. Tocar as pontas dos dedos da mão direita no dorso esquerdo, em dois ou três pontos diferentes.

• ***Áspero:*** *Que tem superfície desagradável ao tato.* **Sinal igual:** CRESPO, ESCABROSO, RUGOSO

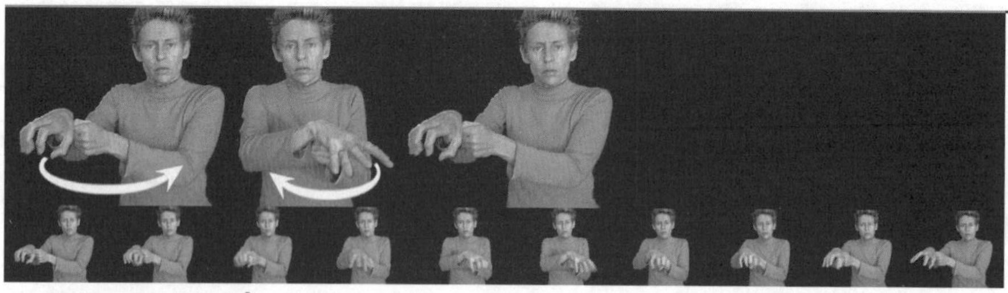

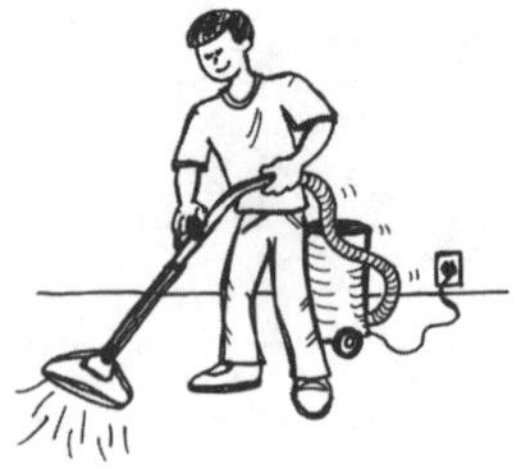

ASPIRADOR DE PÓ – Mão esquerda em "A", palma para dentro. Mão direita aberta, dedos curvados e separados, palma para baixo. Manter a ponta do polegar esquerdo encostado na lateral interna do punho direito. Em seguida, movimentar as mãos para a esquerda e para a direita e, ao mesmo tempo, dobrar e esticar várias vezes os dedos direitos.

• ***Aspirador de pó:*** *Eletrodoméstico usado para aspirar pó.*

ASSALTO – Mãos em "L", palmas para dentro, dedos indicadores apontando para cima. Posicionar as mãos conforme a foto 1. Em seguida, baixar as mãos apontando para a frente.

• ***Assalto:*** *Ser roubado por um ladrão.*

ASSAR – Mãos abertas, dedos unidos apontando para a frente, palmas para cima. Abaixar um pouco as mãos e deslizá-las para a frente, como se estivesse colocando uma fôrma dentro do forno.

• ***Assar:*** *Cozinhar usando o forno.*

▪ **ASPECTO:** FACE ▪ **ASPIRAR:** CHEIRAR, DESEJAR, QUERO ▪ **ASQUEROSO:** NOJENTO ▪ **ASSALTANTE:** LADRÃO

ASSASSINAR – Mão fechada em "S", palma para dentro. Recuar um pouco a mão e movimentá-la rapidamente para a frente e para baixo, como se estivesse golpeando alguém com uma faca.

• ***Assassinar:*** *Matar pessoa ou animal.* **Sinal igual:** ASSASSINATO, ASSASSÍNIO, ASSASSINO, HOMICÍDIO, MATAR

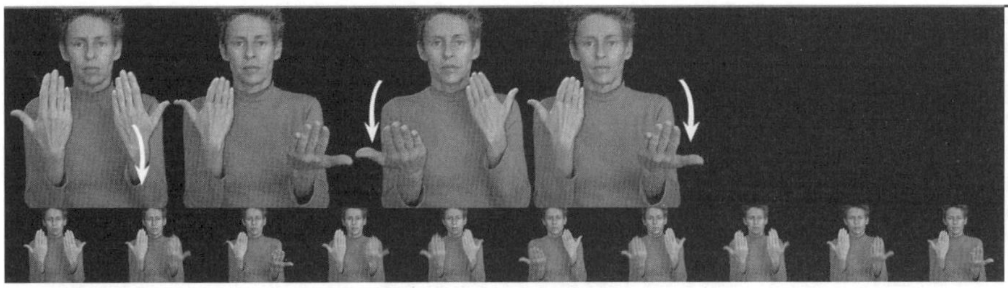

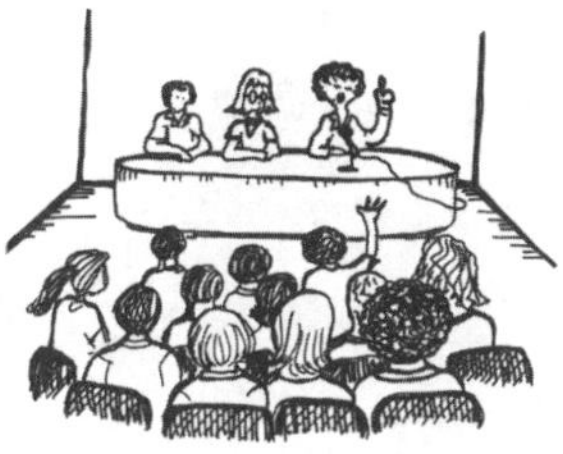

ASSEMBLEIA* – Mãos abertas, dedos unidos, polegares afastados, palmas para trás. Movimentar as mãos simultanea e alternadamente para a frente e para trás, duas vezes.

• ***Assembleia:*** *Reunião de pessoas.*

ASSIM – Mãos abertas, dedos unidos, polegares afastados, palmas para baixo. Subir um pouco as mãos e baixá-las.

• ***Assim:*** *Desta forma, deste modo.* **Sinal igual:** DESTA FORMA, DESTE JEITO, DESTE MODO

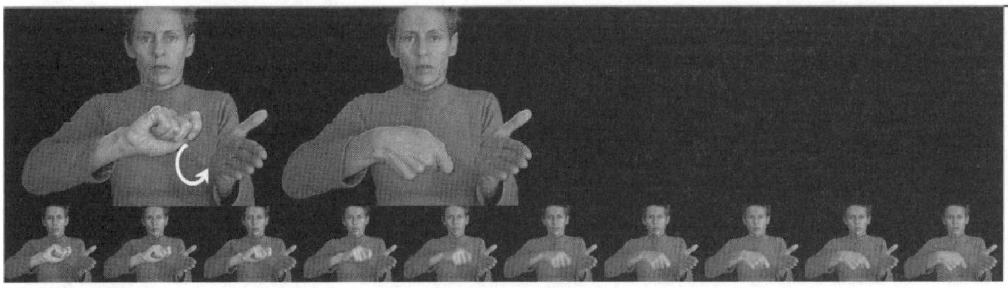

ASSINAR – Mão esquerda aberta, dedos unidos, polegar afastado, palma para dentro. Mão direita em "A", com o polegar apontando para a palma esquerda. Manter a mão esquerda imóvel enquanto a direita faz um leve giro para baixo, como se fizesse uma vírgula.

• ***Assinar:*** *Escrever o próprio nome.* **Sinal igual:** ASSINATURA, RUBRICA, RUBRICAR

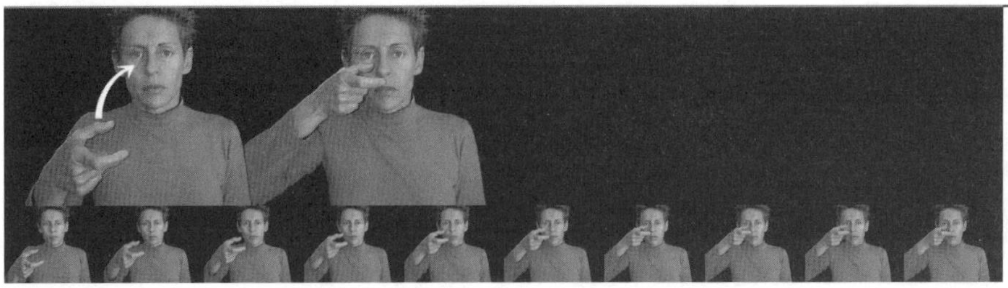

ASSISTIR – Mão direita fechada, palma para dentro, dedos indicador e polegar abertos e curvados. Levar a mão até o rosto, encostando a unha do polegar logo abaixo do olho.

• ***Assistir:*** *Presenciar, testemunhar, ver.* **Sinal igual:** ESPECTADOR, OBSERVAR, VER

▪ **ASSASSINATO:** ASSASSINAR ▪ **ASSASSÍNIO:** ASSASSINAR ▪ **ASSASSINO:** ASSASSINAR ▪ **ASSEGURAR:** JURAR, PROMETER ▪ **ASSEMBLEIA:** CONGRESSO ▪ **ASSEMELHAR:** PARECER ▪ **ASSENTAR:** CADEIRA ▪ **ASSENTIR:** CONCORDAR ▪ **ASSENTO:** CADEIRA ▪ **ASSESSOR:** SECRETÁRIO ▪ **ASSESSORAR:** AJUDAR ▪ **ASSEVERAR:** JURAR, PROMETER ▪ **ASSIMILAR:** APRENDER, ENTENDER ▪ **ASSINATURA:** ASSINAR ▪ **ASSISTENTE:** AJUDAR, SECRETÁRIO

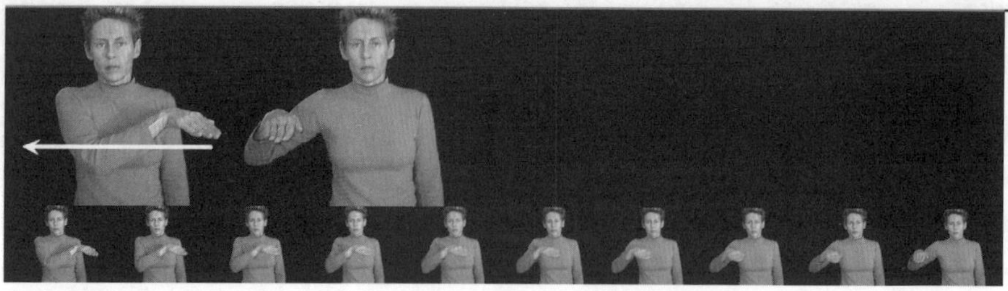
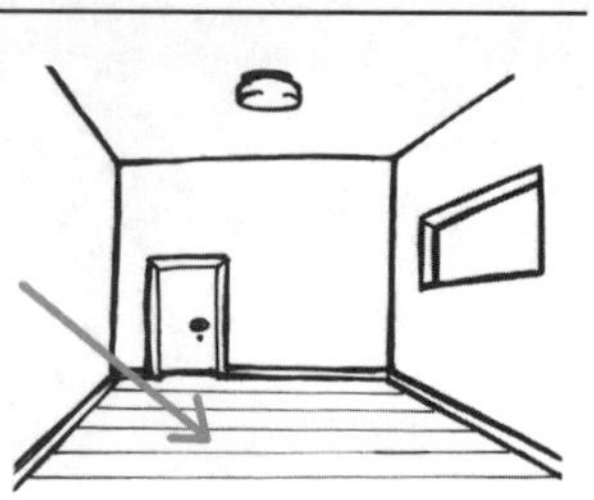

ASSOALHO – Mão direita fechada, dedos unidos apontando para a frente, palma para baixo. Posicionar a mão do lado esquerdo do corpo e deslizá-la para o lado direito, mantendo os dedos apontados para a frente.

• ***Assoalho:*** *Piso de madeira ou outro material.*

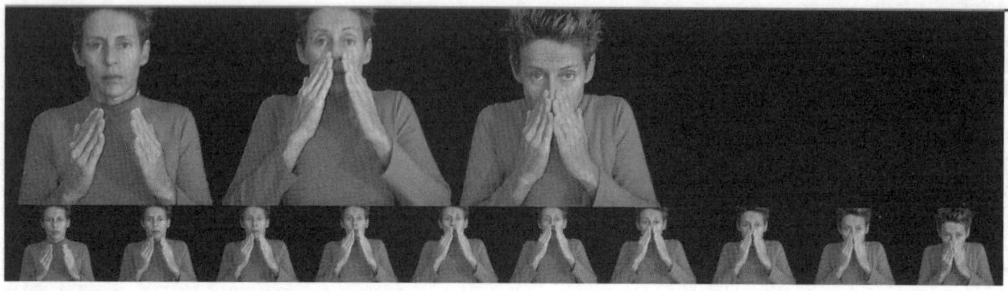

ASSOAR – Mãos abertas, dedos unidos apontando para cima, palmas para dentro. Movimentar as mãos até o nariz e tocar as narinas com as pontas dos dedos. Em seguida, abaixar um pouco a cabeça, imitando o gesto de alguém que está assoando o nariz.

• ***Assoar:*** *Soprar o ar pelo nariz para limpar o muco.*

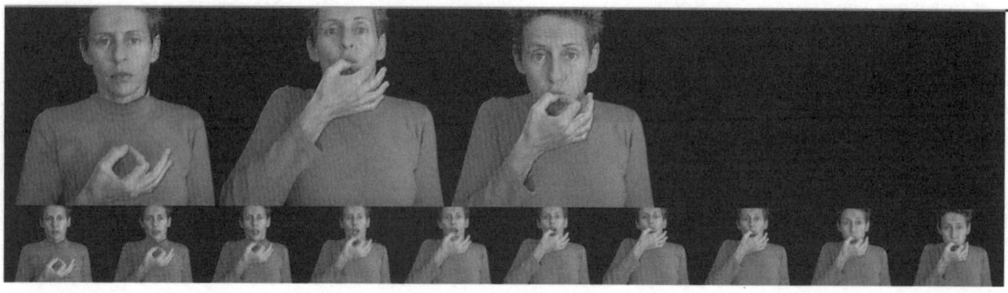

ASSOBIAR – Mão aberta, dedos separados. Unir as pontas dos dedos indicador e polegar e encostá-las nos lábios. Ao tocá-los, abaixar um pouco a cabeça e fingir que está soprando.

• ***Assobiar:*** *Produzir som com o ar pela boca.* **Sinal igual:** ASSOBIO, ASSOVIAR, SIBILAR, SILVO

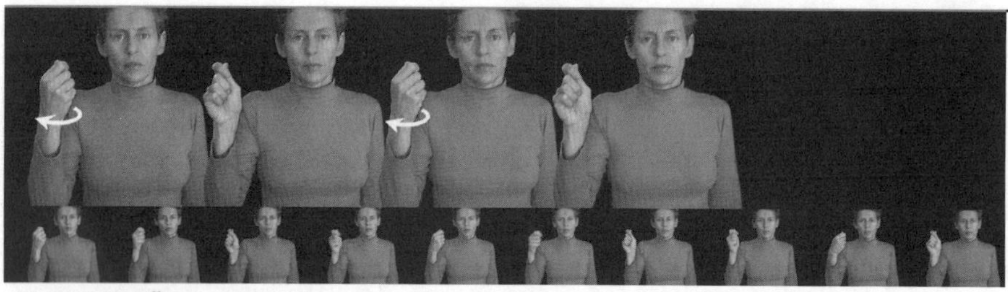

ASSOCIAÇÃO – Mão em "A", palma para trás. Girar a mão ao redor do próprio eixo duas vezes, virando a palma da mão para a frente.

• ***Associação:*** *Grupo de pessoas que têm o mesmo objetivo.* **Sinal igual:** AGREMIAÇÃO, ENTIDADE, LIGA, ORGANIZAÇÃO

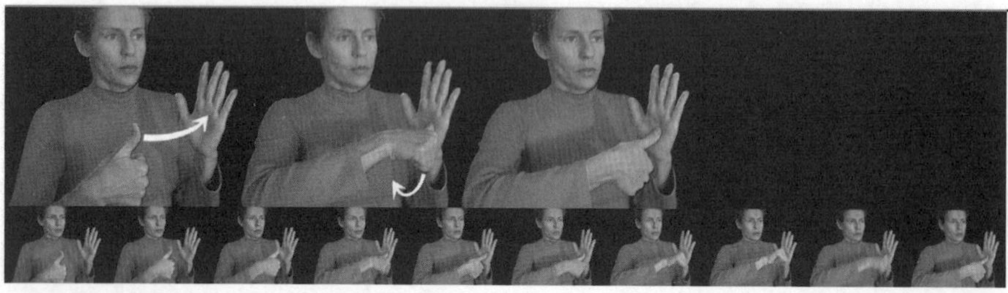

ASSOCIADO – Mão esquerda aberta, dedos separados apontando para cima, palma para dentro. Mão direita fechada com o dedo polegar esticado. Tocar com a digital do dedo polegar direito na palma da mão esquerda. Manter a mão esquerda imóvel enquanto a direita gira ao redor do próprio eixo duas ou três vezes, para cima e para baixo, sem desencostar o polegar da palma da mão esquerda.

• ***Associado:*** *Aquele que pertence a uma associação.* **Sinal igual:** MEMBRO, PARCEIRO

▪ **ASSOBIO:** ASSOBIAR ▪ **ASSOLAR:** DESTRUIR

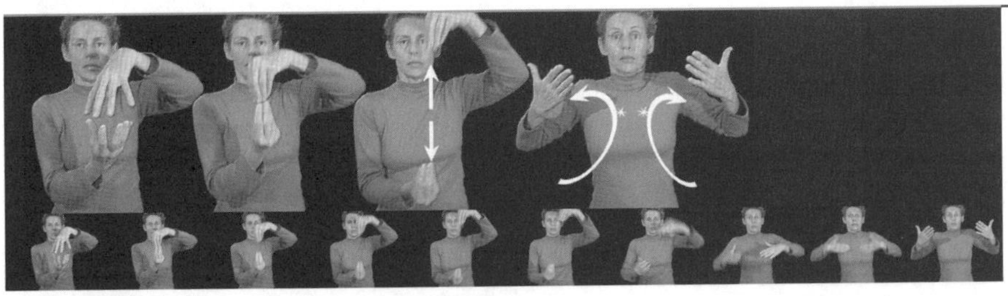

ASSOMBRAÇÃO – Fazer os sinais de "alma" e de "assustar".

• ***Assombração:*** *Nome dado a supostos espíritos que aparecem para assustar as pessoas.*

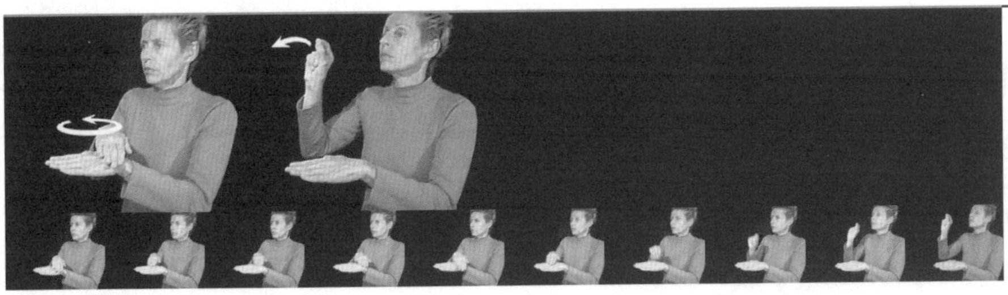

ASSUNTO – Fazer os sinais de "conversar" e de "quê".

• ***Assunto:*** *Aquilo sobre o que se conversa.*

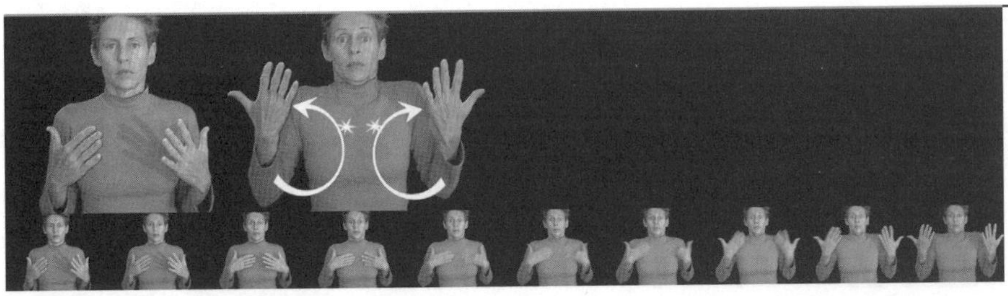

ASSUSTAR – Mãos abertas, dedos separados e esticados, palmas para trás. Tocar as pontas dos dedos no peito, perto dos ombros, e levar as mãos à frente. Ao tocar o corpo, erguer um pouco os ombros e fazer a expressão de quem levou um susto.

• ***Assustar:*** *Provocar medo.* **Sinal igual:** ATERRORIZAR, ESPANTAR, SOBRESSALTAR

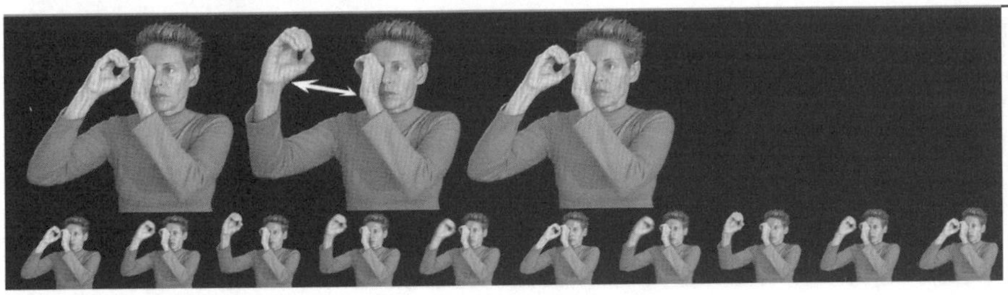

ASTRONOMIA – Mão em "O", palmas para dentro. Posicionar as mãos conforme a foto 1, olhando um pouco para cima. Em seguida, mover a mão direita para a frente e voltar à posição inicial duas vezes.

• ***Astronomia:*** *Ciência que estuda o universo.* **Sinal igual:** ASTRÔNOMO, TELESCÓPIO

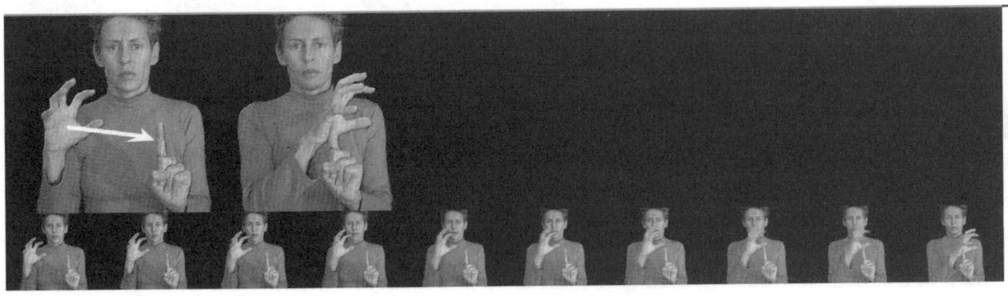

ATACAR – Mão esquerda fechada, dedo indicador esticado apontando para cima, palma para dentro. Mão direita aberta, dedos separados e curvados, palma voltada para a mão esquerda. Manter a mão esquerda imóvel. Mover a mão direita até a esquerda, tocando a palma direita no indicador esquerdo.

• ***Atacar:*** *Agredir fisicamente.* **Sinal igual:** AGREDIR

■ **ASSOMBRADO:** ESPANTADO ■ **ASSOVIAR:** ASSOBIAR ■ **ASTRÔNOMO:** ASTRONOMIA ■ **ASTUTO:** ESPERTO ■ **ATALHO:** CAMINHO ■ **ATAR:** AMARRAR ■ **ATAREFADO:** OCUPADO ■ **ATAÚDE:** CAIXÃO

ATÉ – Mão esquerda aberta, dedos unidos apontando para cima, palma para dentro. Mão direita dobrada, dedos unidos e esticados, palma para dentro. Tocar na palma esquerda com as pontas dos dedos da direita.

• ***Até:*** *Expressa um limite de espaço ou tempo.* **Sinal igual:** LIMITADO

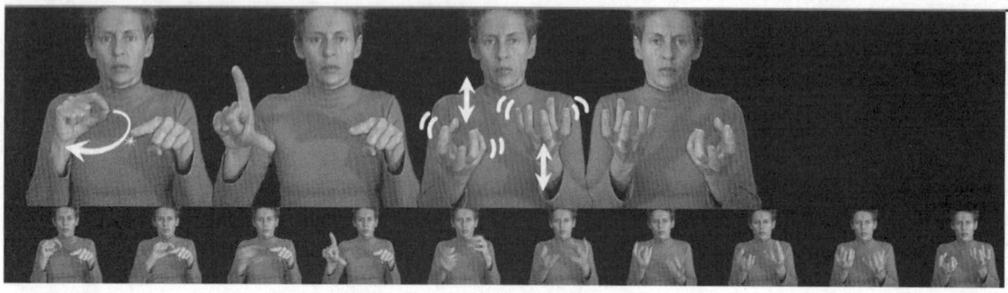

ATEAR – Fazer os sinais de "palito de fósforo" e de "fogo".

• ***Atear:*** *Pôr fogo.* **Sinal igual:** CREMAR, INCENDIAR, INCENDIÁRIO, INCINERAR

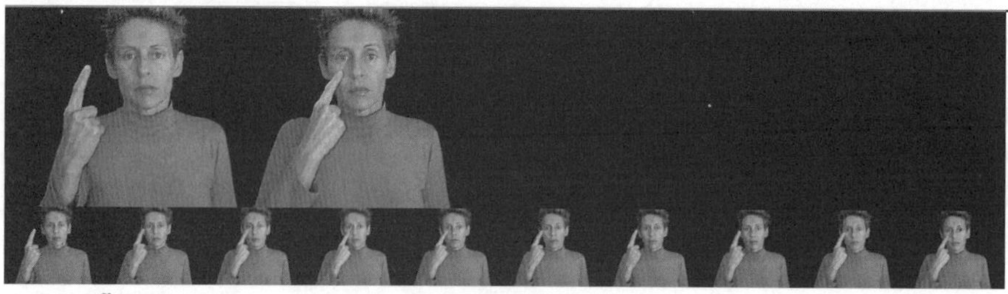

ATENÇÃO – Mão fechada, indicador esticado. Tocar duas vezes com a ponta desse dedo na área logo abaixo do olho.

• ***Atenção:*** *Concentrar-se em alguém ou alguma coisa.* **Sinal igual:** ALERTA, ATENTO, ATINADO

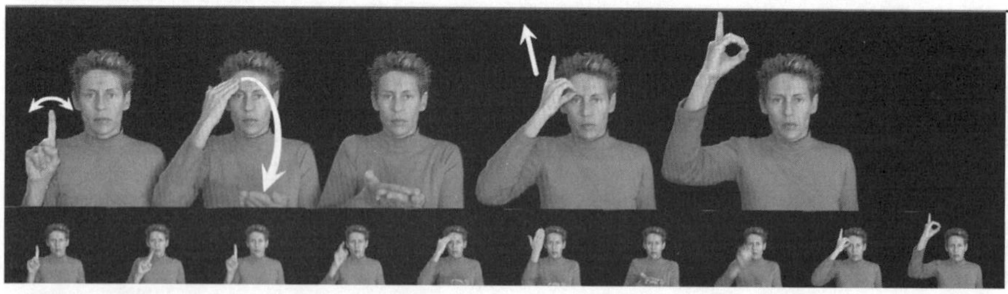

ATEU – Fazer os sinais de "não", de "acreditar" e de "Deus".

• ***Ateu:*** *Aquele que não acredita em Deus.* **Sinal igual:** AGNOSTICISMO, AGNÓSTICO, ATEÍSMO, DESCRENTE, PAGÃO

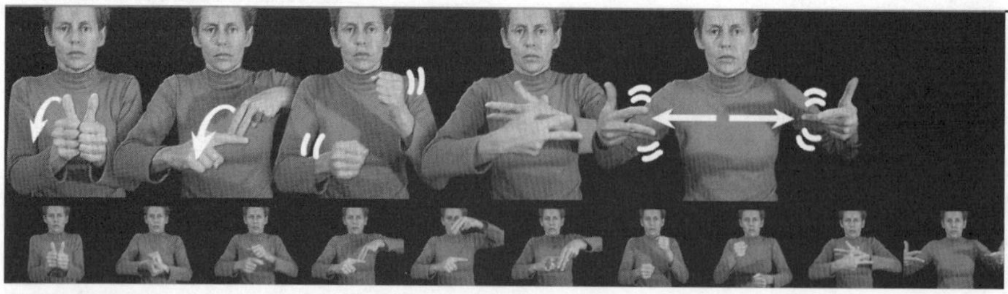

ATLETISMO – Fazer os sinais de "esporte", de "saltar", de "correr" e de "vários".

• ***Atletismo:*** *Atividade esportiva, geralmente competitiva, que envolve corrida, salto e lançamento de objetos.*

▪ **ATÉ AGORA:** AINDA ▪ **ATÉ BREVE:** TCHAU ▪ **ATÉ ENTÃO:** AINDA ▪ **ATÉ ESTE MOMENTO:** AINDA ▪ **ATEÍSMO:** ATEU ▪ **ATÉ LOGO:** TCHAU ▪ **ATENTO:** ALERTA, ATENÇÃO ▪ **ATENUAR:** ALIVIAR ▪ **ATERRORIZADO:** APAVORADO ▪ **ATERRORIZAR:** ASSUSTAR ▪ **ATESTADO:** CERTIFICADO ▪ **ATESTAR:** TESTEMUNHA ▪ **ATINADO:** ATENÇÃO ▪ **ATINAR:** COMPREENDER ▪ **ATINGIR:** ALCANÇAR ▪ **ATIRAR:** REVÓLVER ▪ **ATIVIDADE:** FAZER, TRABALHAR ▪ **ATLETA:** ESPORTE ▪ **ATMOSFERA:** CÉU

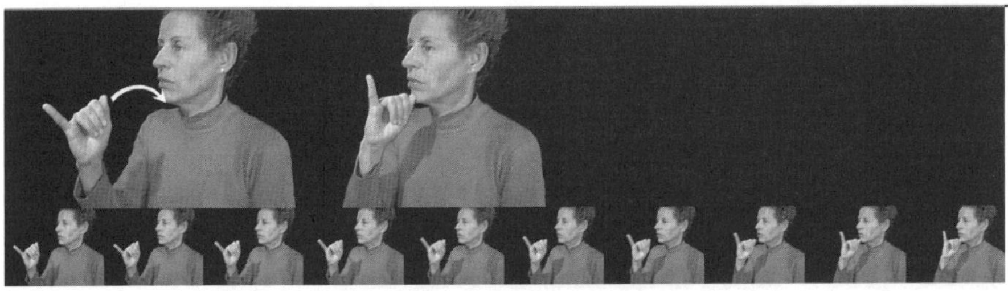

À TOA – Mão em "A" com o dedo mínimo esticado. Posicionar a mão diante do rosto. Em seguida, mover a mão lentamente, até encostar a ponta do polegar no queixo.
• ***À toa:*** *Estar desocupado, sem ter o que fazer.* **Sinal igual:** DESOCUPADO, ÓCIO, OCIOSO, VADIO

ATOR – Mão em "A", palma para baixo. Posicionar a mão ao lado da bochecha e movimentá-la em círculos duas ou três vezes.
• ***Ator:*** *Homem que se apresenta em teatro, filme, novela etc.* **Sinal igual:** ARTISTA CÊNICO, ATUAR

ATRAIR – Mãos abertas, dedos separados e levemente curvados, palmas para trás. Aproximar as mãos simultaneamente em direção ao peito.
• ***Atrair:*** *Fazer aproximar-se, seduzir.* **Sinal igual:** CARISMA, FASCÍNIO, INFLUÊNCIA

ATRAPALHADO* – Mãos abertas, dedos separados, palmas para trás. Posicionar as mãos conforme a foto 1 e movimentá-las simultânea e alternadamente para cima e para baixo.
• ***Atrapalhado:*** *Confuso; desatento.* **Sinal igual:** DESAJEITADO

ATRAPALHAR – Mãos abertas, dedos separados. Posicionar as mãos conforme a foto 1. Em seguida, movimentá-las para a frente até se encontrarem, cruzando os dedos (foto 2). Balançar as mãos duas ou três vezes para cima e para baixo.
• ***Atrapalhar:*** *Perturbar, impedir.* **Sinal igual:** AFETAR, DESORDENAR, DISTRAIR, EMBARCAR, ESTORVAR, INGERÊNCIA, INTERFERÊNCIA, INTERVENÇÃO, INTROMETER, INTROMISSÃO

■ **ATO:** FAZER ■ **ATOLEIRO:** LAMA ■ **ATÔNITO:** ESPANTADO ■ **ATORDOAMENTO:** TONTURA ■ **ATRAÇÃO:** SEDUÇÃO ■ **ATRAÇÃO SEXUAL:** DESEJO SEXUAL ■ **ATRAPALHADO:** CONFUNDIR

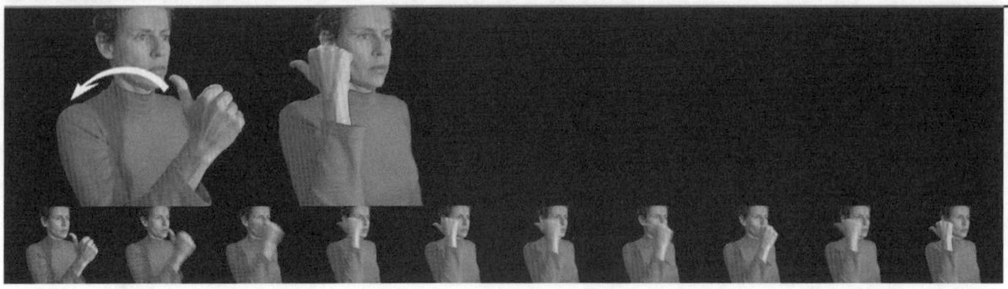

ATRÁS – Mão fechada, dedo polegar esticado, palma para dentro. Movimentar a mão duas vezes por cima do ombro, apontando para trás.

• ***Atrás:*** *Em lugar posterior.* **Sinal igual:** DETRÁS, RETAGUARDA

ATRASAR – Mão esquerda aberta, dedos levemente separados, palma para dentro. Mão direita em "L", palma para a frente. Tocar a palma esquerda com a ponta do polegar direito. Em seguida, girar a mão direita para a frente até o indicador apontar um pouco para baixo.

• ***Atrasar:*** *Acontecer depois do momento próprio.* **Sinal igual:** RETARDAR, RETROCEDER

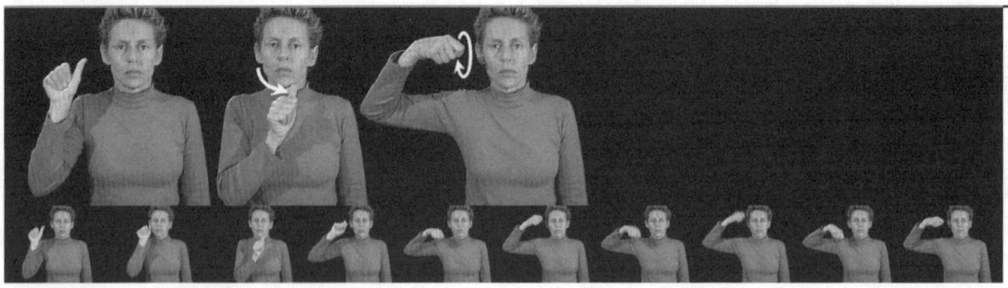

ATRIZ – Fazer os sinais de "mulher" e de "ator".

• ***Atriz:*** *Mulher que se apresenta em teatro, filme, novela etc.*

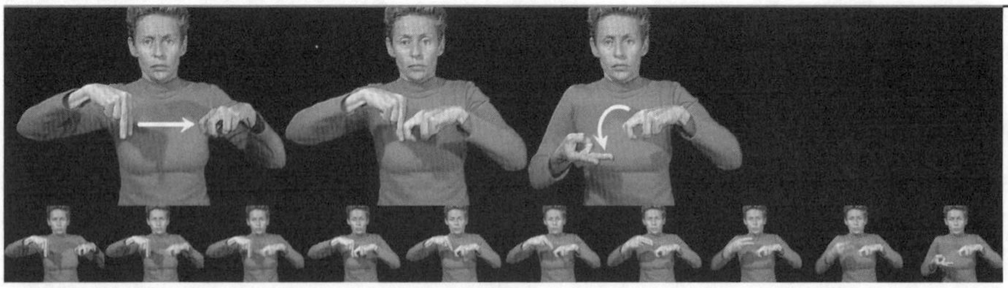

ATROPELAR – Mão direita em "V", dedos apontando para baixo, palma para fora. Mão esquerda em "5", palma para baixo. Movimentar a mão esquerda até que o indicador e o médio toquem nos mesmos dedos da mão direita. Em seguida, virar a palma da mão direita para cima.

• ***Atropelar:*** *Colidir com pessoa, coisa ou animal, provocando a queda.*

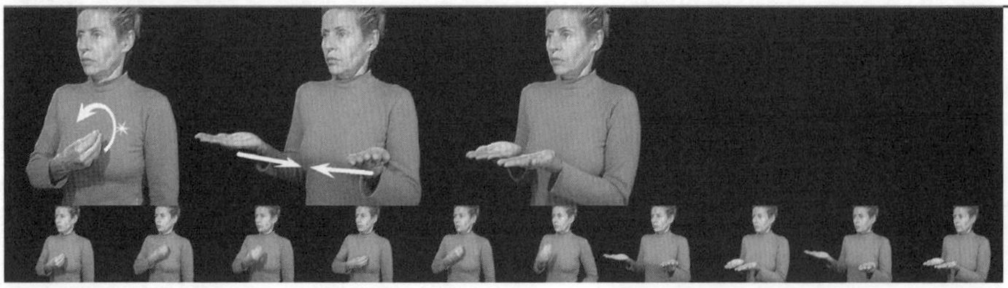

ATUAL – Fazer os sinais de "vida" e de "agora".

• ***Atual:*** *Que existe ou acontece na época presente.*

■ **ATRAVESSAR:** CRUZAR ■ **ATRIBUTO:** EMBLEMA

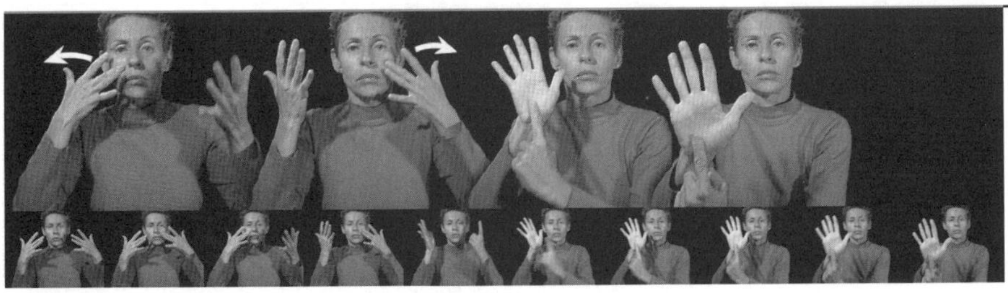

ATUAR* – Fazer os sinais de "ator" e de "mostrar".

• ***Atuar:*** *Desempenhar um papel como ator; representar.*

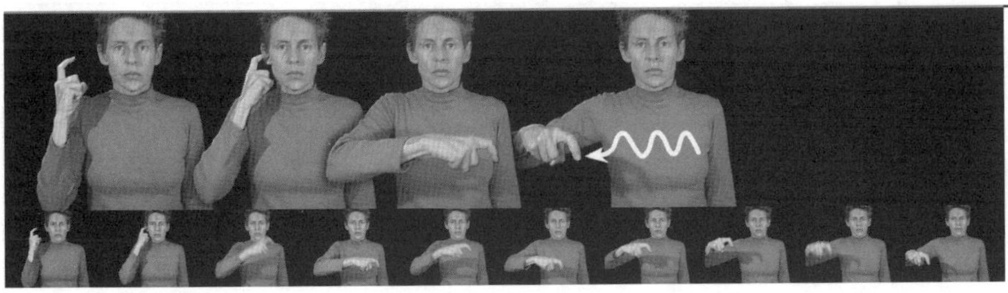

AUDIOMETRIA – Mão direita fechada com o dedo indicador aberto e curvado. Tocar a ponta do indicador na orelha e, em seguida, com o mesmo dedo apontando para baixo, movimentar a mão da esquerda para a direita fazendo um zigue-zague para cima e para baixo.

• ***Audiometria:*** *Exame da audição.* **Sinal igual:** ACUOMETRIA, TESTE AUDIOMÉTRICO

AUDITÓRIO – Mãos abertas, dedos separados, palmas para baixo. Posicionar as mãos conforme a foto 1, ligeiramente distante do corpo e com os dedos apontando um pouco para baixo. Subir as duas mãos em direção ao peito, representando o piso inclinado de um auditório.

• ***Auditório:*** *Local apropriado para a realização de espetáculos, conferências, concertos etc.*

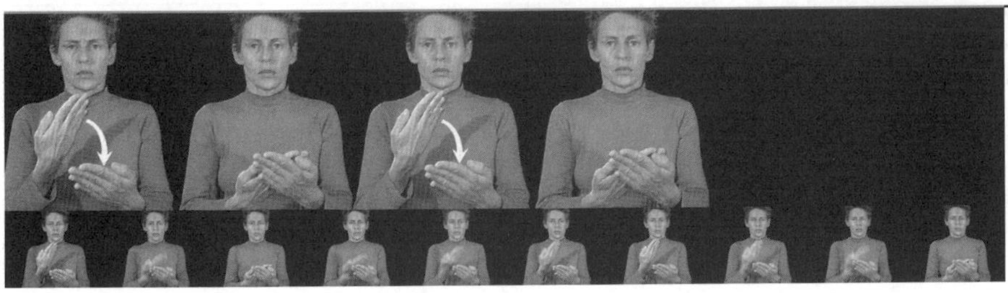

AULA* – Mãos abertas, dedos unidos, palmas para cima. Posicionar as mãos conforme a foto 1. Em seguida, bater o dorso da mão direita duas ou três vezes na palma da esquerda.

• ***Aula:*** *Momento em que o aluno está com o professor recebendo ensinamentos.*

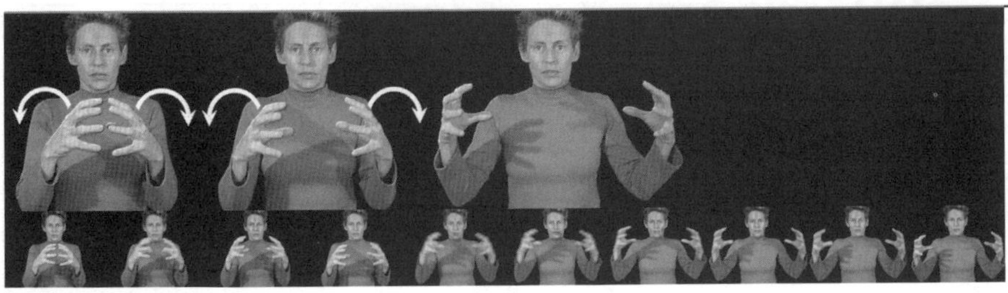

AUMENTAR – Mãos abertas, dedos separados e curvados, palmas para dentro. Posicionar as mãos conforme a foto 1. Em seguida, afastar uma mão da outra em direção às laterais, parando rapidamente em um ou dois pontos durante o percurso.

• ***Aumentar:*** *Tornar maior.* **Sinal igual:** AMPLIAR

▪ **ATUAR:** ATOR, FAZER ▪ **ATURDIMENTO:** CONFUNDIR ▪ **ATURDIR:** CONFUNDIR ▪ **AUDÁCIA:** CORAGEM ▪ **AUDACIOSAMENTE:** CORAGEM ▪ **AUDACIOSO:** CORAGEM ▪ **AUDAZ:** CORAGEM ▪ **AUDIÇÃO:** OUVIR ▪ **AUGE:** MÁXIMO ▪ **AULA:** ESTUDAR ▪ **AURORA:** MADRUGADA ▪ **AUSCULTADOR:** ESTETOSCÓPIO ▪ **AUSÊNCIA:** AUSENTE, SEM NENHUM ▪ **AUSENTAR:** SAIR

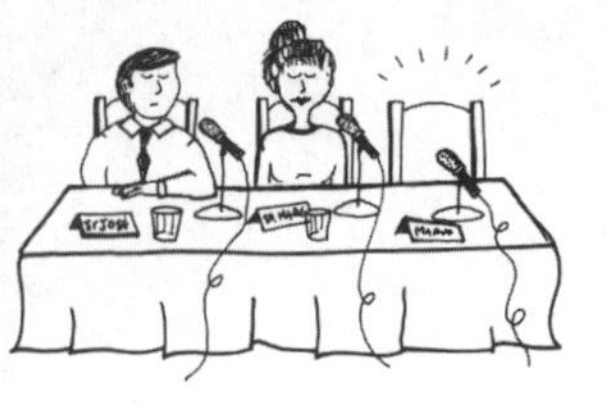

AUSENTE – Mão direita em "Y", palma para a frente. Mão esquerda fechada, palma para baixo. Posicionar as mãos conforme a foto 1. Em seguida, movimentar a mão direita para a frente e, no meio do percurso, tocar o punho direito no dorso da mão esquerda.

• ***Ausente:*** *Que não está presente.* **Sinal igual:** AUSÊNCIA

AUSTRÁLIA – Mãos dobradas, palmas para baixo. Posicionar as mãos conforme a foto 1. Em seguida, movimentar as mãos para a frente e para baixo duas vezes, representando os pulos de um canguru.

• ***Austrália:*** *País localizado na Oceania.*

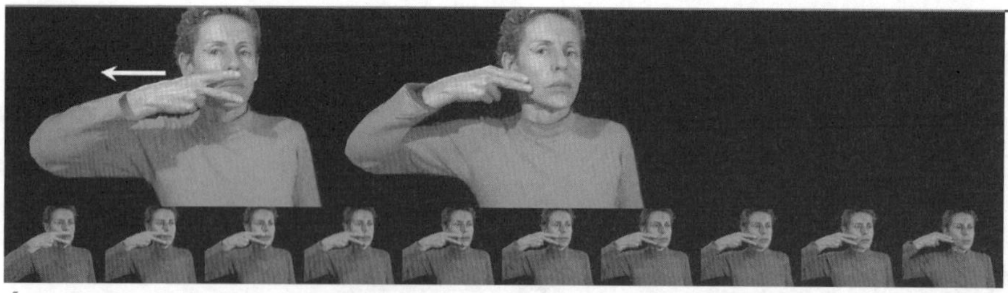

ÁUSTRIA – Mão em "V", palma para trás. Encostar as pontas dos dedos indicador e médio acima e abaixo dos lábios, respectivamente, conforme a foto 1. Em seguida, deslizar os dedos sobre a bochecha e, durante o percurso, juntá-los até a mão ficar em "U".

• ***Áustria:*** *País da Europa.*

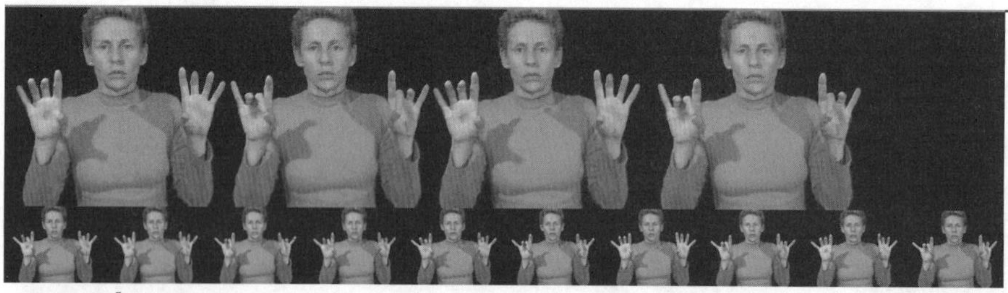

AUTOMÁTICO – Mãos abertas, palmas para a frente, dedos médios levemente curvados e polegares apontando para a frente. Tocar duas ou três vezes as pontas dos dedos médios nas dos polegares, simultaneamente.

• ***Automático:*** *Que se move ou funciona sem intervenção.*

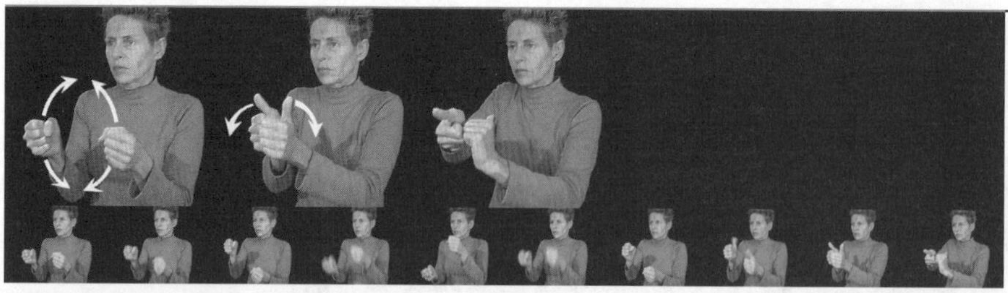

AUTOMOBILISMO – Fazer os sinais de "automóvel" e de "esporte".

• ***Automobilismo:*** *Esporte praticado com carros de corrida.*

▪ **AUTÊNTICO: VERDADE**

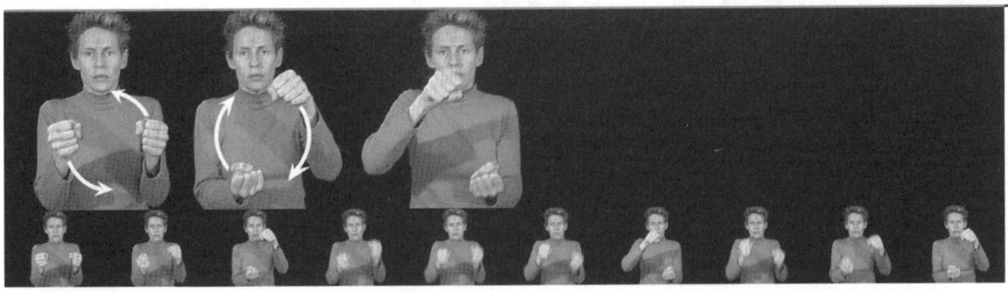

AUTOMÓVEL – Mãos fechadas em "S", palma para dentro. Movimentar as mãos simultânea e alternadamente para cima e para baixo, acompanhando uma linha curva imaginária, como se estivesse girando para a esquerda e para a direita o volante de um automóvel.

• ***Automóvel:*** *Veículo que possui movimento acionado por motor próprio.* **Sinal igual:** CARRO, RADIOPATRULHA, VEÍCULO, VIATURA

AUTÔNOMO – Fazer os sinais de "trabalhar" e de "livre".

• ***Autônomo:*** *Profissional que trabalha por conta própria.* **Sinal igual:** AUTONOMIA

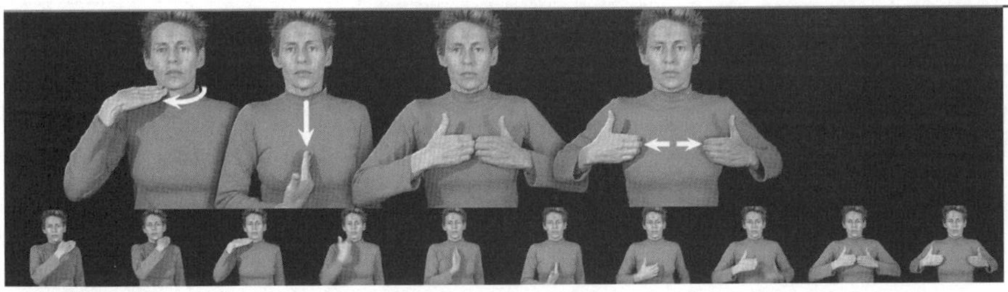

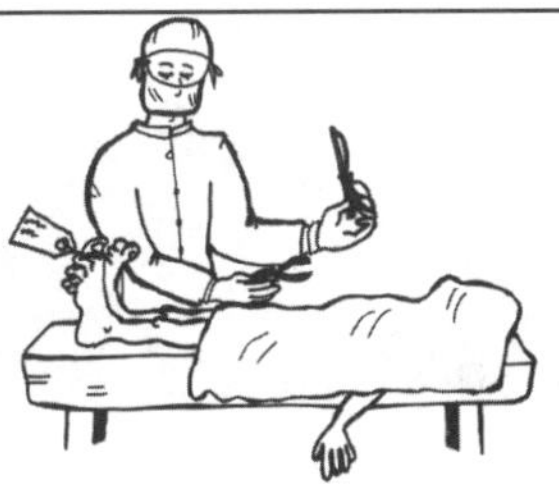

AUTÓPSIA – Fazer sinal de "cadáver". Em seguida, deslizar a lateral externa de uma das mãos (aberta com os dedos unidos) do peito até o estômago. Depois, com as mãos abertas, palmas para trás, dedos dobrados, tocar as pontas dos dedos no meio do peito e deslizá-las simultaneamente para as laterais, como se estivessem abrindo um cadáver.

• ***Autópsia:*** *Exame detalhado de um cadáver.* **Sinal igual:** NECROPSIA

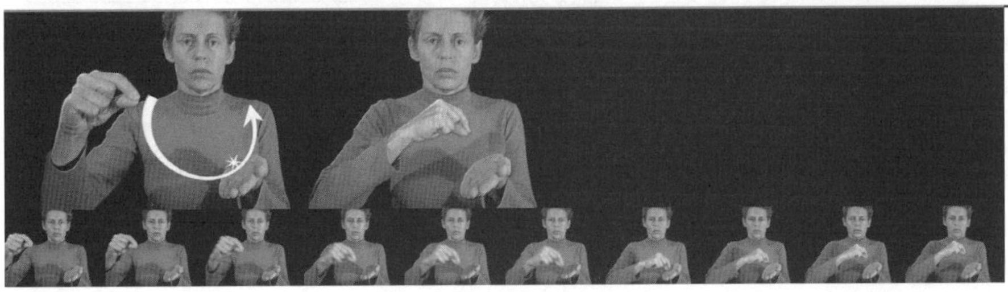

AUTOR – Mão direita fechada com os dedos indicador e polegar esticados se tocando pelas pontas. Mão esquerda aberta, dedos unidos apontando para a frente, palma para cima. Tocar as pontas dos dedos da mão direita nos dedos da esquerda e deslizar a direita para trás.

• ***Autor:*** *Pessoa que inventa, cria ou descobre algo.* **Sinal igual:** AUTORIA

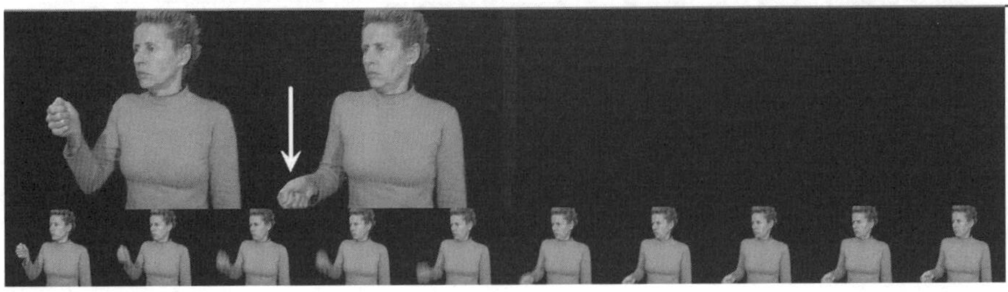

AUTORIDADE – Mão em "A", palma para dentro, dedo polegar apontando para a frente. Posicionar a mão na altura do peito e, num gesto rápido, baixar a mão até a altura da cintura.

• ***Autoridade:*** *Que possui direito ou poder para comandar.*

▪ **AUTONOMIA:** AUTÔNOMO ▪ **AUTORIA:** AUTOR ▪ **AUTORIZAÇÃO:** LIVRE

AUTORIZAR* – Fazer os sinais de "assinar" e de "livre".

• ***Autorizar:*** *Permitir, aprovar ou tornar alguma coisa válida.* **Sinal igual:** CONSENTIR, DEIXAR, LICENÇA

AVANÇADO – Mãos abertas com os dedos separados e curvados. Posicionar as mãos conforme a foto 1. Depois, afastar diagonalmente uma mão da outra.

• ***Avançado:*** *Que atingiu um nível elevado de desenvolvimento.*

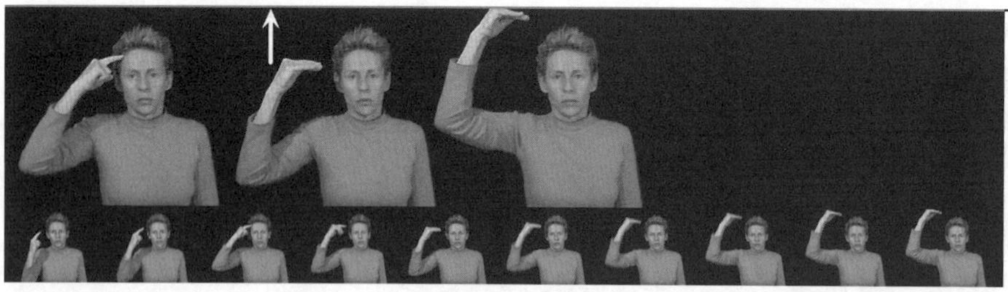

AVANÇADO – Fazer o sinal de "pensar". Em seguida, com a mão dobrada, palma para dentro, posicionar a mão conforme a foto 2 e movê-la verticalmente para cima, passando a altura da cabeça.

• ***Avançado:*** *Pessoa cujos pensamentos estão além do seu tempo; progressista.*

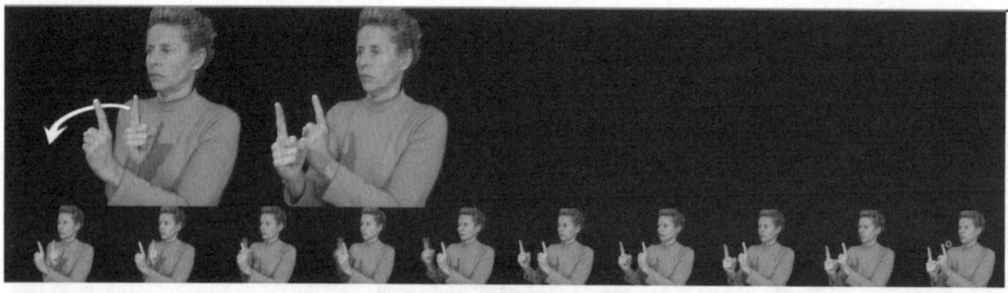

AVANÇAR – Mãos fechadas, dedos indicadores esticados apontando para cima, palmas para dentro. Posicionar uma mão à frente da outra, conforme a foto 1. Manter a mão dianteira imóvel. Mover a mão traseira para a frente, dando a volta naquela que estava na frente anteriormente.

• ***Avançar:*** *Ir adiante; fazer mover para frente.* **Sinal igual:** PASSAR

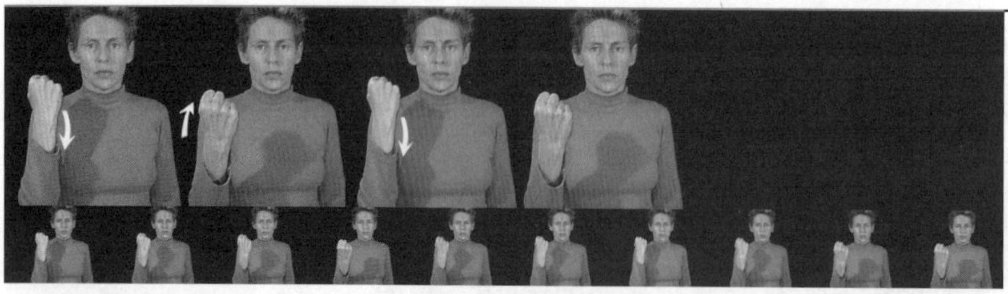

AVARENTO* – Mão fechada, palma para trás, braço dobrado. Movimentar a mão para a frente e para trás duas ou três vezes.

• ***Avarento:*** *Pessoa obcecada por possuir e acumular dinheiro; egoísta.* **Sinal igual:** AVAREZA, MESQUINHEZ, MESQUINHO, SOVINA, SOVINICE, USURA

▪ **AUTORIZAR:** LIVRE ▪ **AUXILIADO:** AMPARADO ▪ **AUXILIAR:** AJUDAR ▪ **AVANTAJADO:** MAIOR ▪ **AVARENTO:** PÃO-DURO ▪ **AVAREZA:** AVARENTO, PÃO-DURO ▪ **AVARIAR:** QUEBRAR ▪ **AVARO:** PÃO-DURO

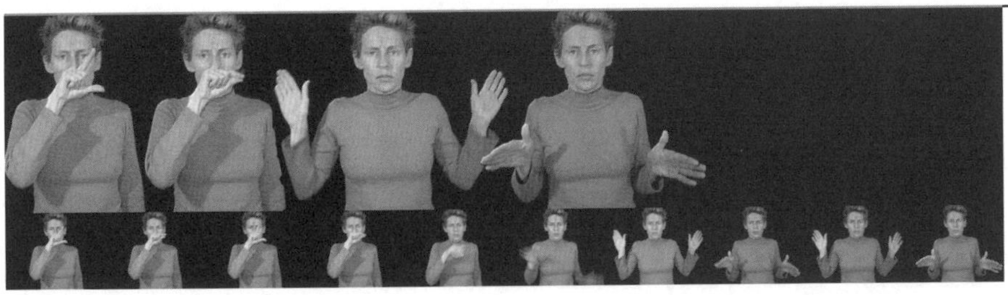

AVE – Fazer os sinais de "bico" e de "asa".

• ***Ave:*** *Animal cujo corpo é coberto por penas.*

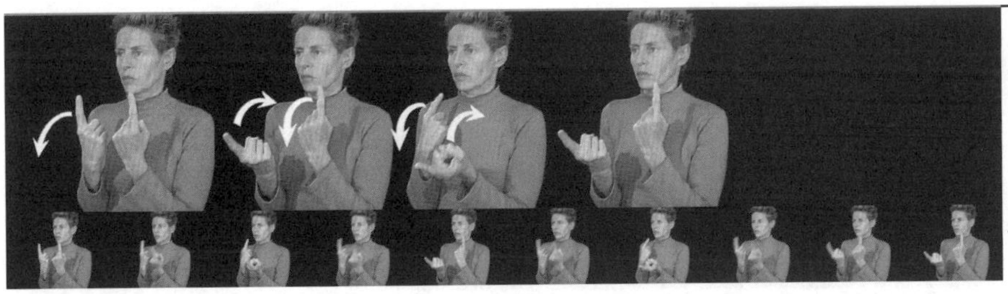

AVENIDA – Mãos fechadas, dedos indicadores esticados apontando para cima, palmas para trás. Posicionar as mãos conforme a foto 1. Em seguida, movimentar as mãos simultânea e alternadamente para a frente e para trás, duas ou três vezes, articulando os punhos e mantendo os braços parados.

• ***Avenida:*** *Via pública urbana ampla.*

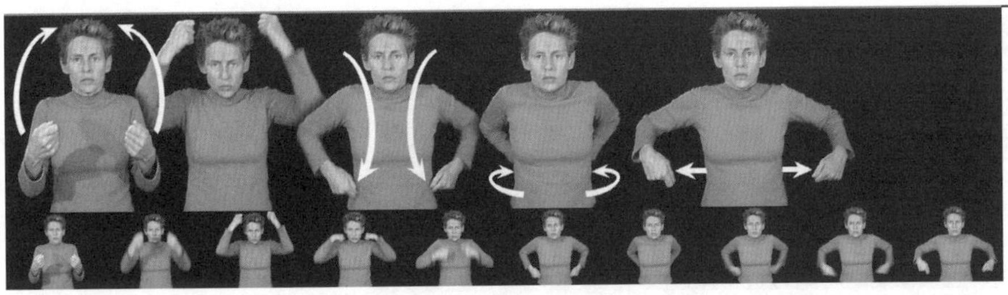

AVENTAL – Mãos em "A", palmas para trás. Movimentar as mãos simultaneamente para cima e para trás da cabeça. Continuar esse movimento descendo as mãos até a cintura, passando-as por trás do corpo e fazer, nas costas, o sinal de "amarrar", como se estivesse vestindo um avental.

• ***Avental:*** *Peça de pano, plástico ou couro usada para proteger a roupa.* **Sinal igual:** GUARDA-PÓ, JALECO

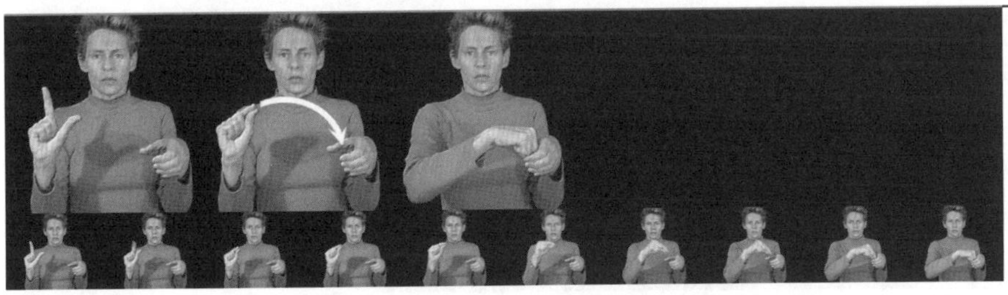

AVESTRUZ – Manter a mão esquerda imóvel com os dedos curvados como se estivesse segurando um copo. Mão direita fechada com o indicador e o polegar esticados. Juntar as pontas dos dedos e movimentar a mão direita até a esquerda, dentro da qual serão escondidos o indicador e o polegar.

• ***Avestruz:*** *Ave africana de grande porte.*

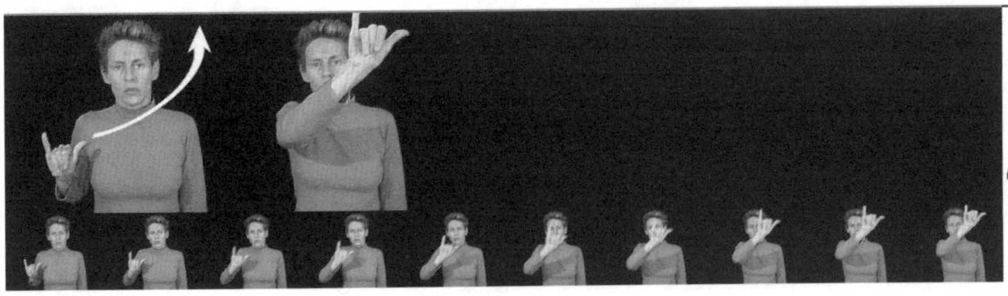

AVIÃO – Mão em "Y", palma para a frente. Posicionar a mão ao lado da cintura e movimentá-la para a frente e para cima, simulando a decolagem de um avião.

• ***Avião:*** *Aeronave de propulsão a motor que se sustenta no ar por meio de asas.* **Sinal igual:** AÉREO, AERONAVE, AEROPLANO, PLANADOR

▪ **AVERIGUAR:** PROCURAR, VERIFICAR ▪ **AVERSÃO:** DETESTAR, NOJO ▪ **AVESSO:** OPOSTO ▪ **AVISTAR:** VER

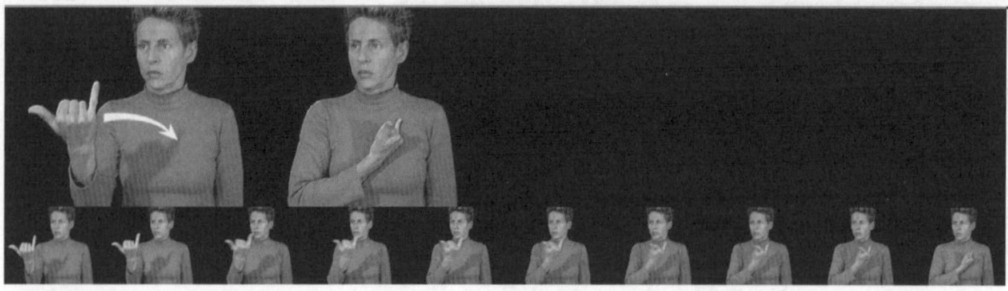

AVISADO – Mão em "Y", palma para fora. Posicionar a mão à frente do corpo e movimentá-la para trás, até encostar a lateral externa do dedo mínimo no peito.

• ***Avisado:*** *Que recebeu aviso ou informação.* **Sinal igual:** INFORMADO, ORIENTADO

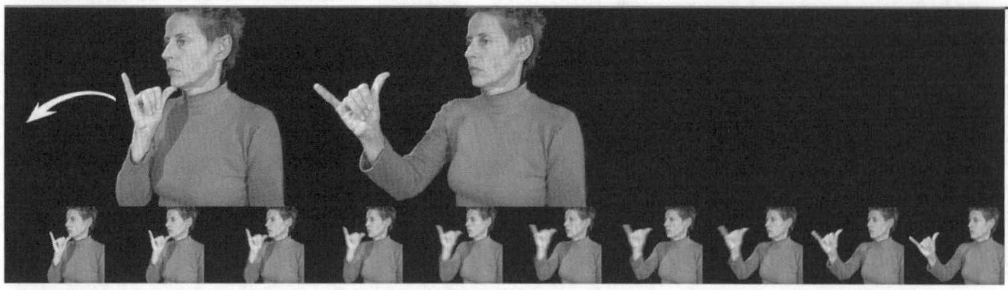

AVISAR – Mão em "Y", palma para dentro. Tocar a ponta do dedo polegar no queixo. Em seguida, mover a mão para a frente.

• ***Avisar:*** *Informar, fazer saber com antecedência.* **Sinal igual:** ANUNCIAR, DECLARAR

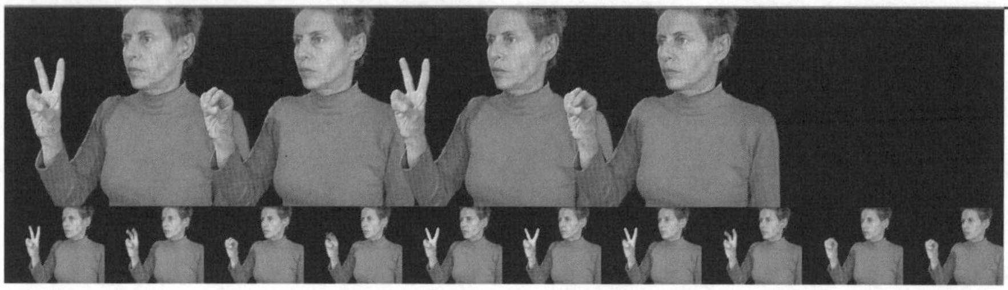

AVÔ/AVÓ – Mão em "V" com os dedos anular e mínimo tocando na ponta do polegar. Digitar "V", "O", "V" e "O". Para isso, basta tocar as pontas do indicador e do médio na do polegar, duas vezes.

• ***Avô/avó:*** *A mãe (ou pai) da mãe ou do pai em relação ao neto.*

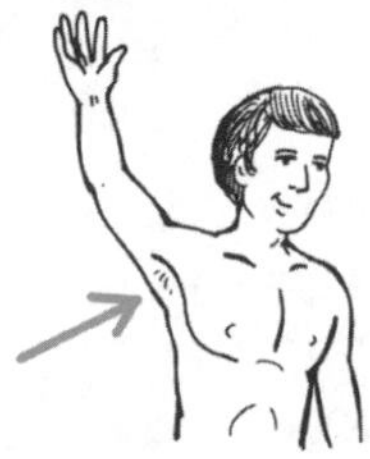

AXILA – Erguer um dos braços e, com a ponta do dedo indicador da mão oposta, tocar levemente na área do corpo bem perto da axila.

• ***Axila:*** *Parte inferior do braço junto ao ombro.* **Sinal igual:** SOVACO

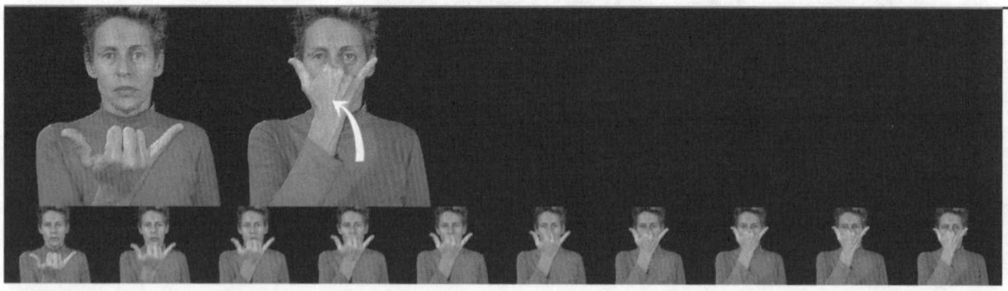

AZAR – Mão em "Y", palma para trás. Tocar o dorso dos dedos médio e indicador na ponta do nariz, mantendo o mínimo e o polegar apontando para cima.

• ***Azar:*** *Infelicidade, falta de sorte.* **Sinal igual:** AZARADO, DESAFORTUNADO, DESGRAÇA, FATALIDADE, INFORTÚNIO, MALDIÇÃO, MAU AGOURO

■ **AZARADO:** AZAR ■ **AZARAR:** PAQUERAR

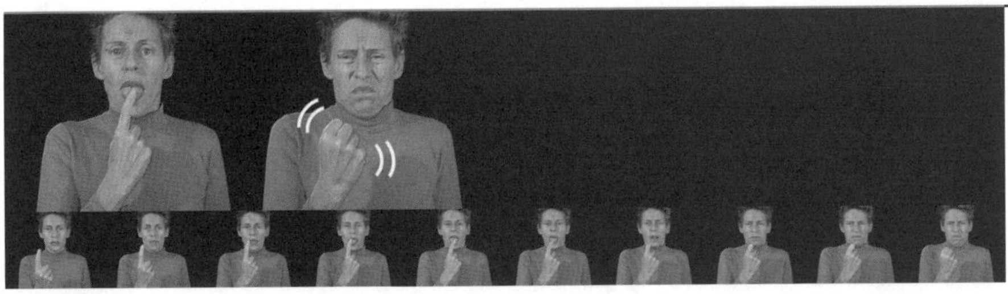

AZEDO – Mão fechada, dedo indicador esticado apontando para cima, palma para trás. Tocar rapidamente a ponta do indicador na extremidade da língua. Em seguida, fechar a mão em "S" e fazer a expressão de quem está sentindo um sabor muito azedo.

• ***Azedo:*** *De sabor ou aroma ácido.* **Sinal igual:** AZEDUME

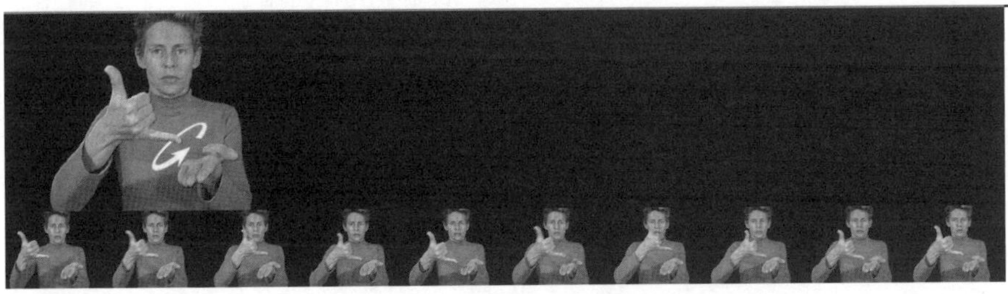

AZEITE – Mão direita em "Y", palma para trás. Mão esquerda aberta, dedos unidos, palma para cima. Posicionar a mão direita de forma que o dedo mínimo aponte para a palma esquerda. Em seguida, mover a mão direita em pequenos círculos, como se estivesse despejando azeite sobre uma salada.

• ***Azeite:*** *Óleo extraído da azeitona ou de outro fruto.* **Sinal igual:** AZEITAR, ÓLEO DE OLIVA

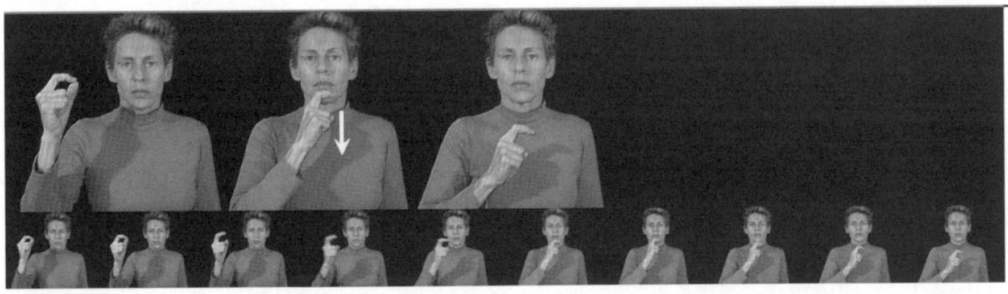

AZEITONA – Mão fechada com os dedos indicador e polegar curvados e unidos pelas pontas, palma para dentro. Essa posição representa o formato de uma azeitona. Em seguida, fazer o sinal de "verde".

• ***Azeitona:*** *Fruto da oliveira.* **Sinal igual:** OLIVA

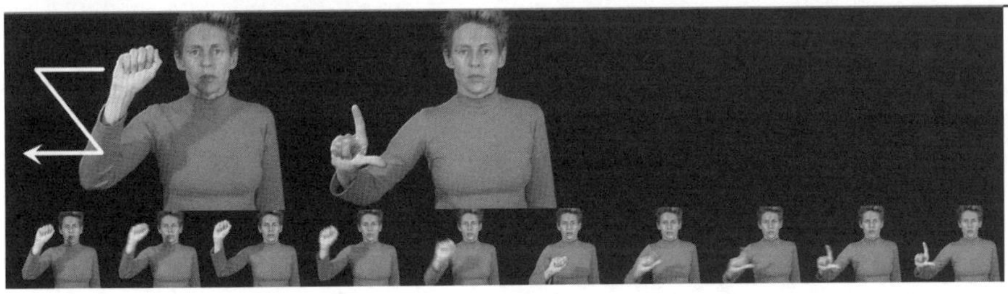

AZUL – Mão em "A", palma para a frente. Posicionar a mão na altura da cabeça. Em seguida, movimentar a mão, desenhando a letra "Z" no ar, e terminar o movimento abrindo a mão em "L".

• ***Azul:*** *Cor primária.* **Sinal igual:** ANIL, AZULADO

▪ **AZEDUME:** AZEDO ▪ **AZEITAR:** AZEITE ▪ **AZULADO:** AZUL

Mão aberta, dedos unidos, palma para a frente. O polegar deve estar dobrado sobre a palma da mão. Segunda letra do alfabeto. Mão aberta, dedos unidos, palma para a frente. O polegar deve estar dobrado sobre a palma da mão. Segunda letra do alfabeto. Mão aberta, dedos unidos, palma para a frente. O polegar deve estar dobrado sobre a palma da mão. Segunda letra do alfabe

dos, palma pa
estar dobrado

gunda letra do alfabeto. Mão aberta, dedos unidos, palma para a frente. O polegar deve estar dobrado sobre a palma da mão. Segunda letra do alfabeto. Mão aberta, dedos unidos, palma para a frente. O polegar deve estar dobrado sobre a palma da mão. Segunda letra do alfabeto. Mão aberta, dedos unidos, palma para a frente. O polegar deve estar dobrado sobre a palma da mão. Segunda letra do al

B – Mão aberta, dedos unidos, palma para a frente. O polegar deve estar dobrado sobre a palma da mão.

• *B: Segunda letra do alfabeto.*

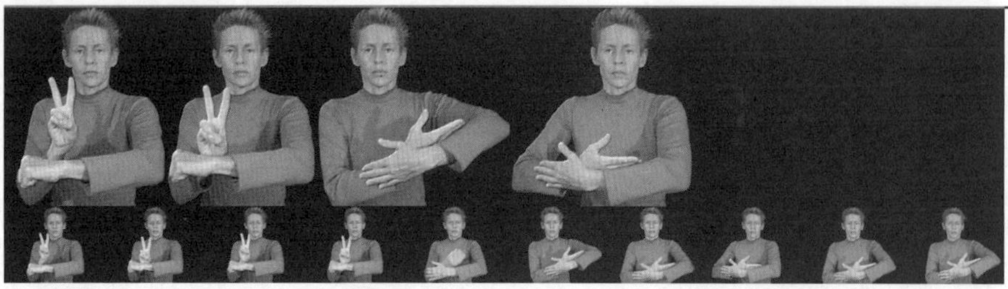

BABÁ – Fazer os sinais de "cuidar" e de "bebê".

• ***Babá:*** *Empregada que cuida das crianças.* **Sinal igual:** AMA, AMA DE LEITE

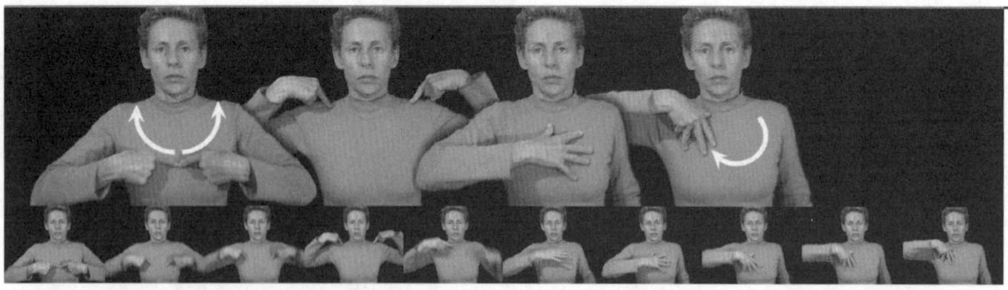

BABADOR – Mãos fechadas, dedos indicadores esticados. Posicionar as mãos conforme a foto 1, com as pontas dos indicadores tocando no peito. Deslizar os dedos para cima, desenhando o perfil de um babadouro. Em seguida, tocar as pontas de todos os dedos da mão direita no peito, direcionando para a esquerda e girar a mão até voltar os dedos para baixo.

• ***Babador:*** *Tecido que se prende ao pescoço de crianças, enfermos ou idosos, para evitar que sujem as roupas ao comer ou babar.*

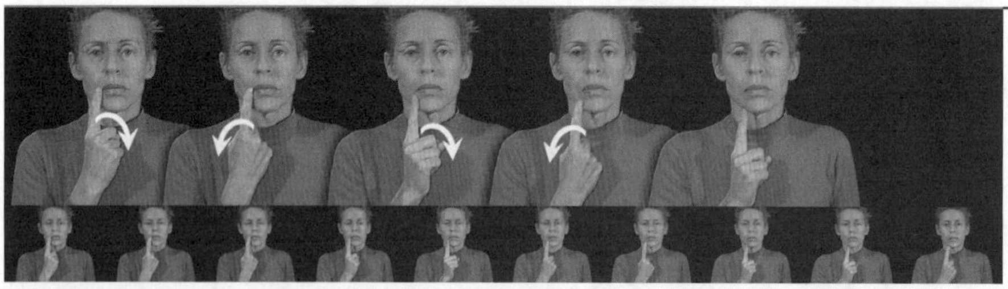

BABAR – Mão fechada, dedo indicador esticado apontando para cima, palma para dentro. Tocar a ponta do indicador no canto da boca. Em seguida, deslizar o dedo para baixo e, ao mesmo tempo, girar a mão sobre o próprio eixo, para fora e para dentro, duas ou três vezes.

• ***Babar:*** *Molhar-se com saliva a que escorre da boca.* **Sinal igual:** SALIVA, SALIVAR

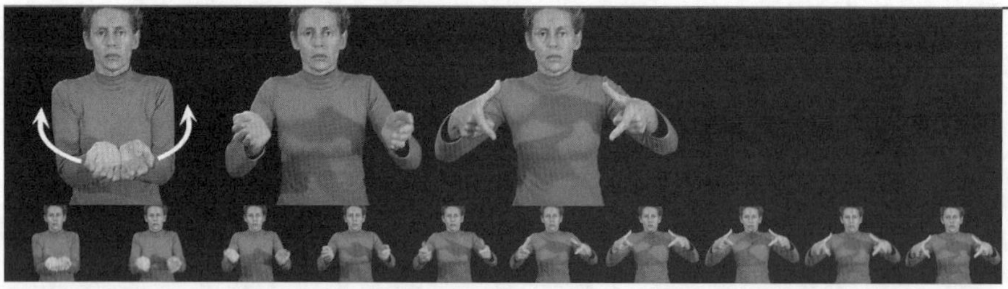

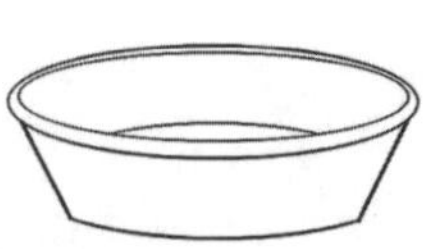

BACIA – Mãos abertas, levemente curvadas, palmas para cima. Unir as mãos pelas laterais externas conforme a foto 1. Em seguida, afastar as mãos, descrevendo um arco para cima. Logo depois, manter apenas os indicadores e polegares abertos e curvados, palmas para dentro (foto 3).

• ***Bacia:*** *Recipiente normalmente redondo, com bordas largas, raso, próprio para lavar algo.*

▪ **BO:** BOLETIM DE OCORRÊNCIA ▪ **BADERNA:** BAGUNÇAR ▪ **BAGACEIRA:** PINGA

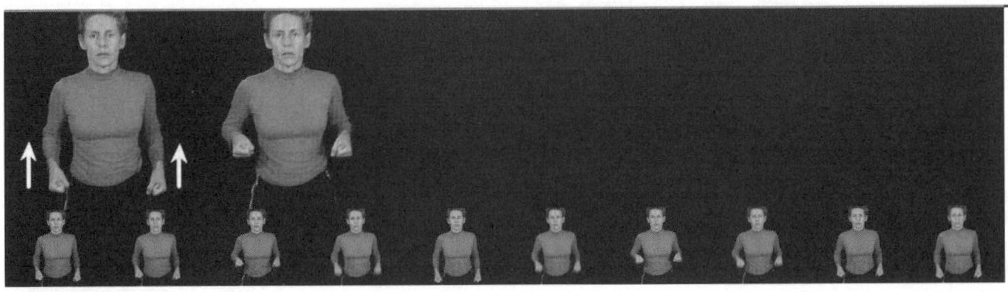

BAGAGEM – Mãos fechadas em "S", palmas para dentro. Posicionar as mãos ao lado dos quadris, como se estivesse segurando duas malas. Em seguida, mover as mãos duas ou três vezes para cima e para baixo.

• ***Bagagem:*** *Conjunto de itens de uso pessoal arrumados em malas.*

BAGUNÇAR – Mãos abertas, dedos separados e relaxados, palmas para trás. Posicionar as mãos conforme a foto 1 e rodar uma sobre a outra duas ou mais vezes.

• ***Bagunçar:*** *Fazer desordem* . **Sinal igual:** ANARQUIA, ANARQUIZADO, BADERNA, BAGUNÇA, BALBÚRDIA, DESALINHO, DESARRANJADO, DESARRUMADO, DESORDEM, DESORGANIZADO, REMEXER, REMEXIDO

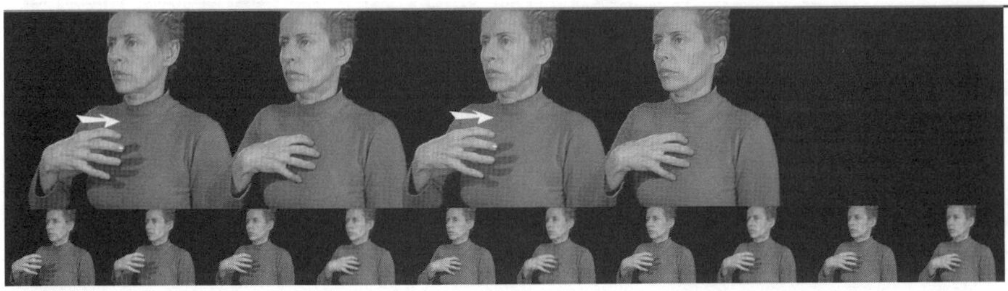

BAHIA – Mão aberta, dedos levemente dobrados, palma para trás. Tocar as pontas dos dedos no peito, duas ou três vezes.

• ***Bahia:*** *Estado da região Nordeste do Brasil.*

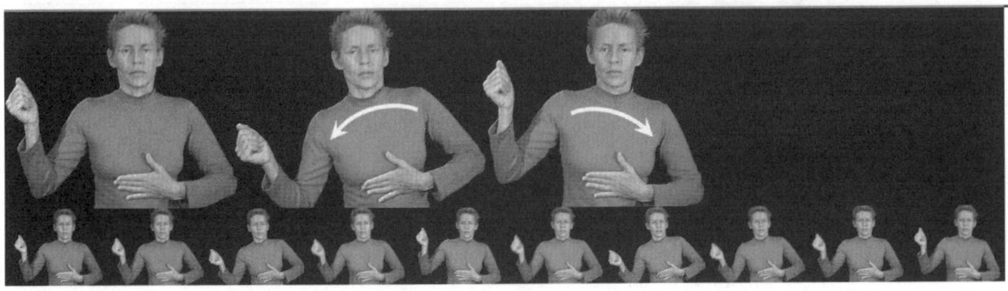

BAILE – Mão direita em "A", palma para dentro. Mão esquerda aberta, dedos separados, palma para trás. Posicionar as mãos conforme a foto 1 e balançar os ombros para a esquerda e para a direita duas ou mais vezes, como se estivesse dançando com um(a) parceiro(a).

• ***Baile:*** *Festa em que as pessoas dançam.* **Sinal igual:** BOATE, DANCETERIA, DISCOTECA, FORRÓ, GAFIEIRA, RASTAPÉ

BAINHA – Mão direita aberta, dedos unidos, palma para cima. Mão esquerda aberta, dedos unidos, palma para baixo. Colocar o dorso dos dedos da mão direita sobre a esquerda. Em seguida, virar a mão direita para baixo, colocando-a sobre o antebraço esquerdo, como se estivesse dobrando um pano.

• ***Bainha:*** *Dobra costurada pelo avesso na extremidade de um tecido cortado.*

■ **BAGUNÇA:** BAGUNÇAR ■ **BAÍA:** PORTO ■ **BAILAR:** DANÇAR ■ **BAILARINA(O):** BALÉ

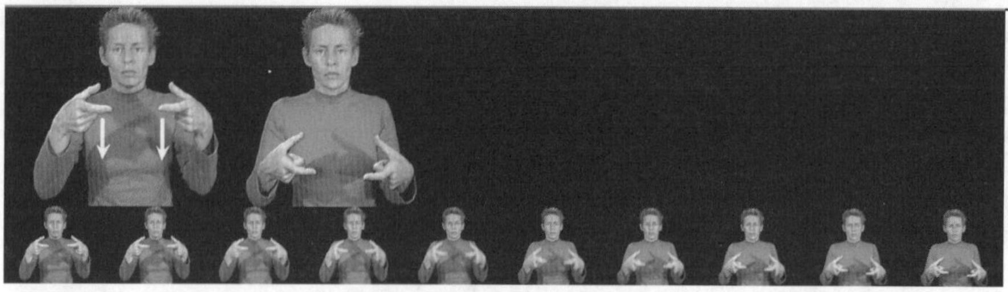

BAIRRO – Mãos fechadas com os indicadores e polegares abertos e curvados, palmas para dentro. Posicionar as mãos conforme a foto 1. Em seguida, baixar um pouco as mãos simultaneamente.

• ***Bairro:*** *Distrito; cada uma das partes em que se divide uma cidade.*

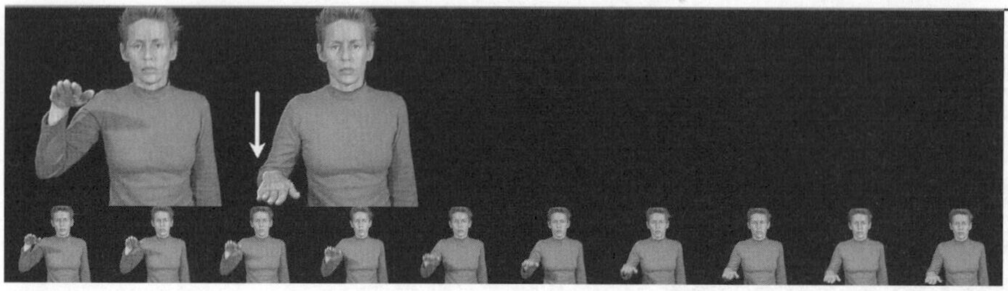

BAIXO – Mão aberta, dedos unidos apontando para a frente, palma para baixo. Posicionar a mão na altura do ombro e abaixá-la verticalmente até a altura da cintura, mantendo a palma virada para baixo.

• ***Baixo:*** *Que tem pouca altura.*

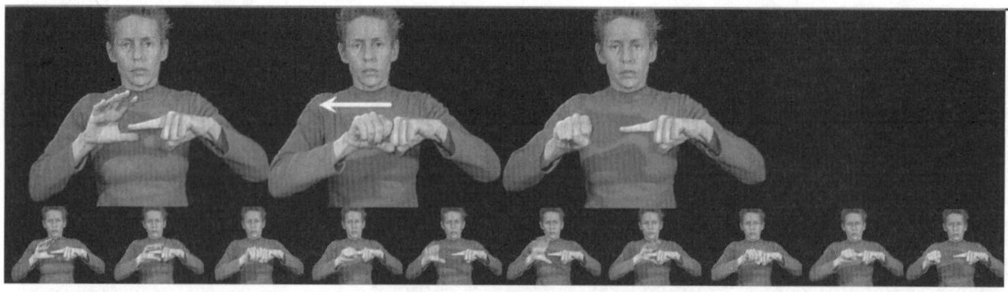

BAJULAR – Mão esquerda fechada, dedo indicador esticado apontando para a direita. Mão direita aberta, palma para a frente. Segurar o dedo indicador esquerdo e puxar para a direita como se quisesse arrancá-lo, sem usar muita força, duas vezes.

• ***Bajular:*** *Adular, agradar para obter vantagens.* **Sinal igual:** ADULAR, PUXAR O SACO

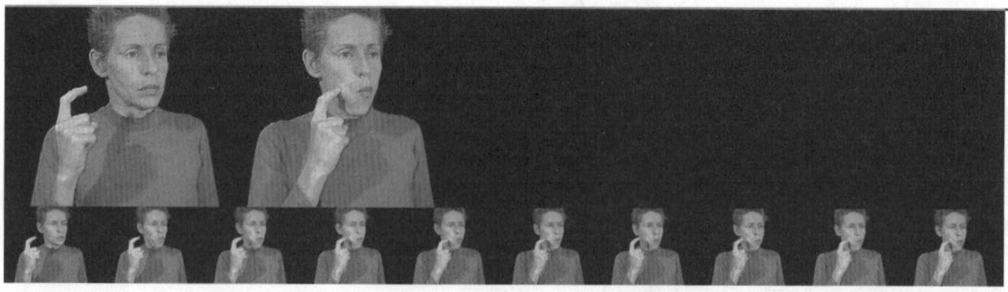

BALA – Forçar a bochecha para fora com a ponta da língua e tocar duas vezes no relevo formado com a ponta do dedo indicador.

• ***Bala:*** *Guloseima, doce que derrete na boca.* **Sinal igual:** DROPE

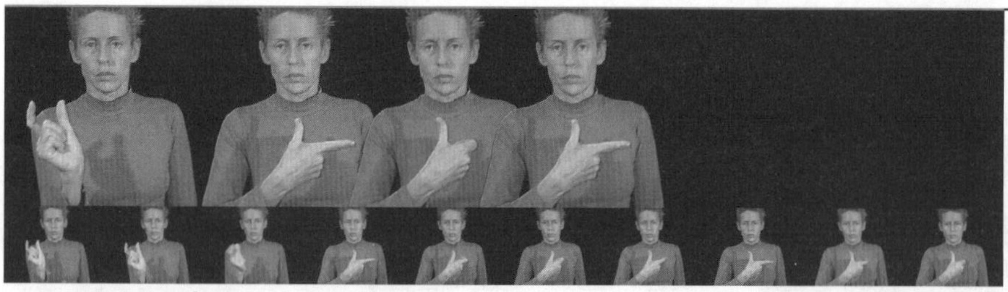

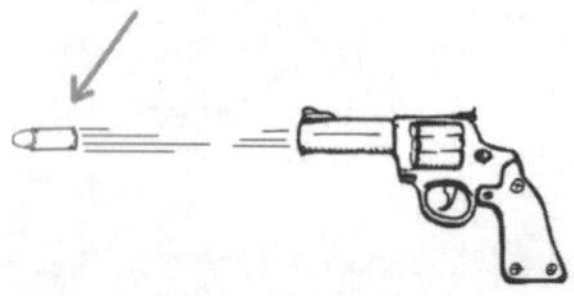

BALA DE REVÓLVER – Posicionar a mão conforme a foto 1 e, em seguida, fazer o sinal de "revólver".

• ***Bala de revólver:*** *Projétil metálico para ser disparado por arma de fogo.* **igual:** PROJÉTIL

■ **BAIXAR:** ABAIXAR

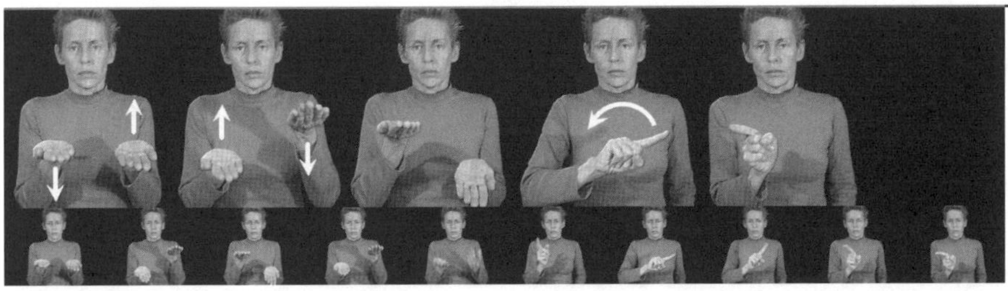

BALANÇA – Mãos abertas, dedos unidos apontando para a frente, palmas para cima. Subir e descer as mãos, simultânea e alternadamente, duas vezes. Em seguida, mão direita fechada, indicador esticado e inclinado para a esquerda, palma para a frente. Inclinar o dedo da esquerda para a direita, como se fosse o ponteiro de uma balança.

• ***Balança:*** *Instrumento que serve para pesar.*

BALANÇO – Mão esquerda fechada, dedo indicador esticado apontando para a direita. Mão direita fechada com o indicador e o médio abertos e dobrados, palma para baixo. Posicionar as mãos conforme a foto 1. Em seguida, manter a mão esquerda imóvel, enquanto a direita descreve um leve arco para cima, movimentando-se para a frente e para trás, duas vezes.

• ***Balanço:*** *Brinquedo infantil.*

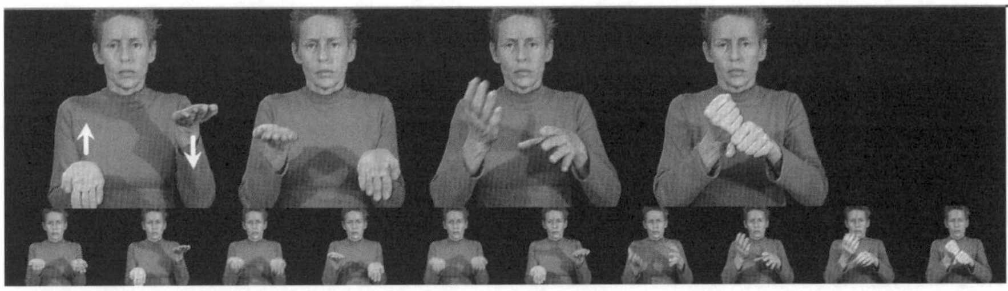

BALANÇO CONTÁBIL – Mãos abertas, dedos unidos apontando para a frente, palmas para cima. Subir e descer as mãos, simultânea e alternadamente, duas vezes. Em seguida, fazer o sinal de "somar".

• ***Balanço contábil:*** *Exposição detalhada de ativo e passivo de qualquer empresa comercial, sociedade ou instituição.*

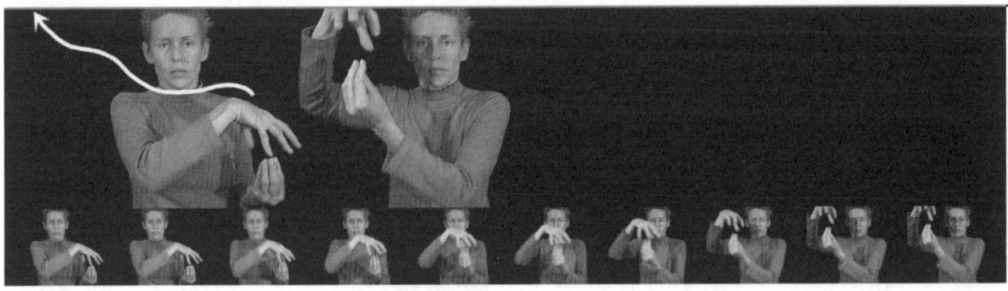

BALÃO – Mão direita aberta, dedos separados apontando para baixo, palma para baixo. Dedos da mão esquerda esticados e unidos pelas pontas, palma para cima. Posicionar as mãos do lado esquerdo do corpo, conforme a foto 1. Mover simultaneamente as mãos para a direita e para cima.

• ***Balão:*** *Enorme balão para voo de longa duração e grandes altitudes.*

BALÃO DE SÃO JOÃO – Mãos levemente dobradas, dedos esticados e unidos. Juntar as mãos tocando uma na outra pelas pontas dos dedos. Posicioná-las conforme a foto 1 e movê-las simultaneamente para cima e para um dos lados.

• ***Balão de São João:*** *Artefato de papel fino que, cheio de ar quente, sobe aos ares.*

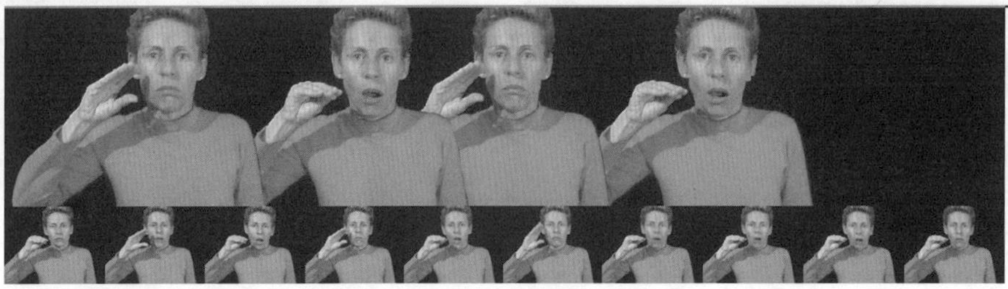

BALBUCIAR – Dedos de uma das mãos esticados e unidos pelas pontas. Posicionar a mão ao lado da boca. Abrir e fechar a mão duas ou três vezes e, simultaneamente, fazer o mesmo com a boca.

• ***Balbuciar:*** *Falar imperfeitamente; gaguejar.*

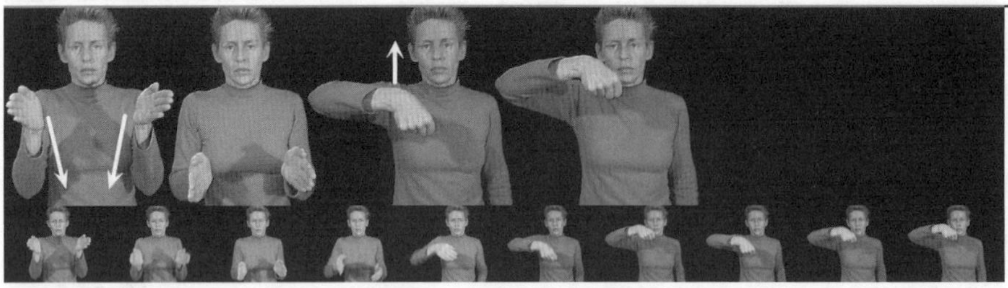

BALDE – Mãos abertas, dedos unidos apontando para a frente, palmas para dentro. Posicionar as mãos na altura dos ombros. Abaixá-las, aproximando ligeiramente uma da outra. Em seguida, mão fechada em "S", dedos para baixo, palma para trás, como se estivesse segurando na alça de um balde. Mover a mão para cima e para baixo, uma ou duas vezes.

• ***Balde:*** *Recipiente com alça, normalmente redondo, fundo, de bordas altas, usado para transportar água ou outras substâncias.*

BALDEAÇÃO – Mão esquerda aberta, dedos unidos apontando para cima, palma para dentro. Mão direita aberta, dedos unidos apontando para a frente, palma para baixo. Manter a mão esquerda imóvel, enquanto a direita toca a lateral interna na palma esquerda. Em seguida, fazer sinal de "trocar".

• ***Baldeação:*** *Ato de transferir objeto ou pessoa de lugar.* **Sinal igual:** BALDEAR

BALÉ – Mãos abertas, levemente curvadas, dedos unidos, palmas para cima. Colocar uma mão sobre a outra, conforme a foto 1. Em seguida, erguer a mão que está por cima, passando-a pela frente do corpo, até acima da cabeça, virando a palma da mão para baixo.

• ***Balé:*** *Dança artística.* **Sinal igual:** BAILARINA(O)

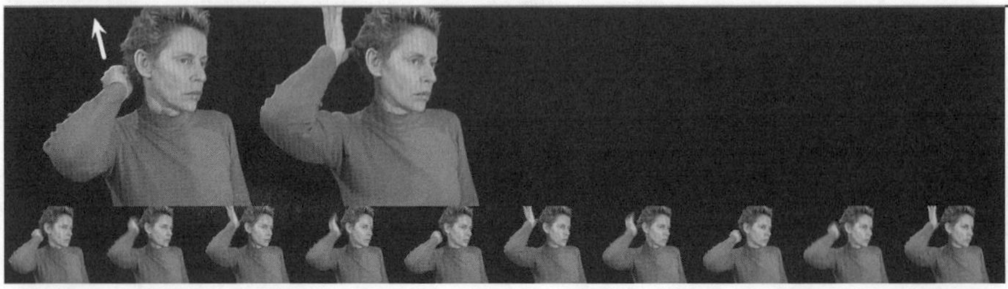

BALEIA – Mão fechada em "S", posicionada perto da nuca. Esticar os dedos apontando para cima, abrindo e fechando a mão duas ou três vezes, como se estivesse espirrando água para o ar.

• ***Baleia:*** *Grande mamífero cetáceo marinho.*

▪ **BALBÚRDIA:** BAGUNÇAR ▪ **BALDEAR:** BALDEAÇÃO ▪ **BALOFO:** GORDO

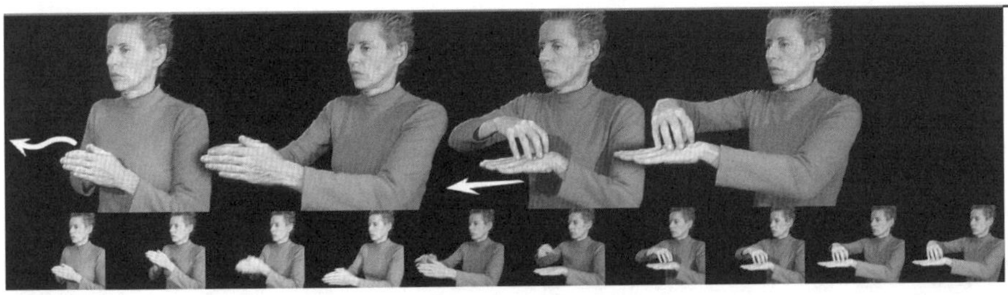

BALSA – Fazer sinal de "barco". Em seguida, mão esquerda aberta, dedos unidos apontando para a frente, palma para baixo. Mão direita aberta com os dedos curvados e separados, palma para baixo, com as pontas dos dedos encostadas no dorso da mão esquerda. Posicionar as mãos perto do corpo e movê-las para a frente.

• ***Balsa:*** *Plataforma flutuante para transporte de veículos e pessoas.* **Sinal igual:** BARCAÇA, JANGADA

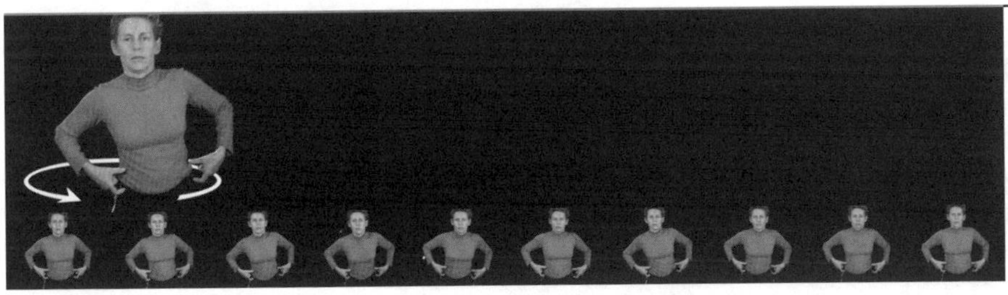

BAMBOLÊ – Mão fechadas com os dedos indicadores e polegares abertos e curvados. Posicionar as mãos com as pontas dos dedos tocando na lateral dos quadris, conforme a foto 1. Rodar duas vezes os quadris, simulando o movimento de quem brinca com um bambolê.

• ***Bambolê:*** *Brinquedo infantil.*

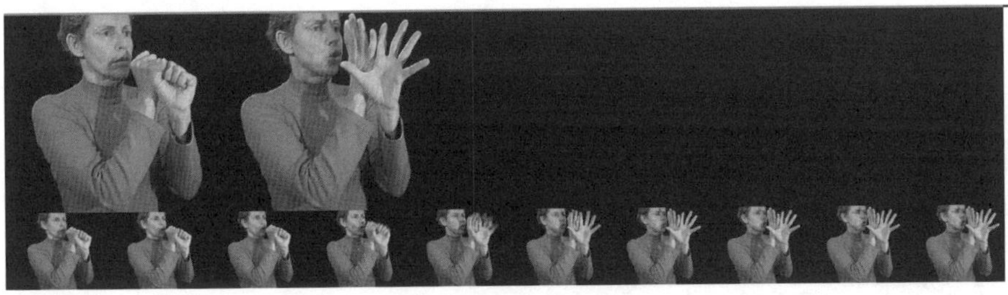

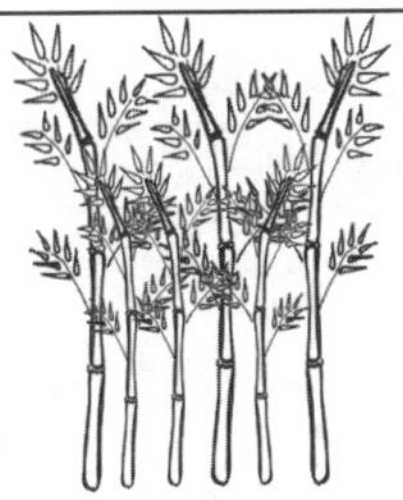

BAMBU – Mãos fechadas em "S", palmas para dentro. Posicionar as mãos juntas e aproximá-las da boca, conforme a foto 1. Em seguida, dar um assopro e, ao mesmo tempo, abrir as mãos.

• ***Bambu:*** *Planta cujo caule é muito usado em construções, artesanato etc.*

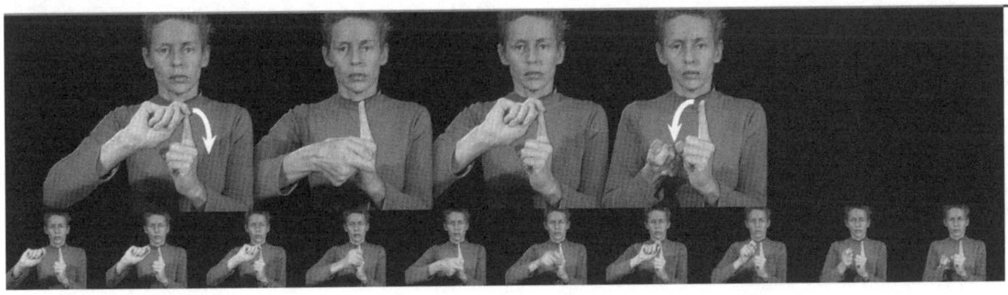

BANANA – Mão esquerda fechada, dedo indicador esticado apontando para cima, palma para dentro. Com a mão direita, fazer o movimento de quem está tirando a casca de uma banana, começando pela ponta do indicador esquerdo.

• ***Banana:*** *Fruto da bananeira.*

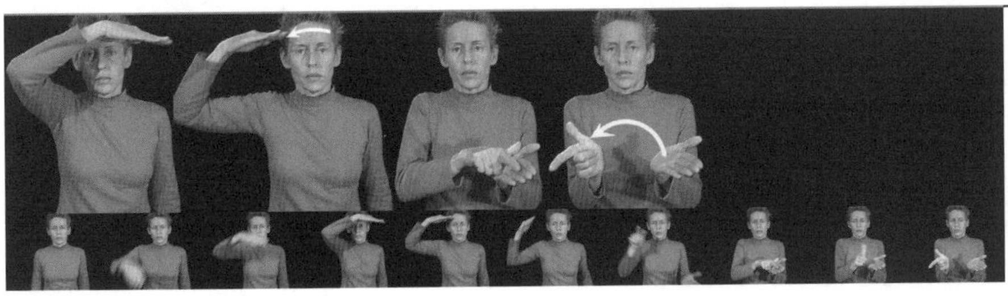

BANCA DE JORNAL – Mão direita aberta, dedos unidos apontando para a esquerda, palma para baixo. Tocar a lateral interna da mão no lado esquerdo da testa e deslizá-la para o lado direito. Em seguida, fazer o sinal de "jornal".

• ***Banca de jornal:*** *Local em que se vendem jornais e revistas.*

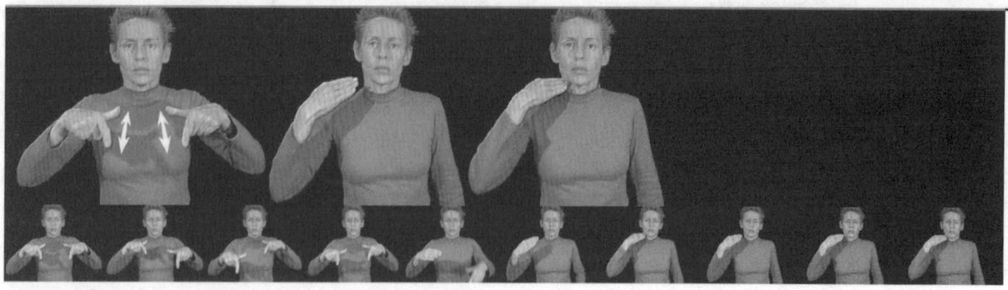

BANCÁRIO – Fazer os sinais de "trabalhar" e de "banco".

• *Bancário: Pessoa que trabalha em banco.*

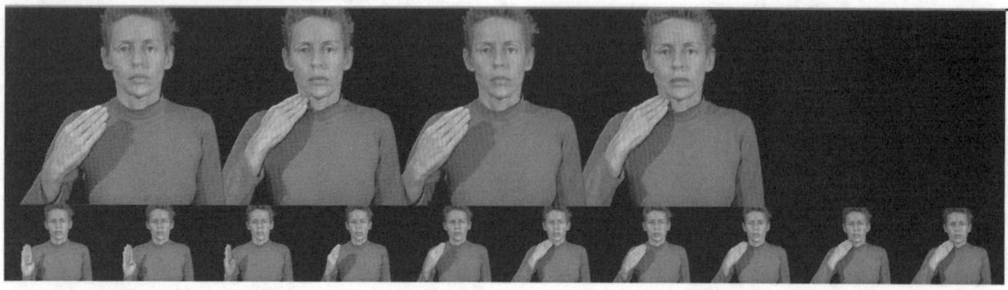

BANCO (INSTITUIÇÃO FINANCEIRA)* – Mão em "B", palma para trás. Tocar duas vezes as pontas dos dedos na lateral do pescoço.

• *Banco (instituição financeira): Estabelecimento mercantil de crédito e operações financeiras.*

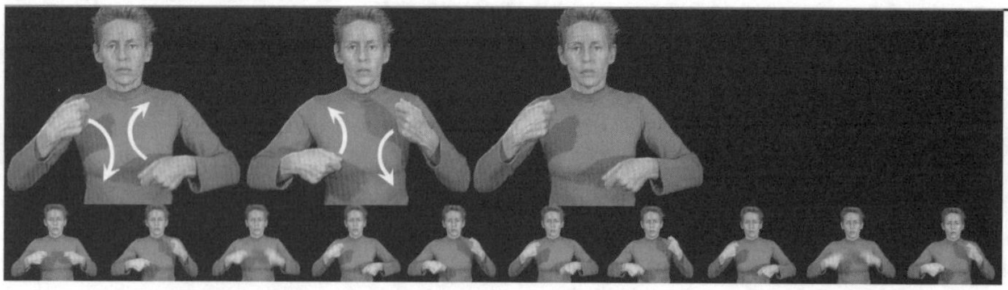

BANDA – Mãos em "A", palmas para trás. Posicionar as mãos conforme a foto 1. Em seguida, movimentá-las simultânea e alternadamente para cima e para baixo, como quem toca um tambor.

• *Banda: Grupo musical.* **Sinal igual:** CONJUNTO MUSICAL

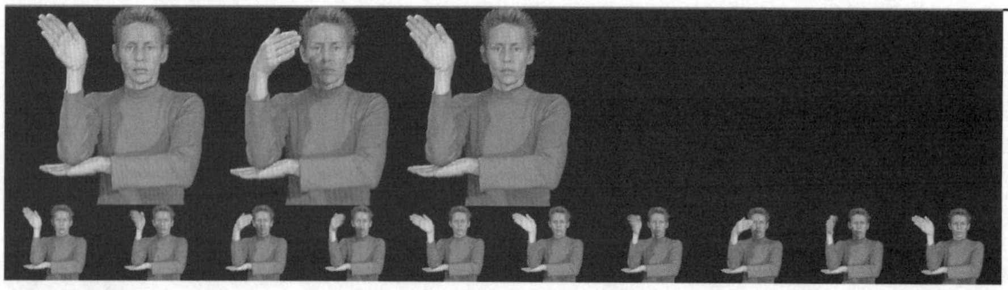

BANDEIRA – Mão esquerda aberta, dedos unidos apontando para a direita, palma para baixo. Mão direita aberta, dedos unidos apontando para a frente, palma para dentro. Posicionar as mãos conforme a foto 1, colocando o cotovelo direito sobre o dorso da mão esquerda. Balançar lentamente a mão direita, como se fosse uma bandeira tremulando.

• *Bandeira: Flâmula, tecido retangular que representa uma nação, um estado, uma agremiação etc.* **Sinal igual:** ESTANDARTE, FLÂMULA, LÁBARO, PENDÃO

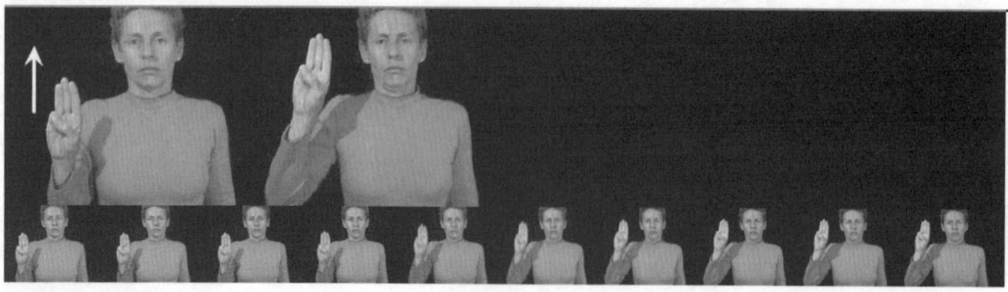

BANDEIRANTE – Mão em "3", com os dedos unidos, palma para a frente. Movimentar uma vez a mão para cima.

• *Bandeirante: Menina ou mulher que pertence a um grupo de escotismo.*

■ **BANCO:** CADEIRA ■ ***BAND-AID*:** CURATIVO ■ **BANDALHEIRA:** SACANEAR

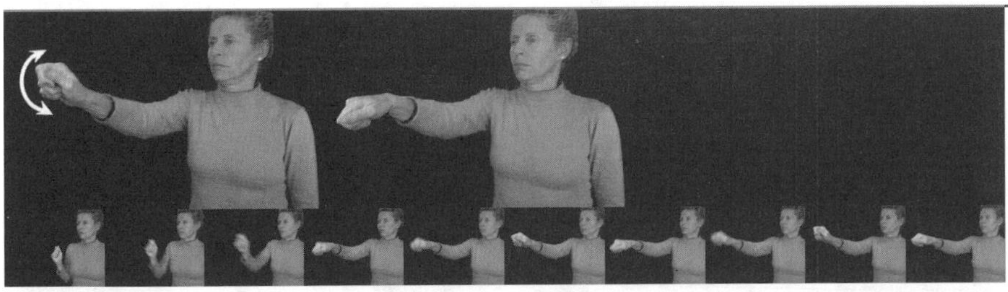

BANDEIRINHA – Mão em "A", palma para dentro. Posicionar a mão junto ao corpo. Em seguida, estender o braço para a frente e mover a mão, articulando o punho, para cima e para baixo, duas ou três vezes.

• ***Bandeirinha:*** *No futebol, é o juiz assistente que fica na linha lateral do campo ou da quadra, segurando uma pequena bandeira; auxiliar do juiz principal.*

BANDEJA – Mãos em "A", palmas para dentro. Posicionar as mãos junto ao corpo, conforme a foto 1. Em seguida, estender os braços para a frente, como se estivesse com uma bandeja nas mãos oferecendo algo a alguém.

• ***Bandeja:*** *Peça que serve para apoiar, servir e transportar bebidas ou iguarias.*

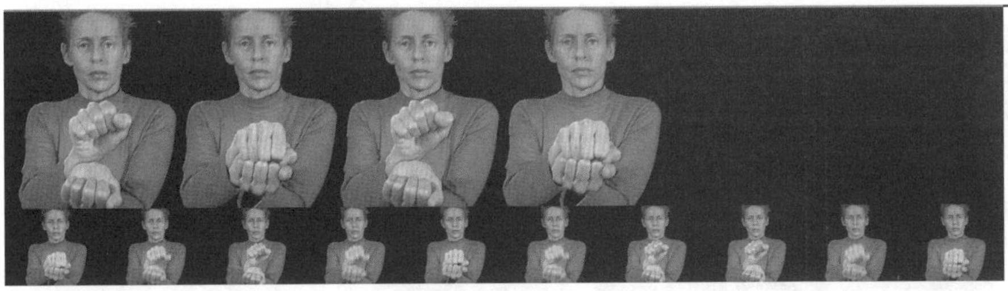

BANGUELA – Mãos em "A" colocadas uma sobre a outra, conforme a foto 1. Articulando os punhos, afastar e juntar as mãos duas ou três vezes, mantendo os punhos encostados um no outro.

• ***Banguela:*** *Pessoa que não tem um ou mais dentes.* **Sinal igual:** DESDENTADO

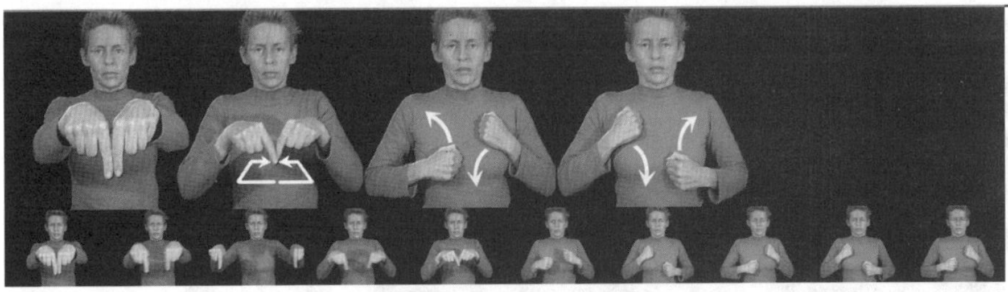

BANHEIRA – Mãos fechadas com os dedos indicadores esticados apontando para baixo. Posicionar as mãos conforme a foto 1. Afastar uma mão da outra e depois uni-las novamente, desenhando horizontalmente a linha imaginária no formato de uma banheira. Em seguida, fazer o sinal de "banho".

• ***Banheira:*** *Peça sanitária onde se lava o corpo.*

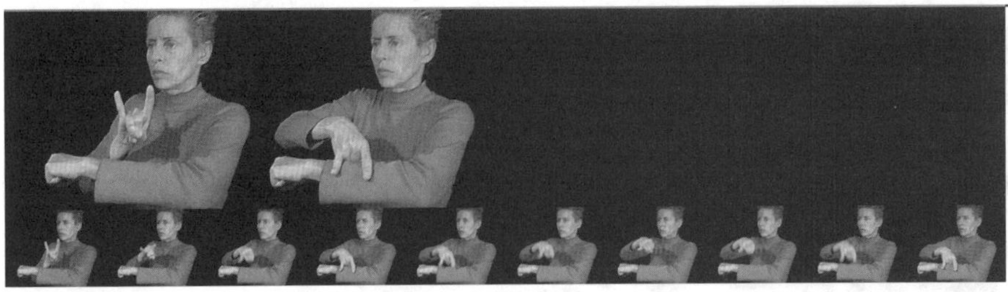

BANHEIRO – Mão direita fechada com os dedos indicador e mínimo esticados. Mão esquerda fechada em "S", palma para baixo. Dobrar o braço esquerdo e encostar duas vezes o indicador e o mínimo da mão direita sobre o antebraço esquerdo.

• ***Banheiro:*** *Cômodo da casa onde se acham instalados chuveiro, vaso sanitário e pia.* **Sinal igual:** TOALETE, WC

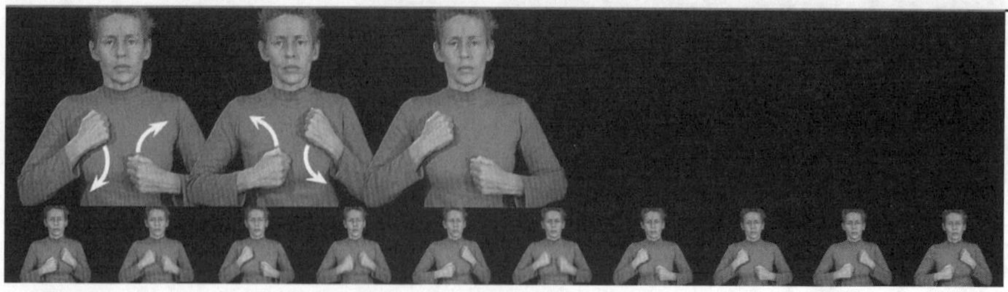

BANHO – Mãos em "A", palmas para trás. Posicionar as mãos sobre o corpo, conforme a foto 1. Deslizar as mãos, simultânea e alternadamente para cima e para baixo, duas ou três vezes.

• ***Banho:*** *Ato de molhar o corpo para higienizar-se.* **Sinal igual:** ABLUÇÃO, LAVAGEM

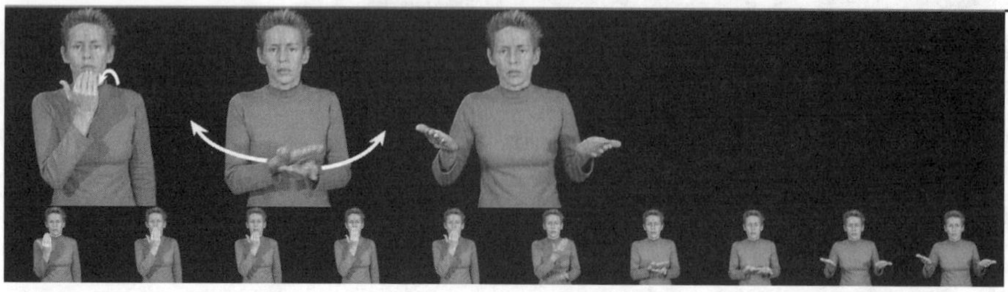

BANQUETE – Fazer o sinal de "comer" e, em seguida, posicionar as mãos conforme a foto 2 (mãos abertas, palmas para cima). Mover as mãos para as laterais, descrevendo um leve arco para cima durante o percurso.

• ***Banquete:*** *Refeição solene para muitos convidados.* **Sinal igual:** FESTIM, REPASTO

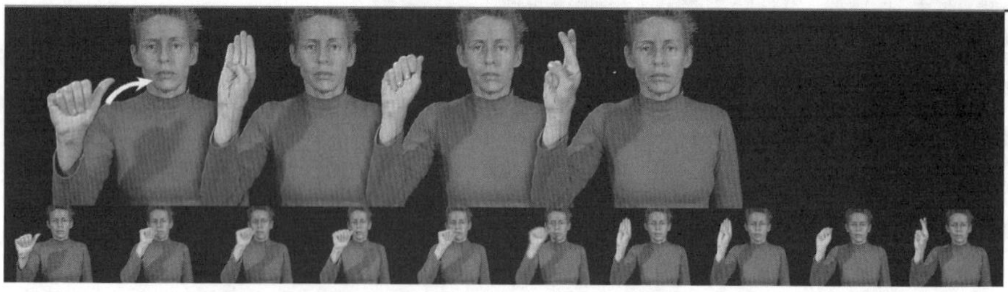

BAR – Fazer o sinal de "beber". Em seguida, digitar as letras "B", "A", e "R".

• ***Bar:*** *Local público onde se vendem bebidas e refeições ligeiras.* **Sinal igual:** BOTECO, BOTEQUIM

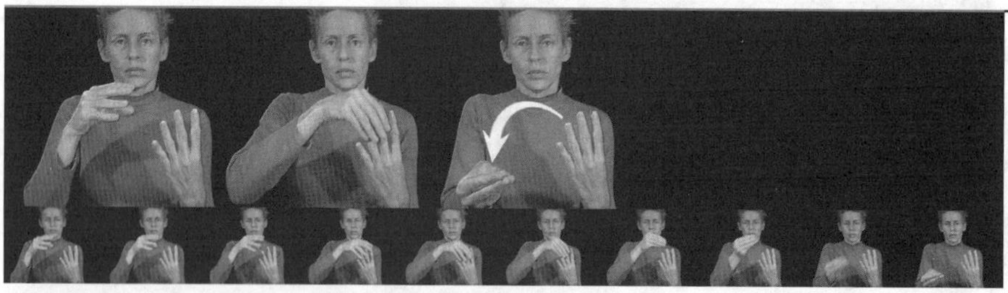

BARALHO – Mão esquerda em "4", palma para trás. Com a mão direita, segurar nos dedos esquerdos e fazer um movimento para cima, como se estivesse puxando uma carta do baralho e colocando-a sobre a mesa.

• ***Baralho:*** *Conjunto de cartas de jogo.* **Sinal igual:** CARTEADO

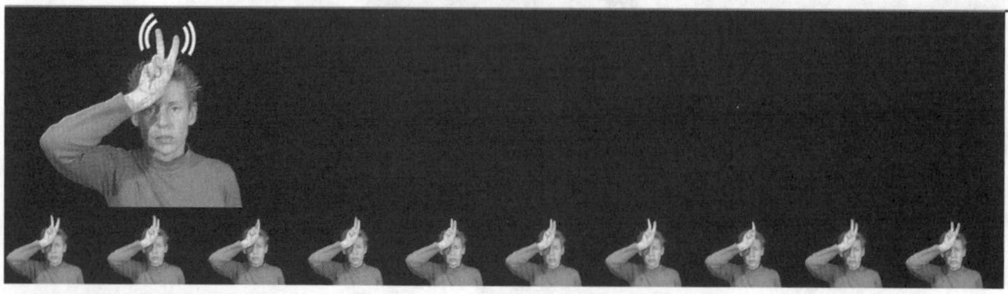

BARATA – Mão em "V", palma para a frente. Encostar o dorso da mão na testa e mexer os dedos alternadamente para a frente e para trás, como se fossem a antena de uma barata.

• ***Barata:*** *Inseto de hábitos domésticos.*

▪ **BANHO A VAPOR:** SAUNA ▪ **BANHO TURCO:** SAUNA ▪ **BANIR:** EXPULSAR ▪ **BANQUETA:** CADEIRA ▪ **BANQUINHO:** CADEIRA ▪ **BARALHAR:** MISTURAR

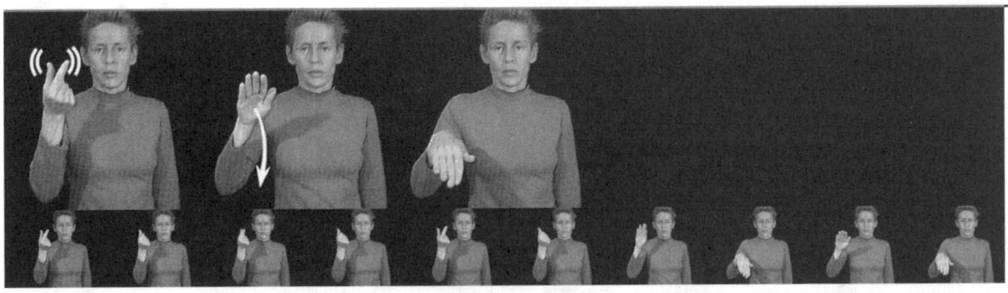

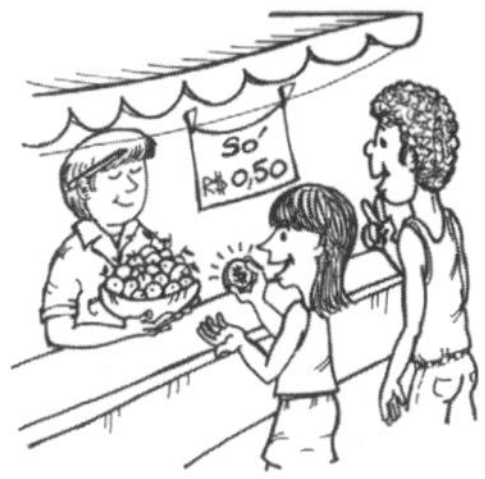

BARATO – Fazer o sinal de "dinheiro". Em seguida, fazer duas vezes o sinal de "baixo".

• ***Barato:*** *Que se vende por preço baixo.* **Sinal igual:** ECONÔMICO

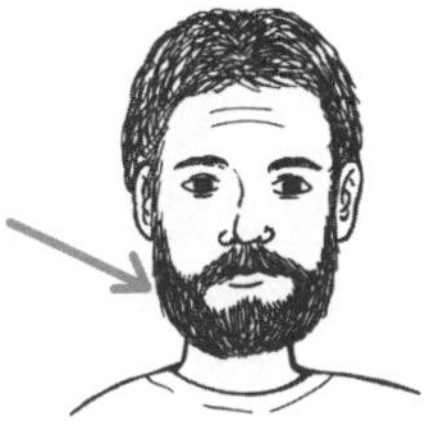

BARBA – Tocar as pontas dos dedos nas laterais do rosto, conforme a foto 1. Em seguida, deslizar simultaneamente as mãos até o queixo, de maneira que as pontas dos dedos se concentrem na parte inferior do queixo.

• ***Barba:*** *Pelos que nascem no queixo e nas faces do homem.*

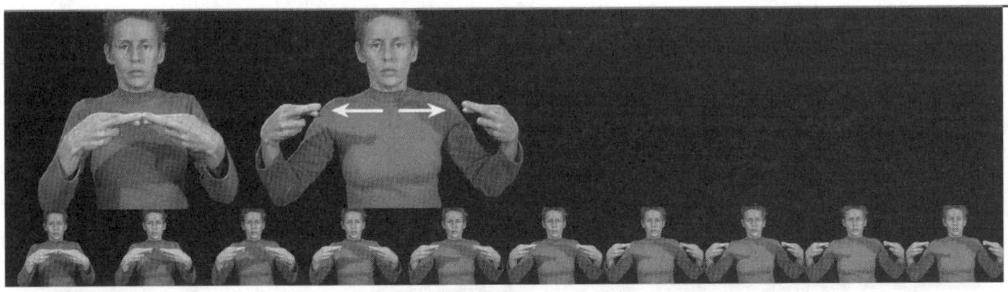

BARBANTE – Dedos indicadores e médios esticados e cruzados, demais dedos fechados, palmas para trás. Tocar uma mão na outra pelas pontas dos dedos. Mover as mãos simultaneamente, afastando-as para as laterais.

• ***Barbante:*** *Corda fina de algodão, náilon ou outro material.* **Sinal igual:** CORDA, CORDÃO, CORDEL

BARBEAR – Mão dobrada, dedos esticados e unidos, palmas para trás. Encostar a lateral externa do mínimo no rosto, perto da orelha. Em seguida, deslizar duas vezes a mão para baixo até a lateral do queixo.

• ***Barbear:*** *Cortar a barba.* **Sinal igual:** BARBEADOR, LÂMINA DE BARBEAR

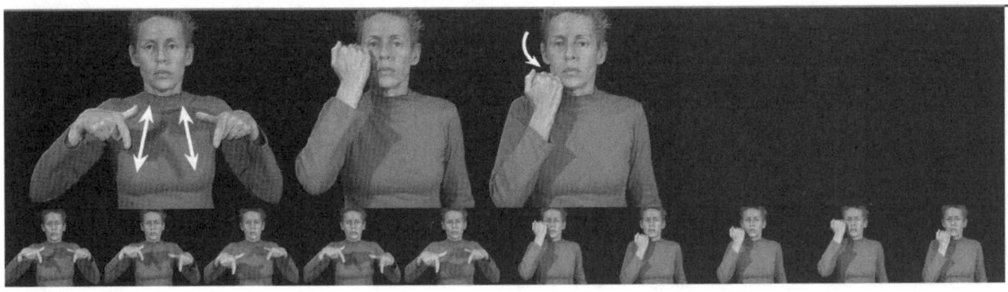

BARBEIRO – Fazer os sinais de "trabalhar" e de "barbear".

• ***Barbeiro:*** *Profissional que corta barba e cabelo.*

▪ **BÁRBARO:** BRUTO ▪ **BARBEADOR:** BARBEAR ▪ **BARBICHA:** CAVANHAQUE ▪ **BARCAÇA:** BALSA

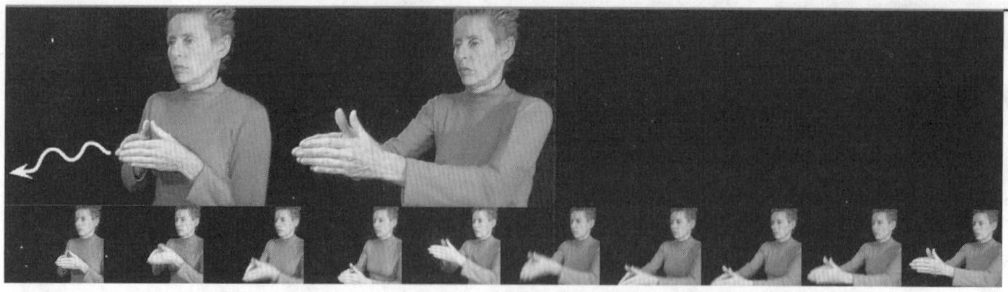

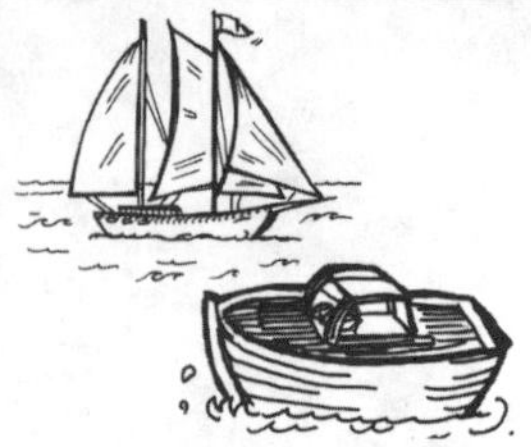

BARCO – Mãos abertas, dedos unidos e esticados apontando para a frente. Unir as mãos pelas pontas dos dedos, deixando uma palma afastada da outra. Manter as mãos perto do corpo, conforme a foto 1. Mover as mãos para a frente descrevendo um movimento ondular, como se fosse um barco que se desloca sobre as ondas.

• ***Barco:*** *Espécie de embarcação que se movimenta pela força dos ventos.* **Sinal igual:** BOTE, EMBARCAÇÃO, IATE

BARRACA – Mãos abertas, dedos unidos e esticados, palmas para dentro. Unir as pontas dos dedos, posicionando as mãos conforme a foto 1. Em seguida, baixar as mãos simultaneamente, afastando uma da outra.

• ***Barraca:*** *Espécie de tenda de náilon, lona etc que é usada como abrigo provisório.* **Sinal igual:** TENDA

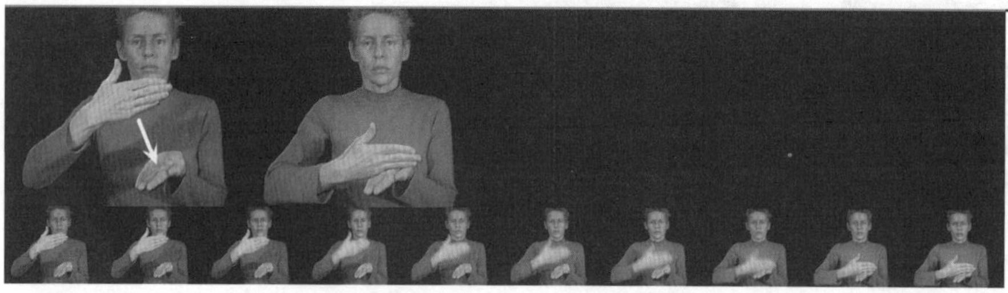

BARREIRA – Mão esquerda aberta, dedos unidos e esticados, palma para cima. Mão direita aberta, dedos unidos e esticados, polegar afastado e palma para trás. Posicionar as mãos conforme a foto 1. Em seguida, manter a mão esquerda imóvel, enquanto a mão direita, num gesto firme, encosta sua lateral externa na palma esquerda.

• ***Barreira:*** *Obstáculo que visa impedir a passagem.* **Sinal igual:** BLOQUEIO, IMPEDIMENTO, OBSTÁCULO

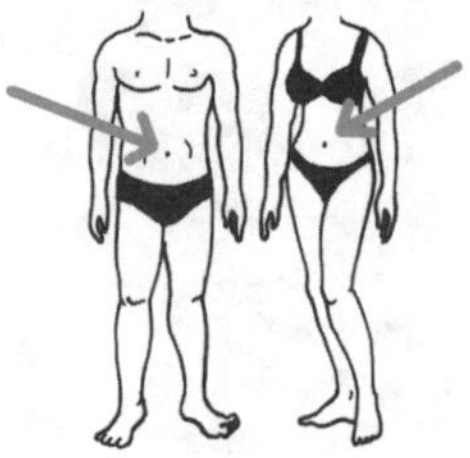

BARRIGA – Mão aberta, dedos unidos e esticados, palmas para trás. Encostar a mão na barriga.

• ***Barriga:*** *Parte do corpo humano e dos mamíferos situada entre o tórax e a pelve.* **Sinal igual:** ABDOME, ABDÔMEN, PANÇA, VENTRE

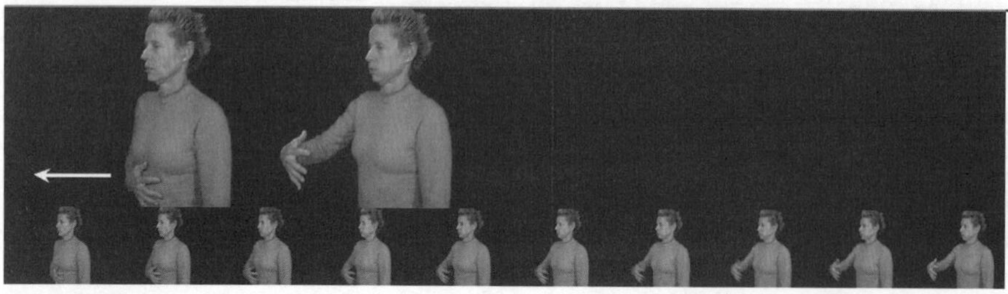

BARRIGUDO – Mão aberta, dedos esticados e afastados, palma para trás. Encostar a mão na barriga, conforme foto 1. Em seguida, mover a mão para frente e, ao mesmo tempo, encher um pouco as bochechas de ar.

• ***Barrigudo:*** *Aquele que possui uma barriga grande.*

▪ **BARRENTO: LAMA**

BARRIL – Mãos abertas e levemente curvadas, dedos unidos apontando para a frente. Inclinar um pouco as mãos e posicioná-las na altura do rosto, conforme a foto 1. Em seguida, movê-las simultaneamente para baixo, descrevendo dois arcos, representando o perfil de um barril.

• ***Barril:*** *Recipiente de madeira usado para guardar alimentos ou líquidos; tonel.* **Sinal igual:** TONEL

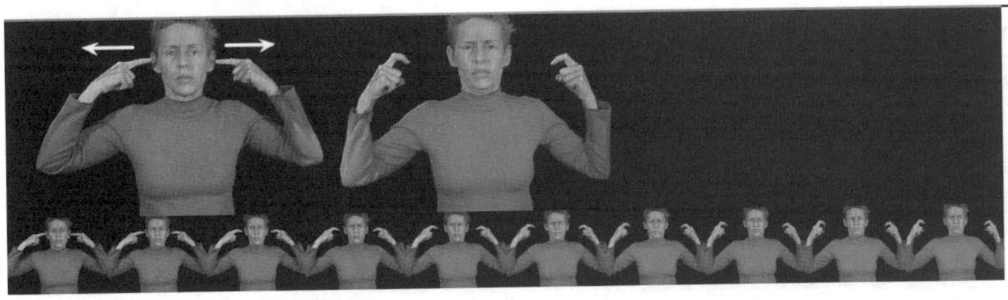

BARULHO – Mãos fechadas com os indicadores esticados. Tocar as pontas desses dedos no ouvido. Em seguida, num gesto rápido, afastar as mãos para as laterais e, ao mesmo tempo, curvar os indicadores.

• ***Barulho:*** *Som, estrondo, alarde.* **Sinal igual:** ESTRONDO, RIBOMBAR, RUÍDO

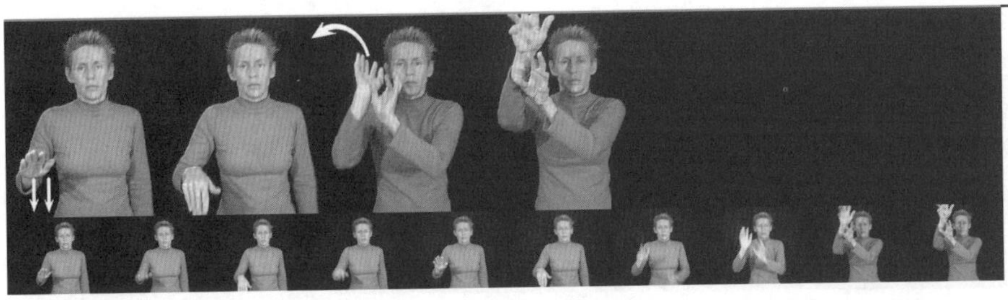

BASQUETE – Mãos abertas, dedos ligeiramente afastados, palmas para baixo. Posicionar a mão na lateral do corpo, na altura da cintura. Em seguida, mover a mão para baixo duas vezes, como se estivesse quicando uma bola no chão. Depois, com as duas mãos, imitar o gesto de quem arremessa a bola de basquete para o cesto.

• ***Basquete:*** *Esporte que consiste em jogar bola ao cesto.* **Sinal igual:** BASQUETEBOL

BASTA – Mãos abertas, dedos unidos e esticados, palmas para baixo. Posicionar uma mão sobre a outra, conforme a foto 1. Em seguida, num gesto firme e rápido, afastá-las simultaneamente para as laterais.

• ***Basta:*** *Palavra que indica que alguém deve se calar ou parar de fazer algo.* **Sinal igual:** CHEGA!

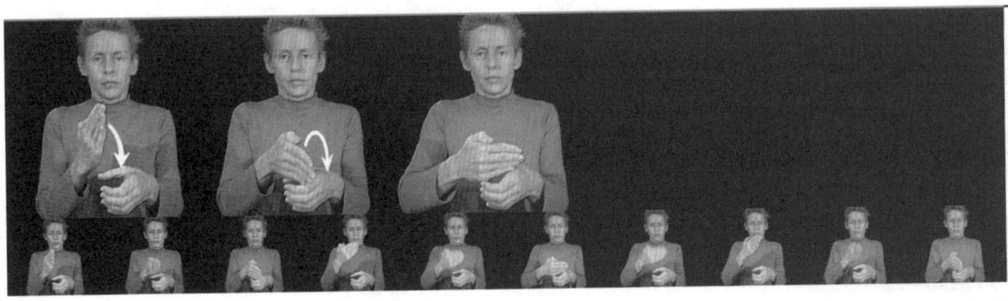

BATATA – Mão esquerda posicionada como se estivesse segurando um copo, mantendo os dedos curvados e a palma para dentro. Mão direita aberta, dedos unidos e esticados apontando para a frente. Manter a mão esquerda parada enquanto a lateral externa da direita a toca três vezes: uma apontando para a frente, outra com a mão dobrada e mais uma vez voltada para a frente.

• ***Batata:*** *Tubérculo comestível.* **Sinal igual:** TUBÉRCULO

■ **BARRO:** LAMA ■ **BASE:** EMBAIXO ■ **BASÍLICA:** CATEDRAL ■ **BASQUETEBOL:** BASQUETE ■ **BASTANTE:** MUITO

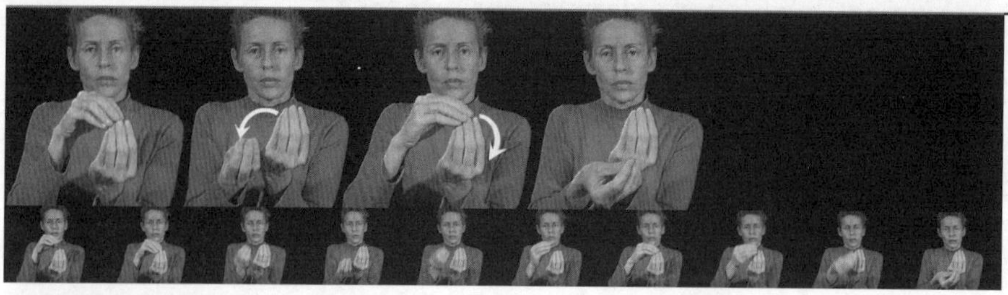

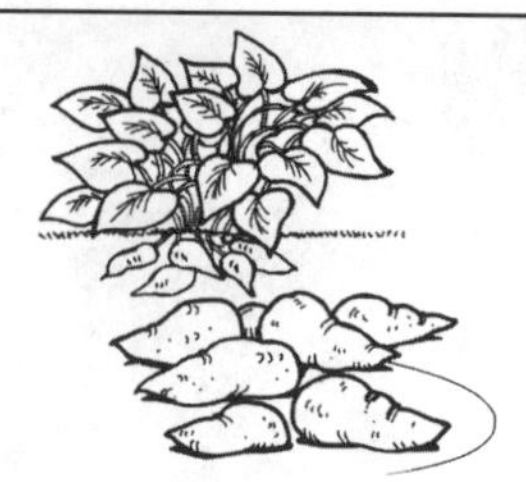

BATATA-DOCE – Manter a mão esquerda imóvel com a palma para cima e os dedos unidos pelas pontas. Com a mão direita, tocar as pontas dos dedos nas dos dedos da mão esquerda e movê-la para baixo, como se estivesse tirando a casca de uma batata cozida. Fazer esse movimento duas vezes.

• ***Batata-doce:*** *Tubérculo comestível rico em açúcar.*

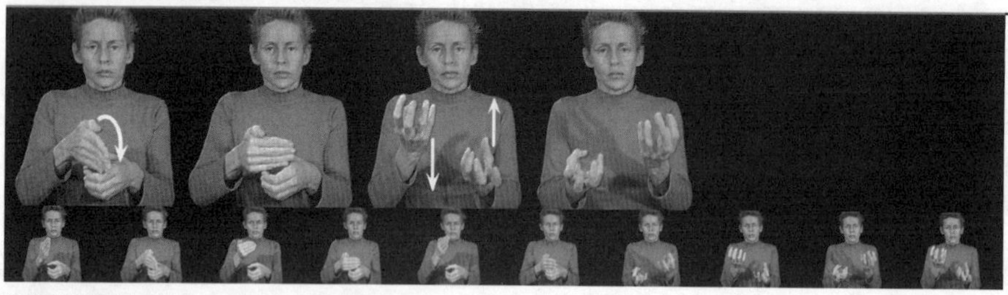

BATATA FRITA – Fazer os sinais de "batata" e de "ferver".

• ***Batata frita:*** *Tubérculo comestível frito em óleo.*

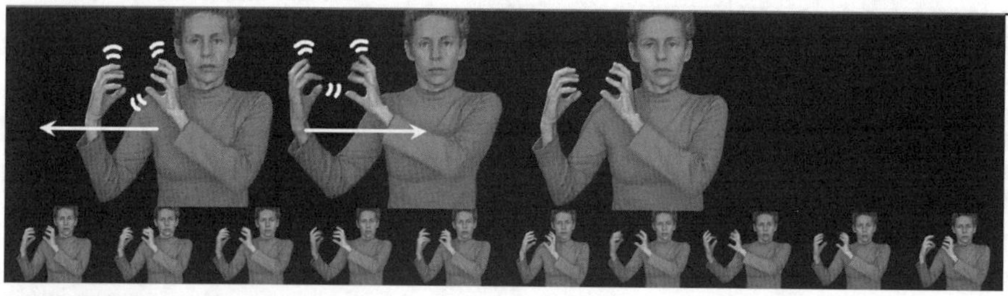

BATE-BOCA – Mãos abertas, dedos relaxados, palmas para dentro. Posicionar as mãos ao lado do rosto, conforme a foto 1. Em seguida, mover as mãos simultaneamente para a lateral e voltar à posição inicial, duas ou três vezes. Enquanto descreve esse movimento, todos os dedos devem se movimentar aleatoriamente.

• ***Bate-boca:*** *Discussão agressiva.*

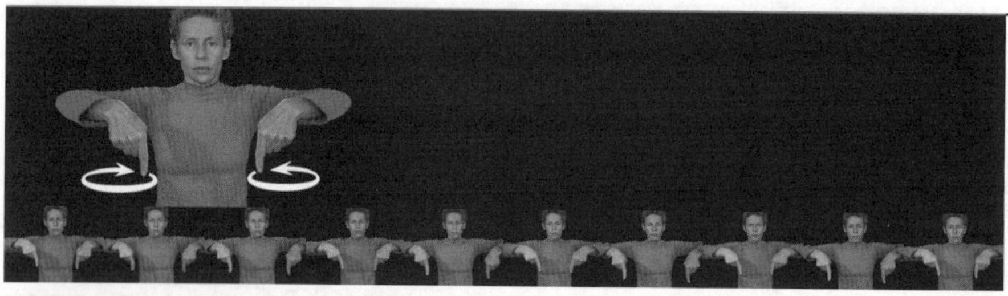

BATEDEIRA – Mãos fechadas com os dedos indicadores esticados apontando para baixo. Manter os cotovelos um pouco erguidos. Deslocar simultaneamente as mãos em movimentos circulares, uma no sentido horário e a outra no sentido anti-horário, imitando o giro das espátulas de uma batedeira elétrica.

• ***Batedeira:*** *Eletrodoméstico para bater ou agitar líquidos e massas.*

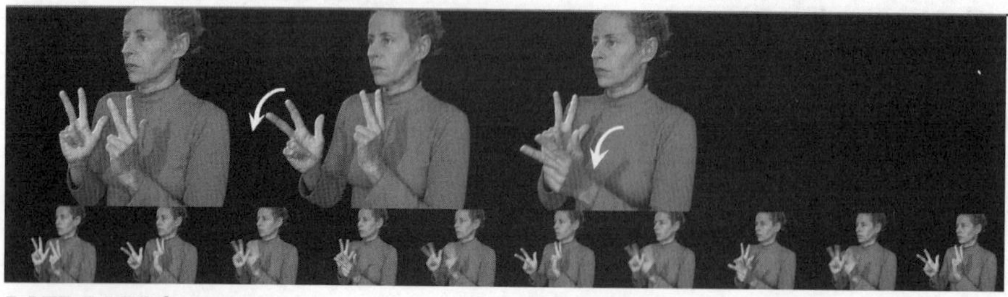

BATE-PAPO* – Manter os indicadores, médios e polegares esticados e separados e o mínimo e o anular fechados, palmas para dentro, conforme a foto 1. Posicionar as mãos diante da boca, movendo-as simultaneamente para a frente e para trás. Quando a mão direita for para a frente, a esquerda vai para trás e vice-versa. Fazer esse movimento duas ou três vezes.

• ***Bate-papo:*** *Conversa informal.*

■ **BATE-PAPO:** PAPEAR

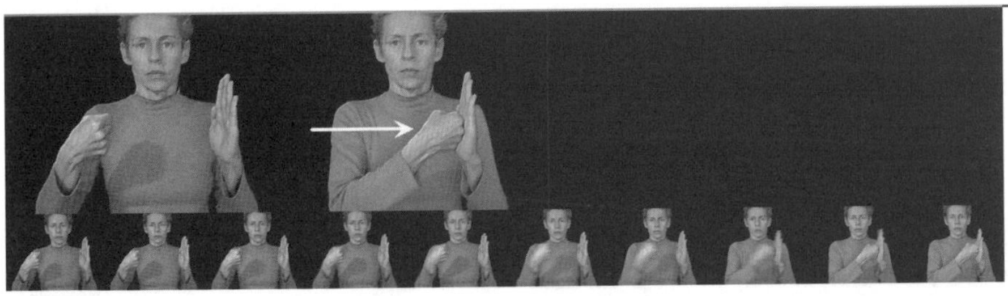

BATER – Mão esquerda aberta, dedos unidos e esticados, palma para dentro. Mão direita fechada em "S", palma para trás. Manter a mão esquerda parada enquanto a direita, num movimento firme, bate na palma esquerda.

• ***Bater:*** *Dar pancadas ou golpes.* **Sinal igual:** PANCADA

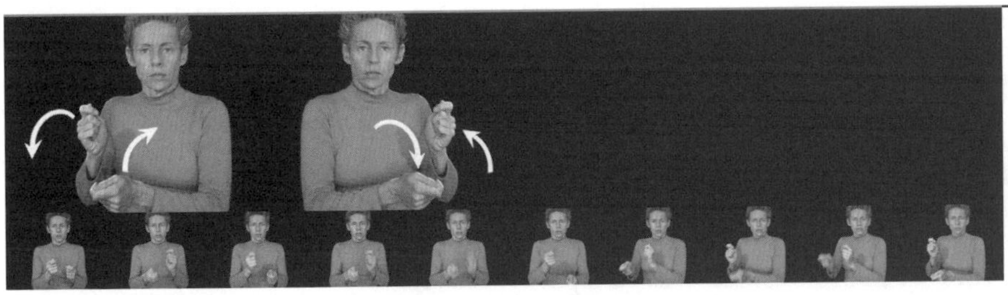

BATERIA ACÚSTICA – Mãos fechadas em "A", palmas para dentro. Mover alternadamente as mãos, imitando o gesto de quem está segurando uma baqueta em cada uma delas e tocando uma bateria.

• ***Bateria acústica:*** *Instrumento musical de percussão.* **Sinal igual:** COMPASSO, PERCUSSÃO, RITMO

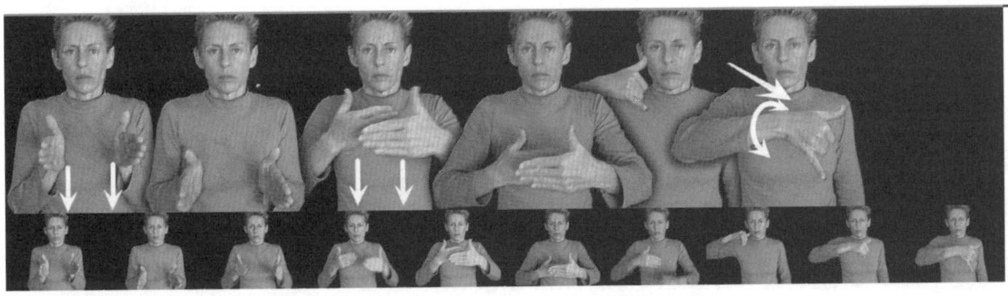

BATERIA AUTOMOTIVA – Fazer os sinais de "caixa" e de "eletricidade".

• ***Bateria automotiva:*** *Artefato que transforma energia química em energia elétrica e que é utilizado em automóveis, caminhões, motocicletas etc.*

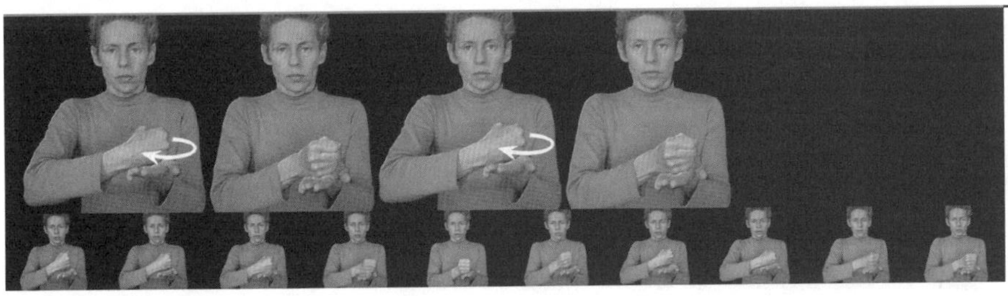

BATIDA (BEBIDA) – Mão esquerda aberta, dedos unidos e esticados, palma para cima. Mão direita fechada em "S". Posicionar as mãos conforme a foto 1. Em seguida, encostar a lateral externa da mão direita na palma esquerda e girar a mão direita, como se estivesse espremendo uma fruta no copo. Fazer este movimento duas ou três vezes.

• ***Batida (bebida):*** *Coquetel, bebida alcoólica.* **Sinal igual:** COQUETEL, COQUETELEIRA

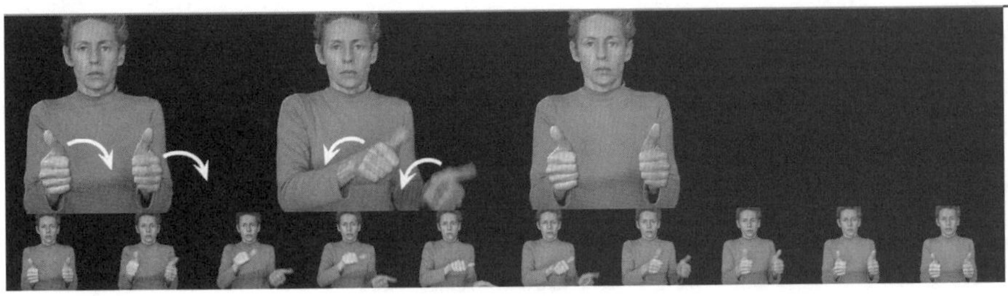

BATISMO* – Mãos fechadas com os polegares esticados apontando para cima, palmas para dentro. Inclinar as duas mãos simultaneamente para a lateral e voltar à posição inicial.

• ***Batismo:*** *Prática ritual para purificação ou iniciação.*

▪ **BATIDA DE CARRO:** ACIDENTE DE CARRO ▪ **BATISMO:** BATIZAR ▪ **BATIZADO:** BATIZAR

BATIZAR – Mão fechada com o polegar esticado, palma para a frente. Encostar a ponta desse dedo polegar na testa. Em seguida, deslizá-lo para cima, passando sobre a cabeça.
• ***Batizar:*** *Batismo, prática ritual para purificação ou iniciação.* **Sinal igual:** BATISMO, BATIZADO

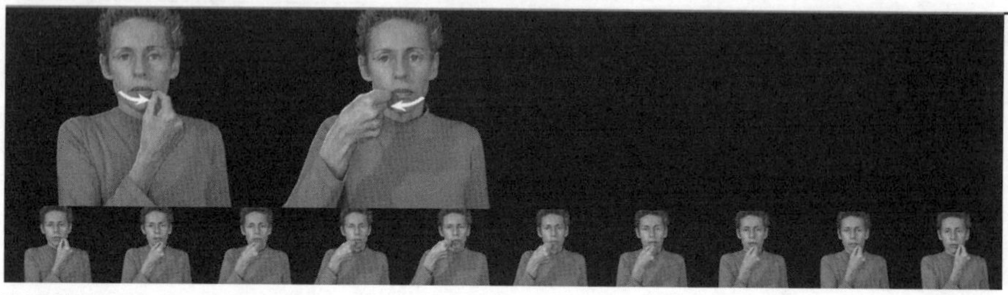

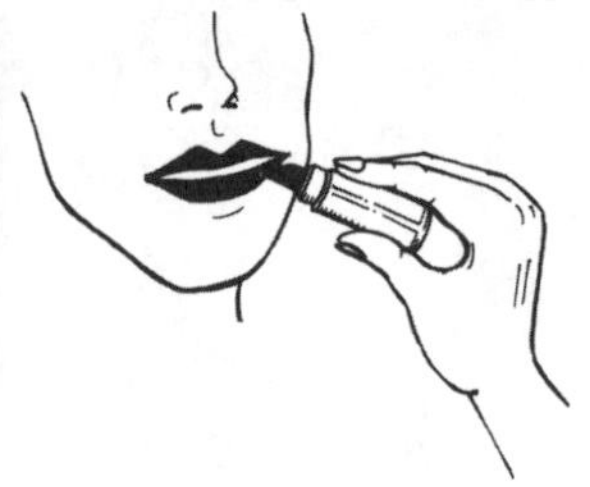

BATOM – Mão fechada com o indicador e o polegar esticados e unidos pelas pontas, que devem tocar em um dos cantos da boca. Deslizá-las através do lábio inferior até o outro canto da boca.
• ***Batom:*** *Cosmético usado nos lábios.*

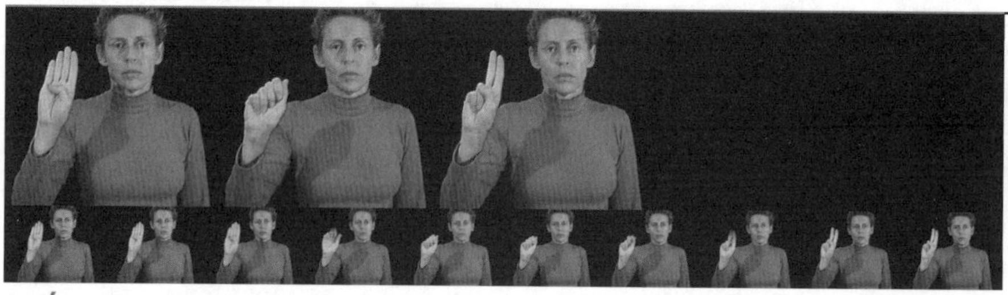

BAÚ – Digitar as letras "B", "A" e "U".
• ***Baú:*** *Móvel de madeira ou outro material usado para guardar coisas.*

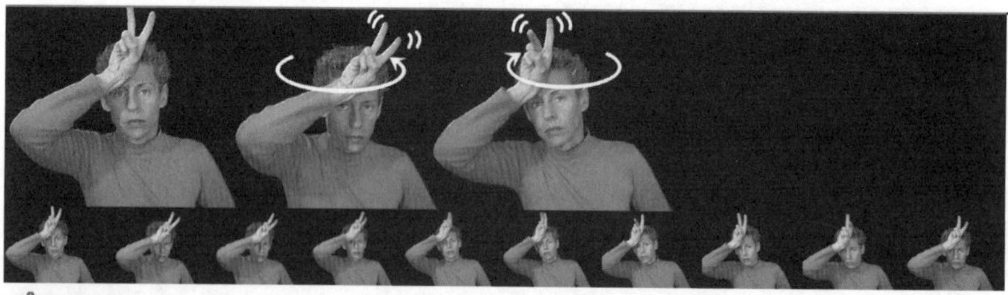

BÊBADO – Mão em "V" com o dorso encostado na testa. Girar simultaneamente o tronco e a cabeça duas vezes e, ao mesmo tempo, movimentar os dedos indicador e polegar, sem desencostar a mão da testa.
• ***Bêbado:*** *Pessoa que se intoxicou com bebida alcoólica; embriagado.* **Sinal igual:** ÉBRIO, EMBRIAGADO, EMBRIAGUEZ

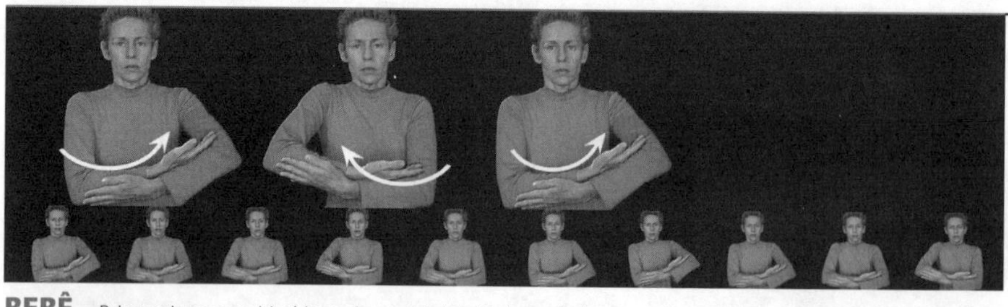

BEBÊ – Dobrar os braços e posicioná-los conforme a foto 1, imitando o gesto de quem está segurando um bebê no colo. Em seguida, balançar os braços para a direita e para a esquerda, como se estivesse embalando-o.
• ***Bebê:*** *Criança recém-nascida ou de poucos meses.* **Sinal igual:** NENÊ, REBENTO

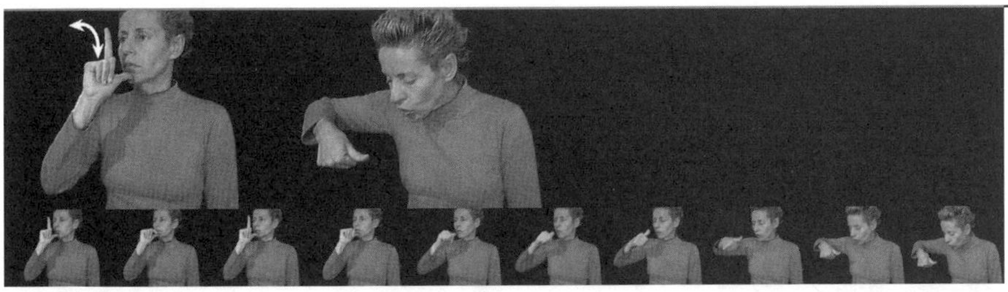

BEBEDOURO – Fazer o sinal de "água". Em seguida, abaixar o corpo e imitar o gesto de quem aperta o botão de um bebedouro com o dedo polegar e bebe a água.

• ***Bebedouro:*** *Aparelho por meio do qual se bebe água.*

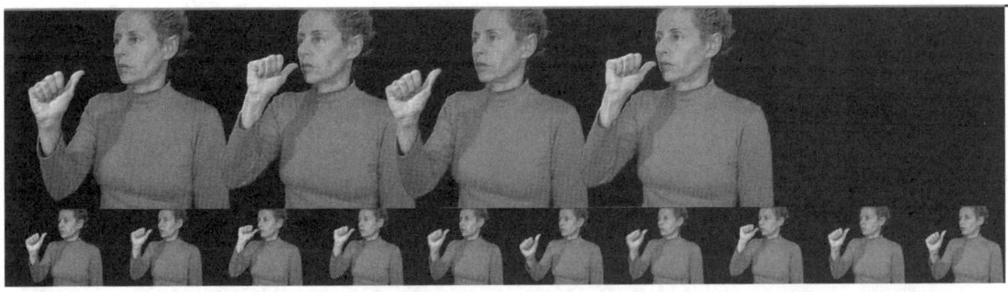

BEBER – Mão fechada com o dedo polegar esticado apontando para a boca. Mover a mão duas ou três vezes, afastando-a e aproximando-a da boca.

• ***Beber:*** *Ingerir líquido.* **Sinal igual:** BEBIDA, INGERIR, TOMAR

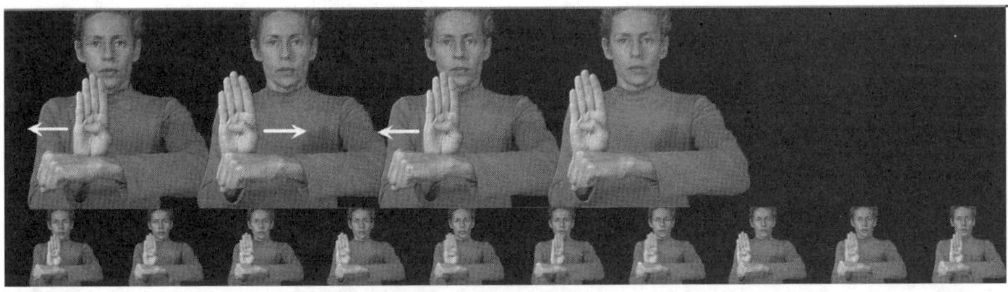

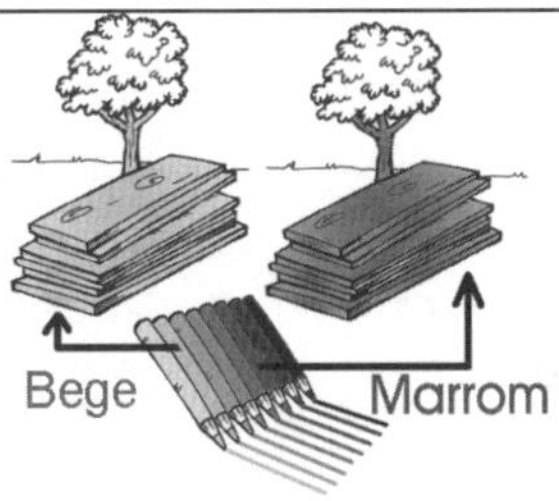

BEGE – Mão direita em "B", palma para a frente. Mão esquerda fechada em "S", palma para baixo. Encostar o punho direito na lateral interna da mão esquerda. Em seguida, deslizar a mão direita pela lateral externa da mão esquerda num movimento de vaivém, duas ou três vezes.

• ***Bege:*** *Cor castanha-clara.*

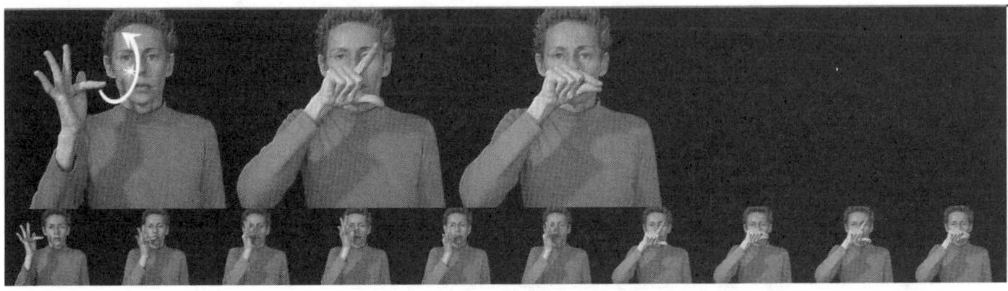

BEIJA-FLOR – Fazer os sinais de "flor" e de "bico".

• ***Beija-flor:*** *Pequeno pássaro que se alimenta do néctar das flores; colibri.* **Sinal igual:** COLIBRI

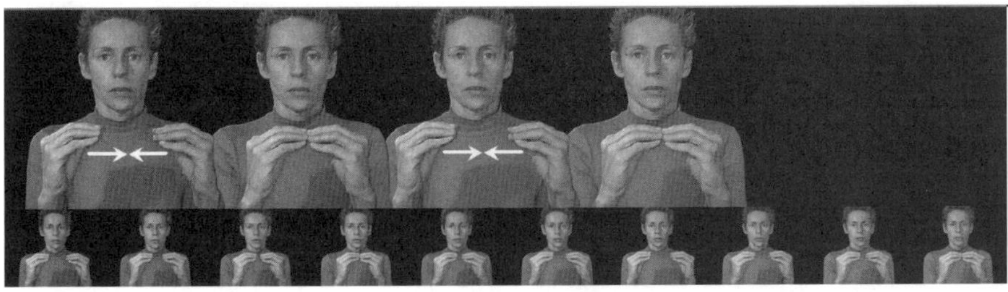

BEIJAR – Manter os dedos de cada mão esticados e unidos pelas pontas, palmas para dentro. Posicionar as mãos conforme a foto 1. Em seguida, tocar as pontas dos dedos da mão direita nas dos dedos da esquerda, duas vezes.

• ***Beijar:*** *Dar beijo em algo ou alguém.*

■ **BEBIDA:** BEBER ■ **BEIRA-MAR:** PRAIA

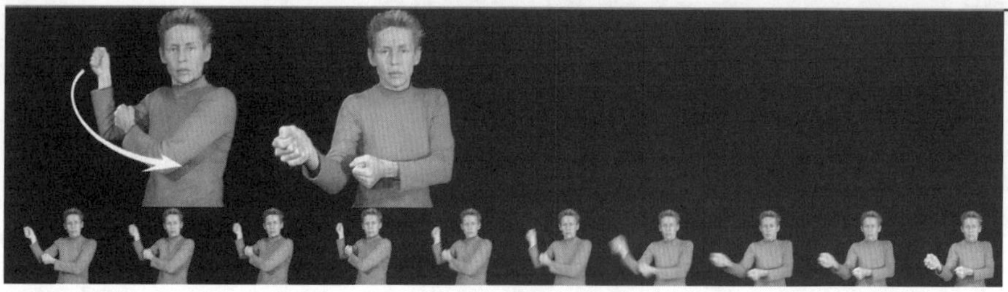

BEISEBOL – Mãos fechadas em "S". Posicionar as mãos ao lado do corpo, como se estivessem segurando um taco de beisebol (foto 1). Em seguida, deslocar as mãos simultaneamente para a frente, em um gesto rápido, imitando o movimento de um rebatedor no jogo de beisebol.

• ***Beisebol:*** *Jogo praticado com bastão.*

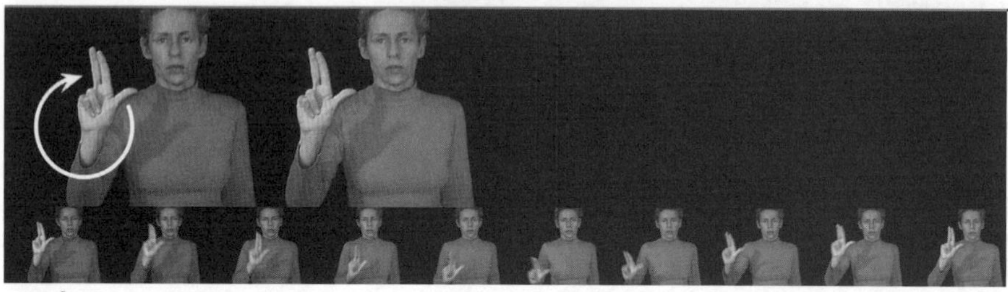

BELÉM – Manter o indicador e o médio esticados e unidos, e o polegar aberto e afastado. Demais dedos fechados e palma para a frente. Girar a mão uma ou duas vezes.

• ***Belém:*** *Capital do estado do Pará.*

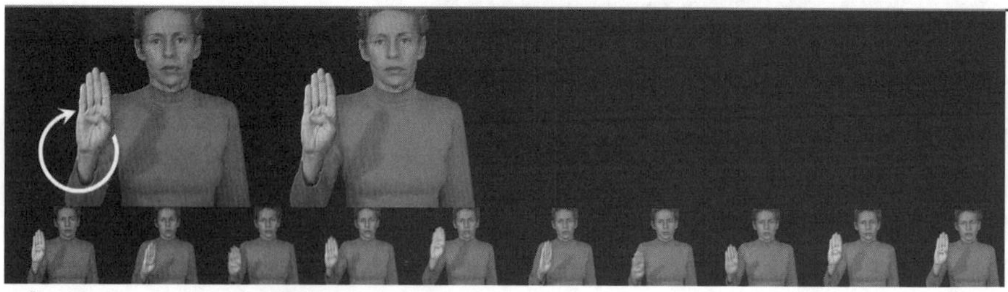

BÉLGICA – Mão em "B", palma para a frente. Girar a mão duas ou três vezes.

• ***Bélgica:*** *País europeu.*

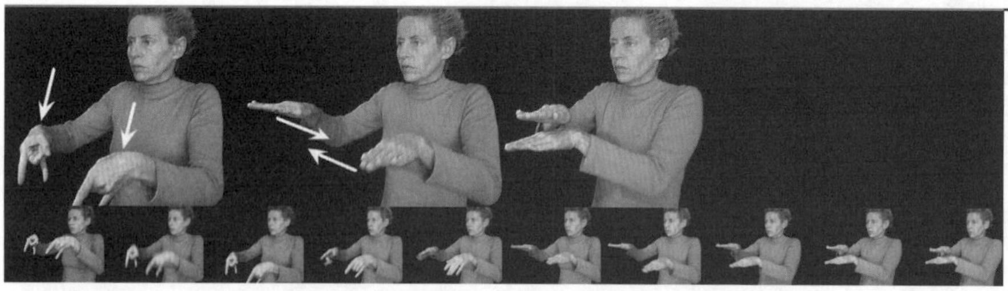

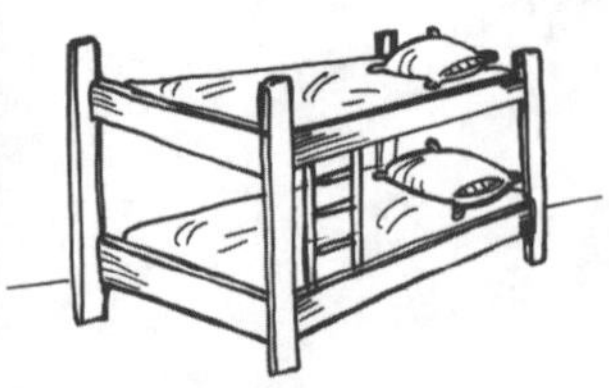

BELICHE – Fazer o sinal de "cama". Em seguida, com os dedos esticados e unidos apontando para a frente, aproximar as mãos até que uma se sobreponha à outra, sem se tocarem.

• ***Beliche:*** *Conjunto de duas ou mais camas.*

BELISCAR – Mão direita fechada em "A", braço esquerdo dobrado. Encostar os dedos indicador e polegar da mão direita no braço esquerdo e girar a mão, imitando o gesto de quem está dando um beliscão no braço de alguém.

• ***Beliscar:*** *Apertar a pele com os dedos ou as unhas, com a finalidade de causar dor.*

■ **BELO:** BONITO ■ **BELZEBU:** DIABO

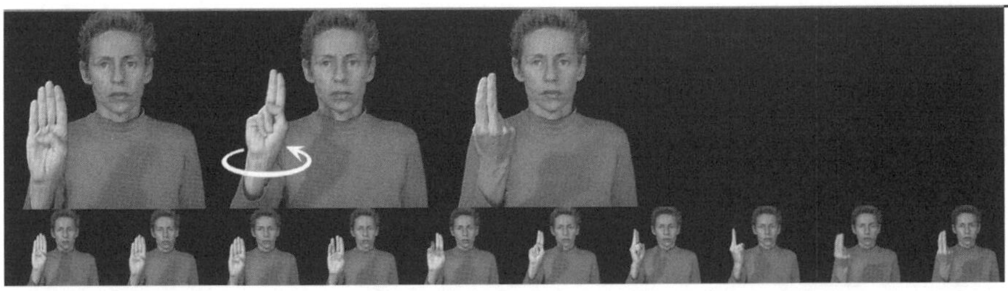

BELO HORIZONTE – Digitar as letras "B" e "H".

• ***Belo Horizonte:*** *Capital do estado de Minas Gerais.*

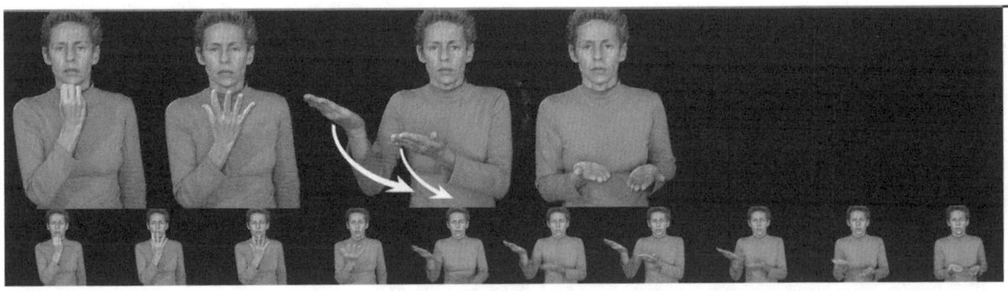

BEM-VINDO – Fazer os sinais de "bom" e de "trazer".

• ***Bem-vindo:*** *Saudação usada para pessoas recém-chegadas.*

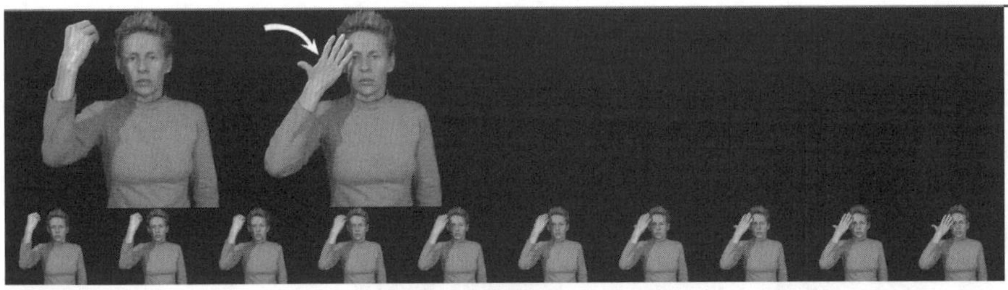

BÊNÇÃO – Com os dedos curvados e unidos pelas pontas, posicionar a mão conforme a foto 1. Movê-la em direção ao rosto e, ao mesmo tempo, abri-la, de modo que os dedos fiquem esticados e longe um do outro.

• ***Bênção:*** *Graça concedida por Deus; ato ou efeito de benzer ou abençoar.*

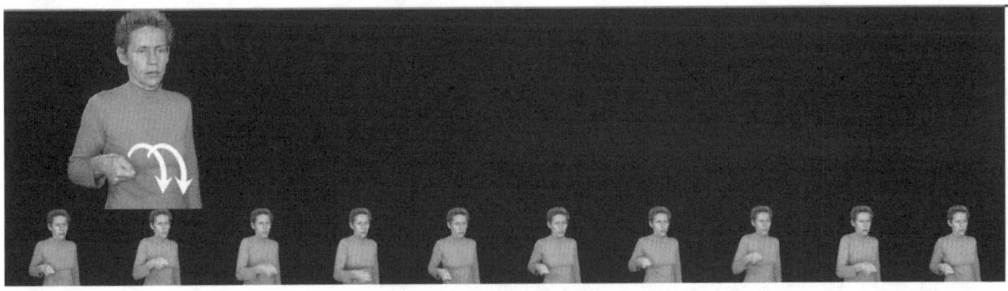

BENGALA – Mão em "A", palma para dentro. Posicionar a mão como se estivesse segurando uma bengala e imitar a postura de quem anda apoiando-se nesse objeto.

• ***Bengala:*** *Pequeno cajado que auxilia o andar.*

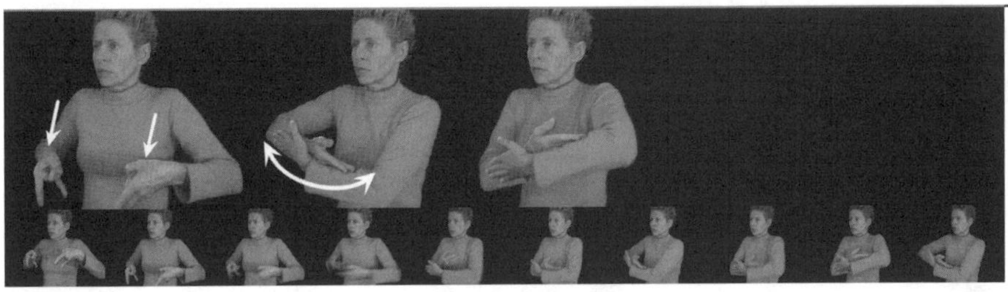

BERÇO – Fazer os sinais de "cama" e de "bebê".

• ***Berço:*** *Leito para crianças de colo.*

▪ **BEM:** BOM ▪ **BEM-HUMORADO:** ALEGRE, ESPIRITUOSO ▪ **BENEFICIAR:** AJUDAR ▪ **BENEVOLÊNCIA:** BOM ▪ **BENS:** FORTUNA ▪ **BENZER:** ABENÇOAR ▪ **BERGAMOTA:** TANGERINA

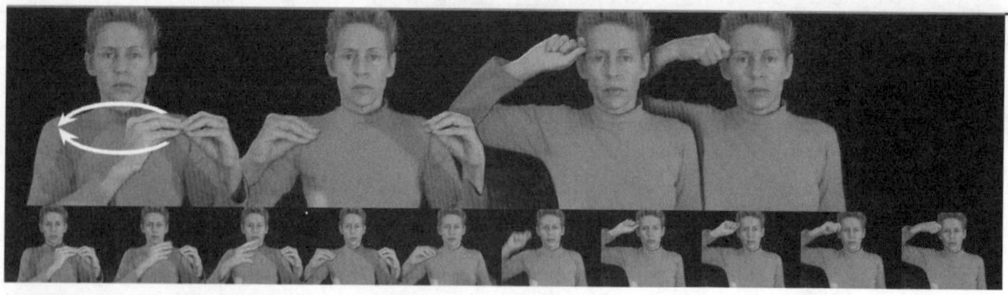

BERINJELA – Manter os dedos das mãos esticados e unidos pelas pontas. Encostar as pontas do dedos de ambas as mãos, conforme a foto 1. Em seguida, afastar a mão direita, abrindo e fechando novamente os dedos. Depois, fazer o sinal de "preto".

• ***Berinjela:*** *Fruto muito usado na alimentação.*

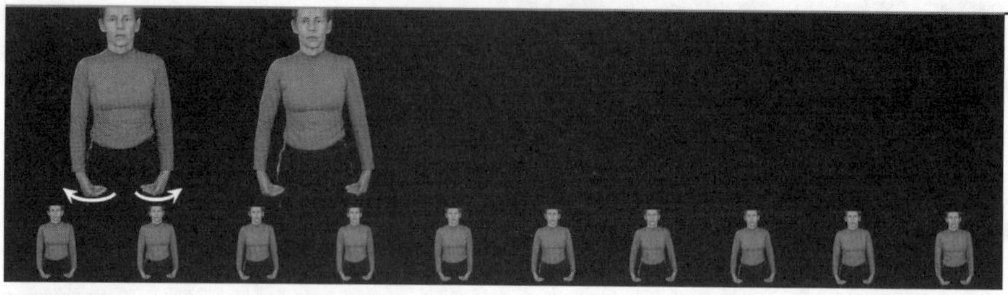

BERMUDA – Mãos dobradas, palmas para dentro. Encostar as laterais externas das mãos na frente das coxas. Deslizar as mãos simultaneamente para dentro e para fora, mostrando a altura da barra de uma bermuda.

• ***Bermuda:*** *Peça de vestuário.* **Sinal igual:** *SHORTS*

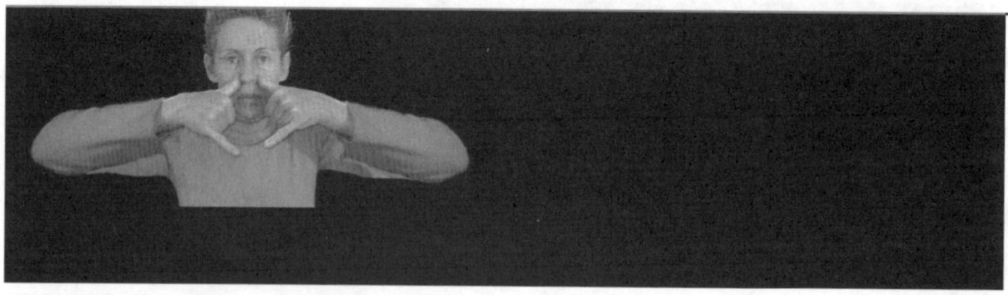

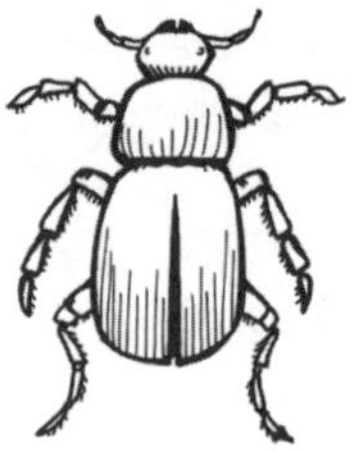

BESOURO – Mãos em "Y", palmas para baixo. Encostar as pontas dos polegares nas laterais das narinas. Manter os dedos mínimos apontando ligeiramente para baixo.

• ***Besouro:*** *Inseto voador.* **Sinal igual:** ESCARAVELHO, JOANINHA

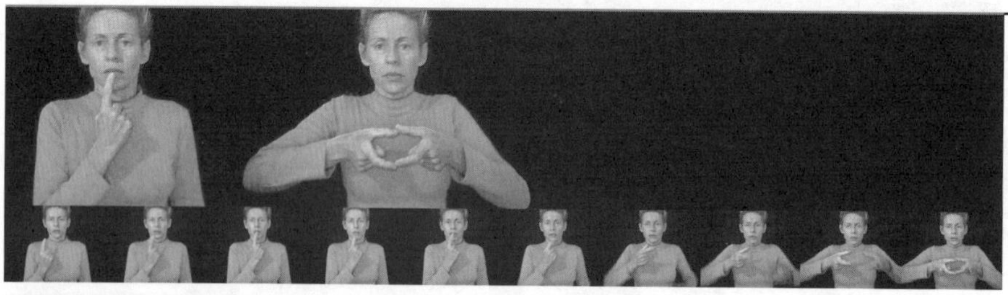

BETERRABA – Fazer o sinal de "vermelho". Em seguida, manter os indicadores e polegares curvados (demais dedos fechados) e unidos pelas pontas, formando um círculo, representando a forma esférica de uma beterraba.

• ***Beterraba:*** *Tubérculo muito rico em açúcar e vitaminas.*

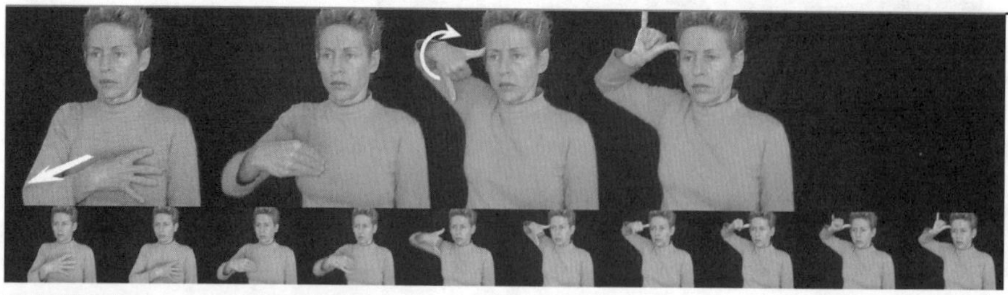

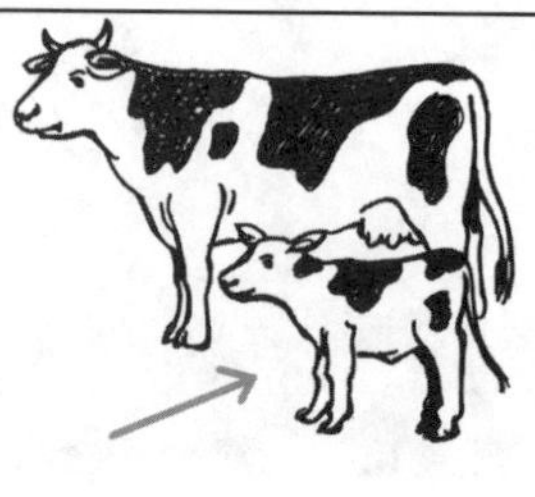

BEZERRO – Fazer os sinais de "filho" e de "vaca".

• ***Bezerro:*** *Cria da vaca em fase de amamentação.*

▪ **BERRAR:** GRITAR ▪ **BERRO:** GRITAR ▪ **BESTAGEM:** BOBAGEM ▪ **BESTEIRA:** BOBAGEM

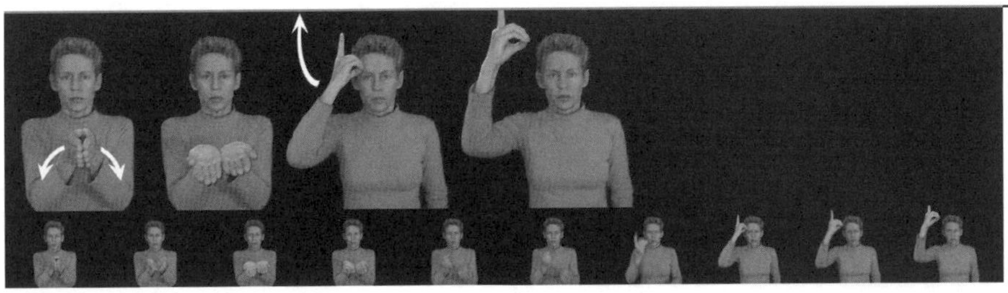

BÍBLIA – Fazer os sinais de "livro" e de "Deus".

• ***Bíblia:*** *Livro sagrado dos cristãos.*

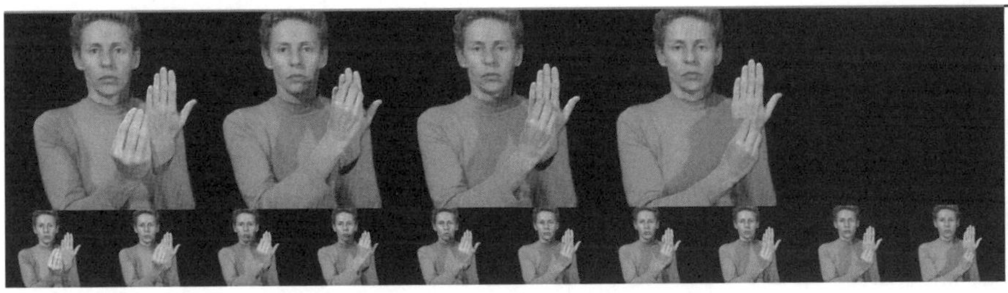

BIBLIOGRAFIA – Unir os dedos da mão direita pelas pontas, palma para trás. Mão esquerda aberta, dedos unidos e esticados, palma também para trás. Encostar as pontas dos dedos da mão direita em três pontos diferentes: um acima, outro no meio e outro mais abaixo do dorso esquerdo.

• ***Bibliografia:*** *Relação das obras consultadas ou citadas por um autor na criação de determinado texto.*

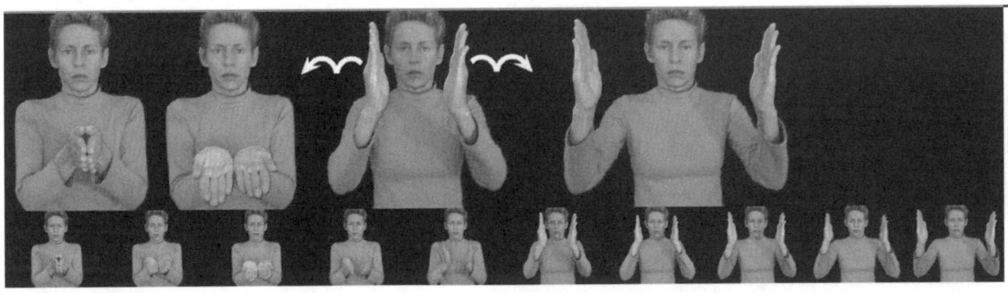

BIBLIOTECA – Fazer o sinal de "livro". Em seguida, com as mãos abertas, os dedos unidos e esticados e as palmas para dentro, mover simultaneamente, as mãos "tocando" no ar em três pontos diferentes: um logo à frente, outro com as mãos um pouco afastadas e mais um ponto, distanciando ainda mais as mãos.

• ***Biblioteca:*** *Coleção de livros.*

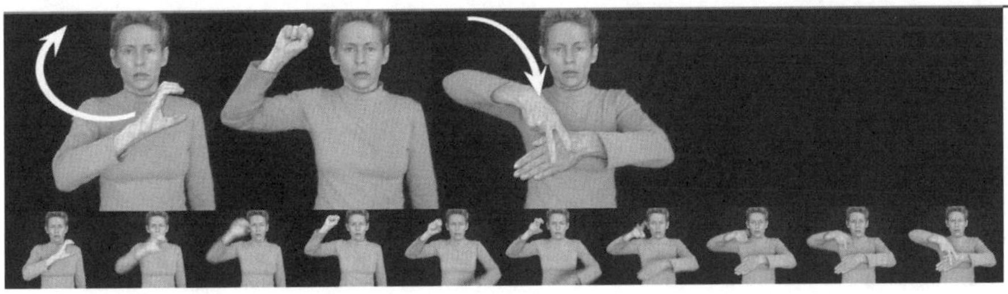

BICAMPEÃO – Fazer o sinal de "campeão". Em seguida, mão direita em "2", mão esquerda aberta, palma para baixo. Encostar os dedos indicador e médio da mão direita no dorso esquerdo.

• ***Bicampeão:*** *Pessoa que é ou foi duas vezes campeã.*

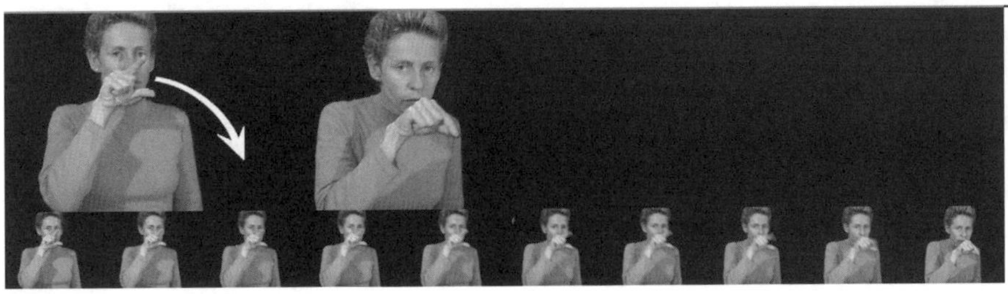

BICAR – Mão fechada com os dedos indicador e polegar esticados apontando para a frente. Encostar o dorso da mão no queixo. Em seguida, inclinar um pouco o corpo para a frente e, ao mesmo tempo, encostar a ponta do indicador na do polegar.

• ***Bicar:*** *Bater ou atacar com o bico.*

■ **BICA:** FONTE

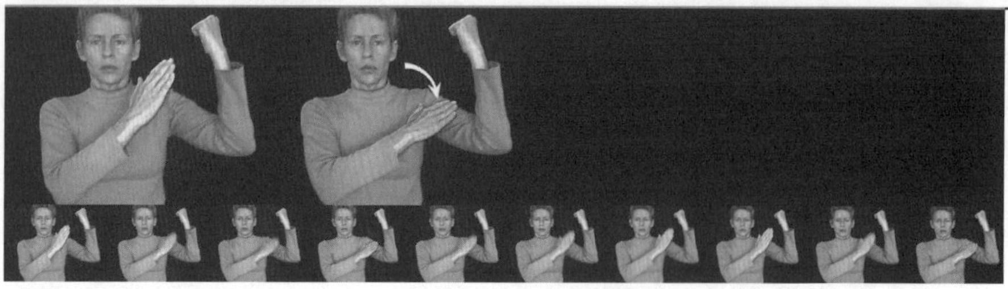

BÍCEPS – Dobrar o braço esquerdo, mantendo a mão fechada em "S". Em seguida, encostar a mão direita no bíceps esquerdo.

• ***Bíceps:*** *Músculo do antebraço.*

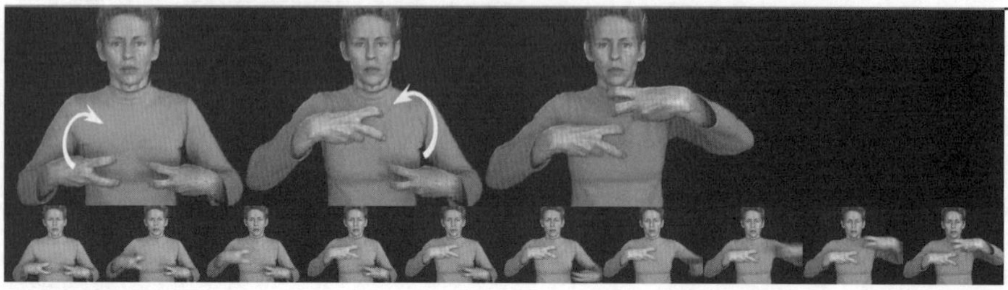

BICHO-PREGUIÇA – Mãos fechadas com os dedos indicadores e médios curvados, palmas para trás. Posicionar as mãos conforme a foto 1. Em seguida, mover para cima uma mão de cada vez, imitando o movimento de uma preguiça subindo em uma árvore.

• ***Bicho-preguiça:*** *Mamífero que possui longos braços e garras fortes; preguiça.*

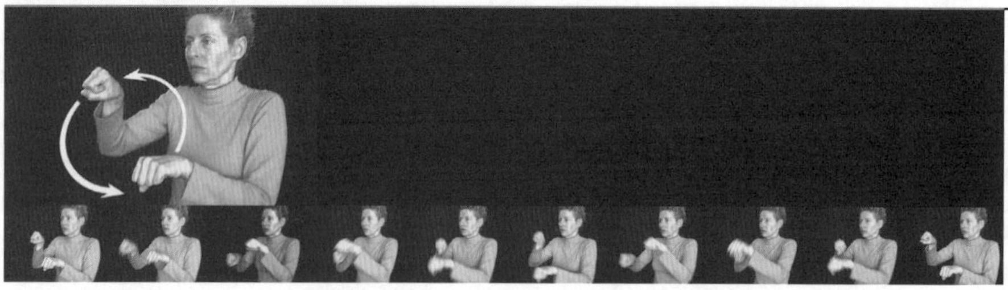

BICICLETA – Mãos fechadas em "S", palmas para baixo. Posicionar as mãos conforme a foto 1. Em seguida, mover as mãos em círculos, imitando o movimento dos pedais de uma bicicleta.

• ***Bicicleta:*** *Veículo de duas rodas movido a pedal.* **Sinal igual:** CICLISMO, CICLISTA, PEDALAR

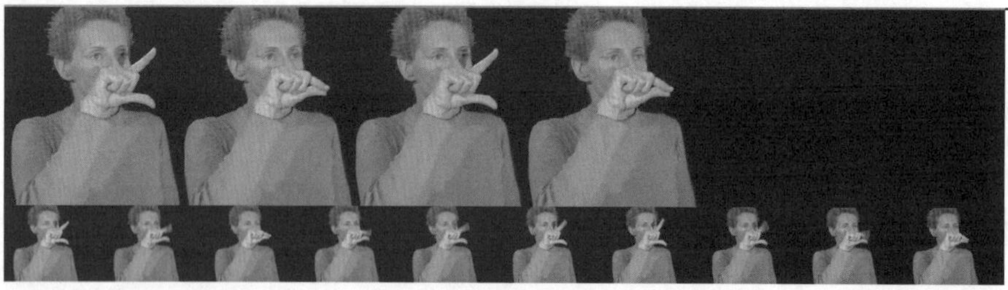

BICO – Mão fechada com os dedos indicador e polegar esticados apontando para a frente. Encostar o dorso da mão no queixo. Em seguida, abrir e fechar os dedos duas ou três vezes, encostando a ponta do indicador na do polegar.

• ***Bico:*** *Extremidade córnea da boca das aves e de alguns outros animais.*

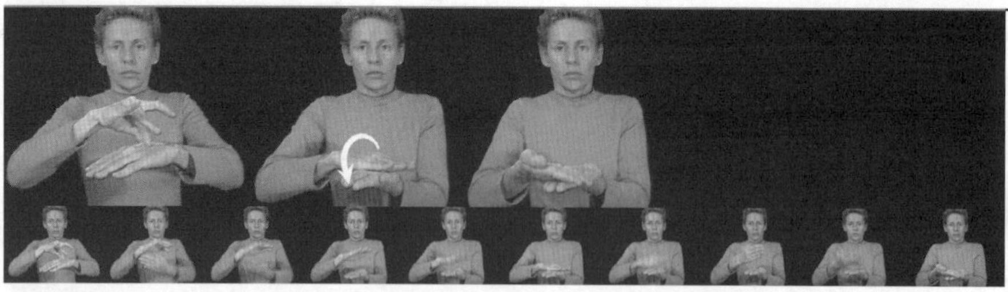

BIFE – Fazer os sinais de "carne" e de "fritar".

• ***Bife:*** *Fatia de carne preparada grelhada ou frita.*

▪ **BICHO:** ANIMAL

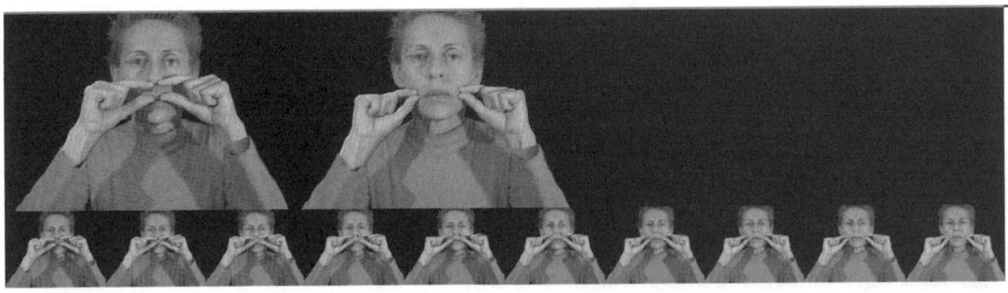

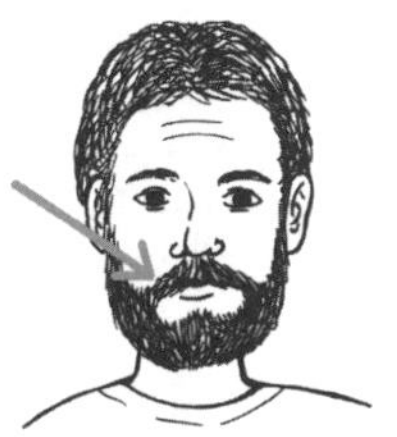

BIGODE – Mãos fechadas com os dedos indicadores e polegares esticados. Posicionar as mãos com as pontas dos dedos tocando a área bem abaixo das narinas, conforme a foto 1. Em seguida, deslizar as mãos para as laterais, dentro do espaço ocupado pelo bigode, e terminar o movimento unindo as pontas dos dedos.

• ***Bigode:*** *Parte da barba que cresce sobre o lábio superior.*

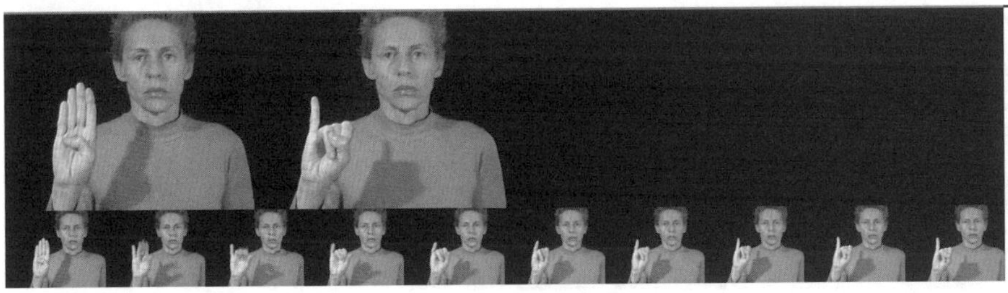

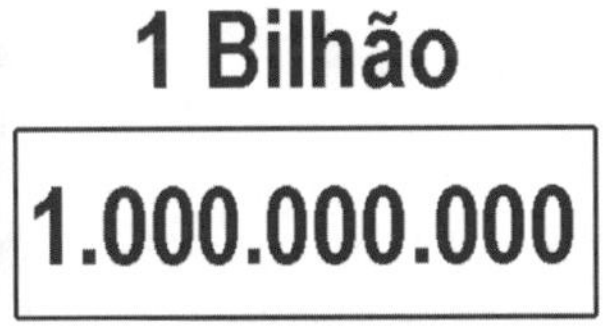

BILHÃO – Digitar as letras "B" e "I".

• ***Bilhão:*** *Número cardinal que corresponde a mil milhões (1.000.000.000).*

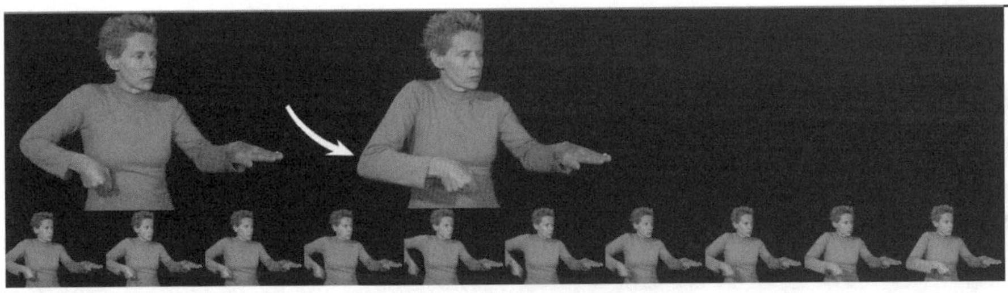

BILHAR – Mão esquerda aberta, palma para baixo. Mão direita fechada em "S". Posicionar as mãos como se uma delas estivesse segurando um taco de bilhar e a outra apoiada na mesa, conforme a foto 1. Em seguida, manter a mão esquerda parada enquanto a direita se move para a frente.

• ***Bilhar:*** *Jogo praticado sobre mesa especial, com bolas de marfim e tacos de madeira.* **Sinal igual:** SINUCA, *SNOOKER*

BILHETE – Fazer os sinais de "escrever" e de "cartão".

• ***Bilhete:*** *Pequeno papel no qual se escreve uma mensagem breve.*

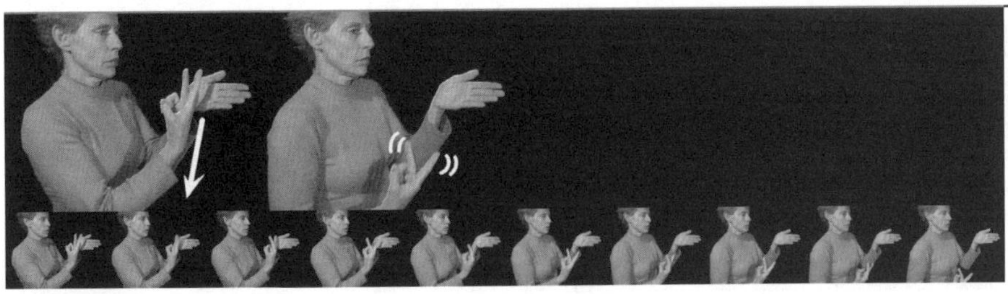

BILÍNGUE – Mão esquerda aberta, dedos esticados apontando para cima. Mão direita em "V". Encostar levemente o dorso dos dedos indicador e médio da mão direita na palma esquerda. Em seguida, mover a mão direita para baixo e os dedos ao mesmo tempo, que devem permanecer esticados.

• ***Bilíngue:*** *Que fala duas línguas.* **Sinal igual:** BILINGUISMO

■ **BILINGUISMO:** BILÍNGUE ■ **BIMESTRAL:** BIMESTRE

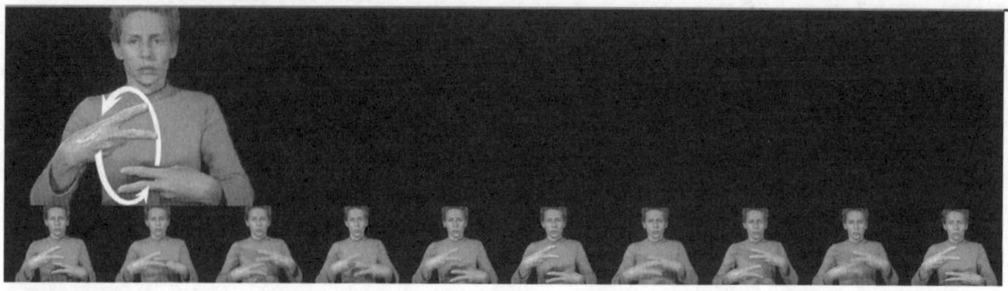

JANEIRO > < JULHO
FEVEREIRO > < AGOSTO

MARÇO > < SETEMBRO
ABRIL > < OUTUBRO

MAIO > < NOVEMBRO
JUNHO > < DEZEMBRO

BIMESTRE – Mãos em "V", palmas para trás. Posicionar as mãos conforme a foto 1. Rodar para a frente uma mão sobre a outra duas vezes.

• ***Bimestre:*** *Período de dois meses.* **Sinal igual:** BIMESTRAL

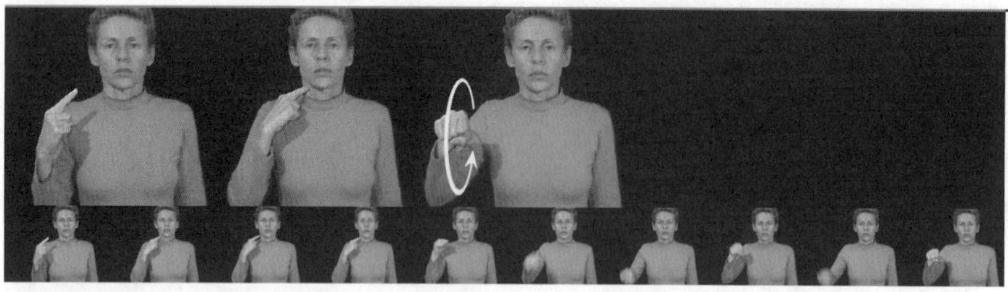

BINGO – Mão fechada com o dedo indicador esticado. Tocar a ponta do indicador na lateral do pescoço duas vezes. Em seguida, com a mão fechada em "S" e a palma para baixo, fazer um movimento circular, imitando o gesto de quem roda a manivela de um globo para sortear a bola.

• ***Bingo:*** *Jogo no qual se sorteiam números e ganha quem preenche uma coluna em uma cartela numérica previamente adquirida, gritando: "bingo".*

BINÓCULO – Mãos fechadas em "O". Encostar as laterais internas das mãos nos olhos, imitando o gesto de quem está usando um binóculo.

• ***Binóculo:*** *Instrumento óptico composto por duas lentes que aproximam as imagens.*

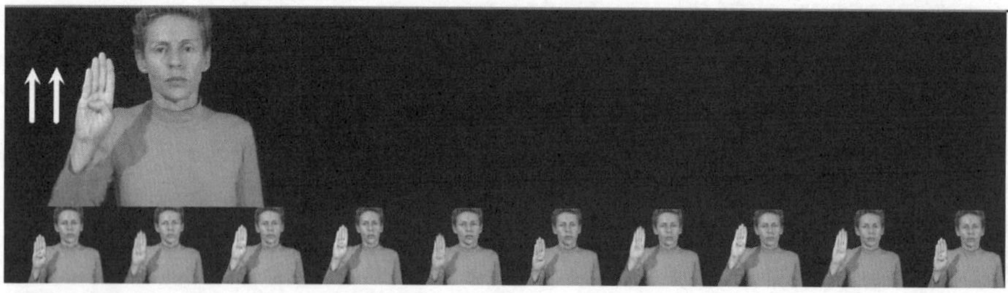

BIOLOGIA – Mão em "B", palma para a frente. Mover a mão para cima duas ou três vezes.

• ***Biologia:*** *Ciência que estuda os seres vivos.*

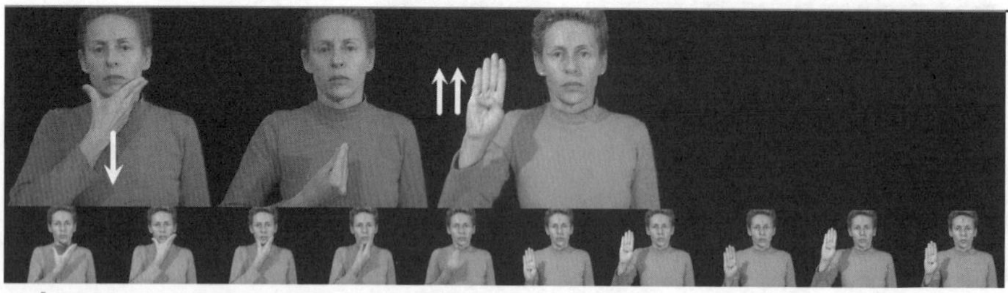

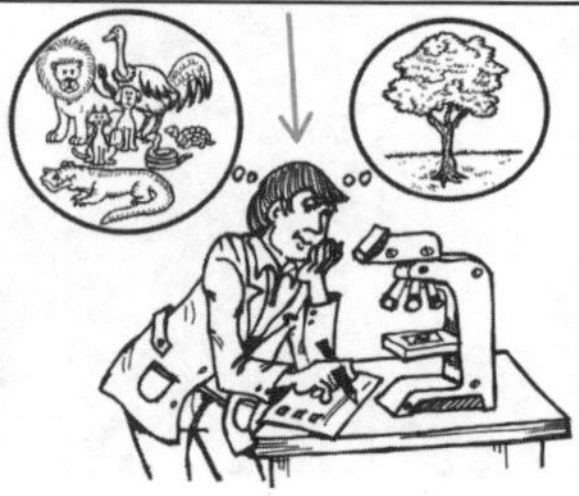

BIÓLOGO – Fazer os sinais de "homem" e de "biologia".

• ***Biólogo:*** *Profissional que se especializou em biologia.*

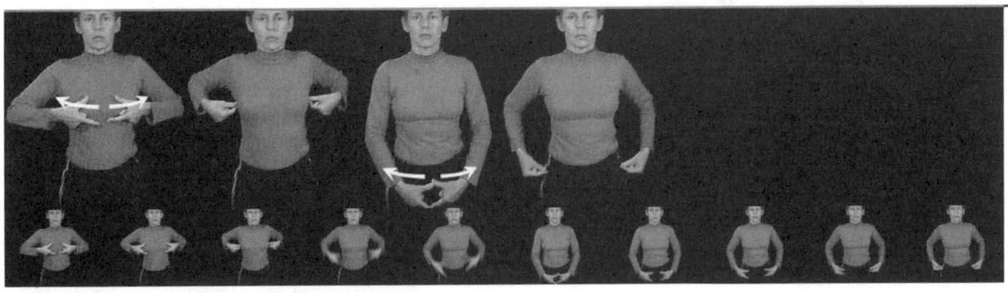

BIQUÍNI – Mãos fechadas com os indicadores e polegares esticados. Encostar as pontas dos dedos no meio do peito. Em seguida, mover as mãos para as laterais, encostando as pontas dos indicadores nas dos polegares. Fazer o mesmo movimento na região do quadril.

• ***Biquíni:*** *Roupa de banho composta de duas peças.*

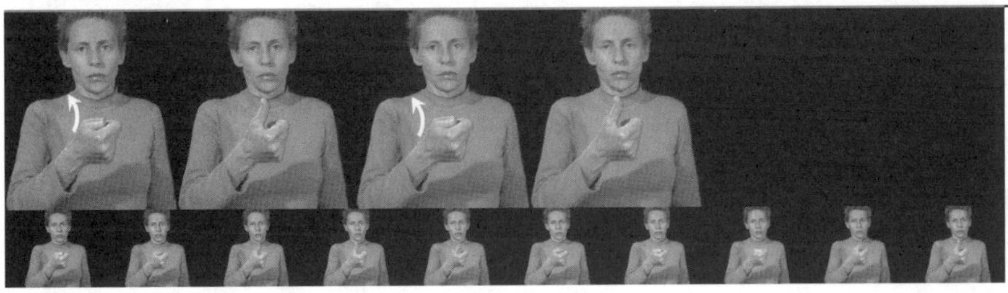

BIROSCA – Mão fechada com a ponta do dedo polegar escondida dentro da mão. Esticar o polegar e voltar a escondê-lo, duas ou três vezes.

• ***Birosca:*** *Jogo de bola de gude.* **Sinal igual:** BOLA DE GUDE

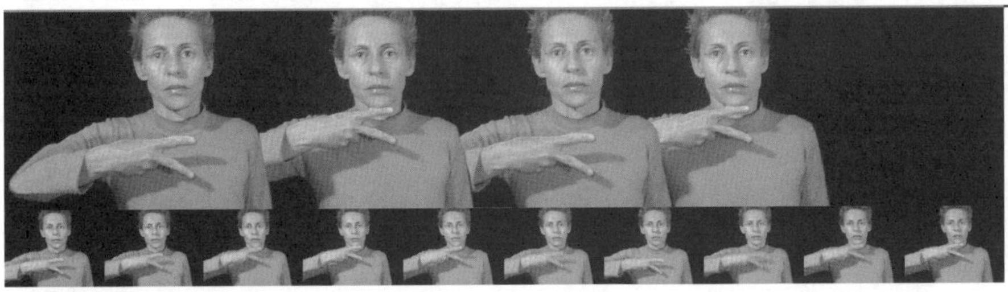

BISAVÔ (BISAVÓ) – Mão em "V", palma para trás. Bater levemente duas vezes a lateral do dedo indicador no queixo.

• ***Bisavô (bisavó):*** *O pai ou a mãe do avô ou o pai ou a mãe da avó.*

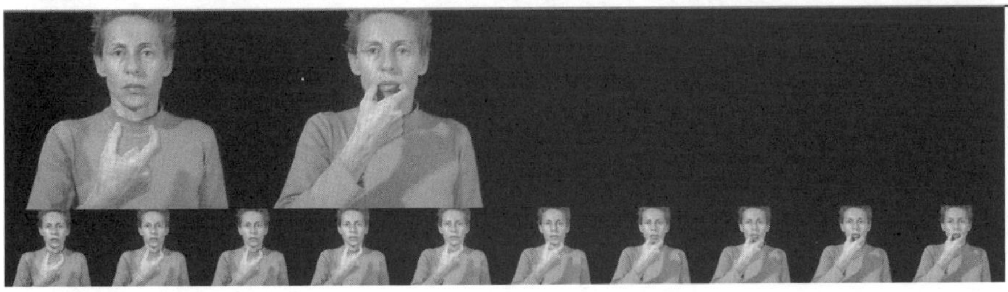

BISCOITO – Mão fechada com os dedos indicador e polegar abertos e curvados, como se estivessem segurando um biscoito. Levar a mão até a boca.

• ***Biscoito:*** *Alimento feito de farinha.* **Sinal igual:** BOLACHA

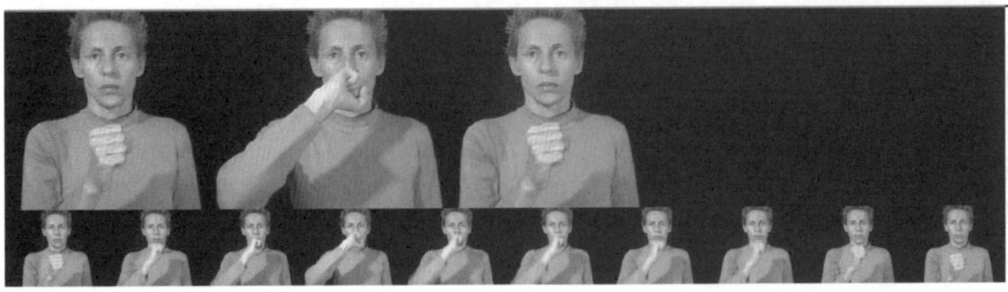

BISPO – Mão fechada em "S", palma para dentro. Levar a mão até a boca e beijar o dedo, como se estivesse beijando o anel do bispo.

• ***Bispo:*** *Importante membro da Igreja Católica.* **Sinal igual:** EPISCOPADO, EPISCOPAL

▪ **BIRITA:** PINGA ▪ **BIRRENTO:** TEIMOSO ▪ **BISBILHOTAR:** CURIOSO ▪ **BISBILHOTEIRO:** CURIOSO ▪ **BISBILHOTICE:** CURIOSO

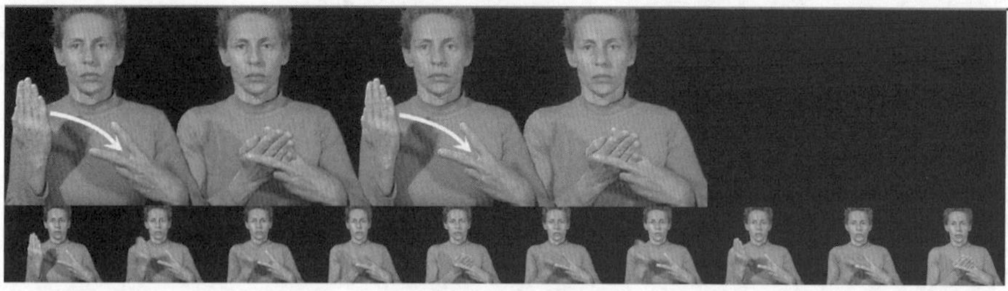

BISSEXUAL – Mão direita aberta, dedos unidos e esticados. Mão esquerda em "V", palma para trás. Encostar a lateral externa da mão direita entre os dedos da esquerda. Fazer esse movimento duas vezes.

- ***Bissexual:*** *Aquele que sente atração sexual tanto pelo sexo masculino como pelo feminino.*

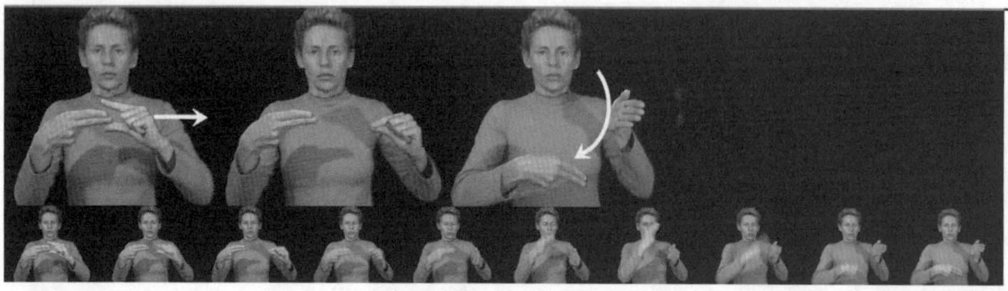

BISTURI – Fazer o sinal de "afiado". Em seguida, com a mão esquerda aberta, dedos unidos apontando para a frente e com a direita em "U", posicionar as mãos conforme a foto 3 e mover com rapidez a mão direita para baixo, passando as pontas dos dedos pela palma esquerda.

- ***Bisturi:*** *Instrumento cortante utilizado pelos médicos e veterinários, para fazer incisões na pele.*

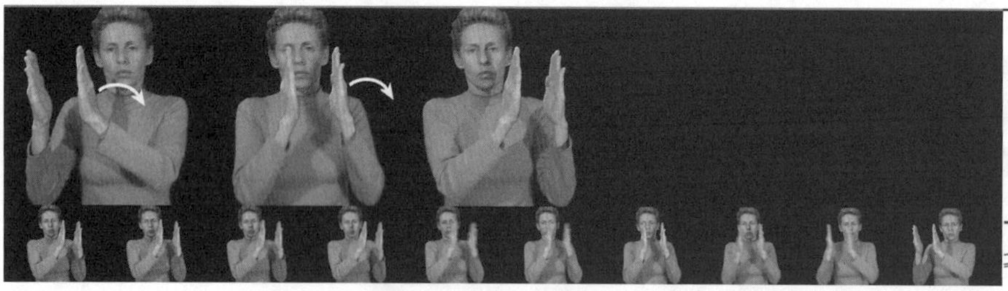

BLOCO – Mãos abertas, dedos unidos e esticados apontando para cima, palmas para dentro. Manter as mãos paralelas entre si e movê-las simultaneamente para a frente em três pontos distintos.

- ***Bloco:*** *Objeto ou conjunto de coisas que constitui parte de um todo maior.*

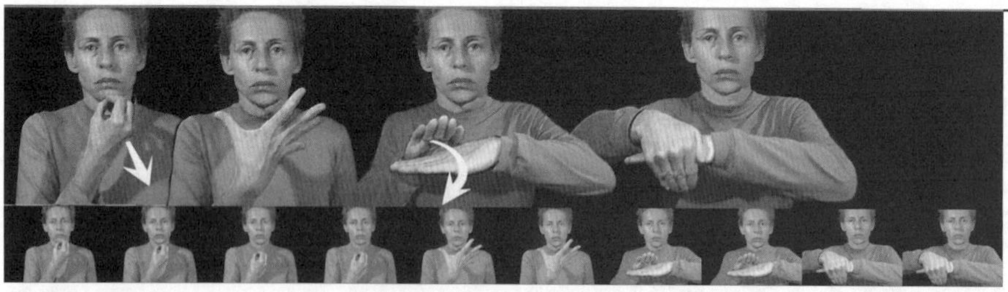

BOA NOITE – Fazer os sinais de "bom" e de "noite".

- ***Boa noite:*** *Saudação usada para desejar que outra pessoa tenha uma noite agradável.*

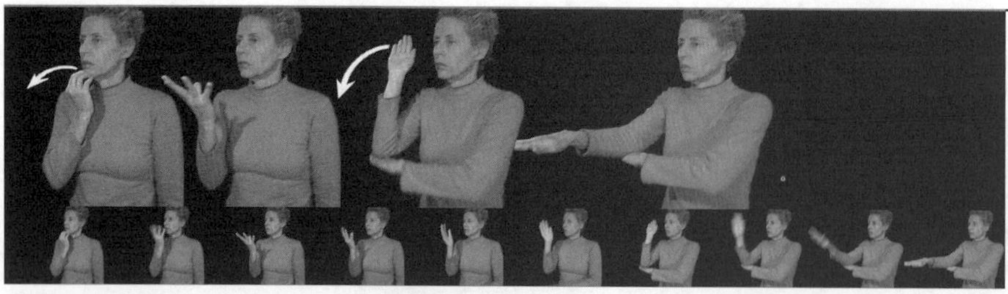

BOA TARDE – Fazer os sinais de "bom" e de "tarde".

- ***Boa tarde:*** *Saudação usada para desejar que outra pessoa tenha uma tarde agradável.*

▪ ***BLAZER***: CASACO ▪ **BLENORRAGIA:** GONORREIA ▪ **BLOQUEIO:** BARREIRA ▪ **BLUSA:** AGASALHAR

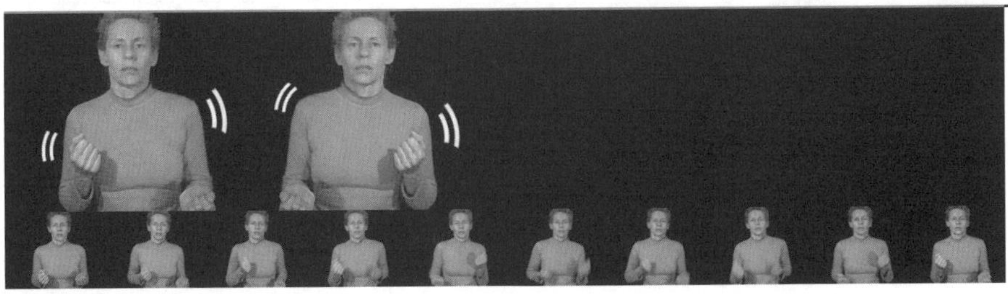

BOATE* – Com os braços dobrados e as mãos fechadas, balançar o corpo como se estivesse dançando em uma boate.

• ***Boate:*** *Estabelecimento de atividade noturna no qual se pode dançar.*

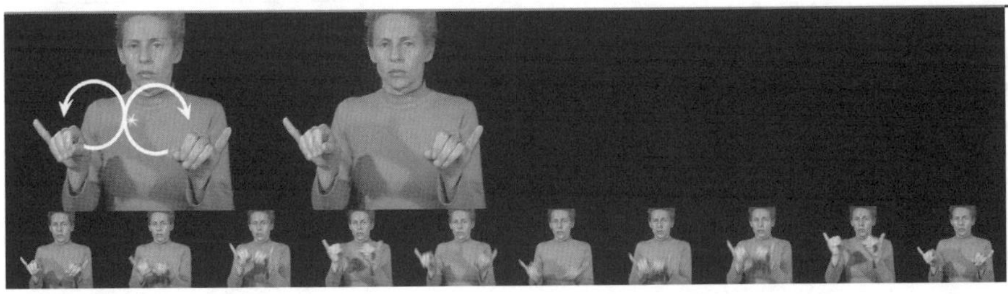

BOBAGEM – Mãos em "O" com os dedos mínimos esticados. Posicioná-las conforme a foto 1. Em seguida, fazer movimentos circulares com as duas mãos ao mesmo tempo, tocando levemente um polegar no outro durante o percurso.

• ***Bobagem:*** *Coisa supérflua ou sem importância, ação tola.* **Sinal igual:** BESTAGEM, BESTEIRA, DISPARATE, TOLICE

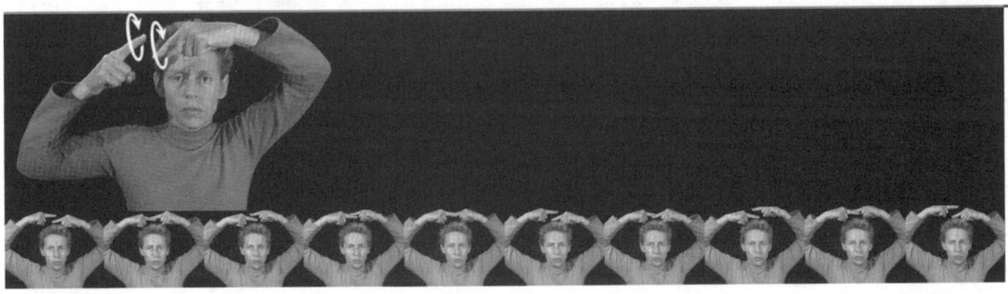

BOBE – Mãos fechadas com os dedos indicadores esticados. Posicioná-las sobre a cabeça (foto 1). Em seguida, rodar as mãos para trás, imitando o movimento de quem enrola um bobe no cabelo.

• ***Bobe:*** *Pequeno cilindro para cachear os cabelos.*

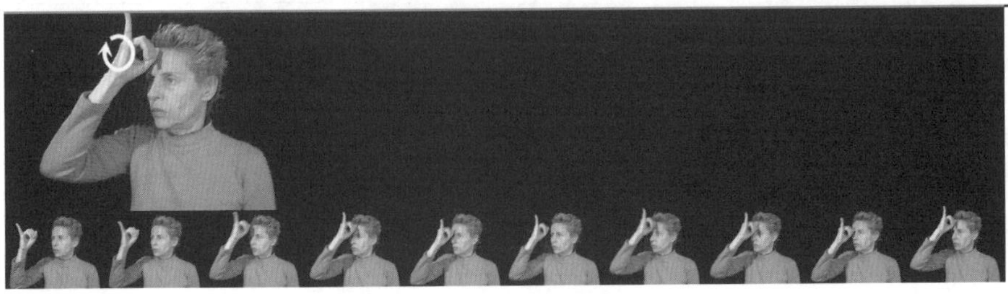

BOBO – Mão em "O" com o dedo mínimo esticado. Fazer movimentos circulares com a mão diante da testa.

• ***Bobo:*** *Ingênuo, tolo, pessoa que faz bobagem.* **Sinal igual:** PARVO, TOLO, TONTO

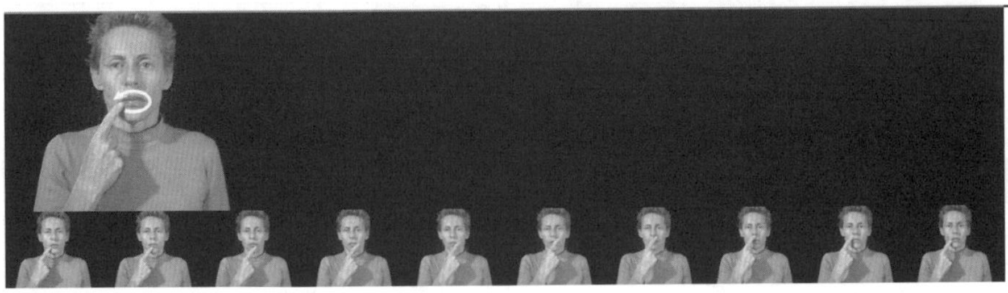

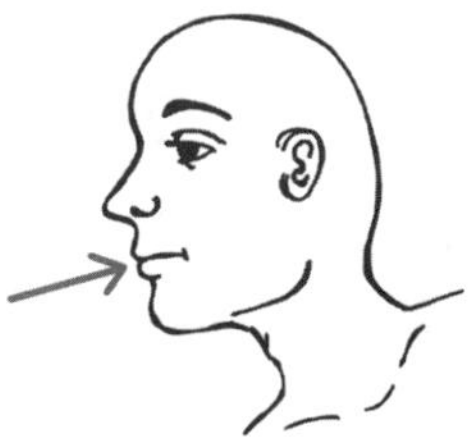

BOCA – Mão fechada com o indicador esticado. Com a ponta do dedo, percorrer o contorno dos lábios. Não é necessário encostá-la na boca.

• ***Boca:*** *Órgão responsável pela mastigação e pelo paladar.* **Sinal igual:** LÁBIO

■ **BOATE:** BAILE

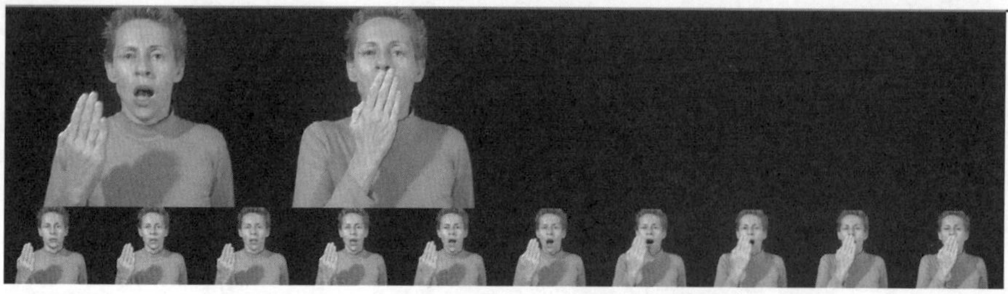

BOCEJAR – Mão aberta, dedos unidos e esticados, palma para trás. Abrir a boca como se estivesse bocejando, tocando-a duas vezes com a mão.
• ***Bocejar:*** *Inspirar pela boca quantidade de ar maior do que a normal.*

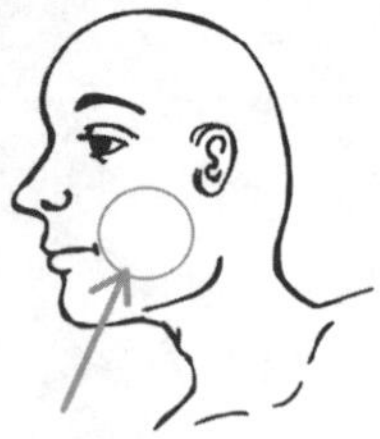

BOCHECHA – Segurar levemente as bochechas com o indicador e o polegar. Demais dedos devem permanecer esticados.
• ***Bochecha:*** *Cada parte lateral da face.*

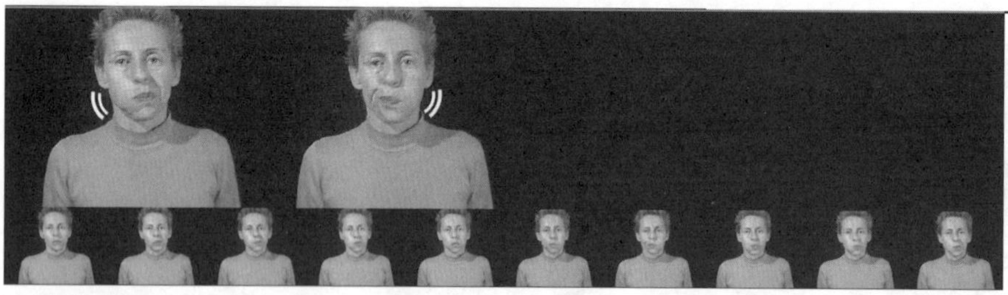

BOCHECHAR – Encher alternadamente as bochechas de ar.
• ***Bochechar:*** *Agitar líquido na boca.*

BODE – Mão direita em "V" com os dedos levemente curvados para trás. Mão esquerda fechada em "S". Posicionar a mão direita sobre a cabeça e a esquerda encostada no queixo.
• ***Bode:*** *Mamífero, o macho da cabra.* **Sinal igual:** CABRITO, CAPRINO

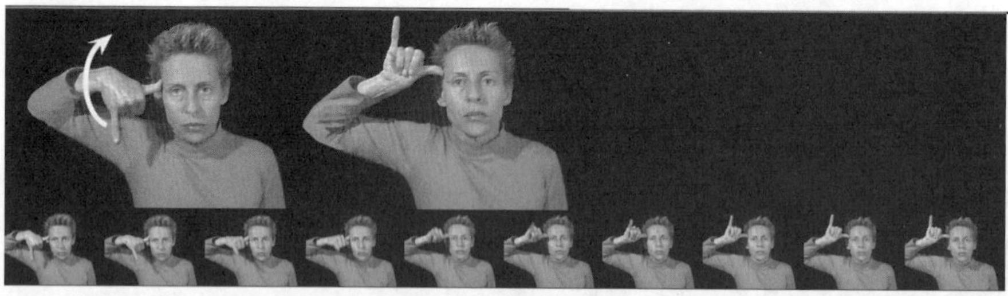

BOI – Mão em "Y", encostando a ponta do polegar na têmpora, palma para baixo. Girar a mão para trás sem desencostar o polegar da cabeça, até o dedo mínimo apontar para cima.
• ***Boi:*** *Mamífero, o macho da vaca.* **Sinal igual:** BOVINO, VACA

▪ **BOFETADA:** ESBOFETEAR ▪ **BOFETÃO:** ESBOFETEAR

BOIAR* – Unir as pontas dos dedos da mão direita. Mão esquerda aberta, dedos unidos e esticados, palma para baixo. Encostar as pontas dos dedos da mão direita no dorso esquerdo. Em seguida, mover as mãos para a frente em movimentos ondulares.

• ***Boiar:*** *Flutuar sobre a água.*

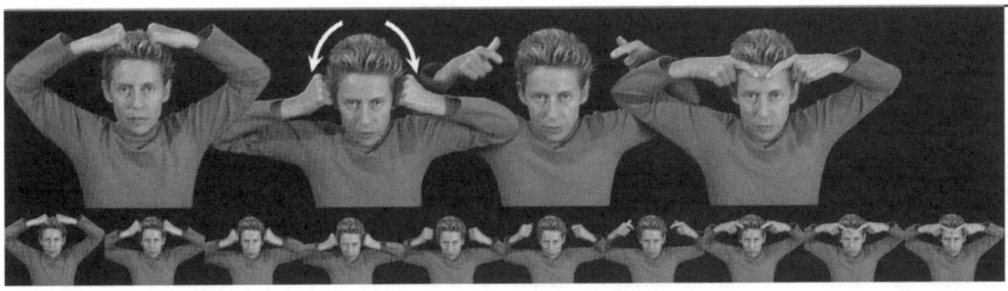

BOINA – Mãos fechadas em "S" colocadas sobre a cabeça (foto 1). Mover as mãos para baixo, deslizando-as pela lateral da cabeça até encostar nas orelhas. Em seguida, segurar a cabeça com os indicadores e os polegares. Demais dedos devem permanecer fechados.

• ***Boina:*** *Espécie de chapéu feito geralmente de tecido.*

BOLA – Mãos abertas com os dedos unidos e curvados e os polegares separados, palmas para dentro. Posicionar as mãos como se estivessem segurando uma bola.

• ***Bola:*** *Objeto de formato arredondado.* **Sinal igual:** PELOTA

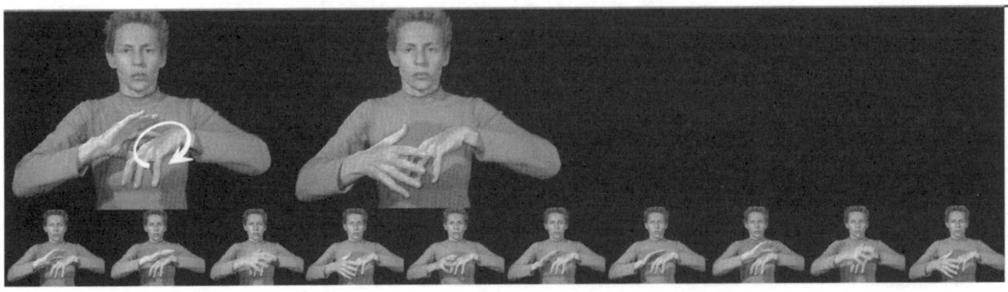

BOLA DE CRISTAL – Mãos abertas com os dedos levemente curvados e separados. Posicionar as mãos conforme a foto 1. Em seguida, manter a mão esquerda parada enquando a direita executa movimentos circulares logo acima da esquerda.

• ***Bola de cristal:*** *Esfera de cristal ou vidro usada pretensamente para prever o futuro.*

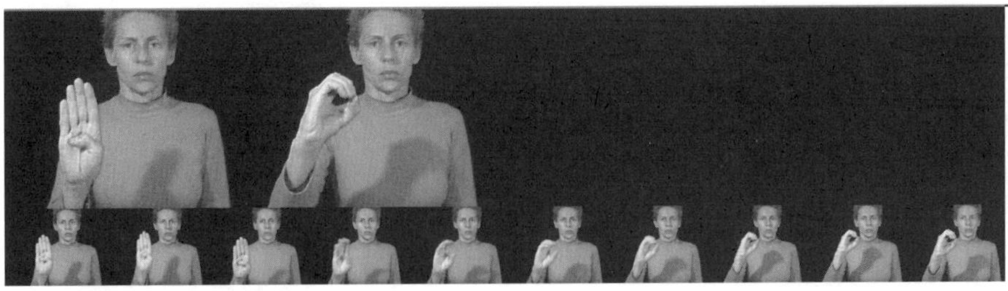

BOLETIM DE OCORRÊNCIA – Digitar as letras "B" e "O".

• ***Boletim de ocorrência:*** *Comunicado sobre operações policiais ou militares.* **Sinal igual:** BO

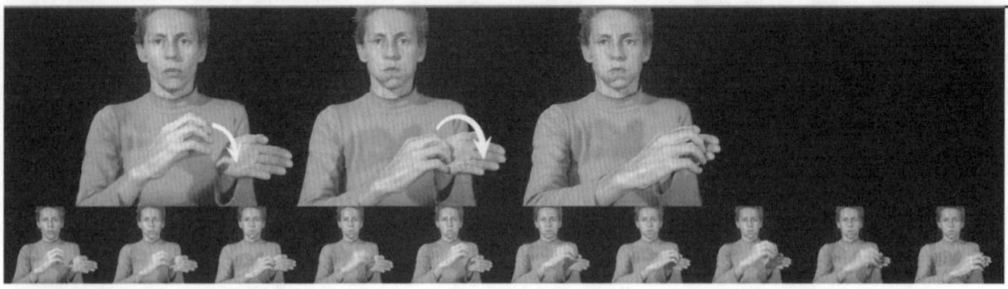

BOLHA – Curvar os dedos de uma das mãos e tocar com as pontas em três pontos diferentes da palma da outra mão e, ao mesmo tempo, encher as bochechas de ar.

- ***Bolha:*** *Acúmulo de água, sangue ou pus na pele.*

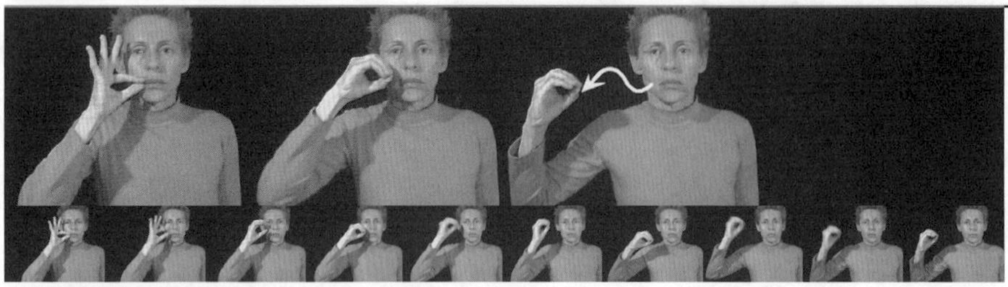

BOLHA DE SABÃO – Juntar as pontas dos dedos indicador e polegar de uma das mãos e encostá-las no canto da boca. Em seguida, afastar a mão para a lateral, descrevendo um movimento ondular.

- ***Bolha de sabão:*** *Bola feita de água e sabão.*

BOLICHE – Mão aberta com os dedos curvados e separados, palma para a frente. Posicionar a mão na lateral do corpo, conforme a foto 1. Em seguida, movê-la para trás e para a frente, imitando o gesto de quem lança uma bola de boliche.

- ***Boliche:*** *Jogo que tem o objetivo de derrubar dez pinos de madeira com uma bola pesada.*

BOLÍVIA – Fazer o sinal de "lhama".

- ***Bolívia:*** *País localizado na América do Sul.*

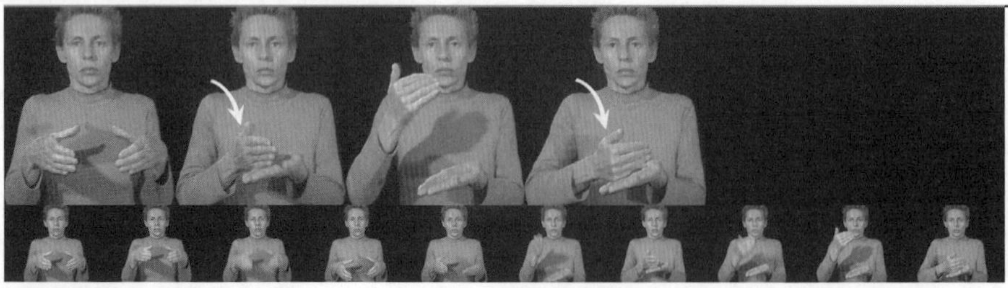

BOLO – Mãos abertas com os dedos curvados e juntos, polegares afastados e palmas para dentro. Posicionar as mãos conforme a foto 1. Em seguida, manter a mão esquerda parada enquanto a direita, com os dedos esticados e juntos, faz o sinal de "pedaço".

- ***Bolo:*** *Doce assado ao forno feito de farinha, leite, ovos, manteiga e açúcar.*

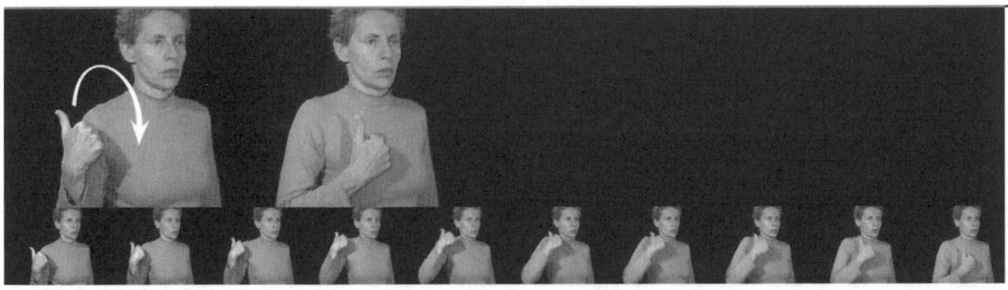

BOLSA – Mão fechada com o polegar esticado, palma para dentro. Posicioná-la logo acima do ombro e movê-la para a frente e ligeiramente para baixo, imitando o gesto de quem segura a alça de uma bolsa e a coloca no ombro.

• ***Bolsa:*** *Recipiente feito de pano, couro ou outro material para transportar objetos.* **Sinal igual:** ALGIBEIRA

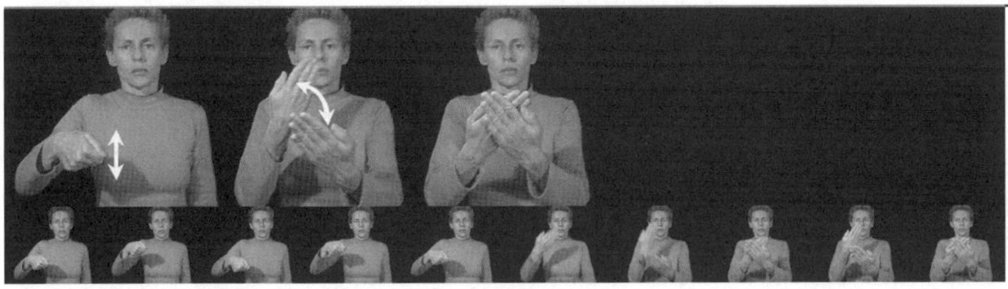

BOLSA DE ESTUDO – Fazer os sinais de "sacola" e de "estudar".

• ***Bolsa de estudo:*** *Valor concedido ao aluno para pagar seus estudos.*

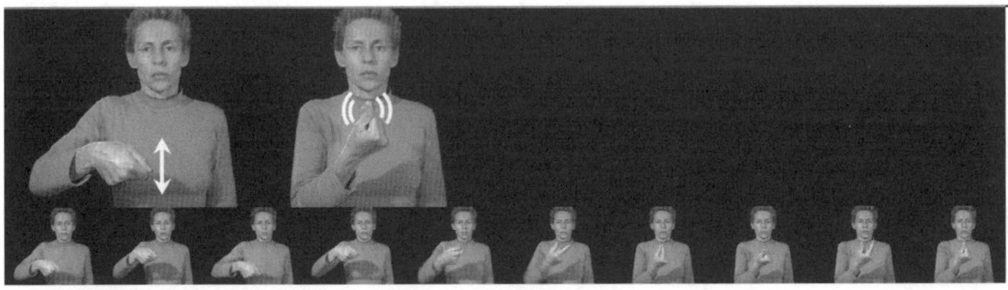

BOLSA DE VALORES – Fazer os sinais de "sacola" e de "dinheiro".

• ***Bolsa de valores:*** *Instituição financeira.*

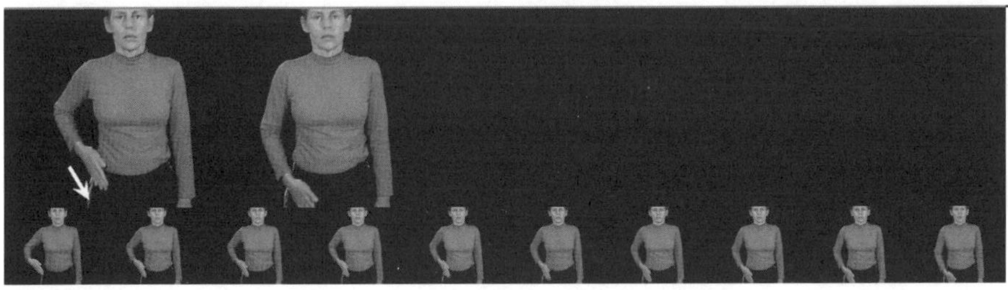

BOLSO – Mão aberta, dedos unidos e esticados. Colocar a mão logo acima do bolso e movê-la, imitando o gesto de quem coloca a mão dentro do bolso da calça.

• ***Bolso:*** *Pequeno saco de tecido costurado na roupa para guardar pequenos objetos.*

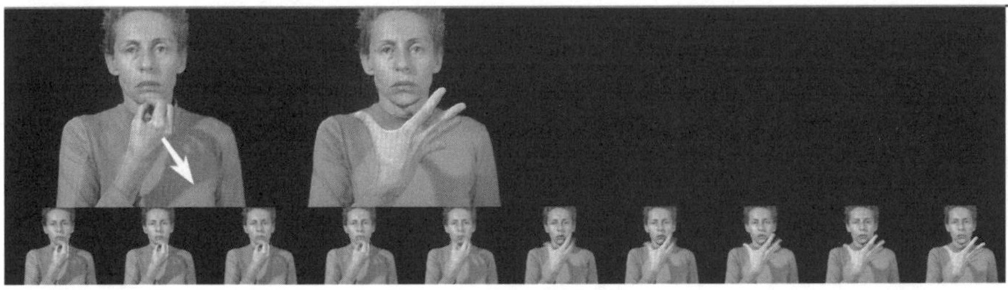

BOM – Com uma das mãos, tocar levemente a extremidade do queixo com as pontas dos dedos juntas. Em seguida, mover a mão para a frente e, ao mesmo tempo, abrir os dedos.

• ***Bom:*** *Adequado às circunstâncias; o que faz bem; o que é perfeito ou superior.* **Sinal igual:** AGRADÁVEL, BEM, BENEVOLÊNCIA, BONDADE, EXCELENTE, ÓTIMO

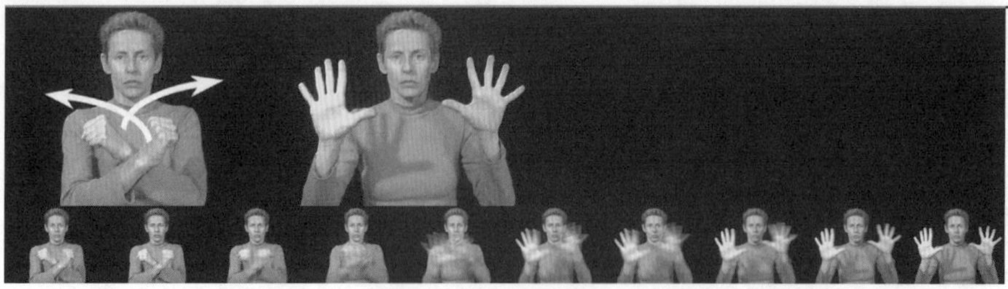

BOMBA – Mãos fechadas em "S". Cruzar as mãos pelos punhos e posicioná-las logo à frente do peito, conforme a foto1. Em seguida, abrir rapidamente os braços e as mãos.

• ***Bomba:*** *Artefato de destruição ativado por carga explosiva.* **Sinal igual:** DETONAÇÃO, DETONAR, ESTOURAR, EXPLODIR, EXPLOSÃO, IMPLODIR, IMPLOSÃO, TNT

BOMBARDEAR – Mão esquerda com os dedos indicador, mínimo e polegar abertos, demais dedos fechados, palma para a frente. Mão direita fechada com o indicador esticado apontando para cima, palma para dentro. Tocar a ponta do indicador direito na mão esquerda. Em seguida, com gestos rápidos, mover a mão direita para a frente apontando o indicador também para a frente, duas ou três vezes.

• ***Bombadear:*** *Atacar arremessando bombas.*

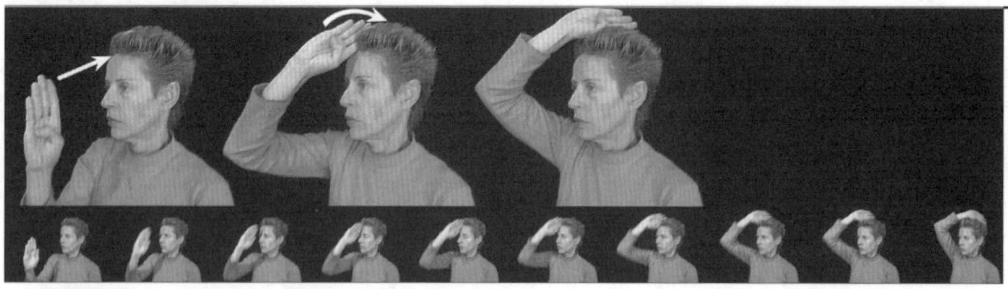

BOMBEIRO – Mão em "B", palma para dentro. Posicionar a mão em frente ao rosto. Em seguida, tocar na testa com a lateral interna da mão e deslizá-la sobre a cabeça.

• ***Bombeiro:*** *Pessoa que presta socorro em casos de incêndio ou outras emergências.*

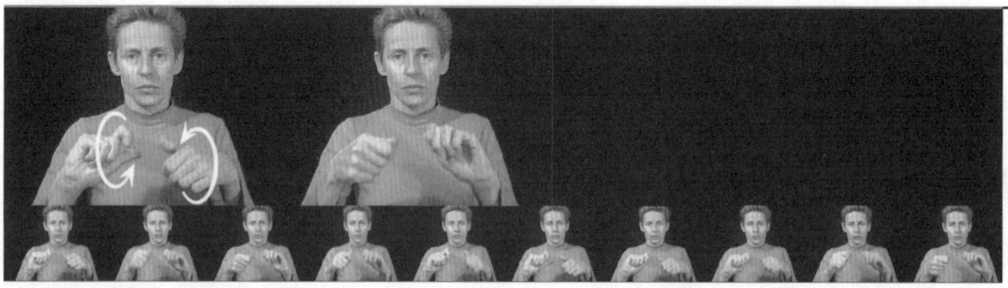

BOMBOM – Mãos fechadas em "A". Posicionar uma das mãos com a palma para a frente e a outra com a palma para trás (foto 1). Girar as duas mãos ao mesmo tempo, mas em direções contrárias (para frente e para trás), imitando o gesto de quem segura o papel de um bombom e gira para abrí-lo.

• ***Bombom:*** *Confeito geralmente de chocolate.*

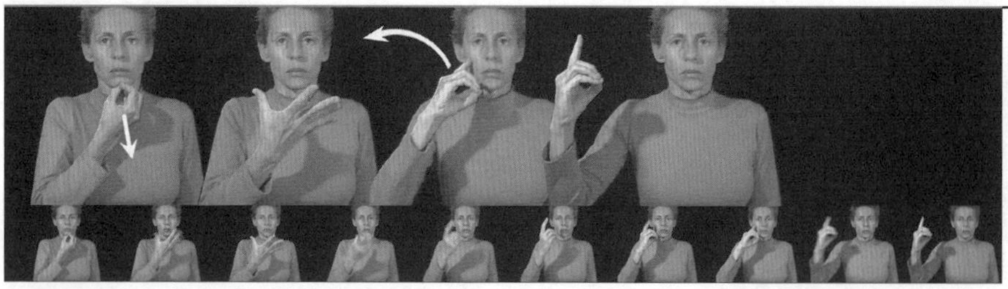

BOM DIA – Fazer os sinais de "bom" e de "dia".

• ***Bom dia:*** *Saudação usada para desejar que outra pessoa tenha um dia agradável.*

■ **BOM-SENSO:** RAZÃO ■ **BONDADE:** BOM

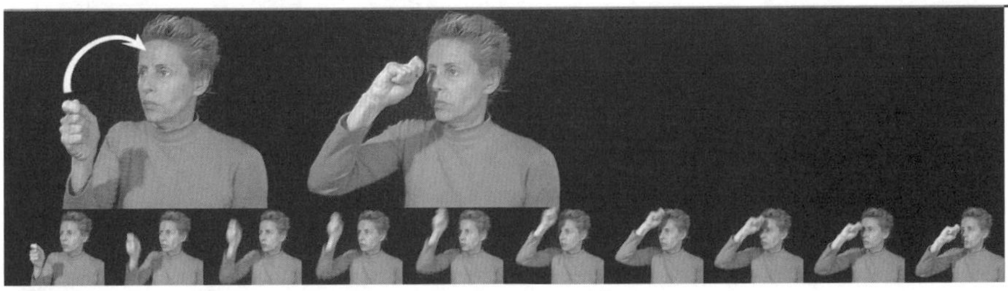

BONÉ – Mão fechada em "A", palma para dentro. Mover a mão até a cabeça, imitando o gesto de quem coloca um boné.

• ***Boné:*** *Tipo de chapéu sem abas e com uma pala sobre os olhos.*

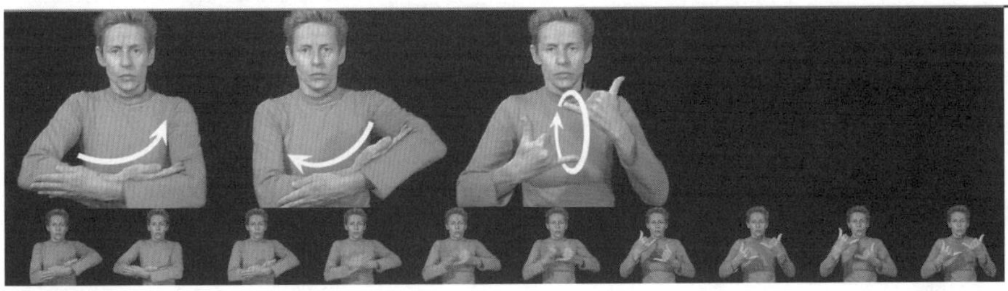

BONECA – Fazer os sinais de "bebê" e de "brincar".

• ***Boneca:*** *Brinquedo em forma de corpo humano infantil ou adulto.*

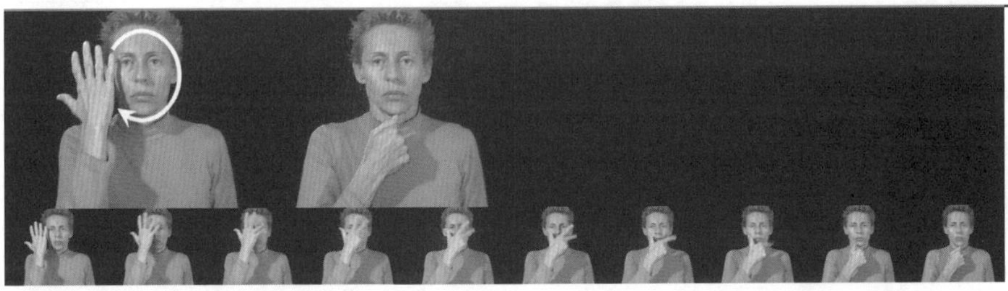

BONITO – Mão aberta, dedos afastados, palma para trás. Posicionar a mão ao lado do rosto. Em seguida mover a mão formando um círculo bem em frente ao rosto e, ao mesmo tempo, ir fechando a mão dedo por dedo, começando pelo mínimo até o polegar, formando um "A".

• ***Bonito:*** *Cuja forma, colorido, som etc. suscita prazer estético ou agrada aos sentidos.* **Sinal igual:** BELO, FORMOSO, LINDO

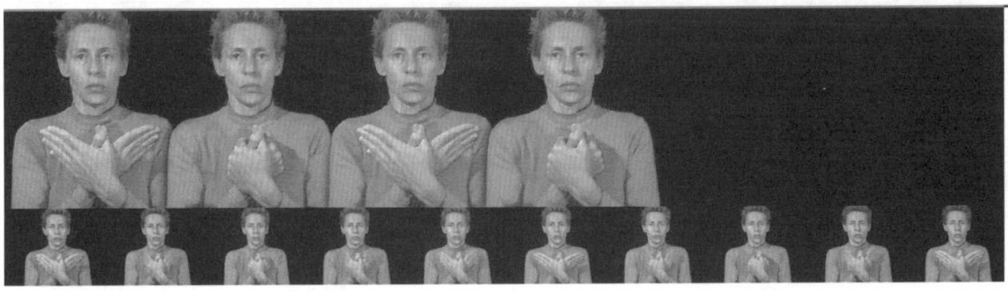

BORBOLETA – Mãos abertas, dedos unidos, palmas para trás. Cruzar as mãos e prendê-las pelos polegares. Em seguida, mover os dedos como se estivessem imitando o bater de asas de uma borboleta.

• ***Borboleta:*** *Inseto que possui asas coloridas.* **Sinal igual:** MARIPOSA

BORDADO* – Unir as pontas dos indicadores e polegares. Demais dedos esticados e separados. Posicionar as mãos conforme a foto 1. Em seguida, manter a mão esquerda parada enquanto a direita se move em direção à ponta do indicador esquerdo, imitando o gesto de quem está costurando.

• ***Bordado:*** *Trabalho feito à mão ou à máquina, em que se desenham formas ou fotos em tecido ou outro material.* **Sinal igual:** BORDAR

▪ **BOQUIABERTO:** ESPANTADO ▪ **BORDADO:** COSTURAR ▪ **BORDAR:** BORDADO, COSTURAR

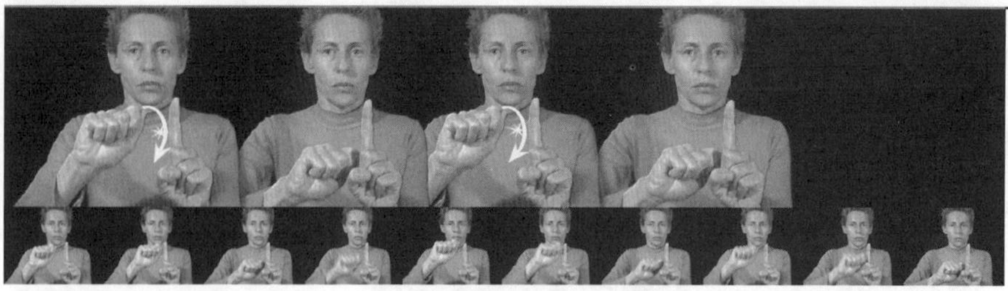

BORRACHA – Mão esquerda fechada, palma para a frente, dedo indicador esticado apontando para cima. Mão direita em "A". Mover duas ou três vezes a mão direita, "raspando" a unha do polegar, de cima para baixo, pela lateral do indicador esquerdo.

• ***Borracha:*** *Produto extraído da seringueira ou produzido sinteticamente.*

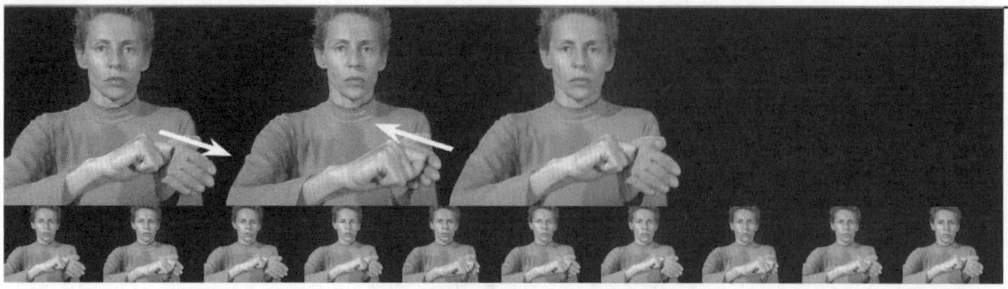

BORRACHA ESCOLAR – Mão esquerda aberta, dedos unidos e esticados, palma para cima. Mão direita em "A". Tocar o indicador da mão direita na palma esquerda e deslizá-lo para a frente e para trás, duas ou três vezes.

• ***Borracha escolar:*** *Material usado para apagar traços feitos a lápis.*

BOTA – Braço e punho esquerdos levemente dobrados, mão esquerda aberta, dedos unidos apontando para dentro, palma para baixo. Mão direita aberta, dedos unidos, palma para cima. Tocar duas vezes a lateral externa da mão direita no meio do antebraço esquerdo.

• ***Bota:*** *Calçado que cobre o pé e parte da perna.* **Sinal igual:** BOTINA

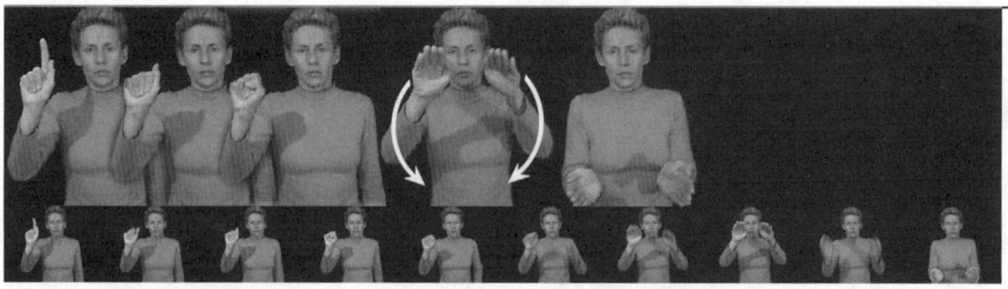

BOTIJÃO DE GÁS – Digitar as letras "G", "A" e "S". Em seguida, fazer o sinal de "barril".

• ***Botijão de gás:*** *Recipiente usado para armazenar gás.*

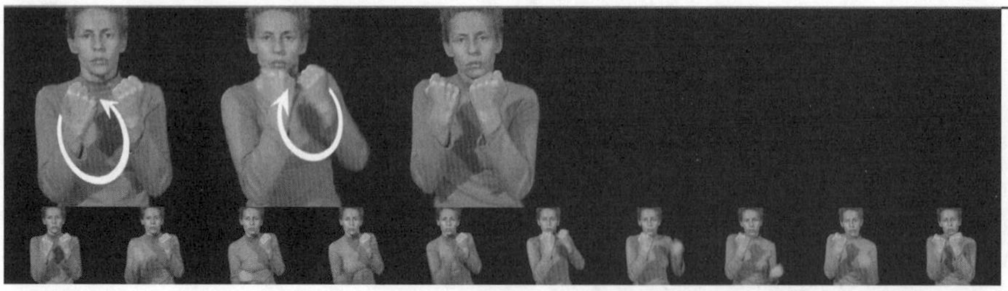

BOXE* – Mãos fechadas em "S", palmas para trás. Posicionar os braços conforme a foto 1. Em seguida, mover as mãos alternadamente de baixo para cima, imitando o gesto de um lutador de boxe.

• ***Boxe:*** *Luta entre dois pugilistas que usam luvas especiais.* **Sinal igual:** BOXEADOR, PUGILISMO, PUGILISTA

▪ **BORRASCA:** TEMPESTADE ▪ **BOSQUE:** FLORESTA ▪ **BOSTA:** EVACUAR ▪ **BOTE:** BARCO ▪ **BOTECO:** BAR ▪ **BOTEQUIM:** BAR ▪ **BOTINA:** BOTA ▪ **BOVINO:** BOI ▪ **BOXEADOR:** BOXE

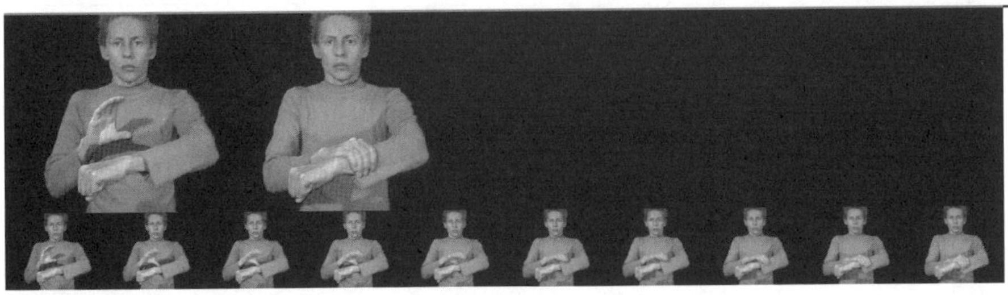

BRACELETE* – Segurar um dos braços próximo ao punho, com os dedos bem unidos.

• ***Bracelete:*** *Adorno que se leva no pulso.*

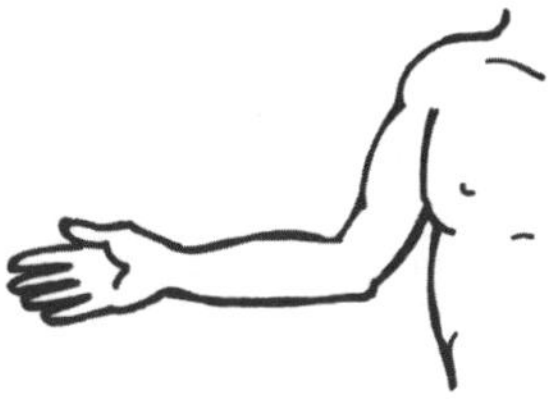

BRAÇO – Deslizar uma das mãos pelo braço, do ombro até o punho.

• ***Braço:*** *Cada um dos dois membros superiores do ser humano e de alguns animais.*

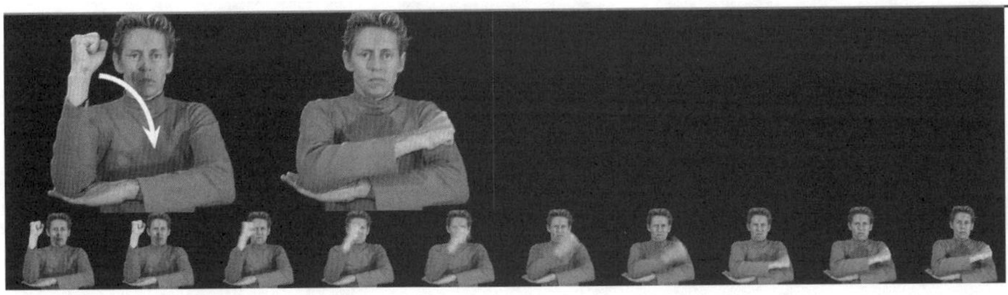

BRAÇO DE FERRO – Mão esquerda aberta, dedos unidos e esticados apontando para a direita, braço dobrado. Mão direita fechada em "S", palma para dentro. Apoiar o cotovelo direito sobre o dorso da mão esquerda. Simulando esforço, baixar a mão direita até o cotovelo esquerdo.

• ***Braço de ferro:*** *Espécie de disputa de força.* **Sinal igual:** QUEDA DE BRAÇO

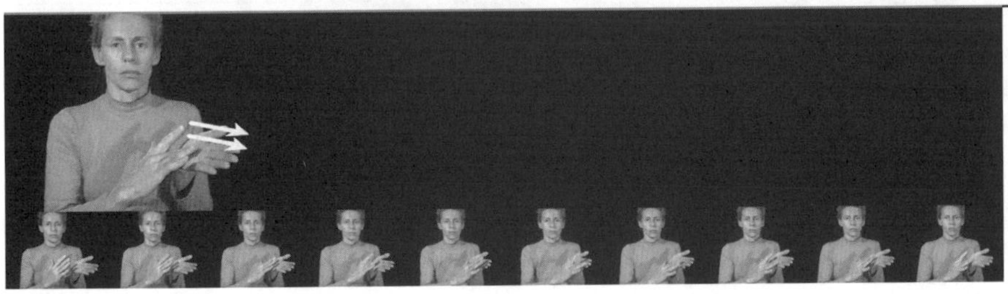

BRAILE – Tocar as pontas dos dedos da mão direita sobre a palma esquerda, deslizando-o como se estivesse fazendo uma leitura de um texto em braile.

• ***Braile:*** *Sistema de escrita com pontos em relevo para leitura através do tato.*

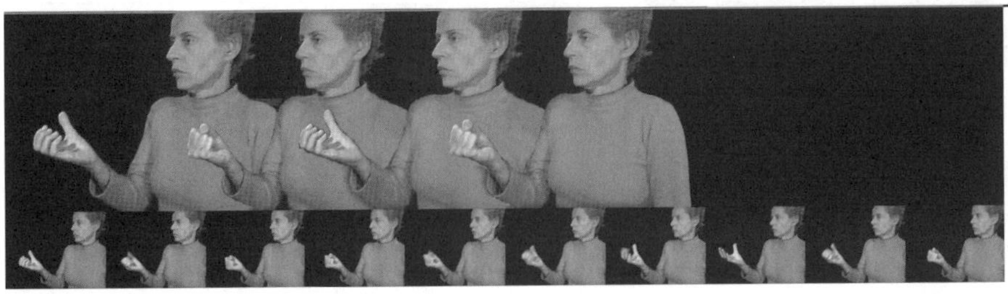

BRANCO – Abrir e fechar a mão duas ou três vezes. A palma da mão pode estar virada para cima ou para dentro (igual ao sinal de "leite").

• ***Branco:*** *Da cor da neve, do leite.* **Sinal igual:** ALVO, CÂNDIDO

■ **BRACELETE:** PULSEIRA ■ **BRADAR:** GRITAR ■ **BRADO:** GRITAR ■ **BRAMIDO:** RUGIDO ■ **BRANDO:** SUAVE

BRASÃO – Mão esquerda aberta, dedos separados e esticados, palma para a frente. Mão direita aberta com os dedos separados e curvados. Tocar duas ou três vezes as pontas dos dedos da mão direita na palma esquerda.

• ***Brasão:*** *Figura que compõe escudo de famílias nobres, cidades, corporações, estados etc.*

BRASIL – Mão em "B", palma para dentro. Posicionar a mão na altura da cabeça. Em seguida, baixá-la verticalmente até a altura do peito, descrevendo um movimento ondular.

• ***Brasil:*** *País da América do Sul.* **Sinal igual:** NACIONAL

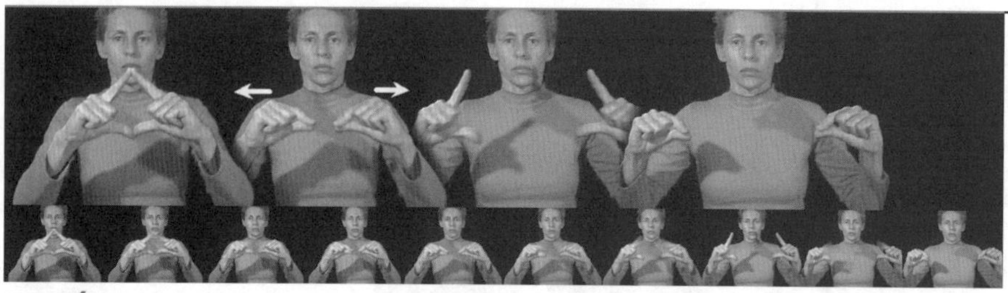

BRASÍLIA – Dedos indicadores e polegares esticados, tocando-se pelas pontas (foto 1). Afastar as mãos para as laterais, tocando duas vezes as pontas dos indicadores nas dos polegares.

• ***Brasília:*** *Capital do Brasil.*

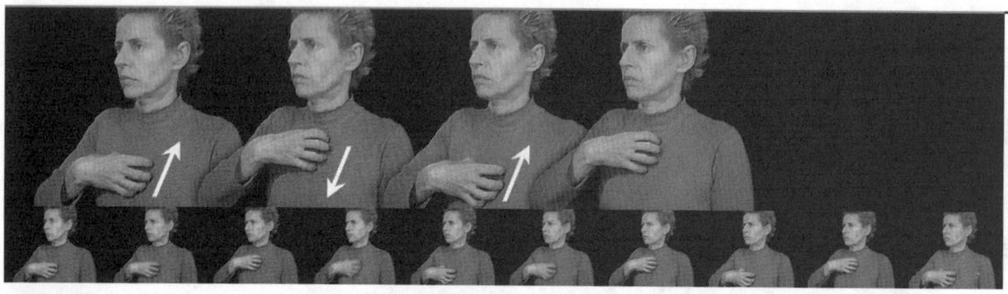

BRAVO – Mão aberta com os dedos separados e dobrados. Tocar as pontas dos dedos no peito. Em seguida, deslizar a mão para cima e para baixo (no peito), fazendo uma expressão de quem está nervoso.

• ***Bravo:*** *Em estado de fúria, irado.* **Sinal igual:** FURIOSO, IRADO, IRRITADO, TEMPESTUOSO, TORMENTOSO, ZANGADO

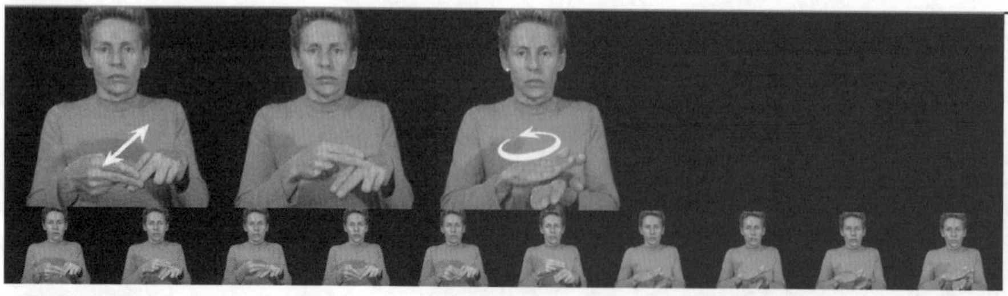

BRIGADEIRO – Fazer o sinal de "chocolate". Em seguida, com as mãos abertas e uma posicionada sobre a outra, sem se encostarem, girar as mãos como quem faz uma bolinha com a massa do brigadeiro.

• ***Brigadeiro:*** *Doce feito com leite condensado e chocolate em forma de bolinhas e coberto com chocolate granulado.*

▪ **BREVE:** RÁPIDO ▪ **BRICOMANIA:** BRUXISMO ▪ **BRIDA:** RÉDEAS ▪ **BRIDÃO:** RÉDEAS

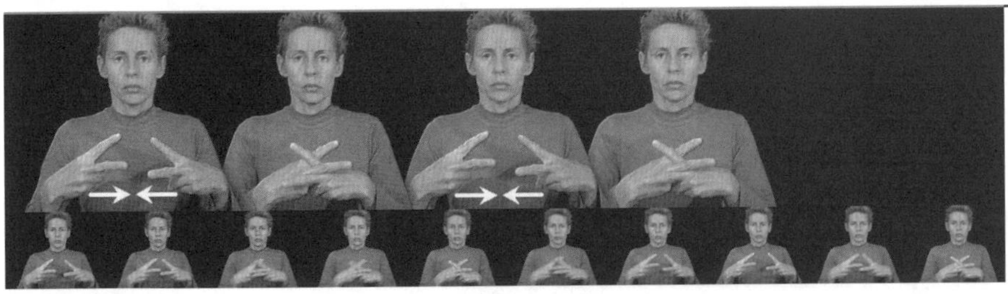

BRIGAR – Mãos em "V", palmas para dentro. Encaixar os dedos da mão esquerda nos da direita duas ou três vezes.

• ***Brigar:*** *Bater-se corpo a corpo ou desentender-se verbalmente.* **Sinal igual:** CONTENDER

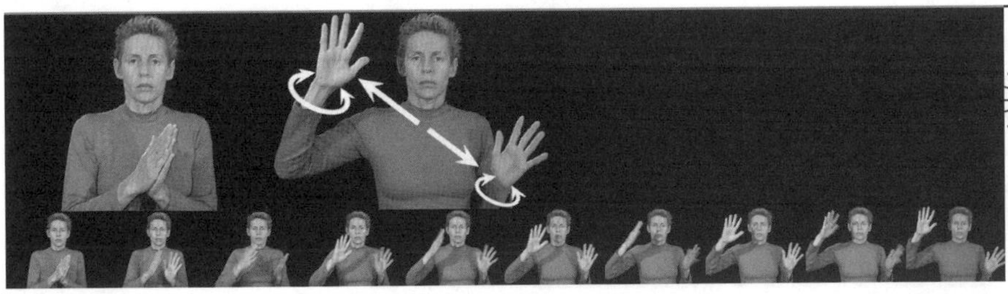

BRILHAR – Mãos abertas, dedos esticados e levemente separados. Posicionar as mãos unidas (foto 1). Em seguida, afastar diagonalmente uma mão da outra e, ao mesmo tempo, virar as mãos ao redor do próprio eixo para dentro e para fora, várias vezes.

• ***Brilhar:*** *Lançar ou refletir luz.* **Sinal igual:** BRILHANTE, BRILHO, CINTILAR, FLUORESCÊNCIA, FLUORESCENTE, FOSFORESCÊNCIA, FOSFORESCENTE, FULGURAR, LUMINESCÊNCIA, LUMINOSO, LUZIR, RELUZIR, RESPLANDECER

BRINCAR – Mãos em "Y", palmas para trás. Posicionar as mãos conforme a foto 1. Em seguida, rodá-las, girando um dedo mínimo sobre o outro, sem se tocarem.

• ***Brincar:*** *Distrair-se com jogos infantis.* **Sinal igual:** BRINCADEIRA, FOLIA

BRINCO – Segurar o lóbulo da orelha com as pontas dos dedos indicador e polegar.

• ***Brinco:*** *Adorno usado nas orelhas.*

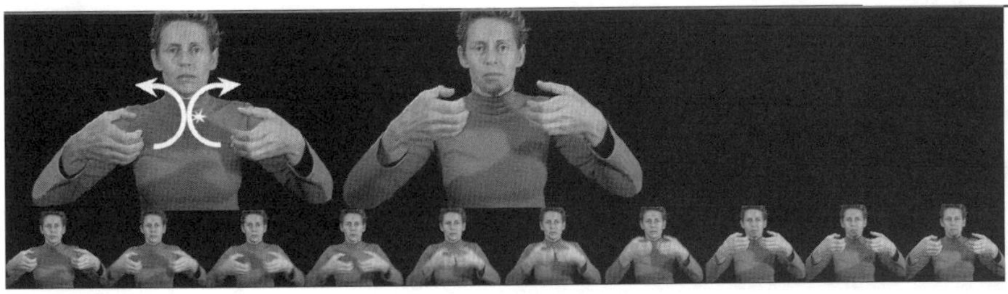

BRINDAR – Posicionar as mãos como se cada uma estivesse segurando um copo. Em seguida, bater levemente uma mão na outra, imitando o gesto de quem faz um brinde.

• ***Brindar:*** *Tocar uma taça ou copo em outro emitindo palavras de saudação.*

■ **BRILHANTE:** BRILHAR ■ **BRILHO:** BRILHAR ■ **BRINCADEIRA:** BRINCAR ■ **BRINDE:** PRESENTE

BRINQUEDO – Fazer os sinais de "brincar" e de "vários".

• ***Brinquedo:*** *Qualquer objeto com que as crianças brincam.*

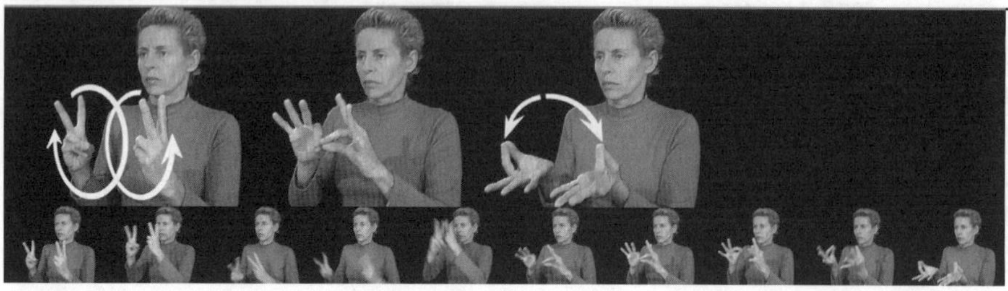

BRISA – Fazer os sinais de "vento" e de "suave".

• ***Brisa:*** *Ventos de fraca intensidade.* **Sinal igual:** ARAGEM, VIRAÇÃO

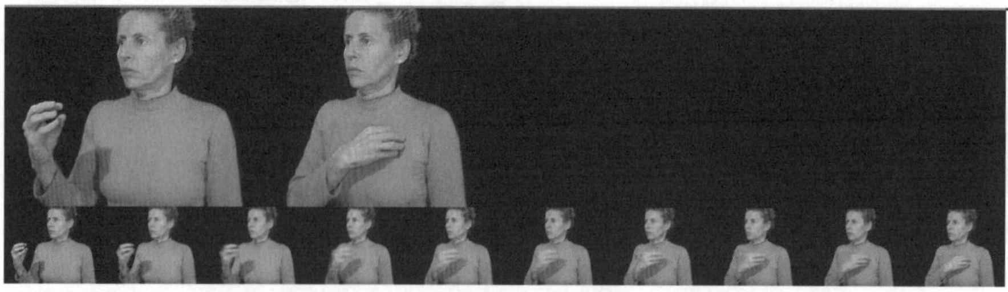

BROCHE – Manter os dedos de uma das mãos curvados e levemente separados, palma para trás. Tocar uma vez as pontas dos dedos em um dos lados do peito, onde geralmente se coloca um broche.

• ***Broche:*** *Joia ou bijuteria que possui um alfinete e que é geralmente presa à roupa na altura do peito.*

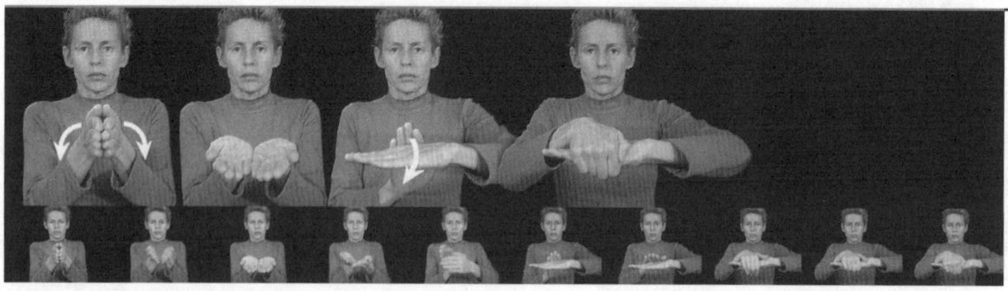

BROCHURA – Fazer o sinal de "livro". Em seguida, mão esquerda aberta, dedos unidos e esticados apontando para a direita, palma para baixo. Encostar a mão direita (dedos apontando para a frente) sobre o dorso da mão esquerda e deslizá-la para a frente até a direita conseguir dobrar os dedos segurando a esquerda.

• ***Brochura:*** *Tipo de acabamento em que o miolo do livro é coberto por capa mole.*

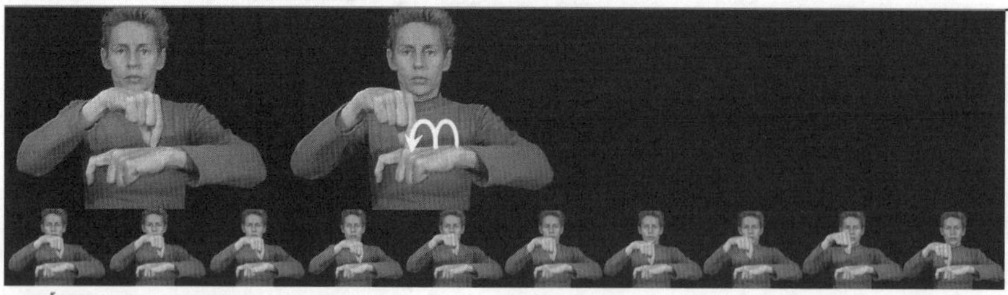

BRÓCOLIS – Mão esquerda fechada com o dedo indicador aberto e dobrado. Palma para baixo. Mão direita fechada com o indicador e o polegar esticados e unidos pelas pontas. Tocar as pontas dos dedos da mão direita em dois ou três pontos diferentes no dorso da esquerda.

• ***Brócolis:*** *Hortaliça de flores comestíveis.*

▪ **BRIO:** ORGULHO

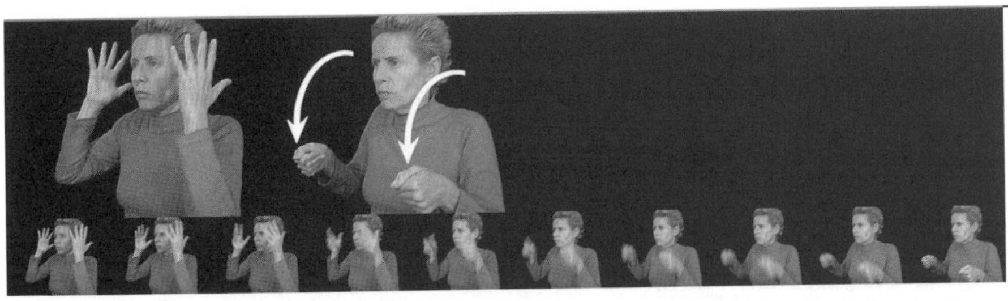

BRONCA – Mãos abertas com os dedos esticados e separados, palmas para dentro. Posicionar as mãos perto das orelhas (foto 1). Em seguida, baixar simultaneamente com vigor as duas mãos, fechando rapidamente os dedos, começando pelos mínimos até os polegares.

• ***Bronca:*** *Repreensão áspera, descompostura.*

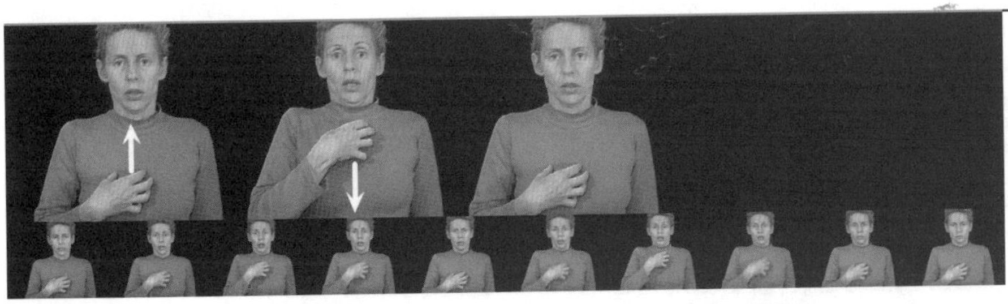

BRONQUITE – Mão aberta com os dedos separados e dobrados. Tocar as pontas dos dedos no peito. Em seguida, deslizar a mão para cima e para baixo, duas ou três vezes, e, ao mesmo tempo, abrir um pouco a boca e respirar com dificuldade.

• ***Bronquite:*** *Inflamação da mucosa da traqueia e dos brônquios.*

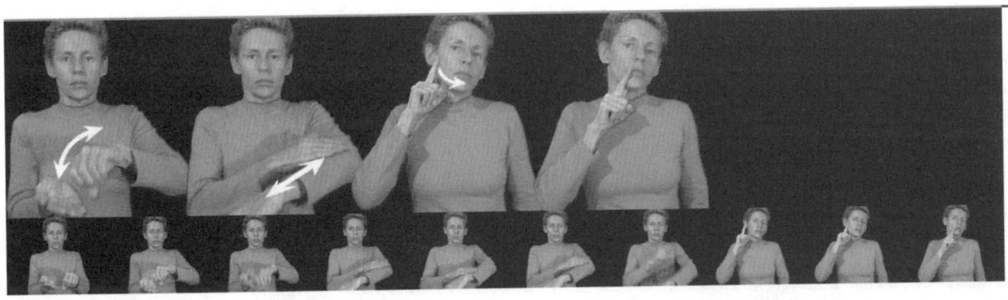

BRONZEADOR – Simular o movimento de quem segura um frasco na mão, despeja seu conteúdo na palma da outra mão e o espalha sobre o braço. Depois, fazer o sinal de "moreno".

• ***Bronzeador:*** *Substância própria para bronzear a pele.*

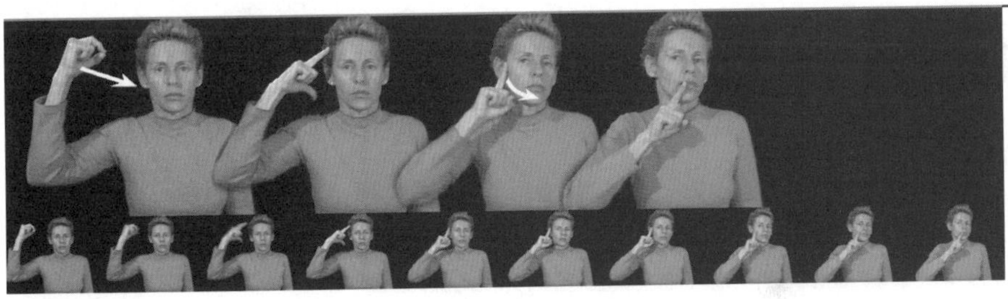

BRONZEAR – Fazer os sinais de "sol" e de "moreno".

• ***Bronzear:*** *Escurecer a pele por meio da ação da luz solar ou artificial.*

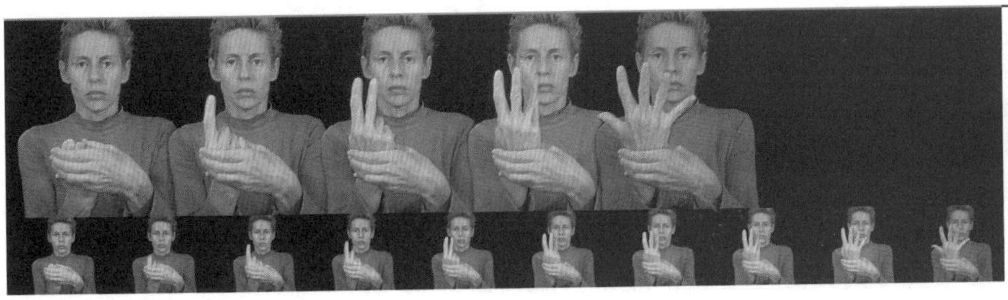

BROTAR – Mão direita fechada em "S", palma para trás. Segurar a mão direita com a esquerda (foto 1). Em seguida, manter a mão esquerda parada enquanto a direita sobe devagar, abrindo os dedos um a um.

• ***Brotar:*** *Gerar ou lançar de si (a planta).* **Sinal igual:** DESABROCHAR, GERMINAR

■ **BRONZEADO:** MORENO ■ **BRUTALIDADE:** VIOLÊNCIA

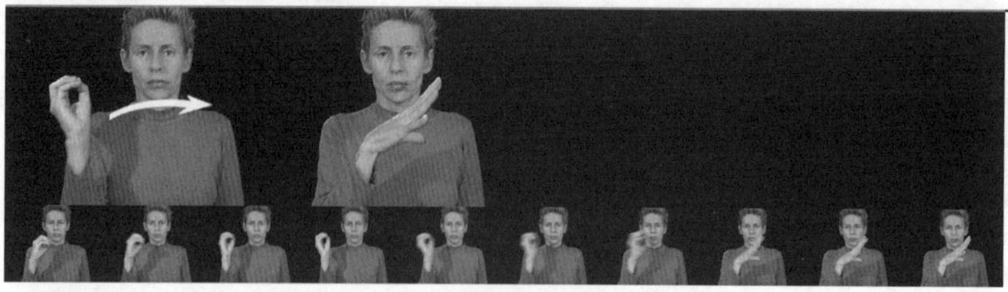

BRUTO – Mão direita fechada em "O", palma para dentro. Posicionar a mão diante do rosto. Em seguida, mover a mão um pouco para a direita e "jogá-la" imediatamente para a esquerda, abrindo com rapidez todos os dedos.

• ***Bruto:*** *Pessoa de atos ou gestos estúpidos ou agressivos.* **Sinal igual:** BÁRBARO, ESTÚPIDO, FEROZ, GROSSEIRO, IMODERADO, IMPULSIVO, INDELICADO, INSENSATO, IRRACIONAL, MALCRIADO, RÍSPIDO, RUDE, RÚSTICO, TOSCO, VIOLENTO

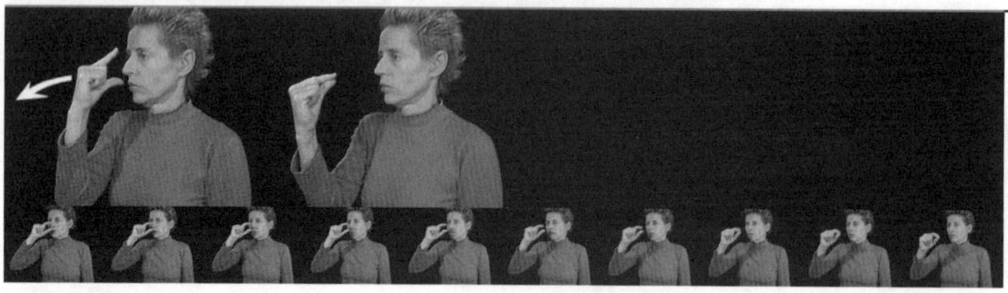

BRUXA – Posicionar a mão diante do nariz com os dedos indicador e polegar abertos (foto 1). Em seguida, mover a mão um pouco para a frente, tocando a ponta do polegar na do indicador no fim do movimento.

• ***Bruxa:*** *Pessoa que tem fama de usar forças sobrenaturais para o mal; feiticeira.* **Sinal igual:** FEITICEIRA, MAGA

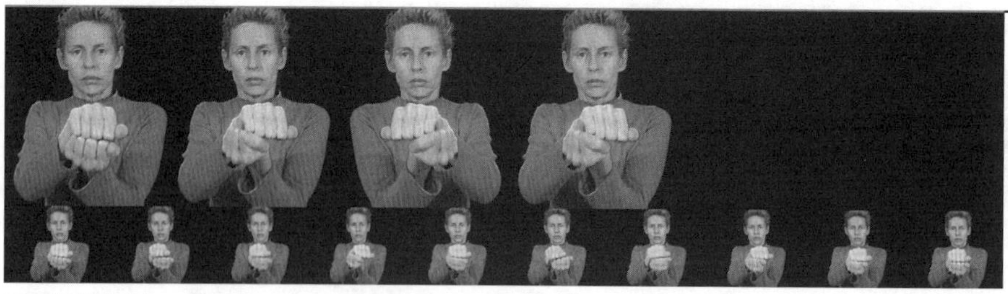

BRUXISMO – Mãos fechadas em "A" e encostadas entre si (foto 1). Esfregar uma mão na outra, movendo-as alternadamente para a direita e para a esquerda.

• ***Bruxismo:*** *Ato de ranger os dentes.* **Sinal igual:** BRICOMANIA, BRUXOMANIA, RANGER (OS DENTES)

BUDA – Mãos fechadas em "6" com os dorsos dos dedos (exceto os polegares) da mão esquerda tocando os da direita conforme a foto.

• ***Buda:*** *Aquele que alcançou a perfeição espiritual, título dado pelos adeptos do budismo.* **Sinal igual:** BUDISMO

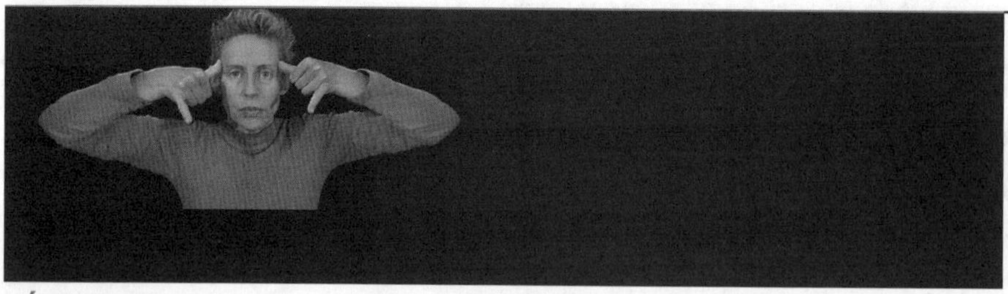

BÚFALO – Mãos fechadas em "Y". Tocar as pontas dos dedos polegares nas têmporas, mantendo os mínimos apontando ligeiramente para baixo.

• ***Búfalo:*** *Mamífero ruminante.*

■ **BRUXOMANIA:** BRUXISMO ■ **BUCHA:** ESPONJA ■ **BUCHO:** ESTÔMAGO ■ **BUDISMO:** BUDA

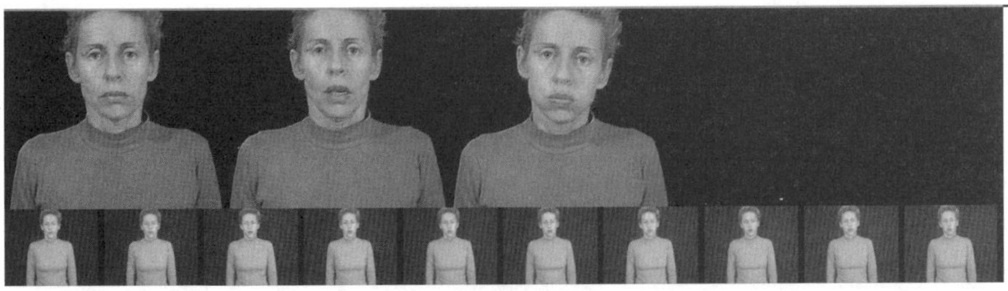

BUFAR – Abrir um pouco a boca, inspirando. Em seguida, soprar o ar, enchendo as bochechas e fazendo uma expressão de aborrecimento.

• ***Bufar:*** *Soprar com força, expressando descontentamento.*

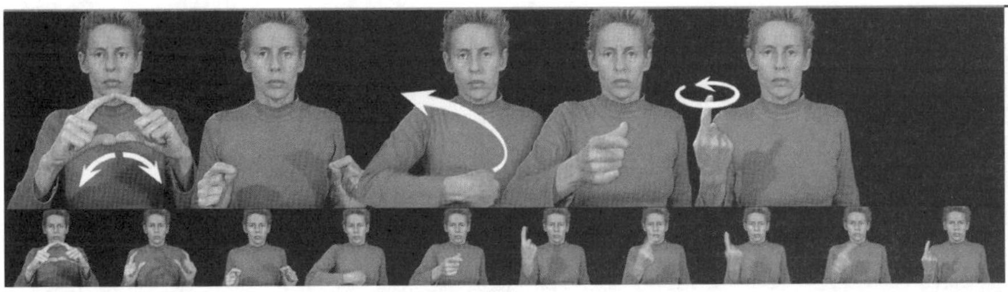

BUMERANGUE – Mãos unidas conforme a foto 1. Afastar uma mão da outra, descrevendo um leve arco para baixo e unir as pontas do indicador e do polegar de cada mão. Depois, fazer com uma das mãos o gesto de quem joga um objeto e, apontando para cima, girar a mão.

• ***Bumerangue:*** *Objeto que, ao ser atirado, volta para o mesmo lugar.*

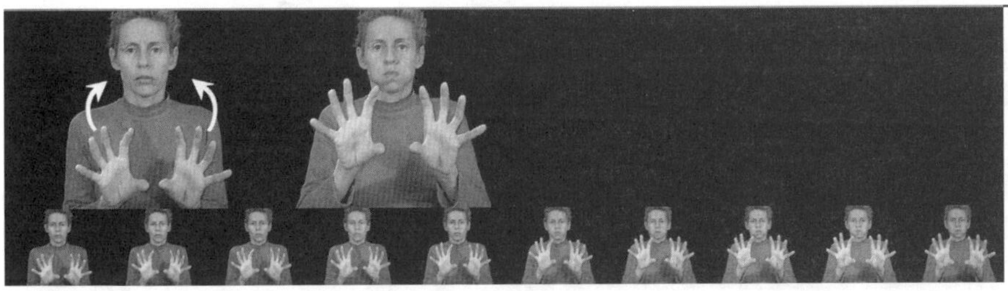

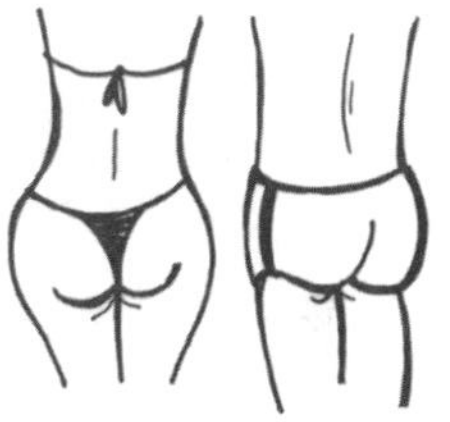

BUNDA – Mãos abertas com os dedos separados e levemente curvados, palmas para a frente. Mover as mãos simultaneamente um pouco para cima e para a frente e encher as bochechas de ar.

• ***Bunda:*** *Região das nádegas.* **Sinal igual:** FUNDILHOS, GLÚTEO, NÁDEGA, TRASEIRO

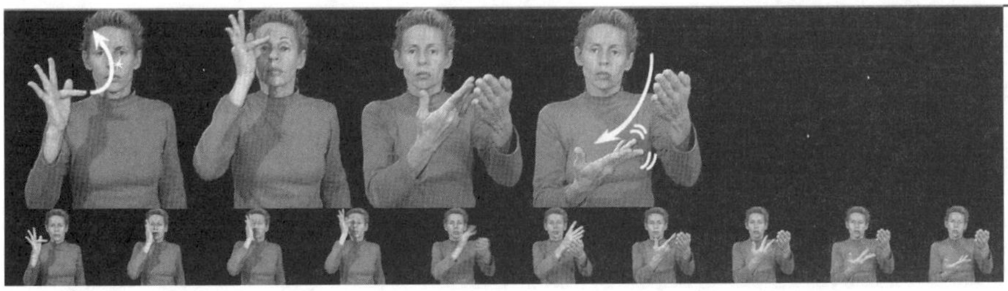

BUQUÊ – Fazer o sinal de "flor". Em seguida, posicionar as mãos conforme a foto 2, manter a mão esquerda parada enquanto a direita se move para baixo balançando os dedos.

• ***Buquê:*** *Maço de flores, ramalhete; aroma, perfume.* **Sinal igual:** RAMALHETE

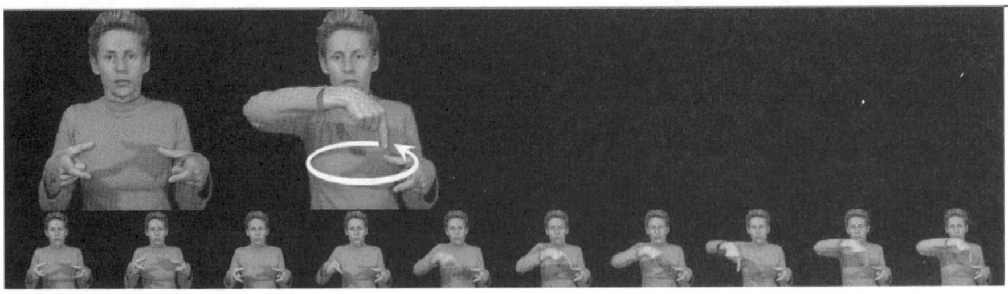

BURACO – Mãos fechadas com os dedos indicadores e polegares abertos e curvados, palmas para dentro, conforme a foto 1. Manter a mão esquerda parada enquanto a direita, fechada com o indicador aberto apontando para baixo, se move descrevendo um círculo, como se estivesse mostrando o formato do buraco.

• ***Buraco:*** *Espaço vazio, de profundidade variável, apresentado por um corpo ou superfície.*

▪ **BURLA:** ENGANO ▪ **BURLADO:** ENGANADO ▪ **BURRICE:** ASNEIRA

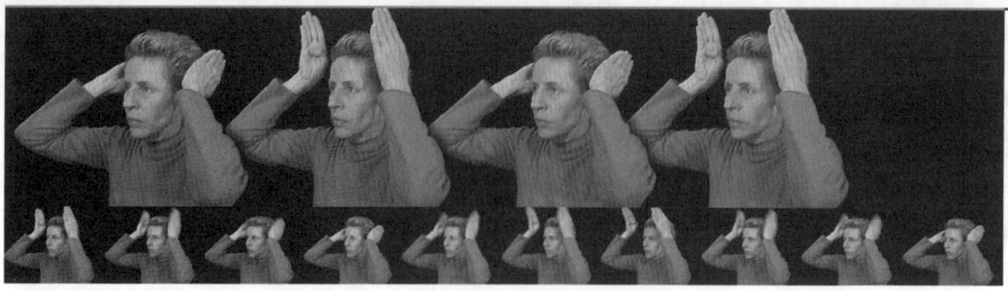

BURRO – Mãos em "B", palmas para dentro. Posicionar as mãos nas laterais da cabeça e movê-las pelos punhos simultaneamente para a frente e para trás, duas ou três vezes.

• ***Burro:*** *Animal estéril, produto do cruzamento do cavalo com a jumenta.* **Sinal igual:** ASNO, JEGUE, JERICO, JUMENTO, MULA

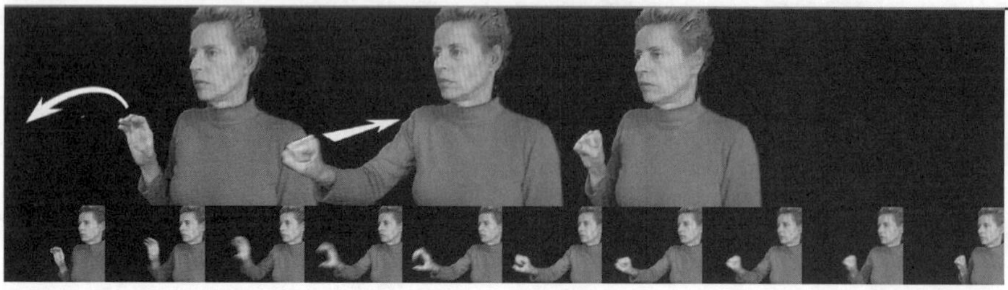

BUSCAR – Mão em "C" com os dedos levemente afastados. Posicionar a mão perto do corpo. Em seguida, movê-la para a frente, fechá-la em "S" e voltar à posição inicial, mantendo a mão fechada.

• ***Buscar:*** *Ir ao encontro de alguém ou algo.* **Sinal igual:** CATAR

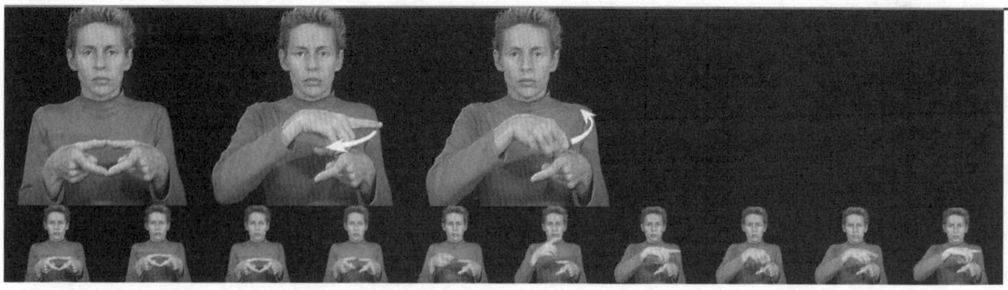

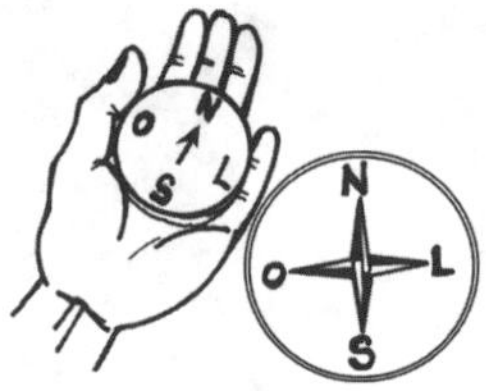

BÚSSOLA – Mãos fechadas com os dedos indicadores e polegares abertos, tocando-se pelas pontas (foto 1). Em seguida, mão direita em "D", encostando as pontas dos dedos em cima da mão esquerda. Girar a mão direita para a direita e para a esquerda, sem desencostar da mão esquerda, simulando o movimento do ponteiro de uma bússola. **Sinal igual:** PONTEIRO

• ***Bússola:*** *Instrumento que indica os pontos cardeais.*

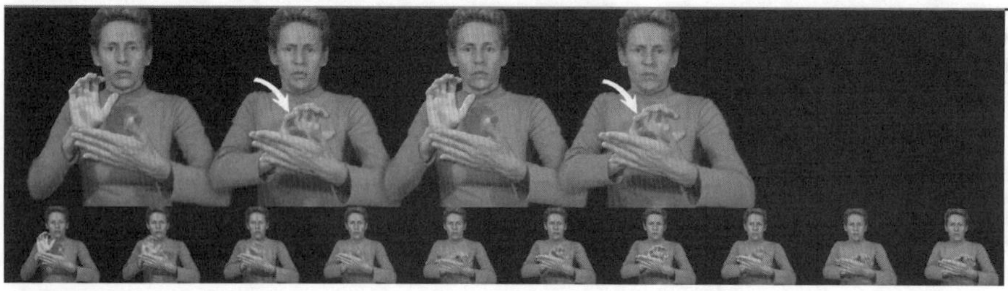

BUZINAR – Mão esquerda aberta, dedos unidos e esticados apontando para a direita, palma para trás. Mão direita aberta com os dedos curvados, palma para a frente. Encostar a palma da mão direita na palma esquerda duas ou três vezes.

• ***Buzinar:*** *Produzir som com a buzina.*

■ **BÚZIO:** CONCHA

Dedos unidos e curvados, polegar aberto e curvado em oposição aos demais dedos, palma para dentro. Terceira letra do alfabeto. Dedos unidos e curvados, polegar aberto e curvado em oposição aos demais dedos, palma para dentro. Terceira letra do alfabeto. Dedos unidos e curvados, polegar aberto e curvado em oposição aos demais dedos, palma para dentro. Terceira letra do alfabeto. Dedos unidos e curvados, po

oposição aos

dentro. Terceira letra do alfabeto. Dedos unidos e curvados, polegar aberto e curvado em oposição aos demais dedos, palma para dentro. Terceira letra do alfabeto. Dedos unidos e curvados, polegar aberto e curvado em oposição aos demais dedos, palma para dentro. Terceira letra do alfabeto. Dedos unidos e curvados, polegar aberto e curvado em oposição aos demais dedos, palma para dentro. Tercei

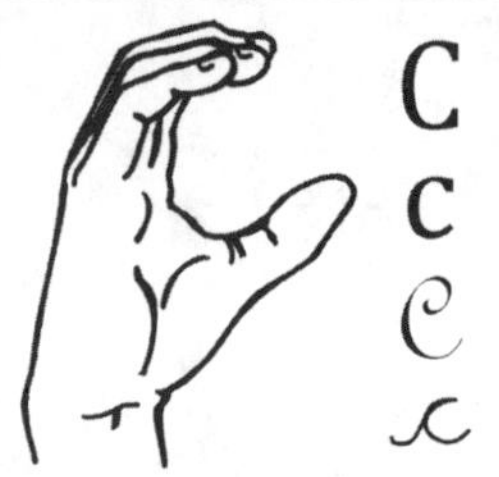

C – Dedos unidos e curvados, polegar aberto e curvado em oposição aos demais dedos, palma para dentro.
• *C: Terceira letra do alfabeto.*

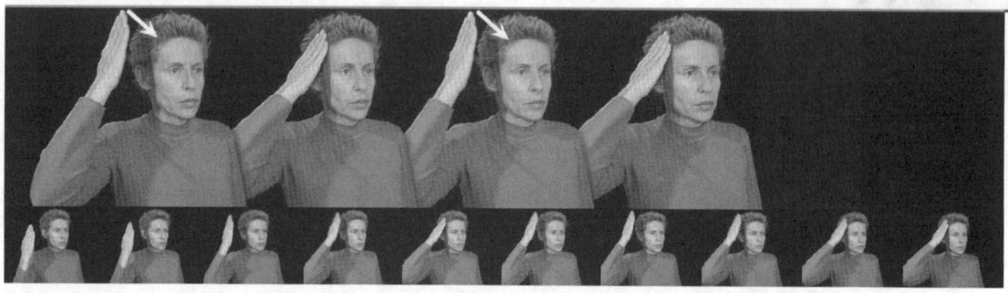

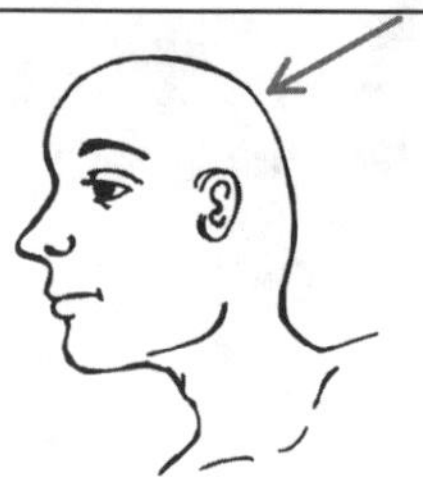

CABEÇA – Mão aberta com os dedos unidos e esticados. Tocar duas ou três vezes suas pontas sobre a cabeça.
• ***Cabeça:*** *Parte do corpo formada pelo crânio e pela face, e na qual se encontra o cérebro.* **Sinal igual:** CRÂNIO

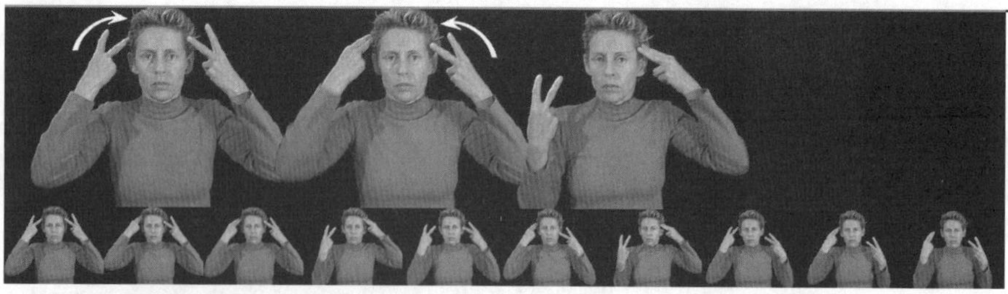

CABELEIREIRO – Mãos em "V", palmas para trás. Posicionar as mãos nas laterais da cabeça e movê-las alternadamente para perto dos cabelos, unindo o indicador e o médio ao fim de cada movimento, simulando uma tesoura cortando o cabelo.
• ***Cabeleireiro:*** *Profissional que trabalha cortando cabelos.*

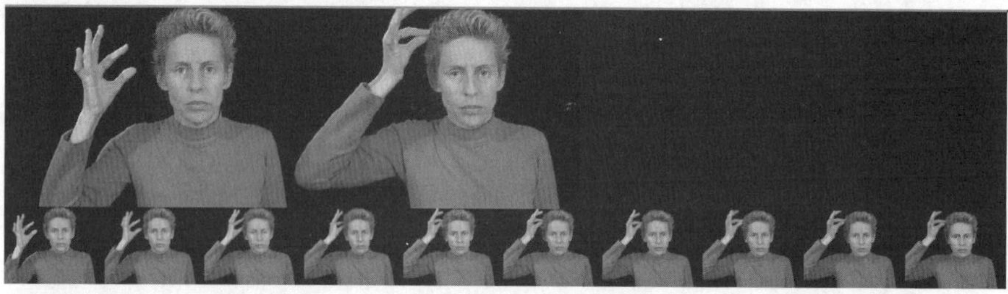

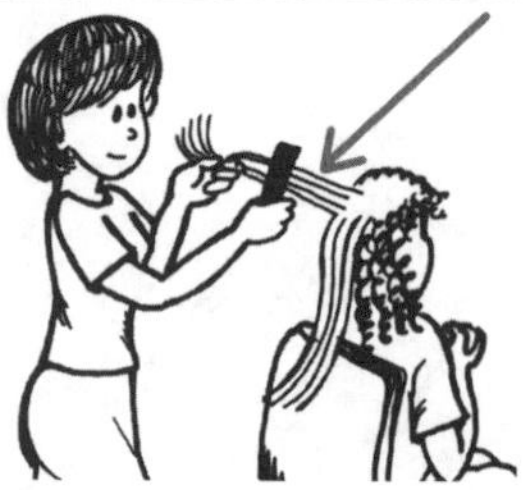

CABELO – Segurar o cabelo com o indicador e o polegar, mantendo os demais dedos esticados e separados.
• ***Cabelo:*** *Conjunto de pelos longos e de crescimento contínuo que geralmente nasce na cabeça.* **Sinal igual:** CABELEIRA, CABELUDO, PERUCA

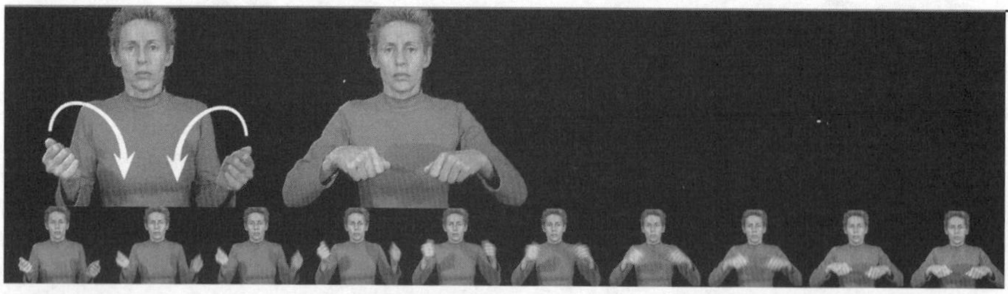

CABER – Mãos fechadas em "A", palmas para cima. Virar simultaneamente as mãos para dentro deixando as palmas para baixo.
• ***Caber:*** *Poder estar contido dentro de alguma coisa.* **Sinal igual:** COMPORTAR

■ Ç: CEDILHA ■ CABAZ: CESTA ■ CABELEIRA: CABELO ■ CABELUDO: CABELO

CABIDE – Mão esquerda fechada com o dedo indicador esticado e apontando para o lado direito. Mão direita fechada com o indicador aberto e curvado. Apoiar o indicador direito sobre o indicador esquerdo.
• ***Cabide:*** *Apoio para pendurar roupas.*

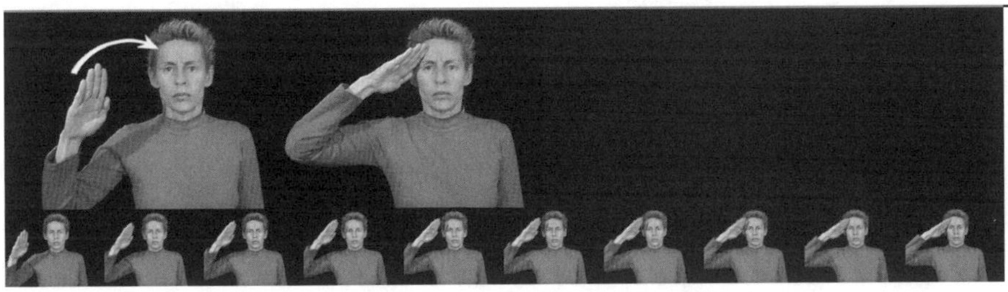

CABO – Mão aberta com os dedos unidos e esticados. Tocar a lateral externa do indicador na lateral da testa.
• ***Cabo:*** *Militar superior ao soldado.*

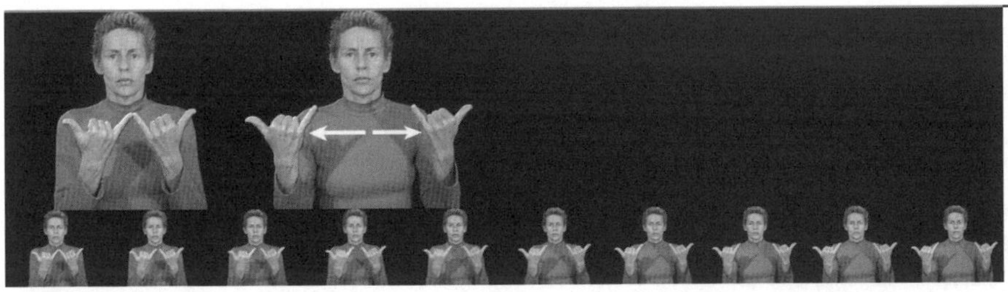

CABO ELÉTRICO – Mãos em "Y", palmas para trás. Encostar um dedo mínimo no outro, pelas pontas. Em seguida, afastar as mãos para as laterais.
• ***Cabo elétrico:*** *Tipo de fio elétrico.*

CABRA – Mão em "V", palma para trás. Encostar a palma da mão na testa.
• ***Cabra:*** *Mamífero ruminante que vive em montanhas ou domesticados.* **Sinal igual:** CABRA MONTESA, CABRITA

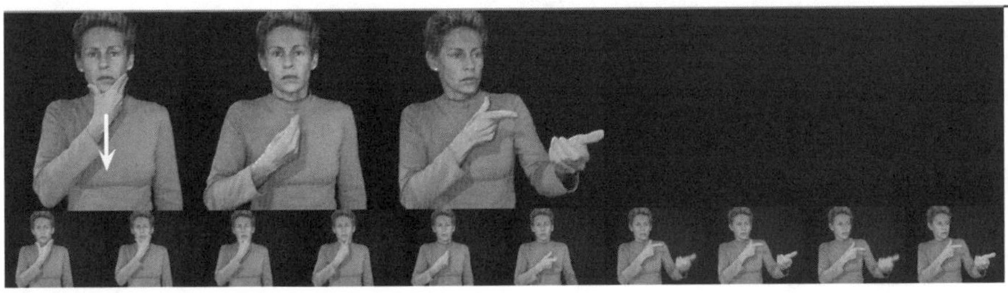

CAÇADOR – Fazer os sinais de "homem" e de "caçar".
• ***Caçador:*** *Aquele que pratica a caça, que persegue animais para aprisionar ou matar.*

▪ **CABRA MONTESA:** CABRA ▪ **CABRESTO:** RÉDEAS ▪ **CABRITA:** CABRA ▪ **CABRITO:** BODE, CARNEIRO

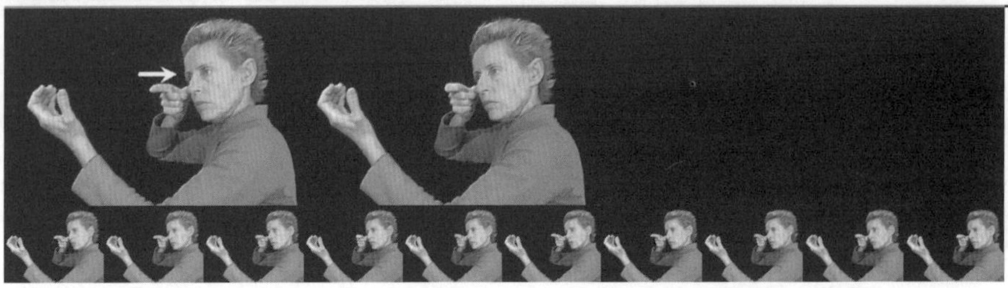

CAÇAR – Posicionar os braços como quem segura uma espingarda (foto 1). Em seguida, dobrar e esticar o dedo indicador direito duas ou três vezes, simulando o gesto de quem aperta um gatilho.
• ***Caçar:*** *Perseguir animais para aprisionar ou matar.* **Sinal igual:** CARABINA, ESPINGARDA, FUZIL, MOSQUETE, RIFLE

CACAU – Mão esquerda aberta, dedos unidos e esticados, palma para cima. Mão direita fechada com o indicador e o polegar esticados se tocando pelas pontas. Encostar as pontas dos dedos da mão direita na palma esquerda, em três pontos diferentes e alinhados.
• ***Cacau:*** *Fruto comestível do cacaueiro; usado em doces e como matéria-prima na fabricação de chocolates.*

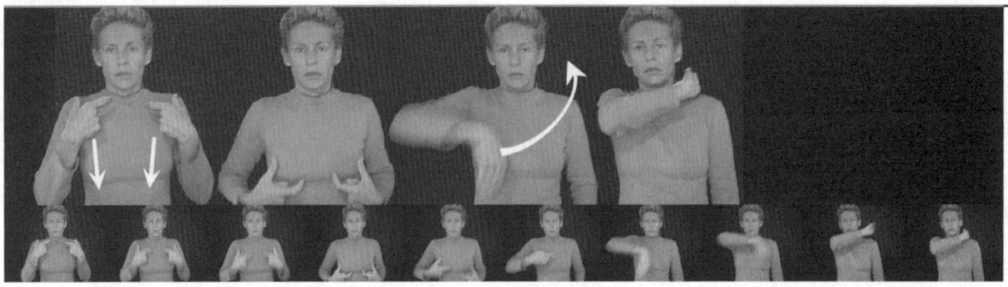

CACHECOL – Mãos fechadas com os indicadores e os polegares abertos e curvados, palmas para trás. Posicionar as mãos direcionadas para os ombros (foto 1). Em seguida, baixá-las simultaneamente até abaixo da altura do peito. Depois, com uma das mãos em "B", movê-la sobre o ombro, "jogando-a" para trás.
• ***Cachecol:*** *Peça de vestuário usada no pescoço.*

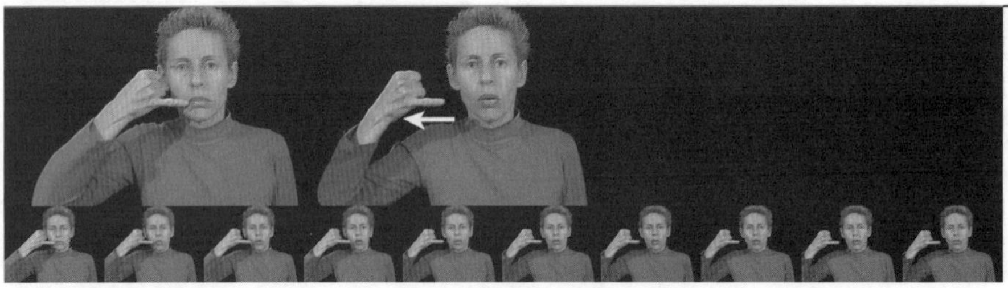

CACHIMBO – Mão fechada em "I", palma para trás. Encostar levemente a ponta do dedo mínimo no canto da boca. Em seguida, afastar um pouco a mão para a lateral e, ao mesmo tempo, abrir um pouco a boca, soltando o ar.
• ***Cachimbo:*** *Utensílio para fumar geralmente feito de madeira.* **Sinal igual:** CACHIMBAR

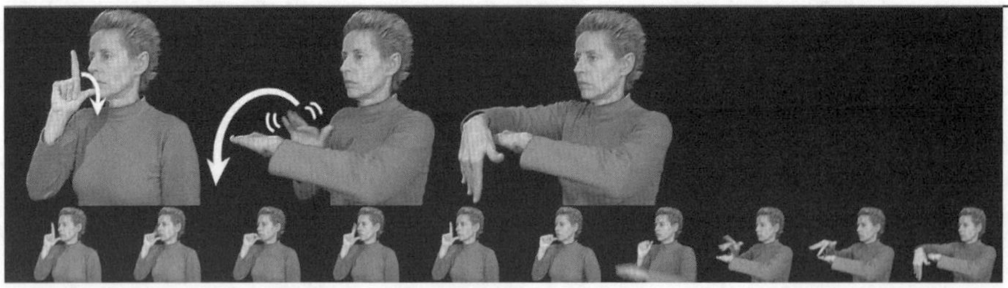

CACHOEIRA – Fazer o sinal de "água". Em seguida, manter o braço esquerdo dobrado enquanto a mão direita, com os dedos levemente afastados, passa por cima do braço esquerdo e desce. Os dedos da mão direita devem se deslocar aleatoriamente durante o movimento.
• ***Cachoeira:*** *Torrente de água que cai, queda-d'água.* **Sinal igual:** CASCATA, CATARATA, QUEDA D'ÁGUA

▪ **CACHAÇA:** PINGA ▪ **CACHEADO:** ENCARACOLADO ▪ **CACHIMBAR:** CACHIMBO

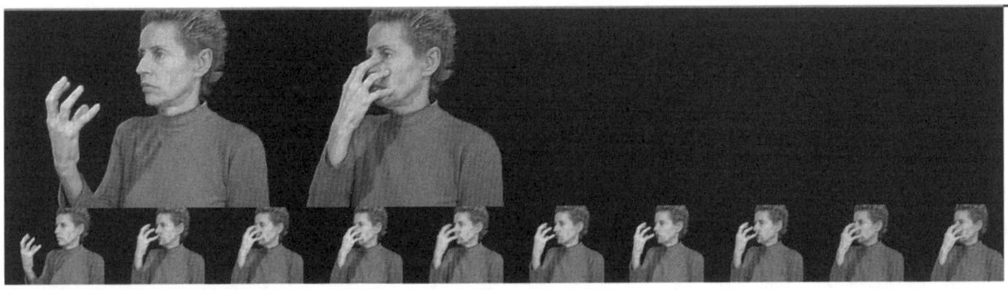

CACHORRO – Mão aberta com os dedos separados e curvados, palma para trás. Mover a mão até o rosto, "escondendo" o nariz e a boca. Não é necessário encostar as pontas dos dedos no rosto.
• ***Cachorro:*** *Animal mamífero domesticado.* **Sinal igual:** CADELA, CANÍDEO, CANINO, CÃO

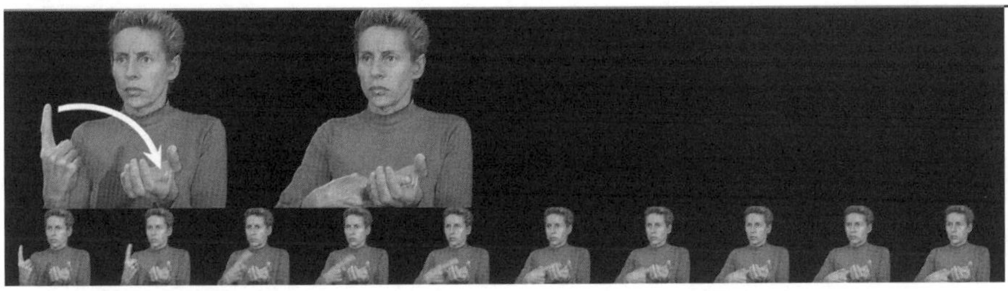

CACHORRO-QUENTE – Mão direita fechada com o indicador esticado. Mão esquerda aberta com os dedos unidos e curvados, polegar em posição oposta, palma para cima. Mover a mão direita, "deitando" o indicador na palma esquerda.
• ***Cachorro-quente:*** *Sanduíche feito com salsicha.* **Sinal igual:** *HOT DOG*

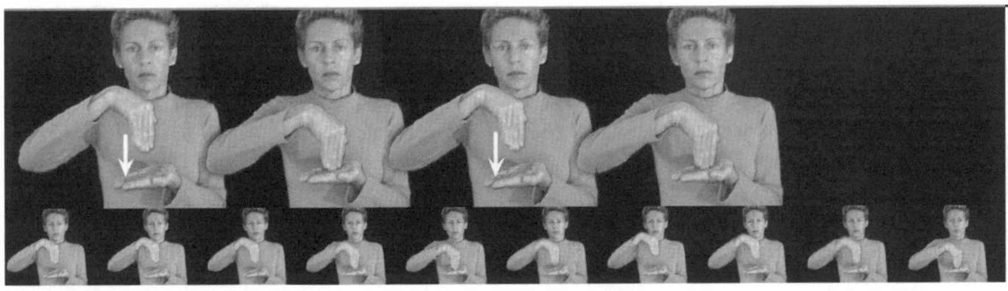

CAÇULA – Mão esquerda aberta, dedos unidos, palma para cima. Mão direita aberta, dedos unidos. Posicionar as mãos conforme a foto 1. Em seguida, tocar duas vezes as pontas dos dedos da mão direita na palma esquerda.
• ***Caçula:*** *O mais novo dos filhos.*

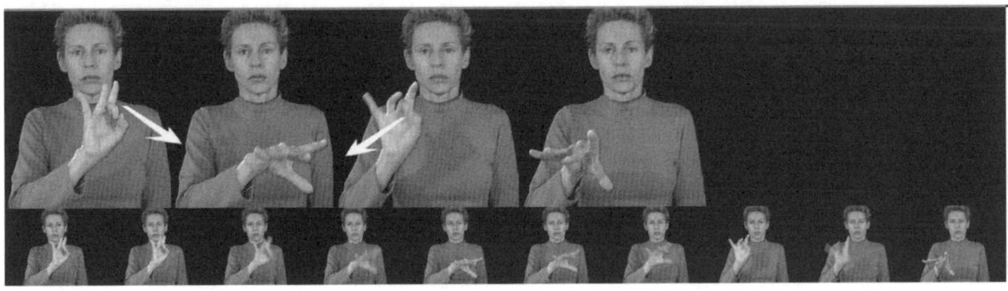

CADA – Mão aberta, dedos separados. "Segurar" a unha do dedo médio com o polegar. Em seguida, soltar o dedo médio movendo a mão, como se estivesse "espirrando água" em dois pontos diferentes.
• ***Cada:*** *Expressão usada para se referir a um elemento de um conjunto ou grupo.*

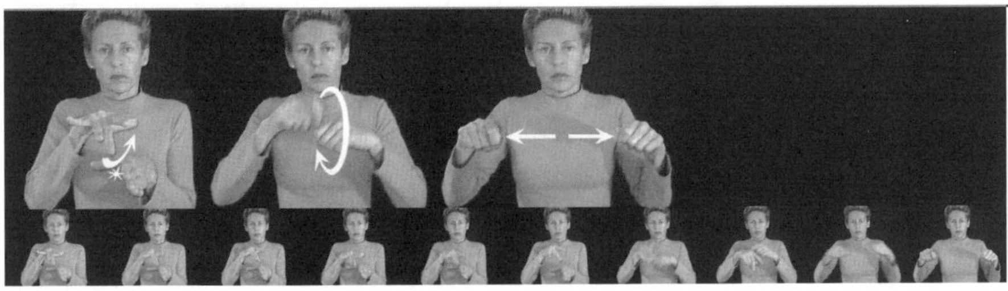

CADARÇO – Fazer os sinais de "pé" e de "amarrar".
• ***Cadarço:*** *Fita ou cordão que se usa em determinados tipos de sapatos.*

▪ **CAÇOAR:** ZOMBAR ▪ **CADASTRO:** FICHA ▪ **CADASTRO DE PESSOA FÍSICA:** CPF

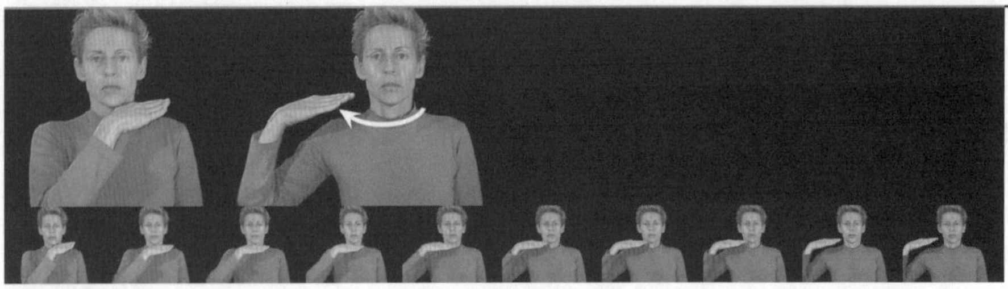

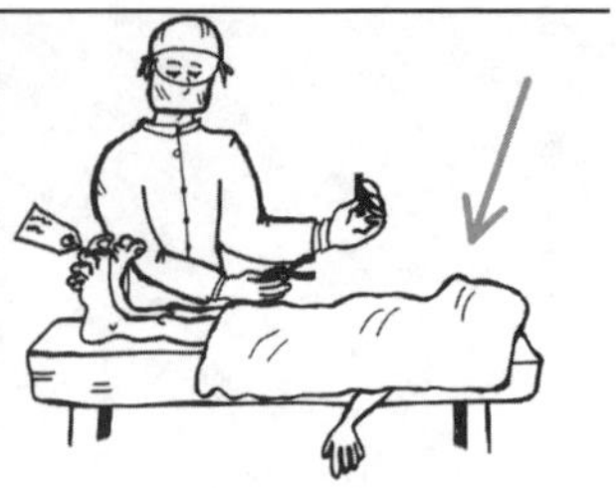

CADÁVER – Mão direita aberta com os dedos unidos e esticados apontando para a esquerda, palma para baixo. Encostar a lateral interna da mão no lado esquerdo do pescoço. Em seguida, deslizar a mão para a direita até que somente as pontas dos dedos toquem no pescoço.
• ***Cadáver:*** *Corpo morto de um animal ou ser humano.* **Sinal igual:** DEFUNTO, FALECER, FALECIDO, FALECIMENTO, MORRER, MORTE, MORTO

CADEADO – Mãos abertas com os dedos separados. Indicadores e polegares curvados, palmas para a frente. Encaixar uma mão na outra pelos indicadores e polegares, que devem se unir pelas pontas.
• ***Cadeado:*** *Espécie de fechadura portátil.*

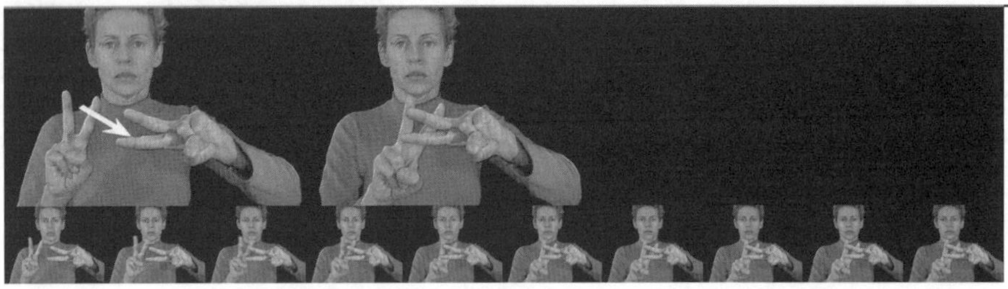

CADEIA – Mãos em "V", palmas para a frente. Encostar o indicador e o médio da mão direita no dorso dos mesmos dedos da esquerda.
• ***Cadeia:*** *Lugar onde alguém é mantido preso.* **Sinal igual:** APRISIONAR, CALABOUÇO, CAPTURAR, CARCERAGEM, CELA, DETENÇÃO, ENCARCERAR, JAULA, PENITENCIÁRIA, PRENDER, PRESÍDIO, PRISÃO

CADEIRA – Mão esquerda em "U", palma para baixo. Mão direita em "U", com os dedos indicador e médio curvados. Apoiar esses dedos sobre o indicador e o médio da mão esquerda.
• ***Cadeira:*** *Peça de mobília usada como assento.* **Sinal igual:** ASSENTAR, ASSENTO, BANCO, BANQUETA, BANQUINHO, POLTRONA, SENTAR

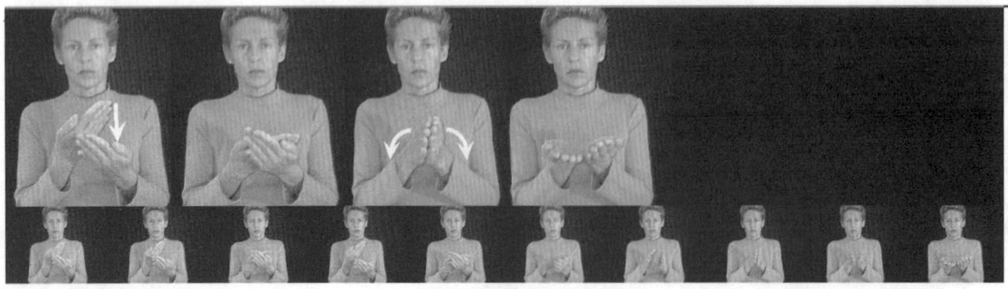

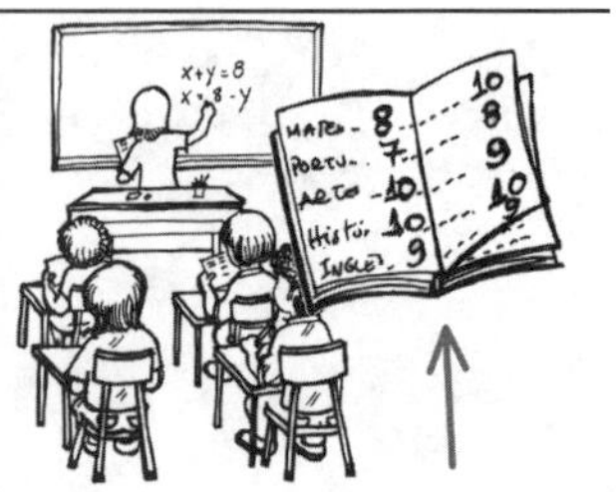

CADERNETA ESCOLAR – Fazer os sinais de "estudar" e de "livro".
• ***Caderneta escolar:*** *Pequeno caderno usado para anotar a frequência e a nota dos alunos.*

■ **CADELA:** CACHORRO ■ **CADERNETA:** CADERNO

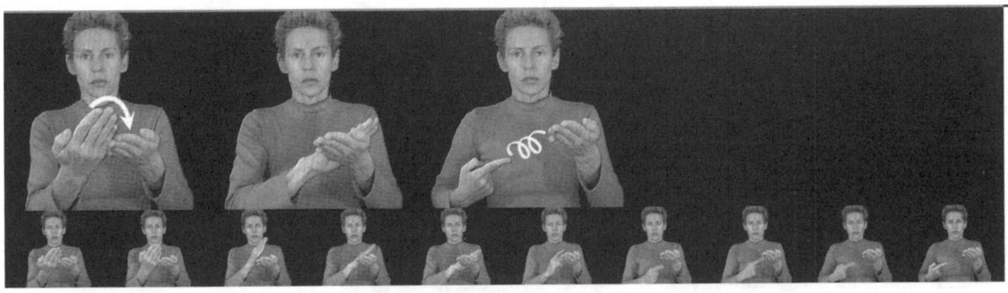

CADERNO – Fazer o sinal de "revista". Em seguida, manter a mão esquerda imóvel, enquanto a direita (fechada e com o dedo indicador esticado, apontando para a mão esquerda) se afasta da outra mão, executando movimentos circulares com o indicador, imitando o desenho da espiral de um caderno.
• ***Caderno:*** *Conjunto de folhas de papel.* **Sinal igual:** APOSTILA, CADERNETA

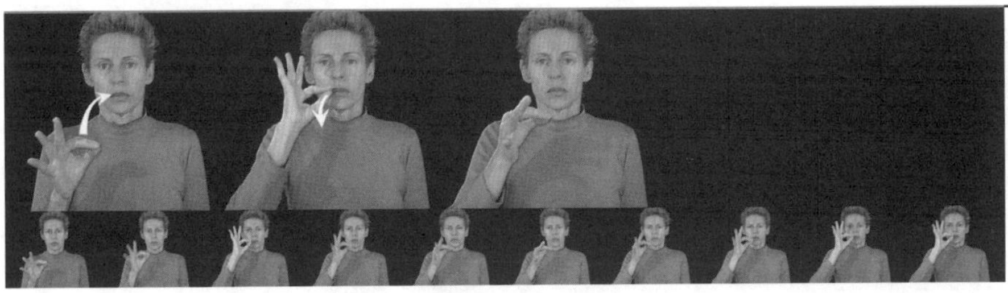

CAFÉ – Mão aberta, dedos esticados e separados com o dedo indicador tocando no polegar pelas pontas. Mover a mão em direção à boca, imitando o gesto de quem segura uma xícara e toma um gole de café.
• ***Café:*** *Fruto do cafeeiro; bebida escura, estimulante e aromática.*

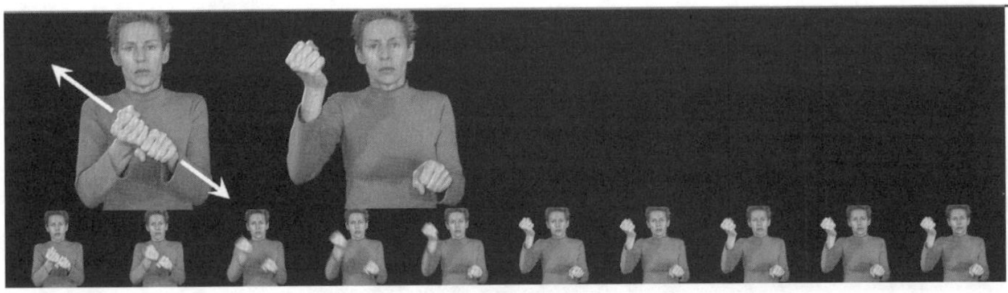

CÃIBRA – Mãos fechadas em "S". Posicionar as mãos conforme a foto 1. Em seguida, afastar diagonalmente uma mão da outra, com rapidez.
• ***Câibra:*** *Contração muscular dolorosa; cãibra.*

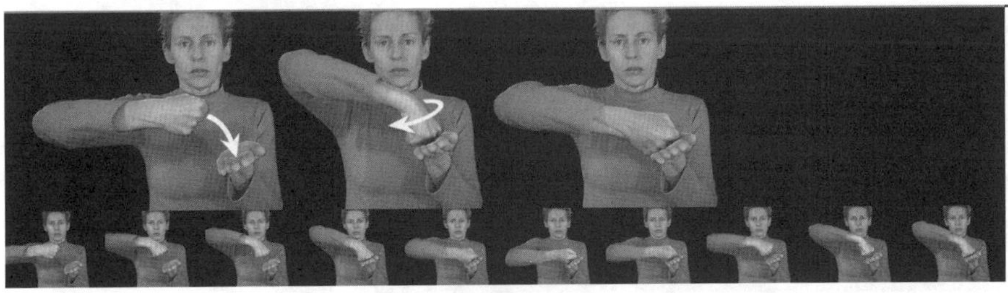

CAIPIRINHA – Mão direita fechada em "S", palma para trás . Mão esquerda aberta com os dedos unidos e esticados, palma para cima. Encostar o dorso dos dedos da mão direita na palma esquerda e, em seguida, girar a mão direita em sentido horário. Repetir esse movimento duas vezes.
• ***Caipirinha:*** *Bebida alcoólica preparada com limão, pinga e açúcar.*

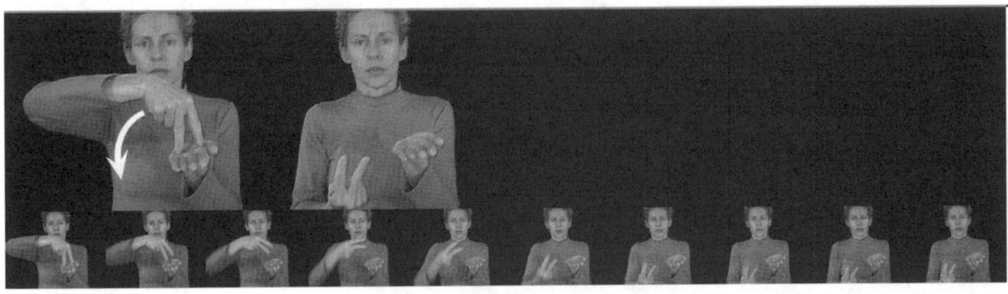

CAIR – Mão direita em "V", palma para trás. Mão esquerda aberta com os dedos unidos e esticados. Encostar as pontas do indicador e do polegar da mão direita na palma esquerda. Em seguida, afastar e abaixar a mão direita, virando as pontas dos dedos para cima.
• ***Cair:*** *Ir ao chão.* **Sinal igual:** DESPENCAR, PRECIPITAR, QUEDA, TOMBO

▪ **CADUCO:** IDOSO ▪ **CAGANEIRA:** DIARREIA ▪ **CAGAR:** EVACUAR ▪ **CAIPIRA:** AGRICULTURA

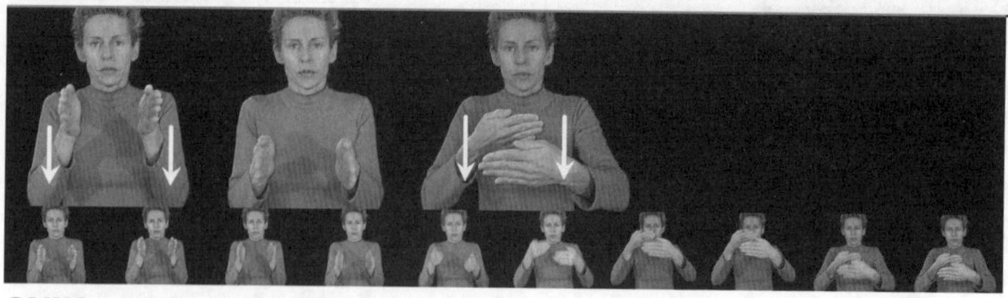

CAIXA – Mãos abertas, dedos unidos e esticados apontando para a frente, palmas para dentro. Posicionar as mãos conforme a foto 1. Em seguida, movê-las simultaneamente, um pouco para baixo. Depois, com uma mão à frente da outra, apontando para dentro, fazer o mesmo movimento para baixo.
• ***Caixa:*** *Qualquer receptáculo para guardar ou transportar objetos.* **Sinal igual:** CAIXOTE

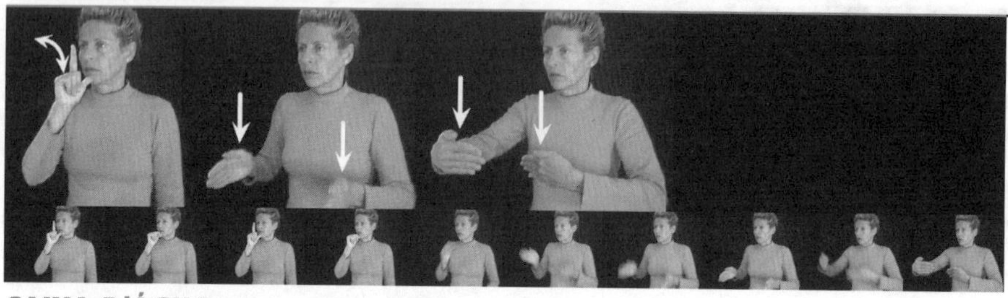

CAIXA-D'ÁGUA – Fazer os sinais de "água" e de "caixa".
• ***Caixa-d'água:*** *Reservatório situado em local elevado utilizado para guardar água.*

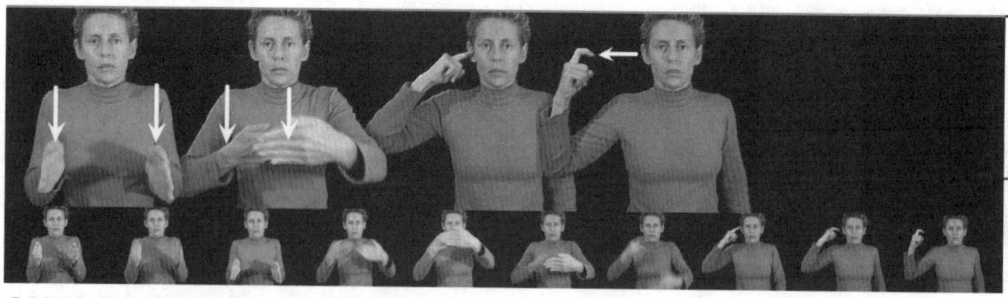

CAIXA DE SOM – Fazer os sinais de "caixa" e de "som".
• ***Caixa de som:*** *Caixa em que se instala um alto-falante e que tem a função de favorecer a propagação do som.*

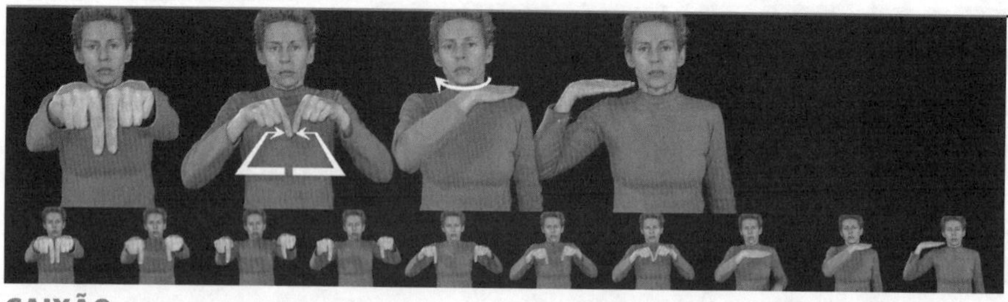

CAIXÃO – Mãos fechadas com os dedos indicadores esticados apontando para baixo. Posicionar as mãos juntas e distantes do corpo (foto 1). Em seguida, mover as mãos para junto do corpo, "desenhando" um retângulo imaginário. Depois, fazer o sinal de "cadáver".
• ***Caixão:*** *Caixa de madeira onde se enterram os mortos.* **Sinal igual:** ATAÚDE, ESQUIFE, FÉRETRO

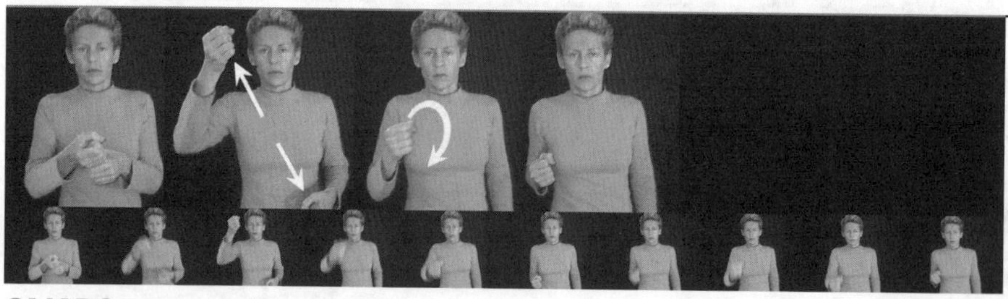

CAJADO – Mãos fechadas em "O", palmas para dentro. Posicionar uma mão sobre a outra (foto 1). Em seguida, afastá-la, movendo uma para cima e outra para baixo, em uma trajetória levemente diagonal. Depois, simular o gesto de quem se apoia no cajado com uma das mãos para se locomover.
• ***Cajado:*** *Espécie de vara usada antigamente para puxar ou conduzir animais de criação.*

■ **CAIXOTE:** CAIXA

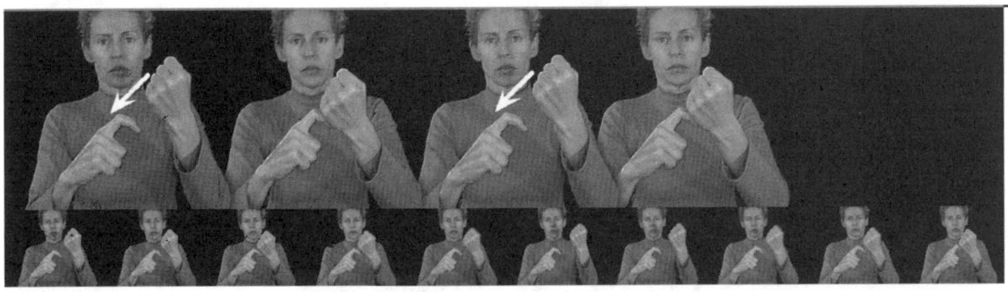

CAJU – Mão direita fechada com o dedo indicador aberto e curvado. Mão esquerda fechada em "S". Tocar duas ou três vezes a lateral externa da mão esquerda no dorso do indicador direito.
• ***Caju:*** *Fruto comestível do cajueiro que fornece a castanha-de-caju.*

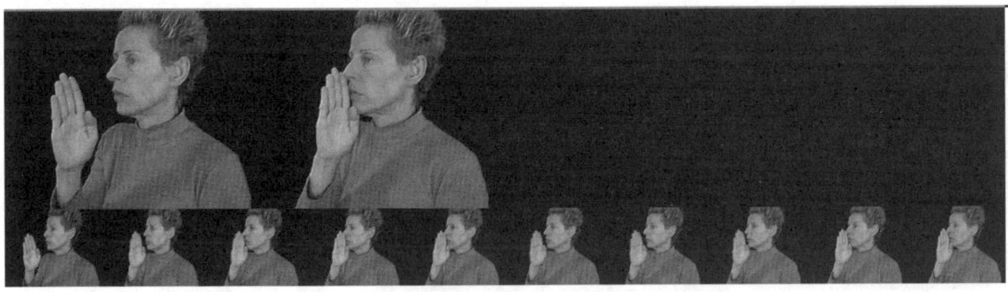

CALADO – Mão aberta com os dedos esticados e unidos apontando para cima, palma para dentro. Tocar duas vezes a lateral interna da mão sobre o lábio.
• ***Calado:*** *Que não fala, silencioso; que se mostra calmo.* **Sinal igual:** DISCRETO, ESTÁTICO, MUDO, QUIETO, RESERVADO, SILENCIOSO

CALÇA – Mãos fechadas em "S". Encostar as mãos nas laterais das coxas. Em seguida, deslizá-las simultaneamente para cima, até a altura da cintura. Depois, com uma das mãos abertas e os dedos unidos apontando para baixo, encostar a lateral externa da mão no lugar correspondente ao zíper de uma calça.
• ***Calça:*** *Peça do vestuário.* **Sinal igual:** *JEANS*

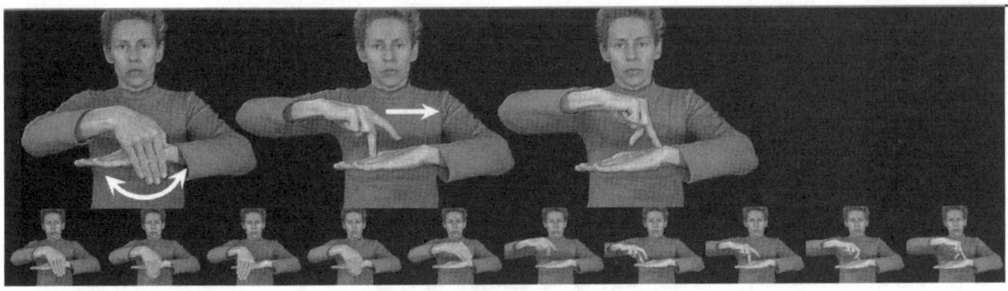

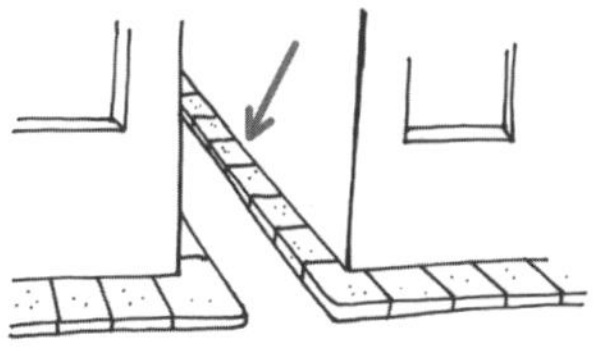

CALÇADA – Fazer o sinal de "rua". Em seguida, manter a mão esquerda imóvel, enquanto a direita toca no dorso da esquerda com as pontas do indicador e do médio, como se "andasse" sobre ela.
• ***Calçada:*** *Caminho revestido com pedras, cimento ou outros materiais.*

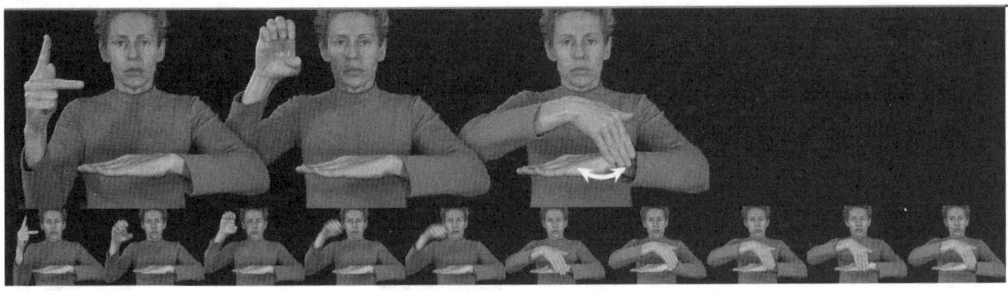

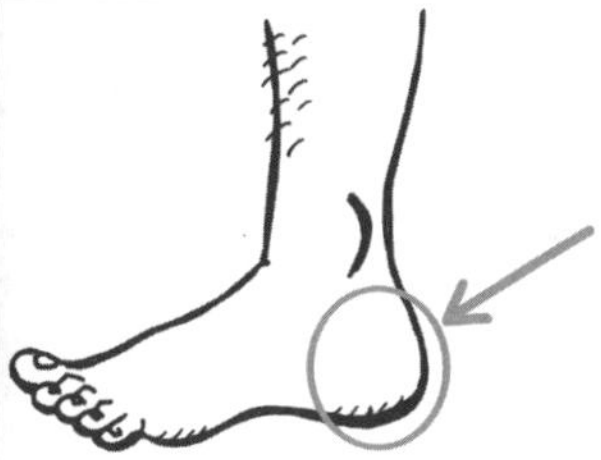

CALCANHAR – Mão esquerda aberta, dedos unidos e esticados apontando para a direita, palma para baixo. Com a mão direita, digitar as letras "P" e "E". Em seguida, deslizar em "vaivém" as pontas dos dedos da mão direita na base da lateral externa da esquerda.
• ***Calcanhar:*** *Parte posterior do pé humano.*

▪ **CALABOUÇO:** CADEIA ▪ **CALAMIDADE:** MAU ▪ **CALÃO:** GÍRIA ▪ **CALAR:** SILÊNCIO ▪ **CALÇADO:** SAPATO

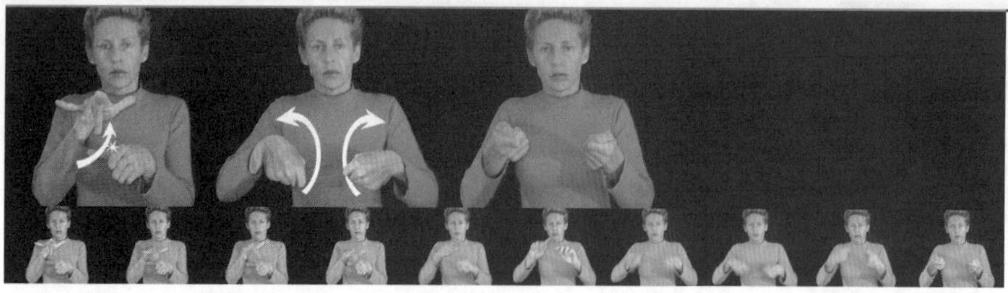

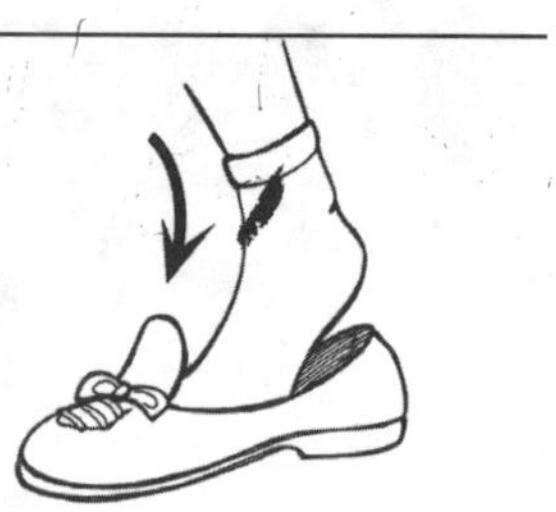

CALÇAR – Fazer o sinal de "pé" e, com as duas mãos, fazer o sinal de "dar".
• ***Calçar:*** *Colocar o calçado.*

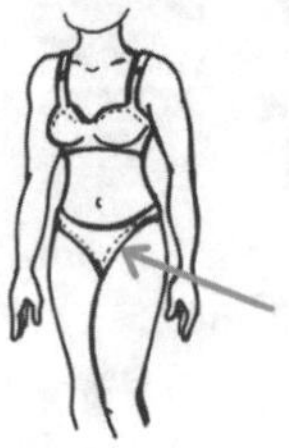

CALCINHA – Mãos fechadas com os dedos indicadores e polegares esticados. Posicionar as mãos sobre a púbis (foto 1). Em seguida, deslizar as mãos simultaneamente para as laterais do quadril, encostando as pontas dos indicadores e dos polegares.
• ***Calcinha:*** *Peça íntima do vestuário feminino.* **Sinal igual:** *LINGERIE*

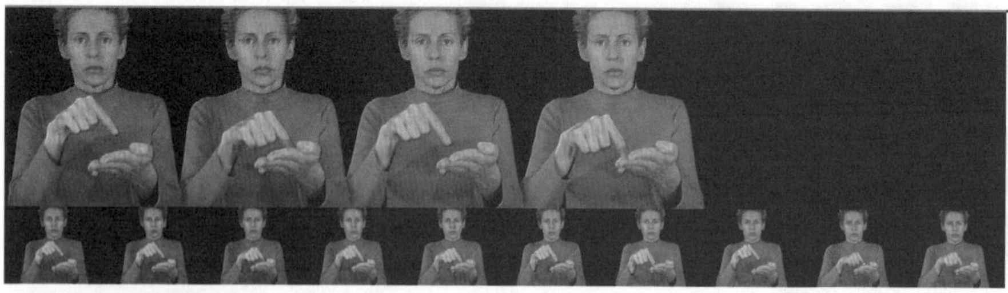

CALCULADORA – Mão esquerda aberta, dedos esticados e unidos, palma para cima. Mão direita fechada com o indicador esticado. Tocar três ou quatro vezes a ponta do indicador direito em diversos pontos da palma esquerda.
• ***Calculadora:*** *Máquina que faz cálculos matemáticos.*

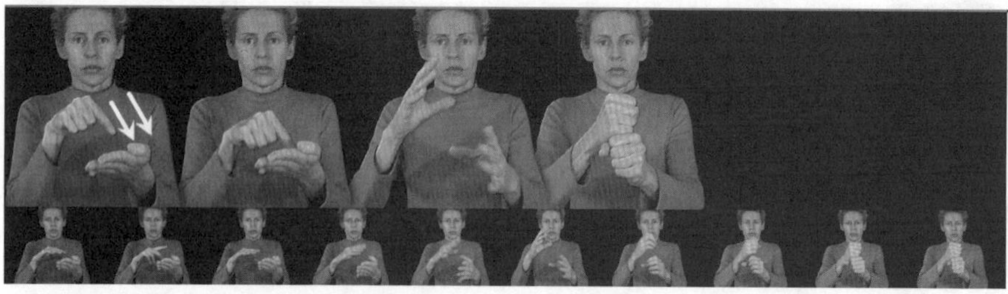

CALCULAR* – Mão esquerda aberta, dedos esticados e unidos, palma para cima. Mão direita aberta com os dedos levemente afastados. Posicionar as mãos conforme a foto 1. Em seguida, mover os dedos da mão direita aleatoriamente sobre a palma esquerda. Depois, fazer o sinal de "somar".
• ***Calcular:*** *Determinar o valor ou a quantidade de alguma coisa.*

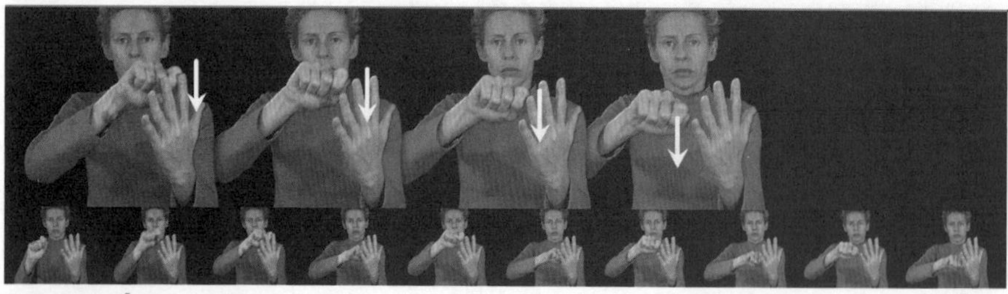

CALENDÁRIO – Mão esquerda aberta, dedos esticados e afastados, palma para trás. Mão direita em "A". Deslizar o dorso do indicador direito na face interna de cada dedo da mão esquerda, de cima para baixo.
• ***Calendário:*** *Folha ou tabela em que se indicam os dias, semanas e meses do ano.* **Sinal igual:** FOLHINHA

■ **CALCULAR:** SOMAR ■ **CÁLCULO:** SOMAR ■ **CALDO:** SOPA

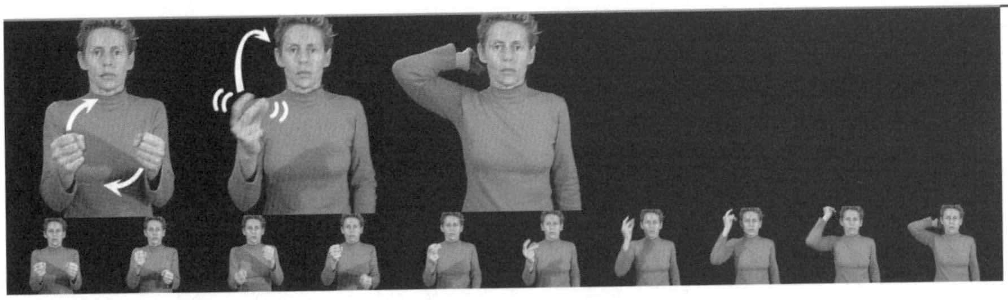

CALHAMBEQUE – Fazer os sinais de "automóvel" e de "antigo".

• ***Calhambeque:*** *Tipo de automóvel antigo.*

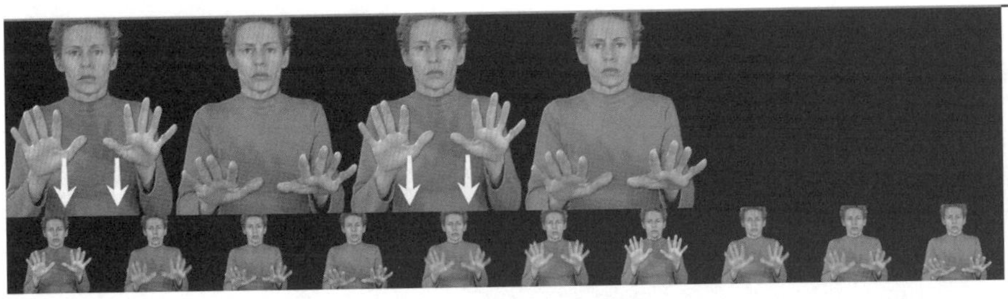

CALMA* – Mãos abertas, dedos esticados e afastados, palmas para a frente. Posicionar as mãos conforme a foto 1, mantendo-as levemente inclinadas para a frente. Mover as mãos lenta e simultaneamente para baixo e voltar à posição inicial. Repetir esse movimento duas vezes.

• ***Calma:*** *Ausência de perturbação; serenidade.* **Sinal igual:** SERENIDADE, SOSSEGO, TRANQUILIDADE

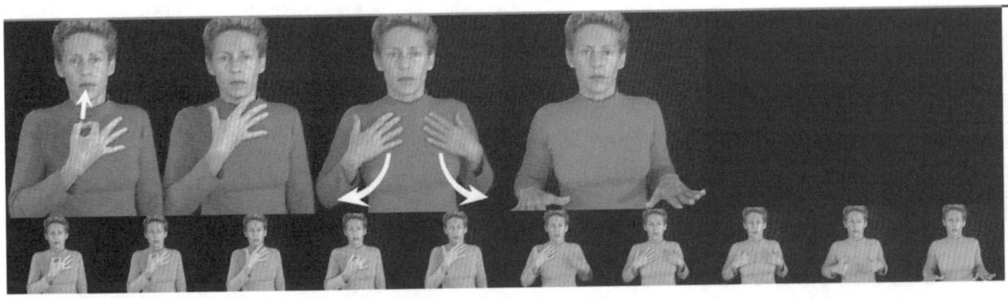

CALMANTE – Fazer os sinais de "pílula" e de "tranquilo".

• ***Calmante:*** *Medicamento usado para tranquilizar.*

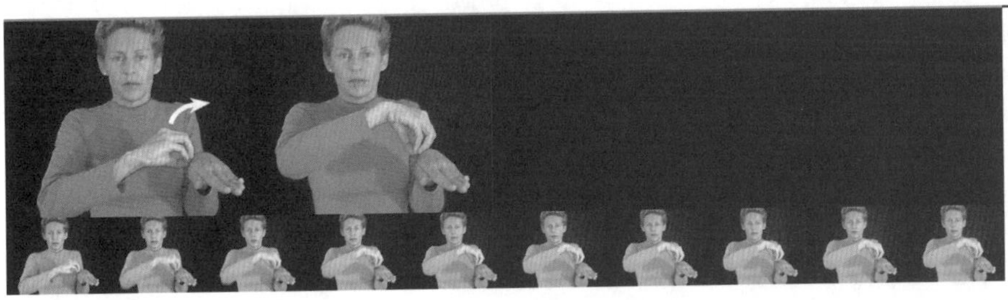

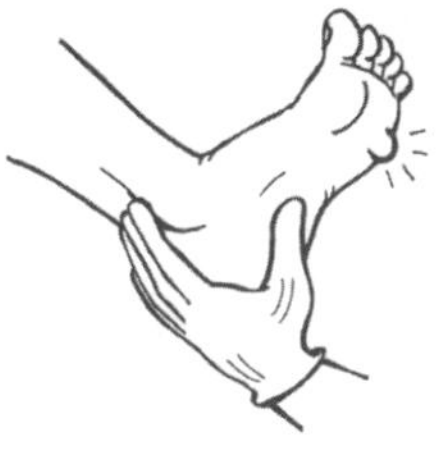

CALO – Mão esquerda aberta, dedos esticados e unidos apontando para a frente, palma para baixo. Manter todos os dedos da mão direita levemente curvados e se tocando pelas pontas. Encostar as pontas dos dedos da mão direita na base da lateral interna da esquerda. Mover o punho da mão direita para cima, sem desencostar as pontas dos dedos da esquerda.

• ***Calo:*** *Ponto endurecido na camada exterior da pele provocado por atrito ou outra irritação física.*

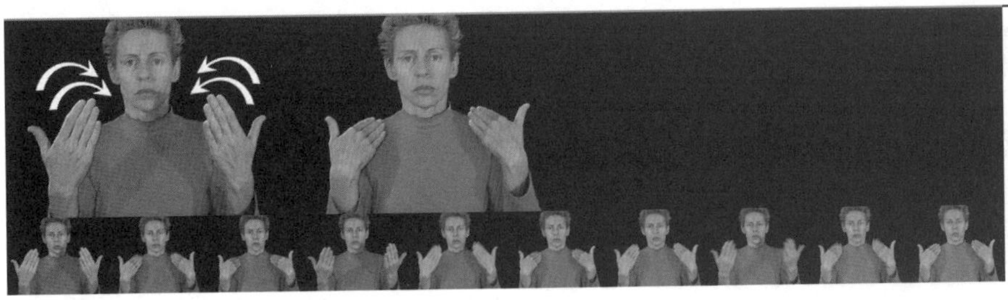

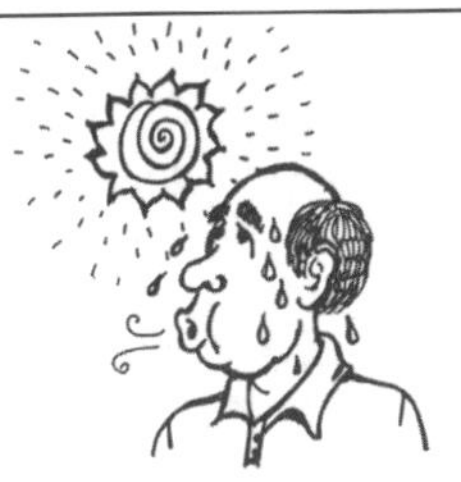

CALOR – Mãos abertas, palmas para trás. Posicionar as mãos conforme a foto 1. Em seguida, mover as mãos simultaneamente para a frente e para trás, imitando o gesto de quem abana o rosto com as mãos.

• ***Calor:*** *Estado do que é quente ou está aquecido.* **Sinal igual:** QUENTURA, VERÃO

■ CALIGRAFIA: LETRA ■ CALMA: ACALMAR ■ CALMO: TRANQUILO

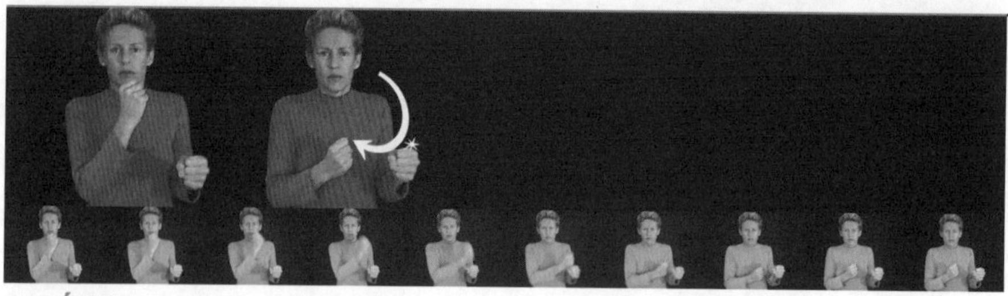

CALÚNIA – Mãos fechadas em "S", palmas para dentro. Posicionar a mão direita bem acima da esquerda (foto 1). Em seguida, mover a mão direita para baixo, "golpeando" uma vez a esquerda.
• ***Calúnia:*** *Afirmação falsa e desonrosa a respeito de alguém.*

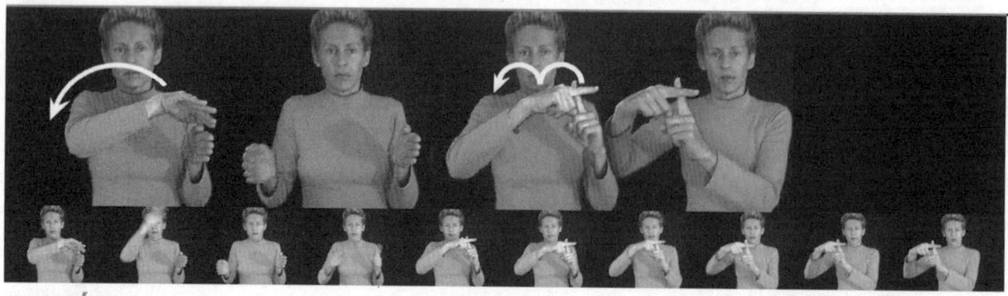

CALVÁRIO – Fazer o sinal de "morro". Em seguida, com os dedos indicadores em forma de cruz, mover as mãos, marcando três pontos imaginários.
• ***Calvário:*** *Local de crucificações onde Jesus Cristo foi torturado até a morte.*

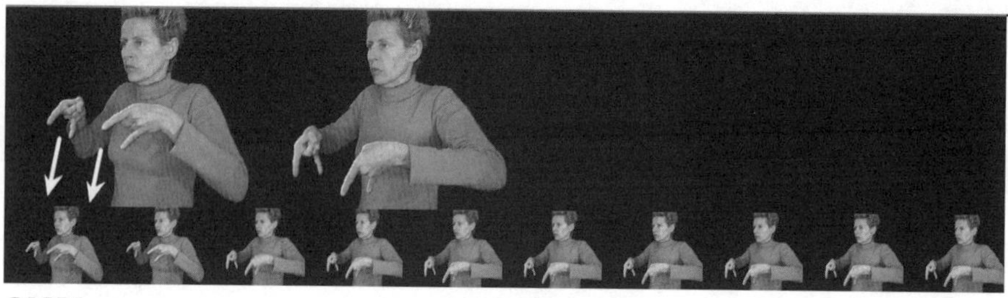

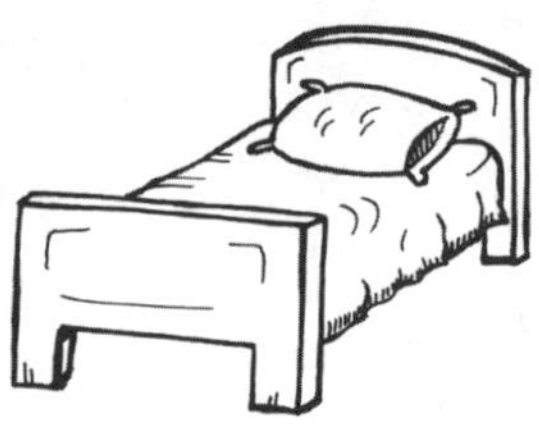

CAMA – Mãos fechadas, com os dedos mínimos e indicadores esticados apontando para baixo. Palmas para dentro. Posicionar as mãos paralelamente (foto 1). Em seguida, movê-las simultaneamente para baixo.
• ***Cama:*** *Lugar onde uma pessoa ou animal pode deitar e/ou dormir.* **Sinal igual:** LEITO

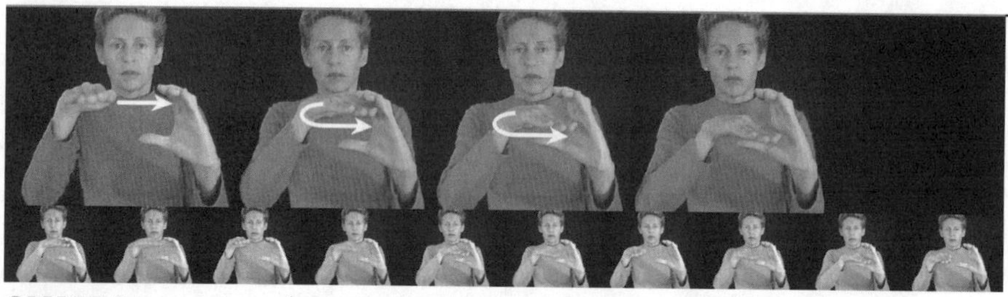

CAMADA – Mão esquerda em "C", palma para dentro. Mão direita aberta com os dedos unidos e esticados apontando para a frente, palma para baixo. Manter a mão esquerda imóvel, enquanto a lateral interna da direita toca em três pontos distintos da face interna da esquerda, de cima para baixo.
• ***Camada:*** *Quantidade de matéria sobreposta, que faz parte do todo ou da espessura de algo.*

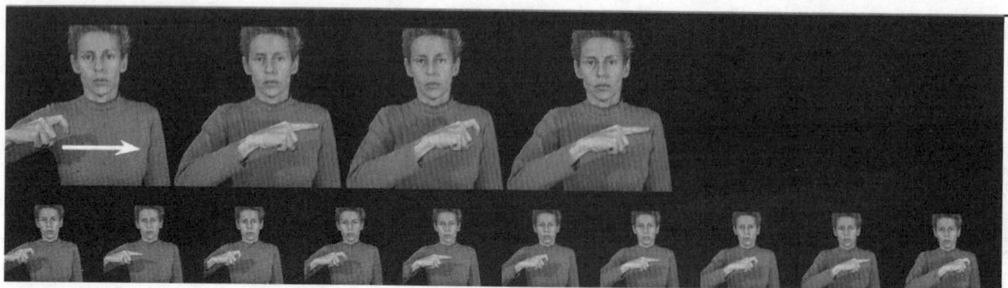

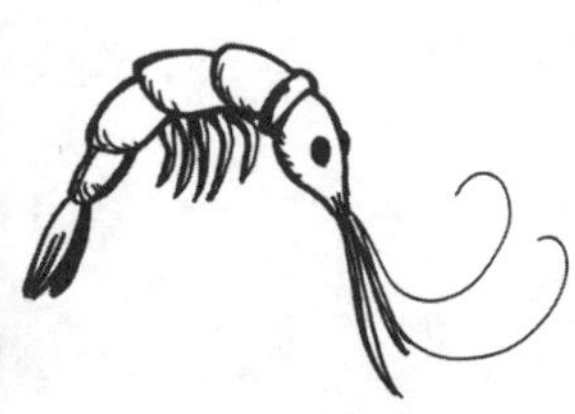

CAMARÃO – Mão direita fechada, com o dedo indicador esticado apontando para a esquerda, palma para baixo. Mover a mão para o lado esquerdo e, ao mesmo tempo, dobrar e esticar o indicador várias vezes durante o percurso.
• ***Camarão:*** *Animal crustáceo marinho ou de água doce.* **Sinal igual:** CRUSTÁCEO, PITU

■ CALVO: CARECA ■ CAMARADA: AMIGO

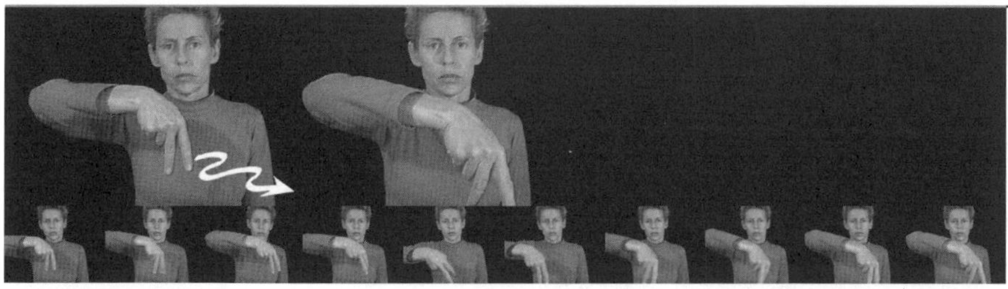

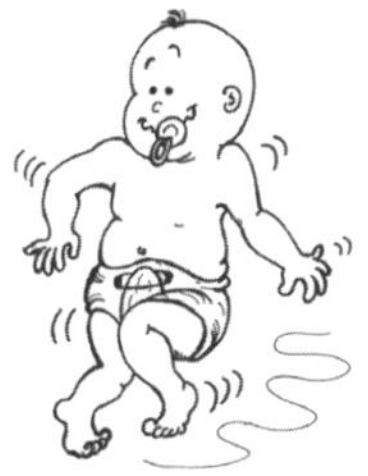

CAMBALEAR – Fazer o sinal de "andar", porém, mover a mão em zigue-zague. O corpo também deve acompanhar o movimento da mão, balançando-se delicadamente.
• ***Cambalear:*** *Andar em desequilíbrio, sem estabilidade.*

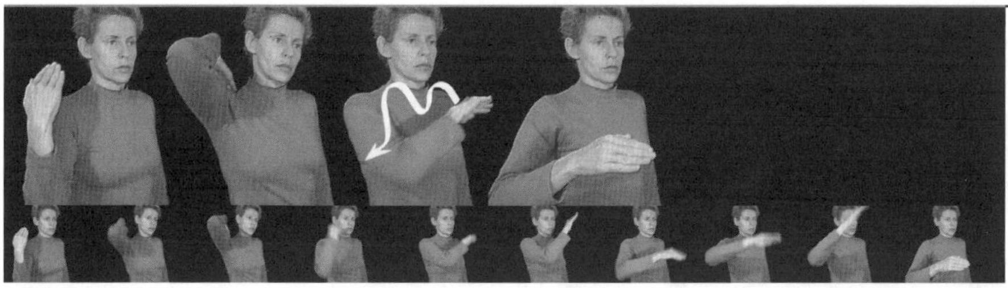

CAMELO – Com uma das mãos, tocar duas vezes nas próprias costas e, em seguida, com a mão aberta, dedos unidos e esticados, movê-la descrevendo dois arcos, como se fosse o perfil das corcovas de um camelo.
• ***Camelo:*** *Mamífero que vive no deserto e que possui duas corcovas.*

CÂMERA DE VIGILÂNCIA – Mão esquerda fechada com o dedo indicador esticado apontando para a direita, palma para baixo. Mão direita em "C" com as pontas dos dedos apontando para o rosto. Posicionar as mãos conforme a foto 1. Em seguida, manter a mão esquerda imóvel, enquanto a direita se aproxima do rosto, até que seu punho toque no indicador esquerdo.
• ***Câmera de vigilância:*** *Aparelho óptico utilizado para produzir e gravar imagens a fim de fazer a vigilância de determinado local.*

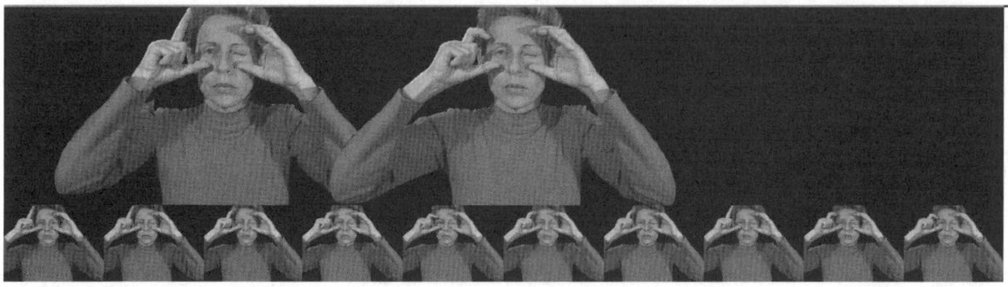

CÂMERA FOTOGRÁFICA – Posicionar as mãos tocando levemente o rosto, como se estivesse segurando uma câmera fotográfica (foto 1). Esticar o indicador direito, dobrá-lo e esticá-lo mais uma vez, como se tivesse apertado o botão de uma máquina fotográfica.
• ***Câmera fotográfica:*** *Equipamento usado para registrar imagens em filme fotográfico ou por meio de processo digital.*

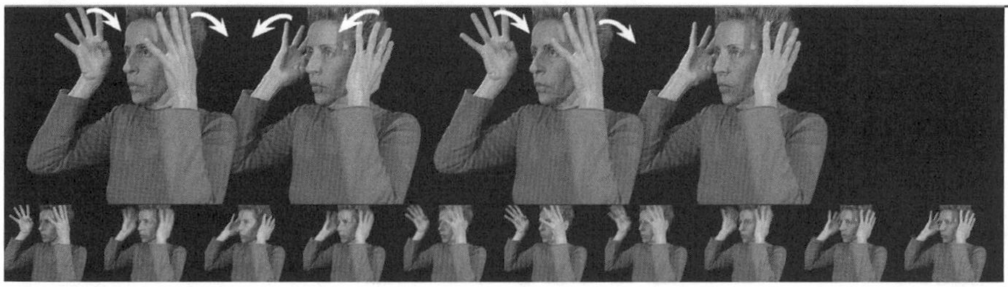

CAMINHÃO – Mãos abertas com os dedos esticados e separados. Polegares fechados. Posicionar as mãos bem ao lado da cabeça (foto 1). Em seguida, movê-las pelos punhos simultaneamente para a frente e para trás, duas ou três vezes.
• ***Caminhão:*** *Veículo motorizado destinado ao transporte de cargas.* **Sinal igual:** BOLEIA, CARRETA, JAMANTA

▪ **CAMBIAR:** TROCAR

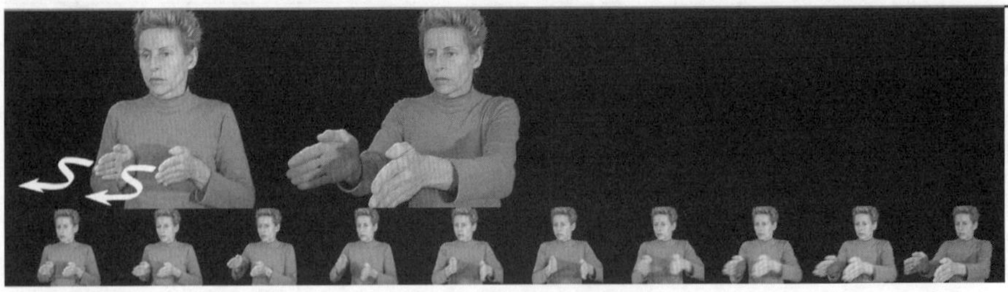

CAMINHO – Mãos abertas com os dedos unidos e esticados apontando para a frente, palmas para dentro. Posicionar as mãos perto do corpo (foto 1). Em seguida, movê-las simultaneamente para a frente, descrevendo uma curva para a direita e outra para a esquerda durante o percurso.
• ***Caminho:*** *Percurso que se segue para chegar a algum lugar.* **Sinal igual:** ATALHO, DIREÇÃO, ESTRADA, ITINERÁRIO, PERCURSO, RODOVIA, ROTA, RUMO, SENDA, TRAJETO, TRILHA, VEREDA

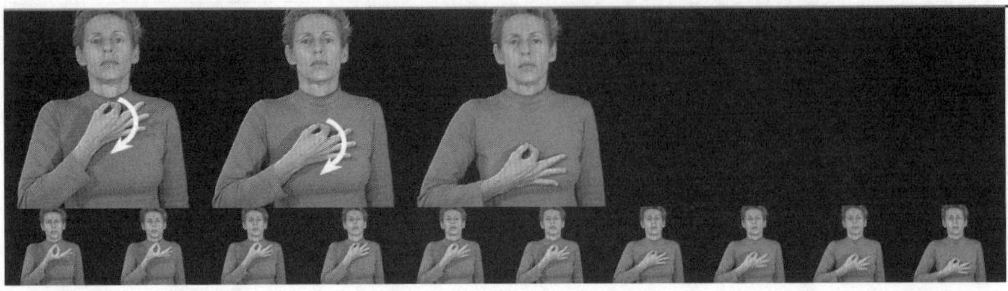

CAMISA – Mão aberta, dedos esticados e separados. Unir o indicador e o polegar pelas pontas, que devem tocar em três pontos distintos no centro do peito, de cima para baixo, como se relasse em cada botão de uma camisa.
• ***Camisa:*** *Peça do vestuário.*

CAMISETA – Mão aberta com os dedos unidos e esticados. Polegar afastado. Encostar o dorso da mão no peito e deslizá-la para cima até atingir a "gola da camiseta".
• ***Camiseta:*** *Peça do vestuário.*

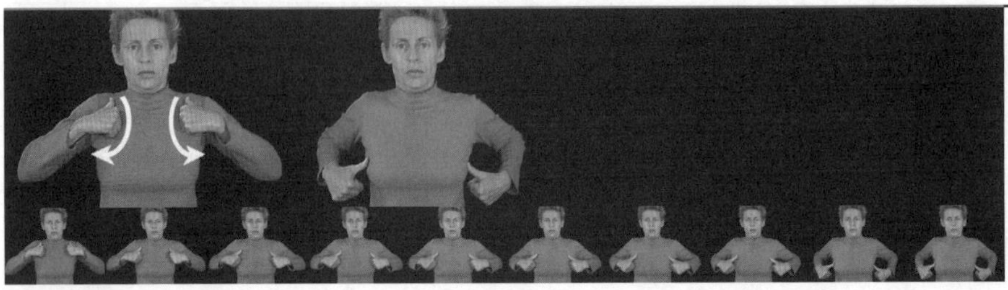

CAMISETA REGATA – Mãos fechadas com os polegares esticados, palmas para trás. Posicionar as mãos de modo que os polegares toquem os ombros (foto 1). Em seguida, deslizar as mãos simultaneamente para baixo e para as laterais do peito.
• ***Camiseta regata:*** *Peça do vestuário.*

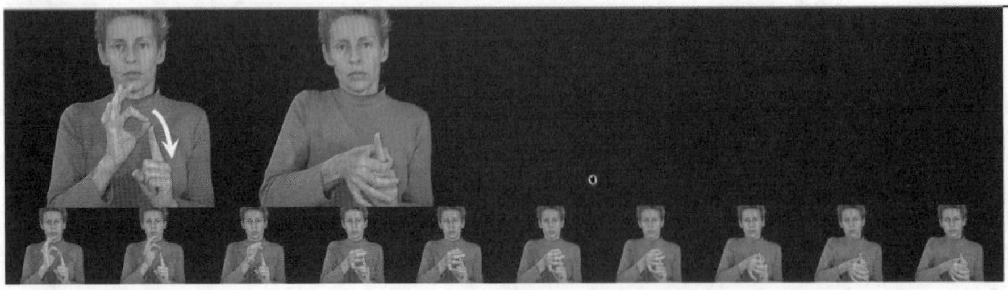

CAMISINHA – Mão esquerda fechada com o dedo indicador esticado apontando para cima, palma para dentro. Mão direita aberta com as pontas do indicador e do polegar unidas. Manter a mão esquerda imóvel, enquanto a direita passa todo o indicador esquerdo entre o indicador e o polegar direito.
• ***Camisinha:*** *Preservativo, produto feito de látex que se usa no pênis durante o ato sexual.* **Sinal igual:** CAMISA DE VÊNUS, *CONDOM*

▪ **CAMISA DE VÊNUS:** CAMISINHA

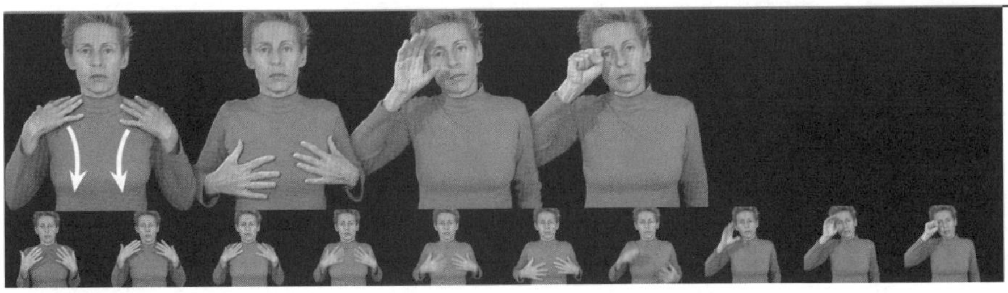

CAMISOLA – Fazer os sinais de "roupa" e de "dormir".
• *Camisola: Peça do vestuário feminino usada para dormir.*

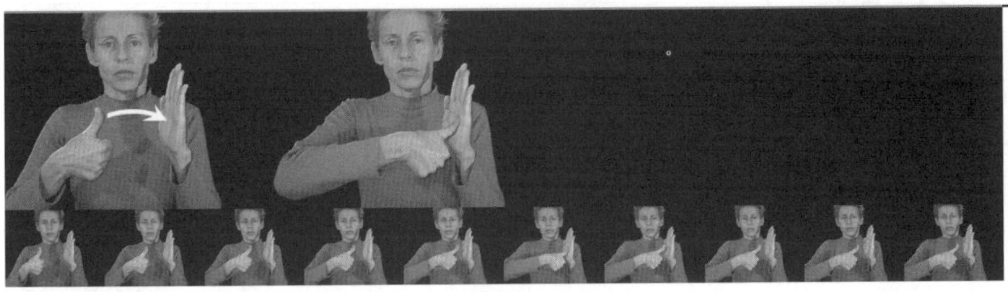

CAMPAINHA – Mão esquerda aberta, dedos unidos e esticados apontando para cima, palma para dentro. Mão direita fechada com o polegar esticado, que deve encostar na palma esquerda.
• *Campainha: Dispositivo geralmente elétrico que emite som.* **Sinal igual:** CAMPÂNULA, SINETA

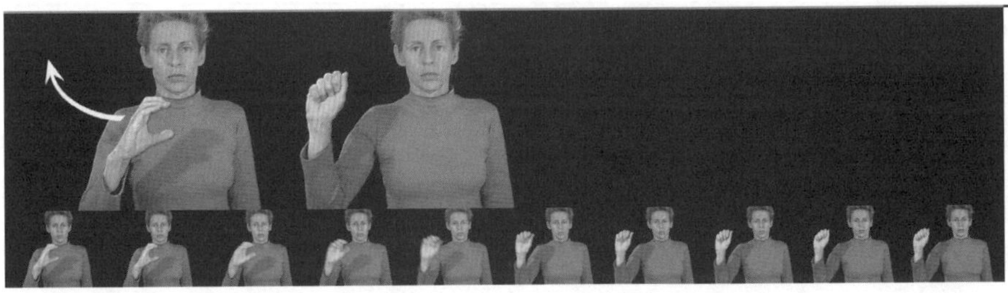

CAMPEÃO – Mão direita em "C", palma para dentro. Com um gesto um pouco rápido, mover a mão para a lateral direita, fechando-a em "S".
• *Campeão: Aquele que vence um torneio ou competição esportiva.* **Sinal igual:** CAMPEÃ, VENCEDOR

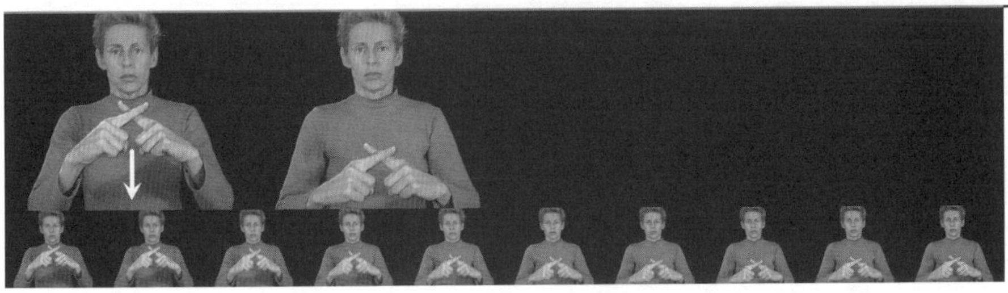

CAMPEONATO – Mãos fechadas com os dedos indicadores esticados, palmas para dentro. Posicionar as mãos na altura do peito com os indicadores cruzados entre si (foto 1). Sem descruzar os dedos, mover a mão ligeiramente para baixo.
• *Campeonato: Torneio em que se concede o título de campeão ao vencedor.* **Sinal igual:** TORNEIO

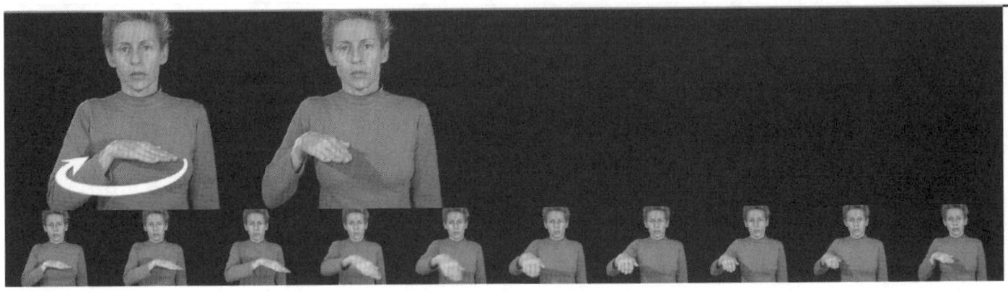

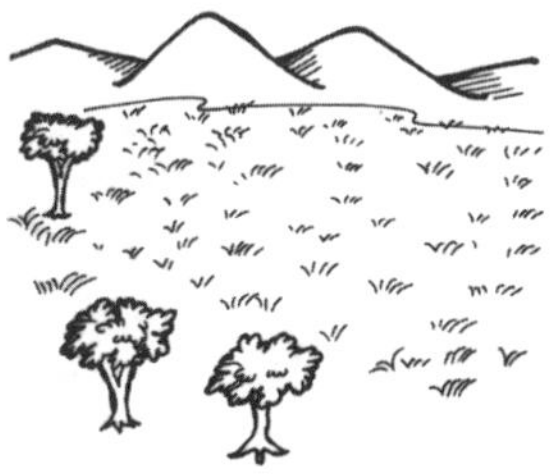

CAMPO – Mão aberta com os dedos unidos e esticados, palma para baixo. Posicionar as mãos próximo ao corpo, logo abaixo da altura do peito. Mover a mão para a frente, descrevendo um semicírculo.
• *Campo: Terreno plano, que pode ser destinado à agricultura ou pastagem.* **Sinal igual:** PASTAGEM, PASTO

■ **CAMPÂNULA:** CAMPAINHA ■ **CAMPEÃ:** CAMPEÃO

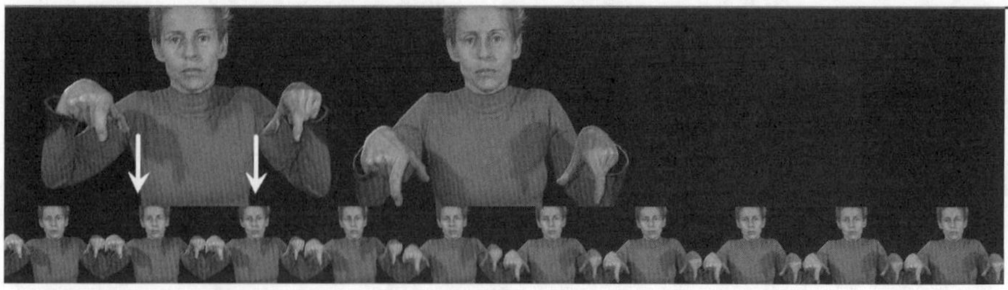

CAMPO DE FUTEBOL – Mãos fechadas com os dedos indicadores e polegares abertos e curvados apontando para baixo. Posicionar as mãos conforme a foto 1. Em seguida, mover as mãos simultaneamente um pouco para baixo.
• ***Campo de futebol:*** *Local onde se disputam partidas de futebol.*

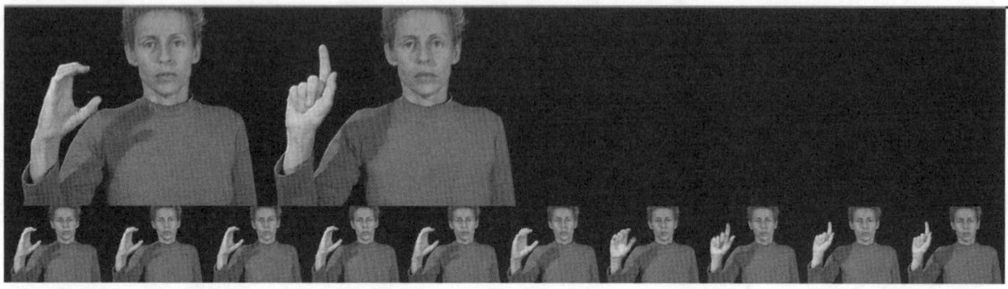

CAMPO GRANDE – Sinalizar as letras "C" e "G".
• ***Campo grande:*** *Capital do estado de Mato Grosso do Sul.*

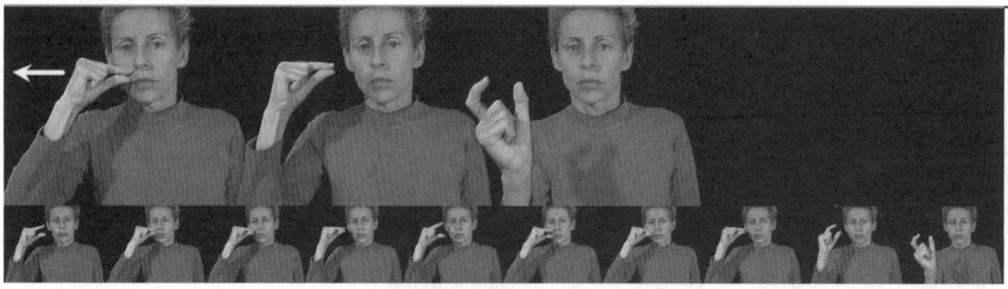

CAMUNDONGO – Fazer os sinais de "rato" e de "menor".
• ***Camundongo:*** *Pequeno rato.* **Sinal igual:** RAT|NHO

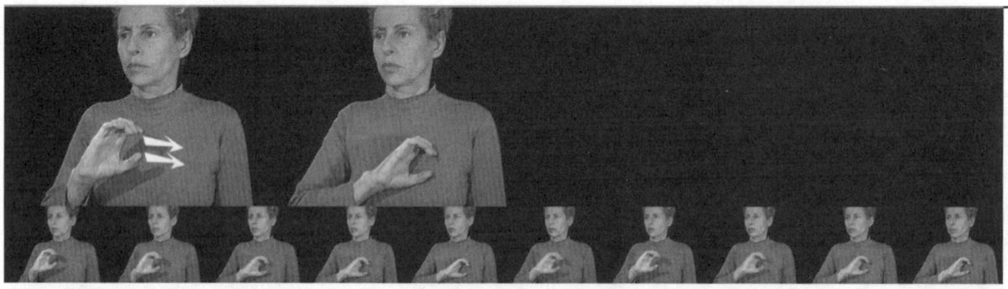

CANADÁ – Mão direita em "C", palma para dentro. Tocar a lateral interna da mão duas vezes no lado esquerdo do peito.
• ***Canadá:*** *País localizado na América do Norte.*

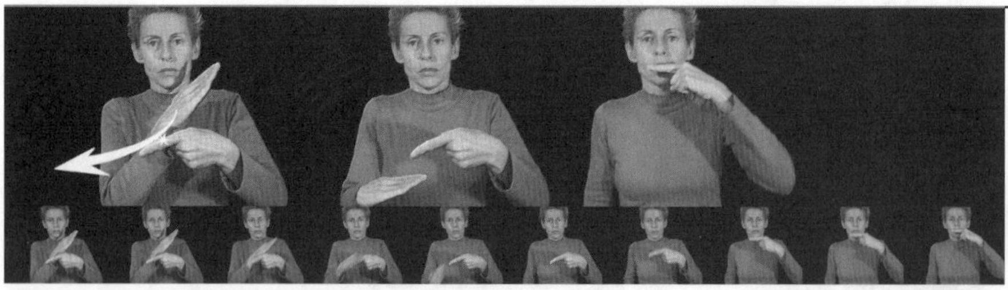

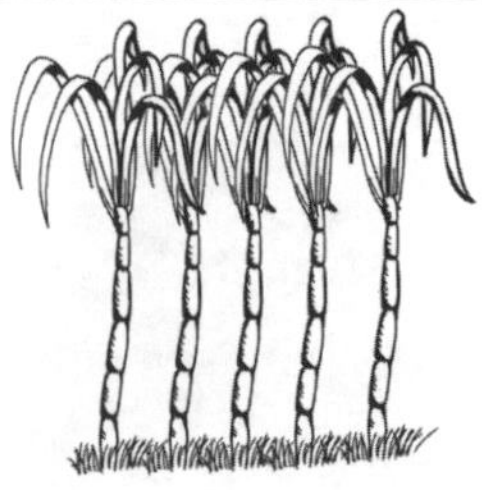

CANA-DE-AÇÚCAR – Mão esquerda fechada com o dedo indicador esticado apontando para o lado direito, palma para trás. Mão direita aberta, dedos unidos e esticados, palma para baixo. Deslizar rapidamente a lateral externa da mão direita através do indicador esquerdo. Depois, encostar a lateral desse dedo na boca.
• ***Cana-de-açúcar:*** *Planta muito cultivada que fornece açúcar, aguardente e álcool.*

■ **CAMUFLAR:** ESCONDER ■ **CAMURÇA:** COURO

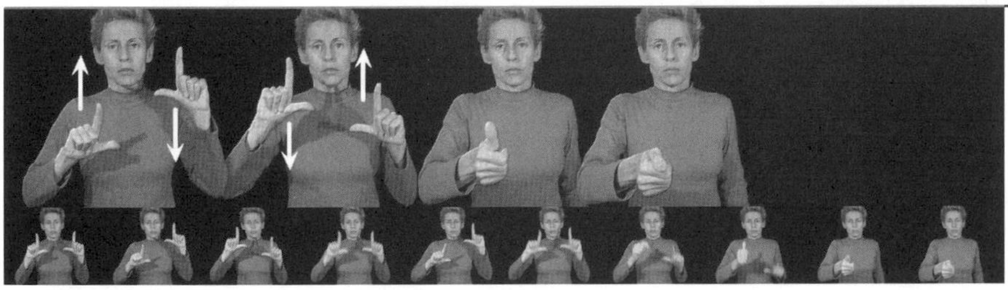

CANAL DE TV – Fazer os sinais de "TV" e de "controle remoto".
• ***Canal de TV:*** *Faixa de frequência ocupada por uma emissora de televisão.*

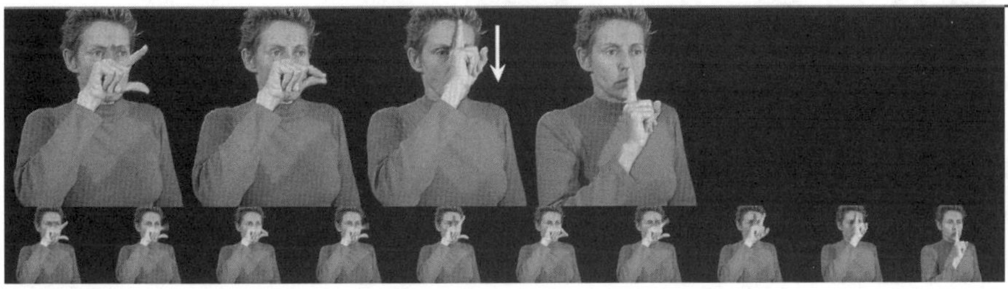

CANÁRIO – Fazer os sinais de "bico" e de "amarelo".
• ***Canário:*** *Ave geralmente amarelada originária das ilhas Canárias.*

CANCELADO – Mãos fechadas com os dedos polegares esticados apontando para cima, palmas para dentro. Girar simultaneamente as mãos pelos punhos, virando os polegares para baixo (foto 2). Fazer a expressão de quem está aborrecido.
• ***Cancelado:*** *Que se tornou nulo ou sem efeito.* **Sinal igual:** ANULADO, DESFEITO, INVALIDADO, NULIFICADO, NULO

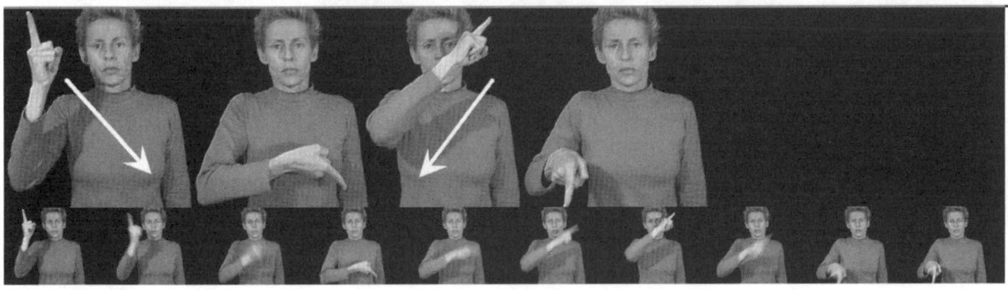

CANCELAR – Mão fechada com o dedo indicador esticado. Posicionar a mão conforme a foto 1. Em seguida, "desenhar" no ar um grande "X".
• ***Cancelar:*** *Tornar nulo ou sem efeito.* **Sinal igual:** ABOLIR, ANULAR, DESFAZER, ELIMINAR, REVOGAR, SUPRIMIR

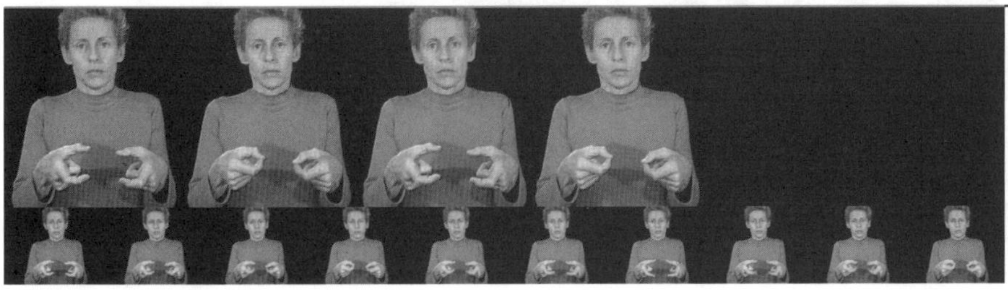

CÂNCER – Mãos fechadas com os dedos indicadores e polegares abertos e curvados apontando para dentro. Com a duas mãos imóveis, tocar as pontas dos indicadores de cada uma nas pontas dos respectivos polegares, duas ou três vezes.
• ***Câncer:*** *Tumor maligno.* **Sinal igual:** CANCERÍGENO, CANCRO, CARCINOMA, TUMOR MALIGNO

▪ **CANÇÃO:** MÚSICA ▪ **CANCERÍGENO:** CÂNCER ▪ **CANCRO:** CÂNCER ▪ **CÂNDIDO:** BRANCO

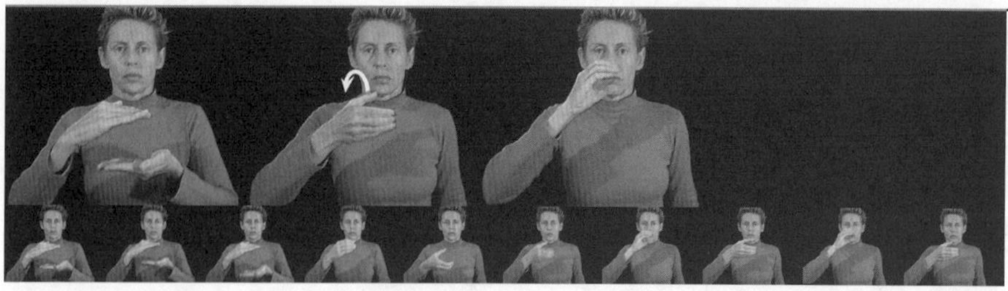

CANECA – Mãos abertas com os dedos unidos e esticados. Posicionar uma mão sobre a outra (foto 1). Em seguida, com uma das mãos em "C", movê-la até a boca, como se estivesse bebendo algum líquido em um copo.
• ***Caneca:*** *Pequeno recipiente próprio para ingestão de líquidos.*

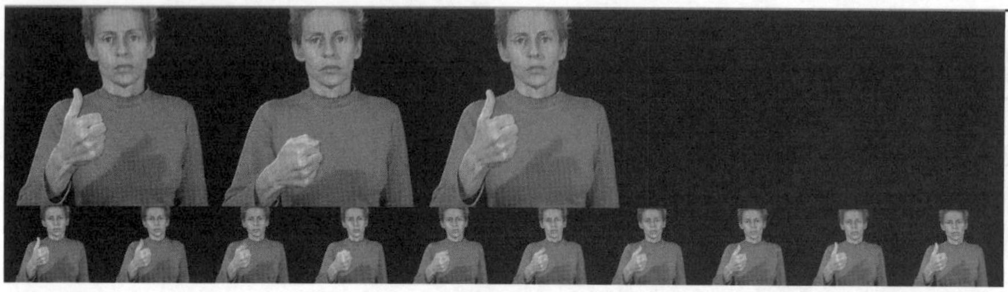

CANETA – Mão fechada com o dedo polegar esticado apontando para cima, palma para trás. Fechar e abrir o polegar, como se estivesse apertando o botão de uma caneta.
• ***Caneta:*** *Utensílio usado para escrever.* **Sinal igual:** ESFEROGRÁFICA, HIDROGRÁFICA

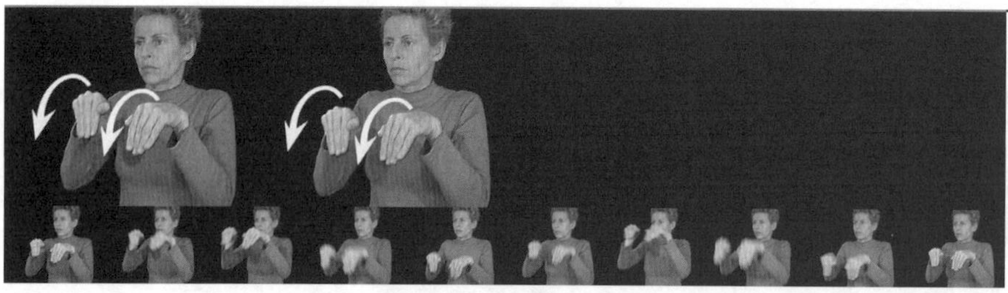

CANGURU – Mãos dobradas com os dedos unidos apontando para baixo. Posicionar as mãos lado a lado, em frente ao peito (foto 1). Em seguida, movê-las simultaneamente para a frente e para baixo, duas ou três vezes. O corpo também pode se mover, imitando o movimento de um canguru quando salta.
• ***Canguru:*** *Mamífero saltador encontrado na Austrália.* **Sinal igual:** MARSUPIAL

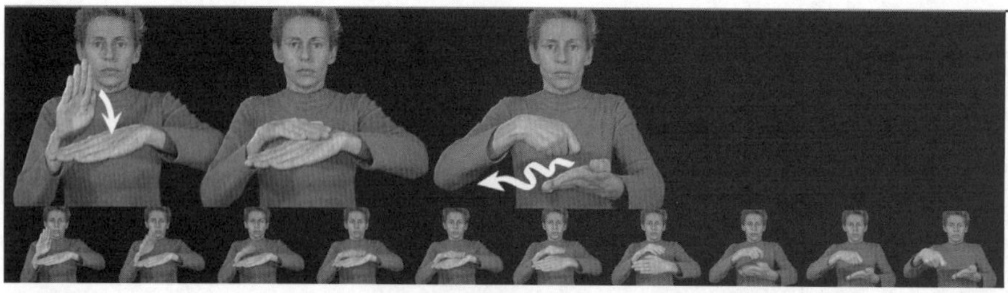

CANHOTO – Tocar os dedos da mão direita no dorso esquerdo. Em seguida, fazer o sinal de "escrever".
• ***Canhoto:*** *Pessoa que usa preferencialmente a mão esquerda.* **Sinal igual:** ESQUERDO, SINISTRO

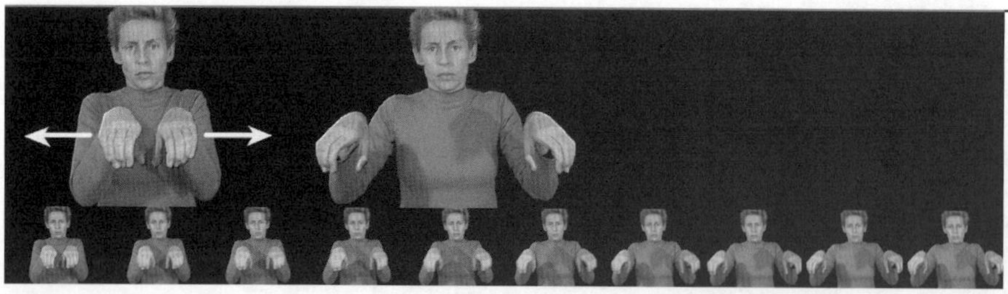

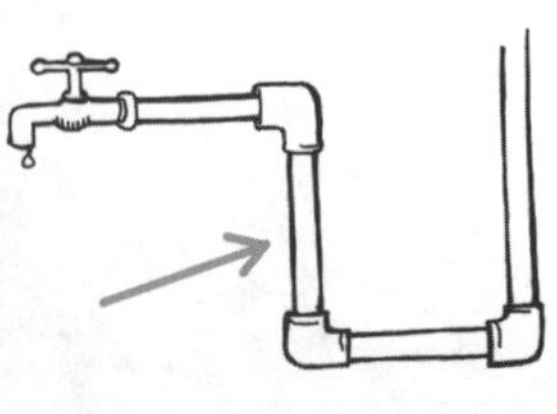

CANO – Mãos em "C" com os dedos apontando para baixo, palmas para baixo. Posicionar uma mão perto da outra (foto 1). Em seguida, movê-las horizontalmente para as respectivas laterais.
• ***Cano:*** *Cilindro oco e longo, geralmente de plástico ou metal, usado para conduzir gases ou líquidos.* **Sinal igual:** ENCANAMENTO, TUBO, TUBULAÇÃO

■ **CANÍDEO:** CACHORRO ■ **CANINHA:** PINGA ■ **CANINO:** CACHORRO ■ **CANIVETE:** ESTILETE

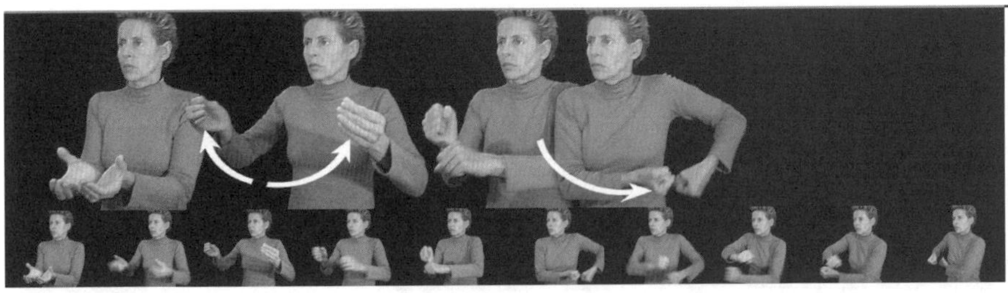

CANOA – Mãos em "C" com os dedos apontando para cima, palmas também para cima. Encostar uma mão na outra pelas laterais externas (foto 1). Em seguida, mover as mãos simultaneamente para cima, descrevendo um leve arco, e unir, no fim desse movimento, as pontas dos dedos. Depois, fazer o sinal de "remar".
• ***Canoa:*** *Espécie de embarcação.* **Sinal igual:** CANOAGEM

CANSADO – Mãos em "C" com os dedos apontando para cima, palmas também, para cima. Encostar as laterais externas da mão no peito (foto 1). Depois, deslizar as mãos para baixo, abaixando também os ombros. Fazer uma expressão de cansaço.
• ***Cansado:*** *Que se cansou.* **Sinal igual:** CANSAÇO, CANSAR, CANSEIRA, DESGASTADO, ENFADADO, ENFADO, ENFRAQUECIDO, EXAURIDO, EXAURIR, EXAUSTO, FADIGA, FATIGADO

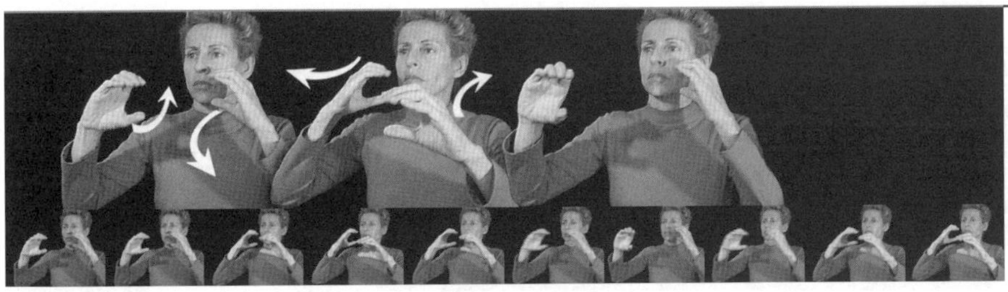

CANTAR – Mãos em "C", palmas para dentro. Posicionar uma das mãos próximo da boca e a outra mais à frente (foto 1). Mover as mãos simultânea e alternadamente para a frente e para trás, sempre na altura da boca.
• ***Cantar:*** *Emitir som melodioso com a voz.* **Sinal igual:** CANTAROLAR

CANTO – Mãos abertas, dedos unidos e esticados apontando para a frente, palmas para dentro. Posicionar as mãos lado a lado, apontando um pouco para dentro (foto 1). Depois, mover as mãos simultaneamente para a frente até que se encontrem, encostando a ponta do dedo médio esquerdo na do direito.
• ***Canto:*** *Ponto de encontro entre duas linhas ou superfícies.*

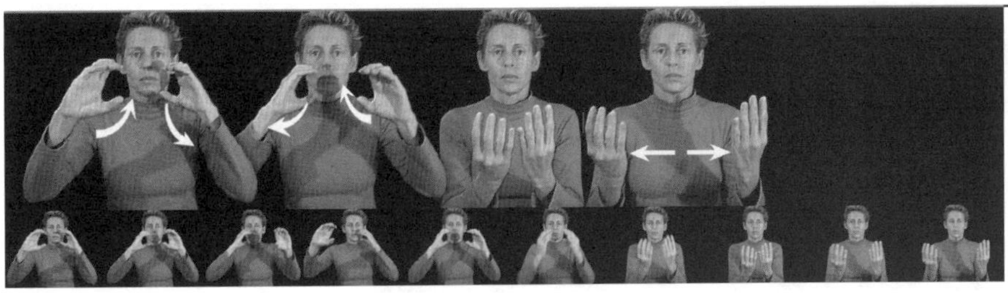

CANTO CORAL – Fazer o sinal de "cantar". Em seguida, mãos abertas com os dedos um pouco longe e apontando para cima, polegares opostos. Posicionar uma mão bem próximo da outra e afastá-las para as laterais.
• ***Canto coral:*** *Grupo de pessoas que cantam.*

▪ **CANOAGEM:** CANOA ▪ **CANSAÇO:** CANSADO ▪ **CANSAR:** CANSADO ▪ **CANSEIRA:** CANSADO ▪ **CANTAROLAR:** CANTAR ▪ **CÂNTICO:** HINO

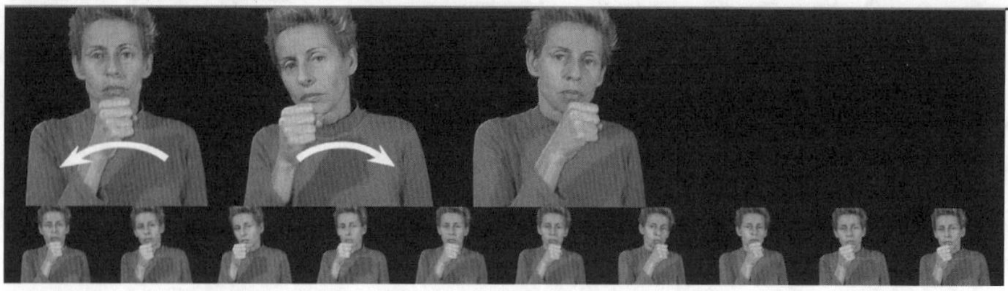

CANTOR – Mão fechada em "S". Posicionar as mãos próximo da boca (foto 1). Balançar o corpo de um lado para outro, mantendo a mão perto da boca, como se estivesse segurando um microfone.

• ***Cantor:*** *Aquele que canta.* **Sinal igual:** VOCALISTA

CANUDO – Mão esquerda em "C", como se estivesse segurando um copo. Mão direita aberta, dedos esticados e separados com o indicador e o polegar unidos pelas pontas. Levar a mão direita até a boca e fazer um "biquinho", como se estivesse tomando um líquido através do canudo.

• ***Canudo:*** *Pequeno cilindro oco, geralmente de plástico, usado para sorver líquidos.* **Sinal igual:** CANUDINHO

CAPACETE – Mãos abertas, levemente curvadas, dedos separados, palmas para dentro. Posicionar as mãos conforme a foto 1. Em seguida, mover as mãos simultaneamente para baixo até a altura das orelhas, sem encostá-las na cabeça.

• ***Capacete:*** *Proteção para a cabeça.*

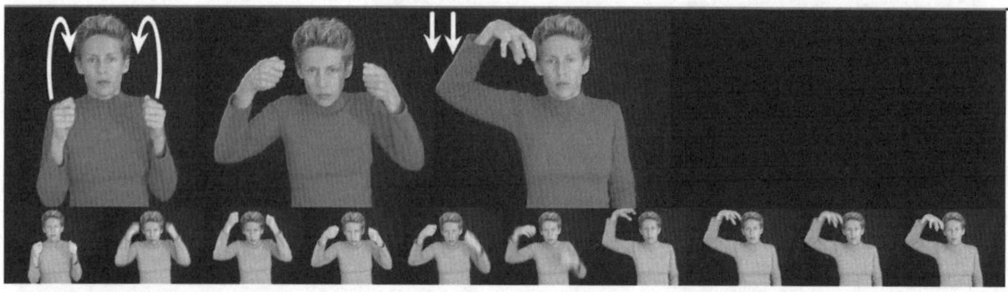

CAPA DE CHUVA – Mãos em "A" posicionadas lado a lado na altura do peito (foto 1). Em seguida, movê-las simultaneamente sobre a cabeça, como se estivessem colocando um capuz. Depois, fazer o sinal de "chover" com uma das mãos.

• ***Capa de chuva:*** *Espécie de casaco impermeável usado para se proteger da chuva.*

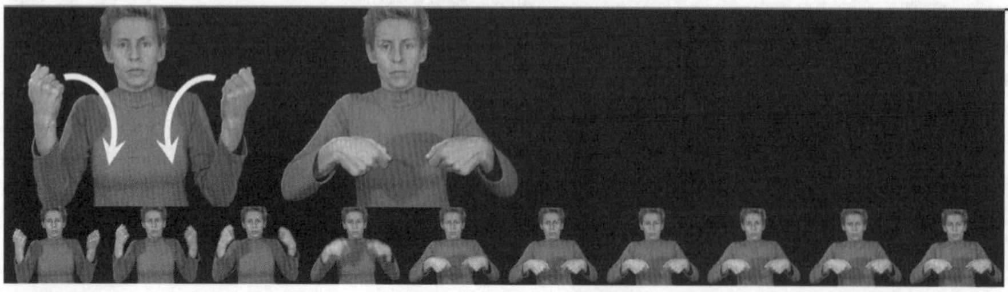

CAPAZ – Mãos em "A", palmas para trás. Com um gesto firme, mover simultaneamente as mãos, virando-as para baixo (foto 2).

• ***Capaz:*** *Que tem competência para resolver ou fazer algo.* **Sinal igual:** COMPETENTE, HABILIDADE

▪ **CANUDINHO:** CANUDO ▪ **CÃO:** CACHORRO ▪ **CAPA:** AGASALHAR ▪ **CAPACITADOR:** PROFESSOR ▪ **CAPELA:** IGREJA ▪ **CAPETA:** DIABO ▪ **CAPIM:** MATO

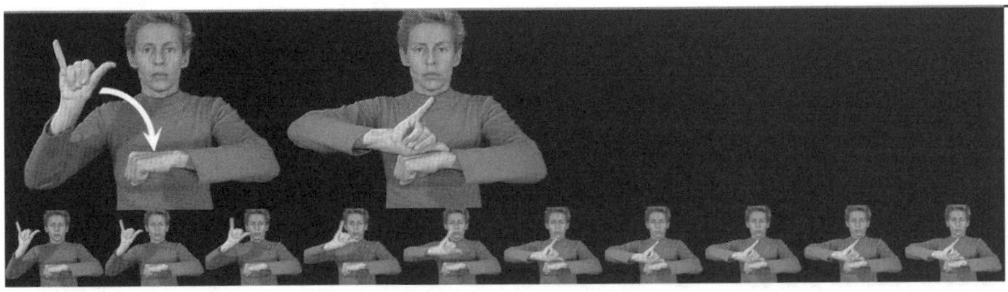

CAPITAL – Mão esquerda fechada em "S", palma para baixo e braço dobrado. Mão direita em "Y". Mover a mão direita até encostar a lateral externa no dorso da esquerda.
- ***Capital:*** *Principal cidade de um estado.*

CAPITÃO – Encostar os dedos indicador, médio e anular no ombro. O polegar e o mínimo devem permanecer fechados.
- ***Capitão:*** *Oficial superior do Exército ou da Polícia Militar.*

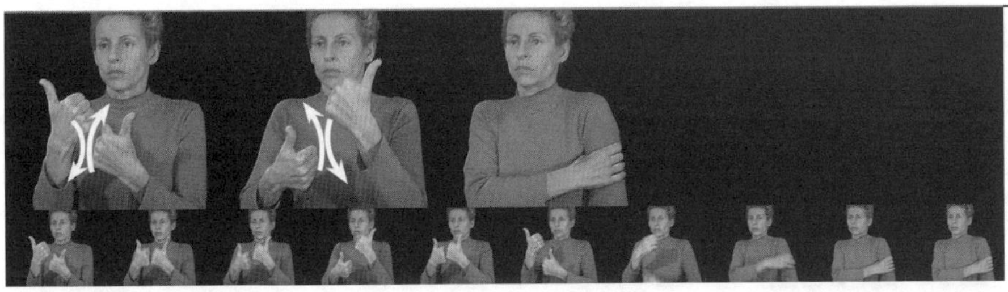

CAPITÃO (FUTEBOL) – Fazer o sinal de "futebol". Em seguida, segurar o braço no lugar em que se coloca a faixa de capitão (foto 2).
- ***Capitão (futebol):*** *Jogador que comanda o time.*

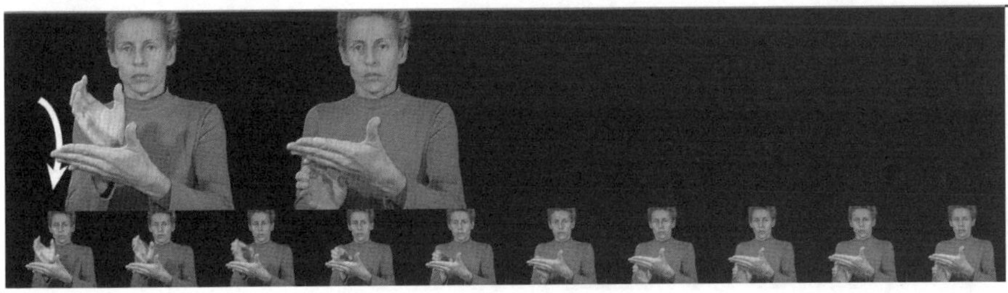

CAPÍTULO – Mão direita em "C", palma para a frente. Mão esquerda aberta, com os dedos unidos e esticados e o polegar separado, palma para cima. Mover a mão direita sobre a palma esquerda, de cima para baixo.
- ***Capítulo:*** *Divisão de um livro; episódio.*

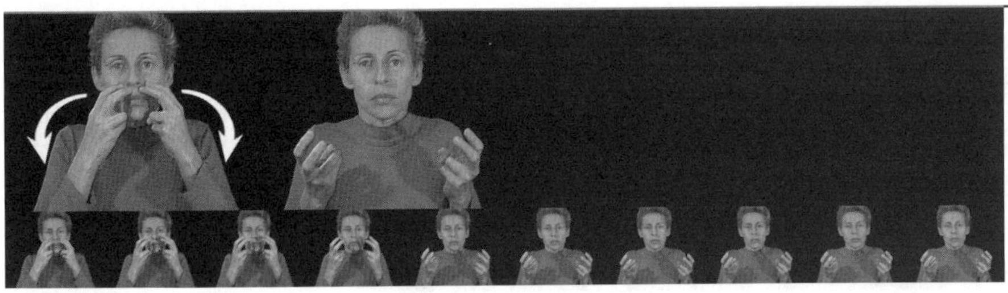

CAPIVARA – Mãos fechadas com os dedos indicadores e médios abertos e curvados, palmas para trás. Posicionar as mãos perto da boca, com as pontas dos dedos tocando levemente o buço. Mover as mãos para a frente, virando as palmas para cima.
- ***Capivara:*** *Mamífero roedor nativo do Brasil.*

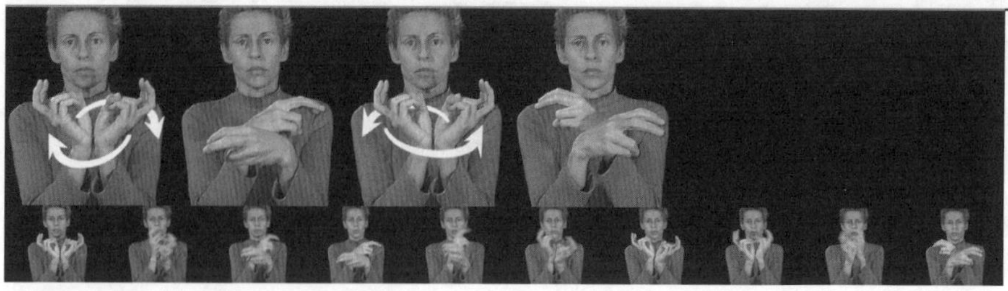

CAPOEIRA – Mãos fechadas com os dedos indicadores e médios abertos e curvados, palmas para dentro. Manter as mãos juntas pelos punhos. Mover simultaneamente as mãos, cruzando-as para um lado e para o outro.
• ***Capoeira:*** *Luta de origem africana trazida ao Brasil pelos escravos na época da escravidão.* **Sinal igual:** CAPOEIRISTA

CAPOTAR – Mãos abertas, dedos unidos e esticados apontando para dentro, palmas para baixo. Posicionar a mão direita sobre a esquerda (foto 1). Depois, mover a mão direita para a frente, virando a palma para cima.
• ***Capotar:*** *Tombar (o veículo).* **Sinal igual:** EMBORCAR, TOMBAR, VIRAR

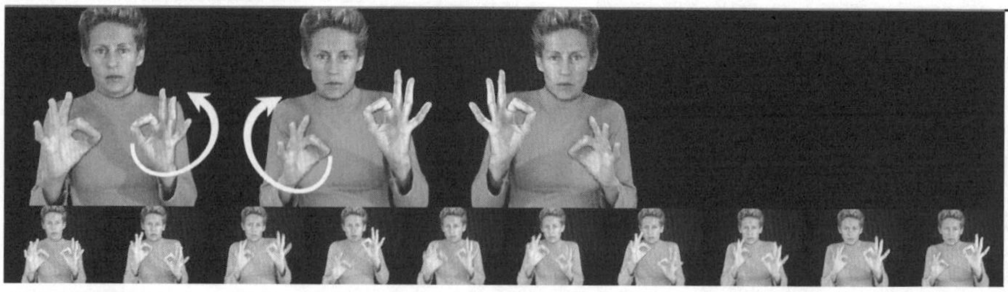

CAPRICHAR – Mãos abertas com os dedos indicadores e polegares unidos pelas pontas, palmas para a frente. Mover alternadamente as mãos, executando movimentos circulares para trás. Fazer a expressão de quem está se concentrando.
• ***Caprichar:*** *Fazer benfeito.*

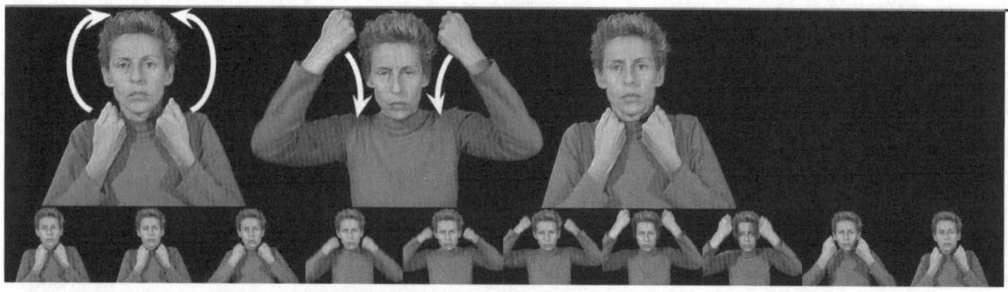

CAPUZ – Mãos fechadas em "A", palmas para trás. Posicionar as mãos conforme a foto 1. Em seguida, mover as mãos simultaneamente para trás e para cima, dando a volta sobre a cabeça e parando no mesmo lugar do início do movimento.
• ***Capuz:*** *Parte da capa (vestuário) que cobre a cabeça.* **Sinal igual:** ENCAPUZAR

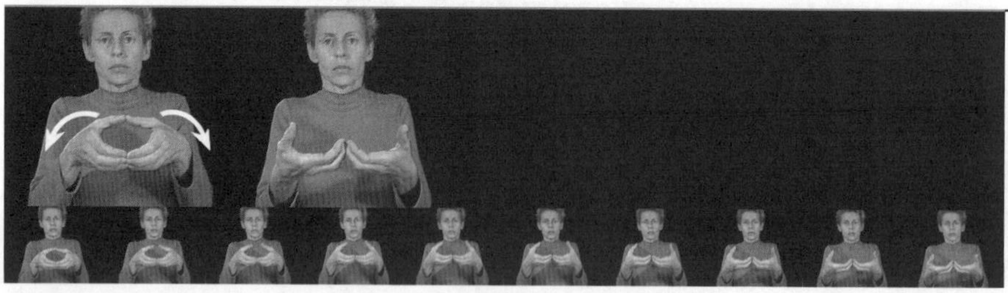

CAQUI – Mãos abertas com os dedos unidos e curvados, polegares opostos, palmas para dentro. Unir as mãos pelas pontas dos dedos (foto 1). Em seguida, separar os polegares, voltando a palma da mão para cima, como se estivesse abrindo uma fruta.
• ***Caqui:*** *Fruto do caquizeiro.*

■ **CAPOEIRISTA:** CAPOEIRA ■ **CAPRINO:** BODE ■ **CAPTAR:** RECEBER ■ **CAPTURAR:** CADEIA ■ **CAPTURAR:** AGARRAR ■ **CARA:** FACE ■ **CARA A CARA:** CONFRONTO ■ **CARABINA:** CAÇAR

CARAMBOLA – Mãos fechadas com os dedos indicadores e médios esticados. Posicionar as mãos juntas, encaixando os dedos.
• ***Carambola:*** *Fruto da caramboleira.* **Sinal igual:** CARAMBOLEIRA

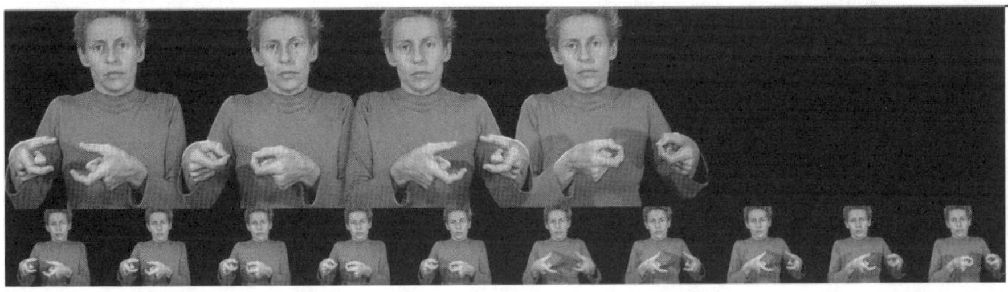

CARANGUEJO – Mãos fechadas com os dedos indicadores e polegares abertos e curvados, palmas para dentro. Posicionar as mãos ligeiramente para o lado direito (foto 1). Unir os indicadores e os polegares pelas pontas. Em seguida, abrir novamente os dedos, mover as mãos para o lado esquerdo e unir mais uma vez os dedos pelas pontas.
• ***Caranguejo:*** *Crustáceo marinho ou de água doce.* **Sinal igual:** SIRI

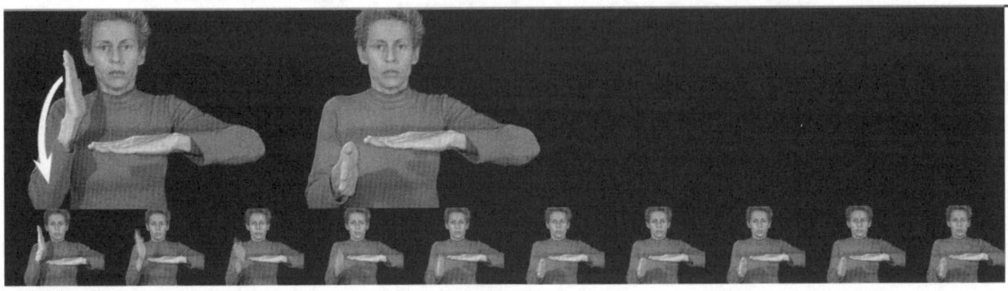

CARATÊ – Mãos abertas com os dedos unidos e esticados. Mão esquerda com a palma para baixo e o braço dobrado, mão direita com a palma para dentro posicionada ao lado do rosto. Com um gesto firme e um pouco rápido, mover a mão direita para baixo até a altura da mão esquerda.
• ***Caratê:*** *Antiga arte marcial oriental.*

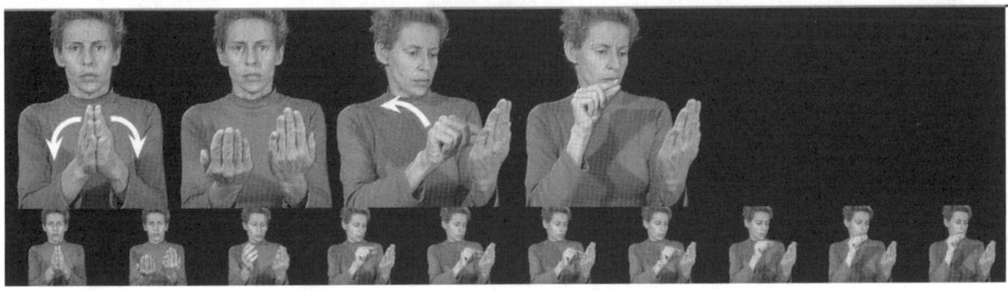

CARDÁPIO – Fazer os sinais de "livro" e de "escolher".
• ***Cardápio:*** *Relação dos alimentos disponíveis para consumo em um restaurante ou estabelecimento similar.* **Sinal igual:** MENU

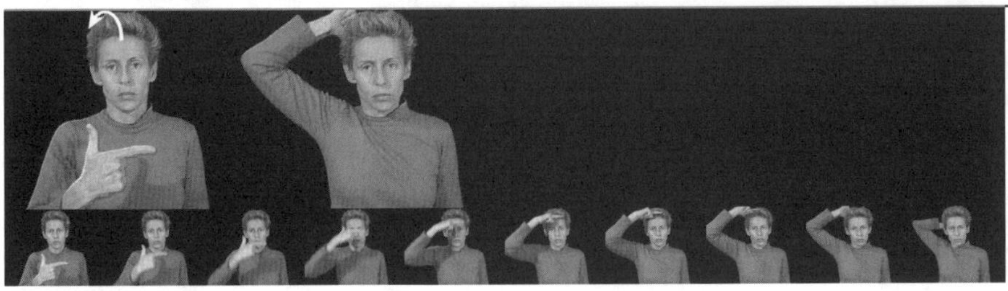

CARECA – Mão em "L" deitado, palma para trás. Deslizar o dedo indicador sobre a cabeça.
• ***Careca:*** *Aquilo ou alguém que é calvo.* **Sinal igual:** CALVO

▪ CARAMBOLEIRA: CARAMBOLA ▪ CARAPANÃ: MOSQUITO ▪ CARAPINHA: PIXAIM ▪ CARÁTER: IDENTIDADE ▪ CARBONIZAR: QUEIMAR ▪ CARCERAGEM: CADEIA ▪ CÁRCERE: PRESIDIÁRIO ▪ CARCINOMA: CÂNCER ▪ CARDÍACO: CORAÇÃO ▪ CARECER: PRECISAR

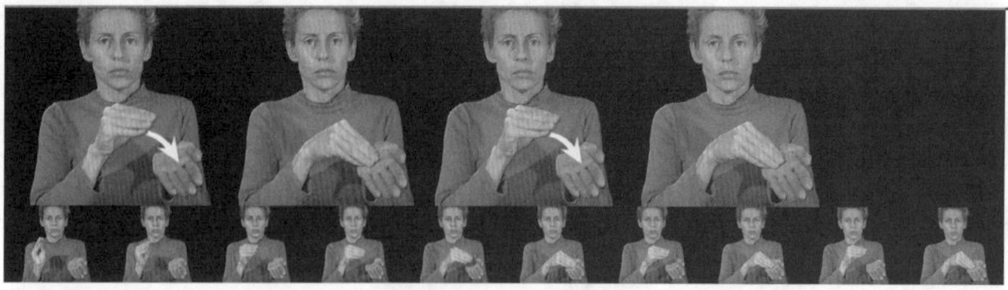

CARÊNCIA* – Fazer o sinal de "faltar".
• ***Carência:*** *Falta de algo necessário.* **Sinal igual:** INSUFICIÊNCIA, PRIVAÇÃO

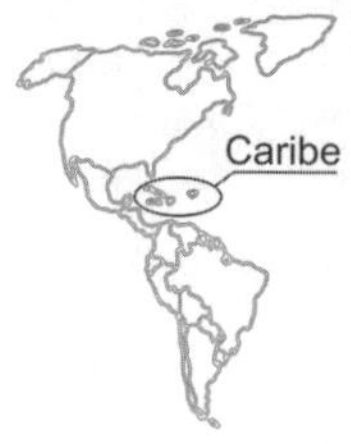

CARIBE – Mão esquerda fechada com o dedo polegar esticado, palma para trás. Mão direita em "R", com o polegar aberto. Posicionar as mãos conforme a foto, com os polegares se tocando pelas pontas.
• ***Caribe:*** *Arquipélago localizado na América Central.* **Sinal igual:** ANTILHAS

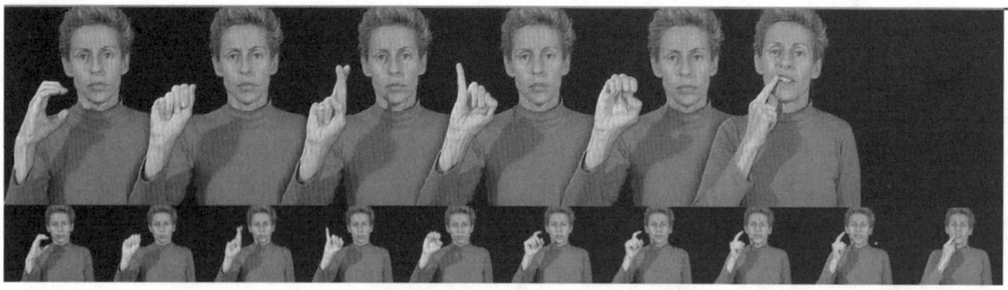

CÁRIE – Digitar as letras "C", "A", "R", "I", "E" e fazer o sinal de "dente".
• ***Cárie:*** *Destruição dos dentes por bactérias.*

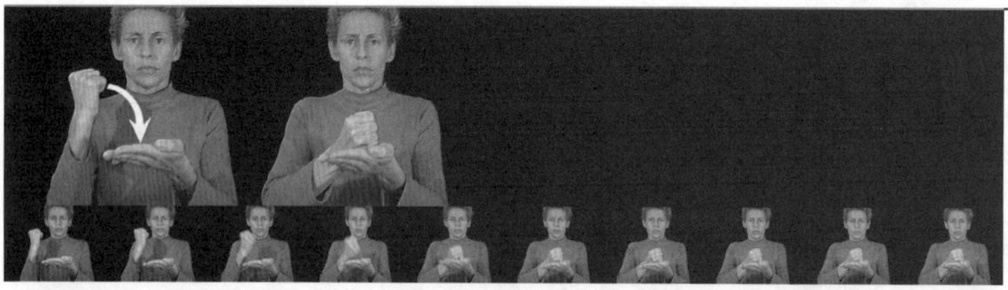

CARIMBAR – Mão esquerda aberta, dedos unidos e esticados, palma para cima. Mão direita fechada em "S". Posicionar as mãos conforme a (foto 1). Em seguida, tocar a lateral externa da mão direita na palma esquerda, como se estivesse carimbando uma folha de papel.
• ***Carimbar:*** *Imprimir marca com carimbo.*

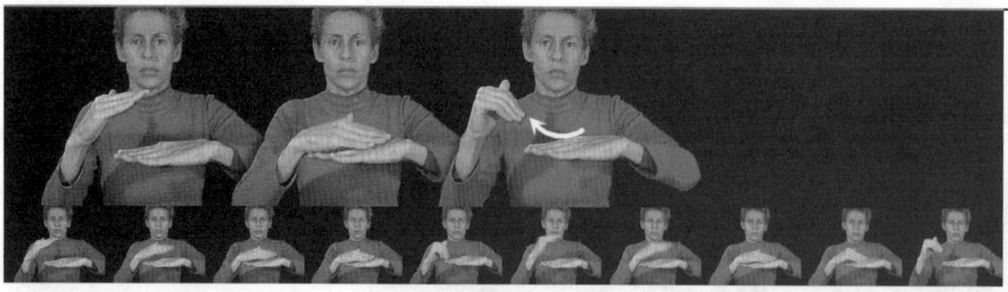

CARINHO – Mãos abertas, dedos unidos e esticados, palmas para baixo. Manter a mão esquerda imóvel, enquanto a direita desliza delicadamente duas ou três vezes sobre o dorso da esquerda, como se estivesse fazendo um carinho.
• ***Carinho:*** *Manifestação delicada de amor.* **Sinal igual:** AFAGO, AFÁVEL, AFETUOSO, AGRADO, CARÍCIA, CARINHOSO, DESVELO, MEIGO, MEIGUICE, TERNURA

■ **CARÊNCIA:** PRECISAR ■ **CARGO:** TRABALHAR ■ **CARÍCIA:** CARINHO ■ **CARINHOSO:** CARINHO ■ **CARIOCA:** RIO DE JANEIRO ■ **CARISMA:** ATRAIR

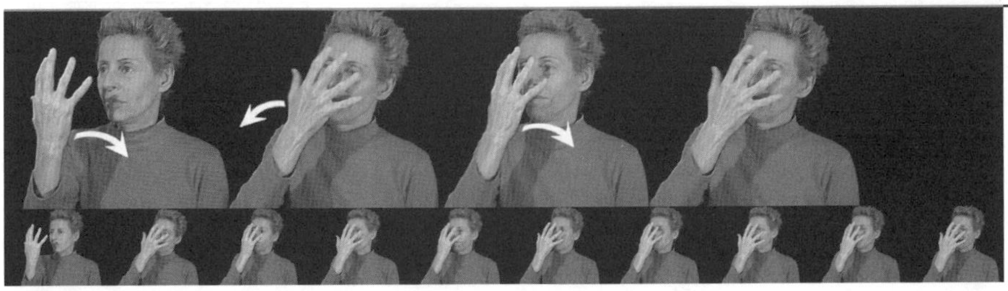

CARNAVAL – Fazer o sinal de "máscara".

• ***Carnaval:*** *Período anual de festas anteriores à Quarta-feira de Cinzas.*

CARNE – Segurar a pele do dorso da mão esquerda com as pontas dos dedos indicador e polegar direitos.

• ***Carne:*** *Parte macia do corpo humano ou de animal.*

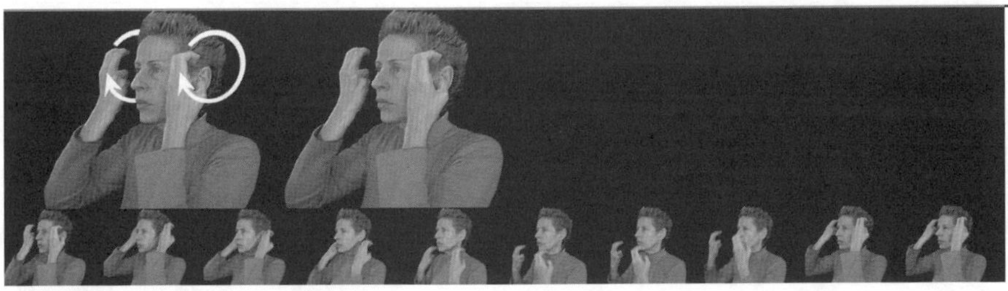

CARNEIRO – Mãos fechadas com os dedos indicadores e médios abertos e curvados apontando para trás. Posicionar as mãos próximo das têmporas (foto 1). Em seguida, mover as mãos simultaneamente para trás, em um movimento circular.

• ***Carneiro:*** *Mamífero domesticado que fornece carne e lã.* **Sinal igual:** CABRITO

CARNE MOÍDA – Fazer os sinais de "carne" e de "moer".

• ***Carne moída:*** *Carne comestível de animal, triturada em máquina.*

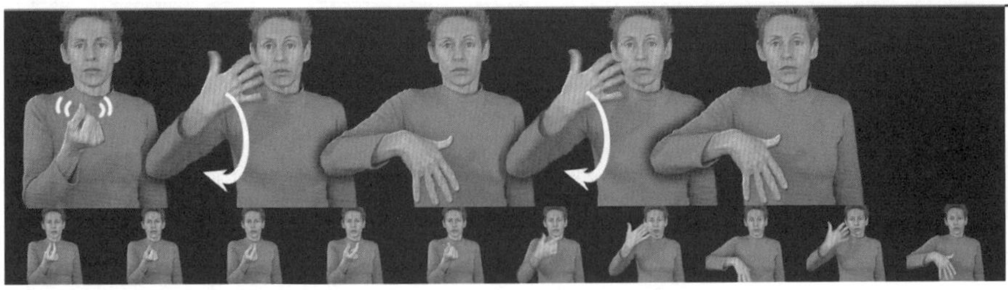

CARO – Fazer o sinal de "dinheiro". Em seguida, com a mão aberta, "jogá-la" duas ou três vezes para baixo.

• ***Caro:*** *Que tem preço alto.* **Sinal igual:** DISPENDIOSO

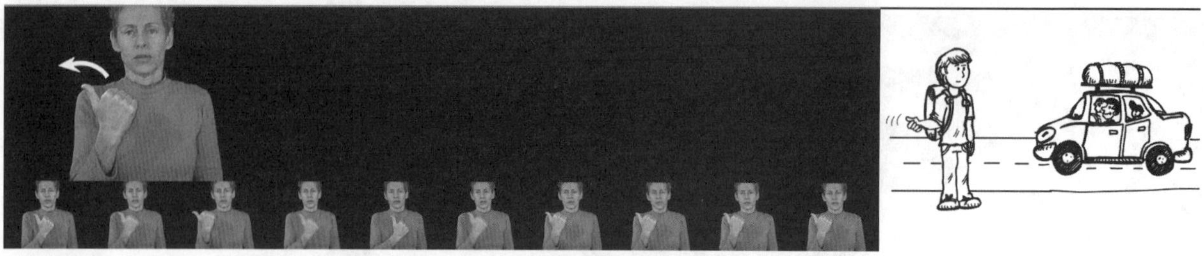

CARONA – Mão fechada com o dedo polegar aberto apontando para o lado, palma para trás. Mover a mão duas ou três vezes para a lateral.
• ***Carona:*** *Transporte gratuito em qualquer veículo.* **Sinal igual:** CARONISTA

CARPINTARIA – Fazer o sinal de "lugar". Em seguida, com as mãos fechadas em "S", movê-las simultaneamente para a frente, duas ou três vezes, imitando o gesto de quem usa uma plaina.
• ***Carpintaria:*** *Local de trabalho do carpinteiro.*

CARPINTEIRO – Fazer o sinal de "profissão". Em seguida, com as mãos fechadas em "S", movê-las simultaneamente para a frente, duas ou três vezes, imitando o gesto de quem usa uma plaina.
• ***Carpinteiro:*** *Profissional que trabalha com madeira.*

CARREGAR – Mão direita fechada em "S", mão esquerda apoiada no ombro. Posicionar as mãos conforme a foto.
• ***Carregar:*** *Sustentar ou transportar alguém ou alguma coisa.* **Sinal igual:** CARREGADOR, TRANSPORTAR

CARRINHO – Mãos fechadas em "S", palmas para baixo. Posicionar as mãos próximo ao corpo. Em seguida, movê-las simultaneamente para a frente.
• ***Carrinho:*** *Pequeno carro manual utilizado para transportar objetos e outros materiais.* **Sinal igual:** MERCADO, SUPERMERCADO

▪ CARONISTA: CARONA ▪ CARPETE: TAPETE ▪ CARREGADOR: CARREGAR ▪ CARRETA: CAMINHÃO ▪ CARRO: AUTOMÓVEL

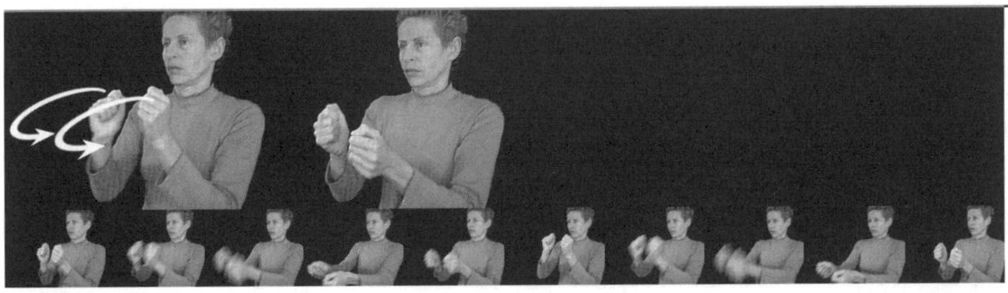

CARROÇA – Mãos fechadas em "A", palmas para dentro. Mover simultaneamente as mãos, "jogando-as" para a frente e voltando à posição inicial duas vezes, como quem balança uma rédea para fazer o cavalo andar.
• *Carroça: Carro geralmente feito de madeira puxado por animais.* **Sinal igual:** CHARRETE

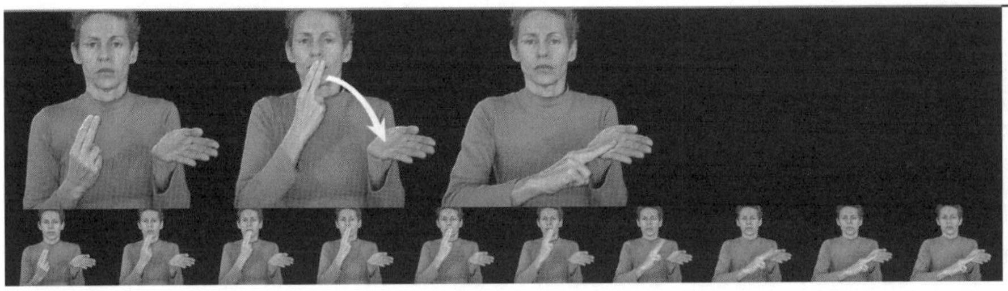

CARTA – Mão esquerda aberta, palma para cima. Mão direita fechada com o indicador e o médio esticados e unidos. Tocar as pontas dos dedos na boca e depois na palma da mão esquerda.
• *Carta: Mensagem manuscrita ou impressa para alguma pessoa ou instituição.* **Sinal igual:** CARTEIRO, CORREIO, CORRESPONDÊNCIA, CORRESPONDER, MISSIVA, TELEGRAMA

CARTÃO – Mão fechada com os dedos indicador e polegar abertos e dobrados apontando para cima.
• *Cartão: Pequeno retângulo de papel no qual estão impressos os dados do portador.*

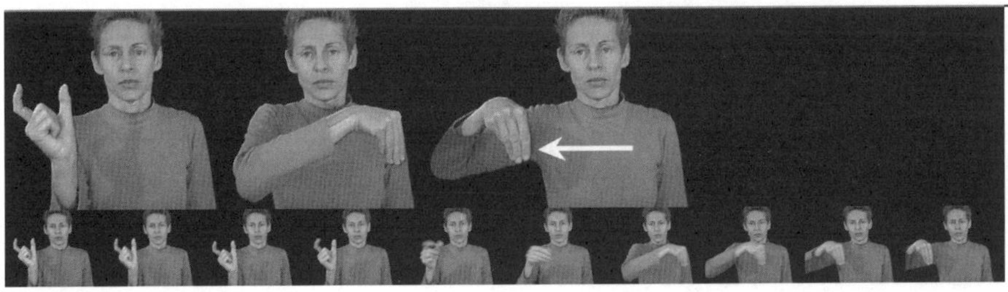

CARTÃO MAGNÉTICO – Fazer o sinal de "cartão"; depois, com os dedos esticados, unidos pelas pontas e voltados para baixo, mover a mão para a lateral, como se estivesse passando um cartão magnético na máquina.
• *Cartão magnético: Cartão com superfície magnética no qual se podem armazenar dados; cartão eletrônico.* **Sinal igual:** CARTÃO DE BANCO, CARTÃO ELETRÔNICO

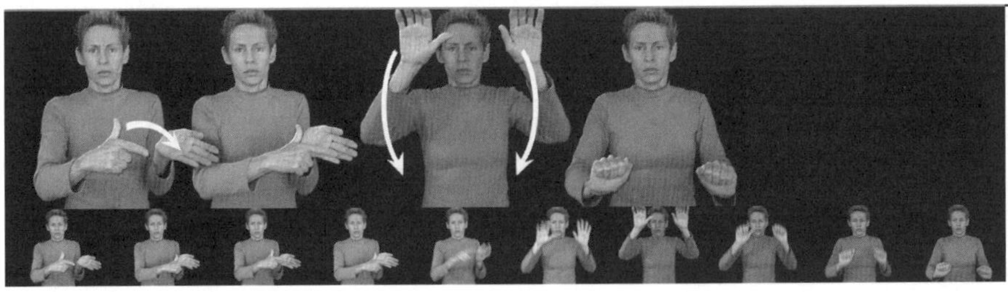

CARTAZ – Fazer o sinal de "papel" e, em seguida, mover as mãos simultaneamente para cima e para baixo, como se estivesse colando um cartaz na parede.
• *Cartaz: Anúncio ou aviso impresso no qual é possível inserir desenhos e fotos.* **Sinal igual:** PLACA

▪ CARTÃO DE BANCO: CARTÃO MAGNÉTICO ▪ CARTÃO ELETRÔNICO: CARTÃO MAGNÉTICO ▪ CARTEADO: BARALHO

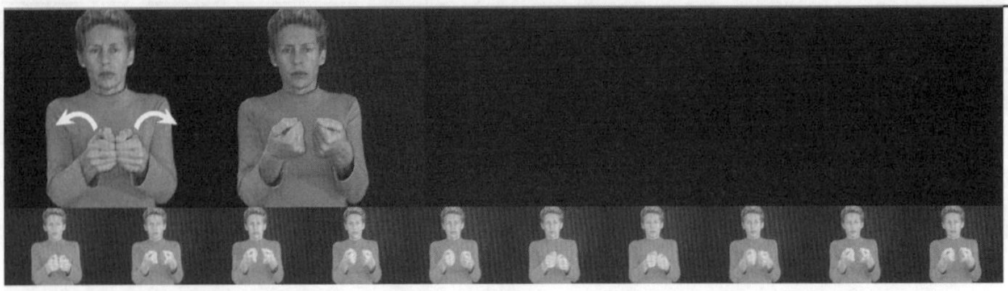

CARTEIRA DE BOLSO – Mãos fechadas em "A", palmas para dentro. Mover as mãos simultaneamente duas vezes, tocando-as pelo dorso dos dedos e virando as palmas das mãos para cima.
• ***Carteira de bolso:*** *Pequena bolsa usada para guardar, principalmente, dinheiro e documentos.*

CARTEIRA DE TRABALHO – Fazer os sinais de "livro" e de "trabalhar".
• ***Carteira de trabalho:*** *Documento pessoal no qual se anotam informações trabalhistas.*

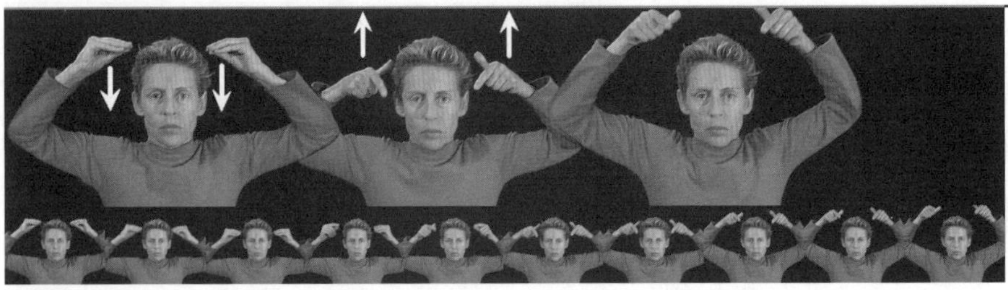

CARTOLA – Unir os dedos das mãos pelas pontas e posicioná-las nas laterais da parte superior da cabeça (foto 1). Baixar as mãos até as orelhas e, em seguida, com as mãos fechadas e os indicadores e os polegares abertos e curvados, posicioná-las na altura das orelhas e movê-las para cima.
• ***Cartola:*** *Chapéu masculino de copa alta e geralmente de cor preta.*

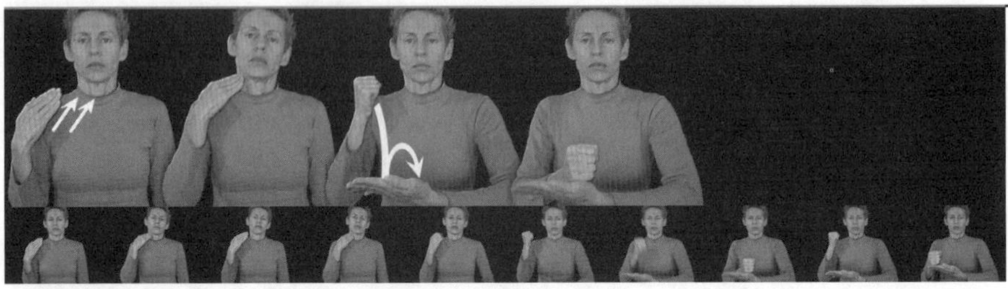

CARTÓRIO – Fazer os sinais de "banco" e de "carimbar".
• ***Cartório:*** *Repartição onde funcionam os tabelionatos.* **Sinal igual:** TABELIÃO

CASA – Mãos abertas, dedos unidos e esticados apontando para cima, palmas para dentro. Inclinar as mãos, encostando uma na outra pelas pontas dos dedos.
• ***Casa:*** *Construção destinada à habitação.* **Sinal igual:** DOMÉSTICO, DOMICÍLIO, HABITAÇÃO, HABITAR, IMÓVEL, LAR, MORADA, MORADIA, MORAR, RESIDÊNCIA, RESIDIR, VIVENDA

▪ **CARTEIRA DE IDENTIDADE:** RG ▪ **CARTEIRA DE MOTORISTA:** HABILITAÇÃO ▪ **CARTEIRO:** CARTA ▪ **CARTOLINA:** PAPEL ▪ **CASA DE REPOUSO:** ASILO

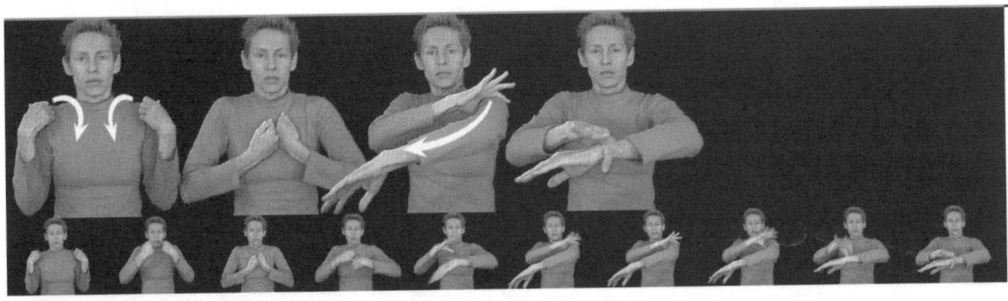

CASACO – Mãos fechadas em "A", palmas para trás. Posicionar as mãos nos ombros (foto 1). Depois, movê-las simultaneamente até o centro do peito. Em seguida, com o indicador e o polegar direitos, segurar o braço esquerdo em dois pontos: perto do ombro e no punho.
• ***Casaco:*** *Peça de vestuário de mangas compridas e aberta na frente.* **Sinal igual:** *BLAZER*, JAPONA, PALETÓ, SOBRETUDO

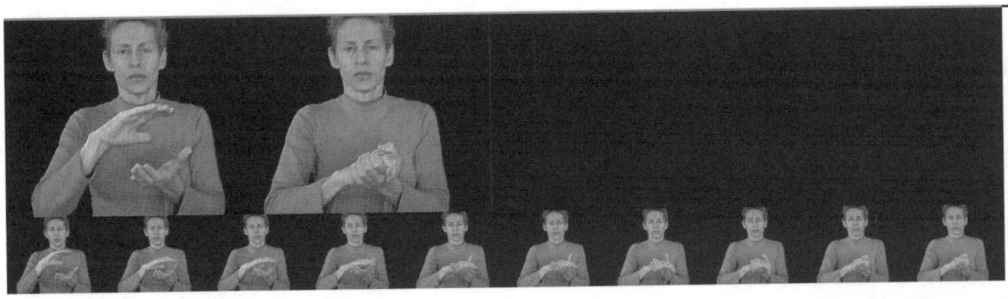

CASAL – Mãos abertas com os dedos levemente curvados e separados. Posicionar uma mão sobre a outra, conforme a foto 1. Depois, juntá-las segurando uma na outra.
• ***Casal:*** *Par formado por marido e mulher ou macho e fêmea.* **Sinal igual:** PAR, PARCEIRO

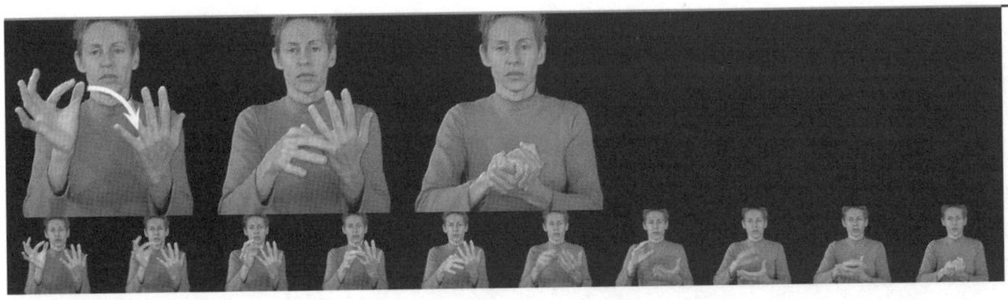

CASAMENTO – Fazer o sinal de "anel", simulando colocá-lo no dedo anular esquerdo. Em seguida, fazer o sinal de "casal".
• ***Casamento:*** *Vínculo conjugal entre um homem e uma mulher.* **Sinal igual:** MATRIMÔNIO, NÚPCIAS

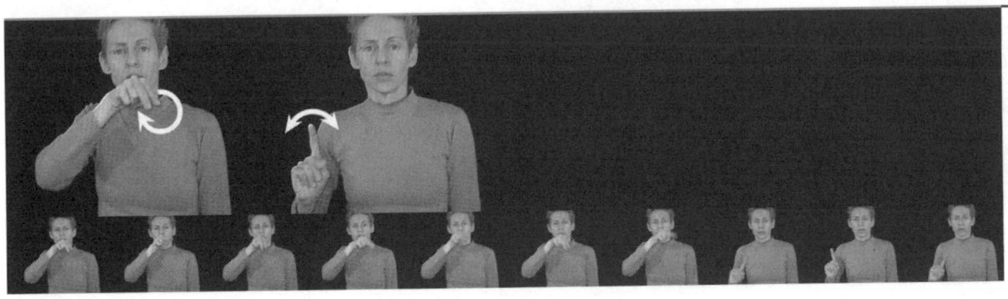

CASCAVEL – Fazer o sinal de "cobra". Em seguida, com a mão fechada, o indicador esticado e a palma para a frente, balançar o dedo com movimentos curtos e rápidos, simulando o movimento típico do guizo de uma cobra-cascavel.
• ***Cascavel:*** *Serpente venenosa que possui um chocalho (guizo) na ponta da cauda.*

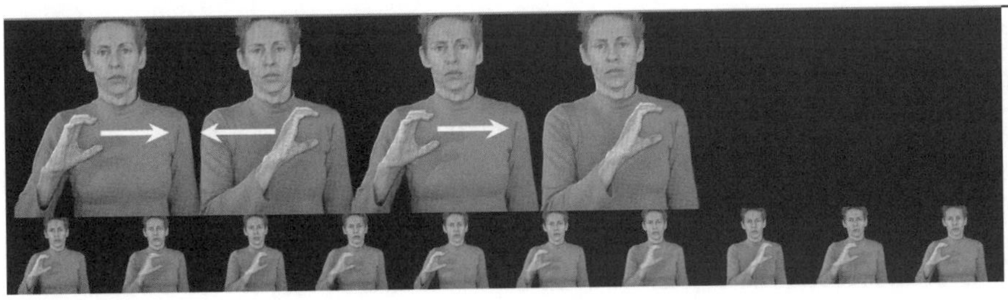

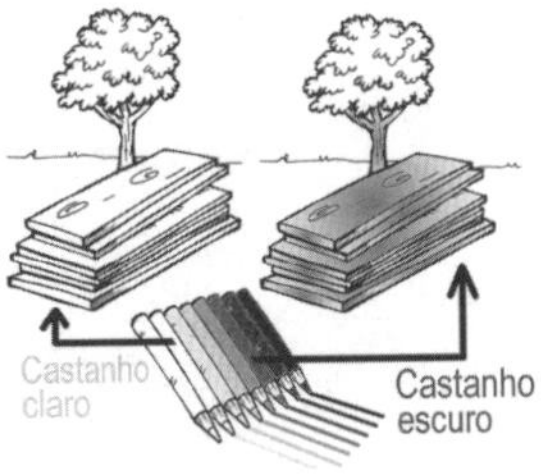

CASTANHO – Mão em "C", palma para dentro. Mover a mão para a esquerda e para a direita, duas vezes.
• ***Castanho:*** *Cor marrom.*

■ CASCATA: CACHOEIRA

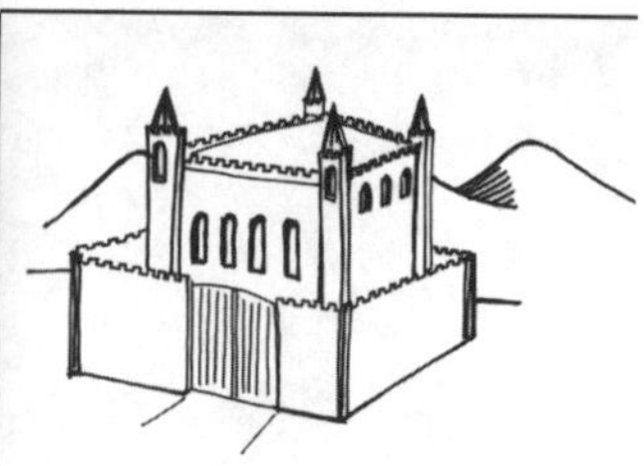

CASTELO – Mãos abertas com os dedos esticados e separados apontando para baixo. Posicionar as mãos na altura da cintura e movê-las simultaneamente para cima até a altura da cabeça, juntando os dedos pelas pontas.
• ***Castelo:*** *Residência real.* **Sinal igual:** FORTALEZA

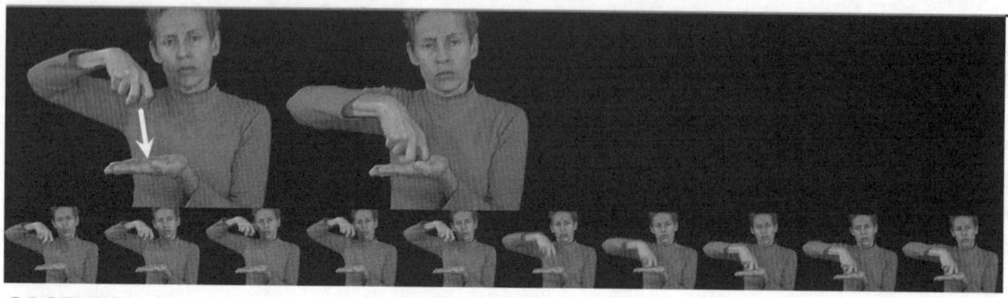

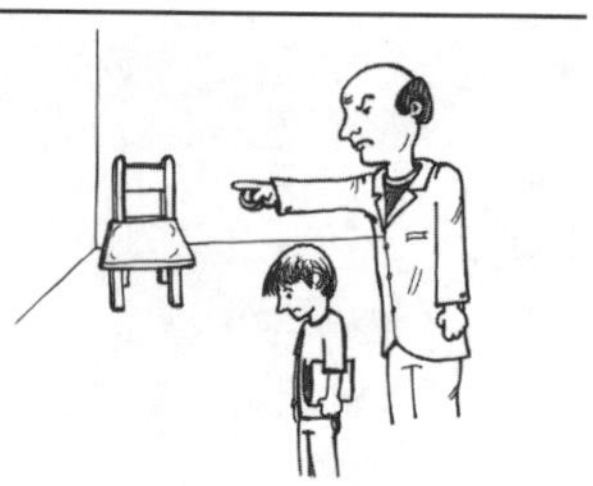

CASTIGO – Fazer o sinal de "ajoelhar" com uma expressão facial de seriedade.
• ***Castigo:*** *Punição aplicada a uma pessoa ou animal.* **Sinal igual:** CASTIGAR, PENA, PUNIÇÃO, PUNIR

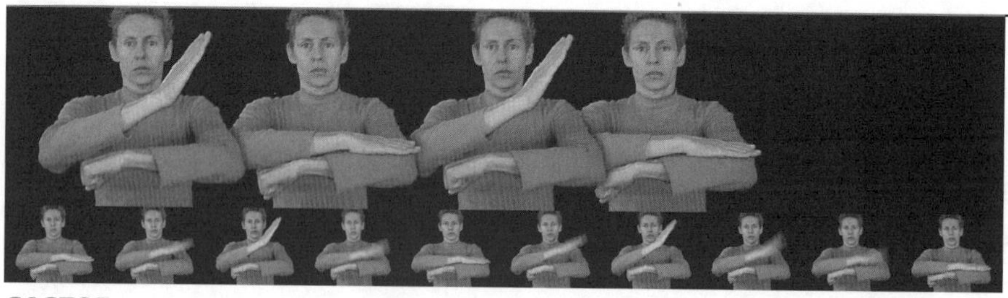

CASTOR – Braços dobrados, um apoiado sobre o outro conforme a foto 1. Mão esquerda fechada em "S" e mão direita aberta. Mover a mão direita para cima duas vezes e voltar à posição inicial.
• ***Castor:*** *Grande mamífero roedor que vive na terra e na água.*

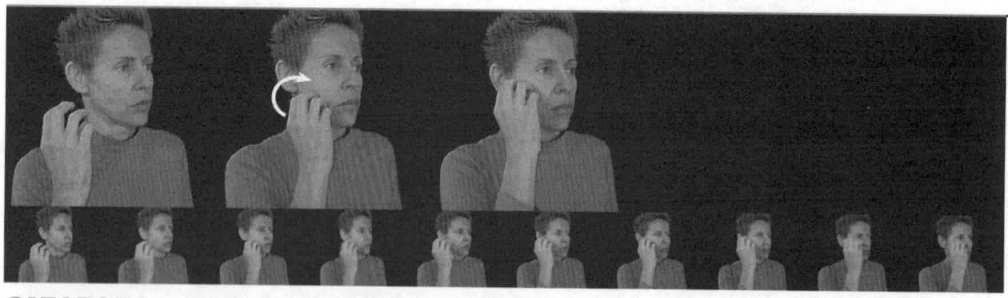

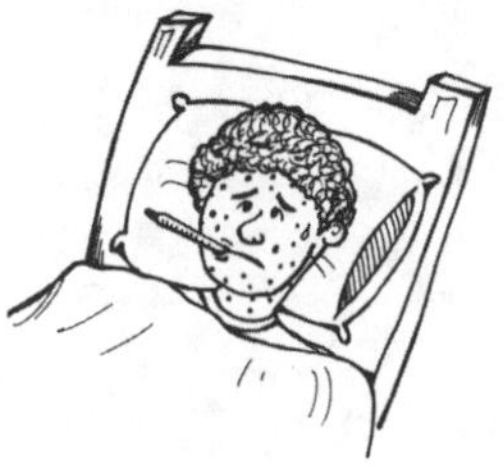

CATAPORA – Mão aberta com os dedos curvados e separados. Tocar as pontas dos dedos em dois ou três lugares diferentes do rosto.
• ***Catapora:*** *Doença infecciosa que provoca febre e erupções pruriginosas na pele.* **Sinal igual:** VARICELA

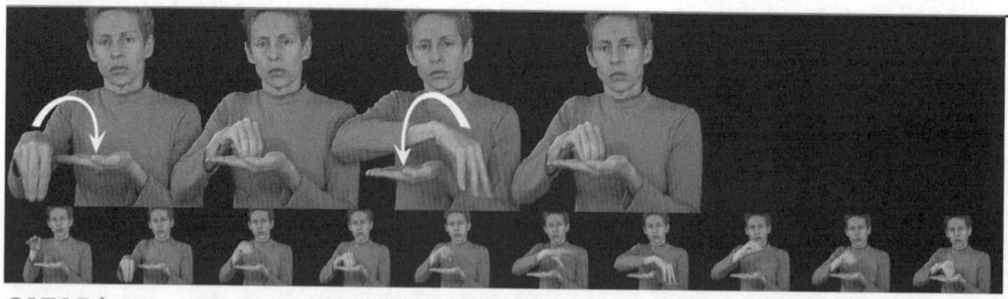

CATAR* – Mão esquerda aberta com os dedos unidos e esticados, palma para cima. Mover a mão direita duas vezes, imitando o gesto de quem pega alguma coisa e depois coloca na palma esquerda.
• ***Catar:*** *Recolher um por um, apanhar, pegar.* **Sinal igual:** APANHAR, COLHER, RECOLHER

▪ **CASTIGAR:** CASTIGO ▪ **CATALOGAÇÃO:** LISTAR ▪ **CATÁLOGO:** LISTAR ▪ **CATAR:** BUSCAR ▪ **CATARATA:** CACHOEIRA ▪ **CATARRENTO:** CATARRO

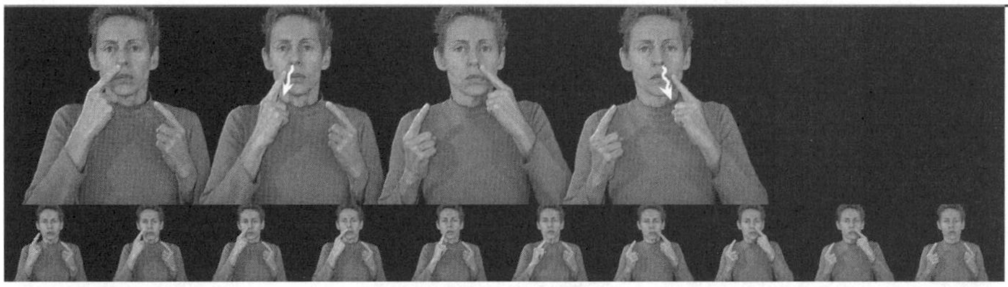

CATARRO – Mãos fechadas com os dedos indicadores esticados, palmas para trás. Tocar alternadamente a ponta de cada indicador na narina e deslizá-las um pouco para baixo, representando o escorrimento de uma secreção do nariz.
• ***Catarro:*** *Muco proveniente da inflamação das mucosas; constipação.* **Sinal igual:** CATARRENTO, CATARROSO, CONSTIPAÇÃO, RANHO

CATEDRAL – Fazer os sinais de "castelo" e de "cruz".
• ***Catedral:*** *Igreja principal de uma diocese.* **Sinal igual:** BASÍLICA, IGREJA MATRIZ

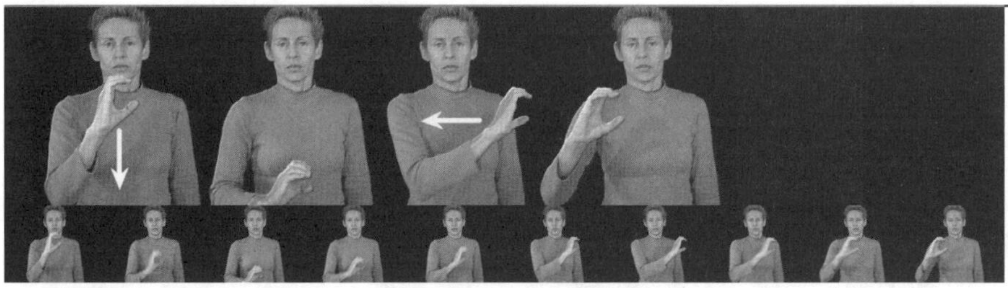

CATÓLICO – Mão em "C", palma para dentro. Mover a mão, descrevendo uma cruz.
• ***Católico:*** *Que se refere à Igreja Católica.* **Sinal igual:** CATOLICISMO

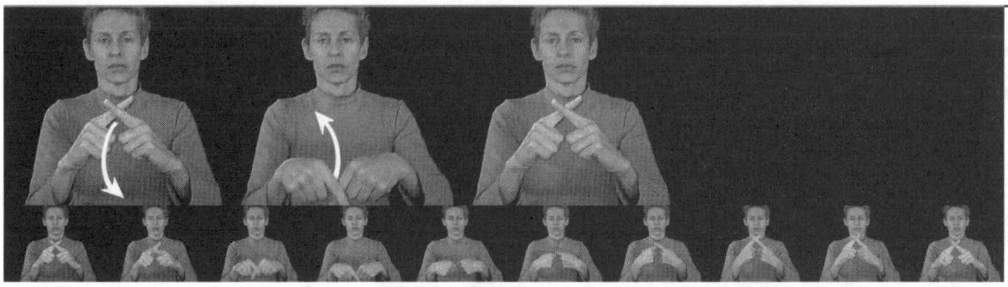

CATRACA – Mãos fechadas com os dedos indicadores esticados e cruzados (foto 1). Sem desencostar um dedo do outro, rodar as mãos uma vez (para a frente), terminando o movimento na posição inicial.
• ***Catraca:*** *Dispositivo para o controle de entrada e a contagem de pessoas usado em ônibus, metrô, cinemas, empresas etc.* **Sinal igual:** ROLETA

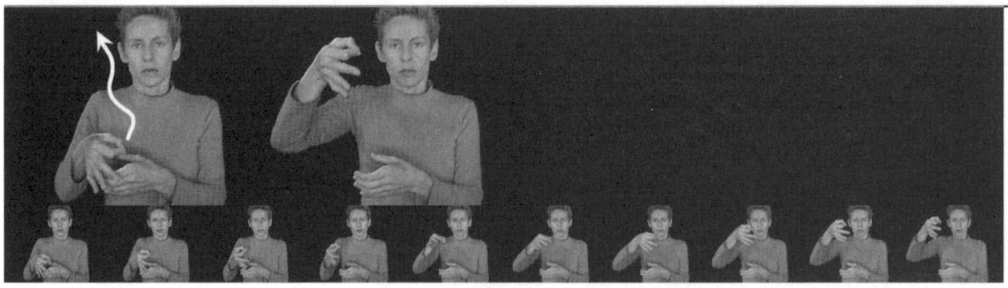

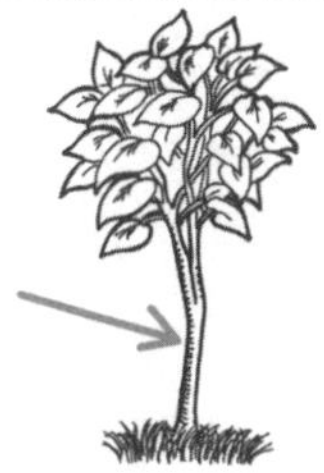

CAULE – Mão esquerda em "C", mão direita aberta com os dedos indicador e polegar unidos pelas pontas. Posicionar as mãos conforme a foto 1. Depois, manter a mão esquerda imóvel, enquanto a direita se desloca para cima, descrevendo movimentos levemente ondulares, como as curvas do caule de uma planta.
• ***Caule:*** *Pequeno tronco das plantas; talo.* **Sinal igual:** HASTE, RAMO

▪ **CATARROSO:** CATARRO ▪ **CATEGORIA:** TIPO ▪ **CATOLICISMO:** CATÓLICO ▪ **CAUDA:** RABO

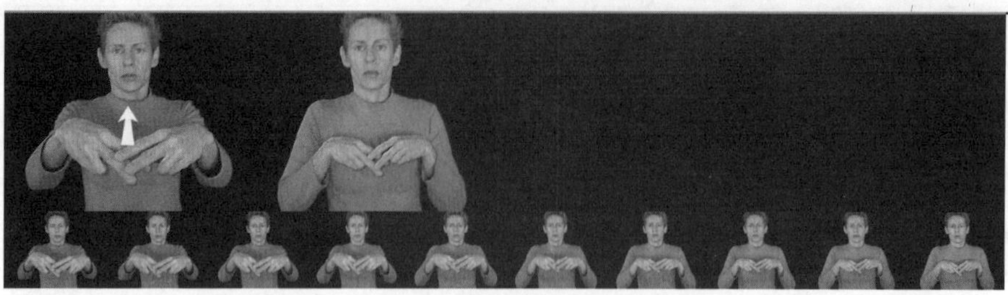

CAUSA – Mãos fechadas com os dedos indicadores e médios esticados. Apoiar os dedos de uma mão sobre os da outra, com os braços esticados à frente do corpo (foto 1). Em seguida, mover as mãos para trás até encostá-las no peito.
• ***Causa:*** *Razão de ser, explicação, motivo.* **Sinal igual:** MOTIVO, RAZÃO

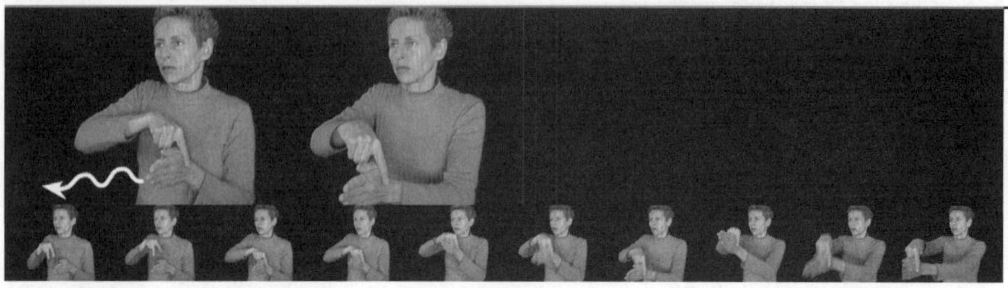

CAVALGAR – Mão esquerda aberta com os dedos unidos e esticados apontando para a frente, palma para dentro. Mão direita em "V". Encaixar o indicador e o médio da mão direita sobre a esquerda e movê-las para a frente, descrevendo um movimento ondular.
• ***Cavalgar:*** *Andar a cavalo.* **Sinal igual:** EQUITAÇÃO, GALOPAR, MONTAR

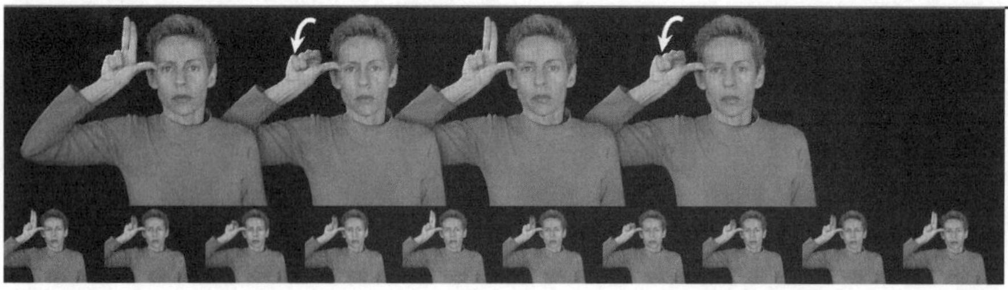

CAVALO – Manter os dedos indicador, médio e polegar esticados. Encostar a ponta do polegar na têmpora (foto 1). Em seguida, mover o indicador e o médio juntos para a frente e voltar à posição inicial, duas ou três vezes.
• ***Cavalo:*** *Mamífero domesticado utilizado para trabalho e lazer.* **Sinal igual:** ÉGUA, EQUESTRE, EQUINO

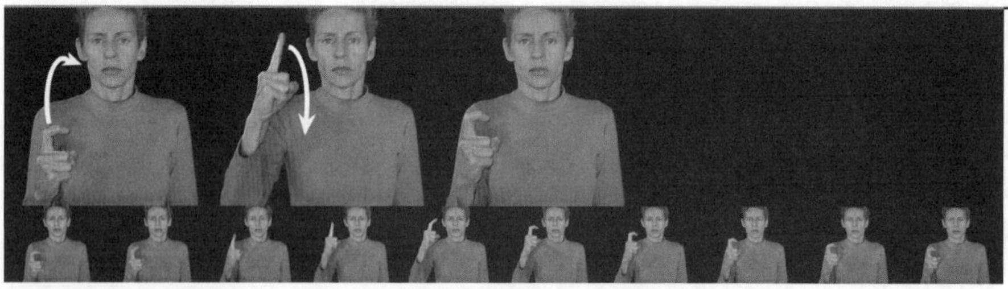

CAVALO-MARINHO – Mão fechada com o dedo indicador aberto e dobrado, palma para dentro. Mover a mão para cima, esticando o indicador, e voltar à posição inicial, dobrando o dedo novamente.
• ***Cavalo-marinho:*** *Pequeno peixe cuja cabeça lembra a de um cavalo.* **Sinal igual:** HIPOCAMPO

CAVANHAQUE – Deslizar as pontas dos dedos indicador e polegar pela área do buço, descendo até a ponta do queixo.
• ***Cavanhaque:*** *Barba aparada na região do queixo.* **Sinal igual:** BARBICHA

▪ **CAUTELA:** CUIDADO ▪ **CAUTELOSO:** ALERTA

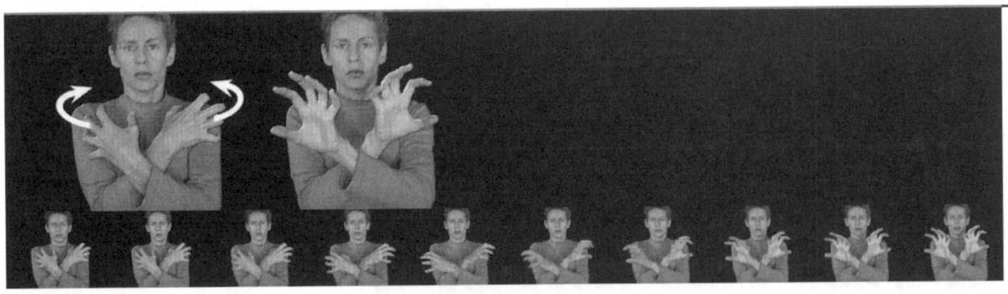

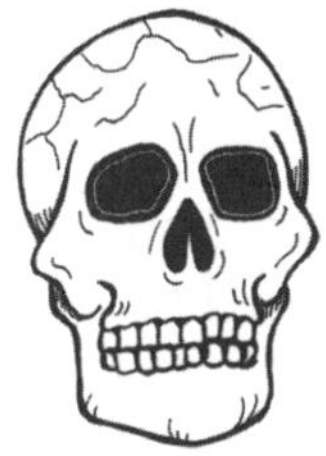

CAVEIRA – Mãos abertas com os dedos separados e curvados, palmas para trás. Manter os braços cruzados pelos punhos. Virar as mãos simultaneamente para a frente, mantendo os braços cruzados.
• ***Caveira:*** *Conjunto do crânio e ossos da face sem pele e carne.*

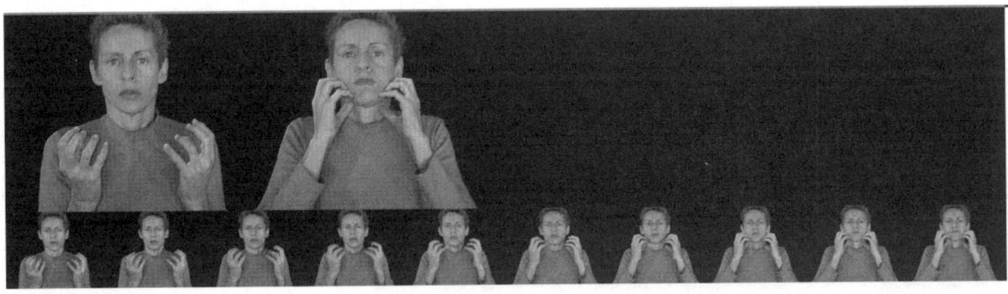

CAXUMBA – Mãos abertas com os dedos separados e curvados. Encostar as pontas dos dedos nas regiões correspondentes às glândulas parótidas (abaixo das orelhas) e encher as bochechas de ar.
• ***Caxumba:*** *Inflamação infecciosa e contagiosa das parótidas.* **Sinal igual:** TRASORELHO

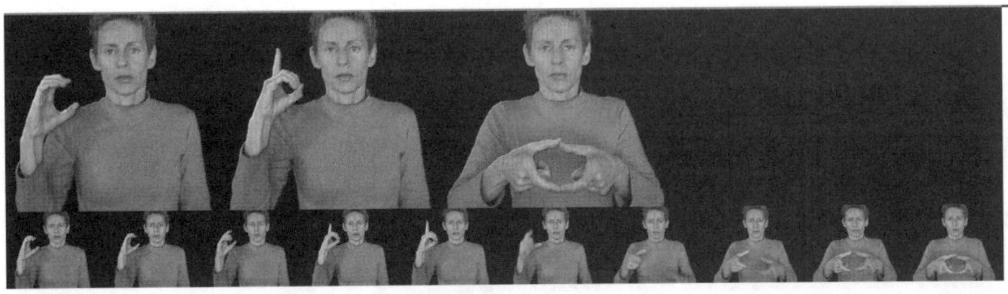

CD – Digitar as letras "C" e "D". Depois, com os dedos indicadores e polegares abertos e curvados, juntar as mãos encostando somente as pontas dos dedos, representando o formato circular de um CD.
• ***CD:*** *Sigla para "Compact Disc", disco compacto, no qual são gravados digitalmente textos, sons e imagens.* **Sinal igual:** CD-ROM, *COMPACT-DISC*

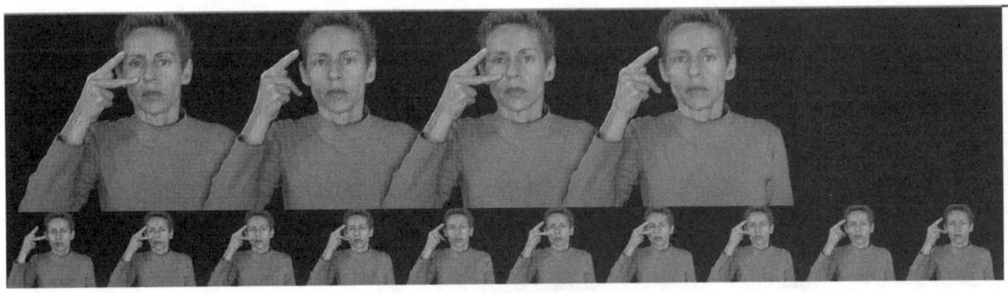

CEARÁ – Mão em "P". Resvalar duas vezes a ponta do dedo médio na maçã do rosto.
• ***Ceará:*** *Estado da região Nordeste do Brasil.*

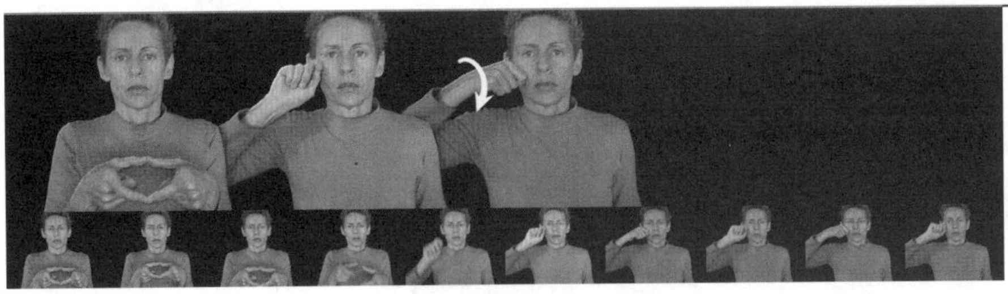

CEBOLA – Juntar as mãos pelas pontas dos dedos indicadores e polegares (foto 1). Depois, fazer o sinal de "chorar".
• ***Cebola:*** *Planta comestível usada como condimento.*

■ **CAVERNA:** GRUTA ■ **CAVIDADE NASAL:** NARINAS ■ **CD-ROM:** CD

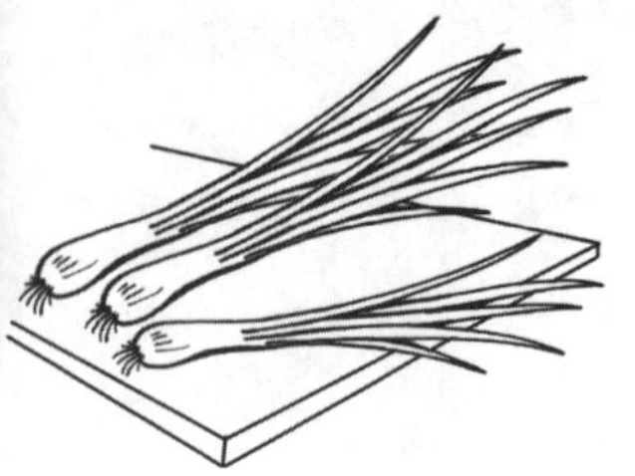

CEBOLINHA – Mão esquerda fechada com o dedo indicador esticado. Mão direita fechada com o indicador e o polegar esticados. Deslizar as pontas dos dedos da mão direita através do indicador esquerdo (da ponta até a base).
• ***Cebolinha:*** *Planta de folhas longas usada como condimento.* **Sinal igual:** CEBOLINHA-CAPIM

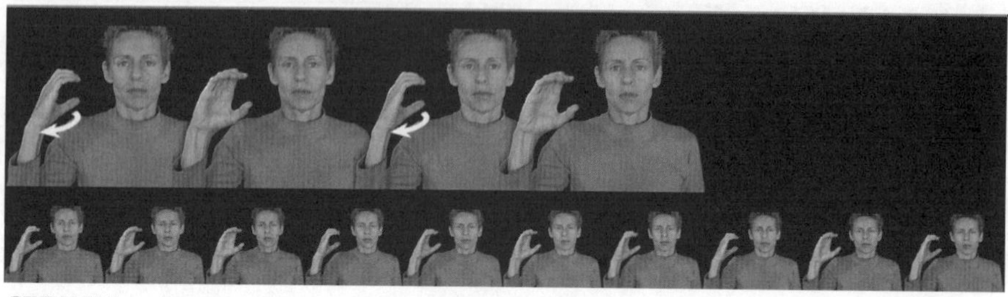

Ç

CEDILHA – Mão em "C", palma para dentro. Balançar a mão duas ou três vezes, virando a palma para a frente e voltando à posição inicial.
• ***Cedilha:*** *Sinal gráfico que se põe debaixo do "c" para indicar o som de "ss".* **Sinal igual:** Ç

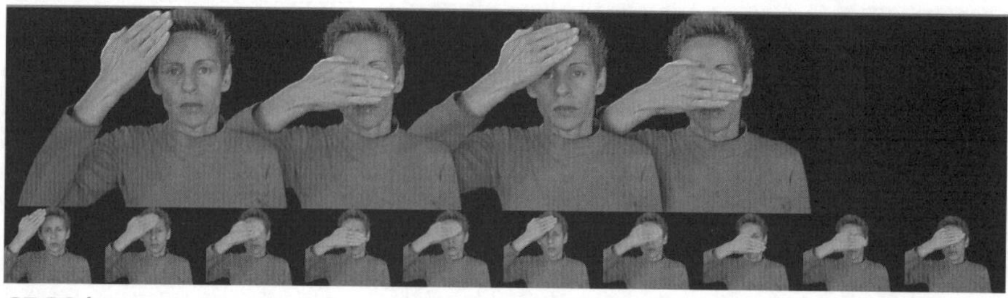

CEGO* – Mão aberta com os dedos unidos e esticados, palma para trás. Mover a mão para cima e para baixo, duas ou três vezes, bem diante dos olhos.
• ***Cego:*** *Aquele que não pode ver.* **Sinal igual:** CEGUEIRA, DEFICIENTE VISUAL

CEIFAR – Mão esquerda fechada em "S". Mão direita aberta, dedos unidos e esticados, palma para cima. Manter a mão esquerda parada enquanto a direita se move duas ou três vezes, com certa rapidez, por baixo da mão esquerda, como se estivesse cortando o caule de uma planta.
• ***Ceifar:*** *Cortar com facão ou foice.*

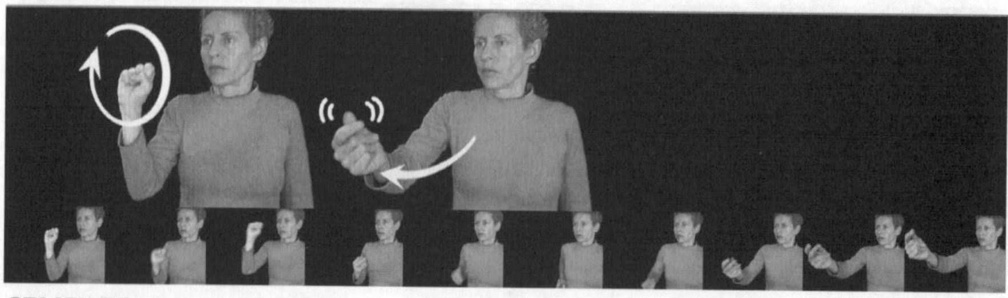

CELIBATO – Fazer o sinal de "solteiro". Depois, com a mão perto da cintura, movê-la para a frente e, ao mesmo tempo, esfregar várias vezes a ponta do indicador na do polegar.
• ***Celibato:*** *Condição da pessoa solteira; aquele que não mantém relações sexuais.*

▪ **CEBOLINHA-CAPIM:** CEBOLINHA ▪ **CEDER:** DAR ▪ **CEDO:** MANHÃ ▪ **CEDO:** ANTES ▪ **CÉDULA:** DINHEIRO ▪ **CÉDULA DE IDENTIDADE:** RG ▪ **CEFALEIA:** DOR DE CABEÇA ▪ **CEGO:** DEFICIENTE VISUAL ▪ **CEGUEIRA:** CEGO, DEFICIENTE VISUAL ▪ **CEIA:** JANTAR ▪ **CELA:** CADEIA ▪ **CELEBRAÇÃO:** COMEMORAR ▪ **CELEBRAR:** COMEMORAR ▪ **CÉLEBRE:** FAMOSO, NOTÓRIO ▪ **CELEBRIDADE:** FAMOSO, NOTÓRIO ▪ **CELESTE:** CÉU ▪ **CELESTIAL:** CÉU ▪ **CELHA:** CÍLIO

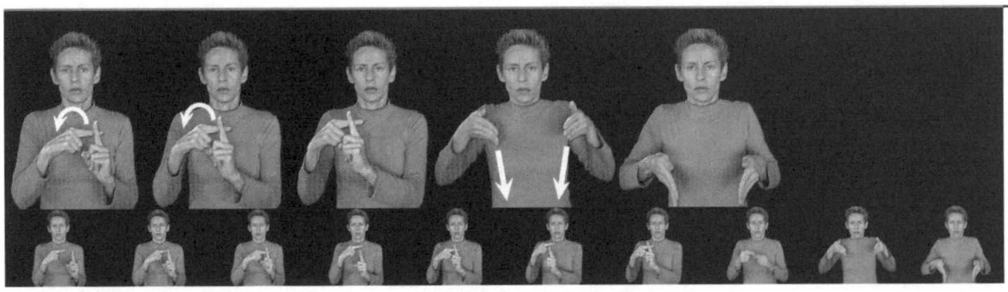

CEMITÉRIO – Com os dedos indicadores, fazer uma cruz em três pontos imaginários à frente do corpo. Depois, fazer o sinal de "enterrar" (sem passar a mão pelo pescoço).
• *Cemitério: Local onde se enterram e guardam cadáveres.* **Sinal igual:** NECRÓPOLE

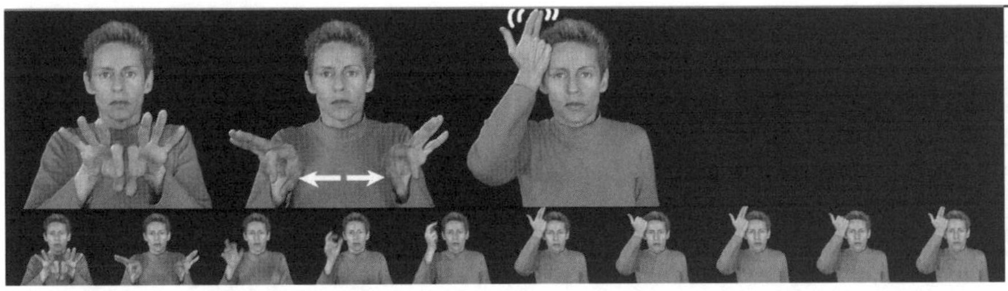

CENOURA – Mãos abertas com os dedos separados. Indicadores e polegares curvados. Posicionar as mãos juntas (foto 1) e movê-las simultaneamente para as laterais. Depois, fazer o sinal de "coelho".
• *Cenoura: Raiz comestível de cor laranja, rica em açúcar.*

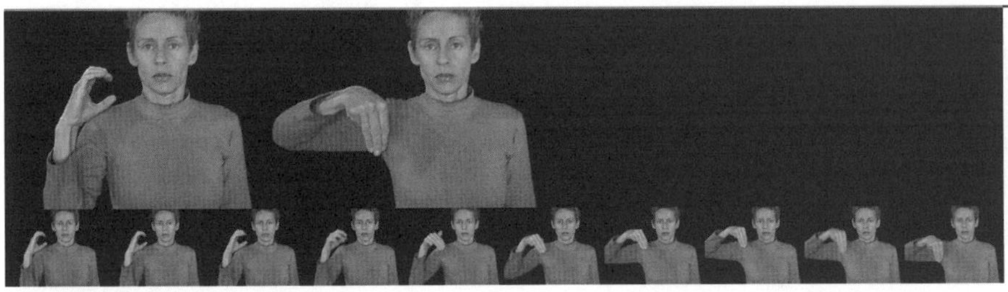

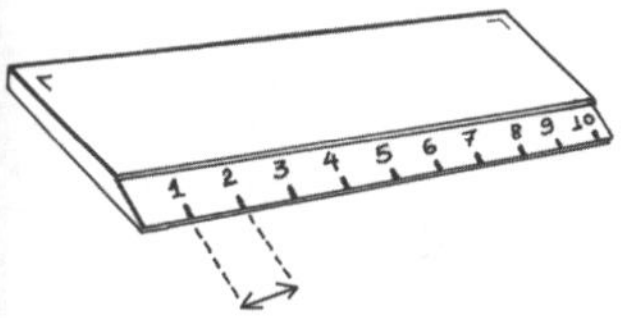

CENTÍMETRO – Digitar as letras "C" e "M".
• *Centímetro: Unidade de medida correspondente a um centésimo de metro.*

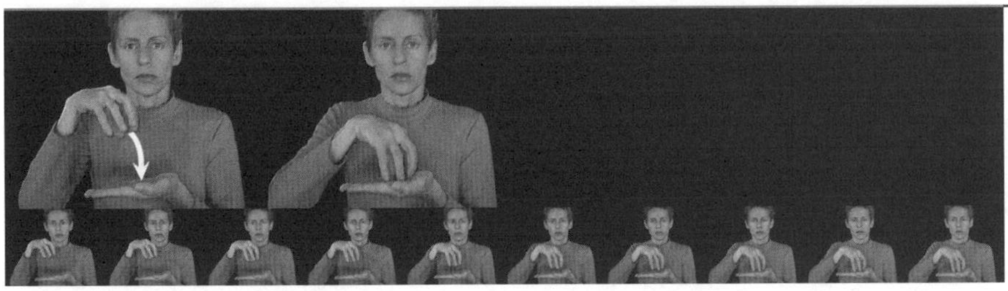

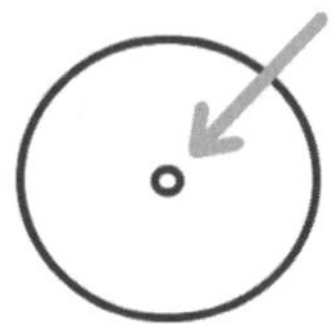

CENTRO – Mão esquerda aberta, dedos unidos e esticados, palma para cima. Mão direita aberta com os dedos levemente dobrados apontando para baixo. Encostar as pontas dos dedos da mão direita na palma esquerda.
• *Centro: Região central de uma cidade; que está na parte central.* **Sinal igual:** CENTRAL, CENTRALIZAR

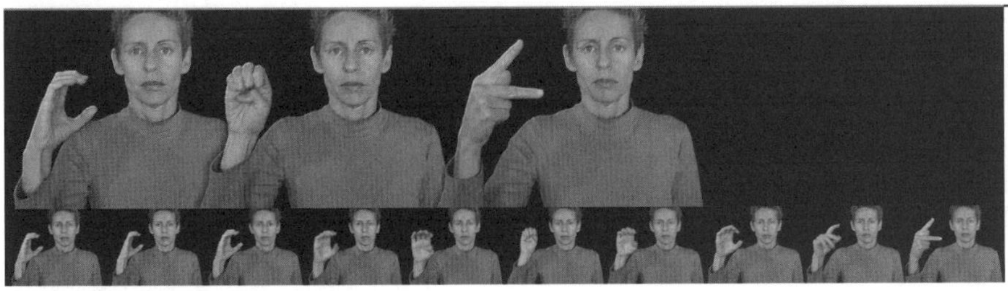

CEP – Digitar as letras "C", "E" e "P".
• *CEP: Sigla de Código de Endereçamento Postal.* **Sinal igual:** CÓDIGO DE ENDEREÇAMENTO POSTAL

▪ **CENSURA:** CRITICAR ▪ **CENSURAR:** REPROVAR ▪ **CENTRAL:** CENTRO ▪ **CENTRALIZAR:** CENTRO ▪ **CENTRÍFUGA:** LIQUIDIFICADOR ▪ **CERÂMICA:** LOUÇA

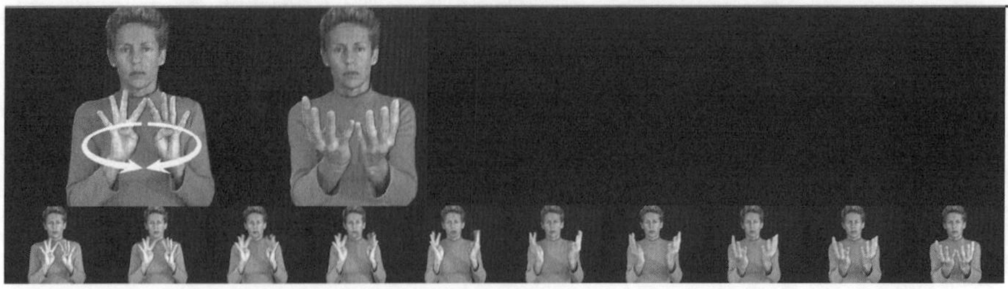

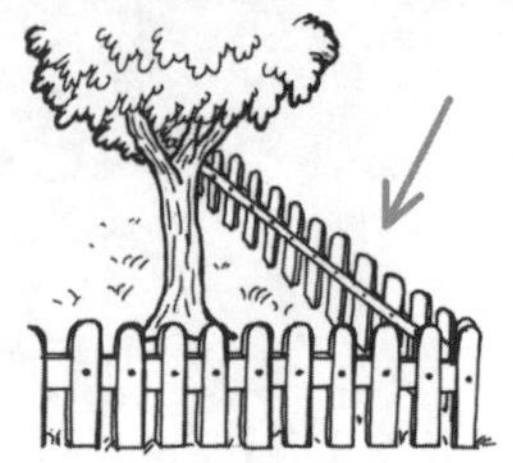

CERCA – Mãos em "4", palmas para a frente. Posicionar as mãos juntas se tocando pelas pontas dos dedos indicadores (foto 1). Mover as mãos simultaneamente, formando um círculo, virando as palmas para trás, e encostando as pontas dos dedos mínimos uma na outra.
• ***Cerca:*** *Construção feita de madeira, metal, arame ou outro material, usada para limitar uma área.*

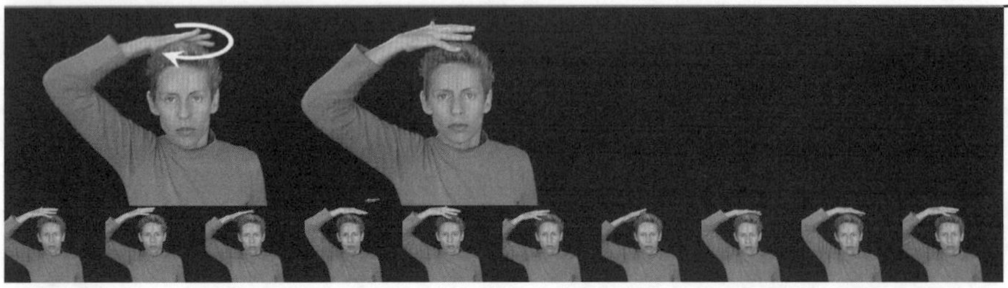

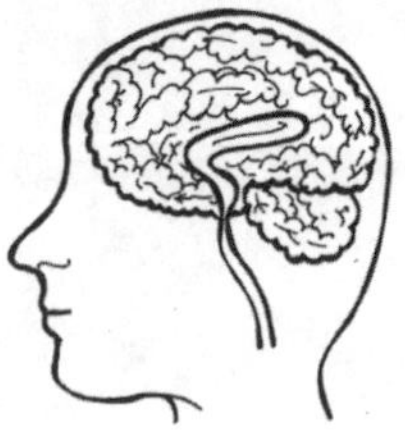

CÉREBRO – Mão aberta com os dedos esticados e levemente separados, palma para baixo. Colocar a mão sobre a cabeça (sem tocá-la) executando movimentos circulares de acordo com a curvatura da cabeça.
• ***Cérebro:*** *Parte do sistema nervoso central localizada na caixa craniana; órgão do pensamento.* **Sinal igual:** CEREBELO, CEREBRAL, ENCÉFALO, MASSA CEFÁLICA

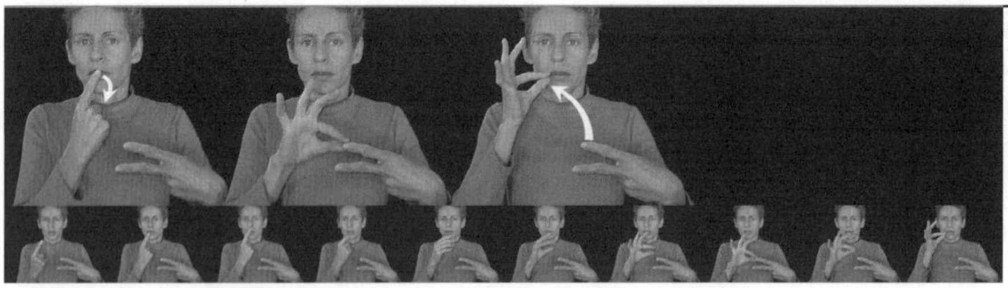

CEREJA – Fazer o sinal de "vermelho". Depois, mão esquerda em "V", palma para trás, dedos apontando para o lado direito. Mão direita aberta com o indicador e o polegar unidos pelas pontas. Mover a mão direita como se estivesse pegando uma cereja com as pontas dos dedos da mão esquerda e levá-la à boca.
• ***Cereja:*** *Fruto da cerejeira.*

CERTIFICADO – Mãos em "L", palmas para a frente. Posicionar as mãos próximo ao corpo, conforme a foto 1. Depois, mover as mãos simultaneamente para a frente.
• ***Certificado:*** *Documento no qual se atesta algum fato ou ação.* **Sinal igual:** ATESTADO, CERTIDÃO

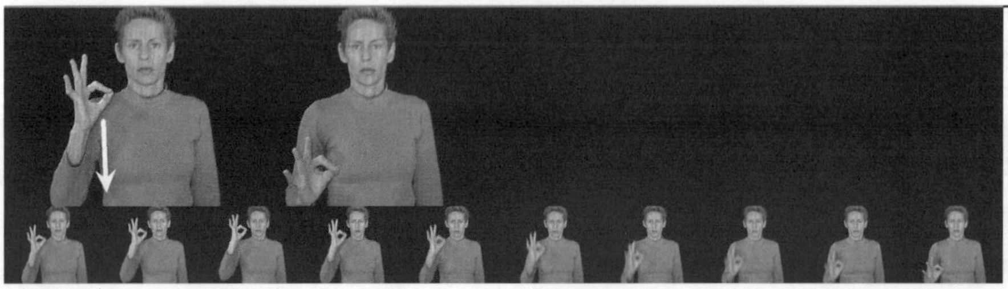

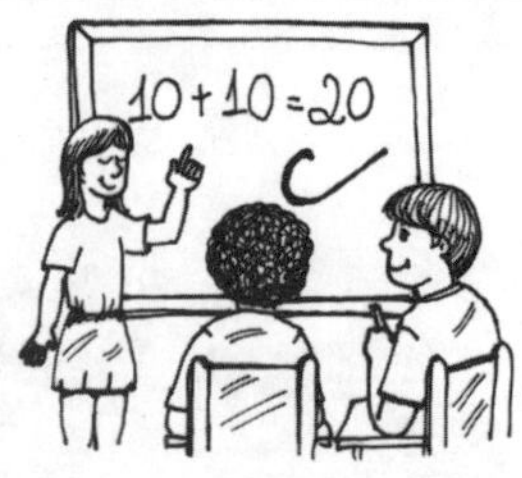

CERTO – Mão aberta com os dedos separados e esticados. Unir as pontas do indicador e do polegar. Com um gesto firme, mas não muito rápido, mover a mão um pouco para baixo.
• ***Certo:*** *Em que não há erro.* **Sinal igual:** CERTAMENTE, CERTEIRO, CERTEZA, CORRETO, EVIDENTE, EXATO, INDUBITÁVEL, INFALÍVEL, PRECISO, SEGURO

■ **CERCA DE:** APROXIMADAMENTE ■ **CEREBELO:** CÉREBRO ■ **CEREBRAL:** CÉREBRO ■ **CERIMÔNIA:** EVENTO ■ **CERRAÇÃO:** NEBLINA ■ **CERRAR:** APERTAR, FECHAR ■ **CERTAMENTE:** CERTO ■ **CERTEIRO:** CERTO ■ **CERTEZA:** CERTO ■ **CERTIDÃO:** CERTIFICADO

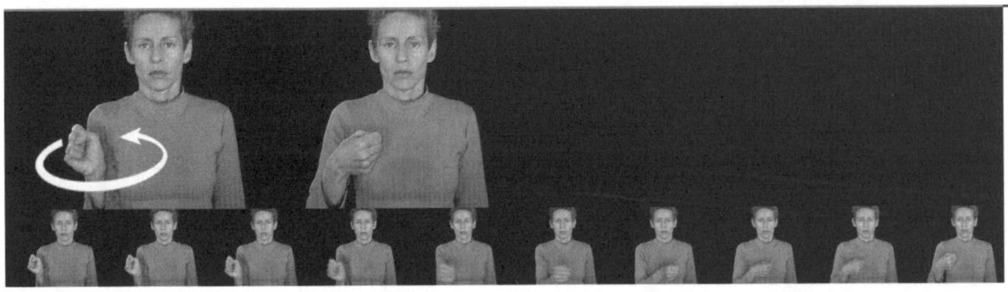

CERVEJA – Mão fechada em "S", palma para a frente. Mover a mão, formando um círculo. Durante o movimento, virar a palma da mão para trás.
• ***Cerveja:*** *Bebida alcoólica obtida da fermentação de cereais, principalmente cevada e lúpulo.*

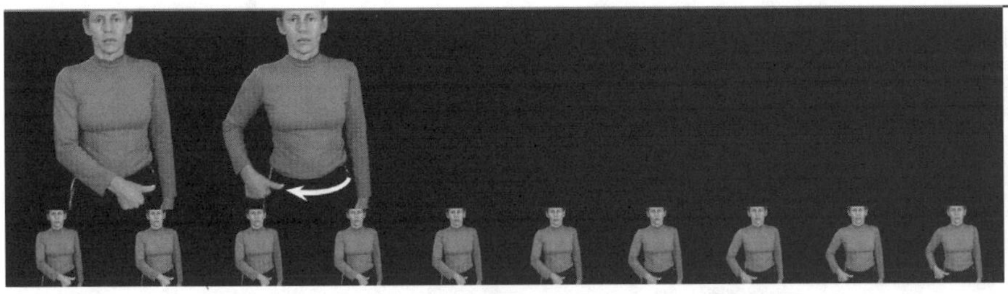

CESARIANA – Mão fechada com o polegar esticado. Tocar a ponta do polegar na lateral do corpo (na altura do útero) e deslizá-la até a lateral oposta, representando a linha do corte de uma cesárea.
• ***Cesariana:*** *Cirurgia que permite extrair o feto do útero materno.* **Sinal igual:** CESÁREA

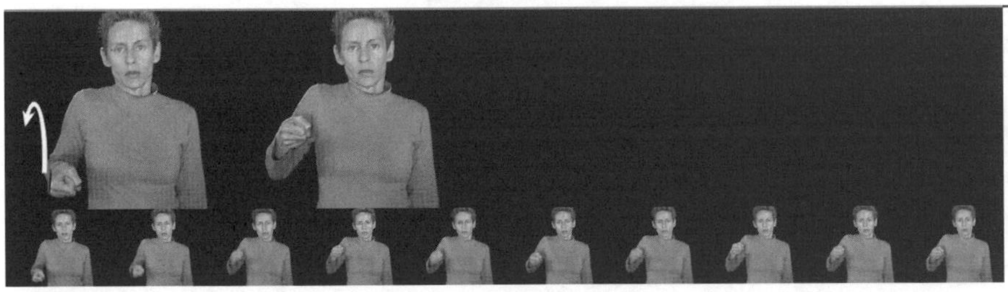

CESTA – Mão fechada em "S", palma para dentro. Mover a mão para cima e para baixo, como se estivesse "sentindo" o peso de uma cesta.
• ***Cesta:*** *Utensílio para guardar ou transportar objetos diversos.* **Sinal igual:** CABAZ, CESTO

CÉU – Mãos em "C", palmas para a frente. Posicionar as mãos sobre a cabeça e afastá-las simultaneamente para as laterais, formando um leve "arco" imaginário com esse movimento.
• ***Céu:*** *Espaço onde se localizam e movem os astros; firmamento.* **Sinal igual:** ATMOSFERA, CELESTE, CELESTIAL, FIRMAMENTO

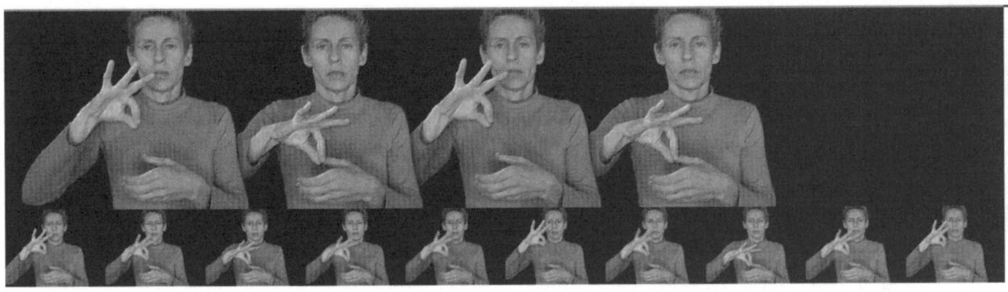

CHÁ – Imitar o movimento de quem está segurando uma xícara com uma das mãos e com a outra mergulha um saquinho de chá dentro dela, duas ou três vezes.
• ***Chá:*** *Bebida preparada por infusão com certos tipos de ervas.* **Sinal igual:** INFUSÃO

▪ **CERVO:** VEADO ▪ **CERZIR:** COSTURAR ▪ **CESÁREA:** CESARIANA ▪ **CESSAÇÃO:** FIM ▪ **CESSAR:** INTERROMPER, PARAR ▪ **CESSE:** PARAR
▪ **CESTO:** CESTA ▪ **CHÁCARA:** LOTE ▪ **CHACAREIRO:** FAZENDEIRO

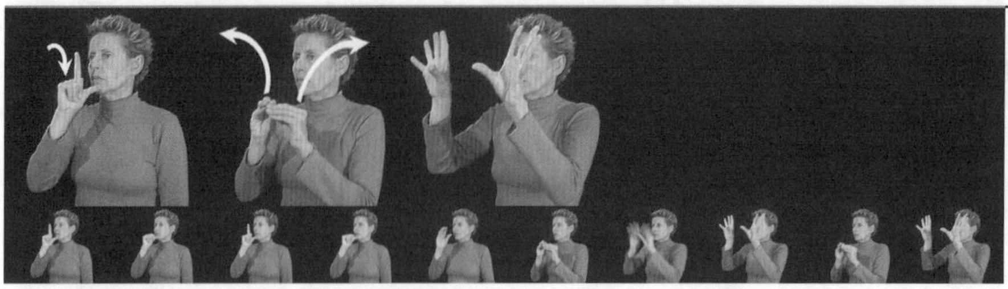

CHAFARIZ* – Fazer o sinal de "água". Em seguida, unir as mãos pelas pontas dos dedos (foto 2) e movê-las simultaneamente para cima e para o lado, abrindo todos os dedos, duas vezes.
• ***Chafariz:*** *Equipamento decorativo que jorra água; fonte de água.*

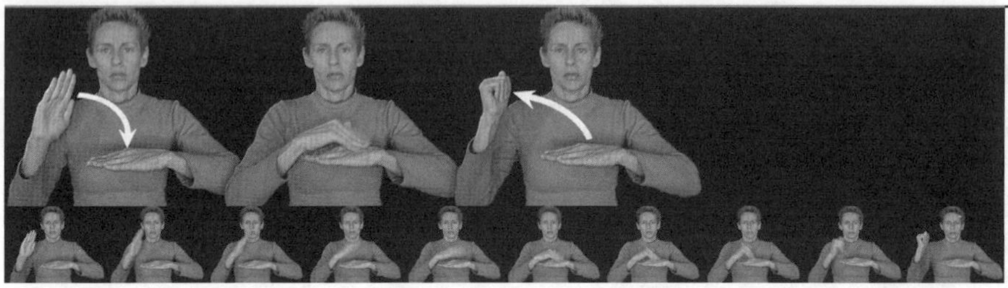

CHAMAR – Mão esquerda aberta, dedos unidos e esticados, palma para baixo. Mão direita aberta com os dedos relaxados, palma para baixo. Tocar levemente o dorso da esquerda com os dedos da direita, que em seguida deve ser afastada.
• ***Chamar:*** *Atrair a atenção de alguém por meio da voz ou de gestos.* **Sinal igual:** CHAMADO

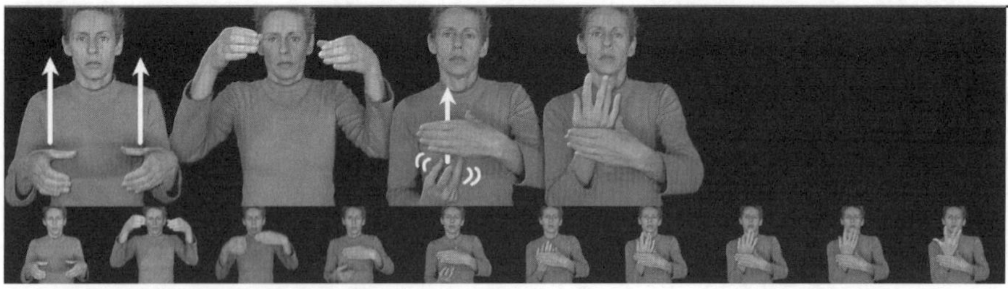

CHAMINÉ – Mãos em "C", palmas para dentro. Posicionar as mãos na altura da cintura e movê-las simultaneamente para cima. Depois, com a mão esquerda em "C", passar a mão direita por dentro da esquerda, movendo-a para cima e balançando aleatoriamente os dedos.
• ***Chaminé:*** *Passagem geralmente feita de alvenaria por onde passa a fumaça da lareira, do fogão ou forno.* **Sinal igual:** FUMEIRO

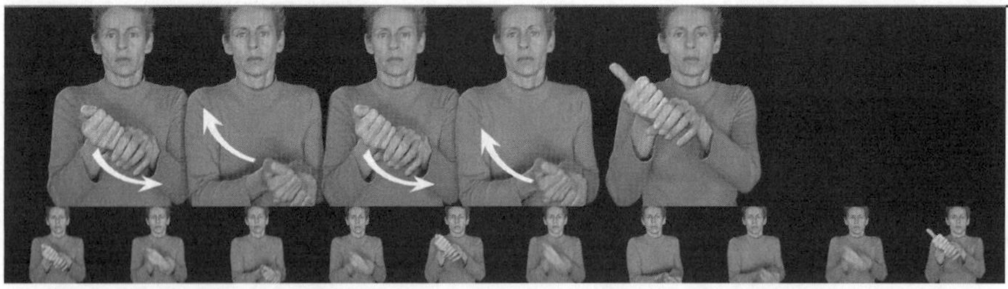

CHAMPANHE – Mão esquerda fechada em "S", mão direita fechada em "A". Posicionar as mãos juntas, conforme a foto 1. Depois, mover as mãos, mantendo-as unidas, em diagonal, como quem balança uma garrafa de champanhe para escapar o gás. Terminar o movimento com as mãos no alto e esticar o polegar da mão direita.
• ***Champanhe:*** *Bebida alcoólica, vinho espumante; champagne.*

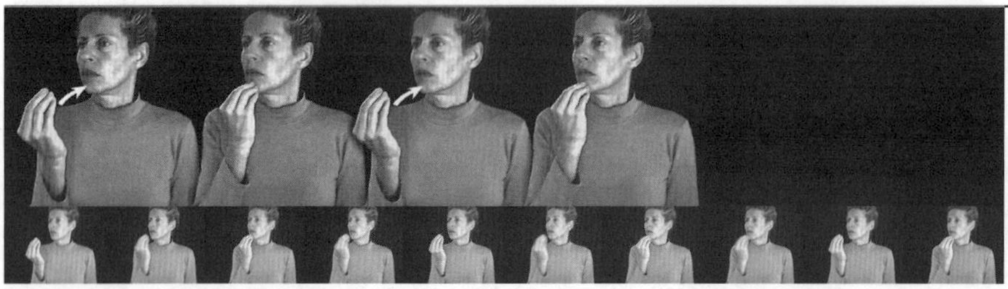

CHANCE – Manter todos os dedos de uma das mãos esticados e unidos pelas pontas. Tocar tais pontas no queixo duas ou três vezes.
• ***Chance:*** *Possibilidade de acontecer.* **Sinal igual:** OCASIÃO, OPORTUNIDADE

■ CHAFARIZ: FONTE ■ CHAMA: FOGO ■ CHAMADO: CHAMAR

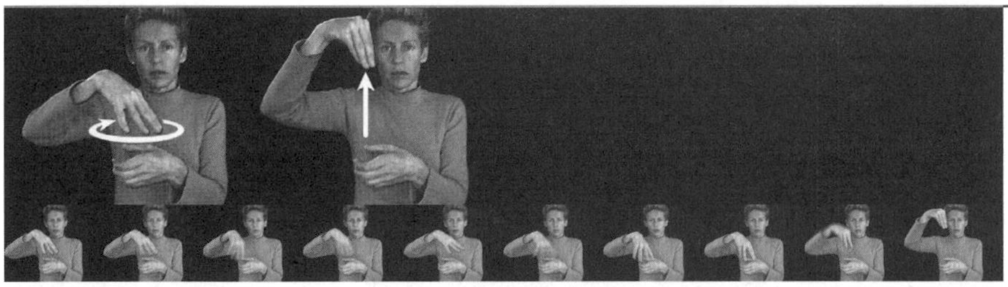

CHANTILI – Mão esquerda em "C", palma para dentro. Mão direita com os dedos esticados e separados apontando para baixo. Posicionar as mãos conforme a foto 1. Em seguida, rodar a mão direita (duas voltas) sobre a mão esquerda e movê-la para cima, unindo as pontas dos dedos.
• ***Chantili:*** *Tipo de creme utilizado em doces ou para acompanhar frutas.*

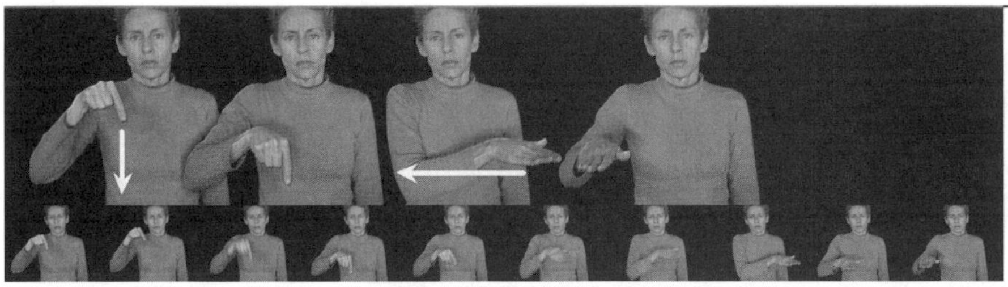

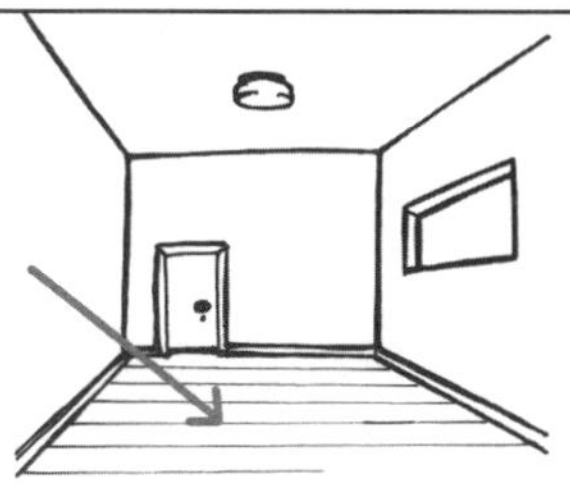

CHÃO – Apontar para o solo com o dedo indicador e fazer o sinal de "piso".
• ***Chão:*** *O solo em que pisamos.* **Sinal igual:** PAVIMENTO, PISO

CHAPÉU – Mãos fechadas em "S", palmas para dentro. Posicionar as mãos sobre a cabeça (foto 1). Em seguida, movê-las simultaneamente um pouco para baixo, como quem coloca um chapéu na cabeça.
• ***Chapéu:*** *Peça do vestuário destinada a cobrir a cabeça.*

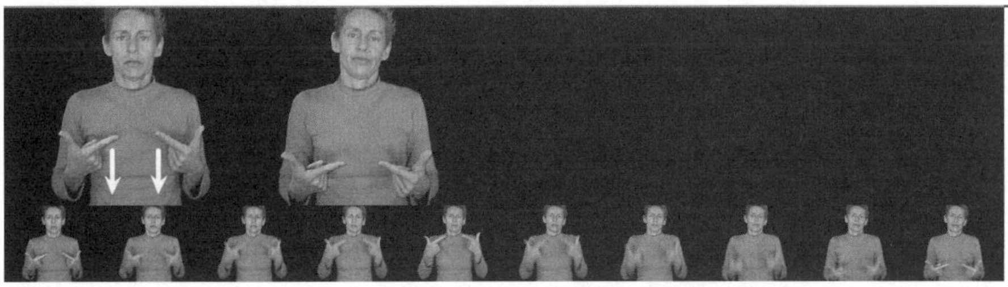

CHATO – Mãos em "L", palmas para cima com os dedos indicadores apontando para dentro. Mover as mãos firme e simultaneamente, uma única vez para baixo e, ao mesmo tempo, fazer a expressão de quem está sendo incomodado por alguém.
• ***Chato:*** *Pessoa que aborrece ou perturba.* **Sinal igual:** DESAGRADÁVEL, IMPERTINENTE, IMPORTUNADOR, INCOMODATIVO, INCONVENIENTE, INOPORTUNO, INSUPORTÁVEL

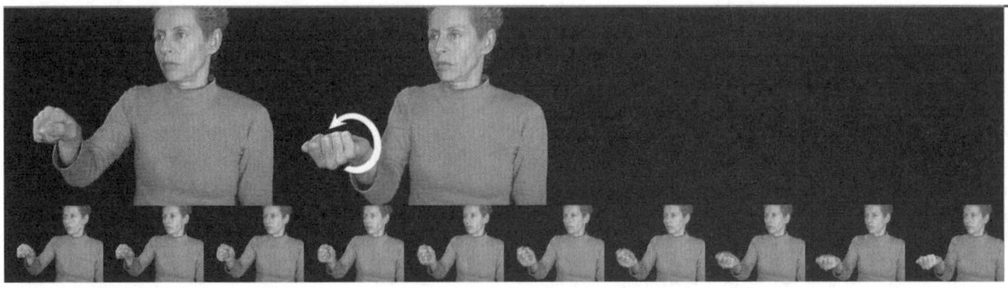

CHAVE – Mão fechada em "A", palma para baixo. Girar a mão ao redor do próprio eixo, virando a palma para cima.
• ***Chave:*** *Utensílio que pertence à fechadura e que possibilita abrir ou trancar portas.*

▪ **CHARRETE:** CARROÇA ▪ **CHARUTO:** CIGARRO ▪ **CHATEAR:** ABORRECER

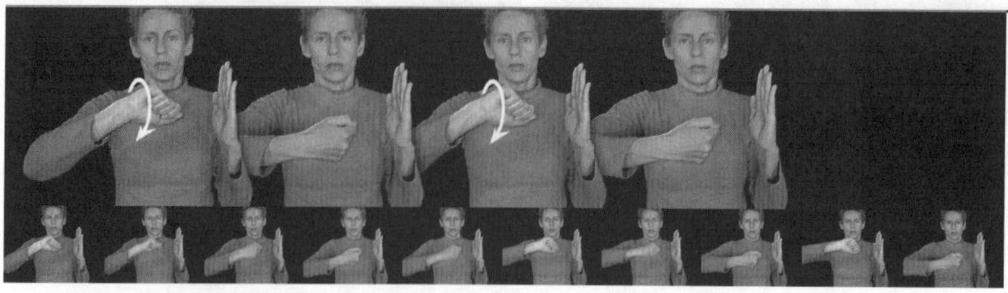

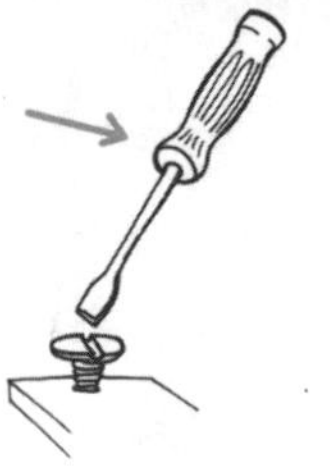

CHAVE DE FENDA – Mão esquerda aberta com os dedos unidos e esticados apontando para cima, palma para dentro. Mão direita fechada em "A". Posicionar as mãos conforme a foto 1. Em seguida, girar a mão direita ao redor do próprio eixo duas ou três vezes.
• *Chave de fenda: Ferramenta que gira o parafuso.* **Sinal igual:** APARAFUSAR, CHAVE DE PARAFUSO, PARAFUSAR

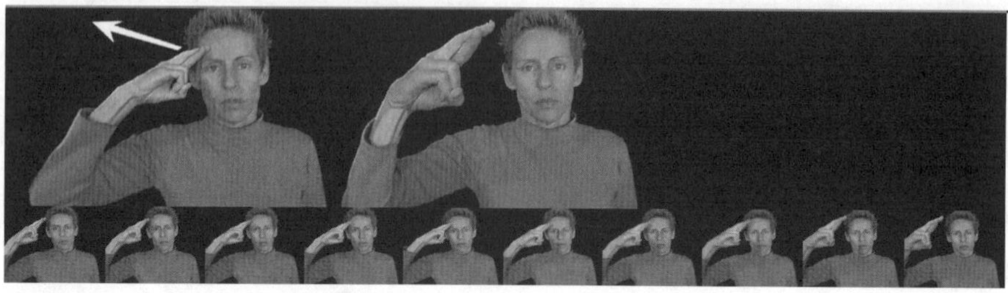

CHEFE – Mão em "R". Tocar as pontas dos dedos na lateral da testa e mover a mão para a frente.
• *Chefe: Pessoa que possui autoridade e ocupa lugar de comando.* **Sinal igual:** CHEFIA, CHEFIAR, COMANDANTE, COMANDAR, DIREÇÃO, DIRETOR, DIRETORIA, DIRIGENTE, LÍDER, LIDERANÇA, PATRÃO

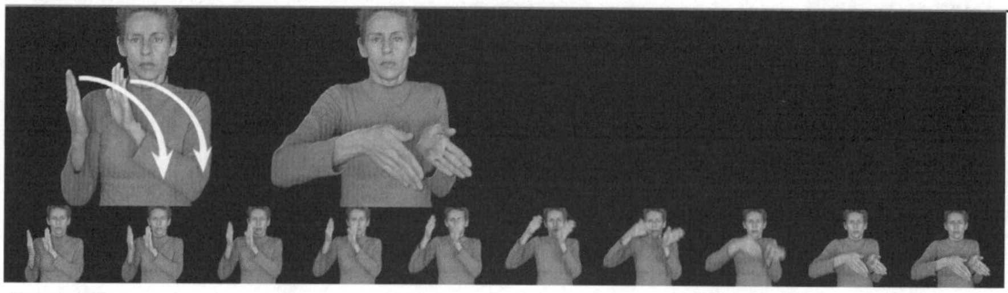

CHEGAR – Mãos abertas, dedos unidos e esticados apontando para cima. Posicionar as mãos paralelamente uma a outra, próximo ao ombro (foto 1). Depois, movê-las juntas para a lateral oposta, apontando os dedos para o chão.
• *Chegar: Atingir o lugar de destino.* **Sinal igual:** CHEGADA

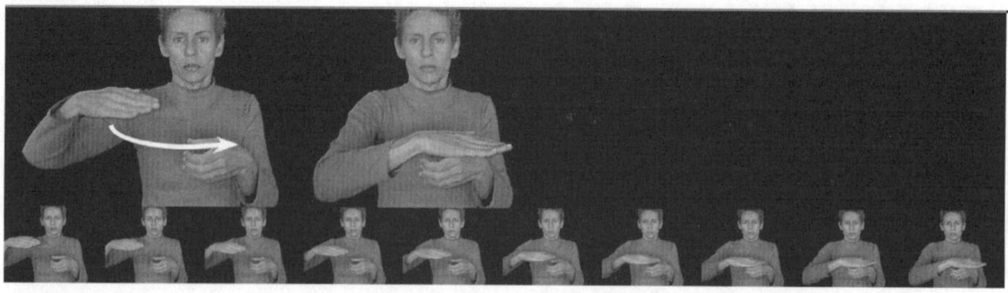

CHEIO – Mão esquerda em "C", palma para dentro. Mão direita aberta com os dedos unidos e esticados, palma para baixo. Mover a mão direita, deslizando a palma sobre a esquerda.
• *Cheio: Que está com a capacidade completa.* **Sinal igual:** COMPLETO, PLENO, REPLETO

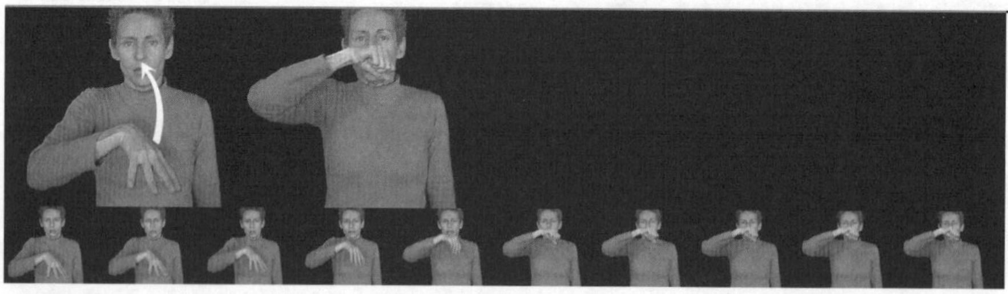

CHEIRAR – Mão aberta com os dedos esticados e separados apontando para baixo. Mover a mão para cima, fechando-a em "S", até encostar seu dorso na ponta do nariz.
• *Cheirar: Aspirar o aroma de alguma coisa ou substância.* **Sinal igual:** ASPIRAR, CHEIRO, INALAÇÃO, INALAR, INSPIRAR, RESPIRAÇÃO, RESPIRAR

▪ **CHAVE DE PARAFUSO:** CHAVE DE FENDA ▪ **CHAVEAR:** FECHADURA ▪ **CHAVECAR:** CONVENCER ▪ **CHECAGEM:** VERIFICAR ▪ **CHECAR:** VERIFICAR ▪ **CHEFIA:** CHEFE ▪ **CHEFIAR:** CHEFE ▪ **CHEGA!:** BASTA ▪ **CHEGADA:** CHEGAR ▪ **CHEIRO:** CHEIRAR ▪ **CHEQUE:** TALÃO DE CHEQUES

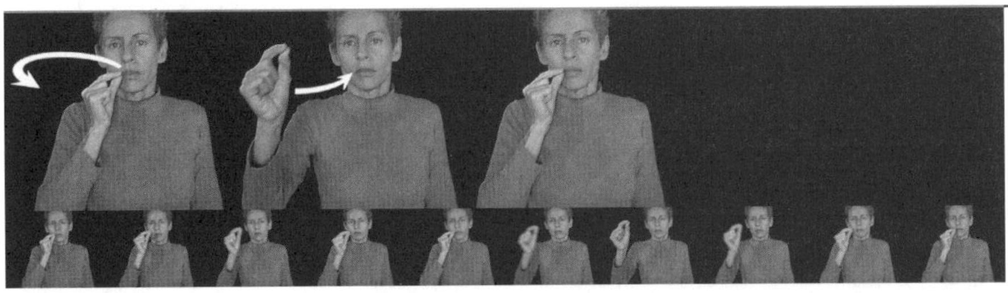

CHICLETE – Mão fechada com o indicador e o polegar unidos pelas pontas. Encostar as pontas desses dedos no canto da boca. Afastar e aproximar a mão da boca duas vezes, como se estivesse esticando um chiclete.
• ***Chiclete:*** *Goma de mascar insolúvel.* **Sinal igual:** GOMA DE MASCAR

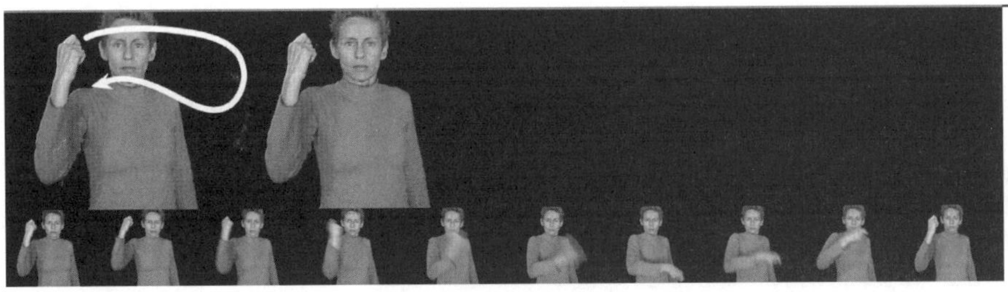

CHICOTE – Mão fechada em "A". Mover a mão para a frente com rapidez e voltar à posição inicial, imitando o gesto de quem dá uma chicotada.
• ***Chicote:*** *Correia resistente e flexível, geralmente feita de couro, usada para golpear pessoa ou animal.* **Sinal igual:** AÇOITE, CHICOTADA, CHICOTEAR, FLAGELAR

CHIFRE – Mãos fechadas com os dedos indicadores esticados, palmas para a frente. Encostar as mãos nas laterais da cabeça.
• ***Chifre:*** *Apêndice córneo localizado na cabeça de certos animais, como o boi e o carneiro.* **Sinal igual:** CHIFRUDO, CORNO, CORNUDO

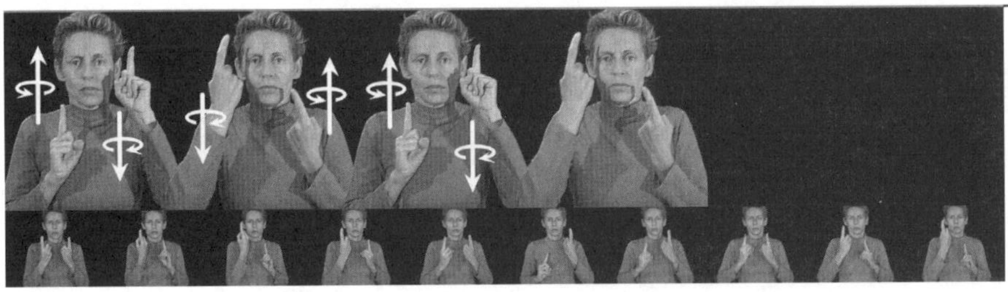

CHILE – Mãos fechadas com os dedos indicadores esticados apontando para cima, palmas para dentro. Posicionar as mãos diante do rosto. Em seguida, movê-las simultaneamente e em sentidos opostos, para baixo e para cima, virando as mãos, ao redor do próprio eixo, para a frente e para trás. Fazer esse movimento duas ou três vezes.
• ***Chile:*** *País localizado na América do Sul.*

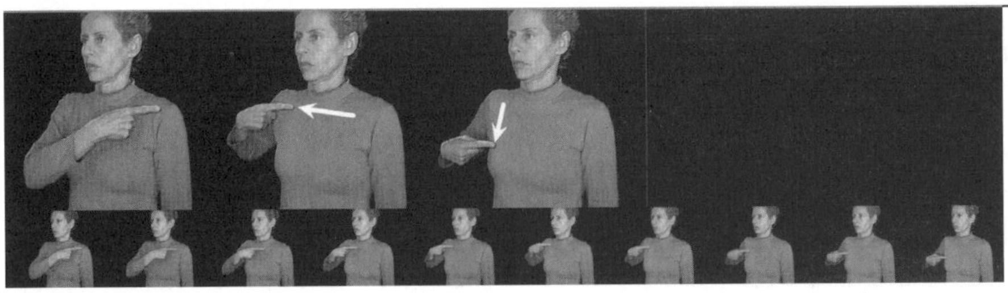

CHINA – Mão direita fechada com o dedo indicador esticado, palma para trás. Encostar a ponta do dedo na lateral esquerda do peito. Deslizar a mão para o lado direito do peito e depois para baixo.
• ***China:*** *País asiático.* **Sinal igual:** CHINÊS

▪ **CHICOTADA:** CHICOTE ▪ **CHICOTEAR:** CHICOTE ▪ **CHIFRUDO:** CHIFRE ▪ **CHIMPANZÉ:** MACACO ▪ **CHINELA:** CHINELO

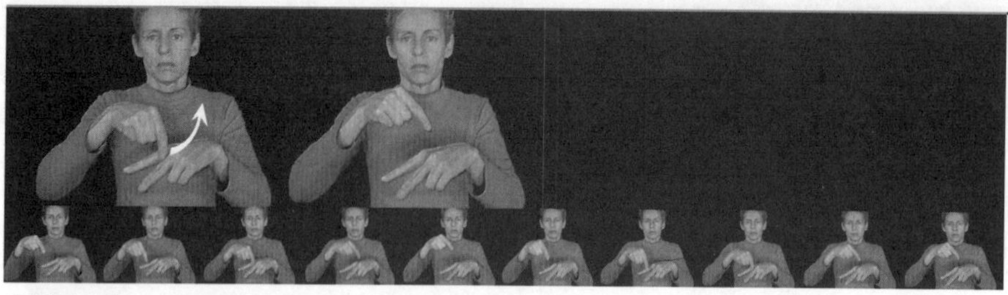

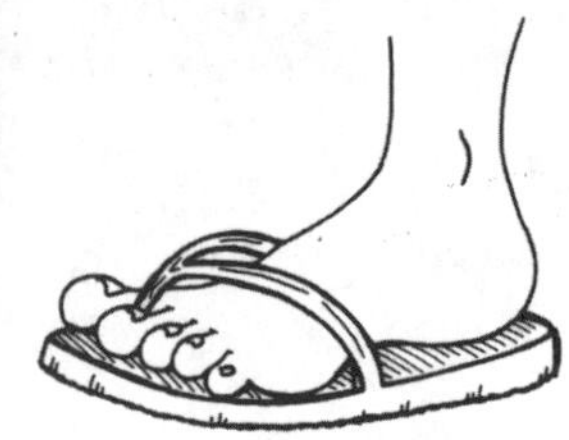

CHINELO – Mão esquerda em "V", palma para baixo. Mão direita fechada com o dedo indicador esticado, palma para baixo. Resvalar duas vezes a ponta do indicador direito na junção entre o indicador e o médio da mão esquerda.
• ***Chinelo:*** *Espécie de calçado confortável.* **Sinal igual:** CHINELA

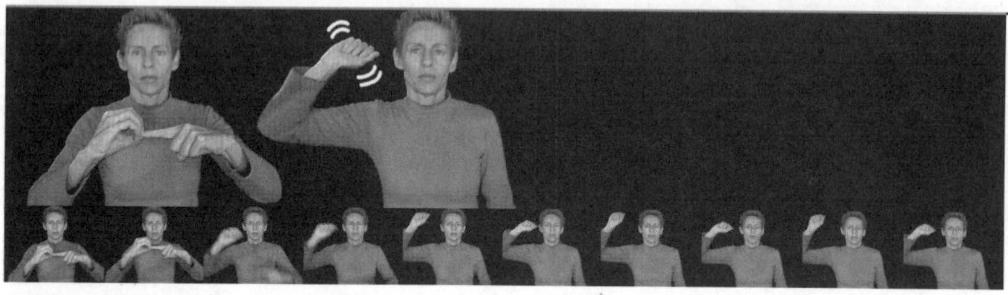

CHOCALHO – Mão direita em "O" e mão esquerda fechada com o dedo indicador esticado. Posicionar as mãos conforme a foto 1. Em seguida, mão direita em "A" perto do ouvido, sacudi-la duas ou três vezes, como quem balança um chocalho.
• ***Chocalho:*** *Espécie de guizo que se dá às crianças para distraí-las com o som.*

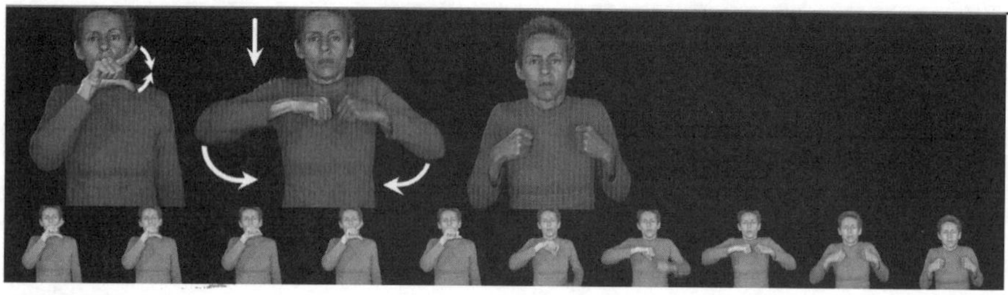

CHOCAR – Fazer o sinal de "bico". Depois, com as mãos fechadas em "S" e os braços dobrados, baixar um pouco o corpo, dobrando os joelhos, encostar os cotovelos no corpo e encher as bochechas de ar.
• ***Chocar:*** *Quando uma ave se coloca sobre seus ovos para aquecê-los.* **Sinal igual:** CHOCADEIRA

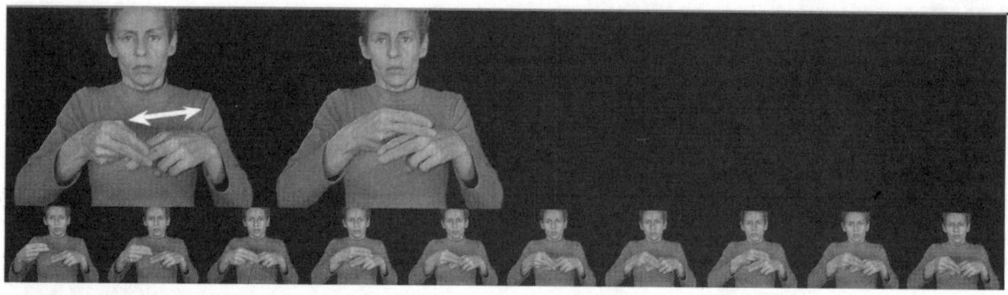

CHOCOLATE – Mãos fechadas em "N". Mão esquerda com a palma para baixo e mão direita com a palma para dentro. Deslizar (em movimento de "vaivém") a lateral do dedo médio da mão direita sobre os dedos da esquerda.
• ***Chocolate:*** *Produto alimentício feito do cacau.* **Sinal igual:** ACHOCOLATADO

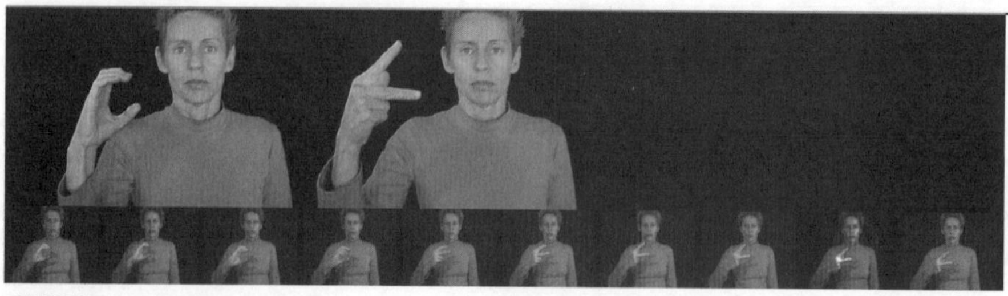

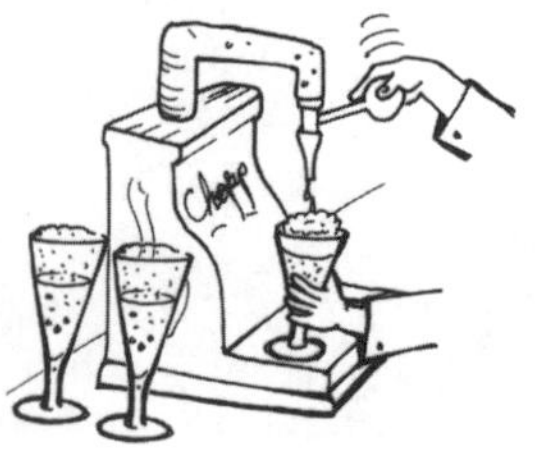

CHOPE – Digitar as letras "C" e "P".
• ***Chope:*** *Cerveja fresca servida em barril sob pressão.*

▪ **CHINÊS:** CHINA ▪ **CHIPANZÉ:** MACACO ▪ **CHIQUE:** ELEGANTE ▪ **CHISTOSO:** ESPIRITUOSO ▪ **CHOCADEIRA:** CHOCAR ▪ **CHOCADO:** ESPANTADO ▪ **CHOCALHEIRO:** LINGUARUDO ▪ **CHOCAR:** COLIDIR ▪ **CHOFER:** MOTORISTA ▪ **CHOQUE:** COLIDIR

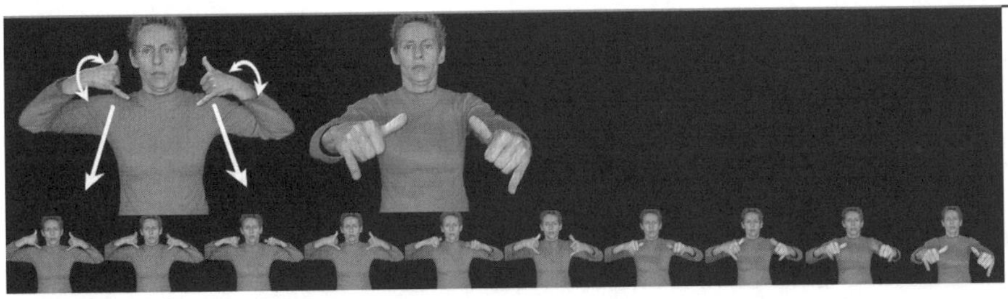

CHOQUE ELÉTRICO – Mãos em "Y" posicionadas próximo da cabeça (foto 1). Mover as mãos simultaneamente para a frente e, ao mesmo tempo, girá-las ao redor do próprio eixo em sentido horário e anti-horário, várias vezes.
• ***Choque elétrico:*** *Estímulo repentino produzido por descarga elétrica.* **Sinal igual:** DESCARGA ELÉTRICA, ELETROCUTAR

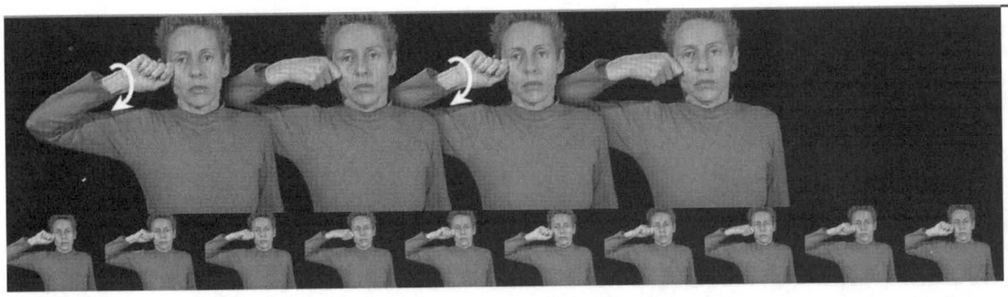

CHORAR – Mão fechada em "A", palma para a frente. Encostar o dorso do dedo indicador no canto externo do olho. Girar a mão ao redor do próprio eixo duas ou três vezes, sem desencostar o dedo do rosto.
• ***Chorar:*** *Deixar cair lágrimas dos olhos por dor, tristeza, alegria ou outra emoção.* **Sinal igual:** CHORO, LAMENTAR, LAMÚRIA, PRANTEAR, PRANTO

CHOVER – Mãos abertas com os dedos separados e levemente curvados apontando para o chão. Posicionar as mãos conforme a foto 1. Em seguida, mover ligeiramente as mãos para baixo e voltar à posição inicial, duas ou três vezes.
• ***Chover:*** *Precipitar (chuva) sobre a terra.* **Sinal igual:** CHUVA

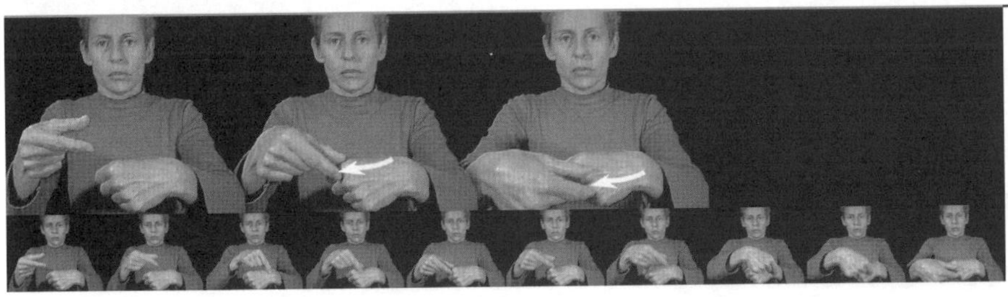

CHUCHU – Mão direita fechada com os dedos indicador e polegar abertos. Mão esquerda fechada, palma para baixo. Encostar as pontas dos dedos da mão direita no dorso esquerdo (quase no punho) e deslizá-las para a frente. Fazer esse movimento em dois pontos diferentes do dorso da mão. Esse gesto representa as ranhuras da casca do chuchu.
• ***Chuchu:*** *Fruto do chuchuzeiro (planta trepadeira).* **Sinal igual:** MACHUCHO

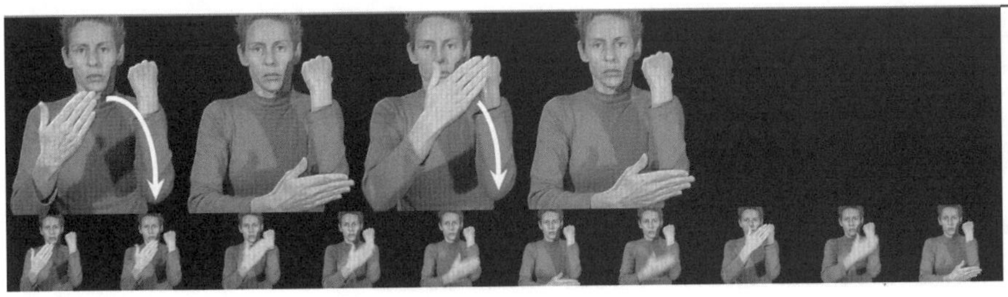

CHURRASCARIA – Mão esquerda fechada, palma para trás. Mão direita aberta com os dedos unidos, e afastados do polegar. Posicionar as mãos conforme a foto 1. Depois, deslizar a mão direita sobre o antebraço esquerdo, como se fosse um facão cortando uma fatia de carne.
• ***Churrascaria:*** *Restaurante especializado em servir churrasco.*

■ CHORO: CHORAR ■ CHUPAR: ABSORVER ■ CHURRASCADA: CHURRASCO

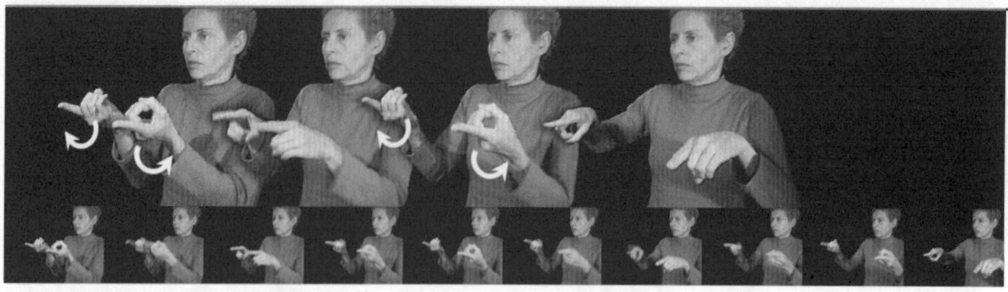

CHURRASCO – Mãos em "D", palmas para cima. Posicionar as mãos juntas (foto 1). Em seguida, afastá-las para as laterais e, ao mesmo tempo, girá-las ao redor do próprio eixo várias vezes, voltando as palmas para baixo e para cima.
• ***Churrasco:*** *Carne bovina ou de outro animal assada em grelha ou espeto.* **Sinal igual:** CHURRASCADA, ESPETINHO

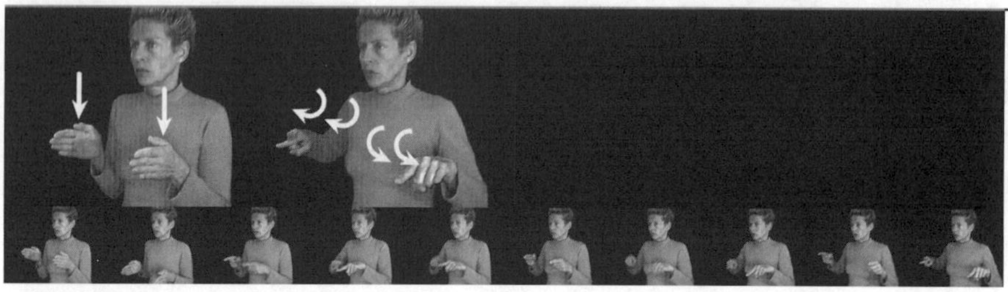

CHURRASQUEIRA – Fazer os sinais de "caixa" e de "churrasco".
• ***Churrasqueira:*** *Aparelho móvel ou instalação fixa para fazer churrasco.*

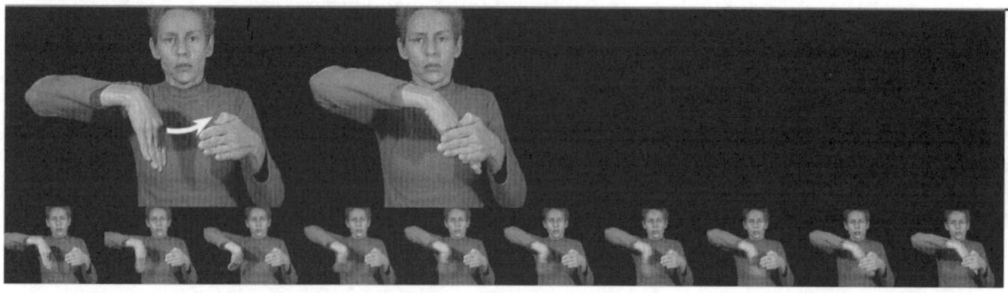

CHUTAR – Mão esquerda aberta com os dedos unidos e esticados apontando para a frente, palma para dentro. Mão direita aberta com os dedos unidos e esticados apontando para baixo, palma para fora. Bater uma vez o dorso da mão direita na palma esquerda.
• ***Chutar:*** *Aplicar chutes; dar pontapés.* **Sinal igual:** CHUTE, PONTAPÉ

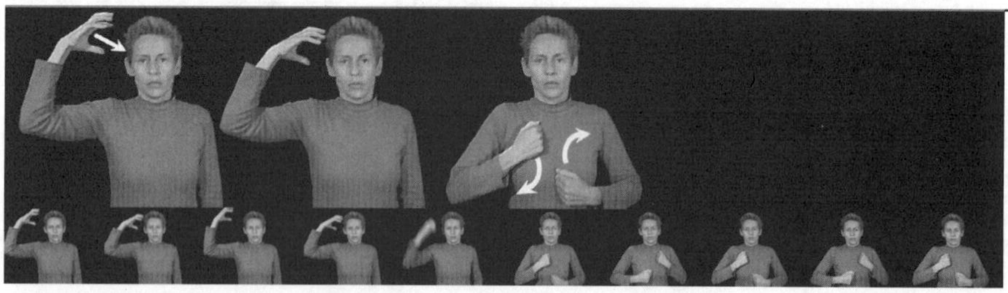

CHUVEIRO – Mão aberta com os dedos curvados e separados apontando para a cabeça. Posicionar a mão conforme a foto 1. Em seguida, mover a mão duas ou três vezes em direção à cabeça, sem tocá-la. Depois, fazer o sinal de "banho".
• ***Chuveiro:*** *Aparelho geralmente elétrico usado para se tomar banho.* **Sinal igual:** DUCHA

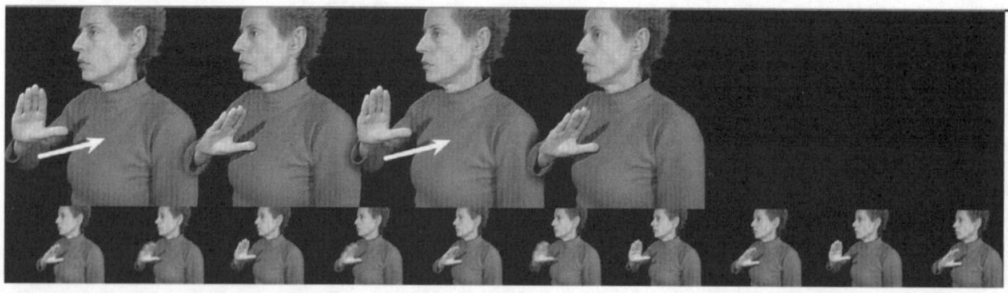

CIDADE – Mão aberta com os dedos unidos e esticados, polegar afastado. Tocar duas ou três vezes a ponta do polegar no centro do peito.
• ***Cidade:*** *Aglomeração urbana.* **Sinal igual:** URBE

▪ **CHUTE:** CHUTAR ▪ **CHUVA:** CHOVER ▪ **CIC:** CPF ▪ **CICLISMO:** BICICLETA ▪ **CICLISTA:** BICICLETA

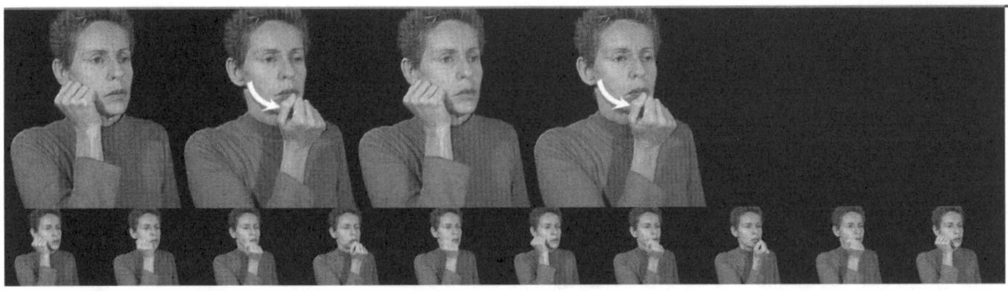
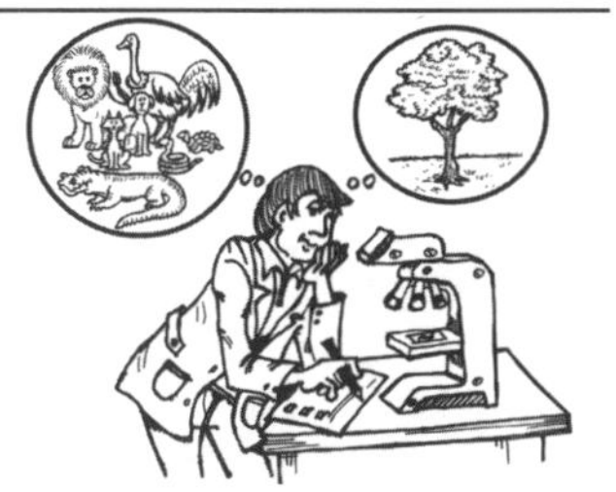

CIÊNCIA – Mão fechada em "A". Encostar a mão na lateral do queixo (abaixo da orelha), deslizá-la até a ponta do queixo e voltar à posição inicial. Repetir esse movimento duas vezes.
• ***Ciência:*** *Estudo sobre um assunto como biologia, química, física etc.*

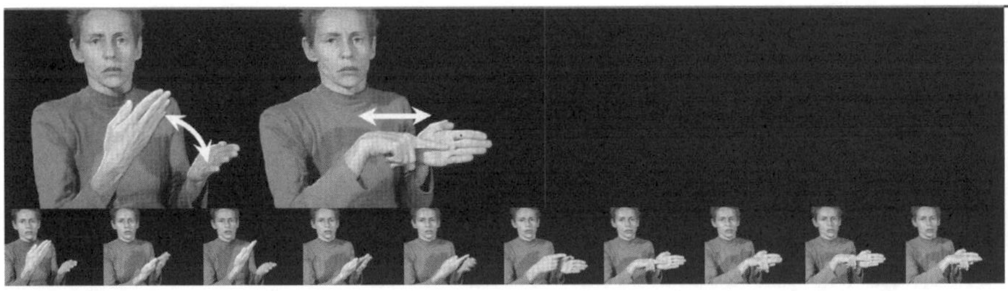
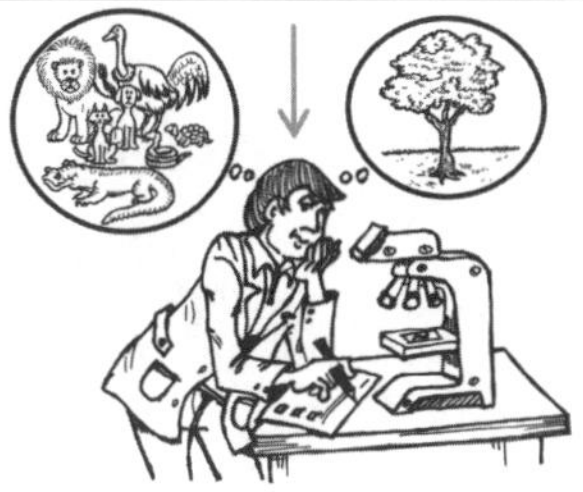

CIENTISTA – Fazer os sinais de "estudar" e de "pesquisar".
• ***Cientista:*** *Estudioso da ciência.*

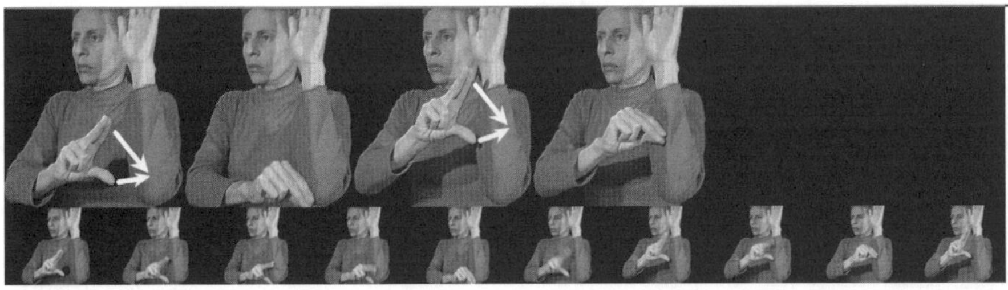
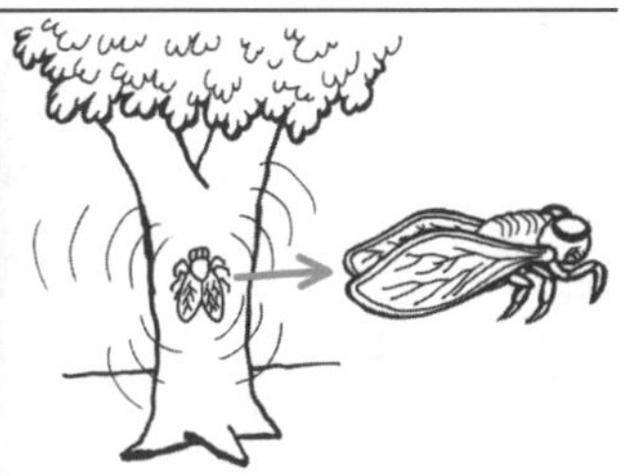

CIGARRA – Mão esquerda aberta, dedos unidos e esticados, braço dobrado e palma para a frente. Mão direita com os dedos indicador, médio e polegar abertos. Posicionar as mãos conforme a foto 1. Depois, encostar as pontas do indicador e do médio na do polegar. Tocar também no braço em dois pontos diferentes: próximo do cotovelo e do punho.
• ***Cigarra:*** *Inseto voador conhecido pelo seu canto.*

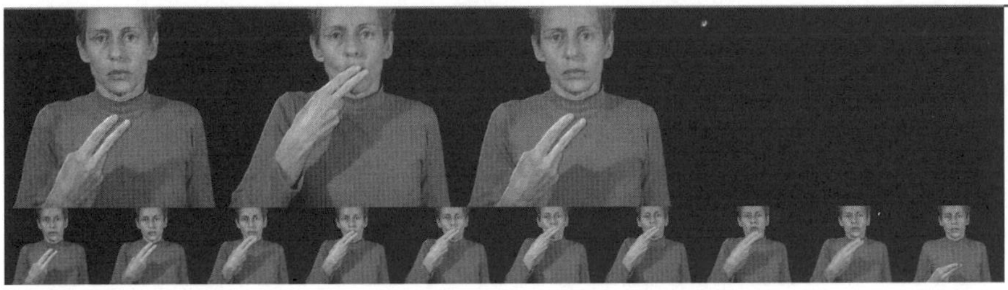

CIGARRO – Com os dedos indicador e médio, imitar o gesto de quem leva um cigarro à boca e puxa a fumaça.
• ***Cigarro:*** *Tabaco enrolado em papel fino para ser fumado.* **Sinal igual:** CHARUTO, CIGARRETE, CIGARRILHA, FUMO

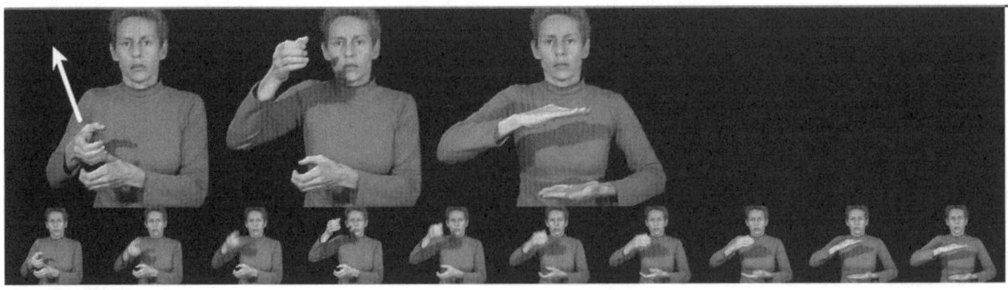

CILINDRO – Mãos em "C", palmas para dentro. Posicionar uma mão sobre a outra (foto 1). Depois, afastar as mãos como se estivessem deslizando através de um cano. Em seguida, posicionar as mãos conforme a foto 3.
• ***Cilindro:*** *Qualquer corpo alongado e roliço.* **Sinal igual:** CILÍNDRICO, CILINDRIFORME

▪ CIENTE: CONHECER ▪ CIFRA: NÚMEROS ▪ CIGARRETE: CIGARRO ▪ CIGARRILHA: CIGARRO ▪ CILÍNDRICO: CILINDRO, REDONDO ▪ CILINDRIFORME: CILINDRO

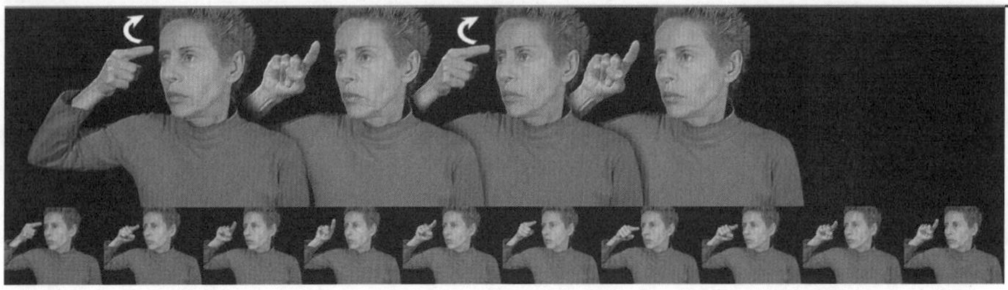

CÍLIO – Mão fechada com o dedo indicador esticado. Posicionar a mão perto do olho, conforme a foto 1, com a palma para baixo. Em seguida, mover o indicador um pouco para a frente, virando a palma da mão para cima. Repetir esse movimento duas vezes.

• ***Cílio:*** *Cada um dos pequenos pelos das pálpebras; celha, pestana.* **Sinal igual:** CELHA, PESTANA, RÍMEL

CIMENTO – Mãos abertas com os dedos unidos e esticados. Posicionar as mãos conforme a foto 1. Em seguida, manter a mão esquerda imóvel, enquanto a direita "raspa" os dedos na palma da esquerda, como se fosse uma colher de pedreiro pegando a massa. Depois, girar a direita uma ou duas vezes, com a palma para a frente, imitando o gesto do pedreiro que passa a massa na parede.

• ***Cimento:*** *Substância calcária e argilosa produzida industrialmente e que, misturada à água, forma uma massa usada em construções de alvenaria.* **Sinal igual:** ARGAMASSA, CIMENTAR, REBOCAR, REBOCO

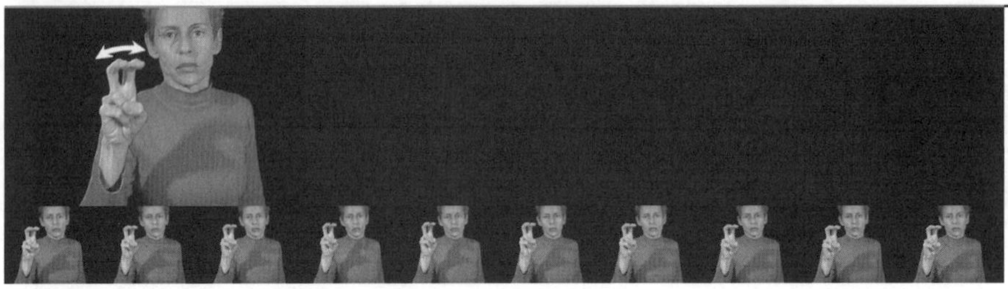

CINCO – Mão fechada com os dedos indicador e médio abertos e dobrados.

• ***Cinco:*** *Número cardinal logo acima do 4.*

CINEMA – Mão esquerda aberta com os dedos unidos e esticados apontando para o lado direito, palma para baixo. Mão direita aberta com os dedos esticados e levemente separados. Encostar o punho direito na lateral interna da mão esquerda. Em seguida, balançar a mão direita como quem está acenando (dando "tchau").

• ***Cinema:*** *Sala de projeção de filmes cinematográficos.* **Sinal igual:** CINE

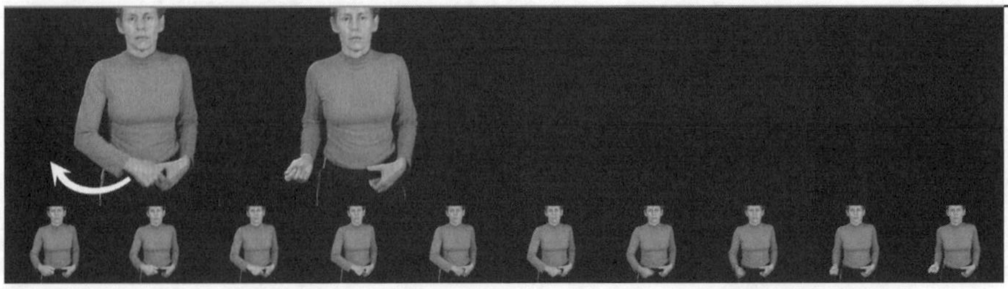

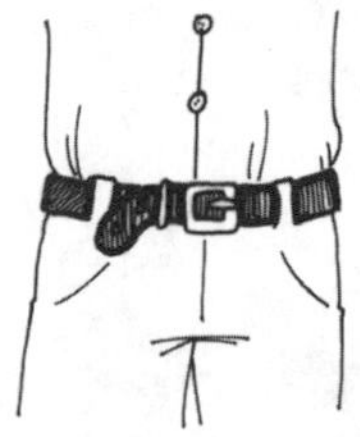

CINTO – Posicionar as mãos na cintura como quem está segurando o cinto. Em seguida, com a mão direita em "A", movê-la para o lado direito, virando a palma da mão para a frente.

• ***Cinto:*** *Tira de largura variável feita de couro ou outro material que se passa em torno da cintura.* **Sinal igual:** CINTA, CINTURÃO

■ **CIMENTAR:** CIMENTO ■ **CINDIR:** CORTAR ■ **CINE:** CINEMA ■ **CINGIR:** ABRAÇAR, COROAR ■ **CINTA:** CINTO ■ **CINTILAR:** BRILHAR

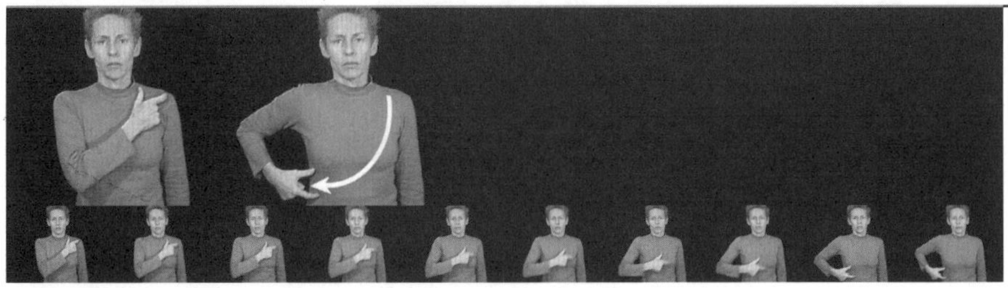

CINTO DE SEGURANÇA – Encostar as pontas dos dedos indicador e polegar da mão direita no ombro esquerdo e deslizá-las até o lado direito da cintura.
• ***Cinto de segurança:*** *Equipamento usado em veículos que mantém os ocupantes presos ao assento.*

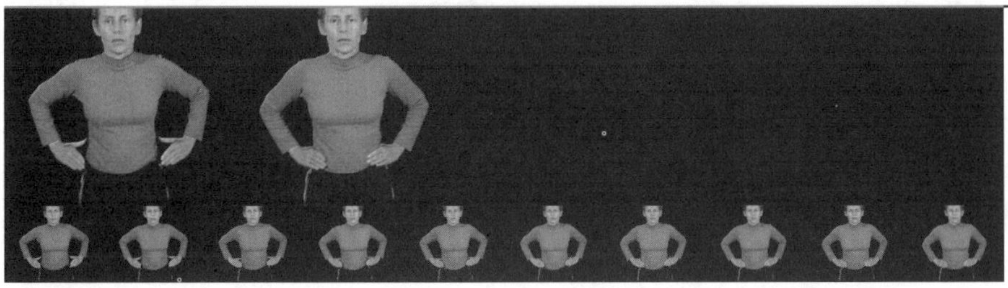

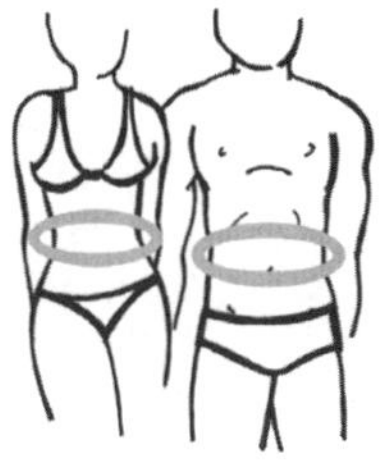

CINTURA – Mãos abertas com os dedos unidos, esticados e afastados dos polegares. Segurar a cintura com as duas mãos.
• ***Cintura:*** *Parte mediana e mais estreita do tronco humano.*

CINZA – Mão esquerda fechada em "S", palma para baixo. Mão direita em "C". Encostar o dedo polegar direito no dorso da mão esquerda. Deslizar a mão direita para a frente e para trás, duas vezes, sobre o dorso esquerdo.
• ***Cinza:*** *Cor obtida da mistura entre o preto e o branco.* **Sinal igual:** CINZENTO

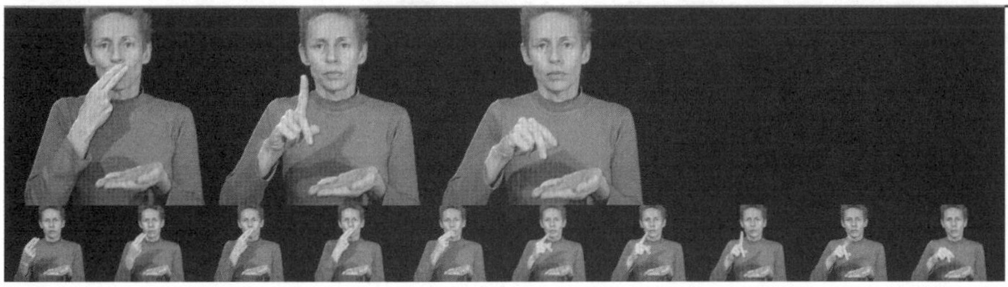

CINZEIRO – Mão esquerda aberta, levemente curvada, com os dedos unidos, palma para cima. Mão direita fechada com o indicador e o médio esticados e unidos. Encostar os dedos da mão direita na boca. Em seguida, mover a mão direita até a esquerda, "batendo" o dedo médio no indicador, imitando o gesto de quem bate a cinza do cigarro no cinzeiro.
• ***Cinzeiro:*** *Objeto usado para depositar as cinzas do cigarro.*

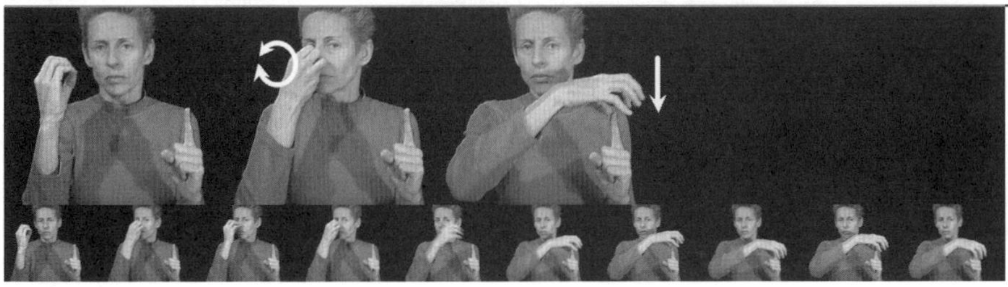

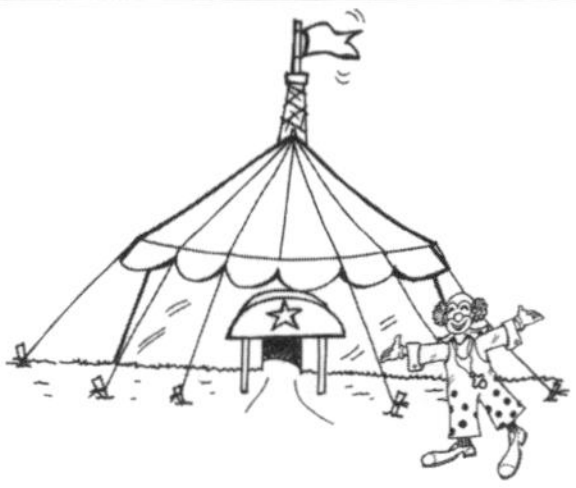

CIRCO – Fazer o sinal de "palhaço". Em seguida, mão esquerda fechada com o dedo indicador esticado. Mão direita aberta com os dedos separados e curvados apontando para baixo. Mover a mão direita até encostar sua palma na ponta do indicador esquerdo.
• ***Circo:*** *Local onde se realizam espetáculos (acrobacias, brincadeiras de palhaços etc.).* **Sinal igual:** CIRCENSE, PICADEIRO

▪ CINTURÃO: CINTO ▪ CINZAS: PÓ ▪ CINZENTO: CINZA ▪ CIRCENSE: CIRCO ▪ CIRCULAR: CÍRCULO, GIRAR, REDONDO

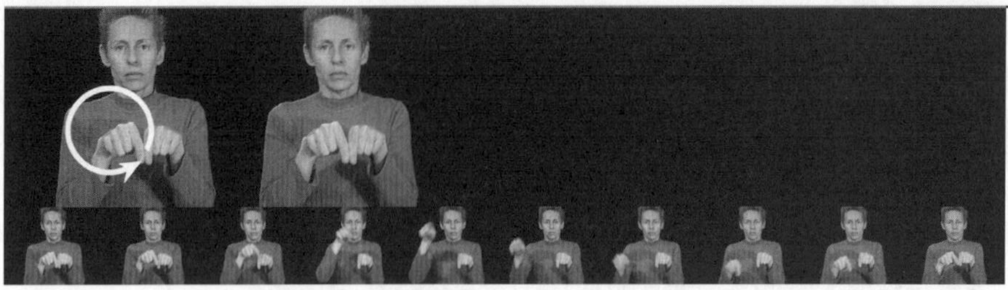
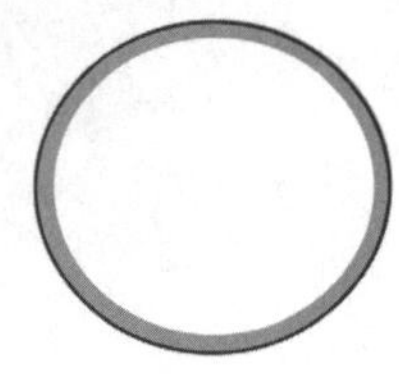

CÍRCULO – Mãos fechadas com os dedos indicadores esticados apontando para a frente, palmas para baixo. Encostar uma mão na outra (foto 1). Em seguida, manter a mão esquerda parada enquanto a direita se move em círculo e volta à posição inicial.
• *Círculo: Superfície plana em forma de disco; roda.* **Sinal igual:** ARCUNFERÊNCIA, CIRCULAR, CIRCUNFERÊNCIA

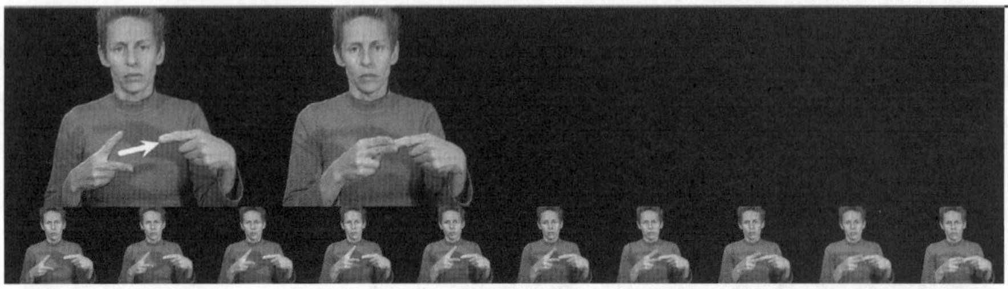
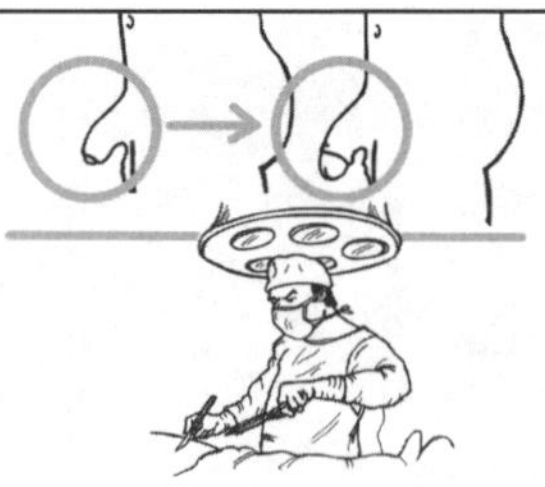

CIRCUNCISÃO – Mão esquerda fechada com o dedo indicador esticado. Mão direita em "V" com os dedos apontando para a frente. Mover a mão direita até a ponta do indicador esquerdo, juntando os dedos indicador e médio.
• *Circuncisão: Retirada cirúrgica do prepúcio, por razões higiênicas ou religiosas.*

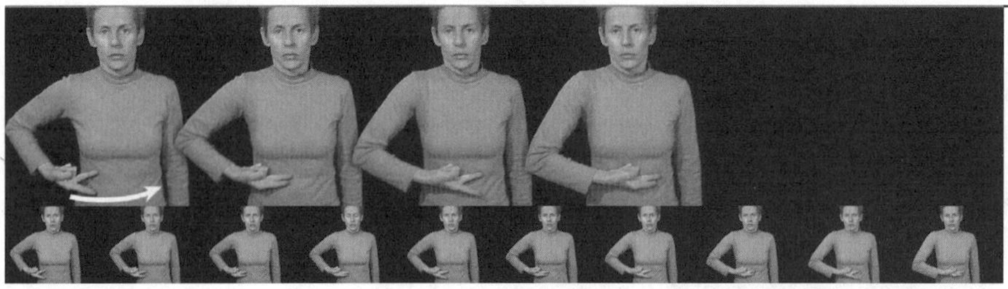

CIRURGIA – Mão direita em "V", palma para cima. Encostar a mão na lateral direita da barriga e deslizá-la até o lado esquerdo. Enquanto desliza, juntar e separar os dedos indicador e médio da mesma mão várias vezes, como se fosse uma tesoura.
• *Cirurgia: Especialidade da medicina que age por processos operatórios manuais e instrumentais.* **Sinal igual:** CIRÚRGICO, OPERAÇÃO, OPERAR

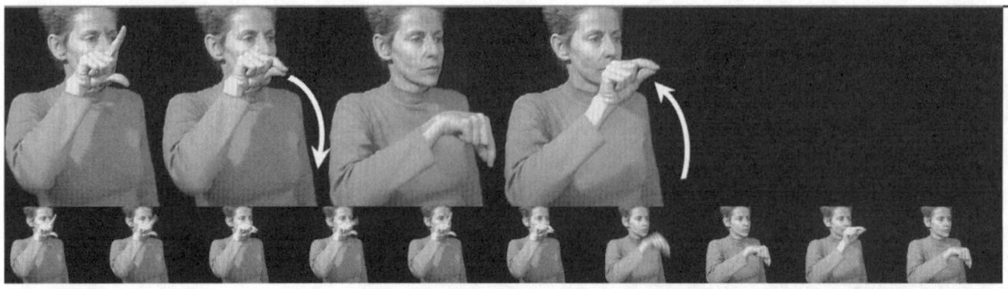

CISCAR – Fazer o sinal de "bico". Depois, com as pontas dos dedos indicador e polegar unidas, mover a mão apontando para baixo, duas vezes.
• *Ciscar: Hábito de algumas aves, como a galinha, que revolvem o chão para procurar alimento.* **Sinal igual:** ESGARAVATAR, ESGRAVATAR

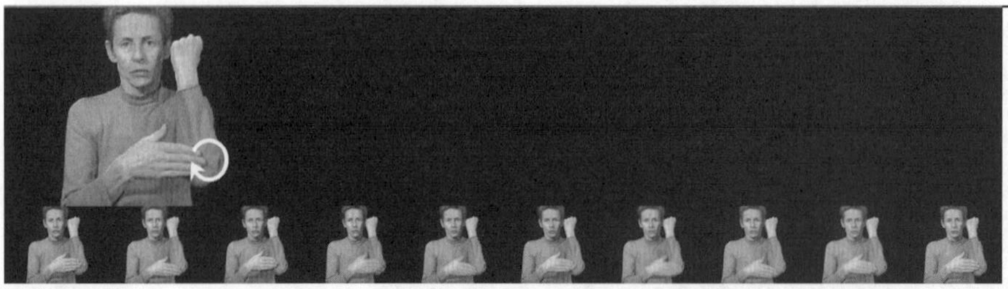

CIÚME – Mão esquerda fechada, palma para trás, braço dobrado. Mão direita aberta com os dedos unidos e esticados. Encostar as pontas dos dedos da mão direita no cotovelo e deslizá-las em movimentos circulares.
• *Ciúme: Estado emocional penoso que envolve outra pessoa da qual se deseja atenção exclusiva.* **Sinal igual:** CIUMENTO

▪ **CIRCUNFERÊNCIA:** CÍRCULO ▪ **CIRCUNSPECTO:** SÉRIO ▪ **CIRÚRGICO:** CIRURGIA ▪ **CISMA:** PREOCUPAÇÃO ▪ **CISMADO:** PREOCUPAÇÃO ▪ **CIUMENTO:** CIÚME ▪ **CIVILIDADE:** EDUCAÇÃO ▪ **CLAREAR:** CLARO ▪ **CLARIDADE:** CLARO ▪ **CLARIM:** CORNETA

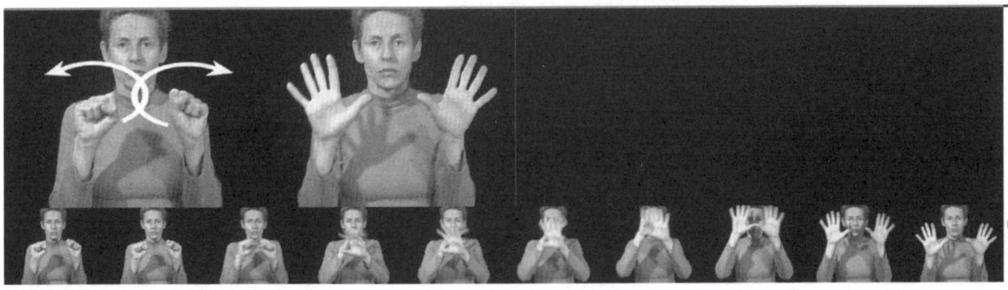

CLARO – Mãos fechadas em "S", palmas para a frente. Posicionar as mãos conforme a foto 1. Em seguida, movê-las simultaneamente em uma trajetória circular, cruzando-as e separando-as. Enquanto executa o movimento, abrir bem as mãos.

• ***Claro:*** *Que reflete bem a luz.* **Sinal igual:** CLAREAR, CLARIDADE, ILUMINAÇÃO, ILUMINADO, ILUMINAR

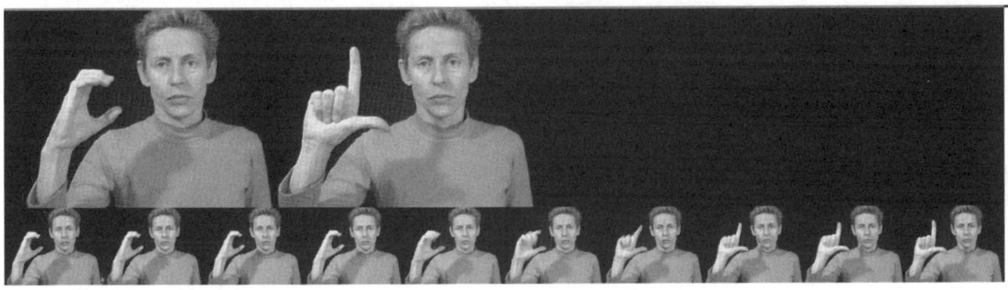

CLASSIFICADOR – Digitar as letras "C" e "L".

• ***Classificador:*** *Na LIBRAS, é a representação de uma ideia, de uma foto ou de um acontecimento através de gestos, expressões etc.*

CLASSIFICAR – Mão esquerda aberta, dedos unidos, palma para cima. Mão direita aberta, dedos unidos apontando para a frente, palma para dentro. Posicionar as mãos perpendicularmente, conforme figura 1. Em seguida, movimentar a mão direita para a frente, resvalando sua lateral externa na palma da mão esquerda durante o movimento. Terminar com os dedos da mão direita apontando um pouco para cima.

• ***Classificar:*** *Preencher, em competição ou concurso, as condições preestabelecidas para aprovação.*

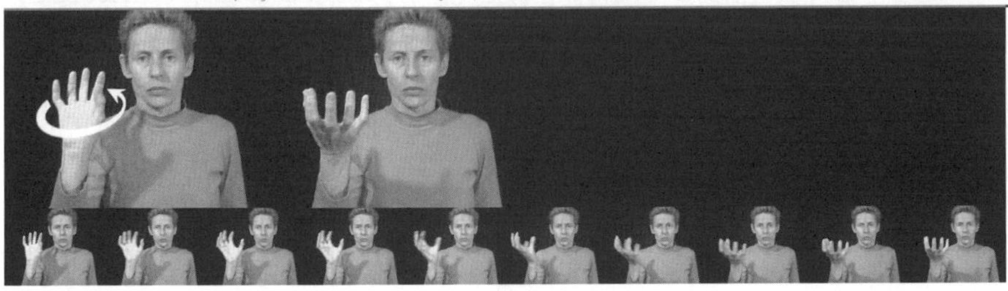

CLIMA – Mão aberta com os dedos separados e curvados apontando para cima, palma para a frente. Girar a mão ao redor do próprio eixo, devagar, virando a palma para trás.

• ***Clima:*** *Conjunto das condições atmosféricas de determinada região.* **Sinal igual:** AMBIENTE, TEMPO

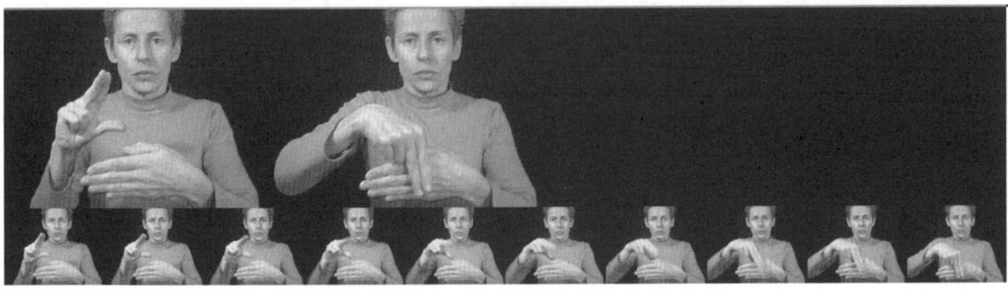

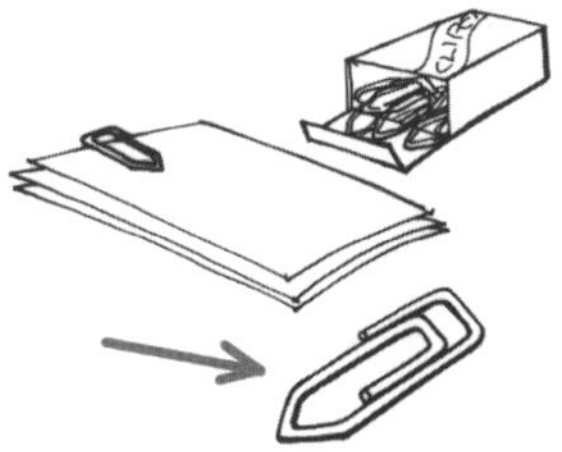

CLIPE – Mão esquerda aberta, dedos unidos e esticados apontando para o lado direito, palma para trás. Segurar a mão esquerda com os dedos indicador, médio e polegar da mão direita.

• ***Clipe:*** *Pequena peça de metal ou plástico usada para juntar papéis.*

▪ CLASSE: SALA DE AULA, TIPO ▪ CLASSIFICADO: APROVAR ▪ CLAUSTRO: CONVENTO ▪ CLAUSURA: CONVENTO ▪ CLEREZIA: IGREJA ▪ CLERO: IGREJA ▪ CLÍNICA: HOSPITAL ▪ CLÍNICO: DOUTOR, MÉDICO ▪ CLORETO DE SÓDIO: SAL

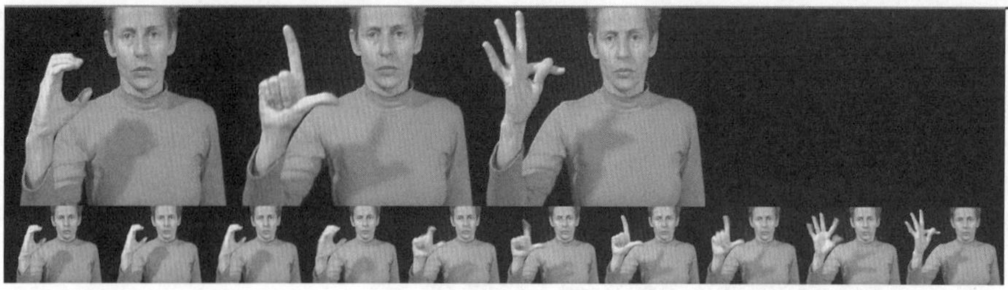

CLT – Digitar as letras “C”, “L” e “T”.
• *CLT: Sigla para Consolidação das Leis do Trabalho.*

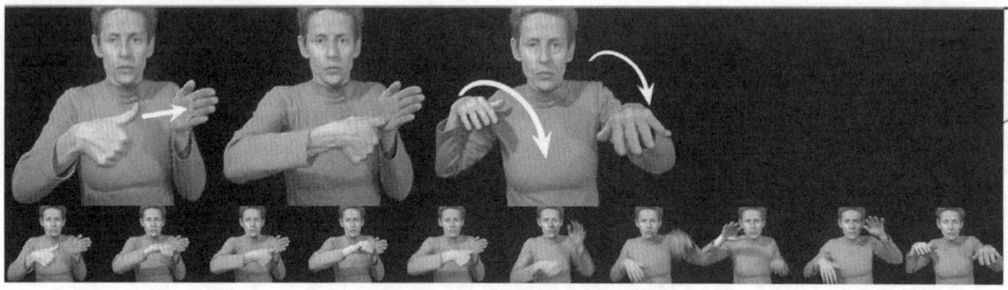

CLUBE – Fazer os sinais de “sócio” e de “nadar”.
• *Clube: Local onde acontecem reuniões recreativas, culturais, sociais etc.* **Sinal igual:** GRÊMIO

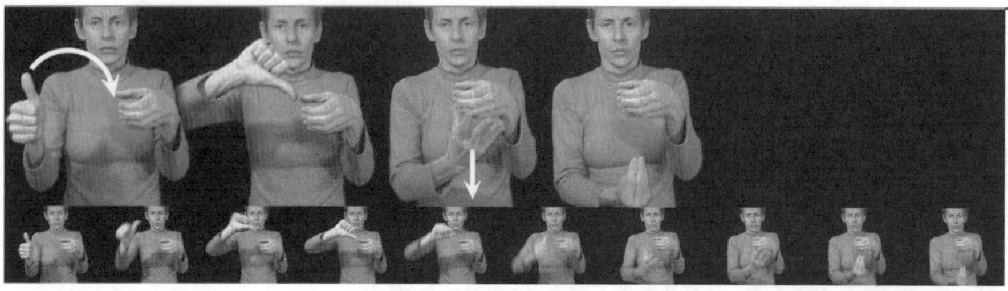

COAR – Mão esquerda em “C” inclinado (como se estivesse segurando um copo). Mão direita fechada com o dedo polegar esticado. Inclinar a mão direita, apontando o polegar para dentro da mão esquerda. Depois, mão direita aberta com os dedos esticados e separados apontando para cima. Posicionar a mão direita abaixo da esquerda e baixá-la um pouco, unindo as pontas dos dedos.
• *Coar: Passar líquido por filtro, coador, peneira etc.* **Sinal igual:** COADOR, FILTRAR, FILTRO

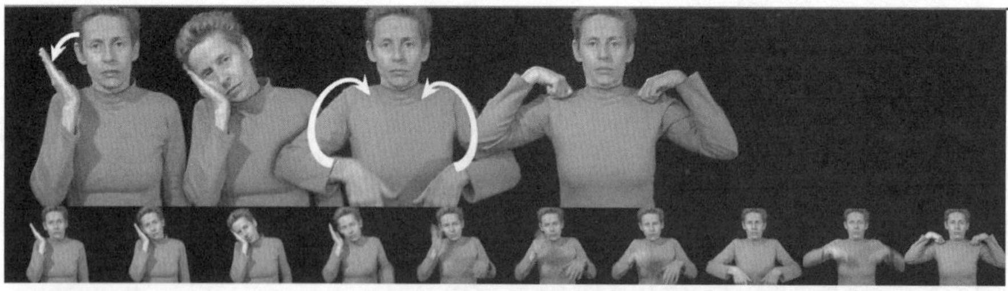

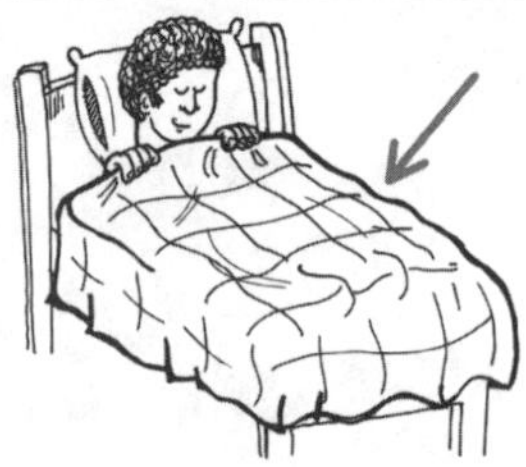

COBERTOR – Inclinar a cabeça na mão direita (foto 1). Depois, mãos em “A” posicionadas na altura da cintura. Mover simultaneamente as mãos para cima, até tocarem nos ombros.
• *Cobertor: Peça de lã, algodão ou outro material que se usa na cama para aquecer.* **Sinal igual:** COLCHA, EDREDOM, MANTA

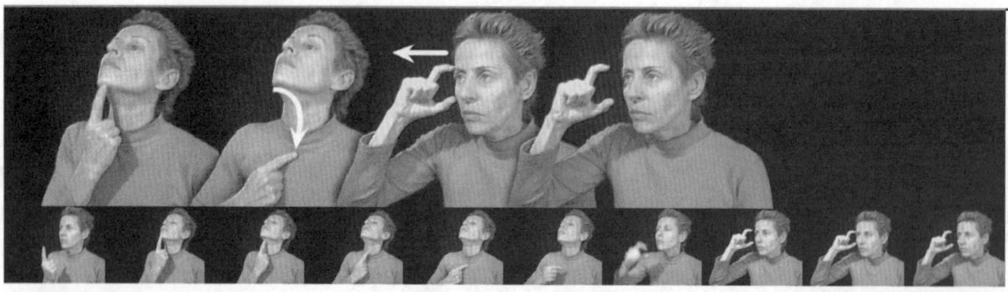

COBIÇAR – Fazer o sinal de “desejar”. Em seguida, com a mão fechada e os dedos indicador e polegar abertos e curvados, aproximá-la do olho, arregalando-o.
• *Cobiçar: Desejar muito alguma coisa.* **Sinal igual:** AMBICIOSO

▪ CNH: HABILITAÇÃO ▪ COADOR: COAR ▪ COAGIR: FORÇAR ▪ COBERTURA: TELHADO

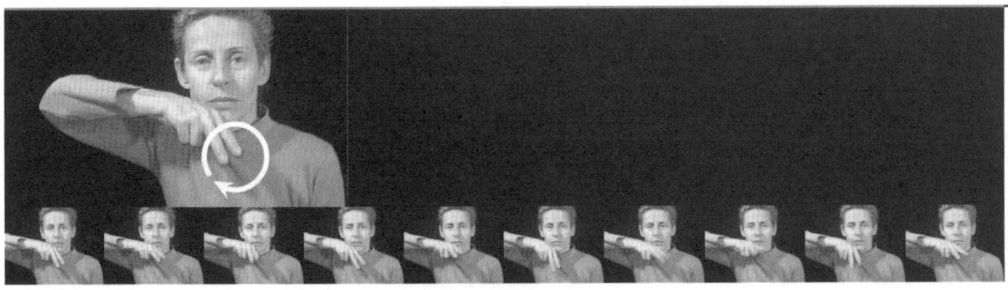

COBRA – Mão fechada com os dedos indicador e médio abertos. Encostar o dorso da mão no queixo e rodá-la levemente (duas ou três voltas).
• ***Cobra:*** *Réptil que possui escamas; serpente.* **Sinal igual:** SERPENTE, VÍBORA

COBRADOR DE ÔNIBUS – Fazer os sinais de "ônibus" e de "comércio".
• ***Cobrador de ônibus:*** *Pessoa responsável por cobrar a tarifa do ônibus.*

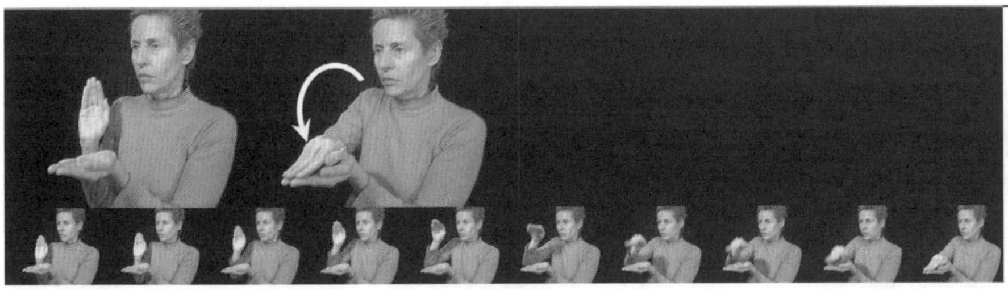

COBRIR – Mão esquerda aberta e levemente curvada com os dedos unidos, palma para cima. Mão direita aberta e levemente curvada, dedos unidos e palma para a frente. Manter a mão esquerda parada enquanto a direita pousa sobre ela.
• ***Cobrir:*** *Vestir-se ou envolver-se por tecido.* **Sinal igual:** TAMPAR, TAPAR

CÓCEGAS – Fazer cócegas com uma das mãos no próprio pescoço.
• ***Cócegas:*** *Sensação irritante e/ou agradável, que pode provocar espasmos ou risos, provocada por leves toques em alguma parte do corpo.*

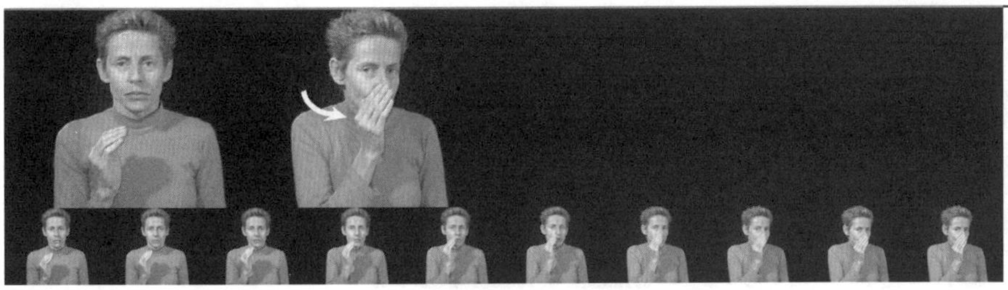

COCHICHAR – Mão aberta e levemente curvada, dedos unidos. Encostar a lateral interna da mão no canto da boca, virando um pouco o rosto para o lado oposto.
• ***Cochichar:*** *Falar em voz murmurada.* **Sinal igual:** MURMURAR, SEGREDAR, SUSSURRAR

■ **COÇAR:** ALERGIA ■ **COCEIRA:** ALERGIA ■ **COCHILAR:** ADORMECER ■ **COCHILO:** ADORMECER

COCO – Mãos abertas, dedos curvados e separados. Posicionar as mãos perto do ouvido (foto 1). Sacudir simultaneamente as mãos, imitando o gesto de quem balança um coco para ouvir o barulho da água.
• ***Coco:*** *Fruto do coqueiro que fornece fibra, polpa e água.* **Sinal igual:** COQUEIRO

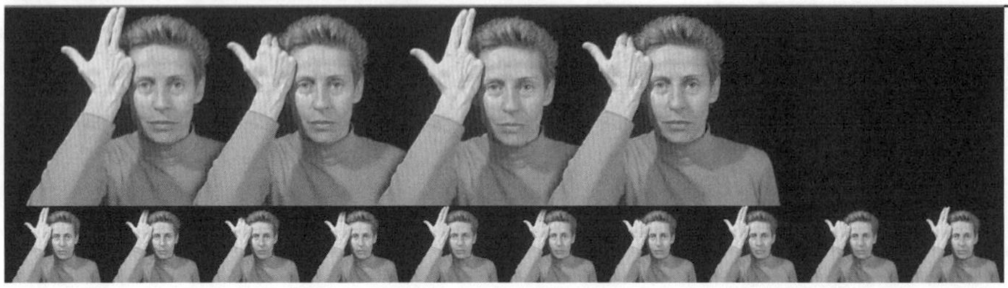

COELHO – Com uma das mãos, manter os dedos indicador, médio e polegar abertos. Palma para trás, encostar a lateral externa da mão ao lado da cabeça. Manter os dedos indicador e médio unidos e movê-los para trás, duas ou três vezes.
• ***Coelho:*** *Mamífero domesticado que fornece carne e pele.*

COENTRO – Mão esquerda fechada com o dedo indicador aberto apontando para a frente, palma para baixo. Mão direita fechada em "S", posicionada próximo do punho esquerdo (foto 1). Em seguida, mover a mão direita para a frente, passando por cima do dedo indicador esquerdo, e abri-la.
• ***Coentro:*** *Erva usada como condimento.*

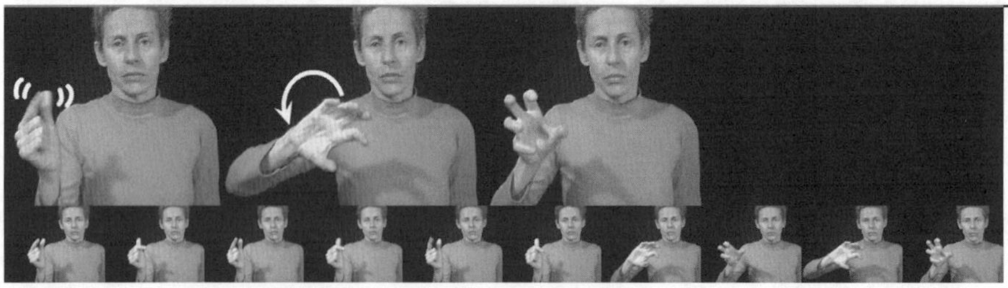

COFRE – Fazer o sinal de "dinheiro". Em seguida, com a mão aberta, dedos curvados e separados, girá-la duas vezes, imitando o gesto de quem gira o botão do segredo de um cofre.
• ***Cofre:*** *Móvel metálico utilizado para guardar dinheiro ou objetos de valor.* **Sinal igual:** COFRINHO

COGUMELO – Mão esquerda aberta e levemente curvada, dedos unidos e esticados, palma para baixo. Mão direita fechada com o indicador esticado apontando para cima. Encostar a palma da mão esquerda na ponta do indicador direito.
• ***Cogumelo:*** *Espécie de fungo que pode ser comestível ou venenoso.* **Sinal igual:** FUNGO

▪ **COCÔ:** EVACUAR ▪ **CÓDIGO DE ENDEREÇAMENTO POSTAL:** CEP ▪ **COERÇÃO:** FORÇAR ▪ **COFRINHO:** COFRE ▪ **COGNOME:** APELIDO

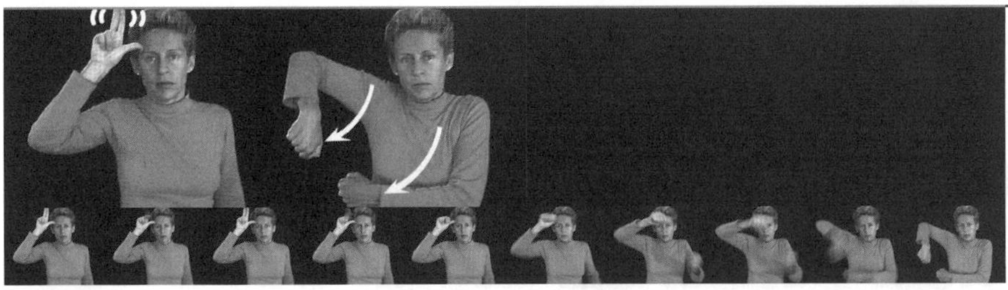

COICE – Fazer o sinal de "cavalo". Depois, com as mãos fechadas, movê-las rápida e simultaneamente para trás, imitando o movimento das pernas de um cavalo dando um coice.
• ***Coice:*** *Pancada violenta com as patas de trás, própria dos cavalos e de outros quadrúpedes.*

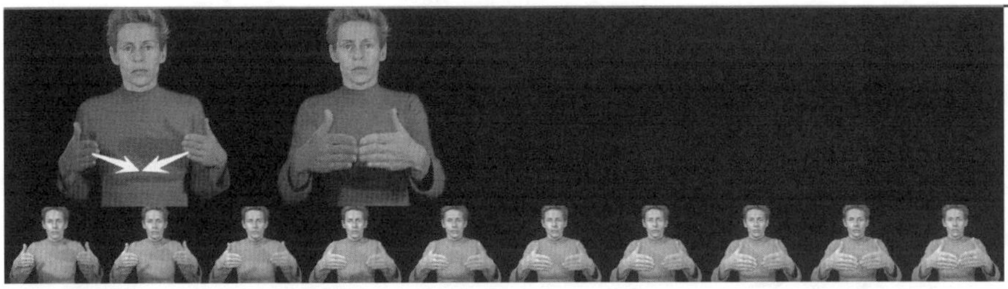

COINCIDÊNCIA – Mãos abertas, dedos unidos e esticados apontando para a frente, polegar afastado, palmas para dentro. Posicionar as mãos direcionadas para um mesmo ponto à frente (foto 1). Depois, mover as mãos simultaneamente para a frente até se tocarem pelas pontas dos dedos.
• ***Coincidência:*** *Acontecimento simultâneo; eventos que ocorrem ao mesmo tempo.* **Sinal igual:** ACASO, COINCIDIR, SIMULTÂNEO

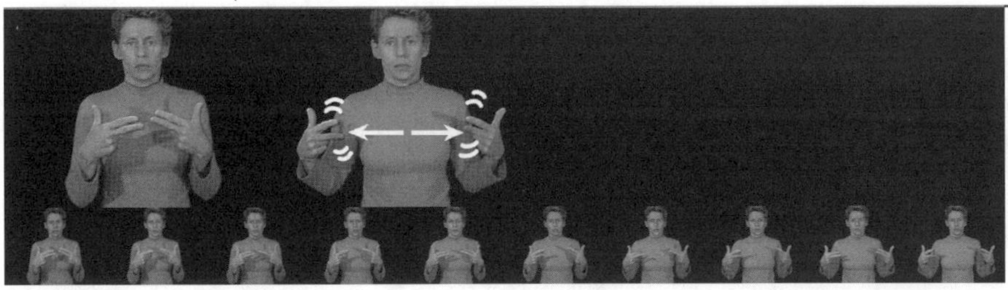

COISAS – Manter os polegares, indicadores e médios abertos e demais dedos fechados, palmas para trás (foto 1). Afastar uma mão da outra para as laterais, e, ao mesmo tempo, movimentar várias vezes os médios e indicadores.
• ***Coisas:*** *Tudo que existe ou pode existir, de natureza física ou abstrata.*

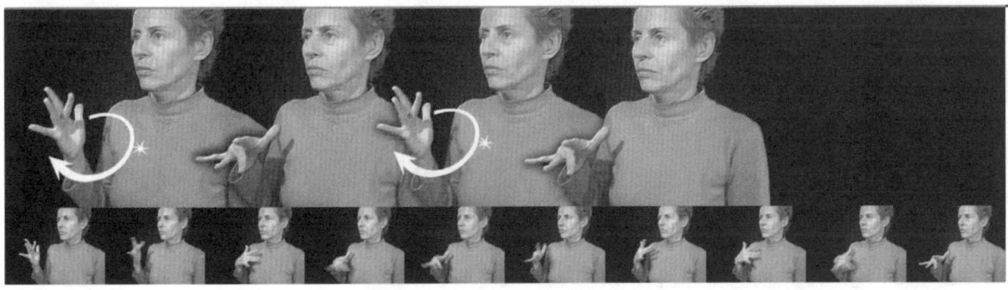

COITADO – Resvalar a ponta do dedo médio, de cima para baixo, duas ou três vezes no peito. Demais dedos devem permanecer abertos e separados.
• ***Coitado:*** *Aquele que é infeliz, que inspira dó, compaixão.* **Sinal igual:** DESGRAÇADO, INFELIZ

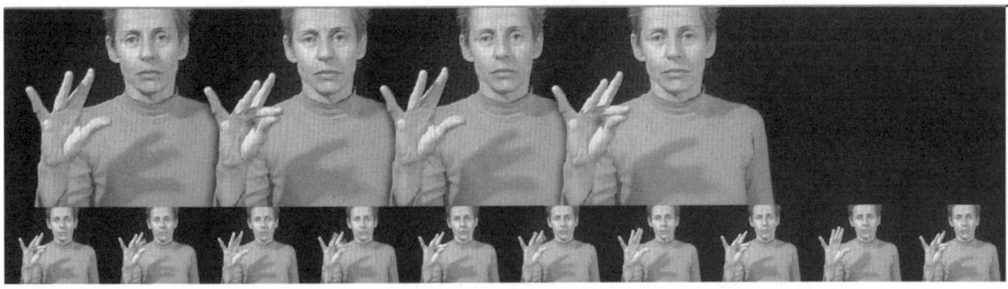

COLA – Encostar duas ou três vezes a ponta do dedo médio na do polegar.
• ***Cola:*** *Substância usada para aderir materiais.* **Sinal igual:** AGLUTINAR, COLAR, GOMA, GRUDE

▪ **COINCIDIR:** COINCIDÊNCIA ▪ **COITO:** SEXO

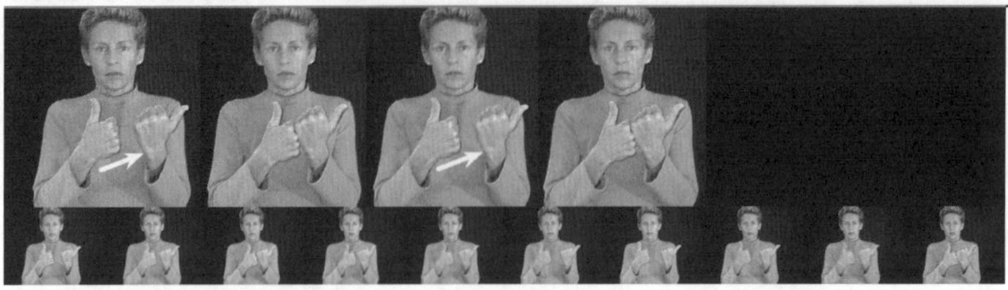

COLABORAR – Mãos fechadas com os dedos polegares abertos, palmas para trás. Encostar duas ou três vezes uma mão na outra, conforme a foto 2.
• ***Colaborar:*** *Trabalhar com uma ou mais pessoas na mesma tarefa.*

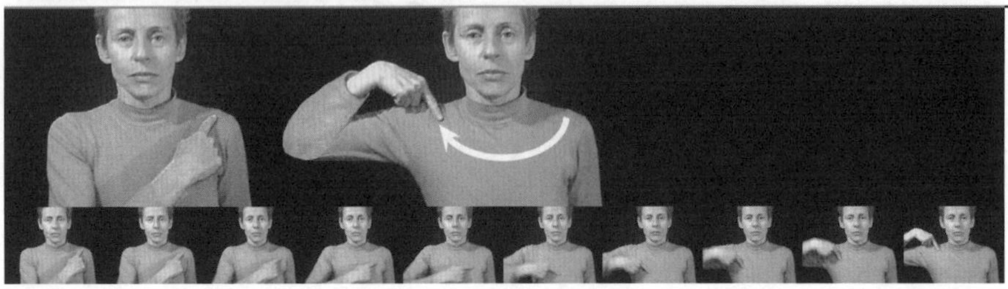

COLAR* – Mão direita fechada com o dedo indicador esticado. Encostar a ponta do indicador perto do ombro esquerdo. Deslizar a mão para o lado direito, descrevendo um leve arco durante o percurso.
• ***Colar:*** *Adorno que se usa no pescoço.* **Sinal igual:** GARGANTILHA, JOIA

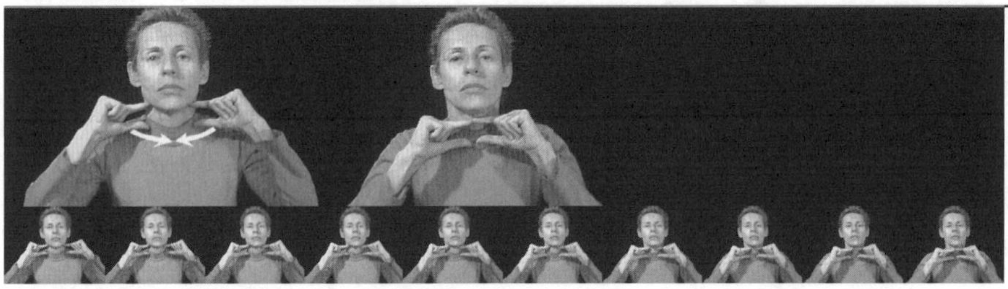

COLARINHO – Mãos fechadas com os indicadores e polegares abertos. Encostar as pontas dos dedos nas laterais do pescoço. Em seguida, deslizar as mãos simultaneamente para a frente até se encontrarem na garganta.
• ***Colarinho:*** *Gola de tecido localizado ao redor do pescoço.* **Sinal igual:** GOLA

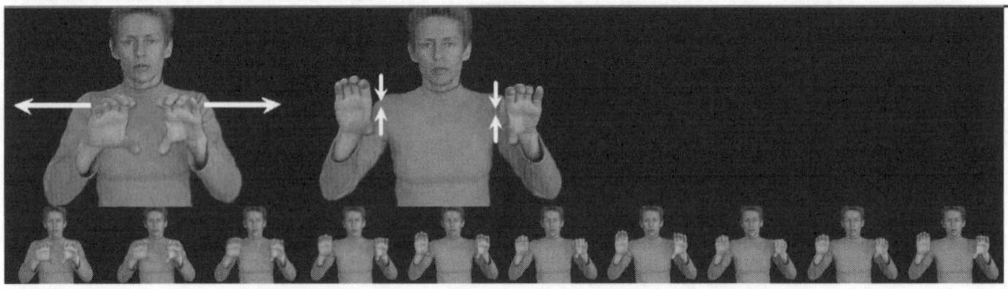

COLCHÃO – Mãos em "C", palmas para a frente. Posicionar uma mão perto da outra (foto 1) e afastá-las para as laterais. Depois, mover os dedos duas ou três vezes, como se estivessem "apertando" um colchão macio.
• ***Colchão:*** *Utensílio composto de espuma ou outro material macio colocado sobre o estrado da cama.* **Sinal igual:** COLCHONETE

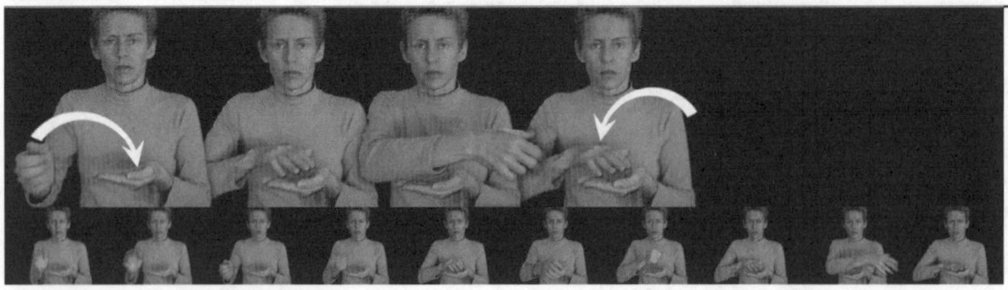

COLHEITA – Mão esquerda aberta, palma para cima. Mão direita com os dedos relaxados, palma para dentro. Mover a mão direita para a frente, fechando-a e depois até a palma esquerda, abrindo-a. Fazer esse movimento duas vezes, imitando o gesto de quem pega alguma coisa e coloca na mão esquerda.
• ***Colheita:*** *Ato de retirar da terra os produtos agrícolas.*

▪ **COLAR:** COLA, GRUDAR ▪ **COLCHA:** COBERTOR ▪ **COLCHONETE:** COLCHÃO ▪ **COLEGA:** AMIGO ▪ **COLÉGIO:** ESCOLA ▪ **COLEGUISMO:** AMIGO ▪ **CÓLERA:** RAIVA ▪ **COLÉRICO:** FURIOSO

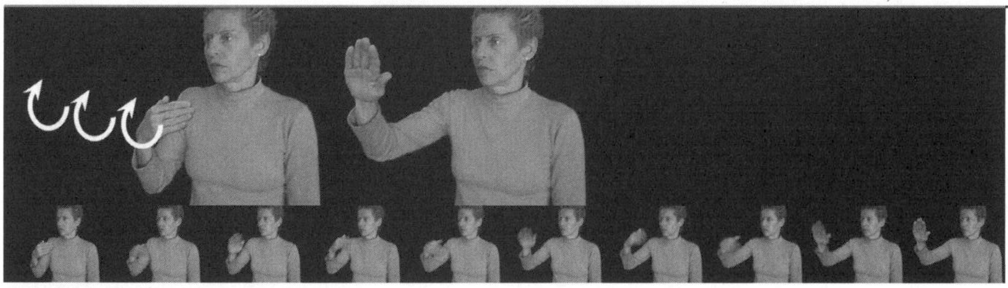

COLHEITA MECANIZADA – Mão direita aberta, dedos unidos e esticados, palma para trás. Posicionar a mão perto do peito. Depois movê-la para a frente, "jogando" as pontas dos dedos para cima várias vezes durante o percurso.
• ***Colheita mecanizada:*** *Colheita feita com máquina.*

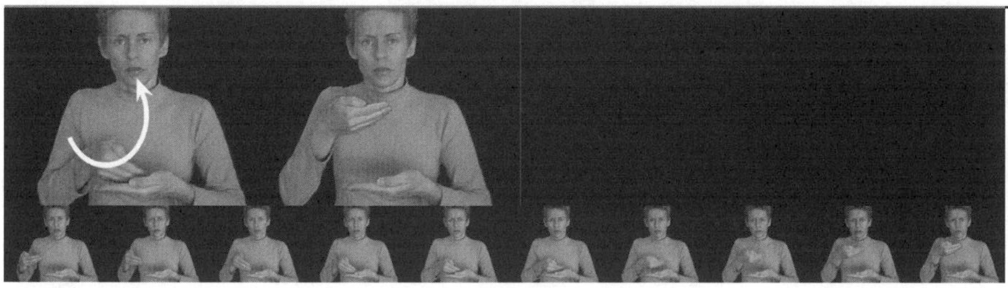

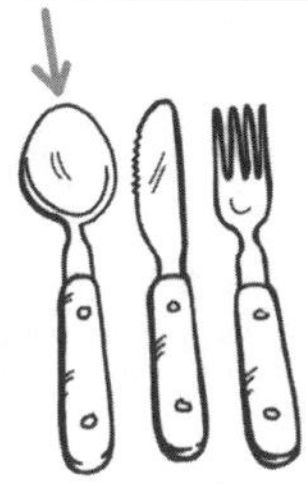

COLHER – Mãos abertas e levemente curvadas, dedos unidos e esticados, palmas para cima. Manter a mão esquerda parada. Mover a mão direita, resvalando o dorso dos dedos na palma esquerda e subindo até a boca.
• ***Colher:*** *Utensílio de mesa de forma côncava usado para levar à boca alimentos líquidos ou pouco resistentes.*

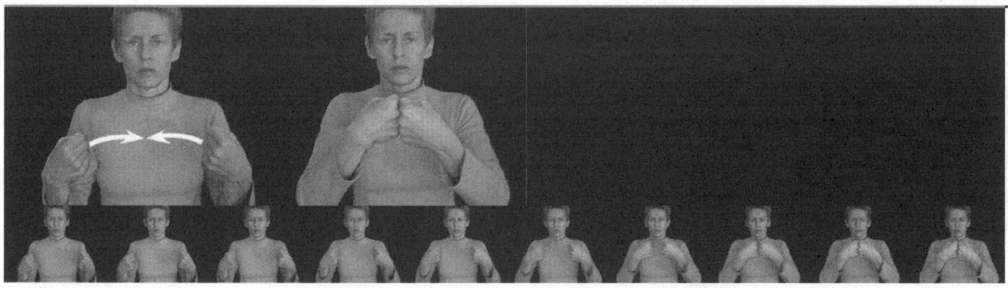

COLIDIR – Mãos fechadas em "S", palmas para trás. Mover uma mão de encontro à outra (foto 2).
• ***Colidir:*** *Fazer ir ou ir de encontro; chocar-se.* **Sinal igual:** CHOCAR, CHOQUE, COLISÃO, EMBATER, IMPACTAR, IMPACTO

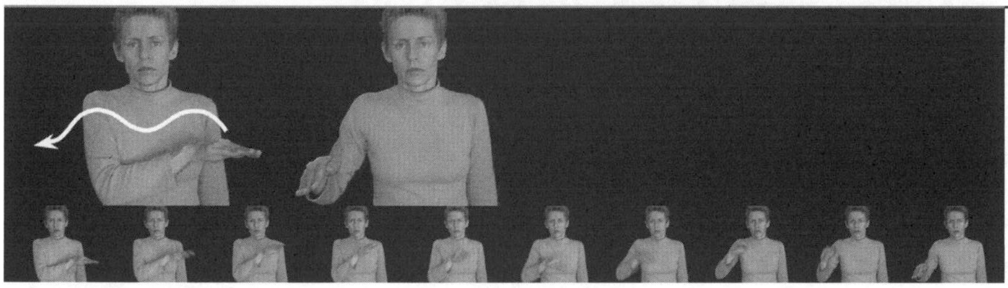

COLINA – Mão direita aberta e levemente curvada, dedos unidos apontando para a frente, palma para baixo. Posicionar a mão do lado esquerdo (foto 1). Depois, mover a mão para o lado direito, descrevendo dois arcos durante o percurso.
• ***Colina:*** *Pequena elevação de terreno com declive suave.* **Sinal igual:** OUTEIRO

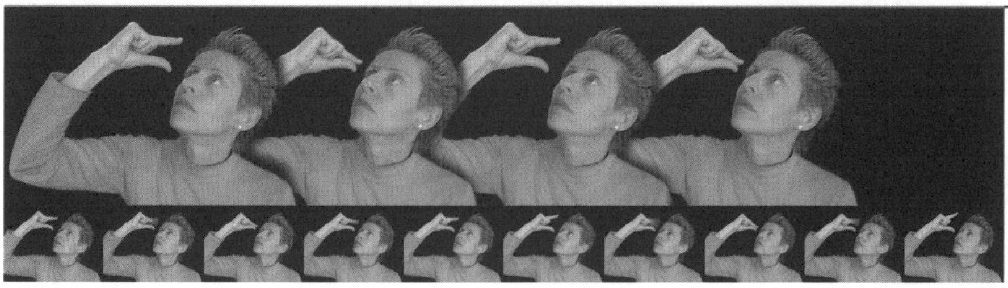

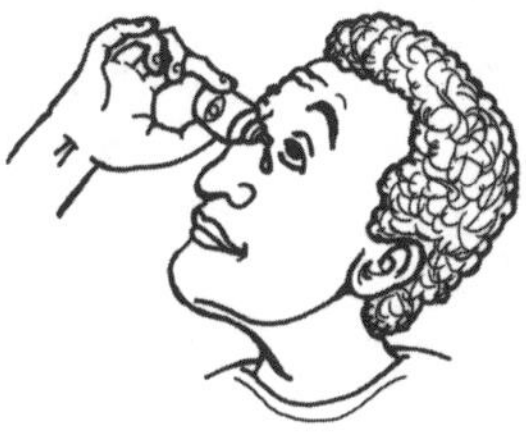

COLÍRIO – Mão fechada com os dedos indicador e polegar esticados apontando para os olhos (foto 1). Olhando para cima, unir as pontas dos dedos indicador e polegar duas ou três vezes.
• ***Colírio:*** *Líquido aplicado sobre o globo ocular para tratar conjuntivite ou para o alívio de irritação nos olhos.*

▪ **COLHER:** CATAR ▪ **COLIBRI:** BEIJA-FLOR ▪ **COLISÃO:** COLIDIR

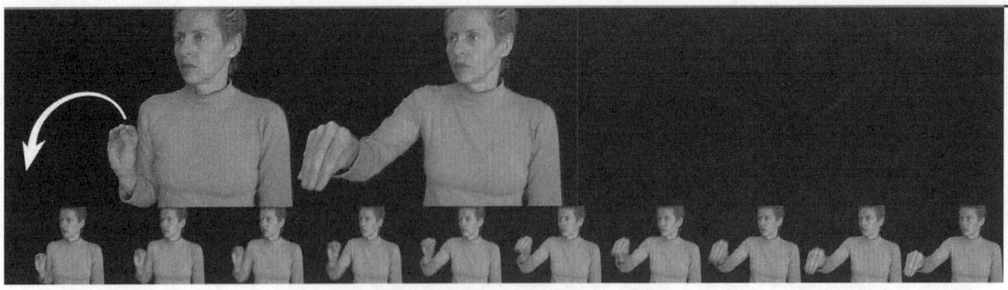

COLOCAR – Unir todos os dedos pelas pontas, posicionando a mão perto do corpo e apontando para a frente (foto 1). Mover a mão para a frente e terminar o movimento apontando para baixo.
• ***Colocar:*** *Pôr alguma coisa em algum lugar.* **Sinal igual:** DEPOSITAR, ENCAIXAR, INSERIR

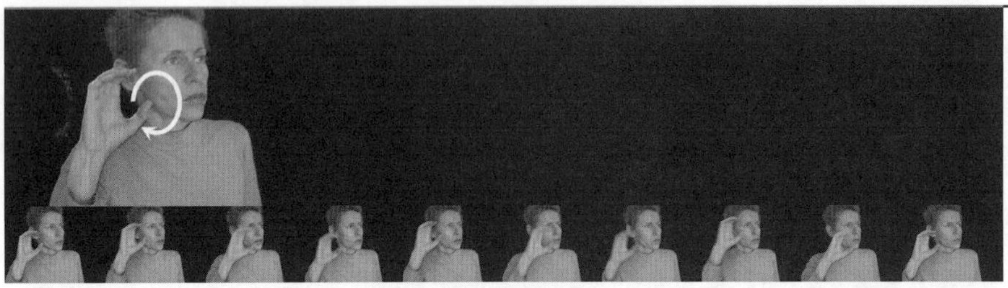

COLÔMBIA – Mão em "C", palma para a frente. Posicionar a mão perto da maçã do rosto e movê-la em círculos (para a frente), duas ou três voltas.
• ***Colômbia:*** *País da América do Sul.*

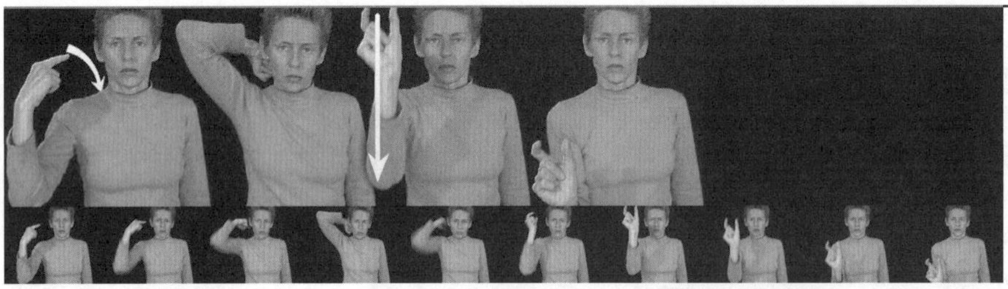

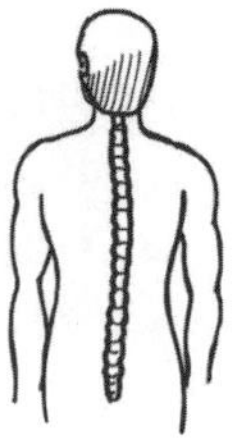

COLUNA VERTEBRAL – Com o dedo indicador, apontar, por cima do ombro, para as próprias costas. Depois, com a mão fechada e o indicador e o polegar abertos, palma para a frente, mover a mão de cima para baixo.
• ***Coluna vertebral:*** *Conjunto de vértebras que se sobrepõem umas às outras na parte dorsal do tronco.* **Sinal igual:** ESPINHA DORSAL, VÉRTEBRA

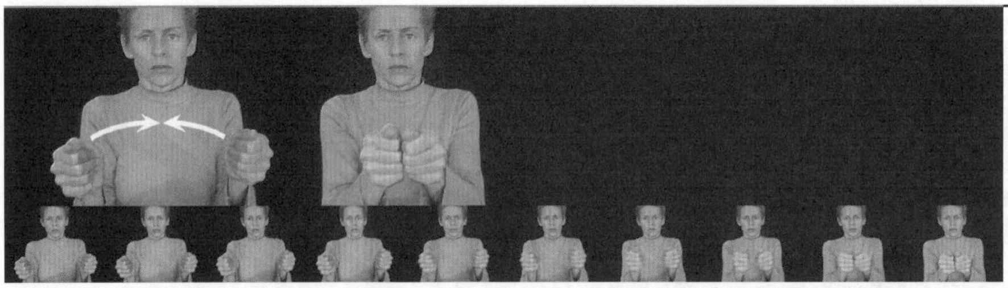

COM – Mãos fechadas em "A", palmas para dentro. Posicionar as mãos conforme a foto 1. Depois, encostar uma mão na outra.
• ***Com:*** *Preposição que expressa companhia, reunião, acordo ou desacordo.* **Sinal igual:** ADJUNTO, AGRUPADO, CONTÍGUO, JUNTAMENTE, JUNTO

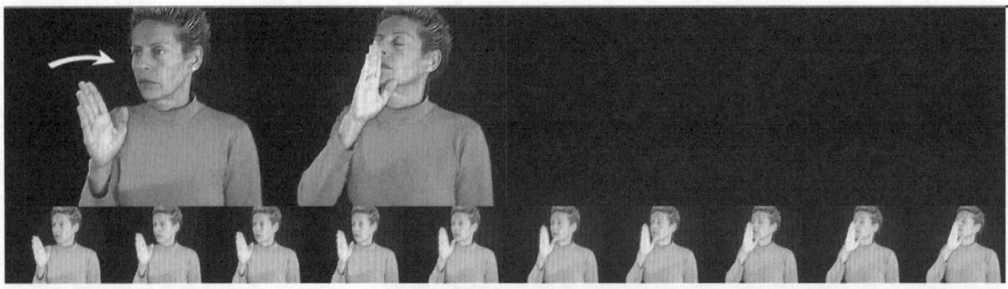

COMA – Mão aberta com os dedos unidos e esticados apontando para cima, polegar afastado. Encostar a lateral interna da mão na boca, inclinando um pouco a cabeça para trás e fechando os olhos.
• ***Coma:*** *Estado no qual uma pessoa apresenta perda da consciência, dos movimentos e da sensibilidade.*

▪ **COLÓQUIO:** CONGRESSO, PALESTRA ▪ **COLORAÇÃO:** COR ▪ **COLORIDO:** COR ▪ **COLORIR:** PINTAR ▪ **COMANDADO:** MANDADO ▪ **COMANDANTE:** CHEFE ▪ **COMANDAR:** CHEFE, COORDENAR, MANDAR ▪ **COMANDO:** COORDENAR ▪ **COMBATE:** GUERRA ▪ **COMBATER:** LUTAR

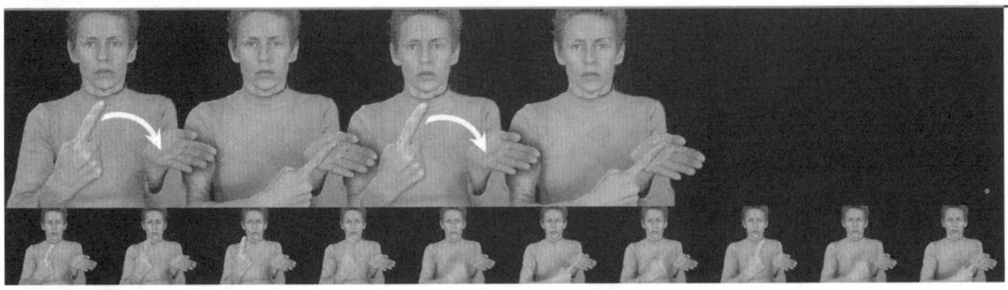

COMBINAR – Mão esquerda aberta, dedos unidos e esticados apontando para a frente, palma para cima. Mão direita fechada com o dedo indicador esticado, palma para trás. Tocar duas vezes a lateral do indicador direito na palma esquerda.
• ***Combinar:*** *Estabelecer uma ação ou resolução com outra pessoa.* **Sinal igual:** ACORDO, COMPACTUAR, MARCAR, PACTO, PACTUAR

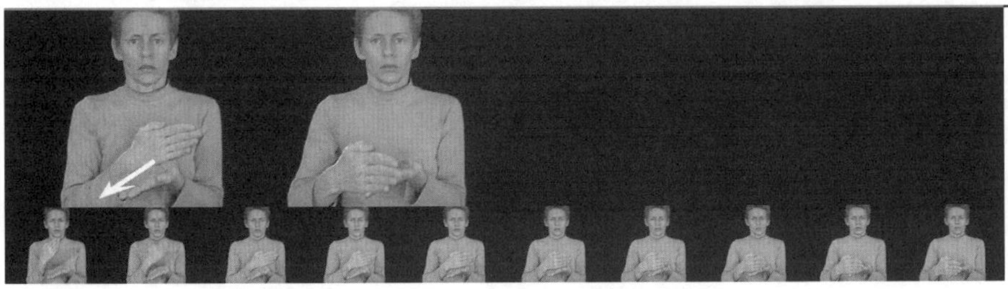

COMEÇAR – Mão esquerda aberta, dedos unidos e esticados, palma para cima. Mão direita aberta, dedos unidos e esticados, palma para trás. Encostar a lateral externa da mão direita na palma esquerda (perto do punho) e deslizá-la para a frente, até as pontas dos dedos da esquerda.
• ***Começar:*** *Dar início a algo.* **Sinal igual:** COMEÇO, INICIAR, INÍCIO, ORIGEM, ORIGINAR, PRINCIPIAR, PRINCÍPIO

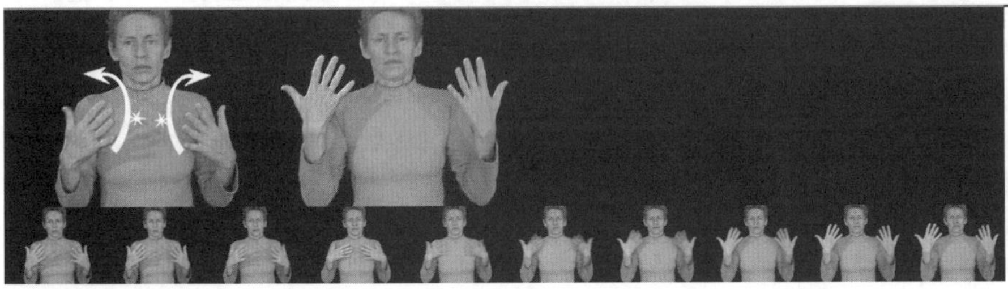

COMEMORAR – Mãos abertas, dedos esticados e separados, palmas para trás. Mover as mãos simultaneamente de encontro ao peito e depois para cima, apenas "resvalando" as pontas dos dedos no peito. Fazer uma expressão de alegria.
• ***Comemorar:*** *Celebrar com festa; festejar; solenizar.* **Sinal igual:** CELEBRAÇÃO, CELEBRAR, COMEMORAÇÃO, FESTEJAR

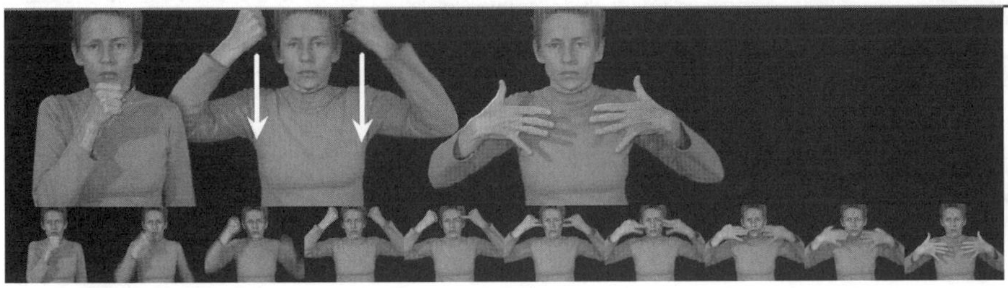

COMENTARISTA – Fazer os sinais de "microfone" e de "explicar".
• ***Comentarista:*** *Aquele que comenta; na imprensa, é especialista em determinados assuntos.* **Sinal igual:** COMENTADOR, CRÍTICO

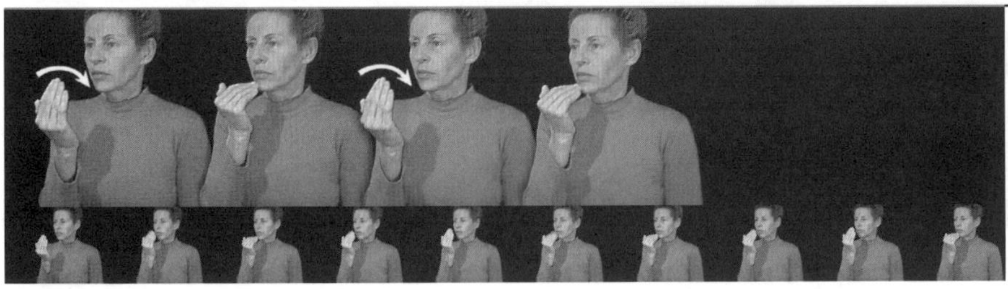

COMER – Mão aberta e levemente dobrada, dedos unidos e esticados apontando para cima, palma para trás. Posicionar a mão próximo da boca. Em seguida, mover os dedos duas ou três vezes em direção à boca.
• ***Comer:*** *Ingerir alimentos.* **Sinal igual:** ALIMENTAÇÃO, ALIMENTAR, COMIDA, CONSUMIR, MANTIMENTO, RANGO, REFEIÇÃO, SUSTENTO

▪ **COMEÇO:** COMEÇAR ▪ **COMÉDIA:** ENGRAÇADO ▪ **COMEDIDAMENTE:** GRADUALMENTE ▪ **COMEMORAÇÃO:** COMEMORAR ▪ **COMENTADOR:** COMENTARISTA ▪ **COMERCIAL:** COMÉRCIO, ANUNCIAR ▪ **COMERCIALIZAR:** COMÉRCIO ▪ **COMERCIANTE:** COMÉRCIO, VENDER ▪ **COMERCIAR:** VENDER

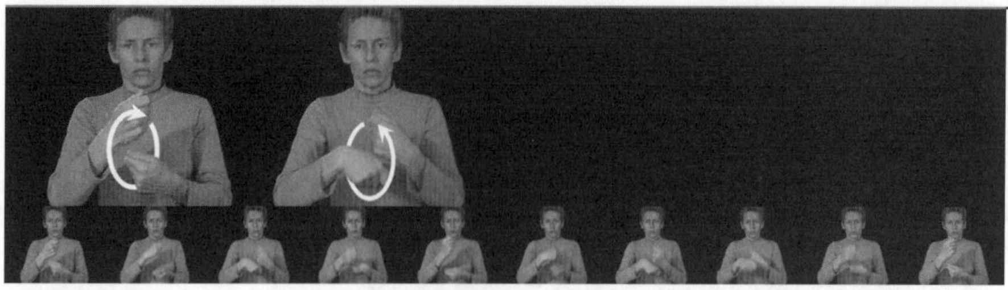

COMÉRCIO – Mãos fechadas em "A", palmas para trás. Girar uma mão sobre a outra para trás, dando duas ou três voltas, dobrando um pouco o punho em direção ao peito.
• ***Comércio:*** *Ato de trocar, vender ou comprar produtos.* **Sinal igual:** COMERCIAL, COMERCIALIZAR, COMERCIANTE, ECONOMIA, ECONOMISTA, LOJA, MAGAZINE, MERCADO, MERCANTIL, MERCEARIA, NEGOCIAR, NEGÓCIO, QUITANDA

COMETA – Mão esquerda com os dedos esticados e unidos pelas pontas. Mão direita aberta, dedos esticados e separados. Encostar uma mão na outra pelos punhos e posicioná-las conforme a foto 1. Depois, deslocar as mãos ainda unidas para a lateral oposta e para baixo, movimentando aleatoriamente os dedos direitos durante o percurso.
• ***Cometa:*** *Corpo celeste que se move em torno do Sol e que pode ser visto da Terra de tempos em tempos.* **Sinal igual:** METEORO

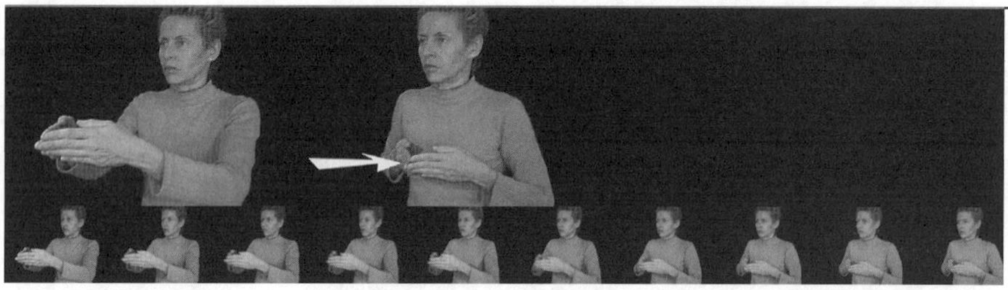

COM LICENÇA – Mãos abertas, dedos unidos e esticados, palmas para dentro. Unir as mãos pelas pontas dos dedos, mantendo um punho bem longe do outro. Posicionar as mãos longe do corpo (foto 1) e movê-las para perto do corpo, mantendo-as unidas.
• ***Com licença:*** *Termo usado para se pedir, educadamente, permissão para participar de algo ou ocupar algum lugar.*

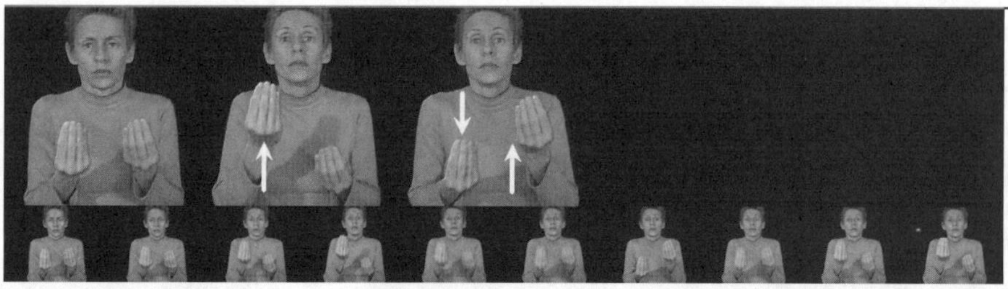

COMO – Manter as pontas dos dedos de cada mão unidas, apontando para cima (foto 1). Em seguida, mover as mãos alternadamente para cima e para baixo. Durante o deslocamento, erguer um pouco a cabeça, fazendo uma expressão interrogativa.
• ***Como:*** *Advérbio de modo, frequentemente usado em frases interrogativas.* **Sinal igual:** DE QUE JEITO, DE QUE MANEIRA, DE QUE MODO, JEITO, MANEIRA, MODO

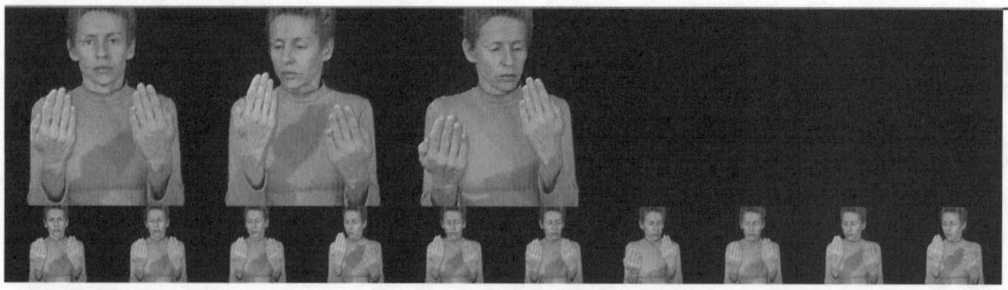

COMPARAR – Mãos abertas, dedos unidos e esticados apontando para cima, palmas para trás. Posicionar as mãos conforme a foto 1. Em seguida, olhar duas vezes, alternadamente, para cada uma das mãos. Ao fazê-lo, aproximá-la um pouco do rosto e voltar à posição inicial.
• ***Comparar:*** *Procurar relações de semelhança ou de disparidade entre coisas concretas ou abstratas.* **Sinal igual:** COMPARAÇÃO, CONFRONTAR, DISTINGUIR

▪ **CÔMICO:** ENGRAÇADO ▪ **COMIDA:** COMER ▪ **COMIGO:** MEU ▪ **COMISERAÇÃO:** PIEDADE ▪ **COMISSÃO:** PORCENTAGEM ▪ **COMOÇÃO:** TRAUMA ▪ **COMODISMO:** EGOÍSTA ▪ **COMODISTA:** EGOÍSTA ▪ **COMOVER:** EMOCIONAR ▪ **COMOVIDO:** EMOCIONAR ▪ ***COMPACT-DISC:*** CD ▪ **COMPACTUAR:** COMBINAR ▪ **COMPAIXÃO:** MISERICÓRDIA ▪ **COMPANHEIRO:** AMIGO ▪ **COMPARAÇÃO:** COMPARAR

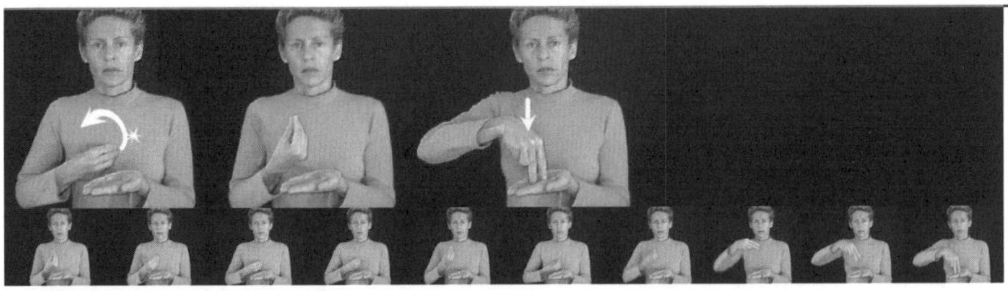

COMPARECER – Fazer os sinais de "vida" e de "em pé".
• ***Comparecer:*** *Apresentar-se em determinado lugar pessoalmente.*

COMPASSO* – Mão esquerda aberta, dedos unidos e esticados, palma para cima. Mão direita em "V" com os dedos apontando para baixo. Manter a ponta do dedo médio encostada na palma esquerda. Em seguida, girar a mão direita no próprio eixo para a frente e para trás, duas vezes.
• ***Compasso:*** *Instrumento usado para conferir medidas ou traçar círculos.*

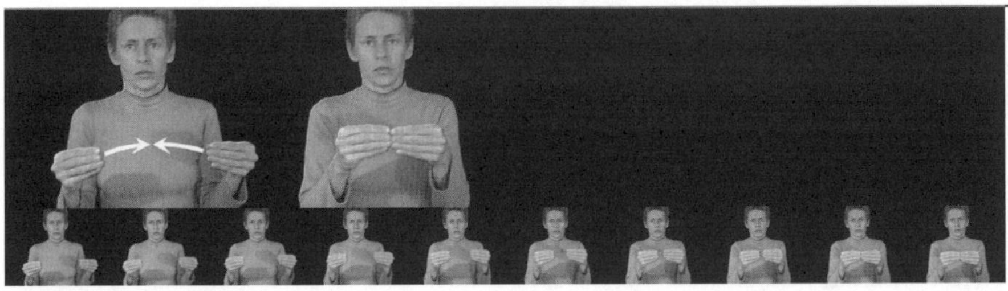

COMPENSAÇÃO – Manter todos os dedos de cada mão unidos pelas pontas, palmas para dentro. Posicionar as mãos conforme a foto 1. Em seguida, tocar uma mão na outra pelas pontas dos dedos.
• ***Compensação:*** *Restabelecer o equilíbrio entre duas coisas; no trabalho, é o ato de repor horas devidas.* **Sinal igual:** COMPENSAR, CONTRABALANÇAR, INDENIZAÇÃO, INDENIZAR, RECOMPENSA, REPARAÇÃO, RESSARCIMENTO, RESSARCIR

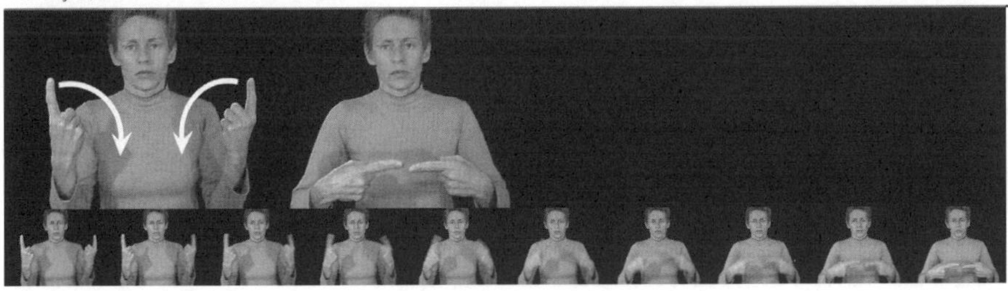

COMPETIR – Mãos fechadas com os dedos indicadores esticados apontando para cima, palmas para trás. Posicionar as mãos conforme a foto 1. Em seguida, mover as mãos simultaneamente, com firmeza, apontando uma para a outra (foto 2).
• ***Competir:*** *Concorrer com outra pessoa na mesma pretensão.* **Sinal igual:** COMPETIÇÃO, DISPUTAR

COMPRAR – Mão esquerda aberta, dedos unidos e esticados apontando para a frente, palma para cima. Mão direita em "A". Encostar o punho direito no esquerdo (foto 1). Em seguida, mover a mão direita para a frente, abrindo-a em "L".
• ***Comprar:*** *Obter, através de pagamento, a propriedade ou o uso de determinada coisa.* **Sinal igual:** ADQUIRIR

▪ **COMPARECIMENTO:** PRESENÇA ▪ **COMPARTILHAR:** DISTRIBUIR ▪ **COMPASSO:** BATERIA ACÚSTICA ▪ **COMPELIR:** FORÇAR ▪ **COMPENETRADO:** SÉRIO ▪ **COMPENSAR:** COMPENSAÇÃO ▪ **COMPETÊNCIA:** PODER ▪ **COMPETENTE:** CAPAZ ▪ **COMPETIÇÃO:** COMPETIR ▪ **COMPLETO:** CHEIO ▪ **COMPLICAÇÃO:** DIFÍCIL ▪ **COMPLICADO:** DIFÍCIL ▪ **COMPORTAMENTO:** EDUCAÇÃO ▪ **COMPORTAR:** CABER

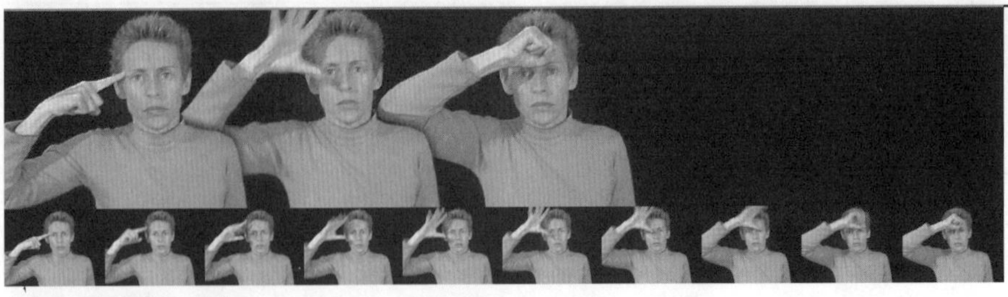

COMPREENDER* – Fazer os sinais de "pensar" e de "aprender".
• ***Compreender:*** *Apreender algo intelectualmente, utilizando a capacidade de entendimento; perceber, atinar.* **Sinal igual:** ATINAR, COMPREENSÃO, CONSCIÊNCIA

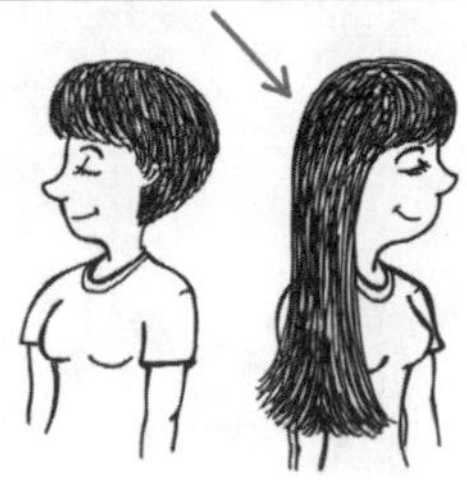

COMPRIDO – Mãos abertas, dedos separados e esticados. Unir as pontas dos indicadores e polegares e encostar uma mão na outra pelas pontas desses dedos. Depois, afastar as mãos para as laterais e, ao mesmo tempo, girar as mãos ao redor do próprio eixo várias vezes durante o percurso.
• ***Comprido:*** *Extenso ou longo.* **Sinal igual:** DURADOURO, EXTENSO, LONGO, PROLONGADO

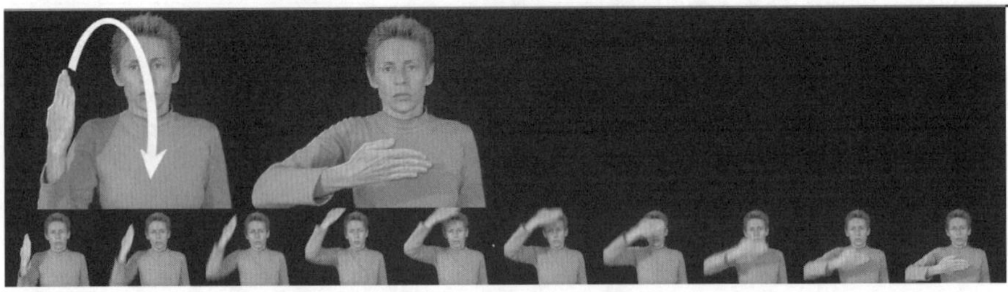

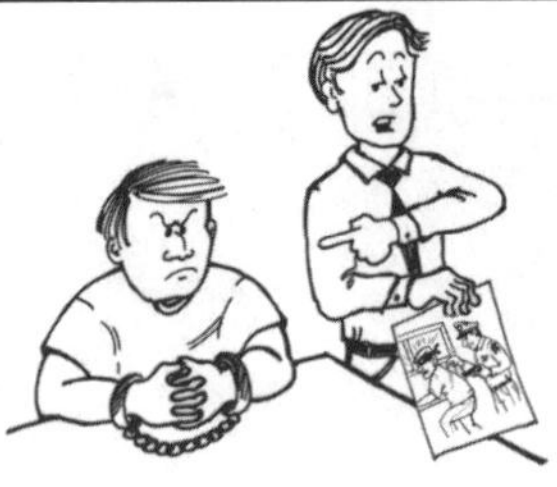

COMPROVAR – Mão aberta, dedos unidos e esticados, palma para trás. Com um movimento firme, passar a mão diante do rosto, de cima para baixo.
• ***Comprovar:*** *Tornar evidente; afirmar de modo absoluto; corroborar.* **Sinal igual:** COMPROVAÇÃO, EVIDENCIAR

COMPUTADOR – Mãos fechadas com os dedos indicadores abertos e curvados, palmas para a frente. Posicionar as mãos conforme a foto 1. Em seguida, rodar simultaneamente as mãos, em duas ou três voltas e sentidos opostos.
• ***Computador:*** *Máquina destinada ao processamento de dados.* **Sinal igual:** INFORMÁTICA, MICROCOMPUTADOR

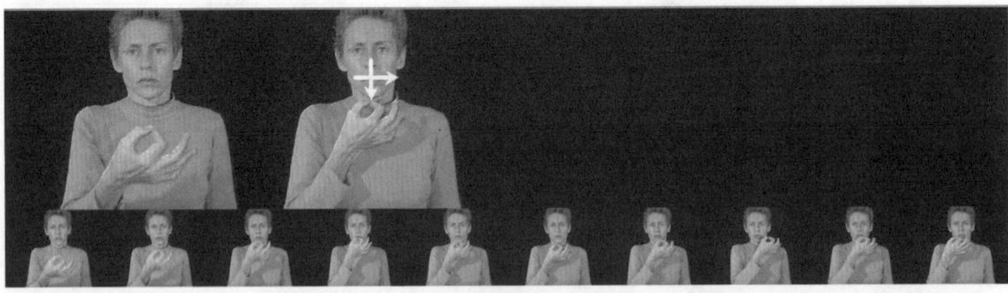

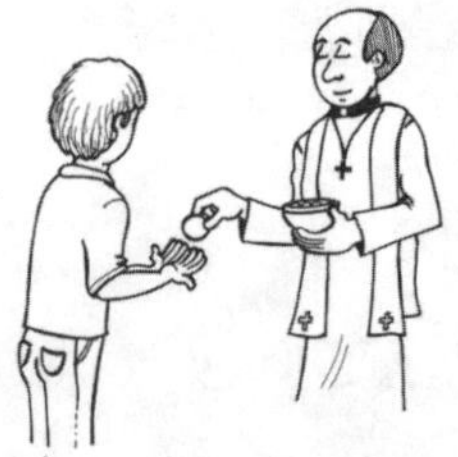

COMUNGAR – Mão aberta com os dedos separados, palma para trás. Tocar a ponta do dedo indicador na do polegar. Mover a mão até a boca sem tocá-la e fazer o sinal da cruz.
• ***Comungar:*** *Receber o sacramento da Eucaristia; partilhar.* **Sinal igual:** EUCARISTIA, HÓSTIA

▪ **COMPREENDER:** ENTENDER ▪ **COMPREENSÃO:** COMPREENDER, ENTENDER ▪ **COMPRIMIDO:** PÍLULA ▪ **COMPROVAÇÃO:** COMPROVAR ▪ **COMPROVANTE:** DOCUMENTO ▪ **COMPUTAR:** SOMAR ▪ **CÔMPUTO:** SOMAR ▪ **COM RESPEITO A:** SOBRE ▪ **COMUM:** NATURAL

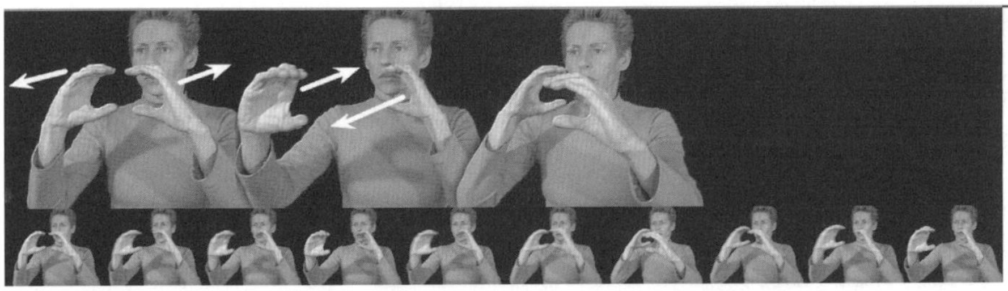

COMUNICAÇÃO – Mãos em "C", palmas para dentro. Posicionar as mãos conforme a foto 1. Em seguida, mover as mãos simultânea e alternadamente para a frente e para trás, duas ou três vezes.

• ***Comunicação:*** *Ação de transmitir uma mensagem e, eventualmente, receber uma resposta.* **Sinal igual:** COMUNICADO

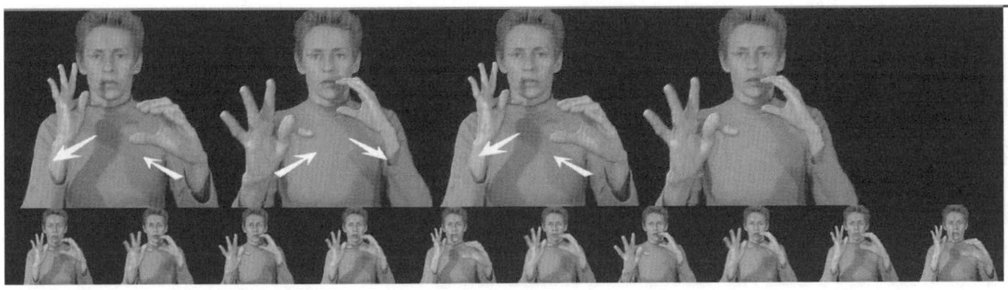

COMUNICAÇÃO TOTAL – Mão direita em "T", mão esquerda em "C", palmas para dentro. Posicionar as mãos conforme a foto 1. Em seguida, mover as mãos, simultânea e alternadamente para a frente e para trás, duas ou três vezes.

• ***Comunicação total:*** *Filosofia educacional que se preocupa com todas as habilidades da comunicação, como a fala, a leitura, a escrita, as LIBRAS e outros recursos.*

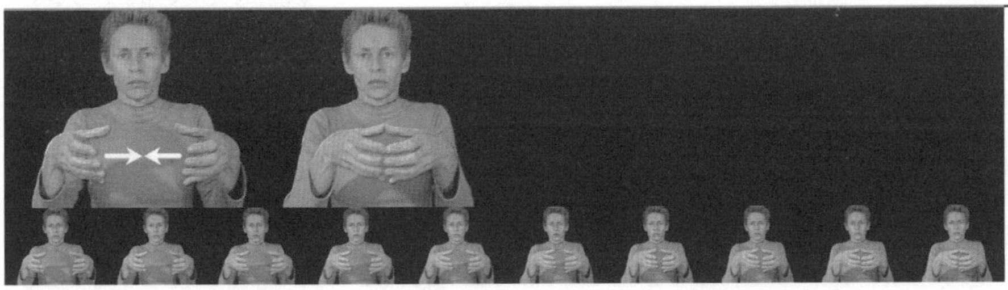

COMUNIDADE – Mãos abertas e curvadas, dedos separados, palmas para dentro. Posicionar as mãos conforme a foto 1. Depois, aproximar uma mão da outra até se tocarem pelas pontas dos dedos.

• ***Comunidade:*** *Grupo social cujos elementos vivem numa determinada área.* **Sinal igual:** POVOAÇÃO, POVOADO, SOCIEDADE, VILA, VILAREJO

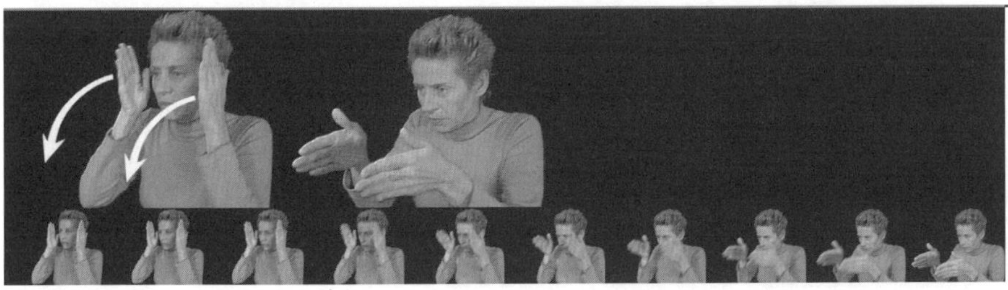

CONCENTRAR – Mãos abertas, dedos unidos e esticados apontando para cima, palmas para dentro. Posicionar as mãos nas laterais do rosto (foto 1). Em seguida, mover simultaneamente as mãos apontando para a frente. Deslocar a cabeça um pouco para a frente também, olhando fixamente na direção para a qual os dedos apontam.

• ***Concentrar:*** *Orientar a atenção para um determinado assunto.* **Sinal igual:** CONCENTRAÇÃO, CONCENTRADO

CONCHA – Mão esquerda fechada. Segurar a mão esquerda com a direita e colocá-las próximo do ouvido, como quem está ouvindo o som do interior de uma concha.

• ***Concha:*** *Envoltório calcário do corpo dos moluscos.* **Sinal igual:** BÚZIO

▪ **COMUNICADO:** COMUNICAÇÃO ▪ **COMUNITÁRIO:** SOCIAL ▪ **CONCEBER:** CRIAR ▪ **CONCEDER:** EMPRESTAR ▪ **CONCEDIDO:** EMPRESTADO ▪ **CONCEITO:** IDEIA ▪ **CONCENTRAÇÃO:** CONCENTRAR ▪ **CONCENTRADO:** CONCENTRAR ▪ **CONCENTRADO:** SÉRIO ▪ **CONCEPÇÃO:** IDEIA ▪ **CONCERTAR:** CONCORDAR ▪ **CONCESSÃO:** LIVRE ▪ **CONCILIAR:** CONCORDAR ▪ **CONCLUDENTE:** PROVAR ▪ **CONCLUÍDO:** PRONTO ▪ **CONCLUIR:** ACABAR ▪ **CONCLUSÃO:** ACABAR, FIM ▪ **CONCORDÂNCIA:** CONCORDAR

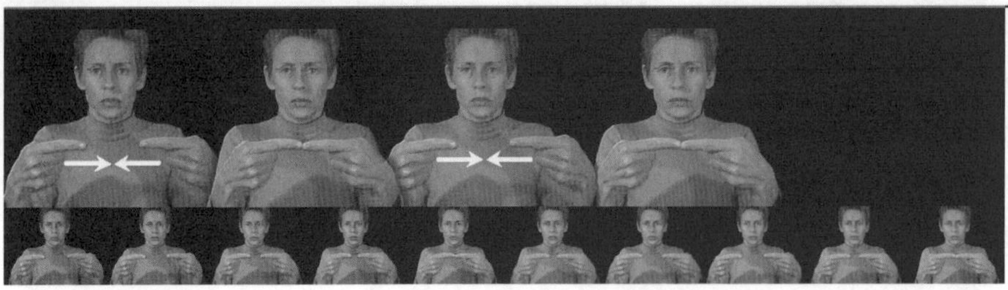

CONCORDAR – Mãos fechadas com os dedos indicadores esticados apontando para dentro, palmas para trás. Posicionar as mãos conforme a foto 1. Depois, tocar duas ou três vezes uma mão na outra pela ponta dos dedos.
• ***Concordar:*** *Estar de acordo; resolver por acordo; pactuar.* **Sinal igual:** ACORDO, APROVAR, ASSENTIR, CONCERTAR, CONCILIAR, CONCORDÂNCIA, CONDIZER, CONSENTIR, CORRESPONDER

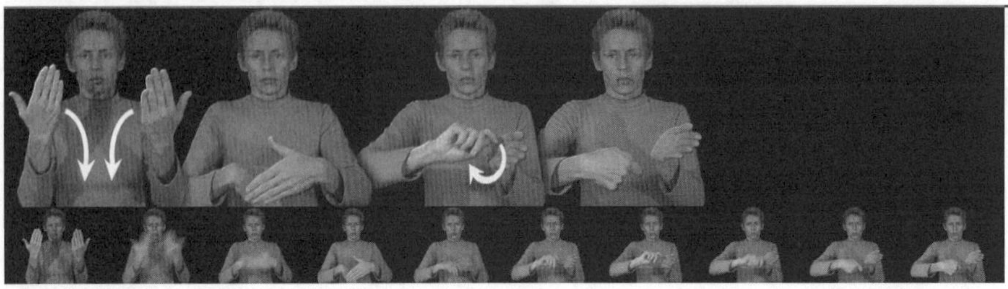

CONCURSO – Fazer os sinais de "prova" e de "assinar".
• ***Concurso:*** *Ato de concorrer; tipo de competição por meio de prova ou exame.*

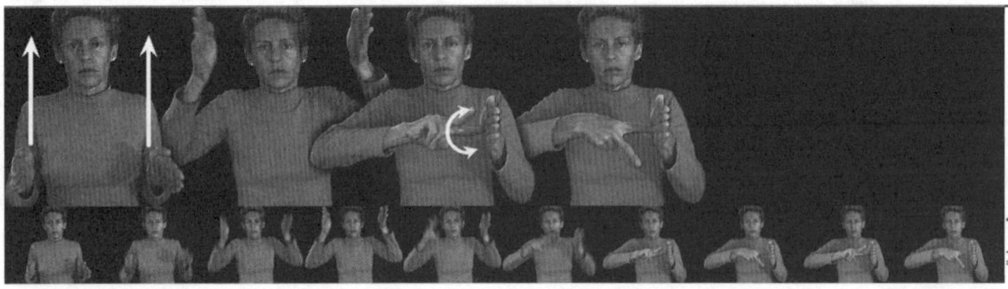

CONDOMÍNIO – Fazer o sinal de "prédio". Em seguida, mão esquerda aberta, dedos unidos e esticados apontando para a frente, palma para dentro. Mão direita em "V", palma para a frente. Encostar a ponta do indicador direito na palma esquerda. Girar a mão direita para a frente e voltar à posição inicial, duas vezes.
• ***Condomínio:*** *Em um prédio de apartamento, o conjunto de dependências de uso comum aos demais moradores.*

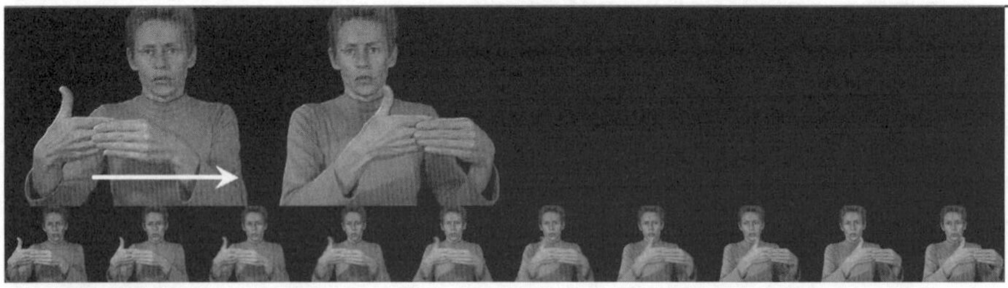

CONDUZIR* – Mão direita aberta, dedos unidos e esticados, polegar afastado, palma para trás. Segurar os dedos da mão direita com a mão esquerda e movê-las para o lado esquerdo, como se a mão esquerda estivesse "puxando" a direita.
• ***Conduzir:*** *Levar alguém ou alguma coisa de um lugar para outro.* **Sinal igual:** DIRIGIR, ENCAMINHAR, ESCOLTAR, ORIENTAR

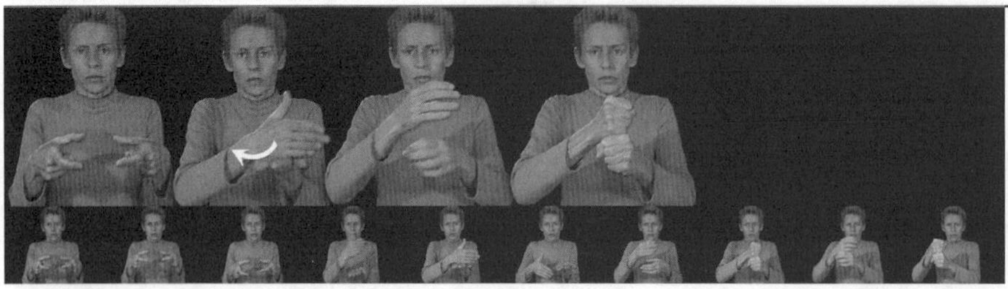

CONFEITAR – Fazer o sinal de "bolo". Depois, com as mãos em "S" posicionadas uma sobre a outra, abri-las e fechá-las levemente duas vezes, em dois pontos imaginários diferentes, imitando o gesto de quem espreme uma bisnaga para aplicar o creme sobre o bolo.
• ***Confeitar:*** *Cobrir de açúcar, glacê, geleia etc., aplicando por vezes confeito (pastilhas coloridas).* **Sinal igual:** CONFEITADO, CONFEITEIRO, CONFEITO, DOCEIRO

▪ **CONCUBINA:** AMANTE ▪ **CONDECORAÇÃO:** MEDALHA ▪ **CONDENSADO:** RESUMO ▪ **CONDIZER:** CONCORDAR ▪ ***CONDOM:*** CAMISINHA ▪ **CONDUZIR:** LEVAR ▪ **CONFEITADO:** CONFEITAR ▪ **CONFEITEIRO:** CONFEITAR ▪ **CONFEITO:** CONFEITAR

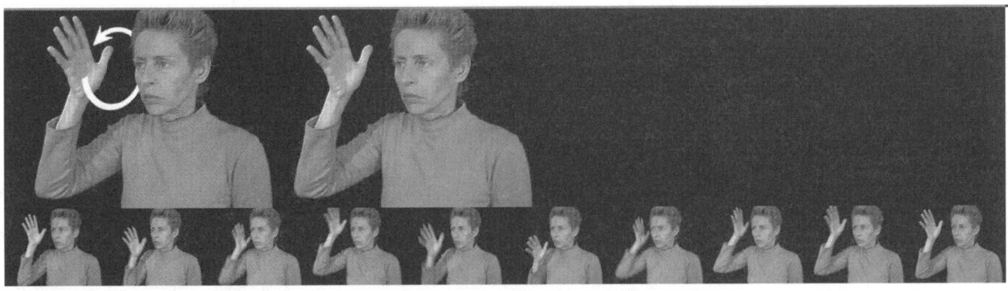

CONFERÊNCIA – Mão aberta, dedos esticados e separados, palma para dentro. Posicionar a mão perto do ouvido. Em seguida, dar duas ou três voltas para a frente ao redor da lateral do rosto.

• ***Conferência:*** *Discussão entre duas ou mais pessoas sobre um tema considerado importante.*

CONFESSAR – Mãos abertas com os dedos esticados e levemente separados, polegares fechados, palmas para trás. Posicionar as mãos juntas, uma sobre a outra (foto 1). Em seguida, mover as mãos em círculos (duas voltas) em torno da boca, sem tocá-la.

• ***Confessar:*** *Entre os católicos, contar seus pecados ao padre; contar (algo errado ou secreto) a alguém.* **Sinal igual:** CONFIDENTE, CONFISSÃO

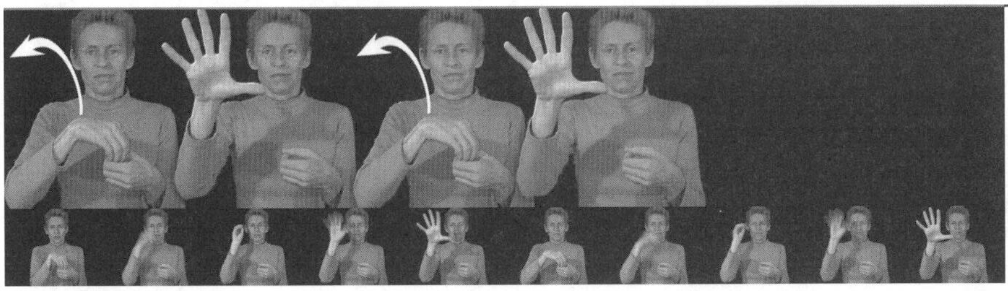

CONFETE – Mão esquerda em "C", palma para dentro. Mão direita com os dedos unidos pelas pontas. Colocar as pontas dos dedos da mão direita na parte interna da esquerda e tirá-la abrindo os dedos, duas ou três vezes, como se estivesse pegando o confete do interior de um saquinho e jogando em alguém.

• ***Confete:*** *Pequenos pedaços de papel de várias cores que se atiram aos punhados por brincadeira.*

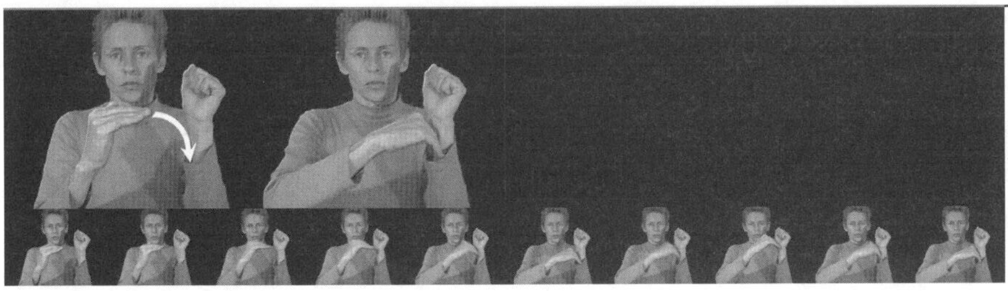

CONFIDENCIAL – Mão esquerda fechada em "S", palma para dentro. Mão direita aberta e dobrada, dedos unidos, palma para dentro. Mover a mão direita resvalando o dorso dos dedos no punho esquerdo, de cima para baixo.

• ***Confidencial:*** *Que é sigiloso, secreto.* **Sinal igual:** RESERVADO, SIGILOSO

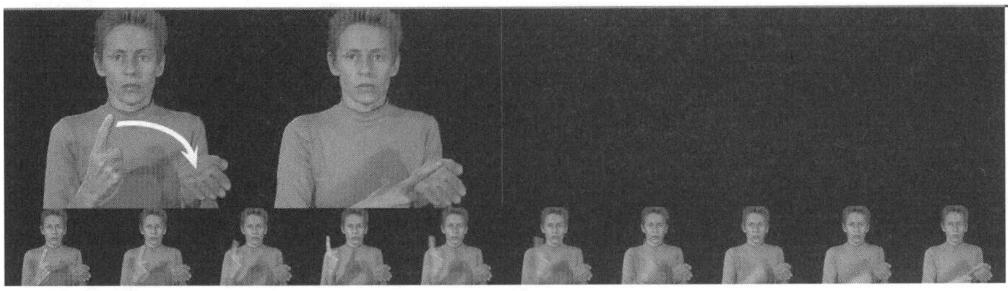

CONFIRMAR – Mão esquerda aberta, dedos unidos e esticados, palma para cima. Mão direita fechada com o indicador esticado. Com um gesto firme, tocar a lateral do indicador direito na palma esquerda.

• ***Confirmar:*** *Aprovar ou ratificar um ato ou fato antecedente.* **Sinal igual:** CONSERVAR, CORROBORAR, MANTER, RATIFICAR, SANCIONAR, SUSTENTAR

▪ **CONFIANÇA:** FÉ ▪ **CONFIAR:** ACREDITAR ▪ **CONFIÁVEL:** SÉRIO ▪ **CONFIDENTE:** CONFESSAR ▪ **CONFIGURAR:** DESENHAR ▪ **CONFIGURAR:** IMAGINAR ▪ **CONFISSÃO:** CONFESSAR ▪ **CONFLITANTE:** CONFLITO

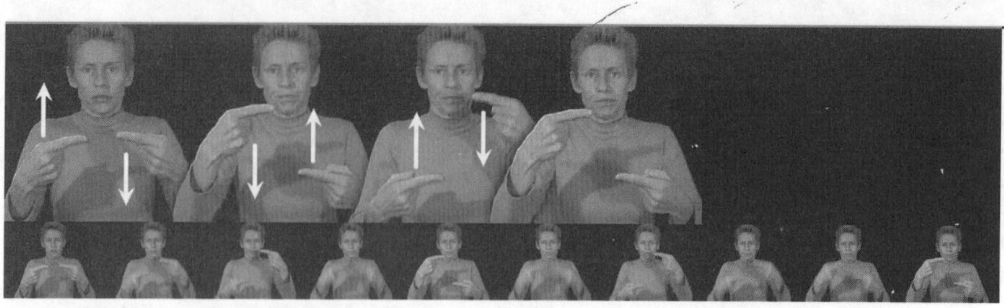

CONFLITO – Mãos fechadas com os dedos indicadores esticados apontando para dentro, palmas para trás. Mover as mãos simultânea e alternadamente para cima e para baixo.
• ***Conflito:*** *Falta de entendimento entre duas ou mais partes.* **Sinal igual:** CONFLITANTE, CONFLITUOSO, DISCÓRDIA

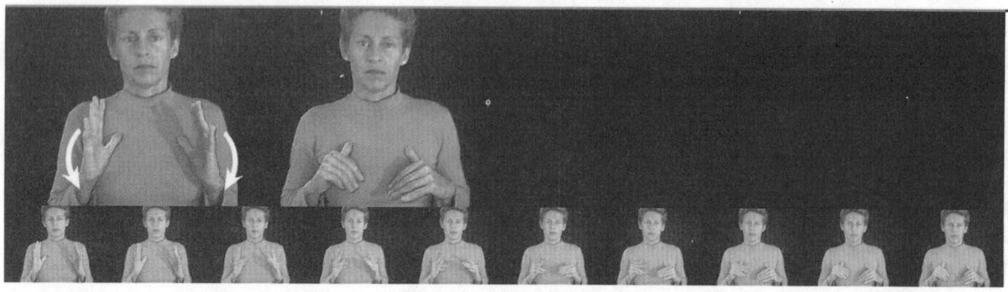

CONFORTO – Mãos abertas, dedos esticados e separados, palmas para dentro. Encostar as pontas dos polegares próximo das axilas. Em seguida, relaxar os dedos das mãos, deixando-os um pouco soltos, não todos de uma vez, mas dos dedos mínimos até os indicadores consecutivamente, mantendo os polegares encostados no corpo.
• ***Conforto:*** *Bem-estar material; comodidade física satisfeita.* **Sinal igual:** CARA A CARA, CONFRONTAÇÃO, FACE A FACE

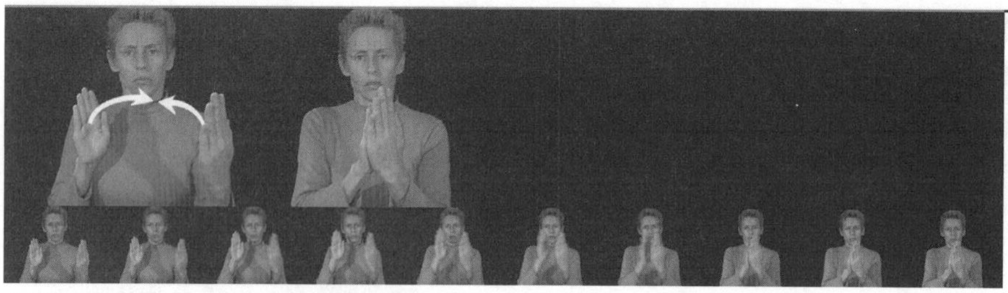

CONFRONTO – Mãos abertas, dedos unidos e esticados apontando para cima. Posicionar as mãos diagonalmente com relação ao peito, com uma palma voltada para a outra (foto 1). Em seguida, mover as mãos simultaneamente, juntando-as no meio do caminho.
• ***Confronto:*** *Encontro face a face; conflito.* .

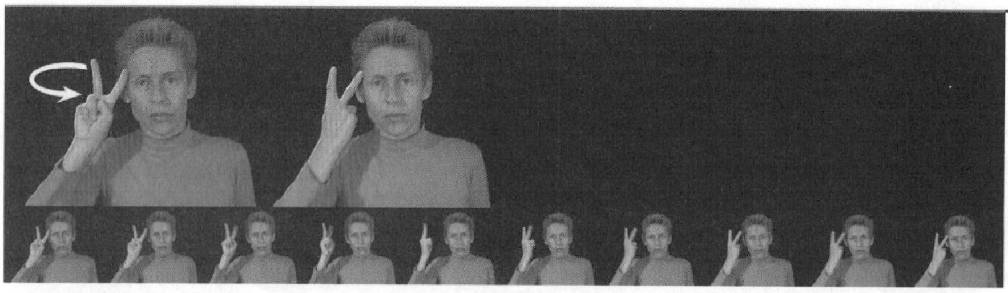

CONFUNDIR – Mão em "V", palma para a frente. Encostar a ponta do dedo indicador na têmpora. Em seguida, mover a mão, virando a palma para trás e encostando a ponta do dedo médio na têmpora.
• ***Confundir:*** *Fazer confusão, equivocar-se; contradizer.* **Sinal igual:** ATRAPALHADO, ATURDIMENTO, ATURDIR, CONFUSO, EMBARAÇO, EQUIVOCAR, EQUÍVOCO, PERPLEXIDADE, PERTURBAÇÃO

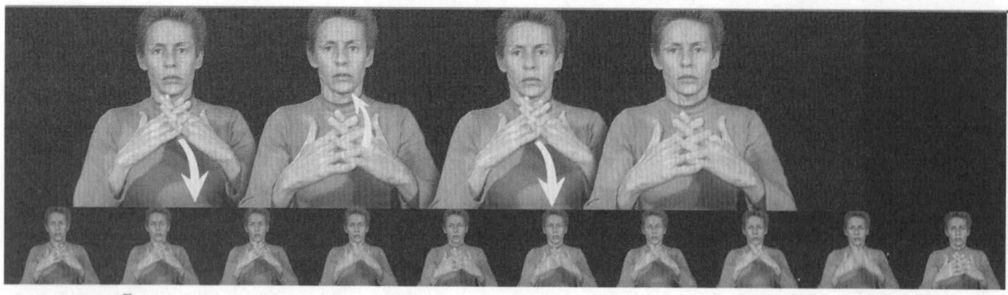

CONFUSÃO – Intercalar os dedos de uma mão nos da outra, mantendo-os esticados (foto 1). Em seguida, mover as mãos, duas ou três vezes, para a frente e para trás.
• ***Confusão:*** *Falta de clareza; estado de desorientação.*

▪ **CONFLITUOSO:** CONFLITO ▪ **CONFORME:** IGUAL ▪ **CONFORTAR:** CONSOLAR ▪ **CONFRONTAÇÃO:** CONFRONTO ▪ **CONFRONTAR:** COMPARAR ▪ **CONFUSO:** CONFUNDIR ▪ **CONGELADO:** GELADO ▪ **CONGELADOR:** CONGELAR, *FREEZER*

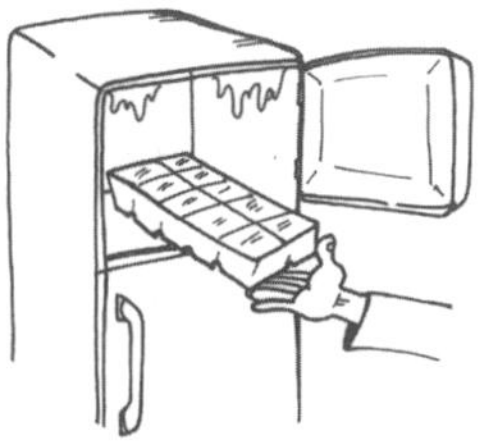

CONGELAR – Fazer os sinais de "gelado" e de "duro".
• ***Congelar:*** *Passar do estado líquido ao estado sólido por ação do frio.* **Sinal igual:** CONGELADOR, FRIGIDÍSSIMO

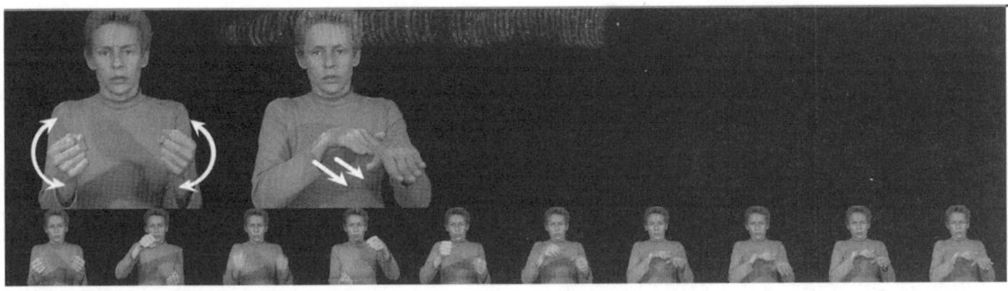

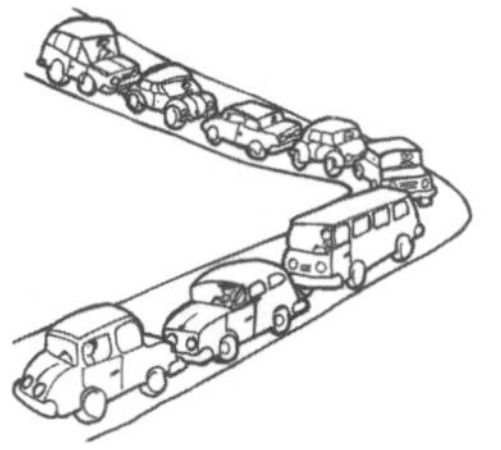

CONGESTIONAMENTO – Fazer o sinal de "automóvel". Em seguida, mãos abertas com os dedos unidos e esticados apontando para a frente, posicioná-las uma diante da outra e movê-las simultaneamente para a frente e para trás.
• ***Congestionamento:*** *Acúmulo de veículos que dificultam a livre circulação.* **Sinal igual:** ENGARRAFAMENTO, TRÂNSITO

CONGRESSO – Mãos em "C", palmas para a frente. Encostar uma mão na outra pelas laterais internas. Em seguida, movê-las simultaneamente para a frente, descrevendo um círculo, voltando as palmas para trás e encostando uma mão na outra pelas laterais externas.
• ***Congresso:*** *Reunião de especialistas para tratar questões de interesse comum.* **Sinal igual:** ASSEMBLEIA, COLÓQUIO, SIMPÓSIO

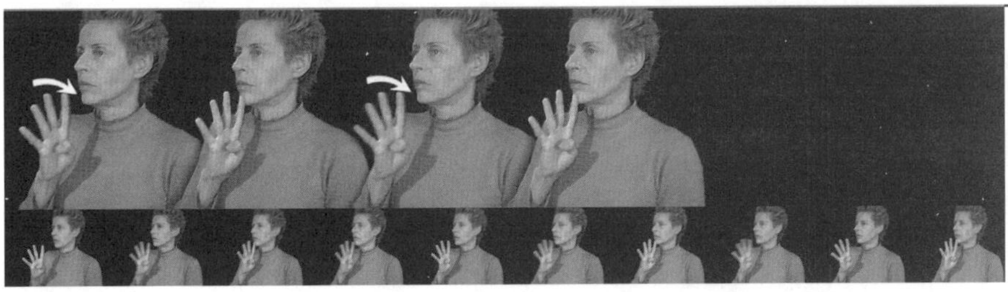

CONHECER – Mão em "4", palma para dentro. Tocar duas ou três vezes a ponta do dedo indicador na extremidade do queixo.
• ***Conhecer:*** *Ficar sabendo; adquirir informações sobre algo.* **Sinal igual:** CIENTE, CONHECIDO, CONHECIMENTO, FAMILIARIZADO, NOÇÃO

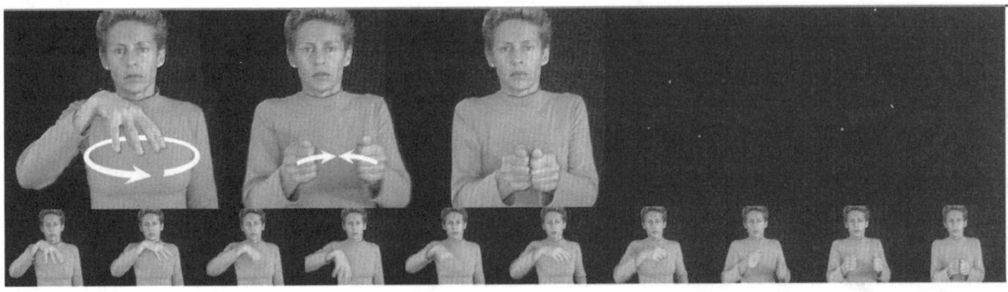

CONOSCO – Fazer os sinais de "envolver" e de "com".
• ***Conosco:*** *Junto com quem fala além da outra(s) pessoa(s).*

▪ **CONGLOMERADO:** REUNIÃO ▪ **CONGLOMERAR:** REUNIR ▪ **CONGRATULAÇÃO:** CUMPRIMENTAR ▪ **CONGRATULAR:** CUMPRIMENTAR ▪ **CONGREGAÇÃO:** REUNIÃO ▪ **CONGREGAR:** REUNIR ▪ **CONHECIDO:** CONHECER ▪ **CONHECIMENTO:** CONHECER ▪ **CÔNJUGE:** ESPOSA, ESPOSO ▪ **CONJUNTAMENTE:** TAMBÉM ▪ **CONJUNTO MUSICAL:** BANDA ▪ **CONQUISTAR:** CONSEGUIR ▪ **CONSCIÊNCIA:** COMPREENDER, MENTE

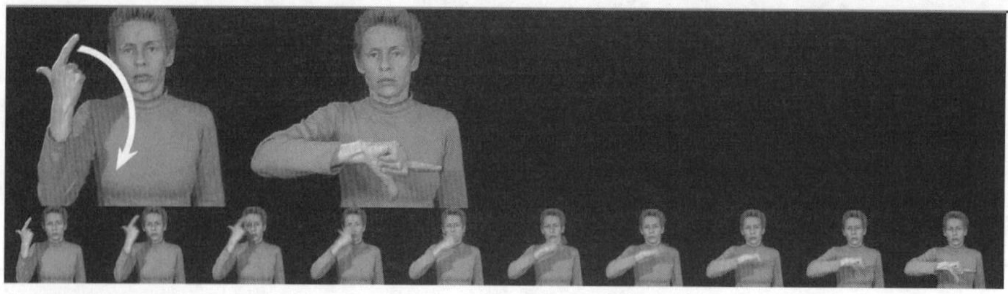

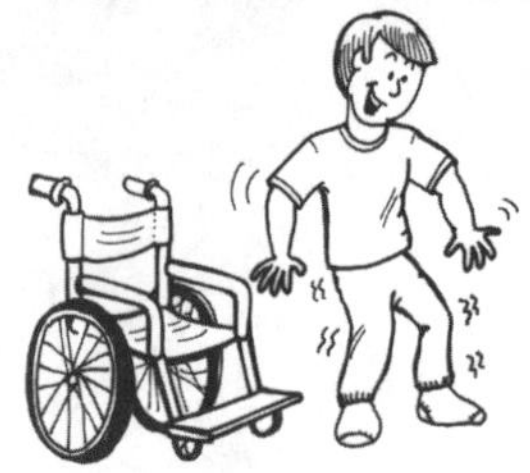

CONSEGUIR – Mão em "L", palma para trás. Posicionar a mão ao lado do rosto. Em seguida, movê-la para baixo, passando bem em frente ao rosto, virando a palma da mão para a frente.
• ***Conseguir:*** *Sair-se bem na busca de um resultado, objetivo ou algo de interesse.* **Sinal igual:** ARRANJAR, CONQUISTAR, LOGRAR, OBTER

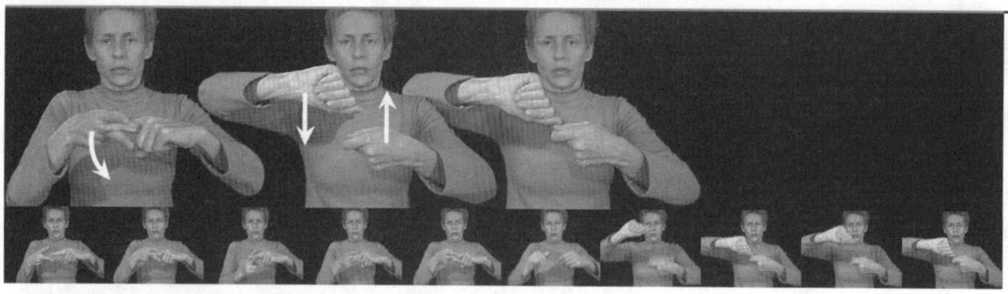

CONSERTAR – Fazer os sinais de "alicate" e de "fazer".
• ***Consertar:*** *Recompor o que apresentava defeito ou estava malfeito.* **Sinal igual:** CONSERTO, REPARAÇÃO, REPARO, RESTAURAÇÃO, RESTAURAR

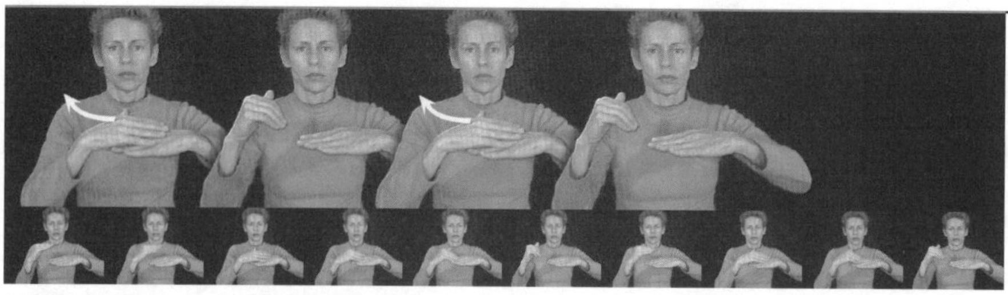

CONSOLAR – Mãos abertas, dedos unidos e esticados, palmas para baixo. Manter a mão esquerda imóvel, enquanto a direita desliza delicadamente duas ou três vezes sobre o dorso da mão esquerda, como se estivesse fazendo um carinho.
• ***Consolar:*** *Aliviar a dor ou sofrimento de alguém.* **Sinal igual:** ALIVIAR, CONFORTAR, CONSOLO, LENITIVO, RECONFORTAR, REFRIGÉRIO, SUAVIZAR

CONSTITUIÇÃO – Mão esquerda fechada, palma para baixo. Mão direita em "C". Encostar o dorso do polegar direito no dorso da mão esquerda. Em seguida, deslizar o polegar em círculos, dando duas ou três voltas sobre o dorso da mão esquerda.
• ***Constituição:*** *Conjunto das leis fundamentais que rege a vida de uma nação.*

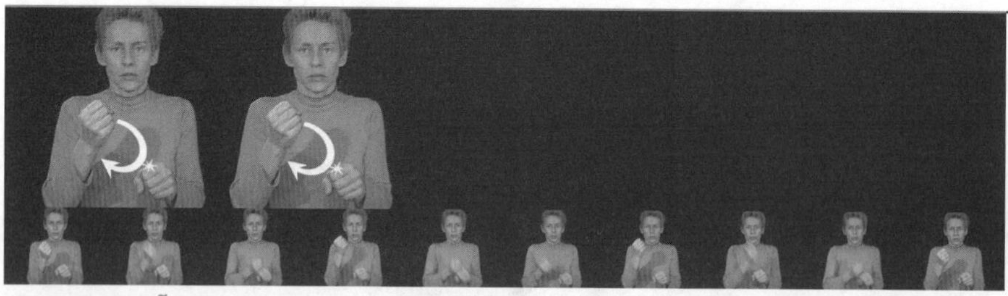

CONSTRUÇÃO* – Mãos fechadas em "S", palmas para dentro. Posicionar a mão direita acima da esquerda, mantendo-as um pouco inclinadas (foto 1). Em seguida, mover a mão direita com firmeza tocando sua lateral externa na lateral interna da mão esquerda, duas ou três vezes, imitando o movimento de quem segura uma marreta e bate em uma talhadeira.
• ***Construção:*** *Criação de algo juntando materiais variados em determinada forma.* **Sinal igual:** CONSTRUÇÃO, CONSTRUTOR, CONSTRUTORA, EDIFICAR, EMPREITA, EMPREITEIRO, ERIGIR, REFORMAR, RESTAURAÇÃO, RESTAURAR

■ **CONSELHEIRO:** ACONSELHAR ■ **CONSELHO:** ACONSELHAR ■ **CONSENTIMENTO:** ACEITAR, LIVRE ■ **CONSENTIR:** AUTORIZAR, CONCORDAR ■ **CONSERTO:** CONSERTAR ■ **CONSERVADO:** GUARDAR ■ **CONSERVAR:** CONFIRMAR, GUARDAR ■ **CONSIDERAÇÃO:** OBEDECER ■ **CONSIDERAR:** OBEDECER ■ **CONSISTÊNCIA:** GROSSO ■ **CONSISTENTE:** DURO ■ **CONSISTENTE:** GROSSO ■ **CONSOLO:** CONSOLAR ■ **CONSTANTEMENTE:** CONTINUAR, TODA VEZ ■ **CONSTIPAÇÃO:** CATARRO, GRIPE ■ **CONSTIPADO:** GRIPE ■ **CONSTRANGER:** VERGONHA ■ **CONSTRANGIDO:** VERGONHA ■ **CONSTRUÇÃO:** CONSTRUIR ■ **CONSTRUTOR:** CONSTRUIR ■ **CONSTRUTORA:** CONSTRUIR ■ **CONSUBSTANCIAR:** RESUMO ■ **CONSUMIR:** COMER, DECOMPOR, GASTAR

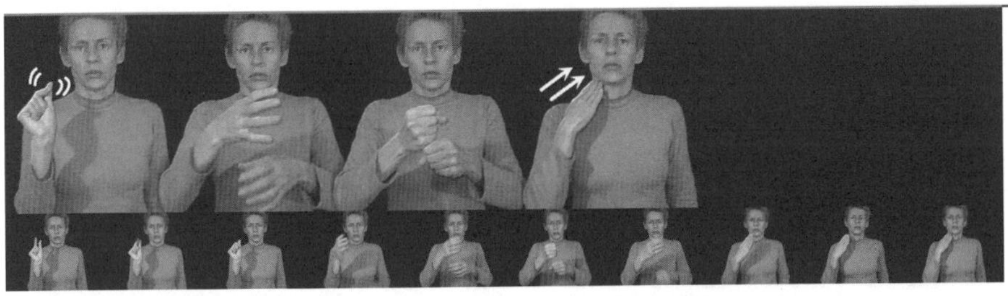

CONTA BANCÁRIA – Fazer os sinais de "dinheiro", "somar" e "banco".
• ***Conta bancária:*** *Cadastro bancário no qual é possível efetuar operações financeiras.* **Sinal igual:** CONTA CORRENTE

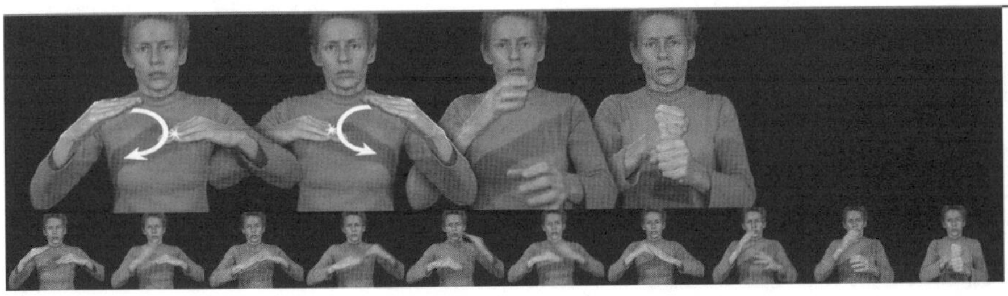

CONTADOR – Fazer os sinais de "prática" e de "somar".
• ***Contador:*** *Profissional que trabalha com contabilidade.* **Sinal igual:** CONTABILISTA

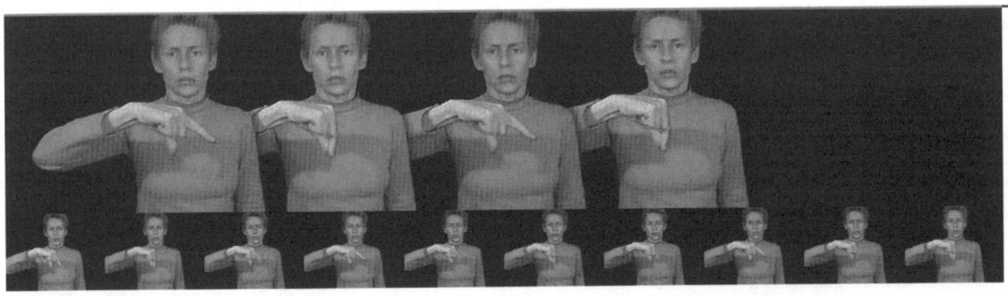

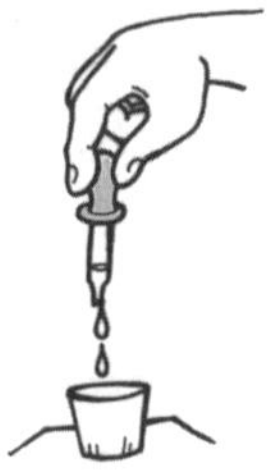

CONTA-GOTAS – Mão fechada com os dedos indicador e polegar esticados apontando para baixo. Tocar duas ou três vezes a ponta do indicador na do polegar.
• ***Conta-gotas:*** *Dispositivo para fazer pingar gotas de um líquido.*

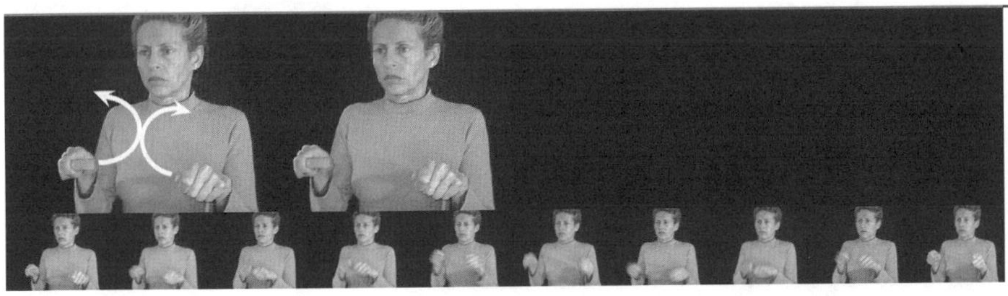

CONTAMINADO – Mãos em "A", palmas para baixo. Mover simultaneamente as mãos, tocando a unha do polegar direito na do polegar esquerdo, duas ou três vezes. Fazer uma expressão de nojo.
• ***Contaminado:*** *Que se tornou poluído; que contém germes ou bactérias.*

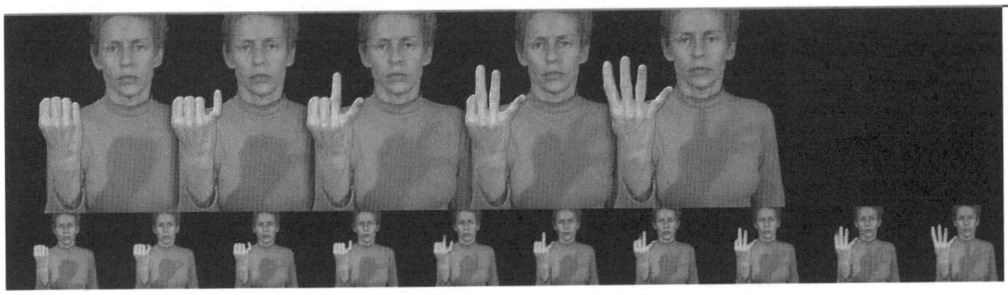

CONTAR* – Mão fechada, palma para trás. Abrir os dedos um por um, começando pelo mínimo até o indicador.
• ***Contar:*** *Fazer contas matemáticas; computar, calcular.*

■ **CONTA CORRENTE:** CONTA BANCÁRIA ■ **CONTÁBIL:** SOMAR ■ **CONTABILISTA:** CONTADOR ■ **CONTAR:** NARRAR, SOMAR ■ **CONTATAR:** CONTATO

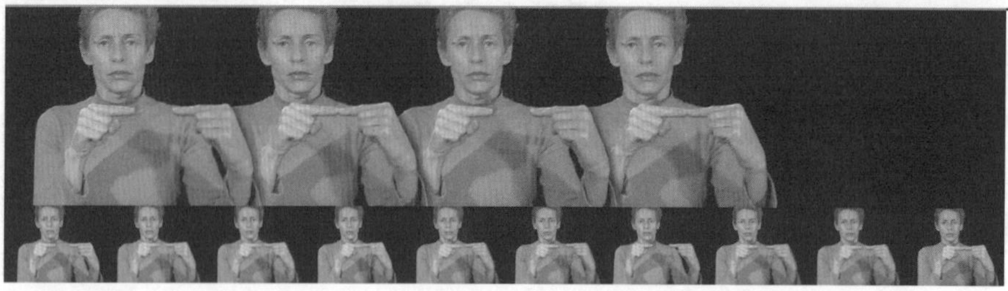

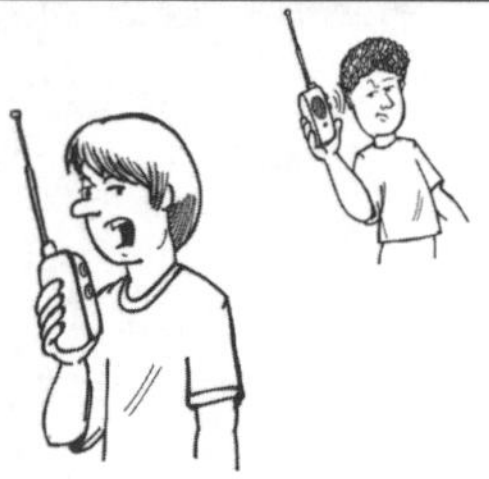

CONTATO – Mãos fechadas com os dedos indicadores abertos. Posicionar as mãos diagonalmente com relação ao corpo (foto 1). Tocar duas vezes a ponta do indicador direito na do indicador esquerdo.

• ***Contato:*** *Entrar em comunicação com alguém; convívio.* **Sinal igual:** CONTATAR, INTERAÇÃO, INTERAGIR, LIGAÇÃO

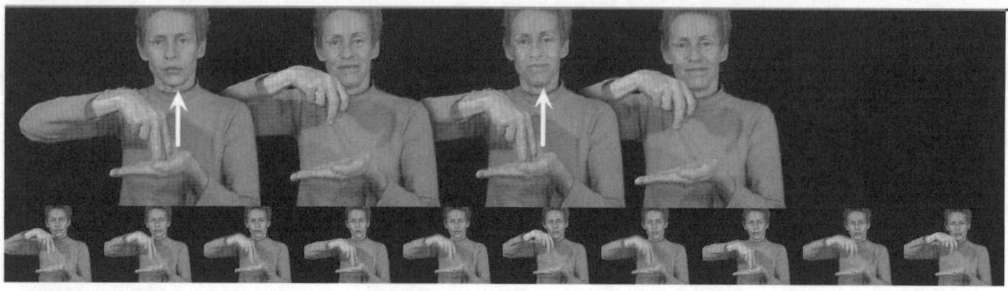

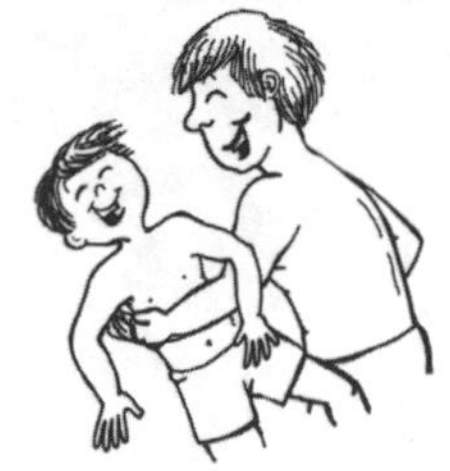

CONTENTE – Mão esquerda aberta, dedos unidos e esticados, palma para cima. Mão direita em "V" com os dedos apontando para baixo. Tocar as pontas dos dedos da mão direita duas ou três vezes na palma esquerda. Erguer a mão após cada toque e dobrar um pouco os dedos. Fazer uma expressão de alegria.

• ***Contente:*** *Tomado por sentimento de alegria.* **Sinal igual:** CONTENTAMENTO, JÚBILO, JUBILOSO, SATISFEITO

CONTEXTO – Mãos abertas com os dedos esticados e separados. Os indicadores e polegares devem estar levemente curvados. Unir as pontas desses dedos encaixando uma mão na outra. Fazer esse movimento em dois pontos imaginários diferentes diante do corpo.

• ***Contexto:*** *Conjunto de palavras, frases ou texto que contribuem para o seu significado.* **Sinal igual:** CONTEXTUAL

CONTIGO – Fazer os sinais de "com" e de "você".

• ***Contigo:*** *Junto a você; em seu poder.*

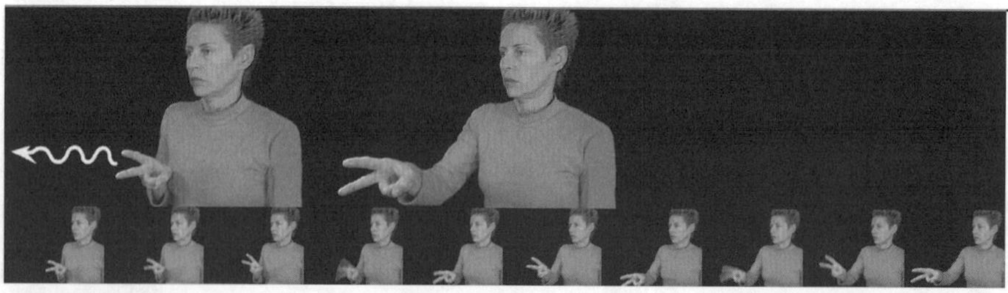

CONTINUAR – Mão em "V" com os dedos apontando para a frente, palma para dentro. Posicionar a mão perto do corpo. Em seguida, mover a mão para a frente e, ao mesmo tempo, balançá-la para cima e para baixo.

• ***Continuar:*** *Levar adiante, dar seguimento após interrupção.* **Sinal igual:** CONSTANTEMENTE, CONTINUAMENTE, INCESSANTEMENTE, ININTERRUPTAMENTE, PERDURAR, PERMANECER, PROLONGAR, PROSSEGUIMENTO, PROSSEGUIR, SEMPRE

▪ **CONTEMPLAR:** ADMIRAR, OLHAR ▪ **CONTENDA:** DISCUTIR ▪ **CONTENDER:** BRIGAR, DISCUTIR ▪ **CONTENTAMENTO:** CONTENTE, PRAZER ▪ **CONTER:** SEGURAR ▪ **CONTEXTUAL:** CONTEXTO ▪ **CONTÍGUO:** COM ▪ **CONTINUAMENTE:** CONTINUAR ▪ **CONTO:** ESTÓRIA ▪ **CONTRA:** DESAFIAR, DISCORDAR, NEGATIVO ▪ **CONTRABALANÇAR:** COMPENSAÇÃO ▪ **CONTRACEPTIVO:** DIU ▪ **CONTRAPRODUCENTE:** NEGATIVO ▪ **CONTRARIADO:** NERVOSO ▪ **CONTRARIAMENTE:** DESAFIAR, DISCORDAR, NEGATIVO

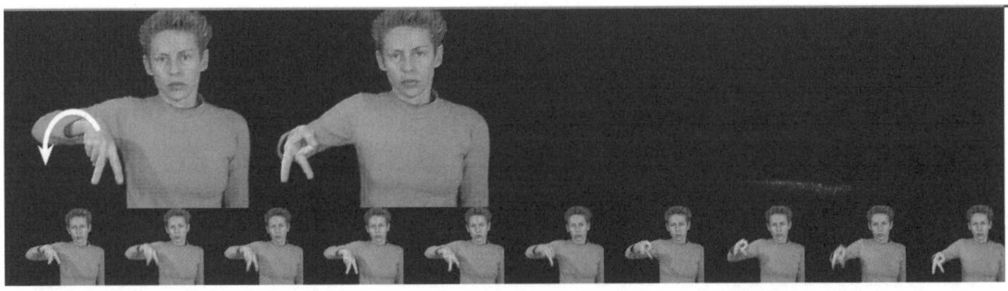

CONTRÁRIO – Mão em "V" com os dedos apontando para a frente, palma para baixo. Mover a mão para a lateral, virando a palma para cima.
• ***Contrário:*** *Que tem direção ou sentido oposto; que contradiz; antagônico.* **Sinal igual:** ANTAGÔNICO, INVERSO, OPOSIÇÃO

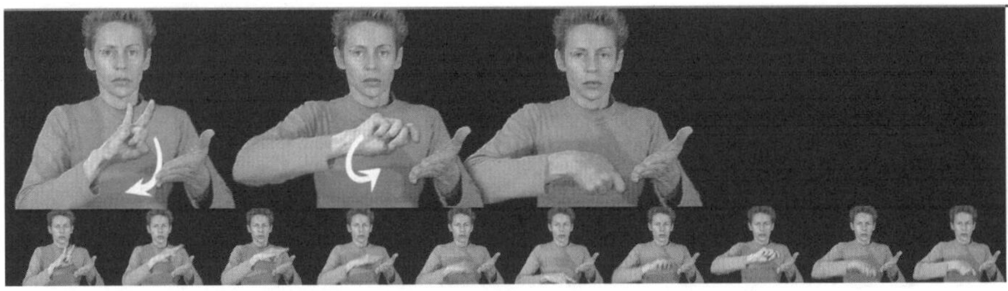

CONTRATO – Fazer os sinais de "documento" e de "assinar".
• ***Contrato:*** *Pacto entre duas ou mais pessoas.* **Sinal igual:** ACORDO, CONTRATUAL, PACTO, TRATADO

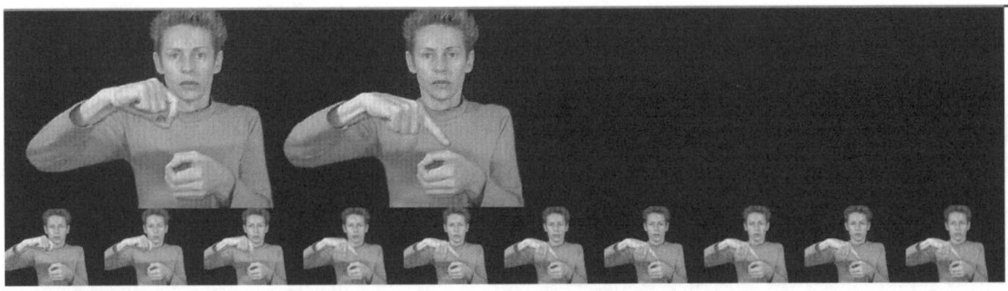

CONTRIBUIR – Mão esquerda deitada em "O", palma para dentro. Mão direita fechada com os dedos indicador e polegar abertos e curvados, e se tocando pelas pontas. Posicionar a mão direita sobre a esquerda (foto 1). Em seguida, esticar o indicador e o polegar, como se estivesse jogando uma moeda dentro de um recipiente.
• ***Contribuir:*** *Colaborar na execução de algo; cooperar.* **Sinal igual:** CONTRIBUIÇÃO, CONTRIBUINTE

CONTROLE REMOTO – Mão fechada com o dedo polegar aberto, palma para dentro. Fechar o polegar, imitando o gesto de quem aperta o botão de um controle remoto.
• ***Controle remoto:*** *Aparelho eletrônico usado para executar comandos a distância.*

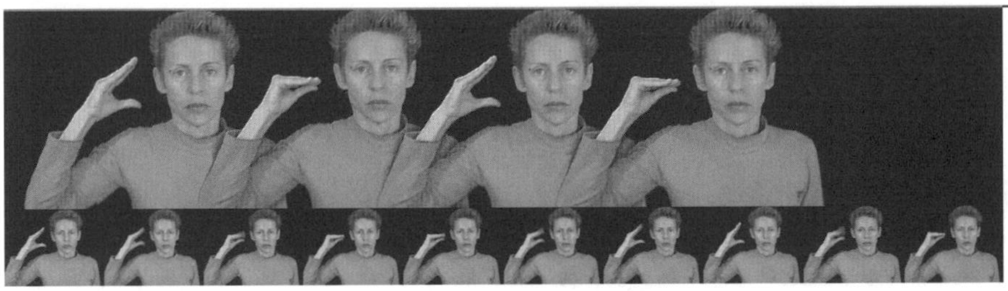

CONVENCER – Mão aberta e dobrada, dedos unidos e esticados, polegar afastado. Posicionar a mão perto do ouvido (foto 1). Em seguida, tocar duas ou três vezes as pontas dos dedos no polegar.
• ***Convencer:*** *Persuadir alguém ou a si próprio a aceitar uma ideia ou admitir um fato.* **Sinal igual:** CHAVECAR, INDUZIR, INSTIGAR, PERSUADIR

■ CONTRATAR: ADMISSÃO ■ CONTRATUAL: CONTRATO ■ CONTRIBUIÇÃO: CONTRIBUIR ■ CONTRIBUINTE: CONTRIBUIR ■ CONTRISTAR: MÁGOA ■ CONTROLAR: MANDAR, SUPERVISIONAR ■ CONTROVÉRSIA: DISCUTIR ■ CONTUDO: MAS ■ CONTUSÃO: MACHUCADO

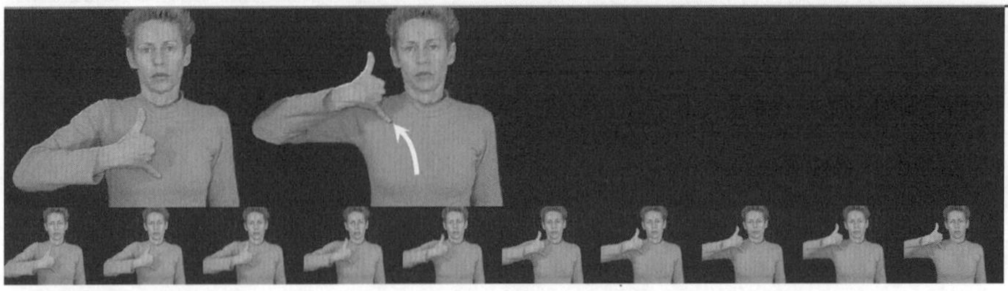

CONVENCIDO – Mão em “Y”, palma para trás. Encostar a ponta do dedo mínimo no peito e deslizá-lo para cima, perto do ombro. Durante o movimento, erguer um pouco o queixo e fazer uma expressão de arrogância.

• ***Convencido:*** *Aquele que é arrogante, imodesto, pretensioso.* **Sinal igual:** ENFATUADO, PRESUNÇÃO, PRESUNÇOSO

CONVENTO – Fazer os sinais de “casa” e de “freira”.

• ***Convento:*** *Habitação de uma comunidade religiosa; clausura.* **Sinal igual:** CLAUSTRO, CLAUSURA, MONASTÉRIO, MOSTEIRO

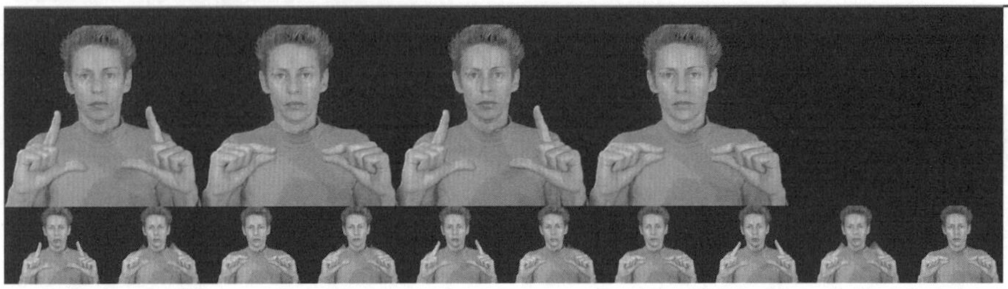

CONVERSAÇÃO – Mãos em “L”, palmas para dentro. Tocar as pontas dos dedos indicadores nas dos polegares, simultaneamente, duas ou três vezes.

• ***Conversação:*** *Ato de conversar; colóquio.* **Sinal igual:** CONVERSA, CONVERSADO, CONVERSANDO

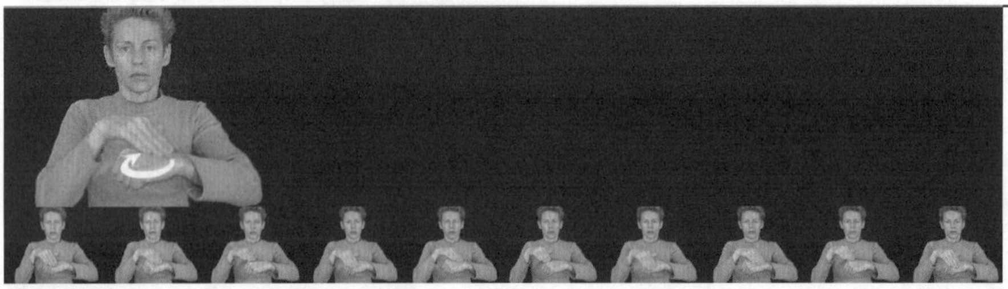

CONVERSAR – Mão esquerda fechada, palma para baixo. Mão direita aberta, dedos unidos e esticados, palma para baixo. Tocar suavemente os dedos, com movimentos circulares, no dorso da mão esquerda.

• ***Conversar:*** *Trocar palavras e ideias sobre qualquer assunto.*

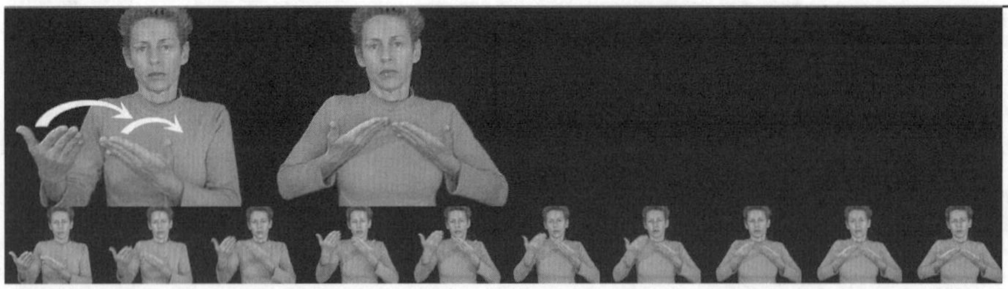

CONVIDADO – Mãos abertas, dedos unidos e esticados apontando para a frente, polegares afastados, palmas para cima. Posicionar uma mão ligeiramente à frente da outra (foto 1). Em seguida, mover simultaneamente as mãos em direção ao corpo, encostando levemente os punhos no peito (descrever um discreto arco durante o percurso).

• ***Convidado:*** *Aquele a quem se fez um convite.* **Sinal igual:** CONVOCADO, SOLICITADO

■ **CONVERSA:** CONVERSAÇÃO ■ **CONVERSADO:** CONVERSAÇÃO ■ **CONVERSANDO:** CONVERSAÇÃO ■ **CONVICÇÃO:** FÉ

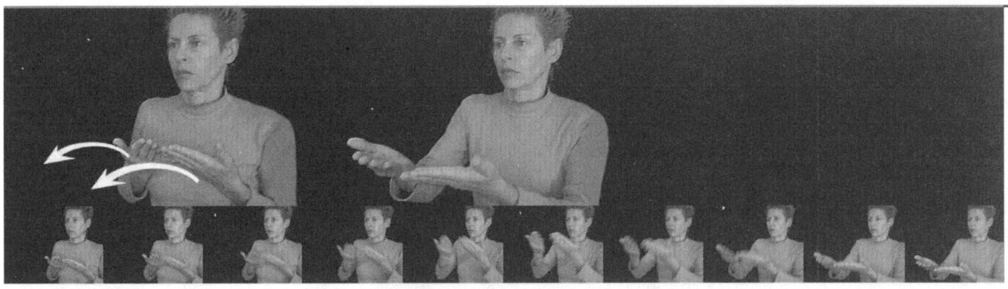

CONVIDAR – Mãos abertas, dedos unidos e esticados apontando para a frente, polegares afastados, palmas para cima. Encostar levemente os punhos no peito (foto 1). Em seguida, mover as mãos simultaneamente para a frente, descrevendo um discreto arco durante o percurso.
• ***Convidar:*** *Solicitar a presença ou a participação de alguém em algum evento; convocar.* **Sinal igual:** CONVOCAÇÃO, CONVOCAR

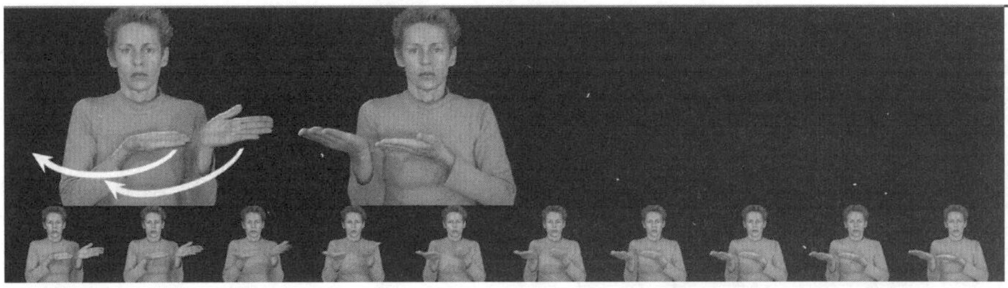

CONVITE – Mãos abertas, dedos unidos e esticados apontando para o lado esquerdo, polegares afastados, palmas para cima. Mover as mãos, simultaneamente, mudando a posição das mãos (apontar para a direita).
• ***Convite:*** *Ato de convidar alguém a participar de algum evento.*

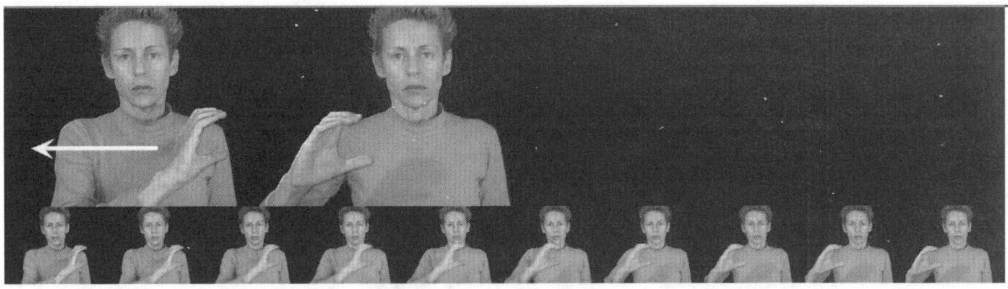

COORDENAR – Mão em "C", palma para dentro. Posicionar a mão do lado esquerdo (foto 1). Mover a mão para o lado direito.
• ***Coordenar:*** *Ser responsável pelo andamento ou pelo progresso de algum setor, equipe, projeto etc.* **Sinal igual:** COMANDAR, COMANDO, COORDENAÇÃO, COORDENADOR, LIDERANÇA, LIDERAR

COPIAR – Mão esquerda aberta, dedos unidos e esticados, polegar afastado, palma para cima. Mão direita aberta com os dedos separados e esticados, palma para a frente. Posicionar a mão direita sobre a esquerda (foto 1). Em seguida, mover a mão direita para trás, passando por cima da palma esquerda. Unir as pontas dos dedos durante o percurso.
• ***Copiar:*** *Transcrever texto ou imagem sem alterar o conteúdo.* **Sinal igual:** CÓPIA, IMITAÇÃO, IMITAR, REPRODUÇÃO, REPRODUZIR, TRANSCREVER, TRANSCRIÇÃO

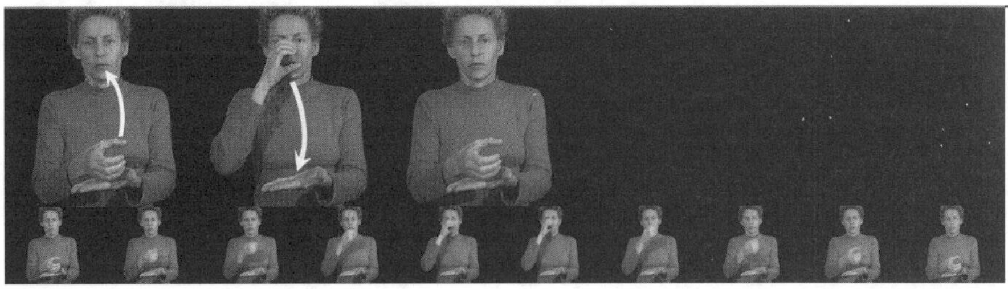

COPO – Mão esquerda aberta,dedos unidos e esticados, palma para cima. Mão direita em "C", palma para dentro. Encostar a lateral externa da mão direita na palma esquerda. Em seguida, levar a mão direita até a boca e voltar à posição inicial.
• ***Copo:*** *Recipiente de vidro, cristal, plástico etc. pelo qual se bebe.*

▪ **CONVOCAÇÃO:** CONVIDAR ▪ **CONVOCADO:** CONVIDADO ▪ **CONVOCAR:** CONVIDAR ▪ **COORDENAÇÃO:** COORDENAR ▪ **COORDENADOR:** COORDENAR ▪ **CÓPIA:** COPIAR ▪ **CÓPULA:** SEXO ▪ **COPULAR:** SEXO ▪ **COQUEIRO:** COCO ▪ **COQUETEL:** BATIDA (BEBIDA) ▪ **COQUETELEIRA:** BATIDA (BEBIDA)

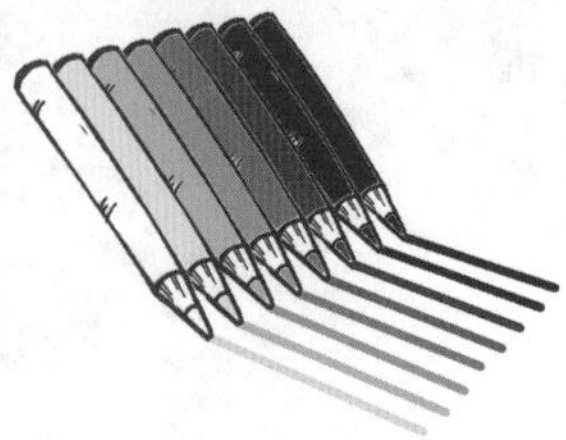

COR – Mão fechada com os dedos indicador e médio esticados e levemente separados. Tocar levemente as pontas dos dedos nos lábios e mover a mão para a frente e para baixo. Balançar os dedos aleatoriamente durante o percurso.
• ***Cor:*** *Sensação visual provocada por cada comprimento de onda luminosa.* **Sinal igual:** COLORAÇÃO, COLORIDO, CORANTE, CORES, MULTICOLORIDO, MULTICOR, PIGMENTO

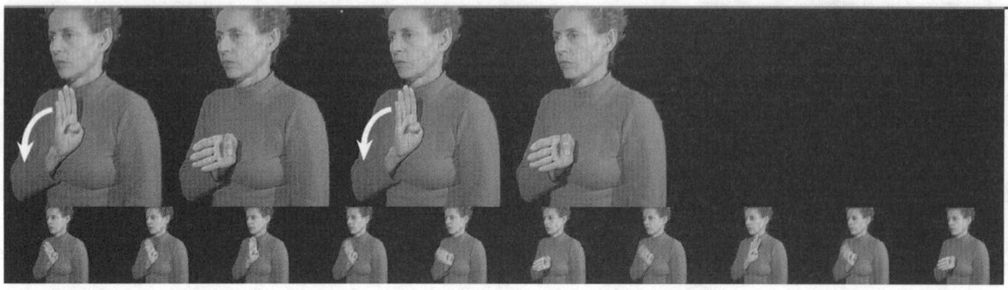

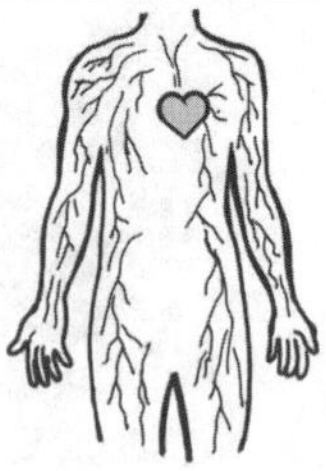

CORAÇÃO – Mão direita em "B", palma para dentro. Encostar o punho no peito, próximo ao coração. Mover a mão para cima e para baixo duas ou três vezes, sem desencostar o punho do peito.
• ***Coração:*** *Órgão muscular oco que impulsiona o sangue através das artérias.* **Sinal igual:** CARDÍACO

CORAGEM – Mão em "C", palma para baixo. Posicionar a mão perto do peito (foto 1). Em seguida, girar a mão, voltando a palma para cima. Resvalar a ponta do polegar no peito durante o percurso.
• ***Coragem:*** *Firmeza de espírito para enfrentar situação emocionante ou difícil.* **Sinal igual:** ARROJADO, ARROJO, AUDÁCIA, AUDACIOSAMENTE, AUDACIOSO, AUDAZ, CORAJOSO, DESEMBARAÇADO, DESTEMIDO, HERÓI, IMPETUOSO, INTREPIDEZ, INTRÉPIDO, RAÇA, RESOLUTO, VALENTE, VALENTIA, VIRIL

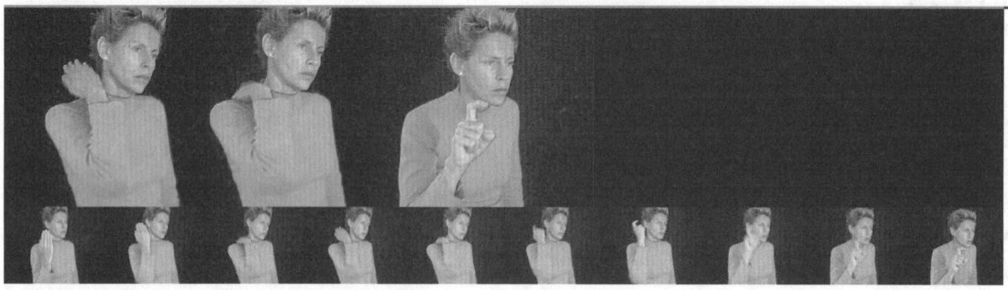

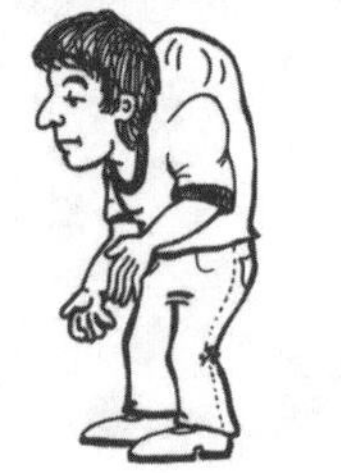

CORCUNDA – Bater delicadamente a mão nas costas. Em seguida, mão fechada com o dedo indicador aberto e curvado apontando para a frente. Curvar um pouco o corpo.
• ***Corcunda:*** *Deformidade da coluna vertebral.*

CORDEIRO – Fazer os sinais de "carneiro" e de "pequeno".
• ***Cordeiro:*** *Filhote de carneiro.*

■ **CORAJOSO:** CORAGEM ■ **CORANTE:** COR ■ **CORDA:** BARBANTE, SIMPLES ■ **CORDÃO:** BARBANTE ■ **CORDEL:** BARBANTE

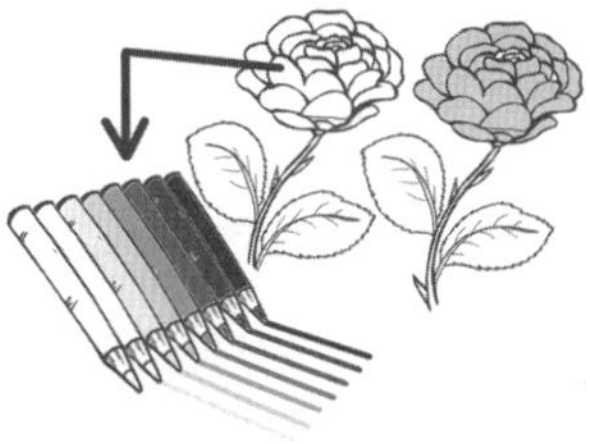

COR-DE-ROSA – Mão aberta, dedos unidos e esticados apontando para cima. Encostar os dedos na face e deslizar a mão em círculos, duas ou três vezes.
• ***Cor-de-rosa:*** *Da cor vermelho-claro.* **Sinal igual:** ROSADO

CORNETA – Mãos fechadas em "S", palmas para dentro. Encostar uma mão na outra e levá-las até a boca, imitando o gesto de quem sopra uma corneta.
• ***Corneta:*** *Instrumento musical de sopro.* **Sinal igual:** CLARIM, TROMBETA

COROAR – Mãos fechadas com os dedos indicadores e polegares abertos e curvados. Posicionar as mãos conforme a foto 1. Em seguida, mover as mãos simultaneamente para o alto da cabeça e baixá-las um pouco, encaixando-as na cabeça.
• ***Coroar:*** *Aclamar alguém como soberano; cingir(-se) com coroa.* **Sinal igual:** CINGIR, COROA, COROAÇÃO, MONARCA, MONARQUIA, REGENTE, REI, REINADO, REINO

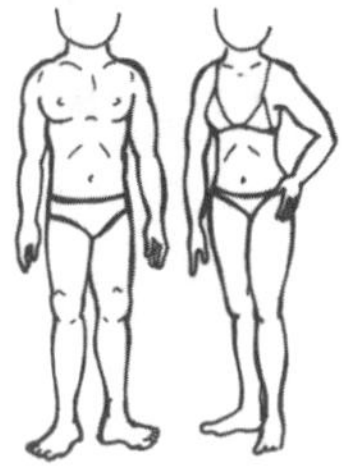

CORPO – Mãos abertas, dedos esticados e levemente separados, palmas para trás. Encostar as mãos no peito (foto 1). Em seguida, deslizá-las simultaneamente para baixo.
• ***Corpo:*** *Estrutura física de um organismo; parte material dos seres.* **Sinal igual:** FÍSICO

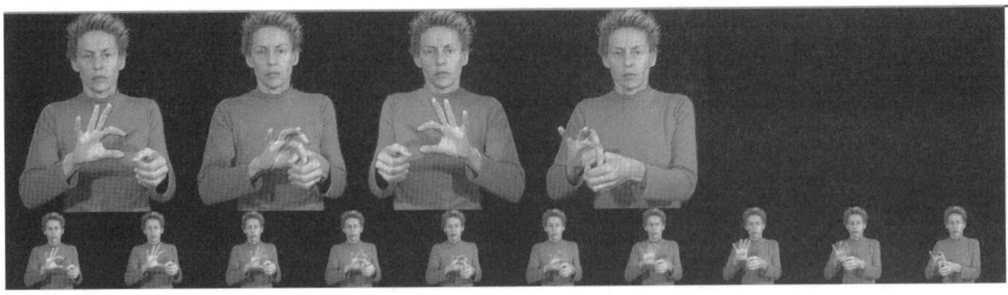
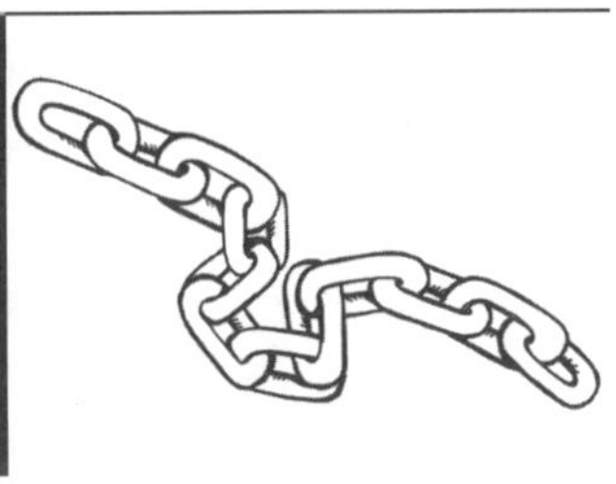

CORRENTE – Mão esquerda em "O", palma para dentro. Mão direita aberta com os dedos esticados e separados. Unir as pontas do indicador e do polegar direitos, encaixando-os na mão esquerda. Separar as mãos novamente e encaixá-las mais uma vez em outro ponto, mais à direita.
• ***Corrente:*** *Qualquer conjunto de argolas articuladas entre si, formando uma cadeia.* **Sinal igual:** ELOS, GRILHÃO

▪ **CORDIAL:** EDUCAÇÃO ▪ **CORDIALIDADE:** EDUCAÇÃO ▪ **CORDILHEIRA:** MONTANHA ▪ **CORES:** COR ▪ **CORNO:** CHIFRE ▪ **CORNUDO:** CHIFRE ▪ **COROA:** COROAR ▪ **COROAÇÃO:** COROAR ▪ **CORPULENTO:** ROBUSTO ▪ **CORREDEIRAS:** CORRENTEZA ▪ **CORREDOR:** CORRER ▪ **CORREIO:** CARTA ▪ **CORREIO ELETRÔNICO:** E-MAIL

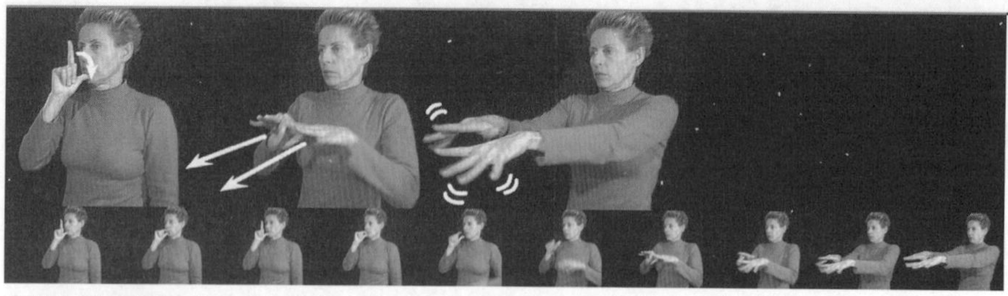

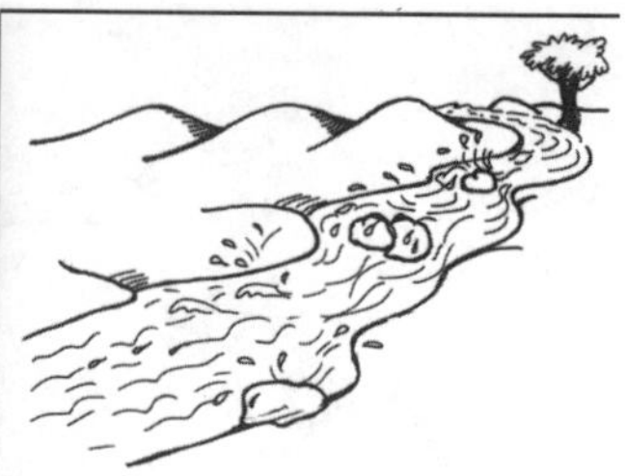

CORRENTEZA – Fazer o sinal de "água". Em seguida, mãos abertas, dedos unidos e levemente separados apontando para a frente, palmas para baixo. Posicionar as mãos perto do peito (foto 1) e movê-las, simultaneamente, para a frente. Balançar os dedos aleatoriamente durante o percurso.
• ***Correnteza:*** *Movimento próprio das águas.* **Sinal igual:** CORREDEIRAS, FLUIR, MANAR

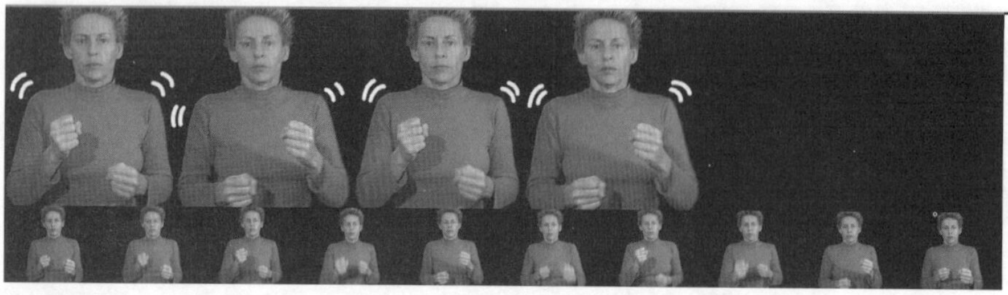

CORRER – Mãos fechadas em "S", palmas para dentro, braços dobrados. Mover o corpo e os braços, imitando o gesto de uma pessoa correndo.
• ***Correr:*** *Caminhar com rapidez; acelerar o ritmo dos passos.* **Sinal igual:** CORREDOR, CORRIDA, PERCORRER

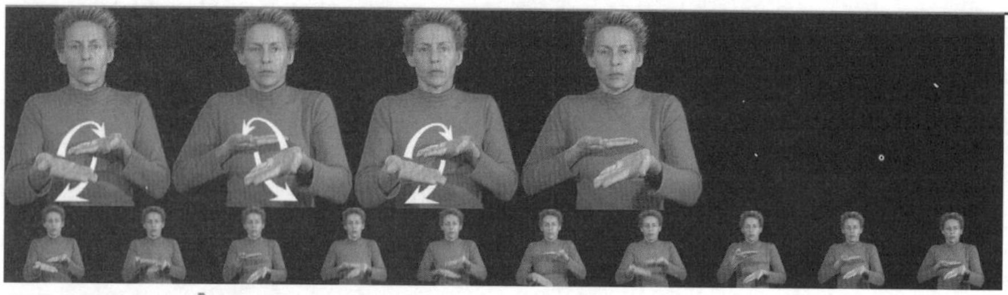

CORRESPONDÊNCIA* – Mãos abertas, dedos unidos e esticados, polegares separados, palmas para cima. Posicionar uma mão à frente da outra (foto 1). Depois, movê-las simultaneamente, trocando-as de lugar, duas ou três vezes, passando a mão que está na frente por cima e a mão que está atrás por baixo.
• ***Correspondência:*** *Estabelecer ligação por meio de carta.* **Sinal igual:** TRANSFERIR

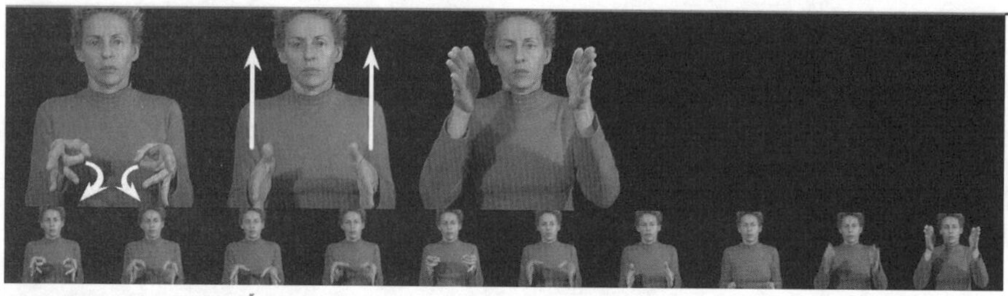

CORRETOR DE IMÓVEIS – Fazer os sinais de "vender" e de "prédio".
• ***Corretor de imóveis:*** *Profissional que vende casas, apartamentos e outros imóveis.* **Sinal igual:** IMOBILIÁRIA

CORRETOR DE SEGUROS – Fazer os sinais de "vender" e de "apólice".
• ***Corretor de seguros:*** *Profissional que vende apólice de seguros (para automóveis, casas, bens, seguro de vida etc.).* **Sinal igual:** APÓLICE, SEGURADORA

▪ **CORRESPONDÊNCIA:** CARTA, IGUAL, TRANSFERIR ▪ **CORRESPONDER:** CARTA, CONCORDAR ▪ **CORRETO:** CERTO ▪ **CORRIDA:** CORRER

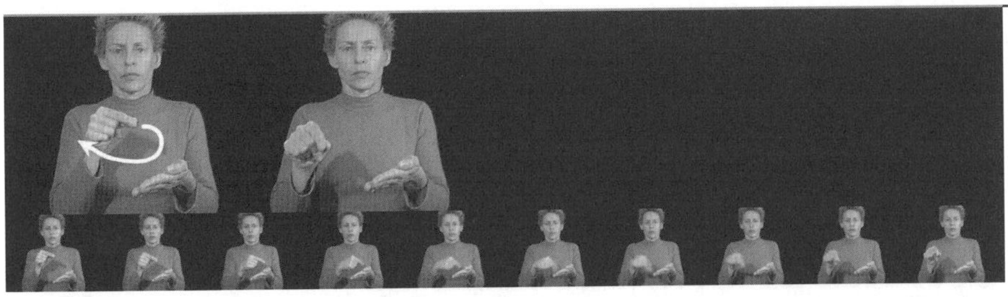

CORRIGIR – Mão esquerda aberta, dedos unidos e esticados, palma para cima. Mão direita fechada com o indicador e o polegar esticados e unidos pelas pontas. Posicionar a mão direita sobre a esquerda (foto 1). Em seguida, mover a mão direita descrevendo um "C", imitando o gesto de um professor que escreve a letra "C", de "certo", ao corrigir uma prova.
• ***Corrigir:*** *Verificar erros e alterá-los (em textos, provas, tabelas etc.).* **Sinal igual:** AFERIÇÃO, AFERIR, EMENDAR, MELHORAR, RETIFICAR

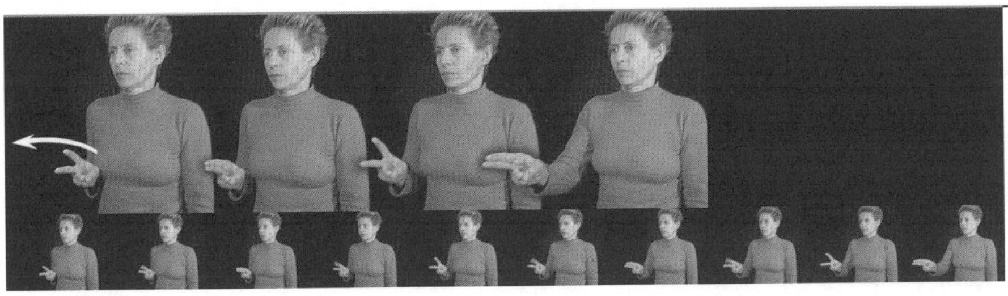

CORTAR – Mão em "V" com os dedos apontando para a frente, palma para dentro. Mover a mão para a frente e, ao mesmo tempo, juntar e separar os dedos indicador e médio várias vezes durante o percurso.
• ***Cortar:*** *Dividir algo em duas ou mais partes, utilizando tesoura ou outro instrumento cortante.* **Sinal igual:** APARAR, CINDIR, INCISÃO, TESOURA

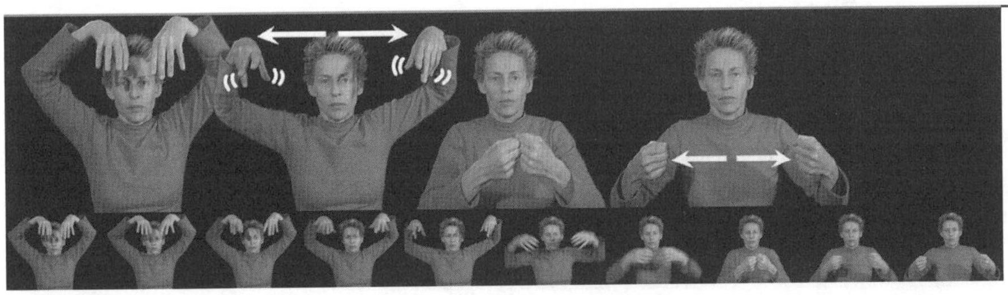

CORTINA – Mãos abertas com os dedos bem relaxados apontando para baixo. Posicionar as mãos juntas na altura da cabeça, afastar uma da outra para as laterais e, durante o percurso, balançar aleatoriamente os dedos. Depois, imitar o gesto de quem segura uma janela e a abre (deslizando as mãos para as laterais).
• ***Cortina:*** *Peça feita de tecido ou outro material usada principalmente em janelas.* **Sinal igual:** CORTINADO

CORUJA – Mão fechada com o dedo indicador aberto e curvado. Encostar o dorso da mão no queixo e mover duas vezes a mão para baixo, articulando o punho. Depois, mãos fechadas com os indicadores e os polegares abertos e curvados. Posicionar os dedos em torno dos olhos, arregalando-os.
• ***Coruja:*** *Ave de hábitos noturnos que se alimenta de pequenos mamíferos.*

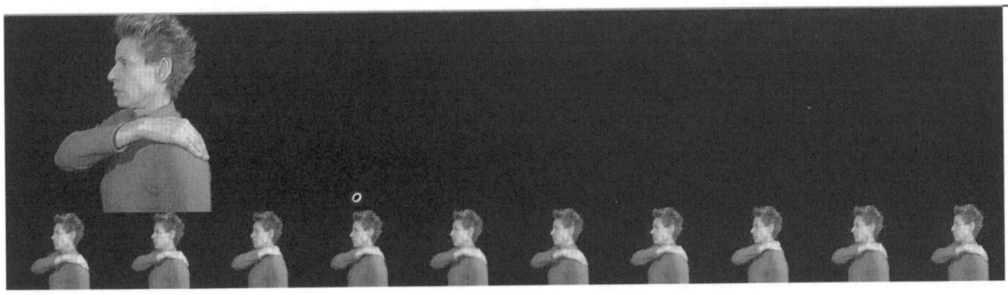

COSTAS – Deslizar a mão nas costas, por cima do ombro.
• ***Costas:*** *Região posterior do corpo humano ou de outros animais; dorso.* **Sinal igual:** COSTA, DORSO

▪ CORROBORAR: CONFIRMAR ▪ CORROMPER: SUBORNO ▪ CORROSÃO: EROSÃO ▪ CORSÁRIO: PIRATA ▪ CORTEJAR: CUMPRIMENTAR ▪ CORTÊS: EDUCAÇÃO ▪ CORTESIA: EDUCAÇÃO ▪ CORTINADO: CORTINA ▪ COSER: COSTURAR ▪ COSMÉTICA: MAQUIAGEM ▪ COSMÉTICO: MAQUIAGEM ▪ COSTA: COSTAS, PRAIA

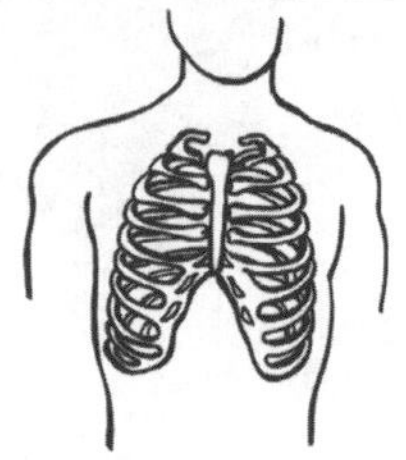

COSTELA – Mãos fechadas com os dedos indicadores e polegares abertos e curvados. Encostar as pontas dos dedos sobre as costelas, na parte frontal do corpo. Depois, deslizá-las simultaneamente para as laterais e voltar para a posição inicial, duas vezes.
• ***Costela:*** *Cada um dos ossos pares e curvados que sustentam as laterais do corpo humano e dos vertebrados.*

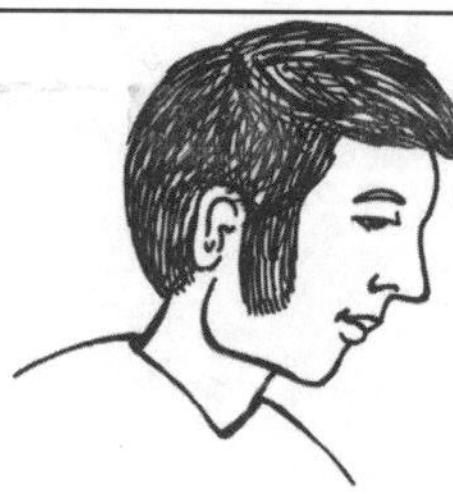

COSTELETA – Mãos fechadas com os dedos indicadores e polegares abertos e esticados. Tocar as pontas dos dedos na área do rosto correspondente às costeletas e deslizá-las simultaneamente, um pouco para baixo.
• ***Costeleta:*** *Parte do cabelo e da barba de alguns homens que se encontra próxima à orelha.*

COSTURAR – Mão esquerda com os dedos esticados se tocando pelas pontas, palma para dentro. Mão direita aberta, dedos esticados e separados. Encostar a ponta do indicador direito na do polegar direito. Depois, mover a mão direita até resvalar as pontas do indicador e do polegar na mão esquerda, virando a palma para cima.
• ***Costurar:*** *Realizar trabalho de costura em tecido por meio de pontos dados com agulha e linha.* **Sinal igual:** BORDADO, BORDAR, CERZIR, COSER, COSTURA, REMENDAR, REMENDO

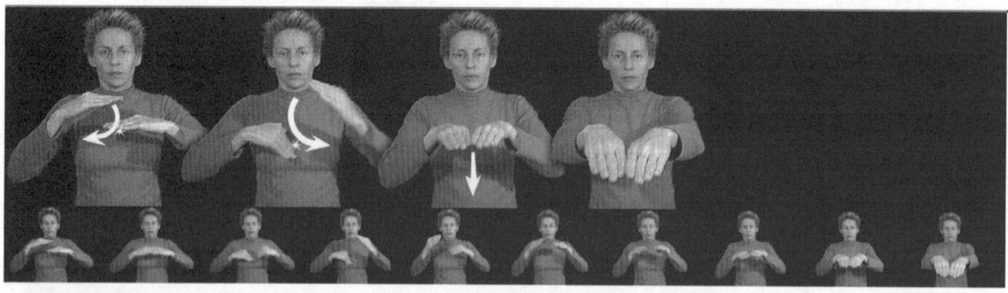

COSTUREIRA – Fazer o sinal de "prática". Depois, mãos abertas, dedos unidos e esticados apontando para a frente, palmas para baixo. Posicionar as mãos juntas, perto do peito. Depois, movê-las ainda juntas para a frente, imitando o gesto de quem usa uma máquina de costura.
• ***Costureira:*** *Profissional que trabalha com costura.*

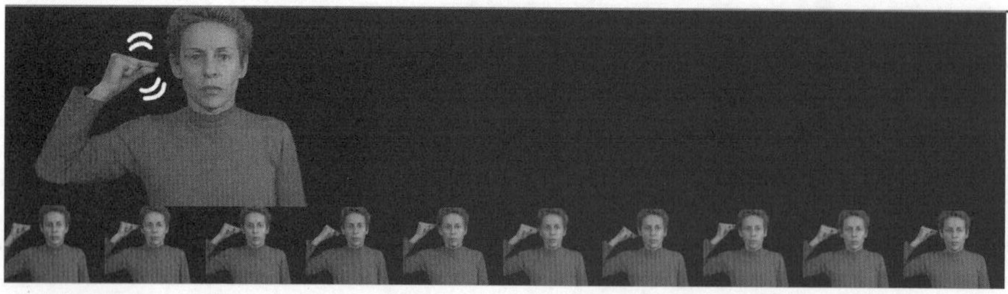

COTONETE – Mão fechada com os dedos indicador e polegar esticados se tocando pelas pontas. Apontar os dedos para o ouvido e mover a mão, imitando o gesto de quem utiliza um cotonete.
• ***Cotonete:*** *Haste geralmente flexível que possui as extremidades cobertas de algodão e é usada para fins higiênicos.*

▪ **COSTUME:** ACOSTUMAR ▪ **COSTUMEIRO:** USUAL ▪ **COSTUMES:** TRADIÇÃO ▪ **COSTURA:** COSTURAR ▪ **COSTUREIRO:** ALFAIATE ▪ **COTA:** PRESTAÇÃO

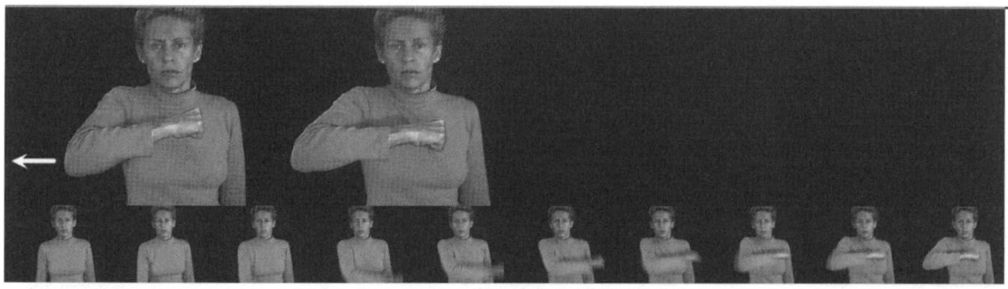

COTOVELADA – Com a mão fechada e o braço dobrado, mover firmemente o braço para a lateral, imitando o gesto de quem bate o cotovelo em alguém.
• ***Cotovelada:*** *Bater com o cotovelo.*

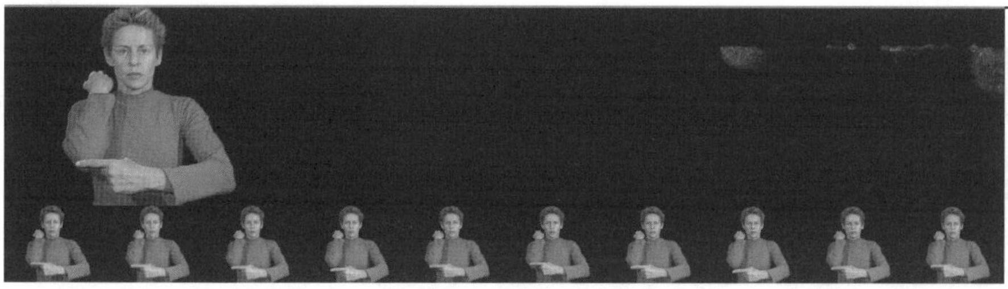

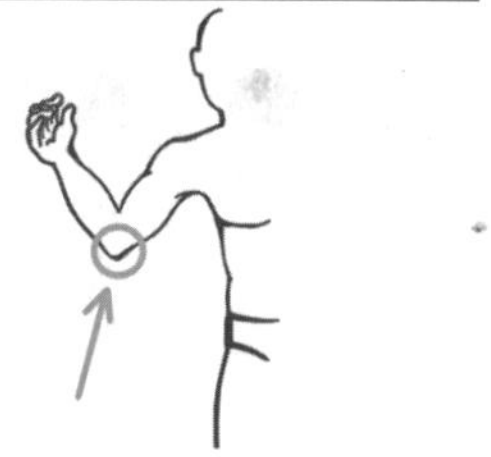

COTOVELO – Mão esquerda fechada com o dedo indicador esticado. Tocar duas vezes a ponta do dedo no cotovelo direito.
• ***Cotovelo:*** *Articulação entre o braço e o antebraço; cúbito.*

COURO – Mãos fechadas em "A", palmas para baixo. Colocar uma mão sobre a outra (foto 1). Em seguida, deslizar a mão que está em cima para a frente e para baixo, passando pelo dorso e pelos dedos da mão que está embaixo.
• ***Couro:*** *Pele de alguns animais usada para fazer roupas, calçado etc.* **Sinal igual:** CAMURÇA

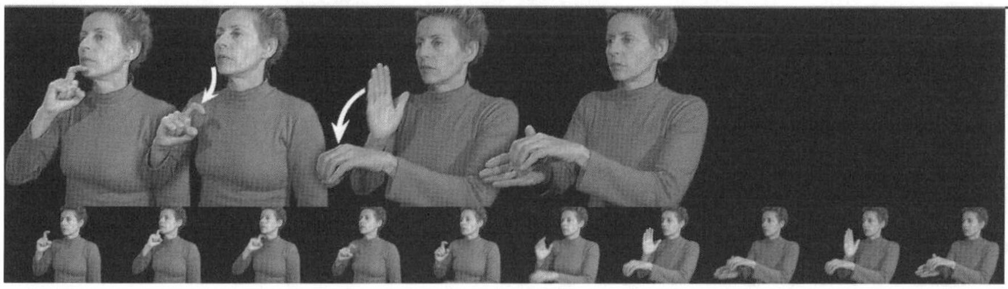

COUVE – Fazer o sinal de "verde". Depois, fazer o gesto de quem segura um alimento com uma mão e o corta com a outra (igual ao sinal de "salame").
• ***Couve:*** *Vegetal muito utilizado na culinária.*

COUVE-FLOR – Mãos fechadas e unidas, palmas para dentro (foto 1). Mover simultaneamente as mãos virando as palmas para trás e abrindo os dedos. Manter as mãos juntas durante o movimento.
• ***Couve-flor:*** *Vegetal muito utilizado na culinária; espécie de flor.*

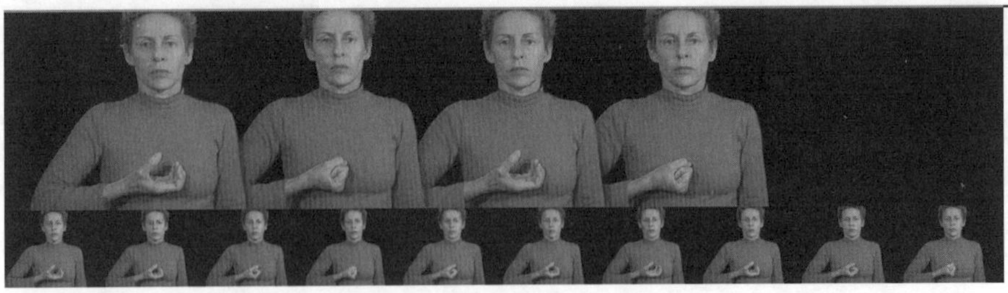

COVARDE – Mão em "C", palma para cima. Encostar a lateral externa da mão no peito. Abrir e fechar a mão duas ou três vezes.
• ***Covarde:*** *Aquele que age com temor diante de alguém ou de algo; que não é valente.* **Sinal igual:** COVARDIA, MEDROSO, PUSILÂNIME

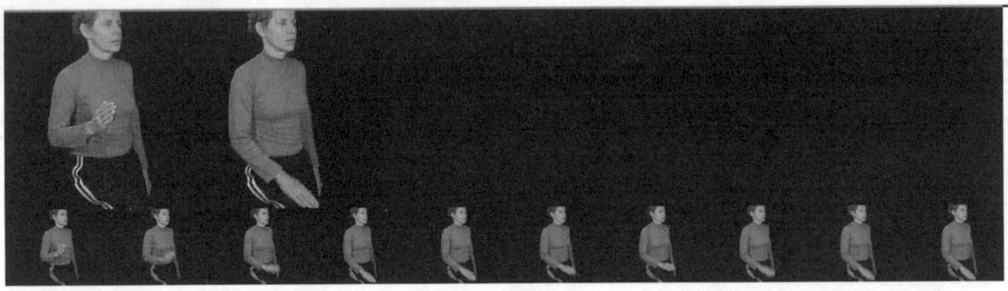

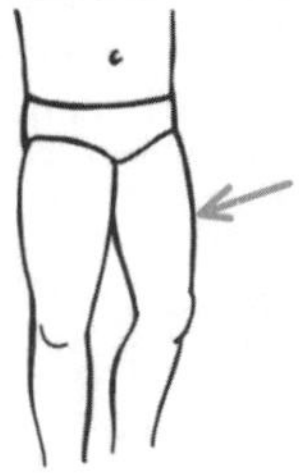

COXA – Erguer um pouco uma das coxas e bater duas vezes a mão sobre ela.
• ***Coxa:*** *Parte da perna entre a virilha e o joelho.*

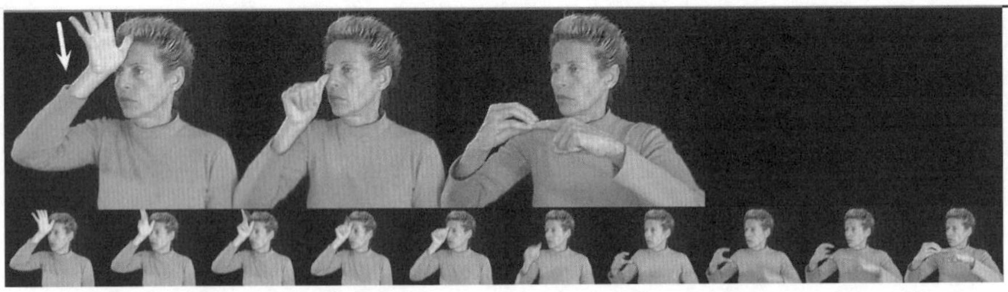

COXINHA DE GALINHA – Fazer o sinal de "galinha". Em seguida, mão esquerda fechada com o dedo polegar esticado apontando para o lado direito. Mão direita com os dedos levemente curvados e unidos pelas pontas. Tocar as pontas dos dedos da mão direita na ponta do indicador esquerdo.
• ***Coxinha de galinha:*** *Salgado feito com carne de frango ou de galinha.*

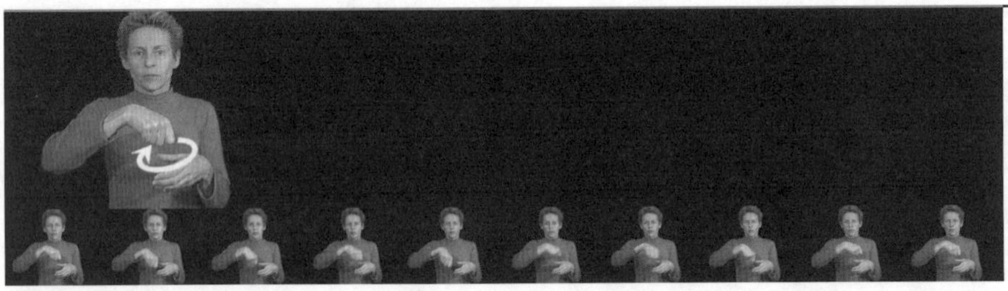

COZINHA – Mão esquerda em "C", palma para dentro. Mão direita em "A". Posicionar as mãos conforme a foto 1. Em seguida, girar a mão direita, imitando o gesto de quem mexe o alimento dentro de uma panela.
• ***Cozinha:*** *Local da casa ou de um restaurante onde são preparados alimentos.*

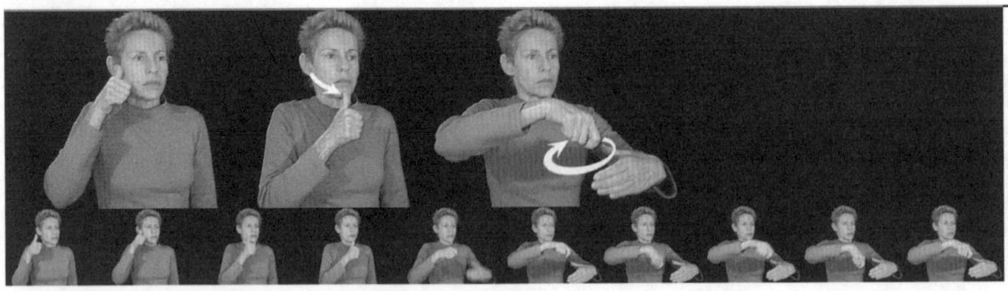

COZINHEIRA – Fazer os sinais de "mulher" e de "cozinha".
• ***Cozinheira:*** *Profissional que prepara alimentos.* **Sinal igual:** MESTRE-CUCA

▪ **COVARDIA:** COVARDE ▪ **COXEAR:** MANCAR ▪ **COXIM:** ALMOFADA

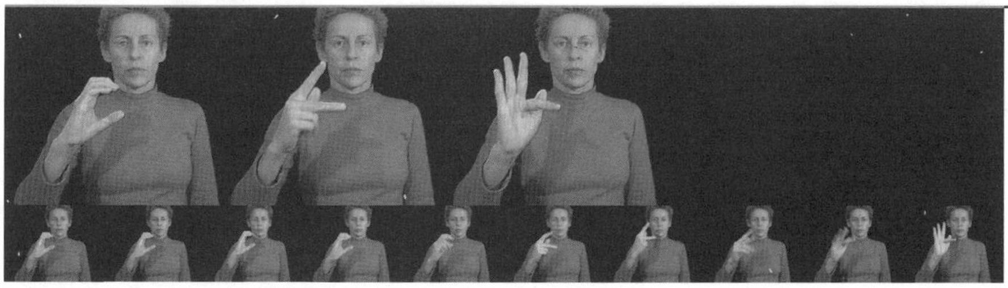

CPF – Digitar as letras "C", "P" e "F".
• *CPF: Documento que identifica o contribuinte perante a Secretaria da Receita Federal.* **Sinal igual:** CADASTRO DE PESSOA FÍSICA, CIC

CRACHÁ – Mão aberta com os dedos esticados e separados, dedos indicador e polegar apontando para baixo. Encostar a lateral interna da mão no peito. Unir as pontas do indicador e do polegar.
• *Crachá: Tipo de cartão de identificação.*

a+a= à

a+aquilo=
àquilo

a+aquele=
àquele

CRASE – Mão direita fechada com o dedo indicador esticado. Mover o dedo diagonalmente para cima e para a esquerda.
• *Crase: Acento que indica a fusão de duas vogais numa só.*

CRAVAR – Mãos fechadas em "S". Apoiar uma mão sobre a outra e posicioná-las conforme a foto 1. Em seguida, mover as mãos para baixo, com rapidez e firmeza.
• *Cravar: Penetrar alguém ou algo com profundidade.* **Sinal igual:** FINCAR

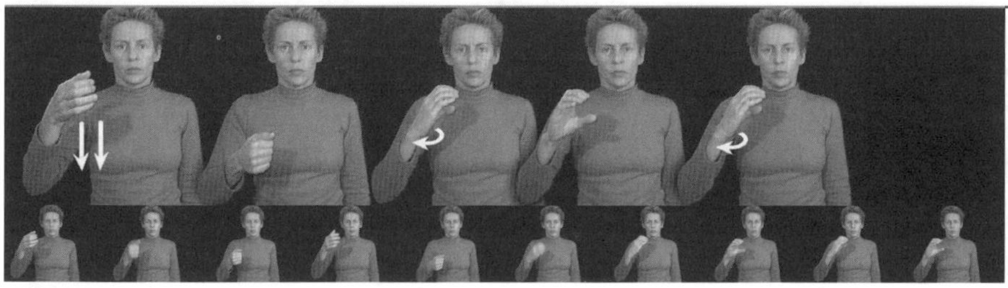

CREME – Fazer o sinal de "leite". Em seguida, mão em "C", palma para dentro. Virar a palma da mão para a frente e voltar à posição inicial, duas vezes.
• *Creme: Substância alimentícia espessa e gordurosa.*

▪ **CRÂNIO:** CABEÇA ▪ **CRAVO:** ACNE ▪ **CREDIÁRIO:** PRESTAÇÃO ▪ **CRÉDITO:** ACREDITAR ▪ **CREDO:** FÉ ▪ **CREMAR:** ATEAR ▪ **CRENÇA:** ACREDITAR, FÉ ▪ **CRENTE:** EVANGÉLICO ▪ **CREPÚSCULO:** PÔR DO SOL ▪ **CRER:** ACREDITAR

C

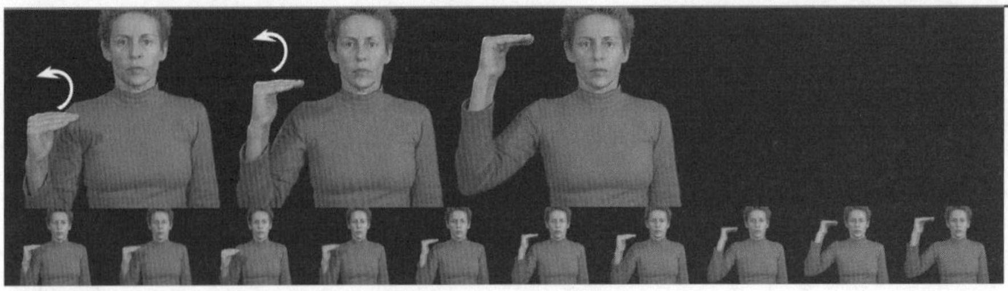

CRESCER – Mão aberta e dobrada, dedos unidos e esticados, palma para dentro. Mover a mão para cima, marcando três pontos imaginários durante o percurso.
• ***Crescer:*** *Aumentar de tamanho ou altura.* **Sinal igual:** CRESCIMENTO

CRIANÇA – Mão aberta, dedos esticados e separados apontando para a frente, palma para baixo. Posicionar a mão ao lado do corpo e abaixo da altura do peito.
• ***Criança:*** *Ser humano que se encontra na fase que vai do nascimento à puberdade.* **Sinal igual:** INFÂNCIA, INFANTIL

CRIANÇAS – Mão aberta, dedos esticados e separados apontando para a frente, palma para baixo. Posicionar a mão do lado esquerdo do corpo. Mover a mão para o lado direito, marcando três pontos imaginários durante o percurso.
• ***Crianças:*** *Seres humanos que se encontram na fase que vai do nascimento à puberdade.*

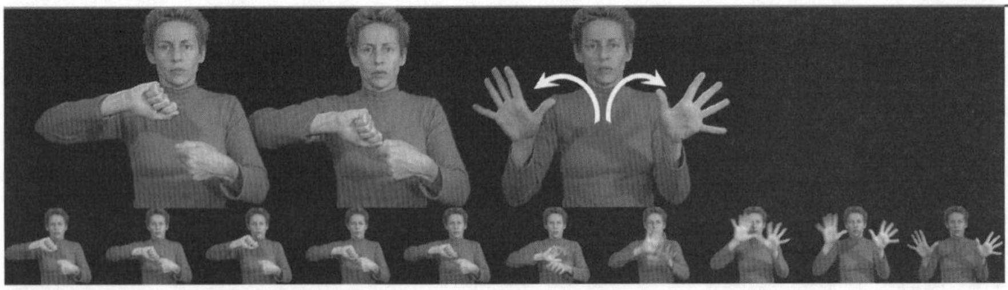

CRIAR – Fazer os sinais de "fazer" e de "claro".
• ***Criar:*** *Dar origem a alguma coisa; inventar.* **Sinal igual:** CONCEBER, CRIAÇÃO, GERAR, MANAR, PRODUZIR, SUSCITAR

CRISTÃO – Mão direita em "C". Tocar a lateral interna da mão em dois pontos do corpo: no ombro e no lado direito da barriga.
• ***Cristão:*** *Aquele que está de acordo com os princípios do Cristianismo; que acredita em Jesus Cristo.*

▪ **CRESCIDO:** ADULTO ▪ **CRESCIMENTO:** CRESCER ▪ **CRESPO:** ÁSPERO ▪ **CRIAÇÃO:** CRIAR ▪ **CRIADOR:** DEUS ▪ **CRIAR:** FAZER ▪ **CRISE:** PROBLEMA ▪ **CRISTO:** CRUCIFICAÇÃO ▪ **CRÍTICA:** CRITICAR

CRITICAR – Mãos em "P", palmas para cima. Mover alternadamente as mãos, resvalando, de baixo para cima, as pontas dos dedos médios no queixo.
• ***Criticar:*** *Apontar defeitos; falar mal de alguém ou de alguma coisa.* **Sinal igual:** CENSURA, CRÍTICA, REPREENDER

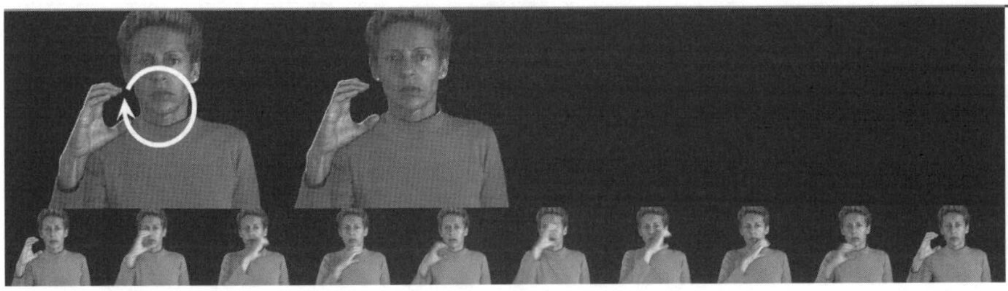

CROÁCIA – Mão em "C", palma para dentro. Mover a mão em círculos (duas voltas) diante da boca.
• ***Croácia:*** *País situado no Centro-Sul da Europa.*

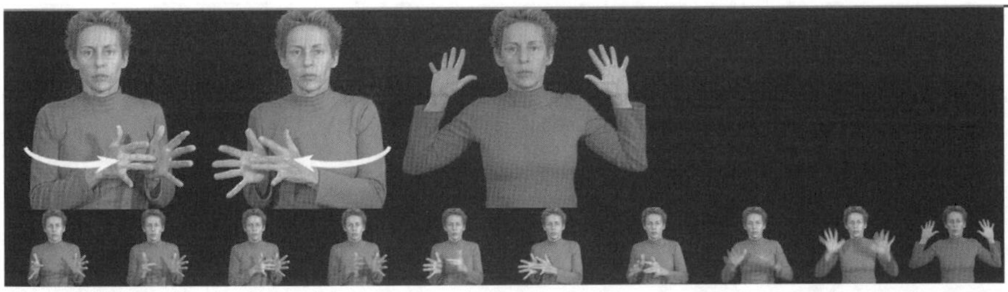

CRUCIFICAÇÃO – Fazer o sinal de "Jesus". Em seguida, mãos abertas com os dedos esticados e separados, palmas para a frente, posicionar as mãos conforme a foto 3.
• ***Crucificação:*** *Ato de crucificar; o suplício da cruz aplicado a Jesus Cristo e a alguns criminosos da Antiguidade.* **Sinal igual:** CRISTO, CRUCIFICADO, CRUCIFICAR

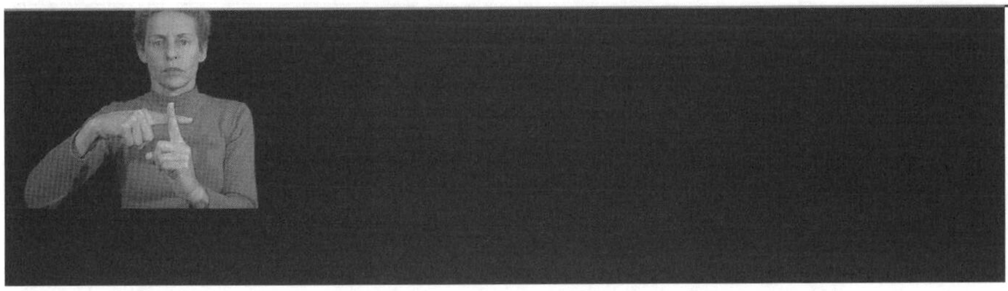

CRUZ – Mãos fechadas com os dedos indicadores esticados. Encostar um indicador no outro, formando uma cruz.
• ***Cruz:*** *Instrumento de tortura e execução no qual Jesus Cristo foi crucificado; foto geométrica formada por dois traços perpendiculares.*

CRUZAR – Mãos fechadas com os dedos indicadores esticados, palmas para dentro. Posicionar as mãos conforme a foto 1. Em seguida, movê-las simultaneamente, cruzando os indicadores.
• ***Cruzar:*** *Formar cruzes; passar transversalmente ou em direção contrária.* **Sinal igual:** ATRAVESSAR, CRUZAMENTO, INTERCEPTAR

▪ CRÍTICO: COMENTARISTA ▪ CROCODILIANO: JACARÉ ▪ CROCODILO: JACARÉ ▪ CRUCIFICADO: CRUCIFICAÇÃO ▪ CRUCIFICAR: CRUCIFICAÇÃO ▪ CRUEL: MAU ▪ CRUELDADE: MALDADE ▪ CRUSTÁCEO: CAMARÃO ▪ CRUZAMENTO: CRUZAR

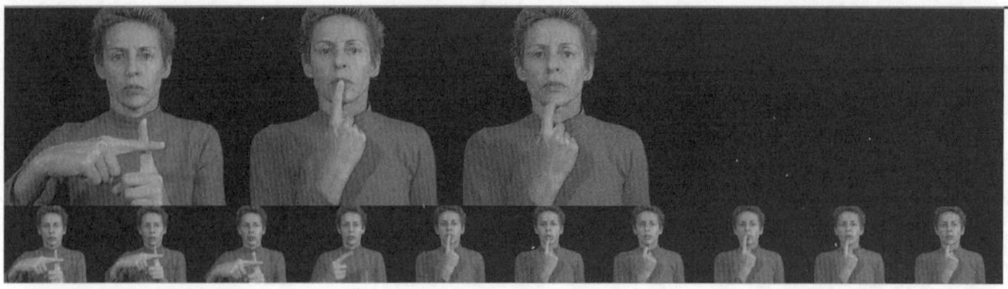

CRUZ VERMELHA – Fazer os sinais de "cruz" e de "vermelho".

• *Cruz Vermelha: Grupo internacional que presta socorro aos feridos e prisioneiros de guerra.*

CUBA – Mão em "B", palma para baixo. Encostar a lateral interna da mão na lateral da testa (foto 1). Em seguida, mover a mão, virando a palma para a frente.

• *Cuba: País localizado na América Central.* **Sinal igual:** CUBANO

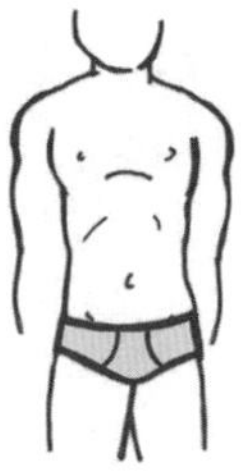

CUECA – Mãos fechadas com os dedos indicadores e polegares abertos e curvados. Encostar as pontas dos dedos à frente do corpo, na altura da cueca. Em seguida, deslizar as mãos simultaneamente para as laterais do corpo.

• *Cueca: Peça íntima do vestuário masculino.*

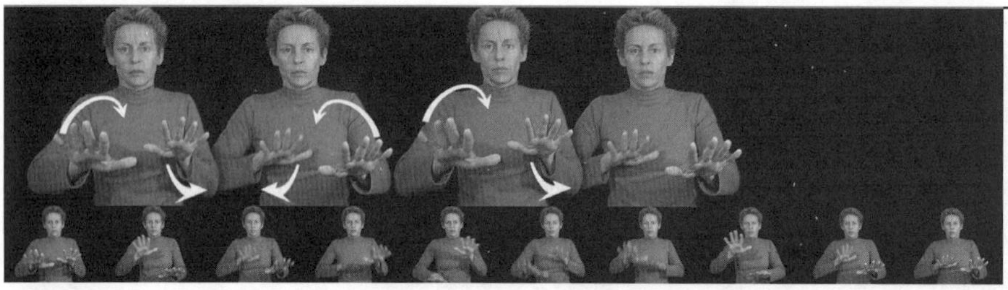

CUIDADO – Mãos abertas com os dedos esticados e separados. Posicionar uma mão mais à frente e a outra atrás, num ângulo de, aproximadamente, 45 graus com relação ao solo (foto 1). Em seguida, mover as mãos simultânea e alternadamente para trás, em um movimento parecido com o dos pedais de uma bicicleta, girando para trás.

• *Cuidado: Atenção especial; comportamento vigilante e precavido.* **Sinal igual:** CAUTELA, DESVELO, DILIGÊNCIA, PRECAUÇÃO, PRECAVIDO, PREVIDÊNCIA

CUIDAR – Fazer o sinal de "atenção". Em seguida, mão esquerda fechada, palma para baixo. Mão direita em "V", palma para a frente. Bater levemente duas vezes o punho direito na lateral interna da mão esquerda.

• *Cuidar: Preocupar-se com alguém ou alguma coisa; tomar conta.* **Sinal igual:** ABRIGAR, PROTEGER, TOMAR CONTA, TUTELA, TUTOR, TUTORIA, ZELAR

CUBANO: CUBA ■ **CUEIRO:** FRALDA

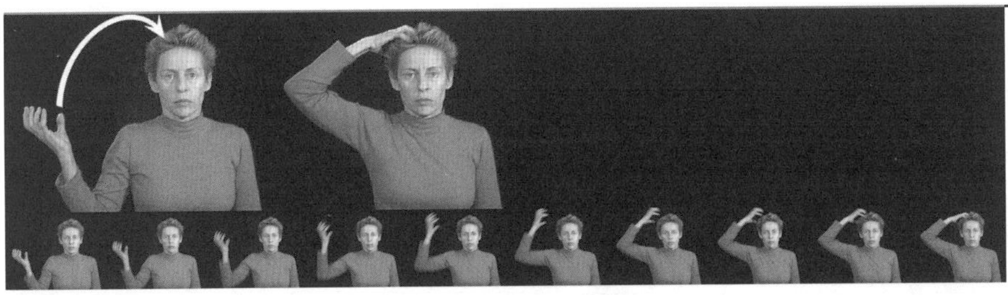

CULPA – Mão aberta com os dedos curvados e separados, palma para cima. Mover a mão para cima da cabeça, virar a palma para baixo e encostar as pontas dos dedos sobre a cabeça.
• ***Culpa:*** *Responsabilidade por dano ou mal causado a outra pessoa.* **Sinal igual:** CULPADO

CULTO* – Mão esquerda fechada com o dedo indicador esticado, palma para dentro. Mão direita em "C", palma também para dentro. Posicionar as mãos conforme a foto 1. Em seguida, mover a mão direita, dando uma volta em torno do indicador esquerdo.
• ***Culto:*** *Cerimônia religiosa; ritual.* **Sinal igual:** LITURGIA

CULTURA – Mão fechada com os dedos indicador e polegar esticados se tocando pelas pontas. Encostar as pontas dos dedos na têmpora. Em seguida, manter o polegar na têmpora e esticar o indicador, apontando para cima.
• ***Cultura:*** *Conjunto de conhecimentos e informações de uma pessoa ou sociedade.* **Sinal igual:** CULTO, INTELECTUAL, VERSADO

CULTURA POPULAR – Mão esquerda fechada, palma para baixo, braço esquerdo dobrado. Mão direita em "C". Encostar a mão direita sobre o braço esquerdo, perto do cotovelo. Em seguida, deslizar a mão direita até o dorso da esquerda.
• ***Cultura popular:*** *Conjunto de costumes de um povo.* **Sinal igual:** FOLCLORE, FOLCLÓRICO

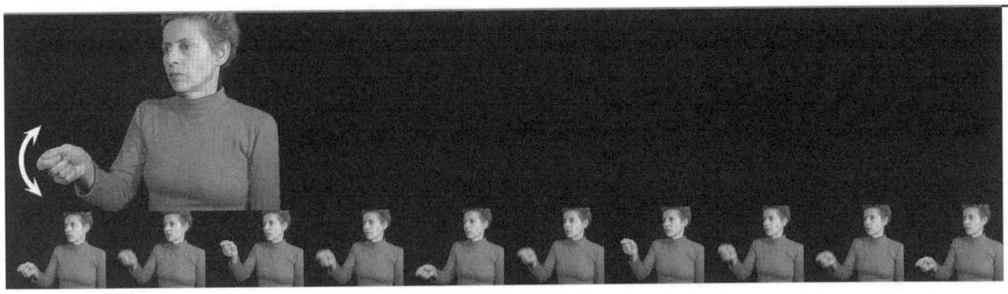

CUMPRIMENTAR – Mão em "A", palma para dentro. Mover a mão para cima e para baixo, imitando o gesto de quem aperta a mão de outra pessoa.
• ***Cumprimentar:*** *Saudar alguém.* **Sinal igual:** CONGRATULAÇÃO, CONGRATULAR, CORTEJAR, CUMPRIMENTO, SAUDAÇÃO, SAUDAR

■ CULPADO: CULPA ■ CULPAR: ACUSAR ■ CULTIVAR: PLANTAR ■ CULTO: CULTURA, INTELIGENTE ■ CULTUAR: ADORAR ■ CUME: MÁXIMO ■ CUMPRIMENTO: CUMPRIMENTAR ■ CUMPRIR: OBEDECER

C

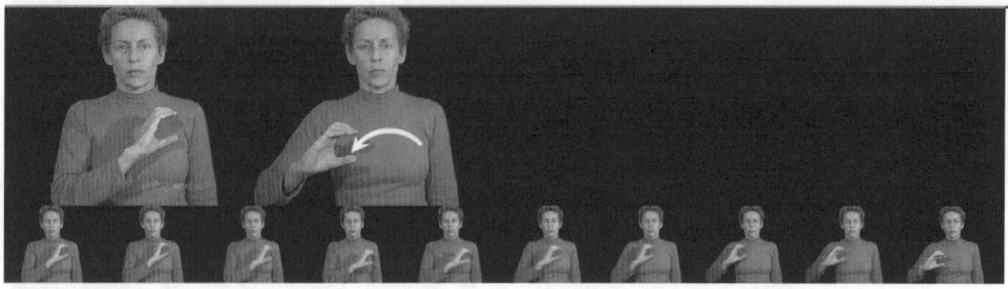

CUNHADO – Mão direita em "C", palma para dentro. Mover a mão, marcando dois pontos imaginários: um do lado esquerdo do peito e outro do lado direito, sem tocá-lo.
• ***Cunhado:*** *O marido da irmã ou o irmão da esposa.*

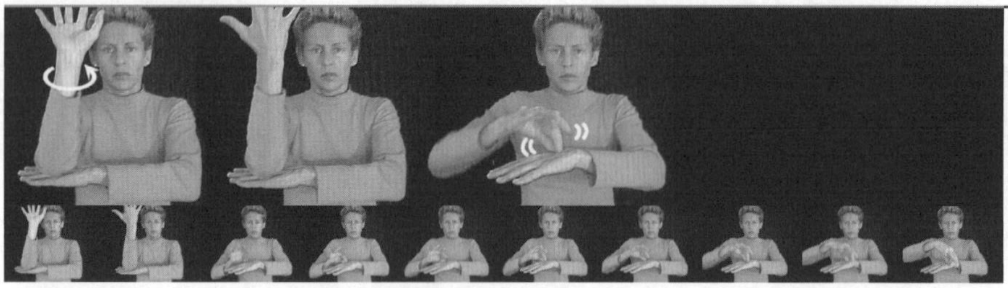

CUPIM – Fazer o sinal de "árvore". Em seguida, beliscar levemente, algumas vezes, o dorso da mão.
• ***Cupim:*** *Inseto que se alimenta de madeira e outros vegetais.*

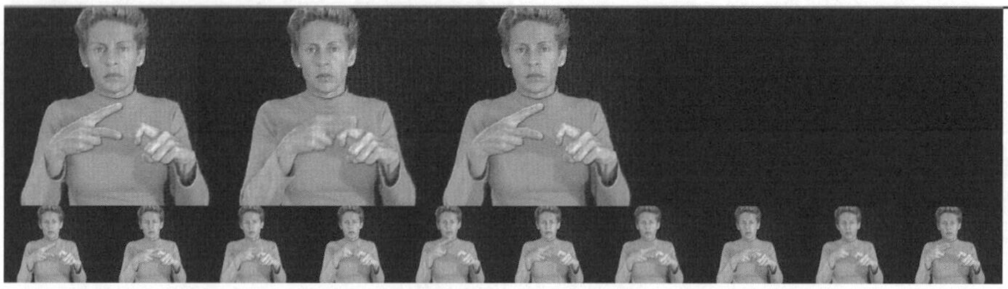

CUPUAÇU – Mão esquerda fechada com o dedo indicador aberto e dobrado, palma para baixo. Mão direita em "V", apontando para a frente. Mover a mão direita juntando e separando, duas ou três vezes, o indicador e o médio (resvalando no dorso do indicador esquerdo).
• ***Cupuaçu:*** *Pequena árvore nativa da Amazônia que produz frutos comestíveis de mesmo nome.*

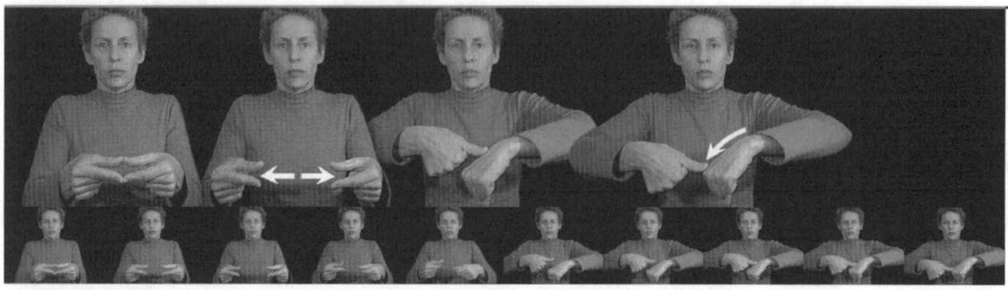

CURATIVO – Mão fechada com os dedos indicadores e polegares abertos e suas pontas perto uma da outra. Posicionar as mãos conforme a foto 1. Em seguida, afastar um pouco as mãos para as laterais. Depois, fechar a mão esquerda, deslizando o polegar direito no seu dorso.
• ***Curativo:*** *Material que se aplica em pequenos ferimentos para sua cicatrização.* **Sinal igual:** *BAND-AID*

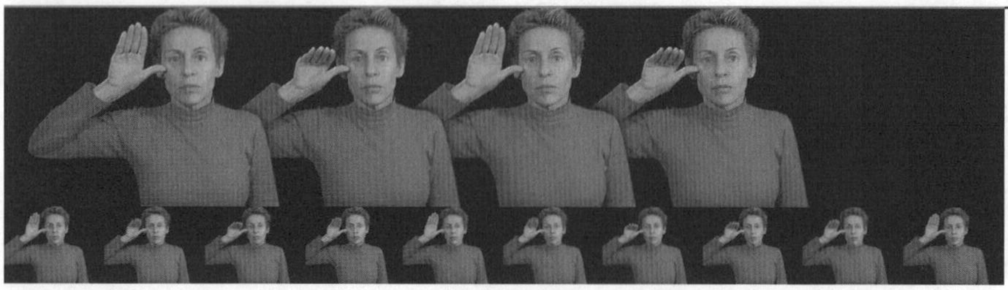

CURIOSO – Mão aberta e levemente dobrada, dedos unidos e esticados, polegar separado, palma para a frente. Encostar a ponta do polegar próximo do olho. Em seguida, mover os dedos, ainda unidos, para baixo e voltar à posição inicial, duas ou três vezes.
• ***Curioso:*** *Aquele que mostra vontade de aprender, experimentar ou conhecer.* **Sinal igual:** BISBILHOTAR, BISBILHOTEIRO, BISBILHOTICE, CURIOSIDADE, INDISCRETO, INDISCRIÇÃO, XERETAR

■ **CUNHO:** SELO ■ **CURADO:** SARAR ■ **CURAR:** SARAR ■ **CURIOSIDADE:** CURIOSO

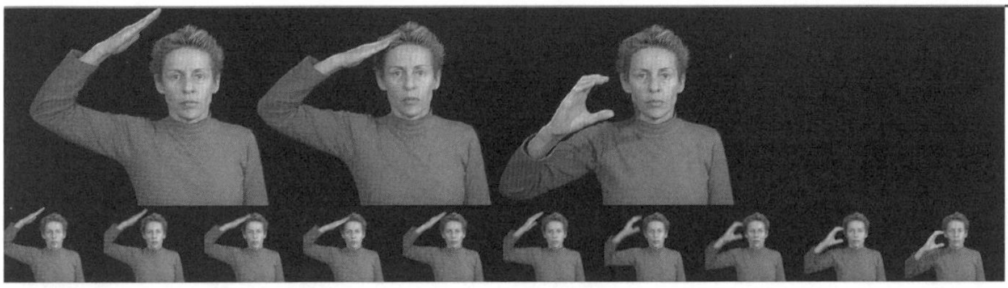

CURITIBA – Mão aberta, dedos unidos e esticados. Tocar uma vez com os dedos sobre a cabeça. Depois, digitar a letra "C".
• ***Curitiba:*** *Capital do estado do Paraná.*

CURRÍCULO – Digitar as letras "C" e "V".
• ***Currículo:*** *Documento em que se reúnem dados relativos às informações pessoais e experiência profissional de alguém.* **Sinal igual:** *CURRICULUM VITAE*

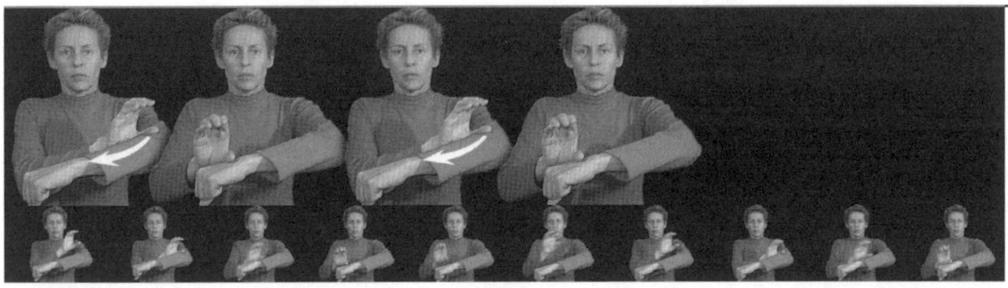

CURSO – Mão esquerda fechada, palma para baixo, braço esquerdo dobrado. Mão direita em "C". Encostar a mão direita sobre o braço esquerdo, perto do cotovelo. Em seguida, deslizar a mão direita até o punho esquerdo. Fazer esse movimento duas vezes.
• ***Curso:*** *Série de lições sobre determinada matéria.*

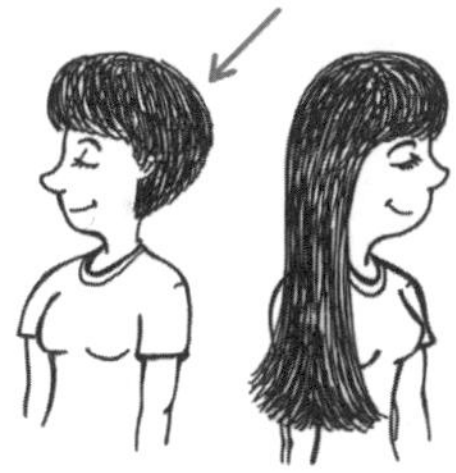

CURTO – Mãos abertas, dedos unidos e esticados apontando para a frente, palmas para dentro. Posicionar as mãos conforme a foto 1. Em seguida, mover simultaneamente as mãos aproximando uma da outra.
• ***Curto:*** *De pouco comprimento; de pouca duração.* **Sinal igual:** ESTREITO, RESTRITO

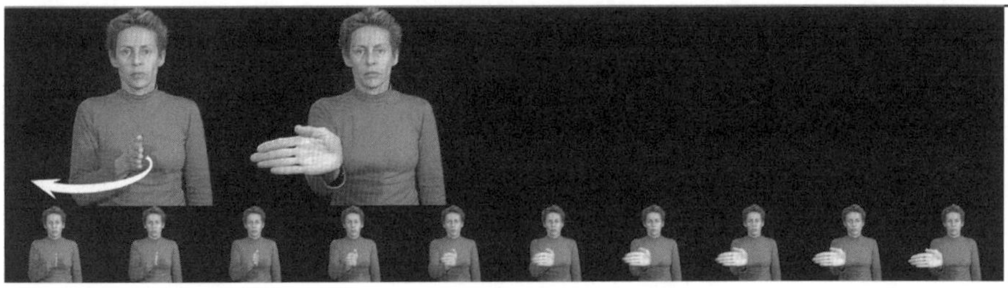

CURVA – Mão direita aberta, dedos unidos e esticados apontando para a frente, palma para dentro. Posicionar a mão perto do corpo. Em seguida, movê-la para a frente, fazendo uma curva à direita.
• ***Curva:*** *Qualquer linha, superfície ou espaço arqueado.* **Sinal igual:** SINUOSIDADE

■ *CURRICULUM VITAE*: CURRÍCULO ■ CUSPE: CUSPIR

CUSPIR – Mão fechada com os dedos indicador e polegar abertos se tocando pelas pontas. Encostar as pontas dos dedos no canto da boca. Em seguida, mover a mão para a frente e para baixo, abrindo-a em "L".
• ***Cuspir:*** *Ejetar saliva ou algo pela boca.* **Sinal igual:** CUSPE, ESCARRAR, ESCARRO

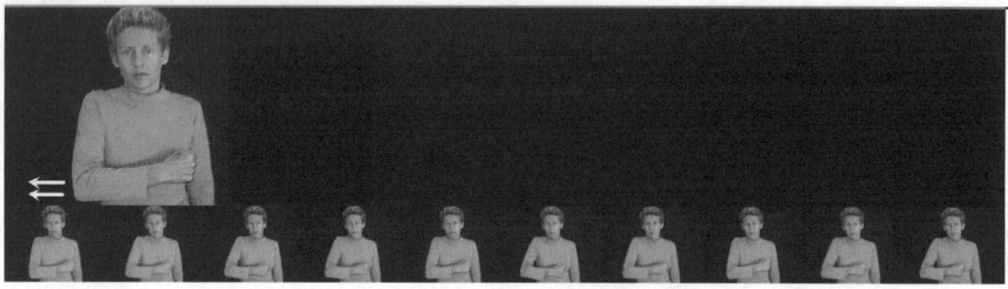

CUTUCAR – Mão fechada, palma para trás, braço dobrado. Mover duas ou três vezes o braço para a lateral, imitando o gesto de quem encosta o cotovelo em alguém que está ao lado.
• ***Cutucar:*** *Tocar com os dedos ou com o cotovelo em outra pessoa, a fim de chamar-lhe a atenção.*

▪ **CUSTEAR:** PAGAR ▪ **CUSTOSO:** DIFÍCIL ▪ **CUTÂNEO:** PELE

Posicionar os dedos curvados se tocando pelas pontas e o indicador esticado, apontando para cima. Quarta letra do alfabeto. Posicionar os dedos curvados se tocando pelas pontas e o indicador esticado, apontando para cima. Quarta letra do alfabeto. Posicionar os dedos curvados se tocando pelas pontas e o indicador esticado, apontando para cima. Quarta letra do alf

curvados se t

dicador estica

Quarta letra do alfabeto. Posicionar os dedos curvados se tocando pelas pontas e o indicador esticado, apontando para cima. Quarta letra do alfabeto. Posicionar os dedos curvados se tocando pelas pontas e o indicador esticado, apontando para cima. Quarta letra do alfabeto. Posicionar os dedos curvados se tocando pelas pontas e o indicador esticado, apontando para cima. Quarta letra do alfabeto.

D – Posicionar os dedos curvados se tocando pelas pontas e o indicador esticado, apontando para cima.

• ***D:*** *Quarta letra do alfabeto.*

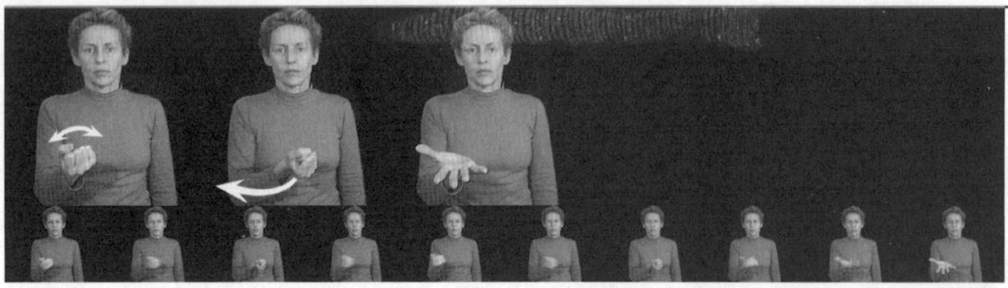

DADO – Mão fechada em "S", palma para cima. Sacudir a mão duas ou três vezes e movê-la rapidamente para a frente, abrindo todos os dedos no fim do movimento.

• ***Dado:*** *Objeto cúbico usado em jogos, cujas faces são marcadas por números, naipes, fotos etc.*

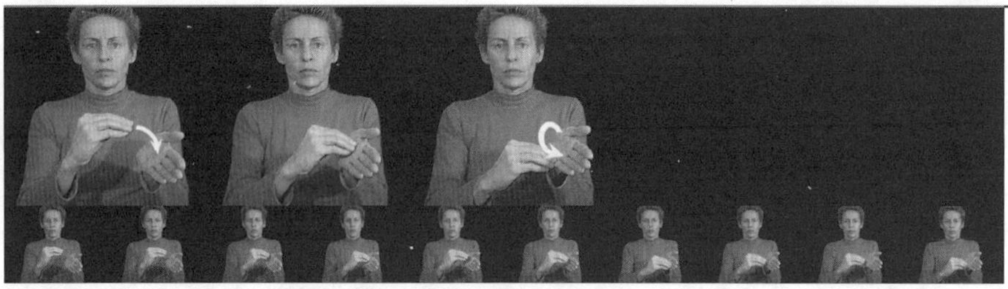

DAMAS (JOGO) – Mão esquerda aberta, dedos unidos e esticados, palma para cima. Mão direita com os dedos esticados se tocando pelas pontas. Tocar as pontas dos dedos da mão direita na palma esquerda, em dois ou três pontos diferentes.

• ***Damas (jogo):*** *Jogo de tabuleiro.*

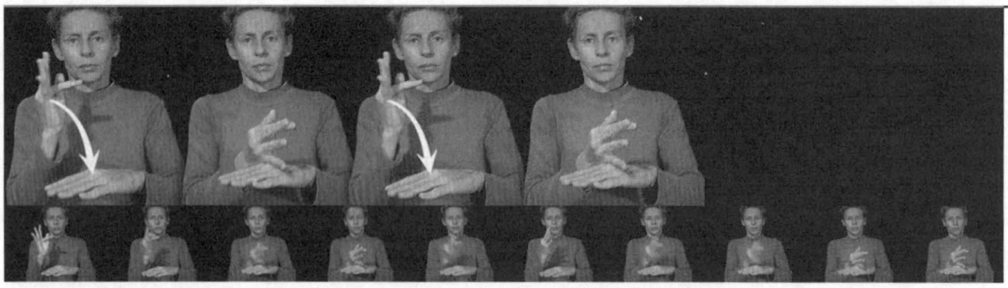

DANADO – Mão esquerda aberta, dedos unidos e esticados, palma para baixo. Mão direita em "F". Tocar duas vezes a lateral externa da mão direita no dorso da esquerda.

• ***Danado:*** *Diz-se de criança que apronta travessuras.*

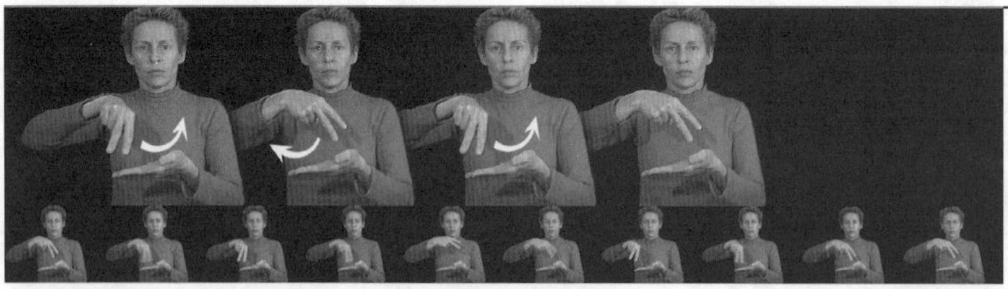

DANÇAR – Mão esquerda aberta, dedos unidos e esticados, palma para cima. Mão direita em "V" com os dedos apontando para baixo. Posicionar a mão direita sobre a esquerda (foto 1). Em seguida, balançar (como um pêndulo) a mão direita sobre a palma esquerda, sem tocá-la.

• ***Dançar:*** *Movimentar o corpo em determinado ritmo.* **Sinal igual:** BAILAR

▪ **DANCETERIA:** BAILE ▪ **DANIFICAR:** QUEBRAR, PREJUDICAR

DANO – Mãos fechadas em "A", palmas para dentro. Posicionar as mãos conforme a foto 1. Em seguida, baixá-las simultaneamente, abrindo todos os dedos e virando as palmas para baixo.
• ***Dano:*** *Causar ou sofrer prejuízo moral ou material; prejuízo.* **Sinal igual:** ESTRAGO

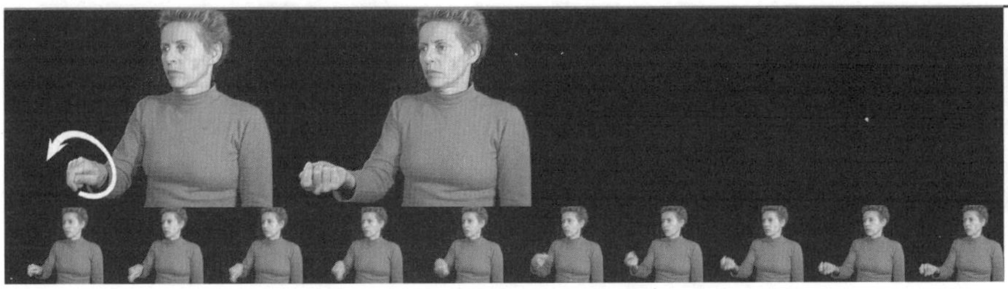

DAR – Mão fechada em "A", palma para baixo. Girar a mão, articulando o punho e voltando a palma para cima.
• ***Dar:*** *Oferecer alguma coisa como presente; entregar; ceder.* **Sinal igual:** CEDER, DOAÇÃO, DOAR, ENTREGAR, OFERECER

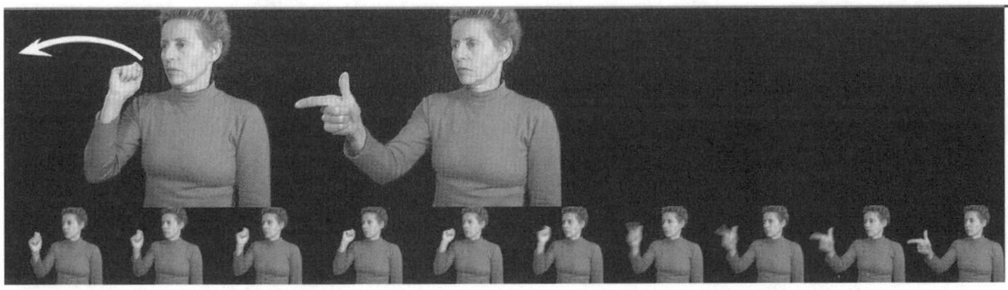

DARDO – Mão fechada em "A", palma para dentro. Mover a mão para a frente, abrindo-a em "L".
• ***Dardo:*** *Objeto munido de ponta de ferro que se arremessa em direção a um alvo; espécie de jogo.* **Sinal igual:** HASTA, LANÇA, ZAGAIA

DAR-ME – Mãos fechadas em "A", palmas para cima. Virar as mãos para trás, tocando o dorso dos indicadores no peito.
• ***Dar-me:*** *Receber alguma coisa de alguém.*

DEBITAR – Mão esquerda aberta, dedos unidos e esticados apontando para a frente, palma para dentro. Mão direita dobrada, polegar afastado. Resvalar, de cima para baixo, o dorso dos dedos da mão direita na palma esquerda.
• ***Debitar:*** *Lançar certa quantia como dívida de alguém.* **Sinal igual:** DÉBITO

▪ **DANOSO:** MAU ▪ **DANTES:** ONTEM ▪ **DATA:** DIA ▪ **DEBAIXO:** ABAIXO ▪ **DEBANDAR:** ESCAPAR ▪ **DEBATE:** DISCUTIR ▪ **DEBATER:** DISCUTIR ▪ **DÉBIL:** FRACO ▪ **DEBILIDADE:** FRACO ▪ **DEBILITADO:** DEPRIMIDO, FRACO ▪ **DÉBITO:** DEBITAR

D

DEBRUÇAR – Mãos fechadas em "S", palmas para baixo. Dobrar os braços, apoiando um sobre o outro. Curvar um pouco o corpo, inclinando levemente a cabeça.

• ***Debruçar:*** *Deitar(-se) de bruços, inclinando-se para a frente.*

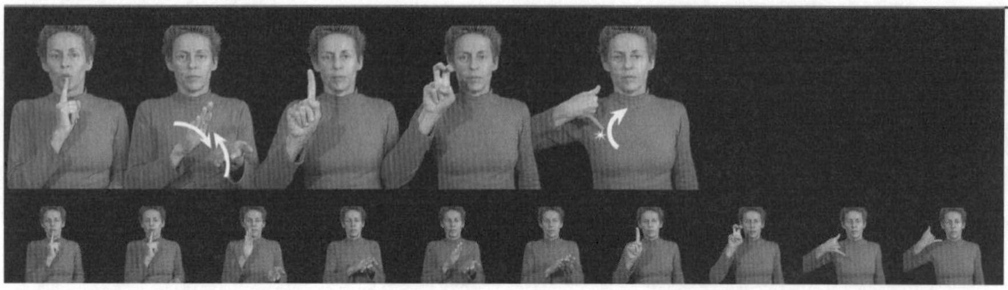

DEBUTANTE – Fazer o sinal de "aniversário". Em seguida, sinalizar os números "1" e "5". Depois, fazer o sinal de "idade".

• ***Debutante:*** *Jovem que completa quinze anos.*

DECEPAR – Mão esquerda aberta, dedos unidos e esticados, palma para baixo. Mão direita aberta, dedos unidos e esticados apontando para cima, palma para dentro. Com um gesto firme e rápido, resvalar, de cima para baixo, a palma da mão direita nas pontas dos dedos da esquerda.

• ***Decepar:*** *Separar do tronco, por meio de objeto cortante; mutilar.*

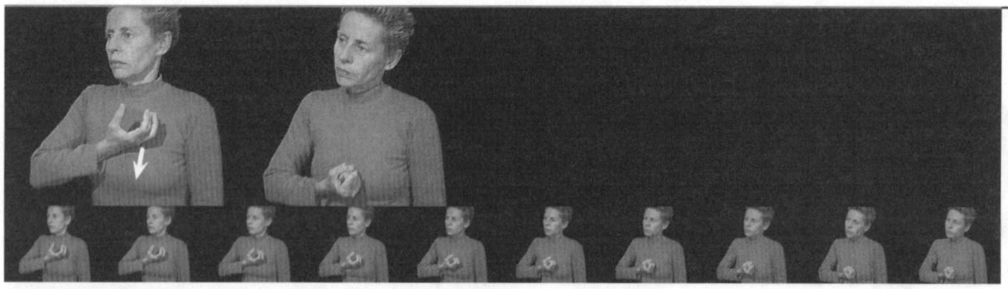

DECEPCIONADO – Mão direita aberta, dedos curvados e levemente separados, palma para cima. Encostar a lateral interna da mão no peito, próximo ao coração. Deslizar lentamente a mão um pouco para baixo, fechando-a em "S". Durante o movimento, inclinar um pouco a cabeça e fazer uma expressão de tristeza.

• ***Decepcionado:*** *Aquele que teve uma surpresa desagradável; desiludido.*

DECIDIR – Fazer os sinais de "pensar" e de "obrigação".

• ***Decidir:*** *Tomar resolução sobre algo.* **Sinal igual:** DECIDIDO, DECISÃO, DECISIVO, DELIBERAR, DETERMINAR, INDISCUTÍVEL, RESOLUTO, RESOLVER

▪ **DECAIR:** SOFRER ▪ **DECÁLOGO:** DEZ MANDAMENTOS ▪ **DECENTE:** HONESTO ▪ **DECEPÇÃO:** MÁGOA ▪ **DECIDIDO:** DECIDIR ▪ **DECIFRAR:** LER ▪ **DÉCIMO:** DEZ ▪ **DECISÃO:** DECIDIR ▪ **DECISIVO:** DECIDIR ▪ **DECLARAR:** AVISAR

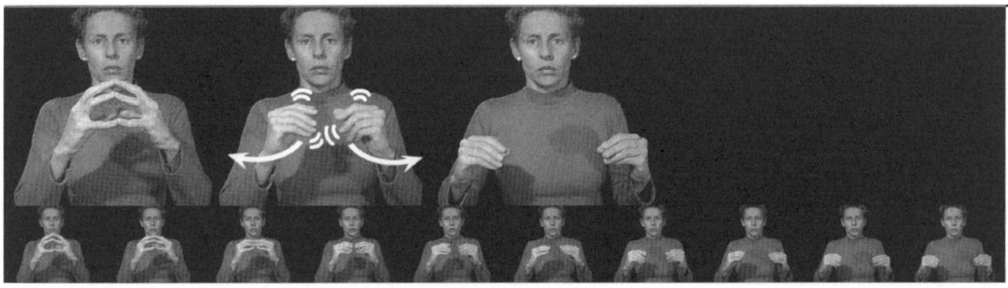

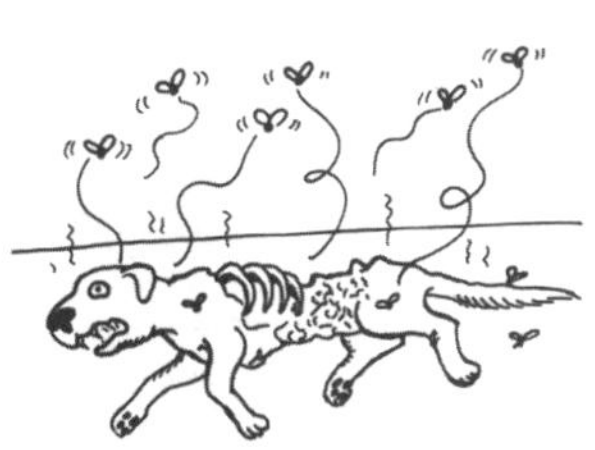

DECOMPOR – Mãos abertas, dedos levemente curvados e separados, palmas para dentro. Unir as mãos pelas pontas dos dedos. Em seguida, afastá-las para as laterais e, durante o movimento, esfregar delicadamente as pontas dos dedos umas nas outras.

• ***Decompor:*** *Separar as partes integrantes de um corpo; apodrecer.* **Sinal igual:** CONSUMIR

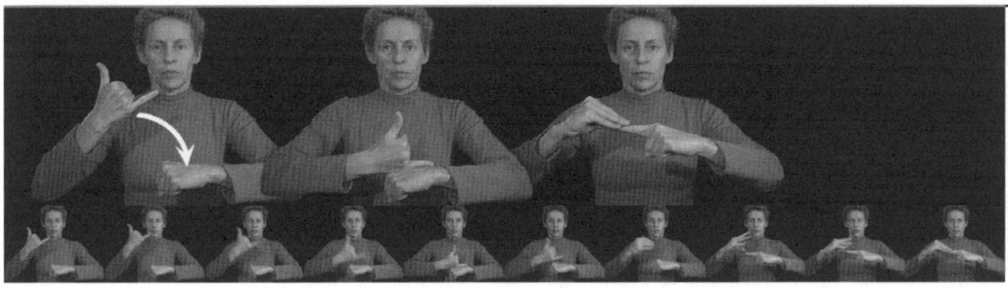

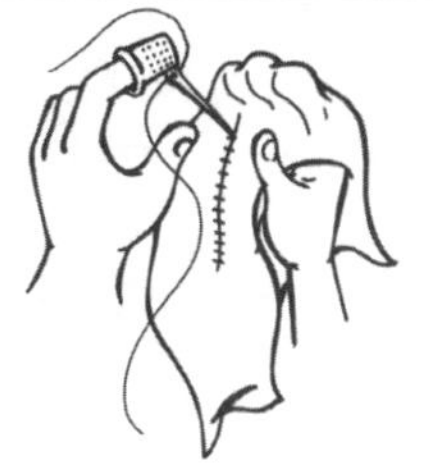

DEDAL – Fazer o sinal de "ferro". Em seguida, segurar a ponta do indicador esquerdo com as pontas dos dedos da mão direita.

• ***Dedal:*** *Pequeno objeto, geralmente de metal, com que se cobre a ponta do dedo ao costurar, a fim de protegê-lo.*

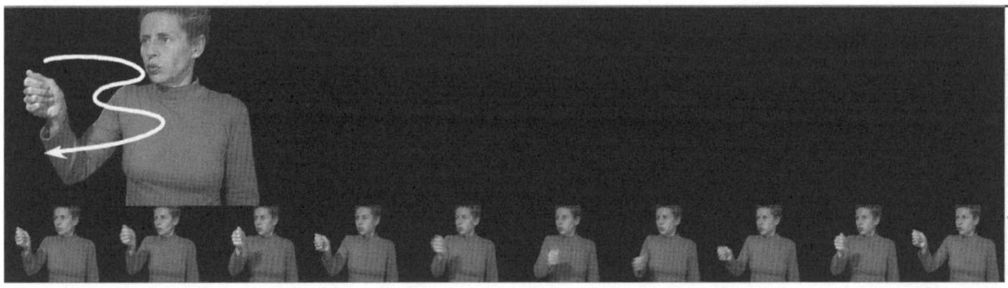

DEDETIZAÇÃO – Mão fechada em "A", palma para dentro. Mover a mão aleatoriamente, sempre mantendo a palma voltada para dentro. Durante o movimento, encher as bochechas de ar e soprar.

• ***Dedetização:*** *Ato ou efeito de espalhar inseticida.*

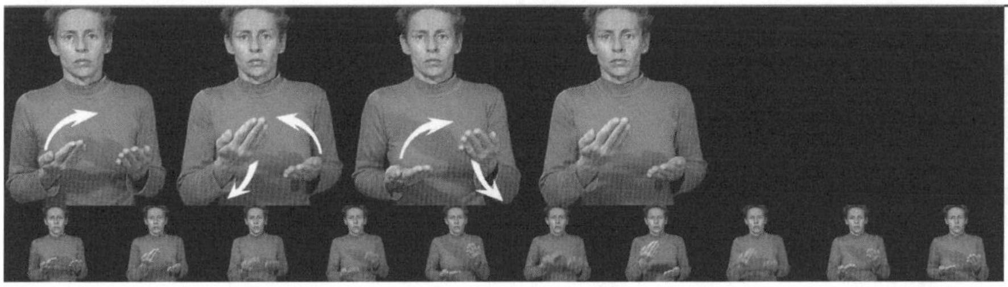

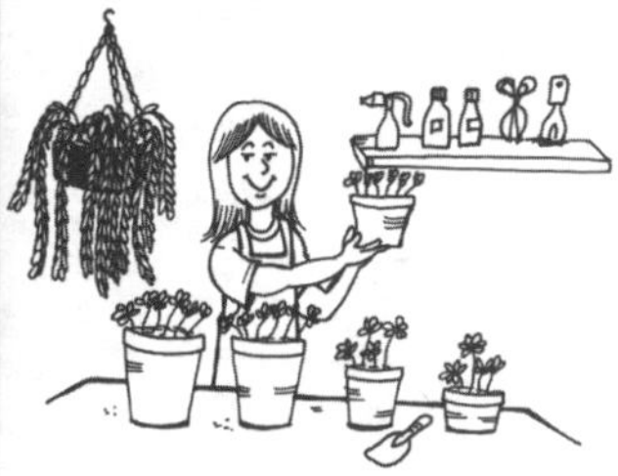

DEDICAR – Mãos abertas, dedos unidos e esticados apontando para a frente, palmas para cima. Mover as mãos, simultânea e alternadamente, para a frente e para trás.

• ***Dedicar:*** *Dar atenção a alguém ou algo.*

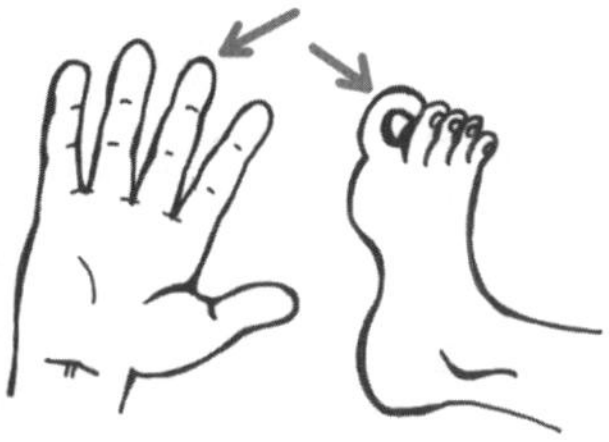

DEDO – Tocar a ponta do dedo indicador de uma das mãos em qualquer dedo da outra mão.

• ***Dedo:*** *Cada um dos cinco prolongamentos articulados das mãos e dos pés do ser humano e das extremidades de alguns animais.*

■ **DECORAR:** MEMORIZAR ■ **DECRÉPITO:** IDOSO

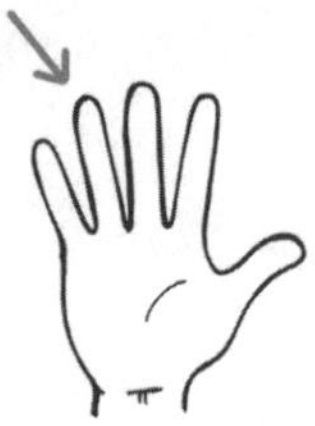

DEDO ANULAR – Tocar com a ponta do dedo indicador de uma das mãos a ponta do anular da outra mão.
• ***Dedo anular:*** *Dedo da mão que fica entre o médio e o mínimo.*

DEDO INDICADOR – Tocar com a ponta do dedo indicador de uma das mãos a ponta do indicador da outra mão.
• ***Dedo indicador:*** *Dedo da mão que fica entre o médio e o polegar.*

DEDO MÉDIO – Tocar com a ponta do dedo indicador de uma das mãos a ponta do médio da outra mão.
• ***Dedo médio:*** *Dedo da mão que fica entre o anular e o indicador.*

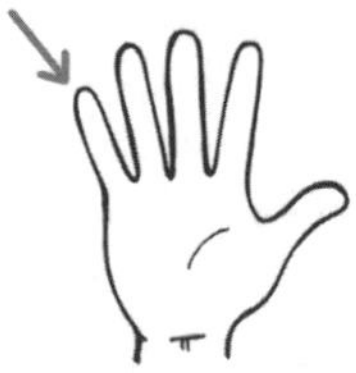

DEDO MÍNIMO – Tocar com a ponta do dedo indicador de uma das mãos a ponta do mínimo da outra mão.
• ***Dedo mínimo:*** *Dedo menor que fica ao lado do anular.*

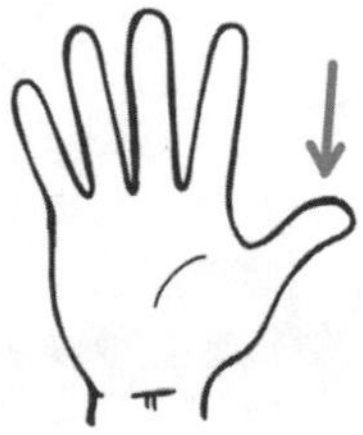

DEDO POLEGAR – Tocar com a ponta do dedo indicador de uma das mãos a ponta do polegar da outra mão.
• ***Dedo polegar:*** *Dedo da mão que fica ao lado do indicador.*

▪ **DEDUZIR:** SUPOR

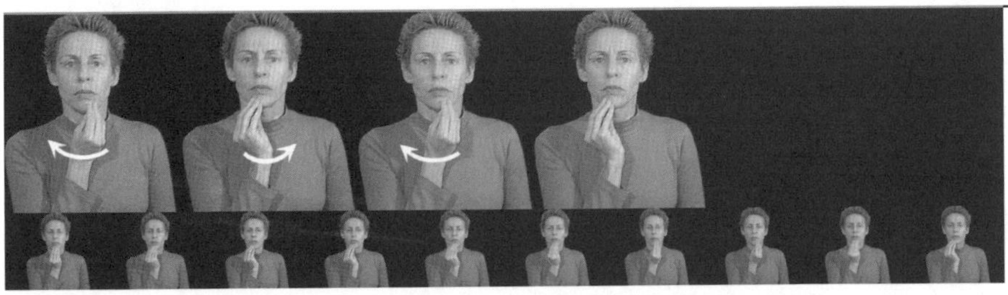

DEFEITO – Encostar as pontas dos dedos de uma das mãos na ponta do queixo. Em seguida, balançar a mão para a esquerda e para a direita, sem desencostar as pontas dos dedos do queixo.

• ***Defeito:*** *Falta de perfeição; deformidade.* **Sinal igual:** DEFEITUOSO, DEFORMIDADE, IMPERFEIÇÃO, IMPERFEITO

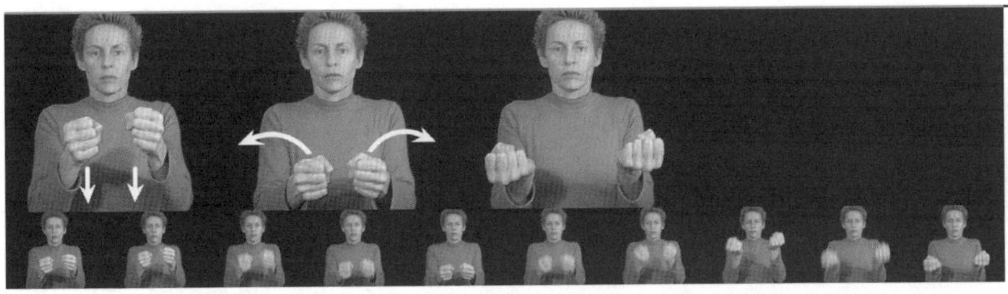

DEFENDER – Mãos fechadas em "S", palmas para dentro. Mover as mãos simultaneamente, um pouco para baixo e para as laterais, virando as palmas para cima. Fazer esse movimento com firmeza.

• ***Defender:*** *Proteger alguém ou algo de algum perigo ou ameaça.* **Sinal igual:** DEFESA

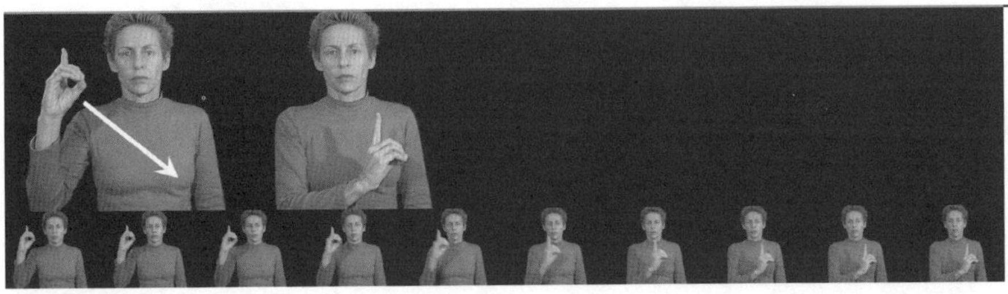

DEFICIENTE – Mão em "D", palma para dentro. Posicionar a mão ao lado da cabeça e movê-la, diagonalmente, para baixo.

• ***Deficiente:*** *Aquele que é portador de uma insuficiência ou ausência de funcionamento de um órgão ou membro do corpo.* **Sinal igual:** DEFICIÊNCIA

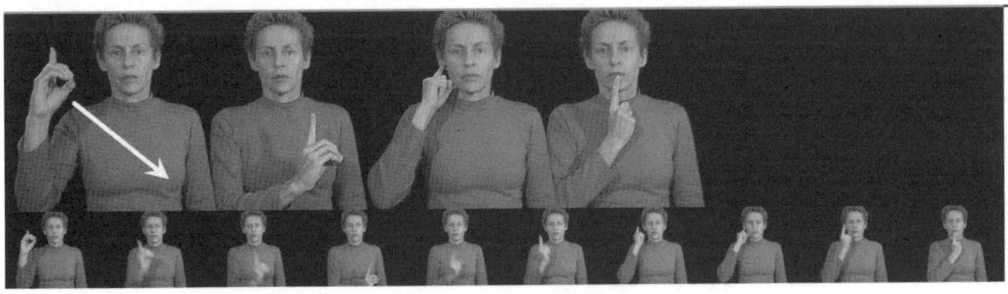

DEFICIENTE AUDITIVO* – Fazer os sinais de "deficiente" e de "surdo".

• ***Deficiente auditivo:*** *Aquele que não ouve parcial ou totalmente; surdo.* **Sinal igual:** SURDEZ, SURDO

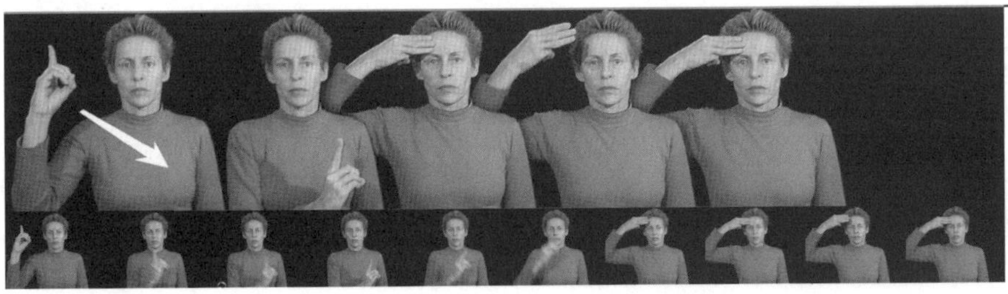

DEFICIENTE INTELECTUAL* – Fazer o sinal de "deficiente". Em seguida, mão em "M", tocar duas vezes na lateral da testa com as pontas dos dedos.

• ***Deficiente intelectual:*** *Aquele que não atinge um desempenho intelectual satisfatório.* **Sinal igual:** DEFICIENTE MENTAL

▪ **DEFEITUOSO:** DEFEITO ▪ **DEFESA:** DEFENDER ▪ **DEFICIÊNCIA:** DEFICIENTE ▪ **DEFICIENTE AUDITIVO:** SURDO ▪ **DEFICIENTE INTELECTUAL:** DEFICIENTE MENTAL

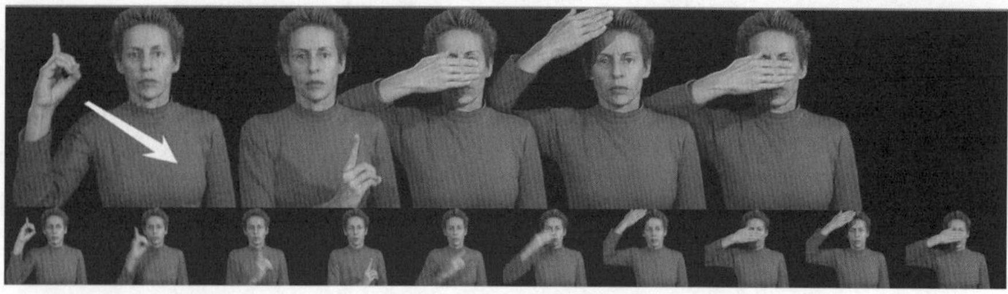

DEFICIENTE VISUAL* – Fazer os sinais de "deficiente" e de "cego".

• ***Deficiente visual:*** *Aquele que não enxerga parcial ou totalmente; cego.* **Sinal igual:** CEGO, CEGUEIRA

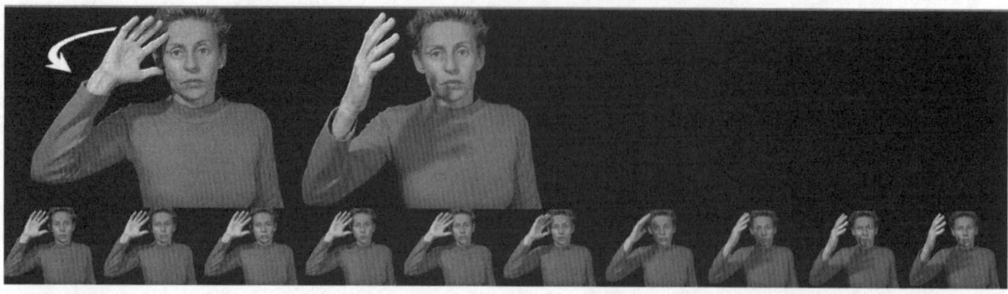

DEFINIR – Mão aberta, dedos separados, palma para a frente. Tocar a ponta do dedo indicador na lateral da testa e mover a mão para a frente, virando a palma para trás.

• ***Definir:*** *Estabelecer limites; indicar o sentido ou significado.*

DEFORMADO – Mãos abertas, dedos curvados e separados. Tocar as pontas dos dedos no rosto, conforme a foto 1. Em seguida, deslizar as mãos simultaneamente pelo rosto, subindo uma delas para a testa e descendo a outra para o queixo.

• ***Deformado:*** *Que perdeu ou teve alterada a forma original; desfigurado.* **Sinal igual:** DEFORMAÇÃO, DEFORMIDADE, DESFIGURAÇÃO, DESFIGURADO, MALFORMAÇÃO

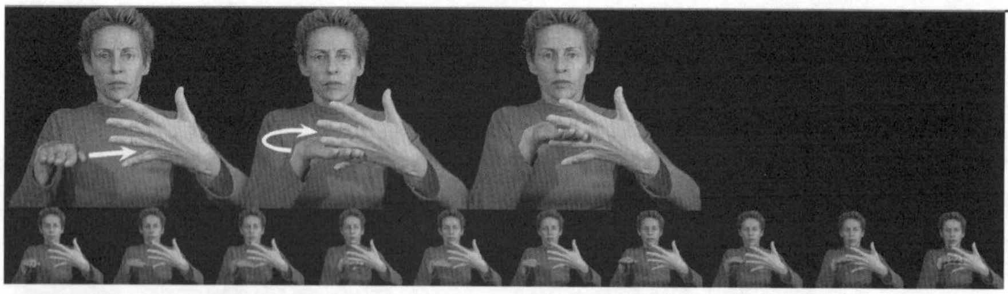

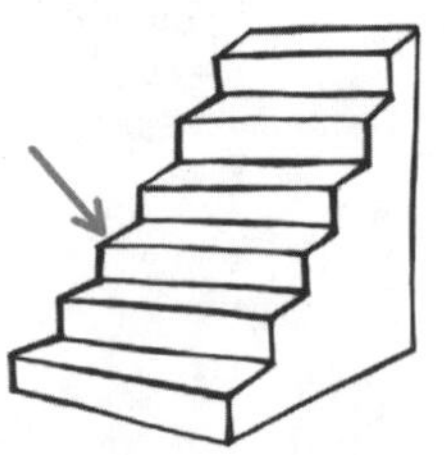

DEGRAU – Mão esquerda aberta, dedos esticados e separados, palma para trás. Mão direita aberta, dedos unidos e esticados, palma para baixo. Mover a mão direita, tocando sua lateral interna entre os dedos da esquerda.

• ***Degrau:*** *Cada um dos pontos de apoio que permitem subir ou descer uma escada.*

DEITAR – Mão esquerda aberta, dedos unidos e esticados apontando para a frente, palma para baixo. Mão direita em "V" com os dedos apontando para a frente, palma para baixo. Pousar a mão direita sobre o dorso da esquerda.

• ***Deitar:*** *Colocar em posição inclinada; pôr(-se) na cama.* **Sinal igual:** DEITADO

▪ **DEFICIENTE VISUAL:** CEGO ▪ **DEFINHAR:** EMAGRECER ▪ **DEFLORAR:** ESTUPRAR ▪ **DEFORMAÇÃO:** DEFORMADO ▪ **DEFORMIDADE:** DEFEITO, DEFORMADO ▪ **DEFRONTE:** DIANTE ▪ **DEFUNTO:** CADÁVER ▪ **DEGLUTIR:** ENGOLIR ▪ **DEITADO:** DEITAR ▪ **DEIXAR:** AUTORIZAR ▪ **DELEITE:** PRAZER ▪ **DELFIM:** GOLFINHO ▪ **DELIBERAR:** DECIDIR ▪ **DELICADEZA:** EDUCAÇÃO ▪ **DELICADO:** EDUCAÇÃO, SUAVE

DELICIOSO – Mão aberta, dedos relaxados e separados, palma para trás. Mover a mão, passando-a bem em frente à boca. Em seguida, unir as pontas dos dedos.

• ***Delicioso:*** *Que possui paladar muito agradável.* **Sinal igual:** SABOROSO

DEMITIR – Mão esquerda aberta, dedos unidos e esticados apontando para a frente, palma para baixo. Mão direita aberta, dedos unidos e esticados apontando para baixo, palma para trás. Tocar as pontas dos dedos da mão direita na palma esquerda. Em seguida, com certa rapidez, mover a mão direita, "jogando" as pontas dos dedos para a frente.

• ***Demitir:*** *Dispensar alguém do emprego; exonerar, despedir.* **Sinal igual:** DEMISSÃO, DESPEDIR, DESTITUIR

DEMOLIR – Fazer o sinal de "casa". Em seguida, mover rapidamente as mãos para baixo e para as laterais, abrindo bem as mãos e virando as palmas para baixo.

• ***Demolir:*** *Provocar a destruição de alguma coisa.* **Sinal igual:** DEMOLIÇÃO, DESABAMENTO, DESABAR, DESMORONAMENTO, DESMORONAR, RUÍNAS, RUIR

DEMORAR – Mão aberta, dedos esticados e separados, palma para dentro. Tocar na extremidade do queixo com a ponta do polegar. Em seguida, fechar lentamente um dedo da mão de cada vez, começando pelo mínimo até o indicador, mantendo o polegar aberto tocando na ponta do queixo.

• ***Demorar:*** *Causar atraso; retardar.* **Sinal igual:** DELONGA, DEMORA, DEMORADO, DILAÇÃO, DURAÇÃO, DURADOURO, DURAR, LENTAMENTE, LENTIDÃO, LENTO, MOROSIDADE, MOROSO, TARDAR, TARDIAMENTE, TARDIO

DENGUE – Fazer os sinais de "picar" e de "febre".

• ***Dengue:*** *Doença infecciosa transmitida ao ser humano pela picada de mosquito.*

▪ **DELONGA:** DEMORAR ▪ **DEMAIS:** MUITO ▪ **DEMÊNCIA:** DOIDO, LOUCO ▪ **DEMENTE:** DOIDO, LOUCO ▪ **DEMISSÃO:** DEMITIR ▪ **DEMITIDO:** DESEMPREGADO ▪ **DEMOCRACIA:** LIVRE ▪ **DEMOLIÇÃO:** DEMOLIR ▪ **DEMONÍACO:** DIABO ▪ **DEMÔNIO:** DIABO ▪ **DEMONSTRAR:** MOSTRAR ▪ **DEMORA:** DEMORAR ▪ **DEMORADO:** DEMORAR ▪ **DENOMINAÇÃO:** DENOMINAR, NOME ▪ **DENOMINADO:** DENOMINAR

D

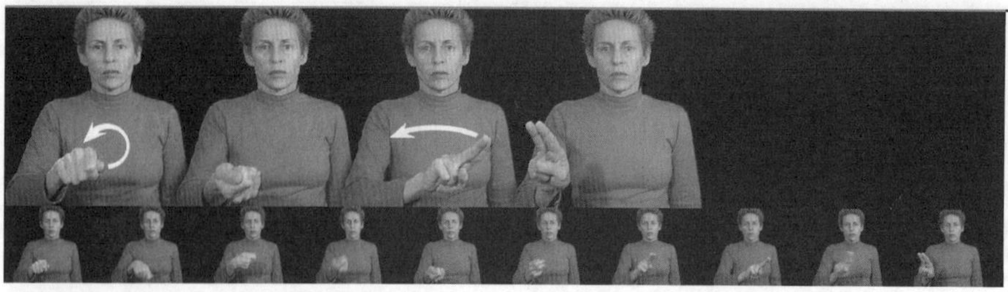

DENOMINAR – Fazer os sinais de "dar" e de "nome".

• ***Denominar:*** *Dar nome a algo ou alguém.* **Sinal igual:** DENOMINAÇÃO, DENOMINADO, DESIGNAÇÃO, NOMEAR

DENTADA – Mão direita aberta, dedos levemente curvados e separados. Com um movimento rápido, segurar firmemente o antebraço esquerdo. Fazer a expressão de quem dá uma mordida com força.

• ***Dentada:*** *Compressão feita com os dentes com o objetivo de morder.*

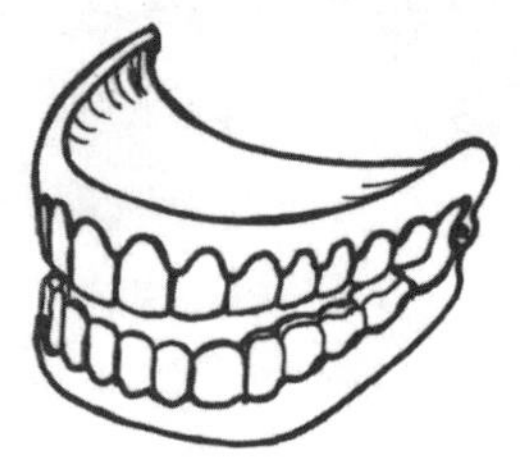

DENTADURA – Mão fechada com os dedos indicador e polegar abertos e curvados. Levar a mão até a boca. Abrir e fechar a boca no fim do movimento, como se estivesse colocando a dentadura.

• ***Dentadura:*** *Estrutura de dentes postiços usada por quem perdeu os dentes naturais.* **Sinal igual:** PRÓTESE DENTÁRIA

DENTE – Mão fechada com o dedo indicador esticado. Mover a mão até a boca, tocando levemente a ponta do dedo no dente.

• ***Dente:*** *Cada uma das estruturas ósseas localizadas na boca que realizam a mastigação.* **Sinal igual:** DENTUÇO, PRESAS, SISO

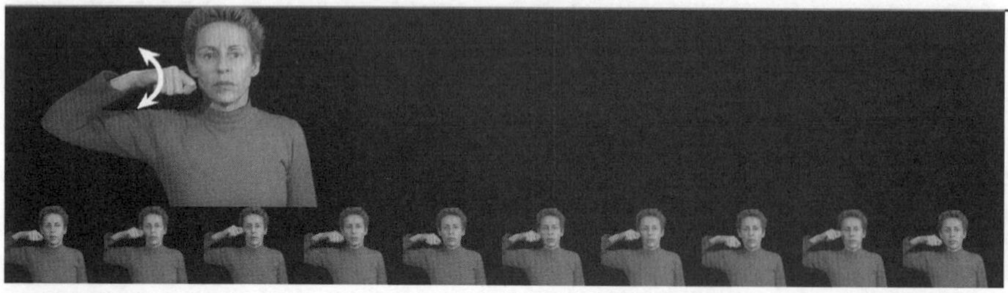

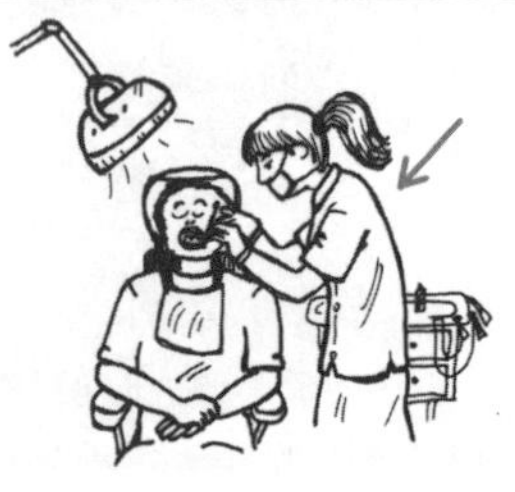

DENTISTA – Mão fechada em "A", palma para baixo. Posicionar a mão ao lado do rosto, perto da boca (foto 1). Com movimentos curtos e rápidos, mover a mão para cima e para baixo, articulando o punho e mantendo o braço parado.

• ***Dentista:*** *Profissional que se dedica ao tratamento dos dentes; odontologista.* **Sinal igual:** ODONTOLOGIA, ODONTOLÓGICO, ODONTOLOGISTA, ORTODONTIA, ORTODONTISTA

■ **DENOTAR:** MOSTRAR ■ **DE NOVO:** OUTRO ■ **DENSO:** GROSSO ■ **DENTIFRÍCIO:** PASTA DE DENTE

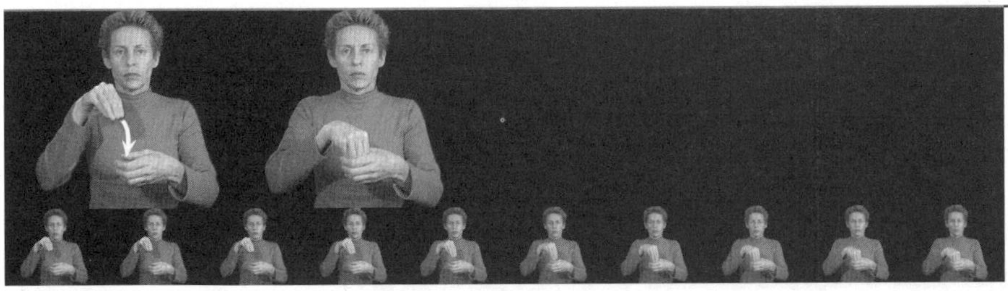

DENTRO – Mão esquerda com os dedos unidos e curvados, polegar separado. Mão direita com os dedos esticados e unidos pelas pontas. Posicionar as mãos conforme a foto 1. Em seguida, mover a mão direita, encaixando os dedos dentro da esquerda.

• ***Dentro:*** *Na parte interior.* **Sinal igual:** INTERIORMENTE

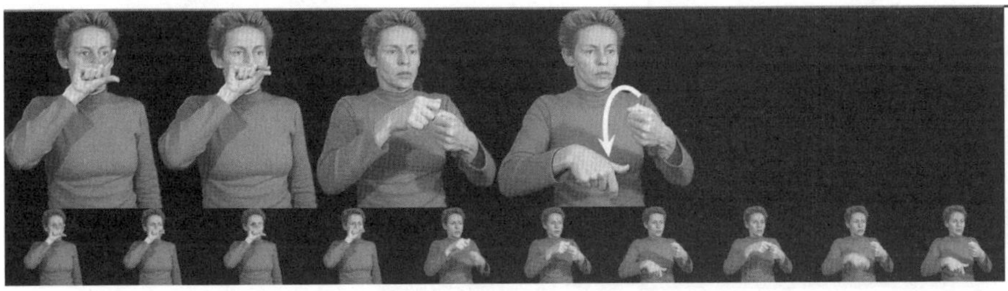

DEPENAR – Fazer o sinal de "bico". Em seguida, mãos fechadas em "A" posicionadas conforme a foto 2. Manter a mão esquerda parada enquanto a direita se move imitando o gesto de quem arranca as penas de uma ave.

• ***Depenar:*** *Arrancar as penas.* **Sinal igual:** DESPENAR, DESPLUMAR

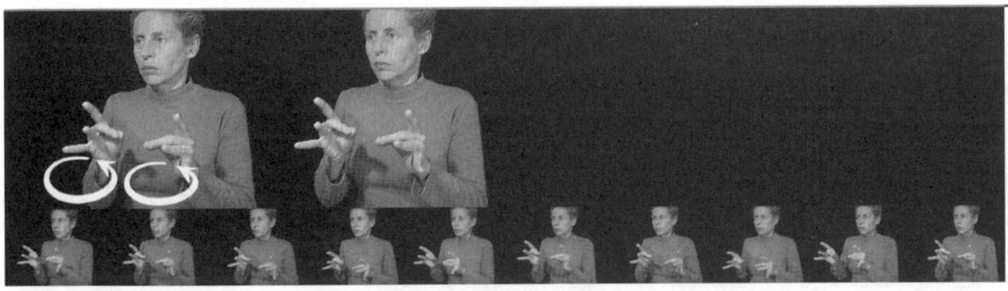

DEPENDENTE – Mãos abertas, dedos esticados e separados, palmas para dentro. Unir as pontas dos dedos médio e polegar de cada mão. Em seguida, mover simultaneamente as mãos, descrevendo dois círculos horizontais no mesmo sentido (horário ou anti-horário).

• ***Dependente:*** *Aquele que precisa de algo ou alguém para sua subsistência.*

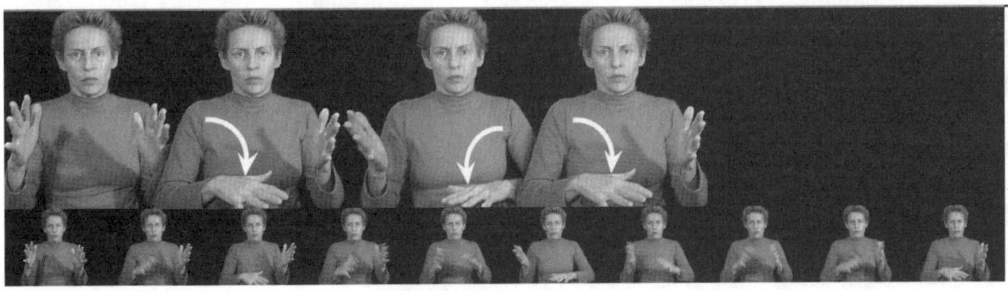

DEPENDER – Mãos abertas, dedos esticados e separados, palmas para dentro. Mover alternadamente as mãos virando as palmas para baixo e voltando para a posição inicial, duas ou três vezes.

• ***Depender:*** *Estar sujeito a alguma coisa.* **Sinal igual:** DEPENDÊNCIA, SUBORDINAÇÃO, SUJEITO

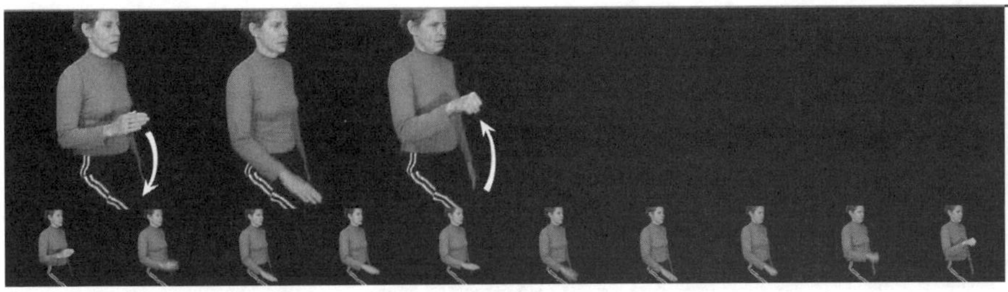

DEPILAR – Mão aberta, dedos unidos e esticados. palma para baixo. Mover a mão tocando-a rapidamente na coxa e depois para cima, fechando-a em "S".

• ***Depilar:*** *Remover os pelos do corpo.* **Sinal igual:** DEPILAÇÃO, EPILAÇÃO

▪ **DENTUÇO:** DENTE ▪ **DEPARAR:** ENCARAR, ENCONTRAR ▪ **DEPENDÊNCIA:** DEPENDER ▪ **DEPENDURAR:** SUSPENDER ▪ **DEPILAÇÃO:** DEPILAR

DEPOIS – Mão fechada com o indicador esticado, palma para a frente. Mover a mão girando-a para a frente, articulando o punho. Completar uma volta e terminar a rotação com a palma para cima.

• ***Depois:*** *Em momento posterior; em seguida.* **Sinal igual:** APÓS, DETRÁS, POSTERIOR, POSTERIORMENTE, SUBSEQUENTE

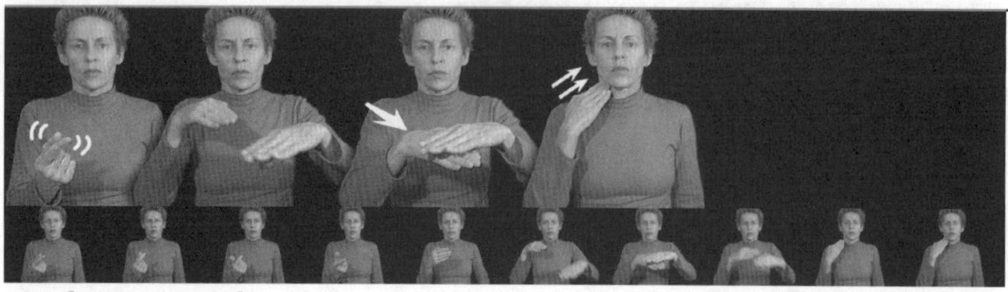

DEPÓSITO BANCÁRIO – Fazer o sinal de "dinheiro". Em seguida, com as mãos abertas, dedos unidos e esticados, palmas para baixo, mover uma mão deslizando-a por baixo da outra. Depois, fazer o sinal de "banco".

• ***Depósito bancário:*** *Ato de depositar alguma quantia em conta bancária.*

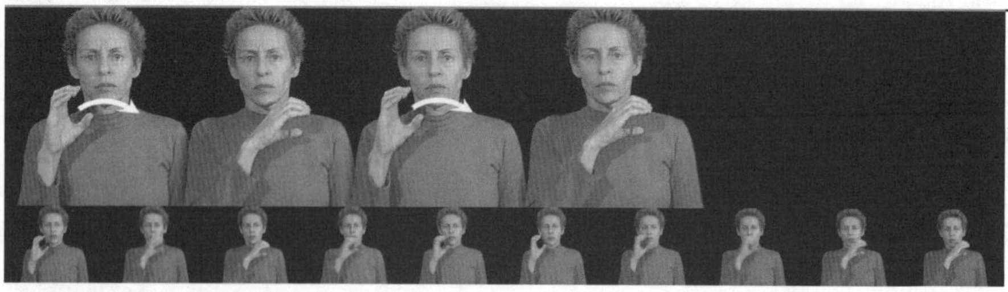

DEPRESSA – Mão direita em "C", palma para dentro. Posicionar a mão perto do canto direito da boca (foto 1). Em seguida, movê-la rapidamente, duas ou três vezes, para a esquerda, passando-a diante da boca, sem tocá-la.

• ***Depressa:*** *De maneira rápida.* **Sinal igual:** RAPIDAMENTE

DEPRIMIDO – Fazer os sinais de "mágoa" e de "triste".

• ***Deprimido:*** *Aquele que sente abatimento moral, tristeza, melancolia.* **Sinal igual:** ABATIDO, DEBILITADO, DEPRESSÃO, DEPRESSIVO

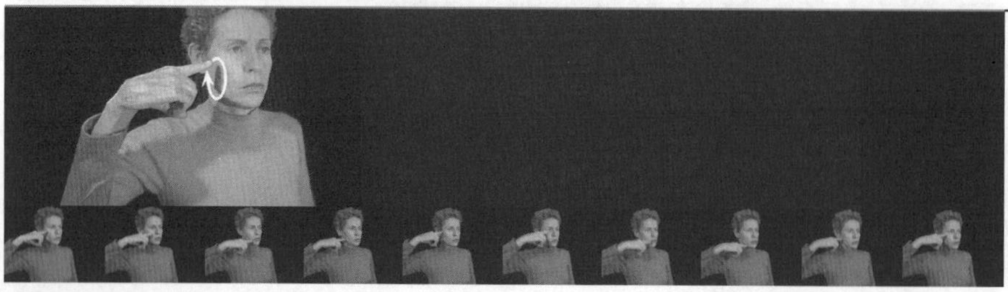

DEPUTADO – Mão em "D", palma para baixo. Posicionar a mão ao lado do rosto, com o dedo indicador apontando para a bochecha. Em seguida, girar a mão para a frente (duas ou três voltas), sempre mantendo o indicador apontando para a bochecha.

• ***Deputado:*** *Membro legalmente eleito da Câmara Legislativa.* **Sinal igual:** DEPUTADO ESTADUAL, DEPUTADO FEDERAL, PARLAMENTAR

▪ **DEPOR:** TESTEMUNHA ▪ **DEPOSITAR:** COLOCAR ▪ **DEPRECIADO:** DESPREZADO ▪ **DEPRECIAR:** DESPREZAR ▪ **DEPRESSÃO:** DEPRIMIDO ▪ **DEPRESSIVO:** DEPRIMIDO ▪ **DEPUTADO ESTADUAL:** DEPUTADO ▪ **DEPUTADO FEDERAL:** DEPUTADO ▪ **DE QUE JEITO:** COMO ▪ **DE QUE MANEIRA:** COMO ▪ **DE QUE MODO:** COMO ▪ **DERME:** PELE ▪ **DERRADEIRO:** SÓ ▪ **DERRAMAMENTO:** DERRAMAR

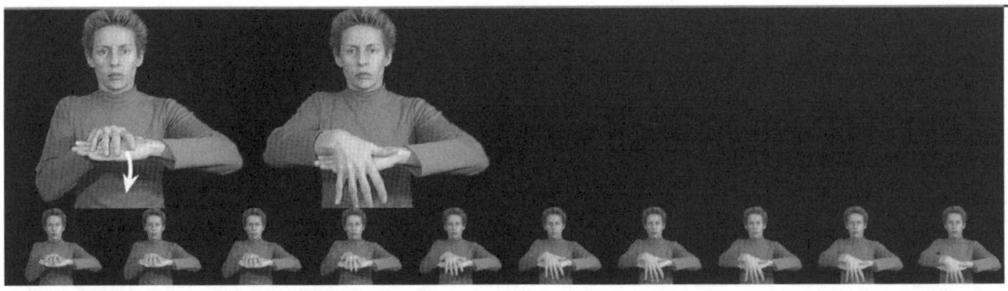

DERRAMAR – Mão esquerda aberta, dedos unidos e esticados apontando para dentro, palma para baixo. Mão direita aberta com os dedos separados e levemente relaxados. Apoiar a mão direita sobre o dorso esquerdo. Em seguida, deslizar a mão direita para a frente e para baixo, sem desencostar uma mão da outra.

• ***Derramar:*** *Despejar líquido; verter.* **Sinal igual:** DERRAMAMENTO, DESPEJAR, ENTORNAR, VERTER

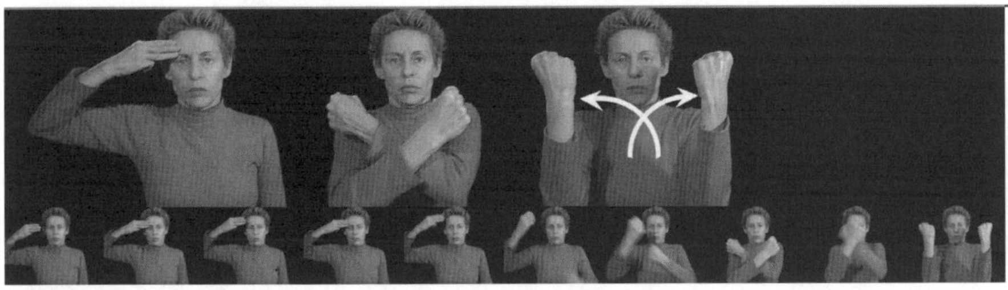

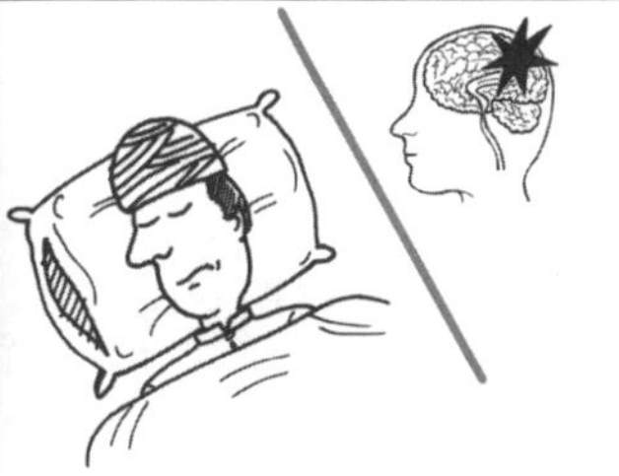

DERRAME CEREBRAL – Mão em "M", palma para trás. Tocar as pontas dos dedos duas vezes na lateral da testa. Em seguida, com as mãos fechadas, palmas para trás, cruzar os braços conforme a foto 2. Depois, com um movimento rápido, afastar as mãos para as laterais.

• ***Derrame cerebral:*** *Acidente vascular cerebral.*

DERRETER – Mãos abertas, dedos esticados e separados, palmas para trás. Mover as mãos simultaneamente para baixo, unindo os dedos pelas pontas.

• ***Derreter:*** *Passar do estado sólido para o estado líquido.* **Sinal igual:** LIQUEFAZER, LIQUEFEITO

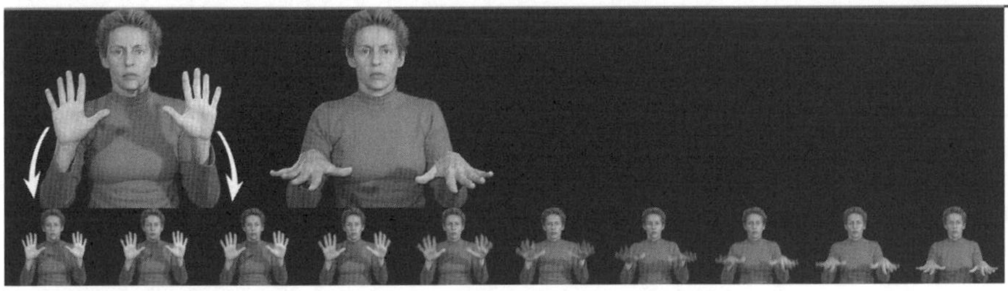

DERRUBAR – Mãos abertas, dedos esticados e separados, palmas para a frente. Mover as mãos um pouco para a frente, simultânea e rapidamente, virando as palmas para baixo.

• ***Derrubar:*** *Deixar cair de modo proposital ou inadvertido.* **Sinal igual:** ABATER

DESABAFAR – Unir as pontas dos dedos de uma das mãos e tocar na ponta do queixo. Em seguida, mover a mão para a frente, abrindo-a com os dedos esticados e separados e palma para cima.

• ***Desabafar:*** *Exprimir-se com franqueza sobre algo com que se aflige.* **Sinal igual:** ALIVIADO, ALÍVIO, DESABAFO, DESAFOGO, DESOPRIMIR

■ DERROTADO: VENCIDO ■ DERROTAR: VENCER ■ DESABAFO: DESABAFAR ■ DESABAMENTO: DEMOLIR ■ DESABAR: DEMOLIR

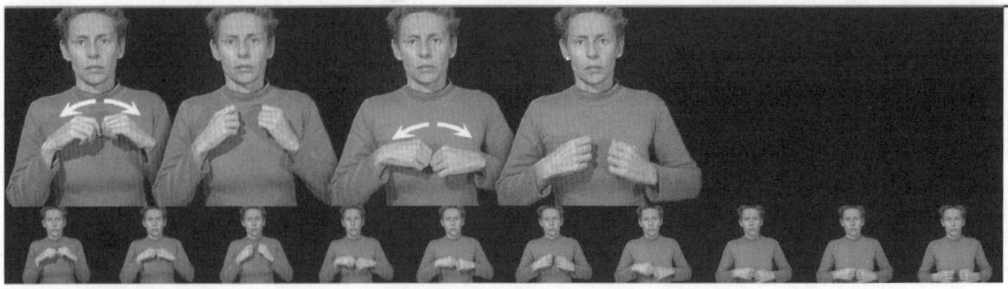

DESABOTOAR – Imitar o gesto de quem desabotoa uma camisa.

• ***Desabotoar:*** *Abrir a vestimenta, desapertando os botões.*

DESAFIAR – Mãos fechadas com os dedos indicadores esticados apontando para cima, palmas para trás. Posicionar as mãos conforme a foto 1. Em seguida, mover as mãos simultaneamente, com firmeza, apontando uma para a outra (foto 2).

• ***Desafiar:*** *Dirigir provocação a alguém; propor medir forças em luta, jogo, competição etc.* **Sinal igual:** APOSTAR, ARRISCAR, CONTRA, CONTRARIAMENTE, RIVALIZAR, RIXA

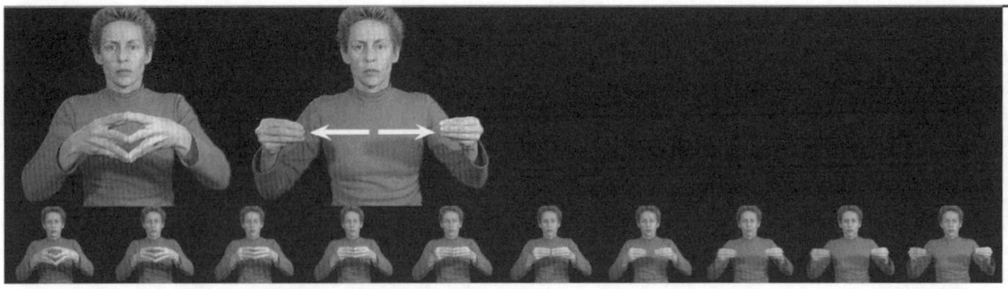

DESAPARECER – Mãos abertas com os dedos esticados e separados, palmas para dentro. Unir as mãos encostando as pontas dos dedos (foto 1). Em seguida, movê-las para as laterais, unindo as pontas dos dedos.

• ***Desaparecer:*** *Deixar de estar visível; sumir.* **Sinal igual:** OCULTAR, SUMIR

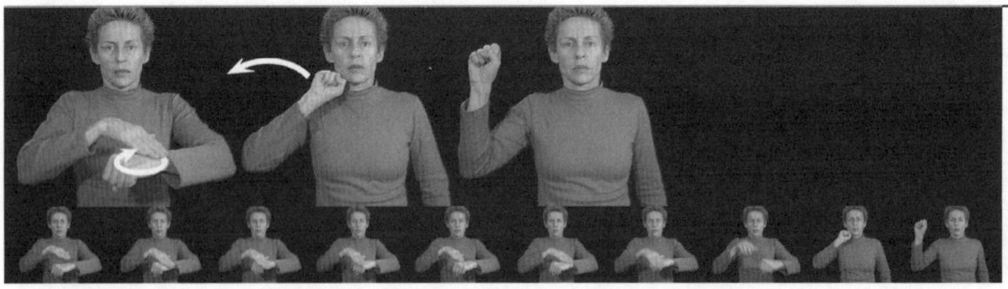

DESBANCAR – Fazer o sinal de "conversar". Em seguida, com a mão fechada em "S", posicioná-la ao lado do pescoço. Com um gesto firme, mover a mão para o lado.

• ***Desbancar:*** *Levar vantagem sobre alguém.* **Sinal igual:** SOBREPUJAR, SUPERAR, SUPLANTAR

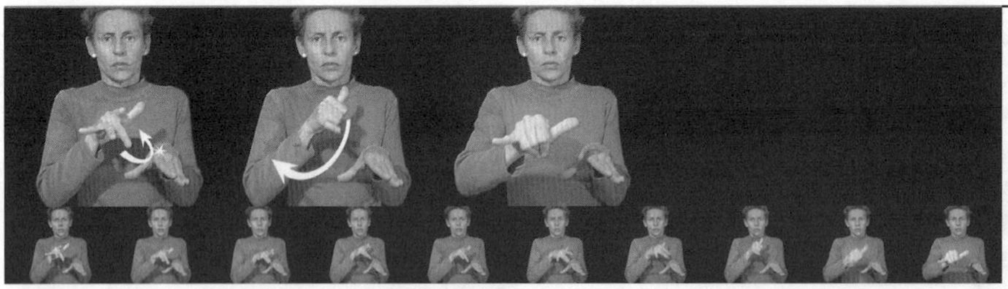

DESCALÇO – Fazer o sinal de "pé". Em seguida, mão direita em "Y", palma para baixo, posicionada acima da esquerda. Mover a mão direita para a frente virando a palma também para a frente.

• ***Descalço:*** *Aquele que está sem calçado; que tem os pés nus.*

▪ **DESABROCHAR:** BROTAR ▪ **DESACERTO:** ENGANO ▪ **DESACOMPANHADO:** SÓ ▪ **DESAFIAR:** PROVOCAR ▪ **DESAFOGO:** DESABAFAR ▪ **DESAFORTUNADO:** AZAR ▪ **DESAFRONTA:** VINGANÇA ▪ **DESAGRADAR:** DESGOSTAR ▪ **DESAGRADÁVEL:** CHATO, MAU ▪ **DESAGRADO:** NOJO ▪ **DESAJEITADO:** ATRAPALHADO ▪ **DESALINHADO:** DESLEIXADO ▪ **DESALINHO:** BAGUNÇAR ▪ **DESAMPARAR:** ABANDONAR ▪ **DESANCAR:** ESPANCAR ▪ **DESAPRENDER:** ESQUECER ▪ **DESAPROVAR:** REPROVAR ▪ **DESARRANJADO:** BAGUNÇAR ▪ **DESARRUMADO:** BAGUNÇAR ▪ **DESASTRE:** MAU ▪ **DESATINO:** ASNEIRA ▪ **DESAVERGONHADO:** SAFADO ▪ **DESCAMAÇÃO:** DESCAMAR

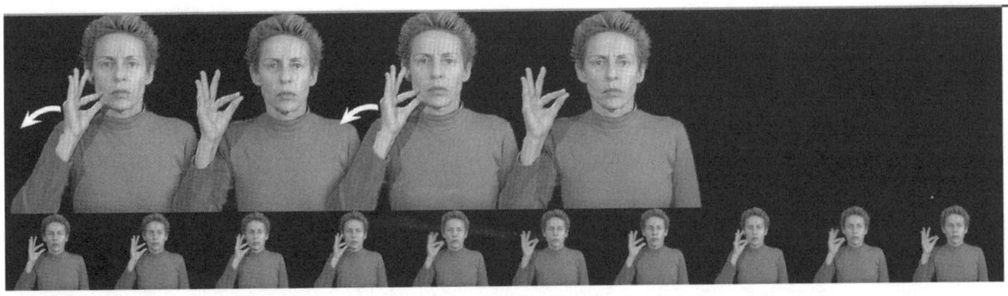

DESCAMAR – Com as pontas dos dedos indicador e polegar, imitar o gesto de quem tira uma pele solta do rosto.

• *Descamar: Soltar uma camada da pele; perder as escamas.* **Sinal igual:** DESCAMAÇÃO

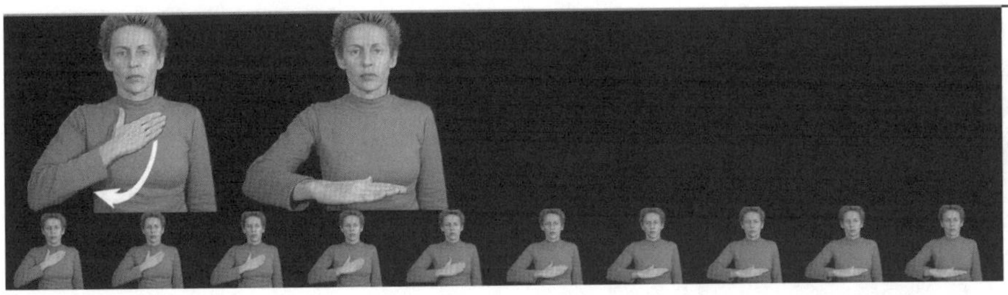

DESCANSAR – Encostar a mão no peito. Em seguida, com um movimento calmo, deslizar a mão um pouco para baixo e depois para a frente, virando a palma para baixo.

• *Descansar: Livrar(-se) de estado de fadiga; obter tranquilidade.* **Sinal igual:** AQUIETAR, DESCANSO, FOLGAR, REPOUSAR, REPOUSO, SOSSEGADO, SOSSEGAR

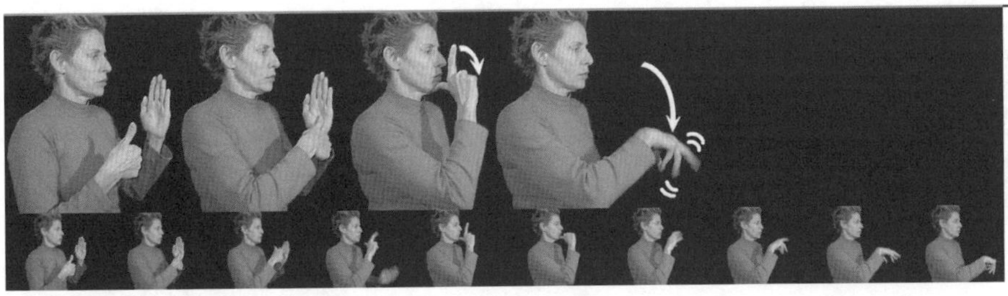

DESCARGA – Tocar com o dedo polegar direito na palma da mão esquerda. Depois, fazer o sinal de "água". Em seguida, mover a mão para baixo, movimentando também os dedos aleatoriamente, apontando para o chão.

• *Descarga: Válvula que regula a saída de água em um vaso sanitário.*

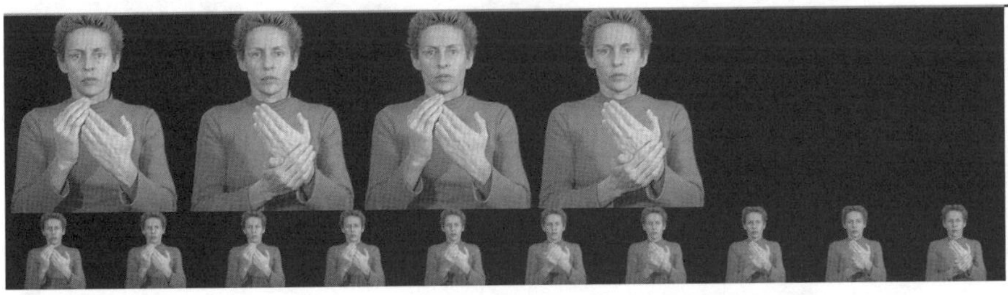

DESCASCAR – Mãos abertas e levemente curvadas, dedos unidos, palmas para trás. Deslizar a mão direita de cima para baixo sobre o dorso da mão esquerda.

• *Descascar: Perder ou fazer perder a casca ou qualquer outro revestimento.* **Sinal igual:** DESCORTIÇAR, ESCORCHAR

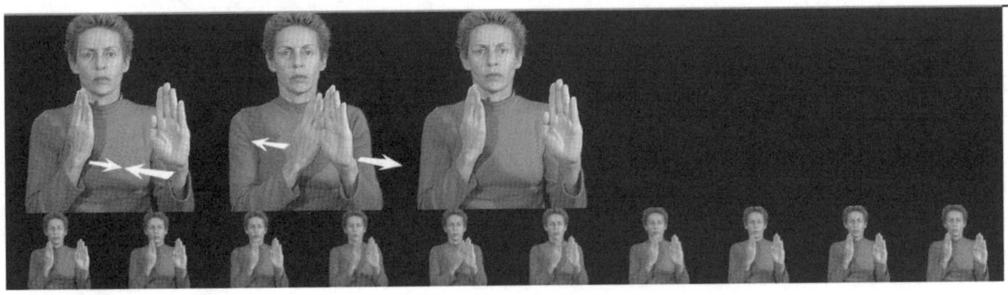

DESCOBRIR – Mãos abertas, dedos unidos e esticados apontando para cima, palmas para dentro. Posicionar uma mão à frente da outra (foto 1). Depois, mover as mãos até se tocarem pelas laterais e voltar à posição inicial.

• *Descobrir: Tomar conhecimento de algo.* **Sinal igual:** DESCOBERTA, DESCOBRIMENTO, DESMISTIFICAR

■ **DESCANSO:** DESCANSAR ■ **DESCARADO:** SAFADO ■ **DESCARGA ELÉTRICA:** CHOQUE ELÉTRICO ■ **DESCENDÊNCIA:** FAMÍLIA, FILHO ■ **DESCENDENTE:** FILHO ■ **DESCER:** ABAIXAR ■ **DESCERRAR:** ABRIR ■ **DESCOBERTA:** DESCOBRIR ■ **DESCOBRIMENTO:** DESCOBRIR ■ **DESCOMUNAL:** GIGANTE ■ **DESCONCENTRADO:** DISTRAÍDO ■ **DESCONFIADO:** DESCONFIAR ■ **DESCONFIANÇA:** DESCONFIAR

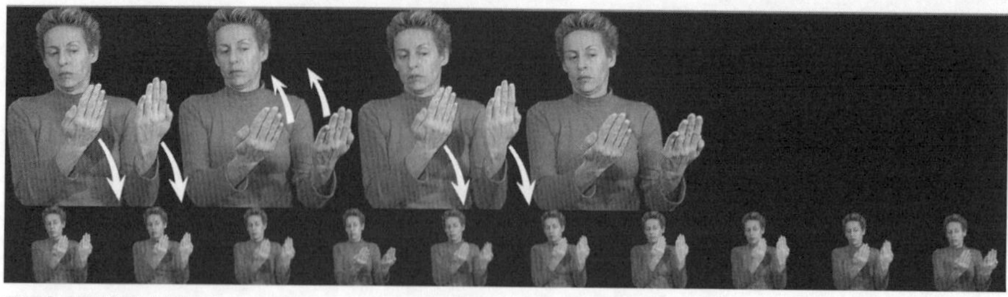

D

DESCONFIAR – Mãos abertas, dedos unidos e esticados apontando para cima, palmas voltadas na direção do rosto. Posicionar as mãos ligeiramente para o lado (foto 1). Manter o rosto um pouco virado para o lado oposto ao das mãos. Movê-las simultaneamente para a frente e para trás, duas ou três vezes. Os olhos devem permanecer focados para as mãos. Fazer uma expressão de "desconfiança".

• ***Desconfiar:*** *Duvidar da sinceridade de alguém ou de alguma coisa.* **Sinal igual:** DESCONFIADO, DESCONFIANÇA, SUSPEITAR

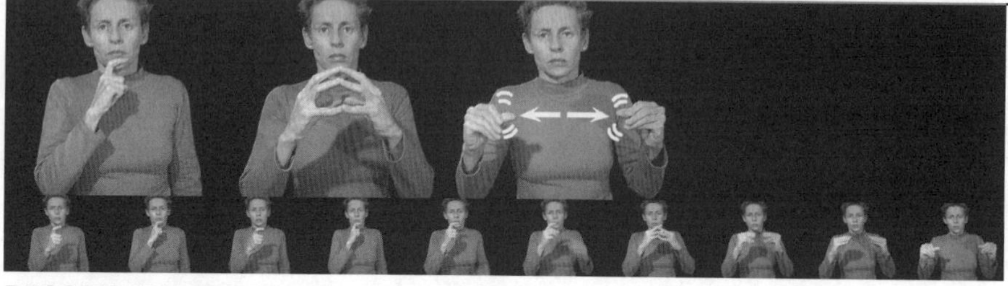

DESCONGELAR – Fazer os sinais de "gelado" e de "decompor".

• ***Descongelar:*** *Perder o frio excessivo; derreter.*

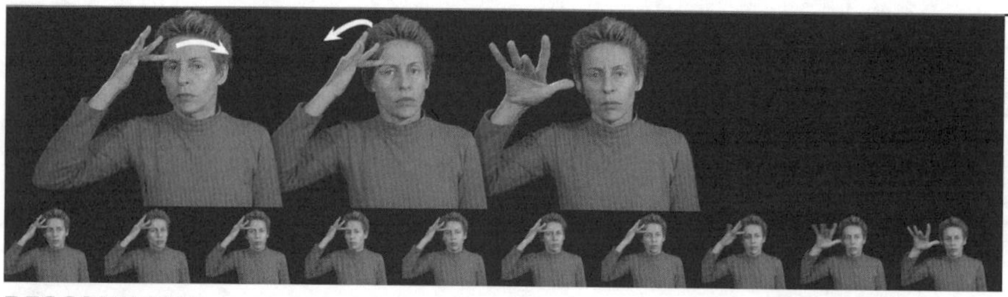

DESCONHECER – Mão aberta, dedos esticados e separados. Tocar a ponta do dedo médio na lateral da testa. Em seguida, mover a cabeça para um lado e para o outro (movimento de "não") e, ao mesmo tempo, mover a mão um pouco para a frente, virando a palma da mão para a mesma direção.

• ***Desconhecer:*** *Não ter conhecimento de algo; não conhecer.*

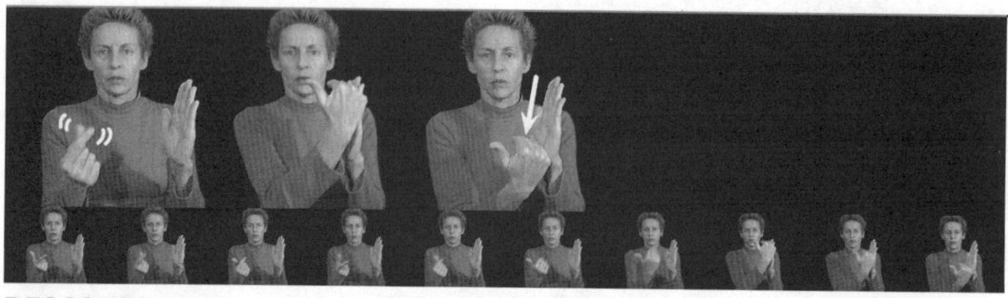

DESCONTO – Fazer o sinal de "dinheiro". Em seguida, mão direita dobrada, dedos esticados e unidos, palma para trás. Mão esquerda aberta, dedos unidos e esticados, palma para dentro. Deslizar a lateral externa da mão direita na esquerda, de cima para baixo.

• ***Desconto:*** *Abatimento no valor de determinada conta ou quantia.* **Sinal igual:** ABATIMENTO

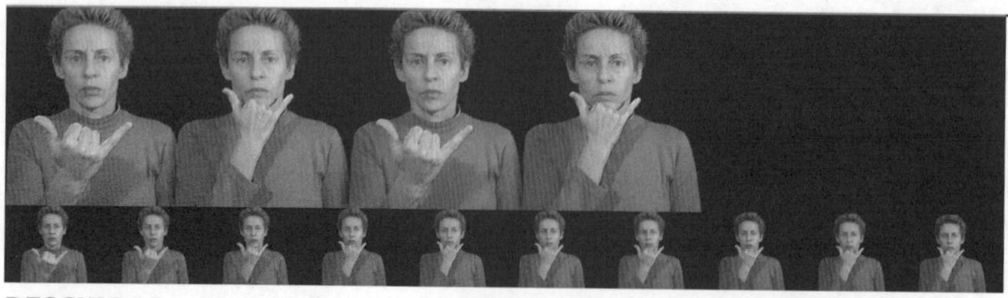

DESCULPAR – Mão em "Y", palma para trás. Encostar duas vezes o dorso dos dedos (indicador, médio e anular) no queixo.

• ***Desculpar:*** *Conceder perdão a alguém ou a si próprio.* **Sinal igual:** ABSOLVER, DESCULPAS, PERDÃO, PERDOAR

▪ **DESCONSIDERADO:** DESPREZADO ▪ **DESCONSIDERAR:** DESPREZAR ▪ **DESCONTENTAMENTO:** MÁGOA ▪ **DESCONTENTAR:** DESGOSTAR ▪ **DESCONTENTE:** MÁGOA ▪ **DESCORADO:** PÁLIDO ▪ **DESCORTIÇAR:** DESCASCAR ▪ **DESCRENTE:** ATEU ▪ **DESCREVER:** EXPLICAR ▪ **DESCUIDADO:** DESLEIXADO, NEGLIGENTE ▪ **DESCUIDO:** NEGLIGENTE ▪ **DESCULPAS:** DESCULPAR ▪ **DESDENHAR:** DESPREZAR ▪ **DESDENTADO:** BANGUELA

DESEJAR – Mão fechada com o dedo indicador esticado, palma para trás. Encostar a ponta do dedo logo abaixo do queixo e deslizá-la para baixo até a base do pescoço. Manter a cabeça um pouco levantada.

• ***Desejar:*** *Querer algo para si ou para alguém.* **Sinal igual:** ALMEJAR, ANSIAR, APETITE, ASPIRAR, DESEJO, INTENÇÃO, PRETENDER, VONTADE

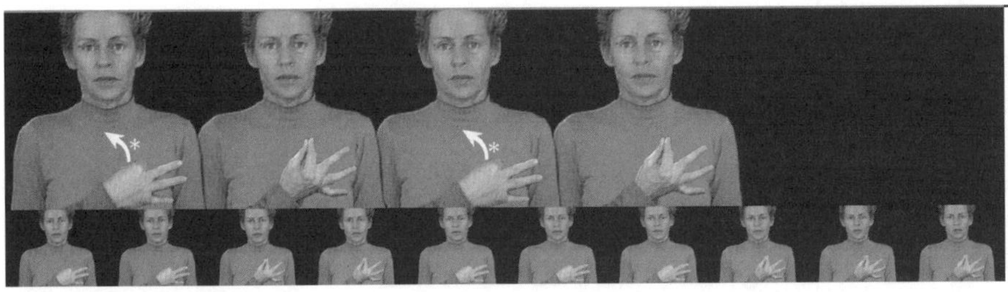

DESEJO SEXUAL – Mão aberta, dedos esticados e separados apontando para dentro, palma para trás, dedos indicador e polegar unidos pelas pontas apontando para trás. Posicionar a mão na frente do peito, na região do coração. Em seguida, com gestos curtos, mover a mão duas ou três vezes, de baixo para cima, resvalando a ponta dos dedos indicador e polegar no peito durante o percurso e virando a palma para cima.

• ***Desejo sexual:*** *Vontade que impulsiona uma pessoa a buscar ou a tornar-se receptiva ao encontro sexual.* **Sinal igual:** APETITE SEXUAL, ATRAÇÃO SEXUAL, EXCITAÇÃO, EXCITADO, EXCITAR, TESÃO

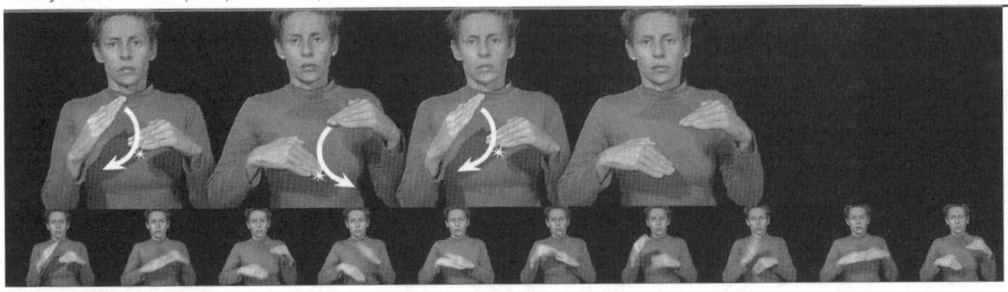

DESEMPENHO – Mãos abertas, dedos unidos e esticados apontando para dentro, palmas para baixo. Mover alternadamente as mãos tocando e deslizando uma mão sobre o dorso da outra.

• ***Desempenho:*** *Maneira como algo ou alguém se comporta; eficiência com a qual alguém realiza algo.*

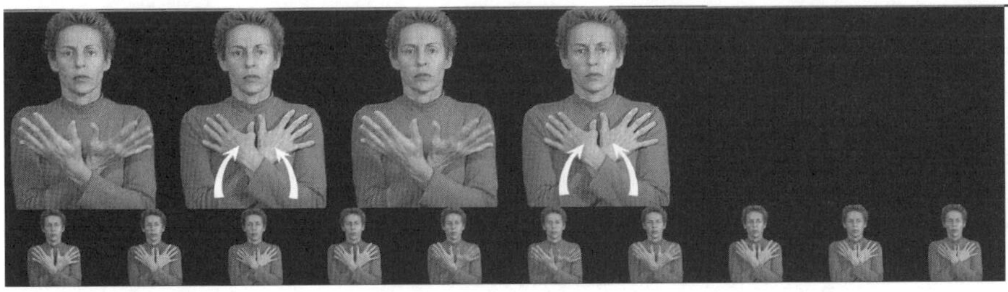

DESEMPREGADO – Mãos abertas, dedos esticados e separados, palmas para trás. Cruzar os braços e mantê-los unidos pelos punhos, conforme a foto 1. Em seguida, mover as mãos, tocando-as no peito duas vezes.

• ***Desempregado:*** *Aquele que se encontra sem emprego.* **Sinal igual:** DEMITIDO, DESPEDIDO, DISPENSADO, EXONERADO

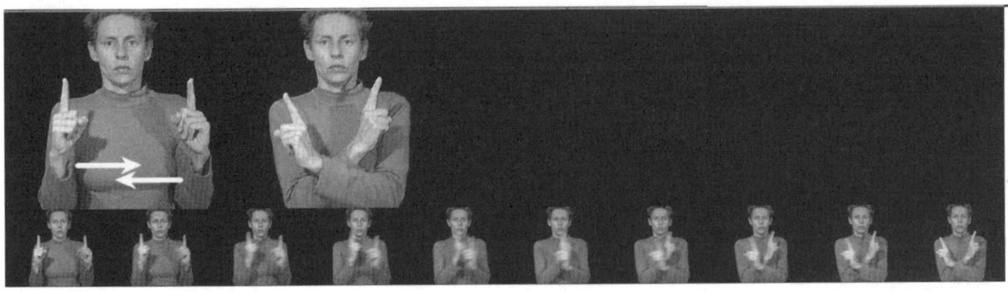

DESENCONTRAR – Mãos fechadas com os dedos indicadores esticados apontando para cima, palmas para dentro. Posicionar as mãos conforme a foto 1. Em seguida, mover as mãos simultaneamente, cruzando-as e trocando-as de lugar.

• ***Desencontrar:*** *Não estar no mesmo lugar e ao mesmo tempo.*

▪ **DESEJO:** DESEJAR ▪ **DESEMARANHAR:** PENTEAR ▪ **DESEMBARAÇADO:** CORAGEM ▪ **DESEMBARAÇAR:** PENTEAR

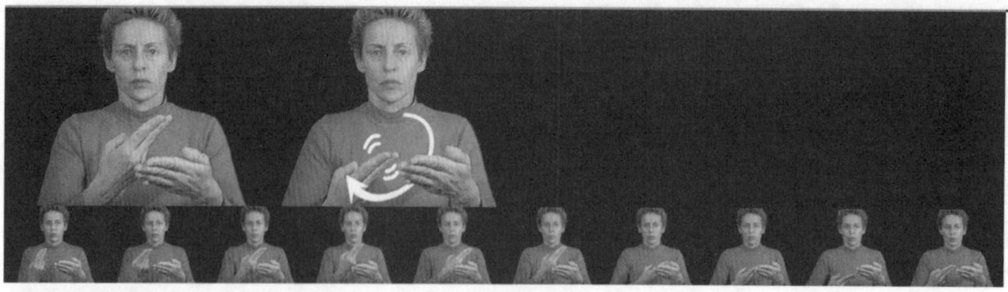

DESENHAR – Mão esquerda aberta, dedos unidos e esticados, palma para cima. Mão direita fechada com o indicador e o médio esticados e unidos. Posicionar a mão direita sobre a esquerda (foto 1). Depois, mover a mão direita em suaves "zigue-zagues" sobre a palma esquerda, sem tocá-la.

• ***Desenhar:*** *Criar ou copiar através de desenho formas bidimensionais sobre papel.* **Sinal igual:** CONFIGURAR, DESENHISTA, DESENHO, ESTAMPA, FIGURA, GRAVURA, ILUSTRAÇÃO, ILUSTRADOR, IMAGEM, TRAÇAR

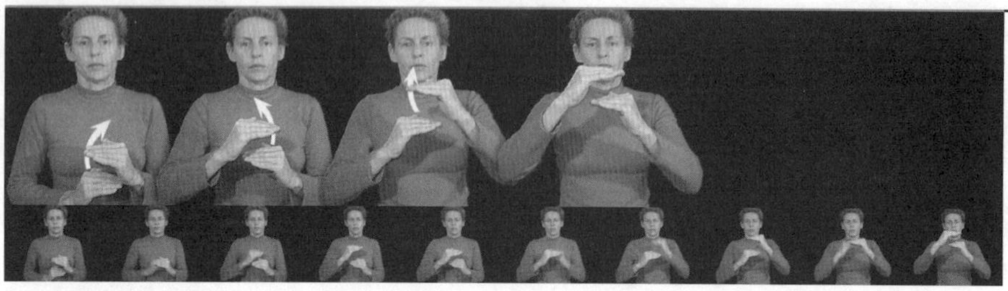

DESENVOLVER – Mãos dobradas com os dedos esticados e unidos, palmas para dentro. Posicionar uma mão sobre a outra na altura do estômago (foto 1). Em seguida, mover alternadamente as mãos, passando uma sobre a outra, duas ou três vezes.

• ***Desenvolver:*** *Expandir(-se) nos planos intelectual, moral, psicológico ou espiritual.* **Sinal igual:** APERFEIÇOAR, APURAR, EVOLUIR, MODERNO, PROGREDIR, PROGRESSO

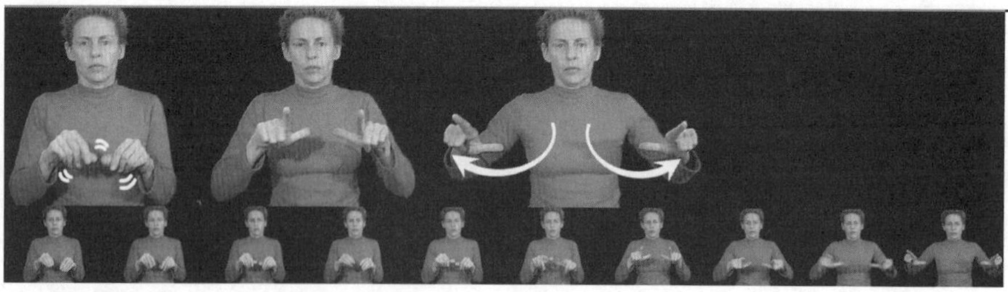

DESERTO – Fazer os sinais de "areia" e de "vazio".

• ***Deserto:*** *Região geográfica árida que possui somente formas de vida adaptadas a essa condição.* **Sinal igual:** DESÉRTICO

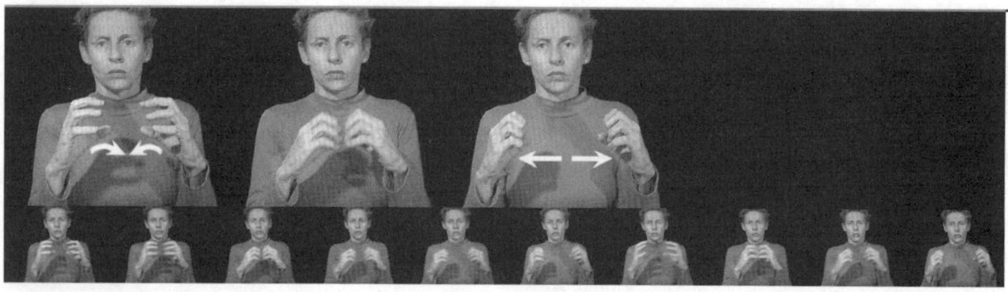

DESFIAR – Mãos abertas, dedos curvados e separados, palmas para dentro. Posicionar as mãos conforme a foto 1. Em seguida, tocar rapidamente uma mão na outra pelas pontas dos dedos e afastá-las, curvando os dedos ainda mais. Repetir esse movimento duas ou três vezes.

• ***Desfiar:*** *Soltar os fios*

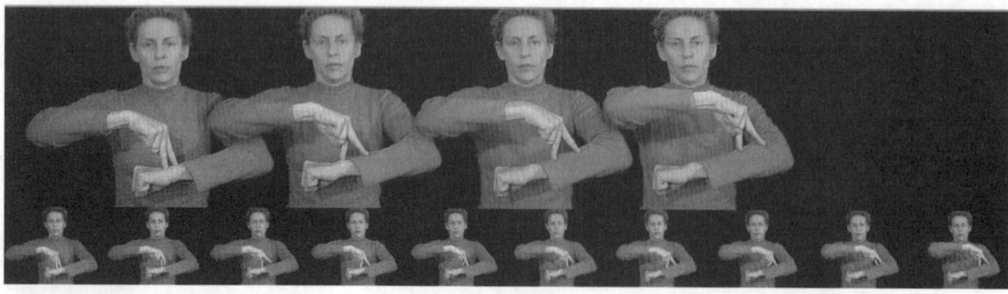

DESFILAR – Mão esquerda fechada, palma para baixo, braço dobrado. Mão direita em "V" com os dedos apontando para baixo. Tocar as pontas dos dedos da mão direita sobre o dorso da esquerda. Em seguida, mover a mão direita até próximo do cotovelo, "andando" com os dedos.

• ***Desfilar:*** *Apresentar-se em desfile, mostrando determinados produtos (roupas, carros etc.).* **Sinal igual:** DESFILE, PASSARELA

▪ **DESENHISTA:** DESENHAR ▪ **DESENHO:** DESENHAR ▪ **DESÉRTICO:** DESERTO ▪ **DESESPERO:** APAVORADO ▪ **DESFALECER:** DESMAIAR ▪ **DESFALECIMENTO:** DESMAIAR ▪ **DESFAZER:** CANCELAR ▪ **DESFEITO:** CANCELADO ▪ **DESFIGURAÇÃO:** DEFORMADO ▪ **DESFIGURADO:** DEFORMADO ▪ **DESFILE:** DESFILAR ▪ **DESFORRA:** VINGANÇA ▪ **DESGASTADO:** CANSADO

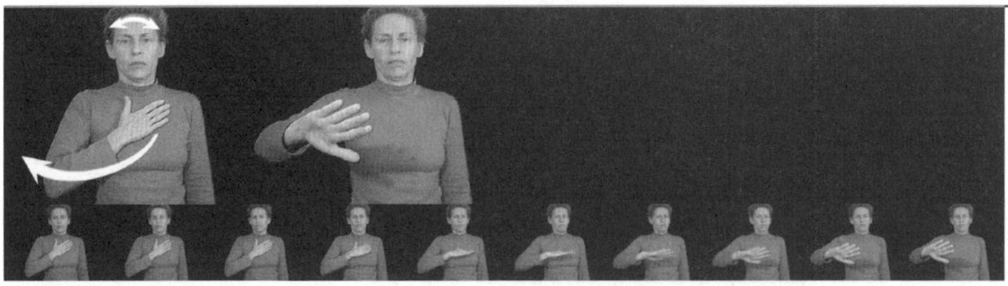

DESGOSTAR – Encostar a mão no peito (foto 1). Depois, mover a mão para a frente, virando a palma para baixo e, ao mesmo tempo, mover a cabeça em sinal de "não", fazendo uma expressão de desagrado.

• ***Desgostar:*** *Deixar de gostar de alguém ou de algo.* **Sinal igual:** DESAGRADAR, DESCONTENTAR, DESPRAZER

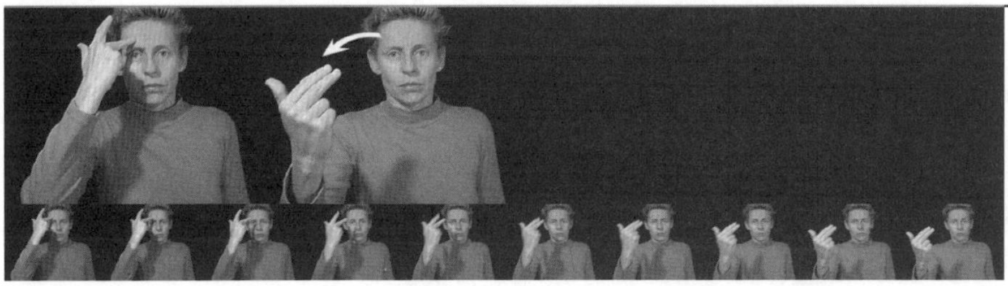

DESINIBIDO – Mão fechada com os dedos polegar, indicador e médio esticados e separados. Tocar na testa com a ponta do dedo médio. Em seguida, mover a mão para a frente, unindo o indicador e o médio.

• ***Desinibido:*** *Que revela falta de timidez ou acanhamento.*

DESLEIXADO – Mão em "Y", palma para baixo. Posicionar a mão próximo do peito. Mover a mão para a frente, virando a palma na mesma direção.

• ***Desleixado:*** *Aquele que revela falta de cuidado e apuro; negligente.* **Sinal igual:** DESALINHADO, DESCUIDADO, INCÚRIA, NEGLIGENTE

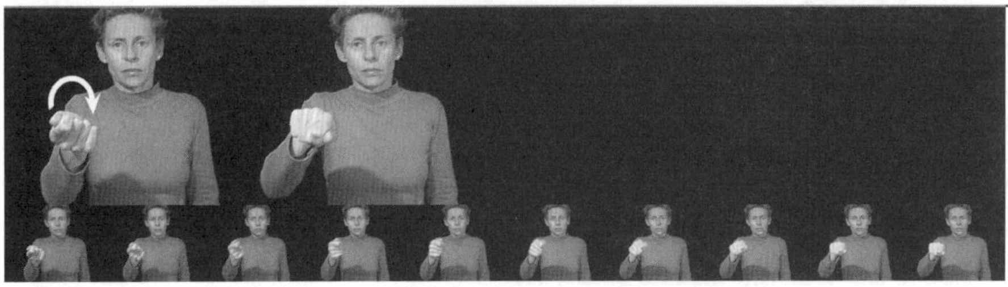

DESLIGAR – Mão em "A", palma para cima. Girar a mão ao redor do próprio eixo, em sentido anti-horário, virando a palma para baixo.

• ***Desligar:*** *Interromper o funcionamento de algum dispositivo; fazer parar de funcionar.*

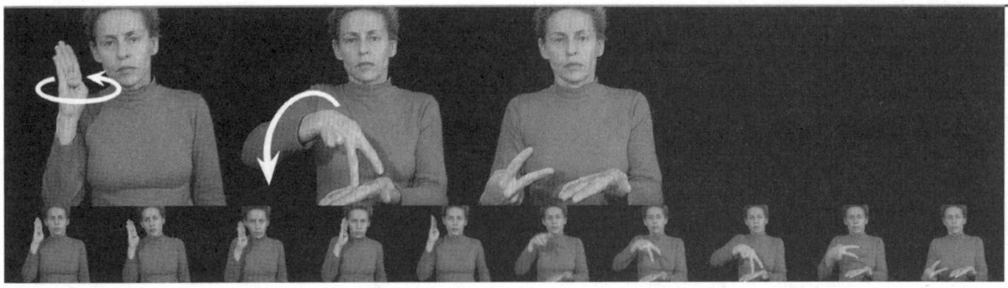

DESMAIAR – Fazer os sinais de "tontura" e de "cair".

• ***Desmaiar:*** *Perder os sentidos; desfalecer.* **Sinal igual:** DESFALECER, DESFALECIMENTO, DESMAIO

▪ **DESGOSTO:** MÁGOA ▪ **DESGOSTOSO:** MÁGOA ▪ **DESGRAÇA:** AZAR, MAU ▪ **DESGRAÇADO:** COITADO ▪ **DESIGNAÇÃO:** DENOMINAR, NOME ▪ **DESIGUAL:** DIFERENTE ▪ **DESISTÊNCIA:** ABANDONAR ▪ **DESISTIR:** ABANDONAR ▪ **DESLEAL:** DESONESTO ▪ **DESLEALDADE:** DESONESTO, TRAIÇÃO ▪ **DESLEIXADO:** NEGLIGENTE ▪ **DESLEIXO:** NEGLIGENTE ▪ **DESLEMBRADO:** ESQUECER ▪ **DESLIGAMENTO:** SEPARAR ▪ **DESLIZAR:** ESCORREGAR ▪ **DESLOCAMENTO:** MUDANÇA ▪ **DESLOCAR:** MUDANÇA, TRANSFERIR ▪ **DESMAIO:** DESMAIAR ▪ **DESMEDIDO:** ENORME ▪ **DESMEMORIADO:** ESQUECER ▪ **DESMISTIFICAR:** DESCOBRIR

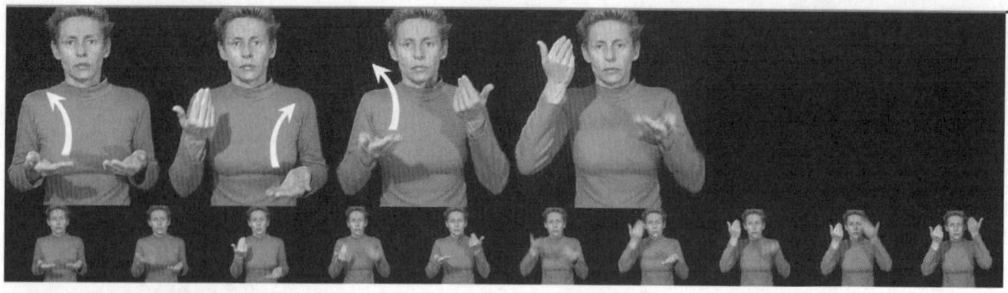

DESMONTAR – Mãos abertas, palmas para cima, dedos apontando para a frente. Posicionar as mãos na altura do estômago. Em seguida, mover as mãos alternadamente para cima e para trás, subindo um pouco mais a cada troca de mãos.

• ***Desmontar:*** *Separar as partes ou os elementos de um conjunto; destruir a forma.*

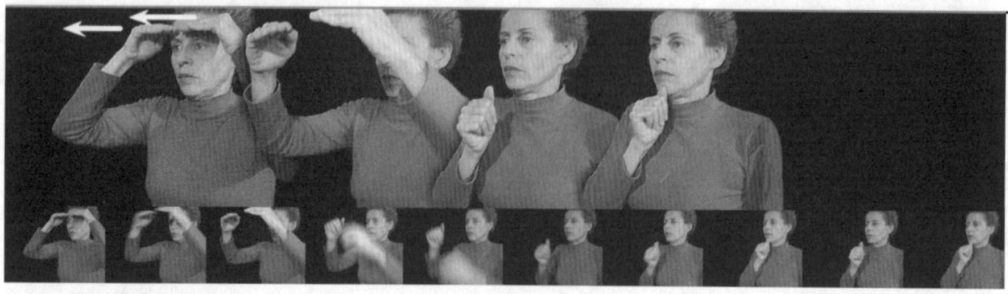

DESOBEDECER – Fazer os sinais de "obedecer" e de "ainda não".

• ***Desobedecer:*** *Não obedecer; recusar-se a acatar ordens.* **Sinal igual:** DESOBEDIÊNCIA, INFRINGIR, TRANSGREDIR, TRANSGRESSÃO

DESODORANTE – Erguer um dos braços, deixando a axila à mostra. Com a mão oposta em "C" posicionada perto da axila, abrir e fechar a mão duas vezes, imitando o gesto de quem aperta um frasco de desodorante.

• ***Desodorante:*** *Cosmético usado para anular odores desagradáveis de determinadas partes do corpo.* **Sinal igual:** ANTIPERSPIRANTE, ANTITRANSPIRANTE

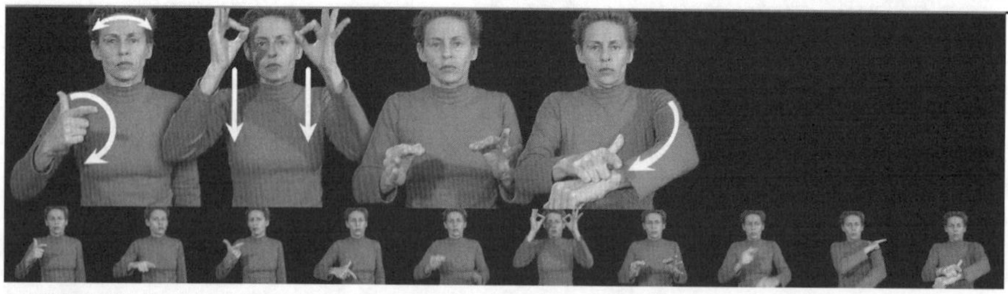

DESONESTO – Fazer os sinais de "não ter", de "certo" e de "educação".

• ***Desonesto:*** *Qualidade de quem não é honesto; que tem a intenção de enganar.* **Sinal igual:** DESLEAL, DESLEALDADE, DESONESTIDADE, DEVASSO, INESCRUPULOSO

DESPERTAR – Mãos fechadas em "A", com os dedos polegares encostando nos cantos dos olhos e palmas para a frente. Com um movimento um pouco lento e simultâneo, esticar os indicadores, apontando-os para cima.

• ***Despertar:*** *Sair do sono; acordar.* **Sinal igual:** ACORDAR, ESPERTAR

■ **DESMORONAMENTO:** DEMOLIR ■ **DESMORONAR:** DEMOLIR ■ **DESNUDO:** NU ■ **DESOBEDIÊNCIA:** DESOBEDECER ■ **DESOBRIGAR:** ISENTAR ■ **DESOCUPADO:** À TOA ■ **DESONERADO:** GRÁTIS ■ **DESONESTIDADE:** DESONESTO ■ **DESOPRIMIR:** DESABAFAR ■ **DESORDEM:** BAGUNÇAR ■ **DESORDENAR:** ATRAPALHAR ■ **DESORGANIZADO:** BAGUNÇAR ■ **DESPEDIDO:** DESEMPREGADO ■ **DESPEDIR:** DEMITIR ■ **DESPEITO:** INVEJA ■ **DESPEJAR:** DERRAMAR ■ **DESPENAR:** DEPENAR ■ **DESPENCAR:** CAIR ■ **DESPENDER:** GASTAR ■ **DESPERTAR:** ACORDAR ■ **DESPESAS:** GASTAR ■ **DESPIDO:** NU ■ **DESPLUMAR:** DEPENAR ■ **DESPORTISTA:** ESPORTE ■ **DESPORTO:** ESPORTE ■ **DESPOTISMO:** DITADURA ■ **DESPRAZER:** DESGOSTAR

DESPREOCUPADO – Dedos mínimo e anular fechados, dedos indicador, médio e polegar esticados. Encostar as pontas do indicador e do médio abaixo do olho. Em seguida, mover a mão, lentamente, para a frente e, ao mesmo tempo, balançar o indicador e o médio aleatoriamente. Começar esse sinal com os olhos fechados e abri-los assim que começar o movimento da mão.

• ***Despreocupado:*** *Que não tem preocupação.*

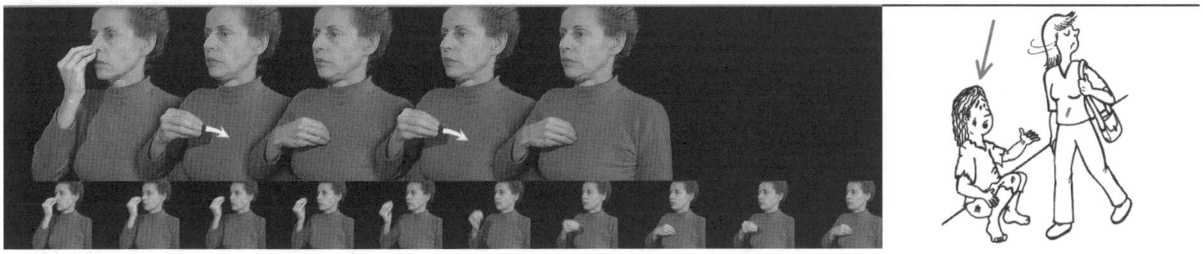

DESPREZADO – Encostar as pontas dos dedos na extremidade do nariz (foto 1). Em seguida, mantendo as pontas dos dedos unidas, tocar duas vezes no peito.

• ***Desprezado:*** *Aquele ou aquilo que não recebe atenção; ignorado.* **Sinal igual:** DEPRECIADO, DESCONSIDERADO, MENOSPREZADO

DESPREZAR – Encostar as pontas dos dedos na extremidade do nariz (foto 1). Em seguida, virar a mão para a frente, tocando duas vezes em um ponto imaginário.

• ***Desprezar:*** *Não dar atenção a alguém ou alguma coisa; ignorar.* **Sinal igual:** DEPRECIAR, DESCONSIDERAR, DESDENHAR, MENOSPREZAR

DESTRO – Tocar duas vezes os dedos da mão esquerda no dorso direito. Depois, fazer o sinal de "escrever".

• ***Destro:*** *Pessoa que utiliza preferencialmente a mão direita.*

DESTRUIR – Mãos abertas, dedos esticados e separados. Encostar uma mão na outra pelas palmas. Os dedos da mão direita devem apontar para o lado esquerdo e os dedos da esquerda devem apontar para o lado direito (foto 1). Com rapidez, mover a mão direita para o lado direito e a mão esquerda para o lado esquerdo, invertendo os lados para os quais os dedos apontavam no início do movimento.

• ***Destruir:*** *Causar a perda de algo; arruinar, devastar, estragar.* **Sinal igual:** ANIQUILAR, ARRUINAR, ASSOLAR, DETERIORAR, EXTERMINAR, INUTILIZAR

▪ DESPROPÓSITO: ASNEIRA ▪ DESPROVIDO: SEM NENHUM ▪ DESQUITADO: DIVÓRCIO ▪ DESQUITE: DIVÓRCIO ▪ DESSEMELHANTE: DIFERENTE ▪ DESTA FORMA: ASSIM ▪ DESTE JEITO: ASSIM ▪ DESTE MODO: ASSIM ▪ DESTEMIDO: CORAGEM ▪ DESTINO: SORTE ▪ DESTITUIR: DEMITIR ▪ DESTRATAR: XINGAR ▪ DESTRUÍDO: QUEBRAR ▪ DESUMANIDADE: MAU ▪ DESUMANO: MAU ▪ DESUNIÃO: DIVÓRCIO ▪ DESUNIÃO: SEPARAR ▪ DESUNIR: SEPARAR

DESVALORIZAR – Mão aberta, dedos esticados e separados, palma para baixo. Posicionar a mão na altura do rosto (foto 1). Em seguida, mover a mão para baixo e, ao mesmo tempo, balançá-la, ao redor do próprio eixo, para a esquerda e direita, várias vezes enquanto a mão desce.

• ***Desvalorizar:*** *Fazer perder ou perder o valor.*

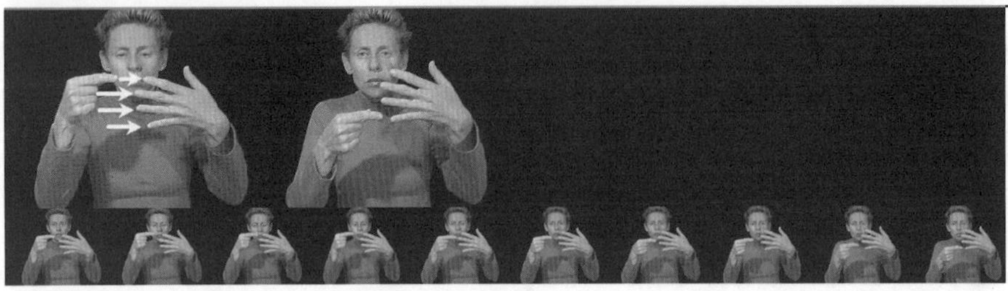
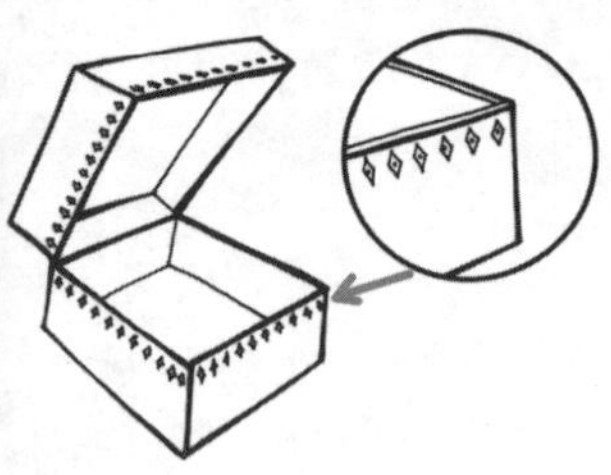

DETALHE – Mão esquerda aberta, dedos esticados e separados, palma para trás. Mão direita fechada com o dedo indicador esticado. Apontar com o indicador direito para as pontas dos dedos indicador, médio, anular e mínimo da mão esquerda, sucessivamente.

• ***Detalhe:*** *Cada uma das partes de um conjunto; pequeno elemento.*

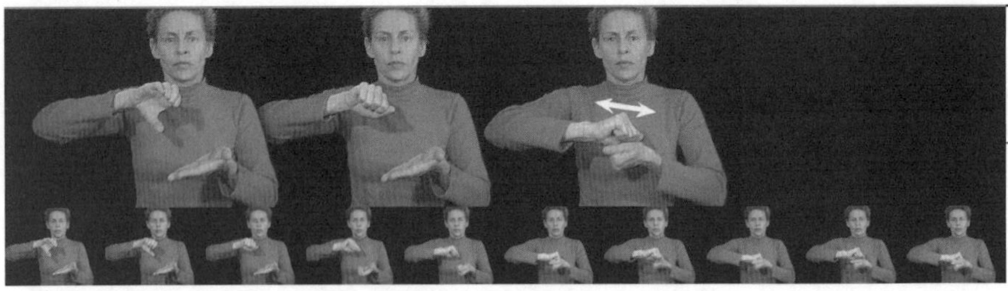

DETERGENTE – Mão esquerda aberta, palma para cima. Mão direita em "C". Posicionar as mãos conforme a foto 1. Em seguida, fechar e abrir a mão direita duas vezes. Depois, fechar as duas mãos em "A" e esfregar uma na outra (manter a mão esquerda com a palma virada para cima).

• ***Detergente:*** *Produto usado para dissolver gorduras e eliminar impurezas de certas superfícies.* **Sinal igual:** LAVA-LOUÇA

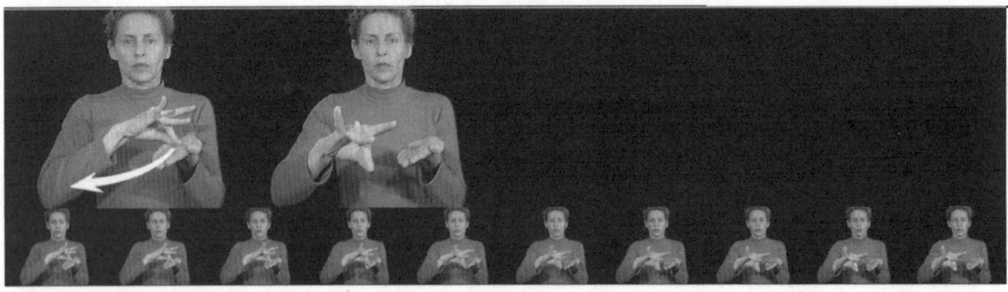

DETESTAR – Mão esquerda aberta, palma para cima. Mão direita aberta com o médio e o polegar se tocando pelas pontas. Tocar na palma da mão esquerda com as pontas dos dedos (médio e polegar) da mão direita. Em seguida, com um movimento rápido, mover a mão direita para a frente. Fazer uma expressão de desagrado.

• ***Detestar:*** *Não gostar de algo ou de alguma coisa.* **Sinal igual:** ABOMINAR, ABOMINÁVEL, ANTIPATIZAR, AVERSÃO, DETESTÁVEL, INSUPORTÁVEL

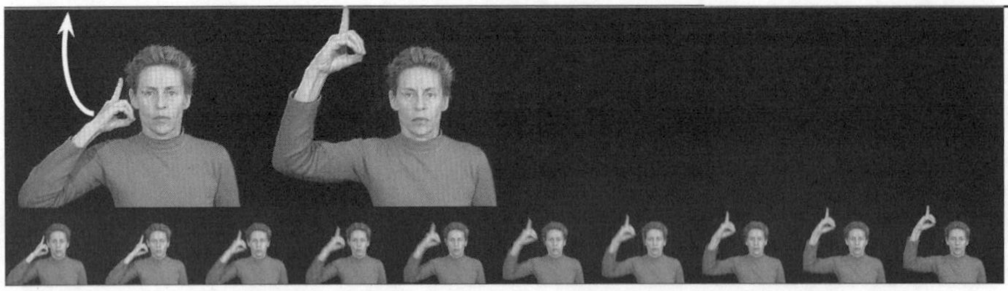

DEUS – Mão em "D", palma para dentro. Posicionar a mão ao lado do rosto. Em seguida, mover a mão para cima.

• ***Deus:*** *Criador de todas as coisas; Ser supremo.* **Sinal igual:** CRIADOR, ONIPOTENTE, ONIPRESENTE

▪ **DESVARIO:** ASNEIRA ▪ **DESVELO:** CARINHO, CUIDADO ▪ **DESVIO:** DIREITA ▪ **DETENÇÃO:** CADEIA ▪ **DETENTO:** PRESIDIÁRIO ▪ **DETERIORAR:** DESTRUIR, PODRE ▪ **DETERMINADO:** MANDADO ▪ **DETERMINAR:** DECIDIR, MANDAR ▪ **DETESTAR:** ODIAR ▪ **DETESTÁVEL:** DETESTAR ▪ **DETETIVE:** POLÍCIA ▪ **DETONAÇÃO:** BOMBA ▪ **DETONAR:** BOMBA ▪ **DETRÁS:** ATRÁS, DEPOIS ▪ **DETRIMENTO:** PREJUDICAR

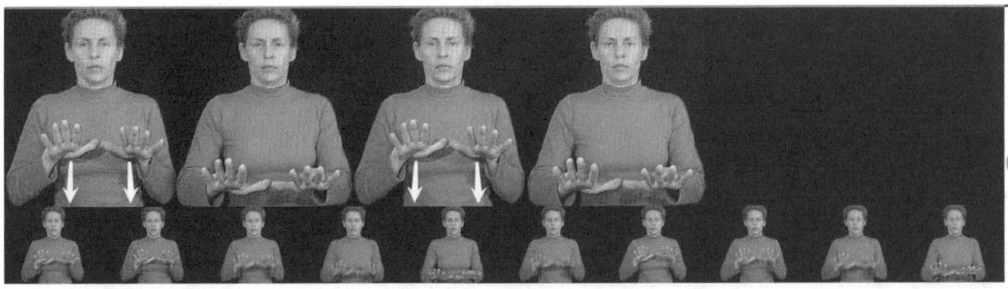

DEVAGAR – Mãos abertas, dedos esticados e separados, palmas para baixo. Posicionar as mãos lado a lado (foto 1). Em seguida, mover as mãos duas vezes, simultânea e lentamente, para baixo e voltar à posição inicial.

• ***Devagar:*** *Com pouca velocidade, sem pressa.* **Sinal igual:** LENTAMENTE, LENTIDÃO, LENTO, VAGAROSAMENTE, VAGAROSO

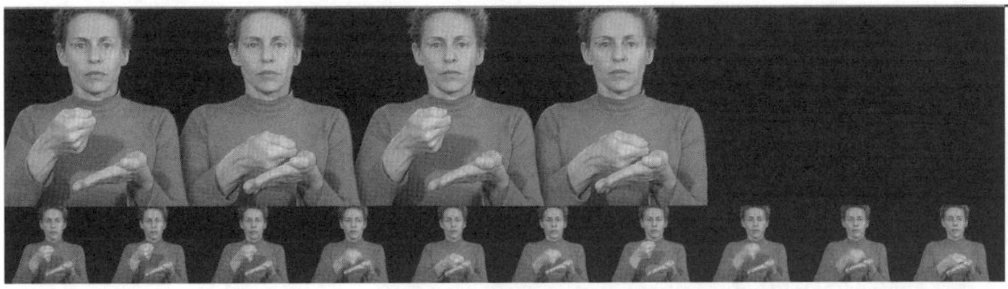

DEVER – Mão esquerda aberta, dedos unidos e esticados, palma para cima. Mão direita fechada em "A". Bater levemente, duas vezes, o dorso dos dedos da mão direita na palma esquerda.

• ***Dever:*** *Obrigação a qual alguém se submete por razões morais ou de ordem prática.* **Sinal igual:** ENCARGO, INCUMBÊNCIA

DEVOLVER – Mãos em "A", palmas para baixo. Posicionar as mãos conforme a foto 1. Em seguida, mover as mãos simultaneamente, um pouco para baixo e para a frente, virando as palmas para cima.

• ***Devolver:*** *Restituir alguma coisa a alguém.* **Sinal igual:** DEVOLUÇÃO, DEVOLVIDO, RESTITUIÇÃO, RESTITUIR

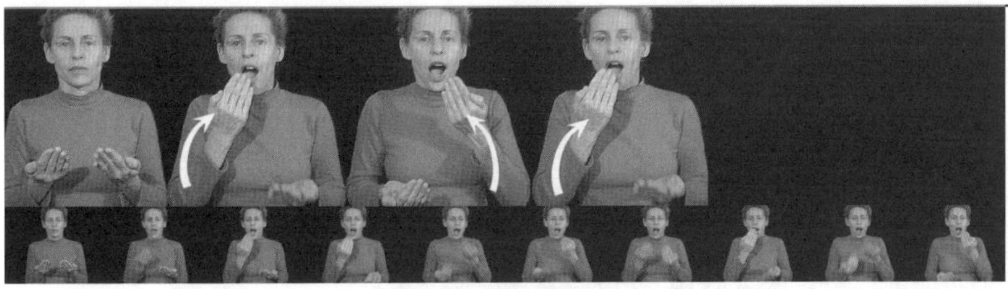

DEVORAR – Mãos abertas, levemente curvadas, dedos unidos, palmas para cima. Mover as mãos algumas vezes, alternadamente, em direção à boca, que deve estar aberta.

• ***Devorar:*** *Comer com muita vontade.*

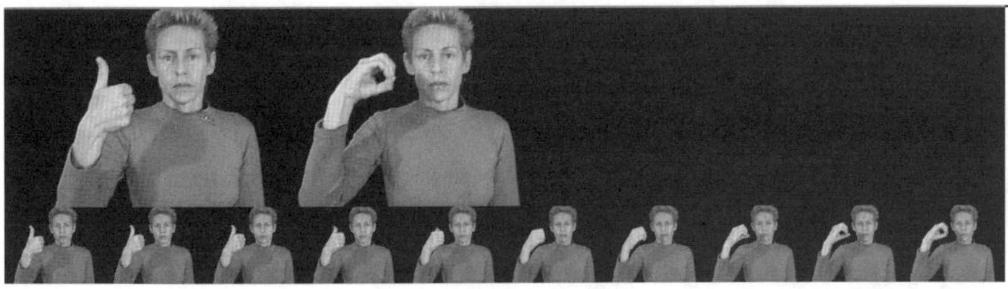

10

DEZ – Digitar os números "1" e "0".

• ***Dez:*** *Número cardinal logo acima do 9.* **Sinal igual:** DÉCIMO, DEZENA

■ **DEVANEAR:** FANTASIAR ■ **DEVANEIO:** FANTASIAR ■ **DEVASSO:** DESONESTO ■ **DEVOLUÇÃO:** DEVOLVER ■ **DEVOLVIDO:** DEVOLVER ■ **DEVOTO:** DISCÍPULO

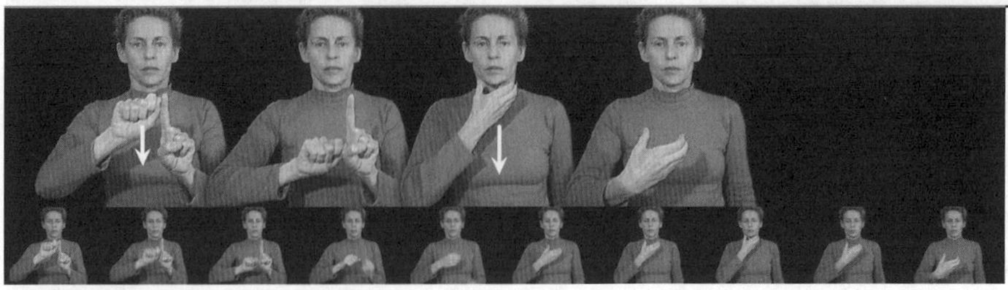

DEZEMBRO – Fazer os sinais de "mês" e de "Papai Noel".

• ***Dezembro:*** *Décimo segundo mês do ano.*

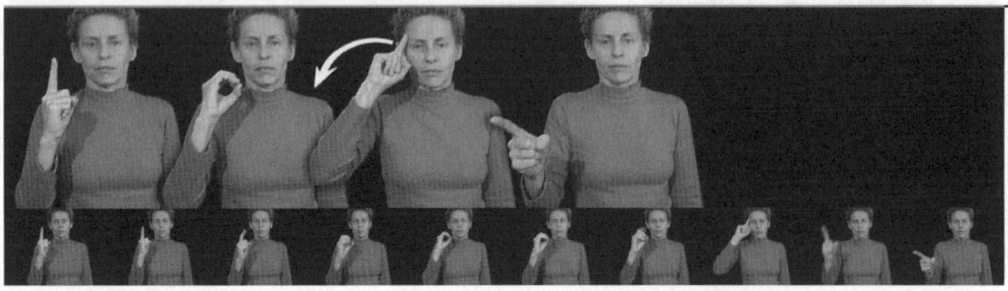

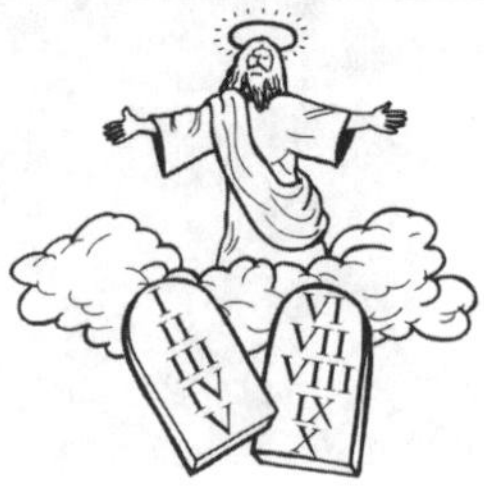

DEZ MANDAMENTOS – Digitar os números "1" e "0". Em seguida, fazer o sinal de "mandar".

• ***Dez Mandamentos:*** *Conjunto das leis de Deus recebidas por Moisés para orientar o povo judeu.* **Sinal igual:** DECÁLOGO

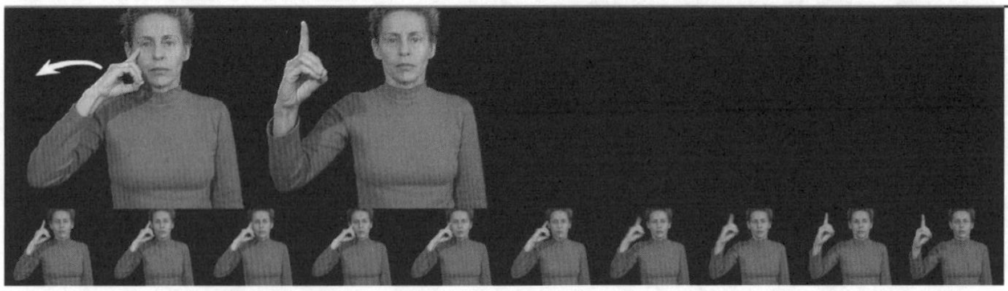

DIA – Mão em "D". Tocar levemente a ponta do dedo indicador na maçã do rosto e mover a mão para a frente.

• ***Dia:*** *Período de 24 horas.* **Sinal igual:** DATA

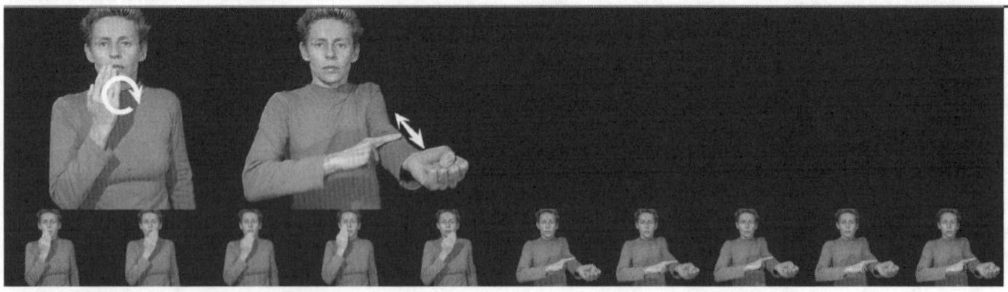

DIABETES – Fazer os sinais de "açúcar" e de "artéria".

• ***Diabetes:*** *Problema metabólico causado por deficiência de insulina.*

DIABO – Mãos fechadas com os dedos indicadores abertos e dobrados, palmas para dentro. Mover as mãos simultaneamente, tocando duas vezes os dedos polegares nas laterais da testa.

• ***Diabo:*** *Personificação do mal.* **Sinal igual:** BELZEBU, CAPETA, DEMONÍACO, DEMÔNIO, ENCAPETADO, ENDEMONIADO, ENDIABRADO, LÚCIFER, SATANÁS, SATÂNICO

▪ **DEZENA:** DEZ

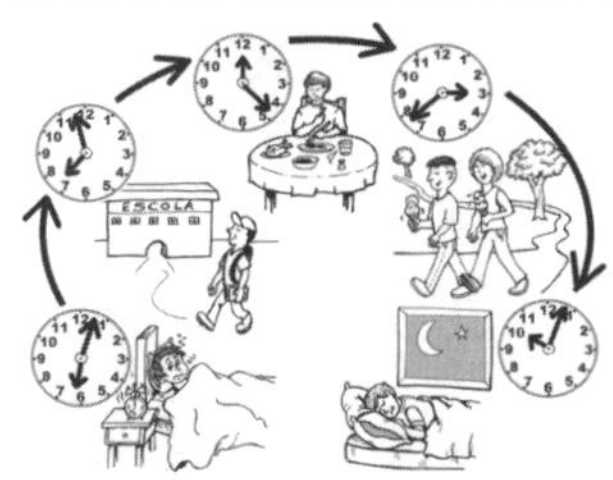

DIA INTEIRO – Mão direita aberta, dedos unidos e esticados apontando para o lado esquerdo, palma para baixo. Mover a mão, descrevendo um arco para o lado direito, virando a palma da mão para cima.

• ***Dia inteiro:*** *Período integral, o dia todo.* **Sinal igual:** DIA TODO

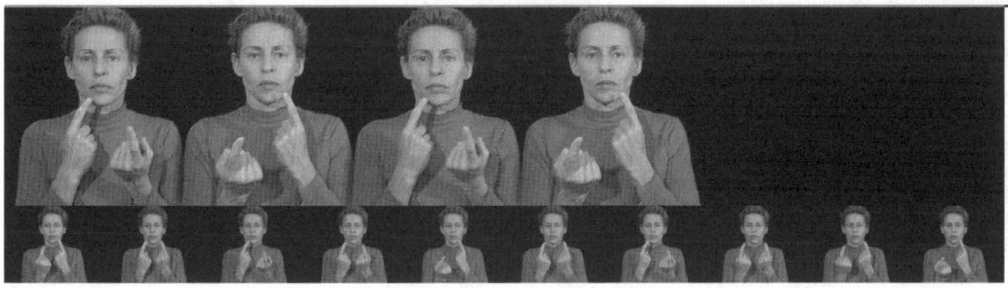

DIALOGAR – Mãos fechadas com os dedos indicadores esticados, palmas para trás. Posicionar uma mão perto da boca e a outra mais à frente (foto 1). Mover as mãos simultaneamente, trocando-as de lugar, duas ou três vezes.

• ***Dialogar:*** *Estabelecer conversa com alguém.* **Sinal igual:** DIALOGAÇÃO, DIÁLOGO

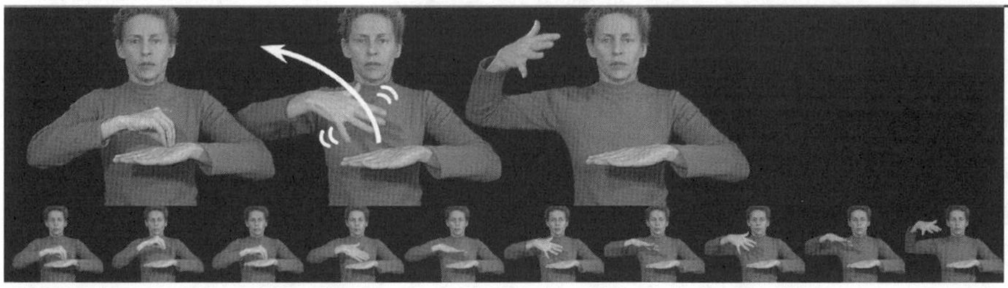

DIAMANTE – Unir as pontas os dedos da mão direita, palma para baixo. Mão esquerda aberta, dedos unidos e esticados, palma para baixo. Tocar no dorso da mão esquerda com as pontas dos dedos da direita. Em seguida, fazer o sinal de "brilhar".

• ***Diamante:*** *Pedra preciosa.*

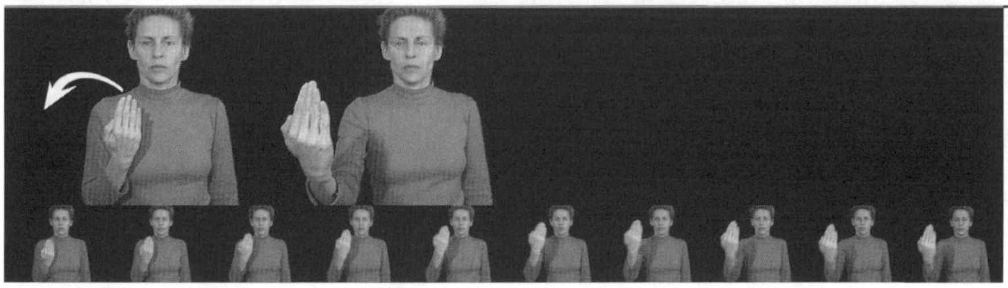

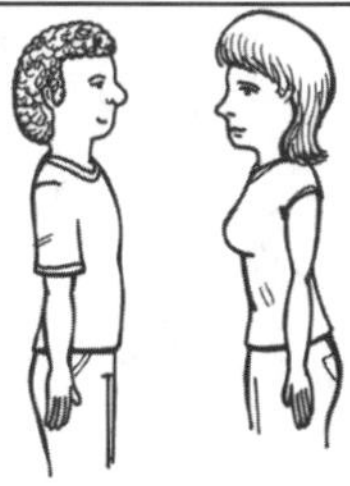

DIANTE – Mão aberta, dedos unidos e esticados apontando para cima, palma para trás. Posicionar a mão perto do peito. Em seguida, mover a mão para a frente.

• ***Diante:*** *Estar colocado em frente de algo ou de alguém.* **Sinal igual:** DEFRONTE

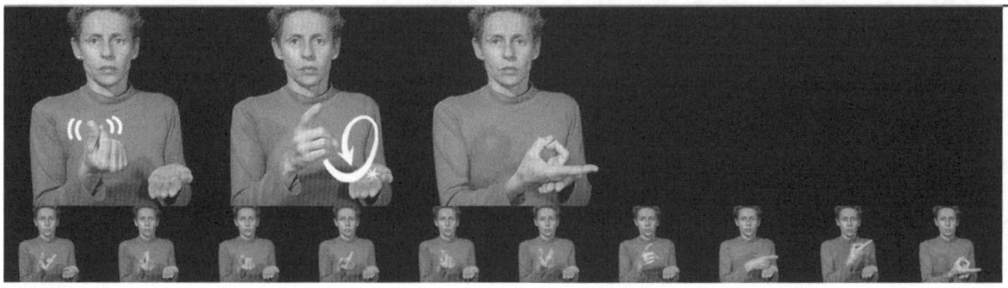

DIÁRIA – Fazer o sinal de "dinheiro". Em seguida, mão esquerda aberta, dedos unidos e esticados, palma para cima. Mão direita em "D", palma para baixo. Tocar levemente as pontas dos dedos da mão direita na palma da mão esquerda e girá-la ao redor do próprio eixo, virando a palma para cima, tocando seu dorso na palma esquerda.

• ***Diária:*** *Despesa de cada dia; preço que se paga por dia em hotéis, pousadas, hospitais etc.*

■ **DIALOGAÇÃO:** DIALOGAR ■ **DIÁLOGO:** DIALOGAR

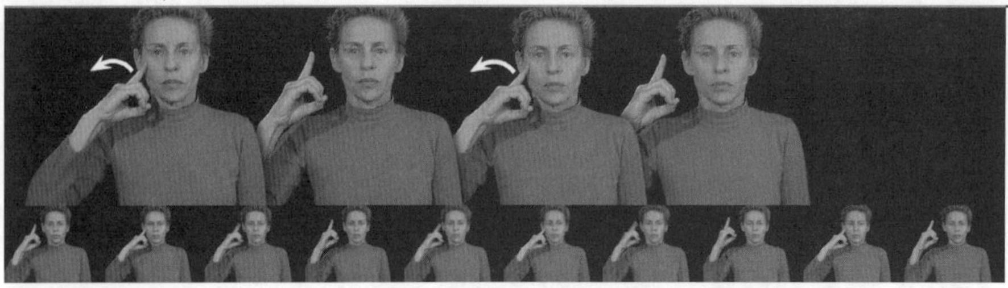

DIARIAMENTE – Fazer o sinal de "dia" três vezes seguidas.

• ***Diariamente:*** *Todos os dias.*

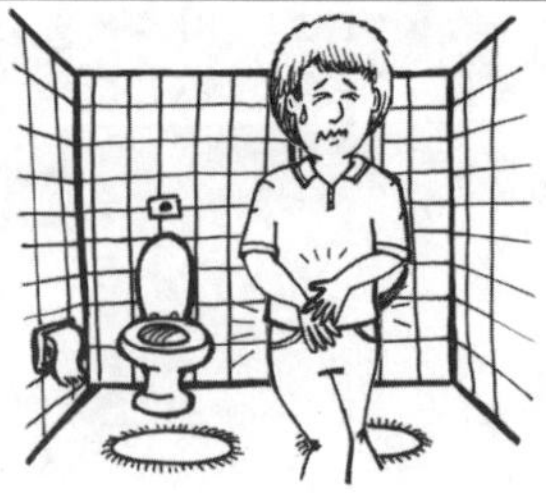

DIARREIA – Mão aberta, dedos esticados e separados, palma para trás. Tocar a mão no abdome e deslizá-la em movimentos circulares, completando duas ou três voltas. Fazer uma expressão de desconforto durante o movimento.

• ***Diarreia:*** *Eliminação frequente de fezes líquidas e abundantes.* **Sinal igual:** CAGANEIRA, DISENTERIA

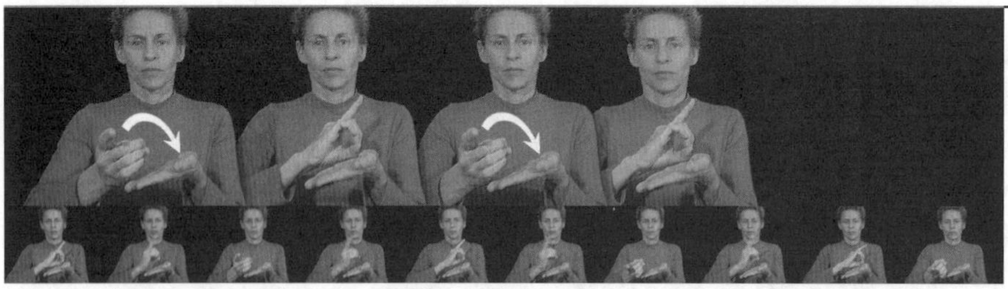

DICIONÁRIO – Mão esquerda aberta, dedos unidos e esticados, palma para cima. Mão direita em "D". Posicionar a mão direita sobre a esquerda (foto 1). Em seguida, mover a mão direita duas ou três vezes, imitando o gesto de quem vira as páginas de um livro.

• ***Dicionário:*** *Relação em ordem alfabética das palavras existentes de um idioma e os seus respectivos significados.* **Sinal igual:** GLOSSÁRIO

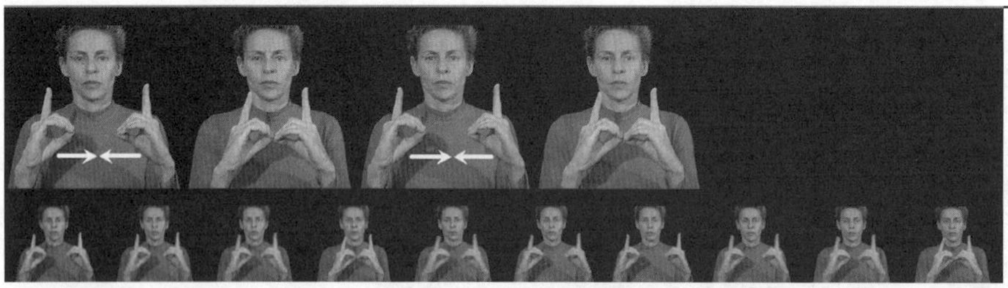

DIDÁTICA – Mãos em "D", palmas para dentro. Mover as mãos simultaneamente, duas ou três vezes, tocando uma na outra.

• ***Didática:*** *Técnica de ensino de alguma matéria ou assunto.*

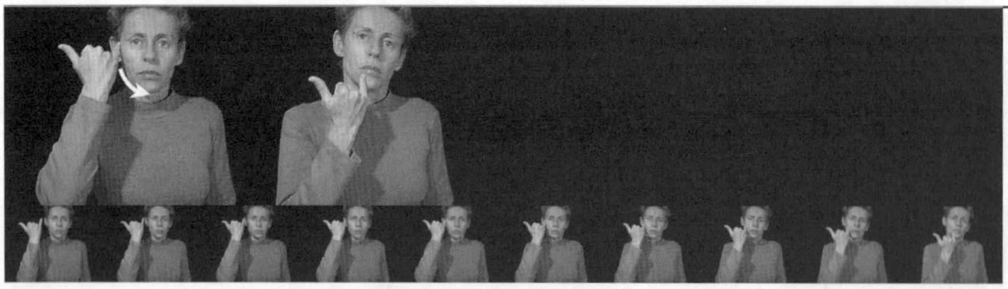

DIETA – Mão em "Y", palma para trás. Tocar a ponta do dedo mínimo na lateral do rosto, perto do ouvido. Em seguida, deslizar a mão até o queixo.

• ***Dieta:*** *Regime alimentar; forma de alimentação onde se procura reduzir a ingestão de calorias.*

▪ **DIA TODO:** DIA INTEIRO

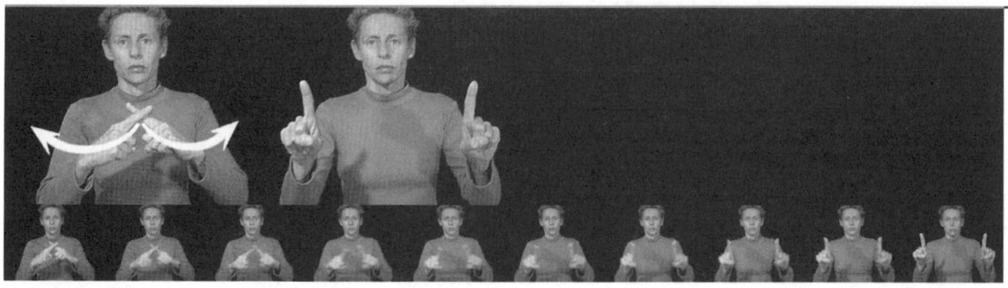

DIFERENÇA – Mãos fechadas com os dedos indicadores esticados, palmas para dentro. Posicionar as mãos se cruzando pelos dedos indicadores (foto 1). Em seguida, mover as mãos simultaneamente para a frente, virando as palmas para a frente.

• ***Diferença:*** *Falta de igualdade, de semelhança ou de concordância; expressa a existência de opiniões opostas*

DIFERENTE – Mãos em "R" com os dedos indicadores e médios apontando para a frente, palmas para baixo. Mover as mãos simultaneamente, virando as palmas para cima e abrindo os dedos indicadores e médios em "V".

• ***Diferente:*** *Aquilo ou aquele que não é igual.* **Sinal igual:** DESIGUAL, DESSEMELHANTE, DÍSPAR

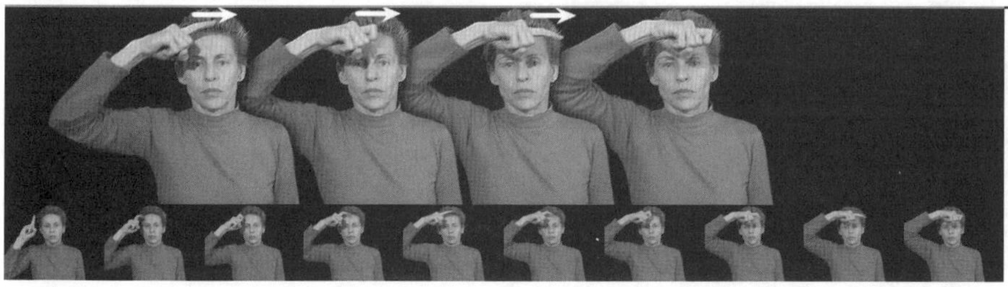

DIFÍCIL – Mão direita fechada com o dedo indicador esticado. Posicionar a mão na lateral direita da testa (foto 1). Em seguida, mover a mão para o lado esquerdo da testa e, ao mesmo tempo, dobrar e esticar várias vezes o indicador. Não é necessário encostar a mão na testa.

• ***Difícil:*** *O que não é fácil; que exige esforço para ser feito.* **Sinal igual:** ÁRDUO, COMPLICAÇÃO, COMPLICADO, CUSTOSO, IMPROVÁVEL, INTRINCADO, LABORIOSO, PENOSO, TRABALHOSO

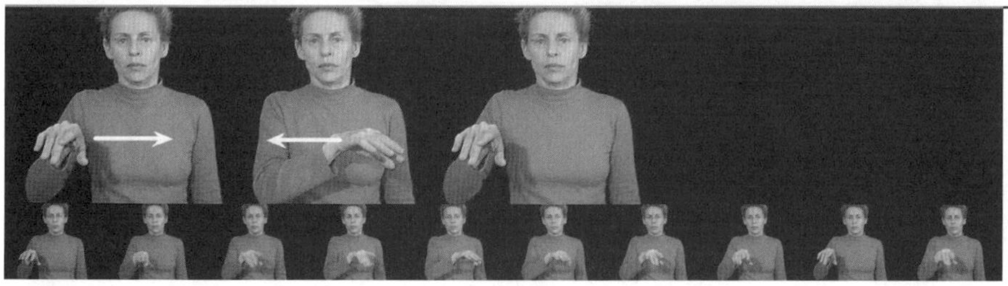

DIGITAR – Mão aberta com os dedos relaxados, palma para baixo. Mover a mão para o lado esquerdo e direito duas vezes e, ao mesmo tempo, movimentar aleatoriamente os dedos.

• ***Digitar:*** *Escrever por meio de teclado.* **Sinal igual:** DIGITAÇÃO, DIGITADOR, TECLADO, TECLAR

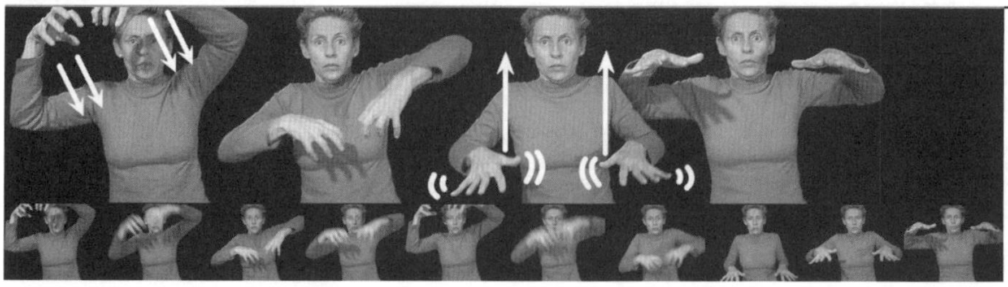

DILÚVIO – Mãos abertas com os dedos curvados e separados, palmas para baixo. Posicionar as mãos conforme a foto 1. Em seguida, mover simultaneamente e com um gesto firme as mãos para baixo, duas vezes. Depois, com os dedos esticados, posicionar as mãos na altura da cintura e movê-las juntas para cima, balançando-as aleatoriamente durante o percurso.

• ***Dilúvio:*** *Chuva muito forte que alaga vastas extensões de terras.*

▪ DIFUNDIR: ANUNCIAR, ESPALHAR ▪ DIGITAÇÃO: DIGITAR ▪ DIGITADOR: DIGITAR ▪ DIGNIDADE: LEAL ▪ DIGNO: LEAL ▪ DILAÇÃO: DEMORAR ▪ DILACERAR: RASGAR ▪ DILIGÊNCIA: CUIDADO ▪ DILIGENCIAR: SOLICITAR ▪ DILIGENTE: LUTADOR

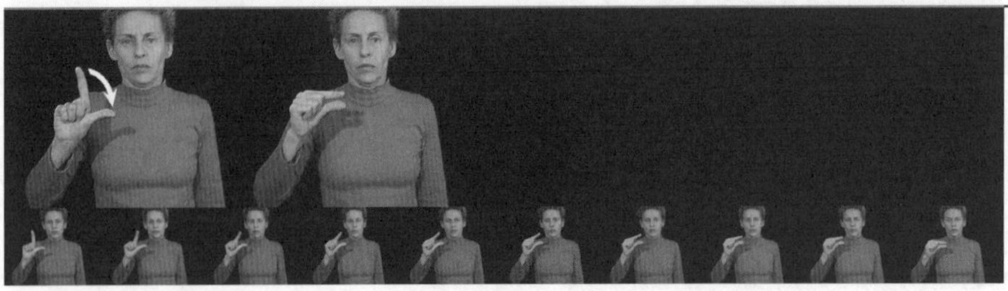

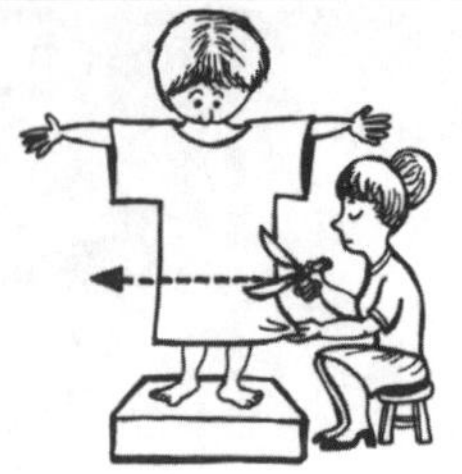

DIMINUIR* – Mão em "L". Mover o dedo indicador até chegar perto do polegar, sem tocá-lo.

• ***Diminuir:*** *Reduzir algo a uma quantidade, dimensão ou intensidade menor.* **Sinal igual:** MINIMIZAÇÃO, MINIMIZAR, REDUÇÃO, REDUZIR

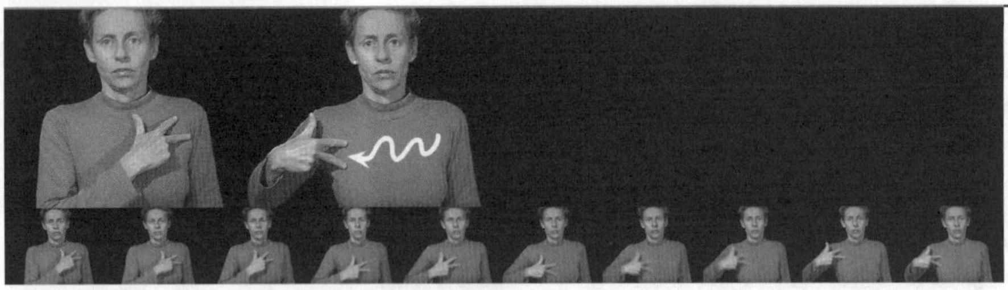

DINAMARCA – Mão direita fechada com os dedos polegar, indicador e médio esticados. Tocar as pontas do indicador e do médio do lado esquerdo do peito. Em seguida, deslizar a mão em um leve zigue-zague para o lado direito do peito.

• ***Dinamarca:*** *País localizado ao norte da Europa.*

DINHEIRO – Mão fechada com os dedos indicador e polegar esticados apontando para cima. Esfregar a ponta do indicador na do polegar.

• ***Dinheiro:*** *Cédula ou moeda usada em transações comerciais e financeiras.* **Sinal igual:** CÉDULA, GRANA, NOTA, RENDA, VALOR

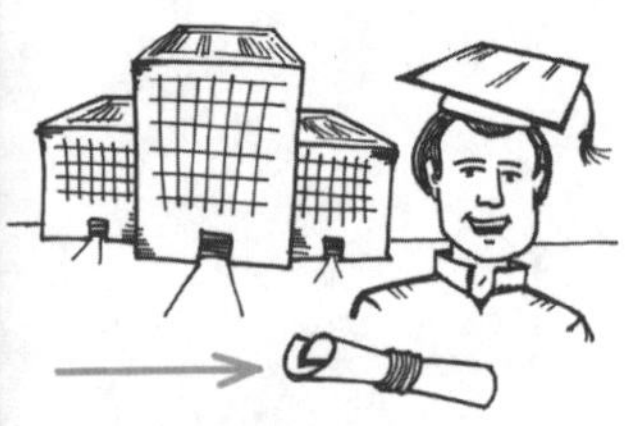

DIPLOMA – Mãos em "C", palmas para dentro. Posicionar uma mão sobre a outra (foto 1). Em seguida, mover as mãos, simultânea e diagonalmente, afastando uma da outra.

• ***Diploma:*** *Documento concedido por alguma instituição que confere determinada habilidade a alguém.*

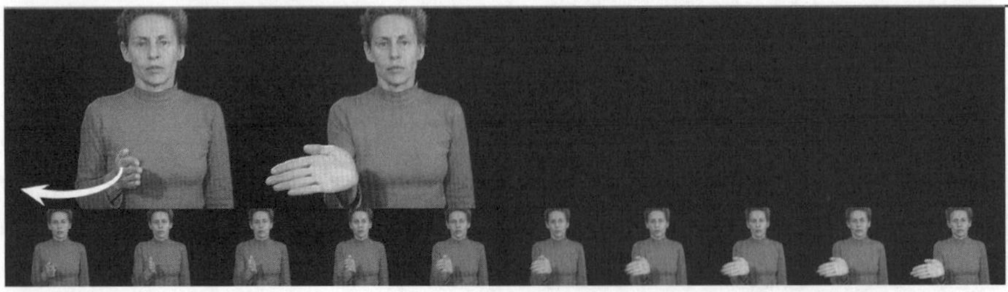

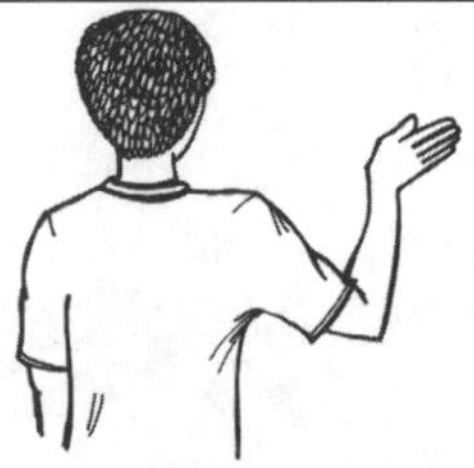

DIREITA – Mão aberta, dedos unidos e esticados apontando para a frente, palma para dentro. Mover a mão para o lado direito, virando a palma para a frente.

• ***Direita:*** *Do lado direito.* **Sinal igual:** DESVIO

▪ **DIMINUIR:** ABREVIAR ▪ **DIMINUTO:** PEQUENO ▪ **DIREÇÃO:** CAMINHO, CHEFE

DIREITO* – Mão em "D", palma para dentro. Posicionar a mão na altura do rosto. Em seguida, mover a mão para baixo.

• ***Direito:*** *Aquilo que respeita as leis que organizam a sociedade.*

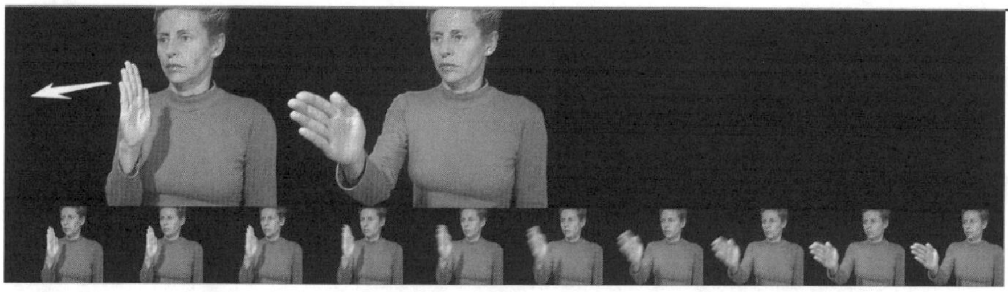

DIRETO – Mão aberta, dedos unidos e esticados apontando para cima, palma para dentro. Com um gesto firme, mover a mão, apontando os dedos para a frente.

• ***Direto:*** *Em linha reta; sem interrupção; sem intermediários.*

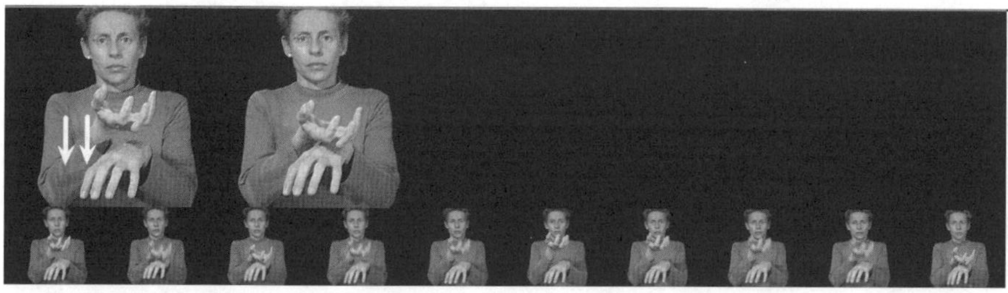

DISCIPLINA – Mãos abertas, dedos separados e levemente curvados. Mão direita com a palma virada para cima e mão esquerda com a palma para baixo. Posicionar uma mão sobre a outra, sem se tocarem (foto 1). Em seguida, mover a mão direita para baixo, tocando duas vezes no dorso da esquerda.

• ***Disciplina:*** *Ramo do conhecimento; cada um dos assuntos ou temas aplicados em sala de aula.*

DISCÍPULO – Mãos em "D", palmas para dentro. Encostar uma mão na outra pelas laterais (foto 1). Em seguida, mover as mãos juntas para a frente, descrevendo um leve zigue-zague durante o percurso.

• ***Discípulo:*** *Pessoa receptiva a ensinamentos; aluno.* **Sinal igual:** AFEIÇOADO, APRENDIZ, DEVOTO, SEGUIDOR

DISCO – Mãos fechadas com os dedos indicadores e polegares abertos e curvados, palmas para dentro. Posicionar as mãos conforme a foto 1. Em seguida, com a mão direita fechada e o indicador esticado, apontar para a mão esquerda e girar a direita executando duas ou três pequenas voltas.

• ***Disco:*** *Objeto circular de vinil em que se gravavam sons por meios eletrônicos.*

▪ **DIREITO:** ADVOGADO ▪ **DIRETOR:** CHEFE ▪ **DIRETORIA:** CHEFE ▪ **DIRIGENTE:** CHEFE ▪ **DIRIGIR:** ADMINISTRAR, CONDUZIR ▪ **DISCERNIMENTO:** RAZÃO

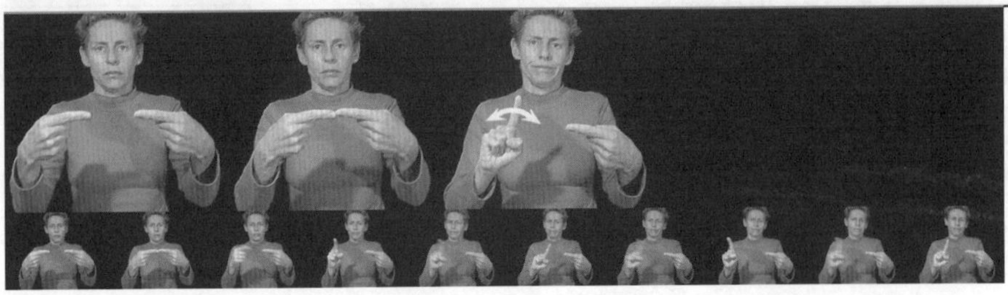

DISCORDAR – Fazer os sinais de "concordar" e de "não".

• ***Discordar:*** *Ter opinião contrária a de alguém; não concordar.* **Sinal igual:** CONTRA, CONTRARIAMENTE, OBJEÇÃO, OPOSIÇÃO

DISCRIMINAR – Mãos abertas, dedos esticados e levemente separados. Posicionar uma mão sobre a outra (se tocando pelas palmas). Em seguida, girar as mãos trocando-as de lugar: a mão que estava por cima fica por baixo e vice-versa.

• ***Discriminar:*** *Tratar mal ou de modo injusto e desigual.* **Sinal igual:** DISCRIMINAÇÃO, SEGREGAR

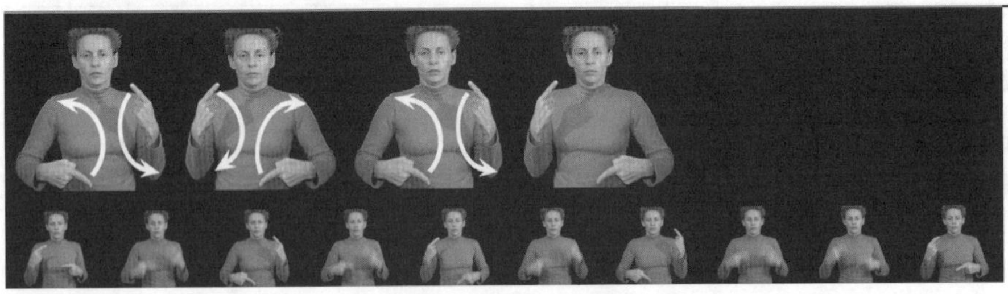

DISCUTIR – Mãos fechadas com os dedos indicadores esticados apontando para dentro, palmas para trás. Posicionar as mãos conforme a foto 1. Em seguida, mover as mãos, simultaneamente, para cima e para baixo: enquanto uma mão sobe, a outra desce. Repetir esse movimento duas ou três vezes.

• ***Discutir:*** *Defender pontos de vista contrários sobre algo; debater.* **Sinal igual:** CONTENDA, CONTENDER, CONTROVÉRSIA, DEBATE, DEBATER, DISCUSSÃO, POLÊMICA, POLÍTICA, POLÍTICO, RETRUCAR

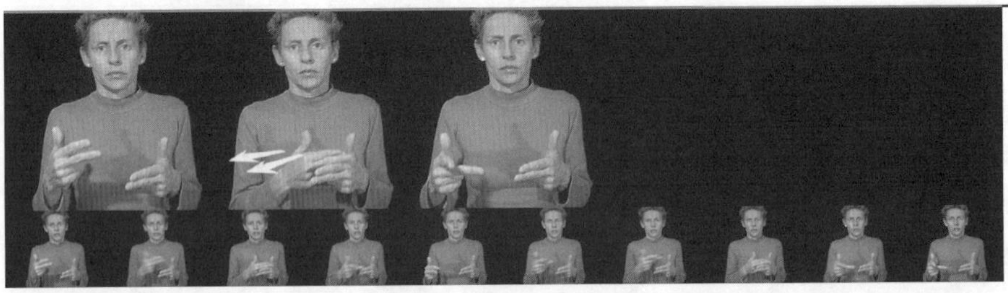

DISFARÇAR – Dedos indicadores, médios e polegares esticados, dedos mínimos e anulares fechados. Posicionar as mãos conforme a foto 1. Em seguida, manter a mão esquerda imóvel, enquanto a direita desliza duas vezes os dedos indicador e médio na lateral do indicador esquerdo, de dentro para fora. Ao mesmo tempo, balançar aleatoriamente o indicador e o médio da mão direita.

• ***Disfarçar:*** *Não demonstrar; esconder; alterar (a voz, a aparência etc.) para não ser reconhecido; fingir.*

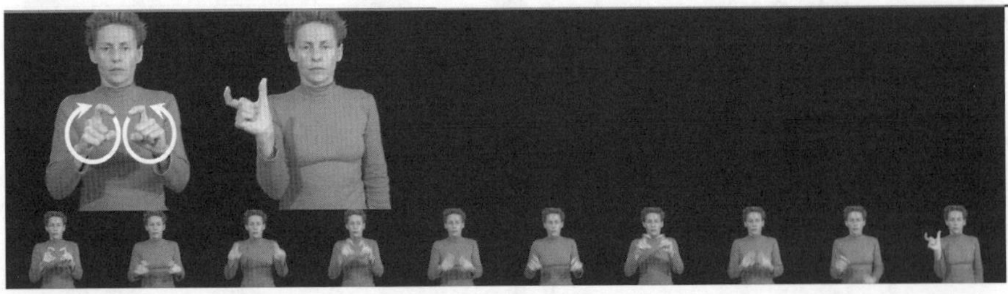

DISQUETE – Fazer os sinais de "computador" e de "cartão".

• ***Disquete:*** *Disco flexível onde são armazenadas informações e/ou imagens.*

▪ **DISCÓRDIA:** CONFLITO ▪ **DISCORRER:** FALAR ▪ **DISCOTECA:** BAILE ▪ **DISCRETO:** CALADO ▪ **DISCRIMINAÇÃO:** DISCRIMINAR, PRECONCEITO ▪ **DISCURSAR:** PALESTRA ▪ **DISCURSO:** PALESTRA ▪ **DISCUSSÃO:** DISCUTIR ▪ **DISENTERIA:** DIARRÉIA ▪ **DISFARCE:** MÁSCARA ▪ **DÍSPAR:** DIFERENTE ▪ **DISPARATE:** ASNEIRA, BOBAGEM ▪ **DISPENDIOSO:** CARO ▪ **DISPENSADO:** DESEMPREGADO ▪ **DISPENSAR:** ISENTAR ▪ **DISPERSO:** ESPALHAR ▪ **DISPLICÊNCIA:** NEGLIGENTE ▪ **DISPLICENTE:** NEGLIGENTE ▪ **DISPONÍVEL:** PRONTO ▪ **DISPOSIÇÃO:** SENTIR ▪ **DISPOSITIVO INTRAUTERINO:** DIU ▪ **DISPUTAR:** COMPETIR ▪ **DISSIMULAÇÃO:** FINGIR ▪ **DISSIMULADO:** FINGIR ▪ **DISSIMULAR:** FINGIR ▪ **DISTÂNCIA:** MEDIR ▪ **DISTANCIAR:** AFASTAR

DISTANTE – Mãos abertas, dedos esticados e separados com os indicadores e polegares se tocando pelas pontas, palmas para a frente. Posicionar as mãos juntas perto do peito (foto 1). Em seguida, mover a mão direita para a frente, descrevendo um leve arco durante o percurso.

• ***Distante:*** *O que não está próximo.* **Sinal igual:** LONGÍNQUO, REMOTO

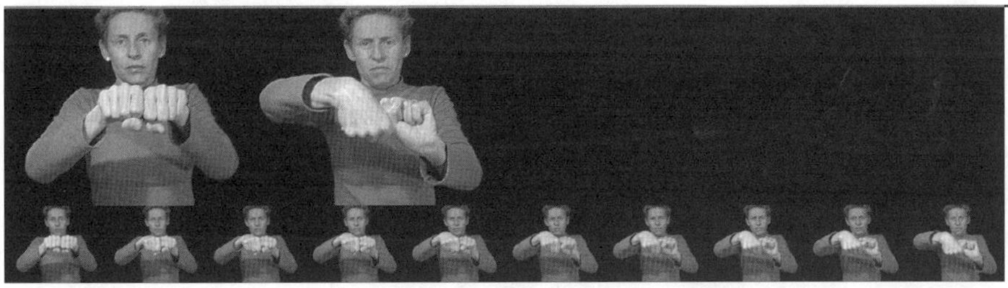

DISTENSÃO – Mãos fechadas em "S", palmas para baixo. Encostar uma mão na outra pelas laterais internas (foto 1). Depois, girar simultaneamente a mão direita para a frente e a esquerda para trás, sem desencostar uma mão da outra. Fazer uma expressão de "dor".

• ***Distensão:*** *Ruptura dos ligamentos de um músculo devido à tração excessiva e violenta.*

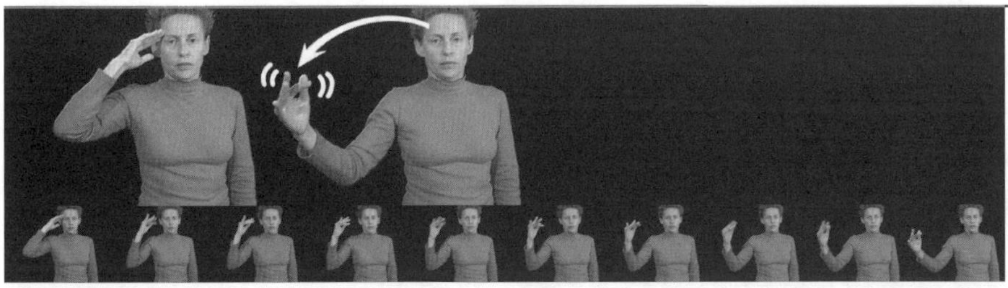

DISTRAÍDO – Mão aberta, dedos levemente relaxados, palma para baixo. Encostar as pontas dos dedos na lateral da testa. Em seguida, mover a mão lentamente para a frente e, ao mesmo tempo, balançar aleatoriamente os dedos.

• ***Distraído:*** *Aquele que não está atento.* **Sinal igual:** AÉREO, DESCONCENTRADO, DISTRAÇÃO

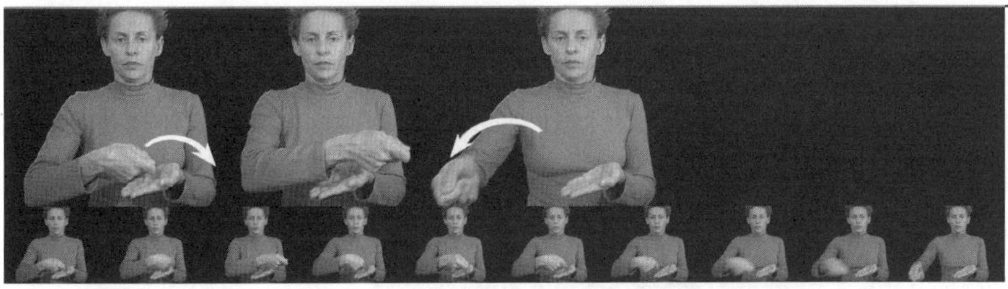

DISTRIBUIR – Mão esquerda aberta, dedos unidos e esticados, palma para a frente. Mão direita em "A", com o dorso dos dedos bem próximos da palma da mão esquerda. Em seguida, mover a mão direita para a frente e voltar à posição inicial. Repetir esse movimento três vezes, escolhendo três pontos imaginários diferentes.

• ***Distribuir:*** *Repartir ou dividir a várias pessoas.* **Sinal igual:** COMPARTILHAR, DISTRIBUIÇÃO, DIVIDIR, REPARTIR

DISTRITO FEDERAL – Fazer os sinais das letras "D" e "F".

• ***Distrito Federal:*** *Cidade onde está sediado o governo central (numa República Federativa).*

▪ **DISTENDIDO:** PROLONGADO ▪ **DISTINGUIR:** PERCEBER, COMPARAR ▪ **DISTINTIVO:** EMBLEMA, SELO ▪ **DISTINTO:** ELEGANTE ▪ **DISTRAÇÃO:** DISTRAÍDO ▪ **DISTRAIR:** ATRAPALHAR ▪ **DISTRIBUIÇÃO:** DISTRIBUIR

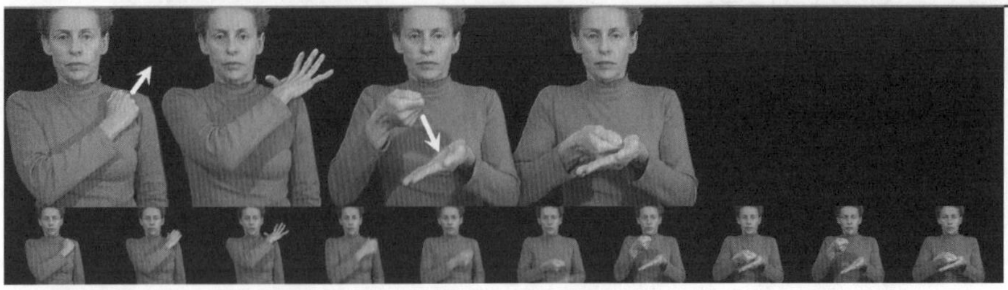

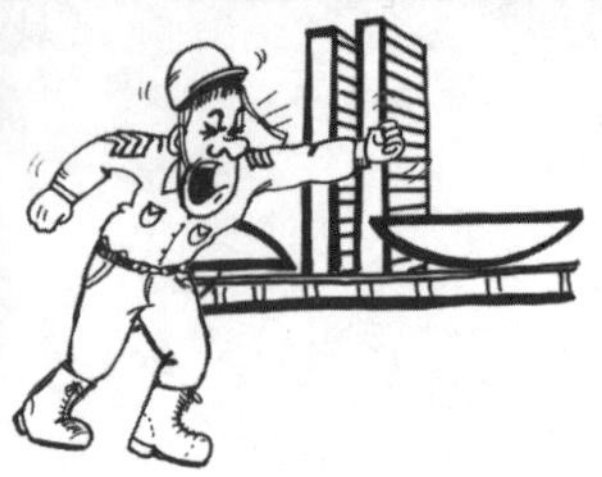

DITADURA – Fazer os sinais de "militar" e de "obrigação".

• ***Ditadura:*** *Sistema de governo que se funda no poder de dominação sem limites.* **Sinal igual:** ABSOLUTISMO, DESPOTISMO, TIRANIA

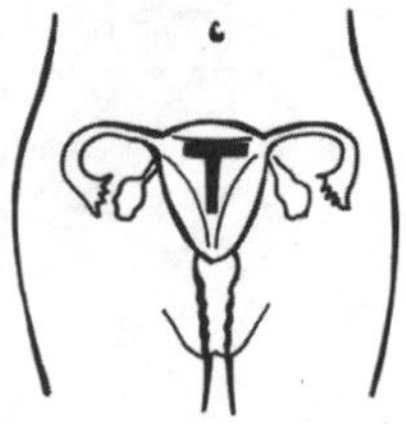

DIU – Mão direita com os dedos se tocando pelas pontas, palma para cima. Mão esquerda aberta, com o indicador e o polegar se tocando pelas pontas. Posicionar a mão esquerda acima da direita (foto 1). Em seguida, manter a mão esquerda imóvel, enquanto a mão direita passa os dedos entre o indicador e o polegar da mão esquerda.

• ***DIU:*** *Sigla para Dispositivo Intrauterino; método contraceptivo.* **Sinal igual:** CONTRACEPTIVO, DISPOSITIVO INTRAUTERINO

DIURNO – Mão direita em "D", com o dedo indicador apontando para o lado esquerdo e braço direito dobrado. Mover a mão para o lado direito, descrevendo um grande arco durante o percurso.

• ***Diurno:*** *Que acontece durante o dia.*

DIVERSOS – Mãos em "U", palmas para a frente. Posicionar as mãos conforme a foto 1. Em seguida, mover as mãos simultaneamente para as laterais e, ao mesmo tempo, balançar os indicadores e médios aleatoriamente.

• ***Diversos:*** *Coisas variadas.*

DÍVIDA – Mão direita fechada com o dedo indicador aberto e curvado. Mão esquerda fechada com o polegar aberto apontando para cima. Manter a mão esquerda parada e mover a mão direita, "encaixando" o indicador no polegar esquerdo.

• ***Dívida:*** *Ato ou efeito de dever algo a alguém.* **Sinal igual:** ENDIVIDADO

▪ **DITO:** FALAR ▪ **DIVERTIDO:** ENGRAÇADO ▪ **DIVIDIR:** DISTRIBUIR, DIVISÃO

$$8 \div 2 = 4$$

DIVISÃO* – Mãos fechadas com os dedos indicadores esticados. Mão direita apontando para a frente e com a palma para dentro, posicionada um pouco acima da esquerda, e mão esquerda com a palma para baixo apontando para dentro (foto 1). Em seguida, manter a mão esquerda parada e mover a mão direita para a frente apontando para dois pontos imaginários: um ponto logo acima do dedo indicador esquerdo e outro logo abaixo, representando o sinal de divisão da matemática.

• ***Divisão:*** *Operação matemática.* **Sinal igual:** DIVIDIR

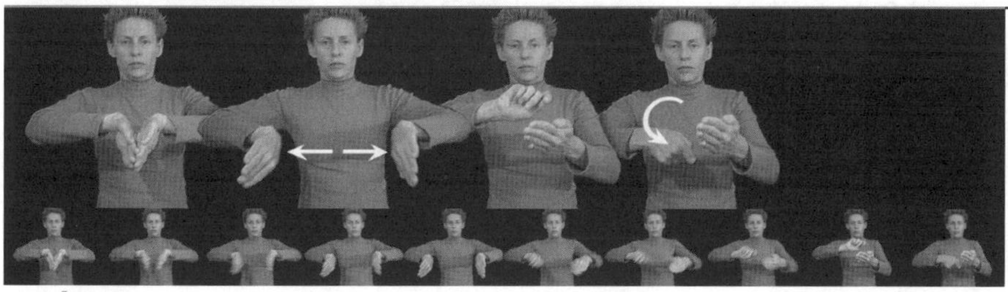

DIVÓRCIO – Fazer os sinais de "separar" e de "assinar".

• ***Divórcio:*** *Rompimento de vínculo de matrimônio entre cônjuges.* **Sinal igual:** DESQUITADO, DESQUITE, DESUNIÃO, DIVORCIADO, SEPARAÇÃO

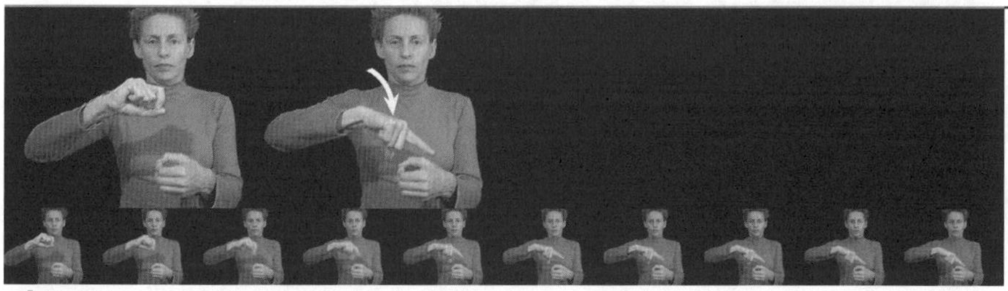

DÍZIMO – Mão esquerda em "O", inclinada como se estivesse segurando um copo. Mão direita fechada com o indicador e o polegar curvados se tocando pelas pontas. Posicionar a mão direita sobre a esquerda (foto 1). Em seguida, mover a mão direita mais para baixo (ficando bem perto da mão esquerda) e, ao mesmo tempo, esticar e separar o indicador e o polegar direitos.

• ***Dízimo:*** *Valor que os fiéis pagam à igreja como obrigação religiosa.*

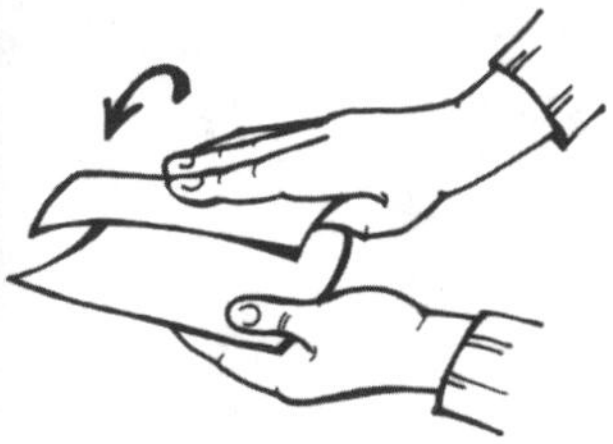

DOBRAR – Mãos abertas, dedos unidos e esticados apontando para a frente, palmas para cima. Posicionar uma mão ao lado da outra (foto 1). Em seguida, mover as mãos, unindo-as pelas palmas, imitando o gesto de quem dobra uma folha de papel.

• ***Dobrar:*** *Fazer dobra(s) em tecido, papel ou outro material, virando uma parte por cima da outra.* **Sinal igual:** DOBRA, DOBRADURA, DOBRÁVEL, PREGA, VINCO

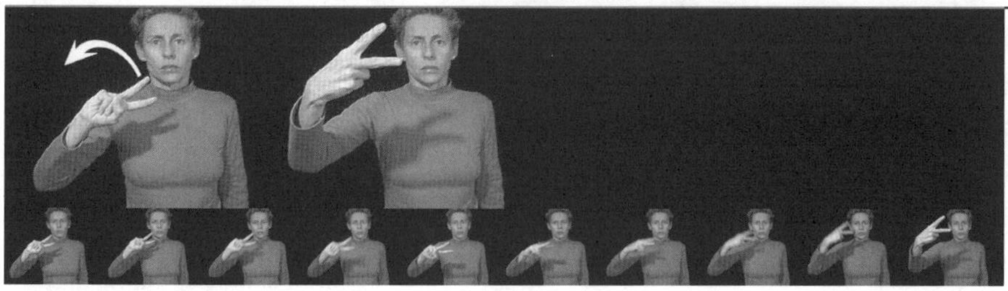

DOBRO – Mão em "2", com os dedos apontando para a lateral, palma para a frente. Mover a mão para cima, virando a palma para trás.

• ***Dobro:*** *Duas vezes maior.*

▪ **DIVORCIADO:** DIVÓRCIO ▪ **DIVULGAR:** ANUNCIAR ▪ **DIZER:** FALAR ▪ **DOAÇÃO:** DAR ▪ **DOAR:** DAR ▪ **DOBRA:** DOBRAR ▪ **DOBRADURA:** DOBRAR ▪ **DOBRÁVEL:** DOBRAR

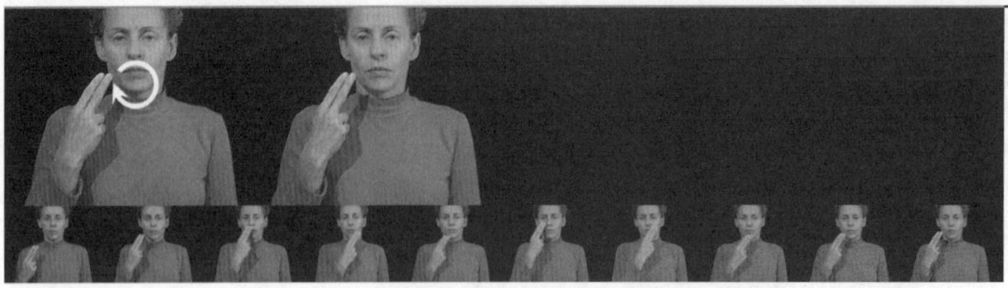

DOCE – Mão fechada em "U" com os dedos apontando para cima, palma para trás. Levar os dedos até a boca sem tocá-la e fazer movimentos circulares, completando duas ou três voltas.

• ***Doce:*** *Alimento preparado com açúcar ou outra substância adoçante.* **Sinal igual:** ADOÇAR, ADOCICADO, DULCIFICAR, EDULCORAR, GULOSEIMA

DOCUMENTO – Mão esquerda aberta, dedos unidos e esticados, polegar afastado. Mão direita fechada com o indicador e o mínimo abertos. Posicionar as mãos conforme a foto 1. Em seguida, mover a mão direita para baixo, passando sobre a palma esquerda durante o percurso.

• ***Documento:*** *Atestado que serve de prova ou testemunho.* **Sinal igual:** COMPROVANTE, ESCRITURA, LICENÇA, TÍTULO

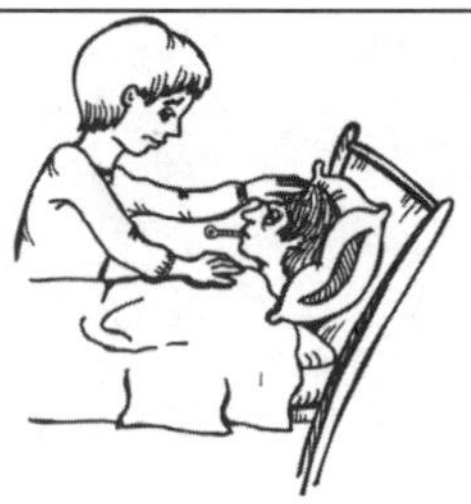

DOENTE – Mãos abertas com os dedos relaxados, palmas para baixo. Manter os dedos da mão direita tocando levemente o dorso da mão esquerda. Movimentar algumas vezes e de modo aleatório todos os dedos da mão direita.

• ***Doente:*** *Estar dolorido; experimentar algum sofrimento físico.* **Sinal igual:** DOENÇA, ENFERMIDADE, ENFERMO, INDISPOSIÇÃO, MOLÉSTIA

DOIDO – Mão fechada com o dedo indicador esticado, palma para baixo. Posicionar a mão, apontando para o ouvido (foto 1). Em seguida, girar a mão, articulando o punho duas ou três vezes.

• ***Doido:*** *Aquele que apresenta sinais de loucura; louco.* **Sinal igual:** ALIENAÇÃO, ALIENADO, DEMÊNCIA, DEMENTE, DOIDICE, INSANIDADE, INSANO, LOUCO, LOUCURA, MALUCO

DOIS – Mão fechada com os dedos indicador e médio esticados apontando para cima, palma para a frente.

• ***Dois:*** *Número cardinal logo acima do 1.* **Sinal igual:** DUPLO, PAR (NÚMERO)

▪ **DOCEIRO:** CONFEITAR ▪ **DOENÇA:** DOENTE ▪ **DOER:** DOR ▪ **DOIDICE:** DOIDO, LOUCO ▪ **DOIDO:** LOUCO

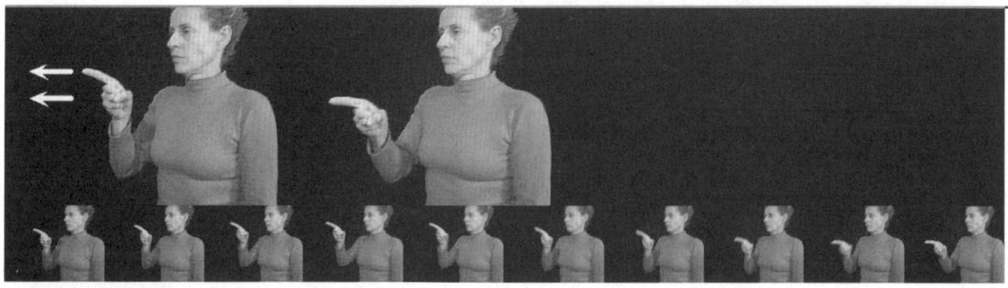

DOIS-PONTOS – Mão fechada com o dedo indicador esticado apontando para a frente, palma para dentro. Tocar com a ponta do dedo em dois pontos imaginários à frente: um em cima e outro um pouco mais abaixo.

• ***Dois-pontos:*** *Sinal gráfico de pontuação.*

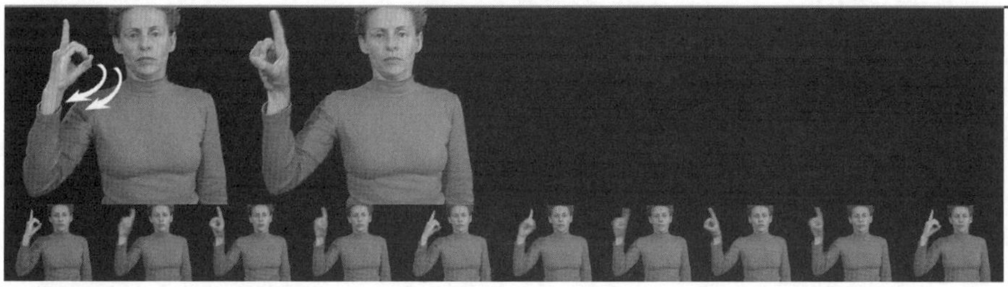

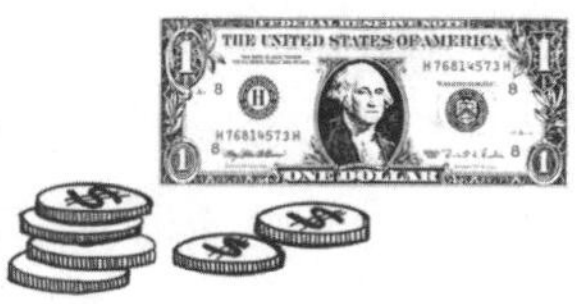

DÓLAR – Mão em "D", palma para dentro. Girar duas vezes a mão ao redor do próprio eixo, virando a palma para a frente e voltando à posição inicial.

• ***Dólar:*** *Unidade monetária dos Estados Unidos da América.*

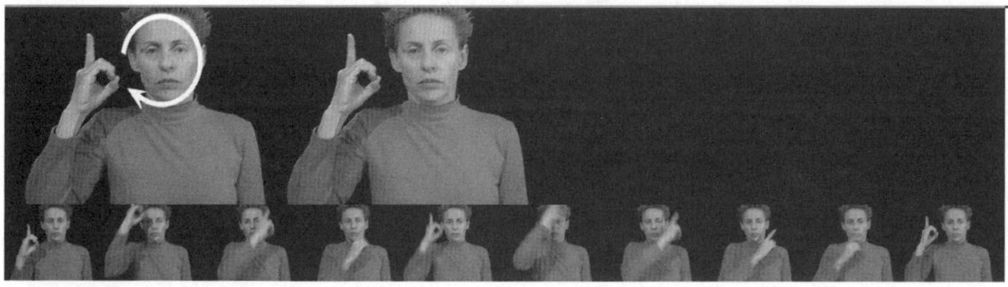

DOMINGO – Mão em "D", palma para dentro. Girar duas vezes a mão diante do rosto.

• ***Domingo:*** *Primeiro dia da semana, que se segue ao sábado e precede a segunda-feira.* **Sinal igual:** DOMINICAL

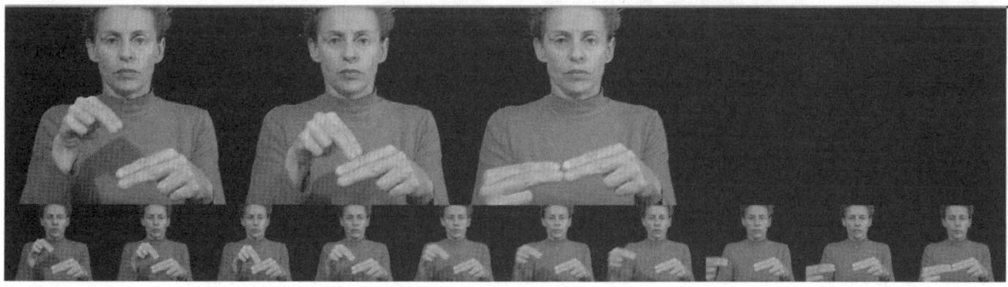

DOMINÓ – Mãos fechadas em "U", palmas para baixo. Posicionar as mãos conforme a foto 1. Em seguida, manter a mão esquerda parada e mover a mão direita, tocando as pontas dos dedos na lateral do indicador esquerdo e depois nas pontas dos dedos.

• ***Dominó:*** *Jogo em que se usam pequenas pedras retangulares, marcadas por pontos que representam números.*

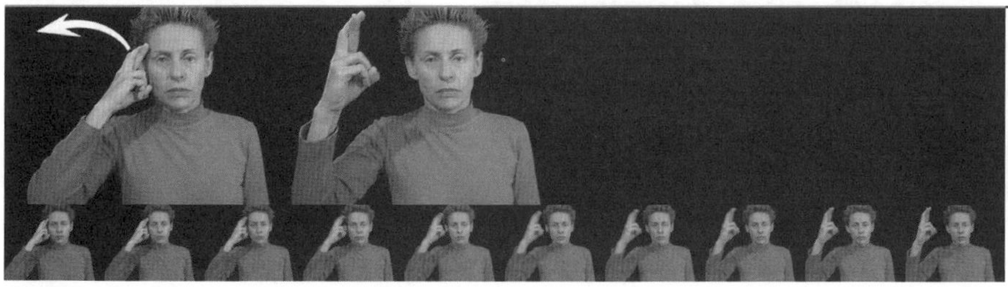

DONO – Mão em "R". Tocar as pontas dos dedos indicador e médio na região da têmpora. Em seguida, mover a mão para a frente.

• ***Dono:*** *Aquele que é proprietário de algo.* **Sinal igual:** POSSUIDOR, PROPRIETÁRIO

▪ **DOLORIDO:** DOR ▪ **DOLOROSO:** DOR ▪ **DOM:** VOCAÇÃO ▪ **DOMÉSTICO:** CASA ▪ **DOMÉSTICA:** EMPREGADA DOMÉSTICA ▪ **DOMICÍLIO:** CASA ▪ **DOMINADO:** MANDADO ▪ **DOMINAR:** MANDAR ▪ **DOMINICAL:** DOMINGO

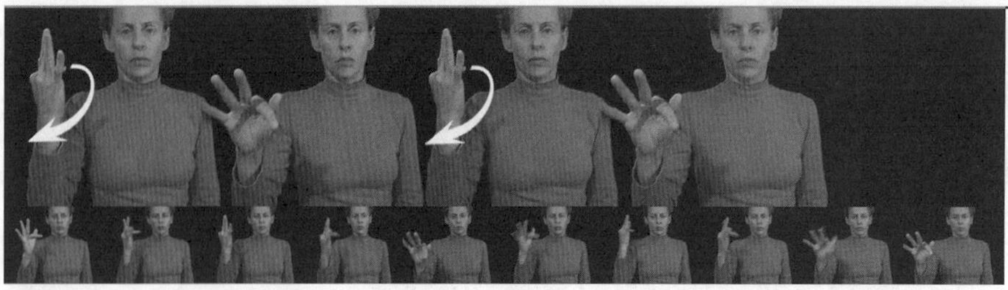

DOR – Mão em "F", palma para dentro. Mover a mão com rapidez, virando a palma para a frente, duas ou três vezes.

• *Dor: Sofrimento físico; sensação desagradável.* **Sinal igual:** DOER, DOLORIDO, DOLOROSO

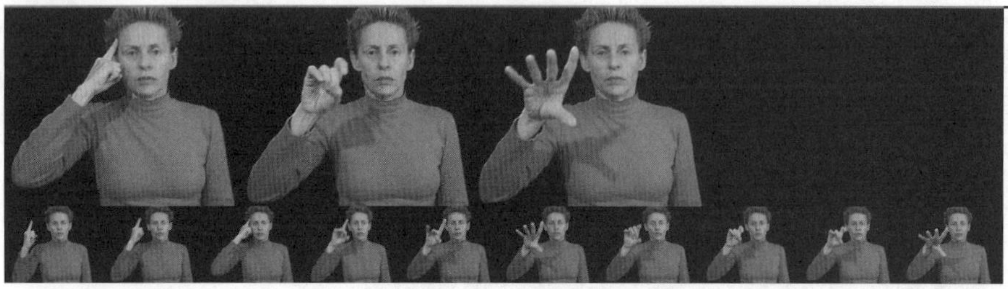

DOR DE CABEÇA – Tocar na lateral da cabeça com o dedo indicador. Em seguida, com a mão aberta, a palma para a frente, os dedos esticados e separados e o polegar "segurando" o médio pela unha, mover a mão para a frente duas vezes, soltando o médio.

• *Dor de cabeça: Sensação desagradável na cabeça; cefaleia.* **Sinal igual:** CEFALEIA, ENXAQUECA

DORMIR – Mão direita em "V", palma para a frente e mão esquerda em "V", palma para trás. Posicionar as mãos conforme a foto 1. Em seguida, mover as mãos simultaneamente, inclinando-as para a lateral e encostando os indicadores nos respectivos médios.

• *Dormir: Descansar por meio do sono; adormecer.* **Sinal igual:** REPOUSAR

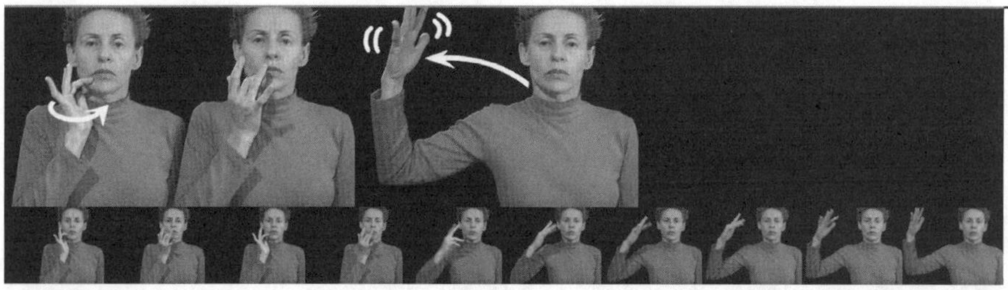

DOURADO – Encostar a ponta do dedo médio logo abaixo do canto da boca. Demais dedos abertos. Balançar a mão de um lado para outro, sem desencostar a ponta do dedo. Em seguida, fazer o sinal de "brilhar" com a mesma mão.

• *Dourado: Que tem a cor amarelo "metálico".*

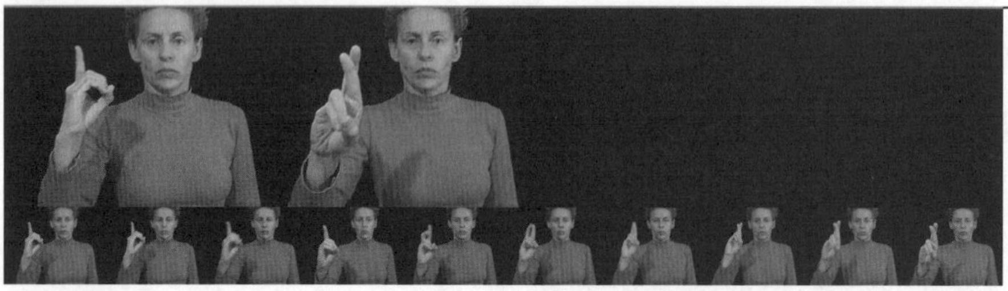

DOUTOR – Digitar as letras "D" e "R".

• *Doutor: Pessoa muito instruída em qualquer área.* **Sinal igual:** CLÍNICO, TERAPEUTA

■ **DOR DE BARRIGA:** INDIGESTÃO ■ **DORMITÓRIO:** QUARTO ■ **DORSO:** COSTAS

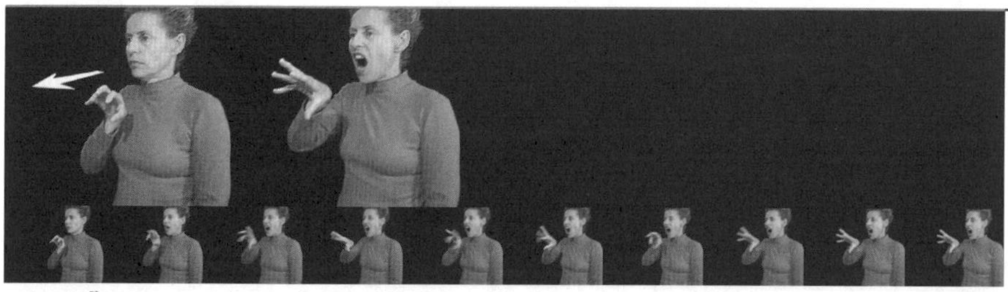

DRAGÃO – Mão aberta, dedos separados e levemente curvados, palma para a frente. Posicionar a mão diante do queixo. Em seguida, mover a mão para a frente e voltar à posição inicial, duas ou três vezes. Ao mesmo tempo, mover os dedos aleatoriamente e abrir um pouco a boca.

• ***Dragão:*** *Animal imaginário que cospe fogo.*

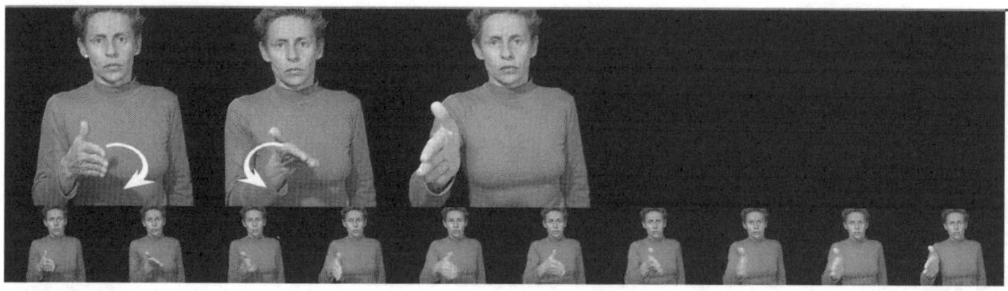

DRIBLAR – Mão aberta, dedos unidos e esticados apontando para a frente, polegar separado, palma para dentro. Posicionar a mão perto do corpo. Em seguida, mover a mão para a frente, descrevendo um "zigue-zague".

• ***Driblar:*** *Evitar ou esquivar-se de alguém, a fim de passar com a bola (no futebol, basquete etc.).*

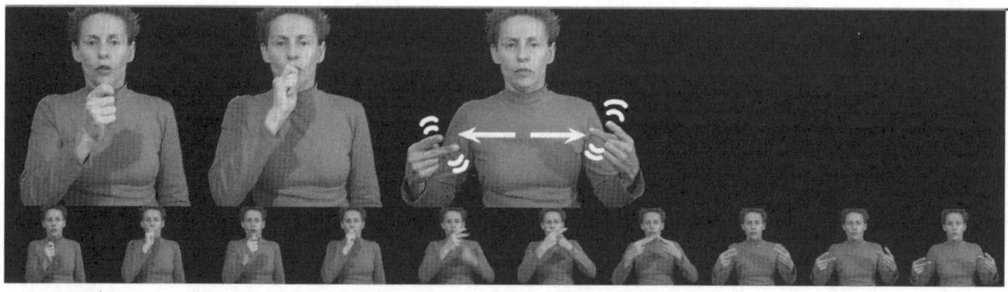

DROGAS – Mão fechada em "A", palma para dentro. Posicionar a mão perto da boca, quase tocando-a. Em seguida, mover a mão para a frente e voltar para a posição inicial, duas ou três vezes. Mover os lábios como se estivesse pronunciando o som de "U", durante o movimento das mãos. Depois, fazer o sinal de "vários".

• ***Drogas:*** *Substâncias químicas ou produtos tóxicos.* **Sinal igual:** ALUCINÓGENO, ENTORPECENTE

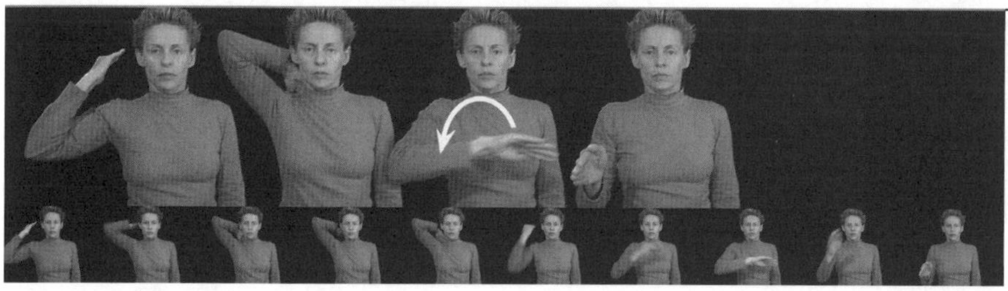

DROMEDÁRIO – Bater a mão levemente nas costas, por cima do ombro. Depois, com a mão aberta e levemente curvada, dedos unidos e palma para baixo, descrever um movimento em arco, representando a corcova do dromedário.

• ***Dromedário:*** *Espécie de camelo que possui apenas uma corcova.*

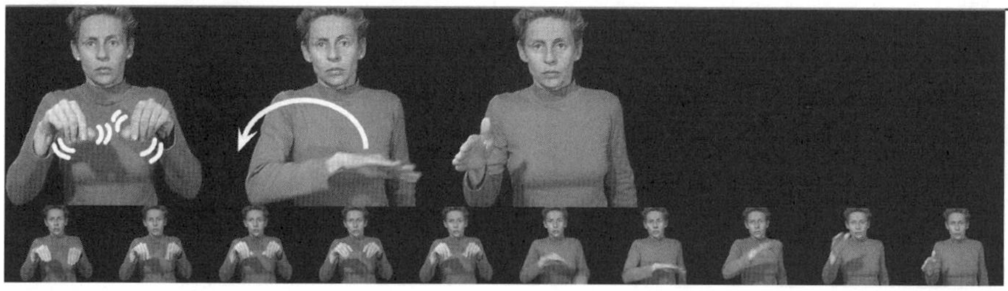

DUNA – Fazer os sinais de "areia" e de "montanha".

• ***Duna:*** *Monte de areia móvel, formado pela ação do vento.*

▪ DROGARIA: FARMÁCIA ▪ DROPE: BALA ▪ DUCHA: CHUVEIRO ▪ DUETO: DUPLA ▪ DULCIFICAR: DOCE ▪ DUO: DUPLA

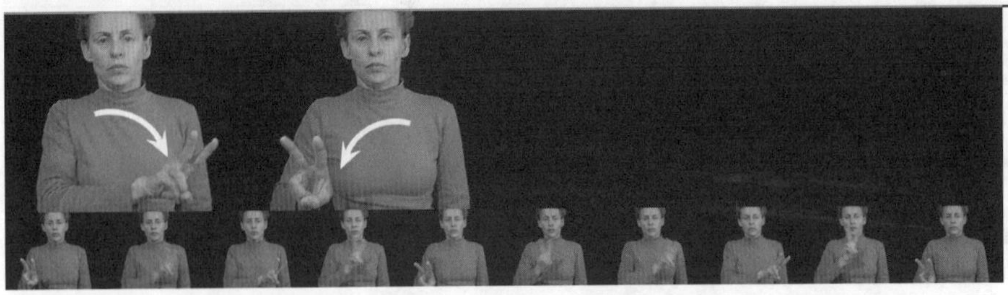

DUPLA – Mão em "V", palma para a frente. Mover a mão para o lado esquerdo e direito, duas vezes, sempre mantendo a palma virada para a frente.

• ***Dupla:*** *Qualquer associação de duas pessoas que possuem o mesmo propósito.* **Sinal igual:** DUETO, DUO

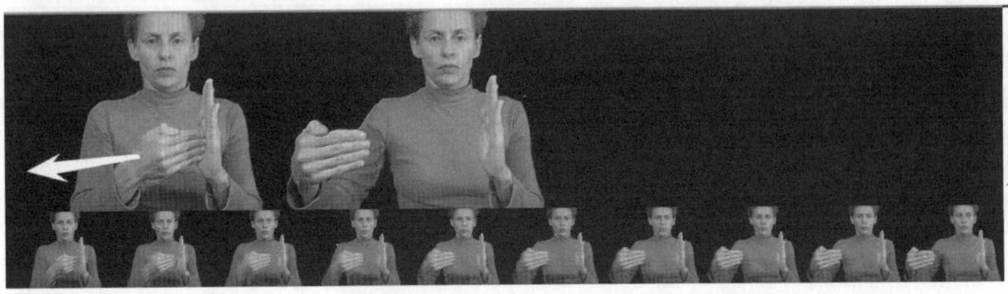

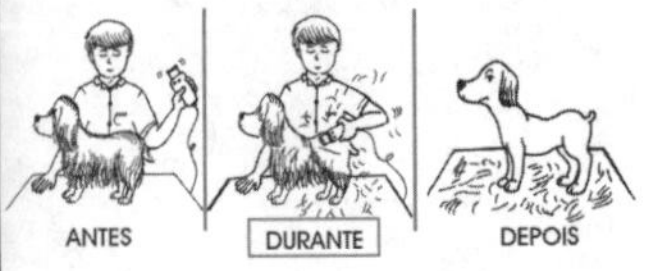

DURANTE – Mão esquerda aberta, dedos unidos e esticados apontando para cima, palma para dentro. Mão direita dobrada, dedos unidos e esticados, palma para dentro. Encostar as pontas dos dedos da mão direita na palma esquerda. Em seguida, mover a mão direita, afastando-a da esquerda.

• ***Durante:*** *Exprime permanência de algo num tempo determinado.* **Sinal igual:** NO ESPAÇO DE

DURO – Mão esquerda fechada, palma para baixo. Mão direita fechada com o indicador aberto e dobrado. Bater duas ou três vezes a lateral do indicador direito no dorso da mão esquerda.

• ***Duro:*** *Que não é flexível ou macio.* **Sinal igual:** CONSISTENTE, RIJO, SÓLIDO

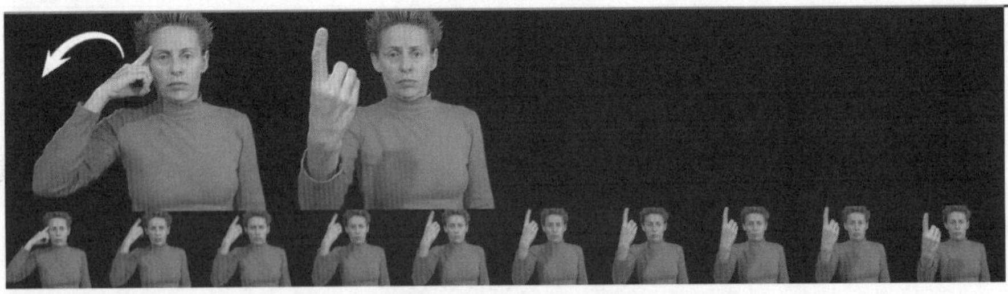

DÚVIDA* – Mão em "D", palma para dentro. Encostar a ponta do dedo indicador na lateral da testa. Em seguida, mover a mão para a frente, virando a palma para trás.

• ***Dúvida:*** *Incerteza diante de determinada situação.* **Sinal igual:** DUVIDOSO, HESITAÇÃO, INCERTEZA, RECEIO, RECEOSO

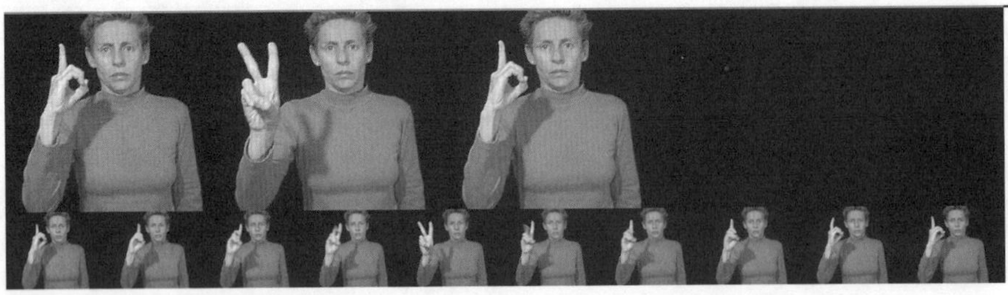

DVD – Digitar as letras "D", "V" e "D".

• ***DVD:*** *Tipo de disco que utiliza meio óptico de leitura dos dados.*

▪ **DUPLO:** DOIS ▪ **DURAÇÃO:** DEMORAR, QUE HORAS SÃO ▪ **DURADOURO:** COMPRIDO, DEMORAR ▪ **DURAR:** DEMORAR ▪ **DUVIDOSO:** DÚVIDA

Mão aberta com os dedos unidos e bem dobrados, palma para a frente. Quinta letra do alfabeto. Mão aberta com os dedos unidos e bem dobrados, palma para a frente. Quinta letra do alfabeto. Mão aberta com os dedos unidos e bem dobrados, palma para a frente. Quinta letra do alfabeto. Mão aberta com os dedos unidos e bem dobrados, palma para a frente. Quinta letra do

os dedos unid

para a frente. Q

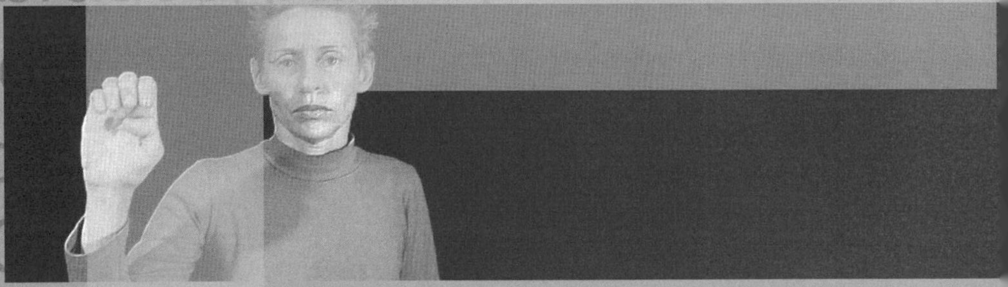

aberta com os dedos unidos e bem dobrados, palma para a frente. Quinta letra do alfabeto. Mão aberta com os dedos unidos e bem dobrados, palma para a frente. Quinta letra do alfabeto. Mão aberta com os dedos unidos e bem dobrados, palma para a frente. Quinta letra do alfabeto. Mão aberta com os dedos unidos e bem dobrados, palma para a frente. Quinta letra do alfabeto. Mão aberta com os dedos

E – Mão aberta com os dedos unidos e bem dobrados, palma para a frente.
• *E: Quinta letra do alfabeto.*

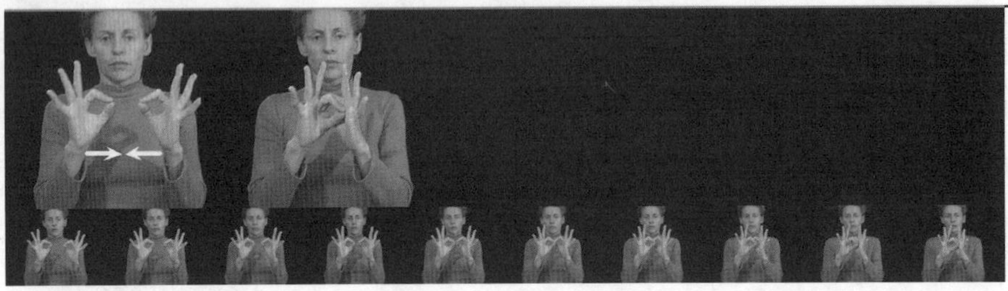

ECLIPSE – Mãos abertas, dedos esticados e separados, indicadores e polegares se tocando pelas pontas. Posicionar as mãos conforme a foto 1. Em seguida, mover as mãos simultaneamente, encaixando os indicadores e polegares de uma mão nos mesmos dedos da outra (foto 2).
• ***Eclipse:*** *Fenômeno astronômico no qual o Sol, a Lua e a Terra se alinham.*

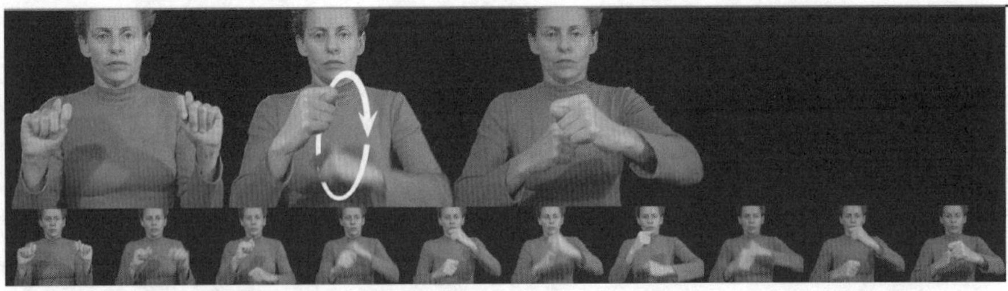

ECONOMIZAR – Mãos fechadas com os dedos polegares encaixados entre os indicadores e os médios (foto 1). Em seguida, mover as mãos, girando uma sobre a outra (como no movimento dos pedais de uma bicicleta).
• ***Economizar:*** *Gastar com moderação; poupar.* **Sinal igual:** ACUMULAR, ECONÔMICO, POUPANÇA, POUPAR

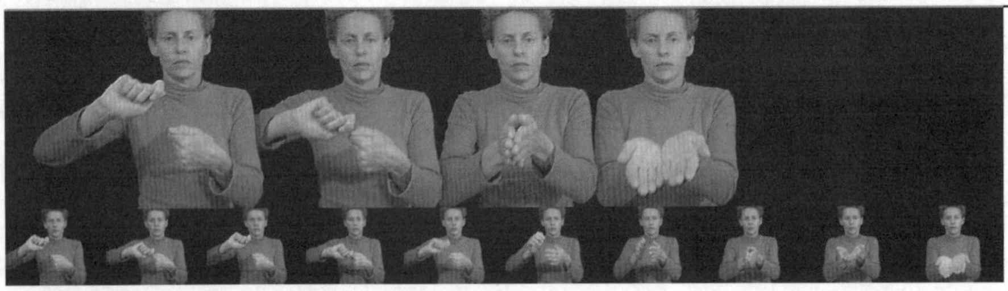

EDITAR – Fazer os sinais de "fazer" e de "livro".
• ***Editar:*** *Publicar obra por meio de impressão gráfica.* **Sinal igual:** EDIÇÃO, EDITORA, PUBLICAÇÃO, PUBLICAR

EDUCAÇÃO – Mão direita em "L". Braço esquerdo estendido. Colocar a mão direita no braço esquerdo, perto do ombro, e deslizá-la até o punho.
• ***Educação:*** *Agir com boas maneiras e de acordo com os costumes da vida social.* **Sinal igual:** CIVILIDADE, COMPORTAMENTO, CORDIAL, CORDIALIDADE, CORTÊS, CORTESIA, DELICADEZA, DELICADO, EDUCADO, GENTIL, POLIDEZ, POLIDO

▪ **ÉBRIO:** BÊBADO ▪ **EBULIÇÃO:** FERVER ▪ **ECONOMIA:** COMÉRCIO ▪ **ECONÔMICO:** BARATO, ECONOMIZAR ▪ **ECONOMISTA:** COMÉRCIO ▪ **EDIÇÃO:** EDITAR ▪ **EDIFICAÇÃO:** PRÉDIO ▪ **EDIFICAR:** CONSTRUIR ▪ **EDIFÍCIO:** PRÉDIO ▪ **EDITORA:** EDITAR ▪ **EDREDOM:** COBERTOR

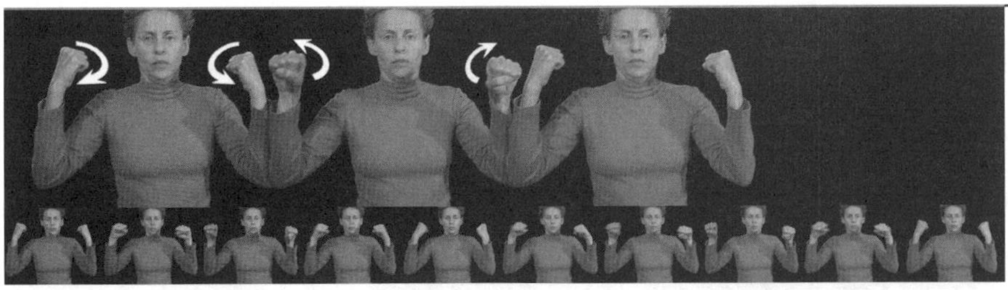

EDUCAÇÃO FÍSICA – Mãos fechadas, palmas para trás. Posicionar as mãos conforme a foto 1. Em seguida, girar simultaneamente as mãos para a frente ao redor dos próprios eixos, voltando à posição inicial, duas vezes.
• ***Educação física:*** *Disciplina que consiste no estudo das atividades físicas.*

EFERVESCENTE – Mão esquerda em "C" (como se estivesse segurando um copo), palma para dentro. Mão direita aberta, dedos relaxados, palma para cima. Mover a mão direita para cima, passando-a entre os dedos da esquerda. Mover os dedos da mão direita aleatoriamente durante o movimento. Simular, com a boca, o som do chiado característico da efervescência.
• ***Efervescente:*** *Em ebulição, em fervura; que libera gás através de bolhas.*

EFETIVO – Mão esquerda aberta, dedos levemente separados apontando para cima, palma para dentro. Mão direita aberta, dedos curvados e separados, palma para dentro. Mover a mão direita até tocar com as pontas dos dedos a palma esquerda.
• ***Efetivo:*** *Que ou aquele que se encontra em serviço; capaz de produzir um efeito real.*

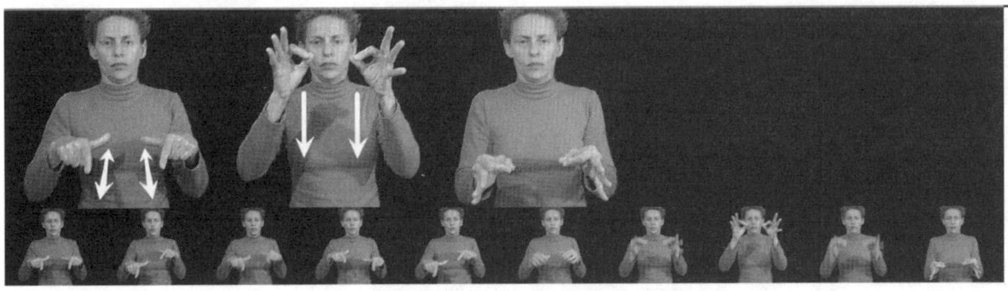

EFICIENTE – Fazer os sinais de "trabalhar" e de "certo".
• ***Eficiente:*** *Que obtém resultados satisfatórios com o mínimo de perdas e erros.* **Sinal igual:** EFICAZ, PRODUTIVO

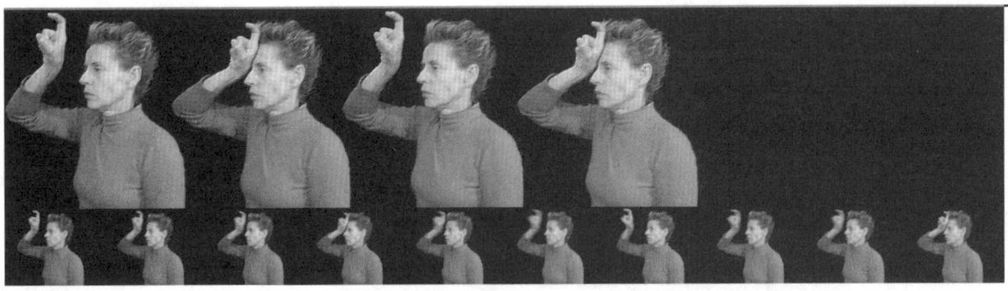

EGITO – Mão fechada com o dedo indicador aberto e curvado, palma para a frente. Tocar duas vezes o dorso da mão na testa.
• ***Egito:*** *País situado no continente africano.* **Sinal igual:** EGÍPCIO

▪ EDUCADO: EDUCAÇÃO ▪ EDUCAR: ENSINAR ▪ EDULCORAR: DOCE ▪ EFICAZ: EFICIENTE ▪ EGÍPCIO: EGITO ▪ EGOÍSMO: EGOÍSTA

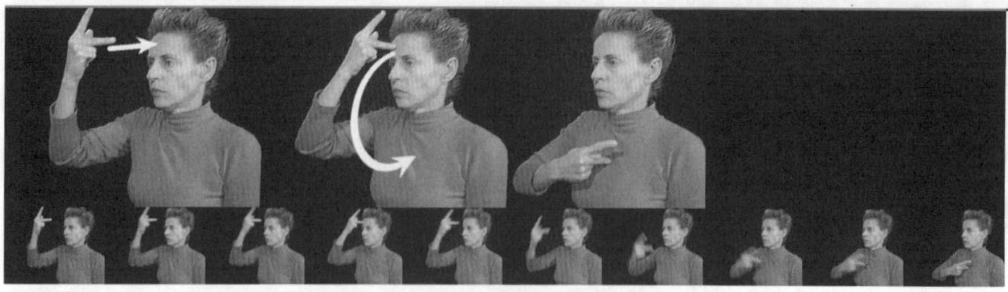

EGOÍSTA – Mão em "P". Tocar a ponta do dedo médio na testa e no peito.
• ***Egoísta:*** *Aquele que só pensa em si mesmo.* **Sinal igual:** COMODISMO, COMODISTA, EGOÍSMO

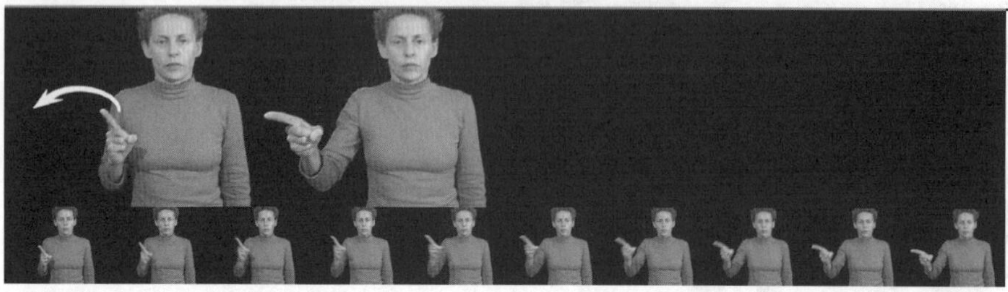

ELA(E) – Mão fechada com o dedo indicador esticado. Apontar para a pessoa da qual se fala.
• ***Ela(e):*** *Pronome pessoal na terceira pessoa do singular.*

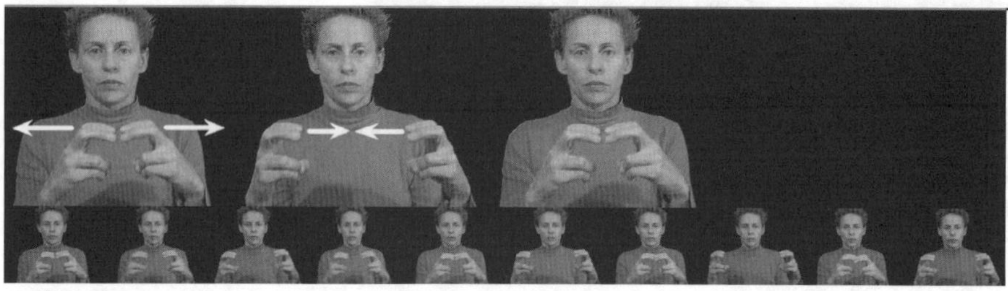
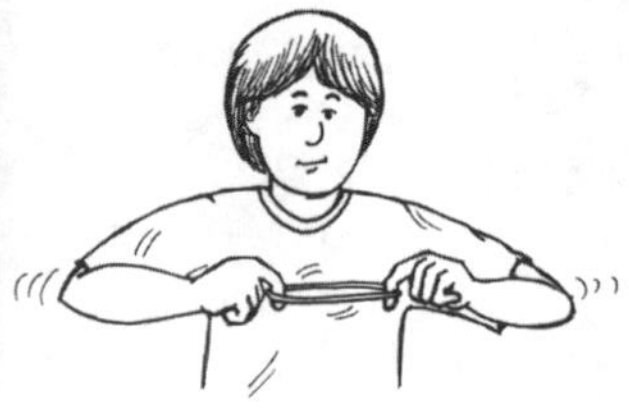

ELÁSTICO – Mãos fechadas com os dedos indicadores e médios curvados e unidos, palmas para dentro. Posicionar as mãos conforme a foto 1. Em seguida, mover as mãos simultaneamente, aproximando e afastando uma da outra, duas ou três vezes.
• ***Elástico:*** *Material que tem a propriedade de voltar à forma anterior depois de comprimido ou esticado.* **Sinal igual:** ELASTICIDADE

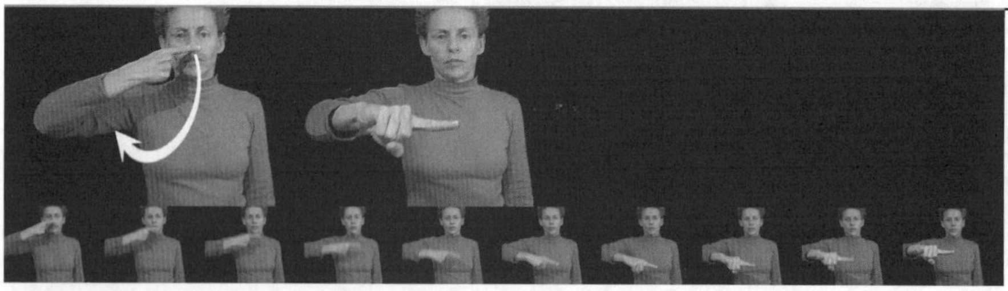

ELEFANTE – Mão fechada com o dedo indicador esticado, palma para dentro. Tocar a ponta do indicador na ponta do nariz. Em seguida, mover a mão para a frente, descrevendo um grande arco durante o percurso, virando a palma para a frente até o fim do movimento.
• ***Elefante:*** *Grande mamífero encontrado originalmente na África e na Ásia.* **Sinal igual:** PAQUIDERME

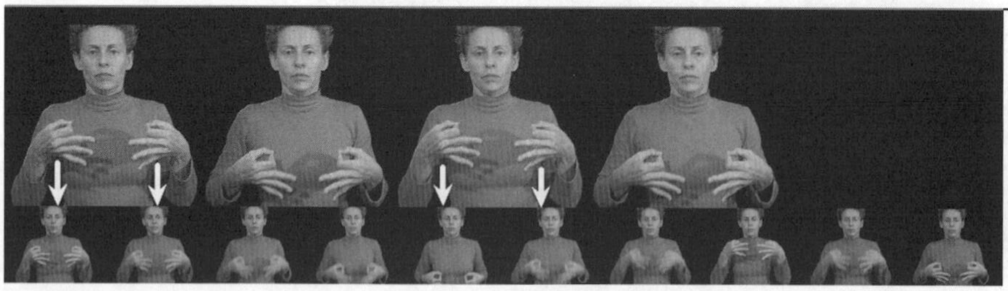

ELEGANTE – Fazer o sinal de "perfeito" com ambas as mãos, duas vezes seguidas.
• ***Elegante:*** *Pessoa que se caracteriza pela harmonia ou naturalidade em sua postura e aparência; requintado.* **Sinal igual:** CHIQUE, DISTINTO, ELEGÂNCIA, NOBRE

▪ **ÉGUA:** CAVALO ▪ **EJETAR:** EXPULSAR ▪ **ELASTICIDADE:** ELÁSTICO ▪ **ELEGÂNCIA:** ELEGANTE ▪ **ELEGER:** ESCOLHER, VOTAR ▪ **ELEIÇÃO:** VOTAR ▪ **ELEITO:** VOTAR ▪ **ELEITOR:** VOTAR ▪ **ELEITORAL:** VOTAR

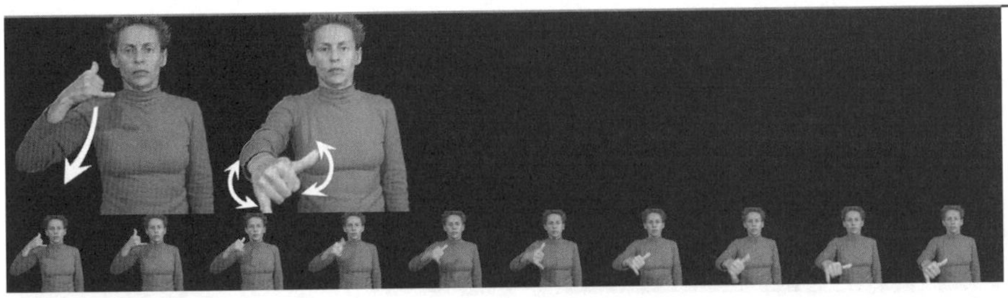

ELETRICIDADE – Mão em "Y" posicionada ao lado da cabeça. Mover a mão para a frente e para baixo, girando-a ao redor do próprio eixo várias vezes, no sentido horário e anti-horário, durante o percurso.
• *Eletricidade: Fenômeno natural que envolve a existência de cargas elétricas.* **Sinal igual:** ELÉTRICO, ELETROCUTADO, ELETROCUTAR, ENERGIA ELÉTRICA

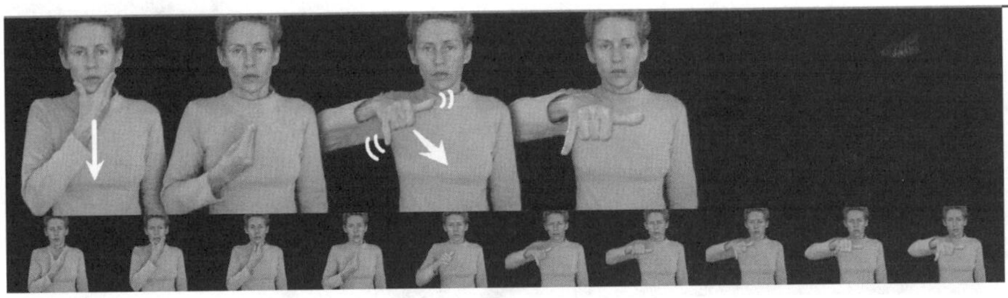

ELETRICISTA – Fazer os sinais de "homem" e de "eletricidade".
• *Eletricista: Profissional especialista em eletricidade.*

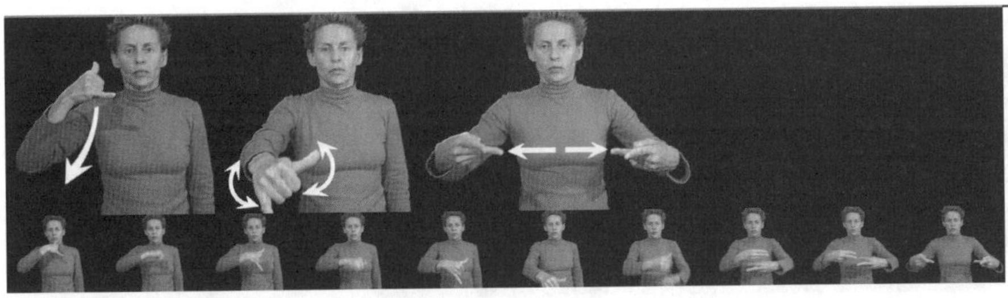

ELETRODOMÉSTICO – Fazer os sinais de "eletricidade" e de "várias".
• *Eletrodoméstico: Aparelhos elétricos usados em casa.*

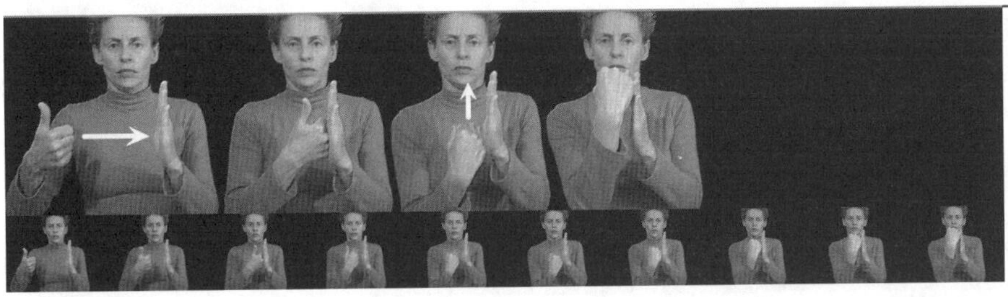

ELEVADOR – Mão esquerda aberta, dedos unidos e esticados apontando para cima, palma para dentro. Mão direita fechada com o dedo polegar esticado, palma para trás. Mover a mão direita, tocando o dorso dos dedos na palma esquerda. Depois, mão direita dobrada, palma para trás, encostar a lateral externa na palma esquerda, perto do punho, e deslizá-la para cima até a ponta dos dedos.
• *Elevador: Plataforma ou cabine para transportar verticalmente pessoas ou cargas.* **Sinal igual:** ASCENSORISTA

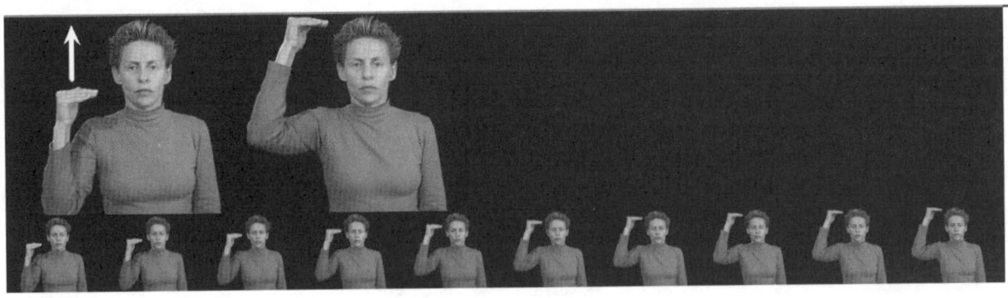

ELEVAR – Mão direita dobrada, dedos unidos e esticados, palma para dentro. Posicionar a mão na altura do ombro. Em seguida, mover a mão para cima.
• *Elevar: Pôr em um plano ou ponto superior.* **Sinal igual:** ALÇAR, EXALTAR

▪ **ELÉTRICO:** ELETRICIDADE ▪ **ELETROCUTADO:** ELETRICIDADE ▪ **ELETROCUTAR:** CHOQUE ELÉTRICO, ELETRICIDADE ▪ **ELEVADO:** VIADUTO ▪ **ELIMINAR:** CANCELAR, EXCLUIR, EXPULSAR ▪ **ELOGIAR:** APLAUDIR ▪ **ELOS:** CORRENTE

E

EMAGRECER – Mãos em "I", palmas para a frente. Posicionar as mãos conforme a foto 1. Em seguida, mover as mãos simultaneamente, cruzando-as na frente do peito. Sugar o ar da boca, com os lábios fechados, comprimindo as bochechas para o interior da boca.
• ***Emagrecer:*** *Tornar-se mais magro, perder peso.* **Sinal igual:** DEFINHAR

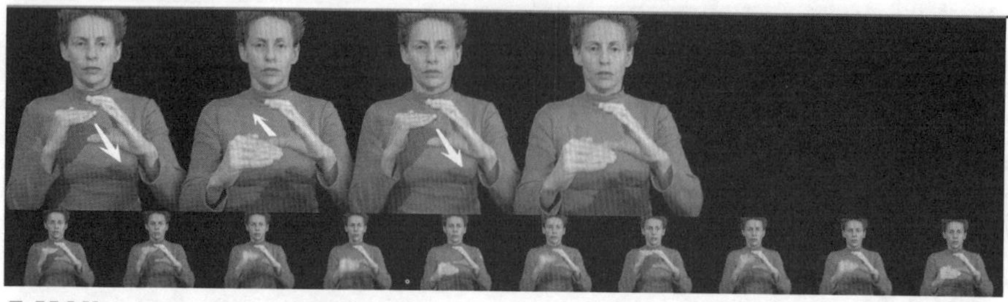

E-MAIL – Mão esquerda em "C", palma para dentro. Mão direita dobrada com os dedos esticados, palma para dentro. Manter a mão esquerda parada e mover a mão direita duas vezes para a frente e para trás, passando os dedos entre os da mão esquerda.
• **E-mail:** *Correio eletrônico utilizado por meio da Internet.* **Sinal igual:** CORREIO ELETRÔNICO

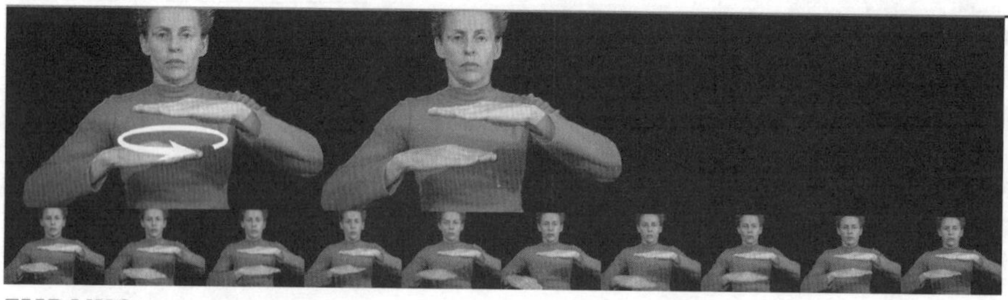

EMBAIXO – Mão esquerda aberta, dedos unidos e esticados apontando para o lado direito, palma para baixo. Mão direita aberta, dedos unidos e esticados apontando para o lado esquerdo, palma para baixo. Posicionar a mão direita embaixo da esquerda (foto 1). Em seguida, mover a mão direita em pequenos círculos, mantendo a palma para baixo.
• ***Embaixo:*** *Situado em um plano ou ponto inferior.* **Sinal igual:** BASE, SOB

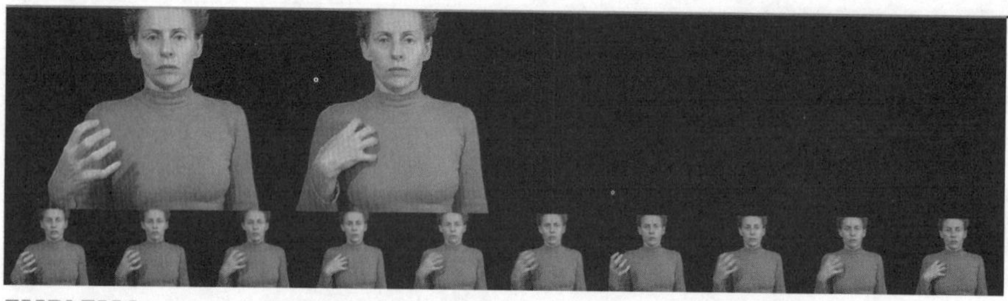

EMBLEMA – Mão aberta, dedos curvados e separados, palma para trás. Tocar duas vezes as pontas dos dedos no peito.
• ***Emblema:*** *Foto simbólica (distintivo ou insígnia) que representa uma instituição, sociedade, associação etc.* **Sinal igual:** ATRIBUTO, DISTINTIVO, INSÍGNIA, SÍMBOLO, TIMBRE

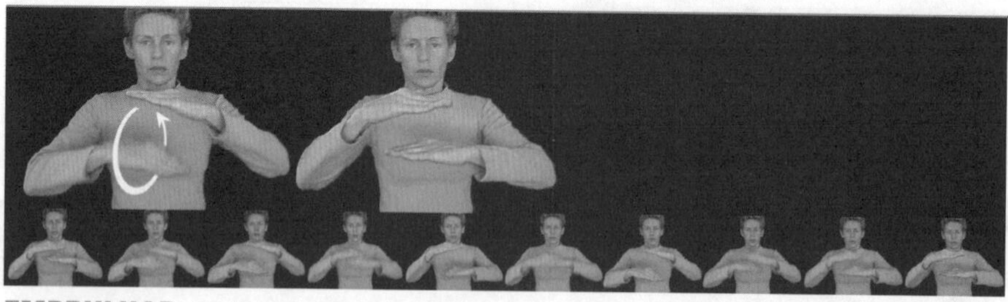

EMBRULHAR – Mãos abertas, palmas para baixo. Posicionar as mãos conforme a foto 1. Em seguida, girar as mãos para a frente, como os pedais de uma bicicleta, dando duas ou três voltas.
• ***Embrulhar:*** *Envolver com papel, plástico etc., formando um pacote.*

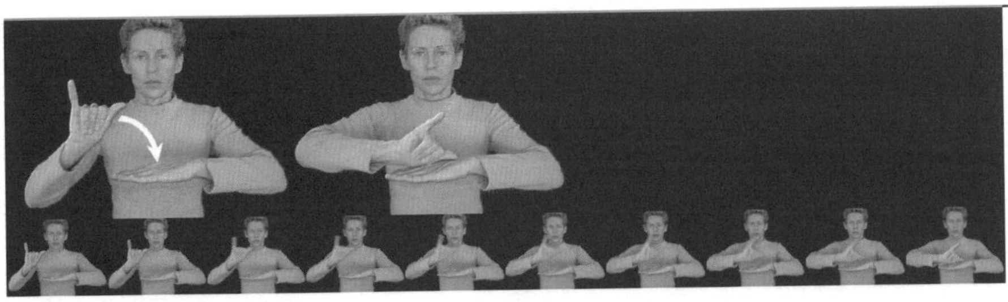

EM CIMA – Mão esquerda aberta, dedos unidos e esticados apontando para o lado direito, palma para baixo. Mão direita em "Y", palma para a frente. Mover a mão direita até tocar sua lateral interna no dorso esquerdo.
• ***Em cima:*** *Na face superior; na parte mais alta.*

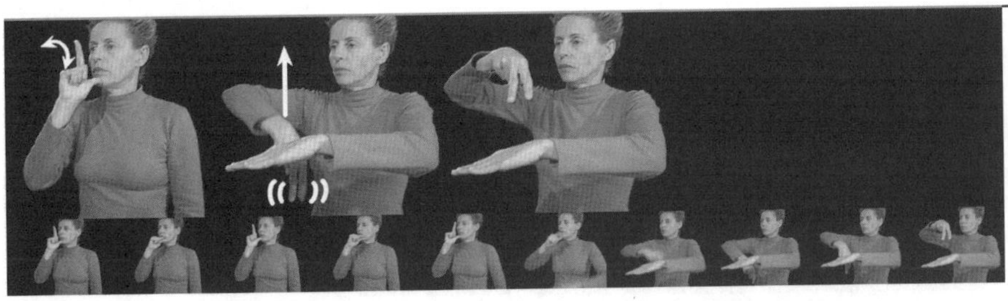

EMERGIR – Fazer o sinal de "água". Depois, mão esquerda aberta, palma para baixo, mão direita em "V" apontando para baixo. Posicionar as mãos conforme a foto 2. Em seguida, mover a mão direita para cima, balançando os dedos alternadamente como se fossem as pernas de um nadador na água.
• ***Emergir:*** *Trazer ou vir à tona.* **Sinal igual:** VIR À TONA

EM FRENTE – Mão direita aberta, dedos unidos e esticados apontando para a frente, palma para dentro. Mover a mão apontando os dedos para cima.
• ***Em frente:*** *Pelo caminho reto; adiante.*

EMOCIONAR – Mão esquerda fechada, palma para baixo. Mão direita fechada, palma para trás. Encostar a mão direita sobre o punho esquerdo (foto 1). Em seguida, deslizar a mão direita pelo braço esquerdo até perto do ombro, abrindo os dedos direitos no fim do movimento.
• ***Emocionar:*** *Provocar ou sentir emoção, comover.* **Sinal igual:** COMOVER, COMOVIDO, EMOÇÃO, EMOCIONADO, EMOCIONANTE, EMOTIVO, SENSIBILIZADO

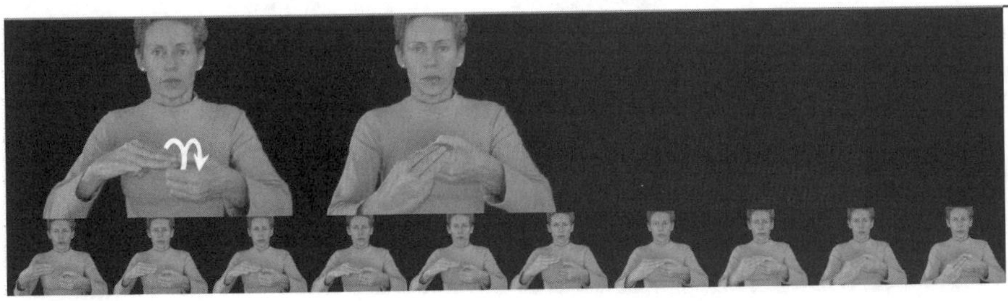

EMPADA – Mão esquerda em "O", mão direita com os dedos indicador, médio e anular unidos e esticados. Tocar as pontas dos dedos direitos em três pontos diferentes da lateral externa da mão esquerda.
• ***Empada:*** *Tipo de salgado assado, feito de massa e recheado com frango, palmito etc.*

▪ EMBAIXO: ABAIXO ▪ EMBARAÇADO: VERGONHA ▪ EMBARAÇO: CONFUNDIR ▪ EMBARALHAR: MISTURAR ▪ EMBARCAÇÃO: BARCO ▪ EMBARCAR: ATRAPALHAR ▪ EMBASBACADO: ESPANTADO ▪ EMBATER: COLIDIR ▪ EMBEBER: ABSORVER ▪ EMBORCAR: CAPOTAR ▪ EMBRIAGADO: BÊBADO ▪ EMBRIAGUEZ: BÊBADO ▪ EMBUSTE: MENTIRA ▪ EMENDAR: CORRIGIR ▪ EMERGÊNCIA: URGENTE ▪ EMINENTE: FAMOSO ▪ EMOÇÃO: EMOCIONAR ▪ EMOCIONADO: EMOCIONAR ▪ EMOCIONANTE: EMOCIONAR ▪ EMOLDURAR: MOLDURA ▪ EMOTIVO: EMOCIONAR

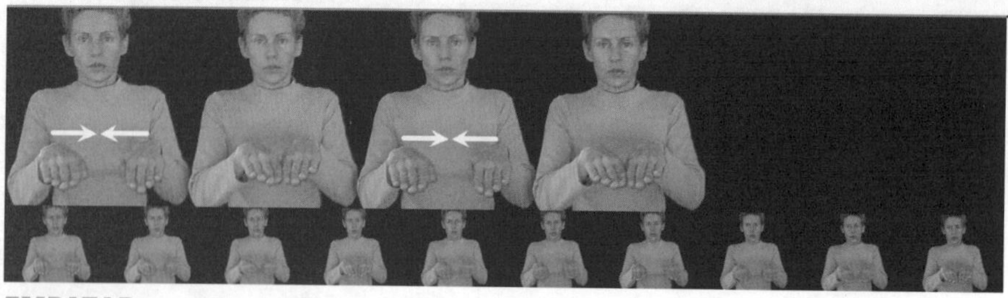

EMPATAR – Mãos abertas, dedos unidos e esticados apontando para a frente, palmas para baixo. Posicionar as mãos paralelamente (foto 1). Tocar duas ou três vezes uma mão na outra pelas laterais dos indicadores.
• ***Empatar:*** *Igualar(-se) na contagem dos pontos ou de votos; obter o mesmo resultado do adversário.*

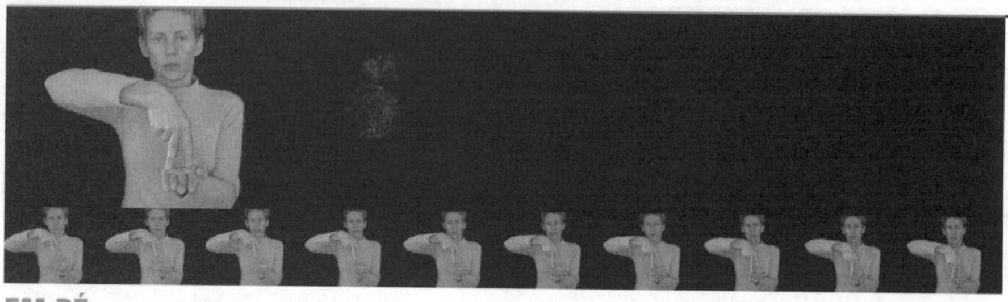

EM PÉ – Mão esquerda aberta, dedos unidos e esticados apontando para a frente, palma para cima. Mão direita em "V" com os dedos apontando para baixo. Tocar as pontas dos dedos da mão direita na palma esquerda.
• ***Em pé:*** *Em posição vertical; apoiado sobre os pés.*

EMPILHAR – Mãos abertas, levemente curvadas, palmas para baixo. Posicionar as mãos conforme a foto 1. Em seguida, mover alternadamente as mãos para cima, colocando uma por cima da outra.
• ***Empilhar:*** *Pôr objetos uns sobre os outros.* **Sinal igual:** AMONTOAR

EMPREGADA DOMÉSTICA – Mãos abertas, dedos unidos e esticados, palmas para cima. Bater alternadamente as laterais externas das mãos na cintura, duas ou três vezes.
• ***Empregada doméstica:*** *Profissional que trabalha nas residências fazendo serviços domésticos.* **Sinal igual:** DOMÉSTICA

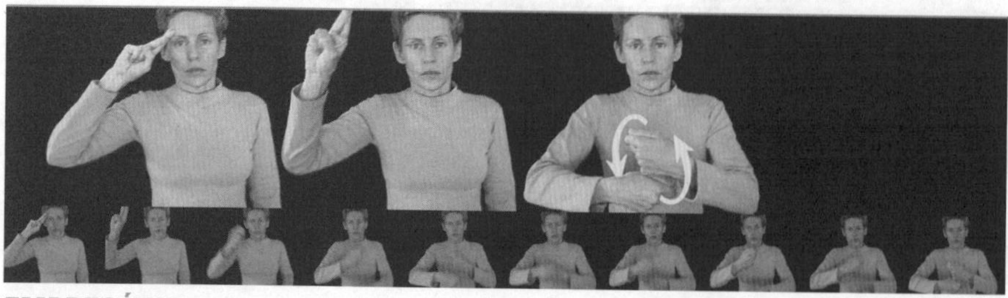

EMPRESÁRIO – Fazer os sinais de "chefe" e de "comércio".
• ***Empresário:*** *Aquele que é dono ou dirigente de uma empresa.*

▪ **EMPANTURRAR:** ENCHER ▪ **EMPOEIRADO:** PÓ ▪ **EMPORCALHADO:** LAMBUZAR ▪ **EMPORCALHAR:** LAMBUZAR ▪ **EMPREENDER:** FAZER ▪ **EMPREGADO:** FUNCIONÁRIO ▪ **EMPREGO:** TRABALHAR ▪ **EMPREITA:** CONSTRUIR ▪ **EMPREITEIRO:** CONSTRUIR ▪ **EMPRESA:** TRABALHAR

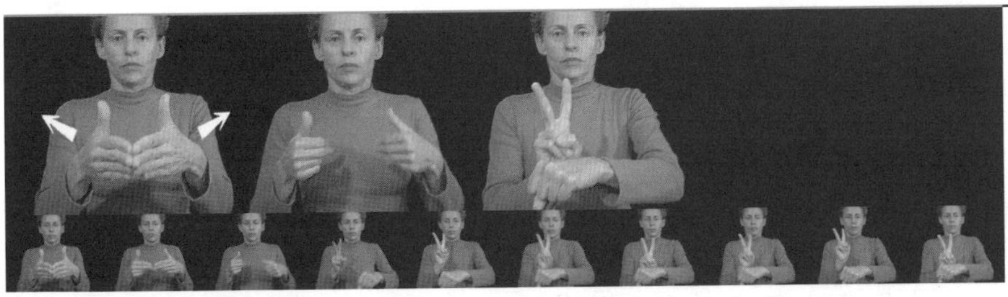

EMPRESTADO (PEDIR) – Fazer os sinais de "por favor" e de "cuidar".
• ***Emprestado (pedir):*** *Pedir para alguém alguma coisa para uso temporário.* **Sinal igual:** CONCEDIDO

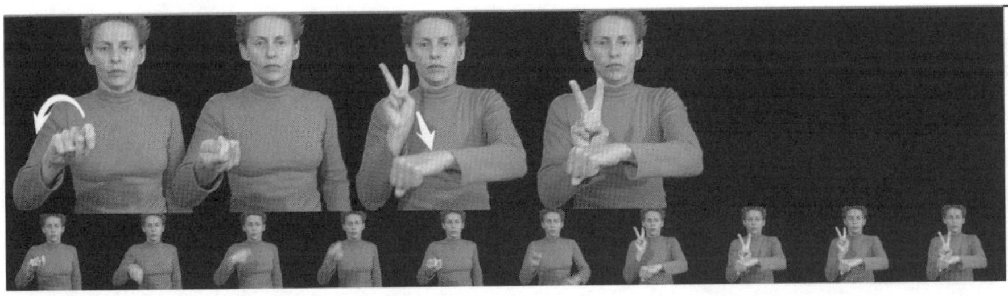

EMPRESTAR – Fazer os sinais de "dar" e de "cuidar".
• ***Emprestar:*** *Colocar à disposição; ceder temporariamente.* **Sinal igual:** CONCEDER

EMPURRAR – Mãos abertas, dedos esticados e separados, palmas para a frente. Posicionar as mãos perto do corpo. Em seguida, movê-las simultânea e firmemente para a frente.
• ***Empurrar:*** *Impulsionar com força.*

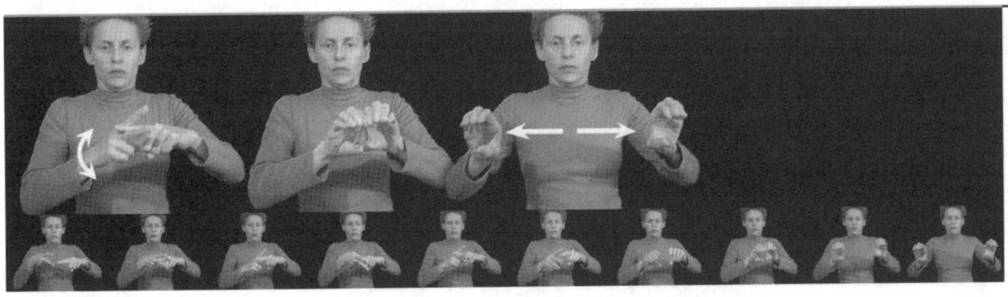

ENCANADOR – Fazer os sinais de "alicate" e de "cano".
• ***Encanador:*** *Profissional especializado em consertar encanamentos.*

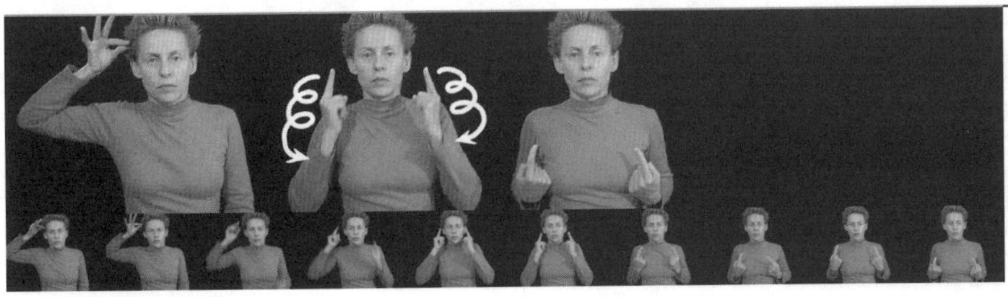

ENCARACOLADO – Fazer o sinal de "cabelo". Em seguida, mãos fechadas com os dedos indicadores esticados apontando para cima, posicioná-las nas laterais da cabeça e movê-las simultaneamente para baixo, em movimentos circulares.
• ***Encaracolado:*** *Tipo de cabelo que se caracteriza por possuir cachos; enrolado em espiral.* **Sinal igual:** CACHEADO

▪ EM TORNO: AO REDOR ▪ EM VOLTA: AO REDOR, VOLTA ▪ ENCAIXAR: COLOCAR ▪ ENCAMAR: ADOECER ▪ ENCAMINHAR: CONDUZIR, ENVIAR ▪ ENCAMINHAR-SE: IR ▪ ENCANAMENTO: CANO ▪ ENCANTO: SEDUÇÃO ▪ ENCAPETADO: DIABO ▪ ENCAPUZAR: CAPUZ ▪ ENCARACOLAR: ENROLAR

ENCARAR – Mãos fechadas em "S", palmas para a frente. Posicionar as mãos conforme a foto 1. Em seguida, com as duas mãos, abrir simultaneamente os indicadores e médios apontando uma mão para a outra.
• ***Encarar:*** *Olhar para a cara de alguém; olhar nos olhos.* **Sinal igual:** DEPARAR, ENCONTRO

ENCHER – Mão esquerda aberta, dedos unidos e esticados apontando para a frente, palma para baixo. Mão direita aberta, dedos unidos e esticados, palma para baixo. Posicionar as mãos conforme a foto 1. Em seguida, mover a mão direita para cima até tocar na palma esquerda. Encher as bochechas de ar durante o movimento.
• ***Encher:*** *Ocupar determinado espaço ou determinado volume.* **Sinal igual:** ABASTECER, EMPANTURRAR, INFLAR

ENCONTRAR – Mãos em "D" posicionadas uma diante da outra (foto 1). Mover simultaneamente as mãos uma de encontro a outra, até se tocarem pelas laterais.
• ***Encontrar:*** *Ficar frente a frente.* **Sinal igual:** DEPARAR

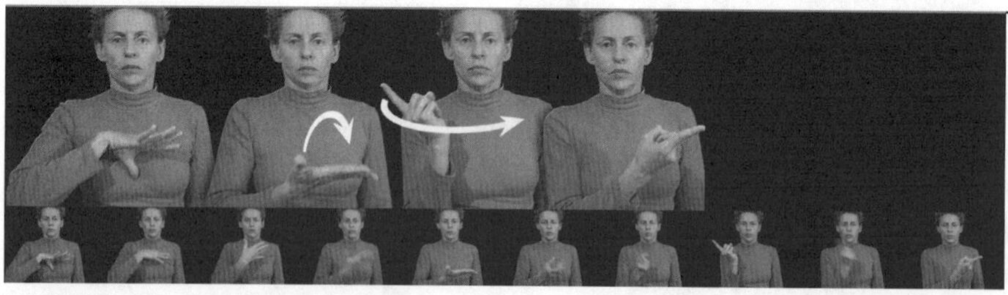

ENCORAJAR – Fazer os sinais de "coragem" e de "ir".
• ***Encorajar:*** *Fazer tomar ou tomar coragem.* **Sinal igual:** ANIMAR, ESTIMULAR

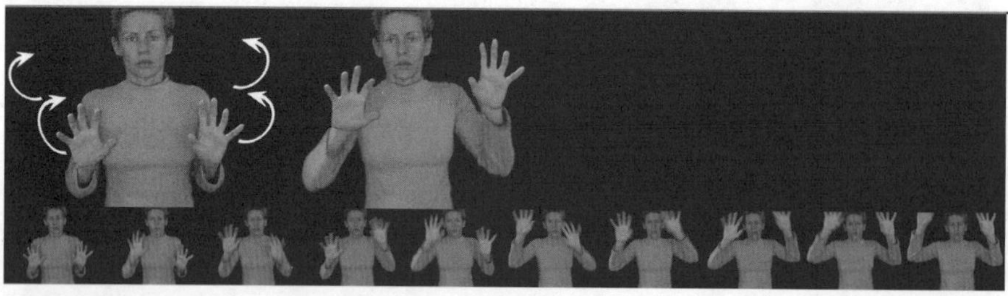

ENFEITAR – Mãos abertas, dedos levemente relaxados e separados, palmas para a frente. Mover alternadamente as mãos para cima como se cada uma estivesse tocando em um ponto imaginário logo à frente.
• ***Enfeitar:*** *Tornar a aparência mais bonita e harmoniosa.*

▪ **ENCARCERADO:** PRESIDIÁRIO ▪ **ENCARCERAR:** CADEIA ▪ **ENCARGO:** DEVER, OBRIGAÇÃO ▪ **ENCARNAR:** NASCER ▪ **ENCÉFALO:** CÉREBRO ▪ **ENCOBRIR:** ESCONDER ▪ **ENCOLERIZADO:** IRRITADO ▪ **ENCONTRAR:** ACHAR ▪ **ENCONTRO:** ENCARAR ▪ **ENCURTAR:** ABREVIAR ▪ **ENDEMONIADO:** DIABO ▪ **ENDEREÇAR:** ENVIAR ▪ **ENDIABRADO:** DIABO ▪ **ENDIVIDADO:** DÍVIDA ▪ **ENERGIA:** FORÇA ▪ **ENERGIA ELÉTRICA:** ELETRICIDADE ▪ **ENÉRGICO:** EXIGIR, FORTE ▪ **ENFADADO:** CANSADO, IRRITADO ▪ **ENFADAR:** ABORRECER ▪ **ENFADO:** CANSADO, IRRITADO ▪ **ENFASTEAR:** ABORRECER ▪ **ENFASTIADO:** FARTO ▪ **ENFATUADO:** CONVENCIDO ▪ **ENFERMAGEM:** ENFERMEIRA ▪ **ENFERMAR:** ADOECER ▪ **ENFERMARIA:** ENFERMEIRA

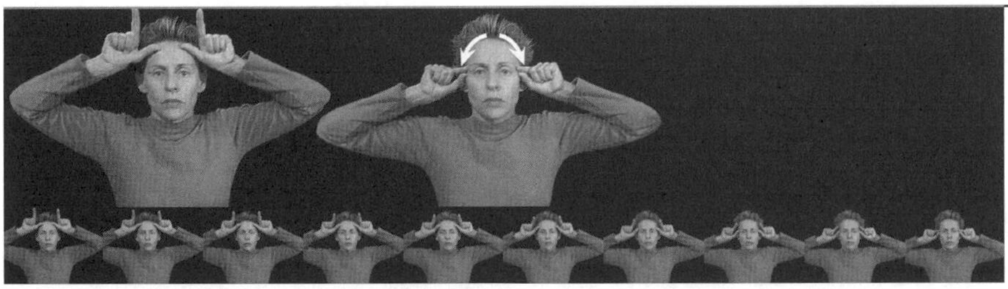

ENFERMEIRA – Mãos em "L", palmas para a frente. Tocar as pontas dos polegares no meio da testa (foto 1). Em seguida, deslizar simultaneamente as mãos para as laterais da testa, encostando as pontas dos polegares nas dos indicadores.
• *Enfermeira: Profissional formado em enfermagem; aquele que cuida de enfermos.* **Sinal igual:** ENFERMAGEM, ENFERMARIA

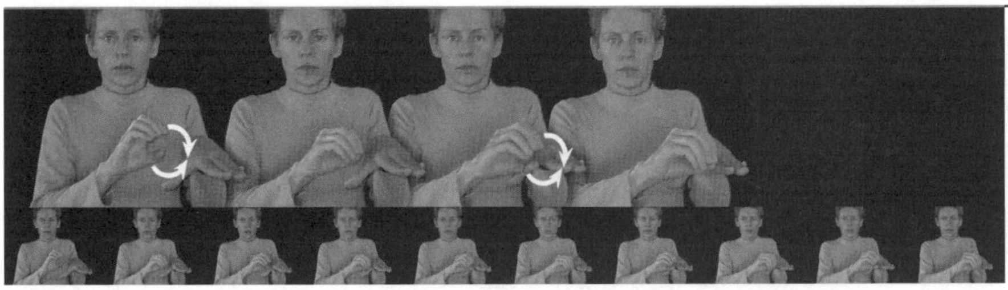

ENFERRUJAR – Mão esquerda aberta, dedos unidos e esticados apontando para a frente, polegar apontando para baixo, palma também para baixo. Mão direita em "C", palma para a frente. Mover a mão direita pela lateral interna da mão esquerda, tocando as pontas dos dedos na ponta do polegar repetidas vezes durante o movimento.
• *Enferrujar: Cobrir(-se) de ferrugem.*

ENGANADO – Com uma das mãos, manter o indicador, o médio e o polegar esticados e demais dedos fechados, palma para trás. Posicionar a mão um pouco distante do corpo (foto 1). Em seguida, mover a mão em direção ao peito, juntando as pontas do polegar, do indicador e do médio.
• *Enganado: Traído na confiança; vítima de trapaça.* **Sinal igual:** BURLADO, ILUDIDO, ILUSÃO, LOGRADO, LUDIBRIADO, TRAPACEADO

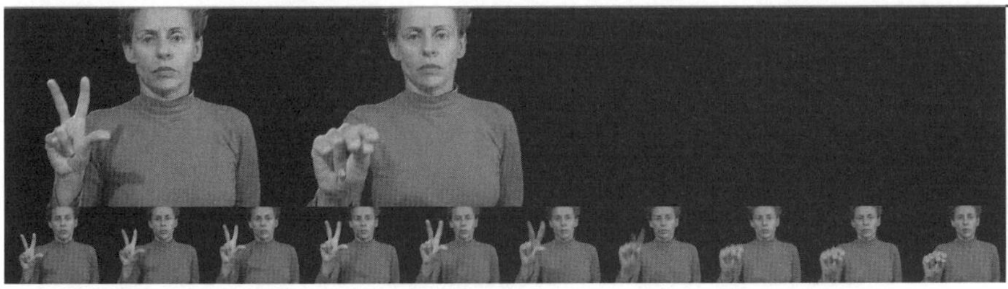

ENGANAR – Com uma das mãos, manter o indicador, o médio e polegar esticados e demais dedos fechados, palma para a frente. Mover a mão para a frente, juntando as pontas do polegar, do indicador e do médio.
• *Enganar: Fazer alguém acreditar em algo que não é verdadeiro.* **Sinal igual:** ILUDIR, LOGRAR, LUDIBRIAR, TRAPACEAR

ENGANO – Mão em "R", palma para a frente. Tocar as pontas dos dedos indicador e médio na testa. Em seguida, mover a mão para a frente, separando o indicador e o médio (mão em "V") e virando a palma da mão para trás.
• *Engano: Agir de forma errada voluntariamente ou não.* **Sinal igual:** BURLA, DESACERTO, EQUÍVOCO, LOGRO

▪ **ENFERMIDADE:** DOENTE ▪ **ENFERMO:** DOENTE ▪ **ENFILEIRADO:** FILA ▪ **ENFILEIRAR:** FILA ▪ **ENFRAQUECIDO:** CANSADO, FRACO ▪ **ENFRAQUECIMENTO:** FRACO ▪ **ENGABELAR:** SACANEAR ▪ **ENGARRAFAMENTO:** CONGESTIONAMENTO

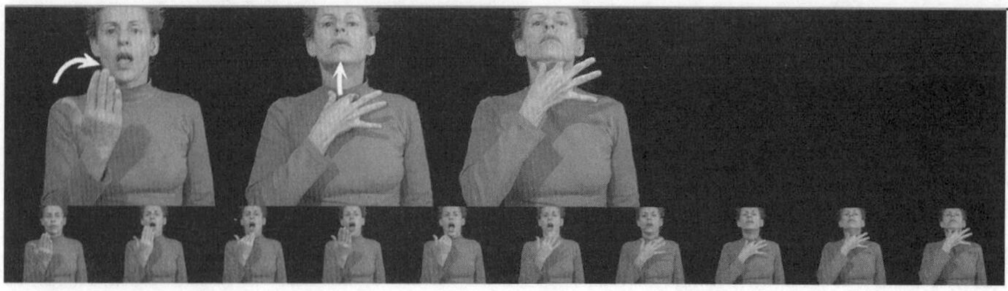

ENGASGAR – Fazer o sinal de "comer". Em seguida, mão fechada com o indicador e o polegar abertos, tocar as pontas desses dedos na garganta e deslizá-las para cima.
• ***Engasgar:*** *Ficar com a garganta obstruída.*

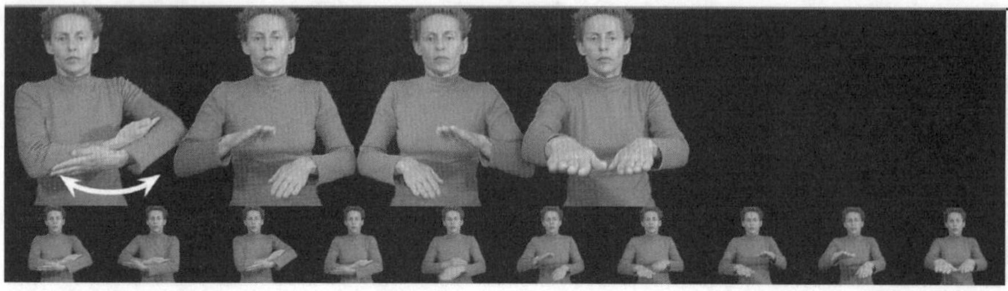

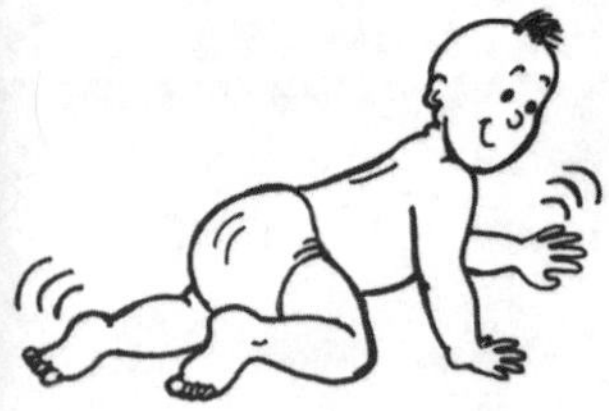

ENGATINHAR – Fazer o sinal de "bebê". Em seguida, mãos abertas, dedos unidos e esticados apontando para a frente, palmas para baixo. Mover alternadamente as mãos para a frente, imitando o gesto de quem engatinha.
• ***Engatinhar:*** *Andar com as mãos e os joelhos apoiados no chão.*

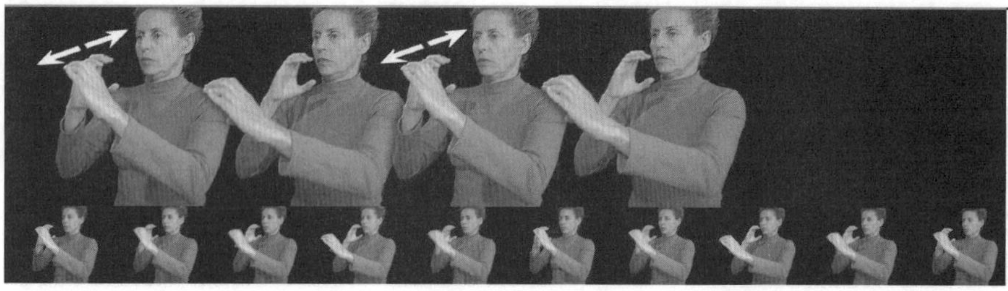

ENGENHARIA – Mãos em "C", palmas para dentro. Posicionar as mãos se tocando pelas laterais (foto 1). Em seguida, mover as mãos, afastando-as e unindo-as novamente, duas vezes.
• ***Engenharia:*** *Ofício do engenheiro (engenheiro civil, elétrico, naval etc.); a ciência da construção.* **Sinal igual:** ENGENHEIRO

ENGOLIR – Mão fechada com o dedo indicador esticado, palma para trás. Tocar a ponta do dedo indicador na garganta. Em seguida, deslizar o dedo para baixo.
• ***Engolir:*** *Fazer deslocar (alimento) da boca para o estômago; deglutir.* **Sinal igual:** DEGLUTIR, SORVER, TRAGAR

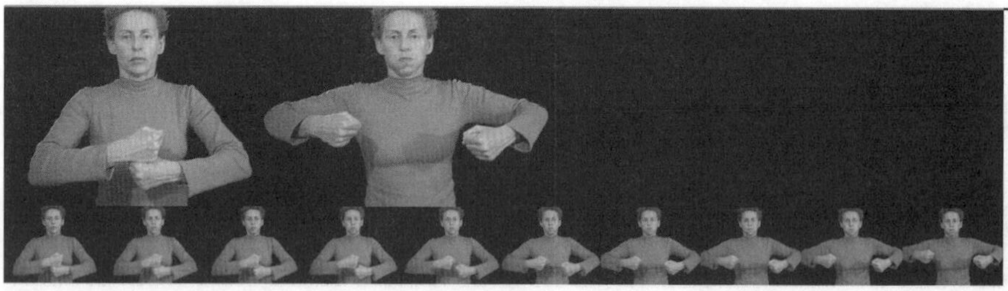

ENGORDAR – Mãos fechadas em "S", palmas para trás. Posicionar uma mão sobre a outra (foto 1). Em seguida, movê-las para as laterais e encher as bochechas de ar.
• ***Engordar:*** *Fazer aumentar ou aumentar de peso.*

▪ **ENGENHEIRO:** ENGENHARIA ▪ **ENGENHOSO:** ESPERTO ▪ **ENGORDURADO:** LAMBUZAR ▪ **ENGORDURAR:** LAMBUZAR

ENGRAÇADO – Mão fechada com o indicador e o polegar abertos e curvados se tocando pelas pontas, palma para trás. Tocar as pontas desses dedos na ponta do queixo. Em seguida, mover a mão para a frente e para baixo, esticando o indicador e o polegar. Fazer uma expressão alegre.
• ***Engraçado:*** *Que faz divertir; cômico.* **Sinal igual:** COMÉDIA, CÔMICO, DIVERTIDO, HILARIANTE, HILÁRIO, HUMOR, JOCOSO

ENJOADO – Mão aberta, dedos esticados e separados, palma para trás. Encostar a mão na barriga e deslizá-la em círculos, completando duas voltas. Fazer uma expressão de desconforto.
• ***Enjoado:*** *Que sente náuseas; mal-estar.* **Sinal igual:** ENJOO, INDISPOSIÇÃO, MAL-ESTAR, NÁUSEA, NAUSEABUNDO, NAUSEADO, NAUSEENTO

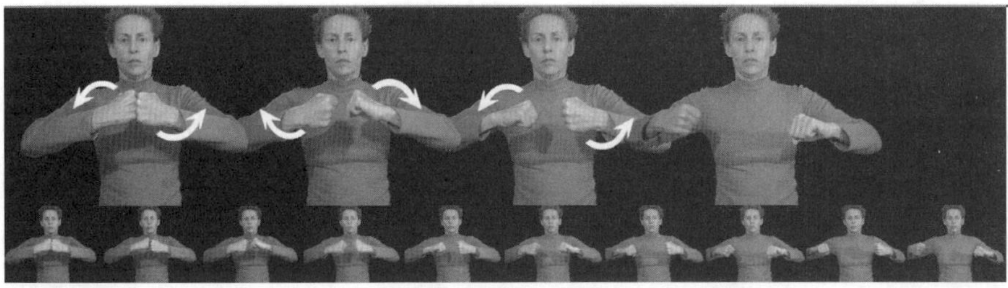

ENORME* – Mãos fechadas em "S", palmas para trás. Encostar uma mão na outra pelo dorso dos dedos (foto 1). Em seguida, mover as mãos simultaneamente para as laterais, girando-as em sentidos contrários ao redor do próprio eixo, várias vezes.
• ***Enorme:*** *Aquilo que é muito grande.* **Sinal igual:** DESMEDIDO, IMENSO

ENROLAR – Mãos fechadas com os dedos indicadores esticados, palmas para dentro. Posicionar as mãos conforme a (foto 1). Em seguida, girar uma mão sobre a outra, como se fossem os pedais de uma bicicleta.
• ***Enrolar:*** *Fazer voltas ao redor de algo.* **Sinal igual:** ENCARACOLAR

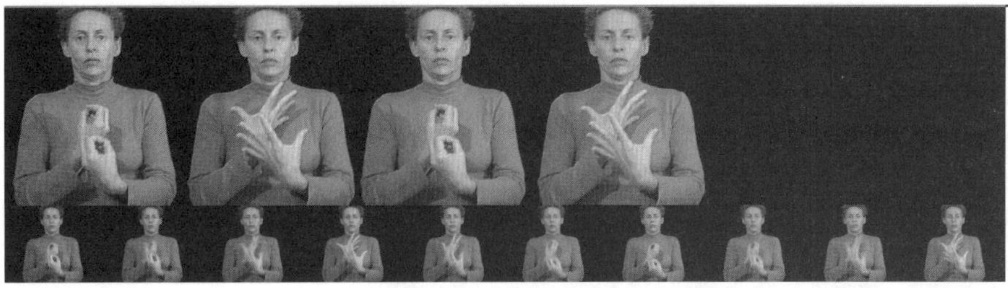

ENSINADO – Mãos fechadas em "O", palmas para trás. Posicionar uma mão na frente da outra (foto 1). Em seguida, esticar os dedos, apontando-os para si próprios e voltar à posição inicial, duas ou três vezes.
• ***Ensinado:*** *Que recebeu instrução.* **Sinal igual:** ADESTRADO, AMESTRADO, INSTRUÍDO

▪ ENGRAVATADO: GRAVATA ▪ ENGRAVIDADA: GRAVIDEZ ▪ ENGRAVIDAR: GRAVIDEZ ▪ ENGRAXAR: LUSTRAR ▪ ENGRAXATE: LUSTRAR ▪ ENJOO: ENJOADO ▪ ENORME: GRANDE ▪ ENORMIDADE: GRANDE ▪ ENRAIZAR: RAIZ ▪ ENRIQUECER: RICO ▪ ENROUPAR: VESTIR ▪ ENSEADA: PORTO ▪ ENSINAMENTO: ENSINAR

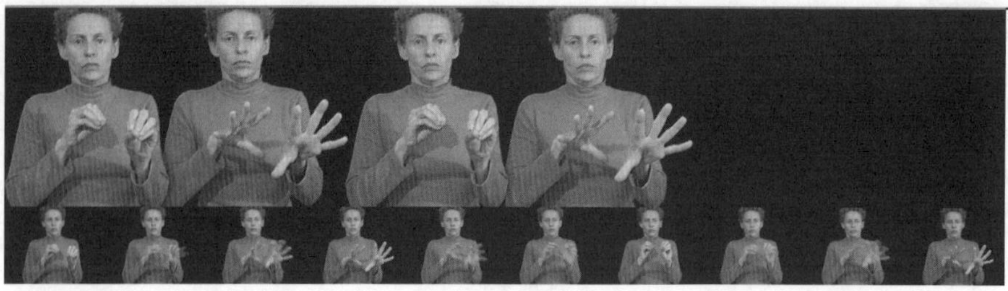

ENSINAR – Mãos fechadas em "O", palmas para a frente. Posicionar uma mão à frente da outra (foto 1). Em seguida, esticar os dedos, apontando-os para a frente e voltar à posição inicial, duas ou três vezes.
• ***Ensinar:*** *Transmitir experiência a alguém; fazer ficar sabendo.* **Sinal igual:** ADESTRAR, AMESTRAR, EDUCAR, ENSINAMENTO, ENSINO, INSTRUÇÃO, INSTRUIR, LECIONAR

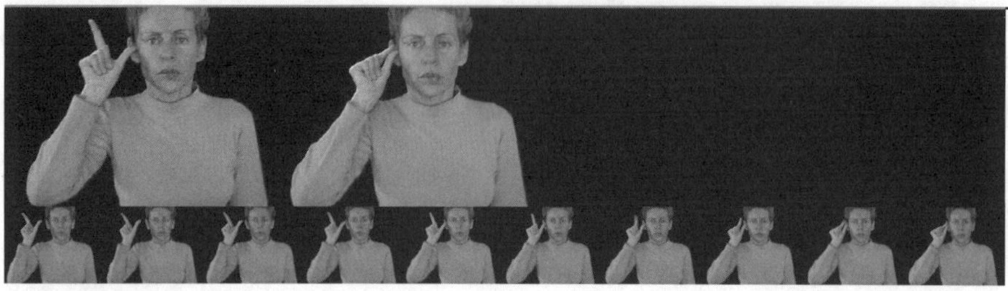

ENSURDECER – Mão em "L", palma para a frente. Encostar a ponta do polegar no ouvido. Em seguida, mover lentamente o indicador até encostar sua ponta na do polegar.
• ***Ensurdecer:*** *Ficar ou fazer ficar surdo; perder a audição.*

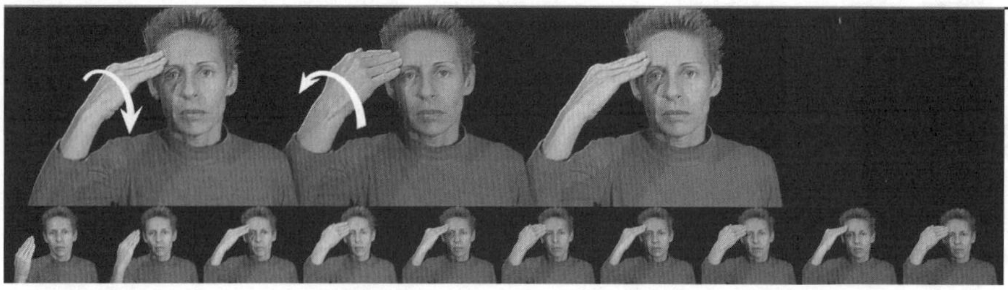

ENTENDER – Mão aberta, levemente dobrada, dedos unidos e esticados. Tocar as pontas dos dedos na lateral da testa. Em seguida, virar um pouco a mão ao redor do próprio eixo, em sentido horário e anti-horário, duas ou três vezes, sem desencostar as pontas dos dedos da testa.
• ***Entender:*** *Perceber ou reter pela inteligência; ter conhecimento de algo.* **Sinal igual:** ASSIMILAR, COMPREENDER, COMPREENSÃO

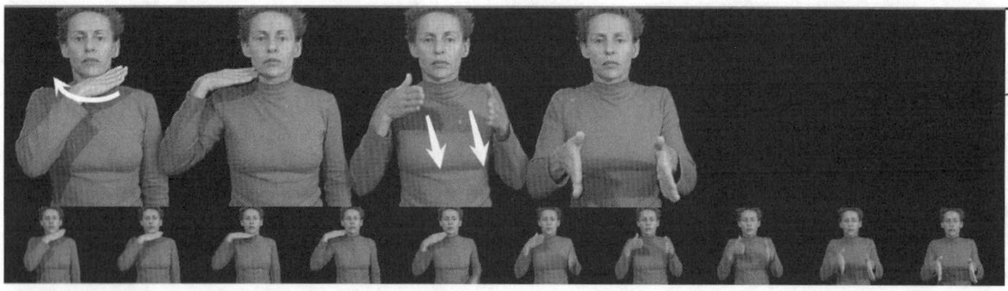

ENTERRAR – Fazer o sinal de "cadáver". Em seguida, com as mãos abertas, dedos unidos e esticados apontando para a frente e palmas para dentro, mover as mãos, simultaneamente, para a frente e para baixo, apontando os dedos em direção ao chão.
• ***Enterrar:*** *Pôr sob a terra; soterrar.* **Sinal igual:** ENTERRO, FUNERAL, SEPULTAMENTO, SEPULTAR, SOTERRAR

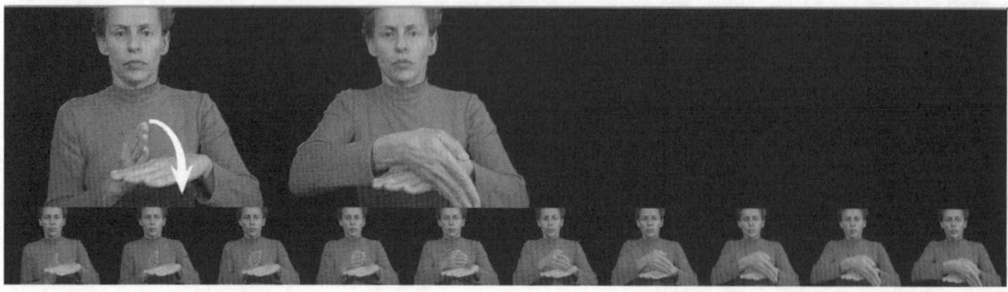

ENTRAR – Mão esquerda aberta, dedos unidos e esticados, palma para baixo. Mão direita aberta, dedos unidos e esticados, palma para dentro. Encostar a lateral externa da mão direita na lateral interna da esquerda (foto 1). Em seguida, deslizar a mão direita para a frente, passando sobre o dorso da esquerda, apontando-a para baixo, mas sem desencostar uma mão da outra.
• ***Entrar:*** *Ir para dentro; passar de fora para dentro; adentrar, penetrar, infiltrar-se, introduzir-se.* **Sinal igual:** ADENTRAR, ENTREMETER, INGERÊNCIA, INTERFERÊNCIA, INTERFERIR, INTERVENÇÃO, INTERVIR, INTROMETER, INTROMISSÃO, MEDIADOR, PENETRAR

▪ **ENSINO:** ENSINAR ▪ **ENTERRO:** ENTERRAR ▪ **ENTIDADE:** ASSOCIAÇÃO ▪ **ENTORNAR:** DERRAMAR, TRANSBORDAR ▪ **ENTORPECENTE:** DROGAS ▪ **ENTORPECER:** HIPNOTIZAR ▪ **ENTORPECIDO:** HIPNOTIZAR ▪ **ENTREGAR:** DAR ▪ **ENTREMETER:** ENTRAR ▪ **ENTRETANTO:** MAS

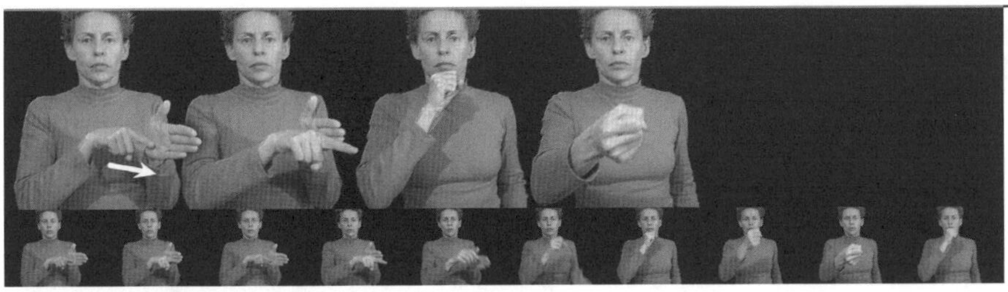

ENTREVISTAR – Fazer os sinais de "perguntar" e de "repórter".
• ***Entrevistar:*** *Conversa entre pessoas em local combinado, para obtenção de esclarecimentos ou opiniões.*

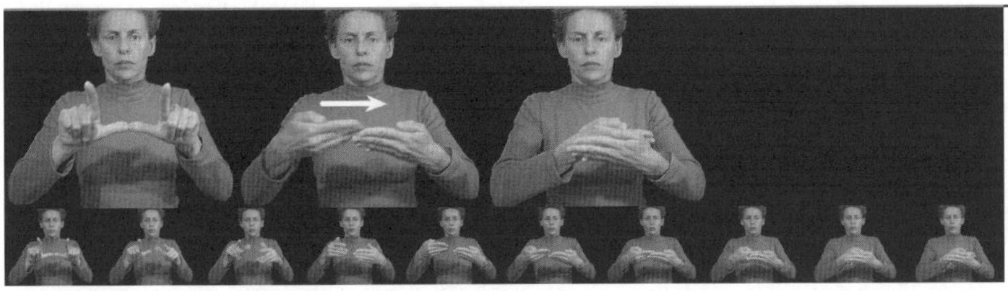

ENVELOPE – Mãos em "L", palmas para a frente. Unir as mãos pelas pontas dos polegares (foto 1). Em seguida, com as mãos abertas, os dedos unidos e esticados e as palmas para cima, deslizar o dorso da mão direita através dos dedos e da palma esquerda.
• ***Envelope:*** *Envoltório usado para enviar ou conservar papéis, cartas, documentos etc.* **Sinal igual:** ENVELOPAR

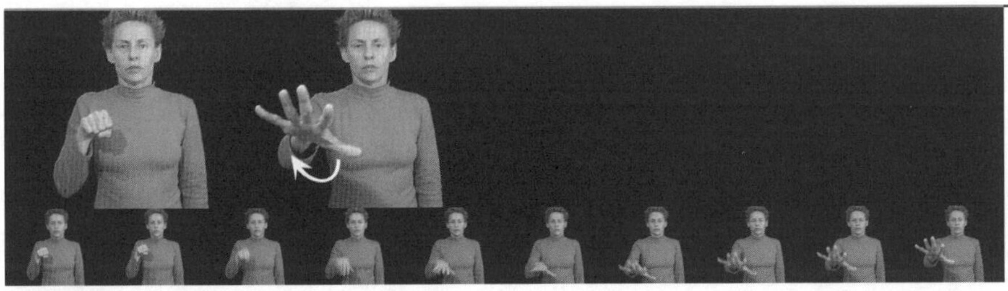

ENVIAR – Mão em "S", palma para baixo. Posicionar a mão perto do corpo (foto 1). Em seguida, deslocar a mão para a frente, descrevendo um leve arco, e terminar o movimento abrindo a mão com os dedos esticados e separados.
• ***Enviar:*** *Fazer chegar (alguém ou algo) a algum lugar; expedir, remeter, despachar, encaminhar.* **Sinal igual:** ENCAMINHAR, ENDEREÇAR, EXPEDIR, REMETER

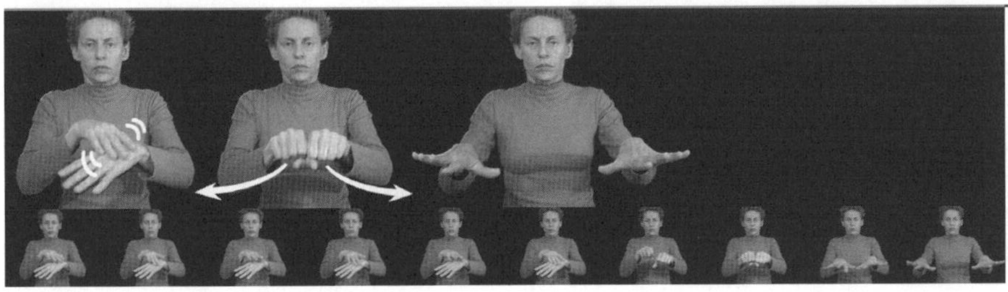

EPIDEMIA – Fazer os sinais de "doente" e de "espalhar".
• ***Epidemia:*** *Qualquer doença geralmente infecciosa que ataca simultaneamente muitas pessoas de determinada localidade.* **Sinal igual:** PESTE

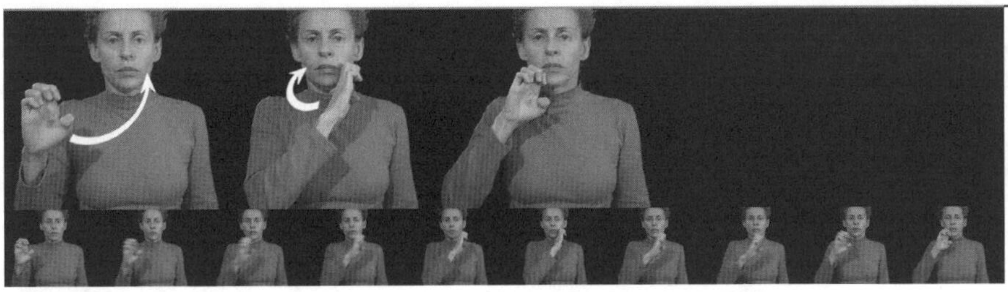

EQUADOR – Mão em "E". Tocar a lateral externa do dedo indicador nos cantos esquerdo e direito da boca.
• ***Equador:*** *País localizado na América do Sul.*

▪ **ENTULHO:** LIXO ▪ **ENTUSIASMADO:** ALEGRE ▪ **ENUMERAÇÃO:** LISTAR ▪ **ENVELOPAR:** ENVELOPE ▪ **ENVERGONHADO:** VERGONHA ▪ **ENVERGONHAR:** HUMILHAR, VERGONHA ▪ **ENVERNIZAR:** LUSTRAR ▪ **ENXAQUECA:** DOR DE CABEÇA ▪ **ENXUGAR:** SECA ▪ **EPIDERME:** PELE ▪ **EPILAÇÃO:** DEPILAR ▪ **EPISCOPADO:** BISPO ▪ **EPISCOPAL:** BISPO ▪ **EPÍTETO:** APELIDO ▪ **ÉPOCA:** PASSADO ▪ **EQUESTRE:** CAVALO

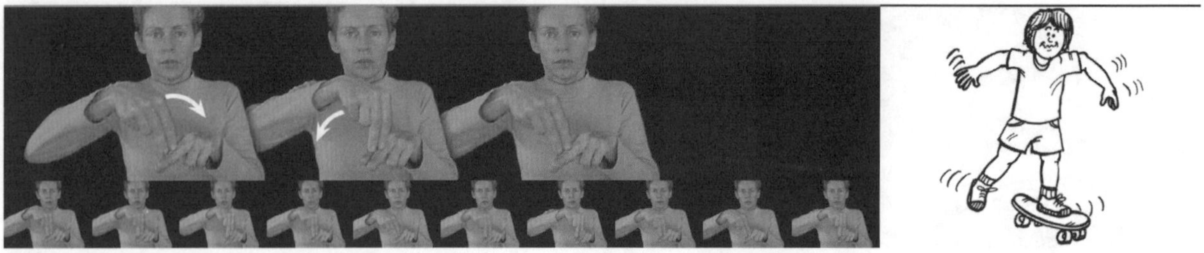

EQUILIBRAR – Mãos fechadas com os dedos indicadores e médios esticados e unidos. Posicionar as mãos conforme a (foto 1). Em seguida, balançar suavemente a mão direita, de um lado para outro.
• ***Equilibrar:*** *Manter o equilíbrio; conservar(-se) em posição estável.*

EQUILIBRISTA – Unir as pontas dos indicadores e polegares. Demais dedos esticados e separados, palmas para a frente (foto 1). Mover as mãos simultaneamente para as laterais. Depois, com os dedos indicador e médio da mão direita, "andar" sobre o indicador esquerdo.
• ***Equilibrista:*** *Artista com habilidade em manter-se equilibrado em corda, arame, bicicleta etc.* **Sinal igual:** ACROBATA, EQUILÍBRIO

EQUITAÇÃO* – Fazer o sinal de "cavalo". Em seguida, com a mão esquerda aberta, os dedos unidos e esticados apontando para a frente, a palma para dentro e a mão direita em "V" apontando para baixo, "encaixar" os dedos da mão direita na esquerda. Depois, mover as mãos para a frente, descrevendo um leve arco durante o percurso.
• ***Equitação:*** *Técnica de andar a cavalo.* **Sinal igual:** HÍPICA, HIPISMO

EREÇÃO – Mão esquerda aberta, dedos unidos e esticados apontando para o lado direito, palma para baixo. Mão direita fechada com o indicador esticado. Encostar a mão direita na palma esquerda, apontando o indicador para baixo. Em seguida, mover a mão direita subindo o indicador.
• ***Ereção:*** *Levantamento ou endurecimento do pênis.* **Sinal igual:** ERETO, TÚRGIDO

ERGUER* – Mãos abertas, dedos unidos e esticados apontando para a frente, palmas para cima. Encostar uma mão na outra pelas laterais externas posicionadas na altura da cintura (foto 1). Em seguida, erguer as mãos, sem desencostar uma da outra, até a altura do queixo.
• ***Erguer:*** *Colocar algo em lugar mais elevado.* **Sinal igual:** ALÇAR, LEVANTAR

▪ **EQUILÍBRIO:** EQUILIBRISTA ▪ **EQUINO:** CAVALO ▪ **EQUIPE:** TIME ▪ **EQUITAÇÃO:** CAVALGAR ▪ **EQUIVALENTE:** IGUAL ▪ **EQUIVOCAR:** CONFUNDIR ▪ **EQUÍVOCO:** CONFUNDIR, ENGANO ▪ **ERA:** PASSADO ▪ **ERETO:** EREÇÃO ▪ **ERGUER:** SUSPENDER ▪ **ERIGIR:** CONSTRUIR

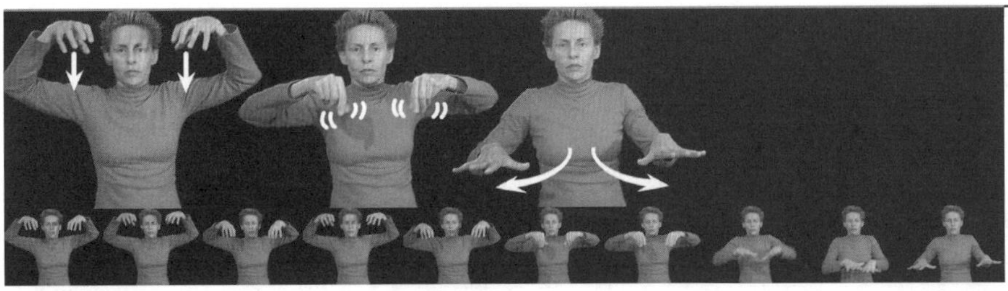

EROSÃO – Fazer os sinais de "chover", de "terra" e de "espalhar".
• ***Erosão:*** *Desgaste e/ou arrastamento da superfície da Terra pela ação da água, vento ou outros agentes geológicos.* **Sinal igual:** CORROSÃO

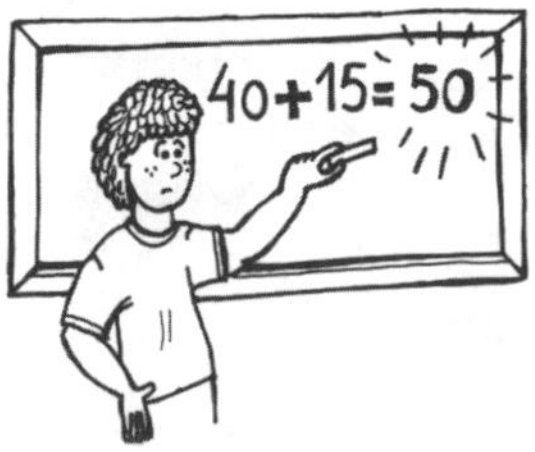

ERRAR – Mão direita em "P", palma para trás. Mão esquerda aberta, dedos unidos e esticados, palma para cima. Mover a mão direita, resvalando seu dorso na palma esquerda, duas ou três vezes.
• ***Errar:*** *Deixar de acertar, cometer engano; falhar.* **Sinal igual:** ERRADO, ERRO, ERRÔNEO, FALHA, FALHAR, INCORRETO, INEXATIDÃO, INEXATO, LAPSO

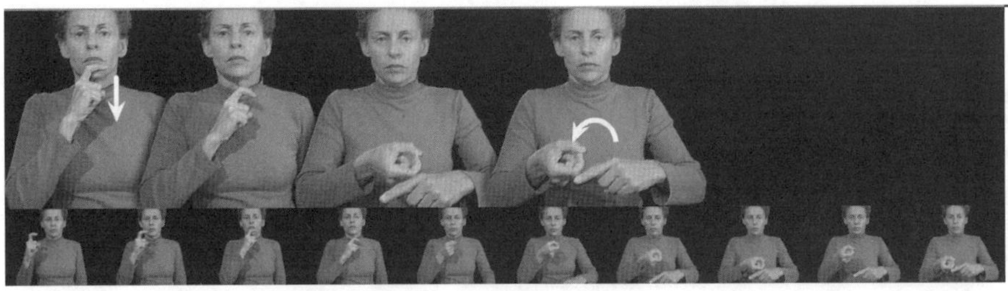
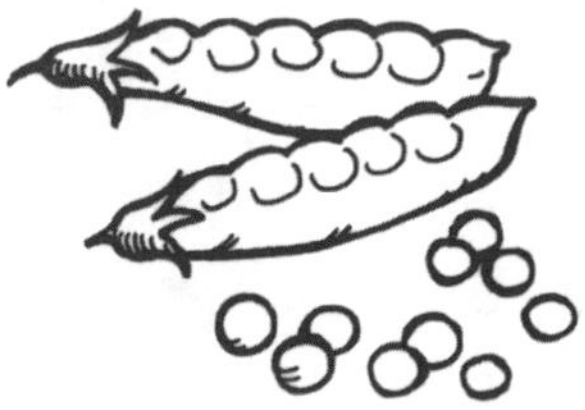

ERVILHA – Fazer o sinal de "verde". Em seguida, mão esquerda fechada com o indicador esticado, mão direita fechada com o indicador e o polegar abertos e curvados se tocando pelas pontas. Tocar o dorso do indicador direito em dois pontos do indicador esquerdo: na base e na ponta.
• ***Ervilha:*** *Vagem da ervilheira cuja semente (ervilha) é muito usada na alimentação humana.*

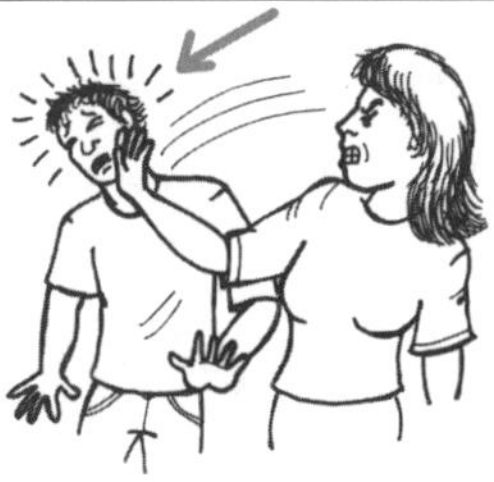

ESBOFETEADO – Com uma das mãos abertas, dar um leve tapa no próprio rosto, virando a cabeça.
• ***Esbofeteado:*** *Que levou bofetada; tapa dado geralmente na face.* **Sinal igual:** ESTAPEADO

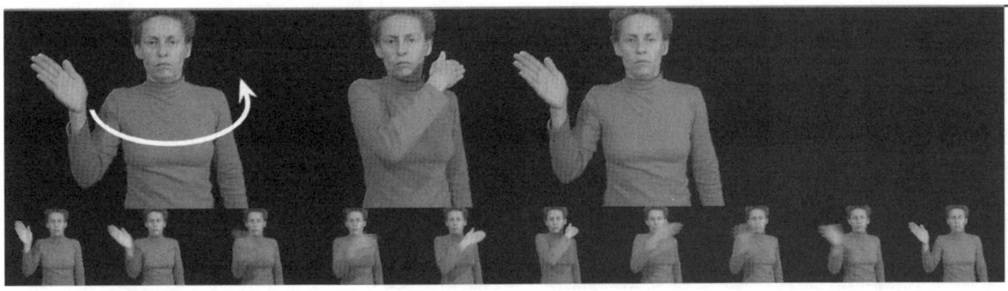
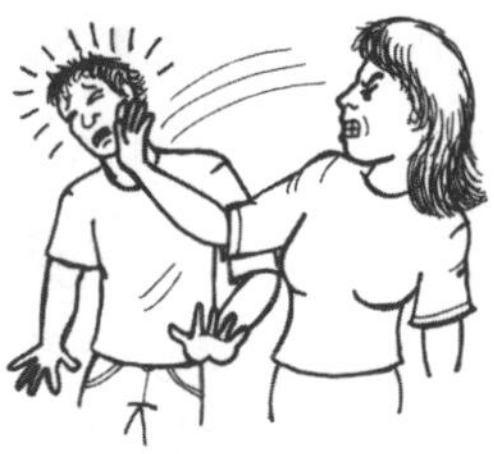

ESBOFETEAR – Mão direita aberta, palma para dentro. Mover a mão rapidamente para o lado esquerdo e para o direito, na altura do rosto.
• ***Esbofetear:*** *Dar bofetadas; estapear; dar tapas.* **Sinal igual:** BOFETADA, BOFETÃO, ESTAPEAR, TAPA

▪ **ERRADO:** ERRAR ▪ **ERRO:** ERRAR ▪ **ERRÔNEO:** ERRAR ▪ **ERUCTAR:** ARROTAR ▪ **ESBARRAR:** TROPEÇAR ▪ **ESBORDOAR:** ESPANCAR ▪ **ESBURACAR:** FURAR ▪ **ESCABROSO:** ÁSPERO

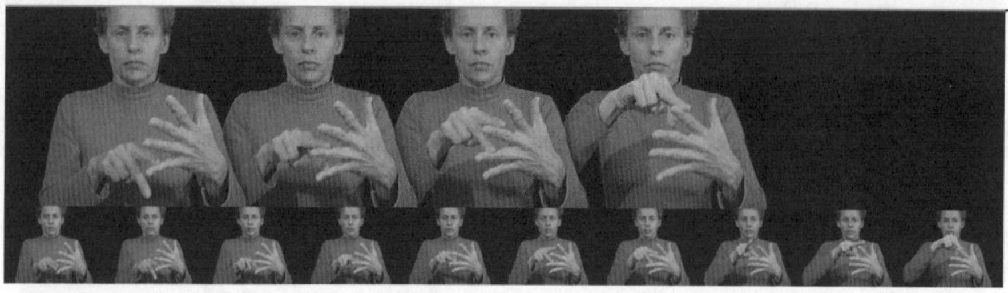

ESCADA – Mão esquerda aberta, dedos esticados e separados, palma para trás. Mão direita fechada com o indicador e o médio esticados. Apoiar a ponta do indicador direito no dedo mínimo da mão esquerda, "subindo" pelos dedos da esquerda como se fossem degraus.
• ***Escada:*** *Série de degraus por onde se pode subir ou descer andando.* **Sinal igual:** ESCADARIA

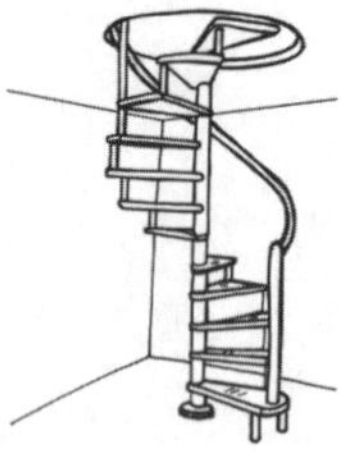

ESCADA DE CARACOL – Mão fechada com o indicador e o médio esticados apontando para baixo. Posicionar a mão na altura da cintura. Mover a mão para cima, descrevendo uma espiral durante o percurso e, ao mesmo tempo, deslocar os dedos, imitando o movimento das pernas subindo os degraus.
• ***Escada de caracol:*** *Tipo de escada que se desenvolve em movimento helicoidal, dando voltas sobre si mesma.*

ESCADA ROLANTE – Mão esquerda aberta, dedos esticados e separados, palma para dentro. Mão direita fechada com o indicador e o médio curvados e levemente separados. Apoiar as pontas dos dedos da mão direita no dedo mínimo da mão esquerda (foto 1). Em seguida, mover as mãos diagonalmente para cima.
• ***Escada rolante:*** *Escada cujos degraus sobem e descem continuamente, movidos por um mecanismo próprio.*

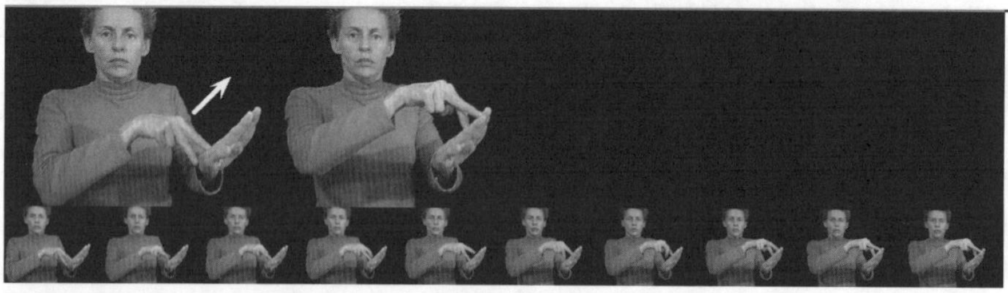

ESCALAR – Mão esquerda aberta, dedos unidos e esticados apontando para a frente. Mão direita fechada com o indicador e o médio esticados. Posicionar a mão esquerda em 45 graus com relação ao solo e encostar as pontas dos dedos da mão direita no dorso da esquerda, perto do punho (foto 1). Mover a mão direita, "caminhando" com os dedos até as pontas dos dedos da esquerda.
• ***Escalar:*** *Subir em lugares íngremes.* **Sinal igual:** ESCALADA

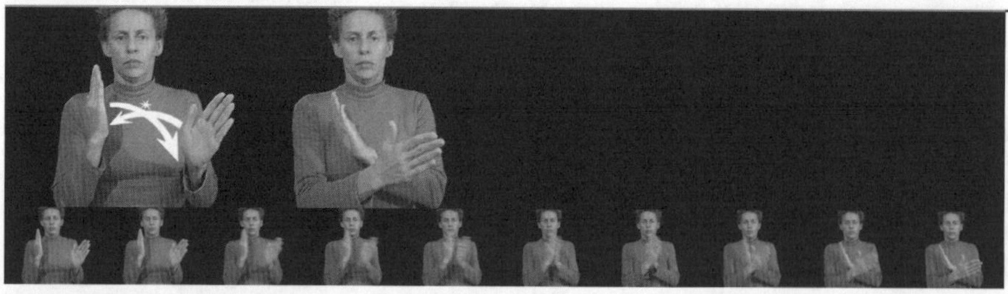

ESCAPAR – Mãos abertas, dedos unidos e esticados apontando para cima, palmas para dentro. Posicionar uma mão à frente da outra (foto 1). Em seguida, em um gesto rápido e simultâneo, mover a mão direita para a frente e a mão esquerda para trás, raspando uma na outra no meio do percurso.
• ***Escapar:*** *Sair de situação perigosa ou desagradável; libertar-se, safar-se.* **Sinal igual:** DEBANDAR, ESCAFEDER, ESCAPE, EVADIR, EVASÃO, FUGA, FUGIR, FUGITIVO

▪ **ESCADARIA:** ESCADA ▪ **ESCAFEDER:** ESCAPAR ▪ **ESCALADA:** ESCALAR ▪ **ESCAPE:** ESCAPAR ▪ **ESCARAVELHO:** BESOURO ▪ **ESCARRAR:** CUSPIR ▪ **ESCARRO:** CUSPIR ▪ **ESCASSEAR:** FALTAR ▪ **ESCASSO:** POUCO ▪ **ESCLARECER:** EXPLICAR ▪ **ESCLARECIMENTO:** EXPLICAR

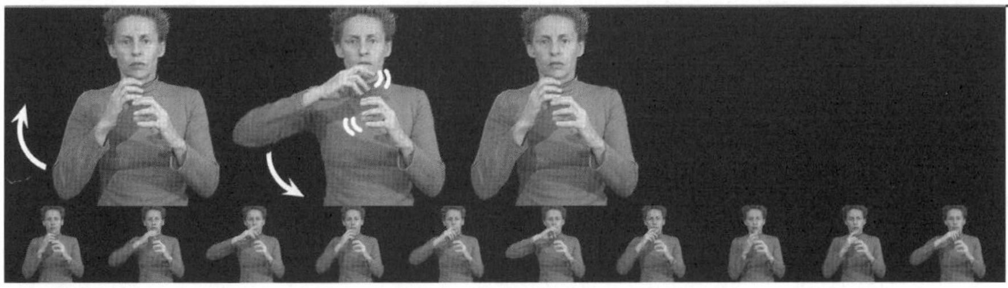

ESCÓCIA – Mãos abertas, dedos curvados e separados, palmas para dentro. Posicionar uma mão à frente da outra, quase se tocando pelas laterais (foto 1). Em seguida, subir e descer duas vezes o cotovelo direito e, ao mesmo tempo, mover aleatoriamente os dedos das mãos.
• ***Escócia:*** *País localizado na Europa.*

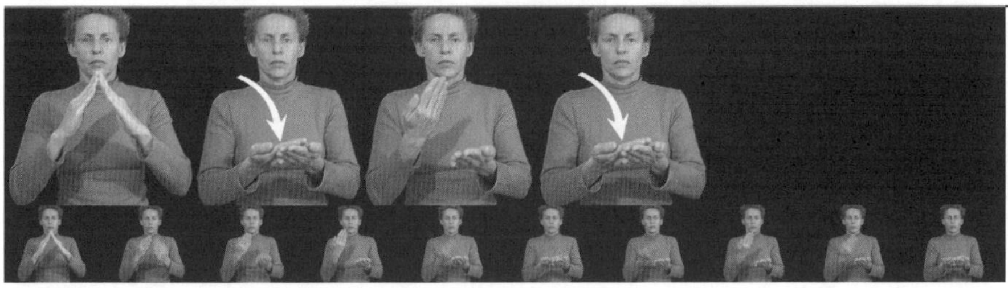

ESCOLA – Fazer os sinais de "casa" e de "estudar".
• ***Escola:*** *Estabelecimento público ou privado onde se ministra ensino coletivo.* **Sinal igual:** COLÉGIO, ESTABELECIMENTO DE ENSINO

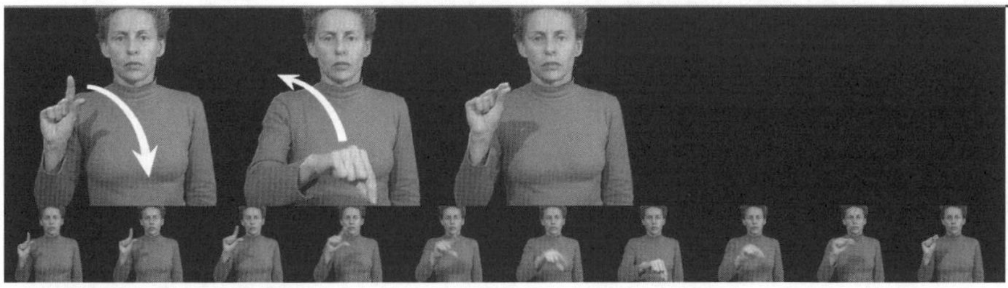

ESCOLHER – Mão fechada com os dedos indicador e polegar esticados apontando para a frente, palma para a mesma direção. Posicionar a mão perto do ombro. Mover a mão para a frente e para baixo, unir os dedos pelas pontas e voltar à posição inicial, mantendo os dedos unidos.
• ***Escolher:*** *Fazer opção entre duas ou mais coisas ou pessoas.* **Sinal igual:** ALTERNATIVA, ELEGER, NOMEAR, OPTAR, PREDILEÇÃO, PREDILETO, PREFERÊNCIA, PREFERIR

ESCONDER – Mão esquerda fechada em "S", palma para dentro. Mão direita aberta com os dedos apontando para a frente, palma para dentro. Segurar a mão esquerda de maneira que ela fique escondida dentro da mão direita.
• ***Esconder:*** *Colocar alguém ou algo em lugar onde possa ficar oculto.* **Sinal igual:** CAMUFLAR, ENCOBRIR, OCULTAR, OCULTO

ESCORPIÃO – Mão direita fechada com o indicador aberto e curvado. Mão esquerda aberta com os dedos relaxados apontando para o chão. Manter a mão direita apoiada sobre o dorso esquerdo (foto 1). Em seguida, mover as mãos para a frente ou para a lateral, deslocando aleatoriamente os dedos da mão esquerda durante o percurso.
• ***Escorpião:*** *Inseto que possui cauda terminada em ferrão, por onde injeta veneno para matar sua presa ou defender-se; oitavo signo do zodíaco.*

▪ **ESCOLTAR:** CONDUZIR ▪ **ESCORCHAR:** DESCASCAR ▪ **ESCORIADO:** ARRANHADO ▪ **ESCORIAR:** ARRANHAR

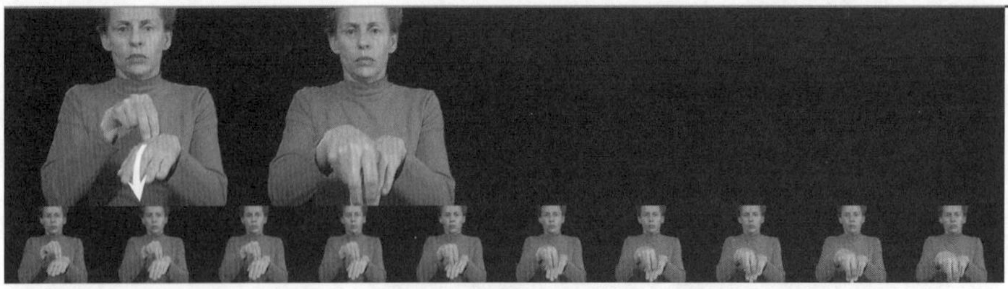

ESCORREGADOR – Mão esquerda aberta, dedos unidos e esticados apontando para a frente e para baixo, palma para baixo. Mão direita fechada com o indicador e o médio unidos e levemente curvados. Tocar as pontas dos dedos da mão direita no dorso esquerdo, perto do punho. Em seguida, deslizar a mão direita até as pontas dos dedos da esquerda.
• ***Escorregador:*** *Brinquedo infantil que possui uma superfície lisa e inclinada por onde a criança desliza.*

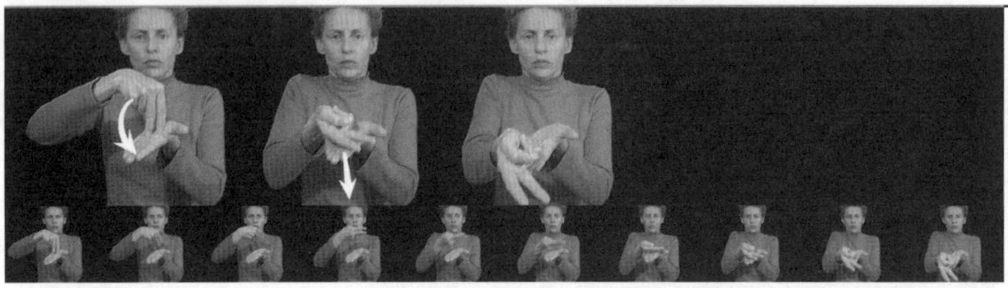

ESCORREGAR – Mão esquerda aberta, dedos unidos e esticados, palma para cima. Mão direita em "V" com os dedos apontando para baixo. Apoiar a mão direita sobre a palma da esquerda (foto 1). Em seguida, virar a palma da mão direita para cima, tocando seu dorso na palma esquerda e deslizar a mão direita até as pontas dos dedos da esquerda.
• ***Escorregar:*** *Cair por meio de um deslize.* **Sinal igual:** DESLIZAR, RESVALAR

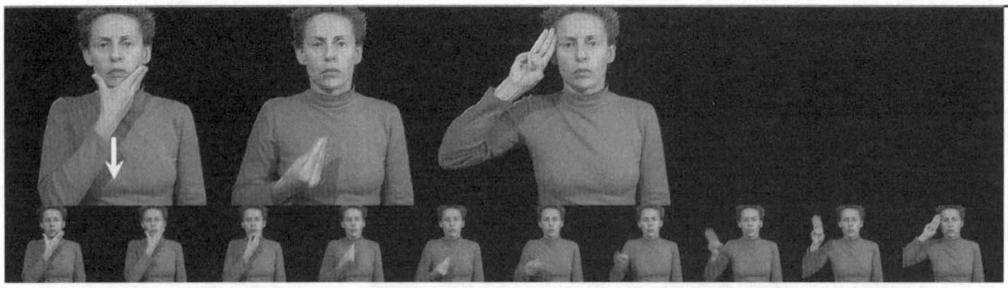

ESCOTEIRO – Fazer o sinal de "homem". Em seguida, manter apenas os dedos indicador, médio e anular esticados e unidos com a palma para a frente e tocar a ponta do indicador na lateral da testa.
• ***Escoteiro:*** *Aquele que participa de qualquer unidade de escotismo (sistema educativo que visa desenvolver em crianças e adolescentes noções de dever cívico).* **Sinal igual:** ESCOTERISMO, ESCOTISMO

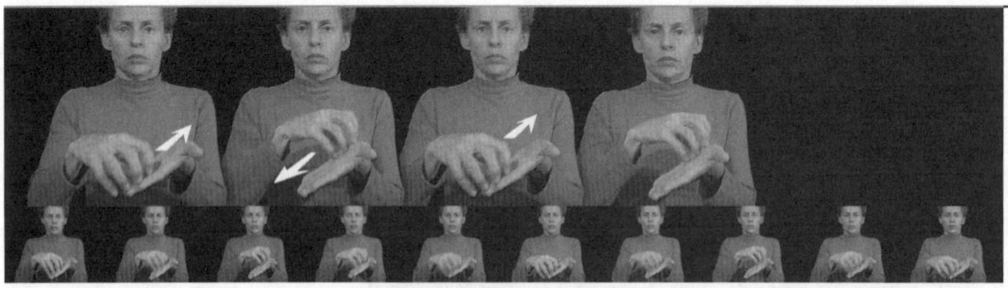

ESCOVA – Mão esquerda aberta, palma para cima. Mão direita aberta com os dedos curvados e separados apontando para baixo. Tocar as pontas dos dedos da mão direita na palma esquerda. Em seguida, deslizar a mão direita sobre a esquerda, para a frente e para trás, duas vezes.
• ***Escova:*** *Utensílio usado para limpar.* **Sinal igual:** ESCOVAÇÃO, ESCOVAR

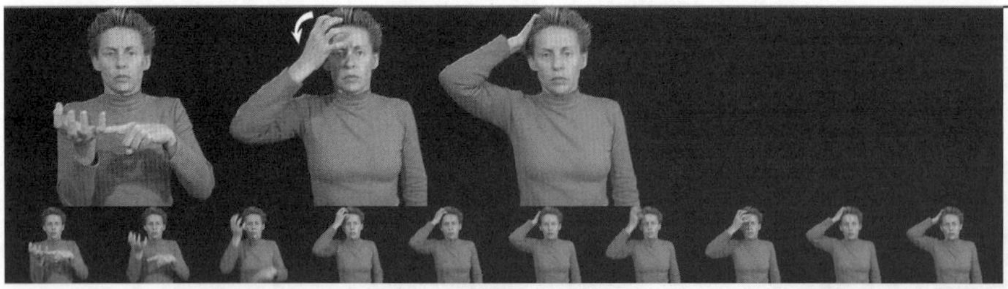

ESCOVA DE CABELO – Mão direita aberta com os dedos curvados e separados apontando para cima. Mão esquerda fechada com o indicador esticado. Apoiar o indicador esquerdo na palma direita (foto 1). Em seguida, deslizar as pontas dos dedos da mão direita na cabeça, "penteando" os cabelos para trás.
• ***Escova de cabelo:*** *Escova usada para pentear os cabelos.* **Sinal igual:** ESCOVAR

▪ **ESCOTERISMO:** ESCOTEIRO ▪ **ESCOTISMO:** ESCOTEIRO ▪ **ESCOVAÇÃO:** ESCOVA, ESCOVAR OS DENTES ▪ **ESCOVAR:** ESCOVA, ESCOVA DE CABELO, ESCOVAR OS DENTES

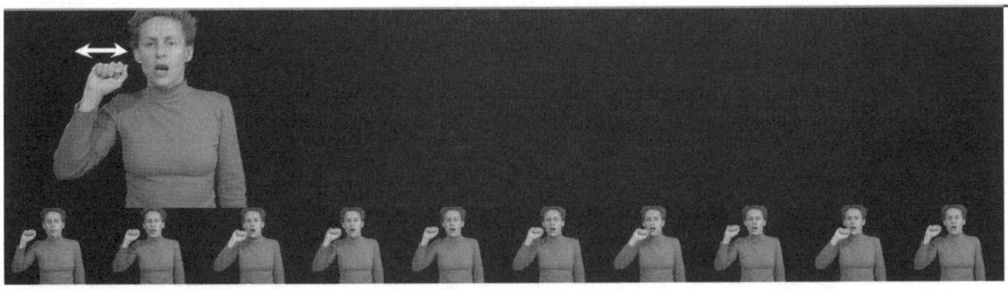

ESCOVAR OS DENTES – Mão direita em "A", palma para a frente. Posicionar a mão ao lado do rosto, perto da boca (foto 1). Em seguida, mover a mão em movimentos curtos e um pouco rápidos, afastando-a e aproximando-a da boca, duas ou três vezes. Manter a boca ligeiramente aberta durante o movimento.
• ***Escovar os dentes:*** *Limpar os dentes com escova própria.* **Sinal igual:** ESCOVAÇÃO, ESCOVAR

ESCRAVO – Mãos fechadas em "S", palmas para trás. Cruzar as mãos pelos punhos (foto 1). Em seguida, mover simultaneamente as mãos, virando as palmas para a frente.
• ***Escravo:*** *Aquele que é privado da liberdade e está submetido à vontade de um senhor, de quem é propriedade.* **Sinal igual:** ESCRAVATURA, ESCRAVIDÃO, ESCRAVIZADO

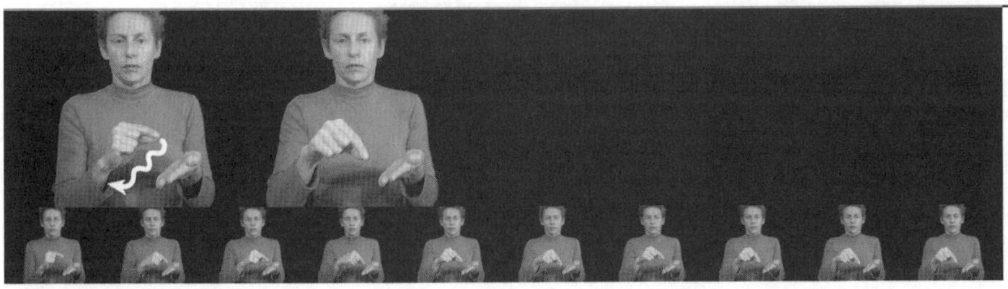

ESCREVER – Mão esquerda aberta, dedos unidos e esticados, palma para cima. Mão direita fechada com o indicador e o polegar esticados e unidos pelas pontas. Posicionar as mãos de maneira que os dedos da mão direita apontem para a palma esquerda, perto do punho. Em seguida, mover a mão direita sobre a esquerda, sem tocá-la, descrevendo um leve zigue-zague durante o percurso.
• ***Escrever:*** *Representar (ideias, pensamentos, informações) através da escrita.* **Sinal igual:** ESCRITA, GRAFAR, GRAFIA, LIÇÃO

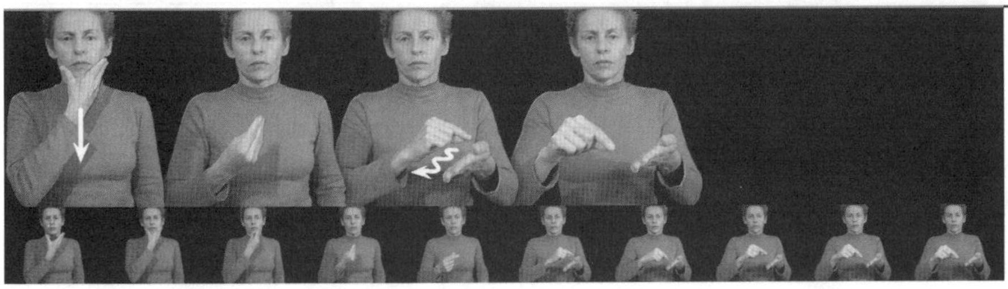

ESCRITOR – Fazer o sinal de "homem" e de "escrever".
• ***Escritor:*** *Homem que representa ideias, pensamentos, informações por meio da escrita.*

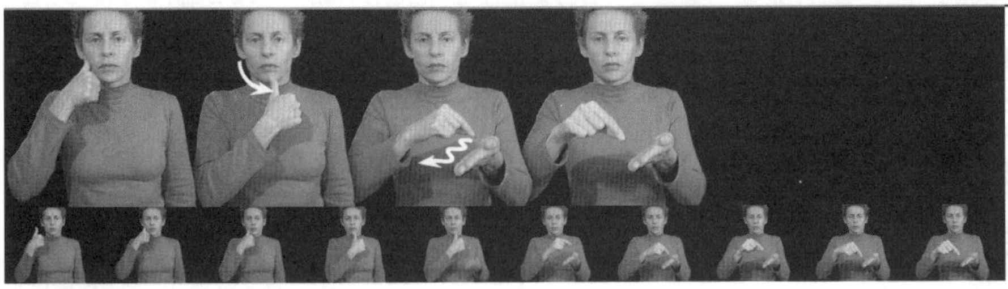

ESCRITORA – Fazer o sinal de "mulher" e de "escrever".
• ***Escritora:*** *Mulher que representa ideias, pensamentos, informações por meio da escrita.*

■ ESCRAVATURA: ESCRAVO ■ ESCRAVIDÃO: ESCRAVO ■ ESCRAVIZADO: ESCRAVO ■ ESCRITA: ESCREVER

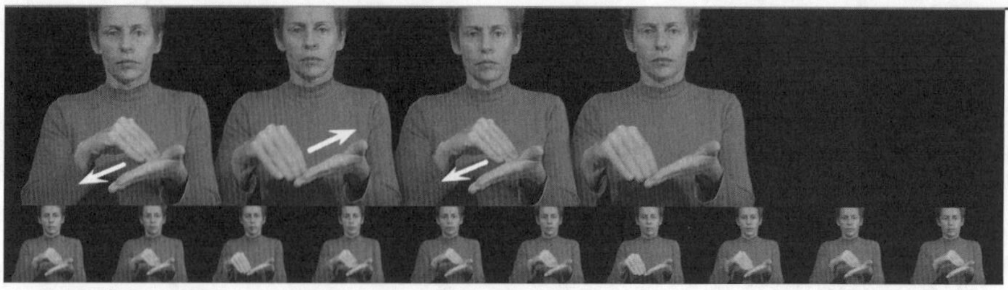

ESCRITÓRIO – Mão esquerda aberta, dedos unidos e esticados, polegar afastado, palma para cima. Mão direita dobrada, dedos unidos e esticados. Tocar as pontas dos dedos da mão direita na palma esquerda. Em seguida, deslizar a mão direita até as pontas dos dedos da esquerda e voltar à posição inicial. Repetir esse movimento duas ou três vezes.
• ***Escritório:*** *Sala em que se administram negócios.* **Sinal igual:** GABINETE

ESCRITURA – Fazer os sinais de "documento" e de "casa".
• ***Escritura:*** *Documento no qual se confirma a propriedade de um imóvel.*

ESCUDO – Mão esquerda fechada, palma para trás, braço dobrado. Mão direita fechada com o indicador esticado. Tocar a ponta do indicador direito no dorso da mão esquerda. Mover a mão direita, descrevendo um grande círculo, e voltar à posição inicial.
• ***Escudo:*** *Arma de defesa que protege o corpo do guerreiro contra lanças, flechas etc.*

ESCULTURA – Mãos fechadas com os polegares esticados apontando para cima, palma para dentro. Posicionar as mãos na altura da cabeça, tocando-se pelas pontas dos polegares. Em seguida, mover, simultaneamente, as mãos para baixo, separando uma da outra e movimentando os polegares em zigue-zague durante o percurso.
• ***Escultura:*** *Representação tridimensional de alguém ou de alguma coisa.* **Sinal igual:** ESTÁTUA

ESCURO – Mãos abertas, dedos esticados e separados, palmas para a frente. Posicionar as mãos na altura do rosto (foto 1). Em seguida, movê-las simultaneamente, escondendo os olhos. Fechar as mãos no fim do movimento.
• ***Escuro:*** *Que tem pouca ou nenhuma claridade.* **Sinal igual:** ESCURIDÃO, NEGRUME, OBSCURO, SOMBRIO, TOLDADO

▪ **ESCRITURA:** DOCUMENTO ▪ **ESCRÚPULO:** HONESTO ▪ **ESCRUPULOSO:** HONESTO ▪ **ESCURIDÃO:** ESCURO

ESCUTAR – Mão aberta e curvada, dedos unidos, palma para a frente. Colocar a mão atrás da orelha.
• ***Escutar:*** *Ouvir com clareza.*

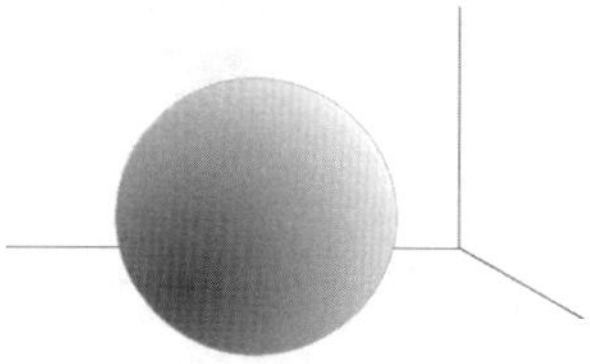

ESFERA – Mãos abertas e levemente curvadas, dedos unidos, palmas para baixo. Unir as mãos pelas laterias internas e posicioná-las à frente do corpo (foto 1). Em seguida, mover as mãos simultaneamente para baixo, descrevendo um círculo, virando as palmas para cima e finalizar o movimento encostando uma mão na outra pelas laterais externas.
• ***Esfera:*** *Objeto geométrico sólido em forma de globo; bola.*

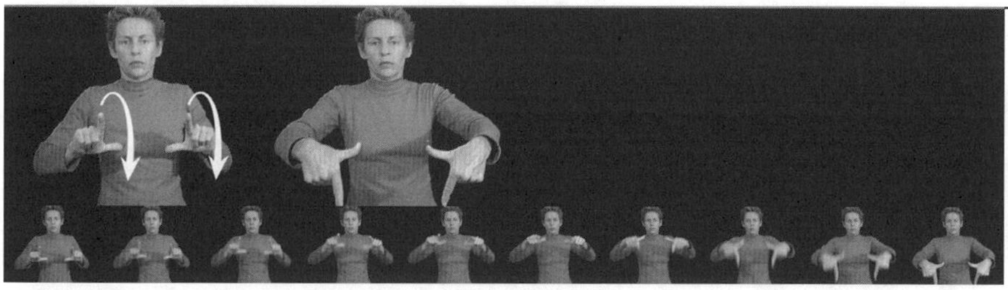

ESFORÇO – Mãos em "L" inclinadas em 45 graus com relação ao solo, palma para a frente (foto 1). Mover as mãos simultaneamente para a frente, descrevendo um arco durante o percurso e apontando os indicadores para baixo.
• ***Esforço:*** *Que se faz com dificuldade e empenho.* **Sinal igual:** ESFORÇAR

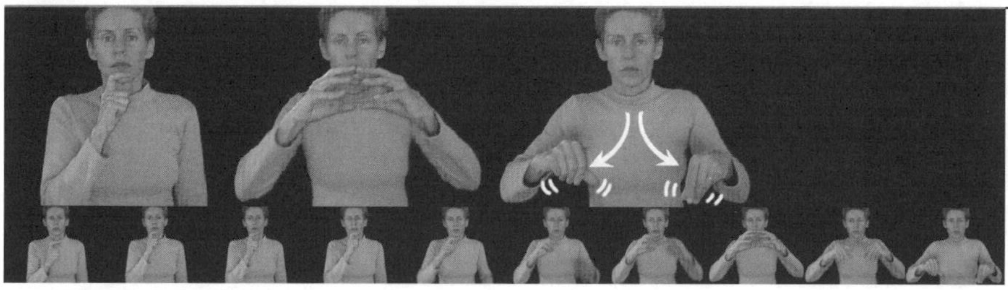

ESFRIAR – Fazer os sinais de "gelado" e de "decompor".
• ***Esfriar:*** *Diminuir a temperatura.*

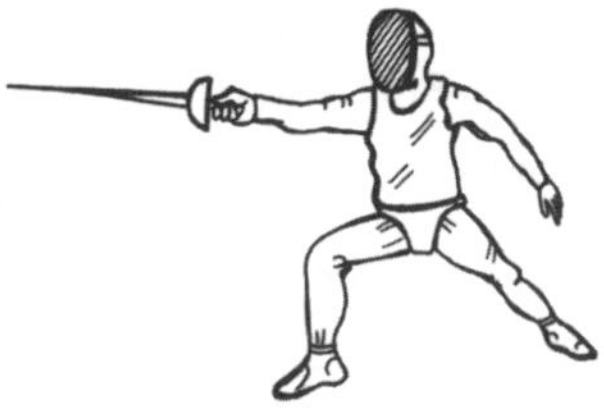

ESGRIMA – Mão esquerda no quadril, mão direita em "A" com o dedo polegar apontando para a frente, palma para dentro. Mover a mão direita, descrevendo um "X", e levá-la à frente como um esgrimista golpeando com a espada.
• ***Esgrima:*** *Arte de combater com armas brancas (espada, florete, sabre etc.).* **Sinal igual:** ESGRIMISTA, ESPADACHIM

▪ **ESFÉRICO:** REDONDO ▪ **ESFEROGRÁFICA:** CANETA ▪ **ESFOLADO:** ARRANHADO ▪ **ESFOLAR:** ARRANHAR ▪ **ESFORÇAR:** ESFORÇO ▪ **ESFORÇO:** FORÇA ▪ **ESFUMAÇADO:** FUMAÇA ▪ **ESFUMAÇAR:** FUMAÇA ▪ **ESGARAVATAR, ESGRAVATAR:** CISCAR ▪ **ESGOTAR:** ACABAR ▪ **ESGRIMISTA:** ESGRIMA

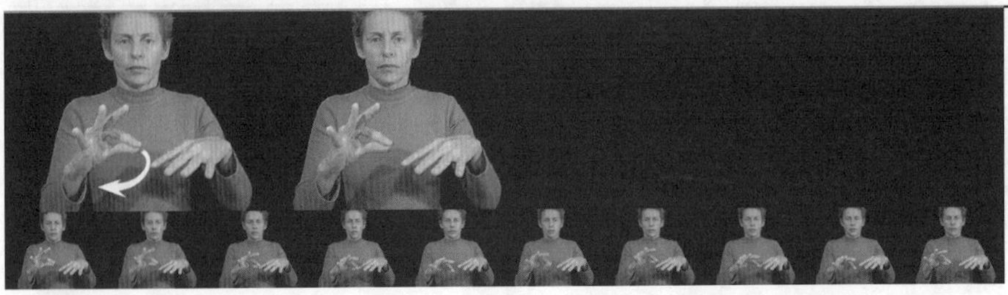
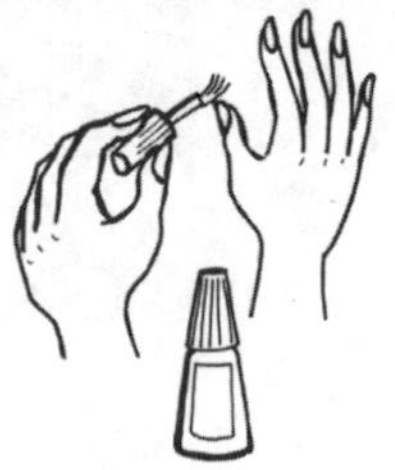

ESMALTE DE UNHA – Mão esquerda aberta, dedos relaxados, palma para baixo. Mão direita aberta com os dedos indicador e polegar unidos pelas pontas. Mover a mão direita duas vezes, imitando o gesto de quem passa esmalte na unha.
• ***Esmalte de unha:*** *Substância líquida que se transforma em película dura e brilhante após a secagem, com a qual se cobre as unhas.* **Sinal igual:** MANICURE

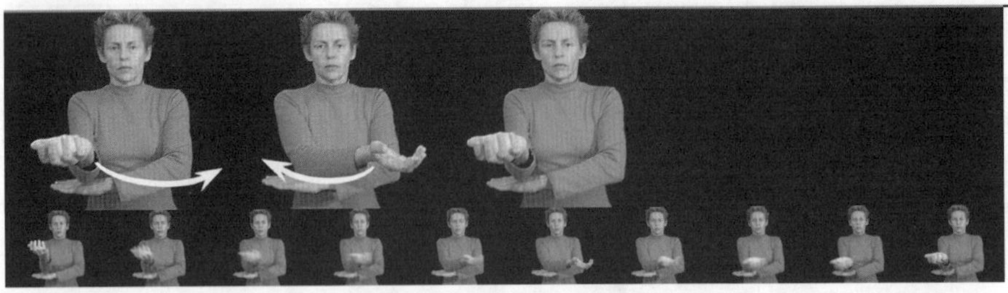

ESMOLAR – Mão esquerda aberta, dedos unidos e esticados apontando para o lado direito, palma para baixo e braço dobrado. Mão direita aberta, dedos relaxados, palma para cima. Apoiar o cotovelo direito sobre o dorso da mão esquerda. Em seguida, mover a mão direita para o lado esquerdo e para o direito.
• ***Esmolar:*** *Pedir auxílio em dinheiro ou caridade* **Sinal igual:** ESMOLA, MENDIGAR

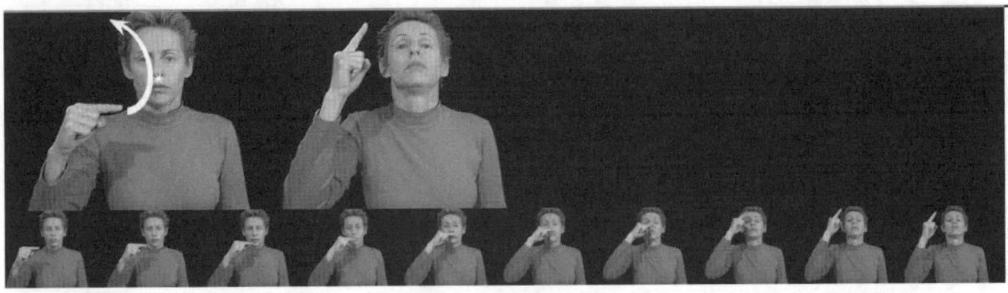

ESNOBE – Mão fechada com o dedo indicador esticado apontando para dentro. Mover a mão, resvalando o indicador na ponta do nariz, inclinando a cabeça um pouco para cima e fazendo uma expressão de arrogância.
• ***Esnobe:*** *Pessoa que se sente superior às outras.* **Sinal igual:** ESNOBISMO, PERNÓSTICO

ESPADA – Mão esquerda em "C" com as pontas dos dedos tocando a lateral da cintura. Mão direita em "A" apontando para a mão esquerda. Mover a mão direita, imitando o gesto de quem puxa uma espada da bainha e golpeia um oponente.
• ***Espada:*** *Arma branca de lâmina comprida.* **Sinal igual:** INDEPENDÊNCIA

ESPALHAR – Mãos fechadas, palmas para baixo. Encostar uma mão na outra pelas laterais internas. Em seguida, mover as mãos simultaneamente para as laterais, abrindo bem os dedos durante o movimento.
• ***Espalhar:*** *Distribuir alguma coisa em várias direções; esparramar.* **Sinal igual:** DIFUNDIR, DISPERSO, ESPALHADO, ESPARGIR, ESPARRAMADO, ESPARSO, PROPAGAR

▪ **ESMOLA:** ESMOLAR ▪ **ESMOLEIRO:** MENDIGO ▪ **ESMURRAR:** ESPANCAR ▪ **ESNOBE:** ARROGANTE ▪ **ESNOBISMO:** ESNOBE ▪ **ESPAÇO:** ÁREA ▪ **ESPAÇOSO:** LARGO ▪ **ESPADACHIM:** ESGRIMA ▪ **ESPÁDUA:** OMBRO ▪ **ESPALDA:** OMBRO ▪ **ESPALHADO:** ESPALHAR ▪ **ESPANCADO:** APANHAR ▪ **ESPANCAMENTO:** ESPANCAR

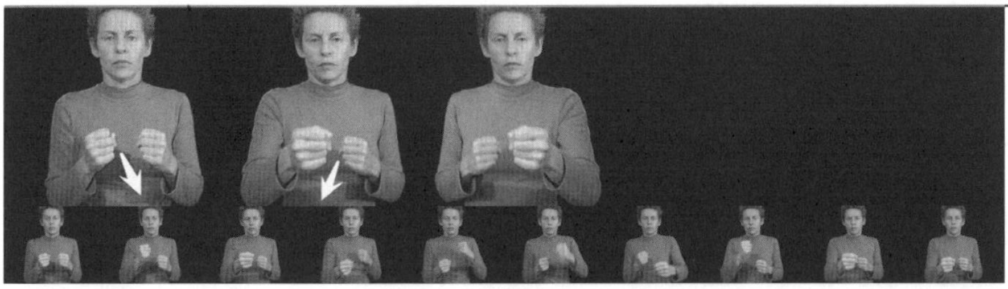

ESPANCAR – Mãos fechadas em "S", palmas para dentro. Mover as mãos alternadamente para a frente, imitando o gesto de quem dá um soco. Repetir esse movimento duas vezes.
• ***Espancar:*** *Dar pancadas em alguém ou alguma coisa; bater, surrar.* **Sinal igual:** DESANCAR, ESBORDOAR, ESMURRAR, ESPANCAMENTO, SURRAR, ZURZIR

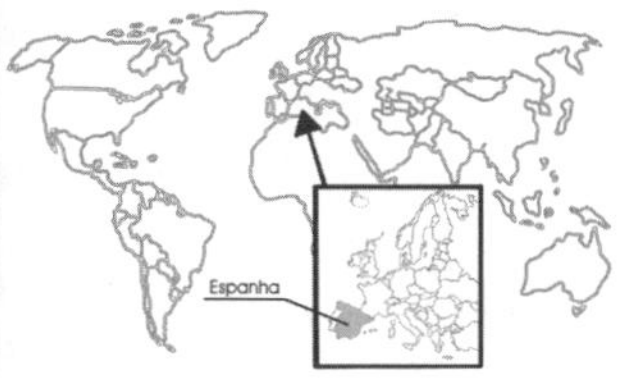

ESPANHA – Mão fechada com o indicador esticado, palma para baixo. Encostar a ponta do dedo na lateral da testa. Em seguida, mover a mão para a frente, descrevendo um arco e virando a palma da mão para a frente.
• ***Espanha:*** *País localizado na Europa.* **Sinal igual:** ESPANHOL

ESPANTADO – Mão esquerda aberta, dedos unidos e esticados, palma para cima. Mão direita aberta, dedos unidos e esticados, palma para trás. Encostar as pontas dos dedos da mão direita abaixo do lábio inferior. Em seguida, baixar a mão direita, encostando o dorso dos dedos na palma esquerda. Abrir levemente a boca durante o movimento.
• ***Espantado:*** *Que se admirou com algo, assustado.* **Sinal igual:** ABISMADO, ABISMAR, ADMIRADO, ASSOMBRADO, ATÔNITO, BOQUIABERTO, CHOCADO, EMBASBACADO, PASMO, PERPLEXO, SURPRESO

ESPECIAL – Mãos abertas, dedos esticados e separados, palmas para a frente. Segurar com os polegares os dedos médios pelas unhas (foto 1). Depois, com gestos rápidos, esticar os dedos médios, simultaneamente, "jogando-os" para a frente. Repetir esse movimento duas vezes.
• ***Especial:*** *Que diz respeito a uma coisa ou pessoa, em particular, não geral; aquilo que se destaca.* **Sinal igual:** NOTÁVEL, PECULIAR

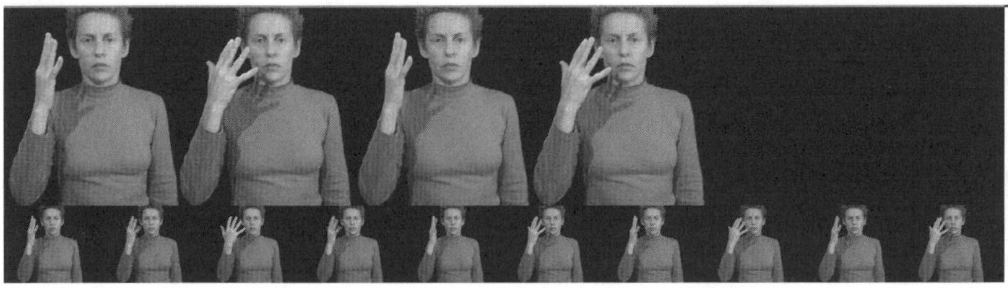

ESPELHO – Mão aberta, dedos esticados e separados. Posicionar a mão com a palma virada para o rosto. Em seguida, girar a mão ao redor do próprio eixo, para dentro e para fora, duas ou três vezes.
• ***Espelho:*** *Superfície polida que reflete a luz que incide sobre ela.* **Sinal igual:** REFLEXO

▪ ESPANHOL: ESPANHA ▪ ESPANTAR: ASSUSTAR ▪ ESPARGIR: ESPALHAR ▪ ESPARRAMADO: ESPALHAR ▪ ESPARSO: ESPALHAR ▪ ESPÉCIE: TIPO ▪ ESPECÍFICO: PRÓPRIO ▪ ESPECTADOR: ASSISTIR ▪ ESPECTRO: FANTASMA

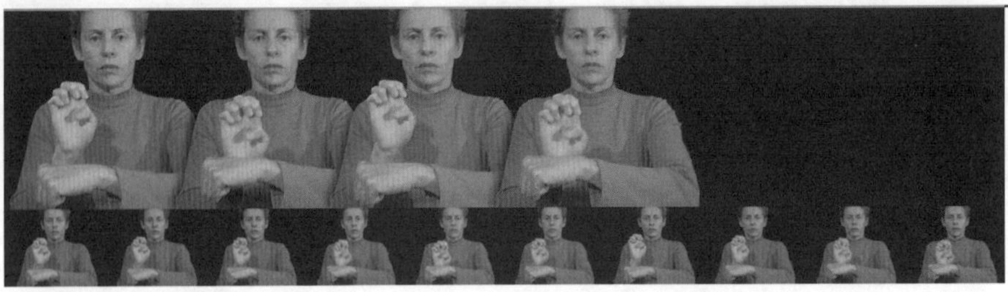

ESPERANÇA – Mão esquerda fechada, palma para baixo. Mão direita em "E". Posicionar as mãos conforme a (foto 1). Em seguida, mover a mão direita, tocando seu punho duas vezes na esquerda.
• ***Esperança:*** *Confiança em conseguir o que se deseja.* **Sinal igual:** ESPERANÇOSO, EXPECTATIVA

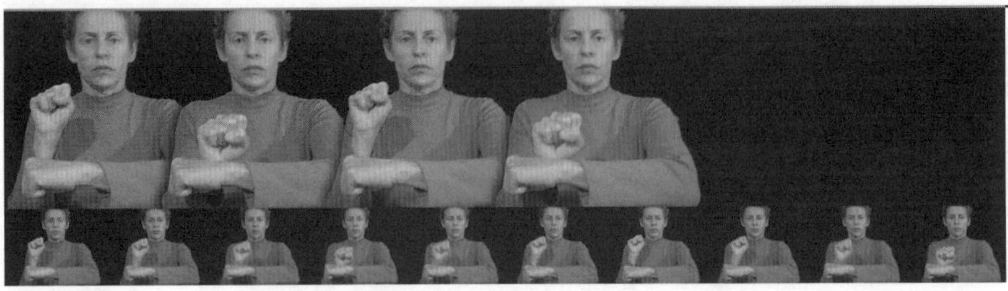

ESPERAR* – Mão esquerda fechada, palma para baixo. Mão direita fechada em "S". Posicionar as mãos conforme a foto 1. Em seguida, mover a mão direita, tocando seu punho duas vezes na esquerda.
• ***Esperar:*** *Não agir, não ir embora etc.; ter esperança; aguardar por algo que está para acontecer.* **Sinal igual:** AGUARDAR, EXPECTANTE, PARADO

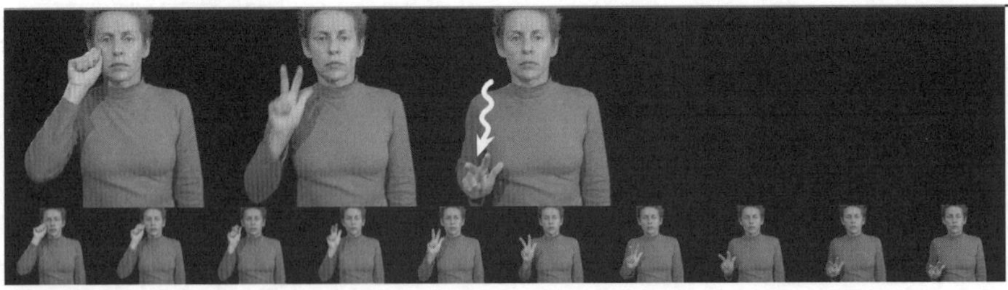

ESPERTO – Mão em "A", palma para a frente. Tocar a ponta do dedo polegar no canto externo do olho. Em seguida, mover a mão para baixo, abrindo o polegar, o indicador e o médio. Fazer um leve zigue-zague durante o percurso.
• ***Esperto:*** *Aquele que percebe tudo; que age com rapidez e eficiência; perspicaz, ladino.* **Sinal igual:** ARDILOSO, ASTUTO, ENGENHOSO, ESPERTEZA, INVENTIVO, MALÍCIA, MANHA, SAGACIDADE, SAGAZ, VIVAZ

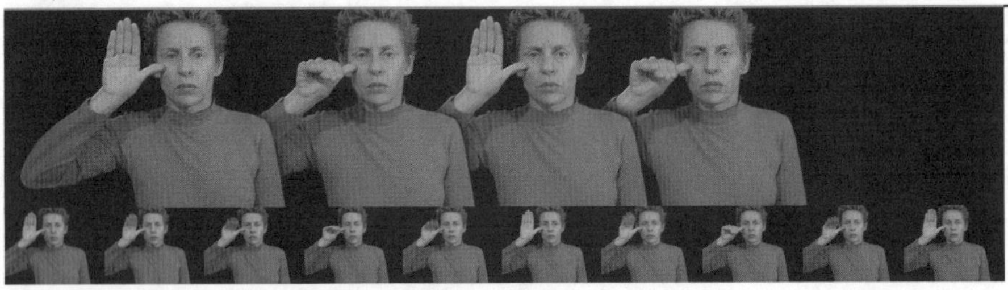

ESPIAR – Mão aberta, dedos unidos e esticados, polegar separado, palma para a frente. Tocar a ponta do polegar no canto externo do olho. Depois, dobrar a mão, apontando os dedos para a frente. Repetir esse movimento duas ou três vezes seguidas.
• ***Espiar:*** *Observar secretamente; olhar às escondidas.* **Sinal igual:** ESPIADA, ESPREITAR

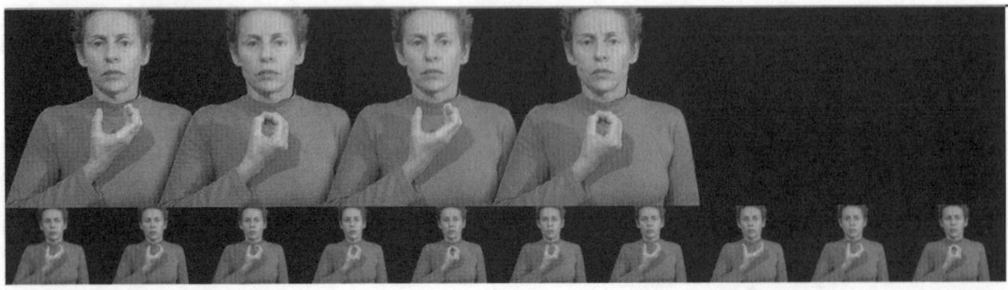

ESPINAFRE – Mão em "C", palma para cima. Posicionar a mão abaixo do queixo. Depois, unir os dedos pelas pontas e voltar à posição inicial, duas ou três vezes.
• ***Espinafre:*** *Planta nativa da Ásia usada na culinária.*

▪ **ESPERANÇOSO:** ESPERANÇA ▪ **ESPERAR:** AGUARDAR ▪ **ESPERTAR:** DESPERTAR ▪ **ESPERTEZA:** ESPERTO ▪ **ESPESSO:** GROSSO ▪ **ESPESSURA:** GROSSO ▪ **ESPETINHO:** CHURRASCO ▪ **ESPIADA:** ESPIAR ▪ **ESPIÃO:** ESPIONAR ▪ **ESPINGARDA:** CAÇAR ▪ **ESPINHA:** ACNE ▪ **ESPINHA DORSAL:** COLUNA VERTEBRAL

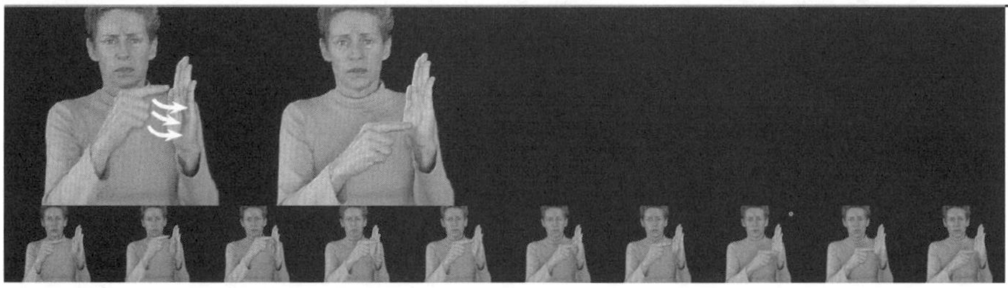

ESPINHO – Mão esquerda aberta, dedos unidos e esticados apontando para cima, palma para dentro. Mão direita fechada com o indicador esticado. Tocar a ponta desse dedo em vários pontos diferentes da palma esquerda. Fazer uma expressão de dor.
• ***Espinho:*** *Órgão duro e pontiagudo existente em certas plantas e animais, geralmente utilizado para defesa.*

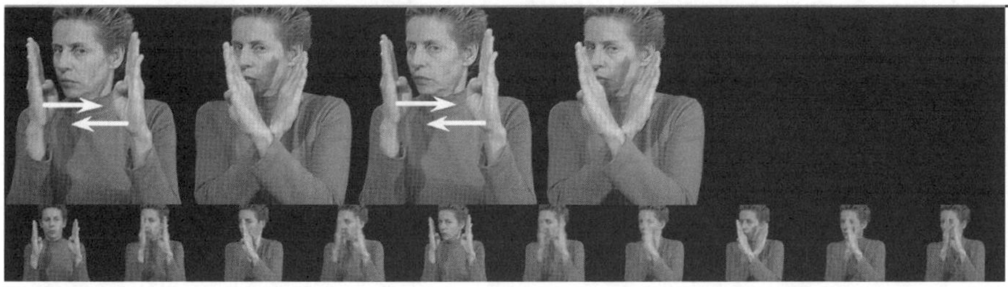

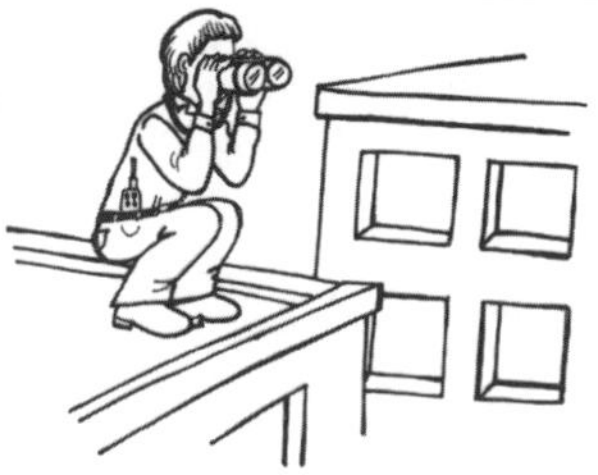

ESPIONAR – Mãos em "B", palmas para dentro. Posicionar as mãos na altura do rosto, devendo ficar uma delas perto dele e a outra mais à frente. Mover as mãos simultaneamente, cruzando--as, duas ou três vezes. Virar um pouco o rosto para a lateral, mantendo os olhos voltados para a frente.
• ***Espionar:*** *Observar secretamente; vigiar.* **Sinal igual:** ESPIÃO, ESPIONAGEM, ESPREITAR

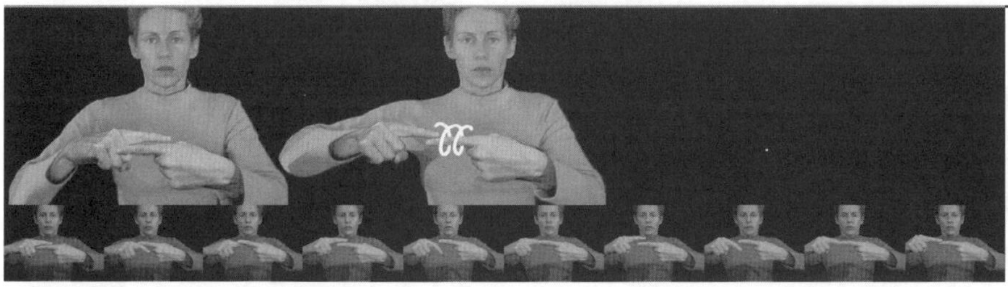

ESPIRAL – Mão esquerda fechada com o dedo indicador esticado, palma para trás. Mão direita fechada com o dedo indicador esticado, palma para baixo. Colocar o dedo indicador direito sobre o indicador da mão esquerda (foto 1). Em seguida, afastar a mão direita para a lateral, girando o indicador em torno do indicador da mão esquerda.
• ***Espiral:*** *Linha curva que se desenrola, semelhante a uma mola.* **Sinal igual:** ESPIRALADO

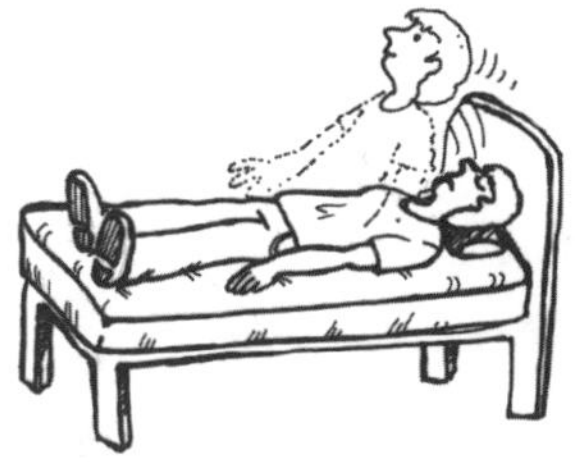

ESPIRITISMO – Mão aberta com os dedos apontando para cima, palma para cima. Posicionar a mão na altura da cabeça. Mover a mão para baixo, unindo os dedos pelas pontas.
• ***Espiritismo:*** *Doutrina religiosa que visa o aperfeiçoamento moral da humanidade por meio de ensinamentos transmitidos por espíritos mais evoluídos.* **Sinal igual:** ESPÍRITA, ESPIRITUALIDADE

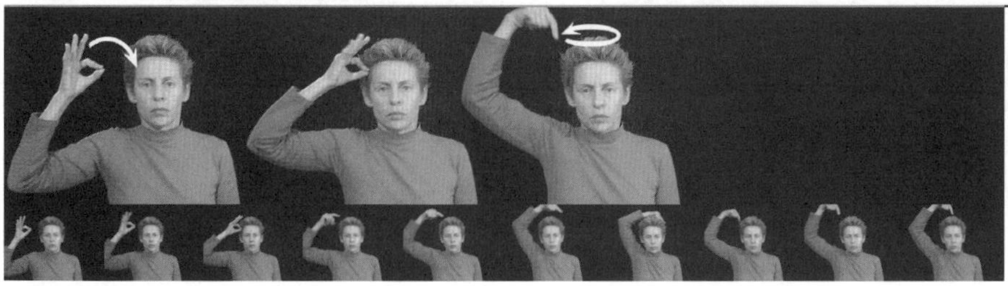

ESPÍRITO SANTO – Mão em "V", palma para trás. Tocar duas vezes as pontas dos dedos nas maçãs do rosto.
• ***Espírito Santo:*** *A terceira pessoa da Santíssima Trindade.*

▪ ESPIONAGEM: ESPIONAR ▪ ESPIRALADO: ESPIRAL ▪ ESPÍRITA: ESPIRITISMO ▪ ESPÍRITO: ALMA

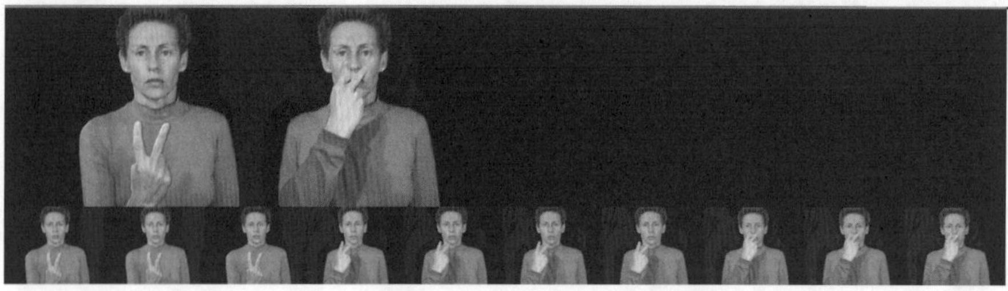

ESPÍRITO SANTO – Mão aberta, dedos esticados e separados. Unir o indicador e o polegar pelas pontas. Mover a mão para cima, tocando as pontas do indicador e do polegar sobre a cabeça.
• ***Espírito Santo:*** *Estado localizado na região Sudeste do Brasil.*

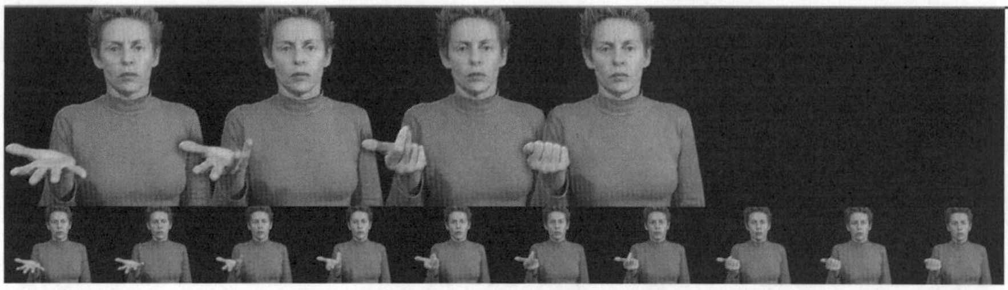

ESPIRITUOSO – Mão aberta, dedos esticados e separados, palma para cima. Fechar a mão em "A", lentamente, um dedo de cada vez, começando pelo mínimo até o polegar.
• ***Espirituoso:*** *Pessoa engraçada, alegre.* **Sinal igual:** AIROSO, BEM-HUMORADO, CHISTOSO, FACETO, FOLGAZÃO, GRACIOSIDADE, GRACIOSO, JEITO, JOVIAL, MEIGO, MEIGUICE

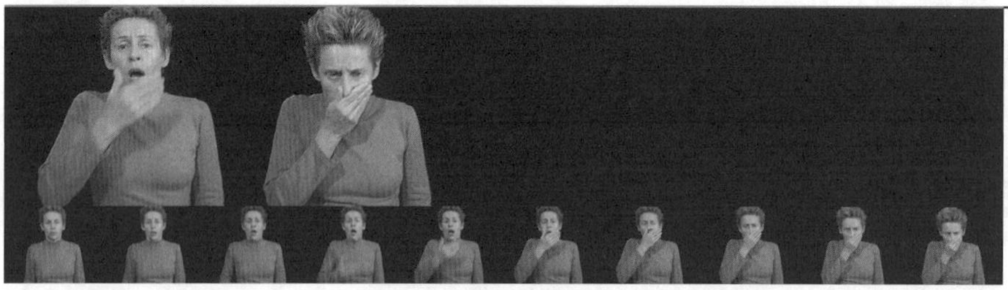

ESPIRRAR – Abrir a boca e mover a cabeça para a frente, tampando as narinas com uma das mãos, imitando o gesto de quem solta um espirro.
• ***Espirrar:*** *Expulsar bruscamente o ar pelo nariz e pela boca.* **Sinal igual:** ESPIRRO

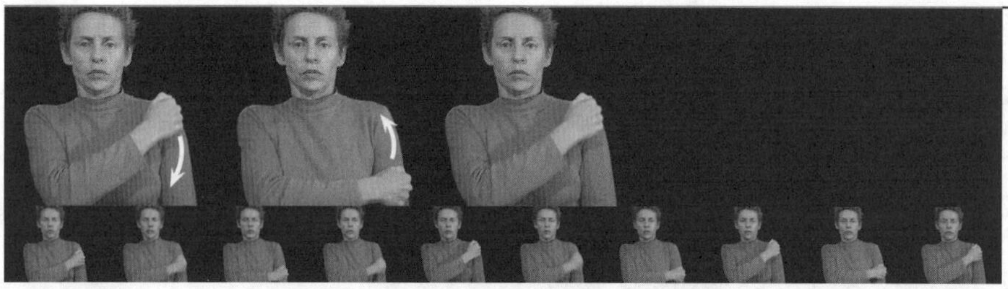

ESPONJA – Mão fechada em "A", palma para trás. Encostar o dorso dos dedos no ombro (foto 1). Em seguida, deslizar a mão no braço para baixo e para cima, duas ou três vezes.
• ***Esponja:*** *Material macio, poroso, leve e absorvente usado para ensaboar.* **Sinal igual:** BUCHA

ESPORTE – Mãos fechadas com os dedos polegares esticados apontando para cima, palmas para dentro. Juntar as mãos (foto 1). Em seguida, girar simultaneamente a mão esquerda para trás e a direita para a frente, sem desencostar uma da outra.
• ***Esporte:*** *Atividade física com fins recreativos, esportivos ou para melhorar a condição física.* **Sinal igual:** ATLETA, DESPORTISTA, DESPORTO, ESPORTISTA, GINASTA

■ **ESPIRITUALIDADE:** ESPIRITISMO ■ **ESPIRRO:** ESPIRRAR ■ **ESPONTÂNEO:** NATURAL, VOLUNTÁRIO ■ **ESPORTISTA:** ESPORTE

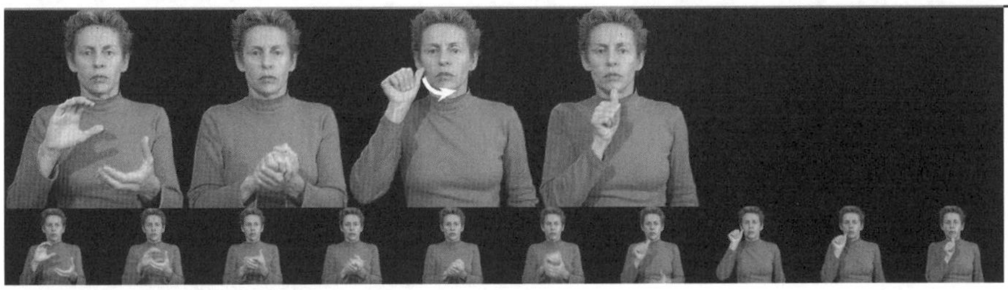

ESPOSA – Fazer os sinais de "casal" e de "mulher".
• ***Esposa:*** *Mulher casada, em relação a seu marido.* **Sinal igual:** CÔNJUGE

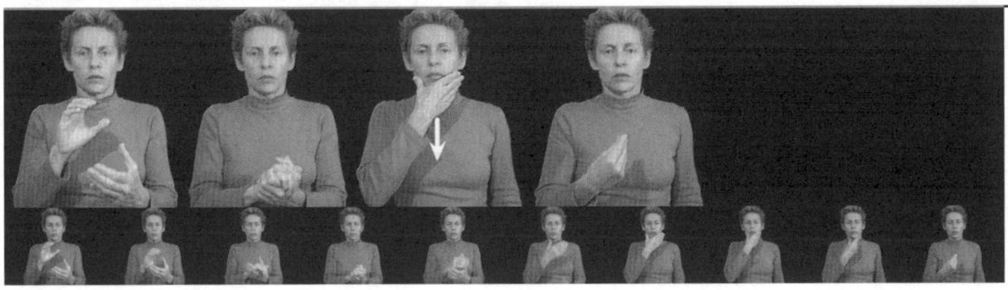

ESPOSO – Fazer os sinais de "casal" e de "homem".
• ***Esposo:*** *Homem casado, em relação a sua mulher.* **Sinal igual:** CÔNJUGE, MARIDO

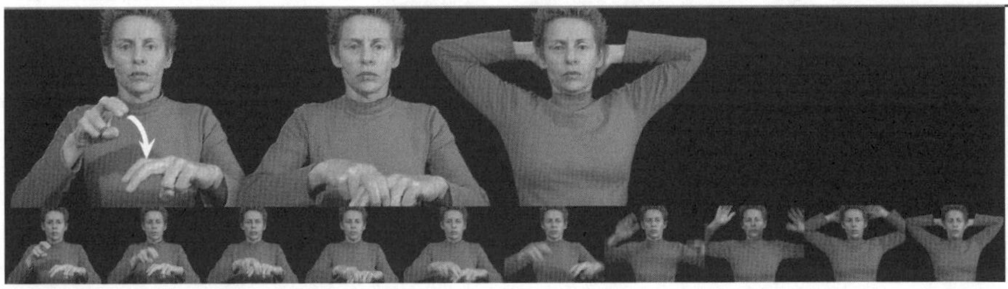

ESPREGUIÇADEIRA – Mãos fechadas com os dedos indicadores e médios curvados e unidos, palmas para baixo. Apoiar o indicador e o médio direitos sobre os mesmos dedos da mão esquerda. Em seguida, colocar as mãos atrás da cabeça.
• ***Espreguiçadeira:*** *Cadeira reclinável e muito confortável.*

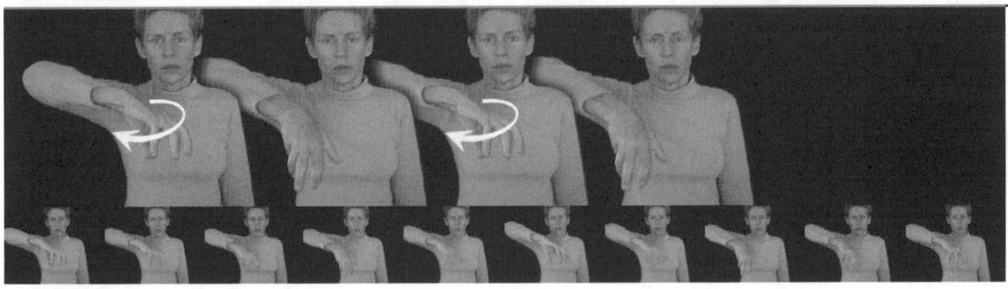

ESPREMEDOR DE FRUTAS – Mão aberta com os dedos curvados e separados apontando para baixo. Girar a mão ao redor do próprio eixo, em sentido horário, voltando à posição inicial, duas vezes.
• ***Espremedor de frutas:*** *Aparelho usado para espremer frutas e retirar seu suco.*

ESPUMA – Mãos abertas com os dedos curvados e separados apontando para baixo. Unir as mãos pelas laterais internas. Em seguida, separar e abaixar as mãos, virando as palmas para dentro. Mover os dedos aleatoriamente durante o movimento.
• ***Espuma:*** *Minúsculas bolhas esbranquiçadas que se formam na superfície de um líquido.* **Sinal igual:** ESPUMANTE

▪ ESPREITAR: ESPIAR, ESPIONAR ▪ ESPREMIDO: ABAFADO ▪ ESPUMANTE: ESPUMA

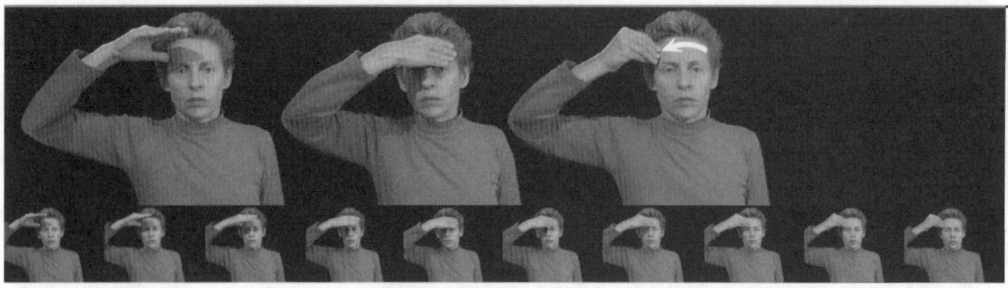

ESQUECER – Tocar a ponta do dedo polegar direito na lateral direita da testa. Tocar as pontas dos demais dedos, que devem estar unidos, na lateral esquerda da testa. Em seguida, deslizar os dedos pela testa até se unirem ao polegar, que não deve sair do lugar.
• ***Esquecer:*** *Perder a lembrança de alguma coisa; olvidar.* **Sinal igual:** DESAPRENDER, DESLEMBRADO, DESMEMORIADO, ESQUECIDO, ESQUECIMENTO, OLVIDAR

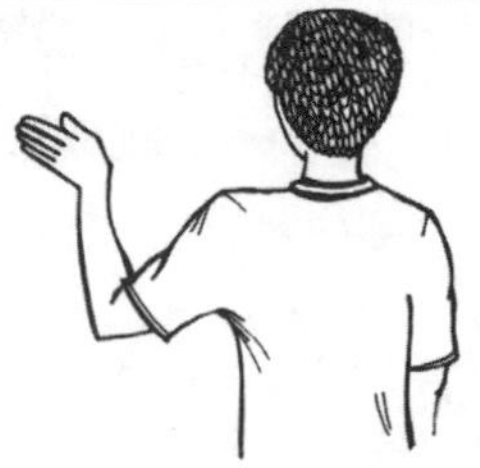

ESQUERDA – Mão esquerda aberta, dedos unidos e esticados apontando para a frente, palma para dentro. Posicionar a mão perto do corpo. Em seguida, mover a mão para a frente e fazer uma curva para o lado esquerdo, virando a palma da mão para a frente.
• ***Esquerda:*** *Do lado esquerdo.*

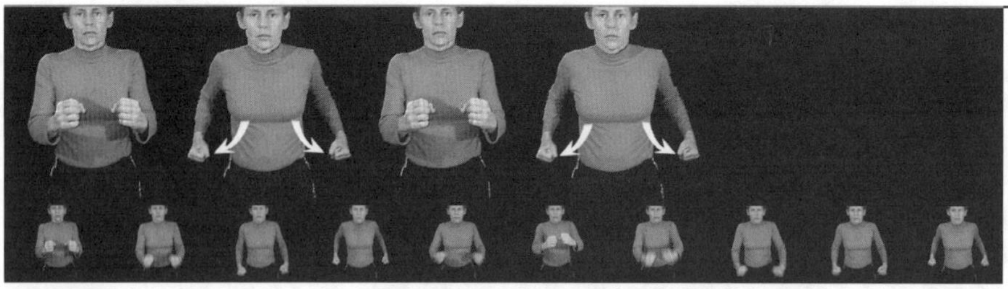

ESQUIAR – Mãos fechadas, palmas para dentro. Posicionar as mãos à frente do corpo (foto 1). Em seguida, mover as mãos simultaneamente para trás, passando pelas laterais do corpo, imitando o gesto de um esquiador que usa as varetas para tomar impulso. Repetir esse movimento duas vezes.
• ***Esquiar:*** *Deslizar com esquis sobre grama ou neve.* **Sinal igual:** ESQUI

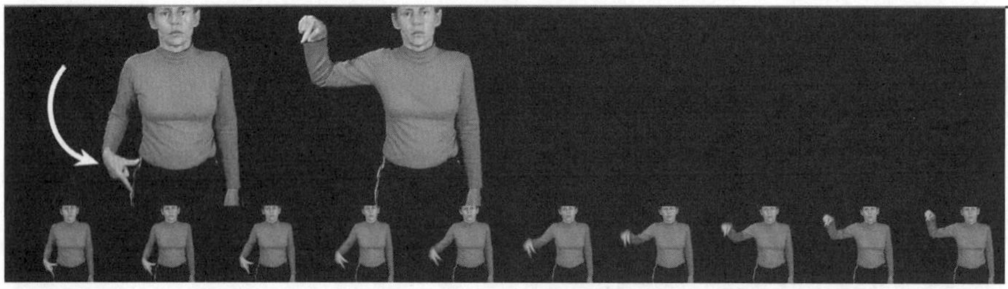

ESQUILO – Mão fechada com o indicador e o polegar abertos. Tocar com as pontas dos dedos na lateral do quadril. Em seguida, mover a mão para cima, ao lado do corpo, unindo os dedos pelas pontas.
• ***Esquilo:*** *Pequeno mamífero de cauda longa e peluda que se alimenta de castanhas e sementes.*

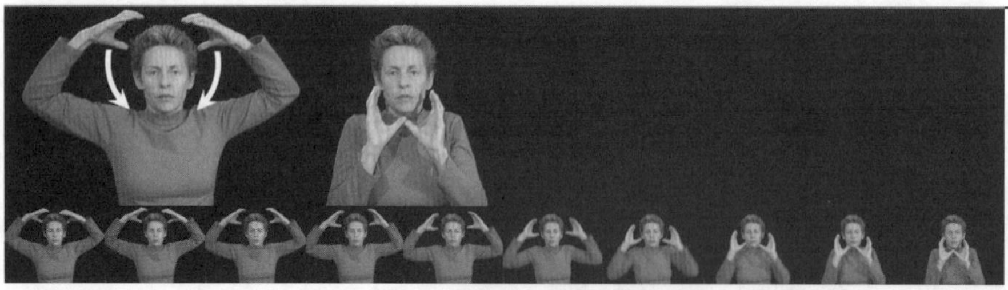

ESQUIMÓ – Mãos em "C", palmas para baixo. Posicionar as mãos logo acima da cabeça (foto 1). Em seguida, mover as mãos, simultaneamente, passando pelas laterais do rosto até abaixo do queixo, virando as palmas para cima.
• ***Esquimó:*** *Povo que habita as regiões mais frias do Canadá, Alasca e Groenlândia.*

▪ **ESQUECIDO:** ESQUECER ▪ **ESQUECIMENTO:** ESQUECER ▪ **ESQUELETO:** OSSO ▪ **ESQUERDO:** CANHOTO ▪ **ESQUI:** ESQUIAR ▪ **ESQUIFE:** CAIXÃO

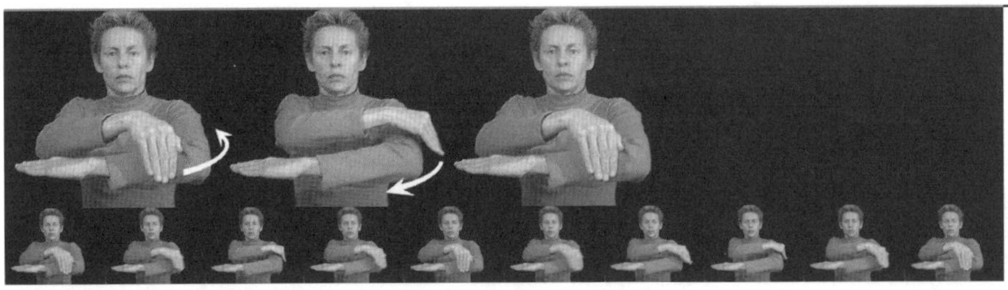

ESQUINA – Mão esquerda aberta, dedos unidos e esticados, palma para baixo, braço dobrado. Mão direita aberta, dedos unidos e esticados apontando para baixo. Posicionar a mão direita na frente do braço esquerdo, perto do cotovelo, sem tocá-lo. Mover a mão direita para trás, acompanhando a curvatura do braço esquerdo, e voltar à posição inicial, duas vezes.
• ***Esquina:*** *O trecho da calçada localizado na ponta do quarteirão.*

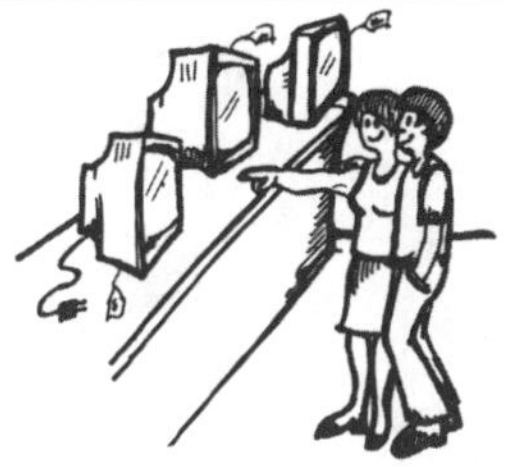

ESSE/ESTE – Mão fechada com o dedo indicador esticado. Apontar e olhar para aquele (ou aquilo) do qual se refere.
• ***Esse/este:*** *Pronome demonstrativo.*

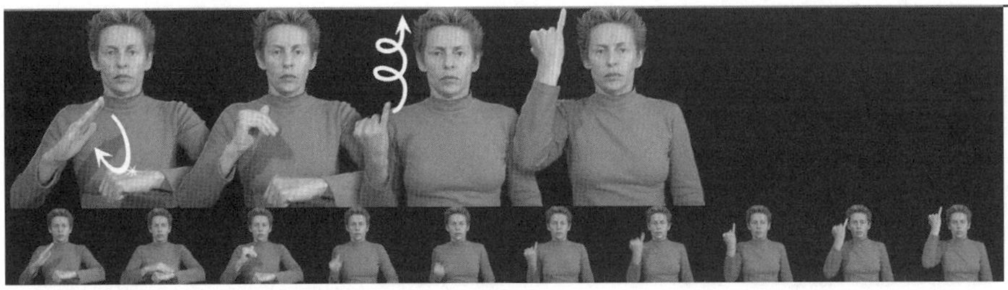

ESSENCIAL* – Fazer os sinais de "chamar" e de "importante".
• ***Essencial:*** *Aquilo que é necessário; fundamental.* **Sinal igual:** ESSÊNCIA, FUNDAMENTAL, INDISPENSÁVEL, NECESSÁRIO

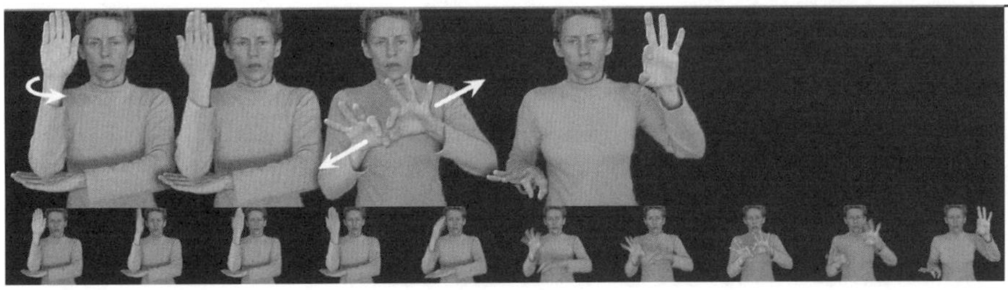

ESTACA – Fazer o sinal de "madeira". Depois, mãos abertas com os indicadores e polegares curvados, demais dedos esticados. Posicionar uma mão perto da outra (foto 2). Em seguida, afastar diagonalmente uma da outra.
• ***Estaca:*** *Barra de madeira ou outro material geralmente pontiaguda.*

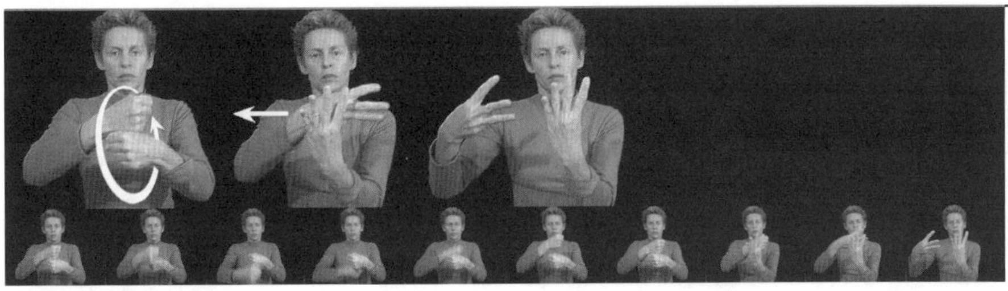

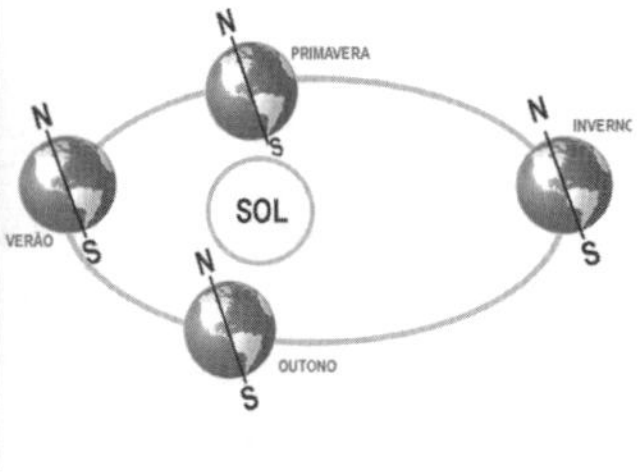

ESTAÇÕES DO ANO – Fazer o sinal de "ano". Em seguida, mão esquerda aberta em "4" com os dedos apontando para cima, mão direita aberta em "3" com os dedos apontando para o lado esquerdo, palmas para trás. Posicionar a mão direita atrás da esquerda e deslizá-la para o lado direito.
• ***Estações do ano:*** *Cada uma das quatro partes em que é dividido o ano: primavera, verão, outono e inverno.*

▪ ESQUISITO: ESTRANHO ▪ ESQUIVAR: EVITAR ▪ ESSÊNCIA: ESSENCIAL ▪ ESSENCIAL: IMPORTANTE ▪ ESTABELECER: FUNDAÇÃO ▪ ESTABELECIMENTO DE ENSINO: ESCOLA ▪ ESTACIONAMENTO: GARAGEM ▪ ESTACIONAR: FICAR

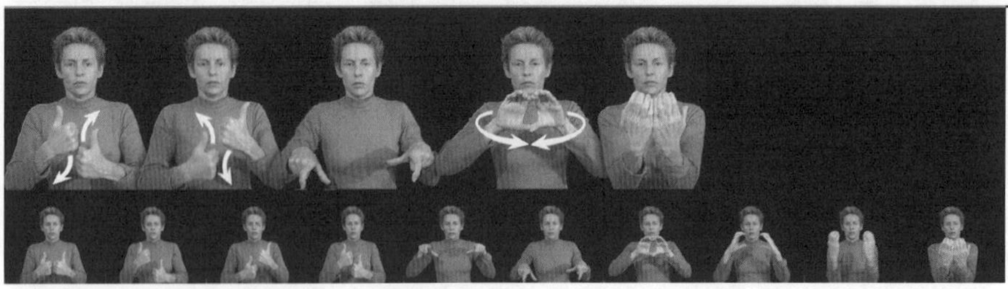

ESTÁDIO DE FUTEBOL – Fazer o sinal de "futebol". Depois, mãos fechadas com os indicadores e os polegares abertos e curvados apontando para baixo. Posicionar uma mão paralela a outra, um pouco afastadas entre si. Em seguida, mãos em "C", palmas para a frente. Unir as mãos pelas laterais internas e movê-las simultaneamente para a frente, descrevendo um círculo, virando as palmas para trás e unindo-as novamente pelas laterais externas.

• ***Estádio de futebol:*** *Campo para partidas de futebol rodeado por arquibancadas.*

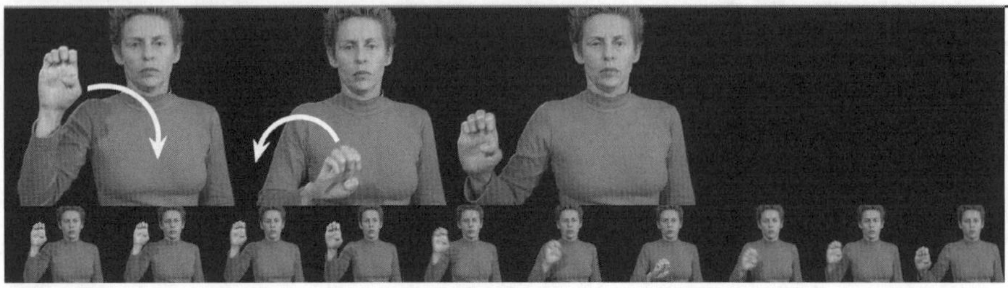

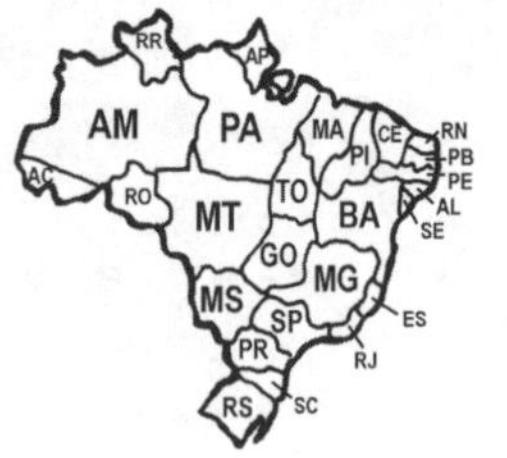

ESTADO – Mão em "E", palma para a frente. Mover a mão, marcando três pontos imaginários à frente.

• ***Estado:*** *Divisão territorial de determinados países.*

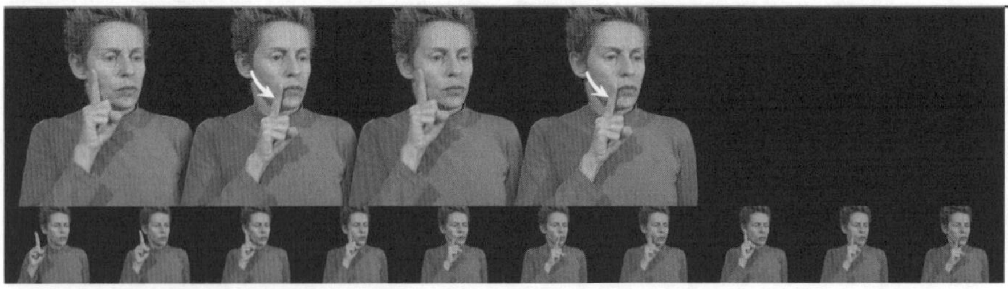

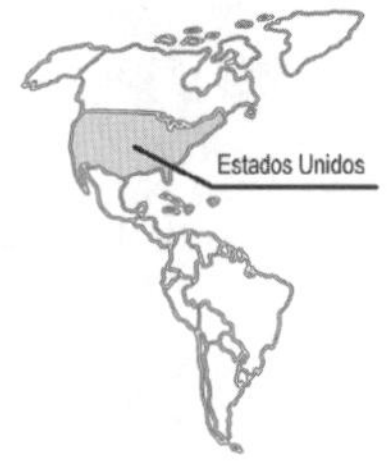

ESTADOS UNIDOS DA AMÉRICA – Mão fechada com o dedo indicador esticado apontando para cima, palma para a frente. Tocar a lateral do indicador na lateral do rosto e deslizá-lo pela bochecha até perto da boca, duas vezes.

• ***Estados Unidos da América:*** *País localizado na América do Norte.* **Sinal igual:** EUA

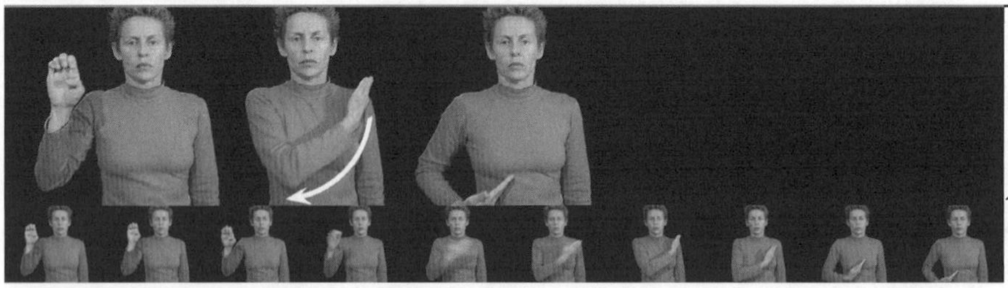

ESTADUAL – Mão em "E", palma para a frente. Em seguida, fazer o sinal de "governador".

• ***Estadual:*** *Relativo ou pertencente a qualquer estado da República brasileira.*

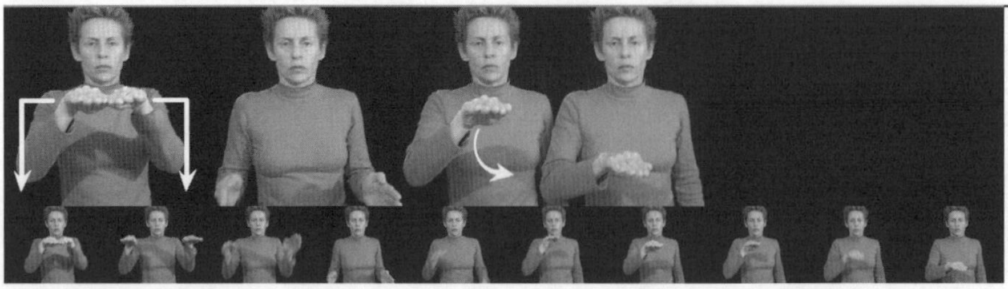

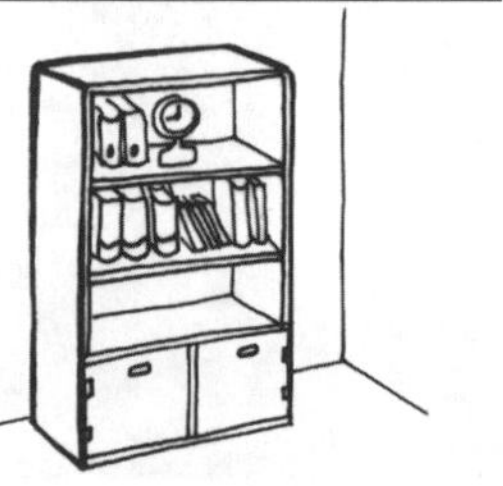

ESTANTE – Mãos abertas, dedos unidos e esticados apontando para a frente, palmas para baixo. Unir as mãos pelas laterais internas. Em seguida, movê-las simultaneamente para as laterais e depois para baixo, virando as palmas para dentro. Depois, mover uma das mãos para a frente, com os dedos unidos e esticados, palma para baixo, voltar para trás e movê-la para a frente novamente, mas em um ponto mais abaixo.

• ***Estante:*** *Móvel com prateleiras usado principalmente para guardar livros.* **Sinal igual:** PRATELEIRA

▪ **ESTAMOS:** ESTAR ▪ **ESTAMPA:** DESENHAR ▪ **ESTANCAR:** FICAR ▪ **ESTANDARDIZAÇÃO:** PADRONIZAR ▪ **ESTANDARDIZAR:** PADRONIZAR ▪ **ESTANDARTE:** BANDEIRA ▪ **ESTÃO:** ESTAR ▪ **ESTAPEADO:** ESBOFETEADO ▪ **ESTAPEAR:** ESBOFETEAR

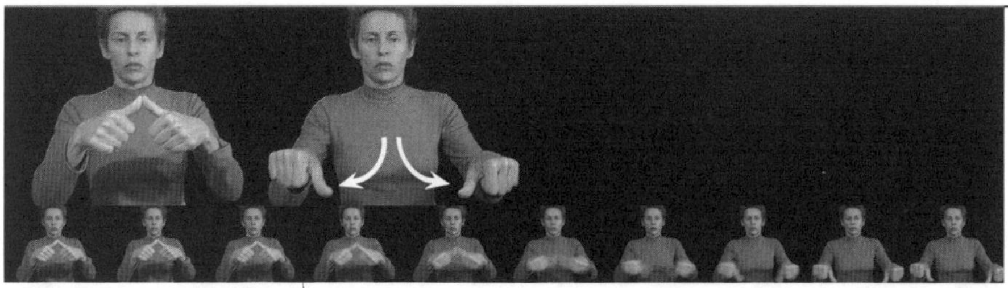

ESTAR – Mãos fechadas com os polegares esticados. Unir as mãos pelas pontas dos polegares. Em seguida, mover simultaneamente as mãos um pouco para baixo, separando uma da outra.
• ***Estar:*** *Ter ou apresentar determinado estado emocional, certa condição física, material, profissional etc. não permanente.* **Sinal igual:** ESTAMOS, ESTÃO, ESTOU

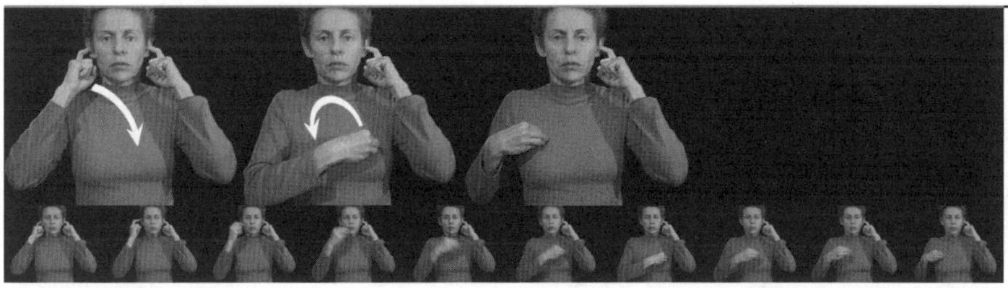

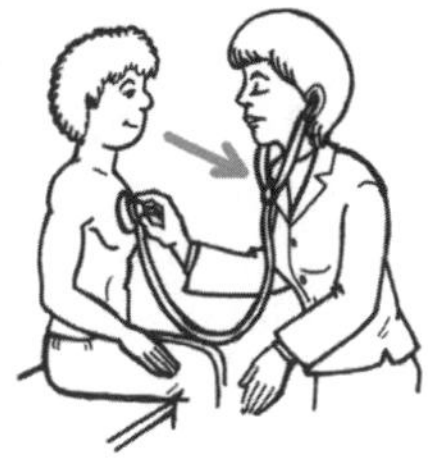

ESTETOSCÓPIO – Mãos fechadas com os dedos indicadores abertos e curvados. Encostar as pontas dos dedos nos ouvidos (foto 1). Em seguida, unir as pontas dos dedos de uma das mãos e tocá-las em dois pontos diferentes do peito.
• ***Estetoscópio:*** *Instrumento usado na medicina para escutar as batidas do coração ou outros ruídos.* **Sinal igual:** AUSCULTADOR

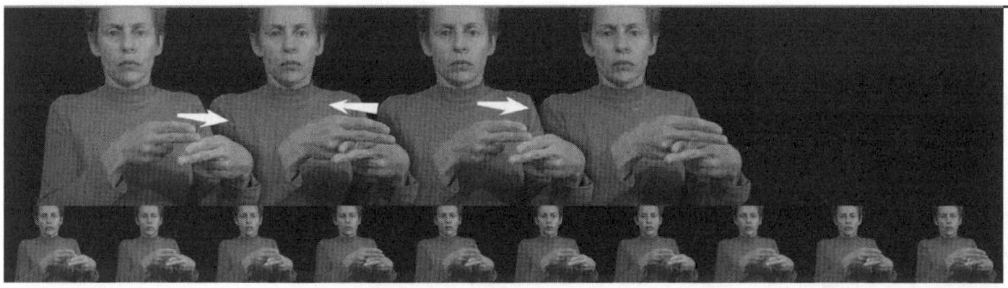

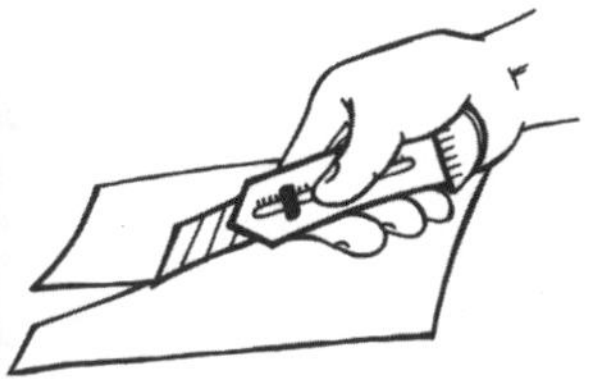

ESTILETE – Mãos fechadas com os dedos indicadores e médios unidos e esticados. Apoiar os dedos da direita sobre os da mão esquerda, em posição cruzada (foto 1). Em seguida, deslizar a mão que está por cima para a frente e para trás, duas ou três vezes.
• ***Estilete:*** *Utensílio com lâmina usado para cortar algo.* **Sinal igual:** CANIVETE, FACA, FACÃO, PEIXEIRA

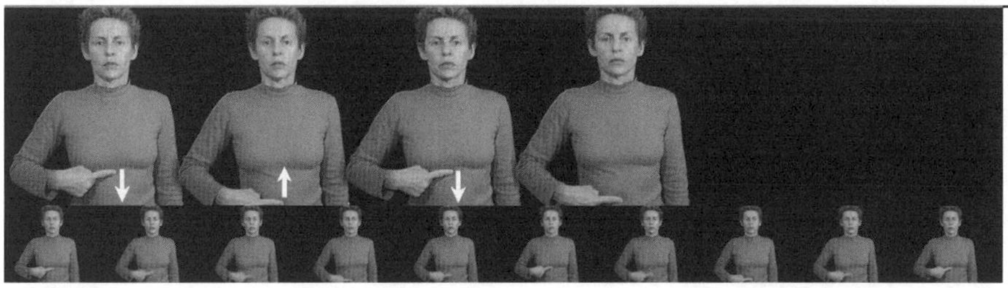

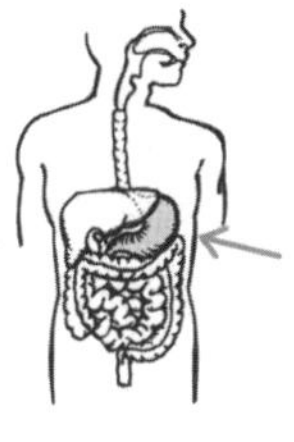

ESTÔMAGO – Mão fechada com o dedo indicador esticado. Tocar a ponta do indicador na barriga (altura do estômago). Em seguida, deslizar o dedo sobre a barriga para baixo e para cima, duas vezes.
• ***Estômago:*** *Órgão do sistema digestivo para onde vão os alimentos para sua digestão.* **Sinal igual:** BUCHO

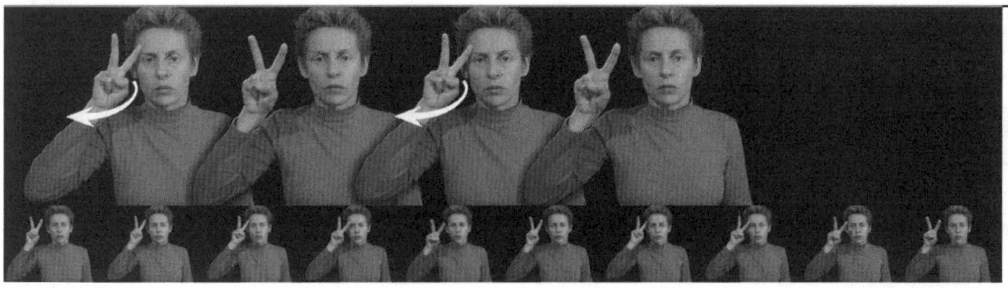

ESTÓRIA – Mão em "V", palma para a frente. Resvalar a ponta do dedo indicador na lateral da testa, movendo-a para a frente, duas vezes.
• ***Estória:*** *Narrativa real ou fictícia, cujo objetivo é divertir e/ou instruir o ouvinte ou o leitor.* **Sinal igual:** CONTO, FÁBULA, FICÇÃO, LENDA, LENDÁRIO, MITO, MITOLOGIA, MITOLÓGICO, NARRAÇÃO, NARRATIVA

▪ ESTÁTICO: CALADO ▪ ESTÁTUA: ESCULTURA ▪ ESTIAGEM: SECA ▪ ESTICAR: PUXAR ▪ ESTIMAR: GOSTAR ▪ ESTIMULAR: ENCORAJAR ▪ ESTIOLADO: MURCHAR ▪ ESTIOLAR: MURCHAR ▪ ESTORVAR: ATRAPALHAR ▪ ESTOU: ESTAR ▪ ESTOURAR: BOMBA ▪ ESTRADA: CAMINHO ▪ ESTRADA DE FERRO: FERROVIA ▪ ESTRAGADO: PODRE, QUEBRAR ▪ ESTRAGAR: PODRE, QUEBRAR ▪ ESTRAGO: DANO ▪ ESTRAMBÓLICO: ESTRANHO ▪ ESTRANGEIRO: EXTERIOR

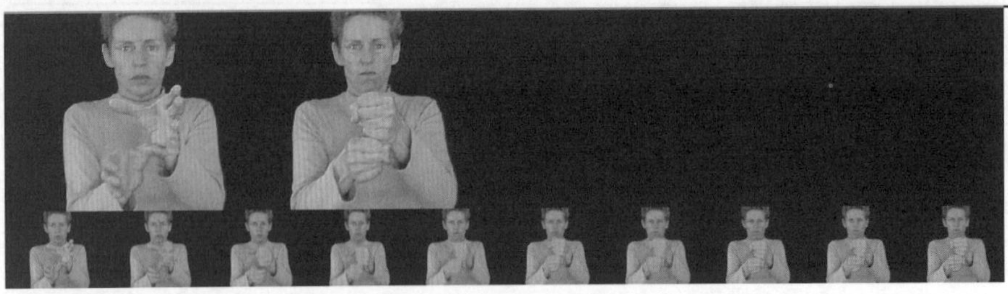

ESTRANGULAR – Mãos abertas com os dedos separados e curvados, palmas para dentro. Apoiar uma mão sobre a outra. Em seguida, fechá-las rapidamente, balançando-as um pouco para a frente e para trás, mas sem separá-las. Fazer uma expressão de raiva.
• ***Estrangular:*** *Apertar o pescoço de alguém, impedindo sua respiração.*

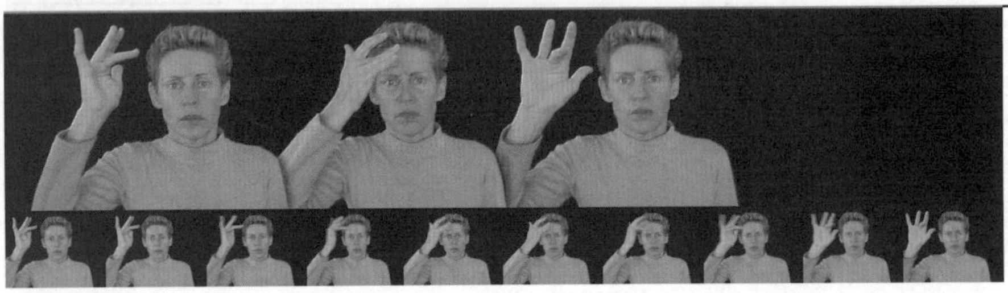

ESTRANHAR – Mão aberta, dedos esticados e separados apontando para cima. O dedo médio deve estar esticado e abaixado (foto 1). Em seguida, tocar a ponta do dedo médio na testa e "jogá-lo" para a frente, virando a palma na mesma direção. Fazer a expressão de quem não está compreendendo algo.
• ***Estranhar:*** *Achar alguém ou algo diferente do que se conhece; não se adaptar; sentir-se incomodado.*

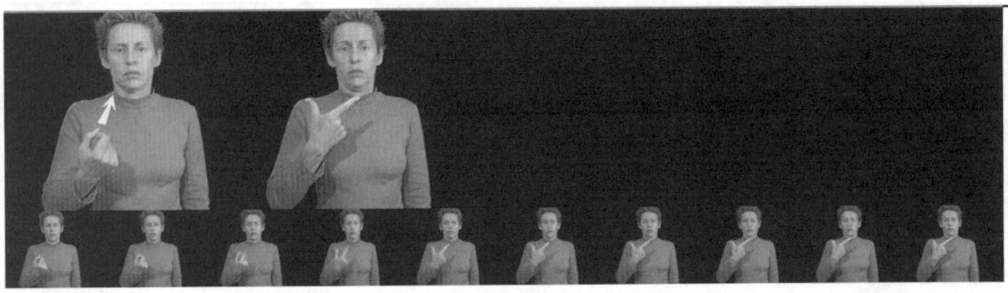

ESTRANHO – Mão fechada com os dedos indicador e polegar curvados se tocando pelas pontas, palma para trás. Com um gesto um pouco rápido, mover a mão para trás em direção ao rosto, esticando o indicador e o polegar.
• ***Estranho:*** *Aquilo que é esquisito, incomum; pessoa que se caracteriza pelo caráter excêntrico; que causa admiração ou susto pela novidade; desconhecido.* **Sinal igual:** ESQUISITO, ESTRAMBÓLICO, EXCÊNTRICO, INCOMUM

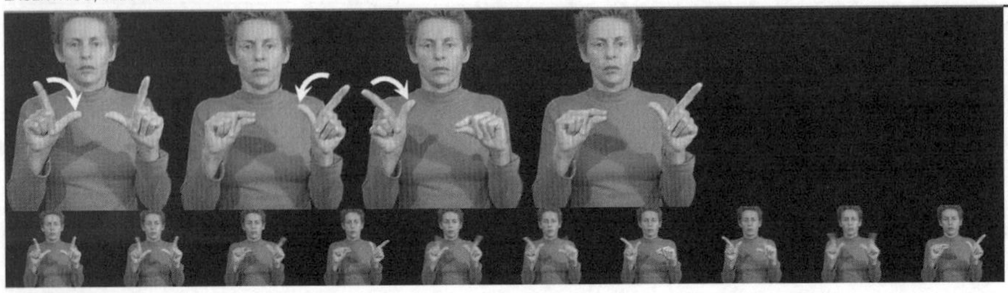

ESTRELA – Mãos em "L", palmas para dentro. Tocar alternadamente as pontas dos indicadores nas dos polegares duas ou três vezes.
• ***Estrela:*** *Corpo celeste que possui luz própria.*

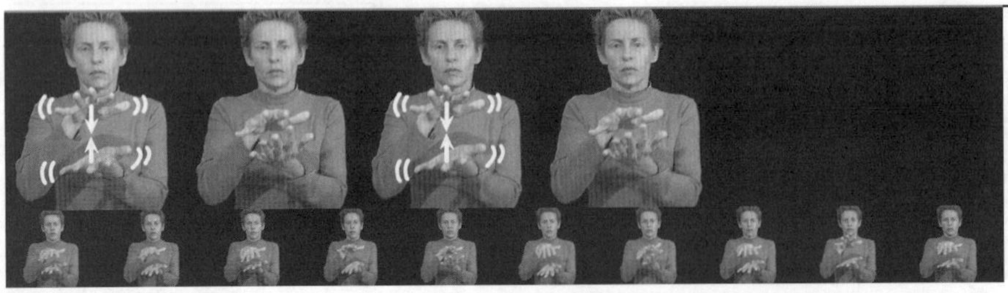

ESTRELA-DO-MAR – Mãos abertas, dedos esticados e separados apontando para a frente. Mão direita com a palma para baixo e mão esquerda com a palma para cima. Posicionar uma mão sobre a outra, sem se tocarem (foto 1). Em seguida, sem tirar as mãos do lugar, fazer movimentos ondulares, simultaneamente com as duas mãos.
• ***Estrela-do-mar:*** *Animal marinho composto de braços que se projetam de um disco central.*

▪ **ESTREITAR:** APERTAR ▪ **ESTREITO:** CURTO ▪ **ESTREMECER:** TREMER ▪ **ESTRONDO:** BARULHO ▪ **ESTUDANTE:** ESTUDAR

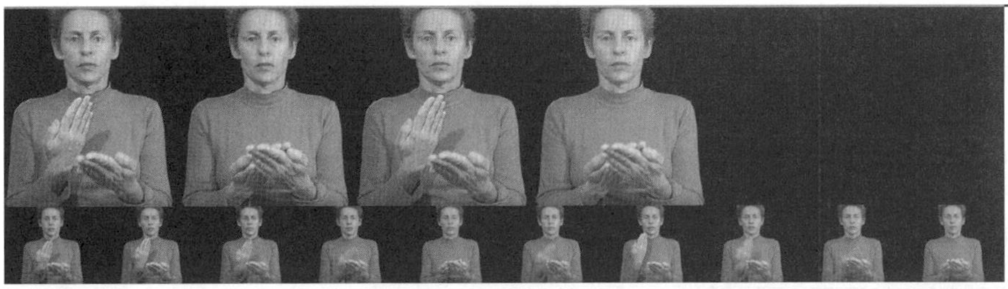

ESTUDAR – Mãos abertas, dedos unidos e esticados, palmas para cima. Posicionar a mão direita sobre a esquerda (foto 1). Em seguida, bater duas ou três vezes o dorso da mão direita sobre a palma esquerda.
• ***Estudar:*** *Usar a inteligência e a memória para adquirir habilidades, conhecimento etc.* **Sinal igual:** ALUNO, ANALISAR, ANÁLISE, AULA, ESTUDANTE, ESTUDO

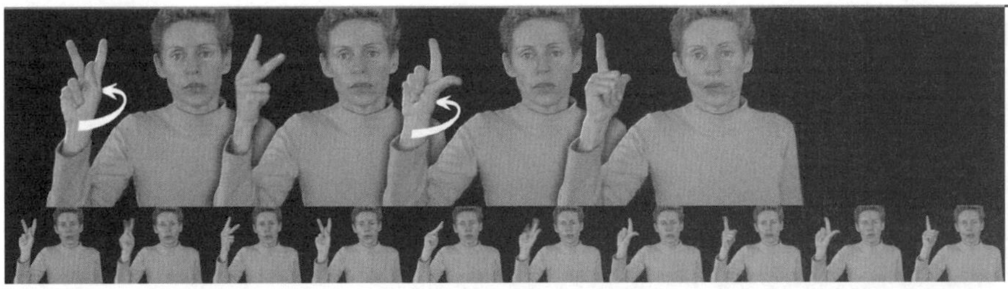

ESTUDOS SOCIAIS – Mão em "P", palma para a frente. Girar a mão para dentro duas vezes ao redor do próprio eixo. Depois, com a mão em "L", girá-la novamente para dentro, duas vezes, ao redor do próprio eixo.
• ***Estudos sociais:*** *Ciência que estuda as questões sociais e suas relações.*

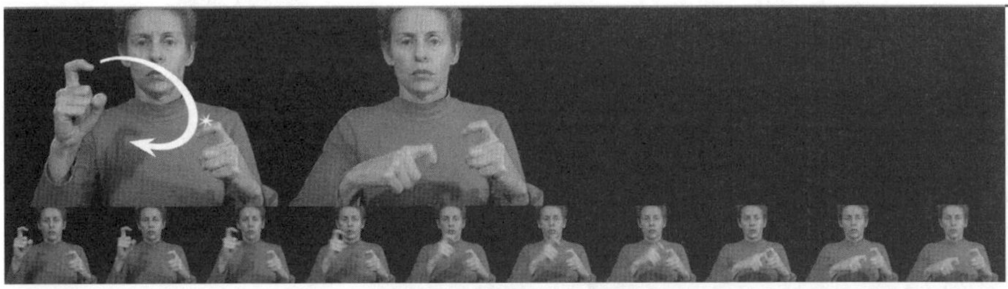

ESTUPRAR – Mãos fechadas com os dedos indicadores abertos e dobrados, palmas para dentro. Com um gesto rápido, bater o dorso do indicador direito no do mesmo dedo da mão esquerda.
• ***Estuprar:*** *Forçar alguém a ter relações sexuais usando a violência.* **Sinal igual:** DEFLORAR, ESTUPRADOR, ESTUPRO, VIOLAR

ETERNO – Mão fechada com o dedo indicador esticado apontando para a frente, palma para dentro. Posicionar a mão perto do corpo. Em seguida, mover a mão para a frente e para cima, descrevendo movimentos circulares.
• ***Eterno:*** *Que tem começo, mas não tem fim.* **Sinal igual:** ETERNAMENTE, ETERNIDADE, INCESSANTE, INFINITO, ININTERRUPTO, INTERMINÁVEL, PERENE, PERPÉTUO

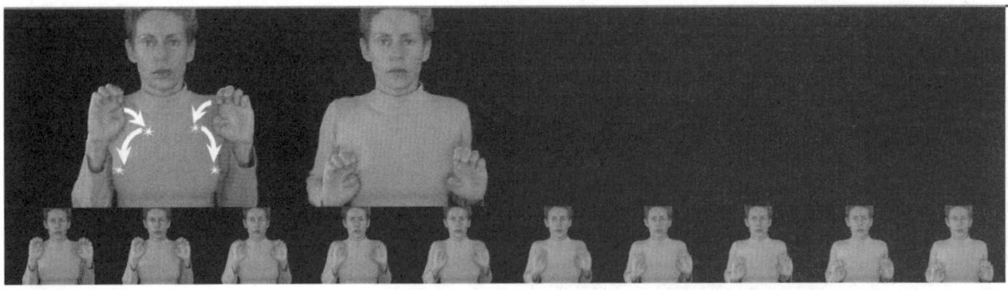

ÉTICA – Mãos em "E", palmas para a frente. Posicionar as mãos na altura dos ombros. Depois, mover as mãos simultaneamente para baixo, tocando as laterais internas das mãos nos ombros e mais abaixo, no corpo.
• ***Ética:*** *Conjunto de regras que orientam os valores morais e de conduta de um indivíduo ou sociedade.* **Sinal igual:** MORAL

▪ **ESTUDO:** ESTUDAR ▪ **ESTÚPIDO:** BRUTO ▪ **ESTUPRADOR:** ESTUPRAR ▪ **ESTUPRO:** ESTUPRAR ▪ **ETERNAMENTE:** ETERNO ▪ **ETERNIDADE:** ETERNO

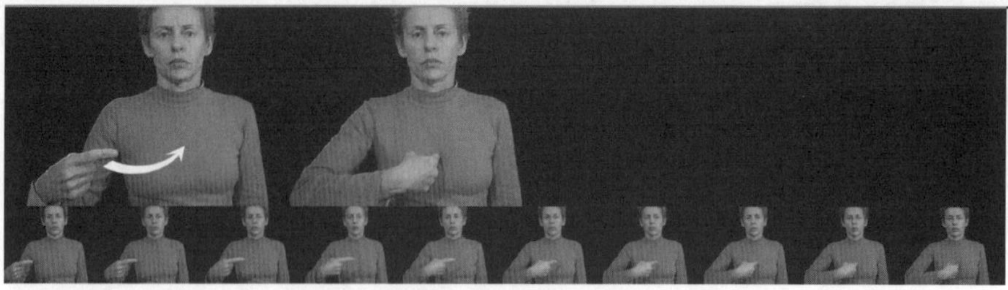

EU – Mão fechada com o indicador esticado. Tocar a ponta do dedo no peito.
• ***Eu:*** *Pronome pessoal usado por aquele que fala ou escreve referindo-se a si mesmo.*

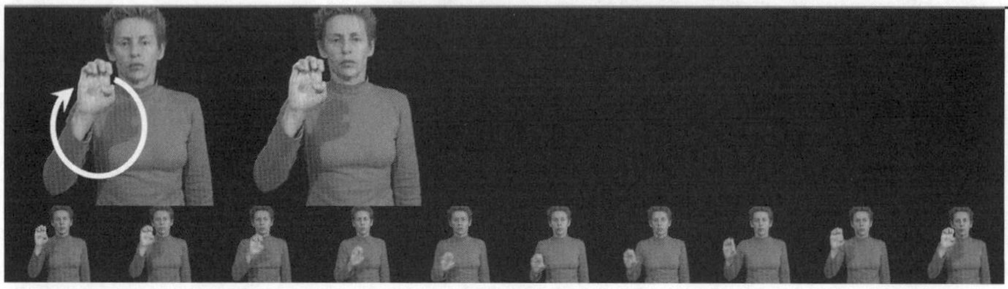

EUROPA – Mão em "E", palma para a frente. Mover a mão, descrevendo um círculo.
• ***Europa:*** *Continente.*

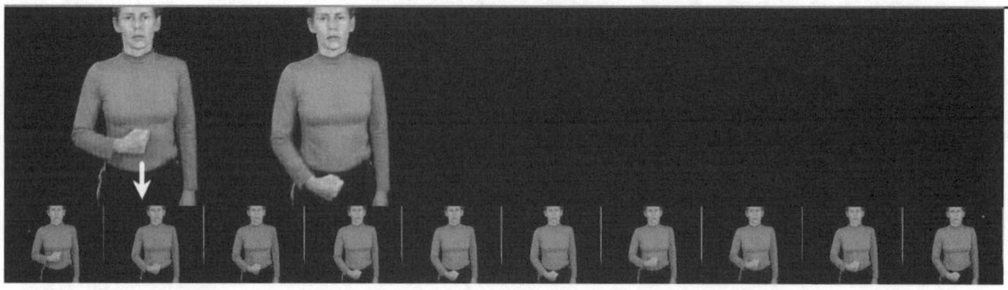

EVACUAR* – Mão fechada, palma para trás. Posicionar a mão na frente do corpo, na altura do umbigo. Em seguida, com um gesto um pouco rápido, mover a mão para baixo.
• *Evacuar: Expelir naturalmente os excrementos.* **Sinal igual:** BOSTA, CAGAR, COCÔ, EXCREMENTO, EXCRETAR, FEZES

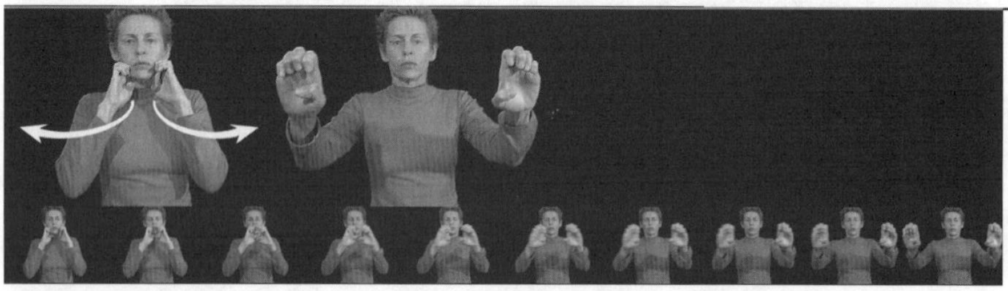

EVANGELHO – Mãos em "E", palmas para dentro. Tocar as laterais internas dos indicadores nos cantos da boca (foto 1). Depois, mover simultaneamente as mãos para a frente e para as laterais, virando as palmas para a frente.
• ***Evangelho:*** *A palavra proferida por Jesus Cristo; cada um dos quatro livros dos apóstolos Mateus, Marcos, Lucas e João.*

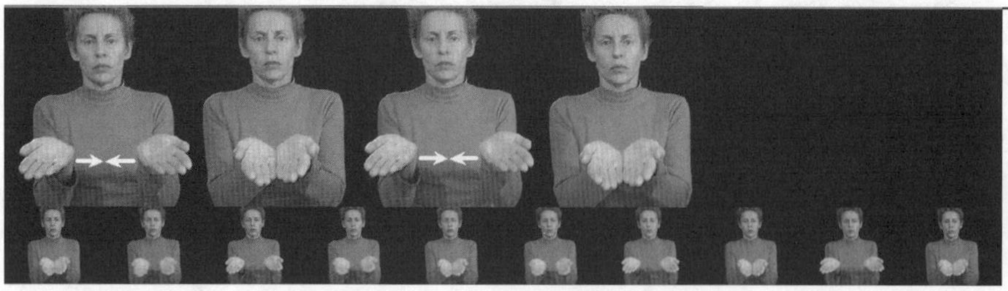

EVANGÉLICO – Mãos abertas com os dedos unidos e esticados apontando para a frente, palmas para cima. Tocar uma mão na outra pelas laterais externas, duas ou três vezes.
• ***Evangélico:*** *Aquele que está de acordo com os princípios do Evangelho.* **Sinal igual:** CRENTE

■ **EUA:** ESTADOS UNIDOS DA AMÉRICA ■ **EUCARISTIA:** COMUNGAR ■ **EVACUAR:** VAZIO ■ **EVADIR:** ESCAPAR ■ **EVANGELIZADOR:** MISSIONÁRIO

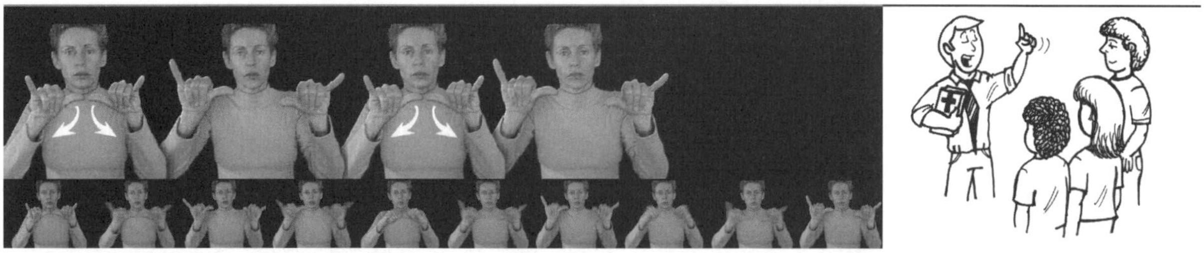

EVANGELIZAR – Mãos em "Y", palmas para a frente. Encostar um polegar no outro pelas pontas e "jogar" as mãos para a frente e para as laterais, duas ou três vezes.
• ***Evangelizar:*** *Converter alguém à religião, divulgando o Evangelho.*

EVENTO – Mãos abertas, dedos esticados e separados, palmas para a frente. Mover as mãos simultaneamente para cima, virando as palmas para trás.
• ***Evento:*** *Qualquer acontecimento.* **Sinal igual:** CERIMÔNIA, SOLENIDADE

EVITAR – Mão em "Y", palma para dentro. Tocar a ponta do polegar na lateral da testa. Em seguida, mover a mão para a frente, virando a palma para a mesma direção.
• ***Evitar:*** *Escapar de um encontro; procurar não se envolver em discussão, briga ou em algo desagradável.* **Sinal igual:** ESQUIVAR

EXAGERADO – Mão em "4", palma para dentro. Posicionar a mão na altura do peito. Depois, mover a mão para cima, resvalando a lateral do indicador na ponta do nariz. Repetir esse movimento duas vezes.
• ***Exagerado:*** *Que tem valor ou dimensões muito além do normal; aquele que atribuiu proporções ou qualidades maiores que as reais.*

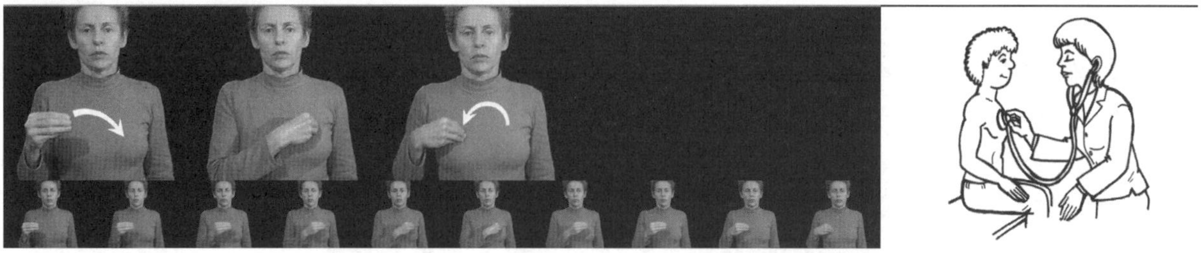

EXAME MÉDICO – Dedos esticados e unidos pelas pontas, que devem tocar no lado esquerdo do peito e depois no lado direito.
• ***Exame médico:*** *Inspeção das partes do corpo de uma pessoa para se chegar a um diagnóstico sobre seu estado de saúde.*

▪ **EVAPORAR:** VAPOR ▪ **EVASÃO:** ESCAPAR ▪ **EVENTUALMENTE:** APROXIMADAMENTE ▪ **EVIDENCIAR:** COMPROVAR ▪ **EVIDENTE:** CERTO, ÓBVIO, SIMPLES ▪ **EVOLUIR:** DESENVOLVER ▪ **EXACERBAÇÃO:** IRRITADO ▪ **EXACERBADO:** IRRITADO ▪ **EXALAR:** SUAR ▪ **EXALTADO:** NERVOSO ▪ **EXALTAR:** ELEVAR ▪ **EXASPERAÇÃO:** IRRITADO ▪ **EXASPERADO:** IRRITADO ▪ **EXATIDÃO:** PONTUAL ▪ **EXATO:** CERTO, PONTUAL ▪ **EXAURIDO:** CANSADO ▪ **EXAURIR:** CANSADO ▪ **EXAUSTO:** CANSADO ▪ **EXCEDENTE:** MUITO ▪ **EXCELENTE:** BOM ▪ **EXCÊNTRICO:** ESTRANHO ▪ **EXCESSIVAMENTE:** MUITO ▪ **EXCESSO:** MUITO ▪ **EXCITAÇÃO:** AGITAR, DESEJO SEXUAL ▪ **EXCITADO:** AGITAR, DESEJO SEXUAL ▪ **EXCITAR:** AGITAR, DESEJO SEXUAL

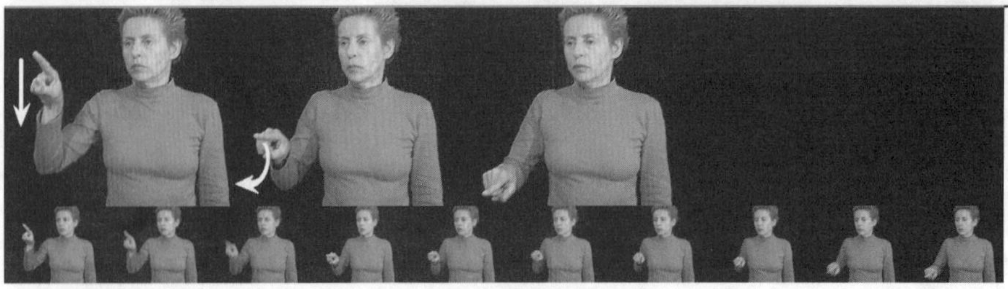

EXCLAMAÇÃO – Mão fechada com o dedo indicador esticado apontando para a frente, palma para baixo. Mover a mão, "desenhando" o sinal de exclamação (mover para baixo e depois marcar o "pingo").
• ***Exclamação:*** *Quando quem fala expressa algum sentimento diante de algo.*

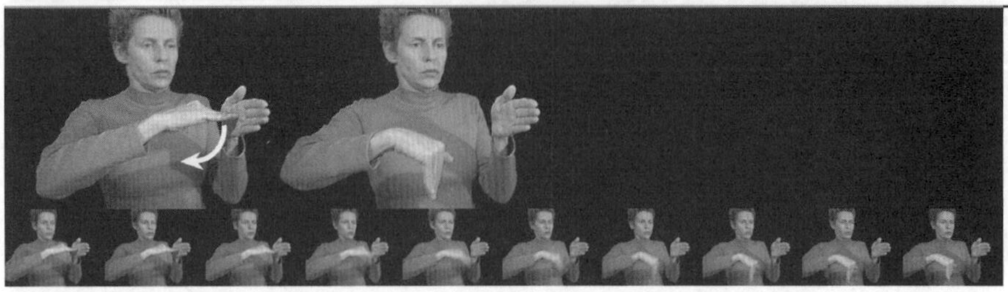

EXCLUIR – Mão esquerda aberta, dedos unidos e esticados apontando para a frente, palma para dentro. Mão direita aberta, dedos unidos e esticados, palma para baixo. Tocar as pontas dos dedos da mão direita na palma esquerda. Depois, mover a mão direita para baixo, apontando nessa direção.
• ***Excluir:*** *Deixar de lado, afastar; não dar o direito de inclusão; omitir.* **Sinal igual:** ELIMINAR, EXTRAIR, OMITIR, RETIRAR, SEGREGAÇÃO, TIRAR

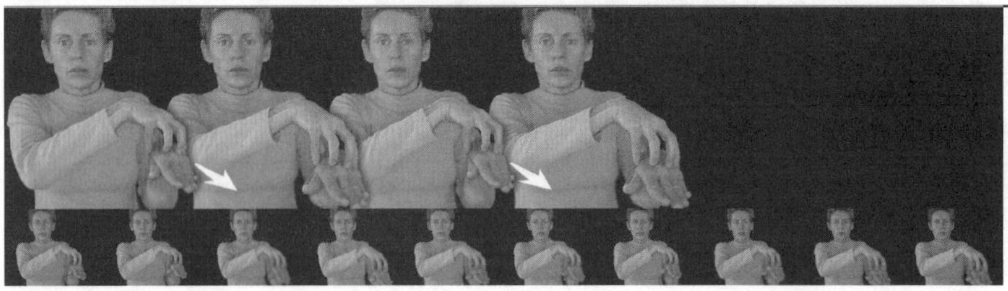

EXCURSÃO – Mão esquerda aberta, dedos unidos e esticados apontando para a frente, palma para baixo. Mão direita aberta com os dedos separados e curvados, palma para baixo. Tocar as pontas dos dedos da mão direita no dorso da esquerda. Mover as mãos para a frente e voltar à posição inicial, duas vezes.
• ***Excursão:*** *Passeio recreativo, geralmente em grupo e orientado por um guia ou coordenador.*

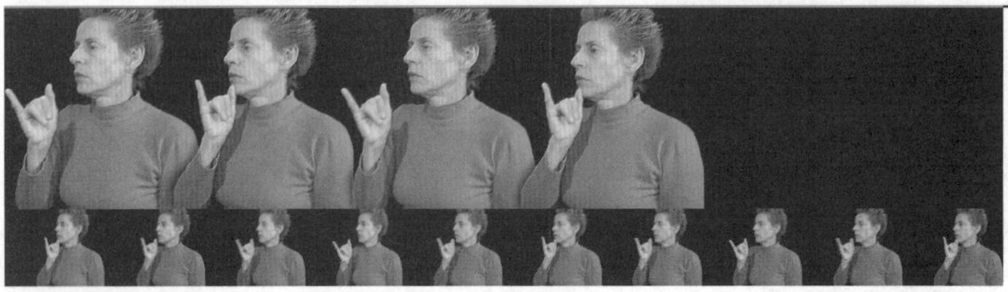

EXEMPLO – Mão fechada com o dedo mínimo esticado apontando para cima, palma para dentro. O polegar deve estar sobre a lateral externa do indicador. Tocar a ponta do polegar duas vezes na ponta do queixo.
• ***Exemplo:*** *Aquilo que pode ou deve ser imitado; modelo.* **Sinal igual:** EXEMPLAR, MODELO

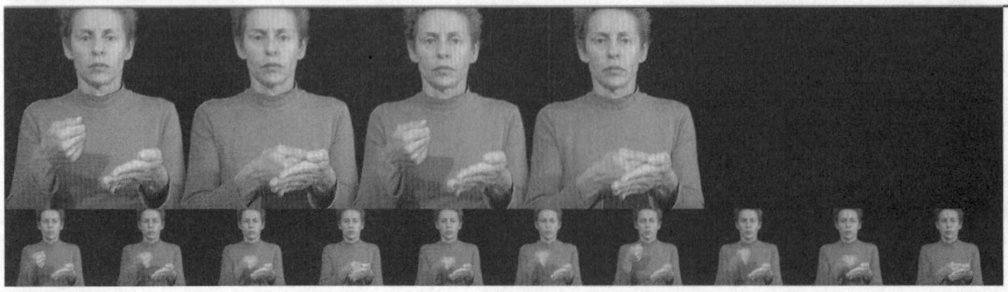

EXIGIR – Mão esquerda aberta, dedos unidos e esticados, palma para cima. Mão direita fechada em "A", palma para dentro. Bater o dorso dos dedos da mão direita na palma esquerda, duas vezes.
• ***Exigir:*** *Pedir ou mandar de maneira autoritária.* **Sinal igual:** ENÉRGICO, EXIGENTE, RIGOROSO

▪ **EXCLUSIVAMENTE:** SÓ ▪ **EXCLUSIVO:** ÚNICO ▪ **EXCREMENTO:** EVACUAR ▪ **EXCRETAR:** EVACUAR, SUAR ▪ **EXECRAR:** ODIAR ▪ **EXECUTAR:** FAZER ▪ **EXEMPLAR:** EXEMPLO ▪ **EXIBIR:** MOSTRAR ▪ **EXIGENTE:** EXIGIR ▪ **EXIMIR:** ISENTAR ▪ **EXISTE:** HAVER ▪ **EXISTÊNCIA:** VIDA ▪ **EXISTIR:** HAVER ▪ **ÊXITO:** VENCER ▪ **EXONERADO:** DESEMPREGADO ▪ **EXPECTANTE:** ESPERAR ▪ **EXPECTATIVA:** ESPERANÇA ▪ **EXPEDIR:** ENVIAR ▪ **EXPELIR:** EXPULSAR

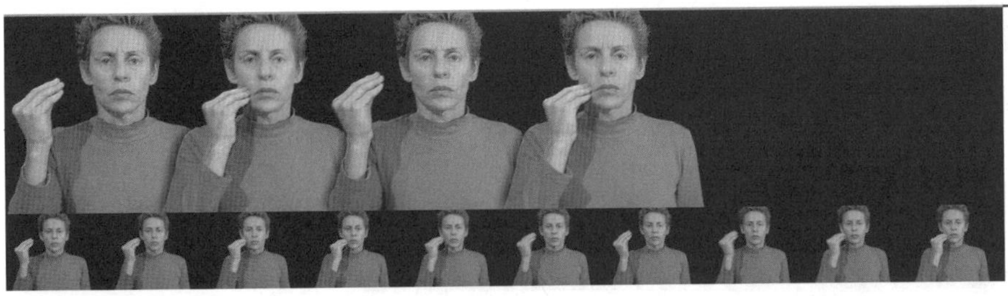

EXPERIMENTAR – Dedos esticados e unidos pelas pontas. Tocar duas ou três vezes as pontas dos dedos na bochecha, perto da boca.
• ***Experimentar:*** *Sentir o gosto; pôr no corpo (roupa, calçado) para ver se fica bem; sentir, sofrer; tornar-se experiente.* **Sinal igual:** PROVAR O SABOR

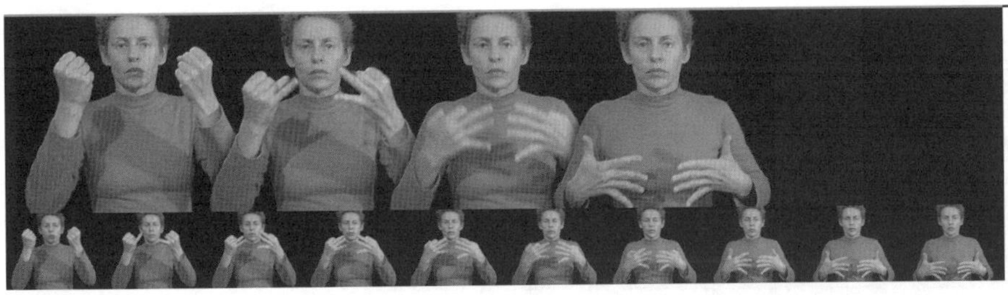

EXPLICAR – Mãos fechadas, palmas para trás. Posicionar as mãos na altura do rosto. Em seguida, mover as mãos simultaneamente para baixo. Durante o percurso, ir abrindo as mãos, dedo por dedo, começando pelo mínimo até o polegar.
• ***Explicar:*** *Fazer entender; justificar; interpretar o sentido, revelar.* **Sinal igual:** ACLARAR, DESCREVER, ESCLARECER, ESCLARECIMENTO, EXPLANAR, EXPLICAÇÃO, EXPOR, JUSTIFICAR

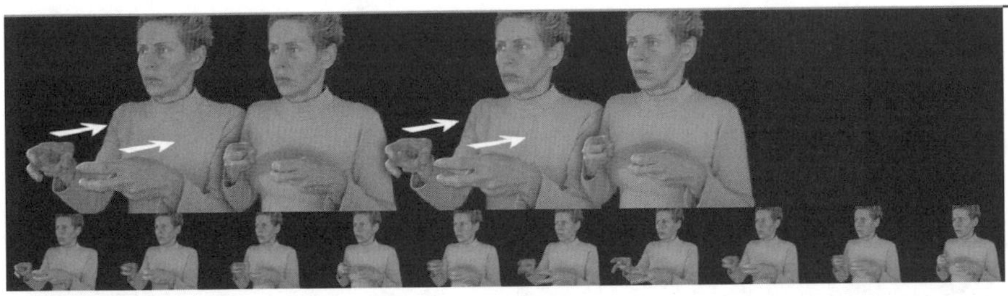

EXPLORAR – Mãos fechadas com os indicadores e os médios abertos e levemente curvados, palmas para dentro (foto 1). Posicionar as mãos longe do corpo. Depois, movê-las simultaneamente para perto do peito, curvando ainda mais os dedos, quase fechando-os. Repetir esse movimento duas vezes.
• ***Explorar:*** *Tirar proveito de algo ou de alguém*

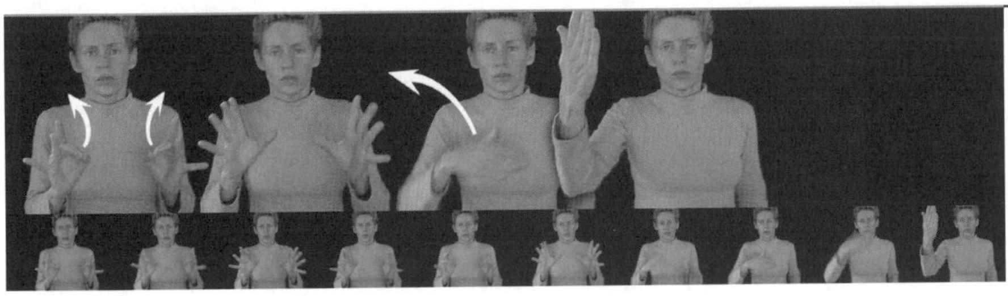

EXPORTAR – Fazer os sinais de "vender" e de "fora".
• ***Exportar:*** *Vender algo para outro país.*

EXPULSAR – Mão esquerda aberta, dedos unidos e esticados apontando para a frente com o polegar separado, palma para cima. Mão direita aberta, dedos unidos e esticados com o polegar separado, palma para trás. Encostar as pontas dos dedos da mão direita na palma esquerda. Em seguida, com um gesto rápido, deslizar a mão direita, apontando os dedos para a frente.
• ***Expulsar:*** *Retirar alguém de algum lugar de forma brusca ou violenta.* **Sinal igual:** BANIR, EJETAR, ELIMINAR, EXPELIR, EXPULSO, REPELIR

▪ EXPLANAÇÃO: PALESTRA ▪ EXPLANAR: EXPLICAR ▪ EXPLICAÇÃO: EXPLICAR ▪ EXPLODIR: BOMBA ▪ EXPLOSÃO: BOMBA ▪ EXPOR: EXPLICAR, MOSTRAR ▪ EXPRESSÃO: FACE ▪ EXPRESSAR: FALAR ▪ EXPRIMIR: FALAR ▪ EXPULSO: EXPULSAR ▪ EXTENSO: COMPRIDO, LARGO

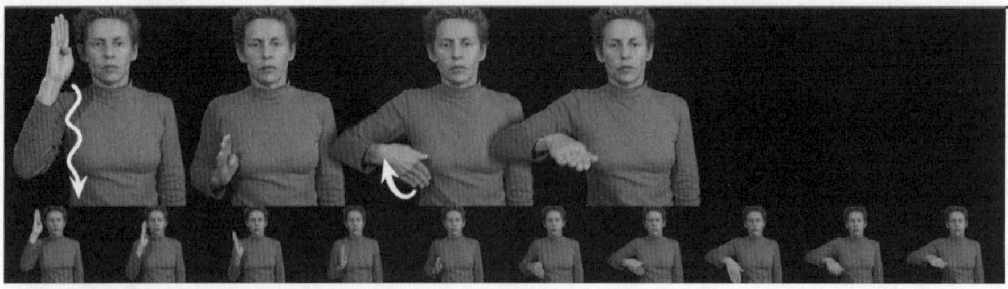

EXTERIOR* – Fazer os sinais de "Brasil" e de "fora".
• ***Exterior:*** *Que acontece entre nações; internacional.* **Sinal igual:** ESTRANGEIRO

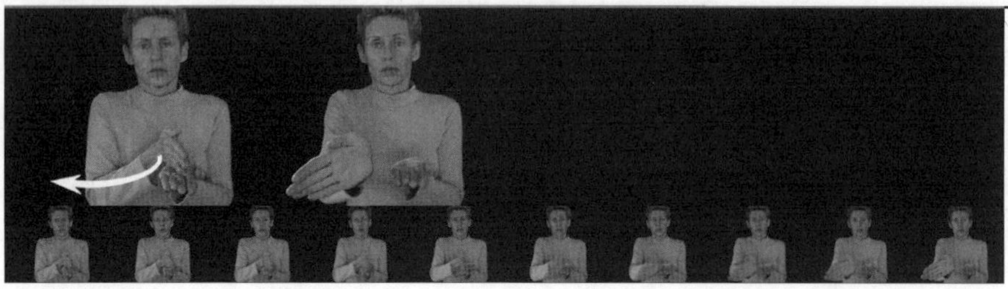

EXTRAVIAR – Mão esquerda aberta, dedos unidos e esticados apontando para a frente, palma para cima. Mão direita aberta, dedos unidos e esticados apontando para a frente, palma para dentro. Apoiar a lateral externa da mão direita na palma esquerda. Em seguida, mover a mão direita para a frente, virando-a para o lado direito.
• ***Extraviar:*** *Tirar ou sair do caminho; sumir ou fazer sumir*

▪ **EXTERIOR:** INTERNACIONAL ▪ **EXTERMINAR:** DESTRUIR ▪ **EXTRAIR:** EXCLUIR ▪ **EXTRAORDINÁRIO:** MARAVILHOSO ▪ **EXTRAVASAR:** TRANSBORDAR

Mão aberta, indicador esticado horizontalmente, demais dedos separados e esticados verticalmente. Encostar o polegar na lateral externa do indicador. Sexta letra do alfabeto. Mão aberta, indicador esticado horizontalmente, demais dedos separados e esticados verticalmente. Encostar o polegar na lateral externa do indicador. Sexta letra do alfabeto. Mão aberta, indicador esticad

dedos separad

te. Encostar o

do indicador. Sexta letra do alfabeto. Mão aberta, indicador esticado horizontalmente, demais dedos separados e esticados verticalmente. Encostar o polegar na lateral externa do indicador. Sexta letra do alfabeto. Mão aberta, indicador esticado horizontalmente, demais dedos separados e esticados verticalmente. Encostar o polegar na lateral externa do indicador. Sexta letra do alfabeto. Mão aberta, indi

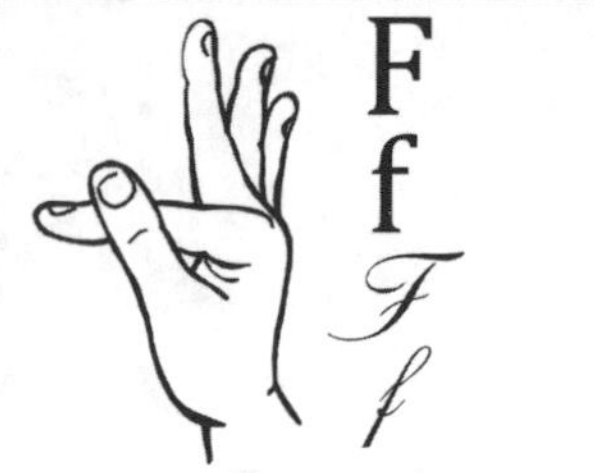

F – Mão aberta, indicador esticado horizontalmente, demais dedos separados e esticados verticalmente. Encostar o polegar na lateral externa do indicador.
• *F: Sexta letra do alfabeto.*

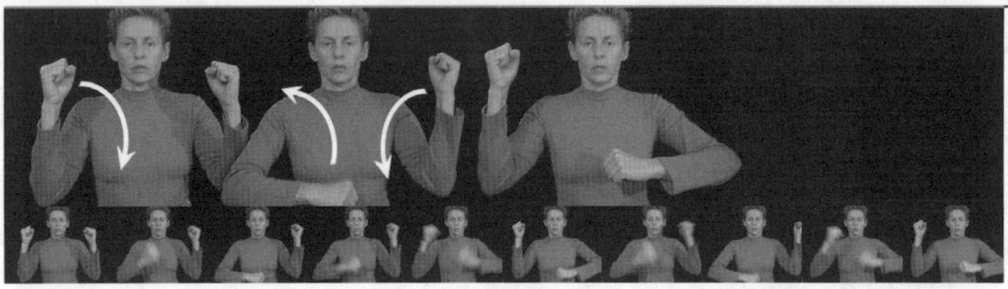

FÁBRICA – Mãos fechadas em "S", palmas para dentro, braços dobrados e posicionados diante do corpo. Abaixar alternadamente as mãos voltando à posição inicial, duas ou três vezes.
• ***Fábrica:*** *Local onde se processa a transformação de matéria-prima em produto para o mercado.* **Sinal igual:** FABRICAÇÃO, FABRICAR, INDÚSTRIA, MANUFATURA, MANUFATURAR

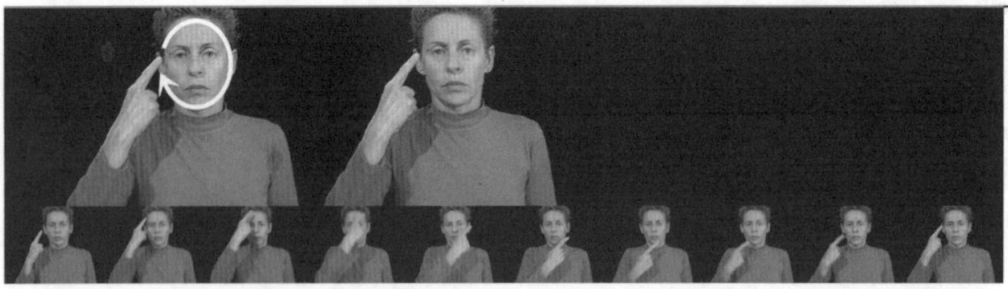

FACE – Mão fechada com o dedo indicador esticado apontando para o rosto. Mover a mão, percorrendo uma volta ao redor do rosto.
• ***Face:*** *Região da cabeça composta pela testa, olhos, nariz, boca e bochecha.* **Sinal igual:** APARÊNCIA, ASPECTO, CARA, EXPRESSÃO, FISIONOMIA, ROSTO, SEMBLANTE

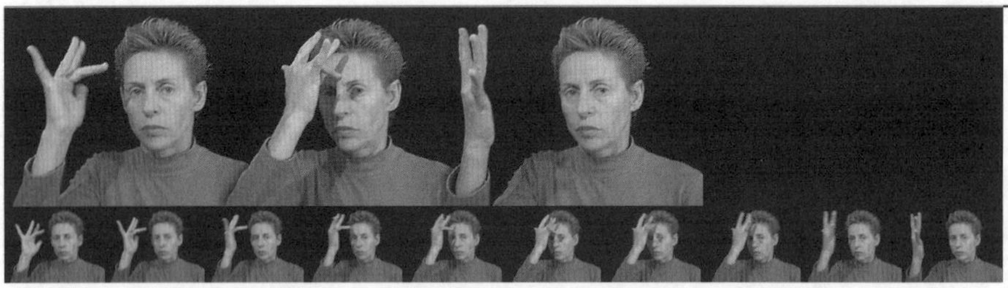

FÁCIL – Mão aberta, dedos esticados, palma para trás. Tocar a ponta do dedo médio no centro da testa. Em seguida, mover a mão um pouco para a frente, "jogando" o médio para cima.
• ***Fácil:*** *Aquilo que se faz ou se obtém sem dificuldade.* **Sinal igual:** FACILIDADE, FACÍLIMO, FACILÍSSIMO, FACILMENTE, SIMPLES

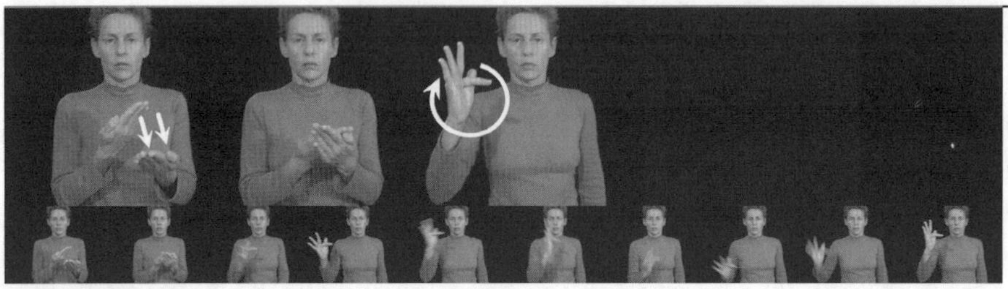

FACULDADE – Fazer o sinal de "estudar". Em seguida, com a mão em "F", movê-la, descrevendo um círculo.
• ***Faculdade:*** *Lugar onde se faz o ensino universitário; curso superior.*

■ **FABRICAÇÃO:** FÁBRICA ■ **FABRICAR:** FÁBRICA ■ **FÁBULA:** ESTÓRIA ■ **FACA, FACÃO:** ESTILETE ■ **FACE A FACE:** CONFRONTO ■ **FACETO:** ESPIRITUOSO ■ **FACILIDADE:** FÁCIL ■ **FACÍLIMO:** FÁCIL ■ **FACILÍSSIMO:** FÁCIL ■ **FACILMENTE:** FÁCIL

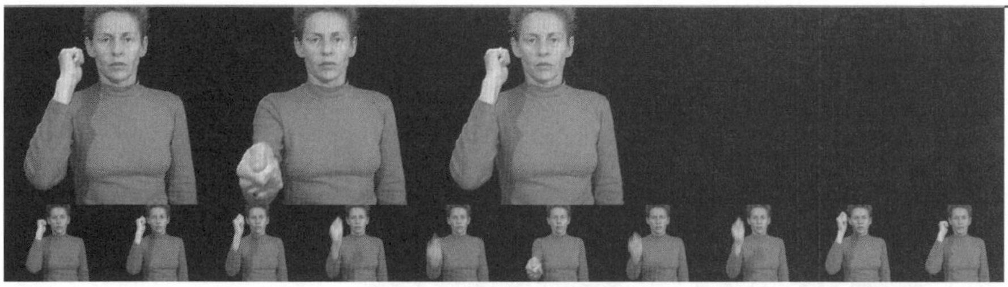

FADA – Mão em "A", palma para dentro. Posicionar a mão sobre o ombro. Mover a mão para a frente e voltar à posição inicial, imitando o gesto de uma fada que toca com a ponta da varinha em alguém.
• ***Fada:*** *Ser imaginário do sexo feminino que se acredita possuir poderes mágicos que influenciam no destino das pessoas.*

FAIXA – Mãos fechadas com os dedos indicadores e polegares abertos e curvados, apontando para a frente. Posicionar uma mão perto da outra na altura da cabeça. Em seguida, afastar as mãos para as laterais.
• ***Faixa:*** *Grande tira de papel, plástico ou outro material na qual se escreve mensagens, indicações ou propaganda.*

FALAR – Mão em "P", palma para cima. Posicionar a mão diante do rosto, na altura do queixo. Em seguida, mover a mão, resvalando a ponta do dedo médio no queixo e voltar à posição inicial.
• ***Falar:*** *Expressar-se por meio de palavras; expor pensamentos.* **Sinal igual:** DISCORRER, DITO, DIZER, EXPRESSAR, EXPRIMIR, PROFERIR, PRONUNCIAR

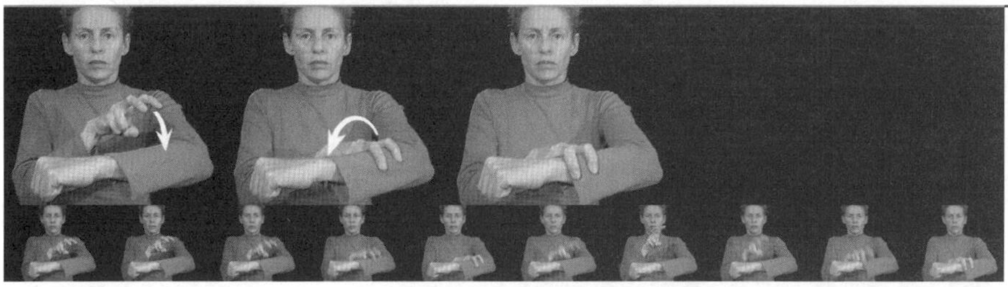

FALCÃO – Mão esquerda fechada, palma para baixo, braço dobrado. Mão direita fechada com os dedos indicador e médio abertos e curvados, um pouco longe um do outro, palma para baixo. Apoiar o indicador e o médio direitos sobre o braço esquerdo em dois pontos diferentes, perto do cotovelo e do punho.
• ***Falcão:*** *Ave de rapina.*

FALSO – Mão em "B", palma para a frente. Girar a mão ao redor do próprio eixo, virando a palma para trás.
• ***Falso.:*** *Contrário à realidade ou à verdade; em que há mentira.* **Sinal igual:** ADULTERADO, ADULTERAR, FALSIDADE, FALSIFICAÇÃO, FALSIFICADO, FALSIFICAR, FINGIDO, HIPÓCRITA, IRREAL, POSTIÇO, SIMULAÇÃO

▪ **FADIGA:** CANSADO ▪ **FALADOR:** LINGUARUDO ▪ **FALECER:** CADÁVER ▪ **FALECIDO:** CADÁVER ▪ **FALECIMENTO:** CADÁVER ▪ **FALHA:** ERRAR ▪ **FALHAR:** ERRAR ▪ **FALO:** PÊNIS ▪ **FALSIDADE:** MENTIRA, FALSO ▪ **FALSIFICAÇÃO:** FALSO ▪ **FALSIFICADO:** FALSO ▪ **FALSIFICAR:** FALSO

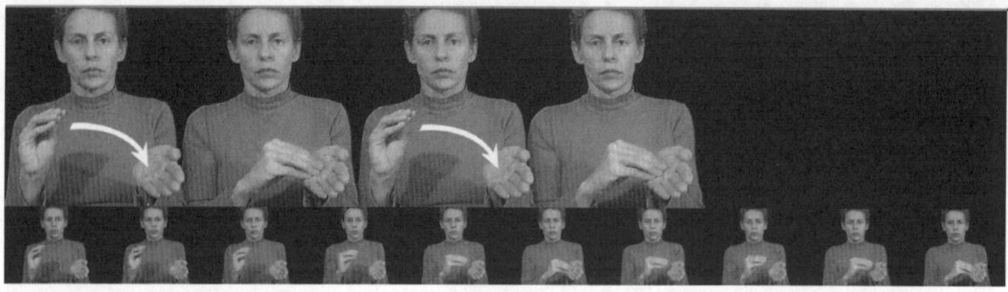

FALTAR – Mão esquerda aberta, palma para cima. Mão direita com os dedos esticados e unidos pelas pontas. Tocar as pontas dos dedos da mão direita na palma esquerda, duas ou três vezes.
• ***Faltar:*** *Não haver, não existir; deixar de fazer, de cumprir ou comparecer.* **Sinal igual:** ESCASSEAR, MINGUAR, RAREAR

FAMÍLIA – Mãos em "F", palmas para dentro. Unir as mãos pelas pontas dos dedos indicadores. Em seguida, mover as mãos para a frente formando um círculo. Terminar o movimento unindo as mãos pelas laterais externas.
• ***Família:*** *Grupo de pessoas que vivem sob o mesmo teto; pessoas ligadas entre si pelo casamento e pela filiação ou adoção.* **Sinal igual:** DESCENDÊNCIA, FAMILIAR, LINHAGEM, PARENTE, PARENTESCO

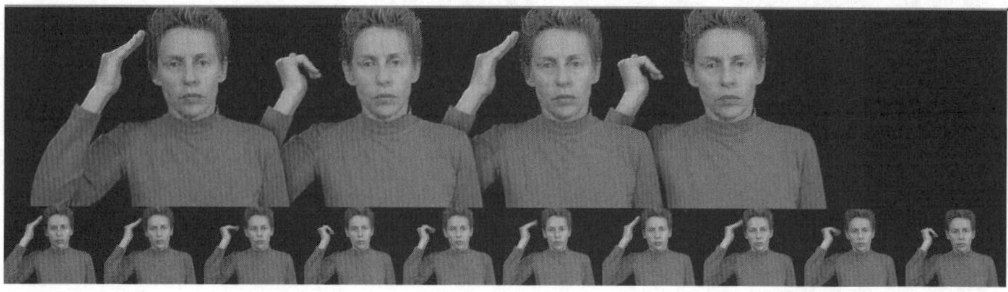

FAMOSO – Mão aberta, dedos unidos e esticados com as pontas dos dedos apontando para a cabeça. Afastar um pouco a mão, dobrando-a. Repetir esse movimento duas vezes seguidas.
• ***Famoso:*** *Que tem fama; célebre; conhecido* **Sinal igual:** CÉLEBRE, CELEBRIDADE, EMINENTE, FAMA, GLORIOSO, POPULAR, POPULARIDADE, PROEMINÊNCIA, PROEMINENTE, RENOMADO, REPUTAÇÃO

FANTASIAR – Mão aberta, dedos relaxados. Tocar a ponta do indicador na lateral da testa. Em seguida, mover a mão para a frente, balançando os dedos aleatoriamente durante o movimento.
• ***Fantasiar:*** *Que cria fantasias; capacidade de criar pela imaginação.* **Sinal igual:** DEVANEAR, DEVANEIO, FANTASIA, FANTASIOSO, IDEALIZAR, ILUSÃO, QUIMERA, QUIMÉRICO

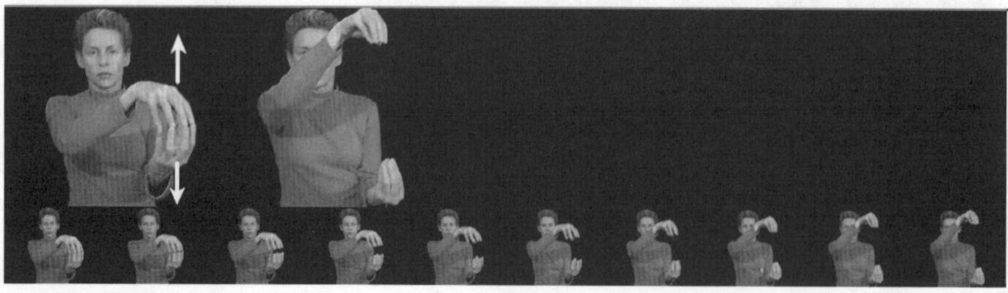

FANTASMA – Unir as mãos pelas pontas dos dedos, com uma das mãos virada para cima e a outra para baixo (foto 1). Em seguida, afastar verticalmente uma mão da outra, unindo as pontas dos dedos no fim do movimento.
• ***Fantasma:*** *Suposta aparição de pessoa morta ou de sua alma; assombração, espectro.* **Sinal igual:** ESPECTRO, FANTASMAGÓRICO

▪ **FAMA:** FAMOSO ▪ **FAMILIAR:** FAMÍLIA ▪ **FAMILIARIZADO:** ACOSTUMAR, CONHECER ▪ **FAMINTO:** FOME ▪ **FANTASIA:** FANTASIAR ▪ **FANTASIOSO:** FANTASIAR ▪ **FANTASMAGÓRICO:** FANTASMA

FARAÓ – Mãos fechadas com os dedos indicadores abertos e curvados apontando para cima. Cruzar os braços conforme a foto 1.
• ***Faraó:*** *Título que se dava aos soberanos do antigo Egito.* **Sinal igual:** FARAÔNICO

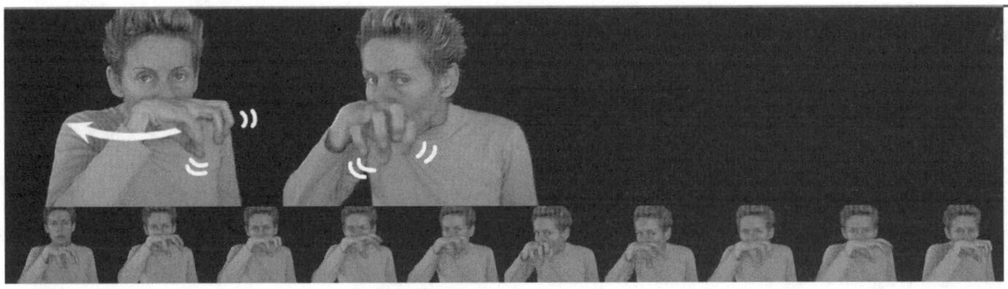

FAREJAR – Mão aberta com os dedos curvados e separados apontando para baixo. Tocar o dorso da mão no nariz. Em seguida, mover a cabeça para o lado direito e para o esquerdo, dobrando ainda mais os dedos e desdobrando-os várias vezes durante o movimento.
• ***Farejar:*** *Sentir o cheiro; procurar algo ou alguém orientando-se pelo cheiro.*

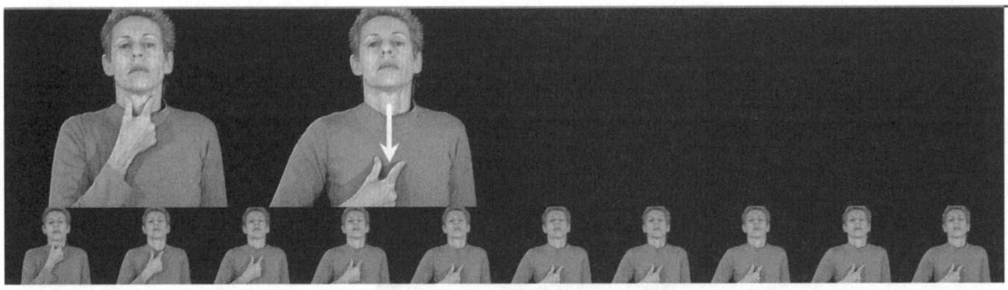

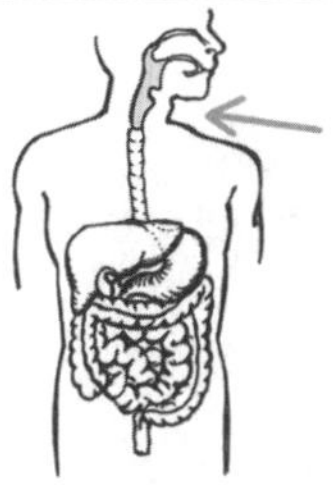

FARINGE – Mão fechada com os dedos indicador e polegar esticados. Virar um pouco a cabeça para cima, encostando as pontas dos dedos na garganta. Em seguida, deslizar a mão para baixo até a base do pescoço.
• ***Faringe:*** *Canal que vai da boca até a laringe e o esôfago.*

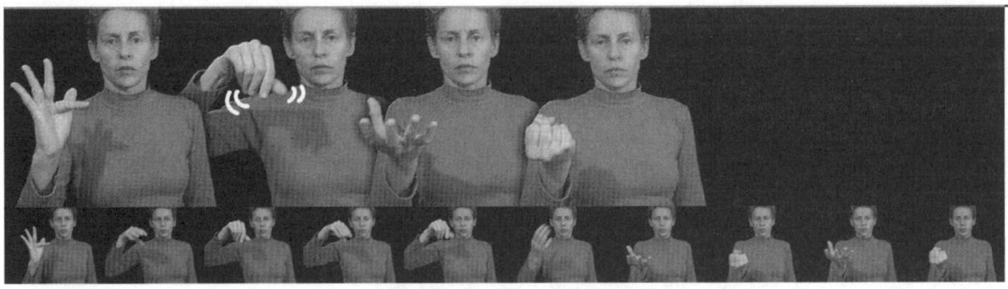

FARINHA – Digitar a letra "F" e fazer os sinais de "pó" e de "seco".
• ***Farinha:*** *Pó obtido por moagem e trituração de determinados cereais, como trigo, milho etc.*

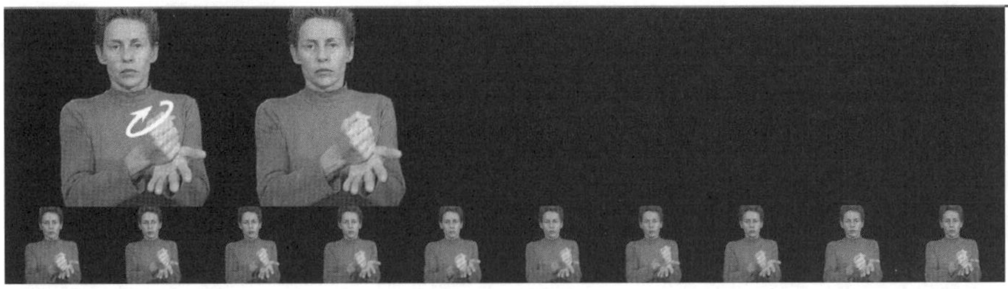

FARMÁCIA – Mão esquerda aberta, palma para cima. Mão direita fechada em "S". Encostar a lateral externa da mão direita na palma da mão esquerda. Em seguida, deslizar a mão direita em círculos sobre a palma esquerda.
• ***Farmácia:*** *Área que trata das propriedades químicas de substâncias, visando o preparo de medicamentos; local onde se vendem medicamentos.* **Sinal igual:** DROGARIA, FARMACÊUTICO, FARMACOPEIA

▪ FARAÔNICO: FARAÓ ▪ FARMACÊUTICO: FARMÁCIA ▪ FARMACOPEIA: FARMÁCIA

FAROFA – Fazer o sinal de "pó" com as duas mãos.
• ***Farofa:*** *Alimento feito com farinha de mandioca frita na manteiga ou na gordura.*

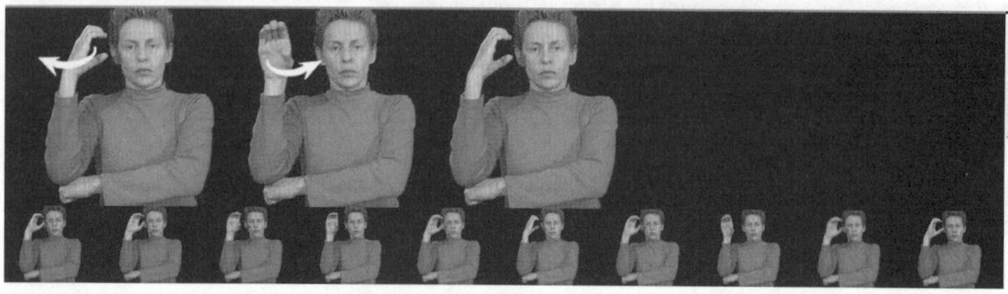

FAROL – Mão esquerda fechada, palma para baixo, braço dobrado. Mão direita em "C". Apoiar o cotovelo direito sobre o dorso da mão esquerda. Mover a mão direita, girando-a ao redor do próprio eixo, virando a palma para o lado direito e depois para o esquerdo.
• ***Farol:*** *Foco luminoso situado na parte superior de uma torre para orientar navios e aviões durante a noite.*

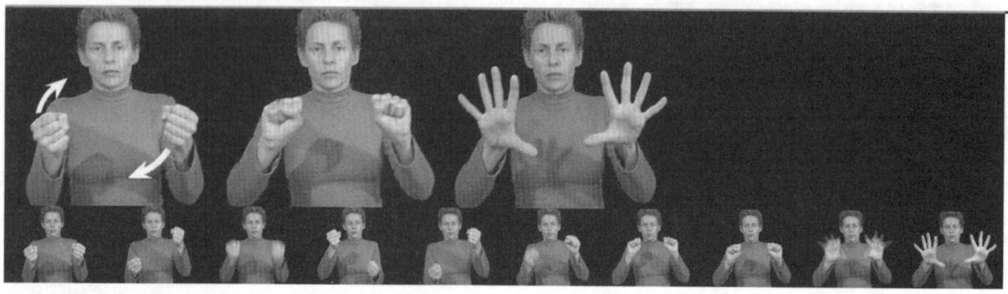

FAROL DE CARRO – Fazer o sinal de "automóvel". Em seguida, mãos em "S", palmas para a frente. Posicionar as mãos lado a lado e abri-las simultaneamente.
• ***Farol de carro:*** *Cada uma das lanternas colocadas na parte frontal de um veículo e que produzem focos luminosos intensos.*

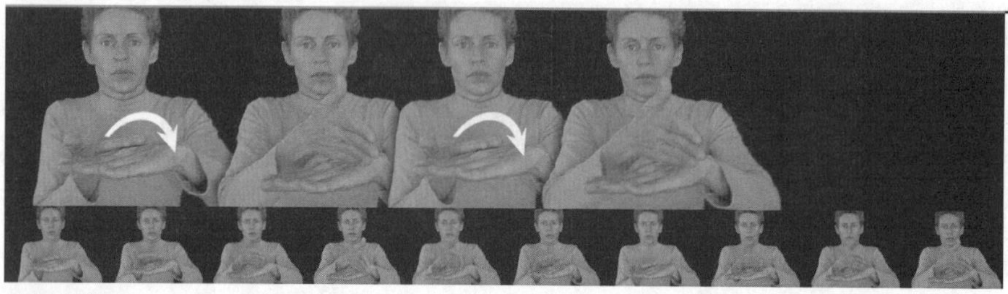

FARRA – Mão esquerda aberta, dedos unidos e esticados, palma para baixo. Mão direita aberta, dedos unidos e esticados com o polegar afastado, palma para cima. Encostar as pontas dos dedos da mão direita sobre o polegar esquerdo. Em seguida, mover a mão direita para a frente, deslizando-a sobre o dorso da mão esquerda e virando a palma para dentro. Repetir esse movimento duas vezes seguidas.
• ***Farra:*** *Momento de diversão ou comemoração; momento festivo eufórico e ruidoso.*

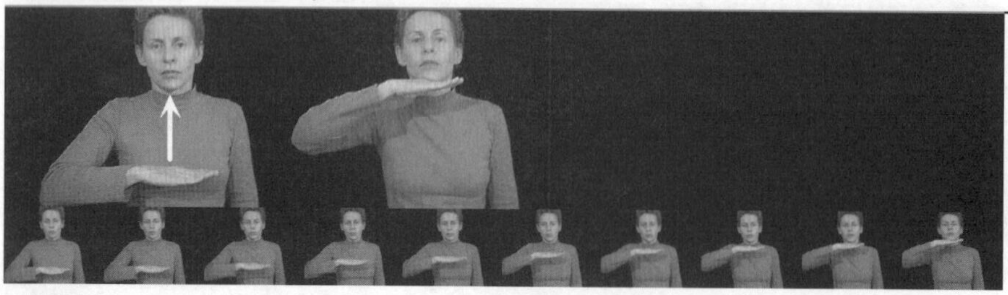

FARTO* – Mão direita aberta, dedos unidos e esticados apontando para o lado esquerdo, palma para baixo. Posicionar a mão na altura do estômago. Em seguida, mover a mão para cima, até encostar seu dorso no queixo.
• ***Farto:*** *Que está satisfeito; que está aborrecido; cheio, estufado.* **Sinal igual:** ENFASTIADO

▪ **FARTAR:** SACIAR ▪ **FARTO:** SACIAR ▪ **FARTURA:** MUITO ▪ **FASCÍNIO:** ATRAIR ▪ **FASCÍNIO:** SEDUÇÃO ▪ **FASE:** PASSADO ▪ **FATALIDADE:** AZAR ▪ **FATIA:** FATIAR

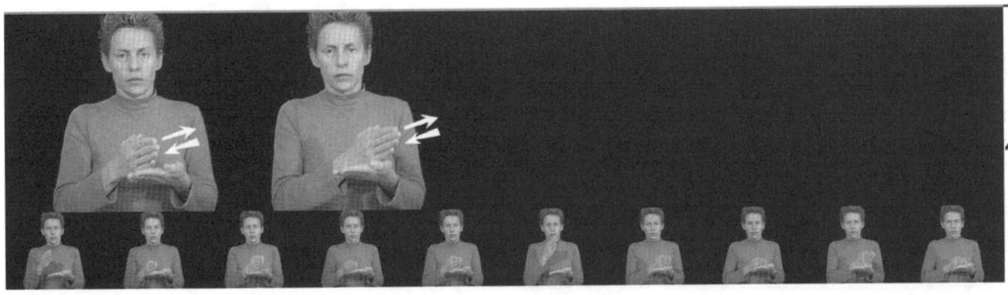

FATIAR – Mãos abertas, dedos unidos e esticados. Palma da mão esquerda para cima e palma da direita para dentro. Encostar a lateral externa da mão direita nos dedos da esquerda, deslizando-a para a frente e para trás duas vezes. Mudar a mão direita de lugar, encostando sua lateral externa sobre a palma da mão esquerda e deslizá-la novamente para a frente e para trás.
• ***Fatiar:*** *Cortar em fatias (pequeno pedaço cortado de algo comestível).* **Sinal igual:** FATIA

FAVELA – Mãos abertas e levemente dobradas, palmas para dentro. Manter as mãos unidas pelas pontas dos dedos, posicionando-as na lateral esquerda do corpo (foto 1). Mover as mãos para cima e para a direita, girando-as várias vezes ao redor do proprio eixo, simultaneamente e em sentidos opostos, durante o movimento.
• ***Favela:*** *Conjunto de habitações em que se utilizam materiais improvisados na sua construção; habitações onde residem pessoas de baixa renda; lugar de mau aspecto.* **Sinal igual:** MALOCA

FAX – Mão esquerda aberta, dedos unidos e esticados apontando para o lado direito, palma para baixo. Mão direita aberta, dedos unidos e esticados apontando para a frente, palma para cima. Posicionar a mão direita atrás da esquerda. Mover a mão direita para a frente, passando-a por baixo da esquerda.
• ***Fax:*** *Aparelho de reprodução e transmissão (via telefone) de documentos e impressos em geral; nome dado ao documento enviado por esse sistema.*

FAXINA – Mãos em "A", palmas para a frente. Girar as mãos, simultaneamente, em sentidos opostos.
• ***Faxina:*** *Fazer limpeza.* **Sinal igual:** FAXINAR, FAXINEIRO

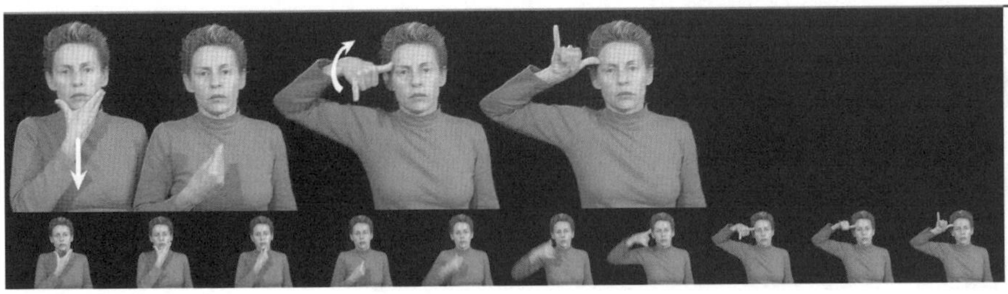

FAZENDEIRO – Fazer os sinais de "homem" e de "boi".
• ***Fazendeiro:*** *Dono de fazenda.* **Sinal igual:** CHACAREIRO, SITIANTE

▪ **FATIGADO:** CANSADO ▪ **FATO:** ACONTECER ▪ **FAUNA:** ANIMAL ▪ **FAVOR:** POR FAVOR, SOLICITAR ▪ **FAXINAR:** FAXINA ▪ **FAXINEIRO:** FAXINA ▪ **FAZENDA:** AGRICULTURA

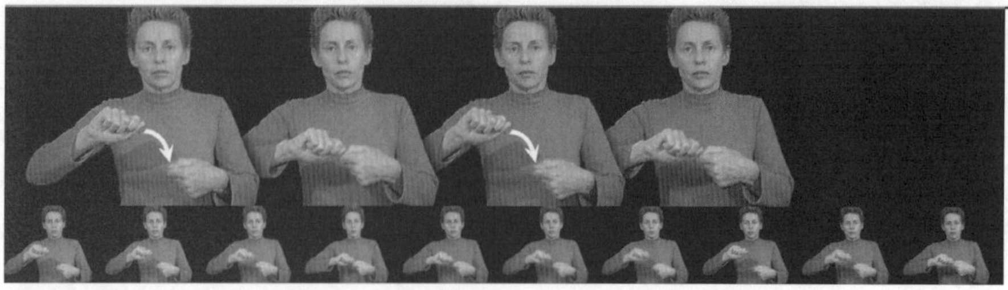

FAZER – Mãos em "A". Mão direita com a palma para a frente posicionada acima da mão esquerda. Mão esquerda com a palma para trás. Tocar duas ou três vezes a unha do polegar direito na do esquerdo.
• ***Fazer:*** *Produzir algo por meio de determinada ação; executar a construção; fabricar, manufaturar.* **Sinal igual:** AÇÃO, ATIVIDADE, ATO, ATUAR, CRIAR, EMPREENDER, EXECUTAR, PROCEDER, PRODUZIR, REALIZAR

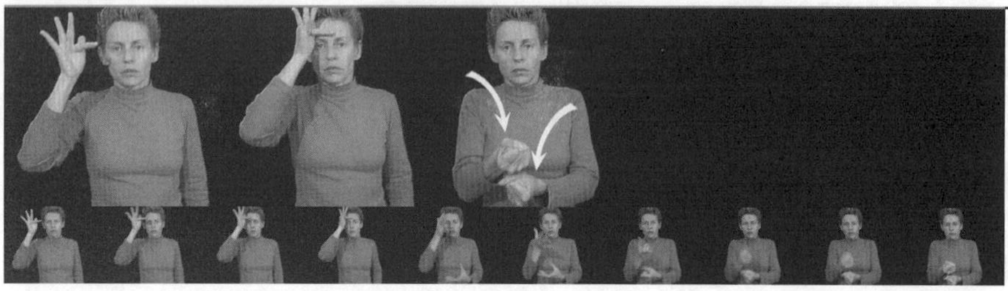

FÉ – Com a mão em "F", palma para dentro, tocar a lateral do dedo indicador na testa. Depois, com as mãos abertas, palmas para cima, mover as mãos simultaneamente, um pouco para baixo, mantendo-as próximas uma da outra e fechando-as em "S".
• ***Fé:*** *Confiança absoluta em alguém ou algo.* **Sinal igual:** CONFIANÇA, CONVICÇÃO, CREDO, CRENÇA

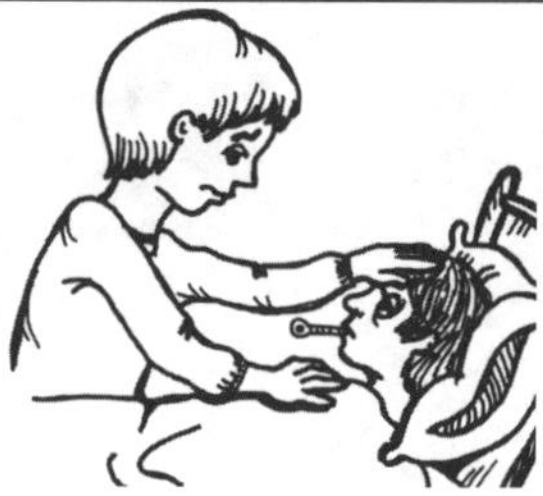

FEBRE – Mão aberta, dedos esticados, palma para a frente. Encostar o dorso da mão na testa.
• ***Febre:*** *Elevação da temperatura do corpo acima de 37 graus.* **Sinal igual:** FEBRIL

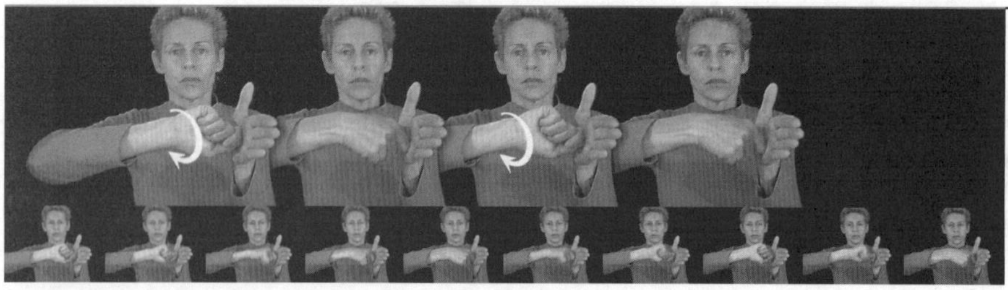

FECHADURA – Mão esquerda aberta, palma para dentro. Mão direita em "A", palma para baixo. Encostar o indicador da mão direita na palma esquerda. Em seguida, girar a mão direita ao redor do próprio eixo, uma ou duas vezes, imitando o gesto de quem gira uma chave.
• ***Fechadura:*** *Dispositivo de metal usado para trancar portas etc.* **Sinal igual:** CHAVEAR, TRANCAFIAR, TRANCAR

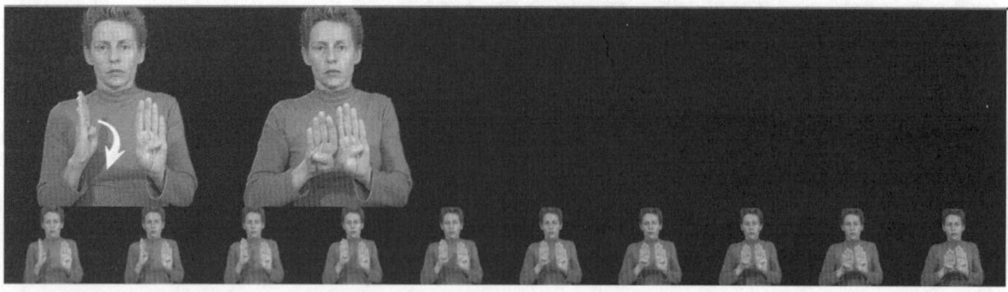

FECHAR – Mãos em "B". Mão esquerda com a palma para a frente e mão direita com a palma para dentro. Posicionar a mão esquerda mais para frente. Em seguida, mover a mão direita, virando a palma para a frente e posicionando-a lado a lado com a mão esquerda.
• ***Fechar:*** *Tampar a abertura de algo; impedir a comunicação entre o interior e o exterior, feita por porta, janela, entrada, saída etc.* **Sinal igual:** CERRAR

▪ **FEALDADE:** FEIO ▪ **FEBRIL:** FEBRE ▪ **FECHO ECLER:** ZÍPER

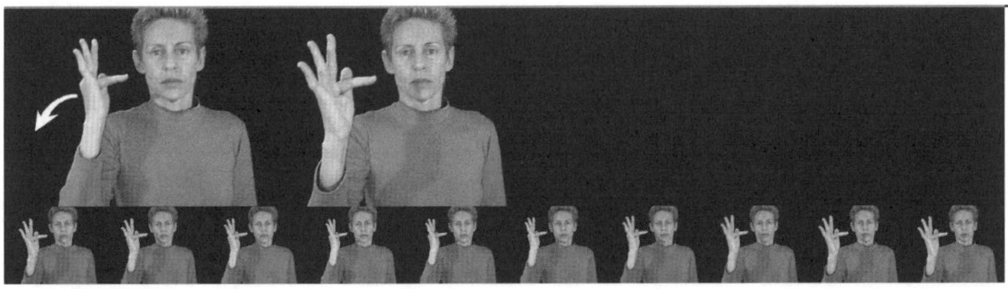

FEDERAÇÃO – Mover a mão em "F", um pouco para a frente.
• ***Federação:*** *Associação que reúne sociedades, sindicatos, grupos etc, que possuem o mesmo objetivo.*

FEDERAL – Digitar a letra "F". Em seguida, com a mão aberta e a palma para a frente, mover a mão, descrevendo um círculo.
• ***Federal:*** *Relativo ou pertencente ao Estado Federal, à União.*

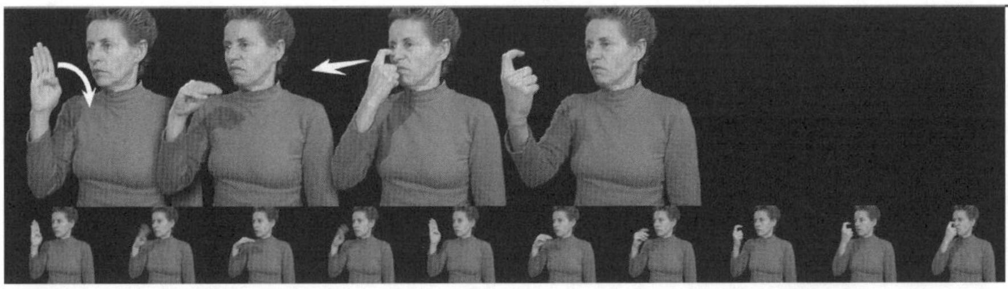

FEDOR – Mão aberta, palma para dentro. Mover a mão rapidamente, duas ou três vezes, abanando o nariz. Em seguida, mão fechada com o indicador aberto e curvado, palma para trás. Tocar a ponta do indicador na ponta do nariz e mover a mão para a frente, fazendo a expressão de quem sente um cheiro desagradável.
• ***Fedor:*** *Cheiro ruim.* **Sinal igual:** FEDIDO, FEDORENTO, FÉTIDO

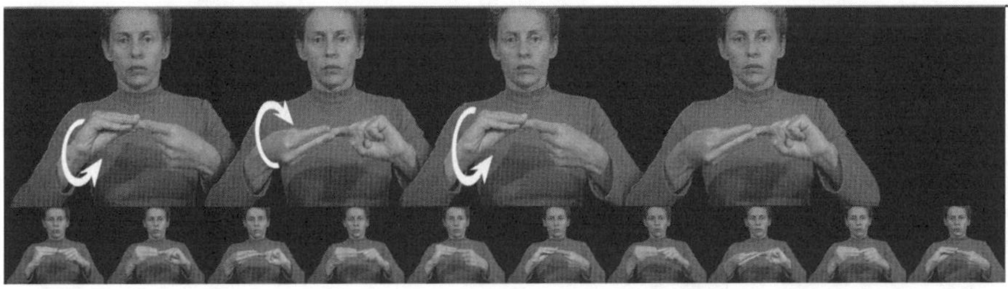

FEIJÃO – Mão esquerda fechada com o dedo indicador esticado, palma para dentro. Mão direita com os dedos esticados e unidos pelas pontas, palma também para dentro. Segurar na ponta do indicador esquerdo com as pontas dos dedos da mão direita. Em seguida, girar as mãos ao redor do próprio eixo, simultaneamente e em sentidos opostos, em sentido horário e anti-horário, duas ou três vezes.
• ***Feijão:*** *Grão muito utilizado na culinária brasileira.*

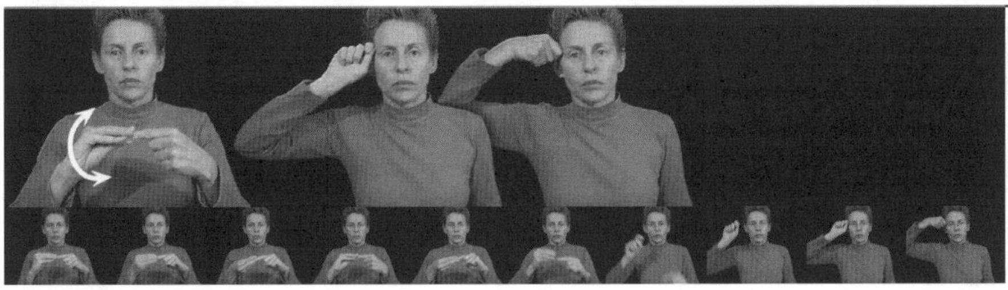

FEIJOADA – Fazer os sinais de "feijão" e de "preto".
• ***Feijoada:*** *Prato típico do Brasil preparado com feijão-preto e carne de porco.*

■ FEDIDO: FEDOR ■ FEDORENTO: FEDOR

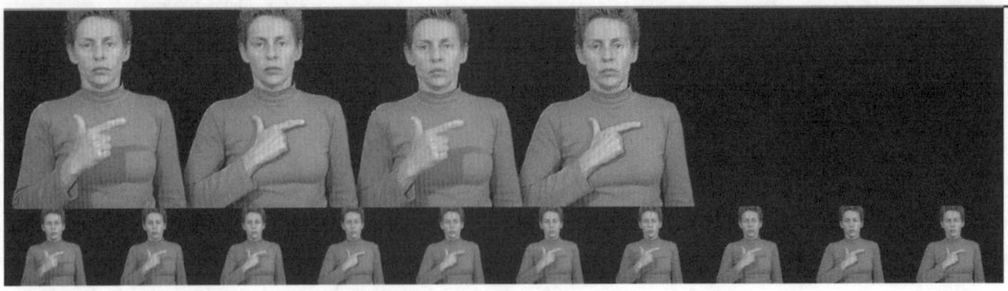

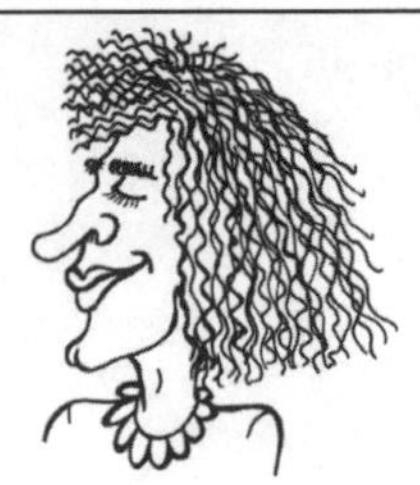

FEIO – Mão em "L", palma para trás. Bater a mão no peito, duas ou três vezes.
• ***Feio:*** *Que não é bonito.* **Sinal igual:** FEALDADE, FEIURA

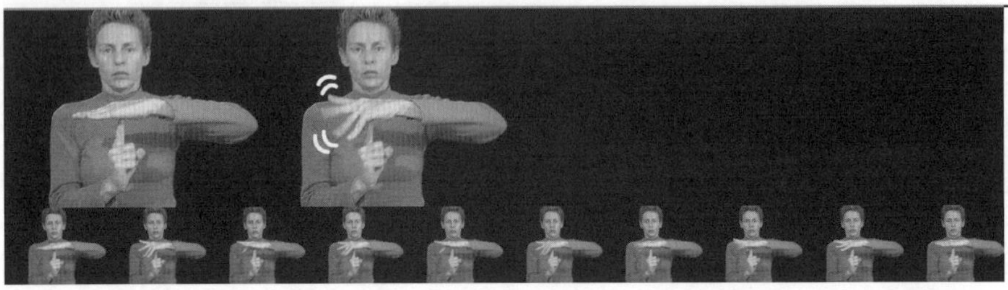

FEIRA – Mão direita fechada com o dedo indicador esticado apontando para cima, palma para dentro. Mão esquerda aberta, dedos esticados e levemente separados, palma para baixo. Encostar a ponta do indicador direito na palma esquerda. Em seguida, movimentar aleatoriamente os dedos da mão esquerda.
• ***Feira:*** *Comercialização de alimentos e/ou artigos diversos.* **Sinal igual:** FEIRA LIVRE

FELINO – Mão aberta, dedos curvados e separados, palma para baixo. Encostar o dorso da mão no queixo.
• ***Felino:*** *Animal como o gato, o leão, a onça, o tigre etc.* **Sinal igual:** FELÍDEO

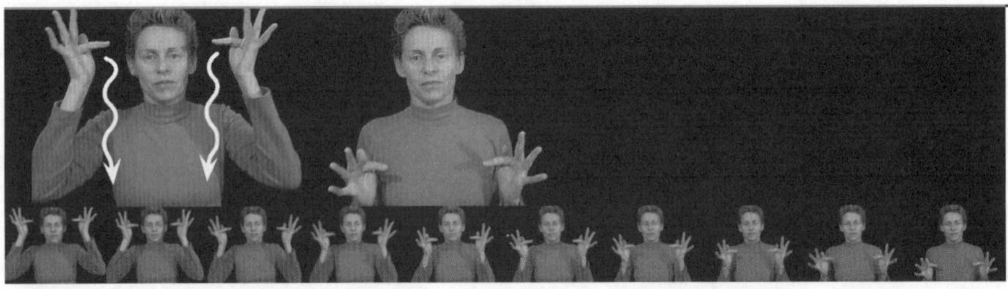

FELIZ – Mãos em "F", palmas para a frente. Posicionar as mãos na altura do rosto (foto 1). Em seguida, mover as mãos simultaneamente para baixo, descrevendo um leve zigue-zague durante o movimento. Fazer uma expressão de alegria.
• ***Feliz:*** *Aquele que está alegre, satisfeito, sem preocupações; afortunado, bem-aventurado.* **Sinal igual:** AFORTUNADO, FELICIDADE, SATISFAÇÃO, SATISFEITO, VENTUROSO

FÊMEA – Mão aberta, dedos esticados e separados. Unir o indicador e o polegar pelas pontas. Em seguida, resvalar as pontas desses dedos na bochecha, de trás para a frente, duas ou três vezes.
• ***Fêmea:*** *Que é do sexo feminino.* **Sinal igual:** FEMININO

■ **FEIRA LIVRE:** FEIRA ■ **FEITICEIRA:** BRUXA ■ **FEIÚRA:** FEIO ■ **FELICIDADE:** FELIZ ■ **FELICITAÇÕES:** APLAUDIR ■ **FELICITAR:** PARABENIZAR ■ **FELÍDEO:** FELINO, GATO ■ **FELINO:** GATO ■ **FEMININO:** FÊMEA

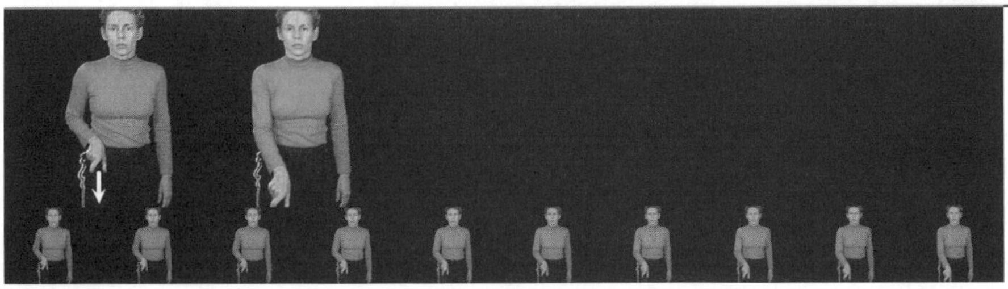

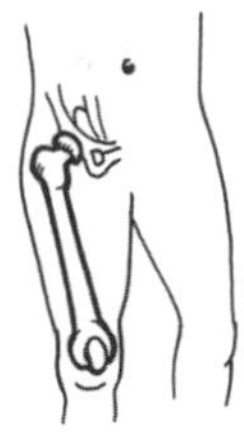

FÊMUR – Mão fechada com o indicador e o polegar abertos e curvados. Tocar as pontas dos dedos na parte superior da coxa. Em seguida, deslizar a mão para baixo, até chegar perto do joelho. A perna pode estar erguida ou apoiada no chão.
• ***Fêmur:*** *Osso longo da coxa.*

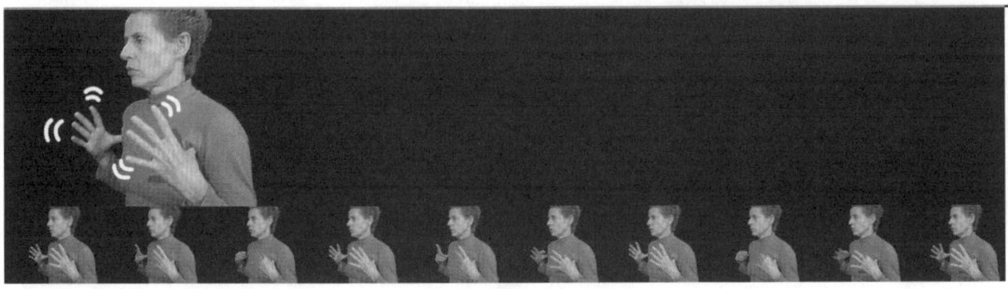

FERIADO – Mãos abertas, dedos esticados e separados, palmas para dentro. Encostar as pontas dos polegares nas axilas. Em seguida, movimentar aleatoriamente os dedos das mãos.
• ***Feriado:*** *Período de descanso instituído pelo poder civil ou religioso em que são suspensas as atividades públicas e particulares.* **Sinal igual:** FOLGA, FOLGAR

FÉRIAS – Mão esquerda fechada, palma para baixo. Mão direita em "F", palma para dentro. Encostar a lateral externa da mão direita no dorso esquerdo. Em seguida, deslizá-la em círculos sobre o dorso esquerdo.
• ***Férias:*** *Período de repouso a que têm direito trabalhadores, estudantes etc.*

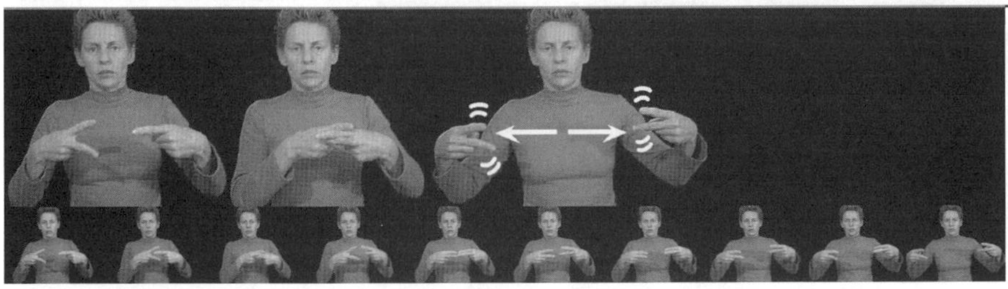

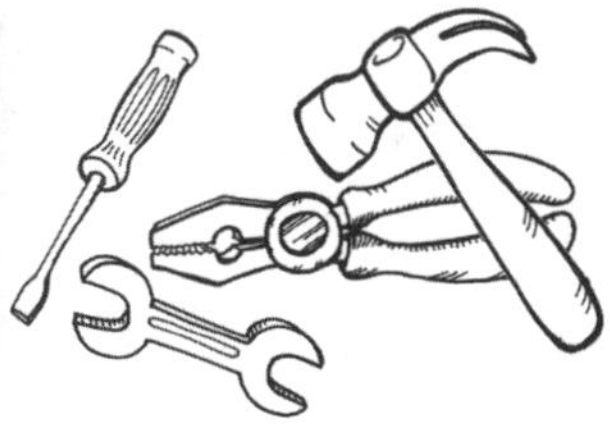

FERRAMENTA – Fazer os sinais de "alicate" e de "vários".
• ***Ferramenta:*** *Objeto feito geralmente de metal, por meio do qual se pode realizar certas tarefas.* **Sinal igual:** FERRAMENTAL

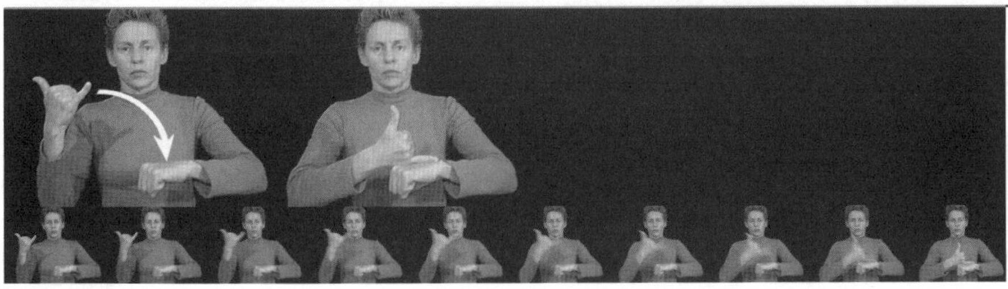

FERRO – Mão esquerda fechada, palma para baixo. Mão direita em "Y", palma para trás. Posicionar as mãos conforme a foto 1. Em seguida, mover a mão direita, encostando a lateral externa no dorso esquerdo.
• ***Ferro:*** *Metal produzido na natureza, muito utilizado em construções, estruturas metálicas, veículos etc.* **Sinal igual:** FÉRREO, FERROSO

▪ **FENDIDO:** QUEBRAR ▪ **FÉRETRO:** CAIXÃO ▪ **FERIDA:** MACHUCADO ▪ **FERIMENTO:** MACHUCADO ▪ **FEROZ:** BRUTO ▪ **FERRAMENTAL:** FERRAMENTA ▪ **FÉRREO:** FERRO

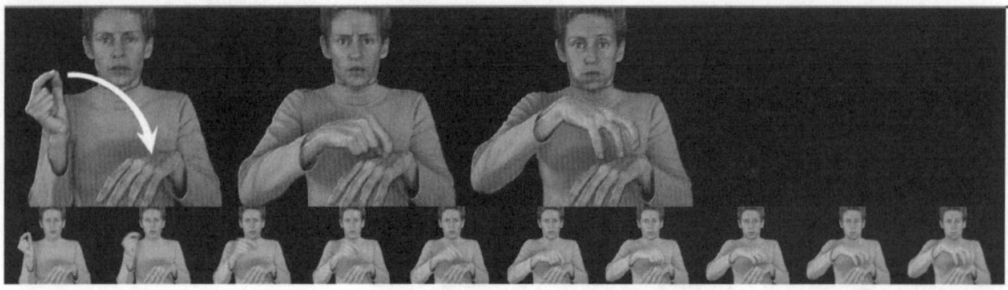

FERROADA – Mão esquerda aberta, dedos relaxados, palma para baixo. Mão direita fechada com os dedos indicador e polegar unidos pelas pontas, palma para cima. Mover a mão direita, tocando as pontas dos dedos no dorso esquerdo. Depois, abrir e curvar os dedos da mão direita, apontando para o dorso esquerdo e encher as bochechas de ar.
• ***Ferroada:*** *Picada de inseto, como abelha ou marimbondo.*

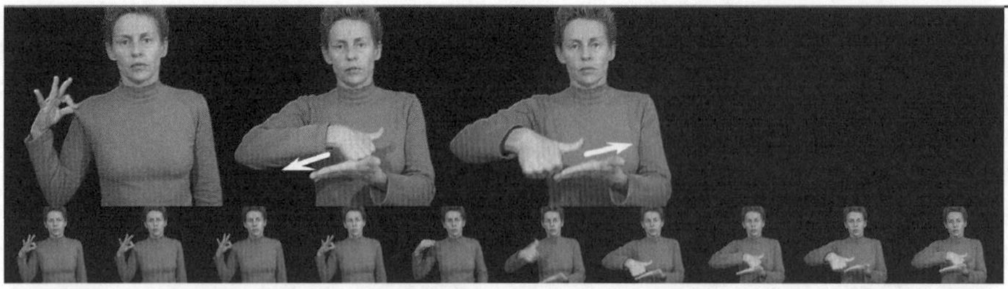

FERRO DE PASSAR – Fazer o sinal de "roupa" com a mão direita. Em seguida, mão esquerda aberta, dedos unidos e esticados, palma para cima. Mão direita fechada com o polegar esticado, palma para trás. Apoiar a mão direita na palma esquerda, deslizando-a até as pontas dos dedos e retornando à palma novamente, duas vezes.
• ***Ferro de passar:*** *Eletrodoméstico utilizado para alisar tecidos através do calor.*

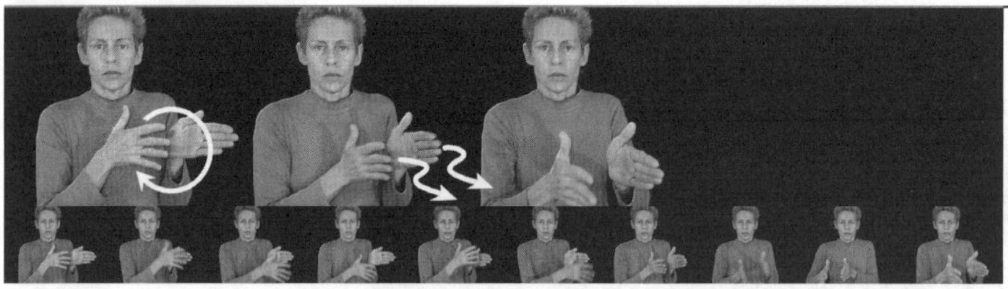

FERROVIA – Fazer os sinais de "trem" e de "caminho".
• ***Ferrovia:*** *Sistema de transporte sobre trilhos.* **Sinal igual:** ESTRADA DE FERRO, VIA FÉRREA

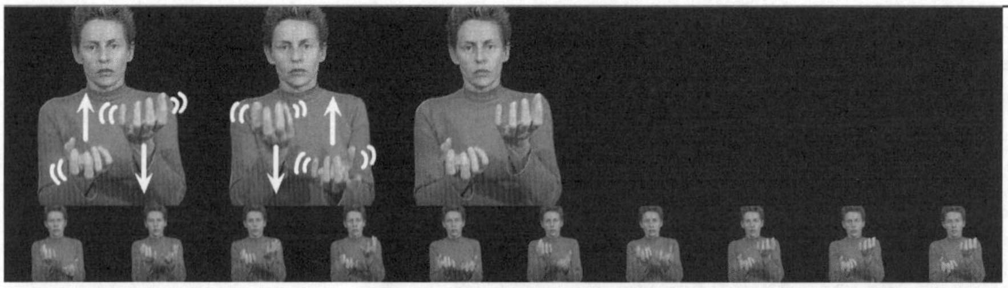

FERVER – Mãos abertas, dedos separados e curvados, palmas para cima. Mover as mãos alternadamente para cima e para baixo, movimentando os dedos aleatoriamente durante o movimento.
• ***Ferver:*** *Entrar em estado de ebulição; aquecer um líquido até levantar fervura.* **Sinal igual:** EBULIÇÃO, FERVENTE, FERVURA

FESTA – Mãos em "Y", palmas para trás. Posicionar as mãos na altura do peito. Em seguida, mover as mãos simultaneamente para trás e para cima, resvalando as pontas dos dedos mínimos no peito na metade do percurso.
• ***Festa:*** *Reunião de pessoas com fins recreativos e/ou comemorativos.* **Sinal igual:** FESTEJAR, FESTEJO, FESTIVIDADE

▪ **FERROSO:** FERRO ▪ **FERVENTE:** FERVER ▪ **FERVURA:** FERVER

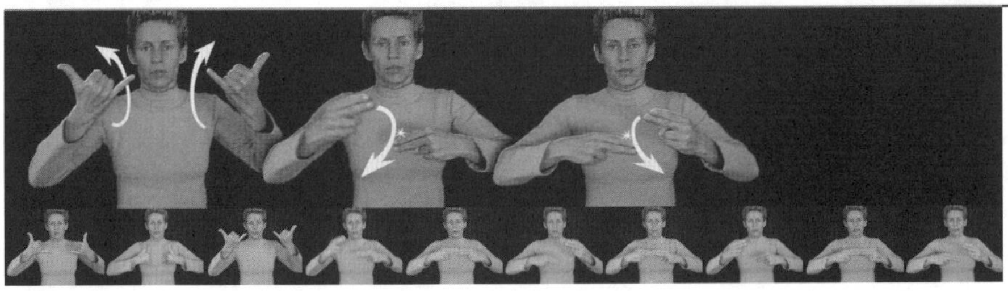

FESTA JUNINA – Fazer o sinal de "festa" e de "junho" (não é necessário incluir o sinal de "mês").
• ***Festa junina:*** *Festa típica caipira realizada no mês de junho em homenagem a Santo Antônio, São Pedro e São João.*

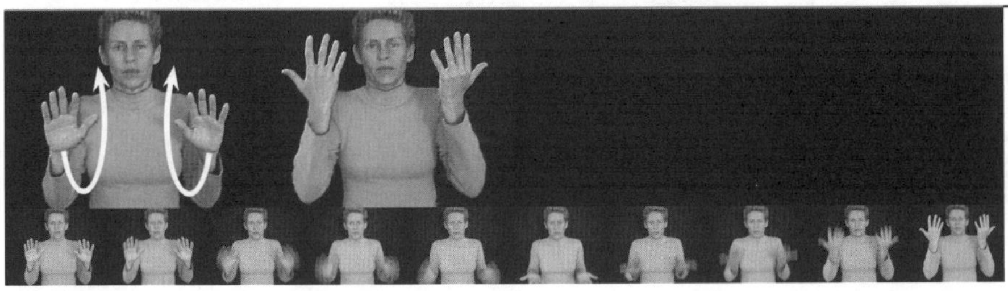

FESTIVAL – Mãos abertas, dedos separados e esticados, palmas para a frente. Mover as mãos simultaneamente para baixo, virar as palmas para trás e mover as mãos para cima.
• ***Festival:*** *Festa temática (comidas, música etc.) de grandes proporções.*

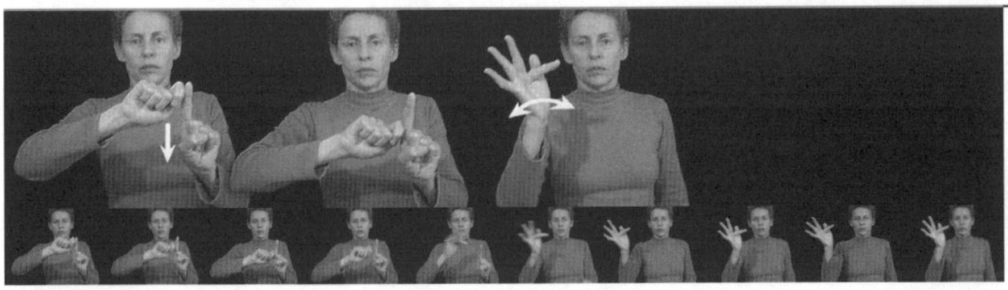

FEVEREIRO – Fazer o sinal de "mês". Em seguida, balançar a mão em "F" para o lado esquerdo e o direito, duas ou três vezes.
• ***Fevereiro:*** *Segundo mês do ano.*

FIANÇA – Mão esquerda aberta, dedos unidos e esticados, palma para baixo. Mão direita em "C", palma para a frente. Apoiar o punho da mão direita no da esquerda. Em seguida, deslizar a mão direita até as pontas dos dedos da esquerda.
• ***Fiança:*** *Ato de garantir o pagamento de uma obrigação assumida por outra pessoa; penhor, caução.* **Sinal igual:** FIADOR

FICAR – Mãos fechadas com os dedos polegares abertos, palmas para trás. Na altura do peito, unir as mãos pelas pontas dos dedos (foto 1). Em seguida, mover as mãos para baixo.
• ***Ficar:*** *Permanecer num lugar; continuar algum tempo em determinada posição, situação ou estado.* **Sinal igual:** ESTACIONAR, ESTANCAR, PERMANECER

▪ **FESTEJAR:** COMEMORAR, FESTA ▪ **FESTEJO:** FESTA ▪ **FESTIM:** BANQUETE ▪ **FESTIVIDADE:** FESTA ▪ **FÉTIDO:** FEDOR ▪ **FEZES:** EVACUAR ▪ **FIAÇÃO:** FIO ELÉTRICO ▪ **FIADOR:** FIANÇA ▪ **FIASCO:** GAFE ▪ **FICÇÃO:** ESTÓRIA

FICHA – Mãos em "L", inclinadas para a frente (45 graus, aproximadamente). Unir as mãos pelas pontas dos dedos polegares.
• ***Ficha:*** *Qualquer peça de metal, papel, plástico ou outro material em que se encontram determinadas informações sobre uma pessoa.* **Sinal igual:** CADASTRO

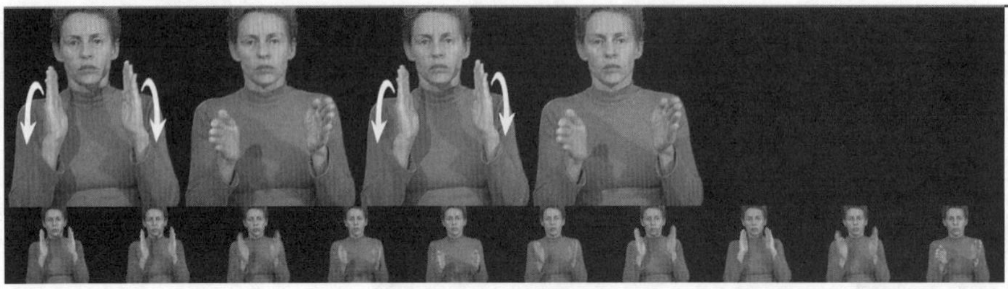

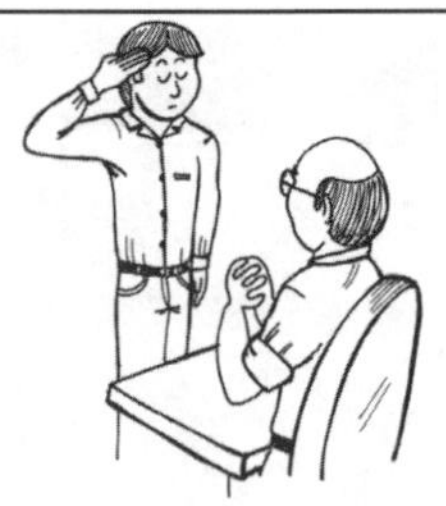

FIEL – Mãos abertas, dedos unidos e esticados apontando para cima, palmas para dentro. Mover simultaneamente as mãos apontando os dedos para a frente e voltar à posição inicial, duas vezes.
• ***Fiel:*** *Aquele que é leal, devotado; que demonstra dedicação; aquele que não trai.* **Sinal igual:** FIDEDIGNO, FIDELIDADE

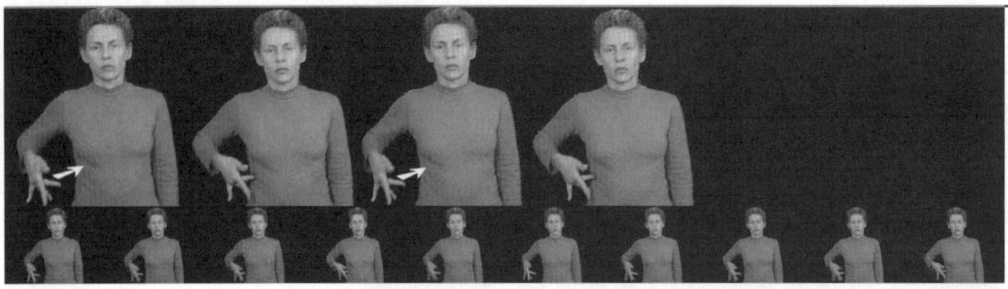

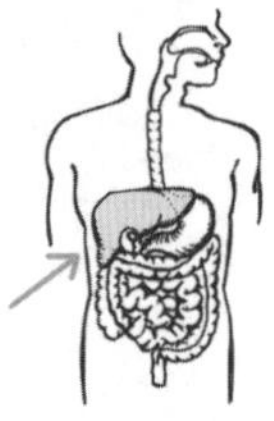

FÍGADO – Mãos abertas, dedos separados e esticados, palmas para dentro. Tocar a ponta do dedo médio no corpo (na região do fígado), duas vezes.
• ***Fígado:*** *Glândula do corpo humano e de outros animais que realiza a transformação de diversas substâncias no processo de digestão.* **Sinal igual:** HEPÁTICO

FIGO – Mão esquerda fechada com o indicador esticado apontando para baixo. Mão direita aberta com os dedos levemente curvados e unidos pelas pontas, palma para cima. Tocar as pontas dos dedos da mão direita na ponta do indicador esquerdo.
• ***Figo:*** *Fruto da figueira.*

FILA – Mãos em "4". Mão direita com a palma para trás e a esquerda com a palma para a frente. Encostar a ponta do dedo mínimo direito na do indicador esquerdo. Em seguida, mover as mãos, simultaneamente, afastando diagonalmente uma da outra.
• ***Fila:*** *Alinhamento de vários indivíduos, de modo que um esteja atrás do outro.* **Sinal igual:** ALA, ENFILEIRADO, ENFILEIRAR, FILEIRA

▪ **FIDEDIGNO:** FIEL ▪ **FIDELIDADE:** FIEL ▪ **FIGURA:** DESENHAR ▪ **FILEIRA:** FILA

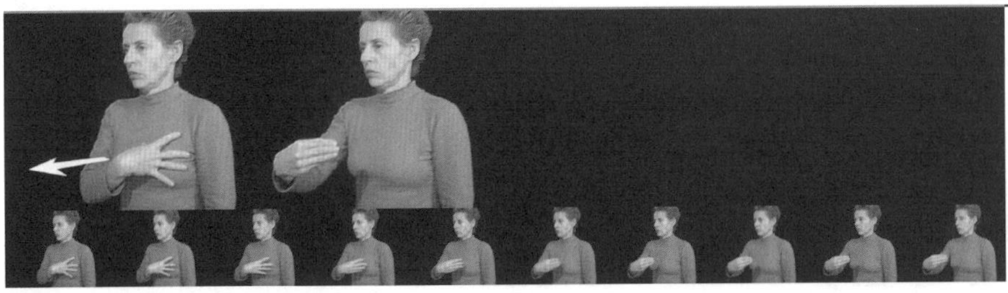

FILHO – Mão aberta, dedos separados e esticados, palma para trás. Encostar as pontas dos dedos no peito (na região do mamilo). Em seguida, mover a mão para a frente, unindo os dedos pelas pontas.

• ***Filho:*** *Cada um dos descendentes em relação a seus pais.* **Sinal igual:** DESCENDÊNCIA, DESCENDENTE

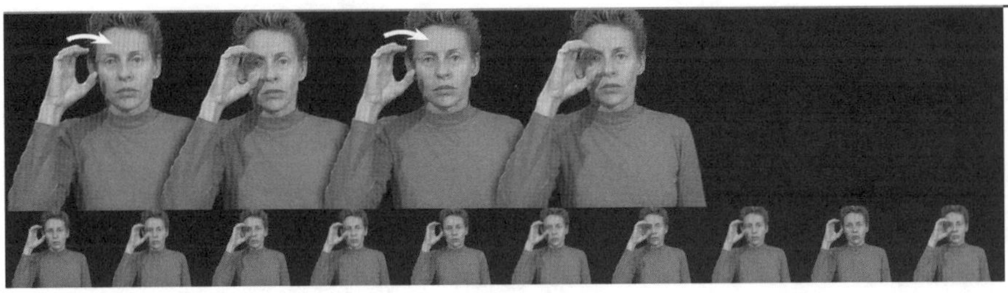

FILMAR – Mão em "C", palma para dentro. Posicionar a mão diante do olho, sem tocá-lo. Balançar suavemente a mão para a esquerda e a direita, duas ou três vezes.

• ***Filmar:*** *Gravar uma imagem em filme (de cinema, de vídeo).* **Sinal igual:** FILMADORA, FILMAGEM

FILME FOTOGRÁFICO – Fazer os sinais de "enrolar" e de "fotografar".

• ***Filme fotográfico:*** *Filme próprio para se obter fotografias, usado em máquinas fotográficas.*

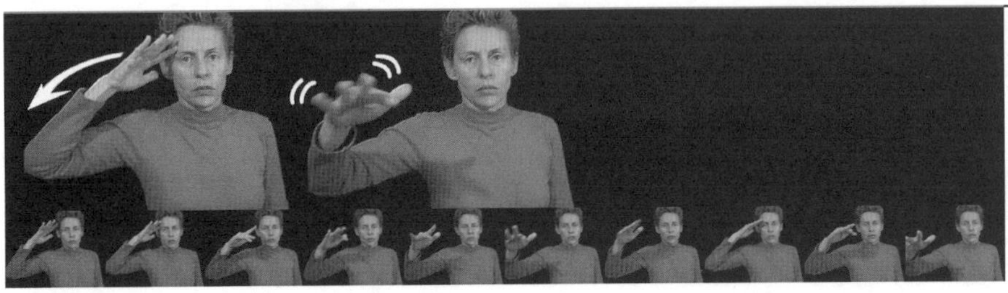

FILOSOFIA – Mão aberta, dedos relaxados, palma para baixo. Encostar a ponta do indicador na lateral da testa. Em seguida, mover a mão para a frente, balançando os dedos aleatoriamente. Repetir esse movimento duas vezes seguidas.

• ***Filosofia:*** *Conjunto de teorias que buscam as verdades do mundo real.* **Sinal igual:** FILOSOFAR, FILOSÓFICO, FILÓSOFO

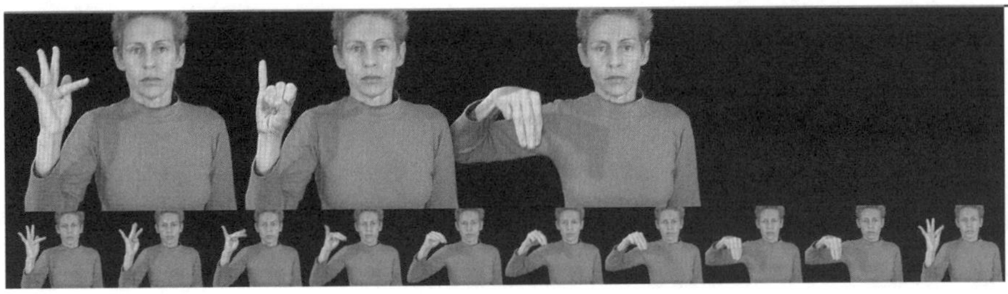

FIM – Digitar as letras "F", "I" e "M".

• ***Fim:*** *Ponto-final; término; momento em que termina um período ou uma ação.* **Sinal igual:** CESSAÇÃO, CONCLUSÃO, FINAL, LIMITE, REMATE, SOLUÇÃO, TÉRMINO, TERMO

▪ **FILMADORA:** FILMAR ▪ **FILMAGEM:** FILMAR ▪ **FILOSOFAR:** FILOSOFIA ▪ **FILOSÓFICO:** FILOSOFIA ▪ **FILÓSOFO:** FILOSOFIA ▪ **FILTRAR:** COAR ▪ **FILTRO:** COAR

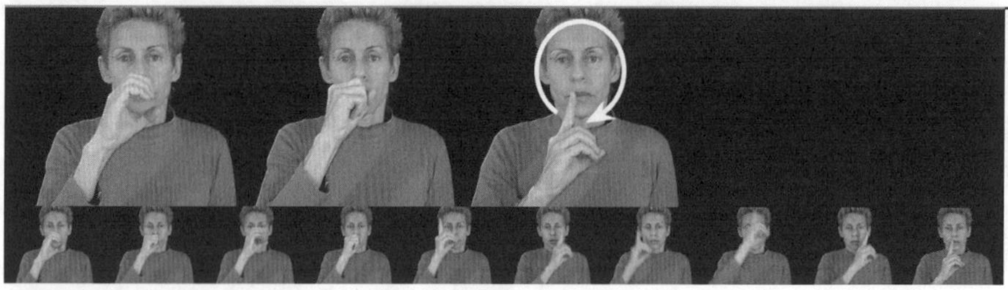

FIM DE SEMANA – Fazer os sinais de "sábado" e de "domingo".
• ***Fim de semana:*** *Dias que correspondem ao sábado e ao domingo.*

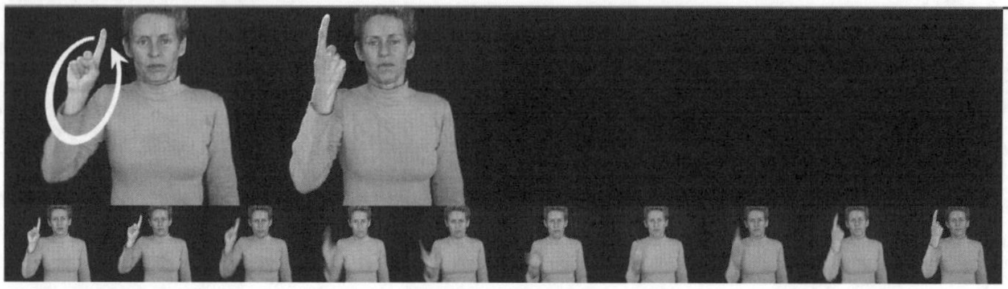

FINALMENTE – Mão fechada com o dedo indicador esticado apontando para cima, palma para a frente. Posicionar a mão na altura do rosto. Em seguida, com um gesto um pouco rápido, mover a mão para baixo, virando a palma para trás e elevando novamente a mão à altura do rosto.
• ***Finalmente:*** *Por último; depois de todos os anteriores; por fim.*

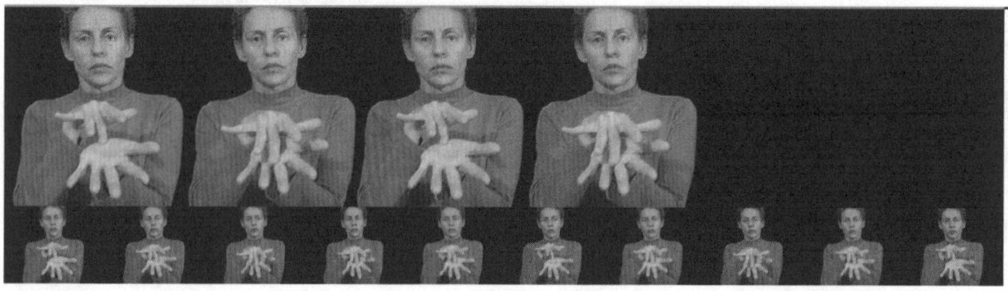

FINGIR – Mãos abertas, dedos separados e esticados. Mão esquerda com a palma para cima e a direita com a palma para baixo. Tocar a ponta do dedo médio da mão direita na palma esquerda. Em seguida, deslizar a mão direita para a frente e para trás, duas vezes.
• ***Fingir:*** *Esconder um sentimento, vontade ou pensamento.* **Sinal igual:** DISSIMULAÇÃO, DISSIMULADO, DISSIMULAR, FINGIDO, FINGIMENTO, SIMULADO, SIMULAR

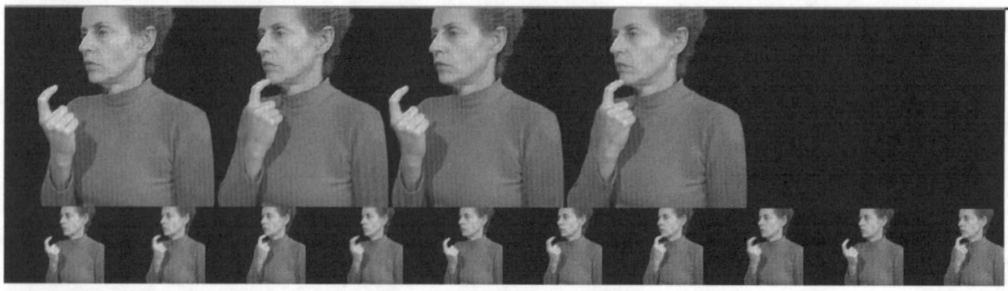

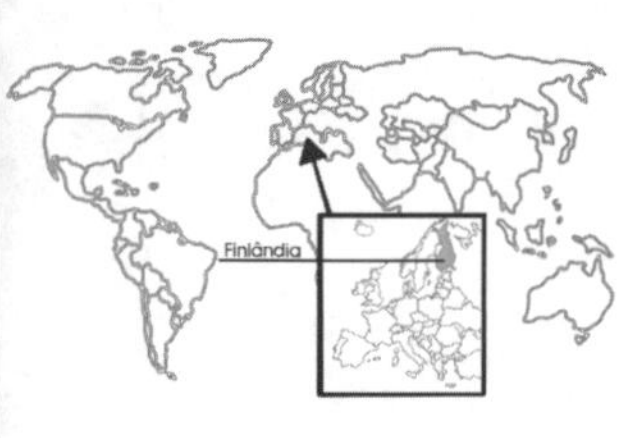

FINLÂNDIA – Mão fechada com o dedo indicador aberto e curvado, palma para trás. Tocar a ponta do indicador na ponta do queixo, duas ou três vezes.
• ***Finlândia:*** *País localizado ao norte da Europa.*

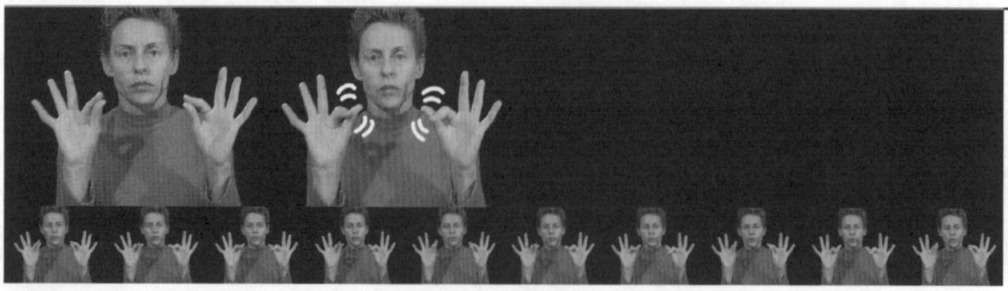

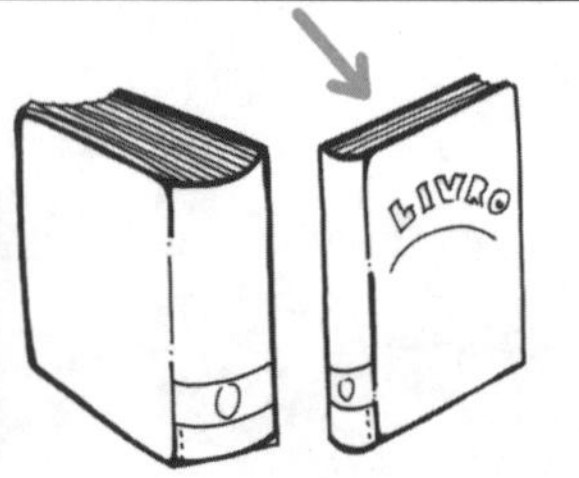

FINO – Mãos abertas, dedos esticados e separados, palmas para a frente. Unir as pontas dos dedos indicadores e dos polegares (foto 1). Em seguida, esfregar as pontas dos indicadores nas dos polegares.
• ***Fino:*** *Aquilo que tem pouca largura ou espessura.* **Sinal igual:** FINEZA, FINURA

▪ **FINAL:** FIM ▪ **FINANCIAR:** PAGAR ▪ **FINCAR:** CRAVAR ▪ **FINDAR:** ACABAR ▪ **FINEZA:** FINO ▪ **FINGIDO:** FALSO, FINGIR ▪ **FINGIMENTO:** FINGIR ▪ **FINURA:** FINO ▪ **FIO:** SIMPLES ▪ **FIO CONDUTOR:** FIO ELÉTRICO

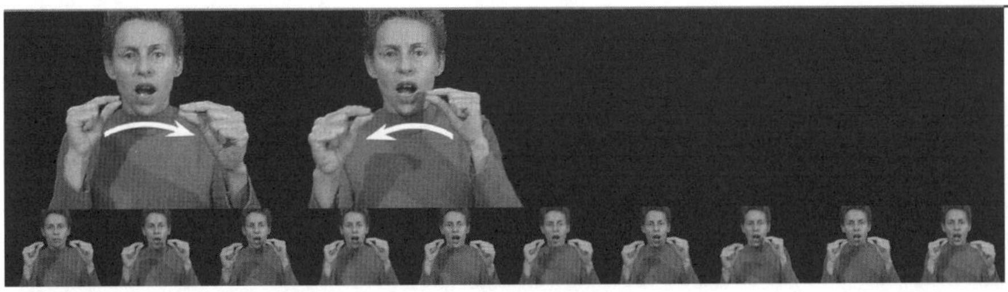

FIO DENTAL – Mãos fechadas com os dedos indicadores e polegares esticados se tocando pelas pontas, palma para dentro. Posicionar as mãos diante do rosto. Em seguida, movê-las simultaneamente e em sentidos opostos, para a frente e para trás, imitando o gesto de quem usa o fio dental.

• ***Fio dental:*** *Fio de náilon usado na limpeza dos dentes.* **Sinal igual:** FITA DENTAL

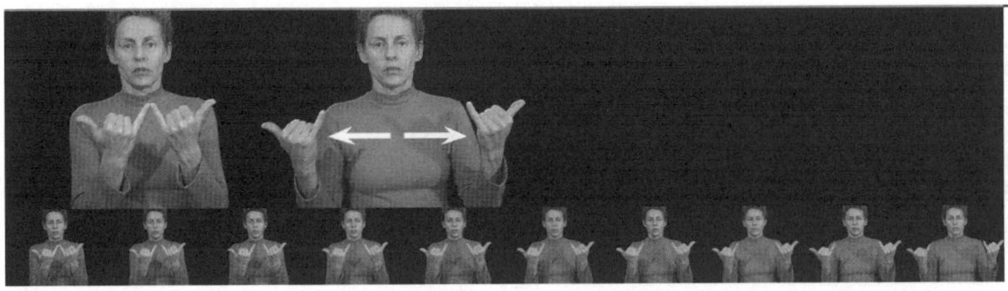

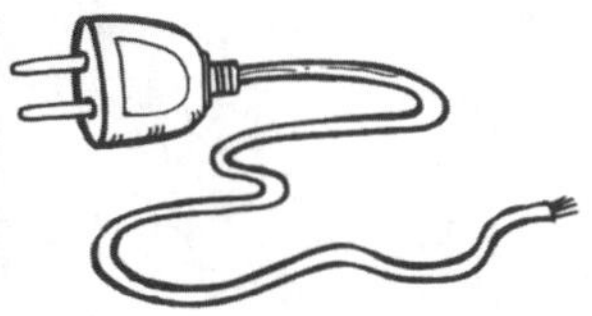

FIO ELÉTRICO – Mãos em 'Y', palmas para trás. Unir as mãos pelas pontas dos dedos mínimos. Em seguida, mover as mãos simultaneamente para as laterais.

• ***Fio elétrico:*** *Tubo flexível destinado a transportar eletricidade.* **Sinal igual:** FIAÇÃO, FIO CONDUTOR

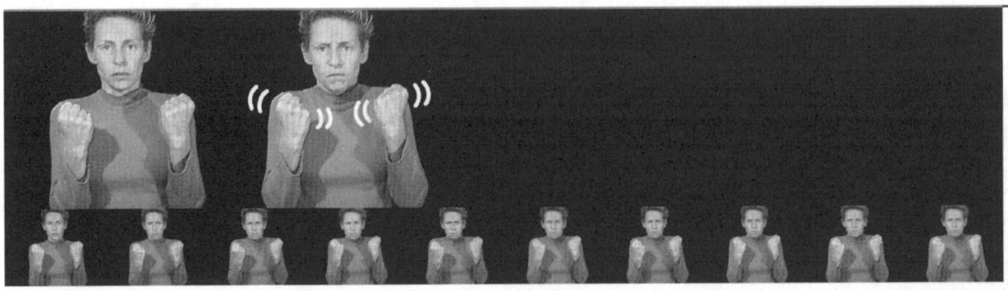

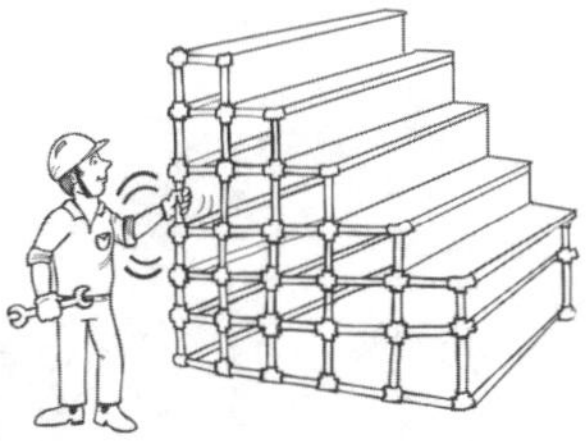

FIRME – Mãos fechadas, braços dobrados, palmas para trás. Com gestos curtos, balançar as mãos para a frente e para trás, apertando um pouco os lábios.

• ***Firme:*** *Que está seguro; fixo; que não é frágil.*

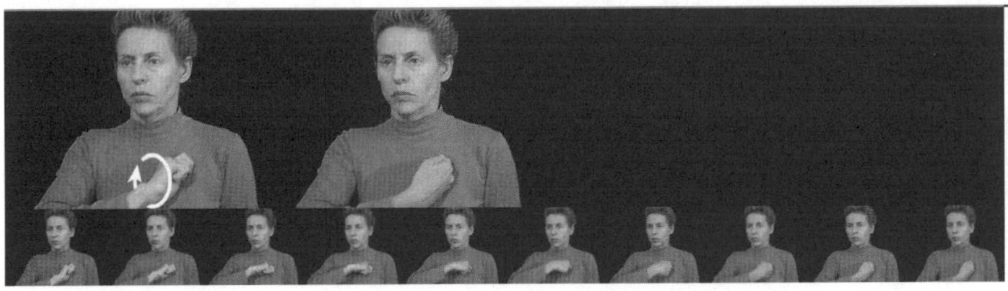

FISCAL* – Mão em "A". Encostar o dorso do dedo indicador no peito. Em seguida, girar a mão ao redor do próprio eixo.

• ***Fiscal:*** *Profissional encarregado de zelar pelo cumprimento de leis, regulamentos, em lojas, fábricas ou quaisquer obras.*

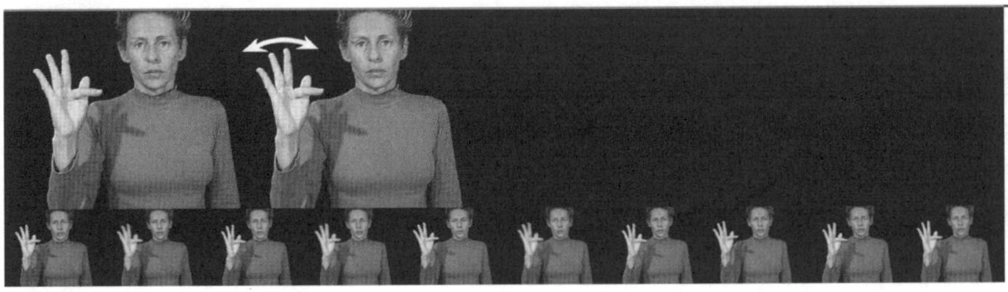

FÍSICA – Mão em "F". Balançar a mão para a direita e a esquerda, duas ou três vezes.

• ***Física:*** *Ciência que estuda as leis do Universo, sua matéria e energia e suas interações.*

▪ **FIRMAMENTO:** CÉU ▪ **FISCAL:** SUPERVISIONAR ▪ **FISCALIZAR:** SUPERVISIONAR ▪ **FÍSICO:** CORPO ▪ **FISIONOMIA:** FACE

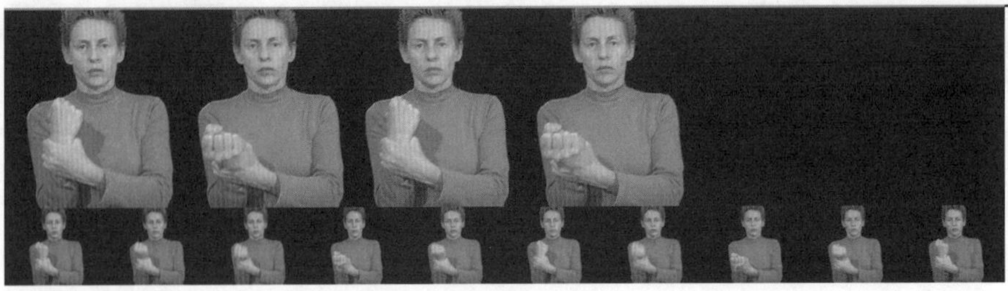

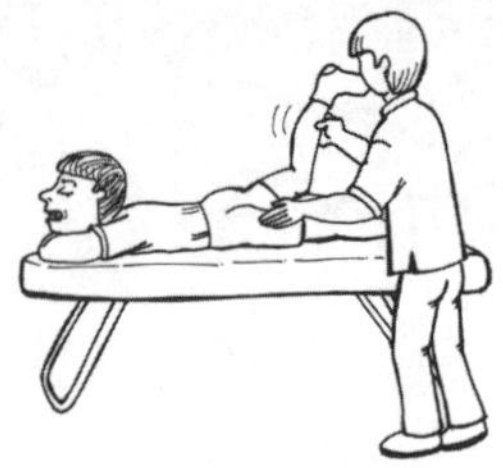

FISIOTERAPIA – Mão direita fechada, palma para trás. Segurar o punho direito com a mão esquerda. Em seguida, virar a mão direita para a frente e para trás, duas vezes.
• ***Fisioterapia:*** *Especialidade ligada à medicina que utiliza massagens e exercícios no tratamento de problemas físicos.* **Sinal igual:** FISIOTERÁPICO

FITA ADESIVA – Mão esquerda aberta, dedos unidos e esticados, palma para cima. Mão direita fechada com o polegar aberto. Encostar o polegar direito na palma esquerda, perto do punho. Deslizar a mão direita até as pontas dos dedos esquerdos.
• ***Fita adesiva:*** *Faixa estreita que possui um lado colante usado para fixar superfícies.*

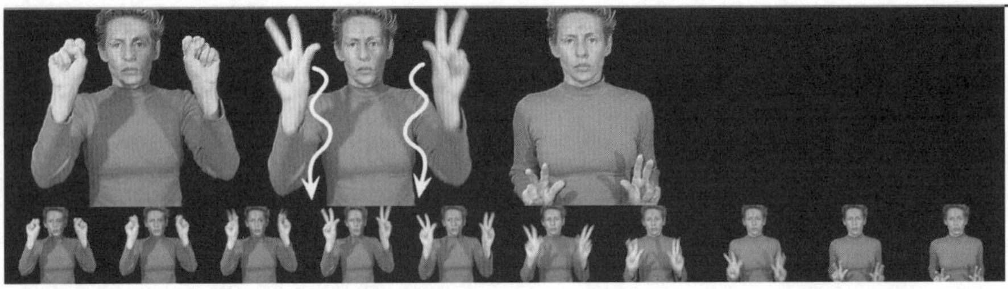

FLAGRAR – Mãos fechadas, palmas para a frente. Posicionar as mãos na altura do rosto. Em seguida, abrir os dedos indicadores, médios e polegares e baixar simultaneamente as mãos movendo-as em zigue-zague durante o percurso.
• ***Flagrar:*** *Testemunhar um acontecimento; surpreender.*

FLASH – Mão esquerda fechada com o dedo indicador esticado apontando para o lado direito, palma para trás. Mão direita com os dedos esticados e unidos pelas pontas. Apoiar as pontas dos dedos da mão direita sobre o indicador esquerdo. Em seguida, abrir rapidamente os dedos da mão direita, mantendo o polegar apoiado no indicador esquerdo.
• **Flash:** *Clarão rápido e intenso produzido por lâmpada especial para se tirar fotografias.*

FLAUTA – Mãos abertas, dedos relaxados, palmas para trás. Posicionar as mãos do lado esquerdo do rosto (foto 1). Em seguida, mover aleatoriamente os dedos.
• ***Flauta:*** *Instrumento musical de sopro.*

▪ **FISIOTERÁPICO:** FISIOTERAPIA ▪ **FITA:** SIMPLES ▪ **FITA DENTAL:** FIO DENTAL ▪ **FITA DE VÍDEO:** VIDEOCASSETE ▪ **FITAR:** OLHAR ▪ **FITILHO:** SIMPLES ▪ **FLAGELAR:** CHICOTE ▪ **FLÂMULA:** BANDEIRA ▪ **FLAVO:** AMARELO

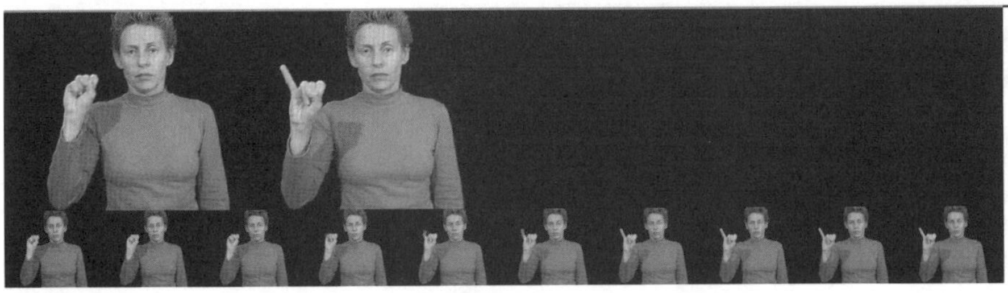

FLERTAR – Mão fechada em "S", palma para a frente. Mover a mão para a frente, esticando o dedo mínimo.
• ***Flertar:*** *Olhar alguém com intenção de namoro; paquerar.* **Sinal igual:** FLERTE

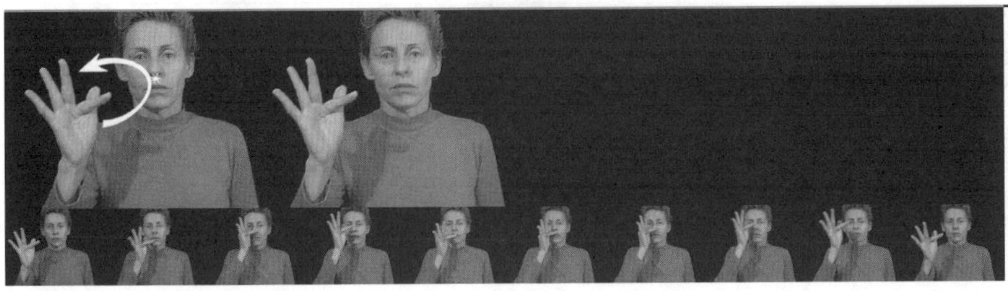

FLOR – Mão em "F". Resvalar duas vezes o dedo indicador na ponta do nariz, de baixo para cima.
• ***Flor:*** *Estrutura reprodutiva da maioria das plantas.*

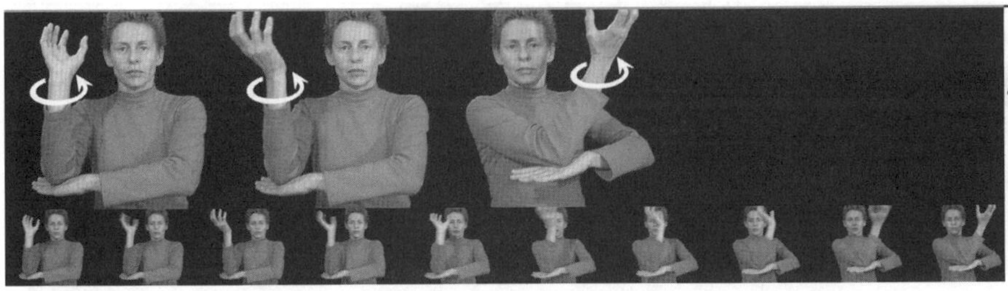

FLORESTA – Fazer o sinal de "árvore" em três pontos diferentes: no lado direito, na frente e no lado esquerdo do corpo.
• ***Floresta:*** *Árvores e plantas que cobrem uma grande extensão de terra; mata.* **Sinal igual:** BOSQUE, FLORESTAL, MATA, SELVA

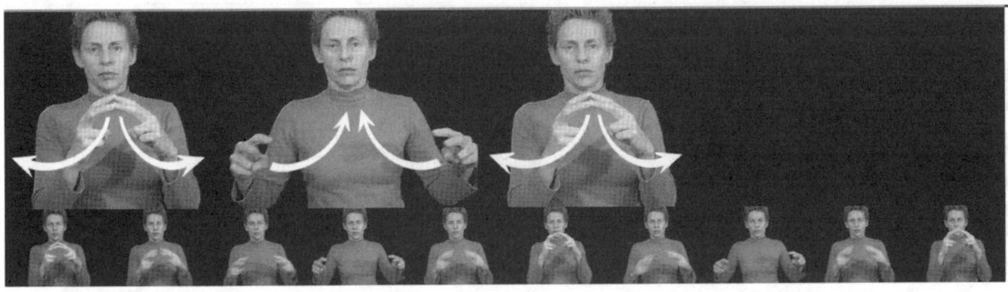

FLORIANÓPOLIS – Mãos fechadas com os dedos indicadores e médios abertos e levemente separados, palmas para dentro. Unir as mãos pelas pontas dos dedos. Em seguida, mover as mãos simultaneamente para as laterais, descrevendo um leve arco e voltando à posição inicial, duas vezes.
• ***Florianópolis:*** *Capital do estado de Santa Catarina.*

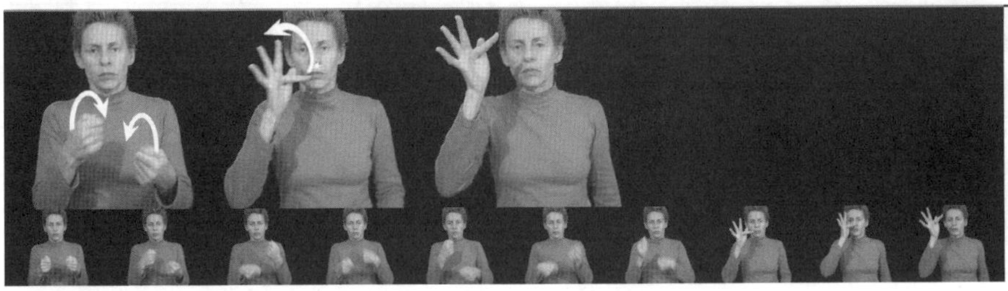

FLORICULTURA – Fazer os sinais de "comércio" e de "flor".
• ***Floricultura:*** *Estabelecimento em que se vendem flores e outras plantas ornamentais.*

▪ **FLERTE:** FLERTAR ▪ **FLORESTAL:** FLORESTA ▪ **FLUIDO:** ÁGUA ▪ **FLUIR:** CORRENTEZA ▪ **FLUORESCÊNCIA:** BRILHAR ▪ **FLUORESCENTE:** BRILHAR

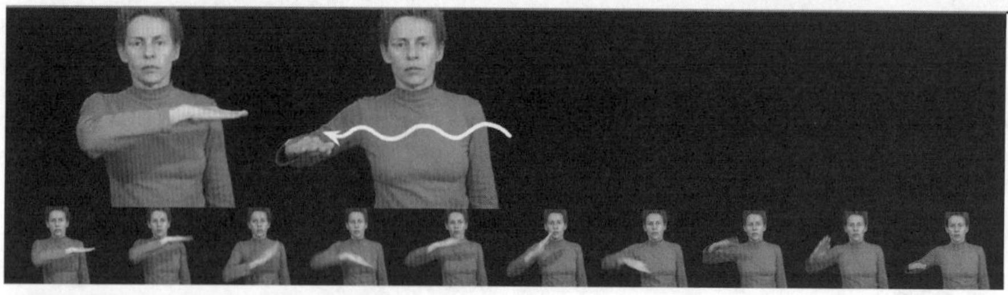

FLUTUAR – Mão direita aberta, dedos unidos e esticados apontando para o lado esquerdo, palma para baixo. Posicionar a mão do lado esquerdo do corpo. Em seguida, movê-la para o lado direito, descrevendo movimentos ondulares durante o percurso.
• ***Flutuar:*** *Boiar na superfície de um líquido.* **Sinal igual:** BOIAR

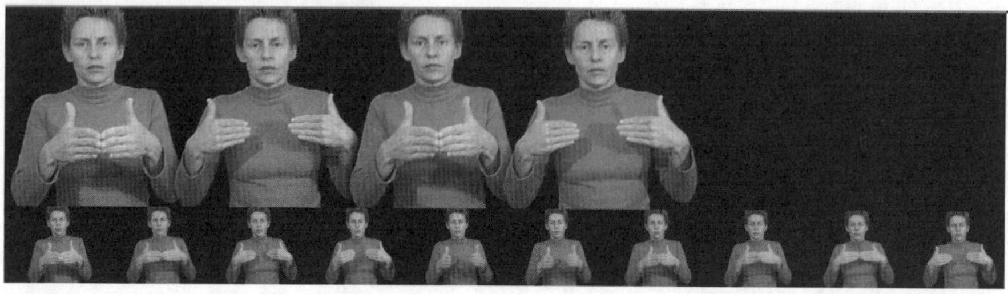

FOCA – Mãos abertas, dedos unidos e esticados, polegares separados apontando para cima, palmas para dentro. Unir as mãos pelas pontas dos dedos, mantendo um ângulo de 90 graus entre elas (foto 1). Em seguida, mover as mãos simultaneamente para trás, afastando uma da outra para as laterais. Repetir esse movimento duas vezes seguidas.
• ***Foca:*** *Mamífero marinho.* **Sinal igual:** LEÃO-MARINHO

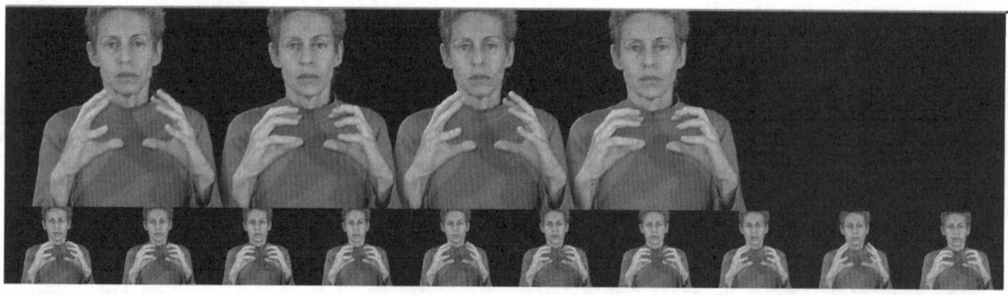

FOFO – Mãos abertas com os dedos levemente curvados e separados, palmas para dentro. Posicionar uma mão de frente para a outra (foto 1). Em seguida, mover os dedos, simultaneamente, curvando-os ainda mais e voltar à posição inicial. Repetir esse movimento duas vezes seguidas.
• ***Fofo:*** *Diz-se daquilo que é macio e suave ao toque.* **Sinal igual:** FOFINHO

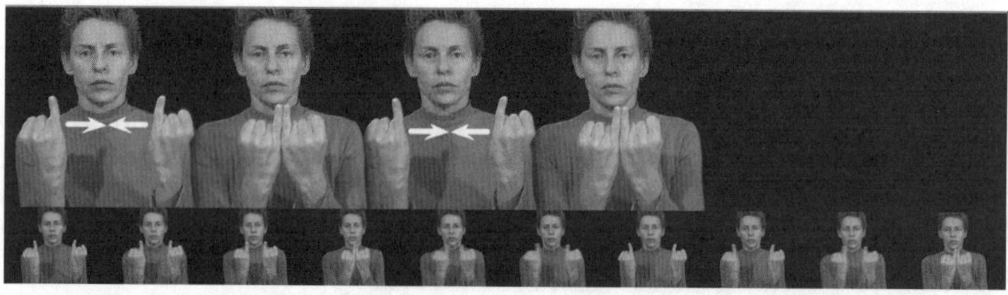

FOFOCAR – Mãos em "I", palmas para trás. Mover simultaneamente as mãos encostando-as pelas laterais. Repetir esse movimento duas ou três vezes seguidas.
• ***Fofocar:*** *Falar da vida alheia.* **Sinal igual:** FOFOCA, FOFOQUEIRO, FUXICO, FUXIQUEIRO, INTRIGA, INTRIGUEIRO, MEXERICO

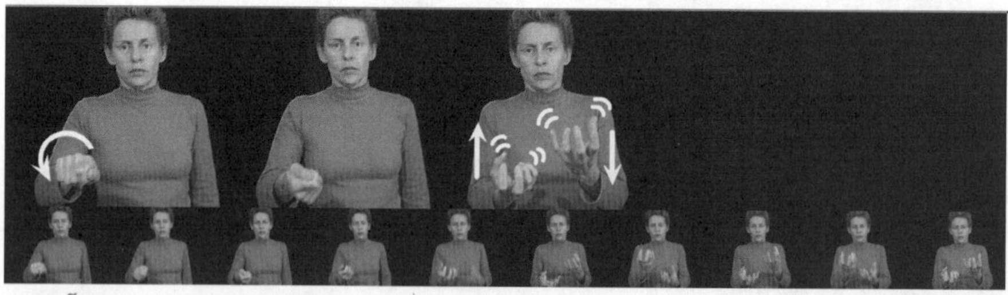

FOGÃO – Mão em "A", palma para baixo. Girar a mão, ao redor do próprio eixo, virando a palma para cima. Em seguida, fazer o sinal de "fogo".
• ***Fogão:*** *Equipamento de cozinha que funciona com carvão, lenha, eletricidade ou gás, usado no preparo de alimentos.*

■ **FOFINHO:** FOFO ■ **FOFOCA:** FOFOCAR ■ **FOFOQUEIRO:** FOFOCAR ■ **FOGARÉU:** FOGO

FOGO – Mãos abertas, dedos separados e curvados, palmas para cima. Mover as mãos alternadamente para cima e para baixo, movimentando os dedos aleatoriamente durante o percurso.
• ***Fogo:*** *Fenômeno produzido pela queima de algum material, desprendendo muito calor e luz.* **Sinal igual:** ABRASAR, ARDENTE, CHAMA, FOGARÉU, FOGOSO, IMPETUOSO, INCÊNDIO, LABAREDA

FOGOS DE ARTIFÍCIO – Mão fechada em "S", palma para dentro. Posicionar a mão diante do corpo, imitando o gesto de quem segura um rojão. Depois, com as mãos abertas, dedos relaxados e palmas para baixo, posicionar as mãos sobre a cabeça e movê-las simultaneamente para as laterais e para baixo, movimentando os dedos de modo aleatório durante o percurso.
• ***Fogos de artifício:*** *Artefatos produzidos com pólvora e outros produtos químicos cuja combustão produz efeitos luminosos e coloridos.*

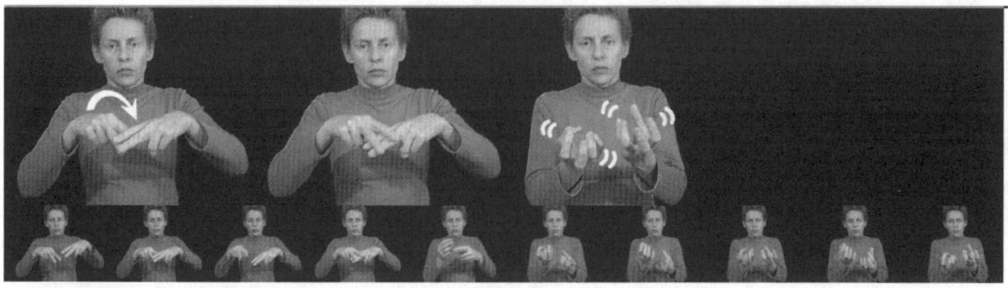

FOGUEIRA – Mãos fechadas com os dedos indicadores e médios esticados e levemente separados, palmas para baixo. Apoiar os dedos da mão esquerda sobre os da direita. Depois, apoiar os dedos da mão direita sobre os da esquerda. Em seguida, fazer o sinal de "fogo".
• ***Fogueira:*** *Pilha feita com lenha ou outros materiais que se queimam facilmente e na qual se coloca fogo.* **Sinal igual:** PIRA

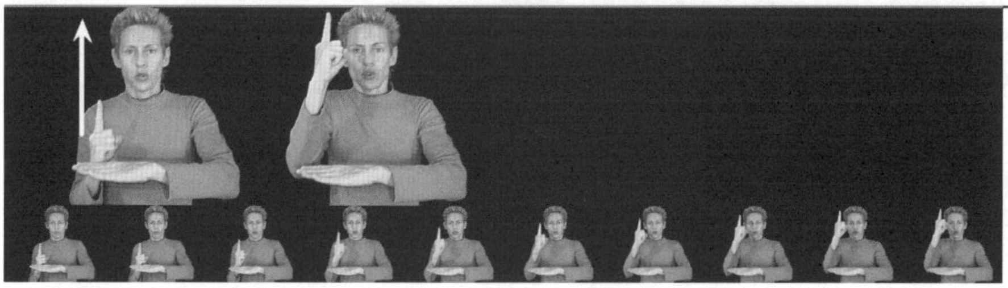

FOGUETE – Mão esquerda aberta, dedos unidos e esticados apontando para o lado direito, palma para baixo. Mão direita fechada com o indicador esticado apontando para cima. Encostar o punho direito no polegar esquerdo (foto 1). Em seguida, mover a mão direita para cima, soprando ar pela boca durante o percurso.
• ***Foguete:*** *Equipamento de propulsão a jato.*

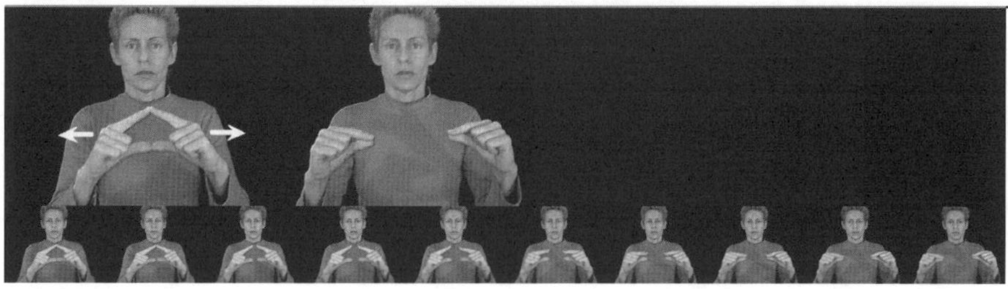

FOLHA – Mãos fechadas com os dedos indicadores e polegares abertos, palmas para dentro. Unir as mãos pelas pontas dos dedos (foto 1). Em seguida, mover simultaneamente as mãos afastando-as para as laterais e unindo as pontas dos dedos.
• ***Folha:*** *Órgão da planta responsável por diversas funções, como a fotossíntese.*

▪ FOGOSO: FOGO, ROBUSTO ▪ FOLCLORE: CULTURA POPULAR ▪ FOLCLÓRICO: CULTURA POPULAR ▪ FOLGA: FERIADO, LARGO ▪ FOLGADO: ABUSADO, LARGO ▪ FOLGAR: ABUSAR, DESCANSAR, FERIADO ▪ FOLGAZÃO: ESPIRITUOSO

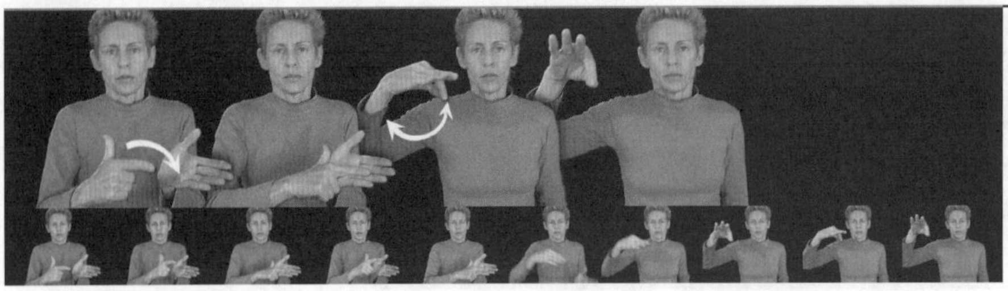

FOLHA DE PAPEL – Fazer o sinal de "papel". Em seguida, mão aberta, dedos esticados e separados, indicador e polegar unidos pelas pontas, palma para baixo. Balançar a mão, imitando o gesto de quem sacode uma folha de papel.
• ***Folha de papel:*** *Produto prensado, feito de fibras vegetais, usado para desenhar, escrever etc.*

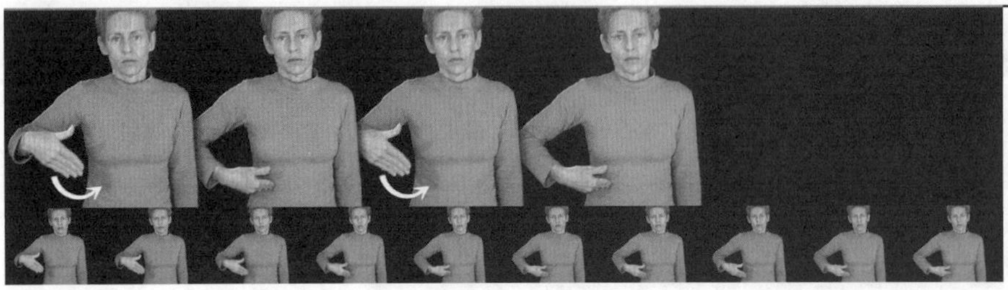

FOME – Mão aberta, dedos unidos e esticados apontando para a lateral da barriga, polegar separado, palma para cima. Tocar duas ou três vezes as pontas dos dedos na lateral da barriga.
• ***Fome:*** *Sensação provocada pela vontade de comer.* **Sinal igual:** APETITE, FAMINTO

FONE DE OUVIDO – Mãos fechadas com os indicadores abertos e curvados, palmas para dentro. Encostar as pontas dos dedos nos ouvidos.
• ***Fone de ouvido:*** *Aparelho eletrônico que é usado no ouvido para se escutar música, voz ou outro som.* **Sinal igual:** FONES

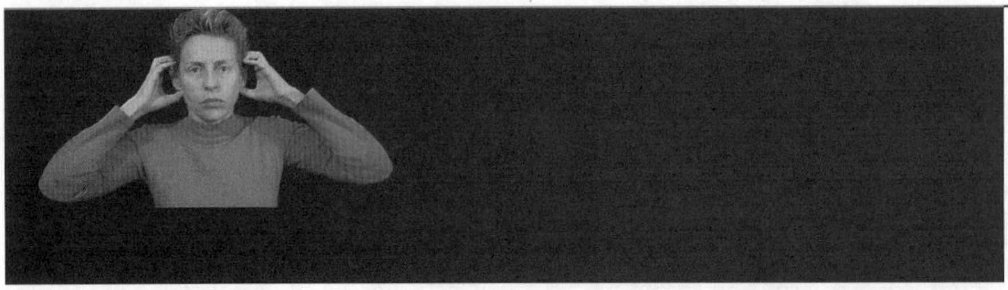

FONOAUDIOLOGIA – Mãos abertas com os dedos curvados e separados. Encostar as pontas dos dedos nas laterais da cabeça, ao redor das orelhas.
• ***Fonoaudiologia:*** *Área da medicina que trata dos mecanismos da fala e da audição.* **Sinal igual:** FONOAUDIÓLOGO

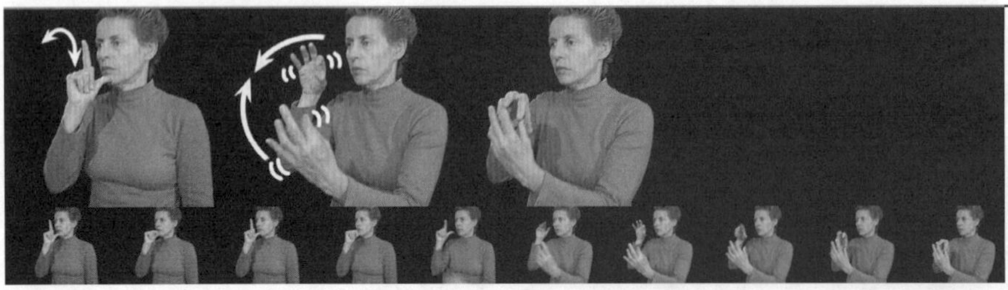

FONTE – Fazer o sinal de "água". Em seguida, mãos abertas, dedos curvados e separados. Posicionar uma mão de frente para a outra na lateral do rosto (foto 2). Em seguida, movê-las para frente e para baixo, movimentando os dedos aleatoriamente durante o percurso.
• ***Fonte:*** *Nascente de água.* **Sinal igual:** BICA, CHAFARIZ

▪ **FOLHINHA:** CALENDÁRIO ▪ **FOLIA:** BRINCAR ▪ **FONES:** FONE DE OUVIDO ▪ **FONOAUDIÓLOGO:** FONOAUDIOLOGIA ▪ **FONTANELA:** MOLEIRA

FORA! – Mão direita fechada em "S", palma para baixo. Posicionar a mão do lado esquerdo do peito. Em seguida, com um gesto rápido, movê-la para a direita, esticando o indicador e apontando-o para a mesma direção.
• *Fora!: Ordem para sair.* **Sinal igual:** ARREDA

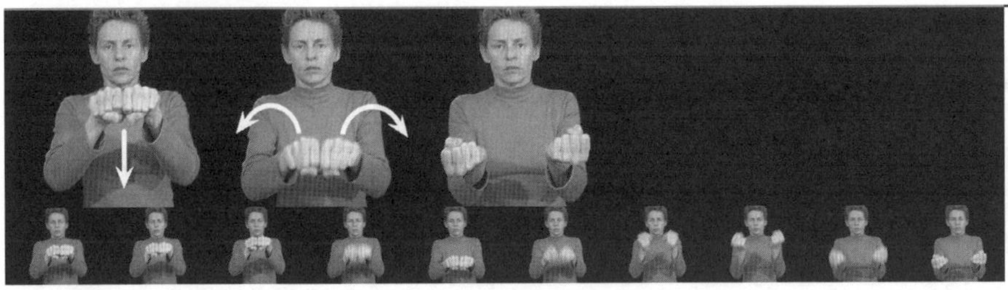

FORÇA – Mãos fechadas em "S", palmas para baixo. Unir as mãos pelas laterais internas. Em seguida, movê-las mãos um pouco para baixo e para as laterais, virando as palmas para cima.
• *Força: Vigor físico, energia vital.* **Sinal igual:** ENERGIA, ESFORÇO, GARRA, VEEMÊNCIA

FORÇAR – Mãos fechadas em "S", palmas para dentro. Posicionar a mão direita apoiada sobre a esquerda. Em seguida, deslizar simultaneamente a mão direita para a frente e a esquerda para trás, virando os punhos e sem desencostá-las.
• *Forçar: Obrigar através da força ou por uma pressão moral.* **Sinal igual:** COAGIR, COERÇÃO, COMPELIR, IMPOR, OBRIGAR

FORMATURA – Mãos em "C", palmas para baixo. Unir as mãos pelas laterais internas (foto 1). Em seguida, mover as mãos, virando as palmas para a frente, sem desencostar uma da outra.
• *Formatura: Término de um curso pelo qual se recebe um diploma.* **Sinal igual:** FORMANDO

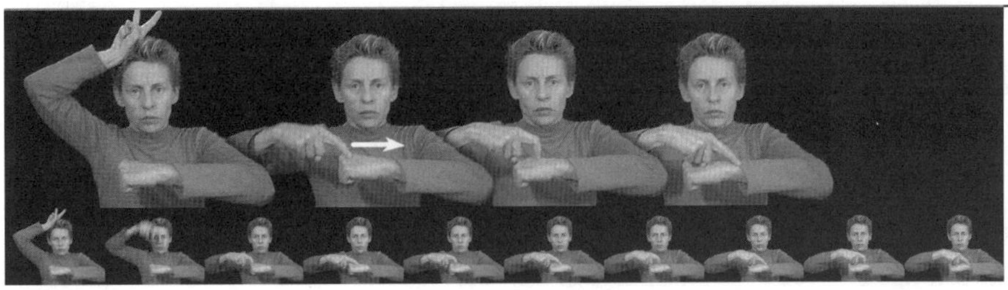

FORMIGA – Mão direita em "V", mão esquerda fechada, palma para baixo. Posicionar a mão direita apoiada sobre a cabeça. Em seguida, com a mão direita fechada e o indicador aberto e curvado, tocar a ponta desse dedo no dorso esquerdo e deslizá-lo até o punho, esticando e curvando o dedo várias vezes durante o percurso.
• *Formiga: Pequeno inseto que vive em sociedades compostas por uma rainha, machos e operárias.* **Sinal igual:** SAÚVA

▪ **FORMA:** SENTIR ▪ **FORMANDO:** FORMATURA

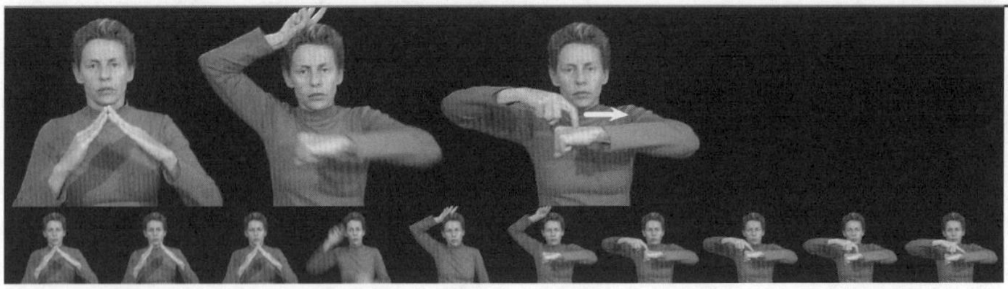

FORMIGUEIRO – Fazer os sinais de "casa" e de "formiga".
• ***Formigueiro:*** *Habitação de formigas.*

FORNO – Mão direita fechada em "S", palma para baixo. Mão esquerda aberta, dedos unidos e esticados apontando para a frente, palma para cima. Posicionar a mão esquerda mais para baixo e para trás com relação à mão direita. Em seguida, mover simultaneamente a mão direita para trás e para baixo e a esquerda para a frente.
• ***Forno:*** *Câmara cujo interior é aquecido para se cozinhar ou assar alimentos.* **Sinal igual:** FORNALHA

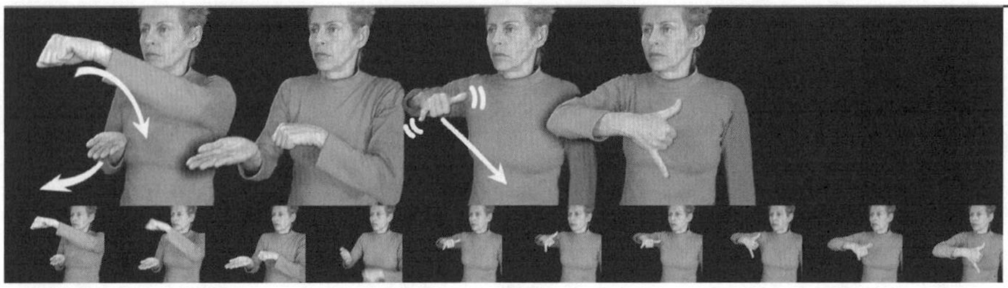

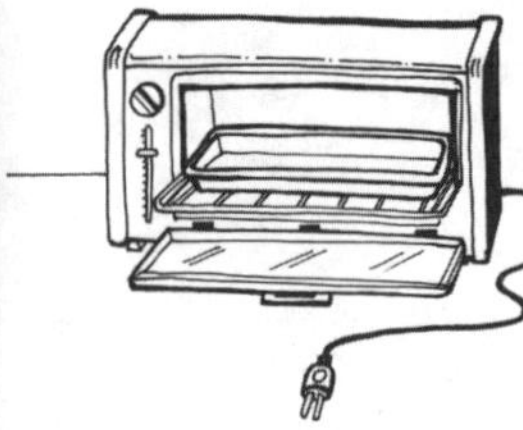

FORNO ELÉTRICO – Fazer os sinais de "forno" e de "eletricidade".
• ***Forno elétrico:*** *Câmara na qual se assam ou aquecem alimentos e que funciona com eletricidade.*

FORTE – Mão em "V", palma para dentro. Encostar a lateral do dedo indicador na bochecha, perto da boca. Em seguida, deslizar a mão para cima, passando o indicador pela lateral do nariz e mover a mão para a frente, afastando-a do rosto.
• ***Forte:*** *Que se manifesta com intensidade.* **Sinal igual:** ENÉRGICO, INTENSO, VIGOROSO

FORTUNA – Com as duas mãos, fazer o sinal de "dinheiro", movendo as mãos para cima.
• ***Fortuna:*** *Conjunto de bens e capital pertencente a um indivíduo, família, empresa etc.* **Sinal igual:** BENS

▪ FORMOSO: BONITO ▪ FORNALHA: FORNO ▪ FORO: TRIBUNAL ▪ FORRÓ: BAILE ▪ FORTALEZA: CASTELO ▪ FÓRUM: TRIBUNAL ▪ FOSFORESCÊNCIA: BRILHAR ▪ FOSFORESCENTE: BRILHAR ▪ FOSSAS NASAIS: NARINAS ▪ FOTO: FOTOGRAFAR

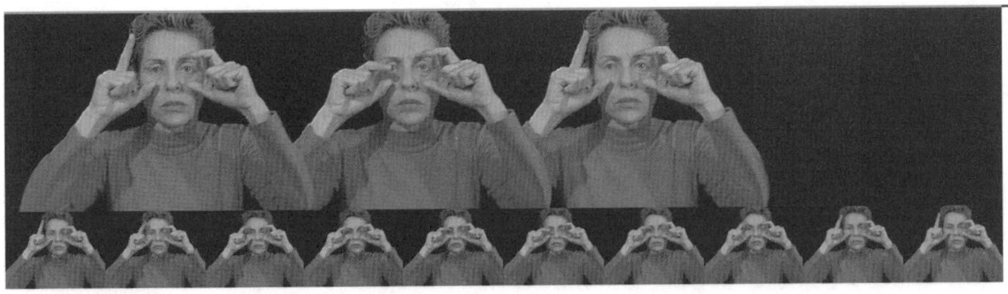

FOTOGRAFAR – Mãos fechadas com o indicador esquerdo e os polegares abertos e curvados, indicador direito esticado, palmas para dentro. Posicionar as mãos diante dos olhos, quase tocando o rosto (foto 1). Em seguida, dobrar e esticar novamente o indicador direito.
• ***Fotografar:*** *Reproduzir imagens através de fotografia usando um filme sensível à luz.* **Sinal igual:** FOTO, FOTOGRAFIA, MÁQUINA FOTOGRÁFICA

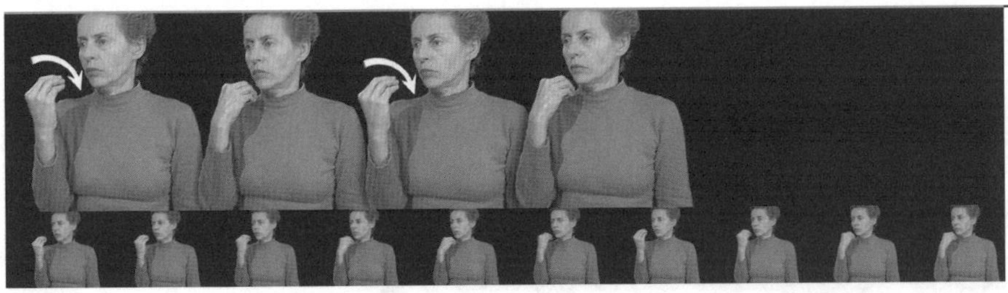

FRACO – Dedos unidos pelas pontas, palma para trás. Mover duas ou três vezes a mão para trás, passando as pontas por baixo do queixo.
• ***Fraco:*** *Que não possui muita força; frágil.* **Sinal igual:** DÉBIL, DEBILIDADE, DEBILITADO, ENFRAQUECIDO, ENFRAQUECIMENTO, FRÁGIL, FRAQUEZA, FROUXO

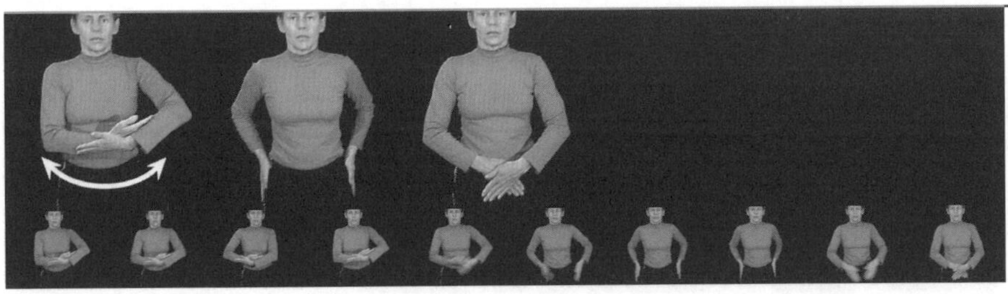

FRALDA – Fazer o sinal de "bebê". Em seguida, com as mãos abertas, dedos unidos e esticados, mover simultaneamente as mãos, tocando nas laterais dos quadris e na pélvis, em posição cruzada.
• ***Fralda:*** *Tecido absorvente usado nos bebês para reter urina e fezes.* **Sinal igual:** CUEIRO

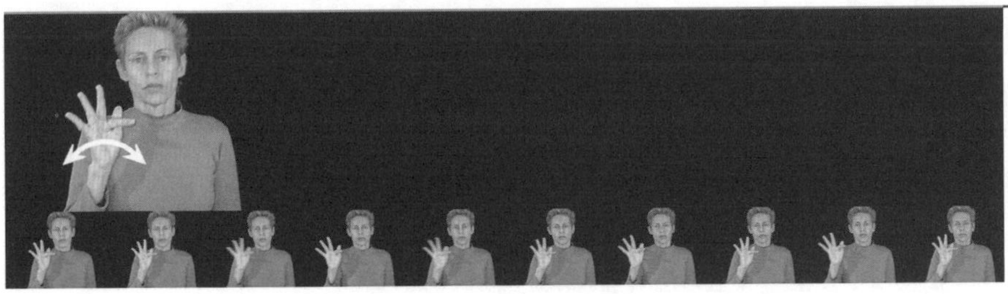

FRANÇA – Mão em "F". Balançar a mão para a direita e para a esquerda, duas ou três vezes.
• ***França:*** *País localizado na Europa.* **Sinal igual:** FRANCÊS

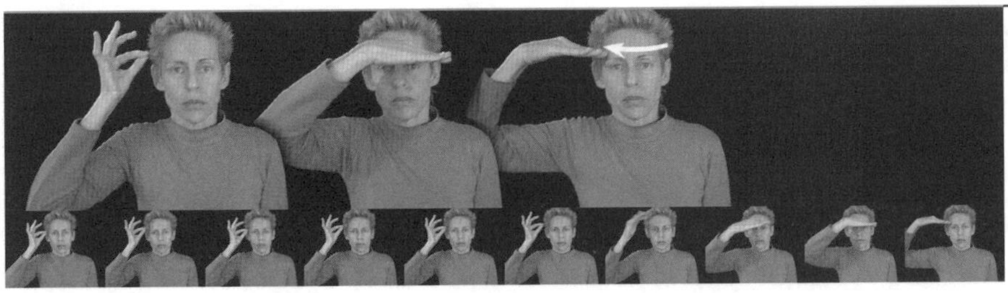

FRANJA – Fazer o sinal de "cabelo". Em seguida, com a mão aberta, dedos unidos e esticados, palma para baixo, deslizar a mão pela testa, da esquerda para a direita.
• ***Franja:*** *Cabelo caído sobre a testa.*

▪ **FOTOGRAFIA:** FOTOGRAFAR ▪ **FRÁGIL:** FRACO ▪ **FRAGMENTADO:** QUEBRAR ▪ **FRAGMENTAR:** QUEBRAR ▪ **FRAGMENTO:** PEDAÇO ▪ **FRAGRÂNCIA:** PERFUME ▪ **FRANCÊS:** FRANÇA ▪ **FRANCO:** LEAL ▪ **FRANGO:** GALO ▪ **FRANQUEZA:** LEAL ▪ **FRAQUEZA:** FRACO

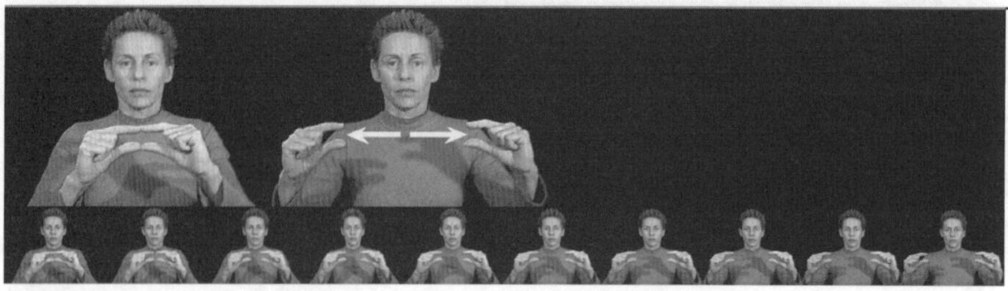

O céu é azul.

FRASE – Mãos fechadas com os dedos indicadores e polegares abertos e perto uns dos outros, palmas para dentro. Unir as mãos pelas pontas dos dedos (foto 1). Em seguida, afastar as mãos para a laterais.
• ***Frase:*** *Construção gramatical formada por uma ou mais palavras e que possui um sentido completo.* **Sinal igual:** FRASEAR, LOCUÇÃO, ORAÇÃO, SENTENÇA

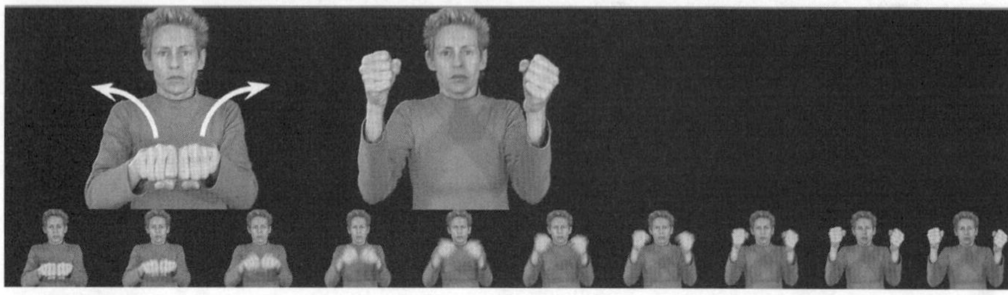

FRATURAR – Mãos fechadas em "S", palmas para baixo. Encostar uma mão na outra pelas laterais internas. Em seguida, com um gesto rápido, mover as mãos para as laterais e para cima, virando as palmas para dentro.
• ***Fraturar:*** *Quebrar um osso, cartilagem dura ou dente.*

FRAUDAR – Mãos em "D", com os dedos indicadores apontando para a frente, palmas para cima. Posicionar a mão direita um pouco mais acima da esquerda (foto 1). Em seguida, virar as palmas para baixo, cruzando as mãos pelos punhos.
• ***Fraudar:*** *Praticar ato desonesto a fim de enganar alguém ou alguma instituição.*

FREAR – Mãos abertas, dedos unidos e esticados. Mão direita "em pé" com a palma para a frente e mão esquerda deitada com a palma para trás. Posicionar a mão direita atrás da esquerda e movê-la para a frente, empurrando a esquerda também para a frente.
• ***Frear:*** *Parar; acionar o freio de carro, moto, bicicleta etc.*

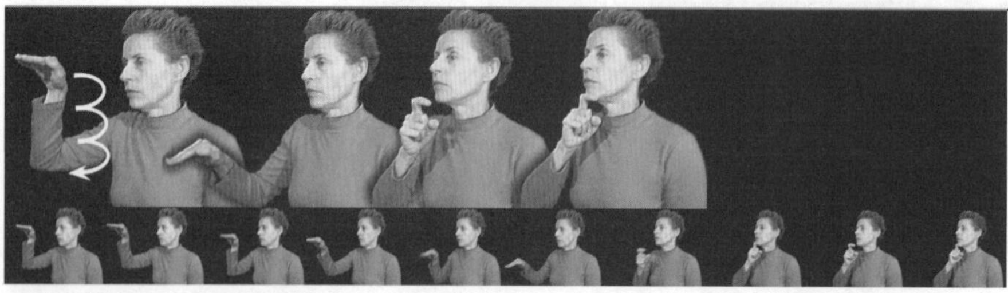

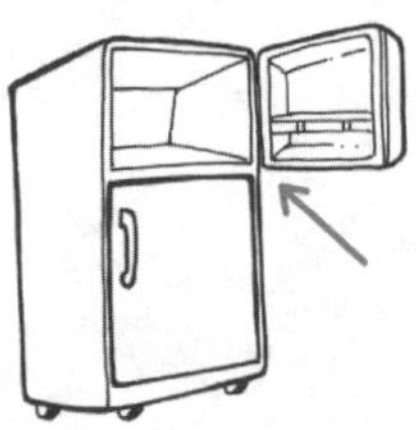

FREEZER – Mão aberta e dobrada, dedos unidos e esticados apontando para a frente, palma para a frente. Mover a mão para a frente em três pontos diferentes, de cima para baixo. Depois, fazer o sinal de "gelado".
• ***Freezer:*** *Aparelho elétrico usado para conservar através de baixas temperaturas alimentos ou outras substâncias.* **Sinal igual:** CONGELADOR, FRIGORÍFICO

■ **FRASEAR:** FRASE ■ **FRATURADO:** QUEBRAR

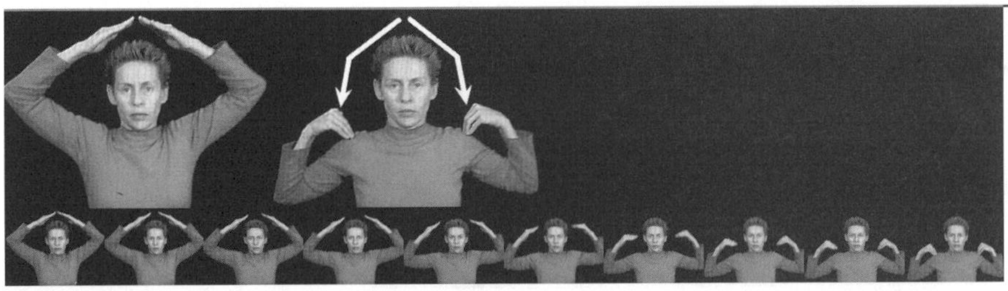

FREIRA – Mãos abertas, dedos unidos e esticados, palmas para baixo. Posicionar as mãos sobre a cabeça, com as pontas dos dedos se encontrando. Mover as mãos para as laterais e para baixo e depois mais para baixo, verticalmente, até encostar as pontas dos dedos nos ombros.
• ***Freira:*** *Mulher que se dedica à religião; sóror, monja.* **Sinal igual:** MADRE, MONJA, SOROR

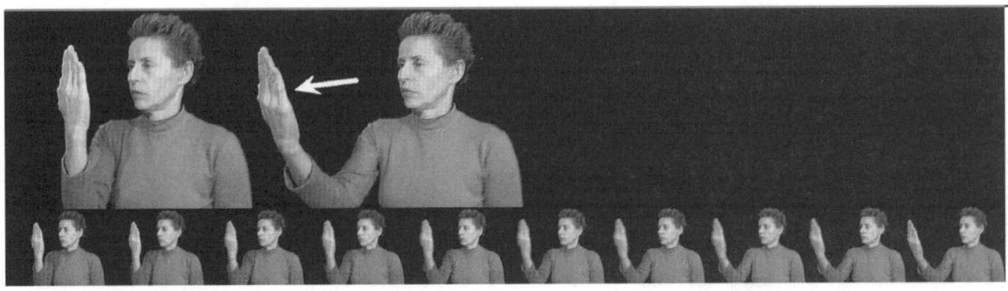

FRENTE – Mão aberta, dedos unidos e esticados apontando para cima, palma para trás. Posicionar a mão perto do rosto. Olhar para a mão e movê-la para a frente.
• ***Frente:*** *Que está logo adiante de quem vê.*

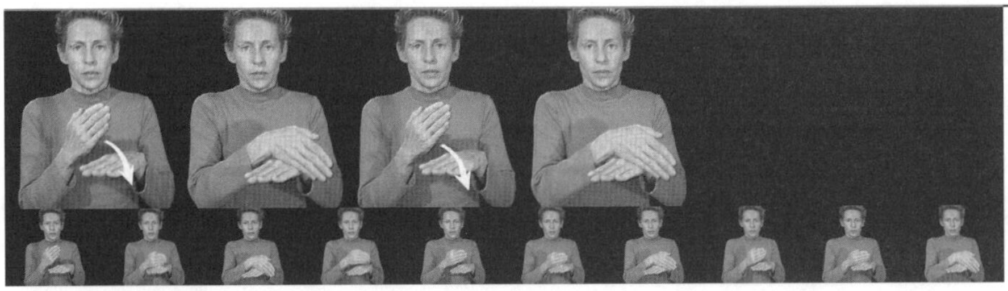

FREQUENTAR – Fazer o sinal de "entrar" duas ou três vezes seguidas.
• ***Frequentar:*** *Ir seguidamente a algum lugar; conviver.*

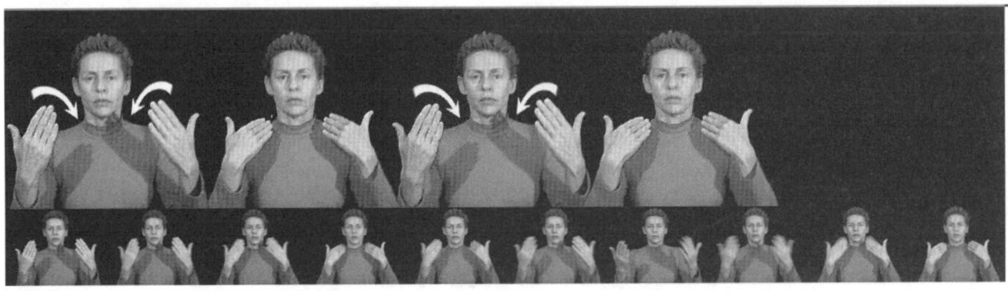

FRESCO – Com as mãos abertas e as palmas para trás, abanar o próprio rosto, duas ou três vezes.
• ***Fresco:*** *Bem arejado.* **Sinal igual:** AREJADO, REFRESCANTE

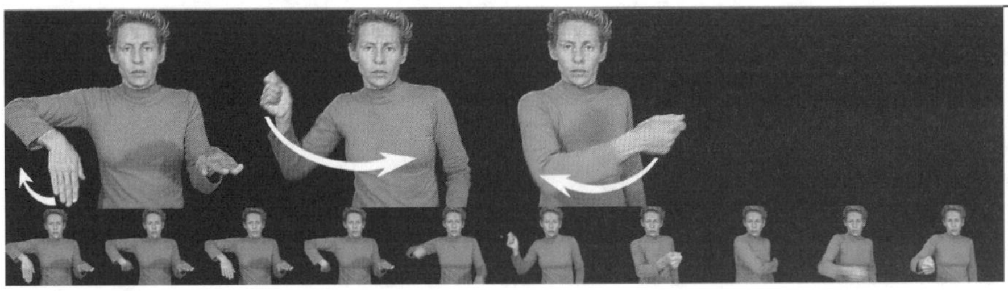

FRESCOBOL – Fazer os sinais de "praia" e de "tênis".
• ***Frescobol:*** *Jogo praticado ao ar livre, geralmente na praia, utilizando duas raquetes e uma pequena bola de borracha.*

■ **FRENÉTICO:** IMPACIENTE ■ **FREQUENTEMENTE:** TODA VEZ

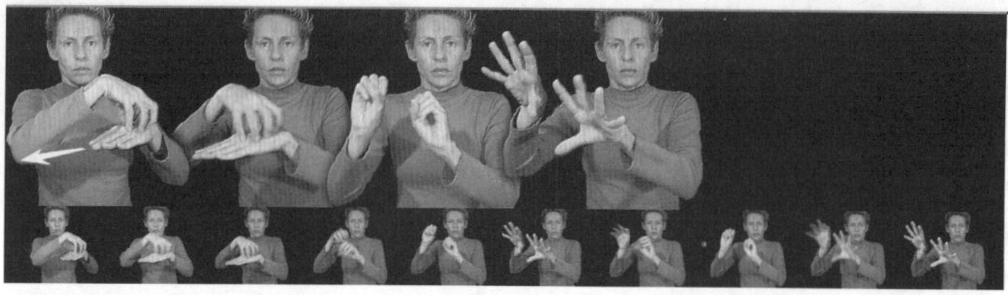

FRETAR – Mão esquerda aberta, dedos esticados, palma para baixo. Mão direita aberta, dedos curvados com as pontas tocando no dorso da mão esquerda. Mover as mãos para a lateral ou para a frente. Depois, unir os dedos das mãos pelas pontas, apontando para a frente e para cima. Esticar os dedos, jogando as mãos um pouco para a frente e voltar com as mãos para trás, unindo as pontas dos dedos, duas vezes.

• ***Fretar:*** *Alugar um veículo (ônibus, avião etc.) para transportar um grupo de pessoas ou carga.*

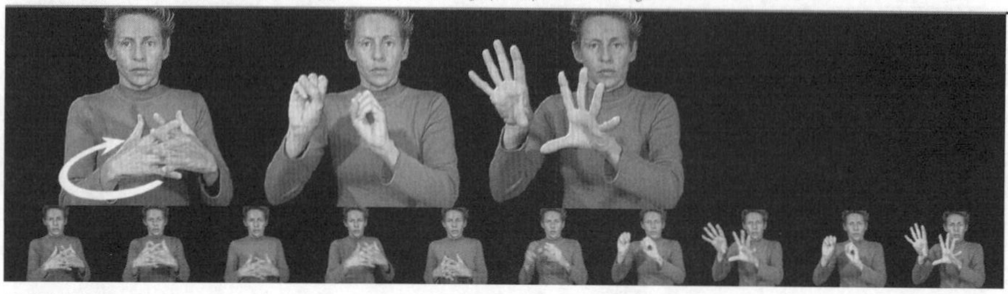

FRETE – Mãos abertas com os dedos esticados e separados, palmas para trás. Juntar as mãos entrelaçando os dedos. Em seguida, mover horizontalmente as mãos, descrevendo um círculo. Depois, unir os dedos das mãos pelas pontas, que devem se voltar para a frente e para cima. Esticar os dedos, jogando as mãos um pouco para a frente e voltar com as mãos para trás, unindo as pontas dos dedos, duas vezes.

• ***Frete:*** *Aluguel de veículo para transporte de carga.*

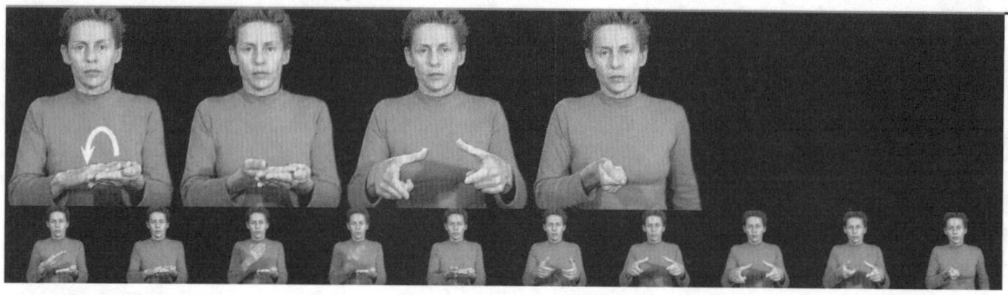

FRIGIDEIRA – Fazer o sinal de "fritar". Depois, mãos fechadas com os indicadores e os polegares abertos e curvados, palmas para dentro. Posicionar uma mão perto da outra. Em seguida, fazer o sinal de "A", palma para dentro, imitando o gesto de quem segura no cabo de uma frigideira.

• ***Frigideira:*** *Panela rasa usada para fritar alimentos.*

FRIO – Mãos fechadas, palmas para dentro, braços dobrados. Encostar os braços no peito e tremê-los, encolhendo um pouco os ombros.

• ***Frio:*** *Que tem baixa temperatura.* **Sinal igual:** FRÍGIDO, GÉLIDO, INERTE, INVERNO

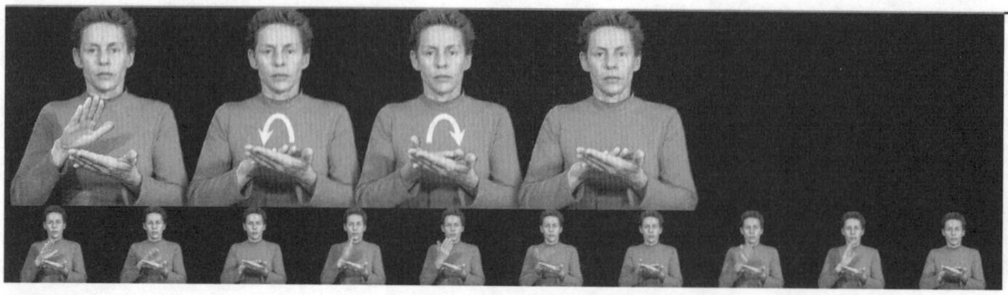

FRITAR – Mãos abertas, dedos unidos e esticados. Mão direita com a palma para baixo e mão esquerda com a palma para cima. Tocar a mão direita na palma esquerda, virar a direita encostando o dorso na palma esquerda e virar novamente a mão direita, encostando na palma esquerda.

• ***Fritar:*** *Cozinhar na manteiga, óleo, azeite ou outra substância oleosa; frigir.* **Sinal igual:** FRIGIR, FRITO, FRITURA

▪ **FRIGIDÍSSIMO:** CONGELAR, GELADO ▪ **FRÍGIDO:** FRIO ▪ **FRIGIR:** FRITAR ▪ **FRIGORÍFICO:** *FREEZER* ▪ **FRITO:** FRITAR ▪ **FRITURA:** FRITAR

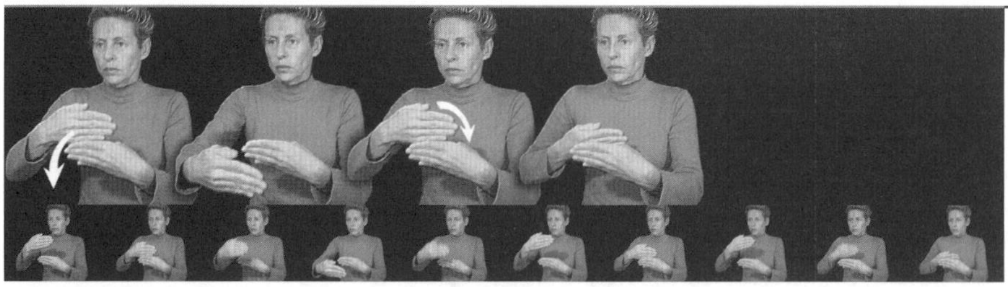

FRONTEIRA – Mãos abertas, dedos unidos e esticados, palmas para trás. Encostar a lateral externa da mão direita na lateral interna da esquerda. Depois, mover a mão direita para trás da esquerda, voltar a encostá-la na lateral da esquerda e, por fim, deslocar a mão direita para a frente da esquerda.
• ***Fronteira:*** *Linha que divide duas áreas ou dois países; limite.*

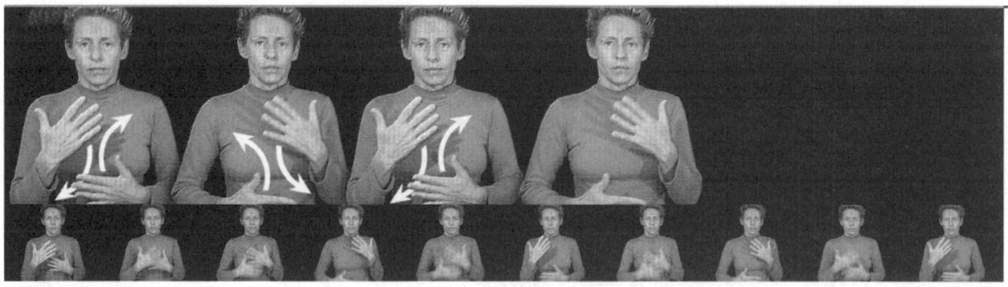

FRUSTRAR – Mãos abertas, dedos esticados e separados, palmas para trás. Posicionar uma mão acima da outra. Em seguida, mover as mãos simultaneamente e em sentidos opostos, para cima e para baixo, trocando-as de lugar, duas ou três vezes. Fazer uma expressão de desagrado.
• ***Frustrar:*** *Falhar ou fazer falhar; não corresponder à expectativa.*

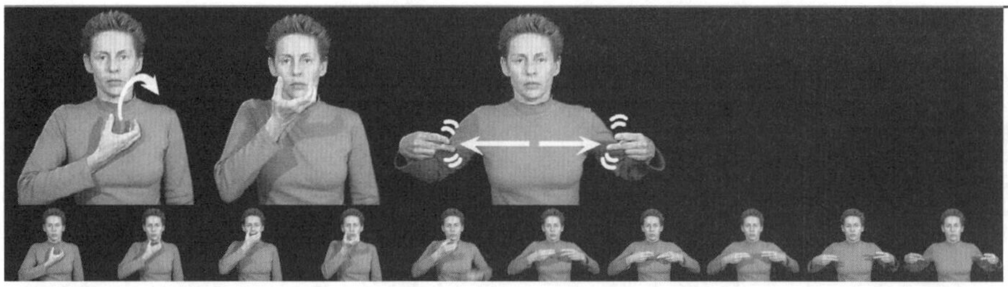

FRUTAS – Fazer os sinais de "maçã" e de "vários".
• ***Frutas:*** *Plural de fruta; parte da planta em que se encontram as sementes.* **Sinal igual:** FRUTA, FRUTICULTURA, FRUTÍFERO, FRUTO

FUMAÇA – Mãos abertas, dedos esticados apontando para cima, palmas para cima. Posicionar as mãos na altura do estômago. Em seguida, movê-las simultaneamente para cima, balançando os dedos aleatoriamente durante o percurso.
• ***Fumaça:*** *Vapor resultante de alguma substância ou material que está em chamas.* **Sinal igual:** ESFUMAÇADO, ESFUMAÇAR, FUMACENTO

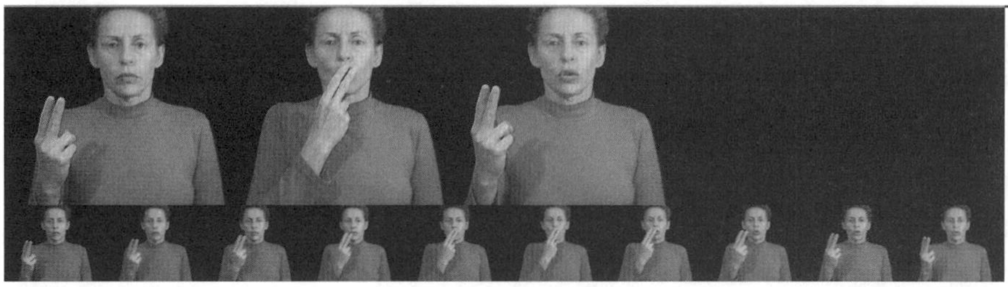

FUMAR – Mão fechada com os dedos indicador e médio abertos e levemente separados, palma para trás. Mover a mão, tocando levemente os dedos nos lábios e afastá-la da boca, mexendo os lábios como quem sopra a fumaça do cigarro.
• ***Fumar:*** *Absorver fumaça de cigarro, cachimbo etc.* **Sinal igual:** FUMANTE, FUMO

▪ **FROUXO:** FRACO ▪ **FRUTA:** FRUTAS ▪ **FRUTICULTURA:** FRUTAS ▪ **FRUTÍFERO:** FRUTAS ▪ **FRUTO:** FRUTAS ▪ **FUGA:** ESCAPAR ▪ **FUGIR:** ESCAPAR ▪ **FUGITIVO:** ESCAPAR ▪ **FULGURAR:** BRILHAR ▪ **FULVO:** AMARELO ▪ **FUMACENTO:** FUMAÇA ▪ **FUMANTE:** FUMAR ▪ **FUMEIRO:** CHAMINÉ ▪ **FUMO:** CIGARRO, FUMAR ▪ **FUNÇÃO:** TRABALHAR ▪ **FUNCIONALISMO:** FUNCIONÁRIO

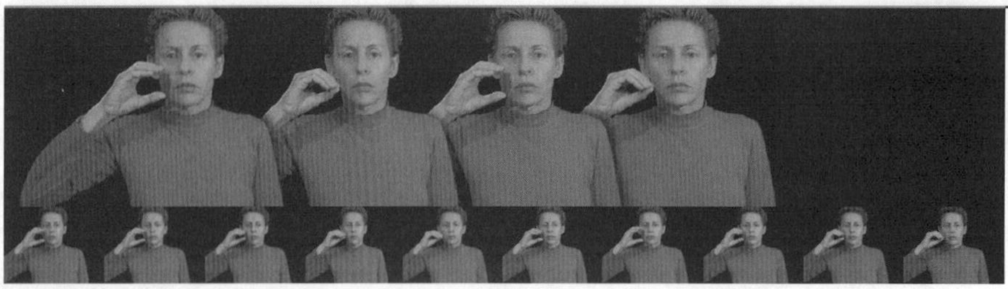

FUNCIONÁRIO – Mão em "C", palma para dentro. Posicionar a mão ao lado da boca. Em seguida, unindo os dedos pelas pontas, abrir e fechar a mão duas ou três vezes.
• ***Funcionário:*** *Aquele que desempenha profissionalmente uma função; empregado.* **Sinal igual:** EMPREGADO, FUNCIONALISMO

FUNDAÇÃO – Mão esquerda aberta, dedos unidos e esticados apontando para o lado direito, polegar apontando para o peito, palma para trás. Mão direita com os dedos unidos pelas pontas, palma para cima. Posicionar a mão direita abaixo da esquerda. Depois, mover a mão direita para cima, passando por trás da esquerda, e abrir os dedos com a palma virada para trás no fim do movimento.
• ***Fundação:*** *Instituição privada ou pública que busca determinado fim em benefício da coletividade.* **Sinal igual:** ESTABELECER, FUNDADOR, FUNDAR, INICIADOR, INSTITUIR

FUNIL – Mãos fechadas com os indicadores e os polegares abertos e curvados, palmas para dentro. Unir as mãos pelas pontas dos dedos. Em seguida, mover a mão direita para baixo, virando a palma para cima e unido as pontas do polegar e do indicador.
• ***Funil:*** *Utensílio em forma de cone, terminado por um tubo que é usado para despejar líquidos em recipientes de boca estreita.*

FURACÃO – Mão direita fechada com o indicador esticado apontando para cima, palma para trás. Posicionar a mão do lado direito do corpo. Em seguida, mover a mão para o lado esquerdo, girando-a várias vezes durante o percurso.
• ***Furacão:*** *Tempestade muito forte.* **Sinal igual:** REDEMOINHO, TORNADO, TUFÃO

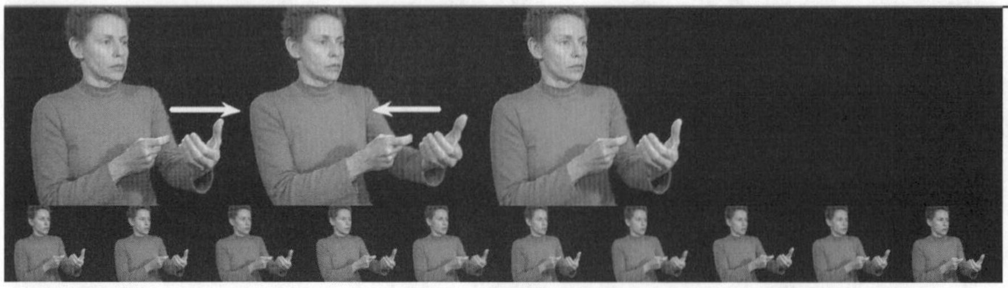

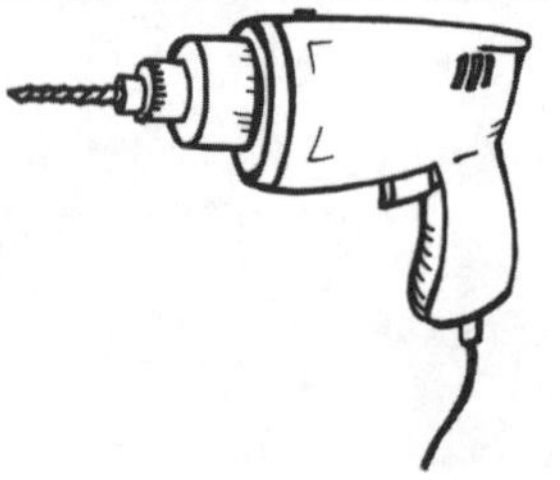

FURADEIRA ELÉTRICA – Mão esquerda em "C", palma para cima. Mão direita fechada com o dedo indicador aberto e curvado, palma para dentro. Posicionar a mão esquerda diante da mão direita. Em seguida, mover as mãos simultaneamente para a frente e para trás, uma ou duas vezes.
• ***Furadeira elétrica:*** *Ferramenta que funciona através de eletricidade, usada para se perfurar superfícies.* **Sinal igual:** PERFURADORA, PERFURATRIZ

▪ **FUNDADOR:** FUNDAÇÃO ▪ **FUNDAMENTAL:** ESSENCIAL ▪ **FUNDAR:** FUNDAÇÃO ▪ **FUNDILHOS:** BUNDA ▪ **FUNDO:** PROFUNDO ▪ **FUNDURA:** PROFUNDO ▪ **FUNERAL:** ENTERRAR ▪ **FUNESTO:** MAU ▪ **FUNGO:** COGUMELO

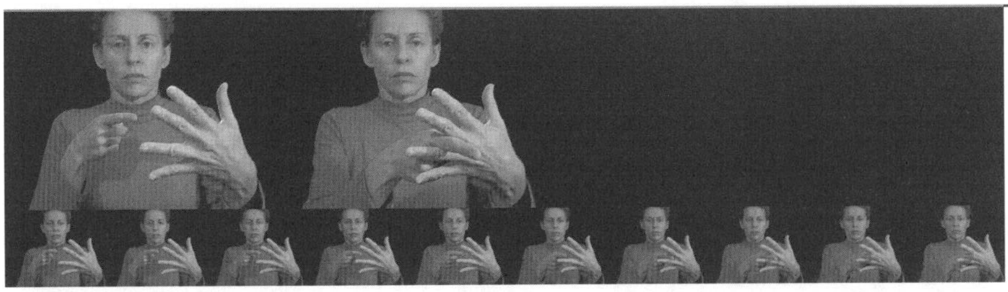

FURAR – Mão esquerda aberta, dedos separados e esticados, palma para trás. Mão direita fechada com o indicador esticado. Mover a mão direita, passando o indicador através dos dedos da mão esquerda.
• ***Furar:*** *Abrir furo ou buraco em alguma coisa.* **Sinal igual:** ESBURACAR, FURO, ORIFÍCIO, PERFURAÇÃO, PERFURAR

FURIOSO – Mão aberta, dedos unidos e esticados, polegar separado apontando para baixo, palma para baixo. Encostar a lateral interna da mão no peito, perto do estômago. Em seguida, deslizar a mão para cima, até a altura do queixo, fazendo uma expressão de quem está com raiva.
• ***Furioso:*** *Que está com muita raiva; colérico.* **Sinal igual:** COLÉRICO, FÚRIA

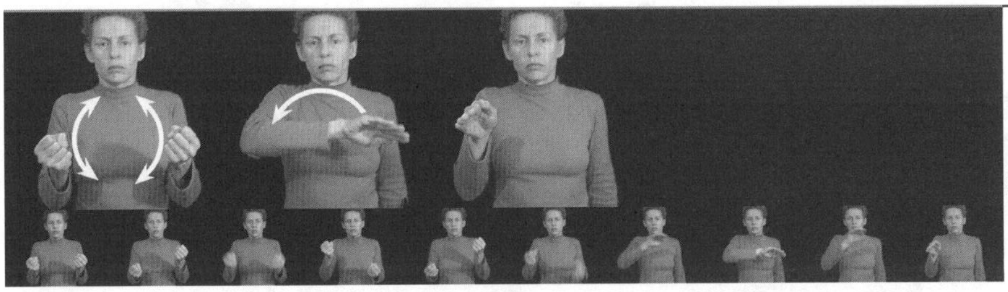

FUSCA – Fazer o sinal de "automóvel". Em seguida, mover a mão (aberta e levemente curvada, dedos unidos, palma para baixo, descrevendo um arco.
• ***Fusca:*** *Antigo automóvel fabricado pela Volkswagen.*

FUTEBOL – Mãos fechadas com os polegares esticados, palmas para trás. Posicionar as mãos próximas uma da outra. Em seguida, mover as mãos, duas ou três vezes, simultaneamente e em sentidos opostos, para cima e para baixo, resvalando uma na outra durante o movimento.
• ***Futebol:*** *Esporte no qual se chuta a bola com os pés.*

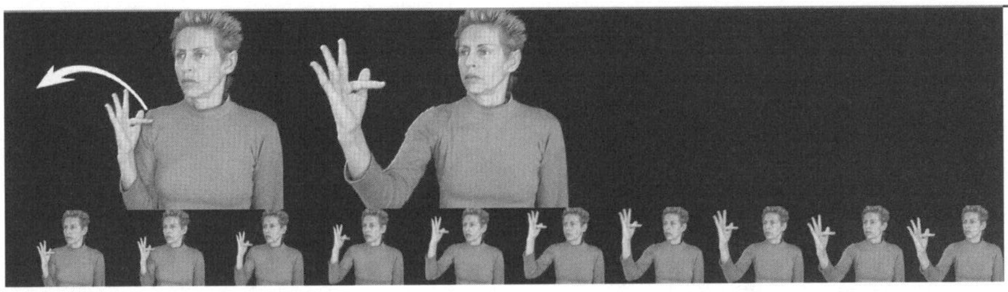

FUTURO – Mão em "F", palma para dentro. Posicionar a mão perto do corpo. Em seguida, mover a mão para a frente, descrevendo um leve arco durante o percurso.
• ***Futuro:*** *Tempo que está por vir.* **Sinal igual:** FUTURAMENTE, PORVIR

▪ **FÚRIA:** FURIOSO ▪ **FURIOSO:** BRAVO ▪ **FURO:** FURAR ▪ **FURTAR:** LADRÃO ▪ **FURTO:** LADRÃO ▪ **FUTURAMENTE:** FUTURO ▪ **FUXICO:** FOFOCAR ▪ **FUXIQUEIRO:** FOFOCAR ▪ **FUZIL:** CAÇAR

Mão fechada com os dedos indicador e polegar esticados apontando para cima. O polegar deve estar encostado na lateral do indicador. Sétima letra do alfabeto.

Mão fechada com os dedos indicador e polegar esticados apontando para cima. O polegar deve estar encostado na lateral do indicador. Sétima letra do alfabeto.
Mão fechada com os dedos indicador e

polegar estic...
O polegar dev...
ral do indicad...
Mão fechada com os dedos indicador e polegar esticados apontando para cima. O polegar deve estar encostado na lateral do indicador. Sétima letra do alfabeto.
Mão fechada com os dedos indicador e polegar esticados apontando para cima. O polegar deve estar encostado na lateral do indicador. Sétima letra do alfabeto.
Mão fechada com os dedos indicador e polegar esticados apontando para cima.

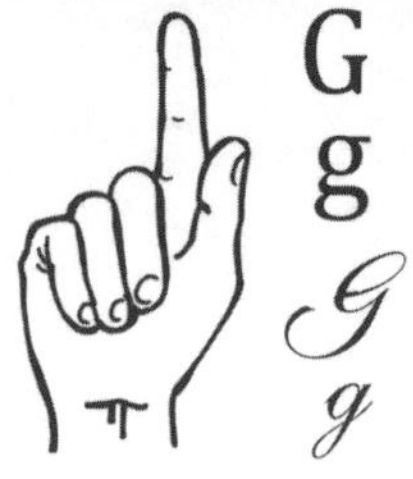

G – Mão fechada com os dedos indicador e polegar esticados apontando para cima. O polegar deve estar encostado na lateral do indicador.
• *G: Sétima letra do alfabeto.*

GAFE – Mão esquerda fechada, palma para baixo, braço dobrado para o lado direito. Mão direita em "Y", palma para trás. Posicionar a mão direita na frente do braço esquerdo. Em seguida, mover a mão direita para trás, encostando o punho no braço esquerdo.
• *Gafe: Ação e/ou palavra impensada; engano, erro.* **Sinal igual:** FIASCO, MANCADA, VEXAME

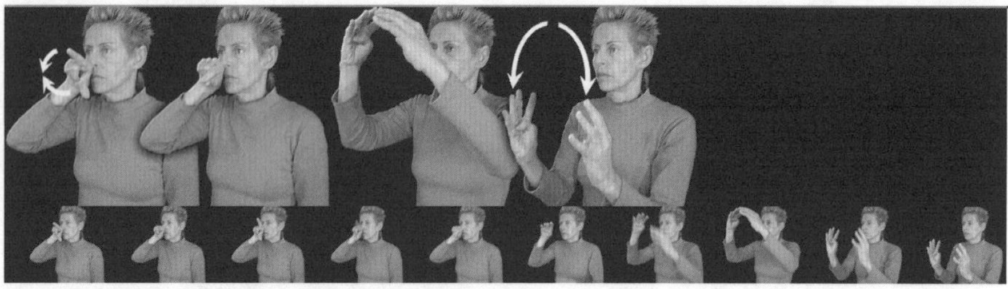

GAIOLA – Fazer o sinal de "bico". Em seguida, mãos em "4" com os dedos levemente curvados, palmas para dentro, unir as mãos pelas pontas dos dedos (foto 2). Depois, mover as mãos simultaneamente para baixo, descrevendo um leve arco durante o percurso.
• *Gaiola: Espécie de jaula onde se prendem animais domésticos e principalmente pássaros.*

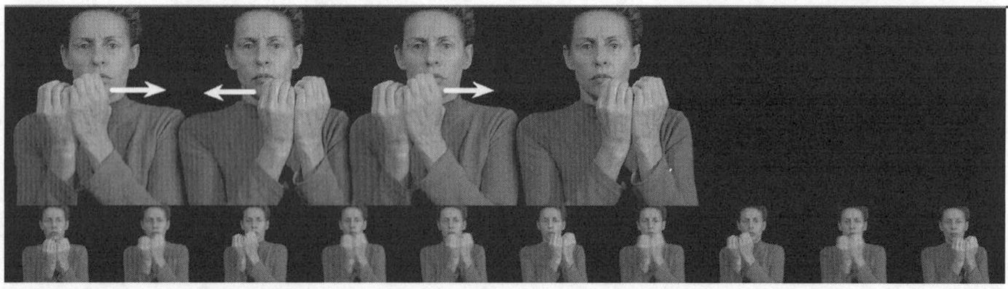

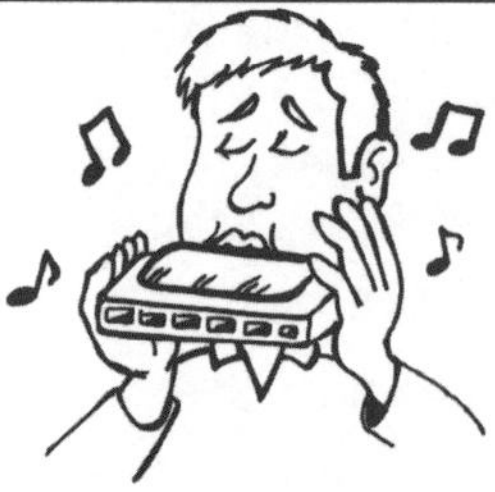

GAITA – Mãos abertas com os dedos unidos e curvados, polegares separados, palmas para trás. Manter as mãos unidas pelas laterais externas e posicioná-las diante da boca. Em seguida, mover as mãos para a direita e para a esquerda, duas vezes, imitando o gesto de quem toca uma gaita.
• *Gaita: Instrumento musical de sopro.* **Sinal igual:** HARMÔNICA

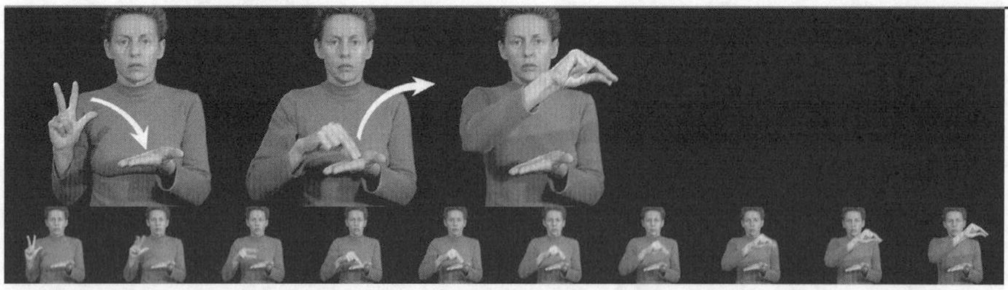

GAIVOTA – Mão esquerda aberta, palma para cima. Mão direita com o mínimo e o anular fechados, demais dedos esticados e separados. Posicionar a mão direita mais elevada que a esquerda (foto 1). Em seguida, tocar as pontas dos dedos da mão direita na palma da mão esquerda (unindo os dedos pelas pontas) e afastar a mão direita para a frente ou para a lateral esquerda.
• *Gaivota: Ave marinha.*

▪ **GABINETE:** ESCRITÓRIO ▪ **GAFANHOTO:** GRILO ▪ **GAFIEIRA:** BAILE ▪ **GALETO:** GALO ▪ **GALINÁCEO:** GALO

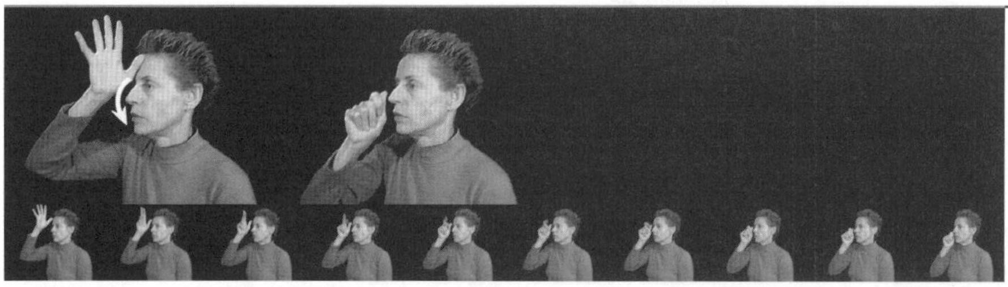

GALINHA – Mão aberta, dedos esticados e separados apontando para cima, palma para dentro. Tocar levemente a ponta do polegar na testa. Em seguida, mover a mão para baixo, até a altura do queixo, fechando um dedo de cada vez, começando pelo mínimo até o polegar. Fechar a mão em "A" no fim do percurso.
• ***Galinha:*** *Ave doméstica, fêmea do galo.*

GALO – Mão fechada em "A", palma para dentro. Tocar levemente o polegar na testa. Em seguida, mover a mão para cima da cabeça, abrindo-a (dedos esticados e separados apontando para cima) no fim do percurso.
• ***Galo:*** *Ave doméstica, macho da galinha.* **Sinal igual:** FRANGO, GALETO, GALINÁCEO

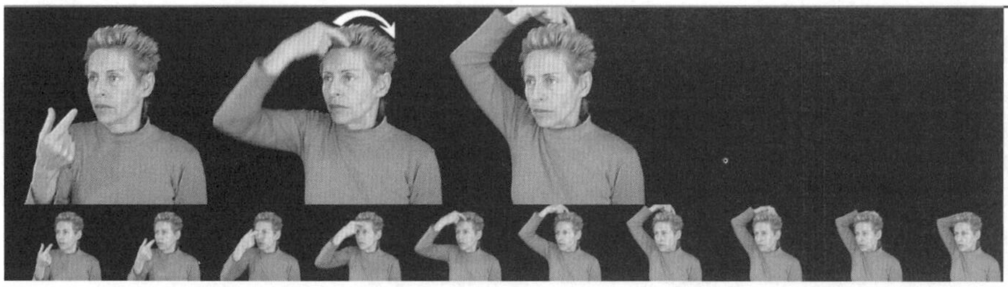

GAMBÁ – Mão fechada com os dedos indicador e polegar abertos, palma para trás. Manter a ponta do indicador perto da do polegar. Em seguida, tocar as pontas dos dedos na parte superior da testa e mover a mão para trás, deslizando-as sobre a cabeça.
• ***Gambá:*** *Mamífero que, para se defender, exala um cheiro muito desagradável.*

GANHAR – Mão em "L", palma para trás. Posicionar a mão ao lado do rosto. Em seguida, mover a mão para baixo, passando-a diante do rosto e virando a palma para a frente.
• ***Ganhar:*** *Receber algo por merecimento; sair-se vitorioso; conquistar.*

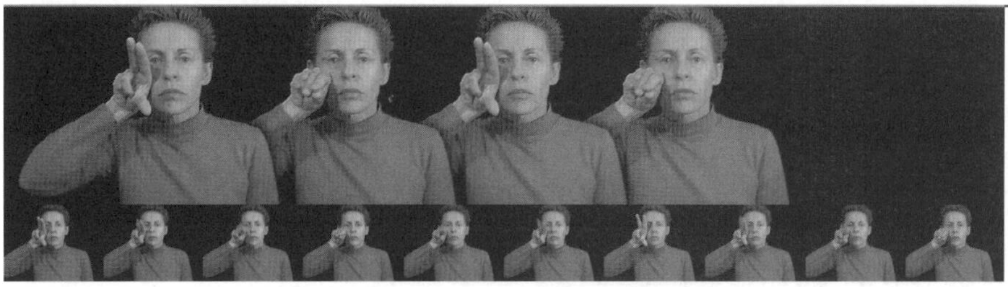

GANSO – Manter os dedos indicador e médio unidos e esticados, polegar aberto e separado, anular e mínimo fechados. Os dedos devem apontar para a frente. Encostar a lateral interna da mão no canto da boca (foto 1). Em seguida, unir os dedos pelas pontas e afastá-los novamente, duas ou três vezes.
• ***Ganso:*** *Ave que é criada para o consumo de sua carne e de seu fígado.*

■ GALOPAR: CAVALGAR ■ GARAGE: GARAGEM

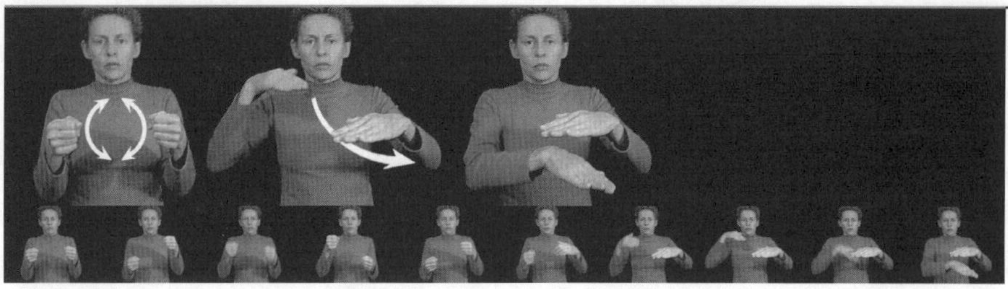

GARAGEM – Fazer o sinal de "automóvel". Depois, mãos abertas, dedos unidos e esticados, palmas para baixo. Dedos da mão esquerda apontando para o lado direito e dedos da mão direita apontando para a frente. Mover a mão direita para a frente, passando-a por baixo da mão esquerda.
• ***Garagem:*** *Lugar destinado a abrigar qualquer tipo de veículo (automóveis, ônibus, caminhões etc.).* **Sinal igual:** ESTACIONAMENTO, GARAGE

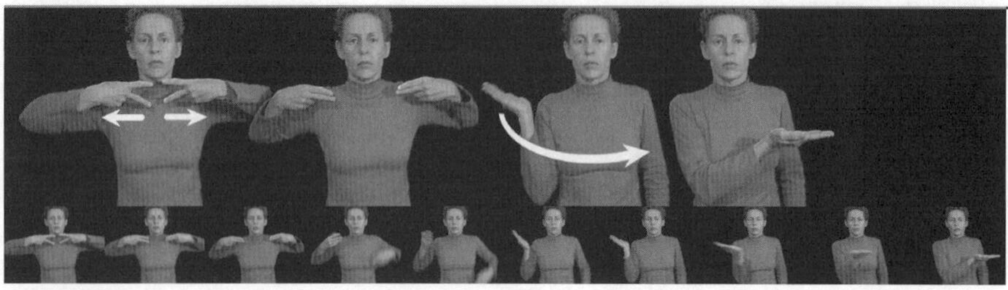

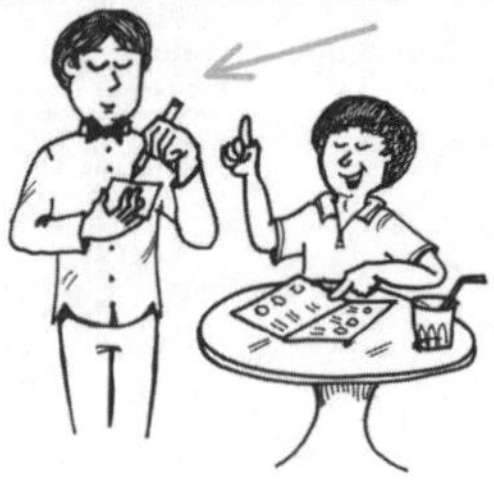

GARÇOM – Mãos em "V" com os dedos apontando para dentro, palmas para trás. Posicionar as mãos diante do pescoço (foto 1). Em seguida, mover as mãos, simultaneamente para as laterais, unindo os indicadores e os médios. Depois, mão direita aberta, palma para cima. Posicionar a mão à direita do corpo e movê-la para o lado esquerdo.
• ***Garçom:*** *Profissional que trabalha servindo as pessoas em restaurantes, cafés, lanchonetes etc.* **Sinal igual:** GARÇONETE

GARFO – Mão esquerda aberta, palma para cima. Mão direita em "3", com os dedos apontando para baixo, palma para trás. Encostar as pontas dos dedos da mão direita na palma esquerda.
• ***Garfo:*** *Utensílio de mesa usado para levar alimentos à boca.* **Sinal igual:** GARFADA, GARFAR

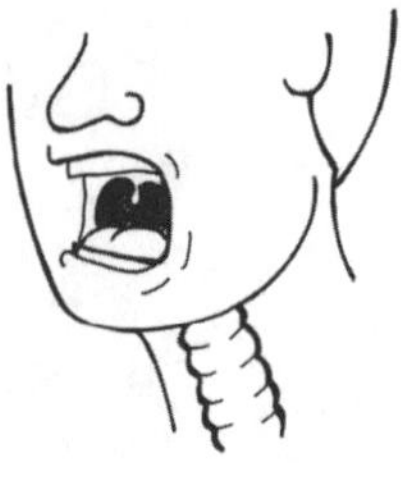

GARGANTA – Com a mão em "C", segurar a garganta.
• ***Garganta:*** *Parte anterior do pescoço por onde os alimentos passam da boca para o estômago.* **Sinal igual:** GOELA

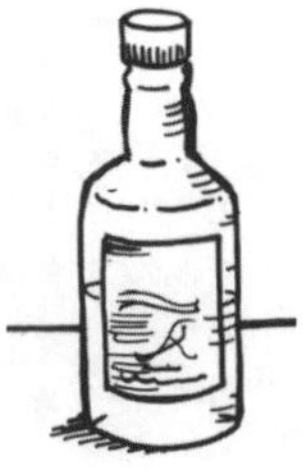

GARRAFA – Mãos abertas, dedos unidos e esticados apontando para dentro. Posicionar uma mão sobre a outra, conforme a foto 1. Em seguida, fazer o sinal de "vidro".
• ***Garrafa:*** *Recipiente de vidro, cristal, cerâmica etc. para guardar líquidos.*

▪ **GARATUJA:** RABISCAR ▪ **GARÇONETE:** GARÇOM ▪ **GARFADA:** GARFO ▪ **GARFAR:** GARFO ▪ **GARGALHADA:** RIR ▪ **GARGALHAR:** RIR ▪ **GARGANTILHA:** COLAR ▪ **GAROTA:** MENINA ▪ **GAROTO:** MENINO ▪ **GARRA:** FORÇA

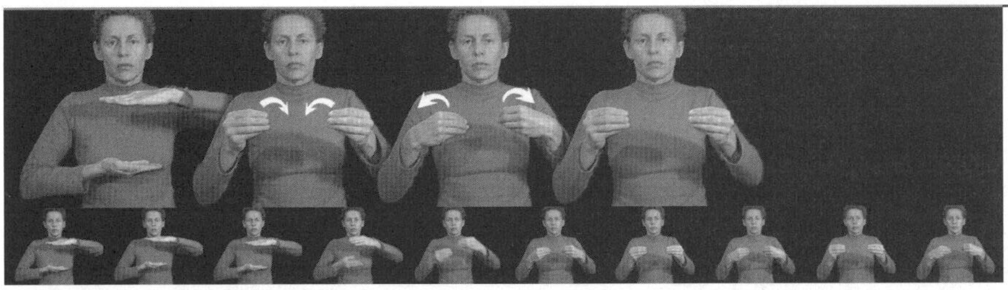

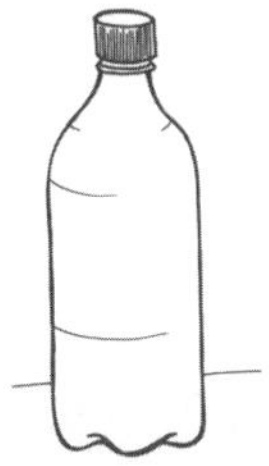

GARRAFA PLÁSTICA – Mãos abertas, dedos unidos e esticados apontando para dentro. Posicionar uma mão sobre a outra, conforme a foto 1. Em seguida, fazer o sinal de "plástico".
• ***Garrafa plástica:*** *Garrafa feita de plástico.*

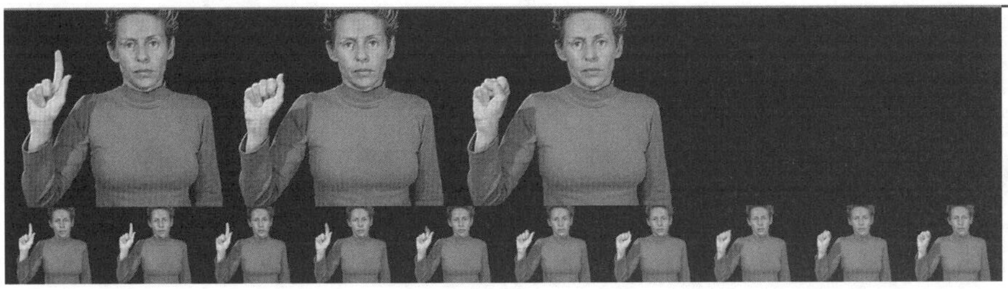

GÁS – Sinalizar as letras "G", "A" e "S".
• ***Gás:*** *Estado da matéria que se encontra na atmosfera, em ambientes abertos ou fechados.*

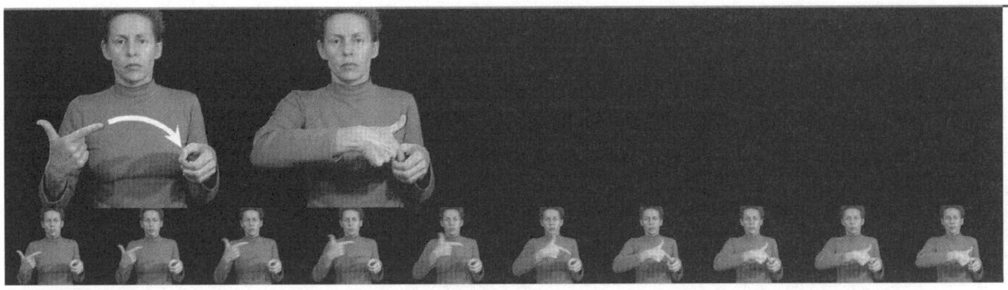

GASOLINA – Mão esquerda em "O", palma para dentro. Mão direita em "L", palma para trás. Mover a mão direita, encaixando o indicador entre os dedos da mão esquerda.
• ***Gasolina:*** *Destilado do petróleo usado como combustível em motores à explosão.*

GASTAR – Mãos fechadas, palmas para trás. Encostar as mãos no corpo, no lugar dos bolsos da calça. Em seguida, mover as mãos simultaneamente para cima e para a frente, virando as palmas para cima e abrindo bem os dedos, apontando-os para a frente.
• ***Gastar:*** *Desembolsar dinheiro.* **Sinal igual:** CONSUMIR, DESPENDER, DESPESAS

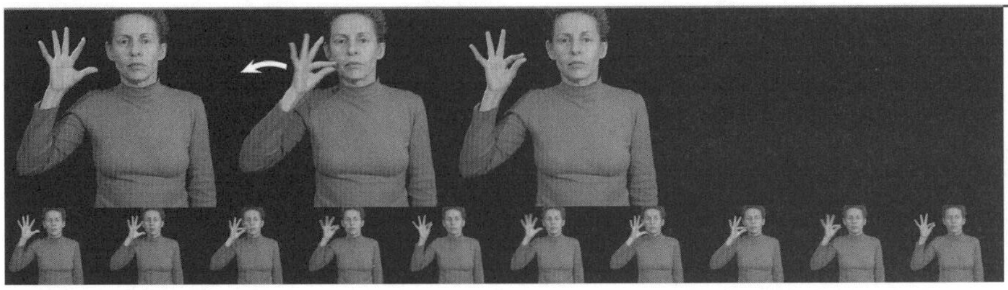

GATO – Mão aberta, dedos esticados e separados, palma para a frente. Mover a mão, unindo as pontas do indicador e do médio, tocando-as na região do buço, e afastando-a para a lateral. Repetir esse movimento duas vezes.
• ***Gato:*** *Mamífero doméstico.* **Sinal igual:** FELÍDEO, FELINO

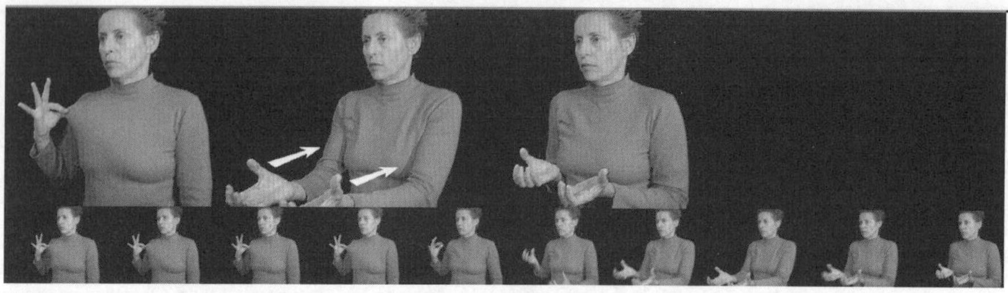

GAVETA – Com uma das mãos, fazer o sinal de "roupa". Em seguida, mãos abertas, dedos unidos e dobrados, polegares separados, palmas para cima. Posicionar as mãos diante do corpo. Depois, mover as mãos simultaneamente para trás, aproximando-as do corpo.
• ***Gaveta:*** *Compartimento encaixado em um móvel que se abre puxando e se fecha empurrando.*

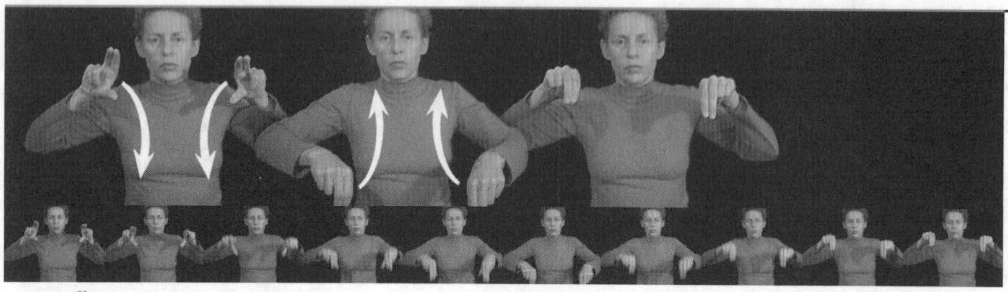

GAVIÃO – Mãos semifechadas, com os dedos indicadores e médios unidos e curvados, polegares separados, palmas para a frente. Posicionar as mãos diante do corpo e movê-las simultaneamente para a frente e para baixo, virando as palma para baixo e unindo as pontas dos dedos. Em seguida, deslocar as mãos para cima.
• ***Gavião:*** *Ave de rapina.*

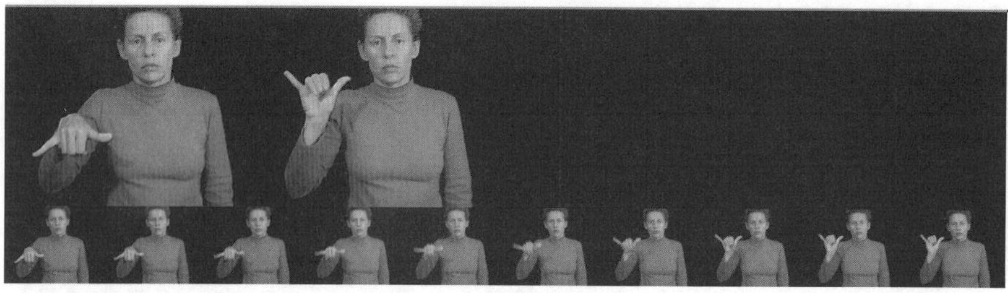

GAY* – Mão em "Y", palma para baixo. Mover a mão, virando a palma para a frente.
• **Gay***: Aquele que sente atração sexual por pessoas do mesmo sexo; homossexual.*

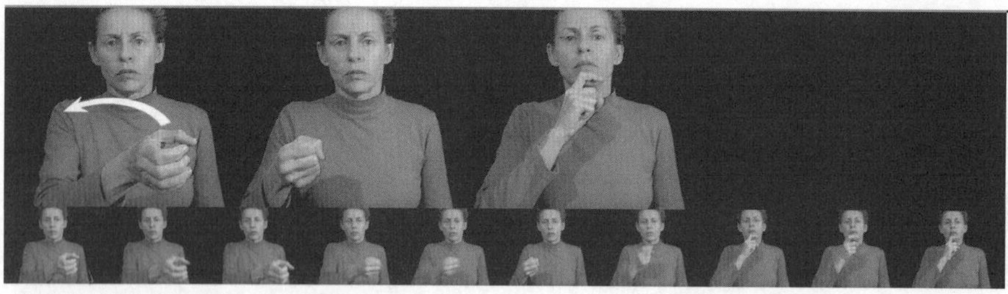

GELADEIRA – Mão aberta com os dedos unidos e curvados, palma para dentro. Posicionar a mão diante do corpo, um pouco longe dele. Em seguida, fechar a mão e movê-la para trás e para a lateral, imitando o gesto de quem segura e abre a porta de uma geladeira. Em seguida, fazer o sinal de "gelado".
• ***Geladeira:*** *Aparelho na maioria das vezes elétrico e termicamente isolado, que se destina a conservar em seu interior alimentos e outros itens em baixa temperatura; refrigerador.* **Sinal igual:** REFRIGERADOR

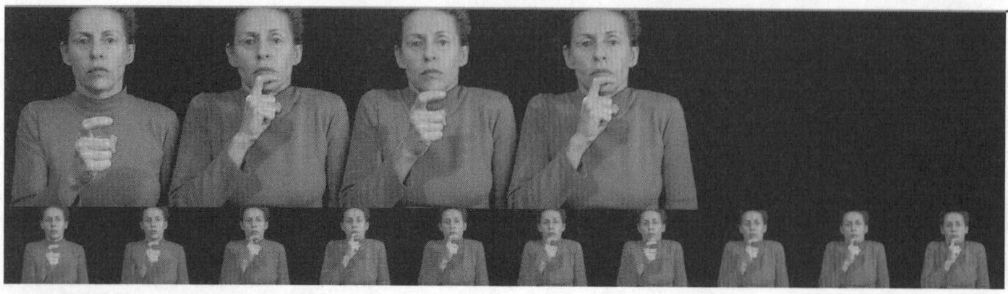

GELADO – Mão fechada com o dedo indicador aberto e dobrado, palma para dentro. Tocar duas vezes a lateral do indicador no queixo, erguendo um pouco os ombros durante o movimento.
• ***Gelado:*** *Que está muito frio.* **Sinal igual:** CONGELADO, FRIGIDÍSSIMO

▪ ***GAY***: HOMOSSEXUAL (HOMEM) ▪ **GAZETA:** JORNAL

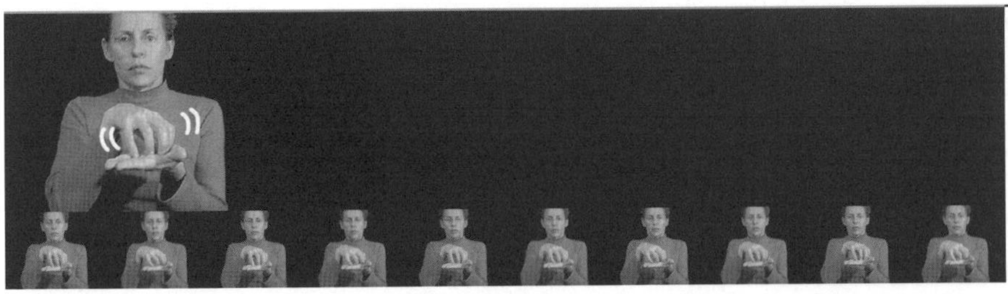

GELATINA – Mão esquerda aberta, palma para cima. Mão direita aberta com os dedos separados e curvados, palma para baixo. Tocar as pontas dos dedos da mão direita na palma esquerda. Em seguida, balançar algumas vezes a mão direita de um lado para outro, sem desencostar as pontas dos dedos da palma da mão.
• ***Gelatina:*** *Doce preparado com água e açúcar e com uma substância de origem animal que tem o mesmo nome (gelatina).*

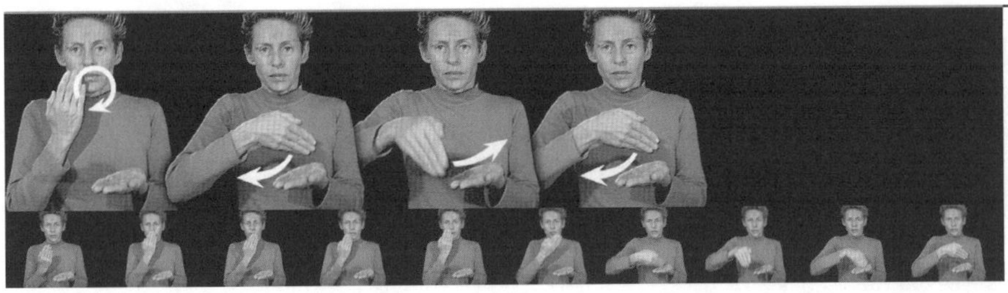

GELEIA – Fazer o sinal de "açúcar". Em seguida, fazer o gesto de quem passa uma pasta no pão, igual ao sinal de "margarina".
• ***Geleia:*** *Alimento pastoso feito à base de frutas e açúcar.*

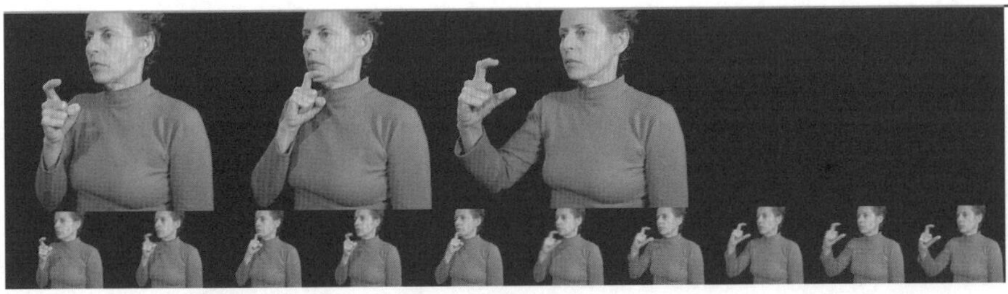

GELO – Fazer o sinal de "gelado". Em seguida, posicionar a mão fechada com os dedos indicador e polegar abertos e dobrados, palma para dentro.
• ***Gelo:*** *Estado da água ou outro líquido quando solidificado pela ação do frio.*

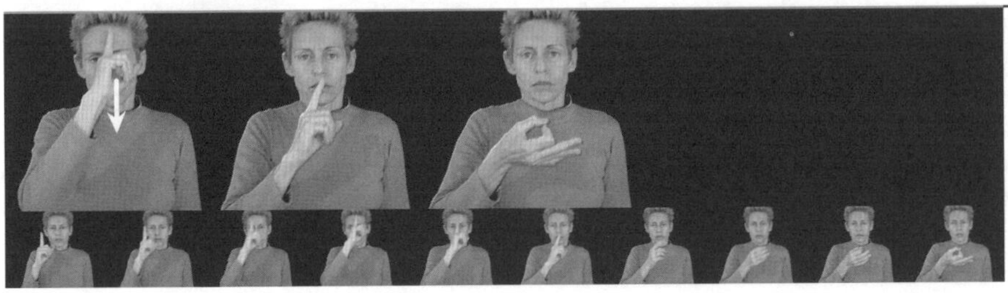

GEMA – Fazer o sinal de "amarelo". Em seguida, posicionar a mão aberta com os dedos indicador e polegar curvados e unidos pelas pontas.
• ***Gema:*** *A parte amarela do ovo de aves e répteis.*

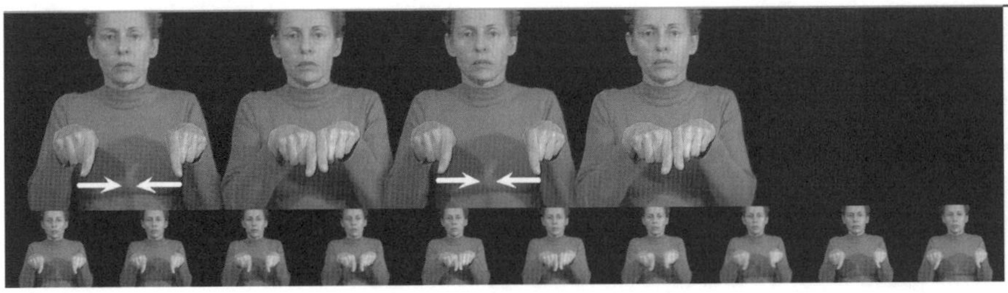

GÊMEOS – Mãos fechadas com os dedos indicadores esticados apontando para a frente, palmas para baixo. Encostar uma mão na outra pelas laterais dos indicadores.
• ***Gêmeos:*** *Nome dado a cada um dos filhos que nascem num mesmo parto.*

■ GÉLIDO: FRIO ■ GENEALOGIA: GERAÇÃO ■ GENERALIDADE: MAIORIA ■ GÊNERO: GRUPO, TIPO

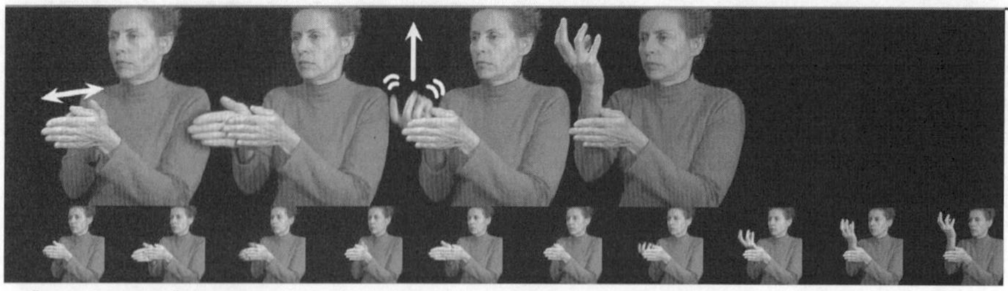

GÊNIO DA LÂMPADA – Mãos abertas, dedos unidos e esticados, palmas para dentro. Unir as mãos. Em seguida, deslizar a mão direita para a frente e para trás, duas vezes. Depois, dedos da mão direita separados e curvados, palma para cima. Posicionar a mão direita perto da palma esquerda e movê-la para cima, balançando os dedos aleatoriamente durante o movimento.
• ***Gênio da lâmpada:*** *Personagem fictício que sai do interior de uma lâmpada antiga e que possui o poder de realizar por meio de mágica os desejos do dono da lâmpada.*

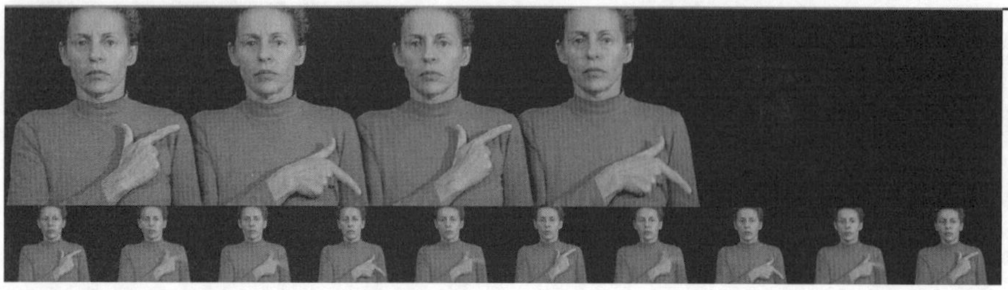

GENRO – Mão direita em "L", palma para trás. Encostar a mão no lado esquerdo do peito, com o indicador em 45 graus, aproximadamente. Sem desencostá-la do peito, mover a mão, articulando o punho, apontando o indicador para baixo e voltando à posição inicial, duas vezes.
• ***Genro:*** *Nome dado ao marido em relação ao pai ou à mãe de sua esposa.*

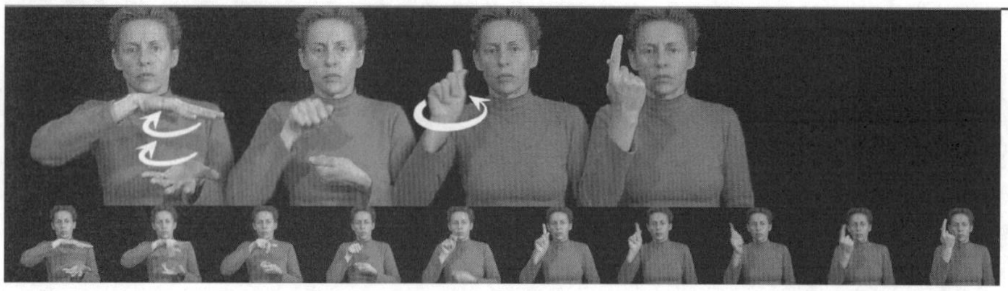

GEOGRAFIA – Fazer o sinal de "planeta". Em seguida, com a mão em "G", palma para a frente, girar a mão ao redor do próprio eixo, virando a palma para trás.
• ***Geografia:*** *Ciência que descreve a Terra e estuda os fenômenos físicos, biológicos e humanos que nela ocorrem.* **Sinal igual:** GEOGRAFICAMENTE, GEOGRÁFICO, GEÓGRAFO

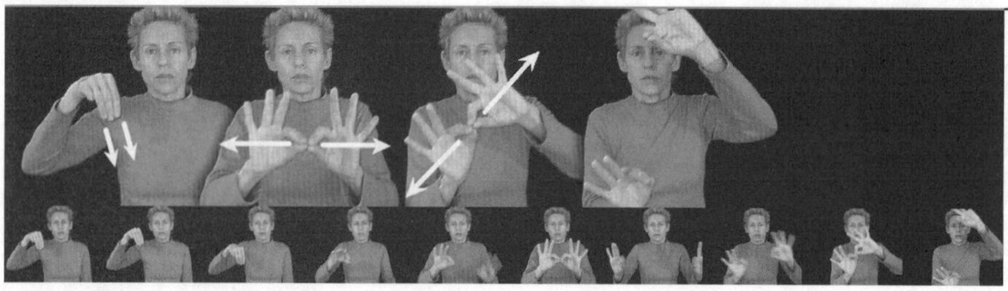

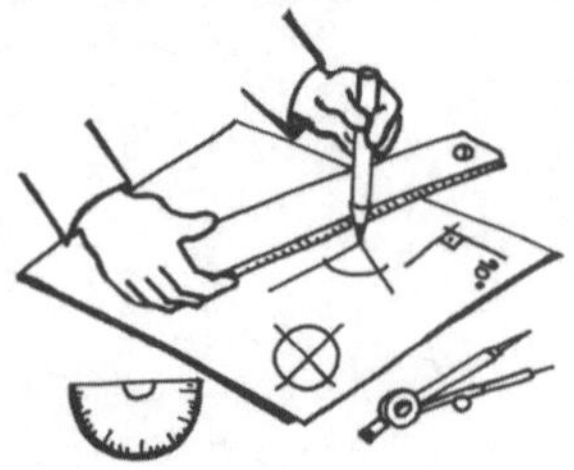

GEOMETRIA – Fazer os sinais de "matemática" e de "medir".
• ***Geometria:*** *Parte da matemática que trata das formas e medidas: como linha, superfície ou volume.*

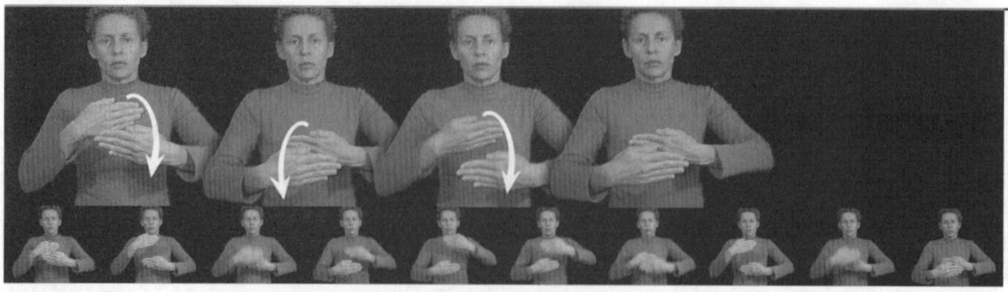

GERAÇÃO – Mãos abertas, dedos unidos e esticados apontando para dentro, palmas para trás. Posicionar uma mão diante da outra. Em seguida, mover alternadamente as mãos para a frente passando uma por cima da outra, três vezes.
• ***Geração:*** *Grau de filiação: (do avô ao neto há duas gerações).* **Sinal igual:** GENEALOGIA

▪ **GENITOR:** PAI ▪ **GENITORA:** MÃE ▪ **GENTIL:** EDUCAÇÃO ▪ **GENUFLECTIR:** AJOELHAR ▪ **GENUFLEXO:** AJOELHAR ▪ **GENUÍNO:** VERDADE ▪ **GEOGRAFICAMENTE:** GEOGRAFIA ▪ **GEOGRÁFICO:** GEOGRAFIA ▪ **GEÓGRAFO:** GEOGRAFIA ▪ **GEOMETRIA:** MATEMÁTICA ▪ **GERAL:** GIRAR, TUDO ▪ **GERAR:** CRIAR ▪ **GERENCIAR:** ADMINISTRAR

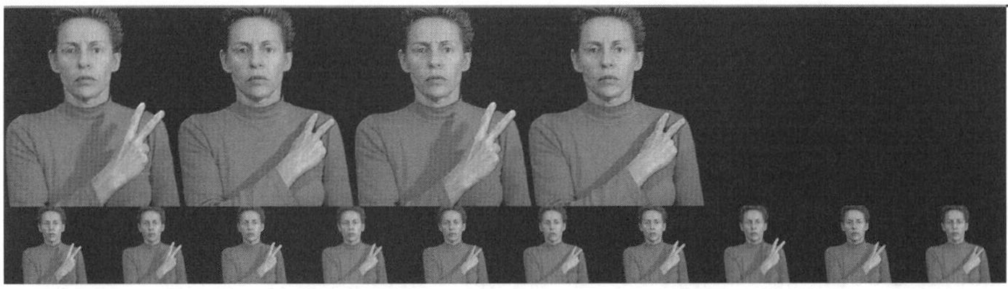

GERENTE – Mão direita fechada com os dedos indicador e médio esticados e separados, palma para trás. Tocar, duas ou três vezes, o indicador e o médio no ombro esquerdo.
• ***Gerente:*** *Aquele que administra negócios ou serviços.* **Sinal igual:** GESTOR

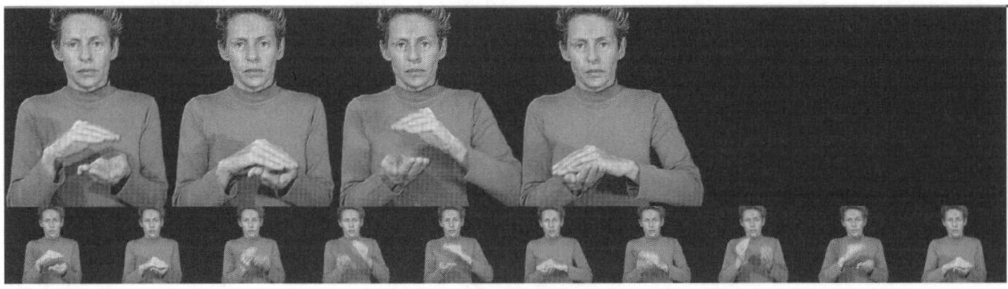
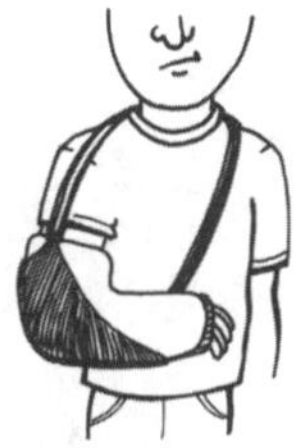

GESSO – Mãos abertas e curvadas, dedos unidos. Posicionar a mão direita sobre a esquerda, sem tocá-la. Em seguida, inverter a posição, deixando a esquerda sobre a direita. Depois, inverter a posição novamente.
• ***Gesso:*** *Massa mineral obtida da gipsita.*

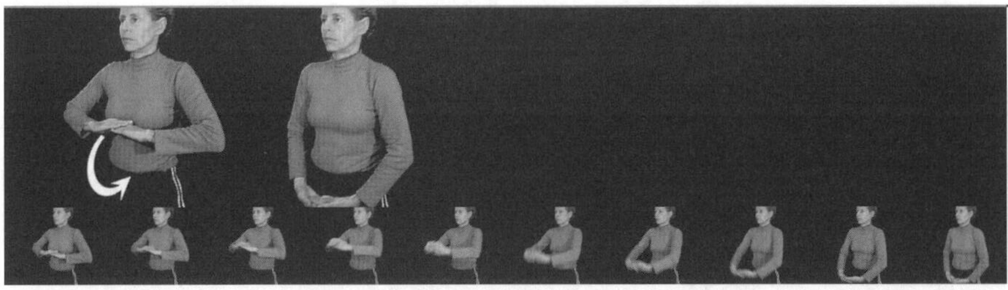

GESTAÇÃO – Mãos abertas, dedos unidos e esticados, palmas para baixo. Apoiar uma mão sobre a outra. Encostar as laterais internas da mãos na barriga, na altura do estômago. Em seguida, mover as mãos para a frente e para baixo, descrevendo um arco, virando as palmas para cima e encostando novamente as mãos na barriga, abaixo do umbigo.
• ***Gestação:*** *Período no qual se desenvolve um novo ser dentro do útero de sua mãe.* **Sinal igual:** GESTANTE, GRAVIDEZ, PRENHEZ

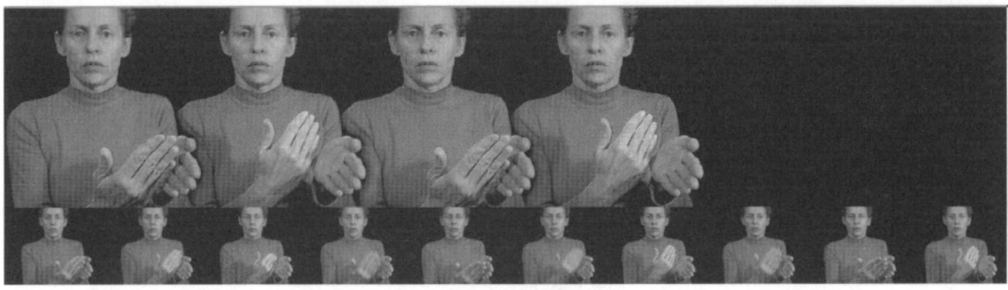

GIBI – Mão esquerda aberta, palma para cima. Mão direita aberta, palma para dentro. Posicionar a mão direita sobre a esquerda, sem tocá-la. Em seguida, mover a mão direita duas ou três vezes, imitando o gesto de quem vira as páginas de uma revista.
• ***Gibi:*** *Revista ilustrada para crianças ou adultos.* **Sinal igual:** QUADRINHOS

GIGANTE – Mão fechada com o dedo indicador esticado apontando para cima, palma para trás. Mover a mão para cima, descrevendo movimentos circulares durante o percurso.
• ***Gigante:*** *De tamanho gigante; muito grande.* **Sinal igual:** DESCOMUNAL, GIGANTESCO

▪ GERIR: ADMINISTRAR ▪ GERMÂNICO: ALEMANHA ▪ GERMINAR: BROTAR ▪ GESTANTE: GESTAÇÃO ▪ GESTOR: GERENTE ▪ GIGANTESCO: GIGANTE ▪ GINASTA: ESPORTE

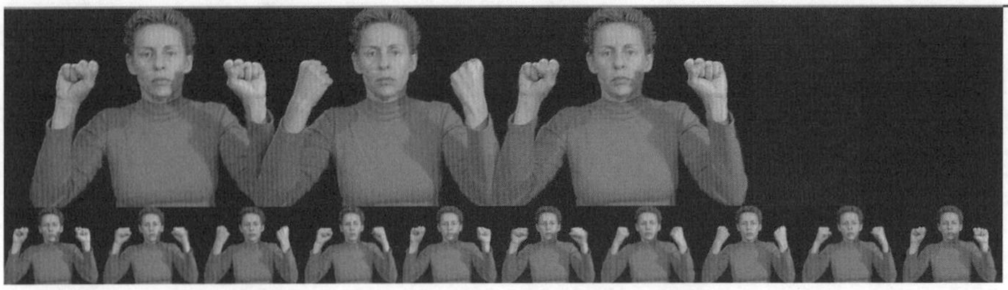

GINÁSTICA – Mãos fechadas em "S", palmas para a frente. Posicionar as mãos conforme a foto 1. Em seguida, girar as mãos simultaneamente para dentro e ao redor do próprio eixo, duas ou três vezes.
• ***Ginástica:*** *Conjunto de movimentos que uma pessoa faz ao praticar exercícios físicos.*

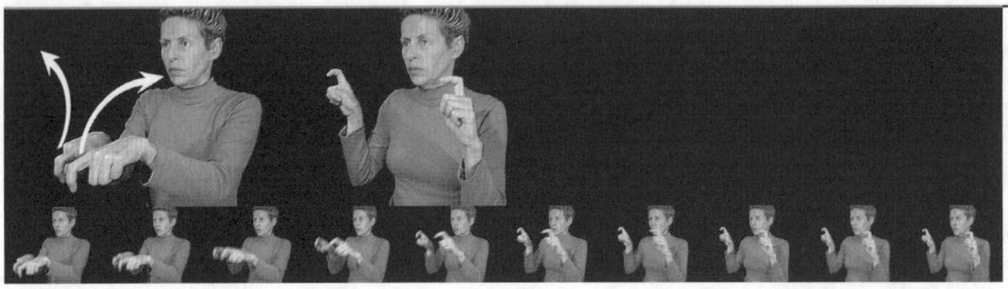
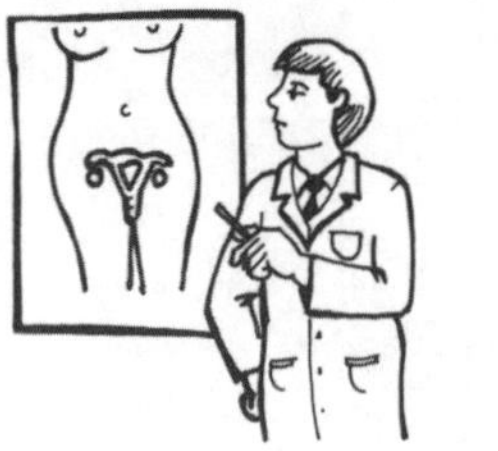

GINECOLOGIA – Mãos fechadas com os dedos indicadores abertos e curvados, palmas para baixo. Encostar uma mão na outra (foto 1). Em seguida, mover as mãos para cima e para trás, virando as palmas para a frente.
• ***Ginecologia:*** *Especialidade médica que trata da saúde feminina.*

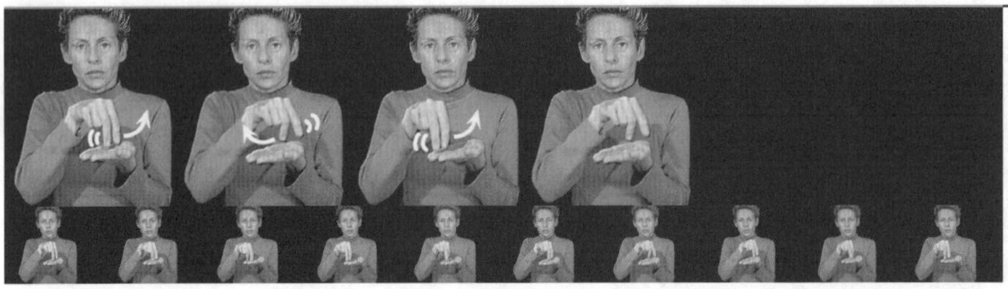

GINGAR – Mão esquerda aberta, palma para cima. Mão direita fechada com o indicador e o médio esticados e levemente separados, palma para baixo. Posicionar a mão direita sobre a palma esquerda. Em seguida, mover a mão direita sobre a palma esquerda, descrevendo um leve zigue-zague. Balançar os dedos aleatoriamente durante o movimento.
• ***Gingar:*** *Curvar ou movimentar o corpo de um lado para o outro, como uma dança ou drible (no esporte).*

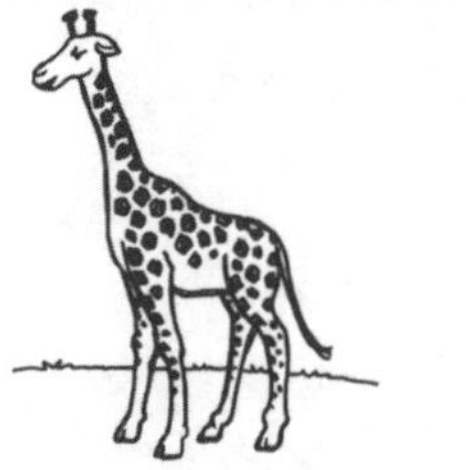

GIRAFA – Mãos abertas com os dedos unidos e curvados, polegares separados, palmas para trás. Posicionar a mão direita sobre a esquerda, mantendo-as perto do pescoço. Em seguida, mover a mão direita para cima, até a altura da cabeça.
• ***Girafa:*** *Mamífero encontrado na África que possui um pescoço longo.*

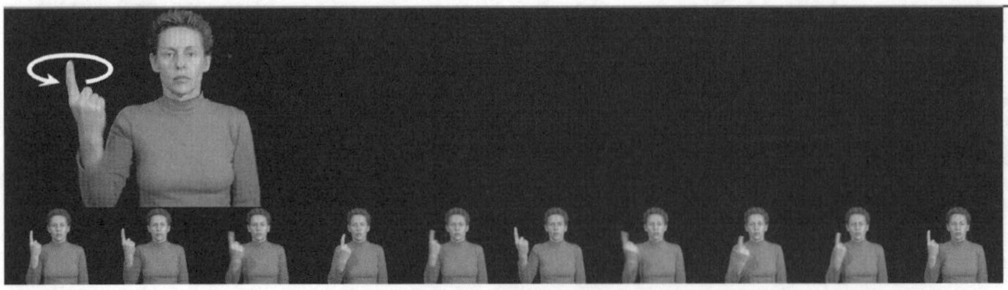

GIRAR* – Mão fechada com o dedo indicador esticado apontando para cima, palma para trás. Mover a mão em círculos.
• ***Girar:*** *Fazer movimento rotatório ou circular.* **Sinal igual:** CIRCULAR, GERAL, GIRANDO, GIRO, RODANDO, RODAR, ROTAÇÃO, ROTATÓRIA

▪ **GIRANDO:** GIRAR ▪ **GIRAR:** RODAR

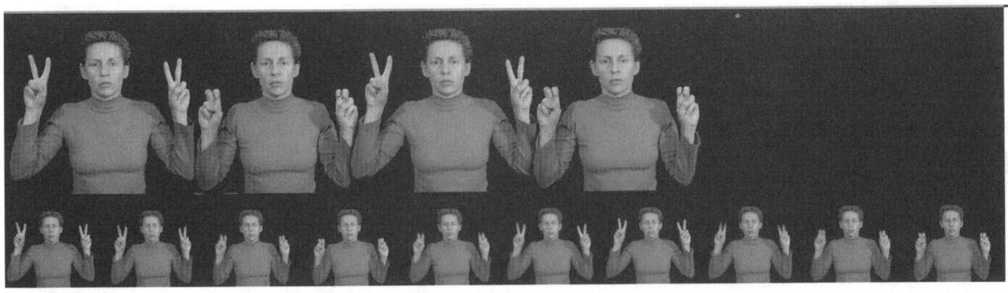

GÍRIA – Mãos em "V", palmas para a frente. Posicionar as mãos conforme a foto 1. Em seguida, mover as mãos simultaneamente um pouco para baixo, dobrando os dedos, e voltar à posição inicial. Repetir esse movimento duas vezes.
• ***Gíria:*** *Modo de falar típico dos jovens.* **Sinal igual:** CALÃO, JARGÃO

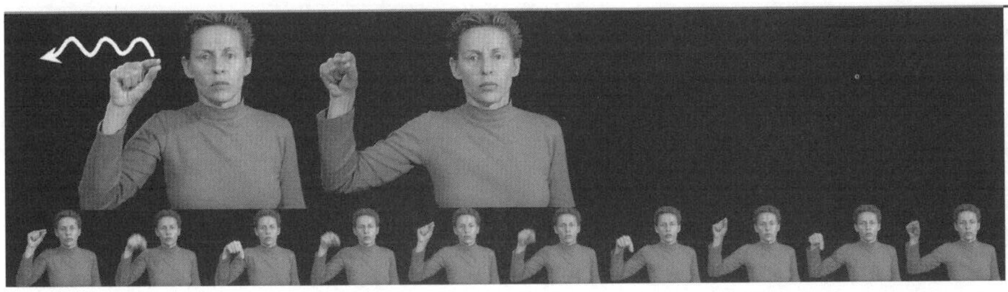

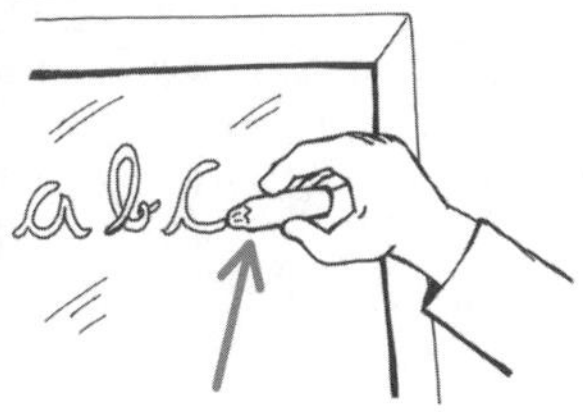

GIZ – Mão fechada com os dedos indicador e polegar esticados e unidos pelas pontas, palma para a frente. Mover a mão para a lateral, descrevendo movimentos verticais em zigue-zague durante o percurso.
• ***Giz:*** *Pequeno bastão de calcário usado para escrever ou desenhar sobre quadros-negros.*

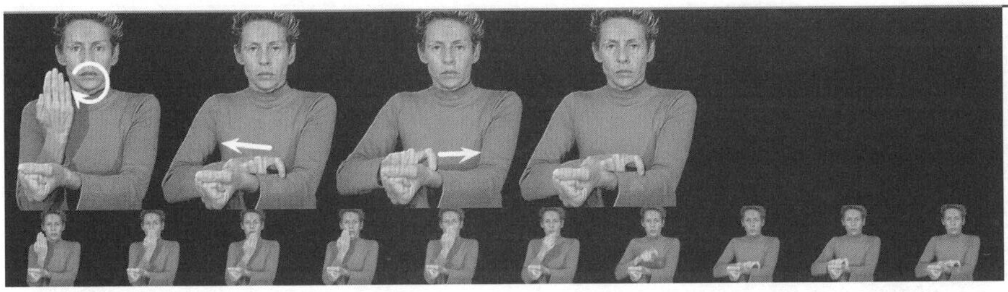

GLICOSE – Fazer os sinais de "açúcar" e de "veia".
• ***Glicose:*** *Substância que constitui a principal fonte de energia para os organismos vivos. No ser humano, encontra-se no sangue.*

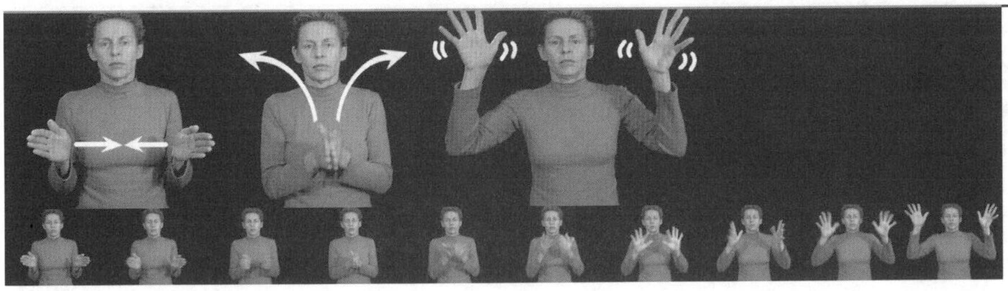

GLÓRIA – Mãos abertas, dedos apontando para frente, palmas para dentro. Mover as mãos enquanto bate palmas uma vez, e mover as mãos para cima e para as laterais, virando as mãos, ao redor do próprio eixo, para dentro e para fora, várias vezes durante o percurso.
• ***Glória:*** *Grande mérito; grandeza, honra, orgulho.* **Sinal igual:** ACLAMAÇÃO, ACLAMAR, ALELUIA, LOUVOR, PREITO, REGOZIJO, SAUDAÇÃO

GOIABA – Mãos esquerda fechada, palma para baixo. Segurar a mão esquerda, encostando a palma direita no dorso esquerdo.
• ***Goiaba:*** *Fruto da goiabeira.*

▪ GIRO: GIRAR ▪ GLOBO OCULAR: OLHO ▪ GLORIOSO: FAMOSO, NOTÓRIO ▪ GLOSSÁRIO: DICIONÁRIO ▪ GLÚTEO: BUNDA ▪ GOELA: GARGANTA

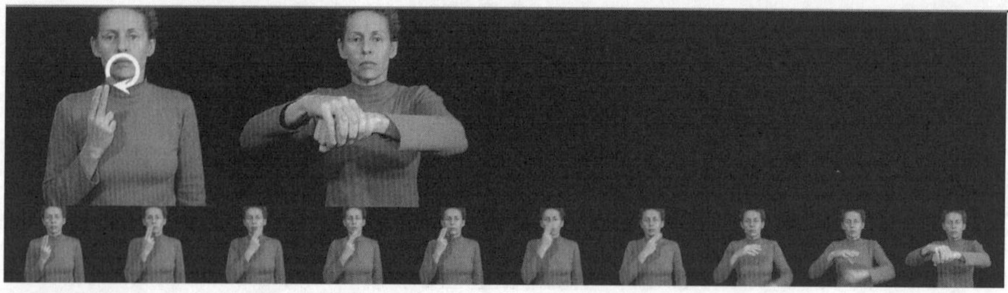

GOIABADA – Fazer os sinais de "doce" e de "goiaba".
• ***Goiabada:*** *Doce feito com açúcar e goiaba.*

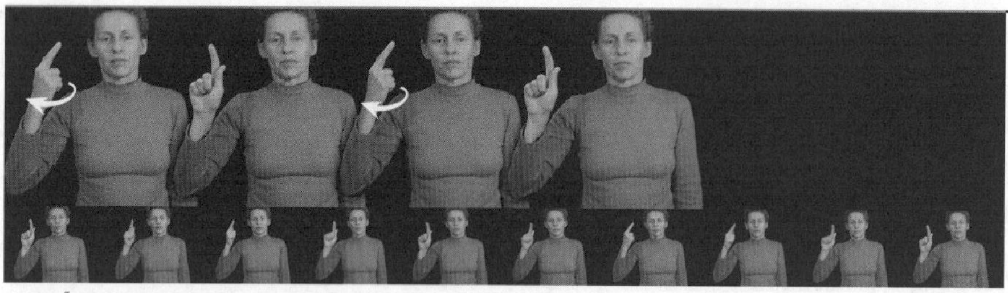

GOIÁS – Mão em "G", palma para a frente. Girar a mão ao redor do próprio eixo, para dentro, duas vezes.
• ***Goiás:*** *Estado da região Centro-Oeste do Brasil.*

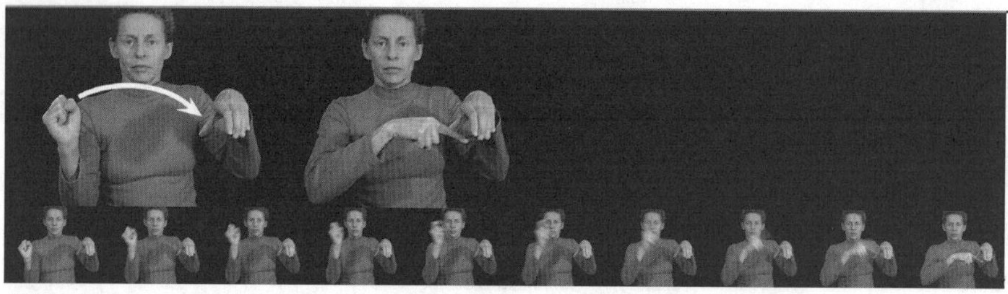

GOL – Mão esquerda em "C", palma para baixo. Apontar com o dedo indicador direito para a mão esquerda.
• ***Gol:*** *Espaço em que deve entrar a bola para marcar pontos nos jogos de futebol, polo, handebol etc.*

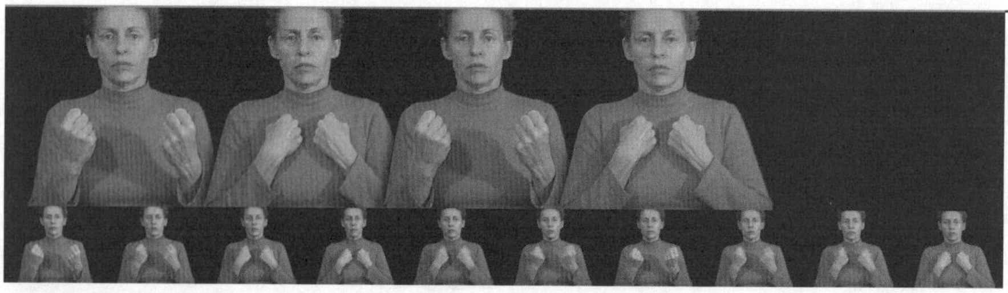

GOLEIRO – Mãos fechadas, palmas para trás. Posicionar as mãos na altura do peito. Em seguida, mover simultaneamente as mãos, batendo-as no peito duas vezes.
• ***Goleiro:*** *Atleta que atua no gol e que tem como objetivo impedir que o time adversário marque gols.*

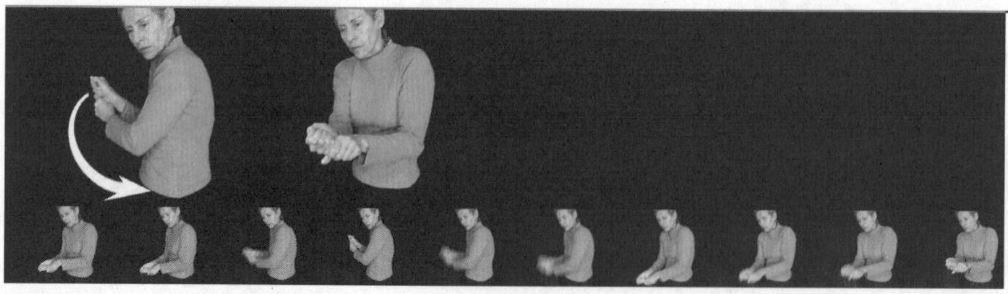

GOLFE – Mãos fechadas em "A", palmas para dentro. Posicionar as mãos juntas na altura da cintura (foto 1). Em seguida, mover as mãos para a frente, mantendo-as juntas, imitando o gesto de quem usa um taco de golfe.
• ***Golfe:*** *Jogo no qual se usa um taco e uma pequena bola maciça para acertar buracos feitos em um grande terreno.*

▪ **GOLA:** COLARINHO ▪ **GOLFAR:** VOMITAR

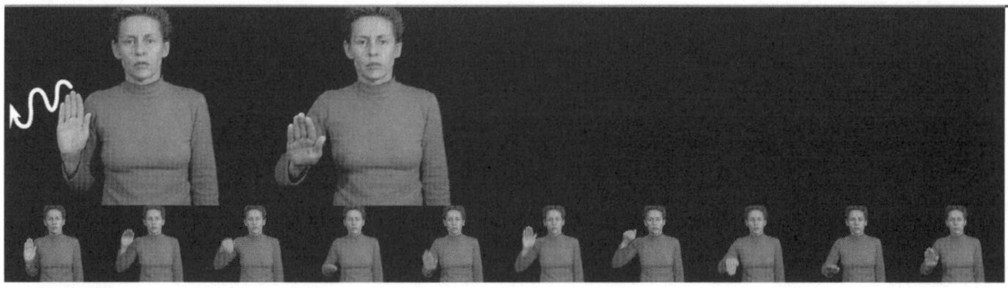

GOLFINHO – Mão aberta, dedos unidos e esticados apontando para cima, palma para a frente. Mover a mão para a frente em movimentos ondulares.
• ***Golfinho:*** *Mamífero marinho.* **Sinal igual:** DELFIM

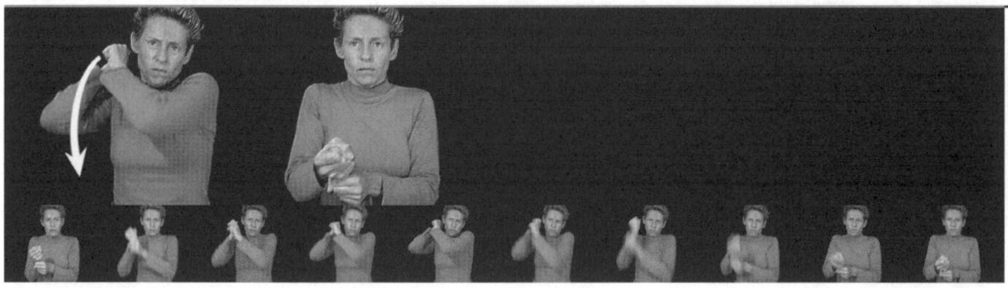

GOLPEAR – Mãos fechadas em "S", palmas para dentro. Juntar as mãos pelas laterais (foto 1). Em seguida, movê-las para trás, passando-as por cima dos ombros, e depois para a frente com rapidez, imitando o gesto de quem usa um bastão para bater em alguma coisa.
• ***Golpear:*** *Aplicar golpe ou pancada em algo ou alguém.*

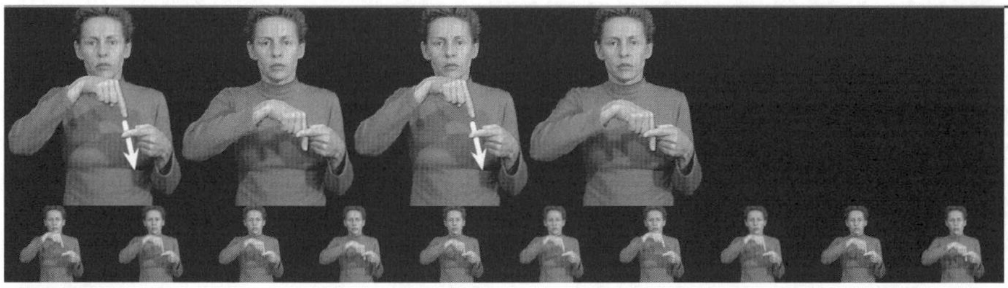
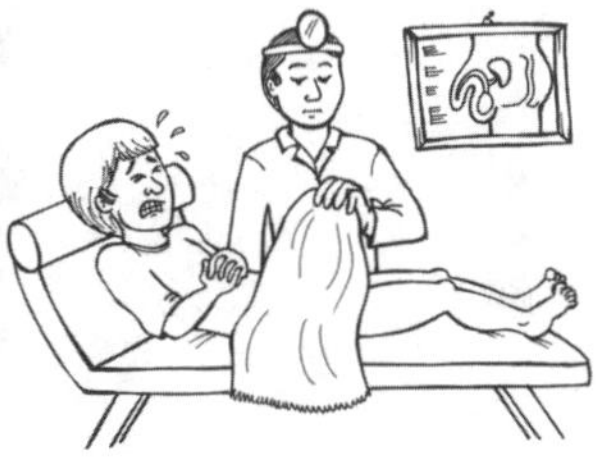

GONORREIA – Mãos fechadas com os dedos indicadores esticados. Indicador esquerdo apontando para o lado direito e indicador direito apontando para baixo. Posicionar a mão direita acima da esquerda (foto 1). Em seguida, mover a mão direita um pouco para baixo, passando o indicador por trás do mesmo dedo da mão esquerda. Repetir esse movimento duas vezes seguidas.
• ***Gonorreia:*** *Doença venérea (sexualmente transmissível).* **Sinal igual:** BLENORRAGIA

GORDO – Mãos fechadas em "S", palmas para trás. Posicionar as mãos perto uma da outra diante do peito. Em seguida, mover as mãos simultaneamente para as laterais, erguendo um pouco os ombros e enchendo as bochechas de ar.
• ***Gordo:*** *Que tem uma quantidade de gordura acima do normal.* **Sinal igual:** BALOFO

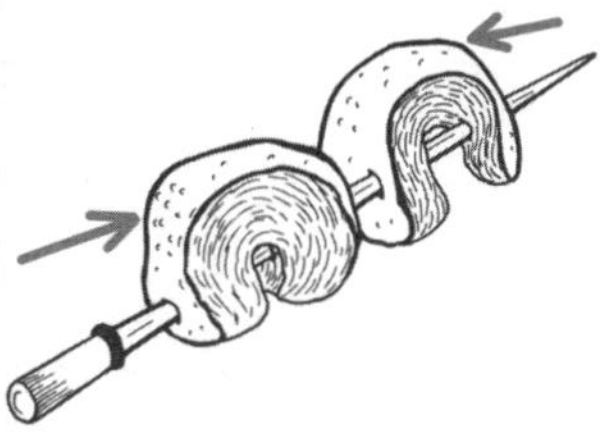

GORDURA – Mão esquerda aberta, dedos unidos e esticados, palma para cima. Mão direita em "Y", palma para trás. Encostar a lateral externa do mínimo direito na palma esquerda. Em seguida, deslizar a mão direita em círculos sobre a palma esquerda.
• ***Gordura:*** *Substância encontrada nos tecidos animais e também presentes nas plantas, sendo uma importante fonte de energia.*

■ GOMA: COLA ■ GOMA DE MASCAR: CHICLETE

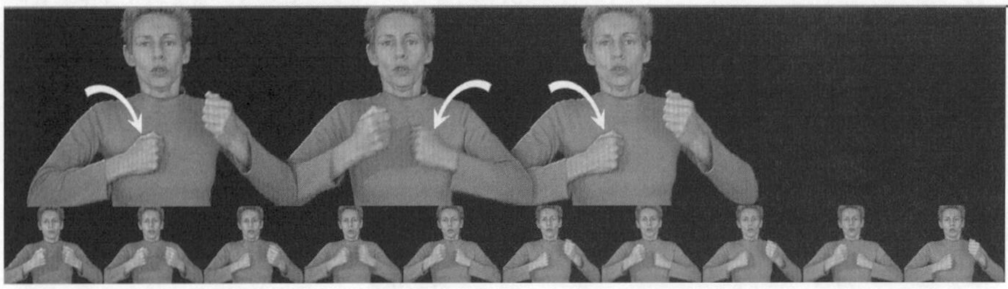

GORILA – Mãos fechadas, palmas para trás. Posicionar as mãos na altura do peito. Em seguida, mover alternadamente as mãos batendo-as no peito, duas ou três vezes. Durante o movimento, mexer os lábios como quem pronuncia a letra "u".
• ***Gorila:*** *Grande macaco das florestas da África, que possui pelagem curta e preta e os braços maiores que as pernas.*

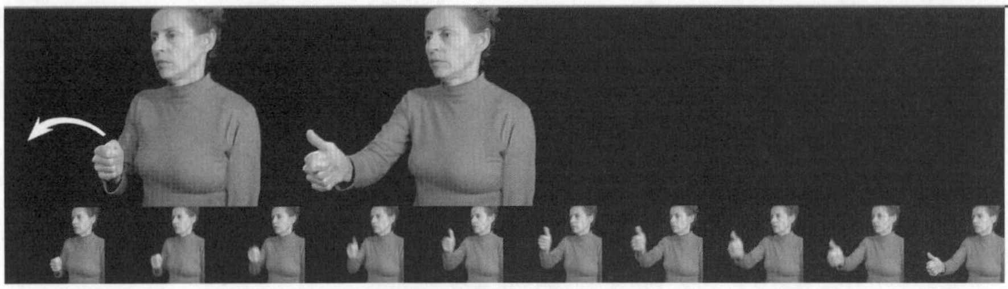

GORJETA – Mão fechada com o dedo polegar "escondido" dentro da mão, palma para dentro. Posicionar a mão perto do corpo. Em seguida, mover a mão para a frente, descrevendo um leve arco e esticando o polegar no fim do percurso.
• ***Gorjeta:*** *Pequena quantia em dinheiro dada para alguém que prestou algum serviço.*

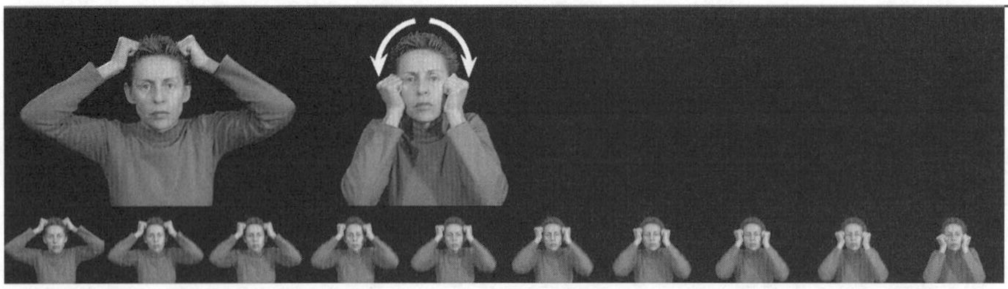

GORRO – Mãos fechadas, palmas para dentro. Encostar as mãos nas laterais da cabeça (foto 1). Em seguida, mover as mãos simultaneamente para baixo, deslizando-as pelas laterais da cabeça até a altura das orelhas.
• ***Gorro:*** *Cobertura de tecido usada na cabeça.*

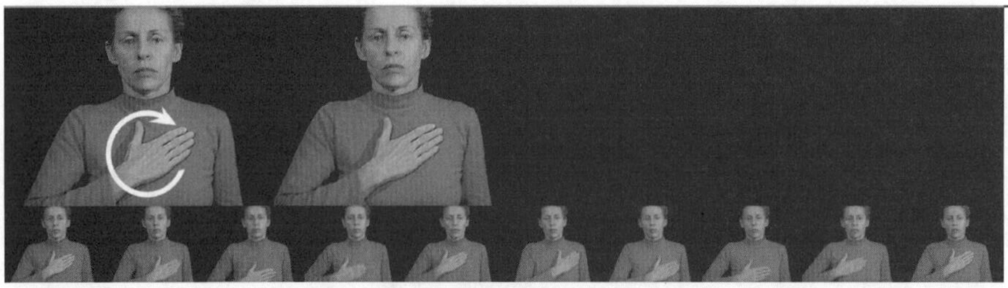

GOSTAR – Mão aberta, dedos unidos e esticados, polegar separado, palma para trás. Encostar a mão no peito e deslizá-la, descrevendo dois ou três círculos.
• ***Gostar:*** *Dedicar amor, amizade ou simpatia a alguém ou algo.* **Sinal igual:** APRECIAR, ESTIMAR, PREZAR

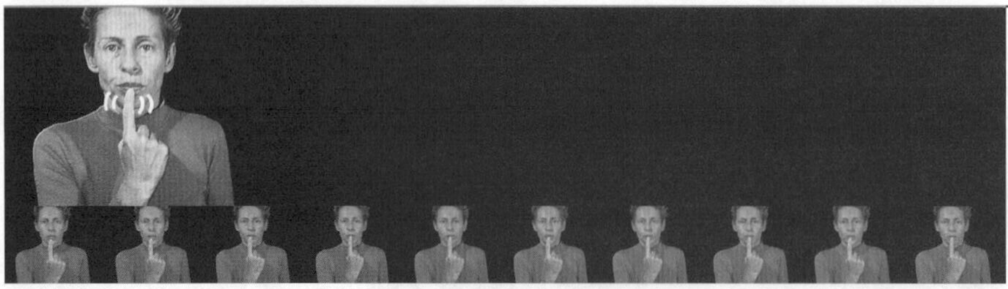

GOSTO – Mão fechada, dedo indicador esticado apontando para cima, palma para trás. Tocar a ponta do indicador no lábio, duas vezes.
• ***Gosto:*** *Sensação gustativa característica de determinadas substâncias, principalmente dos alimentos.*

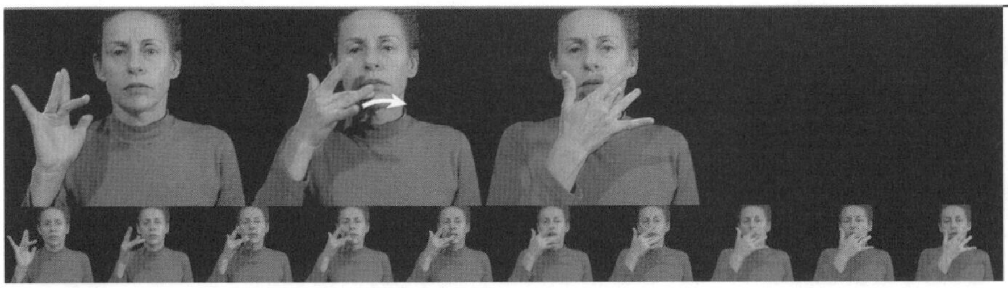

GOSTOSO – Mão direita aberta, dedos esticados e separados, palma para dentro. Tocar a ponta do médio no canto direito da boca, abaixo do lábio inferior. Em seguida, deslizar a ponta do dedo, passando-a por baixo do lábio, até o canto esquerdo da boca, abaixo do lábio inferior.
• ***Gostoso:*** *Que tem sabor agradável.* **Sinal igual:** APETITOSO, SABOROSO

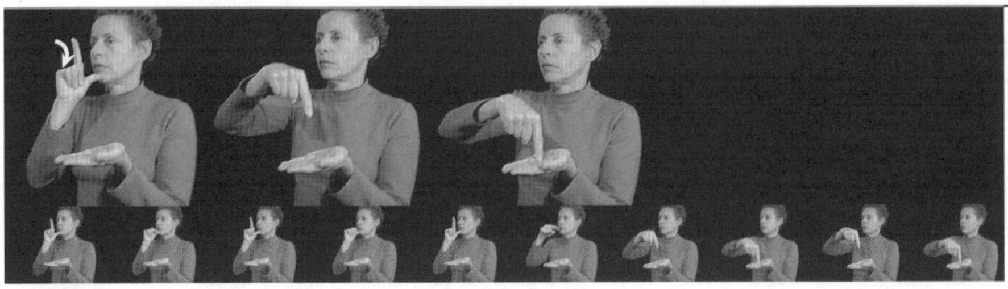

GOTEJAR – Mão esquerda aberta, palma para cima. Com a mão direita, fazer o sinal de "água". Em seguida, com a mão direita fechada e o indicador esticado, tocar duas ou três vezes a ponta desse dedo na palma esquerda, de cima para baixo.
• ***Gotejar:*** *Cair de gota em gota; pingar.* **Sinal igual:** GOTA, GOTEIRA, PINGAR, PINGO

GOVERNADOR – Mão direita aberta, dedos unidos e esticados apontando para cima. Encostar a lateral externa da mão no ombro esquerdo. Em seguida, deslizar a mão até a lateral direita da cintura.
• ***Governador:*** *Aquele que comanda um estado da Federação.* **Sinal igual:** GOVERNAMENTAL, GOVERNANTE, GOVERNAR, GOVERNO

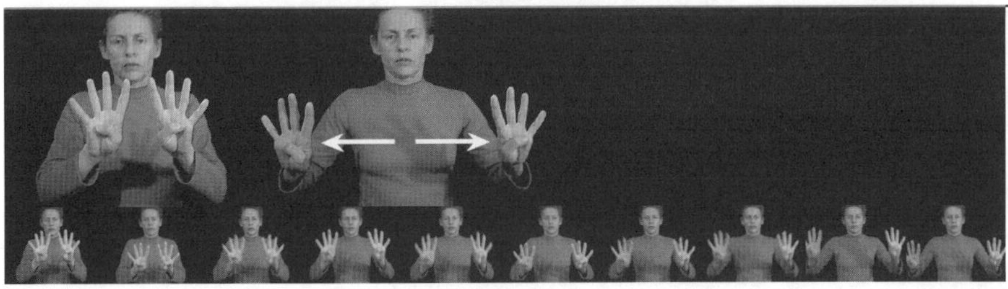

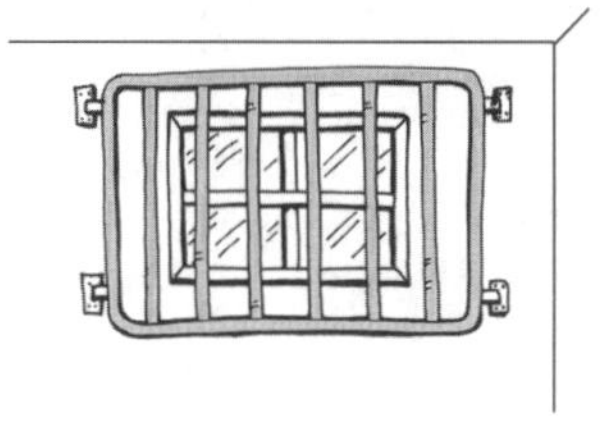

GRADE – Mãos em "4", palmas para a frente. Posicionar uma mão perto da outra diante do corpo. Em seguida, mover as mãos simultaneamente para as laterais, descrevendo dois semicírculos durante o percurso.
• ***Grade:*** *Conjunto de barras verticais paralelas, geralmente de metal, usado para fechar um lugar.* **Sinal igual:** GRADEAR

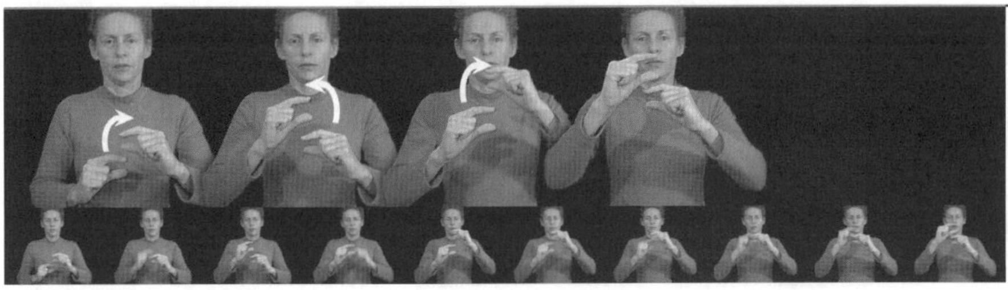

GRADUALMENTE – Mãos fechadas com os dedos indicadores e polegares esticados, palmas para dentro. Posicionar uma mão acima da outra (foto 1). Em seguida, mover alternadamente as mãos para cima, passando uma por cima da outra, duas ou três vezes.
• ***Gradualmente:*** *Que aumenta ou diminui passo a passo; progressivamente.* **Sinal igual:** COMEDIDAMENTE, POUCO A POUCO

▪ GOTA: GOTEJAR ▪ GOTEIRA: GOTEJAR ▪ GOVERNAMENTAL: GOVERNADOR ▪ GOVERNANTE: GOVERNADOR ▪ GOVERNAR: GOVERNADOR ▪ GOVERNO: GOVERNADOR ▪ GRACEJO: PIADA ▪ GRACIOSIDADE: ESPIRITUOSO ▪ GRACIOSO: ESPIRITUOSO ▪ GRADEAR: GRADE ▪ GRADUAÇÃO: GRAU ▪ GRADUAR: GRAU ▪ GRAFAR: ESCREVER ▪ GRAFIA: ESCREVER

G

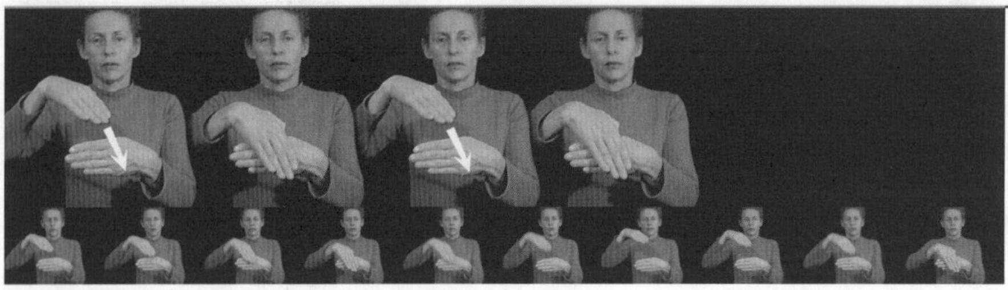

GRÁFICA – Mãos em "B". Mão esquerda com os dedos apontando para o lado direito. Posicionar a mão direita sobre a esquerda, conforme a foto 1. Em seguida, mover a mão direita, passando-a por cima da esquerda, duas vezes.
• ***Gráfica:*** *Estabelecimento em que se fazem trabalhos impressos; tipografia.* **Sinal igual:** TIPOGRAFIA

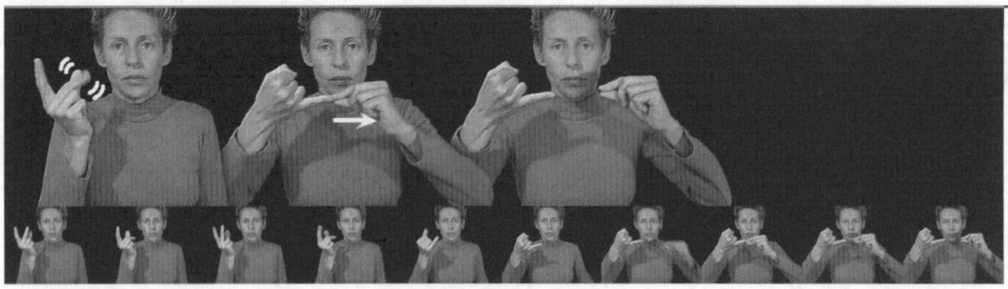

GRAFITE – Fazer o sinal de "lápis". Depois, mão direita fechada com o dedo mínimo esticado, palma para trás. Segurar a ponta do mínimo direito com as pontas do indicador e do médio da mão esquerda. Em seguida, mover a mão esquerda para a lateral, afastando-a um pouco da direita.
• ***Grafite:*** *Mineral constituído principalmente de carbono, usado na fabricação de lápis e outros materiais.*

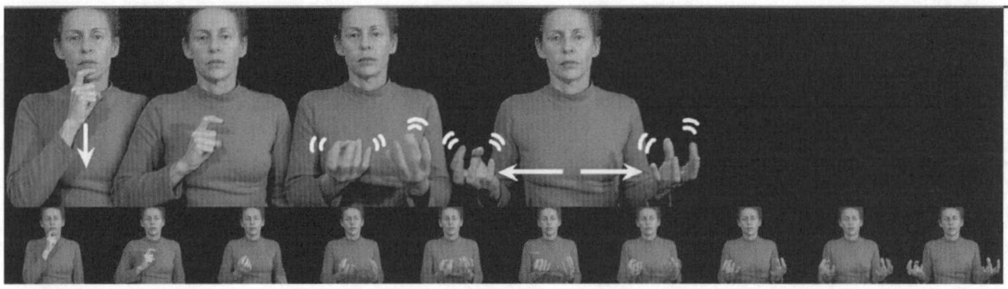

GRAMA – Fazer o sinal de "verde". Depois, mãos abertas, dedos separados e relaxados, palmas para cima. Posicionar uma mão próximo da outra. Em seguida, mover as mãos simultaneamente, afastando-as para as laterais. Movimentar os dedos aleatoriamente durante o percurso.
• ***Grama:*** *Planta rasteira muito usada em jardins, parques e campos de futebol.* **Sinal igual:** GRAMADO, GRAMAR, RELVA

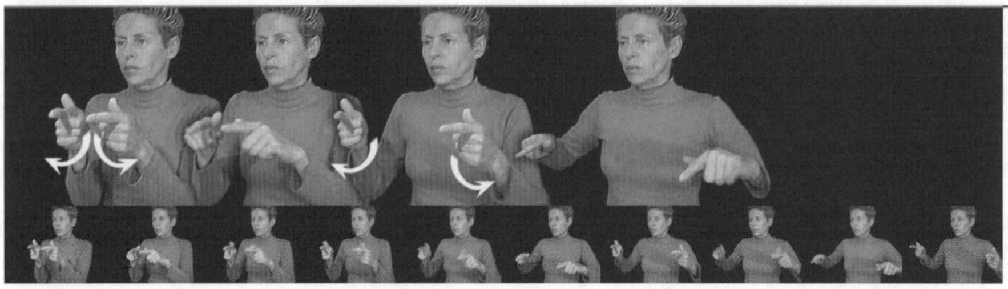

GRAMÁTICA – Mãos em "G" com os dedos indicadores apontando para a frente, palmas para dentro. Posicionar uma mão próximo da outra. Em seguida, mover as mãos simultaneamente para as laterais, virando as palmas para baixo e desvirando-as para dentro três ou quatro vezes durante o percurso.
• ***Gramática:*** *Conjunto de regras que determinam o uso correto da língua falada ou escrita.*

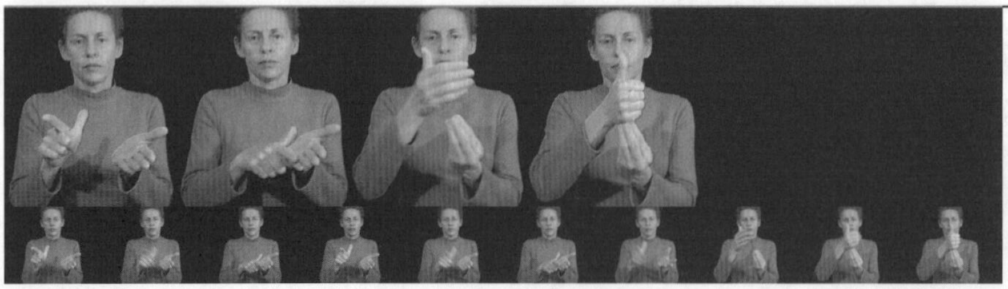

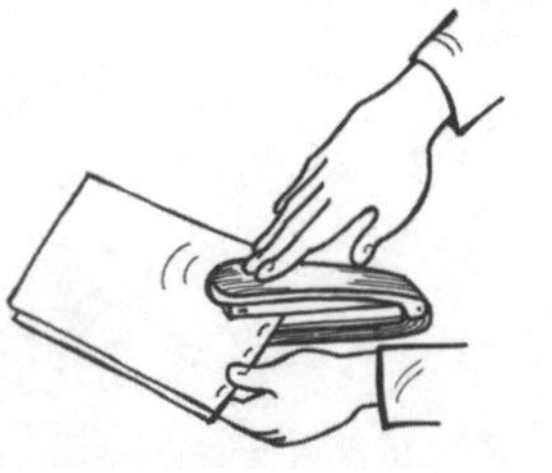

GRAMPEADOR – Fazer o sinal de "papel". Depois, mão esquerda com os dedos esticados e unidos pelas pontas, palma para cima. Fechar a mão direita, encostando sua lateral externa nas pontas dos dedos da esquerda. Manter o dedo polegar direito esticado apontando para cima.
• ***Grampeador:*** *Objeto que possui grampos, usado para prender papéis.*

▪ **GRAMADO:** GRAMA ▪ **GRAMAR:** GRAMA

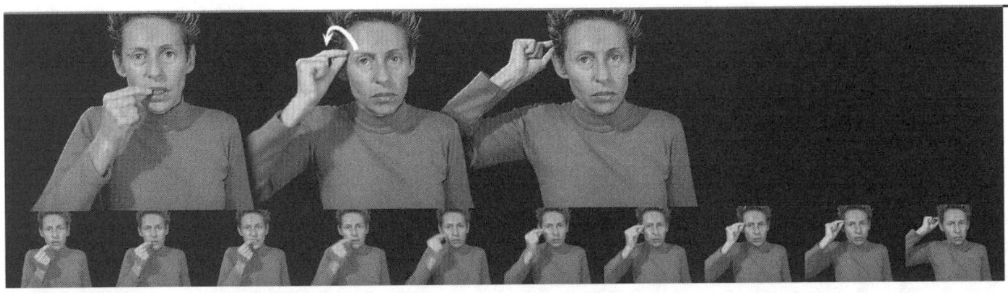

GRAMPO DE CABELO – Mão fechada com os dedos indicador e polegar esticados e unidos pelas pontas. Tocar as pontas desses dedos nos lábios, mostrando os dentes. Depois, deslizar tais pontas na lateral da cabeça, da região da têmpora até acima da orelha, imitando o gesto de quem abre um grampo na boca e prende o cabelo.
• ***Grampo de cabelo:*** *Prendedor de cabelo feito de arame.*

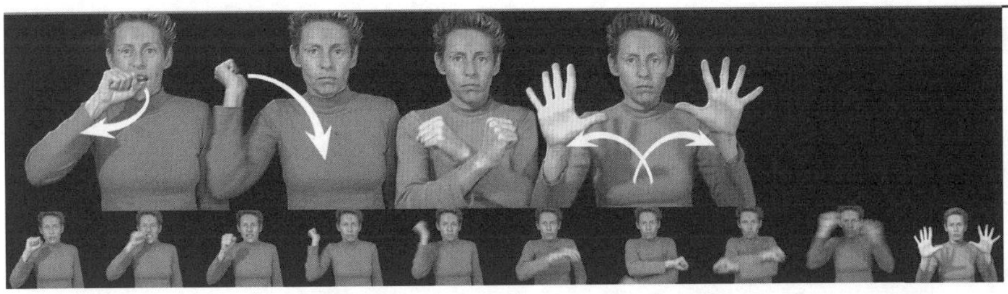

GRANADA – Mão fechada em "S", palma para dentro. Encostar a lateral interna da mão na boca, mostrar os dentes e afastá-la rapidamente. Em seguida, mover a mão para a frente, como quem joga um objeto com a mão. Depois, fazer o sinal de "bomba".
• ***Granada:*** *Bomba pequena de mão.*

GRANDE – Mãos abertas, dedos levemente curvados e separados, palmas para dentro. Unir as mãos pelas pontas dos dedos. Em seguida, mover as mãos simultaneamente, afastando-as para as laterais, descrevendo um arco durante o percurso.
• ***Grande:*** *De tamanho avantajado; de longa extensão; comprido, longo.* **Sinal igual:** ENORME, ENORMIDADE, GRANDEZA, NUMEROSO, VOLUMOSO

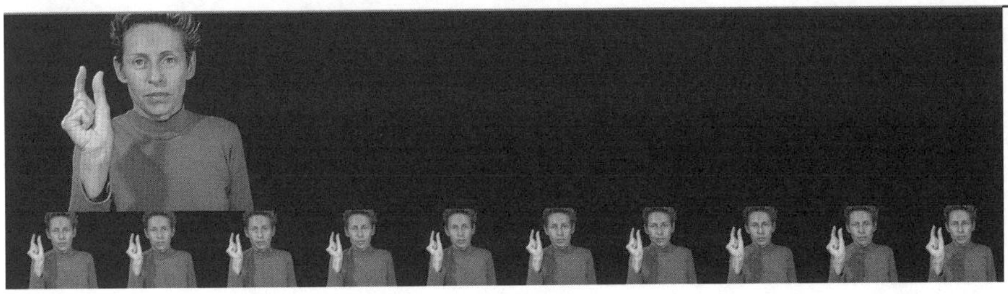

GRÃO – Mão fechada com os dedos indicador e polegar esticados apontando para cima. Manter as pontas dos dedos indicador e polegar perto uma da outra.
• ***Grão:*** *Semente de certos vegetais.* **Sinal igual:** SEMENTE

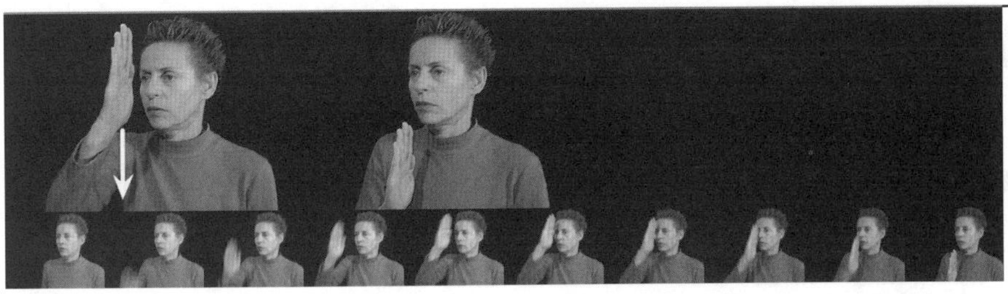

GRÁTIS – Mão aberta, dedos unidos e esticados apontando para cima, palma para dentro. Posicionar a mão perto do rosto, na altura da testa. Em seguida, movê-la para baixo, até a altura do pescoço.
• ***Grátis:*** *Sem custo; de graça; gratuito.* **Sinal igual:** DESONERADO, GRATUIDADE, GRATUITAMENTE, GRATUITO

▪ **GRANA:** DINHEIRO ▪ **GRANDEZA:** GRANDE ▪ **GRATIDÃO:** OBRIGADO ▪ **GRATO:** OBRIGADO ▪ **GRATUIDADE:** GRÁTIS ▪ **GRATUITAMENTE:** GRÁTIS ▪ **GRATUITO:** GRÁTIS

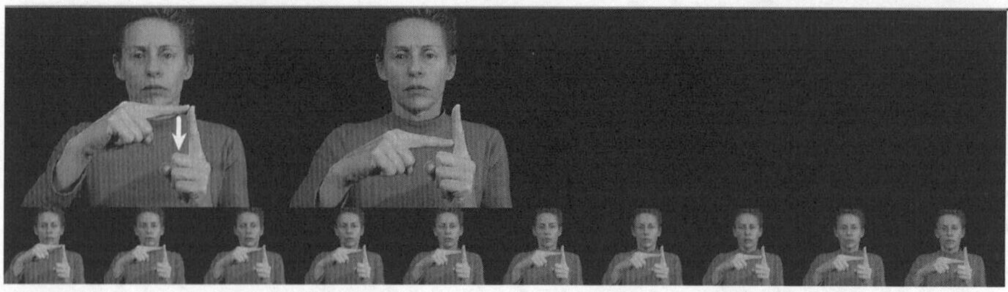

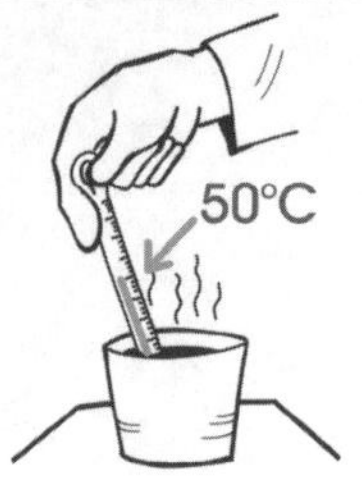

GRAU – Mão esquerda fechada com o dedo indicador esticado apontando para cima, palma para dentro. Mão direita fechada com o indicador esticado apontando para o lado esquerdo, palma para baixo. Unir as mãos pelas pontas dos indicadores. Em seguida, deslizar a mão direita para baixo até que a ponta do indicador direito alcance a base do indicador esquerdo.
• ***Grau:*** *Cada uma das divisões da escala de certos instrumentos de medida.* **Sinal igual:** GRADUAÇÃO, GRADUAR

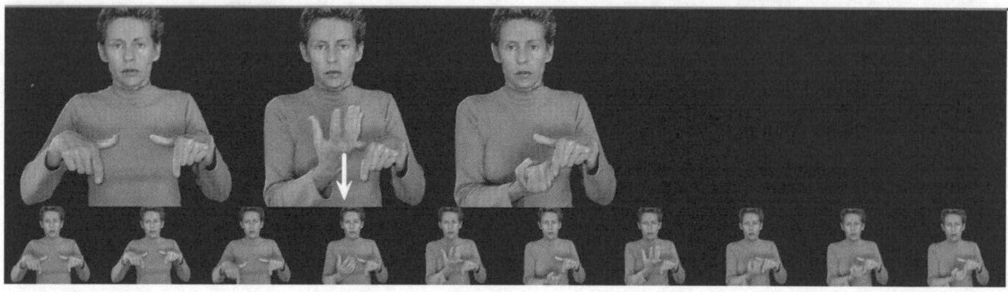

GRAVADOR – Mãos em "L" com os dedos indicadores apontando para a frente, palmas para baixo. Posicionar uma mão ao lado da outra. Em seguida, mão direita aberta, dedos esticados e separados apontando para cima. Posicionar a mão direita entre o indicador e o polegar esquerdos. Mover a mão direita para baixo, fechando-a em "S". Repetir esse movimento duas vezes seguidas.
• ***Gravador:*** *Aparelho para gravação e reprodução sonora.*

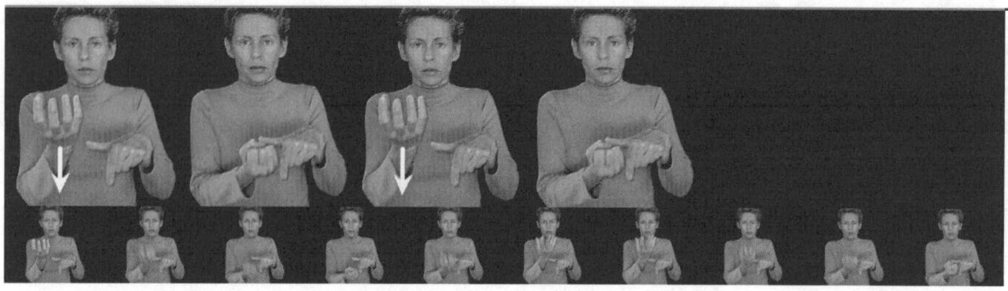

GRAVAR – Mão esquerda em "L" com os dedos indicadores apontando para a frente, palma para baixo. Mão direita aberta, dedos esticados e separados apontando para cima. Posicionar a mão direita entre o indicador e o polegar esquerdos. Mover a mão direita para baixo, fechando-a em "S". Repetir esse movimento duas vezes seguidas.
• ***Gravar:*** *Fixar som ou imagem em disco ou fita.*

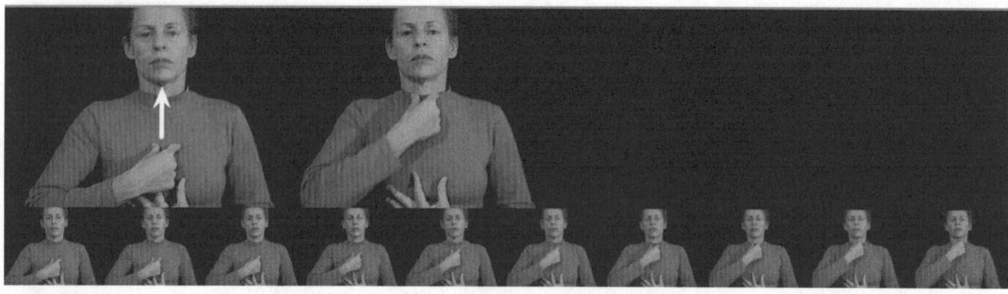

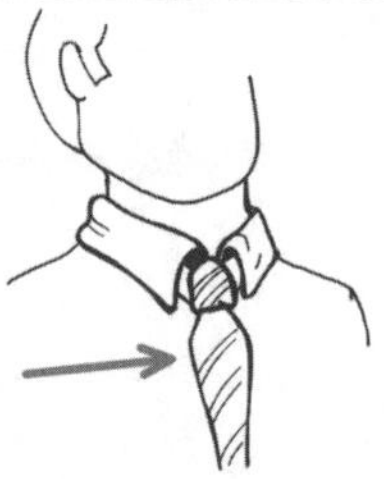

GRAVATA – Mão esquerda aberta, dedos esticados e separados. Mão direita fechada com o indicador e o polegar esticados. Encostar as pontas dos dedos no peito, com a mão direita acima da esquerda (foto 1). Em seguida, deslizar a mão direita para cima, até a altura da garganta.
• ***Gravata:*** *Acessório de uso geralmente masculino que consiste em uma tira de tecido usada em volta do pescoço e sob o colarinho da camisa.* **Sinal igual:** ENGRAVATADO

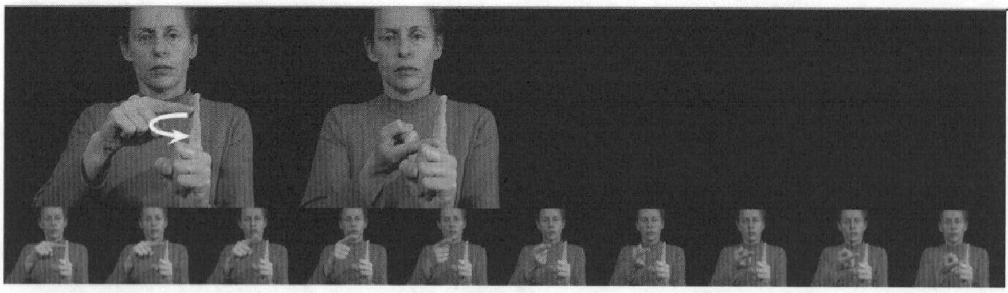

GRAVIDEZ* – Mão esquerda fechada com o dedo indicador esticado apontando para cima, palma para dentro. Mão direita fechada com o indicador esticado apontando para a frente, palma para baixo. Encostar a ponta do indicador direito na do indicador esquerdo. Em seguida, mover a mão direita, descrevendo um pequeno arco, virando a palma para cima e encostando a ponta do dedo na base do indicador esquerdo.
• ***Gravidez:*** *Período de gestação do feto gerado até seu nascimento.* **Sinal igual:** ENGRAVIDADA, ENGRAVIDAR, GRÁVIDA, PRENHA, PRENHEZ

■ **GRÁVIDA:** GRAVIDEZ ■ **GRAVIDEZ:** GESTAÇÃO

GRAVIOLA – Mãos fechadas com os dedos indicadores e polegares esticados e unidos pelas pontas. Mão esquerda com a palma para dentro e mão direita com a palma para cima. Unir as mãos pelas pontas dos dedos (foto 1). Em seguida, mover a mão direita para baixo, abrindo o indicador e o polegar e unindo-os novamente pelas pontas no fim do movimento.
• ***Graviola:*** *Fruta tropical usada principalmente no preparo de sucos e sorvetes.*

GRÉCIA – Mãos fechadas com os dedos indicadores e polegares abertos e levemente curvados, palmas para trás. Encostar as pontas dos dedos na parte de trás das laterais da cabeça. Em seguida, deslizar as mãos simultaneamente para a frente, afastando-as um pouco da cabeça e unindo as pontas dos dedos no fim do percurso.
• ***Grécia:*** *País localizado na Europa.*

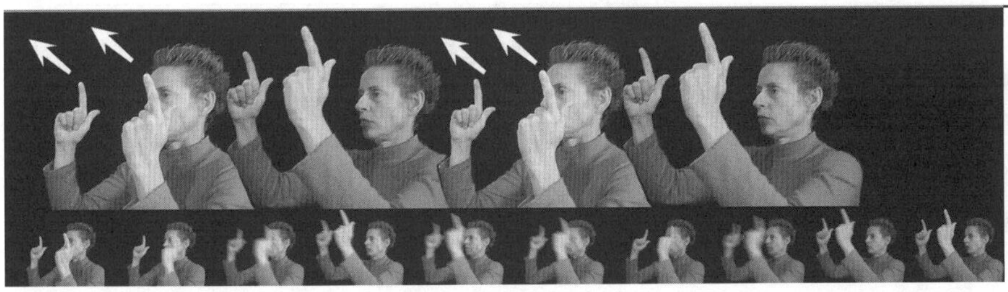

GREVE – Mãos em "G", palmas para dentro. Posicionar as mãos na altura do rosto. Em seguida, com gestos firmes, mover as mãos, simultaneamente, para a frente e para cima, voltando à posição inicial. Repetir esse movimento duas ou três vezes seguidas.
• ***Greve:*** *Paralisação coletiva dos trabalhadores em protesto contra determinada situação.* **Sinal igual:** GREVISTA, PARALISAÇÃO

GRIFAR – Mão esquerda aberta, dedos unidos e esticados, polegar separado, palma para cima. Mão direita fechada com o indicador e o polegar esticados e unidos pelas pontas. Encostar as pontas dos dedos da mão direita na palma esquerda, perto do punho. Em seguida, deslizar a mão direita até as pontas dos dedos da esquerda.
• ***Grifar:*** *Marcar palavras ou números com linha a fim de destacar o trecho sublinhado.* **Sinal igual:** GRIFADO, SUBLINHADO, SUBLINHAR

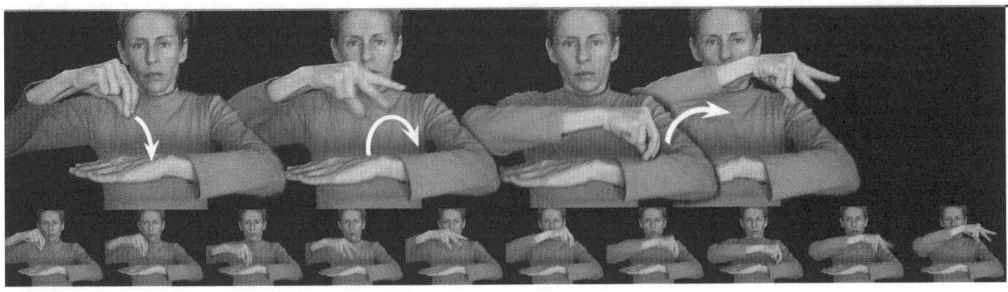

GRILO – Mão esquerda aberta, dedos unidos e esticados apontando para o lado direito, palma para baixo. Braço esquerdo dobrado. Mão direita com o mínimo e o anular fechados, e o médio, o indicador e o polegar esticados e unidos pelas pontas, palma para baixo. Encostar as pontas dos dedos da mão direita no dorso esquerdo e movê-la para cima, abrindo os dedos; em seguida novamente para baixo, unindo as pontas dos dedos e encostando-as no braço. Mover mais uma vez a mão direita para cima, abrindo os dedos.
• ***Grilo:*** *Espécie de inseto saltador.* **Sinal igual:** GAFANHOTO

■ GRAVURA: DESENHAR ■ GRÊMIO: CLUBE ■ GRENHA: JUBA ■ GREVISTA: GREVE ■ GRIFADO: GRIFAR ■ GRILHÃO: ALGEMA, CORRENTE ■ GRIPADO: GRIPE

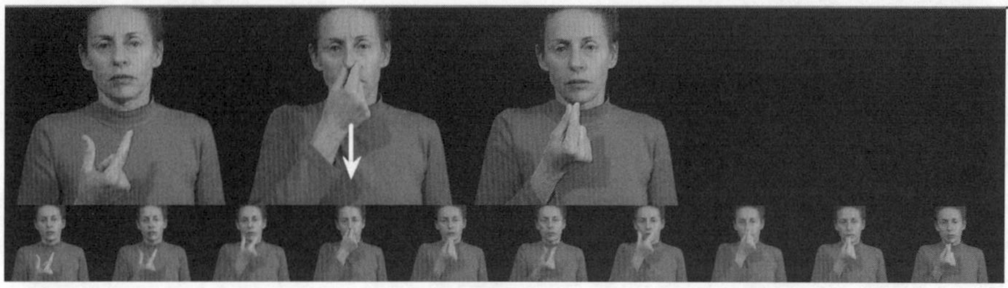

GRIPE – Mão fechada com os dedos indicador e polegar esticados apontando para o nariz. Mover a mão até o nariz, segurar sua ponta com as pontas dos dedos e afastar a mão do rosto, mantendo o indicador e o polegar unidos pelas pontas. Repetir esse movimento duas vezes seguidas.
• ***Gripe:*** *Enfermidade infecciosa provocada por vírus cujos sintomas podem ser: febre, dor de cabeça, congestionamento das vias respiratórias etc.* **Sinal igual:** CONSTIPAÇÃO, CONSTIPADO, GRIPADO, *INFLUENZA*, RESFRIADO

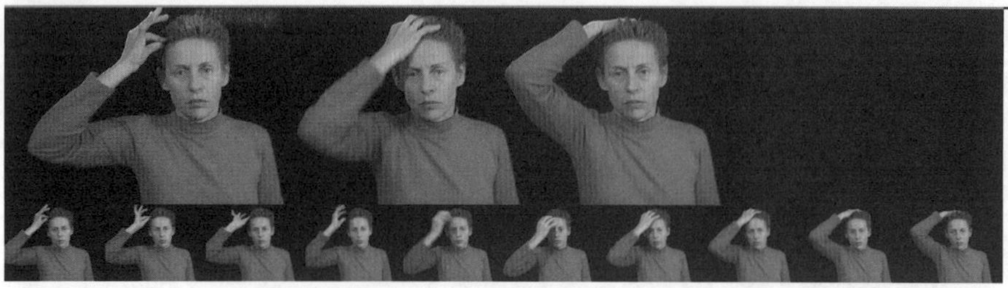

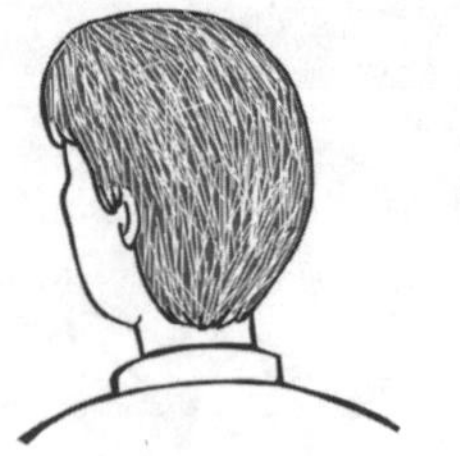

GRISALHO – Fazer o sinal de "cabelo". Em seguida, com os dedos separados e levemente curvados, tocar suas pontas na parte superior da lateral da cabeça e deslizar a mão para trás.
• ***Grisalho:*** *Presença de fios brancos no cabelo, na barba ou no bigode.* **Sinal igual:** RUÇO

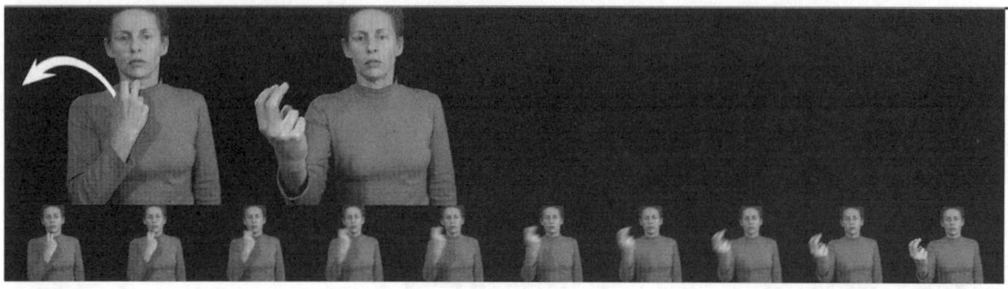

GRITAR – Mão fechada com os dedos indicador e médio abertos, levemente separados e curvados, palma para trás. Posicionar a mão perto do queixo, com as pontas dos dedos apontando para a boca. Em seguida, com um gesto rápido, mover a mão para a frente.
• ***Gritar:*** *Falar usando voz muito alta.* **Sinal igual:** BERRAR, BERRO, BRADAR, BRADO, GRITO

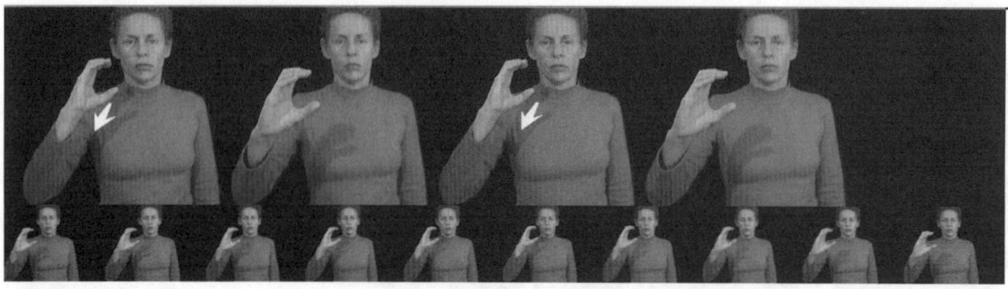

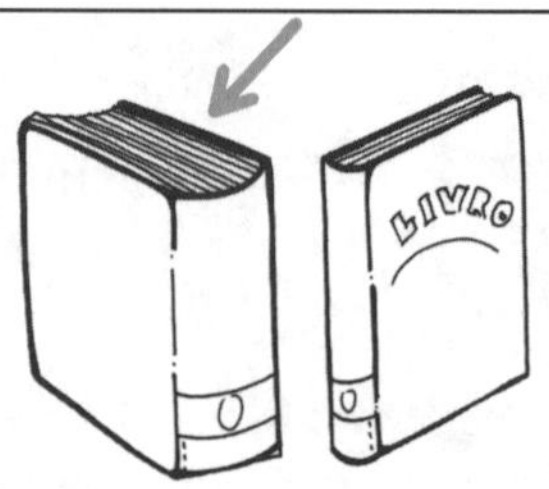

GROSSO – Mão em "C", palma para dentro. Posicionar a mão um pouco afastada do corpo. Mover a mão um pouco para trás e voltar à posição inicial.
• ***Grosso:*** *De grande espessura; volumoso.* **Sinal igual:** CONSISTÊNCIA, CONSISTENTE, DENSO, ESPESSO, ESPESSURA, GROSSURA

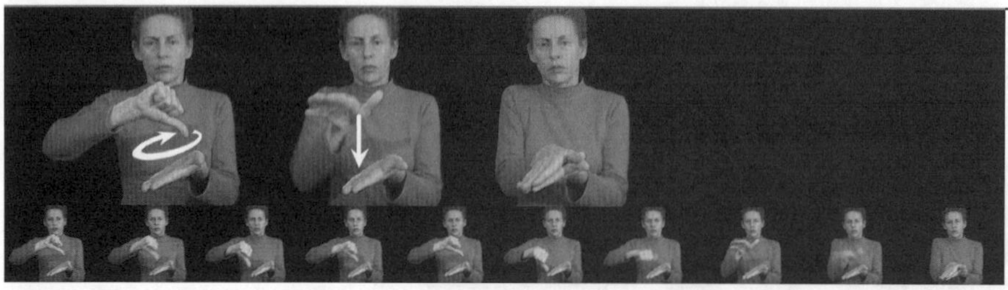

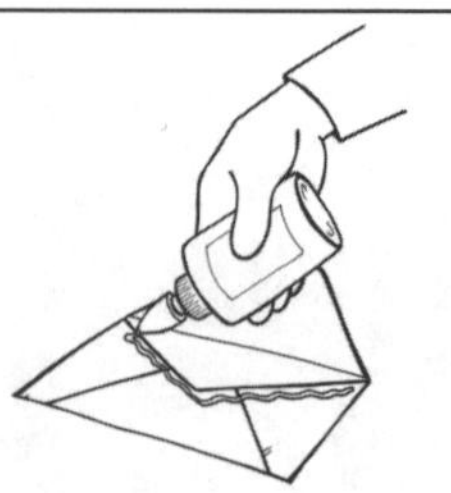

GRUDAR – Mão esquerda aberta, palma para cima. Mão direita fechada com o dedo polegar esticado apontando para baixo, palma para a frente. Posicionar a mão direita sobre a esquerda. Em seguida, mover a mão direita em círculos, com o dedo polegar apontando para a palma da mão esquerda. Depois, abrir a mão direita com a palma para baixo e juntar as mãos.
• ***Grudar:*** *Aderir uma superfície em outra usando cola ou outra substância.* **Sinal igual:** ADERIR, COLAR

■ **GRITO:** GRITAR ■ **GROSSEIRO:** BRUTO, MALCRIADO ■ **GROSSURA:** GROSSO ■ **GRUDE:** COLA ■ **GRUPAMENTO:** GRUPO

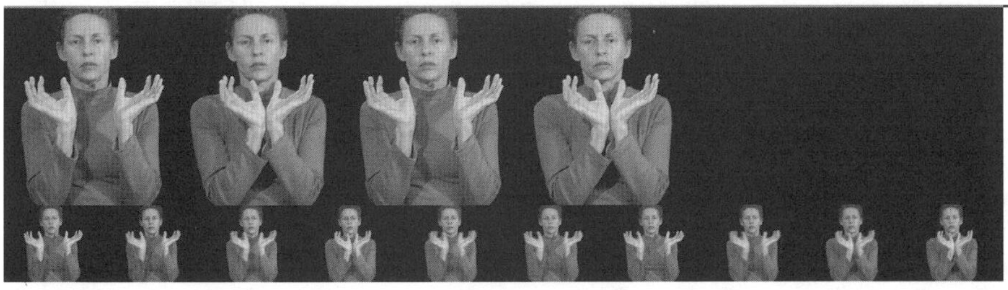

GRUPO – Mãos abertas, dedos separados e curvados apontando para cima, palmas para cima. Posicionar uma mão próximo da outra. Mover as mãos para dentro simultaneamente, tocando duas vezes uma na outra pelos punhos.
• ***Grupo:*** *Conjunto de pessoas ou coisas que formam um todo.* **Sinal igual:** AGRUPADO, AGRUPAR, GÊNERO, GRUPAMENTO

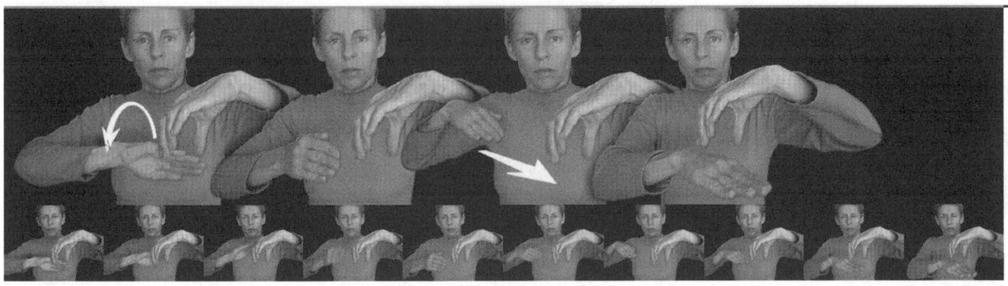

GRUTA – Mão esquerda em "C", palma para baixo, mão direita aberta, dedos unidos e esticados apontando para a mão esquerda. Posicionar as mãos conforme a foto 1. Em seguida, mover a mão direita descrevendo um arco bem próximo da mão esquerda. Depois, deslocar a mão direita, passando-a por baixo da esquerda.
• ***Gruta:*** *Caverna natural ou artificial.* **Sinal igual:** CAVERNA

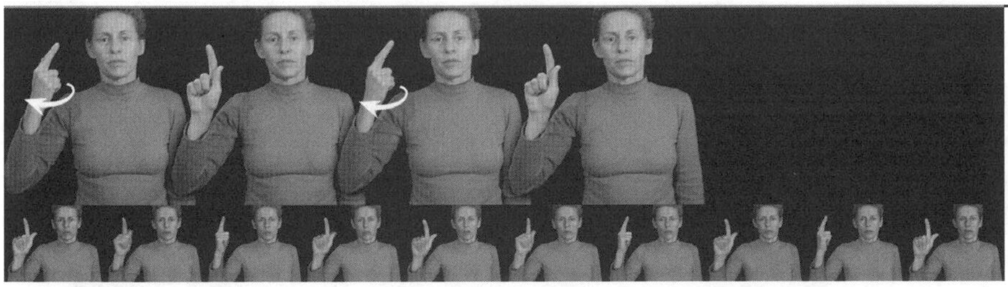

GUARANÁ – Mão em "G", palma para a frente. Girar a mão ao redor do próprio eixo, para dentro, duas vezes.
• ***Guaraná:*** *Planta da Amazônia cujas sementes possuem funções medicinais; é usada também na fabricação de refrigerantes.*

GUARDA-CHUVA – Mão esquerda fechada em "S", palma para dentro, mão direita fechada em "A", palma para dentro. Apoiar a mão direita sobre a esquerda (foto 1). Em seguida, mover a mão direita para cima, imitando o gesto de quem abre um guarda-chuva.
• ***Guarda-chuva:*** *Objeto portátil usado para proteger uma pessoa da chuva.* **Sinal igual:** SOMBRINHA

GUARDA DE TRÂNSITO – Fazer os sinais de "polícia" e de "automóvel".
• ***Guarda de trânsito:*** *Policial que tem como função organizar o trânsito.*

▪ GUARDA-COSTAS: SEGURANÇA

GUARDANAPO – Mãos abertas, dedos unidos e esticados apontando para cima, palmas para trás. Mover simultaneamente as mãos, encostando as pontas dos dedos em um dos cantos da boca e depois no outro canto, mantendo-as juntas.
• ***Guardanapo:*** *Pequena toalha de pano ou papel usada à mesa para limpar os lábios ou proteger a roupa.*

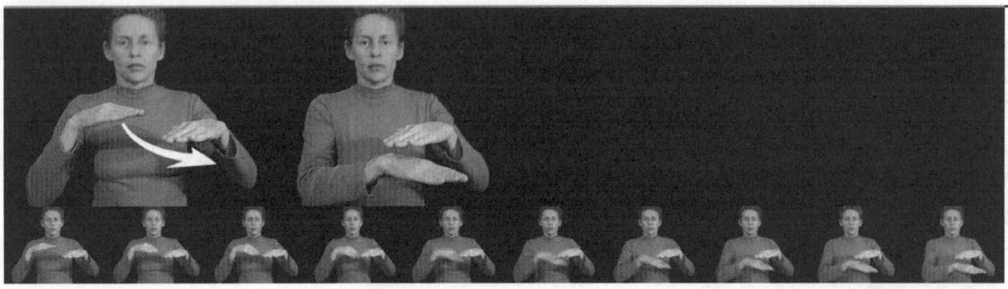

GUARDAR – Mãos abertas, dedos unidos e esticados, palmas para baixo. Mão esquerda com os dedos apontando para o lado direito e mão direita com os dedos apontando para a frente. Mover a mão direita para a frente, passando-a por baixo da esquerda.
• ***Guardar:*** *Pôr em lugar apropriado; acondicionar.* **Sinal igual:** ACONDICIONADO, ACONDICIONAR, ARRECADAR, CONSERVADO, CONSERVAR, RESERVADO, RESERVAR

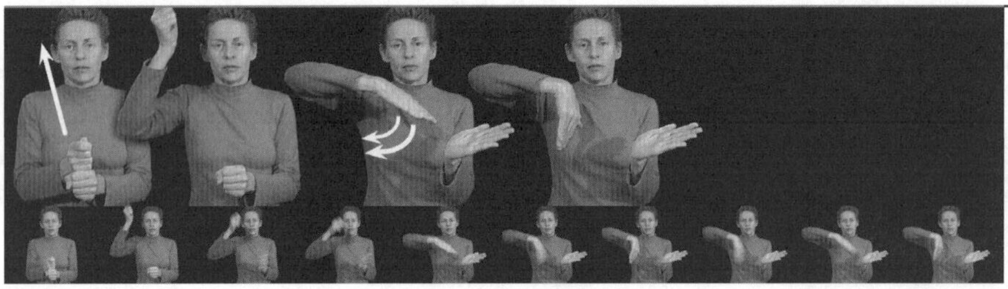

GUARDA-SOL – Fazer os sinais de "guarda-chuva" e de "praia".
• ***Guarda-sol:*** *Objeto portátil usado para proteger uma pessoa do sol.*

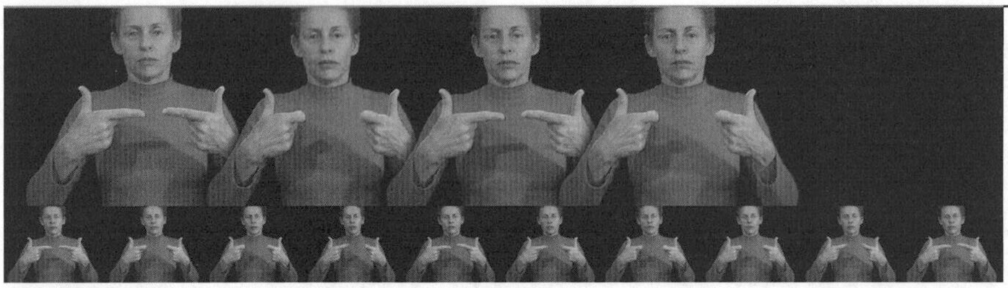

GUERRA – Fazer o sinal de "revólver" com as duas mãos, apontando uma para a outra.
• ***Guerra:*** *Luta armada entre nações.* **Sinal igual:** COMBATE, GUERREAR, GUERRILHA, GUERRILHEIRO

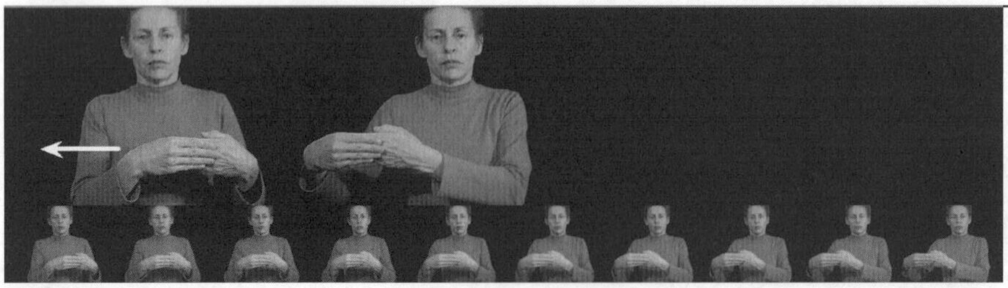

GUIAR – Mão esquerda aberta, dedos unidos e esticados apontando para o lado direito, palma para trás. Segurar com a mão direita os dedos da esquerda. Em seguida, mover as mãos, juntas, para o lado direito.
• ***Guiar:*** *Acompanhar alguém, mostrando o caminho.*

▪ **GUARDA-PÓ:** AVENTAL ▪ **GUARDA-ROUPA:** ARMÁRIO ▪ **GUERREAR:** GUERRA ▪ **GUERREIRO:** MILITAR ▪ **GUERRILHA:** GUERRA ▪ **GUERRILHEIRO:** GUERRA

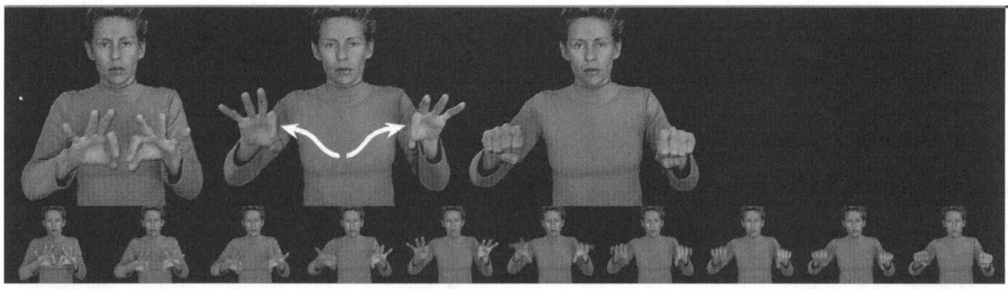

GUIDOM – Mãos abertas, dedos esticados e separados (indicadores e polegares curvados), palmas para a frente. Mover simultaneamente as mãos para as laterais, descrevendo a curva do guidom de uma bicicleta. Em seguida, fechar as mãos, imitando o gesto de quem segura nas manoplas de uma bicicleta.
• ***Guidom:*** *Barra de direção das bicicletas e motocicletas.*

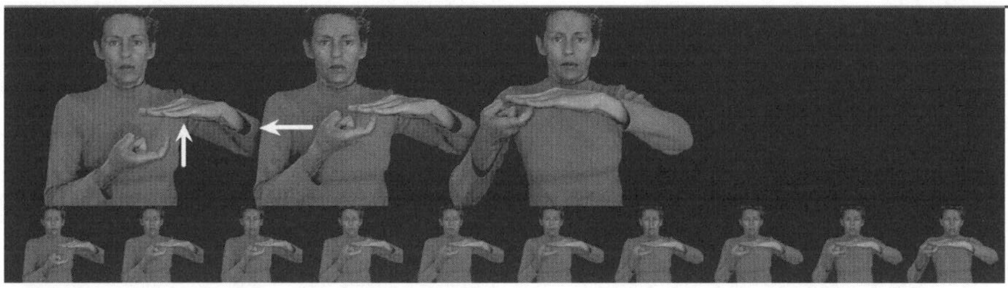

GUINCHO – Mão esquerda aberta, dedos unidos e esticados apontando para o lado direito, palma para baixo. Mão direita fechada com o indicador aberto e curvado, palma para cima. Encostar a ponta do indicador direito na face inferior dos dedos da mão esquerda. Em seguida, mover as mãos, juntas, para o lado direito.
• ***Guincho:*** *Máquina para levantar veículos ou outras coisas pesadas.* **Sinal igual:** GUINCHADO

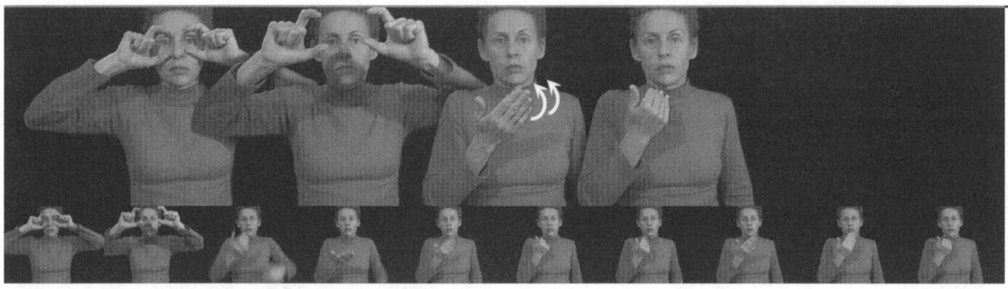

GULOSO – Fazer os sinais de "ambição" e de "comer".
• ***Guloso:*** *Aquele que tem um apetite exagerado.* **Sinal igual:** GULA

▪ **GUINCHADO:** GUINCHO ▪ **GULA:** GULOSO ▪ **GULOSEIMA:** DOCE ▪ **GUSTAÇÃO:** PALADAR

Mão fechada com os dedos indicador e médio esticados apontando para cima, palma para a frente. Girar a mão para dentro, ao redor do próprio eixo. Oitava letra do alfabeto. Mão fechada com os dedos indicador e médio esticados apontando para cima, palma para a frente. Girar a mão para dentro, ao redor do próprio eixo. Oitava letra do alfabeto. Mão fechada com os dedos in

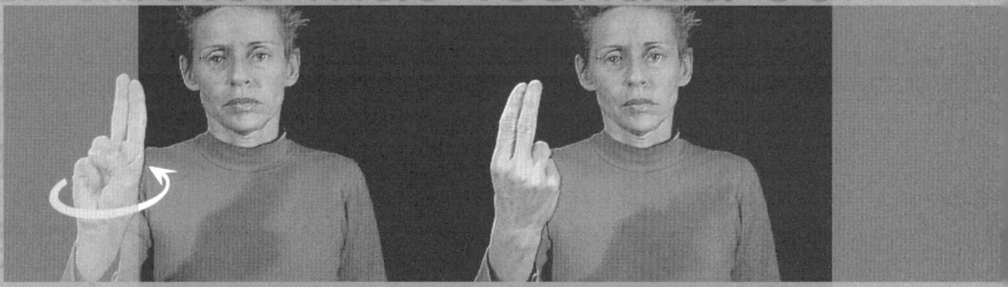

apontando pa

te. Girar a mã

próprio eixo. Oitava letra do alfabeto. Mão fechada com os dedos indicador e médio esticados apontando para cima, palma para a frente. Girar a mão para dentro, ao redor do próprio eixo. Oitava letra do alfabeto. Mão fechada com os dedos indicador e médio esticados apontando para cima, palma para a frente. Girar a mão para dentro, ao redor do próprio eixo. Oitava letra do alfabeto. Mão fechada com

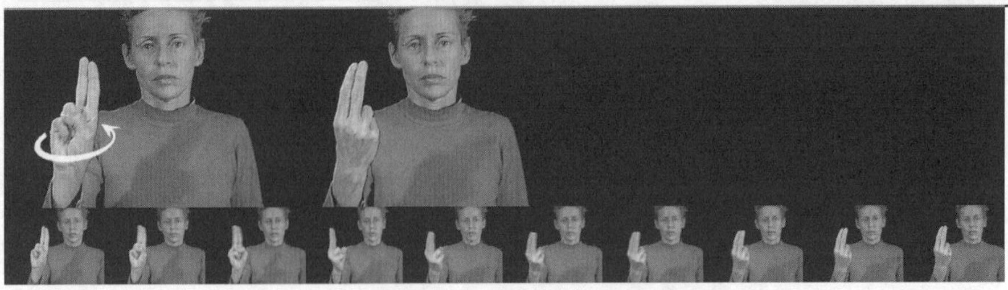

H – Mão fechada com os dedos indicador e médio esticados apontando para cima, palma para a frente. Girar a mão para dentro, ao redor do próprio eixo.

• *H: Oitava letra do alfabeto.*

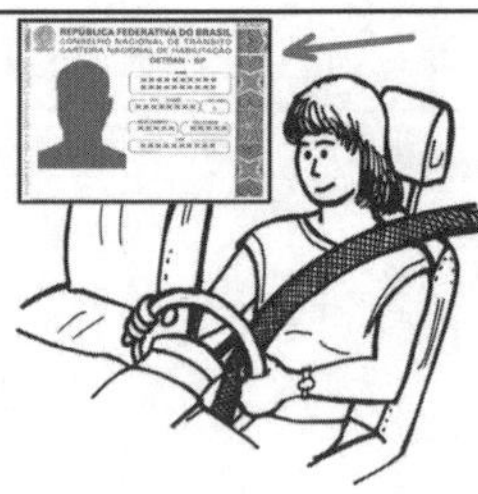

HABILITAÇÃO – Fazer os sinais de "cartão" e de "automóvel".

• ***Habilitação:*** *Documento que comprova a capacidade para executar determinada função.* **Sinal igual:** CARTEIRA DE MOTORISTA, CNH

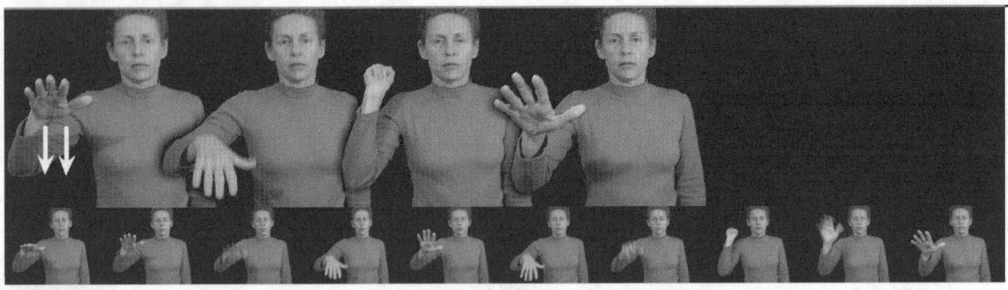

HANDEBOL – Com uma das mãos, imitar o gesto de quem quica uma bola no chão, duas vezes, e depois joga a bola para a frente.

• ***Handebol:*** *Jogo em que dois times procuram, através de passes com a mão, fazer entrar a bola no gol adversário.*

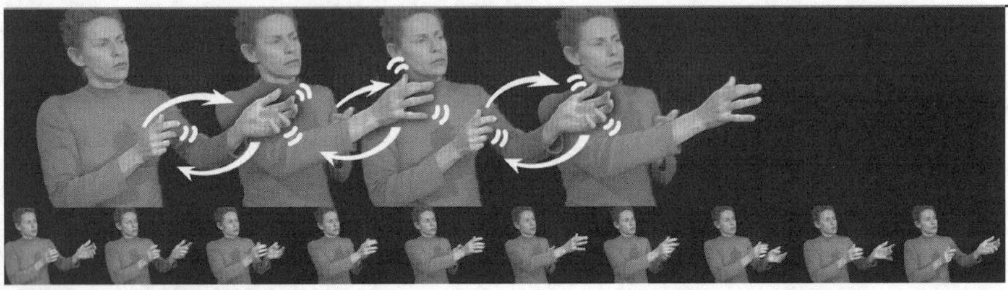

HARPA – Mãos abertas, dedos relaxados, palmas para dentro. Posicionar uma mão diante da outra. Em seguida, mover as mãos simultaneamente e em sentidos opostos, para a frente e para trás, balançando os dedos de modo aleatório durante o movimento.

• ***Harpa:*** *Instrumento musical de corda.* **Sinal igual:** HARPISTA

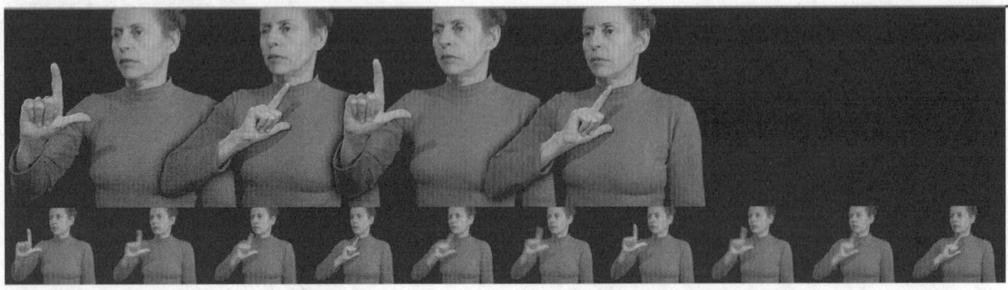

HAVER – Mão em "L", palma para dentro. Tocar duas vezes a ponta do dedo polegar no peito.

• ***Haver:*** *Ter, possuir, alcançar, conseguir, receber, acontecer, existir.* **Sinal igual:** EXISTE, EXISTIR

▪ **HABILIDADE:** CAPAZ, INTELIGENTE ▪ **HABILITAR:** TREINAR ▪ **HABITAÇÃO:** CASA ▪ **HABITAR:** CASA ▪ **HÁBITO:** ACOSTUMAR ▪ **HABITUAR:** ACOSTUMAR ▪ **HARMONIA:** PAZ ▪ **HARMÔNICA:** GAITA ▪ **HARPISTA:** HARPA ▪ **HASTA:** DARDO ▪ **HASTE:** CAULE ▪ **HAVER:** TER ▪ **HEBRAICO:** JUDEU ▪ **HEBREU:** JUDEU

HELICÓPTERO – Mão esquerda fechada com o indicador esticado apontando para cima, palma para dentro. Mão direita aberta, dedos esticados e separados apontando para o lado esquerdo, palma para baixo. Encostar a ponta do indicador direito na palma esquerda. Em seguida, mover as mãos, juntas, para o lado esquerdo e para cima, balançando a mão direita com rapidez várias vezes durante o movimento.

• ***Helicóptero:*** *Aeronave que se sustenta e se desloca no ar por meio de hélices horizontais.*

HEMATOMA – Fazer o sinal de "roxo". Em seguida, mão fechada e dedos indicador e polegar abertos e curvados. Encostá-los na lateral externa do braço, abaixo do ombro.

• ***Hematoma:*** *Acúmulo de sangue em uma região do corpo em consequência de uma pancada no local.*

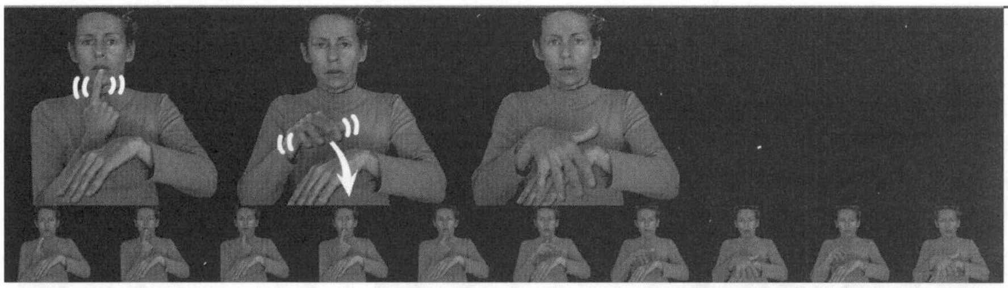

HEMORRAGIA – Fazer os sinais de "vermelho" e de "transbordar" (sem incluir o sinal de "água").

• ***Hemorragia:*** *Escoamento de sangue fora dos vasos sanguíneos.*

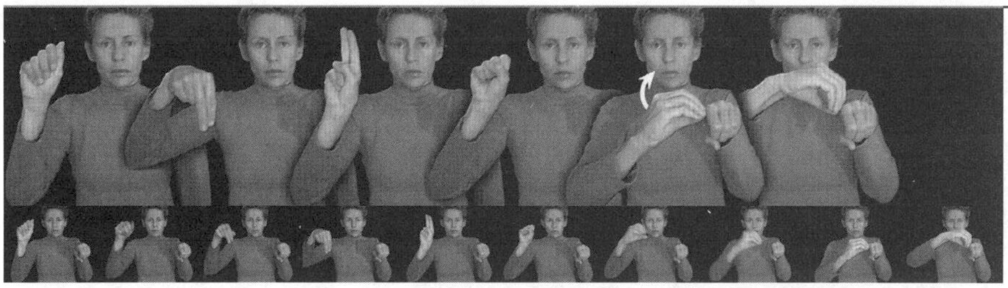

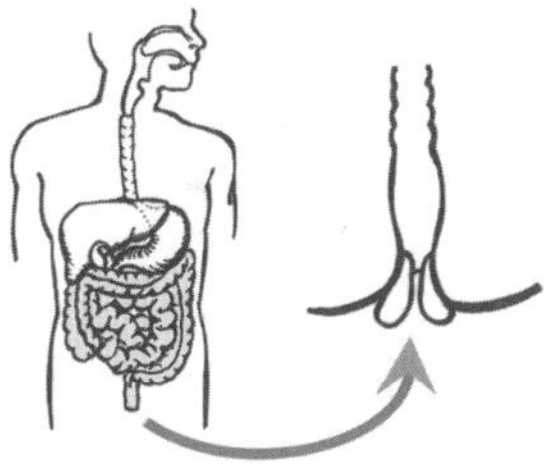

HEMORROIDA – Digitar as letras "A", "N", "U" e "S". Depois, mão esquerda fechada em "O", palma para baixo, mão direita com os dedos levemente curvados e unidos pelas pontas. Encostar as pontas dos dedos da mão direita na lateral interna da esquerda. Em seguida, mover a mão direita para cima, sem desencostar as mãos.

• ***Hemorroida:*** *Dilatação, geralmente dolorosa, dos vasos do ânus.*

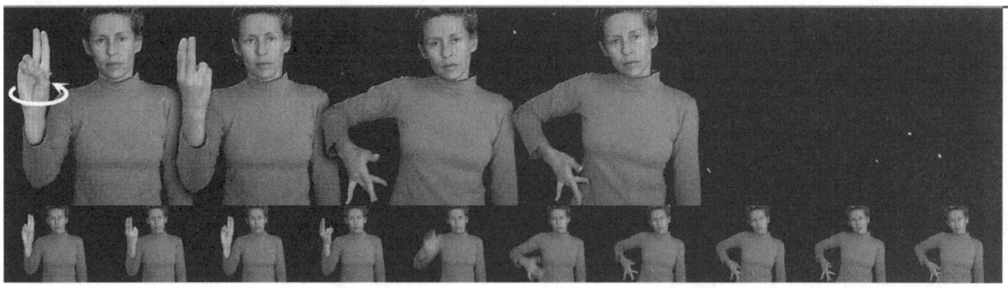

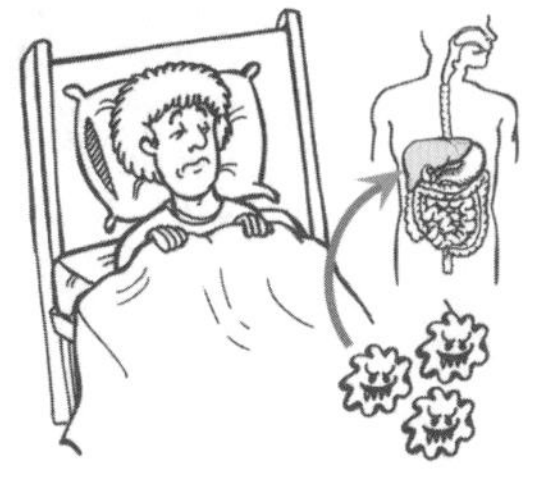

HEPATITE – Fazer os sinais de "H" e de "fígado".

• ***Hepatite:*** *Inflamação do fígado causada por agentes infecciosos (vírus ou bactérias) ou por agentes tóxicos (álcool, medicamentos etc.).*

H

▪ **HELMINTO:** VERME ▪ **HEPÁTICO:** FÍGADO ▪ **HERDAR:** HEREDITÁRIO ▪ **HEREDITARIEDADE:** HEREDITÁRIO

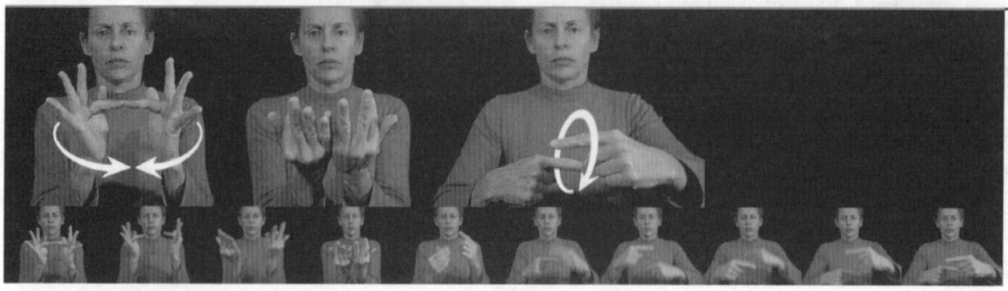

HEREDITÁRIO – Fazer o sinal de "família". Depois, mãos fechadas com os dedos indicadores esticados apontando para dentro, palmas para dentro. Mover simultaneamente as mãos girando uma sobre a outra, como o movimento dos pedais de uma bicicleta.

• ***Hereditário:*** *Que se transmite de pai para filho.* **Sinal igual:** HERDAR, HEREDITARIEDADE

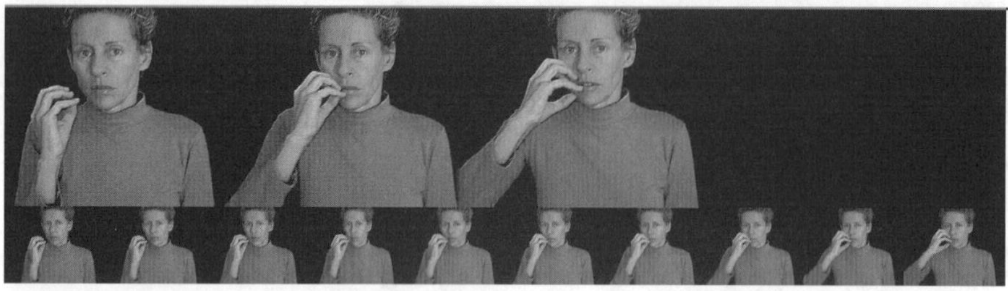

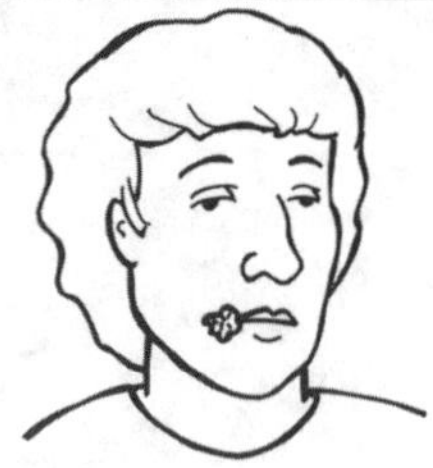

HERPES LABIAL – Mão aberta com os dedos curvados e unidos pelas pontas. Tocar levemente as pontas dos dedos no canto da boca. Mover um pouco a mão, afastando-a ligeiramente da boca e abrindo levemente os dedos, mantendo-os curvados.

• ***Herpes labial:*** *Infecção na pele caracterizada por erupções dolorosas.*

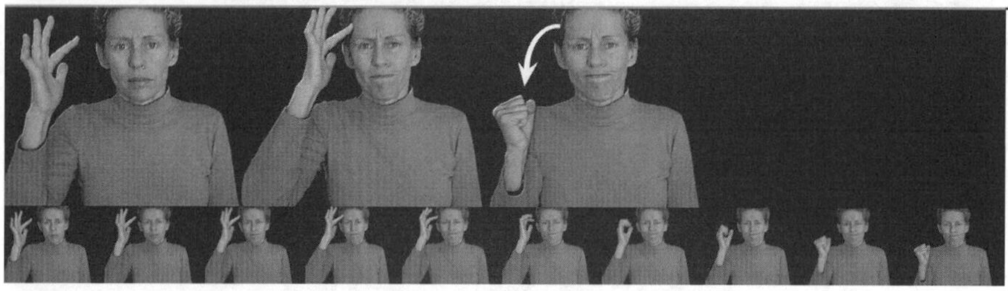

HESITAR – Tocar na têmpora com a ponta do dedo indicador. Em seguida, fechar a mão em "S" e movê-la para baixo. Fazer uma expressão de "dúvida".

• ***Hesitar:*** *Demonstrar dúvida ou insegurança.*

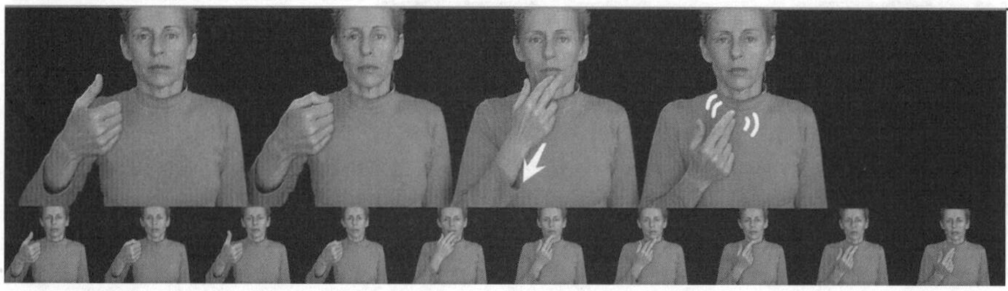

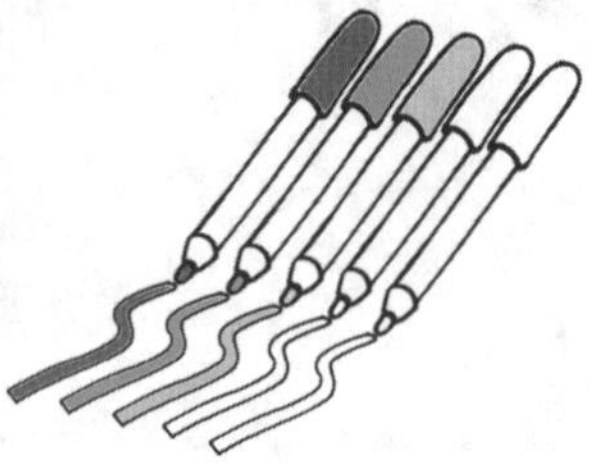

HIDROCOR – Fazer os sinais de "caneta" e de "cor".

• ***Hidrocor:*** *Tipo de caneta de várias cores.*

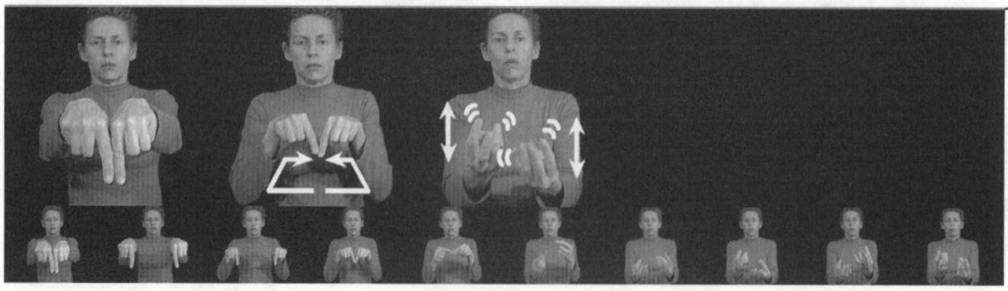

HIDROMASSAGEM – Mãos fechadas com os dedos indicadores esticados apontando para baixo. Posicionar as mãos conforme a foto 1. Afastando uma mão da outra e depois unindo-as novamente, desenhar horizontalmente a linha imaginária no formato de uma banheira. Em seguida, fazer o movimento igual ao sinal de "ferver".

• ***Hidromassagem:*** *Massagem feita por jatos de água.*

■ **HERÓI:** CORAGEM ■ **HESITAÇÃO:** DÚVIDA ■ **HIDROGRÁFICA:** CANETA

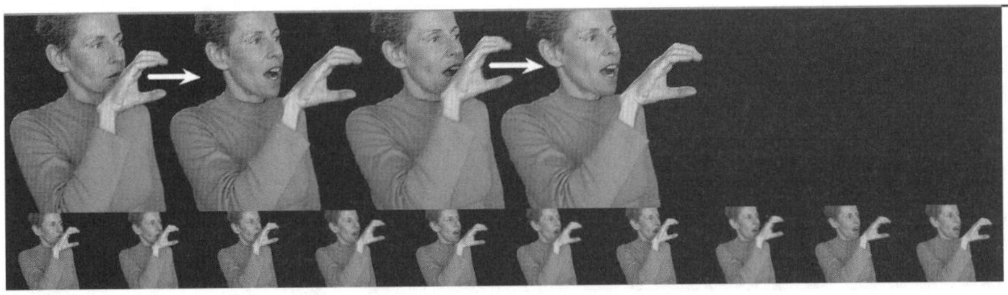

HIENA – Mão em "C", palma para a frente. Posicionar a mão próximo da boca. Em seguida, mover a mão para a frente, abrindo a boca. Repetir esse movimento duas vezes seguidas.

• ***Hiena:*** *Mamífero carnívoro encontrado na África, conhecido por possuir mandíbulas muito fortes.*

HIERARQUIA – Mãos abertas, dedos unidos e esticados, palmas para baixo. Unir as mãos pelas pontas dos dedos e posicioná-las na altura da cabeça. Em seguida, mover a mão direita para baixo, marcando dois pontos durante o movimento.

• ***Hierarquia:*** *Organização mantida por relações de subordinação entre os membros do grupo.* **Sinal igual:** HIERÁRQUICO

HINO – Mão aberta, dedos unidos e esticados, palma para trás. Encostar a mão no lado esquerdo do peito.

• ***Hino:*** *Canto solene em honra da pátria; cântico de louvor a Deus.* **Sinal igual:** CÂNTICO

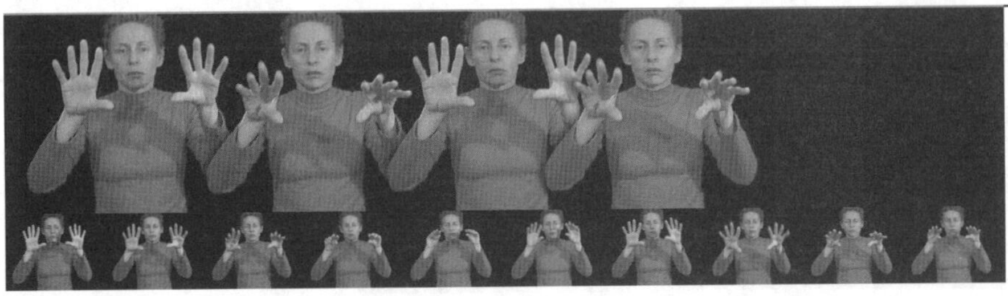
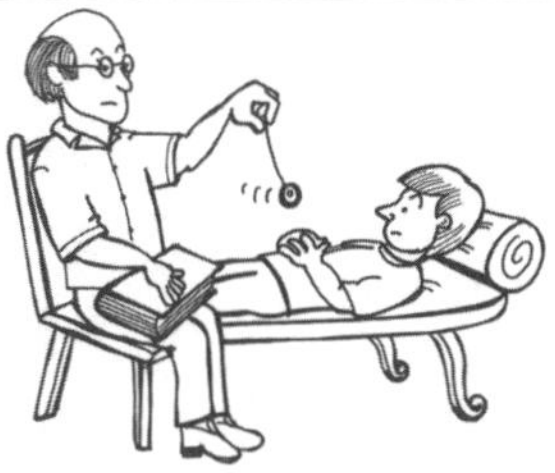

HIPNOTIZAR – Mãos abertas, dedos esticados e separados, palmas para a frente. Posicionar uma mão ao lado da outra, na altura do rosto. Em seguida, mover as mãos simultaneamente para a frente, curvar todos os dedos e mover a mão novamente para trás. Fazer esse movimento duas vezes seguidas.

• ***Hipnotizar:*** *Usar técnicas que provocam, através de mecanismos de sugestão, o sono artificial.* **Sinal igual:** ENTORPECER, ENTORPECIDO, HIPNOSE, HIPNÓTICO, HIPNOTISMO, HIPNOTIZADOR

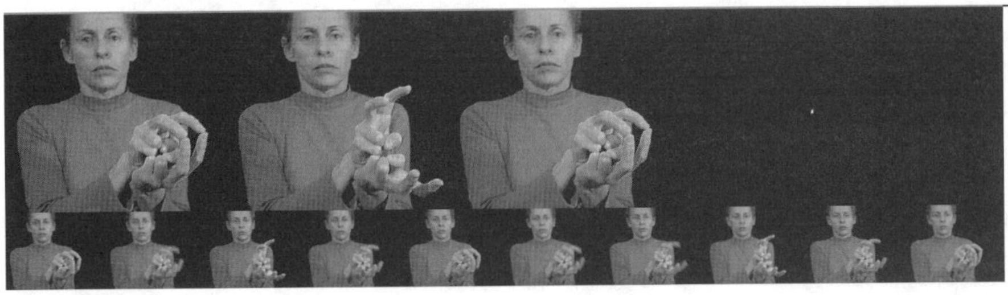

HIPOPÓTAMO – Mãos fechadas com os dedos indicadores e médios abertos e curvados. Mão esquerda com a palma para cima e mão direita com a palma para baixo. Apoiar a mão direita sobre a esquerda, unindo os indicadores e os médios pelas pontas (foto 1). Em seguida, mantendo as mãos unidas pelos punhos, afastar e aproximar duas vezes uma mão da outra, imitando o movimento de abertura da boca de um hipopótamo.

• ***Hipopótamo:*** *Mamífero anfíbio encontrado nas regiões alagadas da África.*

▪ **HIERÁRQUICO:** HIERARQUIA ▪ **HIGIENIZAÇÃO:** LIMPAR ▪ **HIGIENIZADO:** LIMPO ▪ **HIGIENIZAR:** LIMPAR ▪ **HILARIANTE:** ENGRAÇADO ▪ **HILÁRIO:** ENGRAÇADO ▪ **HÍPICA:** EQUITAÇÃO ▪ **HIPISMO:** EQUITAÇÃO ▪ **HIPNOSE:** HIPNOTIZAR ▪ **HIPNÓTICO:** HIPNOTIZAR ▪ **HIPNOTISMO:** HIPNOTIZAR ▪ **HIPNOTIZADOR:** HIPNOTIZAR ▪ **HIPOCAMPO:** CAVALO-MARINHO ▪ **HIPÓCRITA:** FALSO ▪ **HIPÓTESE:** SUPOR

HISTÓRIA – Fazer os sinais de "estória" e de "legítimo".

• ***História:*** *Conjunto de conhecimentos que fazem parte do passado da humanidade.*

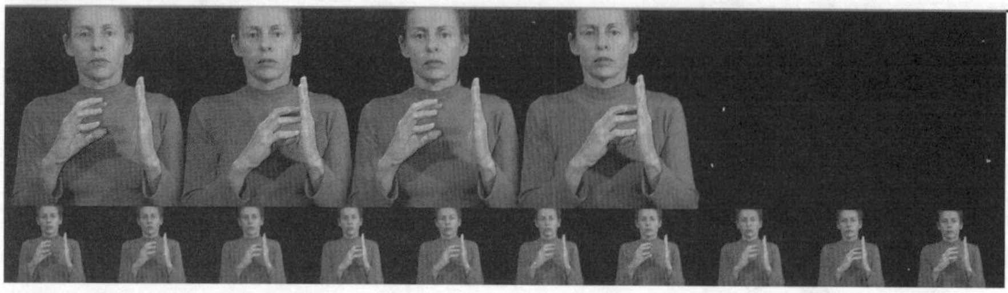

HIV – Mão esquerda aberta, dedos unidos e esticados apontando para cima, palma para dentro. Mão direita aberta, dedos curvados e separados, palma para dentro. Tocar as pontas dos dedos da mão direita na palma esquerda, duas vezes.

• ***HIV:*** *Sigla em inglês do Vírus da Imunodeficiência Humana, que ataca o sistema imunológico e é causador da Aids.* **Sinal igual:** AIDS

HOJE – Mão direita aberta, dedos unidos e esticados, palma para cima. Com um gesto firme, mover a mão para o lado esquerdo, uma vez.

• ***Hoje:*** *O dia em que se está.*

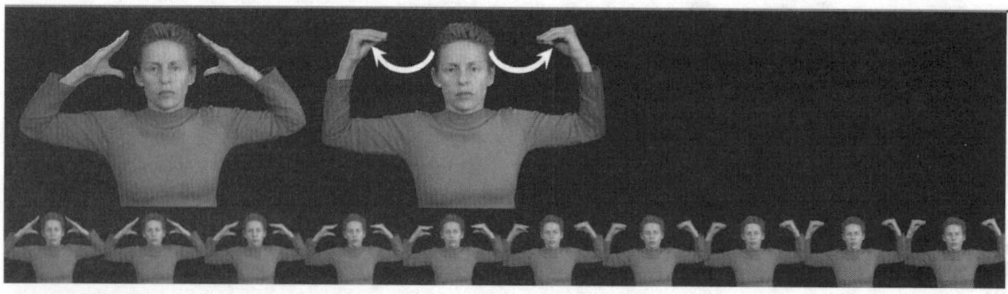

HOLANDA – Mãos abertas, dedos unidos e esticados, polegares separados. Posicionar as mãos nas laterais da cabeça, conforme a foto 1. Em seguida, mover as mãos simultaneamente para as laterais, descrevendo um leve arco durante o percurso e unindo as pontas dos dedos no fim do movimento.

• ***Holanda:*** *País localizado na Europa.*

HOMEM – Mão aberta, dedos unidos e esticados, polegar separado, palma para cima. Segurar no queixo e mover a mão para baixo, unindo os dedos pelas pontas no fim do movimento.

• ***Homem:*** *Mamífero dotado de inteligência, do sexo masculino, pertencente à raça humana.* **Sinal igual:** MASCULINIDADE, MASCULINO, MÁSCULO

▪ **HOMENAGEAR:** APLAUDIR ▪ **HOMENAGEM:** APLAUDIR ▪ **HOMICÍDIO:** ASSASSINAR

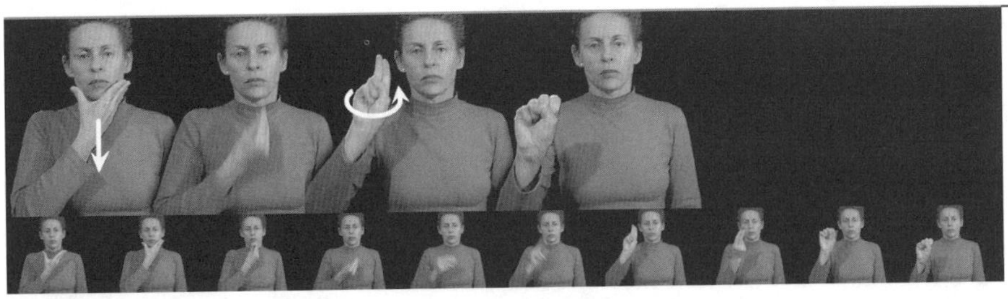

HOMOSSEXUAL (HOMEM) – Fazer o sinal de "homem". Em seguida, digitar as letras "H" e "S".

• ***Homossexual (homem):*** *Homem que sente atração sexual por outros homens.* **Sinal igual:** *GAY*, PEDERASTA

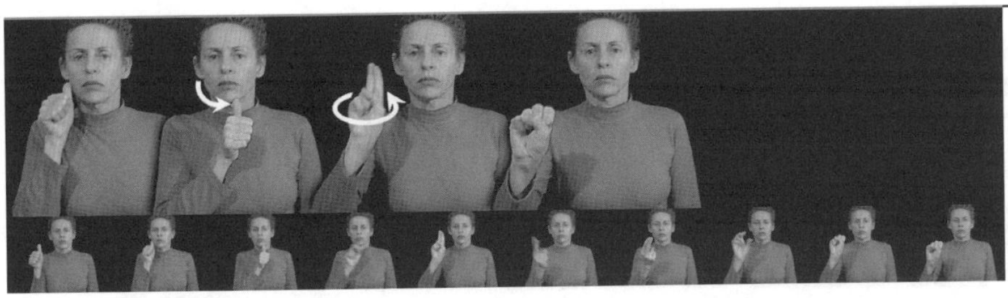

HOMOSSEXUAL (MULHER) – Fazer o sinal de "mulher". Em seguida, digitar as letras "H" e "S".

• ***Homossexual (mulher):*** *Mulher que sente atração sexual por outras mulheres.* **Sinal igual:** LÉSBIA, LESBIANISMO, LÉSBICA

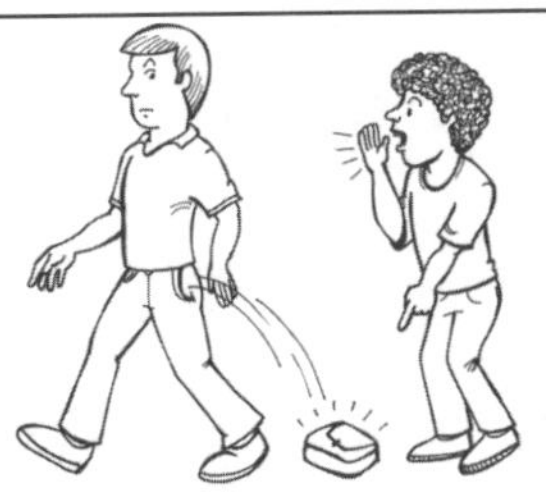

HONESTO – Fazer os sinais de "certo" com as duas mãos e de "educação".

• ***Honesto:*** *Pessoa em quem se pode confiar.* **Sinal igual:** DECENTE, ESCRÚPULO, ESCRUPULOSO, HONESTAMENTE, HONESTIDADE, HONRA, HONRADO, INTEGRIDADE, ÍNTEGRO, PROBO

HÓQUEI – Mãos fechadas em "S", posicionadas uma perto da outra na lateral do corpo (foto 1). Mover as mãos para a lateral oposta (do corpo), mantendo-as juntas.

• ***Hóquei:*** *Jogo em que duas equipes disputam uma pequena bola ou disco por meio de um bastão com ponta recurvada. Pode ser praticado sobre o gelo, grama ou quadra.*

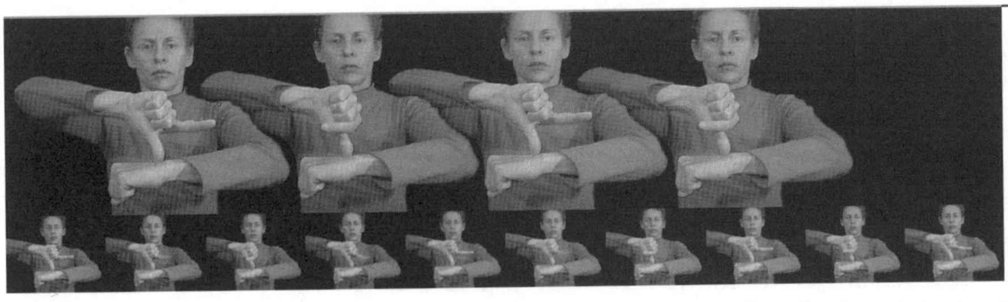

HORA – Mão esquerda fechada, palma para baixo, braço dobrado. Mão direita em "L", palma para a frente. Encostar a ponta do polegar direito no dorso da mão esquerda. Em seguida, mover o indicador, "jogando-o" para a frente, duas ou mais vezes.

• ***Hora:*** *Período de tempo equivalente a 60 minutos.* **Sinal igual:** HORÁRIO, HORAS

▪ **HONESTAMENTE:** HONESTO ▪ **HONESTIDADE:** HONESTO ▪ **HONRA:** HONESTO ▪ **HONRADO:** HONESTO

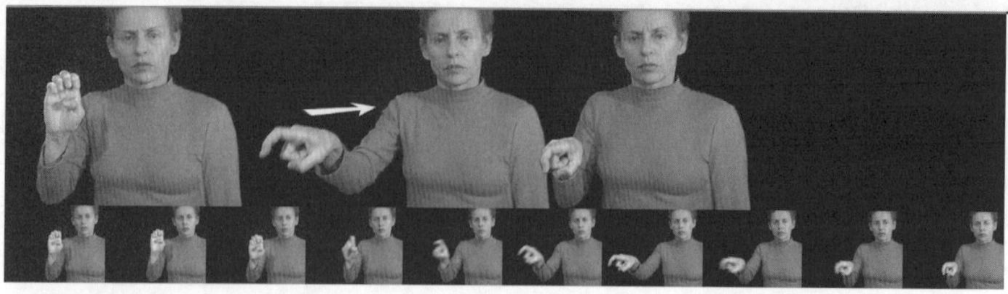

HORA EXTRA – Digitar as letras "E" e "X".

• ***Hora extra:*** *Hora de trabalho prestada além do tempo contratado.* **Sinal igual:** HORAS EXTRAORDINÁRIAS, SERÃO

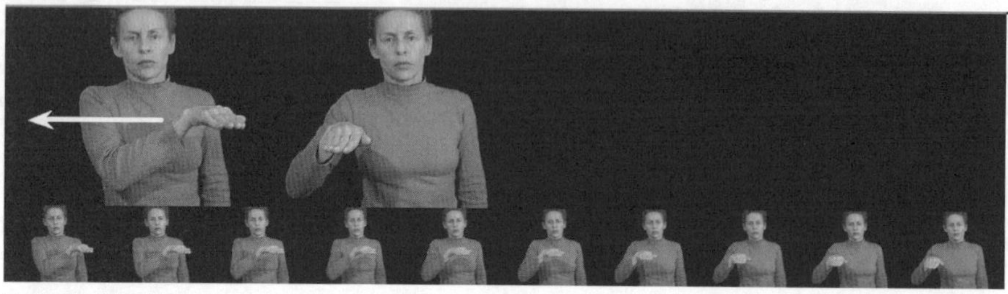

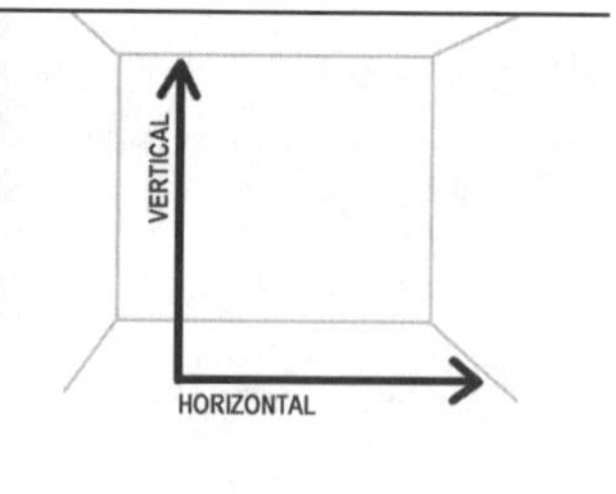

HORIZONTAL – Mão direita aberta, dedos unidos e esticados apontando para a frente, palma para baixo. Posicionar a mão do lado esquerdo do corpo. Em seguida, mover a mão para a direita.

• ***Horizontal:*** *Paralelo ao horizonte; deitado.* **Sinal igual:** HORIZONTALMENTE, HORIZONTE

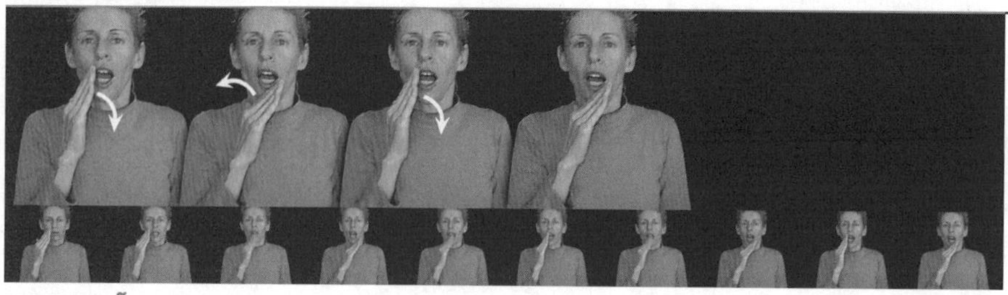

HORTELÃ – Mão aberta, dedos unidos e esticados, palma para dentro. Posicionar a mão ao lado da boca. Em seguida, mover a mão algumas vezes, com um pouco de rapidez, "abanando" a boca. Abrir um pouco a boca durante o movimento.

• ***Hortelã:*** *Planta que também é conhecida como menta.* **Sinal igual:** MENTA

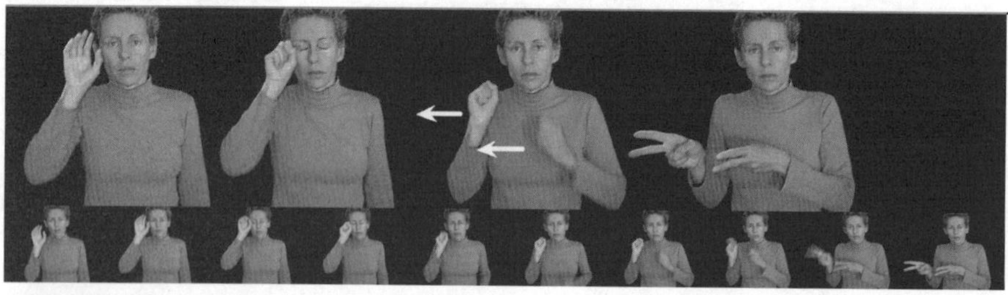

HOSPEDAR – Fazer os sinais de "adormecer" e de "dormir".

• ***Hospedar:*** *Oferecer ou receber abrigo.*

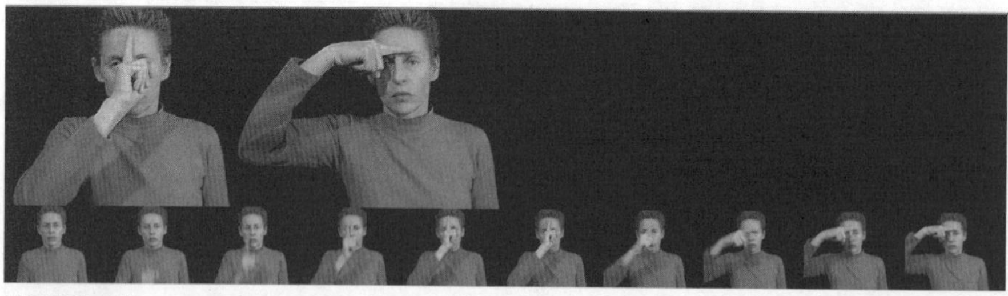

HOSPITAL – Mão fechada com o dedo indicador esticado, palma para dentro. Encostar a lateral externa do indicador na testa, apontando para cima, e depois encostar o dedo novamente na testa, apontando para a lateral, formando, assim, o sinal da cruz.

• ***Hospital:*** *Estabelecimento para internação e tratamento de doentes ou feridos.* **Sinal igual:** CLÍNICA, HOSPITALAR, MATERNIDADE, SANATÓRIO

▪ **HORÁRIO:** HORA ▪ **HORAS:** HORA ▪ **HORAS EXTRAORDINÁRIAS:** HORA EXTRA ▪ **HORIZONTALMENTE:** HORIZONTAL ▪ **HORIZONTE:** HORIZONTAL ▪ **HORRENDO:** MEDO, NOJO ▪ **HORRÍVEL:** MEDO, NOJO ▪ **HORROR:** MEDO, NOJO ▪ **HORROROSO:** MEDO, NOJO ▪ **HORTICULTOR:** AGRICULTURA ▪ **HOSPEDARIA:** MOTEL ▪ **HOSPITALAR:** HOSPITAL ▪ **HÓSTIA:** COMUNGAR ▪ **HOSTIL:** INIMIGO ▪ **HOSTILIDADE:** INIMIGO ▪ ***HOT DOG*:** CACHORRO-QUENTE ▪ **HOTEL:** ALOJAMENTO ▪ **HOTELARIA:** ALOJAMENTO ▪ **HOTELEIRO:** ALOJAMENTO ▪ **HUMILHAÇÃO:** HUMILHAR

HUMILHAR – Mão esquerda aberta, dedos esticados e separados apontando para a frente, palma para cima. Mão direita aberta, dedos esticados e separados apontando para o lado esquerdo, palma para baixo. Unir as mãos pelas palmas. Em seguida, mover as mãos simultaneamente e em sentidos opostos, deslizando uma sobre a outra, mas sem tirá-las do lugar com relação ao corpo.

• ***Humilhar:*** *Tratar com menosprezo; rebaixar.* **Sinal igual:** ENVERGONHAR, HUMILHAÇÃO, MENOSPREZAR, OPRIMIR, REBAIXAR, SEGREGAÇÃO, VEXAR

▪ **HUMOR:** ENGRAÇADO

Mão fechada com o dedo mínimo esticado apontando para cima, palma para a frente. Nona letra do alfabeto. Mão fechada com o dedo mínimo esticado apontando para cima, palma para a frente. Nona letra do alfabeto. Mão fechada com o dedo mínimo esticado apontando para cima, palma para a frente. Nona letra do alfabeto. Mão fechada com o dedo mínimo esticado apo

para a frente.

fechada com

apontando para cima, palma para a frente. Nona letra do alfabeto. Mão fechada com o dedo mínimo esticado apontando para cima, palma para a frente. Nona letra do alfabeto. Mão fechada com o dedo mínimo esticado apontando para cima, palma para a frente. Nona letra do alfabeto. Mão fechada com o dedo mínimo esticado apontando para cima, palma para a frente. Nona letra do alfabeto. Mão fech

I – Mão fechada com o dedo mínimo esticado apontando para cima, palma para a frente.
• *I: Nona letra do alfabeto.*

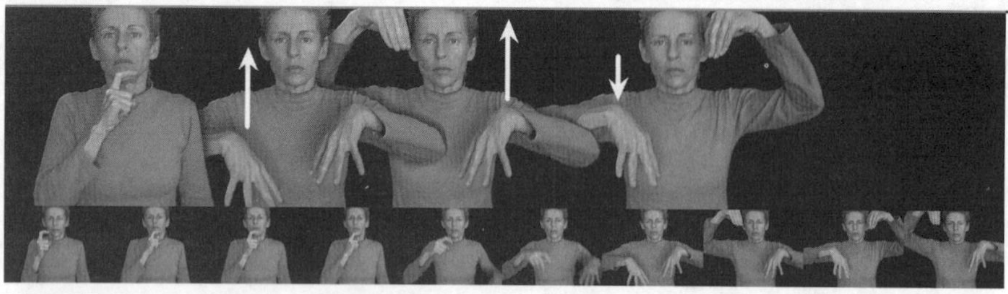

I

ICEBERG – Fazer o sinal de "gelo". Em seguida, com as mãos abertas, dedos esticados e separados apontando para baixo, mover alternadamente as mãos para cima, unindo os dedos pelas pontas no fim de cada movimento.
• **Iceberg:** *Grande bloco de gelo que se desprende das geleiras polares e flutua através das correntes marítimas.*

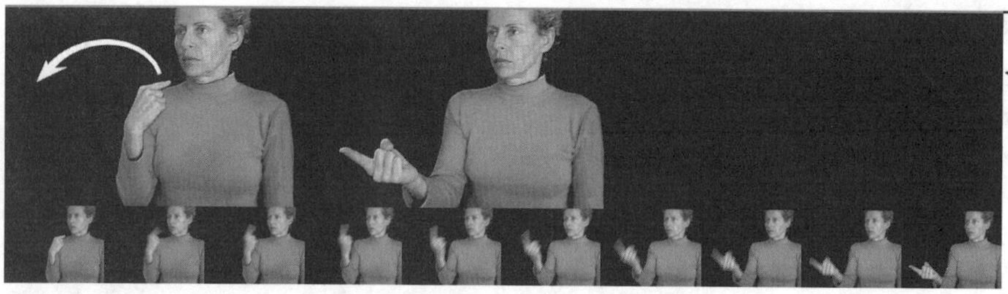

IDA – Mão fechada com o dedo indicador esticado apontando para o próprio corpo, palma para trás. Mover a mão para a frente, virando a palma para cima.
• **Ida:** *Ato ou movimento de ir.*

IDADE – Mão em "Y", palma para trás. Mover a mão de baixo para cima, duas vezes, resvalando a ponta do dedo mínimo na lateral do peito na metade do percurso.
• **Idade:** *O tempo de vida transcorrido do nascimento ao período atual.*

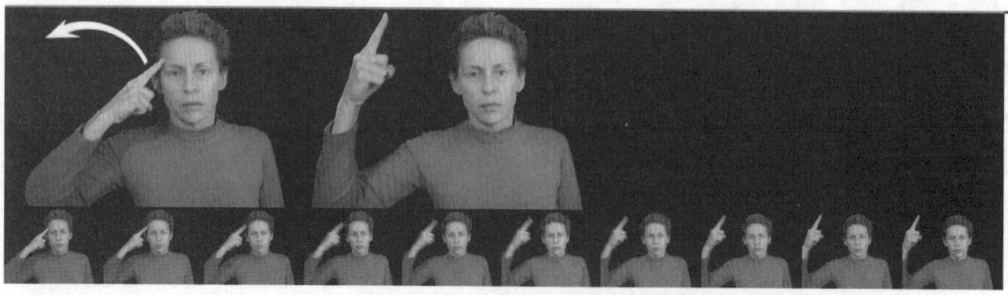

IDEIA – Mão fechada com o dedo indicador esticado, palma para dentro. Tocar a ponta desse dedo na lateral da testa. Em seguida, mover a mão um pouco para a frente, afastando-a da cabeça.
• **Ideia:** *Pensamento ou percepção mental.* **Sinal igual:** CONCEITO, CONCEPÇÃO

▪ **IATE:** BARCO ▪ **IÇAR:** SUSPENDER ▪ **IDEALIZAR:** FANTASIAR, INVENTAR ▪ **IDEAR:** INVENTAR

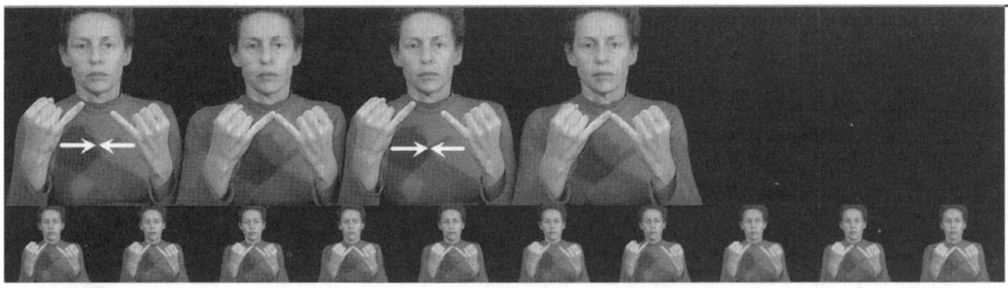

IDÊNTICO – Mãos em "I", palmas para trás. Mover simultaneamente as mãos, tocando duas vezes uma na outra pelas pontas dos dedos mínimos.
• ***Idêntico:*** *Muito parecido; análogo, semelhante.* **Sinal igual:** ANÁLOGO, SEMELHANTE

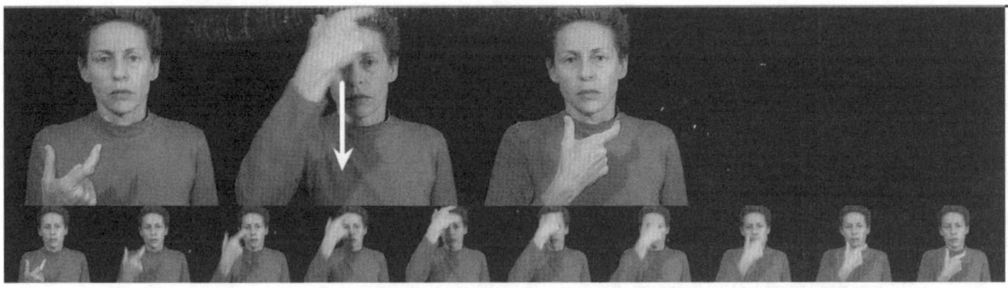

IDENTIDADE* – Mão fechada com os dedos indicador e polegar abertos e curvados apontando para trás, palma para trás. Mover a mão de cima para baixo, diante do rosto.
• ***Identidade:*** *Conjunto de características próprias de uma pessoa.* **Sinal igual:** CARÁTER, INDIVIDUALIDADE, PERSONAGEM, PERSONALIDADE

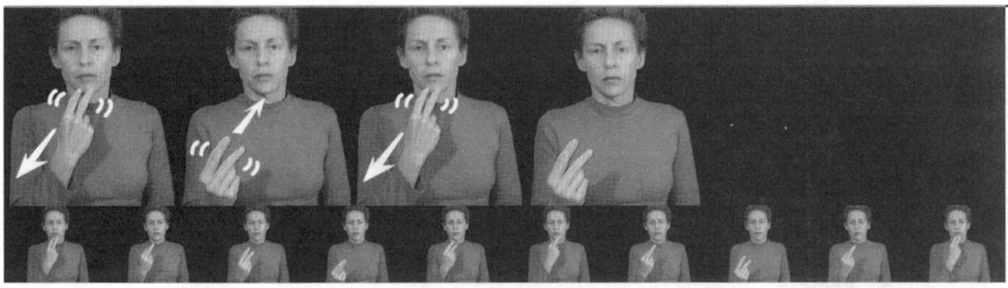

IDIOMA – Mão fechada com os dedos indicador e médio esticados e levemente separados, palma para trás. Posicionar a mão com as pontas dos dedos quase tocando os lábios. Mover a mão para a frente e para baixo, balançando os dedos aleatoriamente durante o movimento. Fazer esse movimento duas vezes seguidas.
• ***Idioma:*** *A língua própria de uma nação.* **Sinal igual:** LÍNGUA

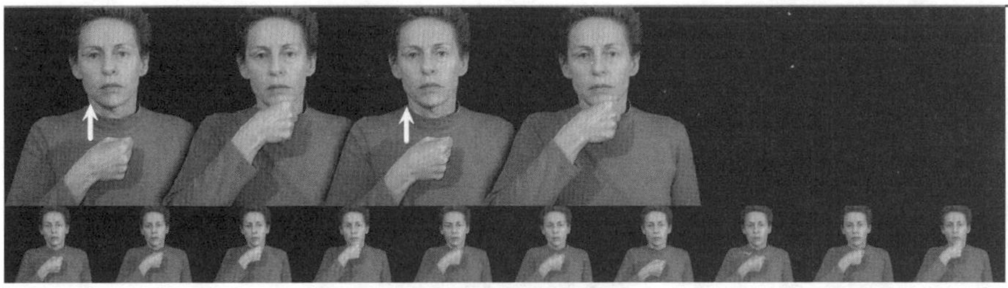

IDOSO – Mão fechada em "S", palma para trás. Encostar a lateral interna da mão na parte inferior do queixo. Fazer esse movimento duas ou três vezes.
• ***Idoso:*** *Que tem muitos anos de vida.* **Sinal igual:** CADUCO, DECRÉPITO, SENIL

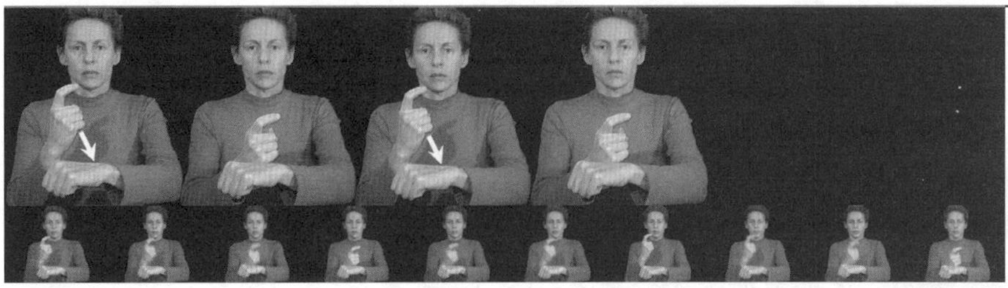

IGNORANTE – Mão esquerda fechada, palma para baixo. Mão direita fechada com o dedo indicador aberto e curvado, palma para dentro. Tocar duas vezes a lateral externa da mão direita sobre o dorso esquerdo.
• ***Ignorante:*** *Que não tem conhecimento; que desconhece a existência de algo.* **Sinal igual:** IGNORÂNCIA, INÁBIL, INCULTO

▪ **IDENTIDADE:** RG ▪ **IDOLATRAR:** ADORAR ▪ **IGNORÂNCIA:** IGNORANTE

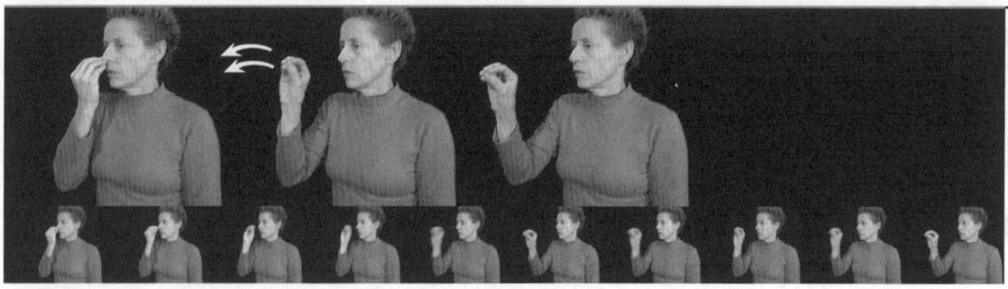

IGNORAR – Com uma das mãos, manter os dedos esticados e unidos pelas pontas, palma para trás. Encostar as pontas desses dedos na ponta do nariz. Em seguida, mover a mão para a frente, virando a palma para a mesma direção, duas vezes.
• ***Ignorar:*** *Não conhecer; não prestar atenção.* **Sinal igual:** SUBESTIMAR

IGREJA – Fazer os sinais de "casa" e de "cruz".
• ***Igreja:*** *Local onde se reúnem os fiéis para exercer o seu culto.* **Sinal igual:** CAPELA, CLEREZIA, CLERO

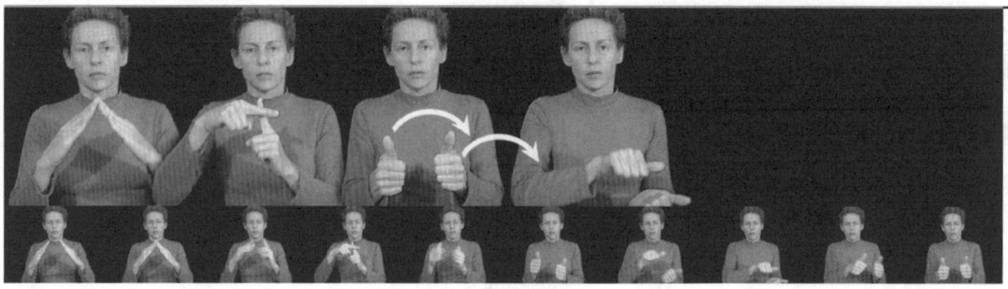

IGREJA BATISTA – Fazer os sinais de "casa", de "cruz" e de "batismo".
• ***Igreja Batista:*** *Organização religiosa cristã.*

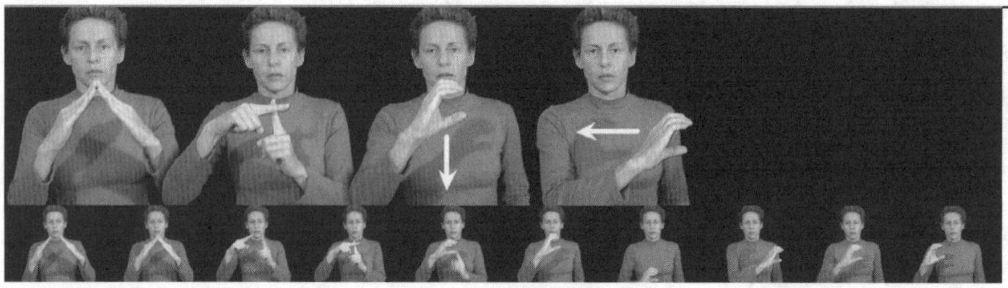

IGREJA CATÓLICA – Fazer os sinais de "casa", de "cruz" e de "católico".
• ***Igreja Católica:*** *Organização religiosa cristã.*

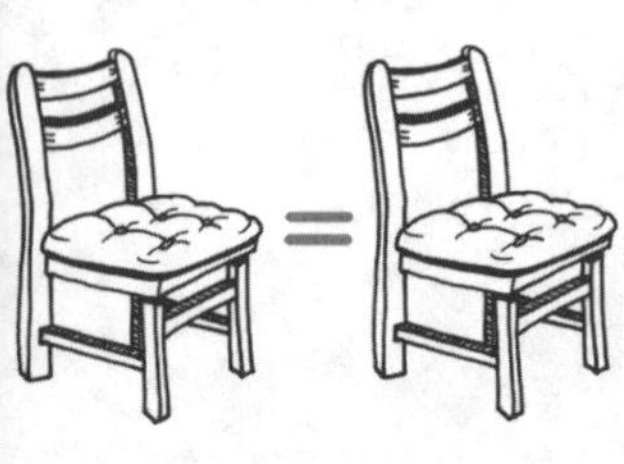

IGUAL – Mãos fechadas com os dedos indicadores esticados apontando para a frente, palma para baixo. Posicionar uma mão ao lado da outra (foto 1). Em seguida, mover simultaneamente as mãos, tocando uma na outra pelas laterais internas.
• ***Igual:*** *Que não apresenta diferença; que apresenta o mesmo tamanho, aparência, valor etc.* **Sinal igual:** CONFORME, CORRESPONDÊNCIA, EQUIVALENTE, IGUALDADE, PARIDADE, SIMILAR, UNIFORME, UNIFORMIDADE

▪ **IGREJA MATRIZ:** CATEDRAL ▪ **IGUALDADE:** IGUAL ▪ **IGUALMENTE:** TAMBÉM

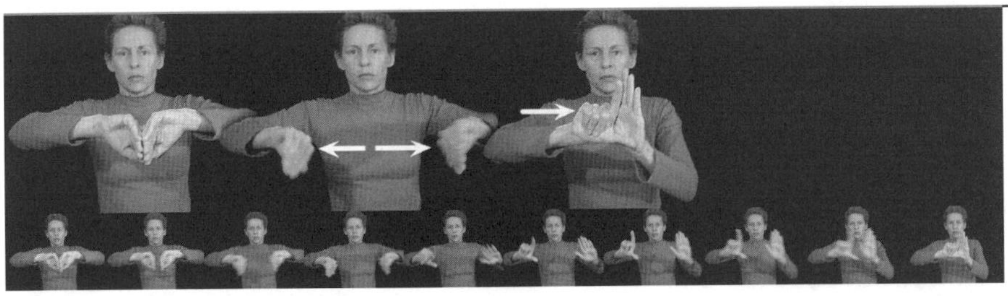

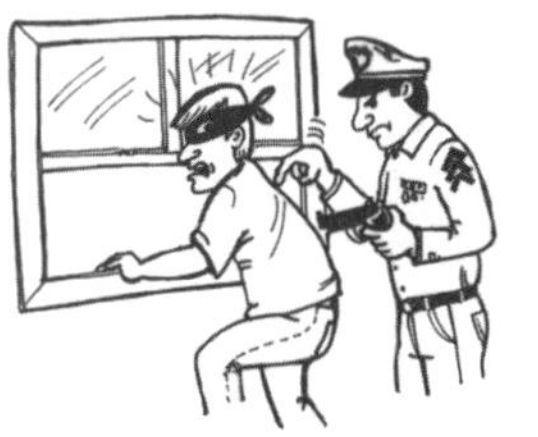

ILEGAL – Fazer os sinais de "separar" e de "lei".
• ***Ilegal:*** *Que é contrário à lei.* **Sinal igual:** ILEGÍTIMO, ILÍCITO

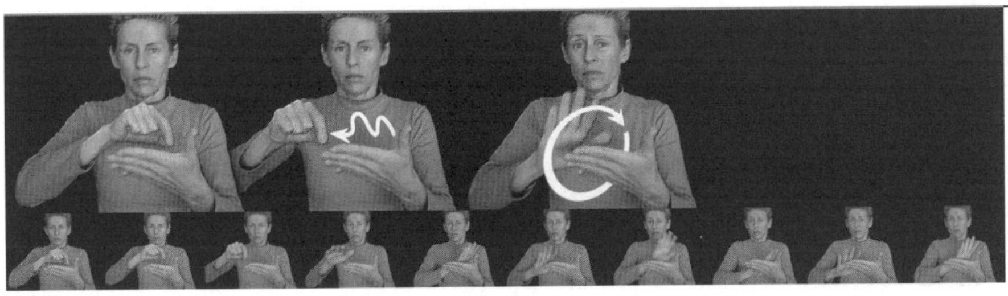

ILEGÍVEL – Fazer o sinal de "escrever". Em seguida, abrir a mão direita e movê-la em círculos por cima da palma esquerda. Durante o movimento, fazer a expressão de quem não está conseguindo ler ou entender alguma coisa.
• ***Ilegível:*** *Que não se pode ler ou que é de difícil leitura.*

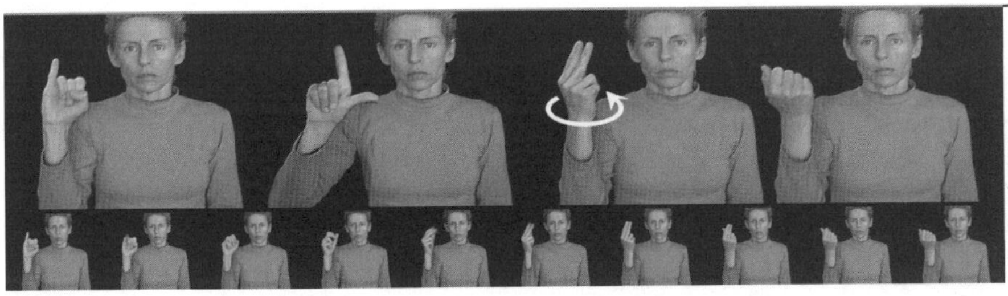

ILHA – Mão em "I", palma para a frente. Abrir a mão, girando-a e virando a palma para trás e fechar a mão em "A".
• ***Ilha:*** *Porção de terra cercada de água por todos os lados.*

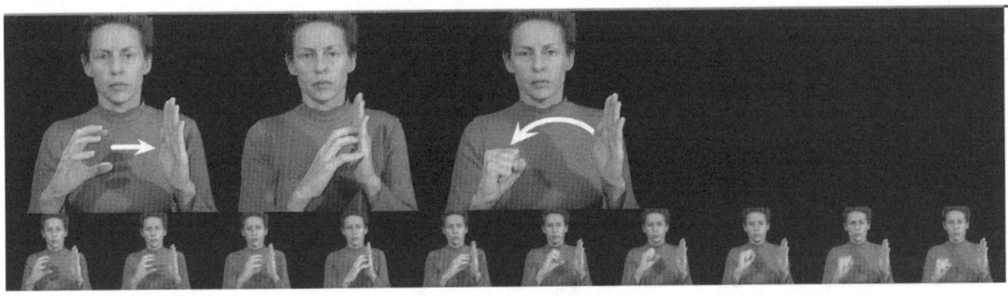

ÍMÃ – Mão esquerda aberta, dedos unidos e esticados apontando para cima, palma para dentro. Mão direita aberta, dedos curvados e separados, palma para dentro. Tocar as pontas dos dedos da mão direita na palma esquerda. Em seguida, fechar a mão direita em "S", afastando-a da mão esquerda.
• ***Ímã:*** *Objeto que adere através do magnetismo em metais; magneto.* **Sinal igual:** MAGNÉTICO, MAGNETISMO

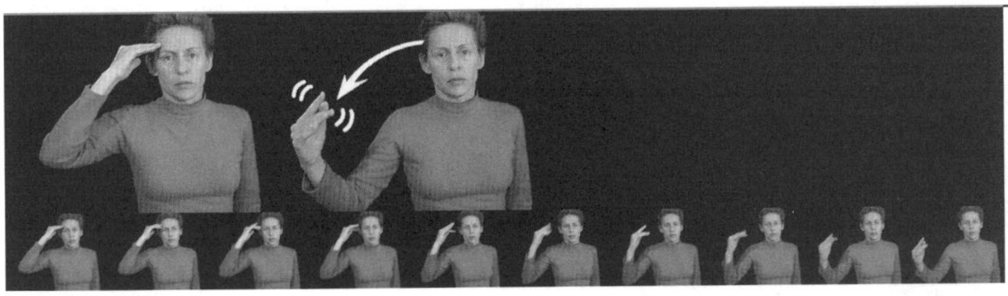

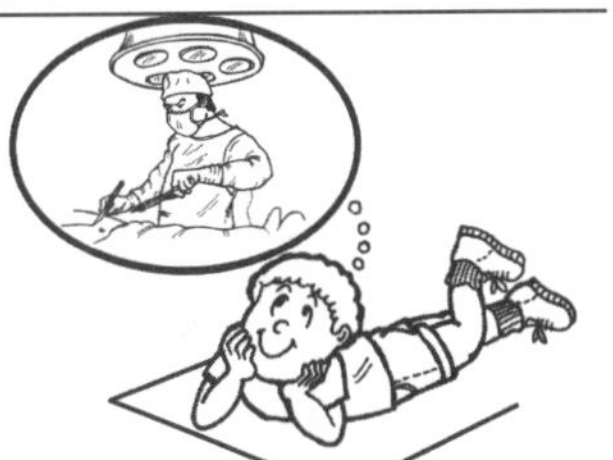

IMAGINAR – Mão aberta, levemente dobrada, dedos unidos e esticados. Tocar as pontas dos dedos na lateral da testa. Em seguida, afastar a mão da cabeça, balançando os dedos aleatoriamente durante o movimento.
• ***Imaginar:*** *Formar imagens mentais de algo que não está presente.* **Sinal igual:** CONFIGURAR, IMAGINAÇÃO, IMAGINÁRIO

▪ **ILEGÍTIMO:** ILEGAL ▪ **ILETRADO:** ANALFABETO ▪ **ILÍCITO:** ILEGAL ▪ **ILUDIDO:** ENGANADO ▪ **ILUDIR:** ENGANAR ▪ **ILUMINAÇÃO:** CLARO, LUZ ▪ **ILUMINADO:** CLARO, LUZ ▪ **ILUMINAR:** CLARO, LUZ ▪ **ILUSÃO:** ENGANADO ▪ **ILUSÃO:** FANTASIAR ▪ **ILUSTRAÇÃO:** DESENHAR ▪ **ILUSTRADOR:** DESENHAR ▪ **IMACULADO:** LIMPO ▪ **IMAGEM:** DESENHAR ▪ **IMAGINAÇÃO:** IMAGINAR ▪ **IMAGINÁRIO:** IMAGINAR ▪ **IMEDIATAMENTE:** AGORA ▪ **IMEDIATAMENTE:** JÁ ▪ **IMENSO:** ENORME ▪ **IMINENTE:** URGENTE ▪ **IMITAÇÃO:** COPIAR ▪ **IMITAR:** COPIAR ▪ **IMOBILIÁRIA:** CORRETOR DE IMÓVEIS ▪ **IMODERADO:** BRUTO ▪ **IMORAL:** SAFADO ▪ **IMÓVEL:** CASA ▪ **IMPACIÊNCIA:** IMPACIENTE

I

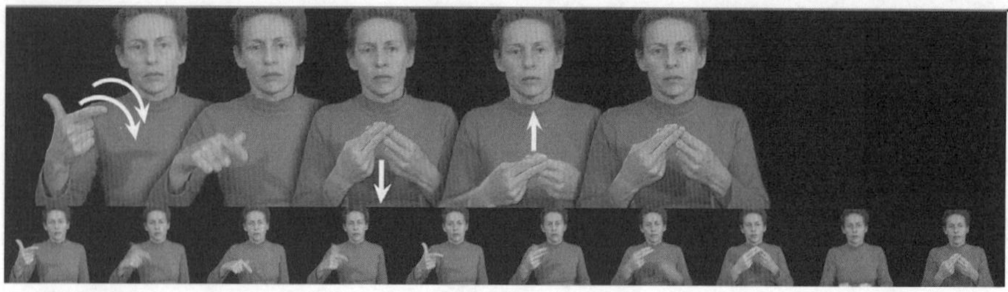

IMPACIENTE – Fazer os sinais de "não ter" e de "paciência".
• ***Impaciente:*** *Que não tem paciência, que não gosta de esperar.* **Sinal igual:** ANSIEDADE, ANSIOSO, APRESSADO, FRENÉTICO, IMPACIÊNCIA, PRECIPITADO, SÔFREGO, SOFREGUIDÃO

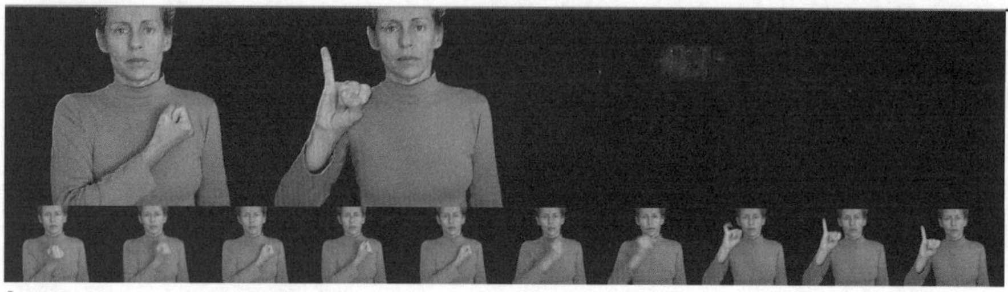

1, 3, 5, 7, 9

ÍMPAR – Fazer os sinais de "número" e de "I".
• ***Ímpar:*** *Que não é divisível por dois.*

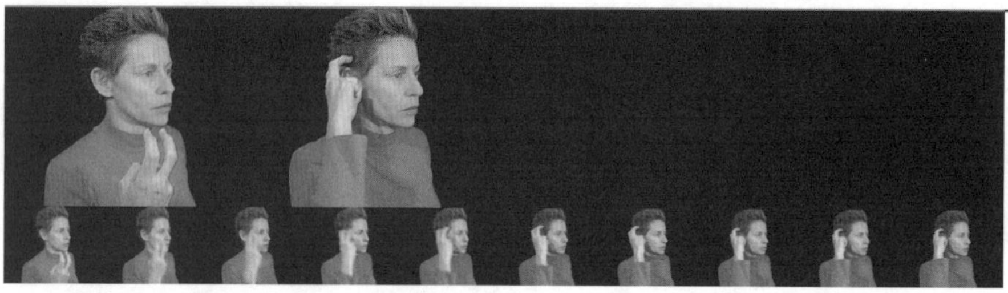

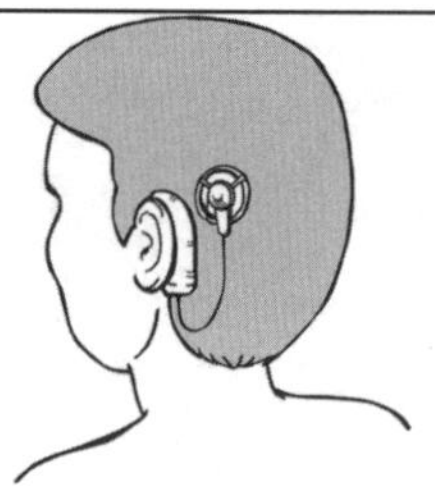

IMPLANTE COCLEAR – Mão fechada com o indicador e o médio abertos, curvados e levemente separados. Encostar as pontas dos dedos na cabeça, atrás da orelha.
• ***Implante coclear:*** *Prótese auditiva implantada na cóclea.* **Sinal igual:** PRÓTESE AUDITIVA

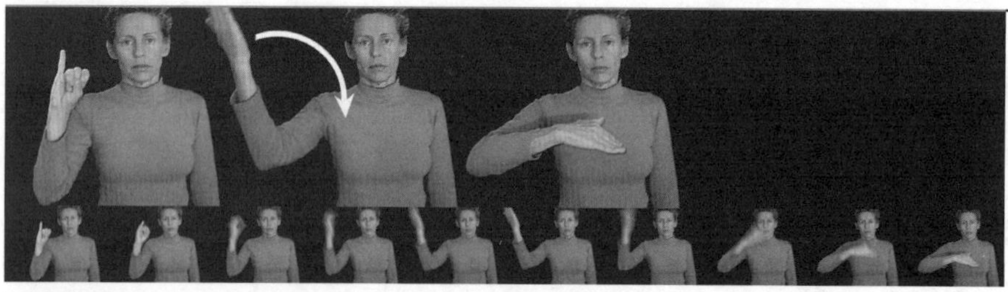

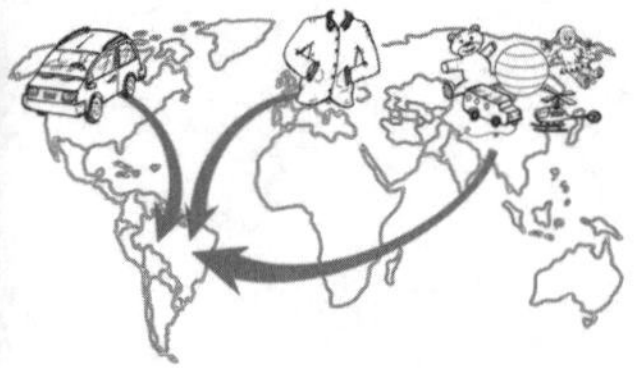

IMPORTADO – Fazer os sinais de "I" e de "vir".
• ***Importado:*** *Que foi trazido de outro país.*

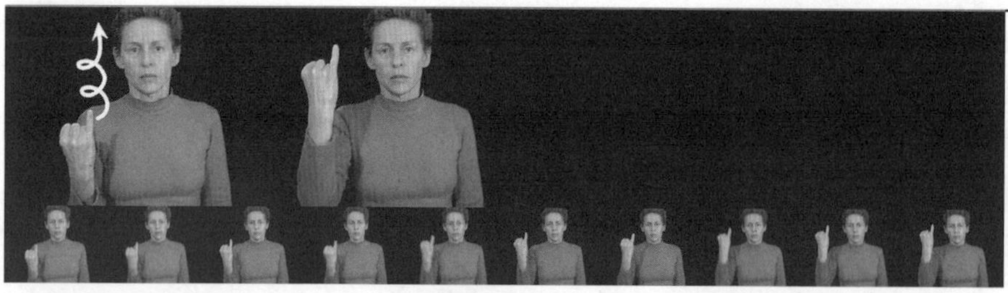

IMPORTANTE – Mão em "I", palma para trás. Mover a mão para cima, descrevendo movimentos circulares durante o percurso.
• ***Importante:*** *Aquilo que é fundamental; aquele que tem autoridade, influência, prestígio.* **Sinal igual:** ESSENCIAL, IMPORTÂNCIA, RELEVÂNCIA, RELEVANTE

▪ **IMPACTAR:** COLIDIR ▪ **IMPACTO:** COLIDIR ▪ **IMPECÁVEL:** PERFEITO ▪ **IMPEDIMENTO:** BARREIRA ▪ **IMPEDIR:** ABSTER ▪ **IMPERFEIÇÃO:** DEFEITO ▪ **IMPERFEITO:** DEFEITO ▪ **IMPERTINENTE:** CHATO ▪ **IMPETUOSO:** CORAGEM, FOGO ▪ **IMPLODIR:** BOMBA ▪ **IMPLORAR:** APELAR, PEDIR ▪ **IMPLOSÃO:** BOMBA ▪ **IMPOR:** FORÇAR ▪ **IMPORTÂNCIA:** IMPORTANTE ▪ **IMPORTUNADOR:** CHATO ▪ **IMPORTUNAR:** ABORRECER

I

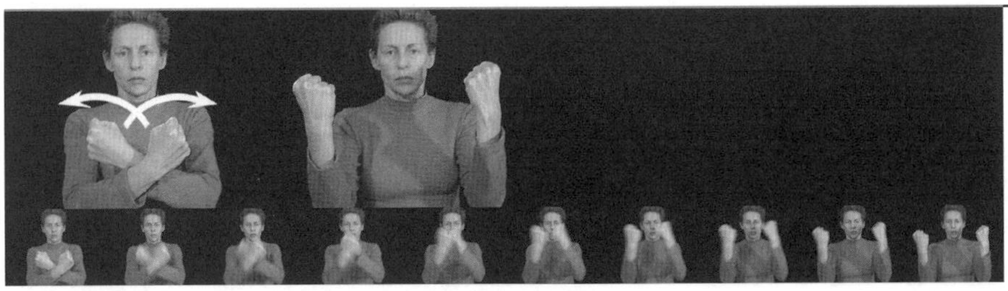

IMPOSSÍVEL – Mãos fechadas em "S", palmas para trás. Cruzar as mãos pelos punhos (foto 1). Em seguida, mover simultaneamente as mãos, afastando-as para as laterais.
• ***Impossível:*** *Aquilo que não pode existir ou acontecer.* **Sinal igual:** IMPRATICÁVEL, INEXECUTÁVEL, IRREALIZÁVEL

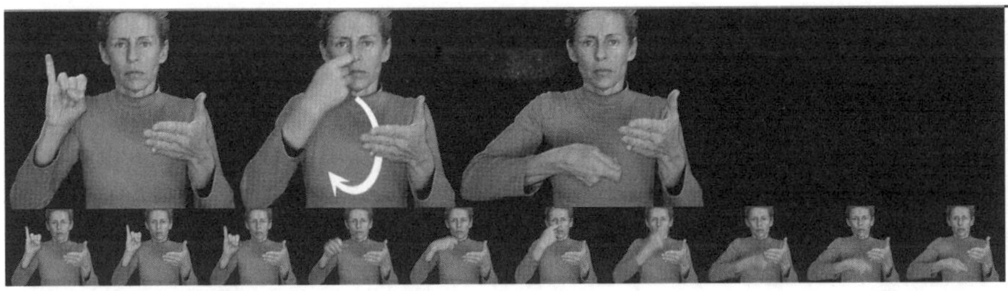

IMPOSTO DE RENDA – Fazer os sinais de "I" e de "assinar".
• ***Imposto de renda:*** *Imposto pago à União pela aquisição de renda.*

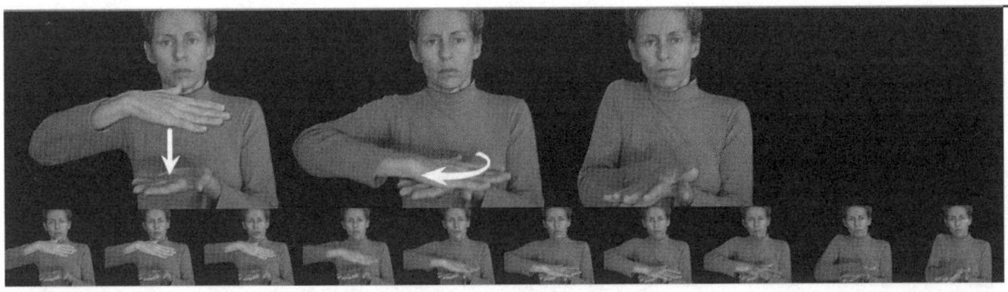

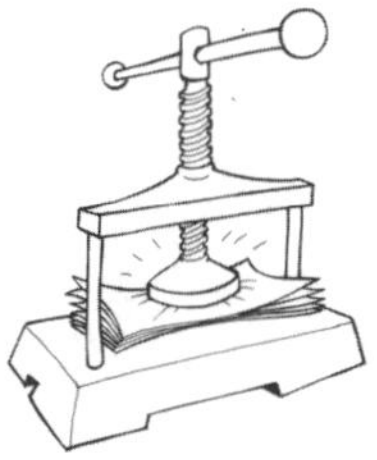

IMPRENSAR – Mãos abertas, dedos esticados e levemente separados. Mão direita com a palma para baixo e mão esquerda com a palma para cima, posicionando uma mão sobre a outra (foto 1). Mover a mão direita para baixo até encostá-la na esquerda. Em seguida, girar a mão direita em sentido horário, deslizando-a sobre a mão esquerda.
• ***Imprensar:*** *Apertar muito; achatar.* **Sinal igual:** PRENSAR

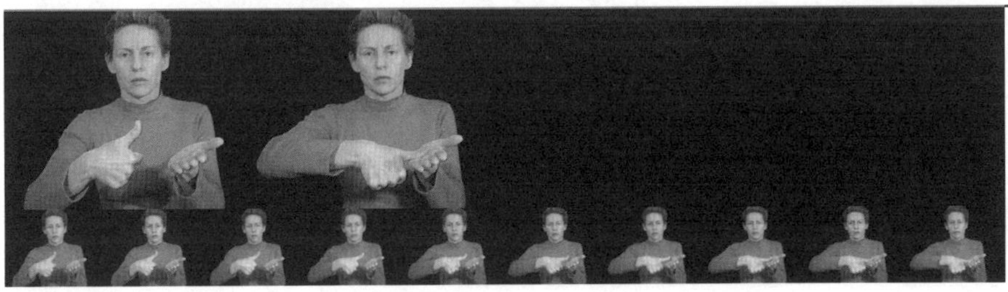

IMPRESSÃO DIGITAL – Mão esquerda aberta, palma para cima. Mão direita fechada com o dedo polegar esticado, palma para trás. Mover a mão direita, encostando o polegar na palma esquerda.
• ***Impressão digital:*** *Marca da extremidade de um dedo deixada sobre qualquer superfície.*

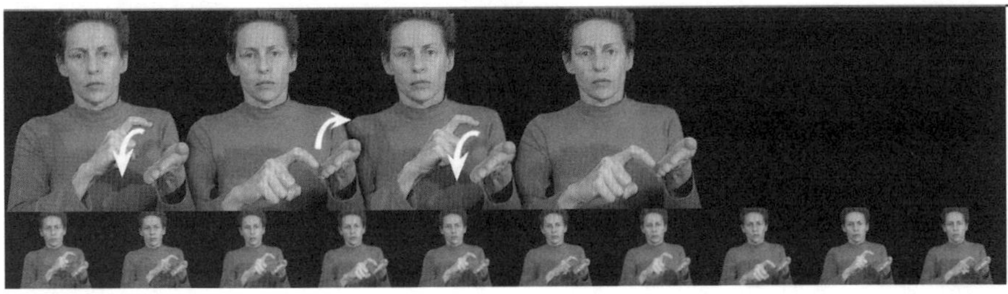

IMPRESSORA – Mão esquerda aberta, palma para cima. Mão direita fechada com o dedo indicador aberto e curvado, palma para baixo. Mover a mão direita, em zigue-zague, sobre a palma esquerda, sem tocá-la.
• ***Impressora:*** *Máquina que imprime.*

▪ IMPRATICÁVEL: IMPOSSÍVEL ▪ IMPRESSÃO: IMPRIMIR ▪ IMPRESSO: IMPRIMIR ▪ IMPRESTÁVEL: MAU

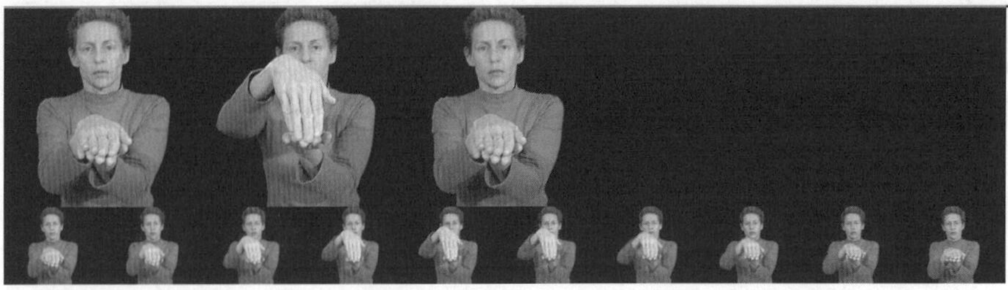

IMPRIMIR – Mãos abertas, dedos unidos e esticados apontando para a frente. Apoiar a mão direita sobre a esquerda (foto 1). Em seguida, levantar a parte posterior da mão direita, desencostando-a da esquerda (manter as pontas dos dedos unidas) e baixá-la novamente, voltando à posição inicial.
• *Imprimir: Reproduzir graficamente texto ou imagem.* **Sinal igual:** IMPRESSÃO, IMPRESSO

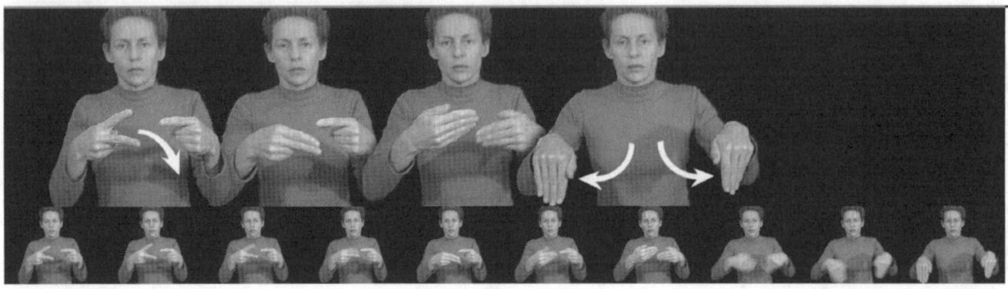

INAUGURAR – Mão esquerda fechada com o indicador esticado. Mão direita em "V" com os dedos apontando para a frente (foto 1). Mover a mão direita, unindo o indicador e o médio perto da ponta do indicador esquerdo. Em seguida, com mãos abertas e palmas para trás (foto 3), mover simultaneamente as mãos, afastando-as um pouco uma da outra e apontando para baixo.
• *Inaugurar: Fazer uso de uma coisa pela primeira vez.* **Sinal igual:** INAUGURAÇÃO

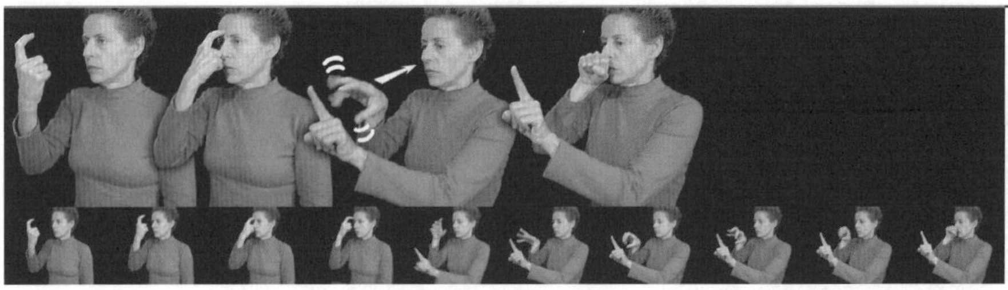
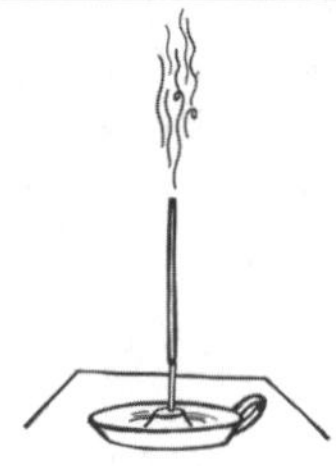

INCENSO – Fazer o sinal de "Índia". Depois, mão esquerda fechada com o dedo indicador aberto apontando para cima, palma para a frente. Mão direita aberta com os dedos relaxados, palma também para a frente. Posicionar a mão direita perto do indicador esquerdo. Em seguida, mover a mão direita para trás até encostar seu dorso na ponta do nariz, balançando os dedos aleatoriamente durante o percurso e fechando a mão no fim do movimento.
• *Incenso: Substância aromática que, ao ser queimada, desprende odor agradável.*

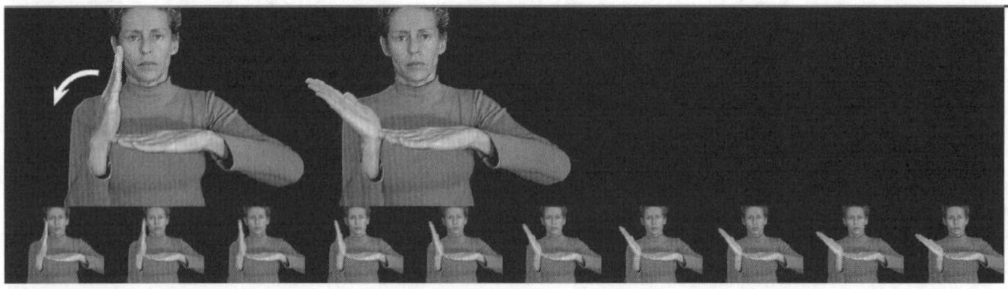

INCLINAR – Mão esquerda aberta, dedos unidos e esticados apontando para o lado direito, palma para baixo. Mão direita aberta, dedos unidos e esticados apontando para cima, palma para dentro. Encostar o punho direito nas pontas dos dedos da mão esquerda. Em seguida, inclinar a mão direita para o lado direito.
• *Inclinar: Que está deslocado para algum lado.* **Sinal igual:** INCLINADO, RECLINADO

INCLUSÃO – Mão esquerda em "O", palma para dentro. Mão direita com os dedos esticados e unidos pelas pontas, palma para cima. Mover a mão direita, encaixando os dedos dentro da esquerda.
• *Inclusão: Ato de incluir algo ou alguém em alguma coisa.* **Sinal igual:** INCLUIR, INSERÇÃO

▪ IMPRÓPRIO: NEGATIVO ▪ IMPROVÁVEL: DIFÍCIL ▪ IMPULSIVO: BRUTO ▪ IMPULSO: QUERO ▪ IMUNDO: SUJO ▪ INÁBIL: IGNORANTE ▪ INADEQUADO: NEGATIVO ▪ INALAÇÃO: CHEIRAR ▪ INALAR: CHEIRAR ▪ INATIVIDADE: SONO ▪ INAUGURAÇÃO: INAUGURAR ▪ INCENDIAR: ATEAR ▪ INCENDIÁRIO: ATEAR ▪ INCÊNDIO: FOGO ▪ INCERTEZA: DÚVIDA ▪ INCESSANTE: ETERNO ▪ INCESSANTEMENTE: CONTINUAR ▪ INCINERAR: ATEAR ▪ INCISÃO: CORTAR ▪ INCITAÇÃO: PROVOCAR ▪ INCITAR: PROVOCAR ▪ INCLINADO: INCLINAR ▪ INCLUIR: INCLUSÃO ▪ INCOMODAR: PERTURBAR ▪ INCOMODATIVO: CHATO ▪ INCOMUM: ESTRANHO ▪ INCONSTANTE: VOLÚVEL ▪ INCONVENIENTE: CHATO ▪ INCORRETO: ERRAR ▪ INCRIMINAR: ACUSAR ▪ INCULPAR: ACUSAR ▪ INCULTO: IGNORANTE ▪ INCUMBÊNCIA: DEVER ▪ INCÚRIA: DESLEIXADO, NEGLIGENTE ▪ INDAGAÇÃO: PERGUNTAR ▪ INDAGADO: QUESTIONADO ▪ INDAGAR: PERGUNTAR ▪ INDEFERIR: PROIBIR ▪ INDELICADO: BRUTO, MALCRIADO ▪ INDENIZAÇÃO: COMPENSAÇÃO ▪ INDENIZAR: COMPENSAÇÃO ▪ INDEPENDÊNCIA: ESPADA, LIVRE ▪ INDEPENDENTE: LIVRE ▪ INDEPENDENTEMENTE: POR SI PRÓPRIO ▪ INDETERMINADO: QUALQUER

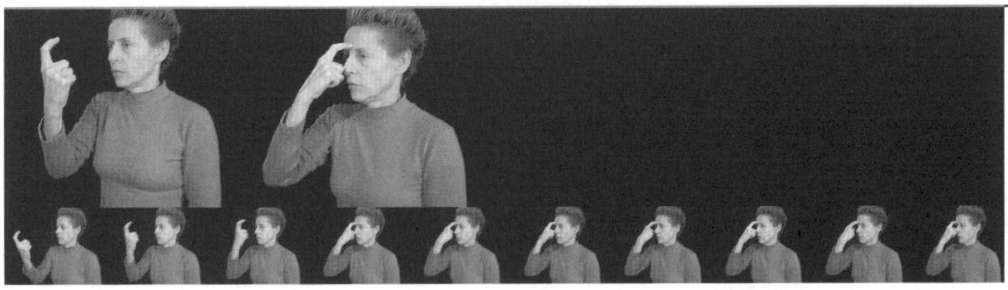

ÍNDIA – Mão fechada com o dedo indicador aberto e curvado, palma para trás. Tocar a ponta do indicador no centro da testa, um pouco acima dos olhos.
• ***Índia:*** *País localizado na Ásia.*

INDIFERENTE – Fazer o sinal de "ignorar" com as duas mãos simultaneamente.
• ***Indiferente:*** *Que não tem grande importância; trivial, banal.* **Sinal igual:** INDIFERENÇA

INDIGESTÃO – Deslizar a mão, em movimentos circulares, sobre o abdome. Fazer uma expressão de desconforto.
• ***Indigestão:*** *Digerir mal os alimentos.* **Sinal igual:** DOR DE BARRIGA, INDIGESTO

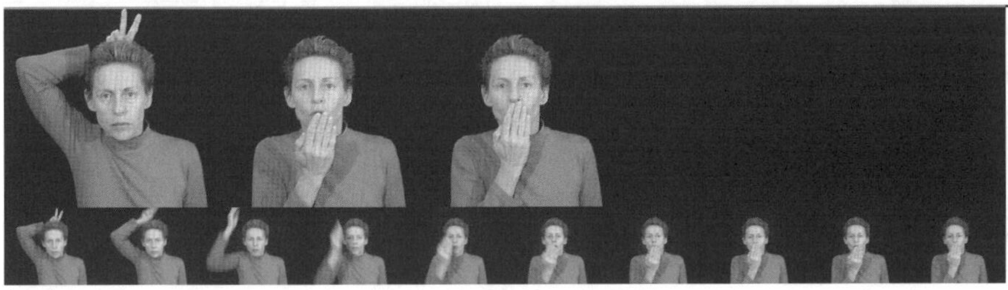

ÍNDIO – Mão em "V", palma para a frente. Encostar a mão na parte de trás de cabeça, deixando os dedos à mostra (foto 1). Em seguida, com a mão aberta, dedos unidos e esticados e palma para trás, tocar duas ou três vezes os dedos nos lábios, pronunciando a letra"U".
• ***Índio:*** *Membro de grupo indígena; nativo.* **Sinal igual:** ABORÍGINE, INDÍGENA

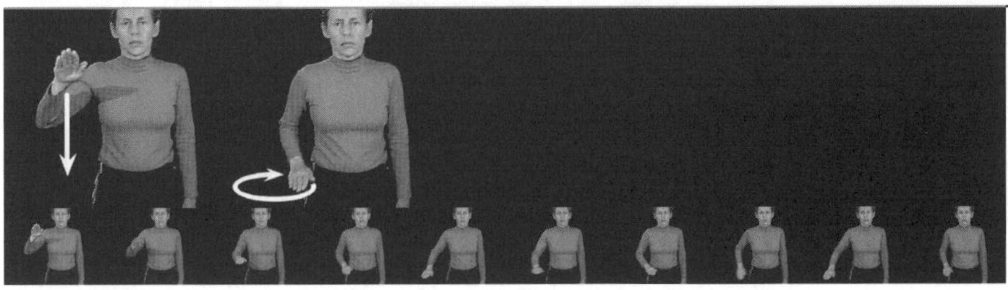

INFERIOR – Mão aberta, dedos unidos e esticados apontando para a frente, palma para baixo. Posicionar a mão na altura do peito. Em seguida, movê-la para baixo, até a altura da cintura. Depois, movimentar a mão em círculos horizontais, descrevendo uma ou duas voltas.
• ***Inferior:*** *Aquilo que está embaixo; aquele que está em posição menos elevada; medíocre.* **Sinal igual:** INFERIORIDADE

▪ INDICAR: APONTAR ▪ INDIFERENÇA: INDIFERENTE ▪ INDÍGENA: ÍNDIO ▪ INDIGESTO: INDIGESTÃO ▪ INDISCRETO: CURIOSO ▪ INDISCRIÇÃO: CURIOSO ▪ INDISCRIMINADO: QUALQUER ▪ INDISCUTÍVEL: DECIDIR ▪ INDISPENSÁVEL: ESSENCIAL, PRECISAR ▪ INDISPOSIÇÃO: DOENTE, ENJOADO ▪ INDIVIDUALIDADE: IDENTIDADE ▪ INDIVÍDUO: PESSOA, SUJEITO ▪ INDOLÊNCIA: PREGUIÇA ▪ INDUBITÁVEL: CERTO ▪ INDÚSTRIA: FÁBRICA ▪ INDUZIR: CONVENCER ▪ INÉRCIA: SONO ▪ INERTE: FRIO ▪ INESCRUPULOSO: DESONESTO ▪ INESQUECÍVEL: MARCANTE ▪ INEXATIDÃO: ERRAR ▪ INEXATO: ERRAR ▪ INEXECUTÁVEL: IMPOSSÍVEL ▪ INFALÍVEL: CERTO ▪ INFÂNCIA: CRIANÇA ▪ INFANTIL: CRIANÇA ▪ INFELICIDADE: MAU ▪ INFELIZ: COITADO ▪ INFERIORIDADE: INFERIOR ▪ INFERIR: SUPOR

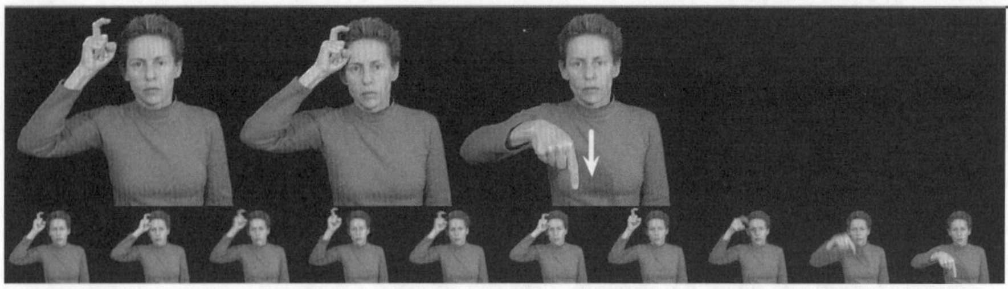

INFERNO – Fazer o sinal de "diabo" com uma das mãos. Depois, com a mão fechada e o indicador esticado, apontar para o chão.
• ***Inferno:*** *Local para onde vão as almas pecadoras.*

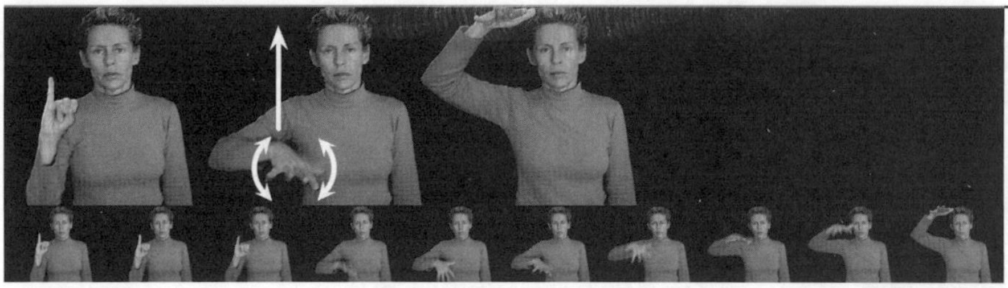

INFLAÇÃO – Digitar a letra "I". Em seguida, com a mão aberta, os dedos esticados e separados e a palma para baixo, mover verticalmente a mão de baixo para cima, virando a mão para dentro e para fora várias vezes durante o percurso.
• ***Inflação:*** *Aumento descontrolado dos preços, acompanhado da desvalorização do dinheiro.*

INFLAMAÇÃO – Mão esquerda aberta, dedos unidos e esticados, palma para baixo. Mão direita aberta, dedos relaxados, palma para baixo. Tocar levemente as pontas dos dedos no dorso da mão esquerda. Em seguida, mover a mão direita um pouco para cima, curvando os dedos e enchendo as bochechas de ar.
• ***Inflamação:*** *Processo no qual uma região do corpo se torna inchada e dolorida, causado por agente físico, químico ou biológico.*

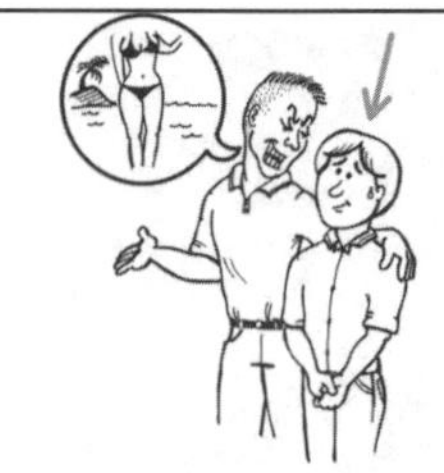

INGÊNUO – Mão direita aberta, dedos médio, anular e mínimo esticados e separados, indicador e polegar esticados e unidos pelas pontas, palma para dentro. Encostar as pontas do indicador e do polegar no lado esquerdo da testa. Em seguida, deslizar a mão para o lado direito da testa.
• ***Ingênuo:*** *Aquele que não tem malícia; inexperiente.* **Sinal igual:** INGENUIDADE, INOCÊNCIA, INOCENTE, INOCENTEMENTE

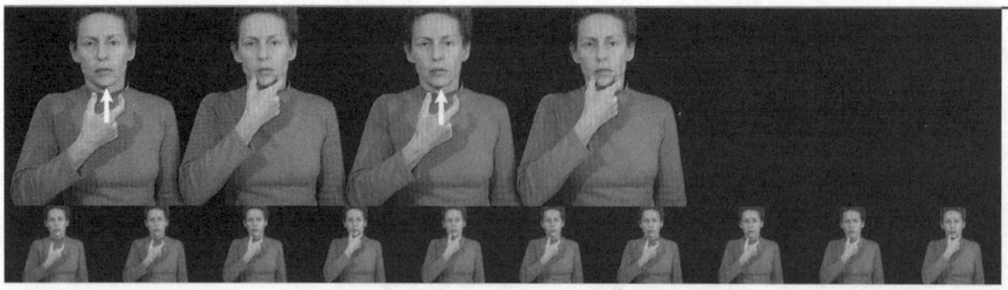
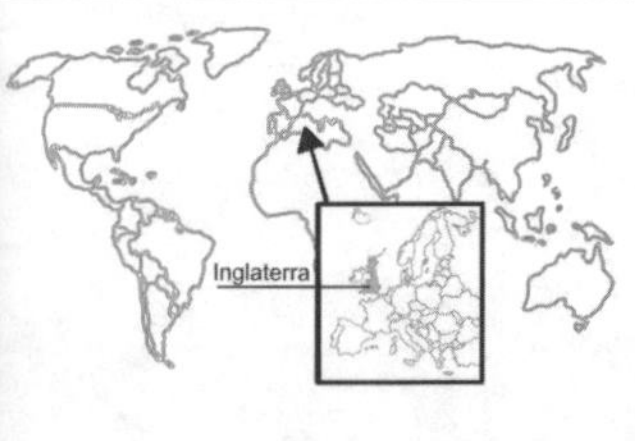

INGLATERRA – Mão fechada com o indicador e o polegar abertos e curvados, palma para cima. Tocar duas vezes as pontas desses dedos no queixo.
• ***Inglaterra:*** *País localizado na Europa.* **Sinal igual:** INGLÊS

▪ **INFIDELIDADE:** TRAIÇÃO ▪ **INFINITO:** ETERNO ▪ **INFLAR:** ENCHER ▪ **INFLEXÍVEL:** TEIMOSO ▪ **INFLUÊNCIA:** ATRAIR ▪ ***INFLUENZA*:** GRIPE ▪ **INFORMAÇÃO:** ANUNCIAR ▪ **INFORMADO:** AVISADO ▪ **INFORMANTE:** NARRAR ▪ **INFORMAR:** NARRAR, ANUNCIAR ▪ **INFORMÁTICA:** COMPUTADOR ▪ **INFORTÚNIO:** AZAR, MAU ▪ **INFRINGIR:** DESOBEDECER ▪ **INFUSÃO:** CHÁ ▪ **INGENUIDADE:** INGÊNUO ▪ **INGERÊNCIA:** ATRAPALHAR, ENTRAR ▪ **INGERIR:** BEBER ▪ **INGLÊS:** INGLATERRA

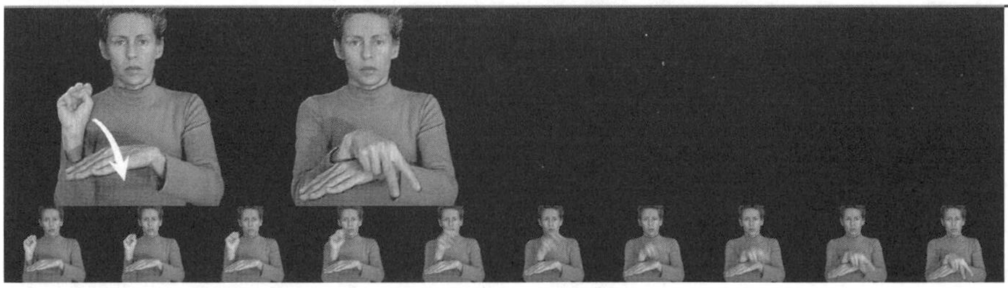

INGRESSAR – Mão esquerda aberta, dedos unidos e esticados apontando para o lado direito, palma para baixo. Mão direita fechada, palma para a frente. Posicionar a mão direita atrás da esquerda (foto 1). Em seguida, mover a mão direita para a frente, encostando o punho na lateral interna da esquerda. Ao tocar na mão esquerda, inclinar a direita para a frente, esticando o indicador e o médio.

• ***Ingressar:*** *Passar a fazer parte de algo; entrar em algum lugar.*

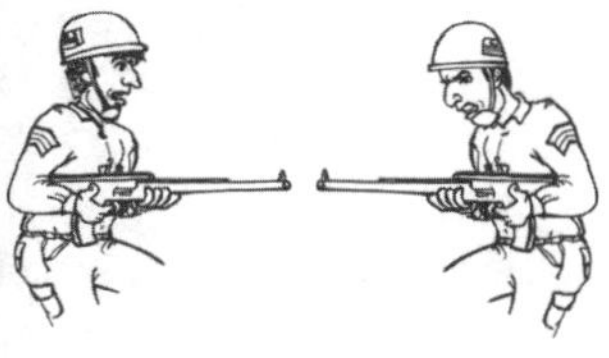

INIMIGO – Mão esquerda aberta, dedos unidos e esticados apontando para a frente, palma para cima. Mão direita aberta, dedos esticados e separados, médio e polegar unidos pelas pontas. Encostar as pontas do médio e do polegar na palma esquerda. Em seguida, com um gesto firme e rápido, mover a mão direita para a frente, afastando-a da esquerda. Fazer uma expressão de raiva.

• ***Inimigo:*** *Pessoa que tem ódio por alguém.* **Sinal igual:** ADVERSÁRIO, ADVERSO, HOSTIL, HOSTILIDADE, INIMIZADE, MALQUERENÇA, MALQUISTADO, MALQUISTO

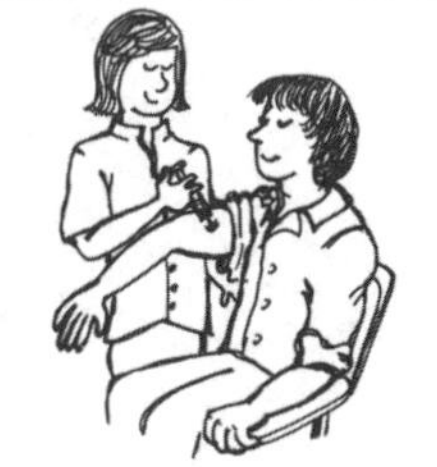

INJETAR – Manter os dedos anular e mínimo fechados, enquanto o polegar, o indicador e o médio devem estar esticados e separados, palma para trás. Mover a mão até a lateral do braço, unindo as pontas do indicador, do médio e do polegar, imitando o gesto de quem segura uma seringa e aplica a injeção.

• ***Injetar:*** *Aplicar injeção.* **Sinal igual:** INJEÇÃO, INJETADO, INJETÁVEL

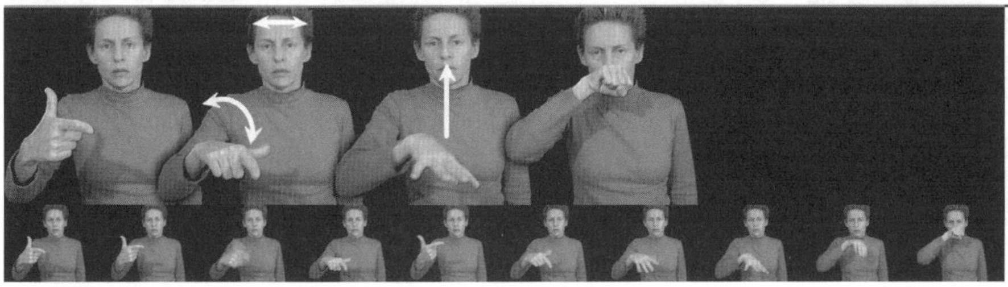

INODORO – Fazer os sinais de "não ter" e de "cheirar".

• ***Inodoro:*** *Que não tem cheiro.*

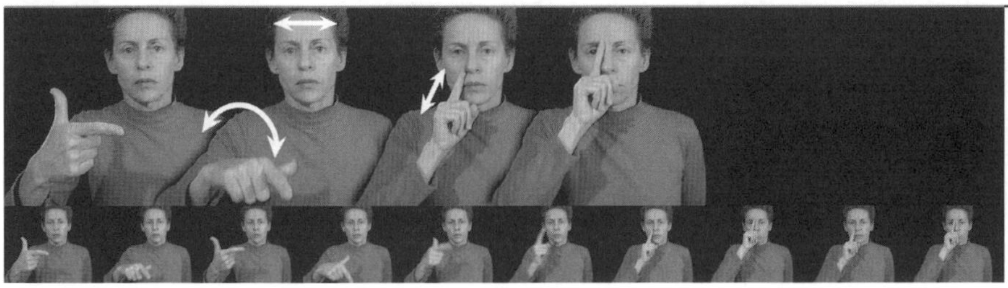

INOFENSIVO – Fazer os sinais de "não ter" e de "perigo".

• ***Inofensivo:*** *Que ou aquele que não oferece risco ou perigo.* **Sinal igual:** INÓCUO

▪ INGRESSO: ADMISSÃO ▪ INICIADOR: FUNDAÇÃO ▪ INICIAR: COMEÇAR ▪ INÍCIO: COMEÇAR ▪ INIMIZADE: INIMIGO ▪ ININTERRUPTAMENTE: CONTINUAR ▪ ININTERRUPTO: ETERNO ▪ INIQUIDADE: MALDADE ▪ INJEÇÃO: INJETAR ▪ INJETADO: INJETAR ▪ INJETÁVEL: INJETAR ▪ INJÚRIA: OFENDER ▪ INJURIADO: OFENDIDO ▪ INJURIAR: OFENDER, XINGAR ▪ INOCÊNCIA: INGÊNUO ▪ INOCENTE: INGÊNUO ▪ INOCENTEMENTE: INGÊNUO ▪ INÓCUO: INOFENSIVO ▪ INOPORTUNO: CHATO ▪ INOVAÇÃO: NOVIDADE ▪ INQUIETAÇÃO: PREOCUPAÇÃO ▪ INQUIETAR: AGITAR ▪ INQUIETO: PREOCUPAÇÃO ▪ INQUIRIR: VERIFICAR ▪ INQUISIÇÃO: VERIFICAR ▪ INSANIDADE: DOIDO, LOUCO ▪ INSANO: DOIDO, LOUCO ▪ INSENSATO: BRUTO, LOUCO ▪ INSERÇÃO: INCLUSÃO ▪ INSERIR: COLOCAR

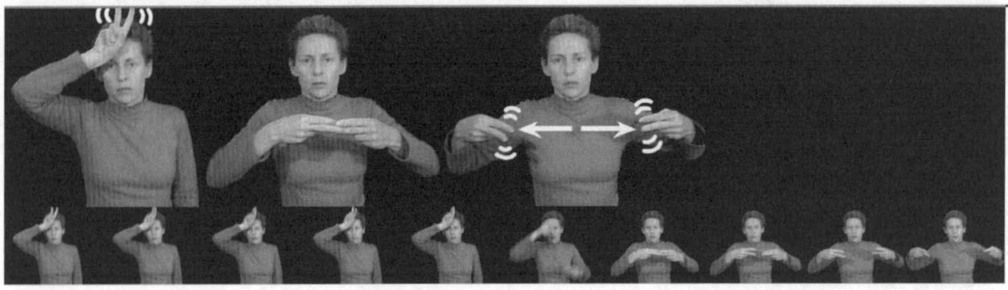

INSETO – Fazer os sinais de "barata" e de "vários".
• *Inseto: Animal da classe dos artrópodes, que possui geralmente três pares de patas, um par de antenas e dois pares de asas.*

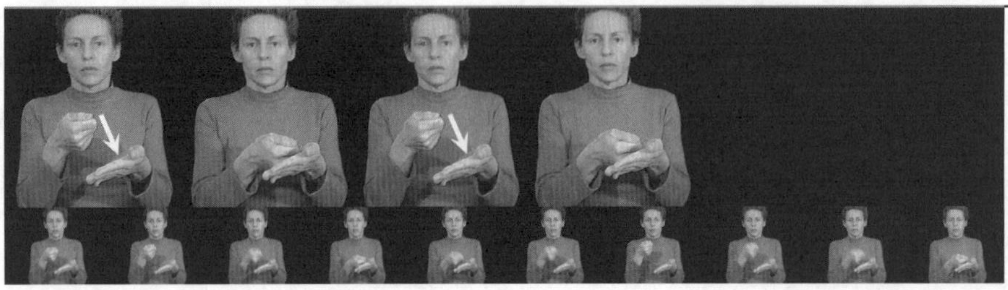

INSISTIR – Mão esquerda aberta, palma para cima. Mão direita fechada, palma para trás. Bater duas vezes o dorso dos dedos da mão direta na palma esquerda.
• *Insistir: Ter persistência; pedir outra vez, apesar de já ter recebido uma ou mais recusas.* **Sinal igual:** INSISTÊNCIA, INSISTENTE, OBSTINAÇÃO, OBSTINADO, PERSISTIR

INSÔNIA – Encostar a mão na lateral do rosto e inclinar a cabeça. Em seguida, fazer o sinal de "não conseguir".
• *Insônia: Perder o sono; não conseguir dormir.* **Sinal igual:** INSONE

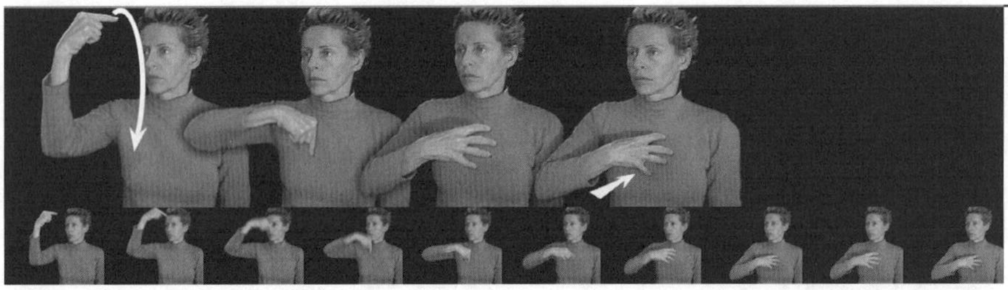

INSTINTO – Mão fechada com o dedo indicador esticado, palma para trás. Mover a mão de cima para baixo, apontando para a testa e depois para baixo, até a altura do peito. Em seguida, fazer o sinal de "sentir".
• *Instinto: Tendência natural para uma atividade; impulso interior que faz um ser vivo reagir diante de determinada situação, visando sua própria sobrevivência.*

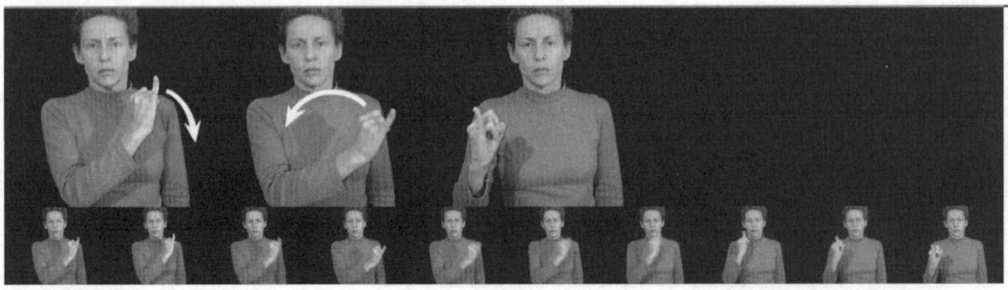

INSTRUTOR – Mão direita em "I", palma para dentro. Mover a mão para o lado esquerdo do corpo e depois para o direito.
• *Instrutor: Pessoa que ensina; professor.*

▪ INSÍGNIA: EMBLEMA ▪ INSISTÊNCIA: INSISTIR ▪ INSISTENTE: INSISTIR, TEIMOSO ▪ INSONE: INSÔNIA ▪ INSPECIONAR: SUPERVISIONAR ▪ INSPIRAR: CHEIRAR ▪ INSTÁVEL: VOLÚVEL ▪ INSTIGAR: CONVENCER, PROVOCAR ▪ INSTITUIR: FUNDAÇÃO ▪ INSTRUÇÃO: ENSINAR ▪ INSTRUÍDO: ENSINADO ▪ INSTRUIR: ENSINAR ▪ INSUFICIÊNCIA: CARÊNCIA ▪ INSUFICIENTE: POUCO ▪ INSULTADO: OFENDIDO ▪ INSULTAR: OFENDER ▪ INSULTO: OFENDER ▪ INSUPORTÁVEL: CHATO ▪ INSUPORTÁVEL: DETESTAR ▪ INTEGRIDADE: HONESTO ▪ ÍNTEGRO: HONESTO ▪ INTELECTO: MENTE ▪ INTELECTUAL: CULTURA ▪ INTELECTUALIDADE: MENTE ▪ INTELIGÊNCIA: INTELIGENTE ▪ INTENÇÃO: DESEJAR, QUERO ▪ INTENSAMENTE: MUITO ▪ INTENSO: FORTE ▪ INTENTAR: PLANEJAR, QUERO ▪ INTENTO: PLANEJAR, QUERO ▪ INTERAÇÃO: CONTATO ▪ INTERAGIR: CONTATO ▪ INTERCEPTAR: CRUZAR ▪ INTERDITAR: PROIBIR ▪ INTERESSANTE: INTERESSAR ▪ INTERESSE: INTERESSAR ▪ INTERFERÊNCIA: ATRAPALHAR, ENTRAR ▪ INTERFERIR: ENTRAR ▪ INTERIORMENTE: DENTRO ▪ INTERMINÁVEL: ETERNO ▪ INTERNACIONALMENTE: INTERNACIONAL

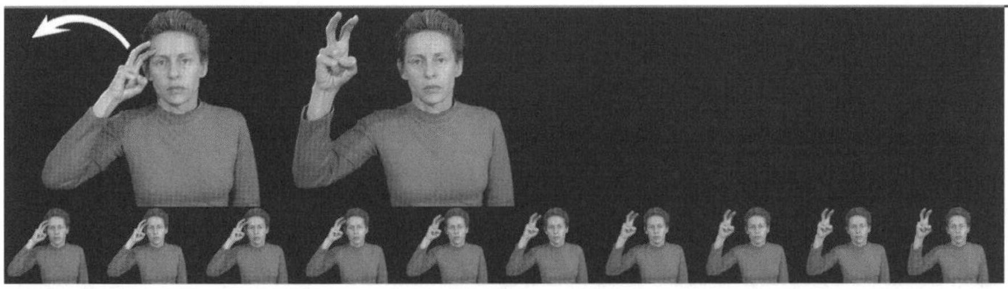

INTELIGENTE – Mão fechada com os dedos indicador e médio levemente separados e curvados. Encostar a ponta do indicador na lateral da testa. Em seguida, mover a mão para a frente.
• ***Inteligente:*** *Aquele que tem conhecimentos; que aprende com facilidade.* **Sinal igual:** CULTO, HABILIDADE, INTELIGÊNCIA, PERSPICÁCIA, PERSPICAZ, RACIONAL

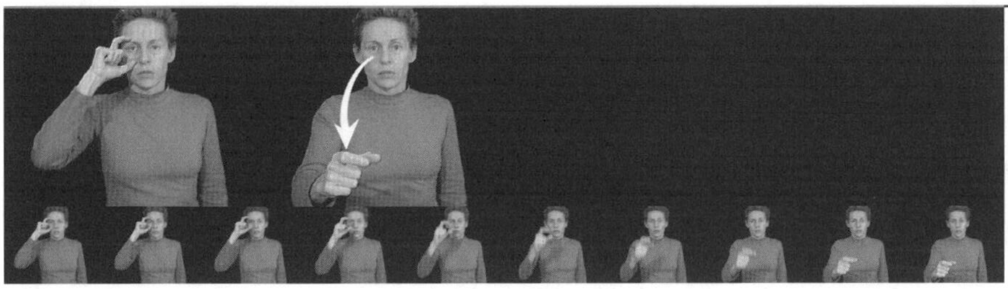

INTERESSAR – Mão fechada com os dedos indicador e polegar abertos e curvados, palma para dentro. Encostar a lateral interna da mão nos olhos (foto 1). Em seguida, mover a mão para a frente e para baixo.
• ***Interessar:*** *Despertar a atenção para alguma coisa.* **Sinal igual:** INTERESSANTE, INTERESSE

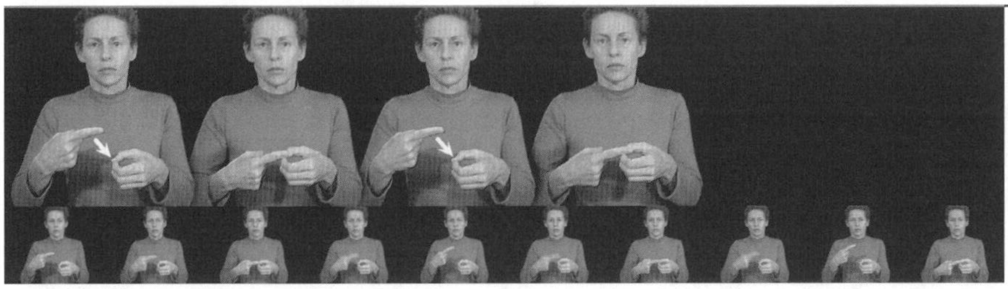

INTERIOR – Mão esquerda fechada em "O", palma para dentro. Mão direita fechada com o dedo indicador esticado, palma para trás. Mover a mão direita, de cima para baixo, tocando duas vezes a ponta do indicador nos dedos da mão esquerda.
• ***Interior:*** *Qualquer cidade que não é a capital de um estado.*

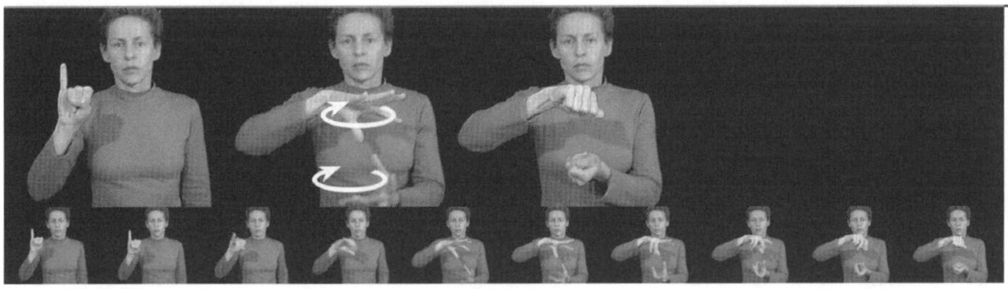

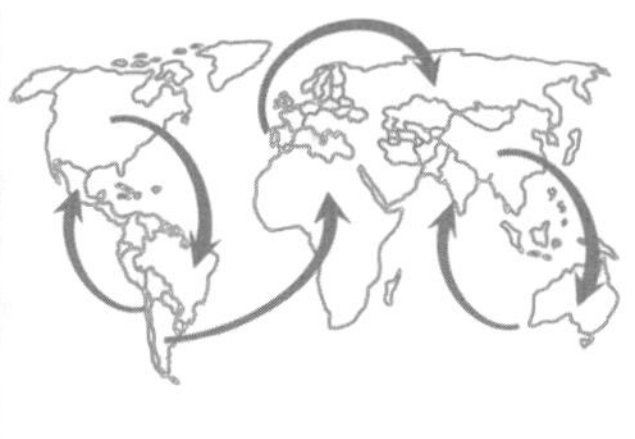

INTERNACIONAL – Fazer os sinais de "I" e de "planeta".
• ***Internacional:*** *Que está relacionado com outra nação, outro país.* **Sinal igual:** EXTERIOR, INTERNACIONALMENTE, MUNDIAL

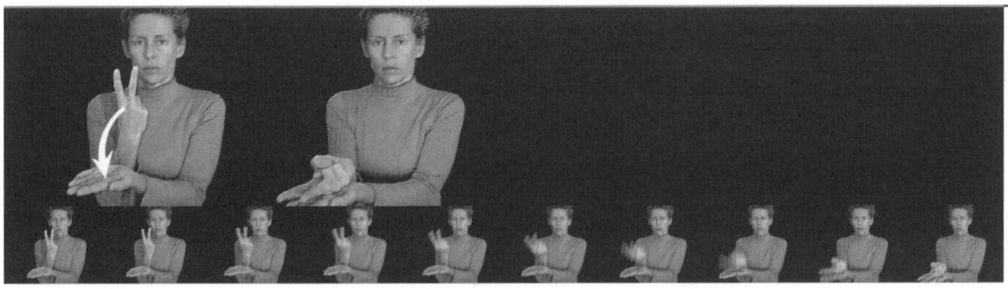

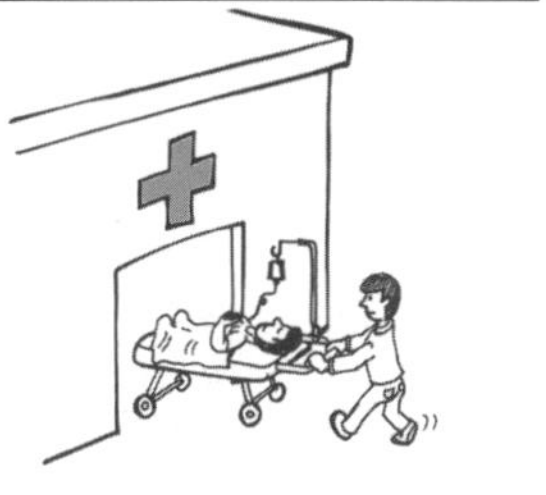

INTERNAR – Mão esquerda aberta, dedos unidos e esticados apontando para a frente, palma para cima. Mão direita em "V" com os dedos apontando para cima, palma para trás. Posicionar a mão direita atrás e acima da esquerda (foto 1). Em seguida, mover a mão direita para a frente, "deitando-a" sobre a esquerda.
• ***Internar:*** *Levar alguém para um asilo ou hospital.*

I

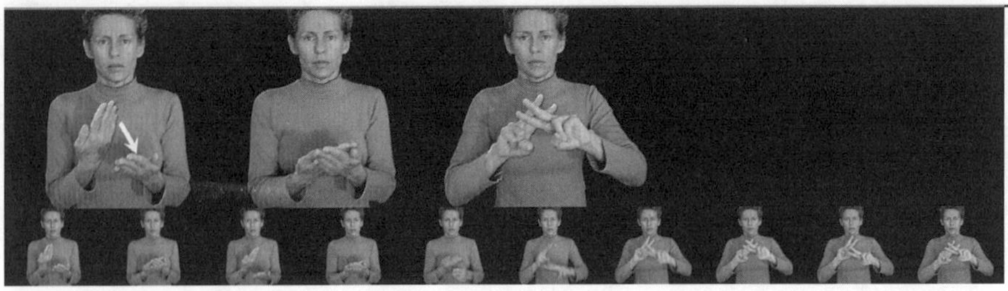

INTERNATO – Fazer os sinais de "estudar" e de "cadeia".
• ***Internato:*** *Escola na qual os alunos estudam e residem em tempo integral.*

INTERNET* – Mãos em "I", palmas para dentro. Posicionar uma mão sobre a outra. Em seguida, girar as mãos para a frente, descrevendo uma volta completa, e parando novamente na posição inicial.
• ***Internet:*** *Rede mundial de computadores ligados entre si.*

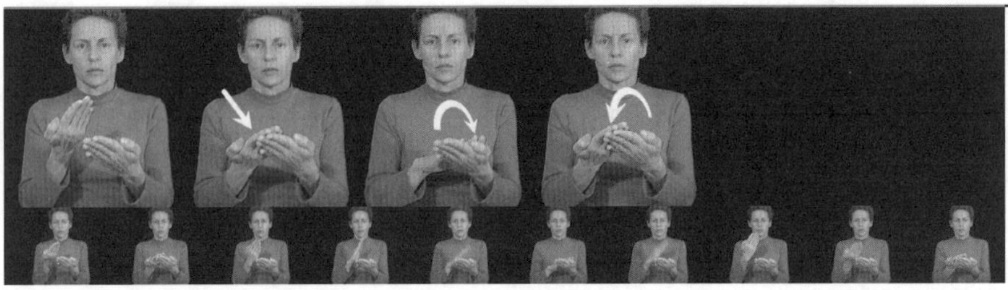

INTERPRETAR – Mãos abertas, dedos unidos e esticados, palmas para cima. Posicionar a mão direita sobre a esquerda (foto 1). Em seguida, mover a mão direita para baixo, tocando os dedos nos dedos da mão esquerda. Depois, mover a mão direita para cima, virar a palma para baixo e tocar os dedos na palma da esquerda. Virar a palma da direita para cima novamente, tocando os dedos nos da mão esquerda.
• ***Interpretar:*** *Traduzir de um idioma para outro. Dar sentido; explicar.* **Sinal igual:** INTERPRETAÇÃO, INTÉRPRETE, TRADUÇÃO, TRADUTOR, TRADUZIR, VERSÃO

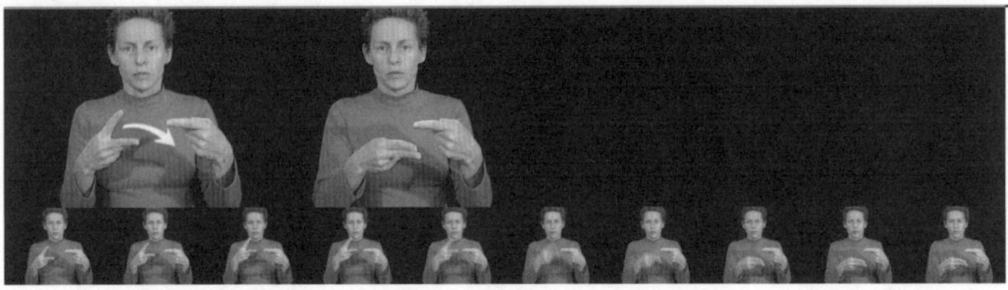

INTERROMPER* – Mão esquerda fechada com o dedo indicador esticado. Mão direita em "V" com os dedos apontando para a frente (foto 1). Mover a mão direita, unindo o indicador e o médio perto da ponta do indicador esquerdo.
• ***Interromper:*** *Parar algo por algum tempo ou definitivamente.* **Sinal igual:** CESSAR, INTERROMPIDO, INTERRUPÇÃO

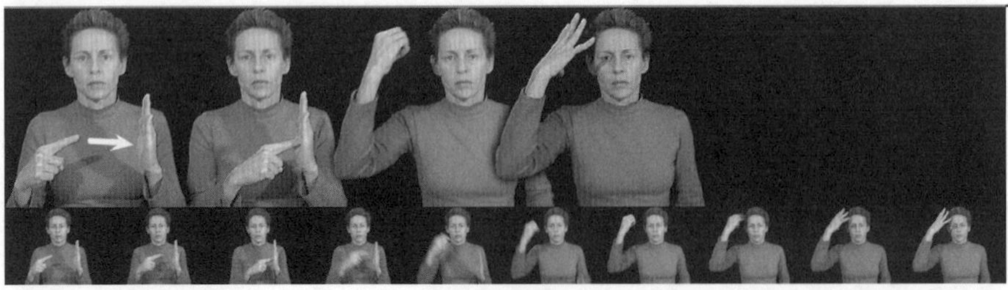

INTERRUPTOR – Mão esquerda aberta, dedos unidos e esticados apontando para cima, palma para dentro. Mão direita fechada com o indicador esticado. Tocar com a ponta do indicador direito na palma esquerda. Em seguida, fazer o sinal de "iluminar".
• ***Interruptor:*** *Dispositivo que interrompe uma corrente elétrica, ligando e desligando.*

▪ INTERNET: *WEB* ▪ INTERPRETAÇÃO: INTERPRETAR ▪ INTÉRPRETE: INTERPRETAR ▪ INTERROGAÇÃO: PERGUNTAR ▪ INTERROGADO: QUESTIONADO ▪ INTERROGAR: PERGUNTAR ▪ INTERROGATIVO: PERGUNTAR ▪ INTERROMPA: PARAR ▪ INTERROMPER: PARAR ▪ INTERROMPIDO: INTERROMPER ▪ INTERRUPÇÃO: INTERROMPER ▪ INTERVENÇÃO: ATRAPALHAR, ENTRAR ▪ INTERVIR: ENTRAR ▪ INTESTINAL: INTESTINO

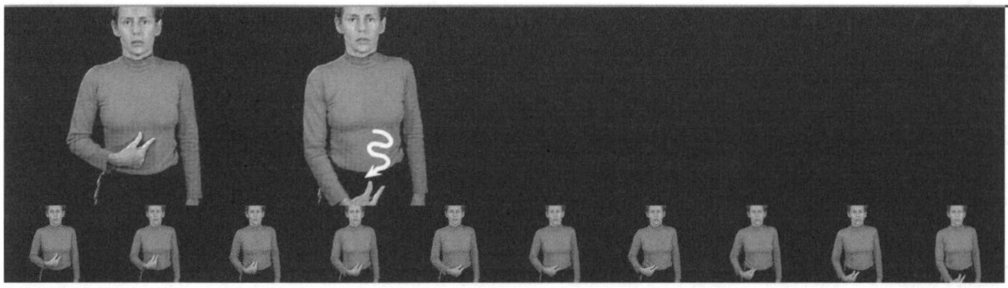
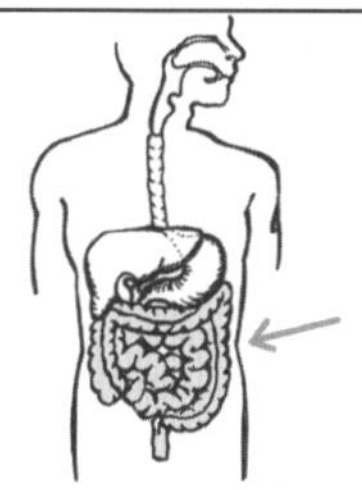

INTESTINO – Mão fechada com o indicador e o polegar esticados. Tocar as pontas dos dedos na barriga, na altura do estômago. Em seguida, deslizar a mão para baixo, descrevendo uma linha sinuosa durante o movimento.
• *Intestino: Órgão responsável pela absorção dos nutrientes dos alimentos ingeridos.* **Sinal igual:** INTESTINAL

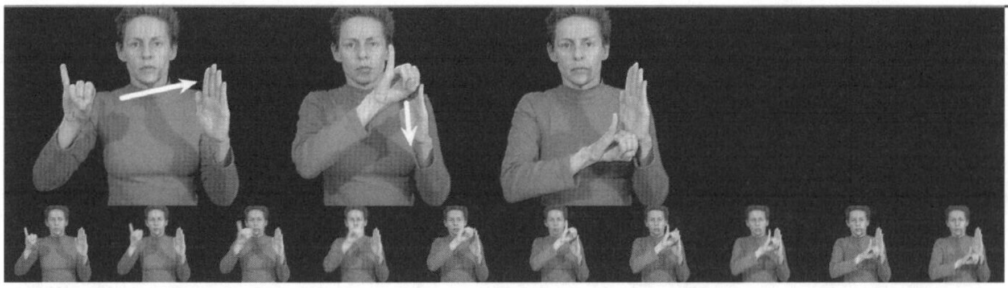

INTRODUÇÃO – Mão esquerda aberta, dedos unidos e esticados apontando para cima, palma para dentro. Mão direita em "I", palma para a frente. Encostar a lateral interna da mão direita nos dedos da esquerda, perto das pontas. Depois, deslizar a mão direita para baixo, até a base da palma esquerda.
• *Introdução: Parte do texto que corresponde à abertura de livro, tese, estória etc.*

INVEJA – Mão fechada com o indicador aberto e curvado, palma para dentro. Mover a mão até a boca e morder levemente esse dedo.
• *Inveja: Desejo de possuir algo de outra pessoa de maneira maldosa.* **Sinal igual:** DESPEITO, INVEJAR

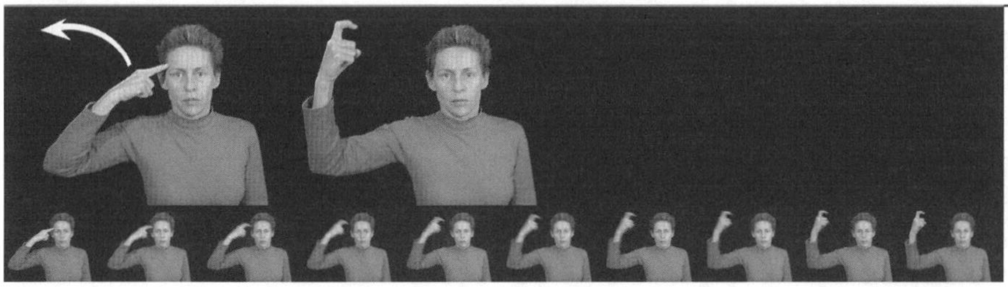

INVENTAR – Mão fechada com o dedo indicador esticado. Encostar a ponta desse dedo indicador na lateral da testa. Em seguida, mover a mão para a frente ou para a lateral, afastando-a da cabeça, dobrando o indicador.
• *Inventar: Criar algo novo.* **Sinal igual:** IDEALIZAR, IDEAR, INVENÇÃO, INVENTO, INVENTOR

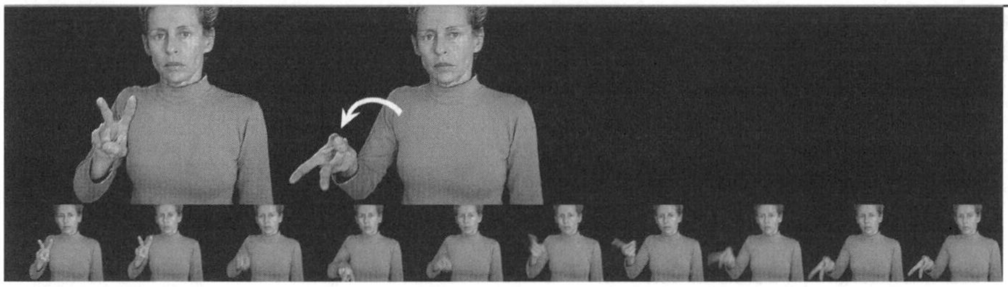

INVERTER – Mão em "V" com os dedos apontando para a frente, palma para baixo. Mover a mão, virando a palma para cima.
• *Inverter: Colocar em posição contrária; mudar a ordem ou a disposição.*

▪ **INTIMIDAR:** AMEAÇAR ▪ **ÍNTIMO:** PESSOAL ▪ **INTREPIDEZ:** CORAGEM ▪ **INTRÉPIDO:** CORAGEM ▪ **INTRIGA:** FOFOCAR ▪ **INTRIGUEIRO:** FOFOCAR ▪ **INTRINCADO:** DIFÍCIL ▪ **INTROMETER:** ATRAPALHAR, ENTRAR ▪ **INTROMISSÃO:** ATRAPALHAR, ENTRAR ▪ **INTUIR:** ADIVINHAR ▪ **INÚTIL:** NÃO ADIANTA ▪ **INUTILIZAR:** DESTRUIR, QUEBRAR ▪ **INVALIDADO:** CANCELADO ▪ **INVEJAR:** INVEJA ▪ **INVENÇÃO:** INVENTAR ▪ **INVENTIVO:** ESPERTO ▪ **INVENTO:** INVENTAR ▪ **INVENTOR:** INVENTAR ▪ **INVERDADE:** MENTIRA ▪ **INVERNO:** FRIO ▪ **INVERSO:** CONTRÁRIO ▪ **INVESTIGAÇÃO:** PERGUNTAR ▪ **INVESTIGADOR:** POLÍCIA ▪ **INVESTIGAR:** PERGUNTAR

IOGA – Mãos abertas, dedos esticados e separados, palmas para a frente. Posicionar as mãos na altura do peito e tocar as pontas dos indicadores nos polegares.
• ***Ioga:*** *Antiga técnica oriental para relaxamento, respiração, meditação e postura.* **Sinal igual:** IOGUE

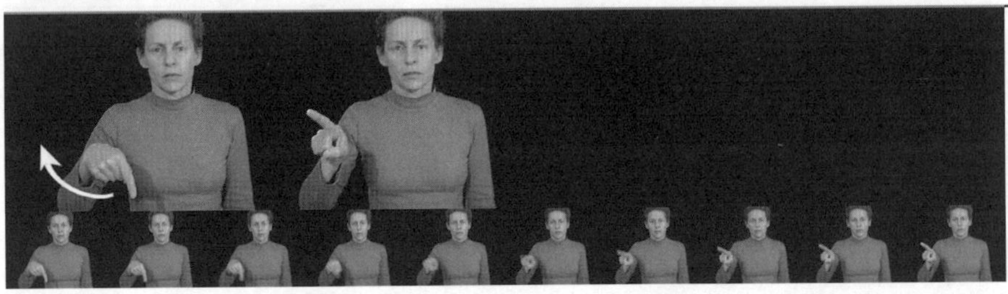

IR – Mão fechada com o dedo indicador esticado apontando para baixo. Posicionar a mão perto do corpo. Em seguida, mover a mão para a frente, apontando o indicador na mesma direção.
• ***Ir:*** *Locomover-se até algum lugar ou situação.* **Sinal igual:** ENCAMINHAR-SE

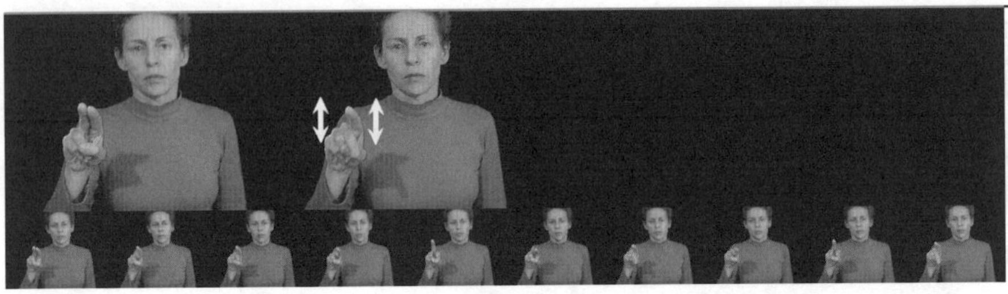

IRMÃO – Mão fechada com os dedos indicador e médio esticados e unidos apontando para a frente, palma para baixo. Mover o indicador e o médio, simultaneamente e em sentidos opostos, para baixo e para cima, duas ou três vezes.
• ***Irmão:*** *Filho do mesmo pai e da mesma mãe em relação a outro filho.* **Sinal igual:** IRMÃ

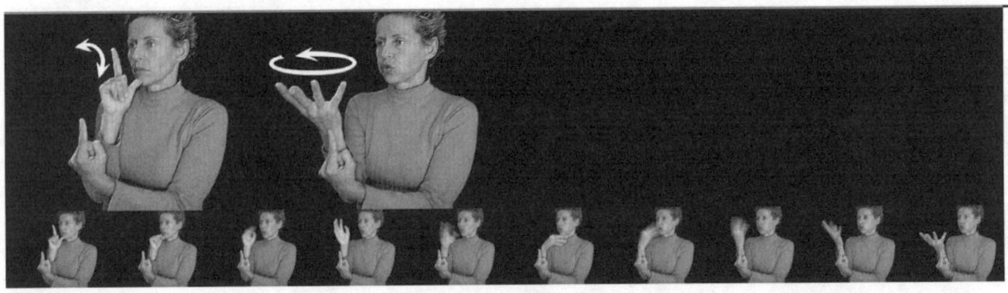

IRRIGAR – Mão esquerda fechada com o dedo indicador esticado apontando para cima, palma para trás. Fazer o sinal de "água" com a mão direita. Depois, mão direita aberta, dedos esticados e separados apontando para cima. Posicioná-la sobre a ponta do indicador esquerdo. Em seguida, girar a mão direita ao redor do seu próprio eixo, mantendo a ponta dos dedos voltadas para cima, soprando ar pela boca.
• ***Irrigar:*** *Molhar com água ou outro líquido; molhar artificialmente, através de equipamento próprio.*

IRRITADO* – Mão esquerda fechada, palma para dentro. Mão direita fechada com o indicador aberto e curvado, palma para dentro. Posicionar a mão direita acima e à direita da mão esquerda (foto 1). Em seguida, com um gesto firme e rápido, raspar a lateral do indicador direito sobre a mão esquerda. Fazer uma expressão de raiva durante o movimento.
• ***Irritado:*** *Que está nervoso.* **Sinal igual:** AGASTADO, ENCOLERIZADO, ENFADADO, ENFADO, EXACERBAÇÃO, EXACERBADO, EXASPERAÇÃO, EXASPERADO, IRRITAÇÃO, IRRITANTE

▪ IOGUE: IOGA ▪ IRA: RAIVA ▪ IRADO: BRAVO, NERVOSO ▪ IRMÃ: IRMÃO ▪ IRRACIONAL: BRUTO ▪ IRREAL: FALSO ▪ IRREALIZÁVEL: IMPOSSÍVEL ▪ IRRITAÇÃO: IRRITADO ▪ IRRITADO: BRAVO, NERVOSO ▪ IRRITANTE: IRRITADO

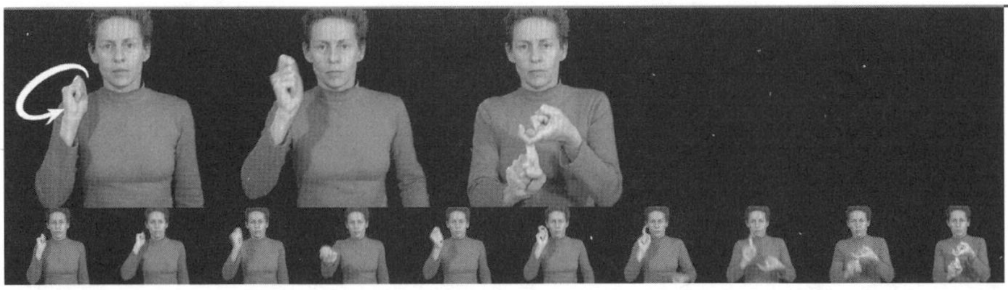

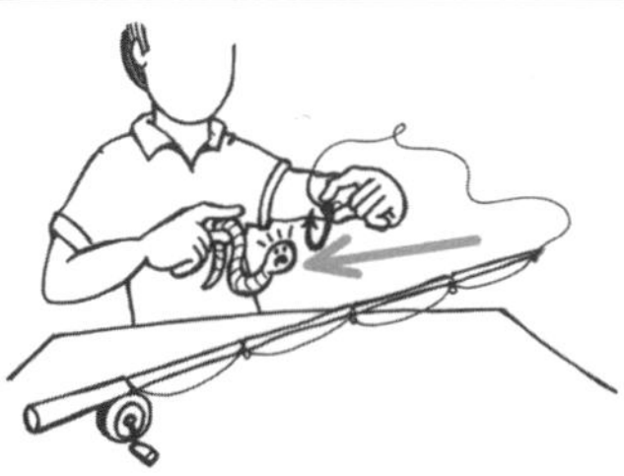

ISCA – Mão direita em "A", palma para dentro. Posicionar a mão perto do rosto, movê-la para a frente e voltar à posição inicial. Em seguida, com as mãos fechadas e os indicadores abertos e curvados, "pendurar" a mão direita na esquerda, encaixando os indicadores.
• ***Isca:*** *Alimento usado para atrair um animal com intenção de matá-lo ou capturá-lo.*

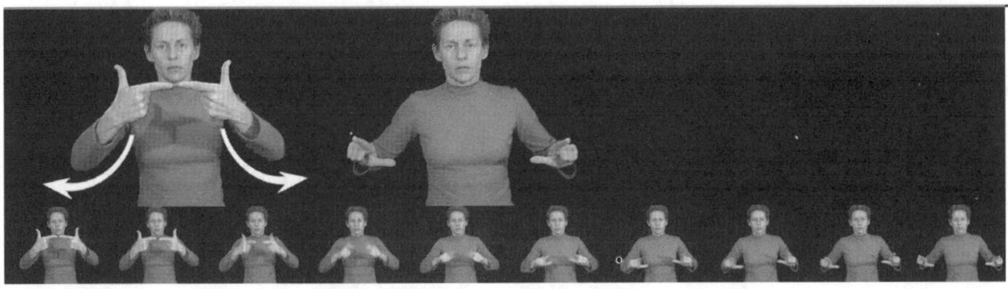

ISENTAR – Mãos em "L" com os indicadores apontando para dentro, palmas para trás. Posicionar as mãos na frente do corpo, na altura dos ombros (foto 1). Em seguida, movê-las simultaneamente para baixo e para as laterais, virando as palmas para baixo e apontando os indicadores para a frente.
• ***Isentar:*** *Livrar de obrigação ou culpa.* **Sinal igual:** DESOBRIGAR, DISPENSAR, EXIMIR, ISENÇÃO, ISENTO

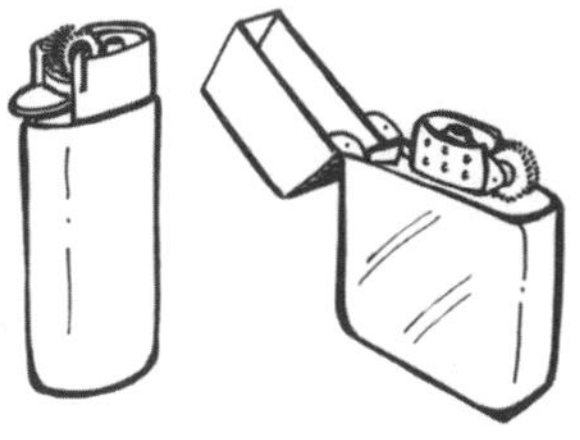

ISQUEIRO – Mão direita em "V", palma para trás. Mão esquerda fechada com o polegar "escondido" dentro da mão. Posicionar as mãos perto da boca, conforme a figura 1. Em seguida, esticar e dobrar o polegar esquerdo duas vezes.
• ***Isqueiro:*** *Acessório geralmente alimentado a gás, usado para produzir fogo.*

ISRAEL – Mãos fechadas com os dedos indicadores e polegares abertos, palmas para a frente. Unir as mãos pelas pontas dos indicadores e polegares (foto 1). Em seguida, mover as mãos, apontando os indicadores para baixo e virando as palmas para trás.
• ***Israel:*** *País localizado na Ásia.*

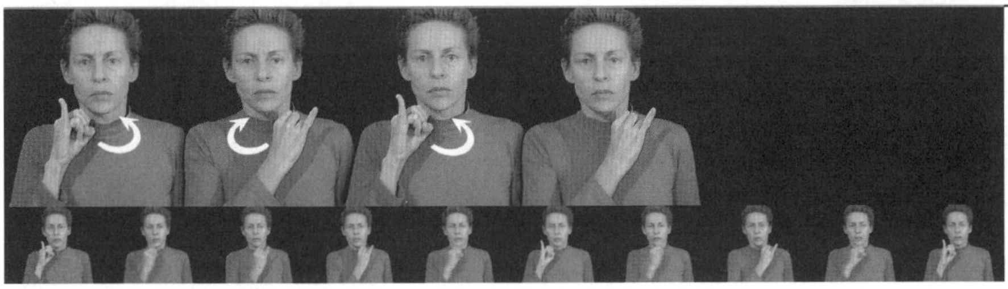

ITÁLIA – Mão em "I", palma para dentro. Mover a mão em círculos na frente da boca.
• ***Itália:*** *País localizado na Europa.* **Sinal igual:** ITALIANO

▪ ISENÇÃO: ISENTAR ▪ ISENTO: ISENTAR ▪ ISOLADO: SÓ ▪ ISRAELITA: JUDEU ▪ ITALIANO: ITÁLIA ▪ ITINERÁRIO: CAMINHO

Mão fechada com o dedo mínimo esticado apontando para cima, palma para a frente. Mover a mão verticalmente, descrevendo um círculo com o dedo mínimo e virando a palma para trás. Décima letra do alfabeto. Mão fechada com o dedo mínimo esticado apontando para cima, palma para a frente. Mover a mão verticalmente, descrevendo um círculo com o

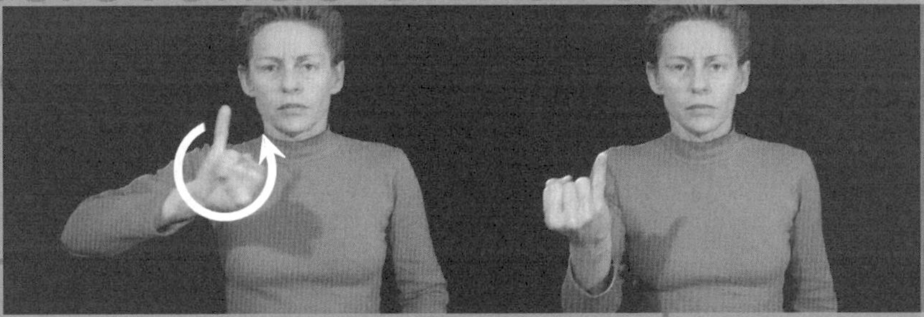

dedo mínimo

Décima letra

com o dedo

para cima, palma para a frente. Mover a mão verticalmente, descrevendo um círculo com o dedo mínimo e virando a palma para trás. Décima letra do alfabeto. Mão fechada com o dedo mínimo esticado apontando para cima, palma para a frente. Mover a mão verticalmente, descrevendo um círculo com o dedo mínimo e virando a palma para trás. Décima letra do alfabeto. Mão fechada com o dedo mí

J – Mão fechada com o dedo mínimo esticado apontando para cima, palma para a frente. Mover a mão verticalmente, descrevendo um círculo com o dedo mínimo e virando a palma para trás.
• ***J:*** *Décima letra do alfabeto.*

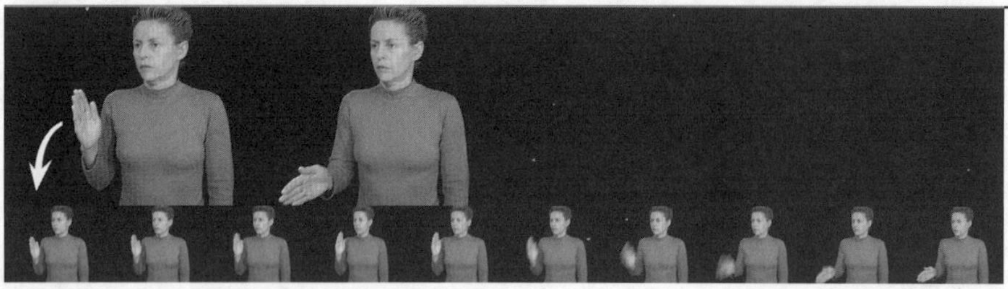

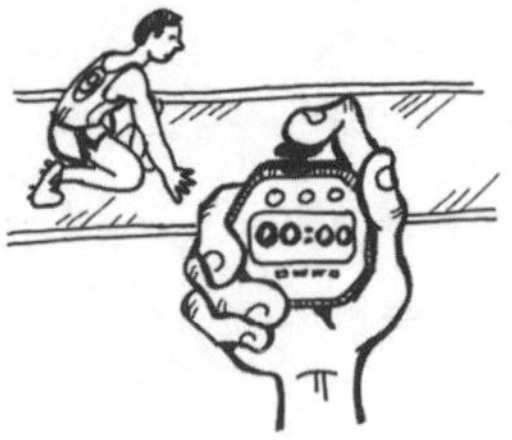

JÁ – Mão aberta, dedos unidos e esticados apontando para cima, palma para dentro. Com um gesto rápido, mover a mão para baixo, apontando os dedos para a frente.
• ***Já:*** *De imediato; neste mesmo instante; agora.* **Sinal igual:** IMEDIATAMENTE

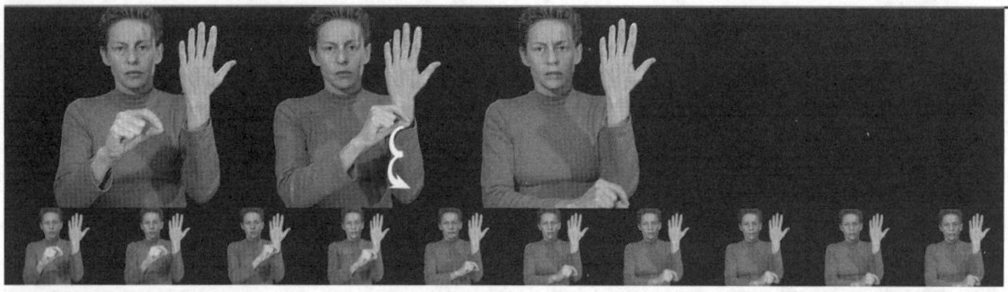

JABUTICABA – Mão esquerda aberta, dedos esticados apontando para cima, braço dobrado, palma para trás. Mão direita fechada com o indicador e o polegar abertos, curvados e unidos pelas pontas, palma para dentro. Mover a mão direita de cima para baixo, tocando a lateral do indicador e do polegar no braço esquerdo em três pontos diferentes: perto do punho, no centro do braço e perto do cotovelo.
• ***Jabuticaba:*** *Fruto da jabuticabeira.*

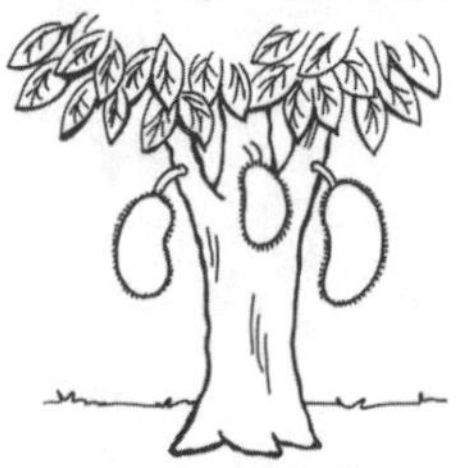

JACA – Mão esquerda aberta, dedos esticados apontando para cima, braço dobrado, palma para trás. Mão direita aberta com os dedos unidos e curvados, polegar separado, palma para trás. Mover a mão direita de cima para baixo, deslizando-a levemente sobre o braço esquerdo, do punho até o cotovelo.
• ***Jaca:*** *Fruto da jaqueira.*

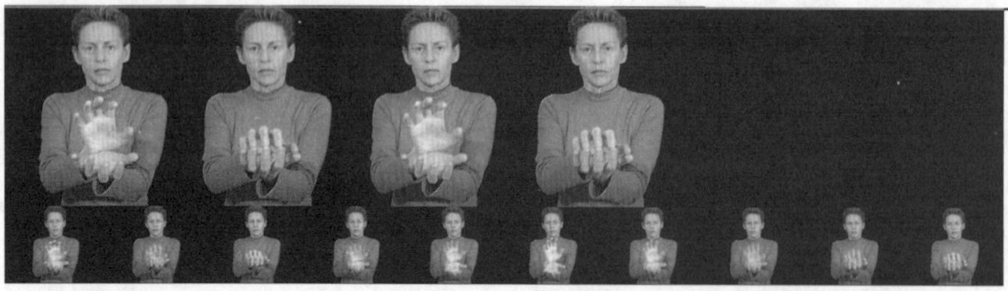

JACARÉ – Mãos abertas, dedos curvados e separados. Mão direita com a palma para a frente e mão esquerda com a palma para cima. Unir as mãos pelos punhos (foto 1). Em seguida, juntá-las pelas pontas dos dedos e voltar à posição inicial, duas ou três vezes.
• ***Jacaré:*** *Réptil de focinho largo e chato que vive em rios e pântanos.* **Sinal igual:** ALIGÁTOR, CROCODILIANO, CROCODILO

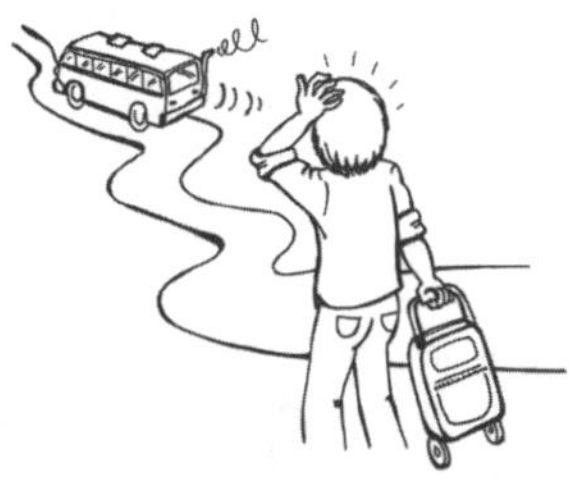

JÁ FOI – Mão esquerda aberta, dedos unidos e esticados, palma para cima. Mão direita aberta, dedos esticados e separados, palma para trás. Posicionar a mão direita atrás da esquerda (foto 1). Em seguida, com um gesto rápido, mover a mão direita para a frente, passando-a por cima da esquerda e fechando-a em "S" no fim do movimento.
• ***Já foi:*** *Que já aconteceu; que se passou anteriormente.*

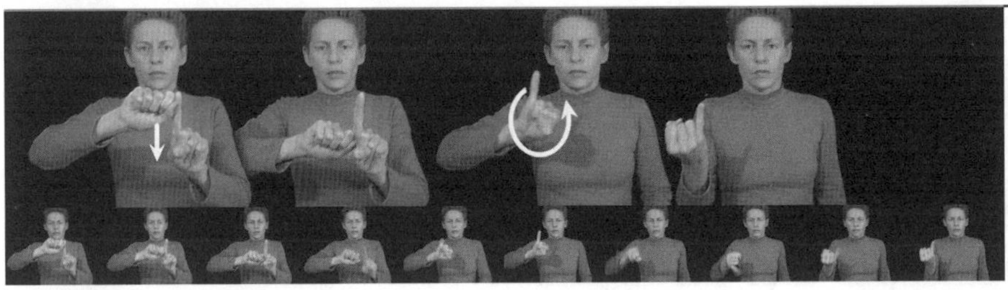

JANEIRO – Fazer os sinais de "mês" e de "J".
• ***Janeiro:*** *Primeiro mês do ano.*

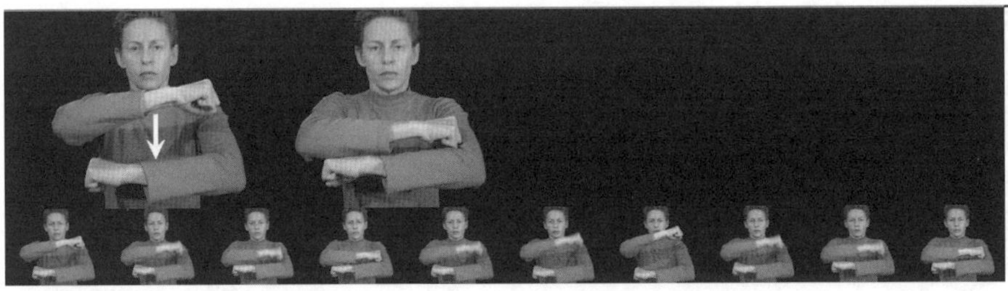

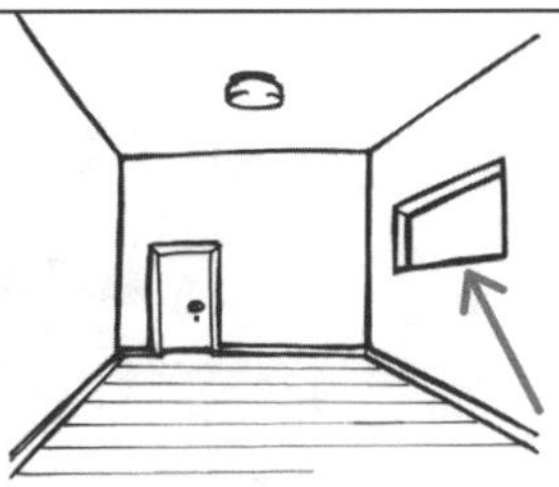

JANELA – Mãos fechadas, braços dobrados, palmas para baixo. Posicionar o braço direito sobre o esquerdo (foto 1). Em seguida, mover o braço direito para baixo até tocar no esquerdo e voltar à posição inicial. Fazer esse movimento duas vezes seguidas.
• ***Janela:*** *Abertura na parede de uma construção ou em um veículo para iluminação e ventilação.*

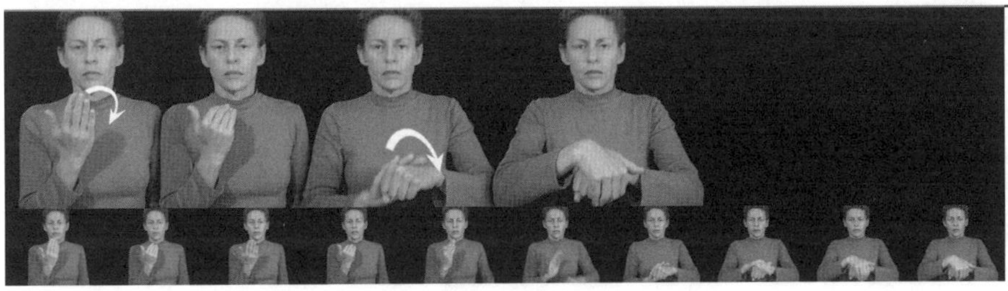

JANTAR – Fazer os sinais de "comer" e de "noite".
• ***Jantar:*** *Refeição noturna.* **Sinal igual:** CEIA, JANTA

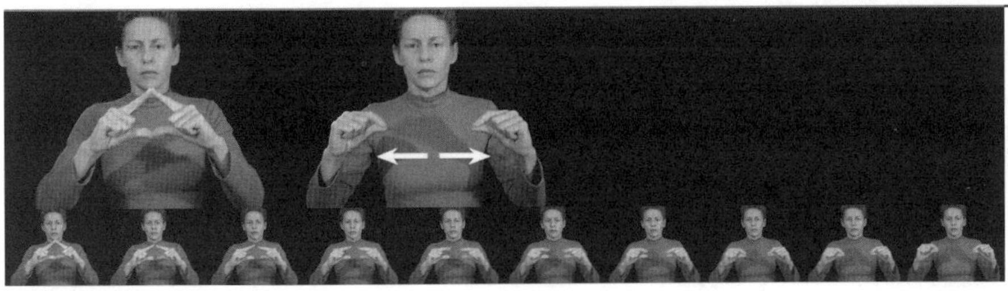

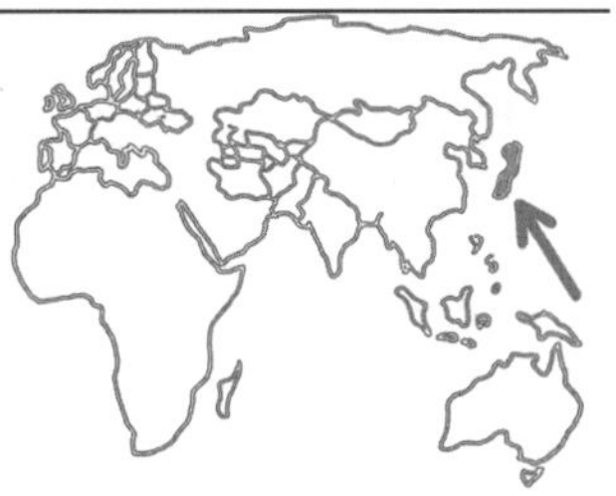

JAPÃO – Mãos fechadas com os indicadores e os polegares abertos e unidos pelas pontas, palmas para dentro. Mover as mãos simultaneamente para as laterais, unindo as pontas dos dedos no fim do movimento.
• ***Japão:*** *País localizado na Ásia.* **Sinal igual:** JAPONÊS, NIPÔNICO, ORIENTAL

▪ JALECO: AVENTAL ▪ JAMAIS: NUNCA ▪ JAMANTA: CAMINHÃO ▪ JANGADA: BALSA ▪ JANTA: JANTAR ▪ JAPONA: CASACO, JAQUETA ▪ JAPONÊS: JAPÃO

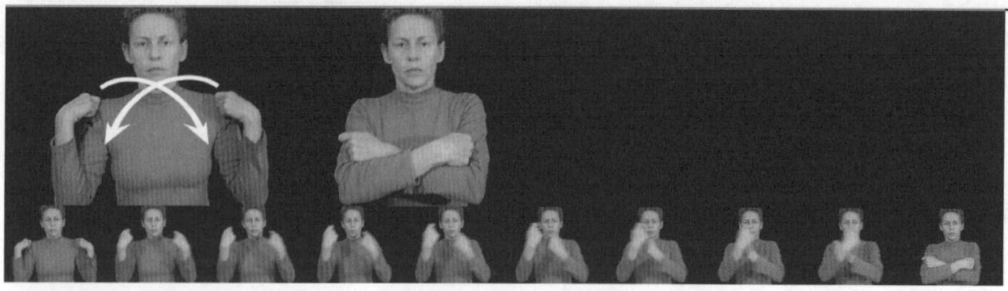

JAQUETA – Mãos fechadas em "A", palmas para trás. Posicionar as mãos com os dedos apoiados nos ombros (foto 1). Em seguida, mover simultaneamente as mãos, cruzando-as diante do corpo e apoiando-as nos braços.

• ***Jaqueta:*** *Espécie de casaco curto de abertura central com zíper ou botões.* **Sinal igual:** JAPONA

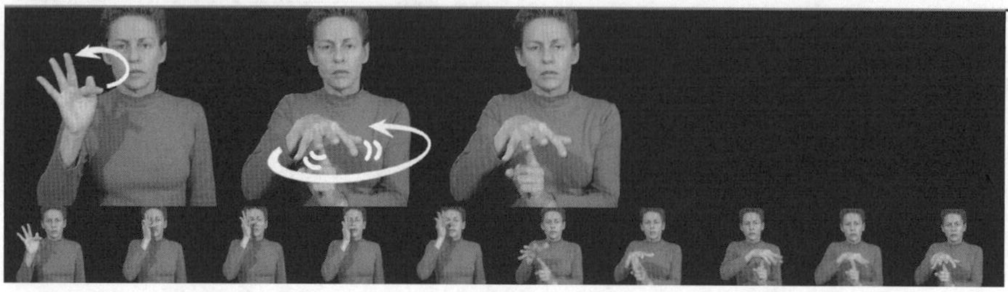

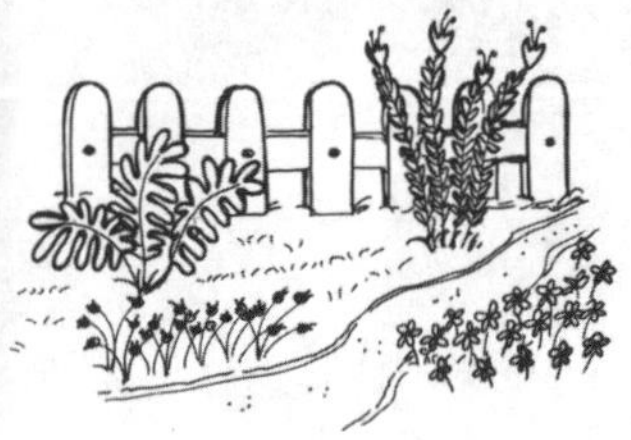

JARDIM – Fazer o sinal de "flor". Em seguida, mão esquerda fechada com o dedo indicador esticado apontando para cima, palma para dentro. Mão direita aberta, dedos relaxados e separados, palma para baixo. Apoiar a palma da mão direita na ponta do indicador esquerdo. Em seguida, mover as mãos horizontalmente, descrevendo um círculo e balançando os dedos da mão direita aleatoriamente durante o movimento.

• ***Jardim:*** *Área externa de uma casa ou outro local onde existem plantas, flores, árvores etc.* **Sinal igual:** JARDINAGEM

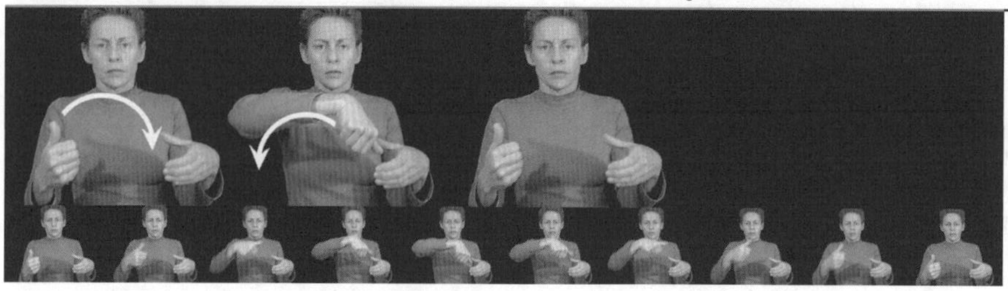

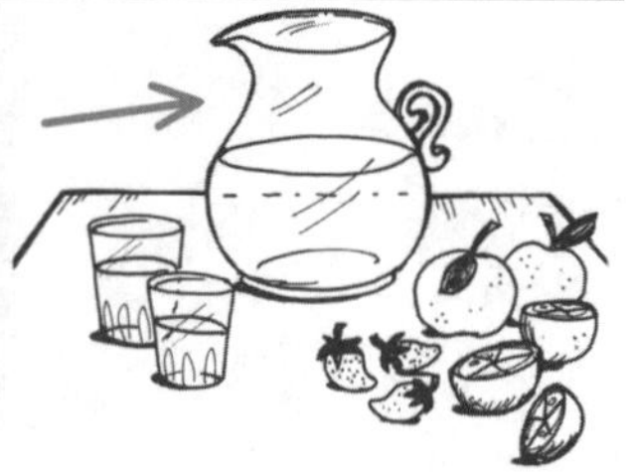

JARRA – Mão esquerda aberta, dedos unidos e curvados, polegar separado, palma para dentro. Mão direita fechada com o polegar aberto, palma para dentro. Mover a mão direita, apontando o polegar para a parte interna da mão esquerda e voltar à posição inicial.

• ***Jarra:*** *Recipiente com asa e bico em que se colocam líquidos.* **Sinal igual:** JARRO

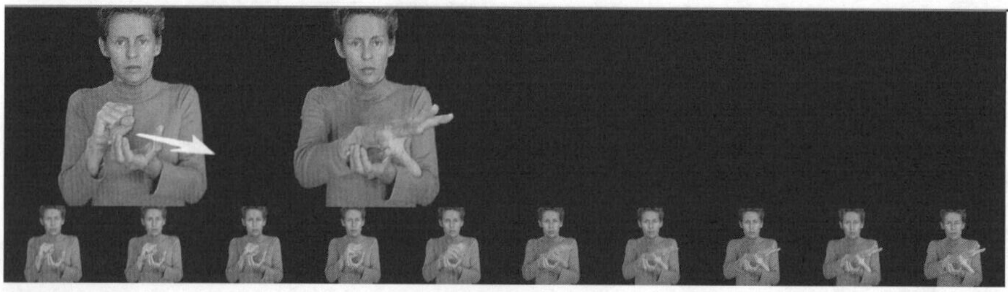

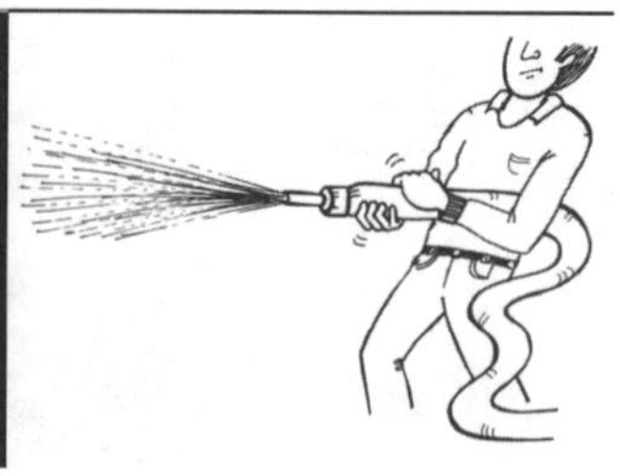

JATO – Mão esquerda aberta, dedos unidos e curvados, polegar separado, palma para cima. Mão direita fechada em "S", palma para a frente. Posicionar a mão direita atrás e acima da esquerda. Em seguida, com um gesto rápido, mover a mão direita para a frente, passando-a por cima da palma esquerda e abrindo os dedos no fim do movimento.

• ***Jato:*** *Movimento muito rápido de um líquido em determinada direção.*

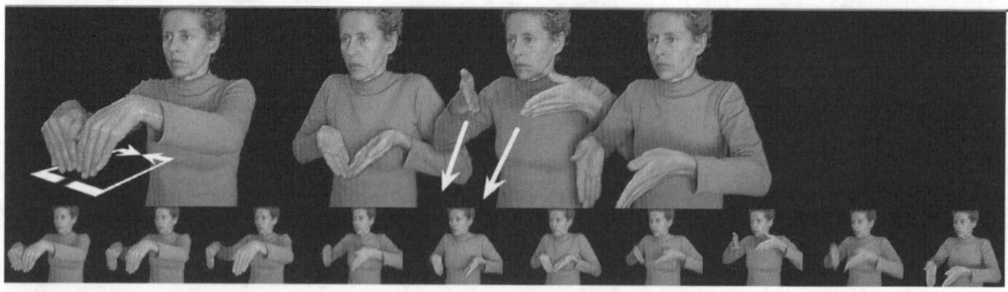

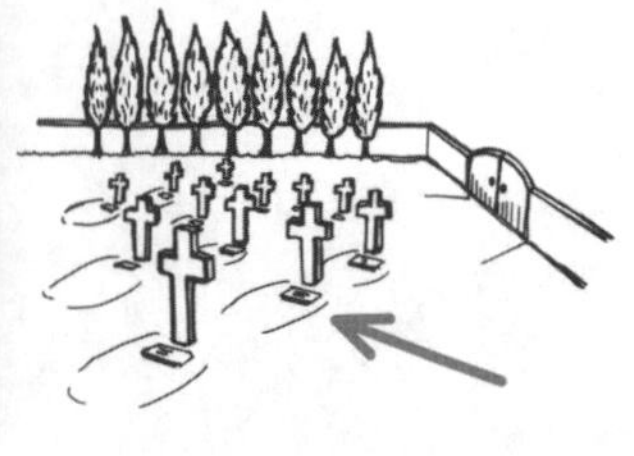

JAZIGO – Mãos abertas, dedos unidos e esticados apontando para baixo, palmas para trás. Posicionar as mãos juntas e longe do corpo. Mover simultaneamente as mãos, descrevendo a forma de um retângulo e virando as palmas para a frente no fim desse movimento. Em seguida, mãos abertas, dedos unidos e esticados apontando para baixo, palmas para dentro. Mover as mãos simultaneamente, para a frente e para baixo.

• ***Jazigo:*** *Local que serve de sepultura para um ou mais mortos.*

▪ **JARDINAGEM:** JARDIM ▪ **JARGÃO:** GÍRIA ▪ **JARRO:** JARRA ▪ **JAULA:** CADEIA ▪ ***JEANS:*** CALÇA ▪ **JEGUE:** BURRO ▪ **JEITO:** COMO, ESPIRITUOSO, SENTIR

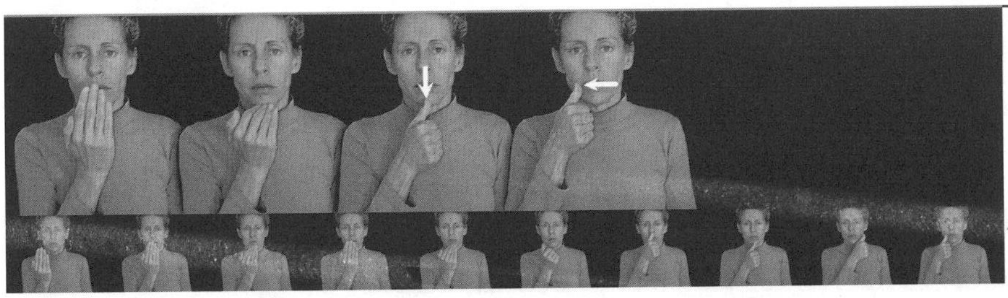

JEJUAR – Fazer o sinal de "comer". Em seguida, com a mão fechada e o polegar esticado apontando para cima, fazer o sinal da cruz diante da boca.
• ***Jejuar:*** *Não se alimentar por vontade própria; abster-se de alimentos por razões religiosas.*

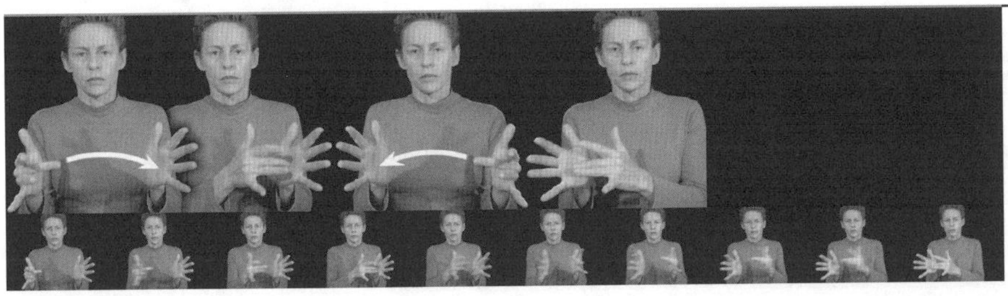

JESUS CRISTO – Mãos abertas, dedos esticados e separados, palmas para a frente. Mover alternadamente as mãos, tocando as pontas dos dedos médios na palma da mão oposta.
• ***Jesus cristo:*** *Ser supremo que veio à Terra para ensinar os princípios do Cristianismo; o filho de Deus.* **Sinal igual:** JESUS, JESUS DE NAZARÉ

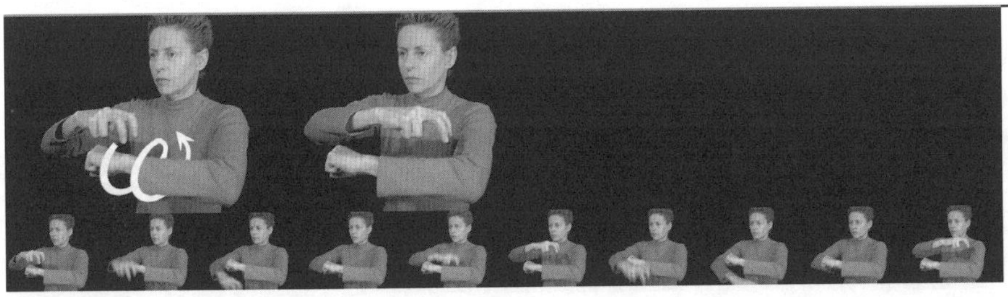

JIBOIA – Mão esquerda fechada, braço dobrado, palma para baixo. Mão direita fechada com o indicador e o médio abertos e curvados, palma para baixo. Posicionar a mão direita sobre a esquerda (foto 1). Em seguida, mover a mão direita em direção ao cotovelo esquerdo, contornando o braço esquerdo duas vezes durante o percurso.
• ***Jiboia:*** *Espécie de cobra.*

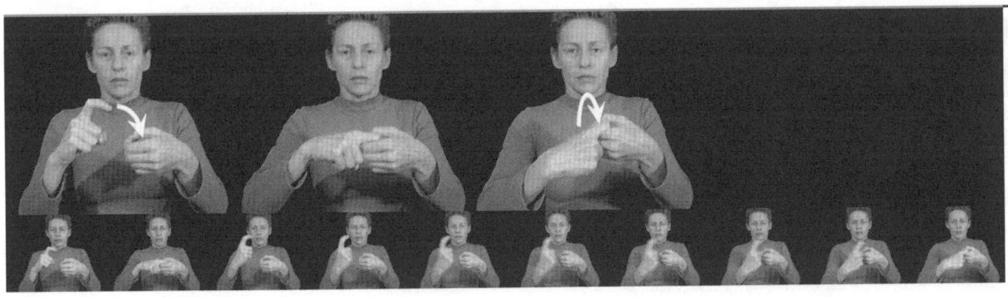

JILÓ – Mão esquerda fechada em "O", palma para dentro. Mão direita fechada com o indicador aberto e curvado, palma para dentro. Mover a mão direita, encaixando o indicador dentro da mão esquerda, pela lateral. Afastar a mão direita e encaixar novamente o indicador dentro da mão esquerda dessa vez pela frente.
• ***Jiló:*** *Legume de gosto amargo.*

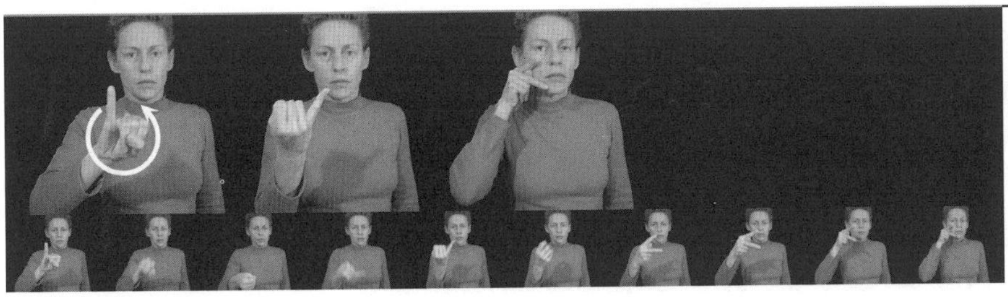

JOÃO PESSOA – Digitar a letra "J" e a letra "P", encostando a mão na bochecha.
• ***João Pessoa:*** *Capital do estado da Paraíba.*

■ JERICO: BURRO ■ JERIMUM: ABÓBORA ■ JESUS: JESUS CRISTO ■ JESUS DE NAZARÉ: JESUS CRISTO ■ JOANINHA: BESOURO ■ JOCOSO: ENGRAÇADO

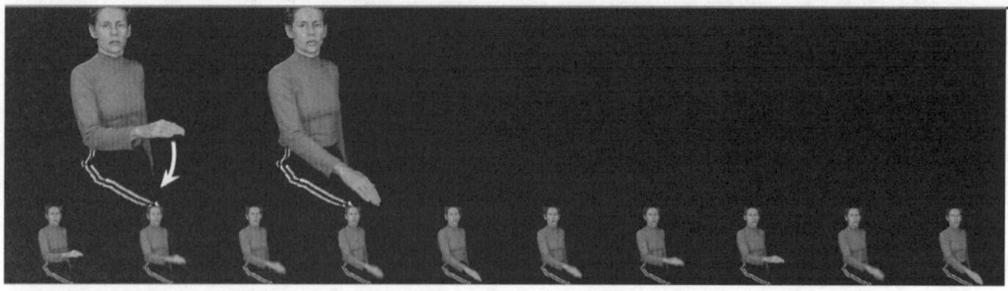

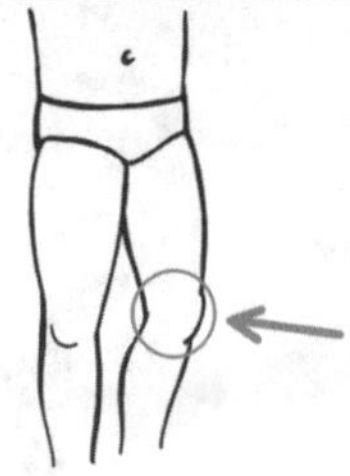

JOELHO – Tocar duas vezes com uma das mãos em um dos joelhos. Erguer um pouco a perna para facilitar o toque.
• ***Joelho:*** *Articulação da perna.*

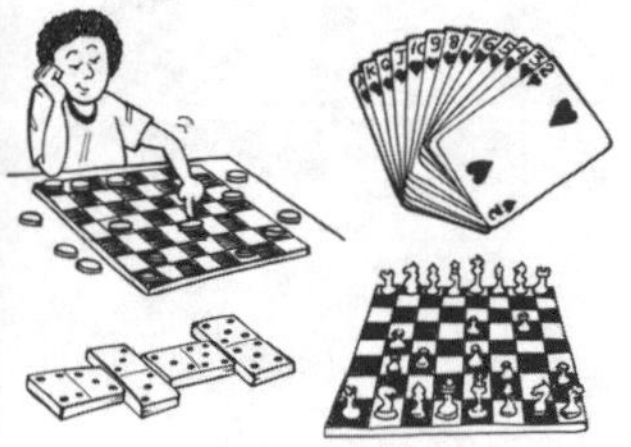

JOGO – Fazer os sinais de "brincar" e de "vários".
• ***Jogo:*** *Atividade recreativa ou esportiva.* **Sinal igual:** PASSATEMPO

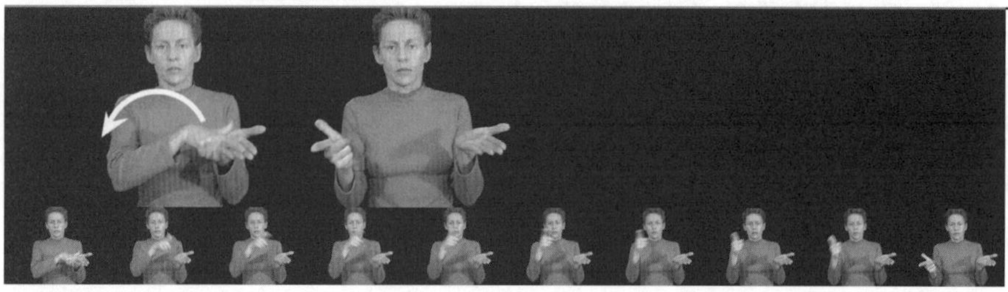

JORNAL – Mão esquerda aberta, dedos unidos e esticados, palma para cima. Mão direita em "L", palma para baixo. Encostar a mão direita na palma esquerda (foto 1). Em seguida, mover a mão direita para o lado direito, descrevendo um arco durante o percurso e virando a palma da mão para cima
• ***Jornal:*** *Publicação diária que abrange todos os assuntos e que é impressa em gráfica.* **Sinal igual:** GAZETA, PERIÓDICO

JORNALEIRO – Fazer os sinais de "homem" e de "jornal".
• ***Jornaleiro:*** *Profissional que vende jornais, revistas e outros impressos.*

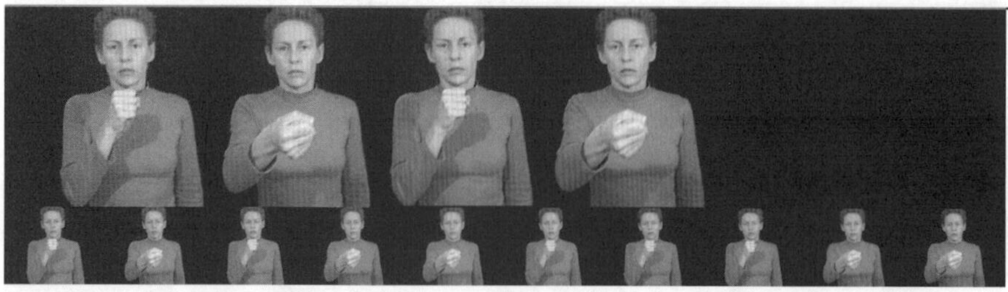

JORNALISTA – Posicionar a mão fechada próximo à boca, imitando o gesto de quem segura um microfone. Em seguida, mover a mão para a frente e voltar para a posição inicial, uma ou mais vezes.
• ***Jornalista:*** *Profissional que escreve notícias e faz reportagens para jornais, revistas, televisão e outros meios de comunicação.* **Sinal igual:** REPÓRTER

▪ **JOGAR:** ARREMESSAR ▪ **JOIA:** COLAR

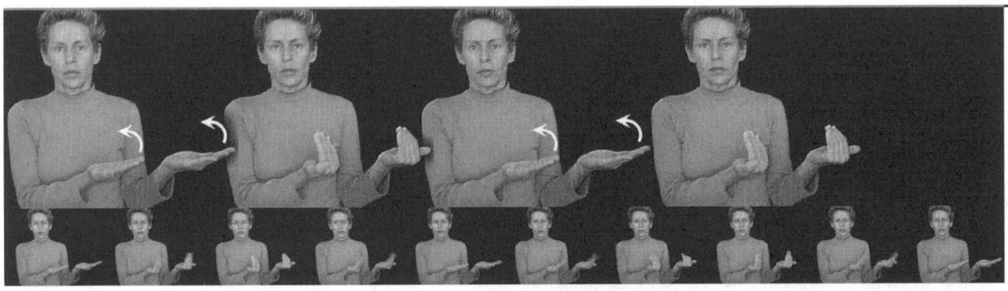

JOVEM – Mãos abertas, palmas para cima com os dedos unidos apontando para o lado esquerdo. Sem sair dessa posição, dobrar e esticar as mãos duas ou três vezes.
• ***Jovem:*** *Pessoa cuja idade se encontra entre a infância e a idade adulta.* **Sinal igual:** JUVENIL, JUVENTUDE, MOCIDADE

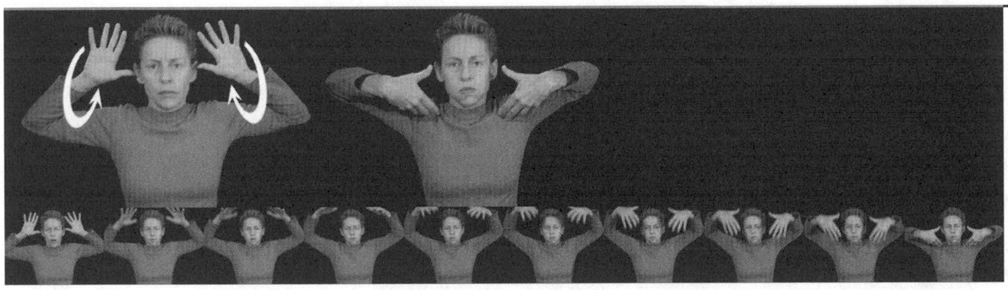

JUBA – Mãos abertas, dedos esticados e separados, palma para a frente. Posicionar as mãos nas laterais da cabeça (foto 1). Em seguida, mover simultaneamente as mãos para cima e virá-las, apontando para baixo, curvando um pouco os dedos e apontando-os para os ombros. Encher as bochechas de ar no fim do movimento.
• ***Juba:*** *Nome dado aos cabelos do leão; longos cabelos.* **Sinal igual:** GRENHA

JUDAÍSMO – Mãos em "W", palmas para trás. Unir as mãos, cruzando os dedos.
• ***Judaísmo:*** *Religião dos judeus.*

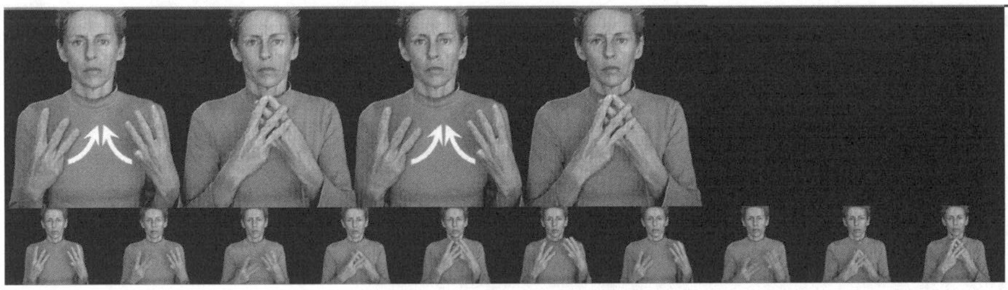

JUDEU – Mãos em "W", palmas para trás. Mover simultaneamente as mãos, cruzando-as pelos dedos. Fazer esse movimento duas vezes.
• ***Judeu:*** *Aquele que pertence à religião judaica.* **Sinal igual:** HEBRAICO, HEBREU, ISRAELITA, JUDAICO

JUDÔ – Mãos fechadas, palmas para dentro. Posicionar uma mão sobre a outra ao lado do ombro. Em seguida, com um gesto firme, mover as mãos para o lado esquerdo e para baixo, descrevendo um arco durante o percurso.
• ***Judô:*** *Antiga luta oriental.* **Sinal igual:** JUDOCA

▪ JOVIAL: ESPIRITUOSO ▪ JÚBILO: CONTENTE ▪ JUBILOSO: CONTENTE ▪ JUDAICO: JUDEU ▪ JUDOCA: JUDÔ

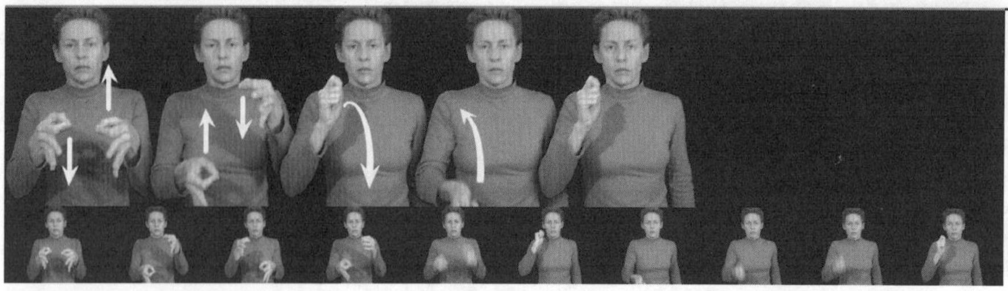

JUIZ – Fazer o sinal de "justiça". Em seguida, com a mão fechada em "A" e palma para dentro, mover a mão para a frente e para baixo, voltando à posição inicial, imitando o gesto de um juiz batendo um pequeno martelo sobre a mesa.
• ***Juiz:*** *Indivíduo com poderes legais para julgar questões a ele submetidas.*

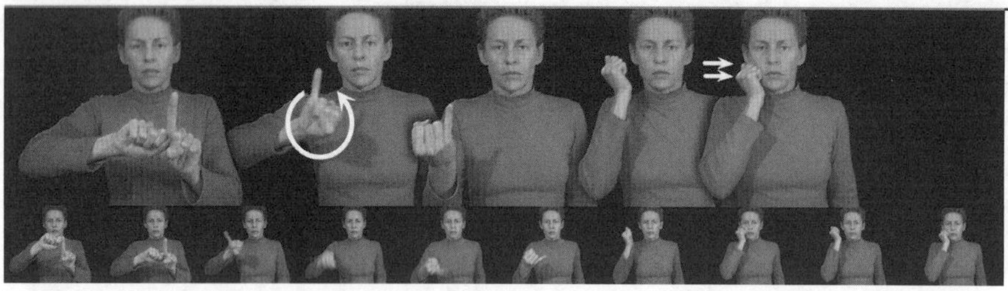

JULHO – Fazer os sinais de "mês" e de "J". Em seguida, com a mão fechada em "A", tocar duas vezes na lateral do queixo.
• ***Julho:*** *Sétimo mês do ano.*

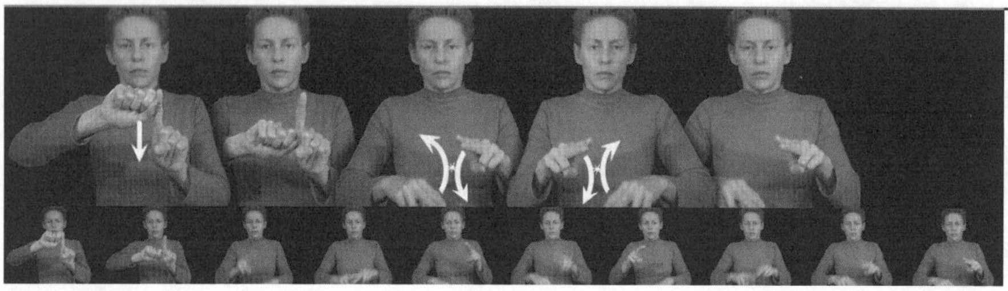

JUNHO – Fazer os sinais de "mês" e de "J". Em seguida, com as mãos em "N" e as palmas para baixo, bater os dedos da mão direita sobre os da esquerda e vice-versa, duas vezes.
• ***Junho:*** *Sexto mês do ano.*

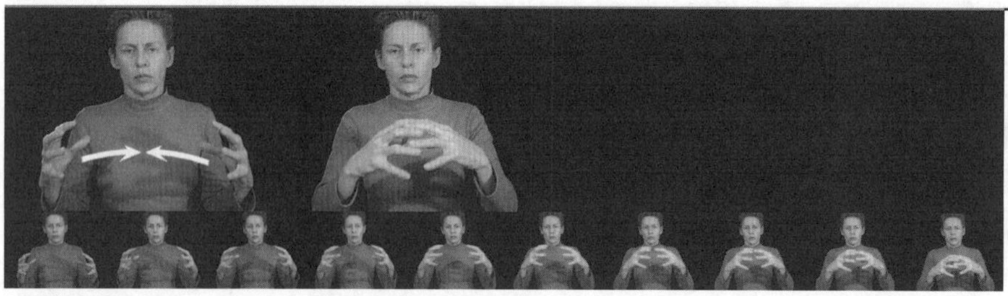

JUNTAR – Mãos abertas, dedos curvados e separados, palmas para dentro. Posicionar uma mão afastada da outra (foto 1). Em seguida, mover simultaneamente as mãos, unindo-as (entrelaçar um pouco os dedos).
• ***Juntar:*** *Pôr junto; reunir.* **Sinal igual:** AGRUPAR, AJUNTAR, REUNIDO

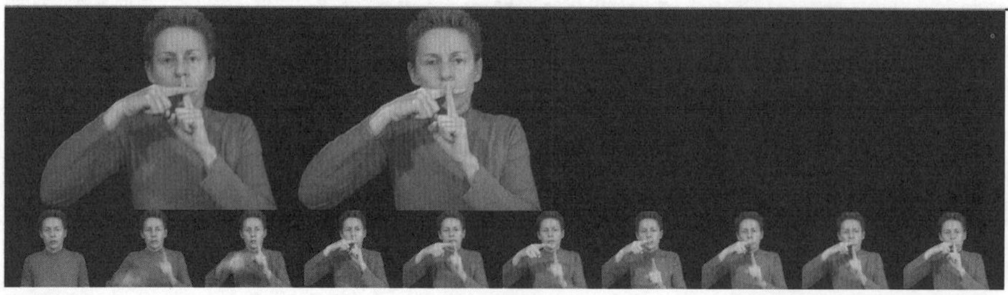

JURAR – Mãos fechadas com os indicadores esticados. Cruzar os dedos nos lábios duas vezes: uma vez com a mão direita na frente e outra com a esquerda nessa posição.
• ***Jurar:*** *Fazer juramento (compromisso pronunciado em público).* **Sinal igual:** AFIANÇAR, AFIRMAR, AJURAMENTADO, AJURAMENTO, ASSEGURAR, ASSEVERAR, JURA, JURAMENTADO, JURAMENTO

▪ **JUÍZO:** RAZÃO ▪ **JUMENTO:** BURRO ▪ **JUNTAMENTE:** COM ▪ **JUNTAR:** UNIR ▪ **JUNTO:** COM ▪ **JURA:** JURAR ▪ **JURAMENTADO:** JURAR ▪ **JURAMENTO:** JURAR

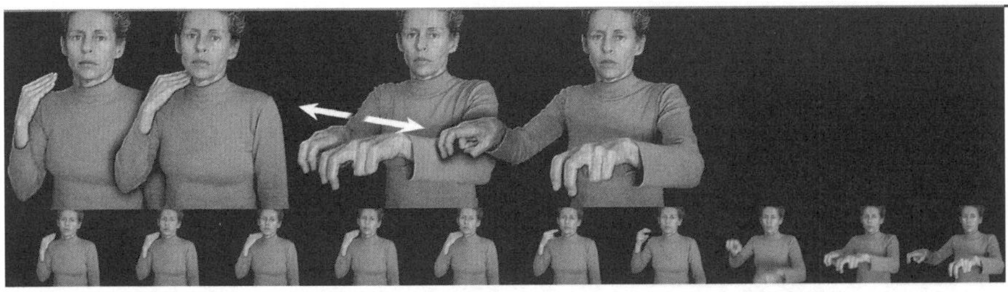

JÚRI – Mão em "B". Tocar as pontas dos dedos duas vezes na lateral do pescoço. Em seguida, com a mão fechada, indicador e médio abertos e curvados e palma para baixo, posicionar as mãos juntas e afastá-las simultaneamente para as laterais.
• ***Júri:*** *Grupo formado por examinadores para avaliar questões jurídicas, concursos ou certas competições.*

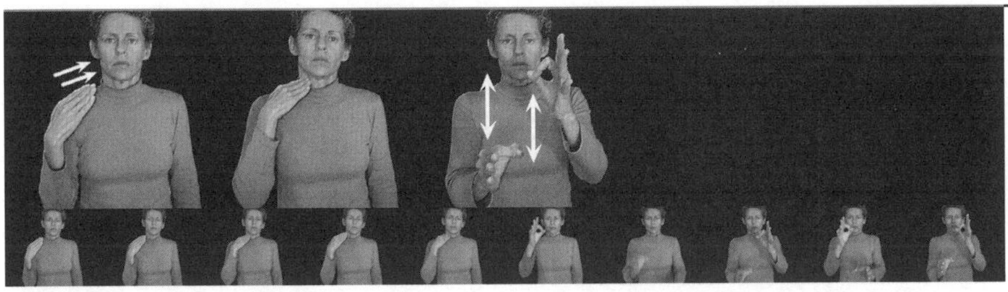

JURÍDICO – Mão em "B". Tocar as pontas dos dedos duas vezes na lateral do pescoço. Em seguida, fazer o sinal de "justiça".
• ***Jurídico:*** *Relativo ao direito; que se faz através da justiça.*

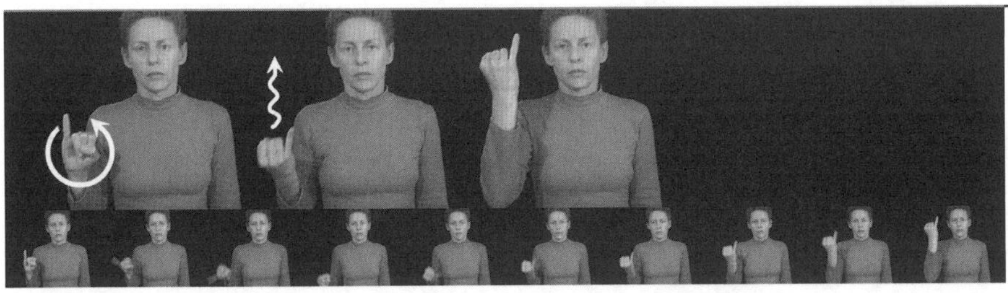

JUROS – Fazer o sinal de "J". Em seguida, mantendo a mão em "J", movê-la para cima, descrevendo um leve zigue-zague durante o percurso.
• ***Juros:*** *Taxa de porcentagem sobre um valor, num tempo determinado.* **Sinal igual:** RENDIMENTO

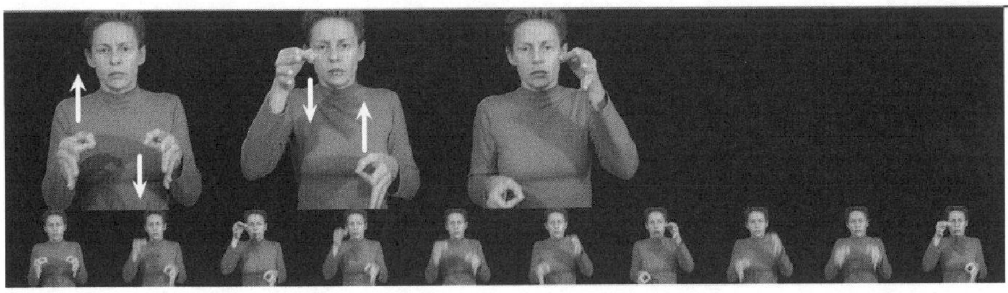

JUSTIÇA – Mãos abertas, dedos esticados e separados, indicadores e polegares curvados se tocando pelas pontas, palmas para dentro. Mover as mãos simultaneamente e em sentidos opostos, para baixo e para cima, duas vezes.
• ***Justiça:*** *Aquilo que é direito; justo; princípio moral do direito.*

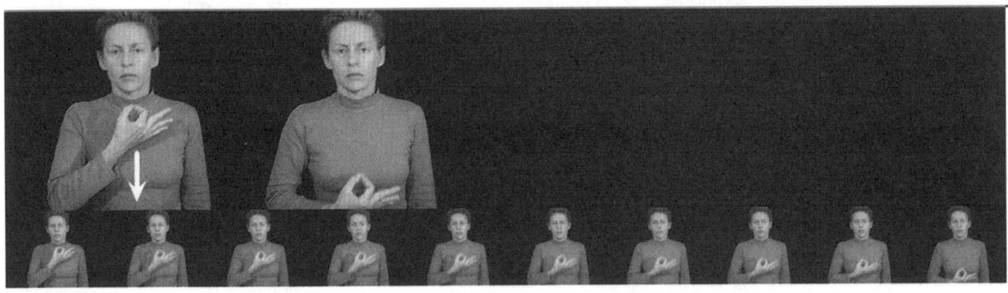

JUSTO – Mão aberta, dedos esticados e separados, indicador e polegar curvados se tocando pelas pontas, palma para trás. Posicionar a mão na altura do queixo e movê-la para baixo.
• ***Justo:*** *Que age de forma equilibrada e honesta.* **Sinal igual:** AJUSTADO, JUSTAMENTE

▪ **JURURU:** TRISTE ▪ **JUSTAMENTE:** JUSTO ▪ **JUSTIFICAR:** EXPLICAR ▪ **JUVENIL:** JOVEM ▪ **JUVENTUDE:** JOVEM

Dedos indicador e médio esticados apon-
ando para cima. Mínimo e anular fechados. Polegar fechado com a ponta tocando nas bases do indicador e do médio,
palma para a frente. Mover a mão um
pouco para cima. Décima primeira letra
do alfabeto. Dedos indicador e médio esticados apontando para cima. Mínimo e
anular fechados. Polegar fechado com
a ponta tocan

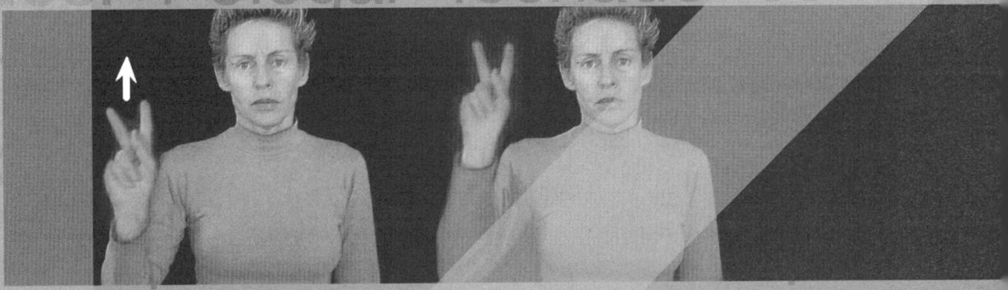

e do médio, p
a mão um po
meira letra do alfabeto. Dedos indicador
e médio esticados apontando para cima.
Mínimo e anular fechados. Polegar fechado com a ponta tocando nas bases do indicador e do médio, palma para a frente.
Mover a mão um pouco para cima. Décima primeira letra do alfabeto. Dedos indicador e médio esticados apontando para
cima. Mínimo e anular fechados. Polegar
fechado com a ponta tocando nas bases

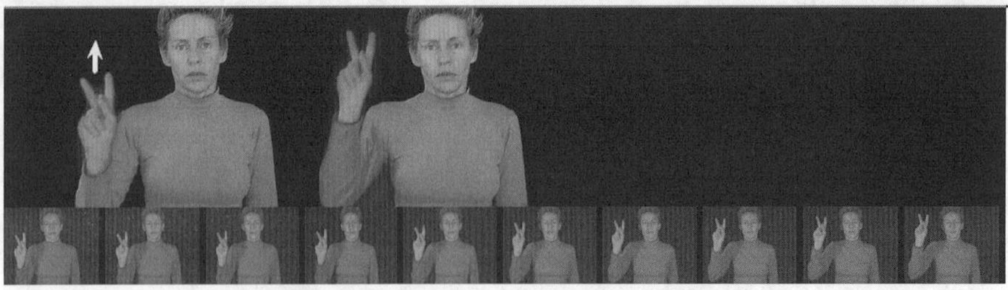

K – Dedos indicador e médio esticados apontando para cima. Mínimo e anular fechados. Polegar fechado com a ponta tocando nas bases do indicador e do médio, palma para a frente. Mover a mão um pouco para cima.
• ***K:*** *Décima primeira letra do alfabeto.*

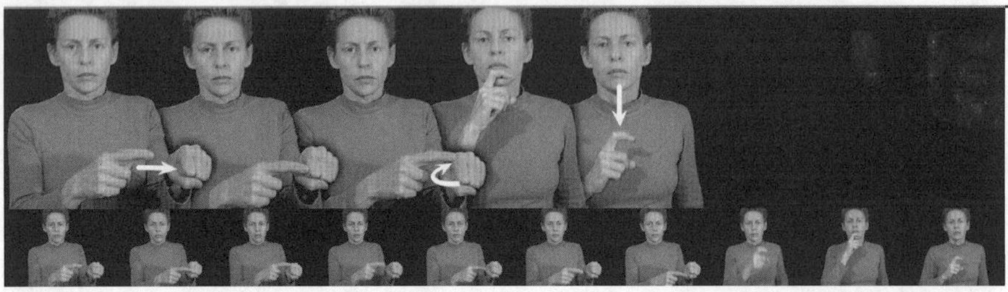

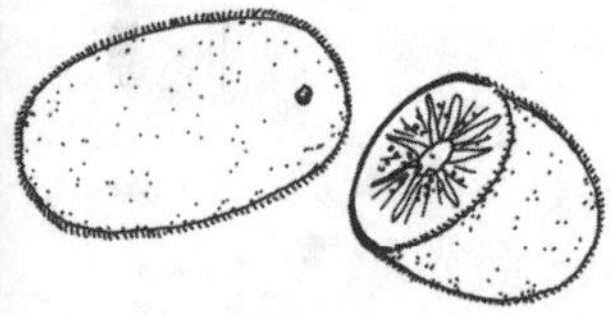

KIWI – Mão esquerda fechada em "S", palma para baixo. Mão direita fechada com o indicador esticado, palma para trás. Tocar a ponta do indicador direito na lateral interna da mão esquerda, em três ou quatro pontos diferentes. Depois, fazer o sinal de "verde".
• ***Kiwi:*** *Fruta originária da Ásia.* **Sinal igual:** QUIUÍ, QUIVI

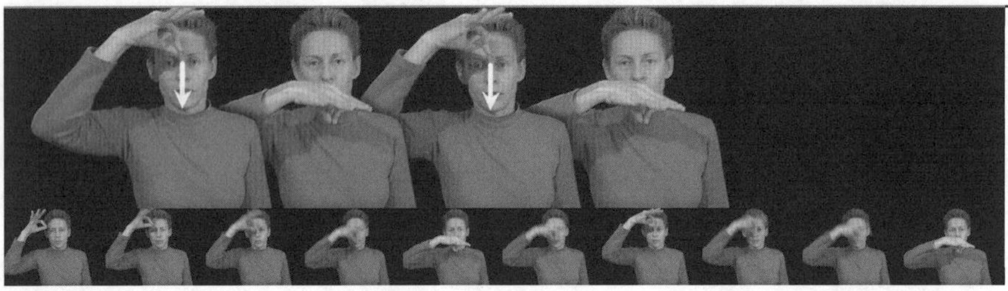

KOMBI – Mão aberta com os dedos esticados e separados, indicador e polegar unidos pelas pontas, voltados para baixo. Mover a mão diante do rosto, de cima para baixo, duas vezes.
• ***Kombi:*** *Automóvel para passageiros ou carga fabricado pela Volkswagen.*

■ **KG:** QUILO

Dedos mínimo, anular e médio fechados, indicador e polegar abertos e esticados, palma para a frente. Décima segunda letra do alfabeto. Dedos mínimo, anular e médio fechados, indicador e polegar abertos e esticados, palma para a frente. Décima segunda letra do alfabeto. Dedos mínimo, anular e médio fechados, indicador e polegar abertos e esticados, palma para a frente. Décima

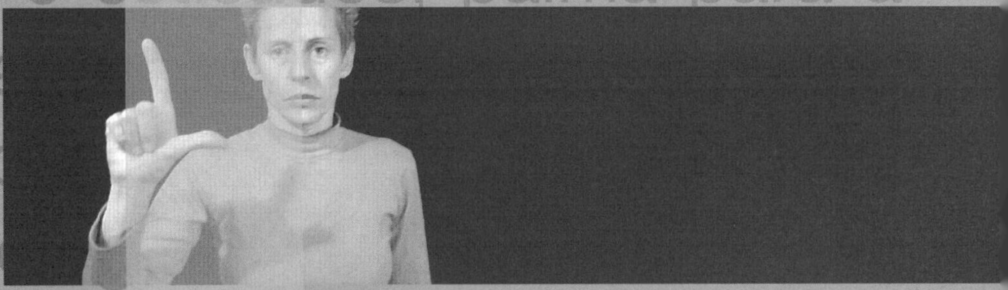

Dedos mínimo

indicador e po

palma para a frente. Décima segunda letra do alfabeto. Dedos mínimo, anular e médio fechados, indicador e polegar abertos e esticados, palma para a frente. Décima segunda letra do alfabeto. Dedos mínimo, anular e médio fechados, indicador e polegar abertos e esticados, palma para a frente. Décima segunda letra do alfabeto. Dedos mínimo, anular e médio fechados, indicador e polegar abertos e esticados, i

L – Dedos mínimo, anular e médio fechados, indicador e polegar abertos e esticados, palma para a frente.
• *L: Décima segunda letra do alfabeto*

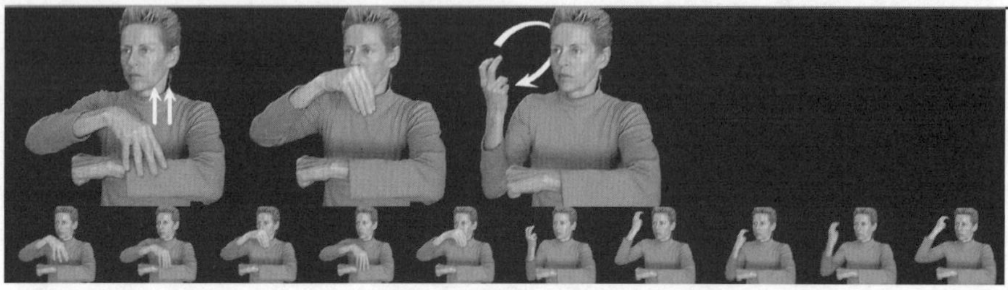

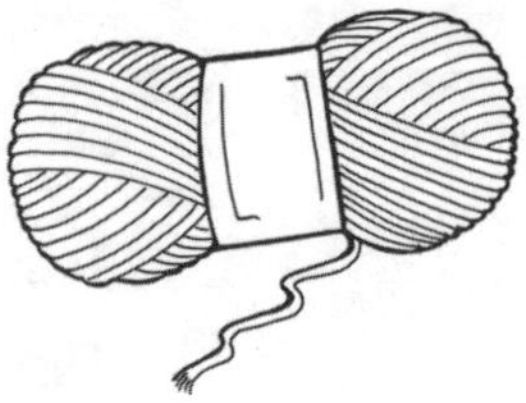

LÃ – Fazer os sinais de "pelo" e de "carneiro" com uma das mãos.
• ***Lã:*** *Pelo que cobre o corpo de certos animais; pano (fazenda) tecido com esse pelo.*

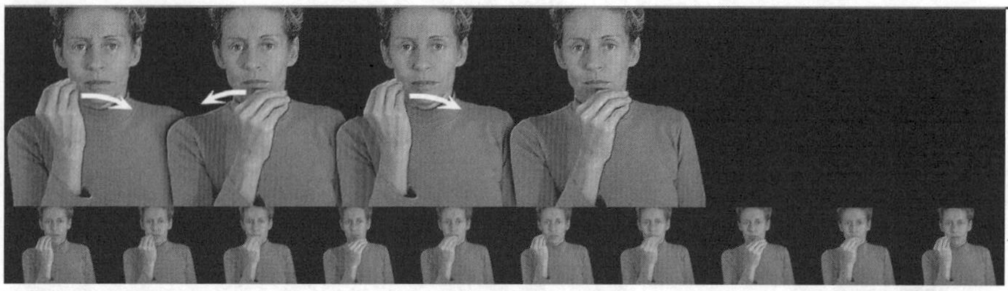

LÁBIA – Dedos esticados e unidos pelas pontas, palma para trás. Posicionar a mão diante da boca e movê-la, apontando para o canto esquerdo e direito da boca, duas ou três vezes seguidas.
• ***Lábia:*** *Capacidade para convencer ou persuadir as pessoas através das palavras.*

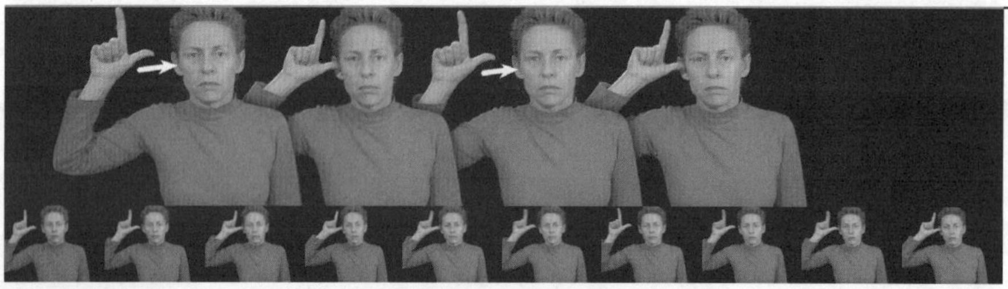

LABIRINTITE – Mão em "L", palma para a frente. Tocar duas vezes a ponta do dedo polegar no ouvido.
• ***Labirintite:*** *Inflamação no ouvido (labirinto) que provoca tonturas.*

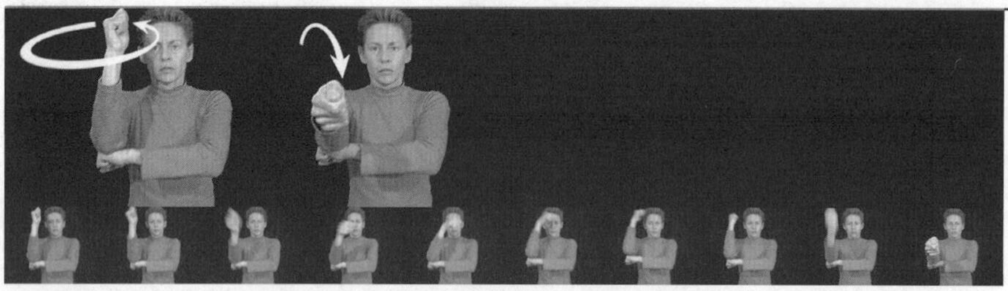

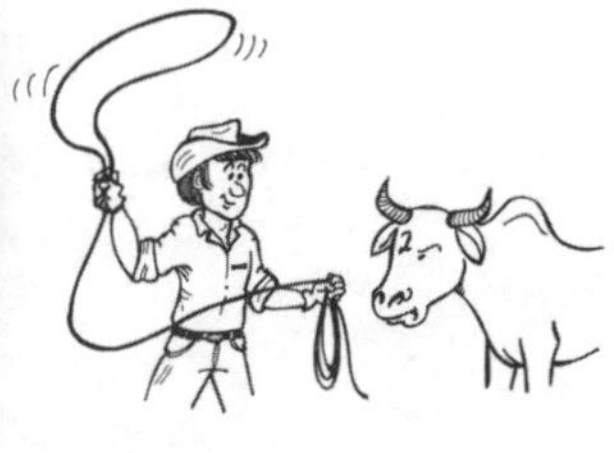

LAÇAR – Mão esquerda fechada, palma para baixo, braço dobrado. Mão direita fechada em "A". Apoiar o cotovelo direito na mão esquerda. Em seguida, girar o braço direito, descrevendo duas voltas, e "jogar" a mão para a frente, sem desencostar o cotovelo da mão.
• ***Laçar:*** *Amarrar com laço.* **Sinal igual:** LAÇADOR, LAÇO

▪ **LÁ:** ALI ▪ **LABAREDA:** FOGO ▪ **LÁBARO:** BANDEIRA ▪ **LÁBIO:** BOCA ▪ **LABOR:** TRABALHAR ▪ **LABORIOSO:** DIFÍCIL ▪ **LABUTA:** TRABALHAR ▪ **LABUTAÇÃO:** TRABALHAR ▪ **LAÇADOR:** LAÇAR ▪ **LAÇO:** LAÇAR ▪ **LACRIMAL:** LÁGRIMA ▪ **LACRIMEJANTE:** LÁGRIMA ▪ **LACRIMEJAR:** LÁGRIMA ▪ **LACTAÇÃO:** AMAMENTAR ▪ **LACTAR:** AMAMENTAR ▪ **LACTENTE:** LEITE ▪ **LÁCTEO:** LEITE ▪ **LACTOSE:** LEITE ▪ **LADEIRA:** RAMPA

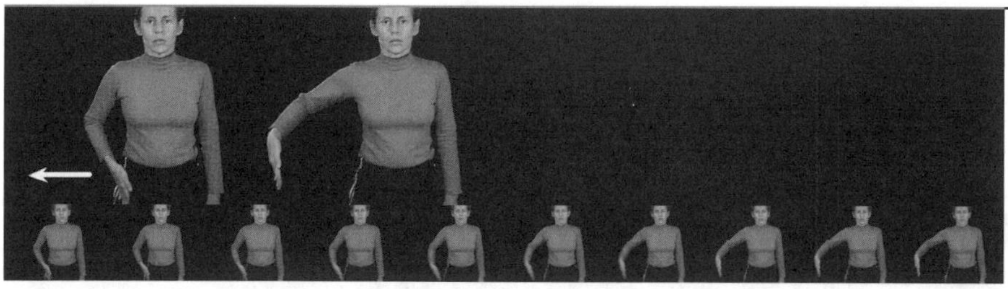

LADO – Encostar a mão na lateral do quadril. Em seguida, mover a mão para o lado, afastando-a do corpo.
• ***Lado:*** *Cada uma das faces de um objeto.* **Sinal igual:** LATERAL

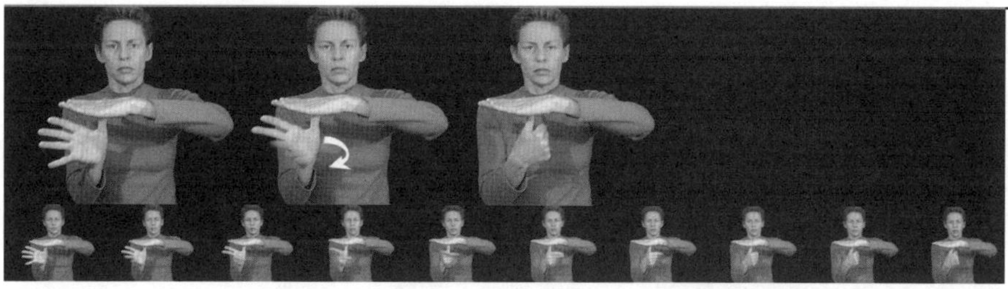

LADRÃO – Mão esquerda aberta, dedos esticados apontando para o lado direito, palma para baixo. Mão direita aberta, dedos esticados e separados, palma para a frente. Encostar a ponta do polegar direito na palma esquerda (foto 1). Em seguida, fechar um dedo da mão direita por vez, começando pelo mínimo até o indicador, mantendo o polegar esticado com a ponta na palma esquerda.
• ***Ladrão:*** *Pessoa desonesta; aquele que se apropria indevidamente de coisas alheias.* **Sinal igual:** AFANAR, ASSALTANTE, FURTAR, FURTO, LADRA, LADROAGEM, MELIANTE, ROUBADO, ROUBALHEIRA, ROUBAR, ROUBO

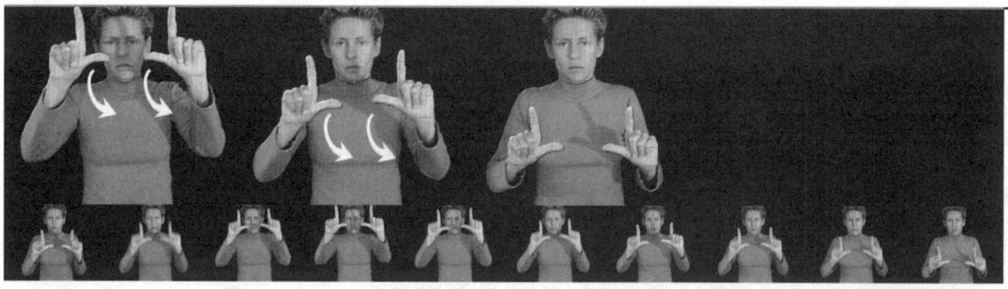

LADRILHO – Mãos em "L", palmas para a frente. Posicionar uma mão ao lado da outra. Mover as mãos simultaneamente de cima para baixo, marcando dois pontos imaginários durante o percurso.
• ***Ladrilho:*** *Placa de cerâmica, barro ou outro material usada no revestimento de paredes ou pisos.*

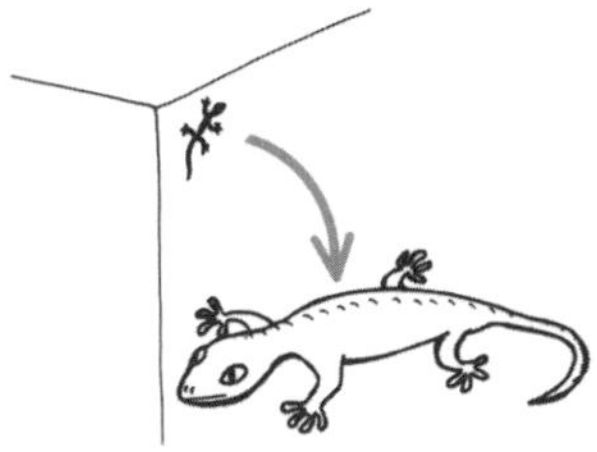

LAGARTIXA – Mão esquerda aberta, palma para a frente. Mão direita fechada com o indicador esticado. Encostar a ponta do indicador direito na palma esquerda, perto do punho. Em seguida, deslizar a mão direita para cima, em zigue-zague, até chegar nas pontas dos dedos da esquerda.
• ***Lagartixa:*** *Pequeno réptil que se alimenta de insetos.*

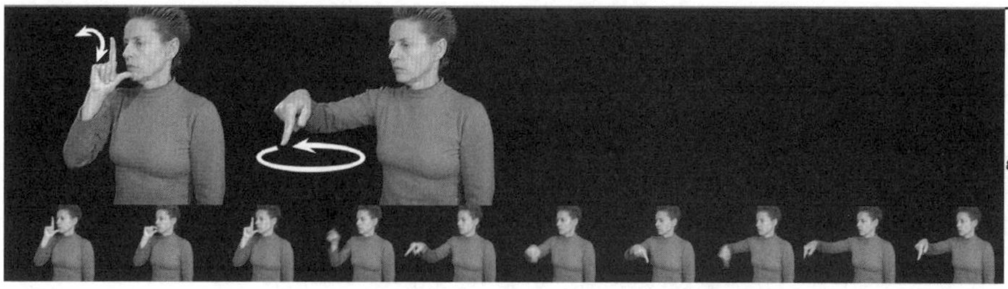

LAGO – Fazer o sinal de "água". Em seguida, com a mão fechada e dedo indicador esticado apontando para baixo, mover a mão, descrevendo um grande círculo na horizontal.
• ***Lago:*** *Porção de água cercada de terra.* **Sinal igual:** LAGOA

L

▪ **LADRA:** LADRÃO ▪ **LADRAR:** LATIDO ▪ **LADROAGEM:** LADRÃO ▪ **LAGOA:** LAGO

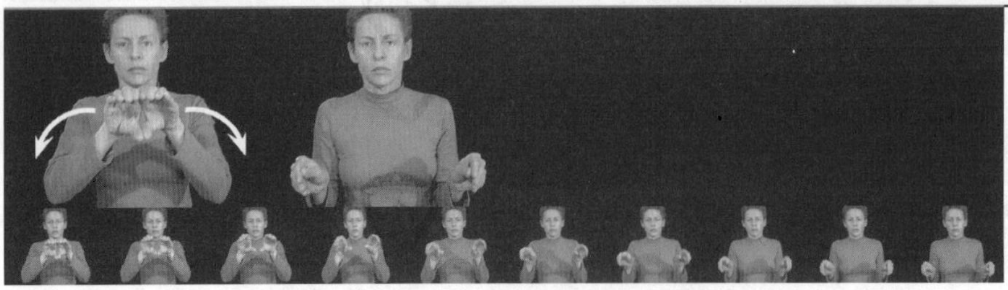

LAGOSTA – Mãos em "C", palmas para a frente. Unir as mãos pelas laterais internas. Em seguida, mover as mãos, simultaneamente, afastando-as para a laterais, descrevendo um leve arco, virando as palmas para dentro e unindo as pontas dos dedos no fim do movimento.

• ***Lagosta:*** *Crustáceo marinho.* **Sinal igual:** LAGOSTIM

LÁGRIMA – Mãos fechadas com os dedos indicadores esticados apontando para cima, palmas para trás. Tocar as pontas dos indicadores nos cantos externos dos olhos (foto 1). Em seguida, mover as mãos simultaneamente para baixo, deslizando-as em um leve zigue-zague até a altura do queixo.

• ***Lágrima:*** *Secreção das glândulas lacrimais para proteger e limpar os olhos.* **Sinal igual:** LACRIMAL, LACRIMEJANTE, LACRIMEJAR, LAGRIMAL, LAGRIMEJANTE

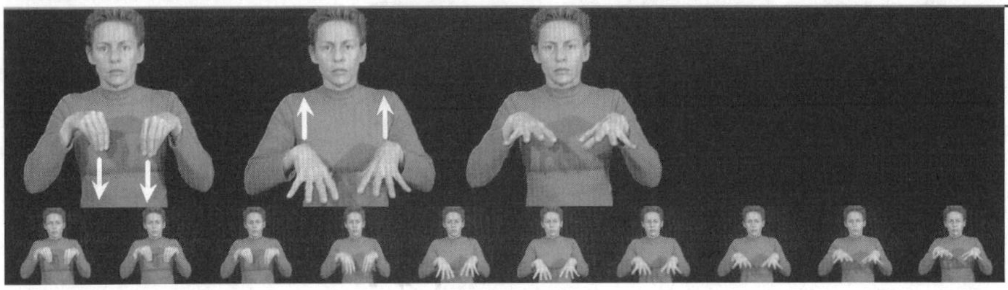

LAMA – Dedos esticados e unidos pelas pontas, palmas para baixo. Posicionar uma mão ao lado da outra, diante do corpo (foto 1). Em seguida, mover as mãos simultaneamente, um pouco para baixo, abrir os dedos e deslocá-las novamente para cima.

• ***Lama:*** *Terra molhada; barro.* **Sinal igual:** ARGILA, ARGILOSO, ATOLEIRO, BARRENTO, BARRO, LAMAÇAL, LAMACEIRO, LAMACENTO, LAMEIRO, LAMOSO, LODAÇAL, LODO

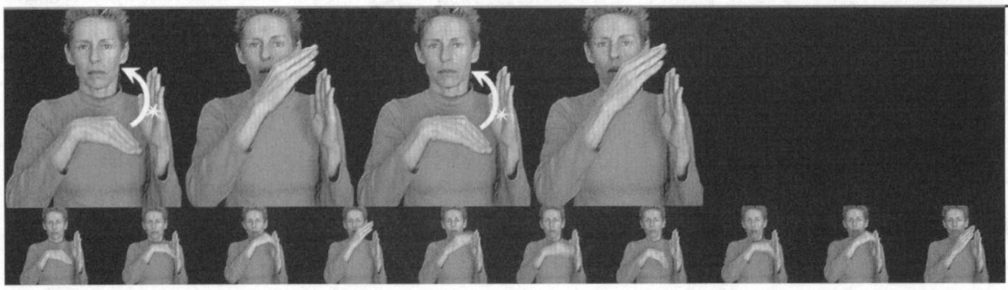

LAMBER – Mão esquerda aberta, dedos unidos e esticados apontando para cima, palma para dentro. Mão direita aberta, dedos unidos e esticados, palma para baixo. Mover a mão direita de baixo para cima, deslizando as pontas dos dedos na palma esquerda, duas vezes. Fazer um leve movimento com a boca, como quem lambe alguma coisa, acompanhando o movimento da mão.

• ***Lamber:*** *Passar a língua em algum lugar.*

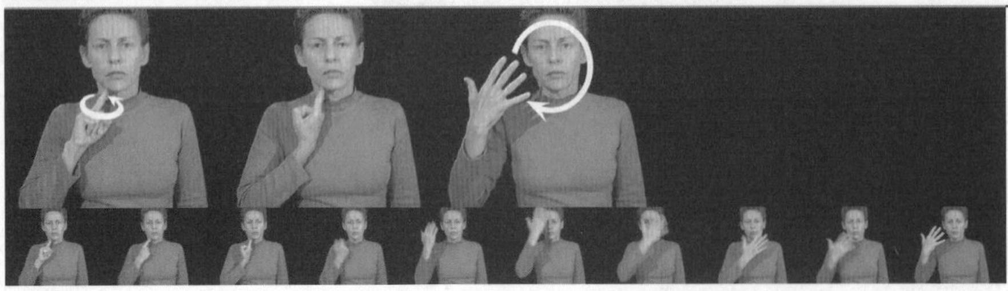

LAMBUZAR – Fazer o sinal de "sujo". Em seguida, com a mão aberta, dedos esticados e separados e palma para trás, mover a mão, descrevendo dois círculos verticais diante do rosto.

• ***Lambuzar:*** *Sujar com líquidos ou substâncias pastosas.* **Sinal igual:** EMPORCALHADO, EMPORCALHAR, ENGORDURADO, ENGORDURAR, LAMBUZADO

▪ **LAGOSTIM:** LAGOSTA ▪ **LAGRIMAL:** LÁGRIMA ▪ **LAGRIMEJANTE:** LÁGRIMA ▪ **LAIVO:** MANCHA ▪ **LAMAÇAL:** LAMA ▪ **LAMACEIRO:** LAMA ▪ **LAMACENTO:** LAMA ▪ **LAMBUZADO:** LAMBUZAR ▪ **LAMEIRO:** LAMA ▪ **LAMENTAR:** CHORAR

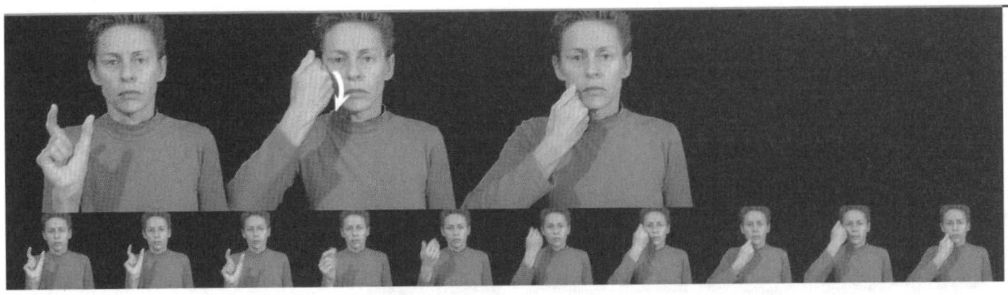

LÂMINA DE BARBEAR* – Posicionar a mão fechada com o indicador e o polegar abertos e curvados apontando para cima (foto 1). Depois, fazer o sinal de "barbear".
• ***Lâmina de barbear:*** *Material cortante que serve principalmente para fazer a barba.*

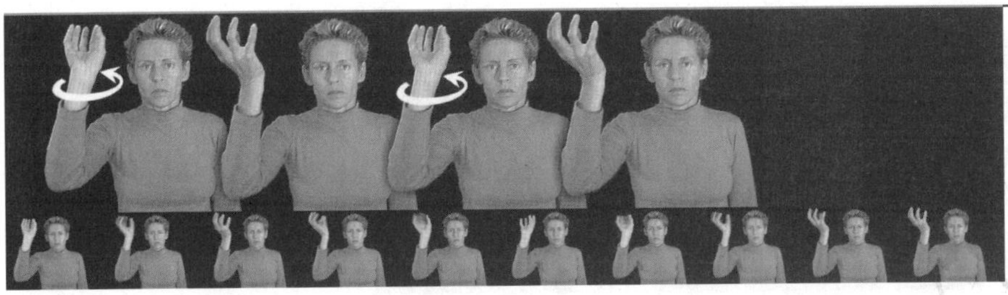

LÂMPADA – Mão aberta, dedos separados e curvados, palma para cima. Posicionar a mão acima da altura da cabeça. Em seguida, girar a mão ao redor do próprio eixo, duas vezes, imitando o gesto de quem rosqueia uma lâmpada.
• ***Lâmpada:*** *Artefato elétrico usado para iluminação.*

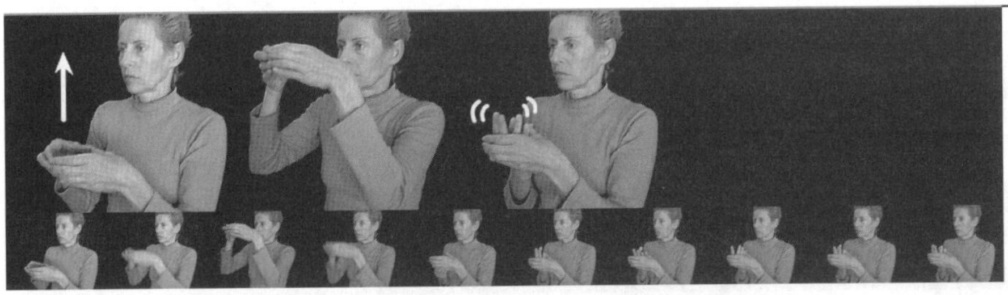

LAMPIÃO – Mãos em "C", palmas para dentro. Unir as mãos pelas pontas dos dedos (foto 1). Em seguida, mover as mãos para cima. Depois, manter a mão esquerda na posição inicial e posicionar a mão direita (aberta com os dedos apontando para cima) entre os dedos da mão esquerda. Mover aleatoriamente os dedos da mão direita (sinal de "fogo").
• ***Lampião:*** *Utensílio, geralmente à gás, usado para iluminar.*

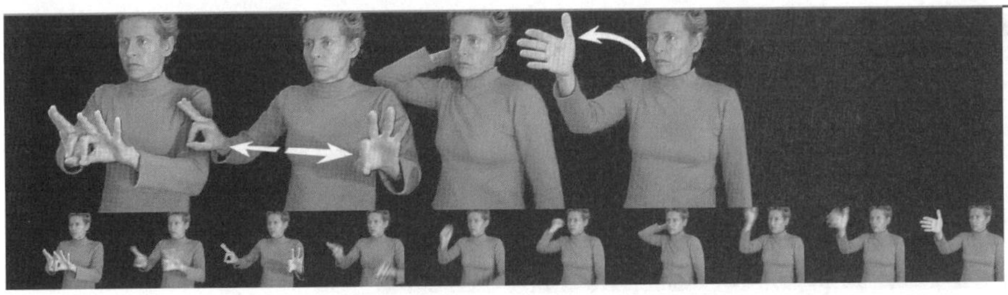
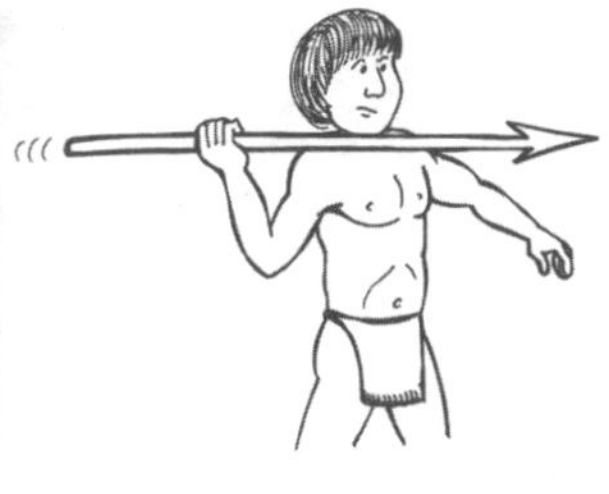

LANÇA – Mãos abertas com os indicadores e os polegares curvados e unidos pelas pontas, palmas para a frente. Unir as mãos pelas laterais internas (foto 1). Em seguida, movê-las para as laterais, afastando uma da outra. Depois, posicionar a mão, fechada em "S", na lateral da cabeça e, com um gesto rápido, "jogar" a mão para a frente, abrindo os dedos no fim do movimento.
• ***Lança:*** *Arma composta por uma haste com lâmina pontiaguda na extremidade.*

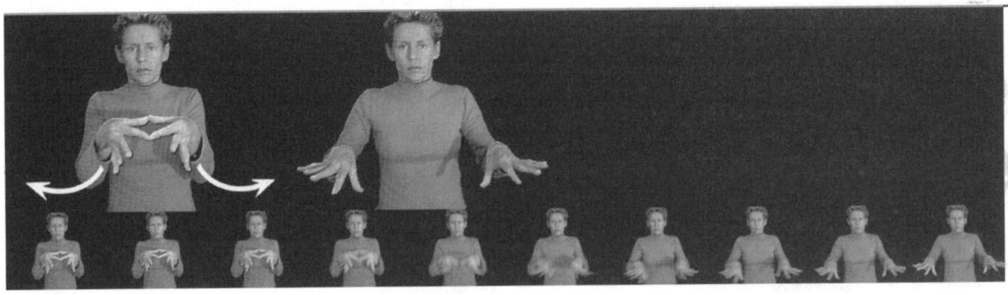
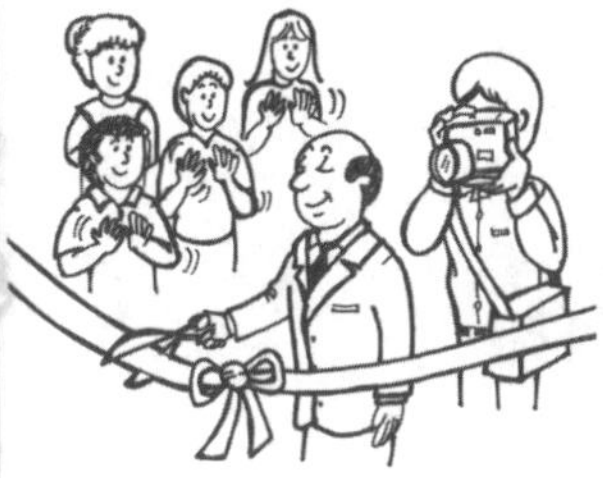

LANÇAMENTO – Mão abertas, dedos esticados e separados, palmas para dentro. Unir as mãos pelas pontas dos dedos indicadores e polegares. Em seguida, mover as mãos simultaneamente para as laterais, virando as palmas para baixo.
• ***Lançamento:*** *Colocação no mercado de um novo produto ou atração artística.*

■ LÂMINA DE BARBEAR: BARBEAR ■ LAMOSO: LAMA ■ LAMÚRIA: CHORAR ■ LANÇA: DARDO

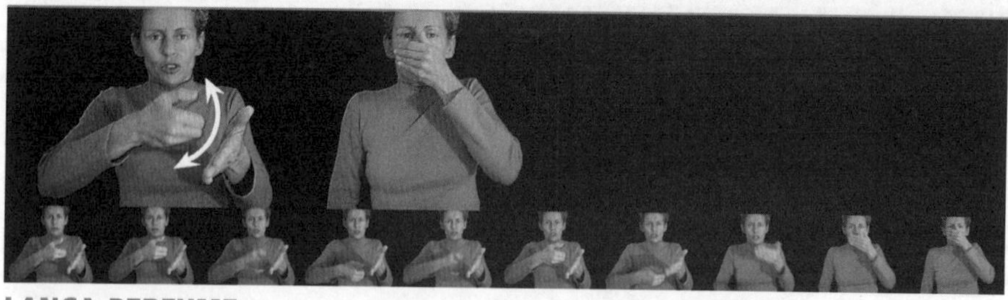

LANÇA-PERFUME – Mão esquerda aberta, dedos unidos e esticados, polegar separado, palma para dentro. Mão direita com os dedos dobrados e o polegar separado, palma para trás. Posicionar a mão direita perto da palma esquerda. Em seguida, mover a mão direita para cima e para baixo, perto da esquerda, fazendo o som de "X" com a boca. Depois, segurar o nariz e a boca com a mão esquerda.

• ***Lança-perfume:*** *Recipiente que contém uma substância química (cloreto de etila) que inalada, provoca alterações nos sentidos.*

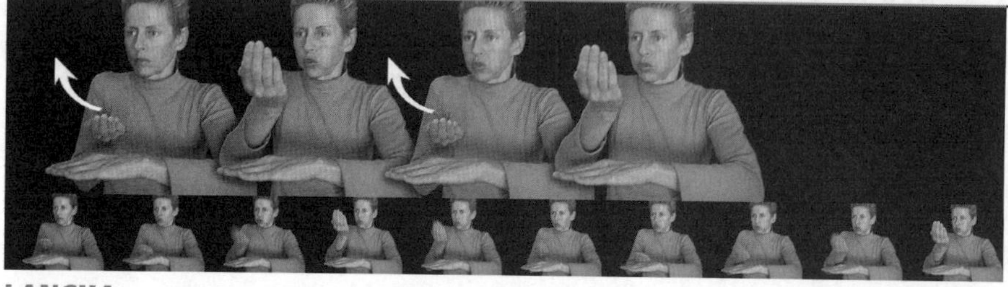

LANCHA – Mão esquerda aberta, dedos unidos e esticados apontando para a frente, palma para baixo. Mão direita aberta e levemente curvada, dedos unidos, palma para cima. Posicionar a mão direita acima do punho esquerdo. Em seguida, mover a mão direita duas vezes, com um pouco de rapidez, para a frente, resvalando seu dorso na mão esquerda. Fazer o som de "X" com a boca durante os movimentos.

• ***Lancha:*** *Barco movido através de motor.*

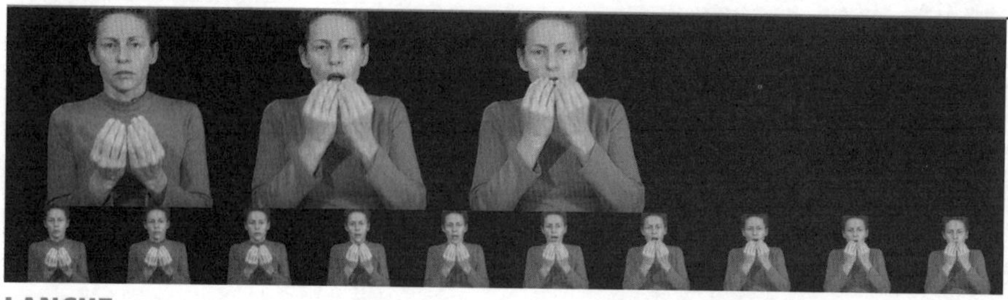

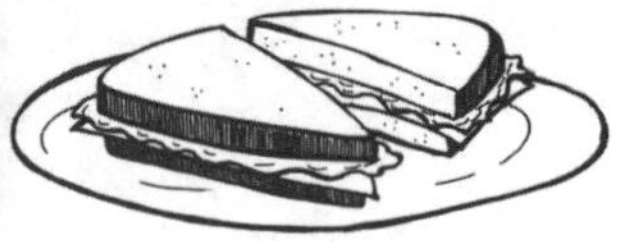

LANCHE – Dedos esticados e unidos pelas pontas, palmas para cima. Unir as mãos pelas laterais externas. Mover as mãos em direção à boca, abri-la e fechá-la, imitando o gesto de quem morde um sanduíche.

• ***Lanche:*** *Refeição rápida.* **Sinal igual:** LANCHAR, MERENDA, MERENDAR, SANDUÍCHE

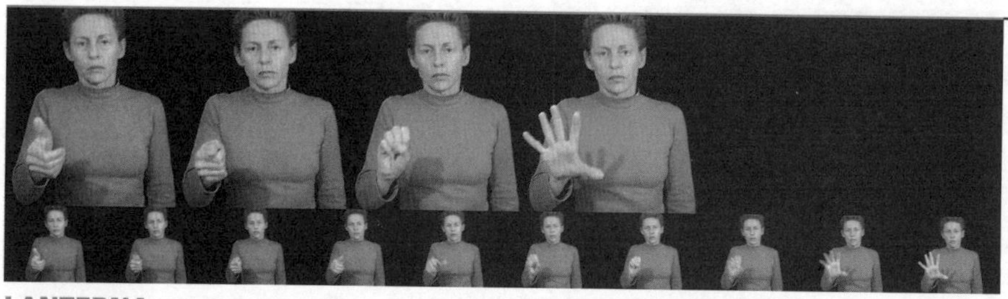

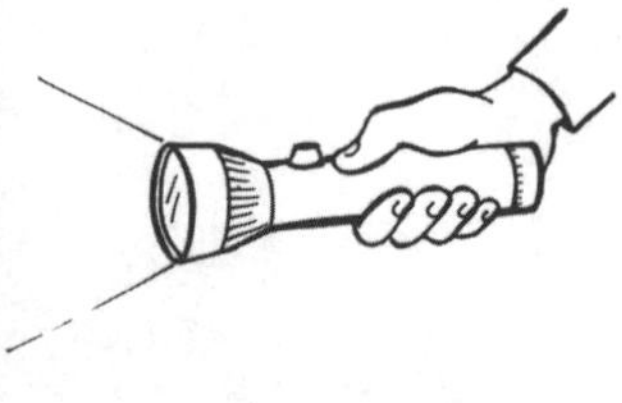

LANTERNA – Mão aberta com os dedos unidos e curvados, polegar esticado, palma para dentro. Fechar o polegar, como se apertasse um botão. Em seguida, fechar a mão em "S" com a palma para a frente e, em um gesto rápido, abrir os dedos.

• ***Lanterna:*** *Utensílio usado para iluminar.*

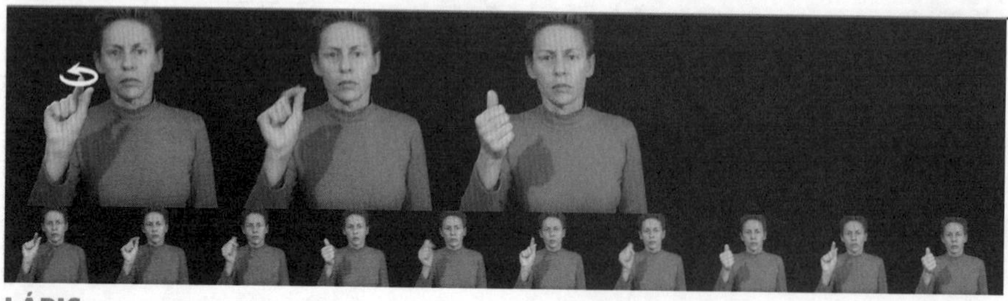

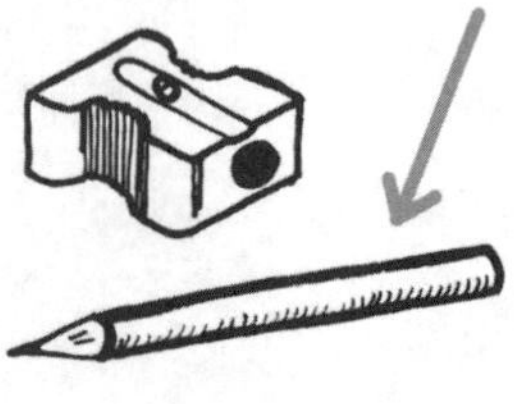

LÁPIS – Mão fechada com os dedos indicador e polegar abertos e unidos pelas pontas voltadas para cima, palma para a frente. Girar a mão duas ou três vezes, ao redor do próprio eixo, "esfregando" o indicador e o polegar entre si.

• ***Lápis:*** *Instrumento para escrever, desenhar ou riscar feito de grafite.*

■ **LANÇAR:** ARREMESSAR ■ **LANCHAR:** LANCHE

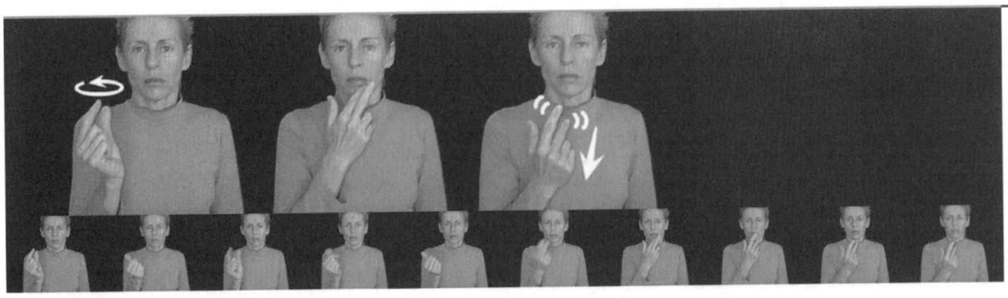
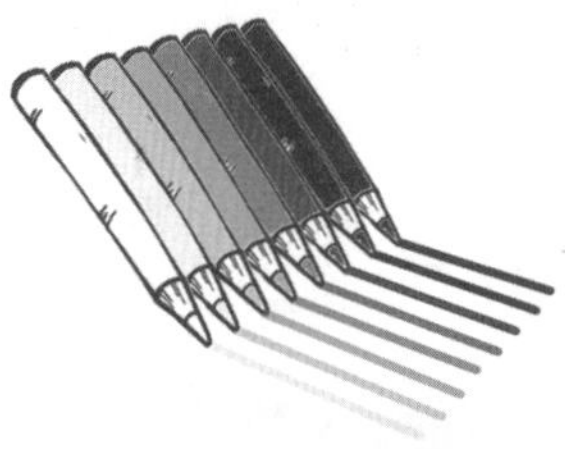

LÁPIS DE COR – Fazer os sinais de "lápis" e de "cor".
• ***Lápis de cor:*** *Instrumento para desenhar, pintar ou riscar em diversas cores.*

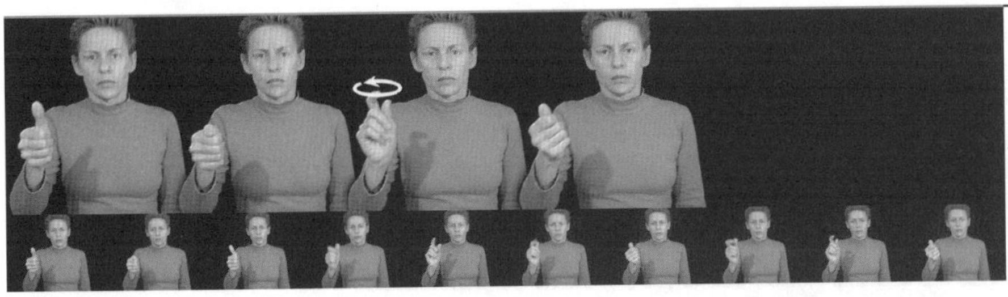

LAPISEIRA – Mão fechada com o dedo polegar esticado apontando para cima, palma para dentro. Fechar o polegar como quem aperta o botão de uma lapiseira. Em seguida, fazer o sinal de "lápis".
• ***Lapiseira:*** *Utensílio usado para escrever ou desenhar com grafite.*

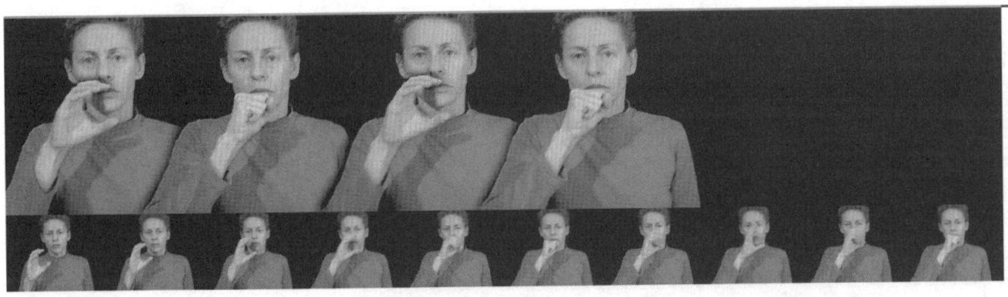

LARANJA – Mão em "C", palma para dentro. Posicionar a mão diante da boca. Fechar e abrir a mão duas ou três vezes.
• ***Laranja:*** *Fruto da laranjeira; de cor como a da laranja.* **Sinal igual:** LIMA

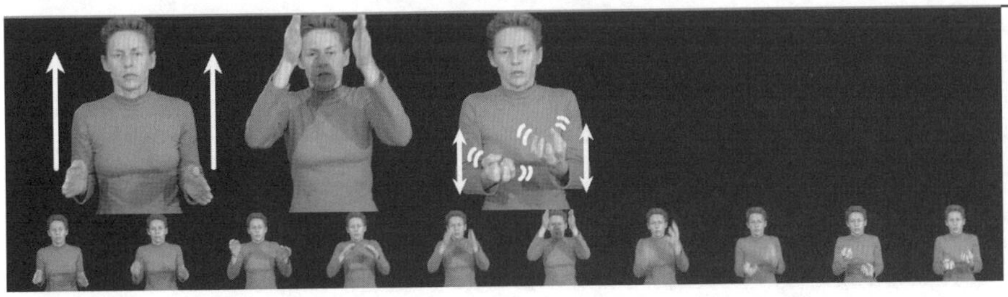

LAREIRA – Mãos abertas, dedos unidos e esticados apontando para a frente, palmas para dentro. Posicionar as mãos na altura da cintura. Em seguida, movê-las, simultaneamente, para cima, até a altura do rosto. Depois, fazer o sinal de "fogo".
• ***Lareira:*** *Vão construído em salas, quartos e outros ambientes no qual se coloca a lenha para se fazer fogo a fim de aquecê-los.*

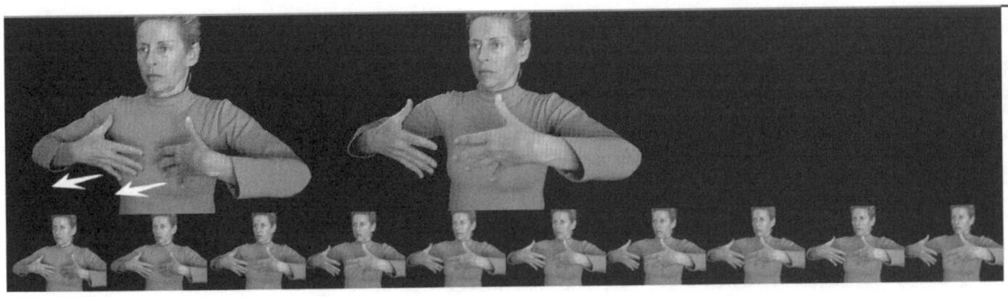

LARGO* – Mãos abertas, dedos esticados e separados apontando para dentro, palmas para trás. Posicionar as mãos na frente do peito. Mover as mãos simultaneamente para a frente.
• ***Largo:*** *Que não é estreito; amplo.* **Sinal igual:** AMPLO, ESPAÇOSO, EXTENSO, FOLGA, FOLGADO, LARGURA

▪ LAPSO: ERRAR ▪ LAQUEADURA DE TROMPAS: VASECTOMIA ▪ LAR: CASA ▪ LARGADO: ABANDONADO ▪ LARGAR: ABANDONAR ▪ LARGO: PRAÇA ▪ LARGURA: LARGO

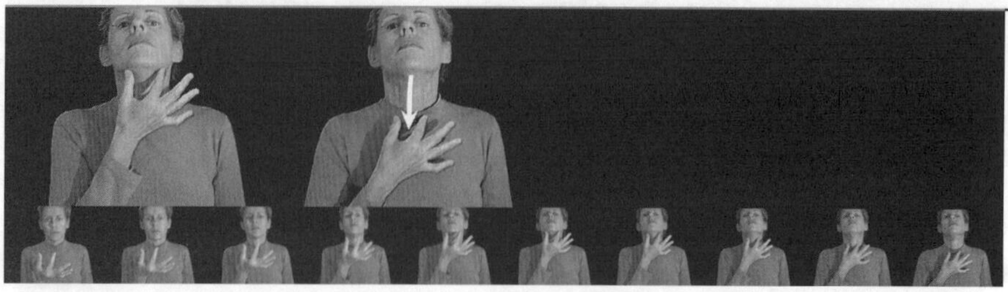

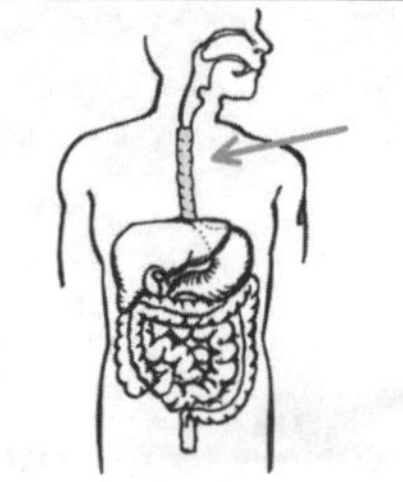

LARINGE – Mão aberta, dedos esticados e separados, palma para trás. Tocar as pontas do indicador e do polegar na garganta, erguendo um pouco a cabeça. Em seguida, deslizar a mão para baixo, percorrendo a garganta.

• *Laringe: Cavidade situada entre a faringe e a traqueia.*

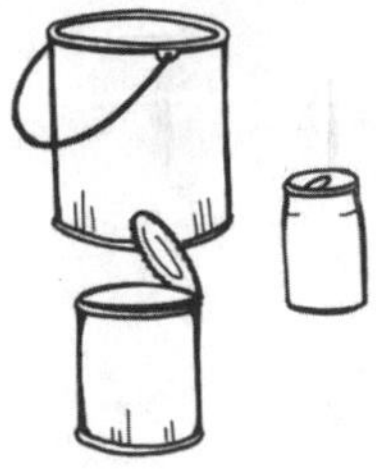

LATA – Mãos fechadas com os dedos indicadores e polegares abertos e curvados, palmas para dentro. Unir as mãos pelas pontas desses dedos. Em seguida, abrir as mãos, com os dedos unidos e esticados apontando para dentro. Posicionar uma mão acima da outra, mantendo uma distância entre elas de, aproximadamente, um palmo, com uma palma virada para a outra.

• *Lata: Recipiente feito de metal (lata); liga de cobre e zinco.* **Sinal igual:** LATÃO

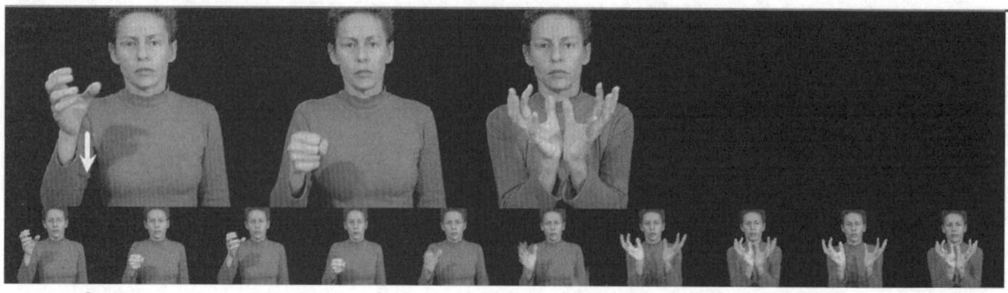

LATICÍNIO – Fazer os sinais de "leite" e de "grupo".

• *Laticínio: Alimento feito à base de leite.*

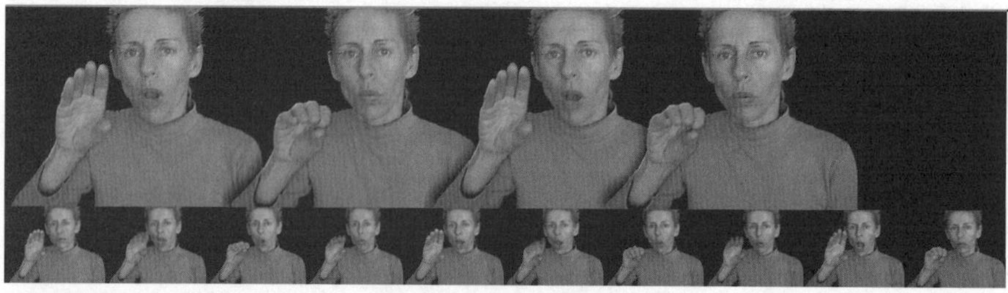

LATIDO – Mão aberta com os dedos unidos e curvados, polegar separado apontando para a frente, palma para a frente. Posicionar a mão ao lado da boca. Mover a mão, duas ou três vezes, ligeiramente para a frente, encostando a ponta do polegar nas dos demais dedos. Movimentar a boca como se pronunciasse "au, au", acompanhando os movimentos da mão.

• *Latido: Som produzido pelos cães.* **Sinal igual:** LADRAR, LATIR

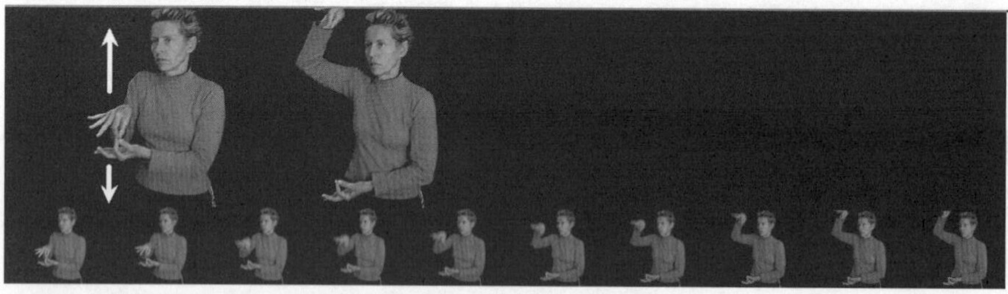

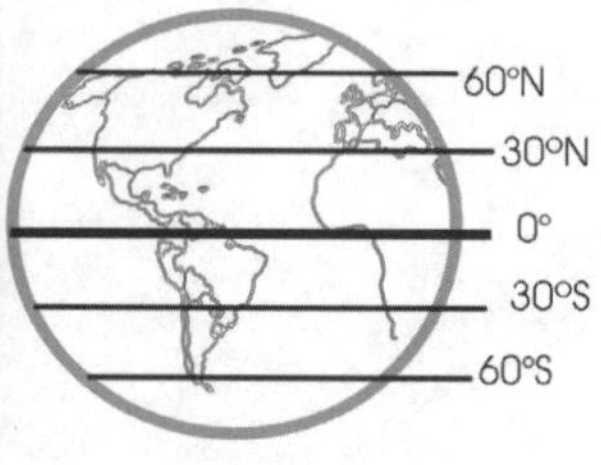

LATITUDE – Mãos abertas, dedos esticados e separados. Posicionar a mão direita sobre a mão esquerda, unindo-as pelas pontas dos indicadores e dos polegares (foto 1). Mover simultaneamente a mão direita para cima e a esquerda um pouco para baixo.

• *Latitude: Distância, medida em graus, entre algum local do planeta até a linha do equador.*

▪ **LÁSTIMA:** MÁGOA ▪ **LASTIMADO:** MÁGOA ▪ **LATÃO:** LATA ▪ **LATERAL:** LADO ▪ **LATINO:** AMÉRICA ▪ **LATIR:** LATIDO ▪ **LAVABO:** PIA ▪ **LAVADORA DE ROUPAS:** MÁQUINA DE LAVAR ROUPA ▪ **LAVAGEM:** BANHO ▪ **LAVA-LOUÇA:** DETERGENTE

LAVANDERIA – Fazer os sinais de "lavar" e de "roupa".
• ***Lavanderia:*** *Estabelecimento comercial responsável por lavar e passar.*

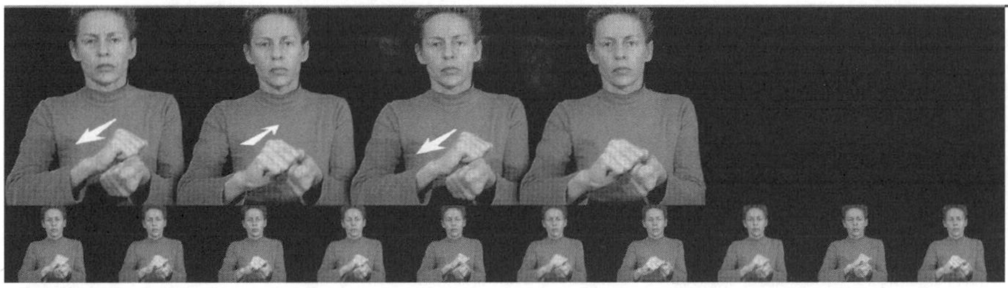

LAVAR – Mãos fechadas em "A". Mão direita com a palma para baixo e mão esquerda com a palma para cima. Unir as mãos e deslizar a direita para a frente e para trás, duas ou três vezes.
• ***Lavar:*** *Limpar com água, usando ou não sabão.*

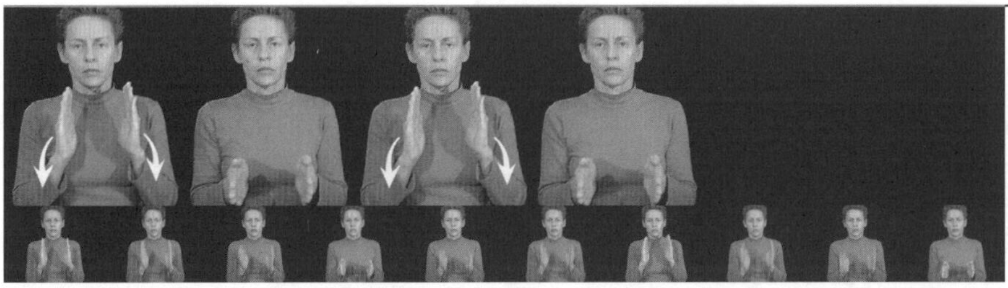
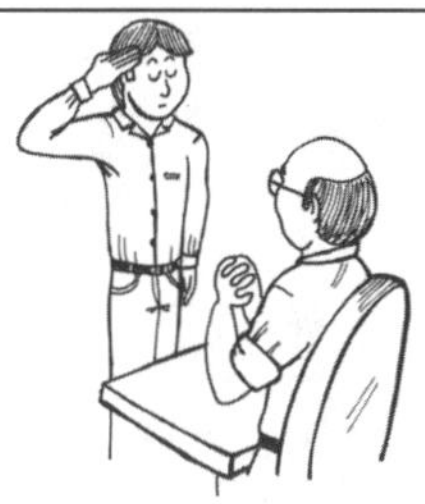

LEAL – Mãos abertas, dedos unidos e esticados apontando para cima, palmas para dentro. Posicionar as mãos na frente do corpo e, com gestos firmes, movê-las simultaneamente, apontando para a frente. Fazer esse movimento duas ou três vezes seguidas.
• ***Leal:*** *Aquele que é honesto; em quem se pode confiar; fiel.* **Sinal igual:** DIGNIDADE, DIGNO, FRANCO, FRANQUEZA, LEALDADE, SINCERO

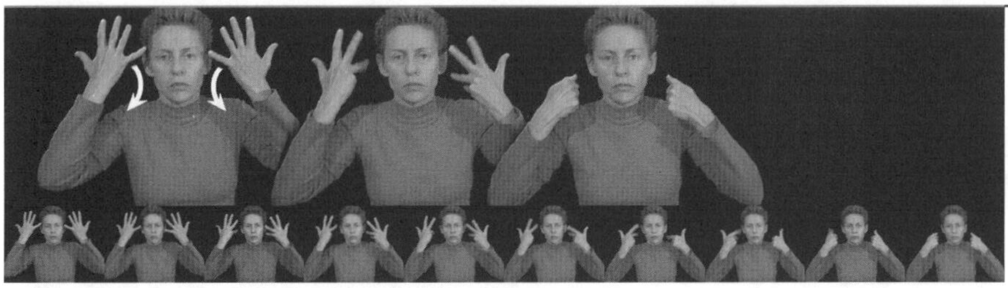

LEÃO – Mãos abertas, dedos esticados e separados, palmas para trás. Posicionar as mãos nas laterais da cabeça. Em seguida, abaixá-las até a altura do queixo, fechando os dedos sequencialmente, começando pelos mínimos até os polegares.
• ***Leão:*** *Grande mamífero carnívoro; espécie de felino.* **Sinal igual:** LEOA, LEONINO

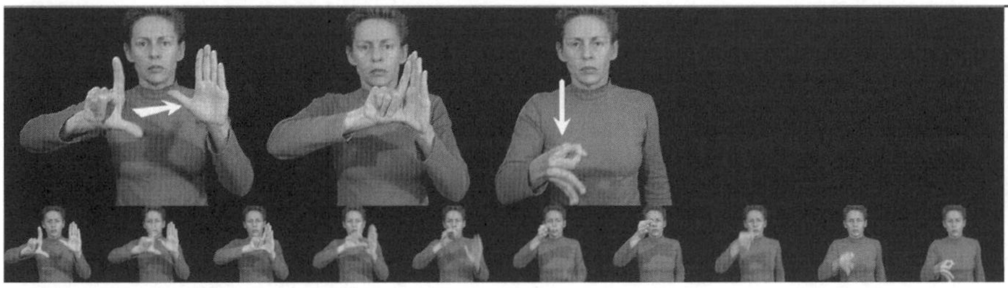

LEGAL – Fazer os sinais de "lei" e de "certo".
• ***Legal:*** *Que está de acordo com a lei.* **Sinal igual:** LÍCITO

L

▪ LAVATÓRIO: PIA ▪ LAVRADOR: AGRICULTURA ▪ LEALDADE: LEAL ▪ LEÃO-MARINHO: FOCA ▪ LECIONAR: ENSINAR

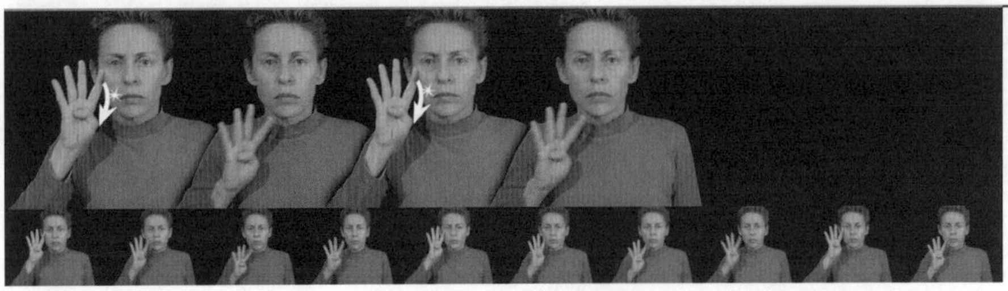

LEGAL (GÍRIA) – Mão aberta com os dedos esticados e separados apontando para cima, dedo polegar fechado. Encostar a lateral da ponta do indicador na lateral do rosto. Em seguida, deslizar a mão para a frente, passando pela bochecha. Fazer esse movimento duas ou três vezes.
• ***Legal (gíria):*** *Gíria usada para expressar que está tudo bem, tudo ótimo.*

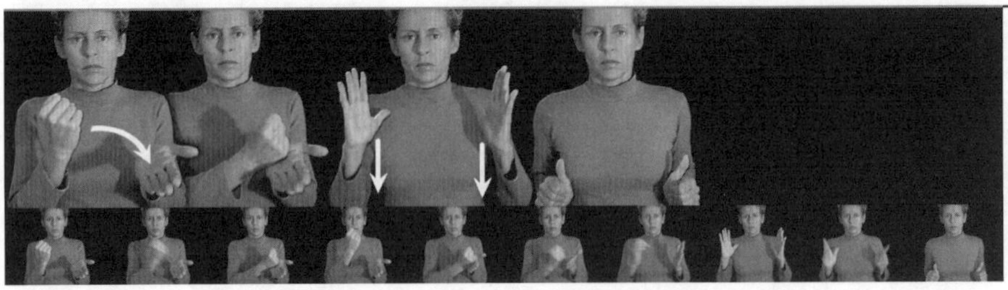

LEGALIZAR – Fazer os sinais de "carimbar" e de "limpo".
• ***Legalizar:*** *Certificar a verdade segundo a lei.*

LEGENDA – Mão esquerda em "L", palma para a frente. Mão direita em "U", palma para a frente. Mover a mão direita em círculos, passando-a atrás do indicador e do polegar da mão esquerda.
• ***Legenda:*** *Texto sobreposto à imagem da TV para tradução ou interpretação do que está sendo dito ou mostrado.*

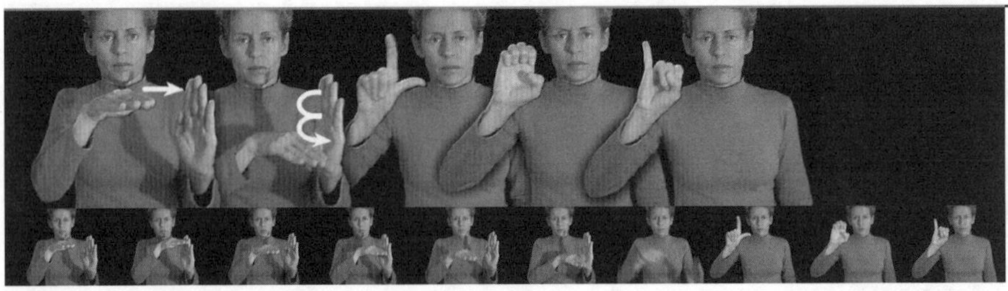

LEGISLAÇÃO – Fazer o sinal de "listar" e digitar as letras "L", "E" e "I".
• ***Legislação:*** *Conjunto de leis que regulam um determinado assunto.*

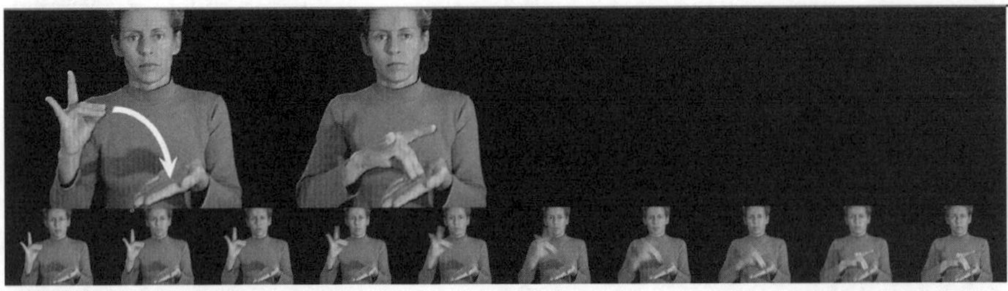

LEGÍVEL – Mão esquerda aberta, dedos unidos e esticados, palma para cima. Mão direita com os dedos esticados e separados, médio, anular e polegar unidos pelas pontas. Mover a mão direita, de cima para baixo, tocando as pontas do médio, do anular e do polegar na palma esquerda.
• ***Legível:*** *Que se pode ler com facilidade.*

■ LEGÍTIMO: VERDADE

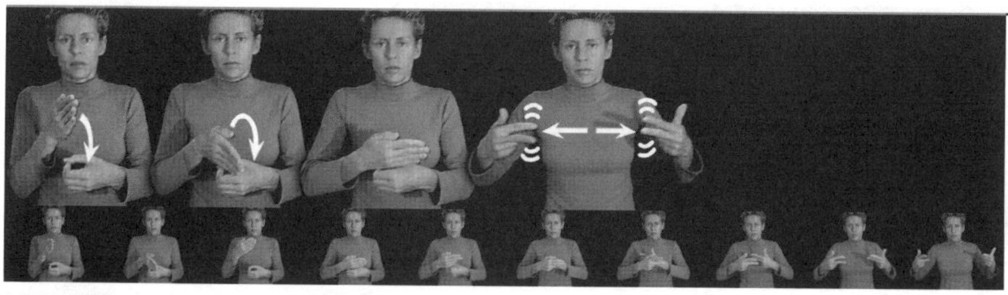

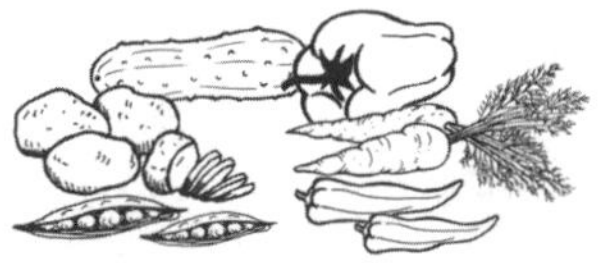

LEGUME – Fazer os sinais de "batata" e de "vários".
• ***Legume:*** *Fruto de certas plantas usado na alimentação.*

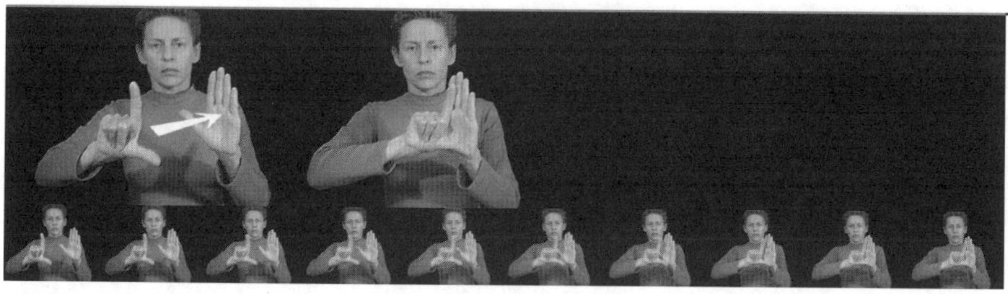

LEI – Mão esquerda aberta, dedos unidos e esticados apontando para cima, polegar separado, palma também para a frente. Mão direita em "L", palma para a frente. Mover a mão direita tocando os dedos indicador e polegar na palma esquerda.
• ***Lei:*** *Regra ou conjunto de regras e princípios que guiam uma sociedade.* **Sinal igual:** NORMA, PRECEITO, PRINCÍPIO, REGRA

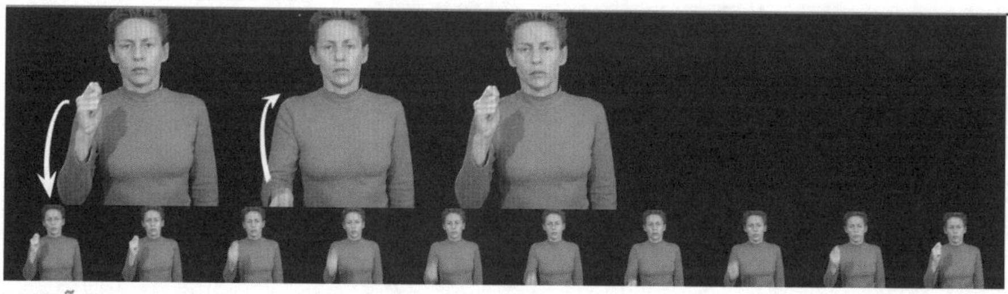

LEILÃO – Mão fechada em "A", palma para dentro. Mover a mão para a frente e para baixo, voltar à posição inicial, imitando o gesto de um leiloeiro batendo um pequeno martelo sobre a mesa.
• ***Leilão:*** *Venda pública de objetos em que o comprador é aquele que faz a melhor oferta.* **Sinal igual:** LEILOADO, LEILOAR, LEILOEIRO, PREGÃO

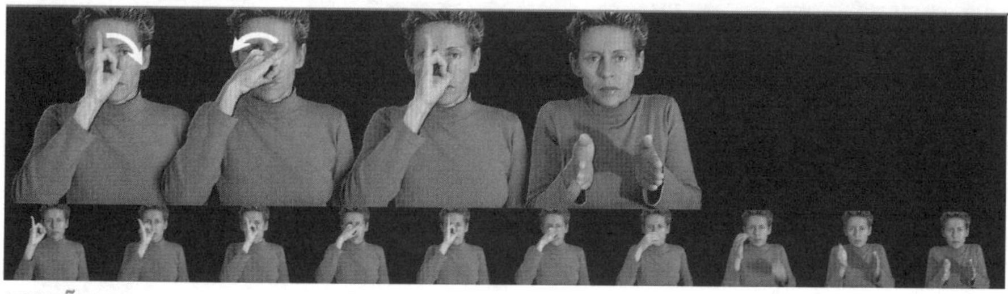

LEITÃO – Fazer os sinais de "porco" e de "pequeno".
• ***Leitão:*** *Porco novo.*

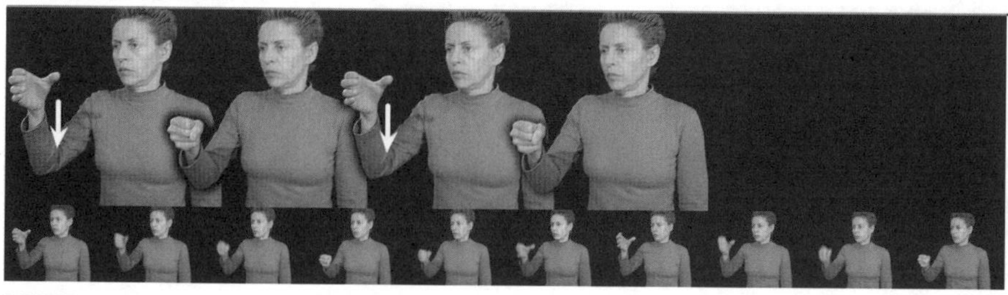

LEITE – Mão aberta com os dedos curvados, polegar separado, palma para dentro. Posicionar a mão conforme a foto 1. Em seguida, mover a mão um pouco para baixo, fechando-a em "S", imitando o gesto de quem ordenha uma vaca. Fazer esse movimento duas vezes.
• ***Leite:*** *Secreção das glândulas mamárias próprias de todos os mamíferos; substância esbranquiçada produzida nas mamas para alimentar bebês ou filhotes de mamíferos.* **Sinal igual:** LACTENTE, LÁCTEO, LACTOSE, LEITEIRO, LEITOSO

▪ **LEILOADO:** LEILÃO ▪ **LEILOAR:** LEILÃO ▪ **LEILOEIRO:** LEILÃO

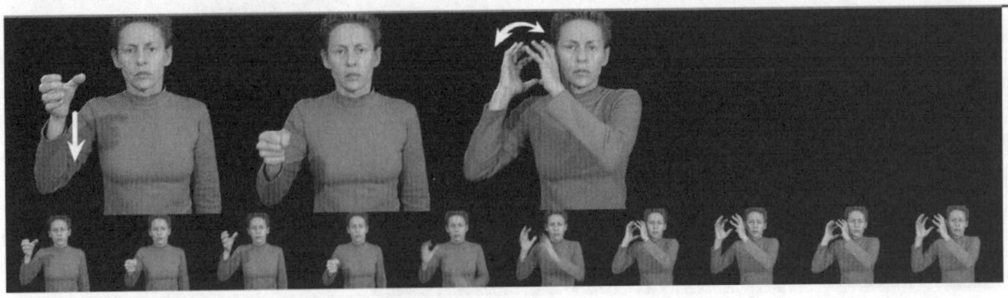

LEITE DE COCO – Fazer os sinais de "leite" e de "coco".
• ***Leite de coco:*** *Substância líquida extraída do coco e usada na alimentação.*

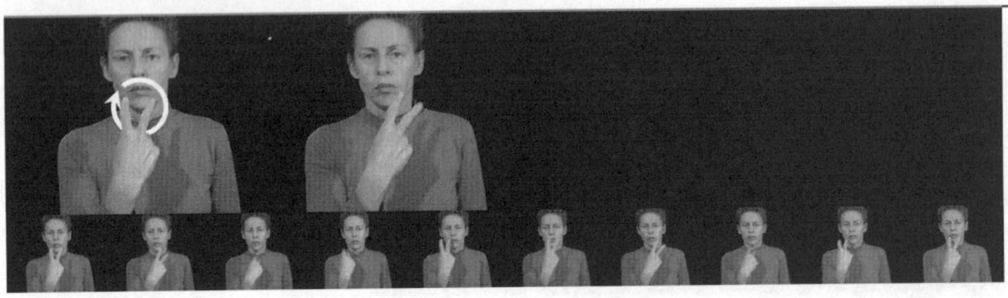

LEITURA LABIAL – Mão em "V" com os dedos indicador e médio apontando para a boca, palma para trás. Girar a mão descrevendo dois ou três pequenos círculos.
• ***Leitura labial:*** *Observação dos movimentos dos lábios para compreensão do que está sendo dito.*

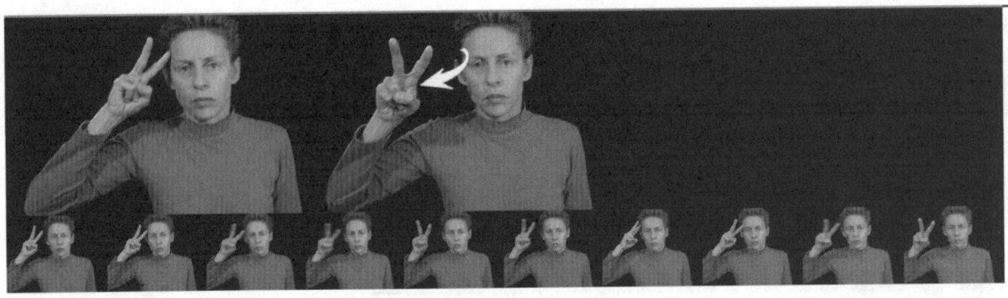

LEMBRAR – Mão em "V", palma para a frente. Posicionar a mão ao lado da testa. Em seguida, mover a mão um pouco para a frente, raspando a ponta do indicador na testa durante o percurso. Fazer esse movimento duas vezes.
• ***Lembrar:*** *Trazer algo à memória; recordar.* **Sinal igual:** LEMBRANÇA, RECORDAÇÃO, RELEMBRAR, REMEMORAÇÃO, REMEMORAR

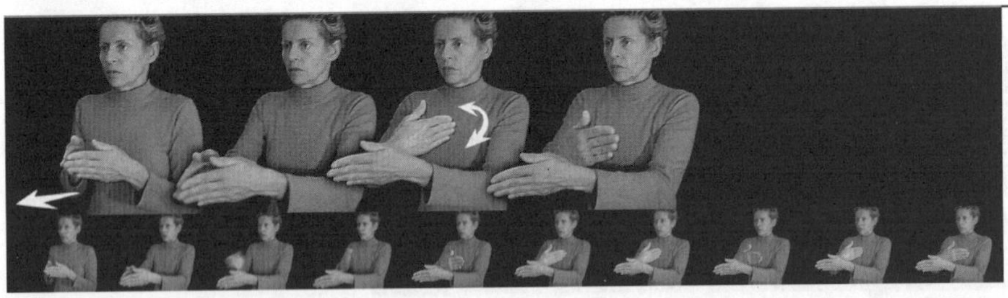

LEME – Fazer o sinal de "barco". Depois, mão esquerda aberta, dedos unidos e esticados apontando para a frente, palma para dentro. Mão direita aberta, dedos unidos e esticados apontando para trás. Encostar o punho direito no esquerdo. Em seguida, mover os dedos da mão direita de um lado para outro, imitando o movimento do leme de uma embarcação.
• ***Leme:*** *Peça das embarcações situada sob o casco que possibilita determinar a direção a seguir.*

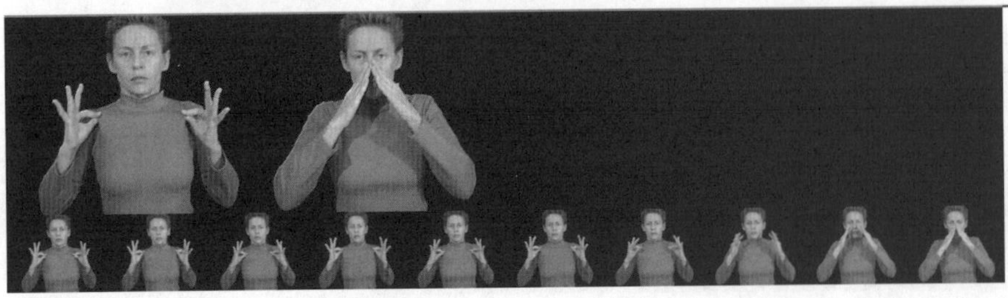

LENÇO – Fazer os sinais de "pano" e de "assoar".
• ***Lenço:*** *Pedaço quadrado de tecido geralmente usado para limpar o suor ou o nariz.*

▪ **LEITEIRO:** LEITE ▪ **LEITO:** CAMA ▪ **LEITOSO:** LEITE ▪ **LEITURA:** LER ▪ **LEMBRANÇA:** LEMBRAR

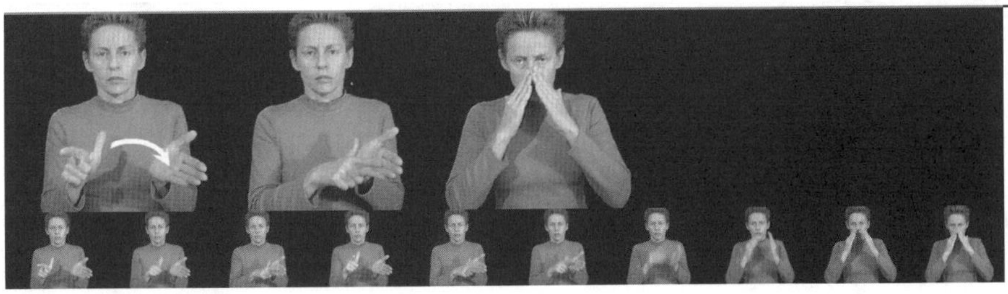

LENÇO DE PAPEL – Fazer os sinais de "papel" e de "assoar".
• ***Lenço de papel:*** *Pedaço quadrado de papel geralmente usado para limpar.*

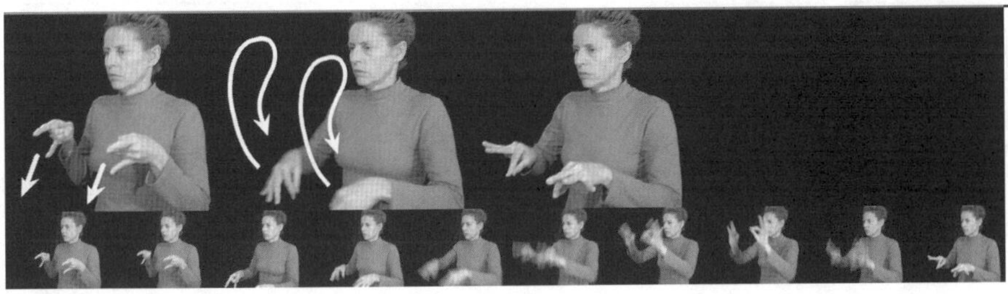

LENÇOL – Fazer o sinal de "cama". Depois, mãos abertas, dedos esticados e separados apontando para a frente, indicadores e polegares unidos pelas pontas. Posicionar uma mão ao lado da outra. Em seguida, mover as mãos simultaneamente para cima e para baixo, imitando o gesto de quem estende um lençol sobre a cama.
• ***Lençol:*** *Peça retangular de tecido com a qual se forra o colchão ou se cobre o corpo.*

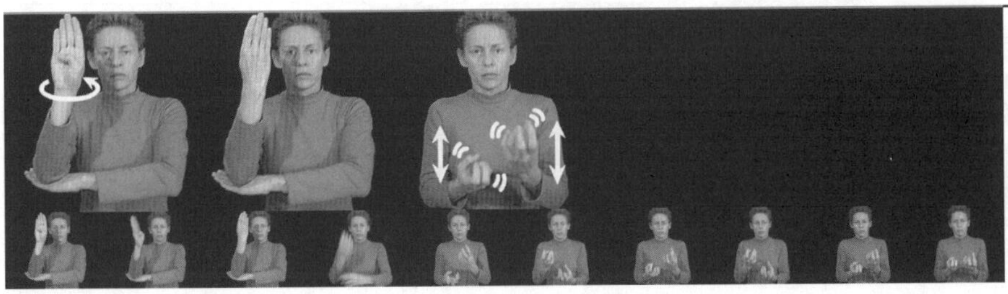

LENHA – Fazer os sinais de "madeira" e de "fogo".
• ***Lenha:*** *Pedaço de madeira seca próprio para se fazer fogo.* **Sinal igual:** LENHOSO

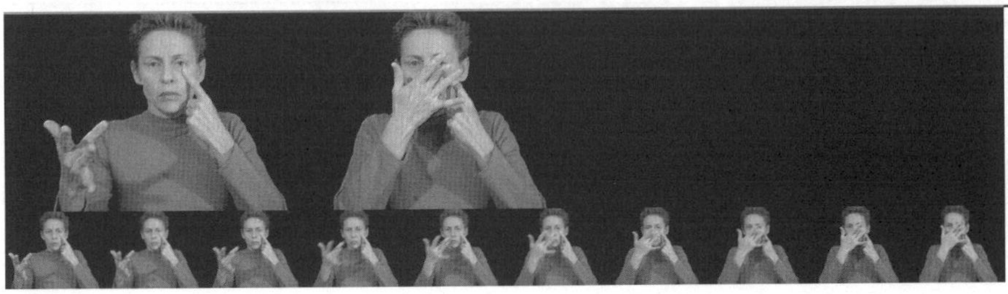

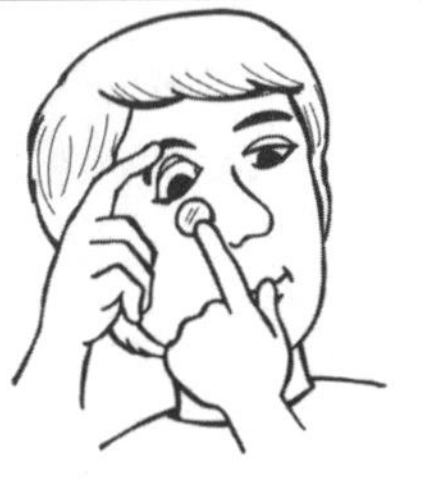

LENTE DE CONTATO – Com a ponta do dedo indicador de uma das mãos, "puxar" levemente o canto do olho para baixo. Com a ponta do dedo médio da outra mão, imitar o gesto de quem coloca uma lente de contato no olho.
• ***Lente de contato:*** *Lente usada sobre o olho para a correção da visão.*

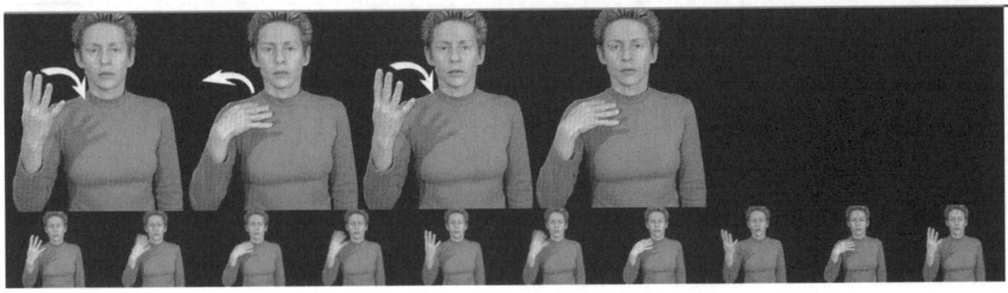

LEQUE – Mão em "4", palma para trás. Mover a mão perto do rosto, imitando o gesto de quem se abana com um leque.
• ***Leque:*** *Artefato para se abanar, produzindo corrente de ar para se refrescar do calor.* **Sinal igual:** ABANADOR, ABANO

▪ **LENDA:** ESTÓRIA ▪ **LENDÁRIO:** ESTÓRIA ▪ **LENHO:** MADEIRA ▪ **LENHOSO:** LENHA ▪ **LENITIVO:** CONSOLAR ▪ **LENTAMENTE:** DEMORAR, DEVAGAR ▪ **LENTIDÃO:** DEMORAR, DEVAGAR ▪ **LENTO:** DEMORAR, DEVAGAR ▪ **LEOA:** LEÃO ▪ **LEONINO:** LEÃO

LER – Mão esquerda aberta, dedos unidos e esticados, palma para cima. Mão direita em "V", palma para a frente. Posicionar a mão direita um pouco acima da esquerda. Em seguida, mover a mão direita para baixo, passando-a por cima da palma esquerda. Descrever um leve zigue-zague com a direita durante o percurso.
• *Ler: Interpretar a escrita.* **Sinal igual:** DECIFRAR, LEITURA

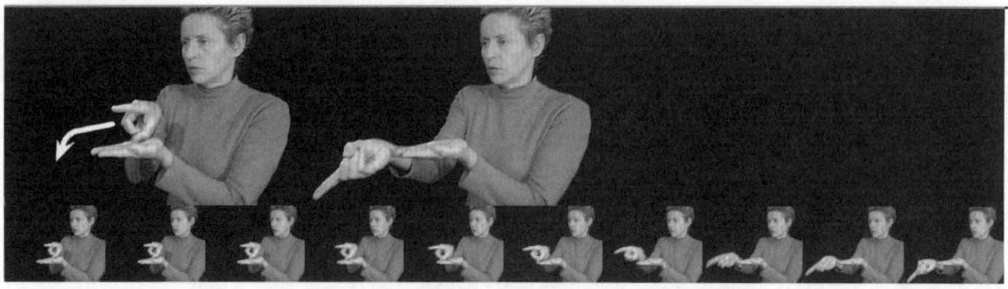

LESMA – Mão esquerda aberta, dedos unidos e esticados apontando para a frente, palma para cima. Mão direita em "D" com o indicador apontando para a frente, palma para baixo. Encostar o dedo polegar direito na palma esquerda, perto do punho. Em seguida, mover a mão direita para a frente, deslizando-a até as pontas dos dedos da mão esquerda. Nessas pontas, virar a mão direita com a palma para cima, como se a mão direita fosse cair para o lado.
• *Lesma: Pequeno molusco que vive em locais úmidos.*

L

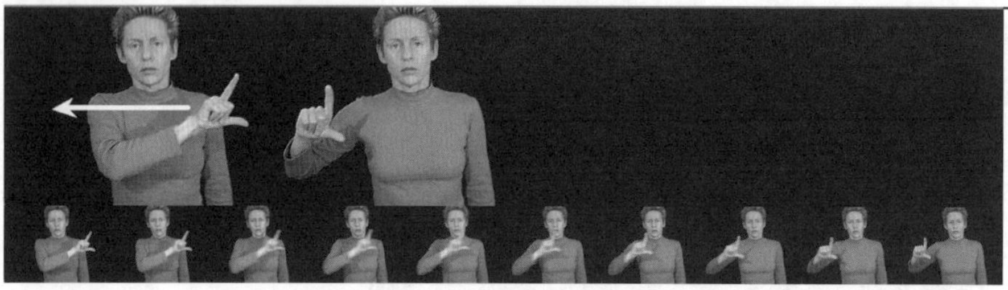

LESTE – Mão direita em "L", palma para a frente. Posicionar a mão do lado esquerdo do corpo. Em seguida, mover a mão para o lado direito.
• *Leste: Do lado direito de quem olha para o norte.*

LETRA – Mãos em "L", palmas para a frente. Posicionar a direita atrás da mão esquerda. Em seguida, mover a mão direita para a frente, resvalando a ponta do polegar no indicador esquerdo durante o percurso. Fazer esse movimento duas vezes.
• *Letra: Cada um dos sinais gráficos com os quais se formam palavras e frases na transcrição de uma língua.* **Sinal igual:** CALIGRAFIA

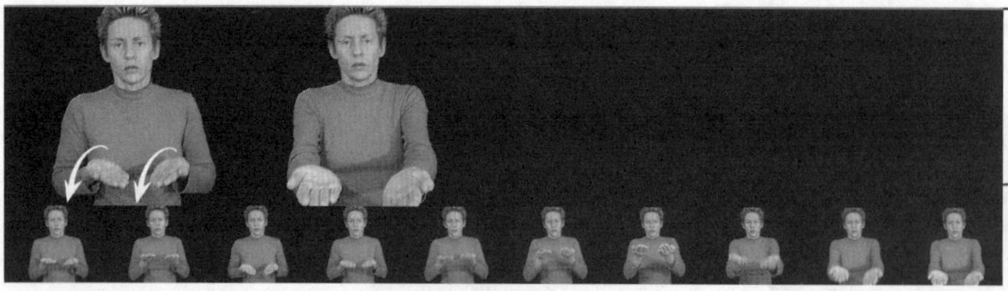

LEVAR – Mãos abertas, dedos unidos e esticados apontando para a frente, palmas para cima. Posicionar uma mão ao lado da outra, próximo do corpo. Em seguida, mover as mãos simultaneamente para a frente, descrevendo um leve arco durante o percurso.
• *Levar: Transportar alguém ou algo para algum lugar; conduzir.* **Sinal igual:** CONDUZIR

▪ **LERDO:** PREGUIÇA ▪ **LESADO:** MACHUCADO, PREJUDICAR ▪ **LESÃO:** MACHUCADO ▪ **LESAR:** MACHUCADO, PREJUDICAR ▪ **LÉSBIA:** HOMOSSEXUAL (MULHER) ▪ **LESBIANISMO:** HOMOSSEXUAL (MULHER) ▪ **LÉSBICA:** HOMOSSEXUAL (MULHER) ▪ **LETRADO:** ALFABETIZADO ▪ **LEVANTAR:** ERGUER ▪ **LEVE:** LEVEZA

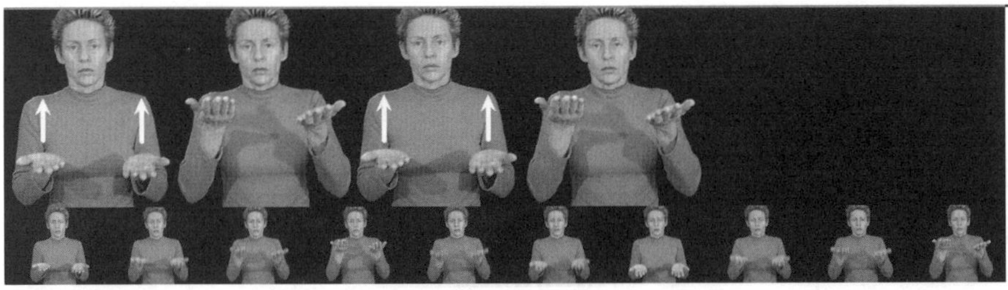

LEVEZA – Mãos abertas, dedos esticados e levemente separados apontando para a frente, palmas para cima. Mover as mãos, simultaneamente, um pouco para cima, duas vezes seguidas.
• ***Leveza:*** *Qualidade do que é leve; de pouco peso.* **Sinal igual:** LEVE

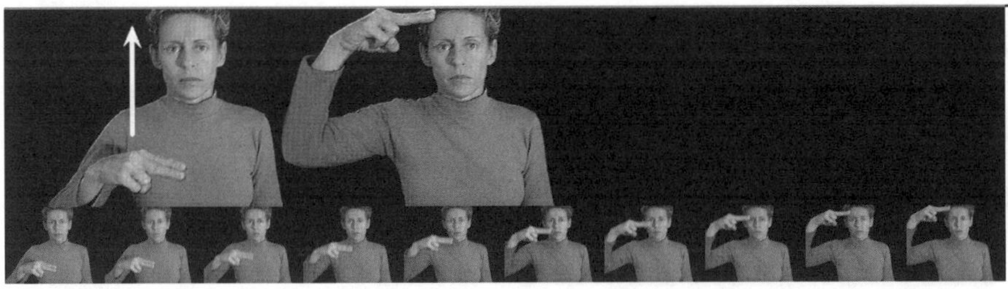
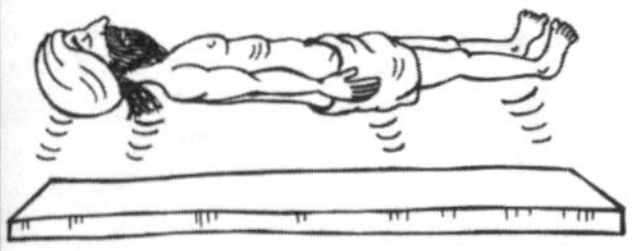

LEVITAR – Mão fechada com os dedos indicador e médio unidos e esticados apontando para dentro, palma para baixo. Mover a mão lentamente para cima.
• ***Levitar:*** *Erguer-se (pessoa ou coisa) por cima do solo, sem ser seguro por nada visível.*

LHAMA – Manter os dedos indicador e mínimo esticados apontando para cima e unir o médio, o anular e o polegar pelas pontas.
• ***Lhama:*** *Mamífero que vive nas regiões frias da América do Sul.*

LIBERAL – Mãos abertas, dedos unidos e esticados apontando para dentro, palma para trás. Encostar as pontas dos dedos na testa. Em seguida, mover as mãos simultaneamente para as laterais, virando as palmas para a frente.
• ***Liberal:*** *Aquele que dá valor à liberdade de opinião e de ação; tolerante.* **Sinal igual:** LIBERALISMO

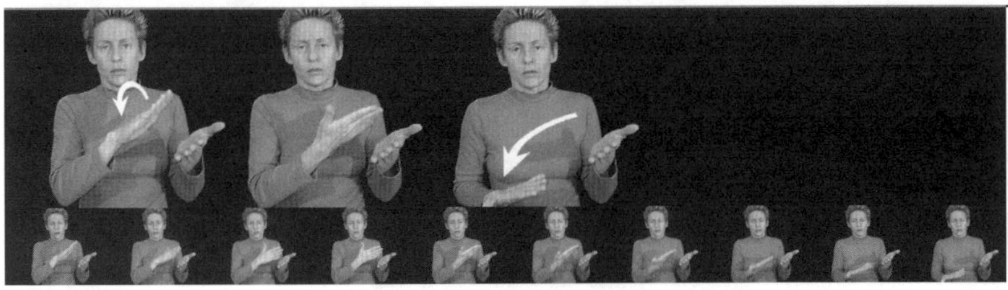

LIBRAS – Mãos abertas, dedos esticados. Mão esquerda com a palma para cima, mão direita com a palma para baixo. Posicionar a mão direita sobre a esquerda, sem tocá-la. Em seguida, virar a palma da mão direita para cima e afastá-la da mão esquerda, deslocando-a um pouco para baixo.
• ***Libras:*** *Sigla para Língua Brasileira de Sinais.* **Sinal igual:** LÍNGUA BRASILEIRA DE SINAIS

▪ **LIBERADO:** LIVRE ▪ **LIBERALISMO:** LIBERAL ▪ **LIBERDADE:** LIVRE ▪ **LIBERTO:** LIVRE ▪ **LIÇÃO:** APRENDER ▪ ESCREVER ▪ **LICENÇA:** AUTORIZAR, DOCUMENTO, POR FAVOR ▪ **LÍCITO:** LEGAL

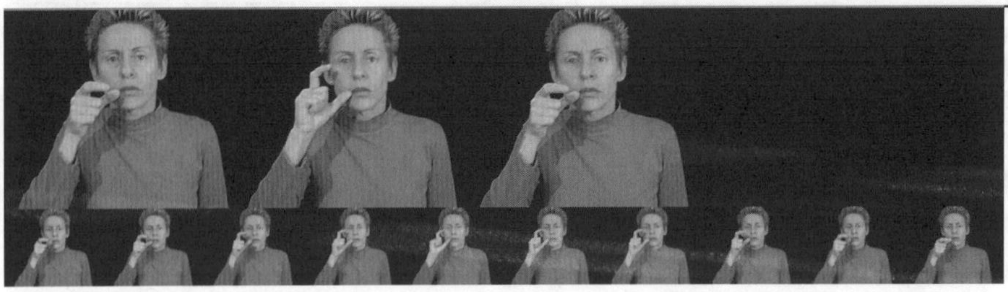

LICOR – Mão fechada com os dedos indicador e polegar abertos e curvados, palma para dentro. Encostar a ponta do polegar no canto da boca. Em seguida, virar a mão para trás, como quem vira um copo para beber o líquido, e voltar à posição inicial.
• ***Licor:*** *Bebida alcoólica doce.*

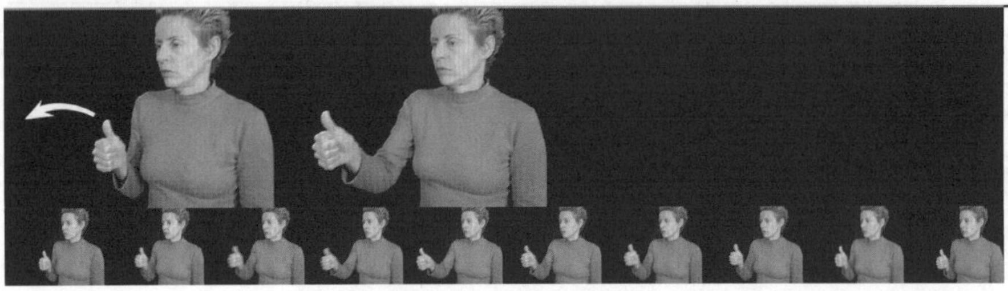

LIGAR – Mão fechada com o dedo polegar aberto apontando para cima. Mover a mão para a frente e voltar à posição inicial, imitando o gesto de quem aperta um botão com o polegar.
• ***Ligar:*** *Pôr em funcionamento uma lâmpada, equipamento elétrico etc.* **Sinal igual:** ACIONAR

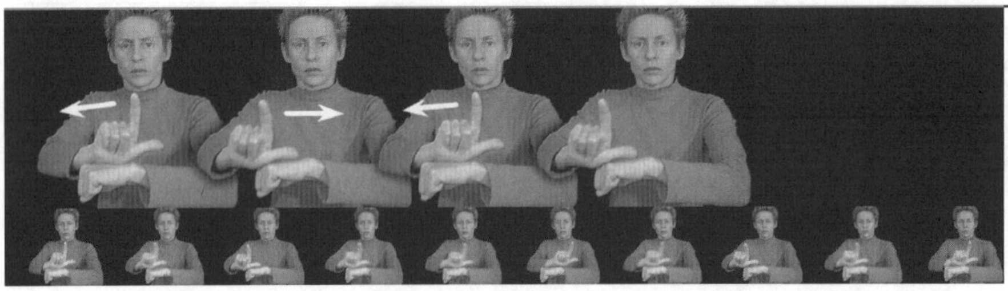

LILÁS – Mão esquerda fechada, palma para baixo. Mão direita em "L", palma para a frente. Encostar o punho direito no dorso da mão esquerda. Em seguida, deslizar a mão direita sobre o dorso da mão esquerda, para a frente e para trás, duas ou três vezes.
• ***Lilás:*** *Tonalidade mais clara da cor roxa.*

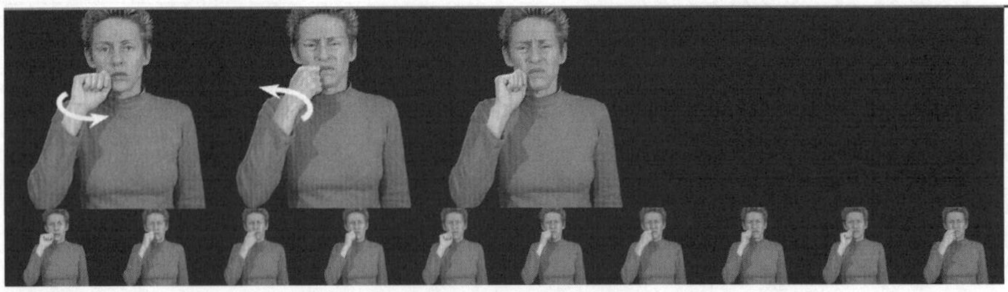

LIMÃO – Mão fechada em "A", palma para a frente. Encostar a ponta do polegar no canto da boca. Em seguida, girar a mão ao redor do próprio eixo, para a frente e para trás, duas ou três vezes, fazendo a expressão de quem sente um sabor desagradável durante os movimentos da mão.
• ***Limão:*** *Fruto do limoeiro de sabor muito azedo.*

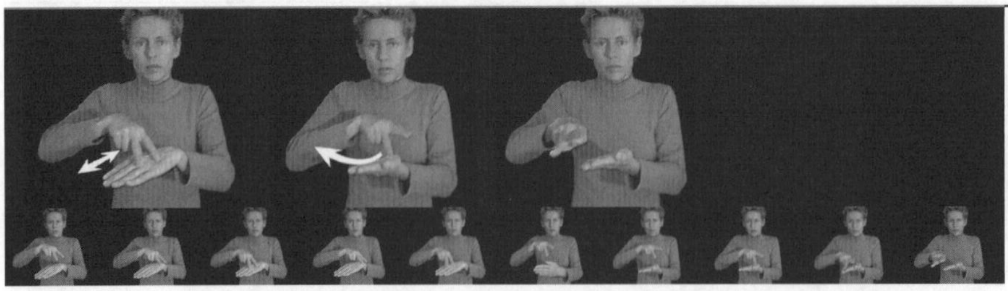

LIMO – Mão esquerda aberta, palma para baixo. Mão direita em "V", palma para baixo. Encostar a ponta dos dedos direitos no dorso da mão esquerda. Em seguida, mover a mão direita para a frente e para trás, deslizando-a sobre a esquerda. Depois, fazer o sinal de "escorregar".
• ***Limo:*** *Sujeira pegajosa e escorregadia, geralmente encontrada em lugares úmidos.*

▪ **LIDA:** TRABALHAR ▪ **LÍDER:** CHEFE ▪ **LIDERANÇA:** CHEFE, COORDENAR ▪ **LIDERAR:** COORDENAR ▪ **LIGA:** ASSOCIAÇÃO ▪ **LIGAÇÃO:** CONTATO ▪ **LIGADURA DE TROMPAS:** VASECTOMIA ▪ **LIGEIRO:** VELOZ ▪ **LIMA:** LARANJA ▪ **LIMITADO:** ATÉ, POUCO ▪ **LIMITE:** FIM, MÁXIMO

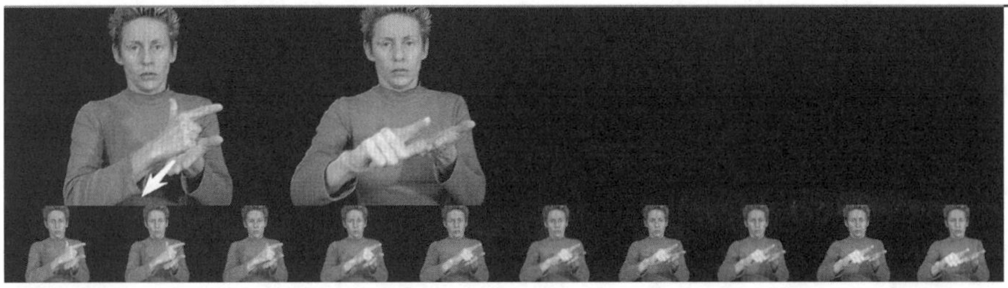

LIMPAR – Mão esquerda aberta, dedos unidos e esticados apontando para a frente, palma para cima. Mão direta em "L", palma para trás. Encostar a lateral externa da mão direita na palma esquerda, perto do punho. Em seguida, virar a palma direita para baixo e movê-la para a frente, deslizando-a sobre a mão esquerda.
• ***Limpar:*** *Tirar a sujeira de alguma coisa; higienizar.* **Sinal igual:** HIGIENIZAÇÃO, HIGIENIZAR, LIMPEZA

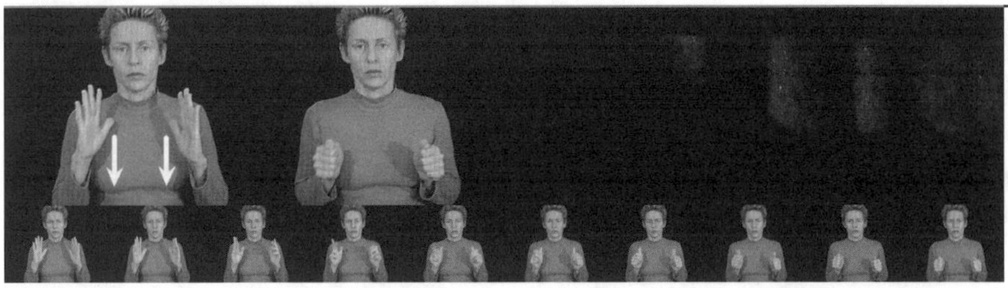

LIMPO – Mãos abertas, dedos esticados e separados apontando para cima, palmas para dentro. Posicionar as mãos junto aos ombros. Em seguida, mover as mãos simultaneamente um pouco para baixo. Durante o movimento, fechar os dedos sucessivamente, do mínimo até o polegar, terminando com as mãos fechadas em "A".
• ***Limpo:*** *Que não está sujo; isento de impurezas.* **Sinal igual:** HIGIENIZADO, IMACULADO

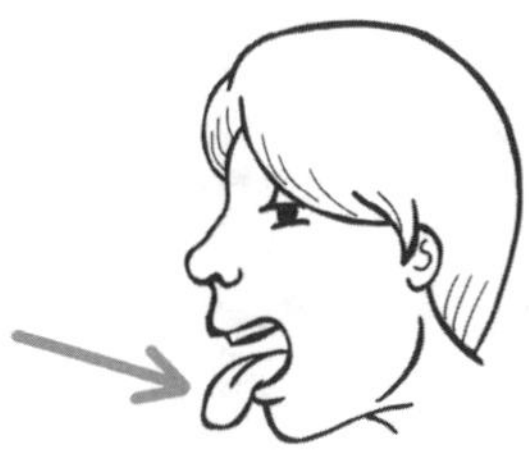

LÍNGUA – Abrir um pouco a boca, apontando com o indicador a ponta da língua.
• ***Língua:*** *Órgão localizado no interior da boca, responsável pela articulação das palavras, pela sensação do paladar e pela deglutição.*

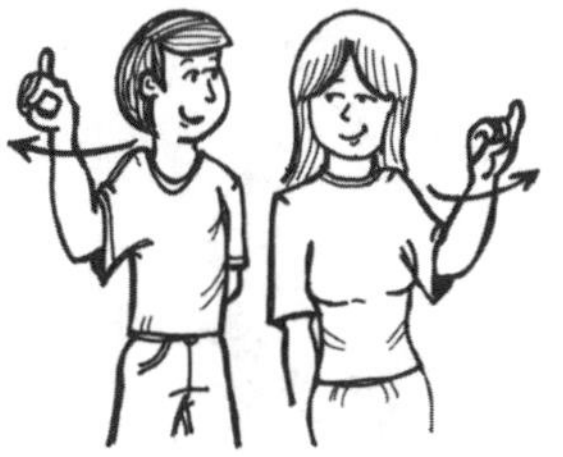

LÍNGUA DE SINAIS – Mãos abertas, dedos esticados e levemente separados apontando para cima, palmas para dentro. Posicionar uma mão perto da outra, com uma delas mais a frente (foto 1). Em seguida, mover a mãos em círculos, como no movimento dos pedais de uma bicicleta. Movimentar também os dedos, aleatoriamente, durante a rotação das mãos.
• ***Língua de sinais:*** *Língua usada principalmente pelos surdos e que tem como base a articulação de movimentos, leitura orofacial e outros recursos para se comunicarem.*

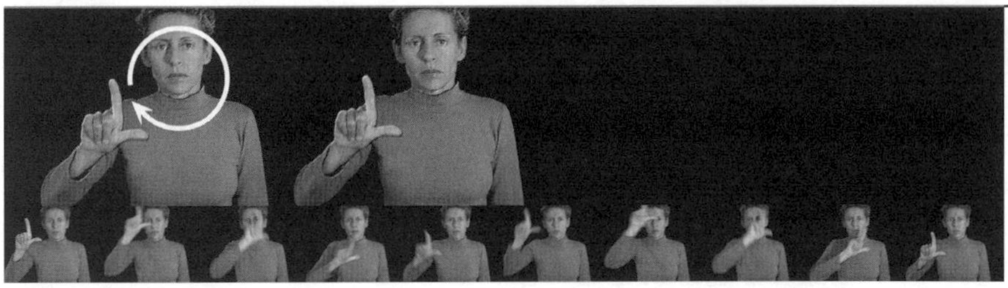

LINGUAGEM – Mão em "L", palma para a frente. Mover a mão descrevendo dois círculos verticais.
• ***Linguagem:*** *Qualquer maneira usada para se comunicar (gestos, palavras, textos, sons etc.).*

■ LIMPEZA: LIMPAR ■ LINDO: BONITO ■ *LINGERIE*: CALCINHA ■ LÍNGUA: IDIOMA ■ LÍNGUA BRASILEIRA DE SINAIS: LIBRAS

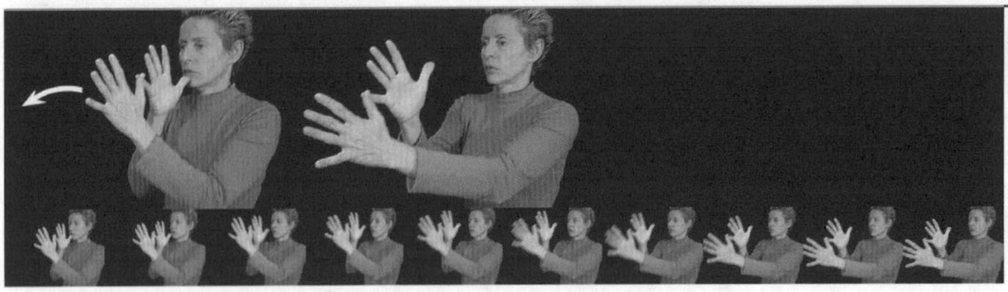

LINGUARUDO – Mãos abertas, dedos esticados e separados apontando para cima, palmas para dentro. Unir as mãos pelas pontas do mínimo e do polegar e tocar a ponta do polegar da mão que está próxima ao rosto na ponta do queixo. Em seguida, mover as mãos, ainda unidas, para a frente.
• ***Linguarudo:*** *Aquele que fala demais; fofoqueiro.* **Sinal igual:** CHOCALHEIRO, FALADOR, MEXERIQUEIRO, TAGARELA

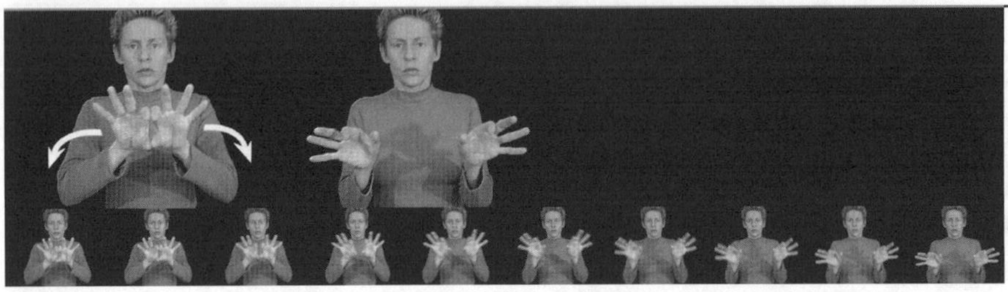

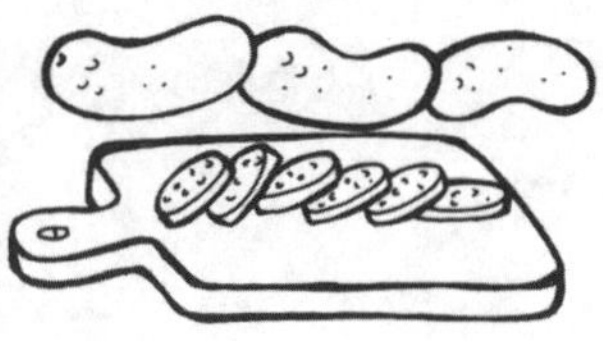

LINGUIÇA – Mãos abertas, dedos mínimos, anulares e médios esticados apontando para cima e indicadores e polegares curvados apontando para a frente. Unir as mãos pelas laterais internas. Em seguida, movê-las, simultaneamente, para as laterais, inclinando-as no fim do movimento.
• ***Linguiça:*** *Alimento feito de tripa animal recheada de carne picada e temperada.*

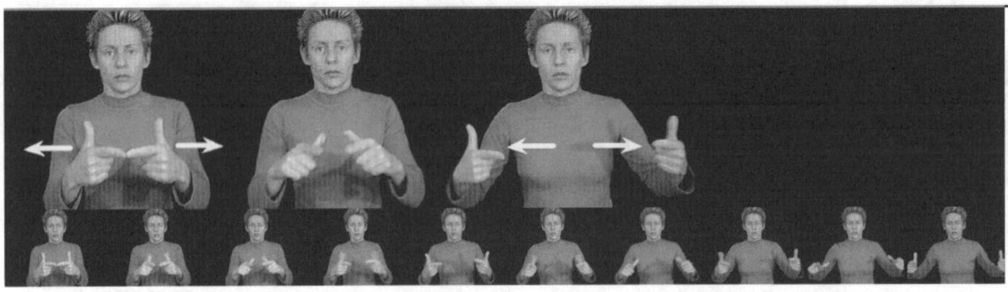

LINGUÍSTICA – Mãos em "L" com os dedos indicadores apontando para a frente, palmas para dentro. Unir as mãos pelas pontas dos dedos indicadores. Em seguida, mover as mãos, simultaneamente, para as laterais, virando as palmas para baixo e para dentro várias vezes durante o percurso.
• ***Linguística:*** *Ciência que estuda a linguagem humana.* **Sinal igual:** LINGUISTA

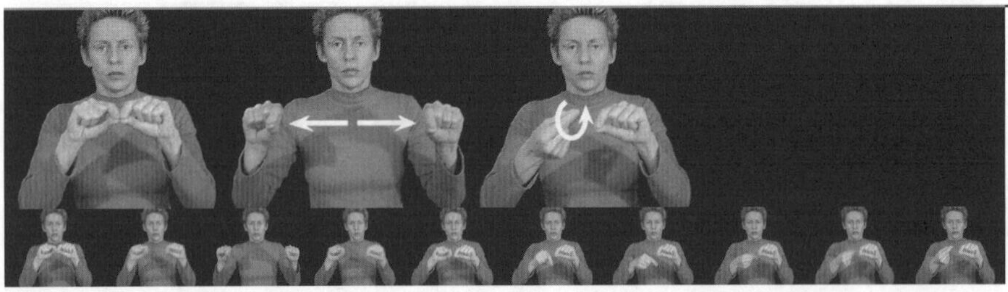

LINHA DE COSTURA – Mãos fechadas com os indicadores e os polegares abertos e unidos pelas pontas, palmas para a frente. Unir as mãos pelas pontas desses dedos (foto 1). Em seguida, mover as mãos simultaneamente para as laterais. Depois, aproximar as mãos novamente e girar uma delas, virando a palma para cima, imitando o gesto de quem segura uma agulha de costura e puxa a linha.
• ***Linha de costura:*** *Fio de algodão ou outro material usado para costurar.*

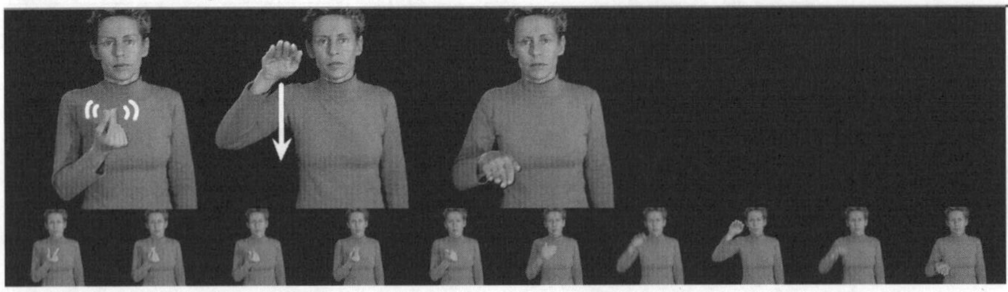

LIQUIDAÇÃO – Fazer os sinais de "dinheiro" e de "baixo".
• ***Liquidação:*** *Venda de mercadorias a preços baixos, a fim de dar saída rápida ao estoque.*

■ LINGUISTA: LINGUÍSTICA ■ LINHA: SIMPLES ■ LINHAGEM: FAMÍLIA ■ LIQUEFAZER: DERRETER ■ LIQUEFEITO: DERRETER

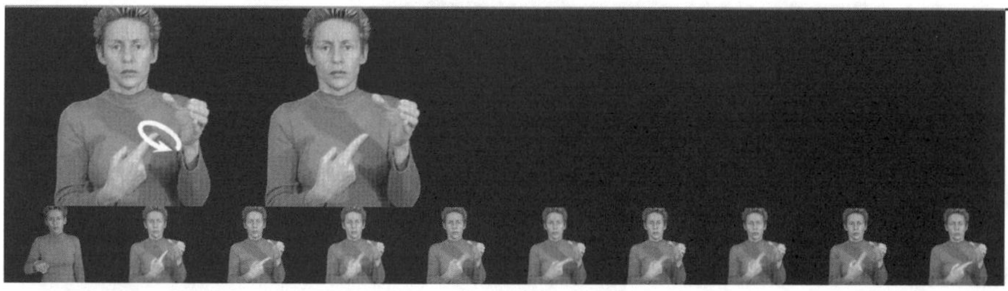

LIQUIDIFICADOR – Mão esquerda em "C", posicionada como se estivesse segurando um copo. Mão direita fechada com o indicador esticado apontando para cima, palma para trás. Posicionar a mão direita abaixo da esquerda. Em seguida, mover a mão direita em círculos com gestos curtos e rápidos, imitando o movimento das pás de um liquidificador.
• ***Liquidificador:*** *Eletrodoméstico usado para triturar ou misturar alimentos.* **Sinal igual:** CENTRÍFUGA, PROCESSADOR

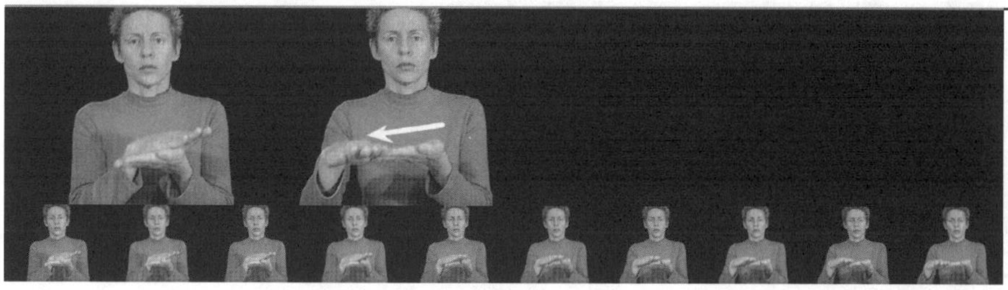

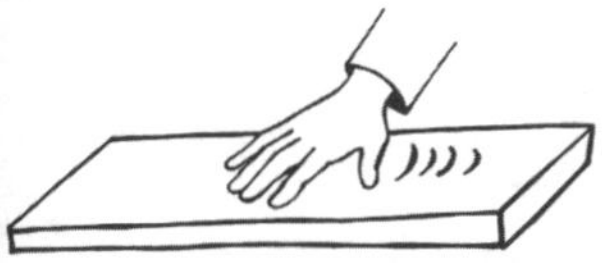

LISO – Mãos abertas, dedos unidos e esticados. Mão direita com a palma para baixo apontando para dentro e mão esquerda com os dedos apontando para a frente e a palma para cima. Unir as mãos pelas palmas. Em seguida, deslizar a mão direita até as pontas dos dedos da mão esquerda.
• ***Liso:*** *Que não é áspero; que é suave ao toque.* **Sinal igual:** LISURA

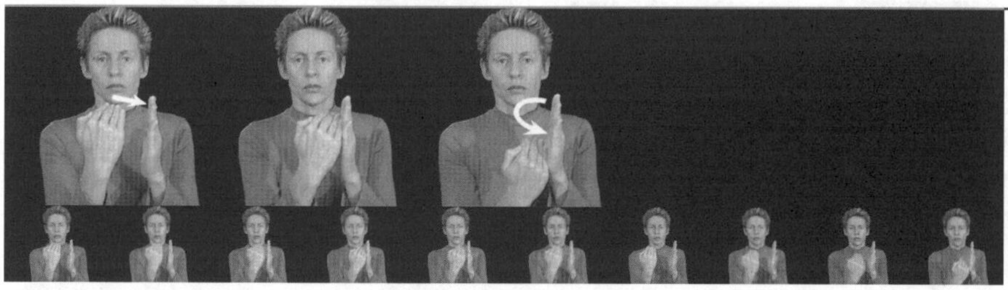

LISTAR – Mão esquerda aberta, dedos unidos e esticados apontando para cima, palma para dentro. Mão direita aberta e dobrada, dedos unidos e esticados, palma para trás. Encostar a lateral externa da mão direita em dois pontos da mão esquerda: nos dedos e na palma.
• ***Listar:*** *Inscrever em uma lista; pôr nomes em série; fazer uma relação de nomes por escrito.* **Sinal igual:** ARROLAR, CATALOGAÇÃO, CATÁLOGO, ENUMERAÇÃO, LISTA, LISTAGEM, RECEITA, RELAÇÃO, RELACIONAR, ROL

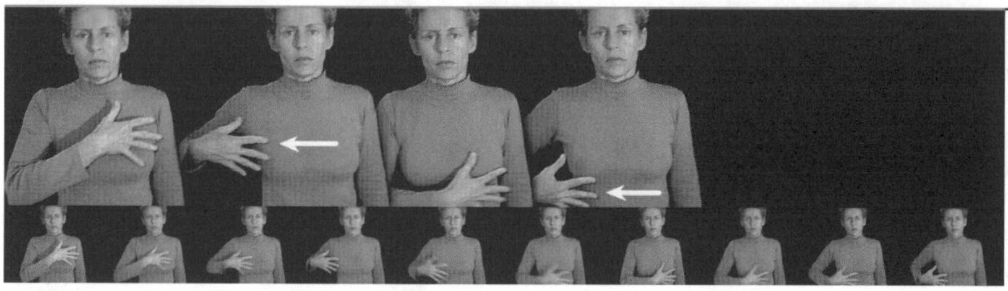

LISTRA – Mão direita aberta, dedos separados e esticados apontando para o lado esquerdo, palma para trás. Encostar as pontas dos dedos no lado esquerdo do peito e deslizar a mão para o lado direito. Fazer o mesmo movimento na altura do estômago, deslizando a mão do lado esquerdo para o direito.
• ***Listra:*** *Traço vertical ou horizontal sobre uma superfície.*

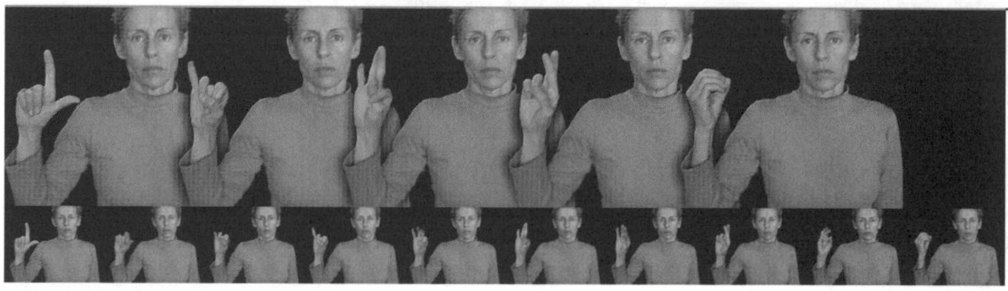

LITRO – Digitar as letras "L", "I", "T", "R" e "O".
• ***Litro:*** *Unidade de medida padronizada para líquidos.*

▪ LÍQUIDO: ÁGUA ▪ LISTA: LISTAR ▪ LISTAGEM: LISTAR ▪ LISURA: LISO ▪ LITORAL: PRAIA ▪ LITURGIA: CULTO ▪ LIVRAR: LIVRE

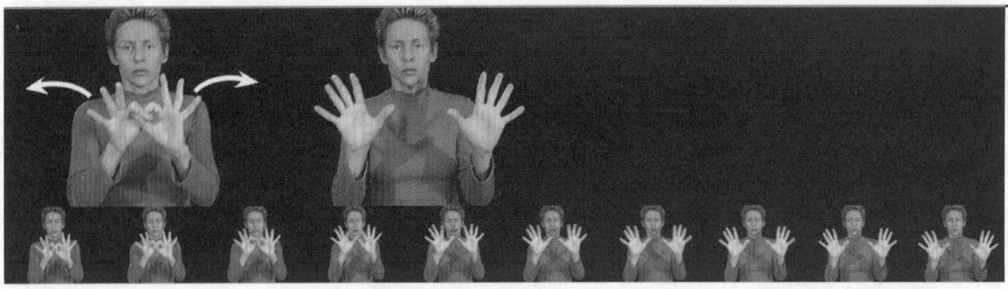

LIVRE – Mãos abertas, dedos esticados e separados, palmas para a frente. Unir o indicador e o polegar de cada mão pelas pontas e juntar uma mão na outra encaixando esses dedos (foto 1). Em seguida, mover as mãos simultaneamente para as laterais, abrindo todos os dedos.
• ***Livre:*** *Que não está preso; que tem liberdade; solto.* **Sinal igual:** AUTORIZAÇÃO, AUTORIZAR, CONCESSÃO, CONSENTIMENTO, DEMOCRACIA, INDEPENDÊNCIA, INDEPENDENTE, LIBERADO, LIBERDADE, LIBERTO, LIVRAR, PERMISSÃO, PERMITIDO, PERMITIR, SOLTAR, SOLTO, SOLTURA

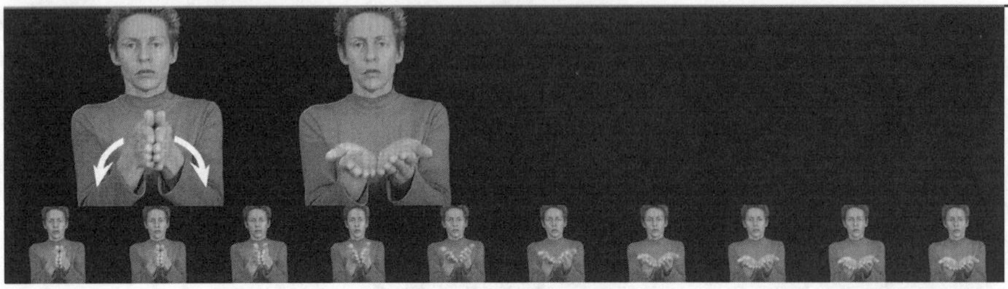

LIVRO – Mãos abertas, dedos unidos e esticados apontando para a frente, palmas para dentro. Unir as mãos (foto 1). Em seguida, virar as palmas para cima, mantendo as mãos unidas pelas laterais externas.
• ***Livro:*** *Conjunto de folhas impressas sobre qualquer tema, presas entre si e protegidas por uma capa.*

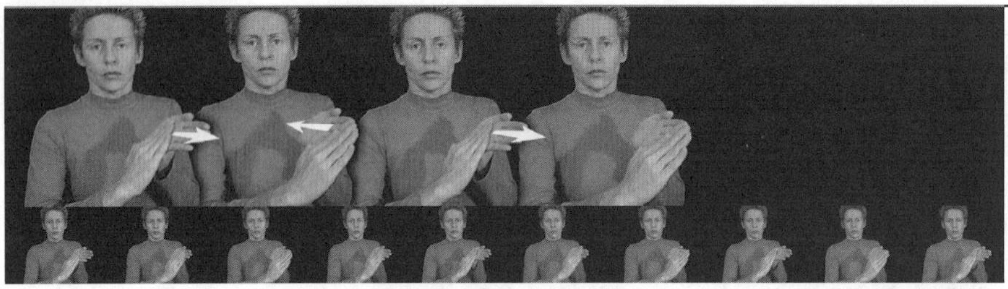

LIXAR – Mão esquerda aberta, dedos unidos e esticados, palma para cima. Mão direita aberta, dedos unidos e esticados, palma para baixo. Encostar os dedos da mão direita nos da esquerda. Em seguida, deslizar a mão direita para a frente e para trás, sobre os dedos e a palma esquerda.
• ***Lixar:*** *Raspar com lixa.* **Sinal igual:** ABRASIVO, LIXA

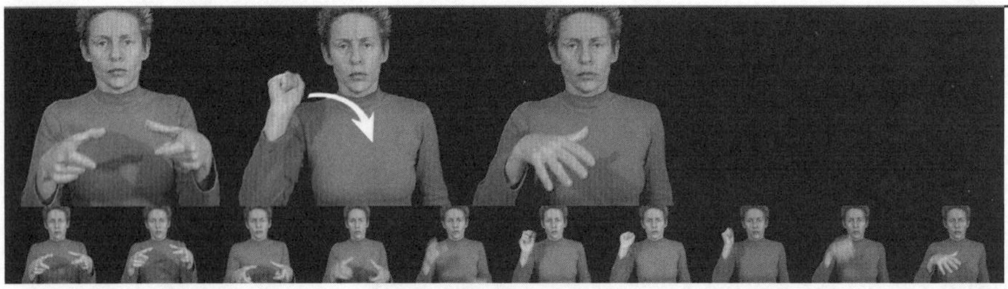

LIXO – Mãos fechadas com os dedos indicadores e polegares abertos e curvados, palmas para dentro. Posicionar uma mão ao lado da outra com os dedos de cada mão quase se tocando pelas pontas. Em seguida, fechar uma das mãos em "S"com a palma para a frente e movê-la, com um pouco de rapidez, para a frente e para baixo, abrindo-a no fim do movimento, imitando o gesto de quem joga alguma coisa dentro do cesto de lixo.
• ***Lixo:*** *Restos de material.* **Sinal igual:** ENTULHO, LIXEIRA

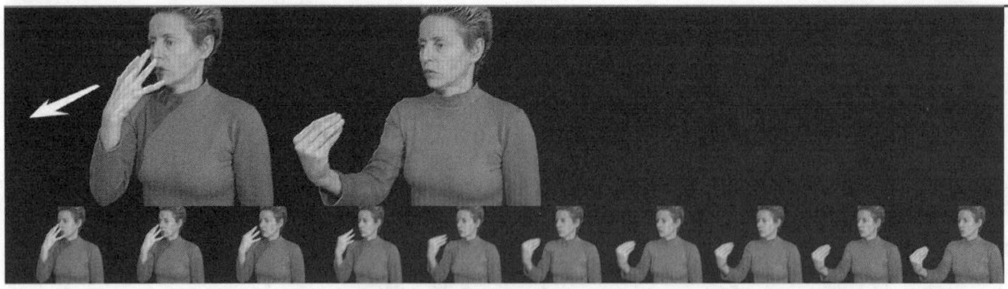

LOBO – Mão aberta, dedos esticados e separados apontando para o nariz e para a boca, palma para trás (foto 1). Mover a mão para a frente, unindo todos os dedos pelas pontas.
• ***Lobo:*** *Mamífero carnívoro.*

▪ **LIXA:** LIXAR ▪ **LIXEIRA:** LIXO ▪ **LOCAÇÃO:** ALUGAR ▪ **LOCAIS:** LUGARES ▪ **LOCAL:** LUGAR ▪ **LOCALIDADE:** LUGAR ▪ **LOCALIDADES:** LUGARES

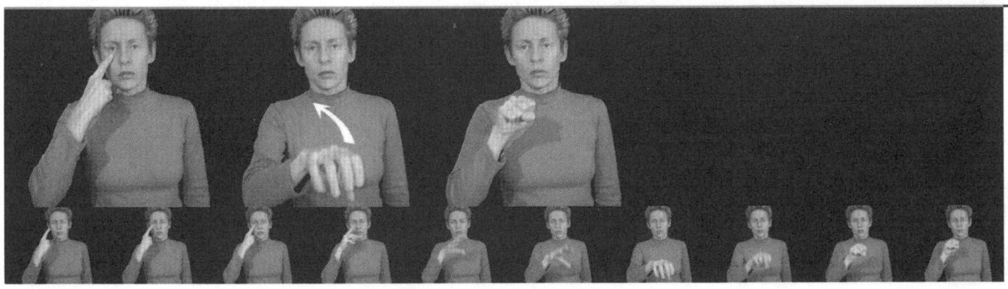

LOCALIZAR – Mão fechada com o dedo indicador esticado, palma para trás. Tocar a ponta do indicador na área abaixo do olho. Em seguida, fazer o sinal de "pegar".

• ***Localizar:*** *Determinar o local onde está alguém ou alguma coisa.*

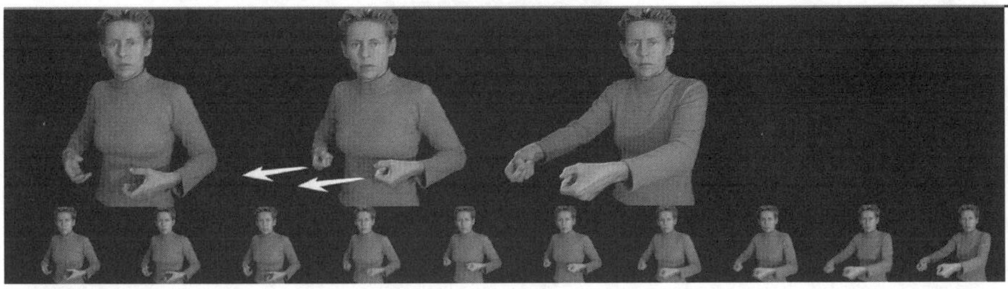

LOCOMOVER – Mãos abertas, dedos unidos e curvados, palmas para dentro. Posicionar as mãos próximo da cintura. Em seguida, fechar as mãos e movê-las simultaneamente para a frente.

• ***Locomover:*** *Deslocar de um ponto para outro.*

LOMBADA – Mão direita fechada com os dedos indicador e médio abertos e curvados, palma para baixo. Mover a mão verticalmente para o lado esquerdo, desviando-a duas vezes um pouco para cima, imitando o balançar de um automóvel quando passa com as rodas sobre uma lombada no asfalto.

• ***Lombada:*** *Pequena elevação feita no asfalto a fim de reduzir a velocidade dos automóveis.*

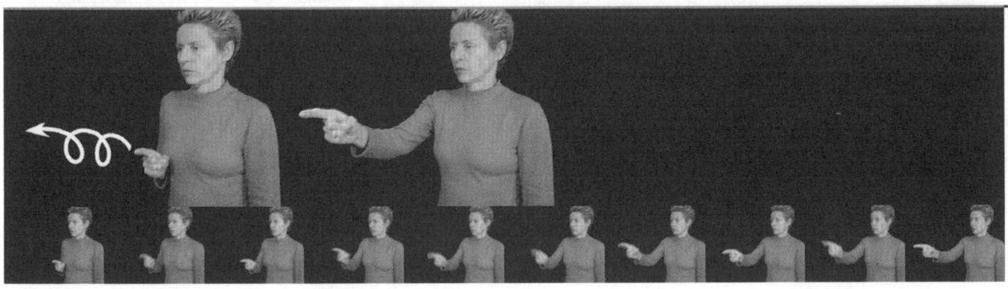

LONGE – Mão fechada com o dedo indicador esticado apontando para a frente, palma para dentro. Posicionar a mão perto do corpo. Em seguida, movê-la para a frente, descrevendo movimentos em espiral durante o percurso.

• ***Longe:*** *Que não está perto; distante.* **Sinal igual:** LONGÍNQUO

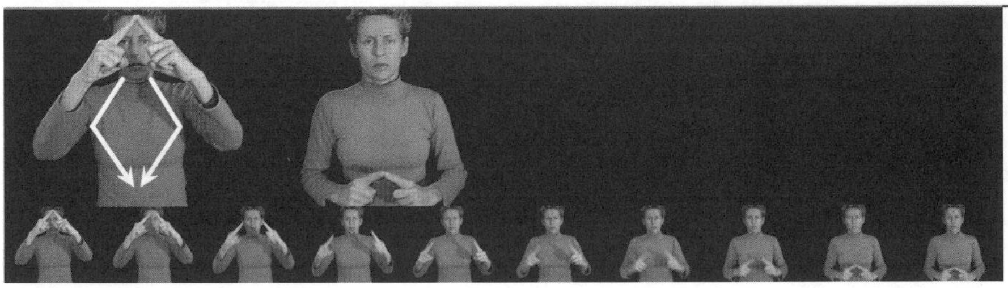

LOSANGO – Mãos fechadas com os dedos indicadores esticados, palmas para dentro. Posicionar as mãos na altura do rosto, unindo-as pelas pontas dos indicadores. Mantê-las inclinadas em 45 graus com relação ao solo. Em seguida, mover as mãos simultaneamente para baixo, afastando uma da outra para as laterais e unindo-as novamente pelas pontas dos dedos.

• ***Losango:*** *Quadrilátero plano cujos lados são iguais.*

▪ LOCAR: ALUGAR ▪ LOCOMOTIVA: TREM ▪ LOCUÇÃO: FRASE ▪ LODAÇAL: LAMA ▪ LODO: LAMA ▪ LOGRADO: ENGANADO ▪ LOGRAR: CONSEGUIR, ENGANAR ▪ LOGRO: ENGANO ▪ LOIRO: AMARELO ▪ LOJA: COMÉRCIO ▪ LONGÍNQUO: DISTANTE, LONGE ▪ LONGO: COMPRIDO ▪ LOROTA: MENTIRA ▪ LOROTEIRO: MENTIRA ▪ LOTADO: ABARROTADO

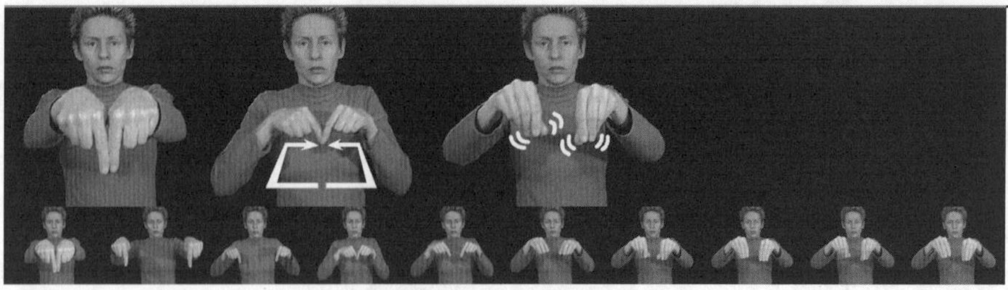
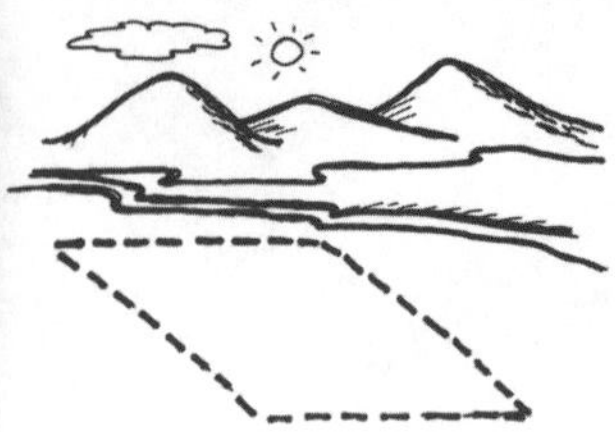

LOTE – Fazer os sinais de "área" e de "terra".
• ***Lote:*** *Terreno para a construção de casa ou imóvel.* **Sinal igual:** CHÁCARA, QUINHÃO, TERRENO

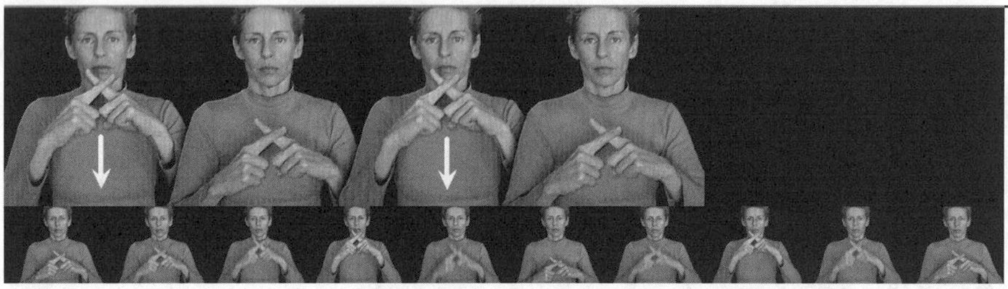

LOTERIA – Mãos fechadas com os dedos indicadores esticados, palmas para dentro. Unir as mãos, cruzando os indicadores. Em seguida, movê-las duas vezes para cima e para baixo.
• ***Loteria:*** *Espécie de jogo em que se distribuem prêmios para os números sorteados.*

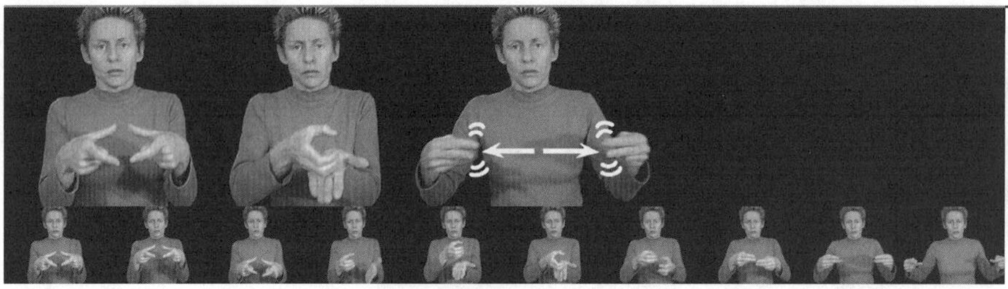

LOUÇA – Fazer os sinais de "pires", de "copo" e de "vários".
• ***Louça:*** *Produto feito de cerâmica para uso doméstico.* **Sinal igual:** CERÂMICA, PORCELANA

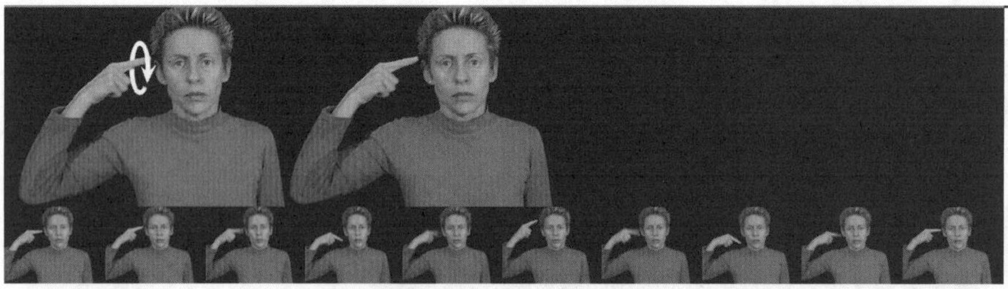

LOUCO* – Mão fechada com o dedo indicador esticado apontando para a cabeça, palma para baixo. Girar a mão algumas vezes.
• ***Louco:*** *Que não possui raciocínio ou comportamento previsível; que perdeu a razão.* **Sinal igual:** ALIENADO, DEMÊNCIA, DEMENTE, DOIDICE, DOIDO, INSANIDADE, INSANO, INSENSATO, LOUCURA, LUNÁTICO, MALUCO, PIRADO

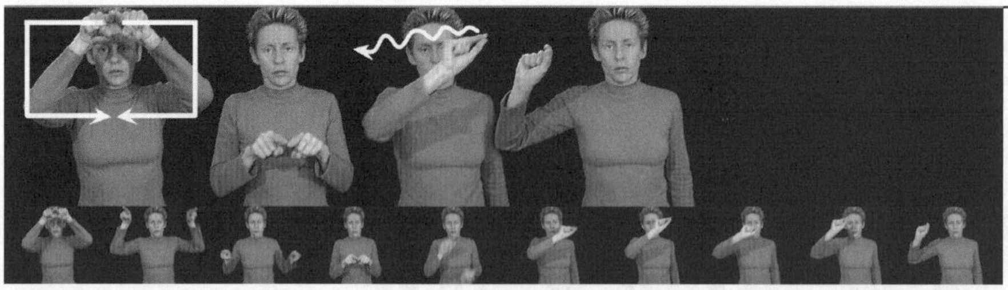

LOUSA – Mãos fechadas com os dedos indicadores esticados apontando para a frente, palmas para baixo. Mover as mãos, descrevendo um grande retângulo (foto 1). Em seguida, fazer o sinal de "giz".
• ***Lousa:*** *Quadro escuro pintado ou colocado sobre uma parede no qual se escreve ou desenha com um giz ou caneta especial.* **Sinal igual:** QUADRO-NEGRO

■ **LOUCO:** DOIDO ■ **LOUCURA:** DOIDO, LOUCO ■ **LOURO:** AMARELO ■ **LOUVADO:** LOUVAR

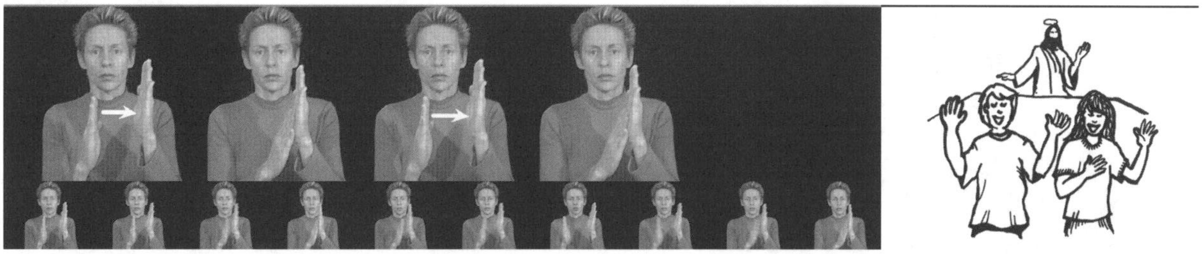

LOUVAR – Mãos abertas, dedos unidos e esticados apontando para cima, palmas para dentro. Posicionar a mão esquerda um pouco acima da direita. Em seguida, bater os dedos da mão direita duas ou três vezes na palma esquerda.
• ***Louvar:*** *Enaltecer alguém ou alguma coisa; engrandecer.* **Sinal igual:** LOUVADO, LOUVOR

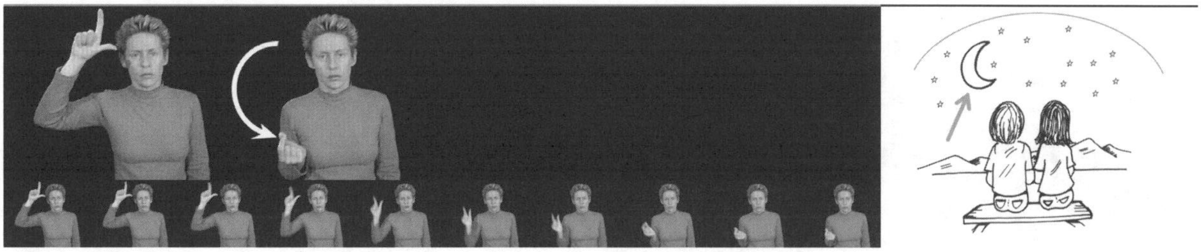

LUA – Mão em "L", palma para a frente. Posicionar a mão um pouco acima da altura da cabeça. Em seguida, mover a mão para baixo, descrevendo um arco. Virar a palma da mão para cima e unir o indicador e o polegar pelas pontas no fim do movimento.
• ***Lua:*** *Satélite natural da Terra.* **Sinal igual:** LUNAR

LUBRIFICANTE – Fazer os sinais de "'óleo" e de "escorregar".
• ***Lubrificante:*** *Substância usada para reduzir o atrito entre duas peças que se movem uma sobre a outra.*

LUCRAR – Mãos fechadas com os dedos indicador e médio abertos e curvados, palmas para dentro. Posicionar as mãos um pouco longe do corpo (foto 1). Em seguida, movê-las simultaneamente para trás, curvando os dedos um pouco mais no fim do percurso. Fazer esse movimento duas vezes seguidas.
• ***Lucrar:*** *Ganhar dinheiro através do trabalho, aplicações financeiras, vendas etc.* **Sinal igual:** LUCRATIVO, LUCRO, VANTAGEM

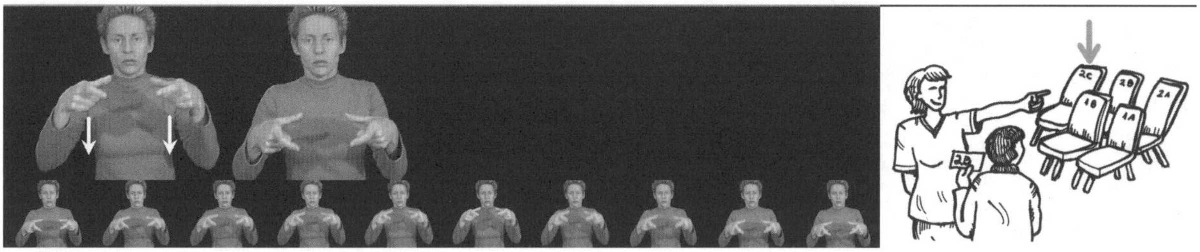

LUGAR – Mãos fechadas com os dedos indicadores e médios abertos e curvados, palmas para dentro. Posicionar as mãos de maneira que os dedos formem um círculo na horizontal (foto 1). Em seguida, movê-las simultaneamente um pouco para cima e um pouco para baixo, voltando à posição inicial.
• ***Lugar:*** *Qualquer área de tamanho limitado ou não.* **Sinal igual:** LOCAL, LOCALIDADE, LUGAREJO, POSTO, TERRITÓRIO

▪ LOUVOR: ALELUIA, GLÓRIA, LOUVAR ▪ LÚCIFER: DIABO ▪ LUCRATIVO: LUCRAR ▪ LUCRO: LUCRAR ▪ LUDIBRIADO: ENGANADO ▪ LUDIBRIAR: ENGANAR ▪ LUGAREJO: LUGAR ▪ LUGAREJOS: LUGARES

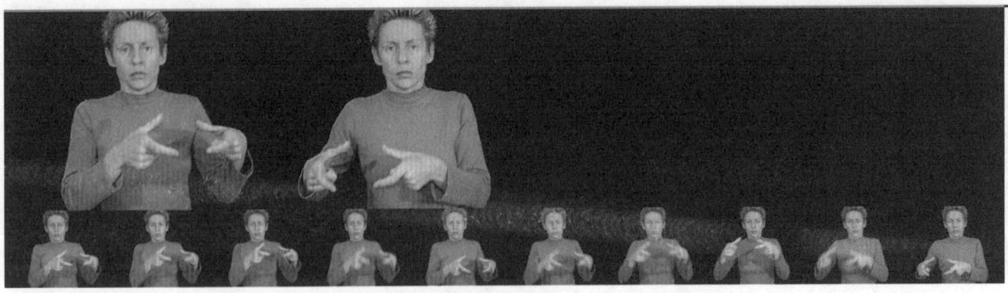

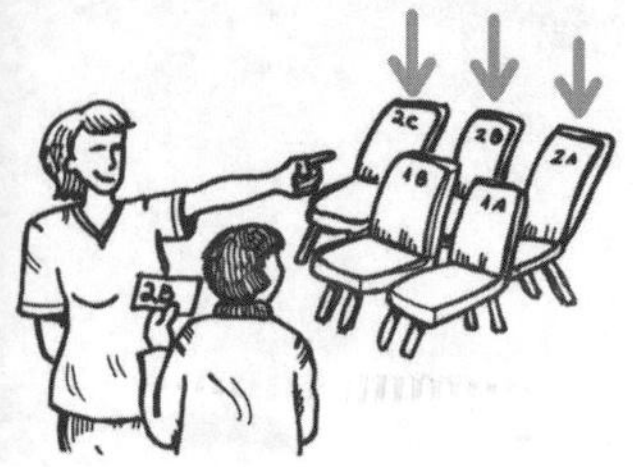

LUGARES – Fazer o sinal de "lugar" duas vezes: uma no lado esquerdo do corpo e outra no direito.
• ***Lugares:*** *Mais de um lugar.* **Sinal igual:** LOCAIS, LOCALIDADES, LUGAREJOS

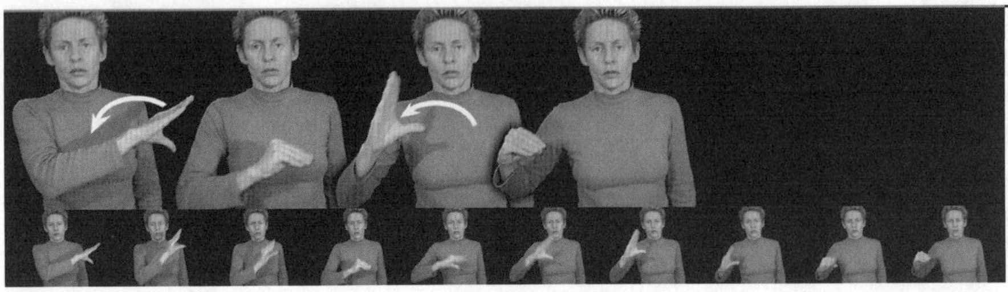

LULA – Mão direita aberta, dedos unidos e esticados, polegar separado, palma para dentro. Posicionar a mão do lado esquerdo do corpo. Em seguida, mover a mão para o lado direito, descrevendo dois arcos. Unir os dedos pelas pontas ao descrever cada um dos arcos.
• ***Lula:*** *Molusco marinho comestível.*

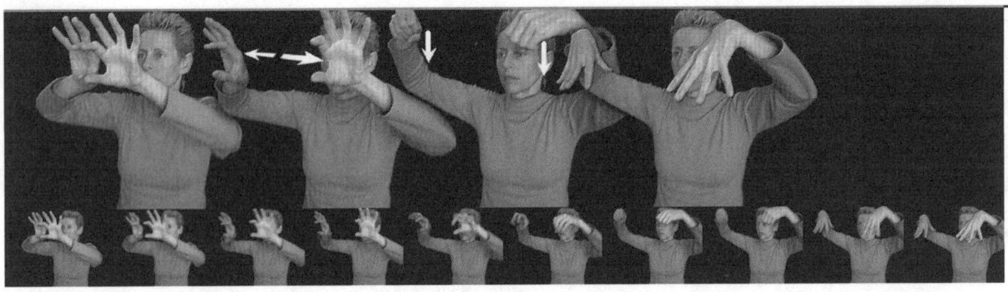

LUMINÁRIA – Mãos abertas, dedos esticados e separados, indicadores e polegares curvados, palmas para a frente. Posicionar as mãos na altura da cabeça, unindo-as pelas laterais internas. Em seguida, mover simultaneamente as mãos afastando-as para as laterais, e fazer o sinal de "luz" com as duas mãos.
• ***Luminária:*** *Aparelho de iluminação artificial.*

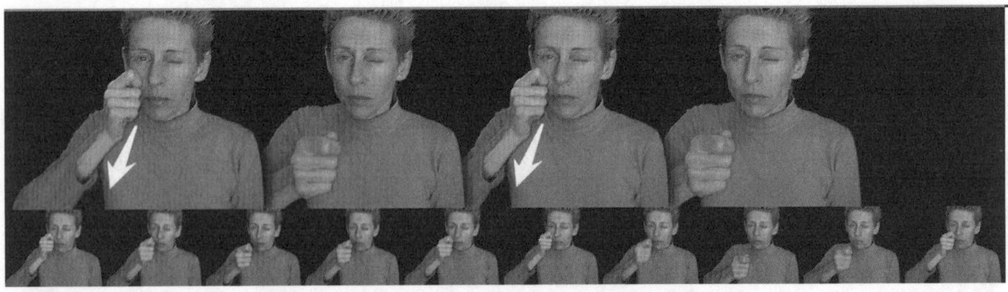

LUPA – Mão fechada em "A", com o indicador dobrado sobre a ponta do polegar, palma para dentro. Encostar levemente a ponta do polegar no rosto, abaixo do olho, que deve estar aberto (manter o outro fechado). Em seguida, mover a mão para a frente e voltar à posição inicial, duas vezes.
• ***Lupa:*** *Espécie de lente que transmite uma imagem aumentada dos objetos.*

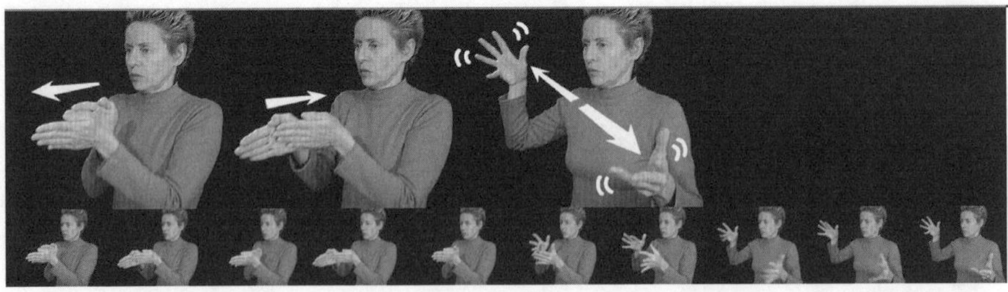

LUSTRAR – Mãos abertas, dedos unidos e esticados apontando para a frente, palmas para dentro. Manter as mãos unidas e deslizar a mão direita para a frente e para trás. Depois, fazer o sinal de "brilhar".
• ***Lustrar:*** *Dar brilho ou polimento em alguma superfície.* **Sinal igual:** ENGRAXAR, ENGRAXATE, ENVERNIZAR, POLIMENTO, POLIR

▪ **LUMINESCÊNCIA:** BRILHAR, LUZ ▪ **LUMINOSO:** BRILHAR, LUZ ▪ **LUNAR:** LUA ▪ **LUNÁTICO:** LOUCO ▪ **LUSITANO:** PORTUGAL

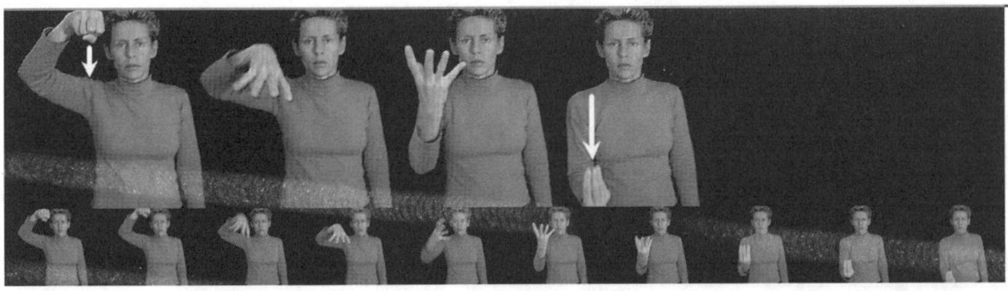

LUSTRE – Fazer o sinal de "luz". Depois, virar a palma da mão para cima, com os dedos esticados e separados apontando para a mesma direção. Mover a mão para baixo, unindo os dedos pelas pontas.
• ***Lustre:*** *Peça feita para acomodar as lâmpadas de iluminação.*

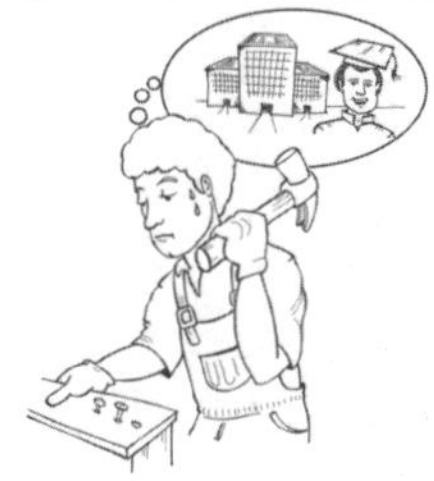

LUTADOR – Mãos em "L"com os dedos indicadores apontando para a frente e palmas para baixo. Posicionar as mãos perto do corpo e movê-las simultaneamente para a frente, apontando para dentro e virando as palmas para trás no fim do movimento.
• ***Lutador:*** *Aquele que se esforça para alcançar algum objetivo; trabalhador.* **Sinal igual:** DILIGENTE, LUTA

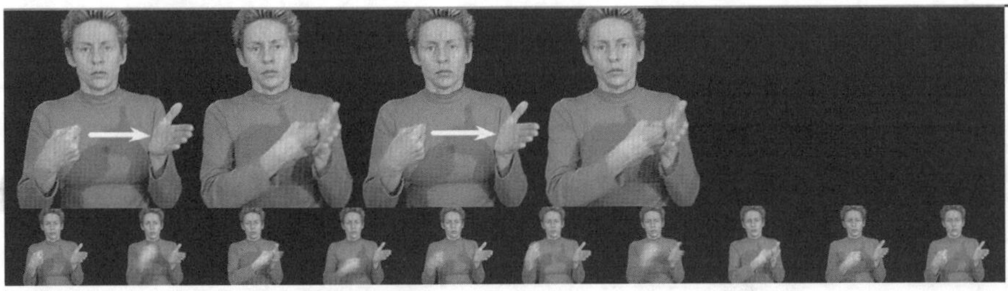

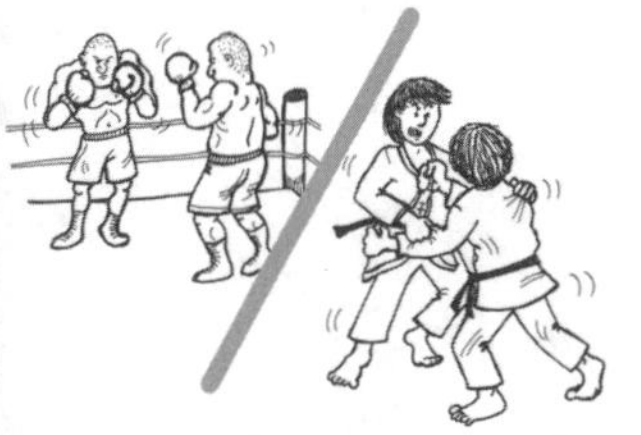

LUTAR – Mão esquerda aberta, dedos esticados apontando para a frente, palma para dentro. Mão direita fechada, palma para trás. Bater duas vezes o dorso dos dedos da mão direita na palma esquerda.
• ***Lutar:*** *Combater corpo a corpo um adversário; brigar.* **Sinal igual:** COMBATER, PELEJAR, PUGNAR

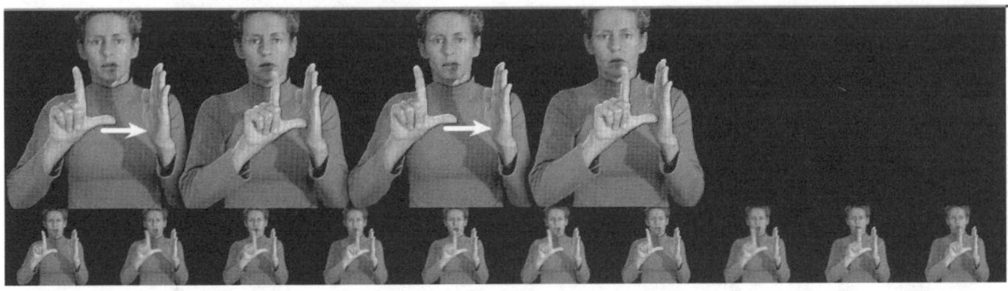

LUTERANO – Mão esquerda aberta, dedos esticados apontando para cima, palma para dentro. Mão direita em "L", palma para a frente. Mover a mão direita, tocando a ponta do polegar duas vezes na palma esquerda.
• ***Luterano:*** *Seguidor da doutrina de Lutero; protestante.*

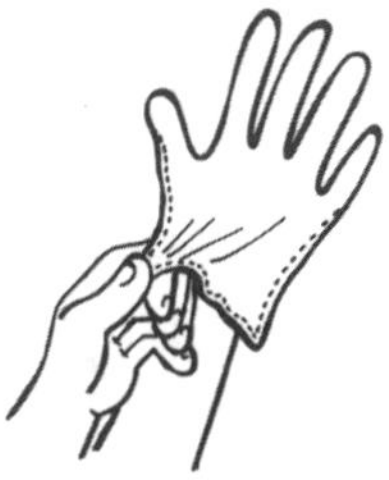

LUVA – Mão direita fechada, palma para trás. Mão esquerda com os dedos unidos pelas pontas, palma para dentro. Encostar as pontas dos dedos da mão esquerda na lateral da mão direita, perto do mínimo. Mover a mão direita para cima, abrindo os dedos, mantendo a esquerda parada.
• ***Luva:*** *Peça do vestuário que serve para cobrir as mãos.*

L

■ LUTA: LUTADOR

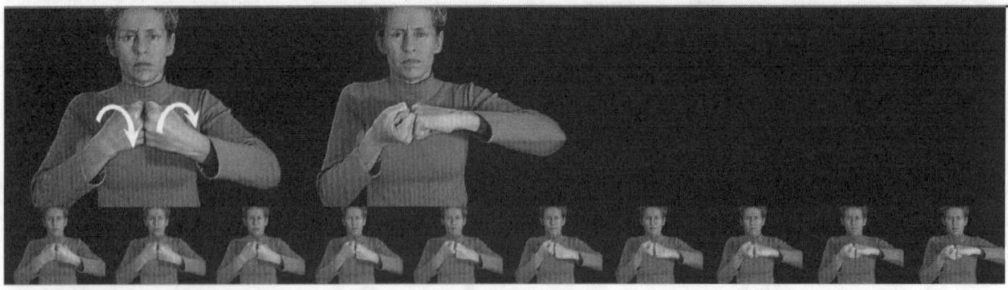
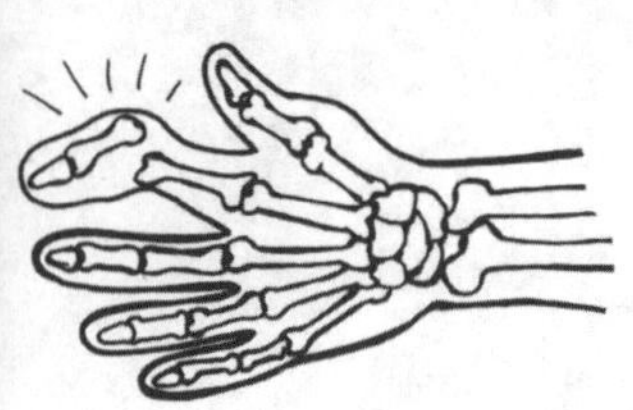

LUXAR – Mãos fechadas em "S", palmas para trás. Unir as mãos pelo dorso dos dedos (foto 1). Em seguida, girá-las ao redor dos próprios eixos, simultaneamente e em sentidos opostos, virando a mão direita para a frente e a esquerda para trás, mantendo-as unidas. Fazer uma expressão de dor durante o movimento.
• ***Luxar:*** *Deslocar um osso; luxação.*

LUXO – Mãos abertas com os dedos esticados e separados, indicadores e polegares unidos pelas pontas, palmas para a frente. Posicionar as mãos na altura do peito e movê-las simultaneamente para cima, marcando três pontos imaginários durante o percurso. Arregalar um pouco os olhos durante o movimento.
• ***Luxo:*** *Caráter daquilo que é requintado; conjunto de riquezas.*

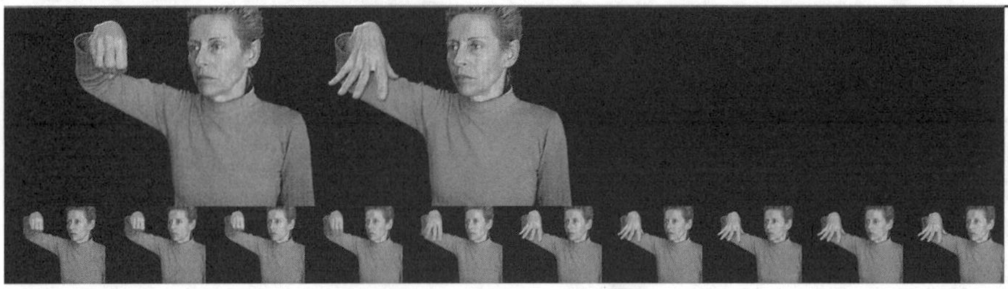

LUZ – Mão fechada em "O", com o polegar segurando os demais dedos, palma para baixo. Posicionar a mão na altura da cabeça. Em seguida, abrir todos os dedos com um pouco de rapidez, mantendo-os esticados e separados apontando para baixo.
• ***Luz:*** *Radiação luminosa vinda do sol, das lâmpadas, do fogo etc.* **Sinal igual:** ILUMINAÇÃO, ILUMINADO, ILUMINAR, LUMINESCÊNCIA, LUMINOSO

▪ **LUZIR:** BRILHAR

Dedos mínimo e polegar fechados. Anular, médio e indicador unidos e esticados apontando para baixo. Décima terceira letra do alfabeto. Dedos mínimo e polegar fechados. Anular, médio e indicador unidos e esticados apontando para baixo. Décima terceira letra do alfabeto. Dedos mínimo e polegar fechados. Anular, médio e indicador unidos e esticados apontando para ba

alfabeto. Ded dos. Anular, m esticados apontando para baixo. Décima terceira letra do alfabeto. Dedos mínimo e polegar fechados. Anular, médio e indicador unidos e esticados apontando para baixo. Décima terceira letra do alfabeto. Dedos mínimo e polegar fechados. Anular, médio e indicador unidos e esticados apontando para baixo. Décima terceira letra do alfabeto. Dedos mínimo e polegar fechados. Anular, médio e indicador unid

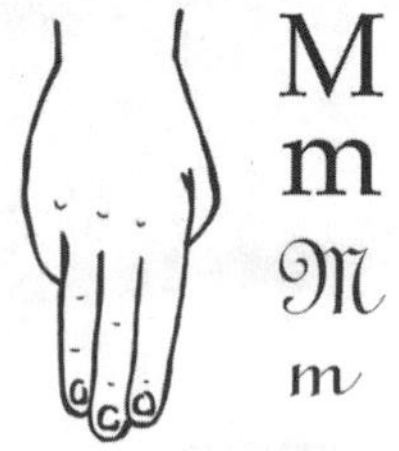

M – Dedos mínimo e polegar fechados. Anular, médio e indicador unidos e esticados apontando para baixo.

• *M: Décima terceira letra do alfabeto.*

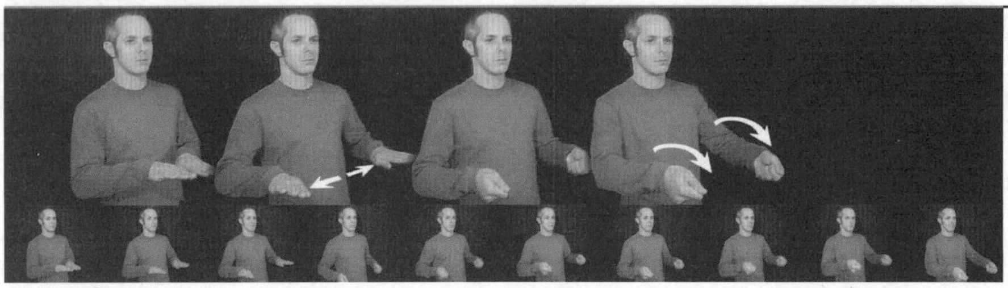

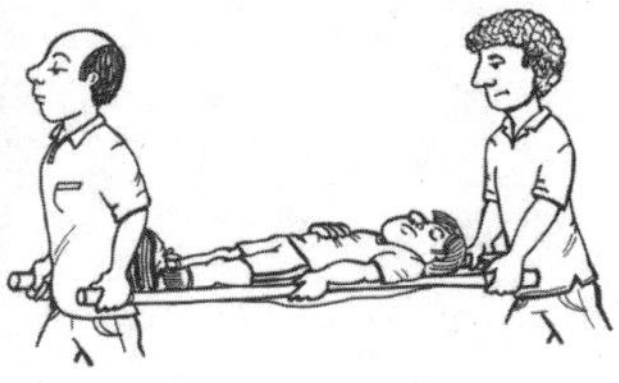

MACA – Mãos abertas, dedos unidos e esticados apontando para a frente, palmas para baixo. Posicionar as mãos na altura da cintura e uni-las pelas laterais internas. Em seguida, movê-las simultaneamente afastando-as para as laterais. Depois, fazer o sinal de "locomover".

• *Maca: Cama portátil feita geralmente de lona, usada para transportar pessoas doentes, feridas ou mortas.*

MAÇÃ – Mão em "C", palma para trás. Posicionar a mão diante da boca. Em seguida, virar a palma da mão para cima.

• *Maçã: Fruto da macieira.* **Sinal igual:** MACIEIRA

MACACÃO – Dedos mínimos e anulares fechados, médios e indicadores unidos e esticados, polegares separados, palmas para trás. Posicionar as mãos perto dos ombros, com as pontas dos polegares tocando a parte superior do peito (foto 1). Em seguida, unir as pontas dos indicadores e médios nas dos polegares.

• *Macacão: Roupa de tecido grosso usada por operários; calça que se prolonga sobre o peito, presa por suspensórios.*

MACACO – Mãos abertas, dedos curvados e separados, palmas para dentro. Posicionar as mãos na altura da cintura. Em seguida, movê-las duas ou três vezes simultaneamente, virando as palmas para cima e raspando as pontas dos dedos na cintura durante o percurso, para imitar o gesto de um macaco se coçando.

• *Macaco: Mamífero da família dos primatas; símio.* **Sinal igual:** CHIMPANZÉ, CHIPANZÉ, SIMIESCO, SÍMIO

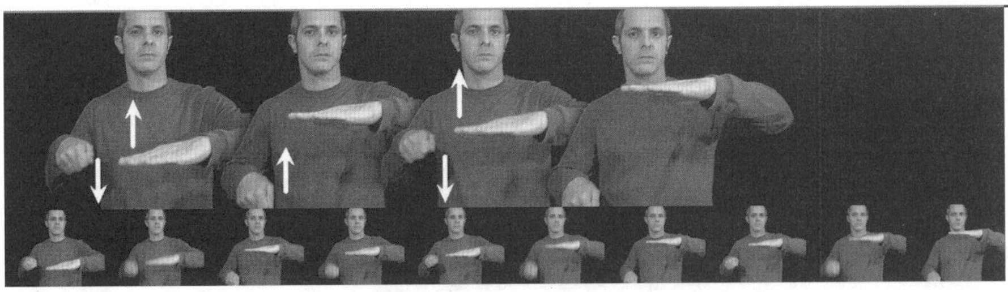

MACACO MECÂNICO – Mão direita fechada, palma para dentro. Mão esquerda aberta, dedos unidos e esticados, palma para baixo. Posicionar as mãos na mesma altura (foto 1). Em seguida, mover a mão direita para baixo e a direita para cima ao mesmo tempo. Repetir esse movimento duas ou três vezes.

• ***Macaco mecânico:*** *Aparelho usado para levantar automóveis ou outras cargas pesadas.*

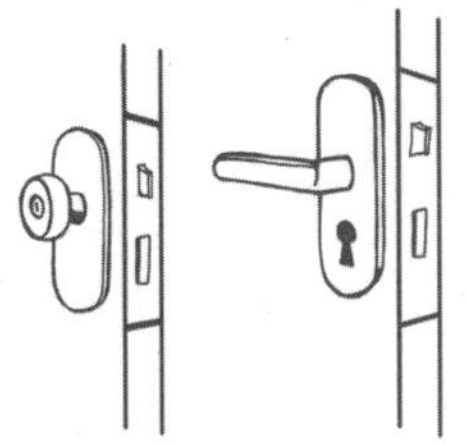

MAÇANETA – Mão em "C", palma para fora (foto 1). Girar a mão ao redor do próprio eixo, virando a palma para cima.

• ***Maçaneta:*** *Dispositivo colocado na porta para abri-la; puxador.*

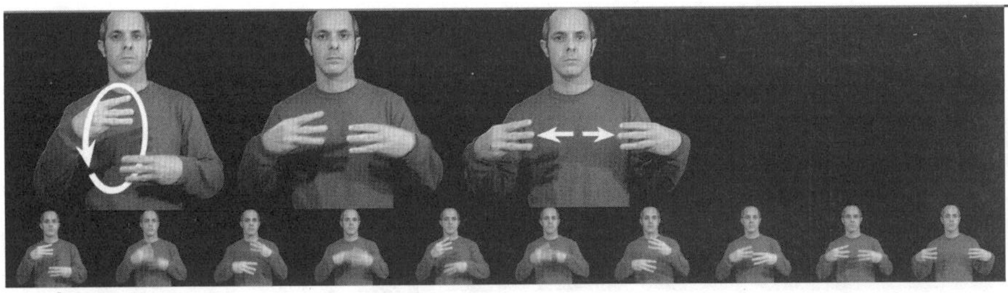

MACARRÃO – Mãos em "3" com os dedos apontando para dentro, palmas para trás. Mover as mãos simultaneamente em círculos, como o movimento dos pedais de uma bicicleta. Ao completar duas voltas, afastá-las, verticalmente, para as laterais.

• ***Macarrão:*** *Massa alimentícia feita de ovos e farinha que pode apresentar vários formatos, como o cilíndrico.* **Sinal igual:** MACARRONADA, TALHARIM

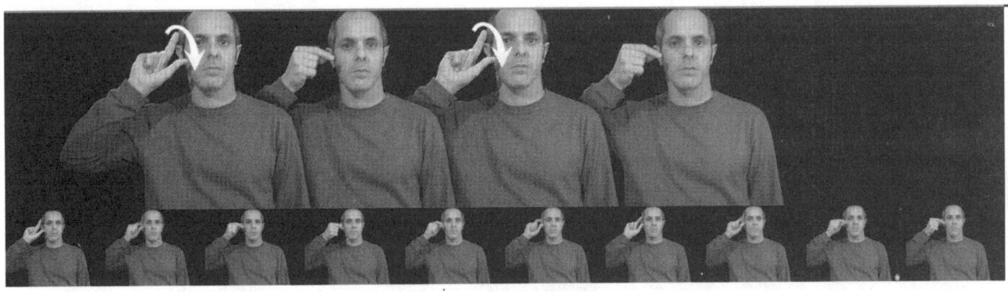

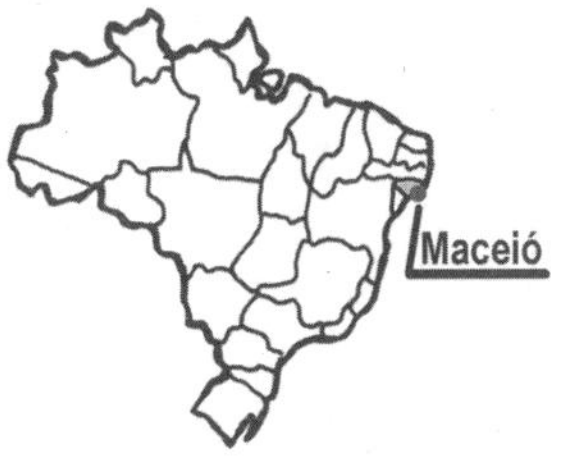

MACEIÓ – Mão fechada com os dedos indicador e polegar abertos e suas pontas próximo uma da outra, palma para a frente. Posicionar a mão ao lado da têmpora. Em seguida, unir as pontas dos dedos e girar a mão no próprio eixo, virando a palma para trás. Fazer esse movimento duas vezes seguidas.

• ***Maceió:*** *Capital do estado de Alagoas.*

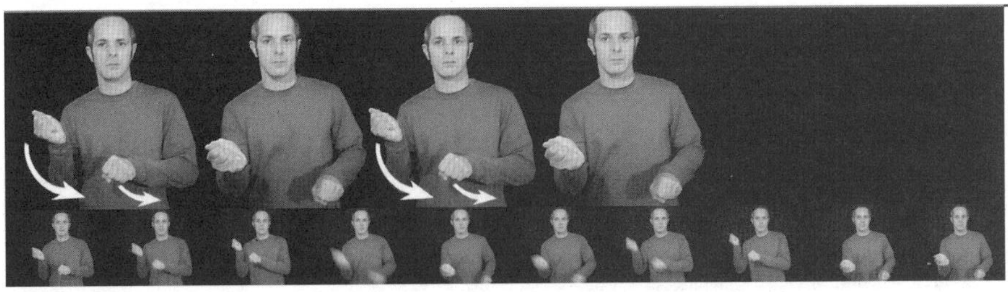

MACHADO – Mãos fechadas, palmas para dentro. Posicionar as mãos na lateral direita do corpo, com a direita acima da esquerda (foto 1). Em seguida, com um gesto rápido, movê-las simultaneamente para a frente do corpo, imitando o gesto de quem utiliza um machado. Fazer esse movimento duas vezes seguidas.

• ***Machado:*** *Instrumento usado para derrubar árvores ou cortar a lenha.*

■ **MACARRONADA:** MACARRÃO ■ **MACAXEIRA:** MANDIOCA

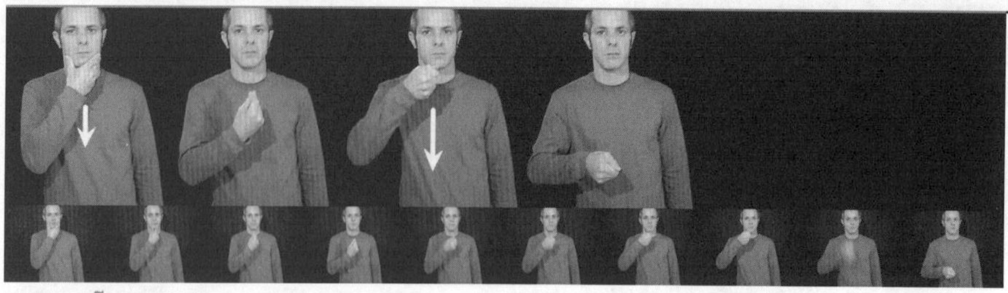

MACHÃO – Fazer o sinal de "homem". Em seguida, com a mão fechada em "A" e a palma para dentro, mover a mão para baixo com um gesto curto e firme.

• ***Machão:*** *Diz-se de homem que se mostra excessivamente orgulhoso de sua condição masculina; valentão.*

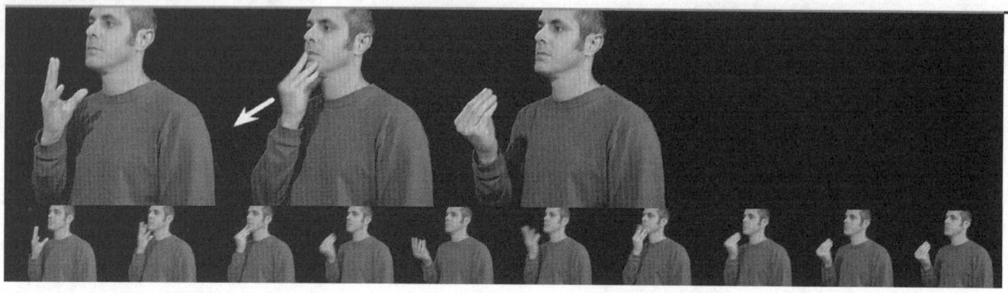

MACHO – Mão aberta, dedos esticados e separados apontando para o queixo, palma para trás. Posicionar a mão na altura dos ombros. Em seguida, movê-la para trás, segurando rapidamente o queixo com as pontas dos dedos, e depois para frente, unindo os dedos pelas pontas. Fazer esse movimento duas vezes seguidas.

• ***Macho:*** *Do sexo masculino.*

MACHUCADO – Mão esquerda fechada, palma para baixo. Mão direita fechada com o dedo indicador esticado apontando para a frente, palma para baixo. Posicionar a mão direita acima da esquerda (foto 1). Em seguida, mover a mão direita com rapidez, resvalando a ponta do indicador no dorso esquerdo e voltar à posição inicial.

• ***Machucado:*** *Ferimento na pele.* **Sinal igual:** CONTUSÃO, FERIDA, FERIMENTO, LESADO, LESÃO, LESAR, MACHUCADURA, MACHUCAR

MACIO – Mãos abertas, dedos unidos e esticados apontando para a frente. Mão direita com a palma para cima e esquerda com a palma para baixo. Posicionar a mão direita um pouco abaixo da esquerda (foto 1). Em seguida, mover as mãos simultaneamente e em sentidos opostos, aproximando-as e afastando-as novamente. Fazer esse movimento duas ou três vezes.

• ***Macio:*** *Que é suave ao tato.* **Sinal igual:** MACIEZ

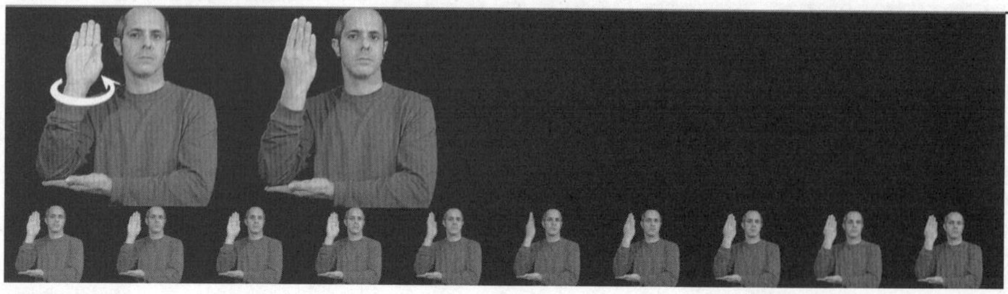

MADEIRA – Mão esquerda aberta, dedos unidos e esticados apontando para o lado direito, palma para cima. Mão direita aberta, dedos unidos e esticados apontando para cima, palma para a frente. Apoiar o cotovelo direito na palma esquerda. Em seguida, girar a mão ao redor do próprio eixo, virando a palma para trás.

• ***Madeira:*** *Fibra natural resistente retirada dos troncos e dos ramos principais das árvores.* **Sinal igual:** LENHO, MADEIRO

▪ **MACHUCADURA:** MACHUCADO ▪ **MACHUCAR:** MACHUCADO ▪ **MACHUCHO:** CHUCHU ▪ **MACIEIRA:** MAÇÃ ▪ **MACIEZ:** MACIO ▪ **MÁCULA:** MANCHA ▪ **MADEIRO:** MADEIRA

MADRASTA – Fazer os sinais de "mãe" e de "outro".

• ***Madrasta:*** *Mulher em relação aos filhos do homem com quem passa a constituir sociedade conjugal.*

MADRUGADA – Mão fechada em "A", palma para dentro. Posicionar a mão perto do corpo. Em seguida, movê-la para a frente, abrindo os dedos sucessivamente, do polegar até o mínimo, durante o percurso

• ***Madrugada:*** *Período compreendido entre zero hora e o nascer do dia.* **Sinal igual:** ALVOR, ALVORADA, ALVORECER, AURORA

MÃE – Fazer o sinal de "mulher". Em seguida, com a mão fechada e a palma para baixo, encostar o dorso da mão na ponta do queixo.

• ***Mãe:*** *Mulher que deu à luz a uma ou mais crianças; aquela que cria ou criou alguém.* **Sinal igual:** GENITORA, MAMÃE

MÁGICA – Mãos fechadas, palmas para a frente. Posicionar as mãos na altura dos ombros. Em seguida, movê-las simultaneamente para a frente e para baixo, abrindo os dedos e virando as palmas também para baixo.

• ***Mágica:*** *Criar ilusões através de técnicas próprias; ilusionismo.* **Sinal igual:** MAGIA, TRUQUE

MÁGICO – Mãos abertas, dedos relaxados apontando para dentro, palmas para baixo. Posicionar as mãos próximo uma da outra. Em seguida, movê-las em círculos, como o movimento dos pedais de uma bicicleta. Depois, fazer o sinal de "mágica".

• ***Mágico:*** *Pessoa que faz mágicas.*

▪ MADRE: FREIRA ▪ MADURO: ADULTO ▪ MAESTRO: MÚSICA ▪ MAGA: BRUXA ▪ MAGAZINE: COMÉRCIO, REVISTA ▪ MAGIA: MÁGICA

MAGISTÉRIO – Mão esquerda fechada, braço dobrado. Mão direita em "M". Tocar com as pontas dos dedos da mão direita no braço esquerdo, perto do cotovelo. Em seguida, deslizar a mão direita pelo braço esquerdo até chegar perto do punho.

• ***Magistério:*** *Cargo de professor; o exercício do ofício de professor.*

MÁGOA – Mãos abertas, dedos relaxados apontando para cima, palmas para cima. Encostar as laterais externas das mãos no peito. Em seguida, mover as mãos simultaneamente para baixo, fechando-as em "S". Inclinar um pouco a cabeça e fazer uma expressão de tristeza durante o movimento.

• ***Mágoa:*** *Grande ressentimento; rancor.* **Sinal igual:** AMARGURA, AMARGURADO, CONTRISTAR, DECEPÇÃO, DESCONTENTAMENTO, DESCONTENTE, DESGOSTO, DESGOSTOSO, LÁSTIMA, LASTIMADO, MAGOADO, MAGOAR, PESAR, RANCOR, RANCOROSO

MAGRO – Mão em "I", palma para trás. Mover a mão para baixo, sugando as bochechas para dentro da boca durante o movimento.

• ***Magro:*** *Aquele que não é gordo; que tem pouco peso ou gordura; esguio.* **Sinal igual:** MAGRELO, MAGREZA, MAGRICELA

MAIO – Fazer o sinal de "mês". Depois, mão fechada com o indicador esticado, palma para a frente. Encostar a ponta do dedo na lateral do pescoço e girar a mão, ao redor do próprio eixo, virando a palma para trás.

• ***Maio:*** *Quinto mês do ano.*

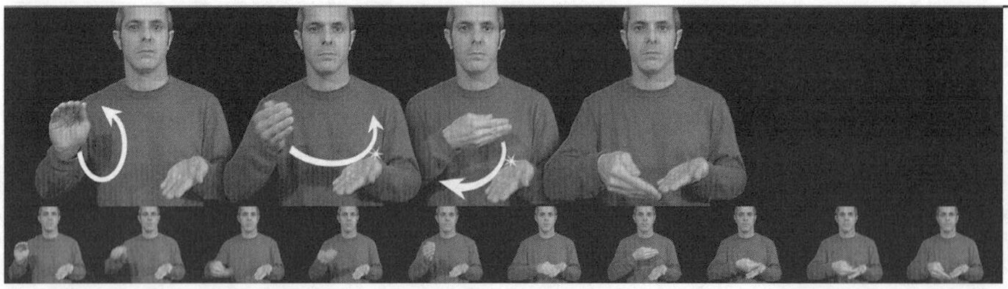

MAIONESE – Mão esquerda aberta, dedos unidos e esticados, palma para cima. Mão direita aberta e levemente curvada, dedos unidos. Posicionar a mão direita mais elevada que a esquerda e movê-la para baixo e para cima, virando a palma também para cima, como se fosse uma espátula retirando um pouco de maionese do vidro. Depois, mover a mão direita para trás e para a frente, resvalando as pontas dos dedos na palma esquerda, como se estivesse passando a maionese no pão.

• ***Maionese:*** *Alimento pastoso preparado à base de óleo e gema de ovos.*

▪ **MAGNÉTICO:** ÍMÃ ▪ **MAGNETISMO:** ÍMÃ ▪ **MAGNÍFICO:** MELHOR ▪ **MAGOADO:** MÁGOA ▪ **MAGOAR:** MÁGOA ▪ **MAGRELO:** MAGRO ▪ **MAGREZA:** MAGRO ▪ **MAGRICELA:** MAGRO

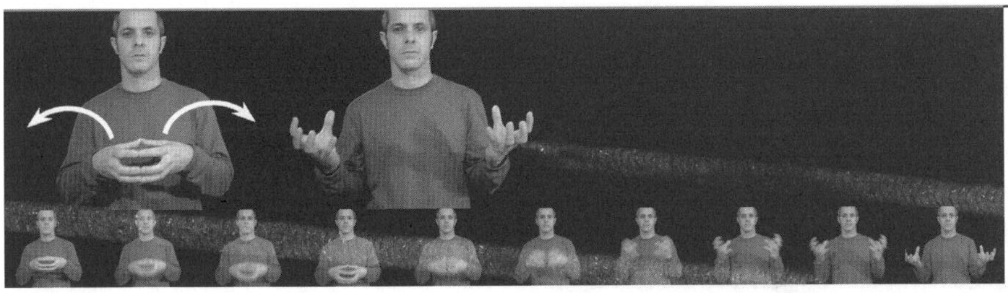

MAIOR – Mãos abertas, dedos separados e curvados, palmas para dentro. Unir as mãos pelas pontas dos dedos. Em seguida, movê-las simultaneamente para as laterais, virando as palmas para cima.

• *Maior: Que tem mais tamanho em relação ao outro; de proporções avantajadas.* **Sinal igual:** AVANTAJADO

MAIORIA – Mãos fechadas com os indicadores e polegares abertos e curvados, palmas para dentro. Unir as mãos pelas pontas dos dedos. Em seguida, movê-las simultaneamente para as laterais.

• *Maioria: Que tem o apoio da maior parte das pessoas; aquilo que corresponde a maior parte.* **Sinal igual:** GENERALIDADE

MAIS* – Mão esquerda fechada, palma para baixo. Mão direita aberta com os dedos apontando para cima. Posicionar a mão direita acima da esquerda e, em seguida, movê-la resvalando as pontas dos dedos sobre o dorso esquerdo e voltar à posição inicial, deixando os dedos relaxados.

• *Mais: Com maior intensidade ou maior quantidade.*

MAIÚSCULA – Fazer o sinal de "letra". Em seguida, posicionar a mão fechada com os dedos indicador e polegar abertos e curvados, longe um do outro.

• *Maiúscula: Letra de tamanho maior e de formato próprio usada principalmente no início de nomes de pessoas, de países e outros lugares ou no início das frases.*

MALA – Mão fechada em "S", palma para dentro. Posicionar a mão na lateral do quadril. Em seguida, movê-la um pouco para cima.

• *Mala: Utensílio usado para se transportar roupas ou objetos.* **Sinal igual:** MALETA, VALISE

■ MAIS: ADICIONAR ■ MAIS OU MENOS: APROXIMADAMENTE ■ MAL: MAU

M

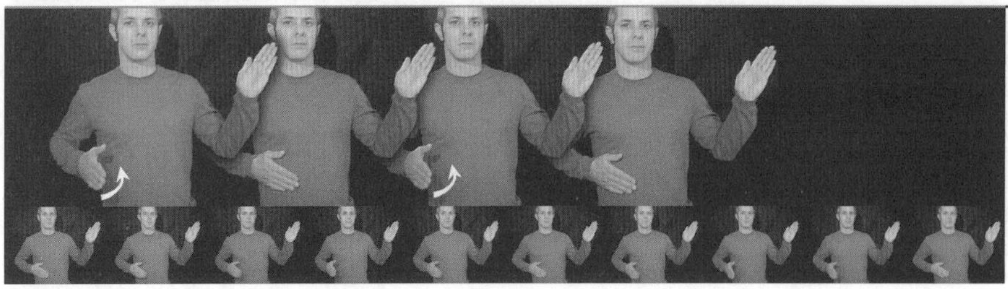

MALANDRO – Mão esquerda aberta, dedos unidos e esticados, braço dobrado. Mão direita aberta, dedos unidos e esticados. Posicionar as mãos conforme a foto 1. Em seguida, bater duas vezes na lateral da barriga com a mão direita.

• ***Malandro:*** *Aquele que não gosta de trabalhar; aquele que engana as pessoas para se dar bem.*

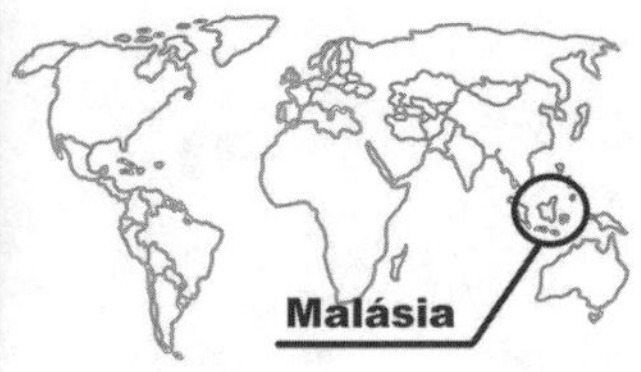

MALÁSIA – Mãos abertas, dedos unidos e esticados apontando para cima, palmas para dentro. Posicionar as mãos nas laterais da cabeça, de modo que uma fique ligeiramente acima da outra (foto 1). Em seguida, mover as mãos simultaneamente e em sentidos opostos, trocando-as de lugar (com relação à altura) e voltando para a posição inicial, duas vezes.

• ***Malásia:*** *Nação localizada no Sudeste Asiático.*

MALCRIADO* – Mão esquerda fechada, palma para baixo, braço dobrado. Mão direita fechada, palma para a frente. Posicionar a mão direita atrás e um pouco acima da esquerda. Em seguida, mover a mão direita para a frente, encostando o punho na lateral interna da esquerda e abrindo os dedos.

• ***Malcriado:*** *Aquele que age de forma grosseira; mal-educado.* **Sinal igual:** GROSSEIRO, INDELICADO, MAL-EDUCADO

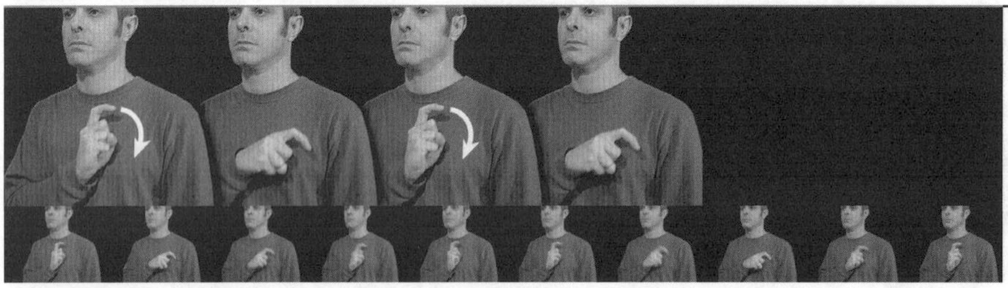

MALDADE – Mão direita fechada com o dedo indicador aberto e curvado apontando para o lado esquerdo, palma para dentro. Encostar a lateral interna dessa mão no lado esquerdo do peito, na altura do coração. Em seguida, movê-la, virando a palma para baixo, duas ou três vezes seguidas.

• ***Maldade:*** *Qualidade ou caráter de mau; perversidade, crueldade; iniquidade, malvadez.* **Sinal igual:** CRUELDADE, INIQUIDADE, MALÍCIA, MALTRATAR, MALVADEZA, PERVERSÃO, PERVERSIDADE, PERVERSO, PERVERTIDO

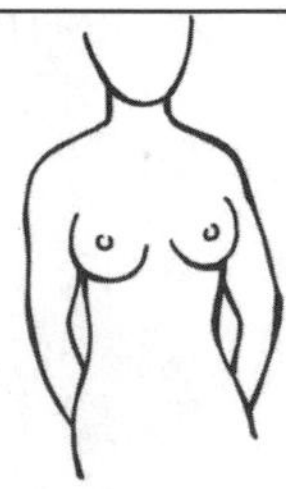

MAMA* – Mãos abertas, dedos esticados e separados, palmas para trás. Posicionar as mãos na frente dos mamilos, com os dedos apontando para o corpo.

• ***Mama:*** *Glândula que produz o leite, característica dos mamíferos.* **Sinal igual:** TETA

▪ **MALCRIADO:** BRUTO ▪ **MALDIÇÃO:** AZAR ▪ **MALEÁVEL:** PLÁSTICO ▪ **MAL-EDUCADO:** MALCRIADO ▪ **MAL-ESTAR:** ENJOADO ▪ **MALETA:** MALA ▪ **MALEVOLENTE:** MAU ▪ **MALÉVOLO:** MAU ▪ **MALFORMAÇÃO:** DEFORMADO ▪ **MALÍCIA:** ESPERTO, MALDADE ▪ **MALIGNO:** MAU ▪ **MALÍSSIMO:** MAU ▪ **MALOCA:** FAVELA ▪ **MALQUERENÇA:** INIMIGO ▪ **MALQUISTADO:** INIMIGO ▪ **MALQUISTO:** INIMIGO ▪ **MALTRATAR:** MALDADE ▪ **MALUCO:** DOIDO, LOUCO ▪ **MALVADEZA:** MALDADE ▪ **MALVADO:** MAU ▪ **MAMA:** SEIO

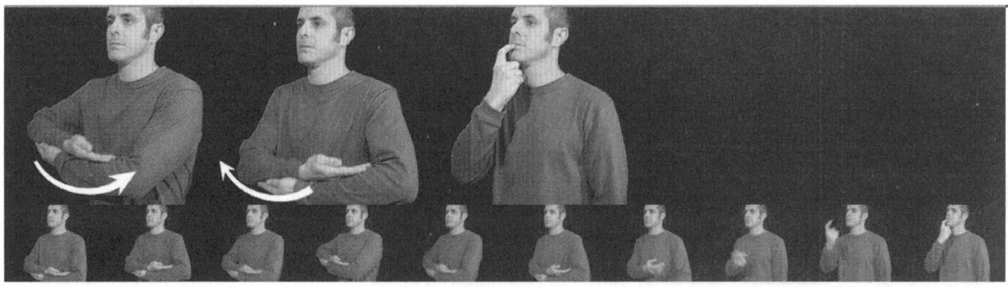

MAMADEIRA – Fazer o sinal de "bebê". Em seguida, com a mão fechada e o indicador aberto e curvado, encostar levemente a ponta desse dedo na boca.

• ***Mamadeira:*** *recipiente usado para servir leite e outros líquidos para os bebês.*

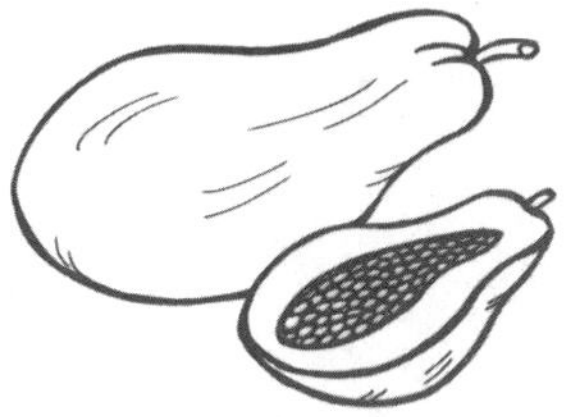

MAMÃO – Dedos esticados e unidos pelas pontas, palmas para dentro. Unir as mãos pelas pontas dos dedos. Em seguida, movê-las simultaneamente para as laterais, abrindo os dedos durante o percurso e unindo-os pelas pontas no fim.

• ***Mamão:*** *Fruto do mamoeiro.* **Sinal igual:** MAMOEIRO, PAPAIA

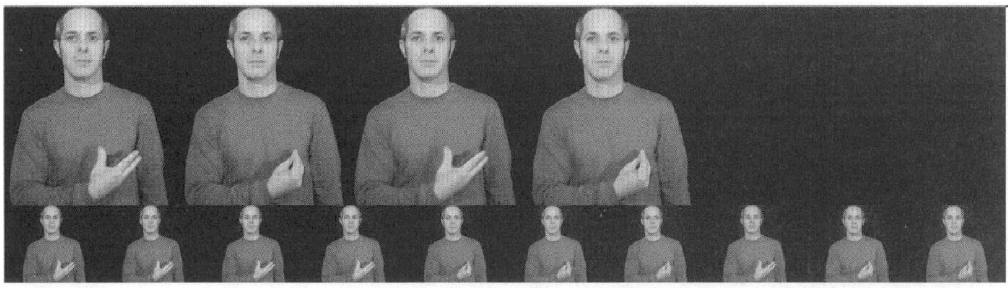

MAMAR – Mão direita aberta, dedos esticados apontando para o mamilo esquerdo. Unir as pontas desses dedos e voltar à posição inicial, duas ou três vezes.

• ***Mamar:*** *Beber o leite da mama da mãe.*

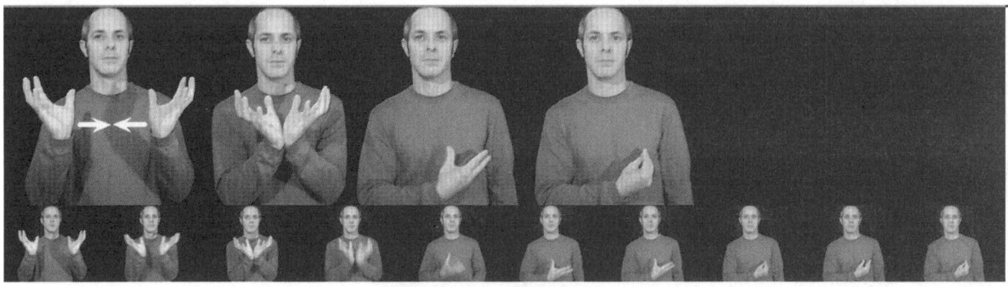

MAMÍFERO – Fazer os sinais de "grupo" e de "mamar".

• ***Mamífero:*** *Nome dado ao grupo de animais cujas fêmeas possuem glândulas mamárias e alimentam os filhotes com seu leite.*

MANAUS – Mão direita aberta, dedos esticados e separados, palma para dentro. Tocar a ponta do polegar no lado esquerdo da testa. Em seguida, deslizar a mão para o lado direito da testa, fechando os dedos sucessivamente do mínimo até o indicador, durante o percurso.

• ***Manaus:*** *Capital do estado do Amazonas.*

M

■ MAMÃE: MÃE ■ MAMOEIRO: MAMÃO ■ MANAR: CORRENTEZA, CRIAR ■ MANCADA: GAFE

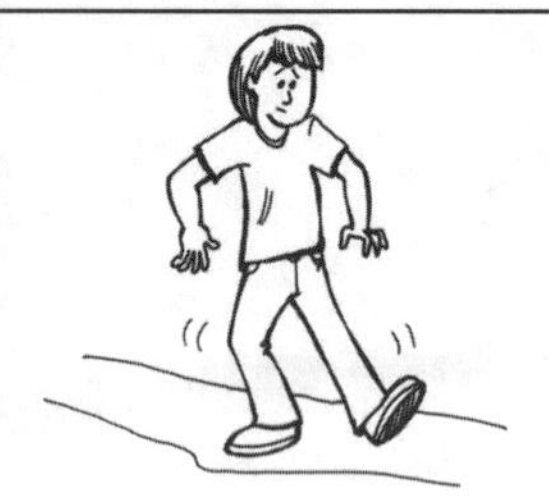

MANCAR – Mão esquerda aberta, dedos unidos e esticados apontando para o lado direito, palma para cima. Mão direita fechada com o indicador e o médio esticados apontando para baixo. Tocar as pontas dos dedos da mão direita nos da esquerda. Em seguida, mover a mão direita até o punho esquerdo, "andando" com o indicador e o médio. Simular um movimento defeituoso com os dedos da mão direita, como alguém que anda mancando.

• ***Mancar:*** *Andar de forma defeituosa.* **Sinal igual:** COXEAR, MANCO, MANQUEJAR

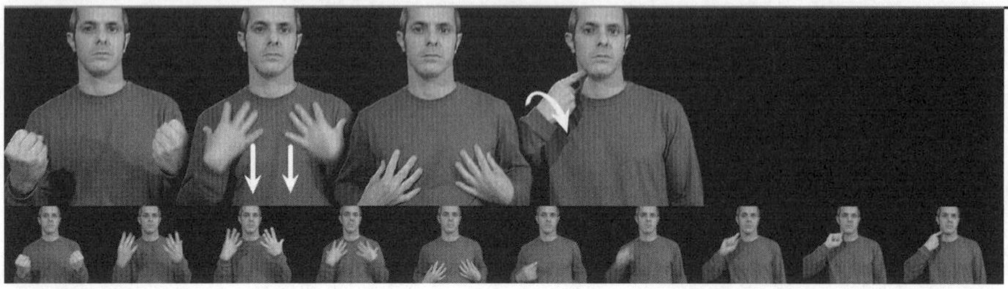

MANCHA – Mãos fechadas, palmas para trás. Mover as mãos simultaneamente para trás, abrindo-as e encostando-as no peito. Em seguida, deslizar as mãos para baixo. Depois, fazer o sinal de "sujo".

• ***Mancha:*** *Marca de tinta ou outra substância deixada na roupa, causando aspecto de sujeira.* **Sinal igual:** LAIVO, MÁCULA, NÓDOA

MANDADO – Mão fechada com o dedo indicador esticado apontando para cima, palma para trás. Posicionar a mão um pouco distante do corpo. Em seguida, mover a mão para trás, apontando para o peito.

• ***Mandado:*** *Aquele que recebeu ordens de alguém.* **Sinal igual:** COMANDADO, DETERMINADO, DOMINADO, ORDENADO

MANDAR – Mão fechada com o dedo indicador esticado apontando para cima, palma para dentro. Encostar a ponta do dedo na testa. Em seguida, mover a mão para a frente, apontando para essa direção.

• ***Mandar:*** *Dar ordens em alguém.* **Sinal igual:** COMANDAR, CONTROLAR, DETERMINAR, DOMINAR, ORDEM, ORDENAR

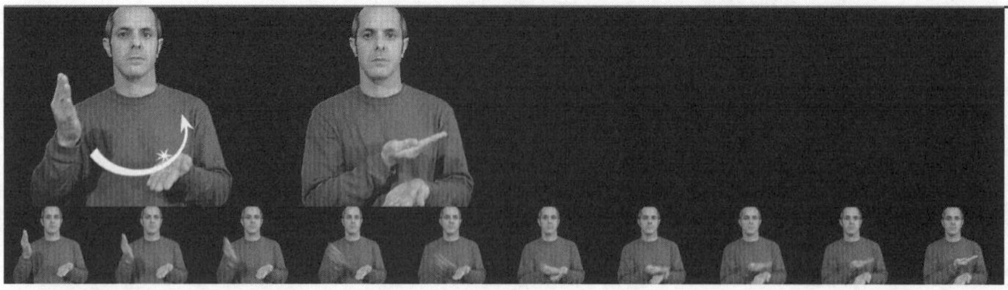

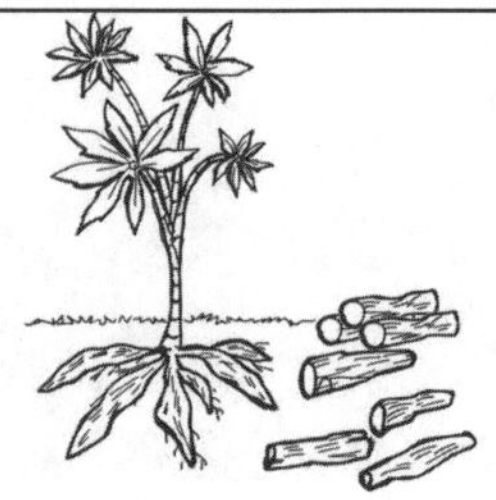

MANDIOCA – Mão esquerda aberta, dedos unidos e esticados, palma para cima. Mão direita aberta, dedos unidos e esticados apontando para cima, palma para dentro. Posicionar a mão direita na altura do ombro. Em seguida, com um gesto um pouco rápido, mover a mão direita para o lado esquerdo, resvalando seu dorso na palma esquerda durante o percurso e virando a palma para cima.

• ***Mandioca:*** *Raiz comestível.* **Sinal igual:** AIPIM, MACAXEIRA, TAPIOCA

■ **MANCO:** MANCAR ■ **MANEIRA:** COMO, MÉTODO, SENTIR

MANGA – Mão direita aberta, dedos unidos e esticados apontando para o lado esquerdo, palma para baixo. Tocar duas vezes a lateral do indicador na ponta do queixo.

• ***Manga:*** *Fruto da mangueira.*

MANGA (VESTUÁRIO) – Mão aberta, dedos unidos e esticados, palma para cima. Tocar duas vezes a lateral externa da mão na lateral do braço oposto.

• ***Manga (vestuário):*** *Parte da roupa que cobre total ou parcialmente o braço.*

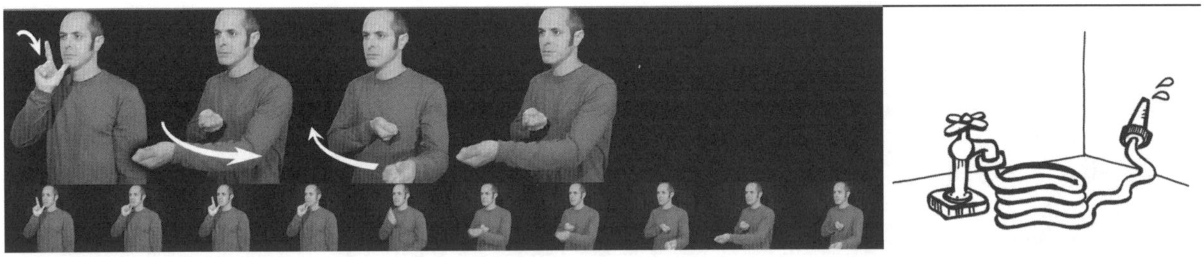

MANGUEIRA – Fazer o sinal de "água". Em seguida, com as mãos fechadas e suas palmas para dentro, posicioná-las conforme a foto 2. Depois, movê-las simultaneamente para o lado esquerdo e voltar à posição inicial, duas vezes.

• ***Mangueira:*** *Tubo flexível de borracha, plástico ou outro material usado principalmente para conduzir água ou outros líquidos.*

MANHÃ – Mão esquerda aberta, palma para cima. Mão direita em "5", palma para a frente. Mover a mão direita, tocando as pontas dos dedos na palma esquerda.

• ***Manhã:*** *Período inicial do dia que vai do nascer do sol até às 12 h.* **Sinal igual:** AMANHECER, CEDO

MANIA – Mão em "P", palma para trás. Resvalar, de cima para baixo, a ponta do dedo médio na lateral da testa, duas vezes.

• ***Mania:*** *Atos repetitivos; costume estranho; preocupação excessiva por alguma coisa.*

▪ MANHA: ESPERTO ▪ MANHOSO: SORRATEIRO ▪ MANICURE: ESMALTE DE UNHA ▪ MANIFESTAR: MOSTRAR

M

MANOBRA – Fazer o sinal de "automóvel". Em seguida, com a mão direita aberta, os dedos unidos e esticados e a palma para baixo, movê-la para a frente, descrevendo um leve zigue-zague durante o percurso.

• ***Manobra:*** *Ação ou efeito de manobrar.*

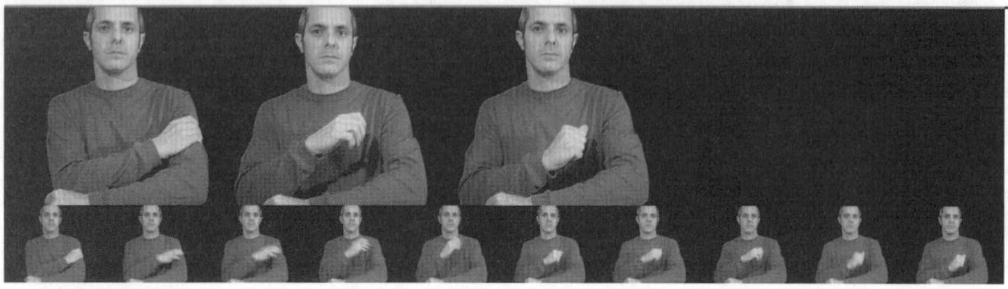

MANÔMETRO – Com a mão direita, segurar com firmeza o braço esquerdo. Em seguida, posicionar a mão direita perto do braço esquerdo. Abri-la e fechá-la duas ou três vezes.

• ***Manômetro:*** *Instrumento usado para se medir a pressão dos líquidos.*

MÃO – Mão aberta, dedos relaxados apontando para cima, palma para trás. Mover aleatoriamente os dedos.

• ***Mão:*** *Extremidade do braço que serve para segurar coisas, entre outras funções.*

MAPA – Digitar as letras: "M", "A", "P" e "A".

• ***Mapa:*** *Representação, em papel e em tamanho menor, de um terreno, país, território etc.; carta geográfica.*

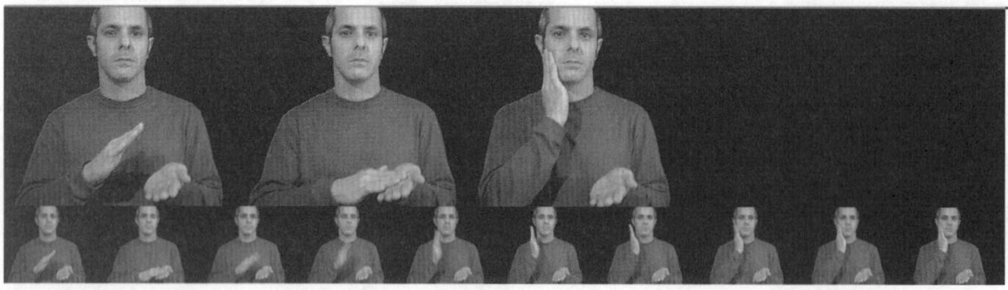

MAQUIAGEM – Mão esquerda aberta, dedos unidos e esticados, palma para cima. Mão direita aberta, dedos unidos e esticados, palma para baixo. Posicionar a mão direita acima da esquerda. Em seguida, mover a mão direita para baixo, tocando os dedos na palma esquerda. Depois, mover a mão direita para cima, tocando duas vezes os dedos no rosto.

• ***Maquiagem:*** *Cosmético usado geralmente no rosto para o embelezamento ou a correção de defeitos.* **Sinal igual:** COSMÉTICA, COSMÉTICO, MAQUIAR, MAQUILAGEM, MAQUILAR

▪ **MANQUEJAR:** MANCAR ▪ **MANSO:** TRANQUILO ▪ **MANTA:** COBERTOR ▪ **MANTEIGA:** MARGARINA ▪ **MANTER:** CONFIRMAR, SEGURAR ▪ **MANTIMENTO:** COMER ▪ **MANUFATURA:** FÁBRICA ▪ **MANUFATURAR:** FÁBRICA, PRODUZIR ▪ **MAQUETE:** PEQUENO ▪ **MAQUIAR, MAQUILAR:** MAQUIAGEM ▪ **MAQUILAGEM:** MAQUIAGEM

M

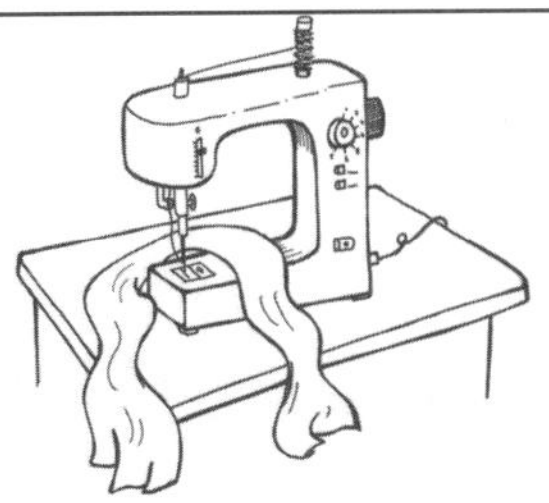

MÁQUINA DE COSTURA – Mãos abertas, dedos unidos e esticados apontando para a frente, palmas para baixo. Unir as mãos pelas laterais internas e posicioná-las perto do corpo. Em seguida, mover as mãos para a frente duas vezes, imitando o gesto de uma costureira usando a máquina de costura.

• ***Máquina de costura:*** *Máquina usada para costurar roupas.*

MÁQUINA DE ESCREVER – Fazer o sinal de "teclado". Em seguida, com a mão direita aberta, dedos apontando para a frente e a palma para dentro, mover a mão para o lado esquerdo, imitando o gesto de quem empurra o braço de uma máquina de escrever para pular uma linha.

• ***Máquina de escrever:*** *Máquina elétrica ou não, usada para escrever.*

MÁQUINA DE LAVAR ROUPA – Fazer os sinais de "roupa" e de "girar".

• ***Máquina de lavar roupa:*** *Eletrodoméstico usado para se lavar roupas.* **Sinal igual:** LAVADORA DE ROUPAS

MARACUJÁ – Mãos em "C", palma para dentro. Posicionar uma mão perto da outra. Em seguida, movê-las alternadamente, inclinando-as para a frente e voltando à posição inicial.

• ***Maracujá:*** *Fruto do maracujazeiro.*

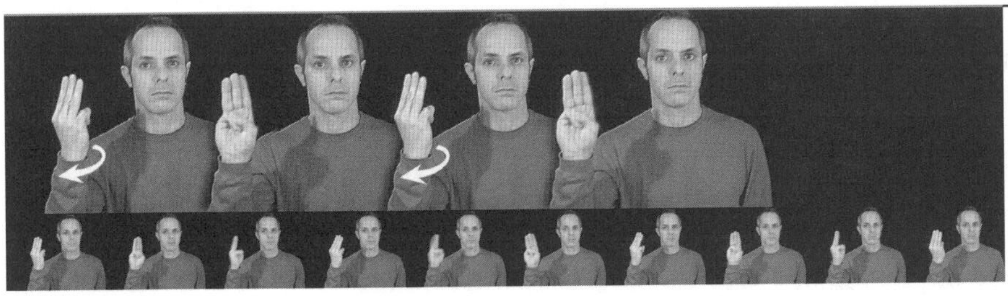

MARANHÃO – Mão em "M" com os dedos apontando para cima, palma para trás. Virar a palma para a frente e voltar à posição inicial duas ou três vezes.

• ***Maranhão:*** *Estado da região Nordeste do Brasil.*

M

■ **MÁQUINA:** MOTOR ■ **MÁQUINA FOTOGRÁFICA:** FOTOGRAFAR ■ **MAQUINÁRIO:** MOTOR ■ **MAR:** OCEANO ■ **MARAVILHA:** MARAVILHOSO

MARAVILHOSO – Dedos esticados e unidos pelas pontas, palmas para trás. Tocar as pontas dos dedos nos lábios. Em seguida, mover as mãos para as laterais e, ao mesmo tempo, movimentar aleatoriamente os dedos.

• ***Maravilhoso:*** *Que ou aquele que possui muitas qualidades; que desperta grande admiração.* **Sinal igual:** EXTRAORDINÁRIO, MARAVILHA, PRODIGIOSO, SURPREENDENTE

MARCANTE – Mãos abertas, dedos esticados e separados, palmas para dentro. Mover simultaneamente as mãos, tocando as pontas dos dedos médios nas laterais da cabeça.

• ***Marcante:*** *Que deixa lembrança; que se destaca.* **Sinal igual:** INESQUECÍVEL, PROEMINENTE

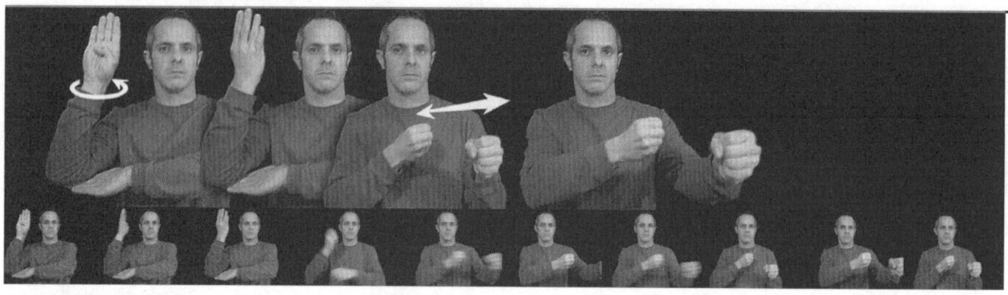

MARCENARIA – Fazer o sinal de "madeira". Em seguida, com as mãos fechadas e palmas para dentro, posicionar uma mão diante da outra e movê-las simultaneamente para a frente e para trás, duas ou três vezes.

• ***Marcenaria:*** *Ofício do marceneiro; trabalho artesanal ou industrial feito com madeira.* **Sinal igual:** MARCENEIRO

MARCHAR – Mãos abertas, dedos unidos e esticados apontando para baixo, palmas para baixo. Mover simultaneamente os dedos, apontando-os para a frente e voltando à posição inicial, duas ou três vezes.

• ***Marchar:*** *Caminhar em ritmo de marcha; modo de andar como os soldados.*

MARÇO – Fazer o sinal de "mês". Em seguida, com a mão em "M" e a palma para baixo, tocar as pontas dos dedos na parte inferior do queixo e movê-los aleatoriamente.

• ***Março:*** *Terceiro mês do ano.*

■ MARCA: TIPO ■ MARCAR: COMBINAR ■ MARCENEIRO: MARCENARIA

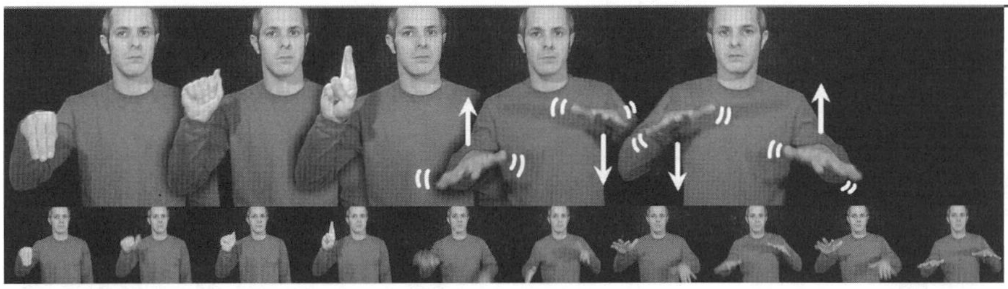

MAREMOTO – Digitar as letras "M", "A" e "R". Em seguida, fazer o sinal de "terremoto".

• ***Maremoto:*** *Grande agitação no oceano, geralmente provocada por um terremoto.*

MARGARINA – Mão esquerda aberta, dedos unidos e esticados apontando para a frente, palma para cima. Mão direita aberta, dedos unidos e esticados apontando para baixo, palma para trás. Mover a mão direita para a frente e para trás, raspando as pontas dos dedos na palma esquerda durante o percurso.

• ***Margarina:*** *Produto obtido de óleos vegetais.* **Sinal igual:** MANTEIGA

MARINHA – Mãos abertas, dedos unidos e esticados apontando para cima, palmas para trás. Mover alternadamente as mãos, tocando as pontas dos dedos nos ombros e voltando à posição inicial, duas vezes.

• ***Marinha:*** *Parte das Forças Armadas formada pelos navios de guerra.*

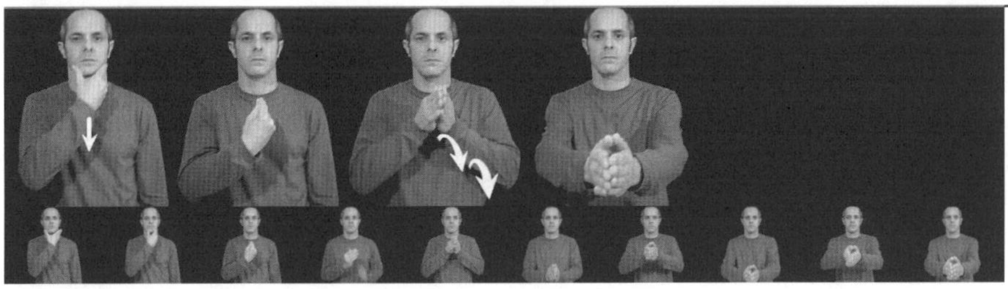

MARINHEIRO – Fazer os sinais de "homem" e de "barco".

• ***Marinheiro:*** *Aquele que navega por profissão.* **Sinal igual:** MARUJO

MARIONETE – Mãos abertas, dedos esticados e separados, palmas para baixo. Unir os indicadores e os polegares pelas pontas, direcionando-as para baixo. Em seguida, mover as mãos alternadamente para cima e para baixo, duas vezes.

• ***Marionete:*** *Boneco movido por cordas.* **Sinal igual:** TÍTERE

▪ **MARIDO:** ESPOSO ▪ **MARIPOSA:** BORBOLETA

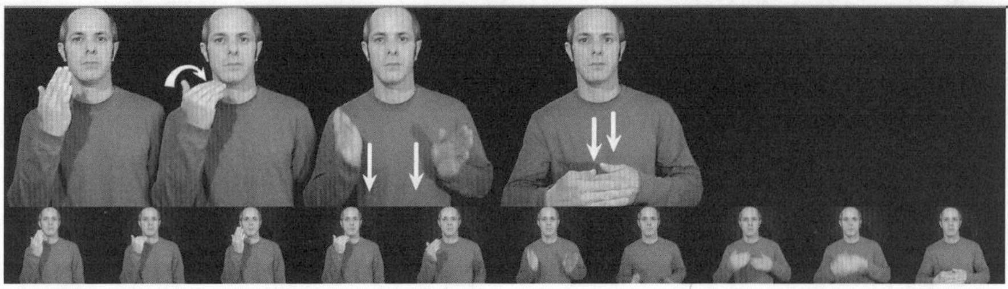
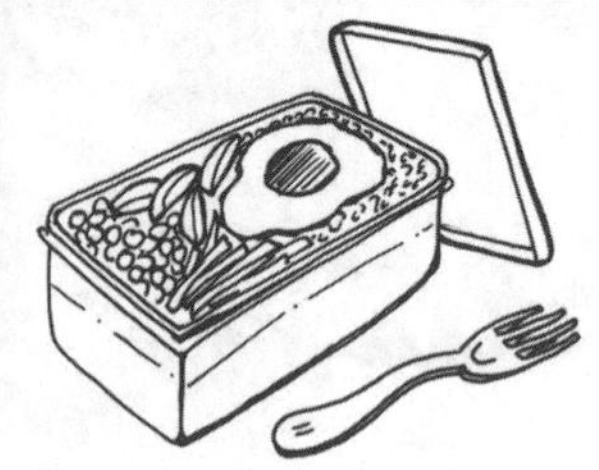

MARMITA – Fazer os sinais de "comer" e de "caixa".

• ***Marmita:*** *Recipiente usado para transportar uma refeição.*

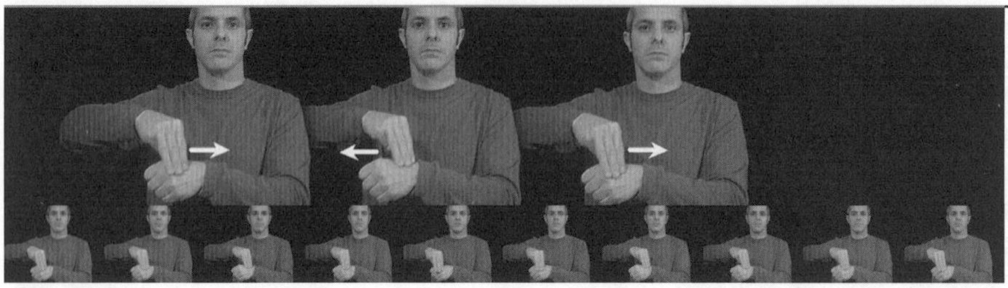
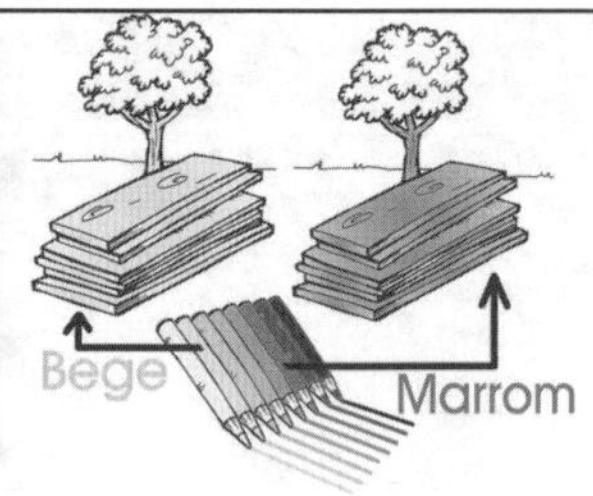

MARROM – Mão esquerda fechada, palma para baixo. Mão direita em "M". Tocar as pontas dos dedos da mão direita no dorso esquerdo. Mover a mão direita, deslizando-a para a frente e para trás.

• ***Marrom:*** *Cor.*

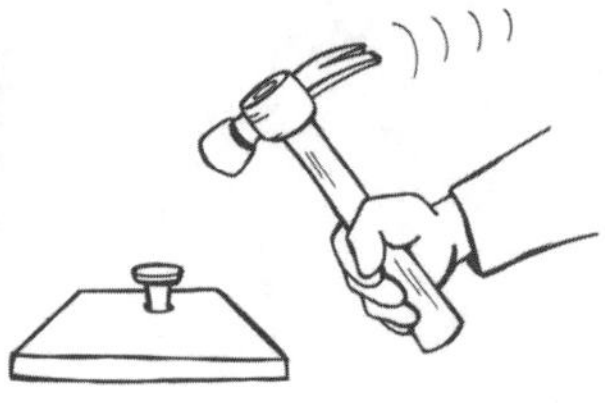

MARTELAR – Mão esquerda aberta, dedos separados e esticados com o indicador e o polegar unidos pelas pontas, palma para a frente. Mão direita fechada, palma para dentro. Posicionar a mão esquerda na frente da direita (foto 1). Em seguida, com gestos rápidos, mover a mão direita para a frente e para trás, duas ou três vezes, imitando o gesto de quem utiliza um martelo.

• ***Martelar:*** *Bater com martelo.* **Sinal igual:** MARTELADA, MARTELO, PREGAR

MAS – Mãos fechadas com os dedos indicadores esticados, palmas para baixo. Unir as mãos, cruzando os indicadores. Em seguida, mover simultaneamente as mãos, afastando-as para as laterais e virando as palmas para dentro, apontando os indicadores para cima.

• ***Mas:*** *Preposição que indica uma restrição ao que já foi dito; contudo; apesar disso.* **Sinal igual:** CONTUDO, ENTRETANTO, NÃO OBSTANTE, PORÉM, TODAVIA

MÁSCARA – Mão aberta com os dedos curvados e separados, palma para trás. Posicionar a mão diante do rosto. Em seguida, movê-la para o lado esquerdo e o direito, duas vezes, acompanhando este movimento com a cabeça.

• ***Máscara:*** *Peça com a qual se cobre parcial ou totalmente o rosto.* **Sinal igual:** DISFARCE, MASCARADO

M

▪ **MARSUPIAL:** CANGURU ▪ **MARTELADA:** MARTELAR ▪ **MARTELO:** MARTELAR ▪ **MARTÍRIO:** SOFRER ▪ **MARUJO:** MARINHEIRO ▪ **MASCARADO:** MÁSCARA ▪ **MASCULINIDADE:** HOMEM ▪ **MASCULINO:** HOMEM ▪ **MÁSCULO:** HOMEM

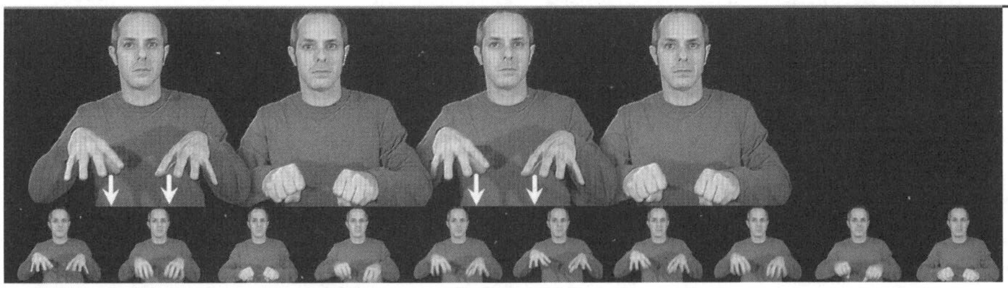

MASSA – Mãos abertas, dedos esticados e separados apontando para baixo, palmas para baixo. Posicionar uma mão ao lado da outra. Em seguida, movê-las simultaneamente, fechando-as e abrindo-as mais uma vez, duas ou três vezes.

• ***Massa:*** *Mistura de farinha, leite ou outros produtos.*

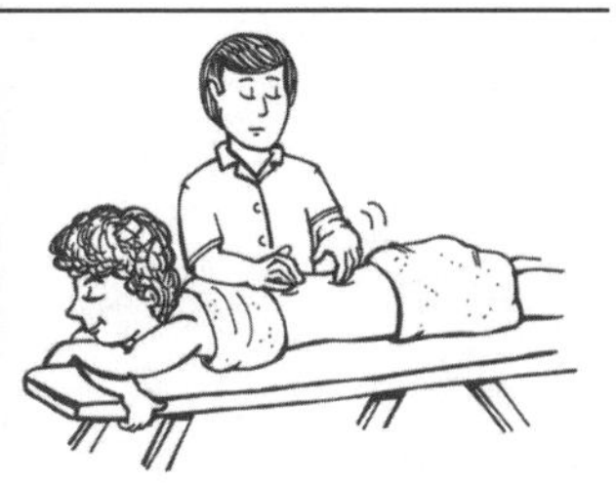

MASSAGEM – Mãos abertas, dedos unidos e esticados, palmas para dentro. Posicionar uma mão perto da outra do lado esquerdo do corpo. Em seguida, movê-las simultaneamente para o lado direito do corpo. Durante o percurso, mover as mãos com rapidez para baixo e para cima, ao mesmo tempo e em sentidos opostos.

• ***Massagem:*** *Compressão de partes do corpo feita com as mãos para relaxamento ou terapia.* **Sinal igual:** MASSAGEAR, MASSAGISTA

MASTIGAR – Mão direita fechada com a palma para baixo e mão esquerda fechada com a palma para cima. Posicionar a mão direita acima da esquerda (foto 1). Em seguida, mover ao mesmo tempo as mãos, tocando uma na outra, três ou quatro vezes.

• ***Mastigar:*** *Moer alimentos com os dentes antes de engoli-los.* **Sinal igual:** MASTIGAÇÃO, MASTIGÁVEL

MATE – Mão aberta, dedos separados e curvados, palma para baixo. Tocar duas vezes o dorso da mão na parte inferior do queixo.

• ***Mate:*** *Nome dado às folhas da árvore com mesma denominação, com as quais se faz um chá.*

MATEMÁTICA – Mão em "M", palma para trás. Mover a mão um pouco para baixo e voltar à posição inicial duas ou três vezes.

• ***Matemática:*** *Ciência exata que ensina os processos e as operações matemáticas.* **Sinal igual:** ÁLGEBRA, ARITMÉTICA, GEOMETRIA, TRIGONOMETRIA

▪ MASSA CEFÁLICA: CÉREBRO ▪ MASSAGEAR: MASSAGEM ▪ MASSAGISTA: MASSAGEM ▪ MASTIGAÇÃO: MASTIGAR ▪ MASTIGÁVEL: MASTIGAR ▪ MATA: FLORESTA ▪ MATAGAL: MATO ▪ MATAR: ASSASSINAR

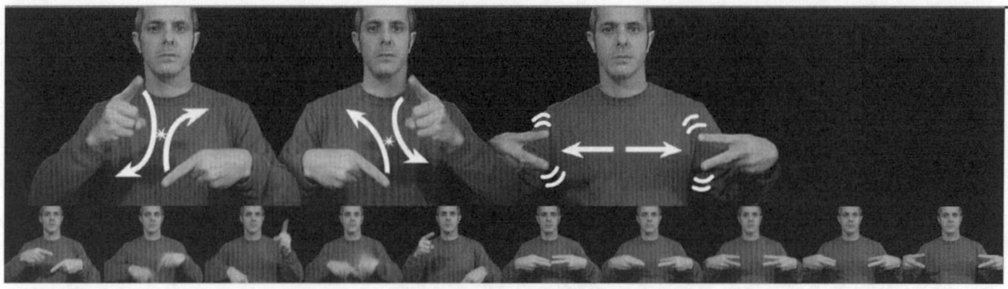

MATERIAL – Mãos fechadas com os dedos indicadores esticados apontando para dentro, palmas para baixo. Posicionar uma mão acima da outra. Em seguida, movê-las simultaneamente e em sentidos opostos, para baixo e para cima, resvalando os indicadores entre si na metade de cada percurso. Fazer esse movimento duas ou três vezes. Depois, fazer o sinal de "vários".

• ***Material:*** *Conjunto de objetos, instrumentos etc.* **Sinal igual:** APETRECHO, UTENSÍLIO

MATO – Mão esquerda fechada com o indicador esticado apontando para cima. Mão direita aberta, dedos esticados e separados, palma para baixo. Encostar a ponta do indicador esquerdo na palma direita. Posicionar as mãos no lado esquerdo do corpo. Em seguida, movê-las para o lado direito, movimentando aleatoriamente os dedos da mão direita durante o percurso.

• ***Mato:*** *Plantas não cultivadas de crescimento espontâneo.* **Sinal igual:** CAPIM, MATAGAL, MOITA

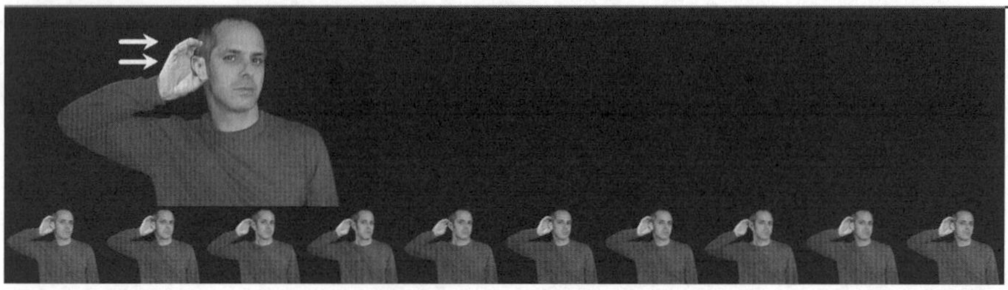

MATO GROSSO – Mão aberta, dedos unidos e curvados, palma para a frente. Tocar duas vezes a lateral interna da mão na da cabeça, atrás da orelha.

• ***Mato Grosso:*** *Estado localizado na região Centro-Oeste do Brasil.*

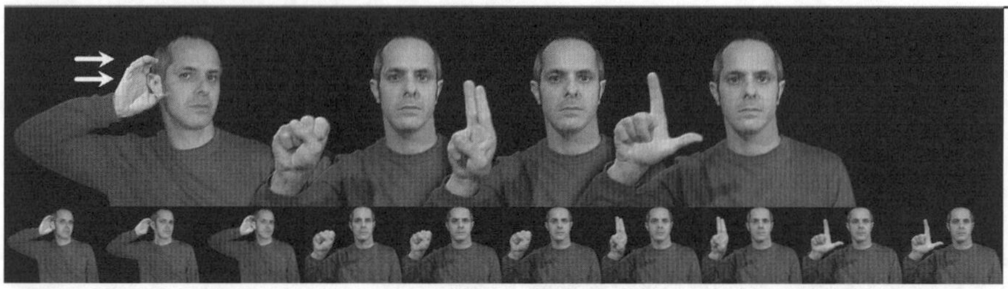

MATO GROSSO DO SUL – Mão aberta, dedos unidos e curvados, palma para a frente. Tocar duas vezes a lateral interna da mão na da cabeça, atrás da orelha. Depois, digitar as letras "S", "U" e "L".

• ***Mato Grosso do Sul:*** *Estado localizado na região Centro-Oeste do Brasil.*

MATRÍCULA – Fazer os sinais de "escrever" e de "ingressar".

• ***Matrícula:*** *Ato de inscrever-se em uma lista a fim de participar de determinada atividade.*

■ **MATERNIDADE:** HOSPITAL ■ **MATREIRO:** SORRATEIRO

M

MAU – Mão aberta, dedos unidos e esticados apontando para cima, palma para dentro. Posicionar a mão ao lado do rosto. Em seguida, com um gesto rápido, mover a mão, passando-a na frente do rosto e virando a palma para baixo. Fazer uma expressão de desagrado.

• ***Mau:*** *Que ou aquele que não é bom.* **Sinal igual:** CALAMIDADE, CRUEL, DANOSO, DESAGRADÁVEL, DESASTRE, DESGRAÇA, DESUMANIDADE, DESUMANO, FUNESTO, IMPRESTÁVEL, INFELICIDADE, INFORTÚNIO, MAL, MALEVOLENTE, MALÉVOLO, MALIGNO, MALÍSSIMO, MALVADO, NEFASTO, NOCIVO, PERNICIOSO, PREJUDICIAL, RUIM, SINISTRO

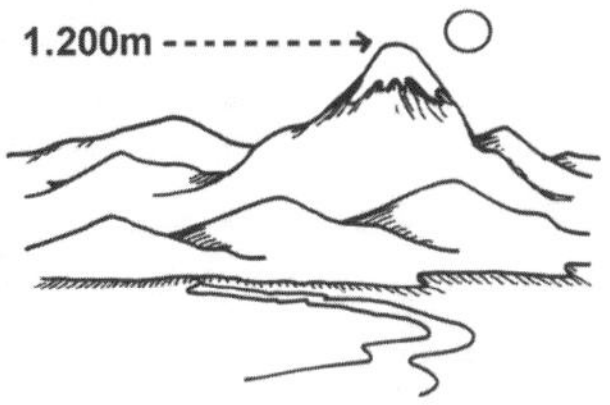

MÁXIMO – Mão esquerda aberta, dedos unidos e esticados apontando para dentro, palma para baixo. Mão direita aberta, dedos unidos e esticados apontando para cima, palma para dentro. Posicionar a mão esquerda acima da direita. Em seguida, mover a mão direita para cima, até tocar na palma esquerda com as pontas dos dedos.

• ***Máximo:*** *Que atingiu maior número, maior grau ou maior quantidade.* **Sinal igual:** ÁPICE, APOGEU, AUGE, CUME, LIMITE, TOPO

MECÂNICO – Fazer os sinais de "homem" e de "alicate".

• ***Mecânico:*** *Profissional que conserta automóveis ou outros equipamentos.*

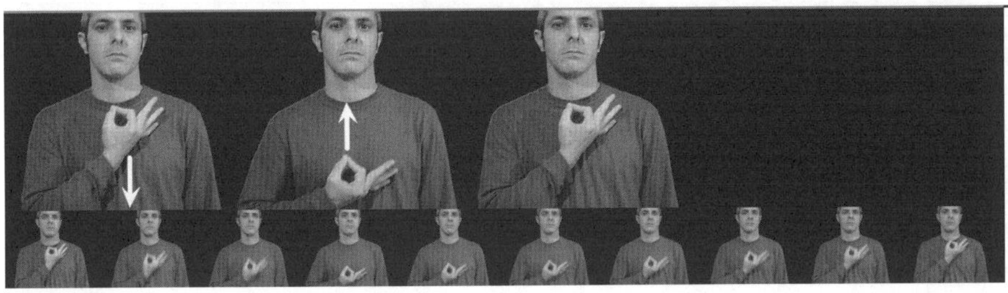

MEDALHA – Mão aberta com os dedos esticados e separados. Indicador e polegar curvados e unidos pelas pontas, palma para trás. Encostar levemente a mão no peito, logo abaixo do pescoço. Em seguida, mover a mão, deslizando-a um pouco para baixo e voltando à posição inicial.

• ***Medalha:*** *Peça que simboliza uma vitória ou celebra um acontecimento importante.* **Sinal igual:** CONDECORAÇÃO

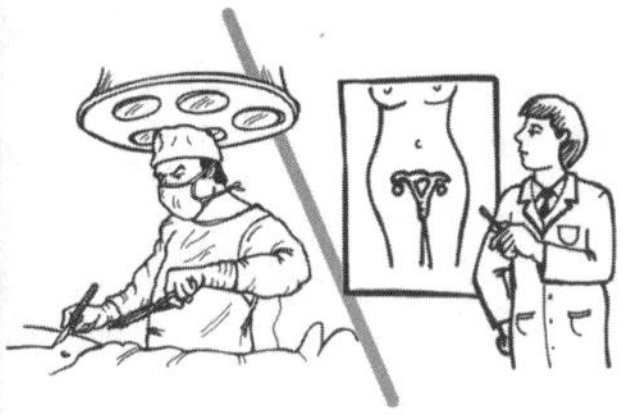

MEDICINA – Fazer os sinais de "médico" e de "estudar".

• ***Medicina:*** *Ciência que estuda a cura e a prevenção de doenças e outros problemas físicos.* **Sinal igual:** MEDICINAL

▪ **MATRIMÔNIO:** CASAMENTO ▪ **MAU AGOURO:** AZAR ▪ **ME:** MEU ▪ **MECANISMO:** MOTOR ▪ **MEDIADOR:** APITAR, ENTRAR ▪ **MEDICAMENTO:** REMÉDIO

MÉDICO – Mãos fechadas com os dedos indicadores abertos e curvados, palmas para dentro. Tocar duas vezes a ponta do indicador direito no dorso do indicador esquerdo.

• ***Médico:*** *Profissional formado em medicina para atuar na cura de doenças e outros problemas fisiológicos.* **Sinal igual:** CLÍNICO, PEDIATRA

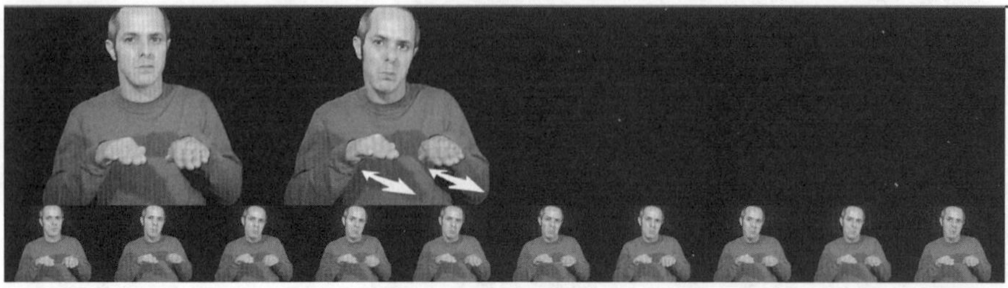

MÉDIO – Mãos abertas, dedos unidos e esticados apontando para a frente, palmas para baixo. Posicionar uma mão próximo da outra. Em seguida, mover as mãos simultaneamente e em sentidos opostos, com gestos curtos, para a frente e para trás, duas ou três vezes.

• ***Médio:*** *Que está no meio; meio-termo.*

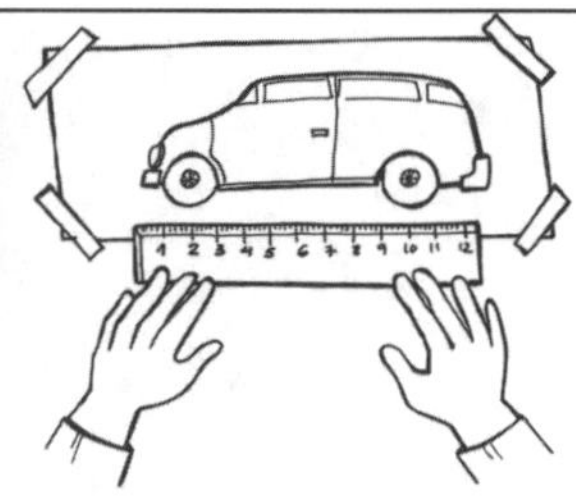

MEDIR – Mãos abertas, dedos esticados e separados, palmas para baixo. Unir os indicadores e os polegares pelas pontas, direcionando-as para baixo. Juntar as mãos pelas pontas dos indicadores. Em seguida, mover a mão direita para a frente.

• ***Medir:*** *Calcular um peso, tamanho ou outra característica, através de instrumento próprio, como balança, régua etc.* **Sinal igual:** AFERIR, DISTÂNCIA, MEDIDA, MENSURAR

MEDITAR – Unir os dedos indicador, médio e polegar pelas pontas, com as duas mãos. Posicioná-las conforme a foto.

• ***Meditar:*** *Pensar com muita concentração.* **Sinal igual:** MEDITAÇÃO

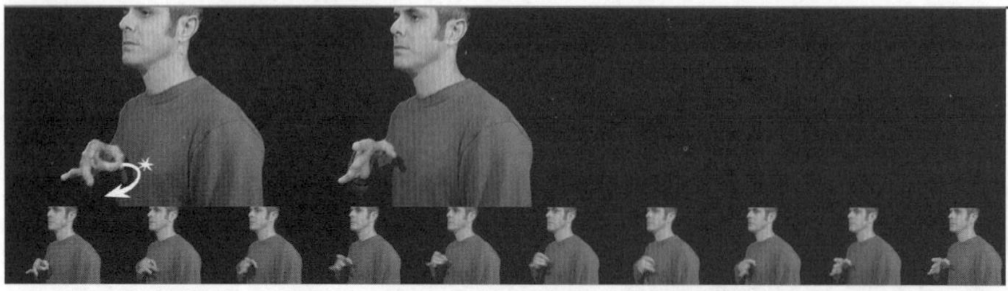

MEDO – Segurar a unha do dedo médio com o polegar. Posicionar a mão perto do peito, na altura do coração, com a palma para trás. Em seguida, esticar rapidamente o dedo médio, resvalando sua ponta no peito. Fazer esse movimento duas ou três vezes seguidas.

• ***Medo:*** *Sentimento de insegurança.* **Sinal igual:** AMEDRONTADO, APREENSÃO, APREENSIVO, HORRENDO, HORRÍVEL, HORROR, HORROROSO, MEDONHO, MEDROSO, TEMEROSO, TEMOR

▪ **MEDICINAL:** MEDICINA ▪ **MEDIDA:** MEDIR ▪ **MEDITAÇÃO:** MEDITAR

M

MEGAFONE – Mão esquerda fechada em "O", mão direita aberta em "C". Posicionar as mãos perto da boca, com a mão direita mais afastada.

• ***Megafone:*** *Instrumento usado para se ampliar o som da voz.* **Sinal igual:** MEGAFONO

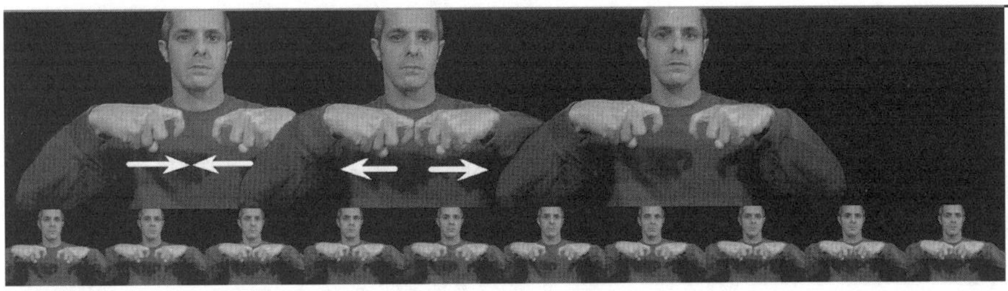
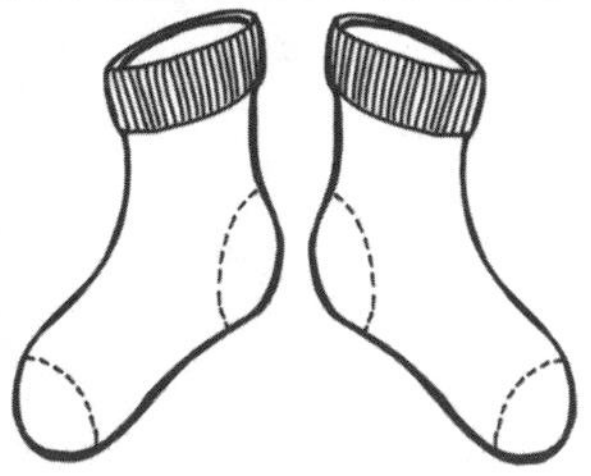

MEIA – Mãos fechadas com os dedos indicadores abertos e dobrados, palmas para baixo. Posicionar uma mão perto da outra, conforme a foto 1. Em seguida, mover simultaneamente as mãos tocando uma na outra pelos indicadores e voltando à posição inicial, duas ou três vezes.

• ***Meia:*** *Peça do vestuário usada nos pés.*

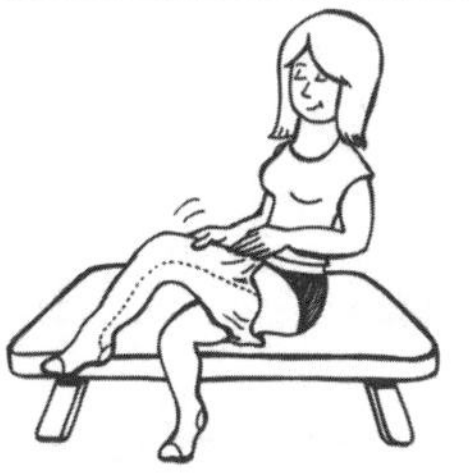

MEIA-CALÇA – Fazer o sinal de "meia". Em seguida, com os dedos das mãos unidos e curvados, tocar suas pontas na coxa, deslizando as mãos simultaneamente para cima.

• ***Meia-calça:*** *Peça do vestuário feminino.*

MEIA HORA – Mão fechada com o indicador esticado. Tocar a ponta desse dedo na testa. Em seguida, deslizar a mão pela lateral do rosto até tocar a ponta do dedo na extremidade do queixo.

• ***Meia hora:*** *Período de tempo correspondente a trinta minutos.* **Sinal igual:** TRINTA MINUTOS

MEIA-NOITE – Fazer os sinais de "meio-dia" e de "noite".

• ***Meia-noite:*** *Vigésima quarta hora do dia.*

■ **MEDONHO:** MEDO, NOJO ■ **MEDROSO:** COVARDE, MEDO ■ **MEGAFONO:** MEGAFONE

MEIO-DIA – Mão em "R". Tocar o dorso da mão na testa.

• ***Meio-dia:*** *Décima segunda hora do dia.*

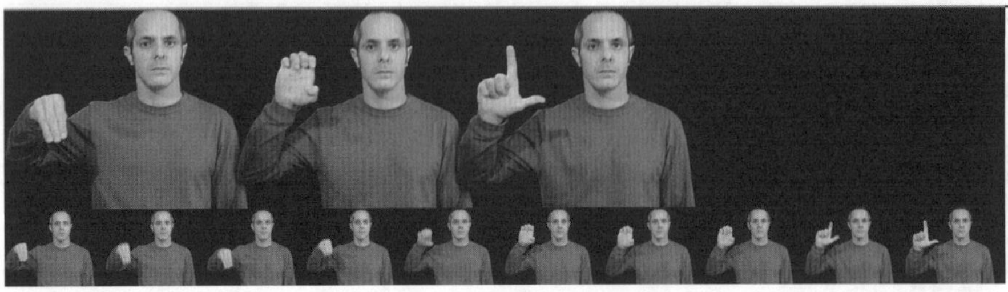

MEL – Digitar as letras "M", "E" e "L".

• ***Mel:*** *Substância doce e nutritiva produzida pelas abelhas.*

M

MELANCIA – Mãos fechadas com os indicadores e os polegares abertos e curvados, palmas para dentro. Unir as mãos pelas pontas dos dedos. Em seguida, mover simultaneamente as mãos afastando-as para as laterais e para cima, unindo os indicadores e os polegares pelas pontas.

• ***Melancia:*** *Fruta de origem africana.*

MELÃO – Mãos abertas com os dedos separados e curvados, palmas para dentro. Unir as mãos pelas pontas dos dedos. Em seguida, fazer o sinal de "amarelo".

• ***Melão:*** *Fruta de origem asiática.*

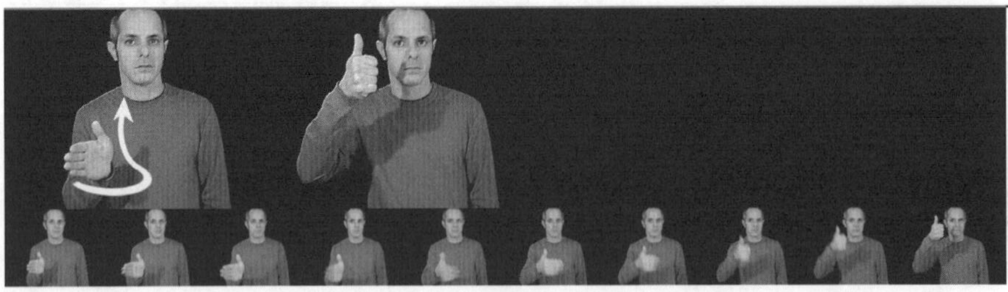

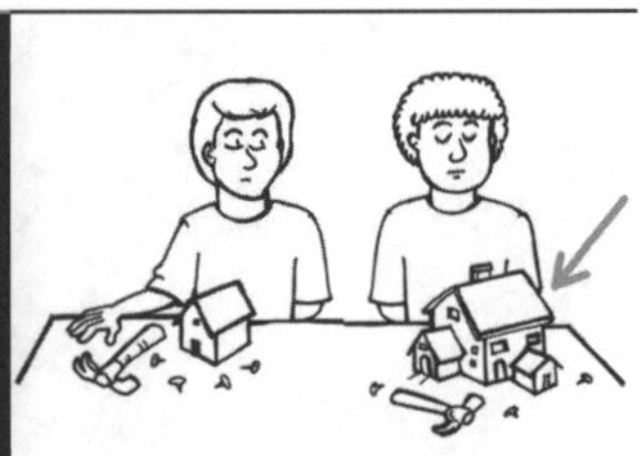

MELHOR – Mão aberta, dedos unidos e esticados, polegar separado, palma para dentro. Mover a mão, descrevendo um círculo na horizontal, fechar os dedos, mantendo o polegar apontando para cima e deslocar a mão para a mesma direção. Fazer esse sinal sem parar a mão após completar o círculo.

• ***Melhor:*** *Da maneira mais adequada; superior a tudo ou a todos.* **Sinal igual:** MAGNÍFICO

▪ **MEIGO:** CARINHO, ESPIRITUOSO ▪ **MEIGUICE:** CARINHO, ESPIRITUOSO ▪ **MEIO:** METADE ▪ **MELANCÓLICO:** TRISTE

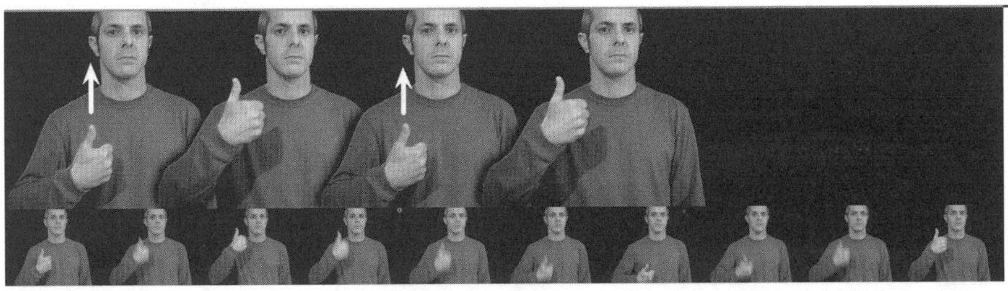

MELHORAR – Mão fechada com o dedo polegar aberto apontando para cima, palma para trás. Mover a mão para cima e voltar à posição inicial, duas ou três vezes.
• ***Melhorar:*** *Tornar melhor; tornar mais eficiente ou superior.* **Sinal igual:** APRIMORAMENTO, APRIMORAR, MELHORAMENTO, MELHORIA, RESTAURAÇÃO, RESTAURAR

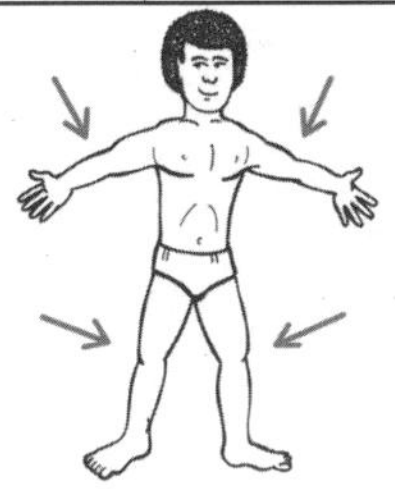

MEMBRO* – Mão aberta, dedos unidos e esticados. Tocar no braço com as pontas dos dedos.
• ***Membro:*** *Cada um dos quatro apêndices do corpo do homem ou de outros animais.*

MEMORIZAR – Unir todos os dedos de uma das mãos pelas pontas. Em seguida, tocar na testa com as pontas dos dedos.
• ***Memorizar:*** *Guardar na memória.* **Sinal igual:** DECORAR, MEMÓRIA

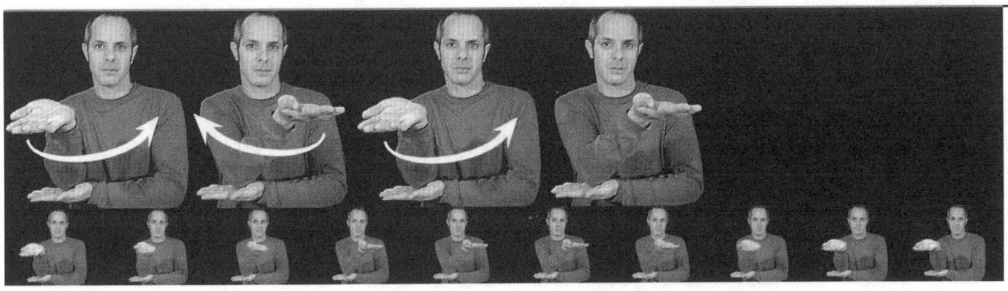

MENDIGO – Mão esquerda aberta, palma para cima. Mão direita aberta, dedos unidos e esticados apontando para a frente, palma para cima. Apoiar o cotovelo direito na palma esquerda. Em seguida, mover a mão direita para o lado esquerdo e voltar à posição inicial.
• ***Mendigo:*** *Aquele que pede esmola para viver; mendicante, pedinte, esmoleiro.* **Sinal igual:** ESMOLEIRO, MENDICANTE, PEDINTE

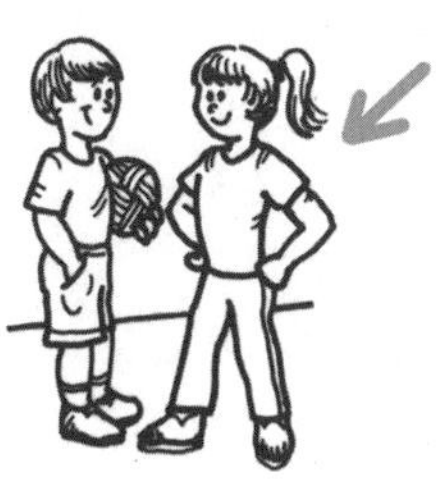

MENINA – Fazer os sinais de "mulher" e de "criança".
• ***Menina:*** *Criança ou adolescente do sexo feminino.* **Sinal igual:** GAROTA

M

▪ MELHORAMENTO: MELHORAR ▪ MELHORAR: CORRIGIR ▪ MELHORIA: MELHORAR ▪ MELIANTE: LADRÃO ▪ MELODIA: MÚSICA ▪ MEMBRO: ASSOCIADO ▪ MEMÓRIA: MEMORIZAR ▪ MENDICANTE: MENDIGO ▪ MENDIGAR: ESMOLAR

MENINO – Fazer os sinais de "homem" e de "criança".

• ***Menino:*** *Criança ou adolescente do sexo masculino.* **Sinal igual:** GAROTO, MOLEQUE

MENOR* – Mão fechada com o indicador e o polegar abertos e longe um do outro, palma para dentro. Mover o indicador e o polegar, aproximando-os um do outro, sem se tocarem.

• ***Menor:*** *De tamanho inferior a outro.*

MENOS – Mão esquerda aberta, dedos unidos e esticados apontando para cima, palma para a frente. Mão direita fechada com o indicador esticado, palma para baixo. Tocar a ponta do indicador direito na palma esquerda e deslizá-lo um pouco para a lateral esquerda.

• ***Menos:*** *Menor quantidade de alguma coisa.* **Sinal igual:** SUBTRAÇÃO, SUBTRAIR

MENSALIDADE – Fazer o sinal de "alugar". Depois, mãos abertas, dedos unidos e esticados, mão esquerda com a palma para cima e mão direita com a palma para dentro. Mover a mão direita, tocando sua lateral externa em três pontos diferentes da mão esquerda: na palma perto do punho, na palma perto dos dedos e nos dedos.

• ***Mensalidade:*** *Quantia em dinheiro que se paga ou se recebe em um mês.* **Sinal igual:** PRESTAÇÃO

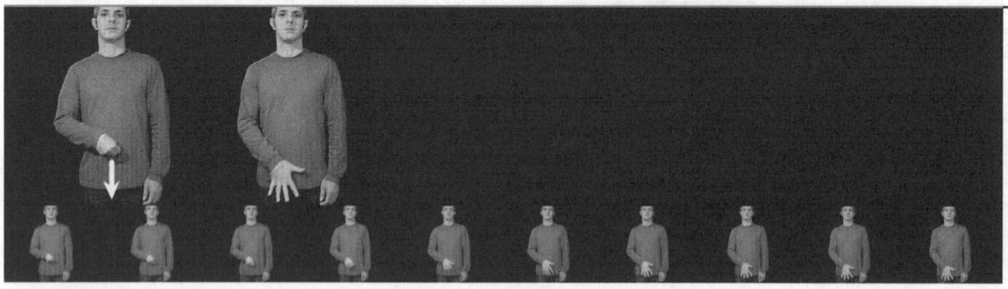

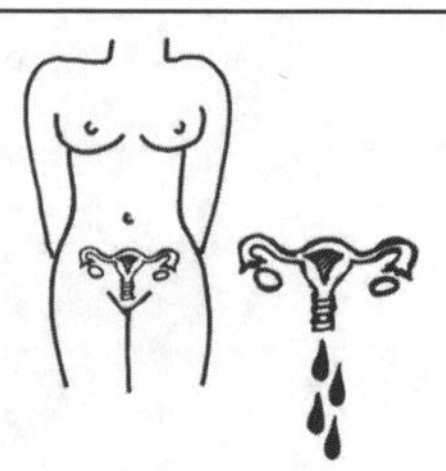

MENSTRUAR – Mão fechada, palma para trás. Posicionar a mão na região do ventre (foto 1). Em seguida, mover a mão para baixo, abrindo os dedos.

• ***Menstruar:*** *Perder sangue de origem uterina, a cada período de quatro semanas, desde que não tenha ocorrido gravidez.* **Sinal igual:** MENORREIA, MENSTRUAÇÃO

▪ **MENOR:** PEQUENO ▪ **MENORREIA:** MENSTRUAR ▪ **MENOSPREZADO:** DESPREZADO ▪ **MENOSPREZAR:** DESPREZAR, HUMILHAR ▪ **MENSTRUAÇÃO:** MENSTRUAR

MENTE – Mão aberta, dedos esticados e separados, palma para trás. Unir o médio e o polegar pelas pontas e encostá-las na testa.

• ***Mente:*** *Parte incorpórea do ser humano que corresponde à inteligência.* **Sinal igual:** CONSCIÊNCIA, INTELECTO, INTELECTUALIDADE, MENTALIDADE

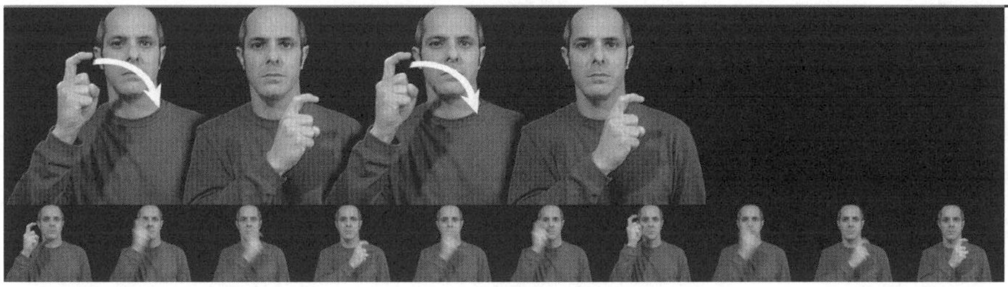

MENTIRA – Mão direita fechada, dedo indicador aberto e curvado, palma para dentro. Posicionar a mão na altura do rosto. Em seguida, movê-la com um pouco de rapidez para o lado esquerdo do rosto, passando-a diante do nariz. Fazer esse movimento duas ou três vezes seguidas.

• ***Mentira:*** *Aquilo que não corresponde à verdade; que é falso.* **Sinal igual:** EMBUSTE, FALSIDADE, INVERDADE, LOROTA, LOROTEIRO, MENTIR, MENTIROSO

MERGULHAR – Mãos abertas, dedos unidos e esticados apontando para cima, palmas para dentro. Unir as mãos e posicioná-las perto do corpo (foto 1). Em seguida, movê-las para a frente, virando as pontas dos dedos para baixo.

• ***Mergulhar:*** *Afundar parcial ou totalmente (alguém ou alguma coisa) na água ou em outro líquido.* **Sinal igual:** MERGULHADOR, MERGULHO

MÊS – Mão esquerda fechada com o dedo indicador esticado apontando para cima, palma para a frente. Mão direita em "A", palma para a frente. Encostar a ponta do polegar direito na do indicador esquerdo. Em seguida, mover a mão direita para baixo, deslizando-a pela lateral do indicador esquerdo.

• ***Mês:*** *Cada uma das doze divisões do ano; período de trinta dias consecutivos.*

MESA – Mãos abertas, dedos unidos e esticados apontando para a frente, palmas para baixo. Unir as mãos pelas laterais internas. Em seguida, movê-las simultaneamente para as laterais e depois para baixo, virando as palmas para dentro.

• ***Mesa:*** *Móvel usado para diversos fins (apoiar objetos, escrever sobre etc.).*

▪ **MENSURAR:** MEDIR ▪ **MENTA:** HORTELÃ ▪ **MENTALIDADE:** MENTE ▪ **MENTIR:** MENTIRA ▪ **MENTIROSO:** MENTIRA ▪ **MENU:** CARDÁPIO ▪ **MERAMENTE:** SÓ ▪ **MERCADO:** CARRINHO, COMÉRCIO ▪ **MERCANTIL:** COMÉRCIO ▪ **MERCEARIA:** COMÉRCIO ▪ **MERENDA:** LANCHE ▪ **MERENDAR:** LANCHE ▪ **MERETRIZ:** PROSTITUTA ▪ **MERGULHADOR:** MERGULHAR ▪ **MERGULHO:** MERGULHAR

M

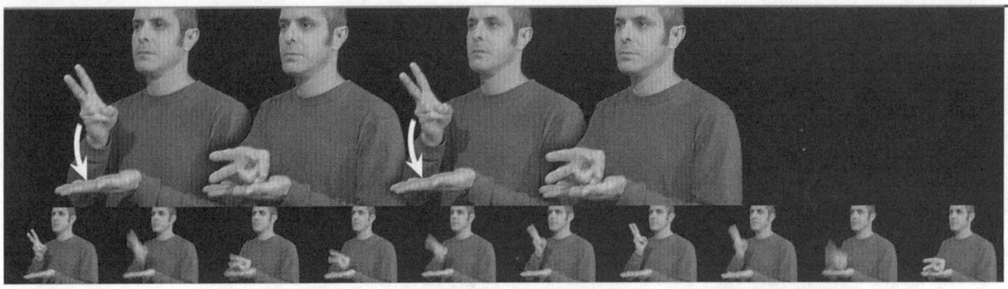

MESMO – Mão esquerda aberta, palma para cima. Mão direita em "V", palma para dentro. Mover a mão direita, batendo duas ou três vezes sua lateral externa na palma esquerda.

• ***Mesmo:*** *Com a mesma identidade.*

MESTRADO – Mão esquerda fechada, palma para baixo. Mão direita em "M". Tocar as pontas dos dedos da mão direita no dorso esquerdo. Em seguida, mover a mão direita para cima.

• ***Mestrado:*** *Grau obtido após o grau de licenciatura ou bacharelado.*

METADE – Mão esquerda aberta, dedos unidos e esticados, palma para cima. Mão direita aberta, dedos unidos e esticados, palma para dentro. Encostar a lateral externa do punho direito na palma esquerda. Mover a mão direita para trás, deslizando-a sobre a palma esquerda.

• ***Metade:*** *Parte de alguma coisa obtida pela divisão do todo em duas partes iguais.* **Sinal igual:** MEIO

METAL – Fazer os sinais de "ferro" e de "vários".

• ***Metal:*** *Material como o ouro, a prata, o ferro, o cobre etc.*

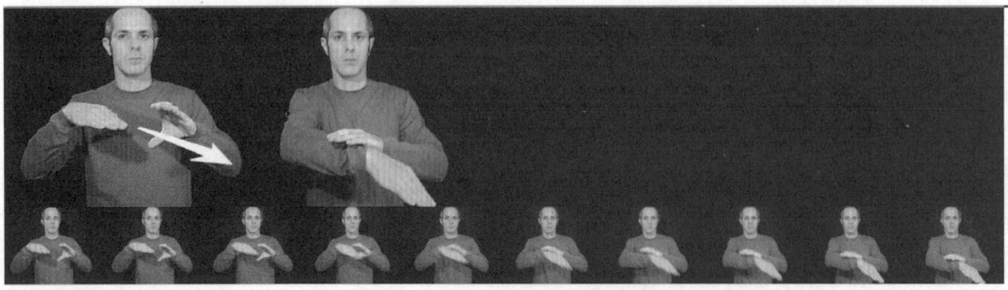

METER – Mão esquerda em "C", palma para dentro. Mão direita aberta, dedos unidos e esticados apontando para a frente, palma para baixo. Posicionar a mão direita atrás da esquerda. Em seguida, com um gesto firme, mover a mão direita para a frente, passando-a entre os dedos da esquerda.

• ***Meter:*** *Fazer entrar; colocar dentro.*

▪ **MESQUINHEZ:** AVARENTO ▪ **MESQUINHO:** AVARENTO, PÃO-DURO ▪ **MESTRE:** PROFESSOR ▪ **MESTRE-CUCA:** COZINHEIRA ▪ **META-MORFOSE:** TROCAR ▪ **METEORO:** COMETA

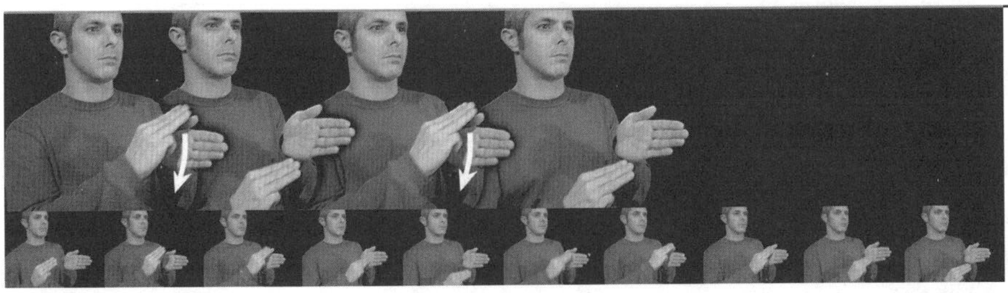

MÉTODO – Mão esquerda aberta, dedos unidos e esticados apontando para a frente, palma para dentro. Mão direita em "M" com os dedos apontando para cima, palma para dentro. Tocar as pontas dos dedos da mão direita na palma esquerda. Mover a mão direita, deslizando-a, de cima para baixo, sobre a palma esquerda, duas ou três vezes seguidas.

• ***Método:*** *Meio de se fazer alguma coisa; técnica de procedimento.* **Sinal igual:** MANEIRA, MODO

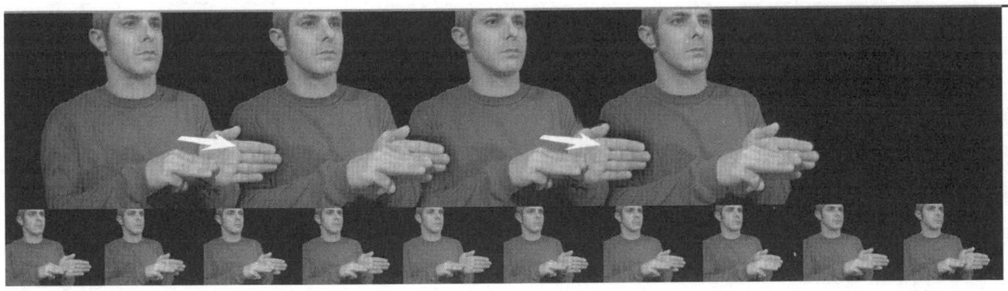

METODOLOGIA – Mão esquerda aberta, dedos unidos e esticados apontando para a frente, palma para dentro. Mão direita em "M" com os dedos apontando para a frente, palma para baixo. Encostar a lateral do indicador direito na palma esquerda. Em seguida, deslizar a mão direita para a frente e para trás, duas ou três vezes.

• ***Metodologia:*** *Estudo científico dos métodos.*

METRALHADORA – Mãos fechadas, palmas para dentro. Posicionar uma mão na frente da outra e apontá-las para o lado esquerdo. Em seguida, deslocá-las simultaneamente, sacudindo-as no lugar, com movimentos curtos e rápidos. Depois, movê-las em direção ao lado direito e sacudi-las novamente.

• ***Metralhadora:*** *Tipo de arma de fogo.*

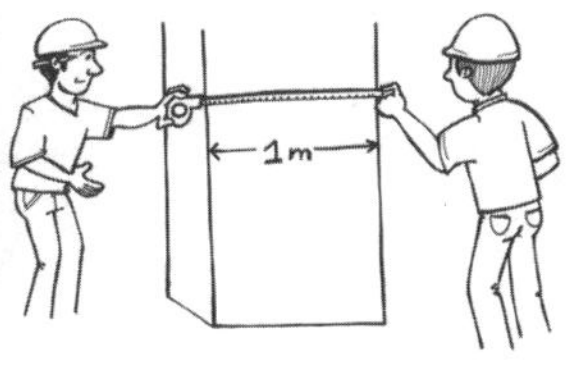

METRO – Mãos abertas, dedos esticados e separados, palmas para baixo. Unir os indicadores e os polegares pelas pontas, direcionando-as para baixo. Juntar as mãos pelas pontas dos indicadores. Em seguida, mover a mão direita para a frente.

• ***Metro:*** *Unidade de medida que corresponde a 100 centímetros.*

METRÔ – Mãos fechadas com os indicadores e os médios abertos e curvados, palmas para dentro. Posicionar uma mão próximo da outra e ambas perto do corpo, na altura do peito. Em seguida, mover as mãos simultaneamente para a frente.

• ***Metrô:*** *Meio de transporte, geralmente subterrâneo, composto por trens elétricos.*

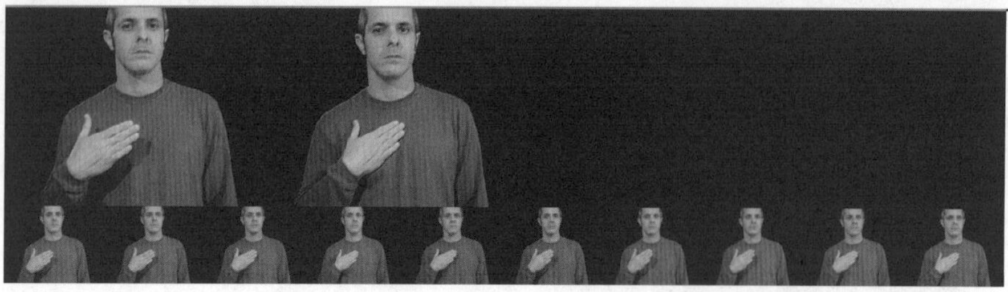

MEU* – Mão aberta, dedos unidos e esticados, polegar separado, palma para trás. Mover a mão tocando-a no peito, uma ou duas vezes.

• ***Meu:*** *O que é próprio da pessoa que fala.* **Sinal igual:** COMIGO, ME, MIM

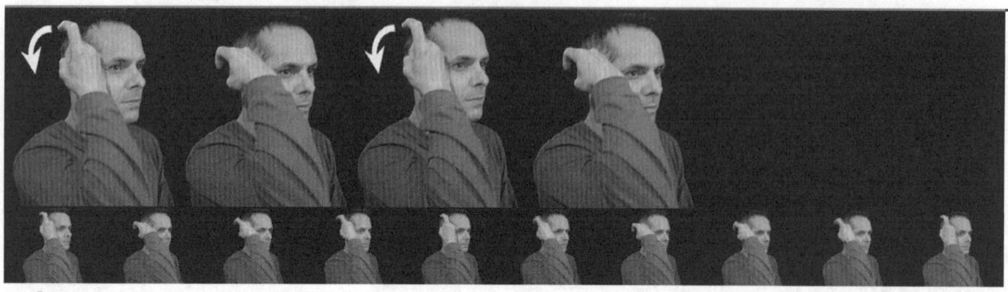

MÉXICO – Mão fechada com o dedo indicador aberto e curvado, palma para trás. Encostar a lateral externa da mão na têmpora. Em seguida, sem desencostar a mão da cabeça, virar a palma para baixo e voltar à posição inicial, duas vezes.

• ***México:*** *País localizado na América do Norte.*

MICO – Mãos abertas, dedos curvados. Tocar as pontas dos dedos na cabeça e no corpo e mover as mãos como se estivessem "coçando". Em seguida, fazer o sinal de "pequeno" com as mãos posicionadas horizontalmente.

• ***Mico:*** *Pequeno macaco.* **Sinal igual:** SAGUI

MICROFONE – Mão fechada, palma para dentro. Mover a mão em direção à boca.

• ***Microfone:*** *Equipamento usado para captar a voz e outros sons.*

MICRO-ONDAS – Mão fechada, palma para dentro. Posicionar a mão um pouco longe do corpo. Em seguida, mover a mão para trás e para a lateral, imitando o gesto de quem abre a porta de um forno de micro-ondas. Em seguida, com a mão fechada e o indicador esticado apontando para cima, mover a mão em círculos horizontais.

• ***Micro-ondas:*** *Eletrodoméstico usado para cozinhar ou aquecer alimentos.*

▪ **MEU:** PERTENCER-ME ▪ **MEXER:** AGITAR ▪ **MEXERICA:** TANGERINA ▪ **MEXERICO:** FOFOCAR ▪ **MEXERIQUEIRO:** LINGUARUDO ▪ **MICRO-COMPUTADOR:** COMPUTADOR

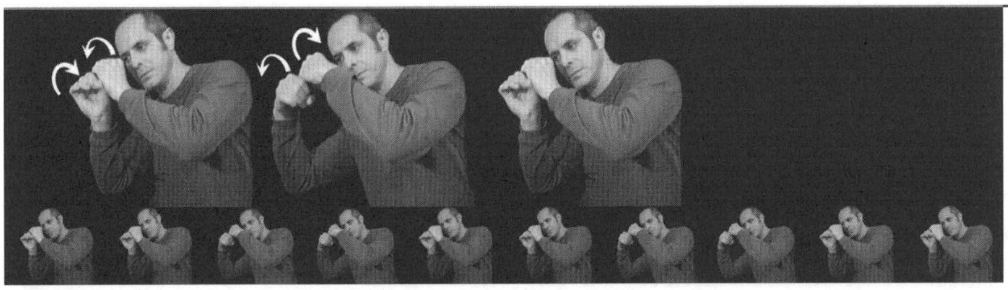

MICROSCÓPIO – Mãos em "C", palmas para dentro. Posicionar as mãos unidas pelas laterais e aproximá-las de um dos olhos. Virar a cabeça um pouco para baixo, olhando por entre as mãos e girá-las simultaneamente e em sentidos opostos, flexionando um pouco os punhos, como se estivessem regulando o foco de um microscópio.

• ***Microscópio:*** *Equipamento óptico utilizado para ampliar várias vezes imagens muito pequenas.*

1.000

MIL – Mão em "1" com o dedo indicador, palma para a frente. Mover a mão girando-a em sentido horário, como se desenhasse uma vírgula, virando a palma para cima.

• ***Mil:*** *Quantidade que é uma unidade maior que 999 (999 + 1 = 1.000).* **Sinal igual:** MILHAR

MILAGRE – Unir as mãos pelas pontas dos dedos, palmas para dentro. Movê-las simultaneamente para as laterais e para cima, virando as palmas para a frente e abrindo os dedos.

• ***Milagre:*** *Ato ou acontecimento fora do comum; acontecimento inexplicável.*

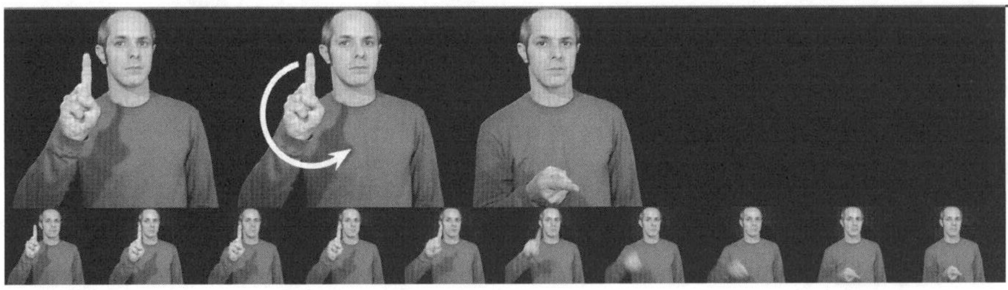

1.000.000

MILHÃO – Fazer o sinal de "1" e de "mil".

• ***Milhão:*** *Quantidade que abrange mil milhares.*

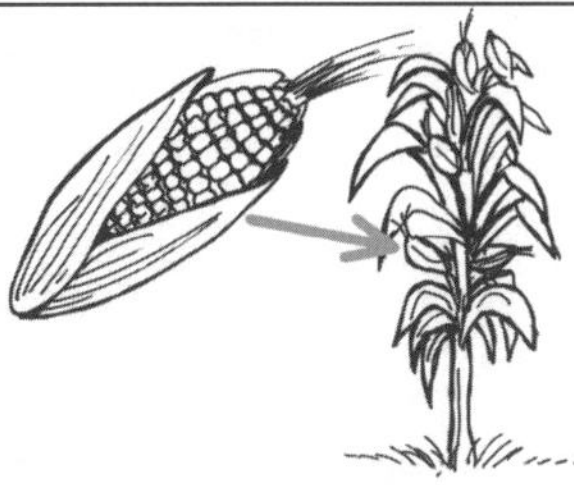

MILHO – Mãos fechadas, palmas para a frente. Posicionar as mãos nas laterais do rosto, próximo da boca. Movê-las simultaneamente virando as palmas para baixo e voltando à posição inicial, uma ou duas vezes.

• ***Milho:*** *Alimento com o qual se produz farinha, pipoca, doces, óleo comestível etc.* **Sinal igual:** MILHARAL

M

▪ **MIGRAR:** VIAJAR ▪ **MILHAR:** MIL ▪ **MILHARAL:** MILHO

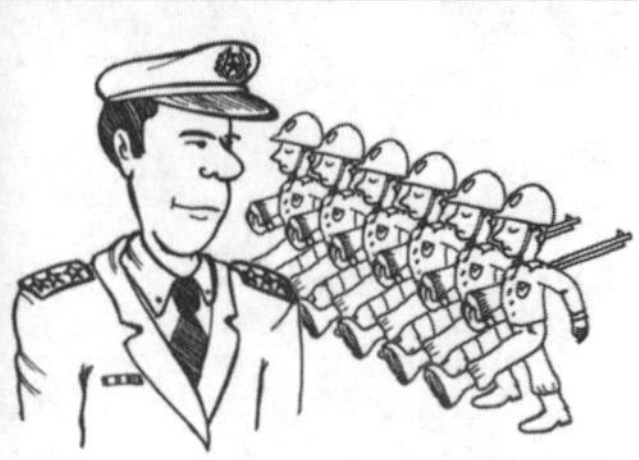

MILITAR – Mão direita fechada, palma para trás. Encostar a mão no lado esquerdo do peito. Em seguida, mover a mão diagonalmente em direção ao ombro esquerdo e abrir os dedos.

• ***Militar:*** *Relativo a soldado, exército e guerra.* **Sinal igual:** GUERREIRO

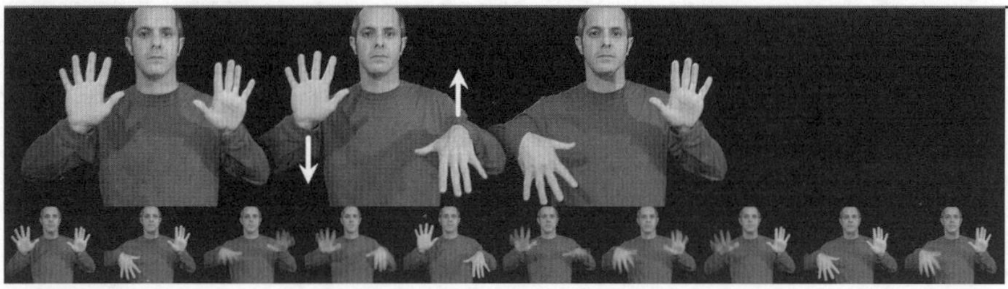

MÍMICA – Mãos abertas, dedos esticados e separados, palmas para a frente. Posicionar as mãos na altura dos ombros. Em seguida, movê-las alternadamente, virando as palmas para baixo e voltando à posição inicial, duas vezes.

• ***Mímica:*** *Forma de expressar o pensamento através de gestos e expressões fisionômicas.* **Sinal igual:** PANTOMIMA

MINAS GERAIS – Mão fechada com o dedo indicador aberto e esticado. Resvalar a ponta do indicador na lateral do pescoço, de cima para baixo duas vezes.

• ***Minas Gerais:*** *Estado localizado na região Sudeste do Brasil.*

MINGAU – Mão esquerda aberta, palma para cima. Mão direita fechada, palma para trás. Posicionar a mão direita acima da esquerda. Em seguida, mover a mão direita até a palma esquerda e depois até a boca, duas vezes.

• ***Mingau:*** *Alimento cozido, de consistência mole, geralmente servido para bebês e crianças.*

MINHOCA – Mão direita fechada com o dedo indicador esticado apontando para o lado esquerdo, palma para baixo. Mover a mão para o mesmo lado, dobrando e esticando o indicador várias vezes durante o percurso.

• ***Minhoca:*** *Animal invertebrado que vive na terra.*

M

▪ **MILIONÁRIO:** RICO ▪ **MIM:** MEU ▪ **MINGUAR:** FALTAR

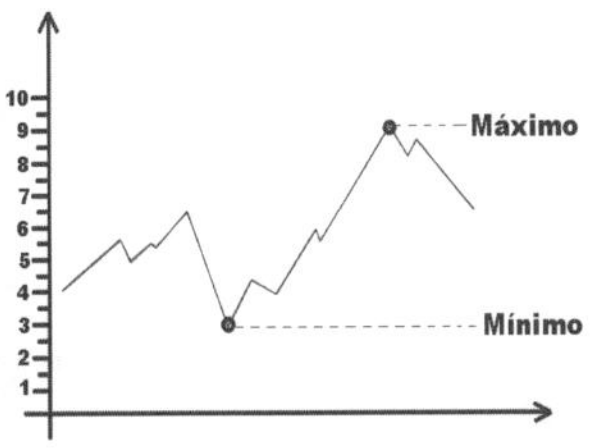

MÍNIMO – Mãos abertas, dedos unidos e esticados apontando para dentro, palmas para baixo. Unir as mãos pelas pontas dos médios. Em seguida, mover uma das mãos, apontando os dedos para baixo.

• ***Mínimo:*** *Que é menor (valor, quantidade, tamanho etc.).*

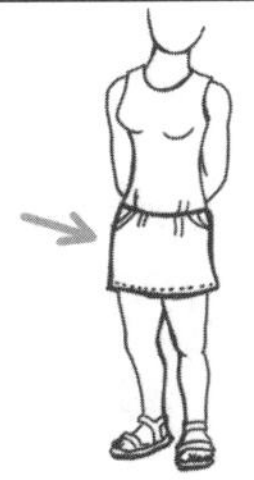

MINISSAIA – Segurar na cintura com as duas mãos. Em seguida, com as mãos dobradas e os dedos unidos e esticados, encostar as laterais externas das mãos na coxa, na altura de uma minissaia.

• ***Minissaia:*** *Tipo de saia muito curta.*

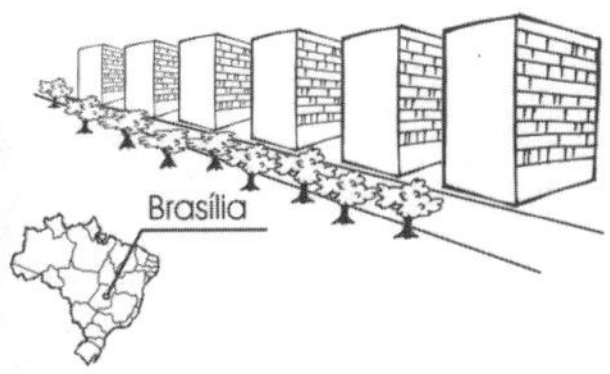

MINISTÉRIO – Fazer os sinais de "trabalhar" e de "ministro".

• ***Ministério:*** *Cargo ou função de ministro de Estado.*

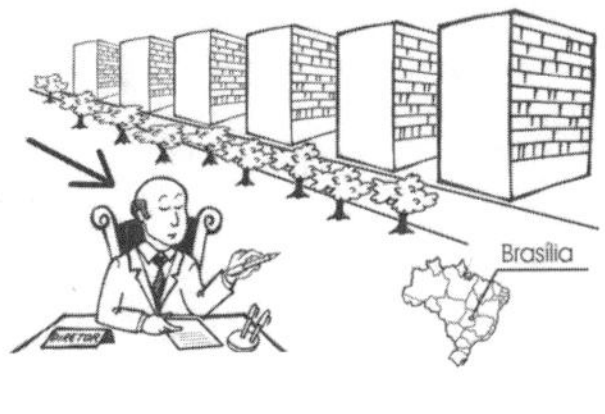

MINISTRO – Mãos fechadas com os dedos polegares abertos, palmas para trás. Apoiar a lateral externa da mão esquerda no dorso dos dedos direitos (foto 1). Em seguida, afastar diagonalmente uma mão da outra.

• ***Ministro:*** *Membro de um ministério; ministro de Estado; funcionário público de nível mais elevado.*

MINÚSCULA – Fazer o sinal de "letra". Em seguida, fechar a mão, esticar o indicador e o polegar e aproximar suas pontas, conforme a foto 2.

• ***Minúscula:*** *Letra de tamanho menor em relação a sua correspondente maiúscula.*

▪ **MINIATURA:** PEQUENO ▪ **MINIMIZAÇÃO:** DIMINUIR ▪ **MINIMIZAR:** DIMINUIR ▪ **MINORAR:** ALIVIAR

MINUTO – Mão em "M". Com gestos curtos, mover a mão para baixo e voltar à posição inicial, duas ou três vezes.

• ***Minuto:*** *Período de tempo que corresponde a sessenta segundos.* **Sinal igual:** SESSENTA SEGUNDOS

MIOPIA – Mãos abertas, dedos unidos e esticados apontando para cima, palmas para trás. Unir as mãos pelas laterais externas e afastá-las ligeiramente do corpo (foto 1). Em seguida, aproximar as mãos do rosto, cerrando um pouco os olhos, como se estivesse aproximando um livro dos olhos pela dificuldade de ler.

• ***Miopia:*** *Distúrbio da visão.* **Sinal igual:** MÍOPE

MISERICÓRDIA – Mão aberta com os dedos esticados e separados, palma para trás. Resvalar a ponta do médio no peito, de cima para baixo, duas ou três vezes.

• ***Misericórdia:*** *Sentimento de solidariedade com relação a alguém que está com problemas.* **Sinal igual:** COMPAIXÃO

MISSA – Dedos esticados e unidos pelas pontas, apontando para cima. Unir as mãos pelas pontas dos mínimos e posicioná-las um pouco abaixo da altura do peito. Em seguida, mover as mãos para cima, ultrapassando a altura da cabeça.

• ***Missa:*** *Celebração da Eucaristia; culto.*

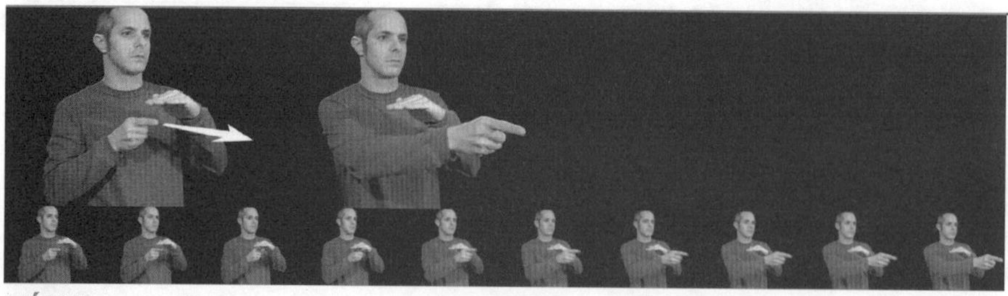

MÍSSIL – Mão esquerda aberta, dedos unidos e esticados apontando para o lado direito, palma para baixo. Mão direita fechada com o indicador esticado apontando para a frente, palma para dentro. Posicionar a mão direita atrás e abaixo da esquerda (foto 1). Em seguida, mover a mão direita para a frente.

• ***Míssil:*** *Projétil que se lança para alcançar um alvo.*

▪ **MÍOPE:** MIOPIA ▪ **MIRA:** ALVO ▪ **MIRAR:** OLHAR ▪ **MISCELÂNEA:** MISTURAR ▪ **MISERÁVEL:** POBRE

MISSIONÁRIO – Mão em "M". Tocar as pontas dos dedos no lado esquerdo do peito. Em seguida, deslizar a mão em movimentos circulares.

• ***Missionário:*** *Aquele que se dedica a pregar uma religião.* **Sinal igual:** EVANGELIZADOR

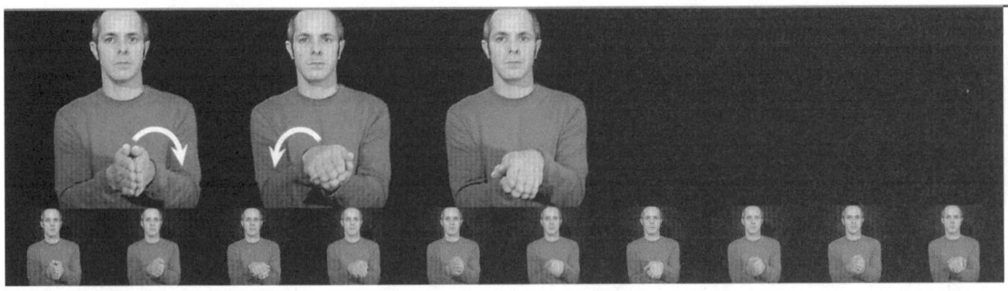

MISTO-QUENTE – Mãos abertas, dedos unidos e esticados apontando para a frente, palmas para dentro. Unir as mãos. Em seguida, girá-las ao redor do próprio eixo, para o lado esquerdo e depois para o direito.

• ***Misto-quente:*** *Sanduíche recheado com queijo e presunto e servido quente.*

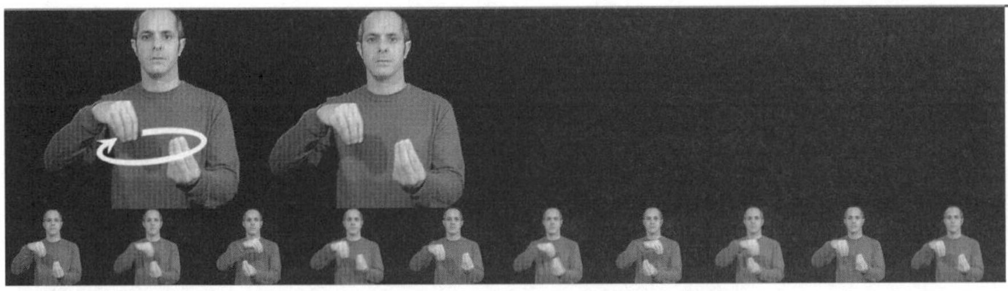

MISTURAR – Dedos esticados e unidos pelas pontas. Mão direita com a palma para baixo e mão esquerda com a palma para cima. Posicionar a mão direita acima da esquerda (foto 1). Em seguida, girar as mãos, como o movimento dos pedais de uma bicicleta (rodar horizontalmente).

• ***Misturar:*** *Juntar coisas diferentes.* **Sinal igual:** BARALHAR, EMBARALHAR, MISCELÂNEA, MISTO, MISTURA, MISTURADO, MIXADO, MIXAGEM, MIXAR

MOBÍLIA – Fazer o sinal de "casa" e de "objeto".

• ***Mobília:*** *Conjunto de peças que se colocam dentro da casa e que servem para sentar, deitar, comer sobre, guardar coisas etc.*

MOÇA – Fazer os sinais de "mulher" e de "jovem".

• ***Moça:*** *Mulher jovem.* **Sinal igual:** RAPARIGA

M

■ MISSIVA: CARTA ■ MISTÉRIO: SEGREDO ■ MISTO: MISTURAR ■ MISTURA: MISTURAR ■ MISTURADO: MISTURAR ■ MITO: ESTÓRIA ■ MITOLOGIA: ESTÓRIA ■ MITOLÓGICO: ESTÓRIA ■ MIXADO: MISTURAR ■ MIXAGEM: MISTURAR ■ MIXAR: MISTURAR

MOCHILA – Mãos fechadas, palmas para trás. Posicionar as mãos na frente dos ombros. Em seguida, mover as mãos simultaneamente um pouco para cima e voltar à posição inicial. Acompanhar o movimento das mãos, erguendo um pouco os ombros, imitando o gesto de quem ajeita uma mochila nas costas.

• ***Mochila:*** *Espécie de bolsa que se usa nas costas.*

MODA – Mão direita aberta, dedos unidos e esticados, palma para cima. Tocar a lateral externa da mão no peito. Em seguida, mover a mão de modo que as pontas dos dedos fiquem viradas para o lado direito.

• ***Moda:*** *Estilo que prevalece.*

MOEDA – Fazer o sinal de "dinheiro". Em seguida, fechar a mão, mantendo os dedos indicador e polegar abertos, curvados e unidos pelas pontas.

• ***Moeda:*** *Peça de metal feita para ser usada em transações monetárias.*

MOER – Mão esquerda em "C" com a palma para baixo. Mão direita fechada, palma para baixo. Posicionar a mão direita ao lado da esquerda. Em seguida, mover a mão direita em círculos, imitando o gesto de quem gira a manivela de um moedor de carne.

• ***Moer:*** *Triturar até reduzir a pedaços muito pequenos ou a pó; esmagar.*

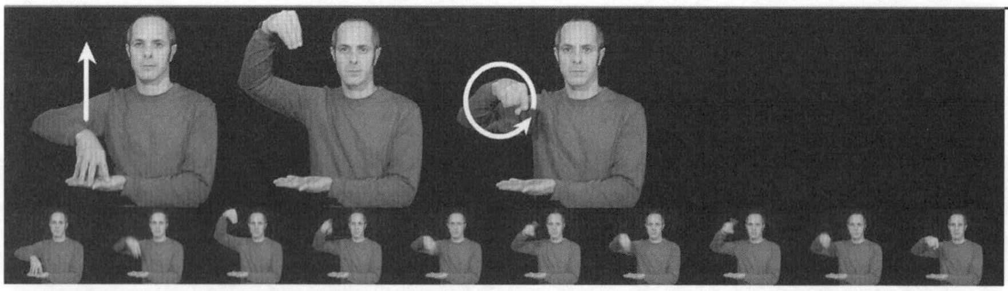

MOINHO – Mão esquerda aberta, palma para cima. Mão direita aberta, dedos esticados e separados apontando para baixo. Tocar as pontas dos dedos da mão direita na palma esquerda. Em seguida, mover a mão direita para cima, unido as pontas dos dedos. Depois, com a mão direita fechada, indicador esticado apontando para a frente, girar a mão como se fosse a pá de um moinho.

• ***Moinho:*** *Construção formada por pás que giram com a força dos ventos.*

■ **MOCIDADE:** JOVEM ■ **MODELO:** EXEMPLO, TIPO ■ **MODERNO:** DESENVOLVER ■ **MODIFICAR:** TROCAR ■ **MODO:** COMO, MÉTODO, SENTIR

MOISÉS – Curvar os dedos unindo-os pelas pontas e tocar os polegares nas laterais da testa (foto 1). Depois, virar as palmas para trás com os dedos indicadores, médios e anulares esticados e apontando para cima, e tocar novamente as mãos nas laterais da testa.

• ***Moisés:*** *Personagem bíblico.*

MOLA – Mãos fechadas com os dedos indicadores esticados apontando para dentro, palmas para trás. Posicionar a mão direita um pouco abaixo da esquerda. Em seguida, mover a mão direita para o lado direito, descrevendo movimentos circulares durante o percurso.

• ***Mola:*** *Peça elástica, em geral metálica, espiralada ou helicoidal, e que reage quando vergada, esticada ou comprimida.*

MOLDURA – Mãos fechadas com os dedos indicadores e polegares abertos e curvados, palmas para a frente. Unir as mãos pelas laterais internas. Em seguida, mover as mãos simultaneamente para as laterais, depois para baixo e uni-las novamente pelas laterais externas.

• ***Moldura:*** *Guarnição para pinturas, espelhos etc.* **Sinal igual:** EMOLDURAR, MOLDURAR

MOLE – Mãos abertas, dedos unidos e esticados, polegares separados, palmas para dentro. Mover simultaneamente os dedos das mãos, aproximando-os dos polegares e voltando para a posição inicial, duas ou três vezes.

• ***Mole:*** *De pouca consistência; que não é duro; pastoso.* **Sinal igual:** AMOLECER, AMOLECIDO

MOLEIRA – Fazer o sinal de "bebê". Depois, tocar com uma das mãos na parte superior da cabeça e fazer o sinal de "mole".

• ***Moleira:*** *Região mole do crânio dos bebês.* **Sinal igual:** FONTANELA

▪ **MOITA:** MATO ▪ **MOLDURAR:** MOLDURA

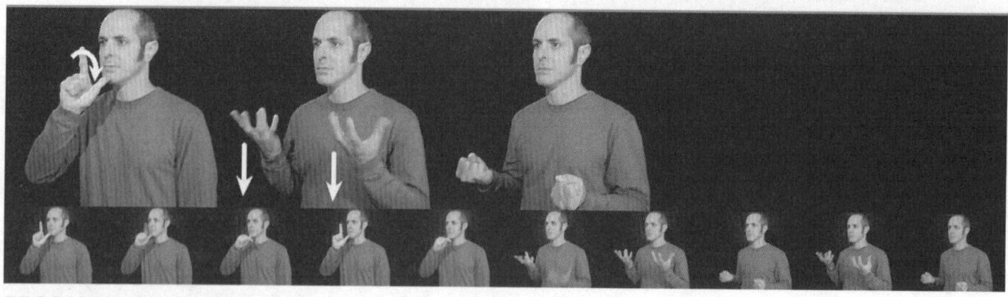

MOLHADO – Fazer o sinal de "água". Em seguida, com as mãos abertas, os dedos separados e relaxados e as palmas para cima, mover as mãos simultaneamente para baixo, fechando-as repetindo este movimento duas vezes.

• ***Molhado:*** *Que está coberto ou misturado com água ou outro líquido; úmido.*

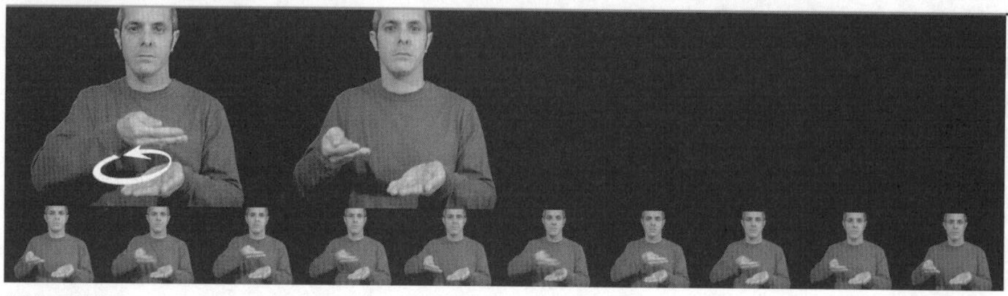

MOLHO – Mãos abertas e levemente curvadas, dedos unidos, palmas para cima. Posicionar a mão direita acima da esquerda. Em seguida, mover a mão direita em círculos sobre a palma esquerda, como se estivesse derramando um molho sobre um prato.

• ***Molho:*** *Caldo que acompanha alguns pratos.*

MONITOR DE VÍDEO – Fazer os sinais de "televisão" e de "computador".

• ***Monitor de vídeo:*** *Aparelho eletrônico de vídeo e/ou áudio.*

MONÓLOGO – Fazer os sinais de "falar" e de "só".

• ***Monólogo:*** *Texto escrito para um único personagem.* **Sinal igual:** SOLILÓQUIO

MONSTRO – Mãos abertas, dedos curvados e separados, palmas para a frente. Posicionar as mãos nas laterais da cabeça. Em seguida, mover as mãos simultaneamente e um pouco para a frente, fazendo uma expressão de "animal feroz".

• ***Monstro:*** *Qualquer ser ou coisa pavorosa, muito feia e ameaçadora.* **Sinal igual:** TERRÍVEL

▪ **MOLEQUE:** MENINO ▪ **MOLÉSTIA:** DOENTE ▪ **MOLEZA:** PREGUIÇA ▪ **MOMENTO:** AGORA, QUE HORAS SÃO, TEMPO ▪ **MONARCA:** COROAR ▪ **MONARQUIA:** COROAR ▪ **MONASTÉRIO:** CONVENTO ▪ **MONJA:** FREIRA

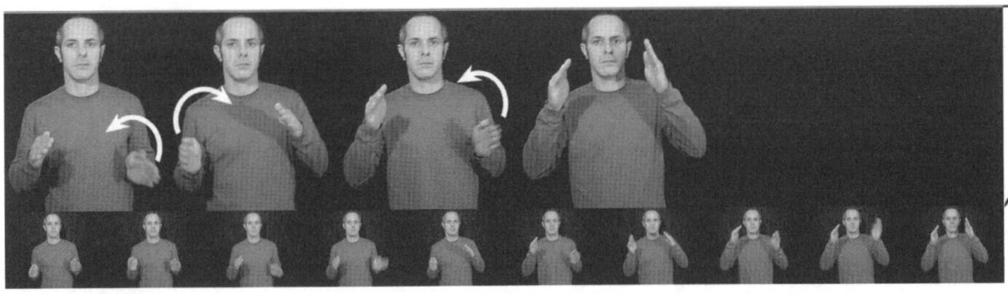

MONTAGEM – Mãos abertas, dedos unidos e esticados apontando para a frente, palmas para dentro. Posicionar as mãos na altura da cintura. Em seguida, movê-las alternadamente para cima e para dentro.

• ***Montagem:*** *Ato de juntar as peças ou as partes de algo; construção.*

MONTANHA – Mão direita aberta, dedos unidos e esticados, palma para baixo. Posicionar a mão no lado esquerdo do corpo. Em seguida, mover a mão para o lado direito, descrevendo um grande arco, como se fosse o perfil de uma montanha.

• ***Montanha:*** *Região geográfica constituída por grandes montes.* **Sinal igual:** CORDILHEIRA, MONTE, SERRA

MORANGO – Mão esquerda fechada, palma para dentro. Com a mão direita, fazer o sinal de "vermelho". Em seguida, tocar a ponta do indicador direito em três ou quatro pontos diferentes da mão esquerda.

• ***Morango:*** *Fruto do morangueiro.*

MORCEGO – Mão fechada com os dedos indicador e médio abertos, curvados e separados. Tocar as pontas desses dedos na lateral do pescoço.

• ***Morcego:*** *Mamífero voador.*

MORDER – Mão fechada, palma para dentro. Mover a mão até a boca, que deve abrir e morder levemente a mão.

• ***Morder:*** *Comprimir utilizando os dentes.* **Sinal igual:** ABOCANHAR, MORDEDURA, MORDIDA

▪ **MONTAR:** CAVALGAR ▪ **MONTE:** MONTANHA ▪ **MORADA:** CASA ▪ **MORADIA:** CASA ▪ **MORAL:** ÉTICA ▪ **MORAR:** CASA ▪ **MORDEDURA:** MORDER ▪ **MORDIDA:** MORDER

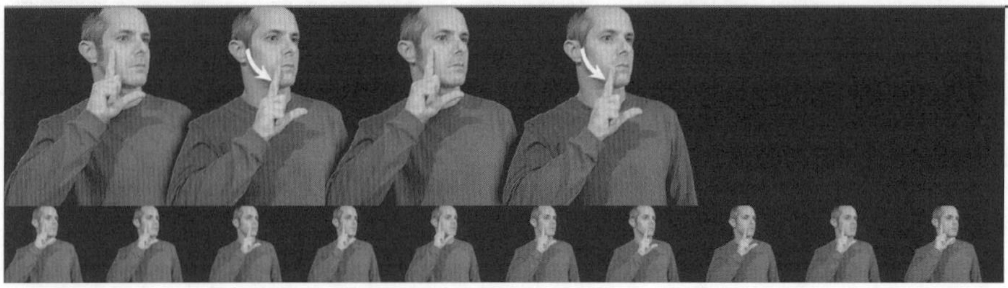

MORENO – Mão fechada com o dedo indicador esticado apontando para cima. O polegar pode estar aberto ou não. Encostar a lateral do indicador na do rosto, perto da orelha. Em seguida, deslizar a mão para a frente. Fazer esse movimento duas ou três vezes.

• ***Moreno:*** *Pessoa de pele bronzeada ou escura.* **Sinal igual:** BRONZEADO

MORNO – Fazer os sinais de "quente" e de "frio". Em seguida, com a mão aberta, dedos levemente separados e palma para baixo, virar a mão ao redor do próprio eixo, em sentido horário e anti-horário, duas ou três vezes.

• ***Morno:*** *Que não é muito quente nem frio; pouco aquecido.*

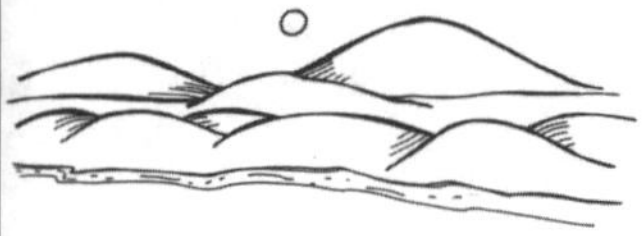

MORRO – Mão direita aberta, dedos unidos e esticados, palma para baixo. Posicionar a mão no lado esquerdo do corpo. Em seguida, movê-la para o lado direito, descrevendo um leve arco, como se fosse o perfil de um morro.

• ***Morro:*** *Pequeno monte.*

MOSCA – Mão fechada com os dedos indicador e polegar abertos e unidos pelas pontas. Posicionar a mão na altura da cabeça. Em seguida, movê-la em zigue-zague, para baixo.

• ***Mosca:*** *Pequeno inseto voador.* **Sinal igual:** VAREJEIRA

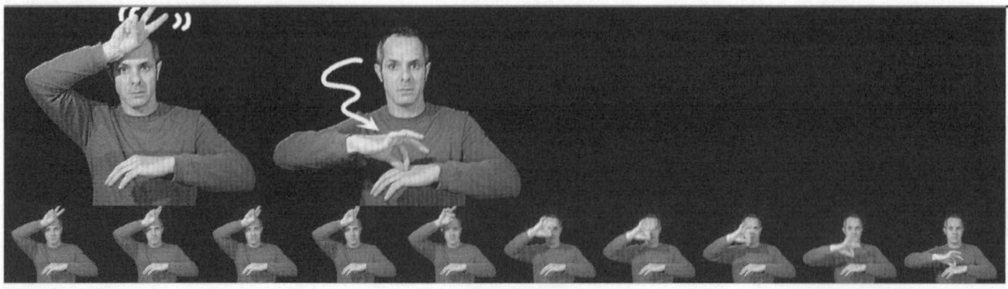

MOSQUITO – Mão direita em "V", palma para a frente. Mão esquerda aberta, palma para baixo. Encostar o dorso da mão direita na testa, movendo aleatoriamente os dedos. Em seguida, unir o indicador e o polegar direitos pelas pontas. Mover a mão direita em zigue-zague até encostar as pontas dos dedos no dorso esquerdo.

• ***Mosquito:*** *Pequeno inseto voador.* **Sinal igual:** CARAPANÃ, MURIÇOCA, PERNILONGO

▪ **MOROSIDADE:** DEMORAR, PREGUIÇA ▪ **MOROSO:** DEMORAR ▪ **MORRER:** CADÁVER ▪ **MORTE:** CADÁVER ▪ **MORTO:** CADÁVER ▪ **MOSQUETE:** CAÇAR

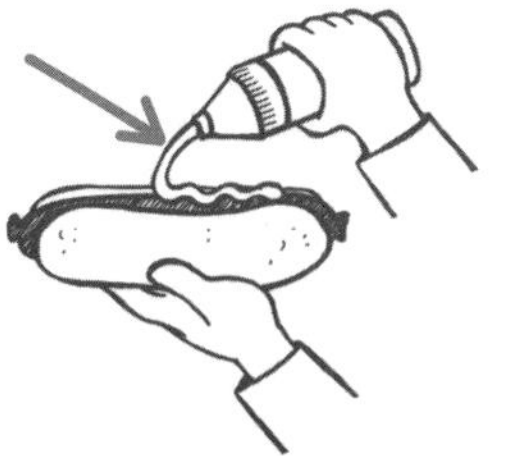

MOSTARDA – Mão esquerda em "C", como se estivesse segurando um copo. Fazer o sinal de "amarelo" com a direita. Em seguida, mão direita aberta, palma para a frente. Encostar a lateral interna da mão direita na esquerda. Em seguida, mover a mão direita para o lado direito, fechando a mão.

• ***Mostarda:*** *Sementes com as quais se prepara um condimento com esse mesmo nome.*

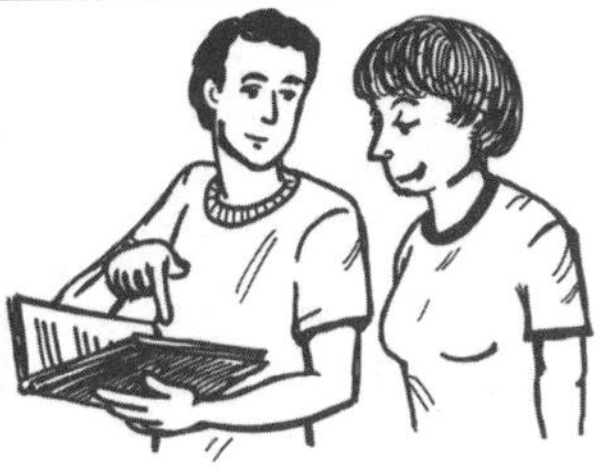

MOSTRAR – Mão esquerda aberta, dedos esticados e separados apontando para cima, palma para a frente. Mão direita fechada com o indicador esticado apontando para cima, palma para atrás. Encostar a ponta do indicador direito na palma esquerda. Posicionar as mãos perto do corpo. Em seguida, movê-las para a frente.

• ***Mostrar:*** *Deixar que outra(s) pessoa(s) veja(m) algo.* **Sinal igual:** DEMONSTRAR, DENOTAR, EXIBIR, EXPOR, MANIFESTAR, REVELAR

MOTOCICLETA – Mãos fechadas, palmas para baixo. Posicionar as mãos na frente do corpo (foto 1). Em seguida, mover a mão direita virando a palma para a frente e voltar à posição inicial, duas ou três vezes seguidas, imitando o movimento de um motociclista acelerando a motocicleta.

• ***Motocicleta:*** *Veículo motorizado de duas rodas.* **Sinal igual:** MOTO, MOTOCICLISTA, MOTOQUEIRO

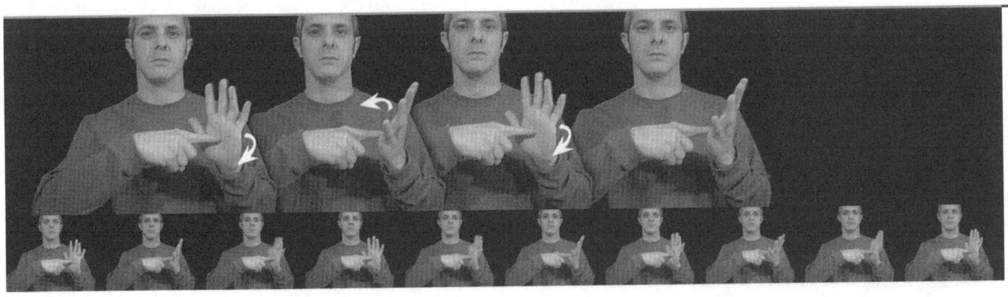

MOTOR – Mão esquerda aberta, dedos esticados e separados apontando para cima, palma para dentro. Mão direita fechada com o indicador esticado, palma para baixo. Encostar a ponta do indicador direito na palma esquerda. Em seguida, com movimentos curtos e rápidos, virar a mão esquerda ao redor do próprio eixo, para a frente e para trás, várias vezes.

• ***Motor:*** *Equipamento que produz força para movimentar automóveis, máquinas etc.* **Sinal igual:** MÁQUINA, MAQUINÁRIO, MECANISMO

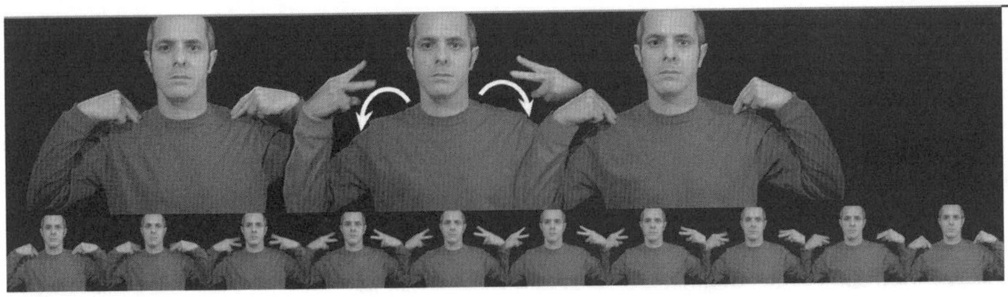

MOTORISTA – Encostar as pontas dos indicadores, médios e polegares nos ombros. Demais dedos devem permanecer fechados. Em seguida, mover as mãos simultaneamente um pouco para cima e para as laterais, separando os dedos, e voltar a uni-los encostando as pontas nos ombros.

• ***Motorista:*** *Aquele que dirige um automóvel, ônibus ou caminhão.* **Sinal igual:** CHOFER

▪ MOSTEIRO: CONVENTO ▪ MOTIVO: CAUSA ▪ MOTO: MOTOCICLETA ▪ MOTOCICLISTA: MOTOCICLETA ▪ MOTOQUEIRO: MOTOCICLETA

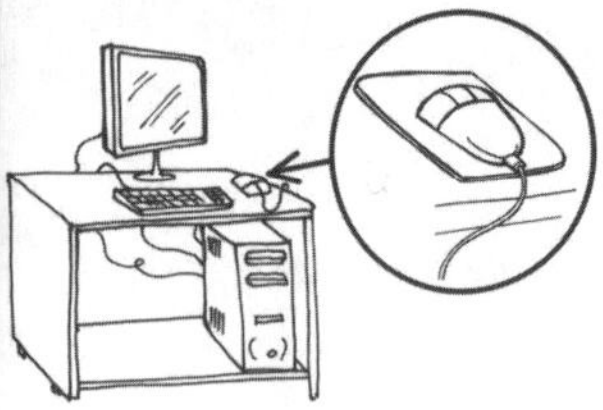

MOUSE – Fazer o sinal de "computador". Em seguida, com a mão aberta, dedos curvados e separados apontando para baixo, mover a mão com gestos curtos para o lado direito e o esquerdo, duas ou três vezes.

• **Mouse:** *Dispositivo pertencente a computadores, usado para acionar algumas operações.*

MUDANÇA – Dedos esticados e unidos pelas pontas, palma para baixo. Mover as mãos simultaneamente para o lado esquerdo e depois para o direito, abrindo todos os dedos.

• ***Mudança:*** *Mudar de um lugar para outro.* **Sinal igual:** DESLOCAMENTO, DESLOCAR, REDISPOSIÇÃO, REMOÇÃO, REMOVER

MUDAR DE ASSUNTO – Mãos abertas, dedos unidos e esticados apontando para o lado direito, palmas para a frente. Mover as mãos simultaneamente para o lado esquerdo, virando as palmas para trás.

• ***Mudar de assunto:*** *Falar sobre outro tema.*

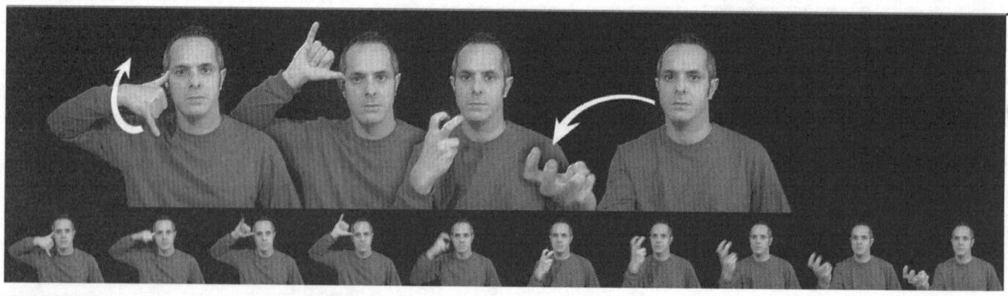

MUGIR – Fazer os sinais de "boi" e de "gritar".

• ***Mugir:*** *Emitir sons como o do boi.* **Sinal igual:** MUGIDO

MUITAS VEZES – Mão esquerda aberta, dedos unidos e esticados apontando para a frente, polegar separado, palma para dentro. Mão direita fechada com a ponta do polegar tocando na palma esquerda, palma para baixo. Mover a mão direita, virando a palma para cima. Abrir os dedos sucessivamente, do polegar até o mínimo, durante o movimento da mão.

• ***Muitas vezes:*** *Mais de uma vez.*

M

▪ **MOVER:** AGITAR ▪ **MOVIMENTAR:** AGITAR ▪ **MUDAR:** TROCAR ▪ **MUDEZ:** SILÊNCIO ▪ **MUDO:** CALADO ▪ **MUGIDO:** MUGIR

MUITO – Mãos abertas, dedos esticados e separados apontando para cima, palmas para cima. Unir as pontas dos dedos e voltar à posição inicial, duas ou três vezes seguidas.

• ***Muito:*** *Com grande intensidade; com grande frequência; com vigor.* **Sinal igual:** ABUNDÂNCIA, ABUNDANTEMENTE, BASTANTE, DEMAIS, EXCEDENTE, EXCESSIVAMENTE, EXCESSO, FARTURA, INTENSAMENTE, TANTO

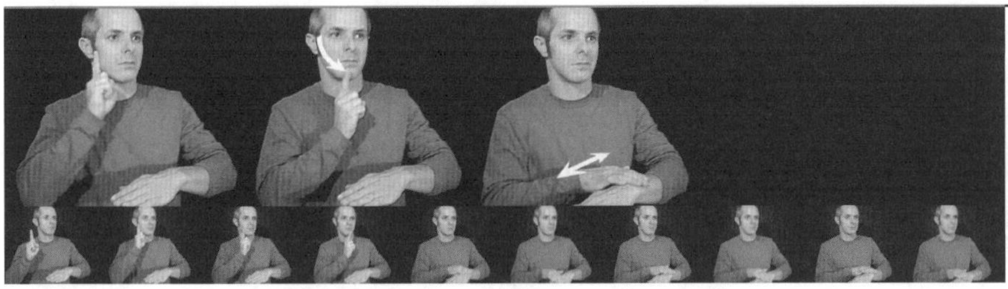

MULATO – Fazer o sinal de "moreno". Em seguida, deslizar os dedos da mão direita para a frente e para trás, sobre o dorso da mão esquerda, que deve estar aberta com a palma para baixo.

• ***Mulato:*** *Filho(a) de pai branco com mãe negra ou de mãe branca com pai negro.*

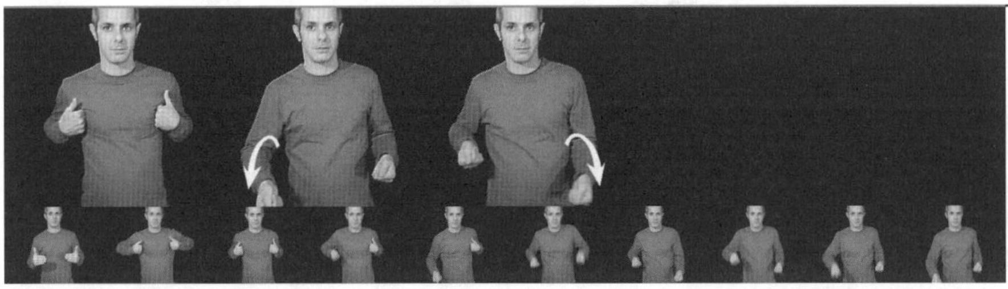

MULETA – Mãos dobradas, dedos unidos e esticados polegares separados. Encostar o dorso dos dedos nas axilas. Depois, com as mãos fechadas, palmas para dentro, mover as mãos alternadamente para a frente, imitando o gesto de quem anda com uma muleta.

• ***Muleta:*** *Utensílio que ajuda uma pessoa a andar.*

MULHER – Mão fechada com o dedo polegar aberto apontando para cima, palma para dentro. Encostar a ponta do polegar na lateral do rosto, perto da orelha. Em seguida, deslizar a mão até a ponta do queixo.

• ***Mulher:*** *Pessoa adulta do sexo feminino.*

MULTA – Mão esquerda aberta, dedos unidos e esticados apontando para a frente, palma para cima. Mão direita aberta e dobrada, dedos unidos e esticados apontando para trás. Apoiar a mão direita na palma esquerda. Em seguida, deslizar a mão direita para a frente, apontando os dedos na mesma direção e virando a palma para baixo, unindo as mãos.

• ***Multa:*** *Pagamento obrigatório por não cumprir alguma coisa ou desrespeitar alguma lei.* **Sinal igual:** PENALIDADE

■ MULA: BURRO

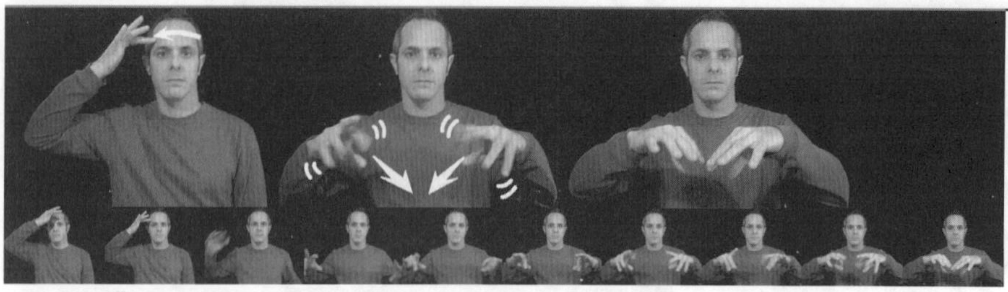

MULTIDÃO – Fazer o sinal de "pessoa". Depois, mãos abertas, dedos relaxados, palmas para baixo. Posicionar as mãos nas laterais do corpo. Movê-las simultaneamente para a frente, movimentando os dedos aleatoriamente e aproximando uma mão da outra no fim do percurso.

• ***Multidão:*** *Grande aglomerado de pessoas.* **Sinal igual:** AGLOMERAÇÃO, POVARÉU

MULTIPLICAR – Mãos fechadas com os dedos indicadores esticados, palmas para dentro. Unir as mãos, cruzando os indicadores. Em seguida, fazer o sinal de "somar".

• ***Multiplicar:*** *Aumentar a quantidade de algo.* **Sinal igual:** MULTIPLICAÇÃO

MUNICIPAL – Fazer os sinais de "M" e de "lugar".

• ***Municipal:*** *Que diz respeito ou pertencente a um município.*

MUNICÍPIO – Mãos em "O", palmas para dentro. Posicionar as mãos unidas, conforme a foto 1. Em seguida, mover as mãos descrevendo um círculo, afastando uma da outra e unindo-as novamente três vezes durante o percurso.

• ***Município:*** *Cidade; divisão administrativa de um estado.*

MURCHAR – Mão aberta, dedos esticados e separados apontando para cima, palma para cima. Posicionar a mão na altura do ombro. Em seguida, movê-la para baixo, unindo os dedos pelas pontas.

• ***Murchar:*** *Perder o volume; perder a força.* **Sinal igual:** ESTIOLADO, ESTIOLAR, MURCHO

▪ **MULTICOLORIDO:** COR ▪ **MULTICOR:** COR ▪ **MULTIPLICAÇÃO:** MULTIPLICAR ▪ **MUNDIAL:** PLANETA, INTERNACIONAL ▪ **MUNDO:** PLANETA ▪ **MUNHECA:** PUNHO ▪ **MUNIR:** SERVIR ▪ **MURADA:** MURO ▪ **MURALHA:** MURO

MURO – Mãos abertas, dedos unidos e esticados apontando para dentro, palmas para trás. Unir as mãos pelas pontas dos médios e posicioná-las na altura do estômago. Em seguida, mover as mãos para cima.

• ***Muro:*** *Parede de pedra, alvenaria ou outro material que cerca determinada área.* **Sinal igual:** MURADA, MURALHA

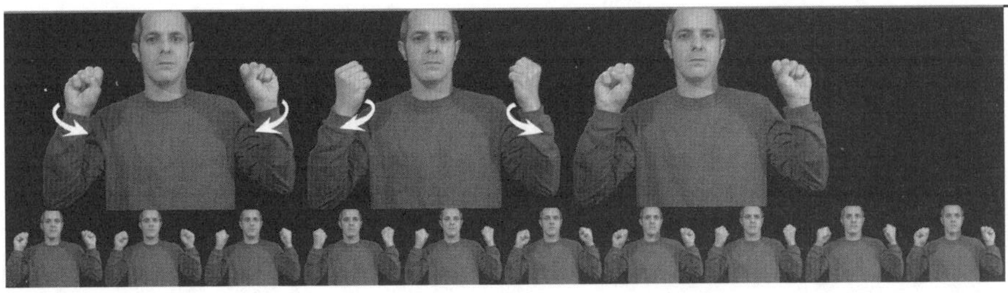

MUSCULAÇÃO – Mãos fechadas, palmas para a frente. Posicionar as mãos na altura dos ombros. Em seguida, girá-las ao redor do próprio eixo, para dentro e voltar à posição inicial, duas ou três vezes.

• ***Musculação:*** *Exercícios para a musculatura.*

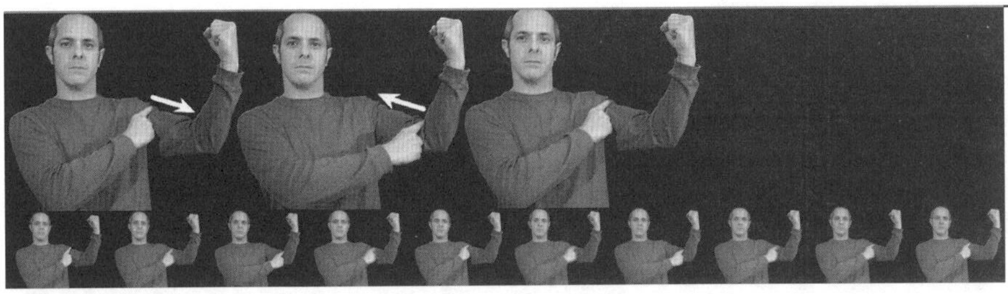
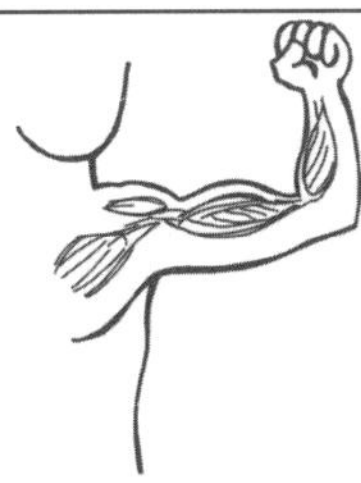

MÚSCULO – Mão esquerda fechada, palma para trás, braço dobrado. Mão direita fechada com o indicador esticado, palma para baixo. Tocar a ponta do indicador direito no braço esquerdo, na região do bíceps. Depois, deslizar a mão para a frente e para trás, duas vezes.

• ***Músculo:*** *Órgão formado por fibras que se contraem e alongam e que, com o esqueleto, fornece sustentação ao corpo e permite seus movimentos.*

MUSCULOSO – Mão esquerda fechada, palma para trás, braço dobrado. Mão direita aberta, dedos unidos e esticados, palma para baixo. Posicionar a mão direita acima do bíceps esquerdo e movê-la descrevendo um arco. Depois, fechar as mãos e posicioná-las na altura dos ombros.

• ***Musculoso:*** *Pessoa que possui músculos bem desenvolvidos.* **Sinal igual:** VIRIL

MUSEU – Mãos em "M". Unir as mãos pelas pontas dos dedos indicadores e posicioná-las na altura do rosto. Em seguida, mover as mãos simultaneamente para as laterais e para baixo.

• ***Museu:*** *Instituição que busca, conserva e expõe objetos de arte ou de valor histórico e cultural.*

▪ **MURCHO:** MURCHAR ▪ **MURIÇOCA:** MOSQUITO ▪ **MURMURAR:** COCHICHAR

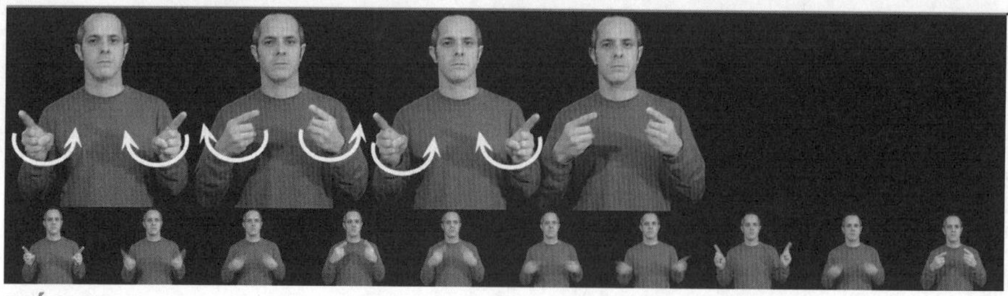

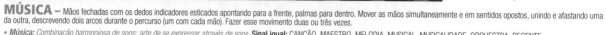

MÚSICA – Mãos fechadas com os dedos indicadores esticados apontando para a frente, palmas para dentro. Mover as mãos simultaneamente e em sentidos opostos, unindo e afastando uma da outra, descrevendo dois arcos durante o percurso (um com cada mão). Fazer esse movimento duas ou três vezes.

• ***Música:*** *Combinação harmoniosa de sons; arte de se expressar através de sons.* **Sinal igual:** CANÇÃO, MAESTRO, MELODIA, MUSICAL, MUSICALIDADE, ORQUESTRA, REGENTE

▪ **MUSICAL:** MÚSICA ▪ **MUSICALIDADE:** MÚSICA ▪ **MUTILADO:** AMPUTAR ▪ **MUTISMO:** SILÊNCIO

Mão fechada com os dedos indicador e médio unidos e esticados apontando para baixo. Décima quarta letra do alfabeto. Mão fechada com os dedos indicador e médio unidos e esticados apontando para baixo. Décima quarta letra do alfabeto. Mão fechada com os dedos indicador e médio unidos e esticados apontando para baixo. Décima quarta letra do alfabeto. Mão

fechada com

unidos e esti

xo. Décima q

fechada com os dedos indicador e médio unidos e esticados apontando para baixo. Décima quarta letra do alfabeto. Mão fechada com os dedos indicador e médio unidos e esticados apontando para baixo. Décima quarta letra do alfabeto. Mão fechada com os dedos indicador e médio unidos e esticados apontando para baixo. Décima quarta letra do alfabeto. Mão fechada com os dedos indicador e médio

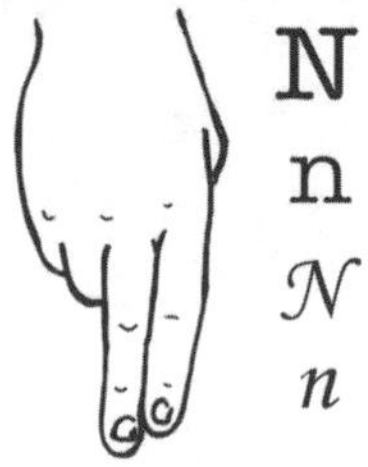

N – Mão fechada com os dedos indicador e médio unidos e esticados apontando para baixo.
• ***N:*** *Décima quarta letra do alfabeto.*

NAÇÃO* – Mão esquerda fechada, palma para baixo. Mão direita em "P". Posicionar a mão direita acima da esquerda. Em seguida, mover a mão direita, descrevendo um círculo horizontal sobre a esquerda e baixá-la, tocando a ponta do dedo médio no dorso esquerdo.
• ***Nação:*** *Comunidade unida pela mesma origem, costumes e religião.*

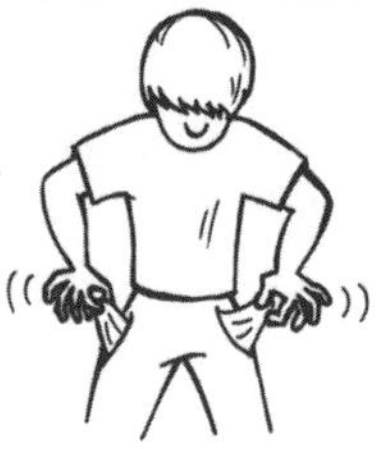

NADA – Mãos abertas, dedos unidos e esticados, polegares separados. Mão direita com a palma para baixo e mão esquerda com a palma para cima. Unir as mãos. Em seguida, deslizar uma mão na outra em círculos.
• ***Nada:*** *Coisa nenhuma.* **Sinal igual:** NENHUM, SEM

NADAR – Mãos abertas, dedos unidos apontando para a frente, palmas para baixo. Posicionar uma mão acima da outra. Em seguida, mover simultaneamente as mãos girando-as como o movimento dos pedais de uma bicicleta, imitando a ação de uma pessoa nadando.
• ***Nadar:*** *Manter-se e avançar sob ou sobre a água.* **Sinal igual:** NADADOR

NAMORAR – Mãos abertas, dedos apontando para cima, palmas para dentro. Posicionar uma mão próximo da outra. Em seguida, mover simultaneamente os dedos médios para baixo e para cima, duas ou mais vezes.
• ***Namorar:*** *Relacionar-se amorosamente com outra pessoa.* **Sinal igual:** NAMORADO, NAMORICO, NAMORO

▪ **NAÇÃO:** PAÍS ▪ **NACIONAL:** BRASIL ▪ **NACIONALIDADE:** PAÍS ▪ **NADADOR:** NADAR ▪ **NÁDEGA:** BUNDA ▪ **NAMORADO:** NAMORAR ▪ **NAMORICO:** NAMORAR ▪ **NAMORO:** NAMORAR

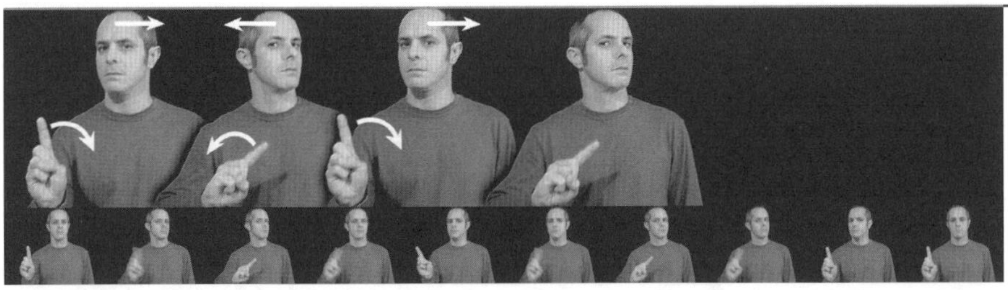

NÃO – Mão fechada com o dedo indicador esticado apontando para cima, palma para a frente. Mover a mão, inclinando-a para o lado esquerdo e para o lado direito, duas ou três vezes. Durante esse movimento, virar a cabeça de um lado para outro.
• ***Não:*** *Termo que expressa negação.* **Sinal igual:** NEGAÇÃO, NEGATIVA, RECUSA

NÃO ADIANTA – Mão fechada com o dedo indicador aberto e curvado apontando para trás. Mover a mão para a frente, deslizando a ponta do indicador no pescoço e na parte inferior do queixo, duas ou três vezes.
• ***Não adianta:*** *Não resolve; não é necessário.* **Sinal igual:** INÚTIL

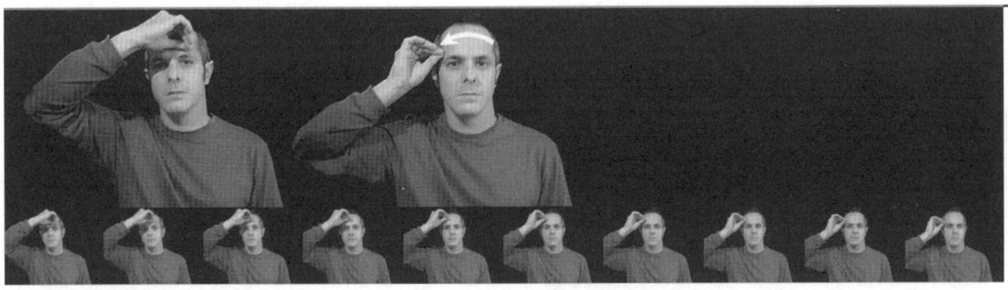

NÃO CONHECER NADA – Unir os dedos da mão direita pelas pontas. Tocar a ponta do indicador na lateral esquerda da testa. Em seguida, deslizar a mão para o lado direito da testa.
• ***Não conhecer nada:*** *Não possuir conhecimento sobre nenhum assunto ou assunto específico.*

NÃO CONSEGUIR – Mão em "L" com o dedo indicador apontando para a frente, palma para dentro. Mover a mão para baixo, virando a palma na mesma direção. Durante o movimento, deslocar a cabeça de um lado para outro, como no sinal de "não".
• ***Não conseguir:*** *Não ser bem-sucedido em determinado assunto; falhar.*

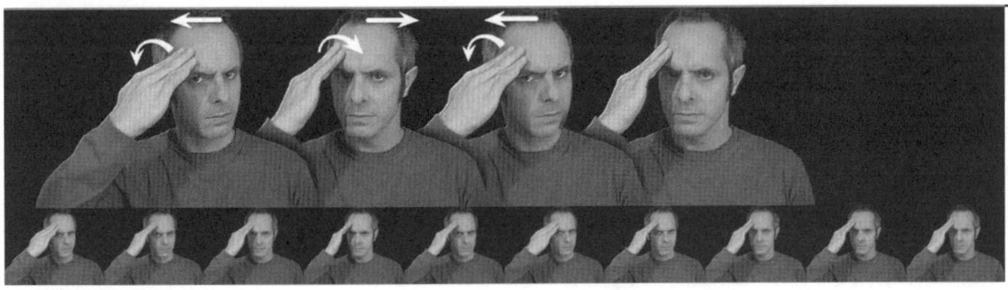

NÃO ENTENDER – Mão aberta, dedos unidos e esticados. Tocar as pontas dos dedos na lateral da testa, sem desencostá-las até o fim. Em seguida, com movimentos curtos, virar a palma da mão para a frente e para trás, várias vezes. Durante o movimento, deslocar a cabeça de um lado para outro, como no sinal de "não".
• ***Não entender:*** *Não compreender alguma coisa.*

■ **NÃO OBSTANTE:** MAS

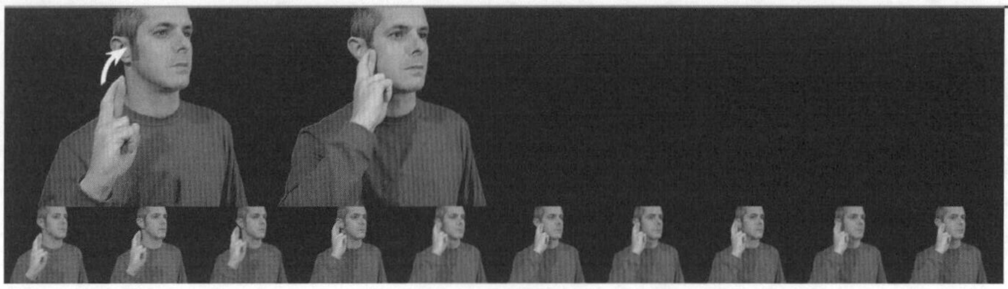

NÃO OUVIR – Mão em "R". Tocar duas ou três vezes as pontas dos dedos no ouvido.
- ***Não ouvir:*** *Não escutar.*

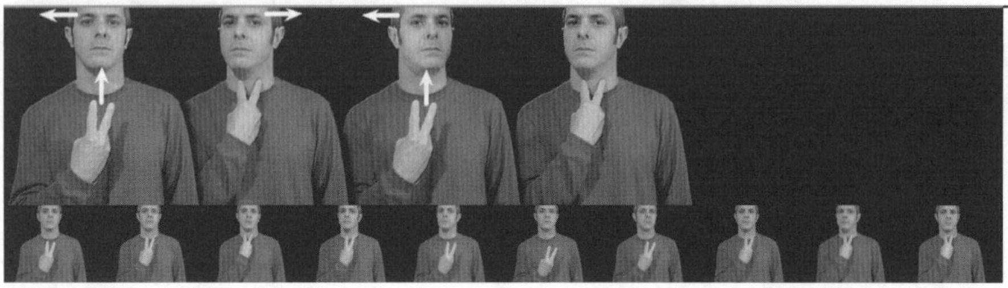

NÃO PODER – Fazer o sinal de "ocupado". Durante o movimento, deslocar a cabeça de um lado para outro, como no sinal de "não".
- ***Não poder:*** *Não estar disponível para alguma coisa ou não ter capacidade para algo.*

NÃO QUERER – Mão aberta, dedos separados e curvados, palma para cima. Mover a mão, virando a palma para baixo. Durante o movimento, deslocar a cabeça de um lado para outro, como no sinal de "não".
- ***Não querer:*** *Ter vontade contrária sobre determinado assunto.* **Sinal igual:** RECUSAR

NÃO SABER – Mão aberta, dedos unidos e esticados, palma para trás. Tocar as pontas dos dedos na lateral da testa e afastar a mão da cabeça, dobrando um pouco os dedos. Durante o movimento, deslocar a cabeça de um lado para outro, como no sinal de "não".
- ***Não saber:*** *Não ter conhecimento de algo.*

NÃO TER – Mão em "L" com o dedo indicador apontando para a frente, palma para dentro. Com gestos curtos, mover a mão para baixo, virando a palma para a mesma direção, duas ou três vezes seguidas. Durante o movimento, deslocar a cabeça de um lado para outro, como no sinal de "não".
- ***Não ter:*** *Não possuir alguma coisa ou condição.*

■ **NAQUELE LUGAR:** ALI

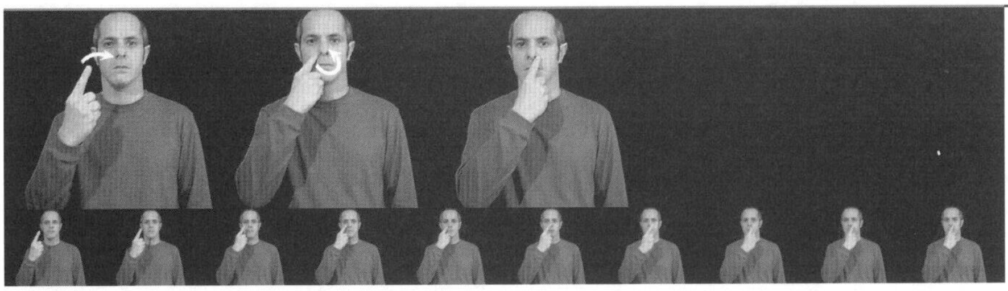
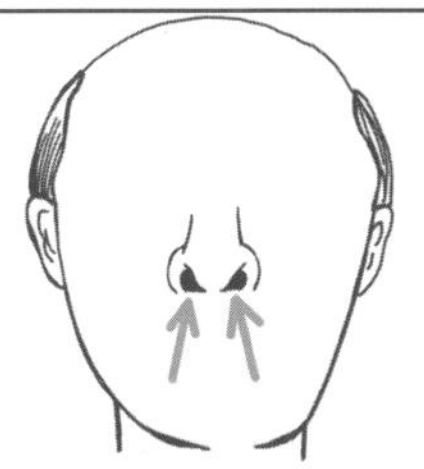

NARINAS – Mão fechada, indicador esticado, palma para trás. Tocar a ponta do dedo na lateral de cada narina.
• ***Narinas:*** *Cada um dos dois orifícios por onde o ar entra para chegar aos pulmões.* **Sinal igual:** CAVIDADE NASAL, FOSSAS NASAIS

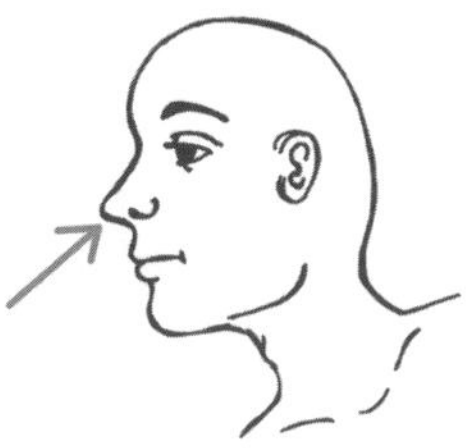

NARIZ – Mão fechada, dedo indicador esticado, palma para trás. Tocar a ponta do dedo no nariz.
• ***Nariz:*** *Órgão responsável pelo olfato e que constitui a parte inicial das vias respiratórias.*

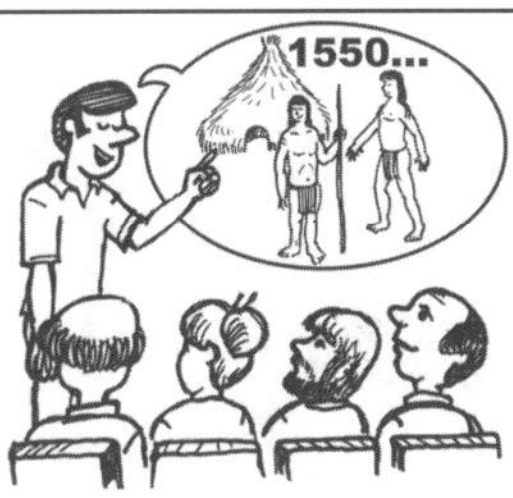

NARRAR – Mão em "Y", palma para dentro. Tocar a ponta do polegar na do queixo. Em seguida, mover a mão para a frente. Fazer esse movimento duas vezes.
• ***Narrar:*** *Contar uma estória ou acontecimento.* **Sinal igual:** CONTAR, INFORMANTE, INFORMAR, RELATAR

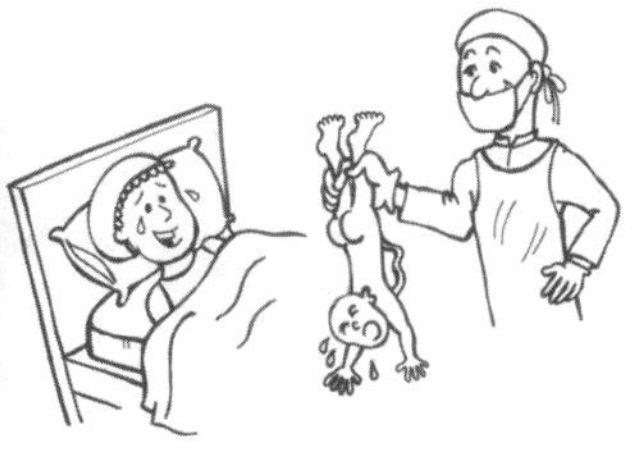

NASCER – Mãos abertas, dedos unidos e esticados apontando para baixo, palmas para dentro. Tocar as laterais externas das mãos no corpo, na altura do ventre. Em seguida, mover as mãos simultaneamente para baixo e para a frente, virando as pontas dos dedos para a frente.
• ***Nascer:*** *Momento no qual um bebê ou animal sai do ventre da mãe.* **Sinal igual:** ENCARNAR, NASCENÇA, NASCIDO, NASCIMENTO, NATAL, ORIGINAR, PARTO, PROCEDÊNCIA, PROCEDER, PROVIR

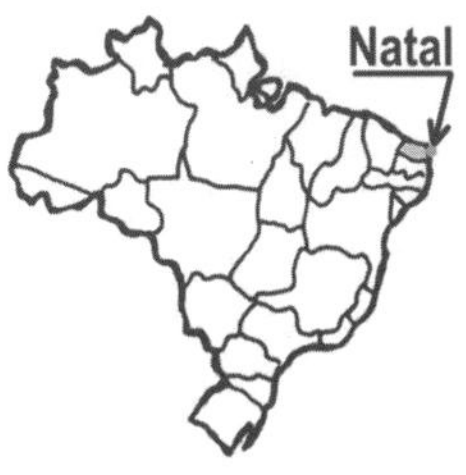

NATAL (CIDADE) – Mão fechada com os dedos indicador e médio abertos, unidos e curvados, palma para baixo. Encostar a lateral interna da mão no rosto. Em seguida, deslizar a mão em círculos sobre a região da bochecha.
• ***Natal (cidade):*** *Capital do estado do Rio Grande do Norte.*

N

▪ **NARRAÇÃO:** ESTÓRIA ▪ **NARRATIVA:** ESTÓRIA ▪ **NASCENÇA:** NASCER ▪ **NASCIDO:** NASCER ▪ **NASCIMENTO:** NASCER ▪ **NATAL:** NASCER, PAPAI-NOEL ▪ **NATALINO:** PAPAI-NOEL

NATURAL – Mão em "N", palma para trás. Tocar as pontas dos dedos na lateral da testa. Em seguida, afastar a mão da cabeça, movimentando aleatoriamente o indicador e o médio durante o percurso.
• ***Natural:*** *Aquilo que é normal.* **Sinal igual:** COMUM, ESPONTÂNEO

NATUREZA – Mão esquerda fechada com o indicador esticado apontando para cima. Mão direita aberta, dedos esticados e separados, palma para baixo. Encostar a ponta do indicador esquerdo na palma direita. Em seguida, deslocar as mãos descrevendo um círculo horizontal, movimentando aleatoriamente os dedos da mão direita durante o percurso.
• ***Natureza:*** *Todo o mundo material; conjunto de elementos (mares, montanhas, árvores, animais etc.).*

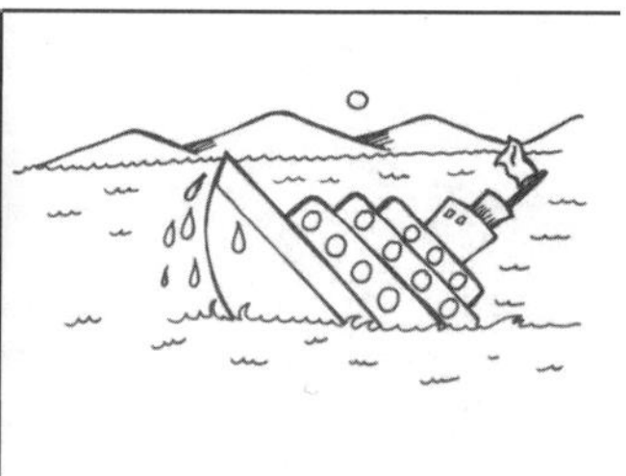

N

NAUFRAGAR – Mãos abertas, dedos unidos e esticados apontando para a frente, polegares separados apontando para cima, palmas para dentro. Unir as mãos pelas pontas dos dedos médios, mantendo as palmas das mãos afastadas entre si. Mover as mãos para a frente e para baixo, dobrando e esticando os polegares várias vezes durante o percurso.
• ***Naufragar:*** *Afundar (o barco); acidentar-se com embarcação.*

NAVE – Mão esquerda aberta, dedos unidos e esticados apontando para o lado direito, palma para baixo. Mão direita fechada com o indicador esticado apontando para cima, palma para trás. Encostar levemente o punho direito na lateral do indicador esquerdo. Em seguida, mover a mão direita para cima, imitando o som de um jato com a boca.
• ***Nave:*** *Veículo espacial; veículo usado para viagens fora da atmosfera terrestre.*

NAVIO – Mãos abertas, dedos unidos e esticados apontando para a frente, palmas para dentro. Unir as mãos pelas pontas dos dedos, mantendo as palmas afastadas entre si. Em seguida, mover as mãos lentamente para a frente.
• ***Navio:*** *Embarcação de grande porte.* **Sinal igual:** NAU

▪ **NAU:** NAVIO ▪ **NÁUSEA:** ENJOADO, NOJENTO ▪ **NAUSEABUNDO:** ENJOADO, NOJENTO ▪ **NAUSEADO:** ENJOADO ▪ **NAUSEENTO:** ENJOADO

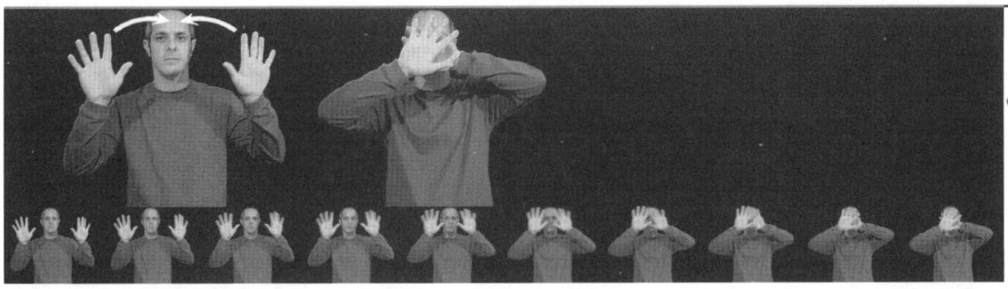

NEBLINA – Mãos abertas, dedos esticados e separados, palmas para a frente. Posicionar as mãos na altura do rosto, conforme a foto 1. Depois, mover as mãos, simultaneamente, em direção aos olhos, cruzando as mãos na frente do rosto.
• ***Neblina:*** *Névoa baixa; nevoeiro.* **Sinal igual:** CERRAÇÃO, NEBULOSIDADE, NÉVOA, NEVOEIRO

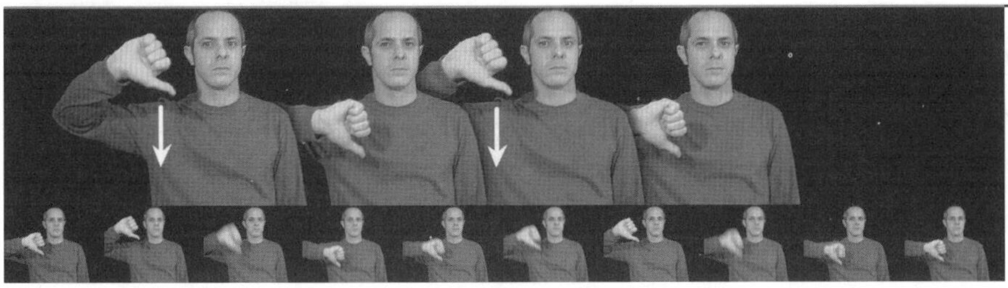

NEGATIVO – Mão fechada com o dedo polegar esticado apontando para baixo, palma para a frente. Mover a mão para baixo, duas ou três vezes seguidas.
• ***Negativo:*** *Que expressa negação ou recusa; que é prejudicial.* **Sinal igual:** AGRAVAR, CONTRA, CONTRAPRODUCENTE, CONTRARIAMENTE, IMPRÓPRIO, INADEQUADO, PÉSSIMO, PIOR, PIORAR

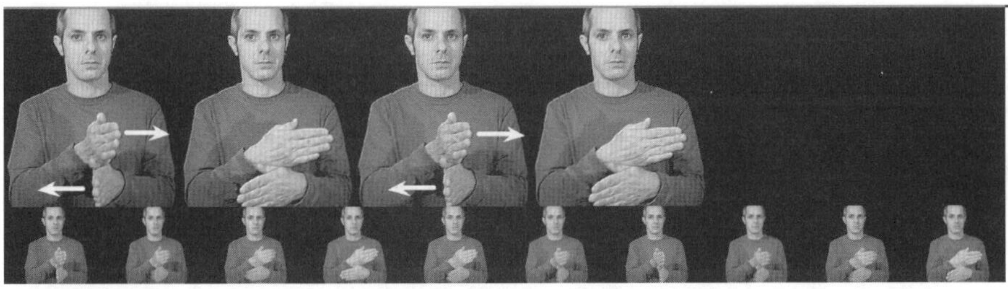

NEGLIGENTE – Mãos abertas, dedos unidos e esticados apontando para a frente, palmas para dentro. Unir as mãos, apoiando uma sobre a outra. Em seguida, virar as mãos simultaneamente e sem desencostá-las, apontando para laterais opostas e voltando à posição inicial. Fazer esse movimento duas ou três vezes seguidas.
• ***Negligente:*** *Pessoa descuidada; desleixado.* **Sinal igual:** DESCUIDADO, DESCUIDO, DESLEIXADO, DESLEIXO, DISPLICÊNCIA, DISPLICENTE, INCÚRIA, NEGLIGÊNCIA, NEGLIGENCIAR

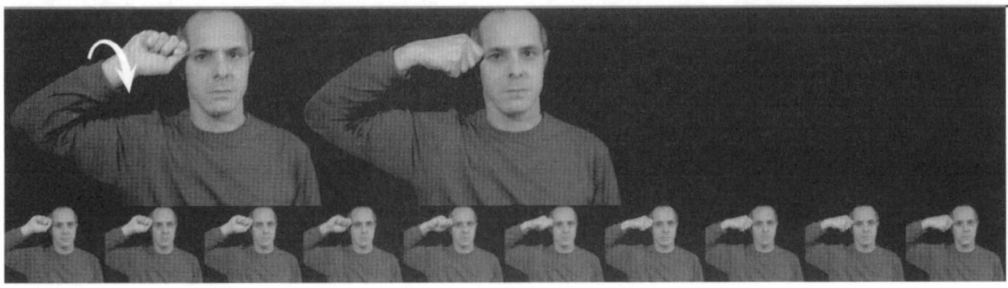

NEGRO – Mão em "A", palma para a frente. Encostar a ponta do polegar e o indicador na região da têmpora. Em seguida, girar a mão, ao redor do próprio eixo, virando a palma para trás.
• ***Negro:*** *Pessoa da raça negra.*

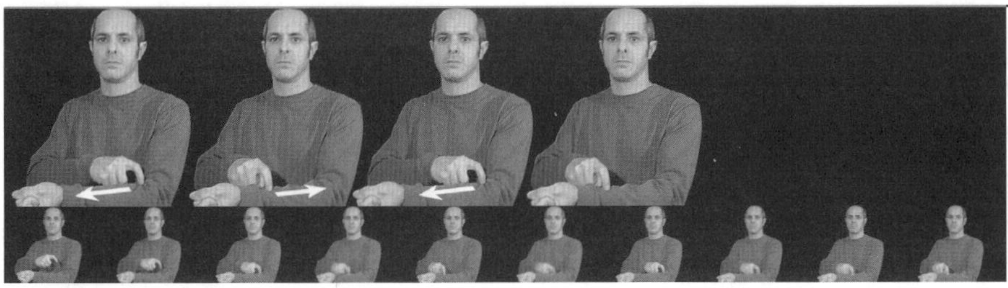

NERVOSO – Mão esquerda fechada, palma para cima. Mão direita fechada com o dedo indicador aberto e curvado, palma para baixo. Tocar a ponta do indicador direito no braço esquerdo, perto da articulação do cotovelo. Em seguida, deslizar a mão até o punho e voltar à posição inicial, duas ou três vezes.
• ***Nervoso:*** *Aquele que está agitado, tenso.* **Sinal igual:** CONTRARIADO, EXALTADO, IRADO, IRRITADO, NERVOSISMO

▪ **NEBULOSIDADE:** NEBLINA ▪ **NEBULOSO:** NUBLADO ▪ **NECESSÁRIO:** ESSENCIAL, PRECISAR ▪ **NECESSIDADE:** PRECISAR ▪ **NECESSITAR:** PRECISAR ▪ **NECRÓPOLE:** CEMITÉRIO ▪ **NECROPSIA:** AUTÓPSIA ▪ **NEFASTO:** MAU ▪ **NEGAÇÃO:** NÃO ▪ **NEGATIVA:** NÃO ▪ **NEGLIGÊNCIA:** NEGLIGENTE ▪ **NEGLIGENCIAR:** NEGLIGENTE ▪ **NEGLIGENTE:** DESLEIXADO ▪ **NEGOCIANTE:** VENDER ▪ **NEGOCIAR:** COMÉRCIO ▪ **NEGÓCIO:** COMÉRCIO ▪ **NEGRUME:** ESCURO ▪ **NENÊ:** BEBÊ ▪ **NENHUM:** NADA, VAZIO ▪ **NENHUMA PESSOA:** NINGUÉM ▪ **NEONATO:** RECÉM-NASCIDO ▪ **NERVOSISMO:** NERVOSO

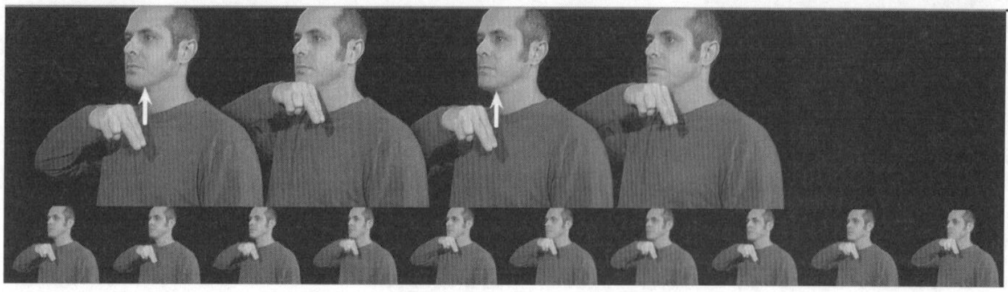

NETO – Mão em "N", palma para baixo. Tocar duas ou três vezes o dorso da mão no queixo.
• ***Neto:*** *O filho (a) do filho (a) em relação aos avós.*

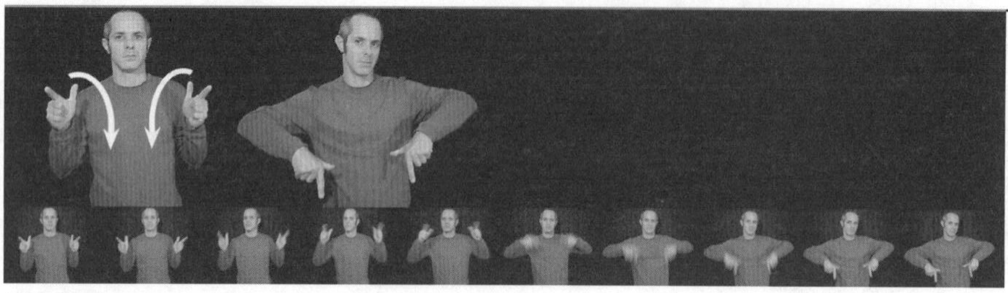

NEUTRO – Fazer o sinal de "outro" simultaneamente com as duas mãos.
• ***Neutro:*** *Aquele que não se manifesta nem contra nem a favor; imparcial.*

NEVE – Fazer o sinal de "gelado". Depois, mãos abertas, dedos relaxados, palmas para baixo. Posicionar as mãos na altura do rosto e deslocá-las para baixo, movimentando os dedos aleatoriamente durante o percurso.
• ***Neve:*** *Cristais de gelo em forma de flocos que se precipitam nas regiões mais frias do planeta.*

NICARÁGUA – Dedos polegares, indicadores e médios esticados e separados, mínimos e anulares fechados, palmas para trás. Posicionar a mão direita acima da esquerda. Em seguida, tocar duas vezes uma mão na outra pelas laterais do dedo indicador e do médio.
• ***Nicarágua:*** *País localizado na América Central.*

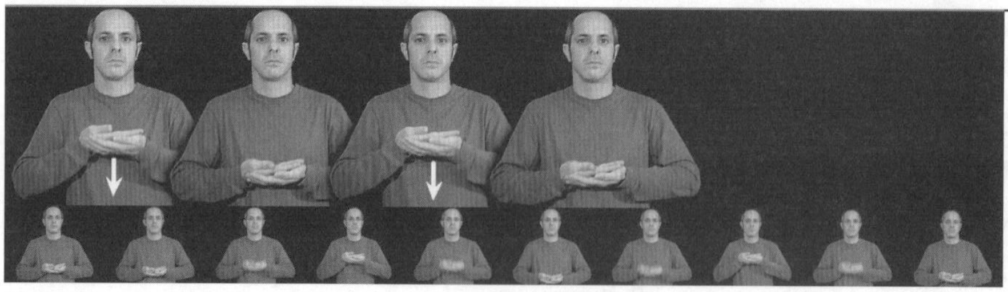

NINAR – Mãos abertas e levemente curvadas, dedos unidos apontando para dentro, palmas para cima. "Descansar" uma mão sobre a outra e movê-las para cima e para baixo, duas ou três vezes.
• ***Ninar:*** *Pôr uma criança para dormir.*

N

■ **NÉVOA:** NEBLINA ■ **NEVOEIRO:** NEBLINA

NINGUÉM – Fazer os sinais de "pessoa" e de "nada".
• ***Ninguém:*** *Nenhuma pessoa.* **Sinal igual:** NENHUMA PESSOA

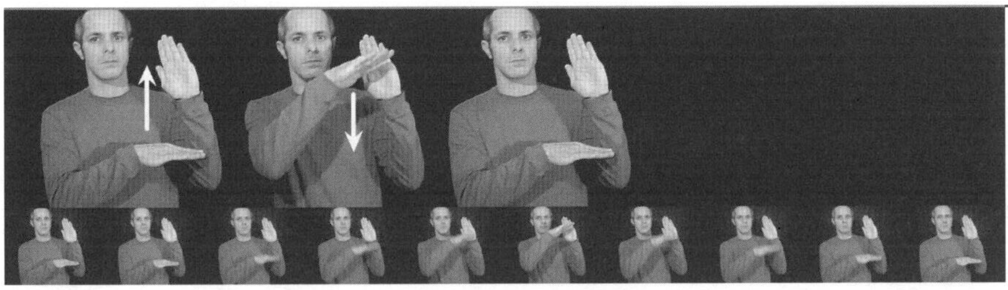

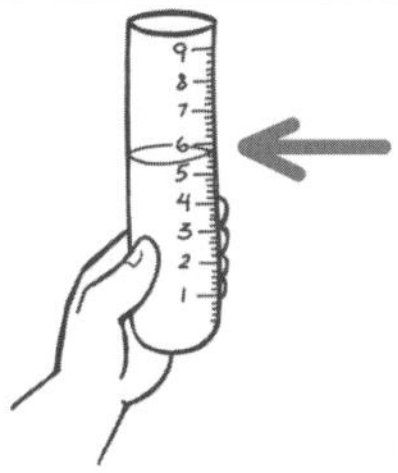

NÍVEL – Mão esquerda aberta, dedos unidos e esticados apontando para cima, palma para a frente e braço dobrado. Mão direita aberta, dedos unidos e esticados, palma para baixo. Encostar a lateral interna da mão direita no braço esquerdo, perto do cotovelo. Em seguida, deslizar a mão direita para cima, até a altura da mão, e voltar à posição inicial.
• ***Nível:*** *Grau de elevação com relação ao plano horizontal; altura.*

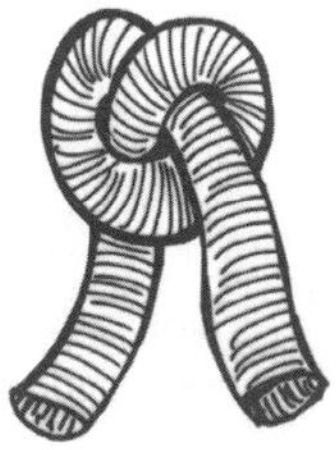

NÓ – Mãos fechadas, palmas para trás. Posicionar uma mão acima da outra. Depois, girar as mãos para a frente, como o movimento dos pedais de uma bicicleta, parar rapidamente e mover as mãos para as laterais.
• ***Nó:*** *Entrelaçamento de dois fios, cordas, linhas etc.*

N

NOITE – Mãos abertas, dedos unidos e esticados, palmas para baixo. Mão esquerda apontando para dentro, mão direita apontando para frente. Posicionar a mão direita atrás da esquerda e movê-la para a frente, deslizando-a por cima da esquerda, e virá-la para baixo, contornando a esquerda.
• ***Noite:*** *Período entre o ocaso e o nascer do sol.* **Sinal igual:** NOTURNO

NOIVO(A) – Mão aberta, palma para a frente. Tocar com a ponta do polegar o anular, duas ou três vezes.
• ***Noivo(a):*** *Pessoa que está para se casar.* **Sinal igual:** NOIVADO, NOIVAR

▪ **NIPÔNICO:** JAPÃO ▪ **NOBRE:** ELEGANTE ▪ **NOÇÃO:** CONHECER ▪ **NOCIVO:** MAU ▪ **NÓDOA:** MANCHA ▪ **NO ESPAÇO DE:** DURANTE ▪ **NOIVADO:** NOIVO(A) ▪ **NOIVAR:** NOIVO(A)

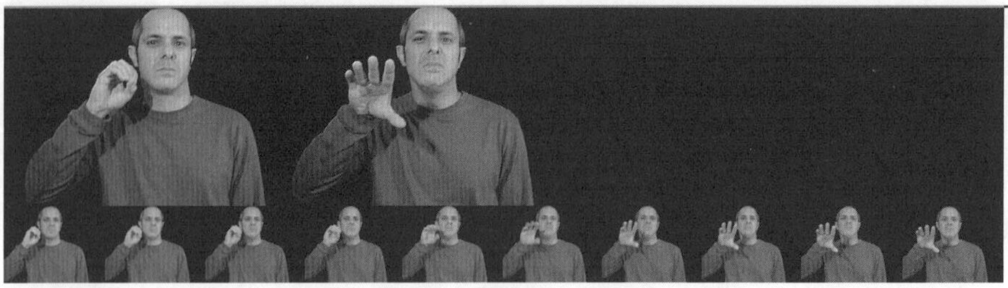

NOJENTO – Unir os dedos de uma das mãos pelas pontas e posicionar a mão ao lado da boca com a palma para a frente. Em seguida, movê-la um pouco para a frente, esticando os dedos para a mesma direção. Fazer uma expressão de nojo durante o movimento.
• ***Nojento:*** *Que provoca repugnância; asqueroso; repulsivo.* **Sinal igual:** ASQUEROSO, NÁUSEA, NAUSEABUNDO, REPELENTE, REPUGNANTE

NOJO – Mão aberta, dedos esticados e separados, palma para trás. Tocar a mão no peito, virar a palma para cima e movê-la um pouco para a frente. Fazer uma expressão de nojo durante o movimento.
• ***Nojo:*** *Sensação de repulsa; asco.* **Sinal igual:** ANIMOSIDADE, ANTIPATIA, ASCO, AVERSÃO, DESAGRADO, HORRENDO, HORRÍVEL, HORROR, HORROROSO, MEDONHO, REPUGNÂNCIA, REPULSA

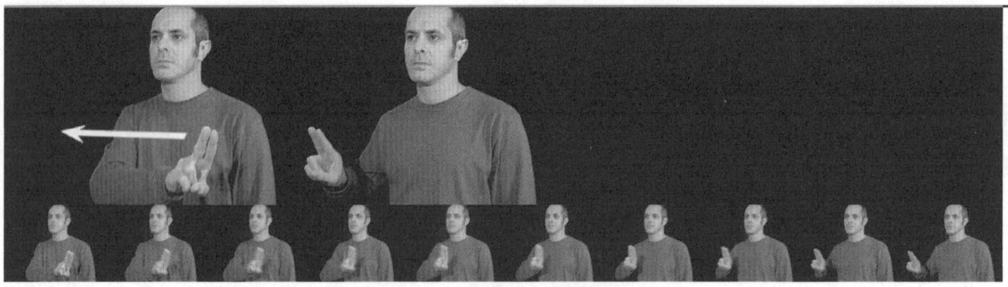

NOME – Mão em "N" com os dedos apontando para cima, palma para a frente. Posicionar a mão do lado esquerdo do corpo e movê-la para o lado direito.
• ***Nome:*** *Palavra com a qual se designa pessoas, animais, lugares, coisas etc.* **Sinal igual:** DENOMINAÇÃO, DESIGNAÇÃO

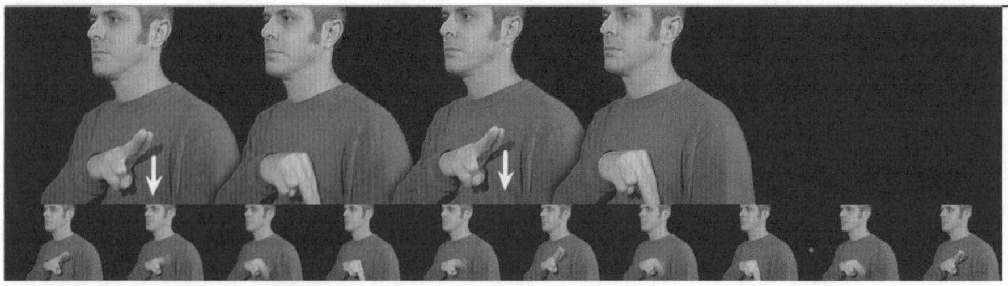

NORA – Mão direita em "N" com os dedos apontando para cima. Encostar a lateral interna da mão no peito, na região do coração. Depois, mover os dedos indicador e médio simultaneamente para baixo e voltar à posição inicial, duas ou três vezes.
• ***Nora:*** *A esposa em relação ao pai ou mãe de seu marido.*

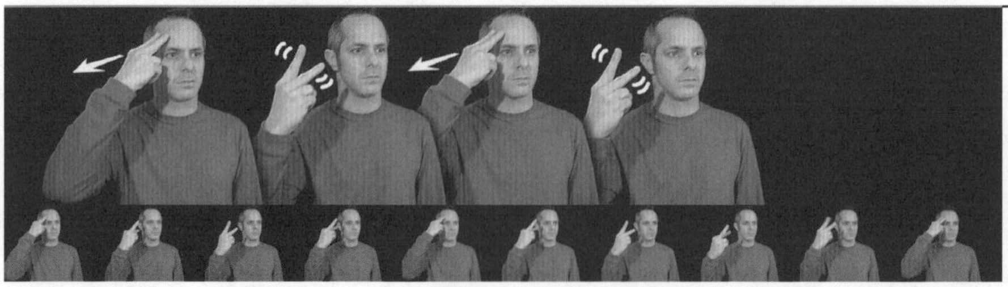

NORMAL – Mão em "N", palma para baixo. Tocar as pontas dos dedos na lateral da testa. Em seguida, afastar a mão da cabeça, movimentando o indicador e o médio aleatoriamente durante o percurso. Fazer esse movimento duas vezes.
• ***Normal:*** *Que é comum; que está de acordo com as normas.* **Sinal igual:** NORMALIDADE, REGULAR

▪ **NOMEAR:** DENOMINAR, ESCOLHER ▪ **NO PRESENTE:** AGORA ▪ **NORMA:** LEI ▪ **NORMALIDADE:** NORMAL

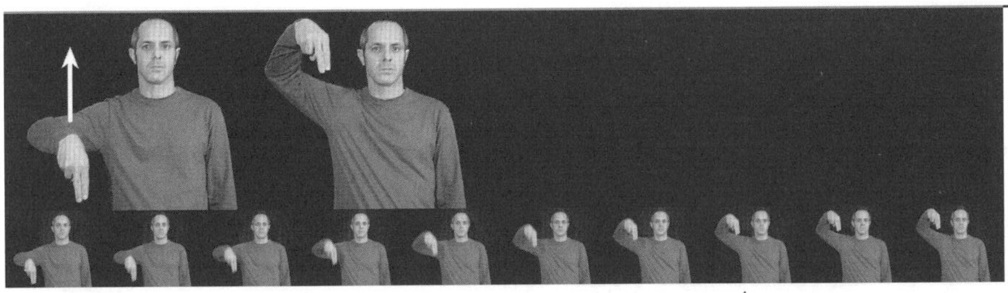

NORTE – Mão em "N", palma para baixo. Posicionar a mão na altura da cintura. Em seguida, movê-la para cima.
• ***Norte:*** *Um dos pontos cardeais.*

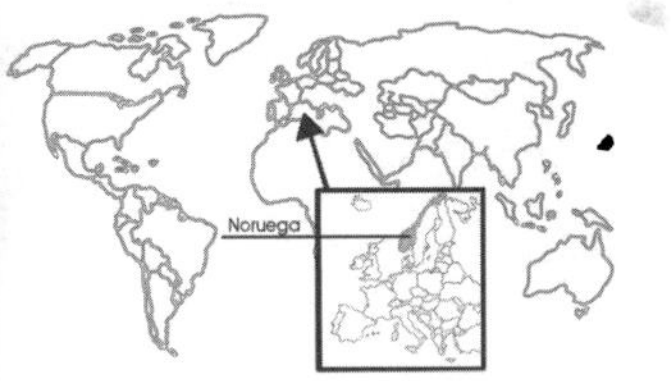

NORUEGA – Mão direita em "N" com os dedos apontando para o lado esquerdo, palma para baixo. Posicionar a mão do lado esquerdo do corpo. Em seguida, movê-la para o lado direito, descrevendo movimentos ondulares durante o percurso.
• ***Noruega:*** *País localizado no norte da Europa.*

NÓS – Mão fechada com o dedo indicador esticado, palma para trás. Encostar a ponta do dedo no lado direito do peito. Em seguida, tocá-la no lado esquerdo do peito, descrevendo um arco para frente durante o percurso.
• ***Nós:*** *Indica "eu" mais outra(s) pessoa(s).*

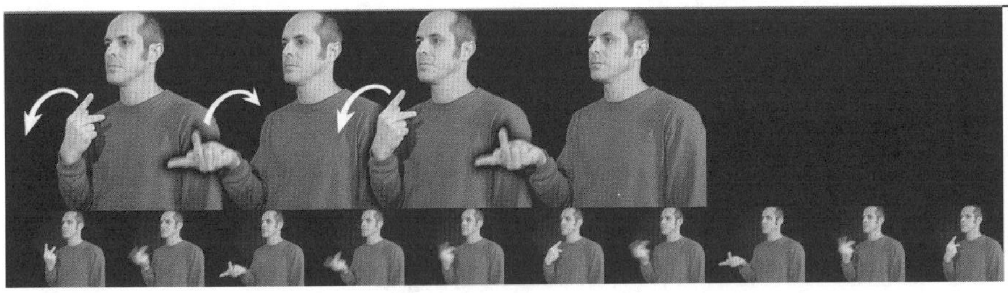

NOSSO* – Mão em "P", palma para cima. Posicionar a mão na frente do corpo. Em seguida, movê-la apontando os dedos para a frente e para trás, duas ou três vezes.
• ***Nosso:*** *Que nos pertence; que é sentido por nós.*

NOTA ZERO – Mão esquerda aberta, palma para cima. Mão direita em "O". Posicionar a mão direita acima da esquerda. Com um gesto firme, mover a mão direita, tocando sua lateral externa na palma esquerda.
• ***Nota zero:*** *Ausência de pontuação em determinado exame.*

▪ **NOSSO:** PERTENCER-NOS ▪ **NOSTALGIA:** SAUDADE ▪ **NOSTÁLGICO:** SAUDADE ▪ **NOTA:** DINHEIRO ▪ **NOTAR:** PERCEBER ▪ **NOTÁVEL:** ESPECIAL

N

NOTÍCIA – Mãos em "Y", palmas para a frente. Unir as mãos pelas pontas dos polegares. Em seguida, movê-las simultaneamente para a frente e para as laterais.
• ***Notícia:*** *Conhecimento recebido sobre algum assunto.*

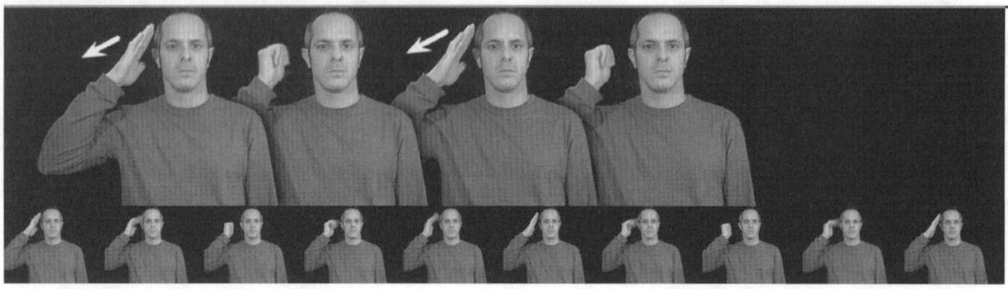

NOTÓRIO – Mão aberta, dedos unidos e esticados apontando para cima, palma para dentro. Posicionar a mão ligeiramente inclinada ao lado da testa. Em seguida, movê-la, dobrando-a e esticando-a novamente, duas ou três vezes.
• ***Notório:*** *Que é muito conhecido por todos.* **Sinal igual:** CÉLEBRE, CELEBRIDADE, GLORIOSO, NOTORIEDADE, POPULARIDADE, RENOMADO, RENOME

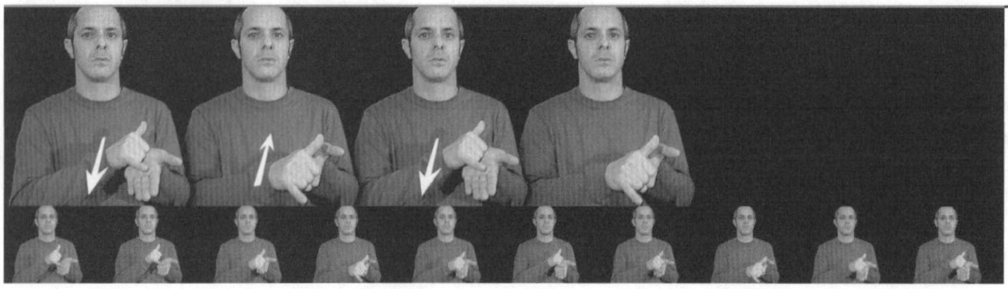

NOVA YORK – Mão esquerda aberta, dedos unidos e esticados apontando para a frente, palma para cima. Mão direita em "Y", palma para baixo. Encostar a mão direita na palma esquerda e deslizá-la para a frente e para trás, duas ou três vezes.
• ***Nova York:*** *Nome dado ao estado e à cidade localizados nos Estados Unidos da América.*

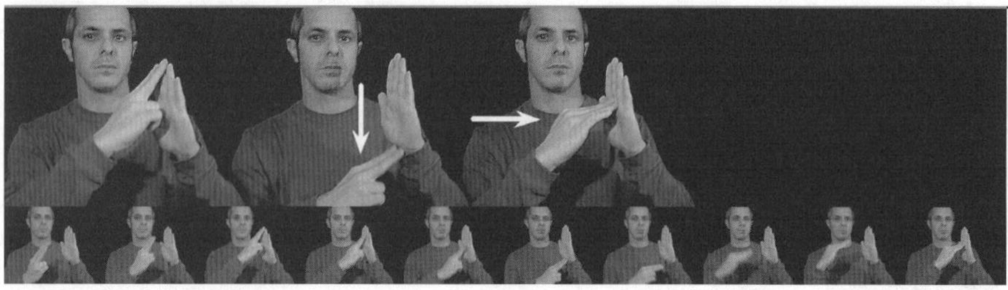

NOVA ZELÂNDIA – Mão esquerda aberta, dedos unidos e esticados apontando para cima, palma para dentro. Mão direita em "N", palma para dentro. Tocar as pontas dos dedos da mão direita nos dedos da esquerda e deslizar a direta para baixo. Em seguida, com a mão direita aberta, dedos unidos e esticados, palma para baixo, mover a direita tocando as pontas dos dedos na palma esquerda.
• ***Nova Zelândia:*** *País localizado na região da Oceania.*

NOVE – Dedos unidos e curvados, polegar separado apontando para baixo. Tocar as pontas dos dedos na articulação do polegar, formando um "9" com a mão.
• ***Nove:*** *Número cardinal logo acima do 8.*

■ **NOTICIAR:** ANUNCIAR ■ **NOTICIÁRIO:** TELEJORNAL ■ **NOTORIEDADE:** NOTÓRIO ■ **NOTURNO:** NOITE ■ **NOVAMENTE:** OUTRO

NOVELA – Fazer o sinal de "televisão". Depois, com gestos curtos, mover duas ou três vezes a mão em "N" para baixo.
• ***Novela:*** *Estória narrada em capítulos.* **Sinal igual:** TELENOVELA

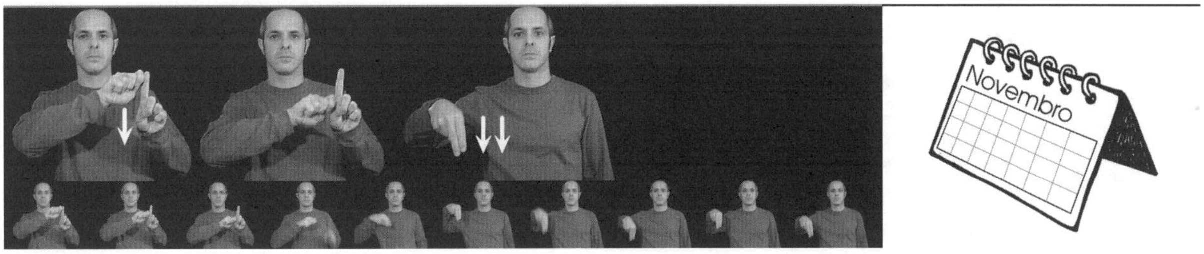

NOVEMBRO – Fazer o sinal de "mês". Depois, com gestos curtos, mover duas ou três vezes a mão em "N", para baixo.
• ***Novembro:*** *Décimo primeiro mês do ano.*

NOVIDADE – Mão direita em "N", com os dedos apontando para o lado esquerdo. Posicionar a mão no lado esquerdo do corpo e movê-la para o direito. Movimentar os dedos aleatoriamente durante o percurso.
• ***Novidade:*** *Condição do que se apresenta pela primeira vez.* **Sinal igual:** INOVAÇÃO

NOVO – Mão direita fechada e posicionada horizontalmente, palma para dentro. Com um gesto curto e rápido, mover a mão para o lado esquerdo, abrindo os dedos.
• ***Novo:*** *Que tem pouco tempo de vida, de existência.* **Sinal igual:** RECENTE

NOZES – Mão esquerda em "O", posicionada horizontalmente, palma para dentro. Mão direita em "C" com o polegar para cima, palma para dentro. Posicionar a mão direita próximo da mão esquerda. Em seguida, fechar a mão direita, como se estivesse apertando um quebrador de nozes.
• ***Nozes:*** *Frutos da nogueira.*

N

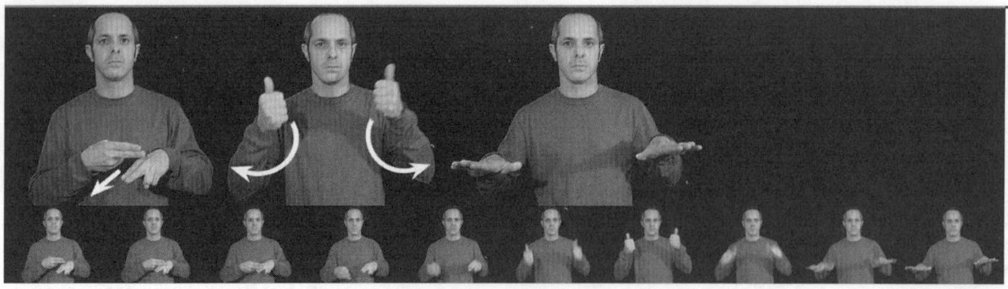

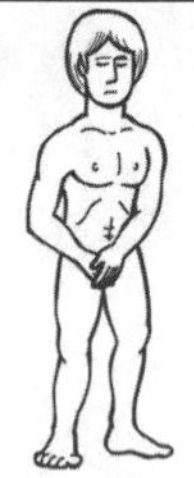

NU – Mãos em "N". Mão esquerda com os dedos apontando para a frente, palma para baixo. Mão direita com os dedos apontando para o lado esquerdo, palma para trás. Tocar a lateral do médio direito na base do indicador e do médio da mão esquerda. Em seguida, deslizar a mão direita até as pontas dos dedos da esquerda. Depois, fechar as mãos na frente do corpo e movê-las simultaneamente para as laterais, abrindo os dedos com as palmas para baixo.

• ***Nu:*** *Sem qualquer vestimenta; despido.* **Sinal igual:** DESNUDO, DESPIDO, NUDEZ, PELADO

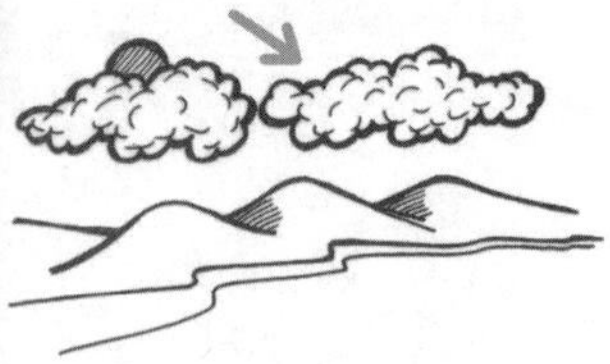

NUBLADO – Mãos abertas, dedos separados apontando para a frente, palmas para baixo. Posicionar as mãos na altura da cabeça e movê-las simultaneamente, unindo-as (uma sobre a outra) acima da cabeça. Movimentar todos os dedos aleatoriamente durante o percurso.

• ***Nublado:*** *Cheio de nuvens; nebuloso.* **Sinal igual:** NEBULOSO

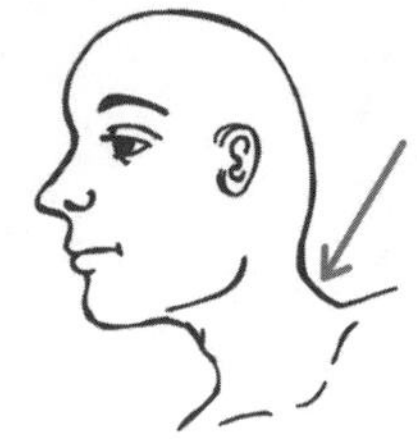

NUCA – Mão aberta e levemente curvada, dedos unidos. Colocar a mão na nuca.

• ***Nuca:*** *Região do pescoço localizada na parte de trás do corpo.*

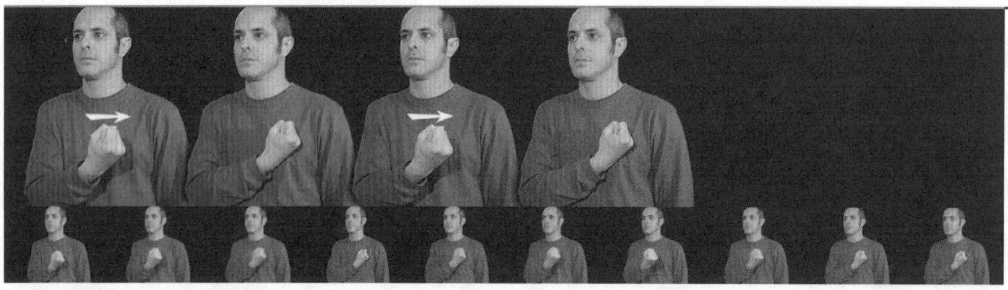

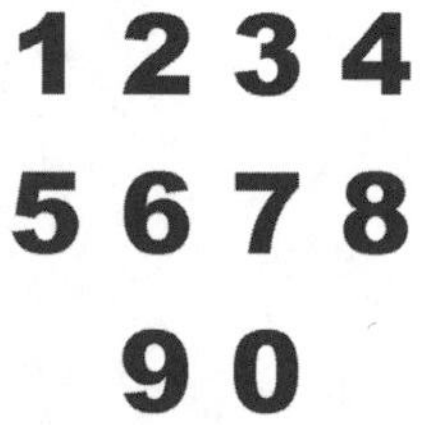

NÚMERO – Mão fechada em "S", palma para cima. Tocar duas ou três vezes a lateral externa da mão no peito.

• ***Número:*** *Algarismos usados na matemática.* **Sinal igual:** ALGARISMO, CIFRA

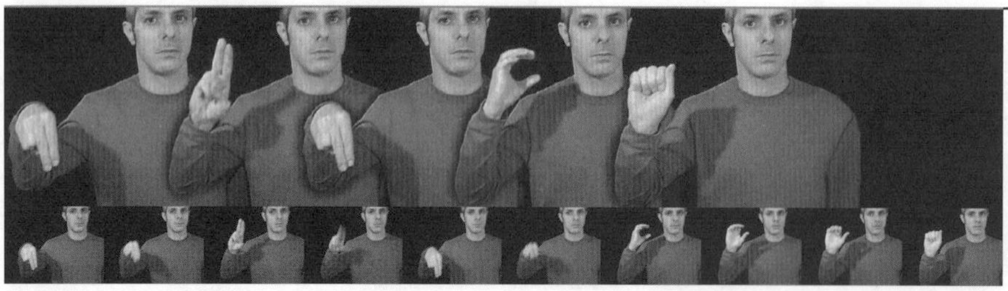

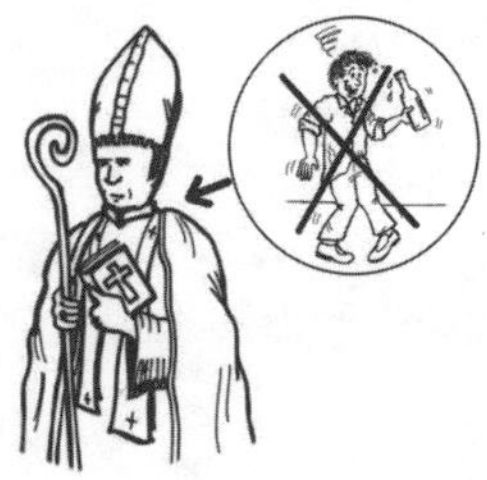

NUNCA – Digitar as letras: "N", "U", "N", "C" e "A".

• ***Nunca:*** *Em nenhuma ocasião; jamais.* **Sinal igual:** JAMAIS

▪ **NUDEZ:** NU ▪ **NULIFICADO:** CANCELADO ▪ **NULO:** CANCELADO ▪ **NUMEROSO:** GRANDE

NUNCA MAIS – Mãos em "Y", braços dobrados, palmas para dentro. Posicionar as mãos perto do corpo e movê-las simultaneamente para a frente, esticando os braços e apontando os dedos mínimos para baixo.

• ***Nunca mais:*** *O que jamais acontecerá novamente.*

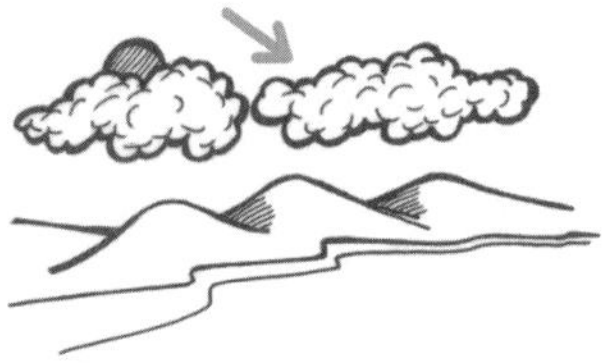

NUVEM – Mãos em "C", palmas para a frente. Posicionar uma mão próximo da outra e um pouco acima da altura da cabeça. Em seguida, mover as mãos simultaneamente para as laterais, fechando um pouco as mãos, sem dobrar os dedos, e abrindo-as novamente várias vezes durante o percurso.

• ***Nuvem:*** *Aglomerado de gotas minúsculas de água ou cristais de gelo suspensos no ar.*

▪ **NÚPCIAS:** CASAMENTO

Dedos unidos e curvados com a ponta do polegar tocando a do médio e a do indicador, palma para dentro. Décima quinta letra do alfabeto. Dedos unidos e curvados com a ponta do polegar tocando a do médio e a do indicador, palma para dentro. Décima quinta letra do alfabeto. Dedos unidos e curvados com a ponta do polegar tocando a do médio e a do indicador, palma

ta letra do alf

vados com a

a do médio e a do indicador, palma para dentro. Décima quinta letra do alfabeto. Dedos unidos e curvados com a ponta do polegar tocando a do médio e a do indicador, palma para dentro. Décima quinta letra do alfabeto. Dedos unidos e curvados com a ponta do polegar tocando a do médio e a do indicador, palma para dentro. Décima quinta letra do alfabeto. Dedos unidos e curvados com a ponta do

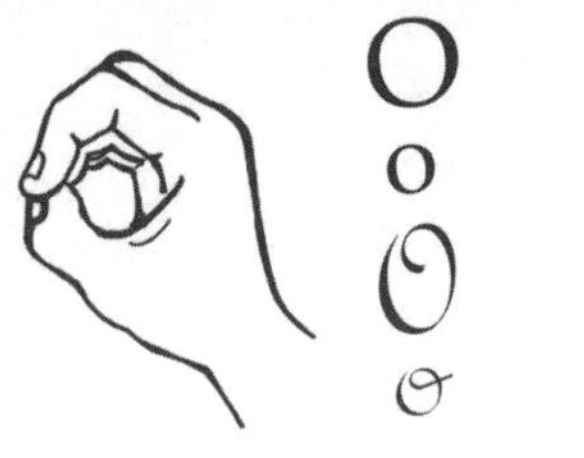

O – Dedos unidos e curvados com a ponta do polegar tocando a do médio e a do indicador, palma para dentro.
• ***O:*** *Décima quinta letra do alfabeto.*

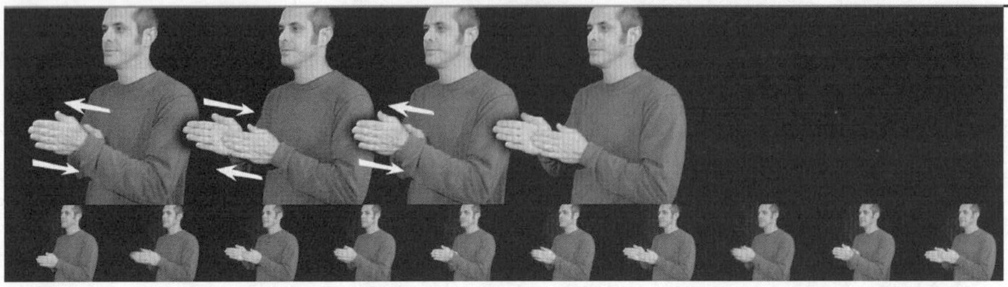

OBA! – Mãos abertas, dedos unidos e esticados apontando para a frente, palmas para dentro. Unir as mãos (foto 1) e, em seguida, movê-las simultaneamente e em sentidos opostos, deslizando uma na outra para a frente e para trás, duas ou três vezes. Fazer uma expressão de alegria durante o movimento.
• ***Oba!:*** *Expressão de admiração ou alegria.*

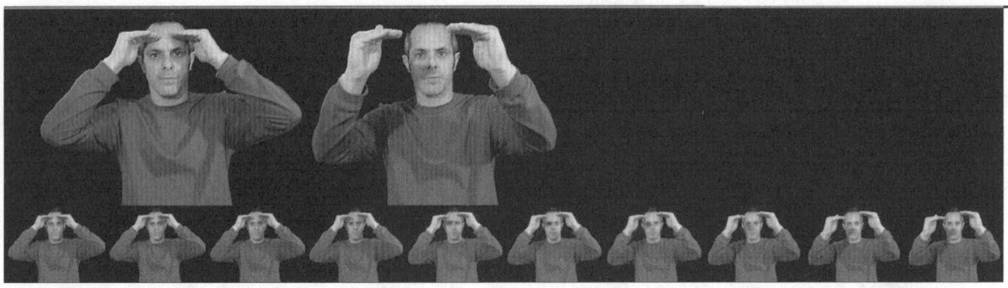

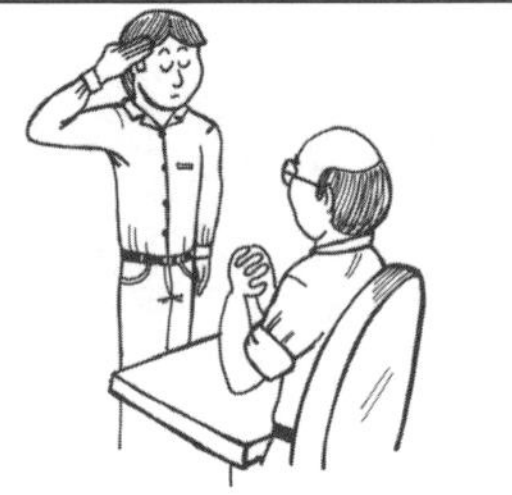

OBEDECER – Mãos abertas e dobradas, dedos unidos e esticados, palmas para dentro. Encostar as laterais dos indicadores na testa. Em seguida, com um gesto firme, mover as mãos simultaneamente para a frente.
• ***Obedecer:*** *Submeter-se à vontade de outra pessoa ou norma.* **Sinal igual:** ACATAR, ACEDER, CONSIDERAÇÃO, CONSIDERAR, CUMPRIR, OBEDIÊNCIA, OBEDIENTE, RESPEITAR, RESPEITO

O

OBESO – Mão esquerda fechada, braço dobrado, palma para baixo. Mão direita em "Y", palma para baixo. Posicionar a mão direita tocando levemente no dorso esquerdo. Em seguida, deslizar a mão direita pelo braço esquerdo em direção ao cotovelo. Com gestos curtos, virar a mão direita ao redor do próprio eixo, para a frente e para trás, várias vezes e encher as bochechas de ar durante o movimento.
• ***Obeso:*** *Pessoa muito gorda.* **Sinal igual:** ADIPOSIDADE, ADIPOSO, OBESIDADE

OBITUÁRIO – Fazer os sinais de "documento" e de "cadáver".
• ***Obituário:*** *Lista ou livro que contém os nomes dos mortos.*

▪ **OBEDIÊNCIA:** OBEDECER ▪ **OBEDIENTE:** OBEDECER ▪ **OBESIDADE:** OBESO ▪ **OBJEÇÃO:** DISCORDAR

OBJETIVO – Mãos fechadas com os dedos indicadores esticados apontando para cima, palmas para dentro. Mover simultaneamente as mãos, unindo-as pelas pontas dos dedos.
• *Objetivo: Aquilo que se pretende alcançar quando se realiza uma ação.*

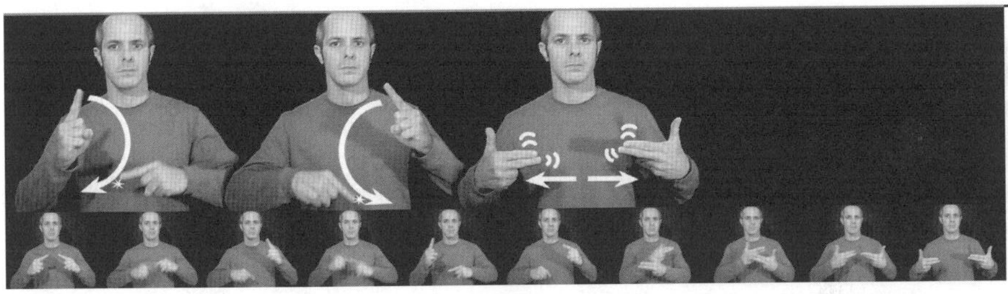

OBJETO – Mãos fechadas com os dedos médios e indicadores (ou somente os indicadores) esticados, palmas para baixo. Mover as mãos simultaneamente e em sentidos opostos, para baixo e para cima, resvalando as pontas dos dedos entre si na metade de cada percurso, duas ou três vezes. Em seguida, fazer o sinal de "coisas".
• *Objeto: Qualquer coisa material que pode ser percebida através dos sentidos.*

OBRA – Mãos fechadas, palmas para dentro. Posicionar a mão direita acima da esquerda. Em seguida, deslocar a mão direita, tocando a esquerda com um movimento firme, como se fosse o golpe de uma marreta sobre uma talhadeira, duas ou três vezes.
• *Obra: Aquilo que resulta de um trabalho; construção.*

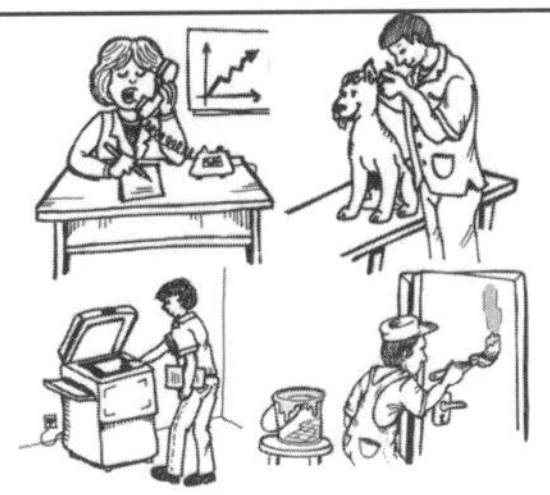

OBRIGAÇÃO – Mão esquerda aberta, palma para cima. Mão direita fechada em "A" com os dedos virados para baixo, palma para trás. Posicionar a mão direita acima da esquerda. Em seguida, mover com firmeza a mão direita para baixo, tocando-a na palma esquerda.
• *Obrigação: Ter o dever de cumprir algo.* **Sinal igual:** ENCARGO, OBRIGATORIEDADE, OBRIGATÓRIO

OBRIGADO – Mãos abertas, dedos unidos e esticados, palmas para trás. Posicionar a mão esquerda perto do corpo e tocar levemente as pontas dos dedos da mão direita na lateral da testa. Em seguida, mover as mãos simultaneamente para a frente.
• *Obrigado: Palavra que expressa agradecimento.* **Sinal igual:** AGRADECER, AGRADECIDO, AGRADECIMENTO, GRATIDÃO, GRATO

■ **OBREIRO:** TRABALHADOR ■ **OBRIGAR:** FORÇAR ■ **OBRIGATORIEDADE:** OBRIGAÇÃO ■ **OBRIGATÓRIO:** OBRIGAÇÃO ■ **OBSCENIDADE:** PALAVRÃO ■ **OBSCURO:** ESCURO ■ **OBSERVAR:** ASSISTIR, OLHAR ■ **OBSTÁCULO:** BARREIRA ■ **OBSTINAÇÃO:** INSISTIR ■ **OBSTINADO:** INSISTIR, TEIMOSO ■ **OBTER:** CONSEGUIR

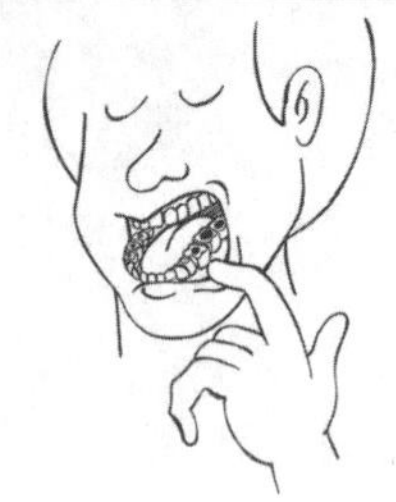

OBTURAÇÃO – Mão fechada em "A", palma para baixo. Posicionar a mão ao lado da boca, conforme a foto 1. Em seguida, com gestos curtos e rápidos, mover a mão para cima e para baixo várias vezes, articulando o punho. Imitar o som característico do "motorzinho" utilizado pelo dentista durante uma obturação de dente.
• ***Obturação:*** *Colocação de material (amálgama, porcelana etc.) em uma cavidade dentária.*

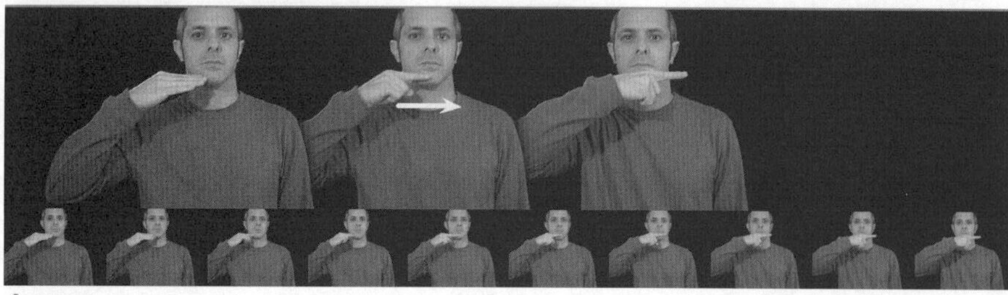

ÓBVIO – Mão direita aberta, dedos esticados, palma para baixo. Encostar a ponta do indicador no queixo, logo abaixo da boca. Em seguida, fechar a mão mantendo somente o dedo indicador esticado e deslizá-la para o lado esquerdo.
• ***Óbvio:*** *Que é fácil de ver, entender, descobrir; que não se pode pôr em dúvida.* **Sinal igual:** EVIDENTE

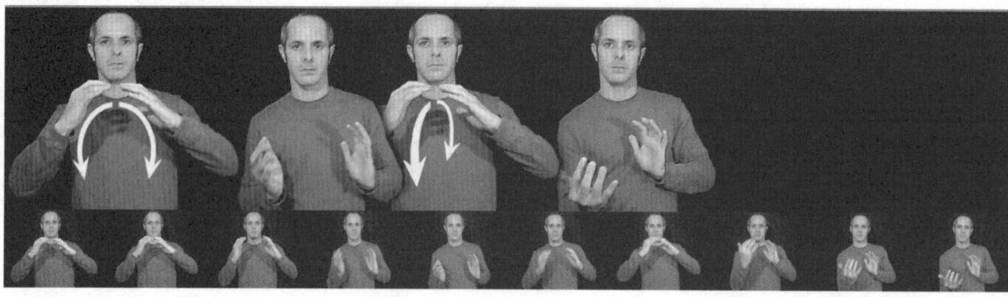

OCA – Mãos abertas, dedos levemente separados e curvados, palmas para dentro. Posicionar uma mão próximo da outra (foto 1). Em seguida, mover as mãos simultaneamente para baixo, descrevendo dois leves arcos para as laterais. Depois, voltar à posição inicial e movê-las novamente para baixo, descrevendo dois leves arcos, dessa vez com as mãos na frente do corpo.
• ***Oca:*** *Construção típica dos índios para moradia de uma ou mais famílias.*

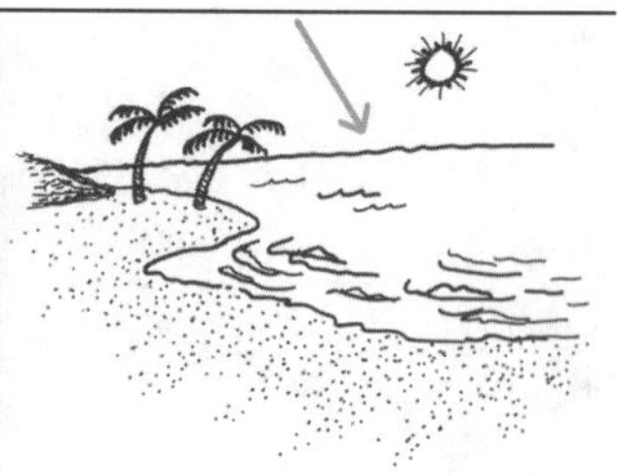

OCEANO – Fazer o sinal de "água". Depois, mão direita aberta, dedos esticados apontando para o lado esquerdo, palma para baixo. Mover a mão para a lateral, descrevendo movimentos ondulares durante o percurso.
• ***Oceano:*** *Grande extensão de água salgada; mar.* **Sinal igual:** MAR, OCEANO ATLÂNTICO, OCEANO ÍNDICO, OCEANO PACÍFICO

ÓCULOS – Mãos fechadas com os indicadores e os polegares abertos e curvados. Encostar as laterais dos dedos em torno dos olhos.
• ***Óculos:*** *Dispositivo usado para corrigir ou proteger a visão.* **Sinal igual:** OCULISTA, ÓTICA

▪ **OCASIÃO:** CHANCE ▪ **OCASO:** PÔR DO SOL ▪ **OCEANO ATLÂNTICO:** OCEANO ▪ **OCEANO ÍNDICO:** OCEANO ▪ **OCEANO PACÍFICO:** OCEANO ▪ **ÓCIO:** À TOA ▪ **OCIOSIDADE:** PREGUIÇA ▪ **OCIOSO:** À TOA ▪ **OCO:** VAZIO ▪ **OCORRER:** ACONTECER ▪ **OCULISTA:** ÓCULOS

ÓCULOS DE NATAÇÃO – Mãos em "C", palmas para dentro. Encostar as laterais dos indicadores e dos polegares em torno dos olhos. Em seguida, deslizar as mãos em direção às orelhas. Depois, fazer o sinal de "natação".
• ***Óculos de natação:*** *Espécie de óculos usados para nadar.*

OCUPADO – Mão em "V", palma para trás. Tocar duas ou três vezes as pontas dos dedos no pescoço, na região da garganta.
• ***Ocupado:*** *Aquele que tem muito o que fazer; que não está disponível.* **Sinal igual:** ATAREFADO

ODIAR – Mão esquerda aberta, palma para cima. Mão direita aberta, dedos esticados com o médio e o polegar unidos pelas pontas, tocando na palma esquerda. Com um gesto firme e rápido, mover a mão para a frente, fazendo uma expressão de desagrado.
• ***Odiar:*** *Detestar alguém ou alguma coisa.* **Sinal igual:** ABOMINAR, DETESTAR, EXECRAR

ODOR – Mão aberta, dedos separados apontando para o chão, palma para baixo. Posicionar a mão na altura do estômago e movê-la para cima, tocando seu dorso na ponta do nariz. Deslocar os dedos aleatoriamente durante o percurso e fechar a mão ao tocar seu dorso no nariz.
• ***Odor:*** *Cheiro, aroma; perfume suave e agradável.* **Sinal igual:** AROMA, ODORÍFICO, OLOR

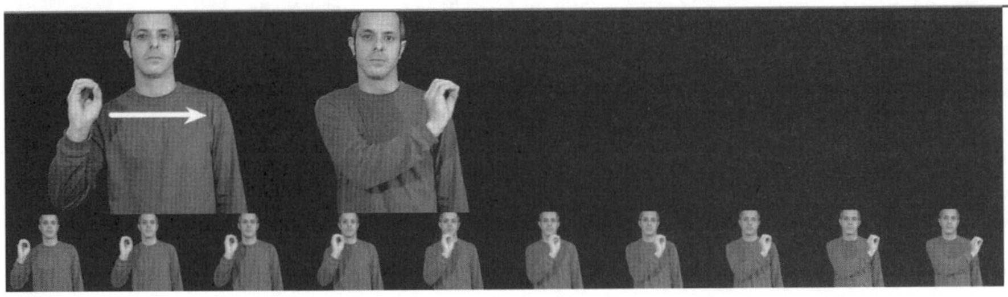

OESTE – Mão direita em "O", palma para dentro. Mover a mão em linha reta para o lado esquerdo.
• ***Oeste:*** *Um dos pontos cardeais localizado à esquerda de quem olha para o norte.*

O

▪ **OCULTAR:** DESAPARECER, ESCONDER ▪ **OCULTO:** ESCONDER, SEGREDO ▪ **OCUPAÇÃO:** PROFISSÃO ▪ **OCUPAR:** USAR ▪ **ODONTOLOGIA:** DENTISTA ▪ **ODONTOLÓGICO:** DENTISTA ▪ **ODONTOLOGISTA:** DENTISTA ▪ **ODORÍFICO:** ODOR

OFENDER – Mão fechada com os dedos indicador e polegar dobrados e unidos pelas pontas, palma para a frente. Com um gesto rápido, mover a mão para a frente, esticando o indicador e o polegar, apontando-os para a frente.
• ***Ofender:*** *Causar desconforto a alguém; provocar raiva ou mágoa; injuriar.* **Sinal igual:** AFRONTAR, INJÚRIA, INJURIAR, INSULTAR, INSULTO, OFENSA, ULTRAJAR, ULTRAJE

OFENDIDO – Mão fechada com os dedos indicador e polegar dobrados e unidos pelas pontas, palma para trás. Posicionar a mão na altura do peito. Em seguida, mover a mão em direção ao rosto, esticando o indicador e o polegar, apontando-os para o rosto.
• ***Ofendido:*** *Aquele que sofreu ofensa.* **Sinal igual:** AFRONTADO, INJURIADO, INSULTADO, ULTRAJADO

OFERECER – Dedos esticados e unidos pelas pontas, palmas para cima. Posicionar uma mão próximo da outra e movê-las simultaneamente para a frente, abrindo-as no fim do percurso.
• ***Oferecer:*** *Dar de presente; pôr à disposição.* **Sinal igual:** OFERECIMENTO, OFERENDA, OFERTAR, PROPORCIONAR

OFICIAL – Mão esquerda aberta, palma para cima. Mão direita aberta, dedos esticados com o médio e o polegar unidos pelas pontas. Posicionar a mão direita acima da esquerda. Em seguida, mover a mão direita para baixo, tocando as pontas do médio e do polegar na palma esquerda.
• ***Oficial:*** *Emanado do governo ou de uma autoridade administrativa reconhecida.* **Sinal igual:** SOLENE

OFICINA – Mãos em "W", palmas para a frente. Unir as mãos pelas pontas dos indicadores. Em seguida, movê-las simultaneamente, descrevendo dois semicírculos para a frente, virando as palmas para trás e fechando as mãos, unindo-as pelas laterais externas no fim do movimento.
• ***Oficina:*** *Lugar onde se cria, fabrica ou conserta algo; curso livre de curta duração.*

▪ **OFENSA:** OFENDER ▪ **OFERECER:** DAR ▪ **OFERECIMENTO:** OFERECER, PRESENTE ▪ **OFERENDA:** OFERECER, PRESENTE ▪ **OFERTA:** PRESENTE ▪ **OFERTAR:** OFERECER ▪ **OFÍCIO:** PROFISSÃO

OFTALMOLOGIA – Fazer os sinais de "médico" e de "olho".
• ***Oftalmologia:*** *Especialidade médica que cuida dos problemas e das doenças dos olhos.*

OI – Mão em "O", palma para dentro. Mover a mão um pouco para a lateral, posicionando-a em "I".
• ***Oi:*** *Expressão de saudação.*

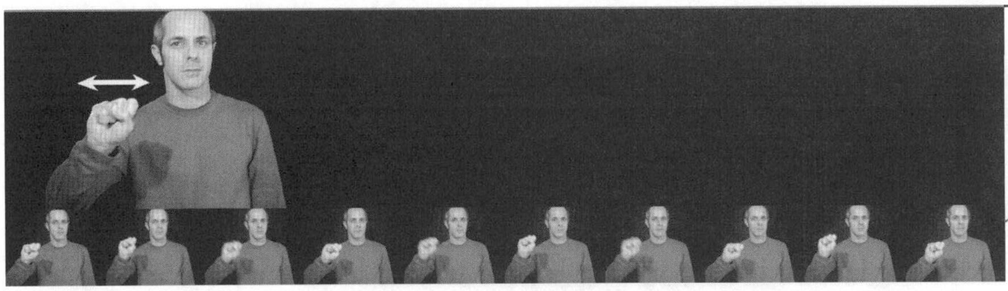

OITAVO – Mão em "8", palma para a frente. Com gestos curtos, balançar a mão de um lado para outro, três ou quatro vezes.
• ***Oitavo:*** *Que ocupa a posição número oito; que corresponde a cada uma das oito partes iguais em que foi dividido o todo.*

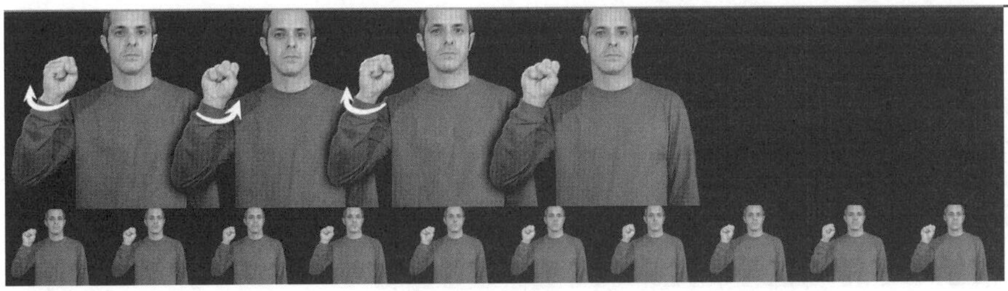

8

OITO – Mão em "S". Com gestos curtos, virar a mão três ou quatro vezes ao redor do próprio eixo, de um lado para outro.
• ***Oito:*** *Número cardinal logo acima do 7.*

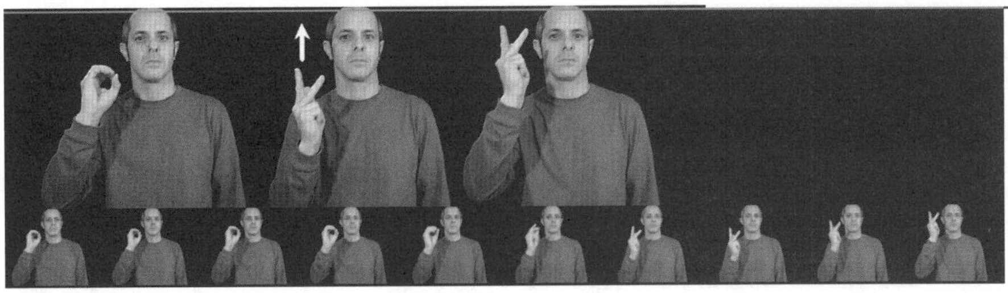

OK – Digitar as letras "O" e "K".
• **OK:** *Expressão de aprovação; justo, apropriado.*

O

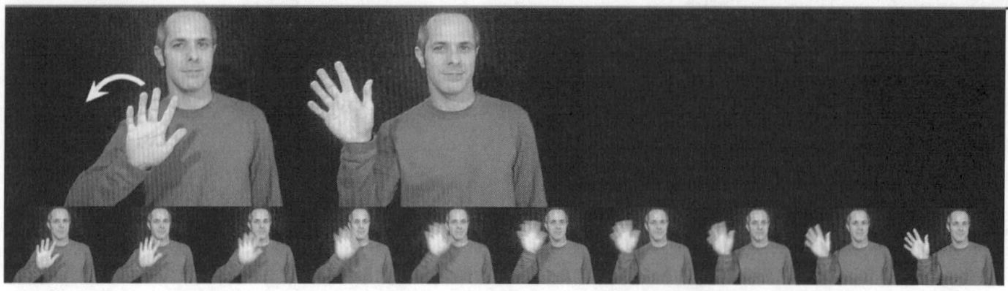

OLÁ – Mão aberta, dedos separados, palma para a frente. Mover a mão descrevendo um leve arco para a lateral. Fazer uma expressão de alegria.
• ***Olá:*** *Expressão usada como saudação.*

ÓLEO – Mão esquerda aberta, palma para cima. Mão esquerda em "Y", palma para trás. Posicionar a mão direita acima da esquerda, com a ponta do mínimo direito direcionada para a palma esquerda. Em seguida, mover a mão direita, descrevendo um ou dois círculos sobre a esquerda.
• ***Óleo:*** *Substância líquida gordurosa de origem mineral, vegetal ou animal.* **Sinal igual:** OLEOSIDADE, OLEOSO

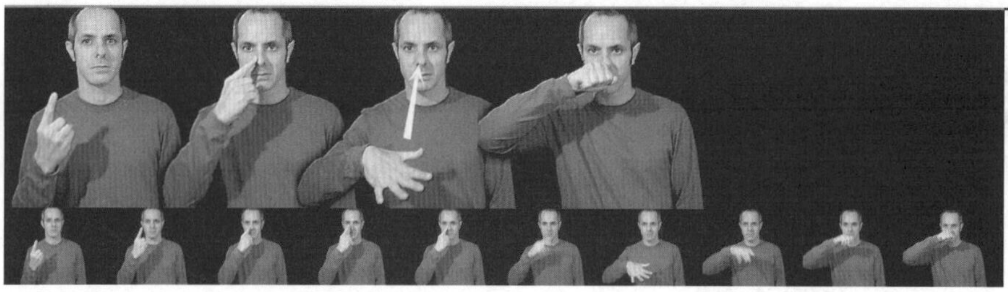

OLFATO – Fazer os sinais de "nariz" e de "odor".
• ***Olfato:*** *Sentido pelo qual se sentem os odores.* **Sinal igual:** OLFAÇÃO

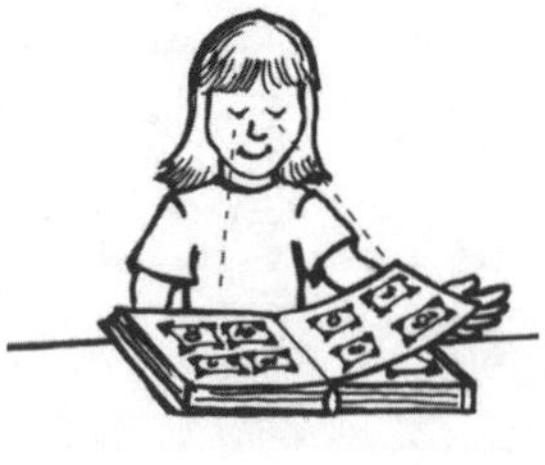

OLHAR – Mão em "V", palma para a frente. Encostar a ponta do indicador no rosto, abaixo do canto do olho. Em seguida, mover a mão para a frente, virando a palma para baixo.
• ***Olhar:*** *Dirigir os olhos para alguém ou alguma coisa.* **Sinal igual:** CONTEMPLAR, FITAR, MIRAR, OBSERVAR

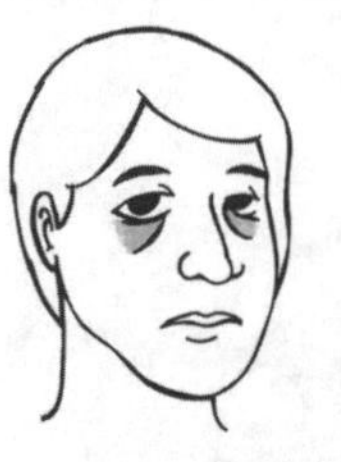

OLHEIRA – Mãos fechadas com os indicadores esticados, palmas para trás. Tocar as pontas dos dedos nos cantos internos dos olhos. Em seguida, passando-as abaixo dos olhos, deslizar as mãos simultaneamente para os cantos externos.
• ***Olheira:*** *Manchas escuras que aparecem nas pálpebras inferiores, em consequência de enfermidade, insônia ou cansaço físico ou mental.*

■ **ÓLEO DE OLIVA:** AZEITE ■ **OLEOSIDADE:** ÓLEO ■ **OLEOSO:** ÓLEO ■ **OLFAÇÃO:** OLFATO

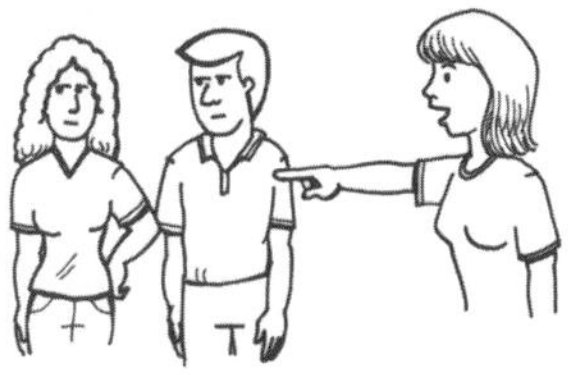

OLHEM PARA LÁ – Mão em "V", palma para trás. Mover a mão apontando os dedos para onde se quer que as pessoas olhem.
• ***Olhem para lá:*** *Expressão usada para pedir que uma ou mais pessoas olhem para algum lugar.*

OLHEM PARA MIM – Mãos em "4", com os dedos apontando para a frente, palmas para baixo. Mover simultaneamente as mãos, virando as pontas dos dedos em direção ao próprio rosto.
• ***Olhem para mim:*** *Expressão usada para pedir que uma ou mais pessoas olhem para quem fala.*

OLHEM PARA TRÁS – Mão em "V" com os dedos apontando para a frente, palma para baixo. Mover a mão para trás, passando-a por cima do ombro e apontando os dedos para trás.
• ***Olhem para trás:*** *Expressão usada para pedir que uma ou mais pessoas olhem para trás.*

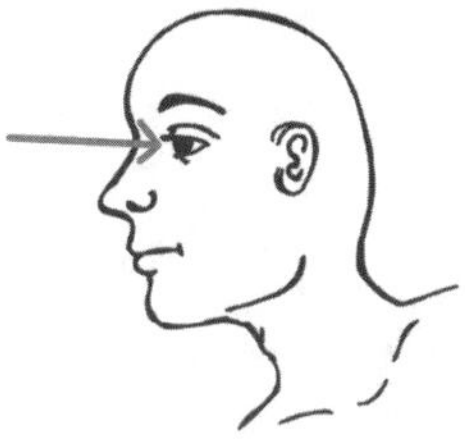

OLHO – Mão fechada com o dedo indicador esticado, palma para trás. Tocar a ponta do dedo no canto do olho.
• ***Olho:*** *Órgão da visão.* **Sinal igual:** GLOBO OCULAR

OLIMPÍADAS – Mãos abertas com os dedos indicadores e polegares curvados e unidos pelas pontas. Encaixar uma mão na outra pelos dedos indicadores e polegares, com a palma de uma das mãos para a frente e da outra para trás (foto 1). Mover as mãos para a lateral, ao mesmo tempo, separá-las e uni-las novamente, trocando a posição das palmas. Inverter as mãos duas vezes.
• ***Olimpíadas:*** *Competição esportiva internacional que acontece a cada quatro anos.* **Sinal igual:** OLÍMPICO

■ OLÍMPICO: OLIMPÍADAS

OLINDA – Digitar as letras "O" e "L", virando a palma da mão para trás.
• ***Olinda:*** *Cidade localizada no estado de Pernambuco.*

OMBREIRA – Fazer o sinal de "agasalhar". Em seguida, fazer o sinal de "mole", com as mãos posicionadas sobre os ombros.
• ***Ombreira:*** *Peça do vestuário que é usada sobre os ombros.*

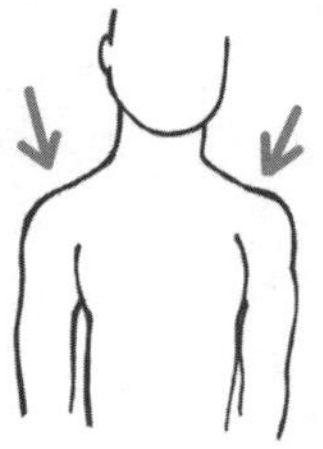

OMBROS – Mãos abertas, dedos unidos e esticados, palmas para baixo. Mover simultaneamente as mãos, tocando duas vezes as pontas dos dedos sobre cada ombro.
• ***Ombros:*** *Região da escápula, correspondente às extremidades superiores do úmero e da omoplata.* **Sinal igual:** ESPÁDUA, ESPALDA

ONÇA – Fazer o sinal de "leão". Em seguida, com a mão aberta, dedos indicador e polegar curvados e unidos pelas pontas e palma para trás, tocar a mão em dois ou três pontos diferentes do peito.
• ***Onça:*** *Grande felino natural do Brasil.*

ONDA – Mãos abertas, dedos relaxados, palmas para a frente. Posicionar as mãos perto do corpo. Em seguida, movê-las simultaneamente para a frente, descrevendo uma "onda". Movimentar os dedos aleatoriamente durante o percurso.
• ***Onda:*** *Porção de água que se eleva pela força das correntes.* **Sinal igual:** ONDULAÇÃO

▪ OLIVA: AZEITONA ▪ OLOR: ODOR ▪ OLVIDAR: ESQUECER ▪ OMITIR: EXCLUIR

ONDE? – Fazer o sinal de "lugar", erguendo um pouco a cabeça e mostrando uma expressão interrogativa.
• ***Onde?:*** *Em qual lugar?*

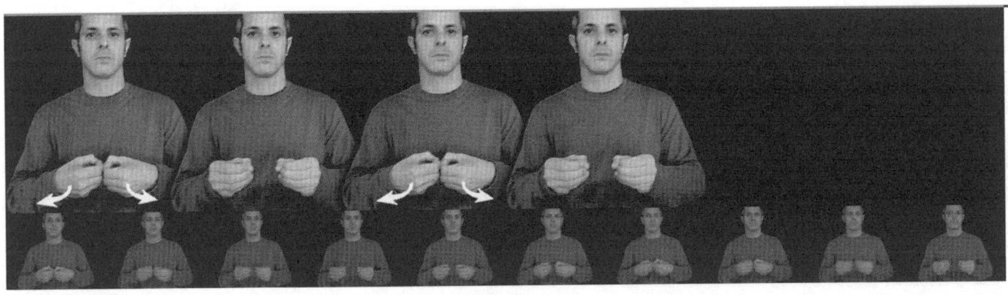

ÔNIBUS – Mãos em "O" posicionadas horizontalmente, palmas para dentro. Unir as mãos pelos dorsos dos dedos. Em seguida, mover simultaneamente as mãos, virando as palmas para a frente (flexionando os punhos) e voltar à posição inicial. Fazer esse movimento duas vezes seguidas.
• ***Ônibus:*** *Veículo grande usado para transportar passageiros por rota urbana, intermunicipal, interestadual etc.* **Sinal igual:** TRÓLEBUS

ONTEM – Mão em "L", palma para baixo. Tocar a ponta do dedo polegar na têmpora, sem desencostá-la durante todo o movimento. Em seguida, mover a mão, girando-a para trás.
• ***Ontem:*** *O dia anterior àquele em que se está.* **Sinal igual:** DANTES, OUTRORA

OPACO – Mãos abertas, dedos separados e curvados, palmas para cima. Mover as mãos, simultaneamente e um pouco para baixo, curvando os dedos ainda mais. Cerrar um pouco os olhos durante o movimento.
• ***Opaco:*** *Que não tem brilho; que não é transparente.*

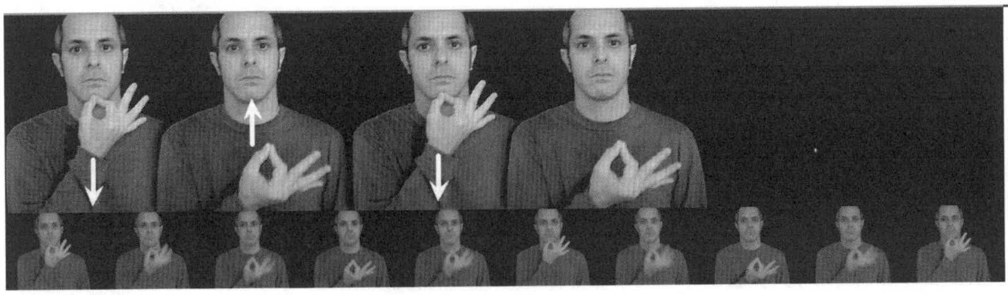

OPINIÃO – Mão aberta com os dedos indicador e polegar unidos pelas pontas, palma para trás. Tocar as pontas do indicador e do polegar no queixo, logo abaixo da boca. Em seguida, mover a mão para baixo e voltar à posição inicial. Fazer esse movimento duas vezes seguidas.
• ***Opinião:*** *Maneira de uma pessoa ver, de pensar ou de julgar determinado assunto.* **Sinal igual:** OPINAR

▪ **ONDULAÇÃO:** ONDA ▪ **ONIPOTENTE:** DEUS ▪ **ONIPRESENTE:** DEUS ▪ **OPERAÇÃO:** CIRURGIA ▪ **OPERAR:** CIRURGIA ▪ **OPERÁRIO:** TRABALHADOR ▪ **OPINAR:** OPINIÃO ▪ **OPORTUNIDADE:** CHANCE ▪ **OPOSIÇÃO:** CONTRÁRIO, DISCORDAR

OPOSTO – Mão em "V", palma para a frente. Mover a mão para a lateral, virando a palma para trás.
• ***Oposto:*** *Em sentido contrário.* **Sinal igual:** AVESSO, VERSO

O QUE ACONTECEU? – Mão aberta, dedos esticados e separados, palma para a frente. Mover a mão para cima, virando a palma para trás. Erguer um pouco a cabeça e fazer uma expressão interrogativa durante o movimento.
• ***O que aconteceu?:*** *Pergunta a respeito de algo desconhecido.*

ORALISMO – Mão em "5", palma para trás. Posicionar a mão na frente da boca. Em seguida, movê-la descrevendo dois ou três pequenos círculos.
• ***Oralismo:*** *Filosofia educacional que ensina a língua oral, como a fala e a leitura labial.*

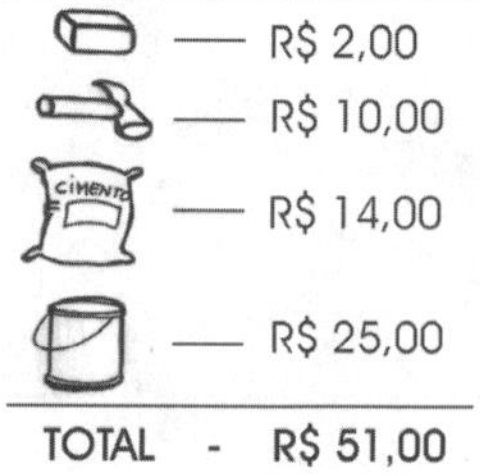

ORÇAMENTO – Fazer os sinais de "dinheiro" e de "pesquisar".
• ***Orçamento:*** *Valor apresentado para a realização de uma obra ou serviço.*

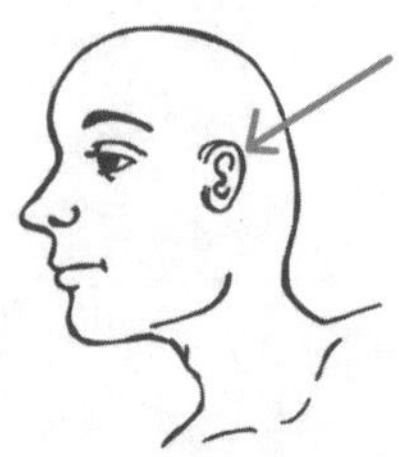

ORELHA – Segurar no lóbulo da orelha com as pontas dos dedos indicador e polegar.
• ***Orelha:*** *Estrutura cartilaginosa situada nos dois lados da cabeça; órgão da audição.* **Sinal igual:** PAVILHÃO AUDITIVO

▪ **OPRIMIR:** HUMILHAR ▪ **OPTAR:** ESCOLHER ▪ **ORAÇÃO:** FRASE, REZAR ▪ **ORAR:** REZAR ▪ **ORDEM:** MANDAR ▪ **ORDENADO:** MANDADO, SALÁRIO ▪ **ORDENAR:** ARRUMAR, MANDAR

ORELHUDO – Mãos fechadas com os indicadores e os polegares abertos e curvados. Tocar as pontas dos dedos nas laterais da cabeça, na região das orelhas. Em seguida, mover simultaneamente as mãos afastando-as para as laterais.
• ***Orelhudo:*** *Que possui orelhas grandes.*

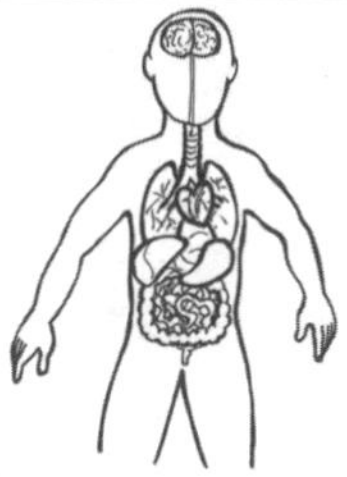

ORGANISMO – Mãos abertas, dedos separados e curvados, palmas para trás. Mover alternadamente as mãos, tocando as pontas dos dedos em três ou quatro pontos diferentes do corpo.
• ***Organismo:*** *Qualquer corpo constituído por órgãos que se interagem.*

ORGANIZADO – Mãos abertas, dedos esticados e separados apontando para cima, palmas para dentro. Posicionar as mãos junto aos ombros. Em seguida, mover as mãos simultaneamente e um pouco para baixo. Durante o movimento, fechar os dedos sucessivamente, do mínimo até o polegar, terminando com as mãos fechadas em "A".
• ***Organizado:*** *Bem arrumado; harmonioso.*

O

ORGULHO – Mãos em "Y", palmas para trás. Tocar as pontas dos dedos mínimos no corpo, um pouco abaixo do peito. Em seguida, deslizar as mãos simultaneamente para cima.
• ***Orgulho:*** *Sentimento de satisfação sobre algum assunto que lhe diz respeito.* **Sinal igual:** ALTIVEZ, ALTIVO, BRIO, VAIDADE

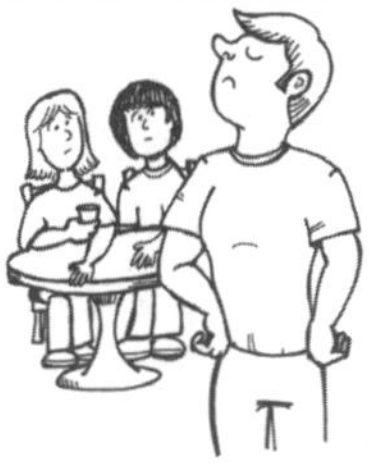

ORGULHOSO – Mão em "Y", palma para trás. Tocar a ponta do dedo mínimo no corpo, um pouco abaixo do peito. Em seguida, deslizar a mão para cima, erguendo um pouco a cabeça e fazendo uma expressão de "arrogância".
• ***Orgulhoso:*** *Excesso de vaidade.* **Sinal igual:** SOBERBO, VAIDADE

▪ **ÓRFÃO:** SÓ ▪ **ORGANIZAÇÃO:** ASSOCIAÇÃO ▪ **ORGANIZAR:** PLANEJAR ▪ **ÓRGÃO GENITAL FEMININO:** VAGINA ▪ **ÓRGÃO GENITAL MASCULINO:** PÊNIS ▪ **ORIENTAÇÃO:** ACONSELHAR ▪ **ORIENTADO:** AVISADO ▪ **ORIENTAL:** JAPÃO ▪ **ORIENTAR:** ACONSELHAR, CONDUZIR ▪ **ORIFÍCIO:** FURAR ▪ **ORIGEM:** COMEÇAR ▪ **ORIGINAR:** COMEÇAR, NASCER ▪ **ORQUESTRA:** MÚSICA ▪ **ORTODONTIA:** DENTISTA ▪ **ORTODONTISTA:** DENTISTA ▪ **OSSADA:** OSSO ▪ **OSSATURA:** OSSO

OSSO – Fazer o sinal de "dente". Em seguida, com as mãos fechadas, palmas para baixo, bater levemente, duas ou três vezes, a mão direita no dorso esquerdo.
• ***Osso:*** *Estrutura de consistência dura que faz parte do esqueleto dos animais vertebrados.* **Sinal igual:** ESQUELETO, OSSADA, OSSATURA

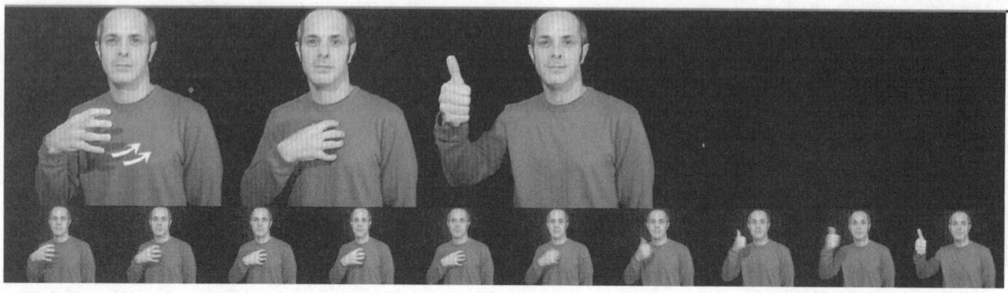

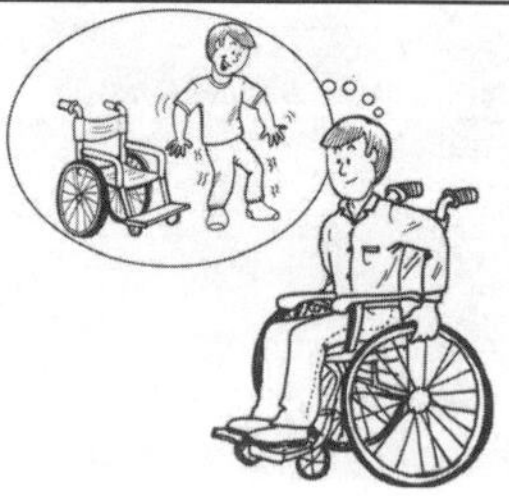

OTIMISTA – Fazer os sinais de "sentir" e de "positivo".
• ***Otimista:*** *Pessoa que vê as coisas pelo lado bom, mesmo que as circunstâncias não sejam favoráveis.*

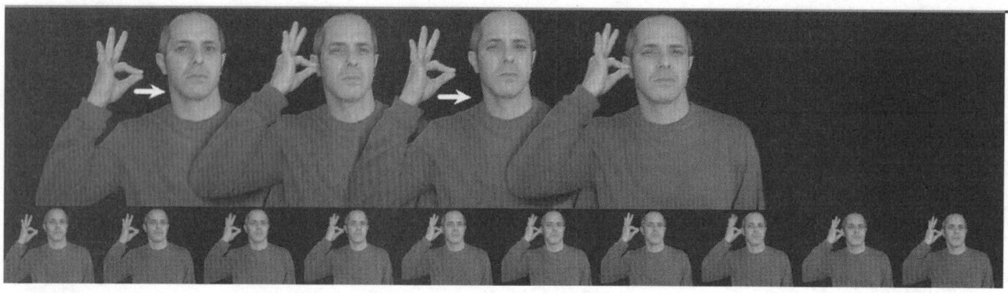

OTITE – Mão aberta com os dedos indicador e polegar esticados e unidos pelas pontas, palma para dentro. Mover a mão em direção ao ouvido, tocando duas ou três vezes as pontas do indicador e do polegar na parte interna da orelha. Fazer uma expressão de dor durante o movimento.
• ***Otite:*** *Inflamação no ouvido.*

O

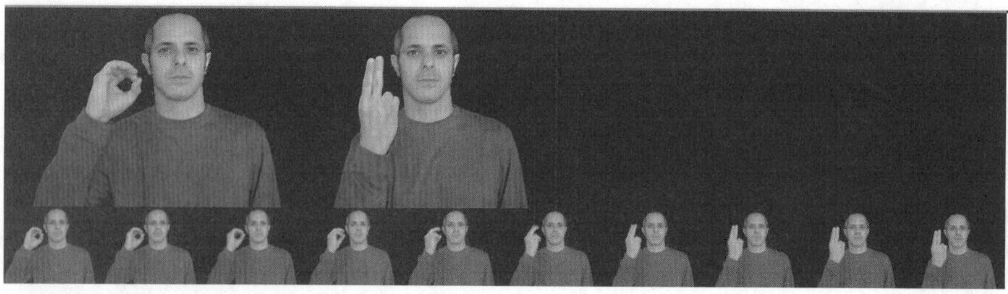

OU – Digitar as letras "O" e "U", virando a palma da mão para trás.
• ***Ou:*** *Expressão que liga palavras, orações ou ideias.*

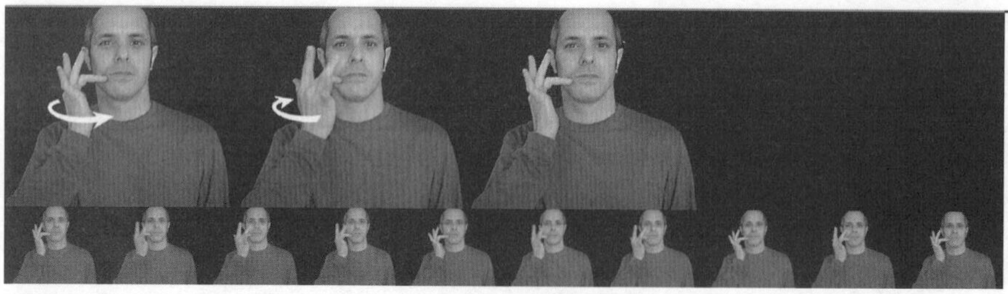

OURO – Mão aberta, dedos esticados e separados, palma para dentro. Tocar a ponta do dedo médio no canto da boca, sem desencostá-la durante o movimento. Em seguida, de maneira curta e rápida, virar a mão ao redor do próprio eixo, para a frente e para trás.
• ***Ouro:*** *Metal precioso de cor amarelo brilhante.*

■ **ÓTICA:** ÓCULOS ■ **ÓTIMO:** BOM ■ **OURIÇO:** PORCO-ESPINHO

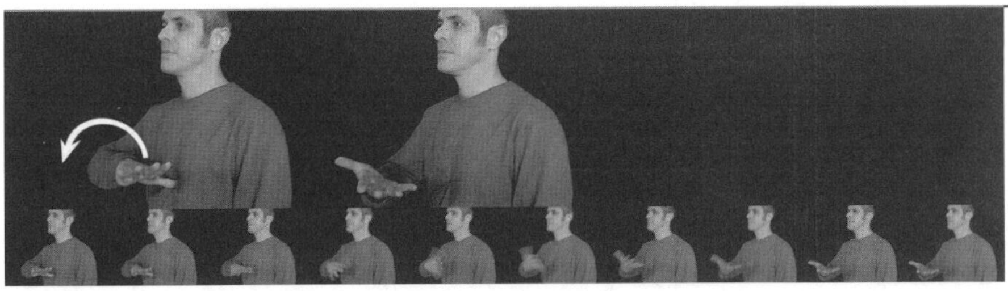

OUSADIA – Mão aberta, dedos esticados e separados, palma para baixo. Tocar a ponta do polegar no peito. Em seguida, mover a mão um pouco para a frente, virando a palma para cima.
• ***Ousadia:*** *Qualidade de quem não tem medo.* **Sinal igual:** OUSADO

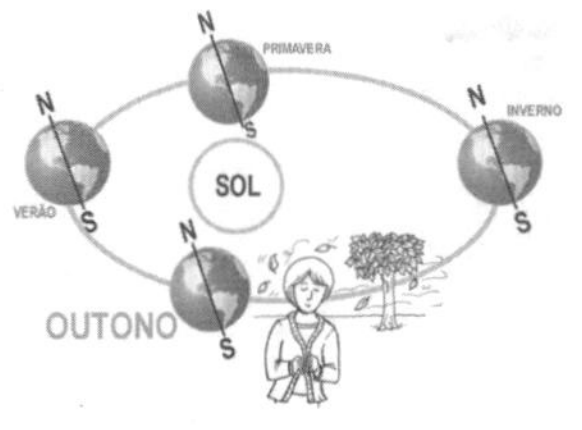

OUTONO – Mão esquerda fechada, dedo indicador esticado apontando para cima, palma para a frente. Mão direita aberta, dedos esticados e separados, palma para baixo. Encostar a ponta do indicador esquerdo na palma direita, posicionando as mãos na altura do ombro esquerdo. Em seguida, mover a mão direita para o lado direito e para baixo, girando-a ao redor do próprio eixo, em sentido horário e anti-horário, várias vezes durante o percurso.
• ***Outono:*** *Estação do ano que antecede o inverno.*

OUTORGAR – Mão esquerda aberta, palma para cima. Mão direita aberta, indicador e polegar unidos pelas pontas, demais dedos separados, palma para baixo. Posicionar a mão direita na frente e acima da esquerda. Em seguida, mover a mão direita para trás, resvalando as pontas do indicador e do polegar na palma esquerda durante o percurso.
• ***Outorgar:*** *Dar poderes a alguém; possibilitar que algo aconteça.*

O

OUTRO – Mão em "L" com o dedo indicador apontando para a frente, palma para dentro. Mover a mão um pouco para baixo, virando a palma da mão na mesma direção.
• ***Outro:*** *Alguém ou alguma coisa que já foi mencionado anteriormente; mais um.* **Sinal igual:** DE NOVO, NOVAMENTE, OUTRA VEZ, REPETIR, REPRISE

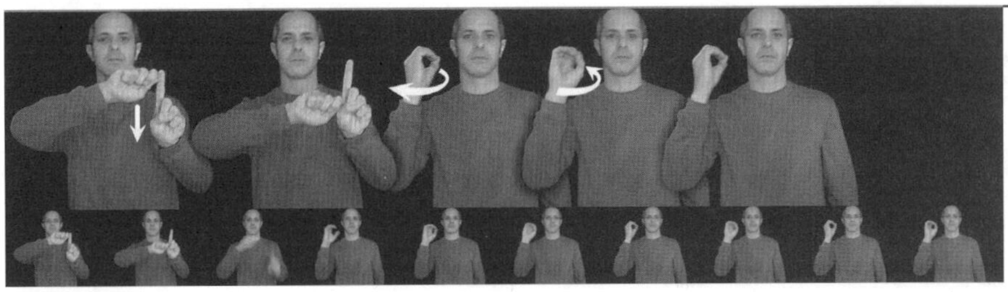

OUTUBRO – Fazer o sinal de "mês". Em seguida, com a mão em "O", girá-la, ao redor do próprio eixo, com movimentos curtos, virando a palma para a frente e para dentro, três ou quatro vezes.
• ***Outubro:*** *Décimo mês do ano.*

▪ **OUSADO:** OUSADIA ▪ **OUTEIRO:** COLINA ▪ **OUTRA VEZ:** OUTRO ▪ **OUTRORA:** ONTEM ▪ **OUTROSSIM:** TAMBÉM ▪ **OUVINTE:** OUVIR

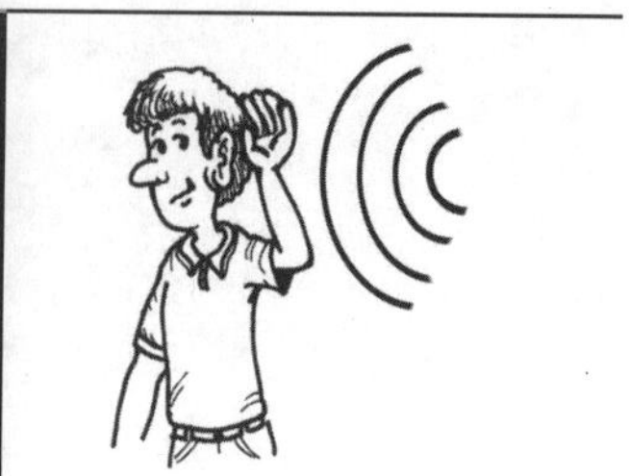

OUVIR – Mão aberta, dedos esticados e separados, palma para a frente ou para a lateral. Mover a mão em direção ao ouvido, tocando levemente seu dorso na orelha e fechando-a no fim do percurso.

• ***Ouvir:*** *Captar o som com os ouvidos; escutar.* **Sinal igual:** AUDIÇÃO, OUVINTE

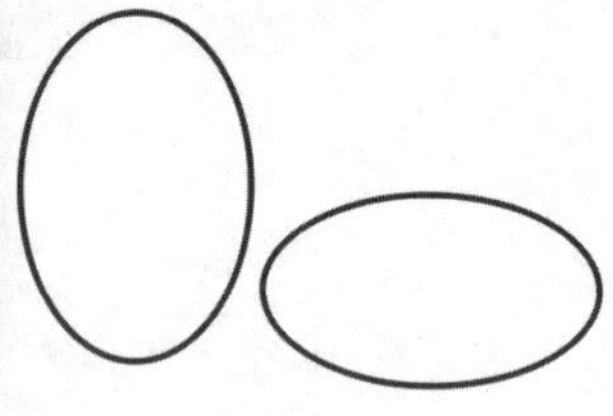

OVAL – Mãos fechadas com os dedos indicadores esticados apontando para a frente. Unir as mãos pelas pontas dos indicadores, posicionando-as na altura da cabeça. Em seguida, mover as mãos simultaneamente para baixo, descrevendo dois arcos, formando uma figura oval e unindo novamente as mãos pelas pontas dos dedos no fim do percurso.

• ***Oval:*** *Qualquer coisa cuja forma é parecida com a do ovo.* **Sinal igual:** OVALADO, OVIFORME, OVOIDE

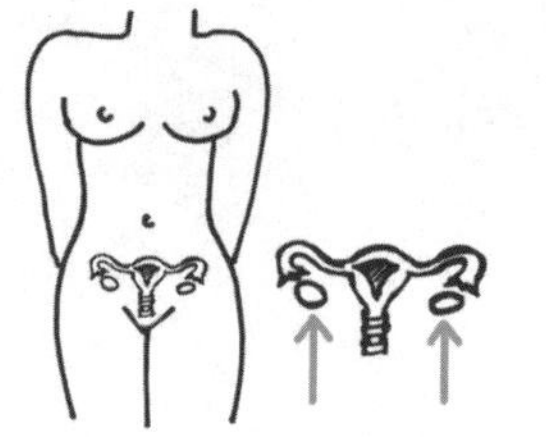

OVÁRIO – Mãos em "O", palmas para dentro. Encostar as laterais externas das mãos no ventre, na região correspondente aos ovários.

• ***Ovário:*** *Glândula do aparelho genital feminino responsável pela produção dos óvulos.*

O

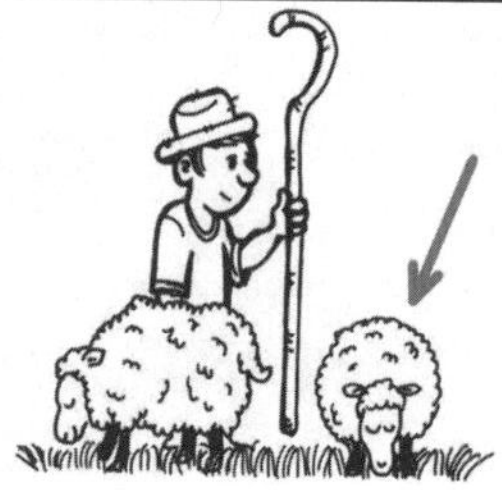

OVELHA – Mãos fechadas com os dedos indicadores esticados apontando para a cabeça. Em seguida, mover simultaneamente as mãos, descrevendo um círculo para trás e voltar à posição inicial.

• ***Ovelha:*** *Mamífero herbívoro que fornece lã e carne.*

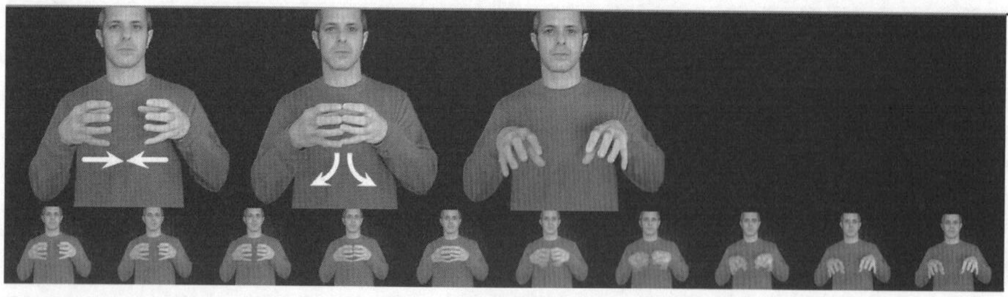

OVO – Mãos abertas, dedos separados e curvados, palmas para dentro. Posicionar uma mão próximo da outra. Unir rapidamente as mãos pelas pontas dos dedos e virar as palmas para baixo.

• ***Ovo:*** *Estrutura expelida pelas aves formada pela gema, clara e casca e na qual se desenvolve um embrião.*

▪ **OVALADO:** OVAL ▪ **OVIFORME:** OVAL ▪ **OVOIDE:** OVAL ▪ **OXIGÊNIO:** AR

Mão fechada com os dedos indicador e médio esticados e separados. Encostar a ponta do polegar entre o indicador e o médio. Décima sexta letra do alfabeto. Mão fechada com os dedos indicador e médio esticados e separados. Encostar a ponta do polegar entre o indicador e o médio. Décima sexta letra do alfabeto. Mão fechada com os dedos indicador e médio esticados e se

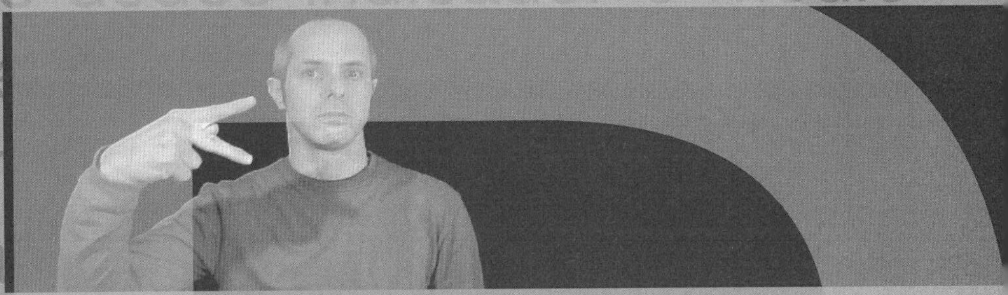

do polegar en

Décima sexta

chada com os dedos indicador e médio esticados e separados. Encostar a ponta do polegar entre o indicador e o médio. Décima sexta letra do alfabeto. Mão fechada com os dedos indicador e médio esticados e separados. Encostar a ponta do polegar entre o indicador e o médio. Décima sexta letra do alfabeto. Mão fechada com os dedos indicador e médio esticados e separados. Encostar a ponta

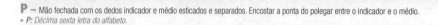

P – Mão fechada com os dedos indicador e médio esticados e separados. Encostar a ponta do polegar entre o indicador e o médio.
• *P: Décima sexta letra do alfabeto.*

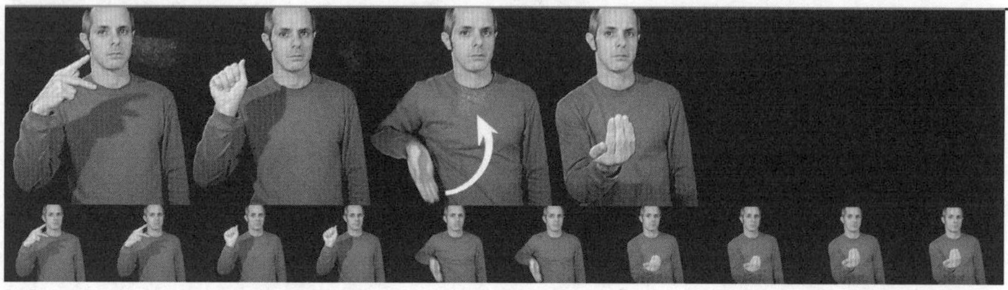

PÁ – Digitar as letras "P" e "A", incluindo o acento agudo na última. Depois, com a mão aberta, dedos unidos e curvados e palma para cima, posicionar a mão ao lado do corpo e movê-la para a frente, virando a palma para trás com os dedos apontando para cima.
• ***Pá:*** *Instrumento de madeira, ferro etc., com rebordos laterais e provido de um cabo, usado em trabalhos agrícolas, de construção e outros, para cavar o solo ou remover terra, areia, lixo etc.*

PACIÊNCIA – Mãos em "N", palma para cima. Apoiar as pontas do indicador e do médio direitos sobre as pontas dos mesmos dedos da mão esquerda. Posicionar as mãos na altura do estômago. Em seguida, movê-las um pouco para cima e voltar à posição inicial, duas vezes.
• ***Paciência:*** *Qualidade de quem suporta situações difíceis ou incômodas; perseverança.* **Sinal igual:** PACIENTE, TOLERÂNCIA, TOLERANTE

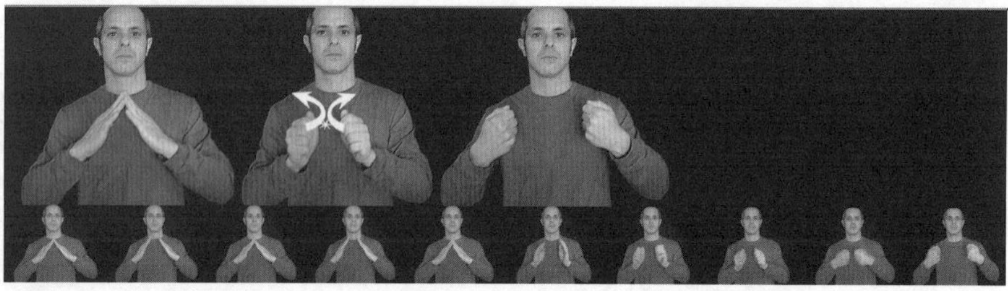

PADARIA – Fazer os sinais de "casa" e de "pão".
• ***Padaria:*** *Estabelecimento em que se fabricam e vendem pães, biscoitos e outros produtos.* **Sinal igual:** PANIFICAÇÃO, PANIFICADORA

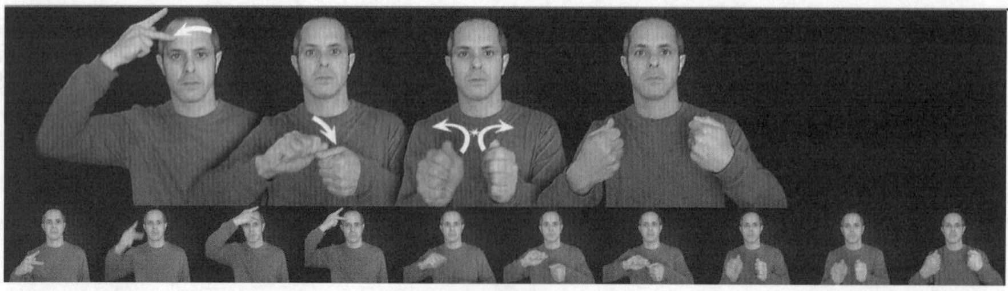

PADEIRO – Fazer os sinais de "pessoa", "fazer" e "pão".
• ***Padeiro:*** *Profissional que trabalha em padaria.*

P

▪ **PACIENTE:** PACIÊNCIA ▪ **PACTO:** COMBINAR, CONTRATO ▪ **PACTUAR:** COMBINAR ▪ **PADECER:** SOFRER ▪ **PADECIMENTO:** SOFRER

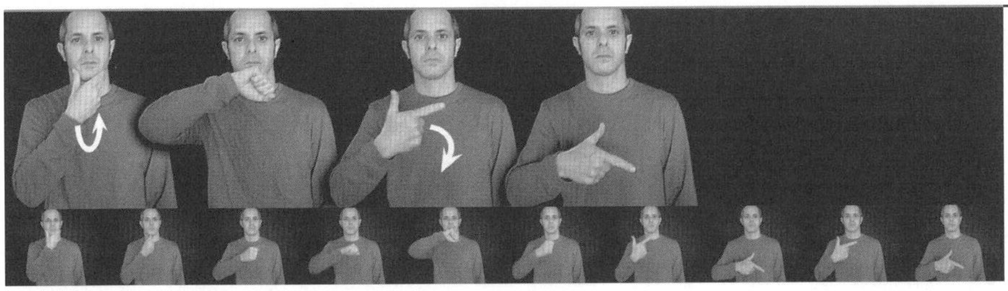

PADRASTO – Fazer os sinais de "pai" e de "outro".
• ***Padrasto:*** *Marido em relação aos filhos anteriores da esposa.*

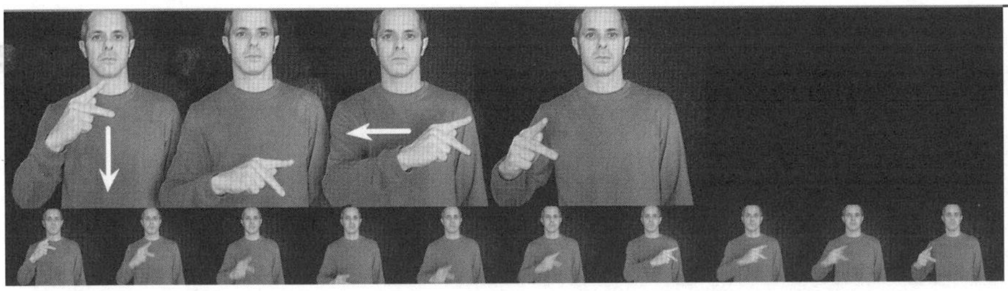

PADRE – Mão em "P", palma para trás. Mover a mão de cima para baixo e da esquerda para a direita, formando o sinal da cruz.
• ***Padre:*** *Homem que recebeu as ordens sacerdotais; sacerdote.* **Sinal igual:** PÁROCO

PADRINHO – Mão aberta, dedos unidos e esticados apontando para baixo, palma para trás. Tocar as pontas dos dedos na testa. Em seguida, deslizar a mão para trás, passando por cima da cabeça.
• ***Padrinho:*** *Aquele que apresenta alguém (geralmente bebês e crianças) ao batismo com o compromisso de, na falta ou na ausência dos pais, substituí-los.*

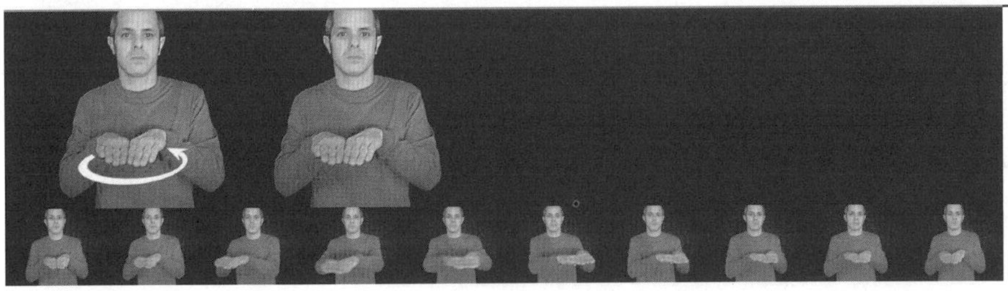

PADRONIZAR – Mãos abertas, dedos unidos e esticados apontando para a frente, palmas para baixo. Unir as mãos pelas laterais dos indicadores. Em seguida, movê-las descrevendo um círculo na posição horizontal.
• ***Padronizar:*** *Estabelecer uma uniformidade.* **Sinal igual:** ESTANDARDIZAÇÃO, ESTANDARDIZAR, PADRONIZAÇÃO

PAGAMENTO (DE SALÁRIO) – Dedos esticados e unidos pelas pontas. Mover a mão, de cima para baixo, deslizando as pontas dos dedos no peito, imitando o gesto de quem guarda dinheiro no bolso da camisa.
• ***Pagamento (de salário):*** *Dinheiro pago a alguém em troca de algum trabalho.*

▪ **PADRONIZAÇÃO:** PADRONIZAR ▪ **PAGAMENTO:** PAGAR, SALÁRIO ▪ **PAGÃO:** ATEU

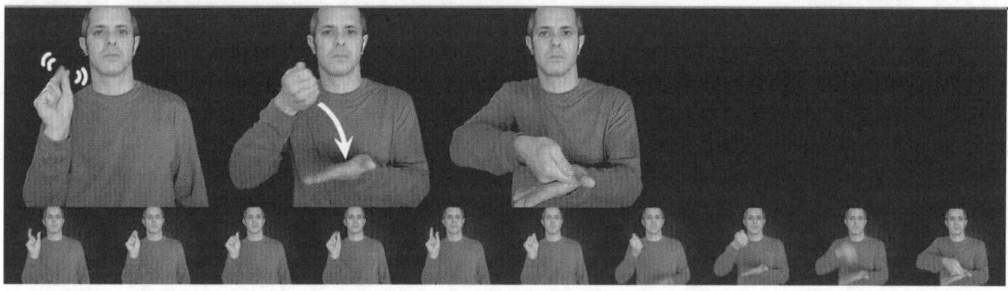

PAGAR – Fazer os sinais de "dinheiro" e de "obrigação".
• ***Pagar:*** *Dar remuneração a alguém.* **Sinal igual:** CUSTEAR, FINANCIAR, PAGAMENTO

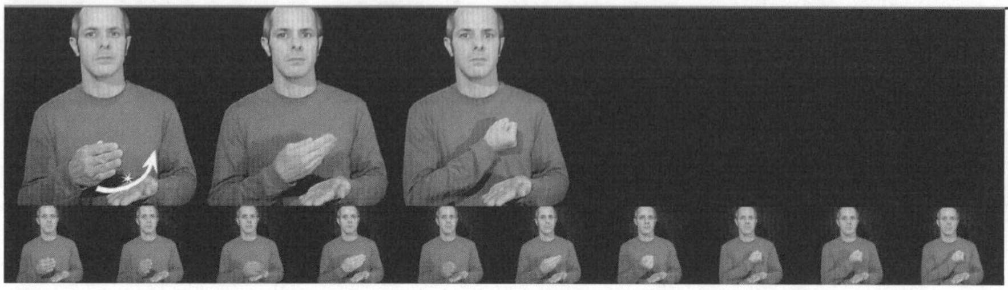

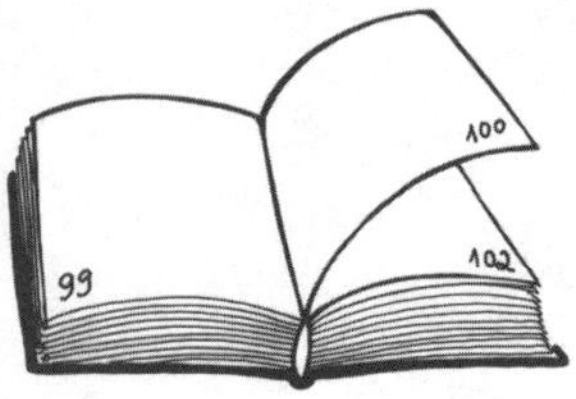

PÁGINA – Fazer os sinais de "revista" e de "número".
• ***Página:*** *Cada uma das folhas numeradas que compõem os livros, as revistas etc.*

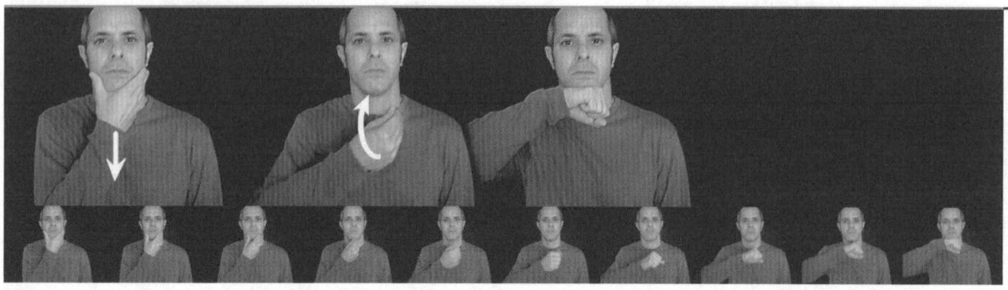

PAI – Fazer o sinal de "homem". Em seguida, com a mão fechada, palma para baixo, tocar o dorso da mão na ponta do queixo.
• ***Pai:*** *Homem que deu origem a outra pessoa; genitor, progenitor.* **Sinal igual:** GENITOR, PAPAI, PROGENITOR

PAINEL – Mãos fechadas com os indicadores esticados apontando para a frente, palmas para baixo. Unir as mãos pelas pontas dos dedos e posicioná-las na altura da cabeça. Em seguida, movê-las simultaneamente e em sentidos opostos, descrevendo um grande retângulo, unindo-as novamente pelas pontas dos dedos.
• ***Painel:*** *Quadro para fixar mensagens, fotos etc.*

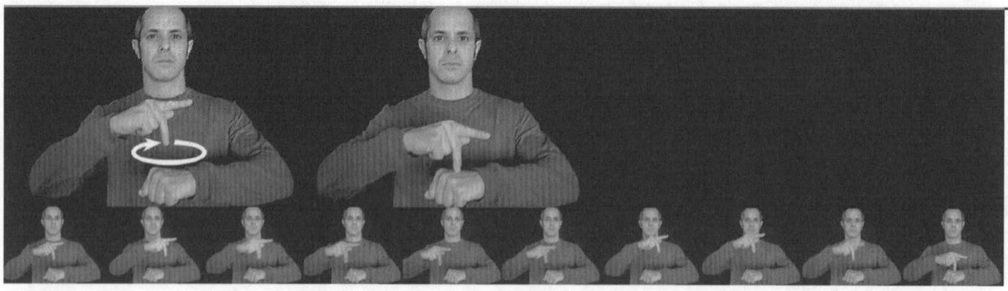

PAÍS – Mão esquerda fechada, palma para baixo. Mão direita em "P", palma para baixo. Posicionar a mão direita acima da esquerda. Em seguida, mover a mão direita, descrevendo um círculo na posição horizontal, e depois deslocá-la para baixo, tocando a ponta do dedo médio no dorso da mão esquerda.
• ***País:*** *Comunidade social e política; pátria.* **Sinal igual:** NAÇÃO, NACIONALIDADE, PÁTRIA

P

PAISAGEM – Mão direita aberta, dedos esticados e separados apontando para a frente, palma para baixo. Posicionar a mão perto do corpo. Em seguida, com um gesto um pouco lento, mover a mão para a frente e depois para o lado direito. Acompanhar o movimento da mão com os olhos e com a cabeça.
• ***Paisagem:*** *Área abrangida pela vista; conjunto de elementos naturais (árvores, montanhas etc.) ou construções, que podem ser vistas pelo observador.*

PAIXÃO – Mão aberta, dedos curvados e separados, palma para trás. Posicionar a mão na frente do rosto e movê-la descrevendo um círculo na posição vertical.
• ***Paixão:*** *Amor ardente; afeto intenso.* **Sinal igual:** APAIXONADO

PALADAR – Fazer o sinal de "língua". Depois, com os dedos esticados, palma para cima, unir suas pontas e esfregá-las delicadamente entre si.
• ***Paladar:*** *Sentido com o qual apreciamos o sabor dos alimentos.* **Sinal igual:** GUSTAÇÃO, PROVAR O SABOR

CASA
PESSOA
AMIGO
TRABALHAR

PALAVRA – Mão direita fechada com os dedos indicador e polegar abertos e dobrados apontando para cima. Mover a mão para a lateral direita, marcando dois pontos imaginários durante o percurso.
• ***Palavra:*** *Qualquer substantivo, verbo, adjetivo, advérbio etc. pertencente a um idioma.* **Sinal igual:** VOCABULÁRIO, VOCÁBULO

PALAVRÃO – Mãos fechadas com os dedos indicadores esticados apontando para dentro, palma para baixo. Posicionar uma mão acima da outra. Em seguida, com gestos rápidos, mover as mãos simultaneamente e em sentidos opostos, para baixo e para cima, duas vezes, resvalando suas pontas entre si na metade de cada percurso. Fazer uma expressão de desagrado durante o movimento.
• ***Palavrão:*** *Palavra grosseira e/ou obscena.* **Sinal igual:** OBSCENIDADE

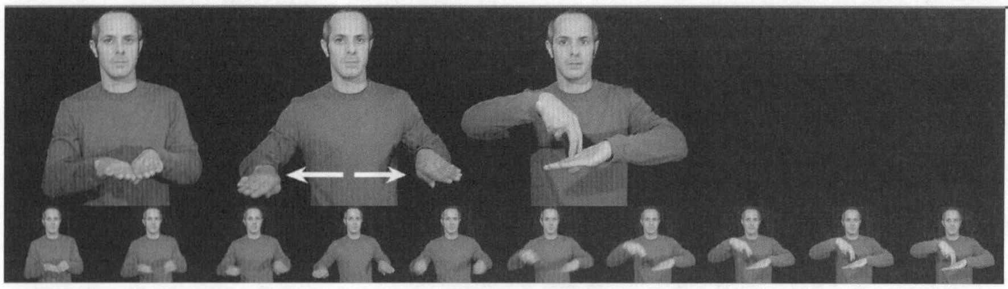

PALCO – Mãos abertas, dedos unidos e esticados apontando para a frente, palmas para baixo. Unir as mãos pelas laterais internas. Em seguida, movê-las simultaneamente e em sentidos opostos para as laterais. Depois, fazer o sinal de "em pé".
• ***Palco:*** *Piso elevado, geralmente feito de madeira, onde acontecem apresentações de teatro, dança, música etc.*

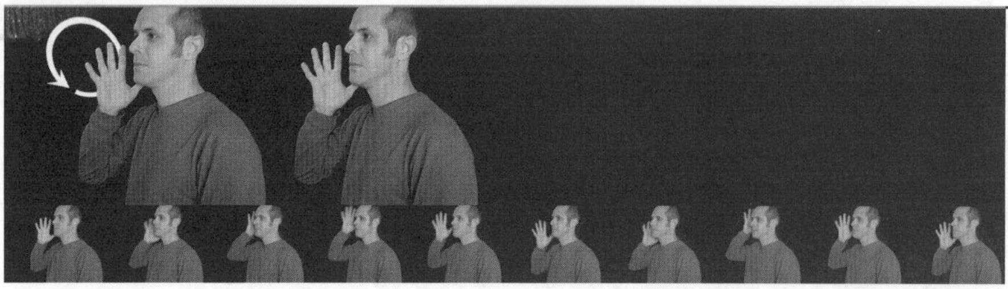

PALESTRA – Mão aberta, dedos esticados e separados apontando para cima, palma para dentro. Posicionar a mão ao lado da cabeça, próximo do ouvido. Em seguida, mover a mão, descrevendo dois círculos na posição vertical.
• ***Palestra:*** *Conferência sobre algum tema científico ou cultural.* **Sinal igual:** COLÓQUIO, DISCURSAR, DISCURSO, EXPLANAÇÃO, PALESTRANTE, PALESTRAR, PRELEÇÃO

PALETÓ* – Mãos fechadas, palmas para trás. Encostar as mãos no peito, próximo das axilas. Em seguida, mover as mãos simultaneamente um pouco para cima, afastando-as um pouco do corpo, e para baixo, encostando novamente no peito, desta vez na parte central, imitando o gesto de quem veste um paletó.
• ***Paletó:*** *Peça do vestuário.*

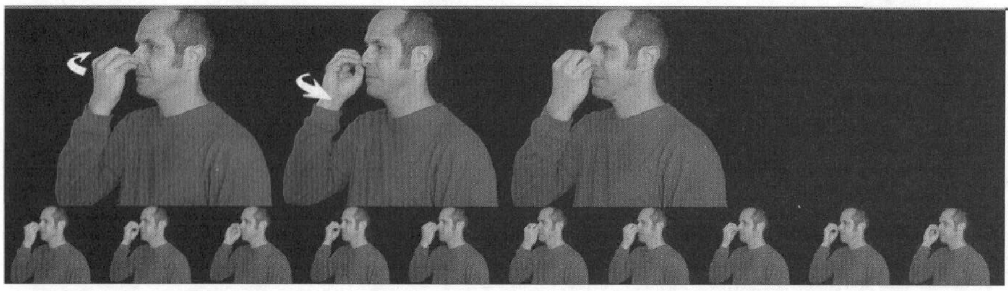

PALHAÇO – Dedos curvados e unidos pelas pontas, palma para trás. Tocar as pontas dos dedos na ponta do nariz, sem desencostá-los. Em seguida, mover a mão de um lado para outro, duas ou três vezes.
• ***Palhaço:*** *Ator cômico que geralmente trabalha em circo e que usa maquiagem e roupas características.* **Sinal igual:** ARLEQUIM

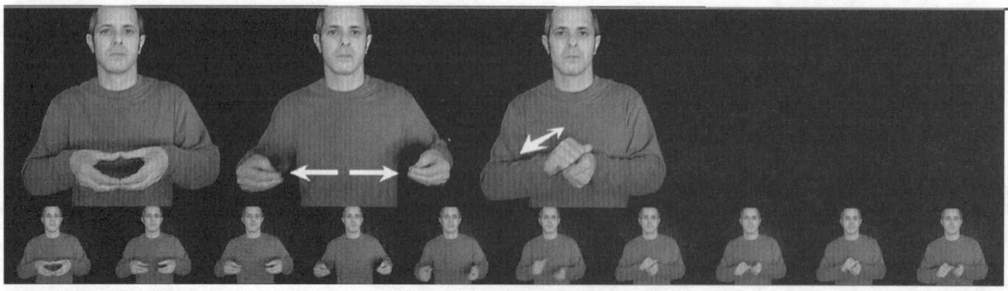

PALHA DE AÇO – Mãos abertas, dedos unidos e levemente curvados, polegar separado, palmas pra dentro. Unir as mãos pelas pontas dos dedos. Em seguida, movê-las simultaneamente para as laterais, unindo todos os dedos pelas pontas (foto 2). Depois, fazer o sinal de "lavar".
• ***Palha de aço:*** *Tipo de esfregão feito de fios de aço.*

■ **PALESTRANTE:** PALESTRA ■ **PALESTRAR:** PALESTRA ■ **PALETÓ:** CASACO

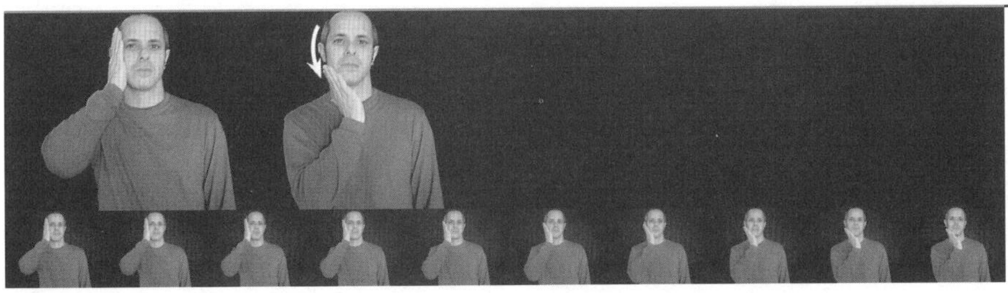
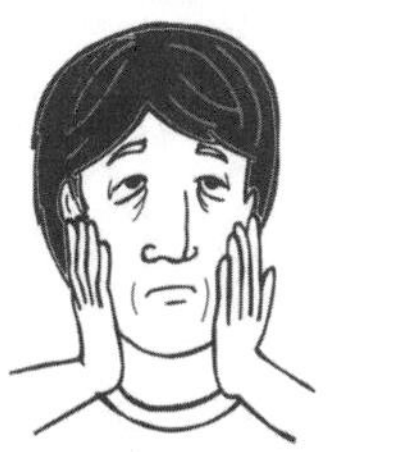

PÁLIDO – Mão aberta, dedos unidos e esticados apontando para cima, palma para dentro. Encostar a mão na lateral do rosto. Em seguida, com um gesto lento, deslizar um pouco a mão para baixo.
• ***Pálido:*** *Diz-se da pele, especialmente a do rosto, quando está descorada ou amarelada.* **Sinal igual:** DESCORADO

PALITO DE DENTE – Mão fechada com os dedos indicador e polegar abertos e unidos pelas pontas, palma para dentro. Posicionar a mão perto do rosto, com os dedos apontando para o canto da boca. Em seguida, abrir um pouco os lábios, mostrando os dentes e, ao mesmo tempo, com gestos curtos, mover as pontas dos dedos para cima e para baixo, três ou quatro vezes,
• ***Palito de dente:*** *Pequeno instrumento geralmente feito de madeira com o qual se limpam os dentes.*

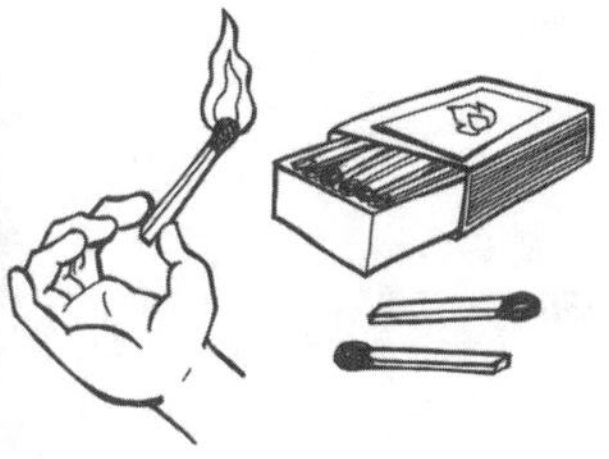

PALITO DE FÓSFORO – Mão direita fechada com os dedos indicador e médio abertos e unidos pelas pontas. Mão esquerda fechada com o indicador esticado apontando para a frente. Posicionar a mão direita acima da esquerda e movê-la para a frente, resvalando as pontas dos dedos no indicador esquerdo durante o percurso, imitando o gesto de quem risca um palito de fósforo na caixa.
• ***Palito de fósforo:*** *Artefato de madeira cuja extremidade contém uma substância (fósforo) que pelo atrito produz uma chama.*

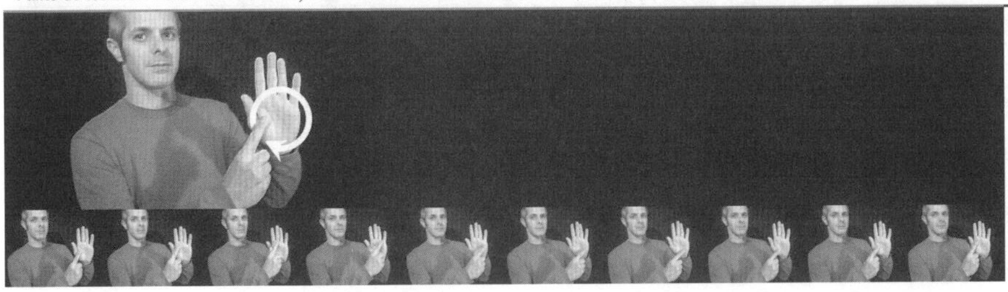
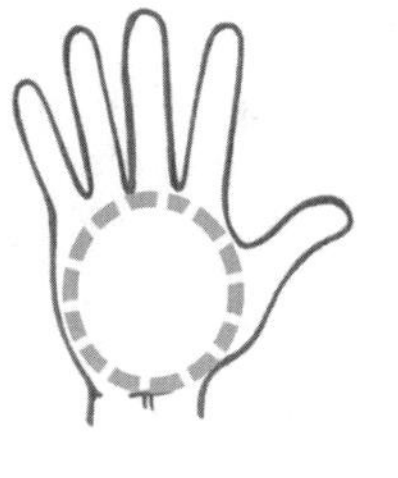

PALMA – Mão esquerda aberta, palma para a frente. Mão direita fechada com o dedo indicador esticado. Tocar a ponta do indicador direito na palma esquerda, deslizando-o em círculos.
• ***Palma:*** *Lado interno da mão entre o punho e os dedos.*

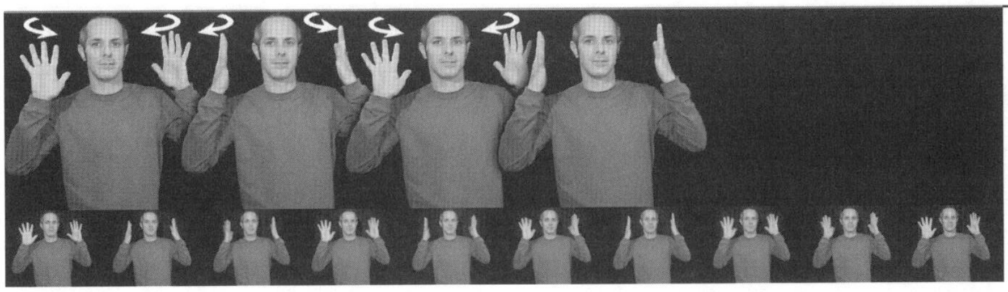

PALMAS – Mãos abertas, dedos esticados e separados apontando para cima, palmas para dentro. Posicionar as mãos na altura da cabeça. Em seguida, com gestos curtos e rápidos, virar as mãos ao redor do próprio eixo, para a frente e para trás, várias vezes.
• ***Palmas:*** *Festejar com demonstrações de aplausos; louvar.*

PALMITO – Mão esquerda aberta, dedos unidos e esticados apontando para cima, palma para a frente. Mão direita fechada com o indicador e o polegar abertos, tocando suas pontas na palma esquerda, perto do punho. Em seguida, mover a mão direita para cima, deslizando-a até as pontas dos dedos da esquerda.
• ***Palmito:*** *O caule comestível das palmeiras.* **Sinal igual:** PALMITO EM CONSERVA

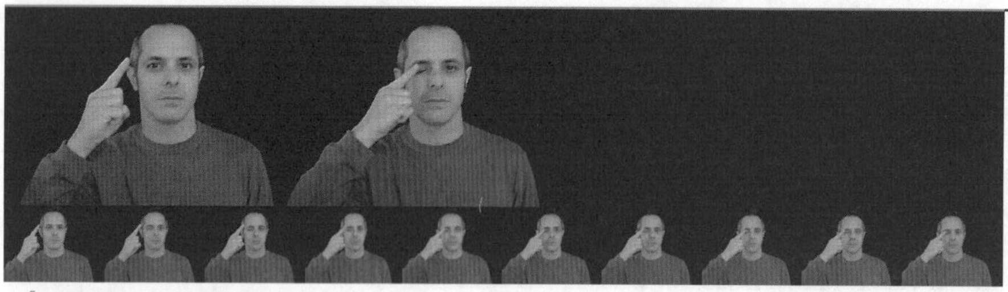

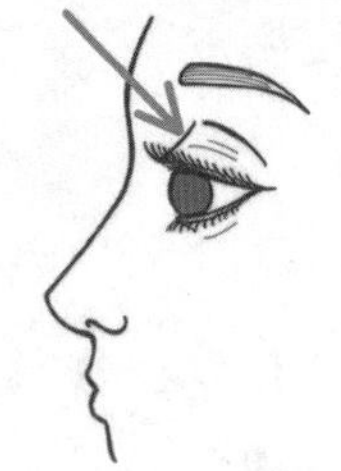

PÁLPEBRA – Mão fechada com o dedo indicador esticado. Fechar um dos olhos e tocar a ponta do dedo na pálpebra.
• ***Pálpebra:*** *Membrana que cobre o olho para protegê-lo.*

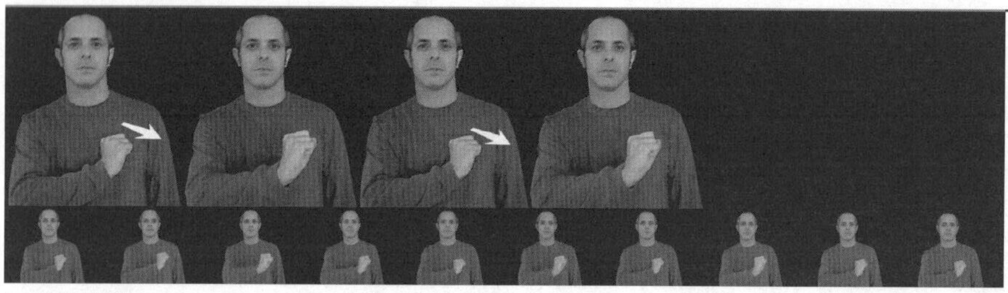

PALPITAR – Mão direita fechada em "S", palma para dentro. Tocar a lateral interna da mão no peito, na região do coração, e mover a mão para a frente. Fazer esse movimento com gestos curtos e um pouco rápidos, três ou quatro vezes seguidas.
• ***Palpitar:*** *Ter batimentos cardíacos acelerados.* **Sinal igual:** PALPITAÇÃO

PANDA – Fazer o sinal de "urso". Em seguida, com as mãos fechadas, indicadores e polegares abertos e as palmas para dentro, encostar os dedos no rosto, em torno dos olhos.
• ***Panda:*** *Mamífero encontrado na China e que se alimenta principalmente de bambus.*

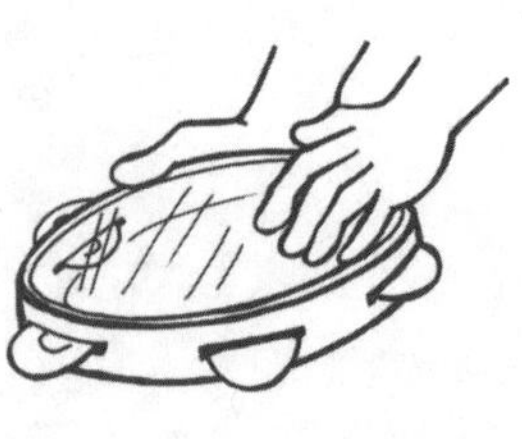

PANDEIRO – Mãos abertas, dedos esticados e levemente separados. Posicionar as mãos conforme a foto 1. Em seguida, manter a mão esquerda parada, enquanto a direita se movimenta virando a palma para cima e para baixo várias vezes, ao redor do próprio eixo, imitando o gesto de quem toca um pandeiro.
• ***Pandeiro:*** *Instrumento de percussão.*

▪ **PALMITO EM CONSERVA:** PALMITO ▪ **PALPITAÇÃO:** PALPITAR ▪ **PANÇA:** BARRIGA ▪ **PANCADA:** BATER

PANELA – Mãos em "C", palmas para dentro. Posicionar as mãos conforme a foto 1. Em seguida, com a mão direita em "A", palma para baixo, movê-la em círculos sobre a esquerda, imitando o gesto de quem segura uma colher e mexe o alimento na panela.
• ***Panela:*** *Recipiente de tamanho variável usado para se cozinhar alimentos.*

PANQUECA – Fazer os sinais de "comer" e de "enrolar".
• ***Panqueca:*** *Massa fina feita à base de farinha, ovos e leite que é servida geralmente enrolada e recheada.*

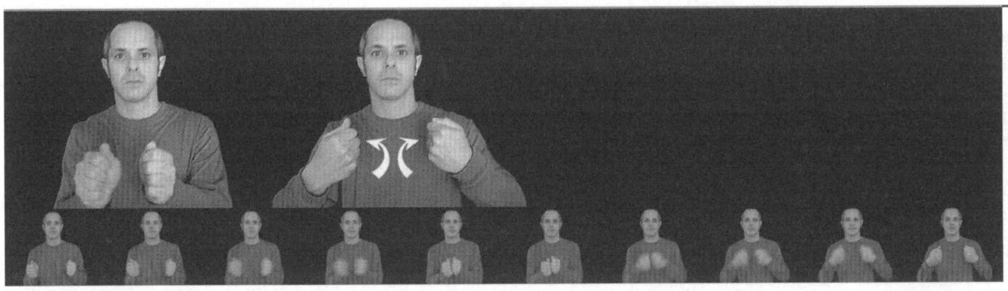
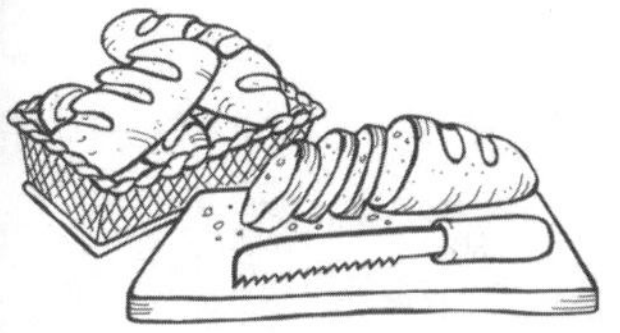

PÃO – Mãos fechadas em "A", palmas para dentro. Mover simultaneamente as mãos, tocando rapidamente uma na outra e separando-as, virando as palmas para trás, como se estivesse dividindo um pedaço de pão ao meio.
• ***Pão:*** *Alimento feito com farinha de trigo assado ao forno.*

PÃO-DURO – Mão fechada em "S", palma para trás. Com gestos curtos, mover a mão para a frente e para trás, duas ou mais vezes.
• ***Pão-duro:*** *Diz-se daquele que não gosta de gastar dinheiro; pessoa avarenta.* **Sinal igual:** AVARENTO, AVAREZA, AVARO, MESQUINHO, SOVINA

PAPA – Mãos abertas, dedos unidos e esticados apontando para cima, palmas para dentro. Posicionar as mãos nas laterais da cabeça (foto 1). Em seguida, movê-las simultaneamente para cima, unindo-as pelas pontas dos dedos.
• ***Papa:*** *Chefe supremo da Igreja Católica.*

▪ **PANIFICAÇÃO:** PADARIA ▪ **PANIFICADORA:** PADARIA ▪ **PANO:** ROUPA ▪ **PANTOMIMA:** MÍMICA

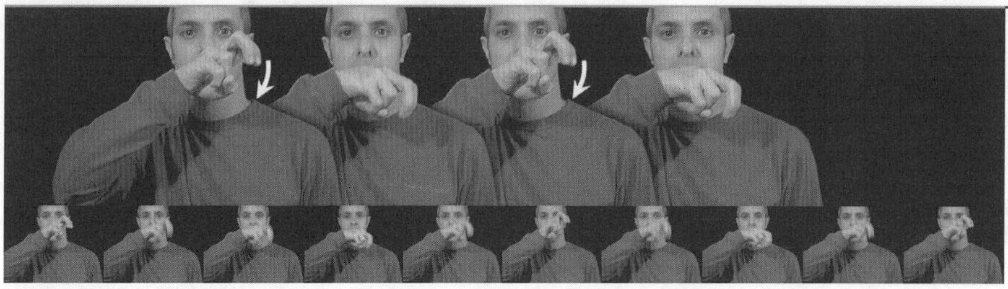

PAPAGAIO – Mão fechada com o indicador e o médio abertos, unidos e curvados, palma para baixo. Encostar a lateral interna da mão no canto da boca, sem desencostá-la durante o movimento. Em seguida, com gestos curtos, mover os dedos para baixo e voltar à posição inicial, duas ou três vezes.
• ***Papagaio:*** *Nome dado a uma variedade de pássaros que geralmente possuem uma coloração verde e bico curvo.*

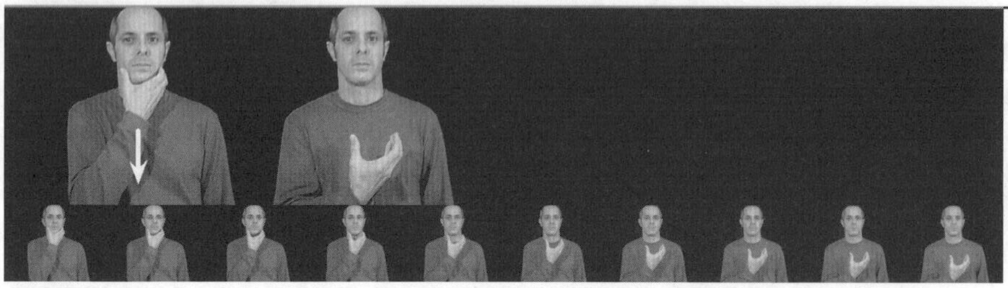

PAPAI NOEL – Mão em "C", palma para cima. Segurar levemente o queixo e mover a mão para baixo.
• ***Papai Noel:*** *Personagem lendário que distribui presentes para as crianças no Natal.* **Sinal igual:** NATAL, NATALINO

PAPEAR – Fazer os sinais de "papo" e de "conversar".
• ***Papear:*** *Conversar descontraidamente com alguém.* **Sinal igual:** BATE-PAPO

P

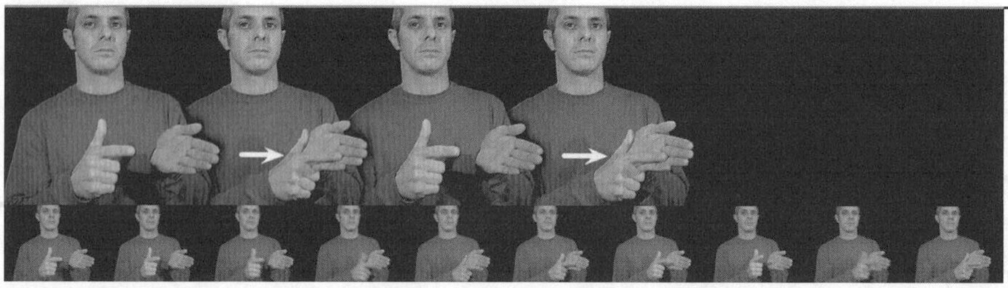

PAPEL – Mão esquerda aberta, palma para cima. Mão direita em "L", palma para dentro. Mover a mão direita tocando o indicador e o polegar na palma esquerda, duas ou três vezes.
• ***Papel:*** *Produto prensado, feito de fibras vegetais, usado para desenhar, escrever, embrulhar, limpar etc.* **Sinal igual:** CARTOLINA, PAPELÃO, PAPEL SULFITE

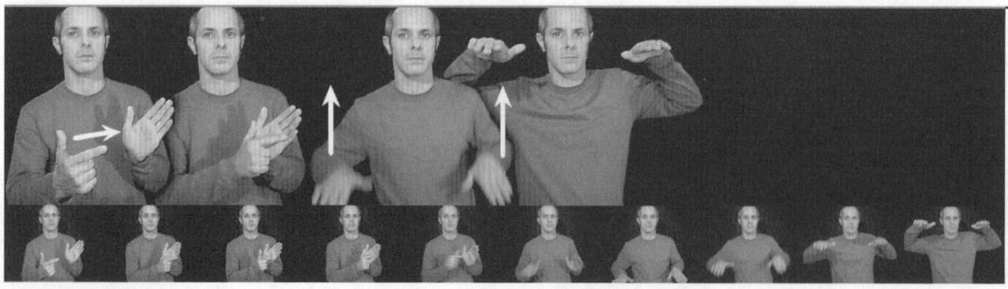

PAPELADA – Fazer o sinal de "papel". Depois, mãos abertas, palmas para baixo. Posicionar as mãos nas laterais do corpo, na altura da cintura. Em seguida, mover as mãos simultaneamente para cima.
• ***Papelada:*** *Grande quantidade de papéis.*

▪ **PAPAI:** PAI ▪ **PAPAIA:** MAMÃO

PAPELARIA – Fazer os sinais de "lugar", de "vender" e de "papel".
• ***Papelaria:*** *Estabelecimento que vende papéis e diversos artigos escolares e de escritório.*

PAPEL-HIGIÊNICO – Fazer os sinais de "papel" e de "banheiro".
• ***Papel-higiênico:*** *Papel absorvente para higiene pessoal e outros fins.*

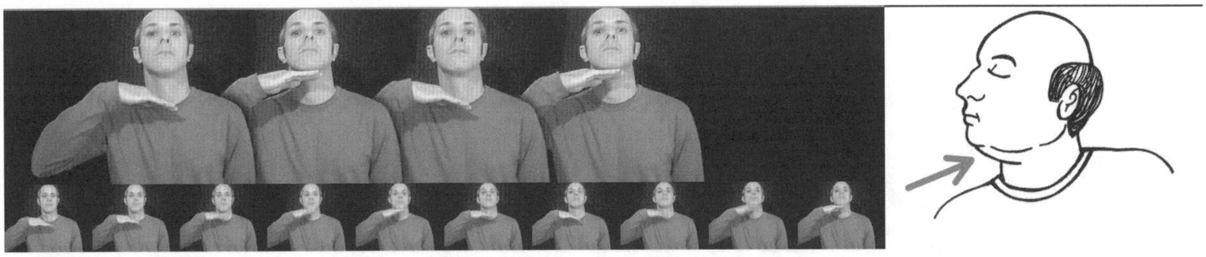

PAPO – Mão aberta, dedos unidos e esticados apontando para dentro, palma para baixo. Bater o dorso dos dedos na parte inferior do queixo, duas ou mais vezes.
• ***Papo:*** *Conversa descontraída; excesso de tecido gorduroso na região do queixo.*

PAPO-FURADO – Mão fechada com o indicador esticado. Tocar a ponta do dedo no papo, duas ou mais vezes. Durante o movimento, soltar um pouco de ar pela boca, enchendo as bochechas e fazer uma expressão de desagrado.
• ***Papo-furado:*** *Conversa sem valor; informação falsa.*

PAQUERAR – Mãos fechadas com os dedos indicadores e médios esticados e levemente separados apontando para dentro, palmas para trás. Posicionar uma mão acima da outra e movê-las simultaneamente, girando-as para a frente, como o movimento dos pedais de uma bicicleta.
• ***Paquerar:*** *Demonstrar interesse amoroso por alguém; azarar.* **Sinal igual:** AZARAR, PAQUERAÇÃO, PAQUERADOR

P

▪ PAPELÃO: PAPEL ▪ PAPEL SULFITE: PAPEL ▪ PAQUERAÇÃO: PAQUERAR ▪ PAQUERADOR: PAQUERAR ▪ PAQUIDERME: ELEFANTE ▪ PAR: CASAL ▪ PAR (NÚMERO): DOIS

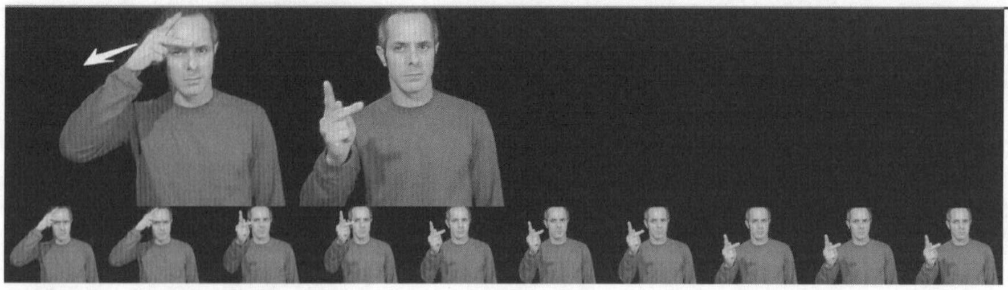

PARÁ – Mão em "P", palma para trás. Tocar a ponta do dedo médio na testa e mover a mão para a frente, apontando o dedo médio também para a frente.
• ***Pará:*** *Estado localizado na região Norte do Brasil.*

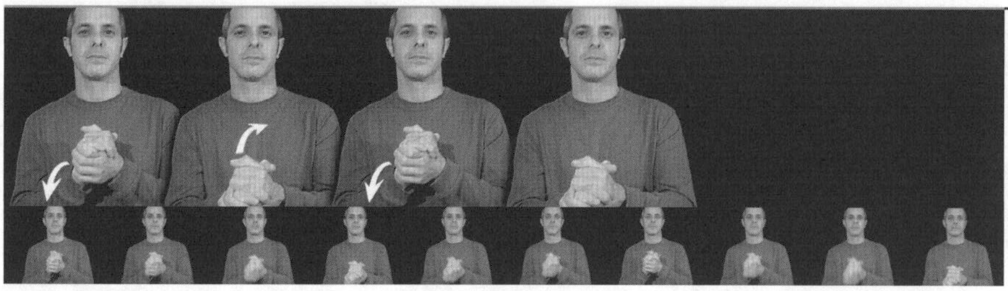

PARABENIZAR – Unir as mãos, segurando uma na outra com firmeza e movê-las para a frente e para trás, duas ou mais vezes.
• ***Parabenizar:*** *Dar os parabéns a alguém; congratular, felicitar.* **Sinal igual:** FELICITAR

PARADA COMEMORATIVA – Mãos abertas, dedos esticados e separados, palmas para baixo. Posicionar as mãos perto do corpo e movê-las simultaneamente para a frente, interrompendo o movimento (como uma rápida pausa) duas ou três vezes durante o percurso.
• ***Parada comemorativa:*** *Desfile informal; reunião de pessoas que marcham pelas ruas comemorando uma data ou conquista.*

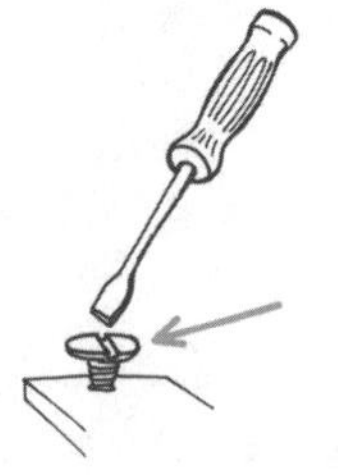

PARAFUSO – Mão fechada com o indicador e o polegar abertos e dobrados, palma para dentro. Inclinar a mão para a frente e voltar à posição inicial, duas vezes.
• ***Parafuso:*** *Tipo de prego em forma de rosca usado para fixar algo.*

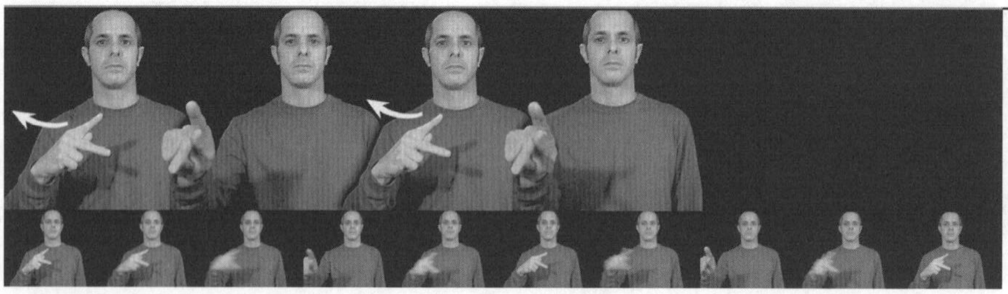

PARAGUAI – Mão em "P", palma para trás. Posicionar a mão perto do corpo e movê-la duas vezes para a frente, virando a palma para dentro.
• ***Paraguai:*** *País localizado na América do Sul.*

■ **PARABÉNS:** APLAUDIR ■ **PARADA DE ÔNIBUS:** PONTO DE ÔNIBUS ■ **PARADO:** ESPERAR ■ **PARAFUSAR:** CHAVE DE FENDA

PARAÍBA – Mão em “P”. Encostar a mão na bochecha e deslizá-la em círculos.
• ***Paraíba:*** *Estado localizado na região Nordeste do Brasil.*

PARAÍSO – Fazer os sinais de “bonito” e de “paisagem”.
• ***Paraíso:*** *Lugar bonito, agradável e prazeroso, muitas vezes relacionado à própria natureza.*

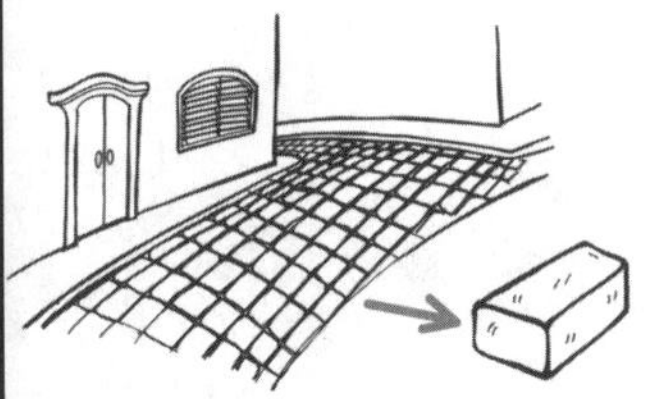

PARALELEPÍPEDO – Fazer os sinais de “caixa”e de “pedra”.
• ***Paralelepípedo:*** *Pedra de forma retangular empregada no calçamento das ruas.*

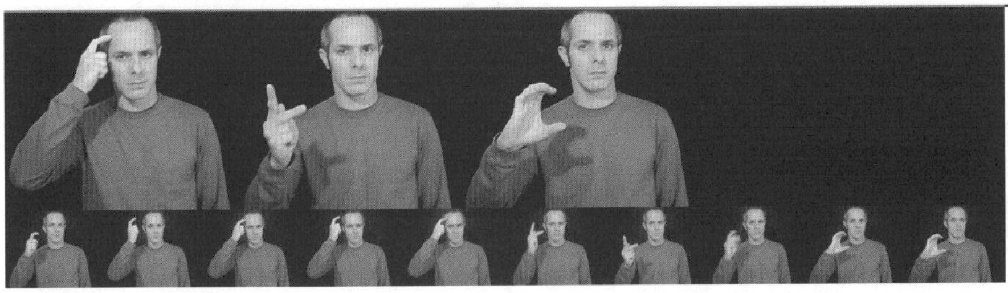

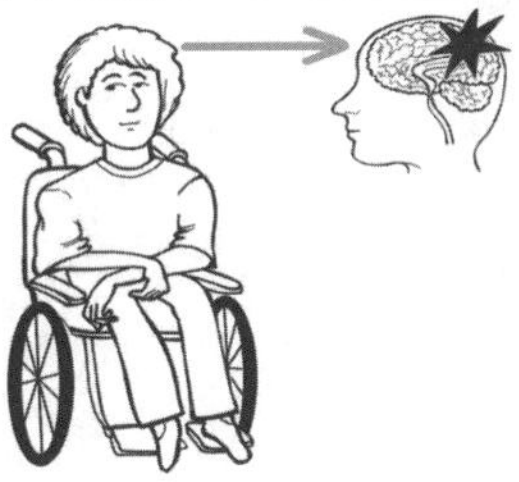

PARALISIA CEREBRAL – Mão fechada com o indicador aberto. Tocar a ponta do dedo na cabeça. Em seguida, digitar as letras “P” e “C”.
• ***Paralisia cerebral:*** *Lesão do cérebro que resulta em perda total ou parcial de certos movimentos, da fala e de outras funções motoras.*

PARALÍTICO – Mãos fechadas, palmas para dentro. Posicionar as mãos nas laterais dos quadris. Em seguida, movê-las simultaneamente para a frente e abri-las, deixando os dedos relaxados. Fazer esse movimento duas vezes seguidas, imitando o gesto de quem está se movendo em uma cadeira de rodas.
• ***Paralítico:*** *Pessoa que não possui os movimentos de certas partes do corpo, principalmente das pernas.*

▪ **PARALISAÇÃO:** GREVE

PARANÁ – Mão aberta, dedos unidos e esticados, palma para baixo. Tocar na parte superior da cabeça, duas ou três vezes.
• ***Paraná:*** *Estado localizado na região Sul do Brasil.*

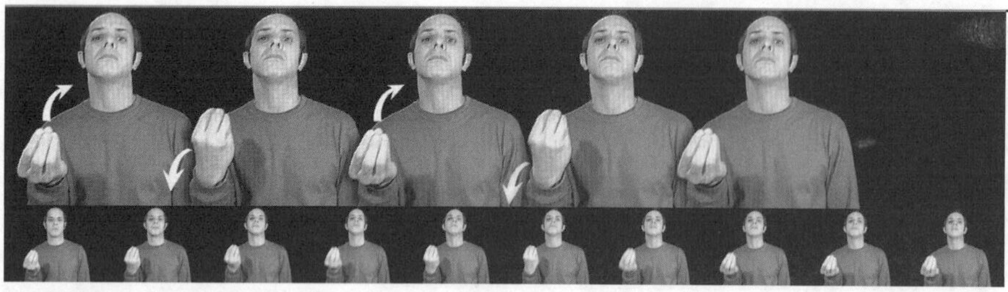

PARA QUE? – Dedos esticados e unidos pelas pontas, palma para cima. Com gestos curtos e articulando o punho, mover a mão para trás e para a frente, duas ou mais vezes. Durante o movimento, erguer um pouco a cabeça e fazer uma expressão interrogativa.
• ***Para que?:*** *Termo usado para questionar sobre a finalidade de alguma coisa.*

PARAQUEDAS – Mão esquerda aberta, dedos relaxados, palma para baixo. Mão direita fechada com o indicador e o médio esticados apontando para baixo. Posicionar as mãos na altura da cabeça, com a mão esquerda acima da direita. Em seguida, mover as mãos simultaneamente para baixo, em diagonal.
• ***Paraquedas:*** *Artefato usado para reduzir a velocidade de queda dos corpos.* **Sinal igual:** PARAQUEDISMO, PARAQUEDISTA

PARAR – Mão esquerda fechada, palma para baixo, braço dobrado para o lado direito. Mão direita fechada, palma para a frente. Posicionar a mão direita atrás da esquerda. Em seguida, mover a mão direita para a frente, tocando com o punho na lateral interna da mão esquerda.
• ***Parar:*** *Cessar de andar, de mover-se, de falar; parar-se.* **Sinal igual:** CESSAR, CESSE, INTERROMPA, INTERROMPER

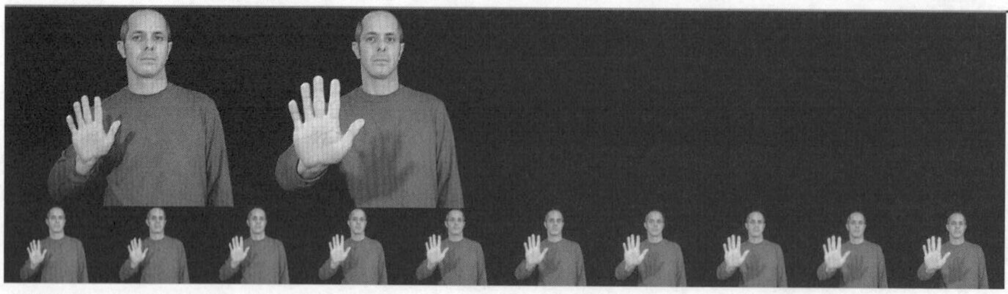

PARE – Mão aberta, dedos esticados e separados, palma para a frente. Posicionar a mão perto do corpo e movê-la para a frente.
• ***Pare:*** *Pedir para que alguém não continue uma ação como: falar, andar, escrever etc.*

P

▪ **PARAQUEDISMO:** PARAQUEDAS ▪ **PARAQUEDISTA:** PARAQUEDAS ▪ **PARCEIRO:** ASSOCIADO, CASAL, UNIR ▪ **PARCELAS:** PRESTAÇÃO ▪ **PARCERIA:** UNIR

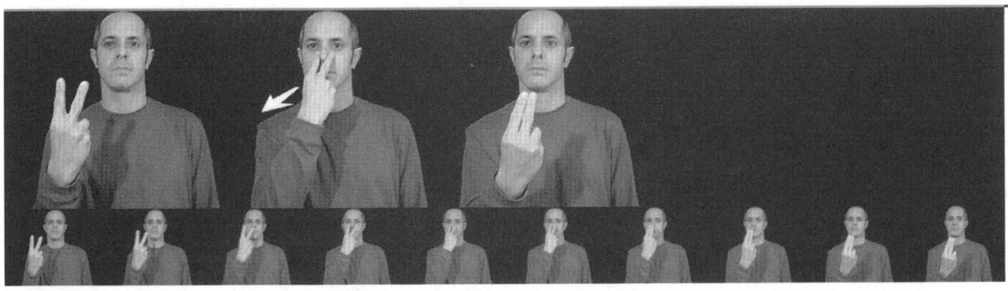

PARECER – Mão em "V", palma para trás. Tocar as pontas dos dedos no rosto, nas laterais do nariz e mover a mão para a frente, unindo o indicador e o médio.
• ***Parecer:*** *Ter semelhança com alguém ou algo.* **Sinal igual:** APARENTAR, APARENTEMENTE, ASSEMELHAR, PARECIDO, SEMELHANTE

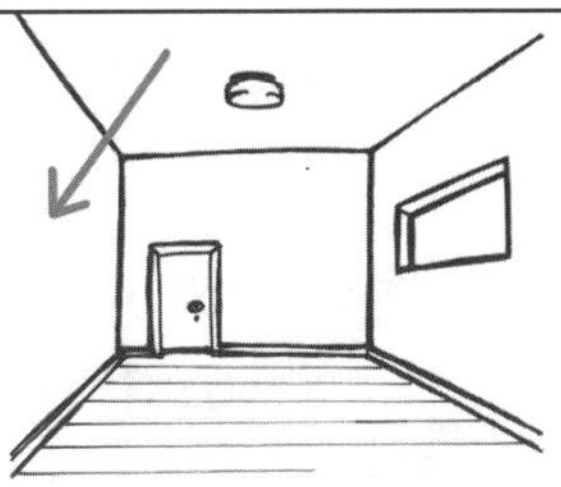

PAREDE – Mão esquerda aberta, dedos unidos e esticados apontando para cima, palma para dentro. Mão direita aberta, dedos unidos e esticados apontando para a frente. Posicionar as mãos conforme a foto 1. Em seguida, mover a mão direita para cima, resvalando levemente pelo braço esquerdo, do cotovelo até as pontas dos dedos.
• ***Parede:*** *Construção que fecha ou divide um espaço.* **Sinal igual:** PAREDÃO

(parênteses)

PARÊNTESES – Mãos fechadas com os dedos indicadores esticados apontando para a frente, palmas para baixo. Posicionar uma mão próximo da outra. Em seguida, movê-las simultaneamente para baixo, virando as palmas para cima e criando, com as pontas dos dedos, a forma de dois parênteses.
• ***Parênteses:*** *Sinal de pontuação usado para delimitar um termo que explica ou acrescenta uma informação a uma frase sem alterar seu sentido.* **Sinal igual:** PARÊNTESE

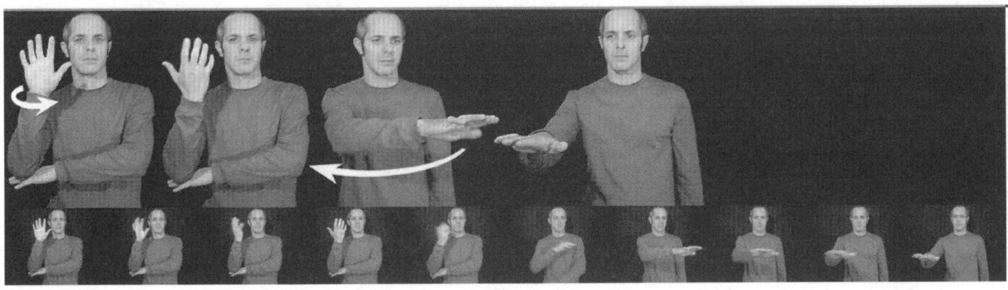

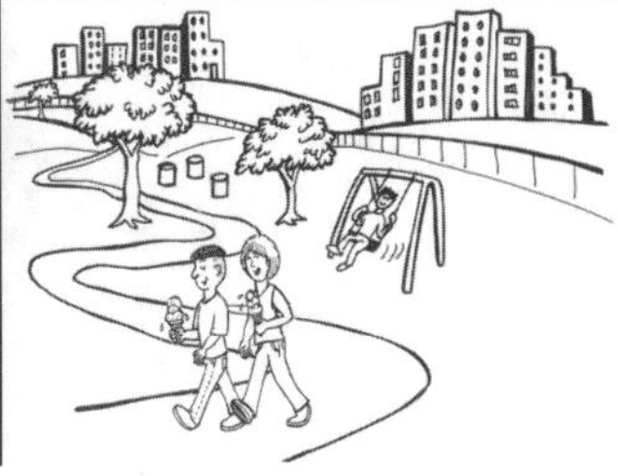

PARQUE – Fazer os sinais de "árvore" e de "paisagem".
• ***Parque:*** *Terreno arborizado destinado à recreação, geralmente de domínio público.*

PARQUE DE DIVERSÕES – Mãos fechadas com os dedos indicadores e médios abertos e curvados, palmas para dentro. Posicionar as mãos conforme a foto 1 e movê-las simultaneamente para a frente, girando-as como o movimento dos pedais de uma bicicleta, representando, nesse caso, deslocamento de uma roda-gigante.
• ***Parque de diversões:*** *Local com grandes equipamentos (brinquedos) para a diversão de adultos e crianças.*

▪ PARECIDO: PARECER ▪ PAREDÃO: PAREDE ▪ PARENTE: FAMÍLIA ▪ PARENTESCO: FAMÍLIA ▪ PARÊNTESE: PARÊNTESES ▪ PARIDADE: IGUAL ▪ PARLAMENTAR: DEPUTADO ▪ PÁROCO: PADRE ▪ PARTE: PEDAÇO ▪ PARTICULAR: PESSOAL ▪ PARTIR: QUEBRAR, SAIR ▪ PARTO: NASCER ▪ PARVO: BOBO ▪ PASCAL: PÁSCOA

P

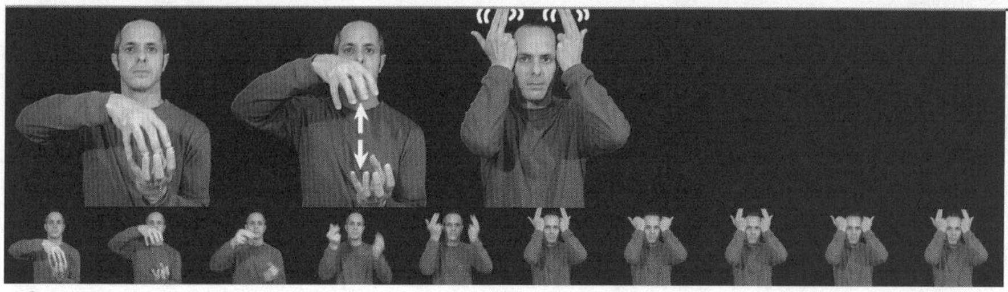

PÁSCOA – Mãos abertas, dedos separados. Mão direita com a palma para baixo e mão esquerda com a palma para cima. Unir as mãos pelas pontas dos dedos. Em seguida, mover a mão direita para cima e a esquerda para baixo. Depois, fazer o sinal de "coelho".
• ***Páscoa:*** *Festa cristã que comemora a ressurreição de Cristo.* **Sinal igual:** PASCAL

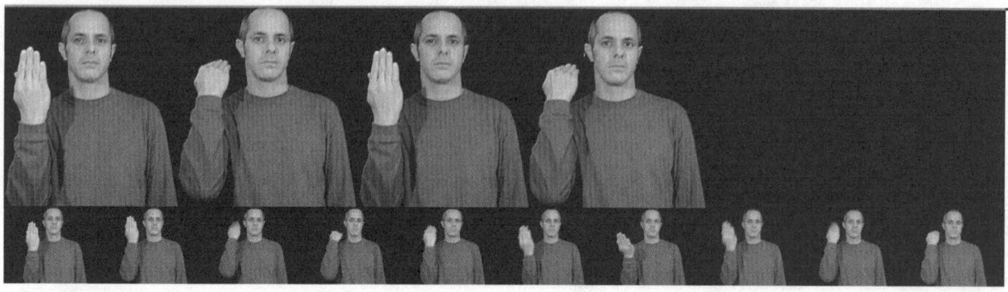

PASSADO – Mão aberta, dedos unidos e esticados apontando para cima, palma para trás. Posicionar a mão diante do ombro. Em seguida, movê-la para trás, passando-a por cima do ombro, duas ou três vezes.
• ***Passado:*** *Que já aconteceu anteriormente; que passou.* **Sinal igual:** ÉPOCA, ERA, FASE, PRETÉRITO

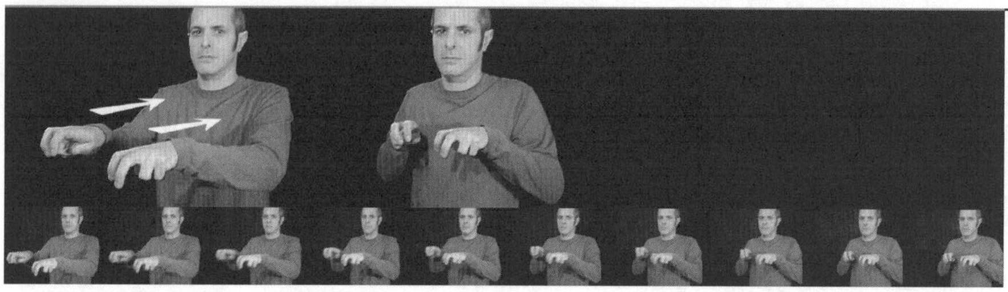

PASSAGEIRO – Mãos fechadas com os dedos indicadores e médios abertos e curvados, palmas para baixo. Posicionar as mãos longe do corpo. Em seguida, movê-las simultaneamente, para trás, em direção ao corpo.
• ***Passageiro:*** *Pessoa que viaja em ônibus, táxi ou outro meio de transporte de pessoas.*

P

PASSAGEM – Mãos fechadas com os dedos indicadores e mínimos esticados, palmas para trás. Unir as mãos pelas pontas dos dedos. Em seguida, movê-las simultaneamente, afastando-as para as laterais.
• ***Passagem:*** *Pequeno bilhete que dá direito à pessoa que o possui de viajar de ônibus, trem, avião ou outra forma de transporte.*

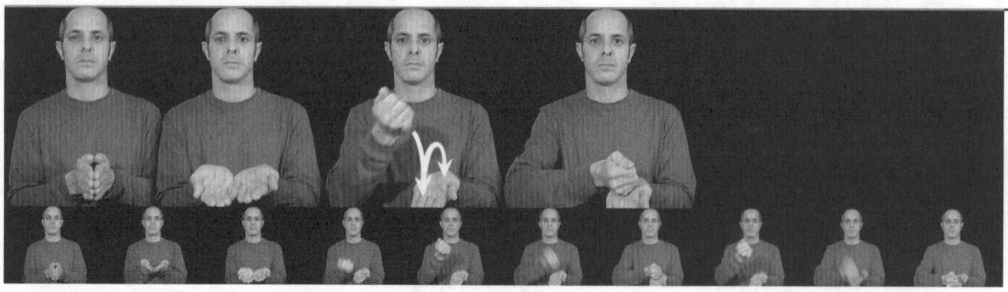

PASSAPORTE – Fazer os sinais de "livro" e de "carimbar".
• ***Passaporte:*** *Documento que permite ingressar em território estrangeiro.*

■ **PASMAR:** ADMIRAR ■ **PASMO:** ESPANTADO

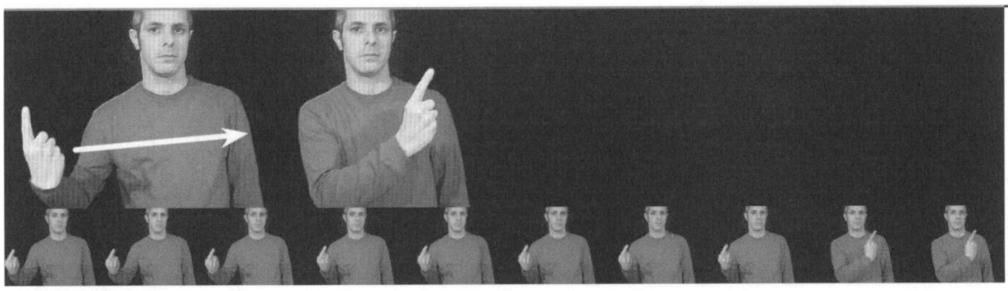

PASSAR* – Mão direita fechada, dedo indicador esticado apontando para cima, palma para trás. Posicionar a mão no lado direito do corpo. Em seguida, movê-la para o lado esquerdo.
• ***Passar:*** *Percorrer uma distância; mudar de um lugar para outro.*

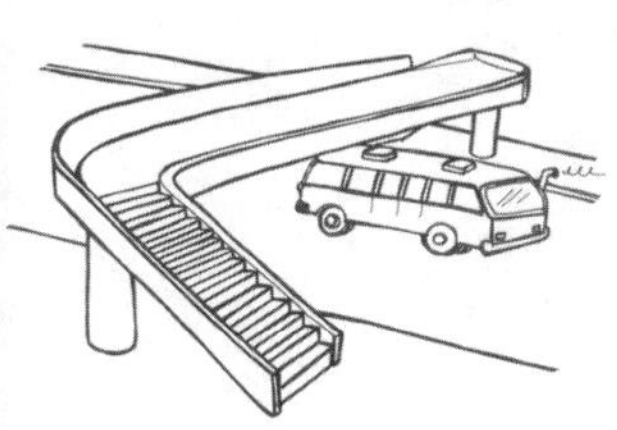

PASSARELA – Mão direita em "V" com os dedos apontando para baixo, palma para fora. Mover a mão para o lado esquerdo, descrevendo um grande arco e movimentando os dedos aleatoriamente durante o percurso.
• ***Passarela:*** *Ponte estreita para pedestres atravessarem sobre estradas, avenidas etc.*

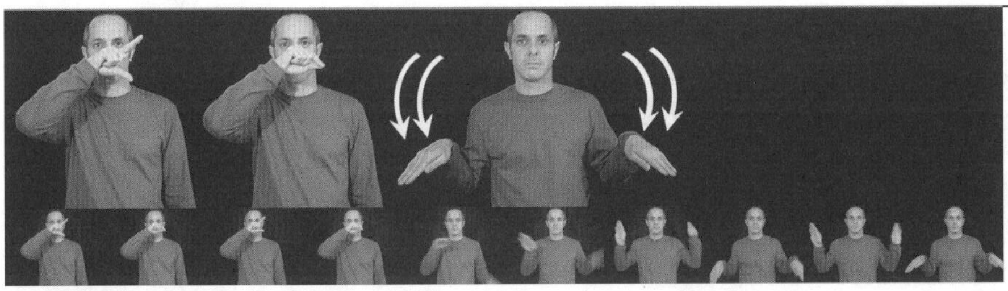

PÁSSARO – Fazer os sinais de "bico" e de "asa".
• ***Pássaro:*** *Ave capaz de voar.* **Sinal igual:** PASSARINHO

PASSEAR – Mãos abertas e levemente dobradas, dedos unidos e esticados apontando para dentro, palmas para baixo. Posicionar as mãos um pouco acima dos ombros. Em seguida, mover as mãos simultaneamente para baixo e para a frente, articulando os punhos e resvalando as pontas dos dedos nos ombros durante o percurso. Fazer esse movimento duas ou três vezes seguidas.
• ***Passear:*** *Ir a algum lugar por lazer ou entretenimento.* **Sinal igual:** PASSEIO

PASSEATA – Mãos abertas, dedos curvados e separados, palmas para baixo. Posicionar as mãos perto do corpo. Em seguida, movê-las simultaneamente para a frente, mexendo os dedos de modo aleatório durante o movimento. Depois, com as mãos fechadas, palmas para dentro e posicionadas na altura da cabeça, movê-las simultaneamente para a frente e para trás, com gestos firmes, duas ou três vezes.
• ***Passeata:*** *Reunião de pessoas que marcham com o objetivo de reivindicar alguma coisa ou protestar.* **Sinal igual:** PROTESTO

P

■ PASSAR: APROVAR, AVANÇAR ■ PASSARELA: DESFILAR ■ PASSARINHO: PÁSSARO ■ PASSATEMPO: JOGO ■ PASSEIO: PASSEAR

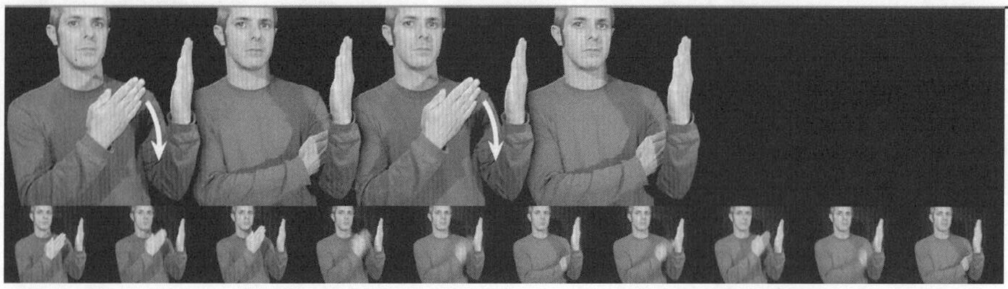

PASTA – Mão esquerda aberta, dedos unidos e esticados apontando para cima, palma para trás, braço dobrado verticalmente. Mão direita aberta, dedos unidos e esticados, palma para trás. Mover a mão direita de cima para baixo, tocando sua lateral externa na articulação do cotovelo do braço esquerdo, duas vezes.
• ***Pasta:*** *Tipo de bolsa achatada usada para guardar papéis, documentos, fichas etc.*

PASTA DE DENTE – Mão esquerda fechada com o dedo indicador esticado apontando para dentro, palma para trás. Mão direita fechada com o polegar aberto, palma para trás. Tocar a ponta do polegar direito na lateral do indicador esquerdo. Em seguida, deslizar a mão direita até a ponta do indicador esquerdo.
• ***Pasta de dente:*** *Produto usado para limpar os dentes.* **Sinal igual:** DENTIFRÍCIO

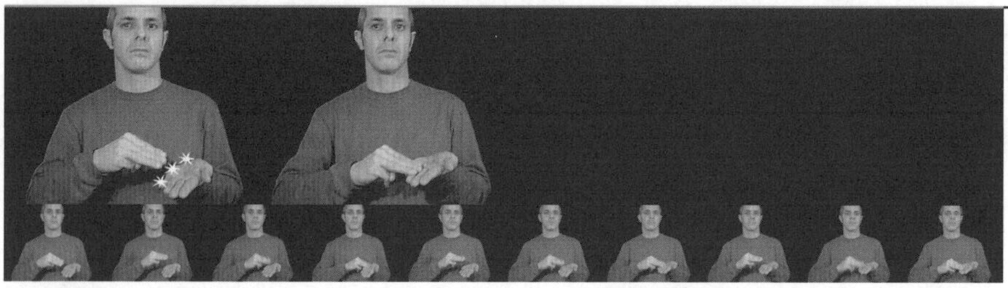

PASTEL – Mão esquerda aberta, dedos unidos e esticados, palma para cima. Mão direita com o indicador, o médio e o anular unidos e esticados, demais dedos fechados. Tocar as pontas dos dedos da direita, em três pontos diferentes da "beirada" da mão esquerda, imitando o gesto de quem fecha um pastel apertando sua massa com um garfo.
• ***Pastel:*** *Alimento preparado frito ou assado, feito com massa de farinha e recheio de variados sabores.*

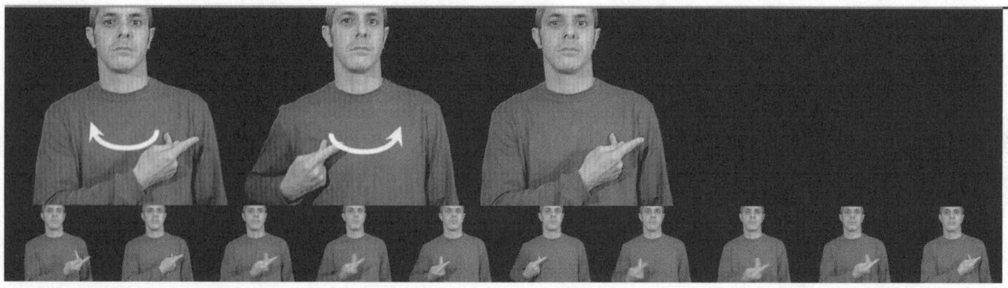

PASTOR – Mão em "P", palma para cima. Tocar a ponta do dedo médio no lado esquerdo do peito, depois no direito e novamente no esquerdo.
• ***Pastor:*** *Sacerdote protestante.*

PATINAR – Mãos abertas, dedos unidos e esticados apontando para a frente, palmas para baixo. Posicionar uma mão ao lado da outra e movê-las alternadamente para a frente, voltando à posição inicial, duas ou três vezes.
• ***Patinar:*** *Deslizar sobre patins.* **Sinal igual:** PATINAÇÃO, PATINAGEM

▪ **PASTAGEM:** CAMPO ▪ **PASTO:** CAMPO ▪ **PATIFARIA:** SACANEAR ▪ **PATINAÇÃO:** PATINAR ▪ **PATINAGEM:** PATINAR

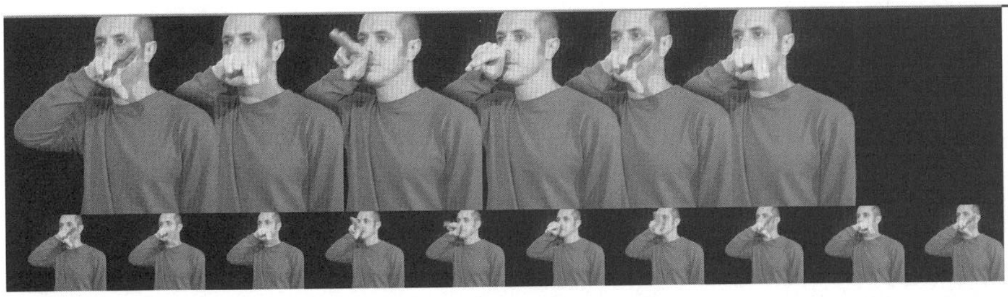

PATO – Indicador e médio unidos e esticados, polegar aberto apontando para baixo, demais dedos fechados. Encostar o dorso da mão na ponta do queixo. Em seguida, apontar o indicador e o médio para a lateral, unindo suas pontas com a do polegar. Fazer o mesmo movimento com os dedos apontando para a frente e novamente para a lateral.
• ***Pato:*** *Ave aquática.*

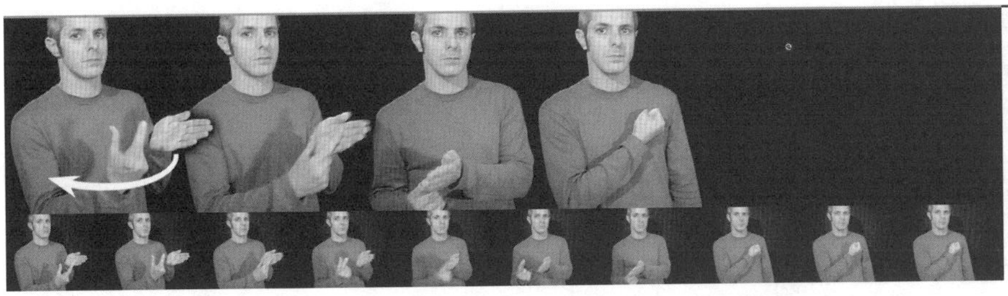

PATRIMÔNIO – Mão esquerda aberta, dedos unidos e esticados, palma para cima. Mão direita fechada com o indicador e o polegar abertos, palma para dentro. Posicionar as mãos na lateral esquerda do corpo. Tocar as pontas dos dedos da mão direita na palma esquerda três vezes, movendo, ao mesmo tempo, as mãos para a lateral direita. Em seguida, fazer o sinal de "número".
• ***Patrimônio:*** *Conjunto dos bens materiais de uma pessoa, família ou empresa.*

PAU – Mão esquerda aberta, dedos unidos e esticados, palma para cima. Mão direita aberta, dedos unidos e esticados, braço dobrado verticalmente, palma para a frente. Apoiar o cotovelo direito na mão esquerda. Em seguida, girar a mão direita ao redor do próprio eixo, virando a palma para trás.
• ***Pau:*** *Pedaço de madeira.*

PAVÃO – Mãos abertas, dedos unidos e esticados apontando para dentro, palmas para baixo. Apoiar uma mão sobre a outra pelos punhos. Em seguida, sem desencostar os punhos, mover simultaneamente as mãos, separando os dedos e virando as palmas para a frente.
• ***Pavão:*** *Ave muito conhecida pela beleza da cauda dos machos.*

PAZ – Mãos em "P", palmas para dentro. Posicionar as mãos na altura da cabeça. Em seguida, mover as mãos simultaneamente para baixo, descrevendo um leve zigue-zague durante o percurso.
• ***Paz:*** *Ausência de ruído, conflito etc.; tranquilidade da alma.* **Sinal igual:** HARMONIA

■ **PATRÃO:** CHEFE ■ **PÁTRIA:** PAÍS ■ **PAULISTA:** SÃO PAULO ■ **PAULISTANO:** SÃO PAULO ■ **PAUSA:** TEMPO ■ **PAVILHÃO AUDITIVO:** ORELHA ■ **PAVIMENTO:** CHÃO

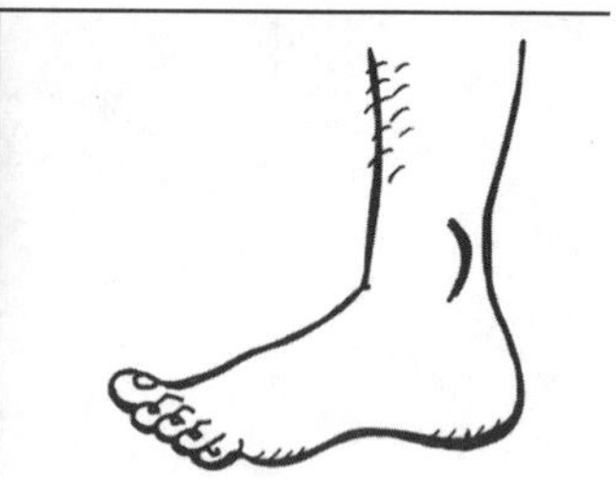

PÉ – Mão esquerda aberta, dedos unidos, esticados e voltados para a frente, polegar apontando para baixo. Mão direta fechada com o indicador esticado. Tocar a ponta desse indicador na lateral da mão esquerda, na região entre o indicador e o polegar, uma ou duas vezes.
• ***Pé:*** *Extremidade dos membros inferiores que permite o andar.*

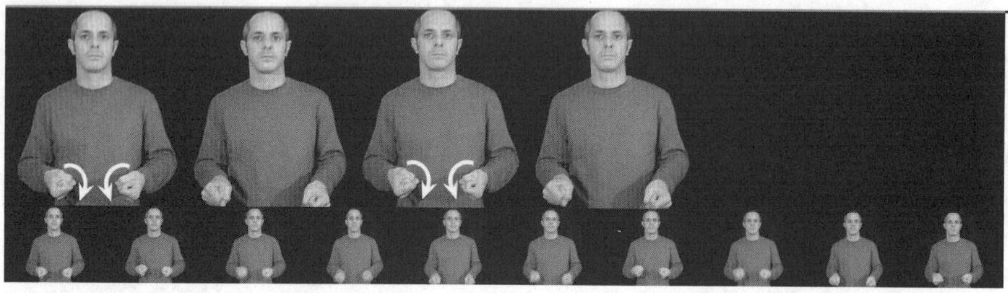

PEBOLIM – Mãos fechadas em "S", palmas para cima. Posicionar as mãos diante do corpo, na altura da cintura. Em seguida, mover as mãos simultaneamente e com gestos rápidos, virando as palmas para baixo (articulando os punhos), duas ou três vezes.
• ***Pebolim:*** *Espécie de futebol de mesa.* **Sinal igual:** TOTÓ

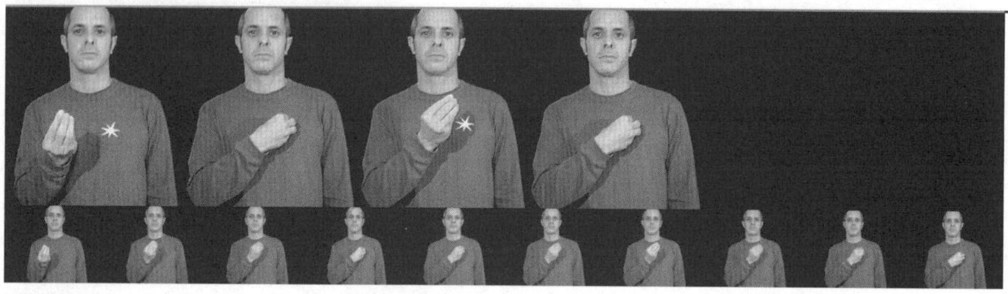

PECADO – Dedos esticados e unidos pelas pontas. Tocar as pontas dos dedos no peito, na região do coração, duas ou três vezes.
• ***Pecado:*** *Desobediência a uma norma religiosa.* **Sinal igual:** PECADOR, PENITÊNCIA, PENITENTE

PEDAÇO – Fazer o sinal de "metade" duas vezes, mudando o ângulo no qual a mão direita desliza sobre a palma esquerda.
• ***Pedaço:*** *Pequena porção de algo maior.* **Sinal igual:** FRAGMENTO, PARTE, PORÇÃO

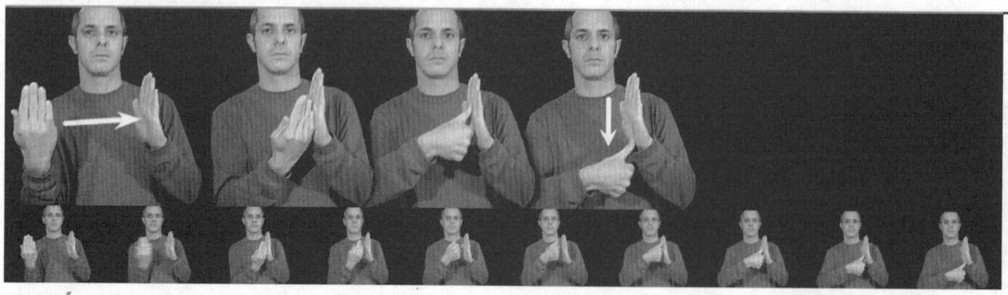
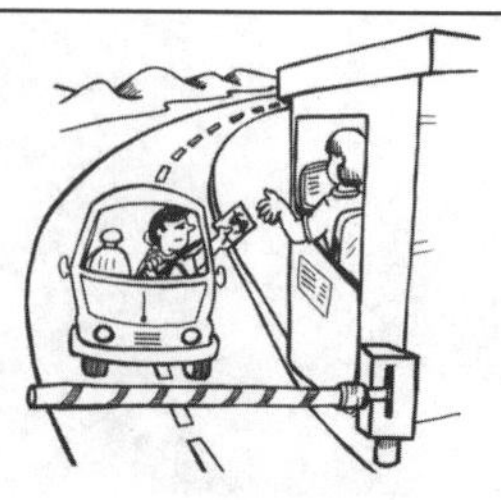

PEDÁGIO – Mão esquerda aberta, dedos unidos e esticados apontando para cima, palma para dentro. Mão direita aberta, dedos unidos e esticados apontando para cima, palma para trás. Mover a mão direita tocando sua lateral na palma esquerda. Em seguida, fechar a mão direita, mantendo o polegar esticado com a ponta tocando nos dedos da mão esquerda. Deslizar a mão direita para baixo, até a palma esquerda.
• ***Pedágio:*** *Taxa cobrada pelo poder público ou pela concessionária autorizada para passagem por via terrestre.*

▪ **PECADOR:** PECADO ▪ **PEÇONHA:** VENENO ▪ **PECULIAR:** ESPECIAL

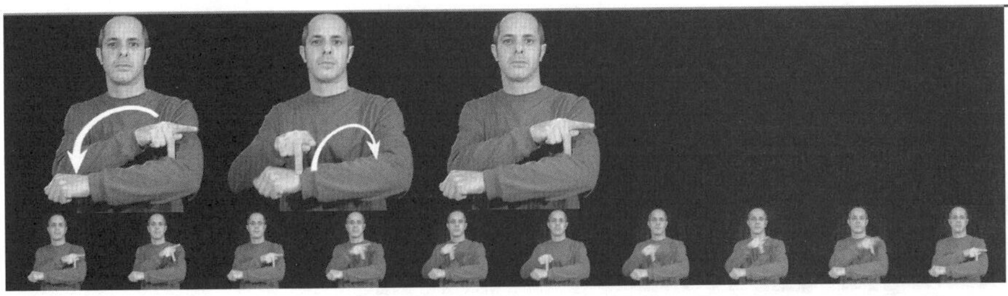

PEDAGOGIA – Mão esquerda fechada, palma para baixo com o braço dobrado horizontalmente, apontando para o lado direito. Mão direita em "P", palma para baixo. Mover a mão direita de cima para baixo, tocando a ponta do médio em três pontos do braço esquerdo: perto do cotovelo, do punho e novamente do cotovelo.
• ***Pedagogia:*** *Ciência que trata da educação de crianças e adolescentes.* **Sinal igual:** PEDAGÓGICO, PEDAGOGO

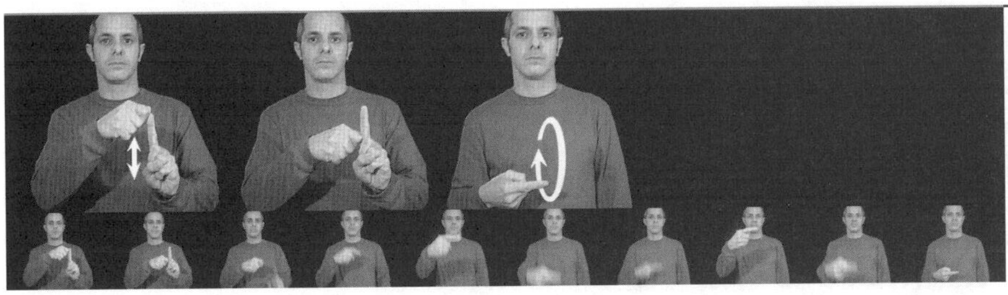
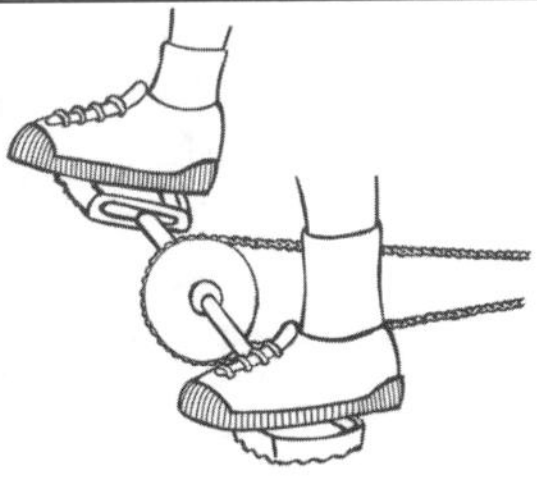

PEDAL – Mão direita fechada em "A", palma para baixo. Mão esquerda fechada com o indicador esticado apontando para cima, palma para a frente. Encostar o indicador e o polegar direitos na ponta do indicador esquerdo. Em seguida, deslizar duas vezes a mão direita para baixo e para cima sobre a lateral do indicador esquerdo. Depois, fazer o sinal de "roda" com uma das mãos.
• ***Pedal:*** *Peça da bicicleta ou outro equipamento na qual se colocam os pés para dar impulso.*

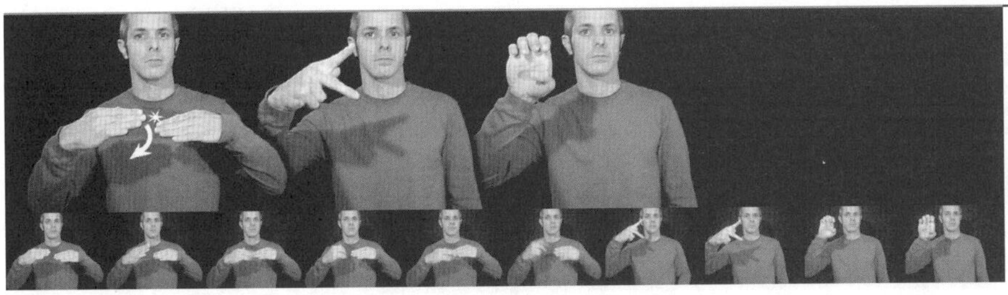
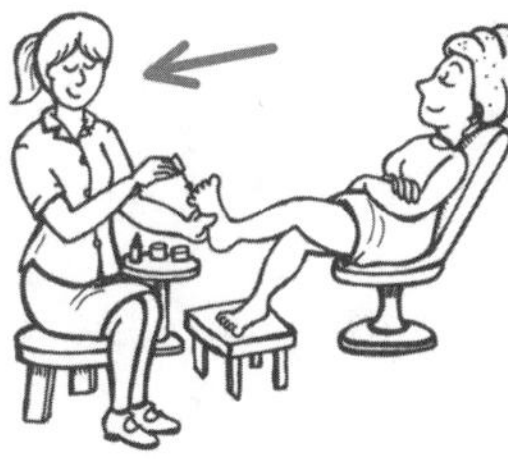

PEDICURE – Mãos abertas, dedos unidos e esticados apontando para dentro, palmas para baixo. Em seguida, com gestos curtos, mover a mão direita duas vezes de cima para baixo, resvalando as pontas dos dedos nas unhas esquerdas. Depois, digitar as letras "P" e "E".
• ***Pedicure:*** *Profissional especializado no tratamento e embelezamento dos pés.*

PEDIR – Mãos abertas, dedos unidos e esticados apontando para a frente, polegares apontando para cima, palmas para dentro. Unir as mãos pelas pontas dos dedos, mantendo um ângulo de, aproximadamente, 90 graus entre elas (foto 1). Em seguida, com um gesto curto, mover as mãos, simultaneamente, para trás, afastando um pouco uma da outra e curvando os dedos.
• ***Pedir:*** *Fazer uma solicitação; fazer um pedido.* **Sinal igual:** IMPLORAR, PEDIDO, PETIÇÃO, REQUERIMENTO, REQUISITAR, ROGAR, SÚPLICA, SUPLICAR

PEDRA – Mão esquerda fechada, palma para baixo. Mão direita em "P". Mover a mão direita de cima para baixo, tocando duas vezes a ponta do médio direito no dorso esquerdo.
• ***Pedra:*** *Minério sólido de consistência dura; rocha.* **Sinal igual:** PEDREGULHO, ROCHA, ROCHEDO

P

▪ **PEDAGÓGICO:** PEDAGOGIA ▪ **PEDAGOGO:** PEDAGOGIA ▪ **PEDALAR:** BICICLETA ▪ **PEDERASTA:** HOMOSSEXUAL (HOMEM) ▪ **PEDIATRA:** MÉDICO ▪ **PEDIDO:** PEDIR ▪ **PEDINTE:** MENDIGO ▪ **PEDREGULHO:** PEDRA

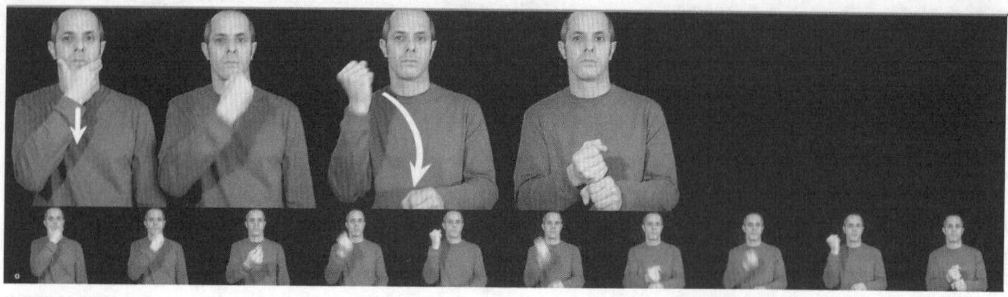

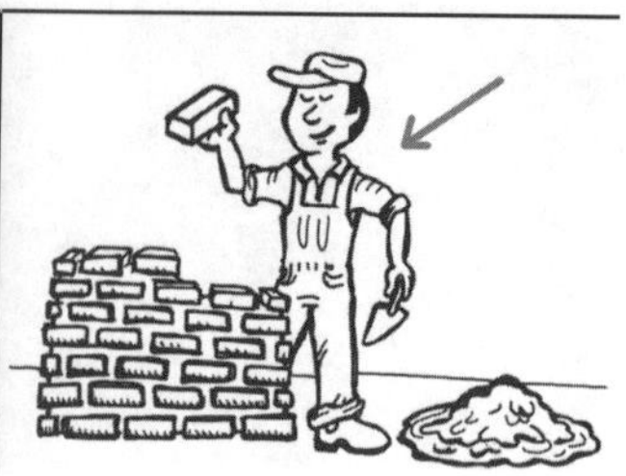

PEDREIRO – Fazer os sinais de "homem" e de "construir".
• ***Pedreiro:*** *Profissional que trabalha em obras, reformas e construções.*

PEGAR – Mão aberta, dedos separados, palma para a frente. Posicionar a mão perto do corpo. Em seguida, mover a mão para a frente, fechando-a em "S", e para trás novamente, mantendo-a fechada.
• ***Pegar:*** *Agarrar com as mãos.* **Sinal igual:** AGARRAR, APANHAR

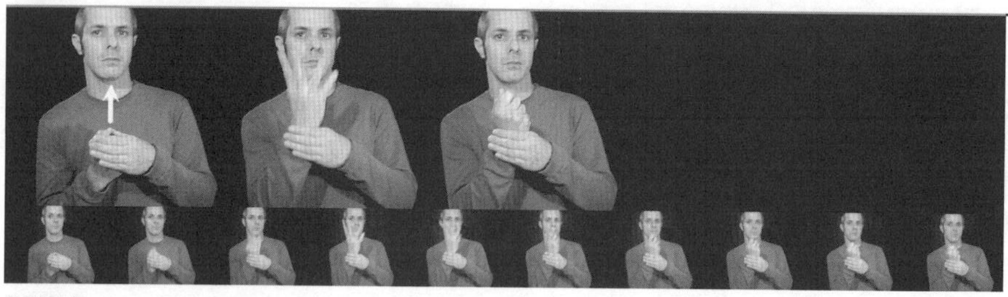

PEIDO – Mão direita fechada, palma para trás com o braço dobrado verticalmente. Mão esquerda em "C", palma para trás. Segurar com a mão esquerda o dorso direito. Em seguida, mover a mão direita para cima, abrindo os dedos rapidamente e fechando a mão mais uma vez.
• ***Peido:*** *Porção de gases expelida pelo ânus.*

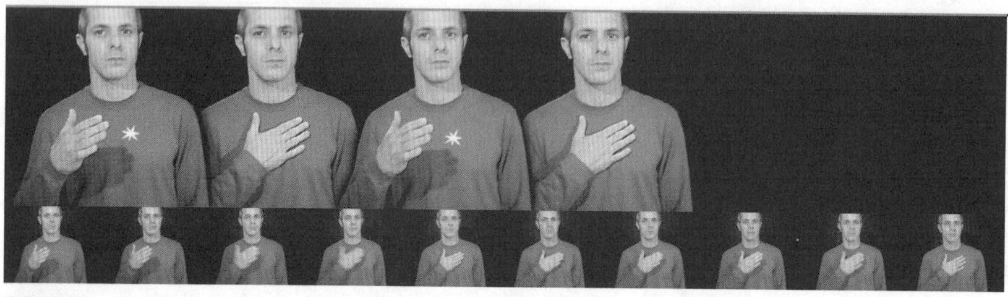

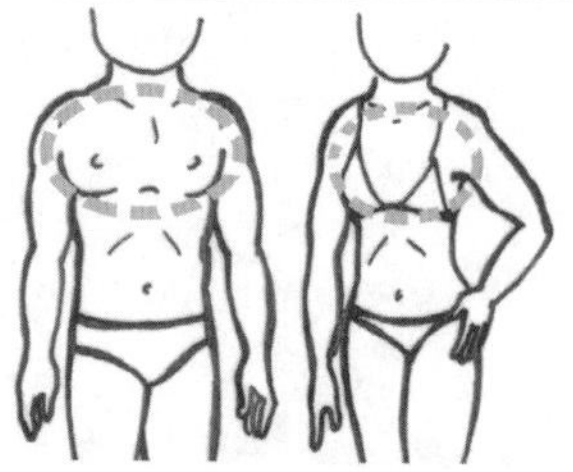

PEITO – Mão aberta, palma para trás. Mover a mão tocando no peito duas vezes.
• ***Peito:*** *Região do tronco que vai do pescoço ao abdome.*

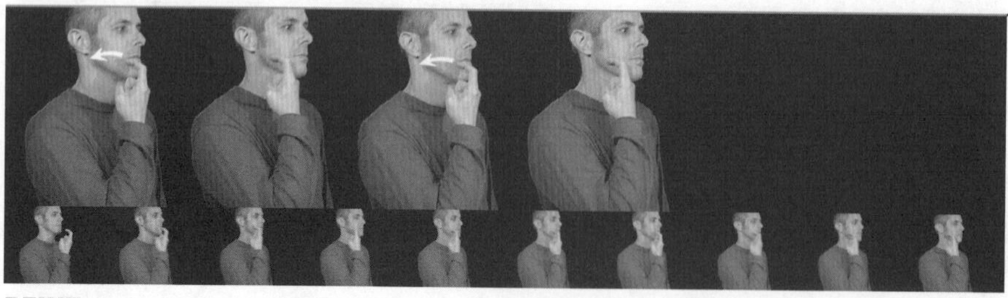

PEIXE – Mão fechada com o dedo indicador aberto e curvado, palma para trás. Mover a mão para trás com gestos curtos, deslizando a lateral do indicador na bochecha, duas ou três vezes seguidas.
• ***Peixe:*** *Animal que vive no mar, rio, lago etc.* **Sinal igual:** PEIXE-ESPADA

■ **PEIXE-ESPADA:** PEIXE ■ **PEIXEIRA:** ESTILETE ■ **PELADO:** NU ■ **PELAGEM:** PÊLO

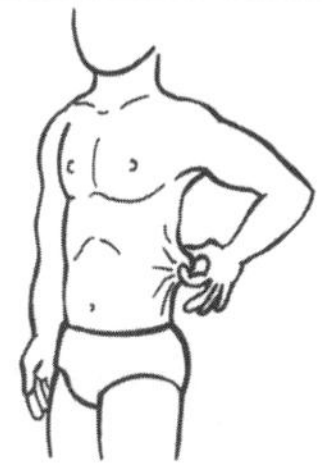

PELE – Mão aberta, dedos unidos e esticados apontando para cima, palma para dentro. Tocar levemente as pontas dos dedos na bochecha. Mover a mão em círculos, deslizando suas pontas na bochecha.

• *Pele: Órgão que envolve o corpo dos animais e do ser humano.* **Sinal igual:** CUTÂNEO, DERME, EPIDERME

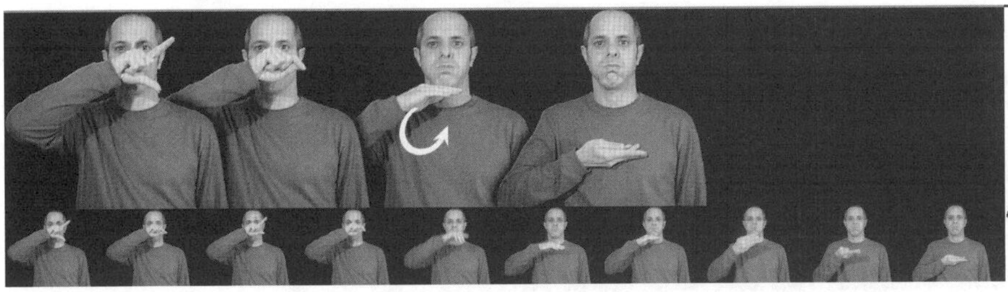

PELICANO – Fazer o sinal de "bico". Depois, com a mão aberta, dedos unidos e esticados, palma para baixo, tocar o dorso dos dedos na parte inferior do queixo. Em seguida, encher as bochechas de ar e mover a mão para baixo, descrevendo um pequeno arco, virando a palma para cima e tocando a lateral externa da mão no peito.

• *Pelicano: Pássaro aquático que possui uma bolsa no bico para capturar e armazenar peixes.*

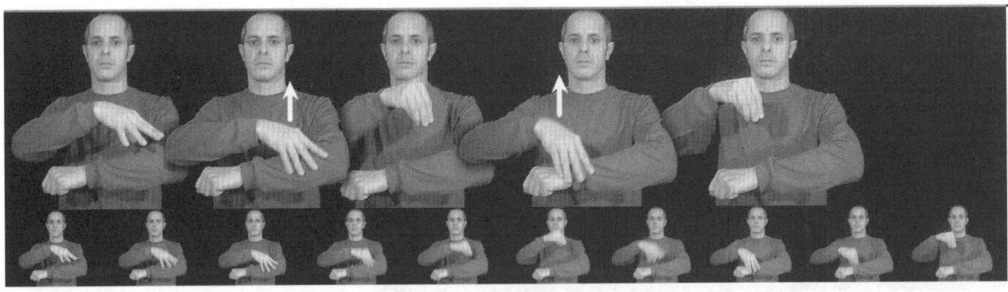

PELO – Mão esquerda fechada, palma para baixo, braço dobrado horizontalmente. Mão direita aberta, dedos esticados e separados apontando para baixo, palma na mesma direção. Posicionar a mão direita acima do braço esquerdo, perto do cotovelo. Em seguida, mover a mão para baixo, tocando rapidamente as pontas dos dedos no braço, e para cima, unindo os dedos pelas pontas. Fazer o mesmo movimento tocando as pontas dos dedos em outro ponto no braço, perto do punho.

• *Pelo: Produção filamentosa da pele dos animais.* **Sinal igual:** PELAGEM, PELUDO

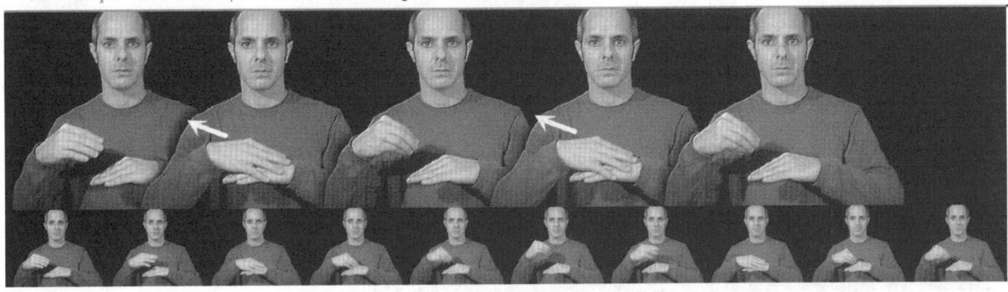

PELÚCIA – Mão esquerda aberta, dedos esticados e levemente relaxados apontando para dentro, palma para baixo. Mão direita aberta, palma para baixo. Posicionar a mão direita um pouco acima da esquerda. Em seguida, mover a mão direita tocando rapidamente as pontas dos dedos no dorso esquerdo e deslizá-la em direção às pontas dos dedos, unindo os dedos da mão direita pelas pontas. Fazer esse movimento duas vezes.

• *Pelúcia: Tecido de lã, seda, algodão etc, muito macio ao toque, usado principalmente para fazer bichos de pelúcia.*

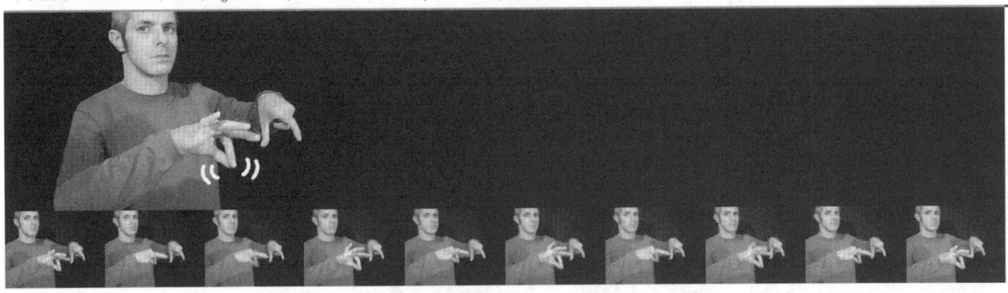

PÊNALTI – Mão esquerda fechada com os dedos indicador e polegar abertos e curvados apontando para baixo, palma para baixo. Mão direita aberta, indicador e polegar unidos pelas pontas, que devem estar voltados para baixo, demais dedos esticados e separados apontando para a frente, palma para baixo. Posicionar as mãos lado a lado. Em seguida, com gestos curtos e rápidos, balançar de um lado para outro as pontas do indicador e do polegar direito.

• *Pênalti: Pena máxima aplicada contra uma equipe de futebol, em que o time que sofreu a falta pode cobrar um tiro livre contra o gol do adversário.*

▪ **PELEJAR:** LUTAR ▪ **PELOTA:** BOLA ▪ **PELUDO:** PÊLO ▪ **PENA:** CASTIGO, PIEDADE ▪ **PENALIDADE:** MULTA ▪ **PENDÃO:** BANDEIRA ▪ **PENDENTE:** SUSPENDER ▪ **PENDURAR:** SUSPENDER

PENEIRA – Mãos em "4", palmas para baixo, dedos esticados e separados apontando para a frente. Posicionar as mãos de forma cruzada e encostar uma na outra. Depois, mãos fechadas em "A", posicionadas horizontalmente, palmas para dentro. Em seguida, com gestos curtos e rápidos, mover as mãos simultaneamente e em sentidos opostos, para a frente e para trás, imitando o gesto de quem segura uma peneira e a gira de um lado para outro.
• ***Peneira:*** *Fazer passar pela peneira.* **Sinal igual:** PENEIRAR

PENICO – Fazer o sinal de "banheiro". Depois, mãos fechadas, posicionadas horizontalmente uma perto da outra, com os indicadores e polegares abertos, curvados e apontando para dentro, palmas para dentro.
• ***Penico:*** *Recipiente usado para coletar urina e fezes, geralmente de crianças pequenas.*

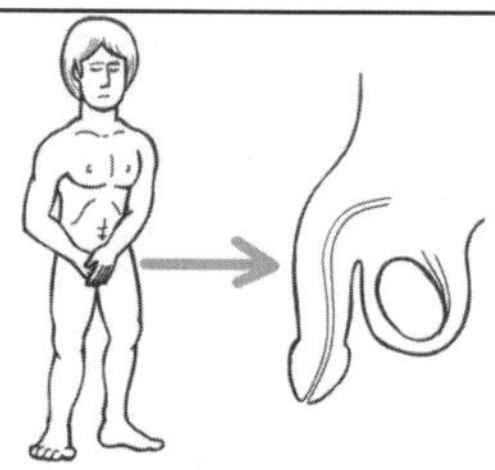

PÊNIS – Mão aberta, dedos esticados e separados apontando para cima, palma para dentro. Tocar a ponta do polegar na do queixo.
• ***Pênis:*** *Órgão genital masculino.* **Sinal igual:** FALO, ÓRGÃO GENITAL MASCULINO

PENSAR – Mão fechada com o indicador esticado. Tocar a ponta do dedo na lateral da cabeça, na região da têmpora.
• ***Pensar:*** *Desenvolver ideias usando o raciocínio; formar pensamentos.* **Sinal igual:** PENSAMENTO, REFLETIR, REFLEXÃO

PENTEADO – Mãos abertas, dedos levemente curvados e separados, palmas para dentro. Posicionar as mãos nas laterais da cabeça e movê-las simultaneamente para baixo, descrevendo movimentos em espiral durante o percurso.
• ***Penteado:*** *A maneira como o cabelo está arrumado.*

P

▪ **PENEIRAR:** PENEIRA ▪ **PENETRAR:** ENTRAR ▪ **PENITÊNCIA:** PECADO ▪ **PENITENCIÁRIA:** CADEIA ▪ **PENITENTE:** PECADO ▪ **PENOSO:** DIFÍCIL ▪ **PENSAMENTO:** PENSAR ▪ **PENTE:** PENTEAR

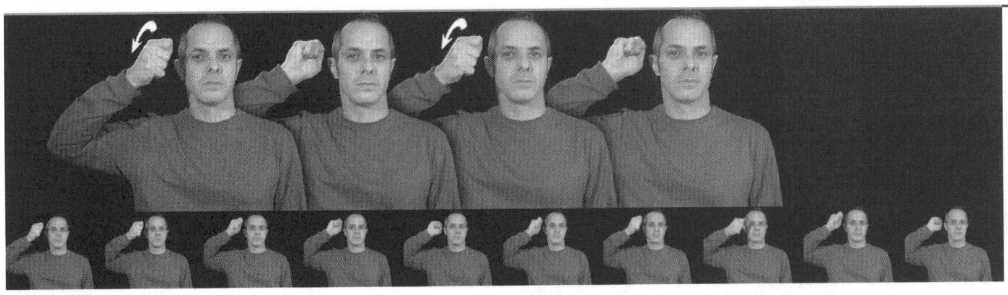

PENTEAR – Mão fechada em "A", palma para dentro. Posicionar a mão na lateral da cabeça, ao lado da testa. Em seguida, mover a mão para trás, duas ou três vezes, imitando o gesto de quem passa um pente nos cabelos.
• ***Pentear:*** *Alinhar os cabelos com um pente.* **Sinal igual:** DESEMARANHAR, DESEMBARAÇAR, PENTE

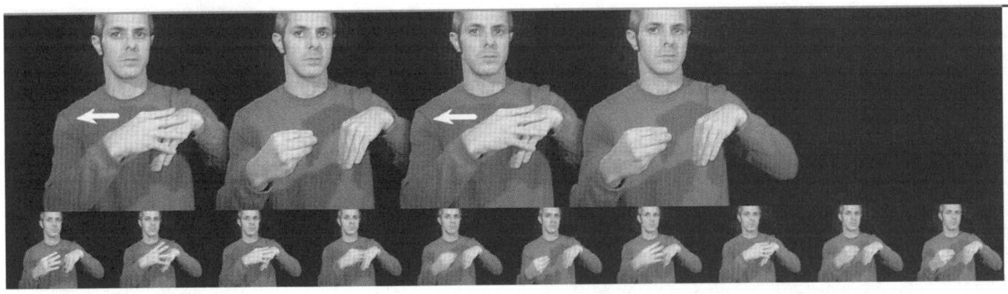
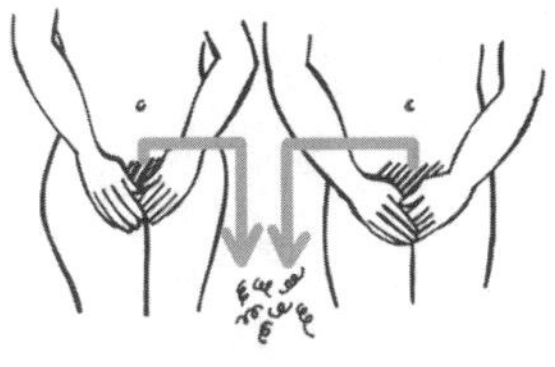

PENTELHO – Mão esquerda com os dedos esticados, unidos pelas pontas que devem estar voltadas para baixo, palma na mesma direção. Mão direita aberta, dedos separados apontando para o dorso esquerdo. Mover a mão direita tocando rapidamente as pontas dos dedos no dorso esquerdo, e afastando-a, unindo os dedos pelas pontas. Fazer esse movimento duas vezes.
• ***Pentelho:*** *Pelo pubiano.*

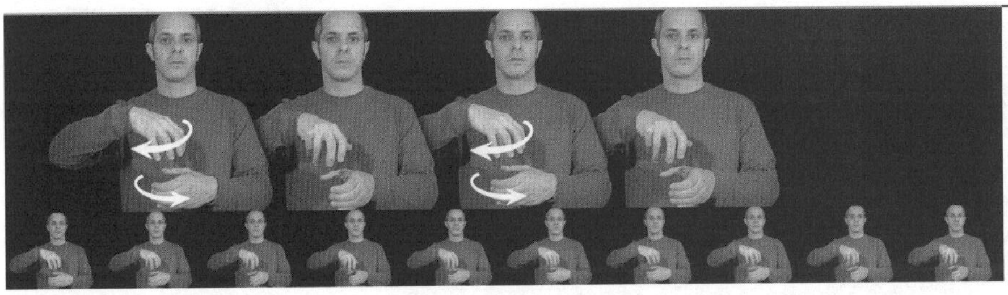

PEPINO – Mão esquerda em "C" posicionada horizontalmente, palma para dentro. Mão direita com os dedos curvados apontando para baixo, posicionada acima e perto da mão esquerda. Em seguida, girar a mão direita, ao redor do próprio eixo, voltando à posição inicial duas ou três vezes.
• ***Pepino:*** *Fruto do pepineiro.*

PEQUENO – Mãos abertas, dedos unidos e esticados apontando para a frente, palmas para dentro. Posicionar as mãos na frente do corpo próximo uma da outra.
• ***Pequeno:*** *De tamanho reduzido; que não é grande.* **Sinal igual:** DIMINUTO, MAQUETE, MENOR, MINIATURA

PERA – Mão esquerda aberta, dedos separados e levemente curvados, palma para cima. Mão direita aberta, dedos separados e relaxados apontando para baixo, palma na mesma direção. Posicionar a mão direita acima da esquerda, com as pontas dos dedos quase tocando na palma esquerda. Em seguida, mover a mão direita um pouco para cima, unindo os dedos pelas pontas.
• ***Pera:*** *Fruto da pereira.*

P

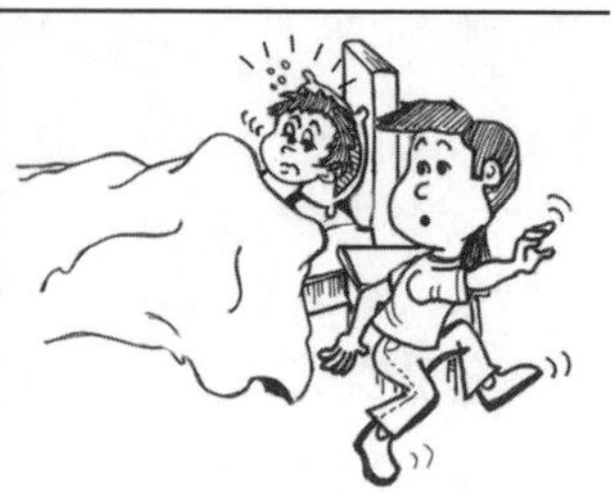

PERCEBER – Mãos fechadas com os dedos indicadores e médios abertos, dobrados e um pouco separados entre si, palmas para dentro. Posicionar as mãos afastadas do corpo. Em seguida, mover as mãos simultaneamente para trás, em direção ao peito, dobrando ainda mais os indicadores e médios quase fechando-os.
• **Perceber:** *Ter conhecimento de alguma coisa usando um dos sentidos.* **Sinal igual:** DISTINGUIR, NOTAR

PERDER – Mãos abertas, dedos unidos e esticados, polegares separados, palmas para trás. Unir as mãos em posição cruzada, apoiando os dedos de uma mão sobre os da outra (foto 1). Posicionar as mãos na altura do peito. Em seguida, movê-las para as laterais, virando as palmas para dentro.
• **Perder:** *Deixar de ter algo; deixar escapar.* **Sinal igual:** PERDA, PERDIDO

PERFEITO – Mão aberta, indicador e polegar curvados e unidos pelas pontas, demais dedos abertos e separados, palma para trás. Posicionar a mão na altura do peito. Em seguida, movê-la para baixo.
• **Perfeito:** *Que não apresenta defeito; impecável.* **Sinal igual:** IMPECÁVEL, PERFEIÇÃO

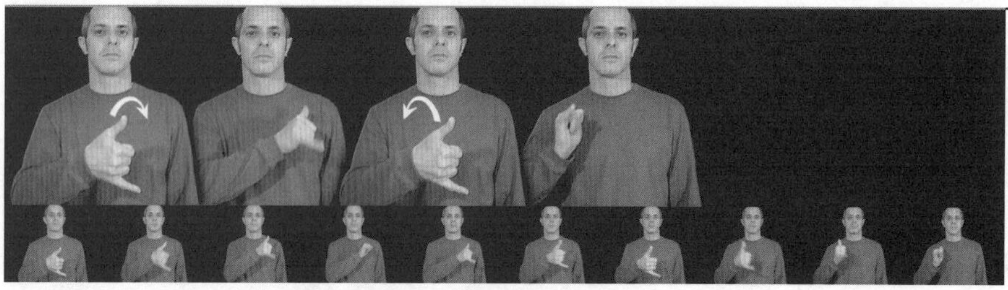

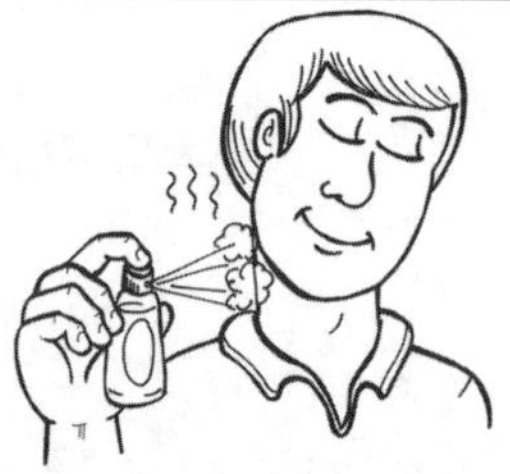

PERFUME – Mão em "Y" com o dedo mínimo apontando para baixo, palma para trás. Mover a mão para trás, apontando o polegar para o ombro esquerdo, voltar à posição inicial e mover a mão novamente para trás, dessa vez apontando o polegar em direção ao ombro direito.
• **Perfume:** *Produto usado sobre a pele para obter um aroma agradável.* **Sinal igual:** FRAGRÂNCIA

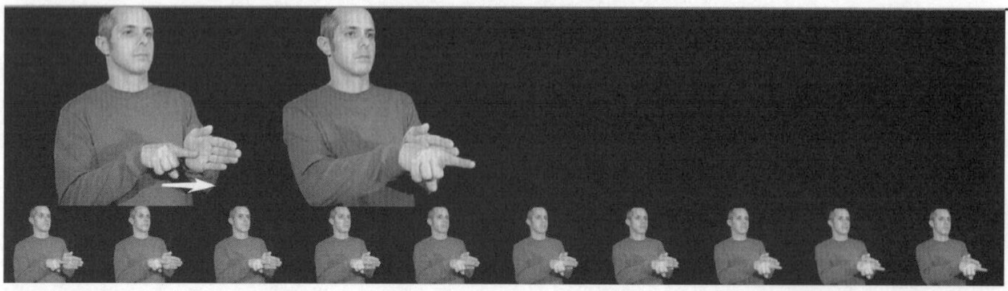

PERGUNTAR – Mão esquerda aberta, dedos unidos e esticados apontando para a frente, palma para dentro. Mão direita fechada com o indicador esticado apontando para a frente, palma para baixo. Encostar a lateral do indicador direito na palma esquerda. Em seguida, mover a mão direita para a frente, deslizando-a até as pontas dos dedos da esquerda.
• **Perguntar:** *Questionar alguém sobre alguma coisa.* **Sinal igual:** INDAGAÇÃO, INDAGAR, INTERROGAÇÃO, INTERROGAR, INTERROGATIVO, INVESTIGAÇÃO, INVESTIGAR, PERGUNTA, QUESTIONAR

▪ **PERCENTAGEM:** PORCENTAGEM ▪ **PERCENTUAL:** PORCENTAGEM ▪ **PERCORRER:** CORRER ▪ **PERCURSO:** CAMINHO ▪ **PERCUSSÃO:** BATERIA ACÚSTICA ▪ **PERDA:** PERDER ▪ **PERDÃO:** DESCULPAR ▪ **PERDIDO:** PERDER ▪ **PERDOAR:** DESCULPAR ▪ **PERDURAR:** CONTINUAR ▪ **PERENE:** ETERNO ▪ **PERFEIÇÃO:** PERFEITO ▪ **PERFURAÇÃO:** FURAR ▪ **PERFURADORA:** FURADEIRA ELÉTRICA ▪ **PERFURAR:** FURAR ▪ **PERFURATRIZ:** FURADEIRA ELÉTRICA ▪ **PERGUNTA:** PERGUNTAR ▪ **PERGUNTADO:** QUESTIONADO

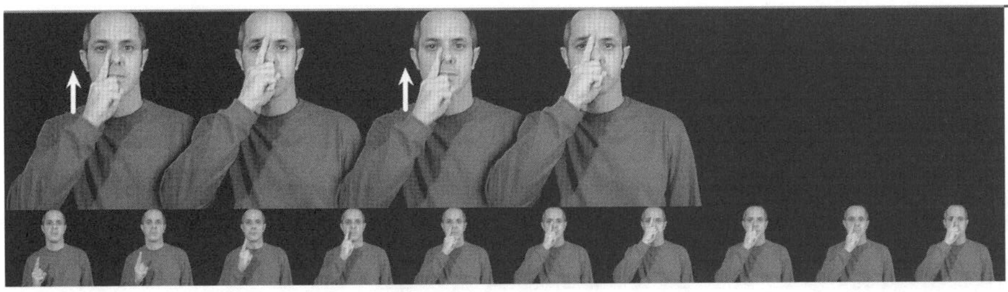

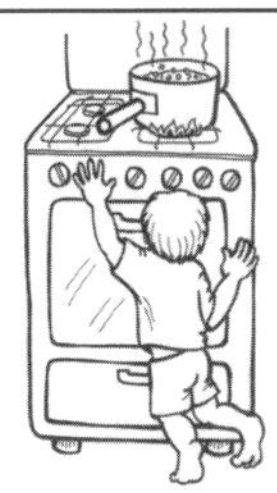

PERIGO – Mão fechada com o dedo indicador esticado apontando para cima, palma para dentro. Encostar o indicador na lateral do nariz. Em seguida, com gestos curtos, mover a mão, deslizando-a para cima, passando entre os olhos e voltando à posição inicial, duas vezes.
• ***Perigo:*** *Situação de risco.* **Sinal igual:** ARRISCADO, PERIGOSO

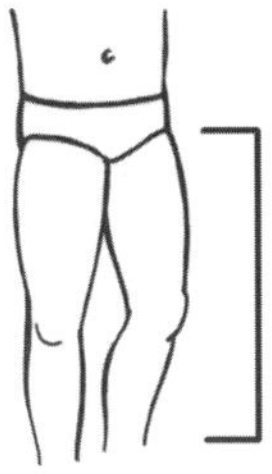

PERNA – Mão aberta e posicionada na lateral da coxa, dedos apontando para baixo. Tocar duas vezes na perna.
• ***Perna:*** *Membro do corpo de um ser humano ou animal responsável pela sua locomoção.*

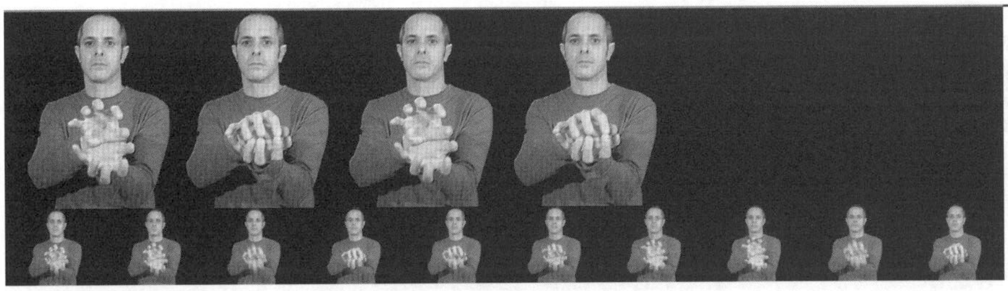

PERNAMBUCO – Mãos abertas, dedos curvados e separados. Mão direita com a palma para a frente e mão esquerda com a palma para cima. Unir as mãos pelos punhos, apoiando um sobre o outro. Em seguida, unir as pontas dos dedos e voltar à posição inicial, duas ou três vezes.
• ***Pernambuco:*** *Estado localizado na região Nordeste do Brasil.*

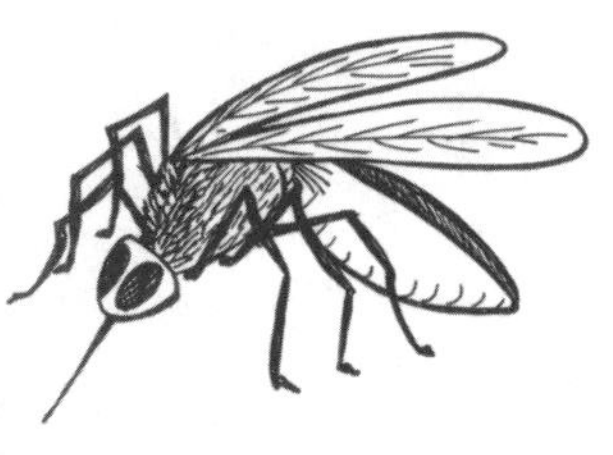

PERNILONGO – Mão esquerda fechada, palma para baixo. Mão direita fechada com o indicador e o polegar esticados e unidos pelas pontas. Posicionar a mão direta acima da esquerda. Mover a mão direita em círculos e tocar as pontas dos dedos no dorso esquerdo.
• ***Pernilongo:*** *Inseto voador cuja fêmea se alimenta do sangue dos animais e do ser humano.*

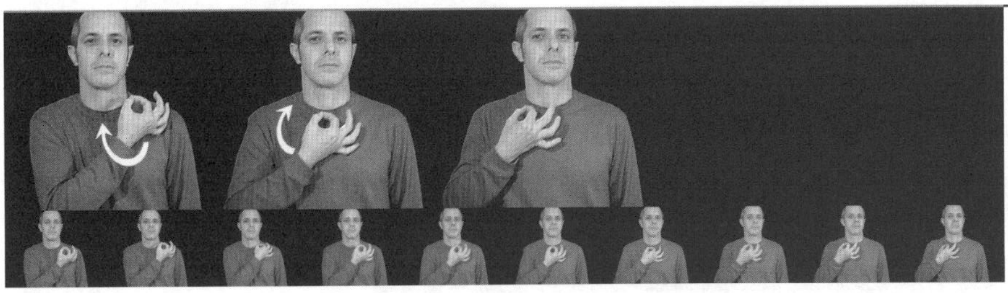

PÉROLA – Mão aberta com os dedos indicador e polegar curvados e unidos pelas pontas voltadas para cima, palma para trás. Mover a mão, tocando-a em três pontos diferentes do corpo, na altura do pescoço: no lado esquerdo do pescoço, na frente e no lado direito.
• ***Pérola:*** *Pequeno glóbulo que se forma no interior das conchas de certos moluscos, muito usado pelo ser humano como adorno.*

■ PERIGOSO: PERIGO ■ PERIÓDICO: JORNAL ■ PERÍODO: QUE HORAS SÃO ■ PERMANECER: CONTINUAR, FICAR ■ PERMISSÃO: LIVRE ■ PERMITIDO: LIVRE ■ PERMITIR: LIVRE ■ PERNICIOSO: MAU ■ PERNILONGO: MOSQUITO ■ PERNÓSTICO: ESNOBE ■ PERPÉTUO: ETERNO ■ PERPLEXIDADE: CONFUNDIR ■ PERPLEXO: ESPANTADO ■ PERSEGUIR: SEGUIR

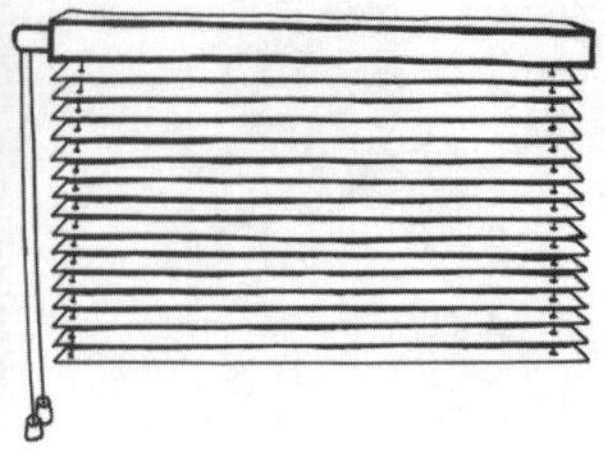

PERSIANA – Mãos fechadas em "A", palmas para dentro. Posicionar uma mão mais elevada que a outra. Em seguida, movê-las simultaneamente em sentidos opostos, para baixo e para cima, imitando o gesto de quem segura as cordas de uma persiana para abrir ou fechar a cortina. Depois, com as mãos abertas e as palmas para baixo. Posicionar a mão direita acima da esquerda (foto 3) e mover a direita para cima, virando-a algumas vezes ao redor do próprio eixo durante o percurso.

• ***Persiana:*** *Tipo de cortina que se abre por meio de cordões.*

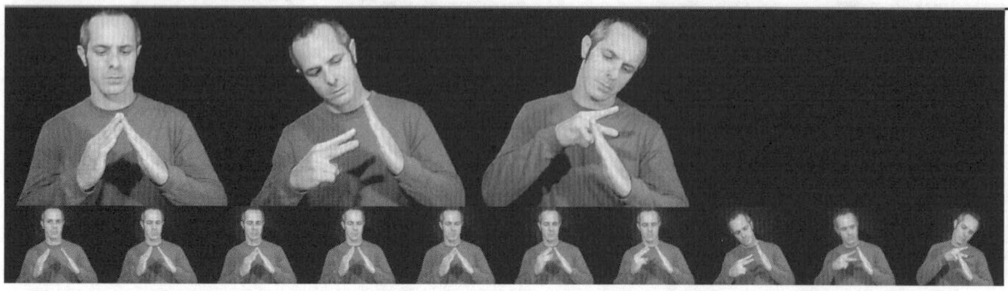

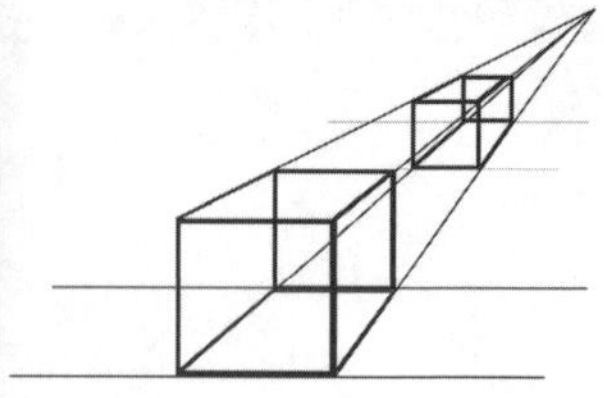

PERSPECTIVA – Mãos abertas, dedos unidos e esticados apotando para cima, palmas para dentro. Unir as mãos pelas pontas dos dedos mantendo um ângulo de, aproximadamente, 45 graus entre elas (foto 1). Em seguida, com a mão direita em "V", apontar os dedos direitos para a palma esquerda e depois para o dorso da mão esquerda, acompanhando este movimento com os olhos.

• ***Perspectiva:*** *Técnica que permite representar fotos tridimensionais sobre planos bidimensionais, dando a ilusão de profundidade e volume.*

PERTENCER-LHE – Fazer os sinais de "próprio" e de "seu".

• ***Pertencer-lhe:*** *Que é de propriedade de outra pessoa.* **Sinal igual:** SEU, TEU, VOSSO

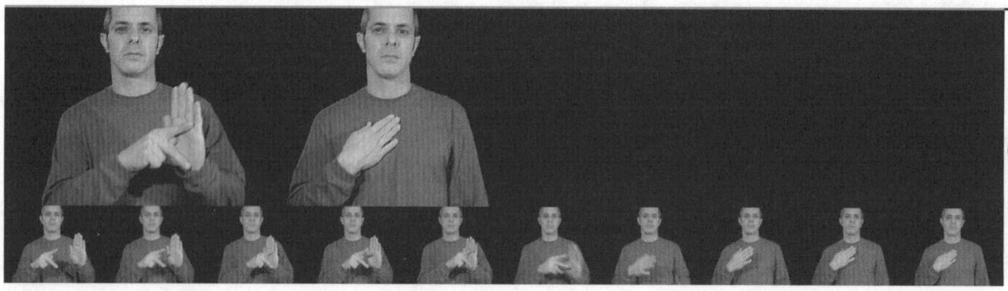

PERTENCER-ME – Fazer os sinais de "próprio" e de "meu".

• ***Pertencer-me:*** *Que é da propriedade de quem está falando.* **Sinal igual:** MEU

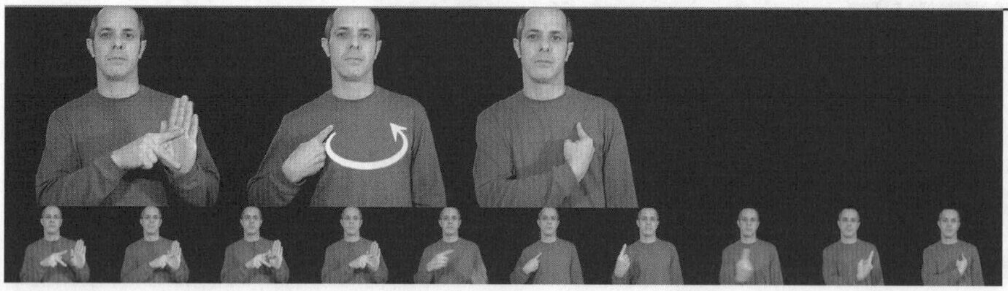

PERTENCER-NOS – Fazer os sinais de "próprio" e de "nós".

• ***Pertencer-nos:*** *Que é de propriedade de quem fala e das demais pessoas que ouvem.* **Sinal igual:** NOSSO

▪ **PERSISTIR:** INSISTIR ▪ **PERSONAGEM:** IDENTIDADE ▪ **PERSONALIDADE:** IDENTIDADE ▪ **PERSPICÁCIA:** INTELIGENTE ▪ **PERSPICAZ:** INTELIGENTE ▪ **PERSUADIR:** CONVENCER ▪ **PERTINAZ:** TEIMOSO ▪ **PERTINENTE:** PRÓPRIO

P

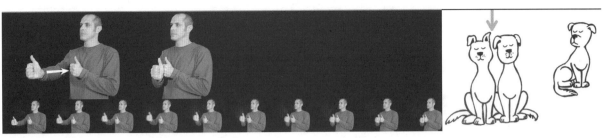

PERTO – Mãos fechadas com os dedos polegares abertos apontando para cima, palmas para dentro. Posicionar a mão esquerda perto do corpo e a mão direita longe dele, com o braço esticado para a frente. Em seguida, mover a mão direita para trás, tocando a base do polegar direito no dorso dos dedos esquerdos.
• **Perto:** *Que não está longe; próximo.* **Sinal igual:** APROXIMADO

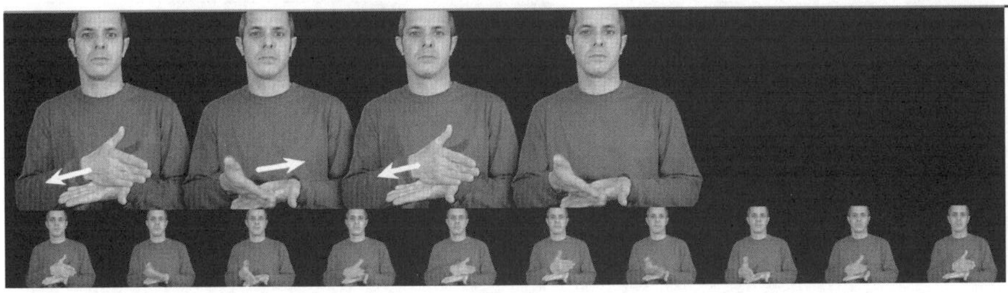

PERTURBAR – Mão esquerda aberta com os dedos apontando para dentro, palma para cima. Mão direita aberta, dedos unidos e esticados apontando para a frente, palma para dentro. Encostar a lateral externa da mão direita na palma esquerda. Em seguida, mover a mão direita, inclinando-a e deslizando-a até as pontas dos dedos esquerdos, fazendo o mesmo de volta para a palma, duas ou três vezes.
• **Perturbar:** *Tirar o sossego de alguém; causar agitação ou desequilíbrio.* **Sinal igual:** INCOMODAR, PERTURBAÇÃO, PERTURBATIVO

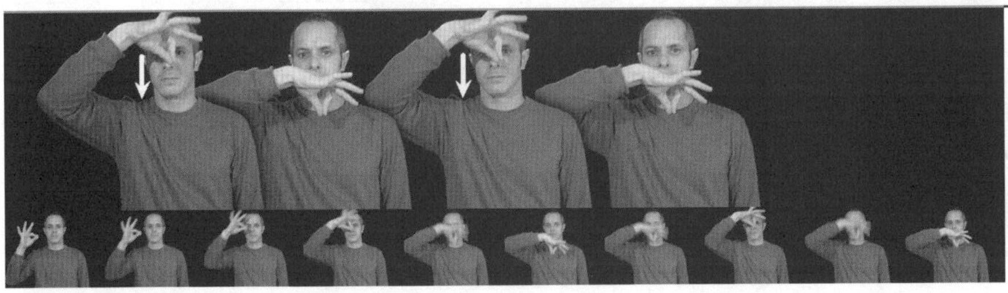

PERU (AVE) – Mão aberta, dedos indicador e polegar esticados e unidos pelas pontas voltadas para baixo, demais dedos esticados e separados apontando para dentro, palma para baixo. Posicionar a mão diante da testa e movê-la para baixo, até a altura do queixo, duas vezes.
• **Peru (ave):** *Ave doméstica.*

PERU (PAÍS) – Mão em "V", palma para dentro. Tocar duas vezes a lateral interna da mão na testa.
• **Peru (país):** *País localizado na América do Sul.*

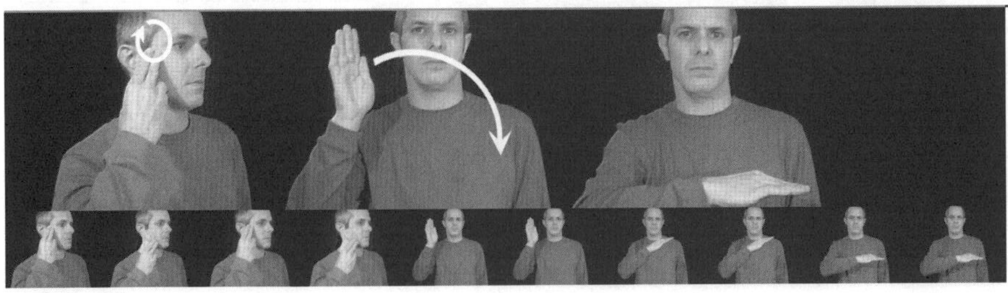

PESADELO – Fazer os sinais de "sonho" e de "mau".
• **Pesadelo:** *Sonho ruim.*

P

▪ PERTO DE: POUCO ▪ PERTURBAÇÃO: CONFUNDIR, PERTURBAR ▪ PERTURBATIVO: PERTURBAR ▪ PERUCA: CABELO ▪ PERVERSÃO: MALDADE, RUIM ▪ PERVERSIDADE: MALDADE, RUIM ▪ PERVERSO: MALDADE, RUIM ▪ PERVERTER: RUIM ▪ PERVERTIDO: MALDADE, RUIM

PESADO – Mãos em "S", palmas para cima. Posicionar as mãos diante do corpo, na altura da cintura. Em seguida, com um gesto firme, mover as mãos simultaneamente para cima e para baixo, voltando à posição inicial.
• ***Pesado:*** *Que ou aquele que tem muito peso.* **Sinal igual:** PESO

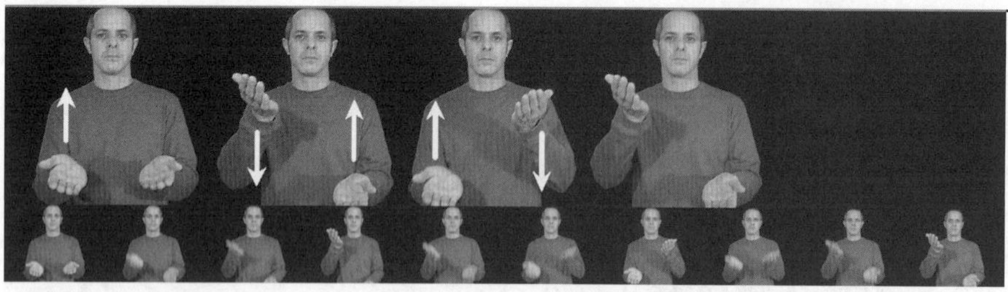

PESAR* – Mãos abertas, dedos unidos e esticados voltados para a frente, palmas para cima. Posicionar as mãos diante do corpo e movê-las simultaneamente e em sentidos opostos, para cima e para baixo, duas ou três vezes.
• ***Pesar:*** *Determinar o peso de alguém ou de alguma coisa.*

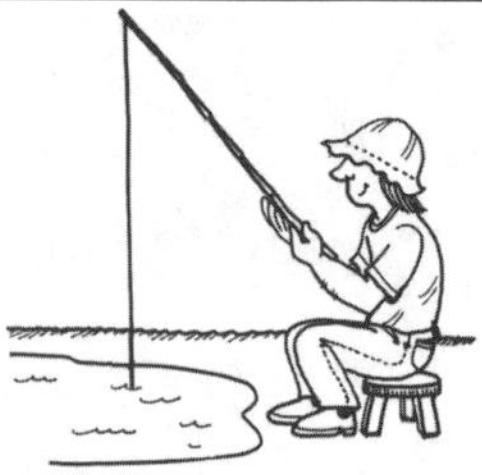

PESCAR – Mãos fechadas, palmas para dentro. Posicionar as mãos horizontalmente na frente do corpo, com a mão direita diante da mão esquerda. Em seguida, mover as mãos simultaneamente para trás, como se fossem passar por cima dos ombros, imitando o gesto de quem segura uma vara de pescar e puxa o peixe.
• ***Pescar:*** *Apanhar peixe na água com vara ou rede.* **Sinal igual:** PESCA, PESCARIA

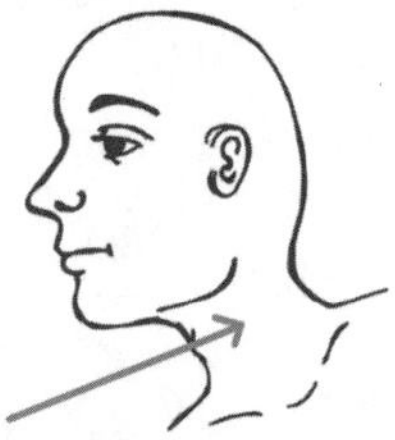

PESCOÇO – Segurar o pescoço com uma das mãos.
• ***Pescoço:*** *Região do corpo entre o tronco e a cabeça.*

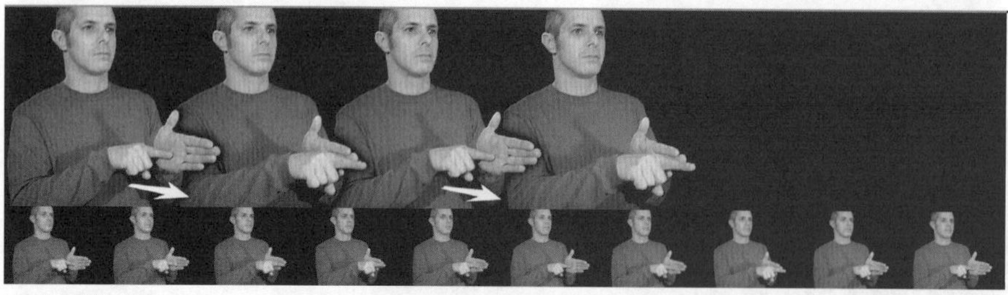

PESQUISAR – Fazer o sinal de "perguntar" duas vezes seguidas.
• ***Pesquisar:*** *Informar-se sobre algo ou alguém.* **Sinal igual:** PESQUISA, PESQUISADOR

▪ **PESAR:** MÁGOA ▪ **PESCA:** PESCAR ▪ **PESCARIA:** PESCAR ▪ **PESO:** PESADO ▪ **PESQUISA:** PESQUISAR ▪ **PESQUISADOR:** PESQUISAR

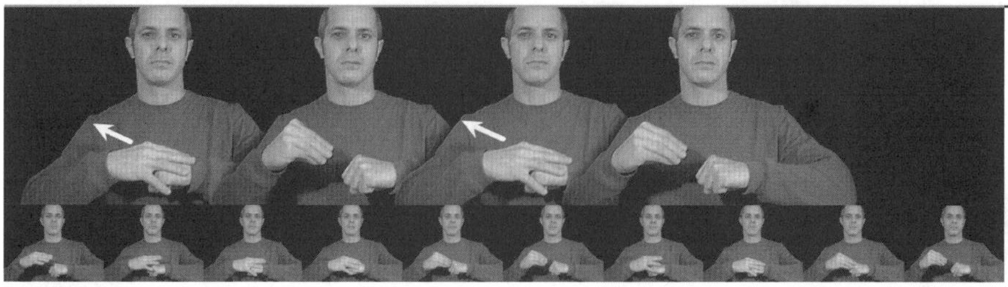

PÊSSEGO – Fazer o mesmo movimento do sinal de "pelúcia", mas com a mão esquerda fechada.
• ***Pêssego:*** *Fruto do pessegueiro.*

PESSOA – Mão direita aberta, dedos separados, palma para trás. Tocar a ponta do médio no lado esquerdo da testa. Em seguida, deslizar a mão para o lado direito da testa. Esse sinal também pode ser feito com a mão em "P".
• ***Pessoa:*** *Ser humano.* **Sinal igual:** INDIVÍDUO, SER

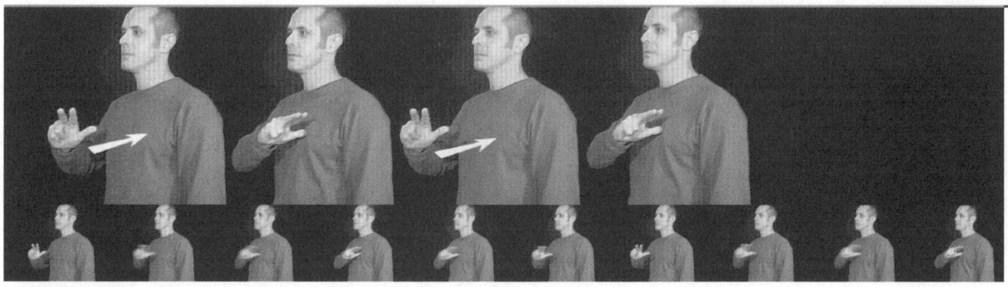

PESSOAL – Dedos indicador e médio esticados apontando para dentro, polegar esticado e voltado para trás, demais dedos fechados. Posicionar a mão diante do corpo, na altura do peito. Em seguida, mover a mão para trás, tocando a ponta do polegar no peito, duas ou três vezes.
• ***Pessoal:*** *Que é próprio ou particular de cada ser humano.* **Sinal igual:** ÍNTIMO, PARTICULAR, PRIVADO, PRIVATIVO

PESTANEJAR – Mãos fechadas com os dedos indicadores e polegares esticados apontando para dentro, palmas para dentro. Posicionar as mãos nas laterais da cabeça, perto dos olhos. Em seguida, mover simultaneamente as mãos unindo as pontas do indicador e do polegar de cada mão, duas ou três vezes seguidas, piscando os olhos ao mesmo tempo que as pontas dos dedos se tocam.
• ***Pestanejar:*** *Abrir e fechar os olhos.*

PETECA – Mão esquerda fechada, palma para trás. Mão direita aberta, dedos unidos e esticados apontando para a frente, polegar separado. Posicionar a mão esquerda acima da direita, mantendo-as ligeiramente inclinadas para a lateral esquerda. Em seguida, mover a mão direita para cima, tocando os dedos na lateral externa da esquerda, que deve ser deslocada imediatamente para cima.
• ***Peteca:*** *Brinquedo usado para se jogar com as mãos, formado por um punhado de penas presas numa base mais pesada e macia.*

P

▪ **PÉSSIMO:** NEGATIVO ▪ **PESTANA:** CÍLIO ▪ **PESTE:** EPIDEMIA ▪ **PETIÇÃO:** PEDIR

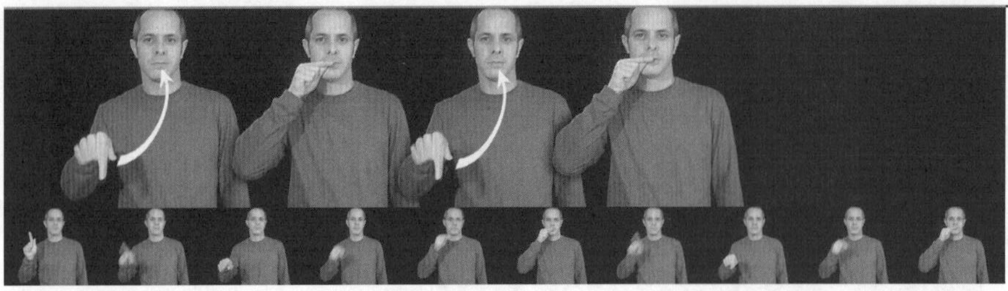

PETISCAR – Mão fechada com os dedos indicador e polegar esticados apontando para a frente. Em seguida, mover a mão em direção à boca, unindo as pontas dos dedos e tocando-as levemente nos lábios. Fazer esse movimento duas ou três vezes seguidas.
• ***Petiscar:*** *Comer petiscos; comer pouco.* **Sinal igual:** PETISCO

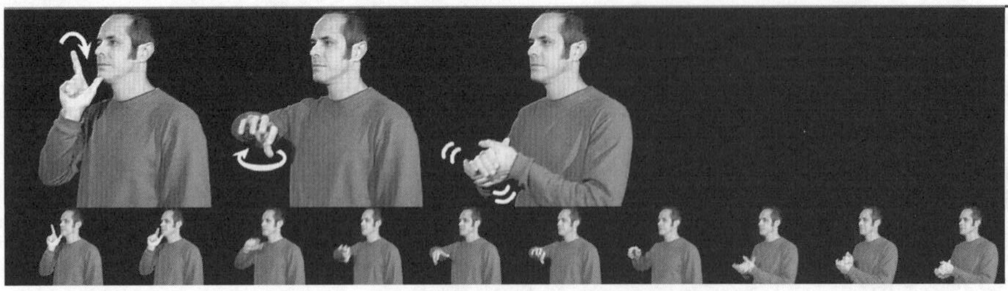

PIA – Fazer os sinais de "agua", "torneira" e "sabonete".
• ***Pia:*** *Bacia presa na parede, usada na cozinha para se lavar louças ou no banheiro para se lavar o rosto, as mãos etc.* **Sinal igual:** LAVABO, LAVATÓRIO

PIADA – Mão fechada com os dedos indicador e polegar abertos e curvados e unidos pelas pontas, palma para trás. Tocar as pontas dos dedos na extremidade do queixo. Em seguida, afastar a mão do rosto, movendo-a um pouco para a frente e para baixo e, ao mesmo tempo, desunir as pontas do indicador e do polegar, esticando-os para as laterais.
• ***Piada:*** *Estória curta contada para provocar risos.* **Sinal igual:** GRACEJO

PIAUÍ – Mão direita em "P", palma para trás. Posicionar a mão diante do ombro esquerdo, sem tocá-lo. Em seguida, mover a mão em círculos.
• ***Piauí:*** *Estado localizado na região Nordeste do Brasil.*

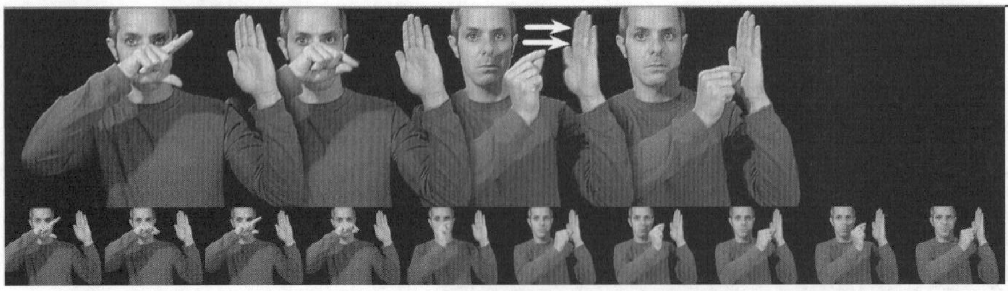

PICA-PAU – Mão esquerda aberta, dedos unidos e esticados apontando para cima, palma para dentro. Fazer o sinal de "bico" com a mão direita. Em seguida, fechar a mão direita, mantendo o indicador e o polegar esticados e unidos pelas pontas. Mover a mão direita, tocando duas ou três vezes as pontas dos dedos na palma esquerda.
• ***Pica-pau:*** *Ave que usa seu bico forte para furar o tronco das árvores em busca de insetos e para fazer seu ninho.*

■ **PETISCO:** PETISCAR ■ **PIANISTA:** TECLADO ■ **PIANO:** TECLADO ■ **PICADA:** PICAR ■ **PICADEIRO:** CIRCO ■ **PICADURA:** PICAR ■ **PICANTE:** PIMENTA

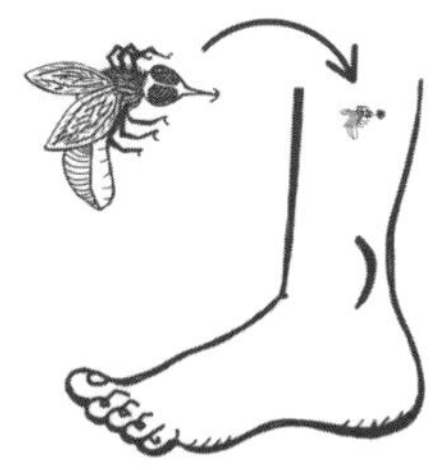

PICAR – Mão esquerda fechada, palma para baixo, braço dobrado horizontalmente diante do corpo. Mão direita fechada com o indicador e o polegar esticados e unidos pelas pontas. Posicionar a mão direita acima do braço esquerdo. Em seguida, mover a mão direita para baixo, tocando as pontas dos dedos no braço esquerdo e voltar à posição inicial.
• ***Picar:*** *Fazer penetrar o ferrão.* **Sinal igual:** PICADA, PICADURA

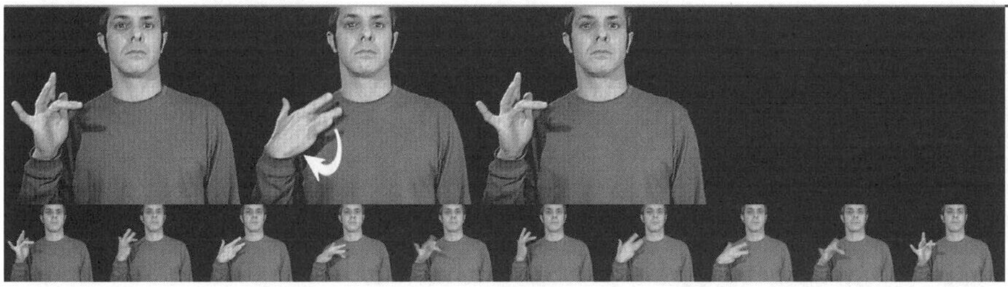

PIEDADE – Mão aberta, dedos esticados e separados, palma para dentro. Posicionar a mão diante do ombro. Em seguida, com gestos curtos, mover a mão para trás e para baixo, articulando o punho, resvalando a ponta do dedo médio no peito durante o percurso. Fazer esse movimento duas vezes seguidas.
• ***Piedade:*** *Ter compaixão pelo sofrimento de alguém; dó; misericórdia.* **Sinal igual:** COMISERAÇÃO, PENA

PIERCING – Mão fechada com o indicador e o polegar abertos e curvados. Segurar com as pontas desses dedos no canto externo da sobrancelha.
• **Piercing:** *Pequena peça de metal usada no corpo como adorno.*

PIJAMA – Fazer o sinal de "roupa". Em seguida, com a mão aberta, palma para dentro, inclinar a cabeça para a lateral, apoiando-a sobre a mão.
• ***Pijama:*** *Peça do vestuário usada para dormir.*

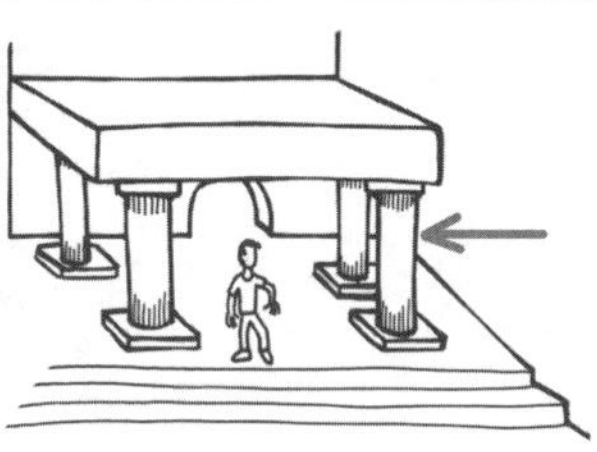

PILAR – Mãos fechadas, palmas para dentro. Posicionar as mãos na altura do rosto, com os braços dobrados verticalmente diante do corpo. Em seguida, com um gesto firme e curto, mover os braços simultaneamente para baixo.
• ***Pilar:*** *Elemento vertical que faz parte da estrutura de uma construção.*

▪ **PIGMENTO:** COR

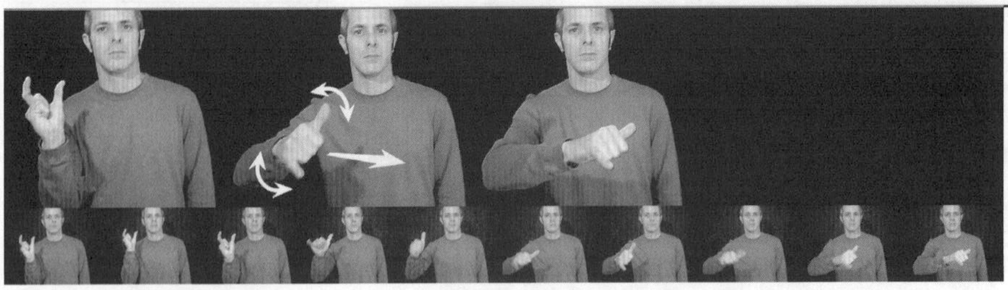

PILHA ELETROQUÍMICA – Mão fechada com o indicador e o polegar abertos e curvados, palma para cima. Em seguida, fazer o sinal de "eletricidade".
• ***Pilha eletroquímica:*** *Artefato que transforma energia química em elétrica, geralmente utilizado em equipamentos portáteis (rádios, brinquedos etc.).*

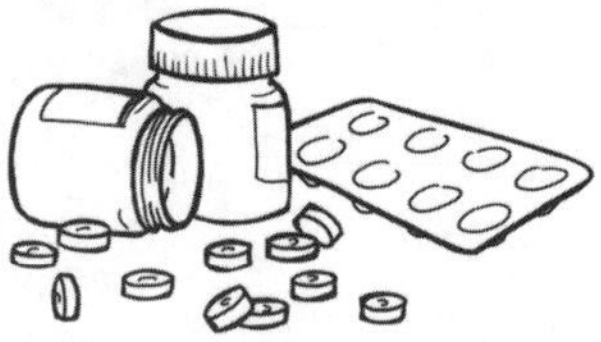

PÍLULA – Mão fechada, indicador e polegar unidos pelas pontas, palma para cima. Posicionar a mão diante do corpo, perto do peito. Em seguida, com gestos curtos, mover a mão duas vezes para cima, em direção à boca, abrindo o indicador e o polegar.
• ***Pílula:*** *Qualquer medicamento em forma de comprimidos.* **Sinal igual:** COMPRIMIDO, PÍLULA ANTICONCEPCIONAL

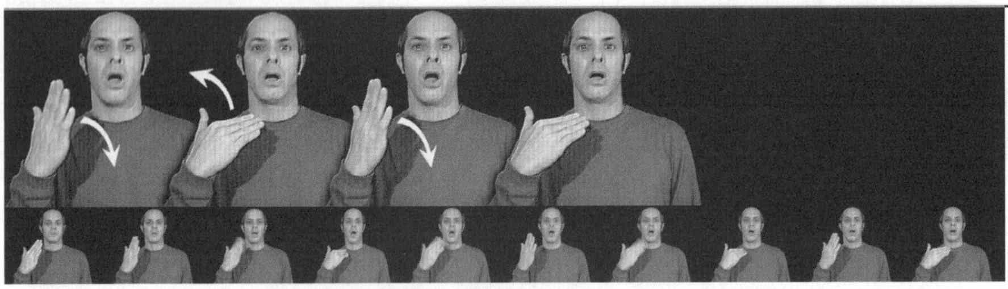

PIMENTA – Mão aberta, dedos unidos e esticados, palma para trás. Posicionar a mão perto do queixo, abrindo um pouco a boca e movendo com rapidez a mão para cima e para baixo, três ou mais vezes, imitando o gesto de quem abana a boca para aliviar uma sensação de ardor.
• ***Pimenta:*** *Fruto da pimenteira que possui um sabor picante.* **Sinal igual:** APIMENTADO, ARDENTE, ARDIDO, PICANTE

P

PIMENTÃO – Mãos abertas, dedos separados e curvados, palmas para dentro. Unir as mãos pelas pontas dos dedos. Em seguida, mover a mão direita para o lado direito e unir os dedos pelas pontas.
• ***Pimentão:*** *Espécie de hortaliça cujo fruto é usado na alimentação.*

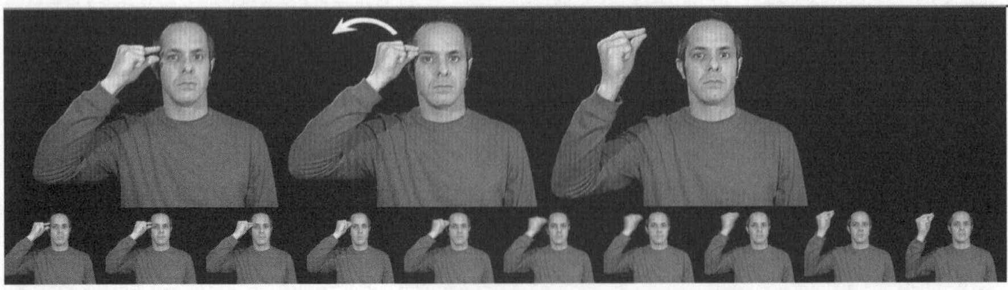

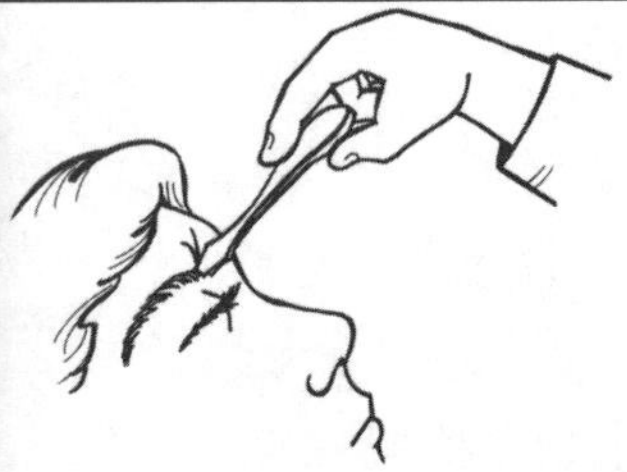

PINÇA – Mão fechada com o indicador e o polegar esticados, palma para dentro. Encostar as pontas desses dedos no canto externo da sobrancelha, uni-las e mover a mão com rapidez para a lateral, afastando-a do rosto.
• ***Pinça:*** *Utensílio usado para se pegar coisas muito pequenas.* **Sinal igual:** PINÇAR

▪ **PÍLULA ANTICONCEPCIONAL:** PÍLULA ▪ **PINÇAR:** PINÇA

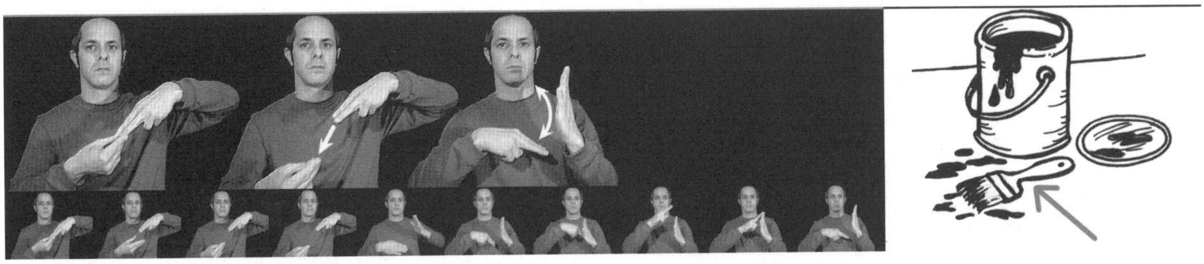

PINCEL – Mão esquerda em "U", com os dedos apontando para baixo. Segurar nas pontas dos dedos indicador e médio esquerdos com as pontas dos dedos indicador e polegar direitos (foto 1). Em seguida, mover a mão direita um pouco para baixo, unindo o indicador e o polegar pelas pontas. Depois, fazer o sinal de "pintar".
• ***Pincel:*** *Utensílio feito com pelos usado para pintar.* **Sinal igual:** TRINCHA

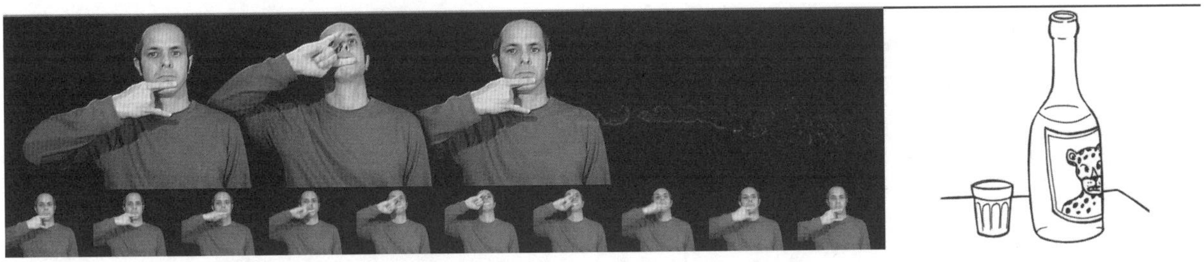

PINGA – Mão fechada com os dedos indicador e mínimo esticados apontando para dentro, palma para trás. Manter o indicador encostado no queixo, logo abaixo do lábio inferior. Em seguida, mover o dedo mínimo para cima, virando a palma para a frente e inclinando um pouco a cabeça para trás, e voltar à posição inicial.
• ***Pinga:*** *Bebida alcoólica.* **Sinal igual:** AGUARDENTE, BAGACEIRA, BIRITA, CACHAÇA, CANINHA

PINGUE-PONGUE – Mão direita fechada com os dedos indicador e polegar abertos e curvados, palma para cima. Posicionar a mão diante do ombro esquerdo. Em seguida, movê-la para o lado direito e voltar para o esquerdo, imitando o gesto de quem segura uma raquete de pingue-pongue e bate na bolinha.
• ***Pingue-pongue:*** *Jogo praticado sobre uma mesa com pequenas raquetes e uma bolinha.* **Sinal igual:** TÊNIS DE MESA

PINGUIM – Mãos abertas, dedos unidos e esticados apontando para as laterais, palmas para baixo. Encostar os punhos nas laterais dos quadris. Em seguida, mover as mãos alternadamente para a frente, levantando as pontas dos dedos e voltando à posição inicial, sem desencostar os punhos dos quadris, duas vezes com cada mão.
• ***Pinguim:*** *Ave marinha que vive em regiões muito frias.*

PINTA – Mão fechada com o dedo indicador esticado, palma para trás. Tocar a ponta do dedo em dois ou três pontos diferentes do rosto.
• ***Pinta:*** *Pequena mancha escura arredondada no rosto ou em outras partes do corpo.*

P

■ **PINCELAR:** PINTAR ■ **PINGAR:** GOTEJAR ■ **PINGO:** GOTEJAR

PINTAR – Mão esquerda aberta, dedos unidos e esticados apontando para cima, palma para dentro. Mão direita aberta, dedos unidos, esticados e voltados para dentro, palma para baixo. Posicionar as mãos diante do corpo. Em seguida, mover a mão direita para cima e para baixo, duas ou mais vezes, resvalando as pontas dos dedos na palma esquerda durante cada um dos percursos.
• ***Pintar:*** *Cobrir alguma superfície com tinta.* **Sinal igual:** COLORIR, PINCELAR

PINTOR – Fazer os sinais de "homem" e de "pintar".
• ***Pintor:*** *Profissional que trabalha pintando paredes e outras superfícies.*

PIOLHO – Mão aberta com os dedos indicador e polegar curvados e unidos pelas pontas, palma para dentro. Encostar as pontas do indicador e do polegar na lateral da cabeça, sobre o cabelo. Em seguida, mover a mão com rapidez para a lateral, afastando-a da cabeça. Depois, fazer o sinal de "pulga".
• ***Piolho:*** *Inseto parasita que vive no cabelo dos seres humanos e que se alimenta de sangue.*

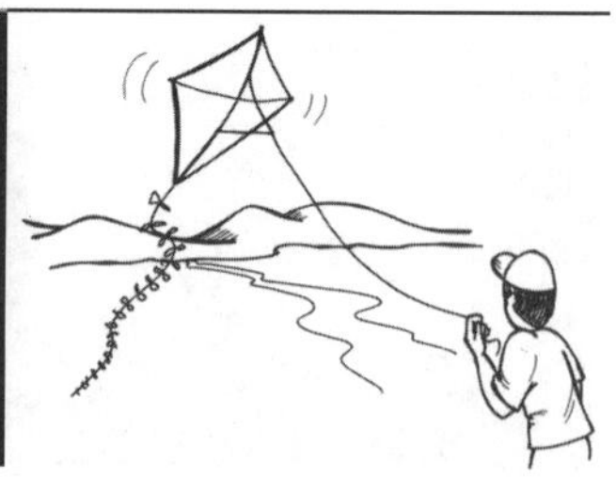

PIPA – Mão em "A", palma para a frente. Posicionar a mão na altura do rosto, um pouco longe do corpo. Em seguida, mover duas vezes a mão em direção ao peito, parando uma vez, rapidamente, durante o percurso, imitando o gesto de quem empina uma pipa.
• ***Pipa:*** *Brinquedo feito com papel fino e varetas que se sustenta no ar.*

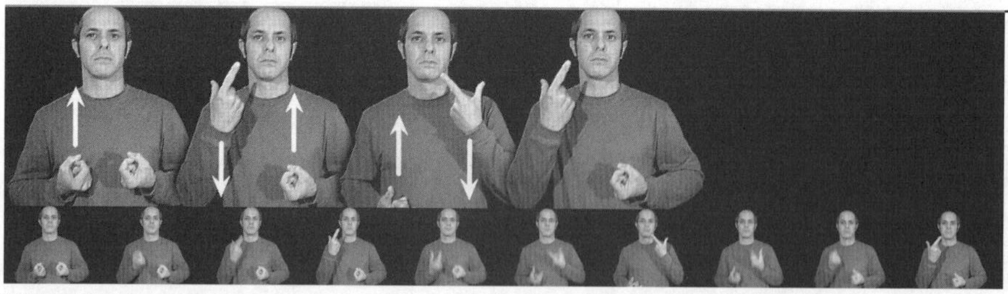

PIPOCA – Mãos fechadas com os dedos indicadores e polegares curvados e unidos pelas pontas, palmas para cima. Posicionar as mãos diante do corpo, na altura do estômago. Em seguida, mover as mãos alternadamente para cima, esticando os indicadores e polegares e voltando à posição inicial, duas ou três vezes.
• ***Pipoca:*** *Alimento feito de milho.* **Sinal igual:** PIPOQUEIRO

▪ **PINTAS:** SARDAS ▪ **PINTURA:** QUADRO ▪ **PIOR:** NEGATIVO ▪ **PIORAR:** NEGATIVO ▪ **PIPOQUEIRO:** PIPOCA ▪ **PIRA:** FOGUEIRA ▪ **PIRADO:** LOUCO

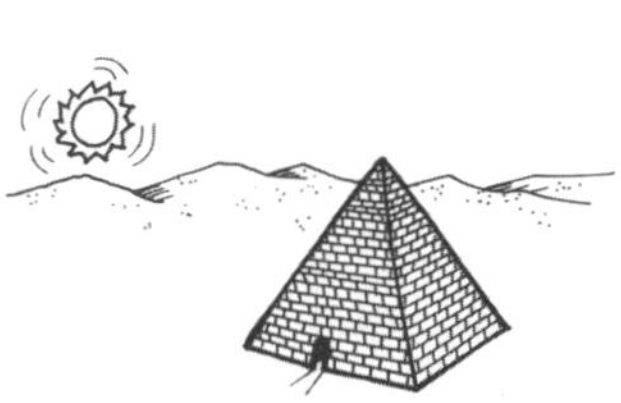

PIRÂMIDE – Mãos abertas, dedos unidos e esticados apontando para cima, palmas para dentro. Posicionar as mãos nas laterais do corpo, na altura dos ombros. Em seguida, movê-las simultaneamente para cima, em uma inclinação de, aproximadamente, 45 graus para dentro, unindo-as pelas pontas ao se encontrarem acima da cabeça.
• ***Pirâmide:*** *Construção do antigo Egito de base quadrada e paredes triangulares onde os faraós e suas riquezas eram enterrados.*

PIRATA – Mão em "M" com os dedos apontando para dentro, palma para trás. Tampar um dos olhos com as pontas dos dedos.
• ***Pirata:*** *Ladrão que vive em barcos e navios; ladrão do mar.* **Sinal igual:** CORSÁRIO

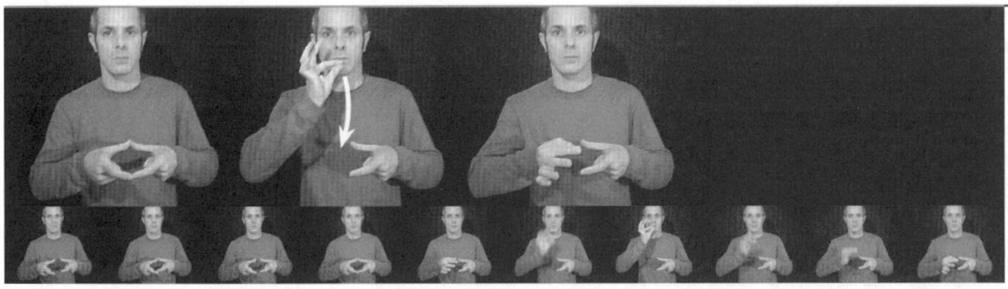

PIRES – Mãos fechadas posicionadas horizontalmente, com os dedos indicadores e polegares abertos e curvados apontando para dentro, palmas para dentro. Unir as mãos pelas pontas dos dedos. Em seguida, fazer o sinal de "café".
• ***Pires:*** *Pequeno prato usado para apoiar a xícara.*

PIRULITO – Mão em "A", palma para dentro. Posicionar a mão diante do corpo. Em seguida, com gestos curtos, mover a mão em direção à boca e depois para baixo, duas ou três vezes. Abrir levemente a boca, mostrando um pouco a língua durante o movimento.
• ***Pirulito:*** *Doce preso a um palito e que se come chupando.*

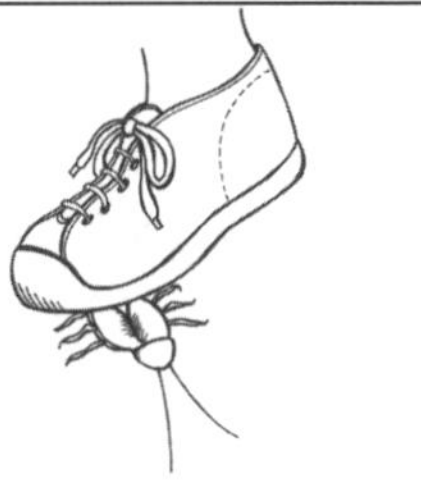

PISAR – Mão esquerda aberta, dedos unidos e esticados apontando para dentro, palma para cima. Mão direita aberta, dedos unidos e esticados apontando para dentro, palma para baixo. Posicionar a mão direita acima da esquerda. Em seguida, mover a mão direita para baixo, encostando na esquerda e girá-la em sentido horário, deslizando-a sobre a esquerda, até apontar os dedos para a frente.
• ***Pisar:*** *Pôr os pés sobre alguma coisa.*

P

PISCINA – Fazer os sinais de "área" e de "praia".
• ***Piscina:*** *Tanque para natação.*

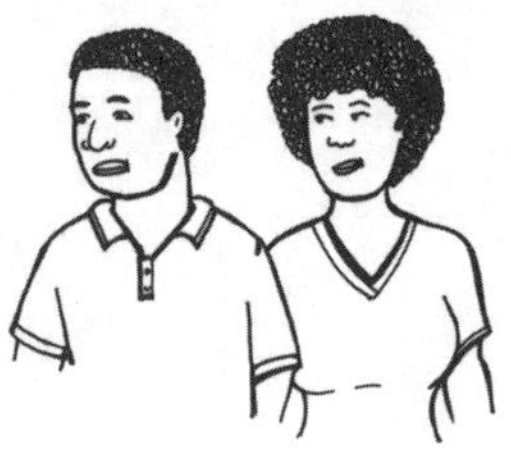

PIXAIM – Mão aberta com os dedos indicador e polegar curvados e unidos pelas pontas, palma para dentro. Encostar as pontas do indicador e do polegar na lateral da cabeça, sobre o cabelo.
• ***Pixaim:*** *Cabelo muito crespo.* **Sinal igual:** CARAPINHA, PIXAINHO

PIZZA – Mãos em "P" posicionadas horizontalmente, palmas para dentro. Unir as mãos pelas pontas dos dedos médios. Em seguida, mover as mãos simultaneamente para trás, afastando uma da outra e unindo-as novamente pelas pontas dos dedos, descrevendo, assim, a forma redonda de uma pizza.
• **Pizza:** *Alimento preparado com massa, coberto com recheios e assado no forno.*

PLANEJAR – Mãos abertas, dedos indicadores e polegares esticados e unidos pelas pontas, demais dedos esticados e separados apontando para a frente, palmas para dentro. Posicionar as mãos diante do corpo, na altura do peito. Em seguida, mover as mãos simultaneamente e em sentidos opostos, para a frente e para trás, duas ou três vezes.
• ***Planejar:*** *Fazer planos; programar.* **Sinal igual:** INTENTAR, INTENTO, ORGANIZAR, PLANEJAMENTO, PLANO, PREPARAR, PROJETAR, TENCIONAR

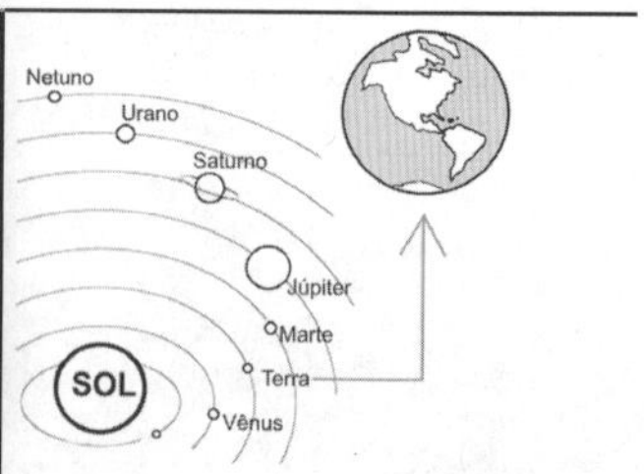

PLANETA – Mãos abertas, dedos esticados e separados apontando para dentro. Mão direita com a palma para baixo e mão esquerda com a palma para cima. Posicionar a mão direita acima da esquerda. Em seguida, mover as mãos simultaneamente em círculo horizontal, em sentido horário, fechando os dedos sucessivamente, começando pelos mínimos até os polegares, durante o percurso.
• ***Planeta:*** *Cada um dos corpos celestes, sem luz própria, que giram ao redor do Sol.* **Sinal igual:** MUNDIAL, MUNDO, PLANETA JÚPITER, PLANETA MARTE, PLANETA MERCÚRIO, PLANETA NETUNO, PLANETA SATURNO, PLANETA TERRA, PLANETA URANO, PLANETA VÊNUS

▪ **PISO:** CHÃO ▪ **PISTOLA:** REVÓLVER ▪ **PITU:** CAMARÃO ▪ **PIXAINHO:** PIXAIM ▪ **PLACA:** CARTAZ ▪ **PLANADOR:** AVIÃO ▪ **PLANEJAMENTO:** PLANEJAR ▪ **PLANETA JÚPITER:** PLANETA ▪ **PLANETA MARTE:** PLANETA ▪ **PLANETA MERCÚRIO:** PLANETA ▪ **PLANETA NETUNO:** PLANETA ▪ **PLANETA SATURNO:** PLANETA ▪ **PLANETA TERRA:** PLANETA ▪ **PLANETA URANO:** PLANETA ▪ **PLANETA VÊNUS:** PLANETA

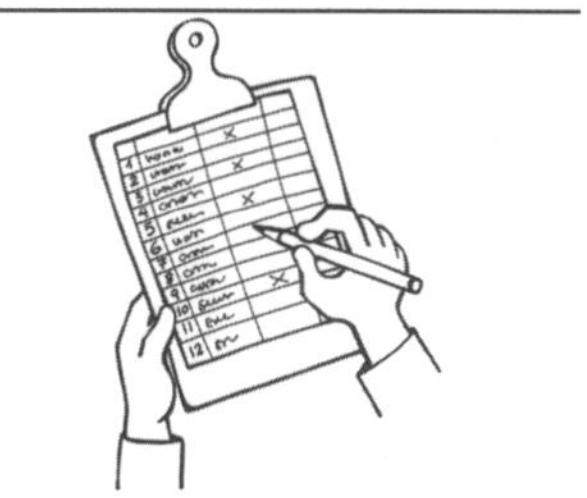

PLANILHA – Mãos em "4", palmas para a frente. Posicionar as mãos cruzadas entre si, tocando uma na outra pelos dedos. Depois, mãos em "L" e palmas para baixo com os indicadores apontando para a frente.
• ***Planilha:*** *Formulário em que se registram informações.*

PLANTA – Mão esquerda em "C" posicionada horizontalmente, palma para dentro. Mão direita com os dedos unidos pelas pontas, palma para cima. Posicionar a mão direita abaixo da esquerda. Em seguida, mover a mão direita para cima, passando-a entre os dedos da esquerda e abrindo os dedos direitos quando a mão direita estiver acima da esquerda.
• ***Planta:*** *Qualquer vegetal.* **Sinal igual:** VEGETAL

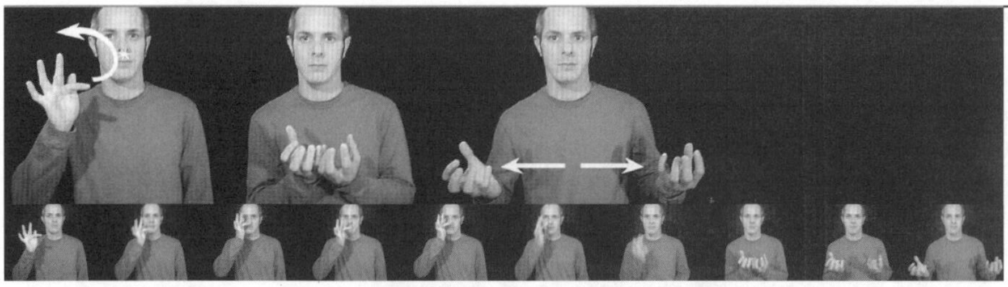

PLANTAÇÃO – Fazer o sinal de "flor". Em seguida, com as mãos abertas, os dedos separados e curvados e as palmas para cima, posicionar as mãos unidas pelas laterais externas. Depois, mover as mãos simultaneamente para as laterais, afastando uma da outra.
• ***Plantação:*** *Espaço de terra onde se cultivam plantas, geralmente para a alimentação humana ou animal.*

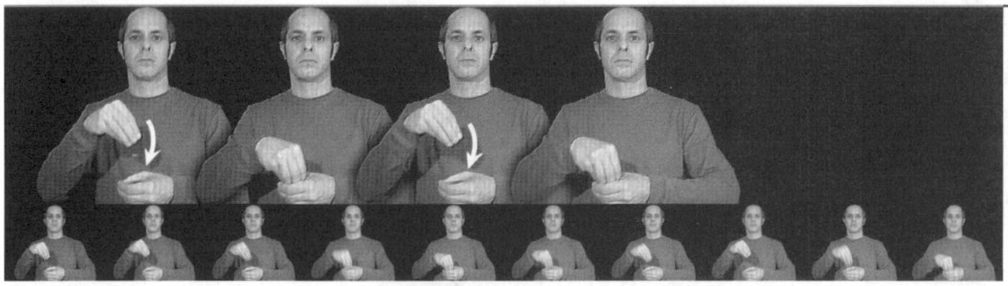

PLANTAR – Mão esquerda em "O" posicionada horizontalmente, palma para dentro. Mão direita com os dedos esticados e unidos pelas pontas, palma para baixo. Posicionar a mão direita acima da esquerda e movê-la para baixo, encaixando as pontas dos dedos dentro da mão esquerda, duas vezes.
• ***Plantar:*** *Fixar planta na terra.* **Sinal igual:** CULTIVAR, SEMEAR

PLÁSTICA – Mãos em "V", palmas para trás. Posicionar as mãos na altura do pescoço. Em seguida, movê-las alternadamente em direção ao rosto, unindo o indicador e o médio. Fazer esse movimento duas vezes com cada mão.
• ***Plástica:*** *Cirurgia para correção de imperfeições do rosto ou de outra parte do corpo.*

▪ **PLANO:** PLANEJAR

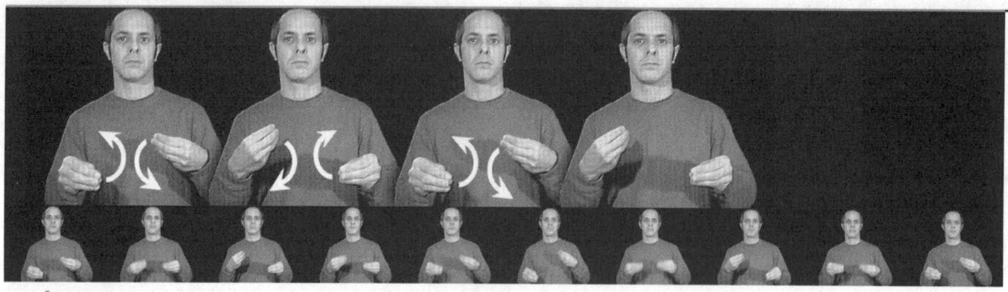

PLÁSTICO – Dedos esticados e unidos pelas pontas voltadas para dentro, palmas na mesma direção. Posicionar as mãos diante do corpo, perto uma da outra, e movê-las simultaneamente e em sentidos opostos, para frente e para trás, articulando os punhos (evitar mexer os braços).
• ***Plástico:*** *Produto derivado do petróleo.* **Sinal igual:** MALEÁVEL

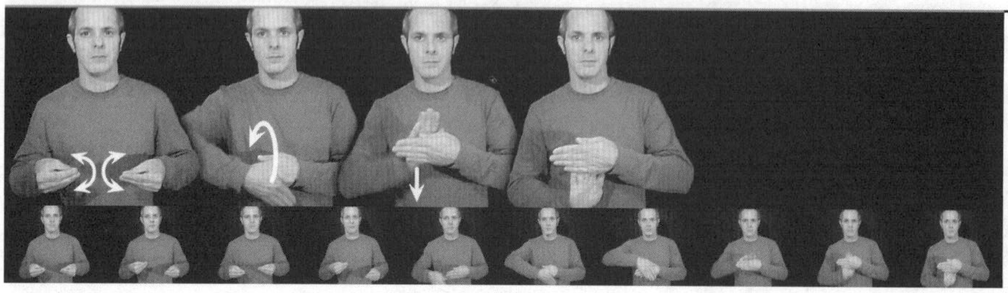

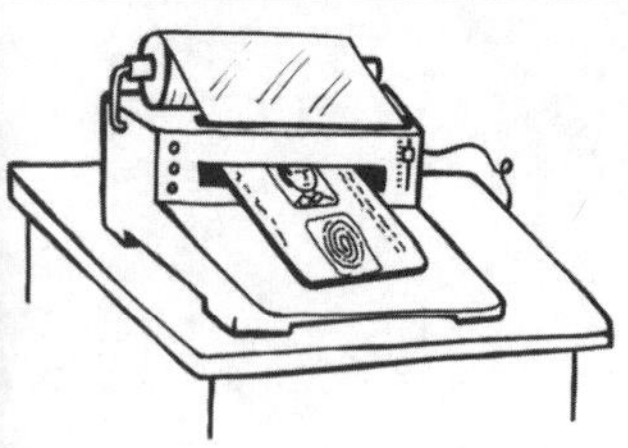

PLASTIFICAR – Fazer o sinal de "plástico". Depois, mão esquerda aberta, dedos unidos e esticados apontando para dentro, palma para trás. Mão direita aberta, dedos unidos e esticados apontando para baixo, palma para trás. Encostar a mão direita no dorso esquerdo. Em seguida, deslizar a mão direita para cima, dando a volta na esquerda, e continuar deslizando-a para baixo, passando pela palma esquerda.
• ***Plastificar:*** *Aplicar uma camada de plástico transparente sobre um papel, documento ou outro impresso.*

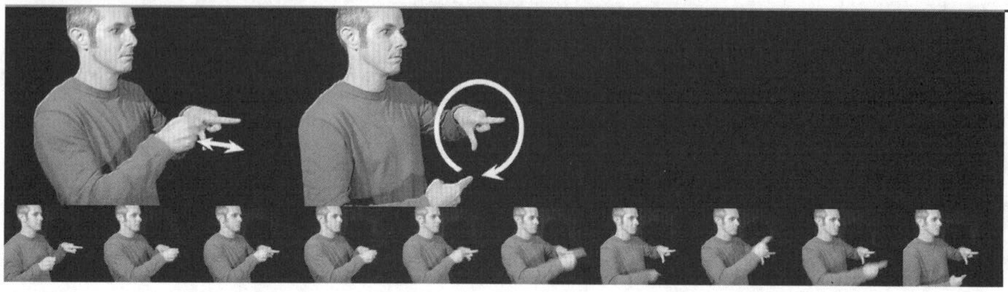

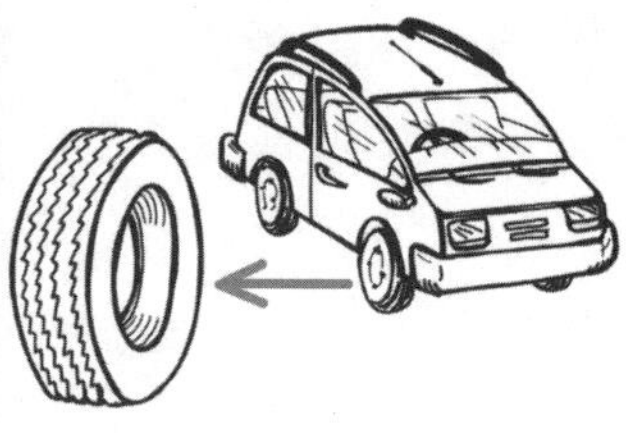

PNEU – Mão esquerda fechada com o dedo indicador esticado apontando para a frente, palma para baixo. Fazer o sinal de "borracha". Em seguida, abrir o polegar esquerdo, apontando-o para baixo. Com a mão direita fechada e o indicador voltado para dentro, apontar para a mão esquerda e mover a direita descrevendo um círculo vertical.
• ***Pneu:*** *Acessório de borracha usado nas rodas dos veículos.*

PÓ – Dedos unidos pelas pontas, palma para baixo. Mover os dedos esfregando suas pontas entre si.
• ***Pó:*** *Qualquer substância sólida formada por pequenas partículas.* **Sinal igual:** CINZAS, EMPOEIRADO, POEIRA

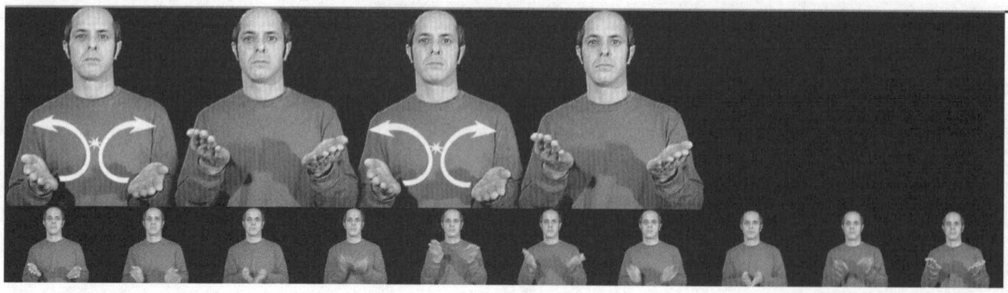

POBRE – Mãos abertas, dedos unidos e esticados apontando para a frente, palmas para cima. Posicionar uma mão ao lado da outra, diante do corpo. Em seguida, mover simultânea e suavemente as mãos para cima, fazendo com que suas laterais internas se toquem durante o percurso, e voltar à posição inicial. Fazer esse movimento duas ou três vezes seguidas.
• ***Pobre:*** *Pessoa que possui pouco ou nenhum bem material.* **Sinal igual:** MISERÁVEL

■ **PLAUSÍVEL:** POSSÍVEL ■ **PLENO:** CHEIO

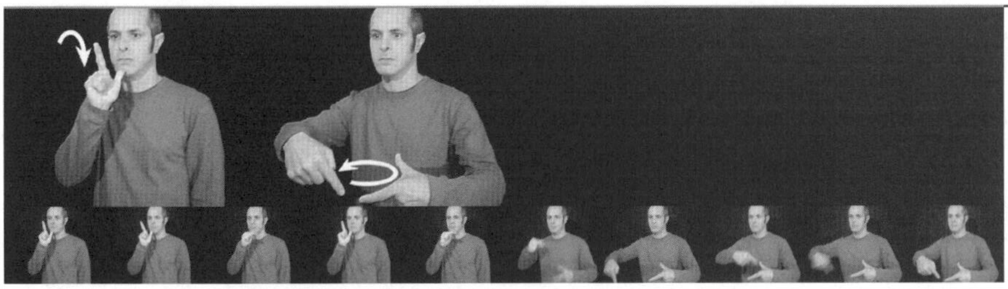

POÇA – Fazer os sinais de "'água" e de "buraco".
• ***Poça:*** *Pequena quantidade de água que se encontra acumulada em uma depressão no solo.*

POÇO – Mão esquerda em "C" posicionada horizontalmente, palma para dentro. Com a mão direita, fazer o sinal de "'água". Em seguida, com a mão direita fechada, dedo indicador esticado apontando para baixo, mover a mão para essa direção, passando-a entre os dedos da mão esquerda.
• ***Poço:*** *Grande buraco cavado na terra a fim de atingir um lençol de água subterrâneo.*

PODAR – Mãos fechadas em "A", palmas para cima. Posicionar as mãos perto do corpo. Em seguida, movê-las simultaneamente, tocando uma na outra, afastá-las enquanto as desloca para a frente, distanciando-as também do corpo, e uni-las novamente, imitando o gesto de quem usa uma tesoura de poda para aparar uma planta.
• ***Podar:*** *Aparar uma planta.*

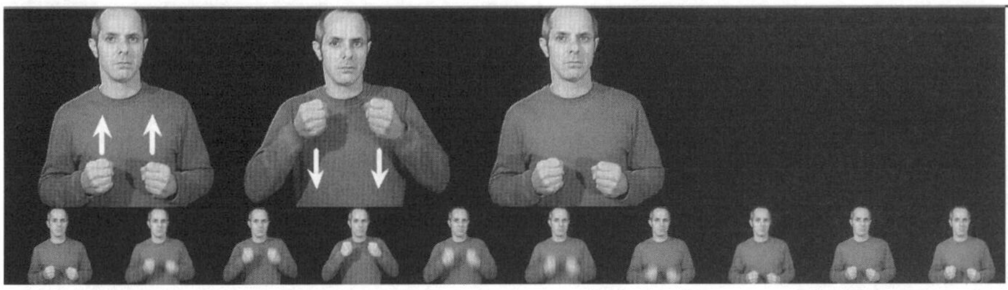
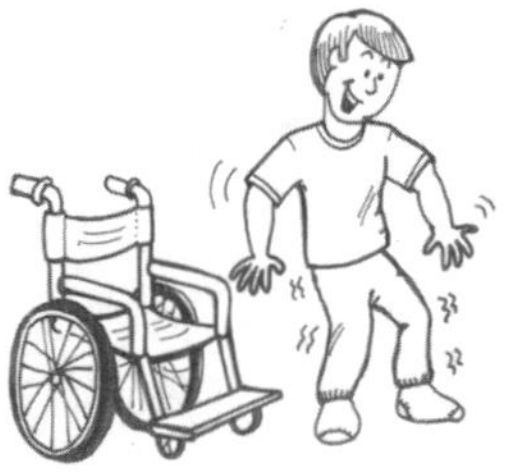

PODER – Mãos fechadas em "S", palmas para dentro. Posicionar as mãos diante do corpo, na altura do estômago. Em seguida, com um gesto curto e firme, movê-las simultaneamente para cima e voltar à posição inicial.
• ***Poder:*** *Ter autoridade; possuir força moral; ter permissão; ser capaz de; estar em condições de realizar algo.* **Sinal igual:** COMPETÊNCIA, PRESTÍGIO

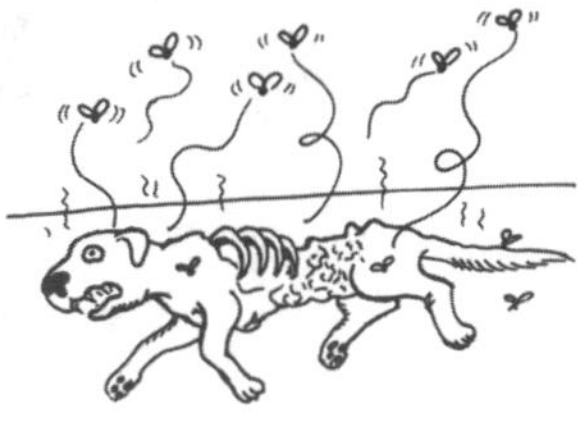

PODRE* – Mão fechada com o indicador esticado, palma para trás. Tocar a ponta do dedo na do nariz e mover a mão para a frente, dobrando o indicador e fazendo uma expressão de desagrado, como quem sente um cheiro ruim.
• ***Podre:*** *Estado de alguma substância que está em decomposição.* **Sinal igual:** DETERIORAR, ESTRAGADO, ESTRAGAR, PODRIDÃO

■ PODRE: RUIM ■ PODRIDÃO: PODRE ■ POEIRA: PÓ

POEMA – Mão esquerda aberta, dedos unidos e esticados apontando para a frente, palma para dentro. Mão direita em "P", palma para dentro. Posicionar a mão direita perto da palma esquerda. Em seguida, mover a mão direita para baixo, descrevendo um leve zigue-zague durante o percurso.
• ***Poema:*** *Obra literária escrita em versos.* **Sinal igual:** POETA

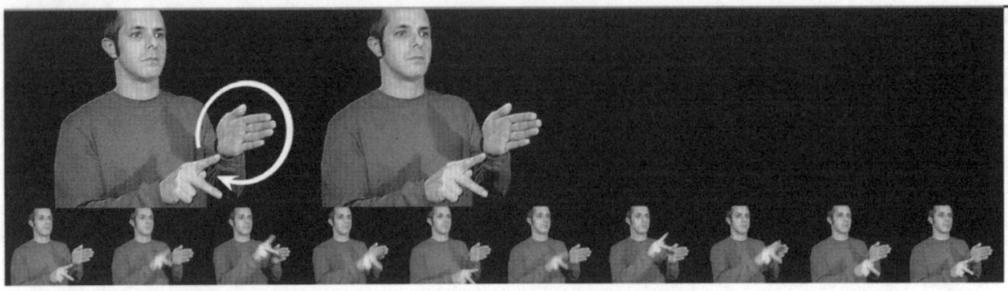

POESIA – Mão esquerda aberta, dedos unidos e esticados apontando para a frente, palma para dentro. Mão direita em "P", palma para dentro. Posicionar a mão direita perto da palma esquerda. Em seguida, mover a mão direita em círculos verticais.
• ***Poesia:*** *Arte de compor ou escrever versos.*

POLÍCIA – Mão aberta, indicador e polegar curvados e unidos pelas pontas, demais dedos abertos e separados apontando para cima, palma para a frente. Em seguida, mover a mão, tocando sua lateral interna no lado esquerdo do peito, duas vezes.
• ***Polícia:*** *Corporação militar ou civil que age no cumprimento das leis e na manutenção da ordem.* **Sinal igual:** DETETIVE, INVESTIGADOR, POLICIAL, POLICIAMENTO, POLICIAR

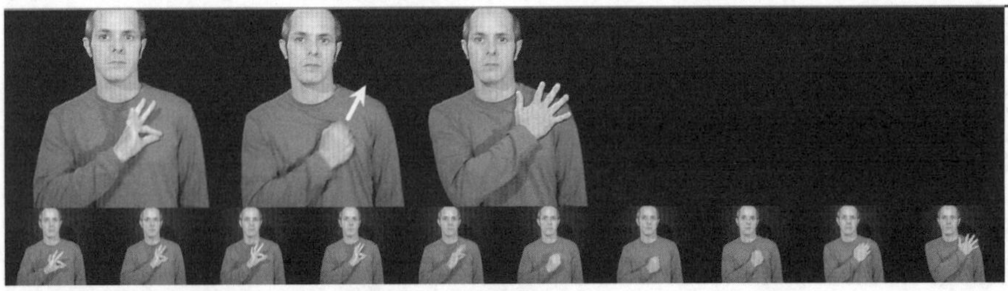

POLÍCIA MILITAR – Fazer os sinais de "polícia" e de "militar".
• ***Polícia militar:*** *Corporação policial dos estados, organizada conforme o Exército.*

POLIGAMIA – Fazer três vezes o sinal de "casal": uma no lado direito, outra na frente e mais uma no lado esquerdo do corpo.
• ***Poligamia:*** *União conjugal de uma pessoa com várias outras.*

P

▪ POENTE: PÔR DO SOL ▪ POETA: POEMA ▪ POLÊMICA: DISCUTIR ▪ POLICIAL: POLÍCIA ▪ POLICIAMENTO: POLÍCIA ▪ POLICIAR: POLÍCIA ▪ POLIDEZ: EDUCAÇÃO ▪ POLIDO: EDUCAÇÃO

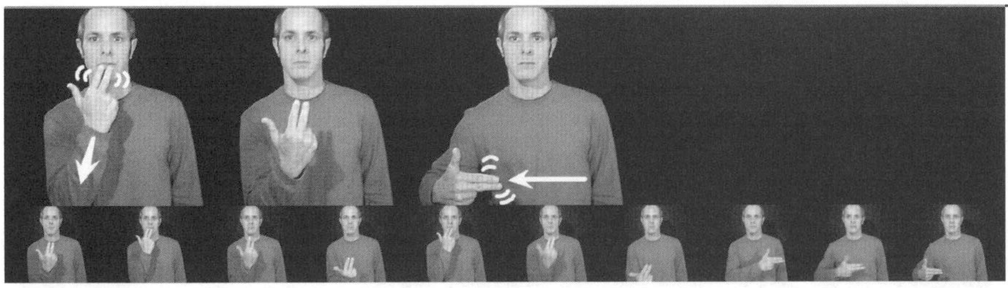
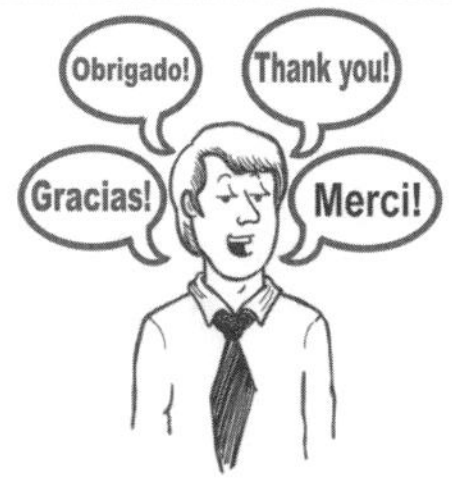

POLIGLOTA – Fazer os sinais de "idioma" e de "vários".
• ***Poliglota:*** *Pessoa que fala muitas línguas.*

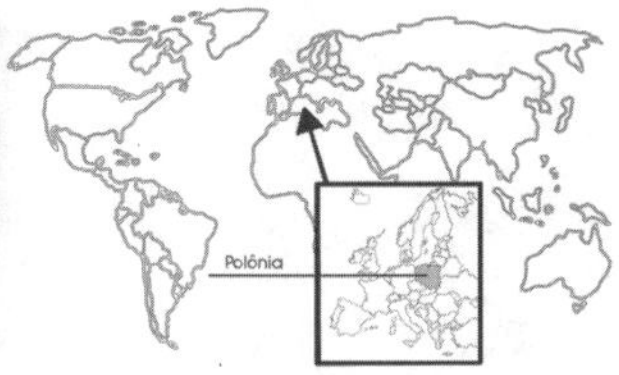

POLÔNIA – Mão em "P", palma para trás. Posicionar a mão diante da testa e movê-la em pequenos círculos.
• ***Polônia:*** *País localizado na Europa.*

POLTRONA* – Mãos abertas, dedos unidos e esticados apontando para baixo, polegares separados apontando para dentro. Posicionar uma mão perto da outra, diante do corpo. Em seguida, mover simultaneamente as mãos um pouco para cima, virando as palmas para a frente e depois para baixo, curvando levemente os dedos.
• ***Poltrona:*** *Espécie de cadeira estofada bastante confortável.*

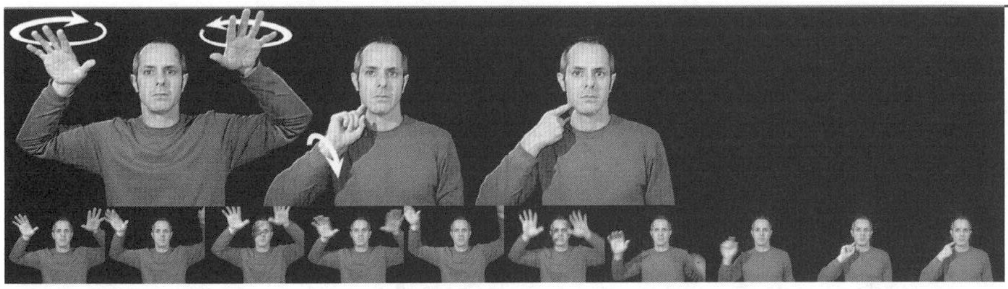
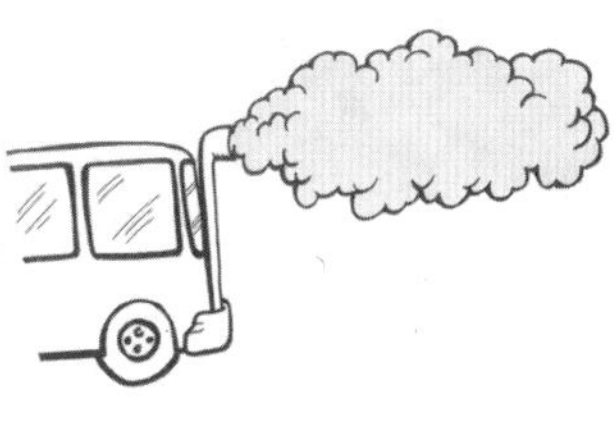

POLUIÇÃO – Mãos abertas, dedos esticados e separados apontando para a frente, palmas para baixo. Posicionar as mãos na altura da cabeça. Em seguida, movê-las simultaneamente e em sentidos opostos, em círculos horizontais. Depois, fazer o sinal de "sujo".
• ***Poluição:*** *Efeito provocado pela difusão de gases, sujando o ar nas grandes cidades.*

POLVO – Mão direita com os dedos esticados e unidos pelas pontas, palma para baixo. Mão esquerda fechada, palma para baixo. Encostar as pontas dos dedos da mão direita no dorso esquerdo, posicionando-as na altura do peito. Em seguida, mover as mãos para cima e para baixo, esticando os dedos esquerdos e apontando-os para baixo. Deslocar as mãos para o lado esquerdo e fazer esse movimento novamente.
• ***Polvo:*** *Molusco marinho que possui oito braços.*

▪ POLIMENTO: LUSTRAR ▪ POLIR: LUSTRAR ▪ POLÍTICA: DISCUTIR ▪ POLÍTICO: DISCUTIR ▪ POLTRONA: CADEIRA

P

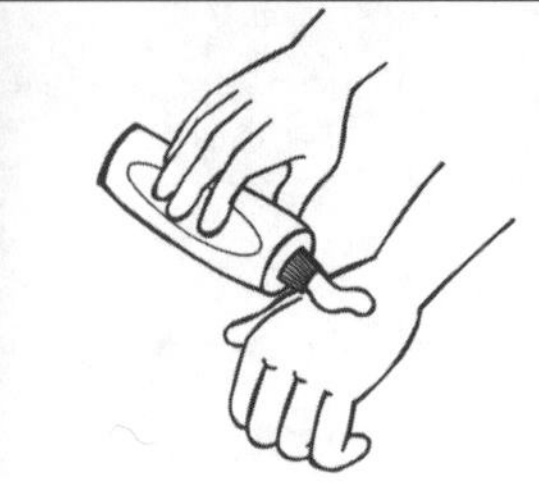

POMADA – Mão esquerda fechada, palma para baixo, braço dobrado horizontalmente na frente do corpo. Mão direita fechada com o polegar aberto, palma para trás. Tocar a ponta do polegar direito no dorso da mão esquerda, perto do punho, e deslizá-la em direção aos dedos. Depois, com a mão direita aberta, dedos unidos e esticados, encostar suas pontas no dorso esquerdo, deslizando-a em movimentos circulares.
• ***Pomada:*** *Medicamento pastoso para uso externo.*

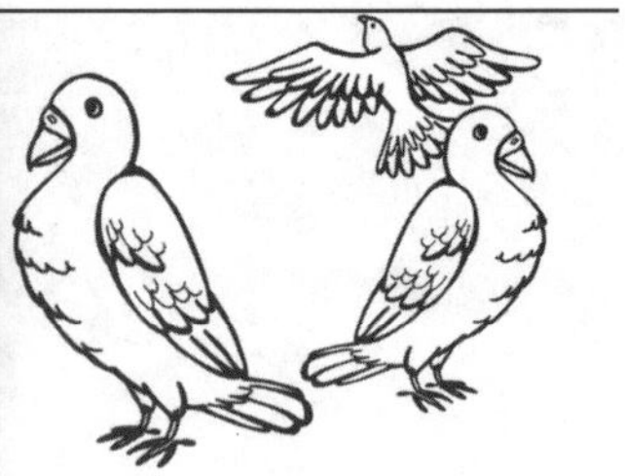

POMBO – Fazer o sinal de "bico". Em seguida, com a mão fechada, o dedo indicador esticado apontando para dentro e a palma para baixo, tocar o dorso do dedo no queixo e mover a mão para baixo, descrevendo um arco, virando a palma para cima e tocando a ponta do dedo no peito.
• ***Pombo:*** *Pássaro muito encontrado nas grandes cidades.* **Sinal igual:** POMBAL

PÔNEI – Fazer o sinal de "cavalo". Em seguida, com a mão em "C" e a palma para dentro, posicionar a mão acima do ombro e movê-la para a frente do pescoço, virando a palma para trás e unindo os dedos pelas pontas.
• ***Pônei:*** *Espécie de cavalo de tamanho pequeno.*

PONTE – Mão esquerda aberta, dedos unidos e esticados apontando para dentro, palma para baixo, braço dobrado horizontalmente na frente do corpo. Mão direita em "V", palma para dentro. Encostar as pontas dos dedos da mão direita na parte inferior do antebraço esquerdo, perto do cotovelo e depois próximo do punho.
• ***Ponte:*** *Construção de aço ou outro material que liga uma margem de um rio à outra.*

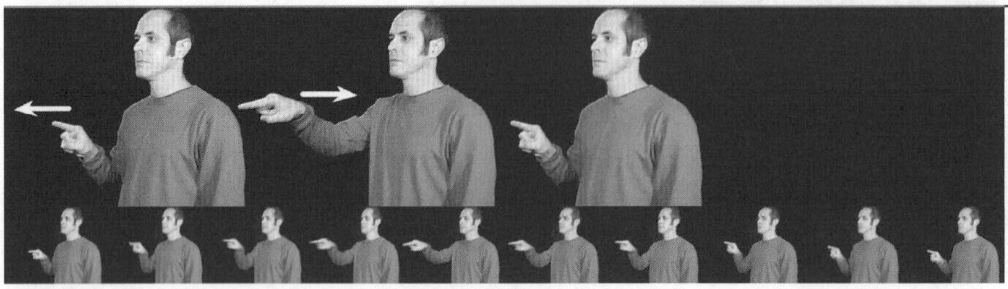

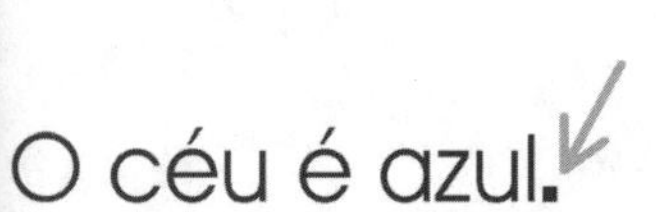

PONTO – Mão fechada com o dedo indicador esticado apontando para a frente, palma para baixo. Com um gesto curto, mover a mão para a frente e voltar à posição inicial.
• ***Ponto:*** *Sinal usado para finalizar frases ou abreviar palavras.*

▪ **POMBAL:** POMBO ▪ **PONTAPÉ:** CHUTAR ▪ **PONTEIRO:** BÚSSOLA

P

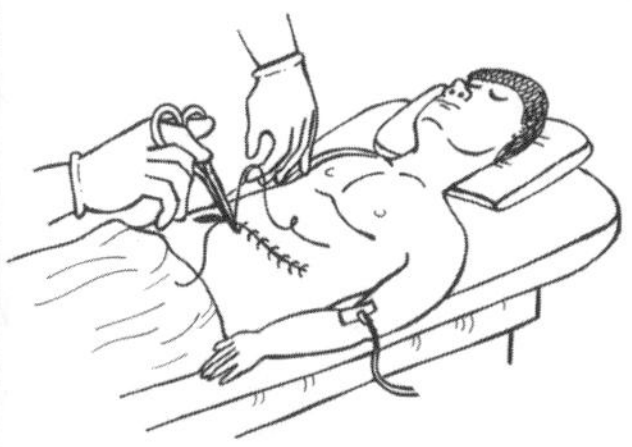

PONTO CIRÚRGICO – Fazer o sinal de "costurar" com a mão esquerda fechada e a palma para baixo.
• ***Ponto cirúrgico:*** *Costura feita na pele ou em órgãos internos.*

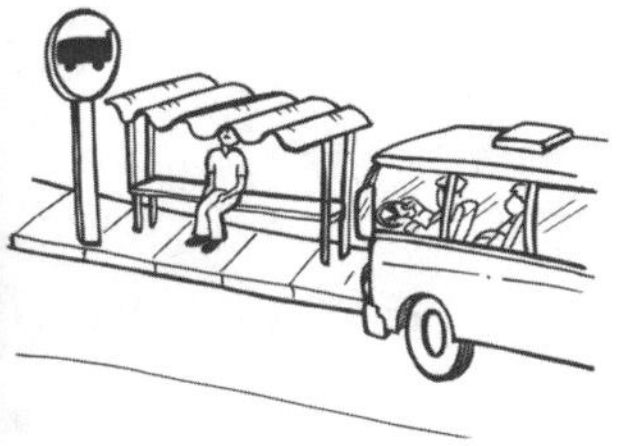

PONTO DE ÔNIBUS – Fazer o sinal de "ônibus". Depois, mão esquerda fechada com o indicador esticado apontando para cima, mão direita aberta com o indicador e o polegar esticados apontando para baixo e unidos pelas pontas. Tocar as pontas do indicador e do polegar da mão direita na ponta do indicador esquerdo.
• ***Ponto de ônibus:*** *Local destinado ao embarque e desembarque de passageiros.* **Sinal igual:** PARADA DE ÔNIBUS

PONTUAL – Fazer os sinais de "período" e de "certo".
• ***Pontual:*** *Aquele que chega no horário estipulado.* **Sinal igual:** EXATIDÃO, EXATO

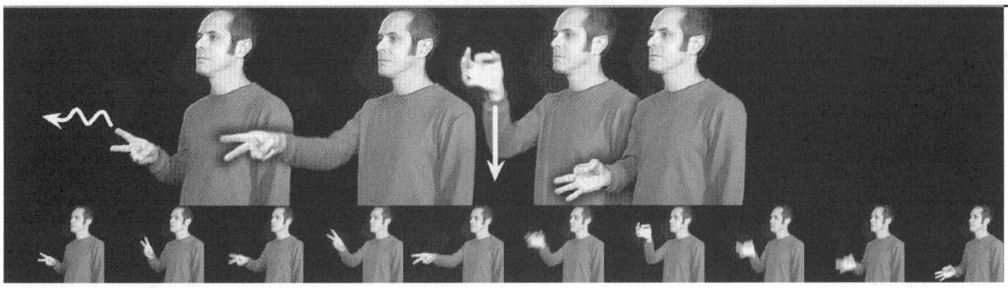

PONTUALIDADE – Fazer os sinais de "continuar" e de "certo".
• ***Pontualidade:*** *Qualidade de quem é pontual.*

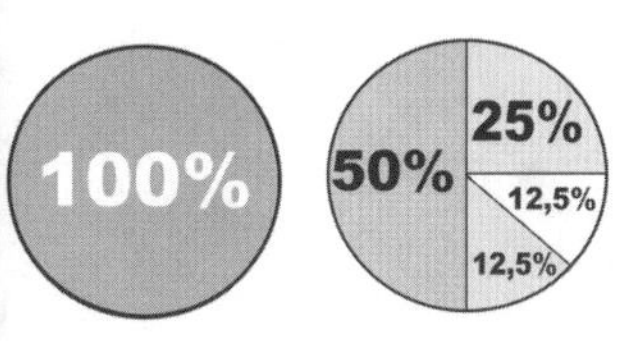

PORCENTAGEM – Mão direita aberta, dedos unidos e esticados apontando para cima, palma para dentro. Inclinar a mão com as pontas viradas para o lado direito em um ângulo de 45 graus e movê-la para baixo, acompanhando essa inclinação. Em seguida, com a mão em "O", deslocar a mão novamente de cima para baixo, marcando os dois pontos, como o sinal de "porcentagem".
• ***Porcentagem:*** *Proporção em relação a cem.* **Sinal igual:** COMISSÃO, PERCENTAGEM, PERCENTUAL, PORCENTUAL, PROPORÇÃO

▪ POPULAÇÃO: POVO ▪ POPULAR: FAMOSO ▪ POPULARIDADE: FAMOSO, NOTÓRIO ▪ PORCA: PORCO ▪ PORÇÃO: PEDAÇO ▪ PORCELANA: LOUÇA ▪ PORCENTUAL: PORCENTAGEM

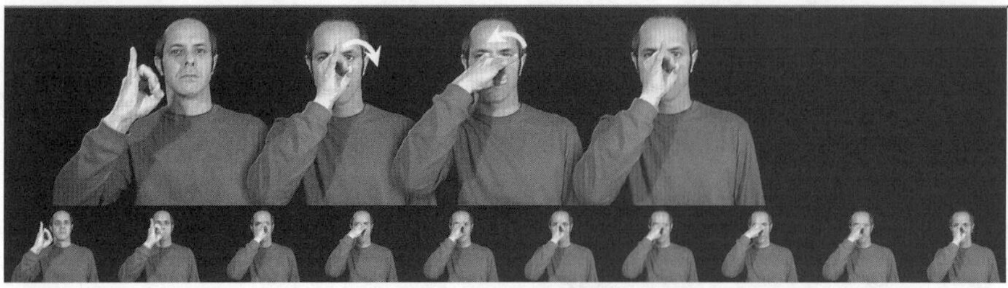

PORCO – Mão em "O", com o dedo mínimo aberto apontando para cima, palma para dentro. Encostar a lateral interna da mão na ponta do nariz, sem desencostá-la durante o movimento, e girá-la de um lado para outro.

• ***Porco:*** *Mamífero doméstico.* **Sinal igual:** PORCA, SUÍNO

PORCO-ESPINHO – Mãos fechadas, palmas para baixo, braços dobrados horizontalmente na frente do corpo. Apoiar o antebraço direito em cima do esquerdo. Em seguida, mover a mão direita para cima e abri-la esticando completamente os dedos, sem desencostar o cotovelo direito do braço esquerdo.

• ***Porco-espinho:*** *Mamífero cujos pelos parecem com espinhos e que têm a função de proteção.* **Sinal igual:** OURIÇO

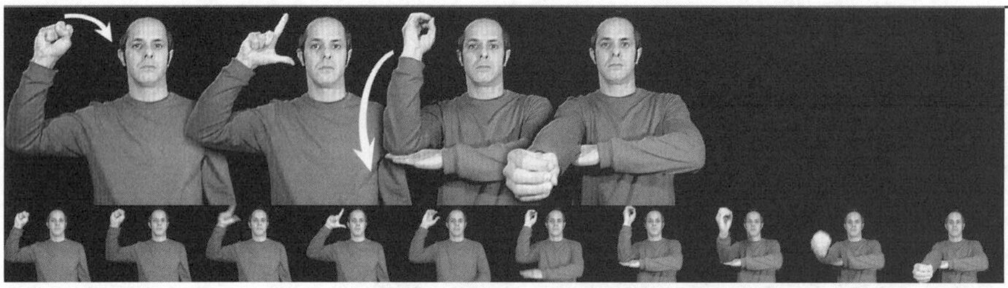

PÔR DO SOL – Fazer o sinal de "sol". Depois, mão esquerda aberta, dedos unidos e esticados, palma para baixo. Mão direita em "O", palma para dentro. Manter o cotovelo direito apoiado no dorso da mão esquerda. Em seguida, mover a mão direita para a frente e para baixo, esticando o braço direito.

• ***Pôr do sol:*** *Movimento com o qual o sol desaparece no horizonte.* **Sinal igual:** CREPÚSCULO, OCASO, POENTE

P

POR FAVOR – Mãos abertas, dedos unidos e esticados apontando para a frente, palmas para dentro. Unir as mãos pelas pontas dos dedos, formando um ângulo de 90 graus entre elas. Em seguida, mover as mãos simultaneamente para trás em direção ao peito.

• ***Por favor:*** *Expressão usada para pedir algo educadamente.* **Sinal igual:** FAVOR, LICENÇA

POR QUÊ?* – Mãos fechadas com os dedos indicadores esticados apontando para a frente (um pouco inclinadas para dentro), palmas para dentro. Posicionar a mão direita acima da esquerda. Em seguida, mover a mão direita para baixo, batendo a lateral do indicador direito na do indicador esquerdo, duas ou três vezes. Erguer um pouco a cabeça, fazendo uma expressão interrogativa durante o movimento.

• ***Por quê?:*** *Advérbio interrogativo usado no final de frase interrogativa.* **Sinal igual:** PORQUE

▪ **PORÉM:** MAS ▪ **PORNOGRÁFICO:** SAFADO ▪ **PORQUE:** POR QUÊ?

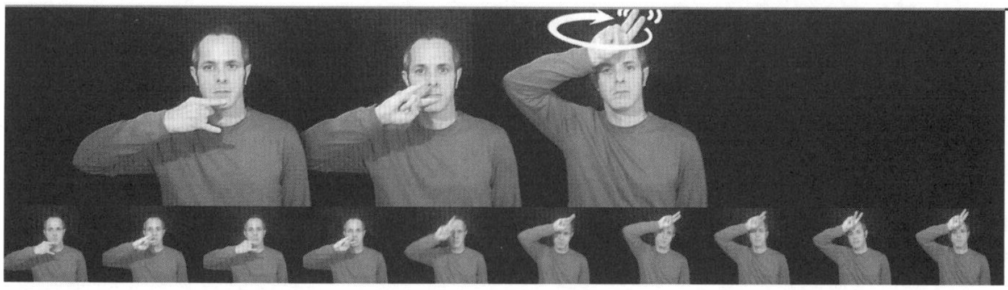

PORRE – Fazer os sinais de "pinga" e de "bêbado".
• *Porre: Estado de embriaguez; bebedeira.*

POR SI PRÓPRIO – Mãos abertas, dedos unidos e esticados apontando para dentro, palmas para baixo. Posicionar as mãos diante do corpo, com a mão direita acima da esquerda. Em seguida, mover a mão direita para baixo, batendo-a levemente na esquerda, duas ou três vezes.
• *Por si próprio: Que resolve ou age sozinho.* **Sinal igual:** INDEPENDENTEMENTE

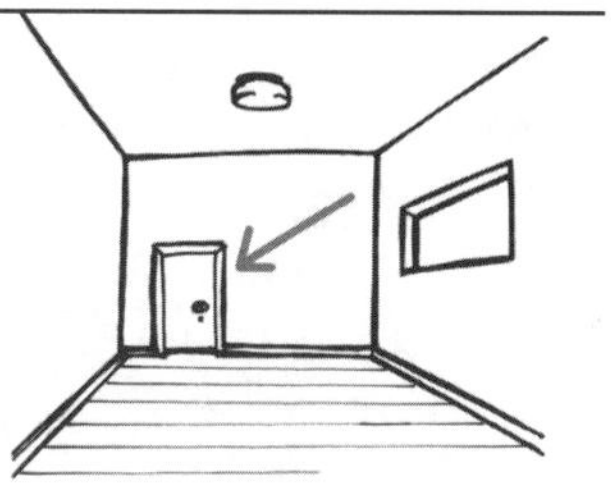

PORTA – Mãos abertas, dedos unidos e esticados apontando para cima, palmas para a frente. Unir as mãos pelas laterais internas. Em seguida, mover a mão direita para o lado direito, virando a palma para trás.
• *Porta: Entrada para algum recinto.*

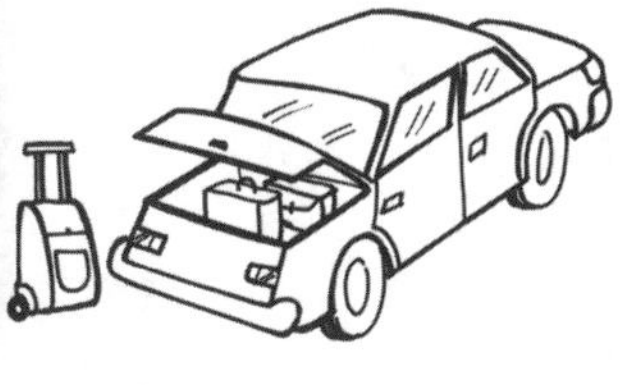

PORTA-MALAS – Fazer o sinal de "automóvel". Depois, mão esquerda aberta, dedos unidos e esticados, palma para baixo. Mão direita aberta e levemente curvada, dedos unidos, palma para baixo. Posicionar os braços dobrados horizontalmente na frente do corpo, apoiando o direito em cima do esquerdo. Em seguida, mover a mão direita para cima (mantendo o cotovelo apoiado sobre a mão esquerda) e para baixo, voltando à posição inicial.
• *Porta-malas: Compartimento geralmente situado na parte traseira dos automóveis que serve para guardar as malas ou outros volumes.*

PORTÃO – Mãos abertas, dedos unidos e esticados apontando para cima, palmas para a frente. Unir as mãos pelas laterais internas. Em seguida, mover as mãos simultaneamente para as laterais, virando as palmas para trás.
• *Portão: Porta grande.* **Sinal igual:** PORTAL

▪ **PORTAL:** PORTÃO

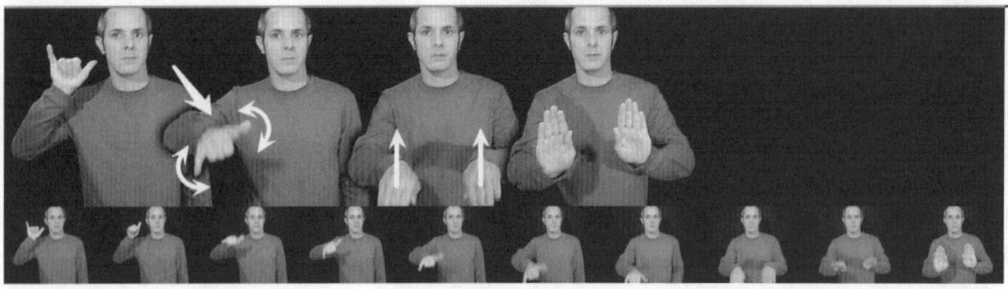

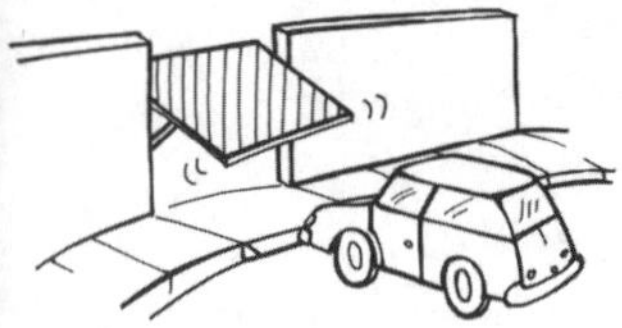

PORTÃO AUTOMÁTICO – Fazer o sinal de "eletricidade". Em seguida, com as mãos abertas e posicionadas na frente do corpo, dedos unidos e esticados apontando para baixo, mover as mãos, simultaneamente e com um gesto não muito rápido, virando as pontas dos dedos para cima.
• ***Portão automático:*** *Portão provido de equipamento elétrico para abertura automática através de controle remoto.*

PORTA-RETRATO – Fazer o sinal de "retrato". Depois, mãos em "L" e palmas para a frente. Unir as mãos pelas pontas dos polegares.
• ***Porta-retrato:*** *Suporte no qual se colocam fotografias.*

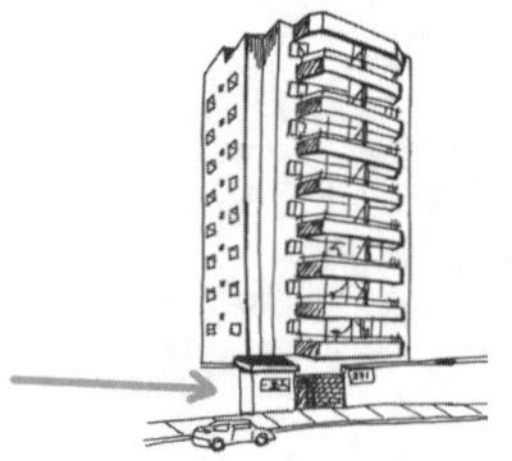

PORTARIA – Mão esquerda aberta, dedos unidos e esticados apontando para dentro, palma para baixo, braço dobrado horizontalmente na frente do corpo. Mão direita aberta, dedos unidos e esticados apontando para a frente e um pouco inclinados para baixo, palma para dentro. Posicionar a mão direita atrás da esquerda. Em seguida, mover a mão direita para a frente, dando a volta por baixo da esquerda e inclinando-a um pouco para cima.
• ***Portaria:*** *Recepção de prédios ou outros estabelecimentos.*

PORTEIRO – Fazer os sinais de "prédio" e de "supervisionar" com a mão esquerda fechada.
• ***Porteiro:*** *Profissional que trabalha em portaria de prédio residencial ou comercial ou outro estabelecimento.*

PORTO – Fazer o sinal de "barco". Depois, mão esquerda aberta, dedos unidos e esticados apontando para a frente, palma para dentro. Mão direita aberta, dedos unidos e esticados apontando para a frente, palma para baixo. Posicionar a mão direita perto da esquerda. Em seguida, tocar a palma e depois os dedos esquerdos com a lateral da mão direita.
• ***Porto:*** *Lugar do litoral onde chegam os navios.* **Sinal igual:** ANGRA, BAÍA, ENSEADA

▪ **PORTAR:** TRAZER ▪ **PORTIFÓLIO:** ÁLBUM

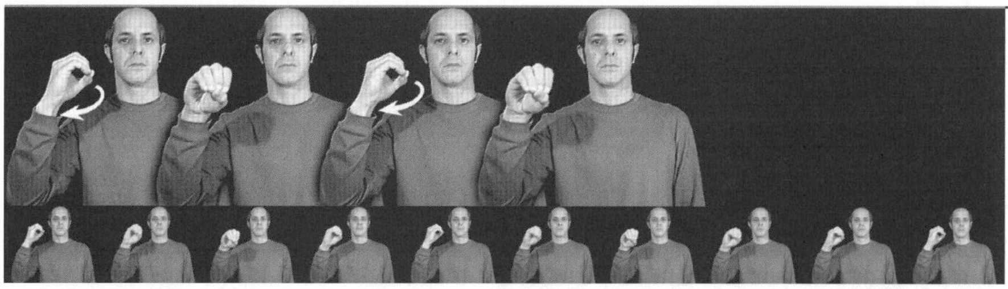

PORTO ALEGRE – Mão em "O", palma para dentro. Mover a mão, virando a palma para a frente e voltar à posição inicial, duas vezes.
• ***Porto Alegre:*** *Capital do estado do Rio Grande do Sul.*

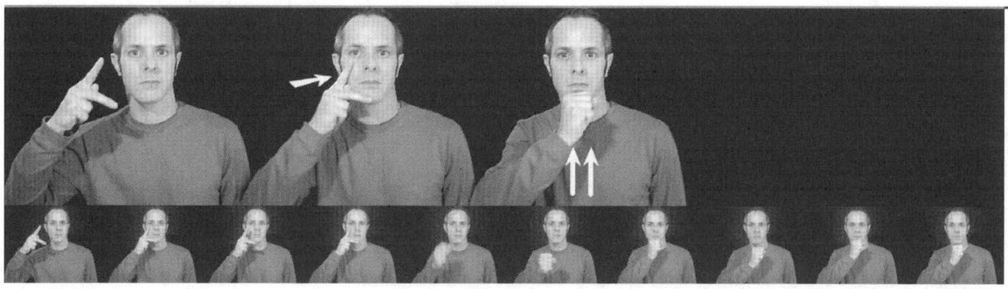

PORTO VELHO – Mão em "P", palma para dentro. Tocar duas vezes os dedos indicador e polegar na bochecha. Em seguida, fazer o sinal de "velho".
• ***Porto Velho:*** *Capital do estado de Rondônia.*

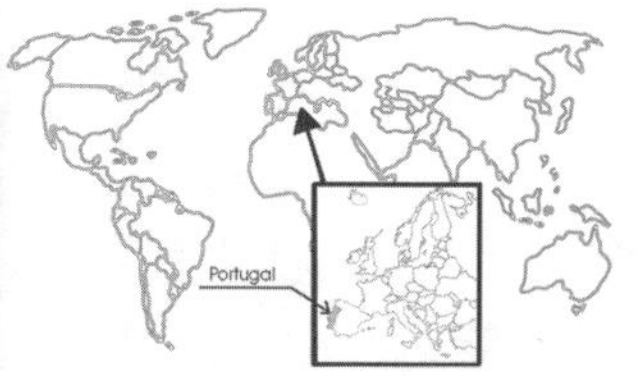

PORTUGAL – Mão aberta, dedos unidos e esticados apontando para dentro, polegar separado apontando para baixo, palma nessa direção. Tocar a lateral interna da mão no peito e deslizá-la um pouco para baixo. Fazer esse movimento duas vezes seguidas.
• ***Portugal:*** *País localizado na Europa.* **Sinal igual:** LUSITANO, PORTUGUÊS

PÓS-GRADUAÇÃO – Digitar as letras "P", "O" e "S".
• ***Pós-graduação:*** *Aperfeiçoamento de um curso superior.*

POSITIVO – Mão fechada, dedo polegar esticado apontando para cima, palma para trás ou para dentro. Mover a mão para a frente.
• ***Positivo:*** *Que indica uma afirmação; verdadeiro, real.* **Sinal igual:** AFIRMATIVO

▪ **PORTUGUÊS:** PORTUGAL ▪ **PORVENTURA:** APROXIMADAMENTE ▪ **PORVIR:** AMANHÃ, FUTURO ▪ **POSPOR:** ADIAR ▪ **POSPOSIÇÃO:** ADIAR ▪ **POSPOSTO:** ADIAR ▪ **POSSIBILIDADE:** POSSÍVEL

POSSÍVEL – Mãos em "A" com os dedos polegares apontando para cima, palmas para trás. Posicionar as mãos na altura do peito. Em seguida, com um gesto curto e firme, mover as mãos simultaneamente para baixo, apontando os polegares para essa direção.
• ***Possível:*** *Que pode acontecer; que pode ser feito.* **Sinal igual:** PLAUSÍVEL, POSSIBILIDADE, PRATICÁVEL, PROVÁVEL, VEROSSÍMIL, VIABILIDADE, VIÁVEL

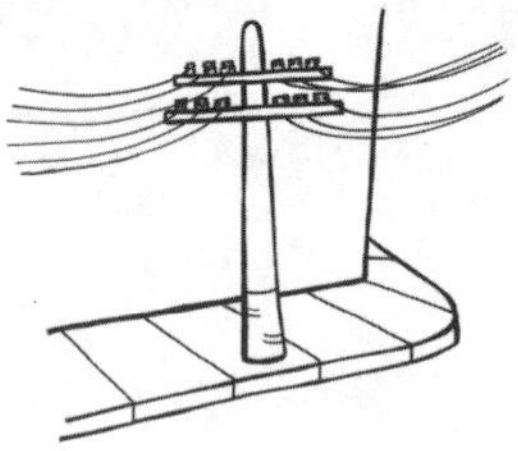

POSTE – Mão esquerda aberta, dedos unidos e esticados apontando para dentro, palma para baixo, braço dobrado horizontalmente na frente do corpo. Mão direita fechada, palma paraa a frente, braço dobrado verticalmente. Apoiar o cotovelo direito no dorso da mão esquerda. Em seguida, com um movimento rápido, abrir os dedos da mão direita.
• ***Poste:*** *Peça cilíndrica, geralmente de concreto, fixada no chão para se prender cabos elétricos e iluminação pública.*

POSTO DE GASOLINA – Mão em "P", palma para trás. Posicionar a mão na frente do rosto e movê-la descrevendo um círculo vertical. Em seguida, fazer o sinal de "gasolina".
• ***Posto de gasolina:*** *Estabelecimento comercial que vende gasolina e outros combustíveis.*

P

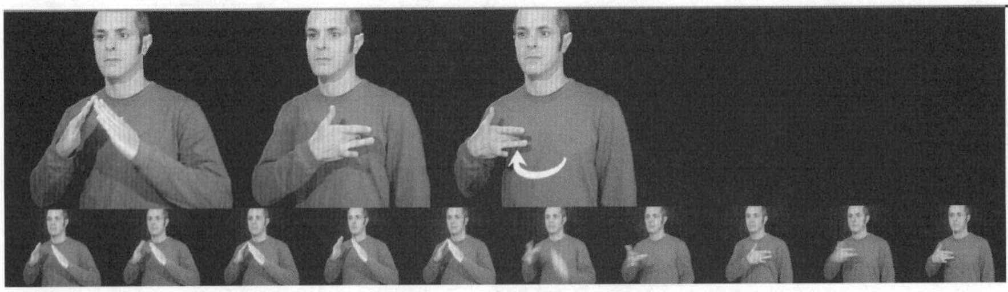

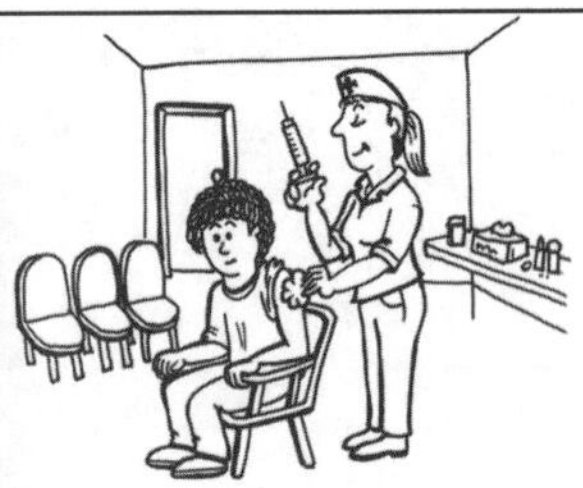

POSTO DE SAÚDE – Fazer os sinais de "casa" e de "saudável".
• ***Posto de saúde:*** *Local público onde são prestados serviços na área da saúde como aplicação de vacinas.*

POTE – Mãos em "C" posicionadas horizontalmente, palmas para dentro. Posicionar uma mão perto da outra, na altura do estômago, e movê-las simultaneamente para cima. Em seguida, virar a palma da mão direita para baixo, separando e curvando os dedos, posicionando-a acima da esquerda. Girar a mão direita, ao redor do próprio eixo, imitando o gesto de quem desenrosca a tampa de um pote.
• ***Pote:*** *Recipiente de boca larga, geralmente com tampa, usado para guardar alimentos ou certos materiais.*

▪ **POSSUIDOR:** DONO ▪ **POSSUIR:** TER ▪ **POSTERGADO:** ADIAR ▪ **POSTERGAR:** ADIAR ▪ **POSTERIOR:** DEPOIS ▪ **POSTERIORMENTE:** DEPOIS ▪ **POSTIÇO:** FALSO ▪ **POSTO:** LUGAR, TRABALHAR ▪ **POTRANCA:** POTRO

POTRO – Fazer os sinais de "filho" e de "cavalo".
• ***Potro:*** *Cavalo jovem.* **Sinal igual:** POTRANCA

POUCO – Mão fechada com o dedos indicador e polegar abertos e esticados, com as pontas próximo uma da outra.
• ***Pouco:*** *Pequena quantidade de algo.* **Sinal igual:** ESCASSO, INSUFICIENTE, LIMITADO, PERTO DE, QUASE, RESTRITO

POUSAR – Mão esquerda aberta, dedos unidos e esticados apontando para dentro, palma para baixo, braço dobrado horizontalmente na frente do corpo. Com a mão direita, fazer o sinal de "avião", movendo-a de cima para baixo, tocando no dorso esquerdo e deslizando-a sobre o antebraço esquerdo em direção ao cotovelo.
• ***Pousar:*** *Colocar (a aeronave) no chão.*

POVO – Mãos em "P", palmas para dentro. Posicionar as mãos na altura do peito, com a mão direita mais distante do corpo. Em seguida, mover simultaneamente as mãos, girando-as verticalmente, como o movimento dos pedais de uma bicicleta.
• ***Povo:*** *Conjunto de habitantes de uma região.* **Sinal igual:** POPULAÇÃO, POVOAÇÃO, SOCIEDADE

PRAÇA – Fazer o sinal de "árvore". Depois, com a mão fechada e o indicador apontando para baixo, mover a mão descrevendo um círculo horizontal.
• ***Praça:*** *Local público arborizado para descanso e lazer.* **Sinal igual:** LARGO

P

▪ **POUCO A POUCO:** GRADUALMENTE ▪ **POUPANÇA:** ECONOMIZAR ▪ **POUPAR:** ECONOMIZAR ▪ **POUSADA:** ALOJAMENTO ▪ **POVARÉU:** MULTIDÃO ▪ **POVOAÇÃO:** COMUNIDADE, POVO ▪ **POVOADO:** COMUNIDADE ▪ **PRAGUEJAR:** XINGAR

PRAIA – Mão esquerda aberta, dedos unidos e esticados apontando para o lado esquerdo, palma para baixo. Mão direita aberta, dedos unidos e esticados apontando para baixo, palma virada para o lado direito. Posicionar as mãos na altura do estômago. Em seguida, mover a mão direita articulando o punho e balançando os dedos de um lado para o outro, duas ou mais vezes.
• ***Praia:*** *Região banhada pelo mar.* **Sinal igual:** BEIRA-MAR, COSTA, LITORAL

PRANCHA DE SURFE – Mãos abertas, dedos unidos e esticados apontando para cima, palmas para dentro. Unir as mãos pelas pontas dos dedos, posicioná-las na altura da cabeça e movê-las simultaneamente para baixo, separando uma da outra. Depois, mão esquerda com os dedos apontando para a frente, palma para baixo, mão direita em "V" com os dedos apontando para baixo. Encostar as pontas dos dedos da mão direita no dorso esquerdo e mover as mãos para a frente.
• ***Prancha de surfe:*** *Tábua grande e larga, geralmente feita de fibra de vidro, usada para a prática do surfe.*

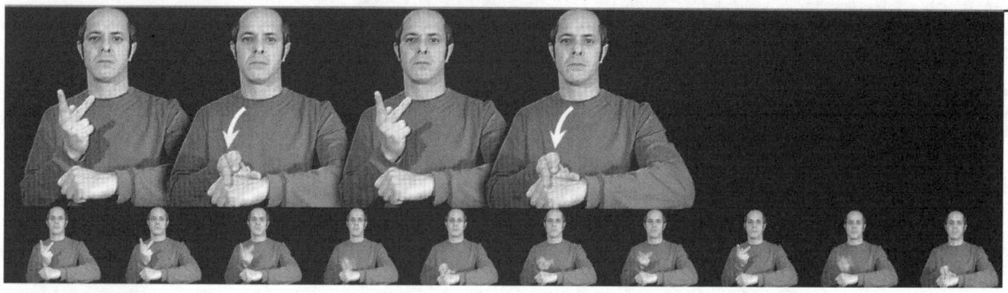

PRATA – Mão esquerda fechada, palma para baixo. Mão direita em "P", palma para trás. Posicionar a mão direita acima e atrás da esquerda. Em seguida, mover a mão direita para baixo, apontando os dedos indicador e médio para a frente, palma para cima, tocando-a duas vezes no dorso esquerdo.
• ***Prata:*** *Metal precioso.*

P

PRATEADO – Fazer os sinais de "prata" e de "brilhar", com a mão direita.
• ***Prateado:*** *Que possui a cor e o brilho como o da prata.*

PRÁTICA – Mãos abertas, dedos unidos e esticados apontando para dentro, palmas para baixo. Posicionar a mão direita um pouco acima da esquerda. Em seguida, mover as mãos simultaneamente e em sentidos opostos, para baixo e para cima, duas ou mais vezes, tocando uma na outra durante o percurso.
• ***Prática:*** *Ato ou efeito de fazer algo; capacidade, adquirida pelo treino, de fazer alguma coisa.*

■ **PRANTEAR:** CHORAR ■ **PRANTO:** CHORAR ■ **PRATELEIRA:** ESTANTE ■ **PRATICAR:** TREINAR ■ **PRATICÁVEL:** POSSÍVEL

PRATO – Mãos fechadas e posicionadas horizontalmente com os dedos indicador e polegar abertos e curvados, palmas para dentro. Posicionar uma mão um pouco perto da outra, simulando a forma de um prato com os indicadores e os polegares.
• ***Prato:*** *Utensílio feito de cerâmica, plástico ou outro material, geralmente usado para se pôr alimentos.*

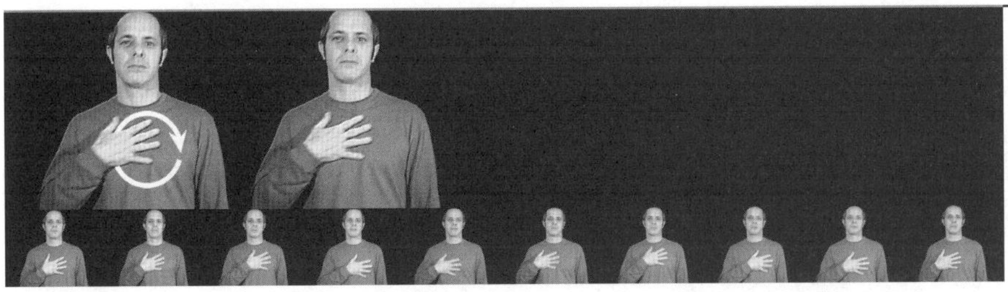

PRAZER – Mão aberta, dedos separados e esticados, palma para trás. Encostar a mão no peito e deslizá-la em círculos.
• ***Prazer:*** *Sensação agradável.* **Sinal igual:** CONTENTAMENTO, DELEITE

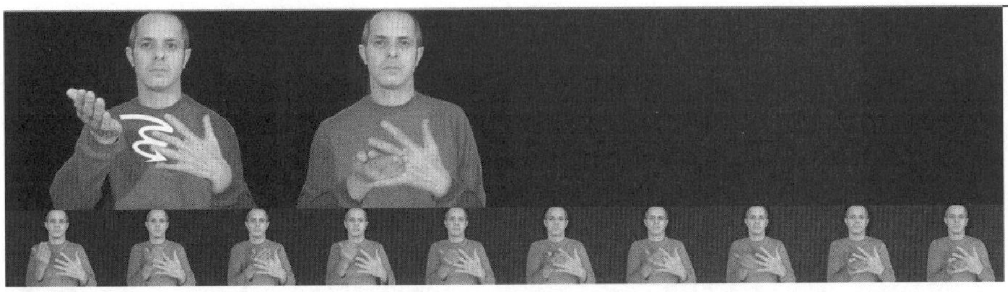

PRAZO – Mão esquerda aberta, dedos esticados e separados apontando para dentro, palma para trás. Mão direita aberta, dedos unidos e esticados apontando para a frente, palma para cima. Mover a mão direita tocando sua lateral externa entre o indicador e o médio da mão esquerda, depois entre o médio e o anular e, por fim, entre o anular e o mínimo.
• ***Prazo:*** *Limite de tempo.*

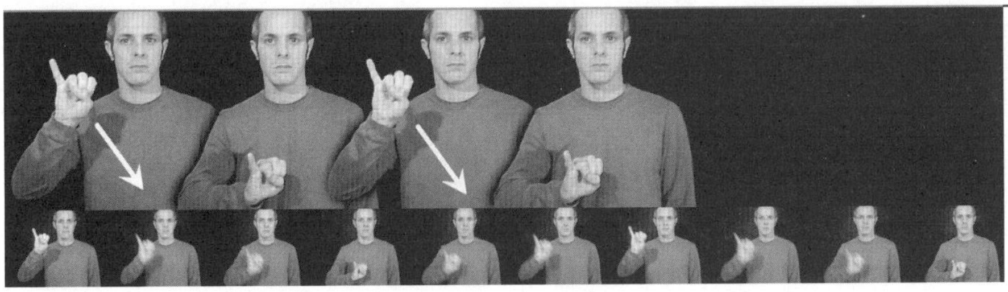

PRECIOSO – Mão em "I", palma para a frente. Posicionar a mão na altura do ombro e movê-la para baixo, em diagonal, voltando à posição inicial, duas vezes seguidas.
• ***Precioso:*** *Que ou aquele que tem muito valor monetário; de grande valor sentimental.*

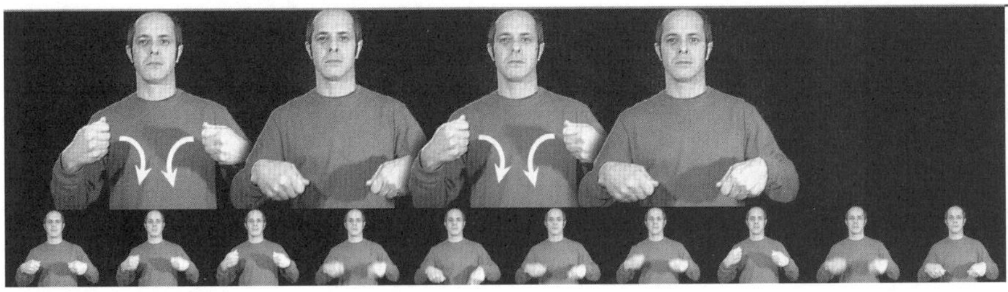

PRECISAR – Mãos em "A" com os dedos polegares apontando para cima, palmas para trás. Posicionar as mãos na altura do peito. Em seguida, movê-las simultaneamente para baixo, apontando os polegares para a mesma direção, duas ou três vezes.
• ***Precisar:*** *Ter necessidade de algo ou alguma coisa.* **Sinal igual:** CARECER, CARÊNCIA, INDISPENSÁVEL, NECESSÁRIO, NECESSIDADE, NECESSITAR

▪ **PRAZENTEIRO:** ALEGRE, SIMPATIA ▪ **PRECAUÇÃO:** CUIDADO ▪ **PRECAVER:** PREVENIR ▪ **PRECAVIDO:** CUIDADO ▪ **PRECE:** REZAR ▪ **PRECEITO:** LEI ▪ **PRECIPITADO:** IMPACIENTE ▪ **PRECIPITAR:** ANTES, CAIR ▪ **PRECISO:** CERTO

P

PRECONCEITO – Mão aberta, dedos unidos e esticados apontando para dentro, dedo polegar separado apontando para cima, palma para trás. Tocar a mão no corpo, na altura do estômago. Em seguida, deslizar a mão para cima, até a altura do coração, e mover a mão para a frente, virando a palma para cima.
• ***Preconceito:*** *Opinião ou sentimento desfavorável concebido sem maior conhecimento sobre o assunto ou pessoa.* **Sinal igual:** DISCRIMINAÇÃO

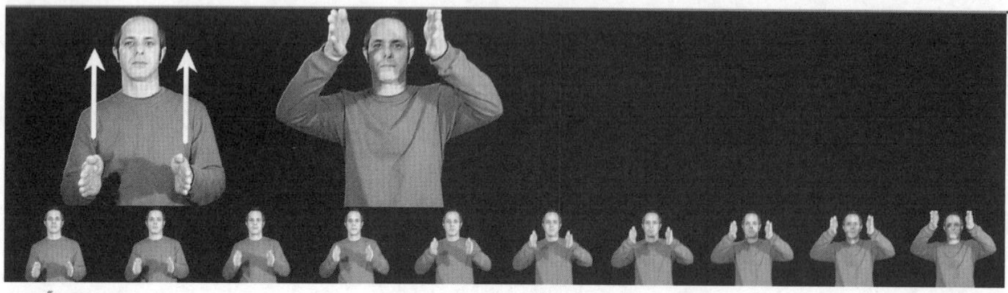

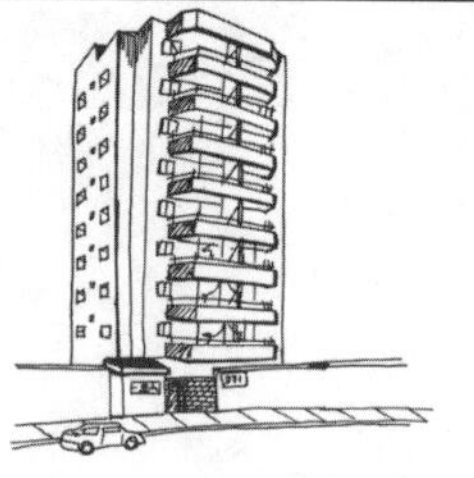

PRÉDIO – Mãos abertas, dedos unidos e esticados apontando para a frente, palmas para dentro. Posicionar as mãos na altura do estômago e movê-las simultaneamente para cima, até a altura da cabeça.
• ***Prédio:*** *Construção composta por diversos andares.* **Sinal igual:** ARRANHA-CÉU, EDIFICAÇÃO, EDIFÍCIO

PRÉ-ESCOLA – Fazer os sinais de "crianças" e de "estudar". Em seguida, digitar as letras "P", "R" e "E".
• ***Pré-escola:*** *Curso de iniciação escolar para crianças pequenas a fim de prepará-las para a escola.*

P

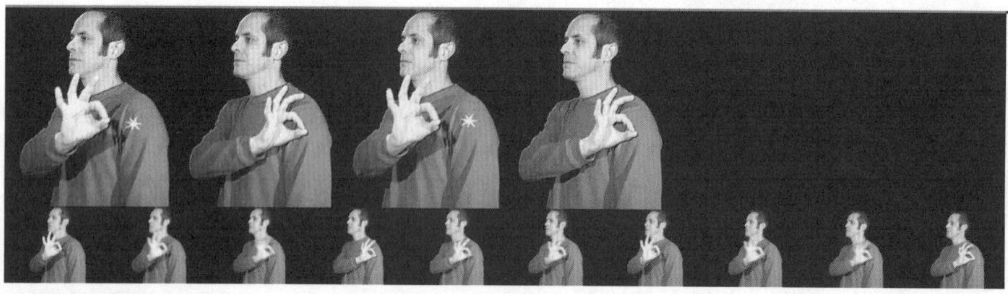

PREFEITURA – Mão direita aberta, dedos separados, indicador e polegar curvados e unidos pelas pontas. Tocar as laterais do indicador e do polegar na lateral do braço esquerdo, duas vezes.
• ***Prefeitura:*** *Poder executivo nos municípios.* **Sinal igual:** PREFEITO

PREGADOR – Fazer o sinal de "roupa". Depois, mão esquerda fechada com o dedo indicador esticado apontando para dentro, mão direita fechada com o indicador e o polegar esticados apontando para a frente. Posicionar a mão direita atrás e acima da esquerda. Em seguida, mover a mão direita segurando com as pontas dos dedos na base e depois na ponta do indicador esquerdo.
• ***Pregador:*** *Peça usada para se prender roupas no varal.* **Sinal igual:** PRENDEDOR DE ROUPAS

▪ **PREDILEÇÃO:** ESCOLHER ▪ **PREDILETO:** ESCOLHER ▪ **PREDIZER:** ADIVINHAR ▪ **PREFEITO:** PREFEITURA ▪ **PREFERÊNCIA:** ESCOLHER ▪ **PREFERIR:** ESCOLHER ▪ **PREGA:** DOBRAR ▪ **PREGÃO:** LEILÃO ▪ **PREGAR:** MARTELAR

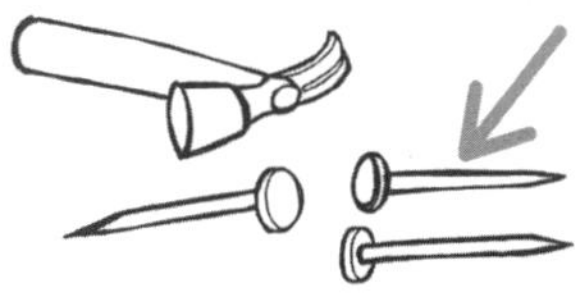

PREGO – Mão esquerda fechada, palma para baixo, braço dobrado horizontalmente na frente do corpo. Mão direita em "P", palma para trás. Posicionar a mão direita atrás da esquerda. Em seguida, mover a mão direita para a frente, batendo levemente o punho direito na lateral interna da mão esquerda, duas ou três vezes.
• ***Prego:*** *Peça de metal, pontiaguda de um lado e com cabeça de outro, que se crava na parede, em madeiras etc.*

PREGUIÇA – Dedos curvados e unidos pelas pontas, palma para dentro. Tocar a ponta do indicador na testa. Em seguida, mover a mão para a frente e para baixo, inclinando a mão horizontalmente.
• ***Preguiça:*** *Sentir desânimo para fazer alguma coisa.* **Sinal igual:** INDOLÊNCIA, LERDO, MOLEZA, MOROSIDADE, OCIOSIDADE, PREGUIÇOSO

PREJUDICAR – Mão fechadas e posicionadas horizontalmente, palmas para dentro. Unir as mãos na frente do corpo. Em seguida, mover as mãos simultaneamente para as laterais, virando as palmas para cima.
• ***Prejudicar:*** *Causar dano a alguém ou alguma coisa.* **Sinal igual:** DANIFICAR, DETRIMENTO, LESADO, LESAR, PREJUDICADO, PREJUDICIAL

PREJUÍZO – Mãos em "0" posicionadas horizontalmente, palmas para dentro. Unir as mãos pelas pontas dos dedos, na frente do corpo. Em seguida, movê-las simultaneamente para as laterais, virando as palmas para baixo e abrindo os dedos.
• ***Prejuízo:*** *Perda ou dano de qualquer espécie.*

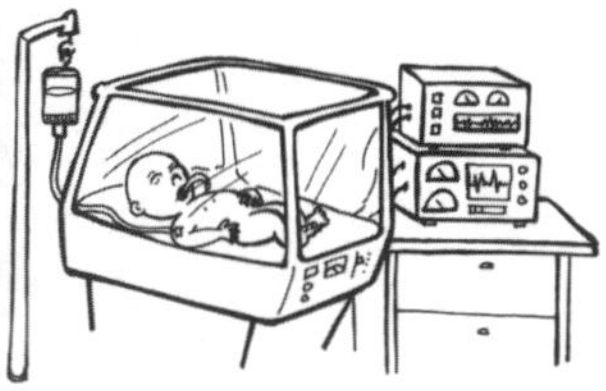

PREMATURO – Fazer os sinais de "nascer" e de "antes".
• ***Prematuro:*** *Bebê que nasce antes dos nove meses de gestação.* **Sinal igual:** PREMATURIDADE

▪ PREGRESSO: ANTES ▪ PREGUIÇOSO: PREGUIÇA ▪ PREITO: GLÓRIA ▪ PREJUDICADO: PREJUDICAR ▪ PREJUDICIAL: MAU, PREJUDICAR ▪ PRELEÇÃO: PALESTRA ▪ PREMATURIDADE: PREMATURO

P

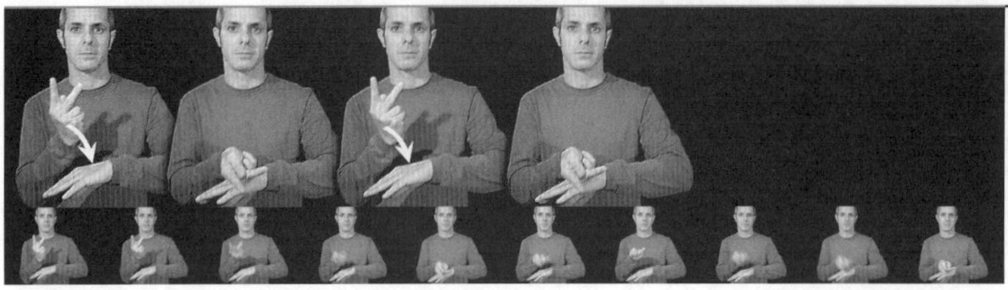

PRÊMIO – Mão esquerda aberta, palma para baixo. Mão direita em "P", palma para trás. Posicionar a mão direita atrás e acima da esquerda. Em seguida, movê-la para baixo, apontando os dedos indicador e médio para a frente e tocando-a, duas vezes, no dorso da mão esquerda.
• ***Prêmio:*** *Recompensa dada a quem vence em competição, jogo, concurso etc., ou por merecimento por ter executado determinada tarefa.*

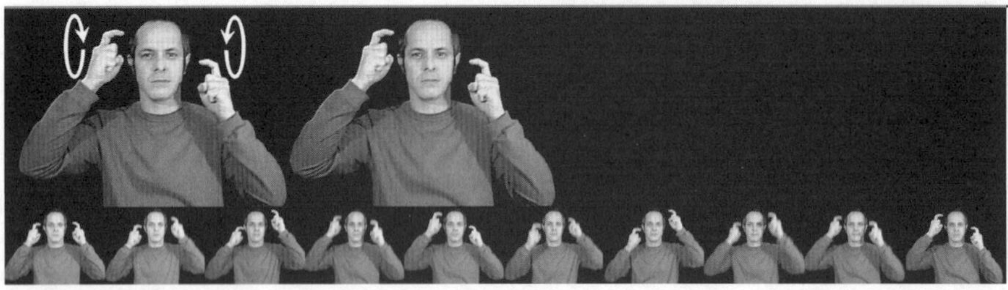

PREOCUPAÇÃO – Mãos fechadas com os dedos indicadores abertos e curvados, palmas para dentro. Posicionar as mãos nas laterais da cabeça. Em seguida, movê-las simultaneamente em círculos verticais, como o movimento dos pedais de uma bicicleta.
• ***Preocupação:*** *Perda da tranquilidade.* **Sinal igual:** APREENSÃO, APREENSIVO, CISMA, CISMADO, INQUIETAÇÃO, INQUIETO, PREOCUPADO, PREOCUPAR

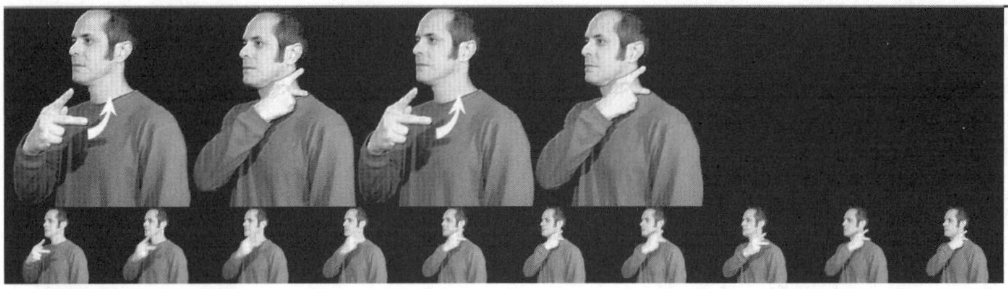

IGREJA
PRESBITERIANA
DO BRASIL

PRESBITERIANO – Mão direita em "P" com os dedos indicador e médio apontando para trás. Tocar duas vezes a mão no lado esquerdo do pescoço.
• ***Presbiteriano:*** *Aquele que frequenta uma Igreja Presbiteriana.*

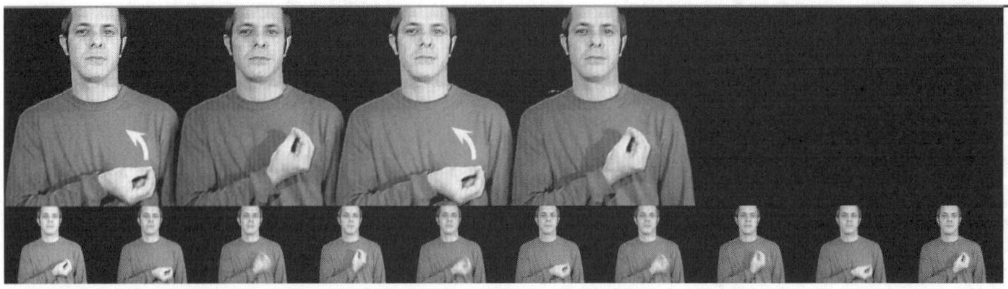

PRESENÇA – Dedos da mão direita unidos pelas pontas, palma para cima. Encostar a lateral externa da mão no peito, na região do coração. Em seguida, com gestos curtos, mover a mão para cima, duas ou três vezes, articulando o punho.
• ***Presença:*** *Fato de algo ou alguém estar em algum lugar.* **Sinal igual:** COMPARECIMENTO

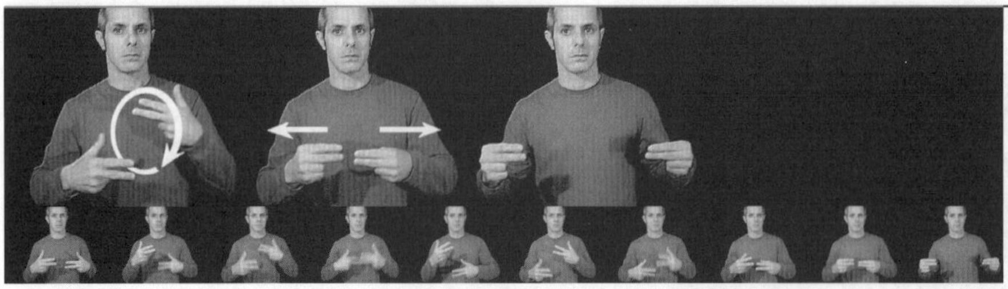

PRESENTE – Polegares, indicadores e médios esticados apontando para dentro, demais dedos dobrados, palmas para trás. Posicionar uma mão perto da outra e movê-las simultaneamente em círculos verticais, como o movimento dos pedais de uma bicicleta, completando duas voltas. Parar rapidamente as mãos, unindo o polegar, o indicador e o médio pelas pontas e mover as mãos para as laterais, como quem aperta um laço.
• ***Presente:*** *Qualquer objeto doado.* **Sinal igual:** BRINDE, OFERECIMENTO, OFERENDA, OFERTA, PRESENTEAR

▪ **PREMONIÇÃO:** ADIVINHAR ▪ **PRENDEDOR DE ROUPAS:** PREGADOR ▪ **PRENDER:** CADEIA, SEGURAR ▪ **PRENHA:** GRAVIDEZ ▪ **PRENHEZ:** GESTAÇÃO, GRAVIDEZ ▪ **PRENSAR:** IMPRENSAR ▪ **PREOCUPADO:** PREOCUPAÇÃO ▪ **PREOCUPAR:** PREOCUPAÇÃO ▪ **PREPARAR:** PLANEJAR ▪ **PRESAS:** DENTE ▪ **PRESENCIAR:** TESTEMUNHA ▪ **PRESENTEAR:** PRESENTE ▪ **PRESENTEMENTE:** AGORA ▪ **PRESIDÊNCIA:** PRESIDENTE ▪ **PRESIDENCIAL:** PRESIDENTE

P

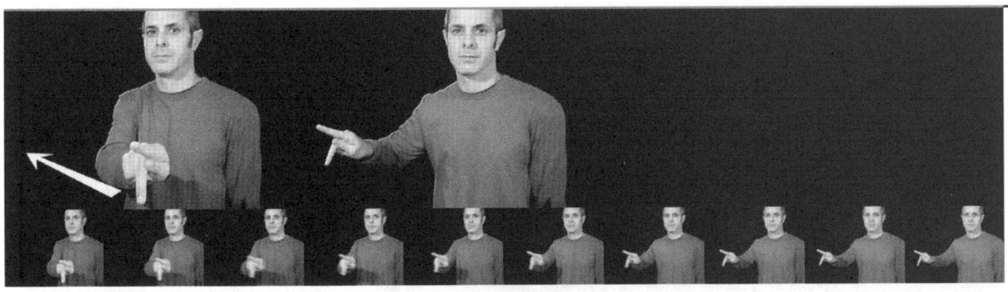

PRESIDENTE – Mão direita em "P" posicionada horizontalmente na frente do braço esquerdo, palma para baixo. Mover a mão para o lado direito.
• ***Presidente:*** *Aquele que dirige uma empresa, assembleia, país etc.* **Sinal igual:** PRESIDÊNCIA, PRESIDENCIAL

PRESIDENTE DA REPÚBLICA – Mão direita aberta, dedos unidos e esticados apontando para o ombro esquerdo, palma para cima. Encostar a lateral externa da mão no peito, abaixo do ombro esquerdo. Em seguida, deslizar diagonalmente a mão para baixo, até o lado direito da cintura.
• ***Presidente da República:*** *Aquele(a) que ocupa a presidência de um país.*

PRESIDIÁRIO – Fazer os sinais de "cadeia" e de "segurar" com as palmas para dentro.
• ***Presidiário:*** *Pessoa que está presa em casa de detenção.* **Sinal igual:** APRISIONADO, CÁRCERE, DETENTO, ENCARCERADO, PRESO

PRESSÃO – Mãos abertas, dedos separados e curvados, palmas para a frente. Posicionar as mãos na frente do corpo, uma perto da outra. Em seguida, movê-las simultaneamente e com gestos curtos, para a frente e para trás, duas ou mais vezes.
• ***Pressão:*** *Ato ou efeito de pressionar (alguém ou algo); constrangimento moral.*

PRESTAÇÃO – Fazer os sinais de "dinheiro", de "comprar" e de "repartir".
• ***Prestação:*** *Pagamento periódico de uma dívida.* **Sinal igual:** COTA, CREDIÁRIO, PARCELAS, QUOTA

P

▪ **PRESÍDIO:** CADEIA ▪ **PRESO:** PRESIDIÁRIO ▪ **PRESTAÇÃO:** MENSALIDADE ▪ **PRESTÍGIO:** PODER ▪ **PRESUNÇÃO:** ARROGANTE, CONVENCIDO ▪ **PRESUNÇOSO:** CONVENCIDO

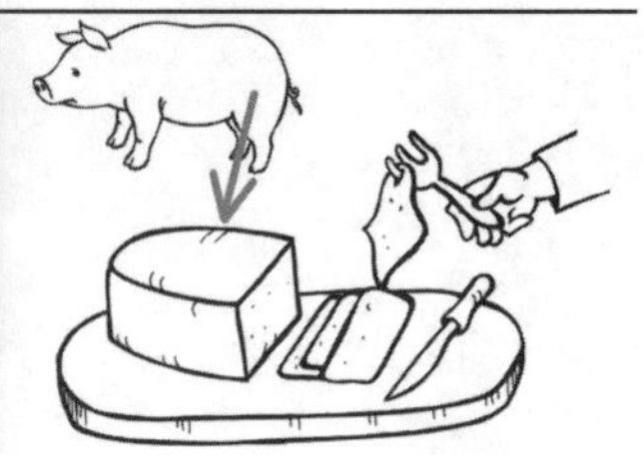

PRESUNTO – Mão esquerda em "C", palma para baixo. Mão direita aberta, dedos unidos e esticados apontando para a frente, palma para dentro. Posicionar a mão direita um pouco acima da esquerda e movê-la para baixo duas vezes, resvalando a palma na lateral interna da mão esquerda durante o percurso. Em seguida, fazer o sinal de "coxa".
• ***Presunto:*** *Carne de porco cozida.*

PRETO – Mão em "A", palma para a frente. Encostar o dorso do dedo indicador na lateral da testa, na região da têmpora. Em seguida, girar a mão, virando a palma para trás.
• ***Preto:*** *Da cor do piche ou do carvão.*

PREVENIR – Mão em "Y", palma para a frente. Encostar a ponta do dedo polegar na lateral da testa. Em seguida, com um gesto firme, mover a mão para a frente.
• ***Prevenir:*** *Antecipar alguma coisa ou acontecimento para evitar algum dano.* **Sinal igual:** PRECAVER, PREVENÇÃO

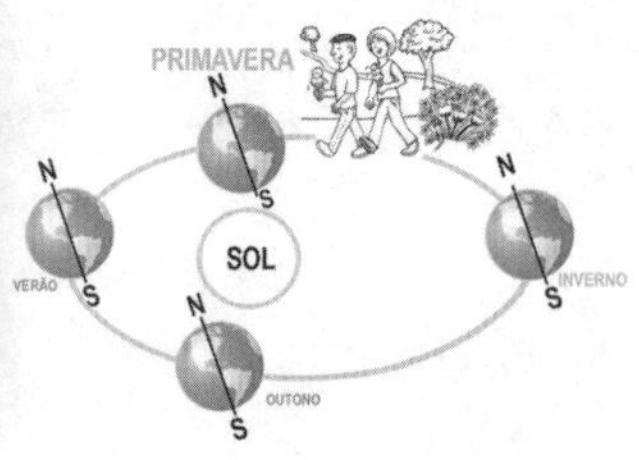

PRIMAVERA – Fazer os sinais de "mês" e de "flor".
• ***Primavera:*** *Estação do ano que antecede o verão.*

PRIMEIRAMENTE – Mão esquerda fechada com o dedo polegar esticado apontando para cima. Mão direita fechada com o indicador esticado apontando para a frente, palma para dentro. Mover a mão direita, virando a palma para trás, resvalando a ponta do indicador na do polegar esquerdo durante o percurso.
• ***Primeiramente:*** *Em primeiro lugar; inicialmente.*

▪ **PRETENDER:** DESEJAR, QUERO ▪ **PRETENSIOSO:** ARROGANTE ▪ **PRETÉRITO:** PASSADO ▪ **PREVARICAÇÃO:** ADULTÉRIO ▪ **PREVENÇÃO:** PREVENIR ▪ **PREVER:** ADIVINHAR ▪ **PREVIDÊNCIA:** CUIDADO ▪ **PREZAR:** GOSTAR ▪ **PRIMA:** PRIMO

PRIMEIRA VEZ – Mão esquerda aberta, dedos unidos apontando para a frente, palma para dentro. Mão direita fechada com o polegar esticado apontando para dentro, palma para baixo. Encostar a ponta do polegar direito na palma esquerda. Em seguida, girar a mão direita, ao redor do próprio eixo, apontando o polegar para cima.
• ***Primeira vez:*** *Situação em que acontece algo que nunca aconteceu antes.*

PRIMEIRO – Mão fechada com o dedo polegar esticado apontando para cima. Com gestos curtos, mover duas vezes a mão para cima.
• ***Primeiro:*** *Que acontece ou vem antes.*

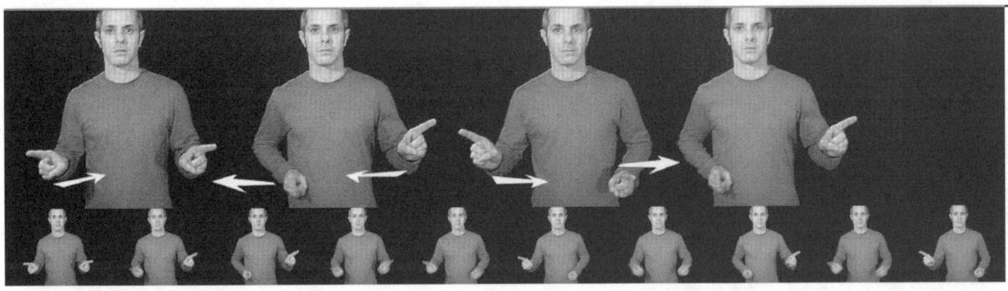

PRIMO – Mãos fechadas com os dedos indicadores esticados apontando para a frente, um pouco inclinados para fora, palmas para dentro. Posicionar as mãos na altura da cintura. Em seguida, mover as mãos simultaneamente e em sentidos opostos, para a frente e para trás, tocando os punhos nas laterais dos quadris, duas vezes.
• ***Primo:*** *O indivíduo em relação aos filhos(as) de seus tios ou tias.* **Sinal igual:** PRIMA

PRINCIPAL – Mão aberta, dedos unidos e esticados, palma para baixo. Tocar a ponta do indicador na lateral da testa. Em seguida, mover a mão para a frente.
• ***Principal:*** *Que tem maior importância.* **Sinal igual:** PRINCIPALMENTE

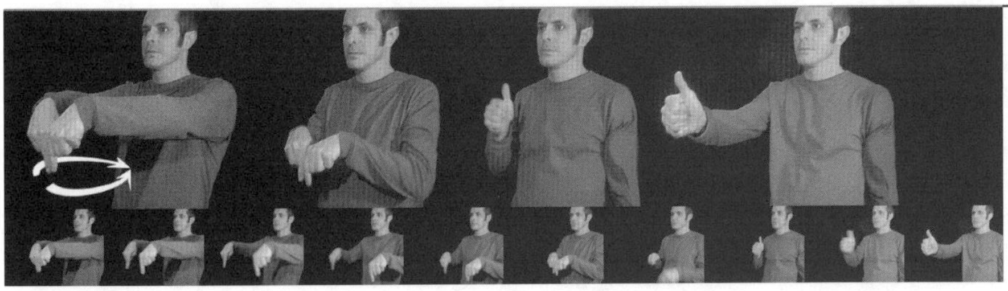

PRIVADA – Mãos fechadas com os dedos indicadores esticados apontando para baixo. Unir as mãos pelas laterais internas, um pouco afastadas do corpo. Em seguida, movê-las simultaneamente para trás, afastando uma da outra e unindo-as novamente. Depois, com a mão fechada e o polegar esticado apontando para cima, palma para dentro, mover a mão para a frente.
• ***Privada:*** *Vaso sanitário.* **Sinal igual:** VASO SANITÁRIO

▪ PRINCIPALMENTE: PRINCIPAL ▪ PRINCIPIAR: COMEÇAR ▪ PRINCÍPIO: COMEÇAR, LEI ▪ PRISÃO: CADEIA ▪ PRIVAÇÃO: CARÊNCIA ▪ PRIVADO: PESSOAL, SEGREDO ▪ PRIVAR: ABSTER ▪ PRIVATIVO: PESSOAL

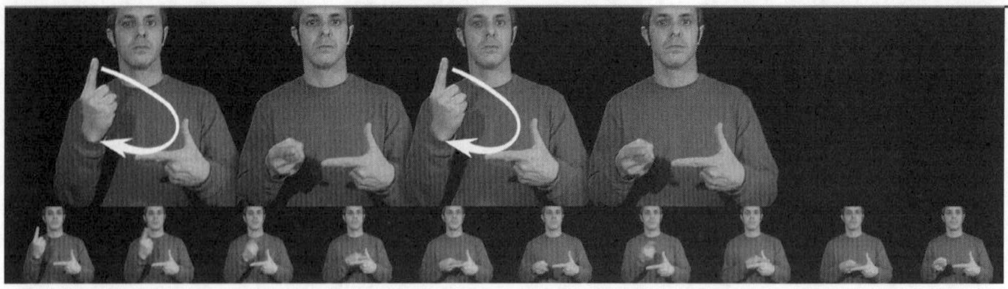

PROBLEMA – Mão esquerda em "L" com o indicador apontando para a frente, palma para dentro. Mão direita fechada com esse dedo esticado, palma para trás. Posicionar a mão direita um pouco acima da esquerda. Em seguida, mover a mão direita para a frente, deslizando a lateral do indicador sobre a lateral do mesmo dedo indicador da mão esquerda durante o percurso, duas ou três vezes.
• ***Problema:*** *Situação difícil, incômoda ou fora de controle.* **Sinal igual:** CRISE

PROCESSO JUDICIAL – Mão esquerda aberta, dedos unidos e esticados apontando para dentro, polegar separado, palma para dentro. Mão direita aberta, dedos unidos e esticados apontando para a frente, palma para cima. Posicionar as mãos diante do corpo. Em seguida, mover a mão direta para o lado esquerdo, encostando sua lateral na palma esquerda.
• ***Processo judicial:*** *Trâmite de uma questão legal no foro.*

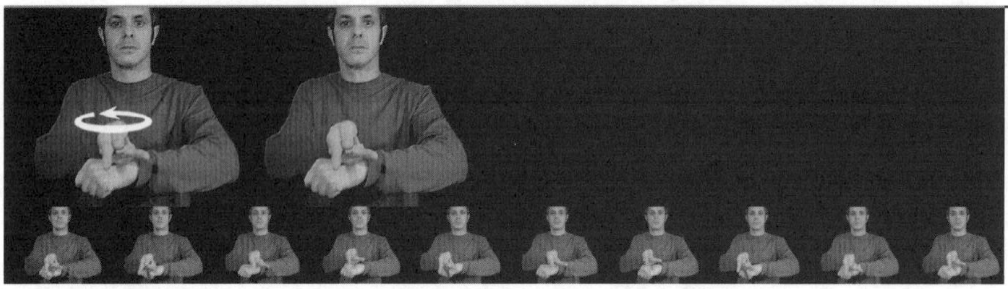

PROCURAR – Mão esquerda fechada, palma para baixo. Mão direita em "P", com os dedos indicador e médio apontando para a frente, palma para cima. Encostar o dorso da mão direita no da esquerda. Em seguida, deslizar a mão direita em pequenos círculos sobre a esquerda.
• ***Procurar:*** *Tentar encontrar algo ou alguém.* **Sinal igual:** AVERIGUAR, SONDAR

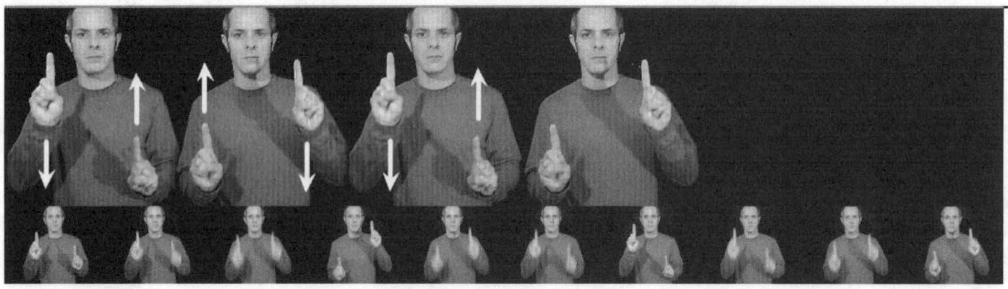

PRODUÇÃO – Mãos fechadas com os dedos indicadores esticados apontando para cima, palmas para a frente. Posicionar as mãos na frente do corpo, com a mão direita mais elevada que a esquerda. Em seguida, mover as mãos, simultaneamente e em sentidos opostos, para baixo e para cima, duas ou três vezes.
• ***Produção:*** *Aquilo que é produzido pelo homem ou pela máquina.*

PRODUZIR – Mãos abertas, dedos unidos e esticados apontando para dentro, palmas para trás. Posicionar as mãos na altura do peito, com a mão direita na frente da mão esquerda. Em seguida, mover as mãos alternadamente para a frente, passando uma por cima da outra, três vezes.
• ***Produzir:*** *Fazer ou fabricar alguma coisa.* **Sinal igual:** MANUFATURAR

▪ **PROBO:** HONESTO ▪ **PROCEDÊNCIA:** NASCER ▪ **PROCEDER:** FAZER, NASCER ▪ **PROCESSADOR:** LIQUIDIFICADOR ▪ **PRODIGIOSO:** MARAVILHOSO ▪ **PRODUTIVO:** EFICIENTE ▪ **PRODUZIR:** CRIAR, FAZER ▪ **PROEMINÊNCIA:** FAMOSO ▪ **PROEMINENTE:** FAMOSO, MARCANTE ▪ **PROFERIR:** FALAR

PROFESSOR – Mão direita em "P", com os dedos indicador e médio apontando para a frente, palma para dentro. Mover a mão para baixo duas vezes: uma no lado esquerdo e outra no direito.
• ***Professor:*** *Aquele que ensina; mestre.* **Sinal igual:** CAPACITADOR, MESTRE

PROFISSÃO – Fazer os sinais de "prática" e de "trabalhar".
• ***Profissão:*** *Trabalho feito para o sustento próprio ou da família.* **Sinal igual:** OCUPAÇÃO, OFÍCIO

PROFISSIONAL – Mão esquerda aberta, dedos unidos e esticados apontando para dentro, palma para baixo. Mão direita fechada com o polegar esticado apontando para cima. Apoiar a mão direita sobre a esquerda e deslizá-la em círculos.
• ***Profissional:*** *Aquele que exerce uma atividade remunerada.*

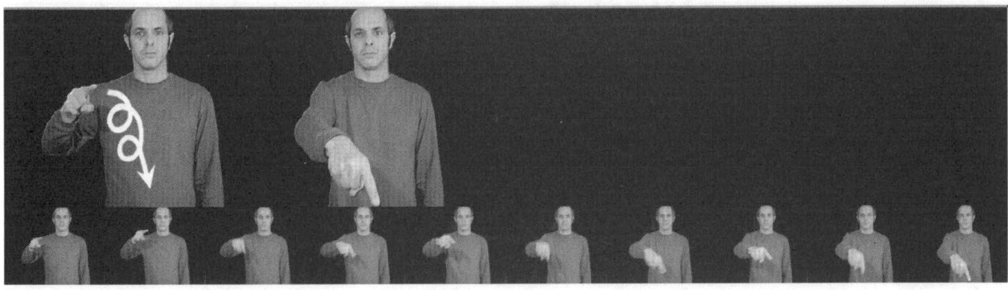

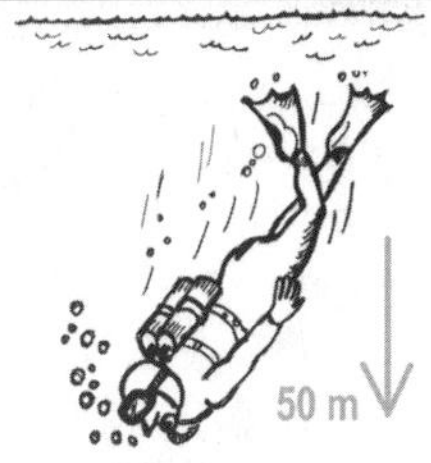

PROFUNDO – Mão fechada com o dedo indicador esticado apontando para a frente, palma para baixo. Posicionar a mão na altura do ombro. Em seguida, mover a mão para a frente e para baixo, descrevendo movimentos em espiral durante o percurso.
• ***Profundo:*** *Que está longe da superfície; de grande conhecimento.* **Sinal igual:** FUNDO, FUNDURA, PROFUNDAMENTE, PROFUNDIDADE

PROGRAMAÇÃO – Fazer os sinais de "papel" e de "listar".
• ***Programação:*** *Ordem de acontecimento em uma cerimônia; relação das matérias ministradas em determinado curso.* **Sinal igual:** PROGRAMA

P

▪ **PROFUNDAMENTE:** PROFUNDO ▪ **PROFUNDIDADE:** PROFUNDO ▪ **PROGENITOR:** PAI ▪ **PROGRAMA:** PROGRAMAÇÃO ▪ **PROGRAMAR:** AGENDA ▪ **PROGREDIR:** DESENVOLVER ▪ **PROGRESSO:** DESENVOLVER ▪ **PROIBIÇÃO:** PROIBIR ▪ **PROIBIDO:** PROIBIR

PROIBIR – Mão esquerda fechada com o dedo indicador esticado apontando para dentro, palma para trás. Mão direita fechada com o indicador esticado apontando para cima, palma para dentro. Posicionar a mão direita acima da esquerda. Em seguida, com um gesto firme, mover a mão direita para baixo, resvalando a ponta do indicador na do mesmo indicador do lado esquerdo durante o percurso.
• ***Proibir:*** *Não dar permissão.* **Sinal igual:** INDEFERIR, INTERDITAR, PROIBIÇÃO, PROIBIDO, PROIBITIVO, PROIBITÓRIO, PROSCREVER, VETAR, VETO

PROJETOR DE ESLAIDES – Mão esquerda aberta, dedos unidos e esticados apontando para dentro, palma para baixo, braço dobrado horizontalmente na frente do corpo. Mão direita fechada, palma para frente. Posicionar a mão direita um pouco acima da esquerda. Em seguida, com gestos rápidos, abrir a mão direita esticando os dedos para frente, duas vezes.
• ***Projetor de eslaides:*** *Equipamento que projeta uma imagem em parede ou tela própria para esse fim.* **Sinal igual:** PROJETAR

PROLONGADO – Fazer o sinal de "adiar" com uma das mãos.
• ***Prolongado:*** *De grande duração.* **Sinal igual:** DISTENDIDO, PRORROGADO

PROMETER – Mão aberta, dedos unidos e esticados apontando para cima, palma para a frente. Posicionar a mão na altura do ombro.
• ***Prometer:*** *Garantir a realização de algo para alguém.* **Sinal igual:** ASSEGURAR, ASSEVERAR, PROMESSA

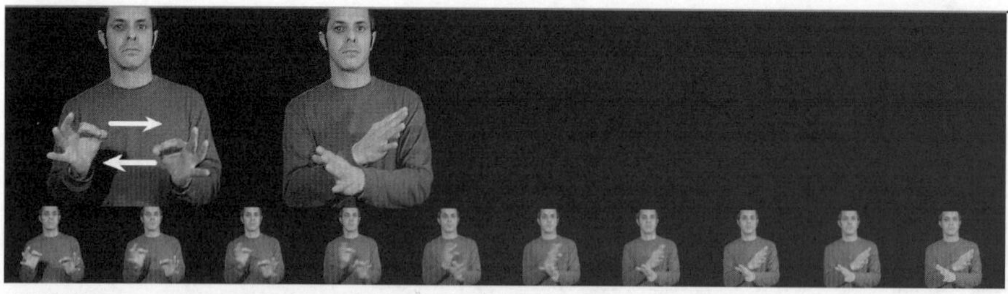

PRONTO – Mãos abertas, dedos esticados e separados apontando para a frente, indicadores e polegares curvados e unidos pelas pontas, palmas para dentro. Posicionar uma mão perto da outra, com a mão direita um pouco mais elevada. Em seguida, com um gesto rápido, mover simultaneamente a mão direita para o lado esquerdo e a esquerda para o lado direito, esticando os indicadores e os polegares.
• ***Pronto:*** *Que está terminado, feito; que está em condições de ser utilizado.* **Sinal igual:** ACABADO, CONCLUÍDO, DISPONÍVEL, TERMINADO

▪ PROIBITIVO: PROIBIR ▪ PROIBITÓRIO: PROIBIR ▪ PROJETAR: PLANEJAR, PROJETOR DE ESLAIDES ▪ PROJÉTIL: BALA DE REVÓLVER ▪ PROJETO: PLANEJAR ▪ PROLONGADO: COMPRIDO ▪ PROLONGAR: CONTINUAR ▪ PROMESSA: PROMETER ▪ PRONUNCIAR: FALAR ▪ PROPAGANDA: ANUNCIAR ▪ PROPAGANDISTA: ANUNCIAR ▪ PROPAGAR: ESPALHAR ▪ PROPENSÃO: VOCAÇÃO ▪ PROPÍCIO: PROSPERAR ▪ PROPOR: PROPOSTA ▪ PROPORÇÃO: PORCENTAGEM ▪ PROPORCIONAR: OFERECER ▪ PROPOSIÇÃO: PROPOSTA

PROPOSTA – Mão esquerda aberta, dedos unidos e esticados apontando para cima, palma para dentro. Mão direita aberta, dedos unidos e esticados apontando para a frente, palma para baixo. Mover a mão direita para o lado esquerdo, tocando sua lateral interna nos dedos da mão esquerda, depois mais para baixo, tocando na palma esquerda, novamente, um pouco mais para baixo, na base da palma esquerda.

• ***Proposta:*** *Apresentar uma ideia ou projeto para ser avaliado ou aprovado.* **Sinal igual:** PROPOR, PROPOSIÇÃO, SUGERIR, SUGESTÃO

PRÓPRIO – Mão esquerda aberta, dedos unidos e esticados apontando para cima, palma para dentro. Mão direita em "P" com os dedos apontando para a frente. Mover a mão direita, tocando o indicador e o médio na palma esquerda, duas ou três vezes.

• ***Próprio:*** *Que pertence a alguém ou alguma coisa.* **Sinal igual:** ESPECÍFICO, PERTINENTE, TÍPICO

PRORROGAR – Mãos abertas, dedos unidos e esticados apontando para dentro, com os polegares separados apontando para cima, palmas para trás. Posicionar a mão direita diante da esquerda. Em seguida, mover a mão direita para a frente, descrevendo um leve arco durante o percurso.

• ***Prorrogar:*** *Fazer durar além do tempo estabelecido; adiar o término.*

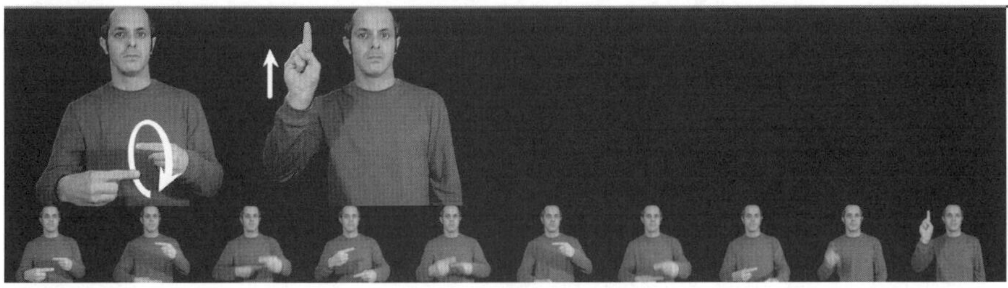

PROSPERAR – Mãos fechadas com os dedos indicadores esticados apontando para dentro. Posicionar uma mão um pouco acima da outra e movê-las simultaneamente em círculos verticais, como o movimento dos pedais de uma bicicleta. Em seguida, com uma das mãos, apontar para cima.

• ***Prosperar:*** *Ter sucesso em alguma coisa.* **Sinal igual:** PROPÍCIO, PRÓSPERO

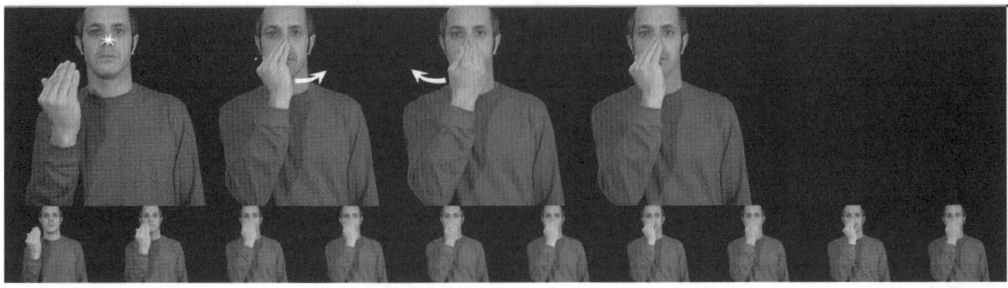

PROSTITUTA – Mão aberta e levemente dobrada, dedos unidos e esticados, palma para trás. Encostar as pontas dos dedos na extremidade do nariz e mover a mão, girando-a ao redor do próprio eixo, virando a palma de um lado para outro, duas ou mais vezes.

• ***Prostituta:*** *Mulher que tem relações sexuais por dinheiro.* **Sinal igual:** MERETRIZ, PROSTITUIÇÃO, QUENGA, RAMEIRA

▪ **PROPRIETÁRIO:** DONO ▪ **PRORROGADO:** PROLONGADO ▪ **PROSCREVER:** PROIBIR ▪ **PRÓSPERO:** PROSPERAR ▪ **PROSSEGUIMENTO:** CONTINUAR ▪ **PROSSEGUIR:** CONTINUAR ▪ **PROSTITUIÇÃO:** PROSTITUTA ▪ **PROSTRADO:** ABATIDO

P

PROTEÇÃO – Mão esquerda fechada com o dedo indicador esticado apontando para dentro, palma para trás. Mão direita aberta, dedos unidos e esticados apontando para cima, palma para trás. Posicionar as mãos na altura do rosto, com a mão esquerda entre o rosto e a mão direita. Em seguida, mover a mão direita para trás em direção ao rosto, tocando o punho direito do indicador esquerdo duas vezes.
• ***Proteção:*** *Aquilo que serve para abrigar, proteger.*

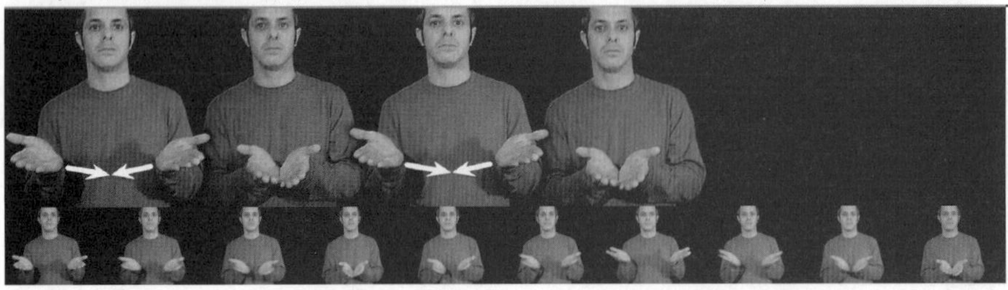

PROTESTANTE – Mãos abertas, dedos unidos e esticados apontando para a frente, polegares separados, palmas para cima. Posicionar as mãos na altura do peito, levemente inclinadas (foto 1). Em seguida, mover simultaneamente as mãos, tocando uma na outra pelas laterais externas, duas vezes.
• ***Protestante:*** *Pertencente ao protestantismo; crente.*

PROVA – Mãos abertas, dedos unidos e esticados apontando para dentro (levemente inclinadas para cima), polegares separados apontando para cima, palmas para trás. Posicionar as mãos na altura do peito, uma na frente da outra. Em seguida, mover simultaneamente as mãos, apontando os dedos para baixo.
• ***Prova:*** *Exame escolar escrito.*

PROVAR – Mãos abertas, dedos unidos e esticados apontando para cima, mão esquerda com a palma para a frente e direita com a palma para trás. Posicionar as mãos um pouco distantes uma da outra, com as palmas frente a frente. Em seguida, mover simultaneamente as mãos, unindo-as.
• ***Provar:*** *Demonstrar a veracidade de algo através de documentos, fatos e/ou testemunhas.* **Sinal igual:** CONCLUDENTE

PROVIDENCIAR – Mãos em "L", com os dedos indicadores apontando para a frente, palmas para baixo. Posicionar as mãos perto do corpo, na altura do peito. Em seguida, mover as mãos simultaneamente para a frente, apontando os indicadores para baixo e virando as palmas para trás.
• ***Providenciar:*** *Tomar as medidas para a realização de algo; fornecer algo para a realização de alguma coisa.*

▪ **PROTEGER:** CUIDAR ▪ **PROTELADO:** ADIAR ▪ **PROTELAR:** ADIAR ▪ **PRÓTESE AUDITIVA:** IMPLANTE COCLEAR ▪ **PRÓTESE DENTÁRIA:** DENTADURA ▪ **PROTESTAR:** RECLAMAR ▪ **PROTESTO:** PASSEATA ▪ **PROVAR O SABOR:** EXPERIMENTAR, PALADAR ▪ **PROVÁVEL:** POSSÍVEL ▪ **PROVEITO:** APROVEITAR ▪ **PROVER:** SERVIR ▪ **PROVIR:** NASCER ▪ **PROVOCAÇÃO:** PROVOCAR

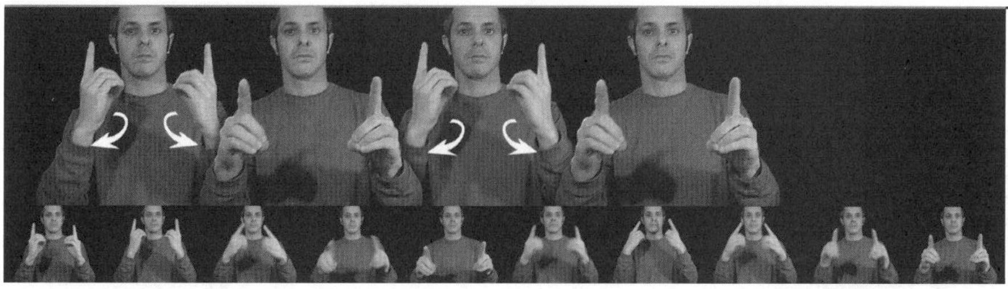

PROVOCAR – Mãos em "D", palmas para dentro. Com gestos rápidos, mover simultaneamente as mãos virando a palmas para a frente, duas vezes.
• ***Provocar:*** *Desafiar alguém para um confronto; estimular um combate.* **Sinal igual:** DESAFIAR, INCITAÇÃO, INCITAR, INSTIGAR, PROVOCAÇÃO

PSICOLOGIA – Mãos abertas, dedos unidos e esticados. Mão esquerda com a palma para trás, apontando para a lateral da cabeça. Mão direita com a palma para cima, apontando para a frente. Mover as mãos simultaneamente e em sentidos opostos, para frente e para trás, invertendo as posições, duas ou três vezes.
• ***Psicologia:*** *Ciência que estuda os fenômenos mentais e comportamentais do ser humano.* **Sinal igual:** PSICOLOGICAMENTE, PSICÓLOGO, PSIQUIATRA, PSIQUIATRIA

PUBLICAR – Fazer os sinais de "fazer" e de "livro".
• ***Publicar:*** *Reproduzir obra escrita através de impressão gráfica.* **Sinal igual:** PUBLICAÇÃO

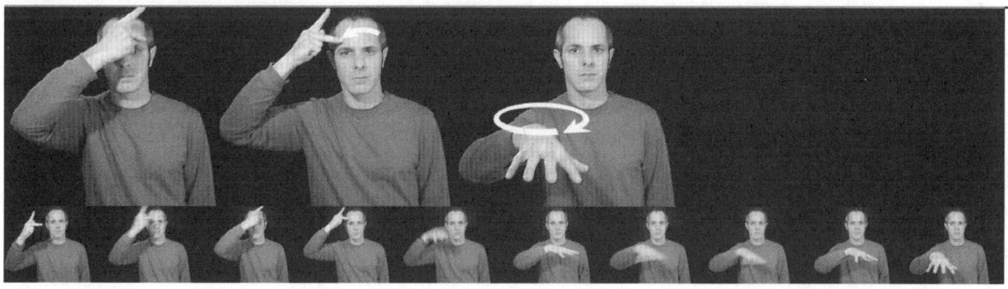

PÚBLICO – Fazer o sinal de "pessoa". Em seguida, com a mão aberta e a palma para baixo, mover a mão em círculos horizontais, completando duas voltas.
• ***Público:*** *Grupo de pessoas que assistem a um espetáculo ou evento.*

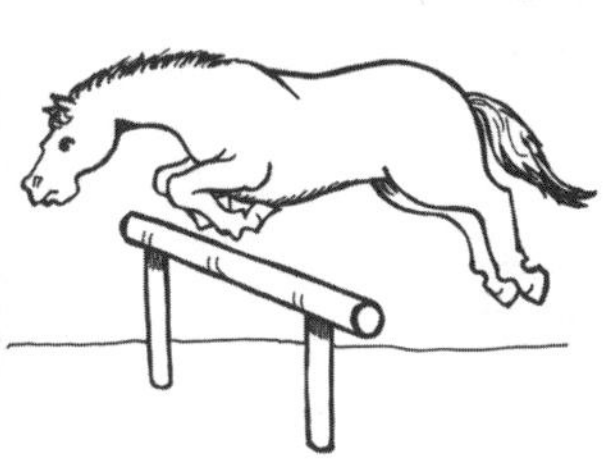

PULAR – Fazer o sinal de "em pé", movendo a mão para cima, uma ou duas vezes, como se estivesse pulando, dobrando um pouco o indicador e o médio entre cada "pulo".
• ***Pular:*** *Dar saltos.* **Sinal igual:** PULO

▪ PROXIMAMENTE: APROXIMADAMENTE ▪ PRÓXIMO: SEGUINTE ▪ PRUDÊNCIA: RAZÃO ▪ PSICOLOGICAMENTE: PSICOLOGIA ▪ PSICÓLOGO: PSICOLOGIA ▪ PSIQUIATRA: PSICOLOGIA ▪ PSIQUIATRIA: PSICOLOGIA ▪ PUBLICAÇÃO: EDITAR, PUBLICAR ▪ PUBLICAR: EDITAR ▪ PUBLICIDADE: ANUNCIAR ▪ PUBLICITÁRIO: ANUNCIAR ▪ PUDOR: VERGONHA ▪ PUGILISMO: BOXE ▪ PUGILISTA: BOXE ▪ PUGNAR: LUTAR

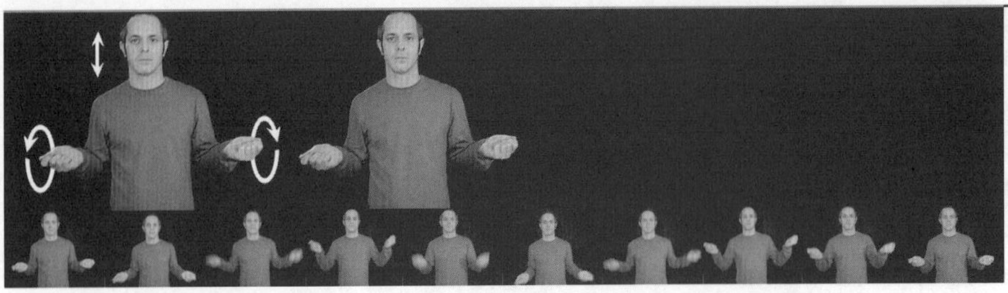

PULAR CORDA – Mãos em "A", palmas para cima. Posicionar as mãos nas laterais do corpo. Em seguida, movê-las simultaneamente, girando-as para a frente, imitando o gesto de quem pula corda. Erguer um pouco o corpo, acompanhando cada giro das mãos.
• ***Pular corda:*** *Saltar usando corda.*

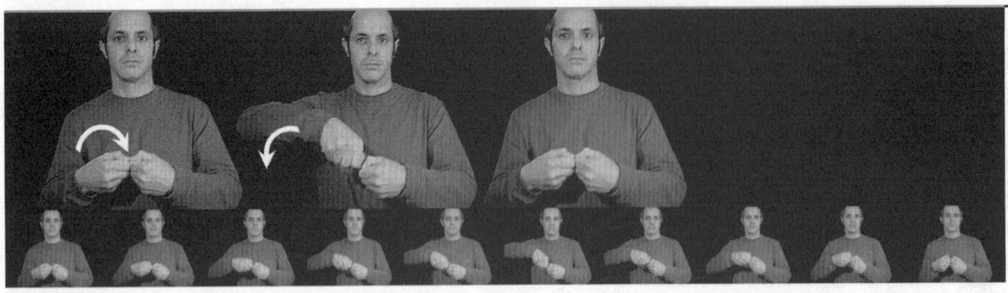
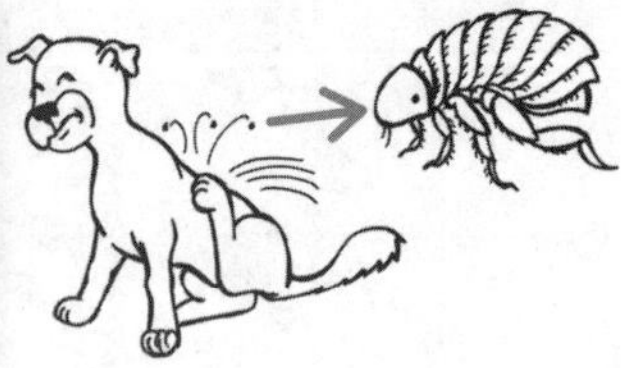

PULGA – Mãos em "A", palmas para trás. Unir as mãos pelas pontas dos polegares. Em seguida, mover uma das mãos, inclinando-a sobre a outra, imitando o gesto de quem espreme uma pulga.
• ***Pulga:*** *Inseto parasita que se alimenta de sangue.*

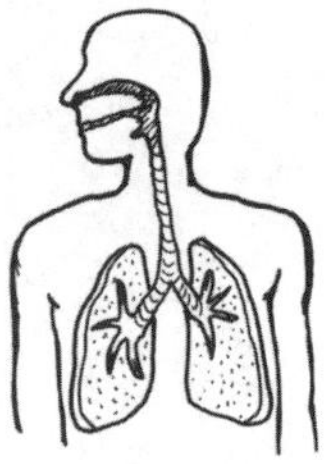

PULMÃO – Mão direita aberta, dedos unidos e esticados, palma para trás. Mover a mão para trás, passando-a por cima do ombro esquerdo, tocando duas vezes nas costas.
• ***Pulmão:*** *Principal órgão do sistema respiratório.* **Sinal igual:** PULMONAR

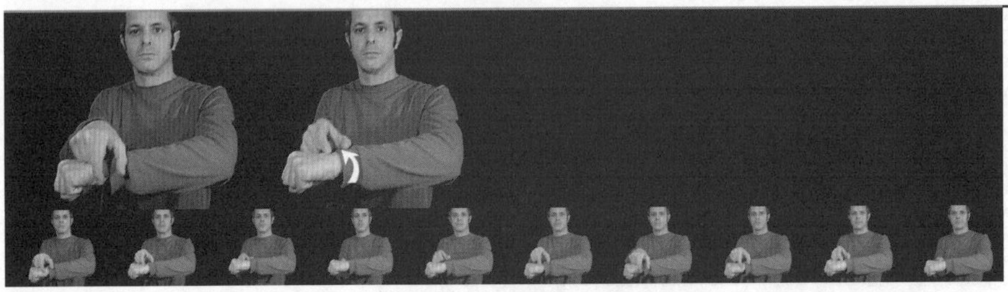
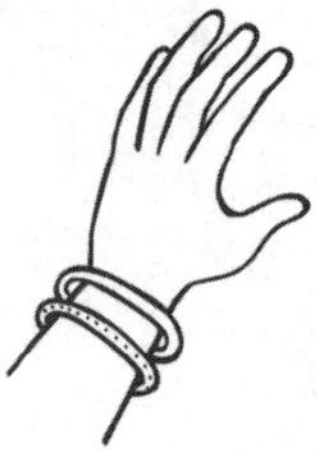

PULSEIRA – Mão esquerda fechada, palma para baixo. Mão direita fechada com os dedos indicador e polegar esticados e suas pontas perto uma da outra. Tocar as pontas dos dedos da mão direita na lateral externa do punho esquerdo. Em seguida, deslizar as pontas dos dedos para a lateral interna do punho esquerdo, passando por cima do braço.
• ***Pulseira:*** *Objeto de adorno que se leva no pulso.* **Sinal igual:** BRACELETE

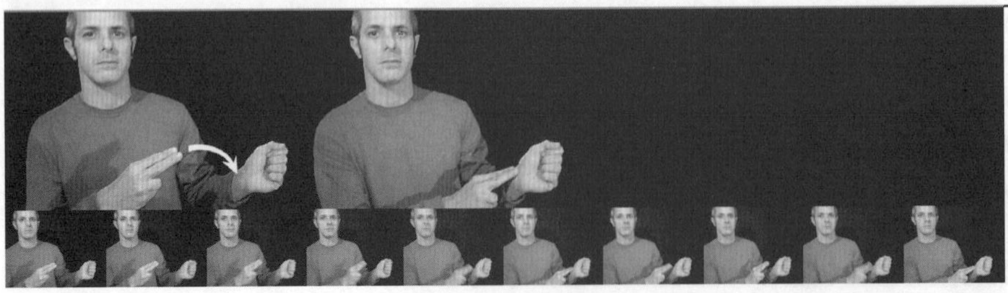
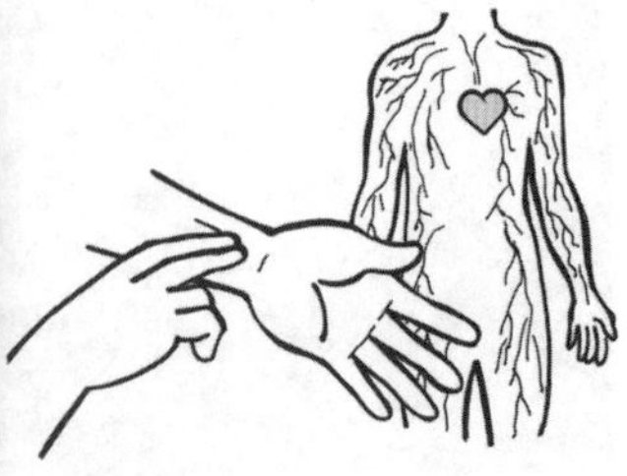

PULSO – Mão esquerda fechada, palma para cima. Mão direita em "U", palma para baixo. Tocar as pontas dos dedos da mão direita no punho esquerdo.
• ***Pulso:*** *Batimento arterial percebido pelos dedos ou registrado por aparelho apropriado, geralmente na região inferior do antebraço, junto à mão.*

▪ **PULMONAR:** PULMÃO ▪ **PULO:** PULAR

PUNHO – Mão direita fechada, palma para trás, braço dobrado verticalmente. Segurar firmemente o punho direito com a mão esquerda e movê-lo para a frente e para trás, uma ou duas vezes.
• ***Punho:*** *A mão fechada; a região do pulso.* **Sinal igual:** MUNHECA

PUXAR – Mão fechada, palma para baixo. Posicionar a mão longe do corpo, com o braço esticado para a frente. Em seguida, com um gesto firme, mover a mão para trás, aproximando-a do peito.
• ***Puxar:*** *Empregar a força para trazer algo para perto de si.* **Sinal igual:** ESTICAR

▪ **PUNIÇÃO:** CASTIGO ▪ **PUNIR:** CASTIGO ▪ **PUSILÂNIME:** COVARDE ▪ **PUXAR O SACO:** BAJULAR

ndicador e polegar unidos e esticados apontando para baixo, demais dedos fechados, palma para trás. Décima sétima etra do alfabeto. Indicador e polegar unidos e esticados apontando para baixo, demais dedos fechados, palma para trás. Décima sétima letra do alfabeto. Indicador e polegar unidos e esticados apontando para baixo, demais dedos fechados, palma para trás.

beto. Indicado

dos apontand

fechados, palma para trás. Décima sétima letra do alfabeto. Indicador e polegar unidos e esticados apontando para baixo, demais dedos fechados, palma para trás. Décima sétima letra do alfabeto. Indicador e polegar unidos e esticados apontando para baixo, demais dedos fechados, palma para trás. Décima sétima letra do alfabeto. Indicador e polegar unidos e esticados apontando para baixo, demais

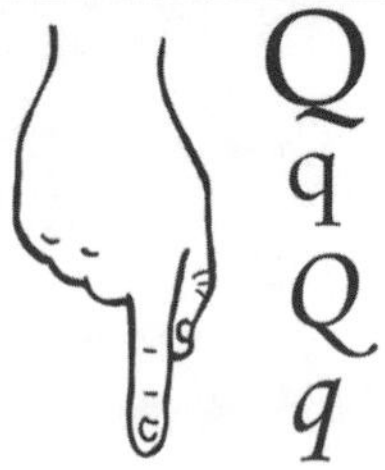

Q – Indicador e polegar unidos e esticados apontando para baixo, demais dedos fechados, palma para trás.
• ***Q:*** *Décima sétima letra do alfabeto.*

QUADRADO – Mãos fechadas com os dedos indicadores esticados apontando para a frente, palmas para baixo. Unir as mãos pelas laterais internas. Em seguida, mover a mão direita desenhando a forma de um quadrado na vertical, terminando o movimento na posição inicial.
• ***Quadrado:*** *Figura geométrica que tem quatro lados iguais.* **Sinal igual:** QUADRILÁTERO

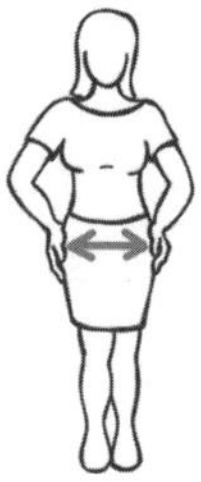

QUADRIL – Mãos abertas, dedos unidos e esticados, polegares separados. Posicionar as mãos nas laterais dos quadris. Em seguida, movê-las simultaneamente tocando-as nos quadris, duas vezes seguidas.
• ***Quadril:*** *Parte lateral do corpo entre a cintura e a parte superior das coxas.*

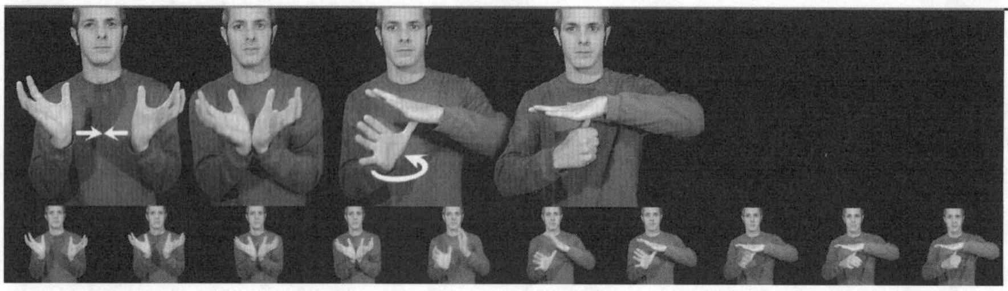

QUADRILHA – Fazer os sinais de "grupo" e de "ladrão".
• ***Quadrilha:*** *Grupo de ladrões ou malfeitores.*

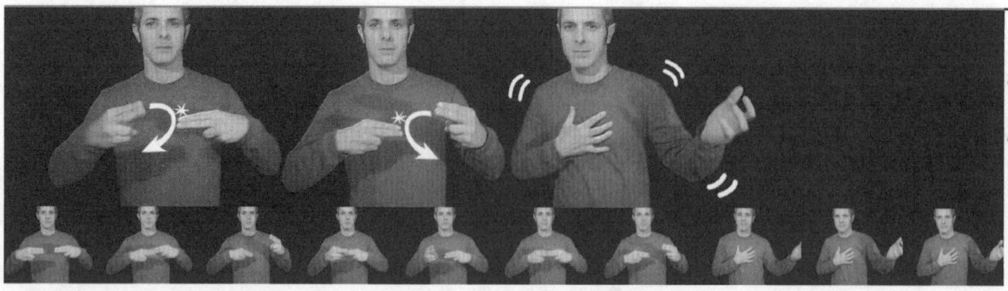

QUADRILHA CAIPIRA – Fazer o sinal de "junho" (sem o sinal de "mês") e de "baile".
• ***Quadrilha caipira:*** *Dança popular brasileira típica de festa junina.*

Q

▪ **QUADRA:** ÁREA ▪ **QUADRICULADO:** XADREZ ▪ **QUADRILÁTERO:** QUADRADO ▪ **QUADRINHOS:** GIBI

QUADRO – Mãos em "L", palmas para a frente. Posicionar as mãos um pouco abaixo da altura do peito. Em seguida, movê-las para cima e para a frente, imitando o gesto de quem coloca um quadro na parede.
• ***Quadro:*** *Trabalho artístico de pintura fixado a uma moldura.* **Sinal igual:** PINTURA

QUAL – Mãos em "1", palmas para trás. Mover as mãos alternadamente para cima e voltar à posição inicial, duas vezes.
• ***Qual:*** *Refere-se a alguma coisa ou pessoa dentre outras.*

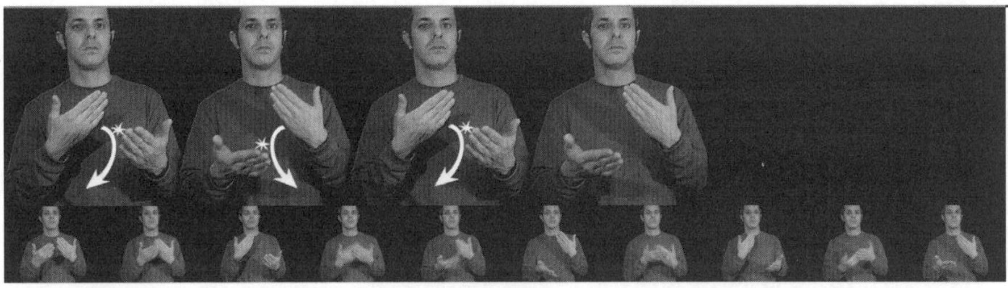

QUALQUER – Mãos abertas, dedos unidos e esticados, polegares separados, palmas para trás. Posicionar as mãos conforme a foto 1. Em seguida, movê-las simultaneamente e em sentidos opostos, para a frente e para trás, batendo uma na outra no meio de cada percurso.
• ***Qualquer:*** *Designativo de pessoa, lugar, objeto ou tempo.* **Sinal igual:** INDETERMINADO, INDISCRIMINADO, TANTO

QUANDO(?) – Mão aberta, dedos unidos e esticados apontando para cima, palma para a frente. Girar a mão (para cima e para trás) articulando o punho, terminando o movimento com a palma virada para trás. Erguer um pouco a cabeça, fazendo uma expressão interrogativa durante o movimento.
• ***Quando(?):*** *Em que ocasião; em que momento.*

QUANTO(?) – Mão fechada, palma para trás. Abrir os dedos, um a um, começando pelo mínimo até o polegar. Erguer um pouco a cabeça, fazendo uma expressão interrogativa durante o movimento.
• ***Quanto(?):*** *Que quantidade de alguma coisa.* **Sinal igual:** ALGUM, QUANTIDADE

Q

▪ **QUADRO-NEGRO:** LOUSA ▪ **QUALIDADE:** TIPO ▪ **QUANTIDADE:** QUANTO ▪ **QUANTO A:** SOBRE

QUARTA-FEIRA – Mão em "4". Com gestos curtos, balançar a mão de um lado para outro, três ou mais vezes.
• ***Quarta-feira:*** *Dia da semana.*

QUARTEL – Fazer os sinais de "sala" e de "soldado".
• ***Quartel:*** *Local destinado a abrigar militares.*

QUARTO – Fazer o sinal de "sala". Em seguida, inclinar a cabeça, apoiando-a em uma das mãos.
• ***Quarto:*** *Cômodo de uma casa onde se dorme.* **Sinal igual:** APOSENTO, DORMITÓRIO

QUATRO – Mão aberta, dedos esticados e separados, polegar fechado, palma para trás.
• ***Quatro:*** *Número cardinal logo acima do 3.*

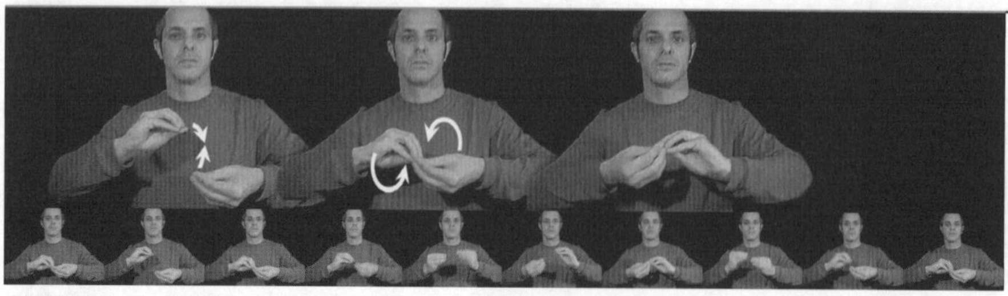

QUEBRA-CABEÇA – Dedos levemente curvados e unidos pelas pontas. Mão direita com a palma para baixo e mão esquerda com a palma para cima. Unir as mãos pelas pontas dos dedos. Em seguida, movê-las simultaneamente, trocando-as de posição, duas vezes.
• ***Quebra-cabeça:*** *Jogo infantil que consiste em encaixar peças para se formar determinada imagem.*

▪ **QUASE:** POUCO ▪ **QUEBRADO:** QUEBRAR

QUEBRAR – Mãos fechadas em "S", palmas para baixo. Unir as mãos pelas laterais internas. Em seguida, com um gesto firme, movê-las simultaneamente para as laterais, virando as palmas para cima.

• ***Quebrar:*** *Reduzir a pedaços; romper.* **Sinal igual:** AVARIAR, DANIFICAR, DESTRUÍDO, ESTRAGADO, ESTRAGAR, FENDIDO, FRAGMENTADO, FRAGMENTAR, FRATURADO, INUTILIZAR, PARTIR, QUEBRADO, RACHADO, RACHAR, ROMPER, RUPTURA

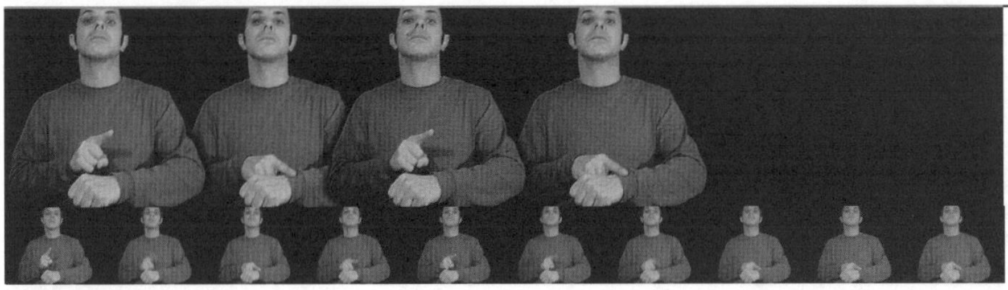
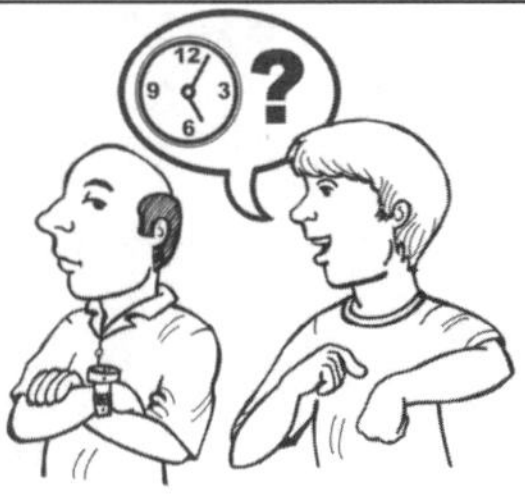

QUE HORAS SÃO? – Mão esquerda fechada, palma para baixo. Mão direita fechada com o indicador esticado, palma para baixo. Bater duas ou três vezes a ponta do indicador direito no dorso da mão esquerda.

• ***Que horas são?:*** *Pergunta que se faz para saber as horas.* **Sinal igual:** DURAÇÃO, MOMENTO, PERÍODO, TEMPO

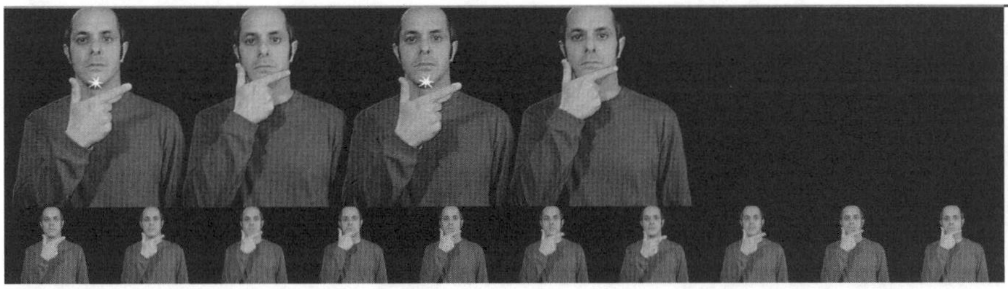

QUEIJO – Mão em "L" com o dedo indicador apontando para dentro, palma para trás. Tocar o espaço entre os dedos indicador e polegar na ponta do queixo, duas ou três vezes.

• ***Queijo:*** *Alimento produzido da nata do leite.*

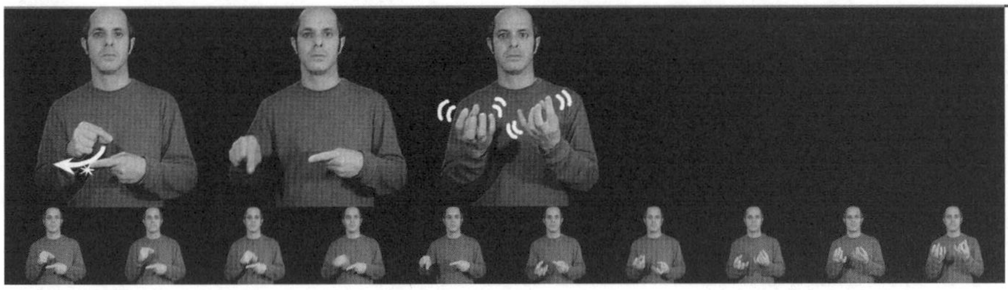
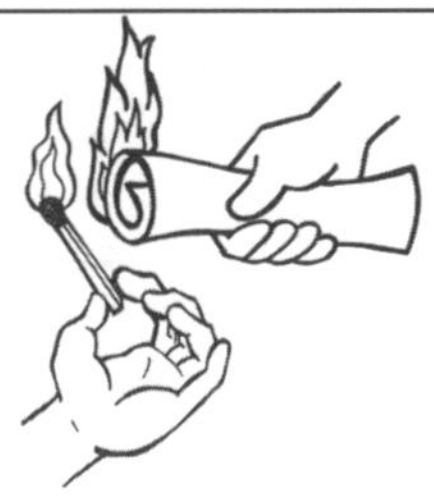

QUEIMAR – Fazer os sinais de "palito de fósforo" e de "fogo".

• ***Queimar:*** *Destruir pelo fogo; incinerar.* **Sinal igual:** CARBONIZAR, TORRAR, TOSTAR

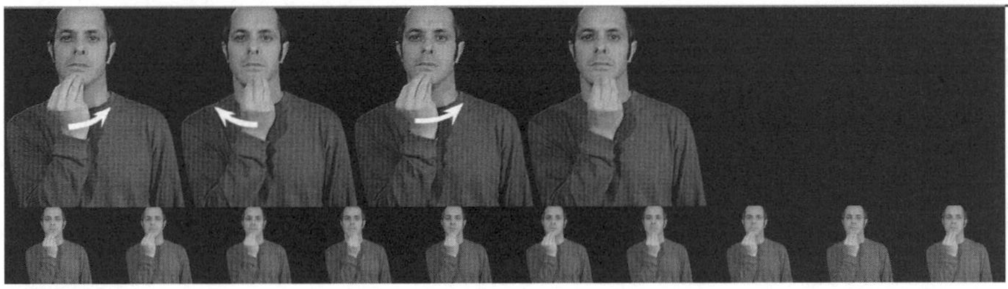
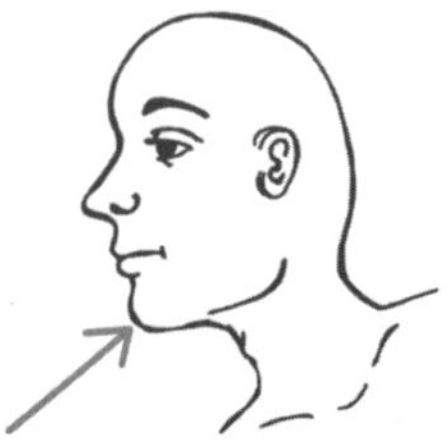

QUEIXO – Dedos esticados e unidos pelas pontas. Tocar as pontas dos dedos na extremidade do queixo, sem desencostá-las durante o movimento, e deslocar a mão de um lado para outro.

• ***Queixo:*** *Extremidade inferior do rosto; mandíbula.*

Q

▪ **QUEDA:** CAIR ▪ **QUEDA D'ÁGUA:** CACHOEIRA ▪ **QUEDA DE BRAÇO:** BRAÇO DE FERRO

QUEM – Mão fechada com os dedos indicador e polegar abertos e unidos pelas pontas, palma para a frente. Com gestos curtos, mover a mão para a frente e voltar à posição inicial, duas vezes. Erguer um pouco a cabeça fazendo uma expressão interrogativa durante o movimento.
• ***Quem:*** *Qual pessoa?*

QUENTE – Mão direita em "C", palma para dentro. Posicionar a mão na lateral do rosto (foto 1). Em seguida, com um gesto lento, mover a mão para o lado esquerdo, passando-a diante da boca.
• ***Quente:*** *Que está com a temperatura elevada.*

QUERO – Mão aberta com os dedos dobrados e separados, palma para cima. Posicionar a mão um pouco distante do corpo. Em seguida, mover a mão para trás, em direção ao peito.
• ***Quero:*** *Ter o desejo ou a intenção de alguma coisa.* **Sinal igual:** ALMEJAR, AMBIÇÃO, AMBICIONAR, ANSIAR, APETECER, ASPIRAR, IMPULSO, INTENÇÃO, INTENTAR, INTENTO, PRETENDER, QUERENÇA, QUERER, VONTADE

QUESTIONADO – Mão esquerda aberta, dedos unidos e esticados apontando para a frente, palma para dentro. Mão direita fechada com o indicador esticado apontando para trás, palma para trás. Encostar levemente a lateral externa da mão direita nas pontas dos dedos esquerdos. Em seguida, deslizar a mão direita para trás, em direção ao corpo, até a base da palma esquerda.
• ***Questionado:*** *Aquele para quem se fez alguma pergunta.* **Sinal igual:** INDAGADO, INTERROGADO, PERGUNTADO

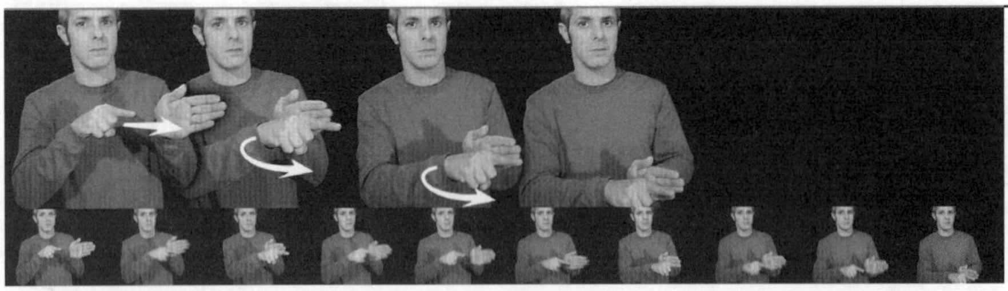

QUESTIONÁRIO – Fazer o sinal de "perguntar" três vezes: uma com as mãos na altura do peito, outra com elas um pouco mais abaixo e a última numa posição ainda mais inferior.
• ***Questionário:*** *Série de questões; sequência de perguntas sobre determinado tema ou sobre conhecimentos gerais.*

Q

▪ **QUENGA:** PROSTITUTA ▪ **QUENTURA:** CALOR ▪ **QUERENÇA:** QUERO ▪ **QUERER:** QUERO ▪ **QUESTIONAR:** PERGUNTAR

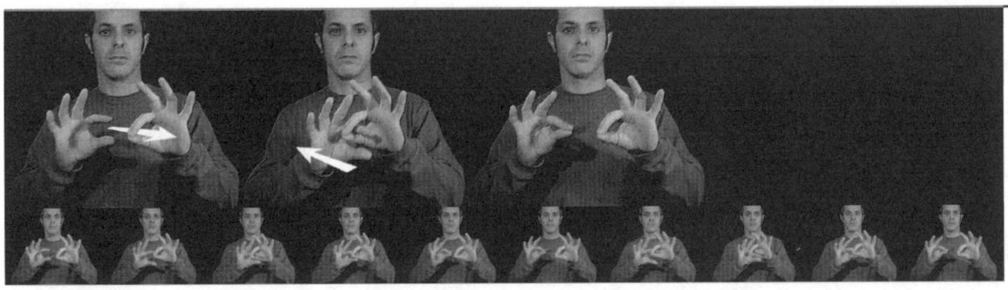

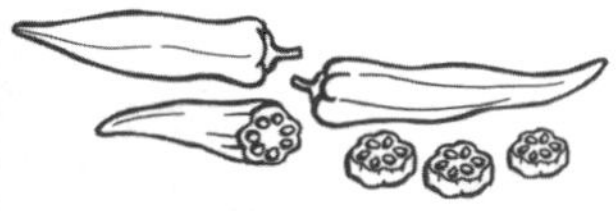

QUIABO – Mão esquerda aberta, dedos esticados e separados, indicador e polegar curvados e unidos pelas pontas. Mão direita aberta, dedos esticados e separados. Mover a mão direita passando o indicador entre o indicador e o polegar da mão esquerda e voltar a mão direita, unindo o indicador e o polegar pelas pontas. Fazer esse movimento duas vezes.
• ***Quiabo:*** *Fruto do quiabeiro.*

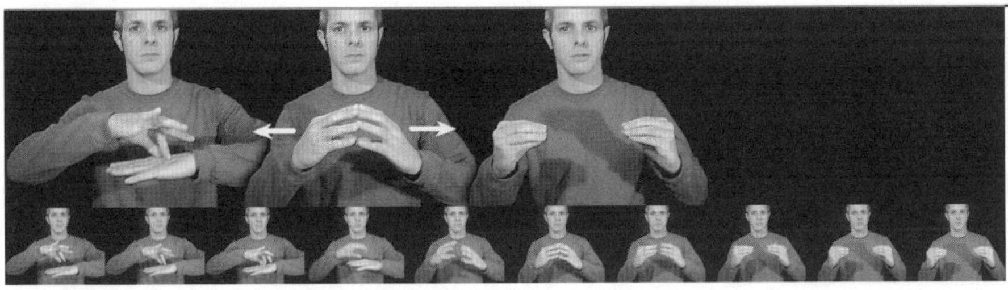

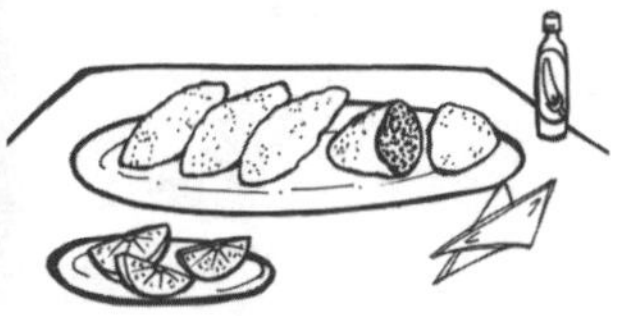

QUIBE – Fazer o sinal de "carne". Depois, mãos abertas com os dedos apontando para dentro, palmas para essa direção. Unir as mãos pelas pontas dos dedos. Em seguida, afastar um pouco as mãos para as laterais, unindo os dedos pelas pontas.
• ***Quibe:*** *Tipo de salgadinho feito com trigo e carne moída.*

QUILO – Fazer os sinais de "K" e de "pesar".
• ***Quilo:*** *Quantidade de peso correspondente a mil gramas.* **Sinal igual:** KG, QUILOGRAMA

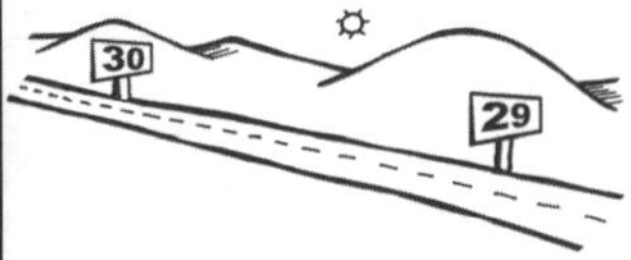

QUILÔMETRO – Digitar as letras "K" e "M".
• ***Quilômetro:*** *Medida equivalente a 1.000 metros.*

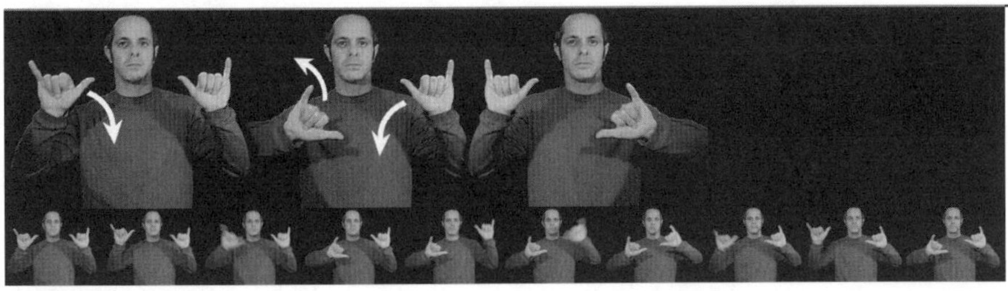

QUÍMICA – Mãos em "Y", palmas para a frente. Posicionar as mãos na altura dos ombros. Em seguida, movê-las alternadamente, inclinando-as dus vezes para dentro, como se estivesse misturando dois líquidos em uma única vasilha.
• ***Química:*** *Ciência que estuda a constituição da matéria e as leis que a regem.*

▪ QUIÇÁ: APROXIMADAMENTE ▪ QUIETO: CALADO ▪ QUIETUDE: ACALMAR ▪ QUILOGRAMA: QUILO ▪ QUIMERA: FANTASIAR ▪ QUIMÉRICO: FANTASIAR ▪ QUINHÃO: LOTE

QUINTA-FEIRA – Mão em "5", palma para a frente. Mover a mão, balançando-a de um lado para outro, duas ou mais vezes.
• ***Quinta-feira:*** *Dia da semana.*

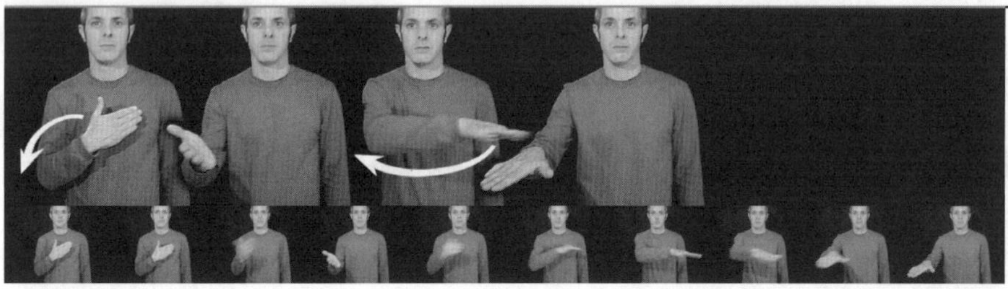

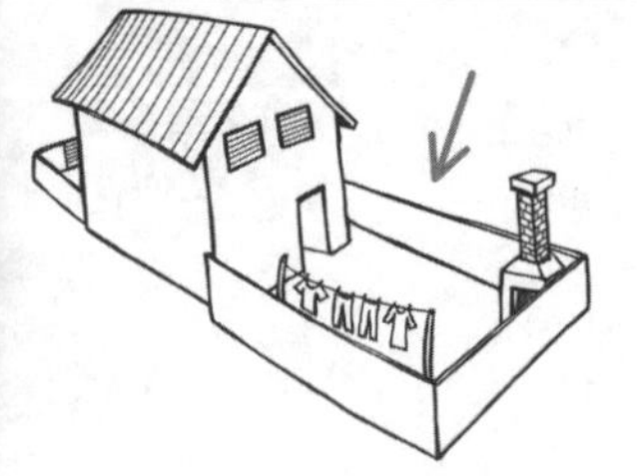

QUINTAL – Mão aberta, dedos unidos e esticados, palma para trás. Posicionar a mão perto do peito e movê-la para a frente, virando a palma para cima. Em seguida, fazer o sinal de "paisagem".
• ***Quintal:*** *Área externa geralmente localizada na parte dos fundos de uma casa.*

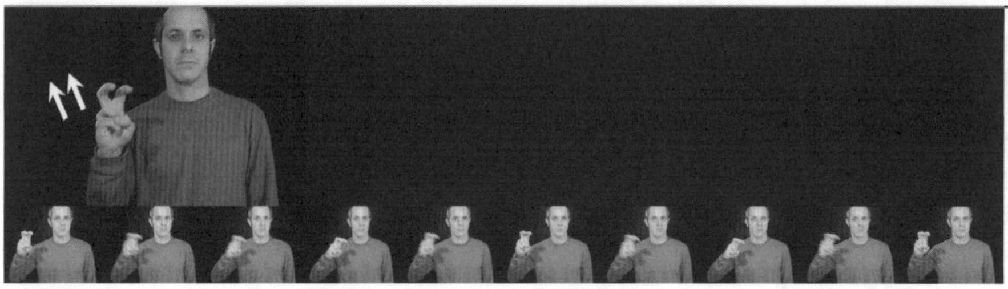

QUINTO – Fazer o sinal de "5". Depois, com gestos curtos, balançar a mão de um lado para outro, duas ou mais vezes.
• ***Quinto:*** *Que ocupa, numa sequência, a posição do número cinco.*

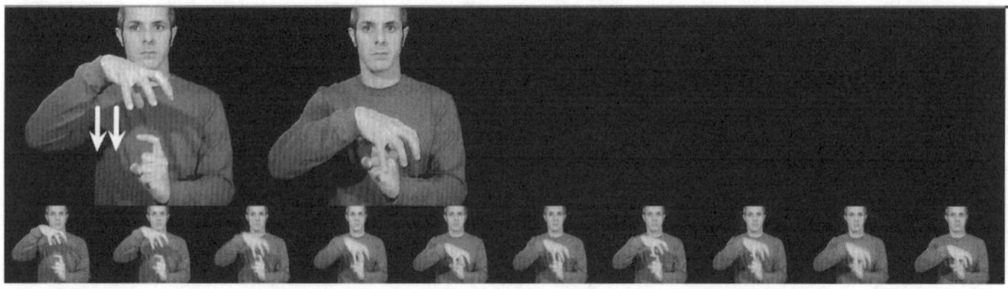

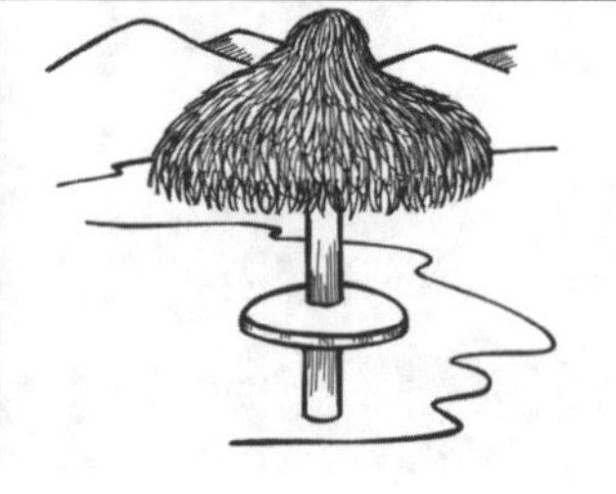

QUIOSQUE – Mão esquerda fechada e posicionada verticalmente, com o indicador aberto e curvado, palma para dentro. Mão direita aberta com os dedos separados e curvados, palma para baixo. Posicionar a mão direita acima da esquerda. Em seguida, mover a mão direita para baixo, tocando a palma no dorso do indicador esquerdo, duas vezes.
• ***Quiosque:*** *Pequena cobertura, geralmente de madeira, que se instala em jardins ou outras áreas ao ar livre.*

Q

▪ QUITANDA: COMÉRCIO ▪ QUIUI, QUIVI: KIWI ▪ QUOTA: PRESTAÇÃO

Mão fechada com os dedos indicador e médio esticados e entrelaçados entre si, palma para a frente. Décima oitava letra do alfabeto. Mão fechada com os dedos indicador e médio esticados e entrelaçados entre si, palma para a frente. Décima oitava letra do alfabeto. Mão fechada com os dedos indicador e médio esticados e entrelaçados entre si, palma para a frente. Déci

Mão fechada

médio estica

palma para a frente. Décima oitava letra do alfabeto. Mão fechada com os dedos indicador e médio esticados e entrelaçados entre si, palma para a frente. Décima oitava letra do alfabeto. Mão fechada com os dedos indicador e médio esticados e entrelaçados entre si, palma para a frente. Décima oitava letra do alfabeto. Mão fechada com os dedos indicador e médio esticados e entrelaçados entre si, palma

R – Mão fechada com os dedos indicador e médio esticados e entrelaçados entre si, palma para a frente.
• **R:** *Décima oitava letra do alfabeto.*

RÃ – Mão esquerda fechada, palma para baixo, braço dobrado posicionado horizontalmente. Mão direita com os dedos indicador, médio e polegar esticados e unidos pelas pontas, demais dedos fechados, Encostar a mão direita no braço esquerdo, perto do cotovelo. Em seguida, mover a mão direita para cima, separando os dedos indicador, médio e polegar e, para baixo, encostando-a novamente no braço esquerdo com os dedos unidos pelas pontas. Fazer mais de uma vez este movimento finalizando-o com a mão direita encostando no braço esquerdo perto do punho.
• **Rã:** *Animal anfíbio.*

RABANETE – Mão esquerda aberta com o indicador e o polegar apontando para baixo e unidos pelas pontas, demais dedos apontando para dentro, palma para baixo. Mão direita com os dedos esticados e unidos pelas pontas, palma para cima. Posicionar a mão direita abaixo da esquerda e tocar as pontas dos dedos direitos nas do indicador e do polegar esquerdos. Em seguida, mover a mão direita para baixo, abrindo um pouco os dedos e unindo-os novamente no fim do percurso.
• **Rabanete:** *Raiz comestível.*

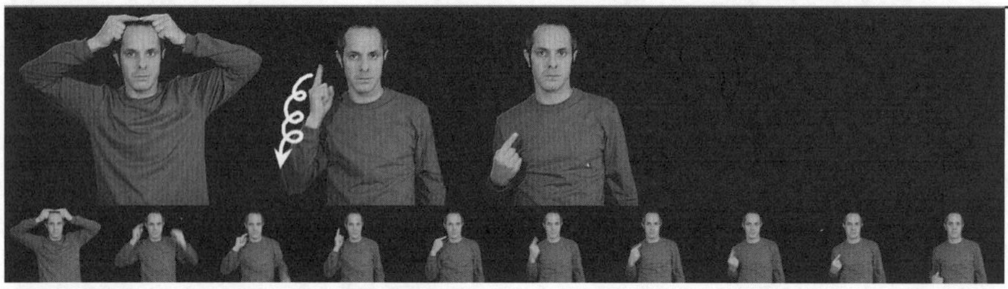

RABINO – Mãos fechadas com os dedos indicadores e polegares abertos e curvados, encostados sobre a cabeça (foto 1). Em seguida, com a mão fechada e o indicador esticado apontando para cima, posicionar a mão na lateral do rosto e movê-la para baixo, descrevendo, com o indicador, movimentos em espiral.
• **Rabino:** *Líder religioso da comunidade judaica.*

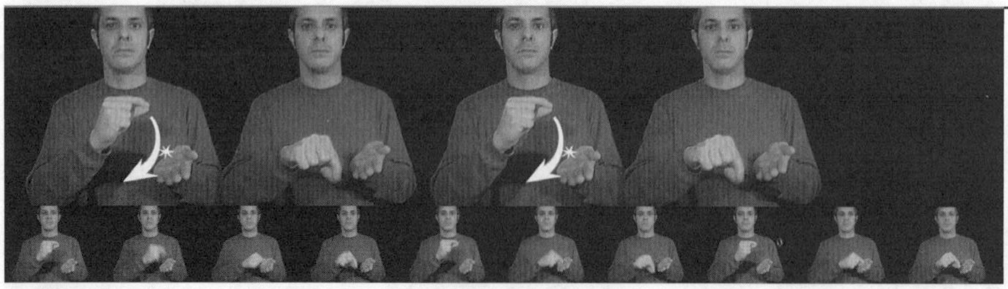

RABISCAR – Mão esquerda aberta, dedos unidos e esticados apontando para a frente, palma para cima. Mão direita fechada com o indicador e o polegar abertos e unidos pelas pontas. Posicionar a mão direita um pouco acima da esquerda e movê-la para a frente, duas ou três vezes, resvalando as pontas dos dedos na palma esquerda durante os percursos.
• **Rabiscar:** *Fazer traços sobre um papel.* **Sinal igual:** GARATUJA, RABISCO, RASCUNHAR, RASCUNHO

■ **RABISCO:** RABISCAR

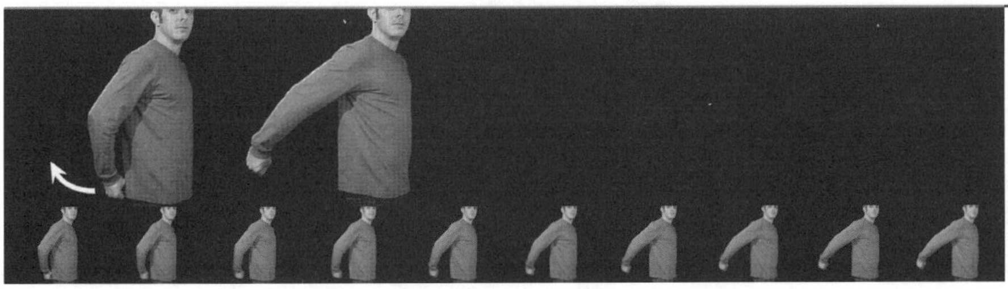

RABO – Mão fechada posicionada nas costas, tocando levemente na região lombar. Mover a mão para trás, afastando-a do corpo.
• ***Rabo:*** *Prolongamento da coluna vertebral de alguns animais.* **Sinal igual:** CAUDA

RACIOCÍNIO – Mãos abertas com os dedos separados e dobrados, palmas para trás. Posicionar horizontalmente as mãos uma perto da outra. Em seguida, movê-las simultaneamente para baixo, entrelaçando os dedos e desentrelaçando-os, duas vezes.
• ***Raciocínio:*** *Capacidade de pensamento exclusiva do ser humano.* **Sinal igual:** RACIOCINAR

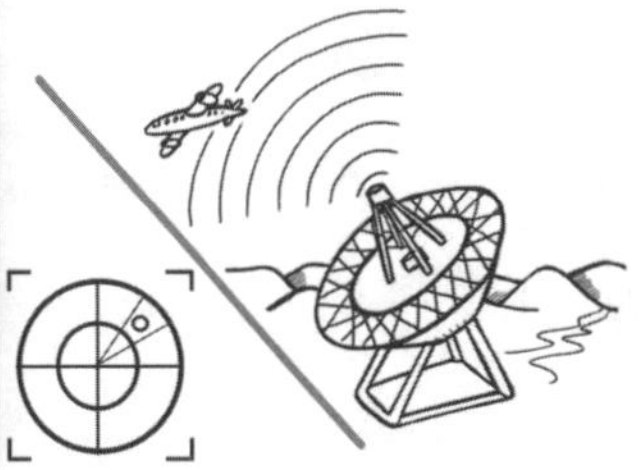

RADAR – Mão esquerda fechada com o indicador esticado apontando para cima. Mão direita aberta com os dedos separados e dobrados, palma para a frente. Posicionar a mão direita acima da esquerda e movê-la para baixo, tocando o punho direito na ponta do indicador esquerdo.
• ***Radar:*** *Equipamento que emite ondas eletromagnéticas, permitindo a localização à distância de aviões, navios etc.*

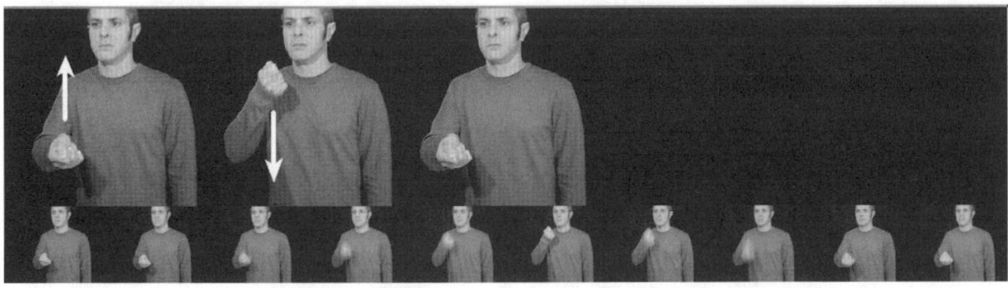

RADICAL – Mão fechada em "A", palma para dentro. Posicionar a mão diante do corpo, com o braço levemente flexionado. Em seguida, com um gesto firme, mover a mão ligeiramente para cima e para baixo. Fazer uma expressão séria durante o movimento.
• ***Radical:*** *Pessoa que não muda de opinião, inflexível, rigorosa.*

RÁDIO – Mão aberta com os dedos curvados e o polegar separado, palma para dentro. Posicionar a mão perto do ouvido, como se estivesse segurando um pequeno rádio.
• ***Rádio:*** *Aparelho eletrônico receptor e/ou transmissor de ondas de rádio.* **Sinal igual:** RADIODIFUSÃO

▪ RAÇA: CORAGEM ▪ RACHADO: QUEBRAR ▪ RACHAR: QUEBRAR ▪ RACIOCINAR: RACIOCÍNIO ▪ RACIONAL: RAZÃO, INTELIGENTE ▪ RADIODIFUSÃO: RÁDIO ▪ RADIOPATRULHA: AUTOMÓVEL

RAINHA – Fazer os sinais de "mulher" e de "coroar".
• *Rainha: A soberana de um reino; a esposa do rei.*

RAIO – Fazer o sinal de "chover". Depois, com a mão fechada e o indicador esticado, mover a mão de cima para baixo, em zigue-zague.
• *Raio: Descarga elétrica que ocorre na atmosfera, acompanhada de trovão e relâmpago.* **Sinal igual:** RELÂMPAGO, RELAMPEJAR

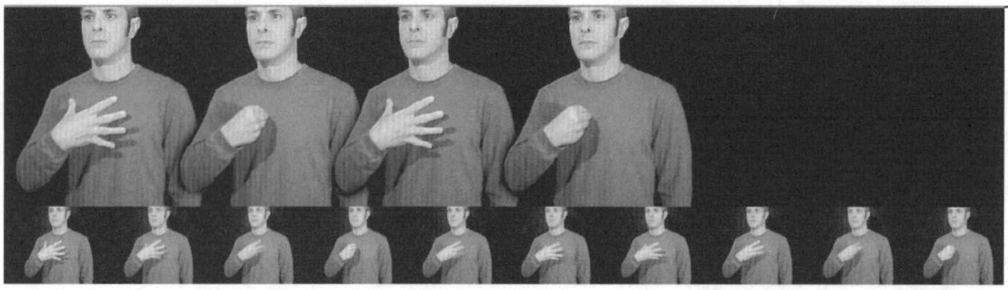
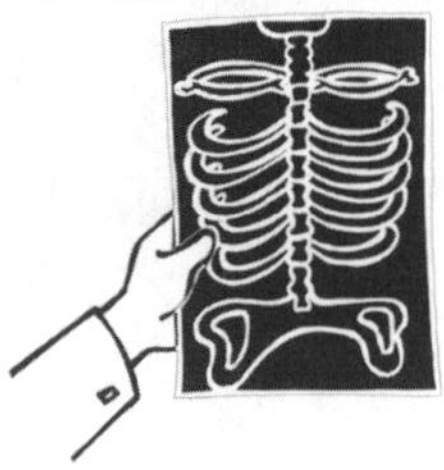

RAIO X – Mão aberta com os dedos esticados e separados apontando para o peito, palma para trás. Posicionar a mão perto do corpo. Em seguida, com movimentos rápidos, unir e separar as pontas dos dedos, duas ou três vezes.
• *Raio X: Radiação eletromagnética que possui poder de penetração em determinado meio e que imprime uma imagem na chapa fotográfica.*

RAIVA – Mão aberta com os dedos unidos e esticados apontando para dentro, polegar apontando para baixo. Tocar a lateral interna da mão no corpo, na altura do estômago. Em seguida, deslizar a mão para cima até a altura do coração. Fazer uma expressão de raiva durante o movimento.
• *Raiva: Sentimento de fúria; ira.* **Sinal igual:** CÓLERA, IRA, RAIVOSO, ZANGA

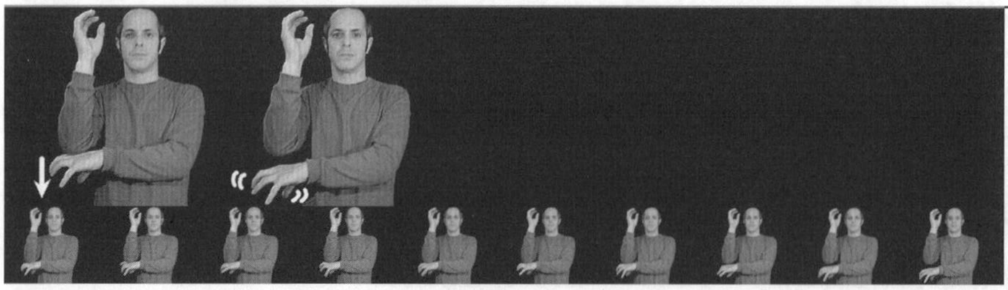
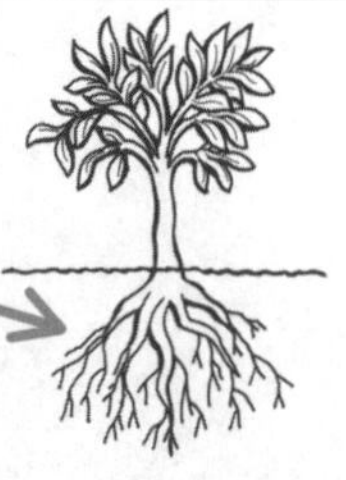

RAIZ – Mão esquerda aberta, dedos curvados e separados, palma para baixo. Mão direita aberta, dedos separados, palma para dentro, braço dobrado verticalmente. Encostar o dorso da mão esquerda no cotovelo direito. Em seguida, movimentar aleatoriamente os dedos da mão esquerda.
• *Raiz: Parte da planta que se encontra debaixo da terra, responsável pela absorção de nutrientes e água.* **Sinal igual:** ENRAIZAR

R

■ **RAIVOSO:** RAIVA

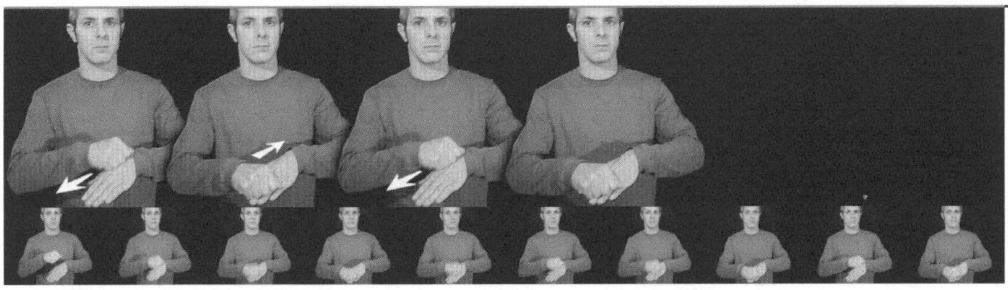

RALAR – Mão esquerda aberta, dedos unidos e esticados, palma para baixo. Mão direita fechada em "A", palma também para baixo. Tocar os dedos da mão direita no dorso esquerdo, deslizá-la até as pontas dos dedos e voltar para a posição inicial, duas ou três vezes seguidas.
• ***Ralar:*** *Passar pelo ralador; moer; triturar.*

RAMPA – Mão aberta, dedos unidos e esticados apontando para a frente, palma para baixo. Posicionar a mão perto do corpo, inclinada para cima em, aproximadamente, 45 graus. Em seguida, mover a mão para a frente, subindo no mesmo grau de inclinação.
• ***Rampa:*** *Superfície inclinada que substitui uma escada.* **Sinal igual:** ACLIVE, LADEIRA, SUBIDA

RAPAZ – Fazer os sinais de "homem" e de "jovem" (igual ao sinal de "adolescente").
• ***Rapaz:*** *Homem jovem.*

RÁPIDO – Mão direita em "C", palma para dentro. Posicionar a mão no lado direito do rosto. Em seguida, com um gesto rápido, mover a mão para o lado esquerdo, fechando-a em "S".
• ***Rápido:*** *Que se movimenta com grande velocidade; veloz.* **Sinal igual:** ACELERADO, BREVE

RAPOSA – Mão direita com os dedos unidos pelas pontas, tocando no canto direito da boca, e mão esquerda com os dedos unidos pelas pontas, tocando no canto esquerdo da boca, palmas para dentro. Em seguida, movê-las simultaneamente para baixo e para as laterais, virando as palmas para cima.
• ***Raposa:*** *Animal mamífero.*

▪ **RALHO:** ADVERTIR ▪ **RAMALHETE:** BUQUÊ ▪ **RAMEIRA:** PROSTITUTA ▪ **RAMO:** CAULE, TRABALHAR ▪ **RANCOR:** MÁGOA ▪ **RANCOROSO:** MÁGOA ▪ **RANGER (OS DENTES):** BRUXISMO ▪ **RANGO:** COMER ▪ **RANHO:** CATARRO ▪ **RAPARIGA:** MOÇA ▪ **RAPIDAMENTE:** DEPRESSA

RAPTAR – Fazer o sinal de "agarrar". Em seguida, tapar firmemente a boca com uma das mãos.
• *Raptar: Crime que consiste na retirada de alguém de algum lugar usando violência.*

RARO – Mãos fechadas, palmas para trás. Posicionar as mãos na frente do corpo. Em seguida, movê-las alternadamente para a frente, fazendo o sinal de "1" e voltando à posição inicial.
• *Raro: Que não é comum; que existe ou acontece com pouca frequência.*

RASGAR – Mãos fechadas em "A", palmas para baixo. Unir as mãos pelas pontas dos polegares e dos indicadores. Em seguida, mover simultaneamente a mão direita para trás, virando a palma para a frente, e a mão esquerda para a frente, virando a palma para trás, imitando o gesto de quem rasga uma folha de papel.
• *Rasgar: Fazer ruptura em alguma coisa; dilacerar.* **Sinal igual:** DILACERAR, RASGO

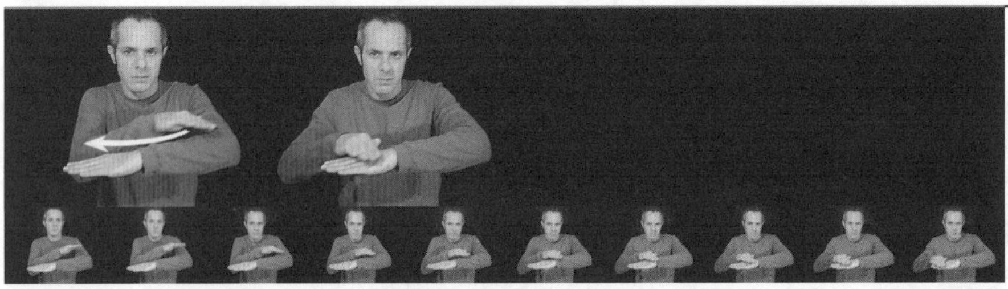
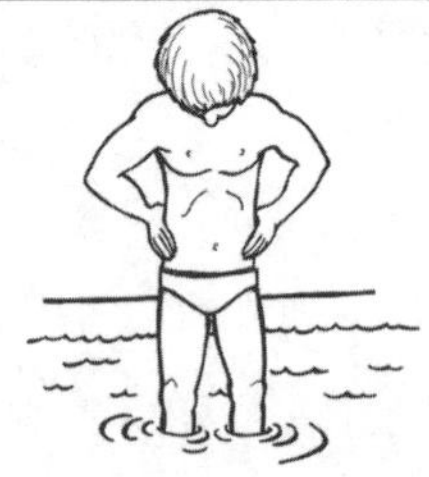

RASO – Mão esquerda aberta, dedos unidos e esticados apontando para dentro, palma para baixo, braço dobrado horizontalmente. Mão direita aberta, dedos unidos e esticados, palma para baixo. Posicionar a mão direita acima do braço esquerdo, perto do cotovelo, quase tocando-o. Em seguida, deslizar a mão direita sobre o braço esquerdo até ficar acima do dorso esquerdo.
• *Raso: Que se ergue pouco acima do solo; que tem pouca profundidade.*

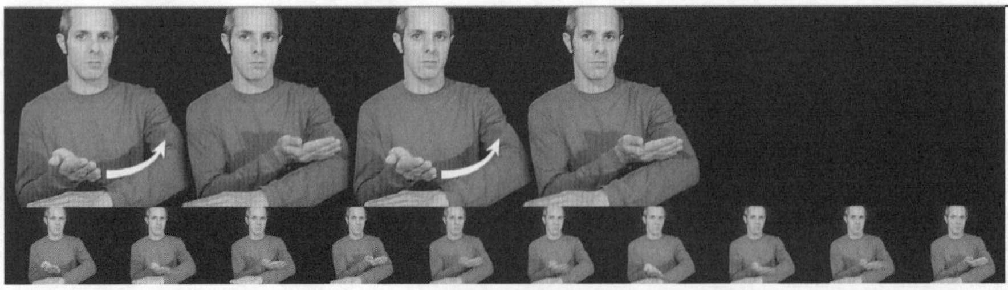

RASPAR – Mão esquerda aberta, dedos unidos e esticados apontando para dentro, palma para baixo, braço dobrado horizontalmente. Mão direita aberta, dedos unidos e esticados, palma para cima. Tocar levemente a lateral externa da mão direita, mantendo-a inclinada, no dorso esquerdo. Em seguida, deslizar a mão direita pelo braço esquerdo em direção ao cotovelo e voltar à posição inicial, duas ou três vezes.
• *Raspar: Retirar um resíduo ou camada superficial de algo, esfregando com um instrumento apropriado.*

■ **RAREAR:** FALTAR ■ **RASCUNHAR:** RABISCAR ■ **RASCUNHO:** RABISCAR ■ **RASGO:** RASGAR ■ **RASTAPÉ:** BAILE

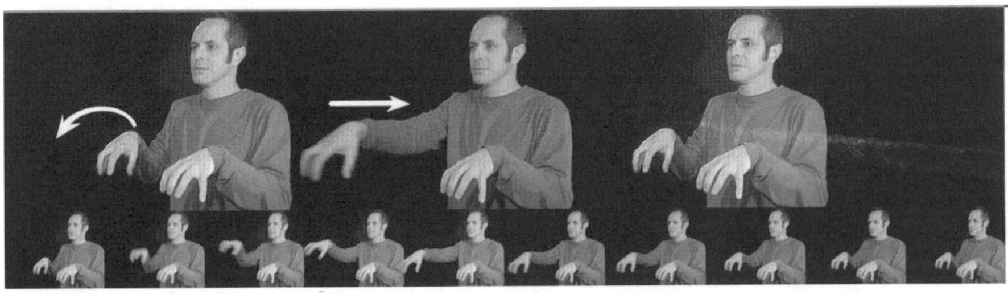

RASTEJAR – Mãos abertas com os dedos separados e curvados, palmas para baixo. Posicionar as mãos perto do corpo. Em seguida, mover a mão direita para a frente, descrevendo um leve arco para cima, e voltar em linha reta, fazendo certo esforço, para a posição inicial.
• ***Rastejar:*** *Locomover-se deitado no chão.*

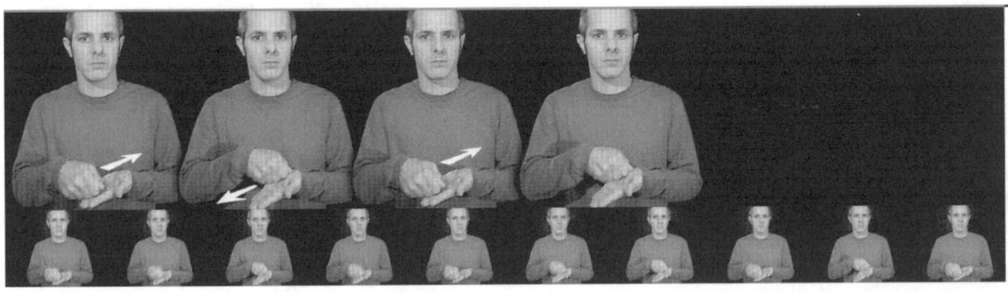

RASURAR – Mão esquerda fechada, palma para cima. Mão direita fechada em "A". Encostar a ponta do polegar e o dorso do indicador direitos na palma esquerda. Em seguida, deslizar a mão direita para a frente e para trás sobre a esquerda, duas ou três vezes.
• ***Rasurar:*** *Fazer riscos sobre um texto, impossibilitando a sua leitura.*

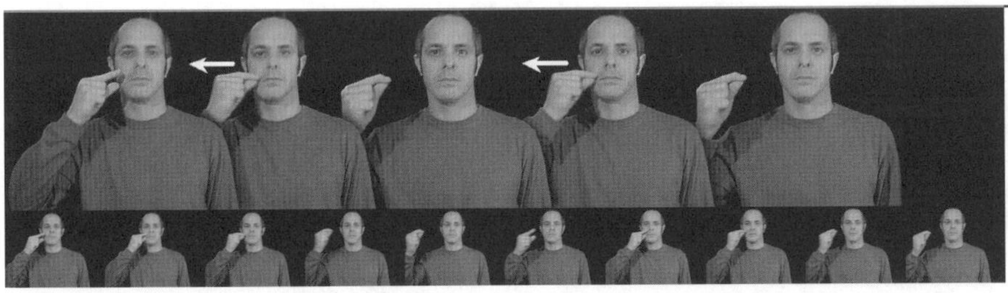

RATO – Mão fechada com os dedos indicador e polegar esticados e suas pontas perto uma da outra, palma para dentro. Posicionar a mão ao lado da boca, com os dedos apontando para o buço (região do bigode). Em seguida, tocar as pontas dos dedos no baço, unindo-as e afastar a mão para a lateral, duas ou três vezes.
• ***Rato:*** *Pequeno mamífero roedor.* **Sinal igual:** RATAZANA, ROEDOR

RAZÃO* – Mão em "R", palma para dentro. Tocar a lateral interna da mão no peito. Em seguida, mover a mão para a frente, apontando o indicador e o médio para a frente.
• ***Razão:*** *Bom-senso; prudência.* **Sinal igual:** BOM-SENSO, DISCERNIMENTO, JUÍZO, PRUDÊNCIA, RACIONAL

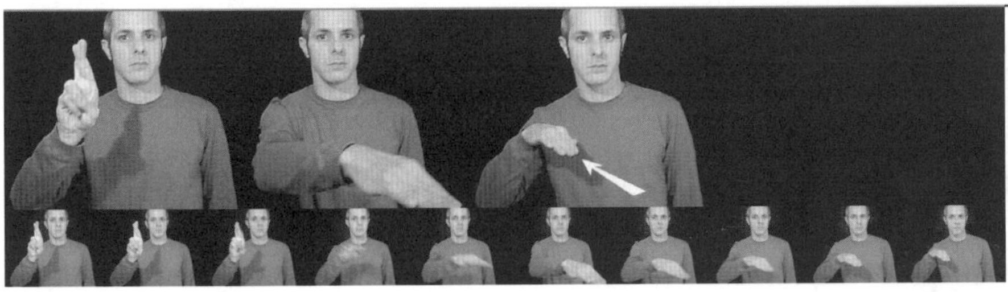

RÉ – Digitar a letra "R". Depois, mão aberta, dedos unidos e esticados apontando para a frente, palma para baixo. Posicionar a mão um pouco longe do corpo. Em seguida, mover a mão para trás, aproximando-a do peito.
• ***Ré:*** *A marcha que faz um veículo andar para trás.*

▪ **RATAZANA:** RATO ▪ **RATIFICAR:** APROVAR, CONFIRMAR ▪ **RATINHO:** CAMUNDONGO ▪ **RATOEIRA:** ARMADILHA ▪ **RAZÃO:** CAUSA ▪ **REACIONÁRIO:** ANTIGO

REAGIR – Mãos fechadas, palmas para baixo. Posicionar as mãos na altura do estômago e movê-las simultaneamente e com um gesto firme para cima, virando as palmas das mãos para trás e movendo-as um pouco para a frente.

• ***Reagir:*** *Responder a uma ação anterior; comportamento de um ser vivo diante um acontecimento ou situação.*

REBAIXADO – Mãos abertas, dedos unidos e esticados apontando para a frente, palmas para baixo. Unir as mãos pelas laterais internas e posicioná-las na altura do pescoço. Em seguida, mover a mão direita para baixo, posicionando-a abaixo da esquerda.

• ***Rebaixado:*** *Que foi colocado em situação inferior; que teve a altura diminuída.*

REBELIÃO – Fazer os sinais de "cadeia" e de "bagunçar".

• ***Rebelião:*** *Ação contra a autoridade ou ordem estabelecida; resistência à execução de um ato administrativo.*

RECADO – Fazer os sinais de "responder" e de "cartão".

• ***Recado:*** *Mensagem curta enviada por escrito ou falada.*

R

RECEBER – Mão aberta, dedos separados, palma para cima. Posicionar a mão um pouco distante do corpo. Em seguida, mover a mão para trás, fechando-a e encostando sua lateral externa no peito.

• ***Receber:*** *Chegar às, mãos de alguém ou aceitar algo que lhe é entregue por alguém.* **Sinal igual:** CAPTAR

▪ **REAL:** VERDADE ▪ **REALIZAR:** FAZER ▪ **REALIZAR-SE:** ACONTECER ▪ **REBAIXAR:** HUMILHAR ▪ **REBENTO:** BEBÊ ▪ **REBOCAR:** CIMENTO ▪ **REBOCO:** CIMENTO ▪ **RECEIO:** DÚVIDA ▪ **RECEITA:** LISTAR

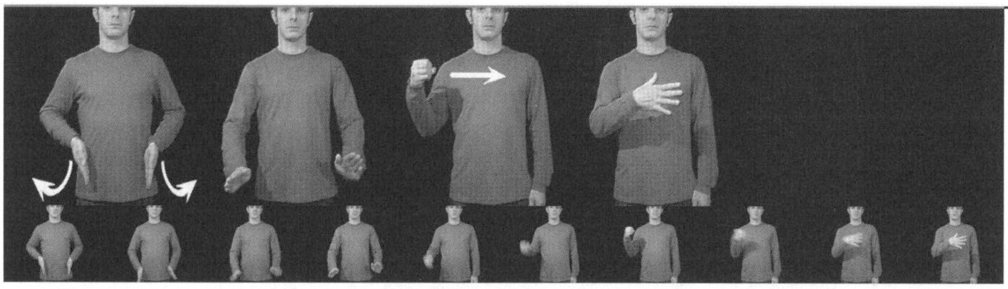

RECÉM-NASCIDO – Fazer os sinais de "nascer" e de "novo".
• ***Recém-nascido:*** *Bebê que acaba de nascer.* **Sinal igual:** NEONATO

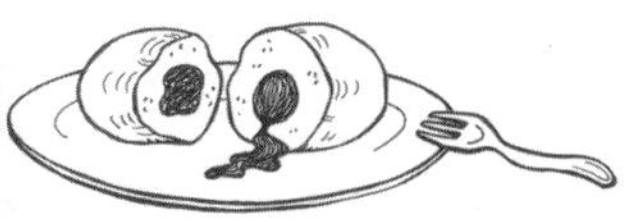

RECHEIO – Mão esquerda em "C", palma para dentro. Mão direita aberta, dedos unidos e esticados apontando para dentro, palma para baixo. Posicionar as mãos na altura do peito e mover a mão direita, girando-a em círculos horizontais, passando os dedos dentro da mão esquerda durante o percurso.
• ***Recheio:*** *Tipo de alimento que serve para ser colocado no interior de outro alimento.*

RECLAMAR – Mãos fechadas com os dedos indicadores esticados apontando para cima, palmas para trás. Tocar as pontas dos dedos nos cantos externos da boca. Em seguida, com um gesto um pouco rápido, mover as mãos simultaneamente para a frente, apontando os indicadores para essa direção.
• ***Reclamar:*** *Fazer queixa a alguém sobre algo.* **Sinal igual:** PROTESTAR, REIVINDICAR

RECOLHER – Mãos abertas, dedos curvados e separados, palmas para cima. Posicionar as mãos longe do corpo, na altura do peito. Em seguida, movê-las alternadamente para a frente, curvar ainda mais os dedos e voltar para trás, uma ou duas vezes com cada mão.
• ***Recolher:*** *Juntar e guardar alguma coisa.*

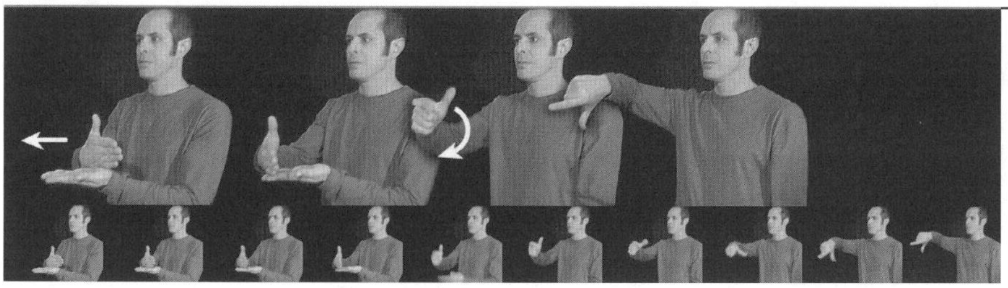

RECOMEÇAR – Fazer os sinais de "começar" e de "outro".
• ***Recomeçar:*** *Começar de novo; reiniciar.* **Sinal igual:** REINICIAR

▪ **RECENTE:** NOVO ▪ **RECEOSO:** DÚVIDA ▪ **RECIPIENTE:** TIGELA ▪ **RECLINADO:** INCLINAR ▪ **RECOLHER:** CATAR ▪ **RECOMENDAR:** APRESENTAR ▪ **RECOMPENSA:** COMPENSAÇÃO

RECONCILIAÇÃO – Mãos em "D" com os dedos indicadores apontando para a frente, palmas para cima. Unir as mãos pelas laterais externas. Em seguida, movê-las simultaneamente para cima, descrevendo um semicírculo vertical com cada uma delas, virando as palmas para baixo e unindo-as pelas laterais internas.
• ***Reconciliação:*** *Fazer as pazes.* **Sinal igual:** RECONCILIAR

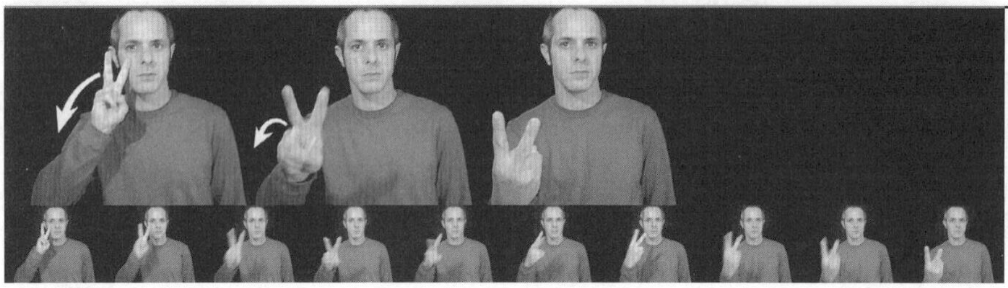

RECONHECER – Fazer o sinal de "ver". Em seguida, virar a palma da mão para trás.
• ***Reconhecer:*** *Conhecer a imagem de algo ou alguém que já se viu anteriormente.*

RECREIO – Mão em "A", palma para a frente. Encostar a ponta do dedo polegar no canto da boca. Em seguida, girar a mão ao redor do próprio eixo, virando a palma para trás.
• ***Recreio:*** *Espaço de tempo entre as aulas concedido às crianças para alimentação, brincadeira ou descanso.*

RECUPERAÇÃO – Mão em "R", palma para a frente. Mover a mão, balançando-a de um lado para outro, duas ou mais vezes.
• ***Recuperação:*** *Período complementar em que o aluno estuda uma matéria já ensinada a fim de obter melhor desempenho.*

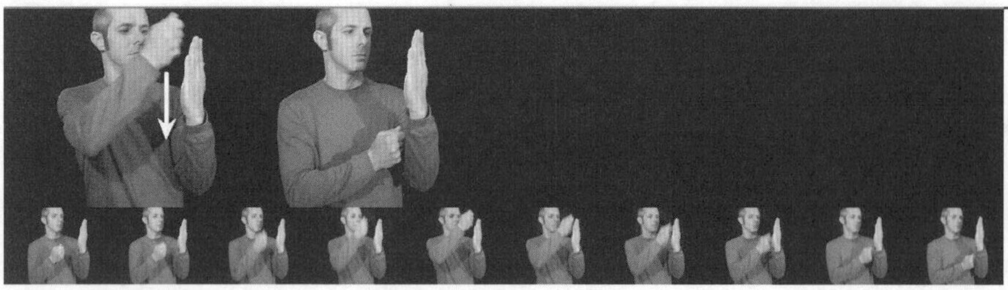

REDAÇÃO – Mão esquerda aberta com os dedos unidos e esticados apontando para cima, palma para dentro. Mão direita em "A", palma para trás. Posicionar uma mão perto da outra, quase se tocando, com a mão direita na altura das pontas dos dedos esquerdos. Em seguida, mover a mão direita para baixo, até a altura do punho esquerdo.
• ***Redação:*** *Texto escrito com ordem e método.*

▪ **RECONCILIAR:** RECONCILIAÇÃO ▪ **RECONFORTAR:** CONSOLAR ▪ **RECORDAÇÃO:** LEMBRAR ▪ **RECUAR:** VOLTAR ▪ **RECUSA:** NÃO ▪ **RECUSAR:** NÃO QUERER

R

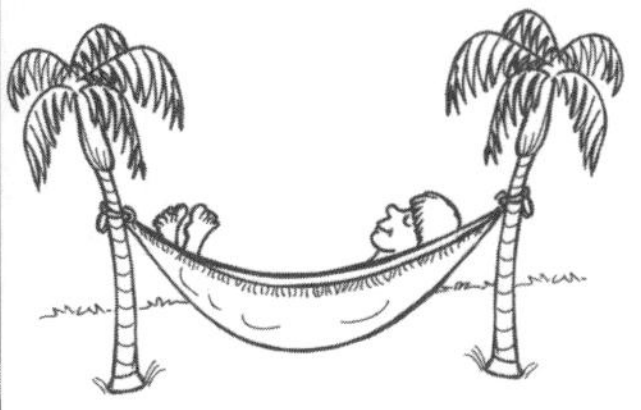

REDE – Mãos em "U" com os dedos apontando para dentro, palmas para trás. Posicionar as mãos perto do peito uma quase tocando a outra pelas pontas dos dedos. Em seguida, mover as mãos simultaneamente para a frente, virando as palmas na mesma direção e voltar à posição inicial, descrevendo um grande arco durante cada percurso.
• ***Rede:*** *Artefato usado para se deitar.*

RÉDEAS – Fazer o sinal de "cavalo". Depois, com a mão fechada, indicador aberto e dobrado, palma para trás, encostar a ponta desse dedo no canto da boca. Em seguida, deslizar a mão em direção à bochecha.
• ***Rédeas:*** *Corda para guiar o cavalo.* **Sinal igual:** BRIDA, BRIDÃO, CABRESTO

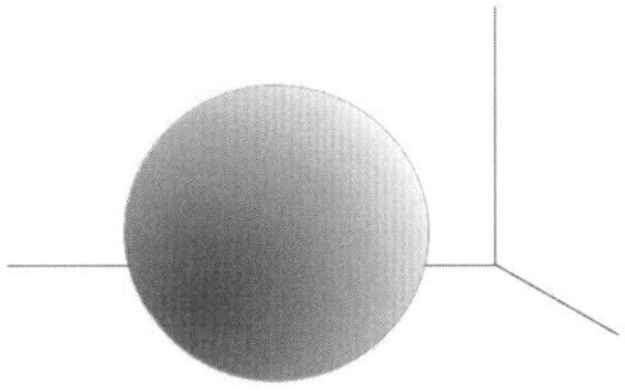

REDONDO – Mão fechada, dedo indicador esticado apontando para a frente, palma para baixo. Mover a mão, descrevendo um círculo vertical.
• ***Redondo:*** *Que tem a forma como a da bola.* **Sinal igual:** ARREDONDADO, CILÍNDRICO, CIRCULAR, ESFÉRICO

REFAZER – Fazer os sinais de "fazer" e de "outro".
• ***Refazer:*** *Fazer novamente.* **Sinal igual:** REORGANIZAR

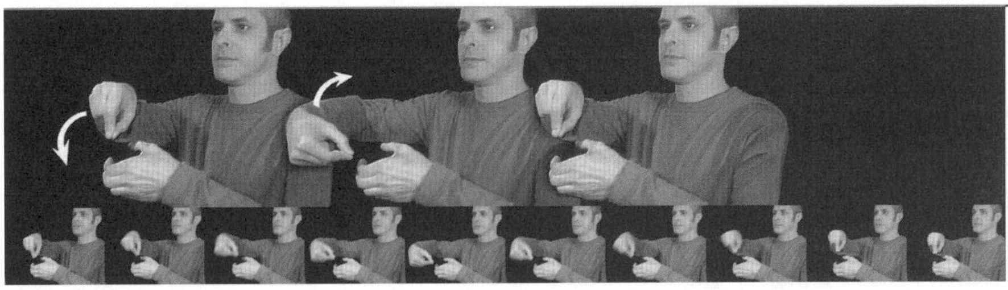

REFRIGERANTE – Mão esquerda em "C" posicionada horizontalmente, palma para dentro. Mão direita fechada com o indicador e o polegar esticados e unidos pelas pontas, palma para baixo. Posicionar a mão direita acima e próxima da esquerda. Em seguida, inclinar a mão direita para a frente e voltar à posição inicial, imitando o gesto de quem abre uma lata de refrigerante.
• ***Refrigerante:*** *Bebida doce gaseificada.*

▪ **REDEMOINHO:** FURACÃO ▪ **REDISPOSIÇÃO:** MUDANÇA ▪ **REDUÇÃO:** DIMINUIR ▪ **REDUZIR:** ABREVIAR, DIMINUIR ▪ **REFEIÇÃO:** COMER ▪ **REFLETIR:** PENSAR ▪ **REFLEXÃO:** PENSAR ▪ **REFLEXO:** ESPELHO ▪ **REFORMAR:** CONSTRUIR ▪ **REFRESCANTE:** FRESCO ▪ **REFRESCO:** SUCO ▪ **REFRIGERADOR:** GELADEIRA ▪ **REFRIGÉRIO:** CONSOLAR

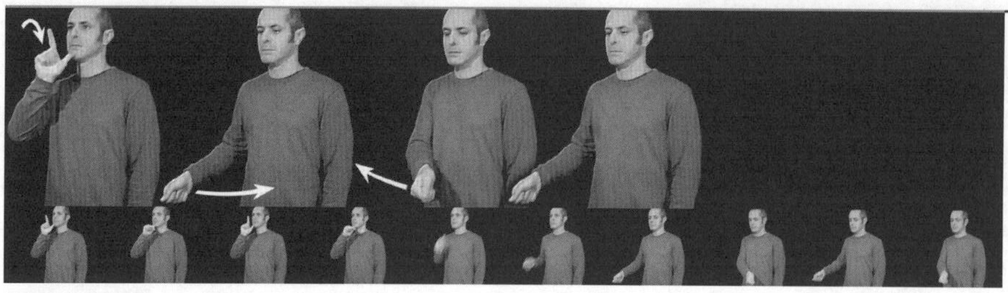

REGADOR – Fazer o sinal de "água". Depois, mão fechada em "A", palma para dentro, posicionar a mão na altura da cintura. Em seguida, movê-la de um lado para outro, imitando o gesto de quem molha as plantas com um regador.
• ***Regador:*** *Utensílio usado para molhar as plantas.*

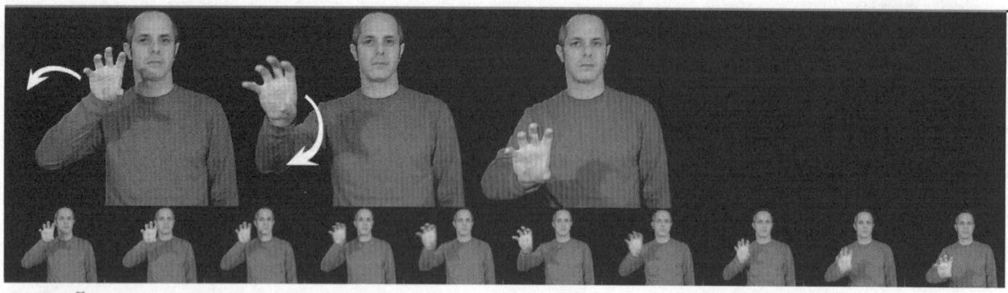
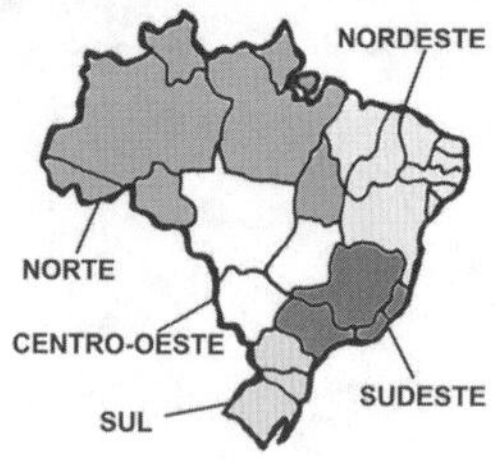

REGIÕES – Mão aberta, dedos curvados e separados, palma para a frente. Mover a mão da parte frontal em direção a três pontos diferentes do corpo.
• ***Regiões:*** *Territórios de extensão delimitada por uma administração, origem populacional ou relevo.* **Sinal igual:** REGIÃO, REGIONAL

REGRESSAR – Mão esquerda em "O" posicionada horizontalmente, palma para dentro. Mão direita fechada com o dedo indicador curvado, palma para dentro. Posicionar a mão direita um pouco acima da esquerda. Em seguida, mover a mão direita virando a palma para baixo, encaixando a ponta do indicador dentro da mão esquerda.
• ***Regressar:*** *Voltar ao ponto de partida; voltar de onde veio anteriormente.* **Sinal igual:** VOLTAR

R

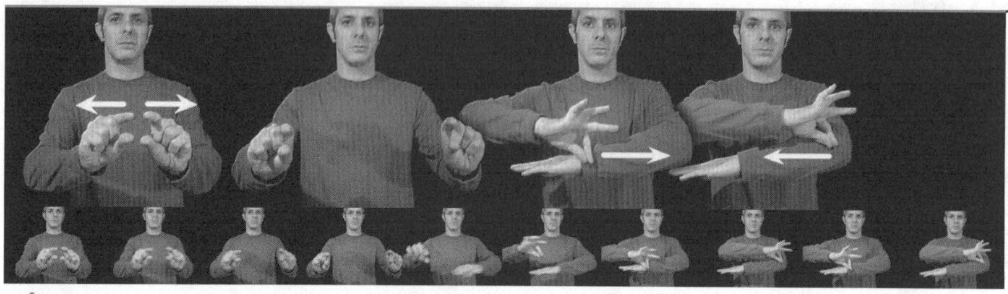
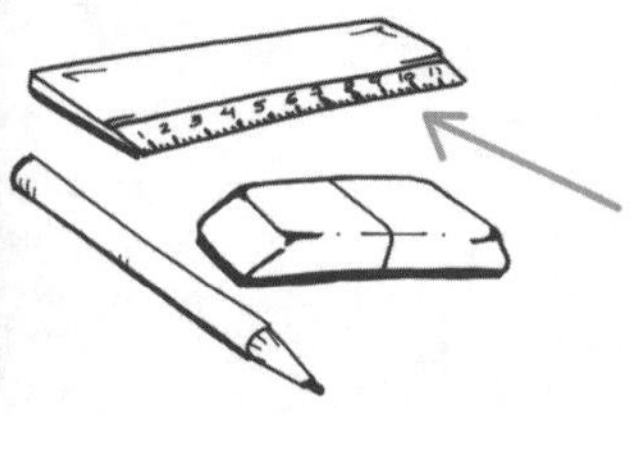

RÉGUA – Mãos fechadas com os dedos indicadores e polegares esticados apontando para frente, palmas para a frente. Posicionar uma mão perto da outra. Em seguida, mover as mãos simultaneamente para as laterais, afastando uma da outra. Depois, fazer o sinal de "arquitetura".
• ***Régua:*** *Peça de metal, madeira, plástico etc. usada para medir ou desenhar linhas retas.*

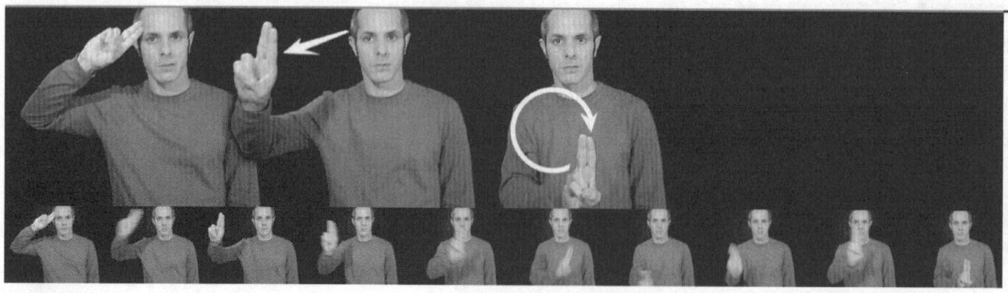

REITOR – Mão em "U", palma para a frente. Encostar as pontas dos dedos na lateral da testa. Em seguida, mover a mão para a frente. Depois, descrever com ela um círculo vertical, como no sinal de "universidade".
• ***Reitor:*** *Diretor de universidade.*

▪ **REGENTE:** COROAR, MÚSICA ▪ **REGIÃO:** REGIÕES ▪ **REGIONAL:** REGIÕES ▪ **REGISTRO GERAL:** RG ▪ **REGOZIJO:** GLÓRIA ▪ **REGRA:** LEI ▪ **REGREDIR:** VOLTAR ▪ **REGRESSAR:** VOLTAR ▪ **REGULAR:** NORMAL ▪ **REI:** COROAR ▪ **REINADO:** COROAR ▪ **REINICIAR:** RECOMEÇAR ▪ **REINO:** COROAR ▪ **REIVINDICAR:** RECLAMAR ▪ **REJEITAR:** ABANDONAR ▪ **RELAÇÃO:** LISTAR ▪ **RELAÇÃO SEXUAL:** SEXO ▪ **RELACIONAR:** LISTAR ▪ **RELÂMPAGO:** RAIO ▪ **RELAMPEJAR:** RAIO ▪ **RELATAR:** NARRAR ▪ **RELATIVAMENTE:** SOBRE

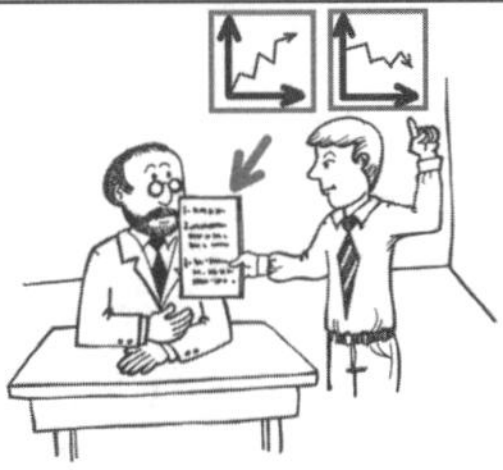

RELATÓRIO – Mão esquerda aberta, dedos unidos e esticados, palma para cima. Mão direita em "R", palma para baixo. Posicionar a mão direita acima da esquerda, com as pontas de seus dedos tocando levemente nas dos dedos esquerdos. Em seguida, deslizar a mão direita em direção ao punho esquerdo.

• ***Relatório:*** *Apresentação por escrito das atividades executadas em um trabalho ou pesquisa.*

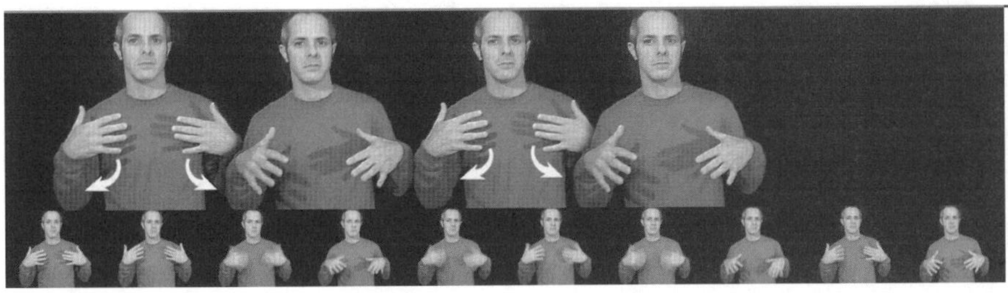

RELAXADO – Mãos abertas, dedos separados e esticados apontando para dentro, palmas para trás. Posicionar as mãos diante do peito. Em seguida, mover simultaneamente as mãos sacudindo-as para cima e para baixo, duas ou mais vezes. Fazer uma expressão de desagrado durante o movimento.

• ***Relaxado:*** *Aquele que não cumpre seus deveres; negligente.*

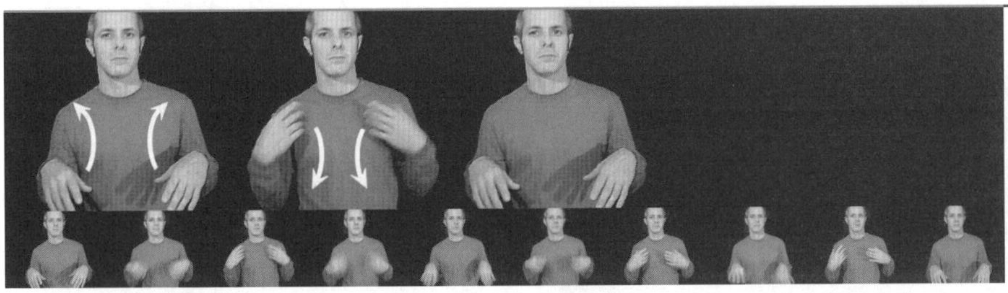

RELAXAMENTO – Mãos abertas, dedos relaxados apontando para baixo. Manter os braços dobrados para a frente, deixando as mãos caídas. Em seguida, mover simultaneamente as mãos balançando-as de forma suave para cima e para baixo.

• ***Relaxamento:*** *Ato ou efeito de relaxar(-se); movimentos feitos para aliviar o cansaço e a tensão causados por esforços físicos.*

RELIGIÃO – Mão em "R", com os dedos apontando para trás, tocando suas pontas no peito. Em seguida, mover a mão girando-a para baixo e virando a palma para a frente, com os dedos apontando para cima, afastando-a um pouco do peito.

• ***Religião:*** *Culto prestado a uma divindade; crença na existência de um ser supremo.* **Sinal igual:** RELIGIOSIDADE, RELIGIOSO

RELINCHAR – Fazer os sinais de "cavalo" e de "gritar".

• ***Relinchar:*** *Fazer o som como o do cavalo.* **Sinal igual:** RELINCHO, RINCHAR

▪ **RELEMBRAR:** LEMBRAR ▪ **RELEVÂNCIA:** IMPORTANTE ▪ **RELEVANTE:** IMPORTANTE ▪ **RELIGIOSIDADE:** RELIGIÃO ▪ **RELIGIOSO:** RELIGIÃO ▪ **RELINCHO:** RELINCHAR

RELÓGIO – Fazer os sinais de "hora" e de "quadro".
• ***Relógio:*** *Instrumento que mede as horas.* **Sinal igual:** RELOJOEIRO

RELÓGIO DE PULSO – Mão esquerda fechada, palma para baixo. Mão direita aberta, indicador e polegar curvados e unidos pelas pontas, demais dedos esticados, palma também para baixo. Apoiar o indicador e o polegar sobre o punho esquerdo.
• ***Relógio de pulso:*** *Instrumento que mede horas e que é utilizado no punho.*

REMAR – Mãos fechadas, palmas para dentro. Posicionar uma mão acima da outra, quase se tocando. Em seguida, movê-las simultaneamente para baixo e para trás, em direção à lateral direita do quadril. Voltar para a posição inicial e movê-las novamente para baixo e para trás, dessa vez em direção à lateral esquerda do quadril.
• ***Remar:*** *Impulsionar o barco com os remos.*

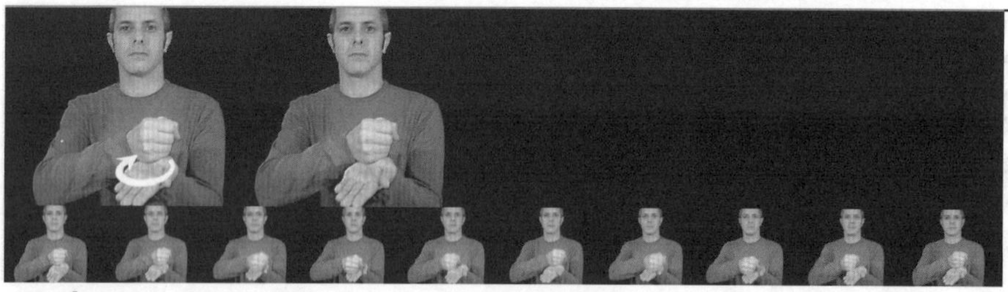

REMÉDIO – Mão esquerda aberta, dedos unidos e esticados, palma para cima. Mão direita fechada, palma para dentro. Apoiar a mão direita na palma esquerda. Em seguida, mover a mão direita em pequenos círculos, deslizando-a sobre a palma esquerda.
• ***Remédio:*** *Substância usada para combater uma enfermidade.* **Sinal igual:** MEDICAMENTO

REMODELAR – Mão direita aberta, dedos curvados e separados, palma para a frente. Mão esquerda aberta, dedos curvados e separados, palma para trás. Posicionar uma mão de frente para outra. Em seguida, movê-las simultaneamente, trocando-as de posição.
• ***Remodelar:*** *Melhorar a aparência de algo; reformar.* **Sinal igual:** REMODELAÇÃO, REMODELAGEM

▪ **RELOJOEIRO:** RELÓGIO ▪ **RELUZIR:** BRILHAR ▪ **RELVA:** GRAMA ▪ **REMATE:** FIM ▪ **REMEMORAÇÃO:** LEMBRAR ▪ **REMEMORAR:** LEMBRAR ▪ **REMENDAR:** COSTURAR ▪ **REMENDO:** COSTURAR ▪ **REMETER:** ENVIAR ▪ **REMEXER:** BAGUNÇAR ▪ **REMEXIDO:** BAGUNÇAR ▪ **REMOÇÃO:** MUDANÇA ▪ **REMODELAÇÃO:** REMODELAR ▪ **REMODELAGEM:** REMODELAR ▪ **REMORSO:** ARREPENDER ▪ **REMOTO:** DISTANTE ▪ **REMOVER:** MUDANÇA ▪ **REMUNERAÇÃO:** SALÁRIO ▪ **RENDA:** DINHEIRO ▪ **RENDER-SE:** ABANDONAR ▪ **RENDIMENTO:** JUROS ▪ **RENOMADO:** FAMOSO, NOTÓRIO ▪ **RENOME:** NOTÓRIO ▪ **RENÚNCIA:** ABANDONAR, SACRIFÍCIO ▪ **RENUNCIAR:** ABANDONAR ▪ **REORGANIZAR:** REFAZER ▪ **REPARAÇÃO:** COMPENSAÇÃO, CONSERTAR ▪ **REPARO:** CONSERTAR

R

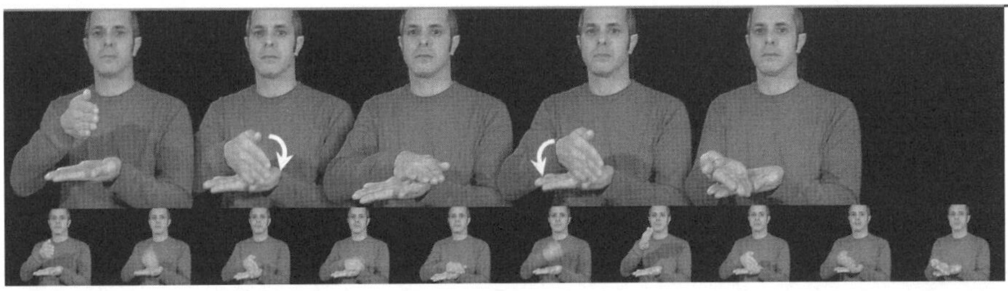

REPARTIR – Mão esquerda aberta, dedos unidos e esticados apontando para dentro, palma para cima. Mão direita aberta, dedos unidos e esticados apontando para a frente, palma para dentro. Posicionar a mão direita acima da esquerda. Em seguida, mover a mão direita para baixo, tocando sua lateral externa na palma esquerda, e inclinar a mão direita para o lado esquerdo, encostando sua palma na mão esquerda. Depois, mover novamente a mão direita para baixo, dessa vez inclinando-a para o lado direito, encostando seu dorso na mão esquerda.
• ***Repartir:*** *Dividir algo com outra(s) pessoa(s).*

REPETÊNCIA – Fazer os sinais de "aprovar" e de "negativo".
• ***Repetência:*** *Fato que acontece com o estudante que não conseguiu as notas mínimas para passar de ano no currículo escolar e, em consequência disso, deve estudar as mesmas matérias novamente.*
Sinal igual: REPROVAÇÃO ESCOLAR

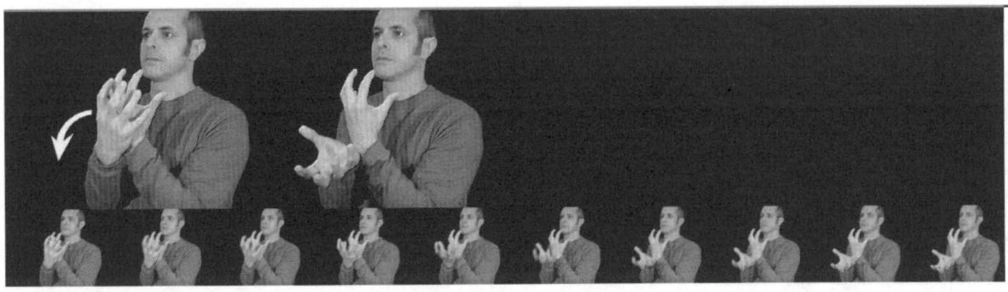

REPOLHO – Mãos abertas, dedos curvados e separados, palmas para trás. Encostar o punho direito no esquerdo, posicionando a mão esquerda atrás da direita. Em seguida, mover a mão direita inclinando-a para a frente e virando a palma para cima, sem desunir os punhos.
• ***Repolho:*** *Espécie de hortaliça.*

REPRESENTAR – Mão esquerda aberta, dedos esticados e separados, palma para a frente. Mão direita em "R", palma para dentro. Encostar o indicador e o médio da mão direita na palma esquerda. Em seguida, mover as mãos para a frente.
• ***Representar:*** *Estar no lugar de alguém; substituir.* **Sinal igual:** REPRESENTAÇÃO, REPRESENTANTE

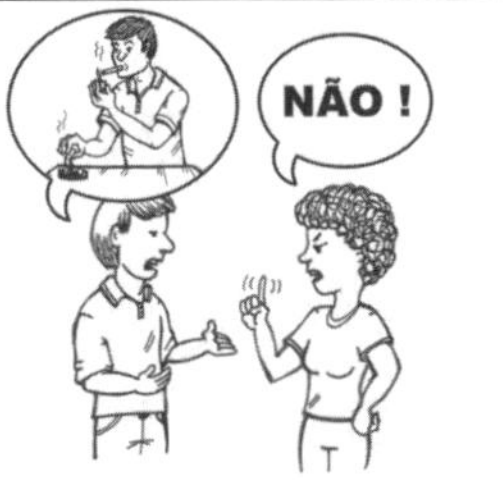

REPROVAR – Mão em "R", palma para a frente. Mover a mão em diagonal virando a palma para baixo, apontando os dedos para a frente e, ao mesmo tempo, mover a cabeça de um lado para outro (como no sinal de "não").
• ***Reprovar:*** *Não dar aprovação; censurar.* **Sinal igual:** CENSURAR, DESAPROVAR

▪ REPARTIR: DISTRIBUIR ▪ REPASTO: BANQUETE ▪ REPELENTE: NOJENTO ▪ REPELIR: EXPULSAR ▪ REPETIR: OUTRO ▪ REPLETO: CHEIO ▪ REPÓRTER: JORNALISTA ▪ REPOUSAR: DESCANSAR, DORMIR ▪ REPOUSO: DESCANSAR ▪ REPREENDER: ADVERTIR, CRITICAR ▪ REPREENSÃO: ADVERTIR ▪ REPRESÁLIA: VINGANÇA ▪ REPRESENTAÇÃO: REPRESENTAR ▪ REPRESENTANTE: REPRESENTAR ▪ REPRIMENDA: ADVERTIR ▪ REPRISE: OUTRO ▪ REPRODUÇÃO: COPIAR ▪ REPRODUZIR: COPIAR ▪ REPROVAÇÃO ESCOLAR: REPETÊNCIA ▪ REPUGNÂNCIA: NOJO ▪ REPUGNANTE: NOJENTO ▪ REPULSA: NOJO ▪ REPUTAÇÃO: FAMOSO ▪ REQUERER: SOLICITAR ▪ REQUERIMENTO: PEDIR ▪ REQUISITAR: PEDIR, SOLICITAR

RESERVA – Mão esquerda fechada, palma para baixo, braço dobrado horizontalmente na frente do corpo. Mão direita fechada, palma para a frente. Encostar o punho direito na lateral interna do esquerdo. Em seguida, mover as mãos para a frente.
• ***Reserva:*** *Algo que foi guardado ou reservado para se usufruir futuramente.*

RESPONDER – Mão em "R", palma para dentro. Encostar as pontas dos dedos na extremidade do queixo. Em seguida, mover a mão para a frente, apontando os dedos na mesma direção.
• ***Responder:*** *Dar uma resposta para alguém.* **Sinal igual:** RESULTADO, SOLUÇÃO

RESPONDIDO – Mão em "R", palma para dentro. Posicionar a mão distante do corpo, com o braço esticado para a frente. Em seguida, mover a mão para trás, encostando sua lateral interna no peito.
• ***Respondido:*** *Que obteve uma resposta.*

R

RESPONSABILIDADE – Mãos abertas, dedos unidos e esticados apontando para cima e um pouco inclinados para dentro, palmas para trás. Unir as mãos pelos dedos, posicionando uma diante da outra. Em seguida, movê-las para trás, encostando as pontas dos dedos sobre o ombro.
• ***Responsabilidade:*** *Aquele que responde pelos próprios atos ou os de outra pessoa; qualidade de quem é responsável.* **Sinal igual:** RESPONSÁVEL

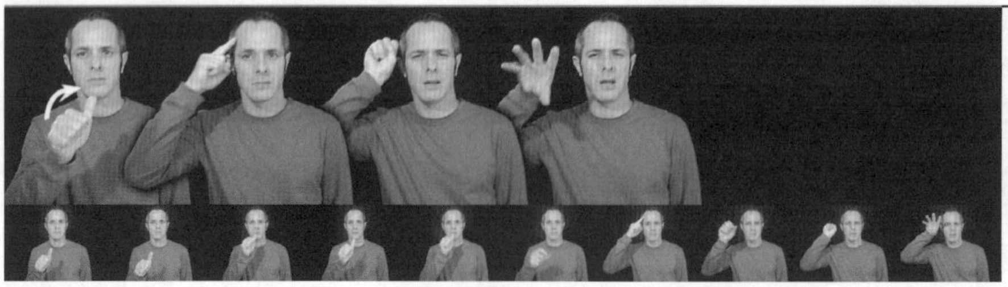

RESSACA – Fazer os sinais de "beber" e de "dor de cabeça".
• ***Ressaca:*** *Mal-estar provocado pelo consumo de bebida alcoólica.*

▪ **RESERVADO:** CALADO, CONFIDENCIAL, GUARDAR ▪ **RESERVAR:** GUARDAR ▪ **RESFRIADO:** GRIPE ▪ **RESGATAR:** SALVAR ▪ **RESIDÊNCIA:** CASA ▪ **RESIDIR:** CASA ▪ **RESOLUTO:** CORAGEM, DECIDIR ▪ **RESOLVER:** DECIDIR ▪ **RESPEITAR:** OBEDECER ▪ **RESPEITO:** OBEDECER ▪ **RESPIRAÇÃO:** CHEIRAR ▪ **RESPIRAR:** CHEIRAR ▪ **RESPLANDECER:** BRILHAR ▪ **RESPONSÁVEL:** RESPONSABILIDADE ▪ **RESSARCIMENTO:** COMPENSAÇÃO ▪ **RESSARCIR:** COMPENSAÇÃO

RESSURREIÇÃO – Fazer os sinais de "Jesus Cristo" e de "em pé". Em seguida, ainda com as mãos no sinal de "em pé", mover a mão direita para cima.
• ***Ressurreição:*** *Retorno da morte à vida.* **Sinal igual:** RESSUSCITAR

RESTAURANTE – Mão em "R", palma para dentro. Mover a mão, tocando as pontas dos dedos no canto da boca e, em seguida, no outro canto.
• ***Restaurante:*** *Estabelecimento comercial que serve refeições.*

RESTO – Mãos abertas, dedos esticados e separados apontando para cima, dedos médios apontando para dentro, palmas para dentro. Posicionar uma mão perto da outra, quase se tocando pelas pontas dos dedos médios. Em seguida, com um gesto rápido, mover as mãos simultaneamente para baixo, virando as palmas para essa direção e apontando os dedos para a frente.
• ***Resto:*** *O que sobrou de alguma coisa.* **Sinal igual:** RESTAR, SOBRA, SOBRAR

RESUMO – Mãos abertas, dedos esticados e separados, palmas para a frente. Posicionar uma mão ao lado da outra, mas um pouco afastadas entre si. Em seguida, unir os dedos de cada mão pelas pontas, virando as palmas para dentro, e unir as mãos pelas pontas de seus dedos.
• ***Resumo:*** *Condensar em poucas palavras algo que foi dito ou escrito mais extensamente.* **Sinal igual:** CONDENSADO, CONSUBSTANCIAR, RESUMIDO, RESUMIR, SINOPSE, SINTETIZADO, SINTETIZAR, SUMARIADO, SUMÁRIO

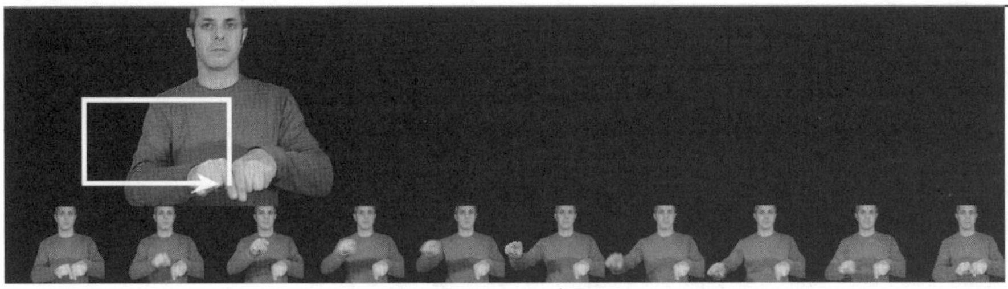
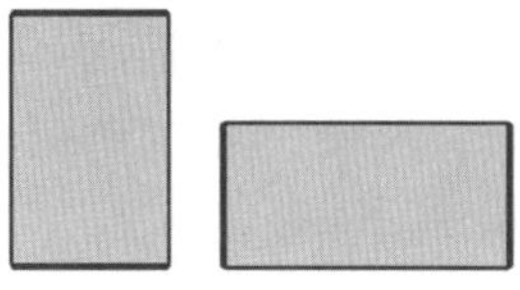

RETÂNGULO – Mãos fechadas com os dedos indicadores esticados apontando para a frente, palmas para baixo. Unir as mãos pelas laterais internas. Em seguida, mover a mão direita desenhando a forma de um retângulo, terminando o movimento na posição inicial.
• ***Retângulo:*** *Figura geométrica que possui quatro lados.* **Sinal igual:** RETANGULAR

▪ **RESSUSCITAR:** RESSURREIÇÃO ▪ **RESTAR:** RESTO ▪ **RESTAURAÇÃO:** CONSTRUIR, CONSERTAR, MELHORAR ▪ **RESTAURAR:** CONSTRUIR, CONSERTAR, MELHORAR ▪ **RESTITUIÇÃO:** DEVOLVER ▪ **RESTITUIR:** DEVOLVER ▪ **RESTRITO:** CURTO, POUCO ▪ **RESULTADO:** RESPONDER ▪ **RESUMIDO:** RESUMO ▪ **RESUMIR:** RESUMO ▪ **RESVALAR:** ESCORREGAR, TOCAR ▪ **RETAGUARDA:** ATRÁS ▪ **RETANGULAR:** RETÂNGULO ▪ **RETARDAR:** ATRASAR ▪ **RETER:** SEGURAR ▪ **RETIFICAR:** CORRIGIR ▪ **RETIRAR:** EXCLUIR ▪ **RETIRAR-SE:** SAIR ▪ **RETRATAR:** RETRATO

R

RETRATO – Mão aberta, dedos esticados e separados, palma para trás. Posicionar a mão na altura do rosto. Em seguida, com um gesto rápido, unir os dedos pelas pontas, apontado-as para o rosto.
• ***Retrato:*** *Fotografia de alguém.* **Sinal igual:** RETRATAR

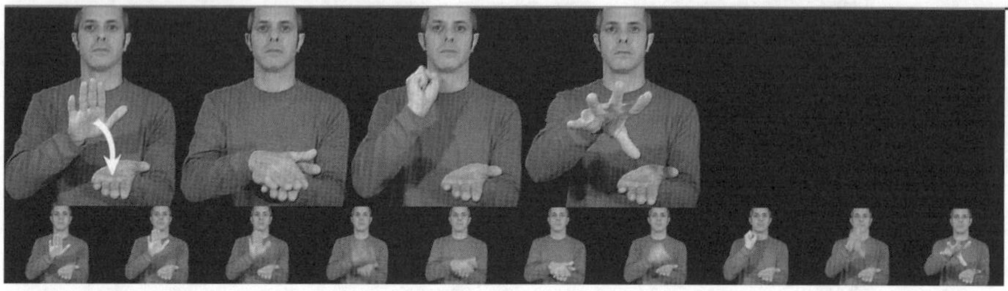

RETROPROJETOR – Mãos abertas, dedos unidos e esticados apontando para a frente. Mão esquerda com a palma para cima e mão direita com a palma para baixo, posicionada acima da mão esquerda. Em seguida, mover a direita para baixo, tocando-a rapidamente na esquerda. Depois, fechar a direita com a palma para a frente e movê-la um pouco para a frente, abrindo os dedos.
• ***Retroprojetor:*** *Equipamento que projeta uma imagem em parede ou tela própria para esse fim.*

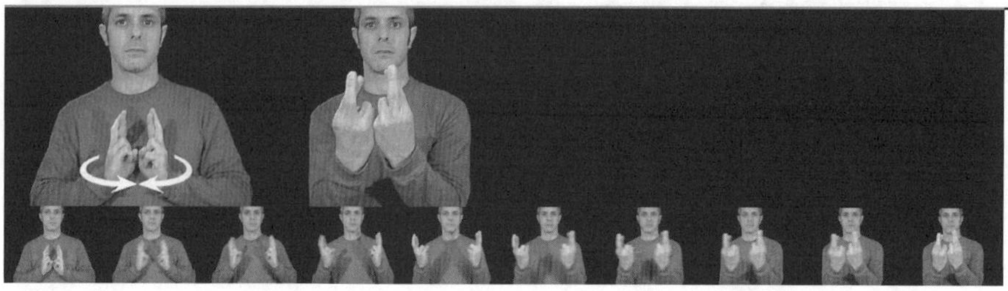

REUNIÃO – Mãos em "R", palmas para dentro. Unir as mãos, posicionando-as perto do peito. Em seguida, movê-las simultaneamente para a frente, descrevendo um semicírculo com cada uma, virando as palmas para trás e unindo-as pelas laterais externas.
• ***Reunião:*** *Agrupamento de pessoas.* **Sinal igual:** AGREGAÇÃO, AGRUPAMENTO, CONGLOMERADO, CONGREGAÇÃO, UNIÃO

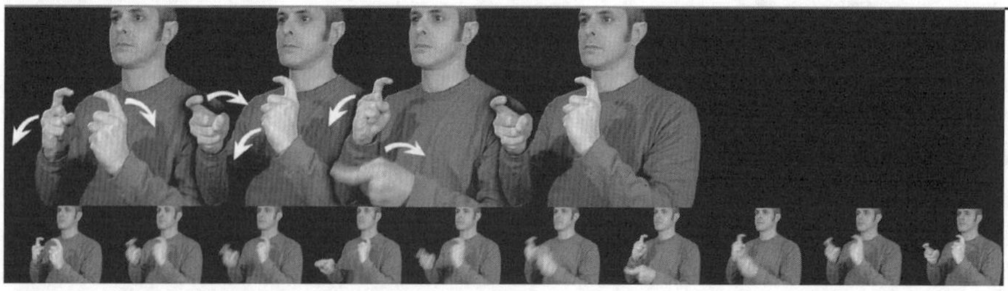

REUNIR – Mãos fechadas, dedos indicadores abertos e curvados, palmas para dentro. Posicionar uma mão perto da outra. Em seguida, movê-las simultaneamente e em sentidos opostos, inclinado-as para a frente e para trás, articulando os punhos, duas ou três vezes.
• ***Reunir:*** *Agrupar pessoas.* **Sinal igual:** AGREGAR, AGRUPAR, CONGLOMERAR, CONGREGAR

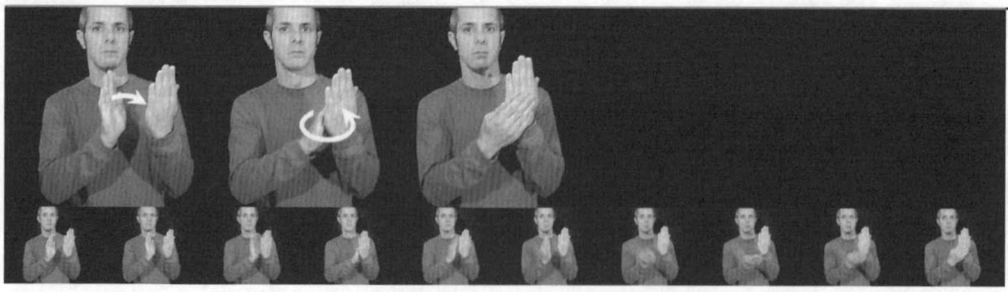

REVANCHE – Fazer o sinal de "confronto". Em seguida, manter a mão esquerda imóvel, enquanto desloca r a mão direita para a frente, virar a palma para trás e movê-la para trás, batendo no dorso da esquerda.
• ***Revanche:*** *Partida que se torna a disputar, no esporte, a pedido do perdedor e com a concordância do vencedor.*

▪ **RETROCEDER:** ATRASAR, VOLTAR ▪ **RETRÓGRADO:** ANTIGO ▪ **RETRUCAR:** DISCUTIR ▪ **RÉU:** ACUSADO ▪ **REUNIDO:** JUNTAR, UNIR ▪ **REVELAR:** MOSTRAR ▪ **REVERENCIAR:** ADORAR

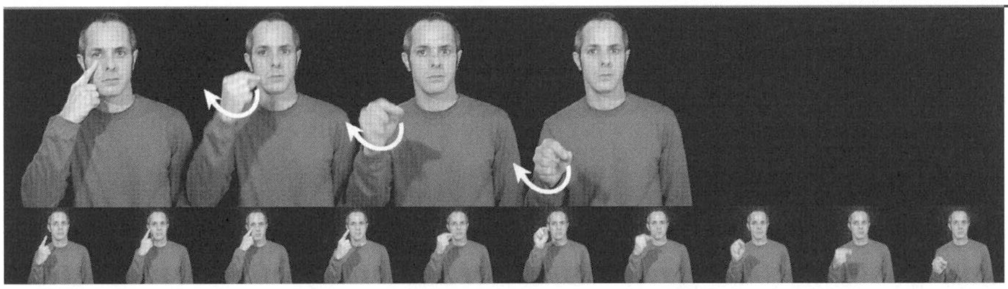

REVISÃO – Fazer o sinal de "atenção". Em seguida, com a mão fechada, dedos indicador e polegar esticados e unidos pelas pontas e palma para dentro, mover a mão, virando três vezes a palma para a frente, deslocando a mão um pouco para baixo após cada movimento.
• ***Revisão:*** *Nova leitura, mais detalhada, de um texto; novo exame.*

REVISTA – Mãos abertas, dedos unidos e esticados apontando para a frente, palmas para cima. Posicionar uma mão perto da outra. Em seguida, mover a direita para o lado esquerdo, duas ou três vezes, virando a palma para baixo e por cima da mão esquerda, imitando o gesto de quem segura uma revista e vira as páginas.
• ***Revista:*** *Publicação periódica que trata de assuntos variados.* **Sinal igual:** MAGAZINE

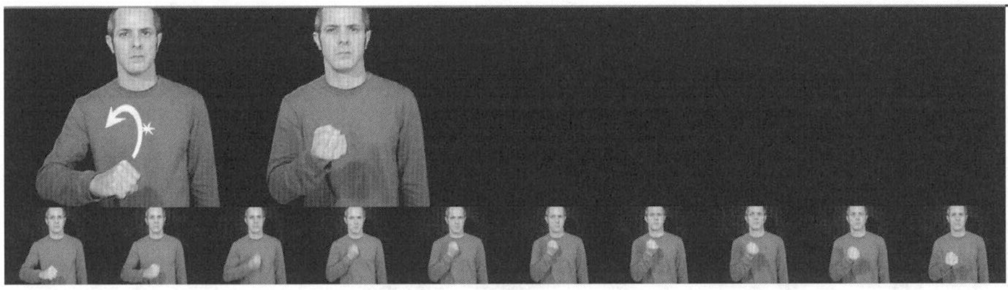

REVOLTA – Mão fechada, palma para baixo. Posicionar a mão na altura do estômago. Em seguida, movê-la para cima, virando a palma para trás, batendo-a no peito e deslocando-a para frente, direcionando a palma para cima. Fazer uma expressão de raiva durante o movimento.
• ***Revolta:*** *Sentimento de raiva e indignação diante de determinado acontecimento ou situação.*

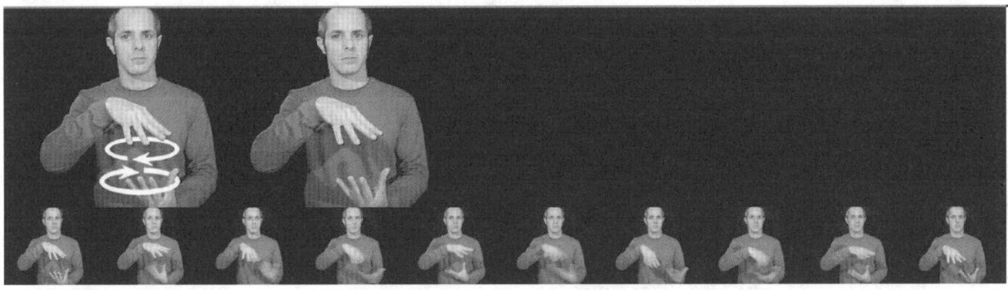

REVOLUÇÃO – Mão direita aberta, dedos esticados e separados apontando para baixo, palma na mesma direção. Mão esquerda aberta, dedos esticados e separados apontando para cima, palma também para cima. Posicionar a mão direita acima da esquerda. Em seguida, mover simultaneamente as mãos, girando-as em círculos horizontais, articulando os punhos. Girá-las como no movimento dos pedais de uma bicicleta.
• ***Revolução:*** *Acontecimento político-social geralmente caracterizado por revolta contra o poder estabelecido.*

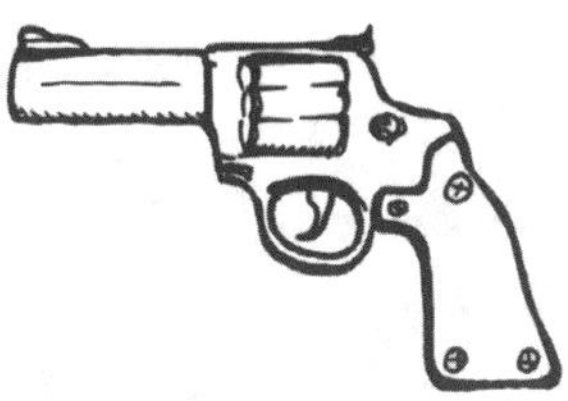

REVÓLVER – Mão em "L" com o dedo indicador apontando para frente e o polegar apontando para cima, palma para dentro. Dobrar e esticar o indicador, duas ou três vezes.
• ***Revólver:*** *Arma de fogo portátil.* **Sinal igual:** ARMA, ARMA DE FOGO, ATIRAR, PISTOLA

R

■ REVOGAR: CANCELAR ■ REZA: REZAR

REZAR – Mãos abertas, dedos unidos e esticados apontando para cima, palmas para dentro. Posicionar uma mão ao lado da outra e movê-las simultaneamente, unindo-as diante do corpo, na altura do peito.
• ***Rezar:*** *Fazer uma oração.* **Sinal igual:** ORAÇÃO, ORAR, PRECE, REZA, SÚPLICA

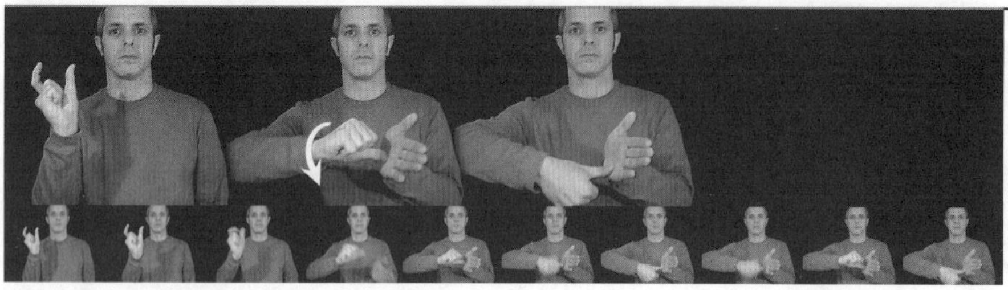

RG – Fazer os sinais de "cartão" e de "impressão digital".
• ***Rg:*** *Sigla para Registro Geral; carteira de identidade.* **Sinal igual:** CARTEIRA DE IDENTIDADE, CÉDULA DE IDENTIDADE, IDENTIDADE, REGISTRO GERAL

RICO – Mãos fechadas com os dedos indicadores e polegares esticados e unidos pelas pontas, voltadas para cima, palma nessa direção. Posicionar as mãos na altura do peito e movê-las simultaneamente para cima, esfregando as pontas dos indicadores nos polegares, como no sinal de "dinheiro".
• ***Rico:*** *Pessoa que possui muitos bens; que tem muito dinheiro.* **Sinal igual:** ABASTADO, ABONADO, ENRIQUECER, MILIONÁRIO, RIQUEZA

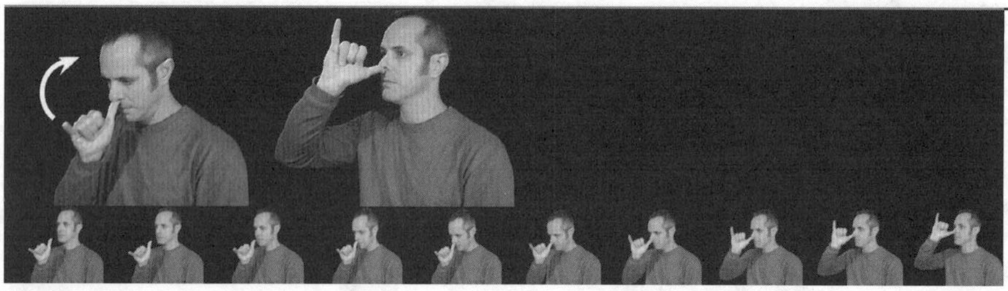

R

RINOCERONTE – Mão em "Y", palma para dentro. Encostar a ponta do polegar na extremidade do nariz, com a cabeça levemente inclinada para baixo. Em seguida, mover a cabeça para cima, acompanhando esse movimento com a mão, sem desencostar a ponta do dedo do nariz.
• ***Rinoceronte:*** *Grande mamífero encontrado na África.*

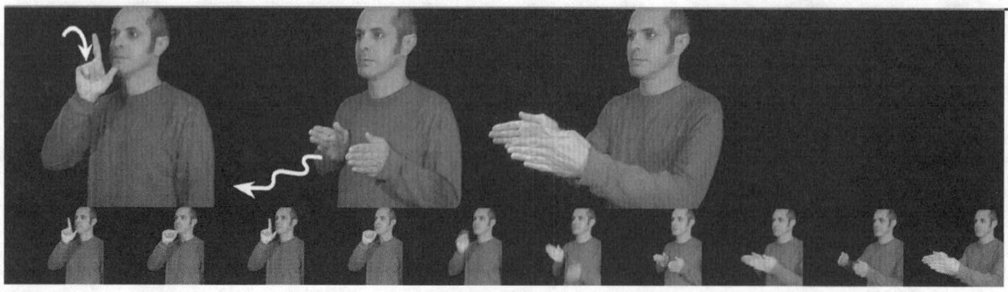

RIO – Fazer os sinais de "água" e de "caminho".
• ***Rio:*** *Curso de água doce.*

▪ **RIBOMBAR:** BARULHO ▪ **RIBOMBAR:** TROVÃO ▪ **RIDICULARIZAR:** ZOMBAR ▪ **RIFLE:** CAÇAR ▪ **RIGOROSO:** EXIGIR ▪ **RIJO:** DURO ▪ **RÍMEL:** CÍLIO ▪ **RINCHAR:** RELINCHAR

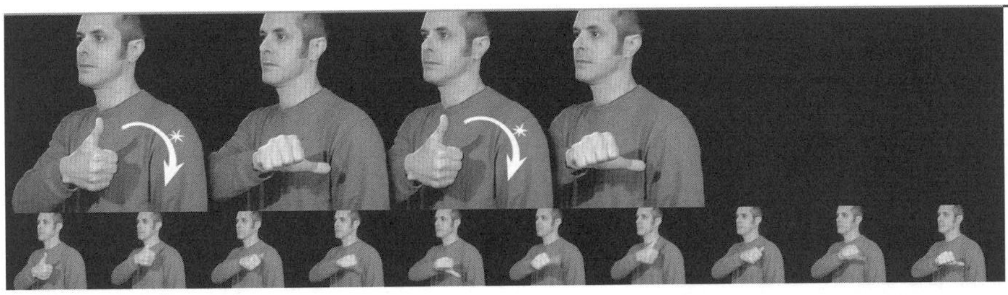

RIO DE JANEIRO – Mão direita fechada, dedo polegar esticado apontando para cima, palma para trás. Mover a mão resvalando a ponta do polegar no ombro esquerdo, de cima para baixo, duas ou três vezes.
• ***Rio de Janeiro:*** *Estado localizado na região Sudeste do Brasil.* **Sinal igual:** CARIOCA

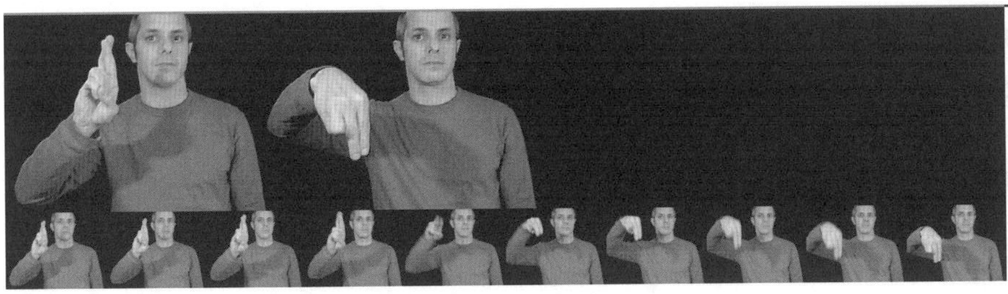

RIO GRANDE DO NORTE – Digitar as letras "R" e "N".
• ***Rio Grande do Norte:*** *Estado localizado na região Nordeste do Brasil.*

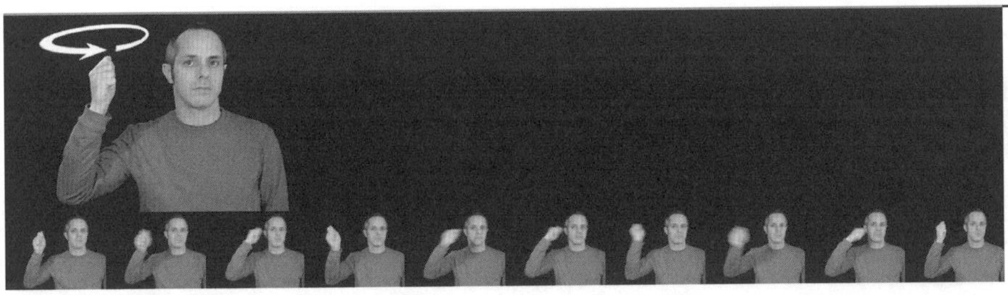

RIO GRANDE DO SUL – Mão em "A", palma para dentro. Posicionar a mão na lateral do corpo, na altura da cabeça. Em seguida, mover a mão em círculos horizontais, imitando o gesto de quem vai jogar um laço.
• ***Rio Grande do Sul:*** *Estado localizado na região Sul do Brasil.*

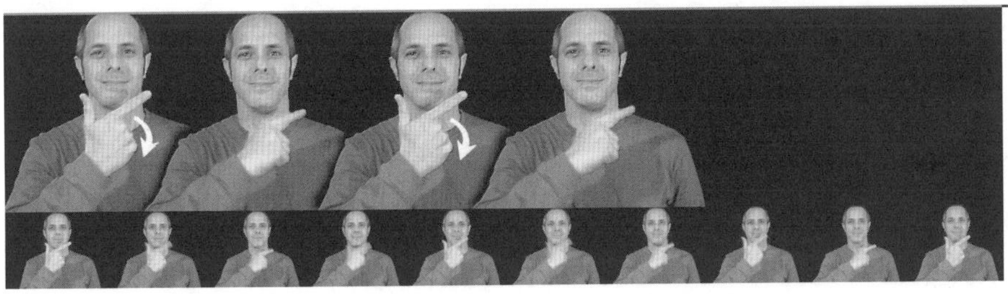

RIR – Mão em "L", com o dedo indicador apontando para dentro, palma para trás. Posicionar a mão próximo do rosto, na altura do queixo. Em seguida, com gestos muito curtos, balançar levemente a mão para cima e para baixo, três ou mais vezes.
• ***Rir:*** *Contrair os músculos do rosto, manifestando alegria.* **Sinal igual:** GARGALHADA, GARGALHAR, RISADA, RISO, SORRIR

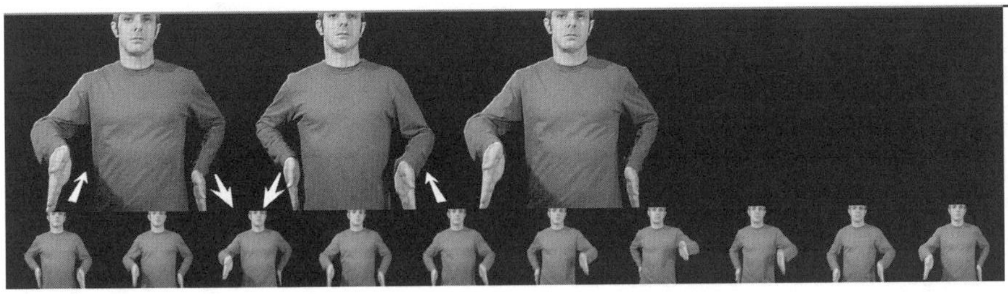

ROBÔ – Mãos abertas, dedos unidos e esticados apontando para baixo, palmas para dentro. Posicionar as mãos nas laterais dos quadris, sem tocá-los, com os braços levemente flexionados. Em seguida, mover as mãos simultaneamente e em sentidos opostos, para a frente e para trás, duas ou três vezes.
• ***Robô:*** *Máquina de aparência semelhante a de um ser humano capaz de se movimentar e de agir.*

▪ **RIQUEZA:** RICO ▪ **RISADA:** RIR ▪ **RISO:** RIR ▪ **RÍSPIDO:** BRUTO ▪ **RITMO:** BATERIA ACÚSTICA ▪ **RIVALIZAR:** DESAFIAR ▪ **RIXA:** DESAFIAR ▪ **ROBUSTEZ:** ROBUSTO

R

ROBUSTO – Mãos fechadas, palmas para trás. Posicioná-las diante do corpo, na altura do peito. Em seguida, movê-las simultaneamente para trás, batendo-as no peito, duas ou mais vezes.
• ***Robusto:*** *Pessoa de aspecto saudável e forte.* **Sinal igual:** CORPULENTO, FOGOSO, ROBUSTEZ, VIGOROSO

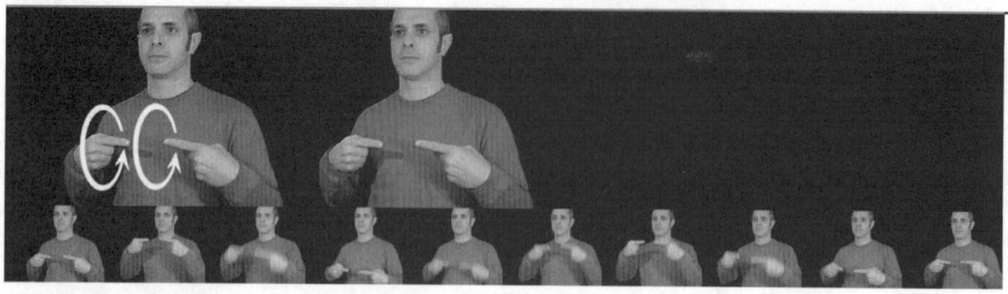

RODA – Mãos fechadas, dedos indicadores esticados apontando para dentro, palmas para trás. Posicionar as mãos diante do corpo, uma apontando para a outra. Em seguida, movê-las simultaneamente em círculos verticais, completando duas voltas.
• ***Roda:*** *Peça redonda que se move ao redor de um eixo.*

RODAR* – Mão fechada com o dedo indicador esticado apontando para baixo. Posicioná-la na altura do peito. Em seguida, movê-la em círculos horizontais, completando duas voltas.
• ***Rodar:*** *Movimentar em círculos; girar.* **Sinal igual:** GIRAR, RODEAR, ROLAR

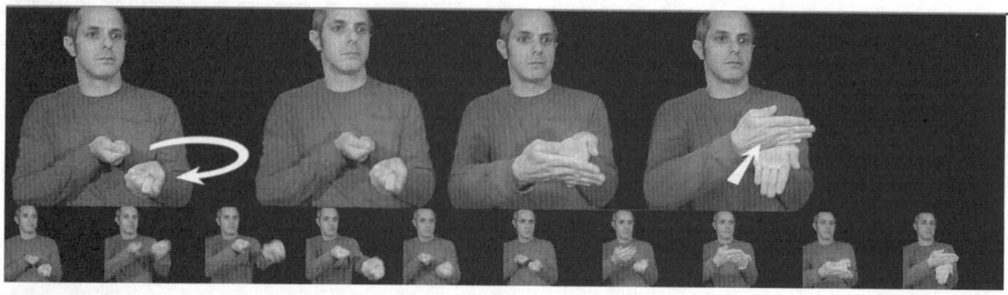

R

RODO – Mãos fechadas e posicionadas uma diante da outra, perto do peito. Mover as mãos simultaneamente para a frente, descrevendo um arco, e voltar à posição inicial, em linha reta, imitando o gesto de quem usa um rodo para puxar a água. Em seguida, com a mão esquerda aberta, os dedos unidos e esticados e a palma para cima, a mão direita aberta, os dedos unidos e esticados e a palma para trás, encostar a lateral externa da mão direita nas pontas dos dedos esquerdos e deslizar a mão direita em direção ao punho esquerdo.
• ***Rodo:*** *Utensílio usado para puxar a água do chão a fim de secá-lo.*

RODOVIÁRIA – Mão esquerda aberta, dedos unidos e esticados apontando para dentro, palma para baixo, braço dobrado horizontalmente na frente do corpo. Mão direita em "R", palma para dentro. Posicionar a mão direita na frente e longe do corpo. Em seguida, mover a mão direita para trás, até ficar embaixo da esquerda.
• ***Rodoviária:*** *Local de partida e chegada de ônibus intermunicipais, interestaduais e internacionais.*

▪ **ROÇAR:** AGRICULTURA ▪ **ROCHA:** PEDRA ▪ **ROCHEDO:** PEDRA ▪ **RODANDO:** GIRAR ▪ **RODAR:** GIRAR ▪ **RODEAR:** RODAR ▪ **RODOVIA:** CAMINHO ▪ **ROEDOR:** RATO

ROER – Mão esquerda fechada, dedo indicador esticado apontando para dentro, palma para baixo. Mão direita com os dedos curvados e unidos, palma para a frente. Posicionar a mão direita com as pontas de seus dedos quase tocando a lateral do indicador esquerdo. Em seguida, com gestos curtos, mover a mão direita, desunindo e unindo as pontas dos dedos, várias vezes.
• ***Roer:*** *Triturar com os dentes.*

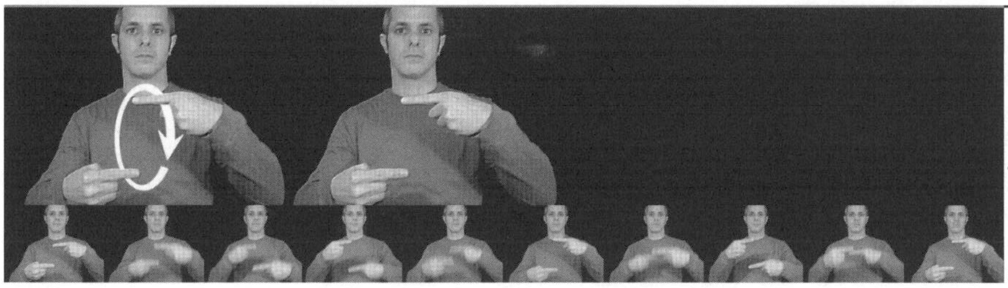

ROLAR – Mãos fechadas, dedos indicadores esticados apontando para dentro. Posicionar uma mão acima da outra, diante do corpo. Em seguida, movê-las simultaneamente em círculos verticais, como no movimento dos pedais de uma bicicleta, completando duas ou mais voltas.
• ***Rolar:*** *Fazer girar; rodar.*

ROLO DE MACARRÃO – Mãos fechadas em "S", palmas para baixo. Posicionar as mãos diante do corpo, na altura do estômago. Em seguida, movê-las simultaneamente para a frente e para trás, duas vezes.
• ***Rolo de macarrão:*** *Utensílio de cozinha usado para esticar massa.*

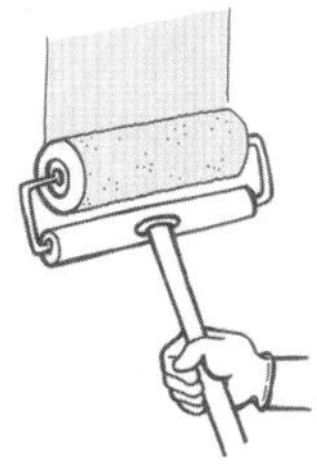

ROLO DE PINTURA – Mãos em "C", palmas para a frente. Unir as mãos pelas laterais internas. Em seguida, movê-las simultaneamente, afastando uma da outra para as laterais. Depois, com a mão em "A" posicionada horizontalmente, palma para dentro, movê-la para cima e para baixo, duas vezes.
• ***Rolo de pintura:*** *Pequeno cilindro revestido de lã, usado para pintar superfícies planas.*

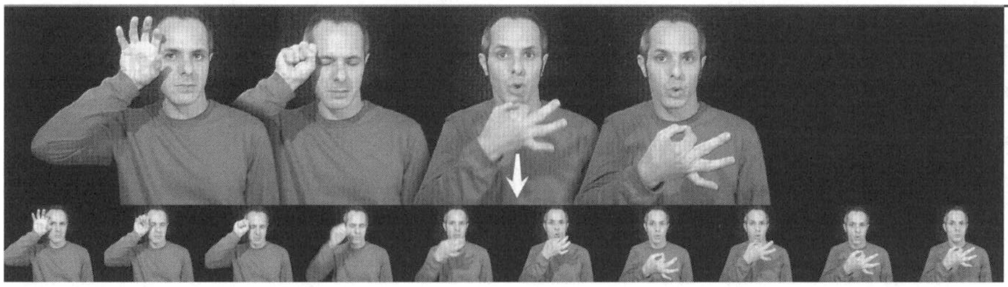

RONCAR – Mão aberta, dedos levemente curvados, palma para a frente. Encostar a lateral interna da mão na lateral do rosto, na altura dos olhos. Em seguida, com um gesto não muito rápido, fechar simultaneamente a mão e os olhos. Depois, mão aberta, dedos indicador e polegar unidos pelas pontas, que devem estar voltadas para a boca. Posicionar a mão perto do rosto e movê-la para frente e para trás, retornando à posição inicial, duas vezes. Soprar ar pela boca durante esse movimento.
• ***Roncar:*** *Respirar com ruído durante o sono.*

▪ **ROGAR:** PEDIR ▪ **ROL:** LISTAR ▪ **ROLAR:** RODAR ▪ **ROLETA:** CATRACA ▪ **ROMPER:** QUEBRAR

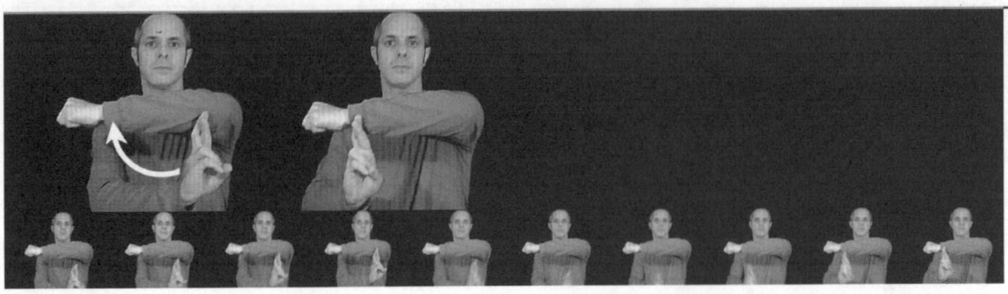

RONDÔNIA – Mão esquerda fechada, palma para baixo, braço dobrado horizontalmente na frente do corpo, na altura dos ombros. Mão direita em "R" posicionada abaixo do braço esquerdo. Em seguida, mover a mão direita para cima, tocando as pontas dos dedos no braço esquerdo, perto do cotovelo e depois do punho.

• ***Rondônia:*** *Estado localizado na região Norte do Brasil.*

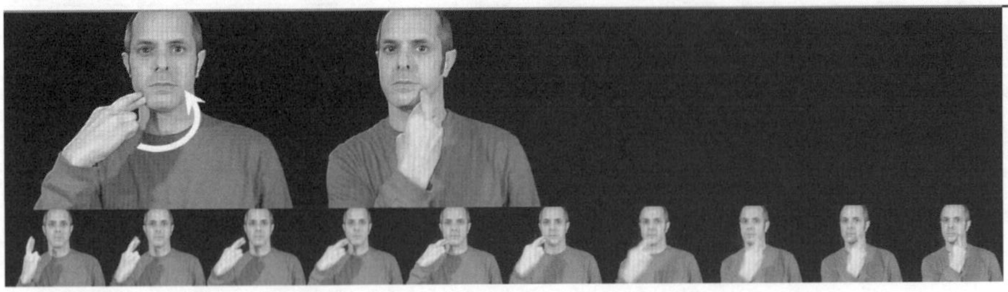

RORAIMA – Mão em "R", palma para trás. Tocar as pontas dos dedos no canto direito da boca e depois no esquerdo.

• ***Roraima:*** *Estado localizado na região Norte do Brasil.*

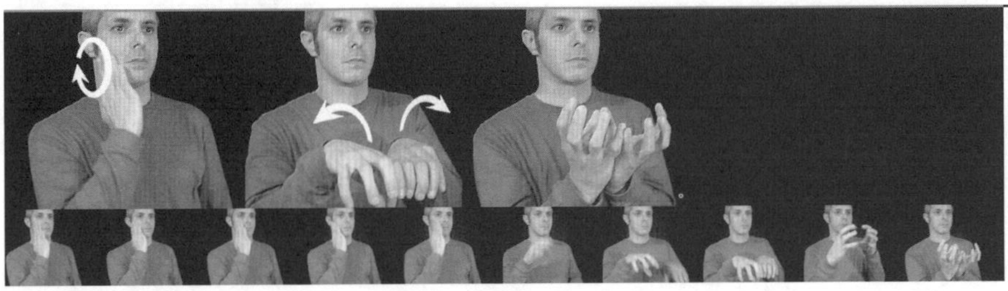

ROSA – Fazer o sinal de "cor-de-rosa". Depois, mãos abertas, dedos separados e curvados, palmas para baixo. Unir as mãos pelas laterais internas. Em seguida, movê-las simultaneamente, virando as palmas para cima e unindo-as pelas laterais externas.

• ***Rosa:*** *Espécie de flor.*

ROSÁRIO – Fazer o sinal de "cruz". Depois, mãos fechadas em "A", palmas para dentro, unidas pelas pontas dos polegares. Em seguida, mover a mão direita para baixo e para a lateral, abrindo e fechando o polegar direito várias vezes durante o percurso.

• ***Rosário:*** *Fileira de 165 pequenas contas, representando cada qual uma oração.*

ROSCA – Mãos abertas, indicadores e polegares curvados e unidos pelas pontas, demais dedos esticados, palmas para a frente. Unir as mãos pelas laterais internas. Em seguida, movê-las simultaneamente para baixo, descrevendo um semicírculo com cada uma, virando as palmas para cima e unindo-as pelas laterais externas.

• ***Rosca:*** *Tipo de pão ou biscoito em forma de argola.*

▪ **ROSADO:** COR-DE-ROSA ▪ **ROSTO:** FACE ▪ **ROTA:** CAMINHO ▪ **ROTAÇÃO:** GIRAR ▪ **ROTATÓRIA:** GIRAR ▪ **ROUBADO:** LADRÃO ▪ **ROUBALHEIRA:** LADRÃO ▪ **ROUBAR:** LADRÃO ▪ **ROUBO:** LADRÃO

ROUPA – Mãos abertas, dedos indicadores e polegares unidos pelas pontas. Posicionar as mãos um pouco abaixo dos ombros. Com as pontas do indicador e do polegar de cada mão, puxar uma parte da roupa em ambos os lados do ombro.

• ***Roupa:*** *Qualquer peça do vestuário.* **Sinal igual:** PANO, TECIDO, TRAJE, VESTE, VESTIMENTA, VESTUÁRIO

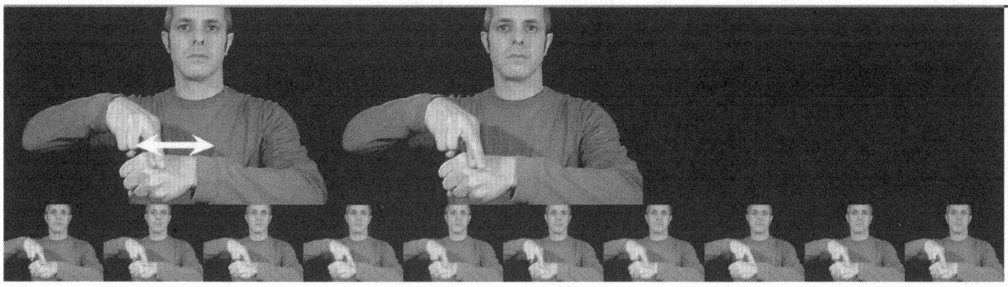
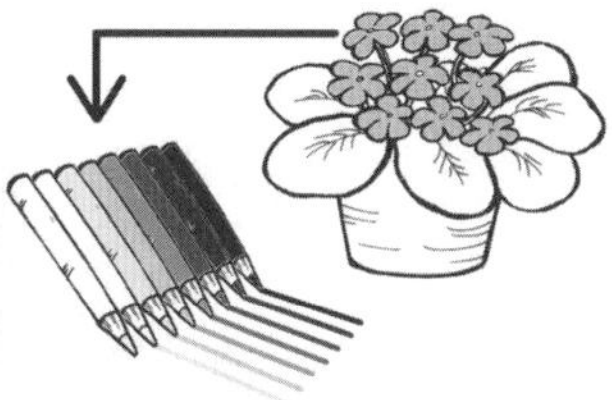

ROXO – Mão esquerda fechada, palma para baixo. Mão direita em "R", palma também para baixo. Tocar as pontas dos dedos no dorso da mão esquerda. Em seguida, mover a mão direita deslizando-a para a frente e para trás sobre o dorso esquerdo, duas ou mais vezes.

• ***Roxo:*** *Cor obtida através da mistura do azul com o vermelho.*

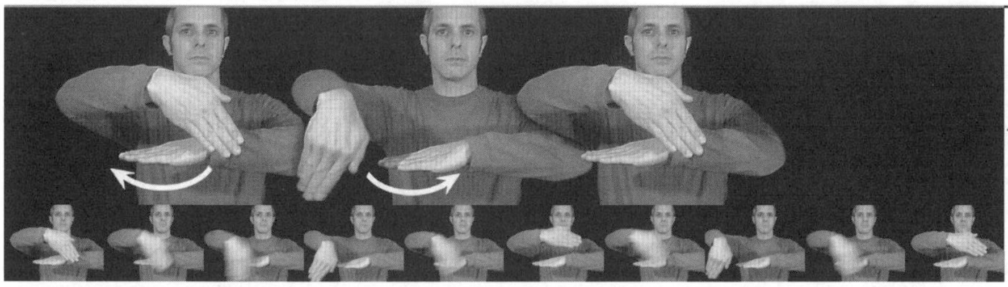

RUA – Mão esquerda aberta, dedos unidos e esticados apontando para dentro, braço dobrado e palma para baixo. Mão direita aberta, dedos unidos e esticados apontando para baixo, palma para trás. Posicionar a mão direita diante da esquerda (foto 1). Em seguida, mover a mão direita de um lado para outro (como o pêndulo de um relógio), duas ou mais vezes,

• ***Rua:*** *Via pública urbana.* **Sinal igual:** ALAMEDA

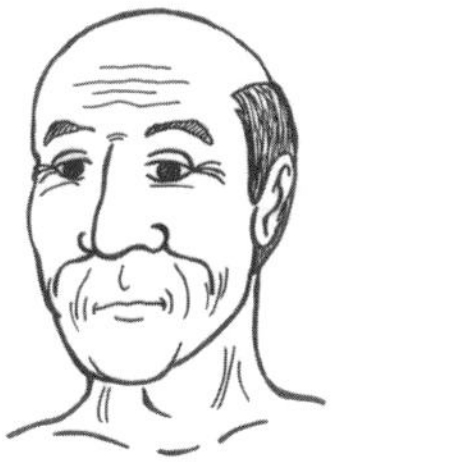

RUGA – Mão aberta com o indicador e o polegar unidos pelas pontas, demais dedos esticados e separados apontando para cima. Tocar as pontas do indicador e do polegar no canto externo do olho.

• ***Ruga:*** *Sinal da pele geralmente causado por seu envelhecimento.*

RUGIDO – Fazer os sinais de "leão" e de "gritar".

• ***Rugido:*** *Som emitido pelo leão.* **Sinal igual:** BRAMIDO, RUGIR

▪ RUBRICA: ASSINAR ▪ RUBRICAR: ASSINAR ▪ RUÇO: GRISALHO ▪ RUDE: BRUTO ▪ RUGIR: RUGIDO ▪ RUGOSO: ÁSPERO ▪ RUÍDO: BARULHO, SOM

RUIM* – Mão aberta, dedos relaxados, palma para baixo. Encostar o dorso da mão na parte inferior do queixo (foto 1). Em seguida, mover aleatoriamente os dedos.
• **Ruim:** *Que ou aquilo que não está bom; péssimo.* **Sinal igual:** PERVERSÃO, PERVERSIDADE, PERVERSO, PERVERTER, PERVERTIDO, PODRE, TERRÍVEL

RUIVO – Fazer os sinais de "vermelho" e de "firme" com uma das mãos.
• **Ruivo:** *De cabelo avermelhado.*

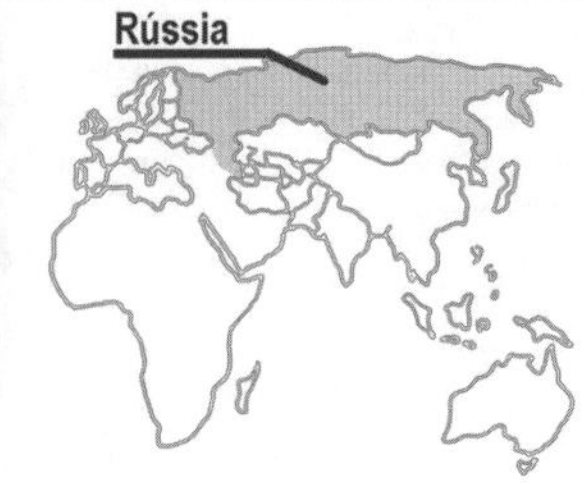

RÚSSIA – Mão em "R", palma para a frente. Tocar as pontas dos dedos na lateral esquerda da testa, na região da têmpora e, em seguida, na lateral direita.
• **Rússia:** *País localizado na Ásia.*

■ RUIM: MAU ■ RUÍNAS: DEMOLIR ■ RUIR: DEMOLIR ■ RUMO: CAMINHO ■ RUPTURA: QUEBRAR ■ RÚSTICO: BRUTO

Mão fechada com o polegar na frente dos demais dedos. Décima nona letra do alfabeto. Mão fechada com o polegar na frente dos demais dedos. Décima nona letra do alfabeto. Mão fechada com o polegar na frente dos demais dedos. Décima nona letra do alfabeto. Mão fechada com o polegar na frente dos demais dedos. Décima nona letra do alfabeto. Mão fechada com o polega

dos. Décima n

fechada com

mais dedos. Décima nona letra do alfabeto. Mão fechada com o polegar na frente dos demais dedos. Décima nona letra do alfabeto. Mão fechada com o polegar na frente dos demais dedos. Décima nona letra do alfabeto. Mão fechada com o polegar na frente dos demais dedos. Décima nona letra do alfabeto. Mão fechada com o polegar na frente dos demais dedos. Décima nona letra do alfabeto. Mão f

S – Mão fechada com o polegar na frente dos demais dedos.
- ***S:*** *Décima nona letra do alfabeto.*

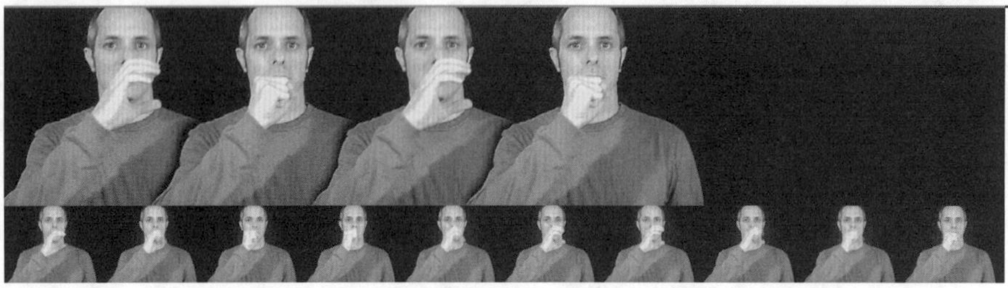

SÁBADO – Mão em "C", palma para dentro. Posicionar a mão diante da boca. Fechá-la e abri-la duas ou três vezes.
- ***Sábado:*** *Dia da semana que antecede o domingo.*

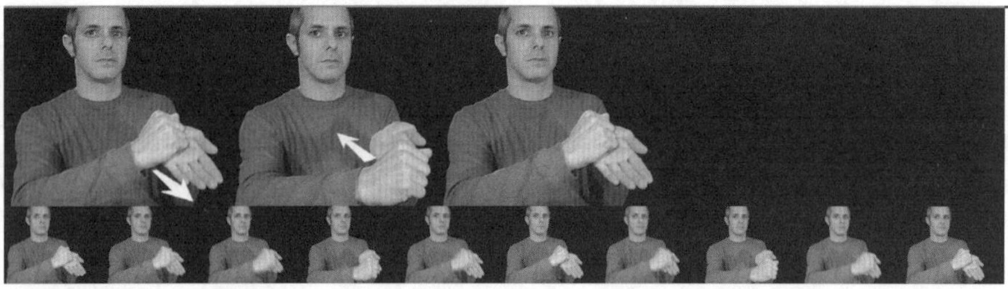

SABÃO – Mão direita fechada em "A", palma para baixo. Mão esquerda aberta, dedos unidos e esticados apontando para a frente, palma para cima. Encostar a mão direita na palma esquerda e deslizá-la para a frente e para trás, duas ou mais vezes.
- ***Sabão:*** *Substância detergente usada com água para se lavar diversas coisas.* **Sinal igual:** SAPONÁCEO

SABER – Mão aberta, dedos unidos e esticados, palma para baixo. Tocar as pontas dos dedos na lateral da testa. Em seguida, mover a mão para frente, dobrando os dedos, exceto o polegar.
- ***Saber:*** *Ter o conhecimento de alguma coisa.*

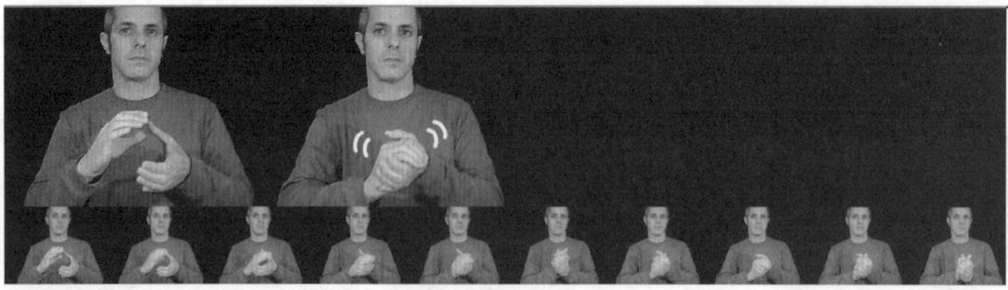

SABONETE – Mãos abertas, dedos unidos e levemente curvados, polegares separados. Unir as mãos pelas palmas, segurando levemente uma na outra e esfregá-las, imitando o gesto de quem lava as mãos.
- ***Sabonete:*** *Sabão aromatizado usado na higiene corporal.*

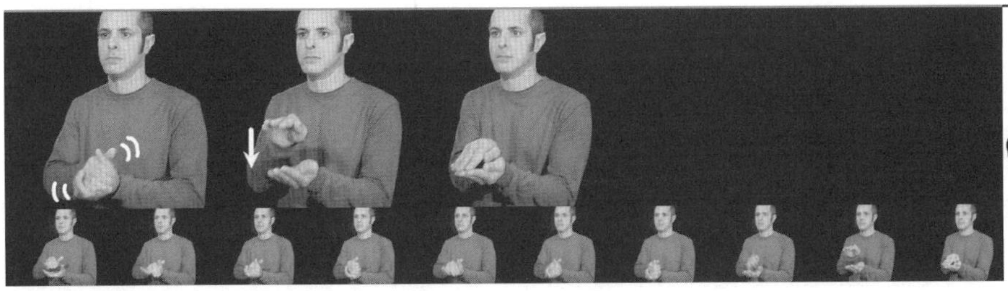

SABONETEIRA – Fazer o sinal de "sabonete". Em seguida, com os dedos unidos e curvados apontando para a frente, mão direita com a palma para baixo e mão esquerda com a palma para cima, posicionar a direita acima da esquerda e uni-las.
• ***Saboneteira:*** *Recipiente usado para se colocar o sabonete.*

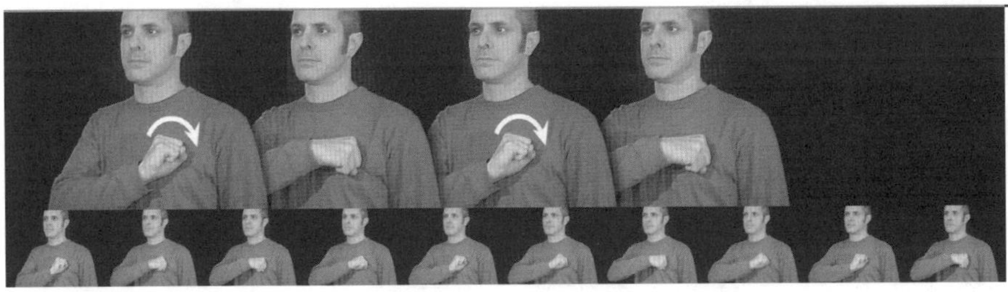

SACANEAR – Mão direita fechada em "S", palma para dentro. Encostar a lateral interna da mão no peito, na região do coração. Em seguida, mover a mão virando a palma para baixo e voltar à posição inicial, duas ou três vezes, sem desencostar a mão do peito.
• ***Sacanear:*** *Praticar contra alguém ato impróprio ou desonesto.* **Sinal igual:** BANDALHEIRA, ENGABELAR, PATIFARIA, SACANA, SACANAGEM, TRAPASSEAR

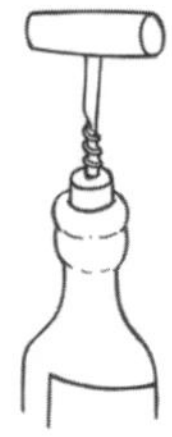

SACA-ROLHA – Mão esquerda em "O" posicionada na altura do estômago, palma para dentro. Mão direita fechada apontando para baixo. Posicionar a mão direita acima da esquerda, quase tocando-a. Em seguida, girar duas vezes a direita, ao redor do próprio eixo, e movê-la para cima e diagonalmente, imitando o gesto de quem usa um saca-rolha e abre uma garrafa.
• ***Saca-rolha:*** *Instrumento usado para retirar a rolha das garrafas.*

SACI – Mão direita em "Y", com o dedo mínimo apontando para baixo, palma para trás. Mão esquerda fechada, palma para baixo, braço dobrado horizontalmente na frente do corpo. Posicionar a mão direita acima da esquerda. Em seguida, mover a mão direita para baixo, tocando a ponta do dedo mínimo no dorso da mão esquerda e para o lado esquerdo, em direção ao cotovelo esquerdo, tocando a ponta do dedo mínimo duas ou três vezes no braço esquerdo, como se fossem "pulinhos".
• ***Saci:*** *Personagem do folclore brasileiro, criança negra de uma só perna, de cachimbo e que usa um chapéu vermelho que lhe dá poderes mágicos.*

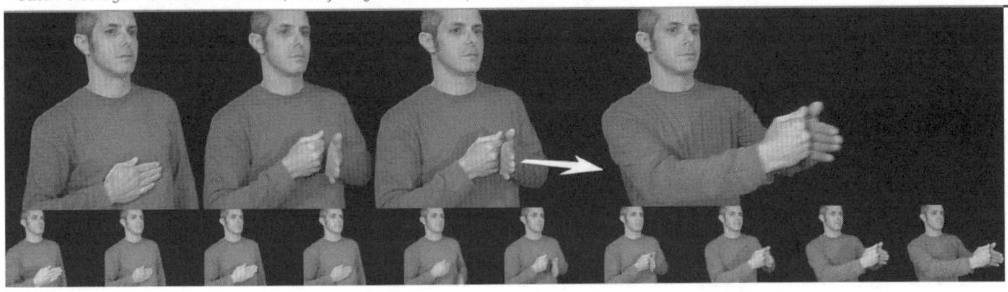

SACIAR – Tocar a mão direita duas vezes na barriga, na região do estômago. Depois, mão direita fechada, palma para dentro, mão esquerda aberta, dedos unidos e esticados apontando para dentro, palma para trás, posicionada na frente da mão direita. Em seguida, mover a mão direita para a frente, tocando-a na palma esquerda e continuar o movimento para a frente, "empurrando" a mão esquerda.
• ***Saciar:*** *Satisfazer plenamente a si ou a alguém.* **Sinal igual:** FARTAR, FARTO, SACIADO, SACIEDADE, SATISFEITO

▪ **SABOROSO:** DELICIOSO, GOSTOSO ▪ **SACANA:** SACANEAR ▪ **SACANAGEM:** SACANEAR ▪ **SACIADO:** SACIAR ▪ **SACIEDADE:** SACIAR

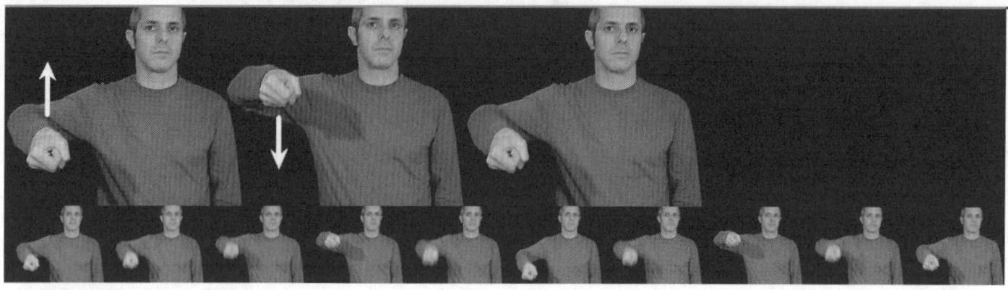

SACOLA – Mão fechada em "S", palma para dentro. Posicionar a mão na lateral do corpo, na altura do peito. Em seguida, mover a mão para cima e para baixo, duas ou três vezes.
• ***Sacola:*** *Saco provido de alças, usado para transportar compras ou objetos.* **Sinal igual:** ALFORJE

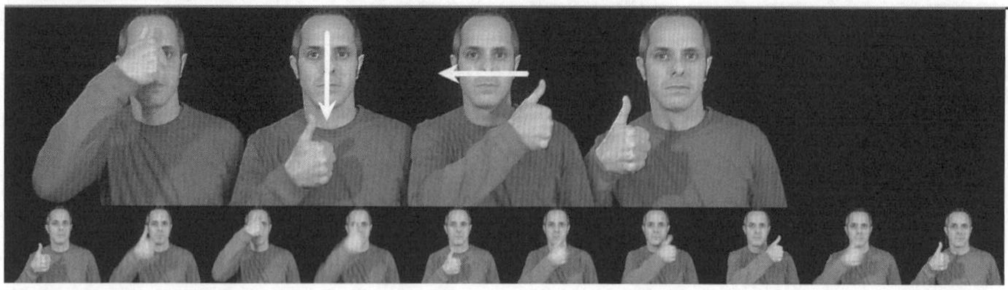
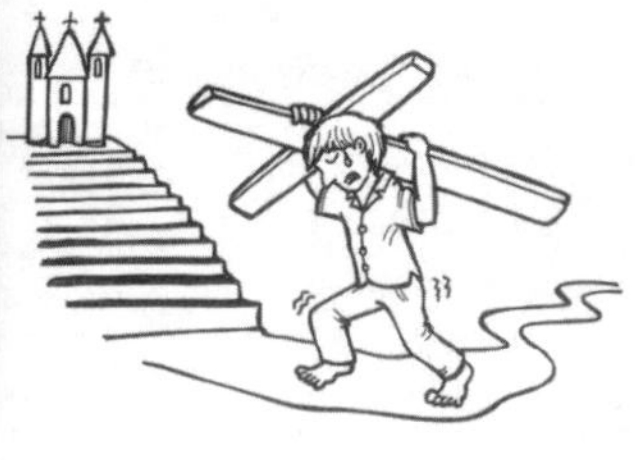

SACRIFÍCIO – Mão fechada, dedo polegar esticado apontando para cima, palma para trás. Posicionar o polegar na frente do rosto e mover a mão fazendo o sinal da cruz.
• ***Sacrifício:*** *Renúncia ou privação voluntária por razões religiosas ou não.* **Sinal igual:** ABNEGAÇÃO, RENÚNCIA

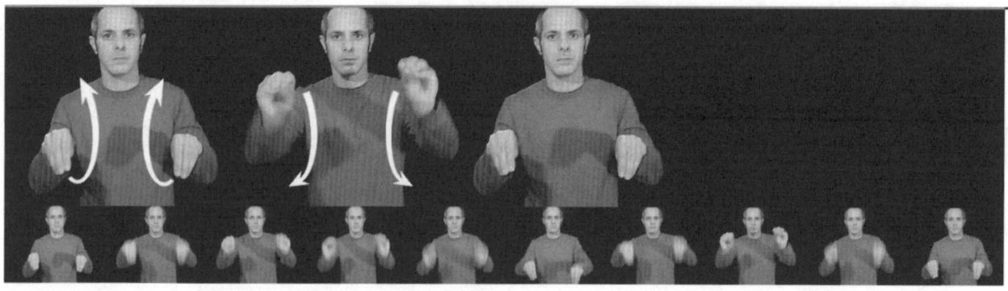

SACUDIR – Dedos esticados e unidos pelas pontas, palmas para baixo. Posicionar uma mão ao lado da outra, na altura do peito. Em seguida, com gestos rápidos, movê-las simultaneamente para cima (virando as palmas para a frente) e para baixo (virando as palmas para baixo), duas vezes.
• ***Sacudir:*** *Abanar ou mover, para um lado e para outro; limpar agitando.*

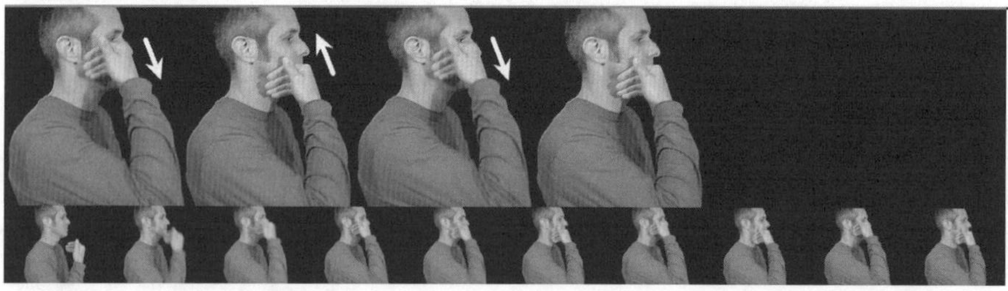
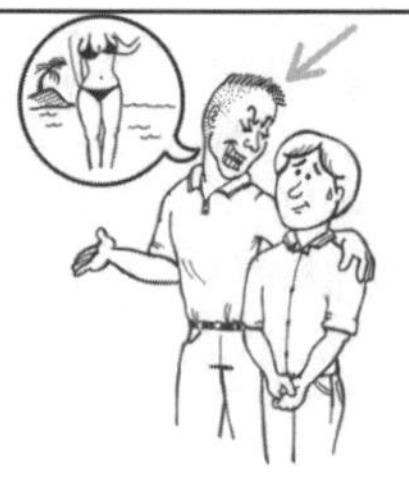

SAFADO – Mão aberta e dobrada, dedos unidos e esticados apontando para trás, polegar separado apontando para cima, palma para trás. Encostar o dorso dos dedos na bochecha, deslizando a mão para cima e para baixo.
• ***Safado:*** *Aquele que não tem vergonha de seus atos censuráveis; descarado.* **Sinal igual:** DESAVERGONHADO, DESCARADO, IMORAL, PORNOGRÁFICO

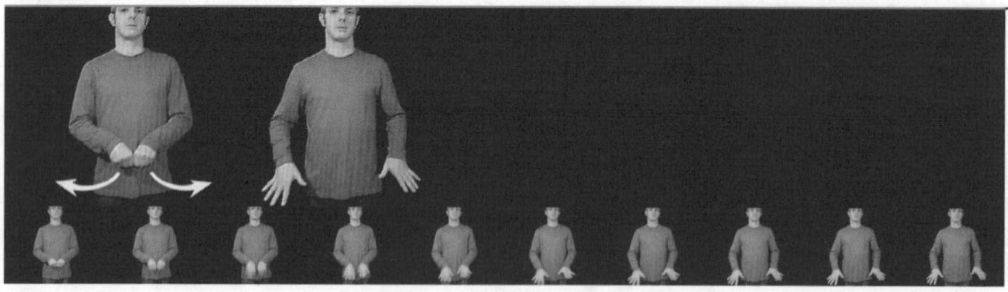

SAIA – Mãos fechadas, palmas para trás. Posicionar as mãos juntas na frente do corpo, quase tocando-o, na altura da cintura. Em seguida, movê-las simultaneamente, para baixo e para as laterais, abrindo-as.
• ***Saia:*** *Peça do vestuário.*

S

▪ **SAGACIDADE:** ESPERTO ▪ **SAGAZ:** ESPERTO ▪ **SAGUI:** MICO

SAÍDA – Mão esquerda aberta, dedos unidos e esticados apontando para a frente, palma para dentro. Mão direita aberta, dedos unidos e esticados inclinados para baixo, palma para trás. Posicionar a mão direita ao lado da esquerda. Em seguida, mover a mão direita para o lado esquerdo, passando-a por baixo da esquerda e apontando para cima.
• ***Saída:*** *Lugar por onde se sai.*

SAIR – Mãos abertas, dedos unidos e esticados. Posicionar a mão direita abaixo da esquerda, com as palmas viradas uma para a outra (foto 1). Em seguida, mover a mão direita para a frente, raspando-a ligeiramente na palma da mão esquerda durante o percurso.
• ***Sair:*** *Passar do interior para o exterior; sair à rua.* **Sinal igual:** AUSENTAR, PARTIR, RETIRAR-SE

SAL – Mão fechada com o dedo indicador esticado apontando para cima, palma para trás. Tocar a ponta do indicador na extremidade da língua. Em seguida, virar a palma para baixo e esfregar a ponta do indicador na do polegar.
• ***Sal:*** *Substância usada nos alimentos para realçar o sabor; cloreto de sódio.* **Sinal igual:** CLORETO DE SÓDIO

SALA – Mãos fechadas, dedos indicadores esticados apontando para baixo. Unir as mãos pelas laterais externas dos indicadores com os braços quase totalmente esticados. Afastar uma mão da outra para lados opostos, trazê-las para perto do corpo e voltar a juntá-las, formando o desenho de um quadrilátero.
• ***Sala:*** *Recinto amplo destinado ao uso social.*

S

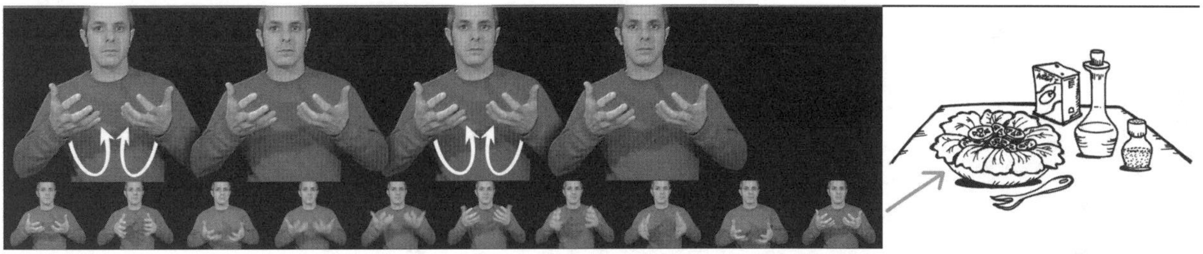

SALADA – Mãos abertas, dedos curvados e separados apontando para cima, palmas para cima. Posicionar uma mão perto da outra. Em seguida, com gestos curtos, movê-las simultaneamente para baixo (virando as palmas para dentro) e para cima (virando as palmas para cima), imitando o gesto de quem movimenta os ingredientes de uma salada para misturar o tempero.
• ***Salada:*** *Prato preparado com verduras e legumes crus ou cozidos.*

SALADA DE FRUTAS – Fazer os sinais de "salada", de "maçã" e de "vários".
• ***Salada de frutas:*** *Sobremesa feita de diversas frutas picadas.*

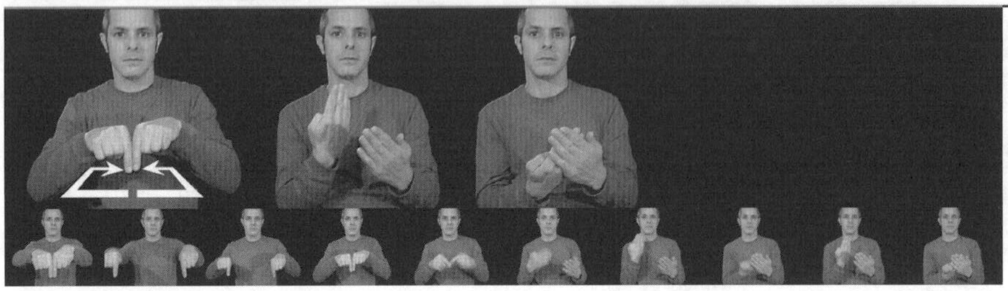

SALA DE AULA – Fazer os sinais de "sala" e de "estudar".
• ***Sala de aula:*** *Recinto amplo onde o professor e os alunos se acomodam para as aulas.* **Sinal igual:** CLASSE

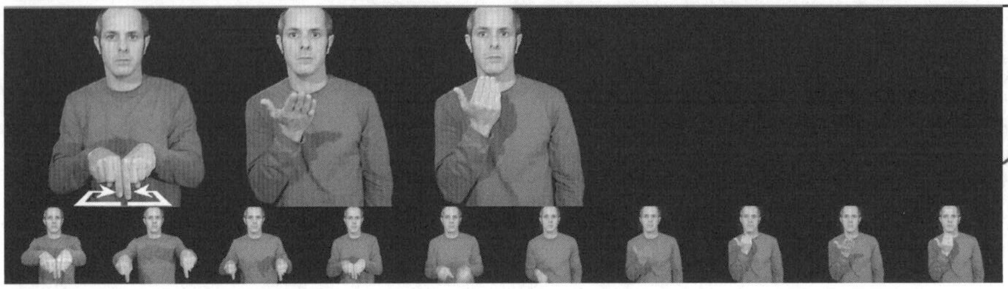

SALA DE JANTAR – Fazer os sinais de "sala" e de "comer".
• ***Sala de jantar:*** *Recinto destinado ao serviço das refeições.*

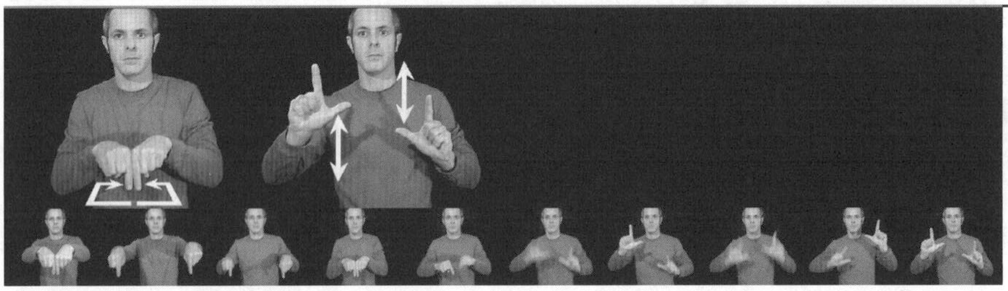

SALA DE TV – Fazer os sinais de "sala" e de "televisão".
• ***Sala de TV:*** *Recinto equipado com aparelho de televisão, destinado ao descanso e entretenimento.*

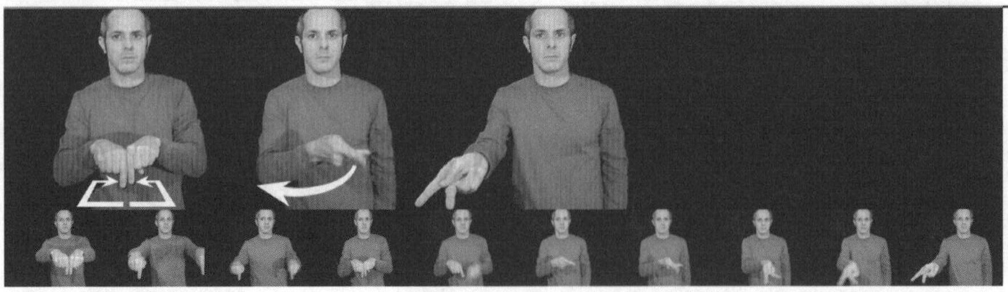
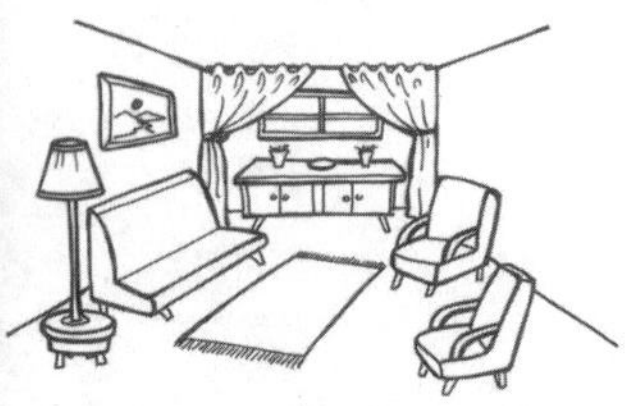

SALA DE VISITAS – Fazer os sinais de "sala" e de "visitar".
• ***Sala de visitas:*** *Recinto amplo destinado ao uso social.*

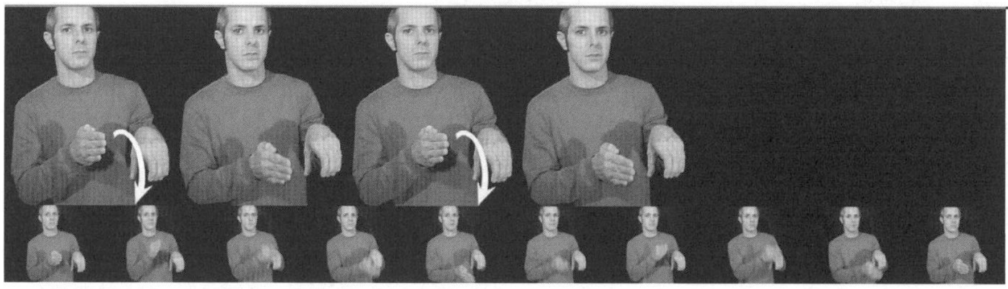
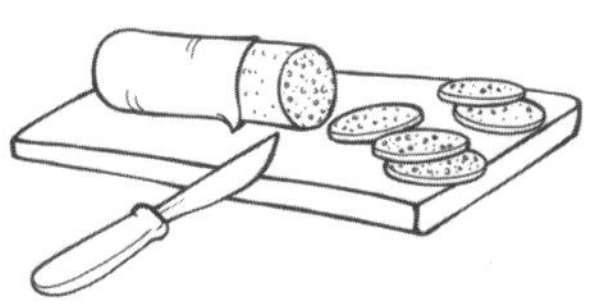

SALAME – Mão esquerda em "C", palma para baixo. Mão direita aberta, dedos unidos e esticados apontando para a frente, palma para dentro. Posicionar a mão direita um pouco acima da esquerda e movê-la para baixo duas vezes, resvalando a palma na lateral interna da mão esquerda durante o percurso.
• ***Salame:*** *Carne de porco moída e temperada, embutida em tripa.*

SALÃO DE FESTAS – Fazer os sinais de "sala" e de "festa".
• ***Salão de festas:*** *Local onde acontecem festas e outras reuniões.*

SALÁRIO – Fazer o sinal de "dinheiro". Em seguida, com a mão aberta, dedos indicador e polegar esticados e unidos pelas pontas, mover a mão de cima para baixo, resvalando a lateral do indicador e do polegar no peito, imitando o gesto de quem guarda alguma coisa no bolso da camisa.
• ***Salário:*** *Remuneração do trabalho prestado; ordenado; vencimentos.* **Sinal igual:** ORDENADO, PAGAMENTO, REMUNERAÇÃO, VENCIMENTOS

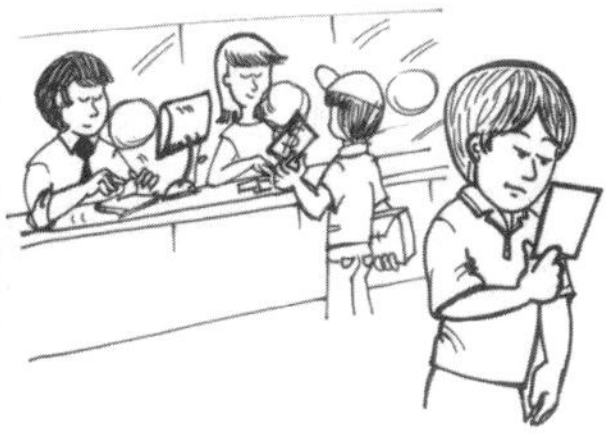

SALDO BANCÁRIO – Fazer os sinais de "dinheiro" e de "banco".
• ***Saldo bancário:*** *Valor em dinheiro que se encontra depositado em conta bancária e que pode ser negativo ou positivo.*

SALSICHA – Mãos abertas, indicadores e polegares curvados e unidos pelas pontas, demais dedos separados e esticados apontando para cima, palmas para a frente. Unir as mãos pelas laterais internas. Em seguida, com um gesto um pouco curto, movê-las simultaneamente para as laterais, afastando uma da outra.
• ***Salsicha:*** *Espécie de embutido feito com carne de boi ou de porco defumadas.*

■ SALIVA: BABAR ■ SALIVAR: BABAR

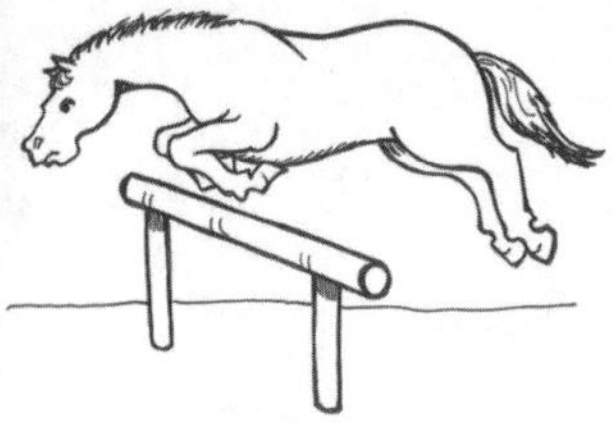

SALTAR – Mão esquerda aberta, dedos unidos e esticados apontando para a frente, palma para dentro. Mão direita em "V" com os dedos apontando para baixo. Posicionar a mão direita ao lado da esquerda e movê-la para o lado esquerdo, movimentando o indicador e o médio (como se fossem pernas correndo), "pulando" a mão esquerda.
• ***Saltar:*** *Pular sobre algum obstáculo.*

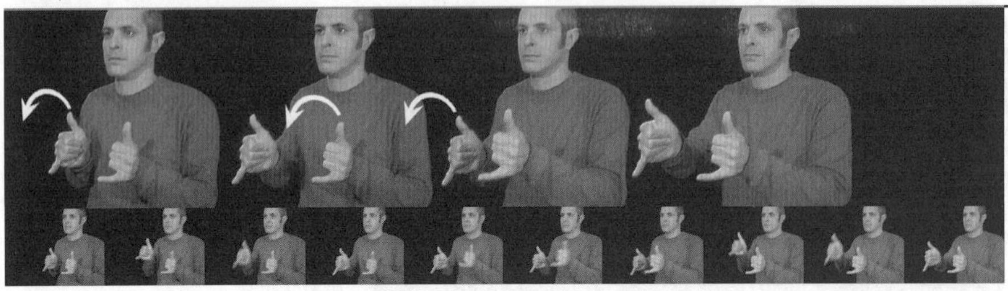

SALTO (DE SAPATO) – Mãos em "Y" posicionadas horizontalmente, palmas para dentro. Posicionar as mãos perto do corpo. Em seguida, movê-las alternadamente para a frente, descrevendo um leve arco durante cada percurso.
• ***Salto:*** *Parte do sapato situada na região de trás da sola.*

SALVA-VIDAS – Fazer o sinal de "cruz". Em seguida, mover as mãos para trás, encostando-as no peito.
• ***Salva-vidas:*** *Profissional responsável pelo socorro aos banhistas em praias ou piscinas, em casos de afogamento.*

SALVAR – Mão esquerda aberta, dedos unidos e esticados, palma para cima. Mão direita fechada, palma para dentro. Encostar a lateral externa da mão direita na palma esquerda, posicionando-as na altura do estômago. Em seguida, mover as mãos para cima.
• ***Salvar:*** *Tirar alguém ou algo do perigo ou de alguma dificuldade.* **Sinal igual:** RESGATAR

S

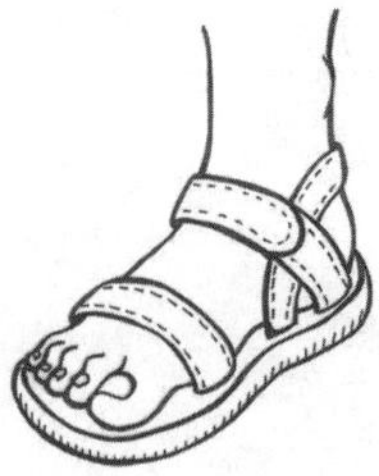

SANDÁLIA – Mão esquerda aberta, dedos esticados e separados, palma para baixo. Mão direita fechada com o indicador esticado apontando para baixo. Mover a mão direita tocando duas vezes a ponta do indicador na mão esquerda, entre o indicador e o médio.
• ***Sandália:*** *Calçado feito de uma sola com tiras que se prendem ao pé.*

■ **SANATÓRIO:** HOSPITAL ■ **SANCIONAR:** APROVAR, CONFIRMAR ■ **SANDUÍCHE:** LANCHE ■ **SANFONA:** ACORDEOM

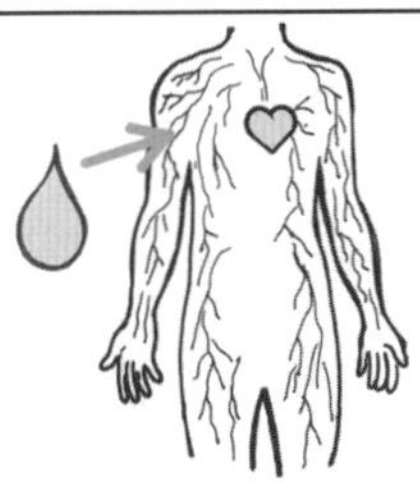

SANGUE – Mão esquerda fechada, palma para cima, braço esticado para a frente. Com a mão direita, fazer os sinais de "vermelho" e de "veia" (veia/artéria: deslizar a ponta do dedo indicador sobre o antebraço, para a frente e para trás, duas ou mais vezes).
• ***Sangue:*** *Líquido vermelho bombeado pelo coração, que circula pelas artérias e veias, transportando, entre outras substâncias, oxigênio e nutrientes para as células dos organismos vivos.*

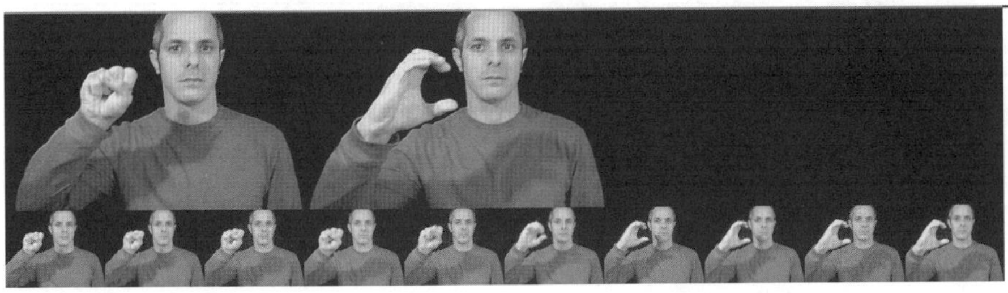

SANTA CATARINA – Digitar as letras "S" e "C".
• ***Santa Catarina:*** *Estado localizado na região Sul do Brasil.*

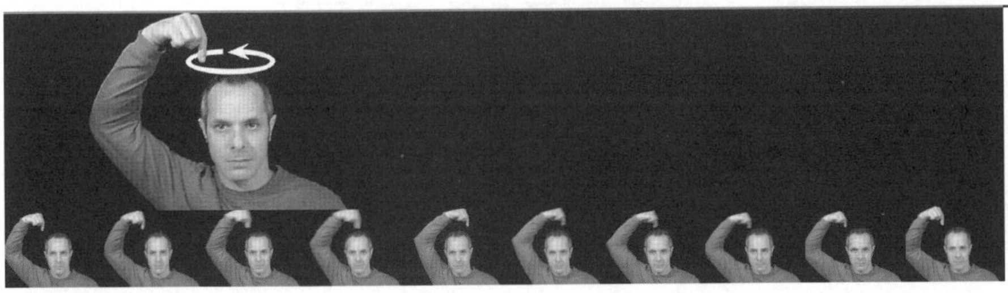

SANTO – Mão fechada com o dedo indicador esticado apontando para baixo, palma para baixo. Posicionar a mão acima da cabeça. Em seguida, movê-la descrevendo um círculo horizontal.
• ***Santo:*** *Aquele que foi canonizado; aquele que é dotado de santidade, que é puro.* **Sinal igual:** SANTIDADE

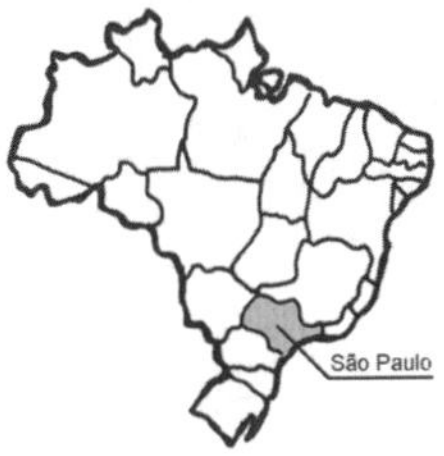

SÃO PAULO – Mão em "P", palma para dentro. Tocar duas vezes a ponta do dedo médio na lateral do rosto.
• ***São Paulo:*** *Nome dado ao estado e à sua capital localizados na região Sudeste do Brasil.* **Sinal igual:** PAULISTA, PAULISTANO

S

SAPATEIRO – Mãos fechadas, palmas para baixo, braços dobrados horizontalmente na frente do corpo. Posicionar a mão direita acima da esquerda, e em seguida, movê-la para baixo, tocando o dorso de seus dedos nas articulações dos dedos da outra mão (foto 2), duas ou três vezes.
• ***Sapateiro:*** *Profissional que trabalha no conserto e na reforma de calçados.*

■ **SANTIDADE:** SANTO

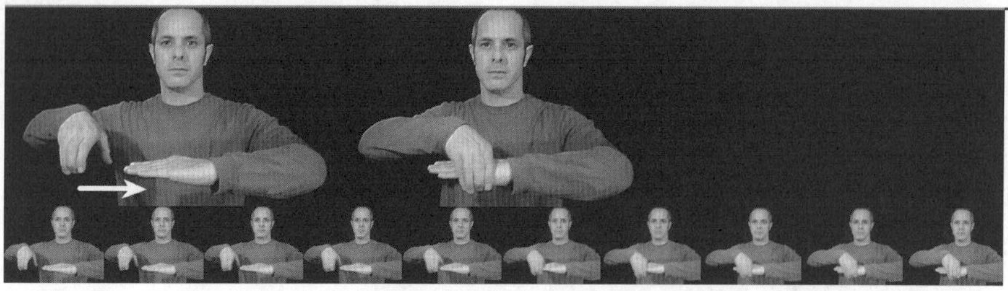

SAPATO – Mão esquerda aberta, dedos unidos e esticados apontando para dentro, palma para baixo. Mão direita em "C", palma para baixo. Posicionar uma mão perto da outra, na altura do peito. Em seguida, mover a mão direita para o lado esquerdo, encaixando os dedos na mão esquerda.
• ***Sapato:*** *Peça do vestuário que se usa nos pés.* **Sinal igual:** CALÇADO

SAPO – Mão esquerda aberta, dedos unidos e esticados apontando para dentro, palma para baixo. Mão direita aberta e levemente dobrada, dedos unidos e esticados, palma para baixo. Encostar a mão direita no dorso esquerdo. Em seguida, mover a mão direita em direção ao cotovelo esquerdo, imitando os pulos de um sapo.
• ***Sapo:*** *Animal anfíbio.*

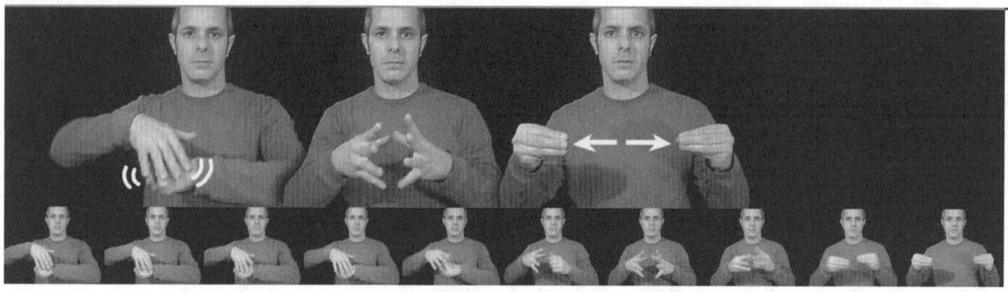

SARAR – Fazer os sinais de "doença" e de "sumir".
• ***Sarar:*** *Estar curado de alguma doença.* **Sinal igual:** CURADO, CURAR

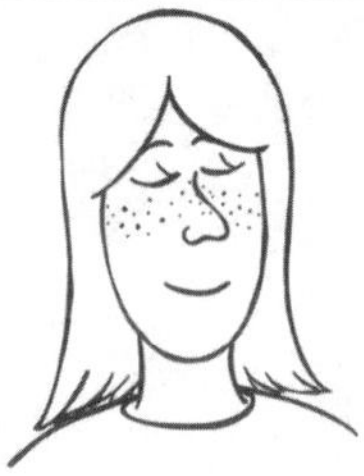

SARDAS – Mão aberta, dedos separados e curvados. Tocar duas vezes as pontas dos dedos na bochecha direita e na bochecha esquerda.
• ***Sardas:*** *Pequenas manchas na pele geralmente provocadas pela ação do sol.* **Sinal igual:** PINTAS, SARDENTO

S

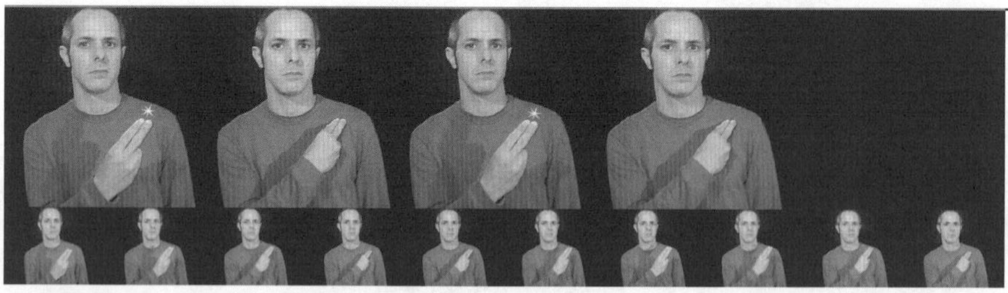

SARGENTO – Mão direita em "U", palma para trás. Tocar duas vezes as pontas dos dedos no ombro esquerdo.
• ***Sargento:*** *Militar superior ao cabo.*

■ **SAPONÁCEO:** SABÃO ■ **SARDENTO:** SARDAS ■ **SATANÁS:** DIABO ■ **SATÂNICO:** DIABO

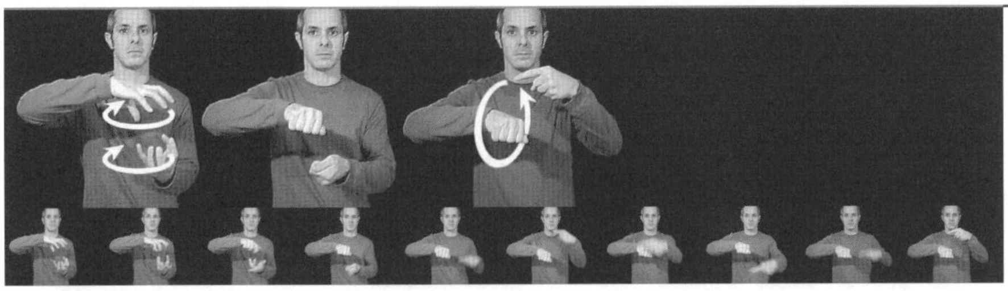

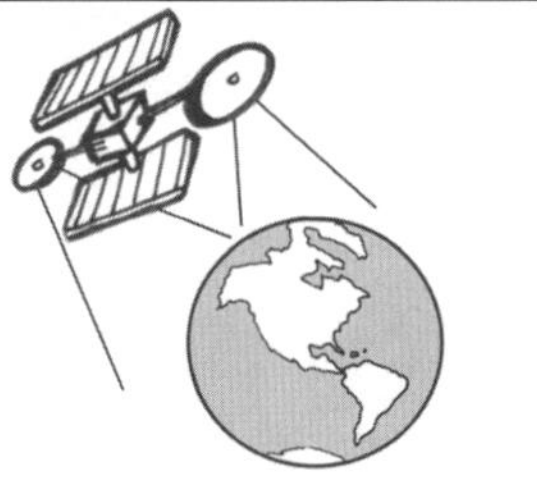

SATÉLITE – Fazer os sinais de "planeta" e de "ao redor", com a mão direita fechada, circundando-a com o indicador esquerdo.
• ***Satélite:*** *Equipamento lançado no espaço para fins de pesquisa.*

SAUDADE – Mão fechada em "A", palma para trás. Encostar a mão no peito e deslizá-la em círculos, completando duas ou três voltas.
• ***Saudade:*** *Estado emocional provocado pela ausência que se sente de alguém ou algo.* **Sinal igual:** NOSTALGIA, NOSTÁLGICO, SAUDOSO

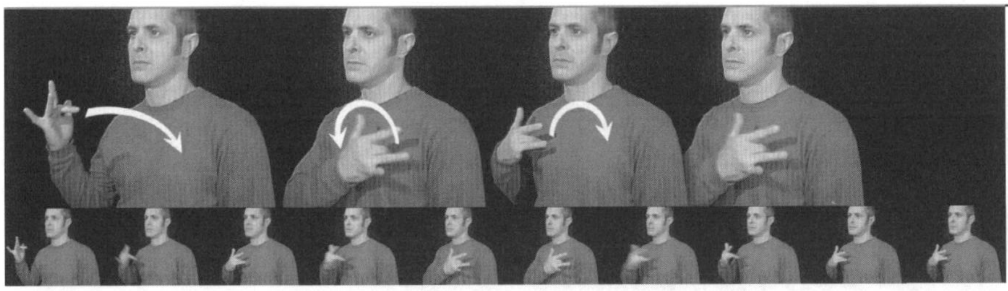

SAÚDE – Mão aberta, dedos esticados e separados, palma para trás. Mover a mão tocando a ponta do médio em três áreas do peito: uma no lado direito, outra no lado esquerdo e mais uma no lado direito.
• ***Saúde:*** *Bom estado do organismo; disposição física.* **Sinal igual:** SAUDÁVEL

SAUNA – Fazer o sinal de "quente". Depois, com as mãos abertas, dedos separados e curvados e as palmas para trás, posicionar as mãos na altura dos ombros, apontando os dedos para o rosto. Em seguida, movê-las simultaneamente em direção ao rosto, sem tocá-lo, e afastá-las novamente, duas ou três vezes.
• ***Sauna:*** *Estabelecimento onde se toma banho a vapor.* **Sinal igual:** BANHO A VAPOR, BANHO TURCO

SE – Digitar as letras "S" e "I". Fazer uma expressão de dúvida.
• ***Se:*** *Indica uma hipótese ou condição; expressa dúvida, incerteza ou interrogação.*

S

▪ SATISFAÇÃO: FELIZ ▪ SATISFEITO: CONTENTE, FELIZ, SACIAR ▪ SAUDAÇÃO: CUMPRIMENTAR, GLÓRIA ▪ SAUDAR: CUMPRIMENTAR ▪ SAUDÁVEL: SAÚDE ▪ SAUDOSO: SAUDADE ▪ SAÚVA: FORMIGA

SECA – Mãos abertas, dedos separados e curvados, palmas para cima. Posicionar as mãos na altura dos ombros. Em seguida, movê-las simultaneamente para baixo, fechando-as em "S" com as palmas para cima.

• ***Seca:*** *Falta de água.* **Sinal igual:** ENXUGAR, ESTIAGEM, SECAR

SECADOR DE CABELO – Mão fechada com os dedos indicador e polegar abertos e levemente curvados, palma para dentro. Posicionar a mão na lateral da cabeça. Em seguida, movimentá-la, imitando o gesto de quem seca os cabelos com um secador.

• ***Secador de cabelo:*** *Aparelho elétrico que serve para secar os cabelos.*

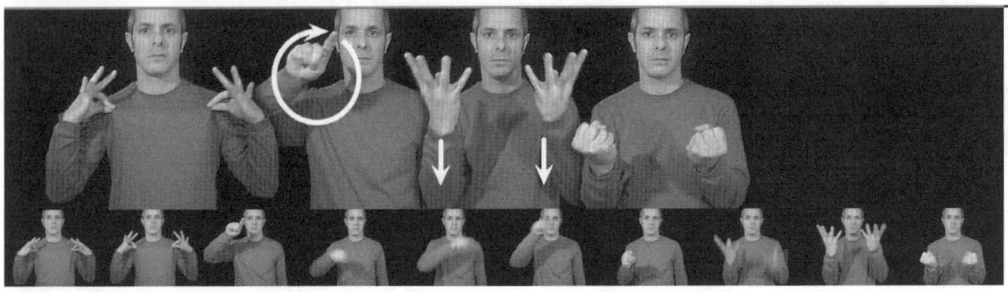

SECADORA DE ROUPA – Fazer os sinais de "roupa", de "redondo" e de "seca".

• ***Secadora de roupa:*** *Eletrodoméstico usado para secar roupas.*

SECO – Mão aberta, dedos separados e curvados, palma para cima. Posicionar a mão na altura do ombro. Em seguida, movê-la para baixo, fechando-a em "S" com a palma para cima.

• ***Seco:*** *Sem umidade; que não contém água ou outro líquido.*

SECRETÁRIA ELETRÔNICA – Fazer os sinais de "secretária" e de "telefone".

• ***Secretária eletrônica:*** *Dispositivo ligado ao telefone que recebe chamadas e grava mensagens.*

■ **SECAR:** SECA

S

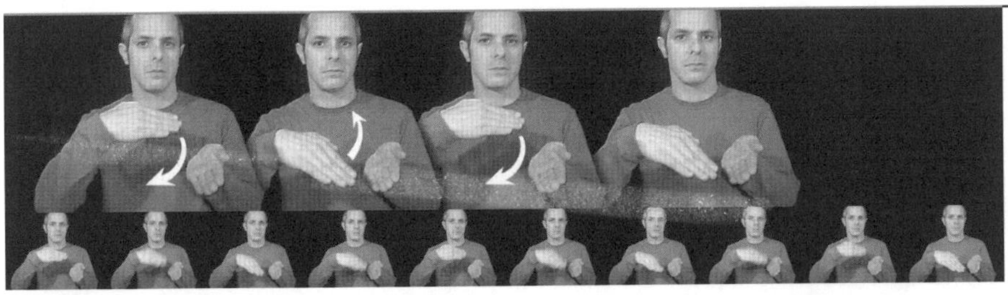

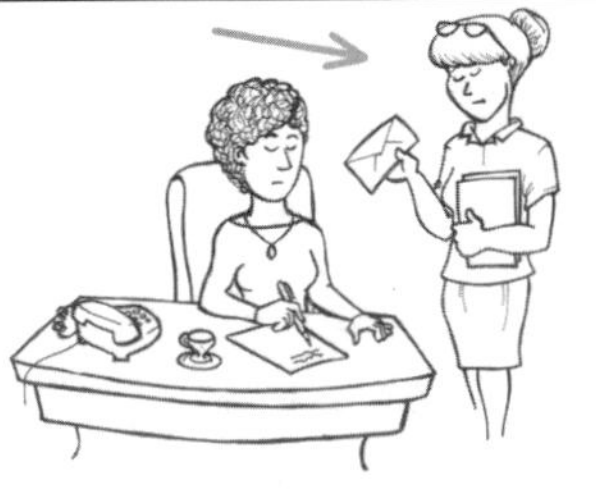

SECRETÁRIO(A) – Mão esquerda aberta, dedos unidos e esticados, palma para cima. Mão direita aberta, dedos unidos e esticados apontando para a palma esquerda. Mover a mão direita, articulando o punho lateralmente, de um lado para outro, sobre a mão esquerda, duas ou mais vezes.
• *Secretário(a): Pessoa encarregada dos serviços administrativos e pessoais de seu chefe.* **Sinal igual:** ASSESSOR, ASSISTENTE

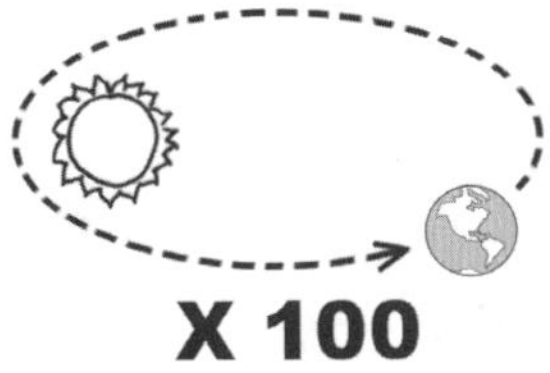

SÉCULO – Mão esquerda aberta, dedos unidos e esticados apontando para cima, palma para dentro. Mão direita em "S", palma para a frente. Encostar a lateral interna da mão direita nos dedos da mão esquerda, perto das pontas. Em seguida, deslizar a mão direita para baixo, até a base da palma esquerda.
• *Século: Período de cem anos.*

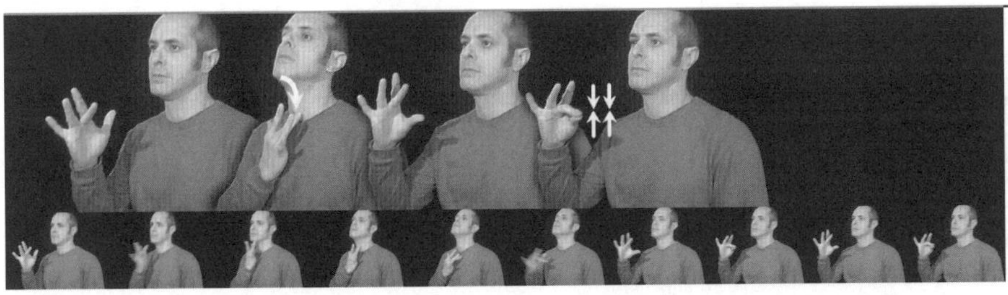

SEDE – Mão aberta, dedos separados e esticados. Encostar a ponta do dedo médio na garganta, erguendo levemente a cabeça, deslizando a mão para baixo até o término do pescoço. Em seguida, unir e separar duas vezes as pontas do médio e do polegar.
• *Sede: Vontade ou necessidade de beber água.* **Sinal igual:** SEDENTO

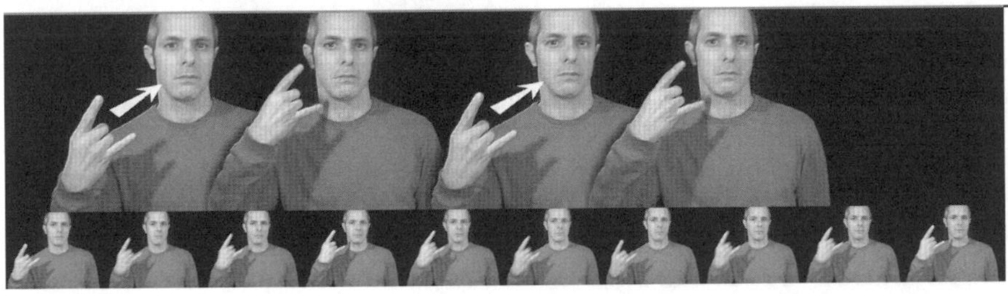

SEDUÇÃO – Mão fechada com os dedos indicador e mínimo esticados apontando para o rosto. Em seguida, com gestos curtos, mover a mão em direção ao rosto e voltar à posição inicial, duas ou três vezes.
• *Sedução: Ato ou desejo de atrair outra pessoa com fins amorosos.* **Sinal igual:** ATRAÇÃO, ENCANTO, FASCÍNIO

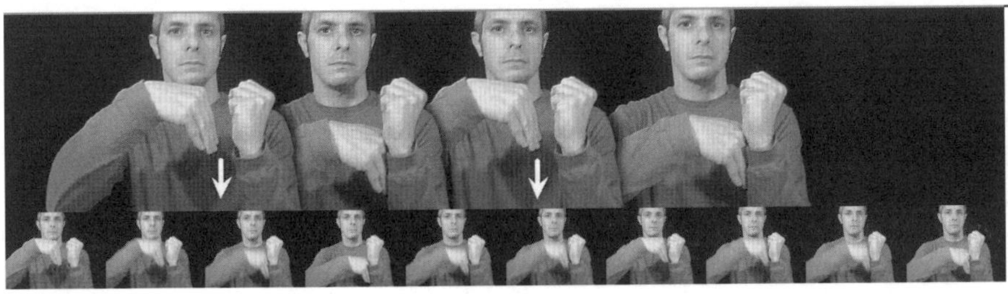

SEGREDO – Mão esquerda fechada, palma para dentro. Mão direita aberta e dobrada, dedos unidos e esticados apontando para baixo, palma para baixo. Posicionar uma mão perto da outra. Em seguida, mover a mão direita, de cima para baixo, resvalando levemente os dedos no punho esquerdo, duas vezes.
• *Segredo: Aquilo que não pode ser revelado a ninguém.* **Sinal igual:** MISTÉRIO, OCULTO, PRIVADO, SECRETO

▪ SECRETO: SEGREDO ▪ SEDENTO: SEDE ▪ SEGREDAR: COCHICHAR ▪ SEGREGAÇÃO: EXCLUIR, HUMILHAR ▪ SEGREGAR: DISCRIMINAR ▪ SEGUIDOR: DISCÍPULO

SEGUINTE – Mão fechada com o dedo indicador esticado apontando para dentro, palma para trás. Mover a mão para a frente, descrevendo um arco.
• *Seguinte: Aquilo que vem ou acontece após outra situação; aquele que é o próximo da vez.* **Sinal igual:** PRÓXIMO, SUBSEQUENTE, ULTERIOR

SEGUIR – Mãos fechadas com os dedos polegares abertos apontando para cima, palmas para dentro. Posicionar as mãos perto do corpo, uma diante da outra. Em seguida, movê-las simultaneamente para a frente, balançando-as aleatoriamente durante o percurso.
• *Seguir: Ir atrás de algo ou alguém.* **Sinal igual:** PERSEGUIR

SEGUNDA-FEIRA – Mão em "2", com os dedos apontando para dentro, palma para trás. Com gestos curtos, balançar a mão para cima e para baixo, três ou mais vezes.
• *Segunda-feira: Dia da semana.*

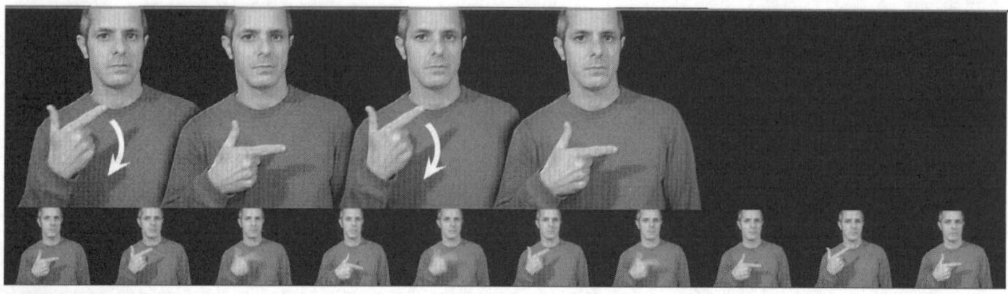

SEGUNDO – Mão em "L", com o dedo indicador apontando para dentro, palma para trás. Com gestos curtos, balançar a mão para cima e para baixo, três ou mais vezes.
• *Segundo: Que vem após o primeiro.*

S

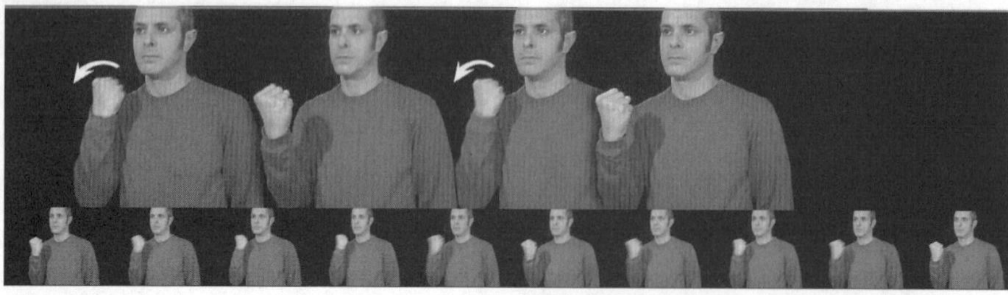

SEGURANÇA – Mão fechada, palma para trás, braço dobrado verticalmente na frente do corpo. Com gestos curtos e firmes, mover a mão para a frente e para trás, duas ou mais vezes.
• *Segurança: Profissional que protege alguém ou algum estabelecimento.* **Sinal igual:** GUARDA-COSTAS

▪ **SEGURADORA:** CORRETOR DE SEGUROS

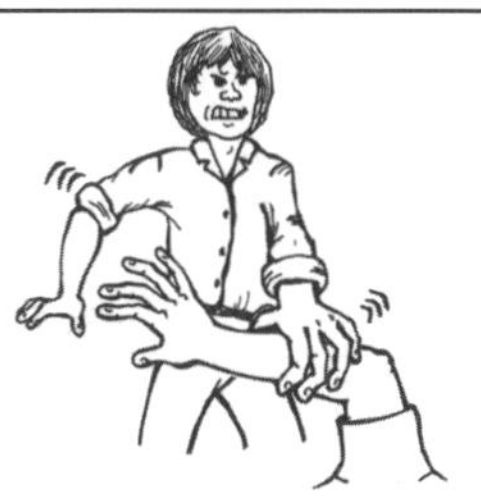

SEGURAR – Mãos em "C", palmas para a frente. Posicionar as mãos perto do corpo, na altura do peito. Em seguida, movê-las simultaneamente para a frente, abrindo ainda mais os dedos durante o percurso e voltando a posicioná-las em "C" no fim.
• ***Segurar:*** *Agarrar com as mãos.* **Sinal igual:** CONTER, MANTER, PRENDER, RETER

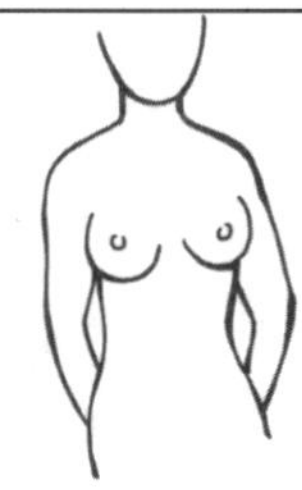

SEIO – Mãos abertas, dedos separados e levemente curvados, palmas para trás. Posicionar as mãos na altura do peito, diante de cada mamilo.
• ***Seio:*** *Órgão responsável pela produção do leite.* **Sinal igual:** MAMA

SEIS – Dedos unidos e curvados, com suas pontas tocando a articulação do polegar, que deve estar esticado apontando para cima.
• ***Seis:*** *Número cardinal logo acima do 5.*

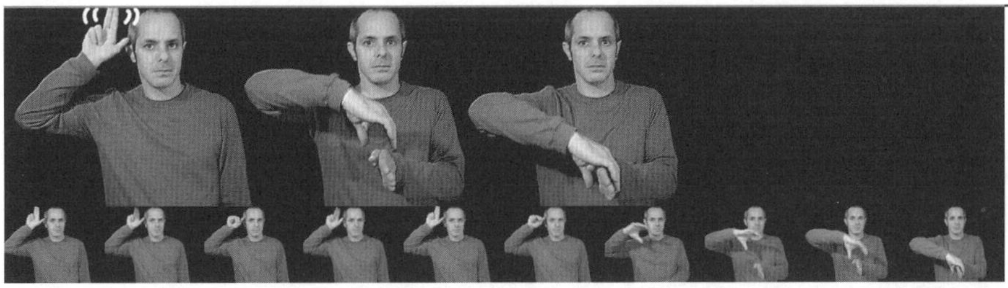

SELA – Fazer o sinal de "cavalo". Depois, mão esquerda aberta, dedos unidos e esticados apontando para a frente, palma para dentro. Mão direita em "C", palma para baixo. Posicionar a mão direita acima da esquerda. Em seguida, mover a direta para baixo, encaixando-a na esquerda.
• ***Sela:*** *Assento que se prende ao cavalo para montaria.*

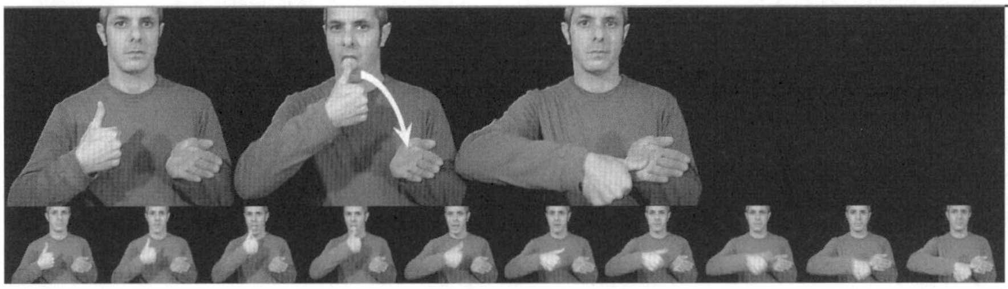

SELO – Mão esquerda aberta, dedos unidos e esticados, palma para cima. Mão direita fechada com o polegar aberto. Mover o polegar direito em direção à boca, abrindo-a levemente, como quem molha um selo na língua. Depois, encostar a ponta do polegar direito na palma esquerda.
• ***Selo:*** *Pequeno impresso pago e colado nas correspondências para que sejam enviadas pelo correio a seu destino.* **Sinal igual:** CUNHO, DISTINTIVO

▪ **SEGURO:** CERTO ▪ **SELVA:** FLORESTA ▪ **SEM:** NADA, SEM NENHUM

S

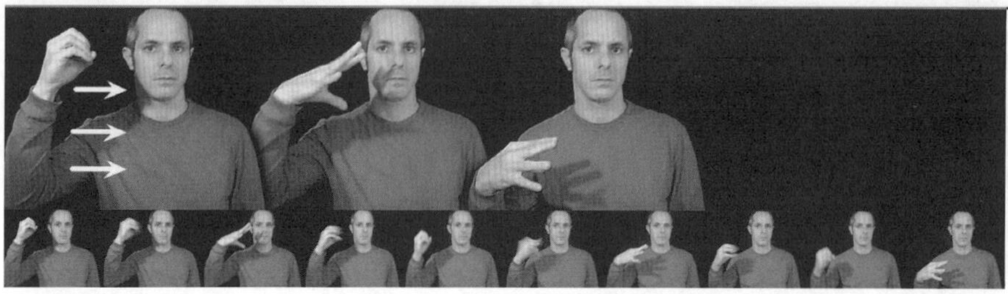

SEMÁFORO – Posicionar uma das mãos na altura do rosto, com os dedos curvados e unidos pelas pontas, palma para dentro. Em seguida, com um gesto rápido, esticar os dedos, apontando-os para dentro. Depois, deslocar a mão um pouco mais para baixo e fazer o mesmo movimento. Descer novamente a mão um pouco mais para baixo, esticando os dedos pela terceira vez.
• *Semáforo: Dispositivo colocado em cruzamentos para distribuir e organizar o fluxo de automóveis.* **Sinal igual:** SINALEIRO

SEMANA – Mão direita fechada com o dedo indicador esticado apontando para dentro, palma para trás. Posicionar a mão no lado esquerdo do corpo e movê-la para o direito.
• *Semana: Período de sete dias.*

JANEIRO
FEVEREIRO
MARÇO
ABRIL
MAIO
JUNHO

JULHO
AGOSTO
SETEMBRO
OUTUBRO
NOVEMBRO
DEZEMBRO

SEMESTRE – Mãos em "6". Posicionar uma mão acima da outra e movê-las simultaneamente, girando-as em círculos verticais, como o movimento dos pedais de uma bicicleta, completando uma ou duas voltas.
• *Semestre: Período de seis meses.* **Sinal igual:** SEMESTRAL

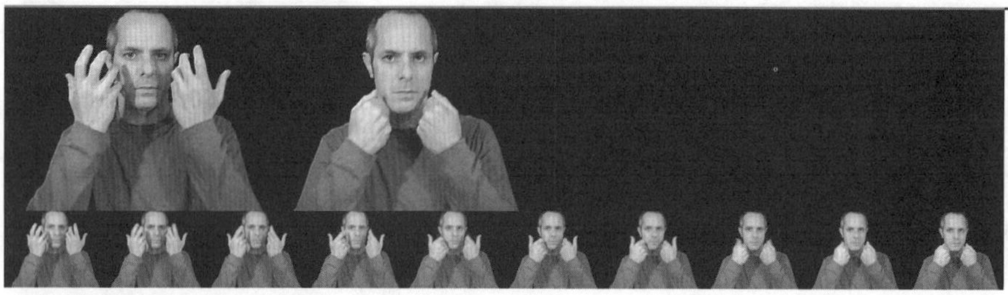

SEM GRAÇA – Mãos abertas, dedos separados e curvados, palmas para trás. Posicionar as mãos nas laterais do rosto. Em seguida, com um gesto lento, movê-las simultaneamente um pouco para baixo, até a altura do queixo e, ao mesmo tempo, fechar os dedos sequencialmente, começando pelos mínimos até os polegares.
• *Sem graça: Situação em que alguém fica constrangido.* **Sinal igual:** ACANHADO

S

SEMIFINAL – Mãos em "V", com os dedos apontando para a frente, palmas para dentro. Mover simultaneamente as mãos apontado os dedos para dentro.
• *Semifinal: Partida (esportiva) que classifica para a disputa da partida final de um campeonato.*

▪ SEMBLANTE: FACE ▪ SEMEAR: PLANTAR ▪ SEMELHANTE: IDÊNTICO, PARECER ▪ SEMENTE: GRÃO ▪ SEMESTRAL: SEMESTRE

SEMINÁRIO – Mãos em "S", palmas para a frente. Unir as mãos pelas laterais internas. Em seguida, movê-las simultaneamente para a frente, descrevendo um semicírculo com cada uma, virando as palmas para trás e unindo as mãos pelas laterais externas.
• *Seminário: Palestra sobre um assunto específico.* **Sinal igual:** SEMINARISTA

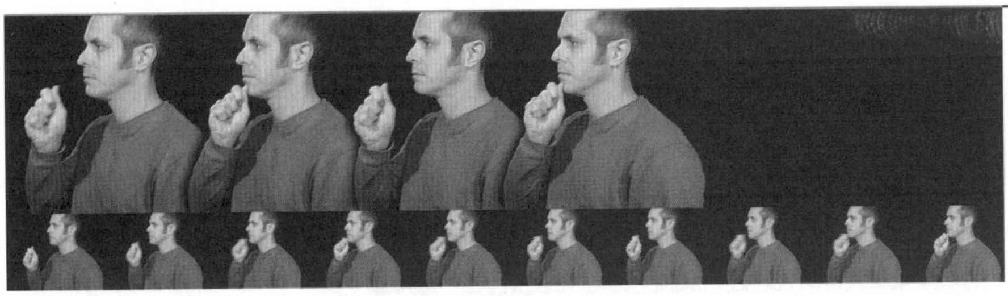

SEM NENHUM – Mão em "A", palma para dentro. Tocar duas vezes a ponta do polegar na extremidade do queixo.
• *Sem nenhum: Que não possui coisa alguma.* **Sinal igual:** AUSÊNCIA, DESPROVIDO, SEM

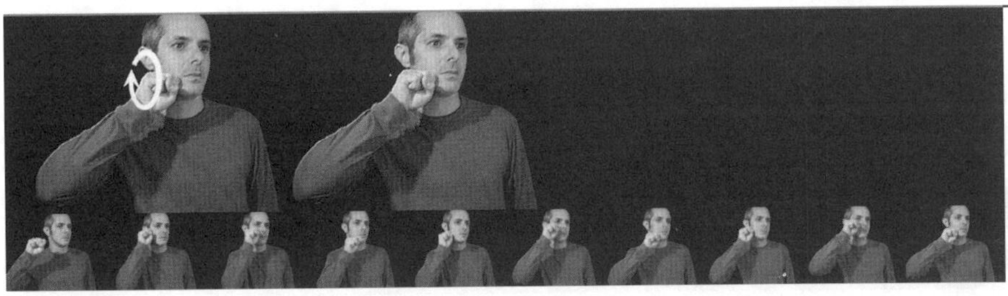

SENADOR – Mão em "S", palma para a frente. Encostar a lateral interna da mão na bochecha. Em seguida, deslizar a mão em movimentos circulares.
• *Senador: Pessoa eleita para exercer funções legislativas em um senado.*

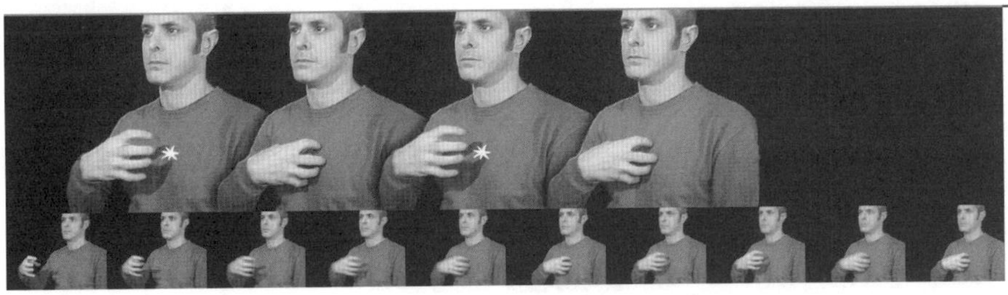

SENTIR – Mão aberta, dedos separados e curvados, palma para trás. Tocar duas ou três vezes as pontas dos dedos no peito.
• *Sentir: Perceber através de um dos órgãos dos sentidos; ter a sensação de.* **Sinal igual:** DISPOSIÇÃO, FORMA, JEITO, MANEIRA, MODO, SENSIBILIDADE, SENTIMENTO

S

SEPARAR – Mãos abertas, dedos unidos e esticados apontando para a frente, palmas para fora. Unir as mãos pelos dorsos. Em seguida, movê-las simultaneamente para as laterais, afastando uma da outra.
• *Separar: Pôr à parte; desunir.* **Sinal igual:** DESLIGAMENTO, DESUNIÃO, DESUNIR, SEPARAÇÃO

▪ **SEMINARISTA:** SEMINÁRIO ▪ **SEMPRE:** CONTINUAR ▪ **SENDA:** CAMINHO ▪ **SENIL:** IDOSO ▪ **SENSIBILIDADE:** SENTIR ▪ **SENSIBILIZADO:** EMOCIONAR ▪ **SENTAR:** CADEIRA ▪ **SENTENÇA:** FRASE ▪ **SENTIMENTO:** SENTIR ▪ **SENTINELA:** VIGIA ▪ **SEPARAÇÃO:** DIVÓRCIO, SEPARAR ▪ **SEPULTAMENTO:** ENTERRAR ▪ **SEPULTAR:** ENTERRAR

SER* – Mão em "e", palma para a frente. Com um gesto curto, mover a mão virando a palma para baixo e fazendo o sinal de "acento agudo", como se estivesse digitando "é".
• ***Ser:*** *Existir, estar*

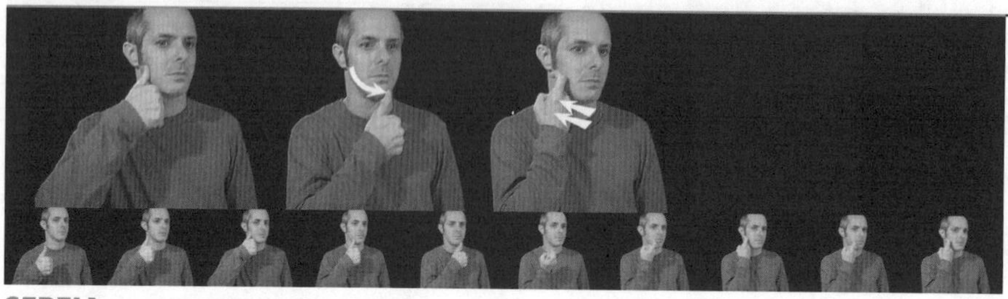

SEREIA – Fazer os sinais de "mulher" e de "peixe".
• ***Sereia:*** *Ser imaginário que é metade mulher, metade peixe.*

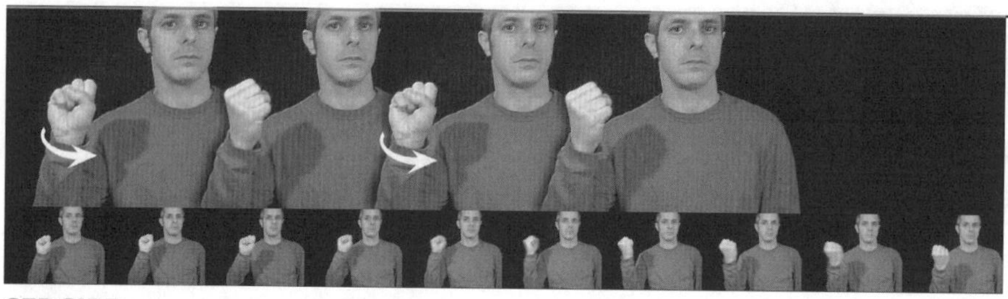

SERGIPE – Mão em "S", palma para a frente. Mover a mão virando a palma para trás e para a frente, duas ou três vezes.
• ***Sergipe:*** *Estado localizado na região Nordeste do Brasil.*

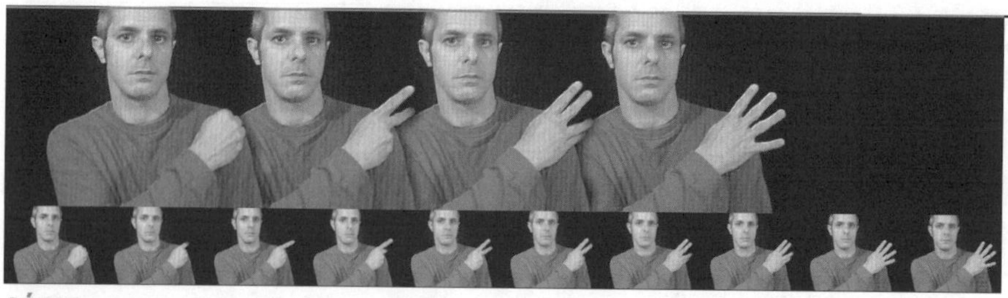

SÉRIE – Mão direita fechada, palma para trás. Tocar levemente a mão no ombro esquerdo. Em seguida, abrir sequencialmente os dedos, começando pelo indicador até o mínimo, mantendo o polegar fechado.
• ***Série:*** *Cada uma das divisões nos níveis de ensino das escolas.*

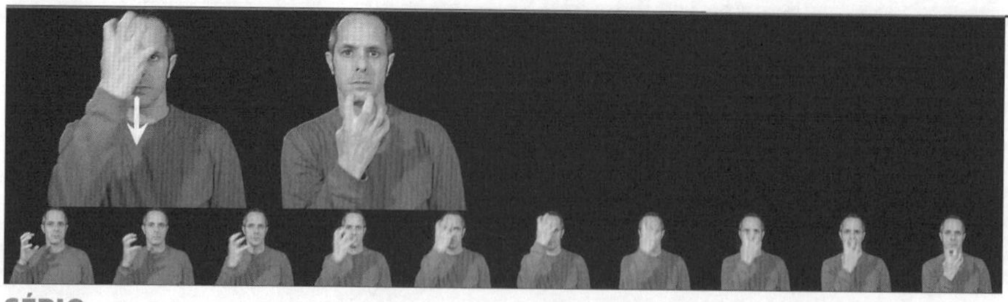

SÉRIO – Mão aberta, dedos separados e dobrados, palma para trás. Posicionar a mão diante do rosto, na altura da testa. Em seguida, movê-la para baixo, até a altura da garganta.
• ***Sério:*** *De aparência sóbria; sisudo; austero.* **Sinal igual:** CIRCUNSPECTO, COMPENETRADO, CONCENTRADO, CONFIÁVEL, SEVERO, SÓBRIO

▪ **SER:** PESSOA ▪ **SERÃO:** HORA EXTRA ▪ **SERENAR:** ALIVIAR, AMANSAR ▪ **SERENIDADE:** ACALMAR, CALMA, TRANQUILO ▪ **SERENO:** TRANQUILO ▪ **SERPENTE:** COBRA ▪ **SERRA:** MONTANHA

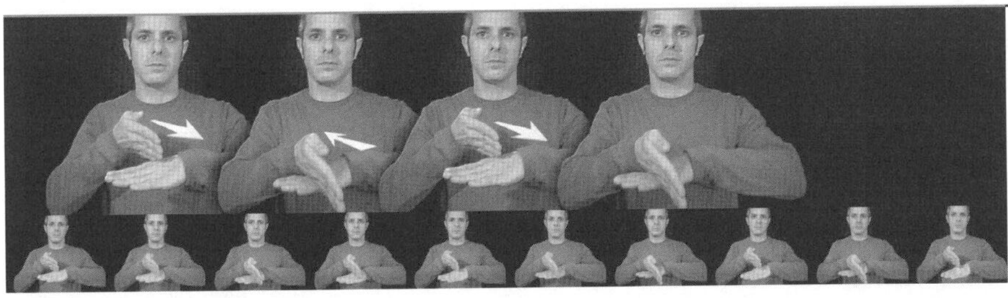

SERRAR – Mão esquerda aberta, dedos unidos e esticados apontando para dentro, palma para baixo. Mão direita aberta, dedos unidos e esticados apontando para a frente, palma para dentro. Encostar a lateral externa da mão direita no dorso esquerdo. Em seguida, mover a mão direita deslizando-a para a frente e para trás sobre o dorso esquerdo, duas ou mais vezes.
• ***Serrar:*** *Cortar com serra.* **Sinal igual:** SERROTE

SERVIR – Mãos abertas, dedos unidos e esticados apontando para a frente, polegares separados apontando para fora, palmas para cima. Posicionar as mãos perto do corpo. Em seguida, mover as mãos alternadamente para a frente e para a lateral, voltando duas vezes à posição inicial.
• ***Servir:*** *Ser útil; oferecer algo a alguém.* **Sinal igual:** MUNIR, PROVER

SETE – Mão fechada com o dedo indicador esticado apontando para baixo e o polegar tocando na lateral do indicador.
• ***Sete:*** *Número cardinal logo acima do 6.*

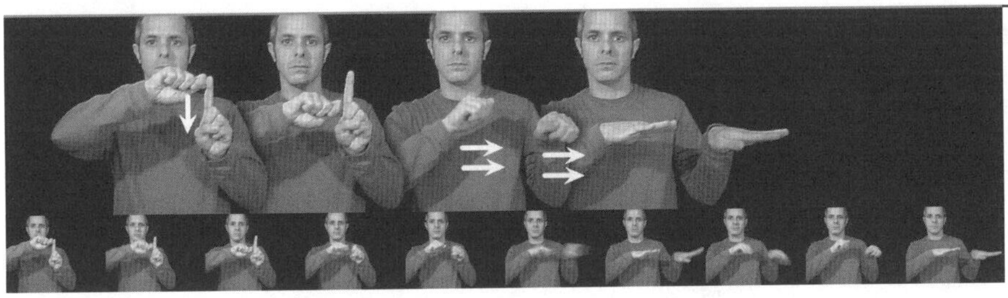

SETEMBRO – Fazer os sinais de "mês" e de "marchar", com os dedos apontando para a lateral.
• ***Setembro:*** *Nono mês do ano.*

SEU* – Mão em "P", palma para trás. Posicionar a mão perto do corpo. Em seguida, mover a mão para a frente, virando a palma para baixo e apontando o dedo médio para a frente ou para a pessoa com quem se fala.
• ***Seu:*** *Que pertence à pessoa com quem se fala.* **Sinal igual:** TEU

S

▪ **SERROTE:** SERRAR ▪ **SESSENTA SEGUNDOS:** MINUTO ▪ **SEU:** PERTENCER-LHE ▪ **SEVERO:** SÉRIO

SEXO – Mãos fechadas com os indicadores dobrados, um pouco mais elevados que os demais dedos voltados para dentro, palmas para baixo. Posicionar a mão direita um pouco mais acima da esquerda. Em seguida, mover a mão direita para baixo, resvalando o dorso do indicador direito no do indicador esquerdo, duas vezes.
• ***Sexo:*** *Prática sexual entre duas pessoas; coito; cópula; transa.* **Sinal igual:** COITO, CÓPULA, COPULAR, RELAÇÃO SEXUAL, TRANSA, TRANSAR

SEXTA-FEIRA – Mão em "6". Com gestos curtos, mover a mão de um lado para outro, três ou mais vezes.
• ***Sexta-feira:*** *Dia da semana.*

SEXTO – Mão em "6". Com gestos curtos, mover a mão para cima e para baixo, três ou mais vezes.
• ***Sexto:*** *Que se encontra na posição número 6.*

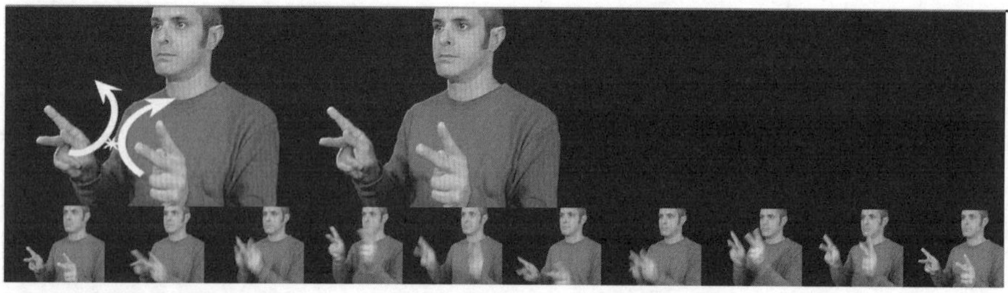

SHOPPING CENTER – Mãos em "P", palmas para dentro. Mover as mãos simultaneamente para cima, descrevendo um semicírculo com cada uma e uma tocando na outra na metade do percurso, duas vezes.
• **Shopping center:** *Local que reúne diversas lojas e áreas de lazer e alimentação.*

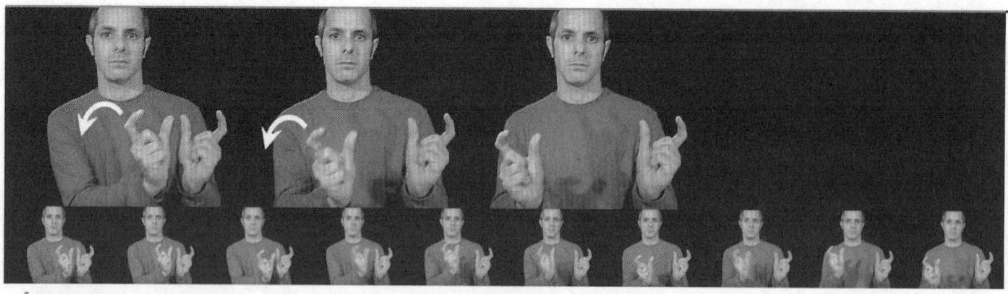

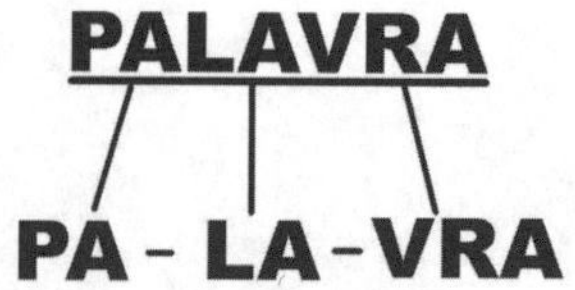

SÍLABA – Mãos fechadas com os dedos indicadores e polegares abertos e levemente curvados, apontando para cima. Posicionar uma mão perto da outra, quase se tocando, no lado esquerdo do corpo. Em seguida, mover a mão direita para o lado direito, marcando dois pontos durante o percurso.
• ***Sílaba:*** *Vogal ou fonema que se pronuncia em uma única emissão de voz; por exemplo, pa-la-vra.*

▪ ***SHORTS:*** BERMUDA ▪ **SIBILAR:** ASSOBIAR ▪ **SIGILOSO:** CONFIDENCIAL ▪ **SILENCIOSO:** CALADO ▪ **SILVAR:** APITAR ▪ **SILVO:** ASSOBIAR ▪ **SÍMBOLO:** EMBLEMA ▪ **SIMIESCO:** MACACO ▪ **SIMILAR:** IGUAL ▪ **SÍMIO:** MACACO

SILÊNCIO – Mão fechada com o dedo indicador esticado apontando para cima. Encostar a lateral do dedo nos lábios.
• ***Silêncio:*** *Ausência de som.* **Sinal igual:** CALAR, MUDEZ, MUTISMO

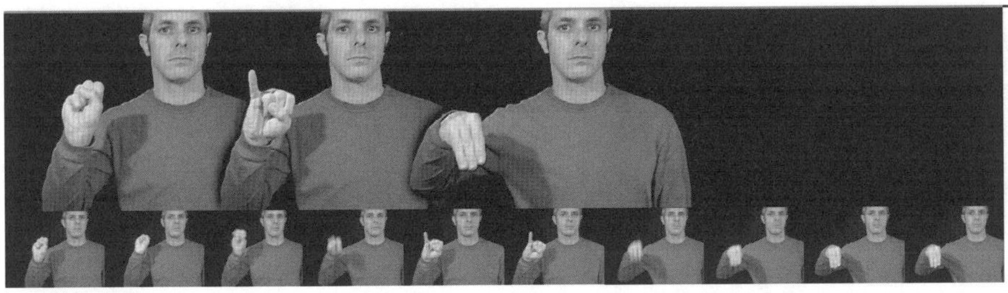

SIM – Digitar as letras "S", "I" e "M".
• ***Sim:*** *Indica uma resposta positiva.*

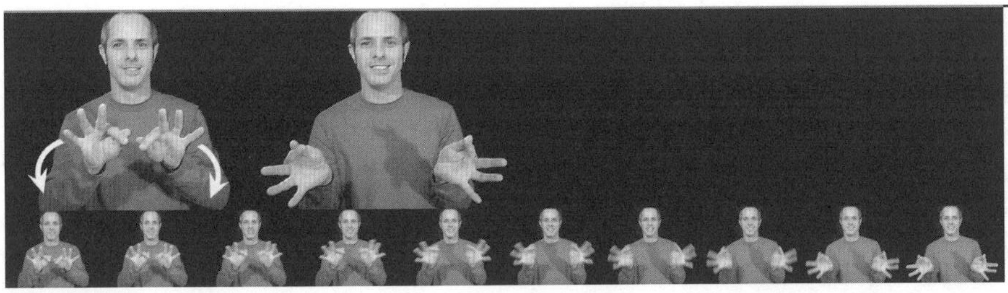

SIMPATIA – Mãos em "F", palmas para a frente. Posicionar uma mão perto da outra. Em seguida, movê-las simultaneamente, inclinando-as para as laterais. Fazer uma expressão alegre durante o movimento.
• ***Simpatia:*** *Afinidade ou atração entre pessoas; qualidade de quem é agradável às demais pessoas.* **Sinal igual:** PRAZENTEIRO

SIMPLES – Mãos abertas, indicador e polegar esticados e unidos pelas pontas, demais dedos esticados apontando para cima, palmas para a frente. Unir as mãos pelas pontas dos indicadores e polegares. Em seguida, mover as mãos simultaneamente para as laterais, afastando uma da outra.
• ***Simples:*** *Que não é complicado; fácil.* **Sinal igual:** CORDA, EVIDENTE, FIO, FITA, FITILHO, LINHA, SINGELO

SINAGOGA – Fazer os sinais de "casa" e de "judaísmo".
• ***Sinagoga:*** *Local onde se reúnem os israelitas para o exercício de seu culto.*

S

▪ **SIMPLES:** FÁCIL ▪ **SIMPÓSIO:** CONGRESSO ▪ **SIMULAÇÃO:** FALSO ▪ **SIMULADO:** FINGIR ▪ **SIMULAR:** FINGIR ▪ **SIMULTÂNEO:** COINCIDÊNCIA ▪ **SINALEIRO:** SEMÁFORO ▪ **SINCERO:** LEAL ▪ **SINETA:** CAMPAINHA ▪ **SINGELO:** SIMPLES ▪ **SINGULARMENTE:** SÓ ▪ **SINISTRO:** CANHOTO, MAU

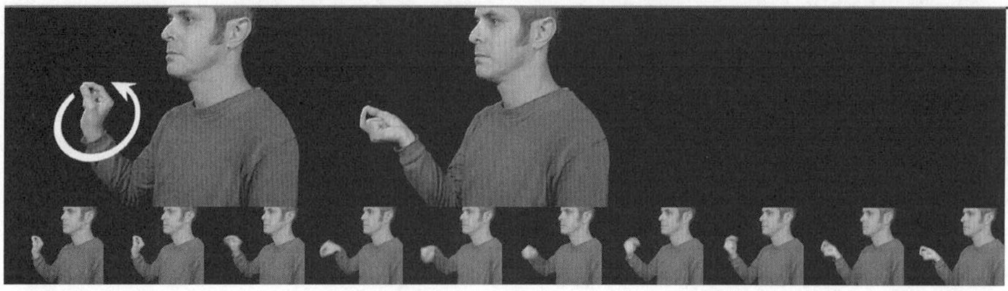
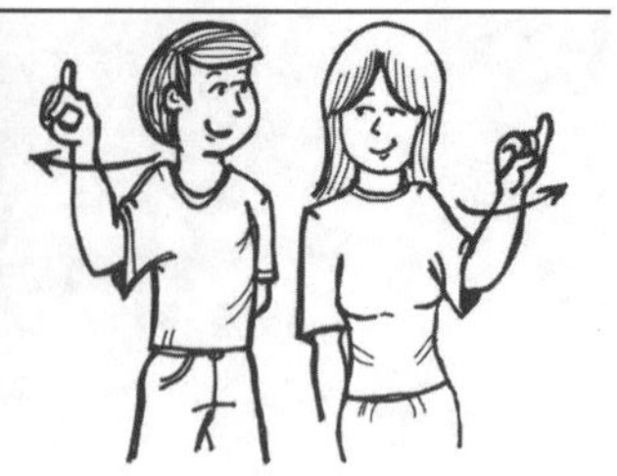

SINAL – Mão fechada com os dedos indicador e polegar esticados e unidos pelas pontas, palma para a frente. Mover a mão, girando-a para a frente, articulando o punho, virando a palma para cima.
• ***Sinal:*** *Cada um dos gestos que compõem a LIBRAS.*

SINDICATO – Mão esquerda aberta, dedos esticados e separados apontando para cima, palma para dentro. Mão direita em "V" com os dedos apontando para dentro, palma para a frente. Tocar a ponta do indicador direito na palma esquerda. Em seguida, mover a mão direita, virando a palma para baixo e voltando à posição inicial, duas ou três vezes seguidas, sem desencostar a ponta do dedo da palma esquerda.
• ***Sindicato:*** *Associação para defesa e coordenação dos interesses de determinada categoria de profissionais.*

SINO – Mão aberta com os dedos indicador e polegar esticados e unidos pelas pontas, que devem estar voltadas para baixo, demais dedos esticados e separados, palma para baixo. Mover a mão balançando-a de um lado para outro, duas ou mais vezes.
• ***Sino:*** *Instrumento metálico que produz som através de um pêndulo situado em seu interior.*

S

SINÔNIMO – Fazer os sinais de "palavra", de "tradução" e de "igual".
• ***Sinônimo:*** *Palavra que tem exatamente o mesmo sentido que outra ou quase idêntico.*

SIRI* – Mãos fechadas com os dedos indicadores e médios esticados apontando para dentro, palmas para baixo. Posicionar uma mão perto da outra, com os médios um pouco acima dos indicadores. Em seguida, mover os médios para baixo, tocando suas pontas nas dos indicadores, duas ou mais vezes.
• ***Siri:*** *Animal marinho.*

■ **SINOPSE:** RESUMO ■ **SINTETIZADO:** RESUMO ■ **SINTETIZAR:** RESUMO ■ **SINUCA:** BILHAR ■ **SINUOSIDADE:** CURVA ■ **SIRENE:** ALARME ■ **SIRI:** CARANGUEJO ■ **SISO:** DENTE ■ **SITIANTE:** FAZENDEIRO ■ **SÍTIO:** AGRICULTURA ■ ***SNOOKER*:** BILHAR ■ **SOB:** EMBAIXO ■ **SOBERBO:** ORGULHOSO ■ **SOBRA:** RESTO

SKATE – Fazer o sinal de "em pé" com a mão esquerda em "U", apontando para a frente. Em seguida, mover as mãos para a frente, descrevendo um movimento ondular durante o percurso.
• **Skate:** *Pequena prancha dotada de rodas na qual se pisa e desliza sobre; nome do esporte praticado com skate.*

SÓ – Mão aberta, dedos esticados e separados, palma para a frente. Unir o médio e o polegar, com o polegar segurando o médio pela unha. Em seguida, com um gesto rápido, esticar o dedo médio, soltando-o do polegar.
• ***Só:*** *Que é só um; único.* **Sinal igual:** APENAS, DERRADEIRO, DESACOMPANHADO, EXCLUSIVAMENTE, ISOLADO, MERAMENTE, ÓRFÃO, SINGULARMENTE, SOLITÁRIO, SOMENTE, SOZINHO, ÚLTIMO, UNICAMENTE

SOBRADO – Fazer o sinal de "casa". Depois, mão esquerda aberta, dedos unidos e esticados apontando para cima, palma para dentro. Mão direita aberta, dedos unidos e esticados apontando para a frente, palma para baixo. Mover a mão direita tocando sua lateral interna na palma esquerda e depois mais para cima, tocando-a nos dedos esquerdos.
• ***Sobrado:*** *Casa com dois ou mais pavimentos (andares).*

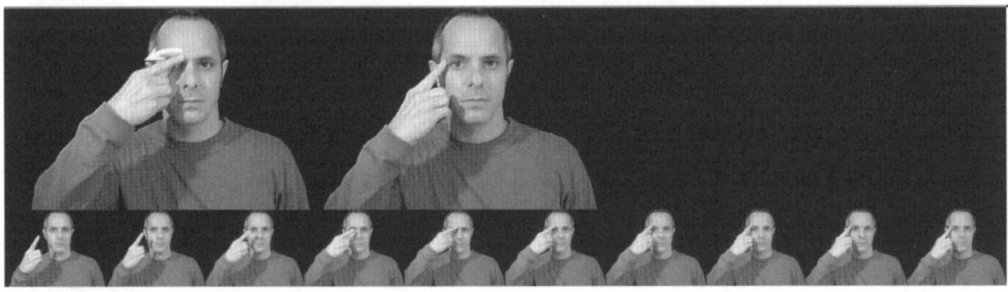
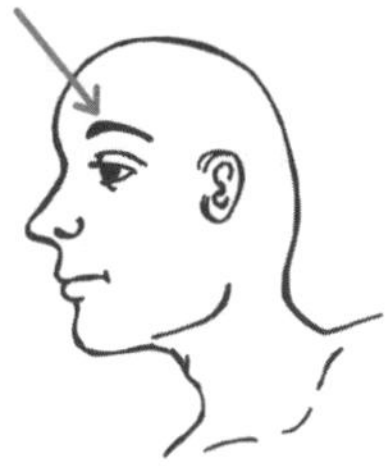

SOBRANCELHA – Mão fechada com o indicador esticado, palma para trás. Tocar a ponta do dedo no canto interno da sobrancelha e deslizá-lo para o canto externo.
• ***Sobrancelha:*** *Pelos situados acima dos olhos.*

SOBRE* – Mão esquerda em "L", com o indicador apontando para a frente, palma para dentro. Mão direita fechada com o mesmo dedo esticado apontando para dentro. Mover a mão direita, tocando o indicador direito na lateral interna do polegar esquerdo, deslizando-o para a frente, percorrendo todo o indicador esquerdo.
• ***Sobre:*** *A respeito de algo ou alguém.* **Sinal igual:** ACERCA DE, A RESPEITO DE, COM RESPEITO A, QUANTO A, RELATIVAMENTE

▪ SOBRAR: RESTO ▪ SOBRE: ACIMA ▪ SOBREMESA: AÇÚCAR ▪ SOBREPUJAR: DESBANCAR ▪ SOBRESSALTAR: ASSUSTAR ▪ SOBRETUDO: CASACO ▪ SOBREVIR: ACONTECER ▪ SÓBRIO: SÉRIO

SOBRECARREGAR – Fazer o sinal de "abarrotado". Em seguida, com as mãos abertas, dedos separados apontando para a frente, palmas para baixo, mover as mãos simultaneamente para cima, mantendo as bochechas cheias de ar.
• ***Sobrecarregar:*** *Pôr excesso de carga; aumentar excessivamente o trabalho de alguém.*

SOBRINHO – Mão em "M" com os dedos apontando para baixo, palma para trás. Tocar as pontas dos dedos na testa e deslizar a mão para cima, uma ou duas vezes.
• ***Sobrinho:*** *O filho da irmã, em relação à sua tia.*

SOCIAL – Mão esquerda fechada com o dedo indicador aberto apontando para cima, palma para a frente. Mão direita em "S", palma também para a frente. Tocar a mão direita no indicador esquerdo, com a mão direita atrás da esquerda. Em seguida, mover a mão direita contornando a esquerda, virando a palma para trás e tocando novamente no indicador esquerdo, dessa vez com a mão direita na frente da esquerda.
• ***Social:*** *Relativo ao conjunto de cidadãos.* **Sinal igual:** COMUNITÁRIO, SOCIEDADE

SÓCIO – Mão esquerda aberta, dedos unidos e esticados, palma para cima. Mão direita fechada com o polegar esticado, palma para trás. Mover a mão direita, tocando a ponta do polegar na palma esquerda. Em seguida, virar a palma direita para a frente e voltar à posição inicial, uma ou duas vezes, sem desencostá-la da palma esquerda.
• ***Sócio:*** *Membro de alguma sociedade, clube etc.*

S

SOFÁ – Mãos em "C", palmas para a frente. Unir as mãos pelas laterais internas. Em seguida, mover as mãos simultaneamente para as laterais, afastando uma da outra. Depois, fazer o sinal de "sentar".
• ***Sofá:*** *Móvel estofado de dois ou mais lugares, usado para sentar.*

▪ **SOCIEDADE:** COMUNIDADE, POVO, SOCIAL ▪ **SOCORRER:** AJUDAR ▪ **SOCORRIDO:** AMPARADO ▪ **SÔFREGO:** IMPACIENTE ▪ **SOFREGUIDÃO:** IMPACIENTE ▪ **SOFRIMENTO:** SOFRER

SOFRER – Mãos em "Y" com os dedos apontando para baixo, palmas para trás. Posicionar as mãos nas laterais da cintura. Em seguida, mover as mãos, simultaneamente, tocando as pontas dos polegares nas laterais da cintura, duas vezes. Esse sinal também pode ser feito com apenas umas das mãos.
• ***Sofrer:*** *Sentir desconforto físico ou emocional.* **Sinal igual:** AMARGURA, DECAIR, MARTÍRIO, PADECER, PADECIMENTO, SOFRIMENTO, TORMENTO

SOGRO – Mão em "S", palma para a frente. Posicionar a mão no lado esquerdo do corpo. Em seguida, mover a mão para o lado direito.
• ***Sogro:*** *O pai da esposa em relação ao marido.*

SOL – Mão em "S", palma para dentro. Posicionar a mão um pouco distante da lateral da cabeça. Em seguida, mover a mão em direção à cabeça, abrindo-a em "L".
• ***Sol:*** *Principal astro do Sistema Solar que emana luz e calor.*

SOLDADO – Mão direita aberta, dedos unidos e esticados apontando para dentro, palma para baixo. Mover a mão em direção à cabeça, tocando com a ponta do indicador a lateral da testa.
• ***Soldado:*** *Pessoa que serve nas Forças Armadas.*

SOLICITAR – Mão aberta, dedos unidos e esticados apontando para cima, palma para trás. Tocar as pontas dos dedos no queixo. Em seguida, mover a mão para a frente, apontando os dedos para a frente, virando a palma para cima.
• ***Solicitar:*** *Pedir algo a alguém.* **Sinal igual:** AGENCIAR, DILIGENCIAR, FAVOR, REQUERER, REQUISITAR

▪ SOLENE: OFICIAL ▪ SOLENIDADE: EVENTO ▪ SOLICITADO: CONVIDADO ▪ SÓLIDO: DURO ▪ SOLILÓQUIO: MONÓLOGO ▪ SOLITÁRIA: VERME ▪ SOLITÁRIO: SÓ ▪ SOLTAR: LIVRE ▪ SOLTO: LIVRE ▪ SOLTURA: LIVRE ▪ SOLUÇÃO: RESPONDER, FIM ▪ SOLUÇO: SOLUÇAR

SOLTEIRO – Mão em "S", palma para a frente. Mover a mão em círculos verticais, completando duas voltas.

• ***Solteiro:*** *Pessoa que não é casada.*

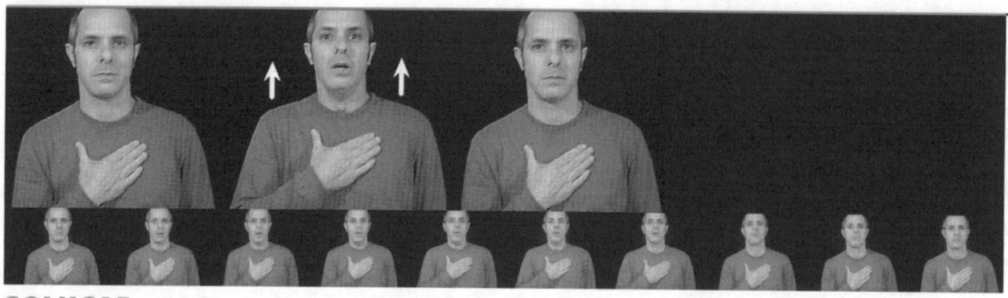

SOLUÇAR – Mão aberta, dedos unidos e esticados, polegar separado, palma para trás. Encostar a mão no peito. Em seguida, erguer e relaxar os ombros, abrindo um pouco a boca durante o movimento.

• ***Soluçar:*** *Contrair involuntariamente o diafragma repetidas vezes.* **Sinal igual:** SOLUÇO

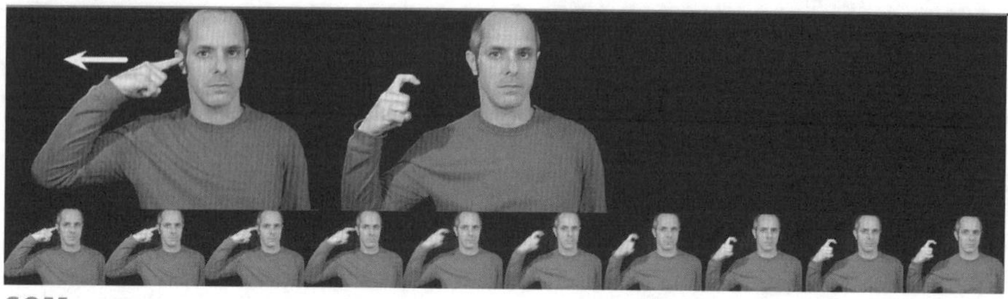

SOM – Mão fechada com o indicador esticado, palma para baixo. Posicionar a mão na lateral da cabeça, com o indicador apontando para o ouvido. Em seguida, mover a mão para a lateral, afastando-a da cabeça, dobrando o indicador.

• ***Som:*** *Qualquer ruído produzido por determinada fonte sonora; tudo que é captado pelo sentido da audição; barulho.* **Sinal igual:** RUÍDO

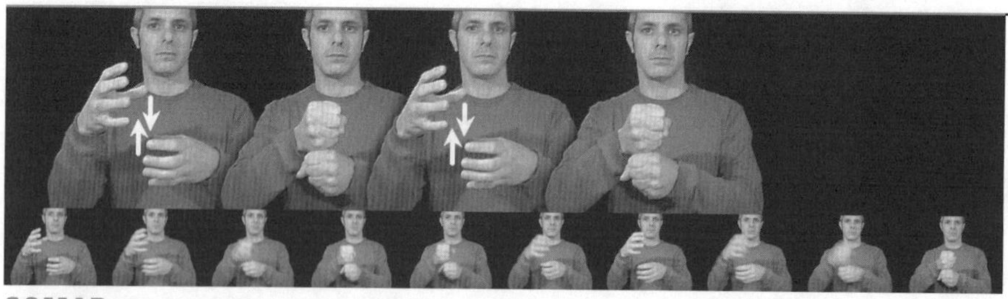

SOMAR – Mãos abertas, dedos curvados e separados, palmas para dentro. Posicionar as mãos na frente do corpo, com uma mão um pouco mais acima da outra. Em seguida, mover simultaneamente as mãos, encostando uma sobre a outra e fechando-as em "S", duas vezes seguidas.

• ***Somar:*** *Operação matemática de adição.* **Sinal igual:** ADICIONAR, CALCULAR, CÁLCULO, COMPUTAR, CÔMPUTO, CONTÁBIL, CONTAR, TOTAL, TOTALIDADE

SONÂMBULO – Fazer os sinais de "dormir" e de "andar" com os olhos fechados.

• ***Sonâmbulo:*** *Diz-se de pessoa que anda, fala e se levanta durante o sono.*

▪ **SOMBRINHA:** GUARDA-CHUVA ▪ **SOMBRIO:** ESCURO ▪ **SOMENTE:** SÓ ▪ **SONDAR:** PROCURAR ▪ **SONHO:** SONHAR ▪ **SOROR:** FREIRA ▪ **SORRIR:** RIR

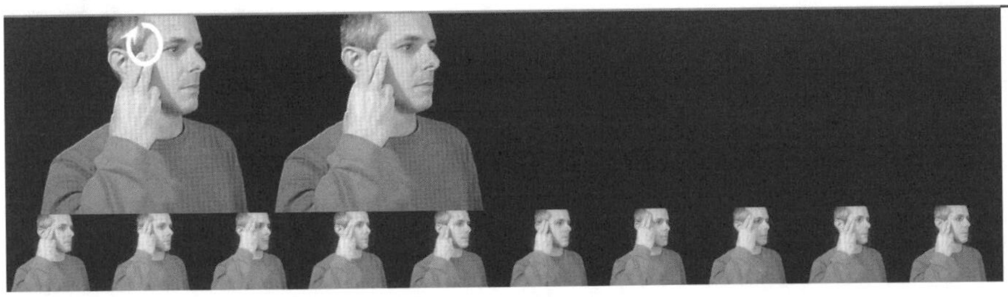

SONHAR – Mão fechada com o indicador e o médio esticados e unidos. Tocar as pontas dos dedos na têmpora. Em seguida, deslizar a mão descrevendo pequenos círculos.
• ***Sonhar:*** *Produzir imagens e pensamentos durante o sono.* **Sinal igual:** SONHO

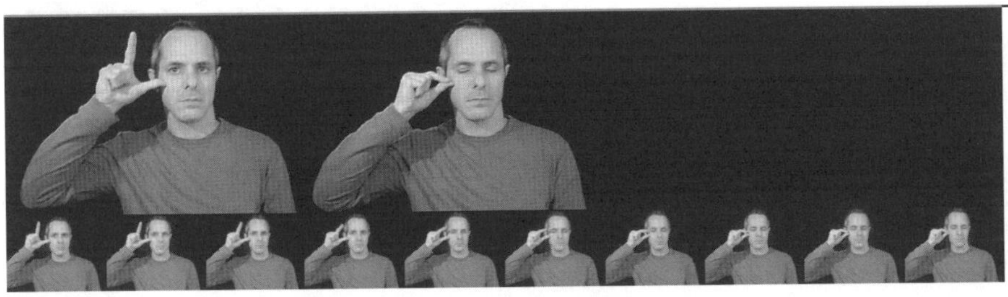

SONO – Mão em "L", palma para a frente. Tocar a ponta do dedo polegar na lateral do rosto, abaixo do olho. Em seguida, com um gesto lento, mover o indicador, unindo-o ao polegar pelas pontas. Fechar lentamente os olhos durante o movimento.
• ***Sono:*** *Momento em que se dorme; estado de descanso da consciência.* **Sinal igual:** INATIVIDADE, INÉRCIA

SOPA – Mãos abertas e curvadas, dedos unidos apontando para dentro, palmas para cima. Posicionar as mãos na altura do estômago, com a mão direita acima da esquerda, sem tocá-la. Em seguida, mover a mão direita em direção à boca, virando a palma para trás.
• ***Sopa:*** *Alimento líquido preparado com legumes, carnes, temperos etc.* **Sinal igual:** CALDO

SOPRAR – Mão em "S", palma para a frente. Abrir a boca enchendo os pulmões de ar e, ao mesmo tempo, aproximar a mão da boca. Em seguida, soprar o ar, movendo a mão para a frente, abrindo os dedos.
• ***Soprar:*** *Soltar o ar pela boca com um pouco de força.*

SORO – Mão direita em "C" posicionada horizontalmente, palma para dentro. Mão esquerda fechada, palma para cima, braço esticado para a frente. Mover a mão direita um pouco para cima e para baixo, imitando o movimento de quem coloca o soro no suporte. Depois, com a mão direita fechada e o indicador esticado, movê-la tocando a ponta do dedo na articulação do braço esquerdo.
• ***Soro:*** *Líquido usado para a hidratação ou alimentação de doentes, ou para aplicação de medicamentos.*

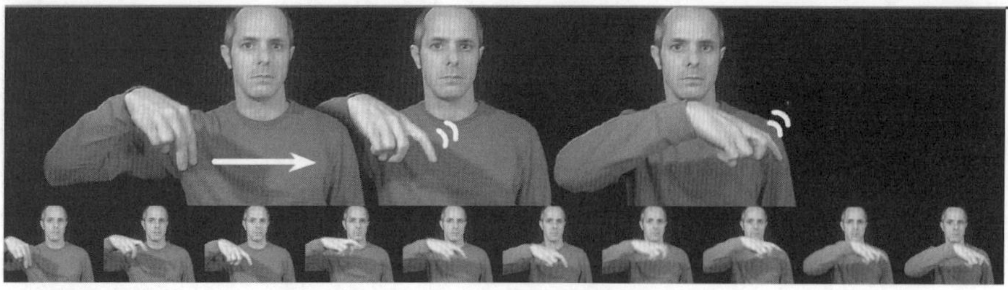

SORRATEIRO – Fazer o sinal de "andar", movimentando vagarosamente a mão.
• ***Sorrateiro:*** *Que se movimenta cuidadosamente para não ser percebido.* **Sinal igual:** MANHOSO, MATREIRO

SORTE – Mãos em "L", com os dedos indicadores apontando para a frente, palmas para dentro. Posicionar as mãos unidas pelos indicadores, que devem estar cruzados entre si. Em seguida, mover as mãos simultaneamente para as laterais, virando as palmas para cima.
• ***Sorte:*** *Acontecimento fortuito; destino.* **Sinal igual:** ACASO, DESTINO

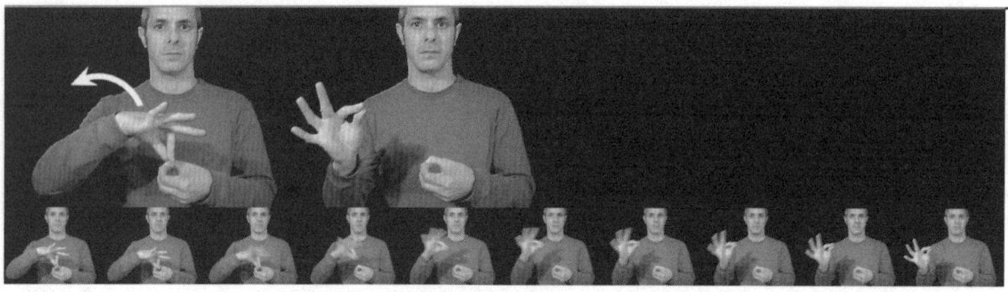

SORTEAR – Mão esquerda em "O" posicionada horizontalmente, palma para dentro. Mão direita aberta com o indicador e o polegar unidos pelas pontas, que devem estar voltadas para baixo, palma para baixo. Tocar levemente as pontas do indicador e do polegar da mão direita no indicador esquerdo. Em seguida, mover a mão direita para cima, virando a palma para essa direção.
• ***Sortear:*** *Tirar a sorte; escolher algo ou alguém aleatoriamente.* **Sinal igual:** SORTEIO

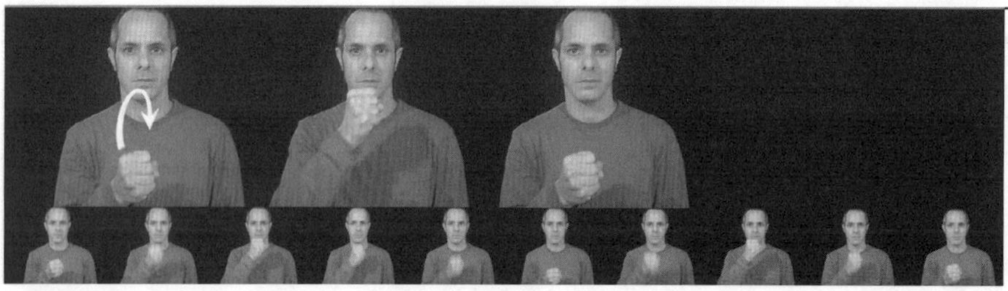

SORVETE – Mão em "S", palma para dentro. Posicionar a mão na altura do peito. Em seguida, mover a mão em direção à boca e voltar à posição inicial, em movimentos circulares, duas vezes.
• ***Sorvete:*** *Alimento preparado com leite, frutas ou outros ingredientes, servido gelado.*

S

SORVETEIRO – Fazer os sinais de "vender" e de "sorvete".
• ***Sorveteiro:*** *Pessoa que vende sorvetes.*

▪ **SORTEIO:** SORTEAR ▪ **SORVER:** ABSORVER, ENGOLIR ▪ **SOSSEGADO:** ACALMAR, DESCANSAR ▪ **SOSSEGAR:** AMANSAR, DESCANSAR ▪ **SOSSEGO:** CALMA ▪ **SOTERRAR:** ENTERRAR ▪ **SOVACO:** AXILA ▪ **SOVINA:** AVARENTO, PÃO-DURO ▪ **SOVINICE:** AVARENTO ▪ **SOZINHO:** SÓ ▪ **SUAVIZAR:** ALIVIAR, CONSOLAR ▪ **SUBESTIMAR:** IGNORAR ▪ **SUBIDA:** RAMPA ▪ **SUBLINHADO:** GRIFAR ▪ **SUBLINHAR:** GRIFAR

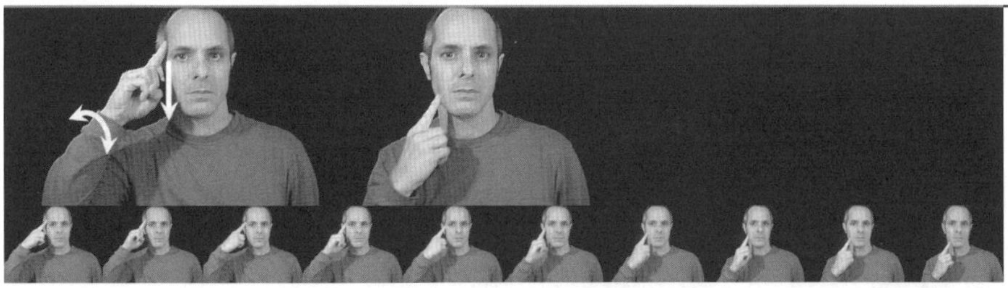

SUAR – Mão fechada com o indicador esticado apontando para cima, palma para dentro. Encostar a ponta do dedo na têmpora. Em seguida, deslizar a mão para baixo até a lateral do queixo, virando-a, ao redor do próprio eixo, para a frente e para trás, durante o percurso.
• ***Suar:*** *Verter suor através da pele.* **Sinal igual:** EXALAR, EXCRETAR, SUOR, TRANSPIRAR

SUAVE – Mãos abertas, indicador e polegar esticados e unidos pelas pontas, demais dedos esticados apontando para cima, palmas para dentro. Unir as mãos pelas pontas dos indicadores e dos polegares. Em seguida, mover as mãos simultaneamente para as laterais, virando as palmas para cima.
• ***Suave:*** *Qualidade do que é delicado, leve.* **Sinal igual:** AMENO, APRAZÍVEL, BRANDO, DELICADO

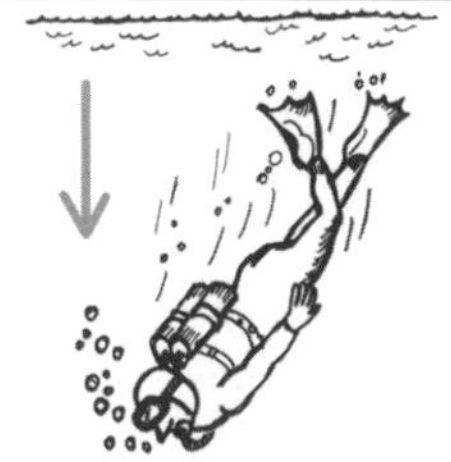

SUBMERGIR – Mão esquerda aberta, dedos unidos e esticados apontando para dentro, palma para baixo. Mão direita em "V" com os dedos apontando para cima, palma para trás. Posicionar as mãos na altura do peito, encostando o médio direito nas pontas dos dedos esquerdos. Em seguida, mover a mão direita para baixo, movimentando o indicador e o médio aleatoriamente durante o percurso.
• ***Submergir:*** *Mergulhar na água; afundar.*

SUBMISSÃO – Mãos abertas, dedos unidos e esticados apontando para a frente, palmas para baixo. Posicionar as mãos na altura do estômago, afastadas entre si. Em seguida, mover as mãos simultaneamente para dentro, posicionando uma sobre a outra, sem se tocarem. Encolher um pouco os ombros, inclinando levemente a cabeça durante o movimento.
• ***Submissão:*** *Disposição para obedecer ou aceitar uma situação de subalterno; humildade.*

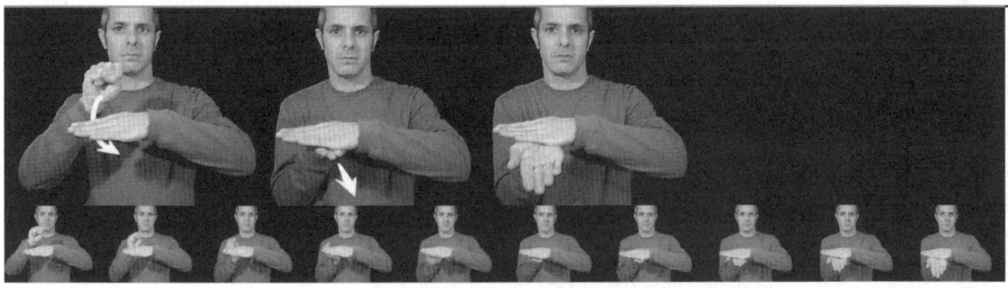

SUBORNO – Mão esquerda aberta, dedos unidos e esticados apontando para dentro, palma para baixo. Mão direita em "S", palma para a frente. Posicionar a mão direita atrás e um pouco acima da esquerda. Em seguida, mover a mão direita para a frente, passando-a por baixo da esquerda, virando a palma para cima e abrindo os dedos (unidos e apontando para a frente).
• ***Suborno:*** *Dinheiro dado a alguém a fim de se conseguir algo ilegal ou não autorizado.* **Sinal igual:** CORROMPER, SUBORNAR

▪ **SUBORDINAÇÃO:** DEPENDER ▪ **SUBORNAR:** SUBORNO ▪ **SUBSEQUENTE:** DEPOIS, SEGUINTE ▪ **SUBSTITUTO:** SUBSTITUIR ▪ **SUBTERFÚGIO:** APELAR ▪ **SUBTRAÇÃO:** MENOS ▪ **SUBTRAIR:** MENOS ▪ **SUCEDER:** ACONTECER

S

SUBSTITUIR – Mãos fechadas com os polegares esticados, palmas para trás. Posicionar a mão direita um pouco acima da esquerda, com o polegar direito apontando para cima e o polegar esquerdo apontando para o lado esquerdo. Em seguida, mover a mão direita para baixo, encostando sua lateral externa no dorso dos dedos esquerdos.
• ***Substituir:*** *Trocar alguém ou alguma coisa por outro.* **Sinal igual:** SUBSTITUTO, SUPRIR

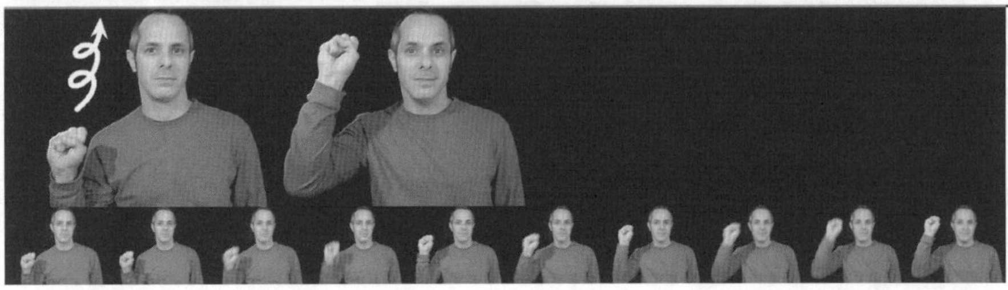

SUCESSO – Mão em "S" posicionada na altura do peito, na lateral do corpo. Em seguida, mover a mão para cima, em movimentos espirais. Fazer uma expressão de alegria durante o movimento.
• ***Sucesso:*** *Obter bom resultado.*

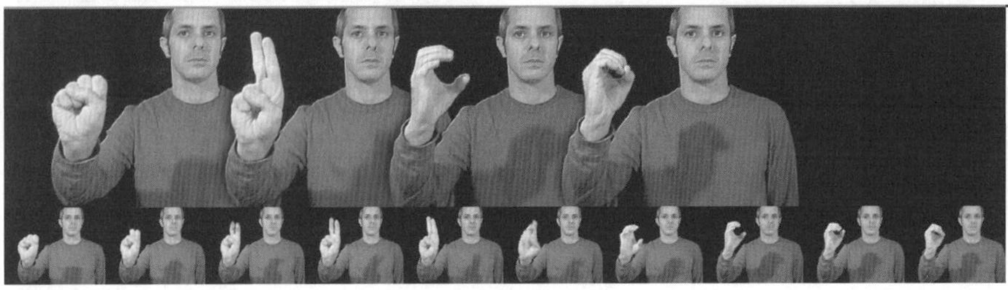

SUCO – Digitar as letras "S", "U", "C" e "O".
• ***Suco:*** *Líquido obtido de frutas ou outros alimentos.* **Sinal igual:** REFRESCO, SUMO

SUFOCAR – Com uma das mãos, segurar com firmeza a garganta, erguendo levemente a cabeça e abrindo um pouco a boca.
• ***Sufocar:*** *Estar impedido ou impedir de respirar.* **Sinal igual:** ASFIXIA, ASFIXIAR

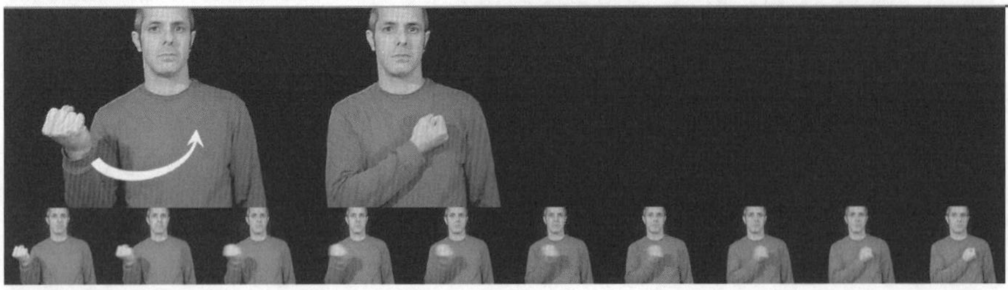

SUICIDAR-SE – Mão em "S", palma para cima. Com um gesto firme, mover a mão em direção ao coração, tocando a lateral externa da mão no peito.
• ***Suicidar-se:*** *Tirar a própria vida.* **Sinal igual:** SUICÍDIO

▪ **SUFOCANTE:** ABAFADO ▪ **SUGAR:** ABSORVER ▪ **SUGERIR:** PROPOSTA ▪ **SUGESTÃO:** PROPOSTA ▪ **SUICÍDIO:** SUICIDAR ▪ **SUÍNO:** PORCO
▪ **SUJEIRA:** SUJO ▪ **SUJEITO:** DEPENDER ▪ **SUJIDADE:** SUJO

SUJEITO – Mão fechada com os dedos indicador e médio abertos e curvados, apontando para a frente, palma na mesma direção. Posicionar a mão na altura da cabeça. Em seguida, movê-la para baixo.
• ***Sujeito:*** *Alguma pessoa de quem se está falando; indivíduo.* **Sinal igual:** INDIVÍDUO

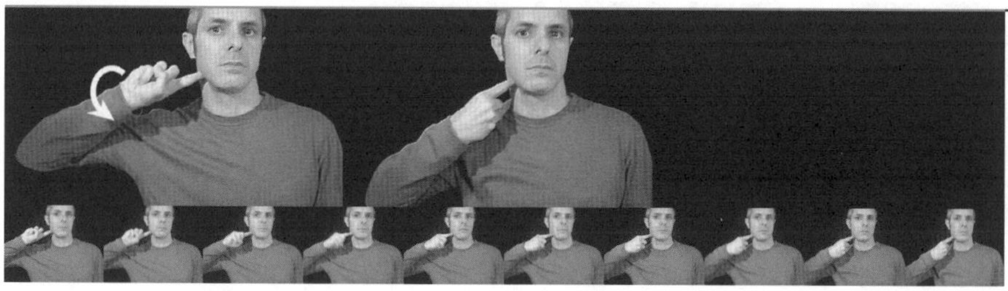

SUJO – Mão fechada com o indicador esticado, palma para a frente. Tocar a ponta do dedo na lateral do pescoço. Em seguida, girar a mão ao redor do próprio eixo, virando a palma para trás.
• ***Sujo:*** *Que não está limpo.* **Sinal igual:** IMUNDO, SUJEIRA, SUJIDADE

SUL – Mão em "S", palma para a frente. Posicionar a mão na altura da cabeça. Em seguida, movê-la para baixo.
• ***Sul:*** *Um dos pontos cardeais.*

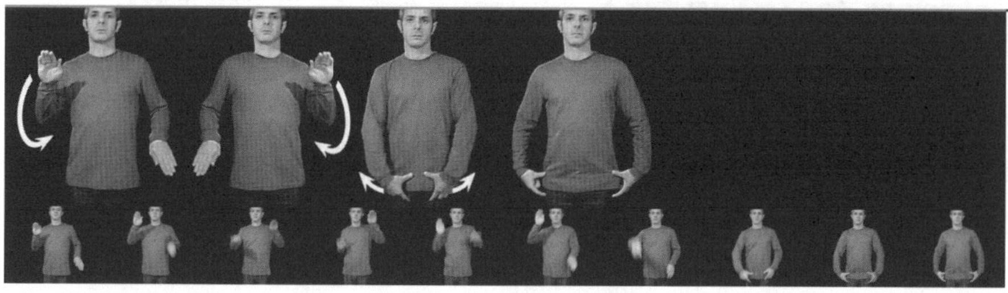

SUNGA – Fazer o sinal de "nadar". Em seguida, com as mãos fechadas e os indicadores e polegares abertos e curvados, encostar as pontas dos dedos diante do corpo, na altura da sunga. Em seguida, deslizar as mãos simultaneamente para as laterais do corpo.
• ***Sunga:*** *Traje de banho.*

SUPER-HOMEM – Mão fechada com o indicador esticado. Tocar a ponta do dedo no peito e deslizar a mão, desenhando a letra "S". Em seguida, com as mãos fechadas, posicionar os braços conforme a foto 3, imitando o gesto que o super-homem faz ao voar.
• ***Super-homem:*** *Personagem fictício.* **Sinal igual:** *SUPERMAN*

▪ **SUMARIADO:** RESUMO ▪ **SUMÁRIO:** RESUMO ▪ **SUMIR:** DESAPARECER ▪ **SUMO:** SUCO ▪ **SUOR:** SUAR ▪ **SUPERAR:** DESBANCAR ▪ **SUPERFÍCIE:** ÁREA ▪ ***SUPERMAN*:** SUPER-HOMEM ▪ **SUPERMERCADO:** CARRINHO ▪ **SUPERVISAR:** SUPERVISIONAR ▪ **SUPERVISOR:** SUPERVISIONAR ▪ **SUPLANTAR:** DESBANCAR ▪ **SÚPLICA:** PEDIR, REZAR ▪ **SUPLICAR:** PEDIR

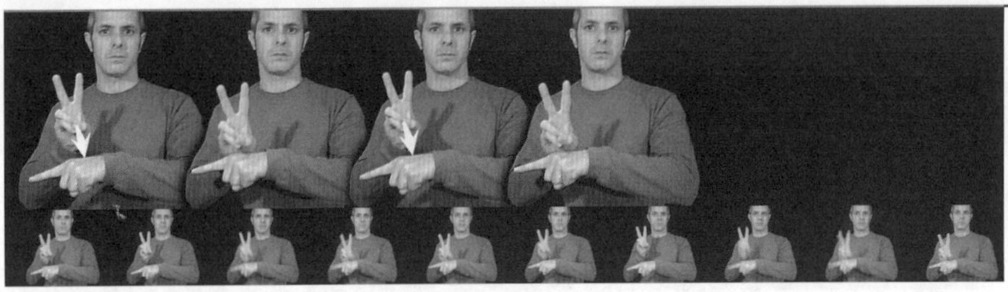

SUPERVISIONAR – Mão esquerda fechada com o dedo indicador esticado, palma para baixo. Mão direita em "V", palma para a frente. Tocar duas vezes o punho direito na lateral interna da mão esquerda.
• ***Supervisionar:*** *Controlar a execução de algum trabalho.* **Sinal igual:** CONTROLAR, FISCAL, FISCALIZAR, INSPECIONAR, SUPERVISAR, SUPERVISOR

SUPLETIVO – Fazer os sinais de "semestre" e de "estudar".
• ***Supletivo:*** *Ensino que substitui o ensino regular destinado às pessoas que não concluíram seus estudos na idade própria.*

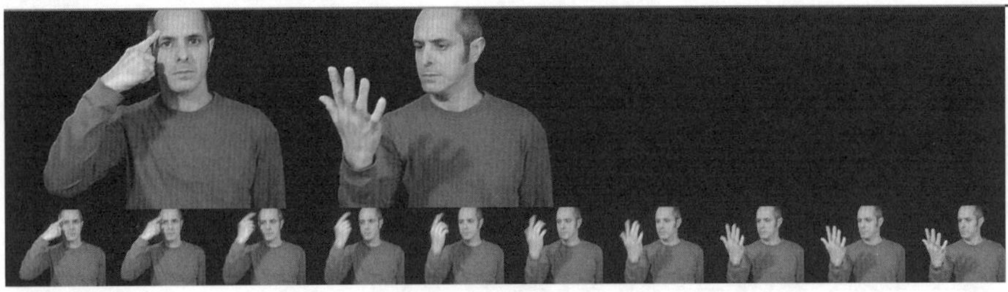

SUPOR – Mão fechada com o indicador esticado. Tocar a ponta desse dedo na lateral da testa. Em seguida, afastar a mão do rosto, abri-la e olhar para a palma.
• ***Supor:*** *Presumir algo como verdadeiro.* **Sinal igual:** DEDUZIR, HIPÓTESE, INFERIR, SUPOSIÇÃO

S

SURDEZ ADQUIRIDA – Fazer os sinais de "surdo" e de "pouco".
• ***Surdez adquirida:*** *Perda da audição provocada por doença, distúrbio ou acidente.*

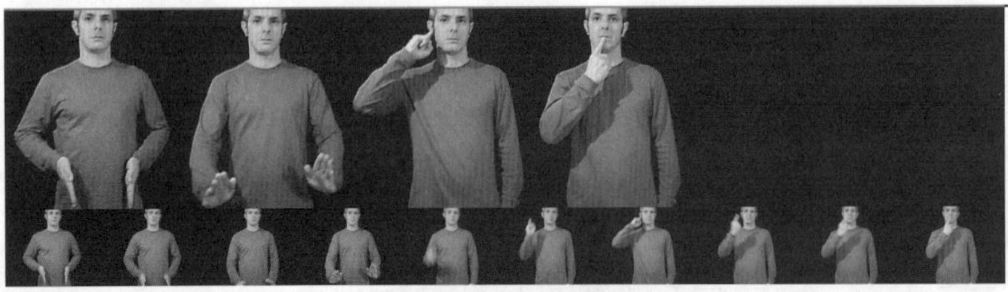

SURDEZ CONGÊNITA – Fazer os sinais de "nascer" e de "surdo".
• ***Surdez congênita:*** *Deficiência auditiva presente desde o nascimento.*

▪ **SUPOSIÇÃO:** SUPOR ▪ **SUPRIMIR:** CANCELAR ▪ **SUPRIR:** SUBSTITUIR ▪ **SURDEZ:** DEFICIENTE AUDITIVO

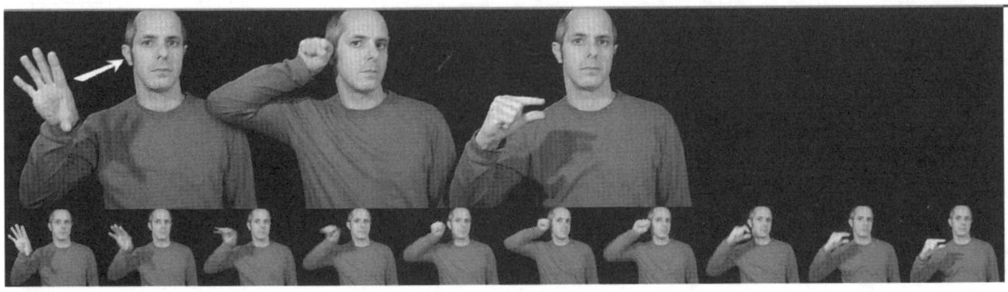

SURDEZ LEVE – Fazer os sinais de "ouvir" e de "pouco".
• ***Surdez leve:*** *Pequena perda da audição.*

SURDEZ PROFUNDA – Fazer os sinais de "surdo" e de "profundo".
• ***Surdez profunda:*** *Perda severa da audição.*

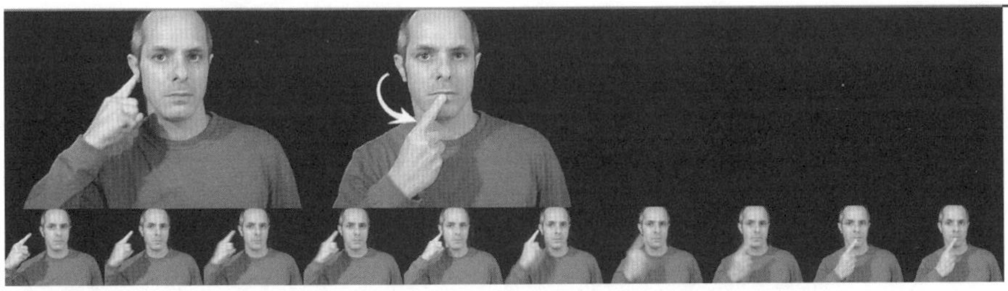

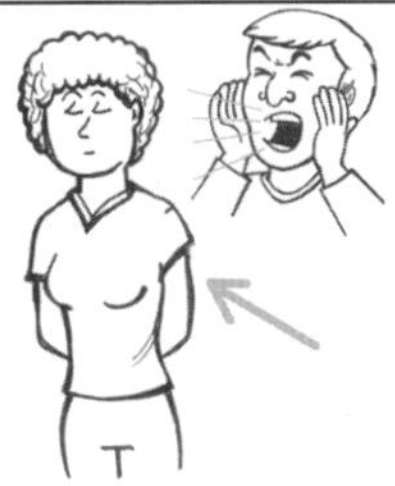

SURDO* – Mão fechada com o indicador esticado. Mover a mão, tocando a ponta desse dedo no ouvido e nos lábios.
• ***Surdo:*** *Pessoa que não possui o sentido da audição total ou parcialmente.* **Sinal igual:** DEFICIENTE AUDITIVO

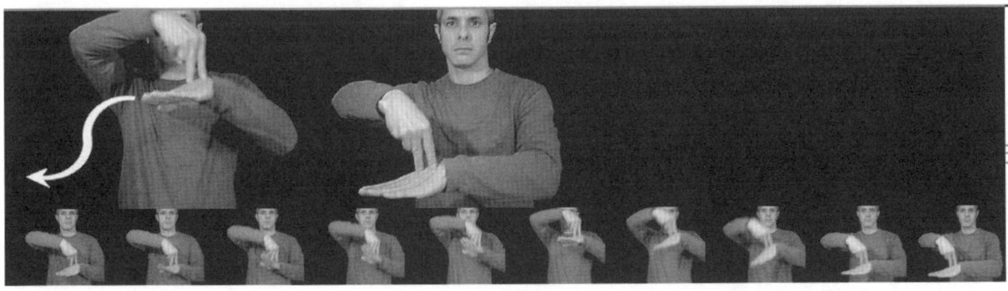

SURFE – Mão esquerda aberta, dedos unidos e esticados apontando para a frente, palma para baixo. Mão direita em "V". Tocar as pontas dos dedos da mão direita no dorso esquerdo, posicionando-as perto do corpo. Em seguida, mover as mãos para a frente, descrevendo a forma de uma onda.
• ***Surfe:*** *Esporte no qual se desliza com uma prancha sobre as ondas do mar.*

SURPREENDER – Mão aberta, palma para trás. Tocar rapidamente a mão no peito e movê-la para a frente, virando a palma para cima. Fazer uma expressão de espanto durante o movimento.
• ***Surpreender:*** *Causar surpresa a alguém.* **Sinal igual:** SURPRESA

▪ **SURDO:** DEFICIENTE AUDITIVO ▪ **SURGIR:** APARECER ▪ **SURPREENDENTE:** MARAVILHOSO ▪ **SURPRESA:** SURPREENDER ▪ **SURPRESO:** ESPANTADO ▪ **SURRA:** APANHAR ▪ **SURRAR:** ESPANCAR ▪ **SUSCITAR:** CRIAR ▪ **SUSPEITAR:** DESCONFIAR

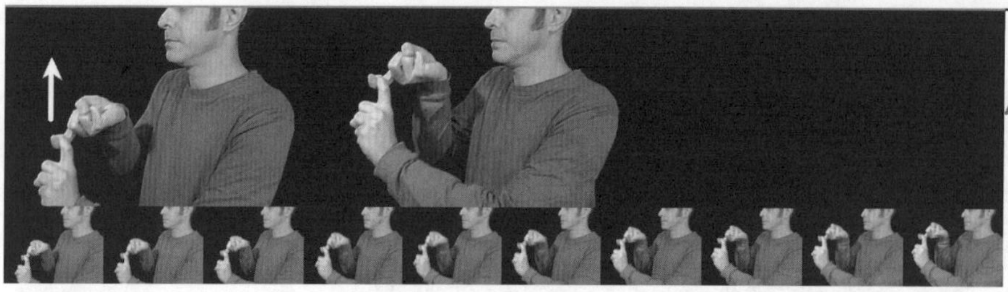

SUSPENDER – Mão esquerda fechada com o indicador aberto e curvado, palma para dentro. Mão direita fechada com o mesmo dedo aberto e curvado, palma para cima. Encaixar os indicadores entre si (foto 1). Em seguida, mover as mãos para cima.
• ***Suspender:*** *Erguer algum objeto.* **Sinal igual:** DEPENDURAR, ERGUER, IÇAR, PENDENTE, PENDURAR, SUSPENSÃO, SUSPENSO, SUSTER

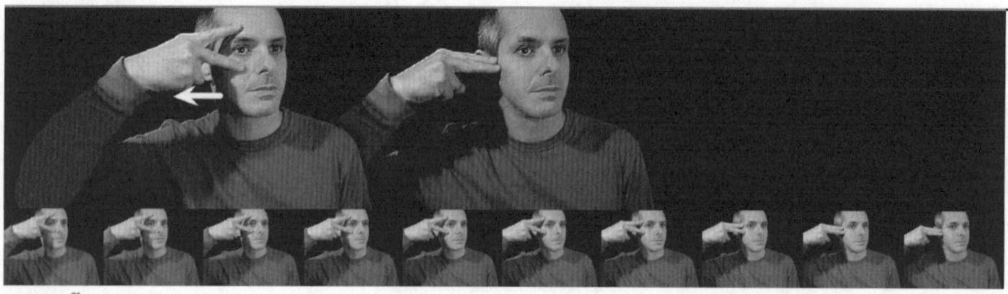

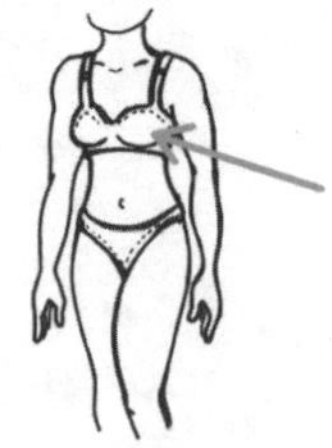

SUTIÃ – Mão em "V", palma para trás. Tocar as pontas dos dedos no rosto, acima e abaixo dos olhos (foto 1). Em seguida, deslizar a mão para a lateral do rosto, unindo os dedos pelas pontas.
• ***Sutiã:*** *Peça íntima do vestuário feminino.*

▪ **SUSPENSÃO:** SUSPENDER ▪ **SUSPENSO:** SUSPENDER ▪ **SUSSURRAR:** COCHICHAR ▪ **SUSTENTAR:** CONFIRMAR ▪ **SUSTENTO:** COMER ▪ **SUSTER:** SUSPENDER

Mão aberta, indicador esticado horizontalmente, demais dedos separados e esticados verticalmente. Encostar o polegar na lateral interna do indicador. Vigésima letra do alfabeto. Mão aberta, indicador esticado horizontalmente, demais dedos separados e esticados verticalmente. Encostar o polegar na lateral interna do indicador. Vigésima letra do alfabeto. Mão aberta, indic

te, demais de

verticalmente.

ral interna do indicador. Vigésima letra do alfabeto. Mão aberta, indicador esticado horizontalmente, demais dedos separados e esticados verticalmente. Encostar o polegar na lateral interna do indicador. Vigésima letra do alfabeto. Mão aberta, indicador esticado horizontalmente, demais dedos separados e esticados verticalmente. Encostar o polegar na lateral interna do indicador. Vigésima letra do alf

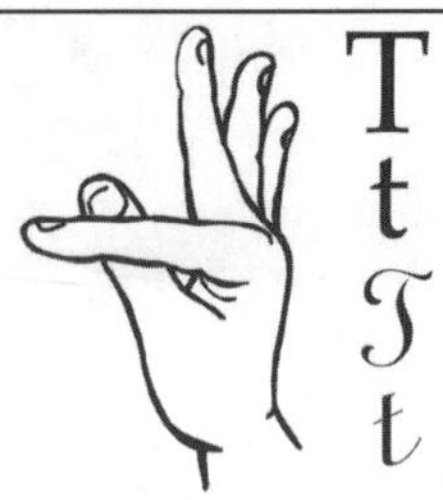

T – Mão aberta, indicador esticado horizontalmente, demais dedos separados e esticados verticalmente. Encostar o polegar na lateral interna do indicador.
• *T: Vigésima letra do alfabeto.*

TÁBUA – Fazer o sinal de "pau" e de "faixa" (com as mãos na altura do peito).
• ***Tábua:*** *Peça plana de madeira.*

2 x 1 = 2
2 x 2 = 4
2 x 3 = 6
2 x 4 = 8
2 x 5 = 10
2 x 6 = 12
2 x 7 = 14
2 x 8 = 16
2 x 9 = 18
2 x10= 20

TABUADA – Fazer os sinais de "revista" e de "multiplicar".
• ***Tabuada:*** *Tabela das quatro operações fundamentais entre os números de uma a dez.*

TAÇA – Fazer o sinal de "copo", modificando a posição da mão quando movê-la em direção à boca; manter os dedos relaxados e separados, palma para cima, imitando o gesto de quem segura uma taça.
• ***Taça:*** *Copo com haste usado para beber vinho, champanhe etc.*

TALÃO DE CHEQUES – Mãos fechadas com os indicadores e mínimos esticados, palmas para trás. Unir as mãos pelas pontas dos dedos (foto 1) e movê-las afastando-as para as laterais. Em seguida, fazer o sinal de "assinar" com a direita, mantendo a mão esquerda na mesma posição.
• ***Talão de cheques:*** *Bloco de papel composto por documentos para pagar ou transmitir quantias.* **Sinal igual:** CHEQUE, TALONÁRIO

■ **TABELIÃO:** CARTÓRIO ■ **TAGARELA:** LINGUARUDO

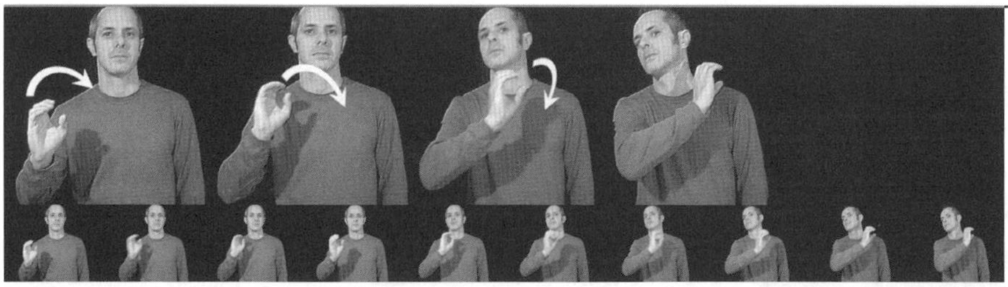

TALCO – Mão em "C", palma para dentro. Mover a mão em direção a três regiões diferentes do corpo: ombro direito, peito e ombro esquerdo, imitando o gesto de quem segura um frasco de talco e joga o pó no próprio corpo.
• ***Talco:*** *Cosmético que consiste de um pó fino de aroma suave.*

TALHER – Fazer os sinais de "garfo", de "faca" (vide "estilete") e de "vários".
• ***Talher:*** *Conjunto de garfo, faca e colher usado nas refeições.*

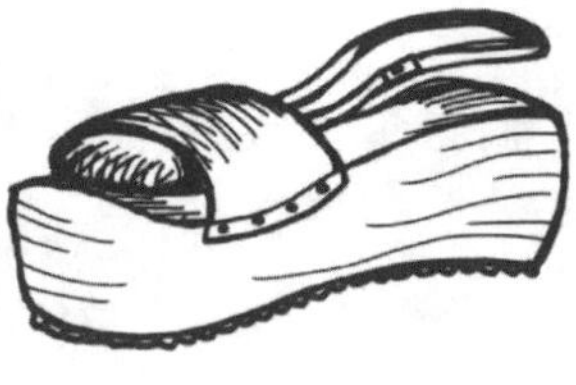

TAMANCO – Fazer os sinais de "pé" e de "pau". Depois, mão esquerda aberta, dedos unidos e esticados apontando para dentro, palma para baixo. Mão direita em "C", palma para dentro. Encostar o dorso dos dedos da mão direita na palma esquerda.
• ***Tamanco:*** *Espécie de calçado.*

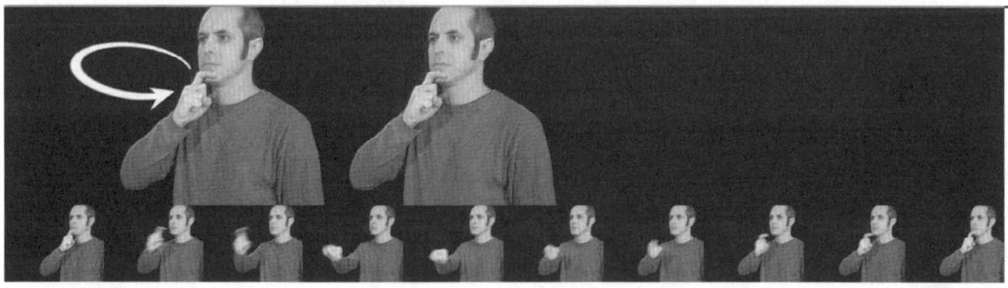

TAMANDUÁ – Mão fechada, posicionada verticalmente com o indicador aberto e dobrado, palma para dentro. Tocar a lateral do indicador no queixo. Em seguida, mover a mão para a frente, incliná-la horizontalmente e voltar à posição inicial.
• ***Tamanduá:*** *Animal mamífero que se alimenta principalmente de formigas e cupins.*

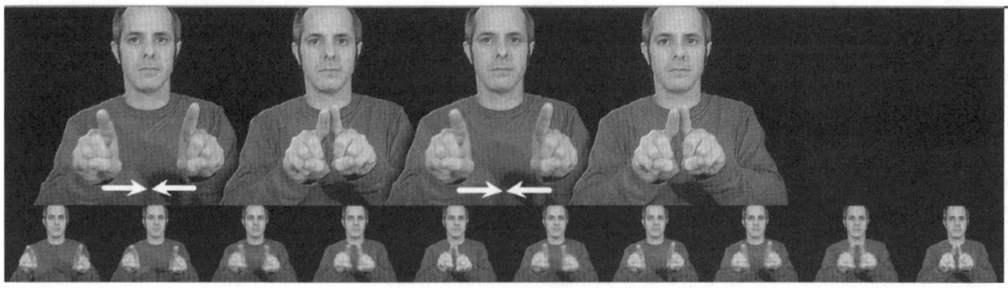

TAMBÉM – Mãos fechadas com os indicadores esticados apontando para frente, palmas para baixo. Posicioná-las uma perto da outra. Em seguida, mover as mãos simultaneamente para dentro, tocando uma na outra pelas laterais internas, duas ou mais vezes.
• ***Também:*** *Indica equivalência ou inclusão.* **Sinal igual:** CONJUNTAMENTE, IGUALMENTE, OUTROSSIM

T

■ TALHARIM: MACARRÃO ■ TALONÁRIO: TALÃO DE CHEQUES ■ TALVEZ: APROXIMADAMENTE

TAMBOR – Mãos abertas, dedos unidos e esticados, palmas para baixo. Posicionar as mãos apontando para o lado esquerdo. Em seguida, com gestos curtos e rápidos, movê-las simultaneamente e em sentidos opostos, para baixo e para cima, duas vezes. Depois, fazer o mesmo movimento, dessa vez com as mãos apontando para o lado direito.
• ***Tambor:*** *Instrumento musical de percussão.*

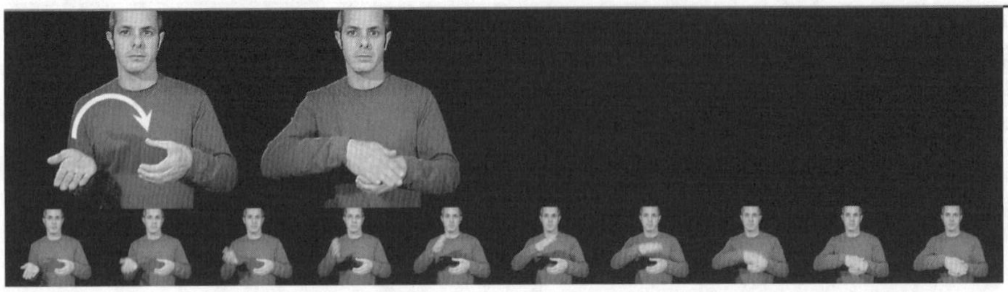

TAMPA – Mão esquerda em "C" posicionada horizontalmente, palma para dentro. Mão direita aberta, dedos unidos e esticados apontando para a frente, palma para cima. Posicionar as mãos lado a lado. Em seguida, mover a mão direita descrevendo um arco, virando a palma para baixo e apoiando-a sobre a mão esquerda.
• ***Tampa:*** *Peça móvel com que se tapa ou cobre.*

TAMPÃO DE OLHO – Mão aberta, dedos unidos e esticados apontando para cima, palma para trás. Encostar a mão no rosto, tampando um dos olhos.
• ***Tampão de olho:*** *Pequeno pedaço de tecido usado para cobrir um dos olhos.*

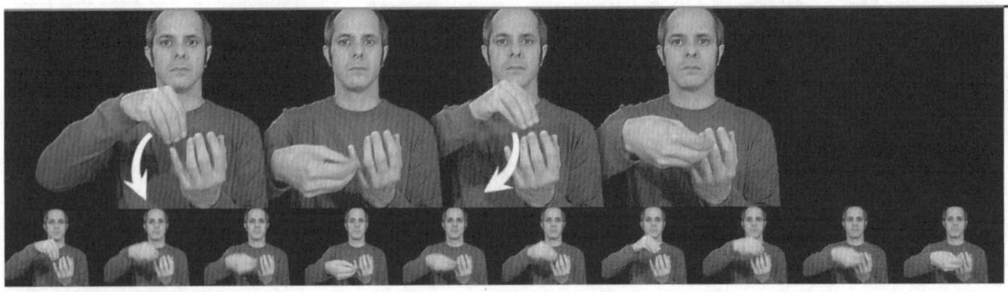

TANGERINA – Mão esquerda aberta, dedos levemente curvados e separados, palma para cima. Mão direita com os dedos unidos pelas pontas, voltadas para baixo, palma para baixo. Posicionar a mão direita acima da esquerda, quase tocando-a com as pontas dos dedos. Em seguida, com gestos curtos, mover a mão direita para a frente, virando a palma para cima. Fazer esse movimento duas vezes, mudando ligeiramente a mão direita de lugar, imitando o gesto de quem retira a casca de uma tangerina.
• ***Tangerina:*** *Fruto da tangerineira.* **Sinal igual:** BERGAMOTA, MEXERICA

TAPETE – Mãos abertas, dedos unidos e esticados apontando para a frente, palmas para baixo. Posicionar as mãos juntas, quase unidas pelas laterais internas. Em seguida, movê-las simultaneamente, afastando-as para as laterais. Depois, fazer o sinal de "pelo" sobre o dorso da mão esquerda.
• ***Tapete:*** *Peça confeccionada com fibras têxteis que se destina a cobrir pisos.* **Sinal igual:** CARPETE

▪ **TAMPAR:** COBRIR ▪ **TANTO:** MUITO, QUALQUER ▪ **TAPA:** ESBOFETEAR ▪ **TAPAR:** COBRIR ▪ **TAPIOCA:** MANDIOCA

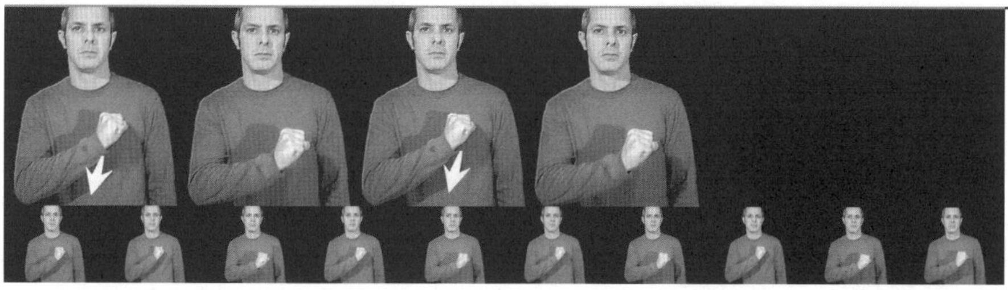

TAQUICARDIA – Mão direita fechada em "S", palma para dentro. Encostar levemente a lateral interna da mão no peito, na região do coração. Em seguida, com gestos curtos e rápidos, mover a mão para a frente e voltar à posição inicial, duas ou mais vezes.
• ***Taquicardia:*** *Aceleração dos batimentos cardíacos.*

TARADO – Mão em "T", palma para dentro. Com gestos curtos, mover a mão para a frente, virando a palma para essa direção, duas ou três vezes.
• ***Tarado:*** *Pessoa moralmente devassa; aquele que não tem controle sobre sua conduta sexual.*

TARDE – Mão aberta, dedos unidos e esticados apontando para cima, palma para dentro, braço dobrado verticalmente. Mover a mão descrevendo um arco, virando a palma para baixo, sem articular o punho.
• ***Tarde:*** *Período do dia que vai do meio-dia ao pôr do sol.*

TARTARUGA – Mão esquerda aberta, dedos unidos e curvados apontando para dentro, palma para baixo. Mão direita fechada em "A", palma para dentro. Posicionar a mão direita horizontalmente e abaixo da esquerda, encostando levemente na palma. Em seguida, deslizar a mão direita um pouco para a frente, abrindo o polegar e apontando-o para cima.
• ***Tartaruga:*** *Réptil terrestre ou aquático que possui uma forte carapaça.*

TATU – Mão esquerda aberta, dedos unidos e esticados apontando para a frente, palma para baixo. Mão direita fechada com o indicador esticado, palma para baixo. Encostar a ponta do indicador direito na lateral interna da mão esquerda, perto do punho. Em seguida, mover a mão direita para trás, descrevendo movimentos espirais com o indicador durante o percurso.
• ***Tatu:*** *Animal mamífero que escava o solo para construir sua casa e procurar alimento.*

T

▪ TARDAR: DEMORAR ▪ TARDIAMENTE: DEMORAR ▪ TARDIO: DEMORAR

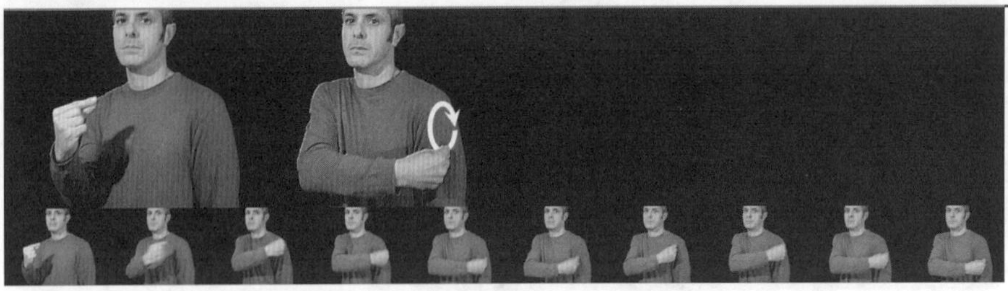

TATUAGEM – Mão fechada com o indicador e o polegar esticados e unidos pelas pontas, palma para trás. Tocar as pontas dos dedos na lateral do braço e deslizar a mão direita em círculos.
• ***Tatuagem:*** *Desenho feito sobre a pele.*

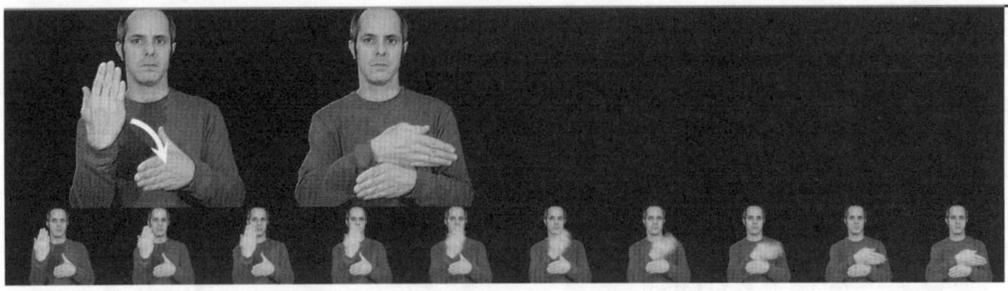

TÁXI – Mão esquerda aberta, dedos unidos e esticados apontando para a frente, polegar separado apontando para cima, palma para dentro. Mão direita aberta, dedos unidos e esticados apontando para cima, palma para trás. Posicionar a mão direita um pouco acima da mão esquerda. Em seguida, mover a mão direita para baixo, inclinando-a para o lado esquerdo, até tocar sua lateral externa na lateral da mão esquerda, entre o polegar e o indicador esquerdos.
• ***Táxi:*** *Veículo utilizado no transporte de passageiros.* **Sinal igual:** TAXISTA

TCHAU – Mão aberta, dedos separados, palma para a frente. Mover a mão, inclinando-a de um lado para outro, três ou mais vezes.
• ***Tchau:*** *Expressão usada para se despedir de alguém.* **Sinal igual:** ACENAR, ADEUS, ATÉ BREVE, ATÉ LOGO

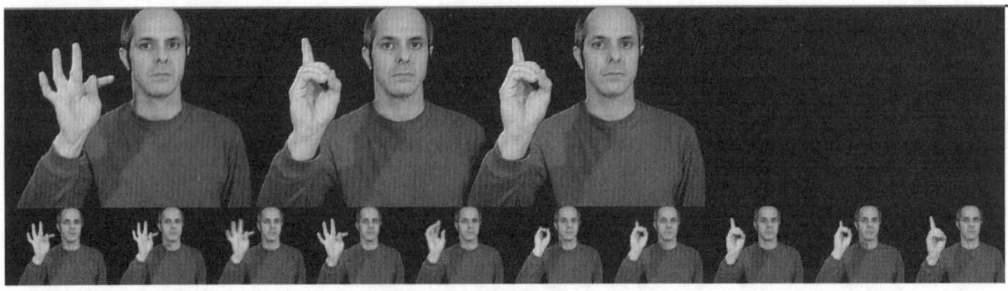

TDD – Digitar as letras: "T", "D" e "D".
• ***TDD:*** *Telefone de texto destinado a servir pessoas surdas.*

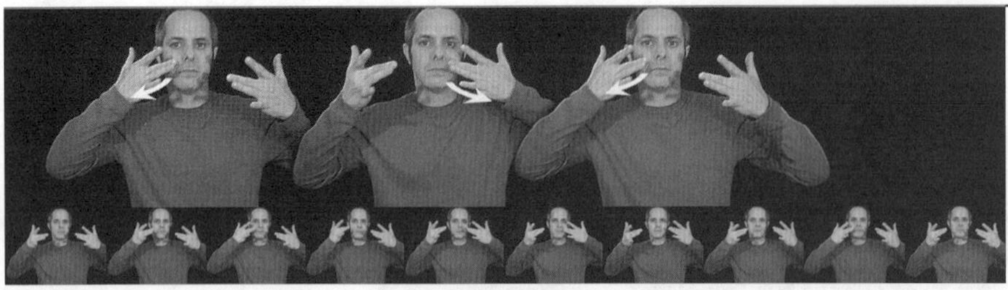

TEATRO – Mãos abertas, dedos esticados e separados apontando para dentro, palmas para trás. Posicioná-las diante do rosto. Em seguida, mover alternadamente as mãos, tocando as pontas dos dedos médios na face, abaixo dos olhos, e deslizando-as para a lateral, imitando o gesto de quem passa uma maquiagem no rosto.
• ***Teatro:*** *Local onde se apresentam peças teatrais; artes dramáticas.* **Sinal igual:** ARTES CÊNICAS

■ **TAXISTA:** TÁXI ■ **TECIDO:** ROUPA

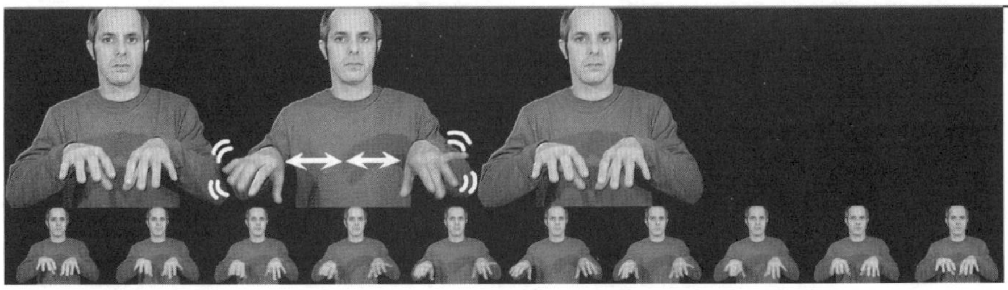

TECLADO* – Mãos abertas, dedos relaxados, palmas para baixo. Posicionar as mãos diante do corpo, na altura do peito e uma perto da outra. Em seguida, movê-las simultaneamente para as laterais e voltar à posição inicial, duas vezes. Movimentar os dedos aleatoriamente durante o percurso.

• ***Teclado:*** *Instrumento musical que possui teclas; conjunto de teclas através das quais se operam os computadores e outros aparelhos e máquinas.* **Sinal igual:** PIANISTA, PIANO

TECNOLOGIA – Fazer os sinais de "novo" e de "desenvolver".

• ***Tecnologia:*** *Qualquer técnica moderna e complexa, que usa recursos e equipamentos de última geração.*

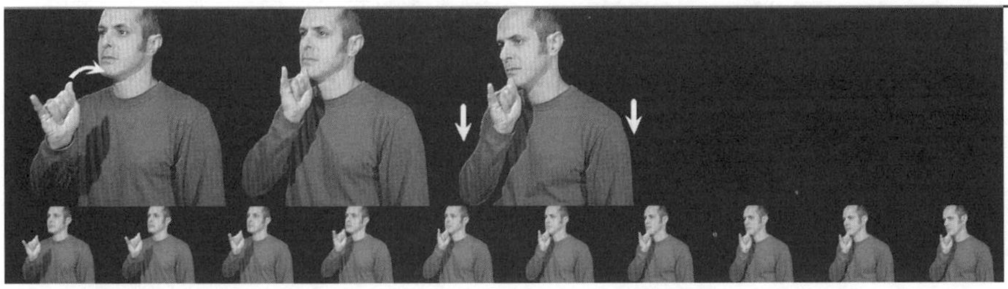

TÉDIO – Mão fechada com o dedo mínimo esticado apontando para cima, palma para dentro. Tocar a unha do polegar na ponta do queixo, relaxando os ombros e inclinando levemente a cabeça.

• ***Tédio:*** *Sensação de aborrecimento ou cansaço; desânimo.*

TEIA DE ARANHA – Mãos em "4", palmas para trás. Mão esquerda com os dedos apontando para baixo, posicionada acima e perto da mão direita. Em seguida, afastar uma mão da outra em diagonal, movendo a mão esquerda para cima e a direita para baixo. Depois, repetir o movimento, invertendo a posição das mãos e a inclinação da diagonal.

• ***Teia de aranha:*** *Fios produzidos por diversos tipos de aranhas e usados para capturar presas e fazer seus ninhos.*

TEIMOSO – Mão esquerda fechada, palma para baixo. Mão direita fechada com o indicador aberto e dobrado, palma para dentro. Posicionar a mão direita acima da esquerda. Em seguida, mover duas vezes a mão direita para baixo, batendo a lateral do indicador no dorso esquerdo.

• ***Teimoso:*** *Pessoa insistente; que não desiste facilmente.* **Sinal igual:** BIRRENTO, INFLEXÍVEL, INSISTENTE, OBSTINADO, PERTINAZ, TEIMA, TEIMOSIA

▪ TECLADO: DIGITAR ▪ TECLAR: DIGITAR ▪ TEIMA: TEIMOSO ▪ TEIMOSIA: TEIMOSO

TELEFÉRICO – Mão esquerda fechada, dedo indicador esticado apontando para a frente, palma para baixo. Mão direita fechada com o indicador e o médio abertos e dobrados, palma para baixo. Posicionar as mãos na altura do peito, com a mão direita acima da esquerda. Em seguida, mover a mão direita para baixo, encaixando os dedos no indicador esquerdo e depois para a frente, descrevendo um grande arco para cima.
• ***Teleférico:*** *Espécie de suporte, ou veículo suspenso por cabos, que transporta passageiros ou mercadorias de um ponto alto ao outro ou ao chão.*

TELEFONE – Mão em "Y" com os dedos apontando para dentro, palma para trás. Posicionar a mão na lateral da cabeça, perto do ouvido. O polegar deve estar próximo da orelha e o dedo mínimo da boca.
• ***Telefone:*** *Aparelho destinado a transmitir e reproduzir a distância a fala humana.*

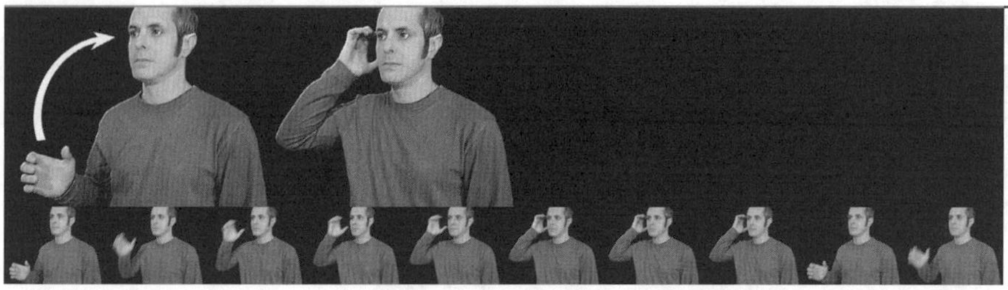

TELEFONE CELULAR – Mão aberta, dedos unidos e curvados, polegar separado, palma para dentro, como se estivesse segurando um pequeno objeto, como um celular. Mover a mão em direção ao ouvido.
• ***Telefone celular:*** *Telefone móvel.*

TELEFONE PÚBLICO – Fazer o sinal de "telefone". Depois, com as mãos abertas, dedos unidos e esticados apontando para a frente, palmas para baixo, posicionar as mãos unidas pelas laterais internas na altura da cabeça. Em seguida, movê-las simultaneamente para baixo, afastando uma da outra e virando as palmas para dentro.
• ***Telefone público:*** *Telefone instalado em locais públicos para o uso da comunidade em geral.*

T

TELEFONISTA – Mão em "L", palma para baixo. Posicionar a mão na lateral da cabeça, com o polegar apontando para a orelha e o indicador na altura da boca.
• ***Telefonista:*** *Pessoa que trabalha em companhias ou postos telefônicos, atendendo ao público, informando, completando ligações etc.*

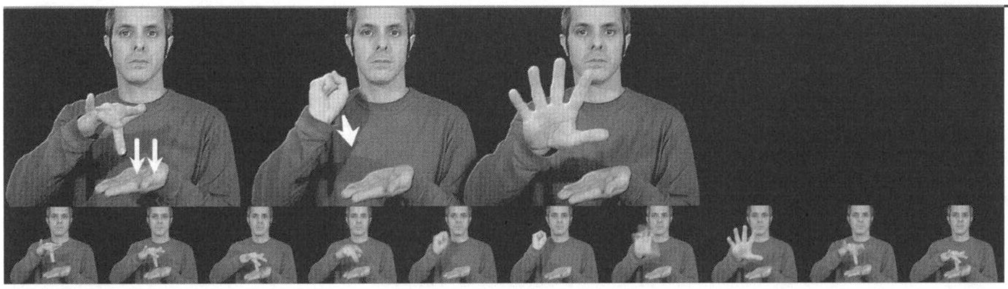

TELEGRAMA* – Mão esquerda aberta, palma para cima. Mão direita aberta, dedos esticados e separados, com o médio apontando para baixo, palma também para baixo. Posicionar a mão direita acima da esquerda. Em seguida, mover a mão direita para baixo, tocando a ponta do médio na palma esquerda, três ou mais vezes. Em seguida, fazer o sinal de "enviar".
• ***Telegrama:*** *Espécie de carta enviada com urgência.*

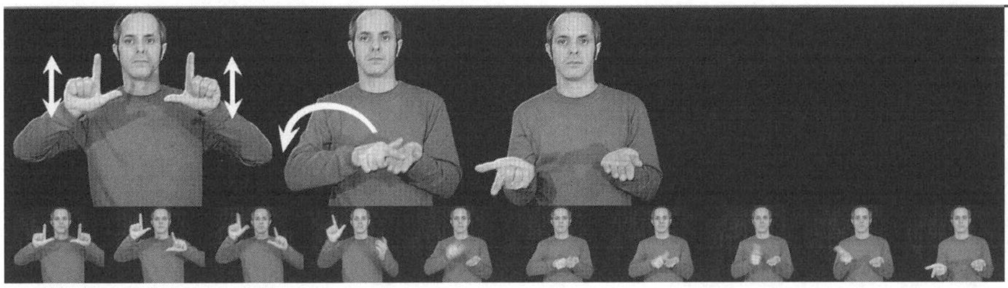

TELEJORNAL – Fazer os sinais de "televisão" e de "jornal".
• ***Telejornal:*** *Noticiário de televisão.* **Sinal igual:** NOTICIÁRIO

TELEPATIA – Mão aberta, dedos esticados e separados apontando para a frente, palma para baixo. Posicionar a mão diante do corpo, na altura do peito. Em seguida, mover a mão em círculos horizontais e depois em direção à cabeça, fechando a mão e tocando seu dorso na testa.
• ***Telepatia:*** *Comunicação a distância entre duas mentes.*

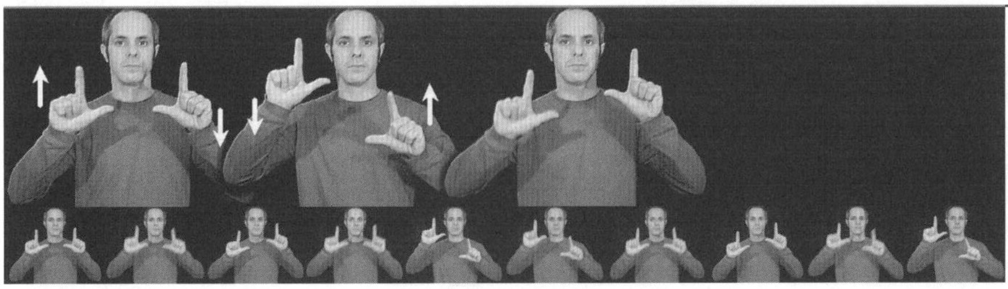

TELEVISÃO – Mãos em "L", palmas para a frente. Posicionar as mãos diante do corpo, na altura do peito. Em seguida, movê-las simultaneamente e em sentidos opostos, para baixo e para cima, duas ou mais vezes.
• ***Televisão:*** *Aparelho eletrônico que recebe sons e imagens.* **Sinal igual:** TELEVISOR, TV

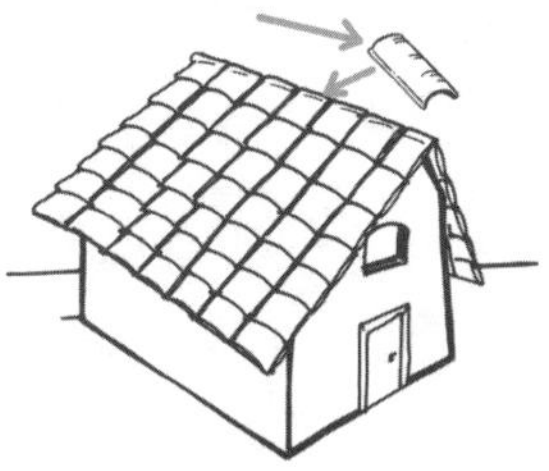

TELHA – Mão esquerda aberta, dedos unidos e curvados, palma para cima. Mão direita aberta, dedos unidos e curvados, palma para baixo. Posicionar a mão direita acima da esquerda. Em seguida, unir as mãos, encaixando os dedos de uma nos da outra.
• ***Telha:*** *Peça de barro, plástico ou outro material que se encaixa em outra igual para se formar o telhado.* **Sinal igual:** TELHA DE BARRO

▪ **TELEGRAMA:** CARTA ▪ **TELENOVELA:** NOVELA ▪ **TELESCÓPIO:** ASTRONOMIA ▪ **TELEVISOR:** TELEVISÃO ▪ **TELHA DE BARRO:** TELHA

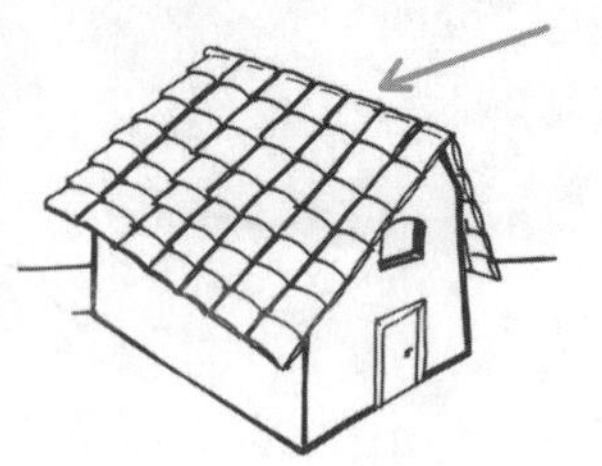

TELHADO – Mãos abertas, dedos unidos e esticados apontando para a frente, palmas para baixo com as mãos inclinadas em, aproximadamente, 45 graus. Unir as mãos pelas laterais internas e posicioná-las na altura da cabeça. Em seguida, mover a mão direita para o lado direito e para baixo, acompanhando o grau de inclinação.
• ***Telhado:*** *Cobertura de uma casa ou outro tipo de imóvel.* **Sinal igual:** COBERTURA

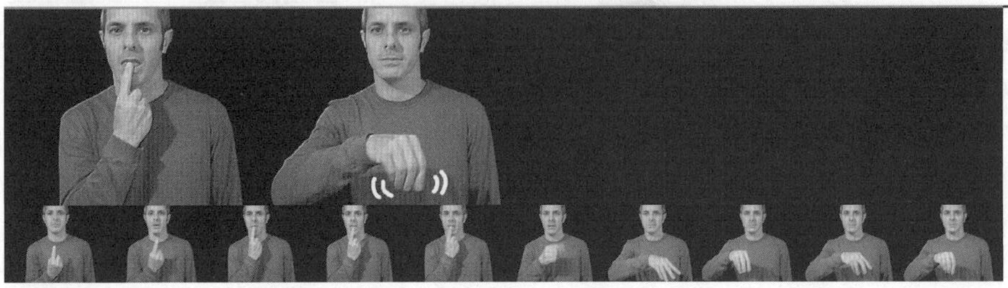

TEMPERO – Tocar a ponta do indicador na extremidade da língua. Em seguida, com a palma para baixo, esfregar as pontas dos dedos entre si, movendo a mão de um lado para outro.
• ***Tempero:*** *Ervas usadas na alimentação para dar mais sabor aos alimentos.*

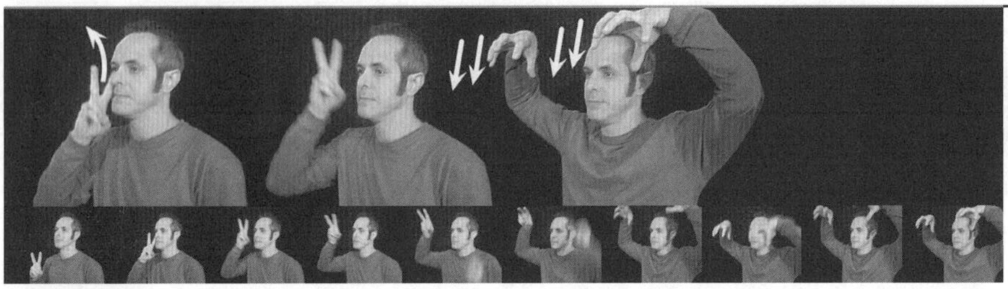

TEMPESTADE – Fazer os sinais de "forte" e de "chuva".
• ***Tempestade:*** *Chuva muito forte caracterizada por raios e trovoadas.* **Sinal igual:** BORRASCA, TEMPORAL, TORMENTA

TEMPO* – Mão esquerda aberta, dedos unidos e esticados apontando para dentro, palma para baixo. Mão direita aberta, dedos unidos e esticados apontando para cima, palma para dentro. Posicionar a mão direita abaixo da esquerda. Em seguida, mover a mão direita para cima, tocando duas vezes as pontas dos dedos na palma esquerda.
• ***Tempo:*** *Pedir tempo em jogos esportivos; intervalo.* **Sinal igual:** MOMENTO, PAUSA

T

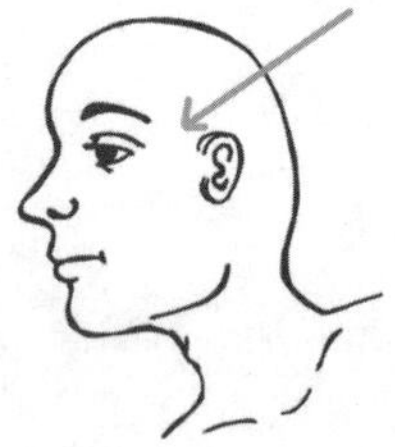

TÊMPORA – Mão fechada com o indicador esticado, palma para dentro. Tocar a ponta do dedo na lateral da testa, na região da têmpora, e deslizar a mão em pequenos círculos.
• ***Têmpora:*** *Cada uma das partes laterais da cabeça, entre o olho e a orelha.*

▪ **TEMEROSO:** MEDO ▪ **TEMOR:** MEDO ▪ **TEMPESTUOSO:** BRAVO ▪ **TEMPO:** CLIMA, QUE HORAS SÃO ▪ **TEMPORAL:** TEMPESTADE ▪ **TENCIONAR:** PLANEJAR ▪ **TENDA:** BARRACA ▪ **TENDÊNCIA:** VOCAÇÃO

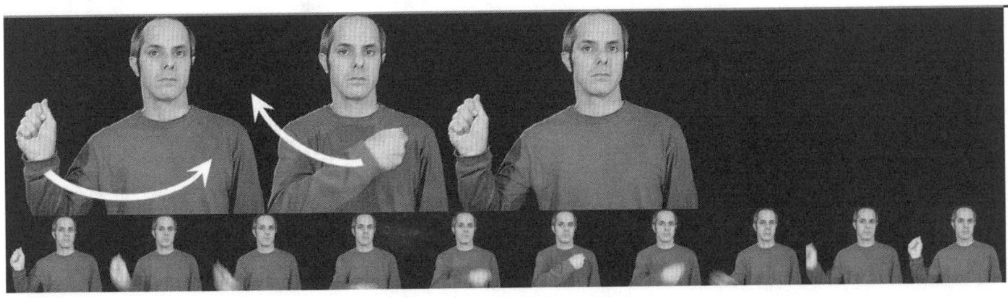

TÊNIS – Mão fechada, palma para a frente. Posicionar a mão na lateral do corpo, na altura do ombro. Em seguida, mover a mão de um lado para outro, virando a palma para trás e voltando à posição inicial, imitando o gesto de quem segura uma raquete de tênis e bate na bolinha.

• ***Tênis:*** *Esporte praticado em quadra própria em que dois ou quatro jogadores usam raquetes e uma pequena bola.*

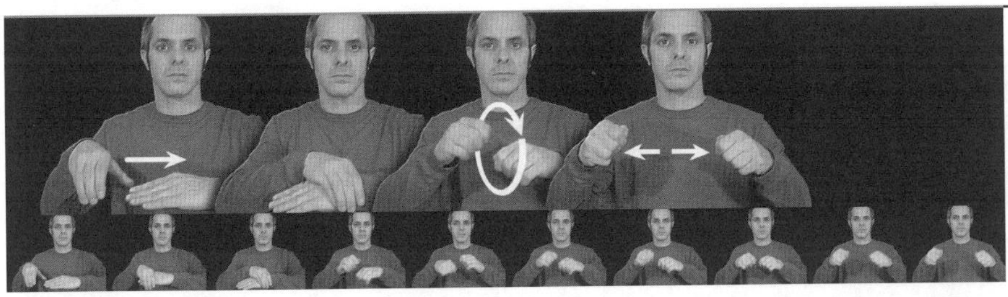

TÊNIS (CALÇADO) – Mão esquerda aberta, dedos unidos e esticados apontando para dentro, palma para baixo. Mão direita em "C", palma para baixo. Posicionar uma mão perto da outra. Em seguida, mover a mão direita "encaixando-a" na esquerda. Depois, com as mãos em "A", palmas para baixo, girar as mãos e afastá-las para as laterais, imitando o gesto de quem amarra o cadarço de um tênis.

• ***Tênis (calçado):*** *Sapato para uso esportivo.*

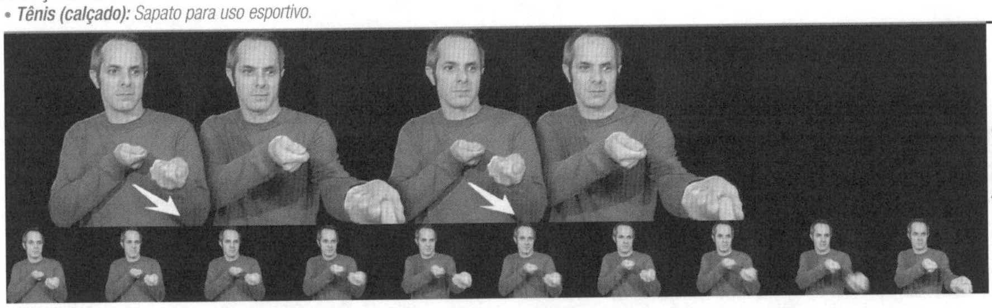

TENTAÇÃO – Mãos em "A", palmas para cima, com os dedos polegares apontando para a frente. Posicionar as mãos perto do peito, com a mão esquerda diante da mão direita, na mesma linha. Em seguida, com gestos curtos, mover as mãos simultaneamente para a frente e voltar à posição inicial, duas ou três vezes.

• ***Tentação:*** *Impulso para a prática de alguma coisa não recomendável ou imprópria.*

TEORIA – Mão aberta, dedos relaxados, palma para baixo. Encostar a ponta do indicador na lateral da testa. Em seguida, mover a mão para a frente, balançando os dedos aleatoriamente. Fazer esse movimento duas vezes seguidas.

• ***Teoria:*** *Conhecimento especulativo de caráter hipotético.* **Sinal igual:** UTOPIA

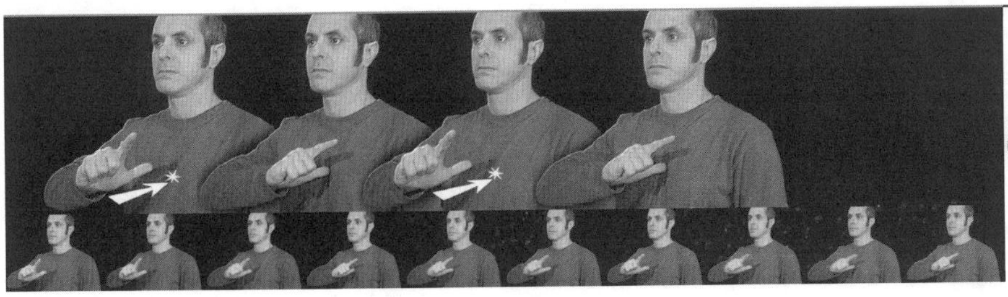

TER – Mão em "L" com o indicador apontando para dentro, palma para baixo. Posicionar a mão diante do peito e movê-la para trás, duas ou três vezes, tocando a ponta do polegar no peito.

• ***Ter:*** *Possuir algo ou alguma coisa.* **Sinal igual:** ADQUIRIR, HAVER, POSSUIR

■ TÊNIS DE MESA: PINGUE-PONGUE ■ TERAPEUTA: DOUTOR

TERÇA-FEIRA – Mão em "3", palmas para trás. Com gestos curtos, mover a mão três ou mais vezes de um lado para outro.
• ***Terça-feira:*** *Dia da semana.*

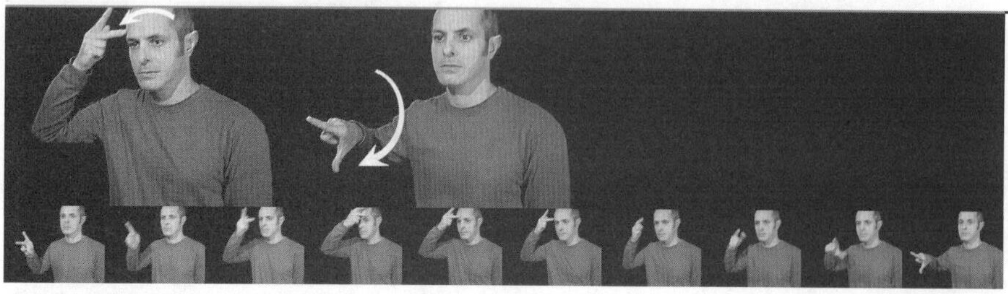

TERCEIROS – Fazer os sinais de "pessoa" e de "outro".
• ***Terceiros:*** *Terceira pessoa; outra pessoa.*

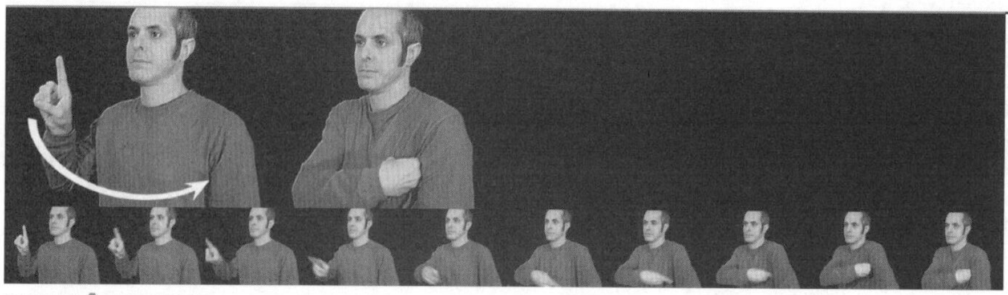

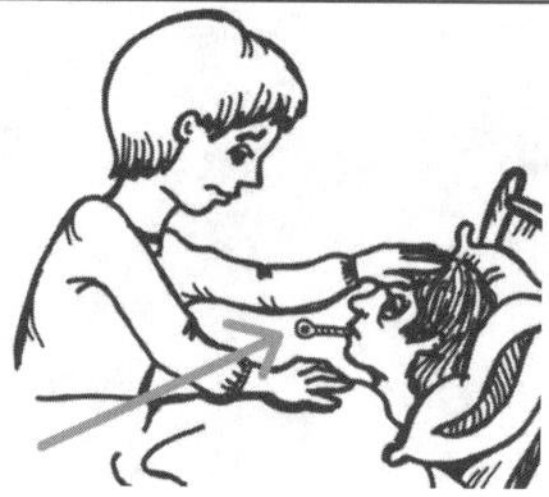

TERMÔMETRO – Mão direita fechada com o dedo indicador esticado. Afastar um pouco o braço esquerdo do corpo, "encaixando" o indicador direito na axila, prendendo-o levemente com o braço esquerdo.
• ***Termômetro:*** *Aparelho usado para medir temperaturas.*

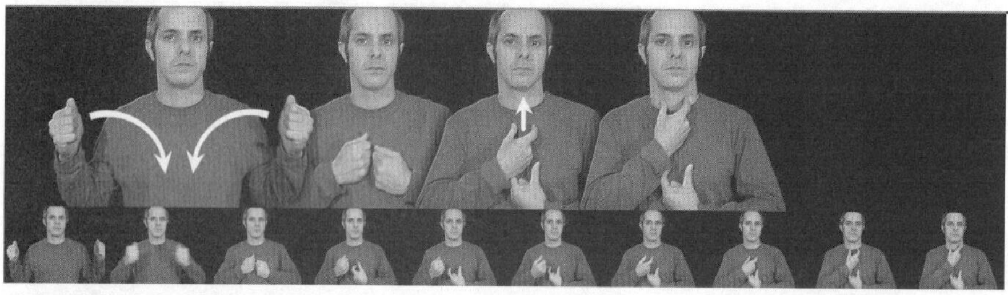

TERNO – Fazer os sinais de "paletó" e de "gravata".
• ***Terno:*** *Traje masculino composto por paletó e calça.*

T

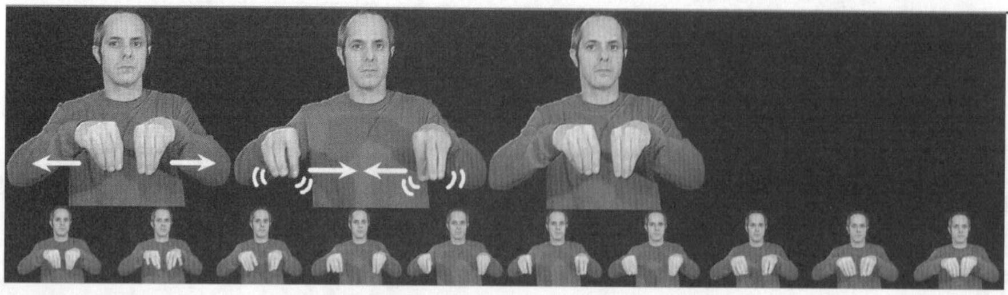

TERRA – Dedos esticados e unidos pelas pontas, palmas para baixo. Posicionar as mãos diante do corpo perto uma da outra. Em seguida, mover simultaneamente as mãos afastando-as para as laterais, e voltar à posição inicial. Esfregar levemente as pontas dos dedos entre si durante o movimento.
• ***Terra:*** *Material orgânico sólido encontrado na superfície do planeta.*

■ **TERMINADO:** PRONTO ■ **TERMINAR:** ACABAR ■ **TÉRMINO:** FIM ■ **TERMO:** FIM ■ **TERNURA:** AMAR, CARINHO

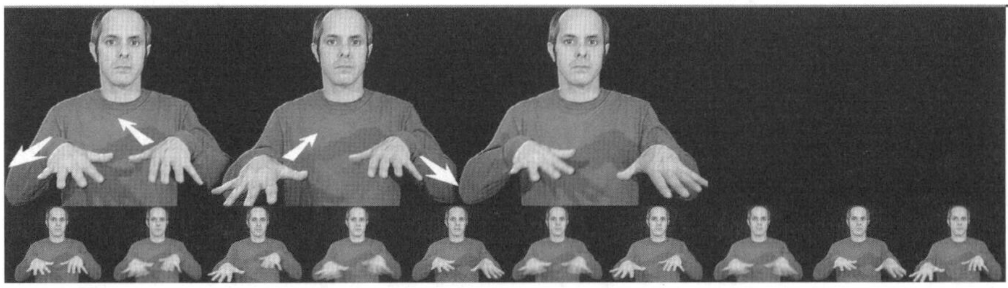

TERREMOTO – Mãos abertas, dedos esticados e separados apontando para a frente, palmas para baixo. Posicionar as mãos diante do corpo, uma perto da outra. Em seguida, mover as mãos simultaneamente e em sentidos opostos, para a frente e para trás, três ou mais vezes.
• ***Terremoto:*** *Abalo sísmico; tremor da superfície da Terra.* **Sinal igual:** ABALO SÍSMICO

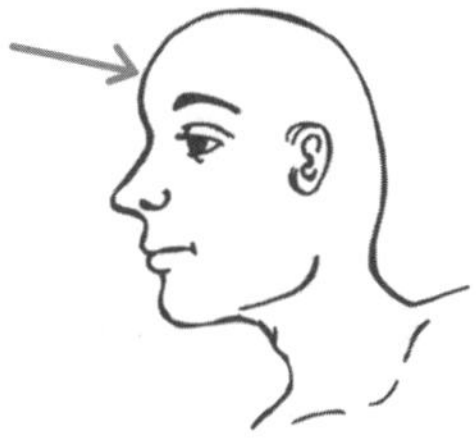

TESTA – Mão aberta, dedos unidos e esticados, palma para trás. Tocar duas vezes as pontas dos dedos na testa.
• ***Testa:*** *Parte superior da frente da cabeça.*

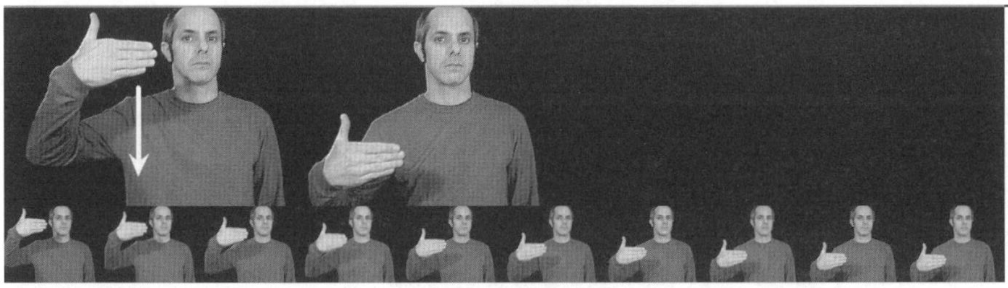

TESTEMUNHA – Mão aberta, dedos unidos e esticados apontando para dentro, polegar separado apontando para cima, palma para trás. Posicionar a mão na altura do rosto. Em seguida, movê-la para baixo, com um gesto não muito rápido.
• ***Testemunha:*** *Declarar ter visto ou ter conhecimento de alguma coisa.* **Sinal igual:** ATESTAR, DEPOR, PRESENCIAR, TESTEMUNHAR

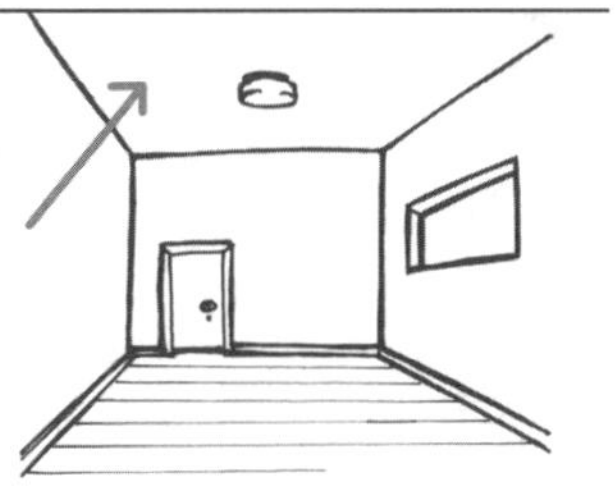

TETO – Mão aberta e dobrada, dedos unidos e esticados apontando para dentro, palma para dentro. Posicionar a mão um pouco acima da altura da cabeça. Em seguida, movê-la para a frente e voltar à posição inicial.
• ***Teto:*** *Parte superior interna de um recinto.*

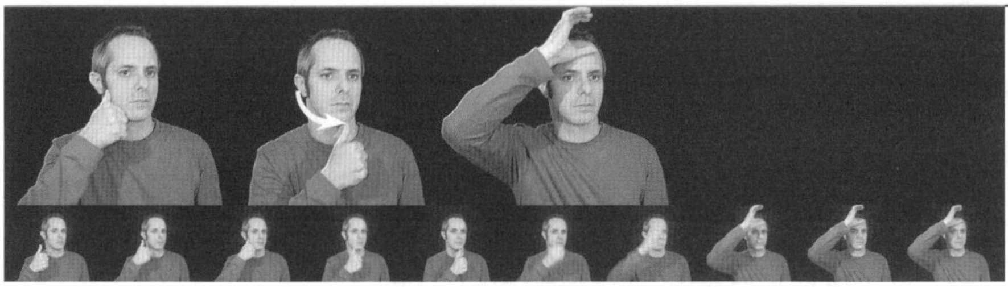

TIA – Fazer o sinal de "mulher". Em seguida, com a mão em "C", palma para dentro, encostar a lateral interna da mão na testa.
• ***Tia:*** *Irmã do pai ou da mãe em relação aos filhos desses.*

T

▪ **TERRENO:** LOTE ▪ **TERRITÓRIO:** LUGAR ▪ **TERRÍVEL:** MONSTRO, RUIM ▪ **TESÃO:** DESEJO SEXUAL ▪ **TESOURA:** CORTAR ▪ **TESTE AUDIOMÉTRICO:** AUDIOMETRIA ▪ **TESTEMUNHAR:** TESTEMUNHA ▪ **TETA:** MAMA ▪ **TEU:** PERTENCER-LHE, SEU

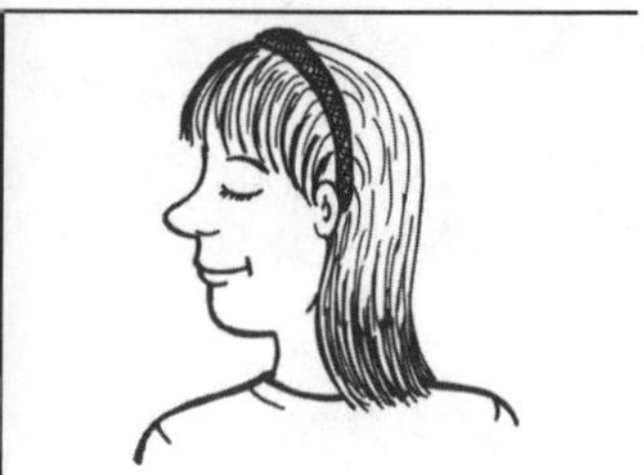

TIARA – Mãos em "L" com os dedos indicadores apontando para dentro, palmas para trás. Posicionar as mãos diante do peito. Em seguida, movê-las simultaneamente para cima, tocando-as levemente sobre a cabeça e deslizando-as para trás.

• *Tiara: Arco usado na cabeça.* **Sinal igual:** ARCO DE CABELO

TIGELA – Mãos em "C", palmas para cima. Unir as mãos pelas laterais externas. Em seguida, movê-las simultaneamente, um pouco para cima, afastando uma da outra e virando as palmas para dentro.

• *Tigela: Recipiente usado para colocar alimentos.* **Sinal igual:** RECIPIENTE

TIGRE – Fazer o sinal de "leão". Depois, com as mãos fechadas, indicadores e polegares abertos e curvados, palmas para trás, tocar as pontas dos dedos na parte central do peito. Em seguida, deslizar as mãos simultaneamente para as laterais. Fazer esse mesmo movimento novamente, um pouco mais para baixo.

• *Tigre: Grande felino encontrado na Ásia.*

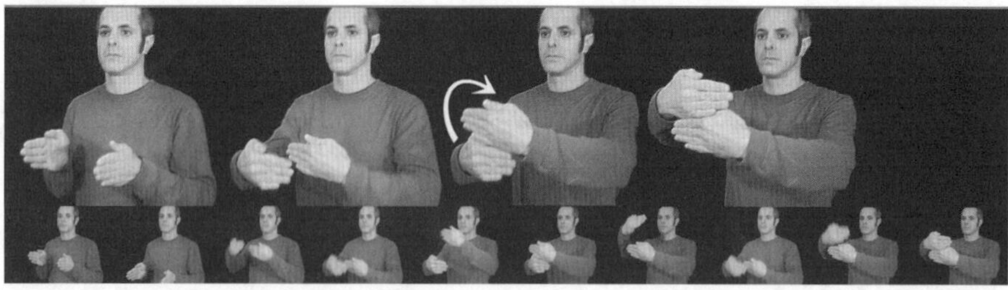

TIJOLO – Fazer o sinal de "caixa". Em seguida, com as mãos abertas, dedos unidos e esticados apontando para dentro, palmas para trás, apoiar uma mão sobre a outra, pelas laterais. Depois, mover a mão que está embaixo, posicionando-a acima da outra.

• *Tijolo: Pequeno bloco de barro queimado usado nas construções.*

PÃO
SABÃO
PÕEM
EXPÕEM

TIL – Mão fechada com o indicador esticado apontando para a frente, palma para baixo. Mover a mão desenhando no ar, com a ponta do dedo, a forma do sinal "til".

• *Til: Acento gráfico.*

T

TIME – Mão aberta, dedos unidos e esticados apontando para cima, palma para trás. Tocar as pontas dos dedos no queixo. Em seguida, mover a mão para a frente, virando a palma para cima.
• *Time: Grupo de esportistas ou pessoas que agem conjuntamente com o mesmo objetivo.* **Sinal igual:** EQUIPE

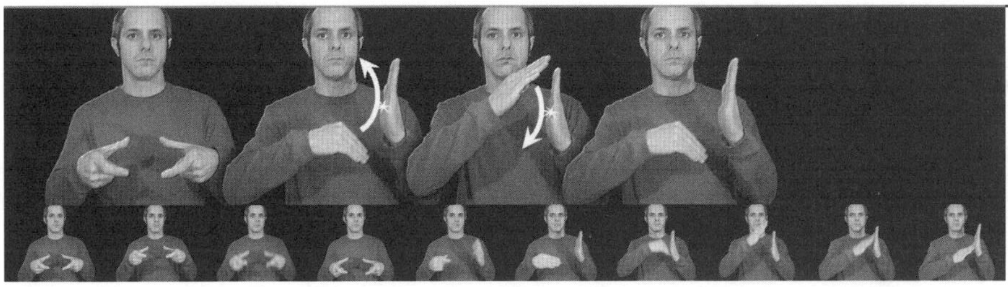

TINTA – Mãos fechadas horizontalmente com os indicadores e polegares abertos e curvados, palmas para dentro. Posicionar uma mão perto da outra, formando um círculo com os indicadores e polegares. Em seguida, fazer o sinal de "pintar".
• *Tinta: Líquido de cor variável, usado para pintar paredes ou qualquer outra superfície.* **Sinal igual:** TINTURA

TIO – Fazer o sinal de "homem". Em seguida, com a mão em "C", palma para dentro, encostar a lateral interna da mão na testa.
• *Tio: Irmão do pai ou da mãe em relação aos filhos desses.*

TIPO – Mão direita fechada com os dedos indicador e médio esticados apontando para dentro, palma para trás. Posicionar a mão no lado esquerdo do corpo. Em seguida, deslocá-la para o lado direito, movimentando os dedos aleatoriamente durante o percurso.
• *Tipo: Categoria; espécie; qualidade.* **Sinal igual:** CATEGORIA, CLASSE, ESPÉCIE, GÊNERO, MARCA, MODELO, QUALIDADE

TIRADENTES – Mão fechada, palma para a frente. Posicionar a mão na lateral do pescoço. Em seguida, afastá-la dele, movendo-a para a lateral e para cima, inclinando um pouco a cabeça para o lado oposto.
• *Tiradentes: Mártir da Inconfidência Mineira.*

▪ **TIMBRE:** EMBLEMA ▪ **TIMIDEZ:** VERGONHA ▪ **TÍMIDO:** VERGONHA ▪ **TINTURA:** TINTA ▪ **TÍPICO:** PRÓPRIO ▪ **TIPOGRAFIA:** GRÁFICA

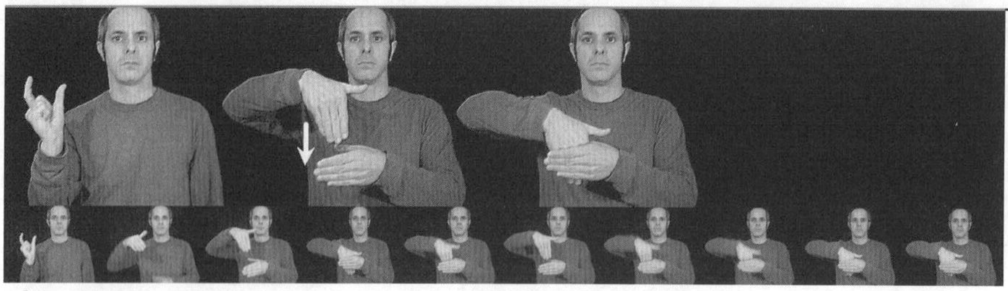

TÍTULO DE ELEITOR – Fazer os sinais de "cartão" e de "votar".
• *Título de eleitor:* *Documento emitido para os eleitores.*

TOALHA DE BANHO – Mãos fechadas, palmas para a frente. Posicionar as mãos acima dos respectivos ombros. Em seguida, movê-las simultaneamente para o lado direito e para o lado esquerdo, duas ou três vezes, imitando o gesto de quem seca as costas com uma toalha.
• *Toalha de banho:* *Tecido muito absorvente usado para enxugar o corpo após o banho.*

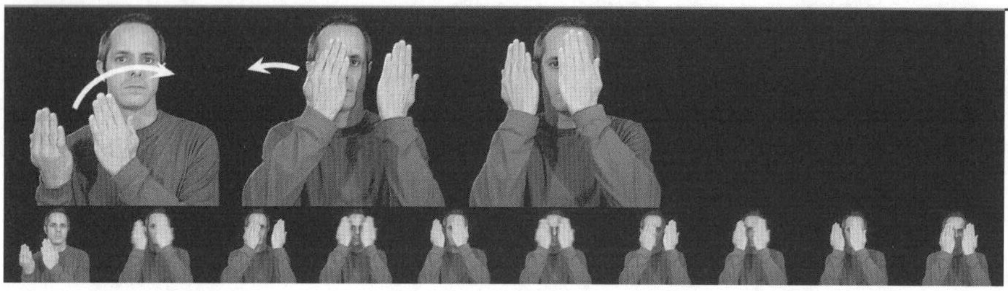

TOALHA DE ROSTO – Mãos abertas, dedos unidos e esticados apontando para cima, palmas para trás. Posicionar as mãos na frente do rosto e movê-las, simultaneamente, de um lado para outro, duas ou três vezes.
• *Toalha de rosto:* *Tecido muito absorvente usado para enxugar as mãos e o rosto.*

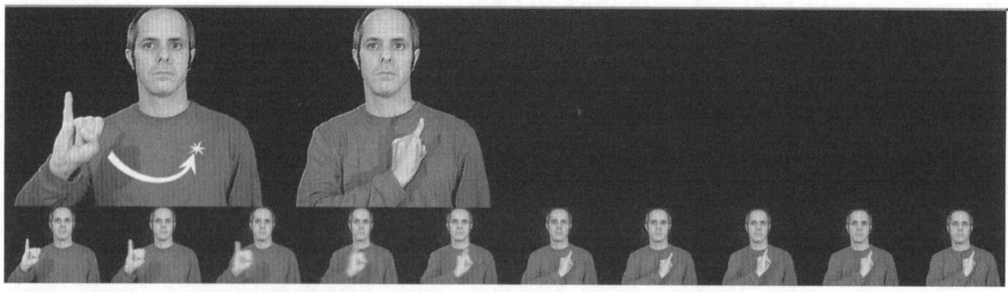

TOCANTINS – Mão em "I". Tocar duas vezes a lateral interna da mão no peito, na região do coração.
• *Tocantins:* *Estado localizado na região Norte do Brasil.*

T

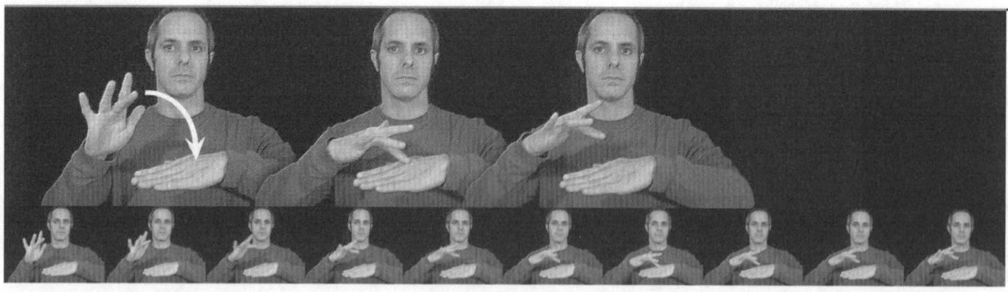

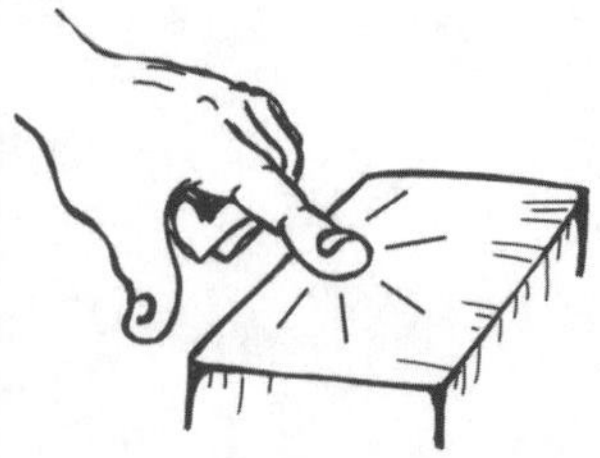

TOCAR – Mão esquerda aberta, palma para baixo. Mão direita aberta, dedos esticados e separados, palma para dentro. Posicionar a mão direita acima da esquerda. Em seguida, mover a mão direita para baixo, virando a palma na mesma direção, tocando levemente a ponta do dedo médio no dorso esquerdo e voltar à posição inicial.
• *Tocar:* *Pôr a mão em alguma coisa ou alguém.* **Sinal igual:** APALPAR, RESVALAR

▪ TIRANIA: DITADURA ▪ TIRAR: EXCLUIR ▪ TÍTERE: MARIONETE ▪ TÍTULO: DOCUMENTO ▪ TNT: BOMBA ▪ TOALETE: BANHEIRO

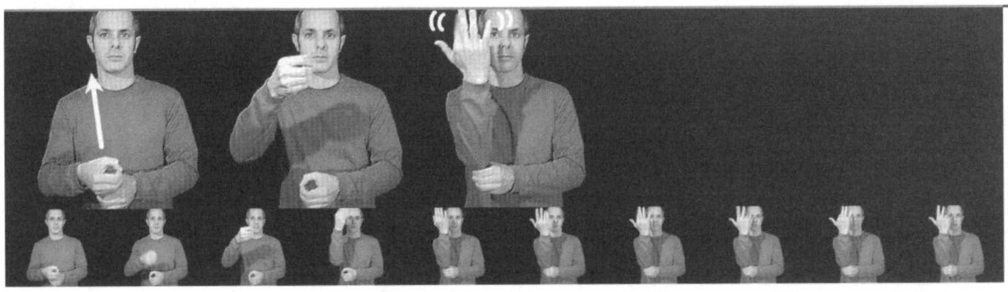

TOCHA – Mãos fechadas em "O" horizontalmente, palmas para dentro. Apoiar a mão direita em cima da esquerda e posicioná-las na altura do estômago. Em seguida, mover a mão direita para cima. Depois, apoiar o cotovelo na mão esquerda. Abrir a mão direita (dedos esticados e separados, palma para trás) e movimentar os dedos aleatoriamente.
• ***Tocha:*** *Material inflamável que se acende para iluminação ou sinalização.*

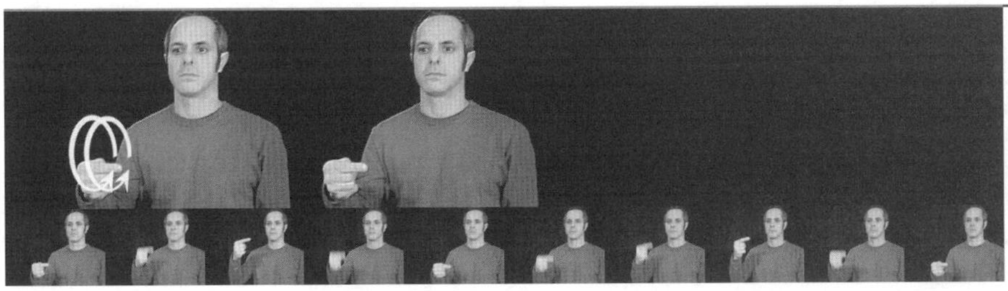

TODA VEZ – Mão fechada com o dedo indicador esticado apontando para dentro, palma para trás. Mover a mão em círculos verticais, completando duas ou três voltas.
• ***Toda vez:*** *Que acontece com frequência.* **Sinal igual:** CONSTANTEMENTE, FREQUENTEMENTE

TOMADA – Mão esquerda aberta, dedos unidos e esticados apontando para cima, palma para dentro. Mão direita em "V" com os dedos apontando para a palma esquerda. Mover a mão direita, encostando as pontas dos dedos na palma esquerda. Em seguida, fazer o sinal de "eletricidade".
• ***Tomada:*** *Dispositivo que conecta um aparelho elétrico à energia elétrica.*

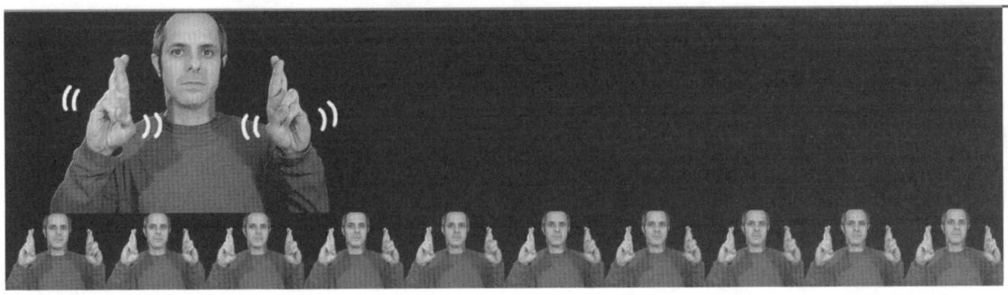
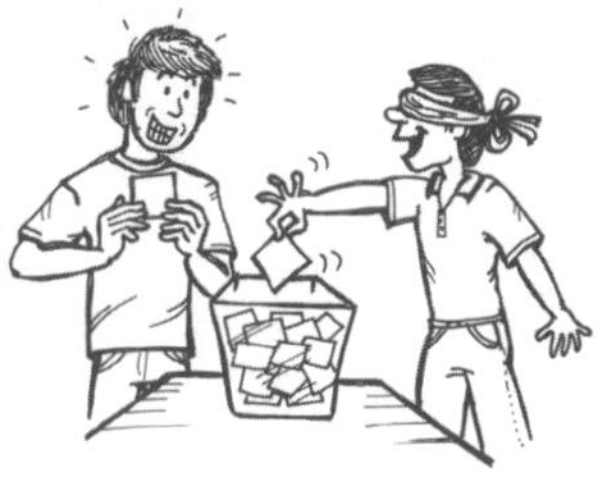

TOMARA – Mãos em "R", palmas para a frente. Posicionar as mãos na altura dos ombros. Em seguida, com gestos muito curtos, movê-las simultaneamente para a frente e para trás, três ou mais vezes.
• ***Tomara:*** *Desejo ou intenção de algo ou alguma coisa.*

TOMAR BANHO – Mãos fechadas em "A", palmas para trás. Encostar as mãos no peito. Em seguida, movê-las simultaneamente e em sentidos opostos, para cima e para baixo, deslizando--as sobre o peito.
• ***Tomar banho:*** *Lavar o corpo.*

▪ TODAVIA: MAS ▪ TODO: TUDO ▪ TOLDADO: ESCURO ▪ TOLERÂNCIA: PACIÊNCIA ▪ TOLERANTE: PACIÊNCIA ▪ TOLICE: BOBAGEM ▪ TOLO: BOBO ▪ TOMAR: BEBER

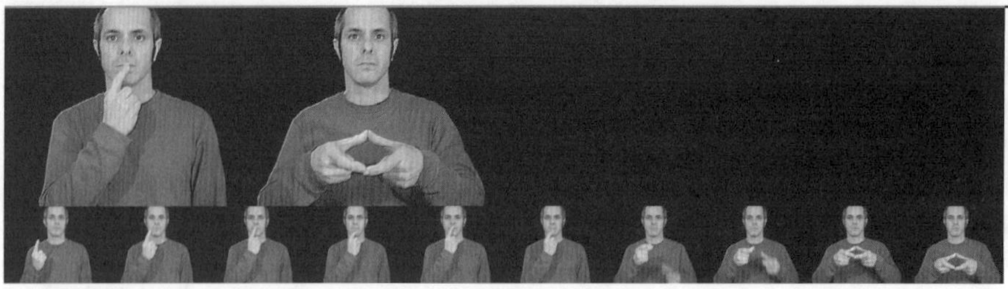

TOMATE – Fazer o sinal de "vermelho". Em seguida, manter os indicadores e polegares curvados (demais dedos fechados) e unidos pelas pontas, formando um círculo para representar a forma esférica de um tomate.
• ***Tomate:*** *Fruto do tomateiro.*

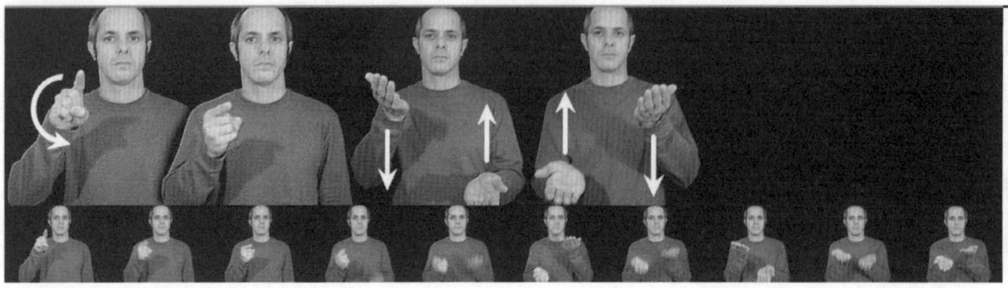
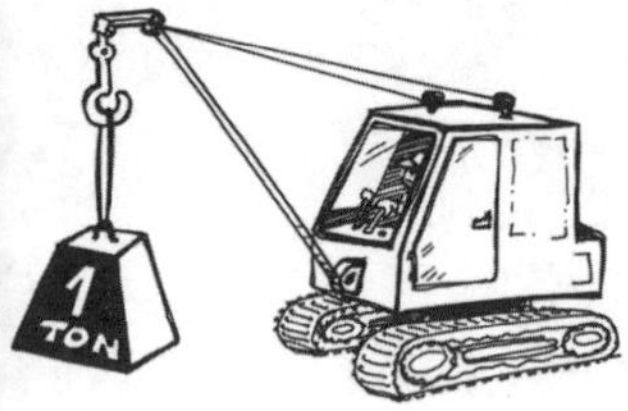

TONELADA – Fazer os sinais de "mil" e de "pesar".
• ***Tonelada:*** *Peso equivalente a 1.000 quilos.*

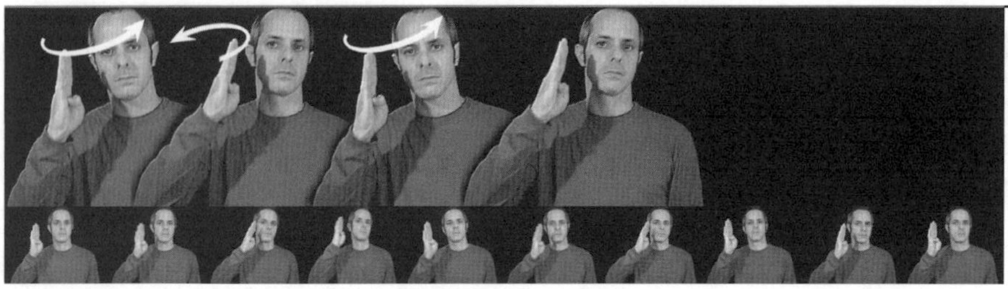

TONTURA – Mão em "B", palma para dentro. Posicionar a mão na lateral do rosto. Em seguida, movê-la em pequenos círculos horizontais, acompanhando esse movimento com a cabeça.
• ***Tontura:*** *Perda do equilíbrio.* **Sinal igual:** ATORDOAMENTO, TONTEIRA, VERTIGEM

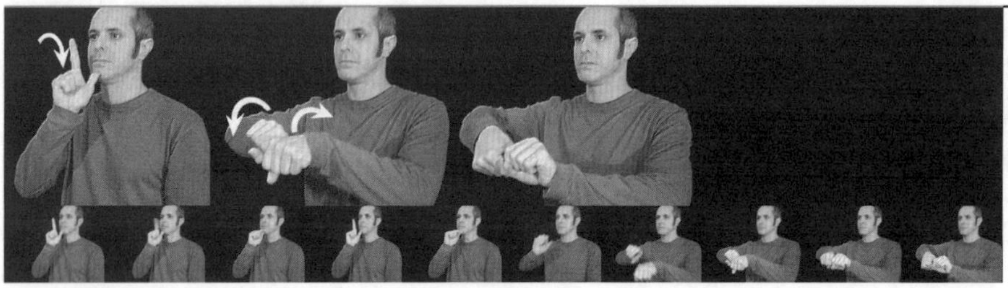

TORCER – Fazer o sinal de "água". Em seguida, com as mãos fechadas, unidas pelas laterais internas e as palmas para baixo, girar simultaneamente a mão direita para a frente e a esquerda para trás, sem desencostá-las.
• ***Torcer:*** *Girar um tecido molhado em sentidos opostos a fim de remover-lhe a água.*

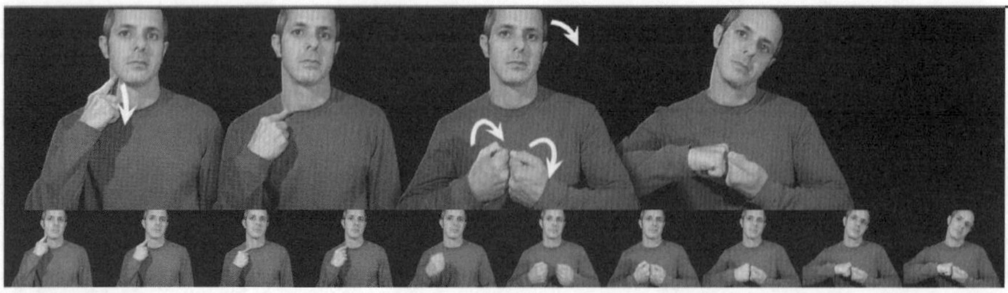

TORCICOLO – Mão fechada com o dedo indicador esticado. Tocar a ponta do indicador na lateral do pescoço, perto do ouvido. Em seguida, deslizar a mão para baixo, até a base do pescoço. Depois, fazer o sinal de "distensão" e, ao mesmo tempo, inclinar a cabeça para o lado.
• ***Torcicolo:*** *Torção do pescoço, geralmente acompanhada de dor e diminuição dos movimentos.*

▪ **TOMAR CONTA:** CUIDAR ▪ **TOMBAR:** CAPOTAR ▪ **TOMBO:** CAIR ▪ **TONEL:** BARRIL ▪ **TONTEIRA:** TONTURA ▪ **TONTO:** BOBO ▪ **TOPAR:** TROPEÇAR ▪ **TOPO:** MÁXIMO ▪ **TORCEDORES:** TORCIDA

TORCIDA – Mãos fechadas, palmas para dentro. Posicionar as mãos na altura dos ombros. Em seguida, com gestos curtos, movê-las simultaneamente para a frente e para trás, três ou mais vezes.
• ***Torcida:*** *Grupo de pessoas que manifestam o desejo de vitória para uma equipe de esportistas.* **Sinal igual:** TORCEDORES

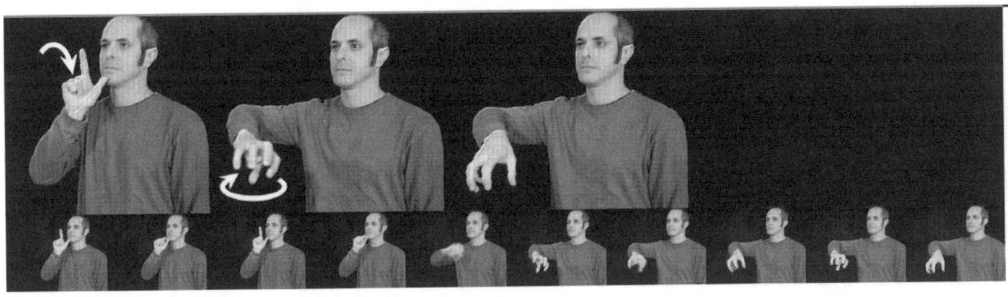

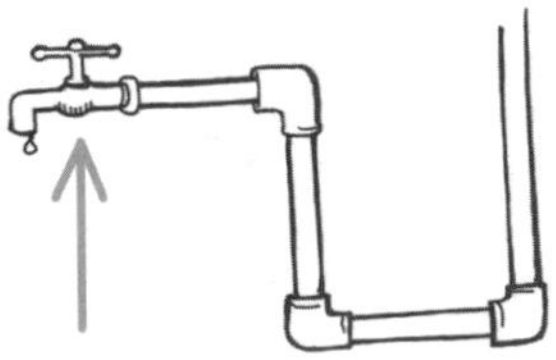

TORNEIRA – Fazer o sinal de "água". Em seguida, com a mão aberta, os dedos curvados e separados e a palma para baixo, mover a mão, girando-a ao redor do próprio eixo, em sentido horário, duas vezes, imitando o gesto de quem abre uma torneira.
• ***Torneira:*** *Peça adaptada a um cano usada para abrir e fechar a passagem de água.*

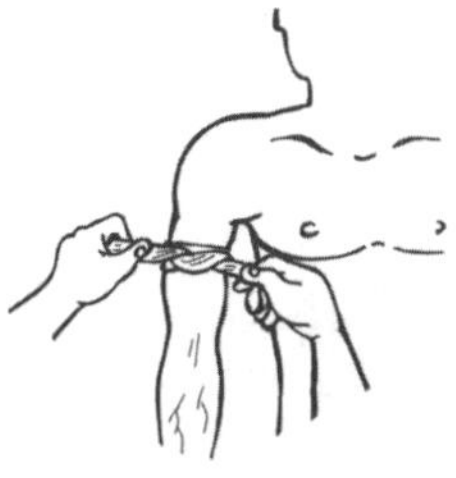

TORNIQUETE – Mão esquerda fechada, palma para trás, braço dobrado verticalmente. Mão direita fechada, palma para a frente, braço dobrado horizontalmente. Posicionar a mão direita apontando para o braço esquerdo. Em seguida, girar a mão direita ao redor do próprio eixo, virando a palma para trás, e movê-la para o lado direito, afastando-a do braço esquerdo.
• ***Torniquete:*** *Amarra usada em um membro do corpo a fim de conter a circulação do sangue.*

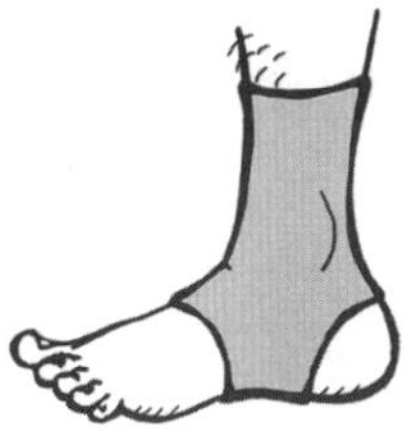

TORNOZELEIRA – Mão esquerda aberta, dedos unidos e esticados apontando para dentro, palma para baixo. Erguer um pouco o cotovelo esquerdo, mantendo a mão esquerda em posição horizontal, com o punho levemente flexionado. Mão direita em "C", palma para baixo. Segurar o braço esquerdo com a mão direita, perto do punho.
• ***Tornozeleira:*** *Peça elástica usada para proteger o tornozelo.*

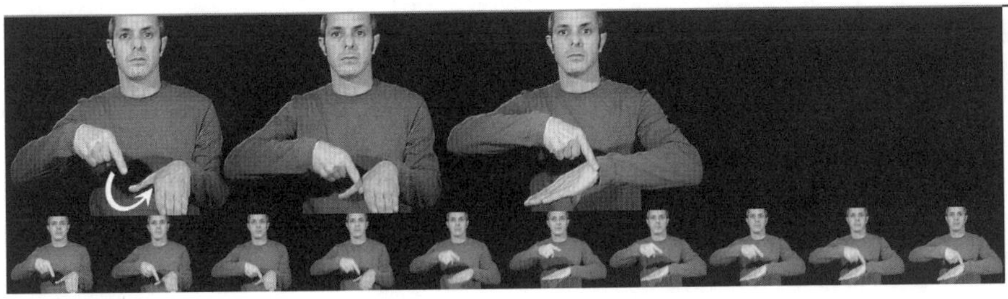

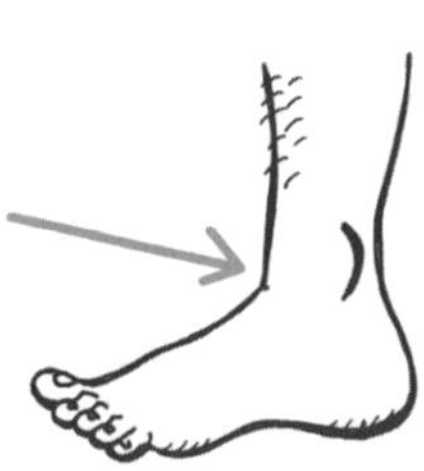

TORNOZELO – Fazer o sinal de "pé". Em seguida, tocar com a ponta do indicador direito (demais dedos fechados) na lateral do punho esquerdo.
• ***Tornozelo:*** *Osso saliente da articulação situada entre a perna e o pé.*

▪ TORMENTA: TEMPESTADE ▪ TORMENTO: SOFRER ▪ TORMENTOSO: BRAVO ▪ TORNADO: FURACÃO ▪ TORNEIO: CAMPEONATO

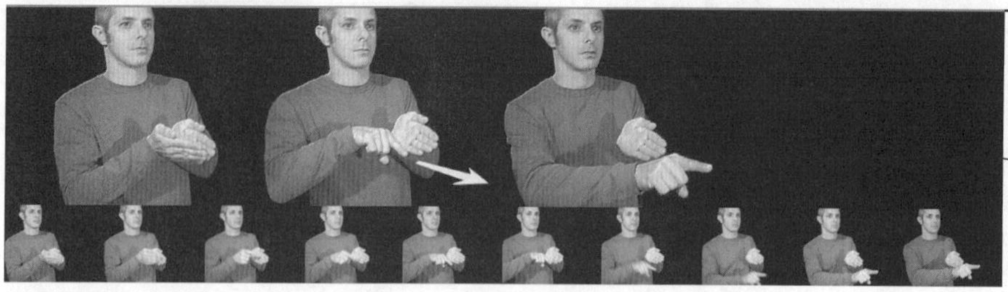

TORPEDO – Fazer o sinal de "barco" sem mover as mãos para a frente. Depois, mão direita fechada com o indicador esticado apontando para a frente, palma para baixo, mantendo a mão esquerda na mesma posição. Encostar a lateral do indicador direito na palma esquerda, perto do dedo mínimo esquerdo. Em seguida, mover a mão direita para a frente.
• ***Torpedo:*** *Engenho explosivo dos submarinos usado principalmente para afundar navios.*

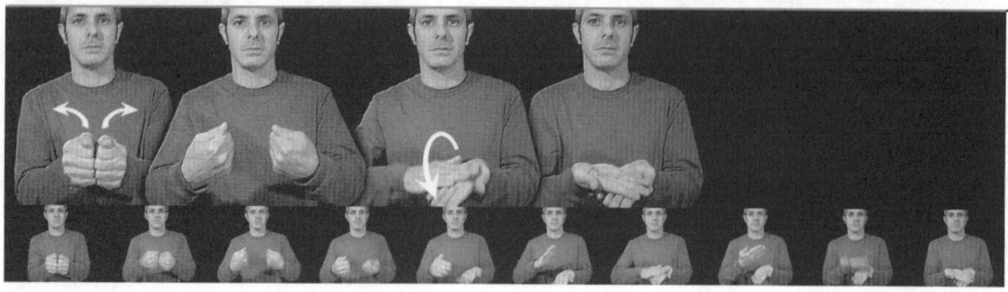
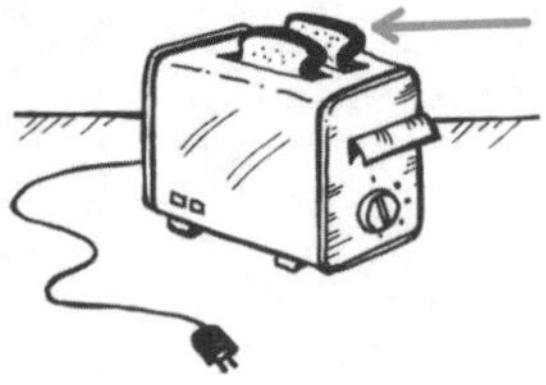

TORRADA – Fazer os sinais de "pão" e de "fritar".
• ***Torrada:*** *Fatia de pão frita ou assada.*

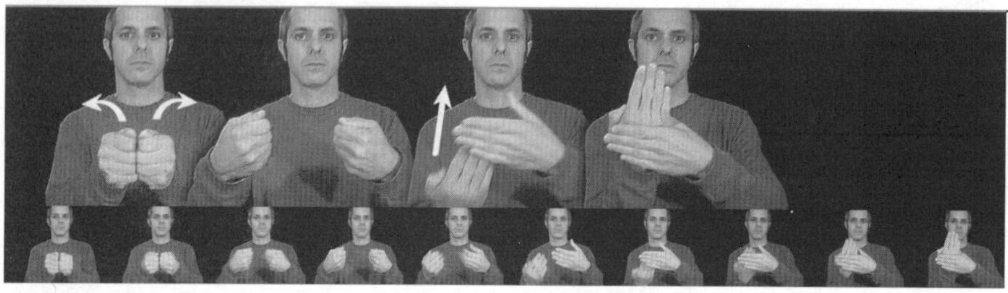

TORRADEIRA – Fazer o sinal de "pão". Depois, mão esquerda aberta, dedos unidos e esticados apontando para dentro, polegar apontando para cima, palma para trás. Mão direita aberta, dedos unidos e esticados apontando para cima, palma para trás. Posicionar a mão direita abaixo da esquerda. Em seguida, mover a mão direita para cima, passando-a por trás da esquerda.
• ***Torradeira:*** *Eletrodoméstico usado para torrar pães.*

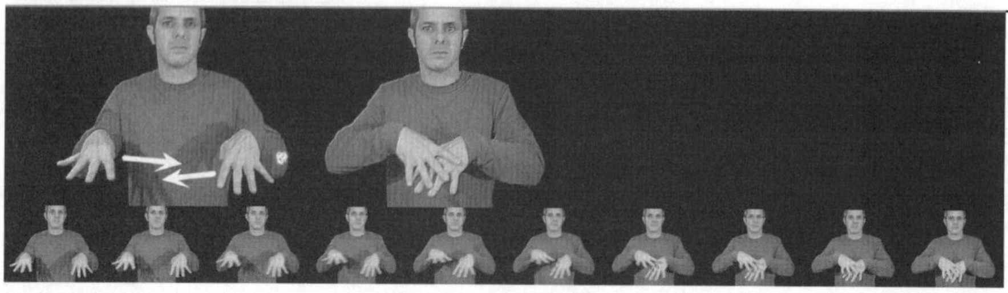

TORTA – Mãos em "4", com os dedos apontando para a frente, levemente inclinados para baixo, palmas para baixo. Posicionar as mãos lado a lado e movê-las simultaneamente para dentro, apoiando a mão direita sobre a esquerda, com os dedos cruzados.
• ***Torta:*** *Alimento à base de farinha e com recheio de diversos sabores, preparado no forno.*

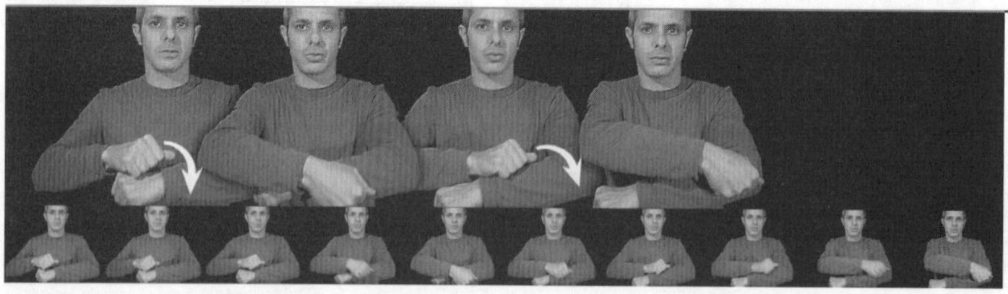

TOSA – Mão esquerda fechada, palma para baixo, braço dobrado horizontalmente e posicionado na frente do corpo. Mão direita fechada, palma para baixo. Tocar com a mão direita levemente no dorso da mão esquerda e deslizá-la para a frente, acompanhando a curvatura do braço esquerdo. Fazer novamente esse movimento com a mão direita posicionada acima do braço.
• ***Tosa:*** *Cortar rente (o pelo); cortar muito curto.*

▪ **TORRAR:** QUEIMAR ▪ **TOSCO:** BRUTO

TOSSIR – Mão fechada, palma para dentro. Mover a mão até a boca, quase tampando-a e imitar uma pessoa tossindo, duas ou três vezes.
• ***Tossir:*** *Expirar bruscamente o ar contido nos pulmões.*

TOURO – Mãos em "Y", encostando as pontas dos polegares nas têmporas, palmas para baixo. Girar as mãos simultaneamente para trás, sem desencostar as pontas dos polegares da cabeça, apontando os dedos mínimos para cima.
• ***Touro:*** *Boi não castrado que se usa como reprodutor.*

TRABALHADOR – Fazer os sinais de "pessoa" e de "trabalhar".
• ***Trabalhador:*** *Pessoa que trabalha; aquele que gosta de trabalhar.* **Sinal igual:** OBREIRO, OPERÁRIO

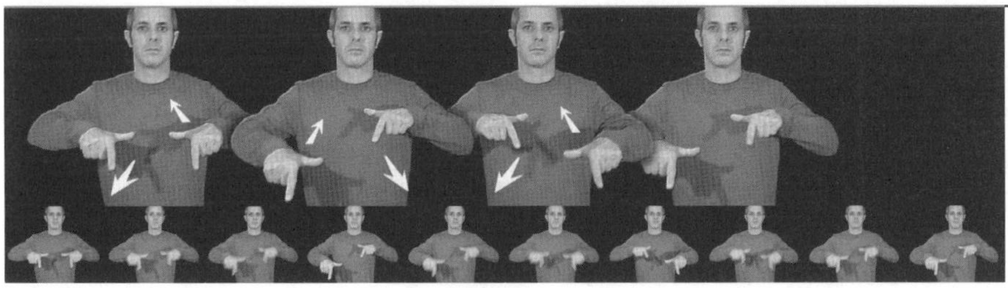
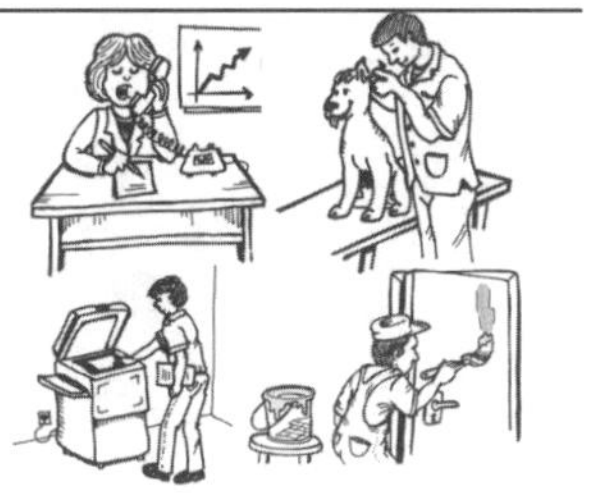

TRABALHAR – Mãos em "L" com os indicadores apontando para a frente, palmas para baixo. Posicionar as mãos diante do corpo, na altura do peito. Em seguida, mover as mãos simultaneamente e em sentidos opostos, para a frente e para trás, duas ou mais vezes.
• ***Trabalhar:*** *Ocupar-se de algum ofício, profissão ou atividade.* **Sinal igual:** ATIVIDADE, CARGO, EMPREGO, EMPRESA, FUNÇÃO, LABOR, LABUTA, LABUTAÇÃO, LIDA, POSTO, RAMO, TRABALHO

TRADIÇÃO* – Mão esquerda fechada, palma para baixo, braço levemente dobrado. Mão direita aberta, dedos unidos e esticados, palma para trás. Tocar a lateral externa da mão direita no braço esquerdo, perto do ombro, e deslizá-la levemente até o antebraço, perto do punho.
• ***Tradição:*** *Conjunto de valores morais, espirituais, culturais etc. transmitidos de uma geração a outra.* **Sinal igual:** COSTUMES

▪ TOSTAR: QUEIMAR ▪ TOTAL: SOMAR ▪ TOTALIDADE: SOMAR, TUDO ▪ TOTÓ: PEBOLIM ▪ TÓXICO: VENENO ▪ TRABALHO: TRABALHAR ▪ TRABALHOSO: DIFÍCIL ▪ TRAÇAR: DESENHAR ▪ TRADIÇÃO: ACOSTUMAR

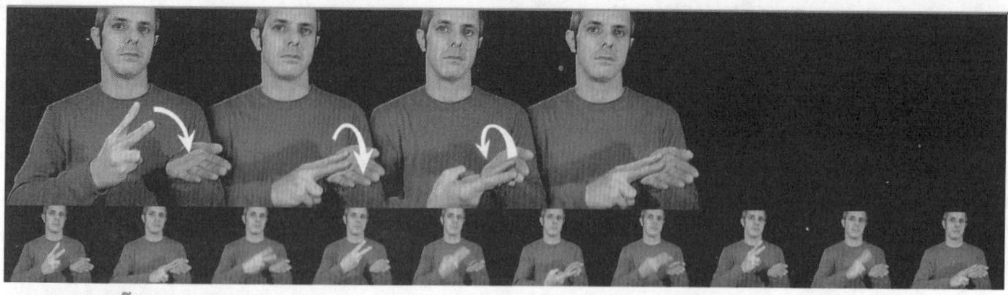

TRADUÇÃO* – Mão esquerda aberta, dedos unidos e esticados apontando para frente, palma para cima. Mão direita em "V", palma para baixo. Tocar na palma da mão esquerda com o indicador e o médio direitos, virar a palma direita para cima e tocar novamente na mão esquerda, dessa vez sobre os dedos esquerdos, e virar a mão direita mais uma vez com a palma para baixo, tocando os dedos na palma esquerda.

• ***Tradução:*** *Versão de um idioma para outro.* **Sinal igual:** VERSÃO

TRAFICANTE – Mão fechada em "A", palma para dentro. Posicionar a mão perto da boca, quase tocando-a. Em seguida, mover a mão para a frente e voltar para a posição inicial, duas ou três vezes. Mover os lábios como se estivesse pronunciando o som de "U", durante o movimento das mãos. Depois, fazer o sinal de "comércio".

• ***Traficante:*** *Pessoa que vende drogas ilegais.*

TRAIÇÃO – Mão em "B", palma para a frente. Posicionar a mão na altura do ombro. Em seguida, com um gesto não muito rápido, girar a mão ao redor do próprio eixo, virando a palma da mão para trás.

• ***Traição:*** *Quebra da fidelidade.* **Sinal igual:** DESLEALDADE, INFIDELIDADE, TRAIR

TRAMPOLIM – Mão esquerda em "U" com os dedos apontando para dentro, palma para baixo. Mão direita também em "U", com o indicador e o médio levemente separados apontando para baixo. Posicionar a mão direita acima da esquerda. Em seguida, mover a mão direita, tocando duas vezes as pontas de seus dedos nos da esquerda e depois para baixo, virando a palma da mão direita para cima.

• ***Trampolim:*** *Prancha longa em que nadadores ou acrobatas preparam seus saltos.*

T

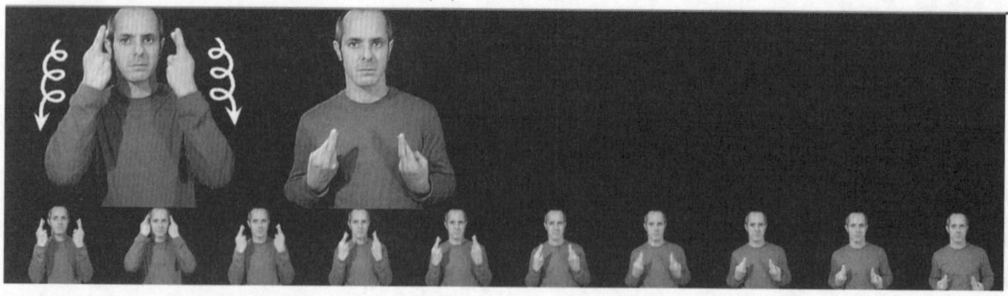

TRANÇA – Mão em "R", palmas para trás. Posicionar as mãos nas laterais da cabeça. Em seguida, movê-las simultaneamente para baixo, descrevendo movimentos em espiral durante o percurso.

• ***Trança:*** *Cabelos entrelaçados.* **Sinal igual:** TRANÇADO

▪ **TRADUÇÃO:** INTERPRETAR ▪ **TRADUTOR:** INTERPRETAR ▪ **TRADUZIR:** INTERPRETAR ▪ **TRAGAR:** ENGOLIR ▪ **TRAIR:** TRAIÇÃO ▪ **TRAJE:** ROUPA ▪ **TRAJETO:** CAMINHO ▪ **TRANÇADO:** TRANÇA ▪ **TRANCAFIAR:** FECHADURA ▪ **TRANCAR:** FECHADURA ▪ **TRANQUILIDADE:** ACALMAR, CALMA

TRANQUILO – Mãos abertas, dedos esticados e separados apontando para dentro, palmas para trás. Encostar as mãos no peito. Em seguida, com um gesto um pouco lento, movê-las simultaneamente para baixo, até a altura do estômago e para a frente, afastando-as um pouco do corpo e virando as palmas para baixo.
• ***Tranquilo:*** *Que está calmo; sereno.* **Sinal igual:** CALMO, MANSO, SERENIDADE, SERENO

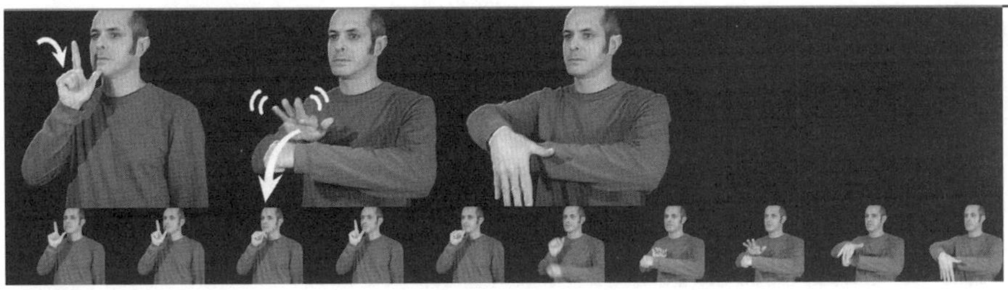

TRANSBORDAR – Fazer os sinais de "água" e de "derramar".
• ***Transbordar:*** *Perder líquido pelas bordas; vazar.* **Sinal igual:** ENTORNAR, EXTRAVASAR

TRANSFERIR* – Mão em "V", palma para a frente. Mover a mão para a lateral, virando a palma para trás.
• ***Transferir:*** *Mudar de um lugar para outro.* **Sinal igual:** DESLOCAR

TRANSFUSÃO DE SANGUE – Mão esquerda fechada, braço dobrado. Mão direita fechada com o indicador esticado. Tocar a ponta do indicador direito na parte interna da articulação do braço esquerdo. Em seguida, fazer o sinal de "modificar".
• ***Transfusão de sangue:*** *Receber sangue doado por outra pessoa.*

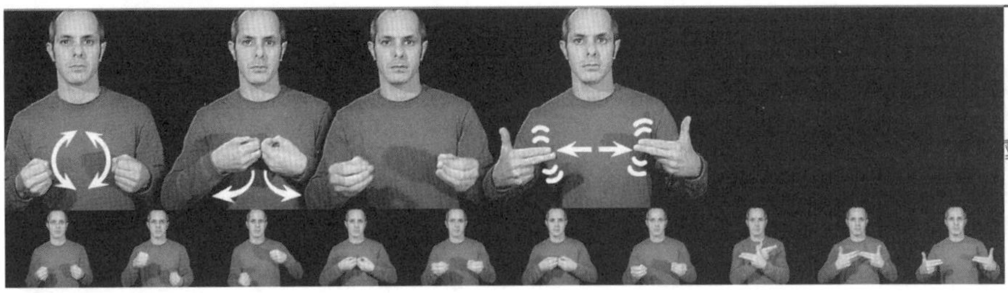

TRANSPORTE – Fazer os sinais de "automóvel", de "ônibus" e de "vários".
• ***Transporte:*** *Veículo que serve para transportar.*

▪ **TRANSA:** SEXO ▪ **TRANSAR:** SEXO ▪ **TRANSCREVER:** COPIAR ▪ **TRANSCRIÇÃO:** COPIAR ▪ **TRANSFERIDO:** ADIAR ▪ **TRANSFERIMENTO:** ADIAR ▪ **TRANSFERIR:** ADIAR, CORRESPONDÊNCIA ▪ **TRANSFIGURAR:** TROCAR ▪ **TRANSFORMAÇÃO:** TROCAR ▪ **TRANSFORMAR:** TROCAR ▪ **TRANSGREDIR:** DESOBEDECER ▪ **TRANSGRESSÃO:** DESOBEDECER ▪ **TRÂNSITO:** CONGESTIONAMENTO ▪ **TRANSPIRAR:** SUAR ▪ **TRANSPORTAR:** CARREGAR ▪ **TRAPACEADO:** ENGANADO ▪ **TRAPACEAR:** ENGANAR ▪ **TRAPASSEAR:** SACANEAR

T

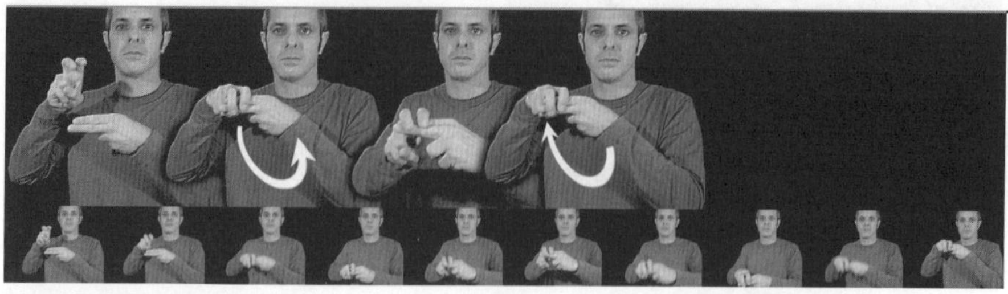

TRAPEZISTA – Mão esquerda em "U", com os dedos apontando para dentro, palma para trás. Mão direita fechada com o indicador e o médio abertos e curvados, palma para a frente. Posicionar as mãos na altura dos ombros, com a mão direita um pouco acima da esquerda. Em seguida, mover a mão direita para baixo, encaixando o indicador e o médio nos dedos esquerdos e mover as mãos, unidas, para a frente, descrevendo um grande arco e voltar para a posição inicial, também descrevendo um arco.
• ***Trapezista:*** *Profissional de circo que atua no trapézio.* **Sinal igual:** ACROBATA

TRATOR – Mãos abertas, dedos curvados e separados, palmas para dentro. Posicionar as mãos diante do corpo, uma perto da outra, na altura do peito. Em seguida, mover simultaneamente as mãos girando-as, ao redor do próprio eixo, para a frente, simulando as pás de um trator revolvendo a terra.
• ***Trator:*** *Veículo de trabalho usado na agricultura, nas construções etc.*

TRAUMA – Mãos em "U", palmas para trás. Cruzar as mãos pelas pontas dos dedos, posicionando-as diante do corpo, na altura do peito. Em seguida, movê-las para trás, encostando as pontas desses dedos na testa.
• ***Trauma:*** *Acontecimento intenso na vida de um indivíduo que desencadeia perturbações emocionais.* **Sinal igual:** ABALO, COMOÇÃO

TRAVESSEIRO – Com as palmas para a frente, fazer o sinal de "fofo". Em seguida, com a mão aberta, palma para dentro, inclinar a cabeça para a lateral, apoiando-a sobre a mão.
• ***Travesseiro:*** *Almofada que serve para descansar a cabeça ao dormir.*

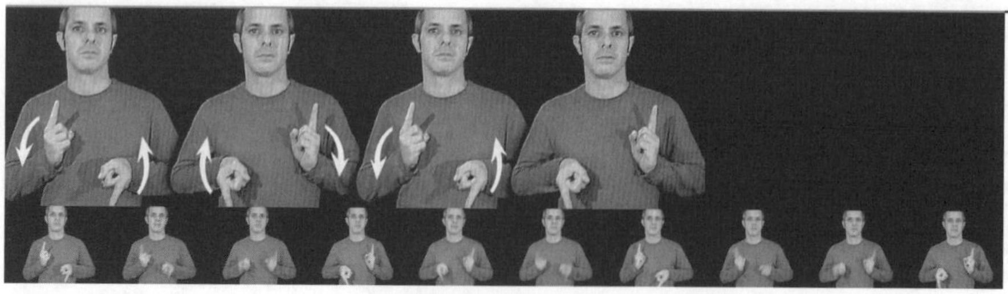

TRAVESTI – Mãos fechadas com os indicadores esticados apontando para a frente, palmas para dentro. Encostar os punhos no peito, na região dos mamilos. Em seguida, mover as mãos simultaneamente e em sentidos opostos, apontando para cima e para baixo, duas ou mais vezes, sem desencostar os punhos do peito.
• ***Travesti:*** *Homossexual que se veste e se porta como se fosse do sexo oposto.*

▪ **TRAPO:** VELHO ▪ **TRASEIRO:** BUNDA ▪ **TRASORELHO:** CAXUMBA ▪ **TRATADO:** CONTRATO

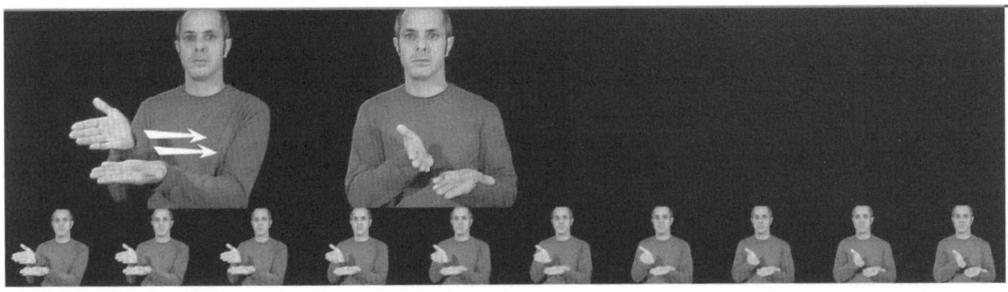

TRAZER – Mãos abertas, dedos unidos e esticados apontando para a frente, polegares separados, palmas para cima. Posicionar as mãos longe do corpo. Em seguida, movê-las simultaneamente para trás, em direção ao peito.

• *Trazer: Levar alguma coisa até alguém.* **Sinal igual:** PORTAR

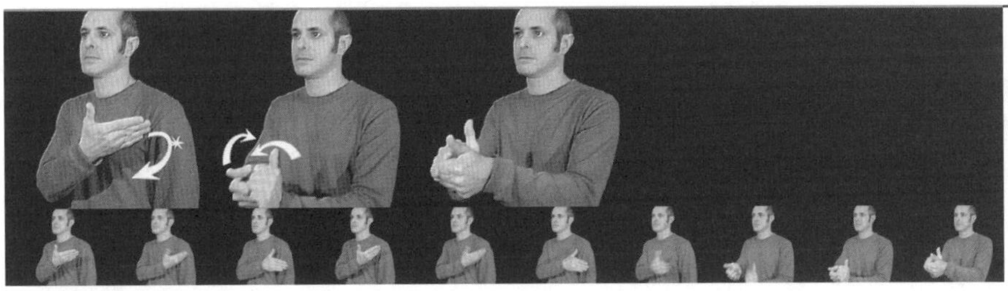

TREINAMENTO ESPORTIVO – Fazer os sinais de "treinar" e de "esporte".

• *Treinamento esportivo: Executar regularmente alguma atividade esportiva.* **Sinal igual:** TREINO

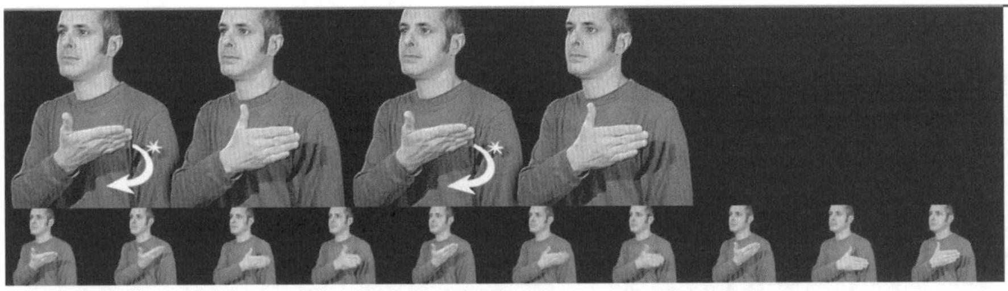

TREINAR – Mão aberta, dedos unidos e esticados apontando para dentro, polegar separado apontando para a frente, palma para cima. Posicionar a mão diante do braço, perto do ombro. Em seguida, mover a mão, com gestos curtos, de cima para baixo, duas ou três vezes, resvalando a lateral externa no braço durante o percurso.

• *Treinar: Executar regularmente alguma atividade; praticar.* **Sinal igual:** ADESTRAR, HABILITAR, PRATICAR, TREINADOR

TREM – Mão esquerda aberta, dedos unidos e esticados apontando para a frente, palma para dentro. Mão direita aberta, dedos esticados e separados apontando para a frente, palma para dentro. Posicionar as mãos na frente do corpo, uma perto da outra. Em seguida, manter a mão esquerda parada, enquanto a direita se move em círculos verticais.

• *Trem: Composição de vagões que se movem sobre trilhos.* **Sinal igual:** LOCOMOTIVA

TREMER – Mãos abertas, dedos esticados e separados apontando para a frente, palmas para baixo. Posicionar as mãos diante do corpo, uma perto da outra. Em seguida, tremer as mãos.

• *Tremer: Agito físico causado por medo, tensão ou outro fenômeno.* **Sinal igual:** ESTREMECER

T

■ TREINADOR: TREINAR ■ TREINO: TREINAMENTO ESPORTIVO

TREPAR – Mão esquerda aberta, palma para dentro, braço dobrado verticalmente. Mão direita em "V", palma para baixo. Tocar as pontas dos dedos direitos na parte interna do braço, perto do cotovelo. Em seguida, mover a mão direita para cima, "andando" sobre o braço esquerdo até o punho.
• ***Trepar:*** *Subir em alguma coisa, agarrando-se com os pés e com as mãos.*

TRÊS – Dedos indicador, médio e anular esticados e separados apontando para cima, demais dedos fechados, palma para trás. Esse sinal também pode ser feito com os dedos apontando para dentro.
• ***Três:*** *Número cardinal logo acima do 2.*

TRIÂNGULO – Mãos fechadas com os indicadores esticados apontando para a frente, palmas para baixo. Posicionar as mãos diante do corpo, unidas pelas pontas dos indicadores. Em seguida, manter a mão esquerda parada, enquanto a direita se movimenta "desenhando" a forma de um triângulo, voltando à posição inicial.
• ***Triângulo:*** *Figura geométrica que possui três lados.*

TRIÂNGULO (INSTRUMENTO) – Mão esquerda fechada, palma para trás, dedos virados para baixo. Mão direita em "A", palma também para trás. Posicionar a mão esquerda acima da direita. Em seguida, com gestos curtos, mover a mão direita para cima e para baixo, três ou mais vezes, imitando o gesto de quem toca um triângulo.
• ***Triângulo (instrumento):*** *Instrumento musical de percussão.*

T

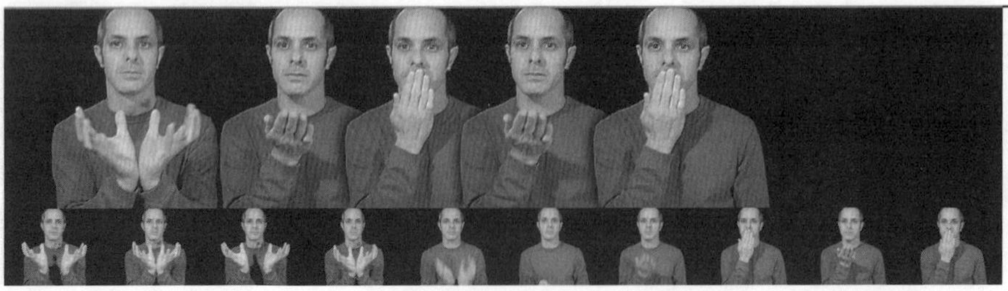

TRIBO – Fazer os sinais de "grupo" e de "índio".
• ***Tribo:*** *Grupo social autônomo, geralmente formado por famílias de uma mesma origem.*

TRIBUNAL – Fazer os sinais de "sala" e de "justiça".
• ***Tribunal:*** *Local onde se realizam os julgamentos.* **Sinal igual:** FORO, FÓRUM

TRICAMPEÃO – Fazer o sinal de "campeão". Em seguida, mão direita em "três", mão esquerda fechada, palma para baixo. Encostar o indicador, o médio e o anular direitos no dorso esquerdo.
• ***Tricampeão:*** *Que ou aquele que foi campeão três vezes.*

TRICÔ – Mãos em "A", palmas para trás. Unir as mãos pelas pontas dos polegares. Em seguida, movê-las simultaneamente, apontando os polegares para baixo e voltando à posição inicial, sem desunir as mãos, duas ou três vezes.
• ***Tricô:*** *Tecido feito à mão com o uso de agulhas próprias ou à máquina.*

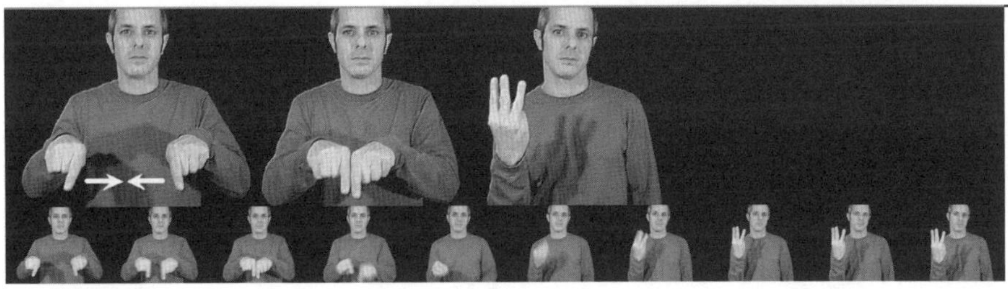

TRIGÊMEOS – Fazer os sinais de "igual" e de "três".
• ***Trigêmeos:*** *Cada um dos três indivíduos que nasceram em um mesmo parto.*

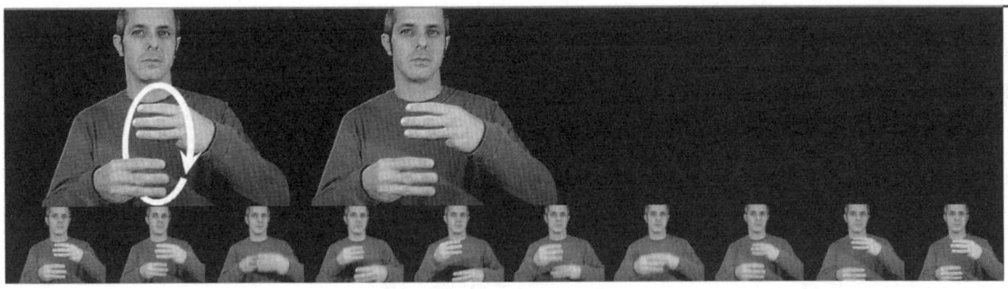

TRIMESTRE – Mãos em "3" com os dedos apontando para dentro, palmas para trás. Posicionar uma mão acima da outra. Em seguida, movê-las simultaneamente em círculos verticais, como no movimento dos pedais de uma bicicleta, descrevendo duas ou três voltas.
• ***Trimestre:*** *Período de três meses.* **Sinal igual:** TRIMESTRAL

▪ TRIGONOMETRIA: MATEMÁTICA ▪ TRILHA: CAMINHO ▪ TRIMESTRAL: TRIMESTRE ▪ TRINCHA: PINCEL ▪ TRINTA MINUTOS: MEIA HORA

TRIO – Mão em "3", palma para trás. Movê-la descrevendo um círculo horizontal.
• *Trio: Conjunto de três pessoas, animais, objetos etc. de igual natureza.*

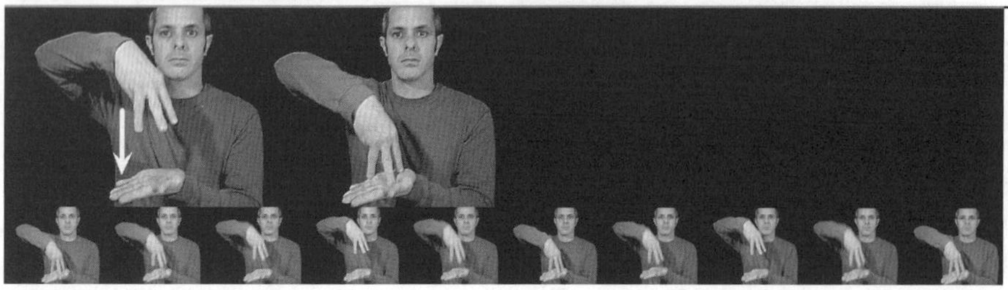

TRIPÉ – Mão esquerda aberta, palma para cima. Mão direita em "3" com os dedos apontando para baixo. Encostar as pontas dos dedos da mão direita na palma esquerda. Em seguida, mover a mão direita para cima e voltar à posição inicial, duas vezes.
• *Tripé: Suporte portátil com três "pés".*

TRISTE – Mão direita em "I", com o polegar encostado na lateral da mão, palma para dentro. Tocar a ponta do polegar na extremidade do queixo. Em seguida, girar a mão para o lado esquerdo, virando a palma para baixo. Fazer uma expressão de tristeza, inclinando levemente a cabeça para o lado direito durante o movimento.
• *Triste: Aquele que se encontra em estado emocional oposto ao da alegria.* **Sinal igual:** JURURU, MELANCÓLICO, TRISTEZA, TRISTONHO

TROCAR – Mãos fechadas com os polegares esticados, palmas para baixo. Posicionar uma mão na frente da outra. Em seguida, mover as mãos simultaneamente, trocando-as de lugar passando uma por cima da outra, uma ou duas vezes.
• *Trocar: Substituir uma coisa por outra.* **Sinal igual:** ADULTERADO, ADULTERAR, ALTERAÇÃO, ALTERAR, CAMBIAR, METAMORFOSE, MODIFICAR, MUDAR, TRANSFIGURAR, TRANSFORMAÇÃO, TRANSFORMAR, VARIAR

T

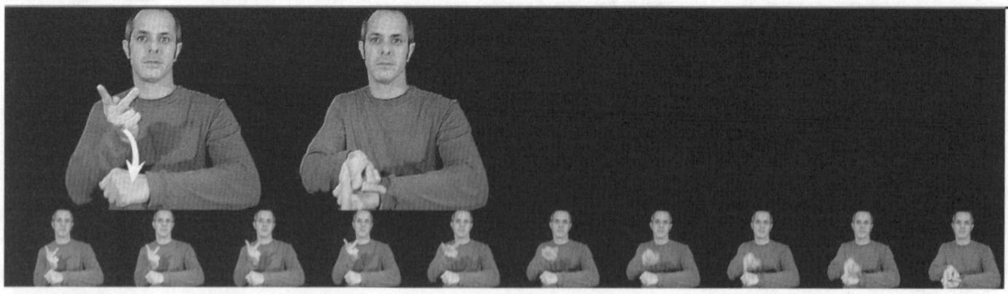

TROFÉU – Mão esquerda fechada, palma para baixo. Mão direita em "P" com os dedos apontando para cima, palma para trás. Posicionar a mão direita acima da esquerda. Em seguida, mover a mão direita para baixo, virando a palma para cima e encostando o indicador e o médio (apontando-os para a frente) no dorso esquerdo.
• *Troféu: Objeto que representa vitória numa competição esportiva ou em outra atividade.*

▪ **TRISTEZA:** TRISTE ▪ **TRISTONHO:** TRISTE ▪ **TRIUNFAR:** VENCER ▪ **TRIUNFO:** VENCER ▪ **TRÓLEBUS:** ÔNIBUS ▪ **TROMBADA:** ACIDENTE DE CARRO ▪ **TROMBETA:** CORNETA

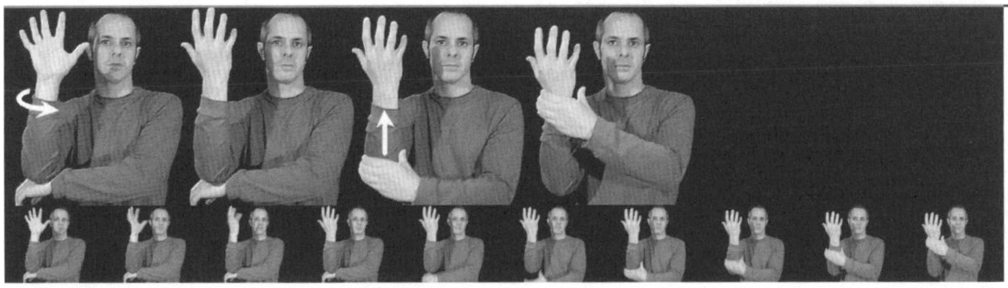

TRONCO – Fazer o sinal de "árvore". Em seguida, mantendo o braço direito na mesma posição, segurá-lo levemente, perto do cotovelo, com a mão esquerda em "C", palma para trás. Depois, deslizar a mão esquerda para cima, até o punho direito.
• ***Tronco:*** *Caule das árvores e dos arbustos.*

TROPEÇAR – Mão esquerda aberta, dedos unidos e esticados apontando para dentro, palma para baixo. Mão direita em "V" com os dedos apontando para baixo. Posicionar a mão esquerda na frente da direita. Em seguida, mover a mão direita para a frente, tocando rapidamente as pontas de seus dedos na lateral interna da esquerda, passando-a por cima da esquerda e apontando os dedos para trás.
• ***Tropeçar:*** *Pisar em falso; chutar alguma coisa sem a intenção.* **Sinal igual:** ESBARRAR, TOPAR, TROPICAR

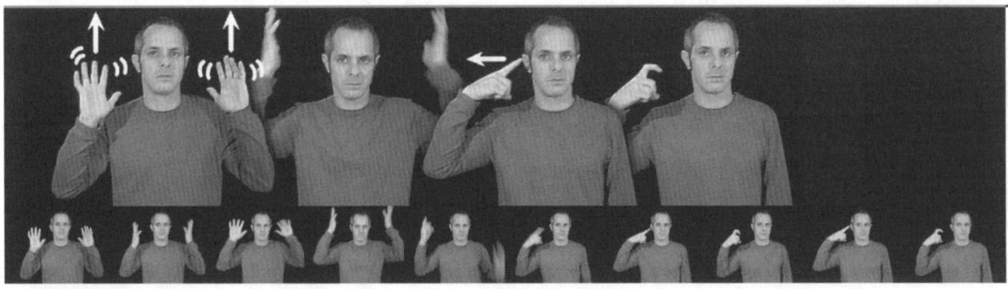

TROVÃO – Mãos abertas, dedos esticados e separados apontando para cima, palmas para dentro. Posicionar as mãos nas laterais da cabeça, na altura dos ombros. Em seguida, movê-las simultaneamente para cima, girando-as ao redor do próprio eixo, para a frente e para trás, várias vezes durante o percurso. Depois, fazer o sinal de "barulho" com uma das mãos.
• ***Trovão:*** *Estrondo (grande barulho) causado por descarga de eletricidade do ar durante as tempestades.* **Sinal igual:** RIBOMBAR, TROVEJAR, TROVOADA

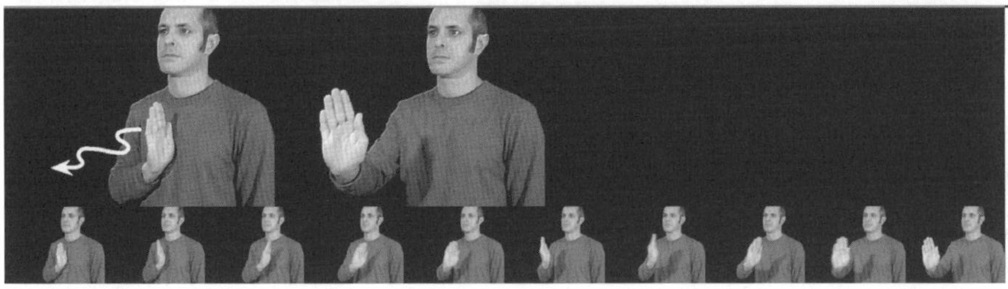

TUBARÃO – Mão aberta, dedos unidos e esticados apontando para cima, palma para dentro. Posicionar a mão no peito (foto 1). Em seguida, movê-la para a frente, descrevendo um leve zigue-zague durante o percurso.
• ***Tubarão:*** *Grande peixe predador que vive no mar.*

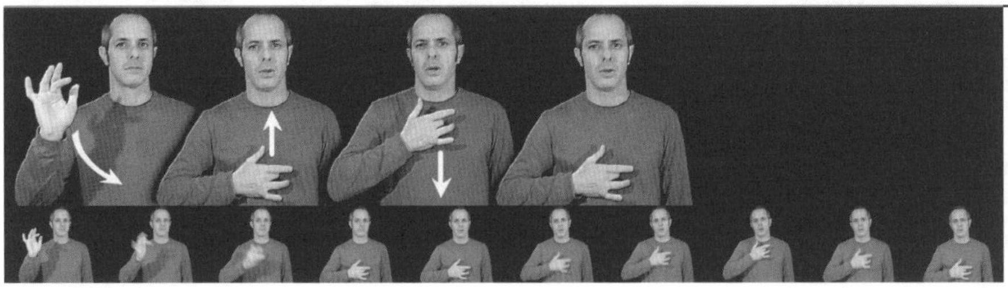

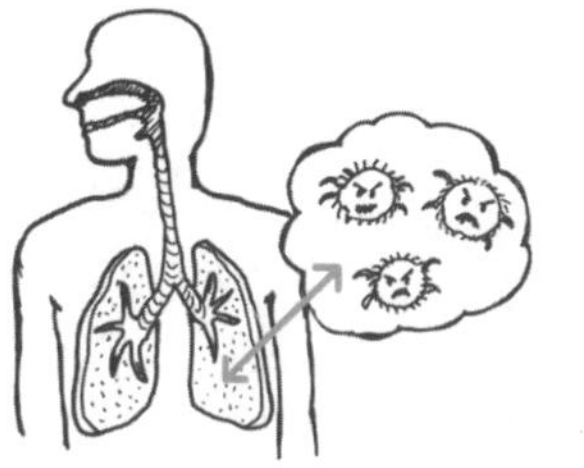

TUBERCULOSE – Mão aberta com os dedos relaxados. Tocar a ponta do dedo médio no corpo, na região do tórax. Em seguida, deslizar a mão para cima e para baixo, respirando com a boca semiaberta, como quem está com dificuldade para fazê-lo.
• ***Tuberculose:*** *Doença infecciosa localizada principalmente nos pulmões.*

■ TROPICAR: TROPEÇAR ■ TROVEJAR: TROVÃO ■ TROVOADA: TROVÃO ■ TRUQUE: MÁGICA ■ TUBÉRCULO: BATATA ■ TUBO: CANO ■ TUBULAÇÃO: CANO

TUCANO – Mão fechada com o indicador e o polegar abertos, palma para trás. Posicionar a mão perto do rosto, com o indicador apontando para o nariz e o polegar para o queixo (foto 1). Em seguida, mover a mão para a frente, descrevendo um leve arco e unindo os dedos pelas pontas.
• ***Tucano:*** *Pássaro conhecido por seu bico grande.*

TUDO – Mão esquerda aberta, dedos unidos e esticados apontando para cima, palma para dentro. Mão direita aberta, dedos unidos e esticados, palma para a frente. Encostar as pontas dos dedos da mão direita na lateral do polegar esquerdo. Em seguida, mover a mão direita em um semicírculo, virando a palma para trás e tocando as pontas dos dedos na lateral do mínimo esquerdo.
• ***Tudo:*** *A parte inteira; o conjunto inteiro.* **Sinal igual:** GERAL, TODO, TOTALIDADE

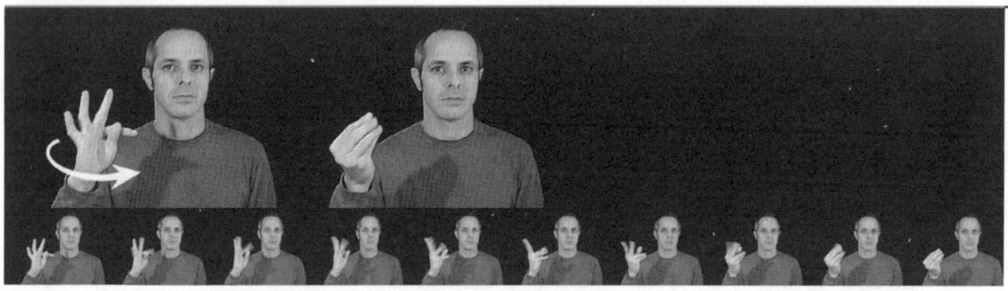

TUDO (2) – Mão em "T", palma para a frente. Girar a mão ao redor do próprio eixo, virando a palma para trás e unindo os dedos pelas pontas.
• ***Tudo:*** *A parte inteira; o conjunto inteiro.* **Sinal igual:** GERAL, TODO, TOTALIDADE

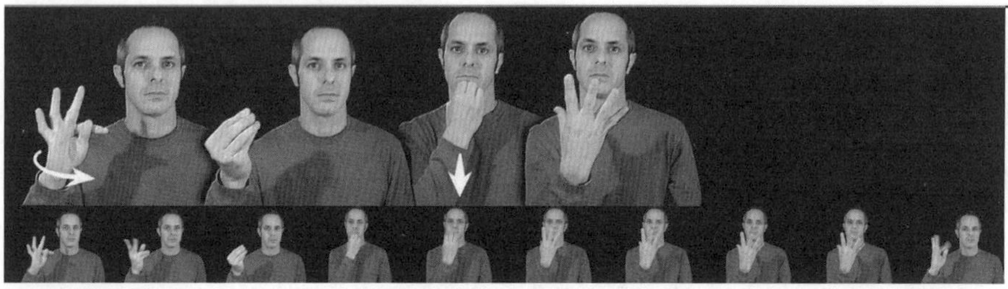

TUDO BEM – Fazer os sinais de "tudo" e de "bom".
• ***Tudo bem:*** *Termo usado para expressar que uma situação está tranquila e controlada.*

TUMULTO – Fazer os sinais de "confusão" e de "bagunçar".
• ***Tumulto:*** *Manifestação barulhenta e agitada; desordem.*

▪ **TUFÃO:** FURACÃO ▪ **TUMOR MALIGNO:** CÂNCER ▪ **TÚRGIDO:** EREÇÃO

TURMA – Mãos abertas, dedos curvados e separados, palmas para dentro. Posicionar as mãos conforme a foto 1. Em seguida, movê-las simultaneamente, unindo-as pelas pontas dos dedos.
• ***Turma:*** *Grupo de pessoas.*

TURVO – Mãos abertas, dedos esticados e separados, palmas para a frente. Posicionar uma mão perto da outra, com uma delas ligeiramente à frente da outra. Em seguida, com gestos um pouco lentos, mover as mãos simultaneamente, descrevendo pequenos círculos. Durante o movimento, contrair de modo suave os olhos, como quem está forçando a vista para enxergar melhor.
• ***Turvo:*** *Que é pouco ou nada transparente.*

▪ TUTELA: CUIDAR ▪ TUTOR: CUIDAR ▪ TUTORIA: CUIDAR ▪ TV: TELEVISÃO

Dedos mínimo, anular e polegar fechados, indicador e médio unidos e esticados apontando para cima, palma para a frente. Vigésima primeira letra do alfabeto. Dedos mínimo, anular e polegar fechados, indicador e médio unidos e esticados apontando para cima, palma para a frente. Vigésima primeira letra do alfabeto. Dedos mínimo, anular e polegar fechados, indicador e médi

tando para ci

gésima prim

mínimo, anular e polegar fechados, indicador e médio unidos e esticados apontando para cima, palma para a frente. Vigésima primeira letra do alfabeto. Dedos mínimo, anular e polegar fechados, indicador e médio unidos e esticados apontando para cima, palma para a frente. Vigésima primeira letra do alfabeto. Dedos mínimo, anular e polegar fechados, indicador e médio unidos e esticados aponta

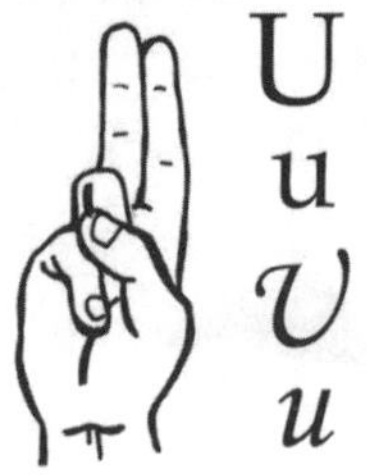

U – Dedos mínimo, anular e polegar fechados, indicador e médio unidos e esticados apontando para cima, palma para a frente.
- *U: Vigésima primeira letra do alfabeto.*

UÍSQUE – Fazer os sinais de "W" e de "beber".
- ***Uísque:*** *Bebida alcoólica destilada obtida a partir da fermentação de cereais.*

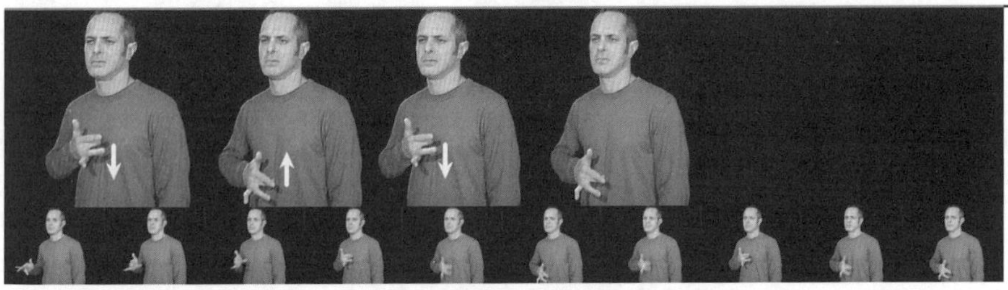

ÚLCERA – Mão aberta, dedos separados, palma para trás. Tocar a ponta do médio na barriga, na altura do estômago. Em seguida, mover a mão, deslizando-a para baixo e para cima, duas ou três vezes. Fazer uma expressão de desconforto.
- ***Úlcera:*** *Lesão da parede interna do estômago, geralmente acompanhada de sensação de queimação e dor.*

ULTRAPASSAR – Mãos abertas, dedos unidos e esticados apontando para a frente, palmas para baixo. Posicionar a mão direita atrás da esquerda (foto 1). Em seguida, passando pela lateral da mão esquerda, mover a mão direita para a frente, posicionando-a diante da mão esquerda.
- ***Ultrapassar:*** *Passar além de; transpor.*

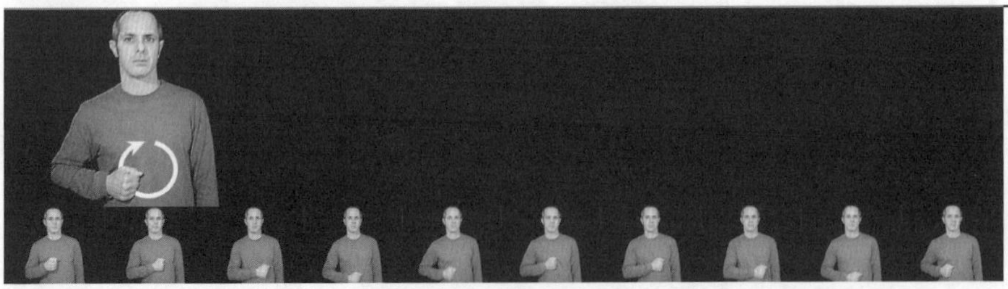

ULTRASSONOGRAFIA – Mão fechada em "A", palma para trás. Encostar a mão na barriga. Em seguida, mover a mão, deslizando-a em círculos.
- ***Ultrassonografia:*** *Técnica que permite visualizar os órgãos internos do corpo utilizando o aparelho de ultrassom.*

▪ ULTERIOR: SEGUINTE ▪ ÚLTIMO: SÓ ▪ ULTRAJADO: OFENDIDO ▪ ULTRAJAR: OFENDER ▪ ULTRAJE: OFENDER

1

UM – Mão fechada com o dedo indicador esticado apontando para cima, palma para trás. Esse sinal também pode ser feito com o polegar.
• ***Um:*** *Número cardinal que antecede o 2.*

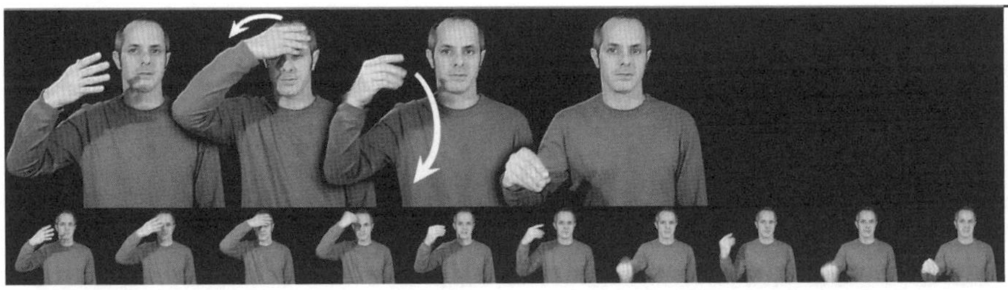

UMBANDA – Mão aberta, dedos relaxados, palma para trás. Posicionar a mão na altura da cabeça. Em seguida, tocar rapidamente na testa e depois unir o médio e o polegar pelas pontas, movendo a mão para baixo duas vezes seguidas, com agilidade, de maneira que o indicador bata no médio e no polegar.
• ***Umbanda:*** *Religião afro-brasileira.*

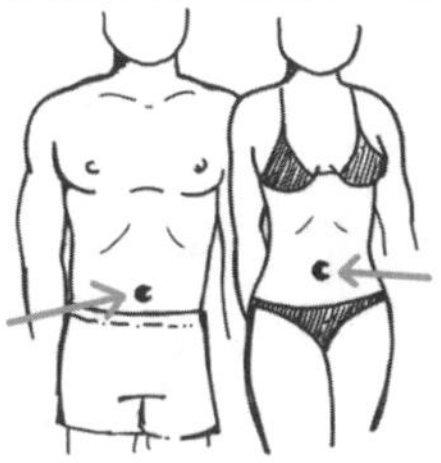

UMBIGO – Mão fechada com o indicador esticado. Tocar a ponta do dedo no umbigo.
• ***Umbigo:*** *Cicatriz no meio do ventre (barriga) originada pelo corte do cordão umbilical.*

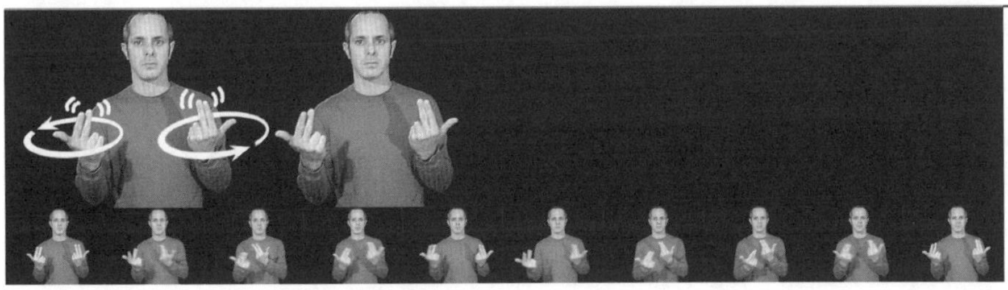

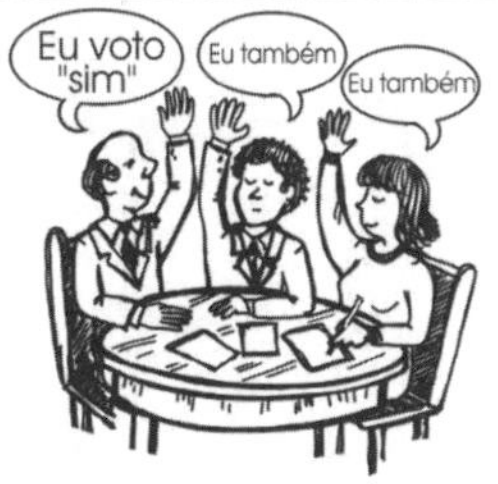

UNÂNIME – Dedos mínimos e anulares fechados, indicadores e médios esticados apontando para cima, polegares apontando para as laterais, palmas para trás. Posicionar as mãos na altura do peito (foto 1). Em seguida, movê-las simultaneamente em círculos horizontais começando pela direita e, ao mesmo tempo, movimentar os indicadores e os médios de forma aleatória.
• ***Unânime:*** *Que está em conformidade com todos os demais; onde todos concordam.*

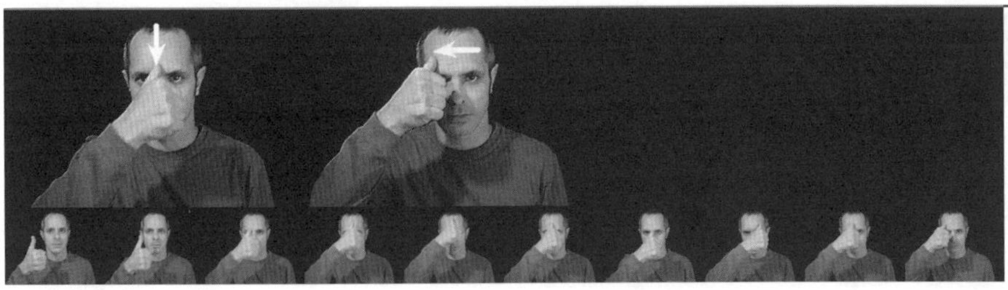

UNÇÃO – Mão fechada com o polegar aberto apontando para cima, palma para trás. Tocar a ponta do dedo na testa e deslizar a mão para baixo e para a lateral, formando o desenho de uma cruz.
• ***Unção:*** *Ato de ungir, de aplicar óleo sagrado em uma pessoa.*

U

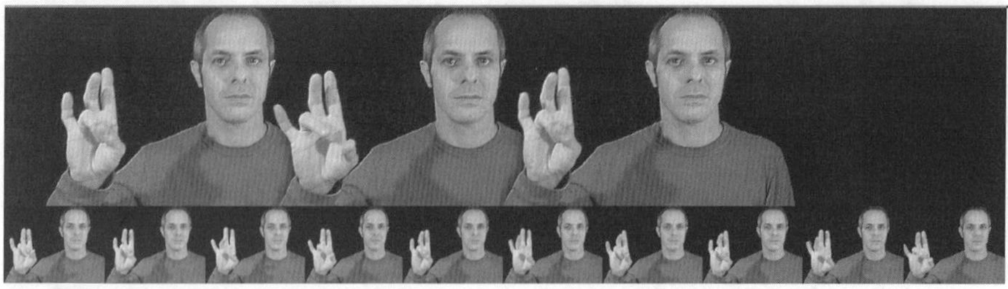

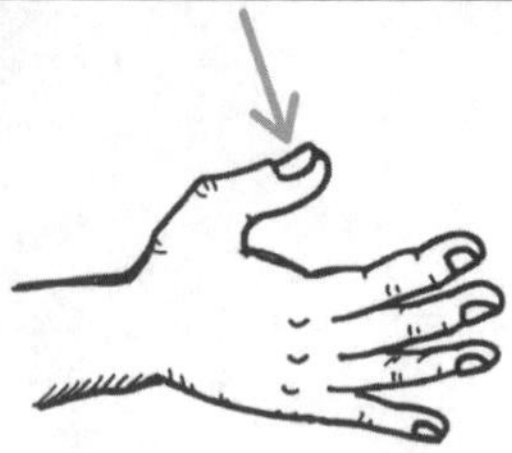

UNHA – Mão aberta, dedos relaxados, palma para a frente. Tocar uma ou mais vezes a ponta do polegar na unha do anular ou na unha de outro dedo do qual se esteja falando especificamente.
• ***Unha:*** *Tecido duro que cobre a extremidade dos dedos.*

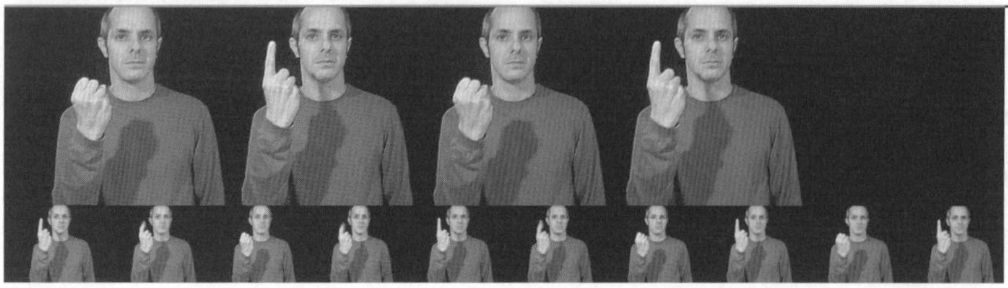

ÚNICO – Fazer o sinal de "1". Em seguida, dobrar e esticar o dedo indicador duas ou mais vezes.
• ***Único:*** *Que só existe um em sua espécie; que não tem outro igual.* **Sinal igual:** EXCLUSIVO

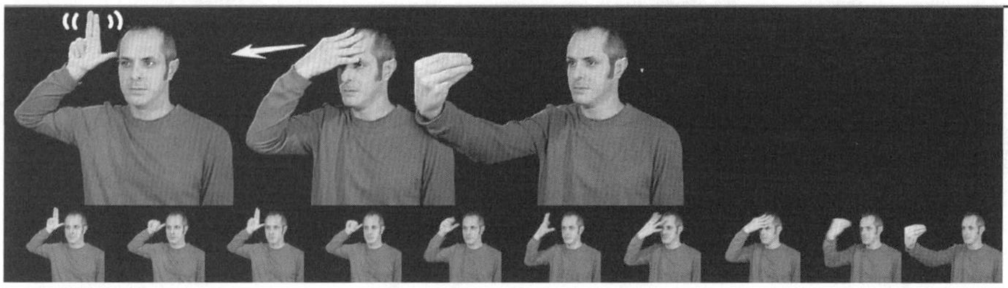

UNICÓRNIO – Fazer o sinal de "cavalo". Em seguida, com a mão aberta, os dedos esticados e separados e a palma para trás, tocar com as pontas dos dedos na testa e mover a mão para a frente, unindo os dedos pelas pontas.
• ***Unicórnio:*** *Cavalo imaginário que possui um único chifre na cabeça.*

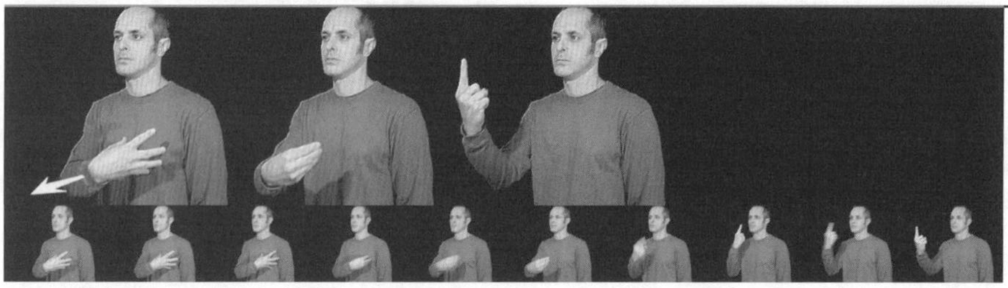

UNIGÊNITO – Fazer os sinais de "filho" e de "1".
• ***Unigênito:*** *O único filho; aquele que não tem irmão de sangue.*

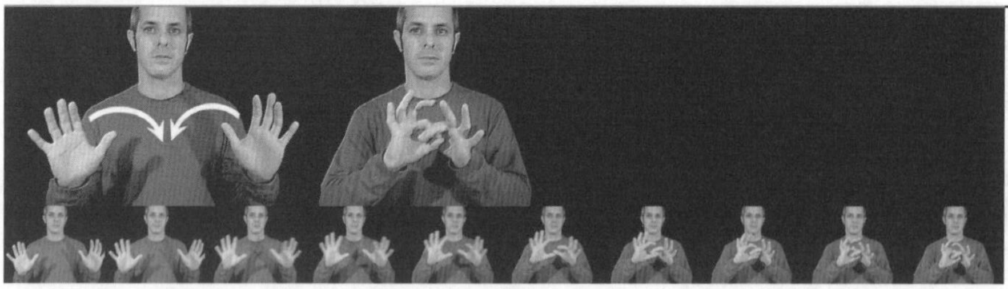

UNIR – Mãos abertas, palmas para a frente. Posicionar as mãos na altura do peito. Em seguida, unir as pontas dos indicadores e polegares de cada mão, encaixando-os entre si.
• ***Unir:*** *Juntar uma coisa a outra.* **Sinal igual:** JUNTAR, PARCEIRO, PARCERIA, REUNIDO, UNIDO

U

▪ **UNHAR:** ARRANHAR ▪ **UNIÃO:** REUNIÃO ▪ **UNICAMENTE:** SÓ ▪ **UNIDO:** UNIR ▪ **UNIFORME:** IGUAL ▪ **UNIFORMIDADE:** IGUAL

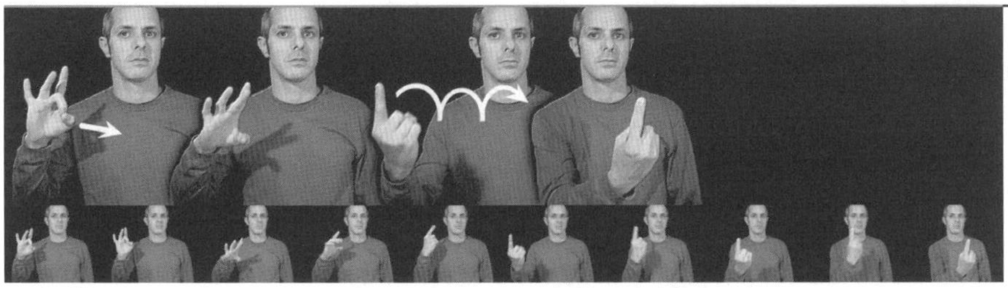

UNITÁRIO – Fazer o sinal de "só". Em seguida, fazer o sinal de "1" em três pontos diferentes da parte frontal do corpo.
• ***Unitário:*** *Que diz respeito à unidade; que corresponde a um.*

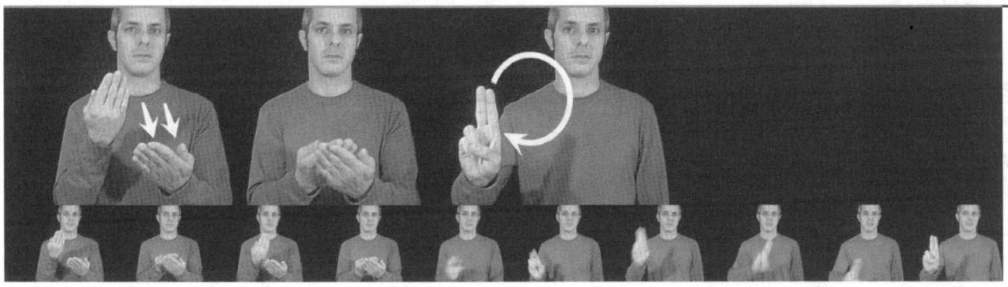

UNIVERSIDADE – Fazer o sinal de "estudar". Em seguida, com a mão em "U", mover a mão, descrevendo um círculo vertical.
• ***Universidade:*** *Conjunto de faculdades ou escolas de curso superior.*

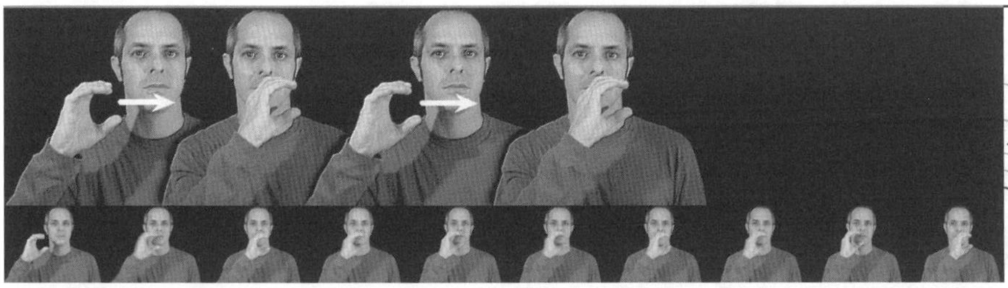

URGENTE – Mão direita em "C", palma para dentro. Posicionar a mão na frente do rosto, ao lado da boca (foto 1). Em seguida, com gestos curtos e um pouco rápidos, mover a mão para o lado esquerdo, passando-a diante da boca e voltar à posição inicial, duas ou mais vezes.
• ***Urgente:*** *Que se deve fazer imediatamente; que não se pode adiar.* **Sinal igual:** EMERGÊNCIA, IMINENTE

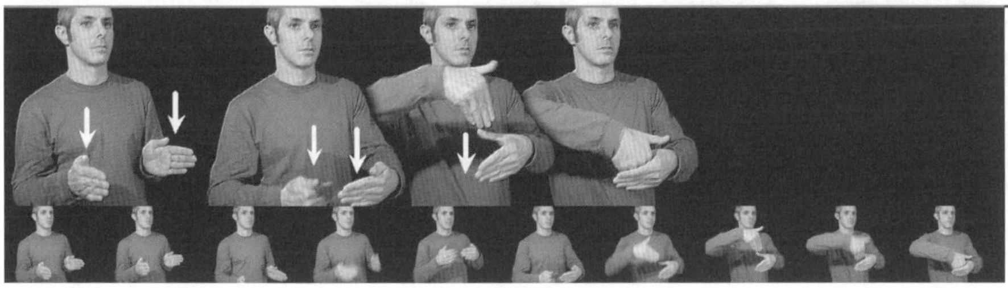

URNA – Fazer os sinais de "caixa" e de "votar".
• ***Urna:*** *Recipiente em que se depositam os votos numa eleição.*

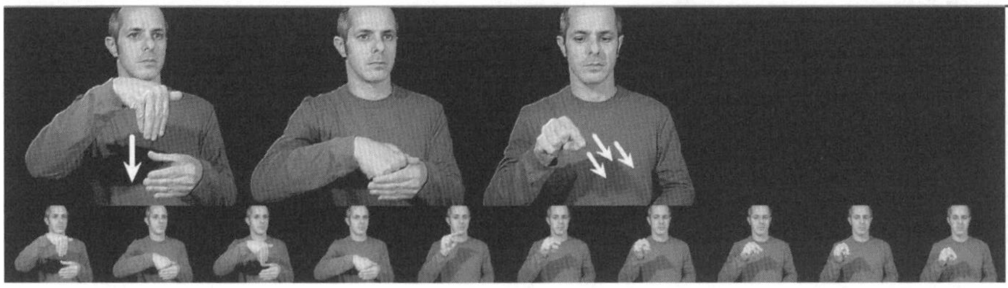

URNA ELETRÔNICA – Fazer o sinal de "votar". Em seguida, com a mão fechada e o indicador esticado apontando para a frente, movê-la nessa direção várias vezes, com gestos curtos e mudando de lugar, imitando o gesto de quem digita algo em um teclado.
• ***Urna eletrônica:*** *Equipamento de informática utilizado nas eleições para receber eletronicamente o voto do eleitor.*

■ **URBE:** CIDADE

U

URSO – Mão fechada com o indicador e o polegar abertos e curvados. Tocar as pontas dos dedos na lateral da cabeça, como se fosse a orelha de um urso.
• ***Urso:*** *Grande mamífero carnívoro.* **Sinal igual:** URSO POLAR

URUBU – Mãos abertas, dedos esticados e separados, palmas para a frente. Unir as mãos pelas pontas dos polegares, mantendo-as levemente inclinadas para a frente. Posicioná-las perto do corpo e movê-las para a frente.
• ***Urubu:*** *Pássaro que se alimenta principalmente de animais mortos.* **Sinal igual:** ABUTRE

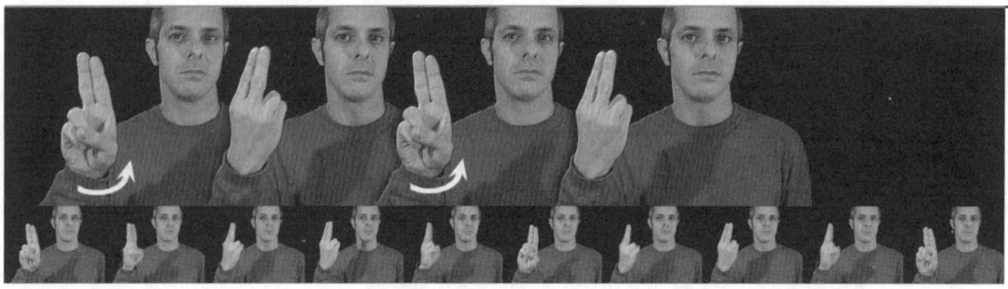

URUGUAI – Mão em "U", palma para a frente. Girar a mão ao redor do próprio eixo, para trás e voltar à posição inicial, duas vezes.
• ***Uruguai:*** *País localizado na América do Sul.*

USADO – Fazer os sinais de "usar" e de "velho".
• ***Usado:*** *Aquilo que não é novo; que já foi utilizado anteriormente.*

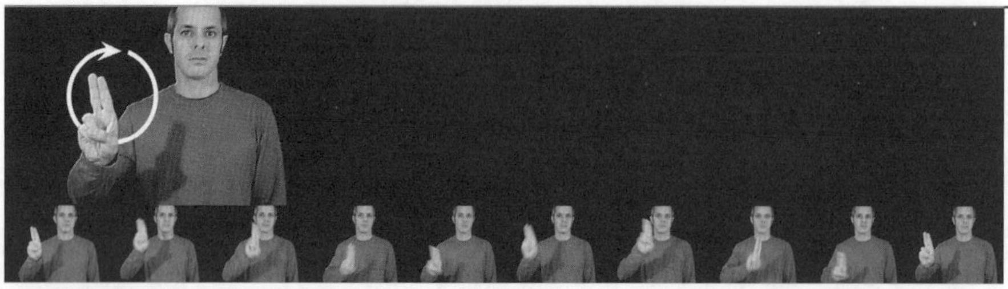

USAR – Mão em "U", palma para a frente. Mover a mão, descrevendo dois ou três círculos verticais.
• ***Usar:*** *Pôr algo em serviço ou ação.* **Sinal igual:** OCUPAR, UTILIZAR

■ **URSO POLAR:** URSO

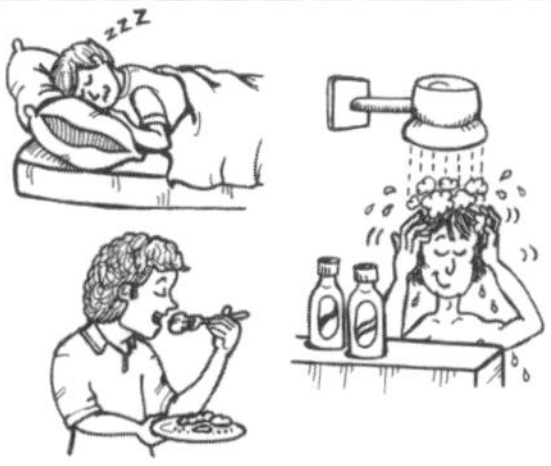

USUAL – Fazer os sinais de "prática" (tocando uma mão na outra apenas uma vez) e de "usar".
• *Usual: Que acontece com frequência.* **Sinal igual:** COSTUMEIRO

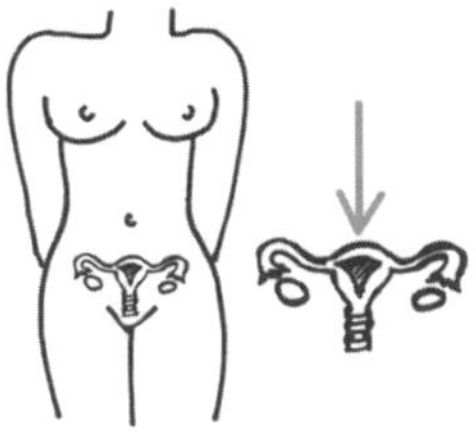

ÚTERO – Com uma das mãos, tocar levemente as pontas dos dedos no ventre, na região do útero. Em seguida, unir as mãos em "C" com as palmas para dentro, encaixando uma dentro da outra.
• *Útero: Órgão no qual se desenvolve um embrião.*

UVA – Mão esquerda aberta com o indicador e o polegar unidos pelas pontas, palma para a frente. Mão direita com os dedos esticados e unidos pelas pontas. Mover a mão direita, tocando as pontas dos dedos nas do indicador e do polegar esquerdos. Em seguida, mover a mão direita, tocando levemente as pontas dos dedos nos lábios, imitando o gesto de quem chupa uma uva.
• *Uva: Fruto da videira.*

▪ **USUFRUIR:** APROVEITAR ▪ **USURA:** AVARENTO ▪ **UTENSÍLIO:** MATERIAL ▪ **UTILIZAR:** USAR ▪ **UTOPIA:** TEORIA

ndicador e médio esticados e separados apontando para cima, demais dedos
fechados, palma para a frente. Vigésima
segunda letra do alfabeto. Indicador e
médio esticados e separados apontando
para cima, demais dedos fechados, palma
para a frente. Vigésima segunda letra do
alfabeto. Indicador e médio esticados e
separados apontando para cima, demais
dedos fechad
gésima segu
dor e médio e

tando para cima, demais dedos fechados,
palma para a frente. Vigésima segunda
letra do alfabeto. Indicador e médio esticados e separados apontando para cima,
demais dedos fechados, palma para a
frente. Vigésima segunda letra do alfabeto. Indicador e médio esticados e separados apontando para cima, demais dedos
fechados, palma para a frente. Vigésima
segunda letra do alfabeto. Indicador e mé

V – Indicador e médio esticados e separados apontando para cima, demais dedos fechados, palma para a frente.

- *V: Vigésima segunda letra do alfabeto.*

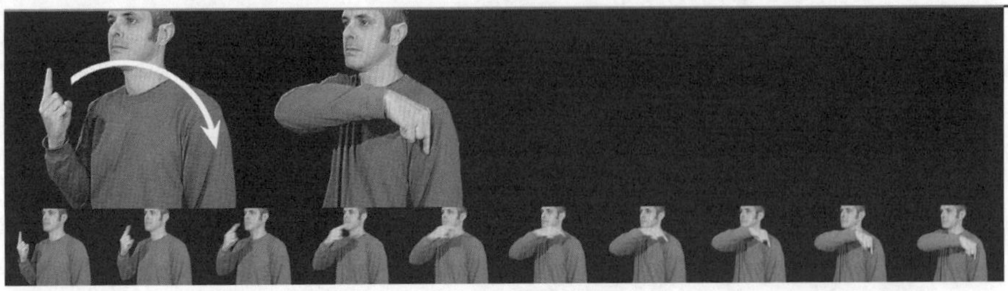

VACINA – Mão fechada, indicador esticado. Encostar a lateral desse dedo na lateral externa do braço e deslizar a mão de cima para baixo.

- ***Vacina:** Medicamento que se aplica em um indivíduo a fim de se prevenir alguma doença provocada por vírus.* **Sinal igual:** VACINAÇÃO

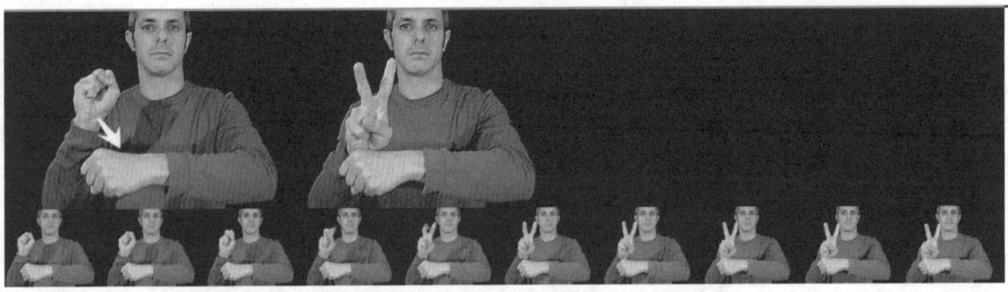

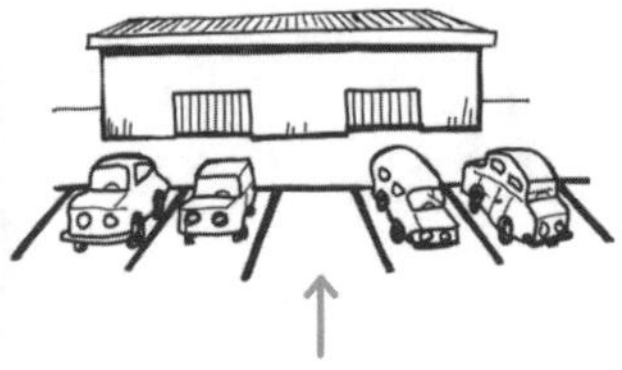

VAGA – Mão esquerda fechada, palma para baixo, braço dobrado horizontalmente na frente do corpo. Mão direita fechada, palma para a frente. Posicionar a mão direita atrás e um pouco acima da esquerda. Em seguida, mover a mão direita para a frente, tocando o punho na lateral interna da mão esquerda e abrindo o indicador e o médio em "V".

- ***Vaga:** Espaço que não se encontra ocupado.*

VAGA-LUME – Mão em "V", palma para a frente. Encostar o dorso da mão na testa e movimentar o indicador e o médio aleatoriamente. Em seguida, mantendo-a na altura da cabeça, com a palma para frente, fechar e abrir a mão três vezes, mudando levemente a direção para a qual a mão estará virada (lado esquerdo, frente e lado direito).

- ***Vaga-lume:** Inseto que possui órgãos capazes de produzir iluminação.*

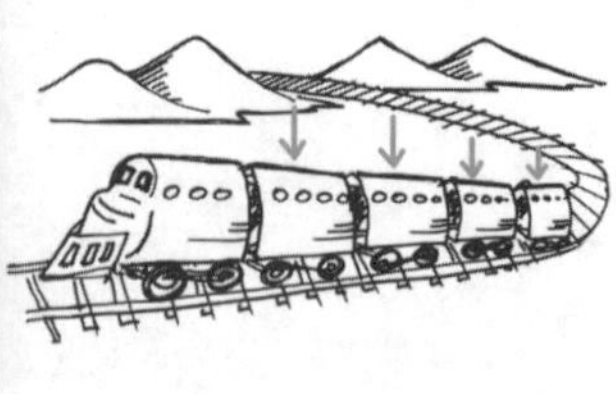

VAGÃO – Fazer o sinal de "metrô". Depois, mãos abertas, um pouco afastadas e na frente do corpo, dedos unidos e esticados apontando para a frente, palmas para baixo. Posicionar a mão direita atrás da esquerda. Em seguida, mover a mão direita para trás, marcando dois pontos durante o percurso.

- ***Vagão:** Cada um dos carros que compõem um trem.*

▪ **VACA:** BOI ▪ **VACINAÇÃO:** VACINA ▪ **VÁCUO:** VAZIO ▪ **VADIO:** À TOA ▪ **VAGAROSAMENTE:** DEVAGAR ▪ **VAGAROSO:** DEVAGAR

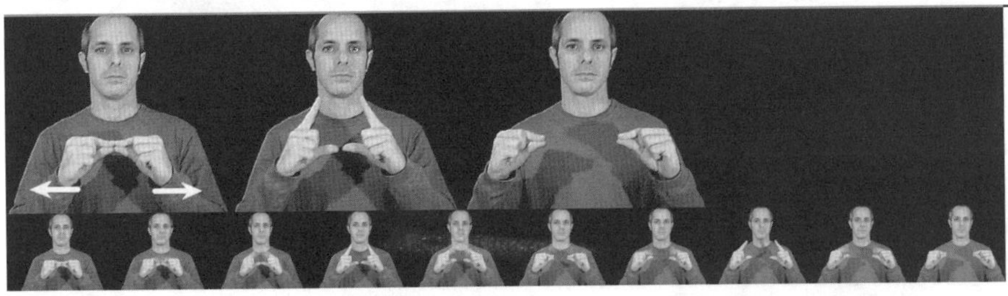

VAGEM – Mãos fechadas com os indicadores e polegares esticados e unidos pelas pontas, palmas para dentro. Unir as mãos pelas pontas dos dedos. Em seguida, movê-las simultaneamente, afastando-as para as laterais, abrindo e unindo novamente o indicador e o polegar de cada mão duas vezes, durante o percurso.

• ***Vagem:*** *Fruto do feijoeiro.*

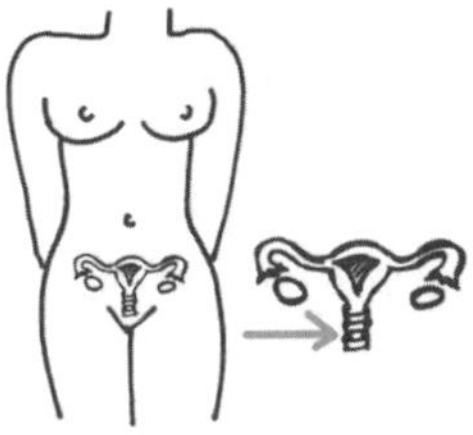

VAGINA – Mão aberta, dedos separados e esticados apontando para dentro, indicador e polegar unidos pelas pontas, que devem estar voltadas para baixo, palma para baixo. Encostar as laterais do indicador e do polegar na testa.

• ***Vagina:*** *Canal que se estende do colo do útero à vulva.* **Sinal igual:** ÓRGÃO GENITAL FEMININO, VULVA

VAIAR – Mãos abertas, dedos unidos e esticados apontando para cima, polegares separados apontando para dentro, palmas para a frente. Encostar os indicadores nos cantos da boca. Em seguida, mover o lábio em "U", imitando o gesto de quem solta uma vaia.

• ***Vaiar:*** *Manifestar seu desagrado através de sons (gritos e assovios).*

VALE – Mão direita aberta, dedos unidos e esticados apontando para a frente, palma para baixo. Posicionar a mão no lado esquerdo, na altura do rosto. Em seguida, movê-la para o lado direito, descendo-a na altura do peito e subindo novamente para a altura do rosto durante o percurso.

• ***Vale:*** *Terreno baixo próximo a um rio.*

VALIDADE – Fazer os sinais de "dia"e de "até".

• ***Validade:*** *Prazo dentro do qual um produto se encontra em boas condições para o consumo; prazo dentro do qual algum acordo é válido.*

■ VAIDADE: ORGULHO, ORGULHOSO ■ VALENTE: CORAGEM ■ VALENTIA: CORAGEM ■ VALISE: MALA ■ VALOR: DINHEIRO

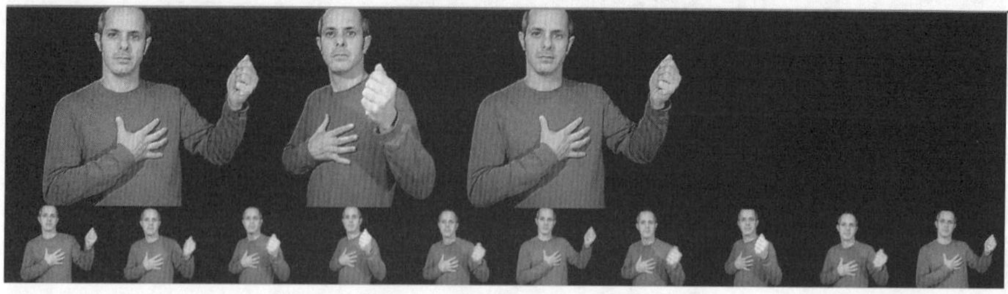

VALSA – Mão esquerda fechada em "A", palma para dentro. Mão direita aberta, dedos separados e esticados apontando para dentro, palma para trás. Posicionar a mão esquerda na altura do ombro e encostar a direita no peito. Em seguida, virar o corpo para o lado direito, acompanhando esse movimento com o braço esquerdo, e voltar à posição inicial, duas vezes.

• ***Valsa:*** *Certo ritmo musical; tipo de dança.*

VAMOS – Mão direita aberta, dedos unidos e esticados apontando para a frente, palma para dentro. Posicionar a mão um pouco longe do corpo e movê-la para trás, em direção ao ombro esquerdo, virando a palma também para trás.

• ***Vamos:*** *Expressão usada para chamar uma ou mais pessoas para ir a algum lugar.*

VAMPIRO – Mãos fechadas com os indicadores abertos e curvados, palmas para baixo. Mover simultaneamente as mãos, tocando duas vezes as laterais desses dedos nos cantos da boca.

• ***Vampiro:*** *Nome dado aos morcegos que se alimentam de sangue; personagem lendário: corpo de um morto que se reanima à noite e sai do túmulo para sugar o sangue dos vivos.*

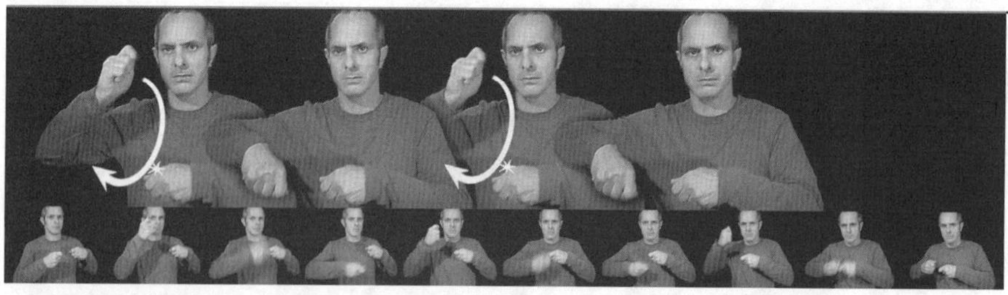

VANDALISMO – Mãos fechadas em "A" com os dedos indicadores também fechados, mas um pouco acima dos demais dedos, palmas para trás. Com gestos fortes, mover a mão direita de cima para baixo, batendo levemente o dorso do indicador no do mesmo dedo da mão esquerda duas vezes.

• ***Vandalismo:*** *Ato ou efeito de produzir estrago ou destruição, principalmente de bens públicos.*

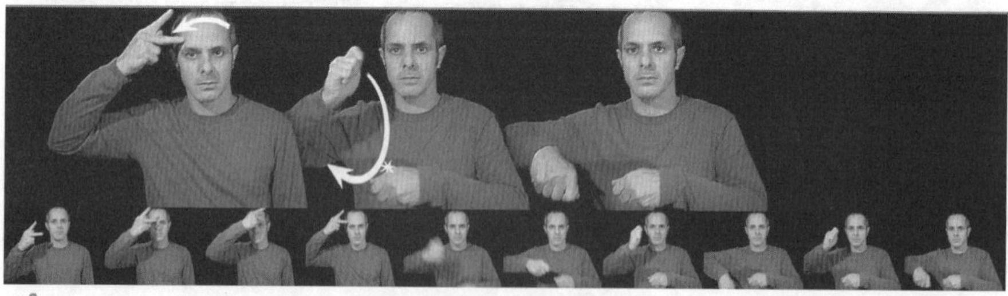

VÂNDALO – Fazer os sinais de "pessoa" e de "violência".

• ***Vândalo:*** *Pessoa que ataca ou destrói bens públicos.*

▪ **VANTAGEM:** LUCRAR ▪ **VÃO:** VAZIO

VAPOR – Mãos abertas, dedos curvados e separados, palmas para cima. Posicionar as mãos diante do corpo, na altura do peito. Em seguida, com um gesto um pouco lento, movê-las simultaneamente para cima, movimentando os dedos aleatoriamente durante o percurso.

• ***Vapor:*** *Estado gasoso de um líquido.* **Sinal igual:** EVAPORAR

VAQUEIRO – Fazer o sinal de "vaca" (ver "boi"). Em seguida, com as mãos fechadas, as palmas para baixo e posicionadas uma na frente da outra, movê-las simultaneamente e com movimentos um pouco curtos, para a frente e para trás, duas ou três vezes, imitando o gesto de quem está montando um cavalo em galope e segurando nas rédeas.

• ***Vaqueiro:*** *Homem que trabalha com gado.*

VARAL – Mãos abertas, dedos esticados e separados, palmas para a frente. Posicionar uma mão ao lado da outra e movê-las simultaneamente, unindo as pontas do indicador e do polegar, direcionando-as para a frente, voltar à posição inicial, afastar as mãos para as laterais e unir as pontas dos dedos novamente.

• ***Varal:*** *Fio estendido que serve para se pendurar roupas para secar.*

VARANDA – Fazer o sinal da "casa". Em seguida, com a mão aberta, os dedos unidos e esticados apontando para cima e a palma para trás, posicionar a mão perto do corpo, na altura do ombro; e movê-la para a frente, virando a palma para cima. Depois, com as mãos fechadas, os indicadores e os polegares abertos e levemente curvados e as palmas para baixo, posicionar uma mão perto da outra, na frente do corpo e movê-las simultaneamente para as laterais.

• ***Varanda:*** *Compartimento aberto, geralmente protegido por uma cobertura que compõe uma edificação.*

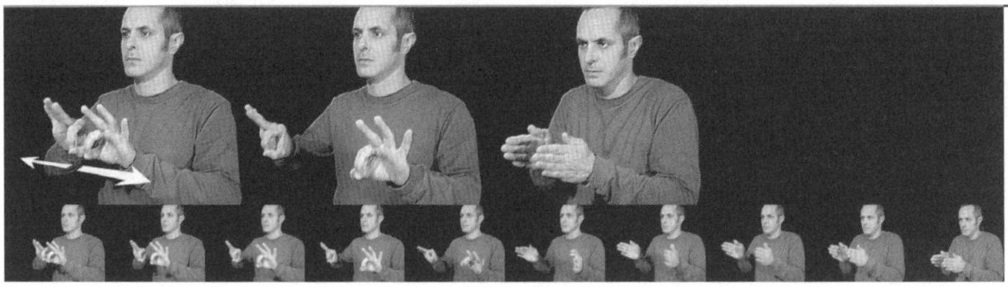

VARETA – Fazer os sinais de "lança" (sem o movimento de mover a mão para a frente) e de "curto".

• ***Vareta:*** *Pequena vara.*

▪ **VAREJEIRA:** MOSCA ▪ **VARIAR:** TROCAR ▪ **VARICELA:** CATAPORA

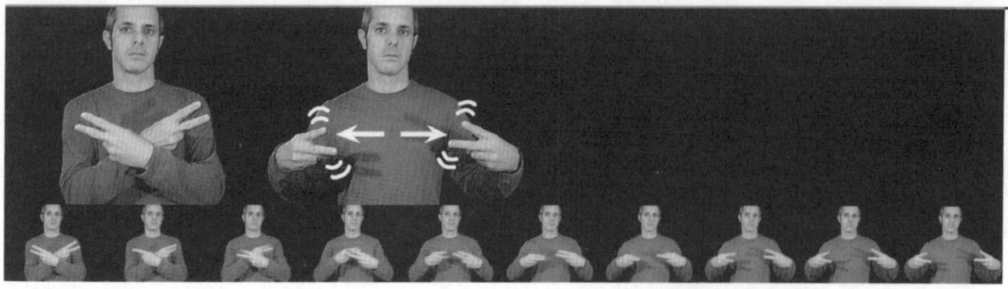

VÁRIOS – Mãos em "2" com os dedos apontando para dentro, palmas para trás. Posicionar uma mão diante da outra na altura do peito e deslocá-las simultaneamente para as laterais, movendo os indicadores e médios várias vezes durante o movimento.

• ***Vários:*** *Mais de um.*

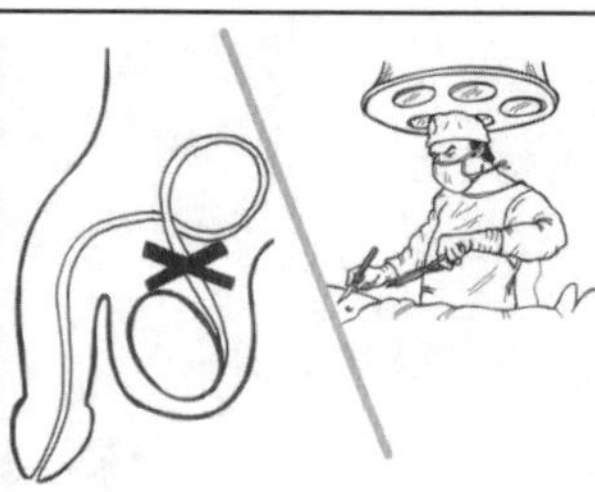

VASECTOMIA – Mãos em "V" com os dedos apontando para dentro e levemente inclinados para baixo, palmas para cima. Posicionar as mãos um pouco acima da virilha, encostando as laterais externas no corpo. Em seguida, unir e separar duas vezes os indicadores dos médios, como no sinal de "cortar".

• ***Vasectomia:*** *Cirurgia usada como método contraceptivo masculino.* **Sinal igual:** LAQUEADURA DE TROMPAS, LIGADURA DE TROMPAS

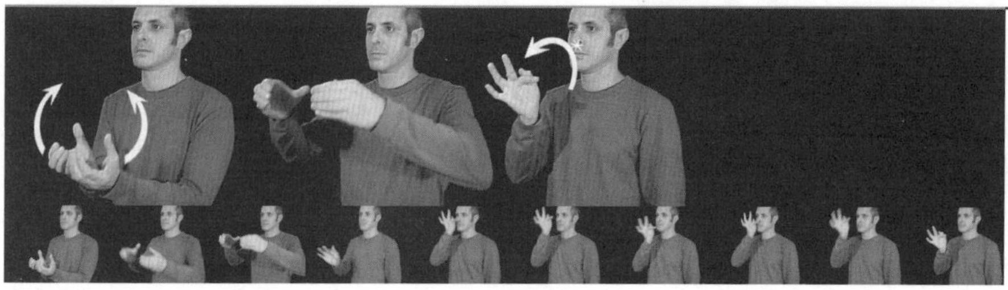

VASO – Fazer os sinais de "tigela" e de "flor".

• ***Vaso:*** *Recipiente em que se colocam plantas.*

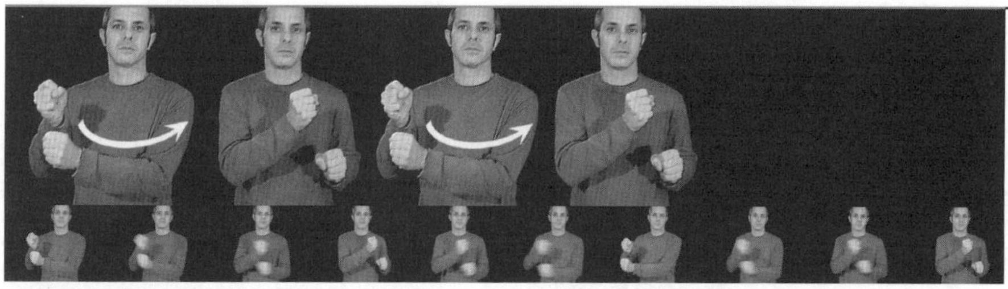

VASSOURA – Mãos fechadas, palmas para dentro. Posicionar uma mão acima da outra, deslocando-as para a lateral direita. Em seguida, movê-las simultaneamente para o lado esquerdo duas vezes, imitando o gesto de quem varre o chão com uma vassoura.

• ***Vassoura:*** *Utensílio usado para varrer o chão.* **Sinal igual:** VARRER

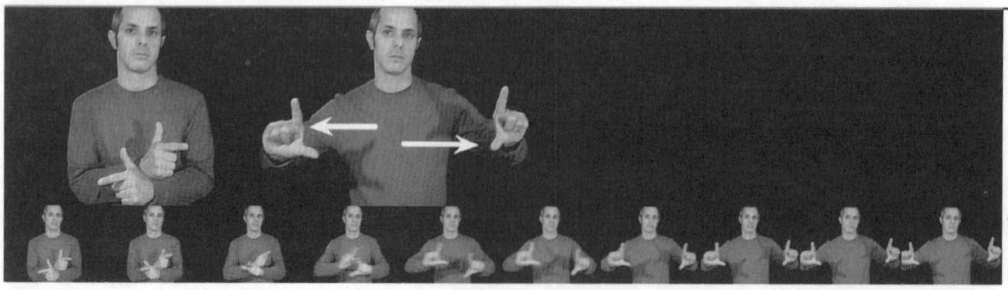

VAZIO – Mãos em "L" com os indicadores esticados apontando para a frente, palmas para dentro. Posicionar uma mão em cima da outra, tocando-se pelos punhos. Em seguida, movê-las simultaneamente, afastando uma da outra para as laterais, virando as palmas para baixo.

• ***Vazio:*** *Aquilo que não contém nada em seu interior.* **Sinal igual:** EVACUAR, NENHUM, OCO, VÁCUO, VÃO

■ **VARRER:** VASSOURA ■ **VASO SANITÁRIO:** PRIVADA

VEADO – Mãos abertas, dedos esticados e separados apontando para cima, palmas para a frente. Tocar as pontas dos polegares nas laterais da cabeça, na região das têmporas.

• ***Veado:*** *Animal da família dos cervídeos.* **Sinal igual:** CERVO

VEDAR – Mão esquerda aberta, dedos unidos e esticados apontando para a frente, palmas para baixo. Mão direita fechada com o polegar esticado, palma também para baixo. Posicionar a mão direita atrás da esquerda e movê-la para a frente, deslizando a ponta do polegar pela lateral interna da mão esquerda.

• ***Vedar:*** *Fechar a abertura de algo; impedir que algo vaze ou escape através de uma abertura.*

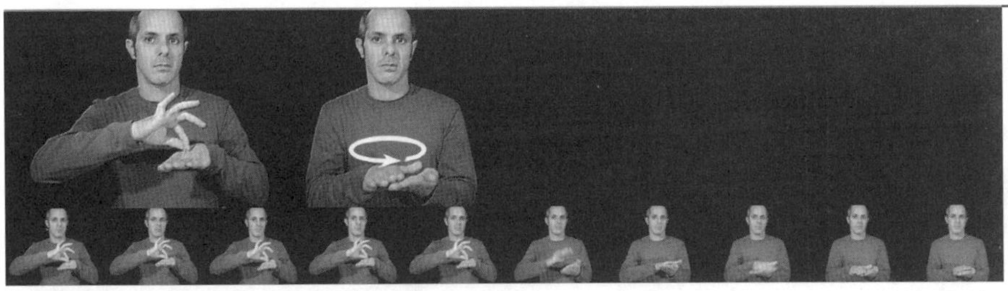

VEGETARIANO – Fazer os sinais de "carne"e de "nada".

• ***Vegetariano:*** *Pessoa que se alimenta exclusivamente de vegetais; aquele que não come carne.*

VELA – Mão esquerda fechada com o indicador esticado apontando para cima, palma para dentro. Mão direta aberta, dedos esticados apontando para cima, palma para trás e braço dobrado verticalmente. Encostar a lateral interna da mão esquerda no braço direito, com a ponta do indicador, na altura do punho direito. Em seguida, movimentar os dedos da mão direita aleatoriamente.

• ***Vela:*** *Peça de cera com um pavio no centro usada principalmente para iluminar.*

VELEIRO – Fazer o sinal de "barco". Depois, com a mão esquerda fechada, o indicador esticado apontando para cima, a mão direita aberta, os dedos unidos e esticados e a palma para trás, encostar a ponta do indicador esquerdo no punho direito, posicionando as mãos perto do braço esquerdo. Em seguida, movê-las para o lado direito, afastando-as um pouco do corpo. "Abanar" levemente a mão direita durante o movimento.

• ***Veleiro:*** *Espécie de barco movido a vela; barco que usa a força dos ventos para se locomover.*

■ **VEEMÊNCIA:** FORÇA ■ **VEGETAL:** PLANTA ■ **VEÍCULO:** AUTOMÓVEL

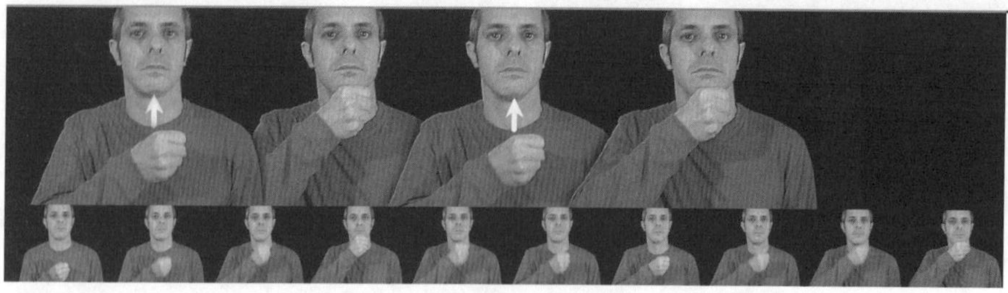

VELHO – Mão fechada em "S", palma para trás. Mover a mão de baixo para cima, tocando duas ou três vezes sua lateral na parte inferior da ponta do queixo.

• **Velho:** *Que não é novo.* **Sinal igual:** ANCIÃO, TRAPO

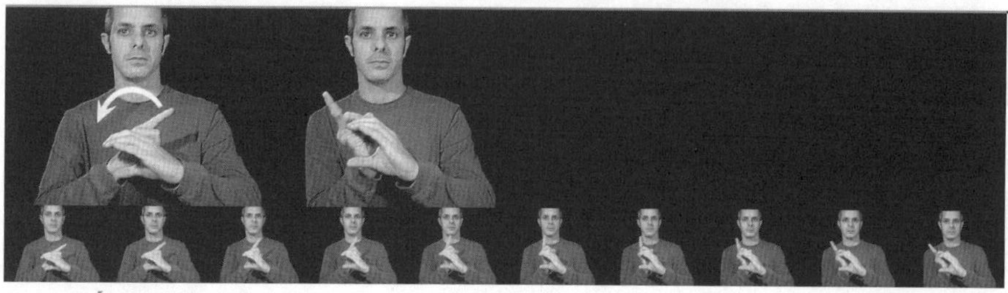

VELOCÍMETRO – Mão esquerda em "C", palma para dentro. Mão direita fechada com o indicador esticado apontando para o lado esquerdo, palma para dentro. Unir as mãos pelas laterais, com a mão esquerda posicionada na frente da direita (foto 1). Em seguida, girar a mão direita para o lado direito, sem desencostar as mãos.

• **Velocímetro:** *Equipamento próprio para medir a velocidade.*

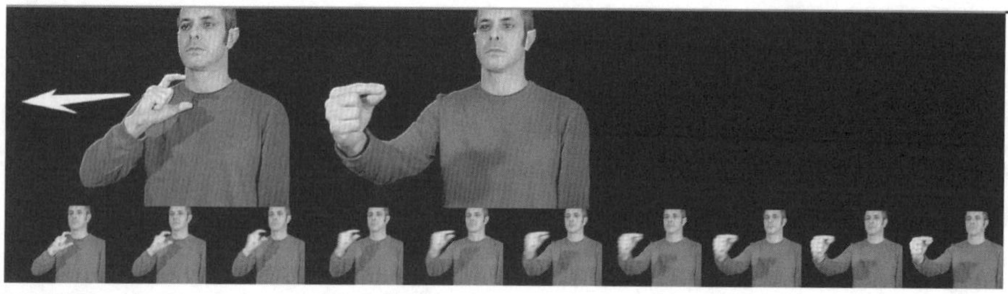

VELOZ – Mão fechada com o indicador e o polegar abertos apontando para dentro, palma para dentro. Posicionar a mão perto do corpo. Em seguida, com um gesto rápido, movê-la para a frente, unindo o indicador e o polegar pelas pontas.

• **Veloz:** *Aquilo ou aquele que é rápido.* **Sinal igual:** LIGEIRO

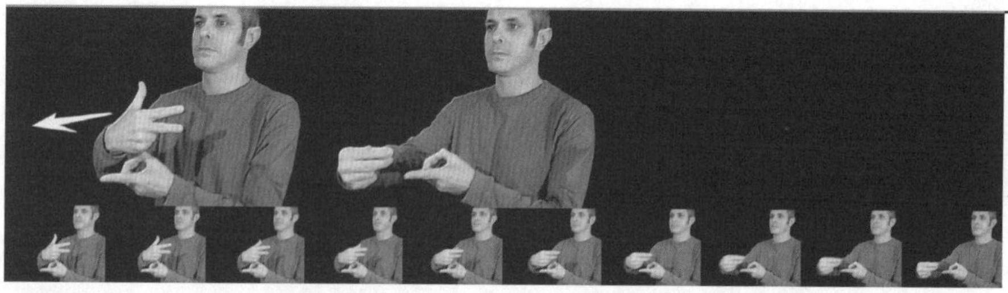

VENCER – Mão esquerda em "D" com o dedo indicador apontando para a frente, palma para dentro. Mão direita com o polegar, o indicador e o médio abertos apontando para trás, demais dedos fechados, palma para trás. Posicionar a mão direita acima da esquerda (foro 1). Em seguida, mover a mão direita para a frente, unindo o polegar, o indicador e o médio pelas pontas.

• **Vencer:** *Ganhar uma competição ou superar algum obstáculo.* **Sinal igual:** DERROTAR, ÊXITO, TRIUNFAR, TRIUNFO, VITÓRIA

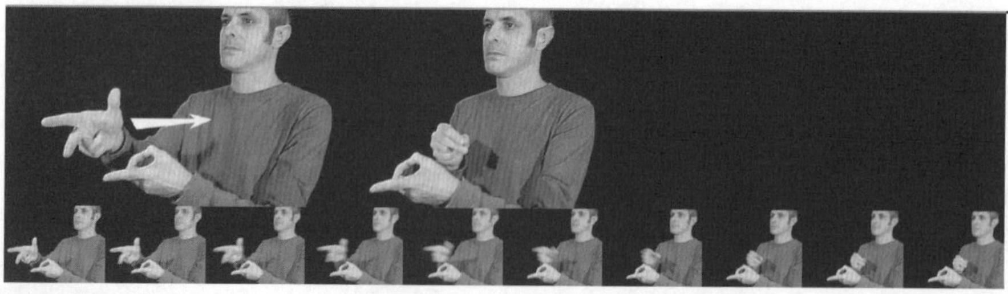

VENCIDO – Mão esquerda em "D" com o indicador apontando para a frente, palma para dentro. Mão direita com o polegar, o indicador e o médio abertos apontando para a frente, demais dedos fechados, palma para dentro. Posicionar a mão direita na frente da esquerda (foto 1). Em seguida, mover a mão direita para trás, unindo o polegar, o indicador e o médio pelas pontas.

• **Vencido:** *Perder alguma competição.* **Sinal igual:** DERROTADO

■ **VENCEDOR:** CAMPEÃO ■ **VENCIMENTOS:** SALÁRIO

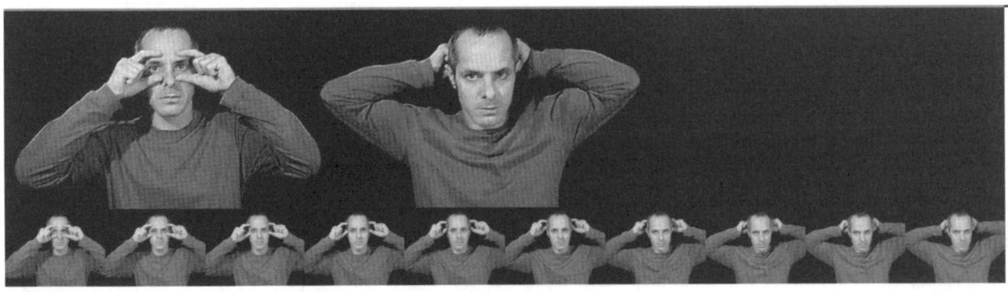

VENDA – Mãos fechadas com os indicadores e polegares abertos. Tocar as pontas desses dedos no rosto, mantendo os olhos entre o indicador e o polegar de cada mão (foto 1). Em seguida, mover simultaneamente as mãos, deslizando-as para as laterais e contornando a cabeça.

• ***Venda:*** *Faixa de pano com que se cobrem os olhos para impedir a visão.*

VENDER – Indicadores esticados, polegares segurando os médios pelas unhas, demais dedos fechados. Posicionar as mãos conforme a foto 1. Em seguida, movê-las simultaneamente, esticando os dedos médios para a frente e voltar à posição inicial, duas ou três vezes.

• ***Vender:*** *Dar alguma coisa a alguém em troca de dinheiro.* **Sinal igual:** COMERCIANTE, COMERCIAR, NEGOCIANTE, VENDEDOR, VENDEDOR AMBULANTE

VENENO – Mão fechada em "S", palma para a frente. Com gestos curtos, esticar o indicador e o médio, apontando-os para a frente e voltar à posição inicial, duas vezes.

• ***Veneno:*** *Substância tóxica que pode provocar a morte.* **Sinal igual:** PEÇONHA, TÓXICO

VENEZUELA – Mão em "V", palma para a frente. Posicionar a mão na altura da cabeça. Em seguida, movê-la para baixo, balançando-a para o lado direito e esquerdo várias vezes durante o percurso.

• ***Venezuela:*** *País localizado na América do Sul.*

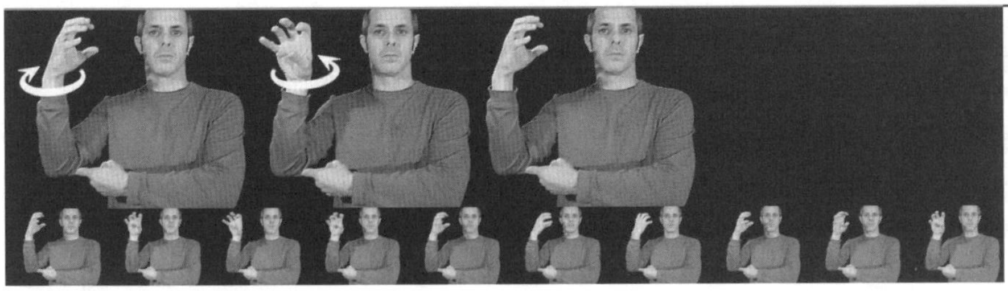

VENTILADOR – Mão esquerda fechada com o indicador esticado, palma para trás. Mão direita aberta, dedos curvados e separados, palma para dentro. Apoiar o cotovelo direito no indicador esquerdo. Em seguida, girar a mão direita ao redor do próprio eixo, para o lado direito e para o lado esquerdo, duas vezes.

• ***Ventilador:*** *Eletrodoméstico que produz vento.* **Sinal igual:** VENTILADOR DE TETO

▪ **VENDEDOR:** VENDER ▪ **VENDEDOR AMBULANTE:** VENDER ▪ **VENERAR:** ADORAR ▪ **VENTILADOR DE TETO:** VENTILADOR

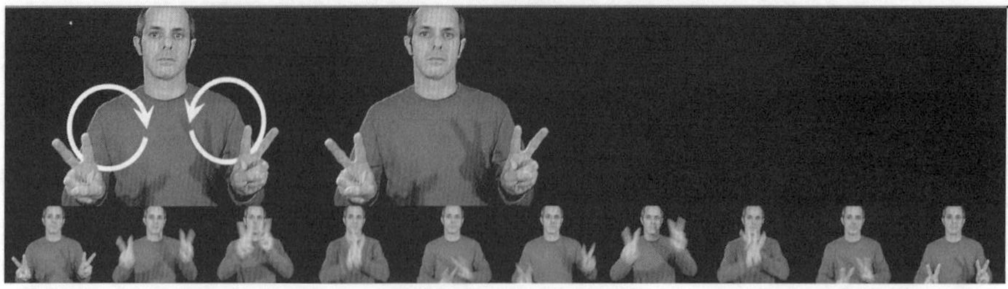

VENTO – Mãos em "V", palmas para a frente. Movê-las simultaneamente e em sentidos opostos, descrevendo dois círculos na vertical.

• ***Vento:*** *Ar em movimento.*

VER* – Mão em "V", palma para a frente. Tocar a ponta do indicador na lateral externa do olho. Em seguida, mover a mão para a frente, virando a palma para baixo.

• ***Ver:*** *Perceber pela visão.* **Sinal igual:** AVISTAR

VERBA – Fazer o sinal de "dinheiro". Em seguida, com a mão em "C", tocar a lateral interna da mão no peito.

• ***Verba:*** *Quantia em dinheiro.*

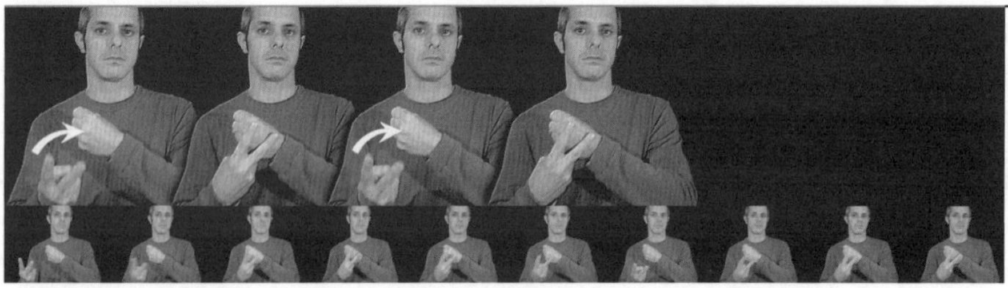

VERBO – Mão esquerda fechada, palma para trás. Mão direita em "V", palma também para trás. Tocar duas vezes o indicador e o médio da mão direita no dorso esquerdo.

• ***Verbo:*** *Palavra que expressa uma ação ou um estado.*

VERDADE – Mão esquerda aberta, palma para cima. Mão direita aberta, dedos esticados e separados, com os dedos médio e polegar unidos pelas pontas. Posicionar a mão direita acima da esquerda e movê-la para baixo, tocando as pontas do médio e do polegar na palma esquerda.

• ***Verdade:*** *Aquilo que está de acordo com a realidade ou com os fatos.* **Sinal igual:** AUTÊNTICO, GENUÍNO, LEGÍTIMO, REAL, VERACIDADE, VERDADEIRO

V

▪ **VENTRE:** BARRIGA ▪ **VENTUROSO:** FELIZ ▪ **VER:** ASSISTIR ▪ **VERACIDADE:** VERDADE ▪ **VERÃO:** CALOR ▪ **VERDADEIRO** : VERDADE

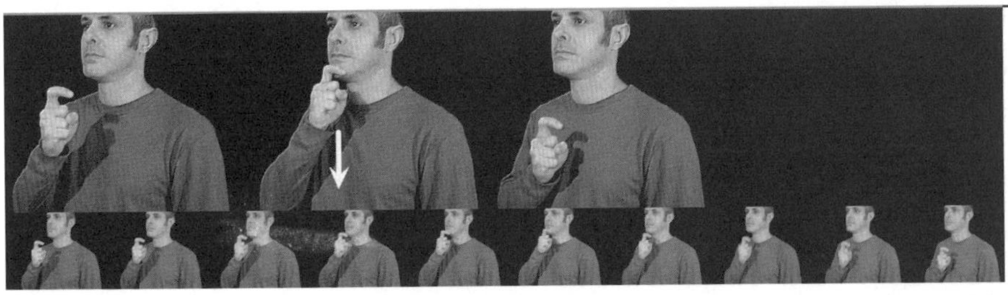

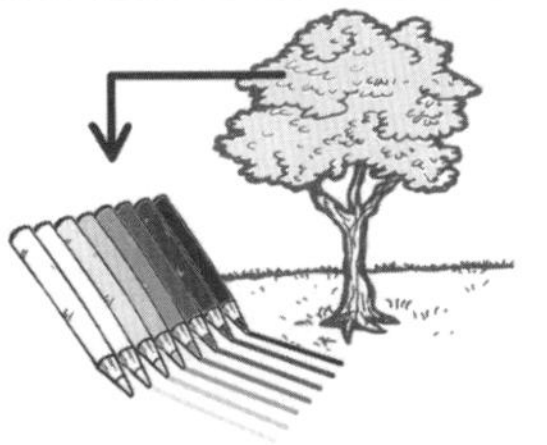

VERDE – Mão fechada com o indicador aberto e dobrado, palma para dentro. Tocar a lateral desse dedo no queixo e mover a mão para baixo.

• ***Verde:*** *Cor obtida da mistura do azul com o amarelo.*

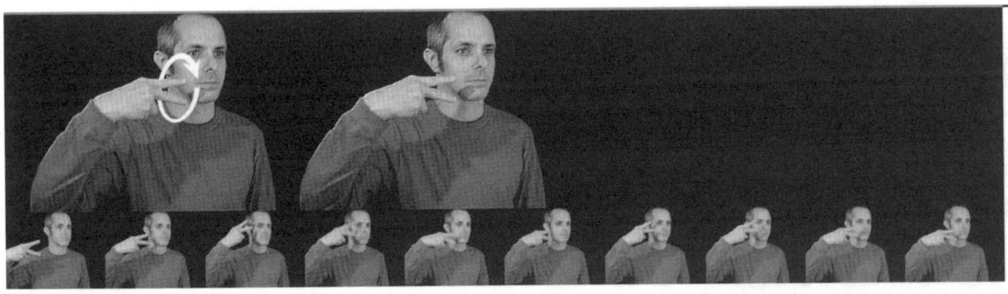

VEREADOR – Mão em "V" com os dedos apontando para a bochecha, palma para trás. Mover a mão em círculos, articulando o punho.

• ***Vereador:*** *Membro do poder legislativo de um município.*

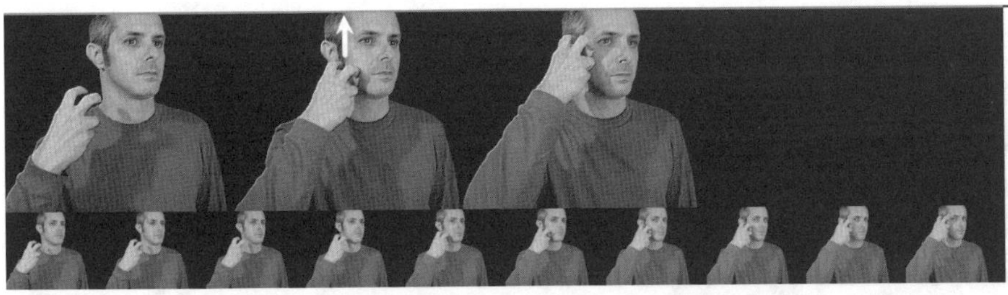

VERGONHA – Mão fechada com o indicador e o médio abertos e curvados. Tocar o dorso desses dedos no rosto, abaixo da bochecha. Em seguida, com um movimento lento, deslizar a mão um pouco para cima.

• ***Vergonha:*** *Estado de constrangimento.* **Sinal igual:** ACANHADO, CONSTRANGER, CONSTRANGIDO, EMBARAÇADO, ENVERGONHADO, ENVERGONHAR, PUDOR, TIMIDEZ, TÍMIDO

VERIFICAR – Fazer os sinais de "atenção" e de "perguntar".

• ***Verificar:*** *Conferir alguma coisa.* **Sinal igual:** AFERIÇÃO, AFERIR, ANALISAR, AVERIGUAR, CHECAGEM, CHECAR, INQUIRIR, INQUISIÇÃO, VERIFICAÇÃO

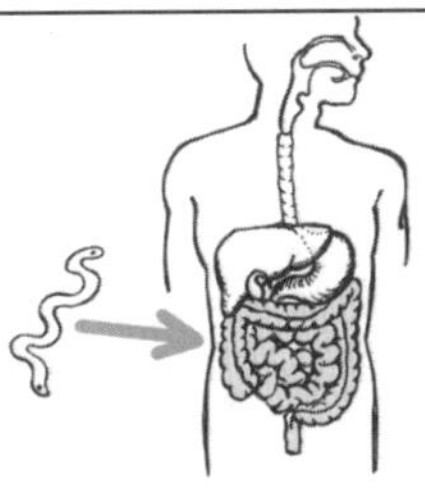

VERME – Mão direita fechada com o indicador aberto e curvado, palma para baixo. Posicionar a mão na lateral do quadril (foto 1). Em seguida, movê-la para o lado esquerdo, passando pela região do abdome. Esticar e dobrar o indicador várias vezes durante o percurso.

• ***Verme:*** *Nome dado a todos os animais invertebrados de corpo mole e longo.* **Sinal igual:** HELMINTO, SOLITÁRIA

▪ **VEREDA:** CAMINHO ▪ **VERIFICAÇÃO:** VERIFICAR

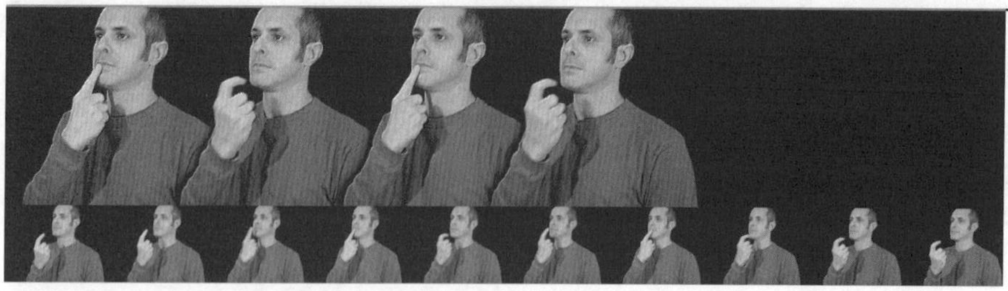

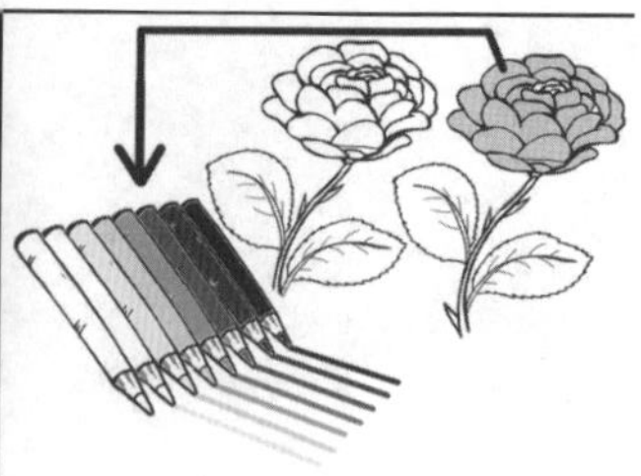

VERMELHO – Mão fechada com o indicador esticado, palma para trás. Resvalar duas vezes, de cima para baixo, a ponta do dedo nos lábios.

• ***Vermelho:*** *Cor como a do sangue.*

VERNIZ – Fazer os sinais de "pintar" e de "brilhar".

• ***Verniz:*** *Solução transparente resinosa que é usada como revestimento de madeiras, cerâmicas e outros materiais.*

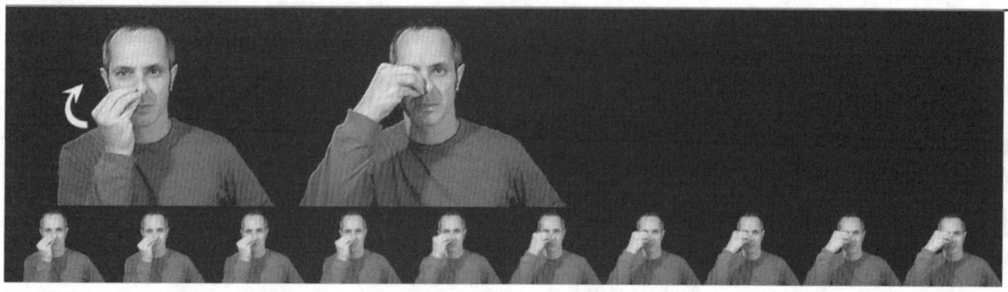

VERRUGA – Dedos levemente curvados e unidos pelas pontas, que devem tocar na lateral do nariz. Em seguida, mover a mão para cima, sem desencostar as pontas dos dedos do nariz.

• ***Verruga:*** *Pequena elevação da pele.*

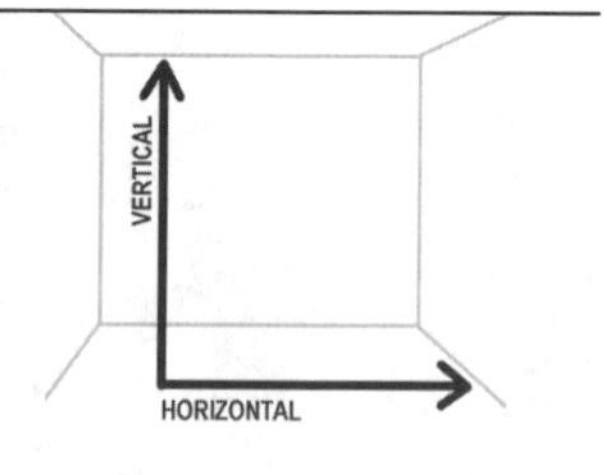

VERTICAL – Mão fechada com o indicador esticado apontando para a frente, palma para dentro. Posicionar a mão na altura da cintura. Em seguida, movê-la para cima.

• ***Vertical:*** *Perpendicular ao plano horizontal.*

VESGO – Mãos fechadas com os dedos indicadores esticados, palmas para trás. Com as duas mãos, apontar para os olhos. Em seguida, direcionar o indicador esquerdo para o lado direito e o indicador direito para o lado esquerdo.

• ***Vesgo:*** *Que sofre de desvio em um ou em ambos os olhos.*

▪ **VEROSSÍMIL:** POSSÍVEL ▪ **VERSADO:** CULTURA ▪ **VERSÃO:** INTERPRETAR, TRADUÇÃO ▪ **VERSO:** OPOSTO ▪ **VÉRTEBRA:** COLUNA VERTEBRAL ▪ **VERTER:** DERRAMAR ▪ **VERTIGEM:** TONTURA

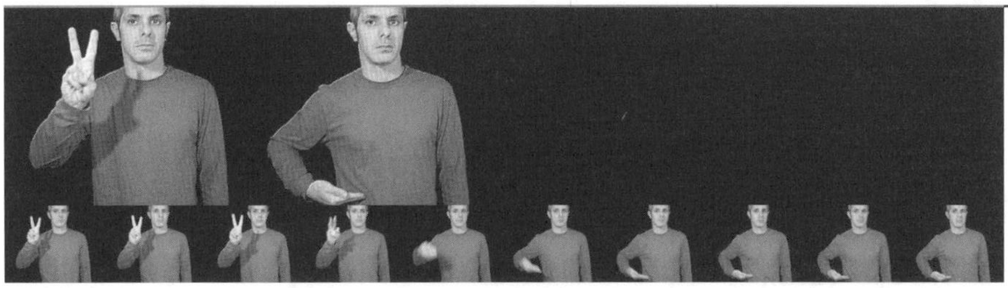

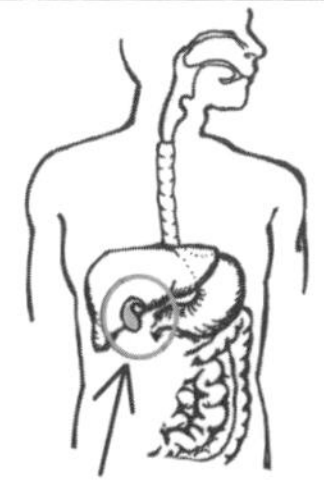

VESÍCULA – Fazer o sinal de "V". Em seguida, com a mão aberta, os dedos unidos e esticados e a palma para cima, tocar duas vezes as pontas dos dedos no corpo, na região da vesícula biliar (logo abaixo do fígado).

• ***Vesícula:*** *Órgão muscular que recebe a bile diluída do fígado.*

VÉSPERA – Fazer os sinais de "dia" e de "antes".

• ***Véspera:*** *Dia anterior ao dia ou ao acontecimento do qual se fala.*

VESTIBULAR – Mão em "V", palma para a frente. Mover a mão, descrevendo um círculo na posição vertical.

• ***Vestibular:*** *Prova para conseguir uma vaga em faculdade ou universidade.*

VESTIDO – Fazer o sinal de "roupa". Depois, mãos abertas, dedos esticados e separados, palmas para trás. Tocar levemente as mãos no corpo, na região do peito. Em seguida, deslizá-las simultaneamente para baixo, até a região do quadril, e afastá-las um pouco do corpo.

• ***Vestido:*** *Peça do vestuário feminino.*

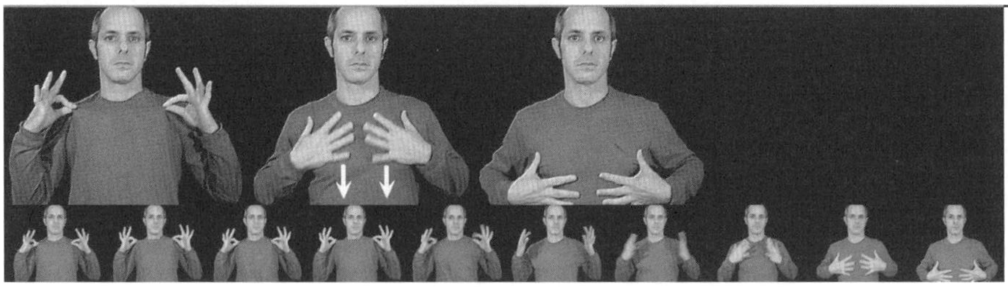

VESTIR – Fazer o sinal de "roupa". Depois, mãos abertas, dedos esticados e separados, palmas para trás. Tocar as mãos no corpo, na região do peito. Em seguida, deslizá-las simultaneamente para baixo.

• ***Vestir:*** *Colocar uma roupa no corpo.* **Sinal igual:** ENROUPAR

▪ VESTE: ROUPA ▪ VESTIMENTA: ROUPA ▪ VESTUÁRIO: ROUPA ▪ VETAR: PROIBIR

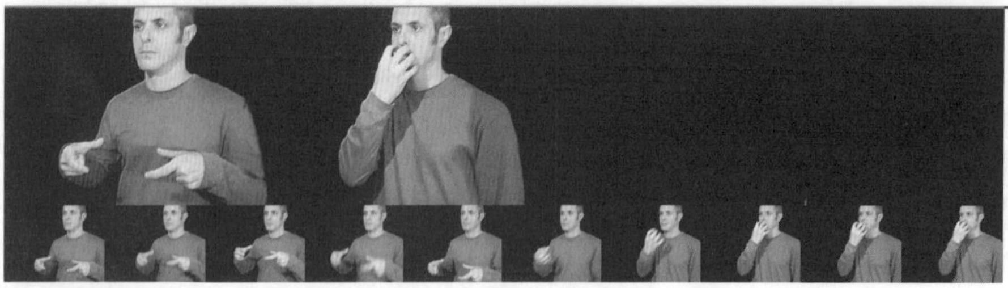

VETERINÁRIA (CLÍNICA) – Fazer os sinais de "lugar" e de "cachorro".

• ***Veterinária (clínica):*** *Clínica especializada no tratamento de doenças ou problemas que afetam os animais.*

VETERINÁRIO – Fazer os sinais de "cachorro" e de "médico".

• ***Veterinário:*** *Profissional que cuida de doenças ou problemas de saúde dos animais.*

VIA – Mão esquerda aberta, dedos unidos e esticados apontando para cima, palma para dentro. Mão direita aberta, dedos unidos e esticados apontando para cima, palma para trás. Tocar a lateral externa do mínimo direito na palma esquerda (foto 1). Em seguida, mover a mão direita para cima, deslizando-a pela mão esquerda, e virá-la para o lado esquerdo ao passar pelas pontas dos dedos esquerdos.

• ***Via:*** *Caminho que se segue para chegar a algum lugar.*

VIADUTO – Mão aberta, dedos unidos e esticados apontando para a frente, palma para baixo. Posicionar a mão perto do corpo. Em seguida, movê-la para a frente, descrevendo um grande arco durante o percurso.

• ***Viaduto:*** *Construção que serve de passagem superior sobre estradas, ruas, avenidas etc.* **Sinal igual:** ELEVADO

VIAJAR – Dedos levemente curvados e unidos pelas pontas, palma para trás. Posicionar a mão perto do ombro. Em seguida, movê-la para a lateral e para cima, abrindo e unindo os dedos várias vezes durante o percurso.

• ***Viajar:*** *Ir a algum lugar relativamente distante.* **Sinal igual:** MIGRAR

▪ **VETO:** PROIBIR ▪ **VEXAME:** GAFE ▪ **VEXAR:** HUMILHAR ▪ **VIA FÉRREA:** FERROVIA ▪ **VIABILIDADE:** POSSÍVEL ▪ **VIATURA:** AUTOMÓVEL ▪ **VIÁVEL:** POSSÍVEL ▪ **VÍBORA:** COBRA

VIBRAR – Mãos abertas, dedos dobrados e separados, palmas para dentro. Posicionar uma mão perto da outra. Em seguida, com gestos curtos e rápidos, movê-las simultaneamente e em sentidos opostos, para cima e para baixo, três ou quatro vezes.

• ***Vibrar:*** *Movimento ou agitação rápida; tremor; trepidação.*

VICE-VERSA – Mão em "V", palma para trás. Mover a mão para o lado direito e depois para o lado esquerdo, virando a palma para a frente, e mais uma vez para o lado direito, virando a palma para trás.

• ***Vice-versa:*** *Em sentido inverso; de modo recíproco ou mútuo.*

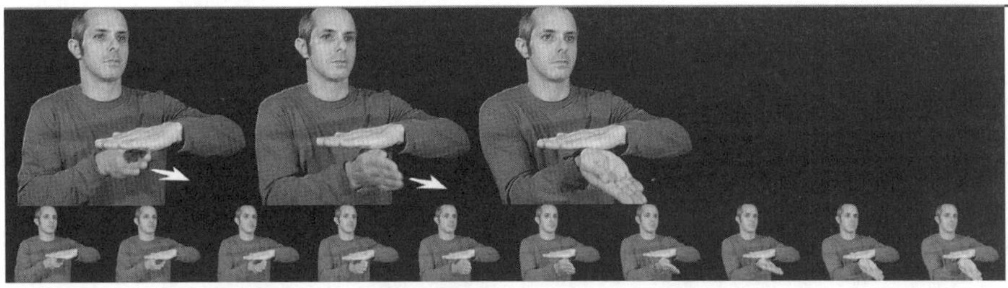

VÍCIO – Mão esquerda aberta, dedos unidos e esticados apontando para dentro, palma para baixo. Mão direita aberta, dedos unidos e esticados apontando para a frente, palma para dentro. Encostar a lateral interna da mão direita na palma esquerda. Em seguida, mover a mão direita para a frente, deslizando-a pela mão esquerda e virando a palma para cima.

• ***Vício:*** *Hábito persistente.* **Sinal igual:** VICIADO

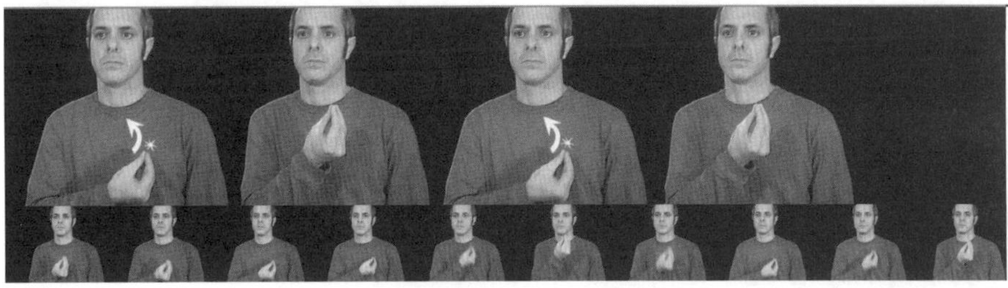

VIDA – Dedos esticados e unidos pelas pontas, palma para cima. Mover a mão de baixo para cima, resvalando as pontas dos dedos no peito, na região do coração, duas ou três vezes.

• ***Vida:*** *Característica dos seres vivos cuja existência evolui do nascimento até a morte.* **Sinal igual:** EXISTÊNCIA, VITALIDADE, VIVER

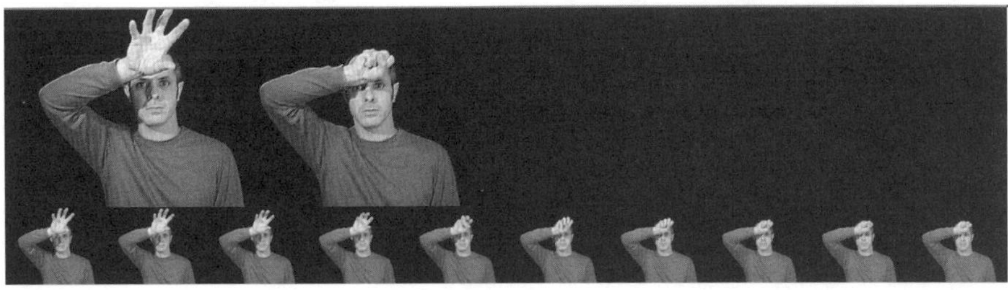

VIDENTE – Mão aberta, dedos separados e levemente curvados, palma para a frente. Posicionar a mão diante da testa. Em seguida, mover a mão para trás, encostando seu dorso na testa e fechando-a em "S".

• ***Vidente:*** *Pessoa capaz de prever o futuro; pessoa que faz adivinhações.*

▪ **VICIADO:** VÍCIO

VIDEOCASSETE – Mãos em "L", palmas para baixo. Mover as mãos simultaneamente um pouco para a frente, virando as palmas também para a frente. Fazer este movimento duas vezes seguidas.

• *Videocassete: Equipamento eletrônico ligado à TV com o qual se assistem filmes gravados em fitas de vídeo.* **Sinal igual:** FITA DE VÍDEO

VIDEOGAME – Fazer o sinal de "televisão". Depois, mão esquerda aberta, palma para cima, mão direita fechada, palma para dentro. Encostar a lateral externa da mão direita na palma esquerda. Em seguida, inclinar a mão direita de um lado para outro, sem desencostá-la da palma esquerda.

• **Videogame:** *Brinquedo eletrônico.*

VIDEOLOCADORA – Mãos em "L", palmas para baixo. Mover as mãos simultaneamente e um pouco para a frente, virando as palmas também para a frente. Depois, fazer o sinal de "alugar".

• *Videolocadora: Estabelecimento comercial que aluga fitas ou CDs de vídeo.*

VIDRAÇARIA – Fazer os sinais de "vender" e de "vidro".

• *Vidraçaria: Estabelecimento comercial que vende principalmente vidros e espelhos.*

VIDRO – Mão esquerda aberta, dedos unidos e esticados apontando para cima, palma para dentro. Mão direita aberta com o polegar segurando o médio pela unha, palma para dentro. Esticar o médio direito, batendo sua ponta na palma esquerda, duas vezes.

• *Vidro: Material rígido geralmente transparente e quebradiço.*

V

VIGIA – Fazer os sinais de "vigiar" e de "soldado".

• ***Vigia:*** *Profissional que trabalha fazendo a segurança de algum estabelecimento comercial, público ou residencial.* **Sinal igual:** SENTINELA, VIGILANTE

VIGIAR – Mão esquerda fechada com o indicador esticado apontando para dentro, palma para baixo. Mão direita em "V", palma para a frente. Encostar o punho direito na lateral interna da mão esquerda. Em seguida, mover a mão direita, inclinando-a de um lado para outro, duas ou três vezes, sem desencostar uma mão da outra.

• ***Vigiar:*** *Tomar conta; cuidar da segurança; zelar.*

VINAGRE – Mão esquerda aberta, dedos unidos e esticados, palma para cima. Mão direita em "Y", palma para a frente. Mover a mão direita de cima para baixo, apontando o polegar para a palma esquerda, duas ou três vezes.

• ***Vinagre:*** *Tempero geralmente obtido do vinho.*

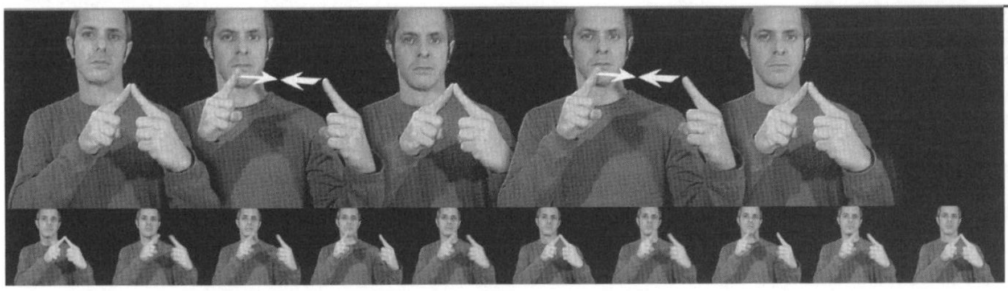

VINGANÇA – Mãos fechadas com os indicadores esticados apontando para cima. Unir as mãos pelas pontas dos dedos e posicioná-las diagonalmente com relação ao corpo. Em seguida, movê-las simultaneamente, afastando uma da outra e unindo-as novamente, duas ou três vezes.

• ***Vingança:*** *Ato de prejudicar alguém como resposta a uma ação considerada ofensiva e praticada anteriormente por essa pessoa.* **Sinal igual:** DESAFRONTA, DESFORRA, REPRESÁLIA, VINGAR

VINHO – Mão em "V", palma para dentro. Tocar levemente as pontas dos dedos na bochecha. Em seguida, mover a mão, deslizando-a em pequenos círculos sobre a bochecha.

• ***Vinho:*** *Bebida alcoólica obtida da uva.*

▪ VIGILANTE: ALERTA, VIGIA ▪ VIGOROSO: FORTE, ROBUSTO ▪ VILA: COMUNIDADE ▪ VILAREJO: COMUNIDADE ▪ VINCO: DOBRAR ▪ VINGAR: VINGANÇA

VIOLÃO – Mão esquerda aberta, dedos curvados e separados, palma para cima. Mão direita com o indicador e o polegar unidos pelas pontas, palma para trás. Posicionar as mãos conforme a foto 1, como se estivessem segurando um violão. Em seguida, mover a mão direita para cima e para baixo e, ao mesmo tempo, movimentar aleatoriamente os dedos esquerdos.

• ***Violão:*** *Instrumento musical que possui geralmente seis cordas.*

VIOLÊNCIA – Mãos fechadas com os dedos indicadores abertos e curvados, palmas para dentro. Manter as mãos nas laterais da cabeça. Em seguida, deslocá-las simultaneamente, descrevendo pequenos círculos para trás (como no movimento dos pedais de uma bicicleta) e, ao mesmo tempo, dobrar e esticar várias vezes os indicadores. Fazer uma expressão de desagrado durante o movimento.

• ***Violência:*** *Qualquer ação agressiva contra alguém ou alguma coisa.* **Sinal igual:** AGRESSIVIDADE, BRUTALIDADE

VIOLINO – Mão esquerda aberta, dedos curvados e separados, palma para cima. Mão direita com os dedos unidos pelas pontas, palma para baixo. Posicionar as mãos conforme a foto 1, como se estivessem segurando um violino. Em seguida, mover a mão direita de um lado para outro e, ao mesmo tempo, movimentar aleatoriamente os dedos esquerdos.

• ***Violino:*** *Instrumento musical.*

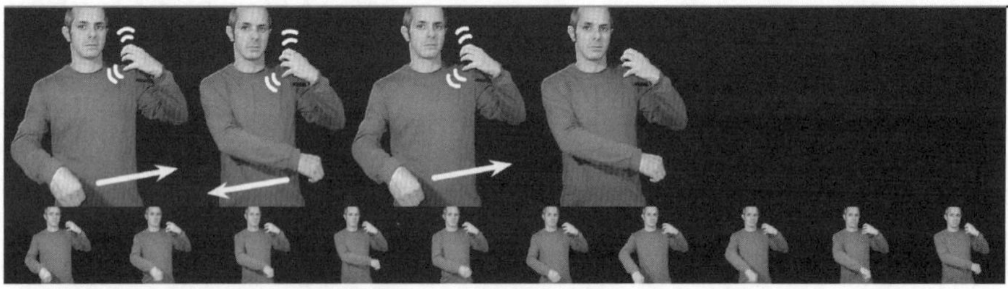

VIOLONCELO – Mão esquerda aberta, dedos curvados e separados, palma para trás. Mão direita com os dedos unidos pelas pontas, palma para trás. Posicionar as mãos conforme a foto 1, como se estivessem segurando um violoncelo. Em seguida, mover a mão direita de um lado para outro e, ao mesmo tempo, movimentar aleatoriamente os dedos esquerdos.

• ***Violoncelo:*** *Instrumento musical que corresponde ao baixo da família dos violinos.*

VIR – Mão aberta, dedos unidos e esticados, palma para dentro. Posicionar a mão longe do corpo (foto 1). Em seguida, movê-la para trás, em direção ao peito, virando a palma da mão também para trás.

• ***Vir:*** *Chegar a algum lugar.*

▪ VIOLAR: ESTUPRAR ▪ VIOLENTO: BRUTO ▪ VIR À TONA: EMERGIR ▪ VIRAÇÃO: BRISA

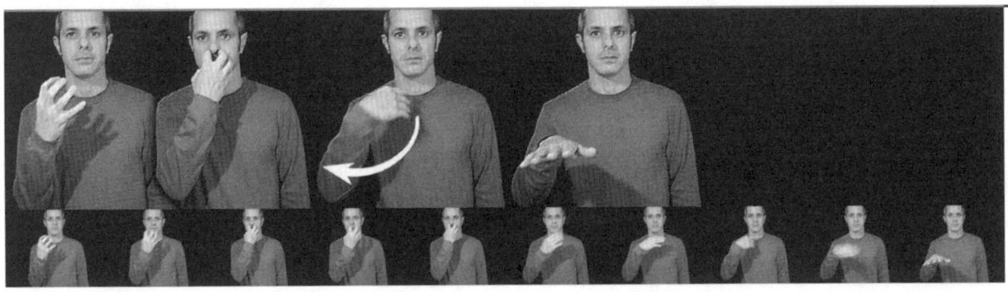

VIRA-LATA – Fazer os sinais de "cachorro" e de "vulgar".

• ***Vira-lata:*** *Nome dado ao cão sem raça definida; cão mestiço.*

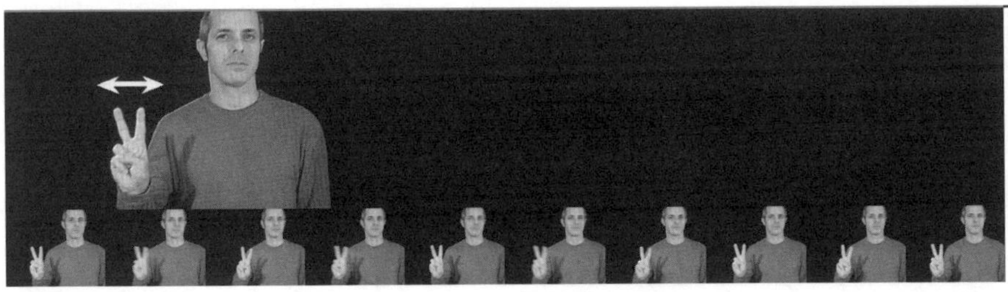

VIRGEM – Mão em "V", palma para a frente. Com gestos curtos, mover a mão deslocando-a para o lado direito e para o esquerdo, duas ou mais vezes.

• ***Virgem:*** *Mulher geralmente jovem que ainda não manteve relação sexual.* **Sinal igual:** VIRGINAL

Banana, maçã, uva,
laranja e limão.

VÍRGULA – Mão fechada com o dedo indicador esticado apontando para cima, palma para a frente. Mover a mão, girando-a como se estivesse desenhando uma vírgula.

• ***Vírgula:*** *Sinal gráfico de pontuação que indica uma ligeira pausa.*

VIRILHA – Mãos fechadas com os indicadores esticados apontando para baixo, palmas para dentro. Encostar levemente as pontas dos dedos diante do corpo, na altura da virilha. Em seguida, deslizar as mãos simultaneamente um pouco para cima.

• ***Virilha:*** *Região do corpo que corresponde à junção da parte superior da coxa com o abdome.*

VISITADO – Mãos em "P", palmas para cima. Posicionar as mãos na frente e um pouco distante do corpo. Em seguida, movê-las simultaneamente para trás aproximando-as do corpo até tocar as pontas dos dedos médios no peito.

• ***Visitado:*** *Pessoa que recebeu uma visita.*

■ VIRAR: CAPOTAR ■ VIRGINAL: VIRGEM ■ VIRIL: CORAGEM, MUSCULOSO

V

VISITAR – Mão direita em "P", palma para cima. Tocar a ponta do dedo médio no lado esquerdo do peito. Em seguida, mover a mão para o lado direito, apontando o indicador e o médio para a frente.

• ***Visitar:*** *Ir ao encontro de alguém em sua casa, hospital ou outro lugar.*

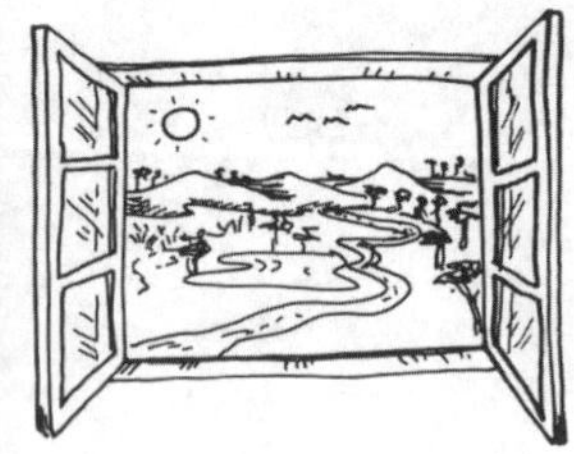

VISÍVEL – Fazer os sinais de "possível" e de "ver".

• ***Visível:*** *Tudo aquilo que pode ser visto.*

VISUAL – Mãos em "V", palmas para a frente. Encostar as pontas dos indicadores nos cantos externos dos olhos (foto 1). Em seguida, mover as mãos simultaneamente para a frente e para as laterais.

• ***Visual:*** *A imagem captada pelos olhos.*

VITALÍCIO – Dedos relaxados, palma para cima. Posicioná-los na lateral do corpo, na altura do peito. Em seguida, mover a mão para a frente, descrevendo um grande arco e esfregando as pontas do polegar e do médio entre si várias vezes durante o percurso.

• ***Vitalício:*** *Que dura a vida toda.*

VITAMINA – Mão em "V", palma para a frente. Com gestos curtos, mover a mão, balançando-a para o lado direito e para o esquerdo, duas ou mais vezes.

• ***Vitamina:*** *Moléculas orgânicas essenciais para o funcionamento do corpo dos seres vivos.*

■ **VITALIDADE:** VIDA ■ **VITÓRIA:** VENCER

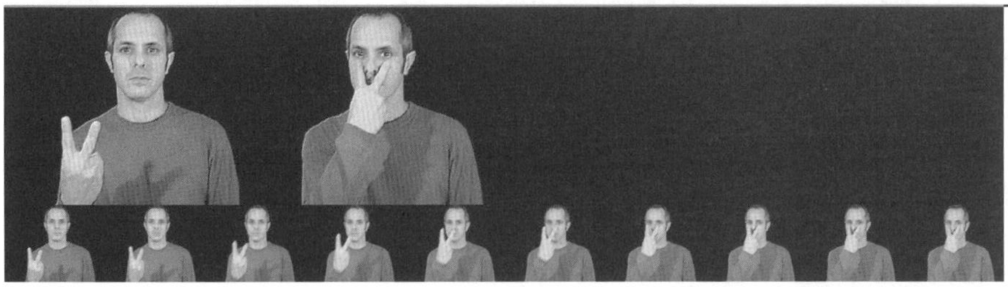

VITÓRIA (CIDADE) – Mão em "V", palma para trás. Tocar as pontas dos dedos no rosto, abaixo dos olhos.

• ***Vitória (cidade):*** *Capital do estado do Espírito Santo.*

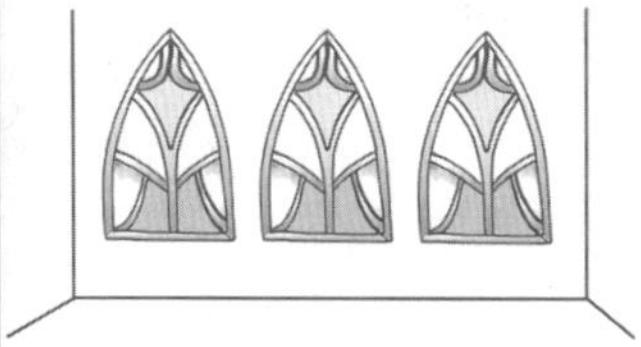

VITRAL – Fazer os sinais de "vidro" e de "pintar".

• ***Vitral:*** *Desenhos feitos sobre o vidro.*

VIÚVA – Mão esquerda aberta, palma para baixo. Mão direita em "V", palma para a frente. Tocar os dedos indicador e médio da mão direita no dorso esquerdo.

• ***Viúva:*** *Mulher cujo marido faleceu.*

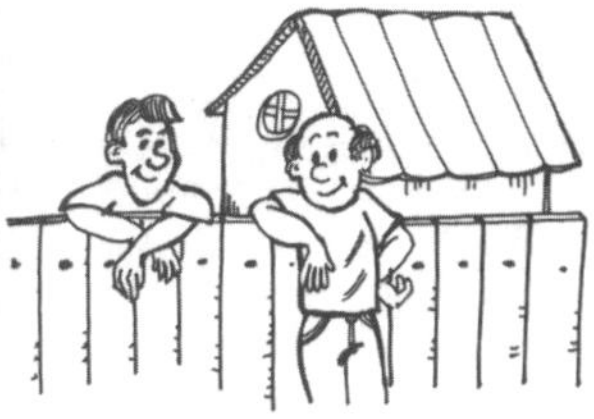

VIZINHO – Fazer o sinal de "casa" duas vezes, uma do lado direito do corpo e outra do lado esquerdo.

• ***Vizinho:*** *Pessoa que mora perto.*

VOAR – Mãos abertas, dedos unidos e esticados apontando para as laterais, palmas para baixo. Posicionar as mãos na altura da cintura. Em seguida, movê-las simultaneamente para cima. Durante esse movimento, mover as mãos várias vezes para cima e para baixo, articulando os punhos, imitando o bater de asas de um pássaro.

• ***Voar:*** *Locomover-se no ar.*

▪ VIVAZ: ESPERTO ▪ VIVENDA: CASA ▪ VIVER: VIDA ▪ VOCABULÁRIO: PALAVRA ▪ VOCÁBULO: PALAVRA

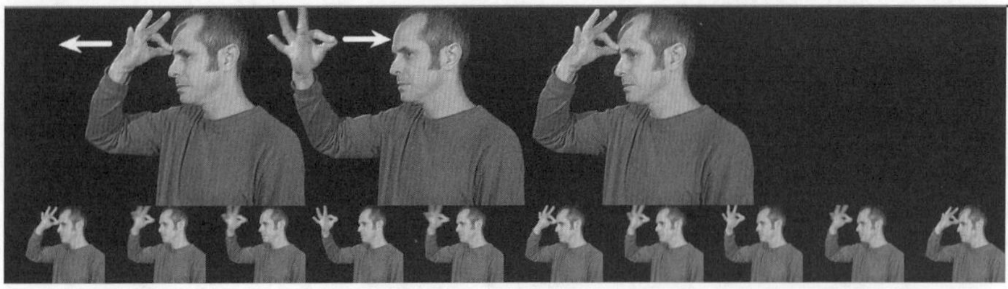

VOCAÇÃO – Mão aberta, dedos esticados e separados, palma para trás. Unir o indicador e o polegar pelas pontas, tocando-as na testa. Em seguida, mover a mão para a frente e voltar à posição inicial, tocando na testa. Fazer esse movimento duas vezes.

• ***Vocação:*** *Facilidade que uma pessoa possui para exercer alguma atividade.* **Sinal igual:** APTIDÃO, DOM, PROPENSÃO, TENDÊNCIA

VOCÊ – Mão fechada com o dedo indicador esticado apontando para a frente, palma para baixo. Mover a mão para a frente, apontando para a pessoa com quem se está falando.

• ***Você:*** *Pessoa com quem se fala.*

VÔLEI – Mãos abertas, dedos relaxados, palmas para cima. Posicionar as mãos acima da cabeça. Em seguida, com gestos curtos, movê-las simultaneamente para cima e voltar à posição inicial, duas ou três vezes.

• ***Vôlei:*** *Esporte praticado entre dois times que jogam a bola com as mãos em quadra especial.* **Sinal igual:** VOLEIBOL

VÔLEI DE PRAIA – Fazer os sinais de "vôlei" e de "praia".

• ***Vôlei de praia:*** *Jogo de vôlei praticado sobre a areia da praia.*

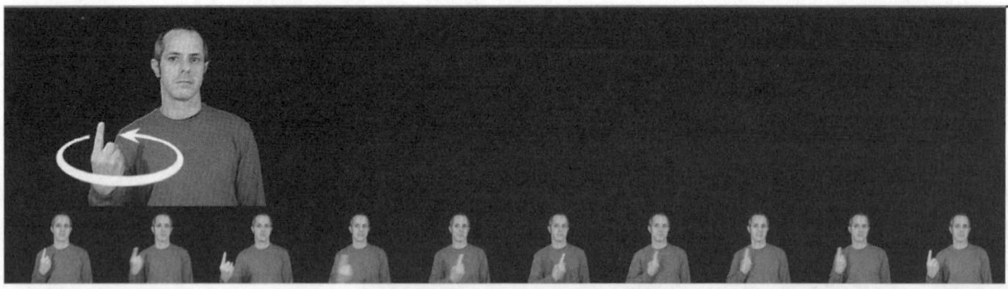

VOLTA – Mão fechada com o dedo indicador esticado apontando para cima, palma para trás. Mover a mão, descrevendo um círculo na posição horizontal.

• ***Volta:*** *Movimento de algum objeto ou pessoa em torno de um eixo ou local.* **Sinal igual:** EM VOLTA

■ **VOCALISTA:** CANTOR ■ **VOLEIBOL:** VÔLEI

VOLTAR* – Mãos fechadas com os dedos indicadores esticados apontando para dentro, palmas para trás. Posicionar uma mão perto da outra, em uma das laterais do corpo (foto 1). Em seguida, mover simultaneamente as mãos, girando-as para trás (como no movimento dos pedais de uma bicicleta), passando-as por cima do ombro.

• ***Voltar:*** *Ir ao ponto de onde se partiu; regressar.* **Sinal igual:** RECUAR, REGREDIR, REGRESSAR, RETROCEDER

VOLUNTÁRIO – Com as pontas do indicador e do polegar, segurar a própria roupa entre o peito e o ombro e mover a mão um pouco para cima, sem soltar a roupa.

• ***Voluntário:*** *Pessoa que se dedica a alguma atividade sem pretender remuneração.* **Sinal igual:** ESPONTÂNEO

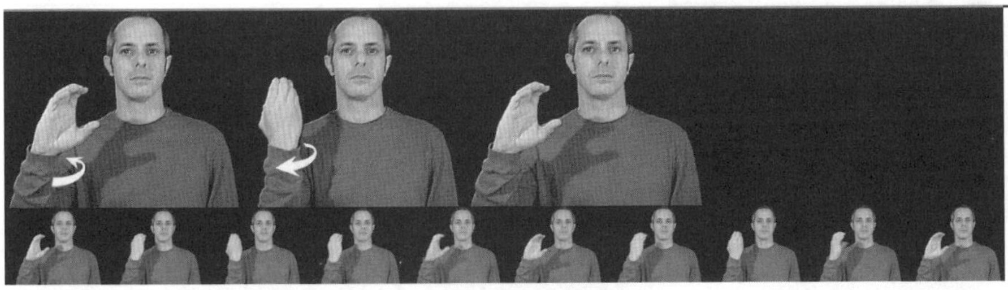

VOLÚVEL – Mão em "C", palma para dentro. Virar a palma da mão para trás e voltar à posição inicial, duas vezes.

• ***Volúvel:*** *Pessoa que troca de parceiro ou ideia com frequência.* **Sinal igual:** INCONSTANTE, INSTÁVEL

VOMITAR – Mão fechada, palma para a frente. Posicionar a mão na frente da boca, quase tocando-a. Em seguida, com um gesto rápido, mover a mão para a frente, abrindo os dedos e a boca.

• ***Vomitar:*** *Expelir pela boca alimentos que estavam no estômago.* **Sinal igual:** GOLFAR

VOTAR – Mão esquerda aberta, dedos unidos e esticados apontando para dentro, polegar separado posicionado atrás dos demais dedos, palma para trás. Mão direita aberta, dedos unidos e esticados apontando para baixo, palma para trás. Posicionar a mão direita acima da esquerda (foto 1). Em seguida, mover a mão direita para baixo, passando-a entre os dedos esquerdos e voltar à posição inicial, duas vezes.

• ***Votar:*** *Escolher através do voto.* **Sinal igual:** ELEGER, ELEIÇÃO, ELEITO, ELEITOR, ELEITORAL

▪ **VOLTAR:** REGRESSAR ▪ **VOLUMOSO:** GRANDE ▪ **VONTADE:** DESEJAR, QUERO ▪ **VOSSO:** PERTENCER-LHE

VOZ – Mão em "C", palma para trás. Posicionar a mão "horizontalmente" na frente do pescoço (foto 1). Em seguida, mover a mão para cima, percorrendo a garganta (sem tocá-la) e virar a palma para cima, movendo a mão um pouco para a frente.

• ***Voz:*** *Som emitido pelas cordas vocais.*

VULCÃO – Mão esquerda aberta, dedos esticados apontando para dentro, palma para trás. Mão direita aberta, dedos esticados e separados apontando para cima, palma para frente. Posicionar a mão direita atrás da esquerda (foto 1). Em seguida, mover a mão direita para cima, passando-a por cima da esquerda e depois para baixo, virando a palma para trás e apontando para baixo, passando pela frente da mão esquerda. Movimentar os dedos da mão direita aleatoriamente durante todo o percurso.

• ***Vulcão:*** *Espécie de montanha formada através do lançamento da lava que se encontra no interior do planeta.*

VULGAR – Mão aberta, dedos esticados e levemente relaxados apontando para dentro, palma para trás. Mover a mão, "jogando-a" para a frente e virando a palma para baixo.

• ***Vulgar:*** *Aquilo que é comum, numeroso ou popular. No sentido pejorativo, expressa algo de qualidade inferior ou grosseiro.*

■ **VULVA:** VAGINA

Polegar e mínimo fechados, demais dedos abertos apontando para cima, palma para trás. Mover a mão um pouco para cima. Vigésima terceira letra do alfabeto.

Polegar e mínimo fechados, demais dedos abertos apontando para cima, palma para trás. Mover a mão um pouco para cima. Vigésima terceira letra do alfabeto.

Polegar e mínimo fechados, demais dedos abertos a
para trás. Mo
cima. Vigésim

Polegar e mínimo fechados, demais dedos abertos apontando para cima, palma para trás. Mover a mão um pouco para cima. Vigésima terceira letra do alfabeto.

Polegar e mínimo fechados, demais dedos abertos apontando para cima, palma para trás. Mover a mão um pouco para cima. Vigésima terceira letra do alfabeto.

Polegar e mínimo fechados, demais dedos abertos apontando para cima, palma

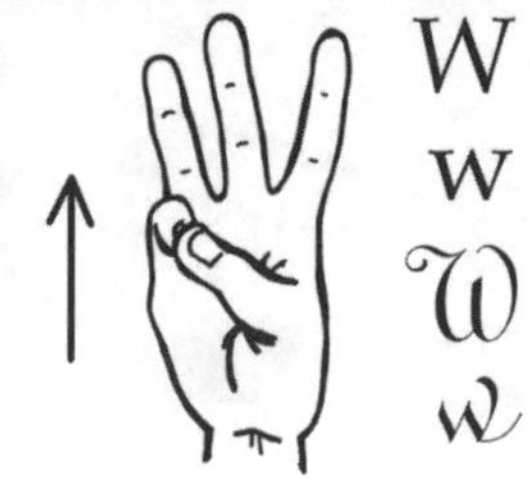

W – Polegar e mínimo fechados, demais dedos abertos apontando para cima, palma para trás. Mover a mão um pouco para cima.
• **W:** *Vigésima terceira letra do alfabeto.*

WEB – Mãos em "Y", palmas para trás. Unir as mãos tocando uma na outra, duas ou três vezes, pelas laterais internas.
• **Web:** *Nome dado à rede mundial de computadores – Internet.* **Sinal igual:** INTERNET

▪ **WC:** BANHEIRO

Mão fechada com o dedo indicador aberto e curvado, palma para baixo. Posicionar a mão um pouco longe do corpo. Em seguida, movê-la para trás, aproximando-a do corpo. Vigésima quarta letra do alfabeto. Mão fechada com o dedo indicador aberto e curvado, palma para baixo. Posicionar a mão um pouco longe do corpo. Em seguida, movê-la para trás, aproximando-a do corpo. Vi

beto. Mão fec

aberto e curv

sicionar a mão um pouco longe do corpo. Em seguida, movê-la para trás, aproximando-a do corpo. Vigésima quarta letra do alfabeto. Mão fechada com o dedo indicador aberto e curvado, palma para baixo. Posicionar a mão um pouco longe do corpo. Em seguida, movê-la para trás, aproximando-a do corpo. Vigésima quarta letra do alfabeto. Mão fechada com o dedo indicador aberto e curvado, palma

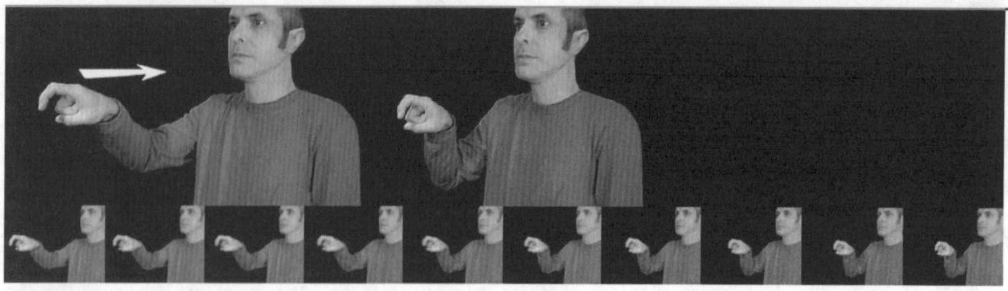

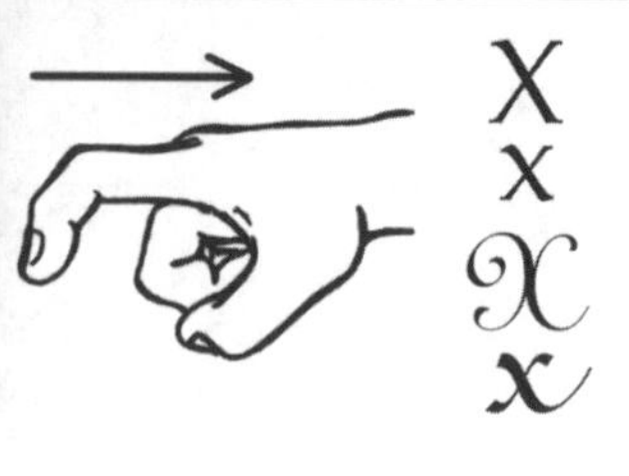

X – Mão fechada com o dedo indicador aberto e curvado, palma para baixo. Posicionar a mão um pouco longe do corpo. Em seguida, movê-la para trás, aproximando-a do corpo.
• ***X:*** *Vigésima quarta letra do alfabeto.*

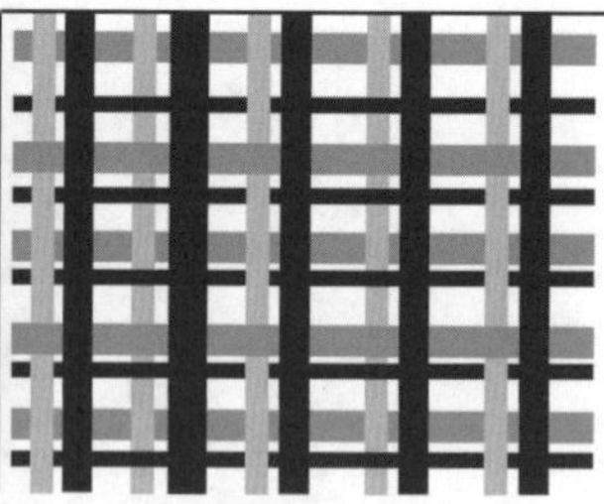

XADREZ – Mãos em "4" com os dedos apontando para baixo, palmas para trás. Posicionar as mãos cruzadas entre si, tocando uma na outra pelos dedos. Fazer este movimento uma ou duas vezes.
• ***Xadrez:*** *Espécie de estampa quadriculada.* **Sinal igual:** QUADRICULADO

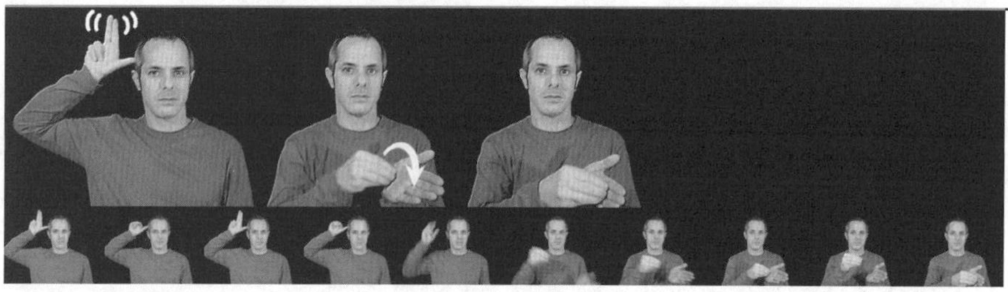

XADREZ (JOGO) – Fazer o sinal de "cavalo". Depois, mão esquerda aberta, palma para cima. Unir os dedos da mão direita pelas pontas e tocar na palma esquerda em dois pontos diferentes.
• ***Xadrez (jogo):*** *Jogo de tabuleiro.*

XALE – Fazer os sinais de "xadrez" e de "agasalhar".
• ***Xale:*** *Espécie de manta usada pelas mulheres para cobrir principalmente os ombros.*

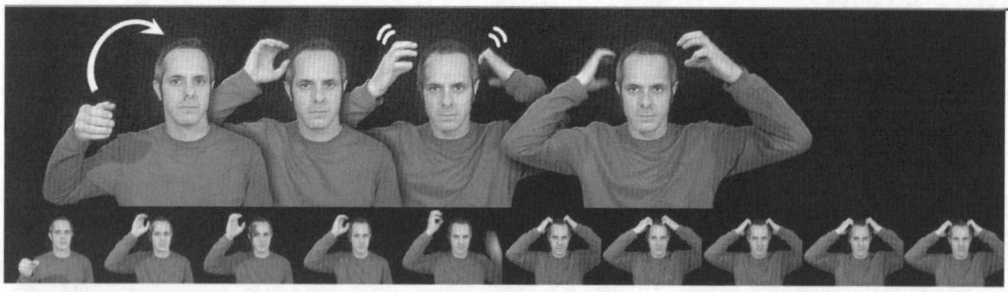

XAMPU – Mão em "C" posicionada horizontalmente palma para dentro. Posicionar a mão na altura da cabeça. Em seguida, com gestos curtos, mover a mão, inclinando-a em direção à cabeça e voltando para a posição inicial, duas vezes. Depois, com as mãos abertas, dedos curvados e separados com as pontas quase tocando na cabeça, movê-las simultaneamente e em sentidos opostos, para a frente e para trás, imitando o gesto de quem lava os cabelos com xampu.
• ***Xampu:*** *Produto usado para lavar os cabelos.*

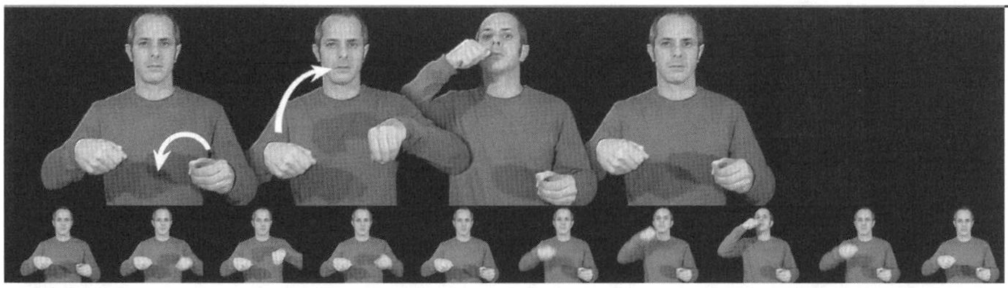

XAROPE – Mão direita em "A", palma para trás. Mão esquerda em "O", palma para dentro. Posicionar as mãos conforme a foto 1. Em seguida, mover a mão esquerda, inclinando-a na direção da mão direita e voltar à posição inicial. Depois, mover a mão direita até a boca, imitando o gesto de quem toma um pouco de xarope com uma colher.
• ***Xarope:*** *Remédio para a tosse.*

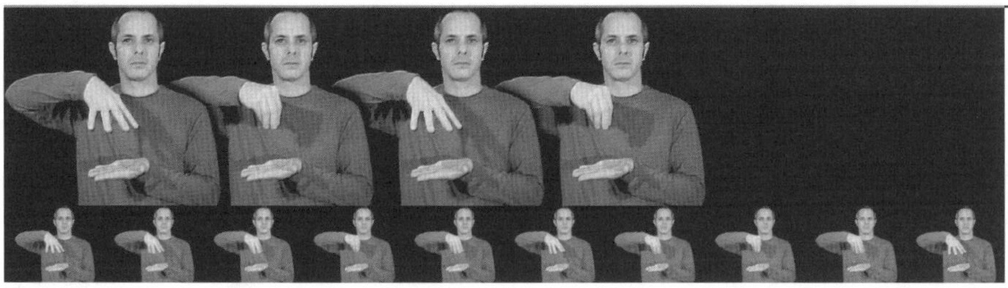

XEROX – Mão esquerda aberta, dedos unidos e esticados, palma para cima. Mão direita aberta, dedos esticados e separados apontando para baixo, palma nessa direção. Posicionar a mão direita acima da esquerda. Em seguida, unir os dedos da mão direita pelas pontas e separá-los novamente, duas ou três vezes.
• ***Xerox:*** *Cópia gráfica, máquina que tira cópias.* **Sinal igual:** XEROCÓPIA

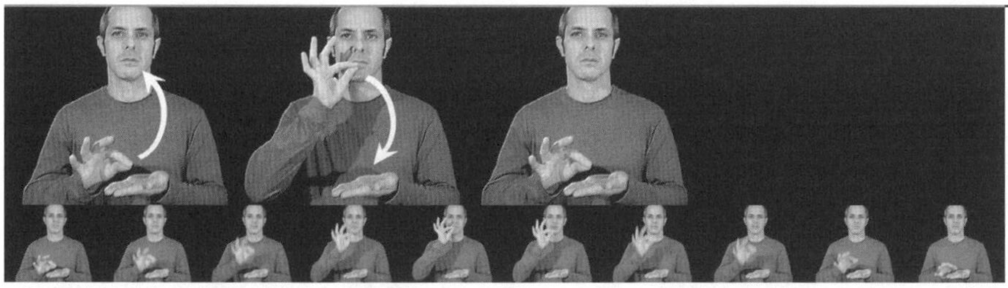

XÍCARA – Mão esquerda aberta, dedos unidos e esticados, palma para cima. Mão direita aberta, dedos esticados e separados, palma para dentro. Unir as pontas do indicador e do polegar da mão direita e posicioná-la sobre a esquerda (foto 1). Em seguida, mover a mão direita até a boca e voltar à posição inicial, imitando o gesto de quem segura uma xícara e toma um gole de café.
• ***Xícara:*** *Pequeno recipiente usado especialmente para bebidas quentes com alça para facilitar a manipulação.*

XINGAR – Mão fechada com o indicador esticado, palma para trás. Tocar a ponta desse dedo no queixo. Em seguida, com um gesto firme e rápido, mover a mão para a frente. Fazer uma expressão de desagrado durante o movimento.
• ***Xingar:*** *Ofender alguém com palavras agressivas.* **Sinal igual:** DESTRATAR, INJURIAR, PRAGUEJAR

X

■ XERETAR: CURIOSO ■ XEROCÓPIA: XEROX

Mão fechada com o polegar e o mínimo esticados apontando para cima, palma para
a frente. Mover a mão um pouco para cima.
Vigésima quinta letra do alfabeto. Mão fechada com o polegar e o mínimo esticados apontando para cima, palma para a
frente. Mover a mão um pouco para cima.
Vigésima quinta letra do alfabeto. Mão fechada com o polegar e o mínimo esticados apontando

frente. Mover
Vigésima quin
chada com o polegar e o mínimo esticados apontando para cima, palma para a
frente. Mover a mão um pouco para cima.
Vigésima quinta letra do alfabeto. Mão fechada com o polegar e o mínimo esticados apontando para cima, palma para a
frente. Mover a mão um pouco para cima.
Vigésima quinta letra do alfabeto. Mão fechada com o polegar e o mínimo esticados apontando para cima, palma para a f

Y – Mão fechada com o polegar e o mínimo esticados apontando para cima, palma para a frente. Mover a mão um pouco para cima.
• *Y: Vigésima quinta letra do alfabeto.*

Mão fechada com o dedo indicador esticado apontando para a frente, palma para baixo. Mover a mão, descrevendo a forma da letra "Z". Vigésima sexta e última letra do alfabeto. Mão fechada com o dedo indicador esticado apontando para a frente, palma para baixo. Mover a mão, descrevendo a forma da letra "Z". Vigésima sexta e última letra do alfabeto. Mão fechada com

apontando pa

xo. Mover a m

letra "Z". Vigésima sexta e última letra do alfabeto. Mão fechada com o dedo indicador esticado apontando para a frente, palma para baixo. Mover a mão, descrevendo a forma da letra "Z". Vigésima sexta e última letra do alfabeto. Mão fechada com o dedo indicador esticado apontando para a frente, palma para baixo. Mover a mão, descrevendo a forma da letra "Z". Vigésima sexta e última letra do alfabeto.

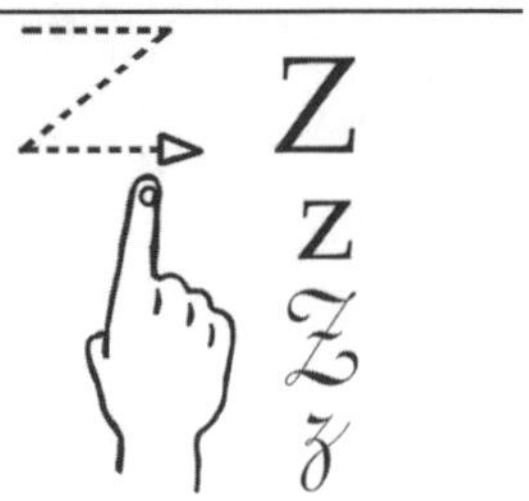

Z – Mão fechada com o dedo indicador esticado apontando para a frente, palma para baixo. Mover a mão, descrevendo a forma da letra "Z".
• *Z: Vigésima sexta e última letra do alfabeto.*

ZAGUEIRO – Mãos fechadas com os polegares abertos, palmas para trás. Unir as mãos pelas pontas desses dedos. Em seguida, movê-las simultaneamente um pouco para baixo, afastando-as um pouco para as laterais, duas vezes seguidas.
• ***Zagueiro:*** *Jogador de defesa no jogo de futebol.*

ZARABATANA – Mãos abertas com os dedos indicadores e polegares curvados e unidos pelas pontas, palmas para a frente. Unir as mãos pelas laterais internas e movê-las simultaneamente, afastando-as para as laterais. Em seguida, com as mãos em "O", posicioná-las juntas, tocando uma delas na boca (foto 3). Imitar o gesto de quem sopra uma zarabatana.
• ***Zarabatana:*** *Tubo comprido pelo qual se impele, por sopro, uma seta, um dardo, uma pedra etc.*

ZEBRA – Fazer o sinal de "cavalo". Depois, com as mãos fechadas, os indicadores e os polegares abertos e curvados e as palmas para trás, tocar as pontas desses dedos na parte central do peito (foto 2). Em seguida, deslizar as mãos simultaneamente para as laterais. Fazer esse movimento novamente, na altura do estômago.
• ***Zebra:*** *Mamífero encontrado no continente africano.*

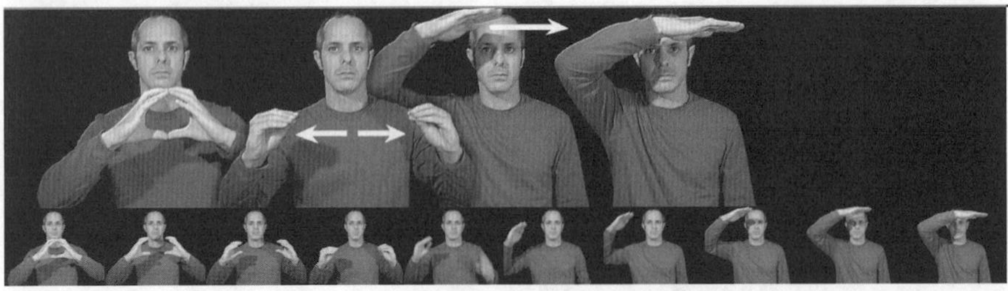

ZEPELIM – Mãos abertas com os dedos unidos e levemente curvados, palmas para dentro. Unir as mãos pelas pontas dos dedos. Em seguida, movê-las simultaneamente para as laterais, unindo os dedos pelas pontas. Depois, mão direita aberta, dedos unidos e esticados apontando para dentro, palma para baixo, posicionar a mão na altura da cabeça e movê-la lentamente para o lado esquerdo.
• ***Zepelim:*** *Balão dirigível muito usado na década de 1930.*

▪ ZAGAIA: DARDO ▪ ZANGA: RAIVA ▪ ZANGADO: BRAVO ▪ ZELAR: CUIDAR

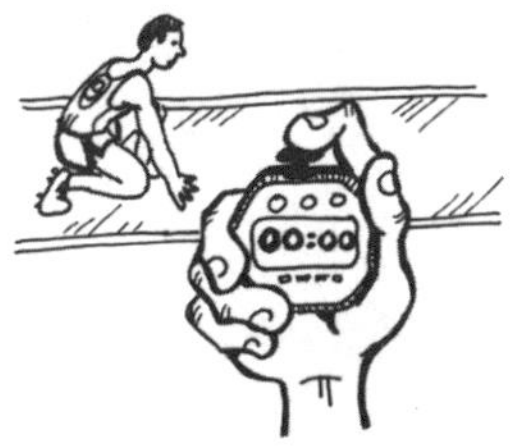

ZERAR – Mão direita aberta, dedos unidos e esticados apontando para cima, polegar separado apontando para dentro, palma para dentro. Posicionar a mão na altura do ombro direito. Em seguida, movê-la para o lado esquerdo, fechá-la em "O" e voltar à posição inicial, mantendo-a em "O".
• ***Zerar:*** *Reduzir a zero.*

5 - 5 = O

ZERO – Dedos unidos e curvados, palma para dentro. Unir as pontas do indicador e do médio na do polegar.
• ***Zero:*** *Ausência de quantidade; número que corresponde ao conjunto vazio.*

ZERO-QUILÔMETRO – Mão direita aberta, dedos esticados e separados apontando para cima, indicador e polegar curvados e unidos pelas pontas, palma para a frente. Mover a mão para o lado esquerdo e voltar à posição inicial.
• ***Zero-quilômetro:*** *Diz-se de veículo que ainda não percorreu nenhuma distância; veículo novo.*

ZIGUE-ZAGUE – Mão aberta, dedos unidos e esticados apontando para a frente, palma para dentro. Mover a mão para a frente, desviando-a para o lado direito e para o esquerdo duas vezes durante o percurso.
• ***Zigue-zague:*** *Mudança ou alteração sucessiva de direção.*

ZÍPER – Fazer o sinal de "roupa". Depois, mãos em "A", palmas para trás. Posicionar as mãos juntas (uma acima da outra) tocando no corpo, na altura do estômago (foto 1). Em seguida, deslizar a mão que está acima em direção ao pescoço, imitando o gesto de quem fecha o zíper de uma jaqueta.
• ***Zíper:*** *Tipo de fecho usado em roupas, mochilas e outros produtos.* **Sinal igual:** FECHO ECLER

ZOMBAR – Fazer o sinal de "rir". Depois, com as mãos em "L" (dedos indicadores apontando para a frente, palmas para dentro), movê-las simultaneamente para a frente e voltar à posição inicial, duas vezes.

• *Zombar: Rir de alguém ou algo.* **Sinal igual:** CAÇOAR, RIDICULARIZAR, ZOMBETEAR

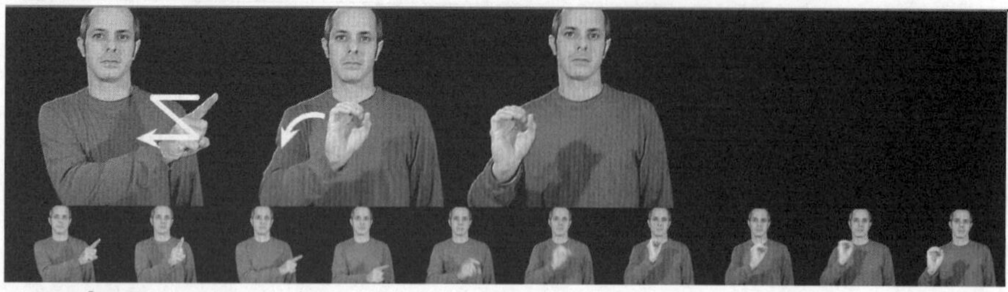

ZOOLÓGICO – Digitar as letras "Z", "O" e "O".

• *Zoológico: Local onde se encontram diversas espécies de animais para visitação pública e pesquisa.* **Sinal igual:** ZOO

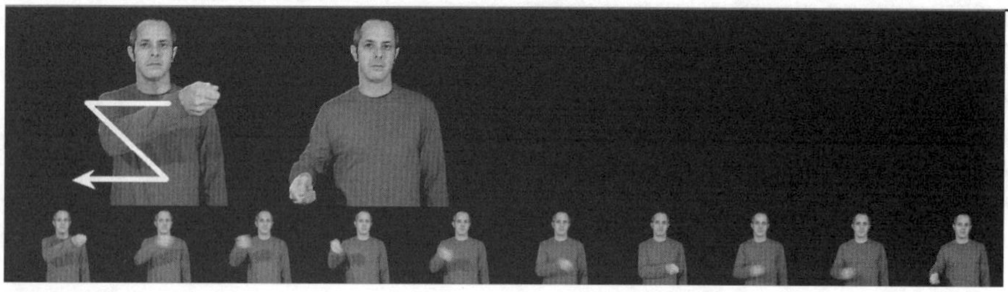

ZORRO – Mão direita em "A", palma para dentro. Posicionar a mão na frente do ombro esquerdo. Em seguida, mover a mão, descrevendo um grande "Z".

• *Zorro: Personagem fictício.*

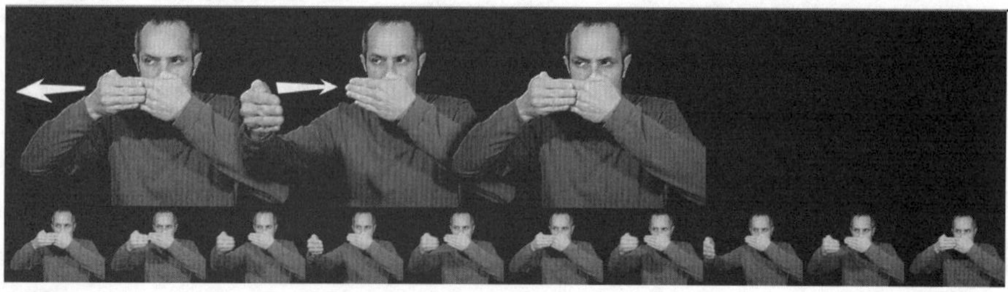

ZUM – Mãos abertas, dedos unidos e esticados, palmas para trás. Posicionar as mãos perto do rosto, com a mão direita tocando na esquerda (foto 1). Em seguida, mover a mão direita para a frente e voltar à posição inicial, duas vezes, mantendo o rosto ligeiramente voltado para o lado esquerdo e olhando para a frente, na mesma direção para a qual a mão direita se movimenta.

• *Zum: Efeito de afastamento ou aproximação obtido através de uma lente própria.*

▪ **ZOMBETEAR:** ZOMBAR ▪ **ZOO:** ZOOLÓGICO ▪ **ZURZIR:** ESPANCAR

Apêndices

ALFABETO

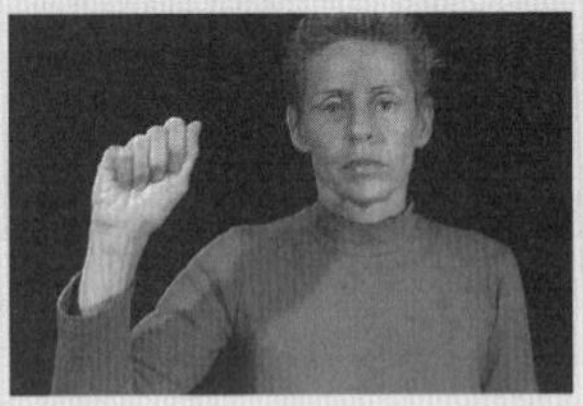
A

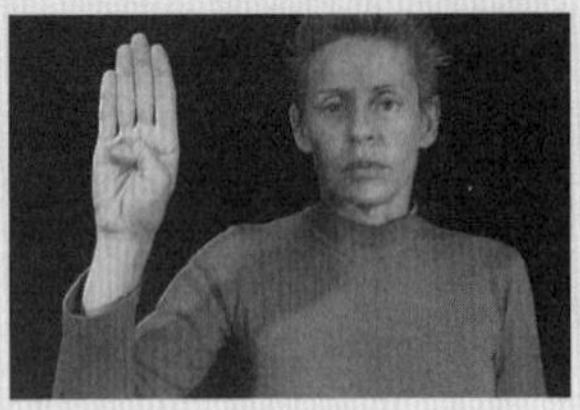
B

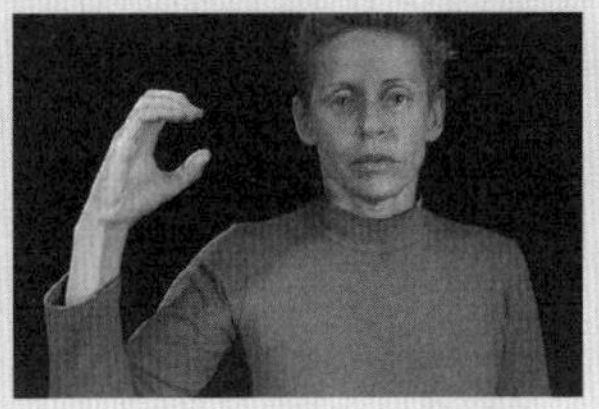
C

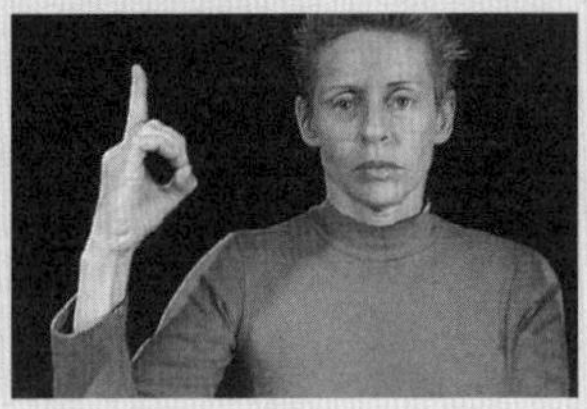
D

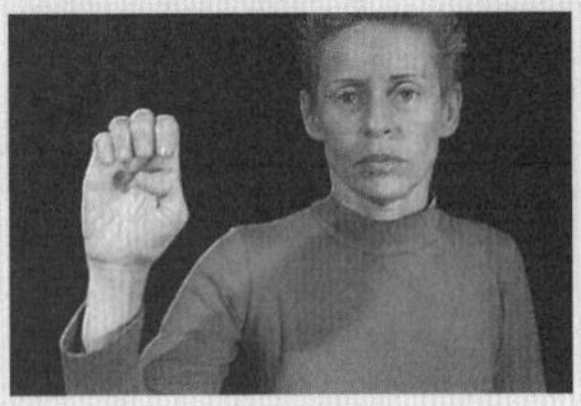
E

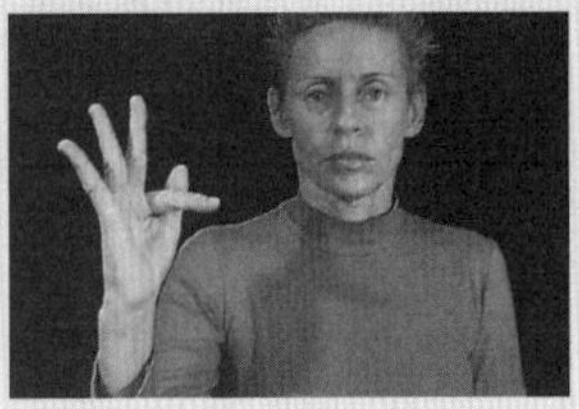
F

G

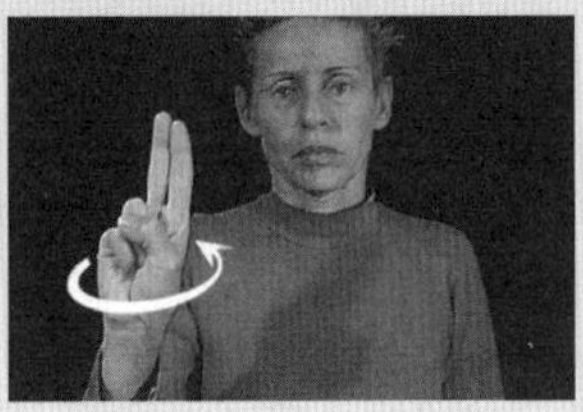
H

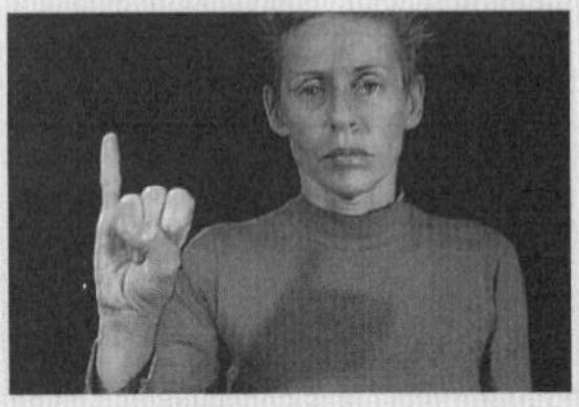
I

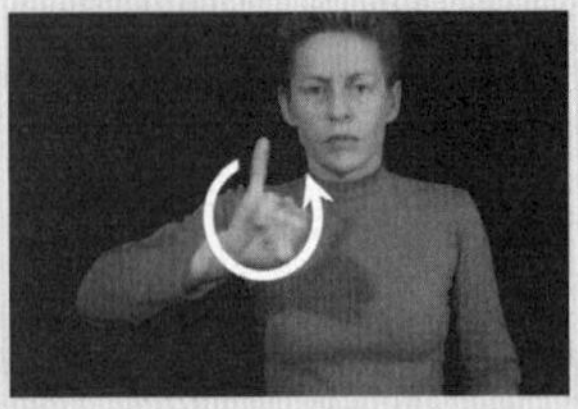
J

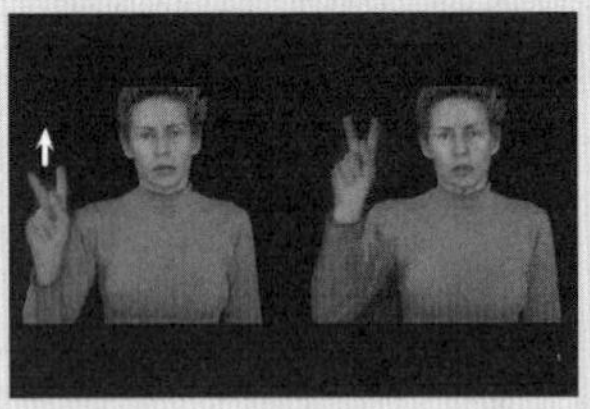
K

L

M

N

O

P

Q

R

S

T

U

V

W

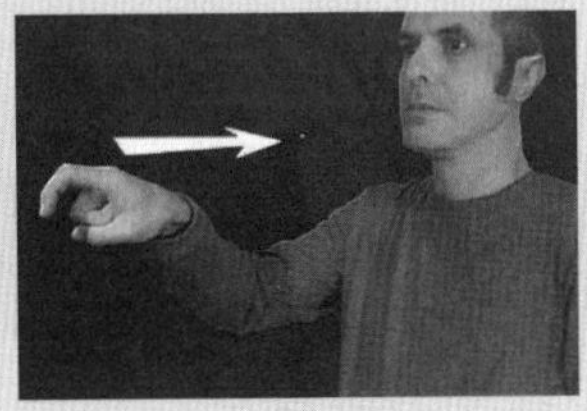

X

Y

Z

NÚMEROS

0

1

2

3

4

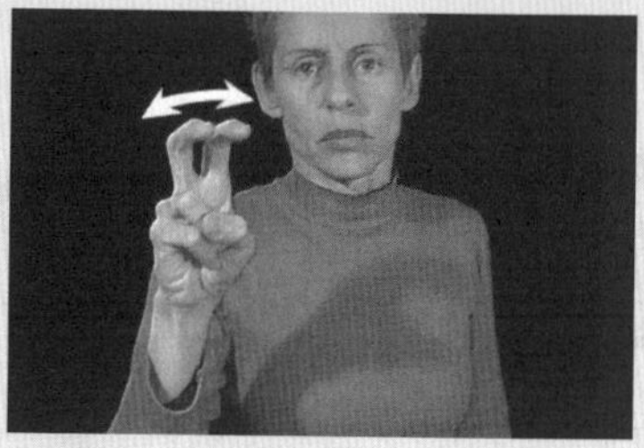

5

6

7

8

9

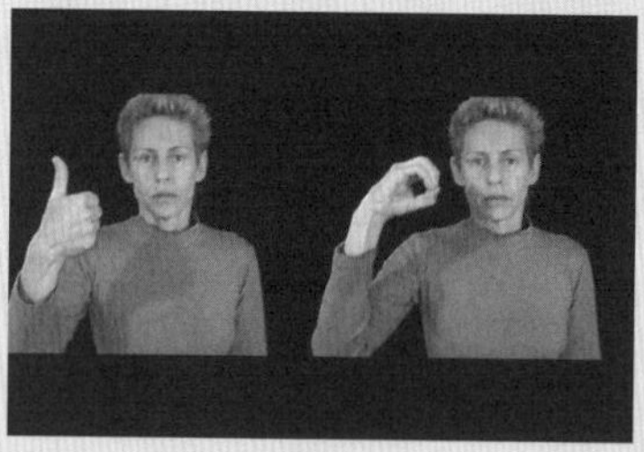

10

Para os demais números, basta digitarmos cada algarismo na ordem da leitura. Por exemplo, para o número 1965 digitam-se os números 1, 9, 6 e 5.

Os numerais mil, milhão e bilhão possuem sinais próprios:

1.000

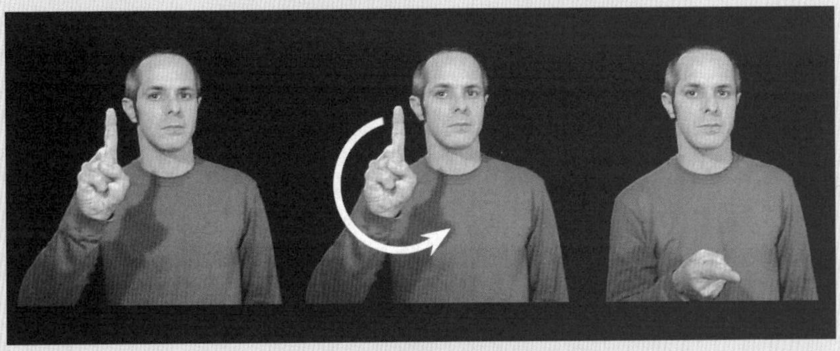

1.000.000

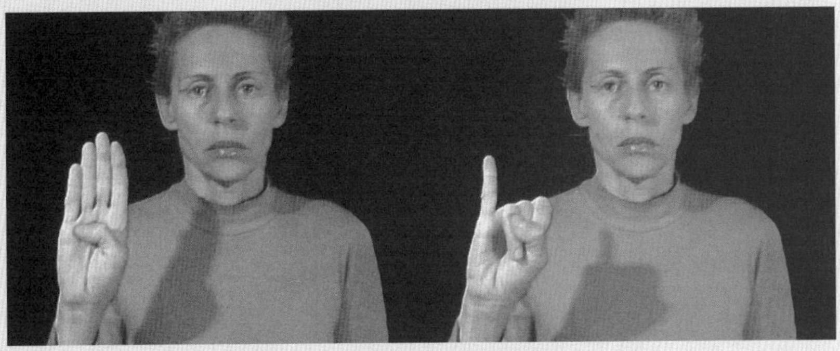

1.000.000.000

DIAS DA SEMANA

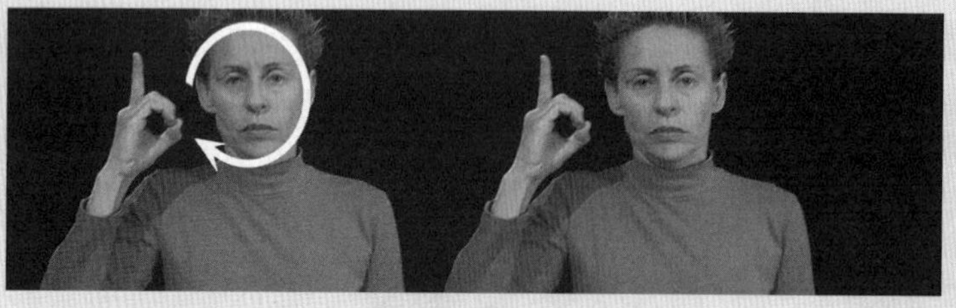

DOMINGO

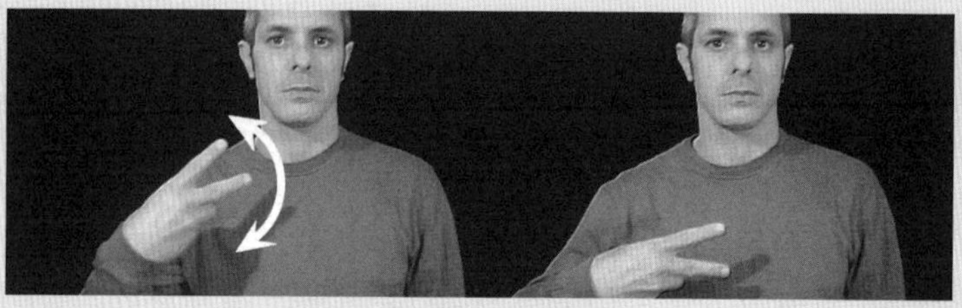

SEGUNDA-FEIRA

TERÇA-FEIRA

QUARTA-FEIRA

QUINTA-FEIRA

SEXTA-FEIRA

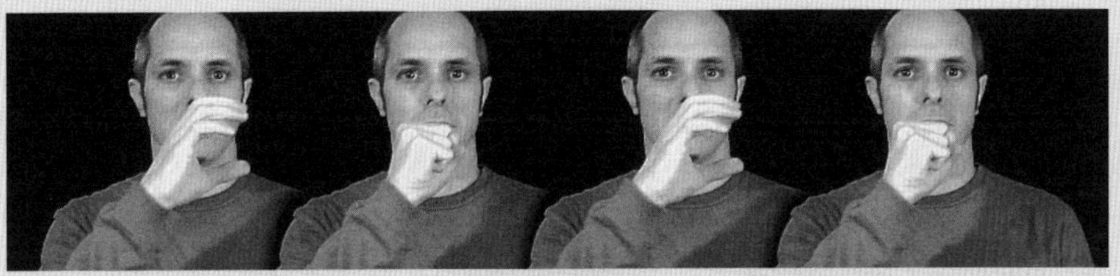
SÁBADO

MESES DO ANO

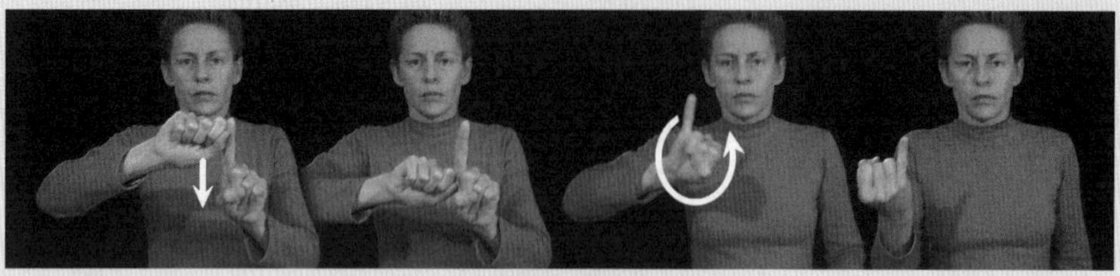

JANEIRO

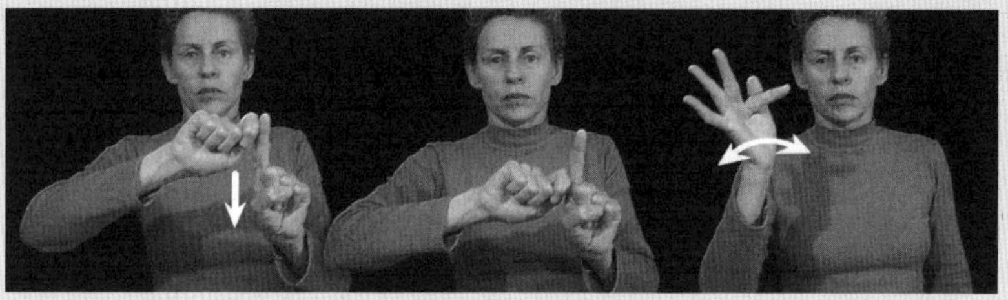

FEVEREIRO

MARÇO

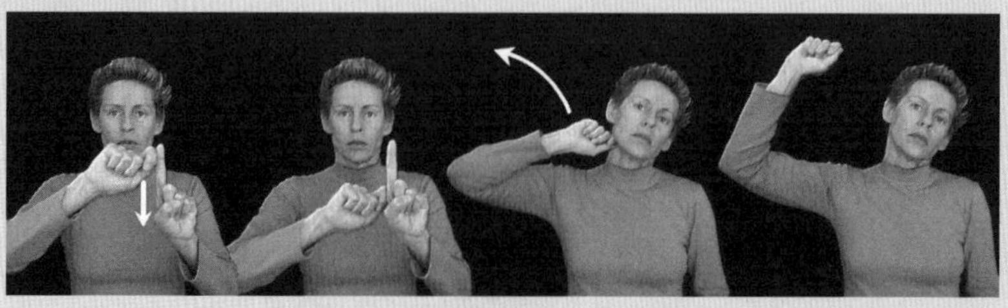

ABRIL

MAIO

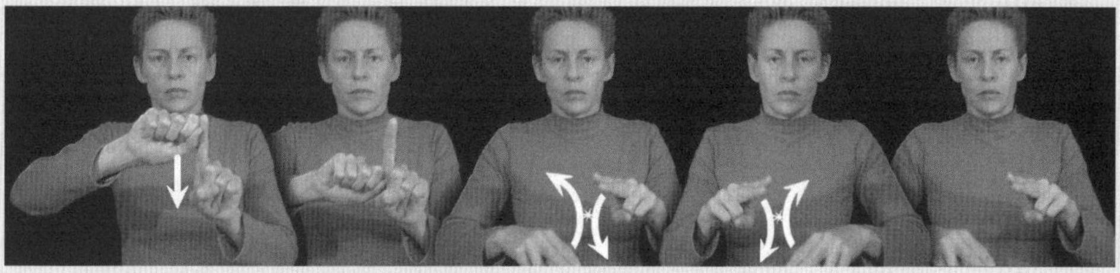
JUNHO

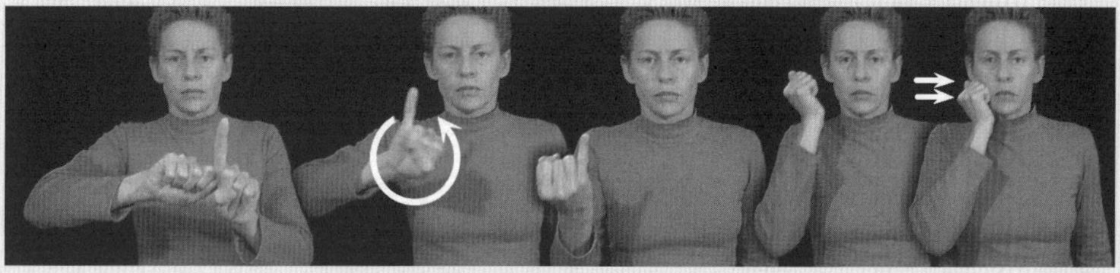
JULHO

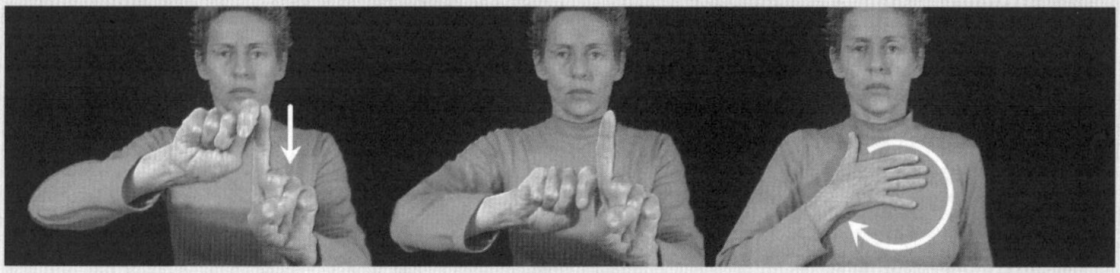
AGOSTO

SETEMBRO

OUTUBRO

NOVEMBRO

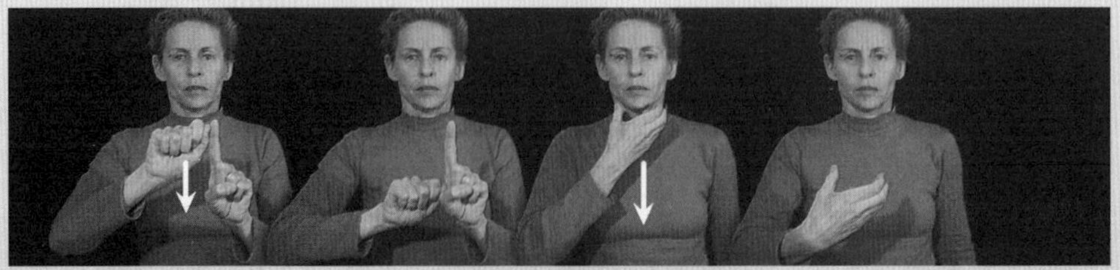

DEZEMBRO

EXPRESSÕES DE GENTILEZA E CUMPRIMENTOS

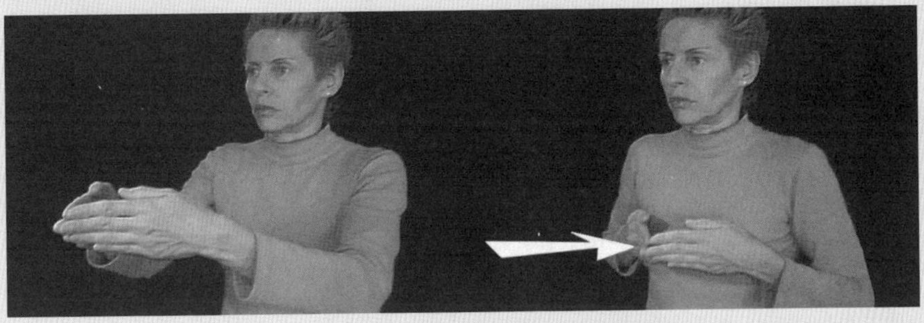

POR FAVOR / COM LICENÇA

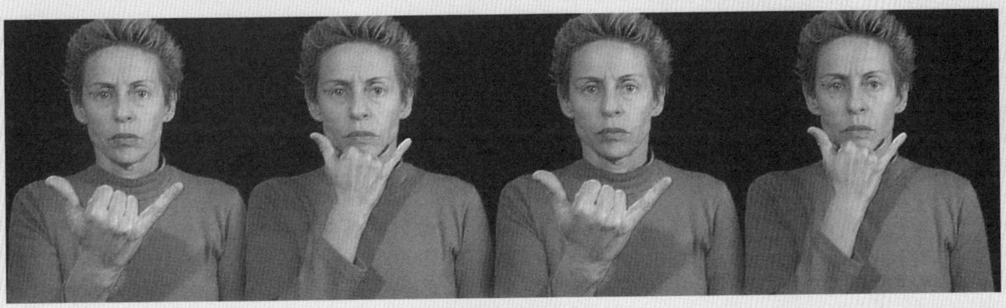

DESCULPE

OBRIGADO

OI

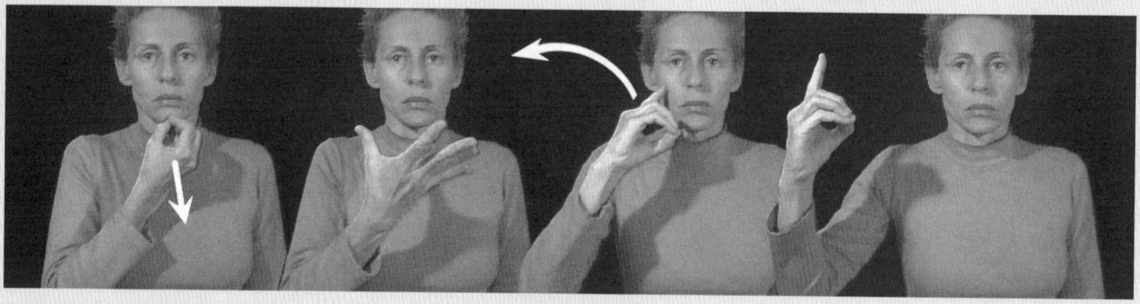

BOM DIA

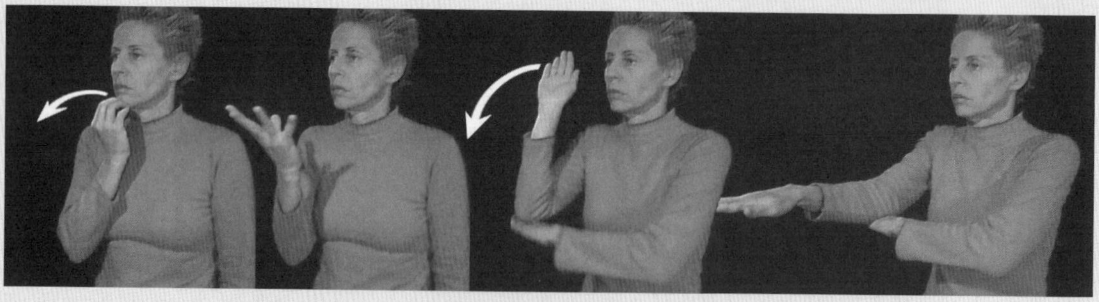

BOA TARDE

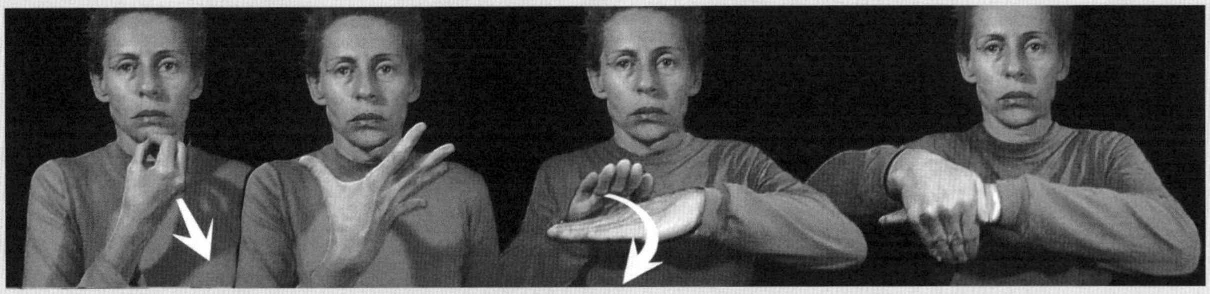

BOA NOITE

TCHAU